Direito do Trabalho

Ricardo Resende

Direito do Trabalho

9ª EDIÇÃO   REVISTA, ATUALIZADA E AMPLIADA

■ Fechamento desta edição: *21.07.2023*

■ O Autor e a editora se empenharam para citar adequadamente e dar o devido crédito a todos os detentores de direitos autorais de qualquer material utilizado neste livro, dispondo-se a possíveis acertos posteriores caso, inadvertida e involuntariamente, a identificação de algum deles tenha sido omitida.

■ **Atendimento ao cliente: (11) 5080-0751 | faleconosco@grupogen.com.br**

■ Direitos exclusivos para a língua portuguesa
Copyright © 2023 *by*
Editora Forense Ltda.
Uma editora integrante do GEN | Grupo Editorial Nacional
Travessa do Ouvidor, 11 – Térreo e 6º andar
Rio de Janeiro – RJ – 20040-040
www.grupogen.com.br

■ Capa: Aurélio Corrêa

■ **CIP – BRASIL. CATALOGAÇÃO NA FONTE.**
SINDICATO NACIONAL DOS EDITORES DE LIVROS, RJ.

R341d
9. ed.

Resende, Ricardo
Direito do trabalho / Ricardo Resende. – 9. ed. – [2. Reimp.] – Rio de Janeiro: Forense, 2023.

Inclui bibliografia
Inclui índice remissivo
ISBN 978-65-5964-870-2

1. Direito do trabalho – Brasil. I. Título.

23-85136   CDU: 349.2(81)

Meri Gleice Rodrigues de Souza – Bibliotecária – CRB-7/6439

Dedico este livro aos meus amores:
Alessandra, Gabriel e Ana Beatriz.

Nota do Autor à 9ª edição

Desde o lançamento da 8ª edição, diversos fatos distintos se encadearam de forma a inviabilizar a atualização da obra, com destaque para a edição constante de medidas provisórias temerárias, que sabíamos seriam barradas pelo Congresso Nacional, bem como pela profusão de atos normativos de exceção, editados durante a pandemia de Covid-19, com efeitos limitados no tempo, ou seja, válidos enquanto durasse o estado de calamidade pública ou seus efeitos mais severos sobre a sociedade.

Assim, o arrefecimento dos efeitos da pandemia e a perspectiva do fim das malfadadas medidas provisórias "modernizantes" em matéria trabalhista me permitiram concluir, ao longo dos últimos meses, sempre com o cuidado habitual, a atualização do texto dos trinta e dois capítulos que compõem este livro.

Destarte, depois de longo e minucioso trabalho de revisão de todo o conteúdo, trazemos ao leitor a obra rigorosamente atualizada.

Entre as alterações verificadas desde o lançamento da 8.ª edição (fevereiro de 2020), destacam-se as seguintes: (a) atualização do texto conforme a **Lei nº 14.437/2022**, que prevê a flexibilização da regulação trabalhista em situações de calamidade pública reconhecida pelo Poder Executivo Federal, com reflexos principalmente nos Capítulos 13, 14 e 15; (b) atualização conforme a **Lei nº 14.438/2022**, que alterou a Lei nº 8.036/1990, promovendo alterações nos Capítulos 6, 23 e 27; (c) atualização do Capítulo 13, inclusive com criação de novo tópico, conforme **Lei nº 14.442/2022**, que alterou sensivelmente a regulamentação do teletrabalho; (d) atualização do Capítulo 16 (auxílio-alimentação) conforme a Lei nº 14.442/2022; (e) incorporação ao texto das alterações promovidas pela **Lei nº 14.457/2022** (*Programa Emprega Mais Mulheres* e apoio à parentalidade), com alterações substanciais nos Capítulos 15, 19, 24 (inclusive com inclusão de tópico específico), 26 e 32; (f) ampla revisão e atualização do Capítulo 27, com as alterações promovidas: pela **MPV 1.154/2023** e pelo **Decreto nº 11.359/2023** (organização dos Ministérios); pela **Lei nº 14.261/2021** (Domicílio Eletrônico Trabalhista); pelo **Decreto nº 10.854/2021** e demais normas infralegais que constituem o *Marco Regulatório Trabalhista Infralegal*; pelo **Decreto nº 11.205/2022** (*Governo Mais Legal – Trabalhista*); pelo **encerramento da vigência da MPV nº 905/2019** sem aprovação pelo Congresso Nacional, que provocou substanciais alterações em diversos pontos do Capítulo 16; (g) adequação do texto de vários capítulos, notadamente dos Capítulos 13, 14, 16 e 26, em razão do encerramento da vigência da MPV nº 905/2019; (h) atualização do Capítulo 20 conforme **Lei nº 14.431/2022** (limite para descontos em folha de empréstimos consignados); (i) atualização do texto do Capítulo 5 conforme **Lei nº 14.370/2022** (Programa Nacional de Prestação de Serviço Voluntário); (j) atualização do Capítulo

8 conforme **Lei nº 14.133/2021** (Nova Lei de Licitações); (k) atualização do texto do Capítulo 26 conforme nova redação dada a diversas Normas Regulamentadoras; (l) atualização do Capítulo 32 conforme **Resolução CODEFAT nº 957/2022** (seguro--desemprego); (m) ampla revisão e atualização de todo o texto, com reflexo em vários capítulos, em face da **jurisprudência do STF em matéria trabalhista**, principalmente em relação aos seguintes precedentes: **ADPF 323** (ultratividade), com reflexo nos Capítulos 4 e 29; **Tema 383** de Repercussão Geral (isonomia salarial na terceirização), com impacto no texto do Capítulo 8; **RE 1.403.904** (art. 386 da CLT), com repercussões nos Capítulos 14 e 24; **ADPF 501** (inconstitucionalidade da Súmula 450 do TST), que ensejou atualização do Capítulo 15; **Tema 900** de Repercussão Geral (remuneração de servidor público e salário mínimo) e **ADPF 53** (salário profissional), com reflexos no Capítulo 16; **Tema 638** de Repercussão Geral (intervenção sindical na dispensa em massa), com impacto no Cap. 20; **ADI 6327** (termo inicial da licença-maternidade em caso de internação da mãe e/ou do recém-nascido), com impacto no capítulo 24; **Tema 935** de Repercussão Geral (contribuição assistencial a não filiados), com acompanhamento da evolução do entendimento do STF sobre a matéria abordado no Capítulo 29; **Tema 1.046** de Repercussão Geral (validade da flexibilização de direitos disponíveis mediante negociação coletiva), com reflexos importantes ao longo de vários pontos do texto, principalmente nos Capítulos 14, 15, 16, 26 e 29; (n) revisão e acompanhamento da evolução da jurisprudência do TST mediante atualização do texto conforme **decisões vinculantes do TST**, notadamente: **IRR 14** (redução ínfima do intervalo intrajornada), com impacto no Capítulo 14; **IRR 9** (alteração do entendimento consubstanciado na OJ 394), com impacto relevante no Capítulo 16; **Tema 10** da Tabela de Recursos Repetitivos (adicional de periculosidade) e atualização jurisprudencial relativa à questão da regulamentação do adicional de periculosidade dos trabalhadores em motocicleta, ambos com reflexos no texto do Capítulo 26; (o) revisão, em face da evolução jurisprudencial, do ponto do Capítulo 23 relativo à análise da OJ 42 do TST.

A partir de incessante busca de novíssimos julgados e novos entendimentos do TST, algumas matérias foram objeto de revisão, de modo a manter a obra o mais atual possível sob o ponto de vista da evolução jurisprudencial. Uma vez mais, foram revistos e atualizados, inclusive, os arestos relativos às matérias controvertidas cuja tendência de entendimento do TST permaneceu inalterada, como forma de manter o leitor seguro acerca da atualidade das posições interpretativas mencionadas. Neste pormenor, mantive alguns julgados menos recentes, datados de alguns anos atrás, sempre que considerei os fundamentos do julgamento relevantes para o esclarecimento da matéria.

Agradeço, uma vez mais, a todos os leitores e alunos, os quais me instigam a buscar sempre a melhoria da obra e a mantê-la absolutamente atualizada.

Forte abraço e bons estudos!

Ricardo Resende
ricardo@ricardoresende.com

Sumário

· · · · · · · · · · · · · · · ·

Abreviaturas

· · · · · · · · · · · · · · · · · · · ·

ACT	Acordo coletivo de trabalho
ADI	Ação direta de inconstitucionalidade
AFT	Auditor Fiscal do Trabalho
AG	Agravo de instrumento
AGU	Advocacia-Geral da União
Anamatra	Associação Nacional dos Magistrados da Justiça do Trabalho
CCB	Código Civil Brasileiro
CCT	Convenção coletiva de trabalho
Cespe	Centro de Seleção e Promoção de Eventos da Universidade de Brasília
CF	Constituição Federal
CIPA	Comissão interna de prevenção de acidentes
CLT	Consolidação das Leis do Trabalho
CODEFAT	Conselho Deliberativo do Fundo de Amparo ao Trabalhador
CPC	Código de Processo Civil
CRFB	Constituição da República Federativa do Brasil
CTPS	Carteira de Trabalho e Previdência Social
DPU	Defensoria Pública da União
DRT	Delegacia Regional do Trabalho
DSR	Descanso semanal remunerado
EC	Emenda Constitucional
ED	Embargo declaratório
ESAF	Escola Superior de Administração Fazendária
FCC	Fundação Carlos Chagas
FGTS	Fundo de Garantia do Tempo de Serviço
FGV	Fundação Getúlio Vargas
GRTb	Gerência Regional do Trabalho
HE	Hora extra

INSS	Instituto Nacional do Seguro Social
LINDB	Lei de Introdução às Normas do Direito Brasileiro
LIT	Livro de Inspeção do Trabalho
MJ	Ministério da Justiça
MPV	Medida Provisória
MTb	Ministério do Trabalho
MTE	Ministério do Trabalho e Emprego
MTPS	Ministério do Trabalho e Previdência Social
NR	Norma Regulamentadora
OAB	Ordem dos Advogados do Brasil
OGMO	Órgão Gestor de Mão de Obra
OIT	Organização Internacional do Trabalho
OJ	Orientação Jurisprudencial
PASEP	Programa de Formação do Patrimônio do Servidor Público
PAT	Programa de Alimentação do Trabalhador
PDV	Programas de desligamento voluntário
PGE	Procuradoria-Geral do Estado
PIDV	Programa de incentivo ao desligamento voluntário
PIS	Programa de Integração Social
PLR	Participação nos lucros ou resultados
PNE	Portador de necessidades especiais
PSE	Programa Seguro-Emprego
RE	Recurso extraordinário
RIT	Regulamento da Inspeção do Trabalho
RR	Recurso de revista
RSR	Repouso semanal remunerado
S.A.	Sociedade anônima
SDC	Seção de Dissídios Coletivos do TST
SDI-1	Subseção I Especializada em Dissídios Individuais do TST
SDI-2	Subseção II Especializada em Dissídios Individuais do TST
SENAC	Serviço Nacional de Aprendizagem Comercial
SENAI	Serviço Nacional de Aprendizagem Industrial

SENAR	Serviço Nacional de Aprendizagem Rural
SENAT	Serviço Nacional de Aprendizagem do Transporte
SESCOOP	Serviço Nacional de Aprendizagem do Cooperativismo
SFIT	Sistema Federal de Inspeção do Trabalho
SIT	Secretaria de Inspeção do Trabalho
SRTb	Superintendência Regional do Trabalho
SRTE	Superintendência Regional do Trabalho e Emprego
ss.	Seguintes
STF	Supremo Tribunal Federal
Súm.	Súmula
TAC	Termo de Ajustamento de Conduta
TRCT	Termo de rescisão do contrato de trabalho
TRT	Tribunal Regional do Trabalho
TST	Tribunal Superior do Trabalho
Vunesp	Fundação para o Vestibular da Universidade Estadual Paulista

CAPÍTULO 1

Introdução

· · · · · · · · · · · · · · · · · · ·

Marcadores: CONCEITO DE DIREITO DO TRABALHO; HISTÓRIA DO DIREITO DO TRABALHO; FLEXIBILIZAÇÃO; DESREGULAMENTAÇÃO; SUBDIVISÃO DO DIREITO DO TRABALHO; AUTONOMIA DO DIREITO DO TRABALHO.

Material de estudo:

✓ Doutrina (++)

O objeto do nosso estudo é o *trabalho*, razão pela qual se faz imprescindível, para início de conversa, conhecer o seu significado.

Em tempos remotos, a ideia de trabalho era ligada a castigo, sofrimento, e mesmo à tortura. Com o advento da sociedade contemporânea, entretanto, o trabalho passou a designar toda forma de dispêndio de energia (seja ela física ou intelectual) pelo homem, com a finalidade de produzir bens ou serviços.

É a partir desta noção moderna de trabalho que se constrói o Direito do Trabalho.

1.1. CONCEITO DE DIREITO DO TRABALHO

Pode-se conceituar Direito do Trabalho como o ramo da ciência jurídica que estuda as relações jurídicas entre os trabalhadores e os tomadores de seus serviços e, mais precisamente, entre empregados e empregadores.

1.2. FUNDAMENTO DE EXISTÊNCIA DO DIREITO DO TRABALHO

Diante do mencionado conceito surge uma primeira indagação: não seria o Direito Civil o ramo da ciência jurídica apropriado para este estudo?

A resposta é negativa, e a explicação é simples. Com efeito, o Direito Civil não foi capaz de tutelar adequadamente as relações entre empregados e empregadores, pelo simples fato de que há entre estes atores sociais uma enorme desigualdade econômica. O trabalhador é *hipossuficiente*, no sentido de que, sozinho, não é forte o suficiente para negociar **livremente** a disposição de sua energia de trabalho.

Desse modo, o Direito do Trabalho surgiu, no contexto histórico da sociedade contemporânea, a partir da Revolução Industrial, com vistas a reduzir, por meio da intervenção estatal, a desigualdade existente entre capital (empregador) e trabalho (empregado).

É exatamente daí que se extrai a **principal característica do Direito do Trabalho: a proteção do trabalhador** (e, notadamente, do trabalhador subordinado, que é o empregado, como será estudado adiante).

1.3. EVOLUÇÃO HISTÓRICA DO DIREITO DO TRABALHO

O desenvolvimento do Direito do Trabalho se deu a partir do século XIX, principalmente em decorrência dos movimentos operários, desencadeados visando à melhoria das condições de trabalho, limitação da jornada de trabalho, proteção ao trabalho da mulher e das crianças, entre outras reivindicações.

Assim, somados a pressão do movimento operário, os movimentos internacionais em defesa dos direitos humanos e a atuação da Igreja, encontrou-se campo fértil para a intervenção do Estado na relação contratual privada, a fim de proteger a parte mais fraca da relação de emprego (trabalhador hipossuficiente).

Este movimento normativo-regulador, consolidado na primeira metade do século XX, coincide historicamente com o reconhecimento dos direitos humanos de segunda dimensão (direitos sociais) e com o Estado de Bem-Estar Social (*welfare state*), noções estas emprestadas do Direito Constitucional.

A partir da década de 1970, entretanto, o modelo baseado no Estado de Bem-Estar Social entrou em crise. O grande desenvolvimento tecnológico, especialmente nas áreas de telecomunicações e informática, consagrou a chamada globalização econômica.

Com o fenômeno da globalização, que facilitou a migração das unidades de produção para áreas periféricas e países em desenvolvimento, onde os custos da produção são visivelmente menores (por exemplo, a China), o capital tem apresentado como "solução" a flexibilização das relações trabalhistas, bem como a própria desregulamentação.

Na contramão da tendência mundial, foi promulgada, no Brasil, a CRFB/88. Em que pese alguns excessos e inconsistências, a CRFB/88 constitui um importantíssimo instrumento garantidor dos direitos mínimos do trabalhador, do chamado *mínimo existencial*, norteado pelo **princípio da dignidade humana**.

Não obstante a ampliação das garantias dos direitos mínimos dos trabalhadores levada a efeito pela Constituição de 1988, o fato é que o capitalista continua atuando no sentido da desregulamentação trabalhista, sugerindo, em posição extrema, o velho dogma liberal de que a relação de trabalho deveria ser regida por um simples contrato de prestação de serviços, nos moldes do direito comum.

Nesta esteira, a chamada *Reforma Trabalhista*, levada a efeito pela Lei nº 13.467/2017, comprometeu décadas de ganhos sociais na área trabalhista, ao estabelecer, entre outras medidas, a possibilidade de flexibilização de diversos pontos da legislação trabalhista mediante negociação coletiva (consagrando, nestes casos, a *prevalência do negociado sobre o legislado*), a criação da figura do trabalhador *hipersuficiente*, o qual não seria merecedor da tutela estatal, e a ampliação do âmbito da autonomia da vontade individual na seara trabalhista.

1.4. FLEXIBILIZAÇÃO, DESREGULAMENTAÇÃO E LIMITES

A propósito, faz-se relevante distinguir *flexibilização* e *desregulamentação*.

Na flexibilização o Estado mantém a intervenção nas relações de trabalho, mediante o estabelecimento do chamado *mínimo existencial*, mas autoriza, em determinados casos, exceções ou regras menos rígidas, de forma que seja também possível a manutenção da empresa e, afinal, dos empregos. É o que consagra, por exemplo, o preceito constitucional que garante a irredutibilidade salarial, mas ressalva a possibilidade de flexibilização, mediante negociação coletiva (art. 7º, VI, CRFB/88). Outro exemplo muito atual é o estabelecimento, pelo art. 611-A da CLT, incluído pela Lei nº 13.467/2017, de uma grande lista de hipóteses em que é permitida a flexibilização de direitos trabalhistas mediante negociação coletiva de trabalho.

A desregulamentação, por sua vez, pressupõe a completa retirada da intervenção estatal das relações trabalhistas, deixando que as partes estipulem livremente os contratos, conforme as leis de mercado.

Maurício Godinho Delgado[1] ensina que, por imposição da ordem constitucional vigente, somente são passíveis de flexibilização os direitos de indisponibilidade relativa, assim considerados aqueles de caráter privado, não previstos constitucionalmente ou em lei (por exemplo, os estipulados em instrumento coletivo, regulamento de empresa ou contrato de trabalho). Para o autor, os direitos previstos na Constituição, nos princípios, leis, decretos e normas de segurança e saúde do trabalhador são direitos de indisponibilidade absoluta, pois garantem o chamado *patamar civilizatório mínimo* (ou mínimo existencial, ou garantia de existência digna).

Neste sentido, a célebre frase do Abade Lacordaire[2]: "entre o forte e o fraco, entre o rico e o pobre, entre o patrão e o operário, é a liberdade que oprime e a lei que liberta".

Todavia, o legislador adotou postura diametralmente oposta ao mitigar de forma substancial, por meio das alterações da legislação trabalhista levadas a efeito pela Lei nº 13.467/2017 (*Reforma Trabalhista*), diversos princípios peculiares ao direito do trabalho.

Dicas para as provas discursivas:

A flexibilização e a desregulamentação das relações de trabalho constituem tema interessante para eventual questão discursiva. Além de conhecer a distinção entre as figuras, cabe ao candidato conseguir estabelecer a relação entre este tema e outros afins, por exemplo, os limites à negociação coletiva (ver item 29.4.11), os princípios do Direito do Trabalho (ver Capítulo 3), as mazelas do sistema sindical brasileiro (ver Capítulo 29) e as regras de aplicação do Direito do Trabalho no tempo (ver item 4.3.1).

1.5. AUTONOMIA E SUBDIVISÃO

Não restam maiores controvérsias quanto à autonomia do Direito do Trabalho, ou seja, quanto ao seu posicionamento como ramo autônomo da ciência jurídica.

Por sua vez, para a maioria da doutrina, o Direito do Trabalho é subdividido em Direito Individual do Trabalho e Direito Coletivo do Trabalho. O Direito Individual trata das relações entre empregado e empregador, consideradas individualmente, ao passo que o Direito Coletivo trata das relações de um determinado grupo, classe ou categoria abstratamente considerada, que se reúne basicamente através dos sindicatos.

Embora alguns defendam a autonomia do Direito Coletivo do Trabalho, não é esta a posição dominante. Ademais, a diferenciação não tem efeito prático para concursos públicos.

---

[1] DELGADO, Maurício Godinho. *Curso de Direito do Trabalho*. 9. ed. São Paulo: LTr, 2010. p. 201.

[2] Abade Lacordaire foi um francês que viveu no século XIX, tendo sido religioso, acadêmico, professor e educador.

1.6. DEIXADINHA

1. O Direito do Trabalho visa à proteção (tutela jurídica) do empregado, pelo que estabelece vantagens jurídicas ao obreiro como forma de reequilibrar a relação capital/trabalho.

   É muito importante ter isso em mente ao longo de todo o curso, e é esta a essência da presente introdução.

CAPÍTULO 2

Fontes do Direito do Trabalho

• • • • • • • • • • • • • • • • • • • •

Marcadores: FONTES DO DIREITO DO TRABALHO; FONTES FORMAIS; FONTES MATERIAIS; HIERARQUIA NORMATIVA.

Material de estudo:

✓ Legislação: **CLT**, art. 8º

✓ Jurisprudência: **Súm.** 51, TST

✓ Doutrina (+++)

Estratégia de estudo sugerida:

Ante o caráter tipicamente doutrinário deste assunto, é necessário cuidado redobrado quando de seu estudo. As bancas examinadoras não raro vacilam entre posições doutrinárias diversas, razão pela qual há que se estudar atentamente as questões de concursos mais recentes sobre o tema.

2.1. CONCEITO E CLASSIFICAÇÃO

A expressão *fontes do direito* designa a **origem do direito e, afinal, das normas jurídicas**. Tem sua importância ligada à exigibilidade de determinada conduta por parte dos indivíduos, em virtude da existência de um comando normativo.

Dentre as classificações mais comuns das fontes do direito, nos interessa a classificação tradicional em fontes materiais e formais, sendo estas últimas classificadas ainda em fontes formais autônomas e fontes formais heterônomas.

Fontes materiais são os mananciais ligados ao **conteúdo**, ao **fato social** que dá origem ao direito positivo. Representam o momento pré-jurídico, isto é, o conjunto de fatores econômicos, políticos, sociológicos e filosóficos que levam à formação (e à alteração) do direito positivo de um Estado. São exemplos de fontes materiais do Direito do Trabalho as reivindicações dos trabalhadores por melhores condições de trabalho, a agregação dos trabalhadores em torno de ideais comuns e a pressão dos empregadores exercida sobre o Estado, com a finalidade de resguardar seus interesses econômicos e/ou conseguir a flexibilização das relações trabalhistas.

Fontes formais, por sua vez, ligam-se à **forma** jurídica utilizada como regulamentação do fato social. São aquelas fontes que sucedem logicamente as fontes materiais, representando o momento jurídico, através da exteriorização das normas jurídicas. Constituem, nas palavras de Messias Pereira Donato[1], o instrumento de acesso das fontes materiais ao mundo jurídico.

A fonte formal pressupõe a existência do chamado **ato-regra**, isto é, o ato dotado de **generalidade** (dirigido a todos, indistintamente), **abstração** (não incide sobre situação específica, mas sim sobre uma hipótese), **impessoalidade** (não se destina a um único indivíduo, mas sim à coletividade) e **imperatividade** (investido de caráter coercitivo).

As fontes formais são subdivididas em autônomas e heterônomas.

Fontes formais autônomas derivam dos próprios destinatários da norma. No Direito do Trabalho assumem especial importância, dado o largo espectro de formação de normas jurídicas pelos próprios interessados, quais sejam empregados e empregadores. São exemplos de fontes formais autônomas a convenção coletiva de trabalho (instrumento coletivo firmado entre sindicatos, de um lado representando os trabalhadores, e de outro representando os empregadores de determinada categoria econômica) e o acordo coletivo de trabalho (instrumento coletivo firmado entre o sindicato dos trabalhadores e uma ou mais empresas de determinado segmento econômico, sem a participação do sindicato patronal).

Fontes formais heterônomas, por sua vez, surgem a partir da atuação de terceiro, normalmente o Estado, sem a participação direta dos destinatários da norma jurídica. São exemplos de fontes formais heterônomas as leis em geral, que têm sua origem na atuação estatal.

Esquematicamente, as fontes se classificam em:

- Fontes materiais => momento pré-jurídico; contexto social que dá origem às normas
- Fontes formais => momento jurídico; direito positivo
  - Autônomas => formadas pela participação direta dos destinatários da norma
  - Heterônomas => formadas pela intervenção de terceiro, normalmente o Estado

2.2. FONTES FORMAIS

O estudo das fontes formais do direito (não só do Direito do Trabalho) passa por várias divergências doutrinárias. Serão analisados individualmente os institutos, com as observações pertinentes. Ressalte-se que, para fins de concurso público de provas objetivas, recomenda-se sempre a corrente majoritária.

2.2.1. Leis

As leis, de forma ampla (Constituição, emendas constitucionais, leis complementares, leis ordinárias e medidas provisórias), são consideradas unanimemente como fontes formais do direito (e, consequentemente, do Direito do Trabalho).

---

[1] DONATO, Messias Pereira. *Curso de Direito Individual do Trabalho.* 6. ed. São Paulo: LTr, 2008. p. 100.

2.2.2. Decretos

Consoante a doutrina majoritária, os decretos expedidos pelo Poder Executivo são fontes formais do direito.

2.2.3. Portarias, instruções normativas e outros atos do Poder Executivo

Em princípio não seriam fontes formais, pois, em regra, destinam-se a orientar os servidores públicos quanto ao exercício de suas funções. Entretanto, há casos em que a lei ou mesmo o decreto regulamentador conferem expressamente a tais atos do Poder Executivo a função de criar obrigações, hipóteses em que este ato infralegal passa a integrar o conteúdo da lei ou do decreto. Não faltam exemplos no Direito do Trabalho, notadamente no tocante às normas protetivas da saúde e da segurança do trabalhador.

Mencione-se, como exemplo, o art. 193 da CLT, o qual dispõe que as atividades ou operações consideradas perigosas deverão ser especificadas em portaria do Ministério do Trabalho e Emprego. Da mesma forma, a Portaria do MTPS nº 3.214/1978, que aprovou as Normas Regulamentadoras (NRs) do Capítulo V, Título II, da CLT, relativas à Segurança e Medicina do Trabalho, nos termos previstos no art. 200 da CLT. Nestas hipóteses, o ato infralegal expedido pelo Poder Executivo tem caráter geral, abstrato, impessoal e imperativo, razão pela qual é considerado fonte formal do Direito do Trabalho.

2.2.4. Tratados e convenções internacionais

Tratados e convenções internacionais **são fontes formais do direito, desde que ratificados pelo Brasil**, hipótese em que ingressam no ordenamento jurídico, no mínimo[2], com o *status* de lei ordinária. São exemplos de fontes formais internacionais no Direito do Trabalho pátrio as Convenções da OIT ratificadas pelo Brasil.

Observe-se, por oportuno, que as recomendações da OIT não são fontes formais, pois não criam obrigações. São, entretanto, consideradas fontes materiais do Direito do Trabalho.

2.2.5. Sentenças normativas

São as sentenças proferidas em dissídios coletivos (inclusive os de greve), nos termos do art. 114, § 2º, da CRFB. Como atos-regra que são (criam regras gerais, abstratas, impessoais e obrigatórias), constituem fontes formais heterônomas do Direito do Trabalho.

2.2.6. Convenções coletivas de trabalho e acordos coletivos de trabalho

São fontes formais autônomas do Direito do Trabalho, pois criam normas jurídicas a partir da intervenção direta dos destinatários delas, no caso o sindicato dos trabalhadores e o polo do empregador, representado ora por seu sindicato (convenção coletiva de trabalho), ora por uma ou mais empresas (acordo coletivo de trabalho).

Frise-se que, embora a ideia seja simples, a maioria das questões de concursos sobre fontes exploram exatamente esta classificação das CCT e ACT como fontes formais autônomas.

---

[2] Conforme o art. 5º, § 3º, da CRFB, "os tratados e convenções internacionais sobre direitos humanos que forem aprovados, em cada Casa do Congresso Nacional, em dois turnos, por três quintos dos votos dos respectivos membros, serão equivalentes às emendas constitucionais". Ademais, no julgamento do RE 466.343-SP, o STF mudou seu entendimento anterior, passando a considerar que os tratados e convenções internacionais que versam sobre direitos humanos têm *status* normativo supralegal.

2.2.7. Usos e costumes

A maioria da doutrina, baseada no texto do art. 8º da CLT, tende a considerar os usos e costumes como fontes formais autônomas do Direito do Trabalho. Não obstante, concordamos com a ponderação de Maurício Godinho Delgado, para quem há que se diferenciar as duas figuras (usos e costumes). O ilustre jurista mineiro assim explica seu ponto de vista:

"Por uso entende-se a prática habitual adotada no contexto de uma relação jurídica específica, envolvendo as específicas partes componentes dessa relação e produzindo, em consequência, efeitos exclusivamente no delimitado âmbito dessas mesmas partes. Nessa acepção, o uso não emerge como ato-regra – não sendo, portanto, norma jurídica. Tem, assim, o caráter de simples *cláusula* tacitamente ajustada na relação jurídica entre as partes envolvidas (cláusula contratual).

(...)

Por costume entende-se, em contrapartida, a prática habitual adotada no contexto mais amplo de certa empresa, categoria, região, etc., firmando um modelo ou critério de conduta geral, impessoal, aplicável *ad futurum* a todos os trabalhadores integrados no mesmo tipo de contexto. Os costumes têm, assim, caráter inquestionável de atos-regra, isto é, normas jurídicas"[3]. (grifos no original)

No mesmo sentido, e de forma bastante objetiva, Luiz Carlos Michele Fabre ensina:

"Os costumes são veículos introdutores de norma desprovidos de maior objetividade e cuja enunciação se dá de forma difusa, inexistindo um ato básico que defina a sua validade, como é o caso da promulgação. A validade da norma costumeira ou consuetudinária repousa na crença do grupo social acerca da exigibilidade de uma conduta, aliada à tradição deste grupo social em praticar a conduta. Estes são, pois, os dois elementos do costume juridicamente relevante: o uso continuado e a convicção da obrigatoriedade (*opinio necessitatis sive obligationis*), com o que se distingue o simples uso (por exemplo, fazer três refeições diárias, vestir-se conforme a moda) do costume (aguardar em fila para ser atendido, emitir cheques pré-datados). O uso, assim, é o simples hábito, a simples reiteração de condutas no tempo, desprovida desta convicção de obrigatoriedade sendo, tecnicamente, juridicamente irrelevante, donde a precipitação do legislador trabalhista em aparentemente conferir-lhe o mesmo *status* dos costumes (...)"[4].

Para concursos, entretanto, recomenda-se, como sempre, a corrente majoritária.

2.2.8. Laudo arbitral

A utilização do instituto da arbitragem na seara trabalhista é expressamente prevista pelo art. 114, § 1º, da CRFB. A doutrina majoritária sempre defendeu que a arbitragem é incompatível com o Direito Individual do Trabalho[5], dada a indisponibilidade dos direitos trabalhistas, sendo, entretanto, perfeitamente aplicável no âmbito do Direito Coletivo do Trabalho.

Não obstante o mencionado entendimento doutrinário e jurisprudencial que vinha prevalecendo até então, **a Lei nº 13.467/2017 estabeleceu expressamente a possibilidade**

---

[3] DELGADO, Maurício Godinho. *Curso de Direito do Trabalho*. 9. ed. São Paulo: LTr, 2010. p. 163-164.
[4] FABRE, Luiz Carlos Michele. Fontes do Direito do Trabalho. São Paulo: LTr, 2009. p. 151.
[5] Corroborando tal entendimento, ao sancionar a Lei nº 13.129/2015, que alterou a regulamentação relativa à arbitragem, a Presidente da República vetou a inclusão do § 4º no art. 4º da Lei nº 9.307/1996, que previa a possibilidade de arbitragem para solucionar conflitos envolvendo o empregado que ocupe ou venha a ocupar cargo ou função de administrador ou de diretor estatutário, nos contratos individuais de trabalho. No mesmo sentido, decidiu a SDI-1 em 22.05.2015 (E-ED-RR-25900-67.2008.5.03.0075).

de utilização da arbitragem no âmbito do direito individual do trabalho, nos termos do novel art. 507-A da CLT:

> Art. 507-A. Nos contratos individuais de trabalho cuja remuneração seja superior a duas vezes o limite máximo estabelecido para os benefícios do Regime Geral de Previdência Social, poderá ser pactuada cláusula compromissória de arbitragem, desde que por iniciativa do empregado ou mediante a sua concordância expressa, nos termos previstos na Lei nº 9.307, de 23 de setembro de 1996.

Abstraída a questão da possível inconstitucionalidade do referido art. 507-A, a qual será tratada no Capítulo 6 desta obra, para o qual remeto o leitor, advirta-se para o fato que "o laudo arbitral proferido em lide individual não é fonte do direito porque aprecia concretamente uma controvérsia"[6].

Da arbitragem no âmbito coletivo, por sua vez, decorre a decisão (laudo arbitral) de caráter normativo, exarada por um árbitro escolhido pelas partes do conflito coletivo de trabalho (sindicatos). **Este laudo arbitral é fonte formal do Direito do Trabalho**, tendo em vista que cria norma jurídica aplicável à categoria em referência. Discute-se apenas se o laudo arbitral seria fonte formal heterônoma ou autônoma, **prevalecendo o entendimento de que se trata de fonte formal heterônoma**.

Portanto, a questão do laudo arbitral pode ser resumida no seguinte:

- Proferido em arbitragem individual, não é fonte do direito do trabalho
- Proferido em arbitragem coletiva, é fonte formal heterônoma

2.2.9. Regulamento empresarial

Parte expressiva da doutrina[7] e, principalmente, a jurisprudência majoritária têm negado ao regulamento empresarial a natureza de fonte formal do Direito do Trabalho, tendo em vista a unilateralidade que caracteriza sua produção. Assim, não obstante presentes as qualidades gerais do ato-regra (generalidade, abstração, impessoalidade e imperatividade), o regulamento de empresa tem sido considerado somente um ato de vontade unilateral, razão pela qual **adere ao contrato de trabalho como cláusula contratual**, mas não constitui fonte formal. É este o entendimento do TST consubstanciado nas Súmulas 51 e 288.

Entretanto, a questão está longe da pacificação. Parcela minoritária entende ser o regulamento empresarial fonte formal. Se for fonte formal, seria autônoma, pois emana de um dos sujeitos do contrato de trabalho. Em sentido contrário, Carlos Henrique Bezerra Leite observa que, "desde que tenha origem estatal ou instituído exclusivamente pelo empregador, no exercício do seu poder regulamentar, também é fonte heterônoma do direito do trabalho"[8].

Há, ainda, a possibilidade de o regulamento de empresa ser bilateral, caso haja participação dos empregados em sua produção. Neste caso, não resta dúvida de que se trata de fonte formal autônoma.

2.2.10. Jurisprudência

Jurisprudência é a reiterada interpretação conferida pelos tribunais às normas jurídicas, a partir do julgamento de casos concretos levados à apreciação do Poder Judiciário.

---

6   CASSAR, Vólia Bomfim. *Direito do Trabalho*. 14. ed. São Paulo: Método, 2017, p. 91.

7   Neste sentido, por todos, DELGADO, Maurício Godinho. *Curso de Direito do Trabalho*, p. 157.

8   LEITE, Carlos Henrique Bezerra. *Curso de Direito do Trabalho*. 5. ed. São Paulo: Saraiva, 2014. p. 63.

Em princípio não é fonte de direito, pois nada mais é que a forma pela qual os Tribunais interpretam a lei, aplicando-a ao caso concreto. Sob este aspecto, não é ato-regra, pois lhe faltam generalidade, abstração e impessoalidade, ao passo que se dirige especificamente a um caso particular levado a julgamento.

Parte da doutrina, entretanto, considera que a jurisprudência é fonte de direito quando for reiterada. Neste sentido, as súmulas do TST, por exemplo, seriam fontes do Direito do Trabalho.

Observe-se, por oportuno, que o art. 8º da CLT arrola a jurisprudência como **fonte normativa supletiva**, o que acaba por reforçar a tese mais moderna, no sentido de que a jurisprudência constitui fonte jurígena e, como tal, deve ser classificada como fonte do Direito do Trabalho.

Quanto às súmulas vinculantes, são fontes formais, pois se dirigem a todos de forma geral, abstrata e impessoal. Vólia Bomfim Cassar verifica, por sua vez, que, "a partir da vigência da Lei 13.015/2014, também serão fontes formais de direito a Tese Jurídica Prevalente ou a Súmula de um Tribunal Regional para os desembargadores daquele mesmo tribunal, já que sua observância passa a ser obrigatória, conforme Ato 491/14, IN 37/15 do TST e Resolução 195/15"[9]. Esta última observação, entretanto, tem mais caráter informativo do que prático.

De forma geral, tem predominado a corrente tradicional, no sentido de que a jurisprudência não é fonte formal do direito. Há que se tomar algum cuidado, entretanto, tendo em vista o novo sistema de precedentes adotado pelo Código de Processo Civil de 2015 (Lei nº 13.105/2015), notadamente no art. 927. Sob este aspecto, seria possível que, com o tempo, a jurisprudência passasse a ser também considerada fonte formal do direito, tantas são, atualmente, as exceções à regra que moldou o entendimento clássico.

Na contramão desta tendência, entretanto, a Lei nº 13.467/2017 acrescentou ao art. 8º da CLT o § 2º, o qual estabelece que Súmulas e outros enunciados de jurisprudência editados pelo Tribunal Superior do Trabalho e pelos Tribunais Regionais do Trabalho não poderão restringir direitos legalmente previstos nem criar obrigações que não estejam previstas em lei. Em outras palavras, ao menos em tese, a partir da *reforma trabalhista*, não haveria como se considerar a jurisprudência como fonte formal do direito do trabalho. A questão será analisada em seus pormenores no item 4.1.2.

2.2.11. Princípios

No tocante aos princípios, a controvérsia é enorme. Em um primeiro momento, e de acordo com a doutrina tradicional (positivista), os princípios teriam apenas a função integrativa, razão pela qual não possuiriam força normativa autônoma, e, por consequência, não seriam fontes formais do direito. Seriam fontes materiais do direito, inspiradores da produção jurídica, por exemplo, na concepção de Américo Plá Rodriguez[10].

Entretanto, à luz do constitucionalismo contemporâneo (pós-positivista), os princípios são dotados de força normativa e, como tal, seriam sim fontes formais do direito.

O tema será aprofundado no Capítulo 3, mas cabe asseverar, de antemão, que o art. 8º da CLT arrola os princípios como fontes de integração, isto é, meras fontes supletivas.

---

9   CASSAR, Vólia Bomfim. *Direito do Trabalho*. 11. ed. São Paulo: Método, 2015. p. 70.
10 PLÁ RODRIGUES, Américo. *Princípios de Direito do Trabalho*. Trad. Wagner D. Giglio. 3. ed. São Paulo: LTr, 2000. p. 47.

2.3. OUTRAS FIGURAS QUE NÃO CONSTITUEM FONTES

2.3.1. Doutrina

Doutrina nada mais é que o entendimento sistemático dos juristas e estudiosos do direito acerca de determinado tema. Como tal, não constitui fonte do direito. Também não é considerada sequer fonte supletiva, não se encontrando arrolada no art. 8º da CLT.

2.3.2. Equidade

José Augusto Rodrigues Pinto ensina que

"Equidade é a interpretação abrandada da lei para aplicação a situações não reguladas por norma alguma, quando haja necessidade de uma distribuição justa do Direito".

Mas assevera que

"(...) a equidade, em nosso Direito material do Trabalho, se circunscreve às hipóteses para as quais inexista norma legal ou contratual aplicável. Logo, o abrandamento da lei não é autorizado para aplicação da própria lei, o que importaria, *ultima ratio*, em alterá-la[11]".

Neste mesmo sentido, a CLT (art. 8º) arrola a equidade como fonte normativa subsidiária, a ser invocada em situação de lacuna normativa no conjunto das fontes principais do Direito do Trabalho.

Assim, João de Lima Teixeira Filho ensina que "a equidade funciona, pois, normalmente, como um guia do juiz na interpretação e aplicação da lei. Não é fonte de direito.[12]"

Apesar de não ser considerada fonte formal, a equidade é tida como fonte material no Direito do Trabalho brasileiro, devido à existência do poder normativo de Justiça do Trabalho. Com efeito, a CLT dispõe que as sentenças normativas devem contemplar a noção de *salário justo* (art. 766 da CLT).

2.3.3. Analogia

Trata-se da operação lógico-comparativa pela qual o operador jurídico, em situações de lacuna nas fontes normativas principais do sistema, busca preceito adequado existente em outros segmentos do universo jurídico. **Não é fonte do direito, e sim método de integração jurídica.**

2.3.4. Cláusulas contratuais

Dadas as características das cláusulas contratuais (concretas, específicas, pessoais, envolvendo apenas as partes contratantes), não constituem fontes do direito. Como mencionado anteriormente, as fontes formais são os chamados atos-regra, atos normativos cujas características são a abstração, a generalidade e a impessoalidade.

2.4. IMPORTÂNCIA DO TEMA: CLÁUSULAS *VS.* NORMAS

As normas não aderem permanentemente à relação jurídica pactuada entre as partes, ao contrário das cláusulas, que sofrem tal aderência contratual.

---

11 PINTO, José Augusto Rodrigues. *Tratado de Direito Material do Trabalho*. São Paulo: LTr, 2007. p. 108.

12 SÜSSEKIND, Arnaldo; MARANHÃO, Délio; VIANNA, Segadas; TEIXEIRA FILHO, João de Lima. *Instituições de Direito do Trabalho*. 16. ed. São Paulo: LTr, 1996. p. 167, vol. I.

Assim, as normas podem ser revogadas (respeitados, naturalmente, o direito adquirido, a coisa julgada e o ato jurídico perfeito), e as cláusulas não podem ser suprimidas pela vontade que as instituiu, tendo em vista o disposto no art. 468 da CLT.

Por fim, as normas podem suprimir do mundo jurídico não só outras normas, mas também as próprias cláusulas.

2.5. HIERARQUIA DAS FONTES NORMATIVAS

O critério geral de hierarquia das normas jurídicas sempre considera que uma norma encontra seu fundamento de validade em outra hierarquicamente superior, sendo a Constituição o vértice da pirâmide hierárquica.

Assim, consoante o critério do direito comum, a hierarquia seria a seguinte:

1º) Constituição;
2º) Emendas Constitucionais;
3º) Leis Complementares, Leis Ordinárias, Leis Delegadas, Medidas Provisórias;
4º) Decretos;
5º) Outros atos normativos.

Não obstante, no Direito do Trabalho estabeleceu-se um critério hierárquico próprio, tendo em vista as especificidades do ramo juslaboral.

Com efeito, o critério de hierarquia trabalhista forma-se a partir de dois eixos centrais, quais sejam:

• No Direito do Trabalho não se deve, em princípio, falar em hierarquia de diplomas normativos (lei em sentido material), mas sim em hierarquia de normas jurídicas (heterônomas e autônomas);

• O critério informador da pirâmide hierárquica justrabalhista não é rígido como ocorre no direito comum.

Isto porque o princípio da norma mais favorável, decorrência direta do princípio protetor, que orienta todo o Direito do Trabalho, não se compatibiliza com a inflexibilidade da pirâmide hierárquica do direito comum.

Assim, o critério normativo hierárquico vigorante no Direito do Trabalho opera da seguinte maneira: a pirâmide normativa constrói-se de modo variável, elegendo para seu vértice dominante, em regra, a norma que mais se aproxime do objetivo maior do Direito do Trabalho, que é o reequilíbrio das relações sociais (norma mais favorável).

O vértice da pirâmide não será, portanto, necessariamente a CRFB ou a lei, e sim a norma mais favorável ao empregado.

Neste diapasão, há imensa cizânia no tocante ao critério a utilizar para determinação da norma mais benéfica, quando duas forem igualmente aplicáveis ao caso concreto. Surgem então as teorias da acumulação e do conglobamento, oferecendo soluções distintas para a questão. Tais teorias serão tratadas no próximo capítulo, quando do estudo do princípio da norma mais favorável.

Entretanto, a hierarquia plástica e flexível das normas trabalhistas, e, consequentemente, o princípio da norma mais favorável, encontra limites:

a) nas **normas proibitivas** oriundas do Estado, assim consideradas aquelas normas imperativas, cogentes, que não deixam margem à atuação da vontade individual de seus destinatários. Neste sentido, o critério justrabalhista não prevalecerá diante de normas heterônomas estatais proibitivas, as quais sempre deverão preponderar. Mencione-se, como exemplo, a previsão legal da prescrição trabalhista (art. 7º, XXIX, CRFB/88), que, por constituir norma proibitiva estatal (visando alcançar o interesse coletivo de pacificação social e segurança jurídica), não admite norma coletiva em sentido contrário, ainda que mais benéfica ao trabalhador.

b) na **prevalência do negociado sobre o legislado**, na forma dos artigos 611-A e 611-B da CLT, acrescentados pela Lei nº 13.467/2017. De fato, naquelas hipóteses em que a Lei autorizou a flexibilização das normas trabalhistas mediante negociação coletiva (art. 611-A da CLT), não será aplicada a norma mais favorável ao trabalhador, e sim, necessariamente, a norma coletiva.

c) na hipótese de **sobreposição de normas coletivas** (conflito entre ACT e CCT), em que será aplicável, por força do disposto na nova redação do art. 620 da CLT, dada pela Lei nº 13.467/2017, o *critério da especialidade*, segundo o qual norma específica prevalece sobre norma geral. Em outras palavras, ao contrário do que constava na redação anterior do referido dispositivo (que previa a aplicação da convenção coletiva, se mais favorável que o acordo coletivo), a partir da vigência da Lei nº 13.467/2017 o acordo coletivo de trabalho passou a prevalecer sobre a convenção coletiva de trabalho.

Como se percebe, a reforma trabalhista mitigou, de forma bastante substancial, o princípio da norma mais favorável. Todavia, tal princípio continua informando o Direito do Trabalho, valendo, por exemplo, para a aplicação de normas coletivas que estabeleçam melhor condição social ao trabalhador, para a definição da norma aplicável ante o conflito entre norma interna e tratado internacional ratificado[13] etc.

FONTES DO DIREITO DO TRABALHO
Fontes do direito => origem das normas jurídicas.

Classificação das fontes:
• Materiais
• Formais
  – Autônomas
  – Heterônomas

Fontes materiais: referem-se ao fato social que dá origem à criação jurídica.
Fontes formais: constituem a exteriorização da norma jurídica, consubstanciada no chamado ato-regra (geral, abstrato, impessoal e imperativo).
Fontes formais autônomas: emanam da vontade dos próprios interessados (ex.: convenção coletiva de trabalho).
Fontes formais heterônomas: têm origem a partir de terceiro, não destinatário da norma jurídica (ex.: lei).

---

13 O exemplo clássico, no caso, é o conflito entre o Capítulo IV, do Título II, da CLT, referente às férias, e a Convenção nº 132 da OIT.

FONTES DO DIREITO DO TRABALHO
Fontes formais em espécie: • Leis • Decretos • Portarias, nos casos em que criam obrigações, mediante previsão legal (ex.: Normas Regulamentadoras, cujo poder regulamentador está expressamente previsto na CLT) • Tratados e convenções internacionais, desde que ratificados • Sentenças normativas • Convenções coletivas de trabalho e acordos coletivos de trabalho • Usos e costumes • Laudo arbitral coletivo (fonte formal heterônoma, para a corrente majoritária) • Regulamento de empresa (para a doutrina e jurisprudência majoritárias, não seria fonte formal, sempre que unilateral; para as bancas, entretanto, tem sido considerado como fonte formal, especialmente pelo Cespe)
Não são fontes formais: • Jurisprudência (salvo as Súmulas Vinculantes) • Doutrina • Equidade • Analogia • Cláusulas contratuais • Laudo arbitral individual
Hierarquia das fontes trabalhistas: • Não há critério hierárquico rígido, em homenagem ao princípio da norma mais favorável. Deve-se buscar, como regra, a norma mais favorável ao trabalhador, de forma a cumprir a finalidade do Direito do Trabalho. Este critério plástico é limitado, entretanto, pelas normas proibitivas estatais, pelas hipóteses de prevalência do negociado sobre o legislado e pela prevalência, em caso de sobreposição de normas coletivas, do ACT sobre a CCT. • A apuração da norma mais favorável é feita a partir do critério da acumulação ou do critério do conglobamento.

2.6. DEIXADINHAS

1. Fontes materiais são os ingredientes do direito (fato social), ao passo que fontes formais são o resultado da mistura de tais ingredientes, cristalizada na norma jurídica.

2. Fontes formais autônomas são aquelas que advêm dos próprios destinatários, como ocorre, por exemplo, com os instrumentos coletivos de trabalho (CCT e ACT).

3. Fontes formais heterônomas se originam de terceiros, estranhos à relação jurídica e, portanto, não destinatários da norma.

4. São fontes formais as leis, os decretos, as portarias que criam obrigações, as sentenças normativas, as convenções coletivas de trabalho e os acordos coletivos de trabalho, os laudos arbitrais (coletivos) e os usos e costumes.

5. As convenções e tratados internacionais são fontes formais se ratificados pelo Brasil.

6. O regulamento de empresa tem sido considerado pelas bancas examinadoras, de uma forma geral, e pelo Cespe, de forma especial, como fonte formal, ainda que tal entendimento seja minoritário na doutrina e na jurisprudência.

7. A jurisprudência não é fonte formal do Direito do Trabalho, mas tão somente fonte de integração ou fonte normativa supletiva.

8. A doutrina, a equidade, a analogia e as cláusulas contratuais não são fontes formais do Direito do Trabalho.

9. As normas não aderem permanentemente ao contrato de trabalho, ao contrário das cláusulas contratuais. Aí reside a importância do estudo das fontes do Direito do Trabalho.

10. O critério hierárquico aplicável no âmbito do Direito do Trabalho é flexível, inspirado no princípio da norma mais favorável, salvo nos casos em que há norma proibitiva estatal, nas hipóteses de flexibilização autorizada por lei, em que o negociado prevalece sobre o legislado, e nas hipóteses de sobreposição entre normas coletivas, em que o ACT prevalece sobre a CCT.

CAPÍTULO 3

Princípios do Direito do Trabalho

· ·

Marcadores: PRINCÍPIOS DO DIREITO DO TRABALHO; RENÚNCIA E TRANSAÇÃO; ACUMULAÇÃO E CONGLOBAMENTO.

Material de estudo:

✓ Legislação: **CLT**, arts. 9º, 10, 448, 468; **CCB**, art. 422

✓ Jurisprudência: **Súm.** 51, 212, 276 e 288, TST; **OJ-SDC** 31, TST

✓ Doutrina (+++)

Estratégia de estudo sugerida:

Ainda que seu objetivo imediato não contemple o assunto deste capítulo, sugiro o estudo atento do tema, pois é inestimável a importância dos princípios para a perfeita compreensão dos mais diversos institutos trabalhistas.

Desse modo, você lançará mão de um pouco de seu (precioso) tempo de estudo, mas em troca adquirirá conhecimento que lhe será de grande valia para entender vários outros pontos do programa.

3.1. GENERALIDADES

Princípios são os elementos de sustentação do ordenamento jurídico, elementos estes que lhe dão coerência interna.

Para Vólia Bomfim Cassar, "princípio é a postura mental que leva o intérprete a se posicionar desta ou daquela maneira"[1].

Na definição de Alexy, "princípios são mandamentos de otimização, isto é, normas que ordenam que algo seja realizado na maior medida possível, dentro das possibilidades jurídicas e reais existentes"[2].

---

[1] CASSAR, Vólia Bomfim. *Direito do Trabalho*. 4. ed. Niterói: Impetus, 2010, p. 158.
[2] *Apud* NOVELINO, Marcelo. *Direito Constitucional*. 2. ed. São Paulo: Método, 2008, p. 66.

Os princípios estão ligados aos valores que o Direito visa realizar. Servem como fundamento e são responsáveis pela gênese de grande parte das regras que, por consequência, deverão ter sua interpretação e aplicação condicionadas por aqueles princípios, dos quais se originaram.

A doutrina extrai dos princípios três funções principais, quais sejam:

a) **Função informativa ou construtiva**, pela qual os princípios servem de referencial para o legislador quando da criação da norma jurídica[3]. Os princípios constituem, portanto, fonte material do direito;

b) **Função interpretativa**, na medida em que os princípios auxiliam na interpretação do sentido da norma jurídica. Havendo dúvidas sobre o sentido da norma, deve-se interpretá-la da maneira mais coerente com os princípios. Exemplo: princípio da proteção e *in dubio pro misero*;

c) **Função normativa**, pois os princípios aplicam-se na solução de casos concretos, seja de forma direta, através da derrogação de uma norma por um princípio, seja de forma indireta, pela integração do sistema jurídico na hipótese de lacuna. Se não há norma específica aplicável ao caso concreto, procede-se à integração a partir da aplicação do princípio.

Aliás, de acordo com a moderna doutrina pós-positivista, cujos maiores expoentes são o alemão Robert Alexy e o norte-americano Ronald Dworkin, a norma jurídica é composta de princípios e de regras de direito, superando, assim, a doutrina clássica que não atribuía caráter normativo autônomo aos princípios.

Esquematicamente, ficaria assim:

> **NORMA JURÍDICA = PRINCÍPIO(S) + REGRA DE DIREITO**

* Doutrina tradicional: jusnaturalistas e positivistas
  Princípios e normas não se confundem
* Doutrina pós-positivista
  – norma é gênero, do qual são espécies os princípios e as regras
  – os princípios são dotados de força normativa
  – os princípios são mais abstratos que as regras

Neste mesmo sentido, elucidativa é a lição de Norberto Bobbio:

"antes de mais nada, se são normas aquelas das quais os princípios gerais são extraídos, através de um procedimento de generalização sucessiva, não se vê porque não devam ser normas também eles: se abstraio da espécie animal, obtendo sempre animais, e não flores ou estrelas. Em segundo lugar, a função para a qual são extraídos e empregados é a mesma cumprida por todas as normas, isto é, a função de regular um caso. E com que finalidade são extraídos em caso de lacuna? Para regular um comportamento não regulamentado: mas então servem ao mesmo escopo a que servem as normas expressas. E por que não deveriam ser normas?[4]"

---

3   Observe-se, todavia, que esta lógica não foi observada ao longo do processo legislativo que culminou na aprovação da Reforma Trabalhista de 2017. Com efeito, o legislador deixou de observar, de forma geral, os princípios basilares do Direito do Trabalho, o que coloca em xeque, ao menos no plano teórico, a nova Lei.

4   BOBBIO, Norberto. *Teoria do ordenamento jurídico*. Brasília: Editora Polis, 1989. p. 158-159, citado por BARROS, Alice Monteiro de. *Curso de direito do trabalho*. 6. ed. São Paulo: LTr, 2010. p. 176.

Esta atribuição de normatividade aos princípios será fundamental para a extração da máxima efetividade da Constituição, pois, no conflito entre duas regras jurídicas, uma delas será desconsiderada em favor da outra (o que se chama de *lógica do tudo ou nada*), ao passo que, diante do conflito (colisão) entre dois ou mais princípios, aplica-se cada um deles na maior medida possível, pelo critério denominado ponderação de interesses (lógica do *mais ou menos*).

Regras são normas que, verificados determinados pressupostos, exigem, proíbem ou permitem algo em termos definitivos; os princípios, por sua vez, são normas que exigem a realização de algo, da melhor forma possível, de acordo com as possibilidades fáticas e jurídicas.

Finalmente, é importante salientar que existem os princípios gerais do direito (que se aplicam, em regra, a todos os ramos do Direito), os princípios constitucionais (aqueles que, explícitos ou não, decorrem da interpretação do texto constitucional) e os princípios peculiares a cada ramo jurídico.

Resta observar, por lealdade intelectual, que no Direito do Trabalho ainda é tímida a aceitação dos princípios como dotados de força normativa autônoma. A doutrina trabalhista majoritária ainda se mantém alinhada à escola clássica, negando aos princípios força normativa autônoma e atribuindo-lhes apenas força normativa supletiva, nos termos do art. 8º da CLT.

Superada esta questão do posicionamento dos princípios no sistema jurídico, passemos então aos princípios que informam o Direito do Trabalho.

Cabe aqui mencionar que este tema é de fundamental importância para o entendimento do direito laboral, tendo em vista os princípios peculiares a este ramo jurídico, que, por fim, o diferenciam do direito comum.

3.2. PRINCÍPIOS CONSTITUCIONAIS RELEVANTES PARA O ESTUDO DO DIREITO DO TRABALHO

3.2.1. Princípio da dignidade humana

Na mesma linha dos princípios da boa-fé e da razoabilidade, o princípio da dignidade humana, em que pese ser princípio geral do direito, e mais, princípio maior da Constituição da República, vem sendo relacionado por alguns autores também como princípio específico do Direito do Trabalho.

Entende-se pelo princípio da dignidade humana a noção de que **o ser humano é um fim em si mesmo,** não podendo ser utilizado como meio para atingir determinado objetivo. Veda-se, assim, a *coisificação* do homem, e, no caso específico do direito laboral, a *coisificação* do trabalhador.

Em outras palavras, não se admite seja o trabalhador usado como mero objeto, na busca incessante pelo lucro e pelos interesses do capital.

Este princípio se irradia em todas as relações trabalhistas, seja impondo limites, por exemplo, ao poder diretivo do empregador (*v.g.*, na limitação das revistas pessoais, na proibição das revistas íntimas, na limitação do monitoramento do *e-mail* corporativo), seja vedando a discriminação em razão de sexo, raça, religião ou característica física.

É interessante observar que o reconhecimento do princípio da dignidade humana foi o marco divisor da constitucionalização do direito e do reconhecimento da força normativa dos princípios. Esse movimento teve como estopim as barbaridades cometidas pelo nazifascismo, por ocasião da Segunda Guerra Mundial, sendo que a então prestigiada Teoria Pura do Direito, de Hans Kelsen, bem como o positivismo jurídico, não conseguiram oferecer resposta jurídica à altura, tendo em vista que os movimentos liderados por Hitler e seus seguidores não constituíam crime perante o direito positivo alemão. Dessa forma, surgiu a necessidade de agregar valores ao ordenamento jurídico, o que se obteve através da constitucionalização e da formação da moderna teoria da força normativa da Constituição[5].

3.2.2. Outros princípios constitucionais relevantes

- Valores sociais do trabalho
- Inviolabilidade da intimidade e da privacidade
- Liberdade
  - profissional
  - de reunião
  - de crença
  - de associação
- Função social da propriedade (importante na questão da flexibilização, que deve estar vinculada à função social da empresa e à sua manutenção)
- Busca do pleno emprego

3.3. PRINCÍPIOS GERAIS DO DIREITO RELEVANTES PARA O RAMO JUSTRABALHISTA

3.3.1. Princípio da boa-fé

Segundo este princípio, tanto o empregado quanto o empregador devem agir, em sua relação, pautados pela lealdade e boa-fé.

Em que pese ter sido encartado por Plá Rodriguez como princípio especial trabalhista[6], a maioria da doutrina brasileira se posiciona no sentido de que este é um princípio geral do direito, aplicável a todos os ramos da ciência jurídica. Este entendimento restou cristalizado pelo art. 422 do Código Civil de 2002, o qual dispõe que *os contratantes são obrigados a guardar, assim na conclusão do contrato, como em sua execução, os princípios de probidade e boa-fé.*

A ideia de responsabilidade pré-contratual, hoje bem aceita na seara trabalhista, decorre do princípio da boa-fé. Com efeito, se a parte contratante não age com boa-fé e lealdade durante a fase das tratativas (negociações preliminares), pode ser condenada ao ressarcimento do dano emergente e do lucro cessante, bem como de eventual dano moral ocasionado à parte lesada.

A aplicação de tal princípio na jurisprudência pode ser ilustrada pelos seguintes arestos:

[...] SEGURO DE VIDA EM GRUPO. CLÁUSULA GERAL DA BOA-FÉ OBJETIVA. DEVER ANEXO DE LEALDADE. VIOLAÇÃO. PRINCÍPIO DA DIGNIDADE DA PESSOA HUMANA. RESPONSABILIDADE PÓS-CONTRATUAL. CULPA POST PACTUM FINITUM. A partir da Constituição de 1988, fincou-se de modo definitivo a opção política em estabelecer tratamento privilegiado ao trabalho como elemento integrante do próprio conceito de dignidade humana e fundamentador do desenvolvimento da atividade econômica, o que representou um compromisso inafastável com a valorização do ser humano e a legitimação do Estado Democrático

---

5   MARMELSTEIN, George. *Curso de direitos fundamentais.* 2. ed. São Paulo: Atlas, 2009. p. 10 e ss.
6   PLÁ RODRIGUES, Américo. *Princípios de Direito do Trabalho.* Trad. Wagner D. Giglio. 3. ed. São Paulo: LTr, 2000. p. 415.

de Direito, no qual se inserem o trabalho enquanto valor social, a busca pela justiça social, a existência digna, a função social da propriedade e a redução das desigualdades sociais, entre outros princípios (art. 170). Essa inspiração principiológica - que deve servir de vetor interpretativo para todo o sistema jurídico – modificou consideravelmente nosso direito civil e, por conseguinte, representou uma verdadeira virada de página no modelo instituído em 1916 e que em grande parte foi e tem sido fruto da incorporação de teses consagradas pela jurisprudência dos tribunais: o seu processo de constitucionalização e de despatrimonialização no tratamento das relações privadas. Posto isso, é salutar mencionar a evolução do direito obrigacional brasileiro que, sob o prisma desses princípios constitucionais, consagrou expressamente a cláusula geral da boa-fé objetiva (art. 422), que possibilita verdadeiro progresso e aperfeiçoamento na construção do ordenamento jurídico; moderniza a atividade jurisdicional, na busca do ideal de justiça, por permitir ao órgão julgador a solução de problemas a partir da valoração dos fatos e concretização do que, até então, se pautava no plano da subjetividade dos sujeitos integrantes da relação jurídica, na perspectiva meramente individual, portanto, particularmente no que diz respeito à função criadora de direitos e não apenas interpretativa. Isso porque sua base inspiradora é o princípio da dignidade da pessoa humana (art. 1º, III, da CF), na medida em que o ser humano, como sujeito de direitos, pratica atos que, à luz dos mandamentos constitucionais, devem estar adequados à sua própria dignidade, da qual é, ao mesmo tempo, detentor e destinatário, fundamento e inspiração, origem e destino. Referido postulado impõe na relação contratual a noção de comportamento das partes pautado na honestidade, transparência e, principalmente, na lealdade e na confiança que depositam quando da celebração de um contrato. E de tal reconhecimento tem-se por conclusivo que em todos os contratos existem os chamados deveres anexos. É pacífico na doutrina e jurisprudência que a boa-fé objetiva tem ampla incidência em todas as fases da relação obrigacional, em razão de que os contratantes devem seguir seus ditames – lealdade e confiança - na celebração, na execução ou extinção da relação jurídica. Do exercício da função criativa decorre que, além dos deveres principais, devem nortear a relação contratual os deveres de informação, proteção e lealdade, tradicionalmente exemplificados pela doutrina e jurisprudência como sendo alguns dos deveres anexos ou de consideração, decorrentes da chamada complexidade intraobrigacional. Dinâmicos por natureza, referidos deveres impõem um padrão de conduta minimamente ético que deve se estender mesmo após o término da relação contratual. Caso contrário, ou seja, violado um dever específico de boa-fé, exsurge a responsabilidade pós-contratual, a chamada culpa *post pactum finitum*. No caso, está registrado no acórdão recorrido que "o autor sofreu majoração excessiva no valor de custeio do seguro de vida ao permanecer vinculado à reclamada, enquanto que os empregados ligados a outra empresa também sucessora do Grupo Ipiranga não custeiam o benefício. Tal situação ofende o princípio da isonomia, na medida em que empregados anteriormente vinculados ao Grupo Ipiranga têm tratamento discriminatório decorrente do critério aleatório utilizado para rateio dos inativos." Ao adotar tal entendimento, a Corte a quo deu a exata subsunção dos fatos ao comando inserto no artigo 468 da CLT, bem assim no mencionado artigo 422 do Código Civil. Recurso de revista de que não se conhece. [...] (TST, 7ª Turma, RR-1150-25.2011.5.04.0121, Rel. Min.: Cláudio Mascarenhas Brandão, Data de Julgamento: 21/03/2018, *DEJT* 23/03/2018).

DECISÃO REGIONAL PUBLICADA NA VIGÊNCIA DA LEI Nº 13.467/2017. AGRAVO INTERNO DA RÉ EM RECURSO DE REVISTA DO AUTOR. INCORPORAÇÃO DA GRATIFICAÇÃO DE FUNÇÃO RECEBIDA POR 9 ANOS E 10 MESES. NÃO CONFIGAÇÃO DE JUSTO MOTIVO. SÚMULA Nº 372, I, DO TST. TRANSCENDÊNCIA POLÍTICA DA CAUSA RECONHECIDA NO APELO DA PARTE AUTORA. O Princípio da Estabilidade Econômica, oriundo do Direito Administrativo, representa a possibilidade de manutenção dos ganhos do empregado, quando convive, durante longo período – fixado pela jurisprudência em dez anos –, com determinado padrão remuneratório e representa exceção à regra geral de retorno ao cargo efetivo, consubstanciada no artigo 499 da CLT. Busca-se adequar a regra legal à realidade dos fatos, que gera situação de gastos compatíveis com os seus ganhos e passa a conviver num nível mais elevado de necessidades, não sendo razoável que dele ficasse privado, sem nenhuma compensação, por um ato de gestão empresarial. No caso, o Tribunal Regional, soberano na análise do conjunto fático-probatório, registrou que o autor foi destituído do cargo de gerência que ocupava devido à transformação de sua agência em posto de atendimento, e que lhe foi ofertada vaga que implicava mudança para Estado diverso, porém entendeu que a recusa à assunção de nova função comissionada deixa claro que não havia interesse em manter a gratificação. Com base em tais premissas, decidiu que "não se poderia entender que a destituição da gratificação de função tenha se dado 'sem justo motivo' quando o próprio autor não demonstrou interesse pelo exercício de função comissionada em outro Estado". O retorno ao cargo efetivo de empregado que exerceu função gratificada por quase dez anos, sem justo motivo, constitui verdadeira e inaceitável alteração obstativa, o que atrai o princípio segundo o qual os efeitos da condição são implementados quando a parte maliciosamente obsta a implementação das consequências que dela decorreriam naturalmente, como no caso em tela, em que a retirada da gratificação de função simplesmente impediu que o empregado conseguisse obter o tempo necessário para a incorporação da referida parcela. Tal atitude encontra óbice nos princípios da boa-fé objetiva e da tutela da confiança, ao impedir que sejam violadas legítimas expectativas despertadas em outrem, com a inesperada mudança de comportamento. A reclamada, ao retirar a gratificação de função recebida por nove anos e dez meses, impediu a implementação do tempo no tocante à integração da gratificação de função ao salário. A postura patronal, sem nenhuma justificativa plausível, como já dito, afronta ao princípio da boa-fé. É certo, ainda, que a reestruturação organizacional ou administrativa da empresa não é considerada como justo motivo para a destituição da função, uma vez que constitui ato unilateral do empregador que não se relaciona com particularidades no exercício das atribuições do empregado. Precedentes. Agravo conhecido e não provido (TST, 7ª Turma, Ag-RR-10581-25.2017.5.03.0049, Rel. Min. Cláudio Mascarenhas Brandão, *DEJT* 22.10.2021)[7].

3.3.2. Princípio da razoabilidade

É o princípio segundo o qual se espera que o indivíduo aja razoavelmente, orientado pelo bom senso, sempre que a lei não tenha previsto determinada circunstância surgida do caso concreto.

Apesar de ser objeto de controvérsia no plano doutrinário, o entendimento predominante é de que o princípio da razoabilidade estaria intimamente ligado ao princípio da proporcionalidade, sendo o primeiro originado do direito norte-americano, ao passo que o segundo foi construído pela doutrina alemã.

O núcleo da aplicação do princípio da razoabilidade é a conjugação das ideias de adequação e de necessidade. *Adequado* é o meio apto a atingir os resultados esperados. *Necessário*, por sua vez, é o meio que atinge sua finalidade com a menor restrição possível ao direito alheio, isto é, o ato é legítimo desde que por outro meio menos gravoso não seja possível atingir o mesmo resultado.

Este princípio tem especial importância na seara trabalhista, em matéria de exercício do poder disciplinar pelo empregador. Em outras palavras, sempre que o empregador for aplicar determinada penalidade disciplinar ao empregado, há que ser observado o critério da razoabilidade/proporcionalidade, sob pena da nulidade do ato.

A título de exemplo, mencione-se que foi a partir do princípio da razoabilidade que o TST chegou à responsabilidade subsidiária do tomador de serviços na terceirização, há muito cristalizada na Súmula 331 e recentemente positivada pela Lei nº 13.429/2017.

---

7   Anote-se que o entendimento específico exarado neste julgado se encontra, atualmente, superado pela redação vigente do § 2º do art. 468 da CLT, dada pela Lei nº 13.467/2017. No caso, o fato ocorreu antes da vigência de referida Lei, quando ainda era aplicável a Súmula 372 do TST. De qualquer forma, a questão ilustra perfeitamente o princípio da boa-fé objetiva.

Assim como no caso do princípio da boa-fé, a inclusão do princípio da razoabilidade na relação de princípios específicos trabalhistas tem merecido críticas, ao passo que este também é um princípio geral do direito, de ampla utilização no âmbito do Direito Administrativo, inclusive.

3.4. PRINCÍPIOS DO DIREITO DO TRABALHO

Assunto sempre objeto de controvérsia doutrinária é a classificação de institutos jurídicos. Não raro encontram-se, sobre um mesmo instituto jurídico, tantas classificações quantos sejam os autores que daquele tema se encarregam. Com os princípios não é diferente. Tendo em vista esta constatação, busquei mencionar os princípios trabalhistas que costumam ser relacionados mais frequentemente pela doutrina, dando o devido destaque aos mais importantes, seja do ponto de vista da peculiaridade, seja quanto à frequência com que aparecem no cotidiano do operador do Direito do Trabalho.

A base principiológica do Direito do Trabalho, ao menos no âmbito da doutrina nacional, se assenta no trabalho de Américo Plá Rodriguez, em sua clássica obra *Princípios de Direito do Trabalho*.

Conforme este autor uruguaio, seriam princípios peculiares do Direito do Trabalho:

- Princípio da proteção;
- Princípio da primazia da realidade;
- Princípio da irrenunciabilidade;
- Princípio da continuidade;
- Princípio da boa-fé (já tratado dentre os princípios gerais);
- Princípio da razoabilidade (já tratado dentre os princípios gerais).

Para Alice Monteiro de Barros[8], apenas os quatro primeiros seriam peculiares ao Direito do Trabalho, enquanto os demais seriam comuns a todos os ramos do Direito.

Outros autores de renome mencionam ainda outros princípios, igualmente importantes, a saber:

- Princípio da inalterabilidade contratual lesiva;
- Princípio da intangibilidade salarial;
- Princípio da dignidade humana (já tratado dentre os princípios gerais).

Importa agora explicar, ainda que sucintamente, cada um destes princípios, de forma que seja possível ao leitor criar uma visão sistêmica do funcionamento do Direito do Trabalho, em que pese o recente movimento legislativo no sentido da mitigação de vários destes princípios, o que será analisado no final deste capítulo.

3.4.1. Princípio da proteção

Também chamado de **princípio protetor ou tutelar**, consiste na utilização da norma e da condição mais favoráveis ao trabalhador, de forma a tentar compensar juridicamente a condição de hipossuficiente do empregado.

Pode-se dizer que o princípio da proteção consiste na aplicação, ao Direito do Trabalho, do princípio da igualdade em seu aspecto substancial, segundo o qual igualdade é tratar de forma igual os iguais e de forma desigual os desiguais, na medida de suas desigualdades.

---

8 BARROS, Alice Monteiro de. *Curso de Direito do Trabalho*, 6. ed., p. 180.

Assim, é importante que se tenha em mente que o objetivo principal do Direito do Trabalho é reequilibrar a relação jurídica capital/trabalho (empregador *x* empregado) mediante o estabelecimento de mecanismos de proteção à parte mais fraca na relação jurídica.

Costuma-se dizer que do princípio da proteção decorrem todos os demais princípios especiais aplicáveis ao ramo juslaboral. Como a classificação utilizada neste manual é aquela mais comumente adotada pela maioria da doutrina, os demais princípios serão estudados separadamente.

É cediço, entretanto, que do próprio conceito do princípio tutelar mencionado acima se pode extrair os subprincípios que o integram, quais sejam:

a) Princípio da norma mais favorável;
b) Princípio da condição mais benéfica;
c) Princípio *in dubio pro operario*.

3.4.1.1. Princípio da norma mais favorável

Segundo este princípio, não prevalece necessariamente, no Direito do Trabalho, o critério hierárquico de aplicação das normas; isto é, existindo duas ou mais normas aplicáveis ao mesmo caso concreto, dever-se-á aplicar a que for mais favorável ao empregado, independentemente do seu posicionamento na escala hierárquica[9].

Entretanto, como mencionado alhures, não se aplica o princípio da norma mais favorável diante das chamadas normas proibitivas estatais (por exemplo, no tocante à fixação dos prazos prescricionais, cf. art. 7º, XXIX, CRFB/88), nas hipóteses de prevalência do negociado sobre o legislado (na forma dos artigos 611-A e 611-B da CLT, acrescentados pela Lei nº 13.467/2017) e na hipótese de sobreposição de normas coletivas (conflito entre ACT e CCT, cf. art. 620 da CLT).

A identificação da norma mais favorável se dá mediante critérios de comparação entre as normas existentes que versem sobre o objeto da controvérsia. São cinco esses critérios, a saber:

a) **Teoria da acumulação**: seleciona-se, em cada uma das normas comparadas, os dispositivos mais favoráveis ao trabalhador;

b) **Teoria do conglobamento**: toma-se a norma mais favorável a partir do **confronto em bloco** das normas objeto de comparação, isto é, busca-se o **conjunto normativo** mais favorável;

c) **Teoria do conglobamento orgânico ou por instituto**: extrai-se a norma aplicável a partir de comparação parcial entre grupos homogêneos de matérias, de uma e de outra norma. Esta teoria é mencionada por Alice Monteiro de Barros como a utilizada pelo ordenamento brasileiro, a partir da menção ao disposto no art. 3º, II, da Lei nº 7.064/1982[10];

d) **Teoria da adequação**: considera-se o diploma normativo mais adequado à realidade concreta. Ex.: uma convenção coletiva prevê grandes vantagens a determinada categoria, dada a existência, na base territorial, de grandes empresas

---

9   A escala hierárquica das normas foi inspirada na teoria de Hans Kelsen e, em apertada síntese, equivaleria a considerar que a Constituição é o fundamento último de validade em um dado ordenamento jurídico, a partir do qual emergem todas as outras normas. Na pirâmide hierárquica kelseniana as normas jurídicas seriam classificadas, tendo em vista sua importância, respectivamente em normas constitucionais, leis (ordinárias e complementares), decretos e, por último, os demais atos normativos infralegais.

10   BARROS, Alice Monteiro de. *Curso de Direito do Trabalho*, 6. ed., p. 131.

atuando no ramo. Diante da insuficiência econômica de uma pequena empresa do mesmo ramo, esta pactua com o sindicato da categoria profissional um acordo coletivo de trabalho com vantagens adequadas à sua realidade. Neste caso, dever-se-ia escolher o acordo coletivo, pois é adequado ao fato social. Parece-me que o legislador caminhou neste sentido ao dar nova redação ao art. 620 da CLT (Lei nº 13.467/2017);

e) **Teoria da escolha da norma mais recente**: advoga que a negociação coletiva se dá a partir do fato social, que muda constantemente. Dessa maneira, a norma aplicável seria sempre a mais recente, pois consentânea com o fato social atual.

Para fins do nosso estudo, há que se considerar a aplicação de um dos três primeiros critérios e, notadamente, a prevalência geral, tanto da doutrina quanto da jurisprudência, do critério do conglobamento.

A respeito da aplicação dos critérios do conglobamento e da acumulação, Maurício Godinho Delgado[11] adverte que a utilização do critério da acumulação não se sustenta do ponto de vista científico, tendo em vista que desconsidera a noção de Direito como sistema e torna a solução do conflito excessivamente dependente da formação ideológica do Juiz. Por outro lado, a teoria do conglobamento seria o critério mais adequado à identificação da norma mais favorável, tendo em vista que parte de comparação sistemática (em conjunto) das normas aplicáveis ao caso.

Menciona-se como indicativo de que o legislador tenha adotado o critério do conglobamento o art. 3º, II, da Lei nº 7.064/1982, o qual dispõe que caberá "a aplicação da legislação brasileira de proteção ao trabalho, naquilo que não for incompatível com o disposto nesta Lei, quando mais favorável do que a legislação territorial, no conjunto de normas e em relação a cada matéria".

Quanto às subdivisões da teoria do conglobamento (*conglobamento* e *conglobamento orgânico ou por instituto*), parecem gozar de certo prestígio na doutrina[12-13], especialmente em relação à defesa da aplicação do critério intermediário (*conglobamento orgânico ou por instituto*); porém, a jurisprudência amplamente majoritária acolhe o critério sem a divisão, ou seja, apenas como *conglobamento*. No mesmo sentido, Godinho Delgado[14].

Estes critérios de identificação da norma mais favorável serão importantes, a partir da vigência da Lei nº 13.467/2017, principalmente em caso de conflito entre norma de direito interno e norma internacional ratificada, como ocorre, por exemplo, no confronto entre as disposições da CLT sobre férias e a Convenção nº 132 da OIT. Ainda no mesmo sentido, existindo conflito quanto à aplicação da lei trabalhista no espaço, utilizar-se-á, igualmente, o critério do conglobamento, conforme dispõe o supramencionado art. 3º, II, da Lei nº 7.064/1982.

Não obstante, é importante frisar que, se existem duas normas aplicáveis, sendo uma autônoma (norma coletiva) e outra heterônoma (lei), **e desde que esta última verse sobre uma das matérias arroladas no art. 611-B da CLT**, com redação dada pela Lei nº 13.467/2017, haverá que se utilizar o critério da acumulação, pois, em relação a tais matérias, as leis trabalhistas são imperativas, não admitindo observância parcial ou derrogações. Desse modo, aplicar-se-á a lei, como patamar civilizatório mínimo, e as cláusulas mais benéficas da norma coletiva.

---

11   DELGADO, Maurício Godinho. *Curso de Direito do Trabalho*. 9. ed. São Paulo: LTr, 2010. p. 169-170.

12   BARROS, Alice Monteiro de. *Curso de Direito do Trabalho*, 6. ed., p. 131.

13   CASSAR, Vólia Bomfim. *Direito do Trabalho*. 4. ed. Niterói: Impetus, 2010. p. 97.

14   DELGADO, Maurício Godinho. *Curso de Direito do Trabalho*, 9. ed., p. 169-170.

Solução diversa será adotada se a fonte heterônoma tratar de matéria mencionada no art. 611-A da CLT, hipótese em que a norma coletiva terá prevalência sobre a lei. Neste caso, parece-me ser o caso de aplicação da *teoria da adequação*.

3.4.1.2. Princípio in dubio pro operario

Também denominado *in dubio pro misero*, informa que, se uma determinada regra permite duas ou mais interpretações, estará o intérprete vinculado à escolha daquela que se mostre mais favorável ao empregado.

Em que pese este princípio seja mencionado por boa parte da doutrina, Maurício Godinho Delgado[15] considera que ele seria controvertido quanto à sua existência e conteúdo, pelos seguintes motivos: primeiro, porque seria redundante em sua dimensão prática, idêntico ao princípio da norma mais favorável; segundo, porque não se pode admitir a aplicação deste princípio no campo probatório (exame de fatos e provas pelo Juiz). Segundo lição do ilustre jurista mineiro, "havendo dúvida do juiz em face do conjunto probatório existente e das presunções aplicáveis, ele deverá decidir em desfavor da parte que tenha o ônus da prova naquele tópico duvidoso, e não segundo a diretriz genérica do *in dubio pro operario*."

Cabe registrar, contudo, que a Lei nº 13.874/2019, publicada no *DOU* de 20.09.2019, a qual deverá ser observada na aplicação e na interpretação do direito do trabalho (art. 1º, § 1º), estabeleceu que "interpretam-se em favor da liberdade econômica, da boa-fé e do respeito aos contratos, aos investimentos e à propriedade todas as normas de ordenação pública sobre atividades econômicas privadas" (art. 1º, § 2º).

Em princípio, portanto, a chamada *Lei da Liberdade Econômica* pretendeu substituir a proteção do hipossuficiente (neste caso, alcançada pela interpretação mais favorável ao empregado) pela proteção do "investimento", subvertendo, assim, todo o sistema protetivo preconizado pela Constituição.

Somente com o tempo teremos alguma clareza acerca do alcance e da própria eficácia social de tal dispositivo e, consequentemente, de sua repercussão sobre a principiologia trabalhista.

3.4.1.3. Princípio da condição mais benéfica

Impõe que as condições mais benéficas previstas **no contrato de trabalho** ou **no regulamento de empresa** deverão prevalecer diante da edição de normas que estabeleçam patamar protetivo menos benéfico ao empregado.

Liga-se o princípio, portanto, à ideia de direito adquirido, nos termos preconizados pela CRFB (art. 5º, XXXVI).

Nas palavras de Alice Monteiro de Barros, a condição mais benéfica protege "situações pessoais mais vantajosas que se incorporaram ao patrimônio do empregado, por força do próprio contrato, de forma expressa ou tácita, consistente esta última em fornecimentos habituais de vantagens que não poderão ser retiradas, sob pena de violação ao art. 468 da CLT"[16].

Este princípio está positivado no art. 468, *caput*, da CLT, bem como foi consagrado pela jurisprudência, consoante se depreende do seguinte verbete:[17]

---

[15] DELGADO, Maurício Godinho. *Curso de Direito do Trabalho*, 9. ed., p. 196-198.

[16] BARROS, Alice Monteiro de. *Curso de Direito do Trabalho*, 6. ed., p. 182.

[17] No mesmo sentido, a Súmula nº 288 do TST, cuja redação foi alterada pela Res. TST nº 207/2016 (*DEJT* 18, 19 e 20.04.2016).

TST, Súmula 51, I. As cláusulas regulamentares, que revoguem ou alterem vantagens deferidas anteriormente, só atingirão os trabalhadores admitidos após a revogação ou alteração do regulamento.

Voltarei à análise deste verbete quando do estudo das alterações do contrato de trabalho, para o qual remeto o leitor.

Entretanto, não se pode afastar a ideia de que o princípio em referência aplica às vantagens estabelecidas em cláusulas contratuais ou regulamentares, **não se aplicando**:

- a vantagens asseguradas por preceito de lei, cuja obrigatoriedade coincide com a vigência do dispositivo legal (podendo ser revogada a qualquer momento por outra lei, conforme Súmula 51 do TST);
- a sentenças normativas[18] e instrumentos coletivos de trabalho, sendo que estes últimos vigem pelo prazo estabelecido (conforme art. 614, § 3º, da CLT, com redação dada pela Lei nº 13.467/2017).

A questão da validade das cláusulas de ACT e CCT no tempo será tratada detalhadamente no capítulo próprio, quando do estudo do Direito Coletivo do Trabalho.

A condição mais benéfica se observa sob dois aspectos:

a) a vantagem é concedida de forma expressa: não resta a menor dúvida de que vantagem não pode ser abolida nunca mais (art. 468);

b) a vantagem é concedida de forma tácita: a condição será incorporada ao patrimônio jurídico do empregado **se houver habitualidade**.

Observe-se que não há critério objetivo para aferição da habitualidade, cabendo ao intérprete decidir, diante do caso concreto, à luz da razoabilidade.

Exemplo:

Empregado é contratado para trabalhar de segunda-feira a sábado, mas, habitualmente, o empregador o dispensa no sábado. Logo, esta condição mais benéfica (não trabalhar no sábado) torna-se irrevogável pelo empregador. Isso não se aplica, entretanto, no tocante à jornada de trabalho do servidor público, nos termos da OJ-SDI-1 308 do TST.

Obviamente, a prevalência da condição mais benéfica é limitada pelas normas de ordem pública (as quais podem impedir a incorporação da vantagem ao contrato – ex.: adicional de horas extras habitualmente prestadas).

Muitas vezes ocorre um aparente conflito de normas (e interesses), sendo a questão resolvida pela prevalência da matéria de ordem pública.

Exemplo: alteração do horário de noturno para diurno, com supressão do adicional noturno. É prejudicial no sentido do salário, mas é benéfico porque o trabalho diurno é menos prejudicial à saúde. Como as normas de proteção à saúde e segurança do trabalhador têm cunho eminentemente imperativo, devem prevalecer.

3.4.2. Princípio da primazia da realidade

É o princípio segundo o qual os fatos, para o Direito do Trabalho, serão sempre mais relevantes que os ajustes formais, isto é, prima-se pelo que realmente aconteceu no

---

[18] Sem embargo do entendimento jurisprudencial consubstanciado no Precedente Normativo nº 120 do TST, segundo o qual "a sentença normativa vigora, desde seu termo inicial até que sentença normativa, convenção coletiva de trabalho ou acordo coletivo de trabalho superveniente produza sua revogação, expressa ou tácita, respeitado, porém, o prazo máximo legal de quatro anos de vigência".

mundo dos fatos em detrimento daquilo que restou formalizado no mundo do direito, sempre que não haja coincidência entre estes dois elementos. É o triunfo da verdade real sobre a verdade formal. Alguns autores usam a expressão *contrato-realidade* para denominar tal princípio, mas atualmente a nomenclatura que predomina é mesmo *princípio da primazia da realidade*.

Este princípio foi consagrado pelo art. 9º da CLT, segundo o qual *"serão nulos de pleno direito os atos praticados com o objetivo de desvirtuar, impedir ou fraudar a aplicação dos preceitos contidos na presente Consolidação"*.

Trata-se de princípio amplamente aplicado na prática trabalhista, diante das inúmeras tentativas de se mascarar a realidade, notadamente no tocante à existência do vínculo de emprego. Com efeito, é comum a utilização de técnicas fraudulentas, por exemplo, a utilização de cooperativas "de fachada", estágios irregulares, terceirização irregular, entre outros artifícios.

Ressalte-se que, com a *Reforma Trabalhista de 2017*, tal princípio se tornou ainda mais importante, ao passo que a lei aparentemente passou a legitimar diversas situações que, na prática, muitas vezes configurarão fraude à relação de emprego. Assim, por exemplo, a terceirização de atividade-fim, expressamente autorizada pela Lei nº 13.467/2017, continua tendo sua regularidade condicionada à inexistência de pessoalidade e subordinação com o tomador dos serviços (salvo, como sempre foi, na hipótese de trabalho temporário). Existindo pessoalidade e subordinação com o tomador, a terceirização será declarada ilegal, com fundamento no princípio da primazia da realidade, pois estarão presentes, de fato, entre trabalhador e tomador dos serviços, os requisitos caracterizadores da relação de emprego estabelecidos pelos artigos 3º e 2º da CLT.

Nestes casos, diante da flagrante incompatibilidade entre o contrato formal e a realidade fática encontrada, cabe ao operador do direito (Juiz e Auditor Fiscal do Trabalho, principalmente), em homenagem ao princípio da primazia da realidade, e com base no supramencionado art. 9º da CLT, afastar a máscara e exigir a conformação dos fatos à figura legal respectiva.

Observe-se que este princípio será fundamental ao longo de todo o estudo do Direito do Trabalho, aplicando-se a qualquer aspecto do cumprimento da legislação protetiva obreira.

É claro que tal princípio não se impõe diante de formalidade legalmente exigida, desde que seja da essência do ato. Neste sentido, não se aplica a primazia da realidade, por exemplo, na hipótese de admissão de trabalhador em emprego público sem concurso, visto que, no caso, a formalidade é requisito legal para a constituição do vínculo (art. 37, II, da CRFB/88).

3.4.3. Princípio da continuidade

No âmbito do Direito do Trabalho, presume-se que os contratos tenham sido pactuados por prazo indeterminado, somente se admitindo excepcionalmente os contratos por prazo determinado. Muitos autores mencionam como fundamento do princípio da continuidade o art. 7º, I, da CRFB, o qual prevê a proteção contra a despedida arbitrária. Outros criticam tal vinculação, pois o mencionado dispositivo ainda careceria de regulamentação.

A razão de ser deste princípio é simples. Ao passo que o ser humano precisa, em regra, do trabalho para sobreviver, isto é, na medida em que a pessoa precisa continuamente de trabalho para fins alimentares, é natural que, ao colocar sua energia de trabalho à disposição do empregador, o faça com ânimo de continuidade, sem qualquer previsão de determinação de prazo.

Ademais, é característica morfológica do contrato de trabalho ser de trato sucessivo, isto é, não se esgotar na realização instantânea de determinado ato, se prolongando no tempo. Desta forma, a regra é que o empregado passe a integrar a estrutura da empresa de forma permanente.

As garantias de emprego (*v.g.*, a garantia de emprego conferida à gestante, ao acidentado, ao cipeiro), de certa forma, atuam no sentido de manter a ideia de continuidade do contrato de trabalho.

No sentido do princípio em análise, a Súmula 212 do TST:

Súm. 212. Despedimento – Ônus da prova (mantida). Res. 121/2003, *DJ* 19, 20 e 21.11.2003.

O ônus de provar o término do contrato de trabalho, quando negados a prestação de serviço e o despedimento, é do empregador, pois o princípio da continuidade da relação de emprego constitui presunção favorável ao empregado.

Em outras palavras, sempre que o contrato tiver sido pactuado por prazo determinado, esta circunstância deve ser provada, a fim de afastar a presunção de indeterminação de prazo decorrente do princípio da continuidade.

Os contratos por prazo determinado são aqueles expressamente previstos em lei, e serão estudados em capítulo próprio. De antemão, pode-se mencionar como exemplos o contrato de experiência, o contrato de trabalho temporário e o contrato de aprendizagem.

Cabe mencionar que o princípio da continuidade se relaciona ainda à sistemática da sucessão de empregadores, situação na qual a mudança da pessoa do empregador, em regra, não extingue ou altera o contrato de trabalho, conforme arts. 10 e 448 da CLT.

Por fim, registre-se que também este princípio foi mitigado pela *Reforma Trabalhista de 2017*, por exemplo: a) mediante a legitimação da extinção contratual por comum acordo entre empregador e empregado (art. 484-A da CLT, incluído pela Lei nº 13.467/2017); b) pela autorização de *dispensas em massa*, independentemente de negociação coletiva (art. 477-A da CLT, incluído pela Lei nº 13.467/2017); c) pela criação da figura do trabalho intermitente (§ 3º do art. 443 e 452-A, da CLT, incluídos pela Lei nº 13.467/2017), que constitui a antítese da continuidade; d) por meio da ampliação do alcance do trabalho temporário e do prazo do respectivo contrato temporário (alterações da Lei nº 6.019/1974 levadas a efeito pela Lei nº 13.429/2017).

3.4.4. Princípio da inalterabilidade contratual lesiva

Inspirado no princípio civilista de que os contratos devem ser cumpridos (*pacta sunt servanda*), o princípio da inalterabilidade contratual lesiva assume contornos específicos a fim de adequar-se ao sistema de proteção justrabalhista.

Pelo princípio da inalterabilidade contratual lesiva são, em regra, vedadas as alterações do contrato de trabalho que tragam prejuízo ao empregado. Ao contrário, as alterações **favoráveis** ao empregado são permitidas e inclusive incentivadas pela legislação.

Neste sentido, os arts. 444 (*caput*) e 468 da CLT:

Art. 444. As relações contratuais de trabalho podem ser objeto de livre estipulação das partes interessadas em tudo quanto não contravenha às disposições de proteção ao trabalho, aos contratos coletivos que lhes sejam aplicáveis e às decisões das autoridades competentes. [...]

Art. 468. Nos contratos individuais de trabalho só é lícita a alteração das respectivas condições por mútuo consentimento, e ainda assim desde que não resultem, direta ou indiretamente, prejuízos ao empregado, sob pena de nulidade da cláusula infringente desta garantia.

Por sua vez, não cabe no Direito do Trabalho, em regra, a cláusula civilista de revisão dos contratos em razão de fatos supervenientes que tornem sua execução excessivamente onerosa para uma das partes (*rebus sic stantibus*), tendo em vista que os riscos do empreendimento cabem exclusivamente ao empregador, nos termos do art. 2º, *caput*, da CLT.

É importante esclarecer, entretanto, que o princípio da inalterabilidade contratual lesiva não é absoluto, como, aliás, nenhum direito o é. Como sabemos, nem mesmo o direito à vida, reconhecido como o mais importante de todos os direitos, é absoluto.

Neste diapasão, o princípio da inalterabilidade contratual é mitigado pelo chamado *jus variandi* conferido ao empregador em decorrência do poder diretivo. O *jus variandi* torna lícito ao empregador efetuar pequenas alterações **não substanciais** no contrato de trabalho, de forma a melhor organizar, sob critérios objetivos, o seu empreendimento. São permitidas, em geral, alterações do horário de trabalho, definição da cor e do modelo do uniforme dos empregados, entre outras. O importante é que essas alterações não atinjam o núcleo das cláusulas contratuais, causando prejuízo ao empregado.

De outra sorte, há previsão legal expressa de alterações prejudiciais lícitas, como a reversão (§ 1º do art. 468 da CLT), as alterações salariais mediante negociação coletiva (art. 7º, VI, da CRFB), a flexibilização mediante norma coletiva (art. 611-A da CLT), a alteração do contrato de trabalho presencial para teletrabalho mediante ajuste individual escrito (art. 75-C da CLT), a alteração para trabalho intermitente (art. 452-A da CLT) *etc*. Obviamente, são válidas, visto que a lei pode excepcionar a si mesma.

Registre-se, por fim, que Maurício Godinho Delgado denomina particularização do princípio da inalterabilidade contratual lesiva o **princípio da intangibilidade contratual objetiva**. Nas palavras do ilustre jurista mineiro,

"Tal diretriz acentuaria que o conteúdo do contrato empregatício não poderia ser modificado (como já ressaltado pelo princípio da inalterabilidade contratual lesiva) *mesmo que ocorresse efetiva mudança no plano do sujeito empresarial*. OU seja, a mudança subjetiva perpetrada (no sujeito-empregador) não seria apta a produzir mudança no corpo do contrato (em seus direitos e obrigações, inclusive passados). Trata-se da *sucessão trabalhista*, como se percebe (também conhecida como alteração subjetiva do contrato de trabalho). O contrato de trabalho seria intangível, do ponto de vista objetivo, embora mutável do ponto de vista subjetivo, desde que a mudança envolvesse apenas o sujeito-empregador"[19]. (grifos no original)

3.4.5. Princípio da intangibilidade salarial

É o princípio segundo o qual não se admite o impedimento ou restrição à livre disposição do salário pelo empregado. Tal princípio tem como pedra de toque a natureza alimentar do salário.

Esta noção de natureza alimentar parte do pressuposto de que a pessoa natural (pessoa física) garante sua subsistência com seu salário, isto é, a pessoa proverá suas necessidades básicas (alimentação, saúde, moradia, educação, transporte, lazer etc.) se puder dispor de seu salário.

Por este motivo, a lei assegura ao trabalhador o montante e a disponibilidade do salário, utilizando-se, para tanto, de mecanismos específicos, dos quais podemos mencionar, exemplificativamente, os seguintes:

- irredutibilidade salarial, salvo o disposto em convenção ou acordo coletivo, conforme previsto no art. 7º, VI, da CRFB;

---

[19] DELGADO, Maurício Godinho. *Curso de direito do trabalho*. 9. ed. São Paulo: LTr, 2010. p. 190.

- prazo para pagamento dos salários (art. 459 e 466 da CLT);
- modo e local para pagamento dos salários (art. 465 da CLT);
- vedação a descontos indevidos (art. 462 da CLT);
- impenhorabilidade dos salários como regra (art. 833, IV, do CPC/2015);
- preferência dos créditos trabalhistas no caso de falência do empregador (Lei nº 11.101/2005).

Importante mencionar que a exceção ao princípio da irredutibilidade salarial constante do art. 7º, VI, da CRFB ("salvo o disposto em convenção ou acordo coletivo") constitui exemplo da hipótese de ponderação de interesses ante a colisão de princípios.

Para fins de esclarecer o quanto afirmado, imaginemos o seguinte exemplo: uma determinada empresa, por algum motivo relevante e justificável, atravessa sérias dificuldades financeiras, sendo que não tem como manter sua plena produção e, consequentemente, como pagar os salários dos seus empregados nos próximos três meses. Diante de tal hipótese, restam à empresa duas alternativas: demitir todos os seus empregados ou tentar reduzir a folha de pagamento, a fim de contornar a crise e evitar as demissões. No caso, há colisão do princípio da irredutibilidade salarial com o princípio da continuidade da relação de emprego, bem como com o princípio da continuidade da empresa. Sopesando os princípios em colisão, e naturalmente com a devida participação da entidade sindical representativa dos empregados, que velará pelos interesses dos obreiros, talvez a redução temporária dos salários possa garantir a continuidade da relação de emprego de todos os empregados, constituindo solução **menos desfavorável** que a demissão em massa. Neste caso, nenhum dos princípios deixou de ser aplicado, conforme estudado alhures.

Outro exemplo bastante atual de ponderação de interesses pode ser extraído da previsão normativa de medidas temporárias, vigentes durante a pandemia decorrente do coronavírus, notadamente em 2020 e 2021, pelas quais se permitiu a redução de jornada e salário mediante mero *acordo individual*. Mencione-se que, embora tal solução contrarie texto expresso da Constituição, que exige prévia negociação coletiva para redução salarial, entendeu-se que era medida adequada e necessária diante de situação extrema de crise, o que levou o STF a reconhecer sua constitucionalidade (ADI 6342).

3.4.6. Princípio da irrenunciabilidade

Este princípio é também denominado *princípio da indisponibilidade de direitos*, *princípio da inderrogabilidade* ou *princípio da imperatividade das normas trabalhistas*, e informa que os direitos trabalhistas são, em regra, irrenunciáveis, indisponíveis e inderrogáveis. Dado o caráter de imperatividade das normas trabalhistas, estas são, em regra, de ordem pública (também chamadas cogentes), pelo que os direitos por elas assegurados não se incluem no âmbito da livre disposição pelo empregado. Em outras palavras, é a mitigação do princípio civilista de cunho liberal consistente na autonomia da vontade.

Assim, ao contrário do direito comum, no qual os direitos patrimoniais são, em regra, renunciáveis pelo seu titular, **no Direito do Trabalho a regra é a irrenunciabilidade**. Este princípio é importante para proteger o empregado que, no mais das vezes, é coagido pelo empregador mediante os mais variados estratagemas, sempre no sentido de renunciar a direitos e, consequentemente, reduzir os custos do negócio empresarial. Dessa forma, ao passo que o ordenamento não permite ao empregado dispor destes direitos, acaba por protegê-lo da supremacia do empregador na relação que se estabelece entre ambos.

Pela ligação que apresenta com o princípio da primazia da realidade, também se encontra consagrado no supramencionado art. 9º da CLT.

Um exemplo de indisponibilidade extremamente comum na prática trabalhista é o do aviso-prévio. Com efeito, é corriqueiro que, em casos de demissão sem justa causa, o empregado seja induzido a "abrir mão" do aviso-prévio, direito que lhe é assegurado por força do art. 7º, XXI, da CRFB, bem como do art. 487 da CLT. Neste caso, aplica-se a Súmula 276 do TST, *in verbis*:

> Súm. 276. Aviso prévio – Renúncia pelo empregado.
>
> O direito ao aviso prévio é irrenunciável pelo empregado. O pedido de dispensa de cumprimento não exime o empregador de pagar o respectivo valor, salvo comprovação de haver o prestador dos serviços obtido novo emprego.

Neste mesmo sentido, são irrenunciáveis, por exemplo, as regras relativas à proteção à segurança e à saúde do trabalhador.

Como exceções ao princípio da irrenunciabilidade menciona-se, por exemplo, os casos em que caiba a flexibilização mediante negociação coletiva, expressamente mencionados no art. 7º, incisos VI, XIII e XIV da CRFB, bem como no art. 611-A, da CLT.

Também é importante destacar que, a partir da vigência da Lei nº 13.467/2017, passamos a ter muitas incertezas acerca da aplicação do princípio da irrenunciabilidade, ao passo que o legislador alargou sobremaneira as exceções legais, praticamente as tornando regra. A utilização da arbitragem individual e a livre estipulação de cláusulas contratuais por empregados agora considerados *hipersuficientes* (respectivamente, art. 507-A e 444, parágrafo único, da CLT) são exemplos da desordem principiológica advinda da *Reforma Trabalhista de 2017*. Somente com o tempo (alguns anos, provavelmente) teremos a acomodação necessária sobre a matéria, notadamente a partir da evolução da jurisprudência.

3.4.6.1. Renúncia vs. transação

Resumidamente será abordada a distinção entre renúncia e transação e a possibilidade de aplicação de ambos os institutos no Direito Individual do Trabalho. A aplicação no Direito Coletivo será tratada no capítulo próprio deste manual.

Renúncia é ato unilateral da parte, através do qual ela se despoja de um direito de que é titular, sem correspondente concessão pela parte beneficiada pela renúncia.

Transação é ato bilateral, pelo qual se acertam direitos e obrigações entre as partes acordantes, mediante concessões recíprocas, envolvendo **questões fáticas ou jurídicas duvidosas**.

A renúncia não é, em regra, admitida no âmbito do Direito Individual do Trabalho, por violar o disposto nos arts. 9º, 444 e 468 da CLT.

Somente será admitida a renúncia nos casos (raros, diga-se de passagem) em que esteja expressamente prevista em lei. Exemplo: art. 14, §§ 2º e 4º, da Lei nº 8.036/1990, que prevê a opção retroativa pelo regime do FGTS e a renúncia à estabilidade decenal.

Quanto à transação, somente será admitida, em regra, quanto aos direitos de ordem privada (previstos em cláusula contratual ou regulamento empresarial), e ainda assim se não causar prejuízo ao trabalhador (art. 468), **salvo quando a própria lei autorizar a transação**. Também é importante ressaltar que só se pode admitir a transação de direitos duvidosos, e nunca de direito líquido e certo, pois neste caso não haveria qualquer concessão por parte do empregador, mas sim renúncia pelo empregado.

Importante ainda destacar a lição do Prof. Luciano Martinez[20], que entende haver distinção entre *direitos e créditos correspondentes aos direitos*:

"Perceba-se, por fim, a existência de uma diferença bem clara entre renunciar ou transacionar *direitos* e renunciar ou transacionar *créditos correspondentes aos direitos*. Chama-se a atenção para esta distinção porque os créditos trabalhistas, notadamente quando finda a relação de emprego, não têm a mesma proteção jurídica conferida aos direitos trabalhistas. Isso é facilmente constatável a partir da evidência de que a própria lei admite a possibilidade de o Juiz do Trabalho tentar a conciliação entre os litigantes (*vide* art. 831 da CLT), independentemente de a demanda envolver acionantes desempregados ou ainda vinculados ao contrato de emprego [...]". (grifos no original)

Tal distinção apresenta especial relevância diante das alterações promovidas pela Lei nº 13.467/2017. Com efeito, a *Reforma Trabalhista de 2017* estabeleceu várias hipóteses de renúncia aos créditos correspondentes aos direitos trabalhistas, por exemplo, nos artigos 477-B (PIDV), 507-A (arbitragem individual) e 507-B (termo de quitação anual de obrigações trabalhistas), todos da CLT.

Por sua vez, a previsão de transação individual de direitos trabalhistas por parte dos trabalhadores hipersuficientes (art. 444, parágrafo único, da CLT) não encontra, salvo melhor juízo, fundamento no nosso sistema jurídico, porquanto não há que se falar em dúvida ou incerteza acerca de direitos previstos em lei. Sendo assim, entendo que quaisquer cláusulas contratuais estabelecidas com flagrante prejuízo ao trabalhador (tomado como parâmetro o quanto assegurado pela lei e/ou pela norma coletiva) serão nulas de pleno direito, não importando o patamar salarial do obreiro.

Também neste sentido, Gustavo Filipe Barbosa Garcia[21] ensina que

"Logo, a interpretação conforme a Constituição do art. 444, parágrafo único, da CLT, acrescentado pela Lei nº 13.467/2017, revela que a livre estipulação das relações contratuais de trabalho, mesmo no caso de empregado portador de diploma de nível superior e que perceba salário mensal igual ou superior a duas vezes o limite máximo dos benefícios do Regime Geral de Previdência Social, apenas tem validade quando respeitar as previsões legais e negociadas coletivamente e estabelecer patamar superior de direitos trabalhistas".

3.4.7. Reforma trabalhista e princípios do Direito do Trabalho

De forma bastante objetiva, pode-se dizer que a *Reforma Trabalhista de 2017* mitigou substancialmente, ao menos num primeiro momento, diversos princípios do Direito do Trabalho.

O próprio princípio da proteção, fundamento para a existência do direito do trabalho como ramo autônomo do direito, foi abalado pela divisão dos trabalhadores empregados entre *hipossuficientes* e *hipersuficientes*, segregação esta baseada principalmente no padrão remuneratório do trabalhador. Para o legislador reformador, empregado que ganha mais de duas vezes o limite máximo dos benefícios do Regime Geral de Previdência Social – RGPS não merece proteção especial, podendo ter seus créditos transacionados por arbitragem individual e, pior, desde que também seja "portador de diploma de nível superior", podendo pactuar "livremente" as cláusulas contratuais no que diz respeito às hipóteses do art. 611-A da CLT.

---

[20] MARTINEZ, Luciano. *Curso de Direito do Trabalho*: relações individuais, sindicais e coletivas do trabalho. 8. ed. São Paulo: Saraiva, 2017, p. 126.

[21] GARCIA, Gustavo Filipe Barbosa. *Reforma Trabalhista*. 2. ed. Salvador: JusPodivm, 2017, p. 143.

A figura do trabalho intermitente (artigos 443 e 452-A da CLT), por sua vez, subverte os princípios trabalhistas basilares, transferindo ao trabalhador os riscos do empreendimento num modelo semelhante, em termos de desproteção e responsabilidade, ao trabalho autônomo.

Desdobramento do princípio da proteção, o princípio da norma mais favorável também sofreu um grande revés a partir da vigência da Lei nº 13.467/2017, ao passo que: a) o negociado coletivamente passou, como regra, a prevalecer sobre o legislado (arts. 611-A e 611-B da CLT); b) o acordo coletivo de trabalho passou a prevalecer sobre a convenção coletiva de trabalho (art. 620 da CLT).

Além da criação da figura do trabalhador *hipersuficiente*, os diversos dispositivos alterados pela Reforma Trabalhista no sentido da validade de acordo individual para pactuação de condições de trabalho francamente desfavoráveis ao trabalhador (por exemplo, o banco de horas semestral de que trata o § 5º do art. 59 da CLT, incluído pela Lei nº 13.467/2017) ensejam a mitigação do princípio da irrenunciabilidade. Neste sentido, criou-se grande instabilidade a respeito da noção clássica do posicionamento da renúncia e da transação na seara trabalhista.

Destarte, somente com o tempo teremos a acomodação necessária para a definição da amplitude dos efeitos da Lei nº 13.467/2017 no universo juslaboral, notadamente no tocante ao real impacto sobre os princípios fundamentais desta seara. Vivemos tempos difíceis, em que, ao invés de os princípios orientarem o legislador, este, movido por interesses que não são dos trabalhadores, atua no sentido de subverter os princípios e produzir leis que contrariam todo o sistema normativo vigente. Por enquanto, o que temos são opiniões isoladas de doutrinadores, juízes do trabalho e outros operadores do direito do trabalho, as quais não me parecem suficientemente objetivas para o enfrentamento das questões práticas decorrentes da nova legislação.

Dicas para as provas discursivas:

A menção aos princípios é quase sempre obrigatória nas provas discursivas. É importante que o candidato saiba discorrer com consistência, ainda que brevemente, sobre os princípios, notadamente sobre o princípio da dignidade humana e sobre os princípios trabalhistas específicos.

Observe-se que os princípios específicos do Direito do Trabalho decorrem todos da hipossuficiência do empregado e visam realizar, afinal, o princípio da proteção. De nada adiantaria a proteção justrabalhista se fosse dado ao empregado renunciar aos direitos trabalhistas, ou ao empregador ocultar, mediante ajustes formais escusos, a realidade da relação de trabalho, por exemplo.

A noção da distinção conceitual entre renúncia e transação também é importante, pois é grande a probabilidade de cobrança de questão envolvendo flexibilização, conforme mencionado no Capítulo 1.

O conteúdo deste capítulo tangencia todos os demais assuntos do programa de Direito do Trabalho.

PRINCÍPIOS

Conceito: são elementos de sustentação do ordenamento jurídico, os quais se ligam aos valores que o direito visa realizar.

Funções:
- *Informativa ou construtiva*: servem de inspiração ao legislador
- *Interpretativa*: auxiliam na interpretação da norma jurídica
- *Normativa*: aplicam-se na solução de casos concretos

PRINCÍPIOS
Princípio da dignidade humana:
• O ser humano é um fim em si mesmo, não podendo ser utilizado como meio para atingir determinado objetivo.
• Dentre outras manifestações, impõe limites ao poder diretivo do empregador e veda a discriminação nas relações de trabalho.
Princípio da boa-fé:
• Tanto o empregado quanto o empregador devem agir, em sua relação, pautados pela lealdade e boa-fé.
Princípio da razoabilidade:
• Espera-se que o indivíduo aja razoavelmente, orientado pelo bom senso, sempre que a lei não tenha previsto determinada circunstância surgida do caso concreto.
Princípios trabalhistas específicos (peculiares):
• Princípio da proteção
• Princípio da primazia da realidade
• Princípio da irrenunciabilidade
• Princípio da continuidade
• Princípio da inalterabilidade contratual lesiva
• Princípio da intangibilidade salarial
Princípio da proteção (ou protetor ou tutelar):
• **Princípio da norma mais favorável:** se existirem duas ou mais normas aplicáveis a uma determinada hipótese, dever-se-á aplicar aquela quer for mais favorável ao trabalhador.
• **Princípio da condição mais benéfica:** condições mais benéficas previstas no contrato de trabalho ou no regulamento de empresa deverão prevalecer diante da edição de normas que estabeleçam patamar protetivo menos benéfico ao empregado.
• **Princípio *in dubio pro misero*:** se uma determinada regra permite duas ou mais interpretações, estaria o intérprete vinculado à escolha daquela que se mostre mais favorável ao empregado. Tal princípio não se aplica, entretanto, ao direito processual, e notadamente ao campo probatório.
Critérios para determinação da norma mais favorável:
• **Teoria da acumulação:** selecionam-se, em cada uma das normas comparadas, os dispositivos mais favoráveis ao trabalhador.
• **Teoria do conglobamento:** toma-se a norma mais favorável a partir do confronto em bloco das normas objeto de comparação, isto é, busca-se o conjunto normativo mais favorável. *É o critério adotado de forma majoritária pela jurisprudência e pelas bancas examinadoras.*
• **Teoria do conglobamento orgânico ou por instituto:** extrai a norma aplicável a partir de comparação parcial entre grupos homogêneos de matérias, de uma e de outra norma.
• **Teoria da adequação:** deveria ser considerado o diploma normativo mais adequado à realidade concreta.
• **Teoria da escolha da norma mais recente:** advoga que a negociação coletiva se dá a partir do fato social, que muda constantemente.
Princípio da primazia da realidade:
• Os fatos prevalecem sobre os ajustes formais.
Princípio da continuidade:
• Presume-se que o contrato de trabalho foi firmado por prazo indeterminado, ante a necessidade do trabalho para a subsistência do obreiro.
• Sempre que o contrato tiver sido pactuado por prazo determinado, esta circunstância deve ser provada, a fim de afastar a presunção de indeterminação de prazo decorrente do princípio da continuidade.

PRINCÍPIOS

Princípio da inalterabilidade contratual lesiva:
- São, em regra, vedadas as alterações do contrato de trabalho que tragam prejuízo ao empregado.

Princípio da intangibilidade salarial:
- Não se admite o impedimento ou restrição à livre disposição do salário pelo empregado.

Princípio da irrenunciabilidade:
- Dada a natureza cogente (ordem pública) das normas que instituem direitos trabalhistas, é vedada a renúncia a tais direitos.

Distinção entre renúncia e transação:
- **Renúncia é ato unilateral da parte, através do qual ela se despoja de um direito de que é titular, sem correspondente concessão pela parte beneficiada pela renúncia. Normalmente não é admitida no âmbito do Direito do Trabalho.**
- **Transação é ato bilateral, pelo qual se acertam direitos e obrigações entre as partes acordantes, mediante concessões recíprocas, envolvendo questões fáticas ou jurídicas duvidosas.**

3.5. DEIXADINHAS

1. Princípios são elementos de sustentação do ordenamento jurídico, os quais se ligam aos valores que o direito visa realizar.

2. Os princípios têm função informativa, interpretativa e normativa.

3. Pelo princípio da dignidade humana entende-se que o ser humano é um fim em si mesmo, não podendo ser utilizado como mero objeto a fim de que se atinja determinado objetivo. A vedação das revistas íntimas é exemplo de aplicação deste princípio.

4. Os contratantes (empregador e empregado) devem agir com lealdade e boa-fé na relação jurídica respectiva.

5. Pelo princípio da razoabilidade se espera que o indivíduo aja razoavelmente, orientado pelo bom senso, sempre que a lei não tenha previsto determinada circunstância surgida do caso concreto. A aplicação de tal princípio se dá pela conjugação das ideias de adequação e necessidade.

6. O princípio da proteção liga-se à própria essência do Direito do Trabalho, visando ao reequilíbrio da relação capital/trabalho, através da tutela da parte hipossuficiente.

7. Pelo princípio da norma mais favorável, a hierarquia das normas na seara trabalhista deve ser montada de acordo com a regra mais favorável ao trabalhador, salvo diante de norma proibitiva estatal.

8. O princípio da condição mais benéfica informa que as condições mais benéficas previstas no contrato de trabalho ou no regulamento de empresa deverão prevalecer diante da edição de normas que estabeleçam patamar protetivo menos benéfico ao empregado.

9. As cláusulas regulamentares, que revoguem ou alterem vantagens deferidas anteriormente, só atingirão os trabalhadores admitidos após a revogação ou alteração do regulamento.

10. Nos contratos individuais de trabalho só é lícita a alteração das respectivas condições por mútuo consentimento, e, ainda assim, desde que não resultem, direta ou indiretamente, prejuízos ao empregado, sob pena de nulidade da cláusula infringente desta garantia.

11. O princípio *in dubio pro misero* impõe que, diante de duas interpretações possíveis da norma, seja aplicada aquela mais favorável ao trabalhador. Aplica-se tão somente a questões ligadas ao Direito material do Trabalho, não podendo ser estendido ao campo probatório.

12. Pelo princípio da primazia da realidade, o intérprete da norma trabalhista deve preferir a realidade à forma, afastando eventuais subterfúgios formais tendentes a afastar o direito assegurado ao trabalhador (art. 9º da CLT).

13. Serão nulos de pleno direito os atos praticados com o objetivo de desvirtuar, impedir ou fraudar a aplicação dos preceitos contidos na legislação trabalhista.

14. Do princípio da continuidade decorre a presunção de que o contrato de trabalho é pactuado por prazo indeterminado, tendo em vista que o trabalhador depende do emprego para sua subsistência.

15. O ônus de provar o término do contrato de trabalho, quando negados a prestação de serviço e o despedimento, é do empregador, pois o princípio da continuidade da relação de emprego constitui presunção favorável ao empregado.

16. Pelo princípio da inalterabilidade contratual lesiva são, em regra, vedadas as alterações do contrato de trabalho que tragam prejuízo ao empregado.

17. Alterações favoráveis ao empregado são admitidas, salvo se contrariarem norma proibitiva estatal.

18. Impera no Direito do Trabalho a regra da indisponibilidade dos direitos trabalhistas, razão pela qual, em regra, não se admite a renúncia no âmbito do Direito Individual do Trabalho.

19. O direito ao aviso-prévio é irrenunciável pelo empregado. O pedido de dispensa de cumprimento não exime o empregador de pagar o respectivo valor, salvo comprovação de haver o prestador dos serviços obtido novo emprego.

20. Renúncia é ato unilateral da parte, através do qual ela se despoja de um direito de que é titular, sem correspondente concessão pela parte beneficiada pela renúncia.

21. Transação é ato bilateral, pelo qual se acertam direitos e obrigações entre as partes acordantes, mediante concessões recíprocas, envolvendo questões fáticas ou jurídicas duvidosas.

22. Somente será admitida a renúncia, no Direito do Trabalho, nos casos em que esteja expressamente prevista em lei.

23. Quanto à transação, somente será admitida, em regra, quanto aos direitos de ordem privada (previstos em cláusula contratual ou regulamento empresarial), e ainda assim se não causar prejuízo ao trabalhador (art. 468), salvo quando a própria lei a autorizar.

24. Só se pode admitir a transação de direitos duvidosos, e nunca de direito líquido e certo, pois neste caso não haveria qualquer concessão por parte do empregador, e sim renúncia pelo empregado.

CAPÍTULO 4

Interpretação, Integração e Aplicação do Direito do Trabalho

· · · · · · · · · · · · · · · · · · · ·

Marcadores: INTERPRETAÇÃO, INTEGRAÇÃO E APLICAÇÃO DO DIREITO DO TRABALHO; MÉTODOS DE INTERPRETAÇÃO; FONTES SUBSIDIÁRIAS; FONTES SUPLETIVAS; PRINCÍPIO DA TERRITORIALIDADE.

Material de estudo:

✓ Legislação: **CLT**, art. 8º; **Decreto-Lei nº 4.657/1942**, art. 4º; **CPC/2015**, art. 140; **Lei nº 7.064/1982**

✓ Jurisprudência: **OJ SDI-1** 41, TST

✓ Doutrina (++)

Estratégia de estudo sugerida:

Embora raramente explorado em concursos públicos, o assunto deste capítulo auxilia de forma decisiva na compreensão do direito laboral. A interpretação teleológica dos dispositivos legais, por exemplo, é fundamental para se extrair deles o verdadeiro sentido, aproximando-os do ideal que norteia o Direito do Trabalho.

4.1. INTERPRETAÇÃO DO DIREITO DO TRABALHO

Interpretar a norma jurídica é o mesmo que buscar seu sentido, seu real significado.

A tarefa do intérprete é fundamental no momento da aplicação da norma jurídica ao caso concreto, conhecida como *subsunção do fato à norma*.

Neste aspecto, é importante que o intérprete consiga extrair com a maior precisão possível a chamada *vontade da lei*, que não se confunde com a *vontade do legislador*.

Muitas vezes, a vontade da lei pode ir além da própria vontade do legislador. Isto porque a lei, a partir de sua publicação, passa a ter vida própria, dissociando-se, com certa frequência, da vontade de seu criador, quando então passa a sofrer influências de novas realidades decorrentes da evolução social.

Imagine-se, por exemplo, o conceito de *mulher honesta*, que esteve presente no Código Penal até 2005 (atualmente, os dispositivos pertinentes encontram-se alterados ou revogados, tendo sido eliminado do Código o conceito). Situando a questão no tempo, é muito diferente o alcance da expressão em 1940, época que inspirou o legislador, e em 2000.

4.1.1. Métodos de interpretação

A fim de se desincumbir da tarefa de interpretar a norma jurídica, o operador do direito lança mão de métodos ou critérios de interpretação, sendo tais mecanismos postos pela doutrina mediante estudos da chamada *hermenêutica jurídica*.

Será abordado a seguir cada um destes métodos, lembrando sempre que as classificações jurídicas, de uma forma geral, raramente coincidem de um doutrinador para outro. Procuro utilizar sempre a classificação mais adotada, ou ainda a classificação defendida pelos autores mais festejados pela academia, pelos operadores do Direito do Trabalho e pelas bancas examinadoras.

4.1.1.1. Interpretação gramatical

Tem por objeto a análise literal do texto legal, conforme as regras de gramática.

Este método é centralizado na **vontade do legislador**, a qual é aferida a partir das **palavras utilizadas**.

É, ainda hoje, um **importante método** *inicial* de aplicação do processo de interpretação da norma jurídica, não devendo, contudo, ser utilizado isoladamente.

Isto porque este método apresenta muitas falhas, dentre as quais se destacam as seguintes:

a) Considera as palavras isoladamente, fora de contexto, ignorando a noção do direito como sistema;

b) A interpretação literal engessa o direito, não deixando espaço para a evolução da interpretação ao longo do tempo.

4.1.1.2. Método lógico ou racional

Busca o sentido da norma a partir da lógica formal, ou seja, procura identificar o pensamento contido na lei, ainda que este tenha sido exteriorizado de forma incorreta do ponto de vista literal ou gramatical.

4.1.1.3. Método sistemático

Busca o sentido da norma a partir da harmonização desta com o conjunto do sistema jurídico. É a maximização do processo lógico, de forma que se busca o "pensamento" contido no conjunto das normas jurídicas (sistema jurídico) sobre determinada matéria.

Analisa-se, portanto, o sistema legal em seu conjunto, e não individualmente.

4.1.1.4. Método teleológico

Busca o sentido da norma jurídica **a partir de sua finalidade**. O intérprete deve, sob este aspecto, identificar os objetivos visados pela legislação em análise para, então, extrair dela a melhor interpretação em consonância com tais objetivos.

A LINDB, em seu art. 5º, privilegia a utilização do método teleológico, nos seguintes termos: "na aplicação da lei, o juiz atenderá aos fins sociais a que ela se dirige e às exigências do bem comum."

No mesmo sentido, o art. 8º da CLT dispõe que **nenhum interesse de classe ou particular deve prevalecer sobre o interesse público**.

4.1.1.5. Método histórico

Busca reconstituir a vontade do legislador. Como mencionado, é relativamente pacífico na doutrina que a lei, quando publicada, adquire *vida própria*, dissociando-se da vontade do seu criador. Desta forma, o método histórico, assim como ocorre com o gramatical, não deve ser usado isoladamente, mas tão somente como instrumento auxiliar na tarefa do intérprete, no sentido de esclarecer as razões históricas e sociais que levaram à elaboração da norma de tal forma, permitindo, assim, que se extraia um sentido mais consentâneo com a realidade atual.

4.1.1.6. Qual método de interpretação deve ser utilizado?

Se possível, todos!

O importante é salientar que os métodos de interpretação não se excluem nem devem ser utilizados isoladamente. Ao contrário, a melhor interpretação é sempre aquela que lança mão da utilização coordenada dos métodos gramatical, lógico-sistemático e teleológico.

4.1.2. Interpretação e Direito do Trabalho

Como regra geral, aplica-se ao ramo justrabalhista o conjunto de métodos de interpretação utilizados no direito comum.

A única especificidade da seara laboral é a maior prevalência dos princípios e valores essenciais ao Direito do Trabalho no processo de interpretação. **Valores sociais se sobrepõem aos valores particulares. Valores coletivos se sobrepõem aos valores individuais.**

Na aplicação dos princípios trabalhistas, terá especial relevância o critério da norma mais favorável, o qual foi estudado em detalhes no capítulo anterior. Há que se registrar, contudo, a recente inobservância deste princípio pelo próprio legislador, quando da aprovação da Lei nº 13.467/2017, conhecida como *Lei da Reforma Trabalhista*.

Além da mitigação de princípios essenciais do Direito do Trabalho, a Lei nº 13.467/2017 estabeleceu limitações à liberdade interpretativa do Juiz, em franco descompasso com o sistema jurídico vigente no Brasil, incorrendo, assim, em flagrante inconstitucionalidade. Neste sentido, destaque-se o disposto nos §§ 2º e 3º, incluídos no art. 8º da CLT pela Lei nº 13.467/2017:

> § 2º Súmulas e outros enunciados de jurisprudência editados pelo Tribunal Superior do Trabalho e pelos Tribunais Regionais do Trabalho não poderão restringir direitos legalmente previstos nem criar obrigações que não estejam previstas em lei.
>
> § 3º No exame de convenção coletiva ou acordo coletivo de trabalho, a Justiça do Trabalho analisará exclusivamente a conformidade dos elementos essenciais do negócio jurídico, respeitado o disposto no art. 104 da Lei nº 10.406, de 10 de janeiro de 2002 (Código Civil), e balizará sua atuação pelo princípio da intervenção mínima na autonomia da vontade coletiva.

É evidente que ao Poder Judiciário não cabe restringir direitos nem criar obrigações que não estejam previstas em lei, até mesmo em respeito ao princípio da separação dos poderes. Todavia, o juiz pode **e deve** interpretar as leis sempre que houver omissão legal e/ou afronta ao *ordenamento jurídico* vigente.

Relembre-se, neste diapasão, que o *caput* do art. 8º da CLT não foi alterado pela Reforma Trabalhista, de forma que permanece a regra segundo a qual incumbe ao juiz integrar eventuais lacunas "pela jurisprudência, por analogia, por equidade e outros princípios e normas gerais de direito, principalmente do direito do trabalho".

Corroborando esta mesma linha de entendimento, a clássica lição de Ada Pellegrini Grinover[1]:

> "Considerado como ordenamento jurídico, o direito não apresenta lacunas: sempre haverá no ordenamento jurídico, ainda que latente e inexpressa, uma regra para disciplinar cada possível situação ou conflito entre pessoas.
>
> O mesmo não acontece com a lei; por mais imaginativo e previdente que fosse o legislador, jamais conseguiria cobrir através dela todas as situações que a multifária riqueza da vida social, nas suas constantes mutações, poderá provocar. Assim, na busca da norma jurídica pertinente a situações concretas ocorrentes na sociedade, muitas vezes será constatada a inexistência de lei incidente: a situação não fora prevista e, portanto, não fora regulada pelo legislador. Mas, evidentemente, não se pode tolerar a permanência de situações não definidas perante o direito, tornando-se então necessário preencher a lacuna da lei.
>
> À atividade através da qual se preenchem as lacunas verificadas na lei, mediante a pesquisa e formulação da regra jurídica pertinente à situação concreta não prevista pelo legislador, dá-se o nome de integração. 'O juiz não se exime de sentenciar ou despachar alegando lacuna ou obscuridade da lei' – diz enfaticamente o Código de Processo Civil (art. 126)"[2].

Ademais, ao contrário do quanto pretendido pelo legislador reformador da CLT, a atividade jurisdicional inclui, sim, certa atividade criadora, ao passo que aos juízes e tribunais incumbe o controle de constitucionalidade das leis, bem como a maior concretização possível dos direitos fundamentais. Neste sentido, é esclarecedora a lição do Prof. Fredie Didier Jr.[3]:

> "Diz-se que a decisão judicial é um ato jurídico do qual decorre uma norma jurídica individualizada, ou simplesmente uma norma individual, definida pelo Poder Judiciário, que se diferencia das demais normas jurídicas (leis, por exemplo) em razão da possibilidade de tornar-se indiscutível pela coisa julgada material.
>
> Para a formulação dessa norma jurídica individualizada, contudo, não basta que o juiz promova, pura e simplesmente, a aplicação da norma geral e abstrata ao caso concreto. Atualmente, reconhece-se a necessidade de uma postura mais ativa do juiz, cumprindo-lhe compreender as particularidades do caso concreto e encontrar, na norma geral e abstrata, uma solução que esteja em conformidade com as disposições e normas constitucionais, mormente com os direitos fundamentais. Em outras palavras, o princípio da supremacia da lei, amplamente influenciado pelos valores do Estado liberal, que enxergava na atividade legislativa algo perfeito e acabado, atualmente deve ceder espaço à crítica judicial, no sentido de que o magistrado, necessariamente, deve dar à norma geral abstrata aplicável ao caso concreto uma interpretação conforme a Constituição, sobre ela exercendo o controle de constitucionalidade se for necessário, bem como viabilizando a melhor forma de tutelar os direitos fundamentais".

---

[1] CINTRA, Antônio Carlos Araújo; DINAMARCO, Cândido Rangel; GRINOVER, Ada Pellegrini. *Teoria Geral do Processo*. 28. ed. São Paulo: Malheiros, 2012, p. 113.

[2] No mesmo sentido, o art. 140 do CPC/2015:
Art. 140. O juiz não se exime de decidir sob a alegação de lacuna ou obscuridade do ordenamento jurídico.

[3] DIDIER Jr., Fredie. *Curso de Direito Processual Civil*: introdução ao direito processual civil, parte geral e processo de conhecimento, v. 1. 18. ed. Salvador: JusPodivm, 2016, p. 160.

Mencionem-se, a título de exemplo, algumas regras e princípios contrariados frontalmente pela Lei nº 13.467/2017:

- **princípio da inafastabilidade do Poder Judiciário (art. 5º, XXXV, da CRFB/88)**

Ao pretender limitar a apreciação judicial de normas coletivas à conformidade dos elementos essenciais do negócio jurídico (art. 8º, § 3º, c/c art. 611-A, § 1º, ambos da CLT), com vistas a impedir o exame do conteúdo dos instrumentos coletivos de trabalho pelo Poder Judiciário, a Lei da Reforma Trabalhista viola o princípio constitucional da inafastabilidade do controle jurisdicional, segundo o qual não se admite seja impedida ou imposto qualquer óbice ilegítimo à concessão da tutela eventualmente devida[4].

A título de exemplo, imagine-se que uma convenção coletiva de trabalho estabeleça a restrição do direito da empregada gestante à garantia provisória de emprego. Obviamente a cláusula seria nula, porquanto violadora de norma de ordem pública, decorrente de disposição constitucional expressa (art. 10, II, *b*, do ADCT da CRFB/88).

Entretanto, ante a previsão do § 3º do art. 8º da CLT, a Justiça do Trabalho não poderia anular tal aberração jurídica, porquanto a estabilidade da gestante não foi arrolada no art. 611-B da CLT. Isso porque, segundo o legislador, o art. 611-B indicaria taxativamente as hipóteses de objeto ilícito de convenção ou de acordo coletivo de trabalho, não cabendo ao Poder Judiciário, neste caso, decidir pela ilicitude do objeto, nem pela ilegalidade da cláusula, visto que observados, em tese, os elementos essenciais do negócio jurídico.

- **Lei de Introdução às Normas do Direito Brasileiro – LINDB (Decreto-Lei nº 4.657/1942)**

Dispõe a LINDB que, na aplicação da lei, "o juiz atenderá aos fins sociais a que ela se dirige e às exigências do bem comum" (art. 5º). O art. 17 da mesma Lei dispõe que "as leis, atos e sentenças de outro país, bem como **quaisquer declarações de vontade, não terão eficácia no Brasil, quando ofenderem** a soberania nacional, **a ordem pública e os bons costumes**" (grifos meus).

Em outras palavras, na aplicação da lei o juiz deverá buscar o sentido teleológico da norma, como anteriormente observado. Nesta linha de entendimento, cabe lembrar que a ordem pública, na República Federativa do Brasil, se funda na *dignidade da pessoa humana* e nos *valores sociais do trabalho* (art. 1º, III e IV, da CRFB/88). Da mesma forma, a ordem econômica se funda na *valorização do trabalho humano* (art. 170 da CRFB).

Ao comentar a LINDB, Maria Helena Diniz[5] adverte que

"As decisões dos juízes devem estar em consonância com o conteúdo da consciência jurídica geral, com o espírito do ordenamento, que é mais rico do que a disposição normativa, por conter critérios jurídicos e éticos, ideias jurídicas concretas ou fáticas que não encontram expressão na norma de direito. Assim sendo, em caso de lacuna, a norma individual completante (sic) do sistema jurídico não é elaborada fora dele, pois o órgão judicante, como logo mais veremos, ao emiti-la, terá que se ater aos subconjuntos valorativo, fático e normativo, que o compõem".

- **Código de Processo Civil**

O art. 8º do CPC/2015 dispõe que, "ao aplicar o ordenamento jurídico, **o juiz atenderá aos fins sociais e às exigências do bem comum, resguardando e promovendo a**

---

4   DINAMARCO, Cândido Rangel; LOPES, Bruno Vasconcelos Carrilho Lopes. *Teoria geral do novo processo civil*. São Paulo: Malheiros, 2016, p. 55.

5   DINIZ, Maria Helena. *Lei de Introdução às Normas do Direito Brasileiro interpretada*. 17. ed. São Paulo: Saraiva, 2012, p. 115.

dignidade da pessoa humana e observando a proporcionalidade, a razoabilidade, a legalidade, a publicidade e a eficiência" (grifos meus).

Tal dispositivo é aplicável ao processo do trabalho por força do disposto no art. 15 do CPC/2015, segundo o qual, "na ausência de normas que regulem processos eleitorais, trabalhistas ou administrativos, as disposições deste Código lhes serão aplicadas supletiva e subsidiariamente".

Sendo assim, o juiz não pode julgar em sentido contrário às normas constitucionais, nem pode deixar de atender aos fins sociais da Justiça.

Ademais, o art. 140 do CPC/2015 estabelece que "o juiz não se exime de decidir sob a alegação de lacuna ou obscuridade do ordenamento jurídico", donde se extrai que o juiz tem o dever de preencher, quando da análise do caso concreto, as lacunas existentes na lei, devendo fazê-lo mediante interpretação sistemática e teleológica de todo o ordenamento jurídico. Tal previsão também consta do *caput* do art. 8º da CLT[6].

Por fim, o sistema do CPC/2015 impõe ao juiz a observância dos precedentes obrigatórios e aos Tribunais a uniformização da jurisprudência, o que também não é compatível com a pretensão do legislador reformador de restringir a atuação do Poder Judiciário. Neste sentido, os artigos 489, § 1º, VI[7], 926[8] e 927[9] do CPC.

Destarte, o *princípio da intervenção mínima na autonomia da vontade coletiva*, figura criada pelo legislador reformador na tentativa de restringir a atuação da Justiça do Trabalho[10], certamente não afastará a possibilidade de invalidação do instrumento coletivo de trabalho quando desrespeitados, além dos requisitos de validade previstos no art. 104 do CCB[11], quaisquer direitos assegurados por normas de ordem pública, notadamente aqueles tendentes à concretização dos direitos fundamentais dos trabalhadores.

A título de curiosidade, mencione-se o Enunciado nº 7, aprovado na 2ª Jornada de Direito Material e Processual do Trabalho organizada pela ANAMATRA[12], em face do princípio da intervenção mínima na autonomia da vontade coletiva, segundo o qual "a

---

[6] Art. 8º – As autoridades administrativas e a Justiça do Trabalho, na falta de disposições legais ou contratuais, decidirão, conforme o caso, pela jurisprudência, por analogia, por equidade e outros princípios e normas gerais de direito, principalmente do direito do trabalho, e, ainda, de acordo com os usos e costumes, o direito comparado, mas sempre de maneira que nenhum interesse de classe ou particular prevaleça sobre o interesse público.

[7] (CPC/2015) Art. 489, § 1º Não se considera fundamentada qualquer decisão judicial, seja ela interlocutória, sentença ou acórdão, que:
[...]
VI – deixar de seguir enunciado de súmula, jurisprudência ou precedente invocado pela parte, sem demonstrar a existência de distinção no caso em julgamento ou a superação do entendimento.

[8] (CPC/2015) Art. 926. Os tribunais devem uniformizar sua jurisprudência e mantê-la estável, íntegra e coerente.
§ 1º Na forma estabelecida e segundo os pressupostos fixados no regimento interno, os tribunais editarão enunciados de súmula correspondentes a sua jurisprudência dominante.
§ 2º Ao editar enunciados de súmula, os tribunais devem ater-se às circunstâncias fáticas dos precedentes que motivaram sua criação.

[9] (CPC/2015) Art. 927. Os juízes e os tribunais observarão:
[...]
V – a orientação do plenário ou do órgão especial aos quais estiverem vinculados.

[10] A propósito, mencione-se a crítica do Prof. Homero Batista Mateus da Silva, para quem "o legislador não cria princípios; às vezes, ele os encampa ou os enaltece. Vamos ver se o 'princípio da intervenção mínima na autonomia da vontade coletiva' poderá ser criado e emancipado pela força do Diário Oficial da União". (SILVA, Homero Batista Mateus da. *Comentários à reforma trabalhista*. São Paulo: Revista dos Tribunais, 2017, p. 26).

[11] (CCB) Art. 104. A validade do negócio jurídico requer:
I – agente capaz;
II – objeto lícito, possível, determinado ou determinável;
III – forma prescrita ou não defesa em lei.

[12] Estes enunciados não têm qualquer efeito vinculante, indicando tão somente a orientação majoritária dos participantes do evento em questão, o qual reuniu centenas de operadores do direito do trabalho, dentre os quais juízes do trabalho, procuradores do trabalho, auditores fiscais do trabalho e advogados trabalhistas.

autonomia da vontade coletiva impede a interferência judicial ou administrativa na eclosão de greve e outros mecanismos de pressão de que dispõem os trabalhadores".

Para fins de prova de concurso público, entretanto, principalmente na fase objetiva, parece-me que as bancas não deverão cobrar além da literalidade dos dispositivos legais incluídos pela Lei nº 13.467/2017, e provavelmente explorarão, sem maiores críticas, o princípio da intervenção mínima na autonomia da vontade coletiva, tendo em vista a eloquência do termo.

INTERPRETAÇÃO DO DIREITO DO TRABALHO
Conceito:
• Interpretar a norma jurídica significa buscar seu sentido, seu real significado.
Métodos de interpretação:
• **Interpretação gramatical:** parte do sentido literal das palavras utilizadas pelo legislador, conforme as regras gramaticais.
• **Método lógico ou racional:** tem em conta a lógica formal para identificação do sentido da lei.
• **Método sistemático:** busca o sentido da norma a partir da sua harmonização com o conjunto do sistema jurídico.
• **Método teleológico:** tem como critério interpretativo os fins visados pela lei.
• **Método histórico:** procura reconstituir a vontade do legislador, mediante a verificação do contexto histórico em que surgiu a norma.
• Os métodos ou critérios de interpretação da norma jurídica não devem ser utilizados isoladamente, sendo preferível a utilização conjugada do maior número possível de critérios, a fim de se extrair da norma a melhor interpretação possível.
• No tocante à interpretação da norma trabalhista, a peculiaridade, em relação ao direito comum, é a prevalência dos princípios e valores sociais do Direito do Trabalho no processo de interpretação.
• Valores sociais se sobrepõem aos valores particulares.
• Valores coletivos se sobrepõem aos valores individuais.
• A Lei nº 13.467/2017 buscou restringir o ativismo judicial na Justiça do Trabalho, estabelecendo que súmulas e outros enunciados não poderão restringir direitos legalmente previstos nem criar obrigações que não estejam previstas em lei.
• Estabeleceu ainda a Lei da Reforma Trabalhista quem no exame de norma coletiva a Justiça do Trabalho deverá analisar exclusivamente a conformidade dos elementos essenciais do negócio jurídico (agente capaz, objeto lícito e forma prescrita ou não defesa em lei), balizando sua atuação pelo princípio da intervenção mínima na autonomia da vontade coletiva.

4.2. INTEGRAÇÃO NO DIREITO DO TRABALHO

Integração jurídica é o processo de preenchimento das lacunas apresentadas pela lei quando da análise de um caso concreto. Em outras palavras, se a lei não alcança determinado fato, deve o intérprete valer-se de outros instrumentos para preencher tais *vazios normativos*. A integração se dá pela utilização de *fontes normativas subsidiárias*, também denominadas *fontes supletivas*.

Há dois *tipos de integração*:

a) **autointegração**, a qual ocorre sempre que o operador do direito se vale de norma supletiva integrante das fontes principais do direito. O exemplo clássico é a analogia, pois este critério parte de uma autêntica fonte formal (lei), que é utilizada como tal em condições normais, mas que pode ser utilizada como elemento de integração jurídica caso exista lacuna em uma situação semelhante;

b) **heterointegração**, a qual ocorre sempre que o operador do direito se vale de norma supletiva por excelência, ou seja, que não integra as fontes principais do direito. São exemplos a jurisprudência, a equidade e o direito comparado.

4.2.1. Base legal

– Art. 4º da Lei de Introdução às Normas do Direito Brasileiro (antiga Lei de Introdução ao Código Civil):

Art. 4º Quando a lei for omissa, o juiz decidirá o caso de acordo com a analogia, os costumes e os princípios gerais de direito.

– Art. 140 do CPC/2015:

Art. 140. O juiz não se exime de decidir sob a alegação de lacuna ou obscuridade do ordenamento jurídico.

Parágrafo único. O juiz só decidirá por equidade nos casos previstos em lei.

– Art. 8º da CLT:

Art. 8º. As autoridades administrativas e a Justiça do Trabalho, na falta de disposições legais ou contratuais, decidirão, conforme o caso, pela jurisprudência, por analogia, por equidade e outros princípios e normas gerais de direito, principalmente do direito do trabalho, e, ainda, de acordo com os usos e costumes, o direito comparado, mas sempre de maneira que nenhum interesse de classe ou particular prevaleça sobre o interesse público.

§ 1º O direito comum será fonte subsidiária do direito do trabalho.

§ 2º Súmulas e outros enunciados de jurisprudência editados pelo Tribunal Superior do Trabalho e pelos Tribunais Regionais do Trabalho não poderão restringir direitos legalmente previstos nem criar obrigações que não estejam previstas em lei.[13]

[...]

4.2.2. Recursos utilizados na integração (art. 8º da CLT)

O art. 8º da CLT arrola vários instrumentos ou recursos de integração que deverão ser utilizados nos casos de lacuna da lei. Vejamos cada um deles.

4.2.2.1. Jurisprudência

Conforme estudado no Capítulo 2, a jurisprudência, em que pese não ser reconhecida por parte expressiva da doutrina como fonte de direito, foi guindada pela CLT à condição de **fonte subsidiária** ou supletiva do Direito do Trabalho.

O novel § 2º do art. 8º da CLT, incluído pela Lei nº 13.467/2017, ao proibir que a súmula ou enunciado de jurisprudência restrinja direitos legalmente previstos ou criem obrigações que não estejam previstas em lei, claramente rechaça a jurisprudência como fonte formal do Direito do Trabalho.

Todavia, o dispositivo em questão criará intensa cizânia no âmbito do Poder Judiciário, conforme analisado anteriormente, no item 4.1.2, para o qual remeto o leitor.

---

13 Redação dada pela Lei nº 13.467/2017.

A respeito da jurisprudência trabalhista, faz-se interessante, especialmente para aqueles leitores que nunca tiveram contato com o Direito do Trabalho, esclarecer o porquê da profusão de verbetes (Súmulas, OJs, Precedentes Normativos etc.).

Resumidamente, podem ser estabelecidas as seguintes características de cada um dos verbetes do TST:

a) Súmulas:

Representam o entendimento sedimentado da Corte Trabalhista (TST) sobre determinada matéria. Embora **não sejam vinculantes**,[14] carregam consigo o peso de um grande número de julgados anteriores no mesmo sentido, de forma que o operador do direito tem, de antemão, uma prévia do que acontecerá com uma demanda que chegue ao TST versando sobre aquele conteúdo. Seu processo de edição, revisão e cancelamento é mais rígido, exatamente para conferir mais estabilidade à jurisprudência do TST.

Neste sentido, observe-se que a Lei nº 13.467/2017 alterou a redação do art. 702 da CLT, estabelecendo vários requisitos para a criação e alteração de súmulas e outros enunciados de jurisprudência. Entretanto, a inconstitucionalidade do dispositivo sempre me pareceu flagrante, conforme mencionado na 8ª edição desta obra, ante a evidente usurpação, pelo Poder Legislativo, de competência que é privativa do Poder Judiciário, nos termos do art. 96, I, "a", bem como do art. 99, ambos da CRFB/88.

Conforme decisão publicada no *Informativo nº 254 do TST*, aos 16.05.2022, o Pleno do TST decidiu que "é inconstitucional a norma que vilipendia a prerrogativa de os tribunais – no exercício da autonomia administrativa (CF, 99) – elaborarem os seus próprios regimentos internos (CF, 96, I, *a*) e, por conseguinte, os requisitos de padronização da jurisprudência (CPC, 926, § 1º)", pelo que decidiu pela inconstitucionalidade do art. 702, I, alínea "f" e § 3º, da CLT[15]. Embora a decisão tenha sido incidental (alcançando apenas o caso concreto levado a julgamento), certamente irá servir como paradigma para outros processos em que se discute a mesma matéria.

Anote-se, entretanto, que o estudo dos requisitos para a edição e alteração de verbetes de jurisprudência extrapola o objeto deste livro, ao passo que diz respeito ao direito processual do trabalho.

b) Orientações Jurisprudenciais – OJs:

As OJs possuem o mesmo objetivo das súmulas, que é firmar o posicionamento do TST a respeito de determinados assuntos, mas se diferenciam pelo seu maior dinamismo em relação às súmulas. Isto porque o processo de edição, revisão e cancelamento é mais simples, podendo sofrer alterações conforme a realidade social do momento. Frise-se, inclusive, que existem orientações jurisprudenciais transitórias, aplicáveis especificamente a determinada questão, envolvendo uma categoria profissional ou mesmo uma empresa, a fim de resolver processos idênticos.

As diferenças entre as OJs da Subseção I Especializada em Dissídios Individuais (SDI-1) e da Subseção II Especializada em Dissídios Individuais (SDI-2) são, basicamente, de ordem material, tendo em vista as diferentes atribuições conferidas a ambas as Seções pelo Regimento Interno do TST. Normalmente, o estudioso deve conhecer, em relação ao

---

[14] Este tema, pacífico até então, se tornou tormentoso com a vigência do CPC/2015. Conforme o art. 3º, XXIII, da Resolução TST nº 203/2016, o art. 927 do NCPC seria aplicável ao Processo do Trabalho, porquanto as súmulas do TST vinculariam os juízes e tribunais trabalhistas. Todavia, há intensa cizânia a respeito da matéria, notadamente porque é discutível a constitucionalidade do estabelecimento de caráter vinculante por lei infraconstitucional.

[15] ArgInc-RR-696-25.2012.5.05.0463, Tribunal Pleno, Rel. Min. Amaury Rodrigues Pinto Junior, *DEJT* 17.06.2022.

direito material do trabalho, as Súmulas e OJs da SDI-1 do TST, ao passo que as OJs da SDI-2 versam, em regra, sobre assuntos ligados ao Processo do Trabalho.

Há ainda as Orientações Jurisprudenciais da Seção de Dissídios Coletivos – SDC, cujo conhecimento é importante para quem estuda o Direito Coletivo do Trabalho.

c) Precedentes Normativos:

São verbetes originados de decisões reiteradas em sentenças normativas (decisões dos dissídios coletivos), a fim de posterior uniformização. Se determinadas condições postuladas no dissídio coletivo são concedidas por diversas sentenças normativas, o precedente normativo é positivo. Se, ao contrário, são reiteradamente denegadas, o precedente normativo é negativo.

4.2.2.2. Analogia

Consiste na aplicação, a uma situação não prevista em lei (lacuna), de uma norma aplicável em hipótese semelhante.

Exemplo: originalmente criada para a categoria dos ferroviários (art. 244, § 2º, da CLT), a figura do tempo de sobreaviso foi estendida, por analogia, aos eletricitários, conforme se depreende da Súmula 229 do TST:

Súm. 229. Sobreaviso. Eletricitários (nova redação). Res. 121/2003, *DJ* 19, 20 e 21.11.2003.

Por aplicação analógica do art. 244, § 2º, da CLT, as horas de sobreaviso dos eletricitários são remuneradas à base de 1/3 sobre a totalidade das parcelas de natureza salarial.

4.2.2.3. Equidade

Segundo o Dicionário Houaiss[16], equidade significa *julgamento justo*.

É importante não confundir a noção de julgamento "com equidade" e julgamento "por equidade", conforme observa a melhor doutrina.

Com efeito, toda causa deve ser julgada "com equidade", no sentido de que o Juiz deve decidi-la pautado pelo senso de justiça e de equanimidade. De forma diversa, o julgamento "por equidade" significaria a concessão de carta branca ao Juiz para criar o direito e julgar conforme suas convicções pessoais, o que nosso ordenamento, como regra[17], não admite.

Como bem acentua o Prof. José Augusto Rodrigues Pinto[18], a utilização da equidade como critério integrativo da legislação trabalhista tem lugar apenas nas hipóteses em que não exista norma legal aplicável, de forma que não é dado ao intérprete abrandar a lei na aplicação dela própria, sob pena de alterá-la. No mesmo sentido, Godinho Delgado[19].

Assim, como regra, o julgamento por equidade não é admitido no direito brasileiro.

Excepcionalmente, entretanto, o art. 114, § 2º, da CRFB, c/c o art. 766 da CLT preveem a única hipótese de julgamento por equidade:

Art. 114. Compete à Justiça do Trabalho processar e julgar:

(...)

---

16 *Dicionário Houaiss eletrônico da língua portuguesa*. Versão 1.0. São Paulo: Objetiva, 2009.

17 O parágrafo único do art. 140 do CPC/2015 dispõe que "o juiz só decidirá por equidade nos casos previstos em lei". A título de exemplo, mencione-se a hipótese de que trata o parágrafo único do art. 723 do CPC/2015, cujo alcance é restrito à apreciação de pedidos de jurisdição voluntária.

18 PINTO, José Augusto Rodrigues. *Tratado de Direito Material do Trabalho*. São Paulo: LTr, 2007. p. 108.

19 DELGADO, Maurício Godinho. *Curso de Direito do Trabalho*. 9. ed. São Paulo: LTr, 2010 p. 161.

§ 2º Recusando-se qualquer das partes à negociação coletiva ou à arbitragem, é facultado às mesmas, de comum acordo, ajuizar dissídio coletivo de natureza econômica, podendo a Justiça do Trabalho decidir o conflito, respeitadas as disposições mínimas legais de proteção ao trabalho, bem como as convencionadas anteriormente.

Art. 766. Nos dissídios sobre estipulação de salários, serão estabelecidas condições que, assegurando **justos salários** aos trabalhadores, permitam também justa retribuição às empresas interessadas. (grifos nossos)

Neste caso, a equidade funciona como fonte material do Direito do Trabalho, pois propicia a criação de uma fonte formal (sentença normativa).

4.2.2.4. Princípios e normas gerais de direito

Sobressai aqui a função integrativa dos princípios (estudada no Capítulo 3), segundo a qual os princípios preenchem as lacunas surgidas no caso concreto, assumindo, portanto, função normativa supletiva.

4.2.2.5. Usos e costumes

Os usos e os costumes devem ser também utilizados na colmatação de lacunas no Direito do Trabalho. Atente-se apenas para o fato de que os usos e costumes constituem, para a doutrina majoritária, fonte formal do Direito do Trabalho.

Exemplo: intervalo para repouso ou alimentação do rurícola.

4.2.2.6. Direito comparado

Pode-se recorrer ao direito estrangeiro como forma de suprir lacunas.

A grande dificuldade deste método é estabelecer os critérios para se saber qual direito estrangeiro deverá ser utilizado. Como regra geral, fala-se em privilegiar o direito de origem romano-germânica (em contraposição ao direito costumeiro inglês), bem como o direito dos países que se encontram em estágio de desenvolvimento próximo ao do Brasil (para evitar distorções quanto ao fato social). Menciona-se ainda, como importante diretriz de direito comparado, as Recomendações da OIT, pois seu acervo é conhecido e acessível, bem como indicam soluções bastante genéricas, de forma que podem ser adaptadas a cada país.

As soluções discutidas na I Jornada de Direito Material e Processual na Justiça do Trabalho, organizada pela Anamatra, também servem de parâmetro. Neste sentido, o Enunciado 3 da I Jornada[20]:

3. Fontes do direito. Normas internacionais.

I – Fontes do direito do trabalho. Direito comparado. Convenções da OIT não ratificadas pelo Brasil. O Direito Comparado, segundo o art. 8º da Consolidação das Leis do Trabalho, é fonte subsidiária do Direito do Trabalho. Assim, as Convenções da Organização Internacional do Trabalho não ratificadas pelo Brasil podem ser aplicadas como fontes do direito do trabalho, caso não haja norma de direito interno pátrio regulando a matéria.

II – Fontes do direito do trabalho. Direito comparado. Convenções e recomendações da OIT. O uso das normas internacionais, emanadas da Organização Internacional do Trabalho, consti-

---

[20] Tais enunciados não possuem qualquer força vinculante, constituindo apenas posições interpretativas adotadas por alguns Juízes do Trabalho.

tui-se em importante ferramenta de efetivação do Direito Social e não se restringe à aplicação direta das Convenções ratificadas pelo país. As demais normas da OIT, como as Convenções não ratificadas e as Recomendações, assim como os relatórios dos seus peritos, devem servir como fonte de interpretação da lei nacional e como referência a reforçar decisões judiciais baseadas na legislação doméstica.

4.2.2.7. Direito comum

Dispõe o art. 8º, § 1º, da CLT, com redação dada pela Lei nº 13.467/2017, que "**o direito comum será fonte subsidiária do direito do trabalho**".

A redação anterior do parágrafo único do art. 8º da CLT, vigente até a Reforma Trabalhista de 2017, estabelecia que "o direito comum será fonte subsidiária do direito do trabalho, **naquilo em que não for incompatível com os princípios fundamentais deste**" (grifos meus).

Portanto, a Lei nº 13.467/2017 excluiu formalmente a exigência de compatibilidade entre a norma do direito comum e os princípios do direito do trabalho, o que, em primeira análise, indicaria a ampliação do âmbito de aplicação do direito comum à seara trabalhista. Neste diapasão, em primeira leitura se poderia pensar que o único requisito para a utilização do direito comum no âmbito laboral, na vigência da Lei nº 13.467/2017, seria a existência de omissão da legislação trabalhista.

Conquanto a redação do dispositivo tenha mudado, é claro que não se pode admitir a aplicação de regras do direito comum no âmbito trabalhista se não forem compatíveis com os princípios do Direito do Trabalho, notadamente com o princípio da proteção, sob pena de desarmonia e desajuste do ordenamento jurídico[21]. **Na prática, portanto, nada mudou**. No mesmo sentido, Homero Batista Mateus da Silva[22], Luciano Martinez[23], Marcelo Moura[24] e Thereza Nahas[25].

Pode-se utilizar no âmbito juslaboral qualquer norma de direito comum, desde que não seja incompatível com a principiologia própria do Direito do Trabalho.

Continuam sendo duas as condições para integração utilizando regra do direito comum:

- deve existir lacuna na legislação trabalhista. Se a CLT trata de determinada matéria, não se recorrerá ao direito comum, pois este será *fonte subsidiária*, nos termos do § 1º do art. 8º da CLT, e não *fonte concorrente*. Exemplo clássico é o da menoridade. Como a CLT regula a menoridade trabalhista (art. 402), não se aplica à hipótese o direito comum;
- deve haver compatibilidade entre a norma do direito comum e os princípios do Direito do Trabalho.

Os principais exemplos de incompatibilidade surgem na seara processual, como ocorre no tratamento da intervenção de terceiros. Com efeito, embora a CLT não disponha sobre a intervenção de terceiros no Processo do Trabalho, entende-se majoritariamente que, como regra, a intervenção não cabe no processo trabalhista, tendo em vista que provoca o retardamento da prestação jurisdicional, o que conflita com o princípio da celeridade processual, marca registrada do processo trabalhista.

---

[21] GARCIA, Gustavo Filipe Barbosa. *Reforma trabalhista*. 2. ed. Salvador: JusPodivm, 2017, p. 31.

[22] SILVA, Homero Batista Mateus da. *Comentários à reforma trabalhista*. São Paulo: Revista dos Tribunais, 2017, p. 25.

[23] MARTINEZ, Luciano. *Curso de Direito do Trabalho*. 8. ed. São Paulo: Saraiva, 2017, p. 98.

[24] MOURA, Marcelo. *Consolidação das Leis do Trabalho para concursos*. 7. ed. São Paulo: JusPodivm, 2017, p. 65.

[25] NAHAS, Thereza. *Impactos da reforma trabalhista na jurisprudência do TST*. São Paulo: Revista dos Tribunais, 2017, p. 28/29.

CUIDADO! Ainda que, na prática, a alteração do antigo parágrafo único do art. 8º (atual § 1º) não vá surtir efeitos, como analisado acima, para concursos de provas objetivas é claro que o candidato deverá dar a devida atenção à literalidade do texto legal. Assim, por exemplo, se uma assertiva vier a reproduzir a redação atual, e outra a redação antiga, mencionando a compatibilidade principiológica, naturalmente o candidato deverá considerar correta, para fins de prova, a assertiva que reproduz o texto em vigor.

Para finalizar, uma **questão importante**.

Há hierarquia ou ordem de aplicação entre os critérios de integração estudados?

A resposta é negativa. A doutrina majoritária entende que os critérios não foram dispostos no art. 8º em qualquer ordem de preferência, podendo ser utilizados conforme a ordem que melhor atenda às necessidades do julgador, bem como podem ser utilizados em conjunto (mais de um ao mesmo tempo).

A única condição legal é de que o interesse individual não prevaleça sobre o interesse coletivo.

INTEGRAÇÃO NO DIREITO DO TRABALHO

Conceito:

• Dá-se a integração da norma jurídica pelo preenchimento de lacunas apresentadas pela lei quando de sua aplicação ao caso concreto.

Recursos utilizados:

• A integração se dá pela utilização de fontes normativas subsidiárias, também denominadas fontes supletivas.

• O art. 8º da CLT arrola vários instrumentos ou recursos, os quais devem ser utilizados sempre que necessária a integração do Direito do Trabalho.

• *Autointegração*: tipo de integração pela qual o operador lança mão de norma supletiva componente do universo normativo principal do direito, ou seja, de autêntica fonte formal (ex.: analogia).

• *Heterointegração*: tipo de integração pela qual o operador utiliza norma supletiva não integrante do universo normativo principal, ou seja, de autêntica fonte supletiva, mas não fonte formal (ex.: jurisprudência).

Recursos previstos pela CLT:

• **Jurisprudência:** consiste na interpretação reiterada das normas jurídicas pelos tribunais, a partir do julgamento de casos concretos. É arrolada pela CLT como fonte supletiva do Direito do Trabalho.

• **Analogia:** consiste na aplicação, a uma situação não prevista em lei (lacuna), de uma norma aplicável em hipótese semelhante.

• **Equidade:** consiste no julgamento justo, razoável, equânime, e tem lugar nas hipóteses em que não exista norma legal aplicável.

• **Princípios e normas gerais de direito**

• **Usos e costumes**

• **Direito comparado:** consiste na aplicação de norma estrangeira que rege hipótese semelhante àquela cujo ordenamento interno apresenta lacuna.

• **Direito comum:** consiste na aplicação de norma de origem comum, não trabalhista, desde que observados dois requisitos:

 – O direito comum somente se aplica na seara trabalhista subsidiariamente, isto é, se não houver norma específica aplicável;

 – A norma originária do direito comum deve ser compatível com os princípios próprios do Direito do Trabalho (ainda que tal exigência tenha sido retirada do art. 8º da CLT).

INTEGRAÇÃO NO DIREITO DO TRABALHO

Hierarquia para aplicação dos critérios:
* Não há hierarquia para aplicação dos recursos ou critérios integrativos, ficando sua utilização a critério do julgador. A única ressalva é que interesse individual não pode prevalecer sobre o interesse coletivo.

4.3. APLICAÇÃO DO DIREITO DO TRABALHO

Aplicação do direito é o processo de subsunção do fato à norma, ou seja, a incidência da norma abstrata no fato concreto posto em julgamento.

A aplicação do direito se dá em relação ao tempo, ao espaço e às pessoas.

4.3.1. Aplicação do Direito do Trabalho no tempo

A aplicação do Direito do Trabalho no tempo segue a regra geral do direito comum, isto é, **aplica-se a lei nova de forma *imediata* e *não retroativa***, o que significa que a lei nova tem efeitos imediatos, mas não atinge o direito adquirido, a coisa julgada e o ato jurídico perfeito.

Direito adquirido é o que já se incorporou ao patrimônio jurídico do titular sob a égide da lei em vigor à época de sua constituição.

Coisa julgada é a decisão judicial contra a qual já não caiba mais nenhum recurso; ou seja, é a decisão judicial qualificada pela imutabilidade.

Ato jurídico perfeito é aquele que já se realizou, já foi consumado, encontrando-se perfeito e concluído.

Assim, temos como regra a consagração do princípio da irretroatividade das leis, sendo que somente a própria lei tem o condão de levar à aplicação retroativa.

Um exemplo da importância de tal princípio na seara trabalhista é a inaplicabilidade do aviso-prévio proporcional aos contratos extintos antes da publicação da Lei nº 12.506, de 11.10.2011 (*DOU* de 13.10.2011), assunto que será tratado de forma detalhada no Capítulo 21.

Quanto à aplicação imediata da lei nova, ressalte-se que, na prática, a lei normalmente entra em vigor na data de sua publicação, o que deve ser previsto **na própria lei**. Caso contrário, isto é, se a lei nova for omissa quanto ao prazo para entrada em vigor, este será de 45 dias, contados da publicação, nos termos do art. 1º da LINDB[26].

A propósito, a antiga Lei de Introdução ao Código Civil – Decreto-Lei nº 4.657/1942 – sempre foi, na verdade, um manancial interpretativo em relação a qualquer norma jurídica (não penal) brasileira, não se prendendo à aplicação do Código Civil. A fim de encerrar qualquer dúvida a respeito, a Lei nº 12.376/2010 alterou a ementa da antiga LICC, passando a denominá-la "Lei de Introdução às normas do Direito Brasileiro" – LINDB.

Dessa forma, em matéria de interpretação e aplicação da lei trabalhista, tudo que não for resolvido pelo art. 8º da CLT o será pela LINDB, nos termos do § 1º do próprio art. 8º, segundo o qual "o direito comum será fonte subsidiária do direito do trabalho"[27].

A revogação da lei trabalhista, por sua vez, também segue basicamente os mesmos mecanismos utilizados para revogação das leis no direito comum.

---

[26] Art. 1º Salvo disposição contrária, a lei começa a vigorar em todo o país quarenta e cinco dias depois de oficialmente publicada.

[27] Dispositivo com a redação atualizada conforme Lei nº 13.467/2017.

A revogação pode ser tácita (quando a lei nova tratar de forma diversa uma mesma matéria tratada pela lei anterior) ou expressa (quando a lei nova expressamente consignar a revogação da anterior). Em ambos os casos, pode a revogação ser total (também chamada de **ab-rogação**) ou parcial (denominada **derrogação**).

Lei geral não revoga, como regra, lei especial anterior, sendo que as leis trabalhistas são, na maioria dos casos, leis especiais para a área trabalhista.

4.3.1.1. Regra nova em face dos contratos em vigor

Uma das questões mais importantes a respeito da matéria é o direito intertemporal do trabalho, ou seja, a definição da regra aplicável nas hipóteses em que determinado empregado está com o contrato de trabalho em vigor, quando sobrevém regra nova que altera determinado direito daquele empregado. O que acontece?

Para resolver a questão, é preciso, em primeiro lugar, identificar a **natureza da alteração**:

- se a alteração for de natureza contratual (cláusula contratual ou regulamento de empresa), não há a possibilidade de perda de direitos, dado o princípio da condição mais benéfica e a vedação à alteração contratual lesiva (art. 468 da CLT). Portanto, **cláusulas contratuais e regulamentares aderem permanentemente ao contrato de trabalho**;
- se a alteração for de natureza legal (fonte formal, portanto), a regra seria a aplicação imediata e não retroativa. Em outras palavras, a alteração operaria efeitos *ex nunc*[28].

Ocorre que, no caso da alteração legal trabalhista, a regra geral mencionada acima pressupõe, para parte da doutrina, a observância do *princípio da vedação ao retrocesso social*, segundo o qual não se admitiria a redução dos direitos conquistados pelos empregados e assegurados por lei.

Na prática, temos visto, nos últimos anos, inúmeros casos de desrespeito ao princípio da vedação ao retrocesso social, sendo que as alterações legislativas prejudiciais ao trabalhador têm sido validadas pela jurisprudência. A título de exemplo, mencionem-se a nova lei dos motoristas profissionais (Lei nº 13.103/2015, muito prejudicial aos trabalhadores em relação ao regramento previsto pela Lei nº 12.619/2012) e a Lei do Doméstico (Lei Complementar nº 150/2015, que estabeleceu regras prejudiciais ao doméstico em vários pontos).

Diante de tal movimento legislativo, que tem produzido inegável retrocesso social, parte da doutrina e da jurisprudência passou a defender a tese no sentido de que, uma vez previstos em lei, os direitos trabalhistas adeririam às cláusulas contratuais, pelo que assumiriam o status de direito adquirido do empregado. Em outras palavras, em caso de supressão legal de determinado direito, a nova regulamentação somente seria aplicável aos contratos de trabalho firmados a partir da data de vigência da nova lei, ao passo que os contratos em vigor permaneceriam regidos pela lei vigente quando da contratação.

---

[28] É comum, inclusive em provas de concurso, a menção às expressões latinas *ex nunc* e *ex tunc*. Efeitos *ex nunc* são efeitos **não** retroativos, ou seja, contados apenas a partir da decisão judicial, alteração legal etc. Um exemplo é a hipótese de declaração judicial de nulidade do contrato de trabalho de menor de 16 anos, a qual opera efeitos *ex nunc*, no sentido da manutenção dos direitos do menor até a declaração de nulidade. Efeitos *ex tunc*, por sua vez, são aqueles retroativos à ocorrência do fato em si. Exemplo, no Direito do Trabalho, é a declaração judicial de nulidade de cláusula regulamentar efetivamente aplicada ao contrato de trabalho e que provocou alteração prejudicial a determinado trabalhador. Neste caso, os efeitos da declaração de nulidade são *ex tunc*, a fim de garantir ao empregado a utilidade de tal declaração.

Neste sentido, manifesta-se expressamente, entre outros, o Prof. Luciano Martinez, ressalvando o ilustre autor baiano que a "a tese da incorporação das cláusulas legais mais favoráveis nos contratos de emprego não tem aplicabilidade diante de modificações legislativas da natureza da parcela"[29], o que significa dizer que a transformação de verba salarial em parcela indenizatória vale inclusive para os contratos em vigor antes da vigência da nova lei.

Esta parece ser a linha de entendimento que vem sendo adotada pelo TST, tendo em vista a nova redação da Súmula nº 191 em face do retrocesso social experimentado pelos eletricitários por ocasião da revogação da Lei nº 7.369/1985 pela Lei nº 12.740/2012. A matéria de fundo será estudada em maiores detalhes no item 26.10.1, para o qual remeto o leitor, sendo suficiente aqui, apenas a título ilustrativo, a transcrição do referido verbete:

SUM-191 ADICIONAL DE PERICULOSIDADE. INCIDÊNCIA. BASE DE CÁLCULO – Res. 214/2016, DEJT divulgado em 30.11.2016 e 01 e 02.12.2016.

I – O adicional de periculosidade incide apenas sobre o salário básico e não sobre este acrescido de outros adicionais.

II – O adicional de periculosidade do empregado eletricitário, contratado sob a égide da Lei nº 7.369/1985, deve ser calculado sobre a totalidade das parcelas de natureza salarial. Não é válida norma coletiva mediante a qual se determina a incidência do referido adicional sobre o salário básico.

III – A alteração da base de cálculo do adicional de periculosidade do eletricitário promovida pela Lei nº 12.740/2012 atinge somente contrato de trabalho firmado a partir de sua vigência, de modo que, nesse caso, o cálculo será realizado exclusivamente sobre o salário básico, conforme determina o § 1º do art. 193 da CLT.

Temos, portanto, duas correntes interpretativas a respeito da matéria, a saber:

1ª corrente: segue o entendimento clássico, no sentido de que **a lei nova vale inclusive para os contratos de trabalho em vigor quando do início de sua vigência**. Este é o direcionamento geral dado pela LINDB, e vinha sendo seguido, por exemplo, pelo Min. Godinho Delgado[30]:

"[...] a aderência contratual tende a ser apenas relativa no tocante às normas jurídicas. É que as normas não se incrustam nos contratos empregatícios de modo permanente, ao menos quando referentes a prestações de trato sucessivo. Ao contrário, tais normas produzem efeitos contratuais essencialmente apenas enquanto vigorantes na ordem jurídica. Extinta a norma, extinguem-se seus efeitos no contexto do contrato de trabalho. Tem a norma, desse modo, o poder/atributo de revogação, com efeitos imediatos – poder/atributo esse que não se estende às cláusulas contratuais".

No mesmo sentido, Homero Batista Mateus da Silva[31], comentando a questão do direito intertemporal em relação à Lei nº 13.467/2017:

"[...] Para o bem ou para o mal, gostemos ou não da nova legislação trabalhista, a resposta é afirmativa: de maneira geral, a lei trabalhista se aplica aos contratos de trabalho em vigor e aos processos em andamento, porque normalmente não existe direito adquirido contra a lei e não existe direito adquirido a recursos e procedimentos no âmbito do direito processual antes que a parte tivesse o interesse àquela ferramenta jurídica [...]".

---

[29] MARTINEZ, Luciano. *Curso de Direito do Trabalho*. 8. ed. São Paulo: Saraiva, 2017, p. 109.

[30] DELGADO, Maurício Godinho. *Curso de Direito do Trabalho*. 15. ed. São Paulo: LTr, 2016, p. 249.

[31] SILVA, Homero Batista Mateus da. *Comentários à reforma trabalhista*. São Paulo: Revista dos Tribunais, 2017, p. 198.

O Prof. Homero ressalva, entretanto, que não é possível a aplicação da Lei nº 13.467/2017 aos contratos em vigor no tocante às seguintes temáticas: a) contrato de trabalho intermitente; b) possibilidade do contrato individual do trabalhador *hipersuficiente* derrogar a norma coletiva e a legislação trabalhista; c) cláusula compromissória de arbitragem; d) alteração da natureza jurídica de parcelas salariais[32].

2ª corrente: defende que, **em caso de redução de direitos trabalhistas, a lei nova atinge somente os contratos pactuados depois do início de sua vigência.** É a tese defendida pelo Prof. Luciano Martinez[33]:

"[...] o empregado tem por adquirido um conjunto de direitos trabalhistas que somente pode merecer progressão, jamais retrocessão. Se por alguma razão ponderosa houver um declínio da vida social do trabalhador, as conquistas incorporadas ao seu patrimônio jurídico estarão preservadas. O novo direito com eventual *downgrade* social, *caso passe pelo filtro da inconstitucionalidade material por violação ao princípio do não retrocesso social,* somente será exigível de novos empregados, ou seja, de empregados que apenas mantiveram seus contratos com base na nova e menos favorável lei. Não há falar-se aqui em tratamento diferenciado ou em violação do princípio da igualdade, porque a vantagem preservada em favor dos antigos empregados há de ser entendida como uma vantagem pessoal e, por isso, intransferível". (grifos no original)

Como mencionado anteriormente, **é a corrente interpretativa que parece prevalecer atualmente no âmbito do TST**, conforme nova redação dada à Súmula nº 191 pela Resolução nº 214/2016.

Tais ponderações se mostram especialmente relevantes em face da *Reforma Trabalhista de 2017,* levada a efeito pela Lei nº 13.467/2017, a qual alterou profundamente a regulamentação da relação de emprego, ensejando intenso debate, ainda totalmente aberto, a respeito da questão do direito intertemporal na aplicação da nova lei.

Não obstante algumas vozes isoladas na defesa da aplicabilidade imediata da Reforma Trabalhista a todos os contratos em vigor, o TST dá sinais de que tende a seguir a tese que levou à redação atual da supramencionada Súmula nº 191, considerando as disposições da Lei nº 13.467/2017 aplicáveis tão somente aos contratos firmados a partir de 11.11.2017, data do início da vigência da nova lei[34].

A matéria merece acompanhamento cuidadoso do leitor, notadamente do operador do direito, para quem a definição da aplicação da Lei nº 13.467/2017 sob o aspecto intertemporal é crucial.

4.3.1.2. Aderência contratual das sentenças normativas e normas coletivas

Assim como visto em relação à lei (entendimento clássico), as condições de trabalho estabelecidas em sentença normativa não aderem aos contratos. Neste sentido, o Precedente Normativo 120 do TST:

PN-120 SENTENÇA NORMATIVA. DURAÇÃO. POSSIBILIDADE E LIMITES (positivo) – (Res. 176/2011, *DEJT* divulgado em 27, 30 e 31.05.2011)

---

[32] SILVA, Homero Batista Mateus da. *Comentários à reforma trabalhista.* São Paulo: Revista dos Tribunais, 2017, p. 199/201.

[33] MARTINEZ, Luciano. *Curso de Direito do Trabalho.* 8. ed. São Paulo: Saraiva, 2017, p. 108.

[34] Neste sentido, a proposta, pela comissão de jurisprudência do TST, de revisão de dezenas de súmulas e orientações jurisprudenciais em razão das mudanças introduzidas pela Lei nº 13.467/2017, em regra contempla sugestão de aplicação da lei nova somente aos novos contratos. Ressalte-se que até o fechamento desta edição a referida revisão não havia sido discutida pelo Pleno do TST.

A sentença normativa vigora, desde seu termo inicial até que sentença normativa, convenção coletiva de trabalho ou acordo coletivo de trabalho superveniente produza sua revogação, expressa ou tácita, respeitado, porém, o prazo máximo legal de quatro anos de vigência.

Embora do precedente normativo em referência se extraia alguma ultratividade, esta é limitada pelo prazo máximo legal de vigência da sentença normativa, o que significa dizer que, no máximo, as condições de trabalho estipuladas em sentença normativa vigem pelo prazo de quatro anos, não aderindo definitivamente, portanto, ao contrato de trabalho.

No tocante às **normas coletivas**, a aderência contratual é explicada por três teorias:

a) **Teoria da aderência limitada pelo prazo** (majoritária até a "2ª Semana do TST", realizada em setembro de 2012, e **adotada pela Lei nº 13.467/2017**)

As normas coletivas não surtem qualquer efeito depois de expirado seu prazo de validade, ou seja, não aderem ao contrato de trabalho.

Tal teoria, majoritária na jurisprudência até a "2ª Semana do TST", realizada em setembro de 2012 (quando foi alterada a redação da Súmula nº 277), foi expressamente adotada pelo legislador, conforme § 3º do art. 614 da CLT, com redação dada pela Lei nº 13.467/2017, *in verbis*:

> § 3º Não será permitido estipular duração de convenção coletiva ou acordo coletivo de trabalho superior a dois anos, **sendo vedada a ultratividade**. (grifos meus)

Observe-se que a lei não prevê qualquer tipo de exceção, então, ao menos em princípio, não cabe ao intérprete fazê-lo. Neste sentido, está superada, em relação aos instrumentos coletivos de trabalho firmados a partir da vigência da Lei nº 13.467/2017, a tese consubstanciada na OJ 41 do TST, que resguardava, quando adotada esta primeira teoria pelo TST, os direitos individualmente adquiridos pelos trabalhadores em face de cláusula da norma coletiva[35]:

> OJ-SDI-1 41. Estabilidade. Instrumento normativo. Vigência. Eficácia (inserida em 25.11.1996).
>
> Preenchidos todos os pressupostos para a aquisição de estabilidade decorrente de acidente ou doença profissional, ainda durante a vigência do instrumento normativo, goza o empregado de estabilidade mesmo após o término da vigência deste.

Sendo assim, no regime da Lei nº 13.467/2017 a estabilidade deverá se restringir ao período de validade da norma coletiva.

b) **Teoria da aderência irrestrita** (minoritária)

As regras constantes de normas coletivas aderem aos contratos de trabalho, não podendo ser suprimidas mesmo depois de expirado o prazo de validade da CCT ou do ACT.

---

[35] A fim de facilitar a compreensão da hipótese e, consequentemente, a visualização da extensão da alteração promovida pela Lei nº 13.467/2017, vejamos um exemplo da aplicação da OJ 41 da SDI-1 do TST. Imaginemos que determinado instrumento coletivo de trabalho contenha cláusula garantidora de estabilidade provisória de três anos, a contar da alta médica, aos empregados afastados em virtude de acidente de trabalho. Durante a vigência do referido instrumento coletivo de trabalho, Acácio sofreu acidente de trabalho, ficando afastado de suas atividades por vários meses. Tendo recebido alta médica um mês antes do término da vigência da norma coletiva, por quanto tempo Acácio terá o emprego garantido? Consoante entendimento consolidado na OJ 41 da SDI-1 do TST, a estabilidade seria de três anos, ainda que dois anos e onze meses fossem fruídos fora do período de vigência da norma coletiva. Isso porque já havia sido plenamente adquirido o direito durante a vigência do instrumento coletivo de trabalho.

Este entendimento é alvo de severas críticas da doutrina, tendo em vista que desconsidera o princípio básico da negociação coletiva, que é exatamente a predeterminação do prazo da norma coletiva (e, consequentemente, dos seus efeitos).

Adotada esta corrente, o empregador (e/ou o sindicato patronal) se veria desestimulado a conceder vantagens, pois estaria vinculado a garanti-las para sempre.

c) **Aderência limitada por revogação** (teoria da *ultratividade*)

As regras constantes de normas coletivas surtiriam efeito, em princípio, no prazo de validade do instrumento coletivo, porém teriam uma chamada *ultratividade*, isto é, permaneceriam em vigor até que sobreviesse uma nova CCT ou ACT em substituição àquela norma coletiva já expirada.

A crítica a este critério é o risco de a parte, ao conseguir importante vantagem em determinada negociação, passar a se negar a negociar nova norma, a fim de perpetuar aquele conjunto de vantagens.

Embora a matéria seja tormentosa, tal teoria foi adotada pelo TST em revisão de sua jurisprudência levada a efeito em 2012, culminando com a alteração da Súmula 277, que passou a ter a seguinte redação:

> Súm. 277. Convenção coletiva de trabalho ou acordo coletivo de trabalho. Eficácia. Ultratividade (redação alterada na sessão do Tribunal Pleno realizada em 14.09.2012) – Res. 185/2012 – *DEJT* divulgado em 25, 26 e 27.09.2012.
>
> As cláusulas normativas dos acordos coletivos ou convenções coletivas integram os contratos individuais de trabalho e somente poderão ser modificadas ou suprimidas mediante negociação coletiva de trabalho.

Ocorre que o Ministro Gilmar Mendes concedeu, aos 14.10.2016, medida cautelar para **suspender todos os processos e efeitos de decisões no âmbito da Justiça do Trabalho que discutam a aplicação da ultratividade de normas de acordos e de convenções coletivas**. A decisão, posteriormente referendada pelo Plenário do STF, foi proferida na Arguição de Descumprimento de Preceito Fundamental (ADPF) 323, ajuizada pela Confederação Nacional dos Estabelecimentos de Ensino (Confenen), questionando a Súmula 277 do Tribunal Superior do Trabalho (TST).

Eis a decisão final do STF sobre a matéria[36]:

> Arguição de descumprimento de preceito fundamental. 2. Violação a preceito fundamental. 3. Interpretação jurisprudencial conferida pelo Tribunal Superior do Trabalho (TST) e pelos Tribunais Regionais do Trabalho da 1ª e da 2ª Região ao art. 114, § 2º, da Constituição Federal, na redação dada pela Emenda Constitucional 45, de 30 de dezembro de 2004, consubstanciada na Súmula 277 do TST, na versão atribuída pela Resolução 185, de 27 de setembro de 2012. 4. Suposta reintrodução do princípio da ultratividade da norma coletiva no sistema jurídico brasileiro pela Emenda Constitucional 45/2004. 5. Inconstitucionalidade. 6. Arguição de descumprimento de preceito fundamental julgada procedente. (STF, Tribunal Pleno, ADPF 323, Rel. Min. Gilmar Mendes, julg. 30.05.2022, *DJ* 15.09.2022.)

Ademais, **a Lei nº 13.467/2017** sepultou de vez tal teoria, porquanto **proibiu expressamente a ultratividade da norma coletiva**, conforme o supramencionado § 3º do art. 614 da CLT.

---

[36] Em razão da riqueza técnica de alguns votos, recomendo a leitura do inteiro teor da decisão, disponível em https://redir.stf.jus.br/paginadorpub/paginador.jsp?docTP=TP&docID=763078484. Acesso em 25.02.2023.

Quando do julgamento da ADPF nº 323, o STF decidiu, por maioria, "pela procedência da presente arguição de descumprimento de preceito fundamental, de modo a declarar a inconstitucionalidade da Súmula 277 do Tribunal Superior do Trabalho, na versão atribuída pela Resolução 185, de 27 de setembro de 2012, **assim como a inconstitucionalidade de interpretações e de decisões judiciais que entendem que o art. 114, parágrafo segundo, da Constituição Federal, na redação dada pela Emenda Constitucional nº 45/2004, autoriza a aplicação do princípio da ultratividade de normas de acordos e de convenções coletivas**". Portanto, as normas coletivas anteriores à vigência da Lei nº 13.467/2017 também foram alcançadas pela decisão.

De qualquer forma, para a maioria dos concursos, talvez ressalvados apenas os concursos da Magistratura do Trabalho e do MPT, é pouco provável que seja explorada a questão do direito intertemporal, bastando ao candidato que conheça bem a norma aplicável atualmente. Destarte, leve para a prova que **é vedada a ultratividade de convenções e acordos coletivos de trabalho**. Se porventura o tema for cobrado em questão discursiva, caberá ao candidato mencionar os principais aspectos das três teorias, bem como apontar objetivamente a vedação legal à ultratividade e o entendimento jurisprudencial que prevaleceu no âmbito do STF.

4.3.2. Aplicação do Direito do Trabalho no espaço

Durante muito tempo a regra foi a utilização do critério da territorialidade (*lex loci executionis*): a norma jurídica aplicável é aquela do lugar da *execução* dos serviços.

O fundamento era tanto legal (art. 198 da Convenção de Direito Internacional Privado de Havana – 1928 – Código Bustamante) quanto jurisprudencial, conforme a antiga Súmula 207 do TST, segundo a qual "a relação jurídica trabalhista é regida pelas leis vigentes no país da prestação de serviço e não por aquelas do local da contratação".

Não obstante, a Lei nº 7.064/1982 regula especificamente a situação de trabalhadores contratados no Brasil ou transferidos por empregadores para prestar serviços no exterior.

Em um primeiro momento, a referida lei aplicava-se tão somente aos trabalhadores da área de engenharia e congêneres. Atualmente, entretanto, a partir da Lei nº 11.962/2009, **passou a reger qualquer espécie de atividade**, tendo em vista que foi alterado o art. 1º, tendo sido eliminada a parte que limitava o alcance da Lei nº 7.064/1982 aos empregados da área de engenharia e afins.

Em resumo, são assegurados aos trabalhadores contratados no Brasil por empregador brasileiro ou transferidos para prestar serviços no exterior, além dos direitos previstos na Lei nº 7.064/1982, a lei brasileira, se mais benéfica que a lei territorial (lei do local da execução dos serviços), conforme art. 3º:

Art. 3º A empresa responsável pelo contrato de trabalho do empregado transferido assegurar-lhe-á, *independentemente da observância da legislação do local da execução dos serviços*:

I – os direitos previstos nesta Lei;

II – a aplicação da legislação brasileira de proteção ao trabalho, naquilo que não for incompatível com o disposto nesta Lei, quando mais favorável do que a legislação territorial, *no conjunto de normas e em relação a cada matéria*.

Parágrafo único. Respeitadas as disposições especiais desta Lei, aplicar-se-á a legislação brasileira sobre Previdência Social, Fundo de Garantia por Tempo de Serviço – FGTS e Programa de Integração Social – PIS/PASEP. (grifos nossos)

É exatamente a parte destacada do inciso II do supramencionado art. 3º da Lei nº 7.064/1982 que leva a doutrina a considerar que o legislador brasileiro optou expressamente pelo **critério do conglobamento,** como o aplicável para aferição da norma mais favorável.

Assim, a partir da Lei nº 11.962/2009[37], a Súmula 207 do TST perdeu grande parte de sua importância.

Tanto foi assim que, em sessão do Tribunal Pleno do TST realizada em 16.04.2012, a referida Súmula 207 foi cancelada, por meio da Resolução 181/2012 (*DEJT* divulgado em 19, 20 e 23.04.2012).

Atualmente, portanto, o critério para aplicação da lei trabalhista no espaço segue, como regra geral, o critério da norma mais favorável.

Observe-se, por oportuno, que na hipótese de contração de brasileiro por **empresa estrangeira** não se aplica o disposto no art. 3º supramencionado, e sim a **lei territorial,** somada aos direitos previstos no Capítulo III da Lei nº 7.064/1982 (arts. 12-20).

Do ponto de vista do direito interno, a CRFB/88 atribuiu à União a competência para legislar sobre direito do trabalho, razão pela qual a norma estatal trabalhista possui eficácia em todo o território nacional.

A exceção à competência privativa da União para legislar sobre direito do trabalho é estabelecida pelo parágrafo único do art. 22 da CRFB/88, o qual dispõe que "lei complementar poderá autorizar os Estados a legislar sobre questões específicas das matérias relacionadas neste artigo". Exemplo é a Lei Complementar nº 103/2000, que autorizou os Estados e o Distrito Federal a, mediante iniciativa do Poder Executivo, instituir piso salarial proporcional à extensão e à complexidade do trabalho.

Além da hipótese da Lei nº 7.064/1982, há outras situações em que a aplicação da lei trabalhista no espaço gera dúvidas. Vejamos algumas destas situações.

4.3.2.1. Marítimo

Aplica-se a lei do país da bandeira ou pavilhão da embarcação. Assim, se o navio é brasileiro, aplica-se a lei brasileira, esteja onde estiver a embarcação.

4.3.2.2. Trabalho do técnico estrangeiro no Brasil

O Decreto-Lei nº 691/1969 disciplina o trabalho do técnico estrangeiro no Brasil.

Aplica-se a lei brasileira (critério territorial, portanto), porém com as especificidades previstas no Decreto-Lei nº 691/1969, como, por exemplo:

- os contratos serão sempre firmados por prazo determinado;
- são garantidos ao estrangeiro direitos trabalhistas mínimos, estipulados pelo art. 2º[38];
- aplicam-se à rescisão os arts. 479-481 da CLT.

4.3.2.3. Normas coletivas e base territorial

O alcance territorial da vigência dos instrumentos coletivos de trabalho (acordo coletivo de trabalho e convenção coletiva de trabalho) coincide com a **base territorial comum** aos contratantes coletivos.

---

[37] Publicada no *DOU* de 06.07.2009.

[38] Art. 2º Aos técnicos estrangeiros contratados nos termos deste Decreto-lei serão assegurados, além das vantagens previstas no contrato, apenas as garantias relativas a salário mínimo, repouso semanal remunerado, férias anuais, duração, higiene e segurança do trabalho, seguro contra acidente do trabalho e previdência social deferidas ao trabalhador que perceba salário exclusivamente em moeda nacional.

No caso do acordo coletivo de trabalho, a questão não tem grande interesse prático, tendo em vista que a norma valerá no âmbito da(s) empresa(s) representada(s).

A questão surge basicamente em relação às convenções coletivas de trabalho, sempre que as bases territoriais dos sindicatos forem distintas. Desse modo, se as bases territoriais dos sindicatos contratantes são diferentes, a norma coletiva valerá no espaço geográfico correspondente à base territorial comum aos dois sindicatos.

Esquematicamente:

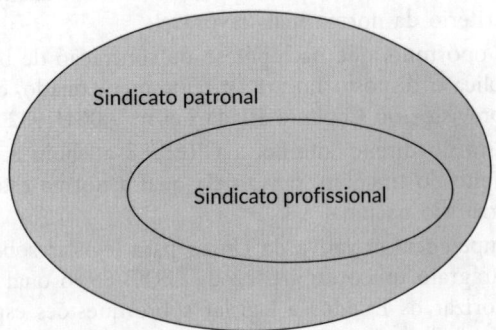

No exemplo acima, a validade de eventual convenção coletiva de trabalho coincide com a base territorial do sindicato profissional.

Se um empregado for transferido para outro local dentro do Brasil, mas fora da base territorial original, aplicar-se-á a norma coletiva do novo local de execução do contrato.

4.3.3. Aplicação do Direito do Trabalho quanto às pessoas

Embora parte da doutrina não mencione, neste particular, a aplicação do Direito do Trabalho quanto às pessoas, julgo importante fazê-lo.

Com efeito, interessa saber quem são os destinatários das normas trabalhistas, para que se possa saber se determinado trabalhador (*lato sensu*) é ou não beneficiário de tais direitos.

Como regra geral, o Direito do Trabalho se aplica aos trabalhadores subordinados. Há, entretanto, várias exceções. Em apertada síntese, pode-se traçar o seguinte quadro:

a) Aplicação integral aos empregados (ou seja, aos trabalhadores subordinados) urbanos e rurais (art. 7º, *caput*, CRFB/88);

b) Aplicação integral aos trabalhadores avulsos que, embora não sejam empregados, foram constitucionalmente equiparados aos empregados para fins trabalhistas (art. 7º, XXXIV, CRFB/88);

c) Aplicação parcial aos domésticos, embora sejam empregados (art. 7º, XXXIV, CRFB/88);[39]

d) Não aplicação aos servidores públicos estatutários civis e militares (arts. 39 e 42, CRFB/88).

---

[39] Não obstante a EC 72/2013 tenha estendido ao doméstico a grande maioria dos direitos até então assegurados aos empregados urbanos e rurais, ainda remanescem diferenças de tratamento (seja pela não extensão de direitos, por exemplo, os adicionais de insalubridade e periculosidade, seja pela limitação do alcance de vários direitos em sede de regulamentação), pelo que considero que a afirmação continua sendo verdadeira.

A legislação aplicável a cada categoria de trabalhadores acima mencionada será objeto de estudo nos capítulos próprios, ao longo deste trabalho.

Por fim, faz-se importante não confundir direito material e direito processual. Com efeito, a ampliação da competência da Justiça do Trabalho, levada a efeito pela EC 45/2004, passando a abranger também as ações oriundas das relações de trabalho (art. 114, I, CRFB/88), não autoriza a aplicação da lei material trabalhista a toda e qualquer relação de trabalho.

APLICAÇÃO DO DIREITO DO TRABALHO
Conceito:
• É a incidência da norma abstrata ao caso concreto.
Aplicação do direito no tempo:
• A lei nova se aplica de forma imediata e não retroativa (regra geral), respeitando-se o direito adquirido, o ato jurídico perfeito e a coisa julgada.
• A lei nova entra em vigor no prazo assinalado na própria lei. Caso não exista tal previsão, entrará em vigor no prazo de 45 dias, contados da publicação da lei.
• O processo de revogação da lei trabalhista é igual ao do direito comum. Logo, lei posterior revoga lei anterior (expressa ou tacitamente), total ou parcialmente. Lei geral não revoga lei especial.
Aplicação do direito no espaço:
• Regra geral: aplicação da Lei nº 7.064/1982 => são assegurados aos trabalhadores contratados no Brasil por empregador brasileiro, ou transferidos para prestar serviços no exterior, além dos direitos previstos na Lei nº 7.064/1982, os direitos previstos na lei brasileira, se mais benéfica que a lei territorial (lei do local da execução dos serviços). Trata-se da consagração do critério da norma mais favorável.
• Marítimo: aplica-se a lei do país da bandeira ou pavilhão do navio.
• Trabalho do técnico estrangeiro no Brasil: aplica-se a lei brasileira, c/c o Decreto-Lei nº 691/1969.
Normas coletivas – base territorial:
• No caso de uma CCT firmada entre sindicatos com diferentes bases territoriais, a mesma valerá na base territorial comum aos dois sindicatos.
Aplicação do Direito do Trabalho quanto às pessoas:
• O Direito do Trabalho aplica-se integralmente, em regra, aos empregados (trabalhadores subordinados) urbanos e rurais.
• Aplica-se integralmente aos avulsos, que, embora não sejam empregados, foram protegidos pela CRFB.
• Aplica-se parcialmente aos domésticos, embora sejam empregados.
• Não se aplica aos servidores públicos civis (*stricto sensu*) e militares.

4.4. DEIXADINHAS

1. A interpretação da norma jurídica visa investigar seu real significado, a fim de que possa ser aplicada ao caso concreto.

2. O intérprete deve buscar a "vontade da lei", e não a "vontade do legislador", tendo em vista que a lei passa a sofrer, a partir da sua vigência, a influência da realidade social de dado momento histórico.

3. A interpretação da norma jurídica depende da utilização de critérios ou métodos próprios, dos quais o operador do direito se valerá no momento oportuno. Os métodos de interpretação da lei não se excluem. Ao contrário, devem, sempre que possível, ser utilizados coordenadamente.

4. A interpretação gramatical da norma se baseia em seu texto literal. Embora não seja recomendável a sua utilização como critério único, serve normalmente como método inicial de interpretação.

5. O método lógico ou racional busca o sentido da norma jurídica sob o aspecto da lógica formal, de forma a extrair o pensamento contido na lei, ainda que exteriorizado de forma indevida.

6. O método sistemático propõe a busca do sentido da norma em harmonia com o conjunto do sistema jurídico.

7. O método teleológico busca o sentido da norma a partir de seus fins. Na aplicação da lei, o juiz atenderá aos fins sociais a que ela se dirige e às exigências do bem comum.

8. Nenhum interesse de classe ou particular deve prevalecer sobre o interesse público.

9. O método histórico busca reconstituir a vontade do legislador, conforme o contexto histórico da época em que a lei foi elaborada. Tal como o critério gramatical, não deve ser utilizado isoladamente.

10. Utilizam-se no Direito do Trabalho basicamente os mesmos métodos de interpretação aplicáveis no direito comum, observando-se apenas a prevalência dos princípios e valores essenciais ao Direito do Trabalho.

11. Integração jurídica é o processo de preenchimento das lacunas apresentadas pela lei quando da análise de um caso concreto.

12. A integração se dá pela utilização de fontes normativas subsidiárias, também denominadas fontes supletivas, podendo ser de dois tipos: a) autointegração; b) heterointegração.

13. Na autointegração, o operador do direito utiliza uma fonte formal do direito (portanto, uma norma integrante do sistema normativo) para preencher a lacuna existente. É o caso da analogia.

14. Na heterointegração, o operador utiliza uma fonte subsidiária ou supletiva por excelência, a qual não constitui fonte do direito. Um exemplo é a jurisprudência.

15. Quando a lei for omissa, o juiz decidirá o caso de acordo com a analogia, os costumes e os princípios gerais de direito.

16. O juiz não se exime de sentenciar ou despachar alegando lacuna ou obscuridade da lei. No julgamento da lide, caber-lhe-á aplicar as normas legais; não as havendo, recorrerá à analogia, aos costumes e aos princípios gerais de direito.

17. As autoridades administrativas e a Justiça do Trabalho, na falta de disposições legais ou contratuais, decidirão, conforme o caso, pela jurisprudência, por analogia, por equidade e outros princípios e normas gerais de direito, principalmente do direito do trabalho, e, ainda, de acordo com os usos e costumes, o direito comparado, mas sempre de maneira que nenhum interesse de classe ou particular prevaleça sobre o interesse público.

18. O direito comum será fonte subsidiária do direito do trabalho.

19. Somente se utiliza o direito comum, no âmbito laboral, de forma subsidiária. Assim, existindo norma específica, prevalecerá esta. Além disso, a norma comum deve ser compatível com os princípios próprios do direito obreiro (tal condição não é mais expressa na lei, mas é praticamente pacífico o entendimento no sentido de que subsiste).

20. A jurisprudência (decisões reiteradas dos tribunais) é considerada fonte subsidiária ou supletiva do Direito do Trabalho.

21. O recurso à analogia pressupõe a integração de lacuna legal através da utilização de norma aplicável a uma hipótese fática semelhante.

22. Por aplicação analógica do art. 244, § 2º, da CLT, as horas de sobreaviso dos eletricitários são remuneradas à base de 1/3 sobre a totalidade das parcelas de natureza salarial.

23. O recurso à equidade é a possibilidade de integração de lacuna mediante a utilização do senso de justiça, da equanimidade do julgador. Não autoriza a simples interpretação mais branda da lei, nos casos em que não há lacuna.

24. A única hipótese de julgamento por equidade no Direito do Trabalho é a fixação dos salários em dissídio coletivo, conforme art. 766 da CLT, segundo o qual, nos dissídios sobre estipulação de salários, serão estabelecidas condições que, assegurando justos salários aos trabalhadores, permitam também justa retribuição às empresas interessadas.

25. Princípios e normas gerais de direito também possuem função integrativa, de forma a preencher as lacunas porventura existentes.

26. Os usos e costumes são considerados pela CLT como fonte integrativa, embora sejam considerados pela doutrina majoritária como fonte formal.

27. O direito comparado constitui critério integrativo, utilizando-se, para tal, a norma estrangeira aplicável a situação semelhante, a respeito da qual a lei brasileira seja omissa.

28. Não há hierarquia ou ordem de preferência na aplicação dos critérios de integração do Direito do Trabalho arrolados pelo art. 8º da CLT.

29. Aplicação do direito é o processo de subsunção do fato à norma, ou seja, a incidência da norma abstrata no fato concreto posto em julgamento.

30. A aplicação do Direito do Trabalho no tempo segue a regra geral do direito comum, isto é, aplica-se a lei nova de forma imediata e não retroativa, não atingindo o direito adquirido, a coisa julgada e o ato jurídico perfeito.

31. Direito adquirido é o que já se incorporou ao patrimônio jurídico do titular sob a égide da lei em vigor à época de sua constituição.

32. Coisa julgada é a decisão judicial contra a qual já não caiba mais nenhum recurso; ou seja, é a decisão judicial qualificada pela imutabilidade.

33. Ato jurídico perfeito é aquele que já se realizou, já foi consumado, encontrando-se perfeito e concluído.

34. A lei entra em vigor no prazo expressamente determinado em dispositivo da própria lei. Caso não exista tal previsão, entrará a lei em vigor em 45 dias, contados da publicação.

35. A revogação pode ser tácita (quando a lei nova tratar de forma diversa uma mesma matéria tratada pela lei anterior) ou expressa (quando a lei nova expressamente consignar a revogação da anterior). A revogação pode ser parcial ou total.

36. Lei geral não revoga, como regra, lei especial anterior, sendo que as leis trabalhistas são, na maioria dos casos, leis especiais para a área trabalhista.

37. As cláusulas contratuais e regulamentares aderem permanentemente ao contrato de trabalho, não podendo ser suprimidas, em regra, sempre que sua supressão traduza prejuízo ao empregado (art. 468 da CLT).

38. A lei produz efeitos no âmbito do contrato de trabalho somente enquanto em vigor, ou seja, até que outra lei a revogue. Há controvérsias, entretanto, em relação às leis que ensejam retrocesso social, hipótese em que, para certa corrente, prestigiada no âmbito do TST, a lei nova valeria apenas para os contratos firmados em sua vigência.

39. Alterada a lei, as prestações contratuais já consolidadas não são afetadas, mas as novas prestações sucessivas submetem-se à lei nova. Há tendência na jurisprudência do TST de adotar entendimento em sentido contrário, quanto à parte final da afirmação.

40. As condições de trabalho alcançadas por força de sentença normativa vigoram desde o seu termo inicial até que sentença normativa ou norma coletiva superveniente produza sua revogação, expressa ou tácita, respeitado, porém, o prazo máximo legal de quatro anos de vigência, não integrando, de forma definitiva, os contratos.

41. Não será permitido estipular duração de convenção coletiva ou acordo coletivo de trabalho superior a dois anos, sendo vedada a ultratividade.

42. Quanto à aplicação do Direito do Trabalho no espaço, a regra é a aplicação da lei mais favorável ao trabalhador, seja ela a do lugar da execução dos serviços, seja a do lugar onde ocorreu a contratação do empregado.

43. A Lei nº 7.064/1982 dispõe que são assegurados aos trabalhadores contratados no Brasil por empregador brasileiro, ou transferidos para prestar serviços no exterior, além dos direitos previstos na Lei nº 7.064/1982, os direitos previstos na lei brasileira, se mais benéfica que a lei territorial (lei do local da execução dos serviços).

44. No caso do marítimo, aplica-se a lei do país da bandeira ou pavilhão da embarcação.

45. Ao técnico estrangeiro que trabalha no Brasil aplica-se a lei brasileira, porém com as especificidades previstas pelo Decreto-Lei nº 691/1969.

46. A base territorial de vigência de determinada norma coletiva em que os sindicatos contratantes possuem bases territoriais distintas coincide com a base comum aos dois sindicatos.

47. O Direito do Trabalho não se aplica integralmente aos empregados, tendo em vista as restrições quanto ao doméstico.

48. O Direito do Trabalho se aplica aos avulsos, embora eles não sejam empregados.

49. O Direito do Trabalho não se aplica aos servidores públicos civis estatutários nem aos militares.

CAPÍTULO 5

Relação de Trabalho
e Relação de Emprego

· ·

Marcadores: RELAÇÃO DE TRABALHO; RELAÇÃO DE EMPREGO; REQUISITOS CARACTERIZADORES DA RELAÇÃO DE EMPREGO; TEORIAS CONTRATUALISTAS; TRABALHO AUTÔNOMO; TRABALHO EVENTUAL; TRABALHO AVULSO; TRABALHO PORTUÁRIO; TRABALHO VOLUNTÁRIO; TRABALHO INSTITUCIONAL; TRABALHO COOPERATIVADO; PRINCÍPIOS DO COOPERATIVISMO; ESTÁGIO.

Material de estudo:

✓ Legislação *básica*: **CLT**, arts. 2°, 3°, 6°, 9°, 442-B e 452-A; **CRFB/88**, art. 7°, XXXIV

✓ Legislação para *estudo avançado*: **Lei n° 12.815/2013; Lei n° 9.719/1998** (Proteção ao Trabalho Portuário); **Lei n° 11.788/2008** (Estágio de Estudantes); **Lei n° 12.023/2009; Decreto n° 10.854/2021**, art. 39.

✓ Jurisprudência: **Súm.** 212, TST; **OJ-SDI-1** 366, TST

✓ Doutrina (++)

Estratégia de estudo sugerida:

A maioria dos concursos não cobra conhecimentos aprofundados sobre o "trabalhador avulso" e sobre o "estagiário". Assim, os itens 5.7 e 5.10 não precisam ser estudados integralmente para estes concursos, mas tão somente para aqueles que contêm os referidos tópicos expressos no conteúdo programático (por exemplo, o concurso para Auditor Fiscal do Trabalho, cujo conteúdo programático inclui expressamente o "trabalho portuário").

Se o concurso para o qual você se prepara não especifica tais temas, se limitando a apontar "relação de trabalho e relação de emprego" no edital, não é necessário estudar os subitens do tópico 5.7 (basta ler o 5.7 mesmo), e, em relação ao 5.10, basta ler até o 5.10.1, inclusive, que conceitua o estágio.

5.1. CONCEITO DE RELAÇÃO DE TRABALHO

Segundo Maurício Godinho Delgado, relação de trabalho é "toda relação jurídica caracterizada por ter sua prestação essencial centrada em uma obrigação de fazer consubstanciada em labor humano[1]."

Assim, a relação de trabalho corresponde a toda e qualquer forma de contratação da energia de trabalho humano que seja admissível frente ao sistema jurídico vigente. É importante ressaltar que *forma de contratação admissível*, entre os particulares (em contraposição à Administração Pública), é tanto a expressamente prevista quanto aquela não vedada em lei[2].

Apesar da relativa homogeneidade da doutrina clássica no tocante ao conceito de relação de trabalho, o fato é que, com a alteração da redação do art. 114, I, da CRFB pela Emenda Constitucional nº 45/2004, surgiram inúmeras controvérsias acerca do alcance de tal conceito. Tais controvérsias serão tratadas resumidamente em tópico seguinte, tão logo sejam analisadas as formas conhecidas de relação de trabalho.

5.2. DISTINÇÃO ENTRE RELAÇÃO DE TRABALHO E RELAÇÃO DE EMPREGO

Diz-se comumente que a relação de trabalho é gênero (alcançando toda modalidade de trabalho humano), ao passo que a relação de emprego (relação de trabalho subordinado) é espécie.

Por este motivo, é verdadeira a assertiva segundo a qual toda relação de emprego é relação de trabalho, mas nem toda relação de trabalho é relação de emprego.

Graficamente, teríamos a seguinte ideia:

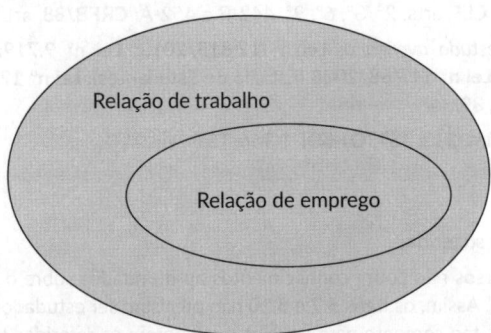

Neste sentido, a relação de emprego é apenas uma das modalidades da relação de trabalho, e ocorrerá sempre que preenchidos os requisitos legais específicos, que, no caso, estão previstos nos arts. 2º e 3º da CLT[3], conforme será estudado adiante.

---

[1] DELGADO, Maurício Godinho. *Curso de Direito do Trabalho.* 9. ed. São Paulo: LTr, 2010. p. 265.

[2] CRFB/88, art. 5º, II: ninguém será obrigado a fazer ou deixar de fazer alguma coisa senão em virtude de lei.

[3] Art. 2º Considera-se empregador a empresa, individual ou coletiva, que, assumindo os riscos da atividade econômica, admite, assalaria e dirige a prestação pessoal de serviço. (...)
Art. 3º Considera-se empregado toda pessoa física que prestar serviços de natureza não eventual a empregador, sob a dependência deste e mediante salário. (...)

5.3. MODALIDADES DE RELAÇÃO DE TRABALHO

Dentre as relações de trabalho, podemos destacar as seguintes modalidades:

- relação de emprego;
- relação de trabalho autônomo;
- relação de trabalho eventual;
- relação de trabalho avulso;
- relação de trabalho voluntário;
- relação de trabalho institucional;
- relação de trabalho de estágio;
- relação de trabalho cooperativado.

Cada uma destas modalidades apresenta características próprias, que as diferenciam das demais. Então, diante de uma relação de trabalho, há que se perquirir em qual das modalidades acima ela está enquadrada, o que será de extrema importância para definição do tratamento jurídico reservado àquele determinado trabalhador.

Com efeito, ao menos em princípio o sistema protetivo celetista alcança somente os empregados (trabalhadores subordinados, detentores de relação de emprego).

Passaremos, então, a tratar das características essenciais de cada uma destas modalidades de relação de trabalho.

5.4. RELAÇÃO DE EMPREGO

Ao contrário da maioria da doutrina, que deixa para o final o estudo da relação de emprego, penso que é didaticamente mais acertada a análise inicial desta modalidade, pois, de certa forma, as outras serão facilmente identificadas depois, por exclusão. Também é notório que a relação de emprego continua sendo, ao menos por enquanto, a mais difundida e importante dentre as relações de trabalho. Por isso, é espécie que tem merecido maior proteção do ordenamento jurídico.

Relação de emprego é a relação de trabalho subordinado. Utilizando o conceito de relação de trabalho mencionado acima, pode-se dizer que a relação de emprego é o vínculo de trabalho humano sob subordinação. Entretanto, a subordinação não é o único requisito para a caracterização da relação de emprego. Também o são a prestação de trabalho por pessoa física, a pessoalidade, a onerosidade e a não eventualidade.

Sendo assim, só será **empregado** o trabalhador que reunir **todos** esses requisitos na relação que mantém com o tomador de seus serviços.

Serão estudados, a partir de agora, cada um destes requisitos da relação de emprego, com a observação de que serão também úteis para identificação das demais espécies do gênero relação de trabalho, sendo certo que a distinção entre cada uma das modalidades se dá pela combinação de um ou mais destes requisitos.

5.4.1. Requisitos caracterizadores da relação de emprego

5.4.1.1. Trabalho prestado por pessoa física

O primeiro requisito para caracterização da relação de emprego é que exista exploração da energia do **trabalho humano**. Em outras palavras, só a pessoa natural (pessoa física) pode ser empregada, do que decorre que pessoa jurídica não será, **em nenhuma hipótese**, empregada. Pode até ser contratada para prestar serviços a outra empresa ou mesmo a uma pessoa física, mas este serviço, em última análise, será prestado por humanos que laboram em nome da empresa contratada.

Quanto a este requisito, é importante ressaltar que a prestação de serviço por pessoa física não se confunde com situações de fraude. Assim, por exemplo, a existência das falsas pessoas jurídicas, também chamadas "*PJ de um único sócio*" ou "*sociedades unipessoais*", as quais são geralmente "constituídas" por profissionais liberais que assumem a roupagem de pessoa jurídica como único meio de obter trabalho junto a grandes empresas, não impede o reconhecimento da relação de emprego, **desde que presentes os demais requisitos**[4]. É sempre bom lembrar que prevalece no Direito do Trabalho o princípio da primazia da realidade[5], segundo o qual os fatos se sobrepõem à forma, de modo a inibir as fraudes aos direitos trabalhistas assegurados.

Finalmente, cumpre ressaltar que, também nas demais modalidades de relação de trabalho, a execução dos serviços é obrigatoriamente realizada por pessoa física, razão pela qual este requisito não é exclusivo da relação de emprego.

5.4.1.2. Pessoalidade

A relação de emprego é marcada pela natureza *intuitu personae* **do empregado em relação ao empregador**. Em tradução livre, *intuitu personae* significa "em razão da pessoa". Isso quer dizer que o empregador contrata o empregado para que este lhe preste serviços pessoalmente, sendo vedado ao empregado se fazer substituir por outro, exceto em caráter esporádico, e ainda assim com a aquiescência do empregador.

No que diz respeito à nomenclatura, é importante registrar que, às vezes, a natureza *intuitu personae* do empregado em relação ao empregador é também denominada *infungibilidade* (ou *caráter infungível*) em relação ao empregado.

Esquematicamente:

> **PESSOALIDADE = NATUREZA *INTUITU PERSONAE* = INFUNGIBILIDADE**

É também muito importante observar que a natureza *intuitu personae* ocorre somente em relação ao empregado, e **não em relação ao empregador** (princípio da despersonalização do empregador). Recorde-se do *princípio da continuidade da relação de emprego*. Ao empregado interessa a prestação de serviços por tempo indeterminado, até porque, em regra, ele precisa do salário para subsistir.

Assim, é perfeitamente possível que, ao longo do vínculo de emprego, haja alteração do polo passivo da relação de emprego (mude o empregador), seja pela transferência de propriedade da empresa, seja pela alteração do quadro societário. Neste caso, dá-se a *sucessão de empregadores*, mantendo-se intactos os vínculos de emprego existentes, nos termos dos arts. 10 e 448 da CLT[6]. A temática da sucessão de empregadores será tratada quando do estudo da figura jurídica do empregador (Capítulo 7).

---

[4]   Ressalte-se que a autorização legal para a pejotização, levada a efeito pelo § 2º do art. 4º-A da Lei nº 6.019/1974, com redação dada pela Lei nº 13.429/2017, não permitiu a contratação de pessoa jurídica cujo(s) sócio(s) trabalhe(m) para o tomador com pessoalidade e subordinação. Além do disposto nos artigos 3º e 2º da CLT, o § 1º do supramencionado art. 4º-A dispõe que "a empresa prestadora de serviços contrata, remunera e dirige o trabalho realizado por seus trabalhadores, ou subcontrata outras empresas para realização desses serviços".

[5]   (CLT) Art. 9º Serão nulos de pleno direito os atos praticados com o objetivo de desvirtuar, impedir ou fraudar a aplicação dos preceitos contidos na presente Consolidação. (Este artigo deve ser memorizado e utilizado "sem moderação" na construção do raciocínio trabalhista do candidato.)

[6]   Art. 10. Qualquer alteração na estrutura jurídica da empresa não afetará os direitos adquiridos por seus empregados.

5.4.1.3. Não eventualidade

Há várias teorias que tentam explicar o requisito da não eventualidade, sendo certo que não há consenso a respeito na doutrina. Não adentrarei no estudo de cada uma destas teorias, visto que estaria, com isso, fugindo aos objetivos do presente trabalho. Ao invés disso, será formulada uma só teoria, pela convergência dos principais pontos das demais, conforme o fazem os grandes doutrinadores, dentre os quais Maurício Godinho Delgado[7].

Em resumo, o **trabalhador não eventual é aquele que trabalha de forma repetida, nas atividades permanentes do tomador, e a este fixado juridicamente**.

O conceito, explicado analiticamente, ficaria assim:

• *Trabalha de forma repetida*: a não eventualidade pressupõe repetição do serviço, **com previsão de repetibilidade futura**. Isso quer dizer que o empregado não precisa trabalhar continuamente (todos os dias), mas deve a atividade se repetir naturalmente junto ao tomador dos serviços, *ainda que de forma intermitente*[8], para que possa ser considerada não eventual.

Aliás, neste pormenor a Reforma Trabalhista atuou em benefício do Direito do Trabalho, ao passo que praticamente eliminou o argumento da intermitência da prestação dos serviços como fato impeditivo à configuração da relação de emprego. Este é também o entendimento do Prof. Homero Batista Mateus da Silva:

"[...] O conceito de habitual não sofre alteração, se o entendermos, desde logo, como um fato frequente e reiterado, independentemente da quantidade de 'horas, dias ou meses', tal como propõe o art. 443, § 3º. Praticamente desaparece a linha de defesa concentrada no caráter espaçado ou episódico da prestação dos serviços"[9].

Tomemos como exemplo o caso de um pedreiro que seja contratado para trabalhar na obra de expansão de uma revenda de automóveis. Ainda que o pedreiro trabalhe repetidamente (até mesmo todos os dias) durante um mês, **não** será considerado não eventual, pois não há previsão de repetibilidade futura da atividade. Isto porque, tão logo terminada a obra, o pedreiro não mais trabalhará para aquele tomador.

• *Nas atividades permanentes do tomador*: ainda que o trabalho se dê por curto período determinado, será não eventual se ocorrer em atividade que possui caráter permanente na dinâmica da empresa.

No exemplo anterior, o pedreiro não se insere na atividade permanente do tomador, pois a obra de construção é evento isolado, diverso da atividade normal da empresa em questão. Ao contrário, se determinado trabalhador é contratado, ainda que a título de experiência (portanto, por prazo determinado), para exercer atividade permanente do empreendimento do tomador, será não eventual. Exemplos: um trabalhador contratado como vendedor naquela mesma revenda de automóveis, ou ainda um faxineiro contratado pela revenda de automóveis para cuidar do serviço de limpeza da loja[10].

[...]
Art. 448. A mudança na propriedade ou na estrutura jurídica da empresa não afetará os contratos de trabalho dos respectivos empregados.

[7]   DELGADO, Maurício Godinho. *Curso de Direito do Trabalho*, 9. ed., p. 273.

[8]   O contrato de trabalho intermitente foi considerado expressamente pelo legislador como contrato de emprego (art. 452-A da CLT).

[9]   SILVA, Homero Batista Mateus da. *Comentários à reforma trabalhista*. São Paulo: Revista dos Tribunais, 2017, p. 73.

[10] Nunca foi relevante, neste caso, a distinção entre atividade-fim e atividade-meio. Ademais, com a vigência da nova redação do *caput* do art. 4º-A da Lei nº 6.019/1974, dada pela Lei nº 13.467/2017, tal distinção deixou de ter importância no âmbito do direito do trabalho.

• *Fixado juridicamente*: o trabalhador labora para um empregador que manipula sua energia de trabalho, ocorrendo, então, a fixação jurídica do trabalhador ao empregador. Estabelece-se entre trabalhador e tomador um *compromisso*, consubstanciado no contrato de trabalho. Logo, este trabalhador é não eventual.

A não fixação jurídica do trabalhador ocorre sempre que este não *entrega* sua energia de trabalho ao tomador dos serviços. O trabalhador avulso, por exemplo, não tem a sua energia de trabalho manipulada por tomador nenhum, razão pela qual não se fixa a ninguém.

Faz-se importante, para que se entenda bem este tópico, a explicitação de alguns exemplos. Com efeito, no cotidiano trabalhista, depara-se com inúmeros casos em que, presentes os demais requisitos da relação de emprego, restariam dúvidas acerca da não eventualidade, não fosse pela aplicação da teoria acima. Vejamos então alguns exemplos:

- garçom de uma pizzaria, que trabalha apenas aos finais de semana: é não eventual, pois trabalha de forma repetida (o que não quer dizer contínua, frise-se); sua atividade se insere na atividade permanente da empresa e, por isso, ele está fixado juridicamente ao empregador, que manipula sua energia de trabalho. É absolutamente indiferente o fato de trabalhar um, dois ou todos os dias da semana;
- *chapa*, daqueles que ficam na entrada das cidades: dificilmente será possível reconhecer a não eventualidade, pois o chapa não se fixa a empregador nenhum. Ao contrário, ele põe sua energia de trabalho à disposição do primeiro que aparecer;
- eletricista contratado para trocar o sistema de iluminação de uma empresa: será eventual, pois não se insere nas atividades permanentes da empresa e não tem previsão de repetibilidade futura da atividade. Pode acontecer, entretanto, de a empresa, por ser de grande porte, manter empregados permanentes na atividade de manutenção, hipótese em que estes serão não eventuais;
- faxineira, contratada por empresa para trabalhar uma vez por semana: é não eventual, pois se insere em atividade permanente da empresa, se fixa ao empregador e se ativa de forma repetida e repetível futuramente. Este exemplo merece cuidado. Em geral as pessoas (inclusive os empregadores) confundem, indevidamente, a diarista doméstica com a "diarista" que presta serviços à empresa.

Como será estudado em tópico próprio, no qual será analisado o regramento do trabalho doméstico, o empregado doméstico tem uma peculiaridade em relação ao empregado não doméstico, quanto à caracterização da relação de emprego. Com efeito, **exige-se do doméstico a *continuidade***, e não a simples não eventualidade. Por essa razão, a doutrina e a jurisprudência vinham entendendo, de forma mais ou menos homogênea, que a diarista que presta serviços em residência de forma descontínua (uma, duas ou três vezes por semana, por exemplo) não é empregada.

A questão foi positivada pelo art. 1º da Lei Complementar nº 150/2015, que dispôs no seguinte sentido:

Art. 1º Ao empregado doméstico, assim considerado aquele que presta serviços de forma contínua, subordinada, onerosa e pessoal e de finalidade não lucrativa à pessoa ou à família, no âmbito residencial destas, por mais de 2 (dois) dias por semana, aplica-se o disposto nesta Lei.

Portanto, não há mais margem para controvérsia: **se o trabalhador é contratado por até dois dias por semana para realizar serviços domésticos, é diarista e não empregado. A partir de três dias por semana, por sua vez, é considerado empregado.**

Entretanto, tal regramento se aplica exclusivamente ao doméstico, e nunca a faxineiros que prestam serviços a empresas (ou a qualquer pessoa física que explore atividade econômica).

Neste sentido, a jurisprudência do Colendo Tribunal Superior do Trabalho:

> Recurso de revista. Reconhecimento de vínculo de emprego. Faxineira. Prestação de serviços uma a duas vezes por semana a empregador não doméstico. Configuração. O Tribunal Regional consignou que a reclamante prestara serviços para o reclamado de forma não eventual, como faxineira, no período de 7 de outubro de 2005 a 31 de outubro de 2008. Por sua vez, esta Corte tem entendido que, se o trabalhador realizar atividade ligada à atividade econômica da empresa, e a ela seja subordinado, mesmo que trabalhe apenas uma vez na semana, já é caracterizado o vínculo empregatício. Dessa forma, estando a decisão do e. Tribunal Regional em perfeita consonância com o entendimento pacificado desta Corte, incide, na hipótese, o óbice da Súmula 333 do TST e do artigo 896, § 4º, da CLT. Precedentes. Recurso de revista não conhecido. [...] (TST, 3ª Turma, RR-35585-84.2009.5.12.0052, Rel. Min. Alexandre de Souza Agra Belmonte, j. 18.11.2015, *DEJT* 20.11.2015).

Cabe aqui, por fim, a advertência para o fato de que alguns doutrinadores costumam considerar *não eventualidade* como sinônimo de *habitualidade,* ou, ainda, de *permanência,* de forma que tais termos podem ser utilizados indistintamente.

Esquematicamente, *apenas para os fins de caracterização da relação de emprego*:

NÃO EVENTUALIDADE = HABITUALIDADE = PERMANÊNCIA

Observe-se, por fim, que há autores que resumem a não eventualidade a um único elemento, por exemplo, Alice Monteiro de Barros[11], para quem é não eventual o serviço que seja necessário ao desenvolvimento da atividade normal do empregador.

5.4.1.4. Onerosidade

Dentre as características do contrato de trabalho está o caráter bilateral, sinalagmático e oneroso. Em resumo, isso quer dizer que, se de um lado a obrigação principal do empregado é fornecer sua força de trabalho, do outro a obrigação principal do empregador é remunerar o empregado pelos serviços prestados.

Esquematicamente:

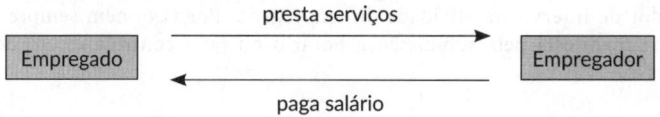

Dessa forma, a relação de emprego pressupõe a onerosidade da prestação, sob a forma de remuneração pelos serviços. É por isso que se os serviços são prestados a título gratuito não se pode falar em relação de emprego, mas antes em simples relação de trabalho, no caso relação de trabalho voluntário, regulamentada pela Lei nº 9.608/1998. Frise-se, entretanto, que o caráter lucrativo ou não do empreendimento do empregador não é, por si só, determinante para definir o requisito. Com efeito, em uma instituição beneficente, por

---

11   BARROS, Alice Monteiro de. *Curso de Direito do Trabalho.* 6. ed. São Paulo: LTr, 2010. p. 266.

exemplo, podem existir tanto empregados (que laboram, portanto, com intenção onerosa), quanto voluntários, que prestam serviços de forma graciosa.

Uma última advertência: para caracterização da onerosidade **basta a intenção onerosa** (também denominada *animus contrahendi*). Ante o exposto, não restam dúvidas de que um determinado trabalhador que foi contratado sob a promessa de receber, a título de salários, R$ 2.000,00, e que ao final de três meses não tenha recebido um salário sequer, logicamente prestou trabalho oneroso. O não recebimento dos salários por mora ou inadimplemento do empregador não descaracteriza o caráter oneroso do ajuste, pois presente a intenção econômica ou onerosa. Da mesma forma, não resta qualquer dúvida de que um trabalhador reduzido à condição análoga à de escravo e que não tenha recebido salários também presta serviços de natureza onerosa.

5.4.1.5. Subordinação

A subordinação é o requisito mais importante para a caracterização da relação de emprego. Constitui o grande elemento diferenciador entre a relação de emprego e as demais relações de trabalho, apresentando inquestionável importância na fixação do vínculo jurídico empregatício.

Se, do ponto de vista histórico, a natureza da subordinação foi sempre controvertida[12], atualmente a doutrina e a jurisprudência adotam pacificamente a ideia de subordinação jurídica. Assim, **a subordinação existente entre empregado e empregador é jurídica**, tendo em vista que **decorre do contrato estabelecido entre ambos** (contrato de trabalho).

De um lado, o empregador exerce o poder diretivo, do qual decorre o poder de direcionar **objetivamente**[13] a forma pela qual a energia de trabalho do obreiro será disponibilizada. Por sua vez, cabe ao empregado se submeter a tais ordens, donde nasce a subordinação jurídica. **A contraposição à subordinação é a autonomia**. Quem é subordinado não trabalha por conta própria, não é senhor do destino de sua energia de trabalho.

Colaciono, neste sentido, a lição de Alice Monteiro de Barros, no sentido de que

"Esse poder de comando do empregador não precisa ser exercido de forma constante, tampouco torna-se necessária a vigilância técnica contínua dos trabalhos efetuados, mesmo porque, em relação aos trabalhadores intelectuais, ela é difícil de ocorrer. O importante é que haja a possibilidade de o empregador dar ordens, comandar, dirigir e fiscalizar a atividade do empregado. Em linhas gerais, o que interessa é a possibilidade que assiste ao empregador de intervir na atividade do empregado. Por isso, nem sempre a subordinação jurídica se manifesta pela submissão a horário ou pelo controle direto do cumprimento de ordens"[14].

Exemplo clássico é o da costureira que trabalha em sua própria residência prestando serviços a empresa de confecção, comparecendo apenas esporadicamente à sede da empresa e tendo seu trabalho controlado em razão das cotas de produção estabelecidas e da qua-

---

[12] Em um primeiro momento, defendeu-se a natureza econômica da subordinação, sob o argumento de que o trabalhador seria economicamente hipossuficiente em relação ao empregador. Uma segunda teoria propôs a ideia da subordinação técnica, ao passo que era o empregador quem detinha os meios de produção e, consequentemente, o conhecimento tecnológico necessário.

[13] A subordinação é objetiva, isto é, refere-se ao modo de realização da prestação e não incide sobre a pessoa do trabalhador.

[14] BARROS, Alice Monteiro de. *Curso de Direito do Trabalho*, 6. ed., p. 268.

lidade das peças produzidas. Embora, no caso, a costureira não se sujeite à subordinação direta e constante, é considerada empregada.

Apesar da importância da lição da professora Alice Monteiro de Barros, acima transcrita, e não obstante ser forçoso concordar que a submissão a horário e o controle direto do cumprimento de ordens não sejam imprescindíveis ao reconhecimento da subordinação, é importante mencionar que tais fatos não deixam de representar indícios fortes da existência de subordinação jurídica, o que muitas vezes será fundamental para identificar a existência de relação de emprego. Com efeito, a submissão a controle de horário (controle de ponto), o recebimento de ordens pelo empregado e a direção do empregador quanto ao *modo* de produção configuram indícios relevantes para a caracterização da subordinação.

Exemplo: o Colégio Fernando Pessoa, que mantém turmas de ensino médio, contratou Gabriela para exercer a função de psicóloga. Gabriela coordena toda a área de orientação educacional da escola, desde o atendimento diário aos alunos até o atendimento aos pais e a orientação vocacional, e não tem superior hierárquico imediato. Seu regime de trabalho é de seis horas diárias. No caso, está presente a subordinação, pois, embora a trabalhadora não se sujeite a ordens diretas, sujeita-se a controle (leia-se manipulação da energia de trabalho) por parte do empregador, tanto pelo fato de ter a jornada controlada, quanto pela designação prévia, pelo empregador, do feixe de atribuições.

Por fim, registre-se que nas últimas décadas surgiu no Brasil a ideia de alargar o sentido da relação de emprego pela ampliação do conceito de subordinação. Dentre os defensores desta tese, Maurício Godinho Delgado[15] propõe a subdivisão da subordinação em três dimensões distintas, a saber:

a) **Clássica ou tradicional:** seria a subordinação jurídica tal qual a conhecíamos até então, assim considerada aquela decorrente do contrato de trabalho, que se manifesta basicamente por meio das ordens do tomador dos serviços sobre o trabalhador.

b) **Objetiva:** dimensão pela qual a subordinação emerge como a integração do trabalhador nos fins e objetivos do empreendimento tomador dos serviços. Neste caso, o que interessa é a integração do trabalhador aos objetivos empresariais, e não a sujeição a ordens relativas ao modo de prestação dos serviços. Em outras palavras, "o exercício do poder diretivo se revela também de maneira objetiva, quando o empregador conta permanentemente com o trabalho do indivíduo que participa das atividades da empresa"[16].

c) **Estrutural:** a subordinação "se manifesta pela inserção do trabalhador na dinâmica do tomador de seus serviços, independentemente de receber (ou não) suas ordens diretas, mas acolhendo, estruturalmente, sua dinâmica de organização e funcionamento"[17]. No caso, Godinho Delgado esclarece que

"nesta dimensão da subordinação não importa que o trabalhador se harmonize (ou não) aos objetivos do empreendimento, nem que receba ordens diretas das específicas chefias deste: o fundamental é que esteja estruturalmente vinculado à dinâmica operativa da atividade do tomador dos serviços"[18].

---

15 DELGADO, Maurício Godinho. *Curso de direito do trabalho.* 11. ed. São Paulo: LTr, 2012. p. 297-299.

16 PORTO, Lorena Vasconcelos. A subordinação no contrato de emprego: desconstrução, reconstrução e universalização do conceito jurídico, Belo Horizonte, 2008, p. 75.

17 DELGADO, Maurício Godinho. Direitos fundamentais na relação de trabalho. *Revista do Ministério Público do Trabalho,* n. 31, mar. 2006, p. 46.

18 DELGADO, Maurício Godinho. *Curso de direito do trabalho.* 11. ed. São Paulo: LTr, 2012. p. 298.

Esquematicamente, teríamos o seguinte panorama:

Dimensão clássica da subordinação	→ **ordens diretas** do tomador ao trabalhador.
Dimensão objetiva da subordinação	→ o trabalhador se integra aos **fins e objetivos** do empreendimento.
Dimensão estrutural da subordinação	→ o trabalhador se insere na **dinâmica (estrutura)** do tomador dos serviços.

Partindo-se do princípio de que, como faces distintas de um mesmo elemento, tais dimensões não se excluem, nós, operadores jurídicos, teríamos na tese acima uma ferramenta poderosa para enquadrar harmonicamente diversas das modernas formas de trabalho ao modelo celetista do liame empregatício.

Observe-se que durante alguns anos, notadamente houve tendência, ao menos em algumas Turmas do TST, de se acolher a tese da subordinação estrutural. A título de exemplo, mencione-se o seguinte julgado:

> [...] 2. TERCEIRIZAÇÃO ILÍCITA. TRABALHO EM ATIVIDADE-FIM. SUBORDINAÇÃO ESTRUTURAL. VÍNCULO DE EMPREGO. CONFIGURAÇÃO. 1. Resultado de bem-vinda evolução jurisprudencial, o Tribunal Superior do Trabalho editou a Súmula 331, que veda a "contratação de trabalhadores por empresa interposta", "formando-se o vínculo diretamente com o tomador dos serviços", ressalvados os casos de trabalho temporário, vigilância, conservação e limpeza, bem como de "serviços especializados ligados à atividade-meio do tomador, desde que inexistente a pessoalidade e a subordinação direta" (itens I e III). 2. O verbete delimita, exaustivamente, os casos em que se tolera terceirização em atividade-fim. 3. A vida contemporânea já não aceita o conceito monolítico de subordinação jurídica, calcado na submissão do empregado à direta influência do poder diretivo patronal. Com efeito, aderem ao instituto a visão objetiva, caracterizada pelo atrelamento do trabalhador ao escopo empresarial, e a dimensão estrutural, pela qual há "a inserção do trabalhador na dinâmica do tomador de serviços" (Mauricio Godinho Delgado). 4. O Regional revela que as tarefas desenvolvidas pela autora se enquadram na atividade-fim do tomador de serviços. 5. Impositiva a incidência da compreensão da Súmula 331, I, do TST. [...] (TST, 3ª Turma, AIRR-10818-16.2016.5.03.0010, Rel. Min. Alberto Luiz Bresciani de Fontan Pereira, Data de Julgamento: 13.12.2017, *DEJT* 15.12.2017).

Ainda conforme o Min. Godinho Delgado[19], as dimensões *objetiva* e *estrutural* da subordinação teriam sido implicitamente acolhidas pelo legislador na redação do art. 6º da CLT, dada pela Lei nº 12.551/2011, nos seguintes termos:

> Art. 6º Não se distingue entre o trabalho realizado no estabelecimento do empregador, o executado no domicílio do empregado e o realizado a distância, desde que estejam caracterizados os pressupostos da relação de emprego. (Redação dada pela Lei nº 12.551, de 2011)
>
> Parágrafo único. **Os meios telemáticos e informatizados de comando, controle e supervisão se equiparam, para fins de subordinação jurídica, aos meios pessoais e diretos de comando, controle e supervisão do trabalho alheio.** (grifos meus)

Com efeito, tal dispositivo alberga, para além da clássica noção de subordinação (ordens diretas), a possibilidade de reconhecimento da subordinação jurídica a partir de meios telemáticos e informatizados de comando, tais quais o *e-mail*, os comunicadores

---

19   DELGADO, Maurício Godinho. *Curso de direito do trabalho*. 11. ed. São Paulo: LTr, 2012. p. 299.

instantâneos (*Skype*, *WhatsApp*, *Telegram* etc.), a *webcam*, entre outros, o que, de fato, revela o reconhecimento de outras dimensões da subordinação, além daquela clássica que conhecíamos até então.

Ocorre que, com a autorização legal para a terceirização de atividades-fim, levada a efeito pelas Leis nº 13.429/2017 e nº 13.467/2017, e por ter sido tal autorização considerada ampla pelo Supremo Tribunal Federal, conforme julgamento conjunto, em 30.08.2018, da ADPF 324/DF e do RE 958.252/MG (tema de Repercussão Geral nº 725), tornou-se bastante difícil sustentar, na prática, a ocorrência da subordinação jurídica a que alude o art. 3º da CLT apenas diante das dimensões objetiva e/ou estrutural da subordinação, porquanto tais dimensões eram utilizadas justamente para caracterizar a subordinação do trabalhador ao tomador de serviços *em razão da atividade deste último*, conceito este superado pela legislação em vigor e pelo entendimento *vinculante* do STF.

Neste sentido, observam-se vários julgados recentes do TST, dos quais menciono, a título de exemplo, os seguintes:

[...] II – RECURSOS DE REVISTA DAS PARTES RECLAMADAS INTERPOSTOS ANTE-RIORMENTE À VIGÊNCIA DA LEI 13.015/2014. EMPRESA DE TELECOMUNICAÇÕES. LEI 9.472/1997. TERCEIRIZAÇÃO. RECONHECIMENTO DO VÍNCULO DE EMPREGO. MATÉRIA EM COMUM. APRECIAÇÃO CONJUNTA. Esta Corte adotou entendimento firmado pelo STF, que, ao examinar o Tema 725 da Tabela de Repercussão Geral, no RE 958252, fixou a seguinte tese jurídica: "É lícita a terceirização ou qualquer outra forma de divisão do trabalho entre pessoas jurídicas distintas, independentemente do objeto social das empresas envolvidas, mantida a responsabilidade subsidiária da empresa contratante". Ao julgar a ADPF 324, firmou a seguinte tese, com efeito vinculante para todo o Poder Judiciário: "1. É lícita a terceirização de toda e qualquer atividade, meio ou fim, não se configurando relação de emprego entre a contratante e o empregado da contratada. 2. Na terceirização, compete à contratante: i) verificar a idoneidade e a capacidade econômica da terceirizada; e ii) responder subsidiariamente pelo descumprimento das normas trabalhistas, bem como por obrigações previdenciárias, na forma do art. 31 da Lei 8.212/1993". Em decisões na mesma linha, para segmentos empresariais com legislação específica – concessionárias de serviços públicos de energia elétrica e de telecomunicações (artigos 25, § 1º, da Lei 8.987/95, e 94, II, da Lei 9.472/97) –, no julgamento do ARE 791932/DF, representativos das controvérsias e com repercussão geral (Temas 725 e 739), o Supremo Tribunal Federal, por maioria, firmou tese jurídica vinculante, no sentido de ser nula a decisão de órgão fracionário que se recusa a aplicar os artigos de lei que autorizam a terceirização, sem observar a cláusula de reserva de Plenário (CF, art. 97). No mesmo sentido, decisão na ADC 26-DF, confirmando a licitude da terceirização. Em todos esses julgados, o STF concluiu pela inconstitucionalidade do item I da Súmula 331 do TST e reconheceu a licitude da terceirização de toda e qualquer atividade, meio ou fim, das empresas, consoante precedentes desta Corte. No que se refere à isonomia salarial, sob o enfoque da OJ 383 da SBDI-1 do TST, registre-se que o STF, em recente julgamento do RE 635.546/MG, DJE 19/05/2021, fixou a tese de repercussão geral (tema 383): "A equiparação de remuneração entre empregados da empresa tomadora de serviços e empregados da empresa contratada (terceirizada) fere o princípio da livre iniciativa, por se tratarem de agentes econômicos distintos, que não podem estar sujeitos a decisões empresariais que não são suas". Nesse mesmo sentido, inclusive, precedentes da SBDI-I do TST. Ressalto, uma vez mais com amparo no artigo 4º-A, § 1º, da Lei 6.019/74, remanescer a possibilidade de reco-nhecimento de vínculo com a empresa contratante, **apenas nos casos em que há referência expressa no acórdão regional acerca da existência de pessoalidade e subordinação jurídica direta com a tomadora de serviços**, o que entendo ser a hipótese dos autos, conforme de-cidido anteriormente. **Neste caso, não se leva em conta a mera subordinação estrutural ou indireta, que, aliás, é inerente à terceirização da atividade fim – tal implicaria esvaziar de sentido os já mencionados precedentes do STF –, sendo necessário estar comprovada nos**

autos a subordinação hierárquica direta. O STF, contudo, na reclamação constitucional RCL 43277/MG, determinou a cassação do acórdão de fls. 2055/2065 proferido por esta Turma, "determinando ao TST que profira outra decisão em consonância com o entendimento firmado por esta Suprema Corte na ADPF nº 324 e nos Temas 725, 739 e 383 da repercussão geral". Logo, reconhecida a licitude da terceirização e afastados o vínculo e a isonomia com as tomadoras, necessário se faz julgar improcedentes os pedidos deduzidos na inicial nesse aspecto. Recurso de revista conhecido e provido (RR-96200-78.2006.5.03.0025, 2ª Turma, Rel. Min. Maria Helena Mallmann, *DEJT* 17.02.2023). (grifos meus)

AGRAVO CONTRA DECISÃO DE PRESIDENTE DE TURMA DENEGATÓRIA DE SEGUIMENTO DE EMBARGOS REGIDOS PELA LEI Nº 13.015/2014. TERCEIRIZAÇÃO. *CALL CENTER*. ATIVIDADE BANCÁRIA. LICITUDE DA TERCEIRIZAÇÃO, INCLUSIVE EM ATIVIDADE-FIM DA TOMADORA DE SERVIÇOS. TESE FIRMADA PELO SUPREMO TRIBUNAL FEDERAL NOS AUTOS DA ADPF 324 E DOS RECURSOS EXTRAORDINÁRIOS EM REPERCUSSÃO GERAL ARE-791.932-DF (TEMA 739) E RE-958.252-MG (TEMA 725) Discute-se a licitude da terceirização dos serviços de *call center* em instituição bancária e a pretensão autoral de reconhecimento de vínculo de emprego direto com o tomador de serviços. O Supremo Tribunal Federal, nos autos da ADPF nº 324, em que se discutia a terceirização prevista na Súmula nº 331 do TST, em acórdão relatado pelo Exmo. Ministro Roberto Barroso, firmou a seguinte tese: "1. É lícita a terceirização de toda e qualquer atividade, meio ou fim, não se configurando relação de emprego entre a contratante e o empregado da contratada". A terceirização também foi objeto de discussão nos autos do RE 958.252-MG – Tema nº 725 da Tabela de Repercussão Geral, tendo a Suprema Corte, em acórdão relatado pelo Exmo. Ministro Luiz Fux, firmado o seguinte entendimento: "É lícita a terceirização ou qualquer outra forma de divisão do trabalho entre pessoas jurídicas distintas, independentemente do objeto social das empresas envolvidas, mantida a responsabilidade subsidiária da empresa contratante" (DJe de 13/9/2019). O Supremo Tribunal Federal, na sessão realizada em 11/10/2018, nos autos do ARE-791.932-DF – Tema nº 739 da Tabela de Repercussão Geral, em acórdão relatado pelo Exmo. Ministro Alexandre de Moraes, firmou a seguinte tese: "É nula a decisão de órgão fracionário que se recusa a aplicar o art. 94, II, da Lei 9.472/1997, sem observar a cláusula de reserva de Plenário (CF, art. 97), observado o artigo 949 do CPC" (DJe 6/3/2019). No acórdão proferido nos autos do ARE-791.932-DF, foi registrado que a Suprema Corte, no julgamento da ADPF 324 e do RE 958.252-MG (Tema nº 725 da Tabela de Repercussão Geral), havia decidido pela inconstitucionalidade da Súmula nº 331 do TST e reconhecido a licitude da terceirização de qualquer atividade. Apesar de a discussão não versar sobre terceirização por concessionária de serviços públicos, cabe destacar que o Supremo Tribunal Federal, nos acórdãos proferidos nas ADCs nºs 26 e 57 (constitucionalidade do artigo 25, § 1º, da Lei nº 8.987/1995), relatados pelo Exmo. Ministro Edson Fachin, ratificou a "Jurisprudência do STF consolidada nos julgamentos da ADPF 324, Rel. Ministro Roberto Barroso e, sob a sistemática da repercussão geral, do RE 958.252, Rel. Ministro Luiz Fux (Tema 725), no sentido de reconhecer a constitucionalidade do instituto da terceirização em qualquer área da atividade econômica, afastando a incidência do enunciado sumular trabalhista". De fato, a intermediação de mão de obra, utilizada para burlar direitos do trabalhador, que, na prática, atuava como empregado da tomadora de serviços, não afasta a responsabilidade dessa última como empregadora. Nessa circunstância específica, a observância da decisão proferida no ARE-791.932-DF, na qual houve menção à tese firmada nos julgamentos da ADPF 324 e do RE-958.252-MG (Tema 725 da Tabela de Repercussão Geral) – licitude da terceirização de qualquer atividade da tomadora de serviços –, não impede o reconhecimento de vínculo de emprego entre o trabalhador terceirizado e essa empresa, quando comprovada a incidência dos artigos 2º, 3º e 9º da CLT ao caso em apreço. Portanto, a Turma, ao considerar lícita a terceirização dos serviços de *call center* pelo tomador de serviços decidiu em harmonia com o entendimento firmado pelo Supremo Tribunal Federal. A despeito do encaminhamento de controvérsia ao Tribunal Pleno desta Corte sobre a questão relativa à distinção quando houver registro fático no acórdão regional que revele a existência de subordinação jurídica com a empresa tomadora de serviços, **o que se observa** no caso em exame é que o reconhecimento, na instância ordinária, do vínculo de emprego entre a autora e o banco foi fundamentado, exclusivamente, na ilicitude da terceirização de atividade-fim deste último, não havendo, no acórdão embargado, registro de subordinação jurídica, nem a presença dos demais elementos necessários à caracterização da relação empregatícia, mas, ao contrário, consta no acórdão embargado que a subordinação, neste caso, revelou-se do ponto de vista meramente estrutural. Nesse contexto, os arestos colacionados ao cotejo de teses são inespecíficos, à luz da Súmula nº 296, item I, do Tribunal Superior do Trabalho, pois consignam a existência de elemento de distinção para afastar a aplicação da tese firmada pela Suprema Corte, o que não ocorre no caso destes autos. Agravo desprovido (Ag-E-ED-RRAg-1225-22.2014.5.03.0110, Subseção I Especializada em Dissídios Individuais, Rel. Min. José Roberto Freire Pimenta, *DEJT* 17.02.2023). (grifos meus)

RECURSO DE REVISTA INTERPOSTO SOB A ÉGIDE DO CPC/2015 E DA INSTRUÇÃO NORMATIVA Nº 40 DO TST – TERCEIRIZAÇÃO DE SERVIÇOS – LICITUDE – RECONHECIMENTO DE VÍNCULO DE EMPREGO COM O TOMADOR DOS SERVIÇOS – ENQUADRAMENTO DA RECLAMANTE NA CATEGORIA PROFISSIONAL DOS BANCÁRIOS – IMPOSSIBILIDADE – AUSÊNCIA DOS ELEMENTOS QUE CARACTERIZAM O VÍNCULO DE EMPREGO. 1. O Supremo Tribunal Federal, no julgamento da ADPF 324 e do RE 958.252/MG (Tema 725 do ementário de Repercussão Geral), decidiu pela inconstitucionalidade da Súmula nº 331 do TST e fixou a seguinte tese: "É lícita a terceirização de toda e qualquer atividade, meio ou fim, não se configurando relação de emprego entre a contratante e o empregado da contratada". Ainda nos autos da ADPF 324, o STF também estabeleceu o seguinte: "Na terceirização, compete à contratante: i) verificar a idoneidade e a capacidade econômica da terceirizada; ii) responder subsidiariamente pelo descumprimento das normas trabalhistas, bem como por obrigações previdenciárias, na forma do art. 31 da Lei 8.212/1993". 2. **Na linha dos precedentes firmados pelo Supremo Tribunal Federal, a jurisprudência desta Corte é no sentido de que, para o reconhecimento de vínculo com a empresa contratante, deve estar configurada a pessoalidade e a subordinação hierárquica direta do empregado aos prepostos da tomadora dos serviços, sendo insuficiente a constatação da mera subordinação estrutural ou indireta, pois inerente à prestação de serviços terceirizados.** 3. No caso em exame, o Tribunal Regional do Trabalho declarou a ilicitude do contrato de terceirização de serviços celebrado entre os reclamados em razão de o seu objeto ter recaído sobre as atividades essenciais ao negócio desenvolvido pela empresa tomadora de mão de obra. 4. Sob esse prisma, o acórdão regional revela dissonância com as decisões proferidas pelo Supremo Tribunal Federal no julgamento da ADPF 324, do RE 958.252 (Tema 725 do ementário de Repercussão Geral) e do RE 635.546 (Tema 383 do ementário de Repercussão Geral). Recurso de revista conhecido e provido (RR-349-79.2015.5.05.0012, 2ª Turma, Rel. Des. Convocada Margareth Rodrigues Costa, *DEJT* 17.02.2023). (grifos meus)

[...] TERCEIRIZAÇÃO DA ATIVIDADE-FIM – INSTITUIÇÃO BANCÁRIA – LICITUDE – ADPF 324/DF E RE 958.252/MG – TEMA DE REPERCUSSÃO GERAL Nº 725. O STF – SUBORDINAÇÃO ESTRUTURAL – ENQUADRAMENTO COMO BANCÁRIO – TRANCENDÊNCIA ECONÔMICA E POLÍTICA RECONHECIDAS. O processamento do recurso de revista na vigência da Lei nº 13.467/2017 exige que a causa apresente transcendência com relação aos aspectos de natureza econômica, política, social ou jurídica (artigo 896-A da CLT). Reconhecida a transcendência econômica e política da matéria. O STF, em 30/8/2018, no julgamento conjunto da ADPF 324/DF e do RE 958.252/MG (tema de Repercussão Geral nº 725), firmou a tese jurídica de ser lícita a terceirização de toda e qualquer atividade, seja ela meio ou fim, o que não configura relação de emprego entre a contratante e o empregado da contratada. O Plenário da Suprema Corte concluiu, então, que não há óbice constitucional à terceirização das atividades de uma empresa, ainda que se configurem como as denominadas "atividades-fim" das tomadoras de serviços. Na hipótese dos autos, **a decisão recorrida reconheceu a licitude da terceirização havida e, portanto, ausência de vínculo de emprego** entre o autor e o tomador de serviços (Banco Bradesco S.A.), sob fundamento principal de que, ainda que existente a subordinação estrutural, não restaria caracterizada relação de emprego, pois esta não é suficiente para configurar a subordinação exigida pelo artigo 3º da CLT. A recorrente insiste que a presença desta subordinação caracteriza fraude prevista no artigo 9º da CLT. A existência de subordinação estrutural, na hipótese, não tem o condão de afastar a tese fixada pelo Supremo Tribunal Federal, a ponto de embasar o reconhecimento do vínculo de emprego pretendido pela reclamante. É que a denominada subordinação estrutural está atrelada à vinculação do empregado à atividade da empresa tomadora e não aos requisitos propriamente ditos do vínculo de emprego. Assim, como a tese do Supremo Tribunal Federal é no sentido de ser irrelevante o tipo de atividade que foi terceirizada, já que toda forma de atividade pode ser objeto da terceirização, descabe a adoção desse argumento referente à subordinação estrutural, que se dá justamente pelo fato do empregado integrar-se à estrutura organizacional e de funcionamento da empresa, para a qual o trabalhador prestava os serviços, tão somente pela consideração da atividade exercida no empreendimento da tomadora de serviços. Precedentes. Frise-se que, diante da conclusão adotada pelo STF na análise do citado Tema 725 do ementário de repercussão geral, o eventual reconhecimento dos direitos da categoria representativa dos empregados do tomador de serviços não pode se dar pelo prisma das atividades desenvolvidas. Mostra-se necessária a comprovação da subordinação direta entre o empregador e a empresa tomadora de serviços, o que não restou demonstrado na hipótese em análise. Agravo de instrumento a que se nega provimento (TST, 7ª Turma, AIRR-527-67.2016.5.06.0011, Rel. Min. Renato de Lacerda Paiva, *DEJT* 17.12.2021). (grifos meus)

Aliás, o entendimento restritivo em relação à configuração da subordinação, não admitindo a caracterização da relação de emprego ante a mera presença de subordinação estrutural, tem sido adotado também em hipóteses que não configuram terceirização, como demonstra, a título de exemplo, este julgado recente:

RECURSO DE REVISTA INTERPOSTO SOB A ÉGIDE DA LEI N.º 13.015/2014. CONTRATO DE PARCERIA PARA CESSÃO DE USO DE TÁXI. LEI Nº 6.094/74. VÍNCULO DE EMPREGO. AUSÊNCIA DE SUBORDINAÇÃO À LUZ DO ART. 3º DA CLT. O Tribunal Regional reformou a sentença para reconhecer a existência de vínculo de emprego entre as partes. Contudo, depreende-se do consignado no acórdão que a situação dos autos trata de contrato de parceria entre as partes, previsto na Lei 6.094/74, para a utilização do táxi, em regime de colaboração, em que, **embora presente subordinação estrutural, não se verifica, no caso, a existência do requisito da subordinação jurídica, à luz do art. 3º da CLT, a possibilitar o reconhecimento de vínculo de emprego. A subordinação estrutural não é critério de distinção, para a configuração da subordinação jurídica.** Recurso de revista da parte reclamada conhecido e provido (TST, 2ª Turma, RR-1893-51.2017.5.10.0802, Rel. Min. Maria Helena Mallmann, *DEJT* 03.11.2021). (grifos meus)

Ainda no mesmo sentido, previsão expressa dos §§ 5º e 6º do art. 39 do Decreto nº 10.854/2021:

[...]

§ 5º A mera identificação do trabalhador na cadeia produtiva da contratante ou o uso de ferramentas de trabalho ou de métodos organizacionais e operacionais estabelecidos pela contratante não implicará a existência de vínculo empregatício.

§ 6º **A caracterização da subordinação jurídica deverá ser demonstrada no caso concreto e incorporará a submissão direta, habitual e reiterada do trabalhador aos poderes diretivo, regulamentar e disciplinar da empresa contratante,** dentre outros. (grifos meus)

[...]

Por fim, há que se ressaltar que o teletrabalho e o trabalho intermitente, novas figuras introduzidas pela Reforma Trabalhista de 2017, não alteraram significativamente o requisito da *subordinação jurídica*. Pelo contrário, tais institutos reforçam a ideia de que o conceito de subordinação evoluiu ao longo do tempo, se distanciando gradativamente da concepção clássica que exige ordens diretas para a caracterização da subordinação.

Com efeito, em relação ao teletrabalho aplica-se o supramencionado parágrafo único do art. 6º da CLT, segundo o qual "os meios telemáticos e informatizados de comando, controle e supervisão se equiparam, para fins de subordinação jurídica, aos meios pessoais e diretos de comando, controle e supervisão do trabalho alheio".

Da mesma forma, a recusa do empregado em aceitar o serviço, no caso do trabalho intermitente, não descaracteriza a subordinação, conforme expressamente previsto pelo art. 452-A, § 3º, da CLT, com redação dada pela Lei nº 13.467/2017.

5.4.1.6. Alteridade

Etimologicamente, alteridade significa "natureza ou condição do que é outro, do que é distinto"[20]. No âmbito do Direito do Trabalho, e mais especificamente da relação de emprego, o requisito da **alteridade significa que o empregado trabalha por conta alheia**, o que implica que ele não corre o risco do negócio. Este requisito (que alguns denominam *princípio da alteridade*) é extraído do art. 2º da CLT, segundo o qual **empregador** é "a empresa, individual ou coletiva, que, **assumindo os riscos da atividade econômica...**" (grifos nossos).

Neste sentido, diz-se que se o trabalhador não está auferindo o fruto máximo de seu trabalho; ele está trabalhando por conta alheia, isto é, tem seu trabalho explorado por outrem.

A alteridade é fundamental na caracterização da relação de emprego. Se não houver alteridade, haverá autonomia, e, logo, mera relação de trabalho. Não obstante este fato, também **é comum na doutrina que não seja mencionado tal requisito**, principalmente pelo fato de que ele se encontra implícito no art. 2º da CLT, que compõe o conceito de empregador, e não no art. 3º, o qual conceitua empregado. Dessa forma, **é bastante comum que sejam mencionados os requisitos da relação de emprego sem contemplar a alteridade, o que também está correto**.

5.4.2. Exclusividade

Cabe esclarecer que **a exclusividade não é requisito** para caracterização da relação de emprego, embora possa surgir a partir do acordo de vontades firmado entre as partes.

De uma forma geral, nada impede que o trabalhador tenha mais de um emprego, desde que haja compatibilidade de horários. É o que ocorre com frequência, por exemplo, com professores, médicos, enfermeiros, auxiliares de enfermagem, entre outros.

Há que se tomar especial cuidado para não confundir a possibilidade de acumulação de empregos no setor privado e de cargos no setor público. Com efeito, no Direito Constitucional e/ou Administrativo sabe-se que a regra é a vedação à acumulação remunerada de cargos públicos (art. 37, XVI, CRFB/88). Não obstante, no setor privado não há, em princípio, qualquer limitação desta natureza, bastando que haja compatibilidade de horários para que o trabalhador possa se ativar em mais de um emprego.

---

[20] *Dicionário Houaiss eletrônico da língua portuguesa*. Versão 1.0. São Paulo: Objetiva, 2009.

É lícito, entretanto, que cláusula contratual imponha a exclusividade, ou seja, podem as partes contratantes incluir cláusula de exclusividade no contrato de trabalho, de forma que o empregado não possa exercer outra atividade remunerada. O exemplo típico de empregado cujo contrato de trabalho prevê exclusividade é o daquele que tem conhecimento de segredos industriais e que, naturalmente, não poderia trabalhar para algum concorrente. Da mesma forma, artistas de televisão normalmente assinam contratos com cláusula de exclusividade[21].

5.4.3. Natureza jurídica da relação de emprego

Definir a natureza jurídica de determinado instituto jurídico é o mesmo que classificá-lo no universo jurídico, mediante a comparação com outras figuras já conhecidas e consagradas.

O estudo da natureza jurídica da relação de emprego já perdeu muito de sua importância, tendo em vista que, atualmente, é pacífica a **natureza contratual** da relação empregatícia. Não obstante, este estudo é interessante para esclarecer várias contradições aparentes, com as quais depararemos no texto celetista.

Como ocorre com toda e qualquer classificação, também as teorias que tentaram explicar a natureza jurídica da relação de emprego são enumeradas de forma diversa conforme o doutrinador. Para os fins deste manual, não faz sentido perder-se tempo com o estudo das várias classificações existentes. Dessa forma, mencionarei, de passagem, as principais correntes, conforme ensinamentos do Min. Godinho Delgado[22].

Pode-se mencionar, na ordem cronológica de surgimento, três conjuntos de teorias:

a) teorias contratualistas tradicionais;
b) teorias acontratualistas (ou, para alguns, anticontratualistas);
c) teoria contratualista moderna.

5.4.3.1. Teorias contratualistas tradicionais

As teorias contratualistas tradicionais partiam do princípio de que a relação de emprego depende do acordo de vontades entre empregado e empregador, sendo, portanto, uma relação contratual. Entretanto, tentaram enquadrar a relação de emprego em uma das figuras contratuais clássicas civilistas até então existentes.

As principais teorias contratualistas tradicionais são:

a) Teoria do arrendamento ou da locação

A partir do modelo romano, o contrato de emprego teria a natureza do arrendamento do direito civil (locação de serviços) ou da empreitada (locação de obra).

Crítica: na relação de emprego, não é possível separar o trabalhador e o objeto do contrato (prestação de serviços); logo, não há que se falar em locação, que pressupõe esta separação. Ademais, no contrato de emprego, o tomador dos serviços pretende adquirir a energia de trabalho do empregado, a fim de que a mesma possa ser manipulada, ao contrário do que ocorre no arrendamento ou na empreitada, em que se pretende um re-

---

[21] (Lei nº 6.533/1978) Art. 11. A cláusula de exclusividade não impedirá o Artista ou Técnico em Espetáculos de Diversões de prestar serviços a outro empregador em atividade diversa da ajustada no contrato de trabalho, desde que em outro meio de comunicação, e sem que se caracterize prejuízo para o contratante com o qual foi assinada a cláusula de exclusividade.

[22] DELGADO, Maurício Godinho. *Curso de Direito do Trabalho*, p. 288 e ss.

sultado específico e não o serviço em si. Assim, o arrendamento e a empreitada são meras relações de trabalho, não se confundindo com a relação de emprego.

b) Teoria da compra e venda

O trabalhador venderia sua força de trabalho ao empregador em troca do salário. Com base nesta premissa, o contrato de trabalho seria, a rigor, um contrato de compra e venda. Críticas:

- na relação de emprego não há separação entre o elemento alienado (trabalho) e o trabalhador, ao contrário do que ocorre na compra e venda;
- a relação de emprego é de trato sucessivo (isto é, prolonga-se no tempo), ao passo que a compra e venda se resume, em geral, a um ato único;
- a prestação de trabalho configura obrigação de fazer, enquanto que da compra e venda decorre obrigação de dar;
- o trabalho humano não é mercadoria, não podendo ser *coisificado* (princípio da dignidade da pessoa humana).

c) Teoria do mandato

O empregado atuaria como mandatário do empregador.

Na definição de César Fiuza, "mandato é o contrato pelo qual uma pessoa confere à outra poderes para representá-la"[23].

Crítica: como regra geral, não está presente, entre empregado e empregador, a fidúcia (confiança) que caracteriza o contrato de mandato. Ainda que existente tal fidúcia, nem sempre a mesma se traduzirá em transferência de poderes ao empregado. Por fim, o mandato pode ser gratuito, ao passo que a relação de emprego é sempre onerosa.

d) Teoria da sociedade

Haveria um interesse comum entre os sujeitos da relação de emprego, aproximando-a da figura da sociedade.

Crítica: *affectio societatis*[24] (indispensável à constituição de uma sociedade) e subordinação (indispensável à caracterização da relação de emprego) não são compatíveis.

5.4.3.2. *Teorias acontratualistas*

Tendo em vista a intensa intervenção estatal na relação de emprego e a grande desigualdade existente entre as partes (empregador e empregado), tais teorias negavam a possibilidade de se atribuir qualquer natureza contratual à relação de emprego, sob o argumento de que estariam ausentes a liberdade e a vontade de contratar.

Se a relação de emprego não tinha natureza contratual, sua natureza seria especial, conforme a teoria da relação de trabalho e a teoria institucionalista.

a) Teoria da Relação de Trabalho

Partia do pressuposto de que a vontade não tem importância na constituição do vínculo empregatício, o qual seria sempre constituído por uma **situação jurídica objetiva**. Em outras palavras, a simples prestação de serviços (fato objetivo) geraria a relação de trabalho.

---

[23] FIUZA, César. *Direito Civil: Curso Completo*. 11. ed. Belo Horizonte: Del Rey, 2008. p. 562.
[24] *Affectio societatis* é o encontro de vontades de pessoas imbuídas do mesmo objetivo.

Crítica: tal teoria é incompatível com a ideia de tempo à disposição do empregador. Esta teoria acabou influenciando a redação da CLT, tendo em vista que alguns dos membros da comissão elaboradora a defendiam. Neste sentido, o art. 2º da CLT dispõe que o empregador é a empresa, e não a pessoa física ou jurídica. Como se sabe, empresa não é sujeito de direito. Outro exemplo é o art. 442, que dispõe ser o contrato de trabalho o acordo que corresponde à relação de emprego. Na realidade, o contrato de trabalho cria a relação de emprego (na visão contratualista). Esta teoria é incompatível com o disposto no *caput* do art. 4º da CLT. Com efeito, se é o fato objetivo trabalho que faz nascer a relação de emprego, o simples tempo à disposição não teria importância jurídica no âmbito trabalhista. Dessa forma, resta evidenciado que a CLT, como sistema, não adota esta corrente.

b) **Teoria institucionalista**

Assim como na Teoria da Relação de Trabalho, parte-se do princípio de que a vontade não tem influência decisiva na relação de emprego. A empresa é vista como uma instituição acima dos interesses do trabalhador e do empregador. Esta instituição teria como função a estruturação da ordem pública, em colaboração com o Estado.

A importância do estudo da natureza jurídica da relação de emprego é exatamente conhecer as teorias acontratualistas e a teoria contratualista moderna. Isto porque a CLT, em algumas passagens, apresenta traços acontratualistas, o que só se entende perfeitamente sabendo-se da existência dessas teorias antagônicas, e sabendo-se também que a comissão elaboradora da CLT era composta por cinco membros, sendo três deles contratualistas e dois acontratualistas. Neste sentido, conforme mencionado, o art. 2º e o art. 442 da CLT.

5.4.3.3. *Teoria contratualista moderna*

Superadas as teorias contratualistas clássicas e as teorias acontratualistas, modernamente é absolutamente pacífico que a relação de emprego tem natureza contratual e, mais que isso, não se amolda aos contratos civilistas clássicos.

A natureza contratual da relação de emprego advém do fato de que a vontade é essencial à sua configuração.

Neste sentido, o art. 442 da CLT ("contrato individual de trabalho é o acordo tácito ou expresso..."), o art. 444 da CLT ("as relações contratuais de trabalho podem ser objeto de livre estipulação das partes interessadas em tudo quanto não contravenha às disposições de proteção ao trabalho, aos contratos coletivos que lhes sejam aplicáveis e às decisões das autoridades competentes") e o art. 468 da CLT ("nos contratos individuais de trabalho só é lícita a alteração das respectivas condições por mútuo consentimento...").

Assim, ainda que o ajuste seja tácito, não se nega mais a existência da vontade das partes em contratar.

5.5. TRABALHO AUTÔNOMO

O trabalho autônomo é modalidade de relação de trabalho em que **não há subordinação jurídica** entre o trabalhador e o tomador de seus serviços.

Em geral, o trabalhador autônomo presta serviços com profissionalismo e habitualidade, porém se ativa **por conta própria**, assumindo o risco da atividade desenvolvida. A habitualidade, no caso, se refere à repetição do trabalho do autônomo, e não à frequência com que presta serviços a cada um dos tomadores. Quanto à assunção dos riscos do empreendimento, o autônomo pode se ativar excepcionalmente com alteridade, por exemplo, no caso do consultor de empresas. Entretanto, o traço distintivo característico ante a relação de emprego é mesmo a ausência de subordinação.

O autônomo não disponibiliza sua energia de trabalho para terceiros. É sempre dono da própria energia de trabalho. Os contratos de prestação de serviços que firma com terceiros são **contratos de resultado**, e não contratos de atividade.

O autônomo é definido pela Lei 8.212/1991 como a "pessoa física que exerce, por conta própria, atividade econômica de natureza urbana, com fins lucrativos ou não" (art. 12, V, "h", da Lei nº 8.212/1991).

Exemplos de trabalho autônomo:

- prestação de serviços *lato sensu* – art. 593 e ss. do CCB (contrato de resultado). O tomador dos serviços não tem interesse na manipulação da energia de trabalho, mas sim no resultado dos serviços. Exemplo: contratação dos serviços de um marceneiro para fazer um armário em uma residência;
- empreitada – art. 610 e ss. do CCB. Na empreitada o objeto é uma obra, pelo que o contrato é de resultado. Uma vez mais, o tomador dos serviços não tem interesse em manipular a energia de trabalho;
- representante comercial – regulado por lei própria (Lei nº 4.886/1965);
- profissionais liberais;
- parceiros ou meeiros.

Registre-se que a Lei nº 13.467/2017 acrescentou à CLT o art. 442-B, segundo o qual "a contratação do autônomo, cumpridas por este todas as formalidades legais, com ou sem exclusividade, de forma contínua ou não, afasta a qualidade de empregado prevista no art. 3º desta Consolidação".

A grande novidade deste dispositivo é a legitimação da contratação de trabalhador autônomo para desempenhar quaisquer atividades na empresa. Também chama a atenção a permissão expressa de prestação de serviço com exclusividade, visto que este sempre foi um dos elementos indicativos da existência de liame empregatício.

Sem nenhuma dúvida, teremos um longo caminho a percorrer até que tal dispositivo legal seja suficientemente interpretado pelo Poder Judiciário, ensejando, então, a construção de jurisprudência apta a trazer à matéria o mínimo de segurança jurídica.

Isso porque o art. 442-B da CLT constitui flagrante tentativa de afastar a caracterização da relação de emprego em situações nas quais ela realmente existe, assim como se tentou fazer quando da inclusão, pela Lei nº 8.949/1994, do parágrafo único ao art. 442, no sentido de que, "qualquer que seja o ramo de atividade da sociedade cooperativa, não existe vínculo empregatício entre ela e seus associados, nem entre estes e os tomadores de serviços daquela".

Como mencionado em outras passagens desta obra, relações de trabalho como estágio e cooperativa não ensejam o reconhecimento de vínculo de emprego, *desde que regulares*. Porém, a eventual utilização irregular destas figuras contratuais, com vistas a encobrir a verdadeira existência do liame empregatício, ensejará o afastamento da forma fraudulenta e o reconhecimento da relação existente de fato, nos termos do art. 9º da CLT.

Não será diferente o tratamento dado ao trabalhador autônomo: **existindo realmente autonomia, estará afastada a qualidade de empregado; do contrário, o vínculo de emprego será reconhecido, e não é a inserção do art. 442-B na CLT que o impedirá**. Se a forma (de pactuação) é irrelevante para o direito do trabalho, também o é a forma como têm sido denominados elementos do cotidiano que apontam para a relação de trabalho subordinado. Neste sentido, há que se destacar importante lição do Prof. Luciano Martinez[25]:

"Fato é que a subordinação jurídica passou a estar escondida na fachada da autonomia. O eufemismo a encobriu mediante palavras e expressões que, embora maquiadas, diziam exatamente o mesmo. Em lugar de 'ordem', passaram a falar em 'orientação'; em vez de 'satisfações ao empregador', começaram a referir a 'expedições de relatório'; em lugar de 'cumprimento de horário de trabalho' preferem referenciar a 'pontualidade profissional'. Falsos autônomos – quando isso é o caso – mantêm-se claramente subordinados, mas, para garantir a continuidade dos seus serviços, se afirmam plenamente independentes".

Como ocorre sempre na seara trabalhista, eventual conduta fraudulenta do empregador, no sentido de afastar a aplicação da norma protetiva, deve ser descaracterizada, em homenagem ao princípio da primazia da realidade (art. 9º da CLT).

5.6. TRABALHO EVENTUAL

Por exclusão, eventual é aquele trabalho que não se enquadra no conceito de trabalho não eventual (habitual), conforme item 5.4.1.3. deste manual.

Maurício Godinho Delgado identifica as seguintes características do trabalho eventual:

"a) descontinuidade da prestação do trabalho, entendida como a não permanência em uma organização com ânimo definitivo;

b) não fixação jurídica a uma única fonte de trabalho, com pluralidade variável de tomadores de serviços;

c) curta duração do trabalho prestado;

d) natureza do trabalho tende a ser concernente a evento certo, determinado e episódico no tocante à regular dinâmica do empreendimento tomador dos serviços;

e) em consequência, a natureza do trabalho prestado tenderá a não corresponder, também, ao padrão dos fins normais do empreendimento"[26].

5.7. TRABALHO AVULSO

Avulso é aquele **trabalhador eventual** que oferece sua energia de trabalho, por curtos períodos de tempo, a distintos tomadores, sem se fixar especificamente a nenhum deles[27-28].

O que justifica a classificação do trabalho avulso como subespécie do trabalho eventual é a necessária intermediação, seja pelo OGMO, seja pelo sindicato.

A definição de trabalhador avulso pode ser extraída da Lei nº 8.212/1991:

Art. 12. São segurados obrigatórios da Previdência Social as seguintes pessoas físicas:

(...)

---

25 MARTINEZ, Luciano. *Curso de Direito do Trabalho*: relações individuais, sindicais e coletivas do trabalho. 8. ed. São Paulo: Saraiva, 2017, p. 167.

26 DELGADO, Maurício Godinho. *Curso de Direito do Trabalho*, p. 327.

27 Neste sentido, por todos, DELGADO, Maurício Godinho. *Curso de Direito do Trabalho*, p. 328.

28 Em sentido contrário, Vólia Bomfim Cassar argumenta que o avulso não poderia ser considerado eventual, pois a atividade por ele desenvolvida é permanente no empreendimento do tomador dos serviços. Para a ilustre jurista, o avulso não seria empregado pela falta do requisito pessoalidade, ao passo que ele pode ser substituído por outro trabalhador, bem como pela curta duração temporal da prestação dos serviços (CASSAR, Vólia Bomfim. *Direito do Trabalho*. 4. ed. Niterói: Impetus, 2010. p. 284).

VI – como trabalhador avulso: quem presta, a diversas empresas, sem vínculo empregatício, serviços de natureza urbana ou rural definidos no regulamento.

Como mencionado, a figura exige a interveniência de um terceiro que escala o avulso para prestar os serviços aos tomadores (no meio rural, por exemplo, o sindicato é responsável pela escala). Exemplo: ensacadores de sal. Neste sentido, o Decreto nº 3.048/1999, segundo o qual avulso é "aquele que, sindicalizado ou não, preste serviço de natureza urbana ou rural a diversas empresas, ou equiparados, sem vínculo empregatício, com intermediação obrigatória do órgão gestor de mão de obra, nos termos do disposto na Lei nº 12.815, de 5 de junho de 2013, ou do sindicato da categoria (...)".

Não se confunde avulso com empregado. Não obstante a CRFB (art. 7º, XXXIV) equipare os avulsos aos empregados para fins de proteção trabalhista, **o avulso continua não sendo empregado**. O avulso tanto pode ser portuário como não portuário. O avulso não portuário é aquele que trabalha a diversos tomadores, sem vínculo de emprego, obrigatoriamente intermediado pelo sindicato da categoria. O avulso não portuário é conhecido vulgarmente como "chapa", não se confundindo, entretanto, com os "chapas" que ficam sozinhos na entrada das cidades, os quais são trabalhadores eventuais não intermediados pelo sindicato.

Há que se ter muito cuidado para não confundir a necessária intermediação do avulso pelo sindicato (ou pelo OGMO) com a necessária sindicalização. São coisas absolutamente inconfundíveis, frise-se. Com efeito, a CRFB/88 assegura a liberdade associativa e sindical, dispondo que "ninguém será obrigado a filiar-se ou a manter-se filiado a sindicato" (art. 8º, V). Logo, também o avulso tem plena liberdade de não se filiar ao sindicato da respectiva categoria, fazendo jus, ainda assim, à intermediação da oferta de seu trabalho pelo sindicato ou pelo OGMO, conforme o caso.

A Lei nº 12.023/2009 regulamentou a atividade dos avulsos movimentadores de mercadorias em geral, os quais serão necessariamente intermediados pelo sindicato respectivo, nos seguintes termos:

> Art. 1º As atividades de movimentação de mercadorias em geral exercidas por trabalhadores avulsos, para os fins desta Lei, são aquelas desenvolvidas em áreas urbanas ou rurais sem vínculo empregatício, mediante intermediação obrigatória do sindicato da categoria, por meio de Acordo ou Convenção Coletiva de Trabalho para execução das atividades.
>
> Parágrafo único. A remuneração, a definição das funções, a composição de equipes e as demais condições de trabalho serão objeto de negociação entre as entidades representativas dos trabalhadores avulsos e dos tomadores de serviços.

5.7.1. Avulso portuário

O trabalho portuário, antes monopolizado pelos sindicatos profissionais dos estivadores, que escalavam os avulsos que operariam nos portos, é hoje realizado **tanto por empregados celetistas quanto por avulsos**, nos termos da Lei nº 12.815/2013[29].

> Art. 40. O trabalho portuário de capatazia, estiva, conferência de carga, conserto de carga, bloco e vigilância de embarcações, nos portos organizados, será realizado por trabalhadores portuários com vínculo empregatício por prazo indeterminado e por trabalhadores portuários avulsos.

---

[29] A Lei nº 12.815/2013 revogou a Lei nº 8.630/1993, porém não alterou a regulamentação do trabalho portuário avulso.

Para que se entenda a dinâmica do trabalho nos portos, faz-se necessário conhecer alguns conceitos básicos, os quais são extraídos da Lei nº 12.815/2013:

Art. 2º Para fins desta Lei, consideram-se:

I – **porto organizado** – bem público construído e aparelhado para atender a necessidades de navegação, de movimentação de passageiros ou de movimentação e armazenagem de mercadorias, e cujo tráfego e operações portuárias estejam sob jurisdição de autoridade portuária;

(...)

III – **instalação portuária** – instalação localizada dentro ou fora da área do porto organizado e utilizada em movimentação de passageiros, em movimentação ou armazenagem de mercadorias, destinadas ou provenientes de transporte aquaviário;

(...)

XIII – **operador portuário** – pessoa jurídica pré-qualificada para exercer as atividades de movimentação de passageiros ou movimentação e armazenagem de mercadorias, destinadas ou provenientes de transporte aquaviário, dentro da área do porto organizado.

O operador portuário deverá, então, criar o chamado **Órgão Gestor de Mão de Obra – OGMO**, o qual será encarregado do fornecimento e controle da mão de obra necessária ao funcionamento dos portos, conforme o art. 32:

Art. 32. Os operadores portuários devem constituir em cada porto organizado um órgão de gestão de mão de obra do trabalho portuário, destinado a:

I – administrar o fornecimento da mão de obra do trabalhador portuário e do trabalhador portuário avulso;

II – manter, **com exclusividade**, o cadastro do trabalhador portuário e o registro do trabalhador portuário avulso;

III – treinar e habilitar profissionalmente o trabalhador portuário, inscrevendo-o no cadastro;

IV – selecionar e registrar o trabalhador portuário avulso;

V – estabelecer o número de vagas, a forma e a periodicidade para acesso ao registro do trabalhador portuário avulso;

VI – expedir os documentos de identificação do trabalhador portuário; e

VII – **arrecadar e repassar aos beneficiários os valores devidos pelos operadores portuários relativos à remuneração do trabalhador portuário avulso e aos correspondentes encargos fiscais, sociais e previdenciários**.

Parágrafo único. Caso celebrado contrato, acordo ou convenção coletiva de trabalho entre trabalhadores e tomadores de serviços, o disposto no instrumento precederá o órgão gestor e dispensará sua intervenção nas relações entre capital e trabalho no porto.

(...)

Art. 39. O órgão de gestão de mão de obra é reputado de utilidade pública, sendo-lhe vedado ter fins lucrativos, prestar serviços a terceiros ou exercer qualquer atividade não vinculada à gestão de mão de obra.

Portanto, cabe ao OGMO recrutar, selecionar, treinar, cadastrar, registrar, organizar em escala, escalar e remunerar o trabalhador portuário.

5.7.1.1. Tipos de trabalhadores portuários

Há três tipos de trabalhadores portuários, a saber:

a) empregados celetistas contratados por prazo indeterminado pelo operador portuário;

b) portuários avulsos *registrados* (são registrados pelo OGMO e escalados para trabalhar sempre que o operador portuário requisitar o trabalho);

c) portuários avulsos *cadastrados* (são chamados a trabalhar na falta dos registrados).

Para ficar fácil de lembrar, os empregados permanentes seriam os titulares, os avulsos registrados seriam os reservas, e os avulsos apenas cadastrados seriam os que "treinam em separado".

5.7.1.2. Forma de ingresso nos quadros do Órgão Gestor de Mão de Obra

A lei prevê um procedimento para que o trabalhador ingresse nos quadros do OGMO, que seria, de forma simplificada, o seguinte: a) o trabalhador portuário deve, primeiro, se habilitar junto ao OGMO; b) a partir do momento em que está habilitado (treinado), é hora de se cadastrar junto ao OGMO; c) depois, de acordo com a disponibilidade de vagas e com a ordem cronológica de inscrição no cadastro, e na forma prevista pelo OGMO, será registrado como avulso portuário; d) dos registrados serão recrutados aqueles que serão contratados como empregados por prazo indeterminado pelo operador portuário.

É importante ressaltar o seguinte:

– só os registrados podem ser cedidos pelo OGMO ao operador portuário de forma permanente;

– não pode o operador portuário utilizar exclusivamente empregados permanentes, sendo ele obrigado a propiciar a colocação dos avulsos;

– é vedado ao operador portuário locar ou tomar mão de obra sob o regime de trabalho temporário (o operador portuário deve contratar avulsos, que estão à disposição, conforme escala do OGMO). Não há, entretanto, proporção determinada entre o número de empregados e o número de avulsos portuários. No caso de **instalações portuárias de uso privativo**, entretanto, é exigida a manutenção da proporção entre empregados e avulsos portuários existentes antes da Lei de Organização dos Portos.

5.7.1.3. Escalação de avulsos

O operador portuário requisitará ao OGMO a mão de obra necessária.

O trabalhador avulso registrado concorre ao rodízio de forma igualitária, cabendo ao OGMO a escalação dentre os presentes, de forma a respeitar a igualdade de oportunidades, observadas as habilitações exigidas para cada função, bem como a escolha dos mais antigos para os melhores trabalhos.

Neste sentido, a Lei nº 9.719/1998:

Art. 5º A escalação do trabalhador portuário avulso, em sistema de rodízio, será feita pelo órgão gestor de mão de obra.

Art. 6º Cabe ao operador portuário e ao órgão gestor de mão de obra verificar a presença, no local de trabalho, dos trabalhadores constantes da escala diária.

Parágrafo único. Somente fará jus à remuneração o trabalhador avulso que, constante da escala diária, estiver em efetivo serviço.

(...)

Art. 8º Na escalação diária do trabalhador portuário avulso deverá sempre ser observado um intervalo mínimo de onze horas consecutivas entre duas jornadas, salvo em situações excepcionais, constantes de acordo ou convenção coletiva de trabalho.

5.7.1.4. *Pagamento dos avulsos*

O operador portuário deve pagar ao OGMO o valor referente à remuneração e aos demais direitos trabalhistas dos avulsos portuários. O OGMO, por sua vez, pagará aos trabalhadores sob sistema de rateio. Assim dispõe a Lei nº 9.719/1998:

Art. 2º Para os fins previstos no art. 1º desta Lei:

I – cabe ao operador portuário recolher ao órgão gestor de mão de obra os valores devidos pelos serviços executados, referentes à remuneração por navio, acrescidos dos percentuais relativos a décimo terceiro salário, férias, Fundo de Garantia do Tempo de Serviço – FGTS, encargos fiscais e previdenciários, no prazo de vinte e quatro horas da realização do serviço, para viabilizar o pagamento ao trabalhador portuário avulso;

II – cabe ao órgão gestor de mão de obra efetuar o pagamento da remuneração pelos serviços executados e das parcelas referentes a décimo terceiro salário e férias, diretamente ao trabalhador portuário avulso.

§ 1º O pagamento da remuneração pelos serviços executados será feito no prazo de quarenta e oito horas após o término do serviço.

§ 2º Para efeito do disposto no inciso II, o órgão gestor de mão de obra depositará as parcelas referentes às férias e ao décimo terceiro salário, separada e respectivamente, em contas individuais vinculadas, a serem abertas e movimentadas às suas expensas, especialmente para este fim, em instituição bancária de sua livre escolha, sobre as quais deverão incidir rendimentos mensais com base nos parâmetros fixados para atualização dos saldos dos depósitos de poupança.

§ 3º Os depósitos a que se refere o parágrafo anterior serão efetuados no dia 2 do mês seguinte ao da prestação do serviço, prorrogado o prazo para o primeiro dia útil subsequente se o vencimento cair em dia em que não haja expediente bancário.

§ 4º O operador portuário e o órgão gestor de mão de obra são **solidariamente responsáveis** pelo pagamento dos encargos trabalhistas, das contribuições previdenciárias e demais obrigações, inclusive acessórias, devidas à Seguridade Social, arrecadadas pelo Instituto Nacional do Seguro Social – INSS, vedada a invocação do benefício de ordem.

§ 5º Os prazos previstos neste artigo podem ser alterados mediante convenção coletiva firmada entre entidades sindicais representativas dos trabalhadores e operadores portuários, observado o prazo legal para recolhimento dos encargos fiscais, trabalhistas e previdenciários.

§ 6º A liberação das parcelas referentes a décimo terceiro salário e férias, depositadas nas contas individuais vinculadas, e o recolhimento do FGTS e dos encargos fiscais e previdenciários serão efetuados conforme regulamentação do Poder Executivo.

Apenas a título de informação, o cálculo das férias, do décimo terceiro e do FGTS tem como base o chamado "Montante de Mão de Obra – MMO", assim considerado pelo art. 207, VIII, da Instrução Normativa RFB nº 2.110/2022, como sendo:

VIII – montante de mão de obra (MMO), a remuneração paga, devida ou creditada ao trabalhador avulso em retribuição pelos serviços executados, compreendendo o valor da produção ou da diária e o valor correspondente ao repouso semanal remunerado.

Parágrafo único. Sobre o MMO a que se refere o inciso VIII do *caput* são calculados os valores de férias e décimo terceiro salário, nos percentuais de 11,12% (onze inteiros e doze centésimos por cento) e de 8,34% (oito inteiros e trinta e quatro centésimos por cento), respectivamente.

Assim, o FGTS, cuja alíquota é de 8%, alcança o montante de 9,5568% sobre o MMO, tendo em vista a integração à base de cálculo do valor das férias e do décimo terceiro salário.

5.7.1.5. Segurança e saúde do trabalhador portuário

Compete ao OGMO, ao operador portuário e ao empregador, conforme o caso, cumprir e fazer cumprir as normas relativas à saúde e segurança do trabalhador.

Observe-se, por oportuno, que as normas de saúde e segurança no trabalho portuário foram estabelecidas pela Norma Regulamentadora nº 29 (NR-29).

5.7.2. Avulso não portuário

Avulso não portuário é o trabalhador avulso não intermediado pelo OGMO, e sim por sindicato da categoria profissional respectiva.

Exemplo atual é o dos trabalhadores avulsos em atividades de movimentação de mercadorias em geral, cuja situação jurídica foi regulamentada pela Lei nº 12.023/2009.

Além destes, também é possível vislumbrar outros avulsos não portuários, bastando para tal que sejam trabalhadores que oferecem sua força de trabalho a diversos tomadores, por breves períodos de tempo, intermediados pelo sindicato da categoria.

Vólia Bomfim Cassar[30] destaca que os avulsos não portuários podem desenvolver suas atividades inclusive nas áreas portuárias, como ocorre, por exemplo, com os integrantes da guarda portuária. A diferença é que estes trabalhadores não são regidos pela Lei nº 12.815/2013 e, como tal, não são intermediados pelo OGMO. Da mesma forma, também não são regidos pela Lei nº 12.023/2009, pois esta se aplica somente aos movimentadores de mercadorias em geral.

5.7.2.1. Regime jurídico da Lei nº 12.023/2009

O art. 2º define as atividades abrangidas pela Lei nº 12.023/2009 nos seguintes termos:

Art. 2º São atividades da movimentação de mercadorias em geral:

I – cargas e descargas de mercadorias a granel e ensacados, costura, pesagem, embalagem, enlonamento, ensaque, arrasto, posicionamento, acomodação, reordenamento, reparação da carga, amostragem, arrumação, remoção, classificação, empilhamento, transporte com empilhadeiras, paletização, ova e desova de vagões, carga e descarga em feiras livres e abastecimento de lenha em secadores e caldeiras;

II – operações de equipamentos de carga e descarga;

III – pré-limpeza e limpeza em locais necessários à viabilidade das operações ou à sua continuidade.

As atividades mencionadas acima deverão ser exercidas, alternativamente, por dois tipos de trabalhadores: a) empregados dos tomadores; ou b) avulsos intermediados pelo sindicato da categoria profissional.

Cabe ao sindicato organizar a escala de trabalho (garantindo a isonomia entre os trabalhadores) e a folha de pagamento dos avulsos, especificando o trabalho realizado.

Também é dever do sindicato repassar aos trabalhadores, em 72 horas úteis, contadas do pagamento pelo tomador dos serviços, a remuneração dos avulsos, sob pena da responsabilização pessoal e solidária dos dirigentes.

A observância das normas de higiene, saúde e segurança do trabalho fica a cargo tanto do sindicato quanto dos tomadores dos serviços.

---

30 CASSAR, Vólia Bomfim. *Direito do Trabalho*, p. 286.

Além disso, cabe aos tomadores de serviço repassar ao sindicato, no prazo de 72 horas úteis contadas do término do trabalho, a remuneração contratada, aí incluídas as demais parcelas a que fazem jus os avulsos, como décimo terceiro e férias, entre outras, ficando o tomador solidariamente responsável pelo efetivo pagamento aos trabalhadores.

O recolhimento do FGTS e encargos sociais deve ser feito diretamente pelo tomador dos serviços.

5.7.3. Direitos trabalhistas dos avulsos

O art. 7º, XXXIV, da CRFB garante a igualdade de direitos entre o trabalhador avulso e o trabalhador com vínculo empregatício permanente, razão pela qual são garantidos aos avulsos todos os direitos trabalhistas constantes da CRFB. Observe-se, inclusive, que tal paridade de direitos tem levado a jurisprudência a estender ao avulso outros direitos trabalhistas, ainda que assegurados apenas no plano infraconstitucional. A título de exemplo, mencione-se julgado recente da SDI-1 do TST:

> [...] RECURSO DE EMBARGOS – TRABALHADOR AVULSO – PORTUÁRIO – VALE-TRANSPORTE. Segundo o disposto no art. 7º, XXXIV, da Constituição da República, ao trabalhador avulso foram estendidos todos os direitos, compatíveis com sua condição, assegurados ao trabalhador com vínculo de emprego permanente. Inclui-se nesse rol o vale-transporte, que é pago por força dos arts. 1º da Lei nº 7.418/85 e 1º do Decreto nº 95.247/87. Precedentes. Recurso de embargos conhecido e desprovido. (TST, SDI-1, E-RR-284500-65.2006.5.09.0022, Rel. Min. Luiz Philippe Vieira de Mello Filho, Data de Julgamento: 30.11.2017, *DEJT* 15.12.2017)[31].

No mesmo sentido, julgado publicado no *Informativo nº 131 do TST*:

> Recurso de embargos. Interposição sob a égide da Lei 11.496/07. Trabalhador portuário avulso. Adicional noturno. Integração na base de cálculo das horas extras noturnas. OJ-SDI1-97/TST. Ante a previsão constitucional de igualdade entre os trabalhadores com vínculo empregatício e os avulsos (artigo 7º, XXXIV, CF/88) e considerando o maior desgaste a que está submetido o trabalhador durante o período noturno, a exigir remuneração superior a do trabalho diurno, nos moldes do art. 7º, IX, da Constituição da República, há de prevalecer o entendimento de que a OJ-SDI1-97/TST, segundo a qual "o adicional noturno integra a base de cálculo das horas extras prestadas no período noturno", é também aplicável ao trabalhador portuário avulso. Recurso de embargos conhecido e não provido (TST, SDI-I, E-RR-1260-79.2011.5.08.0002, Rel. Min. Hugo Carlos Scheuermann, j. 31.03.2016, *DEJT* 08.04.2016. Informativo 131).

5.8. TRABALHO VOLUNTÁRIO

Trabalho voluntário é, nos termos do art. 1º da Lei nº 9.608/1998, "... a atividade não remunerada prestada por pessoa física a entidade pública de qualquer natureza ou a instituição privada de fins não lucrativos que tenha objetivos cívicos, culturais, educacionais, científicos, recreativos ou de assistência à pessoa"[32].

A grande distinção entre a relação de trabalho voluntário e a relação de emprego é a ausência da intenção onerosa na primeira, isto é, a prestação de serviços com intenção graciosa ou benevolente, ao passo que na relação de emprego há sempre intenção onerosa (*animus contrahendi*).

---

31 No mesmo sentido, decisão proferida pela SDI-I nos autos do processo E-ED-RR-14800-02.2008.5.02.0251, publicada no Informativo nº 61 do TST.

32 Redação dada pela Lei nº 13.297/2016.

Mencione-se que em 2022 foi editada a MPV nº 1.099/2022, posteriormente convertida na Lei nº 14.370/2022, a qual instituiu o *Programa Nacional de Prestação de Serviço Civil Voluntário*. Trata-se de mais uma iniciativa de constitucionalidade duvidosa dentre tantas adotadas na seara trabalhista ao longo dos últimos anos. Neste sentido, o referido Programa incentiva a contratação, por Municípios e pelo Distrito Federal, mediante *processo seletivo simplificado*, de jovens com idade entre 18 e 29 anos, ou ainda de pessoas com idade superior a 50 anos, sem vínculo formal de emprego há mais de 24 meses, bem como pessoas com deficiência. A contratação se daria **sem vínculo empregatício ou profissional de qualquer natureza**, porém o trabalhador receberia **auxílio pecuniário de natureza indenizatória, equivalente ao salário-mínimo por hora, "pelo desempenho das atividades"** (art. 6º, IV). Como será estudado no Capítulo 16, quaisquer pagamentos realizados *pelo trabalho*, ou seja, como contraprestação *"pelo* desempenho das atividades", tem natureza salarial, sobressaindo, portanto, a onerosidade. A Lei prevê a duração de 24 meses para o Programa, contados de sua entrada em vigor, aos 15.06.2022.

Obviamente eventual contratação nos termos desse Programa não pode ser considerada *trabalho voluntário*, pois neste está ausente, como visto, a onerosidade. A figura criada é, isso sim, uma teratologia, que desvirtua o instituto do trabalho voluntário, prevendo a prestação de serviços nos moldes do trabalho subordinado tradicional, porém sem a proteção legal conferida à relação de emprego. É de questionável constitucionalidade também porque flexibiliza a exigência de prévia aprovação em concurso público (art. 37, II, da CRFB/88) para contratação de pessoal por entes públicos.

No mesmo sentido, o Prof. Gustavo Filipe Barbosa Garcia[33]:

"[...]

O mencionado programa é passível de questionamento, notadamente quanto à constitucionalidade, pois desvirtua a concepção de serviço voluntário, ao estabelecer, entre outros aspectos: o pagamento de auxílio pecuniário de natureza indenizatória, a título de bolsa (artigo 6º, inciso IV, da Lei 14.370/2022), em valor equivalente ao salário mínimo por hora (art. 6º, § 2º, da Lei 14.370/2022); o pagamento de vale-transporte ou o oferecimento de outra forma de transporte (artigo 6º, inciso V, da Lei 14.370/2022); a contratação de seguro contra acidentes pessoais (artigo 6º, inciso VI, da Lei 14.370/2022); o encaminhamento para os serviços de intermediação de mão de obra (artigo 6º, inciso VIII, da Lei 14.370/2022); a carga horária máxima para o desempenho de atividades de interesse público no âmbito de órgãos e entidades municipais e distritais (artigo 5º, inciso I, da Lei 14.370/2022); a carga horária mínima para a oferta de cursos de formação inicial e continuada ou de qualificação profissional (artigo 5º, inciso II, da Lei 14.370/2022); o período de recesso, a ser gozado preferencialmente durante as férias escolares (artigo 6º, § 5º, da Lei 14.370/2022).

[...]

O auxílio pecuniário devido ao beneficiário, a título de bolsa, embora formalmente de natureza indenizatória, é pago "pelo desempenho das atividades" (artigo 6º, inciso IV, da Lei 14.370/2022), ou seja, como contraprestação pelo serviço prestado, o que indica a existência de onerosidade (artigo 3º da CLT). Não se trata, assim, de valor destinado ao custeio das despesas necessárias à execução do serviço voluntário, como se observa no artigo 6º da Lei 10.029/2000[3], ou de ressarcimento pelas despesas comprovadamente realizadas no desempenho das atividades voluntárias (artigo 3º da Lei 9.608/1998).

[...]

---

[33] GARCIA, Gustavo Filipe Barbosa. *Desvirtuamento do serviço voluntário decorrente da Lei nº 14.370/2022*. Disponível em https://www.conjur.com.br/2022-jun-21/barbosa-garcia-desvirtuamento-servico-voluntario. Acesso em 20.05.2023.

Além disso, a previsão de que o referido programa será ofertado pelo município ou pelo Distrito Federal por meio de processo seletivo público simplificado, que dispensará a realização de concurso público (artigo 4º, § 1º, da Lei 14.370/2022), pode gerar a violação do artigo 37, inciso II, da Constituição de 1988.

[...]"

Diante da flagrante fragilidade do instituto criado, bem como do prazo previsto para sua duração, é de se esperar que não tenha consideráveis efeitos práticos. De toda forma, vale acompanhar os desdobramentos jurídicos da Lei nº 14.370/2022, notadamente quanto à eventual declaração de sua inconstitucionalidade.

5.9. TRABALHO INSTITUCIONAL

É a relação de trabalho de natureza estatutária mantida com a Administração Pública. Nesta relação jurídica não se forma vínculo de emprego, e sim vínculo estatutário, o qual é regido pelo Direito Administrativo.

Não se aplicam a servidores públicos estatutários as normas de proteção ao empregado, e sim as normas próprias previstas nos estatutos, os quais impõem aos servidores públicos regimes jurídicos diferenciados.

5.10. ESTÁGIO

O estágio é modalidade de relação de trabalho regulada pela Lei nº 11.788/2008, a qual revogou expressamente a Lei nº 6.494/1977, que até então regulava o estágio de estudantes.

5.10.1. Conceito

A Lei nº 11.788/2008 conceitua o estágio nos seguintes termos:

Art. 1º Estágio é ato educativo escolar supervisionado, desenvolvido no ambiente de trabalho, que visa à preparação para o trabalho produtivo de educandos que estejam frequentando o ensino regular em instituições de educação superior, de educação profissional, de ensino médio, da educação especial e dos anos finais do ensino fundamental, na modalidade profissional da educação de jovens e adultos.

Segundo a Lei nº 9.394/1996 (Lei de Diretrizes e Bases da Educação):

Art. 37. A educação de jovens e adultos será destinada àqueles que não tiveram acesso ou continuidade de estudos nos ensinos fundamental e médio na idade própria e constituirá instrumento para a educação e a aprendizagem ao longo da vida.

(...)

§ 3º A educação de jovens e adultos deverá articular-se, preferencialmente, com a educação profissional, na forma do regulamento.

(...)

Art. 58. Entende-se por educação especial, para os efeitos desta Lei, a modalidade de educação escolar oferecida preferencialmente na rede regular de ensino, para educandos com deficiência, transtornos globais do desenvolvimento e altas habilidades ou superdotação.

Até hoje não existe o referido regulamento.

5.10.2. Modalidades

O estágio poderá ser **obrigatório** ou **não obrigatório**, conforme previsão na grade do curso.

Será *obrigatório* se constituir pré-requisito para conclusão e obtenção de certificado do curso. Por sua vez, será *não obrigatório* se previsto no programa do curso como atividade opcional, que se realizada será acrescida à carga horária obrigatória.

5.10.3. Vínculo de emprego

O estágio, **se regular, não cria vínculo de emprego com o tomador**. A lei estipula os requisitos para configuração do estágio lícito:

> Art. 3º O estágio, tanto na hipótese do § 1º do art. 2º desta Lei quanto na prevista no § 2º do mesmo dispositivo, não cria vínculo empregatício de qualquer natureza, observados os seguintes requisitos:
>
> I – **matrícula e frequência regular do educando em curso** de educação superior, de educação profissional, de ensino médio, da educação especial e nos anos finais do ensino fundamental, na modalidade profissional da educação de jovens e adultos e atestados pela instituição de ensino;
>
> II – **celebração de termo de compromisso** entre o educando, a parte concedente do estágio e a instituição de ensino;
>
> III – **compatibilidade entre as atividades desenvolvidas no estágio e aquelas previstas no termo de compromisso.**
>
> § 1º O estágio, como ato educativo escolar supervisionado, **deverá ter acompanhamento efetivo pelo professor orientador da instituição de ensino e por supervisor da parte concedente**, comprovado por vistos nos relatórios referidos no inciso IV do *caput* do art. 7º desta Lei e por menção de aprovação final.
>
> § 2º **O descumprimento** de qualquer dos incisos deste artigo ou de qualquer obrigação contida no termo de compromisso **caracteriza vínculo de emprego** do educando com a parte concedente do estágio para todos os fins da legislação trabalhista e previdenciária. (grifos meus)

5.10.4. Estagiário estrangeiro

A nova lei do estágio prevê a possibilidade de estrangeiro portador de visto temporário de estudante matriculado em curso superior no Brasil ser estagiário. A questão é tormentosa, porque o Estatuto do Estrangeiro veda a realização de atividade remunerada ao estrangeiro que não tenha visto definitivo.

5.10.5. Agentes de integração

É facultativa a presença do agente de integração quando da formalização do contrato de estágio, vedada, entretanto, a cobrança de qualquer valor do estudante. Neste ponto, permaneceu a sistemática da lei anterior.

Os agentes de integração respondem **civilmente** pela indicação de estagiários para a realização de atividades não compatíveis com o projeto pedagógico (programa curricular) do curso, assim como a indicação de estagiários matriculados em cursos para os quais não há previsão de estágio curricular (art. 5º, § 3º).

> Art. 5º (...)
>
> § 3º Os agentes de integração serão responsabilizados civilmente se indicarem estagiários para a realização de atividades não compatíveis com a programação curricular estabelecida para

cada curso, assim como estagiários matriculados em cursos ou instituições para as quais não há previsão de estágio curricular.

Portanto, no caso de estágio irregular, os agentes de integração não respondem no âmbito trabalhista (reconhecimento do vínculo de emprego e efeitos patrimoniais daí advindos), mas somente na esfera cível, de forma regressiva.

Também é importante mencionar que a nova Lei proíbe que o agente de integração atue como representante de uma das partes (normalmente o fazia como representante da entidade concedente), e o admite como mero intermediário na contratação, cuidando do recrutamento, contratação do seguro contra acidentes pessoais, formalização do termo de compromisso etc.

5.10.6. Acompanhamento do estágio

O estágio deverá ser supervisionado tanto pela instituição de ensino como pela parte concedente.

Será destacado pela instituição de ensino, dentre os profissionais vinculados à área de atuação do estagiário, o orientador, que ficará responsável pelo acompanhamento e avaliação do estagiário.

O aluno deve apresentar, no mínimo a cada seis meses, relatório de atividades.

A parte concedente, por sua vez, deve indicar empregado que tenha formação ou experiência na área de atuação do estagiário, a fim de que oriente e supervisione até dez estagiários de cada vez. Além disso, deve enviar à instituição de ensino, no mínimo a cada seis meses, relatório das atividades do estagiário.

5.10.7. Da parte concedente

Quem pode admitir estagiário?

• Pessoas jurídicas de direito privado
• Órgãos da Administração Pública direta e indireta
• Profissionais liberais de nível superior, desde que inscritos no órgão de classe

5.10.8. Direitos do estagiário

Conforme se extrai da Lei nº 11.788/2008, são direitos do estagiário:

a) Seguro contra acidentes pessoais, que deve ser compatível com os valores de mercado (art. 9.º, IV);

b) Limitação de jornada, que deve ser compatível com as atividades escolares, e limitada nos seguintes termos:

Art. 10. A jornada de atividade em estágio será definida de comum acordo entre a instituição de ensino, a parte concedente e o aluno estagiário ou seu representante legal, devendo constar do termo de compromisso ser compatível com as atividades escolares e não ultrapassar:

I – 4 (quatro) horas diárias e 20 (vinte) horas semanais, no caso de estudantes de educação especial e dos anos finais do ensino fundamental, na modalidade profissional de educação de jovens e adultos;

II – 6 (seis) horas diárias e 30 (trinta) horas semanais, no caso de estudantes do ensino superior, da educação profissional de nível médio e do ensino médio regular.

§ 1º O estágio relativo a cursos que alternam teoria e prática, nos períodos em que não estão programadas aulas presenciais, poderá ter jornada de até 40 (quarenta) horas semanais, desde que isso esteja previsto no projeto pedagógico do curso e da instituição de ensino.

§ 2º Se a instituição de ensino adotar verificações de aprendizagem periódicas ou finais, nos períodos de avaliação, a carga horária do estágio será reduzida pelo menos à metade, segundo estipulado no termo de compromisso, para garantir o bom desempenho do estudante.

c) A duração do estágio não pode ser superior a 2 anos, exceto quando se tratar de estagiário portador de deficiência (art. 11);

d) É obrigatória a concessão de bolsa e auxílio-transporte no caso de realização de estágio não obrigatório (art. 12). Observe-se que *a lei não se refere a vale-transporte*, nos termos em que o benefício é conhecido na seara trabalhista, *e sim a auxílio-transporte*. Logo, é vedado qualquer desconto a este título;

e) A concessão de outros benefícios, tais como transporte, alimentação e saúde, não configura vínculo empregatício, desde que observados os demais requisitos legais para configuração do estágio lícito (art. 12, § 1º);

f) Recesso de 30 dias para os estágios iguais ou superiores a 1 ano (art. 13, *caput*). Observe-se bem que **não se trata de férias, e sim de** *recesso*, pelo que indevido o adicional de 1/3 de férias. Para estágio pactuado por período inferior a um ano, o recesso deve ser concedido de forma proporcional, ou seja, deve ser indenizado;

g) Cabe à parte concedente do estágio garantir ao trabalhador a implementação da legislação relacionada à segurança e saúde do trabalhador (art. 14). Trata-se de garantir ao estagiário a proteção mínima no que diz respeito à saúde e segurança do trabalhador, como realização de exame médico admissional, fornecimento e uso de equipamentos de proteção individual etc.

5.10.9. Da descaracterização do estágio

Descumprido qualquer um dos requisitos para caracterização lícita do estágio, restará configurada a relação de emprego entre o estagiário e a parte concedente, pelo que cabe à fiscalização do trabalho a lavratura de auto de infração por falta de registro.

No caso de reincidência específica, confirmada em processo administrativo, a parte concedente fica proibida de admitir estagiários pelo período de dois anos (art. 15, § 1º).

5.10.10. Proporção entre estagiários e empregados regulares

A lei estabelece a seguinte relação, **exceto em relação a estagiários de nível superior e médio profissional:**

Quantidade de empregados do estabelecimento	Nº máximo de estagiários admitido
1 a 5	1
6 a 10	2
11 a 25	5
Acima de 25	Até 20%

Além disso, 10% das vagas de estágio oferecidas pela parte concedente devem ser destinadas às pessoas portadoras de deficiência.

Na prática, infelizmente tem sido muito comum a utilização do instituto do estágio como artifício para ocultar verdadeiras relações de emprego, na ânsia de diminuir os custos de produção. Como em todos os demais casos em que seja constatado ato fraudulento, aplica-se o art. 9º da CLT, fazendo prevalecer a situação fática real, em homenagem ao princípio da primazia da realidade que rege o Direito do Trabalho.

5.11. TRABALHO COOPERATIVADO

A ideia do cooperativismo surgiu do pressuposto de que a união de trabalhadores potencializa o resultado de sua energia de trabalho, permitindo que estes trabalhadores possam desempenhar suas atividades com maiores ganhos e, além disso, sem se subordinar a ninguém.

O cooperativado (lícito, frise-se) é um trabalhador autônomo, pois presta serviços por conta própria e assume os riscos da atividade econômica. De uma forma geral, exige-se que a cooperativa atenda a dois princípios básicos:

a) **princípio da dupla qualidade**, segundo o qual o cooperado presta serviços à cooperativa, que, por sua vez, também oferece serviços aos seus associados (ex.: cooperativa de táxis, que oferece aos associados combustível a preços subsidiados, serviço de radiotáxi, serviço de rastreamento via satélite etc.);

b) **princípio da retribuição pessoal diferenciada**, no sentido de que só se justifica a reunião em cooperativa se for para melhorar a condição econômica dos associados. Assim, a remuneração deve ser diferenciada, até mesmo como forma de compensar a exclusão da proteção trabalhista (décimo terceiro, férias e demais parcelas asseguradas ao empregado).

Observe-se que o parágrafo único do art. 442 da CLT[34-35] alcança apenas as hipóteses em que a cooperativa é lícita. Caso o instituto da cooperativa tenha sido usado para desvirtuar autêntica relação de emprego, há que se reconhecer a existência desta (art. 9º da CLT). No mesmo sentido, é importante ressaltar que o art. 5º da Lei nº 12.690/2012 estabelece que "a Cooperativa de Trabalho não pode ser utilizada para intermediação de mão de obra subordinada".

Os requisitos formais e materiais para configuração lícita da cooperativa serão abordados detalhadamente quando do estudo da terceirização trabalhista (Capítulo 8).

5.12. AMPLITUDE DO TERMO "RELAÇÕES DE TRABALHO" APÓS A EC Nº 45/2004

Conforme mencionado anteriormente, a definição do alcance da expressão "relação de trabalho" assumiu especial importância após a edição da EC 45/2004, a qual alterou o art. 114, da CRFB, no sentido de que a Justiça do Trabalho passou a ser competente para processar e julgar não apenas as ações referentes à "relação de emprego", mas também "as ações oriundas da relação de trabalho" (art. 114, I, da CRFB).

---

[34] Art. 442. (...) Parágrafo único. Qualquer que seja o ramo de atividade da sociedade cooperativa, não existe vínculo empregatício entre ela e seus associados, nem entre estes e os tomadores de serviços daquela.

[35] O art. 30 da Lei nº 12.690/2012, que revogava o parágrafo único do art. 442 CLT, foi vetado.

A maior controvérsia a respeito gravita em torno da consideração ou não dos serviços regidos pelo Código de Defesa do Consumidor como relação de trabalho. Considerando que as opiniões sobre o tema são drasticamente divergentes, que a jurisprudência ainda não se firmou a respeito, bem como que esta distinção aproveita muito mais ao processo do trabalho, em sede da fixação da competência material da Justiça do Trabalho, do que ao direito material do trabalho, não tecerei maiores comentários a respeito, deixando o encargo para os estudiosos do Direito Processual do Trabalho.

Dicas para as provas discursivas:

São comuns questões discursivas que abordam o tema deste capítulo, notadamente a distinção entre a relação de emprego e as meras relações de trabalho, o que definirá, afinal, o regime jurídico aplicável ao trabalhador.

O candidato precisa conhecer bem tal distinção, assim como as características básicas de cada uma destas relações de trabalho. Normalmente, as questões discursivas sobre o tema partem de uma situação hipotética, exigindo-se do candidato a solução conforme o enquadramento jurídico cabível.

É importantíssimo que o candidato tenha em mente que a caracterização do liame empregatício é objetiva, razão pela qual é fundamental conhecer bem os requisitos caracterizadores da relação de emprego, inclusive nuances relativas ao doméstico, ao rurícola e ao temporário (em relação ao doméstico e ao rurícola, ver também o Capítulo 6; sobre o trabalho temporário, ver item 8.6.2).

Outra necessidade na maioria das questões sobre o assunto é a exploração do princípio da primazia da realidade (ver item 3.4.2), passando, naturalmente, pela citação de seu fundamento legal (art. 9º da CLT). Neste sentido, é importante ressaltar que a legitimação da contratação de trabalhador autônomo para quaisquer atividades, levada a efeito pela *Reforma Trabalhista de 2017*, não alterou esta sistemática.

Da mesma forma, o candidato deve ter em mente que a regulamentação do teletrabalho e do trabalho intermitente não alterou substancialmente os requisitos caracterizadores da relação de emprego.

RELAÇÃO DE TRABALHO E RELAÇÃO DE EMPREGO
Relação de trabalho x relação de emprego: • A relação de trabalho é gênero (toda espécie de trabalho humano), do qual a relação de emprego (relação de trabalho subordinado) é espécie.
Principais modalidades de relação de trabalho: • Emprego • Trabalho autônomo • Trabalho eventual • Trabalho avulso • Trabalho voluntário • Trabalho institucional • Estágio • Trabalho cooperativado
Relação de emprego: • É a relação de trabalho subordinado, qualificada pela prestação pessoal de serviços, pela onerosidade e pela não eventualidade.

RELAÇÃO DE TRABALHO E RELAÇÃO DE EMPREGO

- São, portanto, requisitos caracterizadores da relação de emprego, **exigidos cumulativamente**:
  - Trabalho prestado por pessoa física;
  - Pessoalidade;
  - Não eventualidade (ou habitualidade ou permanência);
  - Onerosidade;
  - Subordinação;
  - Alteridade (apenas para alguns autores e algumas bancas examinadoras).

Natureza jurídica da relação de emprego:

- *Teorias contratualistas tradicionais*: a relação de emprego teria natureza contratual, porém se enquadraria em uma das figuras contratuais civilistas clássicas, se desdobrando em outras teorias, como teoria do arrendamento ou locação, teoria da compra e venda, teoria do mandato e teoria da sociedade.
- *Teorias acontratualistas*: a relação de emprego não teria natureza contratual, visto que ausentes a liberdade e a vontade de contratar. A natureza especial atribuída à relação de emprego foi explicada pela teoria da relação de trabalho (a simples prestação de serviços – fato objetivo – geraria a relação de trabalho) e pela teoria institucionalista (a empresa é tida como instituição de ordem pública, que atua em colaboração com o Estado e, portanto, acima dos interesses do empregador e do empregado).
- *Teoria contratualista moderna*: reconhece a natureza contratual da relação de emprego, porém a distingue das figuras clássicas civilistas. Trata-se de relação contratual peculiar.

Trabalho autônomo:

- É modalidade de relação de trabalho em que não há relação de subordinação entre trabalhador e tomador dos serviços. Há, ao contrário, autonomia. O autônomo trabalha por conta própria, assumindo o risco de sua atividade, ao contrário do empregado.
- É permitida a contratação de autônomo para o desempenho de quaisquer atividades na empresa, com ou sem exclusividade, de forma contínua ou não.
- Presente a subordinação jurídica, será reconhecido o vínculo empregatício.

Trabalho eventual:

- É modalidade de relação de trabalho em que não estão presentes os requisitos para configuração da não eventualidade (trabalho repetido, em atividade permanente na empresa, com fixação jurídica ao tomador dos serviços).

Trabalho avulso:

- É modalidade de relação de trabalho em que um trabalhador eventual oferece sua energia de trabalho, através de intermediário, por curtos períodos de tempo, a distintos tomadores, sem se fixar especificamente a nenhum deles.
- A distinção do trabalho avulso para o eventual é que naquele há necessária intermediação, seja pelo Órgão Gestor de Mão de Obra – OGMO, seja pelo sindicato.
- Avulso não é empregado, embora a CRFB/88 lhe assegure os direitos trabalhistas.
- O avulso portuário é regido por estatuto próprio (Lei n° 12.815/2013).

Trabalho voluntário:

- É a modalidade de relação de trabalho em que não está presente o requisito onerosidade. O trabalho é prestado de forma graciosa, sem intenção onerosa.

Trabalho institucional:

- É a modalidade de relação de trabalho mantida com a Administração Pública e regida por estatuto (daí o termo servidor estatutário), e não pela legislação trabalhista.

RELAÇÃO DE TRABALHO E RELAÇÃO DE EMPREGO

Estágio:

* É a modalidade de relação de trabalho que visa à preparação de educandos para o trabalho produtivo.

* O estágio pode ser ou não obrigatório, conforme disposto nas diretrizes curriculares do respectivo curso.

* O estágio não criará vínculo de emprego com o tomador dos serviços, desde que observados os requisitos da Lei nº 11.788/2008, dentre os quais se destacam os seguintes:

    - Matrícula e frequência regular do trabalhador no respectivo curso;

    - Celebração de termo de compromisso entre o educando, a parte concedente do estágio e a instituição de ensino;

    - Compatibilidade entre as atividades desenvolvidas no estágio e aquelas previstas no termo de compromisso;

    - Acompanhamento efetivo pelo professor orientador da instituição de ensino e por supervisor da parte concedente.

* Podem admitir estagiários:

    - Pessoas jurídicas de direito privado;

    - Órgãos da Administração Pública direta e indireta;

    - Profissionais liberais de nível superior, desde que inscritos no órgão de classe.

    Direitos do estagiário:

    - Seguro contra acidentes pessoais, que deve ser compatível com os valores de mercado;

    - Limitação de jornada, que deve ser compatível com as atividades escolares, e limitada: a) 4 (quatro) horas diárias e 20 (vinte) horas semanais, no caso de estudantes de educação especial e dos anos finais do ensino fundamental, na modalidade profissional de educação de jovens e adultos; b) 6 (seis) horas diárias e 30 (trinta) horas semanais, no caso de estudantes do ensino superior, da educação profissional de nível médio e do ensino médio regular; c) O estágio relativo a cursos que alternam teoria e prática, nos períodos em que não estão programadas aulas presenciais, poderá ter jornada de até 40 (quarenta) horas semanais, desde que isso esteja previsto no projeto pedagógico do curso e da instituição de ensino; d) Se a instituição de ensino adotar verificações de aprendizagem periódicas ou finais, nos períodos de avaliação, a carga horária do estágio será reduzida pelo menos à metade, segundo estipulado no termo de compromisso, para garantir o bom desempenho do estudante;

    - Duração do estágio não superior a 2 (dois) anos;

    - É obrigatória a concessão de bolsa e **auxílio-transporte** (e NÃO vale-transporte) no caso de realização de **estágio não obrigatório**;

    - A concessão de outros benefícios, tais como transporte, alimentação e saúde, não configura vínculo empregatício, desde que observados os demais requisitos legais para configuração do estágio lícito;

    - Recesso (e NÃO férias) de 30 dias para os estágios iguais ou superiores a 1 ano;

    - Implementação da legislação relacionada à segurança e à saúde do trabalhador.

    Proporção entre estagiários e empregados regulares:

    - A proporção abaixo não vale em relação a estagiários de nível superior e de nível médio profissional;

    - De 1 a 5 empregados = máximo 1 estagiário;

    - De 6 a 10 empregados = máximo 2 estagiários;

    - De 11 a 25 empregados = máximo 5 estagiários;

    - Acima de 25 empregados = número de estagiários limitado a 20% do total de empregados;

    - 10% das vagas de estágio concedidas são reservadas a trabalhadores portadores de necessidades especiais.

RELAÇÃO DE TRABALHO E RELAÇÃO DE EMPREGO

Trabalho cooperativado:

• É a relação de trabalho pela qual um **trabalhador autônomo** se associa a outros trabalhadores cujos interesses são convergentes (*affectio societatis*), a fim de potencializarem os resultados de sua energia de trabalho.

• O cooperativismo real (leia-se: lícito) pressupõe a observância dos seguintes princípios:

  – *Princípio da dupla qualidade*: os cooperados prestam serviço a terceiros e a cooperativa presta serviços ao cooperado;

  – *Princípio da retribuição pessoal diferenciada*: somente se justifica a associação em cooperativa se os ganhos dos trabalhadores, nesta condição, forem sensivelmente superiores aos que alcançariam sozinhos, como empregados.

5.13. DEIXADINHAS

1. Relação de trabalho é a relação jurídica caracterizada pela prestação de trabalho humano.
2. A relação de trabalho é gênero, do qual é espécie a relação de emprego. A relação de emprego é a relação de trabalho qualificada pela subordinação jurídica.
3. São requisitos caracterizadores da relação de emprego, além da prestação dos serviços por pessoa física, a pessoalidade, a não eventualidade, a onerosidade, a subordinação e, para alguns, a alteridade.
4. Pela pessoalidade se entende a circunstância de que o trabalhador é contratado levando em conta a sua pessoa, de forma que ele não pode se fazer substituir por outrem.
5. Não há se falar em pessoalidade do empregador em relação ao empregado, tendo em vista o princípio da despersonalização do empregador e o princípio da continuidade da relação de emprego.
6. A não eventualidade se caracteriza pela repetição do trabalho, pelo fato de a atividade ser permanente na empresa, e pela fixação jurídica do trabalhador ao tomador dos serviços. Também denominada habitualidade ou permanência.
7. A onerosidade significa que a relação se estabeleceu com intenção onerosa, ou seja, que o trabalhador colocou sua energia de trabalho à disposição do tomador dos serviços esperando a correspondente contraprestação (remuneração).
8. A subordinação jurídica decorre do contrato de trabalho firmado entre trabalhador e empregador, e significa que este pode dirigir o modo de prestação dos serviços da forma que melhor lhe aproveite.
9. Os meios telemáticos e informatizados de comando, controle e supervisão se equiparam, para fins de subordinação jurídica, aos meios pessoais e diretos de comando, controle e supervisão do trabalho alheio.
10. A alteridade é, para alguns juristas, também um requisito da relação de emprego. Significa que o empregado trabalha por conta alheia, não assumindo os riscos da atividade que desenvolve.
11. A exclusividade não é requisito da relação de emprego, sendo perfeitamente lícito que o empregado tenha mais de um emprego, bastando para tal que haja compatibilidade de horários.
12. A natureza jurídica da relação de emprego é contratual, consubstanciada em figura peculiar, não identificada com as figuras contratuais clássicas civilistas. Logo, encontram-se superadas as teorias contratualistas clássicas, bem como as teorias acontratualistas.
13. O trabalho autônomo é modalidade de relação de trabalho em que não há subordinação jurídica entre o trabalhador e o tomador de seus serviços. O autônomo trabalha por conta própria, assumindo os riscos da atividade.

14. A contratação de autônomo, com ou sem exclusividade, de forma contínua ou não, ainda que exerça atividade relacionada ao negócio da empresa contratante, é lícita e não configura vínculo de emprego. Se houver subordinação, entretanto, descaracterizada estará a autonomia, pelo que será reconhecido o vínculo jurídico de emprego.

15. Trabalho eventual é aquele que não é habitual, que não possui os requisitos da não eventualidade (repetição, atividade permanente da empresa e fixação jurídica ao tomador).

16. Avulso é aquele trabalhador eventual que oferece sua energia de trabalho através de um intermediário, por curtos períodos de tempo, a distintos tomadores, sem se fixar especificamente a nenhum deles.

17. O que caracteriza o avulso é a necessária intermediação, seja pelo Órgão Gestor de Mão de Obra – OGMO, seja pelo sindicato.

18. A intermediação necessária não se confunde com sindicalização necessária. Logo, o trabalhador avulso não sindicalizado também é intermediado pelo OGMO ou pelo sindicato.

19. Os trabalhadores avulsos, embora não sejam empregados, têm assegurados os direitos trabalhistas, por força de disposição expressa da Constituição.

20. Trabalho voluntário é aquele prestado graciosamente, sem intenção onerosa (onerosidade).

21. Trabalho institucional é aquele prestado à Administração Pública sob o regime estatutário, isto é, regido por estatuto e não pela legislação trabalhista.

22. Estágio é ato educativo escolar supervisionado, desenvolvido no ambiente de trabalho, que visa à preparação para o trabalho produtivo de educandos que estejam frequentando o ensino regular em instituições de educação superior, de educação profissional, de ensino médio, da educação especial e dos anos finais do ensino fundamental, na modalidade profissional da educação de jovens e adultos.

23. O estágio poderá ser obrigatório ou não obrigatório, conforme previsão na grade do curso.

24. O estágio não cria vínculo de emprego, desde que seja regular (conforme a Lei de regência).

25. A duração do estágio não pode ser superior a dois anos.

26. O estagiário tem direito a seguro contra acidentes pessoais, que deve ser compatível com os valores de mercado.

27. É obrigatória a concessão de bolsa e auxílio-transporte (não vale-transporte) no caso de realização de estágio não obrigatório.

28. A concessão de outros benefícios, tais como transporte, alimentação e saúde, não configura vínculo empregatício, desde que observados os demais requisitos legais para configuração do estágio lícito.

29. O estagiário tem direito a recesso (e não férias) de 30 dias para os estágios iguais ou superiores a 1 ano.

30. Cabe à parte concedente do estágio garantir-lhe a implementação da legislação relacionada à segurança e saúde do trabalhador.

31. Faltando qualquer dos requisitos legais para regularidade do estágio, configurar-se-á o vínculo empregatício entre o estagiário e o tomador dos serviços.

32. A associação de trabalhadores em cooperativa visa potencializar os resultados da energia de trabalho de autônomos que se associam para defender interesses comuns.

33. A cooperativa lícita deve atender a dois princípios básicos, quais sejam o princípio da dupla qualidade e o princípio da retribuição pessoal diferenciada.

34. Pelo princípio da dupla qualidade, o cooperado presta serviços à cooperativa, mas também esta coloca serviços à sua disposição.

35. Pelo princípio da retribuição pessoal diferenciada, os cooperados somente justificam sua opção pela cooperativa se alcançam um patamar remuneratório substancialmente superior àquele que conseguiria como empregado.

CAPÍTULO **6**

Empregado

· · · · · · · · · · · · · · · · · · ·

Marcadores: FIGURA JURÍDICA DO EMPREGADO; SUJEITOS DA RELAÇÃO DE EMPREGO; SUJEITO (POLO) ATIVO DA RELAÇÃO DE EMPREGO; DOMÉSTICO; RURÍCOLA; APRENDIZ.

Material de estudo:

✓ Legislação: **CLT**, art. 2°, 3°, 6°, 7°, 62, 71, 428-433, 444 e 507-A; **CRFB/88**, art. 7°, *caput*, inciso XXXII, e parágrafo único; **Lei Complementar n° 150/2015** (Lei do Doméstico); **Lei n° 5.889/1973** (Estatuto do Trabalhador Rural); **Decreto n° 10.854/2021** (Regulamenta a Lei n° 5.889/1973), art. 83-105; **Decreto n° 9.579/2018** (Aprendizagem), art. 48-75.

✓ Jurisprudência: **Súm.** 257, 269, 344, 386, 437, TST; **OJ SDI-1** 38, 164, 173, TST

✓ Doutrina (++)

Estratégia de estudo sugerida:

O estudo deste capítulo constitui diferencial na preparação do candidato, e deve ser realizado de forma seletiva, conforme o conteúdo programático do concurso pretendido.

As questões mais cobradas em concursos estão selecionadas nas "deixadinhas", ao final do capítulo, o que não significa, entretanto, que as demais sejam dispensáveis.

O candidato deve dedicar especial atenção às peculiaridades do tratamento jurídico dado ao doméstico e ao rurícola, o que é frequentemente cobrado em provas de concursos públicos.

6.1. CONCEITO E CRITÉRIOS DE IDENTIFICAÇÃO

6.1.1. Conceito

O conceito de empregado deve ser extraído da interpretação conjugada dos arts. 2° e 3° da CLT, *in verbis*:

> Art. 3° Considera-se **empregado** toda **pessoa física** que prestar serviços de **natureza não eventual** a empregador, sob a **dependência** deste e **mediante salário**.
> (...)

Art. 2º Considera-se empregador a empresa, individual ou coletiva, que, **assumindo os riscos da atividade econômica**, admite, assalaria e **dirige a prestação pessoal de serviço**.

(...) (grifos meus)

Esclareça-se que a transcrição dos dispositivos acima em ordem invertida deve-se ao fato de que a CLT procurou definir empregado no art. 3º, porém o fez de forma incompleta, razão pela qual é necessário utilizar o art. 2º para completar o conceito. Com efeito, somente o art. 2º revela o requisito da alteridade ("assumindo os riscos da atividade econômica"), o requisito da pessoalidade ("prestação pessoal de serviço") e ainda completa a ideia de subordinação jurídica ("dirige a prestação pessoal de serviço").

Dessa forma, pode-se dizer que empregado é a pessoa física (pessoa natural) que presta serviços a outrem, serviços estes caracterizados pela pessoalidade, não eventualidade, onerosidade, subordinação e alteridade.

Como foi mencionado no capítulo anterior, **faltando qualquer um dos requisitos, não se configurará a relação de emprego**. Alguns autores, entretanto, não relacionam a alteridade como requisito caracterizador da relação de emprego, pelo que seriam cinco os requisitos, a saber: trabalho prestado por pessoa física, de forma pessoal, onerosa, não eventual e subordinada.

Para resolver questão de prova, a solução é simples: se aparecer nas alternativas a alteridade, não tenha dúvidas de que é um dos requisitos; caso contrário, e aparecendo os demais, está correto também. Além disso, é comum que questões de concurso tragam apenas os requisitos do art. 3º (não eventualidade, onerosidade e subordinação), o que de forma alguma torna a resposta errada, pois, neste caso, seguiu-se a literalidade da CLT, a qual, infelizmente, não é primorosa sob o aspecto técnico-jurídico.

É importante frisar que o contrato de trabalho do empregado pode ser pactuado de forma tácita ou expressa, o que significa que, presentes os requisitos dos arts. 2º e 3º da CLT, configurar-se-á o vínculo de emprego, independentemente de qualquer formalização prévia ou mesmo de manifestação expressa de vontade. Isso quer dizer que, mesmo tendo o contrato de trabalho sido estabelecido tacitamente, caso em que o empregado se põe à disposição do empregador e lhe presta serviços, com a aquiescência deste, existirá o vínculo de emprego, desde que presentes os requisitos legais.

6.1.2. Critério de identificação do empregado

Para que se estabeleça a distinção entre a figura do empregado e a de outros trabalhadores, há que se verificar se estão presentes os requisitos já mencionados (prestação dos serviços por pessoa física, pessoalidade, não eventualidade, onerosidade, subordinação e alteridade).

Neste diapasão, **não importa** para a identificação do vínculo de emprego **o tipo de trabalho realizado**, sendo certo que o empregado pode realizar qualquer trabalho lícito. Corroborando esta afirmação, o parágrafo único do art. 3º da CLT dispõe que "não haverá distinções relativas à espécie de emprego e à condição do trabalhador, nem entre o trabalho intelectual, técnico e manual".

No mesmo sentido, o art. 7º, XXXII, da CRFB, proíbe a "distinção entre trabalho manual, técnico e intelectual ou entre os profissionais respectivos".

Essa proibição da distinção entre trabalho manual, técnico e intelectual visa garantir a igualdade de tratamento (isonomia) entre todos os trabalhadores, independentemente das atividades exercidas. Não obstante, existem profissões regulamentadas por leis específicas que conferem tratamento diferenciado a determinados trabalhadores. Importante ressaltar que estas leis não contrariam os dispositivos acima mencionados, tendo em vista que tratam de situações realmente especiais, que, como tal, demandam regulamentação especial à luz do conceito de igualdade substancial (tratamento igual para os que estão em idêntica situação).

Outra observação importante diz respeito ao tratamento legal dado à questão do local da prestação dos serviços. Com efeito, **para configuração do vínculo de emprego, não faz diferença o local onde serão prestados os serviços**, sendo que o art. 6º da CLT, com a redação dada pela Lei nº 12.551/2011, dispõe que "não se distingue entre o trabalho realizado no estabelecimento do empregador, o executado no domicílio do empregado e o realizado a distância, desde que estejam caracterizados os pressupostos da relação de emprego."

O art. 6º da CLT eliminou, com a redação dada pela Lei nº 12.551/2011, quaisquer controvérsias porventura ainda existentes no tocante à possibilidade de enquadramento do teletrabalhador como empregado, desde que configurados os requisitos da relação de emprego.

Neste diapasão, dispõe o parágrafo único do supramencionado art. 6º, incluído pela Lei nº 12.551/2011, que "os meios telemáticos e informatizados de comando, controle e supervisão se equiparam, para fins de subordinação jurídica, aos meios pessoais e diretos de comando, controle e supervisão do trabalho alheio".

Tal entendimento também foi consagrado pela Lei nº 13.467/2017, a qual regulamentou o teletrabalho mediante inclusão, na CLT, dos artigos 75-A a 75-E[1].

Da mesma forma, **não interessa para a caracterização do vínculo de emprego a** *exclusividade* **na prestação dos serviços**, isto é, não importa se o empregado presta serviços exclusivamente a um único empregador ou não. Em princípio, o empregado pode prestar serviços a mais de um empregador, desde que compatíveis os horários de trabalho. Recorde-se do exemplo do garçom que trabalha em determinada pizzaria somente no final de semana. Por óbvio, esse garçom pode trabalhar em outra(s) empresa(s) durante a semana, salvo se houver cláusula contratual prevendo exclusividade.

6.2. TRATAMENTO LEGAL DIFERENCIADO A DETERMINADOS EMPREGADOS

Em relação às várias hipóteses jurídicas de configuração da relação de emprego, a lei expressamente prevê tratamento diferenciado a determinados grupos de empregados.

Trataremos adiante desses grupos e das características que os diferenciam do empregado comum.

6.2.1. Altos empregados

Sobre este tema há grande celeuma na doutrina e na jurisprudência, sendo inúmeras e conflitantes as teses jurídicas acerca do regime jurídico dos chamados altos empregados, assim considerados aqueles que exercem cargos de confiança na empresa, de quem recebem verdadeiros poderes de administração para agir em nome do empregador.

---

[1] Art. 75-A. A prestação de serviços **pelo empregado** em regime de teletrabalho observará o disposto neste Capítulo. (grifos meus)
[...]
Art. 75-C. A prestação de serviços na modalidade de teletrabalho deverá constar expressamente do instrumento de **contrato individual de trabalho.** (grifos meus)
[...]

De acordo com uma importante corrente doutrinária, há incompatibilidade entre a figura do alto empregado e do empregado, pois não haveria, na primeira, a dependência exigida pelo art. 3º da CLT.

A corrente contraposta, entretanto, afirma que, não obstante a subordinação seja visivelmente mitigada na relação dos altos empregados com o empregador, ela ainda assim existe, sob a forma de submissão do alto empregado a critérios diretivos gerais do empregador. Parece-me que esta segunda corrente se aproxima mais da tendência doutrinária atual, no sentido de alargar a ideia de subordinação.

A partir de agora serão estudados os principais tipos de altos empregados e o regime jurídico que se lhes aplica.

Como introdução ao tema, transcrevo a lição do Min. Maurício Godinho Delgado:

"A temática dos chamados *altos empregados* envolve, na verdade, quatro situações diferenciadas.

Em primeiro lugar, a situação jurídica dos empregados ocupantes de *cargos ou funções de gestão ou de confiança*, objeto de tratamento pelo art. 62 da CLT. Essa situação abrange todo o mercado de trabalho e respectivas categorias profissionais, excetuado apenas o segmento bancário.

Em segundo lugar, surge exatamente a situação jurídica especial dos *empregados ocupantes de cargos ou funções de confiança do segmento bancário*, objeto de tratamento pelo art. 224 da CLT.

Em terceiro lugar, no polo mais elevado da estrutura de poder nas empresas, desponta ainda a temática da qualificação jurídica da *figura do diretor*. Esta hipótese analítica abrange quer o diretor recrutado externamente, quer o empregado alçado à posição de diretor na mesma entidade que tinha *status* jurídico precedente de simples empregado.

Finalmente, em quarto lugar, vem a debate a *posição jurídica do sócio* da pessoa jurídica, e sua compatibilização (ou não) com a figura de empregado da mesma entidade societária[2]." (grifos no original)

6.2.1.1. Cargos ou funções de gestão ou de confiança (exceto bancários)

O detentor de cargo ou função de confiança não perde, por este motivo, a qualidade de empregado. Entretanto, ao passo que há visível redução do âmbito de incidência da subordinação jurídica, a lei restringe ao ocupante de cargo de confiança alguns direitos trabalhistas, por exemplo, as normas de proteção à jornada de trabalho, conforme art. 62 da CLT[3]. Isso ocorre porque se presume que o detentor de cargo de confiança não sofre efetivo controle de horário de trabalho. Evidentemente que se, no caso concreto, restar verificado o controle de jornada do ocupante de cargo de confiança, consequentemente não se observará o disposto no art. 62 da CLT.

Além da não incidência de horas extras, conforme explicitado no parágrafo anterior, o empregado que ocupa cargo de confiança pode ser compelido a retornar ao antigo posto ocupado no caso de destituição da função de confiança, instituto conhecido

---

[2] DELGADO, Maurício Godinho. *Curso de Direito do Trabalho*. 9. ed. São Paulo: LTr, 2010. p. 340.

[3] Art. 62. Não são abrangidos pelo regime previsto neste capítulo:
(...)
II - os gerentes, assim considerados os exercentes de cargos de gestão, aos quais se equiparam, para efeito do disposto neste artigo, os diretores e chefes de departamento ou filial.
(...)
Parágrafo único. O regime previsto neste capítulo será aplicável aos empregados mencionados no inciso II deste artigo, quando o salário do cargo de confiança, compreendendo a gratificação de função, se houver, for inferior ao valor do respectivo salário efetivo acrescido de 40% (quarenta por cento).

por *reversão* (art. 468, § 1º, da CLT[4]), bem como se sujeita à transferência de local de prestação de serviços, independentemente de sua concordância, nos termos do art. 469, § 1º, da CLT[5].

6.2.1.2. Cargos ou funções de confiança do segmento bancário

Por força do disposto no art. 224, § 2º, da CLT, os que *"exercem funções de direção, gerência, fiscalização, chefia e equivalentes ou que desempenhem outros cargos de confiança desde que o valor da gratificação não seja inferior a um terço do salário do cargo efetivo"* não são abrangidos pelo *caput* do art. 224, o qual prevê a jornada especial de seis horas diárias para o bancário.

Estão também os bancários exercentes de cargo de confiança sujeitos à reversão (art. 468, § 1º, da CLT), bem como à transferência independente de anuência (art. 469, § 1º, da CLT).

6.2.1.3. Diretor de sociedade anônima

Quanto ao diretor de sociedade anônima, há que se observar o tratamento diverso dado a duas figuras sociojurídicas também distintas.

a) **Diretor recrutado externamente** à companhia, isto é, trazido de fora dos quadros funcionais da empresa, exatamente para desempenhar o papel de direção.

Para a doutrina tradicional, **não é empregado**, pois haveria incompatibilidade entre a figura do diretor (de natureza societária) e a figura do empregado. A Súmula 269 do TST[6] indica a prevalência desta corrente na jurisprudência.

Há, entretanto, uma corrente mais moderna que defende a possibilidade de enquadramento do diretor como empregado, desde que exista subordinação.

Maurício Godinho Delgado propõe que a solução jurídica seja obtida somente a partir do caso concreto, nos seguintes termos:

> "Nesse processo analítico, não parece razoável, entretanto, inferir-se apenas da presença de decisões e orientações do conselho de administração sobre a diretoria a real ocorrência do fenômeno clássico da subordinação. As relações fático-jurídicas entre esses órgãos, em princípio, são claramente distintas da relação comando/obediência afinada à ideia de subordinação. Nesse quadro, é necessário à configuração da relação empregatícia que se comprove uma intensidade especial de ordens sobre o diretor recrutado, de modo a as-

---

[4] Art. 468. Nos contratos individuais de trabalho só é lícita a alteração das respectivas condições por mútuo consentimento, e ainda assim desde que não resultem, direta ou indiretamente, prejuízos ao empregado, sob pena de nulidade da cláusula infringente desta garantia.
§1º Não se considera alteração unilateral a determinação do empregador para que o respectivo empregado reverta ao cargo efetivo, anteriormente ocupado, deixando o exercício de função de confiança.

[5] Art. 469. Ao empregador é vedado transferir o empregado, sem a sua anuência, para localidade diversa da que resultar do contrato, não se considerando transferência a que não acarretar necessariamente a mudança do seu domicílio.
§ 1º Não estão compreendidos na proibição deste artigo: os empregados que exerçam cargo de confiança e aqueles cujos contratos tenham como condição, implícita ou explícita, a transferência, quando esta decorra de real necessidade de serviço.
(...)

[6] "Súm. 269. Diretor eleito. Cômputo do período como tempo de serviço (mantida). Res. 121/2003, *DJ* 19, 20 e 21.11.2003".
"O empregado eleito para ocupar cargo de diretor tem o respectivo contrato de trabalho suspenso, não se computando o tempo de serviço desse período, **salvo se permanecer a subordinação jurídica inerente à relação de emprego.**" (grifos meus)

similar essa figura jurídica ao trabalhador subordinado a que se reporta a Consolidação das Leis do Trabalho"[7].

A grande importância de se investigar o enquadramento ou não da figura do diretor ao conceito de empregado dá-se na determinação dos direitos trabalhistas que lhe serão aplicáveis. A doutrina costuma enfatizar que, mesmo em se considerando o diretor como empregado, o regime jurídico aplicável na hipótese é especial, mais restritivo em relação àquele aplicável aos empregados em geral. Neste sentido, o contrato de trabalho do diretor seria um contrato a termo (pois o art. 143, III, da Lei nº 6.404/1976 limita a três anos o mandato do diretor, permitida a reeleição) e conteria sempre, em virtude de lei, cláusula assecuratória do direito recíproco de rescisão, nos termos do art. 481 da CLT[8].

b) **Empregado eleito diretor**, isto é, aquele que já pertencia aos quadros da companhia como empregado e vem a ser eleito seu diretor.

Aqui a polêmica é ainda maior, destacando-se quatro posições doutrinárias diversas, a saber:

1ª corrente: o empregado eleito diretor de S.A. tem seu contrato extinto, tendo em vista a incompatibilidade dos cargos e funções;

2ª corrente: o contrato de emprego do diretor eleito restaria suspenso, salvo se permanecer a subordinação jurídica inerente à relação de emprego. Esta posição é defendida, entre outros, por Alice Monteiro de Barros[9], e predomina na jurisprudência do TST, tendo sido cristalizada pela Súmula 269 supramencionada;

3ª corrente: o contrato de emprego sofreria simples interrupção, e não suspensão;

4ª corrente: a eleição para cargo de direção não alteraria a situação jurídica do empregado, que continuaria a fazer jus aos direitos conferidos aos empregados, naturalmente com as limitações impostas pelo cargo de diretor (art. 62 da CLT). Maurício Godinho Delgado[10] se filia a esta corrente.

6.2.1.4. Sócio empregado

Não há, em princípio, qualquer incompatibilidade entre as figuras do sócio e do empregado, tendo em vista que a pessoa jurídica não se confunde com a pessoa física de seus sócios.

Em linhas gerais, somente não poderá ser empregado o sócio detentor de intensa participação na sociedade, caracterizada pela *affectio societatis* (que traz consigo a ideia de autonomia), por exemplo, nos casos em que o sócio possua a maioria das ações da sociedade, ou ainda seja acionista controlador. Também não poderão figurar na qualidade de empregados os sócios que, por lei, sejam responsáveis ilimitadamente pelas obrigações da sociedade, como ocorre no caso da sociedade em nome coletivo (arts. 1.039-1.044 do CCB/2002), do sócio das sociedades em comum (arts. 986-990 do CCB/2002) e do sócio comanditado (art. 1.045 do CCB/2002).

Aqui cabe ressaltar, uma vez mais, que o campo é fértil para a fraude. Não raro o trabalhador é incluído como sócio minoritário de empresa, na condição vulgarmente

---

7   DELGADO, Maurício Godinho. *Curso de Direito do Trabalho*, p. 349.
8   Art. 481. Aos contratos por prazo determinado, que contiverem cláusula assecuratória do direito recíproco de rescisão antes de expirado o termo ajustado, aplicam-se, caso seja exercido tal direito por qualquer das partes, os princípios que regem a rescisão dos contratos por prazo indeterminado.
9   BARROS, Alice Monteiro de. *Curso de Direito do Trabalho*. 6. ed. São Paulo: LTr, 2010. p. 277-278.
10 DELGADO, Maurício Godinho. *Curso de Direito do Trabalho*, p. 350.

denominada "testa de ferro" ou "laranja", visando, entre outras fraudes, a ocultação do verdadeiro vínculo de emprego. Nesta hipótese, conforme já estudado, cabe a aplicação do princípio da primazia da realidade, segundo o qual se deve afastar a forma sob a qual foi praticado o ato, sempre que este colida com a realidade fática da prestação laboral.

6.2.2. Empregados hipersuficientes

A *Reforma Trabalhista de 2017*, contrapondo a clássica noção de hipossuficiência do trabalhador subordinado, criou a figura que a doutrina tem denominado *empregado hipersuficiente*, ou seja, trabalhador que, embora empregado, não estaria em posição considerável de desvantagem frente ao empregador, pelo que não mereceria toda a proteção conferida pela legislação trabalhista.

A primeira referência a esta nova figura é encontrada no parágrafo único do art. 444 da CLT, com redação dada pela Lei nº 13.467/2017, *in verbis*:

> Art. 444. As relações contratuais de trabalho podem ser objeto de livre estipulação das partes interessadas em tudo quanto não contravenha às disposições de proteção ao trabalho, aos contratos coletivos que lhes sejam aplicáveis e às decisões das autoridades competentes.
>
> Parágrafo único. A livre estipulação a que se refere o *caput* deste artigo aplica-se às hipóteses previstas no art. 611-A desta Consolidação, com a mesma eficácia legal e preponderância sobre os instrumentos coletivos, no caso de **empregado portador de diploma de nível superior e que perceba salário mensal igual ou superior a duas vezes o limite máximo dos benefícios do Regime Geral de Previdência Social.** (grifos meus)

Portanto, a *hipersuficiência* do trabalhador é aferida mediante dois singelos critérios, a saber:

- o empregado é "portador de diploma de nível superior"; e
- o salário mensal do trabalhador é igual ou superior a duas vezes o teto dos benefícios do RGPS.

Considerando-se que o referido teto do RGPS é de R$ 7.507,49[11], o legislador considerou *hipersuficientes*, para os fins do parágrafo único do art. 444 da CLT, aqueles trabalhadores cujo salário mensal seja igual ou superior a R$ 15.014.98 e que tenham diploma de curso superior.

Neste caso, tais trabalhadores poderão, em princípio, "negociar livremente" com o empregador as condições de trabalho em relação às matérias previstas no art. 611-A da CLT. Significa, ainda em princípio, que o empregado *hipersuficiente* poderá, sem a interveniência da entidade sindical, "pactuar", por exemplo, a redução do intervalo intrajornada ou a modalidade de registro da jornada de trabalho. **Tudo isso com preponderância sobre eventuais normas mais favoráveis ao trabalhador, sejam elas heterônomas (leis) ou autônomas (normas coletivas).**

Para que não restem dúvidas, a hierarquia das fontes aplicável ao empregado *hipersuficiente*, no que diz respeito às hipóteses previstas no art. 611-A da CLT, é a seguinte:

1º) Cláusulas contratuais

2º) Previsão em norma coletiva (ACT ou CCT, nesta ordem);

3º) Previsão em lei.

---

11 Valor válido para o ano de 2023, conforme Portaria Interministerial MPS/MF nº 26/2023, DOU 11.01.2023.

Naturalmente este dispositivo será questionado no âmbito da Justiça do Trabalho, tendo em vista sua possível inconstitucionalidade. Com efeito, **o padrão salarial mais elevado, por si só, não assegura ao trabalhador verdadeira autonomia negocial**. Pelo contrário, muitas vezes o padrão salarial diferenciado torna ainda maior a pressão a que se submete o indivíduo para manter o emprego, até mesmo em razão da dificuldade de reinserção no mercado de trabalho. A título de exemplo, mencionem-se médicos e profissionais de tecnologia da informação que, não obstante sejam "portadores de diploma de nível superior" e aufiram salários comumente superiores a duas vezes o teto dos benefícios da Previdência Social, há muito vem sendo submetidos a fraudes, notadamente pela contratação condicionada à "adesão" a cooperativa ou à criação de pessoa jurídica (pejotização).

Neste sentido, cabe mencionar o Enunciado nº 49, aprovado na 2ª Jornada de Direito Material e Processual do Trabalho, ocorrida em Brasília nos dias 09 e 10.10.2017, sob a organização da Associação Nacional dos Magistrados da Justiça do Trabalho[12]:

> Enunciado 49
>
> I – O parágrafo único do art. 444 da CLT, acrescido pela Lei nº 13.467/2017, contraria os princípios do direito do trabalho, afronta a Constituição Federal (arts. 5º, *caput*, e 7º, XXXII, além de outros) e o sistema internacional de proteção ao Trabalho, especialmente a Convenção 111 da OIT.
>
> II – A negociação individual somente pode prevalecer sobre o instrumento coletivo se mais favorável ao trabalhador e desde que não contravenha as disposições fundamentais de proteção ao trabalho, sob pena de nulidade e de afronta ao princípio da proteção (artigo 9º da CLT c/c o artigo 166, VI, do Código Civil).

Até que eventualmente seja declarada a inconstitucionalidade do dispositivo legal em estudo, entretanto, cabe ao leitor conhecê-lo bem, em sua literalidade, assim como seus desdobramentos mais importantes. Neste diapasão, se tem apontado ao menos dois aspectos interpretativos importantes sobre o novel parágrafo único do art. 444 da CLT:

a) a referência ao *salário mensal* do trabalhador deve ser interpretada restritivamente, alcançando tão somente o salário base, até porque não seria possível se falar em hipossuficiência ou *hipersuficiência*, e, consequentemente, em liberdade de pactuação ou não, de acordo com o mês, se fosse considerado todo o complexo salarial. Observe-se, neste sentido, que mesmo os adicionais de insalubridade e de periculosidade, aparentemente mais estáveis na composição do salário, podem ser suprimidos ao longo do contrato de trabalho, desde que cessada a causa que enseja seu pagamento.

b) a redução de salários, não obstante mencionada no § 3º do art. 611-A da CLT, não poderá ser pactuada individualmente com o trabalhador hipersuficiente, pois a Constituição (art. 7º, VI) impõe que a autorização para redução se dê mediante negociação coletiva.

A segunda referência aos empregados *hipersuficientes*, também levada a efeito pela *Reforma Trabalhista de 2017*, veio com o novel art. 507-A da CLT, igualmente incluído pela Lei nº 13.467/2017, nos seguintes termos:

> Art. 507-A. Nos contratos individuais de trabalho cuja remuneração seja superior a duas vezes o limite máximo estabelecido para os benefícios do Regime Geral de Previdência Social,

---

[12] Estes enunciados não têm qualquer efeito vinculante, indicando tão somente a orientação majoritária dos participantes do evento em questão, o qual reuniu centenas de operadores do direito do trabalho, dentre os quais juízes do trabalho, procuradores do trabalho, auditores fiscais do trabalho e advogados trabalhistas.

poderá ser pactuada cláusula compromissória de arbitragem, desde que por iniciativa do empregado ou mediante a sua concordância expressa, nos termos previstos na Lei nº 9.307, de 23 de setembro de 1996.

Significa dizer que o trabalhador hipersuficiente economicamente, **independentemente de ter ou não curso superior**, poderá se valer da arbitragem individual para a solução de conflitos decorrentes do contrato de trabalho. Advirta-se para o fato de que o requisito, aqui, é único (*hipersuficiência* econômica), e ligeiramente distinto do similar previsto no parágrafo único do art. 444 da CLT (*remuneração* **superior** a duas vezes o teto do RGPS, e **não** *salário* **igual ou maior**).

Observe o seguinte quadro, no qual são destacadas as diferenças:

Empregado *hipersuficiente*	
Livre pactuação de cláusulas contratuais (hipóteses previstas no art. 611-A da CLT) – art. 444, parágrafo único, CLT	**Pactuação de cláusula compromissória de arbitragem** – art. 507-A da CLT
• *Salário* mensal **igual ou** maior que duas vezes o teto de benefícios do RGPS	• *Remuneração* mensal **maior** que duas vezes o teto de benefícios do RGPS
• O empregado **precisa ter** curso superior	• **Não** é necessário ter curso superior

Quanto à constitucionalidade, o art. 507-A também deverá ser objeto de intenso debate ao longo dos próximos anos, visto que os direitos trabalhistas são, em princípio, irrenunciáveis, como estudado no Capítulo 3. Sendo assim, não se poderia admitir a arbitragem individual no âmbito do direito do trabalho, como, aliás, vem sendo decidido reiteradamente nos últimos anos.

Neste diapasão, registre-se que a Lei de Arbitragem (Lei nº 9.307/1996), logo em seu art. 1º, dispõe que "as pessoas capazes de contratar poderão valer-se da arbitragem para dirimir litígios relativos a **direitos patrimoniais disponíveis**" (grifos meus). Por sua vez, o caráter alimentar dos créditos trabalhistas os tornaria indisponíveis (CRFB/88, art. 100; CCB, art. 1.707; CLT, art. 844, § 4º, II), conforme Enunciado nº 56, aprovado na 2ª Jornada de Direito Material e Processual do Trabalho, organizada pela Anamatra em outubro de 2017[13]. Por fim, o *princípio da inafastabilidade da jurisdição* (CRFB/88, art. 5º, XXXV) torna muito improvável a eficácia social deste dispositivo.

EMPREGADO
Conceito:
• Empregado é a pessoa física que presta serviços caracterizados pela pessoalidade, não eventualidade, onerosidade e subordinação.
Caracterização:
• Para que se identifique um empregado, faz-se necessário estejam presentes todos os requisitos da relação de emprego (pessoalidade, não eventualidade, onerosidade e subordinação).
• Não importa o tipo de trabalho realizado.
• Não importa o local da prestação dos serviços (pode o trabalho ser realizado na empresa, no domicílio do empregado, ou mesmo à distância).
• Não se exige a exclusividade na prestação dos serviços.

---

[13] Mencione-se, de passagem, que o argumento deveria se aplicar, também, à transação judicial, que alcança todas as parcelas trabalhistas.

EMPREGADO

Altos empregados:

a) Detentores de cargos ou funções de gestão ou de confiança (exceto bancários):

- Continuam sendo empregados, mas alguns direitos são mitigados;
- A lei estabelece presunção relativa de inaplicabilidade da proteção à duração do trabalho (art. 62, CLT);
- A lei admite a reversão ao cargo efetivo de origem (art. 468, § 1°, CLT);
- O empregado se sujeita à transferência compulsória (art. 469, § 1°, CLT).

b) Detentores de cargos ou funções de confiança do segmento bancário:

- Não fazem jus à jornada especial do bancário (6h);
- Estão sujeitos à reversão;
- Estão sujeitos à transferência compulsória.

c) Diretor de Sociedade Anônima:

- O empregado eleito para ocupar cargo de diretor tem o respectivo contrato de trabalho suspenso, não se computando o tempo de serviço desse período, salvo se permanecer a subordinação jurídica inerente à relação de emprego.

d) Sócio empregado:

- Não há, em princípio, incompatibilidade entre a figura do empregado e a do sócio, desde que este não detenha intensa participação na sociedade, caracterizada pela *affectio societatis* (que tem a conotação de autonomia), bem como que não responda ilimitadamente pelas obrigações da sociedade.

Empregados *hipersuficientes*:

a) Podem pactuar livremente as condições contratuais, em relação às matérias mencionadas no art. 611-A da CLT, desde que:

- Recebam salário igual ou maior a duas vezes o teto de benefícios do RGPS;
- Tenham curso superior.

b) Podem firmar cláusula compromissória de arbitragem, desde que:

- Recebam remuneração superior a duas vezes o teto de benefícios do RGPS.

6.2.3.   Empregado doméstico

O regime jurídico do empregado doméstico era dado pela Lei n° 5.859/1972[14], a qual conferia a tal categoria apenas alguns dos direitos assegurados aos demais empregados. Da mesma forma, o parágrafo único do art. 7° da CRFB/1988, em sua redação original, estendia aos domésticos apenas alguns dos direitos assegurados aos empregados urbanos e rurais[15].

Em 02.04.2013 foi promulgada a Emenda Constitucional n° 72, que alterou o parágrafo único do art. 7° da CRFB/88, estendendo ao doméstico muitos dos direitos até então assegurados apenas aos demais empregados. Destaque-se, neste diapasão, a extensão ao doméstico do reconhecimento da jornada de trabalho, com fixação da duração normal do trabalho e previsão de pagamento suplementar pelo trabalho extraordinário, adicional noturno, FGTS (que se tornou obrigatório) e seguro-desemprego.

---

[14]   Até 1972 os domésticos não tinham praticamente nenhuma proteção legal, visto que a alínea "a" do art. 7° da CLT excluiu expressamente o doméstico de seu âmbito de proteção.

[15]   O supramencionado parágrafo único assegurava aos domésticos os seguintes direitos, dentre aqueles arrolados no art. 7° da Constituição: salário mínimo; irredutibilidade salarial; 13° salário; RSR; férias + 1/3; licença-gestante de 120 dias; licença-paternidade; aviso-prévio; aposentadoria.

Todavia, dispôs a EC nº 72/2013 que a aplicabilidade de vários dos direitos estendidos aos domésticos dependeria de regulamentação, a qual veio somente em junho de 2015, com a promulgação da Lei Complementar nº 150/2015 (*DOU* 02.06.2015).

Vejamos, de forma esquematizada e seguindo critério temático, a regulamentação atual do trabalho doméstico.

6.2.3.1. Definição de empregado doméstico

Dispunha o art. 1º da Lei nº 5.859/1972 que doméstico é "aquele que presta serviços de natureza contínua e de finalidade não lucrativa à pessoa ou à família no âmbito residencial destas".

Exigia-se, portanto, a **continuidade** da prestação de serviços, o que a melhor doutrina e a jurisprudência consideravam como pressuposto diverso da não eventualidade exigida pelo art. 3º da CLT para caracterização do liame empregatício comum. Havia intenso debate, entretanto, acerca do que caracterizaria a continuidade e, mais precisamente, de quantas vezes por semana deveria o trabalhador prestar serviços ao mesmo empregador para que restasse configurado tal requisito.

A LC nº 150/2015 esclareceu objetivamente a questão, estabelecendo que **a continuidade fica caracterizada pela prestação de serviços, ao mesmo empregador, por pelo menos três vezes na semana**. Neste sentido, o art. 1º da LC nº 150:

LC nº 150/2015, art. 1º. Ao empregado doméstico, assim considerado aquele que presta serviços de forma contínua, subordinada, onerosa e pessoal e de finalidade não lucrativa à pessoa ou à família, no âmbito residencial destas, **por mais de 2 (dois) dias por semana**, aplica-se o disposto nesta Lei (grifos meus).

Ressalte-se que, além de esclarecer o requisito continuidade, a vigente lei deixou claro que **a caracterização do vínculo de emprego doméstico depende, também, dos pressupostos da relação de emprego em geral**, quais sejam subordinação, onerosidade e pessoalidade, **além dos requisitos específicos exigidos do trabalhador doméstico**. Vejamos tais requisitos específicos:

a) Deve prestar serviços **sem finalidade lucrativa**, pelo que se entende que o serviço prestado pelo doméstico não pode ter fins comerciais ou industriais, tendo seu valor limitado ao uso/consumo, jamais podendo produzir valor de troca.

Menciona-se, como exemplo, o doméstico que prepara as refeições. Caso a pessoa ou família tomadora dos serviços forneça refeições também para terceiros, com intuito de lucro, a relação de emprego doméstico restará descaracterizada. Da mesma forma, se um empregado labora em uma residência onde alguns quartos são alugados para terceiros, também não será doméstico.

Neste aspecto é necessário observar que a finalidade não econômica do trabalho prestado se refere ao empregador, e não ao empregado, para quem a finalidade é sempre econômica (onerosidade).

b) Deve prestar **serviços à pessoa ou à família**, o que significa que somente pessoa(s) física(s) pode(m) ser empregador(es) doméstico(s). *A contrario sensu*, **pessoa jurídica jamais poderá admitir domésticos**. Admite-se, contudo, a contratação de doméstico por *grupo unitário de pessoas físicas*, desde que busquem mero consumo a partir do trabalho prestado, sem qualquer finalidade lucrativa. O exemplo clássico é o da república de estudantes, que pode ser empregador doméstico. Não se confunde, entretanto, a república de estudantes com o pensionato, este último caracterizado pela exploração de serviços de moradia e às vezes também de alimentação.

Este requisito mitiga, no vínculo de emprego doméstico, a característica da relação de emprego consistente na ausência de pessoalidade em relação ao empregador. Com efeito, a morte do empregador doméstico tende a extinguir a relação empregatícia, a não ser que o empregado continue prestando serviços à mesma família.

c) Deve prestar **serviços no âmbito residencial da pessoa ou da família**, o que não costuma ser interpretado literalmente. Ao contrário, a doutrina é unânime em interpretar tal requisito de maneira ampliativa, de forma "que se considera essencial é que *o espaço de trabalho se refira ao interesse pessoal ou familiar, apresentando-se aos sujeitos da relação de emprego em função da dinâmica estritamente pessoal ou familiar do empregador[16]*" (grifos no original).

Em razão do exposto, os serviços domésticos são aqueles prestados não só na moradia da família, mas em qualquer unidade tipicamente familiar, como sítio de veraneio, casa de praia, entre outras. Obviamente, o deslocamento para fora da residência (ou unidade familiar), no exercício das funções domésticas, não descaracteriza o trabalho doméstico, como ocorre, por exemplo, no caso do motorista particular.

Outras considerações são importantes acerca do trabalho doméstico. A primeira delas diz respeito à **natureza do serviço prestado**, que **não importa para caracterização do empregado como doméstico**. Assim, será doméstico tanto a cozinheira, a arrumadeira, a passadeira, a lavadeira quanto o motorista, o caseiro de sítio, o jardineiro, enfim, todos aqueles que se enquadrarem no conceito do art. 1º da LC nº 150/2015, independentemente da natureza do serviço. Imagine-se, por exemplo, um piloto de avião contratado para prestar serviços particulares a uma pessoa ou a uma família. Será doméstico, exceto se nos seus serviços estiver inserida alguma atividade de cunho lucrativo.

Em segundo lugar, pouco importa o local da prestação dos serviços, podendo ser inclusive na área rural, cujo exemplo típico é o do caseiro de sítio de lazer.

6.2.3.2. Menor de 18 anos e trabalho doméstico

O trabalho doméstico já era vedado ao menor de 18 de anos por força do disposto no Decreto nº 6.481/2008, que regulamentou os arts. 3º, alínea "d", e 4º da Convenção nº 182 da OIT. Com efeito, o referido Decreto arrolou o trabalho doméstico na Lista das Piores Formas de Trabalho Infantil (Lista TIP).

Neste mesmo sentido, o parágrafo único do art. 1º da LC nº 150/2015 afastou qualquer dúvida a respeito:

LC nº 150/2015, art. 1º, parágrafo único. É vedada a contratação de menor de 18 (dezoito) anos para desempenho de trabalho doméstico, de acordo com a Convenção nº 182, de 1999, da Organização Internacional do Trabalho (OIT) e com o Decreto nº 6.481, de 12 de junho de 2008.

Importante ressaltar a lição de Maurício Godinho Delgado e Gabriela Neves Delgado[17], segundo a qual "esse firme comando legal implica compreender a proibição como também estendida às relações domésticas eventuais, de diaristas domésticos: *toda modalidade*

---

16   DELGADO, Maurício Godinho. *Curso de Direito do Trabalho*. 9. ed. São Paulo: LTr, 2010, p. 362.
17   DELGADO, Maurício Godinho; DELGADO, Gabriela Neves. *O Novo Manual do Trabalho Doméstico*. São Paulo: LTr, 2016, p. 96.

de trabalho doméstico está terminantemente proibida para pessoas com idade inferior a 18 anos" (grifos no original).

6.2.3.3. Aplicação da CRFB/88, da CLT e de leis não consolidadas ao doméstico

Atualmente quase todos os direitos constitucionalmente assegurados aos trabalhadores são estendidos ao doméstico. Apenas **não** se pode afirmar que existe plena igualdade de direitos porque os incisos V (piso salarial proporcional à extensão e à complexidade do trabalho), XI (PLR), XIV (turnos ininterruptos de revezamento), XX (proteção ao mercado de trabalho da mulher), XXIII (adicional para atividades perigosas, insalubres ou penosas); XXVII (proteção em face da automação); XXIX (prazo prescricional próprio) e XXXII (proibição de distinção entre o trabalho manual, técnico e intelectual) do art. 7º da CRFB/1988 não foram estendidos aos domésticos pelo parágrafo único do supramencionado artigo. Aliás, a igualdade plena de direitos entre urbanos, rurais e domésticos viria apenas com a inclusão destes últimos no *caput* do art. 7º e com a revogação do parágrafo único.

No plano infraconstitucional, o trabalho doméstico é regido pela Lei Complementar nº 150/2015, porém também se aplicam à categoria, **observadas as peculiaridades do trabalho doméstico**, as seguintes leis:

- Lei nº 605/1949 (descanso semanal e feriados);
- Leis nº 4.090/1962 e nº 4.749/1965 (décimo terceiro salário);
- Lei nº 7.418/1985 (vale-transporte);
- CLT, **subsidiariamente**.

Neste sentido, o art. 19 da Lei Complementar nº 150/2015, *in verbis*:

LC nº 150/2015, art. 19. Observadas as peculiaridades do trabalho doméstico, a ele também se aplicam as Leis nº 605, de 5 de janeiro de 1949, nº 4.090, de 13 de julho de 1962, nº 4.749, de 12 de agosto de 1965, e nº 7.418, de 16 de dezembro de 1985, e, subsidiariamente, a Consolidação das Leis do Trabalho (CLT), aprovada pelo Decreto-lei nº 5.452, de 1º de maio de 1943.

Ante o disposto na parte final do art. 19 da LC nº 150/2015, há que se entender que o art. 7º, "a", da CLT, que afastava de sua incidência o doméstico, teria sido tacitamente revogado. Todavia, é importante mencionar que **a aplicação da CLT é apenas subsidiária**, isto é, cabível nos casos em que não houver disposição específica regulando o trabalho doméstico, bem como devem ser observadas as peculiaridades do labor doméstico.

Em outras palavras, dispositivos celetistas como aqueles referentes ao grupo econômico (art. 2º, § 2º) e à sucessão de empregadores (arts. 10 e 448) continuam não sendo aplicáveis ao doméstico, visto que, não obstante a aparente lacuna, tais institutos não são compatíveis com a natureza e com as peculiaridades do trabalho doméstico.

> Por sua vez, também deve ser observada, como peculiaridade do trabalho doméstico, a **inaplicabilidade de rigor formal**, tendo em vista a própria dinâmica das relações no âmbito doméstico. De fato, o empregador doméstico, pela sua própria natureza, normalmente não tem condição de observar minúcias formais exigidas das empresas e das demais instituições que admitem empregados. Esta é a razão, inclusive, pela qual o doméstico continua sendo tratado, inclusive pela CRFB/88, de forma diferenciada.

Por fim, é importante observar que a Organização Internacional do Trabalho – OIT aprovou, em 2011, a Convenção nº 189, que trata da igualdade de direitos entre o trabalhador doméstico e os demais trabalhadores, a qual entrou em vigor no Brasil por meio da aprovação do Decreto Legislativo nº 172/2017 (*DOU* 05.12.2017).

Tendo em vista que as regras estabelecidas pela referida Convenção nº 189 são semelhantes à regulamentação atual do trabalho doméstico dada pela nossa legislação interna, bem como o fato de que o trabalho doméstico não costuma ser cobrado de forma mais aprofundada em concursos públicos, acredito que não há, em princípio, motivo para preocupação com tal norma. Todavia, caso o edital de seu concurso mencione expressamente a Convenção nº 189, caberá, naturalmente, a leitura atenta de seu texto[18].

> **Dica de estudo:**
> Os subitens a seguir abordarão conceitos que ainda serão estudados nos capítulos seguintes, por exemplo, aqueles referentes à modalidade de contratação quanto ao prazo, duração do trabalho, férias, extinção do contrato etc. Desse modo, recomendo que o leitor iniciante, que nunca teve contato com o Direito do Trabalho, passe adiante e retome o estudo das especificidades do trabalho doméstico ao final da leitura, quando, então, poderá compreender perfeitamente o quanto mencionado nos subitens seguintes do item 6.2.3.

6.2.3.4. Anotação da CTPS

O art. 9º da LC 150/2015 estabelece a obrigatoriedade de anotação da CTPS do empregado doméstico no prazo de 48 horas, contadas da admissão, nos seguintes termos:

> Art. 9º A Carteira de Trabalho e Previdência Social será obrigatoriamente apresentada, contra recibo, pelo empregado ao empregador que o admitir, o qual terá o prazo de 48 (quarenta e oito) horas para nela anotar, especificamente, a data de admissão, a remuneração e, quando for o caso, os contratos previstos nos incisos I e II do art. 4º.

Observe-se que, embora a Lei nº 13.874/2019 (*DOU* 20.09.2019) tenha alterado a redação do art. 29 da CLT, ampliando para cinco dias úteis o prazo para anotação do contrato de trabalho na CTPS, o referido art. 9º da Lei Complementar nº 150/2015 não sofreu qualquer alteração, razão pela qual, **para o doméstico, continua sendo aplicável o prazo de 48h para anotação da CTPS.**

6.2.3.5. Hipóteses de contratação por prazo determinado

Na vigência da Lei nº 5.859/1972 era polêmica a pactuação do contrato doméstico por prazo determinado, sendo que se aceitava, de forma majoritária, na doutrina e na jurisprudência, a contratação a título de experiência.

A Lei Complementar nº 150/2015 regulou a matéria, autorizando expressamente a contratação do empregado doméstico por prazo determinado, nas hipóteses do art. 4º, *in verbis*:

> LC nº 150/2015, art. 4º É facultada a contratação, por prazo determinado, do empregado doméstico:
> I – mediante contrato de experiência;
> II – para atender necessidades familiares de natureza transitória e para substituição temporária de empregado doméstico com contrato de trabalho interrompido ou suspenso.

---

18 O texto da Convenção nº 189 da OIT pode ser obtido, por exemplo, em <http://www.trtsp.jus.br/geral/tribunal2/LEGIS/CLT/OIT/OIT_189.html>. Acesso em 28.09.2019.

Parágrafo único. No caso do inciso II deste artigo, a duração do contrato de trabalho é limitada ao término do evento que motivou a contratação, obedecido o limite máximo de 2 (dois) anos.

Portanto, as hipóteses são bastante semelhantes àquelas previstas na CLT, devendo-se ressaltar que a regra, também no âmbito doméstico, é a contratação por prazo indeterminado. Qualquer contratação por prazo determinado fora das hipóteses previstas no supramencionado art. 4º da LC nº 150/2015 ensejará o reconhecimento da indeterminação de prazo do ajuste.

Necessidade familiar de natureza transitória ocorre, por exemplo, no caso em que membro da família se muda para outra cidade, ali permanecendo apenas durante dezoito meses para cumprir os créditos de um programa de mestrado, contratando empregado doméstico para lhe prestar serviços durante este tempo. A *substituição temporária* do empregado doméstico, por sua vez, pode ocorrer, por exemplo, enquanto a empregada da família se encontra afastada em razão de licença-maternidade.

Especificamente no tocante ao contrato de experiência, o art. 5º da LC nº 150/2015 estabelece, para este contrato, as mesmas restrições previstas na CLT, a saber:

• prazo máximo de 90 dias, incluída uma eventual prorrogação;
• mais de uma prorrogação ou vigência além do prazo máximo implicam a indeterminação do prazo.

Ademais, aplica-se, em caso de ruptura antecipada do contrato a prazo sem justa causa, idêntica solução à adotada pelos arts. 479 e 480 da CLT, conforme dispõem os arts. 6º e 7º da LC nº 150/2015:

Art. 6º Durante a vigência dos contratos previstos nos incisos I e II do art. 4º, o empregador que, sem justa causa, despedir o empregado é obrigado a pagar-lhe, a título de indenização, metade da remuneração a que teria direito até o termo do contrato.

Art. 7º Durante a vigência dos contratos previstos nos incisos I e II do art. 4º, o empregado não poderá se desligar do contrato sem justa causa, sob pena de ser obrigado a indenizar o empregador dos prejuízos que desse fato lhe resultarem.

Parágrafo único. A indenização não poderá exceder aquela a que teria direito o empregado em idênticas condições.

Por fim, não cabe aviso-prévio nos contratos a prazo (art. 8º da LC nº 150/2015), a exemplo do que ocorre no âmbito de incidência da CLT. Dadas as especificidades do trabalho doméstico, Godinho Delgado entende que não é aplicável ao doméstico o disposto no art. 481 da CLT, ou seja, não há a possibilidade de instituição de cláusula assecuratória do direito recíproco de rescisão do contrato a termo[19].

A Lei do Doméstico silenciou a respeito da **sucessão de contratos** domésticos por prazo determinado. Por força do disposto no art. 19 da LC nº 150/2015, depreende-se que é subsidiariamente aplicável o art. 452 da CLT.

6.2.3.6. Duração do trabalho

A alteração mais importante trazida pela EC nº 72/2013 foi o reconhecimento do direito do doméstico à limitação da duração do trabalho. Com efeito, até então se entendia

---

[19] DELGADO, Maurício Godinho; DELGADO, Gabriela Neves. *O Novo Manual do Trabalho Doméstico*. São Paulo: LTr, 2016, p. 108.

que o doméstico não tinha a jornada de trabalho tipificada, razão pela qual não fazia jus aos limites legais e, consequentemente, à remuneração diferenciada das horas extras e das horas noturnas trabalhadas, bem como aos descansos trabalhistas.

Atualmente, entretanto, encontramos cenário substancialmente diverso, ao passo que a Lei Complementar nº 150/2015 tratou minuciosamente da duração do trabalho do empregado doméstico. Vejamos todos os aspectos regulados.

6.2.3.6.1. Jornada tipificada e consectários legais

Tendo sido estendido ao doméstico o inciso XIII do art. 7º da CRFB/1988, não restam dúvidas de que passou a valer também para o doméstico o limite de 8 horas diárias e 44 horas semanais.

Assim, é correto dizer que, **a partir da promulgação da EC nº 72/2013, o doméstico passou a ter a jornada de trabalho tipificada**.

A partir daí surgem os direitos conexos, como a remuneração diferenciada das horas extras, por exemplo. Vejamos os institutos aplicáveis, nos termos da Lei Complementar nº 150/2015.

a) **Registro de horário de trabalho (ponto)**

Dispõe o art. 12 da LC nº 150/2015 que o empregador doméstico é obrigado a registrar o horário de trabalho do empregado por qualquer meio idôneo.

Como não há qualquer condicionante no dispositivo relativa ao número mínimo de empregados[20], como contido no § 2º do art. 74 da CLT, deve-se entender que **todo empregador doméstico deve manter controle de ponto, ainda que tenha um único empregado**.

Para fins de registro do horário de trabalho poderá ser utilizado qualquer meio manual, mecânico ou eletrônico, a exemplo da previsão celetista aplicável aos empregados em geral. Naturalmente o sistema mais acessível ao empregador doméstico, em todos os aspectos, é o registro manual, o qual, entretanto, deve ser idôneo, ou seja, devem ser anotados os horários efetivamente praticados pelo empregado doméstico, e não aqueles que *deveriam ser*.

b) **Duração normal de 8h/dia e 44h/semana e remuneração diferenciada da hora extra**

Dispõe o art. 2º da LC nº 150/2015, *in verbis*:

Art. 2º A duração normal do trabalho doméstico não excederá 8 (oito) horas diárias e 44 (quarenta e quatro) semanais, observado o disposto nesta Lei.

§ 1º A remuneração da hora extraordinária será, no mínimo, 50% (cinquenta por cento) superior ao valor da hora normal.

§ 2º O salário-hora normal, em caso de empregado mensalista, será obtido dividindo-se o salário mensal por 220 (duzentas e vinte) horas, salvo se o contrato estipular jornada mensal inferior que resulte em divisor diverso.

§ 3º O salário-dia normal, em caso de empregado mensalista, será obtido dividindo-se o salário mensal por 30 (trinta) e servirá de base para pagamento do repouso remunerado e dos feriados trabalhados.

---

[20] LC nº 150/2015, art. 12. É obrigatório o registro do horário de trabalho do empregado doméstico por qualquer meio manual, mecânico ou eletrônico, desde que idôneo.

Portanto, a duração normal do trabalho do doméstico é idêntica à dos empregados em geral (8 h diárias e 44 h semanais), e a hora extra deve ser remunerada à base de, no mínimo, 150% em relação ao valor da hora normal (hora + adicional). Também se aplica ao doméstico o divisor 220, naturalmente.

c) **Trabalho em tempo parcial**

Assim como o art. 58-A da CLT, que regulou o regime de trabalho em tempo parcial para os empregados em geral, a Lei Complementar nº 150/2015 também estabeleceu regime semelhante, nos seguintes termos:

Art. 3º Considera-se trabalho em regime de tempo parcial aquele cuja duração não exceda 25 (vinte e cinco) horas semanais.

§ 1º O salário a ser pago ao empregado sob regime de tempo parcial será proporcional a sua jornada, em relação ao empregado que cumpre, nas mesmas funções, tempo integral.

Antecipando a alteração da CLT levada a efeito pela Lei nº 13.467/2017 (arts. 58-A e 59), **a LC nº 150/2015 permitiu a prorrogação da jornada também para o doméstico contratado sob o regime de tempo parcial, exigindo para tal mero acordo individual.** Neste sentido, o § 2º do art. 3º:

Art. 3º, § 2º A duração normal do trabalho do empregado em regime de tempo parcial poderá ser acrescida de horas suplementares, em número não excedente a 1 (uma) hora diária, mediante acordo escrito entre empregador e empregado, aplicando-se-lhe, ainda, o disposto nos §§ 2º e 3º do art. 2º, com o limite máximo de 6 (seis) horas diárias.

Tal dispositivo parece sugerir que, no regime de tempo parcial, a duração normal do trabalho seria de até cinco horas diárias, o que não tem parâmetro na CLT, que faz referência apenas à duração semanal máxima do trabalho em regime de tempo parcial. Neste sentido, Vólia Bomfim Cassar[21].

O trabalho doméstico em regime de tempo parcial repercute no período de férias a que faz jus o empregado, o que será analisado no tópico respectivo.

d) **Compensação de jornada**

A Lei Complementar nº 150/2015 estabeleceu a possibilidade de instituição de regime de compensação de jornada mediante **acordo individual escrito**, o que foi parcialmente estendido aos trabalhadores em geral pela Reforma Trabalhista de 2017[22]. Com efeito, o banco de horas do doméstico encontra-se regulado pelo § 4º do art. 2º da Lei Complementar nº 150/2015, *in verbis*:

Art. 2º, § 4º Poderá ser dispensado o acréscimo de salário e instituído regime de compensação de horas, mediante **acordo escrito entre empregador e empregado**, se o excesso de horas de um dia for compensado em outro dia (grifos meus).

---

[21] CASSAR, Vólia Bomfim. *Direito do Trabalho*. 11 ed. São Paulo: Método, 2015, p. 377.

[22] Como será estudado no Capítulo 13, a Lei nº 13.467/2017 estabeleceu, para o celetista, a possibilidade de pactuação do banco de horas mediante acordo individual escrito, desde que a compensação ocorra no período máximo de seis meses. Do contrário, sendo a compensação realizada em mais de seis meses, o banco de horas deve ser autorizado em norma coletiva (art. 59, §§2º e 5º, da CLT).

Ademais, a sistemática deste regime de compensação previsto para o doméstico é, repita-se, bastante peculiar, senão vejamos:

Art. 2º, § 5º No regime de compensação previsto no § 4º:

I – será devido o pagamento, como horas extraordinárias, na forma do § 1º, das primeiras 40 (quarenta) horas mensais excedentes ao horário normal de trabalho;

II – das 40 (quarenta) horas referidas no inciso I, poderão ser deduzidas, sem o correspondente pagamento, as horas não trabalhadas, em função de redução do horário normal de trabalho ou de dia útil não trabalhado, durante o mês;

III – o saldo de horas que excederem as 40 (quarenta) primeiras horas mensais de que trata o inciso I, com a dedução prevista no inciso II, quando for o caso, será compensado no período máximo de 1 (um) ano.

Art. 2º, § 6º Na hipótese de rescisão do contrato de trabalho sem que tenha havido a compensação integral da jornada extraordinária, na forma do § 5º, o empregado fará jus ao pagamento das horas extras não compensadas, calculadas sobre o valor da remuneração na data de rescisão.

Dos incisos I e II do § 5º do art. 2º se extrai que as primeiras 40 horas extras laboradas deverão ser pagas ou compensadas dentro do mês em que houve o trabalho extraordinário. Em relação às horas extraordinárias que excedam de quarenta no mês, poderão ser compensadas no período de um ano, nos mesmos moldes do banco de horas celetista.

Em caso de extinção do contrato, as horas não compensadas deverão ser pagas, tanto quanto prevê o § 3º do art. 59 da CLT.

De forma resumida, temos o seguinte:

SISTEMA DE COMPENSAÇÃO DE HORAS – DOMÉSTICO – LC nº 150/2015	
Natureza do acordo de compensação	Basta o acordo individual **escrito** entre empregador e empregado.
Forma de compensação	Primeiras 40 h mensais excedentes: • Deverão ser remuneradas (adicional de, no mínimo, 50%) caso não sejam compensadas dentro do mês.
	Demais horas extras do mês (ou seja, as que excederem das primeiras 40 h extras): • Poderão ser compensadas em até um ano.
Extinção do contrato	As horas não compensadas deverão ser pagas.

e) **Compensação em regime 12x36**

Questão bastante sensível no âmbito do trabalho doméstico diz respeito à manutenção de cuidadores de pessoas com deficiência, idosos, enfermos e outras pessoas que necessitam de cuidados especiais de forma contínua. Nestas hipóteses, o empregador, que normalmente é a própria pessoa que recebe os cuidados ou alguém de sua família, precisa manter vários empregados, em constante revezamento, a fim de assegurar a continuidade da assistência a quem dela necessita.

Em razão de tal fato, a Lei Complementar nº 150/2015 estabeleceu, além da compensação no período de até um ano mencionada acima, a possibilidade de instituição de regime de compensação 12x36, nos termos do art. 10, *in verbis*:

Art. 10. É facultado às partes, mediante acordo escrito entre essas, estabelecer horário de trabalho de 12 (doze) horas seguidas por 36 (trinta e seis) horas ininterruptas de descanso, observados ou indenizados os intervalos para repouso e alimentação.

§ 1º A remuneração mensal pactuada pelo horário previsto no *caput* deste artigo abrange os pagamentos devidos pelo descanso semanal remunerado e pelo descanso em feriados, e serão considerados compensados os feriados e as prorrogações de trabalho noturno, quando houver, de que tratam o art. 70 e o § 5º do art. 73 da Consolidação das Leis do Trabalho (CLT), aprovada pelo Decreto-lei nº 5.452, de 1º de maio de 1943, e o art. 9º da Lei no 605, de 5 de janeiro de 1949.

Em primeiro lugar, é importante destacar que também para este regime **exige a Lei do Doméstico apenas o acordo individual escrito**. Ademais, o *caput* do art. 10 contemplou regra substancialmente desfavorável ao doméstico, qual seja a possibilidade de mera indenização dos intervalos para repouso ou alimentação, justamente num regime em que a duração do trabalho é muito superior àquela prevista como normal pelo sistema constitucional vigente. A *Reforma Trabalhista de 2017* estendeu aos empregados em geral tais regras, consoante art. 59-A da CLT, incluído pela Lei nº 13.467/2017.

Além disso, o sistema era mais gravoso ao empregado doméstico também no tocante à remuneração, visto que a LC nº 150/2015 dispôs no sentido de que a remuneração mensal do doméstico já abrange DSR e feriados trabalhados, e até mesmo "as prorrogações de trabalho noturno, quando houver", ao passo que os trabalhadores em geral se submetiam à orientação da Súmula 444 do TST, c/c a OJ nº 388 da SDI-1. Não obstante, uma vez mais a *Reforma Trabalhista* estendeu aos celetistas a regra que já se aplicava ao doméstico desde a vigência da LC nº 150/2015, conforme previsto no parágrafo único do art. 59-A da CLT, incluído pela Lei nº 13.467/2017.

f) Acompanhamento em viagens

De forma inovadora, a LC nº 150/2015 dispôs sobre o empregado que acompanha o empregador prestando serviços em viagem, conforme art. 11:

Art. 11. Em relação ao empregado responsável por acompanhar o empregador prestando serviços em viagem, serão consideradas apenas as horas efetivamente trabalhadas no período, podendo ser compensadas as horas extraordinárias em outro dia, observado o art. 2º.

§ 1º O acompanhamento do empregador pelo empregado em viagem será condicionado à prévia existência de acordo escrito entre as partes.

§ 2º A remuneração-hora do serviço em viagem será, no mínimo, 25% (vinte e cinco por cento) superior ao valor do salário-hora normal.

§ 3º O disposto no § 2º deste artigo poderá ser, mediante acordo, convertido em acréscimo no banco de horas, a ser utilizado a critério do empregado.

A hipótese fática não apresenta maiores dificuldades. Imagine-se, a título de exemplo, que determinada família viaja para sua casa de praia nas férias, levando consigo a babá das crianças e a cozinheira. O trabalho das domésticas, neste período, será regido pelo art. 11 da LC nº 150/2015.

Ao mencionar que "serão consideradas apenas as horas efetivamente trabalhadas no período", quis o legislador dizer que não serão consideradas como tempo à disposição as demais horas da viagem, ainda que, na maioria das vezes, o doméstico fique efetivamente à disposição nestas circunstâncias.

O adicional previsto no § 2º consiste em figura nova se considerarmos que a viagem ocorre em dias de trabalho normal do doméstico. Se as horas prestadas em viagem forem extraordinárias, todavia, naturalmente deverá ser assegurado o adicional de 25%, mais o adicional de 50% pelo trabalho extraordinário, sob pena de ofensa ao texto constitucional.

Vejamos um exemplo que ilustra a hipótese legal: imagine-se que determinada doméstica, cujo salário-hora é de R$ 10,00, passou uma semana prestando serviços a seu empregador durante viagem de férias. Na semana em questão, a obreira trabalhou efetivamente 50 horas. Aplicando-se a regra do § 2º do art. 11 da Lei do Doméstico, a empregada faria jus a 44 h (módulo semanal normal) com acréscimo de 25%, mais 6 h (horas extras laboradas na semana) com acréscimo de 50% **sobre o valor da hora já acrescido do adicional de 25% pelo serviço em viagem**. Numericamente, seria o seguinte: [44 h x R$12,50] + [6 h x (R$12,50 + 50%)] ⇨ R$550,00 + R$112,50 = R$662,50 = valor devido pelo trabalho na semana.

Todavia, a remuneração diferenciada do tempo trabalhado em viagem poderá ser convertida em saldo no banco de horas, nos termos do § 3º. Este dispositivo dará margem a muita polêmica, certamente, pois não fica claro se o tempo passível de conversão é todo o tempo trabalhado durante a viagem, ou se seria apenas o equivalente ao adicional de 25% (o que equivaleria a dizer que a cada quatro horas trabalhadas em viagem o empregado faria jus a uma hora de crédito no banco de horas, e em contrapartida receberia a hora trabalhada de forma simples).

No exemplo anterior, parece-me que a melhor interpretação acerca da possibilidade de compensação (§ 3º) seria o crédito de 18h30min no banco de horas, das quais 11 h seriam relativas à equivalência do adicional de 25% pelo serviço em viagem incidente sobre a jornada normal (25% de 44 h = 11 h), e 7h30min seriam relativas às 6 h extraordinárias, acrescidas dos 25% do adicional pelo serviço em viagem.

Ocorrendo a conversão em crédito no banco de horas, nos termos do § 3º, estabelece a Lei que a utilização deste crédito (ou seja, a folga compensatória) ficará a critério do empregado, e não do empregador, como é usual no sistema de banco de horas. Em outras palavras, em tese cabe ao empregado, neste caso, determinar o dia em que deixará de trabalhar a título de compensação das horas acrescidas ao banco.

Por fim, registre-se que o acompanhamento do empregador em viagens **depende de acordo *escrito* prévio**. Na prática, provavelmente constará tal possibilidade no próprio contrato de trabalho.

g) Trabalho noturno

Embora tenha estendido ao doméstico o direito à remuneração do trabalho noturno superior à do diurno, a EC nº 72/2013 condicionou a aplicabilidade de tal direito à regulamentação, a qual veio com a Lei Complementar nº 150/2015. Com efeito, as regras relativas ao trabalho noturno do doméstico são encontradas no art. 14, *in verbis*:

Art. 14. Considera-se noturno, para os efeitos desta Lei, o trabalho executado entre as 22 horas de um dia e as 5 horas do dia seguinte.

§ 1º A hora de trabalho noturno terá duração de 52 (cinquenta e dois) minutos e 30 (trinta) segundos.

§ 2º A remuneração do trabalho noturno deve ter acréscimo de, no mínimo, 20% (vinte por cento) sobre o valor da hora diurna.

§ 3º Em caso de contratação, pelo empregador, de empregado exclusivamente para desempenhar trabalho noturno, o acréscimo será calculado sobre o salário anotado na Carteira de Trabalho e Previdência Social.

§ 4º Nos horários mistos, assim entendidos os que abrangem períodos diurnos e noturnos, aplica-se às horas de trabalho noturno o disposto neste artigo e seus parágrafos.

A LC nº 150/2015 replicou integralmente o sistema celetista, salvo em relação às prorrogações de horário noturno, sobre as quais o legislador se omitiu na Lei do Doméstico. Para os domésticos plantonistas (regime 12x36), vimos que a Lei considerou já remunerada pelo salário mensal eventuais prorrogações de horário noturno. Resta a dúvida, entretanto, em relação a empregado doméstico que não labore em regime de plantões, e sim com horário fixo noturno.

A título de exemplo, imagine-se que determinado empregado labora como cuidador de idoso apenas à noite, das 22h às 5h[23]. Se este obreiro trabalhar em sobrejornada em determinado dia até as 7h, terá direito à hora noturna e adicional noturno das 5h até as 7h? A LC nº 150/2015 é omissa a respeito, repita-se. Parece-me que, por força do disposto no art. 19 da LC nº 150/2015 (aplicação subsidiária da CLT), bem como da compatibilidade do § 5º do art. 73 da CLT com as peculiaridades do trabalho doméstico, a resposta é positiva.

Em resumo, temos o seguinte:

- Considera-se noturno o trabalho executado entre 22h e 5h;
- Hora noturna reduzida, equivalente a 52 minutos e 30 segundos;
- Adicional de 20%;
- Vedação ao pagamento complessivo do adicional[24];
- Tratamento dos horários mistos idêntico àquele dado pela CLT;
- Tratamento das prorrogações do horário noturno (art. 73, § 5º, da CLT) aplicável subsidiariamente.

6.2.3.6.2. Descansos

A tipificação da jornada do doméstico naturalmente lhe assegurou também a aplicação dos descansos trabalhistas, os quais foram previstos na LC nº 150/2015 com regras bastante diferenciadas em relação àquelas aplicáveis aos empregados em geral. Vejamos.

a) **Intervalo intrajornada**

No tocante ao intervalo intrajornada para repouso ou alimentação, dispõe o art. 13 da LC nº 150/2015, *in verbis*:

Art. 13. É obrigatória a concessão de intervalo para repouso ou alimentação pelo período de, no mínimo, 1 (uma) hora e, no máximo, 2 (duas) horas, admitindo-se, mediante prévio acordo escrito entre empregador e empregado, sua redução a 30 (trinta) minutos.

§ 1º Caso o empregado resida no local de trabalho, o período de intervalo poderá ser desmembrado em 2 (dois) períodos, desde que cada um deles tenha, no mínimo, 1 (uma) hora, até o limite de 4 (quatro) horas ao dia.

§ 2º Em caso de modificação do intervalo, na forma do § 1º, é obrigatória a sua anotação no registro diário de horário, vedada sua prenotação.

Desse modo, foram previstos dois intervalos distintos, a saber:

Para o doméstico que **não** reside no local de trabalho:

- intervalo de 1 a 2 horas;
- possibilidade de redução para 30 minutos **mediante acordo individual escrito**.

---

[23] No exemplo, propositalmente abstraí a questão do intervalo e/ou da jornada normal deste empregado a fim de não desviar a atenção do leitor.

[24] Pagamento complessivo é aquele em que duas ou mais parcelas são pagas de forma englobada, numa só rubrica. Tal modalidade de pagamento é inválida, conforme será estudado oportunamente.

Para o doméstico que **reside** no local de trabalho:

- pode haver desmembramento em dois períodos;
- cada período não pode ser inferior a 1 hora;
- a soma dos dois períodos não pode ser superior a 4 horas;
- em caso de desmembramento do intervalo, é obrigatória a anotação no controle de ponto, vedada a prenotação.

Destarte, **o intervalo intrajornada do doméstico pode ser reduzido mediante acordo individual**, ao passo que o intervalo devido aos empregados em geral somente pode ser reduzido mediante autorização do Ministério do Trabalho e Emprego (art. 71, § 3º, da CLT), ou, ainda, mediante negociação coletiva (art. 611-A, III, da CLT, com a redação dada pela Lei nº 13.467/2017). Ademais, a CLT não prevê, em regra, a possibilidade de desmembramento do intervalo[25], bem como prevê a possibilidade de prenotação do intervalo no controle de ponto, o que é vedado para o doméstico que tenha o intervalo desmembrado.

b) Intervalo interjornadas

O art. 15 da Lei do Doméstico reproduziu a regra do art. 66 da CLT, estabelecendo intervalo interjornadas de onze horas consecutivas.

c) Descanso semanal remunerado e feriados

O descanso semanal remunerado já era assegurado aos domésticos pela Constituição, antes mesmo da EC nº 72/2013. Da mesma forma, os feriados já eram estendidos ao doméstico, ao menos a partir da promulgação da Lei nº 11.324/2006. Com efeito, embora não houvesse disposição expressa a respeito, a alínea "a" do art. 5º da Lei nº 605/1949, que excluía expressamente de seu âmbito de incidência o empregado doméstico, foi revogada pela Lei nº 11.324/2006, pelo que se passou a entender, de forma amplamente majoritária, que também o doméstico fazia jus aos feriados.

A Lei Complementar nº 150/2015, em seu art. 16, eliminou qualquer dúvida a respeito, ao dispor que **é devido ao empregado doméstico descanso semanal remunerado** de, no mínimo, 24 (vinte e quatro) horas consecutivas, preferencialmente aos domingos, **além de descanso remunerado em feriados**.

Por sua vez, o art. 2º, § 8º, da LC nº 150/2015 consagrou, também para o doméstico, o entendimento jurisprudencial consubstanciado na Súmula 146 do TST, até então aplicável apenas aos empregados em geral, segundo o qual *o trabalho não compensado prestado em domingos e feriados deve ser pago em dobro, sem prejuízo da remuneração relativa ao repouso semanal.*

Ressalte-se que as regras da Lei nº 605/1949 relativas ao descanso semanal remunerado e aos feriados são, em geral, aplicáveis ao doméstico, por força do disposto no art. 19 da LC nº 150/2015.

d) Períodos de repouso não são computados na jornada

Seguindo a regra aplicável aos empregados em geral, dispõe a Lei do Doméstico que os **períodos de descanso** do empregado doméstico **não são computados na jornada, ainda que o trabalhador permaneça no local de trabalho**.

---

[25] A exceção fica por conta dos motoristas, cobradores fiscalização de campo e afins nos serviços de operação de veículos rodoviários, empregados no setor de transporte coletivo de passageiros (CLT, art. 71, § 5º).

Neste diapasão, o art. 2º, § 7º, da LC nº 150/2015:

> Art. 2º, § 7º. Os intervalos previstos nesta Lei, o tempo de repouso, as horas não trabalhadas, os feriados e os domingos livres em que o empregado que mora no local de trabalho nele permaneça não serão computados como horário de trabalho.

Naturalmente, se o empregado estiver efetivamente à disposição do empregador no local de trabalho, e não em período de descanso, este período será computado na jornada de trabalho.

6.2.3.7. Férias

Era pacífico na jurisprudência o entendimento segundo o qual o doméstico fazia jus, mesmo antes da EC nº 72/2013, às férias remuneradas, com adicional de um terço. Não obstante, havia fundadas dúvidas acerca da aplicação ou não das regras celetistas relativas ao instituto, sendo que a doutrina se inclinava em sentido positivo, como forma de concretizar direito constitucionalmente assegurado.

Também em relação à matéria, a LC nº 150/2015 trouxe luz, regulando o direito do doméstico às férias no art. 17, *in verbis*:

> Art. 17. O empregado doméstico terá direito a férias anuais remuneradas de 30 (trinta) dias, salvo o disposto no § 3º do art. 3º, com acréscimo de, pelo menos, um terço do salário normal, após cada período de 12 (doze) meses de trabalho prestado à mesma pessoa ou família.
>
> § 1º Na cessação do contrato de trabalho, o empregado, desde que não tenha sido demitido por justa causa, terá direito à remuneração relativa ao período incompleto de férias, na proporção de um doze avos por mês de serviço ou fração superior a 14 (quatorze) dias.
>
> § 2º O período de férias poderá, a critério do empregador, ser fracionado em até 2 (dois) períodos, sendo 1 (um) deles de, no mínimo, 14 (quatorze) dias corridos.
>
> § 3º É facultado ao empregado doméstico converter um terço do período de férias a que tiver direito em abono pecuniário, no valor da remuneração que lhe seria devida nos dias correspondentes.
>
> § 4º O abono de férias deverá ser requerido até 30 (trinta) dias antes do término do período aquisitivo.
>
> § 5º É lícito ao empregado que reside no local de trabalho nele permanecer durante as férias.
>
> § 6º As férias serão concedidas pelo empregador nos 12 (doze) meses subsequentes à data em que o empregado tiver adquirido o direito.

Não há previsão semelhante àquela do art. 130 da CLT (número de dias de férias variando conforme o número de faltas injustificadas), pelo que se deve entender que as férias de 30 dias serão sempre devidas ao doméstico. No caso, não há omissão que justifique a aplicação subsidiária da CLT, pois a matéria foi minuciosamente regulada pela Lei específica[26].

O **fracionamento**, por sua vez, é **expressamente autorizado para o empregador doméstico**, desde que um dos períodos seja de, no mínimo, 14 dias corridos. Anote-se

---

[26] Raciocínio aparentemente diverso foi utilizado em relação à extensão ao doméstico da norma celetista que disciplina os efeitos da prorrogação do horário noturno (art. 73, § 5º, CLT). Todavia, são situações diferentes, porquanto no caso do horário noturno há dispositivo da LC nº 150/2015 (art. 10, § 1º) que afasta expressamente a extensão no caso específico de compensação em regime 12x36. A *contrario sensu*, a regra aplica-se subsidiariamente às demais hipóteses.

que, para os empregados em geral, a regra era a concessão unitária do período de férias, o que foi alterado pela *Reforma Trabalhista de 2017*, nos termos do disposto no art. 134, § 1º, da CLT, com redação dada pela Lei nº 13.467/2017[27].

Quanto ao **abono de férias**, o empregado doméstico deve **requerê-lo até 30 dias** antes do término do período aquisitivo, sendo tal prazo de 15 dias para os empregados em geral (art. 143, § 1º, CLT).

Por fim, é importante a previsão no sentido de que o empregado pode permanecer no local de trabalho durante as férias. Significa que a permanência do empregado no local de trabalho, durante as férias, não invalida sua concessão, ao passo que o obreiro mora no local. Obviamente não podem ser exigidos quaisquer serviços do empregado ao longo do período destinado ao gozo de férias, sob pena de descaracterização da concessão das férias e pagamento em dobro.

Sendo o empregado contratado em **regime de tempo parcial**, as férias devem obedecer a regras próprias estabelecidas pelo art. 3º, § 3º, da LC nº 150/2015:

Art. 3º, § 3º Na modalidade do regime de tempo parcial, após cada período de 12 (doze) meses de vigência do contrato de trabalho, o empregado terá direito a férias, na seguinte proporção:

I – 18 (dezoito) dias, para a duração do trabalho semanal superior a 22 (vinte e duas) horas, até 25 (vinte e cinco) horas;

II – 16 (dezesseis) dias, para a duração do trabalho semanal superior a 20 (vinte) horas, até 22 (vinte e duas) horas;

III – 14 (quatorze) dias, para a duração do trabalho semanal superior a 15 (quinze) horas, até 20 (vinte) horas;

IV – 12 (doze) dias, para a duração do trabalho semanal superior a 10 (dez) horas, até 15 (quinze) horas;

V – 10 (dez) dias, para a duração do trabalho semanal superior a 5 (cinco) horas, até 10 (dez) horas;

VI – 8 (oito) dias, para a duração do trabalho semanal igual ou inferior a 5 (cinco) horas.

No caso, a revogação do art. 130-A da CLT, levada a efeito pela Lei nº 13.467/2017, nada altera a matéria em relação ao doméstico, que tem regramento específico para as férias quando contratado em regime de tempo parcial. Também aqui inexiste lacuna que justifique a aplicação subsidiária da CLT.

6.2.3.8. *Remuneração, descontos e data para pagamento do salário*

A tutela dos descontos salariais já era tratada pela Lei nº 5.859/1972, embora de maneira relativamente superficial. A fim de corrigir distorção histórica do trabalho doméstico, consistente no desconto de utilidades que, na verdade, não se configuravam tecnicamente como utilidades, e sim como meros fornecimentos **para** o trabalho, a Lei nº 11.324/2006 retirou a natureza salarial dos fornecimentos ao doméstico de alimentação, vestuário, higiene e moradia. Se as parcelas não têm natureza salarial, obviamente também não poderão ser descontadas do salário devido ao doméstico.

---

27 Art. 134, § 1º. Desde que haja concordância do empregado, as férias poderão ser usufruídas em até três períodos, sendo que um deles não poderá ser inferior a quatorze dias corridos e os demais não poderão ser inferiores a cinco dias corridos, cada um.

Com o advento da Lei Complementar nº 150/2015, por sua vez, a matéria foi tratada de forma ampliada, nos seguintes termos:

Art. 18. É vedado ao empregador doméstico efetuar descontos no salário do empregado por fornecimento de alimentação, vestuário, higiene ou moradia, bem como por despesas com transporte, hospedagem e alimentação em caso de acompanhamento em viagem.

§ 1º É facultado ao empregador efetuar descontos no salário do empregado em caso de adiantamento salarial e, mediante acordo escrito entre as partes, para a inclusão do empregado em planos de assistência médico-hospitalar e odontológica, de seguro e de previdência privada, não podendo a dedução ultrapassar 20% (vinte por cento) do salário.

§ 2º Poderão ser descontadas as despesas com moradia de que trata o *caput* deste artigo quando essa se referir a local diverso da residência em que ocorrer a prestação de serviço, desde que essa possibilidade tenha sido expressamente acordada entre as partes.

§ 3º As despesas referidas no *caput* deste artigo não têm natureza salarial nem se incorporam à remuneração para quaisquer efeitos.

§ 4º O fornecimento de moradia ao empregado doméstico na própria residência ou em morada anexa, de qualquer natureza, não gera ao empregado qualquer direito de posse ou de propriedade sobre a referida moradia.

Assim, manteve-se a vedação ao desconto de utilidades que, dadas as peculiaridades do trabalho doméstico, são fornecidas para o trabalho.

No mesmo sentido do art. 462 da CLT, o legislador previu o desconto de adiantamentos (repetindo imprecisão técnica da CLT, pois o caso é de compensação, e não de desconto) e de mensalidades autorizadas pelo empregado mediante acordo escrito prévio. Fixou-se em 20% do salário, todavia, o limite para comprometimento do salário com os descontos autorizados pelo empregado doméstico.

Obviamente a cessão de moradia ao empregado[28] não gera direito de posse ou de propriedade, sendo a cessão mera decorrência do contrato de trabalho. Trata-se, portanto, de acessório, que, como tal, segue a sorte do principal.

No tocante à **data para pagamento dos salários**, o art. 35 da LC nº 150/2015 estabelece que "o empregador doméstico é obrigado a pagar a remuneração devida ao empregado doméstico [...] até o dia 7 do mês seguinte ao da competência", ou seja, embora semelhante, a regra não é idêntica à do art. 459, § 1º, da CLT, que prevê o pagamento até o quinto dia útil do mês subsequente.

6.2.3.9. Vale-transporte

A Lei nº 7.418/1985 assegurou ao doméstico o direito ao vale-transporte. Não obstante, a LC nº 150/2015 facultou a substituição do vale-transporte, **a critério do empregador**, pelo valor necessário à aquisição das passagens[29]. Trata-se de dispositivo que tem como finalidade simplificar a relação de emprego doméstico.

---

[28] A respeito da concessão de moradia, cabe salientar que a Lei nº 13.699/2018 acrescentou ao art. 2º do Estatuto das Cidades (Lei nº 10.257/2001) o inciso XIX, de forma a garantir condições condignas de acessibilidade, utilização e conforto nas dependências internas das edificações urbanas, **inclusive nas destinadas à moradia e ao serviço dos trabalhadores domésticos**, observados requisitos mínimos de dimensionamento, ventilação, iluminação, ergonomia, privacidade e qualidade dos materiais empregados (grifos meus).

[29] É claro que mesmo neste caso é lícito ao empregador descontar, do valor total das passagens, a coparticipação do empregado (sempre limitada a 6% do salário básico, nos termos do art. 4º, parágrafo único, da Lei nº 7.418/1985).

A autorização consta do parágrafo único do art. 19, nos seguintes termos:

Art. 19, parágrafo único. A obrigação prevista no art. 4º da Lei nº 7.418, de 16 de dezembro de 1985, poderá ser substituída, a critério do empregador, pela concessão, mediante recibo, dos valores para a aquisição das passagens necessárias ao custeio das despesas decorrentes do deslocamento residência-trabalho e vice-versa.

Naturalmente a substituição do vale-transporte pelo valor correspondente em pecúnia, nos termos do supramencionado art. 19, não tem o condão de conferir à parcela natureza salarial. Aliás, mesmo antes da autorização expressa trazida pela Lei do Doméstico, a jurisprudência já admitia o pagamento em dinheiro do vale-transporte devido ao doméstico, justamente em razão da ausência de rigor formalístico neste tipo de relação.

6.2.3.10. Extinção do contrato: justa causa e despedida indireta

As hipóteses de justa causa para extinção do contrato de trabalho, tanto do empregado quanto do empregador, foram tratadas pelo art. 27 da LC nº 150/2015 de modo semelhante ao estabelecido pelos arts. 482 e 483 da CLT. Vejamos o art. 27 da LC nº 150/2015:

Art. 27. Considera-se justa causa para os efeitos desta Lei:

I – submissão a maus-tratos de idoso, de enfermo, de pessoa com deficiência ou de criança sob cuidado direto ou indireto do empregado;

II – prática de ato de improbidade;

III – incontinência de conduta ou mau procedimento;

IV – condenação criminal do empregado transitada em julgado, caso não tenha havido suspensão da execução da pena;

V – desídia no desempenho das respectivas funções;

VI – embriaguez habitual ou em serviço;

VII – (VETADO);

VIII – ato de indisciplina ou de insubordinação;

IX – abandono de emprego, assim considerada a ausência injustificada ao serviço por, pelo menos, 30 (trinta) dias corridos;

X – ato lesivo à honra ou à boa fama ou ofensas físicas praticadas em serviço contra qualquer pessoa, salvo em caso de legítima defesa, própria ou de outrem;

XI – ato lesivo à honra ou à boa fama ou ofensas físicas praticadas contra o empregador doméstico ou sua família, salvo em caso de legítima defesa, própria ou de outrem;

XII – prática constante de jogos de azar.

Parágrafo único. O contrato de trabalho poderá ser rescindido por culpa do empregador quando:

I – o empregador exigir serviços superiores às forças do empregado doméstico, defesos por lei, contrários aos bons costumes ou alheios ao contrato;

II – o empregado doméstico for tratado pelo empregador ou por sua família com rigor excessivo ou de forma degradante;

III – o empregado doméstico correr perigo manifesto de mal considerável;

IV – o empregador não cumprir as obrigações do contrato;

V – o empregador ou sua família praticar, contra o empregado doméstico ou pessoas de sua família, ato lesivo à honra e à boa fama;

VI – o empregador ou sua família ofender o empregado doméstico ou sua família fisicamente, salvo em caso de legítima defesa, própria ou de outrem;

VII – o empregador praticar qualquer das formas de violência doméstica ou familiar contra mulheres de que trata o art. 5º da Lei nº 11.340, de 7 de agosto de 2006.

O inciso VII do art. 27, vetado pela Presidente da República, previa como falta grave a "violação de fato ou de circunstância íntima do empregador doméstico ou de sua família", estabelecendo falta semelhante à prevista na alínea "g" do art. 482 da CLT (violação de segredo da empresa). Conforme Mensagem nº 197/2015 da Presidência da República, o dispositivo foi vetado porque

> Da forma ampla e imprecisa como prevista, a hipótese de dispensa por justa causa tratada neste inciso daria margem a fraudes e traria insegurança para o trabalhador doméstico. Tal circunstância, além de ser incompatível com regras gerais do direito do trabalho, não seria condizente com as próprias atividades desempenhadas na execução do contrato de trabalho doméstico.

Por sua vez, o inciso I do art. 27 criou novo tipo referente a maus-tratos de pessoas vulneráveis em geral. Não importa se os maus-tratos são de natureza física ou psíquica.

Outra novidade é a positivação do entendimento já consagrado na jurisprudência (Súmula 32 do TST) no sentido de que a ausência injustificada ao serviço por, pelo menos, 30 (trinta) dias corridos configura abandono de emprego (art. 27, IX).

O parágrafo único do art. 27, por seu turno, ao tratar das faltas graves do empregador, praticamente reproduziu o art. 483 da CLT, apenas **acrescentando a hipótese de prática de violência doméstica ou familiar contra mulheres prevista na** *Lei Maria da Penha*. No tocante a esta última hipótese, Godinho Delgado e Gabriela Neves Delgado esclarecem que

> "está-se referindo, como causa de rescisão indireta do contrato de trabalho doméstico, a existência, no ambiente familiar do empregador doméstico, da prática de qualquer das formas de violência doméstica ou familiar contra mulheres na moradia, mesmo que se trate de conduta perpetrada, pelo empregador doméstico, contra mulheres da sua própria família".

Vejamos um quadro comparativo das hipóteses de justa causa e de rescisão indireta dos empregados em geral e do doméstico:

JUSTA CAUSA – EMPREGADOS EM GERAL (art. 482, CLT)	JUSTA CAUSA – DOMÉSTICOS (art. 27, *caput*, LC nº 150/2015)
a) ato de improbidade;	II – prática de ato de improbidade;
b) incontinência de conduta ou mau procedimento;	III – incontinência de conduta ou mau procedimento;
c) negociação habitual por conta própria ou alheia sem permissão do empregador, e quando constituir ato de concorrência à empresa para a qual trabalha o empregado, ou for prejudicial ao serviço;	
d) condenação criminal do empregado, passada em julgado, caso não tenha havido suspensão da execução da pena;	IV – condenação criminal do empregado transitada em julgado, caso não tenha havido suspensão da execução da pena;
e) desídia no desempenho das respectivas funções;	V – desídia no desempenho das respectivas funções;
f) embriaguez habitual ou em serviço;	VI – embriaguez habitual ou em serviço;

g) violação de segredo da empresa;	
h) ato de indisciplina ou de insubordinação;	VIII – ato de indisciplina ou de insubordinação;
i) abandono de emprego;	IX – abandono de emprego, **assim considerada a ausência injustificada ao serviço por, pelo menos, 30 (trinta) dias corridos;**
j) ato lesivo da honra ou da boa fama praticado no serviço contra qualquer pessoa, ou ofensas físicas, nas mesmas condições, salvo em caso de legítima defesa, própria ou de outrem;	X – ato lesivo à honra ou à boa fama ou ofensas físicas praticadas em serviço contra qualquer pessoa, salvo em caso de legítima defesa, própria ou de outrem;
k) ato lesivo da honra ou da boa fama ou ofensas físicas praticadas contra o empregador e superiores hierárquicos, salvo em caso de legítima defesa, própria ou de outrem;	XI – ato lesivo à honra ou à boa fama ou ofensas físicas praticadas contra o empregador doméstico ou sua família, salvo em caso de legítima defesa, própria ou de outrem;
l) prática constante de jogos de azar.	XII – prática constante de jogos de azar.
	I – submissão a maus-tratos de idoso, de enfermo, de pessoa com deficiência ou de criança sob cuidado direto ou indireto do empregado;
m) perda da habilitação ou dos requisitos estabelecidos em lei para o exercício da profissão, em decorrência de conduta dolosa do empregado.[30]	

RESCISÃO INDIRETA – EMPREGADOS EM GERAL (art. 483, CLT)	RESCISÃO INDIRETA – DOMÉSTICOS (art. 27, parágrafo único, LC nº 150/2015)
a) forem exigidos serviços superiores às suas forças, defesos por lei, contrários aos bons costumes, ou alheios ao contrato;	I – o empregador exigir serviços superiores às forças do empregado doméstico, defesos por lei, contrários aos bons costumes ou alheios ao contrato;
b) for tratado pelo empregador ou por seus superiores hierárquicos com rigor excessivo;	II – o empregado doméstico for tratado pelo empregador ou por sua família com rigor excessivo **ou de forma degradante;**
c) correr perigo manifesto de mal considerável;	III – o empregado doméstico correr perigo manifesto de mal considerável;
d) não cumprir o empregador as obrigações do contrato;	IV – o empregador não cumprir as obrigações do contrato;
e) praticar o empregador ou seus prepostos, contra ele ou pessoas de sua família, ato lesivo da honra e boa fama;	V – o empregador ou sua família praticar, contra o empregado doméstico ou pessoas de sua família, ato lesivo à honra e à boa fama;
f) o empregador ou seus prepostos ofenderem-no fisicamente, salvo em caso de legítima defesa, própria ou de outrem;	VI – o empregador ou sua família ofender o empregado doméstico ou sua família fisicamente, salvo em caso de legítima defesa, própria ou de outrem;
g) o empregador reduzir o seu trabalho, sendo este por peça ou tarefa, de forma a afetar sensivelmente a importância dos salários.	
	VII – o empregador praticar qualquer das formas de violência doméstica ou familiar contra mulheres de que trata o art. 5º da Lei no 11.340/ 2006.

---

[30] Alínea "m" inserida pela Lei nº 13.467/2017.

6.2.3.11. Aviso-prévio

Os arts. 23 e 24 da LC nº 150/2015 disciplinam o aviso-prévio do doméstico, de forma semelhante ao regime dos empregados em geral.

Art. 23. Não havendo prazo estipulado no contrato, a parte que, sem justo motivo, quiser rescindi-lo deverá avisar a outra de sua intenção.

§ 1º O aviso prévio será concedido na proporção de 30 (trinta) dias ao empregado que conte com até 1 (um) ano de serviço para o mesmo empregador.

§ 2º Ao aviso prévio previsto neste artigo, devido ao empregado, serão acrescidos 3 (três) dias por ano de serviço prestado para o mesmo empregador, até o máximo de 60 (sessenta) dias, perfazendo um total de até 90 (noventa) dias.

§ 3º A falta de aviso prévio por parte do empregador dá ao empregado o direito aos salários correspondentes ao prazo do aviso, garantida sempre a integração desse período ao seu tempo de serviço.

§ 4º A falta de aviso prévio por parte do empregado dá ao empregador o direito de descontar os salários correspondentes ao prazo respectivo.

§ 5º O valor das horas extraordinárias habituais integra o aviso prévio indenizado.

Art. 24. O horário normal de trabalho do empregado durante o aviso prévio, quando a rescisão tiver sido promovida pelo empregador, será reduzido de 2 (duas) horas diárias, sem prejuízo do salário integral.

Parágrafo único. É facultado ao empregado trabalhar sem a redução das 2 (duas) horas diárias previstas no *caput* deste artigo, caso em que poderá faltar ao serviço, sem prejuízo do salário integral, por 7 (sete) dias corridos, na hipótese dos §§ 1º e 2º do art. 23.

Não há qualquer divergência em relação ao regime do art. 487 da CLT e da Lei nº 12.506/2011. Aliás, a Lei do Doméstico já traz incorporado em seu texto o direito ao aviso-prévio proporcional, eliminando quaisquer dúvidas que porventura ainda existissem a respeito.

Registre-se ainda, por oportuno, que a parte final do parágrafo único do art. 24 da LC nº 150/2015 corrobora o entendimento que adoto em relação ao aviso-prévio proporcional, qual seja a opção por faltar durante apenas sete dias, independentemente do prazo do aviso-prévio. Assim, o empregado deve escolher entre reduzir em duas horas diárias sua jornada durante o cumprimento do aviso-prévio, ou em faltar ao serviço por sete dias corridos, independentemente do número de dias do aviso-prévio.

6.2.3.12. Licença-maternidade e garantia provisória de emprego à gestante

Neste aspecto não há qualquer novidade, visto que tanto a licença-maternidade quanto a garantia provisória de emprego já eram asseguradas à doméstica gestante pela legislação anterior.

Com efeito, o art. 25 da LC nº 150/2015 dispõe sobre a matéria nos seguintes termos:

Art. 25. A empregada doméstica gestante tem direito a licença-maternidade de 120 (cento e vinte) dias, sem prejuízo do emprego e do salário, nos termos da Seção V do Capítulo III do Título III da Consolidação das Leis do Trabalho (CLT), aprovada pelo Decreto-lei nº 5.452, de 1º de maio de 1943.

Parágrafo único. A confirmação do estado de gravidez durante o curso do contrato de trabalho, ainda que durante o prazo do aviso prévio trabalhado ou indenizado, garante à empregada gestante a estabilidade provisória prevista na alínea "b" do inciso II do art. 10 *do Ato das Disposições Constitucionais Transitórias*.

Portanto, foi assegurada à doméstica a mesma proteção conferida pela CRFB/1988 e pela CLT às empregadas em geral, inclusive no que diz respeito ao art. 391-A da CLT (estabilidade no aviso-prévio).

6.2.3.13. FGTS e seguro-desemprego

Dispunha o art. 3º-A da Lei nº 5.859/1972 que o FGTS era facultativo para o empregador doméstico. O seguro-desemprego, por sua vez, somente era devido nos casos em que o empregador houvesse optado pela inclusão do empregado doméstico no regime do FGTS, a teor do disposto no art. 6º-A da Lei nº 5.859/1972.

A EC nº 72/2013 estendeu ao doméstico o FGTS e o seguro-desemprego, porém condicionou a aplicabilidade de tal direito à regulamentação, a qual veio com a LC nº 150/2015.

a) FGTS

Com a vigência da Lei Complementar nº 150/2015, o FGTS passou a ser obrigatório também para os empregadores domésticos. Quanto aos aspectos operacionais ("aspectos técnicos de depósitos, saques, devolução de valores e emissão de extratos, entre outros"), a Lei do Doméstico (art. 21, *caput*) determinou a utilização dos critérios definidos pela Lei nº 8.036/1990, a qual regula o FGTS dos empregados em geral.

As regras relativas ao FGTS devido ao doméstico são basicamente iguais, portanto, àquelas aplicáveis aos empregados em geral. A grande diferença é a substituição, no caso do doméstico, da multa compensatória (art. 18, §§ 1º e 2º, da Lei nº 8.036/1990) pelo recolhimento mensal da importância de 3,2% sobre a remuneração devida. Referido recolhimento está previsto no art. 22 da Lei Complementar nº 150/2015, *in verbis*:

> Art. 22. O empregador doméstico depositará a importância de **3,2% (três inteiros e dois décimos por cento) sobre a remuneração devida**, no mês anterior, a cada empregado, destinada ao pagamento da indenização compensatória da perda do emprego, sem justa causa ou por culpa do empregador, não se aplicando ao empregado doméstico o disposto nos §§ 1º a 3º do art. 18 da Lei nº 8.036, de 11 de maio de 1990.
>
> § 1º Nas hipóteses de dispensa por justa causa ou a pedido, de término do contrato de trabalho por prazo determinado, de aposentadoria e de falecimento do empregado doméstico, os valores previstos no *caput* serão movimentados pelo empregador.
>
> § 2º Na hipótese de culpa recíproca, metade dos valores previstos no *caput* será movimentada pelo empregado, enquanto a outra metade será movimentada pelo empregador.
>
> § 3º Os valores previstos no *caput* serão depositados na conta vinculada do empregado, em variação distinta daquela em que se encontrarem os valores oriundos dos depósitos de que trata o inciso IV do art. 34 desta Lei, e somente poderão ser movimentados por ocasião da rescisão contratual.
>
> § 4º À importância monetária de que trata o *caput*, aplicam-se as disposições da Lei nº 8.036, de 11 de maio de 1990, e da Lei nº 8.844, de 20 de janeiro de 1994, inclusive quanto a sujeição passiva e equiparações, prazo de recolhimento, administração, fiscalização, lançamento, consulta, cobrança, garantias, processo administrativo de determinação e exigência de créditos tributários federais.

Assim, além do percentual mensal que será depositado pelo empregador, à razão de 8% sobre a remuneração paga ou devida no mês anterior (art. 34, IV, da LC nº 150/2015), o empregador deverá recolher ainda, mensalmente, o montante equivalente a 3,2% da remuneração paga ou devida no mês anterior, a fim de criar espécie de provisão para, se for o caso, pagar *indenização compensatória da perda do emprego*, que será equivalente à indenização compensatória do FGTS (multa dos 40%)[31].

Nas hipóteses de pedido de demissão, dispensa por justa causa ou término de contrato, o empregador movimentará o valor depositado referente à indenização. Se a hipótese for de culpa recíproca, empregado e empregador levantarão, cada um, metade do valor. Nas demais hipóteses, o empregado levantará o valor depositado.

FGTS DOMÉSTICO	
Alíquota	8% da remuneração paga ou devida no mês anterior
Prazo para recolhimento	Até o dia 7 do mês seguinte ao da competência[32]
Hipóteses de saque	Conforme art. 20 da Lei n° 8.036/1990 (mesmas hipóteses aplicáveis aos empregados em geral)
Indenização compensatória (multa 40%)	Em vez de pagar a *multa de 40%* em caso de dispensa sem justa causa, o empregador deverá recolher mensalmente, além da parcela referente ao FGTS (8%), mais 3,2% da remuneração paga ou devida no mês anterior a título de provisão da *indenização compensatória da perda do emprego*.
Indenização compensatória (multa 40%)	A movimentação deste valor referente à indenização ocorrerá da seguinte forma: • em caso de dispensa sem justa causa ou rescisão indireta o empregado levantará todo o valor referente à indenização; • na hipótese de culpa recíproca, metade do valor ficará com o empregado e metade com o empregador; • se ocorrer, entretanto, pedido de demissão, dispensa por justa causa ou término de contrato, caberá ao empregador levantar todo o valor da indenização.

b) **Seguro-desemprego**

No sistema da Lei n° 5.859/1972, com a redação dada pela Lei n° 10.208/2001, o doméstico tinha direito ao seguro-desemprego apenas nas hipóteses em que o empregador houvesse optado por inscrever o empregado no FGTS. Todavia, a EC n° 72/2013 assegurou ao doméstico o direito ao seguro-desemprego, direito este condicionado apenas à posterior regulamentação.

Neste diapasão, o empregado fará jus ao benefício no valor de um salário mínimo, pelo período máximo de três meses, de forma contínua ou alternada, sempre que for dispensado sem justa causa (art. 26, LC n° 150/2015) e **comprovar o vínculo empregatício, como empregado doméstico, durante pelo menos 15 meses nos últimos 24 meses** (art. 28, I, LC n° 150/2015).

---

[31] Observe-se que 3,2% equivalem a 40% de 8%, ou seja, o empregador depositará mensalmente, nesta variação específica, 40% daquilo que depositará na conta vinculada em favor do empregado, de forma que, na hipótese de dispensa sem justa causa, o valor depositado em variação específica equivalerá a 40% de todos os depósitos efetuados ao longo do contrato de trabalho, ou seja, será equivalente à indenização compensatória prevista pelo § 1° do art. 18 da Lei n° 8.036/1990.

[32] O art. 10, II, da Lei n° 14.438/2022 alterou a data de recolhimento do FGTS do doméstico para o dia 20 do mês subsequente. Todavia, tal dispositivo somente produzirá efeitos para fatos geradores ocorridos a partir da data de início da arrecadação por meio da prestação dos serviços digitais de geração de guias a que se refere o inciso II do *caput* do art. 17 da Lei n° 8.036/1990, ou seja, a partir da efetiva implantação do FGTS Digital. Veja mais a respeito no item 23.6.

O benefício do seguro-desemprego será cancelado, sem prejuízo das demais sanções cíveis e penais cabíveis: I) pela recusa, por parte do trabalhador desempregado, de outro emprego condizente com sua qualificação registrada ou declarada e com sua remuneração anterior; II) por comprovação de falsidade na prestação das informações necessárias à habilitação; III) por comprovação de fraude visando à percepção indevida do benefício do seguro-desemprego; ou IV) por morte do segurado.

O período aquisitivo é de dezesseis meses, sendo que o requerimento de habilitação no Programa do Seguro-Desemprego só poderá ser proposto a cada novo período aquisitivo, desde que cumpridos todos os requisitos estabelecidos na Lei Complementar nº 150/2015 e na Resolução CODEFAT nº 754/2015 (art. 6º da Resolução).

6.2.3.14. Salário-família

Embora seja benefício previdenciário (assim como o seguro-desemprego), o salário-família costuma ser cobrado em provas de Direito do Trabalho.

Trata-se de mais um direito estendido ao doméstico pela EC nº 72/2013, porém dependente de regulamentação, a qual veio com o art. 37 da LC 150/2015, que, alterando a redação de dispositivos da Lei nº 8.213/1991, estabeleceu o seguinte:

- o salário-família será devido ao doméstico na proporção do respectivo número de filhos ou equiparados[33];
- para receber o benefício o empregado doméstico precisa apenas apresentar certidão de nascimento de filho menor[34];
- as cotas do salário-família serão pagas pela empresa ou pelo empregador doméstico, mensalmente, junto com o salário, efetivando-se a compensação quando do recolhimento das contribuições.

6.2.3.15. Prescrição

Acolhendo entendimento que já vinha sendo aplicado majoritariamente pela jurisprudência, a LC nº 150/2015 estendeu ao doméstico os prazos prescricionais previstos na Constituição. Neste sentido, o art. 43, *in verbis*:

Art. 43. O direito de ação quanto a créditos resultantes das relações de trabalho prescreve em 5 (cinco) anos até o limite de 2 (dois) anos após a extinção do contrato de trabalho.

6.2.3.16. Normas coletivas

A EC nº 72/2013 estendeu ao doméstico a aplicação do inciso XXVI do art. 7º da CRFB/1988, que reconhece as convenções e acordos coletivos de trabalho. Todavia, para que se possa falar em normas coletivas, antes é necessário que as atuais associações representativas dos trabalhadores domésticos sejam regularizadas, isto é, registradas perante o órgão público competente.

---

[33] A tabela com os valores das cotas do benefício encontra-se no item 32.2.12.

[34] Além de, naturalmente, preencher os requisitos legais para recebimento do benefício, a saber: a) ter filho(a) ou equiparado com menos de 14 anos de idade, ou filho(a) ou equiparado inválido, de qualquer idade; b) ter remuneração abaixo do limite fixado como de baixa renda (conforme Portaria Interministerial MPS/MF nº 26/2023 (*DOU* 11.01.2023), considera-se de baixa renda o trabalhador cuja remuneração seja de até R$ 1.754,18).

6.2.3.17. Fiscalização do trabalho doméstico

A fiscalização do trabalho doméstico pela inspeção do trabalho está disciplinada pelo art. 11-A da Lei nº 10.593/2002, com redação dada pela LC nº 150/2015, nos seguintes termos:

> Art. 11-A. A verificação, pelo Auditor Fiscal do Trabalho, do cumprimento das normas que regem o trabalho do empregado doméstico, no âmbito do domicílio do empregador, dependerá de agendamento e de entendimento prévios entre a fiscalização e o empregador.
>
> § 1º A fiscalização deverá ter natureza prioritariamente orientadora.
>
> § 2º Será observado o critério de dupla visita para lavratura de auto de infração, salvo quando for constatada infração por falta de anotação na Carteira de Trabalho e Previdência Social ou, ainda, na ocorrência de reincidência, fraude, resistência ou embaraço à fiscalização.
>
> § 3º Durante a inspeção do trabalho referida no *caput*, o Auditor Fiscal do Trabalho far-se-á acompanhar pelo empregador ou por alguém de sua família por este designado.

Observa-se, portanto, a prevalência do caráter orientador da fiscalização do trabalho doméstico, bem como a criação de nova hipótese de aplicação do critério da dupla visita, com regras idênticas às aplicáveis às microempresas e empresas de pequeno porte.

Em razão da regra constitucional da inviolabilidade do domicílio (art. 5º, XI, da CRFB/1988), a Lei Complementar nº 150/2015 restringiu importante prerrogativa da fiscalização consistente na utilização do fator surpresa. Com efeito, ao contrário do quanto disposto na Convenção nº 81 da OIT, segundo a qual "os inspetores de trabalho munidos de credenciais serão autorizados a penetrar livremente e sem aviso prévio, a qualquer hora do dia ou da noite, em qualquer estabelecimento submetido à inspeção" (art. 12, "1.a"), a Lei do Doméstico condicionou a possibilidade de fiscalização ao **agendamento e entendimento prévios entre a fiscalização e o empregador**.

Ademais, o § 3º do art. 11-A estabeleceu restrição ao disposto no art. 12, "1.c.I", da Convenção nº 81 da OIT, ratificada pelo Brasil. É que referido dispositivo prevê que o agente de inspeção é autorizado "a interrogar, *seja só* ou em presença de testemunhas, o empregador ou o pessoal do estabelecimento sobre quaisquer matérias relativas à aplicação das disposições legais" (grifos meus). De forma diversa, o § 3º do art. 11-A da Lei nº 10.593/2002, com redação dada pela LC nº 150/2015, estabelece que na fiscalização do trabalho doméstico o AFT será sempre acompanhado pelo empregador ou por alguém da família.

Sem nenhuma dúvida estas restrições praticamente inviabilizam a efetiva fiscalização das relações de trabalho doméstico, a uma porque o fator surpresa normalmente é fundamental para o sucesso da ação fiscal, e a duas porque o acompanhamento obrigatório do Auditor Fiscal do Trabalho pelo empregador certamente inibirá o empregado de, se for o caso, denunciar eventuais irregularidades. Por outro lado, não é razoável (nem legal) que o agente público adentre na casa do empregador doméstico sem o consentimento deste.

Na prática devemos ter, no máximo, a fiscalização indireta do empregador doméstico, seja mediante o cruzamento de dados informatizados, por exemplo, com a utilização do *e-Social Doméstico*, seja mediante a expedição de notificação por via postal para que o empregador doméstico compareça à unidade local do Ministério do Trabalho e Emprego para apresentar documentos relativos ao contrato de trabalho.

EMPREGADO DOMÉSTICO

Requisitos para caracterização:

- Pessoalidade;
- *Continuidade* (em vez de não eventualidade) mais de dois dias por semana;
- Onerosidade;
- Subordinação;

- Atividade sem finalidade lucrativa (os serviços prestados devem ter valor limitado ao uso/consumo do tomador);
- Tomador de serviços deve ser pessoa física ou família (ou, no máximo, grupo de pessoas físicas, como república estudantil);
- Não importa a natureza dos serviços prestados (pode ser cozinheiro, jardineiro, motorista, caseiro etc.);
- Não importa o local da prestação dos serviços (mesmo na área rural será doméstico; por exemplo, o caseiro de sítio de lazer).

Direitos (infraconstitucionais) do empregado doméstico:

- Lei Complementar nº 150/2015;
- Lei nº 7.418/1985 (vale-transporte);
- Lei nº 605/1949 (descanso semanal remunerado e feriados);
- Leis nº 4.090/1962 e nº 4.749/1965 (décimo terceiro salário);
- CLT, subsidiariamente.

Peculiaridades quanto ao regime jurídico:

1. Contratação por prazo determinado

- O doméstico pode ser contratado por prazo determinado nas seguintes hipóteses: a) contrato de experiência; b) para atender necessidades familiares de natureza transitória e para substituição temporária de empregado doméstico com contrato de trabalho interrompido ou suspenso.

2. Trabalho em tempo parcial

- É permitida a prorrogação da duração normal do trabalho mediante acordo individual escrito, desde que não exceda de uma hora diária;
- O limite máximo de trabalho sob o regime de tempo parcial é de seis horas diárias.

3. Controle de ponto

- É obrigatório o registro do horário de trabalho do empregado;
- A obrigação do empregador de manter controle de ponto independe do número de empregados.

4. Compensação de horas

- Basta o **acordo individual escrito** para pactuar a compensação de horas;
- As primeiras 40 h mensais excedentes deverão ser remuneradas, salvo se compensadas dentro do mês;
- As demais horas extras do mês (ou seja, as que excederem das primeiras 40 h extras) poderão ser compensadas em até um ano.

5. Compensação em regime 12x36

- Poderá ser instituído regime de compensação 12x36 mediante **acordo individual escrito**;
- O intervalo para repouso ou alimentação pode ser indenizado;
- A remuneração mensal do doméstico em regime 12x36 já abrange DSR e feriados trabalhados, e até mesmo as prorrogações de trabalho noturno, quando houver.

EMPREGADO DOMÉSTICO

6. Acompanhamento em viagens

- Serão consideradas apenas as horas efetivamente trabalhadas no período;
- O acompanhamento do empregador pelo empregado em viagem será condicionado à prévia existência de **acordo escrito** entre as partes;
- A remuneração do serviço em viagem será, no mínimo, 25% (vinte e cinco por cento) superior ao valor do salário-hora normal;
- O adicional de 25% poderá ser, mediante acordo, convertido em acréscimo no banco de horas, a ser utilizado a critério do empregado.

7. Descansos

- O intervalo intrajornada será de, no mínimo, 1 h, e de, no máximo, 2 h;
- O intervalo mínimo poderá ser reduzido para 30 min mediante **acordo individual escrito**;
- Caso o empregado resida no local de trabalho, o período de intervalo poderá ser desmembrado em 2 (dois) períodos, desde que cada um deles tenha, no mínimo, 1 (uma) hora, até o limite de 4 (quatro) horas ao dia;
- Em caso de desmembramento do intervalo, é obrigatória a anotação no controle de ponto, vedada a prenotação.

8. Férias

- O fracionamento das férias é expressamente autorizado, desde que um dos períodos seja de, no mínimo, 14 dias corridos;
- O abono de férias deve ser requerido, se for o caso, até 30 dias antes do término do período aquisitivo.

9. Remuneração

- É vedado ao empregador doméstico efetuar descontos no salário do empregado por fornecimento de alimentação, vestuário, higiene ou moradia, bem como por despesas com transporte, hospedagem e alimentação em caso de acompanhamento em viagem;
- Poderão ser descontadas as despesas com moradia quando esta se referir a local diverso da residência em que ocorrer a prestação de serviço, desde que essa possibilidade tenha sido expressamente acordada entre as partes;
- É facultado ao empregador efetuar descontos no salário do empregado em caso de adiantamento salarial e, mediante acordo escrito entre as partes, para a inclusão do empregado em planos de assistência médico-hospitalar e odontológica, de seguro e de previdência privada, não podendo a dedução ultrapassar 20% (vinte por cento) do salário;
- Os salários devem ser pagos até o dia 7 ao do mês seguinte ao da competência.

10. Vale-transporte

- O empregador doméstico poderá conceder em dinheiro os valores para a aquisição das passagens necessárias ao custeio das despesas decorrentes do deslocamento residência-trabalho e vice-versa.

11. Justa causa

- Aplicam-se, em geral, as mesmas hipóteses do art. 482 da CLT, além da seguinte: submissão a maus-tratos de idoso, de enfermo, de pessoa com deficiência ou de criança sob cuidado direto ou indireto do empregado.

12. Rescisão indireta do contrato de trabalho

- Aplicam-se, em geral, as mesmas hipóteses do art. 483 da CLT, além da seguinte: prática de qualquer das formas de violência doméstica ou familiar contra mulheres de que trata o art. 5º da Lei Maria da Penha. Não importa se a vítima é a empregada ou pessoa da família do empregador.

EMPREGADO DOMÉSTICO

13. FGTS

- O FGTS passou a ser obrigatório, aplicando-se subsidiariamente as disposições da Lei nº 8.036/1990;
- A indenização compensatória (multa de 40%), no caso do doméstico, foi substituída pelo recolhimento mensal da importância de 3,2% da remuneração, destinada ao pagamento da indenização compensatória da perda do emprego, sem justa causa ou por culpa do empregador;
- Nas hipóteses em que o empregado não tem direito à indenização, o valor depositado será levantado pelo empregador. Se for o caso de culpa recíproca, cada um levantará metade do valor.

14. Seguro-desemprego

- Direito do doméstico dispensado sem justa causa que comprove o vínculo empregatício, como empregado doméstico, durante pelo menos 15 meses nos últimos 24 meses;
- Benefício no valor de um salário mínimo, pelo prazo de até três meses;
- Período aquisitivo de 16 meses.

15. Salário-família

- Para receber o benefício o empregado doméstico precisa apenas apresentar certidão de nascimento de filho menor;
- As cotas do salário-família serão pagas pelo empregador doméstico, mensalmente, junto com o salário, efetivando-se a compensação quando do recolhimento das contribuições.

16. Prescrição

- Mesmos prazos aplicáveis ao trabalhador urbano.

17. Normas coletivas

- Deverão ser observadas, porém dependem da regularização dos sindicatos perante o órgão competente.

18. Fiscalização

- A fiscalização incumbe aos Auditores Fiscais do Trabalho (Ministério do Trabalho e Emprego);
- Depende de agendamento prévio entre a fiscalização e o empregador;
- Será observado, em regra, o critério da dupla visita;
- Durante a inspeção o Auditor Fiscal do Trabalho far-se-á acompanhar pelo empregador ou por alguém de sua família por este designado.

6.2.4. Empregado rural (rurícola)

Dispõe o art. 2º da Lei nº 5.889/1973 que "empregado rural é toda pessoa física que, em propriedade rural ou prédio rústico, presta serviços de natureza não eventual a empregador rural, sob a dependência deste e mediante salário".

Assim, a configuração da relação de emprego rural exige, além dos requisitos caracterizadores da relação de emprego (pessoa física, pessoalidade, não eventualidade, onerosidade, subordinação e alteridade), um requisito específico, qual seja a prestação de serviços a **empregador rural**, assim considerado aquele que exerce atividade agroeconômica.

Em outras palavras, o empregado será rural (também chamado rurícola) sempre que seu empregador se dedique a explorar, com finalidade econômica (visando o lucro), atividade rural.

Considera-se atividade agroeconômica a atividade agrícola, pastoril ou pecuária que não se destina, exclusivamente, ao consumo de seus proprietários. É importante salientar que a Lei nº 5.889/1973 também considera atividade agroeconômica a indústria rural, isto é, a atividade de cunho industrial desenvolvida em estabelecimento agrário, bem como a exploração do turismo rural ancilar à exploração agroeconômica (art. 3º, § 1º[35]). O Decreto nº 10.854/2021, por sua vez, esclarece a abrangência do conceito de atividade agroeconômica, nos seguintes termos:

> Art. 84. Para fins do disposto neste Capítulo, considera-se empregador rural a pessoa natural ou jurídica, proprietária ou não, que explore atividade agroeconômica, em caráter permanente ou temporário, diretamente ou por meio de prepostos e com auxílio de empregados.
>
> [...]
>
> § 3º Considera-se como atividade agroeconômica, além da exploração industrial em estabelecimento agrário não compreendido na Consolidação das Leis do Trabalho, aprovada pelo Decreto-Lei nº 5.452, de 1943, a exploração do turismo rural ancilar à exploração agroeconômica.
>
> § 4º Para fins do disposto no § 3º, consideram-se como exploração industrial em estabelecimento agrário as atividades que compreendem o primeiro tratamento dos produtos agrários in natura sem transformá-los em sua natureza, tais como: (grifos meus)
>
> I – o beneficiamento, a primeira modificação e o preparo dos produtos agropecuários e hortigranjeiros e das matérias-primas de origem animal ou vegetal para posterior venda ou industrialização; e
>
> II – o aproveitamento dos subprodutos provenientes das operações de preparo e modificação dos produtos in natura de que trata o inciso I.
>
> § 5º Para fins do disposto no § 3º, não se considera indústria rural aquela que, ao operar a primeira modificação do produto agrário, transforme a sua natureza a ponto de perder a condição de matéria-prima.

A doutrina entende, de forma majoritária, que com o dispositivo acima o Poder Executivo extrapolou sua função regulamentar, ao passo que introduziu restrição não prevista na Lei nº 5.889/1973. Todavia, em várias oportunidades o TST considerou tal restrição em seus julgamentos.

Dessa forma, é imperioso concluir que, se o empregado labora em uma propriedade rural, porém seus serviços são tomados por pessoa física que não aufere lucros a partir da atividade ali desenvolvida, será ele doméstico e não rural, conforme estudado no tópico anterior referente à relação de emprego doméstico.

Do conceito de rurícola trazido pelo art. 2º da Lei nº 5.889/1973 é importante esclarecer ainda a expressão "em propriedade rural ou prédio rústico". Com efeito, **propriedade rural é aquela localizada fora do perímetro urbano. Prédio rústico**, por sua vez, **é a propriedade localizada no perímetro urbano onde se desenvolve atividade agroeconômica.** Daí se conclui que **o local da prestação dos serviços é indiferente para a configuração do empregado como rurícola.**

Neste sentido, o Prof. Márcio Túlio Viana ensina que "(...) o que importa mesmo é a natureza da atividade empresarial. Assim, será rurícola o lavrador que cultiva uma horta em pleno centro de São Paulo; e urbano o empregado de um armazém no mais perdido dos sertões"[36].

---

35 Redação do dispositivo dada pela Lei nº 13.171/2015, que acrescentou ao § 1º a parte final, a qual se refere à exploração do turismo rural ancilar à exploração agroeconômica.

36 VIANA, Márcio Túlio. O Trabalhador Rural. In: BARROS, Alice Monteiro de (coord.). *Curso de Direito do Trabalho: estudos em memória de Célio Goyatá.* 3. ed. São Paulo: LTr, 1997. vol. 1, p. 312.

Algumas questões relevantes em relação ao enquadramento jurídico do rurícola merecem destaque. Vejamos:

a) Boia-fria

O boia-fria é aquele trabalhador que se ativa no meio rural, notadamente nas épocas de safra[37], por curto período de tempo. Pois bem, não obstante o pequeno lapso de tempo que caracteriza a prestação dos serviços neste caso, **o boia-fria geralmente é empregado**, pois normalmente preenche os requisitos legais.

Não há que se falar em eventualidade, tendo em vista a ocorrência dos critérios para caracterização do requisito da não eventualidade. Como mencionado anteriormente, **a não eventualidade resta caracterizada sempre que a atividade for repetida, tiver previsão de repetibilidade, estiver inserida no cotidiano do empreendimento do tomador dos serviços e mantiver o trabalhador fixado juridicamente**. No caso em análise estão presentes todos estes elementos, pois o boia-fria se ativa de forma repetida (ainda que por curto período de tempo); esta atividade por ele desenvolvida é repetível (será necessária na etapa seguinte do ciclo da produção) e necessária (essencial) à consecução da atividade normal do empregador. Finalmente, ao prestar serviços na época da safra, o boia-fria se fixa juridicamente, ainda que por pouco tempo, ao empregador.

Quanto aos *turmeiros*, vulgarmente conhecidos como *gatos*, não podem ser considerados equiparados a empregador, porque simplesmente agenciam, na qualidade de intermediários, a contratação dos boias-frias. Assim, não há vínculo empregatício entre o *gato* e o boia-fria, sendo o intermediário um mero preposto do real tomador dos serviços.

b) Atividades atípicas e indústria rural

Outra observação importante para concursos diz respeito ao enquadramento jurídico dos **demais trabalhadores que prestam serviços a empregadores rurais, porém em atividades distintas daquelas típicas da lavoura e da pecuária**. São exemplos os motoristas, os apontadores, os administradores, os tratoristas, os empregados de escritório de empresa agropecuária, entre outros. Nestes casos, tanto a doutrina quanto a jurisprudência se inclinam no sentido de que **são empregados rurais**. Isso ocorre porque, conforme vimos acima, **o elemento essencial que distingue o rurícola é a atividade do empregador**, e não a qualidade pessoal ou mesmo a atividade efetivamente exercida pelo trabalhador.

Ocorre que a questão não é pacífica. Ao contrário, longe disso. Em rápido histórico, a evolução do critério de caracterização do trabalhador rural pode ser dividida em três momentos distintos:

1º momento: critério celetista

Dispôs a CLT que seriam rurícolas *aqueles que, exercendo funções diretamente ligadas à agricultura e à pecuária, não sejam empregados em atividades que, pelos métodos de execução dos respectivos trabalhos ou pela finalidade de suas operações, se classifiquem como industriais ou comerciais* (art. 7º, "b").

Portanto, o critério de caracterização do rurícola adotado pela CLT é fundado no *método de trabalho* ou na *finalidade de suas atividades*. Logo, seria rurícola quem prestasse serviços ligados ao manuseio da terra.

---

[37] Safra, no Direito do Trabalho, assume sentido mais amplo que o usual, compreendendo não só a colheita, como também o plantio, a capina etc.

Ocorre que o art. 7º, "b", da CLT afastava o rurícola do âmbito de incidência da CLT. Em virtude da quase ausência de proteção legal a esta categoria de trabalhadores (naquela época, é claro), a jurisprudência se desenvolveu no sentido de evitar, tanto quanto possível, a caracterização do trabalhador como rurícola, não obstante o disposto no supramencionado art. 7º da CLT.

Neste diapasão, foi editada, em dezembro de 1963, a Súmula nº 196 do STF, segundo a qual "ainda que exerça atividade rural, o empregado de empresa industrial ou comercial é classificado de acordo com a categoria do empregador". Buscava-se com este entendimento, frise-se, conferir também ao rurícola a proteção da legislação trabalhista comum, ou seja, da CLT.

2º momento: critério das Leis nº 4.214/1963 (Estatuto do Trabalhador Rural – ETR) e nº 5.889/1973

A Lei nº 4.214/1963 estabeleceu que trabalhador rural "*é toda pessoa física que presta serviços a empregador rural*, em propriedade rural ou prédio rústico, mediante salário pago em dinheiro ou *in natura*, ou parte *in natura* e parte em dinheiro" (art. 2º). Portanto, o Estatuto do Trabalhador Rural (ETR) alterou o critério celetista, passando a considerar como chave para caracterização do rurícola a prestação de serviços a empregador rural, e não a natureza ou a finalidade dos serviços prestados.

No mesmo sentido, a Lei nº 5.889/1973, que revogou a Lei nº 4.214/1963 (ETR), dispôs que empregado rural "*é toda pessoa física que*, em propriedade rural ou prédio rústico, *presta serviços de natureza não eventual a empregador rural*, sob a dependência deste e mediante salário".

Entretanto, a partir do ETR (1963) o trabalhador rural passou a conquistar vários direitos, o que culminou com sua equiparação ao trabalhador urbano levada a efeito pelo *caput* do art. 7º da CRFB/1988. Mais que isso, em relação a algumas matérias, por exemplo, previdência e prescrição[38], a legislação específica do rurícola passou a ser mais benéfica que a legislação aplicável aos empregados urbanos.

Assim, uma vez mais a jurisprudência buscou aplicar a norma mais favorável, o que implicava, às vezes, fossem considerados rurícolas trabalhadores que laboravam no campo, empregados por empresa rural, não obstante não exercessem atividades tipicamente rurais.

Nesta linha de entendimento, foi editada, em 2003, a OJ nº 315 da SDI-1 do TST, segundo a qual "é considerado trabalhador rural o motorista que trabalha no âmbito de empresa cuja atividade é preponderantemente rural, considerando que, de modo geral, não enfrenta o trânsito das estradas e cidades". Da mesma forma, foi editada, em 2012, a OJ nº 419 da SDI-1 do TST, segundo a qual "considera-se rurícola, a despeito da atividade exercida, empregado que presta serviços a empregador agroindustrial (art. 3º, § 1º, da Lei nº 5.889, de 08.06.1973), visto que, neste caso, é a atividade preponderante da empresa que determina o enquadramento".

3º momento: reabertura da discussão no âmbito jurisprudencial (Res. 200/2015 do TST)

Em que pese o entendimento jurisprudencial supramencionado, **as referidas orientações jurisprudenciais** (OJ nº 315 e OJ nº 419, ambas da SDI-1 do TST), **foram canceladas pela Resolução nº 200/2015 do TST**. Na oportunidade, conforme notícia publicada no *site*

---

38 Anote-se que a prescrição do rurícola era apenas a bienal, tendo lhe sido estendida a prescrição quinquenal apenas no ano 2000, por ocasião da promulgação da EC nº 28/2000.

do TST no dia 27.10.2015[39], o Pleno do Tribunal justificou o cancelamento dos verbetes da seguinte forma:

OJ 419

O Pleno acatou proposta da comissão de jurisprudência pelo cancelamento da OJ por entender que a tese hoje escolhida por esta orientação jurisprudencial teve à época de sua aprovação tão somente que aplicar a prescrição que beneficiava os rurícolas, não se discutindo a questão do enquadramento sindical. Este fato causa nos dias de hoje "uma instabilidade jurídica muito grande (...) com inúmeros conflitos intersindicais de representatividade", observou o presidente da comissão, ministro João Oreste Dalazen.

OJ 315

A comissão em seu parecer entendeu pelo cancelamento sob o fundamento de que a OJ 315 conflita abertamente com a Súmula 117 do TST, mediante a qual se acata o conceito de categoria diferenciada, desprendido da Consolidação das Leis do Trabalho (CLT), para efeito de não admitir que motorista de Banco seja considerado bancário. Diante disso entenderam inexistir "jurisprudência digna" para que se compreenda que motorista de empresa rural deveria ser considerado rurícola. O presidente da comissão complementou seus argumentos com fundamentos propostos para o cancelamento da OJ 419.

Há que se ressaltar, ainda, que a Lei nº 5.889/1973 fixa, além do critério da atividade do empregador, um segundo requisito para caracterização do rurícola, qual seja o local da prestação dos serviços (imóvel rural ou prédio rústico, conforme visto no início deste tópico).

Por todo o exposto, atualmente a questão deve ser resolvida pelo critério da Lei nº 5.889/1973, qual seja a caracterização do rurícola a partir da combinação da atividade do empregador e do local da prestação dos serviços, como também mediante a combinação de outros elementos, conforme ensina Maurício Godinho Delgado[40]:

"Tais dificuldades práticas recomendam o uso, pelo profissional do Direito, de instrumental metodológico já consagrado, avaliador das circunstâncias envolvidas no caso concreto, em auxílio à sua operação de subsunção do fato ao modelo jurídico previsto pela Lei n. 5.889/73. Por exemplo, o critério enfatizador da *localização* do estabelecimento (imóvel rural ou prédio rústico, em contraponto a imóvel nitidamente urbano); a seu lado, o critério que afere a intensidade ou *preponderância* da atividade (agroeconômica *versus* industrial/comercial); também o critério aferidor da *principalidade* em contraponto à *acessoriedade* da dinâmica examinada; até mesmo o critério que examina o *caráter do procedimento* industrial/comercial utilizado pelo estabelecimento, mantendo como agronegócio certo tipo de operação rudimentar, rústica, que não agregue, de modo significativo, a sofisticação tecnológica da indústria ou do comércio (sem prejuízo de operações industriais ou comerciais sofisticadas também se enquadrem no conjunto agroeconômico, em virtude da presença dos demais elementos conducentes a tal enquadramento". (grifos no original)

A título de exemplo, mencionem-se algumas decisões recentes que bem ilustram como a questão vem sendo tratada no âmbito do Tribunal Superior do Trabalho[41]:

---

[39] Disponível em: <http://www.tst.jus.br/noticias>, consultado em 28.10.2015.

[40] DELGADO, Maurício Godinho. *Curso de Direito do Trabalho.* 15. ed. São Paulo: LTr, 2016, p. 438-439.

[41] Anote-se, a título de informação, que aos 22.06.2016 foi editada a Súmula 578 do STJ, nos seguintes termos: "Os empregados que laboram no cultivo da cana-de-açúcar para empresa agroindustrial ligada ao setor sucroalcooleiro detêm a qualidade de rurícola, ensejando a isenção do FGTS desde a edição da Lei Complementar n. 11/1971 até a promulgação da Constituição Federal de 1988".
Registre-se, todavia, que é extremamente improvável a cobrança de verbete de jurisprudência do STJ em uma prova de direito do trabalho.

RECURSO DE REVISTA INTERPOSTO PELO RECLAMANTE – PREJUDICIAL DE MÉRITO. PRESCRIÇÃO QUINQUENAL. EMPRESA AGROINDUSTRIAL. RECLAMANTE QUE REALIZA ATIVIDADE INDUSTRIAL (MANUTENÇÃO E LIMPEZA DE EQUIPAMENTO INDUSTRIAL). CANCELAMENTO DAS ORIENTAÇÕES JURISPRUDENCIAIS Nos 315 E 419 DA SBDI-1 DO TRIBUNAL SUPERIOR DO TRABALHO. NECESSIDADE DE REVOLVIMENTO DE MATÉRIA FÁTICA. Importante observar, inicialmente, que em sessão do Tribunal Pleno desta Corte superior, realizada na data de 27/10/2015, foi aprovada a Resolução nº 200/2015, divulgada no DEJT de 29/10/2015 e 03 e 04/11/2015, na qual se decidiu pelo cancelamento das Orientações Jurisprudenciais nos 315 e 419 da SbDI-1 do Tribunal Superior do Trabalho. Naquela sessão, discutiu-se a necessidade de revisão do posicionamento adotado até então, tendo em vista que, especificamente no que diz respeito à Orientação Jurisprudencial nº 315 da SbDI-1 do Tribunal Superior do Trabalho, o advento das Leis n°s 12.619/2012 e 13.103/2015 criou a categoria diferenciada dos motoristas e similares, os quais estão caracterizados por "condições de vida singulares". Dessa forma, tal entendimento acabava por não observar o critério de categoria diferenciada a que os motoristas já se encontravam enquadrados na forma do Quadro de Atividades e Profissões a que alude o artigo 577 da CLT e tampouco a nova regulamentação trazida nas Leis nºs 12.619/2012 e 13.103/2015. Ademais, importante destacar que, contraditoriamente, a previsão contida na Orientação Jurisprudencial nº 315 da SbDI-1 trazia entendimento contrário àquele adotado na Súmula nº 117 desta Corte superior, segundo o qual não se enquadram na categoria dos bancários os empregados pertencentes a categorias profissionais diferenciadas. De forma semelhante, o debate relativo à Orientação Jurisprudencial nº 419 da SbDI-1 do Tribunal Superior do Trabalho deu-se no sentido de que, de acordo com as previsões contidas nos artigos 2º e 3º, § 1º, da Lei nº 5.889/73, é considerado empregado rural, a "pessoa física que, em propriedade rural ou prédio rústico, presta serviços de natureza não eventual a empregador rural, sob a dependência deste e mediante salário", ao passo que o empregador rural é considerado "a pessoa física ou jurídica, proprietário ou não, que explore atividade agro econômica, em caráter permanente ou temporário, diretamente ou através de prepostos e com auxílio de empregados", estando incluída ainda a "exploração industrial em estabelecimento agrário não compreendido na Consolidação das Leis do Trabalho – CLT". Contudo, ante a previsão do artigo 581, §§ 1º e 2º, da CLT, no sentido de que o enquadramento sindical dos trabalhadores se dá pela atividade preponderante da empresa, salvo categoria diferenciada, mostra-se de suma importância a definição de "exploração industrial em estabelecimento agrário", visto ser esse o ponto nevrálgico da discussão quanto ao enquadramento do trabalhador como rural ou urbano. Nesse sentido, o § 4º do artigo 2º do Decreto nº 73.626/74 define como exploração industrial em estabelecimento agrário "as atividades que compreendem o primeiro tratamento dos produtos agrários in natura sem transformá-los em sua natureza", por sua vez o § 5º do mesmo dispositivo traz previsão de que "não será considerada indústria rural aquela que, operando a primeira transformação do produto agrário, altere a sua natureza, retirando-lhe a condição de matéria-prima". Resulta, portanto, que, embora ainda válido e vigente o critério da atividade preponderante da empresa, se faz necessária a análise das atividades desempenhadas pelo trabalhador, de modo a constatar se estão enquadradas no conceito legal de exploração agroindustrial ou se estão abrangidos em atividades eminentemente industriais, com alteração na natureza primária do produto agrícola, enquadrando-se, assim, como trabalhador urbano. Em conclusão, a partir do cancelamento das Orientações Jurisprudenciais nºs 315 e 419 da SbDI-1 do Tribunal Superior do Trabalho, faz-se necessário analisar, inicialmente, o critério principal de enquadramento, ou seja, a atividade preponderante da empresa, e em um segundo momento, as atividades exercidas pelo trabalhador para fins de verificar o seu eventual enquadramento em categoria profissional diferenciada, ante o exercício de atividade não enquadrada como agroindustrial, na forma do artigo 3º, § 1º, da Lei nº 5.889/73 e do artigo 2º §§ 4º e 5º, do Decreto nº 73.626/74. No caso em análise, o reclamante sustenta em suas razões recursais que "as atividades exercidas pela recorrida são de cunho genuinamente agropecuário e recorrente é trabalhadora rural", devendo ser esse o critério utilizado para fins de aplicação da prescrição. Contudo, a Corte regional consignou no acórdão recorrido que, ao contrário do alegado pelo reclamante, "as atividades empresariais desenvolvidas pela reclamada são de diversas espécies, quais sejam, agrícolas, comerciais e industriais, não havendo preponderância específica de alguma delas a fim de vincular o enquadramento profissional do autor". Ainda, a Corte regional apontou que as atividades desempenhadas pelo reclamante se inseriam em âmbito eminentemente industrial, visto que "suas tarefas consistiam na manutenção e limpeza do equipamento industrial da ré, seja no controle, revisão e reparo de válvulas e registros, troca de tubos, lubrificação de peças, alinhamento de motores, entre outras atividades". Assim, para se chegar a conclusão diversa, seria necessário o revolvimento da valoração de matéria fático-probatória feita pelas esferas ordinárias, análise impossível nesta instância recursal de natureza extraordinária, na forma da Súmula nº 126 do TST, o que impede a constatação das apontadas violações dos artigos 3º, da Lei nº 5.889/73 e 581, § 2º, da CLT. Recurso de revista não conhecido. [...] (TST, 2ª Turma, RR-900-78.2005.5.15.0029, Rel. Min. José Roberto Freire Pimenta, Data de Julgamento: 13.12.2017, *DEJT* 15.12.2017).

RECURSO DE REVISTA. ENQUADRAMENTO SINDICAL. EMPRESA AGROINDUSTRIAL. EMPREGADO RURÍCOLA. 1. Após o cancelamento da OJ 419/SDI-I/TST, a jurisprudência deste Tribunal tem se inclinado a examinar a controvérsia acerca do enquadramento sindical de trabalhadores em empresas agroindustriais caso a caso, considerando, inclusive, a natureza dos serviços prestados pelo trabalhador. 2. No caso, o Tribunal Regional consignou que "o autor foi admitido em 23.03.2005, para exercer a função de operador de máquinas agrícolas, estando em curso o contrato de trabalho, ativando-se no campo". 3. Impõe-se, pois, o reconhecimento ao trabalhador da condição de rurícola. Recurso de revista conhecido e provido, no tema. [...] (TST, 1ª Turma, RR-2102-77.2012.5.18.0121, Rel. Min. Hugo Carlos Scheuermann, Data de Julgamento: 08.11.2017, *DEJT* 17.11.2017).

Recurso de revista em face de decisão publicada antes da vigência da Lei nº 13.015/2014. Empresa agroindustrial. Enquadramento. Prescrição. Empregador urbano. A jurisprudência desta Corte estava cristalizada na Orientação Jurisprudencial 419 da SBDI-I, segundo a qual se considera "rurícola empregado que, a despeito da atividade exercida, presta serviços a empregador agroindustrial (art. 3º, § 1º, da Lei nº 5.889, de 08.06.1973), visto que, neste caso, é a atividade preponderante da empresa que determina o enquadramento". Contudo, na sessão do dia 27/10/2015, do Tribunal Pleno desta Corte, referida orientação jurisprudencial foi cancelada. A partir de então, a questão passa a ser dirimida caso a caso, considerando, inclusive, a atividade desenvolvida pelo trabalhador. Na hipótese dos autos, a Corte de origem registrou, com base nos documentos constitutivos juntados, tratar-se de empresa agroindustrial de produção de cana-de-açúcar e fabricação e comércio de açúcar e álcool. Resultou incontroverso ainda que o reclamante executava as funções de operador, operador carregamento, encarregado e líder logística interna, todas na indústria da transformação, não havendo labor em estabelecimento rústico no tratamento inicial da cana-de-açúcar. Nesse contexto, não há como afastar a condição de empregado urbano e aplicação da prescrição quinquenal, conforme determinado na decisão recorrida. Recurso de revista de que se conhece e a que se nega provimento. [...] (TST, 7ª Turma, RR-152200-24.2004.5.15.0029, Rel. Min. Cláudio Mascarenhas Brandão, j. 01.06.2016, *DEJT* 10.06.2016).

Observe-se, de forma curiosa, que mesmo depois da publicação da Resolução nº 200/2015[42] algumas Turmas do TST continuaram aplicando as OJs 315 e 419[43], o que indica que a matéria ainda está longe de nova pacificação.

---

[42] *DEJT* 29.10.2015, 03 e 04.11.2015.

[43] A título de exemplo, os seguintes julgados: AgR-AIRR-2074-23.2010.5.15.0070, 3ª Turma, j. 06.12.2017, *DEJT* 11.12.2017; RR-121300-26.2008.5.15.0156, 2ª Turma, j. 24.02.2016, *DEJT* 04.03.2016; AgR-AIRR-9100-84.1999.5.15.0029, 5ª Turma, j. 17.02.2016, *DEJT* 26.02.2016.

c) **Empregados em empresas de reflorestamento**

Como exceção ao critério visto acima, o qual considera prioritariamente o enquadramento do empregador como rural, a jurisprudência do TST se consolidou no sentido de que serão enquadrados como rurícolas os trabalhadores que se ativem no **plantio, no corte de árvores e no reflorestamento**[44], nos termos da OJ nº 38 da SDI-1 do TST, *in verbis*:

OJ-SDI1-38. Empregado que exerce atividade rural. Empresa de reflorestamento. Prescrição própria do rurícola (Lei nº 5.889/1973, art. 10 e Decreto nº 73.626/1974, art. 2º, § 4º) (inserido dispositivo). *DEJT* divulgado em 16, 17 e 18.11.2010.

O empregado que trabalha em empresa de reflorestamento, cuja atividade está diretamente ligada ao manuseio da terra e de matéria-prima, é rurícola e não industriário, nos termos do Decreto nº 73.626, de 12.02.1974, art. 2º, § 4º, pouco importando que o fruto de seu trabalho seja destinado à indústria. Assim, aplica-se a prescrição própria dos rurícolas aos direitos desses empregados[45].

6.2.4.1. *Direitos constitucionalmente assegurados ao trabalhador rural*

Dispõe o art. 7º, *caput*, da CRFB/1988, *in verbis*:

Art. 7º São direitos dos trabalhadores urbanos **e rurais**, além de outros que visem à melhoria de sua condição social:

(...)

Assim, a Constituição de 1988 equipara, para fins de direitos assegurados, os trabalhadores urbanos e rurais. Portanto, aos rurícolas são assegurados os mesmos direitos constitucionais conferidos aos urbanos.

6.2.4.2. *Aplicação da CLT e de leis não consolidadas ao trabalhador rural*

Em princípio, a CLT afastou os rurícolas de seu âmbito de proteção, conforme se depreende da leitura do art. 7º, alínea "b":

Art. 7º Os preceitos constantes da presente Consolidação, salvo quando for, em cada caso, expressamente determinado em contrário, não se aplicam:

(...)

b) aos trabalhadores rurais, assim considerados aqueles que, exercendo funções diretamente ligadas à agricultura e à pecuária, não sejam empregados em atividades que, pelos métodos de execução dos respectivos trabalhos ou pela finalidade de suas operações, se classifiquem como industriais ou comerciais;

(...)

Não obstante o fato de serem regidos por lei própria (Lei nº 5.889/1973), bem como o dispositivo celetista acima, aos trabalhadores rurais se aplicam vários preceitos celetistas, bem como de outras leis não consolidadas. Neste sentido, o art. 1º da Lei nº 5.889/1973:

---

[44] Godinho Delgado afirma que, no caso, "o enquadramento administrativo das fazendas de florestamento e reflorestamento como empresas industriais (e não rurícolas) é que desponta como sumamente artificial", pelo que, "nesta linha, a jurisprudência trabalhista apenas retificou, para fins juslaborais, o viés político-administrativo artificioso" (DELGADO, Maurício Godinho. *Curso de Direito do Trabalho*. 11. ed. São Paulo: LTr, 2012, p. 394).

[45] A menção à "prescrição própria do rurícola" se justifica pela aplicação da regra de transição estabelecida pelo TST quando da promulgação da EC nº 28/2000 (OJ 271 da SDI-1), bem como pela existência de processos antigos pendentes de julgamento.

Art. 1º As relações de trabalho rural serão reguladas por esta Lei e, *no que com ela não colidirem*, pelas normas da Consolidação das Leis do Trabalho, aprovada pelo Decreto-lei nº 5.452, de 01.05.1943.

Parágrafo único. Observadas as peculiaridades do trabalho rural, a ele também se aplicam as Leis nº 605, de 05.01.1949, 4.090, de 13.07.1962; 4.725, de 13.07.1965, com as alterações da Lei nº 4.903, de 16.12.1965 e os Decretos-Leis nº 15, de 29.07.1966; 17, de 22.08.1966 e 368, de 19.12.1968.

Aplicam-se, portanto, ao trabalhador rural, observadas as peculiaridades da Lei do Trabalhador Rural, **principalmente**[46] as seguintes normas:

- CRFB/88;
- CLT;
- Lei nº 605/1949 – DSR e feriados;
- Lei nº 4.090/1962 – 13º salário.

Aqui cabe mencionar que o Decreto nº 10.854/2021, que revogou o Decreto nº 73.626/1974 e passou a regulamentar a Lei do Trabalhador Rural, estabelece que "as relações de trabalho rural serão reguladas pela Lei nº 5.889, de 1973, e, naquilo que não dispuser em contrário, pela Consolidação das Leis do Trabalho, aprovada pelo Decreto-Lei nº 5.452, de 1943, e pela legislação especial" (art. 86).

6.2.4.3. *Lei de Regência – Lei nº 5.889/1973; Decreto nº 10.854/2021*

O estudo das normas que estabelecem as especificidades aplicáveis ao rurícola deve se basear principalmente na Lei nº 5.889/1973, servindo o Decreto nº 10.854/2021 como fonte supletiva, utilizado quando necessário elucidar algum ponto.

Vejamos as principais especificidades do rurícola:

a) Intervalos intrajornada e interjornadas

Dispõe o art. 5º da Lei nº 5.889/1973, *in verbis*:

Art. 5º Em qualquer trabalho contínuo de duração superior a seis horas, será obrigatória a concessão de um intervalo para repouso ou alimentação **observados os usos e costumes da região**, não se computando este intervalo na duração do trabalho. Entre duas jornadas de trabalho haverá um período mínimo de onze horas consecutivas para descanso.

O **intervalo interjornadas** do rurícola é igual ao do trabalhador urbano, ou seja, de **no mínimo onze horas**. Quanto ao **intervalo intrajornada**, uma sensível diferença: o intervalo é concedido **conforme os usos e costumes da região**, não sendo o mesmo expressamente fixado em Lei. Ou seja, é obrigatório o intervalo, mas o *quantum* depende dos usos e costumes da região onde é prestado o trabalho.

Em que pese a literalidade da lei específica, o Decreto regulamentador extrapolou seus termos, dispondo o seguinte[47]:

Art. 87. Os contratos de trabalho rural, individuais ou coletivos, estabelecerão, conforme os usos, as praxes e os costumes de cada região, o início e o término normal da jornada de trabalho, cuja duração não poderá exceder a oito horas diárias.

---

[46] Os Decretos-leis 15/1966, 17/1966 e 368/1968 tratam de alteração/débito salarial, assunto mais relevante para a época, enquanto a Lei 4.725/1965 regula o processamento de dissídios coletivos.

[47] No mesmo sentido dispunha o art. 5º do Decreto nº 73.626/1974, o qual foi revogado pelo Decreto nº 10.854/2021.

§ 1º **Será obrigatória**, em qualquer trabalho contínuo de duração superior a seis horas, **a concessão de intervalo mínimo de uma hora para repouso ou alimentação**, observados os usos e os costumes da região. (grifos meus)

[...]

Ou seja, em matéria que a lei não fixou limite, deixando a solução para os usos e costumes, o Decreto regulamentador estipulou limite mínimo. Embora a técnica tenha sido criticável, a jurisprudência do TST acolheu os termos do Decreto, conforme dispunha a OJ 381, cancelada em decorrência da aglutinação ao item I da Súmula 437:

> OJ-SDI1-381. Intervalo intrajornada. Rurícola. Lei nº 5.889, de 08.06.1973. Supressão total ou parcial. Decreto nº 73.626, de 12.02.1974. Aplicação do art. 71, § 4º, da CLT. *DEJT* divulgado em 19, 20 e 22.04.2010.
>
> A não concessão total ou parcial do intervalo mínimo intrajornada de uma hora ao trabalhador rural, fixado no Decreto nº 73.626, de 12.02.1974, que regulamentou a Lei nº 5.889, de 08.06.1973, acarreta o pagamento do período total, acrescido do respectivo adicional, por aplicação subsidiária do art. 71, § 4º, da CLT.

No mesmo sentido, porém de forma menos explícita, a redação conferida ao item I da Súmula 437 do TST:

> Súm. 437. Intervalo intrajornada para repouso e alimentação. Aplicação do art. 71 da CLT (conversão das Orientações Jurisprudenciais nºs 307, 342, 354, 380 e 381 da SBDI-1) – Res. 185/2012, *DEJT* divulgado em 25, 26 e 27.09.2012.
>
> I – Após a edição da Lei nº 8.923/94, a não concessão ou a concessão parcial do intervalo intrajornada mínimo, para repouso e alimentação, a empregados urbanos e rurais, implica o pagamento total do período correspondente, e não apenas daquele suprimido, com acréscimo de, no mínimo, 50% sobre o valor da remuneração da hora normal de trabalho (art. 71 da CLT), sem prejuízo do cômputo da efetiva jornada de labor para efeito de remuneração.

Cabe mencionar que **a SDI-1 do TST considera válido o fracionamento do intervalo intrajornada devido ao rurícola, com fundamento na observância dos usos e costumes da região**. Neste sentido, julgado divulgado no *Informativo nº 158* do TST:

> RECURSO DE EMBARGOS REGIDO PELA LEI Nº 13.015/2014. TRABALHADOR RURAL – HORAS EXTRAS - INTERVALO FRACIONADO - INTERVALO PARA O CAFÉ. No caso, restou incontroverso que o embargado usufruía de dois intervalos intrajornadas, a saber: o primeiro, para o almoço, e o segundo, de 30 minutos, para o café. O artigo 5º da Lei nº 5.889/73, que estatui normas reguladoras do trabalho rural, dispõe expressamente que: "Em qualquer trabalho contínuo de duração superior a seis horas, será obrigatória a concessão de um intervalo para repouso ou alimentação observados os usos e costumes da região, não se computando este intervalo na duração do trabalho.". Da análise do dispositivo legal acima, extrai-se que não houve vedação para a concessão de intervalo intrajornada de forma fracionada, como na presente hipótese, onde havia a concessão de dois intervalos, o primeiro para o almoço e o segundo, de 30 minutos, para o café. Pelo contrário, o referido preceito legal estabelece a possibilidade de concessão do período destinado ao repouso e alimentação do trabalhador rural, tomando-se o cuidado de observar os usos e costumes da região. É notório que no meio rural o costume é a concessão de mais de um intervalo para alimentação, sendo que o segundo intervalo é condição mais benéfica ao trabalhador, por se tratar de trabalho braçal que causa enorme desgaste físico ao mesmo. Na realidade,

o que o legislador ordinário visava garantir é que o período destinado a repouso e alimentação do trabalhador rural não pode ser inferior a uma hora e não vedar a possibilidade de fracionar esse intervalo em duas vezes ou mais. Assim, não há que se falar que o artigo 5º da Lei nº 5.889/1973 não autoriza a dedução de mais de um intervalo intrajornada, pelo que, no presente caso, válido o segundo intervalo concedido para café, de 30 minutos, não devendo este ser computado na jornada de trabalho do empregado. De outra parte, a diretriz inscrita na Súmula/TST n.º 118 não guarda pertinência com a hipótese, pois o intervalo referido nos autos é remunerado e está previsto em norma legal. Precedentes do TST. Recurso de embargos conhecido e provido. (TST, Subseção I Especializada em Dissídios Individuais, E-RR-932-60.2010.5.09.0325, Rel. Min.: Renato de Lacerda Paiva, Data de Julgamento: 04.05.2017, *DEJT* 12.05.2017).

Registre-se, por oportuno, que a Lei nº 13.467/2017, por um lado, confirmou indiretamente o limite mínimo de uma hora também para o rurícola, mas, por outro lado, dispôs de forma diametralmente oposta ao entendimento jurisprudencial consubstanciado no supramencionado item I da Súmula 437, o qual deve ser revisto pelo Pleno do TST, deixando de ser aplicado a partir de 11.11.2017, data da vigência da Lei nº 13.467/2017. Neste sentido, vejamos a nova redação do art. 71, § 4º, da CLT:

> § 4º A não concessão ou a concessão parcial do intervalo intrajornada mínimo, para repouso e alimentação, a empregados urbanos **e rurais**, implica o pagamento, de natureza indenizatória, apenas do período suprimido, com acréscimo de 50% (cinquenta por cento) sobre o valor da remuneração da hora normal de trabalho. (grifos meus)

Portanto, a partir de 11.11.2017 a supressão do intervalo mínimo intrajornada do trabalhador rural ensejará a indenização (e não mais o pagamento com natureza salarial) apenas do período suprimido.

Como mencionado, a Lei nº 5.889/1973 não prevê o intervalo intrajornada para jornadas de até 6 horas. A doutrina majoritária, entretanto, considera que deve, sim, ser aplicado o intervalo celetista, visto que compatível, o que está atualmente em consonância com o disposto no art. 86 do Decreto nº 10.854/2021 (aplicação subsidiária, ao rurícola, da CLT e da legislação especial).

E, no caso dos **serviços intermitentes**[48], como fica o intervalo?

A resposta é dada pelo art. 6º da Lei nº 5.889/1973, nos seguintes termos:

> Art. 6º Nos serviços caracteristicamente intermitentes **não serão computados**, como de efetivo exercício, os intervalos entre uma e outra parte da execução da tarefa diária, desde que tal hipótese seja expressamente ressalvada na Carteira de Trabalho e Previdência Social. (grifos meus)

O parágrafo único do art. 91 do Decreto nº 10.854/2021, por sua vez, conceitua o serviço intermitente como "aquele que, por sua natureza, seja normalmente executado em duas ou mais etapas diárias distintas, desde que haja interrupção da jornada de trabalho de, no mínimo, cinco horas, entre uma e outra parte da execução da tarefa".

Exemplo de serviços intermitentes: a ordenha do gado, feita pela manhã e ao entardecer. Neste caso, o intervalo não é computado na jornada de trabalho do empregado, desde que a circunstância seja anotada em CTPS.

---

[48] Cuidado para não confundir os serviços intermitentes a que faz referência a *Lei do Trabalho Rural* com o trabalho intermitente, legitimado pela Lei nº 13.467/2017 (art. 452-A da CLT).

b) Trabalho noturno

Também o horário noturno do rurícola é diferente do aplicável ao trabalhador urbano. Neste sentido, dispõe o art. 7º da Lei nº 5.889/1973:

> Art. 7º Para os efeitos desta Lei, considera-se trabalho noturno o executado entre as vinte e uma horas de um dia e as cinco horas do dia seguinte, na lavoura, e entre as vinte horas de um dia e as quatro horas do dia seguinte, na atividade pecuária.
>
> Parágrafo único. Todo trabalho noturno será acrescido de 25% (vinte e cinco por cento) sobre a remuneração normal.

Observe-se que, por ausência de previsão legal, não se aplica ao rurícola a hora noturna reduzida, assegurada ao empregado urbano pelo § 1º do art. 73 da CLT.

Resumo esquemático:

Empregado		Horário noturno	Hora noturna reduzida	Adicional noturno
Urbano		22h às 5h	Sim = 52'30"	20%
Rural	Pecuária	20h às 4h	Não	25%
	Lavoura	21h às 5h	Não	25%

c) Fornecimento de utilidades

Também é diferente do urbano o tratamento em relação ao fornecimento de utilidades, bem como os percentuais máximos de desconto. Neste sentido, o art. 9º da Lei nº 5.889/1973:

> Art. 9º Salvo as hipóteses de autorização legal ou decisão judiciária, só poderão ser descontadas do empregado rural as seguintes parcelas, **calculadas sobre o salário mínimo**:
>
> a) até o limite de 20% (vinte por cento) pela ocupação da morada;
>
> b) até o limite de 25% (vinte por cento) pelo fornecimento de alimentação sadia e farta, atendidos os preços vigentes na região;
>
> c) adiantamentos em dinheiro.
>
> § 1º **As deduções** acima especificadas **deverão ser previamente autorizadas**, sem o que serão nulas de pleno direito.
>
> § 2º Sempre que mais de um empregado residir na mesma morada, o desconto, previsto na letra "a" deste artigo, será dividido proporcionalmente ao número de empregados, vedada, em qualquer hipótese, a moradia coletiva de famílias.
>
> § 3º Rescindido ou findo o contrato de trabalho, o empregado será obrigado a desocupar a casa dentro de trinta dias.
>
> § 4º O Regulamento desta Lei especificará os tipos de morada para fins de dedução.
>
> § 5º A cessão pelo empregador, de moradia e de sua infraestrutura básica, assim como bens destinados à produção para sua subsistência e de sua família, não integram o salário do trabalhador rural, desde que caracterizados como tais, em contrato escrito celebrado entre as partes, com testemunhas e notificação obrigatória ao respectivo sindicato de trabalhadores rurais.

O § 5º constitui incentivo ao fornecimento de moradia pelo empregador rural, pois permite a concessão sem que a utilidade tenha natureza salarial, desde que, evidentemente, não seja cobrada do empregado. O sentido do dispositivo é o mesmo do art. 458, § 2º, da

CLT, que exclui a natureza salarial de várias utilidades (p. ex., plano de saúde), como forma de incentivar a melhoria da condição social do trabalhador. Insta salientar, também, que a moradia, no meio rural, muitas vezes é condição **para** o trabalho, *e não contraprestação fornecida pelo trabalho*, razão pela qual não possui natureza salarial.

A morada considerada para fins de dedução pelo Decreto nº 10.854/2021, nos termos do § 4º do art. 9º da Lei nº 5.889/1973, é aquela que "atendidas as condições peculiares de cada região, satisfaça os requisitos de salubridade e higiene estabelecidos em normas editadas em ato do Ministro de Estado do Trabalho e Previdência" (art. 95, § 2º, do Decreto). A norma do Ministério do Trabalho e Emprego, no caso, é a NR-31, a qual trata das condições de trabalho no meio rural.

Resumo esquemático:

EMPREGADO	Desconto moradia	Desconto alimentação	Autorização para desconto	Moradia coletiva de famílias
URBANO	25% do salário contratual	Vedado[49]	Não é obrigatória	Vedada
RURAL	20% do salário mínimo	25% do salário mínimo	É obrigatória	Vedada

E poderia o empregador rural fornecer ao empregado outras utilidades, além da moradia e da alimentação?

Sim, desde que estas outras utilidades sejam concedidas além do salário mínimo.

Exemplo: o salário mínimo válido para o ano de 2023 é de R$ 1.320,00[50]. Suponha-mos que o empregador forneça moradia e alimentação, e tenha autorização contratual para descontar tais utilidades do salário do empregado, logo, descontaria R$ 264,00 a título de moradia e R$ 330,00 a título de alimentação, pagando ao empregado R$ 726,00 (= 1320,00 – 594,00) em dinheiro. Nada obsta, entretanto, que o empregador forneça outras utilidades ao empregado, como, por exemplo, terra para plantio, peças de vestuário etc. Imagine-se que sejam concedidas outras utilidades, em valor equivalente a R$ 500,00. Logo, o salário do empregado, para fins trabalhistas, é de R$ 1.820,00 (= 1.320,00 + 500,00).

Diferente é o entendimento de Maurício Godinho Delgado[51], para quem a Lei nº 5.889/1973 fixa rol taxativo para o fornecimento salarial de utilidades ao rurícola, pelo que outras utilidades eventualmente fornecidas (além da alimentação e da moradia) não possuem natureza salarial, embora se sujeitem ao princípio da inalterabilidade contratual lesiva.

d) Discriminação legal em relação à idade – Inconstitucionalidade

Dispõe o art. 11 da Lei nº 5.889/1973, *in verbis*:

Art. 11. Ao empregado rural maior de dezesseis anos é assegurado salário mínimo igual ao de empregado adulto.

Parágrafo único. Ao empregado menor de dezesseis anos é assegurado salário mínimo fixado em valor correspondente à metade do salário mínimo estabelecido para o adulto.

---

49 Conforme art. 457, §§ 2º e 5º, da CLT, a concessão de alimentação ao empregado não tem natureza salarial. Logo, não são permitidos quaisquer descontos. Entendo que, tratando da matéria a lei específica em estudo, não cabe aplicação dos dispositivos celetistas ao rurícola.

50 Valor aplicável a partir de 01.05.2023 (MPV nº 1.172/2023).

51 DELGADO, Maurício Godinho. *Curso de Direito do Trabalho*, p. 687.

Há que se esclarecer que a discriminação do menor, no caso, é inconcebível diante do regime constitucional vigente. Logo, o art. 11 deve ser relido à luz da CRFB/88, no sentido de que não exista qualquer diferença de tratamento em razão da idade. Com efeito, as únicas diferenças de tratamento estabelecidas pela lei visam à proteção do menor (ou do idoso, conforme o caso), e jamais poderão acarretar prejuízo manifesto a determinada categoria de trabalhadores.

Ademais, a Constituição proíbe o trabalho de menores de 16 anos, salvo na condição de aprendiz, a partir dos 14 anos (art. 7°, XXXIII). No mesmo sentido, o parágrafo único do art. 93 do Decreto n° 10.854/2021.

e) Prescrição aplicável ao rurícola

Hoje em dia a questão não apresenta maiores dificuldades, mas, até a EC n° 28/2000, a prescrição do rurícola era apenas a bienal, isto é, não havia a limitação da exigibilidade da pretensão aos últimos cinco anos anteriores à data do ajuizamento da ação. Dessa forma, desde que o trabalhador rural ingressasse com a ação trabalhista até dois anos contados da extinção do contrato, poderia reclamar todo o período em que tivesse trabalhado.

Com o advento da EC n° 28/2000, os prazos foram unificados, pelo que o rurícola passou a se sujeitar aos mesmos prazos prescricionais (2 anos após a extinção do contrato, podendo reclamar os últimos cinco anos contados do ajuizamento da ação) aplicáveis ao trabalhador urbano[52].

Remanesce, entretanto, verbete do TST fazendo referência expressa à prescrição do rurícola (OJ 38 da SDI-1), tendo em vista que os trabalhadores cujos contratos se extinguiram antes da EC 28/2000 fazem jus à aplicação da lei anterior, nos termos da OJ 271 da SDI-1.

f) Cultura intercalar

A Lei do Trabalho Rural contém um dispositivo pouco explorado pela doutrina, razão pela qual praticamente não se discute, nos manuais de Direito do Trabalho, a sua correta interpretação. Trata-se do art. 12, *in verbis*:

Art. 12. Nas regiões em que se adota a plantação subsidiária ou intercalar (cultura secundária), a cargo do empregado rural, quando autorizada ou permitida, **será objeto de contrato em separado**.

Parágrafo único. Embora devendo integrar o resultado anual a que tiver direito o empregado rural, a plantação subsidiária ou intercalar não poderá compor a parte correspondente ao salário mínimo na remuneração geral do empregado, durante o ano agrícola.

De início faz-se necessário esclarecer do que trata o artigo. Para tal, recordo a lição do professor Márcio Túlio Viana[53], grande mestre dos tempos da graduação.

Plantação intercalar ou subsidiária é aquela cultura paralela à cultura principal, normalmente "tocada" pelo empregado, por conta própria. Ou seja, o empregado planta para si próprio em meio à lavoura do patrão. Exemplo: plantação de feijão ou de milho nos espaços da cultura de café.

---

[52] (CRFB/88) Art. 7° São direitos dos trabalhadores urbanos e rurais, além de outros que visem à melhoria de sua condição social: (...) XXIX – ação, quanto aos créditos resultantes das relações de trabalho, com prazo prescricional de cinco anos para os trabalhadores urbanos e rurais, até o limite de dois anos após a extinção do contrato de trabalho; (...)

[53] VIANA, Márcio Túlio. O Trabalhador Rural. In BARROS, Alice Monteiro de (coord.). *Curso de Direito do Trabalho: estudos em memória de Célio Goyatá*, 3. ed., vol. 1, p. 326 e ss.

Obviamente, este tipo de plantação só é admitido se autorizada pelo empregador, que, afinal, é o dono da terra.

O que o dispositivo regula é o **efeito jurídico** de tal prática. Em primeiro lugar, "será objeto de contrato em separado" quer dizer que será objeto de cláusula contratual (ou outro contrato adicional, tanto faz) que autorize a cultura intercalar e regule seus termos.

Em segundo lugar, os resultados da cultura intercalar não podem ser utilizados para a garantia do salário mínimo do trabalhador, ou seja, o que o empregado auferir a partir da plantação intercalar é seu, obtido a partir de seu trabalho, por conta própria, nas suas horas de folga.

Acontece que, no caso, a cessão da terra pelo empregador, para plantio da cultura intercalar, não seria salário-utilidade?

Certamente que sim, pois, ao ceder a terra para o empregado plantar, **o empregador o faz como contraprestação pelo trabalho**. E é exatamente este o sentido da primeira parte do parágrafo único: "embora devendo integrar o resultado anual a que tiver direito o empregado rural"; ou seja, a cessão da terra constitui salário-utilidade, cujo valor correspondente deve ser acrescido ao salário para efeito de cálculo "do resultado anual", qual seja 13º salário e FGTS. Não integraria, no caso, o cálculo das férias, pois as férias são o resultado do que o empregado receberia **se estivesse trabalhando**, mais 1/3. No caso, ele continua recebendo a terra durante as férias.

Por fim, resta indagar acerca do critério de aferição do valor desta utilidade fornecida, sendo que a solução seria a utilização do valor da própria colheita (produto da terra cedida) como parâmetro.

g) Insalubridade e periculosidade

Os adicionais de insalubridade e de periculosidade foram estendidos aos trabalhadores rurais pela CRFB/1988.

Durante muito tempo se argumentou que estaria o rurícola, pelo fato de trabalhar a céu aberto, exposto aos raios solares e, por isso, lhe seria devido o adicional de insalubridade. Não obstante, o TST tinha firme o entendimento no sentido contrário, pois a atividade a céu aberto não consta da NR-15, a qual define as atividades insalubres. Neste sentido, a OJ 173 da SDI-1, em sua antiga redação.

Ocorre que tal verbete foi revisto, por ocasião da "2ª Semana do TST"[54], abrindo nova possibilidade de reconhecimento do direito ao adicional de insalubridade ao rurícola que trabalha a céu aberto, nos seguintes termos:

OJ-SDI1-173. Adicional de insalubridade. Atividade a céu aberto. Exposição ao sol e ao calor (redação alterada na sessão do Tribunal Pleno realizada em 14.09.2012) – Res. 186/2012, *DEJT* divulgado em 25, 26 e 27.09.2012.

I – Ausente previsão legal, indevido o adicional de insalubridade ao trabalhador em atividade a céu aberto, por sujeição à radiação solar (art. 195 da CLT e Anexo 7 da NR 15 da Portaria nº 3214/78 do MTPS).

II – Tem direito ao adicional de insalubridade o trabalhador que exerce atividade exposto ao calor acima dos limites de tolerância, inclusive em ambiente externo com carga solar, nas condições previstas no Anexo 3 da NR 15 da Portaria nº 3.214/78 do MTE.

---

[54] A "2ª Semana do TST" ocorreu entre 10 e 14.09.2012, com o objetivo de rever vários pontos da jurisprudência consolidada do TST, e culminou na edição, alteração e cancelamento de vários verbetes.

h) Safrista

O contrato de safra é aquele que tem a sua "duração dependente de variações estacionais da atividade agrária", nos termos do art. 14, parágrafo único, da Lei nº 5.889/1973. Trata-se, portanto, de um **contrato por prazo determinado**.

Esclareça-se também que, no âmbito trabalhista, *safra* tem uma conotação mais ampla que no sentido comum, designando não só a colheita, como também as atividades preparatórias de determinada cultura, tais como o plantio, a capina, a pulverização, entre outras.

O *caput* do art. 14, por sua vez, dispõe sobre o direito à indenização por duodécimos, nos seguintes termos:

> Art. 14. Expirado normalmente o contrato, a empresa pagará ao safrista, a título de indenização do tempo de serviço, importância correspondente a 1/12 (um doze avos) do salário mensal, por mês de serviço ou fração superior a 14 (quatorze) dias.

Nas palavras do Prof. Márcio Túlio Viana, "no caso do safrista o patrão indeniza sem ter sido inadimplente[55]". Isso porque o contrato de safra provocaria a perda do potencial laborativo do empregado, ao passo que este jamais alcançaria alguns dos direitos trabalhistas conferidos aos demais empregados, como férias gozadas, multa do FGTS em eventual quebra de contrato, entre outros.

A grande questão é a compatibilidade ou não desta indenização com o regime do FGTS. Neste sentido, há duas correntes:

1ª Corrente: propugna pela incompatibilidade da indenização por duodécimos com o regime do FGTS, sendo que este teria substituído aquela. Em outros termos, tal dispositivo não teria sido recepcionado pela Constituição de 1988, tendo em vista a generalização do regime do FGTS. Neste sentido, Vólia Bomfim Cassar[56] e Alice Monteiro de Barros[57].

2ª Corrente: defende a compatibilidade entre os dois institutos, argumentando que a indenização em referência não guarda qualquer relação com a indenização extinta pelo regime do FGTS, ao passo que esta se aplicava aos contratos por prazo indeterminado. Neste sentido, Maurício Godinho Delgado[58] e Messias Pereira Donato[59]. O Decreto nº 10.854/2021, em seu art. 97, dispõe sobre o cabimento da indenização por duodécimos, considerando, portanto, que foi recepcionada pela CRFB/88. Partilha do mesmo entendimento o MTE, através do Precedente Administrativo[60] nº 65:

> PRECEDENTE ADMINISTRATIVO Nº 65.
> *Rurícola. Contrato de safra. Indenização ao término do contrato. FGTS, compatibilidade.* O art. 14 da Lei nº 5.889, de 08.06.1973, foi recepcionado pela Constituição Federal de 1988, devendo tal indenização ser cumulada com o percentual do FGTS devido na dispensa. No contrato de safra se permite uma dualidade de regimes, onde o acúmulo de direitos corresponde a um *plus* concedido ao safrista. Não há que se falar, portanto, em *bis in idem* ao empregador rural.

---

[55] VIANA, Márcio Túlio. O Trabalhador Rural. In BARROS, Alice Monteiro de (coord.). *Curso de Direito do Trabalho: estudos em memória de Célio Goyatá*, 3. ed., vol. 1, p. 320.

[56] CASSAR, Vólia Bomfim. *Direito do Trabalho*. 4. ed. Niterói: Impetus, 2010. p. 603.

[57] BARROS, Alice Monteiro de. *Contratos e regulamentações especiais de trabalho: peculiaridades, aspectos controvertidos e tendências*. 3. ed. São Paulo: LTr, 2008. p. 494.

[58] DELGADO, Maurício Godinho. *Curso de Direito do Trabalho*, 9. ed., p. 524.

[59] DONATO, Messias Pereira. *Curso de Direito Individual do Trabalho*. 6. ed. São Paulo: LTr, 2008. p. 330.

[60] Os Precedentes Administrativos do Ministério do Trabalho não têm caráter vinculante sob qualquer aspecto, servindo apenas de baliza acerca da posição institucional do órgão, para orientação dos Auditores Fiscais do Trabalho no exercício de suas atividades de inspeção trabalhista.

REFERÊNCIA NORMATIVA: art. 14 da Lei nº 5.889, de 08.06.1973, e art. 13, inciso IX, da Instrução Normativa/SIT nº 25, de 20.12.2001.

Reforça ainda a tese da segunda corrente o fato de utilizar o mesmo raciocínio que levou à edição da Súmula 125 do TST, segundo a qual a indenização do art. 479 da CLT é compatível com o regime do FGTS.

Em consonância com este entendimento, o qual recomendo para concursos, os seguintes arestos:

[...] 2. EMPREGADO RURAL SAFRISTA. INDENIZAÇÃO DO ARTIGO 14 DA LEI Nº 5.889/73. FGTS. COMPATIBILIDADE. PROVIMENTO. Esta Corte Superior tem se manifestado no sentido de que o regime do FGTS não substituiu a indenização devida ao empregado safrista, prevista no artigo 14 da Lei 5.889/73, sendo elas compatíveis. Recurso de revista de que se conhece e a que se dá provimento (TST, RR-11590-57.2015.5.15.0146, 4ª Turma, Rel. Min. Guilherme Augusto Caputo Bastos, *DEJT* 14.09.2018).

RECURSO DE REVISTA. CONTRATO DE SAFRA. INDENIZAÇÃO POR TEMPO DE SERVIÇO PREVISTA NO ARTIGO 14 DA LEI N.º 5.889/73. REGIME DO FGTS. COMPATIBILIDADE. A jurisprudência desta Corte é firme no sentido de que o FGTS não substitui a indenização do empregado safrista, prevista no art. 14 da Lei nº 5.889/73, não havendo, portanto, incompatibilidade entre a parcela e o regime do FGTS. A Lei nº 8.036/90, que regula o regime do FGTS a todos os empregados, revogou apenas a indenização decenal prevista na CLT, inerente aos contratos por prazo indeterminado, não atingindo a indenização relativa a contrato por prazo determinado, como é a hipótese do contrato de safra. Precedente da SDI-1 e de todas as Turmas do TST. Recurso de revista de que não se conhece (TST, RR-644-16.2012.5.18.0221, 1ª Turma, Rel. Min. Walmir Oliveira da Costa, *DEJT* 10.08.2018).

i) Contratação de trabalhador rural por pequeno prazo

A Medida Provisória nº 410/2007, posteriormente convertida na Lei nº 11.718/2008, acrescentou o art. 14-A à Lei nº 5.889/1973, criando a figura da contratação simplificada de trabalhador rural por pequeno prazo. O objetivo aparente do legislador foi trazer para a formalidade, ou seja, para o regime da Previdência Social e do FGTS, os trabalhadores rurais, quase sempre deixados à margem desta proteção. Na prática, quase não se tem notícia deste tipo de contrato, razão pela qual o dispositivo talvez não venha a gozar de eficácia social.

Vejamos o dispositivo:

Art. 14-A. O produtor rural **pessoa física** poderá realizar contratação de trabalhador rural por pequeno prazo para o exercício de **atividades de natureza temporária**[61].

§ 1º A contratação de trabalhador rural por pequeno prazo que, dentro do período de 1 (um) ano, superar 2 (dois) meses fica convertida em contrato de trabalho por prazo indeterminado, observando-se os termos da legislação aplicável.

§ 2º A filiação e a inscrição do trabalhador de que trata este artigo na Previdência Social decorrem, automaticamente, da sua inclusão pelo empregador na Guia de Recolhimento do Fundo de Garantia do Tempo de Serviço e Informações à Previdência Social – GFIP, cabendo à Previdência Social instituir mecanismo que permita a sua identificação.

---

61 Embora a lei mencione "atividade de natureza temporária", se refere, na verdade, a serviços cuja natureza ou transitoriedade justifique a predeterminação do prazo do contrato de trabalho. Esta observação é importante para que não se confunda a figura jurídica com a sistemática do trabalho temporário, regido pela Lei nº 6.019/1974.

§ 3º O contrato de trabalho por pequeno prazo deverá ser formalizado mediante a inclusão do trabalhador na GFIP, na forma do disposto no § 2º deste artigo, e:

I – mediante a anotação na Carteira de Trabalho e Previdência Social e em Livro ou Ficha de Registro de Empregados; ou

II – mediante contrato escrito, em 2 (duas) vias, uma para cada parte, onde conste, no mínimo:

a) expressa autorização em acordo coletivo ou convenção coletiva;

b) identificação do produtor rural e do imóvel rural onde o trabalho será realizado e indicação da respectiva matrícula;

c) identificação do trabalhador, com indicação do respectivo Número de Inscrição do Trabalhador – NIT.

§ 4º A contratação de trabalhador rural por pequeno prazo só poderá ser realizada por produtor rural pessoa física, proprietário ou não, que explore diretamente atividade agroeconômica.

§ 5º A contribuição do segurado trabalhador rural contratado para prestar serviço na forma deste artigo é de 8% (oito por cento) sobre o respectivo salário de contribuição definido no inciso I do *caput* do art. 28 da Lei nº 8.212, de 24 de julho de 1991.

§ 6º A não inclusão do trabalhador na GFIP pressupõe a inexistência de contratação na forma deste artigo, sem prejuízo de comprovação, por qualquer meio admitido em direito, da existência de relação jurídica diversa.

§ 7º Compete ao empregador fazer o recolhimento das contribuições previdenciárias nos termos da legislação vigente, cabendo à Previdência Social e à Receita Federal do Brasil instituir mecanismos que facilitem o acesso do trabalhador e da entidade sindical que o representa às informações sobre as contribuições recolhidas.

§ 8º São assegurados ao trabalhador rural contratado por pequeno prazo, além de remuneração equivalente à do trabalhador rural permanente, os demais direitos de natureza trabalhista.

§ 9º Todas as parcelas devidas ao trabalhador de que trata este artigo serão calculadas dia a dia e pagas diretamente a ele mediante recibo.

§ 10. O Fundo de Garantia do Tempo de Serviço – FGTS deverá ser recolhido e poderá ser levantado nos termos da Lei nº 8.036, de 11 de maio de 1990.

(grifos meus)

Portanto, na prática, a contratação simplificada só o é em relação à anotação da CTPS e ao registro de empregado, os quais são substituídos por contrato escrito. Talvez decorra daí a pequena adesão a esta nova modalidade de contratação.

j) Aviso-prévio

Também aqui há uma diferença em relação ao empregado urbano. Com efeito, nos termos do art. 15 da Lei nº 5.889/1973, "durante o prazo do aviso-prévio, se a rescisão tiver sido promovida pelo empregador, o empregado rural terá direito a um dia por semana, sem prejuízo do salário integral, para procurar outro trabalho".

Enquanto o art. 488 da CLT dispõe que cabe ao empregado escolher entre sair duas horas mais cedo diariamente ou faltar sete dias consecutivos quando do cumprimento do aviso-prévio, nos casos de despedida imotivada, a Lei do Trabalho Rural prevê a liberação do empregado **um dia por semana** durante o aviso-prévio.

Os demais dispositivos celetistas referentes ao aviso-prévio são compatíveis e, por isso, devem ser aplicados também ao rurícola.

No tocante ao aviso-prévio proporcional, regulamentado pela Lei nº 12.506/2011, há que se observar, em primeiro lugar, que o direito é indubitavelmente aplicável ao rurícola.

Por sua vez, no que se refere à redução da jornada durante o curso do aviso-prévio trabalhado concedido pelo empregador, a questão é controvertida, tal qual o é em relação ao trabalhador urbano. Para os que entendem seja aplicável a redução, ao menos no caso do rurícola, não há que se estabelecer qualquer tipo de proporcionalidade, visto que a lei já garante um dia por semana, o que também pode ser tranquilamente assegurado em avisos prévios de mais de 30 dias.

k) Extensão da Lei nº 5.889/1973 aos trabalhadores rurais não empregados (mera relação de trabalho)

O art. 17 da Lei nº 5.889/1973 dispõe que "as normas da presente Lei são aplicáveis, no que couber, aos trabalhadores rurais não compreendidos na definição do art. 2º, que prestem serviços a empregador rural".

A intenção do legislador com este dispositivo era exatamente estender a proteção conferida ao empregado rural a outros trabalhadores que também prestem serviços, porém não subordinados, ao empregador rural. Por exemplo, o parceiro agrícola. Em outras palavras, quis o legislador conferir alguma proteção também ao sujeito ativo da mera relação de trabalho.

A jurisprudência, entretanto, não prestigia este dispositivo, até mesmo pela dificuldade de compatibilizar direitos de empregados à realidade de trabalhadores autônomos.

l) FGTS

O regime do FGTS é obrigatório também para o rurícola, nos mesmos termos em que se aplica ao trabalhador urbano, por força da CRFB/88 (art. 7º, *caput* e inciso III).

m) Salário-família

O salário-família é devido ao empregado rural a partir da Lei nº 8.213/1991. Apesar de o direito ter sido estendido pela Constituição de 1988, trata-se de benefício previdenciário, pelo que não pode ser concedido sem a correspondente previsão de custeio, o que foi preenchido somente em 1991, com as Leis nº 8.212 e nº 8.213.

Neste sentido a Súmula 344 do TST:

Súm. 344. Salário-família. Trabalhador rural (mantida). Res. 121/2003, *DJ* 19, 20 e 21.11.2003.
O salário-família é devido aos trabalhadores rurais somente após a vigência da Lei nº 8.213, de 24.07.1991.

EMPREGADO RURAL (RURÍCOLA)
Conceito:
• Empregado rural é toda pessoa física que, em propriedade rural ou prédio rústico, presta serviços de natureza não eventual a empregador rural, sob a dependência deste e mediante salário.
Requisitos para caracterização:
• Pessoalidade;
• Não eventualidade;
• Onerosidade;
• Subordinação;
• O tomador dos serviços é *empregador rural*.

EMPREGADO RURAL (RURÍCOLA)
Empregador rural:
• É aquele que exerce atividade agroeconômica.
• Considera-se atividade agroeconômica a atividade agrícola, pastoril ou pecuária que não se destina, exclusivamente, ao consumo de seus proprietários, a indústria rural (atividade de cunho industrial desenvolvida em estabelecimento agrário), bem como a exploração do turismo rural ancilar à exploração agroeconômica.
Direitos assegurados ao trabalhador rural:
• Os mesmos direitos constitucionais assegurados ao trabalhador urbano;
• Lei nº 5.889/1973 (Estatuto do Trabalhador Rural);
• Os direitos previstos na CLT, naquilo que não colidirem com a lei específica (Lei nº 5.889/1973);
• DSR e feriados (Lei nº 605/1949);
• Décimo terceiro salário (já garantido pela CRFB/88, mas conforme regulamentação da Lei nº 4.090/1962).
Peculiaridades quanto ao regime jurídico:
• Intervalo intrajornada é de no mínimo uma hora e o máximo varia conforme os usos e costumes da região;
• Serviços intermitentes: não é computado o tempo transcorrido entre uma e outra parte da tarefa diária, desde que a circunstância tenha sido anotada na CTPS;
• Trabalho noturno diferenciado e remuneração da hora noturna diferenciada (ver esquema específico);
• Fornecimento de utilidades: só poderão ser descontadas, a título de utilidades, as seguintes parcelas, calculadas sobre o salário mínimo, independentemente do salário recebido pelo empregado: a) até 20% para habitação/morada; b) até 25% para alimentação sadia e farta. O desconto deve ser previamente autorizado pelo empregado;
• Redução da jornada durante o aviso-prévio: um dia por semana (ao invés de 2h por dia ou 7 dias corridos).
Prescrição:
• A mesma aplicável ao trabalhador urbano (5 anos, limitados a 2 anos após a extinção do contrato de trabalho).

6.2.5. Mãe social

Nos termos da Lei nº 7.644/1987, a mãe social é a empregada que se ativa em casas-lares, cuja atividade consiste na assistência de menores abandonados, sendo que a mãe social deve residir na casa-lar com até dez menores.

O vínculo de emprego, no caso, se forma com a entidade de assistência social para a qual trabalha a mãe social. Os direitos garantidos à mãe social são aqueles previstos na Lei nº 7.644/1987 (salário mínimo, repouso semanal remunerado, anotação da CTPS, férias, previdência, décimo terceiro salário e FGTS).

Esta figura não apresenta significativa importância para concursos, salvo os da Magistratura do Trabalho, para cujos candidatos recomendo a leitura atenta da Lei nº 7.644/1987, ao passo que normalmente são cobradas, na primeira fase, questões literais do diploma legal.

6.2.6. Aprendiz

O **aprendiz é empregado**; porém, por disposição legal, seu contrato de trabalho é de natureza especial. Com efeito, dispõe o art. 428, *caput*, da CLT, *in verbis*:

> Art. 428. Contrato de aprendizagem é o contrato de trabalho especial, ajustado por escrito e por prazo determinado, em que o empregador se compromete a assegurar ao maior de 14 (quatorze) e menor de 24 (vinte e quatro) anos inscrito em programa de aprendizagem formação técnico-profissional metódica, compatível com o seu desenvolvimento físico, moral e psicológico, e o aprendiz, a executar com zelo e diligência as tarefas necessárias a essa formação.

Assim, o contrato de aprendizagem é um **contrato de trabalho especial**, que mescla a prestação de serviços tradicional à aprendizagem profissional do trabalhador, a fim de lhe garantir qualificação e formação profissional metódica.

6.2.6.1. Fundamento legal

O contrato de aprendizagem é regulado pelos arts. 428-433 da CLT, bem como pelo Decreto nº 9.579/2018.

6.2.6.2. Especificidades do contrato de aprendizagem

Como contrato de trabalho especial que é, o contrato de aprendizagem possui várias peculiaridades, dentre as quais se destacam as seguintes:

a) o contrato exige forma solene, ou seja, **deve ser necessariamente escrito**;

b) trata-se de **contrato por prazo determinado**, sendo firmado por, no **máximo**, **dois anos**, exceto para trabalhadores com deficiência, para quem não há limite de duração (§ 3º do art. 428);

c) a **idade do aprendiz** é limitada, sendo de, no **mínimo, 14 anos**, e de, no **máximo, 24 anos**. Aprendizes com deficiência não se sujeitam ao limite máximo de idade (*caput*, c/c § 5º do art. 428), embora também tenham que frequentar programa de aprendizagem desenvolvido sob orientação de entidade qualificada em formação técnico-profissional metódica (§ 8º do art. 428, incluído pela Lei nº 13.146/2015);

d) exige-se o preenchimento de outros requisitos, além dos constantes do art. 3º da CLT. Com efeito, o contrato exige inscrição do trabalhador em programa de aprendizagem, anotação das circunstâncias do contrato em CTPS (em "anotações gerais"), bem como comprovação de matrícula e frequência à escola, caso o aprendiz não tenha completado o ensino médio;

e) o aprendiz tem direito ao salário mínimo hora, assim considerado o valor do salário mínimo nacional, proporcional ao número de horas trabalhadas (soma-se a carga horária prática e teórica). Desse modo, o aprendiz não tem direito ao piso da categoria (salário convencional), salvo previsão expressa em contrato ou em instrumento coletivo de trabalho;

f) o aprendiz tem direito ao FGTS, porém com alíquota diferenciada, de 2% (art. 15, § 7º, Lei nº 8.036/1990).

6.2.6.3. Cota para contratação de aprendizes

O art. 429 da CLT estabelece uma cota mínima para contratação de aprendizes, nos seguintes termos:

> Art. 429. Os estabelecimentos de qualquer natureza são obrigados a empregar e matricular nos cursos dos Serviços Nacionais de Aprendizagem número de aprendizes equivalente a **cinco por cento, no mínimo,** e **quinze por cento, no máximo,** dos trabalhadores existentes em cada estabelecimento, cujas funções demandem formação profissional.
>
> § 1º-A[62]. O limite fixado neste artigo não se aplica quando o empregador for entidade sem fins lucrativos, que tenha por objetivo a educação profissional.
>
> § 1º-B. Os estabelecimentos a que se refere o *caput* poderão destinar o equivalente a até 10% (dez por cento) de sua cota de aprendizes à formação técnico-profissional metódica em áreas relacionadas a práticas de atividades desportivas, à prestação de serviços relacionados à infraestrutura, incluindo as atividades de construção, ampliação, recuperação e manutenção de instalações esportivas e à organização e promoção de eventos esportivos[63].
>
> § 1º As frações de unidade, no cálculo da percentagem de que trata o *caput*, darão lugar à admissão de um aprendiz.
>
> § 2º Os estabelecimentos de que trata o *caput* ofertarão vagas de aprendizes a adolescentes usuários do Sistema Nacional de Atendimento Socioeducativo (Sinase) nas condições a serem dispostas em instrumentos de cooperação celebrados entre os estabelecimentos e os gestores dos Sistemas de Atendimento Socioeducativo locais[64].
>
> § 3º Os estabelecimentos de que trata o *caput* poderão ofertar vagas de aprendizes a adolescentes usuários do Sistema Nacional de Políticas Públicas sobre Drogas – SISNAD nas condições a serem dispostas em instrumentos de cooperação celebrados entre os estabelecimentos e os gestores locais responsáveis pela prevenção do uso indevido, atenção e reinserção social de usuários e dependentes de drogas[65].

O conceito de estabelecimento é dado atualmente pelo art. 51, § 2º, do Decreto nº 9.579/2018[66], nos seguintes termos:

> § 2º Para fins do disposto neste Capítulo, considera-se estabelecimento todo complexo de bens organizado para o exercício de atividade econômica ou social do empregador, que se submeta ao regime da CLT, aprovada pelo Decreto-Lei nº 5.452, de 1943.

Caso o empregador mantenha mais de um estabelecimento em um mesmo município, poderá centralizar as atividades práticas em um único estabelecimento, conforme o Decreto nº 9.579/2018 (art. 65, § 3º). A formalização do vínculo de emprego, entretanto, deve ser feita com o estabelecimento que esteja obrigado a cumprir a cota.

Exemplo: determinada empresa tem três estabelecimentos no município de Caxias do Sul, sendo obrigada, por força do disposto no art. 429 da CLT, a contratar cinco aprendizes para cada um dos estabelecimentos. Como mencionado, esta empresa poderá concentrar

---

[62] Consta exatamente desta forma (§ 1º-A antes do § 1º) na redação da norma disponível no *site* da Presidência da República.

[63] Redação dada pela Lei nº 13.420/2017.

[64] § 2º incluído pela Lei nº 12.594/2012.

[65] § 3º incluído pela Lei nº 13.840/2019.

[66] O referido Decreto nº 9.579/2018, que dispõe sobre a criança e o adolescente, e inclusive sobre a aprendizagem, revogou o Decreto nº 5.598/2005, o qual dispunha sobre a aprendizagem.

a atividade prática dos quinze aprendizes em um único estabelecimento, mas o registro (e, naturalmente, a anotação da CTPS) deve obedecer à cota de cada um; ou seja, serão registrados cinco aprendizes em cada estabelecimento.

A fim de aferir as funções que demandam formação profissional, dever-se-á utilizar a Classificação Brasileira de Ocupações – CBO, excluindo da base de cálculo, de plano, as seguintes funções:

a) as que demandam habilitação profissional de nível técnico ou superior;
b) cargos de direção, gerência ou confiança (assim definidos conforme critérios da CLT);
c) trabalhadores temporários;
d) aprendizes já contratados.

Observe-se que o critério estabelecido pelo Decreto nº 9.579/2018 é objetivo (utilização da CBO), não importando que a função eventualmente seja proibida para menores de 18 anos, até porque a aprendizagem não mais se limita a menores. Nesse sentido, julgado divulgado no *Informativo nº 167 do TST*[67]:

> RECURSO DE EMBARGOS EM RECURSO DE REVISTA. LEI 11.496/2007. CONTRATO DE APRENDIZAGEM. BASE DE CÁLCULO. FAXINEIROS, GARIS, VARREDORES DE RUA, SERVENTES E SIMILARES. INCLUSÃO. 1. Nos termos do art. 429 da CLT, "os estabelecimentos de qualquer natureza são obrigados a empregar e matricular nos cursos dos Serviços Nacionais de Aprendizagem número de aprendizes equivalente a cinco por cento, no mínimo, e quinze por cento, no máximo, dos trabalhadores existentes em cada estabelecimento, cujas funções demandem formação profissional". 2. E, a teor do art. 10 do Decreto 5.598/2005, que regulamenta a contratação de aprendizes, "para a definição das funções que demandem formação profissional, deverá ser considerada a Classificação Brasileira de Ocupações (CBO), elaborada pelo Ministério do Trabalho e Emprego". 3. No caso, a discussão devolvida à apreciação desta Subseção diz respeito às atividades de faxineiro, gari, servente, coletor, varredor de rua e similares, que estão elencadas na Classificação Brasileira de Ocupações como ocupações que demandam formação profissional para efeitos do cálculo do número de aprendizes. 4. Destaca-se que a formação profissional demandada pelas atividades de faxineiro, gari, servente, coletor, varredor de rua e similares é compatível com o desenvolvimento físico, moral e psicológico do aprendiz, conforme disciplinado no art. 428 da CLT. 5. Registre-se, ainda, que não restou concretizada qualquer das exceções previstas no art. 10, § 1º, do Decreto 5.598/2005 ("funções que demandem, para o seu exercício, habilitação profissional de nível técnico ou superior, ou, ainda, as funções que estejam caracterizadas como cargos de direção, de gerência ou de confiança"). 6. Devida, assim, a inclusão dessas funções na base de cálculo para a contratação de aprendizes, exegese que permite atribuir máxima efetividade ao princípio da proteção integral e ao direito do jovem à profissionalização, na forma do art. 227 da CF. Recurso de embargos conhecido e provido. (TST, SDI-1, E-RR-191-51.2010.5.03.0013, Rel. Min. Hugo Carlos Scheuermann, Data de Julgamento: 05.10.2017, *DEJT* 17.11.2017).

A Instrução Normativa MTP nº 2/2021 fixa em sete o número mínimo de empregados do estabelecimento para que seja exigida a contração de aprendizes. A razão de ser é simples: para empresas com até seis empregados, a contratação de um aprendiz extrapolaria a cota máxima de 15%.

---

[67] No mesmo sentido, o seguinte julgado, também da SDI-1, divulgado no *Informativo nº 143 do TST*: E-ED--RR-2220-02.2013.5.03.0003, Rel. Min. José Roberto Freire Pimenta, j. 01.09.2016, *DEJT* 21.10.2016.

Por fim, as microempresas e as empresas de pequeno porte são dispensadas da obrigatoriedade de contratar aprendizes. Podem fazê-lo, entretanto, de forma facultativa, observado, neste caso, o limite máximo (15%).

6.2.6.4. Número insuficiente de vagas no "Sistema S"

Não havendo vagas suficientes para aprendizagem nos órgãos do chamado "Sistema S" (SENAI, SENAC, SENAR, SENAT, SESCOOP), poderá o empregador contratar aprendizes matriculados em outras entidades qualificadas em formação técnico-profissional, nos termos do disposto no art. 430 da CLT:

> Art. 430. Na hipótese de os Serviços Nacionais de Aprendizagem não oferecerem cursos ou vagas suficientes para atender à demanda dos estabelecimentos, esta poderá ser suprida por outras entidades qualificadas em formação técnico-profissional metódica, a saber:
>
> I - Escolas Técnicas de Educação;
>
> II - entidades sem fins lucrativos, que tenham por objetivo a assistência ao adolescente e à educação profissional, registradas no Conselho Municipal dos Direitos da Criança e do Adolescente.
>
> III - entidades de prática desportiva das diversas modalidades filiadas ao Sistema Nacional do Desporto e aos Sistemas de Desporto dos Estados, do Distrito Federal e dos Municípios[68].
>
> (...)

No caso de a aprendizagem ocorrer em uma entidade sem fins lucrativos que tenha por objetivo a assistência ao adolescente e à educação profissional, poderá esta entidade contratar o aprendiz e repassá-lo, **mediante terceirização**, à empresa tomadora dos serviços.

Este é o sentido do art. 431, segundo o qual "a contratação do aprendiz poderá ser efetivada pela empresa onde se realizará a aprendizagem ou pelas entidades mencionadas nos incisos II e III do art. 430, caso em que não gera vínculo de emprego com a empresa tomadora dos serviços".

Neste caso, aplica-se a hipótese de responsabilização prevista para a terceirização lícita, ou seja, a responsabilidade subsidiária do tomador.

6.2.6.5. Jornada de trabalho do aprendiz

A jornada de trabalho do aprendiz é especial, limitada pelo art. 432 da CLT:

> Art. 432. A duração do trabalho do aprendiz não excederá de seis horas diárias, sendo **vedadas a prorrogação e a compensação de jornada**.
>
> § 1º O limite previsto neste artigo **poderá ser de até oito horas diárias** para os aprendizes que já tiverem completado o ensino fundamental, **se nelas forem computadas as horas destinadas à aprendizagem teórica**.

6.2.6.6. Extinção do contrato de aprendizagem

Normalmente, o contrato de aprendizagem extinguir-se-á naturalmente, seja pelo decurso do prazo (até dois anos), seja pelo término do curso, ou ainda quando o aprendiz completar 24 anos (exceto no caso do portador de deficiência). Se assim não ocorrer, entretanto, não é devida qualquer indenização.

---

[68] Inciso III incluído pela Lei nº 13.420/2017.

Nos termos do art. 433 da CLT, o contrato de aprendizagem pode ser rescindido antecipadamente nas seguintes hipóteses:

- desempenho insuficiente ou inadaptação do aprendiz, salvo para o aprendiz com deficiência quando desprovido de recursos de acessibilidade, de tecnologias assistivas e de apoio necessário ao desempenho de suas atividades[69];
- falta disciplinar grave;
- ausência injustificada à escola que implique perda do ano letivo; ou
- a pedido do aprendiz.

Reitere-se que, em caso de rescisão antecipada do contrato de aprendizagem, **não se aplicam** as indenizações previstas em caso de rescisão antecipada de contratos por prazo determinado (arts. 479 e 480 da CLT).

O desempenho insuficiente ou inadaptação deverão ser atestados pela entidade responsável pela qualificação, mediante laudo.

Considera-se falta disciplinar grave, para os efeitos do art. 433, II, da CLT, qualquer daquelas arroladas no art. 482 da CLT.

6.2.6.7. Férias

As férias do aprendiz devem coincidir, *preferencialmente*, com o período de férias escolares, sendo que o período de férias deve ser estabelecido no programa de aprendizagem e observado pelo empregador.

Especificamente no caso dos aprendizes menores de 18 anos, aplica-se o disposto na CLT em relação às férias do menor, ou seja, as férias deverão necessariamente coincidir com as férias escolares. Ressalte-se, todavia, que não mais existe vedação ao parcelamento das férias do menor de 18 anos, tendo em vista que a Lei nº 13.467/2017 revogou o § 2º do art. 134 da CLT.

6.2.6.8. Descumprimento das condições especiais para contratação do aprendiz

Verificado o descumprimento da Lei no que diz respeito à contratação do aprendiz, considerar-se-á a regra geral, que é o contrato por prazo indeterminado.

Neste sentido, o art. 80 da Instrução Normativa MTP nº 2/2021:

Art. 80. A descaracterização do contrato de aprendizagem acarretará sua nulidade e ocorrerá nas seguintes hipóteses:

I – quando houver descumprimento das disposições legais e regulamentares relativas à aprendizagem;

II – na ausência de correlação entre as atividades práticas executadas pelo aprendiz e as previstas no curso de aprendizagem; ou

III – pela contratação de entidades sem fins lucrativos e entidades de práticas desportivas não habilitadas ou com curso de aprendizagem não cadastrado no Cadastro Nacional de Aprendizagem Profissional.

§ 1º Descaracterizada a aprendizagem, caberá a lavratura dos autos de infração pertinentes, e o contrato de trabalho passará a ser considerado por prazo indeterminado, com as consequências jurídicas e financeiras decorrentes.

---

[69] O inciso I do art. 433 da CLT teve a redação alterada pela Lei nº 13.146/2015 (Estatuto da Pessoa com Deficiência).

§ 2º Quando a contratação do aprendiz ocorrer por intermédio de entidade sem fins lucrativos ou entidades de práticas desportivas, o ônus da descaracterização caberá ao estabelecimento responsável pelo cumprimento da cota de aprendizagem, com o qual o vínculo empregatício será estabelecido diretamente.

§ 3º A configuração direta do vínculo empregatício não se aplica aos órgãos da Administração Pública que tenham contratado aprendizes.

§ 4º A nulidade do contrato de aprendizagem firmado com menor de dezesseis anos implica a imediata rescisão contratual, sem prejuízo das sanções pertinentes e do pagamento das verbas rescisórias devidas.

APRENDIZ

Conceito:
* O contrato de aprendizagem é um contrato de trabalho especial, marcado não só pela prestação de serviços, mas também pela formação técnico-profissional metódica, visando qualificar o aprendiz para o exercício pleno da atividade profissional.

Peculiaridades quanto ao regime jurídico:
* A lei exige forma solene (contrato escrito);
* A contratação é por prazo determinado (máximo 2 anos, salvo para o aprendiz com deficiência);
* Podem ser aprendizes trabalhadores entre 14 e 24 anos (salvo para o aprendiz com deficiência, hipótese em que não se aplica a idade máxima);
* Devem ser preenchidos outros requisitos legais, como matrícula no curso de aprendizagem técnico-profissional metódica, frequência regular à escola e anotação das circunstâncias especiais do contrato na CTPS;
* O aprendiz tem direito ao salário mínimo hora, salvo previsão mais benéfica em contrato ou norma coletiva;
* O FGTS é recolhido com alíquota diferenciada (2%);
* A jornada de trabalho é limitada a seis horas, salvo se o aprendiz já tiver completado o ensino fundamental, hipótese em que a jornada pode ser de até oito horas, já computadas as horas destinadas à aprendizagem teórica;
* São vedadas a prorrogação e a compensação de jornada;
* As férias devem coincidir preferencialmente com as férias escolares, e devem estar previstas no programa de aprendizagem. No caso do aprendiz menor de 18 anos, as férias devem necessariamente coincidir com as férias escolares.

Obrigatoriedade de contratação de aprendizes (cota mínima e máxima):
* Mínimo 5% e máximo 15%, dos trabalhadores existentes em cada estabelecimento, cujas funções demandem formação profissional;
* Frações de unidade dão lugar à contratação de um aprendiz (arredondamento "para cima");
* ME e EPP não são obrigadas a contratar aprendizes.

Extinção do contrato:
* Não há possibilidade de dispensa sem justa causa pelo empregador;
* As hipóteses de extinção do contrato de aprendizagem são previstas taxativamente:
  – Termo final do contrato (extinção normal);
  – Quando o aprendiz completar 24 anos, salvo o PNE (extinção normal);
  – Por desempenho insuficiente ou inadaptação do aprendiz, salvo para o aprendiz com deficiência quando desprovido de recursos de acessibilidade, de tecnologias assistivas e de apoio necessário ao desempenho de suas atividades;
  – Por falta disciplinar grave;
  – Por ausência injustificada à escola que implique perda do ano letivo;
  – A pedido do aprendiz.
* Nas hipóteses de extinção antecipada não se aplica o disposto nos arts. 479 e 480 da CLT.

APRENDIZ
Inobservância das condições especiais:
• Implica a aplicação da regra geral, ou seja, o reconhecimento da relação de emprego tradicional (descaracterização do contrato de aprendizagem).

6.2.7. Empregado público

É o empregado que presta serviços à Administração Pública sob a égide do regime geral de emprego, ou seja, regido pela CLT. Em contraposição ao *empregado público*, o *servidor público estatutário* também presta serviços à Administração Pública; porém, seu vínculo com ela não é de emprego, e sim administrativo, de natureza estatutária.

Deixaremos de lado neste tópico a questão acerca de quais órgãos da Administração Pública podem contratar empregados públicos e, notadamente, a questão do regime jurídico único, reavivado em julgado do Supremo Tribunal Federal, tendo em vista que tais matérias são estudadas no Direito Administrativo.

De interessante para as provas de Direito do Trabalho, resta mencionar que o empregado público deve, por força do art. 37, II, da CRFB[70], como condição para admissão, ser aprovado em concurso público.

Observe-se também, como será estudado adiante, que, em decorrência da aplicação ao empregado público do disposto no art. 37, II, da CRFB/88, a jurisprudência tem se consolidado no sentido de que é inválida a despedida meramente arbitrária, sem qualquer motivação, dos empregados públicos.

6.2.8. Outras figuras

Além das espécies de empregados estudadas, que são as mais comuns, podem ser mencionadas ainda outras figuras, notadamente aquelas que apresentam situações fronteiriças em relação à caracterização ou não da relação de emprego. Como são hipóteses polêmicas e geralmente constituem exceção a determinada regra, podem ser cobradas em provas de concursos públicos, embora isso não seja muito frequente. Vejamos então algumas destas situações.

a) Presidiário

O presidiário que trabalha no estabelecimento prisional visando à remição da pena (redução da pena proporcional aos dias trabalhados) não tem vínculo empregatício com o Estado, nos termos do art. 28 da Lei de Execuções Penais[71]. Assim, **o presidiário não é empregado**.

---

[70] Art. 37. A administração pública direta e indireta de qualquer dos Poderes da União, dos Estados, do Distrito Federal e dos Municípios obedecerá aos princípios de legalidade, impessoalidade, moralidade, publicidade e eficiência e, também, ao seguinte:
(...)
II – a investidura em cargo ou emprego público depende de aprovação prévia em concurso público de provas ou de provas e títulos, de acordo com a natureza e a complexidade do cargo ou emprego, na forma prevista em lei, ressalvadas as nomeações para cargo em comissão declarado em lei de livre nomeação e exoneração;
(...)

[71] Assim dispõe o art. 28 da Lei nº 7.210/1984 (Lei de Execuções Penais): "Art. 28. O trabalho do condenado, como dever social e condição de dignidade humana, terá finalidade educativa e produtiva. (...) § 2º O trabalho do preso não está sujeito ao regime da Consolidação das Leis do Trabalho".

b) **Relação de emprego entre parentes**

Em princípio, a simples existência de laços de parentesco não afasta a possibilidade da configuração da relação de emprego, a qual só deverá ser afastada se, no caso concreto, restar verificada a motivação afetiva ao invés da subordinação, ou a falta de qualquer dos demais requisitos da relação de emprego.

Aqui cabem alguns esclarecimentos. Em primeiro lugar, como já se mencionou quando do estudo da figura jurídica do empregado doméstico, em regra não é admitido o vínculo empregatício entre cônjuges, pois entre eles há sociedade de fato e não relação de subordinação (jurídica, frise-se). Quanto aos filhos, entretanto, a regra é a configuração do vínculo empregatício, desde que preenchidos todos os requisitos legais. Este é, inclusive, o entendimento do Ministério do Trabalho, que editou o seguinte Precedente Administrativo[72]:

PRECEDENTE ADMINISTRATIVO Nº 85
Parentesco. Relação de emprego. Possibilidade. A caracterização da relação de emprego pode ser estabelecida entre familiares, não sendo o parentesco fator impeditivo da configuração do vínculo empregatício.
REFERÊNCIA NORMATIVA: art. 3º da CLT.

c) **Relação de emprego entre instituição religiosa e seus colaboradores**

Há **duas espécies de trabalhadores vinculados a instituições religiosas**: os prestadores de serviço em geral como, por exemplo, um faxineiro, um secretário, um "serviços gerais", sendo certo que estes trabalhadores são **empregados**. Por outro lado, também está isenta de dúvidas a situação dos **trabalhadores voluntários** que se vinculam à instituição religiosa. Estes trabalhadores **não** são empregados, ao passo que falta à sua relação com o tomador dos serviços a onerosidade (intenção onerosa ou *animus contrahendi*).

A grande controvérsia diz respeito à situação jurídica dos "ministros da fé", assim considerados os padres, pastores e assemelhados. Com efeito, doutrina e jurisprudência tendem a negar a tais pessoas a condição de empregados, pois, a rigor, os serviços por elas prestados são destinados à sociedade em geral, e não diretamente à instituição a que se vinculam.

Neste sentido, Alice Monteiro de Barros ensina que "*o trabalho de cunho religioso não constitui objeto de um contrato de emprego, pois, sendo destinado à assistência espiritual e à divulgação da fé, ele não é avaliável economicamente*", e completa que "*nos serviços religiosos prestados ao ente eclesiástico não há interesses distintos ou opostos, capazes de configurar o contrato; as pessoas que os executam o fazem como membros da mesma comunidade, dando um testemunho de generosidade, em nome de sua fé*"[73].

Em consonância com este entendimento também tem decidido o TST, salvo quando sobressaem os requisitos da relação de emprego, conforme se depreende dos seguintes arestos:

[...] AGRAVO DE INSTRUMENTO EM RECURSO DE REVISTA. RECURSO DE REVISTA REGIDO PELO CPC/2015 E PELA INSTRUÇÃO NORMATIVA Nº 40/2016 DO TST. VÍNCULO EMPREGATÍCIO. PASTOR DE IGREJA. COMPROVAÇÃO DOS ELEMENTOS CARACTERIZADORES DA RELAÇÃO EMPREGATÍCIA. COBRANÇA DE METAS E DE AUMENTO DE ARRECADAÇÃO DE DÍZIMOS E OFERTAS. NECESSIDADE DE REVOLVIMENTO DA VALORAÇÃO DE MATÉRIA FÁTICO-PROBATÓRIA. ÔNUS DA PROVA. O Regional constatou, na hipótese, que ao contrário do alegado pela ré, a relação havida

---

[72] Precedente Administrativo aprovado pelo Ato Declaratório nº 10, de 03.08.2009.
[73] BARROS, Alice Monteiro de. *Curso de Direito do Trabalho*, 6. ed., p. 467.

entre si e o reclamante não possuía "natureza religiosa e vocacional e a subordinação é de caráter eclesiástico", tampouco se trata de "trabalho voluntário para a propagação da palavra de Jesus Cristo e evangelização", conforme alegado em suas razões recursais. Ao revés, a prova dos autos demonstra a evidente existência de subordinação jurídica e onerosidade, havendo inclusive a cobrança de crescimento de arrecadação financeira e estabelecimento de metas de recolhimento de dízimo, sob pena de "ser rebaixado de cargo ou ser transferido para uma igreja menor". Não se trata, portanto, de simples trabalho voluntário e de caráter meramente eclesiástico e de evangelização. Sendo assim, a reclamada, ao reconhecer a prestação dos serviços prestados pelo reclamante e tendo alegado fato impeditivo de direito ao reconhecimento do vínculo empregatício, cabia a ela a comprovação de tais alegações, ônus do qual não se desincumbiu. Ao contrário, a prova dos autos demonstra, de forma satisfatória, a presença dos elementos caracterizadores do liame empregatício na forma prevista no artigo 3º da CLT. Assim, para se chegar à conclusão diversa, seria necessário o revolvimento da valoração de matéria fático-probatória feita pelas instâncias ordinárias, análise impossível nesta fase recursal de natureza extraordinária, na forma da Súmula nº 126 do TST. Agravo de instrumento desprovido (TST, Ag-AIRR-2442-75.2010.5.02.0011, 3ª Turma, Rel. Min. Jose Roberto Freire Pimenta, *DEJT* 30.09.2022).

Agravo de instrumento em recurso de revista em face de decisão publicada antes da vigência da Lei nº 13.015/2014. Inovação. Rediscussão de matéria fática. Súmula 126 desta Corte. O Juízo recorrido entendeu que o autor atuou como prestador de serviços voluntários, "pregador da fé e da doutrina teológica disseminada pela 1ª ré", sem o implemento dos pressupostos caracterizadores da relação de emprego. O Tribunal Regional consignou que o documento intitulado "employment agreement" não poderia ser considerado como típico contrato de trabalho, mas como pressuposto para ingresso do autor nos Estados Unidos; que a ida do autor ao exterior deu-se por seu interesse, na satisfação do chamado "desígnio de Deus", e não por imposição das reclamadas; o reclamante desenvolveu atividades tipicamente espirituais, relacionadas à devoção religiosa nas funções de pastor missionário. Concluiu que não houve a caracterização de vínculo de emprego. O reclamante busca a reanálise das provas e fatos do processo, o que encontra obstáculo na Súmula 126 desta Corte. Agravo de instrumento não provido (TST, 7ª Turma, AIRR-200-02.2009.5.01.0046, Rel. Des. Conv. Francisco Rossal de Araújo, j. 10.06.2015, *DEJT* 12.06.2015).

d) **Empregado de condomínio residencial**

Tem-se entendido que **o empregado de condomínio residencial não é doméstico**. É empregado como qualquer outro, destinatário de todos os direitos trabalhistas, até porque o condomínio residencial é pessoa jurídica[74], pelo que não poderia admitir empregado doméstico.

Neste sentido, o seguinte julgado do TST:

Agravo de instrumento. Recurso de revista. Vigia de condomínio. Relação de emprego regida pela CLT. 1. A relação de emprego entre vigia e condomínio de fato rege-se pela CLT e não pela revogada Lei nº 5.859/72, vigente à época dos fatos. 2. A circunstância de o Reclamante

---

[74] Neste sentido, TARTUCE, Flávio. *Manual de direito civil* – Volume único. São Paulo: Método, 2011, p. 890-891, ensina que: "Apesar de esse entendimento ainda ser considerado o majoritário – e por isso seguido pela maioria dos julgados –, destaque-se que há forte entendimento entre os doutrinadores contemporâneos e os da nova geração no sentido de considerar o condomínio edilício como pessoa jurídica. Seguindo essa linha, na *I Jornada de Direito Civil* (2002), foi aprovado o Enunciado 90 do CJF/STJ, pelo qual "Deve ser reconhecida personalidade jurídica ao condomínio edilício nas relações jurídicas inerentes às atividades de seu peculiar interesse". Na *III Jornada* (2004), por iniciativa dos juristas Gustavo Tepedino (UERJ) e Frederico Viegas de Lima (UnB), ampliou-se o sentido da ementa anterior, aprovando-se o Enunciado 246: "Fica alterado o Enunciado 90, com supressão da parte final: 'nas relações jurídicas inerentes às atividades de seu peculiar interesse'. Prevalece o texto: 'Deve ser reconhecida personalidade jurídica ao condomínio edilício'".

laborar para um conjunto de moradores reunidos em condomínio impede, por si só, de considerá-lo empregado doméstico, porque revela a ausência de um dos elementos essenciais a tal caracterização: a prestação de serviços à pessoa ou à família. 3. Agravo de instrumento dos Reclamados de que se conhece e a que se nega provimento (TST, 4ª Turma, AIRR-4210562-07.2010.5.05.0000, Rel. Min. João Oreste Dalazen, j. 14.09.2016, *DEJT* 16.09.2016).

e) Pedreiro que constrói obra residencial

A jurisprudência se inclina no sentido de considerar inexistente o vínculo empregatício entre o pedreiro e o proprietário de obra residencial, a uma porque o proprietário não explora atividade econômica, e a duas porque não assume o risco da atividade. **Este é o entendimento majoritário**[75] **no TST**, o qual pode ser ilustrado pelo seguinte aresto recente:

> [...] Servente. Trabalho na construção de imóvel residencial. Vínculo de emprego com o proprietário do imóvel ou com o engenheiro responsável pela obra. Não configurado. Ausência dos requisitos previstos no art. 3º da CLT. Matéria fática. 1. O Tribunal Regional manteve a sentença quanto a não configuração de vínculo de emprego entre o reclamante, servente de pedreiro, e o proprietário do imóvel residencial no qual ocorreu a prestação de serviços de construção civil (primeiro reclamado). Registrou que "a prestação de serviços esporádicos e autônomos, na qual inexistem habitualidade e subordinação, seguida de remuneração avençada mediante diária, revela a natureza jurídica civil da contratação e é incompatível com o art. 3º da CLT", e que, "em se tratando de imóvel residencial e não explorando o primeiro demandado o ramo da construção civil, não pode, em relação ao autor, ser enquadrado na condição de empregador, na forma do art. 2º da CLT". 2. A Corte de origem também concluiu pela inexistência de vínculo de emprego entre o reclamante e o segundo reclamado – engenheiro responsável pela obra –, adotando como razão de decidir os fundamentos esposados na sentença: "no que tange ao segundo reclamado, o próprio autor reconheceu que ele era o engenheiro da obra, sendo certo que o fato de ser ele o responsável pelo projeto não significa que seja o empregador e que comande os trabalhadores contratados para a execução da obra". 3. Diante das premissas fáticas retratadas pelo Tribunal Regional, a pretensão do reclamante de demonstrar a existência de relação de emprego nos moldes estabelecidos no artigo 3º da CLT exigiria o revolvimento do conjunto fático-probatório, o que é inviável em sede extraordinária (Súmula 126/TST). Agravo de instrumento conhecido e não provido (TST, 1ª Turma, AIRR-11305-71.2013.5.18.0010, Rel. Min. Hugo Carlos Scheuermann, j. 02.03.2016, *DEJT* 04.03.2016).

Não obstante, parte da doutrina, capitaneada por Alice Monteiro de Barros[76], entende que, se o pedreiro é contratado fora da hipótese legal do contrato de empreitada, é empregado do proprietário da obra, pois este dá ordens e substitui a atividade do construtor, pelo que assume os riscos inerentes à atividade.

f) Empreiteiro

O verdadeiro empreiteiro não é empregado, ainda que seja pequeno empreiteiro ou artífice.

Consoante a definição de César Fiuza, é empreitada

> "o contrato pelo qual um dos contratantes se obriga, **sem subordinação ou dependência** e sem qualquer vínculo empregatício, a **entregar ao outro o resultado** de sua atividade, **pessoalmente**

---

[75] Em sentido contrário, RR 79000-52.2005.5.19.0056, 6ª Turma, Rel. Min. Augusto César Leite de Carvalho, *DEJT* 10.12.2010.
[76] BARROS, Alice Monteiro de. *Curso de Direito do Trabalho*. 6. ed., p. 346.

ou por interposta pessoa, com material próprio ou não, mediante remuneração determinada ou proporcional ao trabalho executado"[77] (grifos meus).

Dessa forma, o contrato de **empreitada é contrato de resultado**, isto é, contrata-se a realização de uma obra determinada, esperando-se apenas um resultado também determinado. Por sua vez, o **contrato de trabalho é contrato de atividade**, no qual a rigor o tomador explora a energia de trabalho do obreiro, independentemente do resultado.

Além disso, a grande distinção entre o contrato de emprego e o contrato de empreitada é a ausência de subordinação (autonomia) que caracteriza este último. Com efeito, o empreiteiro trabalha com autonomia, sem qualquer fiscalização de quem o pagará.

Cabe esclarecer também que a pessoalidade não é inerente ao contrato de empreitada, razão pela qual se admite seja o prestador de serviços inclusive pessoa jurídica. Sendo pessoa física o empreiteiro, não é da essência do contrato a infungibilidade, isto é, a impossibilidade de substituição por outro. Neste sentido a expressão "ou por interposta pessoa" do conceito supramencionado.

Uma última observação. Até 2004 era muito explorada, inclusive em concursos públicos, a questão do pequeno empreiteiro ou artífice. Não obstante seja autônomo, o pequeno empreiteiro ou artífice mereceu receber do legislador, em decorrência de sua flagrante hipossuficiência, tratamento diferenciado. Isso porque, em que pese o pequeno empreiteiro ou artífice mantenha com o dono da obra contrato de direito civil (empreitada), o art. 652, "a", III, da CLT, lhe conferia proteção especial, estendendo à Justiça do Trabalho a competência material para julgar as lides resultantes de contratos de empreitada em que o empreiteiro seja operário ou artífice. Lembre-se de que a regra, até 2004, era a competência material da Justiça do Trabalho para processar e julgar as ações decorrentes da relação de emprego.

Entretanto, com o advento da Emenda Constitucional nº 45/2004, que estendeu a competência material da Justiça do Trabalho às lides decorrentes de todas as relações de trabalho, entendo que a questão do pequeno empreiteiro ou artífice perdeu importância, pois o que era exceção (competência da Justiça do Trabalho para julgar relação de trabalho diversa da relação de emprego) tornou-se regra.

Em resumo, devem ser memorizadas as seguintes ideias:

- o empreiteiro (mesmo o pequeno) não é empregado;
- se o contrato de empreitada é apenas um simulacro, e estão presentes os requisitos dos arts. 2º e 3º da CLT, há que ser reconhecida a relação empregatícia, em homenagem ao princípio da primazia da realidade;
- o pequeno empreiteiro ou artífice não faz jus à proteção material conferida aos empregados, isto é, a exceção do art. 652, "a", III, da CLT, refere-se tão somente à questão processual da competência material da Justiça do Trabalho, não se aplicando ao pequeno empreiteiro ou artífice os direitos trabalhistas conferidos aos empregados.

g) Empregado em cartório extrajudicial

Durante muito tempo pairaram dúvidas acerca da natureza da relação jurídica estabelecida entre o titular de cartório extrajudicial (Cartório de Registro Civil, Cartório de Registro de Imóveis, Cartório de Títulos e Documentos, entre outros) e os trabalhadores que lhes prestam serviços. Esta discussão já perdeu muito de sua importância, tendo em

---

[77] FIUZA, César. *Direito Civil: Curso Completo*. 11. ed. Belo Horizonte: Del Rey, 2008. p. 541.

vista que é hoje pacífico, tanto na doutrina quanto na jurisprudência, que **a relação jurídica do trabalhador com o cartório extrajudicial é de emprego, regida, portanto, pela CLT.**

Nesse sentido, o Precedente Administrativo nº 39 do Ministério do Trabalho e Emprego:

PRECEDENTE ADMINISTRATIVO Nº 39

Empregados em tabelionatos. Natureza jurídica do vínculo. É de natureza celetista o vínculo dos empregados em tabelionatos contratados após a edição da Lei nº 8.935, de 18 de novembro de 1994, bem como o dos servidores admitidos antes da Constituição Federal de 1988 em regime estatutário ou especial que tenham feito opção expressa pelo regime.

REFERÊNCIA NORMATIVA: Art. 236 da Constituição Federal de 1988, art. 32 do Ato das Disposições Constitucionais Transitórias, Lei nº 8.935, de 18 de novembro de 1994, Lei nº 9.534, de 10 de dezembro de 1997, Lei nº 9.812, de 10 de agosto de 1999[78].

Em consonância com tal entendimento, a jurisprudência do TST, ilustrada pelos seguintes arestos:

AÇÃO RESCISÓRIA AJUIZADA SOB A ÉGIDE DO CPC DE 2015 – PRETENSÃO RESCI-SÓRIA FUNDAMENTADA NO ART. 966, II E V, DO CPC – ALEGADA VIOLAÇÃO DOS ARTS. 48 DA LEI Nº 8.935/94 E 5º, XXXVI, 114 E 236 DA CONSTITUIÇÃO DA REPÚ-BLICA – COMPETÊNCIA DA JUSTIÇA DO TRABALHO – EMPREGADO DE CARTÓRIO EXTRAJUDICIAL ADMITIDO APÓS A CONSTITUIÇÃO FEDERAL DE 1988 E ANTES DA LEI Nº 8.935/94. 1. A incompetência absoluta que autoriza a pretensão desconstitutiva fundada no art. 966, II, do CPC é aquela que se manifesta de forma explícita e indubitável, de acordo com o regramento aplicável, o que não se verifica na hipótese. 2. Consta dos autos que o réu foi admitido como auxiliar de cartório após a promulgação da Constituição de 1988 e antes da vigência da Lei nº 8.935/94 que disciplinou as atividades dos serviços notariais e de regis-tro, conforme previu o art. 236 da Constituição Federal. 3. **No âmbito desta Corte, acerca da natureza do vínculo entre serventuário de cartório extrajudicial e o titular do cartório, prevaleceu a compreensão de que, nestes casos, nos termos do artigo 236 da Constituição Federal, os serviços notariais e de registro são exercidos em caráter privado, por delegação, razão pela qual os empregados estão sujeitos ao regime da CLT, ao menos até a vigência da Lei nº 8.935/94.** 4. Considerando que, "antes da opção prevista pelo artigo 18 da Lei nº 8.935/94, a relação havida entre os litigantes era de vínculo empregatício celetista por força de disposição constitucional", como registrado na decisão rescindenda, e que o pedido inicial da ação matriz "abrange um lapso temporal que envolve o período supracitado", revela-se competente esta Justiça Especializada para processar e julgar os litígios daí decorrentes, não se verificando violação literal dos arts. 48 da Lei nº 8.935/94 e 5º, XXXVI, 114 e 236 da Constituição da República. [...] (TST, AR-8530-24.2018.5.15.0000, Subseção II Especializada em Dissídios Individuais, Rel. Min. Amaury Rodrigues Pinto Junior, *DEJT* 17.12.2021).

[...] RECURSO DE REVISTA DA RECLAMADA. COMPETÊNCIA DA JUSTIÇA DO TRA-BALHO. CARTÓRIO EXTRAJUDICIAL. ADMISSÃO POSTERIOR A CF/88 E ANTERIOR A LEI 8.935/94. 1. O Tribunal Regional entendeu que "em decorrência da natureza privada dos serviços notariais, prevista pelo art. 236, caput, da Constituição Federal, ainda que a contratação do serventuário tenha ocorrido em data anterior à vigência da Lei n. 8.935/94, a Justiça do Trabalho é competente para dirimir controvérsias relativas ao vínculo de emprego entre cartórios extrajudiciais e seus funcionários". 2. Decidiu, assim, em harmonia com a jurisprudência desta Corte no sentido de que o art. 236 da CF é norma autoaplicável, sendo reconhecida a natureza

---

[78] Precedente Administrativo aprovado pelo Ato Declaratório nº 4, de 21.02.2002, do Diretor do Departamento de Fiscalização do Trabalho, da Secretaria de Inspeção do Trabalho, do Ministério do Trabalho e Emprego.

celetista do contrato de trabalho dos empregados de cartório extrajudicial antes mesmo da vigência da Lei Regulamentadora nº 8.935/94, emergindo a competência da Justiça do Trabalho para julgamento do feito. Recurso de revista não conhecido (TST, RR-10745-42.2018.5.03.0182, 1ª Turma, Rel. Min. Hugo Carlos Scheuermann, *DEJT* 22.11.2021).

h) Trabalhador que distribui propaganda eleitoral

Dispõe o art. 100 da Lei nº 9.504/1997 que "a contratação de pessoal para prestação de serviços nas campanhas eleitorais não gera vínculo empregatício com o candidato ou partido contratantes".

i) Fenômeno contratual da promiscuidade

Ocorre o fenômeno contratual da promiscuidade sempre que o empregado preste serviços, com finalidades diversas, sucessiva ou alternadamente, a empresas com mais de uma atividade econômica ou a empresas do mesmo grupo econômico, por meio de um único contrato[79].

Neste caso, é importante estabelecer a natureza do contrato do empregado, pois dela decorrerá o regime jurídico aplicável. Como exemplo, pode-se mencionar o empregado que trabalha tanto no plantio de cana-de-açúcar quanto na indústria açucareira[80]. Ocorre, neste caso, o fenômeno da promiscuidade contratual, porque o empregado realiza tanto atividade rural como atividade industrial.

Menciono, uma vez mais, a solução dada pela Profa. Alice Monteiro de Barros, para quem

> "... se houver promiscuidade, podem ocorrer duas situações: a) **trabalhos subordinados distintos**, mas de igual importância, caso em que se aplica a norma mais favorável ao empregado; b) **trabalhos subordinados distintos, de importância diversa**, ou seja, um deles é mais importante no tocante à qualidade, valor ou quantidade. Nesse caso, deverá ser observado o princípio da preponderância"[81] (grifos do original).

Situação semelhante costuma ocorrer com o empregado doméstico. Com efeito, é comum um empregador doméstico ter, anexo à sua residência, um estabelecimento comercial, um consultório ou um escritório de advocacia, enfim, um empreendimento com finalidade econômica. Se o empregado, em princípio doméstico, passa a prestar serviços, ainda que esporadicamente, também no estabelecimento comercial, terá ocorrido o fenômeno contratual da promiscuidade. Nesta hipótese, aplica-se ao empregado o regime jurídico mais benéfico, que, no mais das vezes, é o comercial, pois o trabalhador doméstico é o menos privilegiado dos empregados em termos de direitos trabalhistas assegurados.

OUTRAS FIGURAS (CASUÍSTICA TRABALHISTA)
Presidiário não é empregado.
Relação de emprego entre parentes é possível, salvo se não houver subordinação.

---

79 BARROS, Alice Monteiro de. *Curso de Direito do Trabalho*, 6. ed., p. 417.

80 O exemplo é da Prof.ª Alice Monteiro de Barros (*Curso de Direito do Trabalho*, 6. ed., p. 417) e ilustra o fenômeno mencionado. Fica ressalvado, entretanto, o entendimento jurisprudencial atualmente dominante no TST, conforme estudado no item 6.2.4 *supra*.

81 BARROS, Alice Monteiro de. *Curso de Direito do Trabalho*, 6. ed., p. 417.

OUTRAS FIGURAS (CASUÍSTICA TRABALHISTA)

Relação de emprego entre instituição religiosa e seus colaboradores:

• Há basicamente três tipos de colaboradores:

  – Os empregados regulares;

  – Os trabalhadores voluntários (para os quais falta o requisito onerosidade);

  – Os ministros da fé (doutrina e jurisprudência tendem a não admitir a relação de emprego).

Condomínio residencial:

• Os trabalhadores são empregados, mas não são domésticos.

Pedreiro que constrói obra residencial não é, para a doutrina e jurisprudência majoritárias, empregado.

Empreiteiro não é empregado, ainda que pequeno empreiteiro ou artífice, pois o contrato de empreitada é contrato de resultado, e não de atividade. Logo, o trabalho prestado é autônomo.

Cartório extrajudicial:

• Os colaboradores são empregados regidos pela CLT.

Trabalhador que distribui propaganda eleitoral:

• Não é empregado, consoante dispõe expressamente a Lei Eleitoral.

6.3. DEIXADINHAS

1. Considera-se empregado toda pessoa física que prestar serviços de natureza não eventual a empregador, sob a dependência deste e mediante salário.

2. Considera-se empregador a empresa, individual ou coletiva, que, assumindo os riscos da atividade econômica, admite, assalaria e dirige a prestação pessoal de serviço.

3. Logo, empregado é a pessoa física que presta serviços de forma pessoal, não eventual, onerosa e mediante subordinação.

4. É indiferente para configuração do vínculo empregatício o tipo de trabalho realizado. Basta que estejam presentes os requisitos dos arts. 3º e 2º da CLT. Assim, não haverá distinções relativas à espécie de emprego e à condição do trabalhador, nem entre o trabalho intelectual, técnico e manual.

5. É indiferente para a configuração do vínculo empregatício o local de prestação dos serviços. Por isso, é perfeitamente viável a figura do empregado em domicílio, bem como a do trabalhador a distância.

6. A exclusividade não é requisito para caracterização da relação de emprego. Pode, entretanto, ser estipulada mediante cláusula contratual.

7. O detentor de cargo ou função de confiança não perde, por este motivo, a qualidade de empregado. Entretanto, ao passo que há visível redução do âmbito de incidência da subordinação jurídica, seus direitos trabalhistas são mitigados, notadamente em relação aos seguintes aspectos: a) não incidência das normas relativas à jornada de trabalho; b) possibilidade de reversão ao cargo anteriormente ocupado; c) possibilidade de transferência unilateral.

8. Os bancários que exercem cargos ou funções de confiança não fazem jus à jornada especial do bancário (6h), desde que recebam gratificação de, no mínimo, 1/3 do salário do cargo efetivo. Também se sujeitam à reversão e à transferência unilateral.

9. O empregado eleito para ocupar cargo de diretor tem o respectivo contrato de trabalho suspenso, não se computando o tempo de serviço desse período, salvo se permanecer a subordinação jurídica inerente à relação de emprego.

10. Não há, em princípio, qualquer incompatibilidade entre as figuras do sócio e do empregado, tendo em vista que a pessoa jurídica não se confunde com a pessoa física de seus sócios. Somente não poderá ser empregado o sócio detentor de intensa participação na sociedade, caracterizada pela *affectio societatis* **(que traz consigo a ideia de autonomia).**

11. Considera-se trabalhador *hipersuficiente*, para os fins da livre estipulação de cláusulas contratuais relativas às matérias mencionadas no art. 611-A da CLT, aquele empregado portador de diploma de curso superior que perceba salário mensal igual ou superior a duas vezes o teto dos benefícios do RGPS. As cláusulas pactuadas nestes termos têm preponderância sobre a lei e sobre as normas coletivas.

12. Será considerado *hipersuficiente* economicamente, autorizando a pactuação de cláusula compromissória de arbitragem (por iniciativa do empregado ou mediante sua concordância expressa), o empregado que perceba remuneração mensal superior a duas vezes o teto dos benefícios do RGPS. Neste caso, não se exige o diploma de curso superior.

13. Empregado doméstico é aquele que presta serviços de forma contínua, subordinada, onerosa e pessoal e de finalidade não lucrativa à pessoa ou à família, no âmbito residencial destas, **por mais de 2 (dois) dias por semana.**

14. Assim, além dos requisitos da pessoalidade, onerosidade e subordinação, são requisitos adicionais para configuração do vínculo de emprego doméstico a continuidade (e não a mera não eventualidade), consistente na prestação de serviços por mais de dois dias por semana, a prestação de serviços sem finalidade lucrativa, e o empregador ser pessoa física ou família.

15. Pessoa jurídica jamais poderá admitir empregado doméstico. Admite-se, contudo, a contratação de doméstico por grupo unitário de pessoas físicas (república estudantil, por exemplo), desde que a atividade não tenha qualquer finalidade lucrativa. Os empregados de condomínios residenciais, embora ausente a finalidade lucrativa, não são considerados domésticos.

16. A natureza do serviço prestado não importa para a caracterização do empregado doméstico. Existentes os requisitos adicionais (ver 14), o empregado será doméstico. Também não importa o local da prestação dos serviços, desde que o trabalho se refira a interesse pessoal ou familiar.

17. Em regra o doméstico é regido pela Lei Complementar nº 150/2015, aplicando-se-lhe a CLT apenas subsidiariamente, observadas as peculiaridades do trabalho doméstico.

18. O doméstico tem direito ainda ao vale-transporte e aos feriados, além dos DSR e do décimo terceiro salário, já assegurados pela CRFB.

19. É vedado o trabalho doméstico do menor de 18 anos.

20. O empregado doméstico pode ser contratado por prazo determinado em hipótese de contrato de experiência, bem como para atender necessidades familiares de natureza transitória e para substituição temporária de empregado doméstico com contrato de trabalho interrompido ou suspenso.

21. As regras aplicáveis ao contrato doméstico por prazo determinado são idênticas àquelas aplicáveis aos empregados em geral, salvo em relação àquela referente à sucessão de contratos por prazo determinado, não contemplada na LC nº 150/2015.

22. Ao doméstico aplica-se a duração normal do trabalho de 8 h diárias e 44 h semanais. É obrigatório o registro de ponto por meio idôneo, independentemente do número de empregados.

23. A duração normal do trabalho do empregado em regime de tempo parcial poderá ser acrescida de horas suplementares, em número não excedente a uma hora diária, mediante acordo escrito entre empregador e empregado, aplicando-se-lhe.

24. No regime de trabalho em tempo parcial do doméstico aplica-se o limite máximo de 6 (seis) horas diárias.

25. No trabalho doméstico poderá ser pactuado, mediante acordo individual escrito, regime de compensação de horas. As primeiras 40 h extras prestadas no mês deverão ser remuneradas ou compensadas dentro do próprio mês. As horas extras excedentes das 40 primeiras poderão ser compensadas em até um ano.

26. Poderá ser instituído, mediante acordo individual escrito, regime de compensação 12x36 no trabalho doméstico. No caso, a remuneração do empregado já inclui os DSR, os feriados porventura trabalhados, bem como eventuais prorrogações do horário noturno.

27. No regime de compensação 12x36 do doméstico o intervalo intrajornada poderá ser indenizado.

28. Em relação ao empregado responsável por acompanhar o empregador prestando serviços em viagem, serão consideradas apenas as horas efetivamente trabalhadas no período, podendo ser compensadas as horas extraordinárias em outro dia.

29. O acompanhamento do empregador pelo empregado em viagem será condicionado à prévia existência de acordo escrito entre as partes.

30. A remuneração-hora do serviço em viagem será, no mínimo, 25% superior ao valor do salário-hora normal. Este adicional, contudo, poderá ser, mediante acordo, convertido em acréscimo no banco de horas, a ser utilizado a critério do empregado.

31. Em caso de prestação de horas extras durante acompanhamento do empregador doméstico em viagem, o empregado fará jus ao adicional de horas extras calculado sobre a hora normal, já acrescida do adicional de 25% pelo serviço em viagem.

32. O trabalho noturno do doméstico recebe tratamento idêntico ao dos empregados em geral.

33. O doméstico faz jus ao intervalo para repouso ou alimentação pelo período de, no mínimo, 1 h e, no máximo, 2 h, admitindo-se, mediante prévio acordo escrito entre empregador e empregado, sua redução a 30 (trinta) minutos.

34. Caso o empregado resida no local de trabalho, o período de intervalo poderá ser desmembrado em dois períodos, desde que cada um deles tenha, no mínimo, 1 h, até o limite de 4 h ao dia. Sendo desmembrado o intervalo, é obrigatória sua anotação no registro de ponto, vedada a prenotação.

35. O doméstico tem direito ao intervalo interjornadas de, no mínimo, 11 h consecutivas.

36. O período de férias do doméstico poderá, a critério do empregador, ser fracionado em até dois períodos, sendo um deles de, no mínimo, 14 dias corridos.

37. O abono de férias deverá ser requerido até 30 dias antes do término do período aquisitivo.

38. É vedado ao empregador doméstico efetuar descontos no salário do empregado por fornecimento de alimentação, vestuário, higiene ou moradia, bem como por despesas com transporte, hospedagem e alimentação em caso de acompanhamento em viagem. Tais despesas não têm natureza salarial nem se incorporam à remuneração para quaisquer efeitos.

39. É facultado ao empregador efetuar descontos no salário do empregado em caso de adiantamento salarial e, mediante acordo escrito entre as partes, para a inclusão do empregado em planos de assistência médico-hospitalar e odontológica, de seguro e de previdência privada, não podendo a dedução ultrapassar 20% do salário.

40. Poderão ser descontadas as despesas com moradia do doméstico quando essa se referir a local diverso da residência em que ocorrer a prestação de serviço, desde que essa possibilidade tenha sido expressamente acordada entre as partes.

41. O salário do empregado doméstico deverá ser pago até o dia 7 do mês seguinte ao da competência.

42. A concessão de vale-transporte pelo empregador doméstico poderá ser substituída pelo valor correspondente em dinheiro.

43. Considera-se justa causa para dispensa do empregado doméstico a submissão a maus-tratos de idoso, de enfermo, de pessoa com deficiência ou de criança sob cuidado direto ou indireto do empregado.

44. O contrato de trabalho poderá ser rescindido por culpa do empregador doméstico quando este praticar qualquer das formas de violência doméstica ou familiar contra mulheres de que trata a Lei Maria da Penha.

45. Aplicam-se ao doméstico, quanto ao aviso-prévio, as mesmas regras aplicáveis aos empregados em geral.

46. A empregada doméstica gestante tem direito à licença-maternidade de 120 dias, sem prejuízo do emprego e do salário, bem como à garantia de emprego, desde a confirmação da gravidez até cinco meses após o parto.

47. O empregado doméstico tem direito ao FGTS. Aplica-se, no que couber, a Lei nº 8.036/1990.

48. O empregador doméstico depositará a importância de 3,2% sobre a remuneração devida, no mês anterior, a cada empregado, destinada ao pagamento da indenização compensatória da perda do emprego, sem justa causa ou por culpa do empregador, não se aplicando ao empregado doméstico a indenização compensatória (multa de 40%) prevista na Lei nº 8.036/1990. Tais valores serão depositados na conta vinculada do empregado, em variação distinta daquela em que se encontrarem os valores oriundos dos depósitos mensais regulares (8%).

49. Nas hipóteses de dispensa por justa causa ou a pedido, de término do contrato de trabalho por prazo determinado, de aposentadoria e de falecimento do empregado doméstico, os valores depositados relativos à indenização compensatória da perda do emprego serão movimentados pelo empregador.

50. Na hipótese de culpa recíproca, metade dos valores depositados relativos à indenização compensatória da perda do emprego será movimentada pelo empregado, enquanto a outra metade será movimentada pelo empregador.

51. O empregado doméstico fará jus ao seguro-desemprego no valor de um salário mínimo, pelo período máximo de três meses, de forma contínua ou alternada, sempre que for dispensado sem justa causa e comprovar o vínculo empregatício, como empregado doméstico, durante pelo menos 15 meses nos últimos 24 meses.

52. Para receber o salário-família, quando for o caso, o empregado doméstico precisa apenas apresentar certidão de nascimento de filho menor.

53. O direito de ação quanto a créditos resultantes das relações de trabalho doméstico prescreve em 5 (cinco) anos até o limite de 2 (dois) anos após a extinção do contrato de trabalho.

54. A verificação, pelo Auditor Fiscal do Trabalho, do cumprimento das normas que regem o trabalho do empregado doméstico, no âmbito do domicílio do empregador, dependerá de agendamento e de entendimento prévios entre a fiscalização e o empregador.

55. A fiscalização do trabalho doméstico deverá ter natureza prioritariamente orientadora.

56. Será observado o critério de dupla visita para lavratura de auto de infração em face do empregador doméstico, salvo quando for constatada infração por falta de anotação na CTPS ou, ainda, na ocorrência de reincidência, fraude, resistência ou embaraço à fiscalização.

57. Durante a inspeção do trabalho realizada no domicílio do empregador, o Auditor Fiscal do Trabalho far-se-á acompanhar pelo empregador ou por alguém de sua família por este designado.

58. É empregado rural (ou rurícola) aquele empregado que presta serviços a empregador rural. O boia-fria é, em regra, empregado. Por sua vez, o "gato" é mero intermediário, preposto do real empregador.

59. Empregador rural é aquele que exerce atividade agroeconômica, assim considerada a exploração de atividade rural com finalidade econômica, a indústria rural (atividade de cunho industrial desenvolvida em estabelecimento agrário), bem como a exploração do turismo rural ancilar à exploração agroeconômica.

60. O empregado que trabalha em empresa de reflorestamento, cuja atividade está diretamente ligada ao manuseio da terra e de matéria-prima, é rurícola e não industriário, pouco importando que o fruto de seu trabalho seja destinado à indústria.

61. A Constituição assegura aos trabalhadores rurais os mesmos direitos conferidos aos trabalhadores urbanos.

62. O intervalo intrajornada do rurícola é de pelo menos uma hora, mas o limite máximo é dado pelos usos e costumes da região.

63. Nos serviços caracteristicamente intermitentes não serão computados, como de efetivo exercício, os intervalos entre uma e outra parte da execução da tarefa diária, desde que tal hipótese seja expressamente ressalvada na CTPS.

64. No caso do rurícola, considera-se trabalho noturno o executado entre as vinte e uma horas de um dia e as cinco horas do dia seguinte, na lavoura, e entre as vinte horas de um dia e as quatro horas do dia seguinte, na atividade pecuária.

65. O rurícola não tem direito à hora noturna reduzida. Por outro lado, tem direito ao adicional noturno de 25%.

66. Salvo as hipóteses de autorização legal ou decisão judiciária, só poderão ser descontadas do empregado rural, desde que previamente autorizado, as seguintes parcelas de salário-utilidade, calculadas sobre o salário mínimo: a) até 20% a título de moradia; b) até 25% a título de alimentação.

67. Sempre que mais de um empregado residir na mesma morada, o desconto será dividido proporcionalmente ao número de empregados, vedada, em qualquer hipótese, a moradia coletiva de famílias.

68. Rescindido ou findo o contrato de trabalho, o empregado rural será obrigado a desocupar a casa dentro de trinta dias.

69. A cessão pelo empregador, de moradia e de sua infraestrutura básica, assim como bens destinados à produção para sua subsistência e de sua família, não integram o salário do trabalhador rural, desde que caracterizados como tais, em contrato escrito celebrado entre as partes, com testemunhas e notificação obrigatória ao respectivo sindicato de trabalhadores rurais.

70. A prescrição aplicável ao rurícola é, atualmente, idêntica à aplicável ao trabalhador urbano (5 anos, limitados a 2 anos após a extinção do contrato de trabalho).

71. Em face da ausência de previsão legal, indevido o adicional de insalubridade ao trabalhador em atividade a céu aberto, por sujeição a radiação solar. Todavia, tem direito ao adicional de insalubridade o trabalhador que exerce atividade exposto ao calor acima dos limites de tolerância, inclusive em ambiente externo com carga solar, nas condições previstas no Anexo 3 da NR 15.

72. Durante o prazo do aviso-prévio, se a rescisão tiver sido promovida pelo empregador, o empregado rural terá direito a um dia por semana, sem prejuízo do salário integral, para procurar outro trabalho.

73. O salário-família é devido aos trabalhadores rurais somente após a vigência da Lei n° 8.213, de 24.07.1991.

74. Mãe social é a empregada que se ativa em casas-lares, cuja atividade consiste na assistência de menores abandonados, sendo que a mãe social deve residir na casa-lar com até dez menores.

75. O contrato de aprendizagem terá duração máxima de 2 anos, e o aprendiz deve ter entre 14 anos e 24 anos. Estes limites máximos não se aplicam ao aprendiz com deficiência, desde que comprovadas a matrícula e frequência em programa de aprendizagem desenvolvido sob orientação de entidade qualificada em formação técnico-profissional metódica.

76. O contrato de aprendizagem é um contrato de trabalho especial. Logo, o aprendiz é empregado. O contrato deve ser sempre escrito.

77. O contrato de aprendizagem exige inscrição em programa de aprendizagem, anotação das circunstâncias do contrato em CTPS e comprovação de matrícula e frequência à escola.

78. O aprendiz tem direito ao salário mínimo hora, assim considerado o valor do salário mínimo nacional, proporcional ao número de horas trabalhadas. Aplica-se, entretanto, previsão mais favorável constante de contrato ou norma coletiva.

79. O aprendiz tem direito ao FGTS, porém com alíquota diferenciada, de 2%.

80. Os estabelecimentos de qualquer natureza são obrigados a empregar e matricular nos cursos dos Serviços Nacionais de Aprendizagem número de aprendizes equivalente a cinco por cento, no mínimo, e quinze por cento, no máximo, dos trabalhadores existentes em cada estabelecimento, cujas funções demandem formação profissional.

81. A duração do trabalho do aprendiz não excederá de seis horas diárias, sendo vedadas a prorrogação e a compensação de jornada.

82. A jornada máxima poderá ser de até oito horas diárias para os aprendizes que já tiverem completado o ensino fundamental, se nelas forem computadas as horas destinadas à aprendizagem teórica.

83. O contrato de aprendizagem extinguir-se-á normalmente no seu termo ou quando o aprendiz completar 24 (vinte e quatro) anos, salvo, neste último caso, em relação ao aprendiz PNE.

84. O contrato de aprendizagem somente poderá ser extinto antecipadamente nas seguintes hipóteses: a) desempenho insuficiente ou inadaptação do aprendiz, salvo para o aprendiz com deficiência quando desprovido de recursos de acessibilidade, de tecnologias assistivas e de apoio necessário ao desempenho de suas atividades; b) falta disciplinar grave; c) ausência injustificada à escola que implique perda do ano letivo; d) a pedido do aprendiz.

85. Não se aplica a indenização prevista nos arts. 479-480 da CLT nas hipóteses de rescisão antecipada do contrato de aprendizagem.

86. O descumprimento das disposições legais e regulamentares importará a nulidade do contrato de aprendizagem, nos termos do art. 9º da CLT, estabelecendo-se o vínculo empregatício diretamente com o empregador responsável pelo cumprimento da cota de aprendizagem.

87. Empregado público é o que presta serviços à Administração Pública sob a égide do regime geral de emprego, ou seja, regido pela CLT.

88. O presidiário que trabalha para fins de comutação da pena não é empregado.

89. A relação de parentesco, por si só, não afasta a incidência da relação de emprego, que somente não se configurará se faltar algum dos requisitos legais.

90. As instituições religiosas normalmente possuem tanto empregados quanto colaboradores voluntários. Não há relação de emprego entre os ministros da fé (pastores, p. ex.) e a instituição religiosa.

91. Não há vínculo empregatício entre o pedreiro e o proprietário de obra residencial.

92. O empreiteiro, inclusive o pequeno empreiteiro ou artífice, não é empregado, e sim autônomo.

93. Trabalhadores em cartórios extrajudiciais são empregados, portanto sujeitam-se ao regime celetista.

CAPÍTULO 7

Empregador

· · · · · · · · · · · · · · · · · · · ·

Marcadores: FIGURA JURÍDICA DO EMPREGADOR; SUJEITOS DA RELAÇÃO DE EMPREGO; SUJEITO (POLO) PASSIVO DA RELAÇÃO DE EMPREGO; GRUPO ECONÔMICO; SUCESSÃO DE EMPREGADORES; CONSÓRCIO DE EMPREGADORES.

Material de estudo:

✓ Legislação: **CLT**, arts. 2°, 10, 10-A, 448 e 448-A; **Lei n° 5.889/1973**, art. 3°; **Lei n° 11.101/2005**, arts. 60 e 141; **Lei n° 8.212/1991**, art. 25-A

✓ Jurisprudência: **Súm.** 129, 239, TST; **OJ SDI-1** 92, 225, 261, 411, TST

✓ Doutrina (++)

7.1. CONCEITO E CARACTERIZAÇÃO

A CLT conceitua a figura jurídica do empregador nos seguintes termos:

> Art. 2° Considera-se empregador **a empresa**, individual ou coletiva, que, assumindo os riscos da atividade econômica, admite, assalaria e dirige a prestação pessoal de serviço.
>
> § 1° Equiparam-se ao empregador, para os efeitos exclusivos da relação de emprego, os profissionais liberais, as instituições de beneficência, as associações recreativas ou outras instituições sem fins lucrativos, que admitirem trabalhadores como empregados.
>
> (...)

A respeito do conceito legal de empregador constante do art. 2° da CLT, há duas grandes correntes doutrinárias que merecem ser mencionadas.

A **primeira corrente**, provavelmente majoritária, defende que a CLT apresenta atecnia em seu art. 2°, tanto ao confundir empresa e empregador, quanto ao considerar *equiparados a empregador* aqueles que de fato são empregadores.

Como já mencionado em outras oportunidades, são vários os dispositivos celetistas que demonstram despreocupação com o rigor técnico. E é o que ocorre, na visão desta primeira corrente, com o conceito de empregador (art. 2°). Critica-se o conceito, em primeiro lugar, por considerar que o empregador é a empresa, e não a pessoa física, jurídica ou ente despersonalizado; em segundo lugar, por considerar *equiparados a empregador* outras pessoas que, na verdade, são autênticos empregadores.

Na definição de Fábio Ulhoa Coelho[1], empresa é "... *atividade organizada no sentido de que nela se encontrem articulados, pelo empresário, os quatro fatores de produção: capital, mão de obra, insumo e tecnologia*". Assevera o mesmo autor que "*somente se emprega de modo técnico o conceito de empresa quando for sinônimo de empreendimento*".

O estabelecimento, por sua vez, é definido por Fábio Ulhoa Coelho como "*o complexo de bens reunidos pelo empresário para o desenvolvimento de sua atividade econômica*[2]". É, assim, o instrumento da atividade da empresa. O conceito legal de estabelecimento é extraído do art. 1.142 do Código Civil, segundo o qual "considera-se estabelecimento todo complexo de bens organizado, para exercício da empresa, por empresário, ou por sociedade empresária".

Diante dos conceitos de empresa e estabelecimento obtidos no ramo do Direito Comercial, conclui-se que é equivocada a identificação do empregador à noção de empresa, pois empresa não é sujeito de direitos na ordem jurídica pátria.

Nestes termos, para esta parcela da doutrina, **empregador é a pessoa (física ou jurídica) ou mesmo o ente despersonificado (p. ex., a massa falida) que contrata pessoa física para lhe prestar serviços, sendo que estes serviços devem ser prestados com pessoalidade, não eventualidade, onerosidade, alteridade e sob subordinação.**

Entretanto, há uma **segunda corrente** doutrinária que defende a definição dada pelo art. 2º da CLT, considerando-a *viés doutrinário* do legislador, com a finalidade implícita de reforçar a **ideia de despersonalização do empregador**, que, por sua vez, amplia a proteção do empregado.

Para esta corrente, o legislador quis destacar, quanto ao aspecto subjetivo do contrato de emprego, a empresa (como empreendimento) em detrimento da pessoa do tomador dos serviços (quem contrata), ideia esta que serviria de base inclusive para a teoria da sucessão de empregadores.

Mais uma vez me alinho à lição de Maurício Godinho Delgado, para quem, não obstante procedentes as críticas ao art. 2º da CLT quanto ao aspecto técnico, a "falha" da CLT acabou por colaborar para um efeito positivo, devido à **funcionalidade** do conceito legal de empregador. Neste sentido, o ilustre Ministro mineiro disserta que

> "a falha técnica celetista (ou viés doutrinário) evidenciou, no correr da experiência justrabalhista, um aspecto algo positivo, consubstanciado em sua *funcionalidade*. De fato, *a eleição do termo empresa tem o sentido funcional, prático, de acentuar a importância do fenômeno da despersonalização do empregador*. Ao enfatizar a empresa como empregador, a lei já indica que a alteração do titular da empresa não terá grande relevância na continuidade do contrato, dado que à ordem justrabalhista interessará mais a continuidade da situação objetiva da prestação de trabalho empregatício ao empreendimento enfocado, independentemente da alteração de seu titular. É o que resultará preceituado nos arts. 10 e 448 da mesma CLT[3]" (grifos no original).

Quanto ao § 1º do art. 2º da CLT, que trata dos equiparados ao empregador, há também uma segunda corrente que entende que as entidades mencionadas são realmente apenas empregadores por equiparação, sob o argumento de que não teriam personalidade jurídica. Seguindo esta linha interpretativa, por todos, Amauri Mascaro Nascimento[4].

---

[1] COELHO, Fábio Ulhoa. *Manual de Direito Comercial*. 16. ed. São Paulo: Saraiva, 2005, p. 13.

[2] Idem, p. 56.

[3] DELGADO, Maurício Godinho. *Curso de Direito do Trabalho*. 9. ed. São Paulo: LTr, 2010, p. 379.

[4] NASCIMENTO, Amauri Mascaro. *Curso de Direito do Trabalho*. 25. ed. São Paulo: Saraiva, 2010, p. 662.

De qualquer forma, é correto dizer, por exemplo, que são considerados empregadores os profissionais liberais que atuam em suas próprias residências, contando com o auxílio de secretárias.

Constata-se, portanto, que **o conceito de empregador decorre do conceito de empregado**, isto é, sempre que um trabalhador ofereça a outrem sua energia de trabalho, nos limites da relação de emprego (com pessoalidade, não eventualidade, onerosidade, subordinação e alteridade), o tomador de seus serviços será empregador, independentemente de sua natureza jurídica (pessoa física, pessoa jurídica ou mesmo ente despersonificado).

7.1.1. Características da figura do empregador

São características do empregador (ou, ainda, efeitos jurídicos decorrentes de sua existência) a sua **despersonalização** e a **assunção dos riscos do empreendimento** e do próprio trabalho contratado.

Vejamos resumidamente cada uma destas características.

a) **Despersonalização**

Quando do estudo da pessoalidade como requisito da relação de emprego, verifica-se que este caráter infungível é essencial em relação à figura do empregado, sendo absolutamente irrelevante em relação à figura do empregador. É exatamente esta a ideia de despersonalização, pela qual **o empregado se vincula ao empreendimento, e não à pessoa do empregador**, permitindo assim que se afirme que a mudança subjetiva na empresa (mudança dos sócios, por exemplo) não afetará os contratos de trabalho vigentes.

Dessa forma, em relação à pessoa do empregador predomina a *impessoalidade*, o que viabiliza a aplicação concreta do princípio da continuidade da relação de emprego.

b) **Assunção dos riscos do empreendimento**

Se, por um lado, o empregador detém o poder de dirigir a prestação de serviços, determinando, por exemplo, o tempo, o modo e o local de trabalho, por outro lado, face oposta da mesma moeda, caberá ao empregador assumir integralmente os riscos do negócio (empreendimento), aí considerados inclusive os riscos do próprio contrato de trabalho celebrado com seus empregados.

Ao atribuir exclusivamente ao empregador os riscos do empreendimento (art. 2º), a CLT proíbe que sejam distribuídos eventuais prejuízos entre os empregados. O raciocínio é simples: o **contrato de trabalho** não é um contrato de resultado, e sim um **contrato de prestação (atividade)**. A parte que cabe ao empregado neste contrato é simplesmente colocar à disposição do empregador sua energia de trabalho e cumprir as ordens patronais quanto ao modo de execução do trabalho. Como visto anteriormente, é característica da relação de emprego a *alheabilidade* da prestação dos serviços. Neste diapasão, se o empreendimento resulta em lucros, não será dividido com os empregados este resultado positivo, sendo certo que os obreiros continuarão a receber seus salários normais[5]. Em contrapartida, se o empreendimento resulta em perdas ou prejuízos, também não caberá ao empregado suportar tal resultado negativo.

Assim, dificuldades financeiras do empregador não autorizam, por exemplo, o atraso no pagamento dos salários dos empregados, bem como o não recolhimento dos encargos sociais. No mesmo sentido, a regra da assunção dos riscos pelo empregador impede que

---

5   A previsão em norma coletiva de participação nos lucros ou resultados, nos termos da Lei nº 10.101/2000, não altera este cenário, visto que constitui incentivo à produtividade e à integração entre capital e trabalho, e não exatamente contraprestação. Tanto é assim que a parcela não tem natureza salarial.

sejam efetuados descontos nos salários dos empregados, salvo nas hipóteses legais e normativas, nos termos do art. 462 da CLT.

Finalmente, há que se observar que os dispositivos celetistas que atenuam o risco empresarial devem ser reinterpretados à luz da CRFB/88. Como exemplo, a regra do art. 503 da CLT:

> Art. 503. É lícita, em caso de força maior ou prejuízos devidamente comprovados, a redução geral dos salários dos empregados da empresa, proporcionalmente aos salários de cada um, não podendo, entretanto, ser superior a 25% (vinte e cinco por cento), respeitado, em qualquer caso, o salário mínimo da região.
>
> Parágrafo único. Cessados os efeitos decorrentes do motivo de força maior, é garantido o restabelecimento dos salários reduzidos.

Em que pese a atenuação dos riscos do empreendimento pela própria CLT, **o dispositivo mencionado acima não foi totalmente recepcionado pela CRFB**, tendo em vista o disposto no seu art. 7º, VI, segundo o qual eventual hipótese de redução salarial só será admitida se precedida de negociação coletiva, garantida a participação do sindicato dos trabalhadores.

Cabe mencionar que outra hipótese excepcional de redução de salários independentemente de negociação coletiva foi prevista pela Lei nº 14.437/2022, a qual estabeleceu que, em casos de enfrentamento das consequências sociais e econômicas de estado de calamidade pública em âmbito nacional ou estadual, distrital ou municipal, reconhecido pelo Poder Executivo federal, fica permitida a instituição, pelo Poder Executivo federal, de Programa Emergencial de Manutenção do Emprego e da Renda, o qual *inclui a possibilidade de redução de jornada e salários mediante acordo individual escrito* (art. 25, II, c/c art. 29, II). Embora tal previsão me pareça flagrantemente inconstitucional, por violar norma expressa da Constituição vigente que exige negociação coletiva para redução de salários (art. 7º, VI), o STF, em situação semelhante (ADI 6363), validou normas de exceção editadas durante a pandemia de Covid-19.

De toda forma, tal norma, **aplicável apenas em hipóteses excepcionais devidamente reconhecidas como tal pelo Poder Executivo federal**, não afasta, naturalmente, o disposto no art. 7º, VI, da CRFB/88, que continua impondo, quando menos como regra geral, a releitura dos dispositivos celetistas que preveem a atenuação do risco empresarial.

7.2. GRUPO ECONÔMICO

O *grupo econômico* é instituto trabalhista que prevê a **solidariedade** das empresas integrantes de um conglomerado empresarial (configurado de forma *sui generis*, de acordo com a legislação e princípios próprios trabalhistas) em relação aos créditos trabalhistas dos empregados de qualquer das empresas do grupo.

Na definição de Maurício Godinho Delgado,

> "O grupo econômico aventado pelo Direito do Trabalho define-se como a figura resultante da vinculação justrabalhista que se forma entre dois ou mais entes favorecidos direta ou indiretamente pelo mesmo contrato de trabalho, em decorrência de existir entre esses entes laços de direção ou coordenação em face de atividades industriais, comerciais, financeiras, agroindustriais ou de qualquer outra natureza econômica[6]".

---

6   DELGADO, Maurício Godinho. *Curso de direito do trabalho*. 9. ed. São Paulo: LTr, 2010, p. 385.

A sustentação legal da figura do grupo econômico é encontrada tanto no art. 2º, § 2º, da CLT, quanto no art. 3º, § 2º, da Lei nº 5.889/1973 (Lei do Trabalho Rural). Seguindo a melhor doutrina, para adequada compreensão do instituto, devemos analisar os dois dispositivos em conjunto:

(CLT) Art. 2º (...)

§ 2º Sempre que uma ou mais empresas, tendo, embora, cada uma delas, personalidade jurídica própria, estiverem sob a direção, controle ou administração de outra, ou ainda quando, mesmo guardando cada uma sua autonomia, integrem grupo econômico, serão responsáveis solidariamente pelas obrigações decorrentes da relação de emprego[7].

(Lei nº 5.889/1973) Art. 3º (...)

§ 2º Sempre que uma ou mais empresas, embora tendo cada uma delas personalidade jurídica própria, estiverem sob direção, controle ou administração de outra, ou ainda quando, mesmo guardando cada uma sua autonomia, integrem grupo econômico ou financeiro rural, serão responsáveis solidariamente nas obrigações decorrentes da relação de emprego.

Inicialmente, o grupo econômico foi idealizado na legislação trabalhista como forma de proteção do trabalhador, consubstanciada na ampliação das garantias de satisfação do crédito trabalhista. Isto porque, ao invés de um único "garante" para o crédito (o empregador "direto"), a figura do grupo econômico para fins justrabalhistas amplia objetivamente as garantias oferecidas ao trabalhador, ao passo que vincula o patrimônio de todas as empresas do grupo como garantia de satisfação do crédito trabalhista dos empregados de cada uma das empresas integrantes do grupo econômico. Este efeito garantidor do crédito trabalhista é denominado **solidariedade passiva** decorrente do grupo econômico.

Esquematicamente teríamos o seguinte, por exemplo:

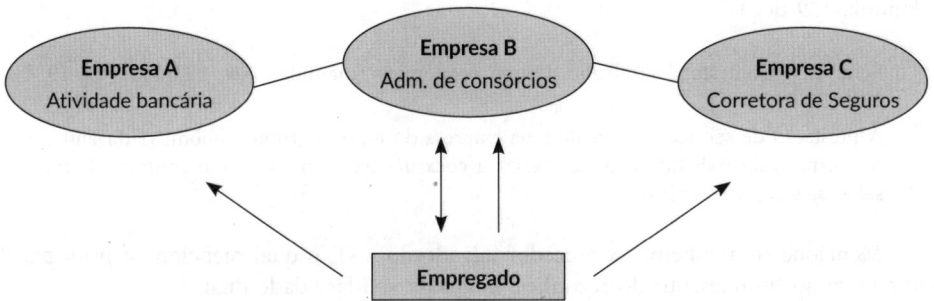

No exemplo do esquema acima, o empregado mantinha vínculo de emprego com a Empresa "B", que por sua vez formava grupo econômico com a Empresa "A" e com a Empresa "C". Caso o empregado tenha créditos trabalhistas a receber de seu empregador (Empresa "B"), poderá cobrá-los indistintamente[8] de qualquer uma das empresas do grupo ("A", "B" ou "C"). No exemplo, podemos verificar ainda que **a formação do grupo econô-**

---

7   Redação dada pela Lei nº 13.467/2017.

8   **A solidariedade** é regulada pelo Direito Civil e **decorre da lei ou da vontade das partes**, nos termos do art. 265 do CCB. O art. 264 do CCB dispõe que *"há solidariedade, quando na mesma obrigação concorre mais de um credor, ou mais de um devedor, cada um com direito, ou obrigado, à dívida toda"*. Ocorre a solidariedade passiva sempre que existe um credor e vários devedores igualmente obrigados à dívida toda, conforme o art. 275 do CCB: *"o credor tem direito a exigir e receber de um ou de alguns dos devedores, parcial ou totalmente, a dívida comum..."*.

mico para fins justrabalhistas não exige que as empresas integrantes do grupo exerçam a mesma atividade econômica.

A partir da criação da figura legal da solidariedade passiva, a jurisprudência desenvolveu a ideia de **solidariedade ativa** decorrente do grupo econômico, segundo a qual cada uma das empresas integrantes do grupo econômico pode usufruir da energia de trabalho dos empregados de qualquer uma das empresas do grupo, sem que com isso se formem *necessariamente* diversos contratos de trabalho simultâneos. Assim, um empregado pode prestar serviços indistintamente, sob o mesmo vínculo de emprego, às empresas "A", "B" e "C", integrantes do grupo econômico do nosso exemplo.

Esquematicamente, teríamos:

Em que pese a existência de respeitáveis argumentos doutrinários negando ao grupo econômico o efeito da solidariedade ativa, o fato é que a doutrina majoritária e a jurisprudência consolidada do TST apontam no sentido da sua admissibilidade. Neste sentido, a Súmula 129 do TST, *in verbis*:

> Súm. 129. Contrato de trabalho. Grupo econômico (mantida). Res. 121/2003, *DJ* 19, 20 e 21.11.2003.
>
> A prestação de serviços a mais de uma empresa do mesmo grupo econômico, durante a mesma jornada de trabalho, não caracteriza a coexistência de mais de um contrato de trabalho, salvo ajuste em contrário.

Mencione-se, também, esclarecedor julgado do TST, o qual menciona o *princípio da simetria* como fundamento do reconhecimento da solidariedade dual:

> (...) Grupo econômico. Responsabilidade solidária. Unicidade contratual. Prescrição parcial. 1. O art. 2º, § 2º, da Consolidação das Leis do Trabalho, que prevê a responsabilidade solidária das empresas integrantes do grupo econômico, deve ser interpretado no sentido de reconhecer a sua responsabilidade ampla em relação às obrigações derivadas do contrato de emprego – empregador único –, importando, como referido pela doutrina mais recente, tanto a solidariedade passiva quanto a solidariedade ativa. 2. Tal entendimento decorre do princípio da simetria, que prevê a correspondência entre direitos e deveres. Logo, se a lei atribui às empresas do mesmo grupo econômico o dever de responder solidariamente pelos efeitos da relação de emprego, com toda razão lhes cabe o direito de se valer da capacidade laboral do empregado, correspondendo o dever do trabalhador de, quando designado, prestar da melhor forma seus serviços para o grupo. Segue, daí, a conclusão de que a designação do empregado para atuar em outra empresa do grupo não caracteriza o término do contrato de emprego, impondo-se a contagem dos períodos sucessivos laborados, no âmbito do mesmo grupo econômico.

3. Conclui-se, portanto, que o Tribunal Regional, ao reconhecer a unicidade contratual do empregado demitido de uma empresa do grupo econômico e logo em seguida contratado por outra empresa integrante do mesmo grupo, rejeitando, em consequência, a prescrição total, decidiu em conformidade com o art. 2º, § 2º, da Consolidação das Leis do Trabalho. Frise-se, ainda, que a decisão proferida pela instância de prova encontra amparo na previsão do art. 9º da Consolidação das Leis do Trabalho, que reputa nulos de pleno direito os atos praticados com o objetivo de desvirtuar ou impedir a aplicação dos preceitos contidos no texto consolidado. 4. Recurso de revista de que não se conhece (...) (TST, RR 1333356-37.2004.5.04.0900, 1ª Turma, Rel. Min. Lelio Bentes Corrêa, *DEJT* 25.03.2011).

Atente-se para o fato de que o efeito da solidariedade ativa no grupo econômico é também chamado de "**teoria do empregador único**", no sentido de que todas as empresas integrantes do grupo econômico são empregadoras (ou mesmo um único empregador) de todos os empregados de quaisquer delas, tanto sob o aspecto passivo (garantir os créditos trabalhistas) quanto sob o aspecto ativo (usufruir da energia de trabalho do empregado).

Alguns autores chegam a defender que o empregador real é o próprio grupo, mas, como lhe falta personalidade jurídica, a pessoa jurídica (dentre as integrantes do grupo) que anotar o contrato de trabalho na CTPS será a empregadora aparente.

É cabível, entretanto, que ocorra a transferência do empregado de uma empresa para outra do mesmo grupo econômico[9], sendo a circunstância anotada na CTPS. Isso normalmente ocorre nos casos em que o empregado prestava serviços somente a uma das empresas do grupo, e posteriormente passa a prestar serviços somente a outra empresa do mesmo grupo. Naturalmente, não houve extinção contratual, mas mera transferência.

Adotada a tese da solidariedade ativa, decorrerão daí importantes efeitos justrabalhistas, assim relacionados, ilustrativamente, por Maurício Godinho Delgado:

"a) ocorrência da *acessio temporis*, isto é, a contagem do tempo de serviço prestado sucessivamente às diversas empresas do grupo; b) possibilidade de veiculação da temática da equiparação salarial em face de empregados de outras empresas do grupo – caso configurados, evidentemente, os demais pressupostos do art. 461 da CLT[10]; c) pagamento de um único salário ao empregado por jornada normal concretizada, ainda que o obreiro esteja prestando serviços concomitantemente a distintas empresas do grupo (Enunciado 129, TST); d) natureza salarial dos valores habituais recebidos de outras empresas do grupo por serviços prestados diretamente a elas (com o consequente *efeito expansionista circular dos salários*); e) extensão do poder de direção empresarial por além da específica empresa em que esteja localizado o empregado – com o que se autorizaria, a princípio, a transferência obreira de uma para outra empresa do grupo, respeitadas as limitações legais quanto à ocorrência de prejuízo (art. 468, CLT). (...)[11]" (grifos do original)

---

[9]   Neste sentido, já decidiu o TST: "Transferência de empregado entre empresas do mesmo grupo econômico. A mudança de empregador, em razão de transferência aceita de forma tácita pelo empregado para empresa do mesmo grupo econômico, não acarreta, necessariamente, a rescisão do primeiro contrato de trabalho. Trata-se de alteração compreendida no poder diretivo do empregador, cuja ilicitude, a teor do art. 468 da CLT, dependeria da prova do prejuízo e da ausência de consentimento, ainda que tácito. Assim, mantidas as mesmas condições de trabalho e contados os direitos trabalhistas da data de início do primeiro contrato, não se divisa ilicitude na transferência, necessária à caracterização da rescisão contratual. Recurso conhecido e provido" (TST, RR 391129-88.1997.5.01.5555, 3ª Turma, Rel. Min. Maria Cristina Irigoyen Peduzzi, *DJ* 28.10.2004).

[10]   Registre-se, todavia, que a jurisprudência amplamente majoritária não acolhe os pleitos de equiparação salarial entre empregados de diferentes empresas do mesmo grupo econômico, sob o argumento que o empregador não é o mesmo. Assim, na prática, a teoria do empregador único não vale para fins de equiparação salarial.

[11]   DELGADO, Maurício Godinho. *Curso de Direito do Trabalho*, p. 392.

7.2.1. Caracterização do grupo econômico

7.2.1.1. Grupo vertical (ou por subordinação) e grupo horizontal (ou por coordenação)

Em um primeiro momento, é importante salientar que o conceito de grupo econômico para fins trabalhistas é essencialmente diverso do conceito extraído do Direito Comercial, sendo que, no âmbito trabalhista, a configuração do grupo econômico é facilitada, tendo em vista que o instituto foi criado com o objetivo de ampliar a proteção do trabalhador.

No tocante à abrangência do conceito de grupo econômico, o art. 2º da CLT, na *redação original* de seu § 2º, dispunha que, para formação do grupo econômico (para fins justrabalhistas), seria necessário que as empresas coligadas estivessem "**sob a direção, controle ou administração de outra**". Assim, o texto legal celetista parecia indicar o requisito da **subordinação** entre as empresas do grupo econômico.

Alice Monteiro de Barros ensina que

> "o **controle**, segundo Octavio Bueno Magano, é a 'possibilidade do exercício de uma influência dominante de uma empresa sobre a outra, subordinando os bens a ela atribuídos à consecução de suas finalidades'. Ele poderá ser administrativo ou acionário. Já a **direção** é a efetivação do controle. Consiste, como assevera o mesmo autor, 'no poder de subordinar pessoas e coisas à realização dos objetivos da empresa', enquanto a **administração** é a submissão de uma empresa à orientação e à interferência de órgãos administrativos de outra[12]." (grifos do original)

Existia, portanto, uma corrente doutrinária que defendia, principalmente com base na literalidade do art. 2º da CLT, a necessidade de existência de relação de subordinação (*grupo vertical*) entre empresas para configuração do grupo econômico para fins justrabalhistas. Neste *grupo vertical* a estrutura é piramidal, sendo que uma empresa (principal) subordina as demais (subsidiárias).

Não obstante, se por um lado a CLT parecia corroborar a tese do grupo econômico por subordinação, o art. 3º da Lei nº 5.889/1973 parece abrir espaço para tese diversa, qual seja, a da teoria do grupo econômico por mera coordenação (*grupo horizontal*) entre as empresas.

Neste sentido, a Profª Vólia Bomfim Cassar[13] leciona que "o grupo por coordenação é aquele em que não há controle nem administração de uma empresa por outra, mas sim uma reunião de empresas regidas por uma unidade de objetivos", e arremata que "... por trás desta administração comum pode estar um ou alguns sócios, ou uma pessoa física, no controle".

Nos últimos anos, **a doutrina vinha se posicionando majoritariamente no sentido de que bastaria a relação de coordenação para a formação do grupo econômico trabalhista**. Assim se manifestaram, por exemplo, Alice Monteiro de Barros[14], Maurício Godinho Delgado[15], Amauri Mascaro do Nascimento[16], Valentim Carrion[17], José Augusto Rodrigues Pinto[18], Gustavo Filipe Barbosa Garcia[19] e Vólia Bomfim Cassar[20].

---

12 BARROS, Alice Monteiro de. *Curso de Direito do Trabalho*. 6. ed. São Paulo: LTr, 2010, p. 385.

13 CASSAR, Vólia Bomfim. *Direito do Trabalho*. 4. ed. Niterói: Impetus, 2010, p. 440.

14 BARROS, Alice Monteiro de. *Curso de Direito do Trabalho*, 6. ed., p. 386.

15 DELGADO, Maurício Godinho. *Curso de Direito do Trabalho*, p. 389.

16 NASCIMENTO, Amauri Mascaro. *Iniciação ao Direito do Trabalho*. 35. ed. São Paulo: LTr, 2009, p. 222.

17 CARRION, Valentin. *Comentários à Consolidação das Leis do Trabalho*. 35. ed. atual. por Eduardo Carrion. São Paulo: Saraiva, 2010, p. 41.

18 PINTO, José Augusto Rodrigues. *Tratado de Direito Material do Trabalho*. São Paulo: LTr, 2007, p. 186.

19 GARCIA, Gustavo Filipe Barbosa. *Curso de Direito do Trabalho*. 4. ed. São Paulo: Forense, 2010, p. 296.

20 CASSAR, Vólia Bomfim. *Direito do Trabalho*, p. 440.

Todavia, a jurisprudência, que durante muito tempo admitiu a existência do grupo econômico horizontal urbano, alterou sua orientação em meados de 2014, por ocasião de decisão da SDI-I no processo E-ED-RR-214940-39.2006.5.02.0472 (Rel. Min. Horácio Raymundo de Senna Pires, DEJT 15.08.2014). Tal entendimento foi posteriormente ratificado pela SDI-I, quando do julgamento do processo E-ED-RR-996-63.2010.5.02.0261 (Rel. Min. João Batista Brito Pereira, j. 12.05.2016, *DEJT* 20.05.2016, divulgado no *Informativo nº 136 do TST*).

Ocorre que **a Lei nº 13.467/2017, ao dar nova redação ao § 2º do art. 2º da CLT, reconheceu expressamente a figura do grupo econômico por coordenação**, embora tenha estabelecido restrições para sua configuração.

A fim de facilitar o estudo, vejamos a comparação entre o texto legal antigo e o atual:

CLT vigente até 10.11.2017	CLT cf. Lei nº 13.467/2017 (vigente a partir de 11.11.2017)
Art. 2º, § 2º - Sempre que uma ou mais empresas, tendo, embora, cada uma delas, personalidade jurídica própria, **estiverem sob a direção, controle ou administração de outra**, constituindo grupo industrial, comercial ou de qualquer outra atividade econômica, serão, para os efeitos da relação de emprego, solidariamente responsáveis a empresa principal e cada uma das subordinadas.	Art. 2º, § 2º Sempre que uma ou mais empresas, tendo, embora, cada uma delas, personalidade jurídica própria, **estiverem sob a direção, controle ou administração de outra, ou ainda quando, mesmo guardando cada uma sua autonomia, integrem grupo econômico**, serão responsáveis solidariamente pelas obrigações decorrentes da relação de emprego.
	§ 3º Não caracteriza grupo econômico a mera identidade de sócios, sendo necessárias, para a configuração do grupo, a demonstração do interesse integrado, a efetiva comunhão de interesses e a atuação conjunta das empresas dele integrantes.

Portanto, o legislador reformador abrigou a possibilidade de existência de grupo econômico horizontal, ou seja, formado pela coordenação entre as empresas de integrantes, porém deixou claro que **a mera identidade de sócios não caracteriza a figura jurídica em referência**, exigindo-se, para tal, o preenchimento concomitante de três requisitos, quais sejam o **interesse integrado**, a **efetiva comunhão de interesses** e a **atuação conjunta das empresas**.

É claro que a presença de sócios comuns constitui indício da existência do grupo econômico, porém, com a *Reforma Trabalhista de 2017* (e mesmo de acordo com a jurisprudência que vinha se consolidando no âmbito do TST), tal circunstância passa a ser apenas o ponto de partida para a configuração do grupo econômico, e não o único elemento a ser investigado.

Em que pese a aparente evolução legislativa em relação a este tema, é geral a sensação de que, na prática, serão enormes as dificuldades para comprovação da presença dos três requisitos estabelecidos pelo novel § 3º do art. 2º do texto consolidado. Com efeito, não raro o trabalhador sequer sabe exatamente quem é seu empregador, muito menos terá condição de conhecer detalhes da organização empresarial a que pertence o tomador de seus serviços. Sendo assim, em princípio somente serão caracterizados os grupos econômicos por subordinação, notadamente aqueles assim formalizados, bem como os grupos por coordenação proclamados pelas próprias empresas dele integrantes. Neste sentido, mencione-se a precisa lição do Prof. Luciano Martinez[21]:

> "Um grupo econômico trabalhista demanda para sua concreta evidência, então, a **demonstração do interesse integrado**, vale dizer, a inclinação das empresas agrupadas com vista à satisfação agregada de suas necessidades; **a efetiva comunhão de interesses**, assim compreendida a irrefragável aliança interempresarial; **e a sua atuação conjunta**, que pode ser evidenciada mediante a concretização prática de um plano de ação do grupo. Cabe assinalar, porém, que é extremamente difícil a produção de prova processual desses pressupostos, especialmente porque não basta a constatação de uma ação isolada ou momentânea das empresas agrupadas. Exatamente por isso a mais convincente das provas de existência de um grupo econômico é a autoproclamação empresarial: empresas se declaram integrantes de um grupo econômico para que, com isso, demonstrem sua fortaleza para os pretensos clientes. Não raramente, portanto, as petições iniciais das ações trabalhistas que pugnam pela caracterização desse singular agrupamento trazem aos autos impressões colhidas de *sites* da internet ou cópias de páginas de revistas ou jornais nos quais as empresas coligadas se autodeclaram integrantes de um mesmo grupo econômico". (grifos no original)

Ante a inexistência de *atuação conjunta*, Vólia Bomfim Cassar[22] observa que estão excluídos da caracterização de grupo econômico os contratos de parceria e os de franquia, por exemplo. A festejada autora observa que, no contrato de franquia, não há ingerência administrativa dos sócios de uma sociedade na administração das franqueadas, mas tão somente um feixe de regras de uso e exploração da marca e produto. Neste sentido, conclui que há interesses integrados, mas não há atuação conjunta.

Em resumo, temos o seguinte:

a) Antes da *Reforma Trabalhista de 2017*:
→ a CLT previa apenas o grupo vertical urbano
→ A Lei nº 5.889/1973 (rurícola) previu também o grupo horizontal
→ a doutrina se inclinava no sentido da admissão do grupo horizontal urbano, entendimento este que, por muitos anos, foi acolhido pelo TST
→ nos últimos anos, entretanto, o TST vinha limitando a caracterização do grupo econômico urbano às hipóteses em que há relação de subordinação entre as empresas (grupo vertical)

b) Depois da *Reforma Trabalhista de 2017*:
→ em tese a CLT passou a admitir também o grupo horizontal urbano
→ a mera identidade de sócios não caracteriza grupo econômico; exige-se, para caracterização, a demonstração do interesse integrado, a efetiva comunhão de interesses e a atuação conjunta das empresas

Cabe ressaltar, por fim, que **a jurisprudência tende a reconhecer o grupo econômico para fins justrabalhistas independentemente de formalização de consórcio entre as empresas**, homenageando uma vez mais o princípio da primazia da realidade. Não se aplicam ao caso, portanto, as figuras do direito comum, ao passo que o instituto do grupo econômico é tipicamente trabalhista, consistindo em opção do legislador para reforçar a garantia dos créditos trabalhistas dos empregados.

---

21 MARTINEZ, Luciano. *Curso de Direito do Trabalho*: relações individuais, sindicais e coletivas do trabalho. 8. ed. São Paulo: Saraiva, 2017, p. 294.
22 CASSAR, Vólia Bomfim. *Direito do Trabalho*. 14. ed. São Paulo: Método, 2017, p. 433.

7.2.1.2. Empregadores que podem formar grupo econômico

Outra questão importante acerca da teoria do grupo econômico trabalhista é saber se qualquer tipo de empregador pode integrá-lo. A resposta, ao menos para a maioria da doutrina, é negativa.

Com efeito, entende-se majoritariamente que somente entes com **finalidade econômica** podem integrar grupo econômico trabalhista.

Neste sentido, Maurício Godinho Delgado defende que

"(...) não têm aptidão para compor a figura do grupo econômico *entes que não se caracterizem por atuação econômica, que não sejam essencialmente seres econômicos, que não consubstanciem empresas.* É o que ocorre, ilustrativamente, com o Estado e demais entes estatais, com o empregador doméstico, com os entes sem fins lucrativos nominados no § 1º do art. 2º da CLT, e ali chamados *empregadores por equiparação* (profissionais liberais, instituições de beneficência, associações recreativas etc.)[23]." (grifos do original)

Entretanto, o mesmo autor faz a ressalva quanto aos entes estatais, na seguinte hipótese:

"(...) se as próprias entidades estatais, organizadas em moldes privados, passam a se reconhecer e classificar, em seus estatutos, como grupo econômico para os fins inerentes ao Direito Civil e Direito Comercial (como tende a acontecer com os conglomerados financeiros oficiais), elas irão, automaticamente, sujeitar-se aos *efeitos trabalhistas* de sua situação fático-jurídica no grupo, isto é, aos efeitos do art. 2º, § 2º, da CLT"[24]. (grifos do original)

Não obstante, a atuação econômica, no caso, não se limita ao segmento comercial, podendo se dar em qualquer área.

Alice Monteiro de Barros[25], por sua vez, admite a formação de grupo econômico entre instituições beneficentes, ainda que excepcionalmente, citando como exemplo o caso de "uma empresa comercial que organiza uma sociedade civil beneficente, com o caráter de instituição assistencial de seus empregados, ficando com a maioria das cotas-partes desta última; predomina, nesse caso, a atividade econômica comercial".

No mesmo sentido, a lição do Prof. Homero Batista Mateus da Silva[26]:

"Fundamental que haja alguma atividade econômica para a configuração do grupo, ou seja, a produção e circulação de bens e serviços constituem a essência do agrupamento econômico. Admite-se a presença de um integrante não exercente de atividade econômica no bojo de um grupo econômico – por exemplo, a existência de uma fundação no meio de um grupo financeiro ou de uma creche ou escola de educação fundamental, com personalidade jurídica própria, para o atendimento dos empregados de um grupo comercial –, mas não se admite a ocorrência de um grupo econômico formado exclusivamente por pessoas desvinculadas de atividade econômica. Assim sendo, não há grupo econômico entre dois lares, duas entidades sindicais (mesmo que se considerem as federações e confederações), duas denominações religiosas (ainda que se incluam as dioceses e organizações de nível superior) ou dois entes federativos (mesclem-se ou não os municípios desmembrados ou Estados da Federação)".

---

[23] DELGADO, Maurício Godinho. *Curso de Direito do Trabalho*, p. 387.
[24] Idem, p. 388.
[25] BARROS, Alice Monteiro de. *Curso de Direito do Trabalho*, 6. ed., p. 388.
[26] SILVA, Homero Batista Mateus da. *CLT comentada*. São Paulo: Revista dos Tribunais, 2016, p. 31.

Tal entendimento tem encontrado ressonância na jurisprudência do TST, conforme se depreende do seguinte julgado:

> Grupo econômico. Configuração. Entidades filantrópicas. 1. Consoante dispõe o artigo 2º, § 2º, da Consolidação das Leis do Trabalho, a configuração do grupo econômico pressupõe, entre outros requisitos, a constituição, pelos entes envolvidos, de grupo industrial, comercial ou de qualquer outra atividade econômica. 2. Na hipótese dos autos, ficou comprovado que os reclamados submetem-se à mesma administração. Atestou, ainda, a instância de prova o preenchimento de todos os pressupostos elencados no § 2º do artigo 2º da norma consolidada. 3. Preenchidos tais requisitos, afigura-se irrelevante a circunstância de alguns integrantes do grupo econômico constituírem-se em entidades filantrópicas. Precedentes da Corte. 4. Agravo de instrumento não provido (TST, AIRR 9952540-11.2006.5.09.0663, Primeira Turma, Rel. Min. Lelio Bentes Corrêa, *DEJT* 28.10.2011).

Finalmente, registre-se o posicionamento da professora Vólia Bomfim Cassar[27], para quem é possível a formação de grupo econômico não só entre entidades sem fins lucrativos, como também entre pessoas físicas e até mesmo entre familiares. Não me parece, entretanto, uma boa tese, visto que a maioria da doutrina, bem como a jurisprudência dominante, refuta, em regra, a possibilidade da formação de grupo econômico entre entes sem finalidade econômica.

No sentido da prescindibilidade de finalidade econômica das empresas para caracterização do grupo econômico, algumas decisões do TST:

> Agravo de instrumento. Recurso de revista. Grupo econômico. Responsabilidade solidária. Na esfera justrabalhista, para a aplicação do entendimento consolidado no art. 2º, § 2º, da CLT não se faz necessária a finalidade econômica, tampouco que haja relação de dominação e controle de um ente sobre o outro, bastando que mantenham entre si relação de coordenação. Feitos esses registros, verifica-se que o Tribunal Regional, com amparo no conjunto fático-probatório dos autos, registrou que restou configurada a direção, manutenção e controle da Universidade Federal de Minas Gerais – UFMG, segunda reclamada, sobre a Associação dos Usuários das Creches da UFMG – ASSUC/UFMG, primeira ré. Consignou, ademais, que a UFMG é instituidora e patrocinadora da ASSUC/UFMG. Condenou, assim, solidariamente as demandadas, à luz do art. 2º, § 2º, da CLT. Logo, tratando-se de questão afeta ao conjunto fático-probatório dos autos, cuja análise esgota-se nas instâncias ordinárias, não há como se concluir pela violação dos arts. 37, *caput* e § 6º, da Constituição Federal, 1º, 3º e 71, § 1º, e 116, *caput*, da Lei 8.666/93, 265 do CC e 2º, §§ 1º e 2º, da CLT e pela contrariedade à OJ 185 da SBDI-1/TST, ante o óbice da Súmula 126/TST. A inespecificidade dos arestos paradigmas apresentados pela agravante, escudados em premissas fáticas diversas, não autoriza o conhecimento do recurso de revista (Súmula 296, I, do TST). Agravo de instrumento não provido (TST, 7ª Turma, AIRR-59540-26.2007.5.03.0001, Rel. Min. Douglas Alencar Rodrigues, j. 25.11.2014, *DEJT* 28.11.2014).

> Responsabilidade solidária. Fundação, entidade sem fins lucrativos, equiparada a empresa. Conforme se infere da decisão regional, a solidariedade, na condenação, manteve-se com base no conteúdo fático-probatório, visto que ficou configurado que as empresas compõem o mesmo grupo econômico, conforme teor do artigo 2º, § 2º, da CLT. Isso porque, conforme se extrai da decisão regional, a Fundação Ruben Berta é acionista majoritária da Varig, tendo sido constituída em favor de seus empregados inclusive para reverter-lhes parte dos resultados da empresa. Esclareceu, ainda, a Corte regional que, apesar de instituída sem fins lucrativos, não impede o enquadramento da Fundação na hipótese legal prevista no § 2º do artigo 2º

---

27 CASSAR, Vólia Bomfim. *Direito do Trabalho*, p. 446-447.

da CLT, pois, no § 1º desse mesmo dispositivo, os profissionais liberais, as instituições de beneficência, as associações recreativas e outras instituições sem fins lucrativos equiparam-se às empresas. Com efeito, nos termos do *caput* e do § 1º do artigo 2º da CLT, a empresa, individual ou coletiva, que, assumindo os riscos da atividade econômica, admite, assalaria e dirige a prestação pessoal de serviço é considerada empregador, e a este se equiparam os profissionais liberais, as instituições de beneficência, as associações recreativas ou outras instituições sem fins lucrativos, que admitirem trabalhadores como empregados. Assim, não há falar que, por ser fundação, entidade sem fins lucrativos, não se enquadra na previsão do artigo 2º, § 2º, da CLT, diante do que dispõem o *caput* e o § 1º do mesmo dispositivo legal. Nesse contexto, o Tribunal de origem, ao condenar a Fundação Ruben Berta a responder de forma solidária pelos créditos devidos ao autor, não violou o artigo 2º, § 2º, da CLT. Agravo de instrumento desprovido (TST, 2ª Turma, AIRR-68341-80.2007.5.04.0007, Rel. Min. José Roberto Freire Pimenta, j. 25.06.2013, 02.08.2013).

7.2.2. Aspectos processuais

Dispunha a Súmula 205 do TST, cancelada pela Res. nº 121/2003 do TST, que "*o responsável solidário, integrante do grupo econômico, que não participou da relação processual como reclamado e que, portanto, não consta no título executivo judicial como devedor, não pode ser sujeito passivo na execução*".

Com o cancelamento da referida Súmula, a maioria da doutrina passou a reconhecer a possibilidade do empregado acionar, na fase de execução trabalhista, qualquer dos integrantes do grupo econômico, mesmo que este não tenha participado do processo de conhecimento. Isso porque se é admitida a teoria do empregador único (Súmula 129 do TST), o devedor (ou responsável) também é único, por razões óbvias. Logo, ao acionar judicialmente um dos integrantes do grupo econômico, o empregado o estaria fazendo também em relação aos demais que, em última análise, são um só.

Maurício Godinho Delgado[28], entretanto, adverte para o fato de que só será possível acionar outra empresa do mesmo grupo econômico diretamente na fase executória caso seja evidente a formação do grupo. Caso contrário, sempre que a configuração do grupo econômico demandar cognição complexa, deverá a matéria ser tratada ainda no processo de conhecimento, sob pena de violação dos princípios do contraditório e da ampla defesa. Assim, caso não seja possível a comprovação, de plano, da existência do grupo econômico (por meio documental, por exemplo), só será responsável solidário aquele integrante do grupo econômico que tenha participado da relação processual como reclamado, e que, portanto, conste no título executivo judicial como devedor, não obstante o cancelamento da antiga Súmula 205 do TST.

Alice Monteiro de Barros, por sua vez, defende que

"se está autorizada (pelo art. 50 do CCB) a desconsideração da personalidade jurídica, a ponto de se atingir a pessoa física dos sócios e administradores, com muito mais razão pode-se atingir empresas do mesmo grupo solidariamente responsáveis para efeito da relação de emprego."

E arremata no sentido de que "mesmo não constando do título executivo judicial, a empresa componente do mesmo grupo econômico do devedor poderá ser sujeito passivo na execução, pois a hipótese é de empregador (devedor) único[29]".

Finalmente, há que se observar que **a configuração do grupo econômico poderá ser baseada em qualquer meio de prova**, desde que o mesmo seja **lícito**, naturalmente.

---

28 DELGADO, Maurício Godinho. *Curso de Direito do Trabalho*, p. 393.
29 BARROS, Alice Monteiro de. *Curso de Direito do Trabalho*, 6. ed., p. 387.

7.3. SUCESSÃO DE EMPREGADORES

O instituto consiste, no âmbito do direito laboral, na substituição de empregadores, com a consequente transferência do passivo (total de débitos) trabalhista ao sucessor.

Com efeito, operada a **alteração subjetiva do contrato**, com a mudança do empregador, dá-se a transferência ao novo empregador de todos os débitos trabalhistas oriundos do empreendimento sob a administração do sucedido (antigo empregador).

Neste sentido, os arts. 10 e 448 da CLT asseguram que a alteração na estrutura jurídica ou na propriedade da empresa não prejudica em nada os contratos de trabalho dos empregados oriundos da época anterior à alteração subjetiva, nos seguintes termos:

Art. 10. Qualquer alteração na estrutura jurídica da empresa não afetará os direitos adquiridos por seus empregados.

Art. 448. A mudança na propriedade ou na estrutura jurídica da empresa não afetará os contratos de trabalho dos respectivos empregados.

O fundamento doutrinário da sucessão de empregadores é extraído dos princípios da intangibilidade objetiva do contrato de emprego, da continuidade da relação de emprego e da despersonalização do empregador. Isso porque a relação de emprego tem como requisito a infungibilidade quanto à pessoa do empregado, mas não quanto à pessoa do empregador. Assim, o empregado se vincula à empresa, ao empreendimento, e não ao titular deste empreendimento, razão pela qual a alteração do titular (ou da estrutura jurídica da empresa) não acarreta prejuízos aos direitos dos empregados e nem coloca em risco a manutenção dos contratos de trabalho.

7.3.1. Requisitos para caracterização da sucessão de empregadores

Atualmente são dois os requisitos para a caracterização da sucessão de empregadores:

a) **Alteração na estrutura jurídica ou na propriedade da empresa**

A alteração da estrutura jurídica da empresa pode se dar a qualquer título, bastando que reste modificado subjetivamente o polo passivo (correspondente ao empregador). Ocorre a sucessão, por exemplo, com a alteração da modalidade societária (*v.g.*, a alteração de Sociedade Anônima para Sociedade Limitada), a incorporação (uma empresa é absorvida por outra), a fusão (duas ou mais sociedades se unem para formar uma nova sociedade), a cisão [o patrimônio de uma empresa é total ou parcialmente transferido para outra(s)]. Observe-se que caracteriza a sucessão de empregadores a mudança de firma individual para sociedade, e vice-versa.

Da mesma forma, caracteriza a sucessão de empregadores a transferência apenas parcial de uma empresa. Assim, caso a empresa tenha vários estabelecimentos (filiais), pode haver sucessão se ao menos um desses estabelecimentos for transferido a terceiro (sucessor), qualquer que seja o título da transferência.

Finalmente, ocorre a sucessão de empregadores quando da substituição do antigo empregador por outra pessoa física ou jurídica.

A doutrina mais moderna tem admitido a sucessão de empregadores em face de quaisquer mudanças intra ou interempresariais que venham a afetar os contratos de trabalho dos empregados. Um exemplo seria o caso de empresa que, diante de grave crise econômico-financeira, alienou a parte "sadia" de seu patrimônio a terceiro, mantendo na massa falida apenas a "banda podre" da empresa. Neste caso, consoante o entendimento desta moderna doutrina, os empregados fariam jus aos efeitos da sucessão de empregadores, tendo em vista que a garantia de seus créditos trabalhistas sofreu inegável enfraquecimento diante do negócio jurídico realizado.

Neste sentido a sempre esclarecedora lição de Maurício Godinho Delgado:

"À luz dessa vertente interpretativa, também configura situação própria à sucessão de empregadores a *alienação ou transferência de parte significativa do(s) estabelecimento(s) ou da empresa de modo a afetar significativamente os contratos de trabalho*. Ou seja, a mudança na empresa que afete a garantia original dos contratos empregatícios provoca a incidência do tipo legal dos arts. 10 e 448 da CLT.

Isso significa que a separação de bens, obrigações e relações jurídicas de um complexo empresarial, com o fito de se transferir parte relevante dos ativos saudáveis para outro titular (direitos, obrigações e relações jurídicas), preservando-se o restante de bens, obrigações e relações jurídicas no antigo complexo – agora significativamente empobrecido –, afeta, sim, de modo significativo, os contratos de trabalho, produzindo a sucessão trabalhista com respeito ao novo titular (arts. 10 e 448 da CLT)"[30]. (grifos do original)

A questão, entretanto, é polêmica, e a tendência jurisprudencial (STF e TST) indica o sentido oposto. A respeito desta questão, remeto o leitor ao tópico 7.3.2.1, alínea "c", *infra*.

b) **Continuidade da atividade empresarial**

Somente se pode falar em sucessão de empregadores se a atividade empresarial não sofre solução de continuidade com a alteração da estrutura jurídica ou da propriedade.

Homero Batista Mateus da Silva explica:

"Assim como a sucessão necessita de transferência do acervo patrimonial, no todo ou em parte representativa, também a sucessão exige que a passagem seja feita de modo breve, preferencialmente sem nenhuma solução de continuidade ou com poucos dias de defasagem entre a saída do antigo empregador e a chegada dos novos responsáveis. Quanto maior o escoamento do tempo, menor a chance de se configurar uma sucessão, porque certamente a clientela vai se dispersar, o ponto comercial vai perder suas características, os bens incorpóreos tão arduamente conquistados vão se dissolver e, enfim, as vantagens da aquisição de uma atividade em andamento não valem para uma atividade paralisada"[31].

Em consonância com este entendimento, julgados do TST:

[...] 2. RESPONSABILIDADE SOLIDÁRIA. SUCESSÃO DE EMPRESAS. A sucessão trabalhista define-se, em face das disposições contidas nos arts. 10 e 448 da CLT, quando ocorre a transferência da unidade econômico-jurídica de uma empresa para outra sem solução de continuidade na prestação de serviços. In casu, consoante delineado pelo Tribunal a quo, o reclamante trabalhou para as três reclamadas, sem solução de continuidade, sempre na mesma função, e as empresas deram continuidade na exploração da mesma atividade econômica, no mesmo estabelecimento comercial. Nesse contexto, tem-se por configurada a sucessão de empresas para fins trabalhistas, à luz dos arts. 10 e 448 da CLT, pois comprovada a utilização do mesmo ponto comercial, a continuidade no mesmo ramo de atividade da sucedida, sem solução de continuidade na prestação de serviços pelo reclamante. Nem se diga que a Lei nº 6.729/1979, conhecida como Lei Ferrari, impede a aplicação do disposto nos arts. 10 e 448 da CLT, na medida em que a referida lei apenas regula a concessão comercial entre as

---

30 DELGADO, Maurício Godinho. *Curso de Direito do Trabalho*, p. 397.
31 SILVA, Homero Batista Mateus da. *Curso de Direito do Trabalho aplicado. Vol. 1: Parte Geral*. Rio de Janeiro: Elsevier, 2009, p. 186.

empresas produtoras (montadoras) e distribuidoras (concessionárias) de veículos automotores de via terrestre, não contendo nenhuma disposição ou regra a qual afaste a possibilidade de reconhecimento de sucessão de empregadores nos termos da CLT. Agravo de instrumento conhecido e não provido. [...] (TST, 8ª Turma, AIRR-11796-64.2014.5.15.0095, Rel. Min. Dora Maria da Costa, Data de Julgamento: 11/10/2017, *DEJT* 16/10/2017).

[...] 7. SUCESSÃO TRABALHISTA. CARACTERIZAÇÃO. PROVA. ALCANCE TEMPORAL DA DECISÃO. RESPONSABILIDADE APENAS AO PERÍODO POSTERIOR À AQUISIÇÃO. MATÉRIA FÁTICA. SÚMULA 126/TST. 8. OBRIGAÇÕES DE FAZER E NÃO FAZER. TUTELA INIBITÓRIA. PROIBIÇÃO DA PRÁTICA HABITUAL DE HORAS EXTRAS. SÚMULAS 85, IV E 126, AMBAS DO TST. ART. 59/CLT. A sucessão de empregadores, figura regulada pelos arts. 10 e 448, da CLT, consiste no instituto justrabalhista em que há transferência interempresarial de créditos e assunção de dívidas trabalhistas entre alienante e adquirente envolvidos. A sucessão, em sua vertente clássica, envolve dois requisitos: a) que uma unidade econômico-jurídica seja transferida de um para outro titular e b) que não haja solução de continuidade na prestação de serviços pelo obreiro. A nova vertente interpretativa do instituto sucessório trabalhista insiste que o requisito essencial à figura é tão só a garantia de que qualquer mudança intra ou interempresarial não venha afetar os contratos de trabalho - independentemente de ter ocorrido a continuidade da prestação laborativa. Isso significa que qualquer mudança intra ou interempresarial que seja significativa, a ponto de afetar os contratos empregatícios, seria hábil a provocar a incidência dos arts. 10 e 448, da CLT. Cabe, ainda, reiterar que a noção tida como fundamental é a de transferência de uma universalidade, ou seja, a transferência de parte significativa do(s) estabelecimento(s) ou da empresa de modo a afetar significativamente os contratos de trabalho. Assim, a passagem para outro titular de uma fração importante de um complexo empresarial (bens materiais e imateriais), comprometendo de modo importante o antigo complexo, pode ensejar a sucessão de empregadores, por afetar de maneira importante os antigos contratos de trabalho. Desse modo, qualquer título jurídico hábil a operar a transferência de universalidade no Direito brasileiro (compra e venda, arrendamento, concessão, permissão, delegação etc.) é compatível com a sucessão de empregadores. É indiferente, portanto, à ordem justrabalhista, a modalidade de título jurídico utilizada para o trespasse efetuado. Na hipótese, o Tribunal Regional reconheceu a existência de sucessão trabalhista, ao fundamento de que a empresa sucessora explorou o mesmo empreendimento econômico, com idêntica atividade-fim, valendo-se dos empregados da empresa antecessora. Nesse contexto, a decisão do Tribunal Regional, que manteve a responsabilidade da ora Recorrente, encontra-se em plena harmonia com a ordem jurídica vigente, pois a sucessão trabalhista opera uma assunção plena de direitos e obrigações trabalhistas pelo novo titular da empresa ou estabelecimento - que passa a responder, na qualidade de empregador sucessor, pelo passado, presente e futuro dos contratos empregatícios. Logo, o objeto de irresignação da Reclamada está assente no conjunto probatório dos autos e a análise deste se esgota nas instâncias ordinárias. Entender de forma diversa da esposada pelo Tribunal Regional implicaria necessariamente revolvimento de fatos e provas, inadmissível nesta instância de natureza extraordinária, diante do óbice da Súmula 126/TST. Agravo de instrumento desprovido. (TST, 3ª Turma, ED-ARR-753-70.2011.5.14.0061, Rel. Min. Mauricio Godinho Delgado, Data de Julgamento: 04/10/2017, *DEJT* 06/10/2017).

Um terceiro requisito, anteriormente exigido pela doutrina tradicional, **não é mais exigido**, podendo estar presente apenas acidentalmente nas figuras sucessórias. Trata-se da **continuidade da prestação de serviços**.

Consoante o entendimento da doutrina tradicional, opera-se a sucessão de empregadores se, além de atendido o requisito da alteração na estrutura jurídica ou na propriedade da empresa, bem como da continuidade da atividade empresarial, ocorre a continuidade da prestação laboral. Assim, para que a sucessão de empregadores vinculasse o sucessor quanto aos créditos trabalhistas constituídos sob a direção do sucedido, os empregados deveriam continuar a prestar serviços ao novo titular da empresa.

Atualmente esta circunstância já não é mais considerada essencial, ao menos pela doutrina mais moderna. Não restam dúvidas de que, presente tal circunstância, operar-se-á a sucessão de empregadores em relação ao novo titular da empresa.

Não obstante, ainda que ausente a continuidade da prestação de serviços, poderá ocorrer, no caso concreto, a sucessão de empregadores, bastando para tal que fique evidenciado o prejuízo ao empregado decorrente da transferência da titularidade (ou da alteração da estrutura jurídica) da empresa. **Toda alteração que ameace de forma significativa as garantias anteriores dos créditos trabalhistas propiciará a sucessão de empregadores.**

Imagine-se, a fim de ilustrar esta última hipótese, que uma empresa demite todos os seus empregados, sem, contudo, pagar-lhes as verbas rescisórias devidas, e, no dia seguinte, transfere seus bens a um terceiro, sucessor. Ora, evidentemente, as rescisões tiveram por fim sonegar os direitos trabalhistas dos empregados, razão pela qual ocorrerá a sucessão de empregadores, independentemente da continuidade da prestação laboral.

Neste diapasão, Alice Monteiro de Barros ensina que

"este último requisito não é imprescindível para que haja sucessão, pois poderá ocorrer que o empregador dispense seus empregados antes da transferência da empresa ou do estabelecimento, sem lhes pagar os direitos sociais. Nesse caso, a continuidade do contrato de trabalho foi obstada pelo sucedido, podendo o empregado reivindicar seus direitos do sucessor, pois, ao celebrar o ajuste, não se vinculou à pessoa física do titular da empresa, mas a esta última, que é o organismo duradouro."[32]

Em consonância com tal entendimento, o TST editou a OJ 261 (da SDI-1), *in verbis*:

OJ-SDI1-261. Bancos. Sucessão trabalhista. Inserida em 27.09.2002.

As obrigações trabalhistas, inclusive as contraídas à época em que os empregados trabalhavam para o banco sucedido, são de responsabilidade do sucessor, uma vez que a este foram transferidos os ativos, as agências, os direitos e deveres contratuais, caracterizando típica sucessão trabalhista.

Também nesse sentido, a jurisprudência atual do Tribunal Superior do Trabalho:

Sucessão trabalhista. Iniciativa privada. Contrato de trabalho extinto antes da sucessão. Responsabilidade do sucessor. Para a hipótese de contrato de concessão de serviços públicos, a jurisprudência desta Corte assente que 'no tocante ao contrato de trabalho extinto antes da vigência da concessão, a responsabilidade pelos direitos dos trabalhadores será exclusivamente da antecessora' (item II da OJ 225, da SDI-1 desta Corte). No caso presente, a prestação de serviços encerrou-se antes da sucessão, consoante asseverado pela Turma. Sucede que, *in casu*, (atividade privada) o sucessor do empreendimento é responsável pelas obrigações trabalhistas deste, provenientes dos contratos de trabalho ainda que extintos antes da sucessão. Com ressalva do entendimento contrário do Relator. Recurso de Embargos de que se conhece e a que se nega provimento (TST, SDI-I, E-RR-93400-11.2001.5.02.0048, Rel. Min. João Batista Brito Pereira, *DEJT* 14.06.2013. *Informativo* 41).

[...] SUCESSÃO TRABALHISTA. CONTRATO DE TRABALHO EXTINTO ANTES DA SUCESSÃO. RESPONSABILIDADE DA SUCESSORA. O Regional, última instância apta a examinar o contexto fático-probatório, entendeu configurada a sucessão trabalhista entre as reclamadas nos termos dos artigos 10 e 448 da CLT. Entender de modo diverso, como pretende a agravante, esbarraria no óbice contido na Súmula nº 126 do TST. Ressalta-se que a jurisprudência desta Corte é no sentido de que a sucessão trabalhista de empregadores traz

---

32 BARROS, Alice Monteiro de. *Curso de Direito do Trabalho*, 6. ed., p. 390-391.

como consequência legal a transmissão de todas as responsabilidades relativas aos débitos do sucedido, ainda que haja débitos referentes a período anterior à sucessão. Assim, ainda que o contrato de trabalho tenha sido extinto antes da sucessão, não há falar em ausência de responsabilidade do sucessor pelos créditos trabalhistas postulados (precedentes). Agravo de instrumento desprovido. (TST, 2ª Turma, AIRR-1024-30.2015.5.09.0562, Rel. Min. José Roberto Freire Pimenta, Data de Julgamento: 02/08/2017, *DEJT* 04/08/2017).

7.3.2. Abrangência do instituto da sucessão de empregadores

Tanto empregadores urbanos quanto rurais sujeitam-se à sucessão trabalhista e seus efeitos. Neste sentido, dispõe o art. 1º da Lei nº 5.889/1973 que **"as relações de trabalho rural serão reguladas por esta Lei e, no que com ela não colidirem, pelas normas da Consolidação das Leis do Trabalho..."**.

A exceção fica por conta do **empregador doméstico**, que *não se sujeita à sucessão trabalhista* em razão das peculiaridades da relação empregatícia firmada; a uma, porque existe no vínculo de emprego doméstico certa pessoalidade também em relação ao empregador, e a duas porque o trabalho doméstico não visa a resultado lucrativo ou econômico, e a energia de trabalho não é tomada por "empresa", mas apenas por pessoa física e/ou grupo familiar. Se não existe empresa, não pode haver fixação do empregado ao empreendimento, logo não se cogita da sucessão.

Mencione-se que, embora a Lei Complementar nº 150/2015 disponha no sentido da aplicação subsidiária da CLT ao doméstico, o condiciona à observância das peculiaridades do trabalho doméstico. No caso, pelas razões mencionadas anteriormente, não há que se falar em compatibilidade dos artigos 10 e 448 do texto consolidado com as peculiaridades do trabalho doméstico.

Além do doméstico, há outros casos especiais que merecem análise separada, até porque são temas potencialmente importantes em preparação para concursos públicos. Nunca é demais lembrar que as provas costumam cobrar sempre as exceções, pois a regra normalmente é conhecida pela maioria. Vejamos então algumas hipóteses às quais a doutrina e principalmente a jurisprudência dão tratamento diferenciado.

7.3.2.1. *Casos especiais de incidência (ou não) da sucessão de empregadores*

a) Desmembramento de municípios

Não há sucessão de empregadores no caso de desmembramento de municípios, isto é, quando se cria um novo município, cada empregador é responsável pelos créditos trabalhistas do período em que figurou como empregador. A razão da não incidência dos efeitos da sucessão trabalhista, no caso, seria a autonomia político-administrativa de tais entes, nos termos do art. 18, *caput*, da CRFB.

Neste sentido, a OJ 92 da SDI-1 do TST:

OJ-SDI1-92. Desmembramento de Municípios. Responsabilidade trabalhista. Inserida em 30.05.1997.

Em caso de criação de novo município, por desmembramento, cada uma das novas entidades responsabiliza-se pelos direitos trabalhistas do empregado no período em que figurarem como real empregador.

b) Privatização da empresa

Ante a privatização de sociedade de economia mista, ocorre a sucessão de empregadores, pelo que a sucessora será responsável pelos créditos trabalhistas dos empregados.

Neste sentido, a jurisprudência remansosa do TST:

Embargos. Acórdão publicado posteriormente à vigência da Lei nº 11.496/2007. Sociedade de economia mista. Nulidade do contrato de trabalho. Admissão sem concurso público. Privatização. Sucessão de empregadores. Convalidação do ato. Precedentes da SBDI-1. A C. SBDI-1, com fundamento no instituto da sucessão de empregadores (arts. 10 e 448 da CLT), firmou o entendimento de que a privatização de sociedade de economia mista convalida, desde o início da prestação de serviços, o contrato de trabalho originariamente nulo, por ausência de concurso público. Precedentes. Embargos conhecidos e desprovidos (TST, E-ED-RR 101000-32.2000.5.17.0006, SDI-1, Rel. Min. Maria Cristina Irigoyen Peduzzi, *DEJT* 23.10.2009).

Aliás, a questão da convalidação dos efeitos da admissão sem concurso público por ente da Administração Pública Indireta, seguida de privatização, foi pacificada mediante a recente edição da Súmula nº 430 do TST, segundo a qual "convalidam-se os efeitos do contrato de trabalho que, considerado nulo por ausência de concurso público, quando celebrado originalmente com ente da Administração Pública Indireta, continua a existir após a sua privatização".

c) Hasta pública

Não obstante a existência de alguma controvérsia doutrinária e jurisprudencial, **predomina o entendimento no sentido de que** da arrematação de empresa em hasta pública **não decorre a sucessão trabalhista**. Dois são os argumentos principais. O primeiro deles seria a diferença existente entre a arrematação judicial e o contrato de compra e venda, sendo que "a expropriação é forçada e advém de ato processual unilateral do Estado, sem qualquer participação do devedor, a quem o Juiz não representa"[33]. O segundo argumento é de ordem legal. Com efeito, a Lei nº 11.101/2005 (Lei de Falências) afasta expressamente a responsabilidade trabalhista do sucessor pelos débitos do sucedido, nos seguintes termos:

Art. 60. Se o plano de recuperação judicial aprovado envolver alienação judicial de filiais ou de unidades produtivas isoladas do devedor, o juiz ordenará a sua realização, observado o disposto no art. 142 desta Lei.

Parágrafo único. **O objeto da alienação estará livre de qualquer ônus e não haverá sucessão do arrematante nas obrigações do devedor de qualquer natureza, incluídas, mas não exclusivamente, as de natureza ambiental, regulatória, administrativa, penal, anticorrupção, tributária e trabalhista, observado o disposto no § 1º do art. 141 desta Lei.**(grifos meus.)

(...)

Art. 141. Na alienação conjunta ou separada de ativos, inclusive da empresa ou de suas filiais, promovida sob qualquer das modalidades de que trata o art. 142:

(...)

II – **o objeto da alienação estará livre de qualquer ônus e não haverá sucessão do arrematante nas obrigações do devedor, inclusive as** de natureza tributária, as **derivadas da legislação do trabalho** e as decorrentes de acidentes de trabalho.

§ 1º O disposto no inciso II do *caput* deste artigo não se aplica quando o arrematante for:

I – sócio da sociedade falida, ou sociedade controlada pelo falido;

II – parente, em linha reta ou colateral até o 4º (quarto) grau, consanguíneo ou afim, do falido ou de sócio da sociedade falida; ou

---

[33] BARROS, Alice Monteiro de. *Curso de Direito do Trabalho*, 6. ed., p. 397.

III – identificado como agente do falido com o objetivo de fraudar a sucessão.

§ 2º Empregados do devedor contratados pelo arrematante serão admitidos mediante novos contratos de trabalho e o arrematante não responde por obrigações decorrentes do contrato anterior.

Sobre esta questão, mencione-se, a título de exemplo da tendência jurisprudencial, o caso da sucessão da *VARIG*, no qual, após várias decisões conflitantes em instâncias inferiores, **restou decidido pelo TST que não houve sucessão trabalhista**.

Neste sentido, os seguintes arestos:

I – RECURSO DE REVISTA DA VRG LINHAS AÉREAS S.A. E OUTRA. PRELIMINAR DE NULIDADE DO ACÓRDÃO REGIONAL POR NEGATIVA DE PRESTAÇÃO JURISDICIONAL. Evidenciada a possibilidade de êxito da parte a quem aproveita a declaração de nulidade, deixa-se de examinar a preliminar, nos termos do artigo 282, § 2º, do CPC. SUCESSÃO TRABALHISTA. EMPRESA SUBMETIDA A PROCESSO DE RECUPERAÇÃO JUDICIAL. ILEGITIMIDADE PASSIVA. ALIENAÇÃO DE BENS. ARREMATAÇÃO JUDICIAL. LEI Nº 11.101/2005. Nos termos da Lei nº 11.101/2005 e em conformidade com a decisão do excelso Supremo Tribunal Federal, a alienação de empresa em processo de recuperação judicial não acarreta a sucessão pela arrematante e, consequentemente, não há que se falar em responsabilidade solidária das recorrentes pelos direitos que emergiam da aludida sucessão. Recurso de revista conhecido por ofensa ao art. 60, parágrafo único, da Lei nº 11.101/2005 e provido. [...] (TST, 3ª Turma, RR-90600-98.2008.5.01.0013, Rel. Min. Alexandre de Souza Agra Belmonte, Data de Julgamento: 07.02.2018, *DEJT* 09.02.2018).

[...] RECURSO DE REVISTA DE VRG LINHAS AÉREAS. EMPRESA EM RECUPERAÇÃO JUDICIAL. ARREMATAÇÃO DE UNIDADE PRODUTIVA ISOLADA. RESPONSABILIDADE. O arrematante, em leilão judicial, aprovado em plano de recuperação judicial, de unidade produtiva isolada de empresa em recuperação judicial, está livre de qualquer ônus e não sucede nas obrigações do devedor. Precedente do STF e desta Turma. Recurso de revista conhecido e provido. [...] (TST, 6ª Turma, RR- 305-07.2010.5.02.0081, Rel. Min. Augusto César Leite de Carvalho, Data de Julgamento: 06.12.2017, *DEJT* 15.12.2017).

Anote-se que o STF, ao julgar, aos 27.05.2009, a ADI nº 3.934/DF, declarou a constitucionalidade do art. 60 da Lei nº 11.101/2005, decisão esta que vem sendo utilizada como fundamento pelo TST para negar a ocorrência da sucessão de empregadores na hipótese de aquisição de unidade produtiva de empresa em recuperação judicial, com continuidade das atividades. Neste sentido, por exemplo, o seguinte julgado:

[...] IV – RECURSO DE REVISTA INTERPOSTO NA VIGÊNCIA DA LEI 13.015/2014. SUCESSÃO DE EMPRESAS. RECUPERAÇÃO JUDICIAL. RESPONSABILIDADE. AQUISIÇÃO DA UNIDADE PRODUTIVA COM CONTINUIDADE DAS ATIVIDADES. ADI 3934/DF. ARTS. 60, PARÁGRAFO ÚNICO, E 141, II, DA LEI 11.101/2005. **A jurisprudência desta Corte, na esteira do entendimento consolidado pelo STF no julgamento da ADI 3934/DF, tem se posicionado no sentido de a aquisição de unidades produtivas de empresa em recuperação judicial não enseja o reconhecimento de sucessão de empregadores, nos termos dos arts. 60, parágrafo único, e 141, II, da Lei 11.101/2005, ficando limitada a responsabilidade do arrematante ao pagamento dos créditos trabalhistas relativos ao período posterior à arrematação judicial.** Recurso de revista conhecido e provido (TST, RR-20419-28.2017.5.04.0028, 6ª Turma, Rel. Min. Augusto Cesar Leite de Carvalho, *DEJT* 03.06.2022). (grifos meus)

d) Concessão de serviço público (substituição)

Ocorrendo substituição de concessionário de serviço público, incidirá a sucessão de empregadores quando o novo concessionário adquire não só as atribuições do primeiro, mas também o acervo de bens corpóreos ou incorpóreos, em parte ou totalmente, do antigo concessionário.

Exemplo é a declaração, pelo TST, da sucessão dos débitos trabalhistas da extinta *TV Manchete* para a *TV Ômega (Rede TV)*, conforme inúmeros arestos, dentre os quais o seguinte:

Agravo. Agravo de instrumento em recurso de revista. TV Ômega. Sucessão de empresas. Arts. 10 e 448 da CLT. Os elementos fáticos revelados pelo acórdão do Tribunal Regional não permitem concluir que houve simples transferência para a TV Ômega da concessão pública outorgada à TV Manchete, em consonância com os arts. 5º, XXVI, 21, XII, "a", e 223 da Constituição Federal/88, visto que aquela, ao adquirir e utilizar a estrutura já existente da TV Manchete, passou a operar em seu lugar, confirmando a sucessão de empregadores, em conformidade com os arts. 10 e 448 da CLT. Alterar esse enquadramento fático-jurídico pressupõe necessariamente o revolvimento de matéria probatória, procedimento inadmitido em instância recursal de natureza extraordinária. Incidência do óbice da Súmula 126 do TST, que se confirma para manter a decisão agravada. Agravo a que se nega provimento (TST, Ag-AIRR 334140-87.2000.5.02.0201, 1ª Turma, Rel. Min. Walmir Oliveira da Costa, *DEJT* 18.03.2011).

No mesmo sentido, decisão do TST:

Recurso de revista. Sucessão de empregadores. Concessão de serviço público. Responsabilidade trabalhista. Demonstrado que a sucessora ocupou os imóveis e assumiu os contratos anteriores, dando sequência às atividades com o mesmo pessoal, impõe-se reconhecer a sucessão trabalhista, ainda que se trate de concessionárias de serviço público. Aplicação dos arts. 10 e 448 da CLT. Recurso de revista conhecido e provido. (TST, 3ª Turma, RR-1553-80.2012.5.01.0302, Rel. Min. Alberto Luiz Bresciani de Fontan Pereira, j. 11.11.2015, *DEJT* 13.11.2015).

Ainda a respeito do assunto, cabe mencionar o conteúdo da OJ 225 da SDI-1 do TST, *in verbis*:

OJ-SDI1-225. Contrato de concessão de serviço público. Responsabilidade trabalhista (nova redação, *DJ* 20.04.2005).

Celebrado contrato de concessão de serviço público em que uma empresa (primeira concessionária) outorga a outra (segunda concessionária), no todo ou em parte, mediante arrendamento, ou qualquer outra forma contratual, a título transitório, bens de sua propriedade:

I – em caso de rescisão do contrato de trabalho após a entrada em vigor da concessão, a segunda concessionária, na condição de sucessora, responde pelos direitos decorrentes do contrato de trabalho, sem prejuízo da responsabilidade subsidiária da primeira concessionária pelos débitos trabalhistas contraídos até a concessão;

II – no tocante ao contrato de trabalho extinto antes da vigência da concessão, a responsabilidade pelos direitos dos trabalhadores será exclusivamente da antecessora.

A referida orientação jurisprudencial decorreu de milhares de ações ajuizadas em face da antiga Rede Ferroviária Federal S. A. – RFFSA, que arrendou a malha ferroviária para outras empresas.

A regra é simples:

• extinção contratual posterior à concessão → responsabilidade do sucessor + responsabilidade subsidiária do sucedido

• extinção contratual anterior à concessão → apenas a sucedida responde

Registre-se que a OJ 225 aparentemente teria sido superada pelo art. 448-A da CLT, incluído pela Lei nº 13.467/2017[34], porquanto tal dispositivo afastou qualquer responsabilidade da sucedida, salvo na hipótese de fraude. Todavia, há vozes no sentido de que se trata de situação específica, autêntica tutela de questão de direito administrativo, o que justificaria a manutenção do verbete.

Visando à preparação para concursos, para todos os efeitos os verbetes continuam "valendo" até que sejam cancelados pelo TST. Espera-se, é claro, que as bancas examinadoras tenham a sensibilidade de evitar desdobramentos mais polêmicos da reforma trabalhista.

e) Empregador doméstico

Não há sucessão na relação de emprego doméstico, pois, como visto anteriormente, no emprego doméstico não há que se falar sequer em empresa. Ademais, a despersonalização do empregador é bastante mitigada no âmbito da relação de emprego doméstico.

Neste sentido, o seguinte aresto:

(...) Com efeito, cinge-se a salientar a impossibilidade de sucessão trabalhista em relação o empregado doméstico, diante da inaplicabilidade do art. 10 da CLT ao doméstico e em face de o empregador não ser empresa. Recurso não conhecido. (...) (TST, RR 3355900-10.2002.5.02.0900, 4ª Turma, Rel. Min. Antônio José de Barros Levenhagen, DJ 11.06.2004).

f) Cartórios extrajudiciais

A respeito dos cartórios extrajudiciais (cartórios notariais e de registro), há razoável controvérsia acerca da ocorrência da sucessão trabalhista.

Uma primeira tese, acolhida por parte da doutrina e por alguns julgados, advoga que a transferência de titularidade de cartório extraoficial não gera a sucessão trabalhista, pois o novo titular assumiria, por concurso público, o cargo, e não o patrimônio do antigo empregador.

Não obstante, **a tese que tem prevalecido** até aqui, inclusive na jurisprudência do TST, **é a da possibilidade de sucessão trabalhista a cada modificação da titularidade de cartório extrajudicial**, a partir do momento em que a CRFB definiu que "os serviços notariais e de registro são exercidos em caráter privado, por delegação do Poder Público" (art. 236). A partir daí, a doutrina entende que o notário assume os riscos do empreendimento, pelo que se sujeita ao disposto nos arts. 10 e 448 da CLT, **desde que tenha havido a continuidade na prestação dos serviços**. Esta tese majoritária é defendida na doutrina, entre outros, por Vólia Bomfim Cassar[35].

Na jurisprudência do TST, são inúmeros os julgados que corroboram esta segunda tese, dos quais menciono os seguintes:

I – RECURSO DE REVISTA DE "VALDIR BARDINI". ACÓRDÃO REGIONAL NA VIGÊNCIA DA LEI 13.015/2014 E ANTERIOR À LEI 13.467/2017. SUCESSÃO DE EMPREGADORES. MUDANÇA NA TITULARIDADE DO CARTÓRIO JUDICIAL DA CONTADORIA DO FORO DE PORTO ALEGRE. SERVENTIA JUDICIAL PRIVATIZADA. DESCONSTINUIDADE DA PRESTAÇÃO DE SERVIÇOS. NÃO CONFIGURAÇÃO. 1. Discute-se a configuração da sucessão trabalhista, nos termos dos artigos 10 e 448 da CLT, nos casos em que há mudança

---

[34] Art. 448-A. Caracterizada a sucessão empresarial ou de empregadores prevista nos arts. 10 e 448 desta Consolidação, as obrigações trabalhistas, inclusive as contraídas à época em que os empregados trabalhavam para a empresa sucedida, são de responsabilidade do sucessor. Parágrafo único. A empresa sucedida responderá solidariamente com a sucessora quando ficar comprovada fraude na transferência.

[35] CASSAR, Vólia Bomfim. *Direito do Trabalho*, p. 468.

na titularidade em serventia judicial privatizada. 2. Ficou delimitado no v. acórdão regional que a reclamante teve o contrato de trabalho rescindido em junho/2010 e que, não obstante o Sr. "Valdir Bardini" tivesse assumido a titularidade do cartório apenas em julho/2011, este deveria ser responsabilizado pelos créditos devidos à autora. 3. Estabelecem os artigos 10 e 448 da CLT que "Qualquer alteração na estrutura jurídica da empresa não afetará os direitos adquiridos por seus empregados" e que "a mudança na propriedade ou na estrutura jurídica da empresa não afetará os contratos de trabalho dos respectivos empregados". 4. **Nos termos da jurisprudência pacífica desta Corte Superior, ainda que a delegação para o exercício da atividade notarial e de registro pressuponha a habilitação em concurso público (Lei 8.935/94), nada obsta a aplicação dos referidos dispositivos ao caso, sendo necessário, para a configuração da sucessão trabalhista, apenas que, além da transferência da unidade econômico-jurídica, haja também a continuidade na prestação de serviços para o sucessor.** Precedentes. 5. Nesse contexto, e tendo em vista que o col. Tribunal Regional registra que não houve prestação de serviços pela autora ao novo titular do cartório, não há como se reconhecer a sucessão trabalhista para o fim de responsabilizá-lo pelo pagamento das verbas inadimplidas pelos titulares anteriores. Recurso de revista conhecido por violação dos artigos 10 e 448 da CLT e provido. [...] (TST, RR-881-78.2013.5.04.0003, 7ª Turma, Rel. Min. Alexandre de Souza Agra Belmonte, *DEJT* 10.02.2023). (grifos meus)

[...] SUCESSÃO TRABALHISTA - MUDANÇA NA TITULARIDADE DE CARTÓRIO - CONTINUIDADE NA PRESTAÇÃO DE SERVIÇOS - VIOLAÇÃO DE DISPOSITIVO DE LEI. 1. Nos termos dos arts. 10 e 448 da CLT, a mudança na propriedade ou na estrutura jurídica da empresa não afetará os contratos de trabalho dos respectivos empregados ou seus direitos adquiridos. 2. A alteração da titularidade do serviço notarial, com a correspondente transferência da unidade econômico-jurídica que integra o estabelecimento, além da continuidade na prestação dos serviços, configura a sucessão de empregadores. 3. Diante da premissa de que o segundo reclamado assumiu a titularidade do cartório, e por ser incontroverso que a reclamante continuou a prestar-lhe serviços, a decisão rescindenda, ao concluir pela inexistência de sucessão trabalhista e limitar a condenação ao período posterior a 15/05/2003, violou literalmente os referidos dispositivos. [...] (TST, SDI-II, RO-1044-95.2012.5.15.0000, Rel. Min. Luiz Philippe Vieira de Mello Filho, Data de Julgamento: 12.12.2017, *DEJT* 19.12.2017).

g) Arrendamento

Conforme já mencionado, não importa à configuração da sucessão trabalhista o título jurídico da transferência da universalidade (empresa). Dessa forma, o arrendamento de empresas ou estabelecimentos é apto a gerar a sucessão de empregadores. Caso a empresa retorne, em momento posterior, à antiga pessoa física ou jurídica arrendante, operar-se-á nova sucessão.

Em consonância com este entendimento, os seguintes arestos do TST:

Recurso de revista do reclamante. Sucessão trabalhista. Arrendamento mercantil. Continuidade da prestação de serviços pela sucessora. O contrato de arrendamento constitui, sem dúvida nenhuma, uma das hipóteses de sucessão trabalhista, estando, assim, regulamentado pelos arts. 10 e 448 da CLT. Ainda que o arrendatário adquira, temporariamente, um bem do arrendador, ocorre, mesmo que provisoriamente, a substituição do antigo titular passivo da relação empregatícia por outra pessoa. Assim, não seria razoável retirar do empregado a proteção estabelecida nos aludidos preceitos legais simplesmente por se tratar de contrato de arrendamento, porquanto essa proteção visa, justamente, velar pela continuidade do contrato de trabalho, além de resguardar os direitos trabalhistas dos empregados e facilitar o acesso à Justiça do Trabalho quando for necessária a tutela judicial desses direitos. O trabalhador não participa dos negócios empresariais e não tem condições de saber de quem é a responsabilidade civil do empreendimento. Para a defesa dos seus direitos, o que importa é a pessoa jurídica que está à frente do estabelecimento comercial, sendo irrelevantes os termos do contrato comercial firmado entre a sucedida e a sucessora e se aquela continua ou não existindo, pois sequer teve acesso a esse contrato e, também, não tem obrigação de investigar o destino da antiga empregadora e o local em que está sediada. As responsabilidades civis livremente pactuadas entre as referidas empresas devem ser dirimidas na órbita civil e não atingem os empregados, que dirigem suas reclamações trabalhistas contra a pessoa jurídica que exerce as atividades empresariais. Dessa forma, considerando o aspecto de que a empresa Nolandis Empreendimentos e Participações Ltda. continuou a explorar a mesma atividade-fim da Zoe do Brasil Participações Ltda., utilizando-se da mesma mão de obra e dos bens pertencentes à primeira reclamada, resta configurada a sucessão trabalhista, nos termos dos arts. 10 e 448 da CLT, sendo indiferente o fato de a mudança ter decorrido mediante contrato de arrendamento. Recurso de revista conhecido e provido. [...] (TST, 7ª Turma, RR-40700-31.2008.5.01.0019, Rel. Min. Luiz Philippe Vieira de Mello Filho, j. 09.12.2015, *DEJT* 11.12.2015).

Recurso de revista. Acidente de trabalho. Dano moral. Responsabilidade exclusiva do sócio da empresa sucedida. Afronta aos arts. 10 e 448 da CLT. Nos termos dos arts. 10 e 448 da CLT, a mudança na propriedade ou na estrutura jurídica da empresa não afeta os direitos adquiridos dos empregados. Destarte, sendo constatada a sucessão da antiga empregadora do Reclamante, com o arrendamento total do seu parque siderúrgico, mesmo que posteriormente ao acidente de trabalho, deve a empresa sucessora responder pelo pagamento da indenização devida pelo acidente de trabalho, em face da aplicação dos preceitos legais anteriormente mencionados. Aplicação analógica da Orientação Jurisprudencial 261 da SBDI-1. Recurso de revista conhecido em parte e provido (TST, RR 52900-38.2004.5.03.0057, 4ª Turma, Rel. Min. Maria de Assis Calsing, *DEJT* 04.02.2011).

h) Empresário individual

Ocorre a sucessão de empregadores caso uma universalidade, cujo titular seja pessoa física (empresário individual), sofra alteração em sua estrutura jurídica, passando, por exemplo, para sociedade limitada.

Entretanto, ocorrendo a morte do empregador *constituído em empresa individual*[36], a doutrina tem entendido que não ocorre a sucessão, até porque a lei faculta ao empregado, neste caso, dar por terminado o contrato de trabalho, nos termos do art. 483, § 2º, da CLT, *in verbis*:

Art. 483. O empregado poderá considerar rescindido o contrato e pleitear a devida indenização quando:

(...)

§ 2º No caso de morte do empregador constituído em empresa individual, é facultado ao empregado rescindir o contrato de trabalho.

i) Grupo econômico (sucessão de uma das empresas)

Imagine-se a seguinte hipótese: um grupo econômico é formado por três empresas, "A", "B" e "C". Como estudado, todas estas empresas integrantes do grupo econômico são *solidariamente* responsáveis pelos créditos trabalhistas dos empregados de quaisquer delas, de forma que um empregado de "A" que não tenha recebido seus créditos trabalhistas pode cobrá-los indistintamente de "A", "B" ou "C".

Suponhamos que a empresa "C" foi vendida para a empresa "D" em 01.06.2009. "D" passa a ser, então, sucessora trabalhista de "C", sem problemas.

---

[36] O termo é extraído do § 2º do art. 483 da CLT. Em princípio, abrange o empresário individual (pessoa física) e a sociedade unipessoal, embora tal classificação extrapole os limites desta obra e seja mais relevante para o Direito Empresarial.

Por fim, um empregado da empresa "B", dispensado em junho de 2009, ingressa em juízo contra a empresa "D", postulando créditos trabalhistas relativos a todo o seu contrato de trabalho, sob o argumento de que "D" é sucessora trabalhista de "C", que seria solidariamente responsável pelas obrigações trabalhistas de "B". Tem razão o empregado?

Se, à época da sucessão, a empresa "B" era solvente ou idônea economicamente, ou seja, se a sucessão não foi levada a efeito exatamente para fraudar os direitos dos empregados do grupo econômico, não há se falar em responsabilidade de "D". Neste sentido, a OJ 411 da SDI-1 do TST:

> OJ-SDI1-411. Sucessão trabalhista. Aquisição de empresa pertencente a grupo econômico. Responsabilidade solidária do sucessor por débitos trabalhistas de empresa não adquirida. Inexistência (*DEJT* divulgado em 22, 25 e 26.10.2010).
>
> O sucessor não responde solidariamente por débitos trabalhistas de empresa não adquirida, integrante do mesmo grupo econômico da empresa sucedida, quando, à época, a empresa devedora direta era solvente ou idônea economicamente, ressalvada a hipótese de má-fé ou fraude na sucessão.

7.3.3. Efeitos da sucessão trabalhista

7.3.3.1. Posição do empregado diante da sucessão trabalhista

Poderia o empregado se opor à sucessão de empregadores? Em outras palavras, sendo a sucessão alteração subjetiva do contrato de trabalho, poderia o empregado opor-se à sucessão, arguindo a inalterabilidade contratual que lhe é garantida pelo art. 468 da CLT?

A resposta, ao menos como regra geral, é negativa. Isso acontece porque a sucessão trabalhista, não obstante configure alteração unilateral do contrato de trabalho, é expressamente prevista pelo ordenamento jurídico (art. 10 e 448 da CLT). Como é de conhecimento geral, a lei pode perfeitamente excepcionar a si mesma. Ademais, argumenta-se que o instituto da sucessão trabalhista foi concebido para proteção do trabalhador, pelo que, ao menos em tese, não lhe traria prejuízos, sendo que estes (os prejuízos) constituem requisito para vedação da alteração unilateral do contrato de trabalho.

Entretanto, há que se registrar, como hipótese exceptiva a esta regra geral, o caso em que o empregado tenha comprovadamente pactuado o contrato de trabalho levando em conta a figura do empregador. Neste caso, seria lícito ao empregado opor-se à sucessão, dando por encerrado seu contrato de trabalho sem necessidade de cumprimento do aviso-prévio (os demais efeitos rescisórios seriam os do pedido de demissão).

Como exemplo, mencionem-se dois casos: a) jornalista cuja empresa em que trabalha é transferida para novos proprietários, os quais alteram radicalmente a orientação ideológica da empresa, de forma a tornar inviável a continuidade do contrato de trabalho deste jornalista; b) morte do empregador constituído em *empresa individual*[37], caso em que, mesmo que continue o empreendimento por meio dos sucessores do falecido, pode o empregado dar por rescindido o contrato de trabalho.

---

[37] O termo é extraído do § 2º do art. 483 da CLT. Em princípio, abrange o empresário individual (pessoa física) e a sociedade unipessoal, embora tal classificação extrapole os limites desta obra e seja mais relevante para o Direito Empresarial.

7.3.3.2. Posição do empregador sucedido diante da sucessão trabalhista

Em regra, mesmo antes da *Reforma Trabalhista de 2017* o sucedido não teria qualquer responsabilidade (seja ela solidária ou sequer subsidiária) sobre os créditos trabalhistas constituídos em período anterior à transferência.

Na prática, entretanto, vinha sendo reconhecida pela jurisprudência a responsabilidade subsidiária do sucedido nos casos em que a transferência tivesse por efeito a redução das garantias de adimplemento dos créditos trabalhistas decorrentes dos contratos de trabalho.

A questão foi então resolvida pelo legislador, conforme art. 448-A da CLT, inserido pela Lei nº 13.467/2017, nos seguintes termos:

> Art. 448-A. Caracterizada a sucessão empresarial ou de empregadores prevista nos arts. 10 e 448 desta Consolidação, as obrigações trabalhistas, inclusive as contraídas à época em que os empregados trabalhavam para a empresa sucedida, são de responsabilidade do sucessor.
>
> Parágrafo único. A empresa sucedida responderá solidariamente com a sucessora quando ficar comprovada fraude na transferência.

Portanto, o legislador consagrou a regra geral que já vinha sendo aplicada por construção jurisprudencial, no sentido de que **o sucedido não responde por quaisquer obrigações trabalhistas, salvo na hipótese de fraude, em que há responsabilidade solidária entre sucessor e sucedido**.

7.3.3.3. Posição do sucessor diante da sucessão trabalhista

A sucessão trabalhista provoca a transferência de direitos e obrigações contratuais do sucedido ao sucessor, pelo que o passivo trabalhista do empreendimento se transfere integralmente ao sucessor.

Assim, **o sucessor responde por todas as obrigações trabalhistas da empresa, inclusive aquelas contraídas antes da sucessão**, conforme prevê expressamente o supramencionado art. 448-A, incluído pela Lei nº 13.467/2017. Há entendimento, inclusive, no sentido de que, a partir do disposto no art. 448-A da CLT, não mais se discutirá a responsabilidade do sucessor por créditos decorrentes de contratos extintos antes da sucessão[38].

Importante mencionar ainda que a estipulação, no contrato de transferência da universalidade, de **cláusula de não responsabilização**, pela qual o sucessor ressalva sua responsabilidade somente para fatos posteriores à transferência, **não gera efeitos no âmbito do Direito do Trabalho**. Tais cláusulas operam efeitos apenas entre as partes que as pactuam, isto é, caberá ao sucessor arcar diretamente com todos os créditos trabalhistas, inclusive aqueles constituídos antes da transferência, sendo que a cláusula lhe garante apenas a possibilidade de regresso em face do sucedido.

Em outras palavras, existente a cláusula de não responsabilização, o sucessor que pagou pelos créditos constituídos antes da transferência terá explicitado seu direito de ressarcimento em face do sucedido.

Elucidativa é a lição de Messias Pereira Donato:

> "O sucessor assume direitos e obrigações incidentes sobre o antecessor, inclusive pelas chamadas *dívidas velhas*. Ajuste que porventura celebrar com o antecessor, no sentido de responder este por encargos para com ex-empregados e em atraso para com os atuais empregados – inde-

---

38 Por todos, NAHAS, Thereza. *Impactos da reforma trabalhista na jurisprudência do TST*. São Paulo: Revista dos Tribunais, 2017, p. 46.

nizações, salários, vantagens – possui validade *inter partes*, porque a responsabilidade por ela recai no sucessor. Ao desincumbir-se este do ônus, terá ação regressiva contra o antecessor, perante a justiça comum"[39].

7.3.3.4. Responsabilidade do sócio retirante

Assunto que sempre rendeu acaloradas discussões nos tribunais trabalhistas, a responsabilidade trabalhista do sócio que se retira da sociedade foi regulamentada pelo art. 10-A da CLT, incluído pela Lei n° 13.467/2017, *in verbis*:

> Art. 10-A. O sócio retirante responde subsidiariamente pelas obrigações trabalhistas da sociedade relativas ao período em que figurou como sócio, somente em ações ajuizadas até dois anos depois de averbada a modificação do contrato, observada a seguinte ordem de preferência:
>
> I – a empresa devedora
>
> II – os sócios atuais; e
>
> III – os sócios retirantes.
>
> Parágrafo único. O sócio retirante responderá solidariamente com os demais quando ficar comprovada fraude na alteração societária decorrente da modificação do contrato.

Não obstante a matéria seja afeta ao direito processual do trabalho, cabem aqui breves considerações a seu respeito, ante a possibilidade de as bancas cobrarem questões diretas sobre o novel art. 10-A da CLT também em provas de direito do trabalho. Em síntese, não é provável que se exija do candidato, numa prova de direito material do trabalho, mais do que a literalidade do dispositivo legal em referência, de forma que as nuances da questão, notadamente aquelas que envolvem a desconsideração da personalidade jurídica e a aplicação subsidiária ou não do Código Civil fogem completamente aos objetivos desta obra.

Imaginemos um exemplo para facilitar a compreensão da hipótese legal: Bismarck e Sorato eram os únicos sócios do restaurante *Bacalhau 89*. Em 01.10.2016, Acácio foi admitido como sócio da empresa, condição que ostentou até 01.12.2017, quando resolveu se retirar da sociedade, tendo sido imediatamente requerida a averbação da alteração contratual. O registro da alteração do contrato social na junta comercial se deu aos 20.12.2017. Neste caso, Acácio responderá pelas obrigações trabalhistas da sociedade, observados os seguintes limites:

1°) responderá apenas pelas obrigações relativas ao período de 01.10.2016 a 01.12.2017[40];

2°) responderá somente em ações ajuizadas até 20.12.2019, ou seja, até dois anos depois de averbada a modificação do contrato social;

3°) responderá apenas em caso de não ter sido possível a execução da sentença contra a empresa *Bacalhau 89*, nem contra os sócios remanescentes, Bismarck e Sorato. Significa dizer que **a obrigação do sócio retirante é subsidiária**.

Por fim, cabe mencionar que, **ficando comprovada fraude na alteração societária** decorrente da modificação do contrato, **a responsabilidade do retirante será solidária**. Assim, por exemplo, se a retirada do sócio teve por objetivo deixar a empresa e os demais sócios sem qualquer patrimônio que possa garantir o adimplemento dos créditos dos

---

[39] DONATO, Messias Pereira. *Curso de Direito Individual do Trabalho*. 6. ed. São Paulo: LTr, 2008, p. 151.

[40] Dispõe o art. 1.032 do CCB, *que "a* retirada, exclusão ou morte do sócio, não o exime, ou a seus herdeiros, da responsabilidade pelas obrigações sociais anteriores, até dois anos após averbada a resolução da sociedade; nem nos dois primeiros casos, pelas posteriores e em igual prazo, enquanto não se requerer a averbação".

trabalhadores, **o sócio retirante responderá solidariamente com os demais**, isto é, sem qualquer ordem de preferência.

Dicas para provas discursivas:

A caracterização das figuras jurídicas do grupo econômico e da sucessão de empregadores deve ser dominada pelo candidato que se submeterá também a provas discursivas.

É importante conhecer as principais figuras da casuística trabalhista (*v.g.*, inocorrência de sucessão de empregadores diante de hasta pública), pois eventual questão discursiva pode abordar diretamente uma destas figuras. Merecem especial atenção, também, as alterações promovidas pela *Reforma Trabalhista de 2017* (arts. 2°, 10-A e 448-A da CLT).

A caracterização da figura do empregador depende da existência de empregado, razão pela qual o candidato precisa conhecer também os requisitos caracterizadores da relação de emprego (ver item 5.4.1).

7.4. CONSÓRCIO DE EMPREGADORES

O consórcio de empregadores nada mais é que a reunião de empregadores para contratação de empregados, a fim de que estes prestem serviços a todos os integrantes do consórcio, na medida de suas necessidades. A figura surgiu no meio rural, como solução para a questão da informalidade, adaptando os interesses dos empregadores rurais à necessidade de proteção do trabalhador que se ativa no campo. A partir do consórcio, diversos empregadores se reúnem para dividir os custos decorrentes da contratação formal de empregados.

A figura do consórcio de empregadores rurais foi positivada com o acréscimo do art. 25-A à Lei n° 8.212/1991, nos seguintes termos:

> Art. 25-A. Equipara-se ao empregador rural pessoa física o consórcio simplificado de produtores rurais, formado pela união de produtores rurais pessoas físicas, que outorgar a um deles poderes para contratar, gerir e demitir trabalhadores para prestação de serviços, exclusivamente, aos seus integrantes, mediante documento registrado em cartório de títulos e documentos.
>
> § 1° O documento de que trata o *caput* deverá conter a identificação de cada produtor, seu endereço pessoal e o de sua propriedade rural, bem como o respectivo registro no Instituto Nacional de Colonização e Reforma Agrária – INCRA ou informações relativas a parceria, arrendamento ou equivalente e a matrícula no Instituto Nacional do Seguro Social – INSS de cada um dos produtores rurais.
>
> § 2° O consórcio deverá ser matriculado no INSS em nome do empregador a quem hajam sido outorgados os poderes, na forma do regulamento.
>
> § 3° Os produtores rurais integrantes do consórcio de que trata o *caput* serão responsáveis solidários em relação às obrigações previdenciárias.

Além da previsão no art. 25-A da Lei n° 8.212/1991, o consórcio de empregadores rurais foi regulamentado pela Portaria MTP n° 671/2021 (arts. 40-43).

Eis as principais características de tal figura: a) os integrantes do consórcio de empregadores são **solidariamente** responsáveis pelas obrigações previdenciárias em relação a seus empregados; b) a figura do consórcio cria a solidariedade ativa, isto é, os empregados são empregados de todos os integrantes do consórcio, indistintamente; c) a CTPS do empregado deverá ser anotada por uma das pessoas físicas integrantes do consórcio, cujo nome será acrescido da expressão "e outros"; d) o consórcio deve ser obrigatoriamente formalizado por documento registrado no cartório de títulos e documentos, do qual deverá constar expressamente a cláusula de solidariedade, nos moldes do art. 265 do CCB.

Finalmente, há que se observar que, não obstante a ausência de previsão legal expressa, nada impede que se formem consórcios de empregadores urbanos. Neste sentido tem se manifestado parte considerável da doutrina.

EMPREGADOR

Conceito:

• Empregador é a pessoa (física ou jurídica) ou mesmo o ente despersonificado (p. ex., a massa falida) que contrata pessoa física para lhe prestar serviços, sendo que estes serviços devem ser prestados com pessoalidade, não eventualidade, onerosidade e sob subordinação.

Características:

• *Despersonalização*: não há, em regra, pessoalidade em relação ao empregador, do que decorre que o trabalhador se vincula ao empreendimento, e não à pessoa do empregador.

• *Assunção dos riscos do empreendimento*: o empregador assume integralmente os riscos do empreendimento, não podendo transferi-los ao empregado.

Grupo econômico:

• Considera-se grupo econômico a reunião de duas ou mais empresas que, embora tenham, cada uma delas, personalidade jurídica própria, estejam sob direção, controle ou administração da outra (grupo econômico por subordinação). Também caracteriza grupo econômico a reunião de empresas que, mesmo guardando cada uma sua autonomia, é marcada pela existência de interesse integrado, de efetiva comunhão de interesses e de atuação conjunta das empresas (grupo econômico por coordenação). Todavia, não caracteriza grupo econômico a mera identidade de sócios.

• É indiferente, para caracterização do grupo econômico, que as empresas integrantes explorem a mesma atividade econômica.

• É indiferente, para caracterização do grupo econômico, que as empresas estejam agrupadas sob modelos extraídos do Direito Comercial. Prevalece, no Direito do Trabalho, a realidade, e o objetivo do instituto, nesta seara, é a proteção do crédito trabalhista.

• Do grupo econômico decorre, para a jurisprudência do TST, a chamada solidariedade dual. Assim, todas as empresas do grupo econômico são solidariamente responsáveis pelos créditos trabalhistas dos empregados de cada uma delas. Por sua vez, todas as empresas do grupo são empregadoras de todos os empregados (teoria do empregador único), razão pela qual podem exigir a prestação de serviços mediante um único contrato de trabalho, salvo ajuste em contrário.

• Apenas empregadores que tenham finalidade econômica podem integrar grupo econômico (posição majoritária).

• Entende-se majoritariamente que o empregado pode acionar, na fase de execução do processo trabalhista, qualquer empresa do grupo econômico, ainda que ela não tenha participado da fase cognitiva do processo e não conste do título executivo.

Sucessão de empregadores:

• Ocorre a sucessão de empregadores (ou sucessão trabalhista) sempre que houver alteração no polo subjetivo da relação de emprego, seja pela alteração da propriedade da empresa, seja pela mudança de sua estrutura jurídica.

• A sucessão trabalhista não tem o condão de alterar os contratos de trabalho em vigor (princípio da despersonalização do empregador), razão pela qual o sucessor assume a responsabilidade pelos débitos trabalhistas do sucedido para com os empregados remanescentes.

• Para que se configure a sucessão trabalhista, devem estar presentes os seguintes requisitos: a) alteração na estrutura jurídica ou na propriedade da empresa, a qualquer título; b) continuidade da atividade empresarial; c) continuidade da prestação de serviços (não essencial).

• A sucessão trabalhista pode ocorrer tanto no meio urbano quanto no rural. Não ocorre, entretanto, em relação ao empregado doméstico.

• Desmembramento de Municípios não enseja sucessão trabalhista.

EMPREGADOR
• Na privatização de sociedade de economia mista ocorre a sucessão de empregadores. Convalidam-se os efeitos do contrato de trabalho que, considerado nulo por ausência de concurso público, quando celebrado originalmente com ente da Administração Pública Indireta, continua a existir após a sua privatização.
• Da arrematação de empresa em hasta pública não decorre a sucessão trabalhista.
• No caso de concessionário de serviço público, ocorrerá sucessão quando do novo concessionário adquire do antigo a estrutura deste (bens corpóreos e incorpóreos).
• Ocorre a sucessão trabalhista ante a mudança de titular dos cartórios extrajudiciais, salvo se houver solução de continuidade quanto à prestação de serviços.
• O sucessor não responde solidariamente por débitos trabalhistas de empresa não adquirida, integrante do mesmo grupo econômico da empresa sucedida, quando, à época, a empresa devedora direta era solvente ou idônea economicamente, ressalvada a hipótese de má-fé ou fraude na sucessão.

• Efeitos da sucessão trabalhista:
  – Em relação ao trabalhador: nada muda em relação ao contrato ou aos direitos adquiridos do empregado. Como regra, o empregado não pode se opor à sucessão.
  – Em relação ao sucedido: em geral, deixa de ter qualquer responsabilidade. Responde solidariamente, todavia, em caso de fraude.
  – Em relação ao sucessor: responde por todos os débitos trabalhistas, presentes e pretéritos.

• Cláusula de não responsabilização porventura existente não gera efeitos no Direito do Trabalho, valendo tão somente como direito de regresso para o sucessor.

Responsabilidade do sócio retirante:
• responderá subsidiariamente pelas obrigações trabalhistas da sociedade, observado o seguinte:
  a) apenas em relação ao período em que figurou como sócio;
  b) somente em ações ajuizadas até dois anos depois de averbada a modificação do contrato;
  c) somente se não for possível executar a empresa nem os sócios atuais, nesta ordem.
• responderá solidariamente pelas obrigações trabalhistas da sociedade em caso de fraude na alteração societária.

7.5. DEIXADINHAS

1. Empregador é todo aquele que admite empregado, nos termos dos arts. 3º e 2º da CLT.
2. Considera-se empregador a empresa, individual ou coletiva, que, assumindo os riscos da atividade econômica, admite, assalaria e dirige a prestação pessoal de serviço.
3. Equiparam-se ao empregador, para os efeitos exclusivos da relação de emprego, os profissionais liberais, as instituições de beneficência, as associações recreativas ou outras instituições sem fins lucrativos, que admitirem trabalhadores como empregados.
4. Pelo princípio da despersonalização do empregador, o empregado se vincula ao empreendimento, e não à pessoa do empregador. Logo, na relação de emprego não há pessoalidade em relação ao empregador.
5. O empregador deve assumir os riscos do empreendimento, não podendo repassá-los aos empregados.
6. É solidária a responsabilidade das empresas integrantes de grupo econômico em relação aos créditos trabalhistas dos empregados de qualquer das empresas do grupo.
7. Entende-se que a solidariedade, no caso, é dual (passiva e ativa), de forma que o grupo constitui empregador único. Assim, a prestação de serviços a mais de uma empresa do mesmo grupo econômico, durante a mesma jornada de trabalho, não caracteriza a coexistência de mais de um contrato de trabalho, salvo ajuste em contrário.

8. O grupo econômico trabalhista tanto pode ser vertical ou por subordinação (uma empresa controla as demais), como pode ser horizontal ou por coordenação (desde que demonstrados o interesse integrado, a efetiva comunhão de interesses e a atuação conjunta das empresas dele integrantes). Não basta a mera identidade de sócios para caracterização do grupo econômico. Não interessa se existe consórcio entre as empresas, nos moldes do direito empresarial.

9. Empresas sem fins lucrativos e empregadores domésticos não formam grupo econômico.

10. São requisitos para a configuração da sucessão trabalhista a alteração da propriedade ou da estrutura jurídica da empresa, bem como a continuidade na atividade empresarial sem solução de continuidade.

11. O sucessor trabalhista assume inclusive o passivo trabalhista daqueles empregados que já haviam sido demitidos antes da ocorrência da sucessão, pelo que não se exige a continuidade dos serviços.

12. A sucessão trabalhista se aplica ao empregado rural, mas não se aplica ao doméstico.

13. Não há sucessão trabalhista se a empresa é arrematada em hasta pública.

14. Em caso de criação de novo município, por desmembramento, cada uma das novas entidades responsabiliza-se pelos direitos trabalhistas do empregado no período em que figurarem como real empregador.

15. Da privatização de sociedade de economia mista decorre a sucessão de empregadores. Convalidam-se os efeitos do contrato de trabalho que, considerado nulo por ausência de concurso público, quando celebrado originalmente com ente da Administração Pública Indireta, continua a existir após a sua privatização.

16. Havendo sucessão entre concessionárias de serviço público, a responsabilidade pelos créditos dos empregados demitidos antes da sucessão é exclusiva da sucedida. Por sua vez, a responsabilidade pelos créditos decorrentes do contrato de trabalho extinto após a sucessão é da sucessora, mas a sucedida responde subsidiariamente.

17. Ocorre a sucessão trabalhista em face da transferência da titularidade de cartórios extrajudiciais, desde que o empregado tenha continuado a prestar serviços ao novo titular.

18. Incidem os efeitos da sucessão trabalhista também em caso de arrendamento da empresa. Aliás, não interessa, para caracterização da sucessão de empregadores, o título jurídico a que se deu a transferência da universalidade.

19. O sucessor não responde solidariamente por débitos trabalhistas de empresa não adquirida, integrante do mesmo grupo econômico da empresa sucedida, quando, à época, a empresa devedora direta era solvente ou idônea economicamente, ressalvada a hipótese de má-fé ou fraude na sucessão.

20. Se existente a cláusula de não responsabilização, seus efeitos são meramente civis (direito de regresso), entre sucessor e sucedido, não surtindo efeitos no âmbito trabalhista.

21. Salvo existência de má-fé ou fraude na sucessão, o sucessor não responde por débitos trabalhistas de empresa não adquirida integrante do mesmo grupo econômico da sucedida.

22. Caracterizada a sucessão de empregadores, as obrigações trabalhistas, inclusive as contraídas à época em que os empregados trabalhavam para a empresa sucedida, são de responsabilidade do sucessor. A empresa sucedida responderá solidariamente com a sucessora, todavia, quando ficar comprovada fraude na transferência.

23. O sócio retirante responde subsidiariamente pelas obrigações trabalhistas da sociedade relativas ao período em que figurou como sócio, somente em ações ajuizadas até dois anos depois de averbada a modificação do contrato, observada a seguinte ordem de preferência: I – a empresa devedora; II – os sócios atuais; III – os sócios retirantes.

24. O sócio retirante responderá solidariamente com os demais quando ficar comprovada fraude na alteração societária decorrente da modificação do contrato.

CAPÍTULO 8

Terceirização e Trabalho Temporário

· ·

Marcadores: SUBCONTRATAÇÃO; INTERMEDIAÇÃO DE MÃO DE OBRA; CONTRATAÇÃO POR EMPRESA INTERPOSTA; RELAÇÃO TRIANGULAR DE TRABALHO; TRABALHO TEMPORÁRIO; RESPONSABILIDADE DO EMPREITEIRO; COOPERATIVAS.

Material de estudo:

✓ Legislação *básica*: **CLT**, art. 9°, 442, 455; **Lei n° 6.019/1974** (toda); **Lei n° 14.133/2021**, art. 50, 121

✓ Legislação para *estudo avançado*: **Lei n° 7.102/1983**, art. 3°, 10; **Lei n° 9.472/1997**, art. 94; **Lei n° 5.764/1974**, art. 4°, 6°, 7°, 15; **Lei n° 12.690/2012**, art. 01-18; **Decreto n° 9.507/2018**, art. 1°, 3°-4°, 7°-8°; Decreto n° 10.854/2021, art. 39-75; **DecretoLei n° 200/1967**, art. 10

✓ Jurisprudência: **Súm.** 125, 331, TST; **OJ SDI-1** 191, 321, 383, TST

✓ Doutrina (++)

Dica de preparação estratégica:

Para concursos de provas apenas objetivas (múltipla escolha), o assunto do presente capítulo tenderá a ser explorado a partir da literalidade da Lei n° 6.019/1974, com redação dada pelas Leis n° 13.429/2017 e n° 13.467/2017, e da Súmula 331 do TST. Portanto, se for este o caso, concentre-se no estudo da referida Lei e da Súmula 331.

8.1. HISTÓRICO

A terceirização tem raízes históricas no rearranjo da estrutura empresarial imposto pelo declínio do modelo *taylorista/fordista* de organização do trabalho, baseado na produção em massa, e no consequente surgimento do intitulado modelo *toyotista*, centrado na ideia de produção vinculada à demanda[1]. A figura surgiu, assim, como

---

[1]   MARTINEZ, Luciano. *Curso de Direito do Trabalho*. 8. ed. São Paulo: Saraiva, 2017, p. 300.

forma de otimização dos resultados da empresa central, que, transferindo a empresas especializadas atividades periféricas, poderia se concentrar na consecução de sua atividade principal.

Neste sentido, para a Ciência da Administração, terceirização

"é a transferência de atividades para fornecedores especializados, detentores de tecnologia própria e moderna, que tenham esta atividade terceirizada como sua atividade-fim, liberando a tomadora para concentrar seus esforços gerenciais em seu negócio principal, preservando e evoluindo em qualidade e produtividade, reduzindo custos e gerando competitividade"[2].

Assim, a terceirização constitui, em princípio, o fornecimento de **atividade** especializada, e **não** o fornecimento **de trabalhadores**.

Exemplo de terceirização (*em sua concepção original*): determinada indústria metalúrgica (empresa A) fornece refeição para seus empregados e, para isso, necessita, obviamente, sejam produzidas estas refeições diariamente. Tendo em vista que a preparação de refeições não guarda qualquer similitude com sua atividade social, ou seja, constitui mera atividade-meio, esta indústria metalúrgica terceiriza tal *atividade* para uma empresa especializada (empresa B) em preparar refeições industriais, mediante um contrato de direito privado. Observe-se que, no caso, a "empresa B" atua autonomamente no desenvolvimento de seu mister, não sofrendo qualquer interferência da "empresa A". O contrato firmado entre ambas não é de fornecimento de trabalhadores, e sim de fornecimento do resultado de uma atividade especializada desenvolvida (de forma mais eficiente, frise-se), pela "empresa B".

Outro exemplo são as atividades de contabilidade e controle de departamento de pessoal de pequenas empresas, normalmente desenvolvidas por escritórios de contabilidade **especializados** na atividade. Imagine-se, por exemplo, uma pequena indústria de roupas que tenha dez empregados. Não seria necessário, e nem economicamente viável, a contratação de um empregado apenas para responder pela escrituração contábil e pela organização do departamento de pessoal. Logo, é razoável que esta indústria terceirize tal atividade de apoio para um prestador de serviços que a tenha como fim, de forma que o tomador dos serviços possa se concentrar efetivamente em seu objetivo social.

A rigor não havia, na área trabalhista, nenhuma norma jurídica que regulasse de forma ampla a questão da terceirização, até porque não se trata, *a priori*, de instituto trabalhista. Não obstante, principalmente a partir da década de 1970, a terceirização se tornou um fenômeno de fato no Brasil, pelo que passou a despertar a atenção do Poder Judiciário.

Em um primeiro momento, todos acreditavam que o instituto da terceirização não traria maiores prejuízos ao trabalhador, visto que seus direitos estariam igualmente garantidos pela relação de emprego mantida com o terceiro (prestador de serviços). Não obstante, a prática trabalhista demonstrou que não era bem assim. Ocorre que os empregadores, a fim de se livrar do chamado *passivo trabalhista*, passaram a contratar terceiros sem nenhuma idoneidade econômico-financeira, verdadeiros "laranjas" ou "testas de ferro", a fim de que a responsabilidade pelos créditos trabalhistas recaísse sobre estas empresas de fachada. Na Justiça do Trabalho o empregado conheceu amargamente, durante muito tempo, a famosa expressão "ganha, mas não leva", pois, no mais das vezes,

2   SILVA, Ciro Pereira da. *A terceirização responsável: modernidade e modismo*. São Paulo: LTr, 1997, p. 30.

o empregador aparente não tinha nenhuma capacidade de solver os créditos trabalhistas de seus empregados.

Diante disso, a Justiça do Trabalho, e mais especificamente o TST, levou adiante a construção de um modelo de responsabilização do tomador dos serviços, o qual passou a atuar como garantidor (responsável subsidiário, tecnicamente falando) dos créditos dos empregados de seus prestadores de serviço.

Depois de muitas idas e vindas sobre o tema, cujo histórico é desnecessário em vista do objetivo deste manual, foi publicada, em 1994, a Súmula 331 do TST, a qual se manteve como a grande referência sobre terceirização no Brasil até o início de 2017.

Aos 31.03.2017 foi publicada a Lei nº 13.429, que incluiu diversos dispositivos na Lei nº 6.019/1974 (a qual, até então, regulava tão somente o trabalho temporário), dispondo inclusive sobre a *terceirização de serviços*.

Apenas alguns meses depois, a Lei nº 13.467/2017 (publicada aos 14.07.2017, com vigência a partir de 11.11.2017) alterou diversos dispositivos incluídos na Lei nº 6.019 pela Lei nº 13.429/2017 e incluiu outros tantos, estabelecendo o que temos, hoje, como estatuto jurídico da terceirização no Brasil.

Por fim, cabe mencionar que, ao julgar a ADPF nº 324 e o RE 958.252, com repercussão geral reconhecida, o STF decidiu, aos 30.08.2018, por maioria (sete votos a quatro), que "é lícita a terceirização ou qualquer outra forma de divisão do trabalho entre pessoas jurídicas distintas, independentemente do objeto social das empresas envolvidas, mantida a responsabilidade subsidiária da empresa contratante".

8.2. CONCEITO

A terceirização pode ser definida como a transferência de atividades de uma empresa (contratante) a outra (contratada).

Desse modo, na terceirização desloca-se o foco da tradicional relação bilateral entre empregador e empregado, criando verdadeira relação trilateral, abrangendo em um dos vértices do triângulo o trabalhador, que mantém vínculo de emprego com o prestador de serviços (terceiro ou empregador aparente), mas disponibiliza o resultado de sua energia de trabalho a um tomador de serviços (empregador real) diverso do seu empregador. Por fim, entre o prestador de serviços e o tomador de serviços há uma relação de direito civil (contrato de prestação de serviços), ou ainda uma relação administrativa (contrato administrativo), se o tomador for a Administração Pública.

Neste diapasão, Maurício Godinho Delgado[3] ensina que

"Para o Direito do Trabalho *terceirização* é o *fenômeno pelo qual se dissocia a relação econômica de trabalho da relação justrabalhista que lhe seria correspondente*. Por tal fenômeno insere-se o trabalhador no processo produtivo do tomador de serviços sem que se estendam a este os laços justrabalhistas, que se preservam fixados com uma entidade interveniente. A terceirização provoca uma relação trilateral em face da contratação de força de trabalho no mercado capitalista: o obreiro, prestador de serviços, que realiza suas atividades materiais e intelectuais junto à empresa tomadora de serviços; a empresa terceirizante, que contrata este obreiro, firmando com ele os vínculos jurídicos trabalhistas pertinentes; a empresa tomadora de serviços, que recebe a prestação de labor, mas não assume a posição clássica de empregadora deste trabalhador envolvido". (grifos no original)

---

3   DELGADO, Maurício Godinho. *Curso de Direito do Trabalho*. 15. ed. São Paulo: LTr, 2016, p. 487.

Esquema da terceirização lícita:

O **conceito legal** de terceirização foi dado pelo art. 4º-A da Lei nº 6.019/1974, com redação da Lei nº 13.467/2017, segundo o qual terceirização é "a **transferência feita pela contratante da execução de quaisquer de suas atividades, inclusive sua atividade principal, à pessoa jurídica de direito privado prestadora de serviços que possua capacidade econômica compatível com a sua execução**".

Destaca-se, do referido conceito legal, o seguinte:

• a ampla abrangência do instituto: **é lícita a terceirização de quaisquer atividades**, inclusive a atividade principal da tomadora, restando **superada**, desse modo, **a clássica distinção entre atividade-fim e atividade-meio**[4];
• **somente pessoa jurídica pode ser contratada mediante terceirização**, o que significa que a contratada não pode ser pessoa física nem empresário individual[5];
• a empresa prestadora de serviços deve ter **capacidade econômica compatível com a execução do contrato**.

No tocante à capacidade econômica da empresa prestadora de serviços, os parâmetros para aferição de tal capacidade foram, ao menos em princípio, estabelecidos objetivamente pelo art. 4º-B da Lei nº 6.019/1974, incluído pela Lei nº 13.429/2017:

Art. 4º-B. São requisitos para o funcionamento da empresa de prestação de serviços a terceiros:
[...]
III – capital social compatível com o número de empregados, observando-se os seguintes parâmetros:
a) empresas com até dez empregados – capital mínimo de R$ 10.000,00 (dez mil reais);
b) empresas com mais de dez e até vinte empregados – capital mínimo de R$ 25.000,00 (vinte e cinco mil reais);

---

4   Não obstante a existência de grandes controvérsias doutrinárias a respeito, prevaleceu a tese no sentido da qual a atividade-fim seria aquela ligada indissociavelmente ao objeto social da empresa, ou seja, aquela sem a qual a empresa não realiza seu objetivo, sua atividade principal, ao passo que a atividade-meio seria aquela atividade de apoio, importante, mas não essencial para a consecução dos fins do empreendimento.

5   O empresário individual não detém a qualidade de pessoa jurídica, tratando-se de pessoa física que exerce profissionalmente atividade econômica organizada. Neste sentido, MAMEDE, Gladston. *Manual de Direito Empresarial*. 9. ed. São Paulo: Atlas, 2015, p. 16.

c) empresas com mais de vinte e até cinquenta empregados – capital mínimo de R$ 45.000,00 (quarenta e cinco mil reais);

d) empresas com mais de cinquenta e até cem empregados – capital mínimo de R$ 100.000,00 (cem mil reais); e

e) empresas com mais de cem empregados – capital mínimo de R$ 250.000,00 (duzentos e cinquenta mil reais).

8.3. TERCEIRIZAÇÃO VS. PRINCÍPIO DA NÃO MERCANTILIZAÇÃO DO TRABALHO

Quando da constituição da OIT, pela Declaração da Filadélfia de 1944, estatuiu-se, primeiramente, que "o trabalho humano não é uma mercadoria".

Neste diapasão, visando proteger a dignidade humana, adota-se a premissa de que o trabalho não é mercadoria, não é *coisa* que possa ser comercializada.

Quer dizer que não se admite, à luz dos princípios que regem o direito laboral e o direito fundamental do trabalhador à sua dignidade, a *coisificação* do trabalhador, o aluguel da sua força de trabalho por outrem.

No exemplo anterior, da indústria metalúrgica que fornece refeições, a história seria diferente, e a terceirização desvirtuada, caso a "empresa B" fornecesse à "empresa A" apenas os trabalhadores, os quais fossem a esta subordinados, e lhes prestassem serviços pessoais, em seu estabelecimento, utilizando as suas instalações etc. Neste caso, teríamos simples intermediação de mão de obra, hipótese vedada, como regra, pelos princípios norteadores do Direito do Trabalho.

Tal vedação é facilmente explicada. Se existe um intermediário, alguém paga por este serviço de intermediação. Certamente não será o tomador quem pagará a conta, pois ele terceiriza principalmente para reduzir custos. Logo, o trabalhador é quem acaba arcando com a precarização de seus salários e demais direitos para remunerar o intermediário.

Ademais, o art. 2º da CLT dispõe que se considera empregador a empresa, individual ou coletiva, que, assumindo os riscos da atividade econômica, admite, assalaria e dirige a prestação pessoal de serviço. Logo, **o vínculo de emprego se forma com aquele que dirige a prestação pessoal de serviços**.

Ressalte-se que as Leis nº 13.429 e nº 13.467 não alteraram este cenário, como veremos adiante.

8.4. TERCEIRIZAÇÃO VS. INTERMEDIAÇÃO DE MÃO DE OBRA

Ainda que muitos autores e, principalmente, as maiores bancas organizadoras de concursos não façam distinção entre terceirização e intermediação de mão de obra, é importante mencionar tal distinção, tendo em vista o quão esclarecedora ela é na seara ora estudada.

Com efeito, a terceirização em si não é vedada, **desde que a relação de emprego não reste configurada entre tomador e empregado**. O que o Direito do Trabalho não admite, como regra quase absoluta, é a intermediação de mão de obra.

E qual seria a diferença entre a terceirização e a intermediação de mão de obra?

Na terceirização tem-se o fornecimento pelo terceiro, ao tomador, de uma atividade especializada[6], sendo que o tomador não tem qualquer relação de gerenciamento com os trabalhadores.

---

[6] Na vigência da Lei nº 13.467/2017, o requisito da especialização restou bastante enfraquecido, porém ainda parece que é preciso haver alguma especialidade, conforme previsto no art. 5º-B da Lei nº 6.019/1974, incluído

Na intermediação de mão de obra, por sua vez, verifica-se o mero "aluguel de trabalhadores", o que, sem nenhuma dúvida, fere os princípios basilares do Direito do Trabalho e a dignidade do trabalhador, o qual passa a ser tratado como mercadoria.

Há uma única hipótese legal de intermediação de mão de obra no Brasil, que é o trabalho temporário, regido pela Lei nº 6.019/1974. O trabalho temporário é definido pelo art. 2º da Lei 6.019/1974, com redação dada pela Lei nº 13.429/2017, como sendo "aquele prestado por pessoa física contratada por uma empresa de trabalho temporário que a coloca à disposição de uma empresa tomadora de serviços, para atender à necessidade de substituição transitória de pessoal permanente ou à demanda complementar de serviços".

Não obstante, na prática não se distingue terceirização e intermediação de mão de obra, razão pela qual adotarei este padrão, de forma a acostumar o leitor à linguagem utilizada pelas bancas examinadoras e pelo próprio TST, que trata do trabalho temporário na Súmula 331, junto com a terceirização, conforme veremos.

8.5. TERCEIRIZAÇÃO E VÍNCULO DIRETO COM O TOMADOR DOS SERVIÇOS

Tendo em vista que o vínculo empregatício, na terceirização, se forma entre o trabalhador e a empresa prestadora de serviços, dispõe o § 2º do art. 4º-A da Lei nº 6.019/1974, com redação dada pela Lei nº 13.429/2017, que "não se configura vínculo empregatício entre os trabalhadores, ou sócios das empresas prestadoras de serviços, qualquer que seja o seu ramo, e a empresa contratante".

Não obstante, a expressa autorização legal para a terceirização ampla de serviços não significa que a Lei nº 6.019/1974, com a redação dada pelas Leis nº 13.429 e nº 13.467, tenha passado a legitimar toda e qualquer hipótese fática de terceirização.

Neste sentido, o art. 2º da CLT define quem é empregador, e o art. 3º define quem é empregado. Presentes os requisitos caracterizadores, teremos inarredavelmente configurada a relação empregatícia, independentemente de quaisquer pactuações efetuadas por terceiros, no âmbito de sua autonomia privada.

Recorde-se a questão da "cláusula de não responsabilização", muitas vezes prevista nos casos de sucessão de empregadores. Como visto, tal cláusula é perfeitamente lícita do ponto de vista privado da relação entre o sucedido e o sucessor, garantindo a este, geralmente, direito de regresso em relação àquele. Não obstante, também é certo que tal cláusula não surte qualquer efeito no âmbito trabalhista, tendo em vista o disposto nos arts. 10 e 448 da CLT.

Da mesma forma ocorre com o estágio (art. 3º, *caput* e § 2º, da Lei nº 11.788/2008), com as cooperativas (art. 442, parágrafo único da CLT, c/c art. 5º da Lei nº 12.690/2012), e com o trabalho voluntário (art. 1º, parágrafo único, da Lei nº 9.608/1998). Todas estas figuras, **se utilizadas de forma lícita**, afastam a configuração do vínculo de emprego. Caso contrário, atrair-se-á a regra do art. 9º da CLT, segundo a qual "serão nulos de pleno direito os atos praticados com o objetivo de desvirtuar, impedir ou fraudar a aplicação dos preceitos contidos na presente Consolidação". Assim, para configuração do vínculo empregatício basta estejam presentes os requisitos dos arts. 2º e 3º da CLT, independentemente da roupagem jurídica que tenha sido dada à relação formal, em homenagem ao princípio da primazia da realidade.

Em resumo, **se presentes a pessoalidade e a subordinação em relação ao tomador dos serviços, o trabalhador terceirizado será, de fato, empregado do tomador**, e não

---

pela Lei nº 13.429/2017, segundo o qual o contrato de prestação de serviços deve conter a especificação do serviço que será prestado.

da empresa de prestação de serviços, hipótese em que a terceirização deverá ser afastada. Ressalte-se que tal entendimento é pacífico tanto na jurisprudência do TST[7] quanto do STF.

Também é este o sentido do previsto no art. 39 do Decreto nº 10.854/2021, embora aparentemente extrapolando a função regulamentar ao estabelecer condicionantes que a lei não prevê:

> Art. 39. Considera-se prestação de serviços a terceiros a transferência feita pela contratante da execução de quaisquer de suas atividades, inclusive de sua atividade principal, à pessoa jurídica de direito privado prestadora de serviços que possua capacidade econômica compatível com a sua execução.
>
> (...)
>
> § 3º A verificação de vínculo empregatício e de infrações trabalhistas, quando se tratar de trabalhador terceirizado, será realizada contra a empresa prestadora dos serviços e não em relação à empresa contratante, exceto nas hipóteses de infração previstas nos § 7º e § 8º e quando for comprovada fraude na contratação da prestadora, situação em que deverá ser indicado o dispositivo da Lei nº 6.019, de 1974, que houver sido infringido. (grifos meus)
>
> § 4º Na hipótese de configuração de vínculo empregatício com a empresa contratante, o reconhecimento do vínculo deverá ser precedido da caracterização individualizada dos seguintes elementos da relação de emprego:
>
> I – não eventualidade;
>
> II – subordinação jurídica;
>
> III – onerosidade; e
>
> IV – pessoalidade.
>
> § 5º A mera identificação do trabalhador na cadeia produtiva da contratante ou o uso de ferramentas de trabalho ou de métodos organizacionais e operacionais estabelecidos pela contratante não implicará a existência de vínculo empregatício.
>
> § 6º A caracterização da subordinação jurídica deverá ser demonstrada no caso concreto e incorporará a submissão direta, habitual e reiterada do trabalhador aos poderes diretivo, regulamentar e disciplinar da empresa contratante, dentre outros.
>
> (...)

8.6. PREVISÃO LEGAL DE HIPÓTESES DE TERCEIRIZAÇÃO (ANTES DA LEI Nº 13.429/2017)

Como já mencionado, não havia, no Brasil, até o início de 2017, uma norma trabalhista que regulamentasse, de forma geral, a questão da terceirização no âmbito laboral. O que tínhamos eram apenas poucas normas e/ou dispositivos legais que permitiam formas de terceirização em setores específicos, sem, contudo, dispor sobre as regras aplicáveis a este modelo de contratação.

Nos subtópicos seguintes serão estudados tais dispositivos.

8.6.1. Art. 455 da CLT: empreitada e subempreitada

Esta é a modalidade precursora da terceirização, prevista na CLT. Vejamos:

> Art. 455. Nos contratos de subempreitada responderá o subempreiteiro pelas obrigações derivadas do contrato de trabalho que celebrar, cabendo, todavia, aos empregados, o direito

---

[7] A título de exemplo, Ag-AIRR-10038-67.2017.5.03.0034, 7ª Turma, Rel. Min. Evandro Pereira Valadão Lopes, *DEJT* 04.11.2022.

de reclamação contra o empreiteiro principal pelo inadimplemento daquelas obrigações por parte do primeiro.

Parágrafo único. Ao empreiteiro principal fica ressalvada, nos termos da lei civil, ação regressiva contra o subempreiteiro e a retenção de importâncias a este devidas, para a garantia das obrigações previstas neste artigo.

A questão fática é simples: imagine que uma fonoaudióloga (dona da obra) contrata alguém (empreiteiro), mediante um contrato de empreitada (que é um contrato civil, de resultado), para erguer o novo prédio que sediará sua clínica. Este empreiteiro, por sua vez, contrata, por exemplo, serviços de pintura de outro prestador, denominado subempreiteiro. Neste caso, empregados do subempreiteiro podem reclamar eventuais créditos trabalhistas contra ambos (subempreiteiro ou empreiteiro), nos termos do art. 455.

A figura não é propriamente de terceirização, até porque na época da consolidação das leis trabalhistas tal fenômeno ainda não tinha se espalhado pelo mundo. A título de curiosidade histórica, somente a partir da década de 1970 a terceirização se enraizou no cotidiano brasileiro, primeiro com a descentralização dos serviços públicos preconizada pelo Decreto-Lei nº 200, de 1967. Entretanto, é tratada pela doutrina como autêntica hipótese de terceirização, e alguns autores sugerem até mesmo tratar-se de outra hipótese legal de intermediação de mão de obra. Neste sentido, a professora Vólia Bomfim Cassar[8]. A classificação, entretanto, não é relevante.

O aspecto mais importante do estudo do art. 455 diz respeito à natureza da responsabilidade do empreiteiro, se solidária ou apenas subsidiária.

Há grande divergência doutrinária sobre a matéria. Uma importante corrente, durante muito tempo majoritária, tanto na doutrina quanto na jurisprudência, extrai do referido dispositivo a responsabilidade solidária do empreiteiro. Outra **corrente, atualmente bastante prestigiada, e pode-se dizer dominante**, entretanto, **defende que a responsabilidade do empreiteiro, no caso, é subsidiária**.

Em primeiro lugar, frise-se que, pela literalidade do art. 455, há responsabilidade de terceiro apenas no caso de subempreitada, e não nas hipóteses de empreitada simples. Neste sentido, o dono da obra não responderia pelos débitos do empreiteiro para com seus empregados. Aqui temos a primeira grande celeuma doutrinária. O fato é que hoje a grande maioria da doutrina considera injustificada a não responsabilização do dono da obra, especialmente tendo em vista a redação da Súmula 331 do TST, que, em tese, regularia todas as hipóteses de terceirização.

Entretanto, o TST tem a questão pacificada na OJ 191 da SDI-1:

OJ-SDI1-191. Contrato de empreitada. Dono da obra de construção civil. Responsabilidade (nova redação) – Res. 175/2011, *DEJT* divulgado em 27, 30 e 31.05.2011.

Diante da inexistência de previsão legal específica, o contrato de empreitada de construção civil entre o dono da obra e o empreiteiro não enseja responsabilidade solidária ou subsidiária nas obrigações trabalhistas contraídas pelo empreiteiro, salvo sendo o dono da obra uma empresa construtora ou incorporadora.

Ocorre que, aos 11.05.2017, a SDI-1 do TST, ao julgar o Incidente de Recurso de Revista Repetitivo sobre o tema, firmou as seguintes **teses vinculantes**:

INCIDENTE DE RECURSO DE REVISTA REPETITIVO. TEMA Nº 0006. CONTRATO DE EMPREITADA. DONO DA OBRA. RESPONSABILIDADE. ORIENTAÇÃO JURISPRUDEN-

---

8   CASSAR, Vólia Bomfim. *Direito do Trabalho*. 4. ed. Niterói: Impetus, 2010, p. 495.

CIAL Nº 191 DA SbDI-1 DO TST VERSUS SÚMULA Nº 42 DO TRIBUNAL REGIONAL DO TRABALHO DA TERCEIRA REGIÃO

1. A exclusão de responsabilidade solidária ou subsidiária por obrigação trabalhista, a que se refere a Orientação Jurisprudencial nº 191 da SbDI-1 do TST, não se restringe a pessoa física ou micro e pequenas empresas. Compreende igualmente empresas de médio e grande porte e entes públicos.

2. A excepcional responsabilidade por obrigações trabalhistas, prevista na parte final da Orientação Jurisprudencial nº 191 da SbDI-1 do TST, por aplicação analógica do artigo 455 da CLT, alcança os casos em que o dono da obra de construção civil é construtor ou incorporador e, portanto, desenvolve a mesma atividade econômica do empreiteiro.

3. Não é compatível com a diretriz sufragada na Orientação Jurisprudencial nº 191 da SbDI-1 do TST jurisprudência de Tribunal Regional do Trabalho que amplia a responsabilidade trabalhista do dono da obra, excepcionando apenas "a pessoa física ou micro e pequenas empresas, na forma da lei, que não exerçam atividade econômica vinculada ao objeto contratado".

4. **Exceto ente público da Administração direta e indireta, se houver inadimplemento das obrigações trabalhistas contraídas por empreiteiro que contratar, sem idoneidade econômico-financeira, o dono da obra responderá subsidiariamente por tais obrigações, em face de aplicação analógica do art. 455 da CLT e de** *culpa in eligendo*. (grifos meus)
(TST, SDI-1, IRR-190-53.2015.5.03.0090, Rel. Min. João Oreste Dalazen, Data de Julgamento: 11.05.2017, *DEJT* 30.06.2017).

Portanto, a partir do julgamento de tal processo, embora a OJ nº 191 não tenha sido cancelada, nem ao menos revisada, há substancial alteração do entendimento anterior. Com efeito, **se o dono da obra, qualquer que seja ele, com exceção apenas de entes públicos, contratar empreiteiro inidôneo econômica e financeiramente, responderá subsidiariamente pelos créditos trabalhistas devidos pelo empreiteiro a seus empregados**.

A responsabilidade, no caso, tem fundamento na aplicação analógica do art. 455 da CLT e decorre da *culpa in eligendo*, isto é, da inobservância, por parte do dono da obra, do cuidado mínimo ao contratar o empreiteiro. Espera-se, desse modo, que o dono da obra escolha o empreiteiro dentre pessoas ou empresas que tenham capacidade econômico-financeira para adimplir os créditos dos obreiros eventualmente contratados para trabalhar na obra.

É claro que, na prática, torna-se bastante difícil esta cautela quando da escolha do empreiteiro, especialmente no que diz respeito às pessoas físicas donas de obra. Até que a OJ nº 191 seja revista, deve-se ter em conta o texto da referida orientação jurisprudencial, combinado com as teses decorrentes do IRR acima mencionado, conforme quadro abaixo.

RESPONSABILIDADE DO DONO DA OBRA
• *Regra geral*: o dono da obra não responde Conforme a Tese I aprovada pelo TST, é indiferente a natureza jurídica ou o porte do dono da obra (não respondem a pessoa física, a microempresa, a média empresa, a grande empresa, o ente público etc.)
• *Exceção 1*: se o dono da obra for construtor ou incorporador (ou seja, desenvolver a mesma atividade econômica do empreiteiro, cf. Tese II), responderá subsidiariamente
• *Exceção 2*: se o dono da obra não for ente público, responderá subsidiariamente em caso de inidoneidade econômico-financeira do empreiteiro (Tese IV).

Quanto à responsabilidade do empreiteiro em relação aos empregados do subempreiteiro, há duas grandes correntes.

1ª corrente: responsabilidade solidária do empreiteiro

O art. 455 deveria ser interpretado no sentido de que ao subempreiteiro caberia o **débito** ("responderá o subempreiteiro pelas obrigações derivadas do contrato de trabalho que celebrar"), mas a ambos, empreiteiro e subempreiteiro, **solidariamente**, a **responsabilidade** ("cabendo, todavia, aos empregados, o direito de reclamação contra o empreiteiro principal pelo inadimplemento daquelas obrigações por parte do primeiro"), no caso de inadimplemento espontâneo do subempreiteiro.

Esta corrente gozou de enorme prestígio na doutrina e na jurisprudência, mas, nos últimos anos, se tornou francamente minoritária na jurisprudência.

2ª corrente: responsabilidade subsidiária do empreiteiro

Hodiernamente tem se considerado que a responsabilidade do empreiteiro, no caso, é **subsidiária**, tendo em vista a atual redação da Súmula 331 do TST, que, em tese, abrange todas as hipóteses de terceirização, inclusive a hipótese do art. 455 da CLT. Portanto, o fundamento desta nova corrente seria o item IV da Súmula 331 do TST. Neste sentido, Maurício Godinho Delgado[9].

Alguns defensores desta corrente invocam ainda outros dois argumentos: a) a solidariedade decorre de previsão legal, e o art. 455 não dispõe expressamente sobre a solidariedade; b) a redação do art. 455 contemplaria espécie de benefício de ordem, o que indicaria subsidiariedade.

8.6.2. Lei nº 6.019/1974: trabalho temporário

A Lei do Trabalho Temporário passou, bem ou mal, a permitir expressamente, em hipóteses restritas, é verdade, a intermediação de mão de obra no Brasil. Todavia, é a única possibilidade lícita de intermediação de mão de obra, tendo em vista o princípio da não mercantilização do trabalho humano.

Originalmente, a Lei nº 6.019/1974 tratava exclusivamente do trabalho temporário. Em 2017, entretanto, a Lei nº 13.429, e, posteriormente, a Lei nº 13.467, inseriram na Lei nº 6.019 diversos dispositivos referentes à prestação de serviços a terceiros (terceirização).

Vejamos os principais aspectos do trabalho temporário.

8.6.2.1. Definições legais e natureza jurídica do trabalho temporário

A definição do trabalho temporário e da empresa de trabalho temporário é dada pelos arts. 2º e 4º da Lei nº 6.019/1974, com redação dada pela Lei nº 13.429/2017, *in verbis*:

> Art. 2º Trabalho temporário é aquele prestado por pessoa física contratada por uma empresa de trabalho temporário que a coloca à disposição de uma empresa tomadora de serviços, para atender à necessidade de substituição transitória de pessoal permanente ou à demanda complementar de serviços.
>
> (...)
>
> Art. 4º Empresa de trabalho temporário é a pessoa jurídica, devidamente registrada no Ministério do Trabalho, responsável pela colocação de trabalhadores à disposição de outras empresas temporariamente.

---

[9] DELGADO, Maurício Godinho. *Curso de Direito do Trabalho.* 9. ed. São Paulo: LTr, 2010, p. 458.

O trabalho temporário foge à regra geral da relação de emprego, que pressupõe bilateralidade, e cria uma relação trilateral, em que o tomador dos serviços contrata a empresa de trabalho temporário, que, por sua vez, fornece os trabalhadores ao tomador.

São **requisitos para funcionamento e registro da empresa de trabalho temporário** no Ministério do Trabalho e Emprego a prova de inscrição no CNPJ e na Junta Comercial da localidade em que tenha sede, bem como o capital social de, no mínimo, cem mil reais (art. 6º da Lei nº 6.019, com redação dada pela Lei nº 13.429/2017).

Em que pese a Lei nº 6.019/1974 ter buscado afastar o trabalhador temporário da noção da clássica relação de emprego (relação bilateral), o fato é que a jurisprudência foi construindo, ao longo do tempo, uma rede de proteção que abrangesse também este trabalhador. Durante vários anos a jurisprudência considerou o temporário uma categoria especial de empregado, porquanto regido por lei própria. Todavia, **recentemente a jurisprudência do TST interrompeu tal movimento, a meu ver em flagrante retrocesso, tendo passado a considerar que o temporário não é empregado, e sim um trabalhador contratado sob regime especial (estabelecido pela Lei nº 6.019/1974) e precário, que, por consequência, não faz jus aos direitos trabalhistas, senão àqueles expressamente indicados na lei de regência.**

8.6.2.2. Hipóteses de contratação de trabalho temporário

No que diz respeito às hipóteses de pactuação do trabalho temporário, cabe a comparação entre a redação original da Lei nº 6.019/1974 e a redação reformada pela Lei nº 13.429/2017:

HIPÓTESES DE PACTUAÇÃO DO TRABALHO TEMPORÁRIO	
Lei nº 6.019/1974 (redação original)	Lei nº 6.019/1974 (redação dada pela Lei nº 13.429/2017)
Art. 2º Trabalho temporário é aquele prestado por pessoa física a uma empresa, para atender à necessidade transitória de substituição de seu pessoal regular e permanente ou à **acréscimo extraordinário de serviços.**	Art. 2º Trabalho temporário é aquele prestado por pessoa física contratada por uma empresa de trabalho temporário que a coloca à disposição de uma empresa tomadora de serviços, para atender à necessidade de substituição transitória de pessoal permanente ou à **demanda complementar de serviços.**

Desse modo, consoante disposto no art. 2º da Lei nº 6.019, em sua redação atual, **são duas as hipóteses de utilização do trabalho temporário:**

- **Necessidade transitória de substituição de pessoal permanente**
  Esta hipótese não sofreu alteração substancial pela Lei nº 13.429/2017, e também nunca ofereceu maiores dificuldades interpretativas. Ocorre, por exemplo, no caso de férias, de afastamento por doença etc. Registre-se, todavia, que **é proibida a contratação de trabalho temporário para a substituição de trabalhadores em greve, salvo nos casos previstos em lei** (art. 2º, § 1º, da Lei nº 6.019, incluído pela Lei nº 13.429/2017).

- **Demanda complementar de serviços**
  Tal hipótese foi consagrada pela Lei nº 13.429/2017, em substituição à expressão original da Lei 6.019 (*acréscimo extraordinário de serviços*). O § 2º do art. 2º da Lei

do Trabalho Temporário esclarece que "considera-se complementar a demanda de serviços que seja oriunda de fatores imprevisíveis ou, quando decorrente de fatores previsíveis, tenha natureza intermitente, periódica ou sazonal". Em princípio, podem ser mencionados os mesmos exemplos clássicos de acréscimo extraordinário de serviços, como a alta temporada do comércio (final de ano) ou da atividade hoteleira/lazer (época de férias e/ou verão).

Registre-se, entretanto, que a alteração da redação do art. 2º da Lei do Trabalho Temporário, levada a efeito pela Lei nº 13.429/2017, provavelmente ensejará, na prática, ampliação da segunda hipótese legal de enquadramento da atividade como temporária. Também neste sentido, Maurício Godinho Delgado[10]:

"No tocante a esta segunda hipótese, cabe se observar que o desaparecimento da excepcionalidade, seja pelo retorno ao anterior nível produtivo, *seja pelo alcance de um novo patamar rotineiro mais elevado da própria produção*, é fator que suprime a continuidade de utilização da fórmula prevista pela Lei n. 6.019/74. Contudo, a este respeito, a nova redação conferida pela Lei n. 13.429/2017 ao art. 2º, *caput*, em análise, atenua, de certo modo, esse rigor interpretativo, pois o novo texto legal se refere, simplesmente, ao atendimento 'à demanda complementar de serviços'". (destaques no original)

Por sua vez, o parágrafo único do art. 43 do Decreto nº 10.854/2021 (*DOU* 11.11.2021) estabeleceu que **não se consideram demandas complementares de serviços as demandas contínuas ou permanentes, nem as demandas decorrentes da abertura de filiais.**

Observe-se, ainda em relação às hipóteses de contratação temporária, que o disposto no § 3º, do art. 9º, da Lei nº 6.019, incluído pela Lei nº 13.429/2017[11], não tem maior relevância, ao passo que, pela própria natureza do trabalho temporário, sempre se admitiu a contratação de trabalhadores temporários para o desenvolvimento de atividades-fim do tomador.

8.6.2.3. Forma do contrato de trabalho temporário

Quanto à forma, **o trabalho temporário exige contrato escrito entre a tomadora e a empresa de trabalho temporário**, o qual deve mencionar expressamente o motivo justificador da demanda de trabalho temporário, o prazo e o valor da prestação de serviços, bem como deve dispor sobre a segurança e a saúde do trabalhador, independentemente do local de realização do trabalho (art. 9º da Lei nº 6.019/1974, com redação da Lei nº 13.429/2017). Distingue-se, portanto, do contrato de emprego, que é marcado pela consensualidade.

Também se exige a forma escrita para o contrato entre o trabalhador e a empresa de trabalho temporário, no qual devem constar os direitos conferidos aos trabalhadores temporários (art. 11). Tais direitos dos trabalhadores temporários encontram-se arrolados no art. 12, conforme veremos adiante.

Na falta de tais requisitos (bem como de qualquer outro da Lei nº 6.019/1974), considera-se o contrato por prazo indeterminado, com vínculo direto com o tomador dos serviços, nos termos da Súmula 331 do TST. Neste diapasão, o disposto no art. 10 da Lei nº 6.019, no sentido de que "qualquer que seja o ramo da empresa tomadora de serviços,

---

[10] DELGADO, Maurício Godinho. *Curso de Direito do Trabalho*. 17. ed. São Paulo: LTr, 2018, p. 568-569.

[11] § 3º O contrato de trabalho temporário pode versar sobre o desenvolvimento de atividades-meio e atividades-fim a serem executadas na empresa tomadora de serviços.

não existe vínculo de emprego entre ela e os trabalhadores contratados pelas empresas de trabalho temporário" (redação dada pela Lei nº 13.429/2017), vale, naturalmente, somente para os casos de trabalho temporário autêntico e regular, não servindo para acobertar fraudes de quaisquer espécies.

Observe-se que, **no caso de trabalho temporário, há subordinação direta do trabalhador ao tomador dos serviços,** tendo em vista que o objetivo é o fornecimento do trabalhador em si, e não de atividade especializada. Em outras palavras, o trabalhador temporário integra a dinâmica empresarial do tomador dos serviços, somente não sendo a este diretamente vinculado por força de disposição legal excepcional, que, no caso, é a Lei nº 6.019/1974.

8.6.2.4. Prazo do contrato de trabalho temporário

No que diz respeito ao **prazo de duração**, o contrato de trabalho temporário não segue a regra geral dos contratos a termo, podendo ser firmado por prazo **limitado a 180 dias (consecutivos ou não), admitida a prorrogação por até mais 90 dias (além do limite inicial de 180), desde que comprovada a manutenção das condições que ensejaram a contratação.** Neste sentido, os §§ 1º e 2º do art. 10 da Lei nº 6.019/1974, incluídos pela Lei nº 13.429/2017:

> § 1º O contrato de trabalho temporário, com relação ao mesmo empregador, não poderá exceder ao prazo de cento e oitenta dias, consecutivos ou não.
>
> § 2º O contrato poderá ser prorrogado por até noventa dias, consecutivos ou não, além do prazo estabelecido no § 1º deste artigo, quando comprovada a manutenção das condições que o ensejaram.

Destaque-se que a Lei nº 13.429/2017 alterou significativamente a sistemática dos prazos do contrato de trabalho temporário, pois, até então, o prazo era limitado a três meses, podendo ser prorrogado somente mediante autorização do Ministério do Trabalho e Emprego. No regime atual, a partir da vigência da Lei nº 13.429/2017, o prazo é de até 180 dias, prorrogáveis por até mais 90, independentemente de autorização estatal.

Regra importante foi estabelecida pelos §§ 5º e 6º do art. 10 da Lei nº 6.019, incluídos pela Lei nº 13.429/2017, nos seguintes termos:

> § 5º O trabalhador temporário que cumprir o período estipulado nos §§ 1º e 2º deste artigo somente poderá ser colocado à disposição da mesma tomadora de serviços em novo contrato temporário, após noventa dias do término do contrato anterior.
>
> § 6º A contratação anterior ao prazo previsto no § 5º deste artigo caracteriza vínculo empregatício com a tomadora.

Em outras palavras, o legislador estabeleceu uma espécie de *quarentena* (que é, na realidade, uma noventena), com vistas a evitar que determinada tomadora contrate o mesmo trabalhador mediante sucessivos contratos temporários.

Ainda conforme a Lei nº 6.019/1974 (art. 11), é nula de pleno direito qualquer cláusula de reserva, no sentido de proibir a empresa tomadora de efetivar o trabalhador ao final do prazo do contrato de trabalho temporário.

Por fim, **em caso de efetivação do temporário pela tomadora dos serviços, é vedada a utilização do contrato de experiência,** conforme expressamente estabelecido pela Lei nº 13.429/2016 (art. 10, § 4º, da Lei nº 6.019).

8.6.2.5. Direitos do trabalhador temporário

Como categoria especial de trabalhador que é, **o temporário não faz jus a todos os direitos trabalhistas assegurados aos empregados**, mas tão somente àqueles expressamente mencionados pelo art. 12 da Lei nº 6.019/1974:

Art. 12. Ficam assegurados ao trabalhador temporário os seguintes direitos:

a) **remuneração equivalente** à percebida pelos empregados de mesma categoria da empresa tomadora ou cliente, calculados à base horária, garantida, em qualquer hipótese, a percepção do salário mínimo regional *(salário mínimo nacionalmente unificado, conforme CRFB/88)*;

b) **jornada de oito horas**, remuneradas as horas extraordinárias não excedentes de duas, com acréscimo de 20% (vinte por cento) *(jornada de 44h semanais e hora extra com o acréscimo de, no mínimo, 50% conforme CRFB/88)*;

c) **férias proporcionais**, nos termos do art. 25 da Lei nº 5.107, de 13.09.1966[12];

d) **repouso semanal remunerado**;

e) **adicional por trabalho noturno**;

f) **indenização por dispensa sem justa causa ou término normal do contrato**, correspondente a 1/12 (um doze avos) do pagamento recebido;

g) **seguro contra acidente do trabalho**;

h) **proteção previdenciária** nos termos do disposto na Lei Orgânica da Previdência Social, com as alterações introduzidas pela Lei nº 5.890, de 08.06.1973 (art. 5º, item III, letra "c" do Decreto nº 72.771, de 06.09.1973)[13].

§ 1º Registrar-se-á na Carteira de Trabalho e Previdência Social do trabalhador sua condição de temporário.

§ 2º A empresa tomadora ou cliente é obrigada a comunicar à empresa de trabalho temporário a ocorrência de todo acidente cuja vítima seja um assalariado posto à sua disposição, considerando-se local de trabalho, para efeito da legislação específica, tanto aquele onde se efetua a prestação do trabalho, quanto a sede da empresa de trabalho temporário.

As primeiras correções a fazer dizem respeito ao salário mínimo, que não é mais regionalizado no sistema constitucional vigente (art. 7º, IV, CRFB/88), ao adicional de horas extras, que deve ser considerado de 50%, tendo em vista o disposto no art. 7º, XVI, CRFB/88, e à jornada, que na lei é de 8 horas, devendo se adequar à CRFB, com 8 horas diárias e 44 horas semanais (art. 7º, XIII, CRFB/88).

Ademais, por expressa disposição nas respectivas leis instituidoras, o vale-transporte, o FGTS e o PIS foram estendidos aos temporários.

Quanto ao salário-maternidade, Alice Monteiro de Barros ensina que "a doutrina opina favoravelmente, mas a jurisprudência não o defere"[14].

Maurício Godinho Delgado afirma que a doutrina dominante e a jurisprudência construíram, a partir do disposto no art. 12, "a", da Lei 6.019/1974, a ideia do **salário**

[12] Consta no *site* da Presidência da República (www.planalto.gov.br) que a Lei nº 5.107/1966, à qual se refere a alínea "c" do art. 12 da Lei nº 6.019/1974, foi revogada pela Lei nº 7.389/1989. Ocorre que o mencionado art. 25 da Lei nº 5.107/1966 (já revogada, frise-se) não guarda qualquer relação com o instituto das férias proporcionais. Não obstante, a doutrina majoritária continua mencionando as férias proporcionais como direito do trabalhador temporário. Neste sentido, por todos, DELGADO, Maurício Godinho. *Curso de Direito do Trabalho*. 17. ed. São Paulo: LTr, 2018, p. 572.

[13] Atualmente, a proteção previdenciária a que alude a alínea "h" é regulamentada pela Lei nº 8.213/1991, bem como pelo Decreto nº 3.048/1999, sendo que este último revogou o Decreto nº 72.771/1973.

[14] BARROS, Alice Monteiro de. *Curso de Direito do Trabalho*, 6. ed., p. 448.

equitativo, ou seja, a igualdade de condições com os empregados permanentes da empresa tomadora[15].

Isto se explica porque seria extremamente discriminatório um empregado exercer exatamente as mesmas funções que outro, muitas vezes o substituindo, inclusive, numa das hipóteses legais de admissão de temporários, porém recebendo menos por este mesmo trabalho. Assim, seriam assegurados ao temporário os mesmos direitos conferidos ao "paradigma", diríamos assim.

Inclusive na 17ª edição de seu *Curso de Direito do Trabalho*[16], Godinho Delgado reitera que

> "O fato é que a jurisprudência, desde a edição da Lei n. 6.019/74, buscou aculturar o diploma precarizante do labor humano às fronteiras e diretrizes do Direito do Trabalho, enquadrando-o, paulatinamente, como apenas mais um tipo legal de contrato a termo na ordem jurídica do país.

> Registre-se que esse construtivo entendimento jurisprudencial já se tornou absolutamente hegemônico, hoje, na ordem jurídica justrabalhista brasileira".

Logo, o temporário faria jus ao descanso em feriados, à jornada reduzida do segmento (por exemplo, se o tomador for instituição bancária), ao adicional de horas extraordinárias superior a 50% previsto em ACT ou CCT aplicável à categoria do tomador dos serviços, aos adicionais de insalubridade e periculosidade, à hora noturna reduzida etc.

No mesmo sentido, salvo quanto à jornada, Vólia Bomfim Cassar[17]:

> "São aplicáveis todos os artigos da CLT e demais leis extravagantes ao temporário, ante sua condição de empregado, desde que compatíveis com a Lei nº 6.019/1974, como, por exemplo: adicional noturno (20%), de insalubridade ou periculosidade, repouso semanal remunerado, férias proporcionais + 1/3, 13º salário, assinatura na CTPS, bem como todos os demais direitos previstos como regra geral na CLT.

> (...)

> Os trabalhadores temporários possuem jornada de trabalho de oito horas diárias, que não será alterada caso os empregados da empresa tomadora trabalhem apenas seis horas, respeitado o salário hora de forma proporcional entre eles.

> (...)

> Revogada a indenização prevista no art. 12, *f*, da Lei nº 6.019/74, porque substituída pelo FGTS – art. 7º, III, da CRFB. Havendo extinção antecipada, sem justa causa, devem ser aplicados os arts. 179 e 480 da CLT, além da indenização adicional de 40% sobre o FGTS, quando cabível".

Ocorre que, com a devida vênia, ao contrário do quanto mencionado pelo Min. Godinho Delgado, a jurisprudência atualmente dominante no âmbito do TST não mais acolhe a tese por ele defendida. De fato, ao longo de muitos anos o trabalhador temporário foi considerado pela jurisprudência, alinhada à doutrina ainda dominante, autêntico empregado. No mesmo sentido, o contrato respectivo vinha sendo considerado como uma das espécies de contrato por prazo determinado, lado a lado com os contratos a prazo previstos na CLT. Tanto é assim que nas cinco primeiras edições deste livro foi esta a orientação dada ao leitor.

---

15 DELGADO, Maurício Godinho. *Curso de Direito do Trabalho*, 9. ed., p. 438.

16 DELGADO, Maurício Godinho. *Curso de Direito do Trabalho*. 17. ed. São Paulo: LTr, 2018. p. 573.

17 CASSAR, Vólia Bomfim. *Direito do Trabalho*. 11. ed. São Paulo: Método, 2015. p. 499-500.

Todavia, nos últimos anos **a maioria das Turmas do TST passou a considerar que o trabalhador temporário não é empregado**, e sim um trabalhador contratado de forma atípica e precária, nos estritos limites da Lei nº 6.019/1974, ou seja, no sentido de que seus direitos são somente aqueles expressamente definidos na lei especial. Tal entendimento foi inclusive uniformizado no seguinte julgado da SDI-1, publicado no *Informativo* 105 do TST[18]:

Contrato de trabalho temporário. Lei nº 6.019/74. Rescisão antecipada. Ausência de justa causa. Indenização do artigo 479 da CLT. Inaplicabilidade. O trabalho temporário, a teor dos artigos 2º e 10 da Lei nº 6.019/74, é aquele prestado por pessoa física a uma empresa para atender à necessidade transitória de substituição de seu pessoal regular e permanente ou a acréscimo extraordinário de serviços, pelo prazo máximo de três meses, salvo prorrogação autorizada. **O trabalho temporário é uma forma atípica de trabalho, prevista em lei especial**, e por esse motivo não é regido pela CLT, como é o caso do contrato por prazo determinado, diferindo desse último quanto à natureza, prazo, condições e hipóteses ensejadoras para a sua configuração. Na CLT, a indeterminação do prazo de duração constitui regra geral dos contratos de trabalho. Os contratos a termo (contratos por prazo determinado) constituem exceção prevista no artigo 443 consolidado, abrangendo três hipóteses legalmente especificadas, dentre elas, serviço cuja natureza ou transitoriedade justifique a predeterminação do prazo. Já **o contrato temporário, regido por previsão legal própria, visa o atendimento de necessidade transitória, sem a expectativa de continuidade do contrato. A regra de duração desse contrato é o limite legalmente imposto, 90 dias, valendo ressaltar que tal pacto não subsiste sem que persista o motivo justificador da demanda de trabalho temporário, sendo expressamente vedada pela lei sua continuidade sem causa.** Assim, o contrato de trabalho temporário e o contrato por prazo determinado são modalidades diferentes de contratos. O primeiro é um contrato atípico de trabalho, de curta duração (sua extinção ocorre com o advento do termo legal), sem expectativa de continuidade, *com direitos limitados à legislação especial*. O segundo, diferentemente, converte-se automaticamente em contrato indeterminado se ultrapassado o limite temporal estabelecido pela CLT, salvo manifestação em contrário das partes. Portanto, a disciplina própria criada pela Lei nº 6.019/74 não permite incluir o contrato ali previsto entre os contratos por prazo determinado, referidos nos artigos 479 a 481 da CLT. É que os dispositivos citados encontram-se inseridos no Título IV da CLT, que trata do contrato individual de trabalho clássico, como sendo o "acordo tácito ou expresso, correspondente à relação de emprego", nos termos do artigo 442 do mesmo diploma legal. Ao contrário do contrato de trabalho por prazo determinado previsto na CLT, o contrato do trabalhador temporário não tem como objetivo suprir necessidade permanente da empresa tomadora dos serviços, mas sim necessidade transitória do serviço para substituição de pessoal regular ou atendimento de demanda extraordinária, sem que o contratado tenha reconhecida a sua condição de empregado e nem lhe seja garantida a sua permanência na empresa durante o prazo previsto. **Em se tratando dessa modalidade de contrato, o vínculo temporário não é estabelecido em razão da pessoa do trabalhador, sendo facultado à empresa tomadora a requisição de outro trabalhador junto à empresa prestadora de serviço em substituição daquele que não atendeu às suas expectativas.** Se à época da edição da "Lei do Trabalho Temporário" já existia previsão legislativa abarcando a contratação por prazo determinado para os casos de serviços de natureza transitória, resta evidente que a criação de um novo instituto visou estabelecer regras específicas, o que leva à conclusão de que aquelas anteriormente previstas são inaplicáveis aos contratos celebrados sob a égide da Lei nº 6.019/74, salvo se expressamente admitidas, como no caso do artigo 13 da referida lei, que excepciona aos contratados temporários a aplicação dos artigos 482 e 483 da CLT para a caracterização da justa causa. **Os direitos do trabalhador temporário estão relacionados no artigo 12 da Lei nº 6.019/74, constando, em sua alínea "f", expressamente, sanção própria em razão do término antecipado do contrato de trabalho, tenha havido ou não justa causa, com indenização correspondente a um doze avos**

---

18 No mesmo sentido, E-RR-2007-39.2012.5.12.0016, Rel. Min. Renato de Lacerda Paiva, j. 28.05.2015, Subseção I Especializada em Dissídios Individuais, *DEJT* 12.06.2015.

do pagamento recebido. Dessa forma, não há que se falar em aplicação da sanção prevista no artigo 479 consolidado, que diz respeito somente aos contratos a termo previsto na CLT. **Trata-se de aplicação do princípio da especificidade, segundo o qual onde há disposição legal específica disciplinando determinado assunto, esta não poderá deixar de ser aplicada em favor da disposição geral, eis que o intérprete não pode ir além do que dispõe a Lei.** Por outro lado, a respeito da discussão sobre se a indenização prevista no artigo 12, alínea "f", da Lei nº 6.019/74 foi tacitamente derrogada em face do advento do regime do FGTS, trata-se de institutos com finalidades diversas. A Lei nº 6.019/74 estabeleceu uma indenização especial, sem qualquer vinculação a outro evento, consubstanciada em pagamento de um *plus* pelo término do contrato temporário, diferentemente do regime do FGTS, cujo direito encontra-se intrinsecamente condicionado ao tempo de serviço prestado pelo trabalhador. Precedentes de Turmas do TST. Recurso de embargos conhecido e desprovido (TST, Subseção I Especializada em Dissídios Individuais, E-RR-1342-91.2010.5.02.0203, Red. Min. Renato de Lacerda Paiva, j. 30.04.2015, *DEJT* 14.08.2015) (grifos meus).

Tal entendimento jurisprudencial, a partir da referida decisão da SDI-I, ganhou ainda mais prestígio no âmbito das Turmas, como demonstra o seguinte julgado:

Recurso de revista. Contrato de trabalho temporário. Rescisão antecipada. Indenização prevista no art. 479 da CLT. Discute-se, no caso, acerca da possibilidade de se aplicar a indenização prevista no artigo 479 da CLT aos contratos de trabalho temporário, regidos pela Lei nº 6.019/74, quando há rescisão antes do termo estipulado. O trabalho temporário difere do trabalho celetista por prazo determinado, pela natureza, prazo e hipóteses ensejadoras de sua configuração. No trabalho temporário regido pela Lei nº 6.019/1974, a contratação é feita mediante intermediação lícita entre uma empresa fornecedora de mão de obra e uma empresa utilizadora, em que o trabalhador não é empregado de nenhuma das duas. No contrato por prazo determinado, existe uma necessidade permanente em relação ao serviço a ser prestado, que motiva a contratação. O que justifica a predeterminação, no entanto, é a necessidade de experimentação, por até 90 dias, para o cargo; a transitoriedade da atividade, pela sazonalidade ou tempo certo de sua duração; ou, a necessidade de realização de um serviço especializado, mas inerente à atividade empresarial. O trabalhador temporário não visa suprir uma necessidade permanente da empresa tomadora e sim uma necessidade temporária, de substituição de pessoal regular ou para o atendimento de uma demanda extraordinária de serviços, sem ter sequer reconhecida a condição de empregado, porque já existe empregado contratado para habitualmente realizar o trabalho e sem ter direito à permanência na empresa utilizadora durante o prazo previsto. Consequentemente, distinguindo a necessidade permanente da temporária, a lei considera empregado o trabalhador contratado por prazo determinado; e estabelece, para o trabalhador temporário, que não considera empregado, apenas um rol de direitos, previstos na Lei nº 6.019/74. Por todos esses aspectos, a indenização prevista no art. 479 da CLT é incabível, tanto assim que não figura entre os direitos devidos ao trabalhador temporário na Lei nº 6.019/74, que, aliás, não a prevê em virtude da possibilidade de substituição imediata do trabalhador junto à empresa prestadora de serviço temporário. Precedentes. No caso, o Tribunal Regional manteve a sentença que deferiu à autora a indenização prevista no art. 479 da CLT, por rescisão contratual antecipada, não obstante tenha reconhecido que as partes firmaram contrato de trabalho temporário sob a égide da Lei nº 6.019/74. Nesse contexto, a decisão da Corte de origem ofende os arts. 12, "f", da Lei 6.019/74 e 479 da CLT. Recurso de revista conhecido por violação dos arts. 12, "f", da Lei 6.019/74 e 479 da CLT e provido (TST, 3ª Turma, RR-1000-46.2014.5.09.0009, Rel. Min. Alexandre de Souza Agra Belmonte, j. 28.09.2016, *DEJT* 30.09.2016).

No mesmo sentido da decisão acima, o art. 64, II, do Decreto nº 10.854/2021, o qual dispõe que **não se aplica ao trabalhador temporário a indenização prevista no art. 479 da CLT.**

8.6.2.6. Condições de trabalho que deverão ser asseguradas ao temporário pela tomadora

A Lei nº 13.429/2017, ao incluir no art. 9º da Lei nº 6.019 os §§ 1º e 2º, dispôs expressamente sobre as condições de trabalho que deverão ser asseguradas pela tomadora de serviços (contratante) ao trabalhador temporário, nos seguintes termos:

§ 1º É responsabilidade da empresa contratante garantir as condições de segurança, higiene e salubridade dos trabalhadores, quando o trabalho for realizado em suas dependências ou em local por ela designado.

§ 2º A contratante estenderá ao trabalhador da empresa de trabalho temporário o mesmo atendimento médico, ambulatorial e de refeição destinado aos seus empregados, existente nas dependências da contratante, ou local por ela designado.

Portanto, no que diz respeito à segurança e à saúde do trabalhador temporário, bem como ao atendimento médico, ambulatorial ou de refeição, a Lei estabeleceu a isonomia entre empregados diretos e trabalhadores temporários contratados pela tomadora de serviços.

Neste pormenor, é importante salientar a diferença existente entre o tratamento dado ao temporário e ao terceirizado. Com efeito, no caso do terceirizado devem ser asseguradas pela tomadora as mesmas condições (relativas à alimentação, ao atendimento médico e ambulatorial e às medidas de proteção à saúde e segurança do trabalhador) apenas no caso de execução dos serviços nas dependências da tomadora.

Comparativamente, temos o seguinte:

CONDIÇÕES DE TRABALHO	
TRABALHADOR TEMPORÁRIO	TRABALHADOR TERCEIRIZADO
Art. 9º, § 1º É responsabilidade da empresa contratante garantir as condições de segurança, higiene e salubridade dos trabalhadores, **quando o trabalho for realizado em suas dependências ou em local por ela designado.**	Art. 4º-C. São asseguradas aos empregados da empresa prestadora de serviços a que se refere o art. 4º-A desta Lei, **quando e enquanto os serviços**, que podem ser de qualquer uma das atividades da contratante, **forem executados nas dependências da tomadora**, as mesmas condições:
	I – relativas a:
Art. 9º, § 2º A contratante estenderá ao trabalhador da empresa de trabalho temporário o mesmo atendimento médico, ambulatorial e de refeição destinado aos seus empregados, existente nas dependências da contratante, ou local por ela designado.	a) alimentação garantida aos empregados da contratante, quando oferecida em refeitórios;
	b) direito de utilizar os serviços de transporte;
	c) atendimento médico ou ambulatorial existente nas dependências da contratante ou local por ela designado;
	d) treinamento adequado, fornecido pela contratada, quando a atividade o exigir.
	II – sanitárias, de medidas de proteção à saúde e de segurança no trabalho e de instalações adequadas à prestação do serviço.

8.6.2.7. Hipóteses de rescisão justificada e injustificada

Conforme o art. 13 da Lei 6.019/1974, aplicam-se ao temporário as hipóteses de justa causa (art. 482) e de despedida indireta (art. 483) previstas na CLT.

Também é decorrência lógica da própria natureza do contrato que não se aplica o aviso-prévio. Em outras palavras, se o contrato tem um termo certo, não há se falar em aviso-prévio para rescisão.

Conforme entendimento recentemente adotado pela SDI-1, mencionado no subitem anterior, bem como consoante previsão do supramencionado art. 64, II, do Decreto nº 10.854/2021, não é cabível a indenização do art. 479 da CLT ao contrato de trabalho temporário, sendo que a única indenização devida quando do término do contrato seria aquela prevista no art. 12, *f*, da Lei nº 6.019/1974, ou seja, justamente a indenização por duodécimos, a qual a maioria da doutrina considera ter sido tacitamente revogada, porquanto supostamente incompatível com o FGTS. Aparentemente no mesmo sentido da doutrina majoritária, o Decreto nº 10.854/2021, que regulamenta o trabalho temporário, não arrolou, entre os direitos do trabalhador temporário (art. 60), a indenização prevista pela alínea *f* do art. 12 da Lei nº 6.019/1974.

Anote-se, todavia, que, embora a Lei nº 6.019/1974 tenha sido profundamente alterada recentemente, restou intocada a redação do art. 12 e, consequentemente, mantida a indenização prevista na alínea *f*. Se o legislador entendesse ser tal indenização incompatível com o regime do FGTS, bastaria revogar a supramencionada alínea, o que não foi feito no movimento legislativo que culminou na *Reforma Trabalhista de 2017*. Ademais, ressalte-se que **é pacífico no âmbito do TST o entendimento segundo o qual a indenização em referência é compatível com o regime do FGTS, pelo que considero mais seguro este entendimento**, e não o posicionamento da doutrina majoritária, aparentemente acolhido pelo art. 60 do Decreto nº 10.854/2021.

8.6.2.8. *Natureza da responsabilidade do tomador dos serviços*

A Lei nº 6.019/1974, em sua redação original, já previa a hipótese de responsabilização **solidária** da empresa tomadora dos serviços de trabalho temporário **no caso de falência da empresa de trabalho temporário**. Neste sentido, o art. 16, o qual passou incólume pelas alterações legislativas de 2017:

> Art. 16. No caso de falência da empresa de trabalho temporário, a empresa tomadora ou cliente é **solidariamente** responsável pelo recolhimento das contribuições previdenciárias, no tocante ao tempo em que o trabalhador esteve sob suas ordens, assim como em referência ao mesmo período, pela remuneração e indenização previstas nesta Lei.

Por sua vez, o § 7º do art. 10 da Lei nº 6.019, incluído pela Lei nº 13.429/2017, dispôs que "**a contratante é subsidiariamente responsável pelas obrigações trabalhistas referentes ao período em que ocorrer o trabalho temporário**, e o recolhimento das contribuições previdenciárias observará o disposto no art. 31 da Lei nº 8.212, de 24 de julho de 1991".

Tal entendimento, aliás, já vinha sendo acolhido pela doutrina e pela jurisprudência, por entenderem que a responsabilização prevista no item IV da Súmula 331 é extensiva a todas as formas de terceirização, inclusive ao trabalho temporário.

Assim, temos, com previsão expressa na Lei, o seguinte cenário: **a responsabilidade do tomador é subsidiária no caso de trabalho temporário, exceto no caso de falência da empresa de trabalho temporário, hipótese em que se aplica a responsabilidade solidária**.

8.6.2.9. *Outras regras pertinentes ao temporário*

Não é permitido às empresas de trabalho temporário contratar estrangeiros com visto provisório de permanência no Brasil (art. 17).

Da mesma forma, a Lei nº 6.019/1974 veda a cobrança de taxas do trabalhador, ainda que a título de intermediação (art. 18).

Por fim, o poder diretivo decorrente da relação de emprego é, no caso do trabalho temporário, *compartilhado* entre o empregador[19] (empresa de trabalho temporário) e o tomador dos serviços. Trata-se, a rigor, da **única hipótese lícita de delegação do poder de comando pelo empregador a terceiros**. Em caso de punição disciplinar de natureza leve, entende-se deva o tomador aplicá-la, em homenagem ao princípio da imediatidade.

Dicas para as provas discursivas:

O trabalho temporário pode aparecer em questões discursivas como assunto autônomo ou em questão sobre terceirização, razão pela qual é importante conhecer bem o seu regime jurídico.

São aspectos relevantes do trabalho temporário para provas discursivas, entre outros: obrigatoriedade de ajuste escrito; obrigatoriedade de indicação do motivo para contratação; hipóteses legais de contratação do trabalho temporário; prazos e restrição à sucessão de contratos com o mesmo trabalhador temporário; possibilidade de efetivação do trabalhador temporário (vedado, entretanto, o contrato de experiência); isonomia salarial (conforme art. 12 da Lei nº 6.019/1974, que não se confunde com a equiparação salarial prevista no art. 461 da CLT); responsabilidade do tomador de serviços pelas condições de trabalho do temporário, inclusive no tocante à SST; natureza da responsabilidade do tomador dos serviços.

Ao abordar o trabalho temporário em questão discursiva, tenha em mente que se trata da única hipótese lícita de intermediação de mão de obra (fornecimento, por terceiro, de trabalhador subordinado ao tomador dos serviços). É também importante mencionar, em eventual questão discursiva sobre o tema, o novel entendimento da SDI-1 do TST no sentido de que os direitos do trabalhador temporário são apenas aqueles expressamente previstos na Lei nº 6.019/1974.

Além da Lei nº 6.019/1974, o candidato deve conhecer os arts. 41-75 do Decreto nº 10.854/2021, os quais tratam do trabalho temporário.

8.6.3. Lei nº 7.102/1983: serviços de vigilância

Atividades de vigilância patrimonial, pública ou privada, podem, de forma geral, ser terceirizadas, por força do disposto na Lei nº 7.102/1983:

Art. 3º A vigilância ostensiva e o transporte de valores serão executados:

I – por empresa especializada contratada; ou

II – pelo próprio estabelecimento financeiro, desde que organizado e preparado para tal fim, com pessoal próprio, aprovado em curso de formação de vigilante autorizado pelo Ministério da Justiça e cujo sistema de segurança tenha parecer favorável à sua aprovação emitido pelo Ministério da Justiça.

Parágrafo único. Nos estabelecimentos financeiros estaduais, o serviço de vigilância ostensiva poderá ser desempenhado pelas Polícias Militares, a critério do Governo da respectiva Unidade da Federação.

Art. 10. São considerados como segurança privada as atividades desenvolvidas em prestação de serviços com a finalidade de:

I – proceder à vigilância patrimonial das instituições financeiras e de outros estabelecimentos, públicos ou privados, bem como a segurança de pessoas físicas;

II – realizar o transporte de valores ou garantir o transporte de qualquer outro tipo de carga.

(...)

§ 2º As empresas especializadas em prestação de serviços de segurança, vigilância e transporte de valores, constituídas sob a forma de empresas privadas, além das hipóteses previstas nos

---

[19] Ressalva-se, contudo, o entendimento atual do TST, no sentido de que o temporário não é empregado.

incisos do *caput* deste artigo, poderão se prestar ao exercício das atividades de segurança privada a pessoas; a estabelecimentos comerciais, industriais, de prestação de serviços e residências; a entidades sem fins lucrativos; e órgãos e empresas públicas.

Há que se ressalvar, contudo, a distinção entre vigilante e vigia, de grande importância para o Direito do Trabalho. Com efeito, **vigilante** é o profissional qualificado, treinado especificamente para a atividade que desempenha, **integrante de categoria profissional diferenciada**[20]. Esta atividade, especializada, portanto, pode ser terceirizada. Vigia, por sua vez, é o trabalhador não especializado ou, no máximo, semiespecializado, que "toma conta" de determinado estabelecimento (posto de combustíveis, por exemplo), ou mesmo o vigia contratado pelos condomínios, sendo que o vigia se vincula diretamente ao tomador dos serviços. O vigia se enquadra na categoria preponderante, conforme a atividade do empregador.

Tal distinção foi destacada em decisão recente da SDI-I do TST:

RECURSO DE EMBARGOS. ADICIONAL DE PERICULOSIDADE. VIGIA X VIGILANTE. DISTINTAS ATRIBUIÇÕES. O pagamento do adicional de periculosidade é devido aos trabalhadores que se expõe, de modo acentuado, em atividade que requerem submissão a operações perigosas, como roubos ou outras espécies de violência física. O vigia, que trabalha na proteção do patrimônio do estabelecimento, não se encontra submetido a mesma situação de risco acentuado a que se refere o art. 193, II, da CLT, quando sua atividade não requer o uso de arma de fogo e quando não submetido à formação específica que demanda a contratação para a função de Vigilante. Precedente da c. SDI. Embargos conhecidos e desprovidos. (TST, SDI-I, E-RR - 426-06.2015.5.12.0041, Rel. Min. Aloysio Corrêa da Veiga, Data de Julgamento: 14.09.2017, *DEJT* 22.09.2017).

Observe-se, por oportuno, que o art. 19-B da Lei nº 6.019, incluído pela Lei nº 13.429/2017, prevê que "o disposto nesta Lei não se aplica às empresas de vigilância e transporte de valores, permanecendo as respectivas relações de trabalho reguladas por legislação especial, e subsidiariamente pela Consolidação das Leis do Trabalho (CLT)". Portanto, a recente regulamentação da terceirização de serviços não afetou as atividades de vigilância e transporte de valores.

8.6.4. Decreto-Lei nº 200/1967: terceirização na Administração Pública

Desde o Decreto-Lei nº 200, de 1967, é incentivada a terceirização de atividades de apoio (executivas) da Administração. Logo, **trata-se de terceirização de atividades-meio**. A previsão legal consta do art. 10 do Decreto-Lei nº 200/1967:

Art. 10. A execução das atividades da Administração Federal deverá ser amplamente descentralizada.

(...)

§ 7º Para melhor desincumbir-se das tarefas de planejamento, coordenação, supervisão e controle e com o objetivo de impedir o crescimento desmesurado da máquina administrativa, a Administração procurará desobrigar-se da realização material de tarefas executivas, recorrendo, sempre que possível, à execução indireta, mediante contrato, desde que exista, na área, iniciativa privada suficientemente desenvolvida e capacitada a desempenhar os encargos de execução.

(...)

---

[20] Sobre os conceitos de *categoria diferenciada* e *categoria preponderante*, ver o Capítulo 29, sobre Direito Coletivo do Trabalho.

Embora, ainda que timidamente, se tenha aventado a possibilidade de que a autorização para a terceirização em atividade-fim, estabelecida pela Lei nº 13.467/2017, pudesse alcançar a Administração Pública, penso que não há qualquer fundamento jurídico que sustente tal ilação. Isso porque "a investidura em cargo ou emprego público depende de aprovação prévia em concurso público de provas ou de provas e títulos", conforme art. 37, II, da CRFB/88, de forma que a contratação de *servidores* pela via da terceirização constituiria grave violação da exigência constitucional de concurso público.

Não obstante, aos 24.09.2018 foi publicado o Decreto nº 9.507/2018, que dispôs sobre a terceirização no âmbito da Administração Pública Federal, ampliando consideravelmente as possibilidades de execução indireta (leia-se terceirização) de atividades estatais. Tal ato normativo será analisado mais adiante, no item 8.7.2.9, para o qual remeto o leitor.

8.6.5. Lei nº 9.472/1997: serviços de telecomunicações

A Lei nº 9.472/1997, que dispõe sobre a organização dos serviços de telecomunicações, teria criado uma nova hipótese de terceirização, aparentemente *de atividade-fim*, nos termos do art. 94:

> Art. 94. No cumprimento de seus deveres, a concessionária poderá, observadas as condições e limites estabelecidos pela Agência:
>
> I – empregar, na execução dos serviços, equipamentos e infraestrutura que não lhe pertençam;
>
> II – contratar com terceiros o desenvolvimento de **atividades inerentes**, acessórias ou complementares **ao serviço**, bem como a implementação de projetos associados.
>
> (...) (grifos meus)

O dispositivo legal em referência parecia colidir com o sentido da Súmula 331 do TST, ao passo que o verbete vedava a terceirização de atividade-fim, salvo nos casos de trabalho temporário (Lei nº 6.019/1974). Tanto é assim que, a partir de 26.03.2013, quando foi publicada decisão da SDI-1 nos autos do Processo E-ED-RR-2938-13.2010.5.12.0016, a matéria foi praticamente pacificada no âmbito do TST[21]. Com efeito, o julgado em referência compilou de forma objetiva os argumentos no sentido da ilicitude da terceirização das atividades de *call center* das empresas de telecomunicações.

Ocorre que **a discussão perdeu seu objeto a partir da vigência do art. 4º-A da Lei nº 6.019**, incluído pela Lei nº 13.467/2017, o qual autorizou a terceirização irrestrita, inclusive das atividades-fim, nos seguintes termos:

> Art. 4º-A. Considera-se prestação de serviços a terceiros a **transferência** feita pela contratante **da execução de quaisquer de suas atividades**, *inclusive sua atividade principal*, à pessoa jurídica de direito privado prestadora de serviços que possua capacidade econômica compatível com a sua execução. (grifos meus)

8.7. REGIME LEGAL DA TERCEIRIZAÇÃO NAS LEIS Nº 13.429/2017 E Nº 13.467/2017

Como mencionado anteriormente, até março de 2017 a terceirização não tinha qualquer regulamentação geral no Brasil, sendo prevista apenas pontualmente, como es-

---

[21] A decisão foi revertida muitos anos depois, em maio de 2020 (E-ED-RR-2938-13.2010.5.12.0016, Subseção I Especializada em Dissídios Individuais, Rel. Min. Jose Roberto Freire Pimenta, *DEJT* 22.05.2020), em virtude da tese fixada pelo STF no Tema nº 725 de Repercussão Geral. De toda forma, a menção à decisão da SDI-1 de março de 2013 tem caráter meramente histórico.

tudado no item 8.6 *supra*. Entretanto, a ausência de balizas legais específicas não obstou a disseminação da terceirização, notadamente nas últimas três décadas. Pode-se dizer que a terceirização era, mesmo antes das Leis nº 13.429/2017 e nº 13.467/2017, um fenômeno de fato consagrado no Brasil, o que atraiu a construção jurisprudencial acerca do tema, com vistas a civilizar as relações terceirizadas e compatibilizá-las com o sistema normativo trabalhista vigente.

Neste cenário, o Tribunal Superior do Trabalho editou verbetes (inicialmente, Súmula 256, atual Súmula 331) consagrando a interpretação judicial reiterada sobre temas ligados à terceirização, os quais, durante décadas, serviram de parâmetro para o julgamento da (ir)regularidade da terceirização, e, notadamente, para a atribuição de responsabilidade dela decorrente.

Tal construção jurisprudencial será estudada no tópico seguinte, com as observações pertinentes relativas aos reflexos da *Reforma Trabalhista de 2017* e do entendimento do STF acerca da matéria. Neste tópico estudaremos o regime jurídico da terceirização nas Leis nº 13.429 e 13.467.

8.7.1. Lei nº 13.429/2017

Na ânsia de legitimar rapidamente a terceirização irrestrita, e diante da resistência do Senado Federal em aprovar o Projeto de Lei nº 4.330/2004, aprovado pela Câmara dos Deputados em 22.04.2015, a Câmara lançou mão de manobra sórdida, aprovando, no dia 22.03.2017, em termos substancialmente diversos daqueles aprovados menos de dois anos antes, pela mesma composição da *Casa Legislativa* em questão, o PL nº 4.302-E/1998, o qual havia sido aprovado pelo Senado em dezembro de 2000 e estava esquecido na Câmara desde 2002.

O referido PL nº 4.302/1998 (PL nº 3/2001 no Senado Federal) fora apresentado pelo Poder Executivo no governo do Presidente Fernando Henrique Cardoso, tendo sido aprovado pelo Senado e retirado de pauta, já na Câmara dos Deputados, aos 19.08.2003, por iniciativa do então Presidente Luís Inácio Lula da Silva.

Em outras palavras, a fim de suprimir a necessidade de aprovação, pelo Senado Federal, de projeto atual de regulamentação da terceirização, a Câmara dos Deputados simplesmente *desengavetou* o projeto que havia sido aprovado pelo Senado há mais de quinze anos, em outro contexto histórico e em termos incompatíveis com aqueles aprovados recentemente pela própria Câmara, aprovando *a toque de caixa* o PL nº 4.302/98, que, posteriormente, deu origem à Lei nº 13.429, publicada em edição extra do Diário Oficial da União aos 31.03.2017.

Muito em razão da manobra legislativa perpetrada, o PL nº 4.302/98 foi aprovado pela Câmara sem alterações, sob pena de o texto ter que retornar ao Senado Federal. Aprovou-se, desse modo, um diploma legal desconectado da realidade atual, e até mesmo dos anseios do próprio Congresso Nacional, claramente premido por interesses patronais. Apenas a título de exemplo, o texto legal aprovado não foi claro o suficiente no que diz respeito ao principal ponto da matéria, qual seja a autorização para a terceirização de atividades-fim.

Da forma como aprovada, a Lei nº 13.429 levaria a verdadeiro caos interpretativo e, provavelmente, não alcançaria a intenção do legislador, manifestada durante a tramitação do PL na Câmara. Em razão disso, ato contínuo à aprovação do PL nº 4.302/98 a Câmara dos Deputados voltou sua atenção para o projeto de lei denominado Reforma Trabalhista (PL nº 6.787/2016, de iniciativa do Poder Executivo), o qual deu origem à Lei nº 13.467/2017, alterando vários dos dispositivos recentemente aprovados pela Lei nº 13.429.

Este pequeno histórico é pertinente para que se tenha noção do caos institucional que temos vivenciado. A partir do subitem seguinte estudaremos o regime legal da terceirização à luz da lei vigente, isto é, da Lei nº 6.019, com alterações promovidas pela Lei nº 13.429 e, posteriormente, pela Lei nº 13.467.

8.7.2. Terceirização na Lei nº 6.019, conforme Leis nº 13.429/2017 e nº 13.467/2017

Conforme mencionado anteriormente, no item 8.6.2, a Lei nº 6.019/1974, que tratava originalmente apenas do trabalho temporário, passou a dispor também, a partir da vigência da Lei nº 13.429/2017, sobre a prestação de serviços a terceiros (terceirização).

Portanto, a regulamentação legal que faltava à terceirização agora consta da Lei nº 6.019, como veremos adiante.

8.7.2.1. *Atividades sujeitas à terceirização (limites objetivos)*

A questão mais importante que se coloca acerca da terceirização diz respeito aos seus limites, ou seja, à definição de quais atividades podem ser terceirizadas, bem como de que modo pode ocorrer esta contratação de terceiros prestadores de serviços.

Consoante os parâmetros estabelecidos pela jurisprudência trabalhista, seria irregular a terceirização de atividade-fim. Todavia, tal distinção entre atividade-fim e atividade-meio encontra-se superada pela dicção do art. 4º-A da Lei nº 6.019, com redação dada pela Lei nº 13.467/2017:

> Art. 4º-A. Considera-se prestação de serviços a terceiros a **transferência** feita pela contratante da execução **de quaisquer de suas atividades, inclusive sua atividade principal**, à pessoa jurídica de direito privado prestadora de serviços que possua capacidade econômica compatível com a sua execução. (grifos meus)

Reforça esta autorização ampla o disposto no art. 5º-A da Lei nº 6.019, também alterado pela Lei nº 13.467/2017, segundo o qual "contratante é a pessoa física ou jurídica que celebra contrato com empresa de **prestação de serviços relacionados a quaisquer de suas atividades, inclusive sua atividade principal**" (grifos meus).

Portanto, **a Lei nº 13.467/2017 autorizou a terceirização de toda e qualquer atividade da empresa, inclusive a sua atividade principal ou atividade-fim**. Neste diapasão, pode-se dizer que, hoje, a terceirização não encontra limites na lei ordinária quanto ao seu objeto.

No mesmo sentido, a **tese firmada pelo STF** ao julgar, aos 30.08.2018, a ADPF nº 324 e o RE 958.252, com repercussão geral reconhecida, segundo a qual "**é lícita a terceirização ou qualquer outra forma de divisão do trabalho entre pessoas jurídicas distintas, independentemente do objeto social das empresas envolvidas, mantida a responsabilidade subsidiária da empresa contratante**".

Sustenta-se apenas que o serviço terceirizado há de ser minimamente especializado, sob pena de o pacto desaguar em fraude, ante a mera intermediação de mão de obra. Neste sentido, o § 1º do art. 5º-A e o inciso II do art. 5º-B, ambos inseridos pela Lei nº 13.429:

> Art. 5º-A, § 1º. É vedada à contratante a utilização dos trabalhadores em atividades distintas daquelas que foram objeto do contrato com a empresa prestadora de serviços.
> [...]

Art. 5º-B. O contrato de prestação de serviços conterá:

[...]

II – especificação do serviço a ser prestado;

[...]

Observe-se, por sua vez, que o local da prestação dos serviços terceirizados será aquele definido pelas partes, em comum acordo, podendo ser nas instalações físicas da empresa ou em outro local, conforme § 2º do art. 5º-A:

> Art. 5º-A. § 2º. Os serviços contratados poderão ser executados nas instalações físicas da empresa contratante ou em outro local, de comum acordo entre as partes.

Registre-se que, desde a vigência da Lei nº 13.467/2017, muitas vozes, na doutrina e na Justiça do Trabalho (por todos, Maurício Godinho Delgado[22]), sustentaram a inconstitucionalidade de tamanha ampliação do alcance da terceirização, pelo que se chegou a prever grande insegurança jurídica sobre o tema, ante o provável reconhecimento incidental da inconstitucionalidade no âmbito da Justiça do Trabalho. Todavia, a decisão do STF sobre a matéria (ADPF nº 324 e RE 958.252), com repercussão geral, inviabilizou o argumento de inconstitucionalidade e, consequentemente, pacificou a questão. Em outras palavras, a referida decisão do STF antecipou, na prática, a declaração de constitucionalidade do art. 4º-A da Lei nº 6.019/1974.

8.7.2.2. Idoneidade econômica da prestadora de serviços (limites subjetivos)

A terceirização de serviços foi condicionada pelo legislador ordinário à idoneidade econômica da empresa prestadora de serviços. Neste sentido, o supramencionado art. 4º-A, *caput*, da Lei nº 6.019, exige que a prestadora de serviços seja **pessoa jurídica de direito privado** e que possua **capacidade econômica compatível com a execução do contrato**.

Tal regra tem a finalidade de evitar problema recorrente em matéria de terceirização, qual seja a contratação de empresas prestadoras de serviço sem qualquer idoneidade econômica, de forma que não são capazes de arcar com eventuais condenações trabalhistas.

Contudo, a efetividade do dispositivo dependerá da interpretação que lhe for dada. Se a idoneidade econômica da prestadora de serviços for aferida objetivamente a partir do *capital social*, conforme valores irrisórios previstos no art. 4º-B da Lei nº 6.019[23], a regra pouco resolverá em termos de proteção do patrimônio do trabalhador terceirizado.

8.7.2.3. Pejotização

A contratação de trabalhadores mediante a constituição de pessoa jurídica é normalmente denominada *pejotização*, em referência à abreviatura *PJ*. Tal modalidade, usualmente

---

[22] DELGADO, Maurício Godinho. *Curso de Direito do Trabalho*. 17. ed. São Paulo: LTr, 2018, p. 547.

[23] Art. 4º-B. São requisitos para o funcionamento da empresa de prestação de serviços a terceiros:
I – prova de inscrição no Cadastro Nacional da Pessoa Jurídica (CNPJ);
II – registro na Junta Comercial;
III – capital social compatível com o número de empregados, observando-se os seguintes parâmetros:
a) empresas com até dez empregados – capital mínimo de R$ 10.000,00 (dez mil reais);
b) empresas com mais de dez e até vinte empregados – capital mínimo de R$ 25.000,00 (vinte e cinco mil reais);
c) empresas com mais de vinte e até cinquenta empregados – capital mínimo de R$ 45.000,00 (quarenta e cinco mil reais);
d) empresas com mais de cinquenta e até cem empregados – capital mínimo de R$ 100.000,00 (cem mil reais); e
e) empresas com mais de cem empregados – capital mínimo de R$ 250.000,00 (duzentos e cinquenta mil reais).

utilizada para mascarar autêntica relação de emprego, nunca foi tolerada pela doutrina nem pela jurisprudência, embora o art. 129 da Lei nº 11.196/2005 a tenha legitimado em relação às atividades intelectuais[24]-[25].

Georgenor de Sousa Franco Filho[26] afirma que

"Trata-se de um meio legal de praticar uma ilegalidade na medida em que se frauda o contrato de trabalho para descaracterizar a relação de emprego existente, mediante a regular criação de uma empresa (pessoa jurídica), que, de regular, só tem mesmo os procedimentos para seu surgimento. No fundo, mascara a verdadeira subordinação jurídica que continua a existir".

Tal prática é extremamente comum no cotidiano de algumas profissões, notadamente ligadas à área de tecnologia da informação e saúde, não raro praticamente eliminando a oferta de empregos nestes setores. Assim, por exemplo, ao contratar um analista programador, a empresa contratante condiciona a contratação à abertura, pelo trabalhador, de empresa de prestação de serviços, de maneira que, firmando o contrato com a empresa prestadora de serviços, e não com a pessoa física, a tomadora esteja isenta das obrigações trabalhistas e dos encargos sociais respectivos.

Parece-me que **a Lei nº 13.467/2017 autorizou amplamente, em tese, a prática da** *pejotização*, conforme art. 5º-C da Lei nº 6.019, *in verbis*:

Art. 5º-C. Não pode figurar como contratada, nos termos do art. 4º-A desta Lei, a pessoa jurídica cujos titulares ou sócios tenham, nos últimos dezoito meses, prestado serviços à contratante na qualidade de empregado ou trabalhador sem vínculo empregatício, exceto se os referidos titulares ou sócios forem aposentados.

Ora, se existe tal cláusula de barreira, proibindo que o empregado se transforme em PJ nos 18 meses subsequentes à extinção de seu contrato de trabalho (para prestar serviços ao mesmo tomador, é claro), *a contrario sensu* depois deste prazo é permitida a contratação de trabalhador/PJ, bem como a contratação de trabalhador nesta condição que nunca tenha prestado serviços à tomadora como empregado.

No mesmo sentido, o § 2º do art. 4º-A, com redação dada pela Lei nº 13.429/2017:

Art. 4º-A, § 2º. Não se configura vínculo empregatício entre os trabalhadores, **ou sócios das empresas prestadoras de serviços**, qualquer que seja o seu ramo, e a empresa contratante. (grifos meus)

Ainda na linha do entendimento acima, decisão monocrática proferida pelo Min. Roberto Barroso, aos 24.05.2023, nos autos da Reclamação nº 59.836/DF, na qual se fez referência expressa à licitude da *pejotização*.

Por sua vez, **se estiverem presentes os requisitos caracterizadores da relação de emprego, notadamente a subordinação direta, estará configurada a fraude**, mas isso

---

[24] Art. 129. Para fins fiscais e previdenciários, a prestação de serviços intelectuais, inclusive os de natureza científica, artística ou cultural, em caráter personalíssimo ou não, com ou sem a designação de quaisquer obrigações a sócios ou empregados da sociedade prestadora de serviços, quando por esta realizada, se sujeita tão-somente à legislação aplicável às pessoas jurídicas, sem prejuízo da observância do disposto no art. 50 da Lei nº 10.406, de 10 de janeiro de 2002 – Código Civil.

[25] Referido dispositivo foi declarado constitucional pelo STF em 21.12.2020 (ADC 66).

[26] FRANCO FILHO, Georgenor de Sousa. Pejotização. In: PINTO, José Augusto Rodrigues; MARTINEZ, Luciano; MANNRICH, Nelson (coord.). *Dicionário brasileiro de direito do trabalho*. São Paulo: LTr, 2013, p. 317.

ocorre com absolutamente todas as figuras. **Em tese**, portanto, cabe a *pejotização* nos contornos que deram à terceirização.

Registre-se, por oportuno, que a Lei se referiu expressamente aos prestadores como *pessoas jurídicas de direito privado*, razão pela qual **o prestador não pode ser empresário individual**, o qual não detém a qualidade de pessoa jurídica, tratando-se de pessoa física que exerce profissionalmente atividade econômica organizada.

Logo, estão afastadas, em princípio, as conhecidas sociedades unipessoais, tantas vezes utilizadas para burlar a lei trabalhista no âmbito do fenômeno da pejotização.

8.7.2.4. Quarteirização ou terceirização em cadeia

Georgenor de Sousa Franco Filho[27] ensina que a quarteirização é

"...uma estratégia empresarial segundo a qual a empresa dispõe de outra especializada para cuidar de definição, planejamento e controle do trabalho desempenhado pelos prestadores de serviços externos, com o fim de minimizar custos e aumentar eficiência.

[...]

Considera-se, também, um termo criado para designar a delegação a um terceiro especialista da gestão da administração das relações com os demais terceiros, podendo ser tanto um empregado da própria empresa, como um profissional autônomo ou uma terceira empresa especializada, visando sempre estar atualizada com a competitividade do mercado, melhorando a relação entre cliente e fornecedor.

Igualmente pode assimilar-se com 'terceirização' de atividade já terceirizada, como, p. ex., em uma montadora de veículos, o serviço de preparação dos bancos é feito por uma terceirizada, que, por seu turno, transfere a outra a tarefa de preparar o couro que irá forrá-los" (sic).

A título de aprofundamento, mencione-se que o Prof. Luciano Martinez distingue os termos *quarteirização* e *terceirização em cadeia*, utilizando o primeiro no sentido da *terceirização da gestão da terceirização*, e o segundo, no sentido da subcontratação de serviços já terceirizados[28].

Conhecido o alcance da quarteirização, que pode, eventualmente, ser denominada terceirização em cadeia, resta esclarecer que a Lei nº 13.429/2017, ao incluir o § 1º do art. 4º-A da Lei nº 6.019, permitiu expressamente a quarteirização, sem qualquer limite, senão vejamos:

Art. 4º-A, § 1º. A empresa prestadora de serviços contrata, remunera e dirige o trabalho realizado por seus trabalhadores, **ou subcontrata outras empresas para realização desses serviços.**

Portanto, repita-se, **a legislação em vigor autoriza expressamente a quarteirização de serviços**, a qual, infelizmente, não se limita necessariamente à existência de um quarto elemento à relação jurídica, ao passo que as subcontratações são, em tese, ilimitadas. Assim, por exemplo, a empresa "A" pode contratar a empresa "B" para realizar determinado serviço. A empresa "B", por sua vez, pode subcontratar o serviço para a empresa "C", que pode subcontratá-lo para a empresa "D", e assim sucessivamente.

---

[27] FRANCO FILHO, Georgenor de Sousa. Quarteirização. In: PINTO, José Augusto Rodrigues; MARTINEZ, Luciano; MANNRICH, Nelson (coord.). *Dicionário brasileiro de direito do trabalho.* São Paulo: LTr, 2013, p. 362-363.

[28] MARTINEZ, Luciano. *Curso de Direito do Trabalho.* 8. ed. São Paulo: Saraiva, 2017, p. 303.

8.7.2.5. Cláusula de barreira

Assim como dispôs em relação à pejotização, a Lei nº 13.467 estabeleceu cláusula de barreira para que o empregado possa se tornar terceirizado na mesma tomadora de serviços. O prazo de quarentena também é o mesmo (18 meses), conforme art. 5º-D da Lei nº 6.019:

> Art. 5º-D. O empregado que for demitido não poderá prestar serviços para esta mesma empresa na qualidade de empregado de empresa prestadora de serviços antes do decurso de prazo de dezoito meses, contados a partir da demissão do empregado.

Trata-se de uma pequena forma de proteção contra flagrante precarização dos postos de trabalho, no sentido de evitar que uma empresa demita seus empregados e os recontrate por meio de terceirização. Passados os dezoito meses, entretanto, nada impede que a empresa contrate antigos empregados seus como terceirizados.

8.7.2.6. Trabalhadores terceirizados e isonomia

Questão tormentosa em matéria de terceirização sempre foi a desigualdade gerada pela prática, que normalmente coloca lado a lado trabalhadores submetidos a condições (de higiene, conforto e segurança) distintas e a salários substancialmente desiguais.

Embora parte da doutrina clamasse por isonomia entre terceirizados e empregados contratados diretamente pelo tomador dos serviços, o fato é que a jurisprudência poucas vezes o deferiu quando se tratava de terceirização lícita.

Com a regulamentação legal da terceirização, levada a efeito em 2017 pelas Leis nº 13.429 e nº 13.467, a questão da isonomia entre terceirizados e empregados contratados diretamente tomou contornos novos, embora não necessariamente no sentido da proteção do trabalhador terceirizado.

No que diz respeito às **condições de alimentação, transporte, atendimento médico e treinamento**, a Lei nº 13.467 previu a **isonomia entre terceirizados e empregados** contratados diretamente, desde que os serviços sejam executados nas dependências da tomadora. Caso os serviços sejam executados em outro local, o tratamento isonômico é apenas uma faculdade da contratante.

Não obstante, inicialmente a Lei nº 13.429 não havia assegurado tal isonomia, nos termos do § 4º do art. 5º-A, o qual não foi revogado expressamente pela Lei nº 13.467:

> Art. 5º-A, § 4º. A contratante *poderá* estender ao trabalhador da empresa de prestação de serviços o mesmo atendimento médico, ambulatorial e de refeição destinado aos seus empregados, existente nas dependências da contratante, ou local por ela designado. (grifos meus)

Portanto, no regime da Lei nº 13.429 a isonomia era apenas uma faculdade conferida ao tomador dos serviços.

Felizmente o art. 4º-C, inserido pela Lei nº 13.467, corrigiu tal distorção, nos seguintes termos:

> Art. 4º-C. São asseguradas aos empregados da empresa prestadora de serviços a que se refere o art. 4º-A desta Lei, **quando e enquanto os serviços**, que podem ser de qualquer uma das atividades da contratante, **forem executados nas dependências da tomadora**, as mesmas condições:
> I – relativas a:
> a) alimentação garantida aos empregados da contratante, quando oferecida em refeitórios;

b) direito de utilizar os serviços de transporte;

c) atendimento médico ou ambulatorial existente nas dependências da contratante ou local por ela designado;

d) treinamento adequado, fornecido pela contratada, quando a atividade o exigir.

II – sanitárias, de medidas de proteção à saúde e de segurança no trabalho e de instalações adequadas à prestação do serviço.

§ 1º Contratante e contratada **poderão** estabelecer, se assim entenderem, **que os empregados da contratada farão jus a salário equivalente** ao pago aos empregados da contratante, além de outros direitos não previstos neste artigo.

§ 2º Nos contratos que impliquem mobilização de empregados da contratada em número igual ou superior a 20% (vinte por cento) dos empregados da contratante, esta **poderá** disponibilizar aos empregados da contratada os serviços de alimentação e atendimento ambulatorial em outros locais apropriados e com igual padrão de atendimento, com vistas a manter o pleno funcionamento dos serviços existentes.

Observe-se, neste sentido, que **a isonomia salarial não foi assegurada aos terceirizados**, ao contrário do quanto previsto para os temporários. Não se avançou, desse modo, em relação ao entendimento jurisprudencial que vinha predominando, no sentido do não cabimento da isonomia nas hipóteses de terceirização lícita.

A previsão da **possibilidade** de estabelecimento de salário equivalente "e de outros direitos", por sua vez, é absolutamente inócua, pois sempre será possível (e desejável) o estabelecimento de condições mais benéficas aos trabalhadores. O legislador teve a clara intenção, portanto, de tornar expresso que o terceirizado não tem direito subjetivo à isonomia salarial.

Neste mesmo sentido, o STF, ao julgar, aos 29.03.2021, o RE 635.546/MG (Tema 383 de Repercussão Geral), firmou a seguinte tese:

A equiparação de remuneração entre empregados da empresa tomadora de serviços e empregados da empresa contratada (terceirizada) fere o princípio da livre iniciativa, por se tratarem de agentes econômicos distintos, que não podem estar sujeitos a decisões empresariais que não são suas.

Quanto à previsão do § 2º, sua justificativa é de ordem prática, pois o refeitório e o ambulatório da empresa tomadora podem não comportar número substancialmente maior de trabalhadores. Neste caso, observada a previsão de número de terceirizados igual ou superior a 20% do número de empregados da tomadora, a contratante poderá escolher entre disponibilizar serviços de alimentação e atendimento ambulatorial em sua sede ou em outro local apropriado, desde que assegure o mesmo padrão de atendimento.

A título de exemplo, se a contratante possui 400 empregados e contrata 120 trabalhadores terceirizados (30% do total de empregados próprios, portanto), poderá fornecer aos terceirizados refeitórios e atendimento ambulatorial no próprio local de trabalho, ou alugar outro prédio, a fim de garantir o dimensionamento adequado para a manutenção dos serviços existentes em sua sede, sem deixar de observar a isonomia de condições de alimentação e atendimento médico ou ambulatorial.

8.7.2.7. *Responsabilidade pelas condições de SST*

Talvez o único grande avanço, ao menos em tese, advindo da regulamentação da terceirização, tenha sido a previsão expressa da responsabilidade da tomadora pelas condições de saúde e segurança no trabalho a que são submetidos os trabalhadores terceirizados. Esta é a previsão do § 3º do art. 5º-A, com redação dada pela Lei nº 13.429:

> Art. 5º-A, § 3º. É **responsabilidade da contratante garantir as condições de segurança, higiene e salubridade dos trabalhadores**, quando o trabalho for realizado em suas dependências ou local previamente convencionado em contrato.

Portanto, independentemente do local da prestação dos serviços, *desde que previamente convencionado*, a contratante (isto é, a tomadora) é responsável por garantir as condições de segurança, higiene e salubridade aos trabalhadores.

A **responsabilidade**, no caso, não é solidária nem subsidiária, é **direta**.

8.7.2.8. Responsabilidade pelos créditos trabalhistas

Na esteira do que já vinha consolidado no item IV da Súmula 331 do TST, a Lei nº 13.429 previu a **responsabilidade *subsidiária* da empresa tomadora dos serviços** terceirizados em relação ao período em que ocorrer a prestação de serviços. Neste diapasão, o art. 5º-A, § 5º:

> Art. 5º-A, § 5º. A empresa contratante é subsidiariamente responsável pelas obrigações trabalhistas referentes ao período em que ocorrer a prestação de serviços, e o recolhimento das contribuições previdenciárias observará o disposto no art. 31 da Lei nº 8.212, de 24 de julho de 1991.

Em princípio, portanto, não teremos grandes mudanças no que diz respeito à responsabilização da tomadora dos serviços na terceirização. Deve continuar sendo a tomadora responsabilizada subsidiariamente na terceirização lícita, e diretamente na terceirização ilícita (hipótese em que o vínculo de forma diretamente com o tomador, nos termos do item I da Súmula 331), neste último caso com a empresa prestadora de serviços se responsabilizando solidariamente.

8.7.2.9. Terceirização na Administração Pública

Tendo em vista o disposto no art. 37, II, da Constituição da República (exigência de concurso público para investidura em cargo ou emprego público), entendo que a terceirização, no âmbito da Administração Pública, se restringe às hipóteses de atividade-meio, conforme sempre foi antes da *Reforma Trabalhista de 2017* (Decreto-Lei nº 200/1967 e Decreto nº 2.271/1997), não se lhe aplicando a ampliação extrema levada a efeito pela Lei nº 13.467/2017.

Não obstante, há quem entenda de maneira diversa, no sentido de que estariam a salvo da terceirização, no âmbito da Administração Pública, apenas as chamadas carreiras de Estado, sendo que todos os demais cargos estariam sujeitos à terceirização indiscriminada.

Caso tal tese prospere, teremos um retrocesso de três décadas em matéria de moralidade administrativa e impessoalidade.

Neste sentido, há que se registrar que aos 24.09.2018 foi publicado o Decreto nº 9.507/2018, que dispôs sobre a terceirização no âmbito da Administração Pública Federal, ampliando consideravelmente as possibilidades de execução indireta (leia-se terceirização) de atividades estatais, embora tenha também estabelecido limites relativamente claros.

Com efeito, dispôs expressamente o art. 3º do Decreto nº 9.507/2018 no sentido de que **não serão objeto de execução indireta** na administração pública federal *direta, autárquica e fundacional* os seguintes serviços:

I – **que envolvam a tomada de decisão** ou posicionamento institucional nas **áreas de planejamento, coordenação, supervisão e controle;**

II – **que sejam considerados estratégicos** para o órgão ou a entidade, cuja terceirização possa colocar em risco o controle de processos e de conhecimentos e tecnologias;

III – que estejam **relacionados ao poder de polícia, de regulação, de outorga de serviços públicos e de aplicação de sanção;** e

IV – **que sejam inerentes às categorias funcionais abrangidas pelo plano de cargos do órgão ou da entidade,** exceto disposição legal em contrário ou quando se tratar de cargo extinto, total ou parcialmente, no âmbito do quadro geral de pessoal.

O § 1º do art. 3º esclarece que os serviços auxiliares, instrumentais ou acessórios de que acima mencionados poderão ser executados de forma indireta, vedada a transferência de responsabilidade para a realização de atos administrativos ou a tomada de decisão para o contratado.

Portanto, em relação à administração direta, autárquica e fundacional, s.m.j. não houve considerável ampliação das atividades sujeitas à terceirização, muito menos a previsão de terceirização de atividade-fim da Administração. Neste diapasão, cabe lembrar que a execução indireta de atividades de apoio (tarefas executivas) é permitida desde 1967 (Decreto-Lei nº 200).

No tocante à administração indireta (empresas públicas e sociedades de economia mista), dispôs o art. 4º do Decreto nº 9.507/2018, *in verbis:*

Art. 4º Nas empresas públicas e nas sociedades de economia mista controladas pela União, **não serão objeto de execução indireta os serviços que demandem a utilização, pela contratada, de profissionais com atribuições inerentes às dos cargos integrantes de seus Planos de Cargos e Salários, exceto se contrariar os princípios administrativos da eficiência, da economicidade e da razoabilidade,** tais como na ocorrência de, ao menos, uma das seguintes hipóteses:

I – caráter temporário do serviço;

II – incremento temporário do volume de serviços;

III – atualização de tecnologia ou especialização de serviço, quando for mais atual e segura, que reduzem o custo ou for menos prejudicial ao meio ambiente; ou

IV – impossibilidade de competir no mercado concorrencial em que se insere.

§ 1º As situações de exceção a que se referem os incisos I e II do **caput** poderão estar relacionadas às especificidades da localidade ou à necessidade de maior abrangência territorial.

§ 2º Os empregados da contratada com atribuições semelhantes ou não com as atribuições da contratante atuarão somente no desenvolvimento dos serviços contratados.

§ 3º Não se aplica a vedação do *caput* quando se tratar de cargo extinto ou em processo de extinção.

§ 4º O Conselho de Administração ou órgão equivalente das empresas públicas e das sociedades de economia mista controladas pela União estabelecerá o conjunto de atividades que serão passíveis de execução indireta, mediante contratação de serviços.

Aqui realmente se abre um grande espaço para a terceirização de atividade-fim também nas empresas públicas e sociedades de economia mista, porquanto as exceções são muito abrangentes. Resta saber de que forma este tipo de procedimento seria compatível com o princípio do concurso público, pelo que certamente será discutida a legalidade do Decreto.

Mencione-se de passagem que o Decreto nº 9.507/2018 estabelece uma série de disposições contratuais obrigatórias (arts. 7º a 9º) que visam claramente afastar a responsabilidade da Administração pelos terceirizados, evitando, ao menos formalmente, a caracterização da *culpa in vigilando.*

Por fim, é interessante observar, também no Decreto em referência, o quanto vem sendo repetido ao longo de todo este capítulo, no sentido da impossibilidade, na terceirização regular, de existência de pessoalidade e subordinação direta dos empregados aos gestores da contratante (art. 7º, IV).

8.8. LEI Nº 6.019/1974 *VS.* SÚMULA 331: O IMPACTO DAS LEIS Nº 13.429/2017 E Nº 13.467/2017 NA JURISPRUDÊNCIA DO TST

Ante a quase ausência de legislação relativa à terceirização na seara trabalhista, o Brasil viveu (e por que não dizer, ainda vive) um crescimento desenfreado do fenômeno terceirizante.

Em um primeiro momento, todos acreditavam que o instituto da terceirização não traria maiores prejuízos ao trabalhador, visto que seus direitos estariam igualmente garantidos pela relação de emprego mantida com o terceiro (prestador de serviços). Não obstante, a prática trabalhista demonstrou que não era bem assim. Ocorre que os empregadores, a fim de se livrar do chamado *passivo trabalhista,* passaram a contratar terceiros sem nenhuma idoneidade econômico-financeira, verdadeiros "laranjas" ou "testas de ferro", a fim de que a responsabilidade pelos créditos trabalhistas recaísse sobre estas empresas de fachada. Na Justiça do Trabalho o empregado conheceu amargamente, durante muito tempo, a famosa expressão "ganha, mas não leva", pois, no mais das vezes, o empregador aparente não tinha nenhuma capacidade de solver os créditos trabalhistas de seus empregados.

Diante disso, a Justiça do Trabalho, e mais especificamente o TST, levou adiante a construção de um modelo de responsabilização do tomador dos serviços, o qual passou a atuar como garantidor (responsável subsidiário, tecnicamente falando) dos créditos dos empregados de seus prestadores de serviço.

Depois de muitas idas e vindas sobre o tema, cujo histórico é desnecessário em vista do objetivo deste manual, foi publicada, em 1994, a Súmula 331 do TST, mantida até março de 2017 como a grande referência sobre terceirização no Brasil.

Vejamo-la:

Súm. 331. Contrato de prestação de serviços. Legalidade – Res. 174/2011, *DEJT* divulgado em 27, 30 e 31.05.2011.

I – A contratação de trabalhadores por empresa interposta é ilegal, formando-se o vínculo diretamente com o tomador dos serviços, salvo no caso de trabalho temporário (Lei nº 6.019, de 03.01.1974).

II – A contratação irregular de trabalhador, mediante empresa interposta, não gera vínculo de emprego com os órgãos da administração pública direta, indireta ou fundacional (art. 37, II, da CF/1988).

III – Não forma vínculo de emprego com o tomador a contratação de serviços de vigilância (Lei nº 7.102, de 20.06.1983) e de conservação e limpeza, bem como a de serviços especializados ligados à atividade-meio do tomador, desde que inexistente a pessoalidade e a subordinação direta.

IV – O inadimplemento das obrigações trabalhistas, por parte do empregador, implica a responsabilidade subsidiária do tomador dos serviços quanto àquelas obrigações, desde que haja participado da relação processual e conste também do título executivo judicial.

V – Os entes integrantes da Administração Pública direta e indireta respondem subsidiariamente, nas mesmas condições do item IV, caso evidenciada a sua conduta culposa no cumprimento das obrigações da Lei nº 8.666, de 21.06.1993, especialmente na fiscalização do cumprimento das obrigações contratuais e legais da prestadora de serviço como empregadora. A aludida responsabilidade não decorre de mero inadimplemento das obrigações trabalhistas assumidas pela empresa regularmente contratada.

VI – A responsabilidade subsidiária do tomador de serviços abrange todas as verbas decorrentes da condenação referentes ao período da prestação laboral.

A partir da vigência das Leis nº 13.429/2017 e nº 13.467/2017, bem como da decisão proferida pelo STF fixando que "é lícita a terceirização ou qualquer outra forma de divisão do trabalho entre pessoas jurídicas distintas, independentemente do objeto social das empresas envolvidas, mantida a responsabilidade subsidiária da empresa contratante"[29], faz-se necessário compatibilizar o entendimento jurisprudencial consolidado na Súmula 331 com a legislação em vigor e com a tese adotada pelo STF.

Considerando-se que até a data de fechamento desta edição a Súmula 331 não foi alterada pelo TST, cabe orientar o leitor para os pontos que *provavelmente* serão objeto de revisão, de forma a compatibilizar o verbete com a lei e com a jurisprudência do STF.

Dada a importância deste verbete, faz-se importante o estudo analítico de seus itens, bem como o provável impacto da atual redação da Lei nº 6.019 sobre o entendimento consubstanciado em cada um destes itens.

Item I

I – A contratação de trabalhadores por empresa interposta é ilegal, formando-se o vínculo diretamente com o tomador dos serviços, salvo no caso de trabalho temporário (Lei nº 6.019, de 03.01.1974).

Repete o que já foi mencionado alhures a respeito da intermediação de mão de obra no Brasil: é vedada, exceto em uma única hipótese, que é a do trabalho temporário.

Com efeito, "contratação de trabalhadores por empresa interposta" é o mesmo que contratar trabalhadores por intermédio de uma terceira empresa, que "os aluga" então ao tomador. Trata-se de coisificação do trabalho humano, e como tal é repugnada pelo direito.

Registre-se, por oportuno, que, embora originalmente o TST considerasse a terceirização de atividade-fim como verdadeira hipótese de contratação por empresa interposta, tal circunstância não é essencial para a configuração da intermediação de mão de obra ou *merchandage*. Com efeito, **na contratação por empresa interposta estão presentes todos os requisitos da relação de emprego** (onerosidade, não eventualidade, e, principalmente, pessoalidade e subordinação) na relação mantida **entre o trabalhador e o tomador dos serviços**, pelo que a empresa prestadora de serviços é utilizada tão somente para escamotear o liame empregatício.

Assim, o item I da Súmula 331 define a intermediação de mão de obra como sendo, em regra, hipótese de terceirização ilícita. Uma vez mais, a única exceção é o trabalho temporário.

---

[29] ADPF nº 324 e RE nº 958.252.

Ocorrendo a terceirização ilícita, deve-se afastar a forma, deixando emergir a realidade (art. 9º da CLT), ou seja, o vínculo de emprego se forma entre o empregado e o tomador dos serviços (vínculo direto). Aqui não há se falar, em princípio, em responsabilidade solidária ou subsidiária. A responsabilidade é direta, do tomador, que a rigor é o real empregador.

A terceirização ilícita poderia ser esquematizada da seguinte forma:

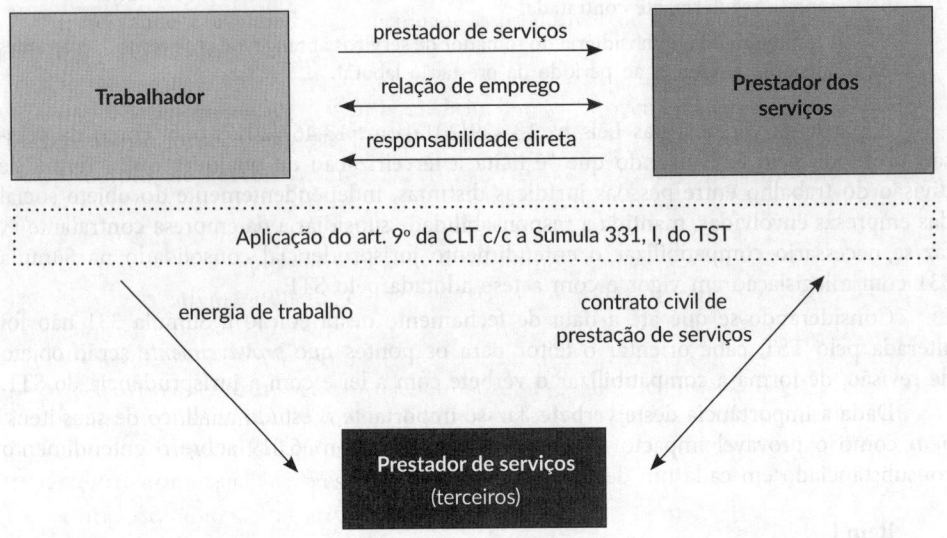

Não obstante, alguns autores defendem uma tese interessante. O prestador de serviços (empregador aparente) seria solidariamente responsável pelas verbas trabalhistas, por uma razão muito simples: ninguém pode alegar a própria torpeza em sua defesa. Se o prestador contratou, ainda que somente formalmente, o empregado, assumiu a responsabilidade pelas verbas trabalhistas advindas do contrato, razão pela qual não poderia, se demandado, alegar a nulidade do contrato, ante a real existência de vínculo direto com o tomador. A tese de responsabilização espontânea do prestador de serviços é fundamentada no art. 942 do Código Civil[30].

Assim, entendo que, nos casos de terceirização ilícita, ainda que flagrante a fraude, cabe ao trabalhador demandar conjuntamente o empregador aparente (terceiro) e o empregador real (tomador de serviços), que são, neste aspecto, responsáveis solidários

Nesse sentido, a jurisprudência do TST, como bem ilustram os seguintes julgados:

[...] B) RECURSO DE REVISTA DA RECLAMANTE. PROCESSO SOB A ÉGIDE DA LEI 13.015/2014 E ANTERIOR À LEI 13.467/2017. TERCEIRIZAÇÃO TRABALHISTA. ENTIDADES ESTATAIS. **SUBORDINAÇÃO DIRETA À TOMADORA.** TEMAS 725 E 383 DA TABELA DE **REPERCUSSÃO GERAL DO STF.** *DISTINGUISHING.* É certo que o STF, por maioria, no julgamento do ARE 791.932/DF, ocorrido em 11/10/2018 e publicado no DJe de 6/3/2019, representativo da controvérsia e com repercussão geral reconhecida (Tema nº 739), relatado pelo Min. Alexandre de Moraes, entendeu pela inconstitucionalidade parcial da Súmula 331/TST, a fim de ser reconhecida a terceirização de toda e qualquer atividade, meio ou fim,

---

30 Art. 942. Os bens do responsável pela ofensa ou violação do direito de outrem ficam sujeitos à reparação do dano causado; e, se a ofensa tiver mais de um autor, todos responderão solidariamente pela reparação.

reiterando o entendimento exarado pelo Plenário do STF em 30.08.2018, no julgamento da ADPF-324 e do RE-958252, com repercussão geral (Tema 725). Tendo em vista o trânsito em julgado da decisão proferida no ARE-791.932 , ocorrido em 14.03.2019, é necessário o exame da matéria à luz da tese firmada pelo STF, relativamente à possibilidade de terceirização de serviços afetos às atividades precípuas da tomadora dos serviços, sendo irrelevante perquirir sobre a natureza das atividades desenvolvidas pela empresa contratada, razão pela qual me curvo ao quanto decidido pelo STF, ressalvado meu entendimento pessoal. **Todavia, o caso concreto não se amolda à tese estabelecida pelo Excelso Pretório**, tampouco com ela se incompatibiliza, porquanto, como se infere dos elementos fáticos consignados pelo TRT de origem, **resultou demonstrado que a tomadora (CEF) se valeu de artifício fraudulento para mascarar a relação jurídica entre as empresas, haja vista a interferência direta da empresa contratante, ao consignar que "a laborista prestava serviços de pessoal de escritório, subordinada diretamente ao Gerente da Agência da CEF Maruim, se reportando ao responsável da terceirizada apenas no ato da sua dispensa"**. Impõe-se, ainda, destacar que, conforme se depreende do acórdão regional, a tomadora de serviços (CEF) se utilizou da mão de obra fornecida pela 1ª Reclamada para a realização de serviços de recepção, em atividades diretamente vinculadas à finalidade econômica da Caixa, na medida em que a Reclamante contratada para o exercício da função de recepcionista, sempre realizou as seguintes atividades: abertura de contas, solicitação e entrega de cartões e consultas e entrega de extratos de FGTS (Súmula 126/TST). Assim, pelo contexto fático delineado no acórdão regional, conclui-se que a Reclamante estava inserida no processo produtivo da 1ª Reclamada, tendo ela se utilizado da sua força de trabalho mediante contrato fraudulento de terceirização. Enfatize-se que, **em casos como o dos autos – em que os elementos fáticos delineados pela Corte Regional evidenciam a ocorrência de fraude na terceirização, que seria a única exceção admitida pelo STF para invalidar a fórmula terceirizante – esta Corte Superior entende ser cabível a decretação da responsabilidade solidária da entidade estatal tomadora dos serviços pelas parcelas inadimplidas pela prestadora de serviços.** Julgados. Com efeito, em que pese a terceirização ilícita não ter o condão de reconhecer o vínculo empregatício com entidade da Administração Pública, ante a vedação expressamente assentada na CF (art. 37, II e § 2º), dá ensejo à responsabilização solidária da entidade estatal tomadora dos serviços pelas parcelas inadimplidas pela prestadora de serviços (arts. 265 e 942 do CCB/2002 c/c a Súmula 331, II/ TST). Noutro norte, o Plenário Supremo Tribunal Federal, no julgamento do RE 635.546/ MG, em 06.04.2021, submetido à sistemática de repercussão geral (Tema 383), fixou a tese de que "A equiparação de remuneração entre empregados da empresa tomadora de serviços e empregados da empresa contratada (terceirizada) fere o princípio da livre iniciativa, por se tratarem de agentes econômicos distintos, que não podem estar sujeitos a decisões empresariais que não são suas". Todavia, diante da constatação de fraude na terceirização e da existência de subordinação direta da Autora à tomadora (CEF), bem como o desempenho pela Obreira de atividades realizadas pelos funcionários da Caixa, conforme se extrai dos elementos fático-probatórios delineados pelo TRT, tem-se que o reconhecimento da isonomia salarial não caracteriza contrariedade à tese fixada no Tema 383 da tabela de repercussão geral. Julgados desta Corte Superior. Recurso de revista conhecido e provido (TST, RRAg-1115-50.2017.5.20.0011, 3ª Turma, Rel. Min. Mauricio Godinho Delgado, *DEJT* 10.02.2023). (grifos meus)

1 – AGRAVO DE INSTRUMENTO EM RECURSO DE REVISTA DA 2ª RECLAMADA – SERVI-SAN VIGILÂNCIA E TRANSPORTE DE VALORES LTDA. ACÓRDÃO REGIONAL PUBLICADO NA VIGÊNCIA DA LEI Nº 13.015/14, MAS ANTES DA LEI Nº 13.105/15. TERCEIRIZAÇÃO ILÍCITA – ATIVIDADE-FIM – SUBORDINAÇÃO DIRETA À TOMADORA DE SERVIÇOS – ADMINISTRAÇÃO PÚBLICA – ISONOMIA – HIPÓTESE NÃO ALCANÇADA PELA TESE PROFERIDA NO TEMA Nº 725 DE REPERCUSSÃO GERAL DO STF – "DISTINGUISHING". A Suprema Corte, em 30/8/2018, no julgamento da ADPF 324/DF e do RE 958.252/MG (Tema 425 de Repercussão Geral), firmou a tese de que "É lícita a terceirização de toda e qualquer atividade, meio ou fim, não se configurando relação de emprego entre a contratante e o empregado da contratada". No caso dos autos, o Tribunal Regional manteve a

sentença que declarou a ilicitude da terceirização e, diante da impossibilidade de se reconhecer o vínculo empregatício diretamente com a tomadora – CBTU (art. 37, II, da CF/88), conferiu ao reclamante o direito às mesmas vantagens convencionais asseguradas aos empregados da CBTU, com arrimo no princípio da isonomia. Para tanto, valeu-se de dois fundamentos: a) exercer, o reclamante, atividade-fim da empresa tomadora de serviços, atinente aos serviços de vigia, e não de vigilante; b) **estar, ainda, diretamente subordinado a ela, haja vista que "recebia ordens e tinha o serviço fiscalizado pelo chefe de estação", o qual é empregado da CBTU. Nota-se, portanto, que há verdadeiro "distinguishing" entre a hipótese espelhada nos autos e a retratada pelo STF na tese proferida em sede de Repercussão Geral. Isso porque no presente caso, o quadro fático delineado no acórdão regional**, insuscetível de modificação nesta fase recursal, em razão do óbice da Súmula 126/TST, **contempla a existência de subordinação direta à tomadora de serviços**. Trata-se de fundamento autônomo e independente capaz de dar sustentação jurídica à decisão de reconhecimento do vínculo – isonomia salarial, no caso – sem que se configure contrariedade à tese proferida no Tema 725. Precedentes. Com efeito, patenteado no acórdão regional que a subordinação jurídica direta à tomadora de serviços ficou comprovada, inaplicável a tese fixada pelo STF no Tema nº 725 de Repercussão Geral, e, tratando-se de ente da Administração Pública, a decisão do TRT, no tocante à isonomia salarial, revela harmonia com entendimento contido na Orientação Jurisprudencial nº 383 da SBDI-1 do TST. Desse modo, não divisa violação dos artigos 5º, II, e 37, II, da CF/88 nem contrariedade à Súmula 363/TST, na medida em que não houve contratação de empregado público à mingua de concurso público, mas terceirização fraudulenta, em razão da existência de subordinação direta, nos exatos termos da parte final do item III da Súmula 331/TST. A divergência jurisprudencial, por sua vez, não viabiliza o processamento do recurso de revista, porquanto os arestos colacionados são inespecíficos, na forma da Súmula 296, I, do TST. Agravo de instrumento não provido. [...] 4. RECURSO DE REVISTA DO RECLAMANTE. TERCEIRIZAÇÃO ILÍCITA - FRAUDE - RESPONSABILIDADE SOLIDÁRIA DA TOMADORA DE SERVIÇOS - ADMINISTRAÇÃO PÚBLICA. O TRT manteve a sentença que declarou a ilicitude da terceirização, mas deu parcial provimento ao recurso da 1ª reclamada – CBTU – para "incutir-lhe responsabilidade subsidiária, e não solidária como fixada na origem". No entanto, **tratando-se de terceirização ilícita em decorrência de fraude, como no caso, e, diante da impossibilidade de se gerar vínculo de emprego com os órgãos da Administração Pública (Súmula 331, II, do TST), a jurisprudência desta Corte tem reconhecido a responsabilidade solidária do tomador de serviços, nos termos do art. 942 do Código Civil**. Precedentes. Recurso de revista conhecido e provido (TST, RR-1347-88.2013.5.03.0136, 7ª Turma, Rel. Min. Renato de Lacerda Paiva, *DEJT* 18.06.2021). (grifos meus)

Destarte, parece-me que o item I da Súmula 331 poderá inclusive ser mantido, sem ofensa à Lei e à jurisprudência do STF, sendo provável a unificação dos itens I e III, excluindo-se a menção às atividades que podem ser objeto de terceirização, visto que, atualmente, qualquer atividade pode ser objeto de terceirização. Talvez até o Tribunal Superior do Trabalho, quando da alteração da redação da Súmula 331, inclua a tese da responsabilidade solidária entre tomadora e empresa prestadora de serviços em caso de terceirização ilícita.

Pode-se concluir, portanto, que **o item I não foi superado pela Reforma Trabalhista**, bastando que o operador do direito o aplique à luz da legislação vigente.

Item II

II – A contratação irregular de trabalhador, mediante empresa interposta, não gera vínculo de emprego com os órgãos da administração pública direta, indireta ou fundacional (art. 37, II, da CF/1988).

No caso, a questão não é trabalhista, mas constitucional. Apesar de a intermediação de mão de obra não ser tolerada, como regra, pelo sistema jurídico, a contratação pela Administração Pública pressupõe forma solene, qual seja aprovação em concurso público, conforme art. 37, II, da CRFB[31].

Em razão disso, ainda que a contratação tenha sido irregular, não terá o condão de gerar vínculo de emprego com a Administração, pois foi realizada sem o devido concurso[32].

Há que se tomar cuidado somente para não confundir a impossibilidade de formação do vínculo de emprego com a Administração, nos termos deste item II da Súmula 331, com a questão da responsabilização do tomador dos serviços.

Durante muito tempo, entendeu-se que, em caso de terceirização irregular pela Administração, a responsabilidade da entidade pública seria subsidiária. Entretanto, **tem ganhado força na jurisprudência do TST a responsabilização solidária da Administração, em caso de terceirização ilícita**, com fulcro no supramencionado art. 942 do Código Civil, como mencionado e exemplificado anteriormente.

Desse modo, cabe a responsabilidade subsidiária da Administração Pública apenas nas hipóteses de terceirização lícita, nos termos do item V da Súmula 331. Nas hipóteses de terceirização ilícita pela Administração, da fraude perpetrada decorre a responsabilidade solidária.

Responsabilidade da Administração Pública	
Terceirização **regular**	Responsabilidade **subsidiária**, nos termos do item V da Súmula 331 (conduta culposa no cumprimento das obrigações da Lei nº 8.666/1993).
Terceirização **irregular**	Responsabilidade **solidária** (fundamento no art. 9º da CLT c/c art. 942 do CCB).

Este item II da Súmula 331 também não me parece ter sido superado pela Reforma Trabalhista, porquanto continuará sendo plenamente viável a constatação da ilicitude da terceirização levada a efeito pela Administração.

Item III

III – Não forma vínculo de emprego com o tomador a contratação de serviços de vigilância (Lei nº 7.102, de 20.06.1983) e de conservação e limpeza, bem como a de serviços especializados ligados à atividade-meio do tomador, desde que inexistente a pessoalidade e a subordinação direta.

---

[31] Art. 37. A administração pública direta e indireta de qualquer dos Poderes da União, dos Estados, do Distrito Federal e dos Municípios obedecerá aos princípios de legalidade, impessoalidade, moralidade, publicidade e eficiência e, também, ao seguinte: (...) II – a investidura em cargo ou emprego público depende de aprovação prévia em concurso público de provas ou de provas e títulos, de acordo com a natureza e a complexidade do cargo ou emprego, na forma prevista em lei, ressalvadas as nomeações para cargo em comissão declarado em lei de livre nomeação e exoneração; (...)

[32] É controvertido, na jurisprudência recente do TST, se caberia, no caso, autuação administrativa pela admissão sem o devido registro. Entendendo pelo cabimento do auto de infração lavrado por Auditor Fiscal do Trabalho em face da contratação de empregado pela Administração sem o devido concurso, decisão da SDI-I divulgada no *Informativo nº 134 do TST* (E-RR-28500-48.2006.5.14.0003, Rel. Min. Cláudio Mascarenhas Brandão, j. 28.04.2016, *DEJT* 13.05.2016). Em sentido contrário, decisão também da SDI-I divulgada no *Informativo nº 97 do TST* (E-ED-RR-113600-56.2008.5.18.0013, Rel. Min. Guilherme Augusto Caputo Bastos, j. 11.12.2014, *DEJT* 20.02.2015). Esta abordagem é útil especificamente para eventual questão discursiva do concurso para Auditor Fiscal do Trabalho.

Se no item I o TST tratou da terceirização considerada ilícita, aqui, no item III, especificou as hipóteses de terceirização lícita. Com efeito, a jurisprudência admitia três modalidades de terceirização[33], a saber:

a) Serviços de vigilância, regulados pela Lei nº 7.102/1983, conforme visto;
b) Serviços de conservação e limpeza;
c) Serviços especializados ligados à atividade-meio do tomador.

Fazia-se importante traçar a distinção entre atividade-fim e atividade-meio. Não obstante a existência de grandes controvérsias doutrinárias a respeito, a tendência era considerar como atividade-fim aquela ligada indissociavelmente ao objeto social da empresa, ou seja, aquela sem a qual a empresa não realiza seu objetivo, sua atividade principal.

Exemplo: o caixa bancário desempenha, sem nenhuma dúvida, atividade-fim do banco, pois atua diretamente na atividade central da empresa, pelo que é indispensável à dinâmica empresarial. Logo, a atividade de caixa bancário jamais poderia ser terceirizada.

Atividade-meio, por sua vez, seria aquela atividade de apoio, importante, mas não essencial para a consecução dos fins do empreendimento. Conservação e limpeza são exemplos clássicos de atividades-meio, e por isso mesmo constam expressamente no item III da Súmula 331 como passíveis de terceirização.

Nestes casos, a parte final do item é esclarecedora: "desde que inexistente a pessoalidade e a subordinação direta". Importante observar que **a expressão vale para as três hipóteses** (vigilância, conservação e limpeza e atividades-meio).

Isto porque os serviços são não eventuais (se é uma atividade da empresa, não é uma atividade eventual, e sim uma atividade de apoio, mas necessária ao empreendimento) e onerosos. Logo, se também forem pessoais e subordinados, estarão preenchidos os requisitos caracterizadores da relação de emprego constantes do art. 3º da CLT, e aí estará caracterizada, incontestavelmente, a relação de emprego direta com o tomador.

Logo, somente se poderia falar em terceirização lícita desde que os serviços fossem prestados no contexto da filosofia da terceirização. Em outras palavras, os serviços deveriam ser oferecidos como uma atividade pelo terceiro, e não como mera colocação de trabalhadores, com pessoalidade e subordinação em relação ao tomador.

Neste sentido, esclarecedora a lição de Gustavo Filipe Barbosa Garcia:

"Para o tomador, não deve importar a pessoa de quem está efetivamente prestando serviços terceirizados, mas sim a atividade empresarial contratada, sendo irrelevante qualquer substituição de trabalhadores da prestadora. A empresa tomadora, na terceirização, contrata o serviço empresarial oferecido, mas não a mão de obra de certo trabalhador.

(...)

Na terceirização lícita, quem deve fiscalizar, controlar e organizar as atividades do empregado (o serviço terceirizado) não é o ente tomador, mas sim o empregador, que é a empresa prestadora. Afinal, na hipótese em análise, a relação jurídica do tomador é com a referida empresa, e não com os empregados desta".[34]

Por esta razão, o trabalho temporário ficara isolado no item I, pois é a única hipótese de "terceirização" em que se admite a pessoalidade e a subordinação diretas com o toma-

---

[33] Além destas, também é lícito o trabalho temporário regulado pela Lei nº 6.019/1974, tratado como terceirização pela doutrina majoritária e pelo próprio TST (Sumula 331, I).

[34] GARCIA, Gustavo Filipe Barbosa. *Curso de Direito do Trabalho*. 4. ed. São Paulo: Forense, 2010, p. 347.

dor, tendo em vista que o trabalhador temporário assume um posto direto do tomador, subordinando-se, portanto, a este.

Com a superação do critério que utilizava a atividade terceirizada (atividade-fim ou atividade-meio) como referência para o julgamento acerca da licitude ou não da terceirização, conforme redação atual da Lei nº 6.019 e entendimento do STF, parece-me que **este item III foi praticamente todo superado** também, restando o aproveitamento apenas da parte final, que faz referência expressa à ilicitude da terceirização em caso de existência de pessoalidade e subordinação com o tomador dos serviços.

Por esta razão mencionei, quando da análise do item I, que é provável sejam consolidadas num só item, quando da revisão do verbete, as ideias remanescentes dos itens I e III, excluindo-se as referências à atividade terceirizada e vinculando-se a ilicitude da terceirização (ou contratação mediante empresa interposta) à existência de pessoalidade e subordinação com o tomador dos serviços, salvo, naturalmente, no que diz respeito ao trabalho temporário.

Item IV

IV – O inadimplemento das obrigações trabalhistas, por parte do empregador, implica a responsabilidade subsidiária do tomador dos serviços quanto àquelas obrigações, desde que haja participado da relação processual e conste também do título executivo judicial.

Este item trata da responsabilização do tomador de serviços nos casos de terceirização. É importantíssimo ter em mente que **a responsabilidade do tomador dos serviços, nos casos de terceirização _lícita_, é subsidiária**.

Embora a terceirização seja, neste caso, lícita, o tomador dos serviços responde pelo _abuso do direito_[35] de terceirizar. Ao eleger mal (_culpa in eligendo_) seu prestador de serviços, e ao não fiscalizar a conduta dele em relação ao cumprimento das obrigações trabalhistas (_culpa in vigilando_), o tomador dos serviços age em flagrante abuso de direito, razão pela qual lhe cabe também algum tipo de responsabilidade.

Há que se mencionar ainda, como justificativa para a responsabilização subsidiária do tomador dos serviços na terceirização, o princípio da despersonalização do empregador, o qual emana da redação funcional do art. 2º da CLT, que considera empregador a "empresa" e não o "empresário".

Mas há, no referido item da Súmula 331, uma condição para responsabilização subsidiária do tomador dos serviços nas hipóteses de terceirização lícita: o responsável subsidiário tem que ter participado da relação processual, constando do título executivo judicial.

Entretanto, tal condição não consta do § 5º do art. 5º-A da Lei nº 6.019, incluído pela Lei nº 13.429/2017, que positivou a responsabilidade subsidiária do tomador. Resta, portanto, saber se a responsabilização, na vigência da nova Lei, dependerá ou não da participação do tomador da relação processual, bem como de sua menção no título executivo judicial. A resposta parece ser positiva, conforme entendimento que vem sendo adotado, no âmbito do TST, quando de julgamentos de processos sob a égide da Lei nº 13.467/2017, como ilustra o seguinte julgado:

AGRAVO DE INSTRUMENTO. RECURSO DE REVISTA. EXECUÇÃO. **PROCESSO SOB A ÉGIDE DAS LEIS 13.015/2014 E 13.467/2017**. RESPONSABILIDADE SUBSIDIÁRIA. BENEFÍCIO DE ORDEM. DESNECESSIDADE. BLOQUEIO, PENHORA E SEQUESTRO DE

---

[35] O enquadramento do abuso de direito como ato ilícito está previsto no art. 187 do Código Civil. A responsabilização por abuso de direito, por sua vez, encontra seu fundamento no art. 927 do Código Civil.

VERBAS PÚBLICAS. IMPOSSIBILIDADE. PRECEDENTES DO STF E DO TST. **Para que o cumprimento da condenação recaia sobre o devedor subsidiário, mister, apenas, que ele tenha participado da relação processual e que seu nome conste do título executivo judicial, somado ao fato de não se mostrarem frutíferas as tentativas de cobrança do devedor principal.** Registre-se que, dada a natureza alimentar do crédito trabalhista e a consequente exigência de celeridade na sua satisfação, uma vez frustrada a execução da pessoa jurídica empregadora, deve-se iniciar, em seguida, a execução do devedor subsidiário. Não há, portanto, que se falar, no caso concreto, em benefício de ordem, muito menos em ofensa aos dispositivos constitucionais invocados pelo agravante, quais sejam, o art. 5º, XXXV e LV, da CF. [...] (TST, AIRR-101121-30.2020.5.01.0483, 3ª Turma, Rel. Min. Mauricio Godinho Delgado, *DEJT* 09.09.2022). (grifos meus)

Por ora, é suficiente ter em mente que o entendimento consubstanciado no item IV da Súmula 331 permanece válido.

Item V

V – Os entes integrantes da Administração Pública direta e indireta respondem subsidiariamente, nas mesmas condições do item IV, caso evidenciada a sua conduta culposa no cumprimento das obrigações da Lei nº 8.666, de 21.06.1993, especialmente na fiscalização do cumprimento das obrigações contratuais e legais da prestadora de serviço como empregadora. A aludida responsabilidade não decorre de mero inadimplemento das obrigações trabalhistas assumidas pela empresa regularmente contratada.

Desde a Resolução 96/2000, o item IV da Súmula 331 contemplava também a responsabilidade subsidiária da Administração Pública quanto aos créditos trabalhistas não adimplidos pelo prestador de serviços.

Não obstante, a questão foi atacada por Ação Direta de Constitucionalidade (ADC 16/2007) ajuizada pelo Governador do Distrito Federal, no sentido de que fosse declarada a constitucionalidade do art. 71, § 1º, da Lei nº 8.666/1993[36], e, consequentemente, afastada a responsabilização subsidiária da Administração Pública.

Aos 24.11.2010, o STF, por maioria, julgou procedente a ADC 16, no sentido da constitucionalidade do art. 71, § 1.º, da Lei de Licitações, conforme ementa abaixo:

Responsabilidade contratual. Subsidiária. Contrato com a administração pública. Inadimplência negocial do outro contraente. Transferência consequente e automática dos seus encargos trabalhistas, fiscais e comerciais, resultantes da execução do contrato, à administração. Impossibilidade jurídica. Consequência proibida pelo art. 71, § 1º, da Lei federal nº 8.666/1993. Constitucionalidade reconhecida dessa norma. Ação direta de constitucionalidade julgada, nesse sentido, procedente. Voto vencido. É constitucional a norma inscrita no art. 71, § 1º, da Lei federal nº 8.666, de 26 de junho de 1993, com a redação dada pela Lei nº 9.032, de 1995 (STF, ADC 16/DF, Tribunal Pleno, Rel. Min. Cezar Peluso, j. 24.11.2010, *DJe* 09.09.2011).

Desse modo, **deixou de ser aplicável *automaticamente* à Administração Pública a responsabilização subsidiária prevista no item IV da Súmula 331.**

Em consonância com tal entendimento vinha julgando o TST após a declaração de constitucionalidade do mencionado dispositivo da Lei de Licitações, como evidenciam, por

---

[36] Art. 71. **O contratado é responsável pelos encargos trabalhistas**, previdenciários, fiscais e comerciais resultantes da execução do contrato.

§ 1.º **A inadimplência do contratado** com referência aos encargos trabalhistas, fiscais e comerciais **não transfere à Administração Pública a responsabilidade por seu pagamento**, nem poderá onerar o objeto do contrato ou restringir a regularização e o uso das obras e edificações, inclusive perante o Registro de Imóveis. (grifos nossos)

exemplo, decisões exaradas nos processos RR 124900-78.2009.5.18.0013 (*DEJT* 20.05.2011) e AIRR 1561-12.2010.5.10.0000 (*DEJT* 20.05.2011).

Neste diapasão, em maio de 2011 o Pleno do TST pacificou novamente a questão, alterando a redação da Súmula 331, de forma a torná-la compatível com o entendimento do STF. Assim, foi alterada a redação do item IV, excluindo a menção à Administração Pública, bem como acrescentado o item V, o qual esclarece que os entes integrantes da Administração Pública também respondem subsidiariamente em caso de terceirização, desde que fique evidenciada sua conduta culposa, especialmente a culpa *in vigilando*.

Em maio de 2017, por fim, o STF fixou a seguinte tese de repercussão geral sobre a matéria, validando os termos do item V da Súmula 331:

> O inadimplemento dos encargos trabalhistas dos empregados do contratado não transfere automaticamente ao Poder Público contratante a responsabilidade pelo seu pagamento, seja em caráter solidário ou subsidiário, nos termos do art. 71, §1º, da Lei nº 8.666/93 (STF, Pleno, RE 760.931/DF, DJe 12.09.2017).

A nova redação dada à Lei nº 6.019 não prejudicou, sob nenhum aspecto, referido entendimento. Pelo contrário, apenas reforçou a responsabilização subsidiária do tomador de serviços na terceirização lícita, mediante previsão expressa no § 5º do art. 5º-A, incluído pela Lei nº 13.429/2017.

Por sua vez, o Decreto nº 9.507/2018, que dispôs sobre a terceirização no âmbito da Administração Pública Federal, estabeleceu uma série de disposições contratuais obrigatórias para contratação de empresa prestadora de serviços, que, se observadas de fato, tornarão muito difícil a responsabilização da Administração por *culpa in vigilando*.

Cabe ainda mencionar que o art. 121 da Nova Lei de Licitações (Lei nº 14.133/2021[37]) prevê, como regra, a não responsabilização da Administração pelos encargos trabalhistas resultantes da execução do contrato, nos seguintes termos:

> Art. 121. Somente o contratado será responsável pelos encargos trabalhistas, previdenciários, fiscais e comerciais resultantes da execução do contrato.
>
> § 1º A inadimplência do contratado em relação aos encargos trabalhistas, fiscais e comerciais não transferirá à Administração a responsabilidade pelo seu pagamento e não poderá onerar o objeto do contrato nem restringir a regularização e o uso das obras e das edificações, inclusive perante o registro de imóveis, ressalvada a hipótese prevista no § 2º deste artigo.
>
> § 2º Exclusivamente nas contratações de serviços contínuos com regime de dedicação exclusiva de mão de obra, a Administração responderá solidariamente pelos encargos previdenciários e subsidiariamente pelos encargos trabalhistas se comprovada falha na fiscalização do cumprimento das obrigações do contratado.
>
> § 3º Nas contratações de serviços contínuos com regime de dedicação exclusiva de mão de obra, para assegurar o cumprimento de obrigações trabalhistas pelo contratado, a Administração, mediante disposição em edital ou em contrato, poderá, entre outras medidas:
>
> I – exigir caução, fiança bancária ou contratação de seguro-garantia com cobertura para verbas rescisórias inadimplidas;

---

[37] Embora a Lei nº 14.133/2021 tenha sido publicada no *DOU* de 01.04.2021 e tenha entrado em vigor na mesma data, consta de seu art. 193, II, que a revogação da Lei nº 8.666/1993 (Lei de Licitações então vigente) somente se daria dois anos depois da publicação da nova Lei. Posteriormente, a MPV nº 1.167/2023 alterou para 30.12.2023 a revogação da Lei nº 8.666/1993. Com isso, ambos os regimes jurídicos coexistirão entre 01.04.2021 e 30.12.2023 e somente em momento posterior as questões relativas à nova Lei serão objeto de discussão mais ampla.

II – condicionar o pagamento à comprovação de quitação das obrigações trabalhistas vencidas relativas ao contrato;

III – efetuar o depósito de valores em conta vinculada;

IV – em caso de inadimplemento, efetuar diretamente o pagamento das verbas trabalhistas, que serão deduzidas do pagamento devido ao contratado;

V – estabelecer que os valores destinados a férias, a décimo terceiro salário, a ausências legais e a verbas rescisórias dos empregados do contratado que participarem da execução dos serviços contratados serão pagos pelo contratante ao contratado somente na ocorrência do fato gerador.

§ 4º Os valores depositados na conta vinculada a que se refere o inciso III do § 3º deste artigo são absolutamente impenhoráveis.

§ 5º O recolhimento das contribuições previdenciárias observará o disposto no art. 31 da Lei nº 8.212, de 24 de julho de 1991.

Naturalmente somente com o tempo teremos respostas sobre o alcance desses dispositivos e seus reflexos no entendimento jurisprudencial consubstanciado no item V da Súmula 331 do TST. Em princípio, a Nova Lei de Licitações apenas reforçou o entendimento já consolidado na jurisprudência no sentido de que a responsabilidade subsidiária da Administração, na terceirização lícita, não é automática, sendo condicionada à demonstração de que a Administração não adotou as medidas necessárias à fiscalização do cumprimento das obrigações trabalhistas.

Neste sentido, a Lei nº 14.133/2021 previu importantes instrumentos de que deverá se valer a Administração para afastar a culpa *in vigilando*, como aqueles do supramencionado § 3º do art. 121, bem como os do art. 50, *in verbis*:

Art. 50. Nas contratações de serviços com regime de dedicação exclusiva de mão de obra, o contratado deverá apresentar, quando solicitado pela Administração, sob pena de multa, comprovação do cumprimento das obrigações trabalhistas e com o Fundo de Garantia do Tempo de Serviço (FGTS) em relação aos empregados diretamente envolvidos na execução do contrato, em especial quanto ao:

I – registro de ponto;

II – recibo de pagamento de salários, adicionais, horas extras, repouso semanal remunerado e décimo terceiro salário;

III – comprovante de depósito do FGTS;

IV – recibo de concessão e pagamento de férias e do respectivo adicional;

V – recibo de quitação de obrigações trabalhistas e previdenciárias dos empregados dispensados até a data da extinção do contrato;

VI – recibo de pagamento de vale-transporte e vale-alimentação, na forma prevista em norma coletiva.

Ao que tudo indica, se adotadas todas as medidas acima mencionadas, dificilmente haverá espaço para a condenação subsidiária da Administração nas hipóteses de terceirização lícita.

Item VI

VI – A responsabilidade subsidiária do tomador de serviços abrange todas as verbas decorrentes da condenação referentes ao período da prestação laboral.

Além de alterar o item IV e inserir o item V, a Resolução 174/2011 também acrescentou à Súmula 331 o item VI, no sentido de que a responsabilidade subsidiária de que tratam os itens IV e V abrange **todas** as parcelas decorrentes da condenação imposta ao prestador dos serviços (terceiro), ainda que indenizatórias ou punitivas.

Imagine-se, por exemplo, que o prestador de serviços tenha sido condenado a pagar ao empregado horas extras, reflexos destas nas demais parcelas, férias, aviso-prévio, multa do art. 477 e indenização adicional da Lei 7.238/1984. Neste caso, o tomador dos serviços responde subsidiariamente por todas estas parcelas.

Em consonância com este entendimento, e também exemplificando a hipótese fática, os seguintes arestos do TST:

[...] Limitação da responsabilidade subsidiária. Exclusão das multas dos artigos 467 e 477, § 8º da CLT. O eg. TRT indeferiu o pedido de limitação da responsabilidade subsidiária ao pagamento das verbas de natureza salarial, mantendo a responsabilidade subsidiária das reclamadas aos pagamentos de todas as verbas deferidas ao reclamante. A decisão regional deve ser mantida, pois encontra-se em consonância com o entendimento do VI da Súmula nº 331 do TST. Recurso de revista não conhecido. [...] (TST, 3ª Turma, ARR-674000-78.2008.5.12.0034, Rel. Min. Alexandre de Souza Agra Belmonte, j. 16.12.2015, *DEJT* 18.12.2015).

(...) 2. RESPONSABILIDADE DA TOMADORA PELO PAGAMENTO DAS MULTAS PREVISTAS NOS ARTS. 467 E 477 DA CLT. A jurisprudência desta Corte pacificou o entendimento de que a condenação do tomador de serviços abrange todas as verbas não adimplidas pelo devedor principal, inclusive as multas previstas nos arts. 467 e 477 da CLT, uma vez que se trata de verbas vinculadas ao contrato de trabalho. Recurso de revista não conhecido. (TST, 8ª Turma, RR – 47000-32.2008.5.15.0047, Rel. Min. Dora Maria da Costa, *DEJT* 16.05.2011)

RESPONSABILIDADE SUBSIDIÁRIA. EXTENSÃO. A pretensão recursal está superada por firme linha de precedentes dessa Corte, no sentido de que a responsabilidade subsidiária abrange todas as parcelas – remuneratórias e rescisórias – devidas ao trabalhador. Precedentes. (TST, 5ª Turma, RR 7000-80.2008.5.09.0459, Rel. Min. Emmanoel Pereira, *DEJT* 08.04.2011)

Tal item não sofreu qualquer impacto com a vigência da nova redação da Lei nº 6.019, que contempla também a terceirização de serviços, pelo que deverá ser mantido em futura revisão do verbete.

Dicas para as provas discursivas:

A Súmula 331 do TST foi, até o início de 2017, a grande referência em matéria de terceirização. Com a aprovação das Leis nº 13.429/2017 e nº 13.467/2017, as quais promoveram profundas mudanças na Lei nº 6.019/1974, o fundamento principal, para provas discursivas, também deve ser transferido da jurisprudência do TST para a lei.

Cabe ao candidato demonstrar que conhece muito bem as normas relativas à terceirização (Lei nº 6.019), bem como o entendimento do STF e do TST sobre a matéria. Em relação à jurisprudência do TST (Súmula 331), até que seja revisto o verbete cabe apenas a menção ao histórico da construção jurisprudencial sobre o tema e, no máximo, o argumento no sentido de que a Súmula 331 não foi totalmente superada pela legislação em vigor.

Caso o examinador abra espaço para que o candidato disserte sobre os malefícios desta prática às relações de trabalho, não há que se esquecer dos seguintes aspectos: a) rebaixamento salarial, pois a terceirização é utilizada, no Brasil, como técnica de redução de custos; b) enfraquecimento da representação dos trabalhadores, tendo em vista a desagregação destes, levada a efeito pela pulverização da força de trabalho. Ver item 8.10.

Sempre é provável a cobrança de questão sobre cooperativas de trabalho (ver item 8.9), tema que demanda a aplicação das regras estudadas no item 5.4.1.

8.9. COOPERATIVAS DE TRABALHO

As cooperativas de trabalho, pensadas para melhorar a condição social de seus associados, infelizmente acabam, na esmagadora maioria das vezes, sendo utilizadas como instrumento de fraude, visando encobrir autêntica relação de emprego.

A grande propagação da ideia de se criar uma cooperativa para fraudar relações trabalhistas surgiu no Brasil com a Lei nº 8.949/1994, que incluiu o parágrafo único no art. 442 da CLT, dispondo que **"qualquer que seja o ramo de atividade da sociedade cooperativa, não existe vínculo empregatício entre ela e seus associados, nem entre estes e os tomadores de serviços daquela"**.

A partir de então, muitos empresários "de ocasião" imaginaram ter recebido o salvo--conduto para "cooperativizar" de vez as relações de trabalho, eliminando definitivamente os direitos trabalhistas conquistados ao longo de décadas.

Cabe aqui a mesma consideração já feita a respeito do estágio, do trabalho temporário e do trabalho voluntário. **O que a lei cria é uma presunção relativa de ausência do vínculo de emprego nestas hipóteses**, o que significa que não haverá vínculo de emprego caso o instituto seja utilizado de forma lícita. Do contrário, sempre deverá ser aplicado o princípio da primazia da realidade, pelo que deve incidir o disposto no art. 9º da CLT.

Dessa forma, obviamente o parágrafo único do art. 442 não tem o condão de assegurar o uso indiscriminado das cooperativas, se limitando a destacar a ausência da relação empregatícia nos casos em que o empreendimento é realmente alinhado às matrizes do cooperativismo.

A atividade das cooperativas em geral é regida pela Lei nº 5.764/1971. As cooperativas de trabalho, por sua vez, foram regulamentadas pela Lei nº 12.690/2012 (*DOU* 20.07.2012). Dispõe esta última Lei que estão excluídas de seu âmbito de incidência (art. 1º, parágrafo único):

I – as cooperativas de assistência à saúde na forma da legislação de saúde suplementar;

II – as cooperativas que atuam no setor de transporte regulamentado pelo poder público e que detenham, por si ou por seus sócios, a qualquer título, os meios de trabalho;

III – as cooperativas de profissionais liberais cujos sócios exerçam as atividades em seus próprios estabelecimentos; e

IV – as cooperativas de médicos cujos honorários sejam pagos por procedimento.

Mesmo às cooperativas de trabalho aplica-se, subsidiariamente, a Lei nº 5.764/1971, naquilo que não colidir com as disposições da Lei nº 12.690/2012. Portanto, estudaremos os próximos tópicos à luz dos dois diplomas legais, observando que ainda não está suficientemente amadurecida, sequer na doutrina, a interpretação acerca do alcance da Lei nº 12.690/2012.

8.9.1. Critérios identificadores do verdadeiro cooperativismo

A Lei nº 12.690/2012 conceitua as cooperativas de trabalho nos seguintes termos:

Art. 2º Considera-se Cooperativa de Trabalho a sociedade constituída por trabalhadores para o exercício de suas atividades laborativas ou profissionais com proveito comum, autonomia e autogestão para obterem melhor qualificação, renda, situação socioeconômica e condições gerais de trabalho.

O Prof. Rodrigo de Lacerda Carelli[38] classifica as cooperativas de trabalho, *lato sensu*, em:

* cooperativas de produção;
* cooperativas de trabalho autônomo ou eventual;
* cooperativas de mão de obra.

Cooperativas de produção são as cooperativas por excelência. Congregam trabalhadores que detêm os meios de produção e se unem a fim de potencializar seus esforços. Podem atuar tanto na atividade industrial como na comercial. Neste modelo não há a figura do patrão, do empregador, do capitalista. Apenas operários, que organizam o empreendimento e dividem lucros e prejuízos igualmente entre si. Nesta modalidade vale o princípio do mutualismo, em que os cooperados se ajudam mutuamente visando ao proveito comum do resultado[39].

Neste sentido, o art. 4º, I, da Lei nº 12.690/2012, dispõe que a cooperativa de trabalho pode ser "de produção, quando constituída por sócios que contribuem com trabalho para a produção em comum de bens e a cooperativa detém, a qualquer título, os meios de produção". Exemplo de cooperativa de produção seria uma cooperativa de artesãos, cujos sócios detêm as ferramentas básicas necessárias ao seu trabalho, e que se unem para produzir e colocar seus produtos no mercado, dividindo, entre si, lucros ou prejuízos. Também as cooperativas de pequenos produtores rurais são exemplo. Outro exemplo bem comum é a assunção da massa falida de determinada empresa pelos seus exempregados, como forma de quitação das verbas trabalhistas devidas, sendo que, neste caso, os empregados se organizam sob forma de cooperativa e continuam o negócio.

Cooperativas de trabalho autônomo ou eventual são o resultado da reunião de trabalhadores tecnicamente autônomos que, sem perder tal qualidade, se organizam em cooperativa para potencializar seus resultados e, notadamente, seus ganhos. O exemplo clássico é o da cooperativa de taxistas. Normalmente, a cooperativa de taxistas fornece diversos serviços aos seus associados (venda de combustível a preços subsidiados, serviço de radiotáxi, rastreadores via satélite etc.), de forma que o taxista autônomo tem uma condição muito melhor como sócio da cooperativa do que oferecendo seus serviços individualmente na praça.

O art. 4º, II, da Lei nº 12.690/2012 dispõe que a cooperativa de trabalho pode ser "de serviço, quando constituída por sócios para a prestação de serviços especializados a terceiros, **sem a presença dos pressupostos da relação de emprego**" (grifos meus). De uma forma geral, as cooperativas de produção e as cooperativas de trabalho autônomo ou eventual são lícitas e representam a ideia original do cooperativismo: ajuda mútua.

As cooperativas de mão de obra, por sua vez, são geralmente meras intermediadoras da energia de trabalho humano, pois disponibilizam o trabalho de seus associados a outras empresas. Neste caso, não há qualquer traço de cooperativismo, e sim de mero "aluguel de trabalhadores", e na pior das formas. Isso porque, no caso da terceirização ilícita, o grande problema é a inidoneidade financeira do empregador (terceiro), mas em tese o trabalhador continua com todos os seus direitos assegurados. O problema se limita, de forma mais visível, à solvabilidade do crédito.

É importante ressaltar que, conforme o art. 5º da Lei nº 12.690/2012, "**a cooperativa de trabalho não pode ser utilizada para intermediação de mão de obra subordinada**".

---

[38] CARELLI, Rodrigo Lacerda. *Formas atípicas de trabalho*. São Paulo: LTr, 2004, p. 55.

[39] CARELLI, Rodrigo Lacerda. *Formas atípicas de trabalho*, p. 56.

8.9.2. Relação jurídica formada no âmbito da atividade cooperativa

Entre a cooperativa e os cooperados → relação de direito civil/societária

Entre os cooperados e os clientes da cooperativa → depende:

- cooperativas de produção: nenhuma relação [há relação apenas entre a cooperativa e a(s) empresa(s) cliente(s)]
- cooperativas de trabalho: relação jurídica comercial entre a cooperativa e o cliente, e relação de trabalho autônomo entre o cooperado e o cliente (tomador dos serviços)
- cooperativas de mão de obra: em regra, relação de emprego entre os cooperados e o tomador dos serviços, pois se trata de mera intermediação de mão de obra.

8.9.3. Requisitos para a licitude da cooperativa de trabalho

Quando da análise acerca da licitude de uma cooperativa devem ser identificados os requisitos tratados a seguir.

8.9.3.1. Princípio da dupla qualidade

É o princípio pelo qual a cooperativa não deve prestar serviços somente a terceiros, mas também, e principalmente, aos seus associados. Neste sentido, o art. 4º, *caput*, c/c o art. 7º da Lei nº 5.764/1971:

Art. 4º As cooperativas são sociedades de pessoas, com forma e natureza jurídica próprias, de natureza civil, não sujeitas a falência, **constituídas** *para prestar serviços aos associados*, distinguindo-se das demais sociedades pelas seguintes características:

(...)

Art. 7º **As cooperativas singulares se caracterizam pela** *prestação direta de serviços aos* **associados**.

Tal princípio pode ser também identificado na Lei nº 12.690/2012, a qual dispõe que os trabalhadores se associam à cooperativa para o exercício de suas **atividades laborativas ou profissionais com proveito comum** (art. 2º, *caput*), ou seja, sua atividade aproveita não só a si mesmo, como também a todo o grupo de associados.

Se a cooperativa presta serviços somente a terceiros é mera intermediadora de mão de obra, não fazendo jus à forma jurídica de cooperativa.

Exemplo da existência de dupla qualidade: a cooperativa de taxistas, mencionada em exemplo anterior, cujos serviços de radiotáxi, abastecimento de combustível a preços subsidiados, rastreamento dos veículos via satélite, entre outros, são prestados aos cooperados pela cooperativa.

8.9.3.2. Princípio da retribuição pessoal diferenciada

É o princípio pelo qual a associação em cooperativa pressupõe maiores ganhos ao trabalhador.

Com efeito, o que move o trabalhador a ingressar como sócio em uma cooperativa é, sem nenhuma dúvida, potencializar suas possibilidades de ganho econômico. Assim, a cooperativa só se justifica se oferece ao cooperado retribuição pessoal maior em relação ao que receberia sozinho, fosse como empregado, ou ainda como autônomo (trabalhando sozinho). Dessa forma, se o cooperado recebe menos que um trabalhador da mesma categoria, que seja empregado, naturalmente restará descaracterizada a ideia do cooperativismo lícito. Este também é o sentido do art. 2°, *caput*, da Lei n° 12.690/2012, ao dispor que "considera-se Cooperativa de Trabalho a sociedade constituída por trabalhadores para o exercício de suas atividades laborativas ou profissionais com proveito comum, autonomia e autogestão **para obterem melhor** qualificação, **renda, situação socioeconômica** e condições gerais de trabalho" (grifos meus).

8.9.3.3. Affectio societatis

Como o cooperativismo constitui a união de esforços de uma determinada categoria para melhoria de suas condições sociais, naturalmente é requisito da cooperativa lícita que exista a chamada *affectio societatis* entre os cooperados, ou seja, que todos sejam da mesma categoria profissional, que atuem com objetivos comuns, sob a forma de mutualismo.

Neste diapasão, dispõe o art. 10, § 3°, da Lei n° 12.690/2012, que "**a admissão de sócios na cooperativa estará** limitada consoante as possibilidades de reunião, abrangência das operações, controle e prestação de serviços e **congruente com o objeto estatuído**" (grifos meus).

É comum encontrar cooperativas cujos associados têm, cada um, uma profissão diferente, sendo um advogado, um médico, um dentista, uma costureira, uma enfermeira, um comerciante, vários operários. Neste caso, não há se falar em cooperativa, pois não há nenhum objetivo comum entre tais pessoas. São simplesmente, na sua maioria, desempregados aos quais não resta alternativa de trabalho senão se filiar a uma "cooperativa".

8.9.3.4. Capital próprio

A cooperativa é formada pela união de esforços entre os cooperados, e como tal deve ser constituída com capital próprio, obtido a partir da integralização das cotas pelos associados. Assim, a cooperativa cujos meios de produção são fornecidos por terceiros, e, especificamente, pelo próprio tomador dos serviços, não passa de intermediadora de mão de obra, ao passo que os cooperados simplesmente vendem seu trabalho, sem qualquer participação nos rumos do empreendimento.

Em consonância com este entendimento, o art. 3°, III, da Lei n° 12.690/2012, estabelece que um dos princípios que rege a cooperativa de trabalho é exatamente a *participação econômica dos membros*.

8.9.3.5. Divisão de resultados

No mesmo sentido do capital próprio necessário à constituição, o cooperativismo pressupõe a distribuição igualitária de resultados, sejam eles positivos (lucros) ou negativos (prejuízos). Se a cooperativa remunera os associados em percentuais desiguais (ou discrepantes em relação à produção de cada um), foge ao espírito do cooperativismo. É comum nas cooperativas fraudulentas a existência de "diretores", que geralmente são os "donos do negócio", os quais recebem parcela bem superior à recebida pelos demais cooperados. Da mesma forma, se os prejuízos não são distribuídos, isso denuncia que o espírito cooperativista não está presente.

Não obstante a isonomia remuneratória seja um dos pilares do cooperativismo lícito, a Lei n° 12.690/2012 inovou, a meu ver de forma perigosa, permitindo a fixação, em

Assembleia Geral Ordinária, de diferentes faixas de retiradas[40] dos sócios (art. 14, *caput*), bem como a fixação, também em Assembleia, das diferenças entre as faixas de retirada de maior e de menor valor (art. 14, parágrafo único).

O § 1º do art. 11 da Lei nº 12.690/2012 dispõe que "o destino das sobras líquidas ou o rateio dos prejuízos será decidido em Assembleia Geral Ordinária".

8.9.3.6. Realização de assembleias gerais frequentes e conhecimento do cooperativismo

Outro indício importante para identificar possíveis fraudes é a realização ou não de assembleias gerais para deliberação acerca dos rumos do empreendimento cooperativista, bem como o conhecimento dos direitos e deveres básicos inerentes ao cooperativismo pelos cooperados. De uma forma geral, os trabalhadores mal sabem o que é uma cooperativa, e raramente têm voz quando da definição dos rumos do negócio.

A Lei nº 12.690/2012 arrola como princípio da cooperativa de trabalho a "participação na gestão em todos os níveis de decisão" (art. 3º, XI), bem como estabelece a periodicidade mínima e condição básica para realização das assembleias (artigos 11 a 14).

8.9.3.7. Ausência dos requisitos da relação empregatícia

Acaso estejam presentes, entre o trabalhador e o tomador dos serviços, ou mesmo entre o trabalhador e algum "superior" da cooperativa, os requisitos caracterizadores da relação de emprego, é forçoso reconhecer o vínculo empregatício. O art. 3º da CLT define quem é empregado, ao passo que o art. 2º define quem é empregador. Diante de tais requisitos, não interessa o título jurídico dado à relação, sendo certo que prevalecerá sempre a relação de emprego.

Assim, se os cooperados são subordinados a alguém, se recebem ordens, se têm a jornada controlada, geralmente serão empregados, e não verdadeiros cooperados. Lembre--se que a cooperativa pressupõe a autonomia de seus associados. Autonomia, por sua vez, liga-se à ideia de prestar os serviços de modo autônomo, por conta própria.

Dispõe o § 1º do art. 2º da Lei nº 12.690/2012 que a autonomia, no caso, "deve ser exercida de forma coletiva e coordenada, mediante a fixação, em Assembleia Geral, das regras de funcionamento da cooperativa e da forma de execução dos trabalhos". É claro que a coordenação a que alude o dispositivo legal não pode ser, jamais, confundida com subordinação, senão estará presente a relação empregatícia.

Aliás, atualmente, com o desenvolvimento das diferentes dimensões da subordinação, como a subordinação estrutural e a subordinação objetiva (ver item 5.4.1.5), será muito difícil estabelecer tal distinção.

Homero Batista Mateus da Silva[41] ensina que

"Em sua própria essência, já se mostra arriscada a formação de uma cooperativa de auxiliares de limpeza, porque dificilmente se poderia falar na soma de forças para o incremento da profissão ou tampouco no somatório de bens e serviços com os quais cada qual colabora. A subordinação inerente à atividade braçal é tão elevada que fica difícil até mesmo pensar em que consiste uma independência de atuação dos trabalhadores na escolha dos horários, dos

---

[40] *Retirada*, no jargão das cooperativas, normalmente designa a remuneração dos cooperados.
[41] SILVA, Homero Batista Mateus da. *Curso de Direito do Trabalho Aplicado*: parte geral. 3. ed. São Paulo: RT, 2015. v. 1, p. 91.

procedimentos ou do método de faxina. Diversos outros ofícios, como porteiros e zeladores, auxiliares de enfermagem e manobristas, sofrem igualmente esse obstáculo quase intransponível para se poder sequer começar a discutir a possibilidade de atuação com liberdade e independência de autônomos".

A Lei nº 12.690/2012 previu ainda multa de R$ 500,00 (por trabalhador prejudicado) para a cooperativa de trabalho que intermediar mão de obra subordinada e para os contratantes de seus serviços (art. 17, § 1º).

8.9.3.8. Exigências formais legais

Para que a cooperativa seja lícita faz-se necessário sejam cumpridas diversas formalidades, entre as quais o número mínimo de 20 associados, para as cooperativas em geral (art. 6º, I, da Lei nº 5.764/1971), e de sete associados, para as cooperativas de trabalho (art. 6º da Lei nº 12.690/2012); a adesão voluntária (art. 4º, I, da Lei nº 5.764/1971; art. 3º, I, da Lei nº 12.690/2012); além de várias formalidades relativas ao estatuto da cooperativa (art. 15 da Lei nº 5.764/1971; arts. 10 a 16 da Lei nº 12.690/2012).

Observe-se que, se a adesão à cooperativa é a única forma de o trabalhador obter trabalho, não há voluntariedade na adesão, pelo que a cooperativa é ilícita. É comum, na prática, a empresa tomadora dos serviços encaminhar os trabalhadores para uma cooperativa, devendo os obreiros se filiarem a esta para, aí sim, começarem a prestar serviços à real empregadora. No caso, é óbvio que a cooperativa é ilícita, servindo apenas como simulacro para disfarçar o vínculo de emprego.

8.9.3.9. Direitos assegurados aos sócios de cooperativas de trabalho (Lei nº 12.690/2012)

A Lei nº 12.690/2012 estipulou uma série de direitos tipicamente trabalhistas aos sócios de cooperativas de trabalho. Embora seja, em tese, uma medida salutar do ponto de vista da melhoria da condição social de tais trabalhadores, provavelmente tal dispositivo oculte a verdadeira intenção – muito menos nobre – do legislador, qual seja a legitimação da intermediação de mão de obra pela via das cooperativas de trabalho.

Também soa no mínimo estranho que o dono de uma "empresa" seja **obrigado** a garantir direitos para si mesmo.

Todavia, a Lei está aí, cabendo ao leitor conhecer seus termos. Vejamos, portanto, os artigos 7º e 8º da Lei nº 12.690/2012:

Art. 7º. A Cooperativa de Trabalho deve garantir aos sócios os seguintes direitos, além de outros que a Assembleia Geral venha a instituir:

I – retiradas não inferiores ao piso da categoria profissional e, na ausência deste, não inferiores ao salário mínimo, calculadas de forma proporcional às horas trabalhadas ou às atividades desenvolvidas;

II – duração do trabalho normal não superior a 8 (oito) horas diárias e 44 (quarenta e quatro) horas semanais, exceto quando a atividade, por sua natureza, demandar a prestação de trabalho por meio de plantões ou escalas, facultada a compensação de horários[42];

III – repouso semanal remunerado, preferencialmente aos domingos;

---

[42] Não é um contrassenso alguém ser *dono do negócio* e controlar a própria jornada de trabalho? Pior ainda será se os sócios forem submetidos a controle de jornada pelo *coordenador*. Tudo indica que a referida Lei trará muito mais facilidades ao tomador dos serviços que ao trabalhador.

IV – repouso anual remunerado;

V – retirada para o trabalho noturno superior à do diurno;

VI – adicional sobre a retirada para as atividades insalubres ou perigosas;

VII – seguro de acidente de trabalho.

(...)

Art. 8º. As Cooperativas de Trabalho devem observar as normas de saúde e segurança do trabalho previstas na legislação em vigor e em atos normativos expedidos pelas autoridades competentes.

Alguns doutrinadores têm se manifestado no sentido de que, ante a ausência de regulamentação específica, tais direitos deveriam ser aplicados tomando-se, por analogia, a CLT e a legislação não consolidada que tutela o trabalho subordinado. Não comungo dessa opinião, pois entendo que, em se tratando de sociedade que se caracteriza pela autonomia e pela autogestão, nada mais natural do que a regulamentação de tais direitos ser estabelecida pelo estatuto social da cooperativa.

Todavia, no tocante à observância das normas de saúde e segurança do trabalho, a própria Lei esclareceu que são aquelas (normas) previstas na legislação em vigor e em atos normativos expedidos pelas autoridades competentes, ou seja, a fonte é mesmo a CLT e as NRs, por exemplo.

8.9.4. Cooperativa e terceirização

Se a cooperativa for lícita, não haverá se falar em terceirização, pois será uma cooperativa de produtores (que não são empregados), ou de trabalhadores autônomos ou eventuais, sendo que ambos não se enquadram nos requisitos caracterizadores da relação empregatícia. Se for uma cooperativa de trabalhadores autônomos que preste serviços a terceiros, será o caso de terceirização de atividade (no sentido da Ciência da Administração), mas não será relevante para o Direito do Trabalho, ao passo que são autônomos. Imagine-se a hipótese de um hipermercado que contrata uma cooperativa de taxistas para levar o cliente que compra acima de um determinado valor à sua casa. Não há se falar em terceirização trabalhista, pois os taxistas são autônomos, logo estão fora da órbita da relação de emprego.

Por sua vez, se a cooperativa for ilícita, ou seja, se não houver, de fato, autonomia, também não teremos terceirização propriamente dita, mas sim mera intermediação de mão de obra, aplicando-se, no caso, o disposto no item I da Súmula 331 (vínculo direto com o tomador dos serviços).

Nem sempre, entretanto, a determinação do sujeito passivo da relação de emprego é fácil. Em princípio, o vínculo se formaria com o real empregador, que no mais das vezes é o tomador dos serviços.

Na prática, a solução não é tão simples. Isso porque nem sempre o tomador dos serviços é facilmente identificável. É comum cooperativas de mão de obra prestarem serviços a vários tomadores, exatamente para mascarar ainda mais os requisitos da relação de emprego, notadamente a pessoalidade. Neste caso, torna-se inviável escolher um destes tomadores a fim de atribuir-lhe o vínculo. Costuma ser necessária a responsabilização de um ou mais dos diretores, pessoas físicas, normalmente o(s) "dono(s) do negócio", pelos vínculos trabalhistas. Outra solução seria considerar todos os cooperados, conforme o caso, vinculados a todos os tomadores, visto não ser a exclusividade uma característica intrínseca à relação de emprego.

8.10.   TERCEIRIZAÇÃO E EFEITOS

A terceirização, embora salutar para a continuidade da empresa diante do mercado atual, altamente competitivo, provoca vários prejuízos graves ao trabalhador, notadamente:

a) Precarização dos direitos trabalhistas em geral, e rebaixamento de salários, em especial;

b) Precarização do meio ambiente de trabalho, ante a pulverização dos trabalhadores;

c) Enfraquecimento do movimento sindical, mediante a dispersão dos trabalhadores em inúmeras empresas pequenas, sem qualquer preocupação com sua integração social.

Especificamente no que diz respeito aos salários, havia basicamente duas correntes: a primeira, minoritária, capitaneada pelo Min. Godinho Delgado, defendia a isonomia entre os trabalhadores terceirizados e os empregados da tomadora dos serviços, a exemplo do que ocorre com o trabalhador temporário (salário equitativo)[43]; a segunda, defendida pela doutrina majoritária, no sentido de que a lei não exige tratamento igualitário entre o trabalhador terceirizado e os empregados da empresa tomadora dos serviços, salvo no caso do trabalho temporário, em relação à remuneração.

Sempre prevaleceu na jurisprudência a segunda corrente, até que tal entendimento foi positivado, conforme inteligência do § 1º do art. 4º-C da Lei nº 6.019[44], incluído pela Lei nº 13.467/2017. Este é também o atual entendimento vinculante do STF, conforme Tema 383 de Repercussão Geral, cuja tese aprovada veda expressamente a equiparação de remuneração entre empregados da empresa contratante e da contratada.

Diante de tal decisão do STF (RE 635.546), em princípio **a OJ 383 da SDI-1 deverá ser revista ou cancelada**, porquanto contrariaria o entendimento vinculante do STF, senão vejamos:

OJ-SDI1-383. Terceirização. Empregados da empresa prestadora de serviços e da tomadora. Isonomia. Art. 12, "a", da Lei nº 6.019, de 03.01.1974 (*DEJT* divulgado em 19, 20 e 22.04.2010).

A contratação irregular de trabalhador, mediante empresa interposta, não gera vínculo de emprego com ente da Administração Pública, não afastando, contudo, pelo princípio da isonomia, o direito dos empregados terceirizados às mesmas verbas trabalhistas legais e normativas asseguradas àqueles contratados pelo tomador dos serviços, desde que presente a igualdade de funções. Aplicação analógica do art. 12, "a", da Lei nº 6.019, de 03.01.1974.

Com efeito, repita-se que, aos 26.03.2021, foi fixada a seguinte tese pelo STF:

A equiparação de remuneração entre empregados da empresa tomadora de serviços e empregados da empresa contratada (terceirizada) fere o princípio da livre iniciativa, por se tratarem de agentes econômicos distintos, que não podem estar sujeitos a decisões empresariais que não são suas.

No sentido da **superação da OJ 383**, decisão recente da SDI-1:

RECURSO DE EMBARGOS. ADMINISTRAÇÃO PÚBLICA. TERCEIRIZAÇÃO ILÍCITA. EQUIPARAÇÃO DE DIREITOS TRABALHISTAS ENTRE TERCEIRIZADOS E EMPREGA-

---

[43]   DELGADO, Maurício Godinho. *Curso de Direito do Trabalho*, p. 427.

[44]   § 1º Contratante e contratada **poderão** estabelecer, se assim entenderem, que os empregados da contratada farão jus a salário equivalente ao pago aos empregados da contratante, além de outros direitos não previstos neste artigo.

DOS DE EMPRESA PÚBLICA TOMADORA DE SERVIÇOS. TEMA 383 DA TABELA DE REPERCUSSÃO GERAL DO STF. JUÍZO DE RETRATAÇÃO EXERCIDO. Trata-se de remessa dos autos pela Vice-Presidência desta Corte para eventual juízo de retratação previsto no art. 1.030, inc. II, do CPC. O Supremo Tribunal Federal reconheceu a repercussão geral em relação ao tema da terceirização, cujo deslinde se deu em 30/08/2018, com o julgamento do RE nº 958.252 (Tema nº 725 da Repercussão Geral), de que resultou a fixação da seguinte tese jurídica: "é lícita a terceirização ou qualquer outra forma de divisão do trabalho entre pessoas jurídicas distintas, independentemente do objeto social das empresas envolvidas, mantida a responsabilidade subsidiária da empresa contratante". Na mesma oportunidade, ao julgar a ADPF nº 324, a Suprema Corte firmou tese de caráter vinculante de que "1. É lícita a terceirização de toda e qualquer atividade, meio ou fim, não se configurando relação de emprego entre a contratante e o empregado da contratada. 2. Na terceirização, compete à contratante: I) verificar a idoneidade e a capacidade econômica da terceirizada; e II) responder subsidiariamente pelo descumprimento das normas trabalhistas, bem como por obrigações previdenciárias, na forma do art. 31 da Lei 8.212/1993". A partir de então, esse entendimento passou a ser de aplicação obrigatória aos processos judiciais em curso em que se discute a terceirização, impondo-se, inclusive, a leitura e a aplicação da Súmula nº 331 do TST e da Orientação Jurisprudencial nº 383 da SBDI-1 do TST, à luz desses precedentes. Nos termos da OJ 383 da SbDI-1 do TST, o reconhecimento do direito dos empregados terceirizados à isonomia salarial com os empregados contratados diretamente pelo tomador de serviços pressupunha a contratação irregular do trabalhador, mediante empresa interposta, ou seja, terceirização ilícita, bem como a identidade de funções. Contudo, o Pretório Excelso, ao apreciar e julgar o Tema nº 383 da Tabela de Repercussão Geral, no RE nº 635.546 (Redator Ministro Roberto Barroso), fixou a seguinte tese jurídica, em 26/03/2021: "A equiparação de remuneração entre empregados da empresa tomadora de serviços e empregados da empresa contratada (terceirizada) fere o princípio da livre iniciativa, por se tratarem de agentes econômicos distintos, que não podem estar sujeitos a decisões empresariais que não sãos suas". Assim, **diante do posicionamento do STF, consistente na impossibilidade de equiparação salarial entre os empregados terceirizados e os empregados de empresa tomadora dos serviços, a questão da isonomia salarial decorrente de terceirização não comporta mais discussões, encontrando-se superado (overruling) o entendimento consagrado na Orientação Jurisprudencial nº 383 da SBDI-1 do TST.** Juízo de retratação exercido (TST, E-ED-RR-54800-12.2002.5.04.0732, Subseção I Especializada em Dissídios Individuais, Rel. Min. Alexandre Luiz Ramos, *DEJT* 24.02.2023). (grifos meus)

É oportuno ressaltar que, ao menos do ponto de vista da responsabilidade (abstraindo-se, portanto, os efeitos práticos), a Lei nº 13.429/2017, ao incluir na Lei nº 6.019 o § 3º do art. 5º-A, minimizou um dos principais efeitos nocivos da terceirização, qual seja a precariedade das condições de saúde e segurança do trabalho geralmente oferecidas aos trabalhadores terceirizados.

Com efeito, ao atribuir ao tomador dos serviços a responsabilidade por "garantir as condições de segurança, higiene e salubridade dos trabalhadores, quando o trabalho for realizado em suas dependências ou local previamente convencionado em contrato", o legislador promoveu a possibilidade de avanço em matéria de preservação da saúde do trabalhador e da redução de acidentes de trabalho. Resta verificar, entretanto, se o avanço será efetivo, isto é, verificável na seara da prevenção, ou se terá sido meramente definida de quem é a responsabilidade pela indenização do trabalhador ou de seus herdeiros ante os infortúnios do trabalho.

Relembre-se, por fim, que, no tocante às condições de alimentação, transporte, atendimento médico e treinamento, a atual redação da Lei nº 6.019 assegura isonomia entre trabalhadores terceirizados e empregados contratados diretamente pelo tomador, desde que os serviços sejam prestados nas dependências da tomadora, conforme analisado no item 8.7.2.6, para o qual remeto o leitor.

TERCEIRIZAÇÃO

Conceito:

• É a transferência feita pela contratante da execução de quaisquer de suas atividades, inclusive sua atividade principal, à pessoa jurídica de direito privado prestadora de serviços que possua capacidade econômica compatível com a sua execução.

• É a relação triangular formada entre trabalhador, empresa prestadora de serviços e tomador dos serviços. O empregado se vincula (estabelece relação de emprego) à empresa prestadora de serviços que, por sua vez, fornece (através de um contrato civil) a atividade a um tomador de serviços.

Vedação à intermediação de mão de obra:

• Dignidade da pessoa humana => o trabalho humano não pode ser tratado como mercadoria, razão pela qual não se admite o mero "aluguel" de trabalhadores.

• A única hipótese lícita de intermediação de mão de obra é o trabalho temporário, na forma da Lei n° 6.019/1974.

• Salvo na hipótese de trabalho temporário, não se admite a existência de pessoalidade e subordinação entre o trabalhador e o tomador de serviços, sob pena de descaracterização da terceirização e reconhecimento do vínculo direto com o tomador.

Art. 455 da CLT (empreitada a subempreitada):

• O empreiteiro responde pelos débitos trabalhistas não adimplidos pelo subempreiteiro.

• Tecnicamente sequer pode ser chamada da hipótese típica de terceirização, mas parte da doutrina assim o faz.

• A responsabilidade, para a corrente atualmente mais prestigiada, é subsidiária.

• O dono da obra de construção civil não responde pelos débitos trabalhistas do empreiteiro, salvo se for construtora ou incorporadora. Não é relevante o porte da empresa, podendo o dono da obra ser empresa de grande porte, e mesmo ente público.

• Exceto ente público da Administração direta e indireta, se houver inadimplemento das obrigações trabalhistas contraídas por empreiteiro que contratar, sem idoneidade econômico-financeira, o dono da obra responderá subsidiariamente por tais obrigações, em face de aplicação analógica do art. 455 da CLT e de *culpa in eligendo*.

Lei n° 6.019/1974 (trabalho temporário):

• O trabalho temporário é a única hipótese legal de intermediação de mão de obra, assim considerado o fornecimento de trabalhadores por empresa interposta (empresa de trabalho temporário).

• Trabalho temporário é aquele prestado por pessoa física a uma empresa, para atender à necessidade transitória de substituição de seu pessoal permanente ou a demanda complementar de serviços.

• Quanto à forma, o trabalho temporário exige contrato escrito tanto entre a empresa tomadora e a empresa de trabalho temporário, quanto entre o trabalhador e a empresa de trabalho temporário.

• No trabalho temporário o empregado fica diretamente subordinado ao tomador dos serviços, pelo que o poder diretivo é compartilhado.

• O prazo máximo do contrato de trabalho temporário é de 180 dias, consecutivos ou não. Este prazo pode ainda ser prorrogado por até 90 dias, consecutivos ou não, desde que comprovada a manutenção das condições que ensejaram a contratação temporária.

• O trabalhador temporário que cumprir os prazos máximos somente poderá ser colocado à disposição da mesma tomadora de serviços em novo contrato temporário após 90 dias, contados do término do contrato anterior. A inobservância deste prazo (90 dias entre dois contratos temporários do mesmo trabalhador com a mesma tomadora) caracteriza vínculo empregatício com a tomadora.

• Em caso de efetivação do trabalhador temporário pela tomadora, é vedada a pactuação de contrato de experiência.

TERCEIRIZAÇÃO

- Direitos assegurados ao trabalhador temporário:
  - Remuneração equivalente à percebida pelos empregados de mesma categoria da empresa tomadora ou cliente, calculados à base horária, garantida, em qualquer hipótese, a percepção do salário mínimo;
  - Jornada de trabalho normal estabelecida pela CRFB/88 (8h diárias e 44h semanais) e horas extras (mín. 50%);
  - Férias proporcionais;
  - DSR;
  - Adicional noturno;
  - Seguro contra acidente do trabalho;
  - Proteção previdenciária;
  - Indenização por dispensa sem justa causa ou término normal do contrato correspondente a 1/12 do pagamento recebido.
  - Vale-transporte;
  - FGTS;
  - PIS.
- É responsabilidade da empresa contratante garantir as condições de segurança, higiene e salubridade dos trabalhadores, quando o trabalho for realizado em suas dependências ou em local por ela designado.
- A contratante estenderá ao trabalhador da empresa de trabalho temporário o mesmo atendimento médico, ambulatorial e de refeição destinado aos seus empregados, existente nas dependências da contratante, ou local por ela designado.
- Aplicam-se ao trabalhador temporário as hipóteses de justa causa (art. 482, CLT) e de despedida indireta (art. 483, CLT).
- No caso de falência da empresa de trabalho temporário, o tomador dos serviços é solidariamente responsável pelos créditos trabalhistas. Nas demais hipóteses, a responsabilidade da tomadora é subsidiária.
- É vedada a cobrança de quaisquer taxas do trabalhador temporário.

Decreto-Lei n° 200/1967 (terceirização na Administração Pública):
- Prevê a terceirização das atividades de apoio (atividades-meio) da Administração Pública.

Limite objetivo da terceirização:
- Quaisquer atividades, inclusive a atividade principal da tomadora.

Limites subjetivos da terceirização:
- A contratada (empresa de prestação de serviços) deve ser pessoa jurídica de direito privado.
- A contratada deve possuir idoneidade econômica compatível com a execução do contrato.

Pejotização:
- Embora a questão seja controvertida, em princípio há autorização legal para a pejotização.
- Não é permitido contratar pessoa jurídica cujos titulares ou sócios tenham, nos últimos dezoito meses, prestado serviços à contratante na qualidade de empregado ou trabalhador sem vínculo empregatício, exceto se os referidos titulares ou sócios forem aposentados.
- Se houver subordinação, o caso é de fraude, caracterizando-se o vínculo de emprego com o tomador.

Quarteirização ou terceirização em cadeia:
- Expressamente permitida pela Lei.

Cláusula de barreira:
- O empregado que for demitido não poderá prestar serviços para esta mesma empresa na qualidade de empregado de empresa prestadora de serviços antes do decurso de prazo de dezoito meses, contados a partir da demissão do empregado.

TERCEIRIZAÇÃO

Trabalhadores terceirizados e isonomia:

• Assegurada a isonomia em relação às condições de alimentação, transporte, atendimento médico e treinamento quando e enquanto os serviços forem executados na dependência da tomadora.

• Se o número de trabalhadores terceirizados for igual ou superior a 20% do total de empregados da tomadora, poderão ser disponibilizados aos terceirizados refeitório e atendimento ambulatorial em outro local apropriado, desde que mantido o mesmo padrão de atendimento.

• Não há garantia de isonomia remuneratória. O tratamento isonômico é apenas uma faculdade da contratante.

Responsabilidade pelas condições de SST:

• É responsabilidade da contratante garantir as condições de segurança, higiene e salubridade dos trabalhadores, quando o trabalho for realizado em suas dependências ou local previamente convencionado em contrato.

Responsabilidade do tomador pelos créditos trabalhistas:

• A contratante responde subsidiariamente pelas obrigações trabalhistas e previdenciárias referentes ao período em que ocorrer a prestação de serviços.

Terceirização na Administração Pública:

• Em princípio, continua sendo permitida apenas a terceirização de atividade-meio no âmbito da Administração Pública (controvertido).

• O Decreto n° 9.507/2018 abre a possibilidade, ainda que excepcionalmente, de terceirização de atividade-fim na administração indireta federal.

Cooperativas:

• O parágrafo único do art. 442 da CLT não constitui "cheque em branco" para utilização de cooperativas de forma fraudulenta. Só não configura vínculo empregatício a relação jurídica do cooperado com cooperativa lícita/regular.

• Tipos de cooperativa:

 – Cooperativa de produção: congregam trabalhadores que detém os meios de produção e se unem a fim de potencializar seus esforços. Ex.: cooperativa de artesãos.

 – Cooperativa de trabalho autônomo ou eventual: resultado da reunião de trabalhadores tecnicamente autônomos que, sem perder tal qualidade, se organizam em cooperativa para potencializar seus resultados e, notadamente, seus ganhos. Ex.: cooperativa de taxistas.

 – Cooperativas de mão de obra: normalmente são irregulares, visando tão somente a intermediação de mão de obra (aluguel de trabalhadores), o que é vedado pela ordem jurídica.

• Requisitos do cooperativismo regular:

 – Atendimento ao princípio da dupla qualidade, segundo o qual a cooperativa também presta serviços a seus associados, e não só estes os prestam à cooperativa e/ou a terceiros.

 – Atendimento ao princípio da retribuição pessoal diferenciada, o que significa a obtenção de retribuição ao cooperado notadamente superior àquela que ele obteria como empregado.

 – Presença da *affectio societatis*, ou seja, da união de esforços de trabalhadores que possuem objetivos comuns, identidade de interesses. Logo, uma cooperativa formada por trabalhadores de diversas profissões, cujo interesse comum é tão somente arranjar uma colocação, não observam o ideal básico do cooperativismo.

 – Existência de capital próprio, a partir do qual se erguerá a associação.

 – Divisão de resultados (lucros ou prejuízos) entre os associados.

 – Realização de assembleias gerais e conhecimento dos ideais do cooperativismo pelos associados.

 – Ausência dos requisitos da relação de emprego, notadamente subordinação jurídica.

 – Exigências formais da Lei n° 5.764/1971 ou da Lei n° 12.690/2012, conforme o caso (número mínimo de associados, adesão voluntária etc.).

TERCEIRIZAÇÃO

Cooperativa e terceirização:

- Embora seja frequente na prática, a utilização de cooperativas em situações de terceirização não se molda a qualquer figura trabalhista clássica, constituindo, das duas, uma: a) fato irrelevante para o Direito do Trabalho, no caso de terceirização de atividade para cooperativa de trabalhadores autônomos; b) terceirização irregular, com o consequente vínculo direto com o tomador dos serviços, no caso de mera intermediação de mão de obra, hipótese em que estão presentes os requisitos da relação de emprego diretamente com o tomador dos serviços, ou mesmo com a cooperativa, que pode ser um empreendimento disfarçado.

Efeitos da terceirização:

- Precarização dos direitos trabalhistas;
- Precarização do meio ambiente de trabalho (minimizada, em princípio, pela responsabilização legal da tomadora);
- Enfraquecimento do movimento sindical.

8.11. DEIXADINHAS

1. A terceirização constitui o fornecimento de atividade especializada, e não o fornecimento de trabalhadores.
2. Visando proteger a dignidade humana adota-se a premissa de que o trabalho não é mercadoria, não é coisa que possa ser comercializada.
3. Considera-se prestação de serviços a terceiros a transferência feita pela contratante da execução de quaisquer de suas atividades, inclusive sua atividade principal, à pessoa jurídica de direito privado prestadora de serviços que possua capacidade econômica compatível com a sua execução.
4. É lícita a terceirização ou qualquer outra forma de divisão do trabalho entre pessoas jurídicas distintas, independentemente do objeto social das empresas envolvidas, mantida a responsabilidade subsidiária da empresa contratante.
5. Na terceirização, tem-se o fornecimento de uma atividade especializada pelo terceiro ao tomador, que não tem qualquer relação de gerenciamento com os trabalhadores. Se houver pessoalidade e subordinação com o tomador, salvo na hipótese de trabalho temporário, o caso é de fraude, caracterizando-se o liame empregatício entre o trabalhador e o tomador dos serviços.
6. Na intermediação de mão de obra, por sua vez, verifica-se o mero aluguel de trabalhadores. A única hipótese de intermediação de mão de obra admitida é o trabalho temporário.
7. Trabalho temporário é aquele prestado por pessoa física a uma empresa, para atender à necessidade transitória de substituição de seu pessoal permanente ou à demanda complementar de serviços.
8. Nos contratos de subempreitada, responderá o subempreiteiro pelas obrigações derivadas do contrato de trabalho que celebrar, cabendo, todavia, aos empregados, o direito de reclamação contra o empreiteiro principal pelo inadimplemento daquelas obrigações por parte do primeiro. Para a corrente atualmente majoritária, a responsabilidade é subsidiária.
9. O empreiteiro tem direito de regresso em face do subempreiteiro.
10. Diante da inexistência de previsão legal específica, o contrato de empreitada de construção civil entre o dono da obra e o empreiteiro não enseja responsabilidade solidária ou subsidiária nas obrigações trabalhistas contraídas pelo empreiteiro, salvo sendo o dono da obra uma empresa construtora ou incorporadora, pois, neste caso, desenvolve a mesma atividade econômica do empreiteiro.

11. A exclusão de responsabilidade solidária ou subsidiária por obrigação trabalhista, no caso, não se restringe a pessoa física ou micro e pequenas empresas. Compreende igualmente empresas de médio e grande porte e entes públicos.

12. Exceto ente público da Administração direta e indireta, se houver inadimplemento das obrigações trabalhistas contraídas por empreiteiro que contratar, sem idoneidade econômico-financeira, o dono da obra responderá subsidiariamente por tais obrigações, em face de aplicação analógica do art. 455 da CLT e de culpa *in eligendo*.

13. Compreende-se como empresa de trabalho temporário a pessoa jurídica, devidamente registrada no Ministério do Trabalho e Emprego responsável pela colocação de trabalhadores à disposição de outras empresas temporariamente.

14. O trabalho temporário foge à regra geral da relação de emprego, que pressupõe bilateralidade, e cria uma relação trilateral, em que o tomador dos serviços contrata a empresa de trabalho temporário que, por sua vez, fornece os trabalhadores ao tomador.

15. Considera-se complementar a demanda de serviços que seja oriunda de fatores imprevisíveis ou, quando decorrente de fatores previsíveis, tenha natureza intermitente, periódica ou sazonal.

16. O trabalho temporário exige contrato escrito entre a tomadora e a empresa de trabalho temporário, bem como entre esta e o trabalhador temporário.

17. O contrato celebrado entre a empresa tomadora e a empresa de trabalho temporário ficará à disposição da autoridade fiscalizadora no estabelecimento da tomadora e conterá: a qualificação das partes; o motivo justificador da demanda de trabalho temporário; o prazo da prestação de serviços; o valor da prestação de serviços; disposições sore a segurança e a saúde do trabalhador, independentemente do local de realização do trabalho.

18. É responsabilidade da empresa contratante do trabalho temporário garantir as condições de segurança, higiene e salubridade dos trabalhadores, quando o trabalho for realizado em suas dependências ou em local por ela designado.

19. A contratante estenderá ao trabalhador da empresa de trabalho temporário o mesmo atendimento médico, ambulatorial e de refeição destinado aos seus empregados, existente nas dependências da contratante, ou local por ela designado.

20. No caso de trabalho temporário há subordinação direta do trabalhador ao tomador dos serviços, tendo em vista que o objetivo é o fornecimento do trabalhador em si (intermediação de mão de obra), e não de atividade especializada. Consequentemente, o poder diretivo decorrente da relação de emprego é, no caso do trabalho temporário, compartilhado entre o empregador (empresa de trabalho temporário) e o tomador dos serviços.

21. O contrato de trabalho temporário, com relação ao mesmo empregador, não poderá exceder ao prazo de cento e oitenta dias, consecutivos ou não. O contrato poderá ser prorrogado por até noventa dias, consecutivos ou não, além do prazo de 180 dias, quando comprovada a manutenção das condições que o ensejaram.

22. O trabalhador temporário que cumprir o período de 180 dias e eventual prorrogação somente poderá ser colocado à disposição da mesma tomadora de serviços em novo contrato temporário, após noventa dias do término do contrato anterior. Caso seja recontratado antes dos 90 dias pelo mesmo tomador, será reconhecido o vínculo de emprego entre trabalhador e tomador.

23. É nula de pleno direito qualquer cláusula de reserva, no sentido de proibir a empresa tomadora de efetivar o trabalhador ao final do prazo do contrato de trabalho temporário. Em caso de efetivação, é vedada a pactuação de contrato de experiência.

24. O trabalhador temporário tem direito à remuneração equivalente à percebida pelos empregados de mesma categoria da empresa tomadora ou cliente, calculados à base horária, garantida, em qualquer hipótese, a percepção do salário mínimo.

25. O trabalhador temporário tem direito à jornada padrão de trabalho (8h diárias e 44h semanais), bem como à remuneração pelo trabalho extraordinário (adicional de, no mínimo, 50%).

26. O trabalhador temporário tem direito a férias proporcionais, ao DSR, ao adicional por trabalho noturno, a seguro contra acidente de trabalho, à proteção previdenciária, ao vale-transporte, ao FGTS e ao PIS.

27. Aplicam-se ao trabalhador temporário as hipóteses de justa causa e de despedida indireta previstas na CLT, bem como a indenização por dispensa sem justa causa ou término normal do contrato (1/12 do pagamento recebido).

28. No caso de falência da empresa de trabalho temporário, a empresa tomadora ou cliente é solidariamente responsável pelo recolhimento das contribuições previdenciárias, no tocante ao tempo em que o trabalhador esteve sob suas ordens, assim como em referência ao mesmo período, pela remuneração e indenização previstas nesta Lei.

29. Nos demais casos, a contratante é subsidiariamente responsável pelas obrigações trabalhistas referentes ao período em que ocorrer o trabalho temporário.

30. Não é permitido às empresas de trabalho temporário contratar estrangeiros com visto provisório de permanência no Brasil.

31. Não é permitida a cobrança de quaisquer taxas ao trabalhador temporário.

32. Não se confundem as figuras do vigilante e do vigia. Vigilante é o profissional qualificado, treinado especificamente para a atividade que desempenha, integrante de categoria profissional diferenciada. Vigia, por sua vez, é o trabalhador não especializado ou, no máximo, semiespecializado, que se vincula diretamente ao tomador dos serviços.

33. Para melhor desincumbir-se das tarefas de planejamento, coordenação, supervisão e controle e com o objetivo de impedir o crescimento desmesurado da máquina administrativa, a Administração procurará desobrigar-se da realização material de tarefas executivas, recorrendo, sempre que possível, à execução indireta, mediante contrato, desde que exista, na área, iniciativa privada suficientemente desenvolvida e capacitada a desempenhar os encargos de execução.

34. A contratação de trabalhadores por empresa interposta é ilegal, formando-se o vínculo diretamente com o tomador dos serviços, salvo no caso de trabalho temporário (Lei nº 6.019, de 03.01.1974). Configura-se a contratação mediante empresa interposta naqueles casos em que, presentes todos os requisitos da relação de emprego entre trabalhador e tomador dos serviços, a contratação é efetivada mediante contrato de prestação de serviços (terceirização).

35. A contratação irregular de trabalhador, mediante empresa interposta, não gera vínculo de emprego com os órgãos da administração pública direta, indireta ou fundacional (art. 37, II, da CF/1988).

36. O inadimplemento das obrigações trabalhistas, por parte do empregador, implica a responsabilidade subsidiária do tomador dos serviços, quanto àquelas obrigações.

37. Na terceirização lícita, os entes integrantes da Administração Pública direta e indireta respondem subsidiariamente, na forma do item IV da Súmula 331, caso evidenciada a sua conduta culposa no cumprimento das obrigações decorrentes da Lei 8.666/93 (ou da Lei nº 14.133/2021), especialmente na fiscalização do cumprimento das obrigações contratuais e legais da prestadora de serviço como empregadora. A aludida responsabilidade não decorre de mero inadimplemento das obrigações trabalhistas assumidas pela empresa regularmente contratada.

38. São princípios basilares do cooperativismo a dupla qualidade e a retribuição pessoal diferenciada.

39. Qualquer que seja o ramo de atividade da sociedade cooperativa, não existe vínculo empregatício entre ela e seus associados, nem entre estes e os tomadores de serviços daquela, desde que o empreendimento seja realmente uma cooperativa regular.

40. A cooperativa de trabalho pode ser *de produção*, quando constituída por sócios que contribuem com trabalho para a produção em comum de bens e a cooperativa detém, a qualquer título, os meios de produção.

41. Exemplo de cooperativa de produção seria uma cooperativa de artesãos, cujos sócios detêm as ferramentas básicas necessárias ao seu trabalho, e que se unem para produzir e colocar seus produtos no mercado, dividindo, entre si, lucros ou prejuízos.

42. A cooperativa de trabalho pode ainda ser *de serviço*, quando constituída por sócios para a prestação de serviços especializados a terceiros, sem a presença dos pressupostos da relação de emprego.

43. De uma forma geral, as cooperativas de produção e as cooperativas de trabalho autônomo ou eventual (ou de serviço) são lícitas e representam a ideia original do cooperativismo: ajuda mútua.

44. As cooperativas de mão de obra, por sua vez, são geralmente meras intermediadoras da energia de trabalho humano, pois disponibilizam o trabalho de seus associados a outras empresas. Neste caso, não há qualquer traço de cooperativismo, e sim de mero "aluguel de trabalhadores".

45. Entre a cooperativa e os cooperados há relação de direito civil, relação societária. Se o empreendimento não for, a rigor, uma cooperativa, mas apenas um simulacro, haverá relação de emprego.

46. As cooperativas são sociedades de pessoas, com forma e natureza jurídica próprias, de natureza civil, não sujeitas a falência, constituídas para prestar serviços aos associados. As cooperativas singulares se caracterizam pela prestação direta de serviços aos associados. Daí se extrai o princípio da dupla qualidade.

47. A cooperativa só se justifica se oferece ao cooperado retribuição pessoal maior em relação ao que receberia sozinho, fosse como empregado, ou ainda como autônomo (trabalhando sozinho). Tem-se, neste caso, o princípio da retribuição pessoal diferenciada.

48. Como o cooperativismo constitui a união de esforços de uma determinada categoria para melhoria de suas condições sociais, naturalmente é requisito da cooperativa lícita que exista a chamada *affectio societatis* entre os cooperados, ou seja, que todos sejam da mesma categoria profissional, que atuem com objetivos comuns, sob a forma de mutualismo.

49. A cooperativa é formada pela união de esforços entre os cooperados, e como tal deve ser constituída com capital próprio, obtido a partir da integralização das cotas pelos associados.

50. O cooperativismo pressupõe a distribuição igualitária de resultados, sejam eles positivos (lucros) ou negativos (prejuízos).

51. Como em uma cooperativa são os associados que definem os rumos do empreendimento, é imprescindível a realização regular de assembleias gerais, bem como que os cooperados conheçam os princípios e ideais do cooperativismo.

52. Acaso estejam presentes, entre o trabalhador e o tomador dos serviços, ou mesmo entre o trabalhador e algum "superior" da cooperativa, os requisitos caracterizadores da relação de emprego, é forçoso reconhecer o vínculo empregatício. O verdadeiro cooperado é autônomo, frise-se.

53. Para que a cooperativa seja lícita, faz-se necessário sejam cumpridas diversas formalidades, entre as quais o número mínimo de associados, a adesão voluntária, além de várias formalidades relativas ao estatuto da cooperativa.

54. Se a adesão à cooperativa é a única forma de o trabalhador obter trabalho, não há voluntariedade na adesão, pelo que a cooperativa é ilícita.

55. A empresa prestadora de serviços contrata, remunera e dirige o trabalho realizado por seus trabalhadores, ou subcontrata outras empresas para realização desses serviços. Assim, a lei permite a terceirização em cadeia ou quarteirização.

56. Não se configura vínculo empregatício entre os trabalhadores, ou sócios das empresas prestadoras de serviços, qualquer que seja o seu ramo, e a empresa contratante, salvo se presentes a pessoalidade e a subordinação entre o trabalhador ou sócio da empresa prestadora de serviços e o contratante.

57. São requisitos para o funcionamento da empresa prestadora de serviços a terceiros a inscrição no CNPJ, o registro na Junta Comercial e o capital compatível com o número de empregados.

58. São asseguradas aos empregados da empresa prestadora de serviços, quando e enquanto os serviços forem executados nas dependências da tomadora, as mesmas condições oferecidas aos empregados da contratante relativas à alimentação fornecida em refeitórios, à utilização de serviços de transporte, a atendimento médico ou ambulatorial, a treinamento adequado e a condições sanitárias, de medidas de proteção à saúde e segurança no trabalho e de instalações adequadas à prestação do serviço.

59. Não é assegurada aos terceirizados a isonomia salarial com os empregados da tomadora.

60. Na terceirização, é vedado à contratante a utilização dos trabalhadores em atividades distintas daquelas que foram objeto do contrato com a empresa prestadora de serviços.

61. Os serviços contratados poderão ser executados nas instalações físicas da empresa contratante ou em outro local, de comum acordo entre as partes.

62. É responsabilidade da contratante garantir as condições de segurança, higiene e salubridade dos trabalhadores, quando o trabalho for realizado em suas dependências ou local previamente convencionado em contrato.

63. O contrato de prestação de serviços deverá conter a qualificação das partes, a especificação do serviço a ser prestado, o prazo para realização do serviço, quando for o caso, e o valor.

64. Não pode figurar como contratada a pessoa jurídica cujos titulares ou sócios tenham, nos últimos dezoito meses, prestado serviços à contratante na qualidade de empregado ou trabalhador sem vínculo empregatício, exceto se os referidos titulares ou sócios forem aposentados.

65. O empregado que for demitido não poderá prestar serviços para esta mesma empresa na qualidade de empregado de empresa prestadora de serviços antes do decurso de prazo de dezoito meses, contados a partir da demissão do empregado.

CAPÍTULO **9**

Identificação e Registro Profissional

• •

Marcadores: IDENTIFICAÇÃO E REGISTRO PROFISSIONAL; FORMALIZAÇÃO DO CONTRATO DE TRABALHO; CARTEIRA DE TRABALHO E PREVIDÊNCIA SOCIAL – CTPS; ANOTAÇÃO DA CTPS; REGISTRO DE EMPREGADO; PROCESSO DE ANOTAÇÃO.

Material de estudo:

✓ Legislação básica: **CLT**, arts. 11, 13-16, 29, 36-41, 47-52 e 55; **Lei nº 6.019/1974**, art. 12, § 1º
✓ Legislação para *estudo avançado*: Portaria MTP nº 671/2021, arts. 2º-23
✓ Jurisprudência: **Súm.** 12, TST; **OJ SDI-1** 82, TST; **PN-SDC** 5, TST
✓ Doutrina (–)

Estratégia de estudo sugerida:

Este assunto é mais relevante para o operador do direito do trabalho, não sendo cobrado na maioria dos concursos. Portanto, guie-se pelo conteúdo programático do edital do seu concurso, se for o caso. Economize energia, memória e tempo.

Este capítulo trata da formalização do **contrato de trabalho** que, não obstante produza efeitos jurídicos ainda que firmado tacitamente, nos termos do art. 442 da CLT[1], **deve ser formalizado, como *obrigação administrativa* imputada ao empregador**, a fim de propiciar o controle administrativo do vínculo, isto é, documentar o vínculo empregatício e, a partir daí, oferecer mais segurança ao empregado, bem como o controle da arrecadação das contribuições previdenciárias.

Esta formalização se dá, principalmente, de duas maneiras:

a) Através da anotação do contrato de trabalho na Carteira de Trabalho e Previdência Social – CTPS do empregado (art. 29, *caput*, da CLT);

---

[1] Art. 442. Contrato individual de trabalho é o acordo tácito ou expresso, correspondente à relação de emprego. (...)

b) Por meio do assentamento do empregado no Registro de Empregados, o qual deve ser mantido pelo empregador (art. 41, *caput*, da CLT).

A CTPS devidamente anotada é a prova escrita do contrato de trabalho que o empregado possui. Por sua vez, o Registro de Empregado é o meio de prova de que dispõe o empregador, no sentido de que o empregado foi contratado regularmente, à luz da CLT.

9.1. CARTEIRA DE TRABALHO E PREVIDÊNCIA SOCIAL – CTPS

A CTPS é o documento de identificação profissional do trabalhador, o qual prova a existência do contrato de trabalho, bem como o tempo de serviço, para fins previdenciários.

A emissão da CTPS fica a cargo do Ministério do Trabalho e Emprego, devendo ocorrer preferencialmente em meio eletrônico (art. 14, *caput*, da CLT). A emissão da CTPS em meio físico, que passou a ser considerada excepcional a partir da vigência da Lei nº 13.874/2019 (*DOU* 20.09.2019), obedece ao seguinte:

(CLT, art. 14)

Parágrafo único. Excepcionalmente, a CTPS poderá ser emitida em meio físico, desde que:

I – nas unidades descentralizadas do Ministério da Economia [atualmente Ministério do Trabalho e Emprego] que forem habilitadas para a emissão;

II – mediante convênio, por órgãos federais, estaduais e municipais da administração direta ou indireta;

III – mediante convênio com serviços notariais e de registro, sem custos para a administração, garantidas as condições de segurança das informações.

Dispõe o art. 15 da CLT, com a redação alterada pela Lei nº 13.874/2019, que "os procedimentos para emissão da CTPS ao interessado serão estabelecidos pelo Ministério da Economia [atualmente Ministério do Trabalho e Emprego] em regulamento próprio, privilegiada a emissão em formato eletrônico". Tal regulamentação consta atualmente da Portaria MTP nº 671/2021, a qual estabelece o seguinte:

Art. 2º A CTPS é o documento onde estão registrados os dados relativos ao contrato de trabalho de um trabalhador.

Parágrafo único. A CTPS tem como identificação única do trabalhador o número de inscrição no Cadastro de Pessoas Físicas – CPF.

Art. 3º A CTPS emitida em meio eletrônico, de que trata o art. 14 da Consolidação das Leis do Trabalho, aprovada pelo Decreto-Lei nº 5.452, de 1º de maio de 1943 – CLT, é denominada Carteira de Trabalho Digital.

§ 1º Para fins do disposto no Decreto-Lei nº 5.452, de 1943 – CLT, a Carteira de Trabalho Digital é equivalente à CTPS emitida em meio físico.

§ 2º A Carteira de Trabalho Digital é previamente emitida a todos os inscritos no CPF, sendo necessária sua habilitação.

§ 3º A Carteira de Trabalho Digital não se equipara aos documentos de identificação civis de que trata o art. 2º da Lei nº 12.037, de 1º de outubro 2009.

Art. 4º A habilitação da Carteira de Trabalho Digital é realizada por meio de:

I – aplicativo eletrônico específico, denominado Carteira de Trabalho Digital, disponibilizado gratuitamente para dispositivos móveis; ou

II – serviço específico da Carteira de Trabalho Digital diretamente no portal gov.br.

[...]

9.1.1.   Quem deve ter CTPS?

Esta é uma questão capciosa. Em princípio, imagina-se que somente os **empregados** devem ter CTPS. Mas não é esse o sentido literal dado pela CLT. Certamente, em razão do controle previdenciário que a CTPS propicia, o texto consolidado preconiza a obrigatoriedade da CTPS para o exercício de qualquer trabalho, *inclusive autônomo* (mera relação de trabalho, portanto).

Neste sentido, o art. 13 da CLT:

Art. 13. A Carteira de Trabalho e Previdência Social é obrigatória para o exercício de **qualquer emprego**, inclusive de natureza rural, ainda que em caráter temporário, **e para o exercício** *por conta própria* **de atividade profissional remunerada.**

§ 1º O disposto neste artigo aplica-se, igualmente, a quem:

I – proprietário rural ou não, trabalhe individualmente ou em regime de economia familiar, assim entendido o trabalho dos membros da mesma família, indispensável à própria subsistência, e exercido em condições de mútua dependência e colaboração;

II – em regime de economia familiar e sem empregado, explore área não excedente do módulo rural ou de outro limite que venha a ser fixado, para cada região, pelo Ministério do Trabalho e Previdência Social.

(...) (grifos nossos)

É evidente que tal dispositivo não tem nenhuma eficácia social. Imagine-se um autônomo anotando em sua CTPS todos os serviços prestados. Gastaria umas três carteiras por mês pra anotar tudo! Assim, não faz o menor sentido, na prática, o dispositivo.

No tocante ao trabalho temporário, não bastasse o disposto no *caput* do art. 13 da CLT, a Lei nº 6.019/1974 prevê expressamente a anotação do contrato em CTPS (art. 12, § 1º).

9.1.2.   A quem cabem as anotações na CTPS?

Cabem ao empregador as anotações relativas ao contrato de trabalho, conforme art. 29 da CLT:

Art. 29. O empregador terá o prazo de 5 (cinco) dias úteis para anotar na CTPS, em relação aos trabalhadores que admitir, a data de admissão, a remuneração e as condições especiais, se houver, facultada a adoção de sistema manual, mecânico ou eletrônico, conforme instruções a serem expedidas pelo Ministério da Economia[2].

§ 1º As anotações concernentes à remuneração devem especificar o salário, qualquer que seja sua forma de pagamento, seja ele em dinheiro ou em utilidades, bem como a estimativa da gorjeta.

(...)

No que diz respeito à nova CTPS em meio eletrônico, dispõe o § 7º do art. 29 da CLT, com redação dada pela Lei nº 13.874/2019, que "**os registros eletrônicos gerados pelo empregador nos sistemas informatizados da CTPS em meio digital equivalem às anotações a que se refere esta Lei**".

Neste sentido, a Portaria MTP nº 671/2021 dispõe o seguinte:

Art. 6º Para os empregadores que têm a obrigação de uso do Sistema Simplificado de Escrituração Digital das Obrigações Previdenciárias, Trabalhistas e Fiscais – eSocial, a comunicação pelo

---

2   Atual Ministério do Trabalho e Emprego. As referidas instruções foram dadas pela Portaria MTP nº 671/2021.

empregado do número de inscrição no CPF equivale à apresentação da Carteira de Trabalho Digital e dispensa a emissão de recibo pelo empregador.

§ 1º O trabalhador deverá ter acesso às informações de seu contrato de trabalho na Carteira de Trabalho Digital após o processamento das respectivas anotações.

A falta de anotação do contrato de trabalho em CTPS configura infração administrativa, cabendo autuação pela fiscalização do trabalho, bem como configura, em tese, crime de falsificação de documento público, conforme art. 297 do Código Penal:

Art. 297. Falsificar, no todo ou em parte, documento público, ou alterar documento público verdadeiro:

Pena – reclusão, de dois a seis anos, e multa.

(...)

§ 3º Nas mesmas penas incorre quem insere ou faz inserir:

(...)

II – na Carteira de Trabalho e Previdência Social do empregado ou em documento que deva produzir efeito perante a previdência social, declaração falsa ou diversa da que deveria ter sido escrita;

(...)

§ 4º **Nas mesmas penas incorre quem omite, nos documentos mencionados no § 3º**, nome do segurado e seus dados pessoais, a remuneração, **a vigência do contrato de trabalho** ou de prestação de serviços.

Na prática, entretanto, este crime não "pegou", infelizmente. Raras são as condenações em virtude de tal conduta.

Também não mereceu acolhida da Justiça do Trabalho a tese no sentido da qual a ausência de anotação do vínculo de emprego na CTPS geraria dano moral ao empregado. Nesse sentido, julgado da SDI-I divulgado no *Informativo nº 138 do TST*:

Recurso de embargos em embargos de declaração em recurso de revista regido pela Lei nº 13.015/2014. Ausência de anotação do vínculo de emprego na CTPS. Inexistência de prejuízo. Ainda que a anotação do vínculo de emprego na CTPS tenha caráter cogente, a teor do artigo 29 da CLT, a sua ausência, por si só, não gera automaticamente dano moral ao empregado, mormente quando ausente prova de prejuízo. No caso concreto, o quadro fático delineado no acórdão embargado não demonstra a existência dos elementos caracterizadores do dano moral. Com efeito, a Egrégia Turma consignou que o TRT de origem decidiu que "a falta de anotação do contrato de trabalho em CTPS, por si só, não representa lesão à sua intimidade, honra ou imagem. Ademais, o reclamante já obteve a via reparatória através da presente demanda, sendo suficiente para indenizar o dano, de índole exclusivamente material". Não houve prova efetiva de dano algum que pudesse abalar a intimidade, a vida privada, a honra ou a imagem do autor, tampouco da existência de prejuízo. Precedentes desta Corte. Recurso de embargos de que se conhece e a que se nega provimento (TST, SDI-I, E-ED-RR-3323-58.2010.5.02.0203, Rel. Min. Cláudio Mascarenhas Brandão, j. 02.06.2016, *DEJT* 10.06.2016. *Informativo 138*).

Observe-se, por oportuno, que todas as referências que constavam do texto celetista a respeito de anotações na CTPS a cargo do INSS tiveram os respectivos dispositivos expressamente revogados pela Lei nº 13.874/2019.

9.1.3.   O que deve e o que não deve ser anotado?

Devem ser anotadas as informações relativas ao contrato de trabalho, tais como dados do empregador, data de admissão, função, remuneração, circunstâncias especiais que eventualmente existam no contrato, alterações de salário e férias etc.

Neste sentido, o art. 15 da Portaria MTP nº 671/2021:

Art. 15. O empregador anotará na CTPS do empregado os seguintes dados:

I – até cinco dias úteis contados da data de admissão:

a) data de admissão;

b) código da CBO;

c) valor do salário contratual;

d) tipo de contrato de trabalho em relação ao seu prazo, com a indicação do término, na hipótese de contrato por prazo determinado; e

e) categoria do trabalhador, conforme classificação adotada pelo eSocial.

II – até o dia quinze do mês subsequente ao que o empregado foi admitido:

a) descrição do cargo ou função;

b) descrição do salário variável, quando for o caso;

c) identificação do estabelecimento ao qual o empregado está vinculado ou, no caso do empregado doméstico, identificação do endereço onde o trabalhador exerce suas atividades;

d) a estimativa de gorjeta, quando for o caso;

e) em se tratando de aprendiz, o arco ocupacional ou itinerário formativo utilizado com seus respectivos códigos CBO, quando for o caso;

f) descrição do fato ao qual se vincula o término do contrato por prazo determinado, se for o caso;

g) tipo de admissão, conforme classificação adotada pelo eSocial; e

h) data do ingresso na sucessora e CNPJ da sucedida em caso de transferência; e

III – até o dia quinze do mês seguinte ao da ocorrência:

a) alterações contratuais de que tratam as alíneas "b", "c" e "e" do inciso I e o inciso II do *caput*;

b) alteração contratual de que trata a alínea "d" do inciso I do caput quando houver indeterminação do prazo do contrato de trabalho originalmente firmado por prazo determinado cujo termo estava vinculado à ocorrência de um fato;

c) gozo de férias;

d) transferência de empregados para empresas do mesmo grupo econômico, consórcio, ou por motivo de sucessão, fusão, incorporação ou cisão de empresas;

e) cessão de empregado, com indicação da data da cessão e CNPJ do cessionário;

f) reintegração ao emprego; e

g) anotações previstas nas normas regulamentadoras;

IV – até o primeiro dia útil seguinte ao da ocorrência da prorrogação do contrato por prazo determinado, com indicação da data do término; e

V – até o décimo dia seguinte ao da ocorrência, os dados de desligamento, quando acarretar extinção do vínculo empregatício, observado o disposto no § 6º do art. 14, com a indicação da respectiva data, e se houver aviso prévio indenizado, da data projetada para término do contrato de trabalho. (Redação dada pela Portaria MTP nº 1.486, de 3 de junho de 2022)

Não devem ser anotadas, por sua vez, quaisquer circunstâncias capazes de desabonar a conduta do trabalhador, conforme art. 29, § 4º, da CLT:

Art. 29. (...)

§ 4º É vedado ao empregador efetuar anotações desabonadoras à conduta do empregado em sua Carteira de Trabalho e Previdência Social.

Estas anotações desabonadoras incluem o motivo da demissão (se *por justa causa*, *sem justa causa* etc.), eventuais punições disciplinares e tudo o mais que possa prejudicar a vida profissional do trabalhador. Caso o empregador efetue tais anotações desabonadoras, fica sujeito à punição administrativa (autuação lavrada pelos Auditores Fiscais do Trabalho), bem como, conforme o caso, à indenização do trabalhador pelos danos morais experimentados.

A título de exemplo do que a jurisprudência considera anotações desabonadoras, mencione-se decisão recente do TST:

AGRAVO. AGRAVO DE INSTRUMENTO. RECURSO DE REVISTA. LEIS NOS 13.015/2014 E 13.467/2017. DANO MORAL. ANOTAÇÕES DE FALTAS INJUSTIFICADAS NA CTPS. CONDUTA DESABONADORA. AUSÊNCIA DE TRANSCENDÊNCIA. A controvérsia dos autos diz respeito à possibilidade de condenação do empregador ao pagamento de indenização por danos morais por ter efetuado anotações de faltas injustificadas CTPS do reclamante. O art. 29, § 4º, da CLT, não autoriza que o empregador faça anotações desabonadoras na CTPS do empregado, porquanto tal conduta pode significar empecilhos para obtenção de um novo emprego em consequência deste registro. **São consideradas anotações desabonadoras na CTPS os registros de faltas, eventuais processos na Justiça do Trabalho, referências a atestados médicos ou condições de saúde do trabalhador, advertências, suspensões, dispensa por justa causa ou qualquer outro registro que possa prejudicar direta ou indiretamente o empregado.** Ademais, a jurisprudência majoritária desta Corte entende que anotações desabonadoras na CTPS do empregado podem gerar indenização por dano moral. Precedentes. Agravo a que se nega provimento (TST, Ag-AIRR-10829-06.2021.5.15.0117, 3ª Turma, Rel. Min. Alberto Bastos Balazeiro, *DEJT* 03.03.2023). (grifos meus)

Nesse diapasão, o TST tem considerado desabonadora a anotação no sentido de que o registro foi feito por determinação judicial. A título ilustrativo, julgado publicado no Informativo nº 111 do TST, bem como julgado mais recente:

Recurso de embargos em recurso de revista. Interposição sob a égide da Lei 11.496/2007. Anotação na CTPS do empregado de que a retificação do registro concernente ao cargo ocupado decorreu de decisão judicial. Danos morais. Indenização devida. 1. No tema, o Colegiado Turmário negou provimento ao recurso de revista da reclamada, por entender que "o registro realizado na CTPS do autor, deliberado e desnecessário, de que houve determinação judicial para tanto, caracteriza conduta desrespeitosa e ofensiva da imagem profissional da reclamante", constituindo "atuação abusiva que ultrapassa os limites do artigo 29 da CLT, ensejando violação de direito subjetivo individual à imagem" e ensejando o pagamento de indenização por danos morais. 2. Decisão recorrida em harmonia com a jurisprudência desta Corte, firme no sentido de que a referência, na CTPS do empregado, de que algum registro ali constante decorreu de determinação judicial, constitui anotação desnecessária, discriminatória e desabonadora, nos termos do art. 29, § 4º, da CLT, que dificulta a obtenção de novo emprego e acarreta ofensa a direito da personalidade do trabalhador, sendo suficiente, portanto, a ensejar o pagamento de indenização por danos morais. Precedentes desta Subseção. Recurso de embargos não conhecido (TST, SDI-1, E-ED-RR-148100-34.2009.5.03.0110, Rel. Min. Hugo Carlos Scheuermann, j. 18.06.2015, *DEJT* 30.06.2015).

AGRAVO EM AGRAVO DE INSTRUMENTO EM RECURSO DE REVISTA EM FACE DE DECISÃO PUBLICADA NA VIGÊNCIA DA LEI Nº 13.015/2014. RESPONSABILIDADE CIVIL DO EMPREGADOR. DANOS MORAIS CAUSADOS AO EMPREGADO. ANOTAÇÃO DESABONADORA NA CTPS. A responsabilidade civil do empregador pela reparação decorrente de danos morais causados ao empregado pressupõe a existência de três requisitos, quais sejam: a conduta (culposa, em regra), o dano propriamente dito (violação aos atributos da personalidade) e o nexo causal entre esses dois elementos. O primeiro consiste na ação ou omissão de alguém, que produza consequências às quais o sistema jurídico reconhece relevância. É certo que esse agir de modo consciente é ainda caracterizado por ser contrário ao Direito, daí falar-se que, em princípio, a responsabilidade exige a presença da conduta culposa do agente, o que significa ação inicialmente de forma ilícita e que se distancia dos padrões socialmente adequados, muito embora possa haver o dever de ressarcimento dos danos, mesmo nos casos de conduta lícita. O segundo elemento é o dano que, nas palavras de Sérgio Cavalieri Filho, consiste na "(...) subtração ou diminuição de um bem jurídico, qualquer que seja a sua natureza, quer se trate de um bem patrimonial, quer se trate de um bem integrante da própria personalidade da vítima, como a sua honra, a imagem, a liberdade etc. Em suma, dano é lesão de um bem jurídico, tanto patrimonial como moral, vindo daí a conhecida divisão do dano em patrimonial e moral". Finalmente, o último elemento é o nexo causal, a consequência que se afirma existir e a causa que a provocou; é o encadeamento dos acontecimentos derivados da ação humana e os efeitos por ela gerados. No caso concreto, a conduta da reclamada, de anotar nas CTPS dos reclamantes que os reconhecimentos dos vínculos de emprego decorreram de determinação judicial, os submete a constrangimentos desnecessários na admissão em novos empregos e proporciona distinções e estigmas indevidos dentro da própria empresa. Tal registro causa prejuízo moral, que necessita ser ressarcido. Precedentes. Agravo conhecido e não provido. (TST, 7ª Turma, Ag-RR-200-83.2015.5.17.0001, Rel. Min.: Cláudio Mascarenhas Brandão, Data de Julgamento: 29.08.2018, *DEJT* 06.09.2018).

9.1.4. Vinculação da CTPS ao CPF

Com o objetivo de simplificar a identificação do trabalhador, a Lei nº 13.874/2019 alterou o art. 16 da CLT, o qual passou a estabelecer que "a CTPS terá como identificação única do empregado o número de inscrição no Cadastro de Pessoas Físicas (CPF)".

No mesmo diapasão, os §§ 6º a 8º do art. 29 da CLT, incluídos pela Lei nº 13.874/2019:

§ 6º A comunicação pelo trabalhador do número de inscrição no CPF ao empregador equivale à apresentação da CTPS em meio digital, dispensado o empregador da emissão de recibo.

§ 7º Os registros eletrônicos gerados pelo empregador nos sistemas informatizados da CTPS em meio digital equivalem às anotações a que se refere esta Lei.

§ 8º O trabalhador deverá ter acesso às informações da sua CTPS no prazo de até 48 (quarenta e oito) horas a partir de sua anotação.

Neste ponto, o concursando deve redobrar o cuidado, pois é provável que as bancas venham a explorar uma possível confusão em relação aos prazos a que se refere a legislação em vigor, senão vejamos:

- O prazo para que o empregador anote o contrato de trabalho na CTPS do empregado, que era de 48h, passou a ser de cinco dias úteis;

- O trabalhador deve ter acesso às informações de sua CTPS em até 48h, *contadas da anotação*.

9.1.5. Processo de anotação

Apesar de pouco utilizado na prática, o processo de anotação da CTPS continua vigente, conforme arts. 36 a 39 da CLT. Os dispositivos não demandam maiores esforços interpretativos. Vejamos:

> Art. 36. Recusando-se a empresa fazer as anotações a que se refere o art. 29 ou a devolver a Carteira de Trabalho e Previdência Social recebida, poderá o empregado comparecer, pessoalmente ou por intermédio de seu sindicato perante a Delegacia Regional ou órgão autorizado, para apresentar reclamação.

Se o empregador não anotou o contrato de trabalho em CTPS, ou reteve a carteira, cabe ao empregado comparecer ao órgão local do Ministério do Trabalho e Emprego a fim de apresentar reclamação, a partir da qual será instaurado o processo de anotação.

> Art. 37. No caso do art. 36, lavrado o termo de reclamação, determinar-se-á a realização de diligência para instrução do feito, observado, se for o caso, o disposto no § 2º do art. 29, notificando-se posteriormente o reclamado por carta registrada, caso persista a recusa, para que, em dia e hora previamente designados, venha prestar esclarecimentos ou efetuar as devidas anotações na Carteira de Trabalho e Previdência Social ou sua entrega.
>
> Parágrafo único. Não comparecendo o reclamado, lavrar-se-á termo de ausência, sendo considerado revel e confesso sobre os termos da reclamação feita, devendo as anotações serem efetuadas por despacho da autoridade que tenha processado a reclamação.

Apresentada a reclamação pelo trabalhador, ela é reduzida a termo. Em seguida, um Auditor Fiscal do Trabalho diligenciará até o estabelecimento, a fim de colher informações e subsídios para o esclarecimento da reclamação e consequente instrução do feito. Muitas vezes esta diligência já é suficiente para resolução da questão, culminando com a anotação da CTPS pelo empregador.

Caso contrário, ou seja, persistindo a recusa do empregador em anotar a CTPS, ele é notificado por carta registrada, para que compareça à unidade do Ministério do Trabalho e Emprego para prestar esclarecimentos ou proceda às anotações na CTPS.

Notificado o empregador, há duas possibilidades:

a) Não comparece, caso em que serão consideradas verídicas as alegações do empregado, no sentido da existência do contrato de trabalho, pelo que a CTPS será anotada pela autoridade que tenha processado a reclamação, que, na hipótese, é a autoridade de primeira instância administrativa, atualmente o Gerente Regional do Trabalho, por delegação do Superintendente Regional.

b) Comparece o empregador:

b.1) e procede às anotações → arquivamento da reclamação.

b.2) continua negando a anotação:

> Art. 38. Comparecendo o empregador e recusando-se a fazer as anotações reclamadas, será lavrado um termo de comparecimento, que deverá conter, entre outras indicações, o lugar, o dia e hora de sua lavratura, o nome e a residência do empregador, assegurando-se-lhe o prazo de 48 (quarenta e oito) horas, a contar do termo, para apresentar defesa.
>
> Parágrafo único. Findo o prazo para a defesa, subirá o processo à autoridade administrativa de primeira instância, para se ordenarem diligências, que completem a instrução do feito, ou para julgamento, se o caso estiver suficientemente esclarecido.

Nesta fase, cabe à autoridade administrativa de primeira instância ordenar a oitiva de testemunhas e tudo o mais que entenda necessário à instrução do feito.

Se a defesa do empregador contesta a existência do vínculo de emprego, abrem-se duas novas possibilidades, nos termos do art. 39 da CLT:

Art. 39. Verificando-se que as alegações feitas pelo reclamado versam sobre a não existência de relação de emprego ou sendo impossível verificar essa condição pelos meios administrativos, será o processo encaminhado à Justiça do Trabalho ficando, nesse caso, sobrestado o julgamento do auto de infração que houver sido lavrado.

(...)

- Se a autoridade administrativa consegue, pelos meios administrativos, verificar a existência da relação de emprego (a partir da inspeção *in loco* feita pelo Auditor Fiscal do Trabalho, da oitiva de testemunhas etc.), cabe a ela determinar a anotação, nos termos do art. 37, parágrafo único.

- Se não é possível tal verificação, cabe o encaminhamento do processo à Justiça do Trabalho, hipótese em que o julgamento do auto de infração por não anotação da CTPS deve ficar sobrestado.

Neste último caso, a Justiça do Trabalho decidirá o processo e, se julgada procedente a ação, a Secretaria da Vara do Trabalho procederá às anotações devidas.

Observação importante: o processo de anotação **não é obrigatório**, mas sim mera faculdade do empregado, de tal forma que **não constitui pré-requisito para o ajuizamento de ação trabalhista** visando o reconhecimento do vínculo empregatício.

9.1.6. Valor das anotações da CTPS

Quanto a isso, não há maiores controvérsias: as anotações da CTPS gozam de presunção relativa (*juris tantum*) de veracidade, podendo, portanto, ser elididas por prova em sentido contrário.

Neste sentido, a Súmula 12 do TST:

Súm. 12. Carteira profissional (mantida). Res. 121/2003, *DJ* 19, 20 e 21.11.2003.

As anotações apostas pelo empregador na carteira profissional do empregado não geram presunção *juris et de jure*, mas apenas *juris tantum*.

Ainda no mesmo diapasão, a Súmula 225 do STF[3]:

Súm. 225. Não é absoluto o valor probatório das anotações da carteira profissional.

Até algum tempo atrás, se discutia o alcance desta presunção relativa das anotações, sendo que parte da doutrina tendia a considerar que a presunção era relativa em relação ao empregado, mas absoluta em relação ao empregador, visto que as anotações haviam partido deste. Atualmente, entretanto, já se admite a elisão das anotações por prova em sentido contrário também pelo empregador, ou seja, a validade das anotações é relativa tanto para o empregado quanto para o empregador.

---

3   Alguns alunos questionam se é necessário conhecer as Súmulas do STF em matéria trabalhista. A resposta, ao menos por enquanto, é negativa. É suficiente conhecer os verbetes do TST. As Súmulas do STF (salvo as vinculantes, cujo conhecimento é imprescindível) servem apenas para ilustrar e reforçar algumas premissas utilizadas na seara trabalhista.

9.1.7. Prescrição e anotação da CTPS

Considera-se imprescritível a pretensão de anotação da CTPS, desde que não acompanhada por pedidos acessórios de natureza patrimonial. Isto porque se trata, no caso, de ação declaratória, que, como tal, não se sujeita à prescrição.

Este é o teor do art. 11, § 1º, da CLT:

> Art. 11. A pretensão quanto a créditos resultantes das relações de trabalho prescreve em cinco anos para os trabalhadores urbanos e rurais, até o limite de dois anos após a extinção do contrato de trabalho.
>
> [...]
>
> **§ 1º O disposto neste artigo não se aplica às ações que tenham por objeto anotações para fins de prova junto à Previdência Social.**

Em consonância com tal entendimento, a jurisprudência remansosa do TST:

> [...] 2. Prescrição bienal. Reconhecimento de vínculo empregatício. Cumulação de pretensão declaratória e condenatória. A jurisprudência desta Corte possui o entendimento de que o reconhecimento de vínculo empregatício é imprescritível, porquanto possui natureza meramente declaratória, nos termos do art. 11, § 1º, da CLT. Assim, havendo pedido declaratório de vínculo de emprego e, também, de cunho condenatório, analisa-se a prescrição para cada um dos pedidos. Precedentes. [...] (TST, 8ª Turma, AIRR-1110-58.2013.5.15.0059, Rel. Min. Dora Maria da Costa, j. 19.10.2016, *DEJT* 21.10.2016).

> [...] B) Recurso de revista. Processo sob a égide da Lei nº 13.015/14. Ação declaratória de reconhecimento de vínculo empregatício. Cumulação com pedido de condenação ao pagamento das parcelas decorrentes do reconhecimento do vínculo. Prescrição aplicável. Quando o pleito declaratório de reconhecimento de vínculo de emprego encontrar-se cumulado com um pedido condenatório, aquele continua imprescritível, enquanto este sujeita-se ao prazo prescricional do art. 7º, XXIX, da Constituição Federal. Segundo o previsto neste dispositivo, o prazo prescricional da pretensão referente a créditos trabalhistas é de cinco anos, contados do protocolo da ação, observado o limite de dois anos após a extinção do contrato de trabalho. No caso dos autos, extrai-se do acórdão regional que o vínculo empregatício foi reconhecido no período de 06/12/2002 a 31/08/2009 mas a presente reclamatória somente foi ajuizada após o limite de dois anos da extinção do contrato de trabalho (13/08/2012). Assim, não havendo a observância do biênio prescricional (art. 7º, XXIX, CF) para o ajuizamento da ação, declara-se prescrita à pretensão do Reclamante quanto aos créditos decorrentes da relação de emprego. Recurso de revista conhecido e provido (TST, 3ª Turma, RR-1077-45.2012.5.01.0010, Rel. Min. Mauricio Godinho Delgado, j. 19.10.2016, *DEJT* 21.10.2016).

9.2. REGISTRO DE EMPREGADOS

Dispõe o *caput* do art. 41 da CLT que "em todas as atividades será obrigatório para o empregador o registro dos respectivos trabalhadores, podendo ser adotados livros, fichas ou sistema eletrônico, conforme instruções a serem expedidas pelo Ministério do Trabalho".

Além da qualificação civil ou profissional de cada trabalhador, deverão ser anotados todos os dados relativos à sua admissão no emprego, duração e efetividade do trabalho, a férias, acidentes e demais circunstâncias que interessem à proteção do trabalhador (art. 41, parágrafo único, CLT). O art. 14 da Portaria MTP nº 671/2021 detalha as informações que devem constar do registro de empregados e os respectivos prazos.

Como já foi adiantado no início do capítulo, o registro de empregado é a prova documental do contrato de trabalho de que dispõe o empregador. Trata-se do contraponto da CTPS. É obrigatório o registro dos trabalhadores em livro, ficha ou sistema eletrônico competente, nos termos definidos pelo Ministério da do Trabalho e Emprego (Portaria MTP nº 671/2021), sob pena de autuação[4]. Observe-se que o registro de empregados deve ser **prévio ao início de atividades**, não prevendo a lei prazo para formalização, conforme o faz em relação às anotações em CTPS (5 dias).

Neste diapasão, dispõe a Portaria MTP nº 671/2021 que **o registro do empregado deve ser informado por meio do** *eSocial*[5] (ou anotado em livro ou ficha de registro, para aqueles empregadores que optarem por não utilizar o sistema eletrônico), **até o dia anterior ao início das atividades do trabalhador**.

O registro de empregados constitui, a rigor, elemento imprescindível para controle administrativo (fiscalização) da formalização da relação de emprego.

Frise-se, entretanto, e uma vez mais, que tanto o registro de empregados quanto a obrigatoriedade de anotar a CTPS constituem **exigências administrativas**, cujo objetivo é consolidar situações de fato do cotidiano trabalhista, o que não significa, absolutamente, que o contrato de trabalho não anotado em CTPS ou não registrado não esteja apto a produzir seus efeitos jurídicos normais. Neste sentido, o art. 456, *caput* da CLT:

> Art. 456. A prova do contrato individual do trabalho será feita pelas anotações constantes da carteira profissional ou por instrumento escrito e suprida por todos os meios permitidos em direito.

IDENTIFICAÇÃO PROFISSIONAL
Anotação em CTPS e contratação tácita:
• A CLT admite seja o contrato de trabalho firmado tacitamente, hipótese em que surtirá efeitos. Entretanto, tal previsão visa apenas assegurar os direitos do trabalhador, pois a mesma CLT impõe ao empregador a obrigação administrativa de anotar o contrato de trabalho na CTPS do empregado, para fins de controle previdenciário, principalmente.
Quem emite a CTPS?
• O Ministério do Trabalho e Emprego, preferencialmente em meio eletrônico. Excepcionalmente, poderá ser emitida a CTPS em meio físico pelo Ministério do Trabalho e Emprego ou, mediante convênio, com órgãos federais, estaduais e municipais da administração direta ou indireta e serviços notariais e de registro.
Quem deve ter CTPS?
• A Carteira de Trabalho e Previdência Social é obrigatória para o exercício de qualquer emprego, inclusive de natureza rural, ainda que em caráter temporário, e para o exercício por conta própria de atividade profissional remunerada.
• O trabalhador temporário também deve ter a CTPS anotada.
A quem cabem as anotações?
• As anotações cabem ao empregador, que terá o prazo de cinco dias úteis para promovê-las.
• As anotações concernentes à remuneração devem especificar o salário, qualquer que seja sua forma de pagamento, seja ele em dinheiro ou em utilidades, bem como a estimativa da gorjeta.

---

4 Apenas a título informativo, mencione-se que a Lei nº 13.467/2017 alterou a redação do art. 47 da CLT, aumentando o valor da multa administrativa cominada à infração em referência (que passou para R$ 3.000,00 por empregado não registrado), bem como estabeleceu, no novel § 1º do art. 47, valor diferenciado para a multa a ser aplicada às microempresas e empresas de pequeno porte que admitirem empregado sem o devido registro (R$ 800,00 por empregado não registrado).

5 O Sistema de Escrituração Digital das Obrigações Fiscais, Previdenciárias e Trabalhistas – *eSocial* foi instituído pelo Decreto nº 8.373/2014.

IDENTIFICAÇÃO PROFISSIONAL
O que não deve ser anotado na CTPS? • É vedado ao empregador efetuar anotações desabonadoras à conduta do empregado em sua Carteira de Trabalho.
Vinculação da CTPS ao CPF: • A CTPS terá como identificação única do empregado o número do CPF.
Valor das anotações: • As anotações apostas pelo empregador na carteira profissional do empregado não geram presunção *juris et de jure*, mas apenas *juris tantum*.
Prescrição: • Não se aplica a prescrição às ações que tenham por objeto anotações para fins de prova junto à Previdência Social.
Registro de empregado: • Em todas as atividades será obrigatório para o empregador o registro dos respectivos trabalhadores, podendo ser adotados livros, fichas ou sistema eletrônico, conforme instruções a serem expedidas pelo Ministério do Trabalho e Emprego. • Além da qualificação civil ou profissional de cada trabalhador, deverão ser anotados todos os dados relativos à sua admissão no emprego, duração e efetividade do trabalho, a férias, acidentes e demais circunstâncias que interessem à proteção do trabalhador.

9.3. DEIXADINHAS

1. A anotação da CTPS e o registro do empregado constituem obrigações administrativas do empregador, e não requisitos para configuração da relação de emprego.
2. Mesmo que firmado apenas tacitamente, o contrato de trabalho produz efeitos jurídicos, não podendo o empregador se escusar de assumir seus encargos sob o argumento de que não houve formalização.
3. A lei veda a anotação em CTPS de circunstâncias desabonadoras à conduta do trabalhador.
4. As anotações da CTPS gozam de presunção relativa de veracidade, podendo ser elididas por prova em sentido contrário.
5. É imprescritível a pretensão de anotação da CTPS, desde que não acompanhada por pedidos acessórios de natureza patrimonial.
6. A infração por manter empregado não registrado constitui exceção ao critério da dupla visita.
7. A CTPS será emitida preferencialmente em meio eletrônico. Excepcionalmente poderá ser emitida em meio físico.
8. A CTPS terá como identificação única do empregado o número de inscrição no CPF.
9. O empregador terá o prazo de cinco dias úteis para anotar na CTPS, em relação aos trabalhadores que admitir, a data de admissão, a remuneração e as condições especiais, se houver.
10. A comunicação pelo trabalhador do número do CPF ao empregador equivale à apresentação da CTPS em meio digital, dispensado o empregador da emissão de recibo.
11. Os registros eletrônicos gerados pelo empregador nos sistemas informatizados da CTPS em meio digital equivalem às anotações a que se refere a lei.
12. O trabalhador deverá ter acesso às informações da sua CTPS no prazo de até 48h a partir da anotação.

CAPÍTULO 10

Contrato de Trabalho – Conceito, Características, Elementos Essenciais e Nulidades

· ·

Marcadores: CONCEITO DE CONTRATO DE TRABALHO; CARACTERÍSTICAS DO CONTRATO DE TRABALHO; ELEMENTOS ESSENCIAIS DO CONTRATO DE TRABALHO; NULIDADES.

Material de estudo:

✓ Legislação: **CLT**, art. 2°, 3°, 402, 442, 443, 456; **CCB**, art. 5°, 104

✓ Jurisprudência: **Súm.** 301, 363, 386, 430, TST; **OJ SDI-1** 199, TST

✓ Doutrina (++)

Estratégia de estudo sugerida:

Embora não seja assunto central na seara trabalhista, conhecer o mecanismo básico das nulidades no Direito do Trabalho é importante para a sistematização do aprendizado da disciplina.

Desse modo, sugiro seja este capítulo estudado integralmente, independentemente do objetivo imediato do leitor.

10.1. CONCEITO

Contrato é o acordo de vontades, seja ele tácito ou expresso, por meio do qual as partes contratantes ajustam direitos e obrigações recíprocas.

Contrato de trabalho, por sua vez, é o contrato qualificado pela presença dos requisitos caracterizadores da relação de emprego. Logo, o contrato de trabalho pode ser definido como o **acordo de vontades, tácito ou expresso, pelo qual uma pessoa física (empregado) coloca seus serviços à disposição de uma pessoa física, jurídica ou ente despersonalizado (empregador), sendo estes serviços pessoais, não eventuais, onerosos e subordinados.**

A CLT define (mal, é verdade) o contrato de trabalho como sendo "o acordo tácito ou expresso, correspondente à relação de emprego" (art. 442).

Mais uma incongruência técnica do texto celetista, frise-se. Ora, o contrato de trabalho, na verdade, não corresponde à relação de emprego, e sim faz surgir tal relação. É a partir do acordo de vontades entre empregador e empregado que surge no mundo jurídico o liame empregatício.

Ademais, dizer que uma figura corresponde à outra não define nada. Se o contrato de trabalho corresponde à relação de emprego, a relação de emprego corresponde ao contrato de trabalho, e nenhuma das duas afirmações esclarece absolutamente nada.

Critica-se ainda a expressão *contrato de trabalho*, que, na verdade, deveria ser *contrato de emprego* ou, melhor, *contrato de trabalho subordinado*. Isso porque *contrato de trabalho* abrangeria todas as meras relações de trabalho, e não somente a relação de emprego, como quis a norma. Também não tem maior importância o pormenor, pois o uso da expressão *contrato de trabalho* já foi consagrado pela prática trabalhista, não deixando margem de dúvidas senão aos desavisados.

10.2. CARACTERÍSTICAS DO CONTRATO DE TRABALHO

Cada doutrinador menciona um rol de diferentes características do contrato de trabalho. Como parâmetro, mencione-se o rol utilizado pelo Min. Godinho Delgado[1].

Assim, são características do contrato de trabalho:

- contrato de direito privado;
- contrato sinalagmático;
- contrato consensual;
- contrato celebrado *intuitu personae*;
- contrato de trato sucessivo;
- contrato de atividade;
- contrato oneroso;
- contrato dotado de alteridade;
- contrato complexo.

Vejamos então cada uma destas características.

a) É **contrato de direito privado,** porque a essência do contrato (prestação de serviço) é de natureza privada, **inclusive quando o Estado é o empregador**, pois neste caso age como particular, sem privilégios frente ao Direito do Trabalho. Ademais, os sujeitos do contrato são particulares.

b) É **contrato sinalagmático,** porque dá origem a **obrigações contrárias, contrapostas.** Há um equilíbrio, ainda que apenas formal, entre as prestações de ambas as partes. Esta característica aparece se considerado o contrato como um **conjunto de direitos e obrigações para ambas as partes**. Do contrário, não haveria sinalagma durante a interrupção contratual, em que o empregado não presta serviços, pelo que faltaria a obrigação do empregado.

Alguns autores subdividem esta característica em duas, defendendo que o contrato de trabalho é **sinalagmático**, no sentido de que é bilateral e cria obrigações para ambas

---

[1] DELGADO, Maurício Godinho. *Curso de Direito do Trabalho*. 9. ed. São Paulo: LTr, 2010, p. 471-474.

as partes, e **comutativo**, no sentido de que há equivalência entre a prestação de serviços e a contraprestação salarial.

c) É **contrato consensual**, em contraposição ao contrato formal ou solene. Com efeito, o contrato de trabalho exige apenas o acordo entre as partes, ou seja, o mero consentimento, independentemente de qualquer solenidade (pode ser até tácito) ou forma especial (pode ser verbal ou escrito, se expresso, ou, repita-se, apenas tácito).

Observe-se que estas características marcam os contratos em geral, mas não exatamente todos. Há contratos de trabalho, por exemplo, que exigem forma escrita, e, portanto, não são consensuais. Um exemplo é o contrato de atleta profissional de futebol que, por força de lei, deve ser sempre escrito.

Esta especificidade legal (exigência de forma específica para contratar) aplicável a alguns ofícios não implica tratamento discriminatório, e sim aplicação do princípio da igualdade em seu aspecto substancial. Com efeito, em algumas atividades e/ou ofícios, a imposição de determinada forma para pactuação oferece maior proteção ao trabalhador ou mesmo maior segurança jurídica às partes contratantes.

d) É contrato *intuitu personae*, pois é necessária a pessoalidade em relação ao empregado, ou seja, o contrato se forma em razão da pessoa do empregado. Como se sabe, não há pessoalidade em relação ao polo passivo do liame empregatício, sendo regra a despersonalização do empregador, o que fundamenta, por exemplo, a sistemática da sucessão de empregadores, conforme arts. 10 e 448 da CLT.

Esta característica é também chamada de *infungibilidade*, pois o empregado não pode, em regra, ser substituído por outro.

e) É **contrato de trato sucessivo**, tendo em vista que as principais prestações (prestação de serviço e pagamento de salário) sucedem-se de forma contínua no tempo. Por isso costuma-se dizer que a relação de emprego é uma relação de *débito permanente*. Ressalte-se, neste aspecto, o princípio da *continuidade da relação de emprego*, que informa o Direito do Trabalho, e será muito importante no estabelecimento da presunção de indeterminação de prazo do contrato de trabalho. Da mesma forma, o fato do contrato de trabalho ser de trato sucessivo propicia a aplicação da ideia de prescrição parcial, pois as parcelas previstas em lei vencem mês a mês, de forma que se considera renovada mensalmente a obrigação.

O contraponto do contrato de trato sucessivo é, por exemplo, o contrato instantâneo, cujo exemplo clássico é a compra e venda, na qual as obrigações contratuais exaurem-se em um único ato.

f) É **contrato de atividade**, em contraposição ao contrato de resultado. Sabe-se que, no contrato de trabalho, não interessa o resultado do trabalho prestado, e sim a obtenção da energia de trabalho do empregado pelo tomador dos serviços. Ao contrário, na relação autônoma o trabalhador coloca à disposição do tomador dos serviços o resultado de seu trabalho como, por exemplo, no contrato de empreitada, em que se contrata um resultado específico. Também é importante esta característica para reforçar a ideia de assunção dos riscos pelo empregador. Mesmo que o empregado não produza nada, fará jus ao salário, pelo simples fato de que o contrato é de atividade, e não de resultado.

g) É **contrato oneroso**, pois pressupõe a realização de sacrifícios e concessão de vantagens econômicas recíprocas. O contraponto seria o trabalho gracioso, que não caracteriza vínculo empregatício exatamente pela ausência de onerosidade.

h) É **contrato dotado de alteridade**, porque o empregado trabalha por conta alheia, isto é, por conta do empregador. Isso significa que o empregado simplesmente recebe o salário, não fazendo jus aos resultados do empreendimento, sejam eles positivos (lucros) ou negativos (prejuízos). Daí decorre a **assunção dos riscos da atividade exclusivamente pelo empregador** (art. 2º, *caput*, da CLT).

Registre-se, por lealdade intelectual, que alguns autores não consideram a alteridade característica intrínseca, mas apenas elemento acidental do contrato de trabalho. Neste sentido, Vólia Bomfim Cassar[2], sob o argumento de que a alteridade não estaria presente nos casos de terceirização.

i) É **contrato complexo**, pois pode se associar a outros contratos, como, por exemplo, um contrato de comodato de imóvel residencial. Neste caso, o contrato acessório segue os destinos do principal, razão pela qual, extinto o contrato de trabalho, em princípio extinguem-se também os contratos acessórios a ele.

10.3. ELEMENTOS ESSENCIAIS DO CONTRATO DE TRABALHO

O art. 104 do Código Civil define os elementos essenciais dos contratos em geral:

Art. 104. A validade do negócio jurídico requer:

I – agente capaz;

II – objeto lícito, possível, determinado ou determinável;

III – forma prescrita ou não defesa em lei.

Em relação ao contrato de trabalho, a **existência** depende da presença dos requisitos caracterizadores da relação de emprego, conforme arts. 3º e 2º da CLT. Verificado o plano da existência, passa-se ao plano da **validade** do contrato, o qual exige a presença dos elementos essenciais, tal como no Direito Civil.

Esquematicamente, seria o seguinte:

1º) **Existe** contrato de trabalho?
Resposta: sim, desde que presentes os requisitos dos arts. 3º e 2º da CLT (pessoalidade, não eventualidade, onerosidade e subordinação).
2º) O contrato de trabalho é **válido**, ou seja, está apto a produzir seus efeitos normais?
Resposta: sim, se presentes os elementos essenciais relacionados no art. 104 do CCB (agente capaz; objeto lícito, possível, determinado ou determinável; forma prescrita ou não defesa em lei).

Vejamos cada um dos elementos.

10.3.1. Agente capaz (ou capacidade das partes)

Capacidade trabalhista é a aptidão do indivíduo para o exercício dos atos atinentes às relações laborais.

Em relação ao empregador, **ante a falta de norma específica** a capacidade trabalhista coincide com a capacidade civil. Assim, o empregador deve ter, no mínimo, 18 anos (art. 5º do Código Civil) para que possa admitir empregado. Aplicam-se, contudo, as hipóteses de emancipação civil, previstas no art. 5º, parágrafo único, do CCB.

2   CASSAR, Vólia Bomfim. *Direito do Trabalho*. 4. ed. Niterói: Impetus, 2010, p. 274.

Em relação ao empregado, por sua vez, a capacidade plena para os atos da vida trabalhista é adquirida aos 18 anos, e já era assim na vigência do CCB/1916, em que a capacidade civil era adquirida plenamente somente aos 21 anos.

Há ainda a capacidade trabalhista relativa, entre 16 e 18 anos para o empregado, e a partir dos 14 anos para o aprendiz.

No tocante ao empregado, **e para os fins trabalhistas**, não se aplicam as hipóteses de emancipação previstas na lei civil, tendo em vista que não há omissão do texto celetista, o qual regula expressamente a matéria específica (art. 402, c/c o art. 8º da CLT). O assunto será tratado em maiores detalhes quando do estudo da proteção ao trabalho do menor (Capítulo 25).

Capacidade trabalhista *vs.* legitimação

Outra questão que merece destaque é a da ausência de legitimação do empregado para exercer determinada função. Com efeito, **não se confunde capacidade e legitimação**. Enquanto capacidade se refere à capacidade civil e, especificamente, no caso, à capacidade de contratar, **a legitimação se refere à observância de requisitos específicos de ordem administrativa**, como o limite mínimo diferenciado de idade para o trabalho (por exemplo, de 21 anos para os vigilantes) e a inscrição no conselho regulamentador da profissão (um advogado deve ser inscrito na OAB, por exemplo).

Neste caso, ausente a legitimação, os efeitos da nulidade do contrato dependerão da natureza da exigência administrativa. Se o requisito for para resguardar o interesse público, o contrato será nulo de pleno direito e o empregado não terá nenhuma proteção trabalhista. Exemplo: vigilante menor de 21 anos, que, em tese, oferece maior risco à sociedade, dadas as peculiaridades da atividade que exerce, ao fato de portar arma etc.

Ao contrário, se a exigência for de ordem essencialmente formal, o contrato deve ser anulado com efeitos *ex nunc*, garantindo-se ao empregado a proteção laboral em relação ao período trabalhado. Assim, se um radialista é admitido sem o devido registro profissional junto ao Ministério do Trabalho e Emprego, não deixará, por isso, de ter assegurados todos os direitos havidos ao longo do período de prestação laboral.

Neste sentido, a Súmula 301 do TST:

Súm. 301. Auxiliar de laboratório. Ausência de diploma. Efeitos (mantida) – Res. 121/2003, *DJ* 19, 20 e 21.11.2003

O fato de o empregado não possuir diploma de profissionalização de auxiliar de laboratório não afasta a observância das normas da Lei nº 3.999, de 15.12.1961, uma vez comprovada a prestação de serviços na atividade.

Por fim, caso o descumprimento da exigência (ausência de legitimação) se traduza em ilícito penal (por exemplo, exercício ilegal da medicina), a nulidade será não só pela incapacidade específica (legitimidade), mas também pela ilicitude do objeto, e, obviamente, o trabalhador não terá qualquer proteção trabalhista.

10.3.2. Objeto lícito

Por razões lógicas, o direito somente aceita como válido o contrato se seu objeto é lícito, isto é, não constitui prática ilícita conforme a lei vigente. Não é diferente no Direito do Trabalho.

Assim, será inválido o contrato de trabalho cujo objeto (o próprio trabalho prestado) seja ilícito.

A doutrina e a jurisprudência também consideram ilícito o trabalho contrário à moral e aos bons costumes. Exemplo: contratação de prostituta como empregada doméstica.

Neste sentido, a lição de Pablo Stolze e Rodolfo Pamplona Filho[3]: "a licitude traduz a ideia de estar o objeto dentro do campo de permissibilidade normativa, o que significa dizer não ser proibido pelo **direito** e pela **moral**" (grifos no original).

A questão do objeto determinado ou determinável terá pouca importância na seara laboral, tendo em vista que o objeto de qualquer contrato de trabalho será, no mínimo, determinável[4]. Neste sentido, o art. 456, parágrafo único, da CLT:

> Art. 456. A prova do contrato individual de trabalho será feita pelas anotações constantes da carteira profissional ou por instrumento escrito e suprida por todos os meios permitidos em direito.
>
> Parágrafo único. **À falta de prova ou inexistindo cláusula expressa a tal respeito, entender-se-á que o empregado se obrigou a todo e qualquer serviço compatível com a sua condição pessoal**.

Em relação à possibilidade do objeto, trata-se de possibilidade física, e não jurídica (que é o próprio objeto lícito). Assim, em uma situação hipotética absurda, obviamente seria nulo, por impossibilidade do objeto, um contrato cujo trabalhador tenha sido admitido para ir até a lua guiando um balão a gás.

Há, entretanto, uma distinção muito importante a fazer, que determinará a regra para a aplicação ou não da legislação trabalhista. Trata-se da distinção entre o trabalho ilícito e o trabalho proibido.

Trabalho ilícito é aquele que compõe um tipo penal ou concorre diretamente para a realização da conduta definida como crime.

Exemplo: o trabalhador é contratado como matador profissional; ou, ainda, como impressor de documentos falsos.

Trabalho proibido, por sua vez, é o trabalho irregular, no sentido de que é vedado pela lei, mas não constitui crime. Em outras palavras, o trabalho em si é lícito, mas na circunstância específica em que é prestado é vedado pela lei, a fim de proteger o trabalhador ou ainda o interesse público.

Exemplos: trabalho do menor de 14 anos, em qualquer hipótese; trabalho do menor de 18 anos em atividade noturna, insalubre ou perigosa; trabalho do estrangeiro sem o visto de trabalho concedido pelo Ministério do Trabalho e Emprego.

A importância da distinção das duas figuras aparece quando se estuda o tratamento que se dá a quem desenvolve trabalho ilícito e a quem desenvolve trabalho proibido.

Com efeito, **o trabalho ilícito retira do obreiro, em regra, qualquer proteção trabalhista**, por razões óbvias. Se o sujeito comete um crime, naturalmente não pode ser recompensado por isso, impondo-se a sua punição.

Ao contrário, **o trabalho proibido costuma merecer a integral proteção trabalhista, desde que o trabalho não caracterize, também, tipo penal**. Ora, um menor contratado

---

3   GAGLIANO, Pablo Stolze; PAMPLONA FILHO, Rodolfo. *Novo Curso de Direito Civil*. Parte Geral. 7. ed. São Paulo: Saraiva, 2006. vol. 1. p. 382.

4   Considera-se determinado o objeto que pode ser perfeitamente individualizado para fins de caracterização e identificação, como ocorre, por exemplo, em uma compra e venda de imóvel, em que o contrato deve descrever minuciosamente o objeto, sua localização, suas dimensões e confrontações etc. Por sua vez, é determinável aquele objeto que, embora não especificado no contrato, possa ser determinado futuramente, pelo gênero e pela quantidade. Exemplo é a compra de cem sacas de café, em que não se especifica a qualidade do cereal, e sim o gênero (café) e a quantidade (cem sacas).

antes dos 14 anos não pode ser prejudicado duas vezes, uma por trabalhar em tenra idade, e outra por não receber a contraprestação do trabalho efetivamente prestado. Como é impossível restituir ao trabalhador a energia de trabalho despendida, resta ao empregador pagar-lhe "seus direitos". Advogar o contrário seria não só prejudicar duas vezes o trabalhador, como também incentivar a conduta torpe do empregador, que teria então, no contrato irregular, um custo muito menor.

Assim, no caso do trabalho proibido, normalmente determina-se a imediata cessação do contrato de trabalho; porém, garantem-se os efeitos trabalhistas adquiridos até então, ou seja, a declaração de nulidade tem efeitos *ex nunc*.

Em relação ao trabalho ilícito, há várias correntes interpretativas a respeito dos efeitos da prestação de serviços em atividade ilícita, as quais serão abordadas adiante, quando do estudo das nulidades.

Apenas a fim de facilitar o estudo, vejamos desde já as duas situações mais encontradas em provas de concurso público: a questão do apontador do jogo do bicho e a questão do policial militar que presta serviços de segurança privada.

Quanto ao apontador do jogo do bicho, o contrato não surte qualquer efeito, ante a ilicitude da conduta. Assim, o empregado fica desprovido de qualquer proteção trabalhista. Neste sentido, a OJ 199 da SDI-1 do TST:

OJ-SDI1-199. Jogo do bicho. Contrato de trabalho. Nulidade. Objeto ilícito (título alterado e inserido dispositivo). *DEJT* divulgado em 16, 17 e 18.11.2010.

É nulo o contrato de trabalho celebrado para o desempenho de atividade inerente à prática do jogo do bicho, ante a ilicitude de seu objeto, o que subtrai o requisito de validade para a formação do ato jurídico.

Diferente é o caso do policial militar que presta serviços de segurança privada fora do horário de trabalho. Neste caso, estamos diante de trabalho proibido. Ocorre que o trabalho na área de segurança privada normalmente é vedado aos policiais militares pelo estatuto da corporação. Entretanto, a jurisprudência entende tratar-se de regulamentação *interna corporis*, ou seja, o vínculo de emprego deve ser reconhecido, desde que presentes, é claro, os elementos fático-jurídicos do art. 3º da CLT, independentemente de eventual sanção disciplinar aplicável ao policial no âmbito da corporação.

Neste sentido, a Súmula 386 do TST:

Súm. 386. Policial militar. Reconhecimento de vínculo empregatício com empresa privada. Res. 129/2005, *DJ* 20, 22 e 25.04.2005

Preenchidos os requisitos do art. 3º da CLT, é legítimo o reconhecimento de relação de emprego entre policial militar e empresa privada, independentemente do eventual cabimento de penalidade disciplinar prevista no Estatuto do Policial Militar.

10.3.3. Forma prescrita ou não defesa em lei

Forma jurídica é a maneira pela qual são exteriorizados os atos jurídicos em geral.

Quanto ao contrato de trabalho, mencionou-se que é consensual, ou seja, **não depende de forma especial**. Neste sentido, os arts. 442, *caput*, e 443, *caput*, da CLT:

Art. 442. Contrato individual de trabalho é o acordo **tácito ou expresso**, correspondente à relação de emprego.

(...)

Art. 443. O contrato individual de trabalho poderá ser acordado tácita ou expressamente, verbalmente ou por escrito, por prazo determinado ou indeterminado, ou para prestação de trabalho intermitente. (...)

Ao contrário do contrato de compra e venda, por exemplo, que depende de forma solene (escritura pública registrada em cartório), o contrato de trabalho pode ser firmado até mesmo tacitamente, ou seja, prescindindo inclusive de manifestação verbal das partes contratantes.

O exemplo clássico de contratação tácita é o do dono de um sítio, para o qual um determinado trabalhador passou a prestar serviços, diariamente, auxiliando-o na lida, e em troca recebeu algum dinheiro e utilidades. Ainda que estas duas pessoas não tenham trocado uma palavra sequer sobre a pactuação de um contrato de trabalho, o fato é que, tacitamente, este contrato foi firmado, pois o trabalhador colocou sua energia de trabalho à disposição, e o dono do sítio consentiu na exploração dessa energia. Houve **consentimento** em relação à vinculação laboral. Logo, configurada está a relação de emprego.

Há algumas hipóteses excepcionais, repita-se, em que é prescrita em lei forma especial para a pactuação de contrato de trabalho, o que ocorre, por exemplo, com o atleta profissional de futebol ou com o trabalhador temporário, cujo contrato deve ser necessariamente escrito. A forma, quando prescrita no Direito do Trabalho, visa à proteção do trabalhador ou ainda à segurança jurídica das partes contratantes. Desse modo, ausente a forma prescrita em lei não poderá o trabalhador ser prejudicado, pelo que, na prática, se falta a forma prescrita, considera-se a regra geral, que é o vínculo por prazo indeterminado, com todos os direitos trabalhistas daí advindos.

A grande importância da questão da forma reside no campo probatório. Ainda que o Direito do Trabalho seja orientado pelo princípio da primazia da realidade, segundo o qual os fatos se sobrepõem sempre à forma, às vezes é muito difícil fazer prova da existência da relação jurídica, e especialmente das suas peculiaridades, sem um documento escrito.

É verdade que o contrato de trabalho pode ser provado por qualquer meio lícito, mas, sem dúvida, a prova documental é a mais confiável e robusta.

Também é importante para a segurança jurídica do empregador, pois normalmente a jurisprudência tende a considerar como regra a relação de emprego tradicional; isto é, comprovada a prestação de serviços, cabe ao empregador provar não se tratar de relação de emprego, mas de mera relação de trabalho, ou ainda se tratar de relação de emprego marcada por circunstâncias especiais (contrato a prazo determinado, contrato de aprendizagem etc.).

Por fim, ainda em relação à forma, é relevante a questão do empregado público. Conforme o art. 37, II, da CRFB/88, a administração pública direta e indireta somente poderá contratar trabalhadores mediante aprovação prévia em concurso público. Este é um requisito formal[5], pelo que seu descumprimento gerará consequências jurídicas. Como mencionado acima, geralmente a forma é prevista para proteção do trabalhador. No caso, entretanto, a exigência de prévia aprovação em concurso público visa atender ao interesse público, e mais especificamente aos princípios que regem a administração pública, notadamente igualdade, impessoalidade e moralidade, quando da contratação de servidores públicos *lato sensu*.

---

[5] José Affonso Dallegrave Neto classifica a exigência de concurso público como *solenidade essencial ou substancial*, espécie do gênero forma. Além da solenidade substancial, para o autor a forma compreende também a *solenidade formal*, mais conhecida como *forma prescrita em lei*. Exemplo de solenidade formal é a exigência da forma escrita para o contrato de trabalho temporário (DALLEGRAVE NETO, José Affonso. *Contrato individual de trabalho: uma visão estrutural*. São Paulo: LTr, 1998, p. 111).

Portanto, a contratação de trabalhadores sem tal requisito formal será causa de nulidade contratual, com efeitos limitados. A questão é objeto de grande celeuma doutrinária, mas, sem maiores delongas, basta ao candidato atento conhecer a posição consolidada do TST:

Súm. 363. Contrato nulo. Efeitos (nova redação). Res. 121/2003, *DJ* 19, 20 e 21.11.2003.

A contratação de servidor público, após a CF/1988, sem prévia aprovação em concurso público, encontra óbice no respectivo art. 37, II e § 2º, somente lhe conferindo direito ao pagamento da contraprestação pactuada, em relação ao número de horas trabalhadas, respeitado o valor da hora do salário mínimo, e dos valores referentes aos depósitos do FGTS.

Todavia, a nulidade por vício de forma, em caso de ausência de concurso público, é convalidada em caso de privatização. Neste sentido, o TST editou a Súmula 430:

Súm. 430. Administração Pública indireta. Contratação. Ausência de concurso público. Nulidade. Ulterior privatização. Convalidação. Insubsistência do vício – Res. 177/2012, *DEJT* divulgado em 13, 14 e 15.02.2012

Convalidam-se os efeitos do contrato de trabalho que, considerado nulo por ausência de concurso público, quando celebrado originalmente com ente da Administração Pública Indireta, continua a existir após a sua privatização.

10.4. NULIDADES NO DIREITO DO TRABALHO

Do direito comum se extrai a teoria geral das nulidades, que compreende basicamente duas situações distintas: nulidade (antigamente denominada nulidade absoluta) e anulabilidade (antigamente denominada nulidade relativa).

As **nulidades** são vícios que afrontam normas de ordem pública, e como tal têm as seguintes características básicas:

• podem ser pronunciadas de ofício pelo Juiz;
• não se convalidam com o tempo;
• não podem ser supridas e o negócio ratificado pelas partes;
• produzem efeitos *ex tunc*.

As **anulabilidades**, por sua vez, referem-se a vícios que afrontam normas de ordem privada, sobre as quais as partes têm livre disposição. Suas principais características são:

• não podem ser pronunciadas de ofício pelo Juiz;
• podem ser supridas;
• a anulação judicial do negócio opera efeitos *ex nunc*.

Dessa forma, no direito comum, como regra, declarada a nulidade, o negócio é desfeito desde o início, retornando as partes ao *status quo ante*. É como se o negócio nunca tivesse existido.

Por sua vez, no caso das anulabilidades, invalida-se o negócio jurídico a partir da declaração judicial de nulidade, isto é, com efeitos *ex nunc*, pelo que se preservam os efeitos do negócio até a declaração de nulidade.

Pode-se dizer, entretanto, que *o Direito do Trabalho possui um sistema especial de nulidades*, baseado nas peculiaridades de seus fundamentos e de seus princípios.

Costuma-se atribuir três razões principais a tal particularidade:

- não há como retornar ao *status quo ante* em relação à prestação de serviços, pois, uma vez que houve trabalho, não há como devolver ao trabalhador a energia despendida;

- apropriada a energia de trabalho pelo tomador dos serviços, há significativo desequilíbrio entre as partes até que o empregado receba os salários. Assim, não é razoável negar-lhe tais direitos. É muito diferente, por exemplo, da compra de um carro, em que uma parte recebeu o dinheiro, a outra o carro. No caso do trabalho, houve uma prestação (de serviços), mas ainda não houve a retribuição, então a relação encontra-se em franco desequilíbrio. Pensar o contrário seria admitir o enriquecimento ilícito do empregador;

- se a legislação busca valorizar e dignificar o trabalho, com toda a rede de proteção e intervenção estatal existentes, é natural que este valor (trabalho) preponere sobre outros valores tutelados pela ordem jurídica.

Desse modo, pode-se dizer que no Direito do Trabalho *a regra* em relação às nulidades é a decretação da nulidade provocar efeitos *ex nunc*, limitando-se a impedir a produção de novas repercussões jurídicas a partir da declaração de nulidade do contrato.

Esta regra deverá ser aplicada sempre que o bem jurídico afrontado pela irregularidade disser respeito ao interesse do trabalhador, não violando interesse público. Exemplo: trabalhador é admitido aos 13 anos e trabalha até os 15 anos, presentes os requisitos do art. 3º da CLT. Neste caso, a anulação do contrato produzirá efeitos *ex nunc*, ou seja, serão garantidos todos os direitos do empregado, pelo tempo em que durou o contrato, operando-se a invalidação a partir dali, a fim de fazer cessar a irregularidade.

Entretanto, se a irregularidade atingir interesse público, a regra em referência será amenizada, a fim de conciliar todos os interesses tutelados, igualmente importantes para o equilíbrio jurídico. Exemplo é a contratação de empregados pela administração pública sem o devido concurso público. No caso, garante-se ao trabalhador apenas a retribuição direta (remuneração pelas horas trabalhadas mais FGTS, conforme a Súmula 363 do TST) e nada mais.

Finalmente, se a irregularidade constitui crime (trabalho ilícito, portanto), não há se falar em aplicação da teoria especial trabalhista, até porque aí não haverá se falar em trabalho, assim considerada a produção humana de bens e serviços sob a ótica social.

Exemplo: embalador de papelotes de cocaína, que obviamente não merece nenhuma proteção trabalhista, e sim os cuidados do sistema penitenciário.

As principais hipóteses de aplicação desta teoria especial das nulidades trabalhistas foram estudadas acima, no tópico relativo aos elementos essenciais do contrato de trabalho.

Reitere-se apenas que, em regra, a anulação do contrato de trabalho cujo objeto é proibido opera efeitos *ex nunc*, ou seja, asseguram-se ao trabalhador todos os direitos trabalhistas.

No tocante ao trabalho ilícito, assim considerado aquele que constitui tipo penal (ou ainda aquele ofensivo à moral e aos bons costumes), há várias correntes doutrinárias a respeito da modulação dos efeitos da declaração da nulidade.

José Augusto Rodrigues Pinto[6], por exemplo, defende a chamada *teoria da dosagem da pena*, conforme a participação e o conhecimento do empregado acerca da atividade ilícita explorada pelo empregador (objeto mediato).

---

6   PINTO, José Augusto Rodrigues. *Tratado de Direito Material do Trabalho*. São Paulo: LTr, 2007, p. 240-241.

Com efeito, considera-se *objeto imediato* do contrato de trabalho a atuação do trabalhador, ou seja, sua atividade direta. Por sua vez, o *objeto mediato* do contrato é o direcionamento da energia de trabalho pelo empregador, isto é, a atividade explorada pelo empregador.

Exemplo: no caso de uma faxineira de casa de prostituição, o objeto imediato (faxina) é lícito, mas o objeto mediato (rufianismo) é ilícito.

Segundo a teoria da dosagem da pena, os efeitos do contrato dependem do envolvimento do empregado na ilicitude do objeto mediato, da seguinte forma:

a) o empregado não sabe da atividade ilícita do empregador e não contribui para sua consecução. Exemplo: o empregado é vendedor (objeto imediato lícito, portanto) em uma loja que comercializa produtos provenientes de furto (receptação), mas desconhece tal circunstância. Neste caso, todos os direitos trabalhistas deveriam ser assegurados a tal trabalhador;

b) o empregado sabe da atividade ilícita do empregador, mas não contribui diretamente para realizar tal fim. Exemplo: a empregada é faxineira da loja que vende produtos provenientes de furto, sabe da circunstância, mas seu trabalho não contribui diretamente para a atividade ilícita do empregador. Nesta hipótese, o empregado teria direito somente aos salários;

c) o empregado sabe da atividade ilícita do empregador e contribui diretamente para a consecução dela. Exemplo: o vendedor da loja de produtos furtados que sabe da circunstância. O contrato é nulo de pleno direito e o empregado não tem direito a qualquer proteção trabalhista.

Vólia Bomfim Cassar, entretanto, adverte que

"a doutrina e a jurisprudência majoritárias desprezam a teoria da dosagem da pena, pois preferem classificar as nulidades decorrentes da ilicitude do objeto de forma diversa. Propõem que a análise se faça sob a ótica do trabalho desenvolvido pelo empregado, abstraindo-se ou desprezando-se a atividade do empregador, que pode ser lícita ou ilícita. Se o trabalho executado pelo trabalhador for lícito, o contrato será válido e todos os direitos trabalhistas garantidos. Se, entretanto, o trabalho em si for considerado imoral, ilícito ou contrário aos bons costumes, o contrato será nulo e nada será devido, nem mesmo os salários."[7]

Quanto às **anulabilidades**, mais uma vez o direito laboral se divorcia da regra geral do direito comum. Imaginemos uma hipótese para explicar a tese.

Um determinado contrato de trabalho prevê, em uma de suas cláusulas, que o empregado terá um veículo à sua disposição, com motorista. O veículo, no caso, será fornecido pelo trabalho (caráter de contraprestação). Em determinado momento do contrato, o empregador "corta" tal direito, deixando de fornecer tais benefícios ao empregado. Pergunta-se: há violação a norma de ordem pública? Claro que não. A violação é a direito patrimonial do empregado. Logo, trata-se de hipótese de anulabilidade. Ao ser demitido, este empregado requer judicialmente a declaração da nulidade da alteração contratual lesiva ("corte" do veículo e motorista), com base no art. 468 da CLT, e a consequente reparação (indenização pelo benefício sonegado). Ora, se fosse utilizada a regra do direito comum (efeitos *ex nunc* na anulabilidade), nenhuma utilidade teria a anulação do ato do empregador para o empregado, pois ela valeria só dali em diante, quando o contrato efetivamente já não existia mais.

---

7   CASSAR, Vólia Bomfim. *Direito do Trabalho*, p. 552.

Logo, parece que no Direito do Trabalho a regra seria inversa em relação ao direito comum: efeitos *ex nunc* para nulidades, efeitos *ex tunc* para anulabilidades.

10.4.1. Nulidade total *vs.* nulidade parcial

A nulidade que vicia o contrato de trabalho tanto pode ser total como parcial. Será total, por exemplo, nos casos de ausência de um dos elementos essenciais do contrato, hipótese em que todo o contrato será anulado. Por sua vez, será apenas parcial naquelas hipóteses em que uma ou mais cláusulas isoladas são nulas. Neste último caso, esta cláusula deverá ser automaticamente substituída pelo comando legal ou normativo violado.

Exemplo: um determinado contrato de trabalho fixa em 10% o adicional de horas extraordinárias. A cláusula é inválida, pois o adicional é de, no mínimo, 50%, nos termos do art. 7º, XVI, da CRFB/88. Logo, esta cláusula será substituída pela norma violada, ou seja, o adicional passará automaticamente para 50%.

Da mesma forma, alterações contratuais ilícitas (art. 468 da CLT) dão origem a nulidades parciais. Observe-se, por fim, que direitos violados que também sejam assegurados por lei sujeitam-se à prescrição parcial, como será estudado no Capítulo 28.

CONTRATO DE TRABALHO
Conceito:
• Acordo de vontades, tácito ou expresso, pelo qual uma pessoa física (empregado) coloca seus serviços à disposição de uma pessoa física, jurídica ou ente despersonalizado (empregador), sendo estes serviços pessoais, não eventuais, onerosos e subordinados.
Características:
• Contrato de direito privado;
• Contrato sinalagmático;
• Contrato consensual;
• Contrato celebrado *intuitu personae*;
• Contrato de trato sucessivo;
• Contrato de atividade;
• Contrato oneroso;
• Contrato dotado de alteridade;
• Contrato complexo.
Elementos essenciais:
• Requisitos do art. 3º da CLT (pessoalidade, não eventualidade, onerosidade e subordinação);
• Agente capaz;
• Objeto lícito, possível, determinado ou determinável;
• Forma prescrita ou não defesa em lei (em regra, é consensual).
Nulidades:
• Regra geral: a declaração de nulidade provoca efeitos não retroativos (*ex nunc*).
• Se houver lesão ao interesse coletivo, os efeitos da declaração de nulidade serão retroativos (*ex tunc*).
• Diante de uma hipótese de anulabilidade (direito assegurado por norma de ordem privada, situado no âmbito da livre disposição das partes contratantes) a declaração de nulidade opera efeitos *ex tunc*.
• Em caso de nulidade parcial, a cláusula anulada será automaticamente substituída pelo comando normativo violado.

10.5. DEIXADINHAS

1. Contrato de trabalho é o acordo de vontades, tácito ou expresso, pelo qual uma pessoa física (empregado) coloca seus serviços à disposição de uma pessoa física, jurídica ou ente despersonalizado (empregador), sendo estes serviços pessoais, não eventuais, onerosos e subordinados.

2. Nos termos da CLT, o contrato de trabalho é o acordo tácito ou expresso, correspondente à relação de emprego.

3. O contrato de trabalho é contrato de direito privado, sinalagmático, consensual, *intuitu personae*, de trato sucessivo, de atividade, oneroso, dotado de alteridade e complexo.

4. Diz-se que o contrato de trabalho é sinalagmático porque dá origem a obrigações contrárias, contrapostas. A equivalência jurídica entre as prestações (prestação de serviço e salário) é denominada comutatividade.

5. O contrato de trabalho é consensual porque depende apenas do consenso das partes, dispensando qualquer formalidade para que exista a relação de emprego. Desse modo, o contrato de trabalho pode ser firmado, como regra, de forma expressa (verbalmente ou por escrito) ou tácita.

6. O contrato de trabalho é trato sucessivo, tendo em vista que as principais prestações (prestação de serviço e pagamento de salário) se sucedem de forma contínua no tempo.

7. O contrato de trabalho é de atividade, porque independe do resultado alcançado. O empregador manipula a energia de trabalho em si, e não algum resultado específico da prestação de serviços.

8. Dizer que o contrato de trabalho é complexo significa que ele pode se associar a outro contrato como, por exemplo, o de comodato de imóvel.

9. A existência do contrato de trabalho depende da presença dos requisitos da pessoalidade, não eventualidade, onerosidade e subordinação.

10. A validade do contrato de trabalho decorre da verificação dos elementos essenciais aos contratos em geral, a saber, capacidade das partes, objeto lícito, possível, determinado ou determinável, e forma prescrita ou não defesa em lei.

11. Quanto à capacidade das partes, o empregador adquire a capacidade aos 18 anos, salvo nas hipóteses de emancipação do direito civil. O empregado, por sua vez, é plenamente capaz aos 18 anos, e relativamente capaz a partir dos 16 anos, ou ainda a partir dos 14 anos, na condição de aprendiz. Não se aplicam ao trabalhador menor as hipóteses de emancipação civil.

12. O fato de o empregado não possuir diploma de profissionalização de auxiliar de laboratório não afasta a observância das normas da Lei nº 3.999, de 15.12.1961, uma vez comprovada a prestação de serviços na atividade.

13. Quanto ao objeto, o trabalho pode ser lícito, ilícito ou proibido. Considera-se ilícito o trabalho que constitui conduta criminosa, ou ainda que contraria a moral e os bons costumes. Neste caso, o empregado não tem qualquer direito. Proibido, por sua vez, é o trabalho irregular, vedado pela lei, mas que não constitui crime. Neste, os efeitos são normalmente deferidos ao obreiro.

14. É nulo o contrato de trabalho celebrado para o desempenho de atividade inerente à prática do jogo do bicho, ante a ilicitude de seu objeto, o que subtrai o requisito de validade para a formação do ato jurídico.

15. Preenchidos os requisitos do art. 3º da CLT, é legítimo o reconhecimento de relação de emprego entre policial militar e empresa privada, independentemente do eventual cabimento de penalidade disciplinar prevista no Estatuto do Policial Militar.

16. O trabalhador admitido pela Administração Pública sem o devido concurso público faz jus apenas ao salário e FGTS.

17. Convalidam-se os efeitos do contrato de trabalho que, considerado nulo por ausência de concurso público, quando celebrado originalmente com ente da Administração Pública Indireta, continua a existir após a sua privatização.

18. Como regra geral, na seara trabalhista a declaração de nulidade opera efeitos *ex nunc*.

19. Na hipótese de nulidade parcial, a cláusula ilegal deverá ser automaticamente substituída pelo comando legal ou normativo violado.

CAPÍTULO 11

Contrato de Trabalho – Modalidades

· ·

Marcadores: CONTRATO DE TRABALHO – MODALIDADES; CONTRATO DE TRABALHO – CLASSIFICAÇÃO; CONTRATO DE TRABALHO – ESPÉCIES; TRABALHO INTERMITENTE; CONTRATO DE TRABALHO "VERDE E AMARELO".

Material de estudo:

✓   Legislação: **CLT**, arts. 29, 41, 442, 442-A, 443, 445, 451, 452, 452-A, 471, 472, 478, 479, 480, 481; **Lei nº 5.889/1973**, art. 14; **Lei nº 9.601/1998**; **Lei Complementar nº 150/2015**, arts. 4º a 8º

✓   Jurisprudência: **Súm.** 125, 188, 212, TST

✓   Doutrina (++)

Estratégia de estudo sugerida:

Dedique atenção especial às hipóteses de contratação por prazo determinado e, notadamente, para o estudo do contrato de experiência, que são os tópicos mais relevantes deste capítulo. Não descuide, entretanto, das regras relativas ao trabalho intermitente, visto que tal figura consiste numa das grandes novidades da *Reforma Trabalhista de 2017*.

O contrato de trabalho pode assumir uma de várias modalidades. Conforme a classificação sugerida pela Prof.ª Alice Monteiro de Barros[1], temos:

1) Quanto ao consentimento (ou ao tipo de expressão da manifestação da vontade):
   - expresso;
   - tácito.

2) Quanto aos sujeitos (número de sujeitos ativos):
   - individual;
   - plúrimo ou de equipe.

---

[1]   BARROS, Alice Monteiro de. *Curso de Direito do Trabalho*. 6. ed. São Paulo: LTr, 2010, p. 237.

3) Quanto à duração:
   • por prazo indeterminado;
   • por prazo determinado.

4) Quanto à forma de celebração:
   • escrito;
   • verbal.

5) Quanto à regulamentação:
   • comum;
   • especial.

6) Quanto ao local da prestação dos serviços:
   • no estabelecimento do empregador;
   • externamente (teletrabalho, por exemplo);
   • no domicílio do empregado.

7) Quanto à qualidade do trabalho:
   • manual;
   • técnico;
   • intelectual.

8) Quanto ao modo de remuneração:
   • por unidade de tempo;
   • por unidade de obra;
   • misto.

9) Quanto ao fim ou à índole da atividade:
   • doméstico;
   • rural;
   • urbano;
   • marítimo;
   • industrial;
   • comercial.

Embora as classificações em geral possuam efeitos mais acentuados no meio acadêmico, tal estudo é recomendado a todos os leitores, tendo em vista que as classificações do contrato de trabalho são cobradas também em concursos públicos.

No que diz respeito à prática trabalhista, interessam-nos as três primeiras modalidades mencionadas, ou seja, a classificação dos contratos de trabalho quanto ao consentimento, aos sujeitos e à duração.

11.1. CONTRATO EXPRESSO E CONTRATO TÁCITO

O fundamento legal para a coexistência de ambas as modalidades de contratação no âmbito laboral é a redação dos arts. 442, *caput*, e 443, *caput*, da CLT:

Art. 442. Contrato individual de trabalho é o acordo tácito ou expresso, correspondente à relação de emprego.

(...)

Art. 443. O contrato individual de trabalho poderá ser acordado tácita ou expressamente, verbalmente ou por escrito, por prazo determinado ou indeterminado, ou para prestação de trabalho intermitente[2].

(...)

É **expresso** o contrato cuja manifestação volitiva foi externada, seja por escrito, seja verbalmente, pelos pactuantes.

Por sua vez, é **tácito** o contrato de trabalho que se forma pela presença dos elementos caracterizadores da relação de emprego, sem, contudo, que exista uma ação direta dos contratantes no sentido da expressão do pacto. O contrato se forma, neste caso, pelo comportamento das partes, seja comissivo ou omissivo, no sentido da vinculação empregatícia. O exemplo clássico, repita-se, é o do sitiante que passa a ser auxiliado diariamente por um trabalhador, sem que as partes tenham, entretanto, convencionado nada expressamente acerca da contratação. Houve um simples consentimento do tomador dos serviços, e um oferecimento do trabalho por parte do obreiro, de forma a configurar o liame empregatício.

Sempre é bom lembrar que a informalidade na pactuação do contrato de trabalho é a regra geral, a qual, entretanto, comporta exceções, como, por exemplo, no caso do trabalho temporário, do contrato de atleta profissional de futebol, do contrato de aprendizagem, entre outros, para os quais a lei exige a forma **escrita** como requisito da substância do ato.

Também é importante ressaltar que, não obstante possa o contrato de trabalho, de fato, ser pactuado verbalmente, ou até mesmo tacitamente, constitui obrigação administrativa do empregador a anotação do contrato de trabalho em CTPS (art. 29, *caput*, da CLT) e o registro em livro, ficha ou sistema eletrônico competente (art. 41, *caput*, da CLT). Muito cuidado para não confundir as hipóteses. Uma coisa é o contrato existir (e, afinal, ser válido, no sentido da atribuição de direitos e deveres contrapostos às partes), sem qualquer formalização, conforme arts. 442 e 443 da CLT. Outra, bem diferente, é a irregularidade administrativa decorrente deste contrato informal, sob a ótica da fiscalização do trabalho e dos reflexos sobre a arrecadação previdenciária.

> **Dica para as provas discursivas:**
> Este aspecto é bastante útil para eventual questão discursiva, visto que um dos argumentos dos empregadores que mantêm seus empregados na informalidade é justamente o dispositivo celetista que admite a contratação tácita.

11.2. CONTRATO INDIVIDUAL OU CONTRATO PLÚRIMO (OU POR EQUIPE)

Contrato individual de trabalho é aquele firmado entre um trabalhador (empregado) e um tomador de serviços (empregador).

O contrato plúrimo (ou por equipe), por sua vez, é o contrato caracterizado pela presença de um feixe de contratos individuais e independentes entre si, considerados sob alguns aspectos em conjunto devido às peculiaridades relativas à forma de prestação dos serviços.

São exemplos típicos de contratos plúrimos ou por equipe os contratos mantidos com bandas de música, orquestras ou equipes de segurança.

---

2   Redação dada pela Lei n° 13.467/2017.

É pertinente mencionar a lição da professora Vólia Bomfim Cassar, no sentido de que

"A reunião destes trabalhadores é espontânea, isto é, não foram selecionados pelo empregador um a um, já se apresentaram reunidos ao tomador dos serviços (a equipe já vem pronta, formada). Caracteriza-se em um feixe de contratos individuais e independentes entre si. A extinção de um contrato ou a justa causa praticada por um empregado, ou, ainda, o pedido de demissão de um membro da equipe, não atinge o contrato dos demais. Por serem independentes e autônomos, o empregador deve assinar a carteira de cada empregado isoladamente. Todos os membros do grupo serão empregados do tomador, aplicando-lhes todas as regras da CLT.[3]"

Ainda que exista um líder, o qual sirva de interlocutor entre a equipe e o tomador dos serviços (por exemplo, o vocalista da banda), o empregador, para fins de aplicação da legislação trabalhista, será aquele que dirige a prestação pessoal dos serviços.

É importante salientar, ainda, que a doutrina majoritária distingue o contrato plúrimo (vários contratos individuais de trabalho em um único feixe) do contrato coletivo de trabalho, que, no ordenamento atual, corresponde à figura dos instrumentos coletivos de trabalho (acordo coletivo de trabalho e convenção coletiva de trabalho).

11.3. CONTRATO POR PRAZO INDETERMINADO E CONTRATO POR PRAZO DETERMINADO

Quanto à duração, o contrato de trabalho normalmente é estipulado por prazo indeterminado e, por exceção, pode ser estipulado a termo.

11.3.1. Contrato por prazo indeterminado

É aquele que não tem previsão de término, isto é, que vigora indefinidamente no tempo.

A **contratação por prazo indeterminado é a regra geral** no contexto do contrato de trabalho, até mesmo como forma de concretização do *princípio da continuidade da relação de emprego*.

Como mencionado no Capítulo 3, o princípio da continuidade da relação de emprego nasce da necessidade que tem o trabalhador do emprego para sua subsistência, através do salário. Assim, como as necessidades vitais são permanentes, o ânimo do trabalhador ao firmar um contrato de trabalho é também de continuidade, de permanência, sem esperar pela cessação do contrato.

Foi dito também que o contrato de trabalho se caracteriza por ser um contrato de atividade, o que pressupõe execução continuada e débito permanente.

A qualidade de regra geral confere ao contrato por prazo indeterminado o *status de presunção* na seara trabalhista, no sentido de que qualquer relação empregatícia presumir-se-á avençada por prazo indeterminado e, somente excepcionalmente, nas hipóteses legais, e com a devida comprovação, terá lugar a figura do contrato por prazo determinado.

Neste sentido, a Súmula 212 do TST:

Súm. 212. Despedimento. Ônus da prova (mantida). Res. 121/2003, *DJ* 19, 20 e 21.11.2003.

O ônus de provar o término do contrato de trabalho, quando negados a prestação de serviço e o despedimento, é do empregador, pois o princípio da continuidade da relação de emprego constitui presunção favorável ao empregado.

---

3 CASSAR, Vólia Bomfim. *Direito do Trabalho*. 4. ed. Niterói: Impetus, 2010, p. 613.

Principais efeitos do contrato por prazo indeterminado:

– aplicação plena das regras atinentes à suspensão e interrupção contratuais, garantida ao empregado, durante o período de afastamento, a incolumidade do vínculo empregatício, nos termos do art. 471 da CLT;

– aplicação das garantias de emprego, vulgarmente conhecidas como "estabilidades". Com efeito, é exatamente o princípio da continuidade da relação de emprego, e consequentemente da presunção de indeterminação de prazo do pacto empregatício, que dá origem à ideia, em hipóteses especiais legalmente previstas, de garantia temporária do emprego. No caso do contrato por prazo determinado, a regra é a inaplicabilidade das chamadas "estabilidades", tendo em vista que o empregado já sabia, de antemão, acerca do término do contrato;

– efeitos rescisórios mais benéficos ao empregado. De uma forma geral, dependendo, é claro, do motivo da extinção contratual (pedido de demissão, dispensa sem justa causa, demissão por justa causa etc.), o empregado tem maior gama de direitos rescisórios no caso da extinção do contrato por prazo indeterminado, exatamente para compensar a surpresa da demissão. Dessa forma, especificamente em relação à demissão sem justa causa, o empregado terá a mais, no mínimo, a multa compensatória do FGTS (40%) e o aviso-prévio (com a repercussão no tempo de serviço e consequente integração no cálculo do 13º proporcional e das férias proporcionais).

Dica para provas discursivas:

A menção a tais efeitos é importante em eventual dissertação sobre o tema. Normalmente são cobradas questões que enunciam fatos hipotéticos, para que o candidato indique o direito aplicável. Sendo inválida a contratação por prazo determinado, a consequência jurídica é a aplicação dos efeitos próprios aos contratos por prazo indeterminado (ver resumo no final do item 11.3.2.3).

11.3.2. Contrato por prazo determinado

É aquele cujo término (ou termo, tanto faz) já é conhecido pelas partes quando da contratação.

Nesta linha de entendimento, o § 1º do art. 443 da CLT dispõe que "**considera-se como de prazo determinado o contrato de trabalho cuja vigência dependa de termo prefixado ou da execução de serviços especificados ou ainda da realização de certo acontecimento suscetível de previsão aproximada**".

Assim, a **prefixação do prazo** pode ocorrer de três formas[4]:

• **termo certo**, ou seja, com dia marcado para término. É o caso, por exemplo, do contrato de experiência;

• **termo incerto, pela execução de serviços especificados**. Seria o caso, por exemplo, da organização do departamento de pessoal da empresa, hipótese em que o trabalho se encerra quando a tarefa acabar. Da mesma forma, na contratação de trabalhadores para uma obra, não se sabe ao certo o dia do término da obra, mas há previsão aproximada para tal. Em qualquer caso, nesta hipótese, o importante

---

[4] Embora possa existir alguma coincidência, cuidado para não confundir as formas de prefixação do prazo, que dizem respeito ao parâmetro para estipulação do termo final do contrato, com as hipóteses de contratação por prazo determinado.

é a especificação do serviço ou obra, podendo o termo permanecer incerto. Assim, se o empregador contrata por prazo determinado, mas não especifica o motivo ensejador desta modalidade de contratação, considerar-se-á que o empregado foi contratado por prazo indeterminado, que é a regra geral;

- **termo incerto, pela realização de determinado acontecimento suscetível de previsão aproximada**. É o caso do contrato de safra, evento cujo término tem apenas previsão aproximada, e cujo objeto não é especificado. O trabalho do safrista, com efeito, é semelhante ao trabalho objeto do contrato por prazo indeterminado, porém é admitida a contratação a termo, tendo em vista a sazonalidade da atividade.

Homero Batista Mateus da Silva[5] observa que "serviços especificados e acontecimento de previsão aproximada guardam bastante semelhança, sendo comum que um julgado ou um manual de direito do trabalho dê o mesmo exemplo alterando sua classificação de uma espécie para a outra". Todavia, o ilustre autor esclarece que

> "há uma pequena distinção que talvez ajude a identificar a catalogação mais precisa: a predeterminação do prazo na modalidade dos serviços especificados liga-se diretamente às ordens do empregador, enquanto a predeterminação no outro cenário prende-se aos eventos externos em geral, fugindo ao alcance das partes, como a normalização de estoques, a eliminação de detritos e o ajuste de novas tecnologias".

Como exceção que é à regra geral (da indeterminação de prazo do contrato de trabalho), **o contrato a termo somente poderá ser firmado nas hipóteses legalmente previstas**, a seguir.

- **Serviço** cuja natureza ou transitoriedade justifique a predeterminação do prazo.

Observe que, nesta primeira hipótese, o próprio serviço (**atividade do empregado**) é transitório, ou de natureza esporádica, no cotidiano da empresa. Serviço transitório seria, por exemplo, o aumento de vendas em determinada época do ano, pelo que se faz necessário contratar mais vendedores somente para aquele período. Quanto à natureza, o serviço justifica a predeterminação do prazo se, por exemplo, a empresa compra uma máquina importada da Alemanha e precisa contratar um técnico para ensinar seus empregados a utilizá-la. Obviamente, este serviço não será permanente.

Aqui temos, para Maurício Godinho Delgado[6], basicamente as mesmas hipóteses de utilização do trabalho temporário: a) atendimento a substituição de empregado permanente, em gozo de férias ou licença previdenciária; b) atendimento a acréscimo extraordinário e provisório de serviços empresariais, como no caso do aumento das vendas na época do Natal.

- **Atividades empresariais** de caráter transitório.

Aqui a própria atividade empresarial é transitória, e não só a atividade do trabalhador. Um exemplo é loja que venda exclusivamente artigos natalinos, que, obviamente, só permanecerá aberta no final do ano, ou uma empresa vinculada a um evento único, como uma feira ou exposição.

5 SILVA, Homero Batista Mateus da. *Curso de Direito do Trabalho Aplicado*. Contrato de Trabalho. Rio de Janeiro: Elsevier, 2009. vol. 6, p. 46.
6 DELGADO, Maurício Godinho. *Curso de Direito do Trabalho*. 9. ed. São Paulo: LTr, 2010, p. 501.

- Contrato de experiência.
- Contratos cuja determinação de prazo é imperativa, conforme legislação não consolidada (exemplos: atleta profissional de futebol; artista profissional).

Neste caso, faz-se importante observar que a regra de indeterminação de prazo do contrato de trabalho é, como mencionado alhures, um mecanismo de proteção do trabalhador, que de uma forma geral tem interesse na continuidade do vínculo empregatício. Entretanto, há casos pontuais em que lei específica inverte a ordem das coisas, determinando, imperativamente, a adoção da contratação por prazo determinado, também visando proteger o trabalhador diante de circunstâncias especiais. É que, em determinadas atividades, como na dos atletas profissionais do futebol e dos artistas profissionais, é comum uma supervalorização de seu trabalho em curto espaço de tempo, razão pela qual a predeterminação do prazo do contrato propicia a renegociação periódica em condições muito mais vantajosas ao obreiro. Dessa forma, não seria interessante para o empregado se vincular permanentemente ao empregador. Pelo mesmo motivo, há que se conferir ao empregador um mínimo de segurança jurídica, ao menos durante o prazo em que o contrato foi pactuado. Basta imaginar o que aconteceria caso o contrato de jogadores de futebol fosse por prazo indeterminado.

- Contrato provisório (Lei nº 9.601/1998).

Este tipo de contrato, felizmente, "não colou". Foi uma tentativa aberta do governo da época de precarização das relações de trabalho, mediante a estipulação da *possibilidade de contratação por prazo determinado em qualquer atividade*, alargando enormemente as possibilidades até então estreitas de contratação a prazo previstas na legislação trabalhista. Ainda que a matéria não seja mais tão atrativa para provas de concurso, em virtude da debilidade da figura, será ela tratada com maiores detalhes no decorrer deste capítulo, quando do estudo analítico das hipóteses de contratação a termo.

> **Doméstico:** a Lei Complementar nº 150/2015 estabeleceu expressamente a possibilidade de contratação do empregado doméstico por prazo determinado (art. 4º) nas seguintes hipóteses: I) mediante contrato de experiência; II) para atender necessidades familiares de natureza transitória e para substituição temporária de empregado doméstico com contrato de trabalho interrompido ou suspenso.

Vejamos adiante, em detalhes, o regramento de cada uma destas hipóteses.

11.3.2.1. Forma do contrato a termo

Em princípio, a CLT não prevê forma solene para pactuação do contrato por prazo determinado, razão pela qual poderia o contrato ser firmado inclusive verbalmente. Naturalmente, não é possível a pactuação tácita, tendo em vista a necessidade de manifestação expressa de vontade acerca do termo contratual, o que se mostra incompatível com o pacto tácito.

Em resumo, o contrato por prazo determinado somente será obrigatoriamente escrito quando a lei assim o determinar, como ocorre com o contrato do atleta profissional, por exemplo.

É claro que a pactuação verbal do contrato por prazo determinado cria uma grande dificuldade probatória, mas isso é ônus que cabe ao empregador, o qual deve se cercar de cuidados e formalizar o contrato por escrito, a fim de evitar dissabores futuros.

11.3.2.2. Limites de prazo e renovação do contrato a termo

Como forma de contratação excepcional, o contrato a termo, além de ter o objeto enquadrado em uma das hipóteses legais, deve obedecer à limitação de prazo imposta pela lei.

A duração máxima dos contratos a termo **celetistas** é dada pelo art. 445 da CLT:

Art. 445. O contrato de trabalho por prazo determinado não poderá ser estipulado por mais de **2 (dois) anos**, observada a regra do art. 451.

Parágrafo único. O **contrato de experiência** não poderá exceder de **90 (noventa) dias.**

Assim, a regra geral é o limite temporal de dois anos para o contrato a termo, sendo exceção o limite do contrato de experiência, que é de noventa dias. Leis específicas que tratem de contratos por prazo determinado podem, por óbvio, fixar outros limites.

Ultrapassado um dia que seja estes limites legais, o contrato é considerado por prazo indeterminado para todos os efeitos legais.

Também em relação à possibilidade de prorrogação, o contrato a termo sofre restrições legais. O assunto é disciplinado pelo art. 451 da CLT:

Art. 451. O contrato de trabalho por prazo determinado que, tácita ou expressamente, for prorrogado mais de uma vez passará a vigorar sem determinação de prazo.

Este **limite de prorrogação** se refere ao **limite global de prazo**, isto é, o limite de dois anos e o de noventa dias, previstos no art. 445, e já inclui a possibilidade de **uma prorrogação**. Assim, a regra é cumulativa.

O contrato de experiência pode ser de até noventa dias, prorrogável uma única vez **dentro deste período**. Pode ser de um dia, prorrogável por até mais oitenta e nove dias, e assim por diante. Observe-se que não existe na lei qualquer limite mínimo para duração do contrato de experiência, sendo comum depararmos com dois verdadeiros mitos: a) que o prazo mínimo do contrato de experiência seria de trinta dias; b) que a renovação só poderia se dar pelo mesmo prazo da primeira parte, ou seja, 30+30, 45+45, e assim por diante... Nenhuma das duas afirmativas tem qualquer amparo jurídico.

Os demais contratos celetistas por prazo determinado podem ser de até dois anos, admitida uma única prorrogação dentro deste período, válidas aqui as mesmas observações feitas a respeito do contrato de experiência.

Consoante dispõe o art. 451 da CLT, a prorrogação pode ser expressa ou tácita, mas só poderá ser tácita se prevista genericamente sua possibilidade no contrato original. Caso contrário, há de ser expressa.

Doméstico: o contrato a termo do doméstico segue, quanto aos prazos, praticamente o mesmo regime adotado pela CLT. Com efeito, o prazo máximo do contrato de experiência é de 90 dias, admitida uma prorrogação dentro desse período (art. 5° da LC 150/2015). O contrato firmado "para atender necessidades familiares de natureza transitória e para substituição temporária de empregado doméstico com contrato de trabalho interrompido ou suspenso", por sua vez, pode ser pactuado por até 2 (dois) anos (art. 4°, parágrafo único, da LC n° 150/2015).

11.3.2.3. Prorrogação de contrato a termo vs. sucessão de contratos a termo

Pode ocorrer, além da prorrogação de um contrato a termo, a sucessão de contrato(s) a termo, o que são situações diferentes. Na prorrogação tem-se um mesmo contrato, cujo término é prolongado no tempo, ou seja, a primeira data estipulada para término é adiada sem, entretanto, romper o contrato originalmente firmado.

No caso da sucessão de contratos a termo, por sua vez, tem-se dois ou mais contratos por prazo determinado distintos que, entretanto, se sucedem no tempo em intervalos relativamente curtos.

Sobre a sucessão de contratos a termo, dispõe o art. 452 da CLT que "**considera-se por prazo indeterminado todo contrato que suceder, dentro de 6 (seis) meses, a outro contrato por prazo determinado, salvo se a expiração deste dependeu da execução de serviços especializados ou da realização de certos acontecimentos**".

A finalidade do dispositivo legal em referência é evitar fraudes, ou seja, coibir os empregadores de se utilizarem de sucessivos contratos a prazo quando, na verdade, deveriam contratar trabalhadores por tempo indeterminado.

Assim, em regra, não poderá um contrato por prazo determinado ser sucedido por outro da mesma natureza (também a termo, portanto), antes de decorridos seis meses da extinção do primeiro. A consequência jurídica, caso isso ocorra, é a desconsideração da pactuação especial, ou seja, **prevalece a indeterminação do prazo no segundo contrato**.

As exceções são as hipóteses finais do § 1º do art. 443 da CLT:

Art. 443. O contrato individual de trabalho poderá ser acordado tácita ou expressamente, verbalmente ou por escrito, por prazo determinado ou indeterminado, ou para prestação de trabalho intermitente.

§ 1º Considera-se como de prazo determinado o contrato de trabalho cuja vigência dependa de termo prefixado ou da execução de serviços especificados ou ainda da realização de certo acontecimento suscetível de previsão aproximada.

Mencione-se, inclusive, que a noção de *serviços especializados* (art. 452) corresponde à noção de *serviços especificados* (art. 443, § 1º).

Apesar de a CLT não definir o que seriam *serviços especificados* e nem *certo acontecimento suscetível de previsão aproximada*, a doutrina e a jurisprudência construíram determinados parâmetros, embora não se possa dizer que sejam absolutamente seguros. Como mencionado anteriormente, quando dos comentários ao § 1º do art. 443 da CLT, muitas vezes tais noções são confundidas pela doutrina e pela jurisprudência.

Serviços especializados ou especificados seriam aqueles que exigem certa profissionalização, como, por exemplo, os serviços de um engenheiro ou de um técnico altamente especializado para montagem de um equipamento. Seria a hipótese no sentido de *obra certa*.

Certos acontecimentos, por sua vez, são entendidos como sendo aqueles que ensejam a sucessividade de contratos a termo para atender a demandas sazonais, como ocorre com o contrato de safra, com a contratação de pessoal no setor hoteleiro, cujo movimento coincide com as férias de verão e de inverno, com a contratação de trabalhadores no comércio varejista na época do Natal etc.

Poder-se-ia argumentar que as exceções da parte final do art. 452 praticamente o tornariam letra morta, ao passo que quase sempre seria autorizada a sucessão de contratos a termo. Todavia, não é bem assim. Deve-se ressaltar a finalidade da norma: evitar fraudes. Destarte, se a hipótese é realmente de contratação por prazo determinado, vale a sucessão de contratos, **desde que renovada a hipótese legal**. Esta é a ideia. Neste diapasão, o Prof. Marcelo Moura observa que

"(...) tais exceções devem ser orientadas pelo toque da imprevisibilidade. Sendo possível ao empregador vislumbrar a demora no término dos serviços, deverá estender o contrato pelo tempo suficiente para a conclusão dos trabalhos, sem precisar se valer de um novo contrato, sem ser observado o prazo de seis meses de intervalo"[7].

Resumo:

Serão, portanto, considerados como por prazo **indeterminado**:

a) O contrato cujo objeto não justifique a determinação de prazo.

Hipóteses justificadoras da contratação a termo:

- **serviço** cuja natureza ou transitoriedade justifique a predeterminação do prazo;
- **atividades empresariais** de caráter transitório;
- contrato de experiência;
- contratos cuja determinação de prazo é imperativa, conforme legislação não consolidada.

b) O contrato cuja duração exceda os limites legais (90 dias para o contrato de experiência; 2 anos para os demais contratos a termo celetistas; o prazo definido em lei extravagante).

c) O contrato que seja prorrogado por mais de uma vez.

d) O contrato que suceda outro contrato a termo extinto há menos de seis meses, exceto nas hipóteses legais de execução de serviços especificados/especializados, ou ainda na hipótese de realização de certo acontecimento suscetível de previsão aproximada.

11.3.2.4. Efeitos da contratação a termo quanto à rescisão, à suspensão/interrupção do contrato e às estabilidades

Sem nenhuma dúvida, o contrato a termo oferece menor proteção ao trabalhador, razão pela qual é restrito às hipóteses legalmente previstas, de forma taxativa.

É importante conhecer os efeitos jurídicos do contrato a termo nas situações mais comuns na prática trabalhista.

a) Extinção contratual

No tocante à extinção do contrato por prazo determinado, percebe-se uma menor gama de direitos conferidos ao trabalhador, exatamente pela natureza da pactuação. Como a rescisão não é surpresa para o empregado, não lhe são devidas verbas que, de certa forma, indenizam a surpresa da demissão sem justa causa no contrato por prazo indeterminado, como o aviso-prévio e a multa compensatória do FGTS.

Entretanto, há previsão de pagamento, na hipótese de rescisão antecipada e imotivada do contrato a termo pelo empregador, de indenização correspondente à metade do valor da remuneração a que teria direito o empregado até o final do contrato. Neste sentido, o art. 479 da CLT:

Art. 479. Nos contratos que tenham termo estipulado, o empregador que, sem justa causa, despedir o empregado será obrigado a pagar-lhe, a título de indenização, e por metade, **a remuneração** a que teria direito até o termo do contrato.

(...)

A grande discussão gira em torno da compatibilidade ou não desta indenização com o regime do FGTS. **O TST já pacificou a questão** através da Súmula 125:

> Súm. 125. Contrato de trabalho. Art. 479 da CLT (mantida). Res. 121/2003, *DJ* 19, 20 e 21.11.2003.
>
> O art. 479 da CLT aplica-se ao trabalhador optante pelo FGTS admitido mediante contrato por prazo determinado, nos termos do art. 30, § 3º, do Decreto nº 59.820, de 20.12.1966.

Ainda quanto à rescisão do contrato por prazo determinado, prevê o art. 480 da CLT que, no caso de rescisão antecipada pelo empregado, este deve indenizar o empregador *pelos prejuízos experimentados* em decorrência da rescisão antecipada.

> Art. 480. Havendo termo estipulado, o empregado não se poderá desligar do contrato, sem justa causa, sob pena de ser obrigado a indenizar o empregador dos prejuízos que desse fato lhe resultarem.
>
> § 1º A indenização, porém, não poderá exceder àquela a que teria direito o empregado em idênticas condições.
>
> (...)

Assim, em princípio, o desembolso do empregado depende de comprovação de prejuízo, cujo ônus é do empregador.

Observe-se também que a indenização a ser paga pelo empregado nunca poderá ser superior à prevista no art. 479, ou seja, à metade da remuneração a que teria direito até o final do contrato.

Por fim, possibilita a lei que os contratos por prazo determinado contenham cláusula assecuratória do direito recíproco de rescisão antecipada. Neste sentido, o art. 481 da CLT:

> Art. 481. Aos contratos por prazo determinado, que contiverem cláusula assecuratória do direito recíproco de rescisão antes de expirado o termo ajustado, aplicam-se, caso seja exercido tal direito por qualquer das partes, os princípios que regem a rescisão dos contratos por prazo indeterminado.

Significa que, existente a cláusula, a rescisão antecipada por uma das partes faz com que sejam aplicadas as regras da rescisão do contrato por prazo indeterminado. Esta cláusula faz sentido nos contratos a termo mais longos, em que, eventualmente, podem surgir incompatibilidades entre empregador e empregado, e cuja indenização do art. 479-480 seria muito onerosa para a parte.

Imagine-se, por exemplo, um contrato por prazo determinado pactuado pelo tempo máximo celetista (dois anos). Uma das partes resolve, então, rescindir o contrato ao final do segundo mês, pelo que teria, pela regra geral, que indenizar a outra à razão de 11 salários (metade dos 22 meses faltantes). Muito mais "em conta", portanto, pagar aviso-prévio e multa compensatória do FGTS (considerando que a rescisão foi de iniciativa do empregador).

Doméstico: aplica-se também ao doméstico regra semelhante à dos arts. 479/480 da CLT (arts. 6º e 7º da LC 150/2015).

b) Estabilidades

Também devido à natureza do contrato por prazo determinado e ao prévio conhecimento, por parte do empregado, quanto à data do término do contrato, não são aplicáveis, **em regra**, as normas que regulam as estabilidades provisórias.

A garantia de emprego tem o condão exatamente de assegurar provisoriamente o emprego aos trabalhadores que, em determinadas circunstâncias (gravidez, assunção de cargo de dirigente sindical etc.), poderiam ser demitidos por retaliação do empregador, e/ou sofreriam consequências sérias no caso de rompimento imotivado do pacto empregatício, caso da gestante, durante a gravidez e nos primeiros meses após o parto. No caso do contrato por prazo determinado, como as partes já conhecem de antemão a predeterminação do prazo, não há se falar em surpresa, pelo que cabe ao empregado organizar sua vida em função da provisoriedade do contrato de trabalho.

Existem, por enquanto, duas exceções a esta regra da incompatibilidade das garantias provisórias de emprego com os contratos a termo:

b.1) Hipótese de afastamento em virtude de acidente de trabalho (aí incluída a doença profissional).

O fundamento para se assegurar a garantia de emprego ao trabalhador acidentado repousa na teoria do risco do empreendimento, ou seja, no fato de que "se trata de suspensão provocada por malefício sofrido pelo trabalhador em decorrência do ambiente e processo laborativos, portanto, em decorrência de fatores situados fundamentalmente sob ônus e riscos empresariais"[8].

Com efeito, a nova posição interpretativa se consolidou na jurisprudência do TST, alcançando, inicialmente, apenas o acidente de trabalho ocorrido no curso do contrato de experiência, mas depois compreendendo também o acidente de trabalho ocorrido em outras modalidades de contrato a termo.

Atualmente, a questão encontra-se pacificada no âmbito da jurisprudência do TST, tendo em vista o acréscimo, por ocasião dos debates da "2ª Semana do TST", do item III à Súmula 378, nos seguintes termos:

Súm. 378. Estabilidade provisória. Acidente do trabalho. Art. 118 da Lei nº 8.213/1991. (inserido o item III) – Res. 185/2012 – *DEJT* divulgado em 25, 26 e 27.09.2012.

(...)

III – O empregado submetido a contrato de trabalho por tempo determinado goza da garantia provisória de emprego decorrente de acidente de trabalho prevista no art. 118 da Lei nº 8.213/1991.

b.2) Garantia provisória de emprego conferida à gestante.

Embora a redação anterior do item III da Súmula 244 do TST fosse expressa no sentido da inaplicabilidade da garantia de emprego à gestante contratada mediante contrato de experiência, o fato é que, influenciadas por julgamentos do STF, no sentido de que a estabilidade da gestante é objetiva[9] (depende apenas da concepção), várias das Turmas do TST passaram a deferir tal direito à empregada gestante contratada por prazo determinado.

8   DELGADO, Maurício Godinho. *Curso de Direito do Trabalho*. 11. ed., p. 545.
9   "O Supremo Tribunal Federal fixou entendimento no sentido de que as servidoras públicas e empregadas gestantes, inclusive as contratadas a título precário, independentemente do regime jurídico de trabalho, têm direito à licença-maternidade de cento e vinte dias e à estabilidade provisória desde a confirmação da gravidez até cinco meses após o parto, nos termos do art. 7º, XVIII, da CF e do art. 10, II, *b*, do ADCT. Precedentes" (RE 600.057-AgR, Rel. Min. Eros Grau, 2ª Turma, j. 29.09.2009, DJE 23.10.2009). No mesmo sentido: RE 634.093-AgR, Rel. Min.

Nesse sentido, a evolução do entendimento da Corte Trabalhista sobre a matéria provocou a revisão da redação do supramencionado item III da Súmula 244, pacificando a questão, nos seguintes termos:

Súm. 244. Gestante. Estabilidade provisória (redação do item III alterada na sessão do Tribunal Pleno realizada em 14.09.2012) – Res. 185/2012 – *DEJT* divulgado em 25, 26 e 27.09.2012.

(...)

III – A empregada gestante tem direito à estabilidade provisória prevista no art. 10, inciso II, alínea "b", do Ato das Disposições Constitucionais Transitórias, mesmo na hipótese de admissão mediante contrato por tempo determinado.

Hoje é correto dizer que, consoante a jurisprudência consolidada do TST, as garantias provisórias de emprego não são compatíveis com os contratos por prazo determinado, salvo em caso de acidente de trabalho e da garantia de emprego conferida à gestante.

Em resumo, o leitor deve ter em mente o seguinte:

• a regra é a incompatibilidade entre os contratos a termo e as garantias provisórias de emprego (estabilidades);

• o TST admite, entretanto, atualmente de forma pacífica, a estabilidade do empregado acidentado e da empregada gestante, mesmo nas contratações a termo.

c) Interrupção e suspensão contratual

Por fim, vejamos a questão da interrupção e da suspensão do contrato de trabalho no caso do contrato a termo.

Como o contrato tem prazo predeterminado para sua extinção, também as hipóteses de suspensão e interrupção não têm o condão de ampliar seu prazo de duração, de forma que o contrato continua fluindo, durante a sustação da prestação dos serviços, até o termo final, quando, então, se extingue.

O § 2º do art. 472 da CLT dispõe que, "nos contratos por prazo determinado, o tempo de afastamento, **se assim acordarem as partes interessadas**, não será computado na contagem do prazo para a respectiva terminação".

Portanto, o tempo de afastamento somente não será computado na contagem do prazo para a terminação do contrato se neste sentido as partes tiverem convencionado, o que significa dizer que, normalmente, este prazo será computado no tempo do contrato.

Há duas correntes doutrinárias sobre o tema, as quais defendem soluções ligeiramente diversas.

1ª Corrente: o contrato se extingue no termo final, ainda que o empregado ainda esteja afastado.

Exemplo: empregado é contratado a título de experiência, por 90 dias, e no 30º dia é afastado por doença, sendo que o afastamento dura 6 meses. Neste caso, para esta pri-

Celso de Mello, 2ª Turma, j. 22.11.2011, *DJE* 07.12.2011; RE 597.989-AgR, Rel. Min. Ricardo Lewandowski, 1ª Turma, j. 09.11.2010, *DJE* 29.03.2011; RE 287.905, Rel. p/ o ac. Min. Joaquim Barbosa, 2ª Turma, j. 28.06.2005, *DJ* 30.06.2006; RMS 24.263, 2ª Turma, Rel. Min. Carlos Velloso, j. 1º.04.2003, *DJ* 09.05.2003. Vide: RE 523.572-AgR, Rel. Min. Ellen Gracie, 2ª Turma, j. 06.10.2009, *DJE* 29.10.2009; RMS 21.328, Rel. Min. Carlos Velloso, 2ª Turma, j. 11.12.2001, *DJ* 03.05.2002; RE 234.186, Rel. Min. Sepúlveda Pertence, 1ª Turma, j. 05.06.2001, *DJ* 31.08.2001.

meira corrente o contrato termina, de qualquer forma, no 90° dia, ainda que o empregado permaneça afastado.

2ª Corrente: o contrato não é prorrogado em virtude do afastamento, mas o empregador deve aguardar o retorno do empregado, quando então o contrato se extingue automaticamente.

Exemplo: empregado é contratado a título de experiência, por 90 dias, e no 30° dia é afastado por doença, sendo que o afastamento dura 6 meses. Neste caso, o contrato se extinguiria automaticamente ao final do sexto mês de afastamento, tão logo o empregado receba alta médica.

Acredito seja mais correta a segunda corrente, tendo em vista que, enquanto suspenso, o contrato permanece intangível.

11.4. CONTRATOS POR PRAZO DETERMINADO EM ESPÉCIE

Neste tópico serão estudadas as principais hipóteses legais de contratação por prazo determinado, cujas peculiaridades merecem estudo de forma analítica.

11.4.1. Contrato de experiência

"Contrato de experiência" *vs.* "período de experiência" *vs.* "experiência prévia"

Ao estudarmos o contrato de experiência, é necessário distingui-lo de outras figuras cujo nome lhe é próximo, porém que com ele não se confundem sob o aspecto técnico-jurídico.

Em primeiro lugar, *período de experiência* era o período de um ano previsto para que o empregado adquirisse a "confirmação no emprego", ou seja, firmava-se um contrato sob condição resolutiva. Esta situação permaneceu até 1967, quando uma alteração da CLT criou o contrato de experiência. A previsão legal de tal figura, entretanto, permanece até hoje:

> Art. 478. A indenização devida pela rescisão de contrato por prazo indeterminado será de 1 (um) mês de remuneração por ano de serviço efetivo, ou por ano e fração igual ou superior a 6 (seis) meses.
>
> § 1° O primeiro ano de duração do contrato por prazo indeterminado é considerado como período de experiência, e, antes que se complete, nenhuma indenização será devida.
>
> (...) (grifos meus)

Atente-se, portanto, que a ideia de *período de experiência* só fazia sentido na sistemática da indenização e da estabilidade, portanto, anteriormente ao regime do FGTS, tornado regra geral pela CRFB/1988.

Em segundo lugar, temos a expressão *experiência prévia*, utilizada no vigente art. 442-A da CLT, com redação dada pela Lei nº 11.644/2008:

> Art. 442-A. Para fins de contratação, o empregador não exigirá do candidato a emprego comprovação de **experiência prévia** por tempo superior a 6 (seis) meses no mesmo tipo de atividade.

Aqui a expressão se refere ao sentido popular do termo experiência, com a conotação de currículo do trabalhador. A razão do dispositivo foi facilitar a inserção do jovem no mercado de trabalho, tentando conter a prática cada vez mais comum de exigência de anos de "experiência comprovada em carteira" para admissão às vagas de emprego. Ainda que a intenção seja nobre, na prática o dispositivo é absolutamente inócuo. Isto porque o que se evitou, a rigor, foi apenas a publicação de anúncio exigindo experiência prévia superior a cinco anos.

Tendo em vista que, no sistema de admissão ao emprego vigente no Brasil, o empregador tem amplos poderes, quase ilimitados, é certo que na primeira entrevista com o candidato a falta de experiência pode ser decisiva para o insucesso do trabalhador, sendo que não há meios de apurar o porquê do não aproveitamento de determinado trabalhador submetido à entrevista.

Finalmente, temos a figura que nos interessa mais, que é a do *contrato de experiência*. Contrato de experiência, também chamado contrato de prova, é o contrato de trabalho por prazo determinado que tem por objetivo a experimentação das partes, tanto objetivamente quanto subjetivamente, a fim de decidirem se pretendem assumir um compromisso mútuo através da pactuação de um contrato por prazo indeterminado.

A previsão legal do contrato de experiência está no art. 443, § 2º, "c", c/c o art. 445, parágrafo único, da CLT, nos seguintes termos:

Art. 443. O contrato individual de trabalho poderá ser acordado tácita ou expressamente, verbalmente ou por escrito, por prazo determinado ou indeterminado, ou para prestação de trabalho intermitente.
(...)
§ 2º O contrato por prazo determinado só será válido em se tratando:
(...)
c) de contrato de experiência.
Art. 445. O contrato de trabalho por prazo determinado não poderá ser estipulado por mais de 2 (dois) anos, observada a regra do art. 451.
Parágrafo único. O contrato de experiência não poderá exceder de 90 (noventa) dias.

Assim, não há, na lei, qualquer restrição ao que pode ser objeto de experiência (aspectos objetivos e/ou subjetivos), bem como a que tipos de funções ou atividades podem ser objeto de contrato de experiência. Logo, qualquer uma o pode. Nesse sentido, a Lei Complementar nº 150/2015 encerrou de maneira definitiva antiga celeuma a esse respeito ao prever a possibilidade de contratação do doméstico a título de experiência (art. 4º, I).

No tocante a quais aspectos podem ser objeto de experimentação pelas partes, em princípio qualquer um poderia, dado o silêncio da lei a respeito. Só não se admite que o empregador adote critérios discriminatórios ao reprovar um empregado após o contrato de experiência. Entretanto, esta conduta também é de difícil apuração na prática, tendo em vista que não é exigida do empregador qualquer justificativa acerca do motivo da não aprovação do empregado ao final do contrato de experiência.

Por razões óbvias, o contrato de experiência não admite sucessão de contratos com o mesmo empregado, ao menos não na mesma função. Ora, se as partes já se "experimentaram" uma vez, não há razão para fazê-lo uma segunda vez, consideradas as mesmas condições anteriores. Assim, suponhamos que o empregado foi admitido em 01.02.2008, sob contrato de experiência, por 90 dias. Ao final do contrato a termo, foi efetivado, permanecendo na empresa até 30.09.2008. Aos 02.05.2009, foi recontratado para exercer a mesma função, firmando novo contrato de experiência. Neste caso, este segundo contrato é considerado por prazo indeterminado, tendo em vista que não se justifica o contrato de experiência se as partes já se conhecem, inclusive no que tange à questão técnica (função desempenhada).

A 6ª Turma do TST decidiu, inclusive, no sentido de que é vedada a contratação a título de experiência de empregado que já laborou na empresa anteriormente, ainda que em outra função, se já foram suficientemente testadas e avaliadas as aptidões e qualificações do trabalhador, bem como as condições gerais oferecidas pelo empregador. Eis a ementa do julgado:

> Recurso de revista. Prestação de serviços por mais de sete anos. Contratação posterior por prazo determinado (contrato de experiência). Invalidade. Conforme consignado no acórdão do Regional, o reclamante, após trabalhar para a reclamada por mais de sete anos, foi readmitido na empresa para trabalhar em função diversa da exercida anteriormente, mediante contrato de experiência. Estabelecido o contexto, verifica-se que após sete anos de contrato, período o qual foi possível testar e avaliar as aptidões e qualificações do empregado para a execução dos serviços e as condições gerais oferecidas pelo empregador para a execução das tarefas, não é possível que a empresa contrate o mesmo empregado, sob a modalidade de contrato de experiência, ainda que para função diversa, pois já conhecia as aptidões e capacidades dele, não se justificando, assim, a contratação a título de experiência. Recurso de revista de que não se conhece. [...] (TST, 6ª Turma, RR-147000-30.2009.5.09.0093, Rel. Min. Kátia Magalhães Arruda, j. 02.09.2015, DEJT 11.09.2015).

Pelo mesmo motivo, a jurisprudência não vinha admitido a contratação, a título de experiência, do trabalhador anteriormente contratado como temporário[10]. **Tal entendimento jurisprudencial foi positivado pela Lei nº 13.429/2017**, que incluiu na Lei nº 6.019 o § 4º do art. 10, nos seguintes termos: "**não se aplica ao trabalhador temporário, contratado pela tomadora de serviços, o contrato de experiência** previsto no parágrafo único do art. 445 da Consolidação das Leis do Trabalho (CLT)...".

Quanto à forma, não obstante a CLT não estabeleça forma solene para o contrato de experiência, pelo que o mesmo poderia ser firmado verbalmente, a jurisprudência entende, majoritariamente, que o contrato de experiência deve ter o mínimo de formalidade, isto é, deve ser escrito, ainda que apenas nas anotações gerais da CTPS, para que surta seus efeitos legais. É o que a doutrina chama de *requisito da prova do ato*, e não de substância do ato. Em outras palavras, sem pactuação escrita o contrato de experiência até pode existir, mas não pode ser validamente provado, tendo em vista a necessidade de fixação inequívoca do termo final (data prevista para término do contrato).

O contrato de experiência não pode ser denunciado impunemente por uma das partes antes de seu término. Quem o fizer fica responsável pelo pagamento da indenização prevista nos arts. 479 ou 480 da CLT, conforme seja, respectivamente, o empregador ou o empregado o desertor.

Portanto, **no contrato de experiência, o termo é o prazo que as partes ajustaram, e não a experiência em si, que nada mais é do que a motivação do contrato.**

Por fim, repitam-se as regras já vistas ao longo deste capítulo:

– o prazo do contrato de experiência é de, no máximo, 90 dias;
– admite-se uma única prorrogação, desde que a soma dos dois períodos não exceda o prazo máximo;
– se o empregado continuar trabalhando, um dia que seja, após o termo final do contrato de experiência, o contrato se torna por prazo indeterminado.

---

10 Neste sentido, TST, SDI-I, E-RR-184500-06.2009.5.02.0262, Rel. Min. João Batista Brito Pereira, *DEJT* 08.11.2013, divulgado no Informativo nº 64 do TST.

Há que se ter especial cuidado com determinadas sutilezas que envolvem a matéria. Por exemplo, **o contrato de experiência é de, no máximo, *90 dias*, e não *3 meses***. Há diferença: três meses podem resultar até 92 dias, considerando, por exemplo, julho, agosto e setembro. Logo, caso seja pactuado um contrato de experiência, por exemplo, de 1º de julho a 30 de setembro, ele surtirá efeitos, na prática, de contrato por prazo indeterminado, pois terá excedido o período máximo legal de 90 dias estabelecido para os contratos de experiência.

11.4.2. Contrato de safra

"Considera-se contrato de safra o que tenha sua duração dependente de variações estacionais da atividade agrária" (art. 14, parágrafo único, Lei nº 5.889/1973).

Portanto, contrato de safra é contrato **rural** que depende das fases da atividade agrária, o que, segundo a jurisprudência, compreende não só a colheita propriamente dita, mas também o plantio e o preparo do solo.

O objeto do contrato de safra não se confunde com o serviço eventual, tendo em vista que, não obstante realizado nas épocas de preparo do solo, plantio e colheita, é essencial à atividade normal do empregador, repete-se, é repetível futuramente e o trabalhador se fixa juridicamente ao tomador dos serviços, ainda que por breve período.

Guarda o contrato de safra as mesmas características do contrato celetista por prazo determinado, sendo justificado por *serviços cuja natureza ou transitoriedade justifique a predeterminação do prazo* (art. 443, § 2º, da CLT).

O termo do contrato de safra pode ser fixado: a) cronologicamente, conforme a época própria de cada etapa da atividade agrícola desenvolvida; b) *pela execução de serviços especificados* (preparo do solo, plantio, pulverização, colheita, varrição etc.); c) pela realização de *certo acontecimento suscetível de previsão aproximada*, que é o próprio período de safra e sua variação estacional. Normalmente, entretanto, o término do contrato de safra é incerto, dependendo do término de determinada fase da atividade agrícola.

Como ocorre com os contratos por prazo determinado em geral, o contrato de safra **não exige forma solene**, pelo que pode ser firmado verbalmente. Fica, contudo, a grande dificuldade de provar tal situação sem o mínimo de formalização, razão pela qual geralmente o contrato é firmado por escrito.

11.4.3. Contrato de obra certa

É o contrato pelo qual o empresário do ramo de construção civil contrata trabalhadores para a execução de determinado serviço ou obra específicos, portanto certos, o que justifica a predeterminação do prazo do contrato.

Tal contrato é regulado pela Lei nº 2.959/1956, porém se lhe aplicam as regras celetistas da contratação por prazo determinado.

Entende-se, de forma majoritária, que o prazo máximo é de dois anos, admitindo-se uma única prorrogação, bem como que podem ser firmados vários contratos de obra certa, mesmo antes de seis meses do término do contrato anterior, tendo em vista que se trata de serviços especializados.

Em relação ao texto celetista, a Lei nº 2.959/1956 acrescenta as seguintes regras:

• o empregador deve ser um empresário do ramo de construção civil, exercendo suas atividades permanentemente;

- a execução de obra ou serviço certo deve sempre justificar a predeterminação do prazo (seria enquadrado, portanto, na permissão celetista de predeterminação de prazo para "serviço cuja natureza ou transitoriedade justifique a predeterminação de prazo");
- a Lei prevê uma indenização por ruptura contratual em seu termo final (término da obra ou serviço), nos seguintes termos:

Art. 2º Rescindido o contrato de trabalho em face do término da obra ou serviço, tendo o empregado mais de 12 (doze) meses de serviço, ficar-lhe-á assegurada a indenização por tempo de trabalho na forma do art. 478 da Consolidação das Leis do Trabalho, com 30% (trinta por cento) de redução.

Quanto a esta última peculiaridade, volta à tona a questão da compatibilidade ou não com o regime do FGTS. Maurício Godinho Delgado[11] e Vólia Bomfim Cassar[12] entendem que são compatíveis os institutos, utilizando o mesmo argumento do caso anterior (contrato de safra). Gustavo Filipe Barbosa Garcia[13], por sua vez, embora reconheça a controvérsia sobre o tema, entende que a referida indenização por tempo de serviço foi superada pela generalização do regime do FGTS. Neste mesmo sentido, Alice Monteiro de Barros[14].

11.4.4. Contrato provisório (Lei nº 9.601/1998)

Felizmente, pode-se dizer que este contrato chamado "provisório" foi sepultado pela prática laboral.

Espelho de uma época em que se tentou, de todas as maneiras, a qualquer custo, flexibilizar as relações trabalhistas, a Lei nº 9.601/1998 veio ampliar sobremaneira as possibilidades de contratação a termo, superando o modelo celetista rígido (art. 443) e possibilitando uma ampla flexibilização da contratação a prazo determinado.

A razão aparente da Lei 9.601 era permitir a contratação a prazo determinado para admissões que representassem acréscimo do número de empregados (art. 1º).

O fato é que o contrato provisório não vingou, razão pela qual sua relevância atual é meramente histórica.

A grande diferença do contrato provisório em relação às hipóteses celetistas de contratação a termo foi a abertura da possibilidade de contratar a termo em qualquer situação, e não somente naquelas arroladas taxativamente no art. 443 da CLT (e, afinal, de outras leis específicas).

Outras peculiaridades do contrato provisório:

- exige forma solene (contrato escrito);
- exige previsão em instrumento coletivo (CCT ou ACT);
- exige depósito do contrato no Ministério do Trabalho e Emprego;
- prazo máximo de dois anos;
- pode ser prorrogado várias vezes, sem limitação;
- deve-se esperar seis meses para firmar novo contrato, depois do anterior;

---

[11]   DELGADO, Maurício Godinho. *Curso de Direito do Trabalho*, p. 527.
[12]   CASSAR, Vólia Bomfim. *Direito do Trabalho*, p. 601-602.
[13]   GARCIA, Gustavo Filipe Barbosa. *Curso de Direito do Trabalho*. 4. ed. São Paulo: Forense, 2010, p. 211.
[14]   BARROS, Alice Monteiro de. *Curso de Direito do Trabalho*. 6. ed. São Paulo: LTr, 2010, p. 501-502.

- nega-se aplicação aos arts. 479 e 480 da CLT, aplicando-se, no caso, uma *indenização pactuada pelas partes* quando da contratação;
- alíquota do FGTS reduzida para 2% durante 60 meses, contados da vigência da Lei.

Dispõe o § 4º do art. 1º da Lei nº 9.601/1998, *in verbis*:

Art. 1º (...)

§ 4º São garantidas as estabilidades provisórias da gestante; do dirigente sindical, ainda que suplente; do empregado eleito para cargo de direção de comissões internas de prevenção de acidentes; do empregado acidentado, nos termos do art. 118 da Lei nº 8.213, de 24 de julho de 1991, durante a vigência do contrato por prazo determinado, que não poderá ser rescindido antes do prazo estipulado pelas partes.

O § 4º do art. 1º é utilizado até hoje na defesa da aplicação das estabilidades no caso de contrato a termo, **durante o prazo que ainda faltava para o termo do contrato**.

Exemplo: uma empregada firmou contrato a prazo determinado pelo prazo de 12 meses para substituir temporariamente outro empregado que se licenciou do emprego para fazer doutorado no exterior. No 1º mês de contrato, a empregada descobriu que estava grávida. Neste caso, ela não terá a estabilidade (período de gravidez + 5 meses após o parto) após o término do contrato, mas terá a garantia de que não será demitida antecipadamente, antes do termo contratual.

11.4.5. Contrato rural por pequeno prazo

Conforme estudado no item 6.2.4.3, a Lei nº 11.718/2008 inseriu o art. 14-A na Lei nº 5.889/1973, pelo qual criou a figura do contrato rural por pequeno prazo.

O contrato pode ser firmado por até dois meses, e somente com empregador rural pessoa física (art. 14-A, *caput*). Embora o dispositivo se refira a *atividades de natureza temporária*, é pacífico que se trata de atecnia, sendo que o legislador quis dizer que tal contrato é cabível nas hipóteses de serviços cuja natureza ou transitoriedade justifiquem a predeterminação do prazo.

Maurício Godinho Delgado ensina que

"Na verdade, trata-se de extensão da possibilidade de pactuação a termo (já acobertada, em boa medida pelo contrato de safra) para *atividades de natureza transitória* vivenciadas pelo *produtor rural pessoa física*, fora das situações inerentes à safra (por exemplo, acréscimo extraordinário de serviços no tratamento do gado; melhorias de cercas, equipamentos e instalações da fazenda, a par de outras atividades de natureza transitória surgidas)"[15]. (grifos do original)

11.5. CONTRATO DE TRABALHO INTERMITENTE

Uma das mais ousadas novidades trazidas pela *Reforma Trabalhista de 2017* foi, sem dúvida, a criação da figura do contrato de trabalho intermitente, também conhecida em outros países como *contrato-zero*, ante a extrema precarização do trabalho humano que tal modalidade promove.

Como mencionado por Luciano Martinez, este tipo contratual "é identificado pelo extermínio da ideia do tempo à disposição do empregador, motivo pelo qual há quem o

---

15 DELGADO, Maurício Godinho. *Curso de Direito do Trabalho*, p. 524.

identifique na Inglaterra como *zero-hour contract* (contrato sem horas preestabelecidas) ou na Itália como *lavoro a chiamata* (trabalho mediante chamadas)"[16].

Maurício Godinho Delgado[17] também manifesta preocupação com a nova figura:

"Pacto formalístico, necessariamente celebrado por escrito, busca afastar ou restringir as garantias que a ordem jurídica confere à jornada de trabalho e, do mesmo modo, ao salário, colocando o trabalhador em situação de profunda insegurança quer quanto à efetiva duração do trabalho, quer quanto à sua efetiva remuneração".

Ainda no mesmo sentido, Vólia Bomfim Cassar[18]:

"A criação de mais uma espécie de contrato de trabalho sob a denominação 'contrato intermitente' visa, na verdade, autorizar a jornada móvel variada e o trabalho variável (bico), isto é, a imprevisibilidade da prestação de serviços, ferindo de morte os princípios da segurança jurídica e da proteção do trabalhador. A alteração da lei para permitir esta espécie de contrato atende principalmente aos interesses dos empresários, e não dos trabalhadores".

11.5.1. Conceito de trabalho intermitente

A Lei nº 13.467/2017 estabeleceu o conceito de trabalho intermitente, nos seguintes termos:

[CLT, art. 443] § 3º Considera-se como intermitente o contrato de trabalho no qual a prestação de serviços, com subordinação, não é contínua, ocorrendo com alternância de períodos de prestação de serviços e de inatividade, determinados em horas, dias ou meses, independentemente do tipo de atividade do empregado e do empregador, exceto para os aeronautas, regidos por legislação própria.

Portanto, **no trabalho intermitente o empregado não sabe, de antemão, quantas horas terá que trabalhar e, consequentemente, jamais poderá prever o quanto irá receber.** Na prática, o empregador convocará o trabalhador conforme suas necessidades e conveniências, mantendo o empregado registrado sem assegurar salário nem trabalho.

A lei estabelece que a prestação de serviços se dá com subordinação, e considera o contrato de trabalho intermitente como modalidade de contrato de emprego (art. 443, *caput*, da CLT), pelo que não há dúvida de que, por força de lei, **o trabalhador intermitente é empregado.**

Por sua vez, o que distingue o trabalho intermitente do objeto clássico do contrato de trabalho (leia-se de emprego) é a **prestação de serviços descontínua**, assim considerada aquela que ocorre com alternância de períodos de prestação de serviço e de inatividade, períodos estes que podem se estender por meses.

De fato, intermitente significa, segundo *Houaiss*[19], "em que ocorrem interrupções; que cessa e recomeça por intervalos; intervalado, descontínuo". No mesmo sentido, *Aulete*[20]: intermitente é o "que se interrompe e recomeça a intervalos".

---

[16] MARTINEZ, Luciano. *Reforma trabalhista*: entenda o que mudou – CLT comparada e comentada. São Paulo: Saraiva, 2018, p. 116.

[17] DELGADO, Maurício Godinho. *Curso de Direito do Trabalho*. 17. ed. São Paulo: LTr, 2018, p. 668.

[18] CASSAR, Vólia Bomfim. *Direito do Trabalho*. 14. ed. São Paulo: Método, 2017, p. 509.

[19] *Dicionário Houaiss eletrônico da língua portuguesa*. Versão 1.0. Rio de Janeiro: Objetiva, 2009.

[20] AULETE, Caldas. *Novíssimo Aulete*: dicionário contemporâneo da língua portuguesa; organizador Paulo Geiger. Rio de Janeiro: Lexikon, 2011, p. 806.

Analisando esta característica principal do trabalho intermitente, poder-se-ia questionar se houve mitigação do requisito da não eventualidade (ou *habitualidade*), ou seja, se estaríamos diante de uma reformulação ou flexibilização dos requisitos clássicos da relação de emprego.

Entendo que não, porquanto, mesmo no regime anterior, a intermitência não denotava eventualidade. Com efeito, a doutrina e a jurisprudência convergiram, de certa forma, para o entendimento segundo o qual não eventual é "aquilo que se repete de maneira razoavelmente esperada"[21]. Em outras palavras, o obreiro não eventual é aquele que labora de forma repetida, nas atividades permanentes do tomador, e a este fixado juridicamente, ainda que por curto(s) período(s).

Aliás, neste pormenor a *Reforma Trabalhista* atuou em benefício do Direito do Trabalho, ao passo que praticamente eliminou o argumento da intermitência da prestação dos serviços como fato supostamente impeditivo à configuração da relação de emprego. Este é também o entendimento do Prof. Homero Batista Mateus da Silva:

> "[...] O conceito de habitual não sofre alteração, se o entendermos, desde logo, como um fato frequente e reiterado, independentemente da quantidade de 'horas, dias ou meses', tal como propõe o art. 443, §3º. Praticamente desaparece a linha de defesa concentrada no caráter espaçado ou episódico da prestação dos serviços"[22].

A contrario sensu, parece-me que **o doméstico não pode ser contratado de forma intermitente**, visto que, para esta categoria de trabalhadores, exige-se a continuidade da prestação dos serviços, conforme expressamente prevê o art. 1º da Lei Complementar nº 150/2015.

Não importa também, ao menos em princípio, a atividade do empregado e do empregador, "exceto para os aeronautas, regidos por legislação própria", conforme destacou o legislador, na parte final do § 3º do art. 443 da CLT. Salvo melhor juízo, a exceção deveria alcançar todas as categorias regidas por legislação própria. Apenas a título de exemplo, mencione-se o caso da relação de emprego doméstica, que, como analisado alhures, aparentemente não é compatível com o trabalho intermitente.

Aprofundando ainda mais na questão da nova figura contratual ante os requisitos clássicos da relação de emprego (artigos 3º e 2º da CLT), depararemos com algum tipo de mitigação, isso sim, do requisito subordinação, visto que a Lei nº 13.467/2017 prevê a possibilidade de o empregado recusar o serviço, como será estudado logo adiante, quando da análise do art. 452-A da CLT.

Observe-se, por fim, que naturalmente as estatísticas de abertura de novos postos de trabalho serão artificialmente infladas, pois serão contadas contratações que efetivamente não asseguram nada ao trabalhador além de um pedaço de papel, qual seja o contrato de trabalho intermitente.

11.5.2. Características e dinâmica do trabalho intermitente

Registre-se, inicialmente, que o art. 611-A da CLT, em seu inciso VIII, prevê que **a norma coletiva tem prevalência sobre a lei quando dispuser sobre o trabalho intermi-**

---

[21] SILVA, Homero Batista Mateus da. *Comentários à reforma trabalhista*. São Paulo: Revista dos Tribunais, 2017, p. 73.

[22] SILVA, Homero Batista Mateus da. *Comentários à reforma trabalhista*. São Paulo: Revista dos Tribunais, 2017, p. 73.

tente. Sendo assim, as normas que serão estudadas na sequência constituem o parâmetro regulatório básico desta nova figura contratual, mas poderão ser flexibilizadas, no caso concreto, mediante negociação coletiva de trabalho.

Dispõe o art. 452-A da CLT, *in verbis*:

> Art. 452-A. O contrato de trabalho intermitente deve ser celebrado por escrito e deve conter especificamente o valor da hora de trabalho, que não pode ser inferior ao valor horário do salário mínimo ou àquele devido aos demais empregados do estabelecimento que exerçam a mesma função em contrato intermitente ou não.

Portanto, em primeiro lugar há que se destacar que **o contrato de trabalho intermitente exige forma solene**, devendo ser **celebrado por escrito**. Logo, se tal formalidade não for observada, dever-se-á considerar que o trabalhador foi contratado por prazo indeterminado (relação de emprego tradicional).

O valor mínimo da hora de trabalho, que deverá constar do contrato escrito, será o salário mínimo hora ou o salário hora análogo, assim considerado aquele devido aos demais empregados do estabelecimento que exerçam a mesma função.

Considerando-se o salário mínimo vigente a partir de 1º de maio de 2023 (R$1.320,00), o trabalhador intermitente não poderá receber menos de R$ 6,00 por hora.

Pactuado o contrato de trabalho intermitente, o trabalhador ficará aguardando a convocação do empregador, a qual será realizada, naturalmente, conforme o interesse e a conveniência do patrão. Neste sentido, **a grande distinção entre o contrato de trabalho tradicional e o contrato de trabalho intermitente é a eliminação, neste último, do conceito de tempo à disposição do empregador.**

É o que dispõe literalmente o § 5º do art. 452-A da CLT, inserido pela Lei nº 13.467/2017:

> Art. 452-A, § 5º. O período de inatividade não será considerado tempo à disposição do empregador, podendo o trabalhador prestar serviços a outros contratantes.

Observe-se que a autorização expressa para prestação de serviços a outros contratantes não tem qualquer relevância jurídica, ao passo que a exclusividade nunca foi requisito caracterizador da relação de emprego.

Por outro lado, subverte-se a lógica da relação de emprego, no sentido da qual os riscos do empreendimento devem ser suportados pelo empregador (art. 2º da CLT), transferindo ao empregado tais riscos. Com efeito, **o período de inatividade tem natureza jurídica de suspensão do contrato de trabalho**, não assegurando ao empregado prestação de serviço nem recebimento de salário.

A dinâmica do contrato de trabalho intermitente foi estabelecida pelos §§ 1º a 4º do art. 452-A da CLT, nos seguintes termos:

> § 1º O empregador convocará, por qualquer meio de comunicação eficaz, para a prestação de serviços, informando qual será a jornada, com, pelo menos, três dias corridos de antecedência.
>
> § 2º Recebida a convocação, o empregado terá o prazo de um dia útil para responder ao chamado, presumindo-se, no silêncio, a recusa.
>
> § 3º A recusa da oferta não descaracteriza a subordinação para fins do contrato de trabalho intermitente.

§ 4º Aceita a oferta para o comparecimento ao trabalho, a parte que descumprir, sem justo motivo, pagará à outra parte, no prazo de trinta dias, multa de 50% (cinquenta por cento) da remuneração que seria devida, permitida a compensação em igual prazo.

A convocação do trabalhador intermitente para prestação de serviços, efetivada por qualquer meio eficaz (logo, pode ser mensagem eletrônica, *WhatsApp* etc.), deverá indicar a quantidade de horas demandadas, respeitando-se a antecedência mínima de três dias corridos. Recebida a convocação, o trabalhador poderá responder positivamente ou não ao chamado do empregador.

Para tal, terá o empregado um dia útil, a partir do recebimento da convocação, para responder ao chamado. Quedando-se inerte o trabalhador, presumir-se-á a recusa. Em princípio, a aceitação da convocação deveria ser sempre expressa, mas é razoável admitir a aceitação tácita ou a convalidação da aceitação se o serviço foi efetivamente prestado.

Exemplo: empregado recebe, na terça-feira, convocação para trabalhar na sexta-feira à noite, durante seis horas. Terá então o trabalhador até quarta-feira para aceitar a convocação. Caso não responda ao empregador, presumir-se-á a recusa. Todavia, se este trabalhador comparecer efetivamente ao trabalho na sexta-feira, e prestar os serviços, não há que se falar, s.m.j., em defeito da pactuação.

O § 3º do art. 452-A mitiga a noção de subordinação consolidada ao longo de décadas ao estabelecer que a recusa da oferta não descaracteriza a subordinação para fins do contrato de trabalho intermitente. Com efeito, detendo o empregador o poder diretivo, sempre se entendeu que o empregado deve se submeter à sua direção (art. 2º da CLT), não cabendo ao trabalhador escolher o trabalho que será desempenhado.

Parece evidente que o legislador quis enxertar na CLT figura distinta do contrato de trabalho subordinado, o qual sempre foi o objeto de proteção da Consolidação. Na prática, o contrato de trabalho intermitente provavelmente será utilizado para escamotear a admissão de empregado sem o devido registro, livrando o empregador da penalidade administrativa decorrente da infração. Isso porque bastará ao empregador apresentar ao Auditor Fiscal do Trabalho ou ao Juiz do Trabalho um contrato de trabalho intermitente, que não lhe vincula de nenhuma forma, para que se descaracterize a informalidade do contrato de trabalho existente de fato.

Por fim, a multa prevista no § 4º não teve suas balizas suficientemente estabelecidas pelo legislador. Questiona-se como seria feito o pagamento por parte do empregado, isto é, se seria cabível a retenção de metade da próxima diária, e até mesmo, para convocações aceitas pelo empregado para trabalho durante um longo período, se a multa incidiria apenas sobre a primeira diária ou sobre a remuneração de todo o período da convocação aceita. Igualmente não se sabe o que será considerado *justo motivo* para o não cumprimento da oferta aceita. Somente a evolução jurisprudencial e/ou a correção legislativa poderão oferecer respostas seguras a tais questionamentos.

Para estudo mais detalhado do entendimento administrativo do Ministério do Trabalho e Emprego acerca do trabalho intermitente, recomendo a leitura dos artigos 29-39 da Portaria MTP nº 671/2021, os quais tratam dessa figura contratual.

11.5.3. Remuneração do trabalho intermitente

Como mencionado anteriormente, o maior problema do trabalho intermitente, do ponto de vista do trabalhador, é a insegurança quanto ao valor com o qual poderá contar mensalmente. Com efeito, sendo remuneradas tão somente as horas laboradas, o trabalhador intermitente jamais poderá programar adequadamente seu orçamento doméstico, vivendo constantemente, de fato, como desempregado.

A remuneração do trabalhado intermitente está prevista no § 6º do art. 452-A da CLT, *in verbis*:

> § 6º Ao final de cada período de prestação de serviço, o empregado receberá o pagamento imediato das seguintes parcelas:
> I - remuneração;
> II - férias proporcionais com acréscimo de um terço;
> III - décimo terceiro salário proporcional;
> IV - repouso semanal remunerado; e
> V - adicionais legais.

A periodicidade de pagamento da remuneração devida ao trabalhador em razão da prestação do trabalho intermitente deve acompanhar, até certo ponto, os *períodos de prestação de serviço*, conforme previsto no *caput* do § 6º do art. 452-A. Destarte, se o empregado foi convocado para trabalhar apenas um dia, deve-se pagar a ele a diária ao final desta jornada. Se foi convocado para trabalhar durante uma semana, o pagamento se dará ao final da semana. Por fim, se foi convocado para prestar serviços durante um mês, o pagamento se dará na forma do § 1º do art. 459 da CLT.

Todavia, se a convocação é para prestação de serviços por período superior a um mês, não há amparo legal para o pagamento do salário em periodicidade superior à mensal, devendo ser observado, também neste caso, o quanto disposto no art. 459 da CLT[23].

Subvertendo, uma vez mais, a lógica do sistema trabalhista, o § 6º prevê o **pagamento imediato** de férias, décimo terceiro salário, DSR e adicionais legais. Desse modo, o empregador deverá pagar ao empregado, além das horas trabalhadas, as seguintes parcelas:

- 16,67% a título de repouso semanal remunerado;
- 8,33% a título de décimo terceiro salário proporcional;
- 11,11% a título de férias proporcionais (1/12 + 1/3 da fração);
- Adicional legal (insalubridade, periculosidade, noturno), se for o caso.

Exemplo: trabalhador intermitente é convocado para trabalhar durante 8h, com salário/hora de R$ 10,00. Ao final do dia, receberá o seguinte:

Horas trabalhadas = (8 x R$ 10,00) = R$ 80,00
RSR = (R$ 80,00 x 16,67%) = R$ 13,34
Décimo terceiro proporcional = (R$ 80,00 x 8,33%) = R$ 6,66
Férias proporcionais = (R$ 80,00 x 11,11%) = R$ 8,88
Total a receber (bruto) = R$ 108,88

Sendo assim, em dezembro o empregado não terá direito a receber nada a título de décimo terceiro, pois já terá recebido a parcela proporcionalmente, e de forma imediata, a cada *período de prestação de serviços*. Da mesma forma, o empregado terá recebido as férias sem as ter gozado, pelo que, quando de sua concessão, nada receberá por elas.

---

23 Neste sentido, o art. 32 da Portaria MTP nº 671/2021.

Evidentemente que o pagamento, realizado desta forma, desnatura parcelas constitucional-mente asseguradas, inviabilizando o alcance de sua finalidade legal.

Mencione-se ainda que **o rol de parcelas do § 6º do art. 452-A é meramente exem-plificativo**, tendo em vista que, no caso concreto, o trabalhador intermitente pode fazer jus a outras parcelas previstas em norma coletiva, por exemplo.

Por fim, mencione-se que, ao dispor que "o recibo de pagamento deverá conter a discriminação dos valores pagos relativos a cada uma das parcelas referidas no § 6º deste artigo", o § 7º do art. 452-A veda o pagamento complessivo das parcelas devidas ao tra-balhador intermitente, o que não é novidade. Com efeito, já era o entendimento há muito consolidado no âmbito da jurisprudência do TST, consagrado pela Súmula nº 91.

11.5.4. FGTS e contribuição previdenciária

Dispõe o § 8º do art. 452-A que "o empregador efetuará o recolhimento da contribuição previdenciária e o depósito do Fundo de Garantia do Tempo de Serviço, na forma da lei, com base nos valores pagos no período mensal e fornecerá ao empregado comprovante do cumprimento dessas obrigações".

Não há previsão da possibilidade de levantamento do FGTS durante o contrato de trabalho, a exemplo do que é deferido aos trabalhadores avulsos. Assim, mesmo que o trabalhador intermitente permaneça durante muito tempo sem nenhuma convocação (hipoteticamente pode permanecer assim por anos a fio), não poderá levantar o FGTS depositado em sua conta vinculada.

Por ausência de previsão legal e também pela própria natureza do contrato, nos meses de inatividade o empregado não terá recolhidos o FGTS nem a contribuição previdenciária, pelo que dificilmente um trabalhador intermitente conseguirá, em circunstâncias normais, somar o tempo de serviço necessário para aposentadoria.

Por outro lado, em tempos de necessidade de sucessivas reformas da Previdência, a fim de estancar o crescimento do déficit e de evitar a virtual quebra do sistema, soa no mínimo estranha a legitimação de uma modalidade contratual que reduz sensivelmente a arrecadação previdenciária. Aliás, foi esta a tônica da *Reforma Trabalhista*, como se percebe também, por exemplo, a partir da nova redação do art. 457 da CLT.

11.5.5. Férias do trabalhador intermitente

Não obstante a remuneração das férias seja uma imposição constitucional (art. 7º, XVII, CRFB/88), o trabalhador intermitente gozará as férias sem qualquer remuneração, nos termos do disposto nos §§ 6º e 8º do art. 452-A da CLT.

O § 9º estabelece o direito às férias, dispondo que, "a cada doze meses, o empregado adquire direito a usufruir, nos doze meses subsequentes, um mês de férias, período no qual não poderá ser convocado para prestar serviços pelo mesmo empregador." Entretanto, o que seria o pagamento da remuneração relativa às férias já foi adiantado ao final de cada período de prestação de serviço (conforme § 6º), pelo que o trabalhador não terá nada a receber. Desse modo, o contrato-zero também confere ao trabalhador o direito às férias com remuneração-zero.

Sendo assim, as férias do intermitente em nada diferirão dos períodos sem convocação, justamente porque nada será devido ao trabalhador, pelo que, ao menos em princípio, o instituto terá sua finalidade legal completamente esvaziada.

A rigor, as férias, no trabalho intermitente, nada mais serão que um mês, durante o período concessivo, em que o empregador não poderá convocar o trabalhador para prestar serviços.

Observe-se que o § 9º faz referência a *um mês de férias*, e não a 30 dias. Isso é relevante, como mencionado anteriormente ao tratar do prazo do contrato de experiência, porquanto o conceito de mês não coincide, necessariamente, com o trintídio.

O legislador também não esclareceu se o período aquisitivo deverá ser contado com base na data de aniversário do contrato, ou se considerará apenas os dias efetivamente trabalhados. Pela própria natureza do contrato, e considerando que as férias *anuais* constituem direito constitucionalmente assegurado, entendo que a única solução viável será tomar como referência a data de aniversário do contrato.

Assim, por exemplo, no caso de um trabalhador intermitente contratado em 01.02.2018, seu primeiro período aquisitivo de férias estará completo em 31.01.2019, independentemente da quantidade de dias trabalhados neste período. Logo, entre 01.02.2019 e 31.01.2020 o empregador deverá permanecer um mês sem convocar o empregado para prestar serviços, avisando-lhe na forma do art. 135 da CLT.

Reitere-se que não há pagamento a ser feito quando da concessão das férias ao trabalhador intermitente, tendo em vista que as férias já terão sido quitadas de forma proporcional e imediata após cada *período de prestação de serviços*.

Por outro lado, mencione-se que, aparentemente, o art. 138 da CLT (que proíbe a prestação de serviços a outro tomador durante as férias, salvo por obrigação contratual anteriormente pactuada) não se aplica ao trabalhador intermitente, até porque tal obreiro, com o pagamento antecipado das férias, e considerando a baixa remuneração como regra, muito provavelmente não terá meios de subsistência durante o período destinado ao gozo das férias.

11.5.6. Análise crítica do trabalho intermitente

Para concursos de provas apenas objetivas, o candidato deverá se ocupar basicamente com a literalidade dos dispositivos legais que regulam o trabalho intermitente (arts. 443 e 452-A da CLT). Todavia, se o concurso para o qual você vem se preparando conta também com uma etapa discursiva, é importante conhecer as principais críticas ao instituto em referência, o que lhe possibilitará lançar mão de argumentos robustos em eventual questão discursiva sobre o tema.

Como mencionado anteriormente, o chamado contrato-zero deixa o trabalhador em posição de absoluta vulnerabilidade, sem a mínima previsão de um valor mínimo que receberá, nem do tempo em que estará ocupado.

Já antecipando uma das frentes para possível civilização desta nova figura jurídica, Maurício Godinho Delgado[24] menciona a **garantia do salário mínimo mensal** no contexto de *remuneração variável*, conforme inciso VII do art. 7º da CRFB:

"Não obstante o rigor do texto literal da lei, a verdade é que a interpretação jurídica pode civilizar algo da nova figura instituída. Nesse sentido, tratando-se a modalidade remuneratória desse contrato específico de *remuneração variável*, pode-se considerar incidente à sua concretização a norma constitucional expressa de 'garantia de salário, nunca inferior ao mínimo, para os que percebem remuneração variável' (art. 7º, VII, CF/88). A propósito, julgados diversos do STF com respeito a servidores celetistas da Administração Pública direta, autárquica e fundacional – ou seja, empregados estatais regidos pela CLT – têm reconhecido a garantia constitucional do salário mínimo *mensal* a tais empregados (OJ n. 358, II, do TST). Embora o TST não estenda tal garantia aos demais empregados do País (OJ n. 358, I), está claro que firmou esse tipo de interpretação em contexto fático e jurídico meramente residual – contexto que desapareceu com o advento do contrato e trabalho intermitente". (grifos no original)

---

[24] DELGADO, Maurício Godinho. *Curso de Direito do Trabalho*. 17. ed. São Paulo: LTr, 2018, p. 668-669.

No mesmo sentido, Gustavo Filipe Barbosa Garcia[25].

Ao eliminar a noção clássica (e há muito consagrada no art. 4º da CLT) de tempo à disposição do empregador, a norma que prevê a possibilidade de contratação de trabalho intermitente inverte a lógica do sistema laboral, atribuindo ao trabalhador a assunção dos riscos da atividade econômica.

Neste cenário, o trabalhador, passando a assumir o risco da atividade econômica, atuará como autônomo do ponto de vista negativo (possibilidade de prejuízo), mas como empregado, do ponto de vista do eventual sucesso do empreendimento, pois atuará mediante subordinação e os lucros continuarão sendo exclusivamente do empregador.

Por tudo isso, o contrato de trabalho intermitente constitui, talvez, a maior afronta ao sistema de proteção ao trabalho de toda a *Reforma Trabalhista*. Não por outra razão, tem sido duramente criticado pela doutrina, bem como por operadores do direito do trabalho em geral. A título de exemplo, mencionem-se os enunciados 73 a 91, aprovados na II Jornada de Direito Material e Processual do Trabalho, organizada pela Anamatra, com a participação de vários operadores que atuam na seara trabalhista, como juízes, procuradores do trabalho, auditores fiscais do trabalho e advogados:

73. Contrato de trabalho intermitente: inconstitucionalidade

É inconstitucional o regime de trabalho intermitente previsto no art. 443, § 3º, e art. 452-A da CLT, por violação do art. 7º, I e VII da Constituição da República e por afrontar o direito fundamental do trabalhador aos limites de duração do trabalho, ao décimo terceiro salário e às férias remuneradas.

74. Contrato de trabalho intermitente: salário mínimo

A proteção jurídica do salário mínimo, consagrada no art. 7º, VII, da Constituição da República, alcança os trabalhadores em regime de trabalho intermitente, previsto nos arts. 443, § 3º, e 452-A da CLT, aos quais é também assegurado o direito à retribuição mínima mensal, independentemente da quantidade de dias em que forem convocados para trabalhar, respeitado o salário mínimo profissional, o salário normativo, o salário convencional ou o piso regional.
[...]

84. Contrato de trabalho intermitente: carga horária

Como o contrato de trabalho intermitente deve ser celebrado por escrito, do instrumento contratual deverão constar os períodos de prestação de serviços ou a estimativa de serviços a executar, a respeito dos quais se obriga o empregador.

85. O contrato de trabalho intermitente no Brasil não corresponde ao *zero-hours contract* britânico

Nos contratos de trabalho intermitente, é obrigatório indicar a quantidade mínima de horas de efetiva prestação de serviços, pois não se admite contrato de trabalho com objeto indeterminado ou sujeito a condição puramente potestativa, consoante artigos 104, II, 166, II e 122 do código civil, aplicáveis subsidiariamente à matéria, nos termos do art. 8º, parágrafo único, da CLT.

86. Férias e trabalho intermitente

Férias. Trabalho intermitente. Diante da existência de antinomia jurídica entre o disposto no § 6º do art. 452-A da CLT e o disposto no § 9º do mesmo art. 452-A da CLT, deve-se interpretar

---

25   GARCIA, Gustavo Filipe Barbosa. *Reforma trabalhista*. 2. ed. Salvador: JusPodivm, 2017, p. 138.

o ordenamento jurídico de forma sistemática e utilizar o critério hierárquico para solução do conflito de normas. Assim, tendo em vista o art. 7º, XVII, da CF/88, que dispõe sobre o direito às férias anuais remuneradas, ou seja, pagas no momento do gozo do período de descanso (conforme também disposto no art. 452-A, § 9º, CLT), o pagamento de férias proporcionais após a prestação de serviços (art. 452-A, § 6º, II, CLT) não encontra aplicabilidade. Assim, no trabalho intermitente, as férias devem ser remuneradas quando da sua fruição.

87. Contrato de trabalho intermitente. Salário mínimo e piso profissional. Multa. Inconstitucionalidade

A multa prevista no art. 452-A, § 4º, da CLT, imposta ao trabalhador que descumprir convocação anteriormente atendida, não é compatível com os princípios constitucionais da dignidade humana, do valor social do trabalho, da isonomia, da proteção do trabalhador e da função social da empresa.

88. Trabalho intermitente e risco para terceiros

O trabalho intermitente não poderá ser exercido em atividades que possam colocar em risco a vida, a saúde e a segurança dos próprios trabalhadores e/ou de terceiros.

89. Contrato de trabalho intermitente. Permanência do trabalhador dentro ou fora do estabelecimento do empregador por conveniência deste último. Cômputo como tempo de serviço

Contrato de trabalho intermitente. Permanência do trabalhador dentro ou fora do estabelecimento do empregador por conveniência deste último. Cômputo como tempo de serviço. No contrato de trabalho intermitente, a teor do artigo 452-A, § 5º, da CLT, os períodos em que o trabalhador permanecer dentro ou fora do estabelecimento do empregador para atender a interesses, conveniências ou no aguardo de instruções deste último serão computados como horas ou frações efetivamente trabalhadas.

90. Contrato de trabalho intermitente e demandas permanentes

1. É ilícita a contratação sob a forma de trabalho intermitente para o atendimento de demanda permanente, contínua ou regular de trabalho, dentro do volume normal de atividade da empresa.

2. É ilegal a substituição de posto de trabalho regular ou permanente pela contratação sob a forma de trabalho intermitente.

3. O empregador não pode optar pelo contrato de trabalho intermitente para, sob esse regime jurídico, adotar a escala móvel e variável da jornada.

4. Presente a necessidade de trabalho intermitente, o empregado contratado na forma do art. 443, § 3º, da CLT tem direito subjetivo à convocação, sendo ilícita sua preterição ou a omissão do empregador.

91. Dia e hora incertos para labor e risco exclusivo do empregador. Tempo à disposição é de efetivo serviço

No contrato de trabalho intermitente, o período sem convocação pelo empregador é de tempo à sua disposição e deve ser remunerado como de efetivo serviço. Ônus das variações de demanda do empreendimento são exclusivos do empregador.

É claro que **tais entendimentos não têm qualquer efeito vinculante**, bem como devem ser vistos com bastante cuidado pelo *concurseiro*, porquanto a regra é a cobrança, pelas bancas examinadoras, da literalidade da lei. De qualquer forma, conhecer os enunciados é uma maneira de vislumbrar a dimensão da controvérsia que cercará o instituto durante muitos anos.

Embora tenha sido justificado sob o argumento de trazer à formalidade trabalhadores que atualmente se encontram à margem da proteção trabalhista, assim considerados aqueles que atuam na informalidade fazendo *bicos* e trabalhos na condição de *freelancers*, obviamente a Lei não alcançará este resultado, pois é evidente que os tomadores de serviço não atuarão no sentido de encarecer a mão de obra que sempre tiveram sem qualquer preocupação com formalização.

Por outro lado, a previsão legal do instituto abrirá margem à legalização de práticas até então duramente combatidas pela Justiça do Trabalho, pelo Ministério Público do Trabalho e pela Auditoria Fiscal do Trabalho, como a jornada móvel e a precarização da relação de emprego mediante a imposição de trabalho constantemente variável, sem qualquer previsibilidade para o trabalhador.

Ademais, a própria verificação da formalização dos contratos de trabalho pela fiscalização do trabalho, por exemplo, certamente será prejudicada, porquanto o empregador muito provavelmente manterá contratos de trabalho intermitente para ocultar empregados que laboram continuamente, na prática, sem o devido registro.

Práticas como a da admissão de empregado, a título de experiência e sem o devido registro, se tornarão cada vez mais comuns, e pouco poderá fazer o Auditor Fiscal do Trabalho para coibi-las.

Por fim, há muitas perguntas sem resposta em relação ao trabalho intermitente, as quais somente o tempo, eventuais correções legislativas e a devida maturação jurisprudencial poderão responder[26].

A título de exemplo, anote-se que não há qualquer referência à extinção do contrato intermitente. Considerando-se que não há prazo limite para que o empregador permaneça sem convocar o trabalhador, parece claro que não existirá dispensa sem justa causa, pois o empregador não se sujeitará a indenizar o aviso-prévio (naturalmente a modalidade contratual é incompatível com o aviso-prévio trabalhado) e a pagar a indenização compensatória do FGTS, se pode simplesmente nunca mais convocar o trabalhador para prestar serviços.

Neste período, o FGTS permanecerá retido e o trabalhador estará artificialmente vinculado a um contrato de trabalho que, provavelmente, jamais terá fim, salvo se ele pedir demissão. Neste caso, entendo que é incabível a obrigação do empregado de conceder aviso-prévio. Afinal, se o trabalhador pode, a qualquer tempo, recusar a oferta de trabalho do empregador, não há que se falar que o patrão poderia efetivamente contar com seus serviços, a ponto de ser surpreendido pelo pedido de demissão.

11.6. CONTRATO DE TRABALHO "VERDE E AMARELO"

Vinte e um anos depois da criação do malsucedido *contrato provisório* (Lei nº 9.601/1998), o qual foi brevemente analisado no item 11.4.4, a MPV nº 905/2019 (*DOU* 12.11.2019) criou figura semelhante, porém ainda mais abrangente, na onda do discurso vigente de que se deve ter "mais trabalho e menos direitos".

A finalidade da nova modalidade contratual, segundo o *caput* do art. 1º da MPV 905, seria a "criação de **novos postos de trabalho** para as **pessoas entre dezoito e vinte e nove anos de idade,** para fins de **registro do primeiro emprego** em Carteira de Trabalho e Previdência Social".

---

[26] Até o fechamento desta edição, as ADIs que tramitam no STF sobre a matéria (ADIs 5826, 5829 e 6154) não haviam sido julgadas.

Felizmente a malfadada MPV nº 905/2019 não foi aprovada pelo Congresso Nacional, pelo que a figura do contrato "verde e amarelo" ficará na história apenas como outra tentativa de solapar os mais elementares alicerces normativos da dignidade do trabalhador.

CONTRATO DE TRABALHO

Modalidades:
- Expresso ou tácito (tipo de manifestação de vontade);
- Individual ou plúrimo (número de sujeitos ativos);
- Por prazo indeterminado ou por prazo determinado (duração);

Contrato por prazo indeterminado:
- Regra geral;
- Aplicam-se plenamente os efeitos da suspensão e da interrupção contratual;
- Aplicam-se plenamente as garantias provisórias de emprego;
- Efeitos rescisórios vantajosos para o empregado.

Contrato por prazo determinado:
- *Formas de fixação do prazo:*
  - Termo certo;
  - Termo incerto, pela execução de serviços especificados;
  - Termo incerto, pela realização de determinado acontecimento suscetível de previsão aproximada.
- *Hipóteses de contratação por prazo determinado:*
  - Serviço cuja natureza ou transitoriedade justifique a predeterminação do prazo;
  - Atividades empresariais de caráter transitório;
  - Contrato de experiência;
  - Contratos cuja determinação de prazo é imperativa, conforme legislação não consolidada;
  - Contrato provisório (Lei nº 9.601/1998).
- *Forma:* pode ser verbal, embora seja muito difícil a prova. Não pode ser firmado tacitamente.
- *Limite de prazo:*
  - Dois anos para os contratos por prazo determinado (celetistas);
  - 90 dias para o contrato de experiência;
  - O limite fixado nas leis não consolidadas.
- *Prorrogação:* admitida uma única vez, desde que não extrapole o prazo máximo admitido para o contrato.
- *Sucessão de contratos:* se ocorrer dentro de seis meses, o contrato será considerado por prazo indeterminado, salvo em caso de serviços especificados ou em face de certos acontecimentos.
- *Rescisão antecipada:* sujeita a parte que tomou a iniciativa a indenizar a outra, nos seguintes termos:
  - Iniciativa do empregador → indenização equivalente à metade dos salários devidos até o final do contrato;
  - Iniciativa do empregado → indenização pelos prejuízos causados, até o limite da metade dos salários devidos até o final do contrato;
  - As indenizações são compatíveis com o regime do FGTS.
- *Cláusula assecuratória do direito recíproco de rescisão antecipada:* se existente, a ruptura antecipada é regulada pelos princípios aplicáveis à extinção antecipada dos contratos por prazo indeterminado.
- *Estabilidades (garantias de emprego):* em regra, são incompatíveis com os contratos por prazo determinado. Admite-se, contudo, atualmente de forma consolidada na jurisprudência do TST, a estabilidade do empregado acidentado (acidente de trabalho) no curso do contrato a termo, bem como da empregada que engravida (gestante) no curso do contrato por prazo determinado.

TRABALHO INTERMITENTE

Conceito:

* Contrato de trabalho (emprego) no qual a prestação de serviços, com subordinação, não é contínua, ocorrendo com alternância de períodos de prestação de serviços e de inatividade, determinados em horas, dias ou meses, independentemente do tipo de atividade do empregado e do empregador, exceto para os aeronautas, regidos por legislação própria,

Características:

* O contrato deve ser escrito.
* Do contrato deve constar o valor da hora de trabalho
* O valor da hora não pode ser inferior ao salário mínimo hora, nem inferior ao salário hora análogo (de empregados que exercem a mesma função, no mesmo estabelecimento).
* O período de inatividade não é considerado tempo à disposição do empregador.
* Nos períodos de inatividade o empregado pode prestar serviços a outros contratantes.

Dinâmica do contrato:

* O empregador convocará, por qualquer meio de comunicação eficaz, para a prestação de serviços, informando qual será a jornada, com, pelo menos, três dias corridos de antecedência.
* Recebida a convocação, o empregado terá o prazo de um dia útil para responder ao chamado, presumindo-se, no silêncio, a recusa.
* Aceita a oferta para o comparecimento ao trabalho, a parte que descumprir, sem justo motivo, pagará à outra parte, no prazo de trinta dias, multa de 50% (cinquenta por cento) da remuneração que seria devida, permitida a compensação em igual prazo.

Contrato intermitente e relação de emprego:

* O contrato de trabalho intermitente constitui modalidade de relação de emprego.
* A recusa da oferta não descaracteriza a subordinação para fins do contrato de trabalho intermitente.
* A intermitência não caracteriza eventualidade. Não eventual é aquele trabalho "que se repete de maneira razoavelmente esperada".

Remuneração:

* Ao final de cada período de prestação de serviço, o empregado receberá o pagamento imediato das seguintes parcelas: remuneração; férias proporcionais, acrescidas de 1/3; décimo terceiro proporcional; RSR; adicionais legais.

FGTS e contribuição social:

* O empregador efetuará o recolhimento da contribuição previdenciária e o depósito do Fundo de Garantia do Tempo de Serviço, na forma da lei, com base nos valores pagos no período mensal e fornecerá ao empregado comprovante do cumprimento dessas obrigações.

Férias:

* A cada doze meses, o empregado adquire direito a usufruir, nos doze meses subsequentes, um mês de férias, período no qual não poderá ser convocado para prestar serviços pelo mesmo empregador.

11.5. DEIXADINHAS

1. Contrato individual de trabalho é o acordo tácito ou expresso, correspondente à relação de emprego. É tácito o contrato de trabalho cuja manifestação de vontade não foi exteriorizada pelas partes.

2. O contrato individual de trabalho poderá ser acordado tácita ou expressamente, verbalmente ou por escrito e por prazo determinado ou indeterminado.

3. O contrato plúrimo (ou por equipe) é o contrato caracterizado pela presença de um feixe de contratos individuais e independentes entre si, considerados sob alguns aspectos em conjunto devido às peculiaridades relativas à forma de prestação dos serviços.

4. O contrato de trabalho presume-se pactuado por prazo indeterminado, somente se admitindo a pactuação por prazo determinado nas hipóteses legais.

5. O ônus de provar o término do contrato de trabalho, quando negados a prestação de serviço e o despedimento, é do empregador, pois o princípio da continuidade da relação de emprego constitui presunção favorável ao empregado.

6. O contrato a termo também pode, como regra geral, ser firmado verbalmente.

7. Considera-se como de prazo determinado o contrato de trabalho cuja vigência dependa de termo prefixado ou da execução de serviços especificados ou ainda da realização de certo acontecimento suscetível de previsão aproximada.

8. O contrato por prazo determinado é cabível nas hipóteses em que de serviço cuja natureza ou transitoriedade justifique a predeterminação do prazo, em atividades empresariais de caráter transitório, em caso de contrato de experiência, e contratos cuja determinação de prazo é imperativa, conforme legislação não consolidada.

9. O contrato de trabalho por prazo determinado não poderá ser estipulado por mais de 2 (dois) anos. O contrato de experiência não poderá exceder de 90 (noventa) dias.

10. O contrato de trabalho por prazo determinado que, tácita ou expressamente, for prorrogado mais de uma vez passará a vigorar sem determinação de prazo.

11. Considera-se por prazo indeterminado todo contrato que suceder, dentro de seis meses, a outro contrato por prazo determinado, salvo se a expiração deste dependeu da execução de serviços especializados ou da realização de certos acontecimentos.

12. Serviços especializados ou especificados seriam aqueles que exigem certa profissionalização, ou ainda aqueles do tipo *obra certa*, em que o contrato acaba quando termina a tarefa.

13. Certos acontecimentos, por sua vez, são entendidos como sendo aqueles que ensejam a sucessividade de contratos a termo para atender a demandas sazonais, como ocorre com o contrato de safra, com a contratação de pessoal no setor hoteleiro, cujo movimento coincide com as férias de verão e de inverno, com a contratação de vendedores pelo comércio varejista na época do Natal etc.

14. Nos contratos que tenham termo estipulado, o empregador que, sem justa causa, despedir o empregado será obrigado a pagar-lhe, a título de indenização, e por metade, a remuneração a que teria direito até o termo do contrato.

15. O art. 479 da CLT aplica-se ao trabalhador optante pelo FGTS admitido mediante contrato por prazo determinado.

16. Havendo termo estipulado, o empregado não se poderá desligar do contrato, sem justa causa, sob pena de ser obrigado a indenizar o empregador dos prejuízos que desse fato lhe resultarem. A indenização, porém, não poderá exceder àquela a que teria direito o empregado em idênticas condições.

17. Aos contratos por prazo determinado, que contiverem cláusula assecuratória do direito recíproco de rescisão antes de expirado o termo ajustado, aplicam-se, caso seja exercido tal direito por qualquer das partes, os princípios que regem a rescisão dos contratos por prazo indeterminado.

18. Em regra, as estabilidades são incompatíveis com os contratos por prazo determinado. As exceções são a estabilidade decorrente de acidente de trabalho e a garantia provisória de emprego conferida à gestante, as quais são deferidas mesmo nos contratos por prazo determinado.

19. Não há se confundir as expressões "contrato de experiência", "período de experiência" e "experiência prévia" constantes do texto consolidado.

20. Considera-se como intermitente o contrato de trabalho no qual a prestação de serviços, com subordinação, não é contínua, ocorrendo com alternância de períodos de prestação de serviços e de inatividade, determinados em horas, dias ou meses, independentemente do tipo de atividade do empregado e do empregador, exceto para os aeronautas, regidos por legislação própria.

21. O contrato de trabalho intermitente deve ser celebrado por escrito e deve conter especificamente o valor da hora de trabalho, que não pode ser inferior ao valor horário do salário mínimo ou àquele devido aos demais empregados do estabelecimento que exerçam a mesma função em contrato intermitente ou não.

22. O empregador convocará, por qualquer meio de comunicação eficaz, para a prestação de serviços, informando qual será a jornada, com, pelo menos, três dias corridos de antecedência. Recebida a convocação, o empregado terá o prazo de um dia útil para responder ao chamado, presumindo-se, no silêncio, a recusa.

23. Aceita a oferta para o comparecimento ao trabalho, a parte que descumprir, sem justo motivo, pagará à outra parte, no prazo de trinta dias, multa de 50% (cinquenta por cento) da remuneração que seria devida, permitida a compensação em igual prazo.

24. O trabalho intermitente é modalidade de contrato de emprego. A recusa da oferta não descaracteriza a subordinação para fins do contrato de trabalho intermitente.

25. O período de inatividade não será considerado tempo à disposição do empregador, podendo o trabalhador prestar serviços a outros contratantes.

26. Ao final de cada período de prestação de serviço, o empregado receberá o pagamento imediato da remuneração, das férias proporcionais acrescidas de 1/3, do décimo terceiro proporcional, do repouso semanal remunerado e dos adicionais eventualmente devidos.

27. O recibo de pagamento deverá conter a discriminação dos valores pagos relativos a cada uma das parcelas devidas ao trabalhador intermitente.

28. O empregador efetuará o recolhimento da contribuição previdenciária e o depósito do Fundo de Garantia do Tempo de Serviço, na forma da lei, com base nos valores pagos no período mensal e fornecerá ao empregado comprovante do cumprimento dessas obrigações.

29. A cada doze meses, o empregado adquire direito a usufruir, nos doze meses subsequentes, um mês de férias, período no qual não poderá ser convocado para prestar serviços pelo mesmo empregador.

CAPÍTULO 12

Contrato de Trabalho – Efeitos e Poder Empregatício

Marcadores: DIREITOS E OBRIGAÇÕES DECORRENTES DO CONTRATO DE TRABALHO; DIREITOS CONEXOS AO CONTRATO DE TRABALHO; DANO MORAL E DANO MATERIAL DEVIDOS AO EMPREGADO; ASSÉDIO MORAL; ASSÉDIO SEXUAL; PODER EMPREGATÍCIO; USO DE UNIFORME.

Material de estudo:

✓ Legislação *básica*: **CLT**, art. 2°, 3°, 4°, 157, 158, 373-A, 402, 433, 456, 456-A, 462, 469, 474, 482

✓ Legislação para *estudo avançado*: **Lei n° 9.279/1996**, arts. 8°, 9°, 10, 88-93; **Lei n° 9.609/1998**, art. 4°; **Lei n° 9.610/1998**; **Código Civil**, art. 932; **Código Penal**, art. 216-A

✓ Jurisprudência: **Súm.** 43, TST; **OJ SDI-1** 251, TST

✓ Doutrina (+++)

Estratégia de estudo sugerida:

A maioria dos concursos não cobra conhecimentos do item 12.2 (efeitos contratuais conexos). Assim, sugiro a elaboração de programa seletivo de estudos, conforme o conteúdo programático constante do edital do seu concurso.

No tocante ao item 12.3 (poder empregatício), tal assunto normalmente é encontrado nos editais de concurso no tópico referente à *figura jurídica do empregador*. Portanto, certifique-se de que realmente seu concurso exige o conhecimento de tal assunto.

Assim como ocorre com qualquer outro negócio jurídico, o contrato de trabalho produz efeitos jurídicos, consubstanciados em obrigações recíprocas das partes contratantes.

Conforme Godinho Delgado[1], os principais efeitos resultantes do contrato de trabalho podem ser subdivididos em efeitos próprios e efeitos conexos.

---

[1] DELGADO, Maurício Godinho. *Curso de Direito do Trabalho*. 9. ed. São Paulo: LTr, 2010, p. 575.

12.1. EFEITOS CONTRATUAIS PRÓPRIOS

Próprios são aqueles efeitos decorrentes da natureza do contrato, e, como tal, inevitáveis. São exemplos mais expressivos a obrigação do empregado de prestar serviços ou de se colocar à disposição do empregador, e a obrigação do empregador de pagar salários ao empregado, como contraprestação pelos serviços prestados.

Além da obrigação de pagar salários, o empregador se submete a certas obrigações de fazer como, por exemplo, a obrigação de anotação do contrato de trabalho na CTPS do empregado.

Quanto ao empregado, além da obrigação principal de prestar serviços ou de se colocar à disposição do empregador, incidem outros efeitos contratuais próprios, tais como o dever de proceder com boa-fé, diligência e assiduidade, bem como a vedação à concorrência desleal ou à violação dos segredos da empresa.

Por fim, também constitui efeito contratual próprio do contrato de trabalho o poder empregatício conferido ao empregador, o qual lhe confere prerrogativas de dirigir, regulamentar e fiscalizar a prestação de serviços, bem como de punir o empregado.

Esquematicamente, teríamos:

EMPREGADO			EMPREGADOR
Deve prestar serviços e/ou se colocar à disposição para tal	→	←	Deve pagar os salários e demais direitos trabalhistas assegurados ao empregado
Deve proceder com boa-fé, diligência e assiduidade	→	←	Deve anotar o contrato em CTPS
Deve seguir as normas relativas à SST (utilizar EPIs, seguir orientações etc.)	→	←	Deve seguir as normas relativas à SST (adquirir e fornecer EPIs, orientar etc.)
Deve abster-se de praticar concorrência desleal ou de revelar segredo da empresa	→	←	Detém o poder empregatício (direção, controle/fiscalização, disciplinar)

12.2. EFEITOS CONTRATUAIS CONEXOS

Os efeitos contratuais conexos são aqueles que não resultam diretamente da natureza do contrato de trabalho e, como tal, **não possuem natureza trabalhista**. Não obstante, como apresentam algum tipo de vinculação com o contrato laboral estabelecido, acabam sendo tratados pelo Direito do Trabalho.

Os exemplos clássicos de efeitos contratuais conexos ao contrato de trabalho são os direitos intelectuais dos empregados que produzam obra intelectual, bem como as indenizações por dano moral ou material devidas pelo empregador em situações específicas.

12.2.1. Direitos intelectuais

Direitos intelectuais são os direitos decorrentes da produção científica, literária ou artística, ou seja, direitos decorrentes da produção intelectual do trabalhador.

Os direitos intelectuais decorrentes do contrato de trabalho **não possuem natureza salarial, razão pela qual *não integram* o salário para qualquer fim**.

A doutrina costuma subdividir os direitos intelectuais em três espécies, conforme sua natureza e a lei de regência:

a) **Direitos autorais** – CRFB/88 (art. 5º, XXVII e XXVIII); Lei nº 9.610/1998 (Lei de Direitos Autorais)

São assim considerados os direitos daquele que *cria obra literária ou científica*.

Como a Lei nº 9.610/1998 é omissa quanto aos efeitos dos direitos autorais no âmbito do contrato de trabalho, a doutrina defende a aplicação analógica do art. 4º da Lei nº 9.609/1998[2]. Neste sentido, por todos, Alice Monteiro de Barros[3].

b) **Direitos da propriedade industrial** – CRFB/88 (art. 5º, XXIX); Lei nº 9.279/1996 (Lei de Patentes)

São os direitos decorrentes da *invenção* ou da *criação de modelo de utilidade*.

Conforme José Augusto Rodrigues Pinto, considera-se invenção "todo ato criador de coisa corpórea, instrumento ou processo de produção ou de serviço, desenvolvido em decorrência da relação de emprego ou aplicável ao objeto da atividade do empregador"[4].

Nos termos do art. 8º da Lei nº 9.279/1996, "é patenteável a invenção que atenda aos requisitos de novidade, atividade inventiva e aplicação industrial".

É importante esclarecer que **a invenção não se confunde com a descoberta**, ao passo que esta última apenas revela algo que já existia. Desse modo, a descoberta, por si só, não gera direitos relativos à propriedade intelectual (art. 10, I, da Lei de Patentes).

O modelo de utilidade, por sua vez, é o aperfeiçoamento de uma invenção já existente, normalmente ligada a um processo industrial.

Consoante dispõe o art. 9º da Lei nº 9.279/1996, "é patenteável como modelo de utilidade o objeto de uso prático, ou parte deste, suscetível de aplicação industrial, que apresente nova forma ou disposição, envolvendo ato inventivo, que resulte em melhoria funcional no seu uso ou em sua fabricação".

O tratamento jurídico dado pela Lei de Patentes aos direitos intelectuais decorrentes do contrato de trabalho varia conforme as seguintes hipóteses:

• *Invenção de serviço*: o trabalho intelectual constitui o próprio objeto do contrato de trabalho.

Neste caso, a invenção e o modelo de utilidade, *salvo disposição contratual expressa em sentido contrário*, pertencem exclusivamente ao empregador, tocando ao empregado apenas a contraprestação previamente fixada pelo desempenho da função (ou seja, apenas o salário). Assim dispõe o art. 88 da Lei de Patentes.

Imagine-se o exemplo de um desenhista industrial que ingressa em juízo postulando os direitos econômicos decorrentes dos desenhos que produziu na empresa. Neste caso, a produção, embora intelectual, está ligada à própria atividade laboral do empregado, e foi obtida com recursos do empregador, razão pela qual tal produção já é remunerada pelo salário contratualmente estipulado.

---

[2] Art. 4º Salvo estipulação em contrário, pertencerão exclusivamente ao empregador, contratante de serviços ou órgão público, os direitos relativos ao programa de computador, desenvolvido e elaborado durante a vigência de contrato ou de vínculo estatutário, expressamente destinado à pesquisa e desenvolvimento, ou em que a atividade do empregado, contratado de serviço ou servidor seja prevista, ou ainda, que decorra da própria natureza dos encargos concernentes a esses vínculos. (...)

[3] BARROS, Alice Monteiro de. *Curso de Direito do Trabalho*. 6. ed. São Paulo: LTr, 2010, p. 634.

[4] PINTO, José Augusto Rodrigues. *Tratado de Direito Material do Trabalho*. São Paulo: LTr, 2007, p. 320.

Isso não impede que o empregador conceda ao empregado uma espécie de participação nos ganhos econômicos resultantes da exploração da patente, hipótese em que tal retribuição não tem, como mencionado, natureza salarial (art. 89).

Embora neste caso os efeitos econômicos do trabalho intelectual beneficiem exclusivamente o empregador, a autoria da invenção preserva-se com o empregado inventor, tendo em vista se tratar de direito personalíssimo.

• *Invenção livre:* o trabalho intelectual não guarda relação com o contrato de trabalho.

Se a invenção não decorreu do próprio objeto do contrato de trabalho, nem da utilização dos meios físicos colocados à disposição pelo empregador para exercício do objeto do contrato de trabalho, a exploração industrial e comercial desta invenção caberá exclusivamente ao empregado. Neste sentido, o art. 90 da Lei nº 9.279/1996.

• *Invenção de empresa ou casual ou mista:* o trabalho intelectual não constitui o objeto do contrato de trabalho, mas é favorecido pelos instrumentos colocados à disposição pelo empregador.

A hipótese ocorre sempre que o empregado utilize meios fornecidos pelo empregador (recursos, materiais, instalações etc.) para produzir o invento, ainda que este não tenha relação com a atividade contratualmente prevista.

No caso, dispõe o art. 91, *caput*, da Lei nº 9.279/1996 que

[...] a propriedade de invenção ou de modelo de utilidade será comum, em partes iguais, quando resultar da contribuição pessoal do empregado e de recursos, dados, meios, materiais, instalações ou equipamentos do empregador, ressalvada expressa disposição contratual em contrário.

A licença de exploração é, nesta hipótese, direito exclusivo do empregador.

c) **Direitos intelectuais de criação e utilização de software** – Lei nº 9.609/1998

Dispõe o art. 4º da Lei nº 9.609/1998, *in verbis*:

Art. 4º Salvo estipulação em contrário, pertencerão exclusivamente ao empregador, contratante de serviços ou órgão público, os direitos relativos ao programa de computador, desenvolvido e elaborado durante a vigência de contrato ou de vínculo estatutário, expressamente destinado à pesquisa e desenvolvimento, ou em que a atividade do empregado, contratado de serviço ou servidor seja prevista, ou ainda, que decorra da própria natureza dos encargos concernentes a esses vínculos.

§ 1º Ressalvado ajuste em contrário, a compensação do trabalho ou serviço prestado limitar-se-á à remuneração ou ao salário convencionado.

§ 2º Pertencerão, com exclusividade, ao empregado, contratado de serviço ou servidor os direitos concernentes a programa de computador gerado sem relação com o contrato de trabalho, prestação de serviços ou vínculo estatutário, e sem a utilização de recursos, informações tecnológicas, segredos industriais e de negócios, materiais, instalações ou equipamentos do empregador, da empresa ou entidade com a qual o empregador mantenha contrato de prestação de serviços ou assemelhados, do contratante de serviços ou órgão público.

(...)

Portanto, os direitos relativos à criação de programas de computador (*software*) seguem a mesma lógica mencionada acima, ou seja, o que for produzido em razão do contrato de trabalho será do empregador, e o que for produzido de forma independente pelo empregado lhe pertencerá.

12.2.2. Indenização por dano moral e material trabalhista

Sempre que o empregado sofrer danos, sejam eles materiais ou imateriais, em decorrência do contrato de trabalho, fará jus à indenização.

Maurício Godinho Delgado[5] divide a indenização por danos em dois planos distintos:

a) Indenização por dano moral ou à imagem

Dano moral é a violação de interesses juridicamente tutelados (direitos da personalidade) sem conteúdo pecuniário.

Dano à imagem, por sua vez, "é todo prejuízo ao conceito, valoração e juízo genéricos que se tem ou se pode ter em certa comunidade"[6].

Se o empregado sofre dano moral ou à imagem, deverá o empregador indenizá-lo. Um exemplo clássico é o da violação da intimidade e da dignidade do trabalhador mediante a prática de revistas íntimas. Da mesma forma, se o empregador adota procedimento discriminatório em relação a determinado empregado, também fica sujeito à reparação moral.

Em empresas que estimulam a competição entre os empregados, são comuns abusos dos superiores hierárquicos, através da criação de "prendas" que devem ser pagas pelos empregados que não cumprem as metas, tais quais usar nariz de palhaço, vestir roupas de mulher/homem, passar por um "corredor polonês" etc. Nestes casos, há inequívoca lesão à honra subjetiva do empregado, ensejando compensação pelos danos morais experimentados.

Cumpre observar, entretanto, que o **simples descumprimento contratual não tem o condão de causar dano moral**. Ainda que cause aborrecimentos e contrariedade, a jurisprudência não aceita, neste caso, a configuração de dano moral, até mesmo para não banalizar o instituto. Exige-se, em regra, a comprovação, pelo trabalhador, de abalo moral decorrente do descumprimento contratual. Do contrário, toda condenação material seria seguida por uma condenação por dano moral. **O atraso de salários**, entretanto, tem sido motivo para condenação por danos morais, **quando reiterado**, considerando-se presumido, nesse caso, o dano (*in re ipsa*).

Em consonância com este entendimento, os seguintes julgados:

[...] COMPENSAÇÃO POR DANO MORAL. INADIMPLEMENTO DAS VERBAS RESCISÓRIAS E ATRASO NO PAGAMENTO DO ÚLTIMO SALÁRIO. PROVIMENTO. A jurisprudência pacífica desta colenda Corte Superior, **nas hipóteses em que houve inadimplemento de verbas rescisórias, é de que cabe a condenação ao pagamento de compensação por danos morais quando comprovado ao menos algum fato objetivo a partir do qual se possa dessumir o abalo moral, como o seria, por exemplo, a inscrição em cadastro de inadimplentes. Em relação aos atrasos salariais, a jurisprudência entende ser admissível o pagamento de indenização por dano moral *in re ipsa* somente nos casos de atrasos reiterados e contumazes nos pagamentos salariais mensais.** Precedentes. No presente caso, no acórdão recorrido não ficou consignada a ocorrência de nenhum fato objetivo que, decorrente do inadimplemento de verbas rescisórias, pudesse ocasionar dano moral ao reclamante, como, por exemplo, sua inscrição em cadastro de devedores. Tampouco se verificou atrasos reiterados nos pagamentos salariais mensais. O acolhimento do pleito de compensação por dano moral fundado em mera presunção de prejuízo e no atraso de pagamento apenas do último salário não encontra respaldo no ordenamento jurídico, razão pela qual o reclamante não faz jus à reparação. Recurso de revista de que se conhece e a que se dá provimento. [...] (TST, RRAg-20332-28.2019.5.04.0020, 8ª Turma, Rel. Min. Guilherme Augusto Caputo Bastos, *DEJT* 28.04.2023). (grifos meus)

---

5 DELGADO, Maurício Godinho. *Curso de Direito do Trabalho*, p. 582.
6 Idem, ibidem, p. 582.

[...] B) RECURSO DE REVISTA. PROCESSO SOB A ÉGIDE DA LEI 13.015/2014. RITO SUMARÍSSIMO. INDENIZAÇÃO POR DANOS MORAIS ADVINDOS DO ATRASO NO FORNECIMENTO DE GUIAS DE SEGURO-DESEMPREGO. A jurisprudência do TST tem feito a distinção quanto a atrasos salariais e atraso rescisório. Assim, tem considerado pertinente o pagamento de indenização por dano moral nos casos de atrasos reiterados nos pagamentos salariais mensais. Porém não tem aplicado a mesma conduta quanto ao atraso na quitação de verbas rescisórias, por existir, na hipótese, apenação específica na CLT (multa do art. 477, § 8º, CLT), além da possibilidade da incidência de uma segunda sanção legal, fixada no art. 467, da Consolidação. Desse modo, no caso de atraso rescisório, para viabilizar a terceira apenação (indenização por dano moral), seria necessária a evidenciação de constrangimentos específicos surgidos, aptos a afetar a honra, a imagem ou outro aspecto do patrimônio moral do trabalhador. No caso concreto, a Corte de origem não registrou qualquer fato concreto de dano ao patrimônio subjetivo do Reclamante, limitando-se apenas a afirmar que o atraso na entrega dos documentos necessários para encaminhamento do seguro-desemprego cria dano moral que prescinde de provas ("in re ipsa"). Não há que se falar, portanto, em dano moral a ser reparado. Recurso de revista conhecido e provido (TST, RR-10407-19.2021.5.15.0024, 3ª Turma, Rel. Min. Mauricio Godinho Delgado, *DEJT* 28.04.2023).

b) **Dano material, dano moral e dano estético decorrentes de acidente de trabalho**

Ocorrendo acidente de trabalho (ou o desenvolvimento de doença ocupacional), muitas vezes as lesões daí decorrentes deixam sequelas não só físicas, mas também emocionais nos trabalhadores. Todas estas lesões ensejam responsabilização civil (indenização).

As lesões acidentárias podem provocar danos diversos ao trabalhador, sendo que **todas estas lesões são indenizáveis**, ainda que decorrentes do mesmo fato. Desse modo, se um mesmo fato provocou dano material, dano moral e dano estético, o empregado fará jus a três indenizações, uma para cada dano provocado.

O dano material é aquele que traduz perda patrimonial à vítima. Aquilo que efetivamente se perdeu é chamado *dano emergente*, ao passo que aquilo que se deixou de ganhar é chamado de *lucro cessante*.

Imaginemos um exemplo: um trabalhador sofreu um acidente de trabalho e ficou afastado de suas atividades por quatro meses. Neste caso, os danos emergentes são aquelas despesas diretamente decorrentes do acidente, como, por exemplo, as despesas médico-hospitalares em geral. Os lucros cessantes, por sua vez, são aqueles valores que o empregado deixou de receber por ficar durante quatro meses sem trabalhar.

Se o empregado perdeu total ou parcialmente sua condição laboral em virtude do acidente de trabalho (ou doença ocupacional), normalmente deverá ser indenizado também em relação a esta perda, na proporção em que ela ocorreu.

No mesmo diapasão, se a lesão acidentária provocou também um dano moral ao empregado, deverá o empregador indenizá-lo[7].

Por fim, se a lesão acidentária causa dano estético, assim considerada a lesão que compromete a *harmonia física da vítima*, em relação ao padrão médio da sociedade, também deverá ser indenizada, podendo inclusive haver cumulação com a indenização por danos materiais e por danos morais.

Mencione-se como exemplo a seguinte hipótese: empregado sofre acidente de trabalho e perde um braço. Recebe indenização por danos materiais (custo do tratamento, redução da capacidade laboral etc.), por danos morais (pela dor moral de passar pelo problema e

---

7   Desde a vigência da Lei nº 13.467/2017, aos 11.11.2017, a reparação do dano extrapatrimonial passou a ser regida pelo disposto nos artigos 223-A a 223-G da CLT. O aprofundamento neste tema não se insere, entretanto, na proposta desta obra.

de ver reduzida sua capacidade laboral de forma definitiva) e ainda por danos estéticos (pela alteração de sua apresentação estética, de forma que o mesmo se torne diferente do padrão normal da apresentação física humana).

Em consonância com o entendimento exposto, a jurisprudência do TST:

[...] 4. Indenização por danos materiais/estéticos. A lei civil fixa critérios relativamente obje-tivos para a fixação da indenização por danos materiais, que podem abranger: a) as despesas de tratamento e dos lucros cessantes até o fim da convalescença (art. 1.538, CCB/1.916; art. 949, CCB/2002); b) a reparação de algum outro prejuízo que o ofendido prove haver sofrido (art. 949, CCB/2002); e c) o estabelecimento de uma pensão correspondente à importância do trabalho para que se inabilitou, ou da depreciação que ele sofreu (art. 1.539, CCB/1916; art. 950, CCB/2002). O dano estético não se confunde com o dano moral, eis que se trata de dano externo, diverso do dano moral que se materializa de forma interna. Aliás, a cumulação das indenizações por danos morais e estéticos é matéria sumulada pelo C. STJ: "Súmula 387 – É lícita a cumulação das indenizações por dano estético e dano moral". Tanto a higidez física como a mental, inclusive emocional do ser humano são bens fundamentais de sua vida privada e pública, de sua intimidade, de sua autoestima e afirmação social e, nesta medida, também de sua honra. São bens, portanto, inquestionavelmente tutelados, regra geral, pela Constituição (art. 5º, V e X). No caso específico dos autos, a autora teve um dedo amputado e, apesar de não ter havido comprovação da redução da capacidade laborativa, não há dúvidas de que houve uma violação à esfera física/estética, já que a reclamante, com o acidente, ficou com parte visível do corpo esteticamente fora dos padrões normais de beleza. Daí vem a vergonha, o constrangimento e o sofrimento que merecem ser compensados. Recurso de revista conhecido e provido (TST, 2ª Turma, RR-6800-70.2009.5.19.0003, Rel. Min. Maria Helena Mallmann, j. 28.09.2016, DEJT 07.10.2016).

Acidente do trabalho. Indenização por danos morais, materiais e estéticos. Responsabilidade civil do empregador. 1. O novo Código Civil brasileiro manteve, como regra, a teoria da res-ponsabilidade civil subjetiva, calcada na culpa. Inovando, porém, em relação ao Código Civil de 1916, ampliou as hipóteses de responsabilidade civil objetiva, acrescendo aquela fundada no risco da atividade empresarial, consoante previsão inserta no parágrafo único do artigo 927. Tal acréscimo apenas veio a coroar o entendimento de que os danos sofridos pelo trabalhador decorrentes de acidente do trabalho conduzem à responsabilidade objetiva do empregador. 2. Na hipótese dos autos, ficou comprovado que o reclamante sofreu acidente do trabalho (ao girar o corpo em torno de seu próprio eixo, estando com os braços carregados de cana-de--açúcar, teve o joelho esquerdo deslocado, com luxação da respectiva patela, em razão de ter pisado falsamente em um buraco do terreno desnivelado em que laborava) durante o exercício de suas atividades profissionais de cortador de cana-de-açúcar. 3. Esta Corte superior vem se posicionando no sentido de reconhecer como atividade de risco acentuado a de cortador de cana-de-açúcar, circunstância apta a ensejar a responsabilidade objetiva do empregador. 4. Agravo de instrumento a que se nega provimento. Danos morais e estéticos. Cumulação. Pos-sibilidade. A alegação de afronta aos incisos V e X do artigo 5º da Constituição da República não enseja a admissibilidade do recurso de revista nos moldes exigidos no artigo 896, c, da Consolidação das Leis do Trabalho. Com efeito, os aludidos incisos dispõem acerca de direitos que, ao serem violados, ensejam reparação mediante indenização por danos materiais e morais. Nada referem acerca da impossibilidade de cumulação das indenizações por danos morais e estéticos. Agravo de instrumento a que se nega provimento. [...] (TST, 1ª Turma, AIRR-2239-06.2012.5.18.0171, Rel. Des. Conv. Marcelo Lamego Pertence, j. 24.02.2016, DEJT 26.02.2016).

12.2.2.1. Assédio moral

Uma das práticas que geralmente provocam o dano moral trabalhista é o chamado assédio moral.

Cuidado para não confundir assédio moral com dano moral. Assédio moral é conduta específica, enquanto dano moral é o resultado de qualquer conduta que provoque perda imaterial ao empregado, normalmente ligada aos direitos da personalidade.

Assédio moral é a prática de perseguição insistente (constante) a um empregado ou um grupo deles, com vistas à humilhação, constrangimento e isolamento do grupo, prática esta que provoca danos à saúde física e psicológica do trabalhador, ferindo sua dignidade.

Sônia Nascimento[8] sugere um prazo de um a três anos de práticas típicas continuadas como indicativo da ocorrência de assédio moral. Pode ocorrer a lesão em período inferior, mas não é comum.

Geralmente o objetivo do assédio moral é minar a resistência do empregado, a fim de que este se desligue do grupo, ou seja, peça demissão. Mas nem sempre é assim. Com efeito, são conhecidas três diferentes espécies de assédio moral no trabalho, a saber:

- **assédio vertical descendente**: é o assédio moral "de cima para baixo", ou seja, praticado por superior hierárquico. É especialmente grave porque constitui abuso de direito, consubstanciado no abuso do exercício do poder empregatício pelo empregador ou por seus prepostos. Em razão da subordinação hierárquica, os danos ao empregado são ainda maiores, pois este acaba tentando suportar a pressão com medo de perder o emprego;

- **assédio vertical ascendente**: é o assédio "de baixo para cima", praticado geralmente por um grupo de empregados contra o superior hierárquico. É relativamente comum um grupo de empregados passar a implicar com o chefe, discriminando-o, por exemplo, por alguma característica física ou por sua opção sexual, o que configura assédio moral;

- **assédio horizontal**: é praticado entre colegas que possuem o mesmo *status* hierárquico, geralmente estimulados pela competição por resultados.

Em qualquer dos casos de assédio moral no ambiente de trabalho o empregador responde pelos danos morais, tendo em vista que "o empregador ou comitente" é responsável civilmente "por seus empregados, serviçais e prepostos, no exercício do trabalho que lhes competir, ou em razão dele" (art. 932, III, do CCB/2002). Além disso, no caso de o dano não ter sido provocado diretamente pelo empregador, *a responsabilidade é objetiva*.

12.2.2.2. Assédio sexual

No caso do assédio moral, a intenção do agente é implicar com a vítima, é reduzir-lhe o poder de resistência e, afinal, destruir-lhe emocionalmente, reduzindo a pó sua autoestima. No assédio sexual, por sua vez, a intenção do agente é obter favores sexuais da vítima, normalmente utilizando-se da subordinação hierárquica.

No caso da utilização do cargo (hierarquia) para a prática do assédio sexual, a conduta se enquadra como tipo penal, definido pelo art. 216-A do Código Penal:

Art. 216-A. Constranger alguém com o intuito de obter vantagem ou favorecimento sexual, prevalecendo-se o agente da sua condição de superior hierárquico ou ascendência inerentes ao exercício de emprego, cargo ou função.

Pena – detenção, de 1 (um) a 2 (dois) anos.

(...)

---

8   NASCIMENTO, Sônia A. C. Mascaro. O assédio moral no ambiente do trabalho. *Revista LTr*, São Paulo, n° 8, 2004, p. 924.

Entretanto, também pode ocorrer assédio sexual entre empregados de mesmo *status* hierárquico, bem como ascendente (do subalterno em relação ao chefe), hipóteses em que não restará configurado crime, o que não significa a ausência de efeitos no âmbito trabalhista (possível configuração de dano moral). É importante ressaltar que as instâncias penal e trabalhista não se comunicam.

Tanto a hipótese de assédio moral quanto a hipótese de assédio sexual configuram motivos para rescisão justa do contrato de trabalho, seja pelo empregado (art. 483), seja pelo empregador (art. 482), conforme quem seja o agente.

12.2.2.3. Dano patrimonial provocado pelo empregado – Ressarcimento do empregador

É natural que, dada sua hipossuficiência econômica, dificilmente o empregado terá meios próprios de indenizar o empregador por danos causados a este. Por isso mesmo a lei prevê a possibilidade de descontos indenizatórios nos salários dos empregados. Neste sentido, o § 1º do art. 462 da CLT dispõe que, **"em caso de dano causado pelo empregado, o desconto será lícito, desde que esta possibilidade tenha sido acordada ou na ocorrência de dolo do empregado"**.

Assim, poderá o empregador descontar do salário do empregado as parcelas indenizatórias para ressarcimento de dano em duas hipóteses:

* dolo, independentemente da concordância do trabalhador;
* culpa, se o empregado autorizou expressamente o desconto (geralmente consta como cláusula contratual).

A OJ SDI-1 251 do TST admite a responsabilização do empregado no caso de devolução de cheques sem fundos, quando o obreiro não observou as recomendações de conferência prévia do cheque. Obviamente o desconto, no caso, depende de previsão contratual (ou de norma coletiva, como disposto no verbete), pois tem origem em ato culposo.

OJ-SDI1-251. Descontos. Frentista. Cheques sem fundos (inserida em 13.03.2002).

É lícito o desconto salarial referente à devolução de cheques sem fundos, quando o frentista não observar as recomendações previstas em instrumento coletivo.

12.3. PODER EMPREGATÍCIO

O poder empregatício decorre do contrato de trabalho, consistindo no conjunto de prerrogativas conferidas ao empregador no sentido da direção da prestação dos serviços.

Portanto, o fundamento do poder empregatício é, para a doutrina amplamente majoritária, o próprio contrato de trabalho, consubstanciado em um acordo de vontades que origina a relação empregatícia e, a partir desta, faz surgir direitos e deveres para os contratantes (empregador e empregado). Neste complexo de direitos e obrigações encontra-se inserido o poder empregatício.

Do ponto de vista legal, não há norma expressa que fundamente o poder empregatício, ao menos não de forma direta. Indiretamente, vários dispositivos legais oferecem suporte jurídico ao poder empregatício, ao passo que regulam o vínculo entre empregador e empregado, do qual decorre tal poder.

Neste sentido, o art. 2º, *caput*, da CLT, ao definir a figura do empregador, faz menção à **direção da prestação dos serviços**, sem dúvida uma referência indireta ao poder empregatício e, em última análise, a legitimação dele.

Da mesma forma, também refletem aspectos do poder empregatício a transferência do empregado (art. 469, §§ 1º e 3º, da CLT), a reversão ao cargo anteriormente ocupado por trabalhador que exerce função de confiança (art. 468, § 1º, da CLT) e a suspensão disciplinar do empregado (art. 474 da CLT).

O poder empregatício se desdobra em:

⇨ Poder Diretivo
→ Poder Regulamentar
→ Poder Fiscalizatório
⇨ Poder Disciplinar

O poder empregatício é também denominado **poder hierárquico**, expressão esta absolutamente desprestigiada atualmente, tendo em vista trazer consigo a ideia de subjugação do trabalhador. Considera-se tal denominação um resquício do corporativismo decorrente dos regimes totalitários da primeira metade do século XX. Não obstante tal fato, para todos os efeitos as duas expressões devem ser consideradas como sinônimas.

Todavia, diante de **ordens ilícitas** do empregador é assegurado ao empregado o *direito de resistência* ou *de oposição*, denominado *jus resistentiae*, hipótese em que a recusa obreira configura *exercício regular de direito* (arts. 187 e 188, I, do CCB), e não ato de insubordinação. Logo, tal recusa não é passível de punição. É óbvio que, na prática, quase sempre o empregado que *ousa* reclamar de alguma coisa é simplesmente dispensado, razão pela qual o instituto é pouco utilizado.

Dicas para discursivas:

Os limites ao poder empregatício constituem excelente tema para provas discursivas. Assim, o candidato deve conhecer o entendimento jurisprudencial atual sobre questões como monitoramento de *e-mail* do empregado, revista pessoal e revista íntima (ver item 12.3.3). Também é importante o domínio das formas de exercício do poder disciplinar, conforme itens 12.3.4 e 20.6.1.

12.3.1. Poder diretivo

É o **poder de dirigir a organização da estrutura e do espaço interno da empresa**, bem como do processo de trabalho, pelo qual o empregador comanda a energia de trabalho do empregado no sentido que melhor lhe aproveite.

Exemplos:

– determinação das atribuições conferidas aos empregados;
– horário de trabalho;
– local de trabalho;
– exigência do uso de uniformes (desde que sejam fornecidos gratuitamente);
– estabelecimento de revezamento para utilização do refeitório.

Aliás, a exigência de uso de uniforme, exemplo clássico de manifestação do poder diretivo do empregador, foi recentemente objeto de regulamentação pela Reforma Trabalhista de 2017. Com efeito, a Lei nº 13.467/2017 acrescentou à CLT o art. 456-A, nos seguintes termos:

Art. 456-A. Cabe ao empregador definir o padrão de vestimenta no meio ambiente laboral, sendo lícita a inclusão no uniforme de logomarcas da própria empresa ou de empresas parceiras e de outros itens de identificação relacionados à atividade desempenhada.

Parágrafo único. A higienização do uniforme é de responsabilidade do trabalhador, salvo nas hipóteses em que forem necessários procedimentos ou produtos diferentes dos utilizados para a higienização das vestimentas de uso comum.

Embora fosse mais ou menos pacífico que a exigência de uso do uniforme é prerrogativa do empregador, a lei silenciava a respeito. Certamente para resolver questões que surgiram nos últimos anos relativas à veiculação de propagandas e à responsabilidade pela higienização dos uniformes, o legislador incluiu na CLT o supramencionado dispositivo.

Além de confirmar que exigir o uso do uniforme é prerrogativa do empregador, o *caput* do art. 456-A esclarece que o empregador pode incluir no uniforme logomarca da empresa ou de terceiros, o que contraria o entendimento jurisprudencial segundo o qual o empregado não seria obrigado a utilizar uniforme com propagandas, por exemplo.

Desse modo, o TST continua condenando o empregador por dano moral, por obrigar o empregado a utilizar uniforme com propagandas, **apenas naqueles casos em que o contrato não é regido pela Lei nº 13.467/2017.**

Ressalte-se, todavia, que **o uso da imagem *do trabalhador* para fins publicitários continua sendo condicionado à prévia autorização do trabalhador**. Assim, por exemplo, se a empresa divulga *outdoor* com imagem de trabalhadores utilizando uniformes com referência à empresa, ou a terceiros, sem a devida autorização, viola o direito do trabalhador à imagem.

Observe-se, ainda, que a autorização legal, agora expressa, não alcança, por óbvio, a imposição de utilização de uniformes que possam expor o trabalhador ao ridículo, ferindo sua dignidade.

Por fim, o parágrafo único do art. 456-A prevê a **responsabilidade do empregado pela higienização ordinária dos uniformes**, cabendo ao empregador custear apenas a higienização extraordinária, assim considerada aquela que demande a utilização de produtos e/ou procedimentos distintos daqueles utilizados no dia a dia.

Este aparentemente já era o entendimento mais recente do TST a respeito da matéria, senão vejamos:

EMBARGOS EM EMBARGOS DE DECLARAÇÃO EM RECURSO DE REVISTA COM AGRAVO – REGÊNCIA PELA LEI Nº 13.015/2014 – RESSARCIMENTO DE DESPESAS. LAVAGEM DE UNIFORME. INEXISTÊNCIA DE GASTOS EXTRAORDINÁRIOS. INDEFERIMENTO. O ressarcimento de despesas com lavagem de uniformes de uso obrigatório somente é devido quando tal procedimento demandar gastos extraordinários, seja, exemplificativamente, em razão da necessidade do uso de produtos especiais, seja em virtude da exigência de método específico de lavagem, seja por tratar-se de sobreveste, seja, ainda, por exigirem-se, em função do ramo da atividade econômica da empresa, maior asseio e higienização diferenciada. De outro lado, não haverá direito ao ressarcimento caso se trate de lavagem comum com frequência habitual, pois, no caso, os empregados não terão despendido gastos excedentes àqueles que, ordinariamente, teriam com a lavagem de suas próprias vestimentas, tomada, naturalmente, como simples medida de higiene. No caso dos autos, consoante registra o julgado ora embargado, não se pode extrair do acórdão regional qualquer elemento que indique a necessidade de gastos extraordinários com o procedimento de limpeza. Diversamente, o que dali se colhe é, tão somente, o registro de que "Os gastos do reclamante com a lavagem do seu uniforme são exatamente os mesmos que ele teria para lavar sua própria roupa, se a empresa não exigisse a utilização de uniforme". Nesse contexto, mostra-se indevido o ressarcimento pleiteado. Recurso de embargos conhecido e desprovido. (TST, SDI-I, E-ED-ARR-11116-05.2014.5.03.0163, Rel. Min. Márcio Eurico Vitral Amaro, Data de Julgamento: 05.10.2017, *DEJT* 13.10.2017).

Todavia, a mesma SDI-I vinha se posicionando em sentido diverso, deferindo a indenização das despesas com a lavagem do uniforme independentemente de serem extraordinárias, conforme se depreende dos seguintes julgados:

EMBARGOS EM RECURSO DE REVISTA. INTERPOSIÇÃO NA VIGÊNCIA DA LEI Nº 11.496/2007. RESSARCIMENTO DE DESPESAS. LAVAGEM DE UNIFORME. USO OBRIGATÓRIO. ATIVIDADE DA EMPRESA. DEVIDO. NÃO PROVIMENTO. 1. Esta Corte Superior, por meio da SBDI-1, firmou o entendimento de que as despesas realizadas pelo empregado com a lavagem e a higienização de uniformes devem ser suportadas pelo empregador, se a sua utilização é obrigatória nas dependências da Empresa, notadamente em razão da natureza da atividade econômica desenvolvida. 2. Entendimento firmado na sessão do dia 12/3/2015, quando do julgamento do Processo nº TST-E-RR-12-47.2012.5.04.0522. 3. Ressalva de entendimento do Relator. 4. Embargos conhecidos e não providos (TST, SDI-I, E-RR-264-49.2012.5.04.0781, Rel. Min. Guilherme Augusto Caputo Bastos, Data de Julgamento: 04.02.2016, *DEJT* 12.02.2016).

Uniformes. Uso obrigatório ou necessário para a concepção da atividade econômica. Despesas com lavagem. Ressarcimento. Devido. As despesas decorrentes de lavagem de uniformes, quando seu uso é imposto pelo empregador ou necessário para a concepção da atividade econômica, devem ser ressarcidas ao empregado, uma vez que os riscos do empreendimento são suportados pela empresa, cabendo a ela zelar pela higiene do estabelecimento. Inteligência do art. 2º da CLT. No caso, as reclamadas forneciam gratuitamente uniformes e impunham a sua utilização durante o horário de serviço em razão da atividade desenvolvida (indústria de laticínios). Assim, a SBDI-I, por unanimidade, conheceu do recurso de embargos, por divergência jurisprudencial, e, no mérito, por maioria, negou-lhe provimento, mantendo a decisão da Turma que ratificara a condenação ao ressarcimento das despesas efetuadas pelo reclamante com a lavagem de uniformes. Vencidos os Ministros Guilherme Caputo Bastos, relator, Ives Gandra Martins Filho, Márcio Eurico Vitral Amaro e Cláudio Mascarenhas Brandão, que davam provimento aos embargos para julgar improcedente o pedido de ressarcimento das despesas com a lavagem do fardamento, ao fundamento de que a higienização ordinária de uniformes não causa prejuízo indenizável, nem transfere os riscos do empreendimento ao empregado. (TST-E-RR-12-47.2012.5.04.0522, SBDI-I, rel. Min. Guilherme Augusto Caputo Bastos, red. p/ acórdão Min. João Oreste Dalazen, 12.3.2015. Informativo nº 101).

Aparentemente, portanto, neste pormenor o TST já se ajustou à Reforma antes mesmo da entrada em vigor da Lei nº 13.467/2017.

12.3.2. Poder regulamentar

É o **poder de fixar regras gerais** a serem seguidas no âmbito da empresa.

São exemplos de exercício do poder regulamentar a instituição do regulamento interno de empresa, as circulares, as ordens de serviço e mesmo as ordens diretas (verbais ou escritas) dadas pelo empregador ao empregado, diretamente ou através de prepostos.

É importante ter em mente que tais regras não se enquadram no conceito de norma jurídica, sendo meras cláusulas contratuais, as quais, como atos unilaterais, aderem ao contrato de trabalho.

A importância da natureza jurídica da norma regulamentar é singular, tendo em vista que as cláusulas contratuais não podem ser revogadas por outras posteriores, senão em benefício do empregado, nos termos do art. 468 da CLT.

12.3.3. Poder fiscalizatório

É o **poder de vigilância em relação ao ambiente interno da empresa** e a prerrogativa que tem o empregador **de fiscalizar o modo de prestação dos serviços**.

São exemplos do poder fiscalizatório quaisquer formas de controle do ambiente de trabalho, como revistas pessoais, monitoramento por videocâmeras, monitoramento de *e-mail*, detector de metais, controle de horário, entre outros.

Naturalmente, **este poder fiscalizatório tem limites**. Aliás, **nenhum poder, assim como nenhum direito, é ilimitado**.

Os limites, no caso, são os direitos fundamentais do cidadão (e, por consequência, do trabalhador) assegurados pela CRFB/88. Assim, os princípios da liberdade, da igualdade, da dignidade da pessoa humana, da intimidade, entre outros, servem de baliza ao exercício do poder fiscalizatório pelo empregador.

Neste diapasão, não se admite, por exemplo, o uso discriminatório de qualquer método de controle [p. ex., detector de metais para apenas alguns empregados; monitoramento por vídeo para apenas um (ou alguns) dos empregados etc.], bem como procedimentos que atentem contra a dignidade do trabalhador (ex.: revistas íntimas, proibidas expressamente pelo art. 373-A da CLT, bem como pelo art. 1º da Lei nº 13.271/2016).

A propósito, dispõe o inciso VI do art. 373-A da CLT que é vedado "proceder o empregador ou preposto a revistas íntimas nas empregadas ou funcionárias". Observe-se que o dispositivo se refere expressamente à mulher, mas, a partir dos princípios da isonomia e da dignidade da pessoa humana, **pode-se dizer que se dirige a qualquer trabalhador, independentemente do sexo**. Esse é o entendimento da doutrina amplamente majoritária. Embora a Lei nº 13.271/2016 (*DOU* 18.04.2016) tenha igualmente proibido a revista íntima apenas em relação às mulheres, o entendimento no sentido da extensão da vedação também aos empregados deve seguir prestigiado na doutrina.

Vejamos algumas hipóteses polêmicas de exercício do poder fiscalizatório.

a) Monitoramento do *e-mail* do empregado

Muito se discute acerca da possibilidade ou não de o empregador controlar o conteúdo do *e-mail* do empregado.

Como regra geral, a **tendência** é que seja aceito o monitoramento do *e-mail*, desde que seja *e-mail* corporativo (domínio da empresa, como @empresa.com.br) e que o empregador tenha avisado previamente o empregado acerca da possibilidade de controle e/ou não tenha permitido (expressa ou tacitamente) o uso do *e-mail* também para fins pessoais, ou seja, deve a empresa deixar bem claro, normalmente em regulamento, que o *e-mail* corporativo é de uso exclusivo em serviço, bem como que poderá ser monitorado.

Neste caso, aplica-se o critério da ponderação de interesses, pois a intimidade do empregado conflita com a segurança da empresa (direito de propriedade), ao passo que o empregado pode utilizar o *e-mail* para fins ilícitos, como divulgação de material relacionado à pedofilia, por exemplo, ocasionando incalculáveis prejuízos, materiais e imateriais, à empresa.

Ao contrário, se o *e-mail* for pessoal, não pode o empregador monitorá-lo.

Este é o entendimento que tem prevalecido na jurisprudência do TST, conforme se observa a partir dos seguintes arestos:

> Agravo de instrumento. Recurso de revista. Justa causa. Prova ilícita. Nenhum dos dispositivos declinados como violados, incluindo-se o art. 5º, XII, da CF, disciplina a matéria inerente à ilicitude da prova para que se possa reputar violado. Além disso, a ilicitude da obtenção da prova pressupõe inobservância de norma disciplinadora, o que não sucedeu. Sob o prisma de violabilidade do sigilo dos *e-mails*, tampouco há falar em violação do art. 5º, XII, da CF, por se tratar de *e-mail* corporativo e não privado, meio de comunicação disponibilizado pelo empregador apenas para uso profissional conforme normas internas

de conhecimento do empregado e com "expressa previsão de gravação e monitoramento do correio eletrônico, ficando alertado que o colaborador não deve ter expectativa de privacidade na sua utilização (item 6.1 - fl. 176)", conforme noticia o acórdão regional. [...] (TST, 3ª Turma, AIRR-1461-48.2010.5.10.0003, Rel. Min. Alexandre de Souza Agra Belmonte, j. 25.02.2015, *DEJT* 27.02.2015).

Prova ilícita. E-mail corporativo. Justa causa. Divulgação de material pornográfico. 1. Os sacrossantos direitos do cidadão à privacidade e ao sigilo de correspondência, constitucionalmente assegurados, concernem à comunicação estritamente pessoal, ainda que virtual (e-mail particular). Assim, apenas o e-mail pessoal ou particular do empregado, socorrendo-se de provedor próprio, desfruta da proteção constitucional e legal de inviolabilidade. 2. Solução diversa impõe-se em se tratando do chamado *e-mail* corporativo, instrumento de comunicação virtual mediante o qual o empregado louva-se de terminal de computador e de provedor da empresa, bem assim do próprio endereço eletrônico que lhe é disponibilizado igualmente pela empresa. Destina-se este a que nele trafeguem mensagens de cunho estritamente profissional. Em princípio, é de uso corporativo, salvo consentimento do empregador. Ostenta, pois, natureza jurídica equivalente à de uma ferramenta de trabalho proporcionada pelo empregador ao empregado para a consecução do serviço. 3. A estreita e cada vez mais intensa vinculação que passou a existir, de uns tempos a esta parte, entre Internet e/ou correspondência eletrônica e justa causa e/ou crime exige muita parcimônia dos órgãos jurisdicionais na qualificação da ilicitude da prova referente ao desvio de finalidade na utilização dessa tecnologia, tomando-se em conta, inclusive, o princípio da proporcionalidade e, pois, os diversos valores jurídicos tutelados pela lei e pela Constituição Federal. A experiência subministrada ao magistrado pela observação do que ordinariamente acontece revela que, notadamente o e-mail corporativo, não raro sofre acentuado desvio de finalidade, mediante a utilização abusiva ou ilegal, de que é exemplo o envio de fotos pornográficas. Constitui, assim, em última análise, expediente pelo qual o empregado pode provocar expressivo prejuízo ao empregador. 4. Se se cuida de e-mail corporativo, declaradamente destinado somente para assuntos e matérias afetas ao serviço, o que está em jogo, antes de tudo, é o exercício do direito de propriedade do empregador sobre o computador capaz de acessar à Internet e sobre o próprio provedor. Insta ter presente também a responsabilidade do empregador, perante terceiros, pelos atos de seus empregados em serviço (Código Civil, art. 932, inciso III), bem como que está em xeque o direito à imagem do empregador, igualmente merecedor de tutela constitucional. Sobretudo, imperativo considerar que o empregado, ao receber uma caixa de *e-mail* de seu empregador para uso corporativo, mediante ciência prévia de que nele somente podem transitar mensagens profissionais, não tem razoável expectativa de privacidade quanto a esta, como se vem entendendo no Direito Comparado (EUA e Reino Unido). 5. Pode o empregador monitorar e rastrear a atividade do empregado no ambiente de trabalho, em e-mail corporativo, isto é, checar suas mensagens, tanto do ponto de vista formal quanto sob o ângulo material ou de conteúdo. Não é ilícita a prova assim obtida, visando a demonstrar justa causa para a despedida decorrente do envio de material pornográfico a colega de trabalho. Inexistência de afronta ao art. 5º, incisos X, XII e LVI, da Constituição Federal. 6. Agravo de instrumento do reclamante a que se nega provimento (TST, RR 61300-23.2000.5.10.0013, 1ª Turma, Rel. Min. João Oreste Dalazen, *DJU* 10.06.2005).

b) Revista pessoal

Não há que se confundir revista pessoal com revista íntima. Como visto acima, a revista íntima é expressamente vedada pela lei. A revista pessoal, por sua vez, é normalmente admitida, desde que a atividade assim o recomende, bem como desde que não seja abusiva, isto é, não lesione a intimidade do empregado. Só pode ser feita por pessoa do mesmo sexo e não deve expor o empregado além do necessário. Normalmente é feita de forma aleatória, por amostragem.

Há que se observar, entretanto, que deverá o empregador, sempre que possível, se valer de meios alternativos à revista pessoal, como, por exemplo, sistema de monitoramento por vídeo.

Neste sentido, a sempre lúcida posição da professora Alice Monteiro de Barros:

"A nosso ver, **a revista se justifica**, não quando traduza um comodismo do empregador para defender o seu patrimônio, mas quando constitua recurso necessário à satisfação do interesse empresarial, à falta de outras medidas preventivas; essa fiscalização visa à **proteção do patrimônio do empregador e à salvaguarda da segurança das pessoas**. Não basta a tutela genérica da propriedade, devendo existir circunstâncias concretas que justifiquem a revista; é mister que haja, na empresa, bens suscetíveis de subtração e ocultação, com valor material, ou que tenham relevância para o funcionamento da atividade empresarial."[9] (grifos do original)

Também é importante observar que locais expressamente destinados ou reservados ao empregado não podem ser objeto de revista. Dessa maneira, os armários individuais para guarda de objetos pessoais, de disponibilização obrigatória conforme o item 24.4.3 da NR-24, não podem ser revistados pelo empregador. Por óbvio, os vestiários e banheiros também não podem ser monitorados por circuito interno de vídeo.

A título de ilustração, mencionem-se os seguintes arestos:

[...] REVISTA PESSOAL. DANO MORAL. No tocante ao tópico "Dano Moral - Revista Íntima" o entendimento desta Corte é no sentido de que a revista de bolsas e pertences dos empregados é lícita, desde que realizada de forma impessoal e sem abuso do poder de fiscalização do empregador, caracterizado por contato físico ou qualquer ato que degrade o empregado. Se a revista dos pertences do trabalhador observar esses parâmetros, a jurisprudência do TST entende que não há afronta à intimidade, à dignidade e à honra, sendo indevida a indenização por danos morais. No caso concreto, de acordo com o quadro fático retratado pelo Tribunal Regional, nas revistas realizadas não havia excesso ou abuso de poder diretivo e disciplinar e, tampouco, restou configurada a exposição da Reclamante a situação vexatória e degradante. Registrou, ainda, que a prova oral não logrou comprovar as alegações da agravante. Não há falar, portanto, em ofensa aos arts. tidos por violados, tampouco em divergência jurisprudencial, nos termos do art. 896, § 4º, da CLT (redação anterior à Lei nº 13.015/2014) e da Súmula 333/TST. Precedente. Agravo de instrumento a que se nega provimento. [...] (TST, 2ª Turma, AIRR-507-18.2012.5.05.0020, Rel. Min. Maria Helena Mallmann, Data de Julgamento: 19/09/2018, *DEJT* 21.09.2018).

Embargos em recurso de revista. Regência pela Lei nº 13.015/2014. Dano moral. Revista visual. Não configuração. Art. 894, § 2º, da CLT. Inadmissível o recurso de embargos quando evidenciada a conformidade do acórdão turmário com a jurisprudência deste Tribunal, firme no sentido de que a revista visual nos pertences do empregado, realizada de forma impessoal, não configura, por si só, ofensa à sua honra e intimidade, constituindo, na realidade, exercício do poder de direção e fiscalização do empregador, o que não enseja o direito à indenização por dano moral. Incidência do artigo 894, § 2º, da CLT. Recurso de embargos não conhecido (TST, SDI-I, E-RR-130730-23.2015.5.13.0023, Rel. Min. Márcio Eurico Vitral Amaro, j. 06.10.2016, *DEJT* 14.10.2016).

Agravo de instrumento em recurso de revista. Recurso de revista interposto na vigência da Lei nº 13.015/2014. Indenização por danos morais. Monitoramento por câmera no banheiro/vestiário. Abuso do poder de direção da empregadora. Trata-se de pedido de indenização por dano moral sob a alegação de violação da privacidade da empregada por monitoramen-

---

9   BARROS, Alice Monteiro de. *Proteção à intimidade do empregado*. 2. ed. São Paulo: LTr, 2009, p. 76.

to do vestiário por meio de câmera. O direito à privacidade configura um poder jurídico fundamental do cidadão, possuindo *status* constitucional, insculpido no artigo 5º, inciso X, da Constituição Federal. Representa, na verdade, uma grande conquista do indivíduo, frente ao Estado, constituindo um direito subjetivo oponível *erga omnes*, de forma que exija uma omissão social, a fim de que a vida privada do ser humano não sofra violações. Esse direito alberga todas as manifestações da esfera íntima, privada e da personalidade. Segundo Matos Pereira, constitui "o conjunto de informação acerca do indivíduo que ele pode decidir manter sob seu exclusivo controle, ou comunicar, decidindo a quem, quando, onde e em que condições, sem a isso poder ser legalmente sujeito" (*apud*, SILVA, José Afonso da, *Curso de Direito Constitucional Positivo*, 33ª edição, editora Malheiros, 2009, p. 206). O ordenamento jurídico pátrio, com vistas a conferir efetividade a esse direito, estabeleceu diversos dispositivos cujo escopo é garantir-lhe a inviolabilidade e, em caso de violação, a efetiva reparação ao lesado e punição do algoz. No caso dos autos, consta na decisão recorrida que houve a instalação de câmeras nos vestiários dos empregados. O dano, nesses casos, é *in re ipsa*, ou seja, advém do simples fato de violar a privacidade da reclamante no momento em que necessita utilizar o banheiro ou o vestiário, causando-lhe, inequivocamente, constrangimento e intimidação, ferindo o seu direito constitucionalmente garantido. Não há perquirir acerca de prejuízos ou mesmo de comprovação para configurar dano moral, derivando a lesão, inexoravelmente, do próprio fato ofensivo. Presente, pois, o dano moral, consistente na violação da privacidade da autora, causando-lhe constrangimento e intimidação ao utilizar o banheiro/vestiário sob a supervisão de câmeras de filmagem. Por outro lado, a conduta da empregadora revela-se abusiva, pois o seu poder diretivo não autoriza a instalação de câmera de segurança no banheiro dos empregados. Verifica-se, então, que a reclamada, ao instalar câmera de segurança no vestiário dos empregados, agiu com abuso do seu poder diretivo, configurando essa conduta um ato ilícito, nos termos do disposto no artigo 187 do Código Civil. Na hipótese em que o dano advém de abuso de direito, é despicienda a configuração da culpa *lato sensu* – culpa *stricto sensu* ou dolo, havendo ato ilícito, suficiente para ensejar o pagamento de indenização por dano moral, independentemente desse elemento subjetivo da conduta. Nesse contexto, demonstrada a existência da conduta patronal comissiva, do dano sofrido pela empregada e do nexo de causalidade entre eles, exsurge a responsabilidade civil da reclamada oriunda do abuso do seu poder diretivo. Agravo de instrumento desprovido. [...] (TST, 2ª Turma, AIRR-49-18.2014.5.23.0056, Rel. Min. José Roberto Freire Pimenta, j. 17.08.2016, *DEJT* 26.08.2016).

12.3.4. Poder disciplinar

É o poder que o empregador tem de aplicar punições aos empregados em caso de descumprimento de suas obrigações contratuais.

Decorre do dever de obediência do empregado em relação às ordens emanadas pelo empregador, tendo em vista a subordinação jurídica que marca a relação entre ambos.

O grande problema do poder disciplinar é que seu exercício atinge, quase sempre, a personalidade do trabalhador.

12.3.4.1. Infrações disciplinares

A CLT adota o **critério taxativo** ao prever hipóteses específicas em que a conduta do empregado é considerada infração punível. A tipificação é incompleta, é verdade, tendo em vista os termos genéricos pelos quais foram relacionadas algumas das condutas faltosas (p. ex., *mau procedimento*), mas necessária. Se a conduta não se enquadrar em uma das hipóteses legais, não poderá ser considerada infração para os efeitos do exercício do poder disciplinar.

A maioria das condutas obreiras consideradas como infração no Direito do Trabalho está relacionada no art. 482 da CLT, que arrola as condutas classificadas como "faltas graves", as quais podem, em último caso, levar à demissão motivada do empregado.

Art. 482. Constituem justa causa para rescisão do contrato de trabalho pelo empregador:

a) ato de improbidade;

b) incontinência de conduta ou mau procedimento;

c) negociação habitual por conta própria ou alheia sem permissão do empregador, e quando constituir ato de concorrência à empresa para a qual trabalha o empregado, ou for prejudicial ao serviço;

d) condenação criminal do empregado, passada em julgado, caso não tenha havido suspensão da execução da pena;

e) desídia no desempenho das respectivas funções;

f) embriaguez habitual ou em serviço;

g) violação de segredo da empresa;

h) ato de indisciplina ou de insubordinação;

i) abandono de emprego;

j) ato lesivo da honra ou da boa fama praticado no serviço contra qualquer pessoa, ou ofensas físicas, nas mesmas condições, salvo em caso de legítima defesa, própria ou de outrem;

k) ato lesivo da honra ou da boa fama ou ofensas físicas praticadas contra o empregador e superiores hierárquicos, salvo em caso de legítima defesa, própria ou de outrem;

l) prática constante de jogos de azar.

m) perda da habilitação ou dos requisitos estabelecidos em lei para o exercício da profissão, em decorrência de conduta dolosa do empregado[10].

Parágrafo único. Constitui igualmente justa causa para dispensa de empregado a prática, devidamente comprovada em inquérito administrativo, de atos atentatórios à segurança nacional.

Não obstante, além das infrações tipificadas do art. 482, podemos encontrar outras em dispositivos isolados, por exemplo, no parágrafo único do art. 158 da CLT, segundo o qual "constitui ato faltoso do empregado a recusa injustificada: a) à observância das instruções expedidas pelo empregador na forma do item II do artigo anterior; b) ao uso dos equipamentos de proteção individual fornecidos pela empresa".

Faz-se importante observar que o art. 508 da CLT (o qual autorizava a despedida motivada do bancário pela falta contumaz de pagamento de dívidas legalmente exigíveis) foi revogado pela Lei nº 12.347/2010.

O estudo específico dessas figuras será desenvolvido no capítulo que trata da extinção do contrato de trabalho.

12.3.4.2. Penalidades aplicáveis

Como regra, são aplicáveis três espécies de penalidades ao empregado faltoso:

• advertência (verbal ou escrita);
• suspensão disciplinar (por até 30 dias);
• demissão motivada (justa causa).

A advertência não tem previsão legal expressa, mas é unanimemente aceita, seja pela doutrina, seja pela jurisprudência, pois configura punição **menos gravosa** ao empregado em relação às demais.

---

[10] Incluído pela Lei nº 13.467/2017.

Normalmente a advertência é o primeiro recurso utilizado pelo empregador no uso do poder disciplinar, tendo por objetivo orientar o empregado faltoso e buscar a adequação de sua conduta às suas obrigações contratuais.

Pode-se dizer, ainda, que a aplicação da pena de advertência é exemplo do costume como fonte do Direito do Trabalho.

A pena intermediária seria a suspensão disciplinar que, nos termos do art. 474 da CLT, não pode ser aplicada em prazo superior a 30 dias consecutivos, sob pena de configuração da rescisão injusta do contrato de trabalho.

O dispositivo em referência, portanto, por um lado reconhece expressamente a suspensão como medida punitiva, e por outro a limita.

Por fim, a pena mais grave é, sem dúvida, a ruptura do contrato de trabalho por justa causa, que, além de extinguir o vínculo empregatício retira do empregado o direito às verbas rescisórias normalmente devidas em outras modalidades de rompimento contratual. Neste sentido, o art. 482 da CLT, transcrito acima.

Não são admitidas as seguintes punições:

- Como regra, a pena pecuniária (multa) não é admitida, tendo em vista o princípio da intangibilidade salarial e o princípio da irredutibilidade salarial. A exceção é o caso do atleta profissional, o qual está sujeito à pena de multa, em até 40% do salário, por força de disposição expressa de lei.
- Que ofendam a dignidade, a intimidade, a honra e o decoro do trabalhador.
- Que consistam em ato discriminatório.
- Atos que, em outra circunstância sejam lícitos, porém de aplicação proibida como sanção. Exemplo: transferência punitiva do local da prestação de serviços, conforme Súmula 43 do TST, segundo a qual "presume-se abusiva a transferência de que trata o § 1º do art. 469 da CLT, sem comprovação da necessidade do serviço".

Obviamente, pelo conjunto principiológico que informa o Direito do Trabalho, não é possível convencionar a tipificação de penas mais gravosas ao empregado do que aquelas previstas em lei, **nem mesmo mediante negociação coletiva**. Entretanto, e pelo mesmo fundamento, é possível que a norma coletiva, ou ainda o regulamento empresarial, estabeleçam penalidades mais brandas, pois, neste caso, a regra seria mais benéfica ao empregado.

12.3.4.3. Revisão de sanções disciplinares pelo Poder Judiciário

Em apenas duas hipóteses o Poder Judiciário intervém na aplicação da penalidade, quais sejam:

a) Medidas ilegais praticadas pelo empregador, através do exercício abusivo do poder disciplinar. Ex.: transferência punitiva.

b) Dispensa por justa causa de trabalhadores estáveis ou com garantia de emprego decorrente de direção sindical, caso em que é obrigatória a instauração de inquérito judicial para apuração da falta grave (art. 494 e art. 659, X, da CLT c/c a Súmula 197 do STF[11]).

---

[11] Art. 494. O empregado acusado de falta grave poderá ser suspenso de suas funções, mas a sua despedida só se tornará efetiva após o inquérito e que se verifique a procedência da acusação. Parágrafo único. A suspensão, no caso deste artigo, perdurará até a decisão final do processo.
Súmula 197 do STF: O empregado com representação sindical só pode ser despedido mediante inquérito em que se apure falta grave.

Há também que se ressaltar que, conforme o entendimento majoritário, o Judiciário "pode o mais", mas não pode "o menos". Isto quer dizer que o Juiz pode anular uma punição aplicada a determinado trabalhador, mas não pode modificar (a espécie) ou sequer dosar de forma diversa a pena aplicada, sob o argumento de que, neste caso, o Estado estaria substituindo o empresário na condução do negócio, e consequentemente da atividade laboral dos seus empregados, em intolerável intervenção estatal na gestão empregatícia.

A este respeito, o seguinte aresto do TST:

> Recurso de revista do reclamado. Controle jurisdicional do poder disciplinar. Limites. Dosagem da pena pelo Poder Judiciário. Impossibilidade. A Justiça do Trabalho não tem liberdade irrestrita de exercício do controle jurisdicional do ato disciplinar do empregador, estando sua atuação limitada pela impossibilidade de alterar a dosagem, diminuindo-lhe a intensidade. Se o Regional concluiu pela existência de desproporcionalidade entre a falta cometida e a sanção, não lhe é facultado adequar a penalidade ao nível considerado justo, mas, sim, anulá-la. Recurso de revista conhecido por divergência jurisprudencial. (...) (TST, RR 75000-36.2002.5.17.0002, 2ª Turma, Rel. Min. Vantuil Abdala, *DEJT* 11.12.2009).

12.3.4.4. Critérios para aplicação da sanção disciplinar

Quando da aplicação da punição disciplinar, devem ser observados pelo empregador diversos requisitos, a saber:

a) Tipicidade

Para que reste caracterizada a falta, o empregado deve ter adotado conduta tipificada como falta, e tal conduta deve ter prejudicado o cumprimento de suas obrigações contratuais.

b) Gravidade

Trata-se de requisito relativo, normalmente levado em consideração no momento da dosagem da pena. Imagine-se, por exemplo, um empregado que tenha 10 anos de serviços prestados a uma empresa, sem nunca ter faltado ao trabalho ou se atrasado. Em um único dia este empregado chegou uma hora depois do horário. A conduta não é grave o suficiente para que este empregado seja punido, considerando-se seu histórico.

c) Autoria

Obviamente, o empregado só poderá ser punido se restar evidenciado que a conduta faltosa foi adotada por ele.

d) Dolo ou culpa

O empregado somente pode ser punido por uma conduta dolosa ou, no mínimo, faltosa. Caso contrário, o prejuízo causado ao empregador insere-se no risco do empreendimento.

e) Adequação entre a falta e a pena aplicada

Não há sentido em aplicar pena de demissão por justa causa a um empregado que chegou atrasado ao serviço num determinado dia. No caso, a pena adequada seria, por exemplo, a advertência.

f) Proporcionalidade

A pena deve ser proporcional à infração. A rigor, a adequação e a proporcionalidade deveriam ser tratadas juntas, pois dizem respeito à razoabilidade da pena estabelecida. A distinção conceitual que se costuma fazer entre as duas figuras é que a adequação liga-se à qualidade da pena (advertência, suspensão ou justa causa), ao passo que a proporcionalidade liga-se à quantidade da pena (número de dias de suspensão, por exemplo).

Neste sentido, a jurisprudência remansosa:

Recurso de embargos – Regência pela Lei 11.496/2007 – Justa causa – Princípios da proporcionalidade e gradação da pena – Inobservância – Aplicação de pena *per saltum* – Resolução contratual desqualificada. A desídia, por certo, caracteriza-se pela reiteração de atos negligentes. Assim, se o empregador não observa a necessária gradação da pena na hipótese, apressando-se em romper o contrato de trabalho por justa causa, frustra o caráter pedagógico do instituto disciplinar, dando azo à desqualificação da resolução contratual. Recurso de embargos conhecido e desprovido (TST, SDI-I, E-ED-RR-21100-72.2009.5.14.0004, Rel. Min. Luiz Philippe Vieira de Mello Filho, *DEJT* 25.04.2014. *Informativo 79*).

g) Imediaticidade ou imediatidade

Determinada conduta faltosa somente pode ser punida pelo empregador se o for imediatamente. Não pode o empregador "guardar na manga" a punição, de forma a exercer eterna pressão sobre o empregado, sob a ameaça de punição. Se o empregador tomou conhecimento da infração e deixou de punir o empregado imediatamente, considera-se que houver perdão tácito. Isso não quer dizer, entretanto, que o empregado possa voltar a adotar a mesma conduta futuramente. O perdão tácito vale somente para o passado, por razões óbvias.

A título de exemplo, mencione-se o seguinte aresto do TST:

AGRAVO EM AGRAVO DE INSTRUMENTO EM RECURSO DE REVISTA – PROCESSO SOB A ÉGIDE DO CPC/2015, DA LEI Nº 13.015/2014 E DA INSTRUÇÃO NORMATIVA Nº 40/2016 DO TST – REVERSÃO DA JUSTA CAUSA PARA A RESOLUÇÃO DO CONTRATO DE TRABALHO – AUSÊNCIA DE IMEDIATICIDADE NA APLICAÇÃO DA PUNIÇÃO. 1. É incontroverso nos autos que o reclamante adulterou atestado médico, ampliando o número de dias da licença médica. 2. O Tribunal Regional asseverou que a reclamada tinha pleno conhecimento da adulteração do atestado médico desde o dia 25/4/2016, porém somente dispensou o reclamante por justa causa em 7/7/2016, não havendo nenhum elemento nos autos que justificasse a demora na tomada de decisão da reclamada. 3. Nesse contexto, constatado que a reclamada demorou mais de dois meses para rescindir o contrato de trabalho, configura-se a ausência de imediaticidade na aplicação da punição por ato de improbidade. Agravo desprovido (TST, Ag-AIRR-101163-36.2016.5.01.0284, 7ª Turma, Rel. Mini. Luiz Philippe Vieira de Mello Filho, *DEJT* 21.02.2020).

h) Singularidade (*non bis in idem*)

É vedado ao empregador apenar duas vezes o empregado em virtude da mesma conduta faltosa. Assim, se o empregador puniu determinada conduta com suspensão, não pode depois se arrepender e aplicar a demissão por justa causa. O contrário, entretanto, é admitido, ou seja, pode o empregador "reduzir" a pena, de forma a beneficiar o empregado. Assim, por exemplo, a pena de suspensão por 10 dias pode ser convertida em advertência.

Mencione-se, ainda a título de exemplo, o seguinte julgado:

Agravo de instrumento. Recurso de revista. Lei nº 13.015/2014. Rescisão contratual por justa causa obreira. Dupla punição. *Bis in idem*. Vedação. 1. São elementos essenciais à configuração da justa causa obreira: a) gravidade da falta, a qual deve ser configurada com robustez, evidenciando a configuração de uma ou mais hipóteses vertentes no artigo 482 da CLT; b) a atualidade ou imediatidade; c) a proporcionalidade entre a falta e a punição; e d) a singularidade da penalidade, também denominada de *non bis in idem*, sendo vedada, portanto, a dupla punição para uma mesma conduta faltosa, constituindo-se em ônus do empregador a comprovação desses requisitos para a validade do ato da dispensa motivada. 2. Na hipótese dos autos, depreende-se do acórdão prolatado pela Corte de origem, soberana no exame do conjunto fático-probatório dos autos, que o ato faltoso praticado pelo reclamante e que, posteriormente, teria resultado em sua dispensa por justa causa, já havia sido punido pela demandada, em 24/10/2013, com a aplicação de uma pena de suspensão por três dias, não havendo notícia nos autos de que o reclamante praticara qualquer outra conduta faltosa em data posterior a esta. 3. A despeito das faltas ocorridas durante a contratualidade, o reclamante não poderia ser novamente apenado, máxime com a aplicação da pena máxima, se não incorreu em nova conduta faltosa, sob pena de violação do princípio atinente à singularidade da punição, se tornando imperiosa a convolação da rescisão contratual por justa causa obreira para dispensa imotivada. Incólumes, portanto, os dispositivos de lei apontados como violados pela reclamada. 4. Agravo de Instrumento a que se nega provimento (TST, 1ª Turma, AIRR-10442-44.2014.5.15.0114, Rel. Des. convocado: Marcelo Lamego Pertence, j. 30.03.2016, *DEJT* 01.04.2016).

i) Ausência de discriminação

O empregador jamais pode aplicar uma punição que configure discriminação em relação à pessoa do empregado. Exemplo: vários trabalhadores praticam, juntos, uma infração, e apenas um deles é punido. Não é possível.

j) Gradação de penalidades

A lei não exige sejam as penalidades aplicadas de forma gradativa, mas é prudente que assim o seja, até mesmo para que o poder disciplinar seja menos punitivo e mais pedagógico.

Nada impede, entretanto, que o empregador aplique logo de início a pena máxima, dependendo da gravidade da conduta (observados, portanto, os princípios da adequação e da proporcionalidade).

Advirta-se para o fato de que, eventualmente, esses requisitos costumam ser denominados princípios, como, por exemplo, princípio da imediaticidade, princípio da singularidade etc.

CONTRATO DE TRABALHO
Efeitos jurídicos:
• Próprios: decorrem da natureza do contrato de trabalho, como prestar serviços e pagar salário, poder empregatício etc.
• Conexos: se vinculam ao contrato de trabalho por algum motivo mas não têm natureza trabalhista (dano moral, p. ex.).
Direitos intelectuais:
• Decorrentes da produção intelectual do trabalhador.
• Não possuem natureza salarial, pelo que não integram o cálculo de verbas trabalhistas.
• São de três espécies: – Direitos autorais; – Direitos da propriedade industrial; – Direitos intelectuais de criação e utilização de *software*. Como regra os direitos intelectuais pertencem: – Exclusivamente ao empregador, se decorrentes da execução normal do contrato de trabalho; – Exclusivamente ao empregado, se não ligados à execução do contrato de trabalho e se não foram utilizadas as instalações do empregador; – Em comum, em partes iguais, a empregado e empregador, se não resultarem da execução do contrato de trabalho, mas decorrem da utilização, pelo empregado, dos meios físicos e materiais colocados à disposição pelo empregador para execução do contrato de trabalho.

CONTRATO DE TRABALHO

Indenização por dano moral e material:

- Dano moral é a violação de interesses juridicamente tutelados sem conteúdo pecuniário.
- Dano material é a violação de interesses patrimoniais do empregado.
- Dano à imagem (estético) é todo prejuízo ao conceito, valoração e juízo genéricos que se tem ou se pode ter em certa comunidade.
- Ocorrendo lesão que cause dano moral ou material ao empregado em virtude da execução do contrato de trabalho, caberá a indenização respectiva.
- Desde que verificadas as lesões, são cumuláveis as indenizações por dano material, moral e estético, ainda que decorrentes do mesmo fato.

Assédio moral:

- Assédio moral é a prática de perseguição insistente a um empregado ou um grupo deles, com vistas à humilhação, constrangimento e isolamento do grupo.
- Espécies:
  - *Descendente*: praticado por superior hierárquico em face dos subordinados;
  - *Ascendente*: praticado por subordinado contra o superior hierárquico;
  - *Horizontal*: praticado entre colegas de trabalho de mesmo *status* hierárquico.
- A responsabilidade do empregador é objetiva, inclusive no tocante ao assédio praticado por empregado ou preposto.
- A prática constitui motivo justo para rescisão do contrato de trabalho (justa causa ou rescisão indireta, conforme o caso).

Assédio sexual:

- Conduta dirigida à obtenção de favores sexuais da vítima.
- Pode ser descendente, ascendente ou horizontal.
- Se praticado por superior hierárquico, constitui crime (art. 216-A do CP).
- A prática constitui motivo justo para rescisão do contrato de trabalho (justa causa ou rescisão indireta, conforme o caso).

Dano provocado pelo empregado:

- É lícito o desconto dos salários do valor equivalente ao dano provocado, nas seguintes hipóteses:
  - Dano doloso independentemente de autorização do empregado;
  - Dano culposo desde que previamente autorizado pelo empregado.

Poder empregatício:

- Decorre da subordinação jurídica inerente ao contrato de trabalho.
- Aspectos:
  - Poder diretivo
  - Poder regulamentar
  - Poder fiscalizatório
  - Poder disciplinar
    Exercício do poder fiscalizatório (casuística):
  - Monitoramento de *e-mail*: lícito se o *e-mail* for corporativo, o empregador deixar clara a possibilidade de monitoramento, bem como não admitir o uso para fins pessoais;
    Revista íntima: ilícita (para homens e mulheres);
  - Revista pessoal: admitida, desde que não lesione a dignidade do trabalhador, bem como seja necessária.

CONTRATO DE TRABALHO

Uso de uniforme:

- Exigir o uso de uniforme constitui prerrogativa do empregador, decorrente do poder diretivo.

- É lícita a inclusão, no uniforme, de logomarcas da própria empresa ou de empresas parceiras.

- É lícita a inclusão, no uniforme, de outros itens de identificação relacionados à atividade desempenhada.

- A higienização ordinária do uniforme é de responsabilidade do empregador.

- Se forem necessários procedimentos ou produtos diferentes dos utilizados para a higienização das vestimentas de uso comum, o empregador deverá custear a higienização.

Poder disciplinar:

- As infrações disciplinares são taxativamente arroladas na legislação.

- Penalidades aplicáveis:
  - Advertência (costumeira);
  - Suspensão (até 30 dias);
  - Dispensa por justa causa.

- Revisão da punição pelo Poder Judiciário: é sempre possível, mas se a punição for abusiva, cabe ao juiz apenas a anulação.

- Requisitos para aplicação da sanção disciplinar:
  - Tipicidade;
  - Gravidade;
  - Autoria;
  - Dolo ou culpa;
  - Adequação entre a falta e a pena aplicada;
  - Proporcionalidade;
  - Imediatidade;
  - Singularidade (*non bis in idem*);
  - Não discriminação;
  - Gradação de penalidades.

12.4. DEIXADINHAS

1. São efeitos próprios do contrato de trabalho a prestação de serviços, o pagamento de salários e demais parcelas asseguradas em lei, o poder empregatício e os deveres de lealdade e boa-fé.

2. São efeitos conexos ao contrato de trabalho aqueles eventos que não têm natureza trabalhista, mas que se vinculam indiretamente ao contrato de trabalho, como os direitos de propriedade intelectual.

3. Direitos intelectuais são os direitos decorrentes da produção científica, literária ou artística do trabalhador. Não constituem direitos trabalhistas, pelo que não têm natureza salarial.

4. São autorais os direitos daquele que cria obra literária ou científica. Como a lei não disciplina os efeitos dos direitos autorais sobre o contrato de trabalho, aplicam-se por analogia as disposições da Lei de *Software*.

5. São direitos da propriedade industrial aqueles decorrentes da invenção ou da criação de modelo de utilidade.

6. Na chamada invenção de serviço o trabalho intelectual constitui o próprio objeto do contrato de trabalho, razão pela qual o direito intelectual pertence exclusivamente ao empregador, que deve ao empregado apenas o salário.

7. Se o trabalho intelectual não guarda qualquer relação com o contrato de trabalho, decorrendo do esforço independente do empregado, a invenção é livre, pelo que pertencem exclusivamente ao empregado os direitos intelectuais.

8. Na invenção de empresa (ou casual ou mista), o trabalho intelectual não constitui o objeto do contrato de trabalho, mas é favorecido pelos instrumentos colocados à disposição pelo empregador. Neste caso, os direitos pertencem ao empregado e ao empregador, em partes iguais.

9. Sempre que o empregado sofrer danos, sejam eles materiais ou imateriais, em decorrência do contrato de trabalho, fará jus à indenização.

10. Dano moral é a violação de interesses juridicamente tutelados (direitos da personalidade) sem conteúdo pecuniário.

11. Dano à imagem é todo prejuízo ao conceito, valoração e juízo genéricos que se tem ou se pode ter em certa comunidade.

12. As lesões acidentárias podem provocar danos diversos ao trabalhador (material, moral e estético), sendo que todas estas lesões são indenizáveis, ainda que decorrentes do mesmo fato.

13. O dano material é aquele que traduz perda patrimonial à vítima. O que se perdeu é denominado dano emergente, e o que se deixou de ganhar constitui os lucros cessantes.

14. Assédio moral é a prática de perseguição insistente (constante) a um empregado ou um grupo deles, com vistas à humilhação, constrangimento e isolamento do grupo, prática esta que provoca danos à saúde física e psicológica do trabalhador, ferindo sua dignidade.

15. Constitui crime constranger alguém com o intuito de obter vantagem ou favorecimento sexual, prevalecendo-se o agente da sua condição de superior hierárquico ou ascendência inerentes ao exercício de emprego, cargo ou função.

16. Tanto a hipótese de assédio moral quanto a hipótese de assédio sexual configuram motivos para rescisão justa do contrato de trabalho, seja pelo empregado (art. 483), seja pelo empregador (art. 482), conforme quem seja o agente.

17. Em caso de dano causado pelo empregado, o desconto será lícito, desde que esta possibilidade tenha sido acordada ou na ocorrência de dolo do empregado.

18. É lícito o desconto salarial referente à devolução de cheques sem fundos, quando o frentista não observar as recomendações previstas em instrumento coletivo.

19. O poder empregatício decorre da assunção dos riscos do empreendimento pelo empregador e da subordinação jurídica que qualifica a prestação de serviços na relação de emprego.

20. Com fulcro no poder diretivo, pode o empregador determinar o modo de organização do espaço físico e do processo produtivo, bem como regulamentar, fiscalizar e aplicar sanções disciplinares ao empregado.

21. O poder diretivo do empregador limita-se pelos direitos fundamentais do trabalhador, notadamente o direito à intimidade e à dignidade da pessoa humana.

22. Cabe ao empregador definir o padrão de vestimenta no meio ambiente laboral. É lícita a inclusão no uniforme de logomarcas da própria empresa ou de empresas parceiras, bem como de outros itens de identificação relacionados à atividade desempenhada.

23. A higienização do uniforme é de responsabilidade do trabalhador, salvo nas hipóteses em que forem necessários procedimentos ou produtos diferentes dos utilizados para higienização das vestimentas de uso comum.

24. São proibidas as revistas íntimas dos trabalhadores.

25. No âmbito do poder disciplinar, são aplicáveis as penas de suspensão, limitada a 30 dias, e dispensa por justa causa. Por ser menos gravosa ao trabalhador, também é admitida a aplicação da pena de advertência.

26. A CLT adota o critério taxativo ao prever hipóteses específicas em que a conduta do empregado é considerada infração punível.

27. As sanções disciplinares são passíveis de anulação pelo Poder Judiciário, quando constatada sua abusividade. Não obstante, não cabe ao Juiz alterar a pena imposta, sob pena de substituição do empresário na condução do negócio.

28. Dentre outros requisitos para aplicação da penalidade disciplinar pelo empregador, exige-se seja a mesma imediata à falta, sob pena de configuração de perdão tácito. Além disso, a pena deve ser proporcional à falta cometida.

CAPÍTULO 13

Duração do Trabalho – Jornada de Trabalho

∙ ∙

Marcadores: DURAÇÃO DO TRABALHO; JORNADA DE TRABALHO; HORÁRIO DE TRABALHO; HORAS *IN ITINERE*; JORNADAS ESPECIAIS; TURNOS ININTERRUPTOS DE REVEZAMENTO; (ACORDO DE) PRORROGAÇÃO DA JORNADA; COMPENSAÇÃO DA JORNADA; BANCO DE HORAS; TRABALHO SOB REGIME DE TEMPO PARCIAL; TRABALHO NOTURNO; TELETRABALHO.

Material de estudo:

✓ Legislação *básica*: **CLT**, arts. 4°, 57-65, 73-74, 75-A a 75-F, 224-226, 244, 294, 318, 372, 373, 381, 411, 413, 414, 432, 501; **Lei Complementar n° 150/2015**, arts. 2°, 3°, 10-12, 14.

✓ Legislação para *estudo avançado*: **CLT**, arts. 227-229, 231, 234, 235, 235-A-235-G, 238-243, 245, 246, 248-251, 293, 295, 296, 302-306, 309, 322; **Lei n° 14.437/2022**, arts. 1°-5°, 16.

✓ Jurisprudência: **Súm.** 24, 45, 55, 60, 61, 65, 85, 90, 102, 109, 112, 113, 117, 118, 119, 124, 132, 140, 172, 178, 199, 229, 239, 240, 257, 264, 265, 287, 291, 320, 338, 340, 347, 360, 366, 370, 376, 391, 423, 428, 429, 431, 444, 449, TST; **OJ SDI-1** 17, 47, 60, 97, 127, 206, 213, 235, 274, 275, 323, 332, 358, 360, 379, 388, 393, 395, 396, 397, 403, 407, 420, TST.

✓ Doutrina (+).

Estratégia de estudo sugerida:

O assunto tratado neste e no próximo capítulos, ou seja, duração do trabalho, é o mais cobrado nas provas dos concursos trabalhistas. Não obstante, a quase totalidade das questões sobre a matéria exige do candidato apenas o conhecimento da literalidade da lei e dos verbetes de jurisprudência do TST. Questões doutrinárias raramente são cobradas em matéria de duração do trabalho, até porque a lei e a jurisprudência não deixam muita margem à atuação da doutrina sobre o assunto.

Em razão disso, sugiro que você leia com atenção este capítulo, principalmente porque são mencionados, ao longo da exposição teórica, todos os dispositivos legais e jurisprudenciais importantes. Concentre-se de forma especial neles, e certamente seu aproveitamento nas provas será excelente.

Cuidado, entretanto, ao estudar os verbetes de jurisprudência do TST, pois vários deles, embora ainda não tenham sido modificados ou cancelados[1], veiculam entendimentos superados ante a *Reforma Trabalhista de 2017*.

Duração do trabalho é o gênero do qual são espécies a jornada de trabalho, o horário de trabalho e os repousos trabalhistas. Compreende o lapso temporal em que o empregado presta serviços ao empregador, ou ainda se coloca à sua disposição, em virtude do contrato de trabalho.

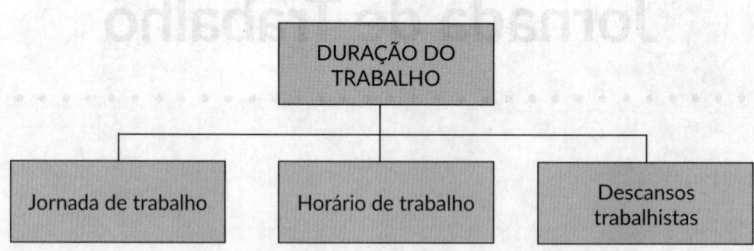

A duração do trabalho abrange diversos padrões de mensuração do tempo de trabalho (ou tempo à disposição do empregador), como o padrão diário – a jornada de trabalho propriamente dita –, o padrão semanal, o padrão mensal e, por fim, o padrão anual.

13.1. CONCEITO

É o lapso de tempo diário em que o empregado se coloca à disposição do empregador para lhe prestar serviços, em decorrência do contrato de trabalho entre eles firmado.

Cumpre salientar que, tecnicamente, *jornada de trabalho* diz respeito ao módulo diário de prestação de serviços, pelo que não é correto falar em *jornada semanal, jornada mensal* etc. Entretanto, na prática, não se costuma fazer distinção entre tais termos, sendo que a própria CLT faz menção a *jornadas semanais* (art. 59, § 2º).

Também integram a jornada de trabalho, além do trabalho prestado e do tempo à disposição do empregador, os intervalos remunerados previstos em lei, conforme veremos adiante.

Por fim, há que se observar que o conceito de *jornada de trabalho* não se confunde com o conceito de *horário de trabalho*, ao passo que este significa o lapso de tempo entre o início e o fim de uma jornada de trabalho, isto é, a fixação da jornada mediante a definição do horário de entrada e do horário de saída do obreiro. Imagine-se, por exemplo, um empregado que trabalha diariamente das 8h00min às 18h00min, com intervalo intrajornada das 12h00 às 14h00min. O horário de trabalho desse obreiro será das 8h às 18h, com duas horas de intervalo, e sua jornada de trabalho será de 8h.

---

[1]   A revisão das súmulas e orientações jurisprudenciais incompatíveis com a Lei nº 13.467/2017 deve ocorrer, até mesmo em razão das limitações impostas pela própria *Reforma Trabalhista* (ver art. 702 da CLT), somente com o tempo, à medida em que as respectivas matérias forem sendo postas a julgamento no âmbito do TST. Ademais, muitos destes verbetes continuarão sendo utilizados, na prática, até que sejam julgados todos os processos relativos a fatos ocorridos antes da vigência da Lei nº 13.467/2017. Em outras palavras, nem sempre um verbete não cancelado veicula entendimento atual sobre a matéria, que é o objeto das questões de concursos públicos.

13.2. NATUREZA DAS NORMAS QUE VERSAM SOBRE A DURAÇÃO DO TRABALHO

A limitação da jornada de trabalho constitui conquista histórica da classe trabalhadora. Com efeito, nos primórdios do sistema de produção capitalista as jornadas de trabalho eram extenuantes, chegando muitas vezes a dezesseis horas. Com a organização da classe trabalhadora, o surgimento dos sindicatos e as pressões sociais do proletariado, o Estado cedeu às reivindicações obreiras e passou a limitar a jornada de trabalho, de forma a civilizar as relações de trabalho sob o aspecto da mensuração da quantidade de trabalho prestado.

São fundamentos de tal limitação da jornada, de forma destacada, aspectos biológicos, sociais e econômicos.

Sob o aspecto biológico, constatou-se que as jornadas excessivas provocam a fadiga do trabalhador, com danos muitas vezes graves à sua saúde. O cansaço provocado pelo excesso de trabalho diário aumenta a incidência de doenças ocupacionais e facilita a ocorrência de acidentes de trabalho, o que viola a dignidade do obreiro.

Sob o ponto de vista social, a jornada de trabalho extensa afasta o trabalhador do convívio com seus pares, provocando distúrbios familiares e segregação social.

Finalmente, sob o ponto de vista econômico, o estresse e o cansaço decorrentes da jornada exaustiva levam à queda do rendimento do trabalhador, fazendo com que sua produtividade decaia, o que conflita com o interesse patronal (aumento da produtividade para maximização dos lucros).

Por todo o exposto, a doutrina e a jurisprudência se consolidaram no sentido de que as normas que limitam e regulam a duração do trabalho são normas de medicina e segurança do trabalho, e, como tais, são normas de ordem pública (também chamadas cogentes ou imperativas), razão pela qual são irrenunciáveis pelo obreiro.

Não obstante, por meio da *Reforma Trabalhista de 2017* o legislador tenta impor o contrário, ao estabelecer que "regras sobre duração do trabalho e intervalos não são consideradas como normas de saúde, higiene e segurança do trabalho para os fins do disposto neste artigo" (parágrafo único do art. 611-B da CLT, acrescentado pela Lei nº 13.467/2017).

Essa noção é de fundamental importância para a correta interpretação e aplicação das normas relativas à duração do trabalho pelo operador do direito.

13.3. TEMPO COMPUTADO ALÉM DO TEMPO EFETIVAMENTE TRABALHADO

No Brasil, a jornada de trabalho é composta, conforme o caso, não só pelo tempo efetivamente trabalhado, mas também por outros módulos de tempo excepcionais, que, por disposição legal ou por construção jurisprudencial, integram a jornada.

São hipóteses de tempo computado na jornada, além do efetivamente trabalhado, o tempo em que o empregado se coloca à disposição do empregador, o tempo de prontidão e o tempo de sobreaviso. Além destes, podemos verificar a existência de outros módulos de tempo residual à disposição do empregador. Passemos a analisar cada um destes conceitos.

COMPOSIÇÃO DA JORNADA DE TRABALHO

Jornada de trabalho:
- Trabalho efetivo.
- Tempo à disposição do empregador (geral).
- Sobreaviso.
- Prontidão.

13.3.1. Tempo em que o empregado se coloca à disposição do empregador (tempo à disposição)

Dispõe o art. 4º da CLT, *in verbis*:

> Art. 4º Considera-se como de serviço efetivo o período em que o empregado esteja à disposição do empregador, aguardando ou executando ordens, salvo disposição especial expressamente consignada.
>
> (...)

Com efeito, não seria razoável que o empregado ficasse à mercê do empregador aguardando o momento em que este lhe exigisse a prestação efetiva de serviços, e só recebesse a contraprestação pelo tempo trabalhado. Como visto em lições anteriores, cabem exclusivamente ao empregador os riscos do empreendimento (inclusive os decorrentes do próprio contrato de trabalho – art. 2º da CLT), razão pela qual a obrigação principal do empregado é colocar à disposição sua energia de trabalho, ao passo que ao empregador cabe, principalmente, remunerar o empregado pela disponibilização desta energia de trabalho.

Assim, ainda que o empregador mantenha o empregado inerte, sem prestar qualquer trabalho, impõe-se a obrigação de pagar ao empregado os salários correspondentes a todo o período em que ocorreu a disponibilidade. Com a *Reforma Trabalhista de 2017*, passamos a ter uma **importante exceção** a esta regra, qual seja o **trabalho intermitente** (ver item 11.5). Tal figura causa grande perplexidade justamente por estabelecer que, no trabalho intermitente, "o período de inatividade não será considerado tempo à disposição do empregador" (§ 5º do art. 452-A da CLT).

Dois exemplos de tempo à disposição são comuns no cotidiano trabalhista. O primeiro deles tem lugar naquelas hipóteses em que a empresa, normalmente a indústria, pelas características de seu ramo de atividade, tem quedas acentuadas de produção. É comum o empregado comparecer ao local de trabalho e ser dispensado naquele dia por "falta de serviço". Neste caso, são devidos os salários de todo o período em que o empregado se colocou à disposição, independentemente do fato de ter ou não prestado serviço durante todo o tempo. A única hipótese que autorizaria o não pagamento das horas não trabalhadas seria o ajuste, mediante negociação coletiva, de redução da jornada com a redução proporcional do salário, nos termos do art. 7º, VI, da CRFB.

O segundo exemplo é a concessão de intervalos não previstos em lei, de forma a ajustar o horário de trabalho às conveniências do empregador. Imagine-se um dono de uma padaria que estipula o seguinte horário a seus empregados: 7h00min às 10h00min; depois de 11h00min às 14h00min; e, por fim, de 17h00min às 19h00min, de forma a contar com a energia de trabalho nos horários de maior movimento no estabelecimento. Como será estudado adiante, estes intervalos não previstos em lei são considerados como tempo à disposição do empregador, pelo que devem ser remunerados.

Consoante entendimento atual do TST, o intervalo concedido ao professor entre as aulas (recreio) deve ser considerado tempo à disposição do empregador, conforme ilustra o seguinte julgado:

> AGRAVO. RECURSO DE REVISTA. RECURSO DE REVISTA REGIDO PELA LEI Nº 13.015/2014. PROFESSOR. INTERVALO ENTRE AULAS. "RECREIO". TEMPO À DISPOSIÇÃO DO EMPREGADOR. DIREITO AO PAGAMENTO DE HORAS EXTRAS. O entendimento atual e predominante desta Corte superior é de que o intervalo entre as aulas, denominado "recreio", é considerado como tempo do professor à disposição do empregador, na forma do

artigo 4º da CLT, e, portanto, deve ser computado na jornada de trabalho. Assim, não merece provimento o agravo que não desconstitui os fundamentos da decisão monocrática pela qual se deu provimento recurso de revista da reclamada, fundada na jurisprudência pacificada do TST. Agravo desprovido (TST, Ag-RR-10319-33.2021.5.15.0136, 3ª Turma, Rel. Min. Jose Roberto Freire Pimenta, *DEJT* 25.11.2022).

Em alguns casos, como no dos ferroviários, a lei mitigou o rigor do art. 4º da CLT, estipulando que, para estes empregados, o valor devido pelo tempo à disposição é menor que a remuneração do tempo efetivamente trabalhado, conforme será exposto adiante.

Também é considerado tempo à disposição do empregador o tempo despendido pelo empregado, por **imposição** do empregador, em cursos de aperfeiçoamento. Há entendimento em sentido contrário, sob o argumento de que o curso de aperfeiçoamento é benéfico ao empregado, na medida em que enriquece seu currículo. Da mesma forma, discute-se até que ponto o tempo gasto com atividades de ginástica laboral nos intervalos ao longo do expediente constitui tempo à disposição do empregador. Uma primeira corrente defende não se tratar de tempo à disposição, tendo em vista que o empregado se beneficia da atividade. Por sua vez, a segunda corrente argumenta que do bem-estar gerado pela ginástica laboral decorre aumento de produtividade, pelo que o tempo gasto deve ser remunerado como tempo à disposição.

A melhor solução parece ser aquela dada conforme tenha a atividade caráter facultativo ou não. Se a atividade é obrigatória, imposta pelo empregador, como, por exemplo, no caso de curso de aperfeiçoamento cuja presença é controlada por listas de presença, trata-se de tempo à disposição do empregador. Ao contrário, se a atividade é facultativa e acarreta benefícios aos empregados, a hipótese não configuraria tempo à disposição.

Esta mesma linha de entendimento tem sido adotada pelo TST, conforme se depreende dos seguintes arestos:

[...] 8 – TEMPO À DISPOSIÇÃO. REALIZAÇÃO DE CURSOS FORA DO HORÁRIO DE TRABALHO. OBRIGATORIEDADE. A prova oral corrobora a compulsoriedade da participação da empregada nos cursos realizados parcialmente "fora da jornada usual". Nesses casos, a jurisprudência desta Corte se orienta no sentido da remuneração das horas de cursos e palestras como se efetivo trabalho fossem, por compreenderem tempo à disposição do empregador, em consonância com o art. 4.º, da CLT. Agravo de instrumento não provido. [...] (TST, AIRR-21375-64.2014.5.04.0023, 8ª Turma, Rel. Min. Delaide Alves Miranda Arantes, *DEJT* 29.04.2022).

[...] HORAS EXTRAS. CURSOS "TREINET". CRITÉRIO DE PROMOÇÃO NA CARREIRA. TEMPO À DISPOSIÇÃO DO EMPREGADOR. Infere-se do acórdão regional que a participação nos cursos "treinet" era utilizada como critério para promoção. Esta circunstância evidencia a obrigatoriedade, ainda que implícita, da participação do empregado em tais cursos, razão pela qual o tempo respectivo deve ser considerado como de serviço efetivo, nos termos do art. 4º da CLT. Recurso de revista conhecido e provido. [...] (TST, RR-423-22.2013.5.18.0181, 6ª Turma, Rel. Min. Augusto Cesar Leite de Carvalho, *DEJT* 04.12.2020).

[...] Deslocamentos. Treinamento em outra cidade. Cinge-se a controvérsia a se saber se o período de deslocamento do autor para participar de cursos é tempo à disposição do empregador, a respeito do que a Corte Regional decidiu afirmativamente. Considerando a diretriz firmada no art. 4º da CLT, é de se reconhecer que o período de deslocamento do autor para participar de cursos e treinamentos em Porto Alegre, município diverso do local de trabalho, é, de fato, tempo à disposição do empregador. Isso porque os cursos e treinamentos eram realizados em benefício do banco, já que variavam de acordo com novos produtos oferecidos pelo banco, sendo inegável que o maior conhecimento do empregado a respeito dos produtos do banco o capacitaria a promover maiores vendas e por consequência maiores lucros para o empregador. Sendo assim, nada mais justo que o empregador arque com os custos totais da medida, o que inclui remunerar o período em que o autor efetivava o deslocamento para o local do curso, localizado em município diverso daquele em que trabalhava. Recurso de revista não conhecido. [...] (TST, 3ª Turma, ARR-17100-39.2009.5.04.0511, Rel. Min. Alexandre de Souza Agra Belmonte, j. 27.04.2016, *DEJT* 06.05.2016).

Registre-se que a jurisprudência considerava o obreiro à disposição do empregador no **tempo despendido entre o portão da empresa e o local de trabalh**o, bem como no tempo despendido à espera da condução fornecida pelo empregador, desde que, em qualquer caso, supere o limite de dez minutos diários. A questão foi pacificada por meio da Súmula 429 do TST, nos seguintes termos:

Súm. 429. Tempo à disposição do empregador. Art. 4º da CLT. Período de deslocamento entre a portaria e o local de trabalho. Res. 174/2011, *DEJT* divulgado em 27, 30 e 31.05.2011.

Considera-se à disposição do empregador, na forma do art. 4º da CLT, o tempo necessário ao deslocamento do trabalhador entre a portaria da empresa e o local de trabalho, desde que supere o limite de 10 (dez) minutos diários.

Não obstante, tal entendimento foi superado pela nova redação dada ao art. 58, § 2º, da CLT, dada pela Lei nº 13.467/2017, *in verbis*:

[CLT, art. 58] § 2º O tempo despendido pelo empregado desde a sua residência até a efetiva ocupação do posto de trabalho e para o seu retorno, caminhando ou por qualquer meio de transporte, inclusive o fornecido pelo empregador, não será computado na jornada de trabalho, por não ser tempo à disposição do empregador.

Desse modo, **o entendimento jurisprudencial consubstanciado na Súmula nº 429 encontra-se superado**, pelo que o verbete deverá ser revisto ou cancelado pelo TST.

Também por via da *Reforma Trabalhista* foi inserido o § 2º do art. 4º da CLT, esclarecendo que o tempo utilizado pelo empregado para atividades de seu interesse não configura tempo à disposição do empregador. Vejamos o dispositivo em referência:

§ 2º Por não se considerar tempo à disposição do empregador, não será computado como período extraordinário o que exceder a jornada normal, ainda que ultrapasse o limite de cinco minutos previsto no § 1º do art. 58 desta Consolidação, quando o empregado, por escolha própria, buscar proteção pessoal, em caso de insegurança nas vias públicas ou más condições climáticas, bem como adentrar ou permanecer nas dependências da empresa para exercer atividades particulares, entre outras:

I – práticas religiosas;

II – descanso;

III – lazer;

IV – estudo;

V – alimentação;

VI – atividades de relacionamento social;

VII – higiene pessoal;

VIII – troca de roupa ou uniforme, quando não houver obrigatoriedade de realizar a troca na empresa.

Por seu turno, a Lei nº 13.103/2015, que alterou, entre outros, os arts. 235-C e 235-D da CLT, manteve figura intermediária criada pela Lei nº 12.619/2012, denominada *tempo de espera*, nos seguintes termos:

Art. 235-C. (...)

§ 1º Será considerado como trabalho efetivo o tempo em que o motorista empregado estiver à disposição do empregador, excluídos os intervalos para refeição, repouso e descanso e o tempo de espera.

(...)

§ 8º São considerados tempo de espera as horas em que o motorista profissional emprega-do ficar aguardando carga ou descarga do veículo nas dependências do embarcador ou do destinatário e o período gasto com a fiscalização da mercadoria transportada em barreiras fiscais ou alfandegárias, não sendo computados como jornada de trabalho e nem como horas extraordinárias.

§ 9º As horas relativas ao tempo de espera serão indenizadas na proporção de 30% (trinta por cento) do salário-hora normal.

(...)

§ 11. Quando a espera de que trata o § 8º for superior a 2 (duas) horas ininterruptas e for exigida a permanência do motorista empregado junto ao veículo, caso o local ofereça condi-ções adequadas, o tempo será considerado como de repouso para os fins do intervalo de que tratam os §§ 2º e 3º, sem prejuízo do disposto no § 9º.

§ 12. Durante o tempo de espera, o motorista poderá realizar movimentações necessárias do veículo, as quais não serão consideradas como parte da jornada de trabalho, ficando garantido, porém, o gozo do descanso de 8 (oito) horas ininterruptas aludido no § 3º.

(...)

Art. 235-D. (...)

§ 3º O motorista empregado, em viagem de longa distância, que ficar com o veículo parado após o cumprimento da jornada normal ou das horas extraordinárias fica dispensado do serviço, exceto se for expressamente autorizada a sua permanência junto ao veículo pelo empregador, hipótese em que o tempo será considerado de espera.

(...)

Destarte, a espera não é considerada tempo à disposição (razão pela qual não é re-munerada como hora extra), mas deve ser **indenizada**, à razão de 30% do valor da hora normal de trabalho. Logo, a parcela não tem natureza salarial.

Observe-se, por oportuno, que a Lei nº 13.103/2015 promoveu substancial retro-cesso social ao flexibilizar, de forma acentuada, os direitos dos motoristas profissionais, direitos estes que haviam sido assegurados apenas três anos antes, por ocasião da pro-mulgação da Lei nº 12.619/2012[2]. A título de exemplo, mencione-se que a indenização do tempo de espera, no regime da lei anterior, era de 130% do valor da hora normal de trabalho, tendo sido reduzido pela Lei nº 13.103/2015 para apenas 30% do valor da hora normal[3].

---

[2] Tramita perante o STF, ainda pendente de julgamento até o fechamento desta edição, a ADI nº 5.322, ajuizada pela Confederação Nacional dos Trabalhadores em Transportes (CNTT), pela qual se questiona a constitucionalidade da Lei nº 13.103/2015.

[3] Tendo em vista as especificidades do regime jurídico dos motoristas profissionais, apenas os conceitos mais gerais, por exemplo, "tempo de espera", serão mencionados nesta obra.

13.3.2. Horas *in itinere*

Dispunha o art. 58, § 2°, da CLT que "o tempo despendido pelo empregado até o local de trabalho e para o seu retorno, por qualquer meio de transporte, não será computado na jornada de trabalho, salvo quando, tratando-se de local de difícil acesso ou não servido por transporte público, o empregador fornecer a condução".

A positivação do tempo *in itinere* como tempo à disposição do empregador foi resultado da construção jurisprudencial trabalhista, notadamente no âmbito do TST, que já havia uniformizado o tratamento da questão. Na última década, a Súmula 90 tratou da matéria em detalhes, nos seguintes termos:

Súm. 90. Horas *in itinere*. Tempo de serviço. Res. 129/2005, *DJ* 20, 22 e 25.04.2005.

I – O tempo despendido pelo empregado, em condução fornecida pelo empregador, até o local de trabalho de difícil acesso, ou não servido por transporte público regular, e para o seu retorno é computável na jornada de trabalho.

II – A incompatibilidade entre os horários de início e término da jornada do empregado e os do transporte público regular é circunstância que também gera o direito às horas *in itinere*.

III – A mera insuficiência de transporte público não enseja o pagamento de horas *in itinere*.

IV – Se houver transporte público regular em parte do trajeto percorrido em condução da empresa, as horas *in itinere* remuneradas limitam-se ao trecho não alcançado pelo transporte público.

V – Considerando que as horas *in itinere* são computáveis na jornada de trabalho, o tempo que extrapola a jornada legal é considerado como extraordinário e sobre ele deve incidir o adicional respectivo.

Não obstante, **a Lei n° 13.467/2017 (*Reforma Trabalhista*) suprimiu o direito às horas *in itinere***, passando a dispor que "**o tempo despendido pelo empregado desde a sua residência até a efetiva ocupação do posto de trabalho e para o seu retorno**, caminhando ou por qualquer meio de transporte, inclusive o fornecido pelo empregador, **não será computado na jornada de trabalho**, por não ser tempo à disposição do empregador".

Portanto, as Súmulas 90 e 320 do TST encontram-se superadas a partir da vigência da Lei n° 13.467/2017. Naturalmente o entendimento jurisprudencial em referência continuará sendo aplicado àquelas hipóteses fáticas constituídas sob a égide da lei anterior, porém, para fins de estudo, interessa efetivamente a legislação em vigor, pelo que o leitor deve considerar que não são mais devidas as horas *in itinere*, bem como que as Súmulas 90 e 320 do TST encontram-se superadas em relação às situações constituídas na vigência da Lei n° 13.467/2017.

13.3.3. Sobreaviso e prontidão

Diante das peculiaridades do trabalho dos ferroviários, a CLT estabeleceu os critérios específicos de remuneração do tempo à disposição destes trabalhadores, mitigando a regra do art. 4° celetista mediante a previsão do tempo de sobreaviso e de prontidão.

Com efeito, dispõe o art. 244 da CLT, *in verbis*:

Art. 244. As estradas de ferro poderão ter empregados extranumerários, de sobreaviso e de prontidão, para executarem serviços imprevistos ou para substituições de outros empregados que faltem à escala organizada.

(...)

O **sobreaviso** é, nos termos legais, o tempo efetivo em que o ferroviário permanece em casa aguardando ser chamado para o serviço. A duração máxima do tempo de sobreaviso é de 24 horas e deve ser remunerado à razão de 1/3 (um terço) da hora normal de trabalho (art. 244, § 2º, da CLT). Assim, por exemplo, se um empregado recebe R$ 6,00 por hora trabalhada, receberá R$ 2,00 por hora em que se mantenha de sobreaviso.

A justificativa para a não consideração do sobreaviso como tempo à disposição do empregador, com remuneração integral, nos termos do art. 4º da CLT, é que, neste caso, *o empregado permanece em sua residência*, confortavelmente instalado, aguardando o chamado patronal, bem como pelo interesse público que caracteriza a atividade e pelo fato de ser esta naturalmente sujeita a imprevistos.

A situação é, portanto, bem diferente daquela típica do art. 4º da CLT, na qual o empregado permanece *no local de trabalho* aguardando ordens.

Em princípio, o critério do tempo de sobreaviso aplicava-se apenas aos ferroviários, visto se tratar de norma de caráter especial. Posteriormente, o sobreaviso foi estendido por lei aos **petroleiros** (art. 5º, § 1º, da Lei nº 5.811/1972[4]), mas com **remuneração correspondente à da hora extra**, e aos **aeronautas**, remunerado à razão de **1/3 da hora normal**, e limitado a doze horas (art. 43, caput, da Lei nº 13.475/2017[5]).

Além disso, por construção jurisprudencial o TST entende que o tempo de sobreaviso se aplica analogicamente ao **eletricitário**, à razão de 1/3 das parcelas de natureza salarial. Neste sentido, a Súmula 229 do TST:

> Súm. 229. Sobreaviso. Eletricitários (nova redação). Res. 121/2003, *DJ* 19, 20 e 21.11.2003.
>
> Por aplicação analógica do art. 244, § 2º, da CLT, as horas de sobreaviso dos eletricitários são remuneradas à base de 1/3 sobre a totalidade das parcelas de natureza salarial.

No que diz respeito ao trabalhador que permanece conectado ao trabalho por meio de equipamentos eletrônicos, anteriormente predominava o entendimento no sentido de que "o uso de aparelho de intercomunicação, a exemplo de BIP, *pager* ou aparelho celular, pelo empregado, por si só, não caracteriza o regime de sobreaviso, uma vez que o empregado não permanece em sua residência aguardando, a qualquer momento, convocação para o serviço" (antiga redação da Súmula 428).

Embora tal entendimento tenha sido mantido na atual redação do item I da referida súmula, é certo que o TST passou a admitir, desde que o empregado permaneça, à distância, de plantão ou em regime equivalente, a possibilidade de caracterização de sobreaviso. Este é o sentido atual da Súmula 428, cuja redação foi alterada pela Resolução TST nº 185/2012:

> Súm. 428. sobreaviso. Aplicação analógica do art. 244, § 2º, da CLT (redação alterada na sessão do Tribunal Pleno realizada em 14.09.2012) – Res. 185/2012 – DEJT divulgado em 25, 26 e 27.09.2012.

---

[4] Art. 5º Sempre que for imprescindível à continuidade operacional durante as 24 (vinte e quatro) horas do dia, o empregado com responsabilidade de supervisão das operações previstas no art. 1º, ou engajado em trabalhos de geologia de poço, ou, ainda, em trabalhos de apoio operacional às atividades enumeradas nas alíneas "a" e "b" do § 1º do art. 2º, poderá ser mantido no regime de sobreaviso.
§ 1º Entende-se por regime de sobreaviso aquele que o empregado permanece à disposição do empregador por um período de 24 (vinte quatro) horas para prestar assistência aos trabalhos normais ou atender as necessidades ocasionais de operação.
§ 2º Em cada jornada de sobreaviso, o trabalho efetivo não excederá de 12 (doze) horas.

[5] Art. 43. Sobreaviso é o período não inferior a 3 (três) horas e não excedente a 12 (doze) horas em que o tripulante permanece em local de sua escolha à disposição do empregador, devendo apresentar-se no aeroporto ou em outro local determinado, no prazo de até 90 (noventa) minutos, após receber comunicação para o início de nova tarefa.

I – O uso de instrumentos telemáticos ou informatizados fornecidos pela empresa ao empregado, por si só, não caracteriza o regime de sobreaviso.

II – Considera-se em sobreaviso o empregado que, à distância e submetido a controle patronal por instrumentos telemáticos ou informatizados, permanecer em regime de plantão ou equivalente, aguardando a qualquer momento o chamado para o serviço durante o período de descanso.

A **prontidão**, por sua vez, foi definida como o tempo gasto pelo ferroviário "que ficar nas dependências da estrada, aguardando ordens". Nesta hipótese, a escala de prontidão será de, no máximo, doze horas, e **a hora de prontidão será remunerada à razão de 2/3 do valor da hora normal de trabalho** (art. 244, § 3º, da CLT). Uma vez mais, a CLT excepcionou a si mesma, pois esta situação amolda-se perfeitamente à prevista no art. 4º, qual seja permanecer o empregado à disposição do empregador *no local de trabalho*.

No caso dos aeronautas, o tempo de prontidão é chamado de *reserva*, considerando-se em reserva o tempo que o aeronauta permanece no local de trabalho à disposição do empregador. O tempo de reserva do aeronauta é remunerado como hora normal de trabalho (art. 44, § 1º, da Lei nº 13.475/2017[6]).

Mencione-se, por oportuno, que, em qualquer das situações aventadas, seja no sobreaviso, na prontidão, ou ainda na hipótese do uso de equipamentos eletrônicos como *smartphones*, *laptops* etc., **tão logo o empregado seja chamado ao serviço e compareça ao local de trabalho, começa a contar tempo efetivo à disposição do empregador, com a remuneração integral**.

Registre-se, por oportuno, o entendimento do TST, no sentido de que, em caso de extrapolação das escalas de sobreaviso e/ou de prontidão, não são devidas horas extras ante a ausência de previsão legal, ocorrendo apenas infração administrativa. Nesse sentido, o seguinte julgado da SDI-I, publicado no *Informativo* nº 87 do TST:

> Embargos sujeitos à sistemática da Lei nº 11.496/2007. Sobreaviso e prontidão. Extrapolamento das escalas previstas no art. 244, §§ 2º e 3º, da CLT. Efeitos. 1. A lei, ao instituir os regimes de sobreaviso e prontidão, fixou remuneração especial, à razão de 1/3 (um terço) e 2/3 (dois terços) do salário normal, respectivamente. Previu, ainda, a duração máxima do trabalho em regime de sobreaviso e prontidão – 24 (vinte e quatro) e 12 (doze) horas, respectivamente. 2. Não há previsão legal de pagamento diverso de horas de sobreaviso e prontidão em caso de descumprimento dos limites fixados. Tal ocorrência está sujeita somente a sanções administrativas, na forma do art. 626 e seguintes da CLT. 3. Desse modo, inexistindo controvérsia quanto à manutenção do regime de sobreaviso e prontidão após o extrapolamento da escala legal, o excedente prossegue remunerado à base de 1/3 (um terço) ou 2/3 (dois terços) do salário normal. Embargos conhecidos e desprovidos (TST, SDI-I, E-ED-RR-172440-31.2004.5.18.0003, Rel. Min. Maria Cristina Irigoyen Peduzzi, *DEJT* 12.09.2014).

Matéria suscetível de flexibilização: A convenção coletiva e o acordo coletivo de trabalho têm prevalência sobre a lei quando dispuserem sobre o **regime de sobreaviso** (art. 611-A, VIII, da CLT).

---

[6] Art. 44. Reserva é o período em que o tripulante de voo ou de cabine permanece à disposição, por determinação do empregador, no local de trabalho.
§ 1º A hora de reserva será paga na mesma base da hora de voo.

13.3.4. Tempo residual à disposição do empregador

Dispõe o art. 58, § 1º, da CLT:

Art. 58. (...)

§ 1º Não serão descontadas nem computadas como jornada extraordinária as variações de horário no registro de ponto não excedentes de cinco minutos, observado o limite máximo de dez minutos diários.

(...)

A regra, inserida no texto celetista em 2001, foi inspirada em antiga construção jurisprudencial do TST, segundo a qual é razoável que sejam desconsiderados pequenos módulos de tempo na entrada e na saída dos empregados, tendo em vista a impossibilidade física de registro simultâneo dos cartões de ponto de todos os trabalhadores.

Esta tolerância foi limitada a cinco minutos na entrada e cinco na saída (limite global de dez minutos diários), tempo considerado suficiente, seguindo critérios de razoabilidade, para que todos os empregados registrem o ponto e assumam seus postos de trabalho. O limite é para mais ou para menos, isto é, são desconsideradas variações de ponto de até cinco minutos de *adiantamento*, bem como até cinco minutos de *atraso*.

É importante salientar que, excedido o limite residual previsto (cinco minutos), **todo o tempo será considerado como hora extraordinária**, inclusive os cinco minutos inicialmente irrelevantes. Imagine-se um empregado cuja jornada seja de 8 horas, com horário de trabalho fixado das 8h às 18h, com intervalo entre 12h e 14h. Se este empregado registrar, em determinado dia, sua entrada às 7h55min, e sua saída às 18h05min, será remunerado pelas 8 horas normais, visto que as variações residuais estão no limite previsto no art. 58, § 1º.

Da mesma forma, se este empregado registrar sua entrada às 8h05min e sua saída às 17h55min, também será remunerado pelas 8 horas normais. Entretanto, se o empregado registra entrada às 7h53min e saída às 18h06min, receberá a remuneração referente às 8 horas normais trabalhadas, mais 13 minutos de tempo extraordinário de trabalho. Observe-se que serão remunerados como tempo extraordinário não só os minutos que excedem o limite do art. 58, § 1º (no caso, três minutos), mas a totalidade do tempo que excedeu a jornada normal (13 minutos). *É a mesma regra utilizada por um banco que dá "dez dias sem juros do cheque especial": se você demorar onze dias para cobrir o saldo da conta, pagará juros relativos a onze dias, e não a um (!).*

Esclareça-se ainda, por oportuno, que, se a variação do horário for inferior a dez minutos no dia, mas superior a cinco minutos, na entrada ou na saída, será computada como tempo extraordinário. Explica-se: a lei não contém palavras inúteis, razão pela qual a previsão de tempo residual de **até cinco minutos em cada marcação** não pode ser desprezada pelo intérprete. Quisesse o legislador "perdoar" qualquer variação inferior a dez minutos diários, independentemente de ter ocorrido na mesma marcação, não teria sequer mencionado o limite de cinco minutos.

Exemplo: sendo o horário de trabalho de 8h às 18h, o empregado entra às 7h52min e sai às 18h. Neste caso, serão devidos os oito minutos como tempo extraordinário, visto que ultrapassado o limite de cinco minutos, ainda que não tenha sido extrapolado o limite diário de dez minutos.

No mesmo sentido, a Súmula 366 do TST:

> Súm. 366. Cartão de ponto. Registro. Horas extras. Minutos que antecedem e sucedem a jornada de trabalho (nova redação) – Res. 197/2015, *DEJT* divulgado em 14, 15 e 18.05.2015.
>
> Não serão descontadas nem computadas como jornada extraordinária as variações de horário do registro de ponto não excedentes de cinco minutos, observado o limite máximo de dez minutos diários. Se ultrapassado esse limite, será considerada como extra a totalidade do tempo que exceder a jornada normal, pois configurado tempo à disposição do empregador, não importando as atividades desenvolvidas pelo empregado ao longo do tempo residual (troca de uniforme, lanche, higiene pessoal etc.).

Observe-se que na última revisão do texto da Súmula, levada a efeito em maio de 2015, o TST reincorporou ao verbete a referência da antiga OJ 326 **em relação à troca de uniforme, lanche, higiene pessoal** etc., sendo que tais atividades também são consideradas pela jurisprudência como tempo à disposição do empregador. Todavia, justamente **esta parte do verbete foi superada pelo novel § 2º do art. 4º da CLT, acrescentado pela Lei nº 13.467/2017.** Com efeito, o referido § 2º dispõe que não será computado no tempo de trabalho e, consequentemente, não será computado como tempo extraordinário, o tempo gasto pelo empregado, por vontade própria, para o exercício de atividades particulares, aí incluída, exemplificativamente, a troca de uniforme (se não houver obrigatoriedade de realizar a troca na empresa), a alimentação e a higiene pessoal.

Portanto, a parte final da Súmula 366 é atualmente incompatível com a legislação em vigor, pelo que deverá ser revista pelo TST.

Também **deve ser revista a Súmula 449 do TST, que considera inválida a cláusula de norma coletiva que flexibiliza o tempo residual previsto na CLT**:

> Súm. 449. Minutos que antecedem e sucedem a jornada de trabalho. Lei nº 10.243, de 19.06.2001. Norma coletiva. Flexibilização. Impossibilidade. – Res. 194/2014, *DEJT* divulgado em 21, 22 e 23.05.2014.
>
> A partir da vigência da Lei nº 10.243, de 19.06.2001, que acrescentou o § 1º ao art. 58 da CLT, não mais prevalece cláusula prevista em convenção ou acordo coletivo que elastece o limite de 5 minutos que antecedem e sucedem a jornada de trabalho para fins de apuração das horas extras.

No caso, a necessidade de revisão da Súmula 449 do TST decorre da vigência da Lei nº 13.467/2017, que autorizou expressamente a flexibilização do "pacto quanto à jornada de trabalho, observados os limites constitucionais" e a "modalidade de registro de jornada de trabalho" (respectivamente, incisos I e X do art. 611-A da CLT).

> **Matéria suscetível de flexibilização:** A convenção coletiva e o acordo coletivo de trabalho têm prevalência sobre a lei quando dispuserem sobre a **jornada de trabalho**, observados os limites constitucionais (art. 611-A, I, da CLT) e sobre **modalidade de registro de jornada de trabalho** (art. 611-A, X, da CLT).

TEMPO RESIDUAL
Regra: não são computadas na jornada de trabalho diferenças de até cinco minutos (para mais ou para menos) na entrada e na saída dos empregados.

Exemplo:

CARTÃO DE PONTO			
Empregado: Mévio de Oliveira Silva			
HORÁRIO DE TRABALHO: 8:00 às 17:00			
Intervalo para descanso ou alimentação: 12:00 às 13:00			
DIA	ENTRADA	SAÍDA	OCORRÊNCIA
1	7:55	17:05	jornada normal
2	8:05	16:55	jornada normal
3	7:52	17:04	12min horas extras
4	8:06	16:55	11min descontados

13.4. CONTROLE DA JORNADA DE TRABALHO

A própria ideia de limitação da jornada de trabalho pressupõe a necessidade de que se estabeleça alguma forma de controle do tempo de trabalho (e do tempo à disposição do empregador). Do contrário, seria impossível aferir se o empregado laborou durante todo o tempo contratualmente previsto, se laborou menos ou ainda se laborou mais (em sobrejornada).

Decorre do poder diretivo (sob os aspectos do poder de fiscalização e de controle) do empregador a possibilidade de controlar o tempo de prestação de serviços pelo empregado, ou seja, de controlar a jornada efetivamente praticada pelo obreiro. Somente mediante este controle será possível aferir se o empregado prestou ou não horas extraordinárias.

São duas as modalidades de jornada de trabalho quanto ao controle, a saber, jornadas *controladas* e jornadas *não controladas*.

Vejamos as principais características de cada uma delas.

13.4.1. Jornadas controladas

Nas jornadas controladas, o tempo de trabalho prestado pelo empregado é controlado pelo empregador. Neste caso, será devido o pagamento do adicional de horas extraordinárias sempre que a jornada extrapole aquele limite contratualmente fixado, observados sempre os limites legais e o limite constitucional.

A regra geral é a jornada controlada. Dispõe o art. 74, *caput* e § 2º, da CLT, com a redação dada pela Lei nº 13.874/2019:

Art. 74. O horário de trabalho será anotado em registro de empregados.

(...)

§ 2º Para os estabelecimentos com **mais de 20 (vinte) trabalhadores** será obrigatória a anotação da hora de entrada e de saída, em registro manual, mecânico ou eletrônico, conforme instruções expedidas pela Secretaria Especial de Previdência e Trabalho do Ministério da Economia[7], permitida a pré-assinalação do período de repouso.

(...)

O horário de trabalho, que deve ser anotado no registro de empregados, é o horário contratual do empregado. Por exemplo: 08h00min às 12h00min e 13h00min às 17h00min.

Quanto ao controle dos horários praticados diariamente pelos empregados, em regra os estabelecimentos que contem com mais de **vinte** empregados devem obrigatoriamente manter controle de jornada (controle de ponto). Isso não significa que os estabelecimentos que contem com até vinte empregados não tenham que manter controle de jornada. Como esclarece Maurício Godinho Delgado,

> "não obstante exista *presunção de ser controlada a jornada laborativa obreira*, não estabelece a lei procedimentos especiais para esse controle quando se tratar de trabalho interno a pequeno estabelecimento empresarial (até dez trabalhadores – § 2º do art. 74 da CLT[8]). A razão é meramente prática, visando a simplificar as exigências administrativas sobre o pequeno empresário. Contudo, esta simplificação de procedimentos não elide a presunção jurídica de jornada controlada incidente em tais casos"[9]. (grifos do original)

Atenção: a redação anterior do § 2º do art. 74 da CLT, vigente até 19.09.2019, estabelecia a obrigatoriedade de controle de ponto para estabelecimentos com mais de dez trabalhadores. Atualmente, na vigência da Lei nº 13.874/2019, somente são obrigados a manter controle de ponto os estabelecimentos que contem com mais de vinte empregados.

Doméstico: o empregador doméstico deve manter controle de ponto independentemente do número de empregados.

Conforme entendimento predominante no âmbito do TST, a assinatura do empregado **não** constitui requisito formal para validade dos cartões de ponto. Nesse sentido, há inúmeras decisões recentes do TST, como ilustra o seguinte julgado:

AGRAVO. AGRAVO DE INSTRUMENTO. RECURSO DE REVISTA INTERPOSTO NA VIGÊNCIA DA LEI Nº 13.467/17. CARTÕES DE PONTO SEM ASSINATURA DO EMPREGADO. VALIDADE. TRANSCENDÊNCIA NÃO RECONHECIDA. 1. Confirma-se a decisão monocrática que negou seguimento ao agravo de instrumento interposto pelo autor, em razão da ausência de transcendência da matéria. 2. A jurisprudência desta Corte superior é firme no sentido de que a ausência de assinatura do empregado nos cartões de ponto, por si só, não os torna inválidos, configurando mera irregularidade administrativa. 3. Incide, na hipótese, o óbice do artigo 896, § 7º, da CLT e da Súmula nº 333 do TST. Agravo a que se nega provimento. [...] (TST, Ag-AIRR-1591-70.2011.5.05.0511, 1ª Turma, Rel. Min. Amaury Rodrigues Pinto Junior, *DEJT* 02.05.2023). (grifos meus)

Predomina na jurisprudência a tese segundo a qual a não manutenção dos controles de ponto pelo empregador, quando obrigatórios, e mesmo a manutenção de registros de pouca fidedignidade, como aqueles que apresentam marcações uniformes ("ponto britânico"),

---

[7]   Atualmente, a regulamentação é dada pelos arts. 31-32 do Decreto nº 10.854/2021, bem como pelos arts. 73-101 da Portaria MTP nº 671/2021.

[8]   Limite conforme a lei vigente à época da citada publicação. Atualmente, leia-se "até vinte trabalhadores".

[9]   DELGADO, Maurício Godinho. *Curso de Direito do Trabalho*, p. 820.

levam ao acatamento da jornada de trabalho alegada pelo obreiro na inicial, cabendo ao empregador produzir prova inequívoca em sentido contrário. Neste diapasão, a Súmula 338 do TST, *in verbis*:

Súm. 338. Jornada de trabalho. Registro. Ônus da prova. Res. 129/2005, *DJ* 20, 22 e 25.04.2005.

I – É ônus do empregador que conta com mais de 10 (dez) empregados[10] o registro da jornada de trabalho na forma do art. 74, § 2º, da CLT. A não apresentação injustificada dos controles de frequência gera presunção relativa de veracidade da jornada de trabalho, a qual pode ser elidida por prova em contrário.

II – A presunção de veracidade da jornada de trabalho, ainda que prevista em instrumento normativo, pode ser elidida por prova em contrário.

III – Os cartões de ponto que demonstram horários de entrada e saída uniformes são inválidos como meio de prova, invertendo-se o ônus da prova, relativo às horas extras, que passa a ser do empregador, prevalecendo a jornada da inicial se dele não se desincumbir.

O item II, embora sua redação não seja primorosa, apenas explica o item I, no sentido de que o TST resolveu dar verdadeira "colher de chá" ao empregador, que, embora obrigado por lei a manter controle de jornada, tem o aval do Tribunal para apresentar os cartões de ponto apenas se quiser, podendo fazer prova da jornada por outros meios, a fim de elidir a alegação do autor relativa à jornada. Lamentável a posição, que, criticada abertamente pela doutrina, acaba por enfraquecer o comando do art. 74, § 2º, da CLT.

A respeito do item III da mencionada Súmula 338, importa ressaltar sua frequente ocorrência no cotidiano trabalhista. Com efeito, é comum a constatação de que o registro de ponto é apenas formal, isto é, que os empregados efetuam o registro do horário que deveria ser e não do que efetivamente é, de forma que os cartões de ponto não espelham a realidade da prestação laboral. Destarte, o empregador pré-constitui prova contra o empregado, acreditando que com isso irá se liberar do eventual pagamento de horas extraordinárias efetivamente trabalhadas.

Surge daí o chamado "ponto britânico", isto é, aquele que apresenta marcações uniformes em todos os dias, normalmente coincidindo as marcações com os horários devidos pelos empregados (seus horários de trabalho contratualmente estipulados). Exemplo: um empregado é contratado para trabalhar de 8h às 18h, com duas horas de intervalo. Seu cartão de ponto apresenta marcações uniformes, com entrada sempre às 8h e saída sempre às 18h. Ora, isto é inverossímil, até mesmo na Inglaterra, país famoso pela pontualidade de seu povo (por isso a denominação "ponto britânico"). Ao contrário, são normais os pequenos atrasos, bem como pequenos adiantamentos. Não é razoável imaginar que o empregado entre diariamente exatamente no horário estipulado para entrada e saia, da mesma forma, pontualmente, no horário estipulado para saída.

Por isso, esses registros de ponto são desconsiderados, seja em sede de ação judicial (hipótese em que se inverte o ônus probatório, transferindo ao empregador o ônus de provar que não houve a prestação de horas extraordinárias alegadas na inicial), seja em sede de inspeção da empresa pela fiscalização do trabalho (hipótese em que o empregador será autuado por não manter efetivo controle de ponto, visto que desrespeita o disposto no art. 74, § 2º, da CLT).

---

[10] O verbete, editado na vigência da redação original do § 2º do art. 74 da CLT, faz referência ainda a empresas com mais de dez trabalhadores. Naturalmente, tal verbete deve ser lido, na vigência da Lei nº 13.874/2019, com a redação atual do referido dispositivo, ou seja, considerando empresas com mais de vinte empregados.

> **Matéria suscetível de flexibilização:** a convenção coletiva e o acordo coletivo de trabalho têm prevalência sobre a lei quando dispuserem sobre a **modalidade de registro de jornada de trabalho** (art. 611-A, X, da CLT).

13.4.1.1. Controle de jornada de trabalho realizado fora do estabelecimento

É importante mencionar que não só o trabalho interno pode ser controlado. Desde que o permita a natureza da atividade, também o trabalho externo, assim considerado aquele executado fora do estabelecimento do empregador, deverá ser controlado, como é o caso dos *motoboys* que entregam pizzas e retornam ao final de cada entrega, os contínuos que fazem o serviço externo e retornam imediatamente à empresa, o motorista de loja de departamento que realiza entregas ao longo do dia e, ao final da jornada, retorna à loja para devolver o caminhão vazio, entre outros. Nestes casos, **a jornada deve ser controlada pelo registro que estiver à disposição do empregado, seja ele manual, mecânico ou eletrônico,** no qual o próprio empregado anota os horários em que trabalhou nos termos do § 3º do art. 74 da CLT, com redação dada pela Lei nº 13.874/2019:

> CLT, art. 74, § 3º Se o trabalho for executado fora do estabelecimento, o horário dos empregados constará do registro manual, mecânico ou eletrônico em seu poder, sem prejuízo do que dispõe o *caput* deste artigo.

Também no mesmo sentido, a Lei nº 13.103/2015 dispõe que são direitos dos motoristas profissionais, entre outros, "ter jornada de trabalho controlada e registrada de maneira fidedigna mediante anotação em diário de bordo, papeleta ou ficha de trabalho externo, ou sistema e meios eletrônicos instalados nos veículos, a critério do empregador" (art. 2º, V, *b*)[11].

13.4.1.2. Controle de jornada por exceção

Denomina-se controle de ponto por exceção o sistema pelo qual não são anotados os horários "normais" praticados, mas tão somente aqueles que fogem ao horário normal de trabalho do empregado. Assim, neste sistema, o empregado anota no controle de ponto apenas os atrasos, faltas e as horas extraordinárias laboradas.

Tal modalidade de controle de jornada vinha sendo rejeitada há décadas pela doutrina e pela jurisprudência, porquanto facilita sobremaneira a fraude ao controle de ponto. Com efeito, não raro o empregado se vê constrangido pelo empregador a não anotar as horas extraordinárias laboradas, ou seja, tal modalidade acaba acarretando, com bastante frequência, o não controle efetivo da jornada de trabalho, do que decorrem sérios prejuízos ao empregado, tanto do ponto de vista econômico (por deixar de receber pelas horas extraordinárias trabalhadas), quanto do ponto de vista da própria fiscalização dos limites do tempo de trabalho, com reflexos na saúde do trabalhador.

Com o advento da *Reforma Trabalhista de 2017*, que estabeleceu a prevalência do negociado sobre o legislado em matéria de "modalidade de registro da jornada de trabalho" (art. 611-A, X, da CLT), o registro de ponto por exceção passou a ser considerado válido, desde que previsto em instrumento coletivo de trabalho.

Por fim, a Lei nº 13.874/2019, sob o pretexto de simplificar as relações de trabalho e com a finalidade expressa de proteger "a liberdade econômica" e "os investimentos", esten-

---

11 Disposição semelhante já era encontrada na Lei nº 12.619/2012.

deu amplamente a possibilidade de utilização do registro de ponto por exceção, exigindo para tal tão somente o **acordo individual escrito**. Neste sentido, o novel § 4º do art. 74 da CLT, *in verbis*:

> § 4º Fica permitida a utilização de registro de ponto por exceção à jornada regular de trabalho, mediante acordo individual escrito, convenção coletiva ou acordo coletivo de trabalho.

Esta última alteração legislativa, gestada de forma sorrateira durante a tramitação da MPV nº 881/2019 no Congresso Nacional, constitui um dos mais agudos ataques disfarçados à proteção dos direitos trabalhistas em toda a nossa história recente. Na impossibilidade de reduzir direitos socais constitucionalmente assegurados, como o direito à remuneração diferenciada das horas extras, o direito aos descansos e à própria limitação diária e semanal do trabalho, o legislador simplesmente facilitou a omissão do registro do tempo efetivo de trabalho, comprometendo indiretamente a fruição dos referidos direitos pelos trabalhadores.

13.4.2. Jornadas não controladas

Como mencionado alhures, o controle de jornada pressupõe certa dose de fiscalização e controle, por parte do empregador, sobre o trabalho prestado pelo empregado. Assim, se o trabalho do empregado não é controlado pelo empregador, não há que se falar em controle de jornada, e, consequentemente, também não haverá que se falar na possibilidade de prestação de horas extraordinárias.

A CLT destaca três categorias de empregados não sujeitos a controle de jornada. Neste sentido, o art. 62 dispõe, *in verbis*:

> Art. 62. Não são abrangidos pelo regime previsto neste capítulo:
>
> I – os empregados que exercem atividade externa incompatível com a fixação de horário de trabalho, devendo tal condição ser anotada na Carteira de Trabalho e Previdência Social e no registro de empregados;
>
> II – os gerentes, assim considerados os exercentes de cargos de gestão, aos quais se equiparam, para efeito do disposto neste artigo, os diretores e chefes de departamento ou filial.
>
> III – os empregados em regime de teletrabalho que prestam serviço por produção ou tarefa[12].
>
> Parágrafo único. O regime previsto neste capítulo será aplicável aos empregados mencionados no inciso II deste artigo, quando o salário do cargo de confiança, compreendendo a gratificação de função, se houver, for inferior ao valor do respectivo salário efetivo acrescido de 40% (quarenta por cento).

Em primeiro lugar, cumpre esclarecer que **os empregados mencionados estão excluídos não só do direito às horas extraordinárias, como também do direito aos descansos e às regras atinentes ao horário noturno**. Com efeito, o *caput* do art. 62 faz alusão ao "regime previsto neste capítulo", que, no caso, é o "Capítulo II da CLT – Da Duração do Trabalho". **Fazem jus, contudo, ao descanso semanal remunerado**, pois este é previsto em Lei específica (Lei nº 605/1949), bem como na CRFB (art. 7º, XV).

Em segundo lugar, é oportuno transcrever a lição do mestre mineiro Min. Maurício Godinho Delgado:

> "Mas atenção: cria aqui a CLT apenas uma *presunção* – a de que tais empregados não estão submetidos, no cotidiano laboral, a fiscalização e controle de horário, não se sujeitando, pois,

---

12   Redação dada pela Lei nº 14.442/2022.

à regência das regras sobre jornada de trabalho. Repita-se: presunção jurídica... e não discriminação legal. Desse modo, havendo prova firme (sob ônus do empregado) de que ocorria efetiva fiscalização e controle sobre o *cotidiano* da prestação laboral, fixando fronteiras claras à jornada laborada, afasta-se a presunção legal instituída, incidindo o conjunto das regras clássicas concernentes à duração do trabalho"[13]. (grifos do original)

Vejamos então as três hipóteses de jornadas não controladas previstas pelo art. 62 da CLT.

13.4.2.1. Atividade externa incompatível com a fixação de horário de trabalho (art. 62, I)

É sabido que existem atividades realizadas fora do ambiente da empresa que, por sua natureza, inviabilizam qualquer forma de fixação e consequentemente de controle do horário de trabalho. Mencione-se, como exemplo, o caso do vendedor viajante, ou do trabalhador em domicílio (desde que não tenha a jornada controlada sob a forma de estabelecimento de patamar mínimo de produção diária, por exemplo), ou ainda do teletrabalhador (desde que não seja submetido a formas de controle virtuais, como webcâmeras, *intranet*, telefone, número mínimo de tarefas diárias etc.).

Nestes casos, a jornada de trabalho não é controlada, devido à incompatibilidade entre o controle e a atividade exercida. O exercício de atividades externas incompatíveis com o controle de horário deve ser anotado na CTPS do empregado e em seu registro, por força do inciso I do art. 62.

Até a vigência da Lei nº 13.467/2017, o teletrabalhador era enquadrado, quando efetivamente não sujeito a controle de jornada, nesta hipótese (inciso I do art. 62). Todavia, a referida lei, que promoveu a chamada Reforma Trabalhista, inseriu no art. 62 da CLT o inciso III, a fim de contemplar em separado o teletrabalhador.

Mencione-se, por oportuno, que o motorista foi, historicamente, citado como exemplo de empregado não sujeito a controle de jornada e, portanto, enquadrado na exceção do art. 62, I, da CLT. Todavia, a Lei nº 12.619/2012 passou a prever, como direito dos motoristas profissionais, jornada de trabalho e tempo de direção controlados de maneira fidedigna pelo empregador, que poderá valer-se de anotação em diário de bordo, papeleta ou ficha de trabalho externo, nos termos do art. 74 da CLT, ou de meios eletrônicos idôneos instalados nos veículos, a critério do empregador.

Também no mesmo sentido, a Lei nº 13.103/2015, que revogou a Lei nº 12.619/2012, dispõe que são direitos dos motoristas profissionais, entre outros, "ter jornada de trabalho controlada e registrada de maneira fidedigna mediante anotação em diário de bordo, papeleta ou ficha de trabalho externo, ou sistema e meios eletrônicos instalados nos veículos, a critério do empregador" (art. 2º, V, *b*). Assim, atualmente o motorista profissional não mais se enquadra na hipótese exceptiva em estudo.

13.4.2.2. Gerentes com poderes de gestão (art. 62, II)

Dispõe o inciso II do art. 62 da CLT que estão excluídos do capítulo referente à duração do trabalho "os gerentes, assim considerados os exercentes de cargos de gestão, aos quais se equiparam, para efeito do disposto neste artigo, os diretores e chefes de departamento ou filial", desde que recebam salário pelo menos 40% superior ao salário do cargo efetivo.

---

[13] DELGADO, Maurício Godinho. *Curso de Direito do Trabalho*, p. 822.

Discute-se na doutrina a abrangência da exceção prevista no art. 62, II, da CLT, isto é, a abrangência da expressão *gerente*. A corrente atualmente majoritária defende que, após a alteração promovida pela Lei nº 8.966/1994, o inciso II do art. 62 não mais exige poderes de representação, bastando que o gerente tenha poderes de gestão (e, eventualmente, de mando)[14].

O grande traço distintivo é que o empregado que detém poderes de representação tem poderes suficientes para colocar em risco a própria existência da empresa, ao passo que os empregados que detém apenas poderes de gestão praticam atos capazes até de provocar grandes prejuízos ao empregador, mas que jamais poderiam colocar em risco a própria existência da empresa. Vólia Bomfim Cassar[15], por exemplo, denomina *gerente* o empregado que tem apenas poderes de gestão, e *"gerentão"* o alto empregado que tem, além dos poderes de gestão, poderes de representação, entendendo que somente em relação a este último aplica-se o inciso II do art. 62.

Além dos poderes especiais no âmbito da empresa, o gerente deve ter ainda, para ser incluído na regra do art. 62, II, da CLT, padrão remuneratório no mínimo 40% superior ao do cargo efetivo.

No caso do bancário, a jurisprudência construiu presunção relativa de que o gerente geral da agência se enquadra na regra do art. 62, II, conforme Súmula 287 do TST. A questão específica do gerente será tratada adiante, quando do estudo da duração do trabalho do bancário.

Recorde-se, para encerrar a questão, a supramencionada lição do Min. Maurício Godinho Delgado[16], no sentido de que a regra do art. 62 constitui mera presunção legal (*juris tantum*), podendo ser afastada por prova em sentido contrário. Assim, se, no caso concreto, restar verificada a existência de real controle e fiscalização do horário de trabalho, ainda que o empregado seja gerente com poderes de gestão e tenha padrão remuneratório diferenciado, fará jus às normas protetivas relativas à duração do trabalho, afastando-se a incidência do inciso II do art. 62.

13.4.2.3. Empregados em regime de teletrabalho que prestam serviço por produção ou tarefa (art. 62, III)

A *Reforma Trabalhista de 2017* (Lei nº 13.467/2017) regulamentou o regime de teletrabalho, incluindo-o expressamente, por meio da inserção do inciso III, na exceção legal do art. 62 da CLT.

Na 8ª edição desta obra eu já observava que, especificamente no que diz respeito ao enquadramento do teletrabalhador na exceção legal do art. 62 da CLT, é importante reiterar que somente poderão ser enquadrados em tal hipótese, no caso concreto, aqueles trabalhadores cuja realidade for verdadeiramente incompatível com o controle de jornada. Relembre-se também que, conforme disposto no parágrafo único do art. 6º da CLT, "os meios telemáticos e informatizados de comando, controle e supervisão se equiparam, para fins de subordinação jurídica, aos meios pessoais e diretos de comando, controle e supervisão do trabalho alheio", pelo que a própria lei reconhece a possibilidade de controle do teletrabalho por meio da utilização de recursos tecnológicos.

---

14 Valentin Carrion adverte que "impossível sem texto legal expresso é atribuir a função de confiança ou de gerência a simples chefes de serviço encarregados de função de rotina permanente" (CARRION, Valentin. *Comentários à Consolidação das Leis do Trabalho*. 35. ed. São Paulo: Saraiva, 2010, p. 144).

15 CASSAR. Vólia Bomfim. *Direito do Trabalho*. 7 ed. São Paulo: Método, 2012, p. 654-655.

16 DELGADO, Maurício Godinho. *Curso de Direito do Trabalho*, p. 822.

Assim, se não restar comprovada a impossibilidade de controle de ponto do teletra-balhador, evidenciando-se apenas o desinteresse do empregador em manter o controle de jornada, estará afastada a incidência do inciso III do art. 62.

Exatamente na linha do quanto observado, o legislador, ao promover nova regula-mentação ao tema teletrabalho por meio da Lei nº 14.442/2022, alterou a redação do item III do art. 62, acrescentando ao texto original ("empregados em regime de teletrabalho") a expressão **"que prestam serviço por produção ou tarefa"**.

Significa dizer que, a partir da vigência da Lei nº 14.442/2022, **somente o teletra-balho por produção ou tarefa está excluído do controle de jornada**, nos moldes do art. 62 da CLT. *Contrario sensu*, o teletrabalho por unidade tempo, assim considerado aquele estabelecido com enfoque no tempo de trabalho diário do empregado, como no regime tradicional, e não na produção, se sujeita, sempre que tecnicamente possível, ao controle de jornada.

Dada a importância atual do tema, o teletrabalho será abordado em tópico separado, qual seja o item 13.8, para o qual remeto o leitor.

ESPÉCIES DE JORNADA (QUANTO AO CONTROLE)	
1) Controladas	• Estabelecimento com + de 20 empregados deve manter controle de ponto. • Se o empregador não apresenta os controles, inverte-se o ônus da prova. • Cartões de ponto com marcações uniformes não têm validade. • Empregados que laborem fora do estabelecimento também devem utilizar o registro que esteja em seu poder, salvo se a atividade for absolutamente incompatível com o controle de horário. • É permitido o controle de ponto por exceção à jornada regular de trabalho, desde que autorizado mediante acordo individual escrito, CCT ou ACT.
2) Não controladas	• Atividades externas incompatíveis com o controle de horário. • Cargos de gerência (gestão), diretores e chefes de depto. ou filial, desde que recebam salário no mín. 40% superior ao cargo efetivo. • Empregados em regime de teletrabalho que prestem serviço por produção ou tarefa. **Observação:** • Se na prática há controle, não se aplica o disposto no art. 62, II, da CLT. **Efeitos jurídicos:** • Os trabalhadores cuja jornada não é controlada não fazem jus às normas de proteção à duração do trabalho (horas extras, adicional noturno, hora redu-zida noturna e descansos, salvo o RSR).

13.5. LIMITAÇÃO LEGAL DA JORNADA DE TRABALHO

A lei estabelece limitações à jornada de trabalho fixando a jornada normal, tanto para a generalidade dos trabalhadores, quanto para categorias específicas, que têm jornadas legais diferenciadas em razão das circunstâncias em que desenvolvem seu trabalho.

13.5.1. Jornada normal genérica

A jornada normal para os trabalhadores, em geral, é de 8 horas diárias, perfazendo o total de 44 horas semanais (módulo semanal), conforme dispõe o art. 7º, XIII, da CRFB.

Art. 7º São direitos dos trabalhadores urbanos e rurais, além de outros que visem à melhoria de sua condição social:

(...)

XIII – duração do trabalho normal não superior a oito horas diárias e quarenta e quatro semanais, facultada a compensação de horários e a redução da jornada, mediante acordo ou convenção coletiva de trabalho[17];

(...)

Assim, diz-se que a carga horária de trabalho do mensalista é de 220 horas, sendo este valor obtido a partir da divisão do módulo semanal (44 horas) por seis (número de dias úteis da semana), multiplicado por 30 (número de dias do mês)[18], de forma que se obtém, assim, o módulo mensal, incluídos os DSRs.

CÁLCULO DO DIVISOR DA DURAÇÃO NORMAL DO TRABALHO

Módulo semanal = 44h

Dias úteis = 6

Jornada média = 44h ÷ 6 dias = 7,33h/dia (ou 7h20min/dia)

7,33h/dia x 30 dias = 220h/mês

Doméstico: aplica-se o divisor 220 também para o empregado doméstico (art. 2º, § 2º, LC 150/2015).

13.5.2. Jornadas especiais de trabalho

A possibilidade de fixação de limite diverso deste padrão geral de oito horas diárias, entretanto, é aventada pela própria CLT, nos seguintes termos:

Art. 58. A duração normal do trabalho, para os empregados em qualquer atividade privada, não excederá de 8 (oito) horas diárias, **desde que não seja fixado expressamente outro limite**.

(...)

Surgem assim as chamadas jornadas especiais de trabalho, fixadas em lei e válidas para categorias determinadas, seja pelas circunstâncias específicas da atividade desenvolvida, seja pelo maior poder político da categoria, caso típico do bancário.

Neste sentido, para os empregados que trabalham oito horas por dia, cinco dias por semana, ou seja, 40 horas semanais[19], o divisor é 200, conforme o entendimento dominante no TST, o qual deu origem à edição da Súmula 431:

Súm. 431. Salário-hora. Empregado sujeito ao regime geral de trabalho (art. 58, *caput*, da CLT). 40 horas semanais. Cálculo. Aplicação do divisor 200 (redação alterada na sessão

---

[17] Como mencionado, o inciso XIII foi estendido aos empregados domésticos pela EC 72/2013.

[18] Conforme art. 64 da CLT, para fins de cálculo do salário-hora deve-se utilizar sempre o parâmetro mensal de 30 dias, independentemente do número de dias efetivos do mês.

[19] Seja em virtude de lei específica ou de previsão em norma coletiva, regulamento de empresa ou cláusula contratual.

do tribunal pleno realizada em 14.09.2012) – Res. 185/2012 – *DEJT* divulgado em 25, 26 e 27.09.2012.

Para os empregados a que alude o art. 58, caput, da CLT, quando sujeitos a 40 horas semanais de trabalho, aplica-se o divisor 200 (duzentos) para o cálculo do valor do salário-hora.[20]

13.5.2.1. Bancários

A jornada de trabalho do bancário é de 6 horas, com módulo semanal de 30 horas, conforme o art. 224 da CLT:

> Art. 224. A duração normal do trabalho dos empregados em bancos, casas bancárias e Caixa Econômica Federal será de 6 (seis) horas contínuas nos dias úteis, com exceção dos sábados, perfazendo um total de 30 (trinta) horas de trabalho por semana.
>
> (...)

Observe que a própria lei prevê o **sábado do bancário** não trabalhado. Para a jurisprudência, **trata-se de dia útil não trabalhado, e não de descanso remunerado**. A diferença é que sobre o dia útil não trabalhado não há repercussão de horas extras habituais. Neste sentido, a Súmula 113 do TST:

> Súm. 113. Bancário. Sábado. Dia útil (mantida). Res. 121/2003, DJ 19, 20 e 21.11.2003.
>
> O sábado do bancário é dia útil não trabalhado, não dia de repouso remunerado. Não cabe a repercussão do pagamento de horas extras habituais em sua remuneração.

Registre-se, por oportuno, que norma coletiva pode dispor em sentido contrário, ou seja, no sentido da repercussão das horas extras também sobre o sábado do bancário, bem como no sentido de que o sábado do bancário também seja considerado dia de repouso remunerado, pois tal cláusula seria mais benéfica ao empregado.

Enquanto para o empregado em geral o divisor do salário é 220 (220h laboradas ao mês, já incluídos os DSRs), no caso do bancário, o divisor depende da jornada, sendo 220 para os bancários sujeitos à jornada de 8h, e 180 para os bancários sujeitos à jornada de 6h.

Observe-se que **o entendimento consubstanciado na antiga redação da Súmula 124 do TST[21], no sentido de que a variação do divisor conforme o sábado seja considerado ou não, por norma coletiva, dia de descanso remunerado, encontra-se superado pela**

---

[20] Em muitos casos, a banca examinadora excede o limite da razoabilidade. A título de exemplo, mencione-se que o Cespe cobrou, no concurso para Analista do TRT da 21ª Região (2010), uma questão sobre a jornada do cabineiro de elevador, sendo que esta sequer está prevista na CLT, e sim na Lei nº 3.270/1957. O edital do concurso, no entanto, previu o ponto genericamente, da seguinte forma: "duração do trabalho; jornada de trabalho; períodos de descanso; intervalo para repouso e alimentação; descanso semanal remunerado; trabalho noturno e trabalho extraordinário; sistema de compensação de horas."

[21] Súm. 124. Bancário. Salário-hora. Divisor (redação alterada na sessão do Tribunal Pleno realizada em 14.09.2012) – Res. 185/2012 – *DEJT* divulgado em 25, 26 e 27.09.2012.
I – O divisor aplicável para o cálculo das horas extras do bancário, se houver ajuste individual expresso ou coletivo no sentido de considerar o sábado como dia de descanso remunerado, será:
a) 150, para os empregados submetidos à jornada de seis horas, prevista no *caput* do art. 224 da CLT;
b) 200, para os empregados submetidos à jornada de oito horas, nos termos do § 2º do art. 224 da CLT.
II – Nas demais hipóteses, aplicar-se-á o divisor:
a) 180, para os empregados submetidos à jornada de seis horas prevista no *caput* do art. 224 da CLT;
b) 220, para os empregados submetidos à jornada de oito horas, nos termos do § 2º do art. 224 da CLT".

decisão da SDI-I em sede do julgamento, aos 21.11.2016, do primeiro tema submetido à sistemática dos recursos repetitivos instituída pela Lei nº 13.015/2014.

Como sempre defendi, desde a edição da Súmula 124 do TST, em 2012, o entendimento do TST sobre a matéria não era sustentável sob ponto de vista matemático. De fato, ao julgar, aos 21.11.2016, o IRR-849-83-2013-5-03-0138, a SDI-I fixou, com efeito vinculante a todos os processos que tratam do mesmo tema e a partir da decisão, conforme a modulação de efeitos também decidida na sessão, a seguinte tese:

Incidente de julgamento de recursos de revista repetitivos. Recursos de revista representativos da controvérsia. Tema Repetitivo nº 0002 - Bancário. Salário-hora. Divisor. Forma de cálculo. Empregado mensalista. Fixação das teses jurídicas, de observância obrigatória - Artigos 896-C da CLT e 926, § 2º, e 927 do CPC.

1. O número de dias de repouso semanal remunerado pode ser ampliado por convenção ou acordo coletivo de trabalho, como decorrência do exercício da autonomia sindical.

2. O divisor corresponde ao número de horas remuneradas pelo salário mensal, independentemente de serem trabalhadas ou não.

3. O divisor aplicável para cálculo das horas extras do bancário, inclusive para os submetidos à jornada de oito horas, é definido com base na regra geral prevista no artigo 64 da CLT (resultado da multiplicação por 30 da jornada normal de trabalho), sendo 180 e 220, para as jornadas normais de seis e oito horas, respectivamente.

4. A inclusão do sábado como dia de repouso semanal remunerado, no caso do bancário, não altera o divisor, em virtude de não haver redução do número de horas semanais, trabalhadas e de repouso.

5. O número de semanas do mês é 4,2857, resultante da divisão de 30 (dias do mês) por 7 (dias da semana), não sendo válida, para efeito de definição do divisor, a multiplicação da duração semanal por 5.

6. Em caso de redução da duração semanal do trabalho, o divisor é obtido na forma prevista na Súmula n. 431 (multiplicação por 30 do resultado da divisão do número de horas trabalhadas por semana pelos dias úteis);

7. As normas coletivas dos bancários não atribuíram aos sábados a natureza jurídica de repouso semanal remunerado.

MODULAÇÃO DE EFEITOS. Para fins de observância obrigatória das teses afirmadas neste incidente (artigos 927, IV, e 489, § 1º, VI, do CPC, 896-C, § 11, da CLT e 15, I, "a", da Instrução Normativa n. 39 deste Tribunal), a nova orientação será aplicada: a) a todos os processos em curso na Justiça do Trabalho, à exceção apenas daqueles nos quais tenha sido proferida decisão de mérito sobre o tema, emanada de Turma do TST ou da SBDI-1, no período de 27.09.2012 (*DEJT* em que se publicou a nova redação da Súmula 124, I, do TST) até 21.11.2016 (data de julgamento do presente IRR); b) às sentenças condenatórias de pagamento de hora extra de bancário, transitadas em julgado, ainda em fase de liquidação, desde que silentes quanto ao divisor para o cálculo. Definidos esses parâmetros, para o mesmo efeito e com amparo na orientação traçada pela Súmula n. 83 deste Tribunal, as novas teses não servirão de fundamento para a procedência de pedidos formulados em ações rescisórias (TST, Subseção I Especializada em Dissídios Individuais, IRR-849-83.2013.5.03.0138, Rel. Min. Cláudio Mascarenhas Brandão, j. 21.11.2016, *DEJT* 19.12.2016).

A nova redação da Súmula 124, por sua vez, foi aprovada pela Resolução nº 219/2017, nos seguintes termos:

SUM-124 BANCÁRIO. SALÁRIO-HORA. DIVISOR (alterada em razão do julgamento do processo TST-IRR 849-83.2013.5.03.0138) - Res. 219/2017, *DEJT* divulgado em 28, 29 e 30.06.2017 - republicada - DEJT divulgado em 12, 13 e 14.07.2017.

I – o divisor aplicável para o cálculo das horas extras do bancário será:

a) 180, para os empregados submetidos à jornada de seis horas prevista no caput do art. 224 da CLT;

b) 220, para os empregados submetidos à jornada de oito horas, nos termos do § 2º do art. 224 da CLT.

II – Ressalvam-se da aplicação do item anterior as decisões de mérito sobre o tema, qualquer que seja o seu teor, emanadas de Turma do TST ou da SBDI-I, no período de 27/09/2012 até 21/11/2016, conforme a modulação aprovada no precedente obrigatório firmado no Incidente de Recursos de Revista Repetitivos nº TST-IRR-849-83.2013.5.03.0138, *DEJT* 19.12.2016.

Para o gerente geral de agência, enquadrado na exceção legal do art. 62, II, da CLT, não há jornada de trabalho controlada, isto é, ele não se submete sequer a controle de horário; portanto, não faz jus a horas extras.

Art. 62. Não são abrangidos pelo regime previsto neste capítulo: (...)

II – os gerentes, assim considerados os exercentes de cargos de gestão, aos quais se equiparam, para efeito do disposto neste artigo, os diretores e chefes de departamento ou filial.

[...]

Parágrafo único. O regime previsto neste capítulo será aplicável aos empregados mencionados no inciso II deste artigo, quando o salário do cargo de confiança, compreendendo a gratificação de função, se houver, for inferior ao valor do respectivo salário efetivo acrescido de 40% (quarenta por cento).

Os demais gerentes bancários (gerente de administração, gerente de contas, gerente de segmento, dentre outros), bem como os empregados comissionados por exercerem função de confiança, e desde que recebam como gratificação de função valor não inferior a 1/3 da remuneração do cargo efetivo, não fazem jus à jornada especial de trabalho do bancário, submetendo-se à regra geral (8 horas diárias). Neste sentido, o § 2º do art. 224:

Art. 224. (...)

§ 2º As disposições deste artigo não se aplicam aos que exercem funções de direção, gerência, fiscalização, chefia e equivalentes, ou que desempenhem outros cargos de confiança, desde que o valor da gratificação não seja inferior a um terço do salário do cargo efetivo.

Também neste sentido, de forma pacífica, a jurisprudência:

Súm. 287. Jornada de trabalho. Gerente bancário (nova redação). Res. 121/2003, *DJ* 19, 20 e 21.11.2003.

A jornada de trabalho do empregado de banco gerente de agência é regida pelo art. 224, § 2º, da CLT. Quanto ao gerente-geral de agência bancária, presume-se o exercício de encargo de gestão, aplicando-se-lhe o art. 62 da CLT.

Note-se que os requisitos do § 2º do art. 224 (exercício de função de confiança e percepção de gratificação de função superior a 1/3 do salário do cargo efetivo) são cumulativos. Faltando qualquer dos requisitos, o bancário fará jus à jornada diferenciada, pelo que lhe serão devidas como extras a 7ª e a 8ª horas eventualmente trabalhadas. Neste sentido, a Súmula 109 do TST:

Súm. 109. Gratificação de função (mantida). Res. 121/2003, *DJ* 19, 20 e 21.11.2003.

O bancário não enquadrado no § 2º do art. 224 da CLT, que receba gratificação de função, não pode ter o salário relativo a horas extraordinárias compensado com o valor daquela vantagem.

O exemplo típico é o do caixa executivo, que recebe gratificação pela maior responsabilidade do cargo, e não por exercer função de confiança.

Da mesma forma, e pelos mesmos fundamentos, têm sido considerados pelo TST como beneficiários da jornada especial do bancário: a) tesoureiro de retaguarda[22]; b) analista pleno e assessor pleno[23].

O resumo do que foi mencionado até aqui está consolidado jurisprudencialmente na Súmula 102 do TST:

Súm. 102. Bancário. Cargo de confiança (mantida). Res. 174/2011, *DEJT* divulgado em 27, 30 e 31.05.2011.

I – A configuração, ou não, do exercício da função de confiança a que se refere o art. 224, § 2º, da CLT, dependente da prova das reais atribuições do empregado, é insuscetível de exame mediante recurso de revista ou de embargos.

II – O bancário que exerce a função a que se refere o § 2º do art. 224 da CLT e recebe gratificação não inferior a um terço de seu salário já tem remuneradas as duas horas extraordinárias excedentes de seis.

III – Ao bancário exercente de cargo de confiança previsto no art. 224, § 2º, da CLT são devidas as 7ª e 8ª horas, como extras, no período em que se verificar o pagamento a menor da gratificação de 1/3.

IV – O bancário sujeito à regra do art. 224, § 2º, da CLT cumpre jornada de trabalho de 8 (oito) horas, sendo extraordinárias as trabalhadas além da oitava.

V – O advogado empregado de banco, pelo simples exercício da advocacia, não exerce cargo de confiança, não se enquadrando, portanto, na hipótese do § 2º do art. 224 da CLT.

VI – O caixa bancário, ainda que caixa executivo, não exerce cargo de confiança. Se perceber gratificação igual ou superior a um terço do salário do posto efetivo, essa remunera apenas a maior responsabilidade do cargo e não as duas horas extraordinárias além da sexta.

VII – O bancário exercente de função de confiança, que percebe a gratificação não inferior ao terço legal, ainda que norma coletiva contemple percentual superior, não tem direito às sétima e oitava horas como extras, mas tão somente às diferenças de gratificação de função, se postuladas.

Ainda sobre as hipóteses de enquadramento na regra do art. 224 da CLT (jornada especial de seis horas), registre-se a existência de várias categorias cujas atividades se assemelham à do bancário, suscitando dúvidas acerca da jornada aplicável. A solução, uma vez mais, é dada pela jurisprudência, conforme os seguintes verbetes:

Súm. 55. Financeiras (mantida). Res. 121/2003, *DJ* 19, 20 e 21.11.2003.

As empresas de crédito, financiamento ou investimento, também denominadas financeiras, equiparam-se aos estabelecimentos bancários para os efeitos do art. 224 da CLT.

---

[22] Nesse sentido, E-ED-RR-272-28.2011.5.08.0109 (*DEJT* 29.11.2013), E-RR-65400-78.2007.5.03.0107 (*DEJT* 22.11.2013) e E-RR-676-45.2010.5.03.0015 (*DEJT* 01.07.2013), todos da SDI-1 do TST. Decisões recentes de Turmas no mesmo sentido: RR-909-07.2018.5.17.0004, 5ª Turma, *DEJT* 11.11.2022; RR-789-79.2016.5.10.0019, 7ª Turma, *DEJT* 05.08.2022; Ag-RR-818-04.2016.5.07.0023, 1ª Turma, *DEJT* 29.04.2022.

[23] Nesse sentido, E-ED-ED-RR-25-27.2010.5.10.0012 (*DEJT* 21.03.2014), da SDI-I do TST. Decisões turmárias recentes no mesmo sentido: RR-1627-59.2010.5.10.0010, 1ª Turma, *DEJT* 25.05.2018; RR-1528-08.2013.5.10.0003, 7ª Turma, *DEJT* 23.03.2018.

Súm. 239. Bancário. Empregado de empresa de processamento de dados. Res. 129/2005, *DJ* 20, 22 e 25.04.2005.

É bancário o empregado de empresa de processamento de dados que presta serviço a banco integrante do mesmo grupo econômico, exceto quando a empresa de processamento de dados presta serviços a banco e a empresas não bancárias do mesmo grupo econômico ou a terceiros.

Súm. 119. Jornada de trabalho (mantida). Res. 121/2003, *DJ* 19, 20 e 21.11.2003.

Os empregados de empresas distribuidoras e corretoras de títulos e valores mobiliários não têm direito à jornada especial dos bancários.

OJ-SDI1-379. Empregado de cooperativa de crédito. Bancário. Equiparação. Impossibilidade (*DEJT* divulgado em 19, 20 e 22.04.2010).

Os empregados de cooperativas de crédito não se equiparam a bancário, para efeito de aplicação do art. 224 da CLT, em razão da inexistência de expressa previsão legal, considerando, ainda, as diferenças estruturais e operacionais entre as instituições financeiras e as cooperativas de crédito. Inteligência das Leis nº 4.595, de 31.12.1964, e 5.764, de 16.12.1971.

Registre-se ainda, por oportuno, que, aos 24.11.2015, o TST, em sua composição plena, decidiu, por maioria (11 votos a 10), que os empregados da Empresa Brasileira de Correios e Telégrafos (ECT) que trabalham no Banco Postal não podem ser enquadrados como bancários, sob o fundamento de que as atividades do Banco Postal são acessórias, e não tipicamente bancárias[24].

13.5.2.2. Turnos ininterruptos de revezamento

Dispõe o art. 7º, XIV, da CRFB/88, que é direito do trabalhador a "jornada de seis horas para o trabalho realizado em turnos ininterruptos de revezamento, salvo negociação coletiva".

Assim, a jornada dos empregados que laboram em turnos ininterruptos de revezamento é de seis horas. Isso se dá em virtude do grande desgaste físico e psicológico provocado pela constante variação do turno de trabalho, notadamente entre dia e noite.

Acolhendo as duas principais correntes interpretativas sobre o tema, seriam dois os requisitos para que o empregado faça jus à jornada especial:

a) que trabalhe em turnos alterados periodicamente, trabalhando durante algum tempo de dia e algum tempo à noite, podendo, entretanto, este tempo ser misto (uma parte durante o dia e outra à noite);

b) que a empresa desenvolva suas atividades necessitando da divisão do trabalho em turnos ininterruptos, isto é, que não possa interromper suas atividades.

Alguns autores consideram que este segundo requisito é absoluto, ou seja, que a atividade da empresa não pode sofrer solução de continuidade, sob pena de descaracterização do trabalho em turnos ininterruptos de revezamento.

Maurício Godinho Delgado[25], entretanto, defende que a regra não é assim tão inflexível, podendo a empresa inclusive parar suas atividades um dia por semana, a fim de que todos tenham o descanso semanal no mesmo dia. O importante seria a distribuição

---

24 TST, Tribunal Pleno, E-RR-210300-34.2007.5.18.0012, Rel. Min. Dora Maria da Costa, j. 24.11.2015, *DEJT* 13.05.2016.

25 DELGADO, Maurício Godinho. *Curso de Direito do Trabalho*, p. 831.

do trabalho em turnos e, principalmente, o revezamento do obreiro na escala de trabalho. A favor desta tese, o fato de que a concessão de intervalo intrajornada não afasta a incidência da figura jurídica da jornada especial do turno ininterrupto de revezamento, nos termos da Súmula 360 do TST:

Súm. 360. Turnos ininterruptos de revezamento. Intervalos intrajornada e semanal (mantida). Res. 121/2003, *DJ* 19, 20 e 21.11.2003.

A interrupção do trabalho destinada a repouso e alimentação, dentro de cada turno, ou o intervalo para repouso semanal, não descaracteriza o turno de revezamento com jornada de 6 (seis) horas previsto no art. 7º, XIV, da CF/1988.

Para Godinho, portanto, o termo *ininterrupto* se refere à ótica do trabalhador, no sentido de que ele trabalha, durante curto espaço de tempo, em todas as horas do dia, por exemplo, uma semana das 0h às 6h, outra das 6h às 12h, outra das 12h às 18h e outra das 18h às 0h.

Aliás, o ilustre Ministro argumenta que o TST não tem exigido sequer o trabalho em todos os momentos do dia e da noite, bastando, para configuração da jornada especial, que o obreiro labore de modo parcial em vários momentos distintos. Neste sentido, a OJ 360 da SDI-1 do TST:

OJ-SDI1-360. Turno ininterrupto de revezamento. Dois turnos. Horário diurno e noturno. Caracterização (*DJ* 14.03.2008).

Faz jus à jornada especial prevista no art. 7º, XIV, da CF/1988 o trabalhador que exerce suas atividades em sistema de alternância de turnos, ainda que em dois turnos de trabalho, que compreendam, no todo ou em parte, o horário diurno e o noturno, pois submetido à alternância de horário prejudicial à saúde, sendo irrelevante que a atividade da empresa se desenvolva de forma ininterrupta.

Observe-se também a fundamentação do seguinte julgado, publicado no *Informativo* nº 37 do TST:

Recurso de embargos do reclamante. Turnos de revezamento. Alternância entre turno diurno e noturno. Ingresso parcial no turno noturno. Aplicabilidade da orientação jurisprudencial 360 da SBDI-1 do TST. Recurso de revista não conhecido. A *mens legis* do inciso XIV do art. 7º da Constituição Federal, ao estabelecer jornada reduzida para o trabalho realizado em turnos ininterruptos de revezamento, foi preservar a saúde do trabalhador, tendo em vista o desgaste proporcionado pela referida alternância de jornadas entre os turnos diurno e noturno. Para fazer jus à jornada reduzida não é necessário que o trabalhador preste serviços em três jornadas, mas que o trabalho se realize ora de dia, ora de noite, caso dos autos, em que o trabalho era realizado em turno que adentra a noite, 14h55min a 23h36min. O fato de haver o cumprimento da jornada relativa ao intervalo intrajornada, com o avanço da jornada do reclamante no período noturno, após as 22h, não descaracteriza o trabalho em regime de turnos ininterruptos de revezamento. Embargos conhecidos e providos. (...) (TST, SDI-I, E-ED-RR-59300-35.2004.5.02.0465, Rel. Min. Aloysio Corrêa da Veiga, *DEJT* 17.05.2013).

No mesmo diapasão, decisão recente:

RECURSO DE REVISTA. ACÓRDÃO DO REGIONAL PUBLICADO NA VIGÊNCIA DA LEI 13.467/2017. TURNOS ININTERRUPTOS DE REVEZAMENTO. CARACTERIZAÇÃO. ALTERAÇÃO QUADRIMESTRAL DE HORÁRIOS. PRESENÇA DE TRANSCENDÊNCIA POLÍTICA. O Tribunal Regional adotou a tese de que a alternância quadrimestral de horários descaracteriza os turnos ininterruptos de revezamento. O recurso de revista oferece transcendência com relação aos reflexos de natureza política previstos no artigo 896-A, § 1º, II, da CLT. Com efeito, a jurisprudência pacífica desta Corte é a de que a alteração bimestral, trimestral, quadrimestral ou até mesmo semestral de horários não possui o condão de descaracterizar a jornada especial. Caracterizados os turnos ininterruptos de revezamento, faz jus o trabalhador ferroviário à jornada especial do artigo 7º, XIV, da CF, nos termos das OJs da SBDI-1 nºs 360 e 274. Recurso de revista conhecido por contrariedade à OJ 360, da SBDI-1 do TST e provido (TST, RR-1001654-86.2017.5.02.0047, 7ª Turma, Rel. Min. Alexandre de Souza Agra Belmonte, *DEJT* 05.05.2023).

Há que se ter em mente, portanto, que **a jurisprudência remansosa do TST não exige, para caracterização do trabalho em turnos ininterruptos de revezamento, que a atividade da empresa seja ininterrupta**, e sim que os empregados atuem dessa forma, em constante revezamento.

Outro fato irrelevante para configuração do regime de turnos ininterruptos de revezamento é a função exercida pelo trabalhador.

Uma ressalva: **o turno fixo em empresa que funciona ininterruptamente não dá ensejo à proteção constitucional em análise.** Eis um exemplo.

Empresa que fabrica artefatos de borracha, cujas máquinas não podem ser nunca desligadas (ou isso não é viável economicamente), se mantém em atividade 24 horas por dia, sete dias por semana. Para tal, mantém três turnos fixos de trabalho, de forma que uma turma trabalha sempre de 0h às 8h, outra de 8h às 16h e outra de 16h às 0h. Neste caso, os empregados não sofrem os males da troca de turnos; portanto, não fazem jus à jornada especial. Os que trabalham em horário noturno já são remunerados de forma adicional (adicional noturno).

Outra questão que se coloca diz respeito à possibilidade de flexibilização da jornada legal nas hipóteses de turnos ininterruptos de revezamento. Com efeito, a própria Constituição permite expressamente tal flexibilização, ao dispor que a jornada será de seis horas, **"salvo negociação coletiva"**. Assim, podem os sindicatos firmar instrumento coletivo de trabalho prevendo a jornada de até oito horas também para os empregados que laboram em turnos ininterruptos de revezamento. Neste caso, segundo entendimento do TST, o trabalhador não faz jus à 7ª e à 8ª horas trabalhadas como extraordinárias. Este o teor da Súmula 423:

> Súm. 423. Turno ininterrupto de revezamento. Fixação de jornada de trabalho mediante negociação coletiva. Validade. Res. 139/2006, *DJ* 10, 11 e 13.10.2006.
>
> Estabelecida jornada superior a seis horas e limitada a oito horas por meio de regular negociação coletiva, os empregados submetidos a turnos ininterruptos de revezamento não tem direito ao pagamento da 7ª e 8ª horas como extras.

Ressalte-se que a flexibilização autorizada pela Constituição não é ilimitada e, no caso, a jurisprudência não admite seja a jornada elastecida para mais de oito horas diárias. No sentido da impossibilidade de fixação, por norma coletiva, de jornada superior a oito horas em turnos ininterruptos de revezamento, decisão da SDI-1 publicada no *Informativo* 100:

> Agravo regimental. Embargos. Turnos ininterruptos de revezamento. Norma coletiva. Fixação de jornada superior a 8 horas. Invalidade. Horas extras. 1. A jornada especial reduzida de seis horas para os empregados submetidos a turnos ininterruptos de revezamento é ditada por razões de higiene, saúde e segurança. 2. Apenas excepcionalmente, em observância à parte final da norma do inciso XIV do art. 7º da Constituição Federal e à autonomia privada

coletiva dos sindicatos, é válida norma coletiva que estipule, para tais empregados, jornada diária de oito horas. Incidência da Súmula nº 423 do TST. 3. Não é válida, assim, por frustrar a proteção constitucional (inciso XIV do art. 7º), norma coletiva que fixa jornada diária em turnos ininterruptos de revezamento superior a 8 horas. 4. Uma vez que a norma coletiva não produz efeitos jurídicos, aplica-se à espécie a jornada normal de seis horas, havendo-se por extraordinárias as excedentes da sexta. Precedente da SbDI-1. 5. Agravo regimental a que se nega provimento (TST, SDI-1, Ag-E-ED-RR-97300-08.2011.5.17.0121, Rel. Min. João Oreste Dalazen, j. 26.02.2015, *DEJT* 06.03.2015).

Ademais, não pode a entidade sindical pretender conferir efeitos retroativos à norma coletiva que elastece a jornada em turnos ininterruptos de revezamento. Neste sentido, a OJ 420 da SDI-1:

OJ-SDI1-420. turnos ininterruptos de revezamento. Elastecimento da jornada de trabalho. Norma coletiva com eficácia retroativa. Invalidade. (*DEJT* divulgado em 28 e 29.06.2012 e 02.07.2012)

É inválido o instrumento normativo que, regularizando situações pretéritas, estabelece jornada de oito horas para o trabalho em turnos ininterruptos de revezamento.

Anote-se, entretanto, que a Seção de Dissídios Coletivos do TST (SDC) já decidiu, conforme julgado publicado no *Informativo* 178 do TST, em aparente flexibilização do entendimento consubstanciado na OJ 420, sob o argumento de que, no caso, não houve mera renúncia a direitos dos trabalhadores, mas autêntica transação. É um bom exemplo, aliás, da diferenciação ensinada no item 3.4.6.1 desta obra. Eis a ementa da decisão:

RECURSO ORDINÁRIO DO MPT. AÇÃO ANULATÓRIA. PROCESSO ANTERIOR À LEI 13.467/2017. ACORDO COLETIVO QUE REGULARIZOU O SISTEMA DE TURNOS ININTERRUPTOS DE REVEZAMENTO. ART. 7º, XIV, DA CF. ALEGADA RENÚNCIA A DIREITOS PRETÉRITOS. TRANSAÇÃO COLETIVA SINDICAL. Amplas são as possibilidades de validade e eficácia jurídicas das normas autônomas coletivas em face das normas heterônomas imperativas, à luz do princípio da adequação setorial negociada. Entretanto, essas possibilidades não são plenas e irrefreáveis, havendo limites objetivos à criatividade jurídica da negociação coletiva trabalhista. Desse modo, ela não prevalece se concretizada mediante ato estrito de renúncia ou se concernente a direitos revestidos de indisponibilidade absoluta (e não indisponibilidade relativa), os quais não podem ser transacionados nem mesmo por negociação sindical coletiva. Na presente situação, a solução da controvérsia cinge-se em definir a validade ou não de comando disposto em termo aditivo do acordo coletivo de trabalho 2012/2013 firmado entre os Réus pelo qual se formalizou expressamente a jornada de 8 horas em regime de trabalho em turnos ininterruptos de revezamento e, concomitantemente, estabeleceu-se transação extrajudicial para quitação das 7ª e 8ª horas como extras relativas ao período pretérito, no qual o regime em turnos ininterruptos estava sendo adotado sem respaldo em norma coletiva. A quitação ocorreu por meio do pagamento de 50% das horas extras apuradas para cada empregado e de acordo com alguns critérios definidos na norma coletiva, entre os quais: limitação a 24 ou 36 horas mensais (dependendo do modelo de revezamento adotado); o parcelamento dos valores em 12 vezes sem correção; e a ausência de concessão dos reflexos normalmente devidos. Embora se possa, por um lado, vislumbrar que os empregados consentiram com a satisfação puramente parcial do direito ao pagamento de eventuais horas extras trabalhadas no período pretérito; por outra vista, a norma coletiva também representou a conquista de benefícios importantes para a categoria profissional, como, por exemplo: o pagamento de 50% das horas extras trabalhadas no período pretérito, com início imediato da quitação, logo após a lavratura do acordo coletivo; e a garantia, para a classe trabalhadora, da manutenção da escala 4x2x4 em turnos ininterruptos de revezamento, escala cuja formalização por acordo coletivo vinha sendo reivindicada pelos Sindicatos Obreiros desde o ano de 1987. Neste ponto, importante sublinhar que a Constituição previu expressamente a hipótese de negociação coletiva autorizar a jornada de 8 horas para o trabalho realizado em turnos ininterruptos de revezamento (art. 7°, XIV, da CF). Outrossim, no caso concreto, o direito a 100% das 7ª e 8ª horas laboradas do período pretérito (quando a escala em turnos ininterruptos de revezamento ainda não era formalmente válida por acordo coletivo de trabalho) consistia, em verdade, em mera expectativa de direito, pois várias seriam as possibilidades de desfecho das reclamações ajuizadas individualmente, contrárias ou não aos interesses dos Autores das ações – tudo a depender das circunstâncias dos casos concretos. Não há como, nesse contexto, considerar que o acordo coletivo envolveu direito indisponível, porquanto, em relação ao objeto do ajuste (horas extras), há clara incerteza subjetiva quanto ao devido realmente (res dúbia). Desse modo, a negociação coletiva, ao dispor uma solução razoável para a questão – criando benefícios para ambas as partes, prevenindo a exacerbação da litigiosidade entre as categorias profissional e econômica, e trazendo segurança jurídica em relação à escala de trabalho historicamente desempenhada pela categoria profissional (escala de 4x2x4) –, serviu de mecanismo eficaz para a concretização de uma das principais funções do Direito Coletivo do Trabalho, que é a pacificação de conflitos de natureza sociocoletiva. Saliente-se, por oportuno, que a Empresa Ré é uma sociedade de economia mista, vinculada, portanto, à Administração Pública, e comporta em seus quadros trabalhadores altamente qualificados e que são muito bem representados pelos Sindicatos Réus, caracterizados por elogiável e responsável atuação em prol dos interesses da sua base sindical. A propósito, tanto dados da OIT, como do Ministério do Trabalho, a par de estudos acadêmicos, todos comprovam que o sindicalismo na área estatal é extremamente mais forte e representativo do que na área privada, com número muito significativo de filiados. Não há, pois, indício de afronta ao princípio da equivalência entre os contratantes coletivos, no caso em análise. Nesse contexto, forçoso reconhecer que a norma coletiva representou efetiva transação coletiva sindical, com o despojamento bilateral e reciprocidade entre os sujeitos coletivos envolvidos. Mantém-se, pois, a decisão do Tribunal Regional, que considerou válida a norma coletiva questionada pelo Ministério Público do Trabalho. Recurso ordinário conhecido e desprovido (TST, RO-1000351-52.2015.5.02.0000, Seção Especializada em Dissídios Coletivos, Rel. Min. Mauricio Godinho Delgado, *DEJT* 18.05.2018).

Assim como para o bancário, o divisor utilizado é 180, ou seja, este é o módulo mensal de duração de trabalho do empregado. Obviamente as horas trabalhadas além da sexta, salvo negociação coletiva em sentido contrário, deverão ser remuneradas como extraordinárias. Neste sentido, a OJ 275 da SDI-1 do TST:

OJ-SDI1-275. Turno ininterrupto de revezamento. Horista. Horas extras e adicional. Devidos (inserida em 27.09.2002).

Inexistindo instrumento coletivo fixando jornada diversa, o empregado horista submetido a turno ininterrupto de revezamento faz jus ao pagamento das horas extraordinárias laboradas além da 6ª, bem como ao respectivo adicional.

Imagine-se agora situação diversa, no sentido de que o empregado tinha jornada de oito horas, a qual foi reduzida para seis horas em razão de trabalho em turno ininterrupto de revezamento, conforme dispõe o art. 7°, VI, da CRFB. Imagine-se ainda que tal empregado é horista, ou seja, recebe por hora trabalhada.

No regime anterior, o divisor da jornada deste empregado era 220 (44/6 = 7,33; 7,33 x 30 = 220). Não obstante, no novo regime (6h), o divisor passará a ser 180 (6 x 30), sob pena de redução salarial. Neste diapasão, a OJ 396 da SDI-1 do TST:

OJ-SDI1-396. Turnos ininterruptos de revezamento. Alteração da jornada de 8 para 6 horas diárias. Empregado horista. Aplicação do divisor 180 (*DEJT* divulgado em 09, 10 e 11.06.2010).

Para o cálculo do salário hora do empregado horista, submetido a turnos ininterruptos de revezamento, considerando a alteração da jornada de 8 para 6 horas diárias, aplica-se o divisor 180, em observância ao disposto no art. 7º, VI, da Constituição Federal, que assegura a irredutibilidade salarial.

Para perfeita compreensão do alcance de tal verbete, vejamos um exemplo.

João trabalhava, antes de 1988, 8 horas por dia (220 por mês), e ganhava o equivalente a R$9,00 por hora. Desse modo, seu salário era o equivalente a R$ 1.980,00. Reduzida sua jornada para 6 horas por dia, em razão do trabalho em turnos ininterruptos de revezamento, por força do disposto no art. 7º, VI, da CRFB/88, qual será o seu salário-hora?

A redução da jornada, no caso, não pode reduzir o salário de João, simplesmente porque decorrente de disposição constitucional, que visa proteger o trabalhador que se ativa em circunstância mais gravosa à saúde. Assim, se considerarmos que João deve receber o valor do salário-hora anterior (R$ 9,00) vezes o número de horas trabalhadas, o seu salário será de R$ 1.620,00 (R$ 9,00 x 180 horas trabalhadas). Logo, o correto é utilizarmos o divisor 180, para que garanta a irredutibilidade salarial. Assim, dividindo-se R$ 1.980,00 (salário anterior para 220 horas de trabalho) por 180, encontra-se o valor-hora a ser aplicado após a alteração da jornada, qual seja, R$ 11,00.

Por fim, faz-se importante mencionar a questão da jornada prevista para os petroleiros em turnos de revezamento.

Na seara das jornadas especiais de trabalho há este ponto tormentoso: aqueles dispositivos legais fixadores de jornadas em padrões superiores ao limite imposto pela Constituição de 1988 à duração normal do trabalho (8 horas) teriam sido recepcionados pela Carta? O exemplo clássico é exatamente a jornada dos petroleiros que se ativam em turnos de revezamento. Vejamos:

(Lei nº 5.811/1972) Art. 2º Sempre que for imprescindível à continuidade operacional, o empregado será mantido em seu posto de trabalho em regime de revezamento.

§ 1º O regime de revezamento em turno de 8 (oito) horas será adotado nas atividades previstas no art. 1º, ficando a utilização do turno de 12 (doze) horas restrita às seguintes situações especiais:

a) atividades de exploração, perfuração, produção e transferência de petróleo do mar;

b) atividades de exploração, perfuração e produção de petróleo em áreas terrestres distantes ou de difícil acesso.

(...)

Assim, o art. 2º da Lei dos Petroleiros prevê jornadas de 8h **e também de 12h** para turnos de revezamento. **Esta jornada de 12h é considerada pelo TST como lícita** (constitucional), conforme a Súmula 391:

Súm. 391. Petroleiros. Lei nº 5.811/1972. Turno ininterrupto de revezamento. Horas extras e alteração da jornada para horário fixo. Res. 129/2005, DJ 20, 22 e 25.04.2005.

I - A Lei nº 5.811/1972 foi recepcionada pela CF/1988 no que se refere à duração da jornada de trabalho em regime de revezamento dos petroleiros.

II - A previsão contida no art. 10 da Lei nº 5.811/1972, possibilitando a mudança do regime de revezamento para horário fixo, constitui alteração lícita, não violando os arts. 468 da CLT e 7º, VI, da CF/1988.

13.5.2.3. Outras jornadas especiais

Várias outras categorias são regidas por leis específicas, as quais, por sua vez, fixam jornadas especiais de trabalho. Além disso, a própria CLT fixa jornadas especiais para algumas outras categorias de trabalhadores. Como o assunto geralmente não é muito explorado em concursos públicos, abordarei apenas de passagem as principais jornadas especiais[26]:

a) Advogado – 8 horas diárias, 40 horas semanais (em regra)

A duração do trabalho do advogado empregado é regulada pelo art. 20 da Lei nº 8.906/1994[27] (Estatuto da OAB).

Mencione-se a OJ 403 da SDI-1, que trata da jornada do advogado empregado admitido antes do Estatuto da OAB:

> OJ-SDI1-403. Advogado empregado. Contratação anterior à Lei nº 8.906, de 04.07.1994. Jornada de trabalho mantida com o advento da lei. Dedicação exclusiva. Caracterização (*DEJT* divulgado em 16, 17 e 20.09.2010).
>
> O advogado empregado contratado para jornada de 40 horas semanais, antes da edição da Lei nº 8.906, de 04.07.1994, está sujeito ao regime de dedicação exclusiva disposto no art. 20 da referida lei, pelo que não tem direito à jornada de 20 horas semanais ou 4 diárias.

Em sua redação original, o art. 20 da Lei nº 8.906/1994 previa que a jornada do advogado empregado era de 4h diárias e 20h semanais, exceto no caso de acordo, convenção coletiva ou dedicação exclusiva. Este era o sentido da OJ 403. Todavia, com a Lei nº 14.365/2022, que alterou a redação do art. 20 do Estatuto da OAB, o advogado passou a ter a jornada normal limitada a 8h diárias e 40h semanais, não mais havendo previsão legal da jornada de 4h e 20h semanais.

Quanto ao advogado empregado de instituição bancária, a Súmula 102, V, do TST, esclarece que "o advogado empregado de banco, pelo simples exercício da advocacia, não exerce cargo de confiança, não se enquadrando, portanto, na hipótese do § 2º do art. 224 da CLT"[28].

b) Engenheiros e médicos – 8 horas

Há certa confusão a respeito da jornada de engenheiros e médicos, tendo em vista que as leis específicas que regem as referidas profissões estipulam o salário mínimo da categoria para quatro horas e seis horas de trabalho, respectivamente para médicos e engenheiros. Entretanto, o TST pacificou a questão através da Súmula 370:

---

[26] Até a 7ª edição desta obra era abordada também a jornada especial do professor, conforme art. 318 da CLT vigente à época. Todavia, a Lei nº 13.415/2017 alterou a redação do art. 318, eliminando a jornada especial de trabalho do professor e passando a estender a esta categoria de trabalhadores a jornada prevista na CRFB/88 (até 44h semanais).

[27] Art. 20. A jornada de trabalho do advogado empregado, quando prestar serviço para empresas, não poderá exceder a duração diária de 8 (oito) horas contínuas e a de 40 (quarenta) horas semanais. (Redação dada pela Lei nº 14.365, de 2022)

§ 1º Para efeitos deste artigo, considera-se como período de trabalho o tempo em que o advogado estiver à disposição do empregador, aguardando ou executando ordens, no seu escritório ou em atividades externas, sendo-lhe reembolsadas as despesas feitas com transporte, hospedagem e alimentação.

§ 2º As horas trabalhadas que excederem a jornada normal são remuneradas por um adicional não inferior a cem por cento sobre o valor da hora normal, mesmo havendo contrato escrito.

§ 3º As horas trabalhadas no período das vinte horas de um dia até as cinco horas do dia seguinte são remuneradas como noturnas, acrescidas do adicional de vinte e cinco por cento.

[28] Caso seja necessário o aprofundamento da questão, sugiro a seguinte referência: GARCIA, Gustavo Filipe Barbosa. *Curso de Direito do Trabalho*, p. 845-847.

Súm. 370. Médico e engenheiro. Jornada de trabalho. Leis nº 3.999/1961 e 4.950-A/1966. Res. 129/2005, *DJ* 20, 22 e 25.04.2005.

Tendo em vista que as Leis nº 3.999/1961 e 4.950-A/1966 não estipulam a jornada reduzida, mas apenas estabelecem o salário mínimo da categoria para uma jornada de 4 horas para os médicos e de 6 horas para os engenheiros, não há que se falar em horas extras, salvo as excedentes à oitava, desde que seja respeitado o salário mínimo/horário das categorias.

c) Jornalista – 5 horas, podendo ser prorrogada até 7 horas, mediante acordo escrito

A duração do trabalho do jornalista é prevista nos arts. 303-306 da CLT.

A propósito, a SDI-1 do TST editou a OJ 407:

OJ-SDI1-407. Jornalista. Empresa não jornalística. Jornada de trabalho reduzida. Arts. 302 e 303 DA CLT. (DEJT divulgado em 22, 25 e 26.10.2010).

O jornalista que exerce funções típicas de sua profissão, independentemente do ramo de atividade do empregador, tem direito à jornada reduzida prevista no art. 303 da CLT.

d) Operador cinematográfico – 6 horas

O limite é dividido em até 5 horas consecutivas de trabalho na cabina, e até o máximo de uma hora para limpeza, lubrificação dos aparelhos e projeção ou revisão dos filmes, conforme art. 234 da CLT.

e) Telefonistas, telegrafia, radiotelegrafia – 6 horas diárias, 36 semanais

Este grupo de trabalhadores tem a jornada limitada pelo art. 227 da CLT.

Embora o art. 227 se refira expressamente aos empregados de "empresas que explorem o serviço de telefonia, telegrafia submarina ou subfluvial, de radiotelegrafia ou de radiotelefonia", a Súmula 178 do TST estende sua aplicação às telefonistas de mesa de quaisquer empresas:

Súm. 178. Telefonista. Art. 227, e parágrafos, da CLT. Aplicabilidade (mantida). Res. 121/2003, *DJ* 19, 20 e 21.11.2003.

É aplicável à telefonista de mesa de empresa que não explora o serviço de telefonia o disposto no art. 227, e seus parágrafos, da CLT.

Em relação aos *operadores de telemarketing*, o Tribunal Pleno do TST alterou há alguns anos o entendimento a respeito. Com efeito, durante muito tempo se entendeu que os operadores de *telemarketing* não fariam jus à jornada especial de seis horas, pela utilização analógica do art. 227 da CLT, tendo em vista que não atuam exclusivamente como telefonistas. Neste sentido, a antiga OJ SDI-1 273:

OJ-SDI1 273. "Telemarketing". Operadores. Art. 227 da CLT. Inaplicável (cancelada) – Res. 175/2011, *DEJT* divulgado em 27, 30 e 31.05.2011.

A jornada reduzida de que trata o art. 227 da CLT não é aplicável, por analogia, ao operador de televendas, que não exerce suas atividades exclusivamente como telefonista, pois, naquela função, não opera mesa de transmissão, fazendo uso apenas dos telefones comuns para atender e fazer as ligações exigidas no exercício da função.

Entretanto, a referida orientação jurisprudencial foi **cancelada** pela Resolução 175/2011 do TST, tendo em vista o entendimento de que a atividade do operador de *telemarketing* provoca desgaste físico semelhante àquele provocado pela atividade da telefonista.

Advirta-se, todavia, para o fato de que o cancelamento de um verbete de jurisprudência não significa, necessariamente, que o Tribunal tenha passado a adotar entendimento diametralmente oposto, e sim que a questão já não é mais pacífica no âmbito de sua jurisprudência, podendo ser novamente discutida a cada nova apreciação da hipótese concreta. Pode acontecer de a questão ser novamente pacificada daqui a algum tempo, e a tendência é no sentido da aplicação analógica do art. 227 da CLT aos operadores de *telemarketing*.

Em consonância com este entendimento, após o cancelamento da OJ 273, o TST tem julgado a matéria conforme o caso concreto, de acordo com as provas produzidas ao longo da fase de instrução do processo. Mencionem-se, a título de ilustração, os seguintes arestos:

[...] RECURSO DE REVISTA INTERPOSTO PELA RECLAMANTE RECURSO DE REVISTA INTERPOSTO A ACÓRDÃO PUBLICADO NA VIGÊNCIA DA LEI Nº 13.015/2014 E ANTERIORMENTE À VIGÊNCIA DA LEI Nº 13.467/2017. HORAS EXTRAORDINÁRIAS. OPERADORA DE TELEATENDIMENTO. ARTIGO 227 DA CONSOLIDAÇÃO DAS LEIS DO TRABALHO. 1. Prevalecia neste Tribunal Superior do Trabalho entendimento no sentido de que, ao operador de teleatendimento, não era aplicável, por analogia, a jornada reduzida de que trata o artigo 227 da Consolidação das Leis do Trabalho, nos termos da Orientação Jurisprudencial nº 273 da Subseção Especializada em Dissídios Individuais I – SBDI-I. O cancelamento dessa Orientação Jurisprudencial, todavia, pela Resolução nº 174/2011, publicada no DJe de 27, 30 e 31/5/2011, reabriu a discussão sobre o tema, que deverá ser definido pela evolução da jurisprudência. 2. Assegura a Constituição da República a saúde como direito do indivíduo e dever não apenas do Estado, mas de toda a sociedade (artigos 196, 197, 200, II). Especificamente à saúde do trabalhador, estipula a Constituição da República como direito dos trabalhadores "a redução dos riscos inerentes ao trabalho, por meio de normas de saúde, higiene e segurança" – inciso XXII do artigo 7º, completando, assim, a superestrutura constitucional da Ordem Social, que "tem como base o primado do trabalho, e como objetivo o bem-estar e a justiça social" (artigo 193). 3. É fundamento para a criação do direito a jornadas especiais de trabalho a proteção à saúde, à segurança e à higidez física do trabalhador, tendo em vista a natureza especial da atividade desenvolvida ou as circunstâncias especiais de trabalho. 4. Nesse contexto evoluem as regras que regem a estrutura e a dinâmica das jornadas especiais que, de maneira geral, são normas imperativas. 5. Cumpre, ainda, enfatizar que o Anexo II da Norma Regulamentadora – NR nº 17, em seus itens 5.3 e 5.3.1 estipulam, respectivamente, que "o tempo de trabalho em efetiva atividade de teleatendimento/*telemarketing* é de, no máximo, 06 (seis) horas diárias, nele incluídas as pausas, sem prejuízo da remuneração e que a prorrogação do tempo previsto no presente item só será admissível nos termos da legislação, sem prejuízo das pausas previstas neste Anexo, respeitado o limite de 36 (trinta e seis) horas semanais de tempo efetivo em atividade de teleatendimento/*telemarketing*." 6. Assim, devem ser aplicadas, analogicamente, ao operador de teleatendimento as disposições do artigo 227 da Consolidação das Leis do Trabalho. 7. Registrado pela Corte de origem que a reclamante era operadora de teleatendimento (televendas), conclui-se ser-lhe extensível, ante a natureza especial da atividade desenvolvida e as circunstâncias especiais de trabalho, o benefício da jornada especial estipulada no artigo 227 da Consolidação das Leis do Trabalho. 8. Recurso de Revista conhecido e provido. [...] (TST, RRAg-1570-44.2015.5.02.0089, 6ª Turma, Rel. Min. Lelio Bentes Correa, *DEJT* 24.04.2023).

AGRAVO DE INSTRUMENTO DA RECLAMADA. RECURSO DE REVISTA INTERPOSTO SOB A ÉGIDE DAS LEIS Nos 13.015/2014 E 13.105/2015 E ANTES DA VIGÊNCIA DA LEI No 13.467/2017.OPERADOR DE *TELEMARKETING*. CARACTERIZAÇÃO. HORAS EXTRAS. JORNADA DE TRABALHO REDUZIDA. A Portaria nº 9 de 2007/Anexo II da NR-17 do MTE, ao estabelecer parâmetros que permitam a adaptação das condições de trabalho às características psicofisiológicas dos trabalhadores, com vistas a garantir a segurança e o desempenho eficiente do trabalho desenvolvido, reveste-se de plena eficácia, na medida em que editada com amparo no art. 200, "caput", da CLT. Acresça-se que a regra de duração máxima do trabalho de seis horas, estabelecida na referida regulamentação ministerial e aplicada à autora, que se ativava predominantemente como operadora de teleatendimento, nos termos do art. 227 da CLT, encontra respaldo na jurisprudência desta Corte, fonte do direito, nos termos do art. 8º da CLT, que autoriza decisões com base em analogia. Agravo de instrumento conhecido e desprovido (TST, 3ª Turma, AIRR-594-09.2015.5.09.0003, Rel. Min. Alberto Luiz Bresciani de Fontan Pereira, Data de Julgamento: 13.06.2018, 3ª Turma, Data de Publicação: *DEJT* 15.06.2018)

Os operadores de telex, por sua vez, não merecem o mesmo tratamento da jurisprudência, conforme a OJ 213 do TST:

OJ-SDI1 213. Telex. Operadores. Art. 227 da CLT. Inaplicável (inserida em 08.11.2000)

O operador de telex de empresa, cuja atividade econômica não se identifica com qualquer uma das previstas no art. 227 da CLT, não se beneficia de jornada reduzida.

g) Trabalhadores em minas no subsolo – 6 horas diárias, 36 semanais

Os trabalhadores em minas no subsolo têm o limite de jornada fixado pelo art. 293 da CLT. O art. 294, por sua vez, dispõe que "o tempo despendido pelo empregado da boca da mina ao local do trabalho e vice-versa será computado para o efeito de pagamento do salário".

Este dispositivo costumava ser invocado analogicamente para as hipóteses de deslocamento do empregado do portão da empresa até o local de trabalho, bem como deu origem à construção jurisprudencial que culminou com a consideração do tempo *in itinere* como tempo à disposição do empregador. Todavia, existindo agora dispositivo legal expresso (art. 58, § 2º) vedando o cômputo do tempo *in itinere*, parece-me que não mais cabe aplicação de analogia, pois não existe lacuna normativa.

Em relação ao dispositivo em análise (art. 294), é claro que continua vigente, porquanto é específico e não foi alterado pela *Reforma Trabalhista de 2017*.

JORNADAS ESPECIAIS	
1) Bancários	• Jornada de 6h, de seg. a sex. (art. 224, *caput*, CLT). • Sábado é dia útil não trabalhado. Divisor = 180. • A jornada especial de 6h não se aplica aos que exercem funções de direção, gerência, fiscalização, chefia e equivalentes ou que desempenhem funções de confiança, desde que o valor da gratificação seja pelo menos 1/3 do salário do cargo efetivo. Neste caso, vale a jornada genérica (8h). • O gerente geral de agência não tem a jornada controlada (presunção relativa), razão pela qual se enquadra no disposto no art. 62, II, da CLT.
2) Turnos ininterruptos de revezamento	• Jornada de 6h, salvo o disposto em instrumento coletivo de trabalho, que pode aumentar a jornada para até 8h. **Caracterização – requisito:** • Trabalho em turnos alternados, pelo menos dois, ainda que parte de dia e parte à noite.

JORNADAS ESPECIAIS	
3) Advogado	• 8h diárias; 40h semanais.
4) Engenheiros	• 8h.
5) Médicos	• 8h.
6) Jornalista	• 5h, podendo ser prorrogada até 7h mediante acordo escrito.
7) Operador cinematográfico	• 6h, sendo 5h p/ trabalho na cabina e 1h para manutenção.
8) Telefonistas	• 6h, 36h semanais. • Não se aplica aos operadores de *telex*. • Aplica-se extensivamente aos operadores de *telemarketing (tendência atual da jurisprudência)*.
9) Minas de subsolo	• 6h, 36h semanais.

13.6. TRABALHO EM SOBREJORNADA

O contraponto da limitação da jornada de trabalho é exatamente a extrapolação da duração normal do trabalho. O tempo trabalhado além da jornada padrão é comumente denominado *sobrejornada, horas extraordinárias* ou *horas suplementares*.

O trabalho extraordinário é lícito, desde que respeitados os limites legais.

Neste sentido, o art. 59 da CLT, com redação dada pela Lei nº 13.467/2017, dispõe que "a duração diária do trabalho poderá ser acrescida de horas extras, em número não excedente de duas, por acordo individual, convenção coletiva ou acordo coletivo de trabalho".

Portanto, é lícita, como regra geral, atendidas as hipóteses legais, a realização de **até duas horas extras diárias**.

Importante ressaltar, neste diapasão, que não são permitidas "até dez horas de trabalho diário", como é praxe ouvirmos no cotidiano trabalhista, e sim "até duas horas além da jornada normal". Imagine-se, por exemplo, o caso do bancário enquadrado no art. 224, *caput*, da CLT. Como sua jornada é de seis horas, somente poderá ser submetido à jornada de até oito horas, de forma a respeitar o limite máximo de prorrogação (duas horas).

Anote-se ainda, por oportuno, que, em relação a categorias específicas, que possuem regulamentação própria, podem ser fixados outros limites. A título de exemplo, mencione-se que o art. 235-C, *caput*, da CLT, com a redação dada pela Lei nº 13.103/2015, prevê que a jornada normal do motorista profissional é de oito horas, podendo ser prorrogada por até duas horas ou, mediante convenção ou acordo coletivo, por até quatro horas[29].

13.6.1. Acordo de prorrogação de jornada

Consoante dispõe o art. 59, *caput*, da CLT, com redação dada pela Lei nº 13.467/2017, a jornada normal pode ser prorrogada "por **acordo individual**, convenção coletiva ou acordo coletivo de trabalho". Vejamos o texto legal antes e depois da alteração promovida pela Reforma Trabalhista:

---

[29] Nos termos do § 17 do art. 235-C da CLT, incluído pela Lei nº 13.103/2015, "o disposto no *caput* deste artigo aplica-se também aos operadores de automotores destinados a puxar ou a arrastar maquinaria de qualquer natureza ou a executar trabalhos de construção ou pavimentação e aos operadores de tratores, colheitadeiras,

CLT vigente até 10.11.2017	CLT cf. Lei n° 13.467/2017 (vigente desde 11.11.2017)
Art. 59. A duração normal do trabalho poderá ser acrescida de horas suplementares, em número não excedente de 2 (duas), **mediante acordo escrito** entre empregador e empregado, ou mediante contrato coletivo de trabalho.	Art. 59. A duração diária do trabalho poderá ser acrescida de horas extras, em número não excedente de duas, **por acordo individual**, convenção coletiva ou acordo coletivo de trabalho.

A alteração da redação do *caput* do art. 59 tem principalmente caráter de atualização. Com efeito, foi ajustado o texto, substituindo a antiga expressão *contrato coletivo de trabalho* pela terminologia consagrada pela CRFB/88 (CCT e ACT). Substituiu-se ainda a expressão *horas suplementares* pelo termo consagrado pela prática, qual seja *horas extras*. Em princípio, nenhum efeito prático mais importante decorreria de tais ajustes.

Todavia, observe-se que foi sorrateiramente substituída a expressão *acordo escrito* (que é o acordo individual escrito) por *acordo individual*, ou seja, **em tese não mais se exige que o acordo de prorrogação de jornada seja escrito**. Poderá ser a prorrogação pactuada, portanto, verbalmente, e, talvez, até mesmo tacitamente, embora a prova seja dificílima na prática.

Há que se registrar que estamos falando, por enquanto, apenas em prorrogação de jornada, isto é, possibilidade de realização de horas extraordinárias. Não confunda isso com compensação de jornada, que será visto mais à frente.

Note-se que, em regra, o empregador não pode exigir a prestação de horas extras independentemente da concordância do empregado, como veremos adiante.

Uma vez pactuado o acordo de prorrogação, entretanto, o empregado deve prestar horas extraordinárias, até o limite legal de duas horas diárias, sempre que o empregador assim solicitar.

A respeito da prorrogação, **a jurisprudência considera inválida a pré-contratação de horas extras**, isto é, o acordo de prorrogação embutido no próprio contrato de trabalho. Isto porque o empregador, neste caso, estaria tornando habitual o que, por natureza, deve ocorrer apenas excepcionalmente. Ademais, estaria, de certa forma, estipulando espécie de salário complessivo, o que não é admitido pela jurisprudência.

Neste sentido, a Súmula 199, I, do TST:

Súm. 199. Bancário. Pré-contratação de horas extras. Res. 129/2005, *DJ* 20, 22 e 25.04.2005.

I – A contratação do serviço suplementar, quando da admissão do trabalhador bancário, é nula. Os valores assim ajustados apenas remuneram a jornada normal, sendo devidas as horas extras com o adicional de, no mínimo, 50% (cinquenta por cento), as quais não configuram pré-contratação, se pactuadas após a admissão do bancário.

(...)

A título de exemplo, apenas para esclarecer a hipótese fática de que trata o verbete, imagine-se que o bancário é contratado com o salário de R$ 2.000,00, constando no contrato que este valor remunera as seis horas de trabalho normais e duas extraordinárias diárias, as quais ficam desde já ajustadas. Isto é a précontratação de horas extraordinárias, vedada pela Súmula 199. A consequência é a desconsideração da remuneração das horas extraordinárias pelo salário contratual, cujo efeito será o recálculo, considerando-se os R$ 2.000,00 como o salário-base para cálculo das horas extraordinárias prestadas (7ª e 8ª horas diárias).

Vale, entretanto, o acordo de prorrogação firmado logo após a admissão.[30]

13.6.2. Hipóteses de prestação de horas extras independentemente de acordo

Embora o art. 59, *caput*, da CLT, condicione a prestação de horas extras ao acordo escrito, há outras hipóteses legais em que o empregador pode exigir o trabalho além da jornada normal. São as chamadas **horas extras obrigatórias**.

O art. 61 da CLT prevê as hipóteses relevantes para concursos:

Art. 61. Ocorrendo necessidade imperiosa, poderá a duração do trabalho exceder do limite legal ou convencionado, seja para fazer face a **motivo de força maior**, seja **para atender à realização ou conclusão de serviços inadiáveis ou cuja inexecução possa acarretar prejuízo manifesto**.

§ 1º O excesso, nos casos deste artigo, pode ser exigido independentemente de convenção coletiva ou acordo coletivo de trabalho[31].

§ 2º Nos casos de excesso de horário por motivo de força maior, a remuneração da hora excedente não será inferior à da hora normal. Nos demais casos de excesso previstos neste artigo, a remuneração será, pelo menos, 25% (vinte e cinco por cento) superior à da hora normal, e o trabalho não poderá exceder de 12 (doze) horas, desde que a lei não fixe expressamente outro limite.

§ 3º Sempre que ocorrer interrupção do trabalho, resultante de causas acidentais, ou de força maior, que determinem a impossibilidade de sua realização, a duração do trabalho poderá ser prorrogada pelo tempo necessário até o máximo de 2 (duas) horas, durante o número de dias indispensáveis à recuperação do tempo perdido, desde que não exceda de 10 (dez) horas diárias, em período não superior a 45 (quarenta e cinco) dias por ano, sujeita essa recuperação à prévia autorização da autoridade competente. (grifos meus)

O artigo merece estudo analítico, dada a sua importância e a frequência com que aparece nas provas de concursos.

---

[30] Em sentido contrário, o seguinte julgado da SDI-I, publicado no Informativo nº 59 do TST: Acordo individual de prorrogação de jornada. Celebração no mês da admissão. Pré-contratação de horas extras. Configuração. 1. Hipótese em que a admissão da empregada se deu no dia 1º.10.2001 e o acordo individual de prorrogação da jornada (serviço suplementar) em 30.10.2001, tendo os valores relativos à sobrejornada contratada sido pagos já com o primeiro salário. Essas circunstâncias evidenciam que, embora formalmente celebrado o acordo de prorrogação da jornada apenas no penúltimo dia do mês da admissão, a jornada suplementar foi prestada durante todo o primeiro mês de trabalho, e não apenas após a pactuação. 2. Ante o princípio da primazia da realidade, se os fatos demonstram que a prestação do serviço suplementar contratado ocorreu durante todo o primeiro mês de trabalho, tendo perdurado até a data da extinção do vínculo, resta evidenciado que, embora o acordo de prorrogação de jornada tenha sido formalmente assinado *a posteriori*, a contratação ocorreu no ato da admissão, circunstância que caracteriza a pré-contratação de horas extras, nos termos do item I da Súmula 199 desta Corte. Recurso de embargos de que se conhece e a que se dá provimento (TST, SDI-I, E-ED-ED-RR-90100-92.2007.5.15.0137, Rel. Min. João Batista Brito Pereira, *DEJT* 20.09.2013).
[31] Nova redação dada pela Lei nº 13.467/2017.

13.6.2.1. Análise do caput

Art. 61. Ocorrendo necessidade imperiosa, poderá a duração do trabalho exceder do limite legal ou convencionado, seja para fazer face a **motivo de força maior**, seja **para atender à realização ou conclusão de serviços inadiáveis ou cuja inexecução possa acarretar prejuízo manifesto.**

O *caput* prevê as hipóteses legais de sobrejornada obrigatória, sendo que todas devem causar **necessidade imperiosa** ao empregador.

a) Motivo de força maior

A **força maior** é definida pela própria CLT, no art. 501:

Art. 501. Entende-se como força maior todo acontecimento inevitável, em relação à vontade do empregador, e para a realização do qual este não concorreu, direta ou indiretamente.

§ 1º A imprevidência do empregador exclui a razão de força maior.

(...)

Exemplo: acidente em ferrovia, demandando trabalho em sobrejornada para liberação da linha.

A jurisprudência não admite a alegação de motivo de força maior diante de planos econômicos.

Quanto ao empregado menor de 18 anos, só pode ser exigido o trabalho em sobrejornada em caso de necessidade imperiosa, por motivo de força maior, se o trabalho do menor for imprescindível ao funcionamento do estabelecimento, nos termos do art. 413, II, da CLT:

Art. 413. É vedado prorrogar a duração normal diária do trabalho do menor, salvo:

(...)

II - excepcionalmente, por motivo de força maior, até o máximo de 12 (doze) horas, com acréscimo salarial de, pelo menos, 25% (vinte e cinco por cento) sobre a hora normal e **desde que o trabalho do menor seja imprescindível ao funcionamento do estabelecimento.**

(...)

É óbvio que o adicional previsto não foi recepcionado em face da CRFB/88. Aplica-se, em qualquer caso, o adicional mínimo de 50%.

Limite diário:

A CLT não fixou limite de prorrogação diária nos casos de força maior. Alguns autores afirmam que, na falta de disposição legal, não haveria limite, exigindo-se "o necessário".

Outros, ao que me parece com muito maior sensibilidade, resolvem a questão à luz do princípio da dignidade humana. Godinho Delgado, por exemplo, menciona que "nenhum valor econômico suplanta a dignidade da pessoa humana"[32], concluindo que a questão deve ser encarada sob o prisma da razoabilidade e da proporcionalidade.

A solução prática mais interessante é a proposta pela professora Alice Monteiro de Barros[33], para quem a prorrogação, neste caso, não pode ser superior a quatro horas diárias, de forma que a jornada seja limitada a 12 horas. Isso porque, somados o intervalo

---

[32] DELGADO, Maurício Godinho. *Curso de Direito do Trabalho*, p. 844.
[33] BARROS, Alice Monteiro de. *Curso de Direito do Trabalho*, 6. ed., p. 663.

intrajornada mínimo (uma hora) e o intervalo interjornadas (11 horas), teríamos as 24 horas do dia (12 + 1 + 11 = 24). A propósito, advirta-se desde já que a prorrogação de jornada nas hipóteses de necessidade imperiosa não prejudica o direito do trabalhador aos descansos e aos intervalos trabalhistas.

b) Para atender à realização ou conclusão de serviços inadiáveis ou cuja inexecução possa acarretar prejuízo manifesto

A hipótese trata dos serviços emergenciais, assim considerados aqueles que, se não realizados, trarão grande prejuízo.

Menciona-se como exemplo o carregamento e armazenamento de produtos perecíveis.

13.6.2.2. Análise do § 1º

§ 1º O excesso, nos casos deste artigo, pode ser exigido independentemente de convenção coletiva ou acordo coletivo de trabalho.

CLT vigente até 10.11.2017	CLT cf. Lei nº 13.467/2017 (vigente desde 11.11.2017)
Art. 61, § 1º - O excesso, nos casos deste artigo, poderá ser exigido independentemente de acordo ou contrato coletivo e deverá ser comunicado, dentro de 10 (dez) dias, à autoridade competente em matéria de trabalho, ou, antes desse prazo, justificado no momento da fiscalização sem prejuízo dessa comunicação.	**Art. 61**, § 1º O excesso, nos casos deste artigo, pode ser exigido independentemente de convenção coletiva ou acordo coletivo de trabalho.

O § 1º teve a redação alterada pela Lei nº 13.467/2017, de forma a eliminar a necessidade de comunicação da prorrogação por necessidade imperiosa ao Ministério do Trabalho e Emprego. Portanto, a partir de 11.11.2017, data de início da vigência da *Reforma Trabalhista*, passou a ser **dispensada a comunicação do fato ao Ministério do Trabalho e Emprego**.

Ressalte-se que a alteração legislativa eliminou a formalidade, mas, naturalmente, não conferiu *carta branca* ao empregador para prorrogar a duração do trabalho além do limite legal sem motivo real que o justifique. Em outras palavras, é claro que, em eventual ação fiscal ou ação judicial, caberá ao empregador comprovar a efetiva ocorrência das circunstâncias que ensejaram a prorrogação da jornada além do limite legal, bem como demonstrar seu enquadramento nas hipóteses do art. 61 da CLT.

Neste diapasão, o Precedente Administrativo nº 31 da Secretaria de Inspeção do Trabalho, aprovado pelo Ato Declaratório nº 06, de 16.12.2002 (DOU 20.12.2002)[34]:

PRECEDENTE ADMINISTRATIVO N.º 31

JORNADA. PRORROGAÇÃO. NECESSIDADE IMPERIOSA.

I – Os serviços inadiáveis ou cuja inexecução possa acarretar prejuízos manifestos autorizam a prorrogação da jornada apenas até 12 horas, caracterizando-se como tais aqueles que, por

---

[34] Os precedentes administrativos da Secretaria de Inspeção do Trabalho do Ministério do Trabalho e Emprego não têm efeito vinculante senão para a fiscalização do trabalho, que é tecnicamente subordinada à referida Secretaria e deve observar os entendimentos oficiais. O leitor não precisa conhecer tais precedentes. Todavia, muitas vezes os utilizo para fins didáticos, de forma a melhor esclarecer determinado viés interpretativo.

impossibilidade decorrente de sua própria natureza, não podem ser paralisados num dia e retomados no seguinte, sem ocasionar prejuízos graves e imediatos.

II – Se a paralisação é apenas inconveniente, por acarretar atrasos ou outros transtornos, a necessidade de continuação do trabalho não se caracteriza como imperiosa e o excesso de jornada não se justifica.

REFERÊNCIA NORMATIVA: Art. 59, caput e art. 61 da Consolidação das Leis do Trabalho – CLT.

Ainda no mesmo sentido, a doutrina de Homero Batista Mateus da Silva[35]:

"(...) Aliás, a ligação entre o serviço inadiável como sendo aquele que jamais poderia ser deixado para o dia seguinte é expressão mais aceita para sua aplicação prática.

Andou bem, portanto, o Ministério do Trabalho, quando orientou a fiscalização a não tolerar a prorrogação excessiva de jornada em casos de mera conveniência do empregador, maior comodidade ou simples atraso na linha de produção. O fato de o empregador não estar apto a atender a um pedido demasiadamente volumoso está muito mais ligado ao porte do empreendimento e às suas deficiências do que propriamente a um sentido de força maior ou de serviços urgentes. Utiliza-se o Precedente Administrativo nº 31 da interpretação de serviços inadiáveis ligados à própria natureza da atividade, 'que não pode ser paralisada num dia e retomada no seguinte, sem ocasionar prejuízos graves e imediatos'.

Os adjetivos graves e imediatos dão bem a dimensão do que se espera do serviço efetivamente inadiável urgente. Se o prejuízo for moderado e de longo prazo, como o desagrado de um cliente ou de um fornecedor, ou, como diz o Precedente, acarretar simples 'inconveniente, atrasos ou transtornos', não se insere a situação no permissivo do art. 61."

Por sua vez, há que se ressaltar que a nova redação do § 1º do art. 61 deixa dúvidas quanto à dispensa de acordo individual escrito. Com efeito, a antiga redação era inequívoca a respeito, ao prever que "o excesso, nos casos deste artigo, poderá ser exigido independentemente *de acordo* ou contrato coletivo", o que não acontece com a nova redação, a qual menciona apenas que o excesso pode ser exigido "independentemente de convenção coletiva ou acordo coletivo de trabalho", ou seja, independentemente de norma coletiva.

Desse modo, o apego à literalidade levaria à conclusão de que o novel § 1º, embora provavelmente por má técnica legislativa, e não por intenção do legislador, teria desnaturado a finalidade do art. 61, passando a exigir o prévio acordo escrito para prestação de horas extras mesmo em caso de necessidade imperiosa.

Registre-se, todavia, que tem prevalecido na doutrina o entendimento no sentido de que, pela própria natureza excepcional dos fatos em questão, os quais ensejam *necessidade imperiosa* de prorrogação da jornada, a exigência das horas extraordinárias se insere no âmbito do poder diretivo do empregador (*jus variandi*), não se exigindo a concordância do empregado. Neste sentido, por todos, Maurício Godinho Delgado[36].

Em posição intermediária, Luciano Martinez[37] argumenta que, a partir do disposto no § 1º do art. 61,

"[...] **o excesso** (e somente o excesso) poderá ser exigido independentemente de acordo ou convenção coletiva. Vale dizer: existindo 'acordo de prorrogação de jornadas', o que exceder

[35] SILVA, Homero Batista Mateus da. *Curso de Direito do Trabalho Aplicado: Jornadas e Pausas*. Rio de Janeiro: Elsevier, 2009, vol. 2, p. 81.

[36] DELGADO, Maurício Godinho. *Curso de Direito do Trabalho*. 17. ed. São Paulo: LTr, 2018, p. 1091.

[37] MARTINEZ, Luciano. *Reforma trabalhista*: entenda o que mudou – CLT comparada e comentada. São Paulo: Saraiva, 2018, p. 81.

de duas horas poderá ser exigido independentemente de acordo ou convenção coletiva e, ainda assim, observado o limite máximo diário de 12 horas trabalhadas". (grifos no original)

13.6.2.3. Análise do § 2º

§ 2º Nos casos de excesso de horário por motivo de força maior, a remuneração da hora excedente não será inferior à da hora normal. Nos demais casos de excesso previstos neste artigo, a remuneração será, pelo menos, 25% (vinte e cinco por cento) superior à da hora normal, e o trabalho não poderá exceder de 12 (doze) horas, desde que a lei não fixe expressamente outro limite.

O dispositivo não foi recepcionado pela CRFB/1988 no tocante à remuneração das horas trabalhadas em sobrejornada. Observe-se que a CLT previa o trabalho em sobrejornada sem nenhum adicional, no caso de força maior. Portanto, **o parágrafo deve ser lido à luz da Constituição de 1988, pelo que o adicional por serviço extraordinário será, em qualquer hipótese, de, no mínimo, 50%**.

O § 2º fixa ainda o limite diário de prorrogação para os casos mencionados no artigo, exceto em relação à hipótese de força maior, estabelecendo a jornada máxima diária de 12 horas.

13.6.2.4. Análise do § 3º

§ 3º Sempre que ocorrer interrupção do trabalho, resultante de causas acidentais, ou de força maior, que determinem a impossibilidade de sua realização, a duração do trabalho poderá ser prorrogada pelo tempo necessário até o máximo de 2 (duas) horas, durante o número de dias indispensáveis à recuperação do tempo perdido, desde que não exceda de 10 (dez) horas diárias, em período não superior a 45 (quarenta e cinco) dias por ano, sujeita essa recuperação à prévia autorização da autoridade competente.

Esta é uma terceira hipótese de hora extraordinária independente de acordo, qual seja para fazer frente ao tempo perdido, em decorrência de causas acidentais ou de força maior que paralisaram a atividade da empresa.

Exemplo: em virtude das chuvas de verão, uma indústria localizada na encosta de um morro teve as atividades paralisadas durante 15 dias, tendo em vista o risco de desabamento da encosta. Neste período de paralisação, os pedidos em andamento se acumularam, tornando necessário que os empregados trabalhassem além da jornada normal durante algum tempo, a fim de recuperar o tempo perdido e "colocar em dia" os compromissos com os fornecedores.

Frise-se que **somente cabe a possibilidade se a causa do tempo perdido é acidental ou decorre de força maior**. Se houve concurso da vontade do empregador, não há se falar nesta modalidade de prorrogação.

Esta hipótese é mais restrita que as anteriores. Nesse caso, **é necessário solicitar, antecipadamente, a autorização do Ministério do Trabalho e Emprego** para prorrogação da jornada. Embora a *Reforma Trabalhista* tenha eliminado a formalidade prevista no § 1º, não alterou o § 3º, pelo que **continua sendo obrigatória a autorização prévia do Ministério do Trabalho e Emprego para prorrogação da jornada independentemente de acordo visando à recuperação do tempo perdido**. Ademais, há limites temporais, quais sejam 2 horas extras, até 10 horas diárias, até 45 dias por ano.

13.6.3. Decorrência da prestação de horas extras

Havendo trabalho além da jornada normal, isto é, sobrejornada, há duas possibilidades:

- o empregador remunera o empregado com o valor da hora normal mais o adicional de, no mínimo, 50% (a própria lei, ou ainda um instrumento coletivo de trabalho, pode fixar percentual maior) sobre as horas extraordinárias;
- opera-se a compensação do tempo trabalhado a mais, de forma que o empregado trabalhe menos em outro dia.

Algumas observações:

É óbvio que **o trabalho em sobrejornada, ainda que sem o devido acordo de prorrogação, deve ser remunerado como extraordinário.** Da mesma forma, **as horas extraordinárias prestadas além do limite legal, também** por óbvio, **devem ser remuneradas com o adicional.**

Neste sentido, a Súmula 376 do TST:

Súm. 376. Horas extras. Limitação. Art. 59 da CLT. Reflexos. Res. 129/2005, *DJ* 20, 22 e 25.04.2005.

I – A limitação legal da jornada suplementar a duas horas diárias não exime o empregador de pagar todas as horas trabalhadas.

II – O valor das horas extras habitualmente prestadas integra o cálculo dos haveres trabalhistas, independentemente da limitação prevista no *caput* do art. 59 da CLT.

Matéria insuscetível de flexibilização: Constitui objeto ilícito de convenção coletiva ou de acordo coletivo de trabalho a supressão ou a redução do direito à **remuneração do serviço extraordinário superior, no mínimo, em 50% (cinquenta por cento) à do normal** (art. 611-B, X, da CLT).

13.6.4. Compensação de jornada

Como mencionado, é possível compensar o aumento da carga horária de trabalho em um dia com a sua diminuição em outro. Neste sentido, previsão expressa dos §§ 2º, 3º, 5º e 6º do art. 59 da CLT:

Art. 59. (...)

§ 2º Poderá ser dispensado o acréscimo de salário se, por força de acordo ou convenção coletiva de trabalho, o excesso de horas em um dia for compensado pela correspondente diminuição em outro dia, de maneira que não exceda, no período máximo de um ano, à soma das jornadas semanais de trabalho previstas, nem seja ultrapassado o limite máximo de dez horas diárias.

§ 3º Na hipótese de rescisão do contrato de trabalho sem que tenha havido a compensação integral da jornada extraordinária, na forma dos §§ 2º e 5º deste artigo, o trabalhador terá direito ao pagamento das horas extras não compensadas, calculadas sobre o valor da remuneração na data da rescisão[38].

§ 4º (Revogado)

---

38 Redação dada pela Lei nº 13.467/2017.

§ 5º O banco de horas de que trata o § 2º deste artigo poderá ser pactuado por acordo individual escrito, desde que a compensação ocorra no período máximo de seis meses[39].

§ 6º É lícito o regime de compensação de jornada estabelecido por acordo individual, tácito ou escrito, para a compensação no mesmo mês.

Em primeiro lugar, o limite máximo da jornada em regime de compensação é, em regra, de 10 horas, considerada a jornada padrão de 8 horas.

Além disso, **a compensação tem lugar mediante acordo**. Assim, não basta a vontade do empregador para instituir o regime de compensação de jornada.

Quanto à natureza do acordo de compensação (se individual ou coletivo, ou mesmo tácito), a Lei nº 13.467/2017 estabeleceu várias modalidades diferentes de compensação, as quais serão estudadas adiante.

13.6.4.1. Compensação dentro do mesmo mês

O § 6º do art. 59, incluído pela Lei nº 13.467/2017, estabelece que **é lícito o regime de compensação de jornada estabelecido por** *acordo individual, tácito ou escrito*, **para a compensação no mesmo mês**.

Em primeiro lugar, ressalte-se o descuido do legislador com o texto, pois, ao mencionar "acordo individual, *tácito ou escrito*", dá a entender que tácito seria contraposto a escrito, o que não é verdade. O correto seria "tácito ou expresso", sendo que o acordo expresso pode ser verbal ou escrito. Naturalmente o legislador não quis excluir o acordo verbal, porquanto admitiu inclusive o acordo tácito.

Acordo tácito é aquele que ocorreu, embora não tenha havido manifestação de vontade (verbal nem escrita). Normalmente é caracterizado pelo fato consumado, ou seja, embora não tenha sido combinada previamente a compensação, se ela ocorreu, de fato, considera-se que houve acordo tácito.

Pode-se exemplificar o acordo de compensação tácito mencionando o empregado que, contratado para cumprir jornada padrão de trabalho (44h semanais), sem que se tenha definido expressamente qualquer pacto de compensação, nunca foi trabalhar aos sábados, mas sempre trabalhou uma hora a mais, de segunda a quinta-feira, de forma a compensar as quatro horas não trabalhadas no sábado.

Ao admitir o acordo de compensação tácito, o legislador deixará o empregado completamente desprotegido e tornará inviável a fiscalização da regularidade da compensação. Na prática, não mais se exige acordo prévio para a compensação, desde que ela ocorra no mesmo mês.

Naturalmente a compensação nas modalidades denominadas *semana inglesa* (compensação intrassemanal, normalmente do sábado, mediante trabalho extraordinário nos outros dias da semana[40]) e *semana espanhola* (48h numa semana e 40h na semana seguinte) ficarão absorvidas pela regra do § 6º, pelo que **poderão ser individualmente pactuadas, inclusive tacitamente**. Com efeito, *quem pode o mais, pode o menos*.

Neste sentido, a OJ 323 da SDI-1 deverá ser, no mínimo, revista, ao passo que encerra entendimento no sentido da obrigatoriedade de negociação coletiva para instituição da semana espanhola:

---

[39] §§ 4º e 5º incluídos pela Lei nº 13.467/2017.

[40] São admitidas várias formas de compensação intrassemanal, como a jornada de 8h48min de segunda a sexta-feira, sem trabalhar aos sábados (48min x 5 = 240min); a jornada de 9h de segunda a quinta-feira, 8h sexta-feira, e a folga no sábado.

OJ-SDI1-323 ACORDO DE COMPENSAÇÃO DE JORNADA. "SEMANA ESPANHOLA". VALIDADE (DJ 09.12.2003).

É válido o sistema de compensação de horário quando a jornada adotada é a denominada "semana espanhola", que alterna a prestação de 48 horas em uma semana e 40 horas em outra, não violando os arts. 59, § 2º, da CLT e 7º, XIII, da CF/1988 o seu ajuste mediante acordo ou convenção coletiva de trabalho.

Talvez se justifique a sua manutenção, naturalmente com redação ajustada ao disposto no § 6º do art. 59, tendo em vista a discussão acerca da constitucionalidade da fixação de módulo semanal de 48h, ainda que em semanas alternadas.

Também no mesmo diapasão, o item I da Súmula 85 terá que ser revisto:

TST, Súm. 85, I: A compensação de jornada de trabalho deve ser ajustada por acordo individual escrito, acordo coletivo ou convenção coletiva.

Cabe mencionar, entretanto, que o TST vem mantendo a aplicação do entendimento consubstanciado na OJ 323, inclusive em julgamentos relativos a fatos ocorridos na vigência da Lei nº 13.467/2017, como ilustra a seguinte decisão:

AGRAVO. AGRAVO DE INSTRUMENTO EM RECURSO DE REVISTA. LEIS 13.015/2014 E 13.467/2017. ESCALA 6X2. AUSÊNCIA DE PREVISÃO EM NORMA COLETIVA. 1. Discute-se a validade da jornada de trabalho em regime especial – semana espanhola – sem que haja ajuste mediante acordo ou convenção coletiva de trabalho. 2. O art. 7º, XIV, da Constituição da República dispõe que a adoção de jornada especial de trabalho que supere 6 horas para o trabalho realizado em turnos ininterruptos depende de negociação coletiva. 3. A jurisprudência desta Corte valida o "sistema de compensação de horário quando a jornada adotada é a denominada 'semana espanhola', que alterna a prestação de 48 horas em uma semana e 40 horas em outra, não violando os arts. 59, § 2º, da CLT e 7º, XIII, da CF/1988 o seu ajuste mediante acordo ou convenção coletiva de trabalho" (Orientação Jurisprudencial 323 da SBDI-1). 4. Neste mesmo sentido a "compensação de jornada de trabalho deve ser ajustada por acordo individual escrito, acordo coletivo ou convenção coletiva" (Súmula 85, I, do TST). 5. Na hipótese, o Tribunal Regional, ao reconhecer a invalidade da jornada 6X2 em relação aos períodos em que não havia autorização em norma coletiva para a adoção da jornada especial, decidiu em conformidade com a notória, iterativa e atual jurisprudência desta Corte. Ileso o art. 7º, XIII, da Constituição da República. Agravo a que se nega provimento (TST, Ag-AIRR-359-92.2021.5.12.0053, 3ª Turma, Rel. Min. Alberto Bastos Balazeiro, DEJT 10.02.2023).

Anote-se, por fim, que, para o menor de 18 anos, a compensação de jornada depende de autorização em norma coletiva, conforme dispõe o art. 413, I, da CLT.

13.6.4.2. Compensação além do mês ("banco de horas")

Também é possível, nos termos dos §§ 2º e 5º do art. 59, que sejam compensadas horas trabalhadas em sobrejornada além do limite temporal do mês, desde que a compensação se dê no prazo de um ano. É este o famoso **banco de horas**, que nada mais é que uma espécie de estoque de horas extras para fins de compensação futura. Se o empregado trabalhar além do horário, este tempo de sobrejornada é lançado em seu prontuário como *horas positivas*, as quais deverão ser compensadas por diminuição futura. Se trabalhar aquém do horário, o tempo respectivo é lançado como *horas negativas*, abatendo créditos anteriores ou compensando futuramente com trabalho suplementar.

Embora seja o mecanismo mais indicado no caso de determinadas atividades econômicas, as quais apresentam grande sazonalidade e variação da demanda, de uma forma geral o banco de horas traz prejuízo ao empregado, pois praticamente só atende aos interesses do empregador. Com efeito, é muito comum o empregador deixar que se acumule grande quantidade de horas positivas na "conta" do empregado, e então dar várias folgas compensatórias em época pouco interessante para o trabalhador (e, obviamente, interessante para o empregador), bem como a prática de simplesmente liberar o empregado mais cedo, avisando-o no dia, a fim de abater algumas horas do banco, de forma que o trabalhador não disponha daquele tempo de maneira adequada e planejada, e, a rigor, não saiba quantas horas trabalhará a cada dia.

Diante de todas essas dificuldades, a jurisprudência se consolidou no sentido de que o banco de horas somente poderia ser instituído por negociação coletiva, conforme item V da Súmula 85 do TST.

Ocorre que a Lei nº 13.467/2017, atacando diretamente a jurisprudência do TST, estabeleceu nova sistemática para o "banco de horas", no que diz respeito à natureza do título autorizador de tal modalidade de compensação, pelo que foram criados dois modelos:

a) *Banco de horas* **semestral**: o "banco de horas" poderá ser pactuado por **acordo individual escrito**, desde que a compensação ocorra no período **máximo de seis meses** (§ 5º do art. 59);

b) *Banco de horas* **anual**: continua sendo exigida a **autorização em norma coletiva** para compensação em período superior a seis meses, e, no **máximo, em um ano** (§ 2º do art. 59).

Encontra-se **parcialmente superado**, portanto, **o item V da Súmula 85**, pelo que tal entendimento deverá ser revisto pelo TST:

[TST, Súm. 85] V: As disposições contidas nesta súmula não se aplicam ao regime compensatório na modalidade "banco de horas", que somente pode ser instituído por negociação coletiva.

Registre-se ainda que a Lei nº 14.437/2022, que autorizou o Poder Executivo federal a dispor sobre a adoção, por empregados e empregadores, de medidas trabalhistas alternativas e sobre o Programa Emergencial de Manutenção do Emprego e da Renda, para enfrentamento das consequências sociais e econômicas de estado de calamidade pública em âmbito nacional ou estadual, distrital ou municipal reconhecido pelo Poder Executivo federal, dispôs sobre a utilização do banco de horas de maneira substancialmente flexibilizadora, nos seguintes termos:

Art. 16. Ficam autorizadas, durante o prazo previsto no ato do Ministério do Trabalho e Previdência de que trata o art. 2º desta Lei, a interrupção das atividades pelo empregador e a constituição de regime especial de compensação de jornada, por meio de banco de horas, em favor do empregador ou do empregado, **estabelecido por meio de acordo individual ou coletivo escrito**, para a **compensação no prazo de até 18 (dezoito) meses**, contado da data de encerramento do período estabelecido no ato do Ministério do Trabalho e Previdência.

§ 1º A compensação de tempo para recuperação do período interrompido poderá ser feita por meio da prorrogação de jornada em até 2 (duas) horas, a qual não poderá exceder 10 (dez) horas diárias e poderá ser realizada aos finais de semana, observado o disposto no art. 68 da Consolidação das Leis do Trabalho, aprovada pelo Decreto-Lei nº 5.452, de 1º de maio de 1943.

§ 2º **A compensação do saldo de horas poderá ser determinada pelo empregador independentemente de convenção coletiva ou de acordo individual ou coletivo.** (grifos meus)

§ 3º As empresas que desempenham atividades essenciais poderão, durante o prazo previsto no ato do Ministério do Trabalho e Previdência de que trata o art. 2º desta Lei, constituir regime especial de compensação de jornada por meio de banco de horas independentemente da interrupção de suas atividades.

Matéria suscetível de flexibilização: A convenção coletiva e o acordo coletivo de trabalho têm prevalência sobre a lei quando dispuserem sobre o banco de horas anual (art. 611-A, II, da CLT).

13.6.4.3. Compensação na modalidade 12x36 (regime de plantão)

Na compensação em regime de "plantões", a jornada extrapola a duração máxima diária (10h), mas, em contrapartida, são oferecidos descansos generosos aos empregados. No regime de 12 x 36, comum, por exemplo, na área hospitalar, o empregado trabalha durante doze horas consecutivas, e, em seguida, folga durante trinta e seis horas, e assim sucessivamente. Nestes casos, a jornada semanal não é ultrapassada e todos os repousos são garantidos.

Exemplo:

Plantão de 12 x 36 → significa 12 horas de trabalho por 36 horas de descanso

Seg.: 0h às 12h, trabalho; descansa até 0h de quarta;

Qua.: 0h às 12h, trabalho; descansa até 0h de sexta;

Sex.: 0h às 12h, trabalho; descansa até 0h de domingo;

Dom.: 0h às 12h, trabalho; descansa até 0h de terça;

Ter.: 0h às 12h, trabalho; descansa até 0h de quinta;

Qui.: 0h às 12h, trabalho; descansa até 0h de sábado;

Sáb.: 0h às 12h, trabalho; descansa até 0h de segunda.

Não obstante tal prática seja bastante questionada, a jurisprudência a vinha aceitando há muito tempo, desde que pactuada mediante negociação coletiva. O grande problema é que a *Reforma Trabalhista de 2017* subverteu completamente a lógica protetiva do Direito do Trabalho e estabeleceu possibilidade ampla de instituição do regime de compensação 12x36 que, até então, era considerado excepcional pela jurisprudência.

Com efeito, o art. 59-A da CLT, com redação dada pela Lei nº 13.467/2017, tratou do regime 12x36 nos seguintes termos:

Art. 59-A. Em exceção ao disposto no art. 59 desta Consolidação, é facultado às partes, **mediante acordo individual escrito**, convenção coletiva ou acordo coletivo de trabalho, estabelecer horário de trabalho de doze horas seguidas por trinta e seis horas ininterruptas de descanso, **observados ou indenizados os intervalos** para repouso e alimentação.

Parágrafo único. A remuneração mensal pactuada pelo horário previsto no *caput* deste artigo abrange os pagamentos devidos pelo descanso semanal remunerado e pelo descanso em feriados, e serão considerados compensados os feriados e as prorrogações de trabalho noturno, quando houver, de que tratam o art. 70 e o § 5º do art. 73 desta Consolidação.

Se a autorização de pactuação do banco de horas (semestral) independentemente de norma coletiva já causa perplexidade, pior é a previsão de **compensação 12x36**

autorizada por mero acordo individual escrito. Na verdade, a reforma trouxe para os empregados em geral aquilo que já fora previsto para o doméstico (Lei Complementar nº 150/2015), ou seja:

- generaliza-se a possibilidade de pactuação do sistema 12x36 (a Súm. 444 validava o regime apenas em caráter excepcional; a lei não estabelece qualquer restrição; pelo contrário, o autoriza até mesmo em atividades insalubres);
- admite-se a pactuação de compensação mediante simples acordo individual escrito (a Súm. 444 exigia negociação coletiva);
- a lei prevê observância *ou indenização* dos intervalos (é uma excrescência terato-lógica também presente na LC 150, sem qualquer fundamento na principiologia trabalhista);
- a lei prevê que a remuneração mensal já engloba os feriados trabalhados (a Súm. 444 previa o pagamento em dobro dos feriados);
- a lei prevê que o salário mensal já remunera a prorrogação do trabalho noturno.

Na prática, portanto, o dispositivo prevê pagamento complessivo, o que em regra é rejeitado pelo sistema, conforme Súmula 91 do TST.

Ademais, o art. 59-A é bastante questionável quanto à constitucionalidade. Em primeiro lugar, mencione-se que a utilização indiscriminada do sistema 12x36 em quaisquer atividades provocará, não raras vezes, o esgotamento físico e mental do empregado, abrindo caminho para o agravamento de doenças ocupacionais e para o aumento da quantidade de acidentes de trabalho.

Por seu turno, há que se ressaltar que a CRFB estabelece a duração normal do trabalho de oito horas diárias e faculta a compensação mediante negociação coletiva de trabalho. É este o fundamento do entendimento jurisprudencial que sempre tolerou tal regime, ou seja, a autonomia coletiva, também assegurada pela Constituição. Neste diapasão, é bastante plausível sustentar que a Constituição não autoriza a adoção de padrão de jornada superior ao limite normal mediante mero acordo individual de trabalho.

Registre-se, todavia, que tal previsão foi estabelecida há vários anos para o trabalhador doméstico e não se tem, ao menos até agora, notícias de discussões efetivas a respeito. Ademais, aos 03.07.2023 **o STF** julgou improcedente a ADI nº 5.994, que questionava a expressão "acordo individual escrito" contida no *caput* do art. 59-A da CLT, ou seja, **considerou constitucional a fixação da jornada 12x36 por mero acordo individual escrito**.

Em princípio **a Súmula 444 do TST deverá ser revista**, porquanto foi superada pelo novel art. 59-A da CLT:

SUM-444 JORNADA DE TRABALHO. NORMA COLETIVA. LEI. ESCALA DE 12 POR 36. VALIDADE – Res. 185/2012, DEJT divulgado em 25, 26 e 27.09.2012 – republicada em decorrência do despacho proferido no processo TST-PA-504280/2012.2 – DEJT divulgado em 26.11.2012.

É válida, em caráter excepcional, a jornada de doze horas de trabalho por trinta e seis de descanso, prevista em lei ou ajustada exclusivamente mediante acordo coletivo de trabalho ou convenção coletiva de trabalho, assegurada a remuneração em dobro dos feriados trabalhados. O empregado não tem direito ao pagamento de adicional referente ao labor prestado na décima primeira e décima segunda horas.

Também **se encontra superada**, em princípio, **a OJ 388 da SDI-1**, tendo em vista que as prorrogações do horário noturno já se consideram remuneradas pelo salário, conforme parágrafo único do art. 59-A da CLT:

OJ-SDI1-388 JORNADA 12X36. JORNADA MISTA QUE COMPREENDA A TOTALIDADE DO PERÍODO NOTURNO. ADICIONAL NOTURNO. DEVIDO. (DEJT divulgado em 09, 10 e 11.06.2010).

O empregado submetido à jornada de 12 horas de trabalho por 36 de descanso, que compreenda a totalidade do período noturno, tem direito ao adicional noturno, relativo às horas trabalhadas após as 5 horas da manhã.

Observe-se ainda que, uma vez permitido o acordo individual para pactuação da jornada 12x36, e permitida a mera indenização do intervalo, quer dizer que **o legislador instituiu a possibilidade de supressão de intervalo intrajornada mediante acordo individual**, visto que, neste regime, o intervalo intrajornada pode ser indenizado.

13.6.4.4. Acordo de compensação irregular

O *caput* do art. 59-B positivou o entendimento jurisprudencial até então consolidado no item III da Súmula 85 do TST:

> Art. 59-B. O não atendimento das exigências legais para compensação de jornada, inclusive quando estabelecida mediante acordo tácito, não implica a repetição do pagamento das horas excedentes à jornada normal diária se não ultrapassada a duração máxima semanal, sendo devido apenas o respectivo adicional.
>
> [...]

A título de exemplo, imagine que um empregado, sem firmar qualquer acordo expresso de compensação, tenha laborado uma hora a menos durante quarenta e cinco dias úteis, e, posteriormente, tenha passado a trabalhar uma hora a mais por dia, até que compensasse integralmente as horas trabalhadas a menos. No caso, houve "banco de horas" (compensação além do mês) tácito, embora o § 5º do art. 59 exija a formalização mediante acordo individual escrito para o banco de horas semestral. Em que pese tenha havido irregularidade quanto à pactuação da compensação, de fato as horas foram devidamente compensadas. Desse modo, ao invés de pagar ao empregado as 45 horas (compensadas irregularmente, mas compensadas) mais o respectivo adicional, o empregador deve lhe pagar apenas o adicional, tendo em vista que as horas já foram remuneradas pelo salário do empregado, levando-se em consideração que foram efetivamente compensadas. Solução diversa levaria ao enriquecimento sem causa do trabalhador.

Se, por um lado, o *caput* do art. 59-B da CLT consagrou entendimento jurisprudencial consolidado (item III da Súmula 85 do TST), o parágrafo único do mesmo artigo, de modo diametralmente oposto, enfrentou entendimento há muito consolidado no âmbito do TST, atualmente consubstanciado no item IV da Súmula 85, dispondo que "**a prestação de horas extras habituais não descaracteriza o acordo de compensação de jornada e o banco de horas**", ou seja, que seria viável a manutenção concomitante de acordo de compensação e a exigência de horas extras.

Em princípio estaria prejudicado, portanto, o item IV da Súmula 85:

> TST, Súm. 85, IV. A prestação de horas extras habituais descaracteriza o acordo de compensação de jornada. Nesta hipótese, as horas que ultrapassarem a jornada semanal normal deverão ser pagas como horas extraordinárias e, quanto àquelas destinadas à compensação, deverá ser pago a mais apenas o adicional por trabalho extraordinário.

Ocorre que a dicção legal é tão afastada da realidade que se mostra muito improvável a sua acolhida pela jurisprudência. Neste sentido, são contundentes os comentários do Prof. Homero Batista Mateus da Silva:

"[...] a legislação quer fazer crer que o empregador pode instituir banco de horas, digamos, com 10h diárias – que é o máximo permitido por lei – e exigir jornadas de 11 e 12, sem que isso invalide o ajuste de compensação. Não poderia haver equívoco maior. Não se pode mesclar regime de compensação com regime de pagamento de horas extras, sob pena de o trabalhador ficar sem saber quais horas serão compensadas e quais serão pagas, quer dizer, sem que se possa saber quais horas ele terá de ficar em casa e quais terá de atuar mediante remuneração. Regime de sobreaviso e prontidão é lícito e previsto no art. 244 da CLT, aplicado analogamente para outras categorias além dos ferroviários. Difícil concordar, porém, com a ideia de que uma jornada possa ser embaralhada entre compensação e prorrogação. Explica-se.

Suponha que o regime de compensação mais comum, que é aquele de 9h de jornada de segunda a quinta e 8h de jornada às sextas, a totalizar 44h semanais, liberando o empregado do expediente aos sábados. Apesar desse ajuste, o empregado é chamado habitualmente a trabalhar 10h ao dia ou a se ativar aos sábados. A empresa se sente autorizada a pagar as horas extras excedentes da 9ª hora diária, sob o singelo argumento de que a 9ª hora já está paga pelo descanso proporcionado aos sábados – mas aos sábados ele tem ido trabalhar. Ou seja, forma-se um círculo vicioso e, definitivamente, não se cumpre a finalidade da norma. Das duas, uma: ou o empregado tem o descanso compensatório assegurado – dentro da semana, como estava na lei, ou dentro do mês, como autoriza a reforma de 2017 – ou o empregado deve ter as horas pagas em dinheiro. Os modelos que objetivam misturar prorrogações compensáveis com prorrogações indenizáveis desafiam sua constitucionalidade, porque criam semanas superiores a 44h e não respeitam a literalidade da exigência do art. 7º, XIII, da CF. Logo, a redação muito ousada do art. 59-B, parágrafo único, representa uma promessa que talvez não venha a ser concretizada. Não se deve recomendar para um cliente o desrespeito contumaz ao acordo de compensação antes de conferir o filtro da jurisprudência a respeito. Por ora, a dicção da Súmula 85, IV, me parece mantida."

Até o fechamento desta edição , foram poucos os julgados no âmbito do TST referentes a fatos ocorridos na vigência da Lei nº 13.467/2017, razão pela qual **não é possível, até o momento, identificar tendência de entendimento da corte trabalhista a respeito da matéria**. Entretanto, há julgado recente no sentido da aplicação do disposto no art. 59-B em substituição ao entendimento veiculado pelo item IV da Súmula 85:

AGRAVO. AGRAVO DE INSTRUMENTO EM RECURSO DE REVISTA. ACÓRDÃO PUBLICADO NA VIGÊNCIA DA LEI Nº 13.467/2017. DESCONSIDERAÇÃO DA JORNADA 12X36. HORAS EXTRAS HABITUAIS. PERÍODO CONTRATUAL POSTERIOR A 11/11/2017. TRANSCENDÊNCIA JURÍDICA RECONHECIDA. Não se pode negar a aplicação da Lei nº 13.467/2017 aos contratos que, embora iniciados em período anterior à sua vigência, continuam em vigor, como no caso dos autos. A jurisprudência desta Corte, consolidada na Súmula nº 85, item IV, firmou o entendimento de que "A prestação de horas extras habituais descaracteriza o acordo de compensação de jornada". Ocorre que a Lei nº 13.467/2017, com vigência em 11/11/2017, incluiu no texto da CLT o art. 59-B, parágrafo único, para fazer constar que "a prestação de horas extras habituais não descaracteriza o acordo de compensação de jornada e o banco de horas". Na presente hipótese, o e. TRT consignou que o regime de trabalho em sistema 12x36 foi implementado apenas em dezembro/2017, ou seja, após a vigência da Lei nº 13.467/2017, razão pela qual concluiu que incide para tal período a nova previsão legislativa, não havendo, portanto, falar em invalidade do acordo de compensação de jornada pela prestação habitual de horas extras. Estando a decisão regional em consonância com a nova realidade normativa decorrente da vigência da Lei nº 13.467/17, incólumes os dispositivos legais indicados e a Súmula nº 85, IV, do TST. Agravo não provido. [...] (TST, Ag-RRAg-1001707-31.2019.5.02.0004, 5ª Turma, Rel. Min. Breno Medeiros, *DEJT* 14.04.2023).

De toda forma, até que tenhamos como efetivamente conferir o *filtro da jurisprudência* a respeito, recomenda-se o estudo da literalidade do dispositivo, sem descuidar, entretanto, do desenvolvimento da análise crítica e da construção de bons argumentos a respeito do tema.

NATUREZA DO ACORDO PARA COMPENSAÇÃO DE HORAS	
Modalidade de compensação	**Natureza do acordo exigido**
Compensação dentro do mês	Acordo individual (inclusive tácito) Exceção legal: menor de 18 anos
Banco de horas semestral	Acordo individual escrito
Banco de horas anual	Instrumento coletivo de trabalho (ACT ou CCT)
Regime de plantões (12x36)	Acordo individual escrito

Doméstico: tanto a prorrogação quanto a compensação de jornada (inclusive *banco de horas* e regime de plantões 12x36) podem ser pactuadas mediante mero acordo individual escrito.

13.6.5. Horas extras proibidas

O trabalho em sobrejornada é proibido aos aprendizes, conforme art. 432, *caput*, da CLT.

Também é proibida, em regra, a prorrogação da jornada de trabalho do menor, exceto para fins de compensação, além da hipótese legal de força maior; mesmo assim, neste último caso, isso somente será possível se o trabalho do menor for indispensável. Neste sentido, o art. 413 da CLT:

Art. 413. É vedado prorrogar a duração normal diária do trabalho do menor, salvo:

I – até mais 2 (duas) horas, independentemente de acréscimo salarial, mediante convenção ou acordo coletivo nos termos do Título VI desta Consolidação, desde que o excesso de horas em um dia seja compensado pela diminuição em outro, de modo a ser observado o limite máximo de 48 (quarenta e oito) horas semanais ou outro inferior legalmente fixada;

II – excepcionalmente, por motivo de força maior, até o máximo de 12 (doze) horas, com acréscimo salarial de, pelo menos, 25% (vinte e cinco por cento) sobre a hora normal e **desde que o trabalho do menor seja imprescindível ao funcionamento do estabelecimento**.

(...)

Por fim, mencione-se que, antes da *Reforma Trabalhista de 2017*, era proibida a prorrogação de jornada também aos empregados contratados sob o regime de tempo parcial

(§ 4º do art. 59 da CLT, em sua antiga redação). Todavia, a Lei nº 13.467/2017 revogou o referido § 4º e criou dois modelos diferentes de trabalho a tempo parcial, a saber:

a) Duração não excedente de 30 horas semanais, **sem a possibilidade de prestação de horas suplementares**

b) Duração normal não excedente de 26 horas semanais, com a **possibilidade de acréscimo de até seis horas suplementares semanais.**

> **Doméstico:** a Lei Complementar nº 150/2015 autoriza a prorrogação da jornada de trabalho do doméstico inclusive quando contratado sob regime de tempo parcial.

13.6.6. Jornada do menor em mais de um estabelecimento

(CLT) Art. 414. Quando o menor de 18 (dezoito) anos for empregado em mais de um estabelecimento, as horas de trabalho em cada um serão totalizadas.

Significa dizer que, no caso do menor de 18 anos, a limitação da duração do trabalho a 8h abrange inclusive a hipótese de mais de um emprego, ou seja, somam-se as horas de trabalho de tantos quantos forem os contratos de trabalho mantidos pelo menor.

13.6.7. Sobrejornada em atividade insalubre

A CLT exige autorização prévia do Ministério do Trabalho e Emprego para que seja prorrogada a jornada de trabalho em atividades insalubres.

Art. 60. Nas atividades insalubres, assim consideradas as constantes dos quadros mencionados no capítulo "Da Segurança e da Medicina do Trabalho", ou que neles venham a ser incluídas por ato do Ministro do Trabalho, Indústria e Comercio, quaisquer prorrogações só poderão ser acordadas mediante licença prévia das autoridades competentes em matéria de higiene do trabalho, as quais, para esse efeito, procederão aos necessários exames locais e à verificação dos métodos e processos de trabalho, quer diretamente, quer por intermédio de autoridades sanitárias federais, estaduais e municipais, com quem entrarão em entendimento para tal fim.

Embora o entendimento jurisprudencial tenha sido, durante muito tempo, no sentido da flexibilização de tal regra, nas hipóteses de prorrogação *por compensação de jornada*, a questão sofreu verdadeira reviravolta há alguns anos. Com efeito, a Súmula 349 estabelecia o seguinte:

Súm. 349. Acordo de compensação de horário em atividade insalubre, celebrado por acordo coletivo. Validade (cancelada) – Res. 174/2011, *DEJT* divulgado em 27, 30 e 31.05.2011.

A validade de acordo coletivo ou convenção coletiva de compensação de jornada de trabalho em atividade insalubre prescinde da inspeção prévia da autoridade competente em matéria de higiene do trabalho (art. 7º, XIII, da CF/1988; art. 60 da CLT).

Ocorre que a referida Súmula foi **cancelada** pelo Pleno do TST, por meio da Resolução 174/2011. Desse modo, percebe-se o movimento da jurisprudência no sentido da limitação da autonomia privada coletiva no tocante às normas relativas à saúde e segurança do trabalhador.

Nesse diapasão, foi a redação da Súmula 85 do TST alterada pela Resolução nº 209/2016, a qual inseriu o item VI, nos seguintes termos:

VI – Não é válido acordo de compensação de jornada em atividade insalubre, ainda que estipulado em norma coletiva, sem a necessária inspeção prévia e permissão da autoridade competente, na forma do art. 60 da CLT.

Não obstante, **a Lei nº 13.467/2017 acrescentou ao art. 60 da CLT parágrafo único, excluindo da exigência de licença prévia as jornadas de doze horas de trabalho por trinta e seis horas ininterruptas de descanso (12x36).**

O art. 611-A, XIII, da CLT, incluído pela Lei nº 13.467/2017, por sua vez, **autoriza a flexibilização, com prevalência sobre a lei, da "prorrogação de jornada em ambientes insalubres, sem licença prévia das autoridades competentes do Ministério do Trabalho".**

Portanto, **o item VI da Súmula 85 encontra-se superado**, pelo que deverá ser revisto ou cancelado.

Naturalmente os dois dispositivos em referência (parágrafo único do art. 60 e inciso XIII do art. 611-A, ambos da CLT), acrescentados pela *Reforma Trabalhista*, deverão ser objeto de amplos questionamentos quanto à constitucionalidade, tendo em vista que o art. 7º da CRFB/88 dispõe que "são direitos dos trabalhadores urbanos e rurais a redução dos riscos inerentes ao trabalho, por meio de normas de saúde, higiene e segurança".

No caso, a lei excepcionou justamente o regime de trabalho que já é, por natureza, mais gravoso ao empregado, tendo em vista que submete o trabalhador a jornada 50% superior à normal. Causa perplexidade, portanto, tal alteração legislativa, pois amplia sobremaneira os riscos de desenvolvimento de doenças ocupacionais.

A Portaria MTP nº 671/2021 trata da autorização do Ministério do Trabalho e Emprego para prorrogação de jornada em atividades insalubres, nos termos do disposto no art. 60 da CLT. Os arts. 65-71 da referida Portaria tratam dos requisitos e regras para a autorização. O art. 64, por sua vez, estabelece as hipóteses não sujeitas à autorização prévia, nos seguintes termos:

Art. 64. Nas atividades insalubres, quaisquer prorrogações de jornada só poderão ser praticadas mediante autorização da chefia da unidade de segurança e saúde no trabalho da unidade descentralizada da Inspeção do Trabalho correspondente, salvo nas hipóteses de:

I – jornada de doze horas de trabalho por trinta e seis horas ininterruptas de descanso; ou

II – haver acordo ou convenção coletiva de trabalho autorizando expressamente a prorrogação.

Matéria suscetível de flexibilização: A convenção coletiva e o acordo coletivo de trabalho têm prevalência sobre a lei quando dispuserem sobre a **prorrogação de jornada em ambientes insalubres, sem licença prévia das autoridades competentes do Ministério do Trabalho e Emprego** (art. 611-A, XIII, da CLT).

HORAS EXTRAS	
1) Acordo de prorrogação	• Máximo 2h/dia. • Acordo individual (escrito, verbal ou tácito). • É inválida a pré-contratação de HE.

HORAS EXTRAS	
2) Acordo de compensação	• Máximo 2h/dia. • Compensação no mesmo mês: acordo individual (escrito, verbal ou tácito). • Banco de horas semestral: acordo individual escrito. • Banco de horas anual: norma coletiva. • Regime 12x36: acordo individual escrito. • Para o doméstico, basta o acordo individual escrito para qualquer tipo de compensação (inclusive *banco de horas* e 12x36). • A prestação de HE habituais não descaracteriza o acordo de compensação nem o banco de horas. • Admite-se a prorrogação/compensação em atividade insalubre somente se previamente autorizada pelo Ministério do Trabalho e Emprego, salvo para o regime 12x36. • Norma coletiva pode autorizar a prorrogação de jornada em atividade insalubre, sem licença prévia do Ministério do Trabalho e Emprego.
3) Necessidade imperiosa	
Força maior *Realização de serviços inadiáveis* *Serviços cuja inexecução possa causar prejuízo*	• Sem limite legal (até 4h/dia p/ Alice Monteiro de Barros). • Máximo 4h/dia. • Máximo 4h/dia. **Observação:** nas três hipóteses acima, **não é mais necessária a comunicação ao Ministério do Trabalho e Emprego.**
Recuperação de tempo perdido por paralisação da empresa	• Até 2h/dia, até 10h diárias, até 45 dias por ano. • Depende de autorização **prévia** do Ministério do Trabalho e Emprego.
Horas extras proibidas:	• Trabalhador contratado sob regime de tempo parcial cuja jornada seja de 26h a 30h semanais. • Aprendiz • Menor, salvo em caso de compensação ou de força maior, se o trabalho for indispensável.

13.6.8. Trabalho sob regime de tempo parcial

Desde sempre foi admitido o trabalho a tempo parcial, assim considerado aquele em que o empregado cumpre jornada inferior ao padrão (8h diárias e 44h semanais), recebendo, em contrapartida, salário proporcional àquele pago para a jornada completa.

O regime específico de trabalho a tempo parcial, entretanto, foi introduzido pela Medida Provisória nº 2.164-41, de 2001, a qual acrescentou à CLT o art. 58-A. O objetivo da referida Medida Provisória foi, principalmente, abrir a **possibilidade de alteração contratual para redução da jornada de trabalho, com a redução proporcional do salário, desde que autorizado em instrumento coletivo de trabalho** (conforme § 2º do art. 58-A da CLT, não alterado pela Reforma Trabalhista). Além disso, o microssistema do trabalho em regime de tempo parcial estabelecia diversas restrições ao trabalhador, notadamente a vedação à prestação de horas extras e à conversão de parte das férias em abono pecuniário, bem como a redução do número de dias de férias a que faz jus o trabalhador.

Entretanto, a *Reforma Trabalhista de 2017* alterou substancialmente tal regime de trabalho, dando nova redação ao art. 58-A da CLT (mantidos os §§ 1º e 2º), revogando o art. 130-A (que previa férias menores para o empregado em regime de tempo parcial) e o § 3º do art. 143 (que proibia a conversão de até 1/3 das férias em abono pecuniário), bem como autorizando, em alguns casos, a prestação de horas extras.

Vejamos a evolução legislativa comparativamente:

CLT vigente até 10.11.2017	CLT cf. Lei nº 13.467/2017 (vigente desde 11.11.2017)
Art. 58-A. Considera-se trabalho em regime de tempo parcial aquele cuja duração não exceda a **vinte e cinco horas semanais.** [...]	Art. 58-A. Considera-se trabalho em regime de tempo parcial aquele cuja duração não exceda a **trinta horas semanais, sem a possibilidade de horas suplementares semanais,** ou, ainda, aquele cuja duração não exceda a **vinte e seis horas semanais, com a possibilidade de acréscimo de até seis horas suplementares semanais.** [...]
§§ 1º e 2º mantidos, sem alterações	
Art. 59, § 4º Os empregados sob o regime de tempo parcial **não poderão prestar horas extras.** (*REVOGADO pela Lei nº 13.467/2017*).	§ 3º As horas suplementares à duração do trabalho semanal normal serão pagas com o acréscimo de 50% (cinquenta por cento) sobre o salário-hora normal.
	§ 4º Na hipótese de o contrato de trabalho em regime de tempo parcial ser estabelecido em número inferior a vinte e seis horas semanais, as horas suplementares a este quantitativo serão consideradas horas extras para fins do pagamento estipulado no § 3º, estando também limitadas a seis horas suplementares semanais.
	§ 5º As horas suplementares da jornada de trabalho normal poderão ser compensadas até a semana imediatamente posterior à da sua execução, devendo ser feita a sua quitação na folha de pagamento do mês subsequente, caso não sejam compensadas.
Art. 143, § 3º O disposto neste artigo não se aplica aos empregados sob o regime de tempo parcial. (*REVOGADO pela Lei nº 13.467/2017.*)	§ 6º É facultado ao empregado contratado sob regime de tempo parcial converter um terço do período de férias a que tiver direito em abono pecuniário.
Art. 130-A. Na modalidade do regime de tempo parcial, após cada período de doze meses de vigência do contrato de trabalho, o empregado terá direito a férias, na seguinte proporção: [...] (*REVOGADO pela Lei nº 13.467/2017.*)	§ 7º As férias do regime de tempo parcial são regidas pelo disposto no art. 130 desta Consolidação.

Antes da Reforma Trabalhista era considerado trabalho em tempo parcial aquele cuja duração não excedesse a 25h semanais (art. 58-A, *caput*), e era vedada a prestação de horas extras neste regime (art. 58-A, § 3º).

Na vigência da Lei nº 13.467/2017, por sua vez, o trabalho em regime de tempo parcial será aquele que:

a) **Não exceda a 30h semanais, sem** a possibilidade de prestação de **horas suplementares;**

b) **Não exceda a 26h semanais**, com a possibilidade de **até 6h suplementares semanais.**

O § 3º do art. 58-A dispõe sobre o óbvio ao estabelecer que as horas suplementares serão pagas com acréscimo de 50% sobre o salário hora normal. O dispositivo é desnecessário, pois a Constituição já o assegura.

Anote-se, todavia, que o limite de 26h semanais é o máximo contratual para que se possa exigir a prestação de horas extras neste regime. Assim, nada impede que seja pactuado limite inferior, com prestação de horas extras. É o que esclarece o § 4º do art. 58-A, impondo, também neste caso, o limite de 6h suplementares por semana.

Destarte, não é correto interpretar a parte final do *caput* do art. 58-A como autorização para prestação de até 32h no regime de tempo parcial, e sim como autorização para a fixação de jornada de até 26h semanais, mais até 6h suplementares por semana.

Alguns exemplos esclarecem melhor o quanto afirmado:

Exemplo 1: Túlio foi contratado para laborar 22h por semana. Sendo assim, enquadra-se no regime de trabalho por tempo parcial sujeito à prestação de horas extras (quem trabalha até 26h por semana pode prestar horas extras), limitadas a 6h suplementares por semana. Logo, Túlio poderá laborar, no máximo, 28 horas por semana.

Exemplo 2: Breno foi contratado para laborar 29h por semana. Portanto, enquadra-se no regime de trabalho por tempo parcial, porém não poderá prestar horas suplementares (proibido para quem trabalha entre 26h e 30h por semana).

Exemplo 3: Hugo foi contratado para laborar 32 horas por semana. Sendo assim, não se enquadra no regime de tempo parcial, pelo que poderá prestar até duas horas extras por dia, conforme prevê o art. 59, *caput*, da CLT.

Na prática, portanto, atualmente o regime de tempo parcial serve tão somente para possibilitar a redução de jornada de quem já está sob contrato (conforme § 2º do art. 58-A, não alterado pela Lei nº 13.467/2017), bem como para evitar que o empregador contrate empregado para laborar por poucas horas (sem se comprometer, assim, com despesas fixas maiores) e, somente quando necessário, acione o empregado mediante a prestação de horas suplementares. Esta é a principal razão para a limitação das horas extras no trabalho por tempo parcial. Todavia, com a legitimação do trabalho intermitente, obviamente este segundo objetivo perdeu o objeto.

Tendo a Lei nº 13.467/2017 autorizado a prestação de horas extras no regime de trabalho em tempo parcial (desde que a jornada não exceda a 26h/semana, repita-se), dispôs também sobre a possibilidade de compensação, nos seguintes termos:

Art. 58-A, § 5º As horas suplementares da jornada de trabalho normal poderão ser compensadas diretamente até a semana imediatamente posterior à da sua execução, devendo ser feita a sua quitação na folha de pagamento do mês subsequente, caso não sejam compensadas.

Portanto, **cabe compensação até a semana seguinte, ou quitação no mês subsequente**, com o devido adicional. *Contrario sensu*, em princípio não há espaço para o banco de horas em regime de tempo parcial.

Registre-se que, não obstante a redação infeliz do § 5º, a "folha de pagamento do mês subsequente" se refere, em minha opinião, ao pagamento do mês em que as horas foram prestadas, que deve ocorrer até o quinto dia útil do mês subsequente ao trabalhado.

E não se argumente não daria tempo em caso de prestação de horas extras na última semana mês, pois geralmente as empresas adotam, justamente para facilitar o fechamento da folha, períodos de apuração de frequência/jornada diversos do mês, fechando a folha no dia 20 ou 25, por exemplo.

Além das questões relativas ao limite semanal de trabalho e, agora, à prestação de horas extras e seu pagamento/compensação, a *Reforma Trabalhista* alterou também o regime de férias do empregado em tempo parcial.

Com efeito, foi revogado o art. 130-A da CLT, que previa férias menores para o trabalhador contratado sob este regime, de forma que a partir da vigência da Lei nº 13.467/2017 também o trabalhador em regime de tempo parcial faz jus às férias conforme art. 130 da CLT.

Além disso, agora o empregado em tempo parcial poderá converter até um terço das férias em abono pecuniário (§ 6º do art. 58-A), o que até então era proibido pelo § 3º do art. 143 da CLT, o qual foi revogado pela Lei nº 13.467/2017.

13.6.9. Efeitos pecuniários do trabalho em sobrejornada

Salvo nos casos de compensação de horas, o trabalho em sobrejornada obriga o empregador ao pagamento do tempo trabalhado a maior com o respectivo adicional de horas extras, no mínimo 50% superior ao valor da hora normal de serviço.

Há que se estudar, portanto, as implicações econômicas deste labor extraordinário, sob diversos aspectos relevantes.

O primeiro deles é a forma de cálculo da remuneração do trabalho extraordinário. Com efeito, para a jurisprudência, o adicional de horas extras é calculado sobre o salário-base somado às parcelas de natureza salarial. Neste sentido, a Súmula 264 do TST:

Súm. 264. Hora suplementar. Cálculo (mantida). Res. 121/2003, *DJ* 19, 20 e 21.11.2003.

A remuneração do serviço suplementar é composta do valor da hora normal, integrado por parcelas de natureza salarial e acrescido do adicional previsto em lei, contrato, acordo, convenção coletiva ou sentença normativa.

Nos casos em que o salário é variável, a remuneração do tempo extraordinário é calculada de forma peculiar. Sempre que o empregado é contratado *por produção*, inclusive o comissionista, as horas simples trabalhadas além da jornada padrão já são remuneradas, pois ele recebe pela quantidade de trabalho, e não um valor fixo pelas horas regulamentares. Assim, **no caso de salário variável** (por produção), é **devido apenas o adicional de horas extras em relação às horas laboradas além da jornada normal de trabalho**.

Esta é a inteligência da Súmula 340 e da OJ-SDI-1 235, ambas do TST:

Súm. 340. Comissionista. Horas extras (nova redação). Res. 121/2003, *DJ* 19, 20 e 21.11.2003.

O empregado, sujeito a controle de horário, remunerado à base de comissões, tem direito ao adicional de, no mínimo, 50% (cinquenta por cento) pelo trabalho em horas extras, calculado sobre o valor-hora das comissões recebidas no mês, considerando-se como divisor o número de horas efetivamente trabalhadas.

OJ-SDI1-235. Horas extras. Salário por produção. (redação alterada na sessão do Tribunal Pleno realizada em 16.04.2012) Res. 182/2012, *DEJT* divulgado em 19, 20 e 23.04.2012.

O empregado que recebe salário por produção e trabalha em sobrejornada tem direito à percepção apenas do adicional de horas extras, exceto no caso do empregado cortador de cana, a quem é devido o pagamento das horas extras e do adicional respectivo.

Um exemplo facilita a visualização da hipótese aventada pelos verbetes acima. Imagine um empregado vendedor em uma loja de departamentos, remunerado à base de comissões (comissionista puro[41]). Suponha que este empregado, devido ao aumento das vendas no final do ano, prestou 20h extraordinárias durante o mês de dezembro. É certo que estas 20h de trabalho já foram remuneradas pelas comissões recebidas, ao passo que também durante o tempo de sobrejornada o empregado continuou remunerado à base de comissões, ou seja, recebendo um percentual sobre aquilo que efetivamente vendeu. Entretanto, como prestou serviços além da jornada normal de trabalho, fará jus ao adicional de horas extraordinárias (50% sobre o valor da hora normal), nos termos da OJ 235 da SDI-1. O cálculo, por sua vez, será obtido pelo total recebido no mês, dividido pelo número de horas trabalhadas, donde se encontrará o valor-hora das comissões (Súmula 340). Sobre este valor-hora será calculado o adicional devido.

Observe-se a exceção incluída na redação da OJ SDI-1 235 pela Resolução nº 182, de 16.04.2012, contemplando os empregados cortadores de cana, para quem é devido, não obstante o trabalho por produção, também o valor da hora extra, e não apenas o adicional. Este tratamento diferenciado se deve às peculiaridades do trabalho do cortador de cana, o que fica bem ilustrado nos seguintes arestos recentes do TST, indicados inclusive como precedentes para a alteração do verbete em referência:

Recurso de embargos. Horas extraordinárias. Trabalhador rural braçal. Corte de cana. Salário por produção. Inaplicabilidade da Orientação Jurisprudencial 235 da C. SDI e da Súmula 340 do C. TST. Não há como se reconhecer contrariedade aos termos da Orientação Jurisprudencial nº 235 da SDI-1 e da Súmula 340 deste C. TST, uma vez que essa orientação trata genericamente de empregado que recebe salário por produção e trabalha em sobrejornada. O caso do empregado cortador de cana de açúcar denota situação especialíssima de trabalhador rural braçal, em que há imposição de tarifa pelo empregador, a determinar o trabalho em sobrejornada como forma de alcançar a meta, que também é determinada pelo empregado. Não há como transferir exclusivamente para o empregado o ônus relacionado ao acréscimo da produção, incumbindo levar em consideração que no meio rural o mecanismo tem servido para exploração injusta da mão de obra. Assim sendo, não há como se reconhecer que o trabalho por produção, no corte de cana de açúcar, impede o pagamento de horas extraordinárias mais o adicional, sob pena de se afastar do fundamento que norteou a limitação contida na jurisprudência do c. TST. Embargos conhecidos e desprovidos (TST, SDI1, E-RR 90100-13.2004.5.09.0025, Rel. Min. Aloysio Corrêa da Veiga, *DEJT* 17.06.2011).

Rito sumaríssimo. Trabalhador rural. Cortador de cana-de-açúcar. Trabalho por produção. Horas extras. Pagamento integral. Contrariedade à Súmula nº 340 do Tribunal Superior do Trabalho não configurada. 1. A aplicação da lei não pode abstrair a realidade em que inserida a prestação dos serviços, sob pena de converter-se em exercício teórico, com grave risco de conduzir à injustiça pelo tratamento igual de situações absolutamente desiguais. 2. No caso do trabalhador rural remunerado por produção – especialmente o cortador de cana-de-açúcar –, tem-se que, para atingir as metas estabelecidas pelo empregador, comumente faz-se necessário que o empregado extrapole a jornada contratada, bem assim aquela constitucionalmente estabelecida no artigo 7º, XIII, da Constituição da República. O limite de 44 horas semanais encontra-se estabelecido no texto constitucional como regra de civilidade, considerados não só os limites

---

[41] Como será estudado no capítulo sobre remuneração, comissionista puro é aquele empregado remunerado exclusivamente à base de comissões, sem nenhum tipo de salário fixo.

físicos do ser humano, mas também a sua necessidade de dedicar-se ao convívio familiar e social. 3. Importante frisar, ainda, que o trabalho executado, no caso, se dá sob condições penosas, a céu aberto, com utilização de indumentária pesada e ferramentas afiadas, demandando grande esforço físico, além de movimentos repetitivos. 4. Consideradas tais circunstâncias, tem-se que o entendimento consubstanciado na Súmula nº 340, não guarda pertinência com a atividade dos cortadores de cana, em relação aos quais não se pode dizer que a ampliação da jornada resulte em seu próprio proveito, dados os notórios efeitos deletérios daí resultantes para a sua saúde e segurança. Precedentes. 5. Recurso de revista não conhecido. (...) (TST, 1ª Turma, RR 63600-92.2008.5.15.0156, Rel. Min. Lelio Bentes Corrêa, *DEJT* 30.09.2011).

Idêntico entendimento tem sido estendido pela SDI-1 do TST também aos trabalhadores que se ativam na lavoura de laranja, conforme demonstra o seguinte julgado:

[...] Trabalhador rural. Citricultura. Trabalho na lavoura de laranja. Salário por produção. Labor em sobrejornada. Pagamento das horas extras e do adicional respectivo. Aplicação da exceção prevista na Orientação Jurisprudencial 235/SBDI-I/TST. Similitude com a atividade do corte de cana-de-açúcar. Ausência de contrariedade à Súmula 340/TST e à OJ 235/SBDI-I/TST. 1. A tese da Eg. Turma é no sentido de que não há se falar em contrariedade à Súmula 340/TST, bem como aos termos da OJ 235 desta C. SDI-I/TST, mas na sua aplicação analógica, tendo em vista que não existem diferenças substanciais entre o trabalho desenvolvido na lavoura de cana-de-açúcar e na lavoura de laranja. 2. Esta Subseção Especializada, ao julgamento do E-ED-RR-37700-97.2007.5.15.0106, em 13.11.2014 (*DEJT* 15.05.2015), adotou o entendimento de que aplicável ao trabalhador da lavoura de laranja, por analogia, a jurisprudência consagrada na OJ 235/SBDI-I/TST – quanto ao pagamento das horas extras e do adicional respectivo ao empregado rural que recebe salário por produção e labora em sobrejornada –, por exercer atividade penosa tal qual a exercida pelos cortadores de cana-de-açúcar. 3. Assim, considerando o entendimento sufragado por esta C. Subseção e a premissa adotada na decisão turmária, no sentido de que ausentes diferenças substanciais entre o trabalho desenvolvido na lavoura de cana-de-açúcar e na lavoura de laranja, tem-se por irrepreensível a decisão embargada, mediante a qual não conhecido o recurso de revista, porque ausente contrariedade à Súmula 340/TST e à OJ 235/SDI-I/TST. Recurso de embargos conhecido e não provido (TST, SDI-1, E-RR-600-03.2012.5.15.0149, Rel. Min. Hugo Carlos Scheuermann, j. 17.12.2015, *DEJT* 29.01.2016).

13.6.9.1. Integração das horas extras à remuneração

Se habitualmente prestadas (um contrassenso, é verdade!), **as horas extras integram a remuneração para todos os fins**. É este o entendimento consolidado do TST, obtido a partir de vários verbetes de jurisprudência.

Súm. 45. Serviço suplementar (mantida). Res. 121/2003, *DJ* 19, 20 e 21.11.2003.

A remuneração do serviço suplementar, habitualmente prestado, integra o cálculo da gratificação natalina prevista na Lei nº 4.090, de 13.07.1962.

Súm. 115. Horas extras. Gratificações semestrais (nova redação). Res. 121/2003, *DJ* 19, 20 e 21.11.2003.

O valor das horas extras habituais integra a remuneração do trabalhador para o cálculo das gratificações semestrais.

Súm. 172. Repouso remunerado. Horas extras. Cálculo (mantida). Res. 121/2003, *DJ* 19, 20 e 21.11.2003.

Computam-se no cálculo do repouso remunerado as horas extras habitualmente prestadas.

A forma de cálculo das horas extras habituais também é definida por construção jurisprudencial do TST:

> Súm. 347. Horas extras habituais. Apuração. Média física (mantida). Res. 121/2003, *DJ* 19, 20 e 21.11.2003.
>
> O cálculo do valor das horas extras habituais, para efeito de reflexos em verbas trabalhistas, observará o número de horas efetivamente prestadas e a ele aplica-se o valor do salário-hora da época do pagamento daquelas verbas.

Na verdade, a questão da prestação de *horas extras habituais* é um escárnio, pois torna ordinário o que, por natureza, e por denominação, inclusive, deveria ser apenas extraordinário.

O TST vacila entre não incentivar a prorrogação indiscriminada da jornada e garantir alguma estabilidade financeira ao empregado. Dessa forma, entende que as horas extraordinárias podem ser suprimidas (até mesmo para que o empregador não se veja incentivado a continuar as exigindo para sempre), mas sua supressão, **total ou parcial**, implica, caso tenham sido prestadas por pelo menos um ano, na indenização do empregado à razão de um mês das horas extras suprimidas para cada ano ou fração igual ou superior a seis meses. Neste sentido, a Súmula 291 do TST, com a atual redação dada pela Resolução 174/2011:

> Súm. 291. Horas extras. Habitualidade. Supressão. Indenização (nova redação em decorrência do julgamento do processo TST-IUJERR 10700-45-2007-5-22-0101) – Res. 174/2011, *DEJT* divulgado em 27, 30 e 31.05.2011.
>
> A supressão total ou parcial, pelo empregador, de serviço suplementar prestado com habitualidade, durante pelo menos 1 (um) ano, assegura ao empregado o direito à indenização correspondente ao valor de 1 (um) mês das horas suprimidas, total ou parcialmente, para cada ano ou fração igual ou superior a seis meses de prestação de serviço acima da jornada normal. O cálculo observará a média das horas suplementares nos últimos 12 (doze) meses anteriores à mudança, multiplicada pelo valor da hora extra do dia da supressão.

As alterações da Súmula 291 levadas a efeito pela Res. 174/2011 não foram substanciais, ao passo que o novo texto apenas esclarece que a supressão das horas extras, ainda que apenas parcial, enseja o pagamento da indenização, bem como que os 12 meses utilizados para o cálculo são aqueles anteriores à mudança, ou seja, anteriores à supressão total ou parcial das horas extras.

Imagine-se que o empregado tenha prestado duas horas extras por dia durante três anos, quando o empregador suprimiu uma destas horas, mantendo o empregado prestando apenas uma hora extra por dia. Pela nova redação da Súmula 291 este empregado fará jus à indenização no valor de três meses das horas extras suprimidas, visto que esta se aplica inclusive à supressão parcial das horas extraordinárias.

Por fim, é importante observar que **todas as horas extraordinárias prestadas deverão ser remuneradas, tenham elas sido prestadas de forma regular ou não**, tanto no tocante à formalização do acordo de vontades quanto no que diz respeito aos limites da duração do trabalho. Ademais, todas as horas extraordinárias habitualmente prestadas deverão integrar o cálculo de outras parcelas trabalhistas. Este é o sentido da Súmula 376 do TST:

> Súm. 376. Horas extras. Limitação. Art. 59 da CLT. Reflexos. Res. 129/2005, *DJ* 20, 22 e 25.04.2005.
>
> I – A limitação legal da jornada suplementar a duas horas diárias não exime o empregador de pagar todas as horas trabalhadas.

II – O valor das horas extras habitualmente prestadas integra o cálculo dos haveres trabalhistas, independentemente da limitação prevista no *caput* do art. 59 da CLT.

13.7. JORNADA NOTURNA

Tendo em vista a nocividade do trabalho noturno para a saúde do trabalhador, a CLT procurou criar mecanismos tanto para compensar o empregado pela condição mais gravosa de trabalho, quanto para dissuadir o empregador de se utilizar desnecessariamente do trabalho noturno.

Considera-se trabalho noturno, no meio urbano, aquele prestado entre as 22h de um dia e as 5h do dia seguinte, conforme art. 73, § 2º, da CLT.

A Constituição de 1988 também reiterou que o trabalho noturno terá remuneração superior à do diurno, mas, ao contrário do que fez com o serviço extraordinário, ao fixar o adicional mínimo, em relação ao trabalho noturno o constituinte silenciou a respeito da remuneração, somente impondo a remuneração superior. Portanto, continua valendo a velha regra celetista, a qual fixa em 20% o adicional noturno, conforme art. 73, *caput*:

> Art. 73. Salvo nos casos de revezamento semanal ou quinzenal, o trabalho noturno terá remuneração superior à do diurno e, para esse efeito, sua remuneração terá um acréscimo de 20% (vinte por cento), pelo menos, sobre a hora diurna.
>
> (...)

Portanto, o primeiro mecanismo de proteção ao trabalhador que se ativa à noite é a fixação da remuneração 20% superior à da hora diurna.

Não foi recepcionada, entretanto, a primeira parte do *caput* do art. 73, que dispensa o pagamento do adicional noturno nos casos de revezamento. Isto porque a Constituição não faz distinção quanto ao direito, então não cabe à legislação infraconstitucional fazê-lo.

Em segundo lugar, a CLT estabeleceu a redução da hora noturna, criando a ficção jurídica de que a hora noturna dura 52'30", de forma que o empregado trabalha, na prática, apenas 7h à noite (52'30" x 8 = 420" = 7h). É a chamada **hora ficta noturna**.

Sobre a aplicação ou não da hora ficta noturna a diversas categorias de trabalhadores, o TST já firmou posição em relação aos vigias e aos empregados nas atividades de exploração do petróleo. Neste sentido, as Súmulas 65 e 112 do TST, *in verbis*:

> Súm. 65. Vigia (mantida). Res. 121/2003, *DJ* 19, 20 e 21.11.2003.
>
> O direito à hora reduzida de 52 minutos e 30 segundos aplica-se ao vigia noturno.

> Súm. 112. Trabalho noturno. Petróleo (mantida). Res. 121/2003, *DJ* 19, 20 e 21.11.2003.
>
> O trabalho noturno dos empregados nas atividades de exploração, perfuração, produção e refinação do petróleo, industrialização do xisto, indústria petroquímica e transporte de petróleo e seus derivados, por meio de dutos, é regulado pela Lei nº 5.811, de 11.10.1972, não se lhe aplicando a hora reduzida de 52 minutos e 30 segundos prevista no art. 73, § 1º, da CLT.

Da mesma forma, aplica-se o adicional noturno a qualquer empregado que labore em período noturno, independentemente da função desempenhada ou do regime de trabalho, conforme se depreende a partir da Súmula 140 do TST:

> Súm. 140. Vigia (mantida). Res. 121/2003, *DJ* 19, 20 e 21.11.2003.
>
> É assegurado ao vigia sujeito ao trabalho noturno o direito ao respectivo adicional.

Ainda no mesmo sentido, a SDI-1 do TST editou a OJ 395, *in verbis*:

OJ-SDI1-395. Turno ininterrupto de revezamento. Hora noturna reduzida. Incidência (*DEJT* divulgado em 09, 10 e 11.06.2010).

O trabalho em regime de turnos ininterruptos de revezamento não retira o direito à hora noturna reduzida, não havendo incompatibilidade entre as disposições contidas nos arts. 73, § 1º, da CLT e 7º, XIV, da Constituição Federal.

Em relação aos horários mistos (parte de dia, parte à noite), somente as horas noturnas serão remuneradas com o respectivo adicional, e contadas como de 52'30" cada uma. Este é o sentido do art. 73, § 4º, da CLT:

Art. 73. (...)

§ 4º Nos horários mistos, assim entendidos os que abrangem períodos diurnos e noturnos, aplica-se às horas de trabalho noturno o disposto neste artigo e seus parágrafos.

(...)

Exemplo: imagine um empregado que trabalha, na cidade, das 18h às 3h, com uma hora de intervalo intrajornada. Este trabalhador fará jus ao adicional noturno e à hora noturna reduzida apenas no tempo trabalhado após as 22h.

Ao contrário, nas prorrogações de jornadas noturnas, as horas trabalhadas depois das cinco da manhã também serão remuneradas com o adicional e calculadas à luz da hora ficta noturna. Neste sentido, o art. 73, § 5º, da CLT, c/c a Súmula 60 do TST:

(CLT) Art. 73. (...)

§ 5º Às prorrogações do trabalho noturno aplica-se o disposto neste Capítulo.

Súm. 60. Adicional noturno. Integração no salário e prorrogação em horário diurno. Res. 129/2005, *DJ* 20, 22 e 25.04.2005.

I – O adicional noturno, pago com habitualidade, integra o salário do empregado para todos os efeitos.

II – Cumprida integralmente a jornada no período noturno e prorrogada esta, devido é também o adicional quanto às horas prorrogadas. Exegese do art. 73, § 5º, da CLT.

Na hipótese da jornada mista decorrente de trabalho **em regime de plantões (12x36)**, de forma que o trabalho compreenda a totalidade do período noturno, **a prorrogação do horário noturno considera-se compensada pela remuneração mensal**, nos termos do disposto no art. 59-A, parágrafo único, da CLT, incluído pela Lei nº 13.467/2017.

Também neste ponto, a *Reforma Trabalhista de 2017* foi de encontro ao entendimento jurisprudencial até então consolidado na **OJ nº 388 da SDI-1 do TST**, a qual **deverá ser revista em razão de sua flagrante incompatibilidade com a lei vigente**:

OJ-SDI1-388. Jornada 12x36. Jornada mista que compreenda a totalidade do período noturno. Adicional noturno. Devido (*DEJT* divulgado em 09, 10 e 11.06.2010).

O empregado submetido à jornada de 12 horas de trabalho por 36 de descanso, que compreenda a totalidade do período noturno, tem direito ao adicional noturno, relativo às horas trabalhadas após as 5 horas da manhã.

Como salário condição que é, o adicional noturno pode ser suprimido a qualquer tempo, pois trabalhar durante o dia é mais vantajoso ao trabalhador.

Súm. 265. Adicional noturno. Alteração de turno de trabalho. Possibilidade de supressão (mantida). Res. 121/2003, *DJ* 19, 20 e 21.11.2003.

A transferência para o período diurno de trabalho implica a perda do direito ao adicional noturno.

OJ-SDI1-97. Horas extras. Adicional noturno. Base de cálculo (inserida em 30.05.1997).

O adicional noturno integra a base de cálculo das horas extras prestadas no período noturno.

OJ-SDI1-259. Adicional noturno. Base de cálculo. Adicional de periculosidade. Integração (inserida em 27.09.2002).

O adicional de periculosidade deve compor a base de cálculo do adicional noturno, já que também neste horário o trabalhador permanece sob as condições de risco.

O adicional noturno pago de forma habitual integra o cálculo das demais parcelas trabalhistas.

> **Matéria insuscetível de flexibilização:** Constitui objeto ilícito de convenção coletiva ou de acordo coletivo de trabalho a supressão ou a redução do direito à **remuneração do trabalho noturno superior à do diurno** (art. 611-B, VI, da CLT).

13.7.1. Especificidades do rurícola

O trabalho noturno do rurícola é objeto de tratamento diferenciado. Em primeiro lugar, o horário noturno do trabalhador rural é diferente do horário do urbano, dadas as peculiaridades do trabalho no campo. Dessa forma, para o trabalhador rural que se ativa na pecuária o horário noturno se estende das 20h às 4h. Por sua vez, para o trabalhador rural na agricultura, o horário noturno é aquele compreendido entre 21h e 5h.

A segunda distinção diz respeito à não aplicabilidade da hora noturna reduzida para o rurícola. Conta-se, também à noite, a hora normal, de 60 minutos.

Por fim, o adicional noturno do rurícola é de 25% sobre o valor da hora normal, ao passo que o do empregado urbano é de 20%.

JORNADA NOTURNA	
Horário noturno:	• Meio urbano: 22h às 5h. • Rural/pecuária: 20h às 4h. • Rural/agricultura: 21h às 5h.
Adicional noturno:	• Meio urbano: 20%. • Rural: 25%.
Hora noturna reduzida (ficta):	• Meio urbano: sim (52'30"). • Rural: não (hora normal).

Dicas para questões discursivas:

O estudo da jornada de trabalho é um dos pontos recorrentes em questões discursivas, justamente por conter, junto com o tópico *remuneração*, as regras mais utilizadas no cotidiano trabalhista. Em razão disso, é necessário estudar atentamente todos os tópicos.

Destaquem-se os seguintes temas: a) tempo à disposição (com destaque para as alterações promovidas pela *Reforma Trabalhista*); b) controle de jornada; c) jornada do bancário e turnos ininterruptos de revezamento; d) regras para prorrogação e compensação de jornada; e) efeitos da prorrogação; f) trabalho noturno.

É importante que o candidato estude com atenção especial os temas em que a *Reforma Trabalhista de 2017* contrariou a jurisprudência até então consolidada no âmbito do TST, tornando superadas inclusive diversas súmulas e orientações jurisprudenciais.

A ampliação da autonomia da vontade individual em matéria de duração do trabalho (autorização para pactuação de banco de horas semestral e regime 12x36 mediante mero acordo individual escrito, por exemplo), bem como a prevalência do negociado sobre o legislado em temas sensíveis deste capítulo (como, por exemplo, prorrogação da jornada em ambientes insalubres) também constituem pontos importantes visando à preparação para as provas discursivas.

13.8. TELETRABALHO OU TRABALHO REMOTO

Durante muito tempo foi controvertida a natureza do vínculo estabelecido no teletrabalho, havendo quem defendesse que se tratava de mera relação de trabalho, por faltar a subordinação jurídica que caracteriza a relação de emprego. Sustentava-se, neste sentido, que o teletrabalhador seria apenas *parassubordinado*.

Tal controvérsia foi eliminada com a alteração do art. 6º da CLT pela Lei nº 12.551/2011, o qual passou a considerar que "não se distingue entre o trabalho realizado no estabelecimento do empregador, o executado no domicílio do empregado e o realizado a distância, desde que estejam caracterizados os pressupostos da relação de emprego" (art. 6º, *caput*, da CLT), bem como que "os meios telemáticos e informatizados de comando, controle e supervisão se equiparam, para fins de subordinação jurídica, aos meios pessoais e diretos de comando, controle e supervisão do trabalho alheio" (art. 6º, parágrafo único, da CLT).

A *Reforma Trabalhista de 2017* (Lei nº 13.467/2017), por sua vez, regulamentou o regime de teletrabalho, incluindo-o expressamente, por meio da inserção do inciso III, na exceção legal do art. 62 da CLT. Posteriormente, a Lei nº 14.442/2022, ao criar modalidades distintas de teletrabalho (ver item 13.8.2, abaixo), estabeleceu que se enquadram na exceção legal do art. 62 da CLT os empregados em regime de teletrabalho que prestam serviço por produção ou tarefa.

13.8.1. Caracterização do teletrabalho

O teletrabalho foi inicialmente caracterizado pelo art. 75-B da CLT, incluído pela Lei nº 13.467/2017. Entretanto, a redação do dispositivo foi substancialmente alterada pela Lei nº 14.442/2022, de forma que atualmente está em vigor a seguinte redação:

Art. 75-B. Considera-se teletrabalho ou trabalho remoto a prestação de serviços fora das dependências do empregador, de maneira preponderante ou não, com a utilização de tecnologias de informação e de comunicação que, por sua natureza, não configure trabalho externo.

§ 1º O comparecimento, ainda que de modo habitual, às dependências do empregador para a realização de atividades específicas que exijam a presença do empregado no estabelecimento não descaracteriza o regime de teletrabalho ou trabalho remoto.

Comparando o regime dos dois diplomas legais, temos o seguinte:

Caracterização do teletrabalho nas Leis nº 13.467/2017 e nº 14.442/2022	
Lei nº 13.467/2017	Lei nº 14.442/2022
Art. 75-B. Considera-se teletrabalho a prestação de serviços **preponderantemente fora** das dependências do empregador, com a utilização de tecnologias de informação e de comunicação que, por sua natureza, não se constituam como trabalho externo.	Art. 75-B. Considera-se teletrabalho **ou trabalho remoto** a prestação de serviços **fora das dependências do empregador, de maneira preponderante ou não**, com a utilização de tecnologias de informação e de comunicação, que, por sua natureza, não configure trabalho externo.
Parágrafo único. O comparecimento às dependências do empregador para a realização de atividades específicas que exijam a presença do empregado no estabelecimento não descaracteriza o regime de teletrabalho.	§ 1º O comparecimento, **ainda que de modo habitual**, às dependências do empregador para a realização de atividades específicas que exijam a presença do empregado no estabelecimento não descaracteriza o regime de teletrabalho ou trabalho remoto.

É importante ressaltar que o legislador não vinculou a caracterização do teletrabalho à impossibilidade de prestação de atividades nas dependências do empregador. Inicialmente, a Lei nº 13.467/2017 estabeleceu apenas que, preponderantemente, as atividades deveriam ocorrer fora de tais dependências, sendo que a presença do empregado em treinamentos e reuniões na sede da empresa, por exemplo, não descaracterizaria tal regime de trabalho. A Lei nº 14.442/2022, por sua vez, nem sequer exigiu a preponderância de trabalho fora das dependências do empregador, permitindo expressamente, inclusive, que o teletrabalhador compareça de modo habitual às dependências do empregador.

Sendo assim, ao menos aparentemente o teletrabalho passou a ser caracterizado muito mais pela utilização de tecnologias de informação e de comunicação do que pelo local de prestação dos serviços. Nesta linha, houve aproximação com o conceito clássico de empregado, especialmente se considerarmos o disposto no supramencionado art. 6º, *caput*, da CLT.

A parte final do *caput* do art. 75-B, a qual afirma que o teletrabalho, *por sua natureza, não constitui atividade externa*, é desarrazoada e contraditória, até porque é justamente o fato de a atividade ser externa, às vezes inviabilizando o controle de jornada, que autoriza a inclusão do teletrabalhador (por produção ou tarefa) no estreito no rol do art. 62 da CLT. No mesmo sentido, Sérgio Pinto Martins[42].

Conforme prevê o § 4º do art. 75-B, incluído pela Lei nº 14.442/2022, o regime de teletrabalho ou trabalho remoto não se confunde nem se equipara à ocupação de operador de *telemarketing* ou de teleatendimento.

Em resumo, podem ser mencionadas como características do teletrabalho:

*   Trabalho prestado fora das dependências do empregador, ainda que de forma não preponderante;
*   Utilização de tecnologias de informação e de comunicação;
*   Não configuração de trabalho externo.

Anote-se ainda, por oportuno, que a Lei nº 14.442/2022 tratou como sinônimos o teletrabalho e o trabalho remoto, desconstruindo certas teses doutrinárias que buscavam diferenciar as duas figuras.

---

[42] MARTINS, Sergio Pinto. *Comentários à CLT*. 21. ed. São Paulo: Saraiva, 2018, p. 164.

13.8.2. Modalidades de teletrabalho

Outra novidade trazida pela Lei nº 14.442/2022 foi a criação de duas diferentes modalidades de teletrabalho, conforme § 2º do art. 75-B, incluído pela referida Lei:

a) *teletrabalho por jornada:* trabalha-se por unidade de tempo, conforme será visto no item 16.5.1, para o qual remeto o leitor.

b) *teletrabalho por produção ou tarefa:* trabalha-se por produção ou por tarefa, conforme será visto nos itens 16.5.2 e 16.5.3, para os quais também remeto o leitor.

A distinção é relevante para a definição a respeito do controle de jornada. Com efeito, os teletrabalhadores que prestem seus serviços por jornada estarão sujeitos ao controle do tempo de trabalho, controle esse normalmente realizado por meios telemáticos. Os teletrabalhadores que prestem serviço por produção ou tarefa, por sua vez, não são abrangidos pelo Capítulo II do Título II da CLT, que trata da duração do trabalho, razão pela qual não terão direito a horas extras, intervalos ou adicional noturno. A exclusão do controle de jornada dos teletrabalhadores que prestam serviços por produção ou tarefa é dada tanto pela redação atual do art. 62, III, quanto pelo art. 75-B, § 3º, ambos da CLT.

13.8.3. Forma do contrato de teletrabalho ou trabalho remoto

Assim como previsto pela Lei nº 13.467/2017, a Lei nº 14.442/2022 manteve a forma escrita como solenidade essencial para a caracterização do contrato de teletrabalho. Significa dizer que o teletrabalho não pode ser ajustado tacitamente, tampouco pode ser expresso apenas verbalmente, exigindo, portanto, a forma escrita. Neste sentido, o art. 75-C da CLT, com a redação dada pela Lei nº 14.442/2022:

> Art. 75-C. A prestação de serviços na modalidade de teletrabalho deverá constar expressamente do instrumento de contrato individual de trabalho.

Instrumento, na acepção jurídica, significa "documento escrito (ata, auto, título, escritura etc.) que registra e formaliza um ato jurídico, que lhe serve de testemunho e de referência a suas disposições, faz valer direitos, prova algo em juízo etc."[43]. Sendo assim, repita-se, **o teletrabalho não pode ser pactuado verbalmente, tampouco tacitamente**. Caso não conste de instrumento do contrato de trabalho, a avença não poderá ser considerada teletrabalho ou trabalho remoto, não se lhe aplicando as disposições especiais da lei para essa modalidade.

Cabe ressaltar que a redação do anterior do *caput* do art. 75-C, então dada pela Lei nº 13.467/2017, foi alterada em aspecto relevante pela Lei nº 14.442/2022, senão vejamos:

Solenidade para a pactuação do teletrabalho nas Leis nº 13.467/2017 e nº 14.442/2022	
Lei nº 13.467/2017	Lei nº 14.442/2022
Art. 75-C. A prestação de serviços na modalidade de teletrabalho deverá constar expressamente do contrato individual de trabalho, **que especificará as atividades que serão realizadas pelo empregado**.	Art. 75-C. A prestação de serviços na modalidade de teletrabalho deverá constar expressamente do instrumento de contrato individual de trabalho.

---

[43] AULETE, Caldas. *Novíssimo Aulete*: dicionário contemporâneo da língua portuguesa; organizador Paulo Geiger. Rio de Janeiro: Lexikon, 2011, p. 801.

Portanto, na redação atual do *caput* do art. 75-C da CLT, dada pela Lei nº 14.442/2022, o legislador suprimiu a obrigação de se especificar, no contrato de teletrabalho, as atividades que serão realizadas pelo empregado. Naturalmente continua sendo facultado aos contratantes fazerem constar do contrato de trabalho, de forma especificada, as atividades que serão realizadas pelo teletrabalhador, porém a especificação de tal circunstância não é mais obrigatória.

Assevera-se neste sentido que, sendo certo que **o teletrabalhador é empregado**, também lhe é aplicável o disposto no parágrafo único do art. 456 da CLT, segundo o qual, "à falta de prova ou inexistindo cláusula expressa e tal respeito, entender-se-á que o empregado se obrigou a todo e qualquer serviço compatível com a sua condição pessoal".

13.8.4. Alteração do regime presencial para teletrabalho e de teletrabalho para presencial

Os §§ 1º e 2º do art. 75-C estabelecem relevantes hipóteses de alteração contratual, prevendo a **alteração do regime presencial para o regime de teletrabalho, e vice-versa**, observados os seguintes termos:

ALTERAÇÃO	EXIGÊNCIA	FORMALIZAÇÃO
Presencial → teletrabalho	Mútuo acordo entre as partes	Registro em aditivo contratual
Teletrabalho → presencial	Determinação do empregador, com prazo de transição mínimo de 15 dias	Registro em aditivo contratual

Observa-se, portanto, que a alteração do regime de teletrabalho para o regime de trabalho presencial se insere no poder diretivo do empregador, podendo ser determinada por este, independentemente da vontade do empregado. Trata-se, portanto, de novo exemplo de *jus variandi*, assim considerado o poder conferido ao empregador para promover determinadas alterações no contrato de trabalho com a finalidade de melhor organizar sua atividade.

A alteração de regime presencial para teletrabalho, por sua vez, exige mútuo acordo entre as partes, ou seja, somente pode ser efetivada com a concordância entre empregador e empregado.

Nos dois casos (presencial para teletrabalho e vice-versa) se exige a formalização mediante aditivo contratual, isto é, aditivo escrito anexo ao contrato de trabalho original.

Há discussão acerca da validade das alterações contratuais em referência em face do princípio da inalterabilidade contratual lesiva (art. 468 da CLT). A alteração do regime presencial para o regime de teletrabalho por produção ou tarefa poderia acarretar prejuízo ao empregado pela perda do direito à limitação da duração do trabalho (e, consequentemente, do direito às horas extras, aos intervalos e ao adicional noturno). Por sua vez, a alteração do regime de teletrabalho para o presencial poderia ensejar ao empregado prejuízos relacionados ao tempo de deslocamento, por exemplo. Todavia, em princípio as alterações são válidas, desde que observados os requisitos legais, visto que são expressamente autorizadas pela CLT, estando os dispositivos respectivos em pleno vigor.

Ainda a respeito da matéria, a Lei nº 14.442/2022 incluiu o § 3º do art. 75-C da CLT, nos seguintes termos:

§ 3º O empregador não será responsável pelas despesas resultantes do retorno ao trabalho presencial, na hipótese de o empregado optar pela realização do teletrabalho ou trabalho remoto fora da localidade prevista no contrato, salvo disposição em contrário estipulada entre as partes.

Assim, por exemplo, imagine-se que o trabalhador foi contratado em Belo Horizonte para trabalho presencial. Passados alguns meses, por mútuo acordo entre as partes foi registrado aditivo contratual, alterando a modalidade para teletrabalho. Como o trabalhador não tinha obrigação de ir frequentemente às dependências do empregador, resolveu se mudar para Guarapari, prestando serviços remotamente daquela localidade. Um ano depois, o empregador resolveu alterar novamente o contrato, de forma que o empregado retomasse o trabalho presencial, observado o prazo de transição mínimo de 15 dias e a devida formalização da alteração. Nesse caso, o empregador, em princípio, não seria responsável pelas despesas de mudança do trabalhador de Guarapari para Belo Horizonte, salvo se assim estivesse estipulado no aditivo contratual que formalizou a alteração do regime presencial para teletrabalho.

13.8.5. Aplicação do direito do trabalho no espaço e o teletrabalhador

No item 4.3.2 desta obra, estudamos a aplicação do direito do trabalho no espaço, concluindo que, em regra, é aplicável a lei trabalhista, quanto ao aspecto espacial, conforme a norma mais favorável ao trabalhador. Em outras palavras, se o empregado é contratado no Brasil e transferido para prestar serviços no exterior, fará jus, além dos direitos específicos previstos pela Lei nº 7.064/1982, à aplicação da legislação trabalhista brasileira, quando mais favorável que a legislação territorial, no conjunto de normas e em relação a cada matéria (critério do conglobamento).

Ocorre que, com o grande desenvolvimento das telecomunicações e dos recursos de tecnologia da informação levados a efeito nos últimos anos, nada impede que, na prática, um teletrabalhador decida, por sua conta, prestar serviços a partir de algum ponto localizado fora do território nacional. São bastante comuns atualmente, inclusive, os chamados *nômades digitais*, que viajam o mundo prestando serviços remotos sem fixação a um lugar específico.

Neste caso, a Lei nº 7.064/1982 não oferece solução a respeito da aplicação espacial do direito do trabalho, razão pela qual a matéria foi regulada pela Lei nº 14.442/2022, que incluiu o § 8º do art. 75-B da CLT, nos seguintes termos:

> § 8º Ao contrato de trabalho do empregado admitido no Brasil que optar pela realização de teletrabalho fora do território nacional aplica-se a legislação brasileira, excetuadas as disposições constantes da Lei nº 7.064, de 6 de dezembro de 1982, salvo disposição em contrário estipulada entre as partes.

Por exemplo, se um teletrabalhador contratado em Recife optar por prestar serviços a partir de sua nova residência na Alemanha, fará jus, em princípio, aos direitos trabalhistas previstos na legislação brasileira, e não na legislação alemã, ainda que estes últimos lhe sejam mais favoráveis, não se aplicando, neste aspecto, o disposto no art. 3º, II, da Lei nº 7.064/1982. Seria aplicável a legislação alemã apenas se assim houvesse sido pactuado pelas partes.

No mesmo sentido foi encaminhada pelo legislador a solução para a definição da norma coletiva aplicável, conforme § 7º do art. 75-B da CLT, incluído pela Lei nº 14.442/2022:

> § 7º Aos empregados em regime de teletrabalho aplicam-se as disposições previstas na legislação local e nas convenções e nos acordos coletivos de trabalho relativas à base territorial do estabelecimento de lotação do empregado.

Desse modo, aquele teletrabalhador do exemplo anterior, contratado em Belo Horizonte, mas que optou por morar em Guarapari e de lá prestar serviços, estará sujeito às normas coletivas (convenção coletiva de trabalho e/ou acordo coletivo de trabalho) aplicáveis em Belo Horizonte, que é a base territorial do estabelecimento de lotação.

13.8.6. Responsabilidade pela aquisição de equipamentos e infraestrutura necessária ao teletrabalho ou trabalho remoto

O dispositivo mais polêmico sobre o teletrabalho é o art. 75-D da CLT, *in verbis*:

> Art. 75-D. As disposições relativas à responsabilidade pela aquisição, manutenção ou fornecimento dos equipamentos tecnológicos e da infraestrutura necessária e adequada à prestação do trabalho remoto, bem como ao reembolso de despesas arcadas pelo empregado, serão previstas em contrato escrito.
>
> Parágrafo único. As utilidades mencionadas no *caput* deste artigo não integram a remuneração do empregado.

A redação do dispositivo dá a entender que o custeio dos equipamentos (computadores, *smartphones* etc.) e da estrutura necessária (conexão à internet, energia elétrica etc.) poderia ser livremente negociado entre as partes.

Ocorre que, sendo incontroverso que o teletrabalhador é empregado, cabe ao empregador fornecer-lhe os meios para a consecução do trabalho. Daí surge outra corrente interpretativa no sentido da qual o ajuste seria apenas a respeito de quem vai comprar os equipamentos, por exemplo. Se for o empregador, ele compra e os fornece ao teletrabalhador. Se for o empregado, ele compra, paga e depois é ressarcido pelo empregador.

O fornecimento de tais utilidades ou o respectivo ressarcimento não tem natureza salarial, conforme o parágrafo único, mas isso não é novo, pois já constava do antigo art. 458, § 2º, I, da CLT. Com efeito, trata-se de utilidade fornecida para o trabalho, e não como contraprestação pelo trabalho, donde se exclui qualquer possibilidade de reconhecimento de natureza salarial.

Parece-me que a segunda corrente interpretativa é a mais razoável e consentânea com os princípios do direito do trabalho, mas somente o tempo dirá que interpretação prevalecerá. Também neste sentido, Gustavo Filipe Barbosa Garcia[44] e Marcelo Moura[45].

13.8.7. Jornada, horário de trabalho e tempo à disposição no teletrabalho

Conforme mencionado anteriormente, a Lei nº 14.442/2022 criou duas modalidades de teletrabalho, às quais se aplicam de forma distinta as regras relativas à duração do trabalho.

Com efeito, os empregados em regime de teletrabalho que prestem serviço *por jornada* devem ser submetidos, em princípio, ao controle de ponto, fazendo jus aos direitos trabalhistas daí decorrentes (intervalo intrajornada, intervalo interjornadas, eventuais horas extras e, eventualmente, a proteção especial do trabalho noturno). Os empregados em regime de teletrabalho que prestem **serviço *por produção ou tarefa***, por sua vez, estão expressamente excluídos das normas da CLT que limitam a duração do trabalho (art. 62, III, c/c art. 75-B, § 3º, ambos da CLT), pelo que, em princípio[46], não fazem jus à limitação da duração do trabalho e aos seus consectários legais. O repouso semanal remunerado é devido para quaisquer empregados, entretanto.

---

[44] GARCIA, Gustavo Filipe Barbosa. *CLT Comentada*. 4. ed. São Paulo: Método, 2018, p. 144.

[45] MOURA, Marcelo. *Consolidação das Leis do Trabalho para concursos*. 7. ed. São Paulo: JusPodivm, 2017, p. 177.

[46] Reitere-se que se, na prática, o teletrabalhador por produção ou tarefa é submetido a controle de jornada, não se lhe aplica a exceção legal do art. 62 da CLT.

Dispõe o § 9º do art. 75-B da CLT, incluído pela Lei nº 14.442/2022, que o "acordo individual poderá dispor sobre os horários e os meios de comunicação entre empregado e empregador, desde que assegurados os repousos legais".

Por sua vez, a Lei nº 14.442/2022 estabeleceu que "o tempo de uso de equipamentos tecnológicos e de infraestrutura necessária, bem como de softwares, de ferramentas digitais ou de aplicações de internet utilizados para o teletrabalho, fora da jornada de trabalho normal do empregado não constitui tempo à disposição ou regime de prontidão ou de sobreaviso, exceto se houver previsão em acordo individual ou em acordo ou convenção coletiva de trabalho" (art. 75-B, § 5º, da CLT).

13.8.8. Proteção à saúde do teletrabalhador

No que diz respeito à saúde do teletrabalhador, dispõe o art. 75-E da CLT que o empregador deverá instruir os empregados, de maneira expressa e ostensiva, quanto às precauções a tomar a fim de evitar doenças e acidentes de trabalho. Por sua vez, o empregado deverá assinar termo de responsabilidade, comprometendo-se a seguir as instruções fornecidas pelo empregador (art. 75-E, parágrafo único).

A respeito do tema, Homero Batista Mateus da Silva[47] assevera que

> [...] a tese de que todos os acidentes tivessem como causa 'ato inseguro' do empregado está superada faz muitos anos, impondo-se análise multifatorial para a compreensão dos acidentes e doenças a ele equiparadas; por exemplo, em caso de sobrecarga muscular pelo trabalho de digitação em domicílio – antigamente denominada tendinite – não é crível que se pense apenas em analisar o descuido do empregado quanto à postura; elementos relevantes como prazos para entrega dos trabalhos, nível de complexidade, ritmo exigido, número de toques necessários para dar cobro à demanda, forma de remuneração, metas impostas e vários outros assuntos correlatos deverão ser levados em consideração.

Na prática, a questão é de difícil solução, porquanto normalmente o teletrabalho é prestado a partir da residência do trabalhador, à qual não tem acesso o empregador para, no exercício do poder diretivo, fiscalizar as condições de trabalho e o cumprimento de normas relativas à segurança e saúde do trabalhador. Por outro lado, também neste caso será do empregador a responsabilidade por eventuais doenças ocupacionais do trabalhador e/ou acidentes do trabalho, ainda que tenha sido observado o quanto determinado pelo art. 75-E da CLT.

13.8.9. Estágio e aprendizagem na modalidade teletrabalho

A Lei nº 14.442/2022 permitiu expressamente a adoção do regime de teletrabalho ou trabalho remoto para estagiários e aprendizes, conforme art. 75-B, § 6º, da CLT.

Naturalmente deverão ser observadas as regras específicas de tais contratos, notadamente no que diz respeito à duração do trabalho, a fim de que com elas seja compatibilizada a execução do teletrabalho. Por consequência, aparentemente não seria cabível, no caso dos estagiários e aprendizes, a adoção do regime de teletrabalho por produção ou tarefa, o qual exclui a aplicação ao trabalhador das normas relativas à duração do trabalho.

Observe-se que, no caso do estágio, é curiosa a permissão para adoção do regime de teletrabalho levada a efeito por dispositivo da CLT, visto que tal relação de trabalho

---

47 SILVA, Homero Batista Mateus da. *Comentários à reforma trabalhista*. São Paulo: Revista dos Tribunais, 2017, p. 56.

não se confunde com a relação de emprego e, como tal, não é regida pela CLT, mas sim por lei específica (Lei nº 11.788/2008).

13.8.10. Prioridade legal para vagas de teletrabalho

Consoante estabelecido pelo art. 75-F da CLT, incluído pela MPV nº 1.108/2022, com a redação dada pela lei de conversão (Lei nº 14.442/2022), "os empregadores deverão dar prioridade aos empregados com deficiência e aos empregados com filhos ou criança sob guarda judicial até 4 (quatro) anos de idade na alocação em vagas para atividades que possam ser efetuadas por meio do teletrabalho ou trabalho remoto".

O dispositivo, na prática, parece inócuo, visto que não oferece mecanismos suficientes para a sua efetivação. Com efeito, não há qualquer critério objetivo para a o exercício da aludida prioridade, tampouco foi prevista penalidade para o empregador que não a observe.

Na mesma linha do disposto no art. 75-F da CLT, a Lei nº 14.457/2022 (Programa Emprega Mais Mulheres) estabeleceu, dentre as medidas de apoio à parentalidade, a adoção do teletrabalho:

Art. 1º Fica instituído o Programa Emprega + Mulheres, destinado à inserção e à manutenção de mulheres no mercado de trabalho por meio da implementação das seguintes medidas:

I – para apoio à parentalidade na primeira infância:

a) pagamento de reembolso-creche; e

b) manutenção ou subvenção de instituições de educação infantil pelos serviços sociais autônomos;

II – **para apoio à parentalidade por meio da flexibilização do regime de trabalho**:

a) **teletrabalho**; (grifos meus)

b) regime de tempo parcial;

c) regime especial de compensação de jornada de trabalho por meio de banco de horas;

d) jornada de 12 (doze) horas trabalhadas por 36 (trinta e seis) horas ininterruptas de descanso, quando a atividade permitir;

e) antecipação de férias individuais; e

f) horários de entrada e de saída flexíveis;

III – para qualificação de mulheres, em áreas estratégicas para a ascensão profissional:

a) suspensão do contrato de trabalho para fins de qualificação profissional; e

b) estímulo à ocupação das vagas em cursos de qualificação dos serviços nacionais de aprendizagem por mulheres e priorização de mulheres hipossuficientes vítimas de violência doméstica e familiar;

IV – para apoio ao retorno ao trabalho das mulheres após o término da licença-maternidade:

a) suspensão do contrato de trabalho de pais empregados para acompanhamento do desenvolvimento dos filhos; e

b) flexibilização do usufruto da prorrogação da licença-maternidade, conforme prevista na Lei nº 11.770, de 9 de setembro de 2008;

V – reconhecimento de boas práticas na promoção da empregabilidade das mulheres, por meio da instituição do Selo Emprega + Mulher;

VI – prevenção e combate ao assédio sexual e a outras formas de violência no âmbito do trabalho; e

VII – estímulo ao microcrédito para mulheres.

Parágrafo único. Para os efeitos desta Lei, parentalidade é o vínculo socioafetivo maternal, paternal ou qualquer outro que resulte na assunção legal do papel de realizar as atividades parentais, de forma compartilhada entre os responsáveis pelo cuidado e pela educação das crianças e dos adolescentes, nos termos do parágrafo único do art. 22 da Lei nº 8.069, de 13 de julho de 1990 (Estatuto da Criança e do Adolescente).

[...]

Art. 7º **Na alocação de vagas para as atividades que possam ser efetuadas por meio de teletrabalho, trabalho remoto ou trabalho a distância**, nos termos do Capítulo II-A do Título II da Consolidação das Leis do Trabalho, aprovada pelo Decreto-Lei nº 5.452, de 1º de maio de 1943, **os empregadores *deverão* conferir prioridade:**

I – às empregadas e aos empregados com filho, enteado ou criança sob guarda judicial com até 6 (seis) anos de idade; e

II – às empregadas e aos empregados com filho, enteado ou pessoa sob guarda judicial com deficiência, sem limite de idade. (grifos meus)

No caso da Lei nº 14.457/2022, como incentivo ao empregador para a alocação prioritária de postos de trabalho à distância é oferecido o "Selo Emprega + Mulher" (art. 24 da Lei nº 14.457/2022), o qual pode beneficiar microempresas e empresas de pequeno porte com benefícios creditícios adicionais (art. 25), bem como pode ser utilizado para fins de divulgação da marca, produtos e serviços (art. 27).

13.8.11. Teletrabalho como medida de enfrentamento em situações de calamidade pública

A Lei nº 14.437/2022 autoriza o Poder Executivo federal a dispor sobre a adoção, por empregados e empregadores, de medidas trabalhistas alternativas e sobre o Programa Emergencial de Manutenção do Emprego e da Renda, para enfrentamento das consequências sociais e econômicas de estado de calamidade pública em âmbito nacional ou em âmbito estadual, distrital ou municipal reconhecido pelo Poder Executivo federal.

Dentre as medidas que poderão ser adotadas como forma enfrentamento das consequências do estado de calamidade pública está o teletrabalho (art. 2º, II), conforme regras estabelecidas pelo art. 3º da referida Lei:

Art. 3º O empregador poderá, **a seu critério**, durante o prazo previsto no ato do Ministério do Trabalho e Previdência de que trata o art. 2º desta Lei, **alterar o regime de trabalho presencial para teletrabalho ou trabalho remoto**, além de determinar o retorno ao regime de trabalho presencial, **independentemente da existência de acordos individuais ou coletivos, dispensado o registro prévio da alteração no contrato individual de trabalho.** (grifos meus)

[...]

§ 2º A alteração de que trata o *caput* deste artigo será notificada ao empregado com antecedência de, no mínimo, 48 (quarenta e oito) horas, por escrito ou por meio eletrônico.

§ 3º As disposições relativas à responsabilidade pela aquisição, pela manutenção ou pelo fornecimento dos equipamentos tecnológicos e da infraestrutura necessária e adequada à prestação de teletrabalho ou de trabalho remoto e as disposições relativas ao reembolso de despesas efetuadas pelo empregado serão previstas em contrato escrito, firmado previamente ou no prazo de 30 (trinta) dias, contado da data da mudança do regime de trabalho.

§ 4º Na hipótese de o empregado não possuir os equipamentos tecnológicos ou a infraestrutura necessária e adequada à prestação de teletrabalho ou de trabalho remoto:

I – o empregador poderá fornecer os equipamentos em regime de comodato e custear os serviços de infraestrutura, que não caracterizarão verba de natureza salarial; ou

II – o período da jornada normal de trabalho será computado como tempo de trabalho à disposição do empregador, na impossibilidade do oferecimento do regime de comodato de que trata o inciso I deste parágrafo.

[...]

§ 6º Aplica-se ao teletrabalho e ao trabalho remoto de que trata este artigo o disposto no inciso III do *caput* do art. 62 da Consolidação das Leis do Trabalho, aprovada pelo Decreto-Lei nº 5.452, de 1º de maio de 1943.

Portanto, **nestas situações excepcionais** há substancial flexibilização das regras celetistas que regulamentam o teletrabalho, com destaque para:

- A alteração do regime presencial para teletrabalho não depende da concordância do empregado nem do prévio registro formal, bastando que a alteração seja notificada ao empregado, por escrito, com antecedência mínima de 48h;
- Se o empregado não tiver a estrutura necessária para a prestação do serviço em regime de teletrabalho (computador, equipamentos eletrônicos, conexão à internet etc.), o empregador poderá (leia-se deverá) fornecer tal estrutura ao empregado em regime de comodato, sob pena de ter que remunerar o empregado pelo tempo à disposição;
- Aplica-se o disposto no art. 62, III, da CLT, o que deve ser lido, é claro, em consonância com o quanto já estudado acerca das modalidades de teletrabalho e controle de jornada.

Matéria suscetível de flexibilização: A convenção coletiva e o acordo coletivo de trabalho têm prevalência sobre a lei quando dispuserem sobre o **regime de teletrabalho** (art. 611-A, VIII, da CLT).

TELETRABALHO OU TRABALHO REMOTO

Características:
- trabalho prestado fora das dependências do empregador, ainda que de forma não preponderante.
- utilização de tecnologias de informação e de comunicação.
- não configuração de trabalho externo.
- o teletrabalhador é empregado.

Modalidades:
- teletrabalho por jornada: trabalha-se por unidade de tempo (8h/dia; 44h/semana; com controle de jornada e direitos respectivos).
- teletrabalho por produção ou tarefa: trabalha-se por produção ou tarefa, sem controle de jornada e, consequentemente, o empregado não faz jus à limitação da duração do trabalho, aos intervalos, às horas extras e ao adicional noturno. Tem direito, entretanto, ao DSR.

Forma do contrato em regime de teletrabalho:
- obrigatoriamente escrita (*instrumento* do contrato individual de trabalho).
- não mais se exige a especificação das atividades que serão realizadas.

TELETRABALHO OU TRABALHO REMOTO

Alteração do regime:

• presencial para teletrabalho: exige mútuo acordo entre as partes e registro em aditivo contratual.

• teletrabalho para presencial: constitui prerrogativa do empregador (não depende de consentimento do empregado, pois se insere no *jus variandi*), deve ter prazo de transição mínimo de 15 dias e exige registro em aditivo contratual.

• se o empregado, no teletrabalho, optou por prestar os serviços fora da localidade prevista no contrato, quando do retorno ao trabalho presencial o empregador não é responsável pelas despesas resultantes, salvo estipulação prévia das partes neste sentido.

Norma aplicável:

• se o empregado é contratado no Brasil e opta por prestar serviços do exterior, será aplicada a lei brasileira.

• se o empregado é contratado em determinada cidade e opta por prestar serviços remotamente, a partir de outra cidade, pertencente a base territorial sindical distinta, a norma coletiva aplicável será aquela relativa à base territorial do estabelecimento de lotação do empregado.

Aquisição de equipamentos e infraestrutura:

• a responsabilidade pela aquisição, manutenção ou fornecimento de equipamentos tecnológicos e da infraestrutura adequada à prestação do trabalho remoto, bem como ao reembolso de despesas arcadas pelo empregado, será prevista em contrato escrito.

• tais utilidades não integram a remuneração do empregado.

Horário de trabalho e tempo à disposição:

• acordo individual poderá dispor sobre os horários e os meios de comunicação entre empregado e empregador, desde que assegurados os repousos legais.

• o tempo de uso de equipamentos tecnológicos e de infraestrutura necessária utilizada para o teletrabalho, fora da jornada normal de trabalho do empregado, não constitui tempo à disposição ou regime de prontidão ou sobreaviso, exceto se houver previsão contratual ou normativa em sentido contrário.

Proteção à saúde:

• o empregador deverá instruir os empregados, de maneira expressa e ostensiva, quanto às precauções a tomar para evitar doenças e acidentes de trabalho.

• o empregado deverá assinar termo de responsabilidade, pelo qual se comprometerá a seguir as instruções fornecidas pelo empregador.

Outros aspectos:

• é permitida a adoção do regime de teletrabalho ou trabalho remoto para estagiários e aprendizes.

• os empregadores deverão conferir prioridade, quando da alocação de vagas de teletrabalho, aos empregados com deficiência e às empregadas com filhos ou criança sob guarda judicial que tenha até quatro anos de idade.

• as regras relativas ao regime de teletrabalho podem ser flexibilizadas mediante negociação coletiva, prevalecendo o negociado sobre o legislado.

13.9. DEIXADINHAS

1. Duração do trabalho é o gênero, do qual são espécies o horário de trabalho, a jornada de trabalho e os descansos trabalhistas.

2. Jornada de trabalho é o tempo em que o empregado permanece diariamente à disposição do empregador para lhe prestar serviços.

3. São imperativas as normas limitadoras da duração do trabalho, tendo em vista sua natureza de normas de medicina e segurança do trabalho. Salvo no que diz respeito aos direitos constitucionalmente assegurados, entretanto, é válida a flexibilização mediante norma coletiva, com prevalência da norma coletiva sobre a lei.

4. Além do tempo efetivamente trabalhado, são remunerados o tempo à disposição, o tempo de prontidão e o tempo de sobreaviso, atendidas as condições legais.

5. O tempo despendido pelo empregado da boca da mina ao local do trabalho e vice-versa será computado para o efeito de pagamento do salário.

6. O tempo despendido pelo empregado desde a sua residência até a efetiva ocupação do posto de trabalho e para o seu retorno, caminhando ou por qualquer meio de transporte, inclusive o fornecido pelo empregador, não será computado na jornada de trabalho, por não ser tempo à disposição do empregador.

7. Sobreaviso é o tempo efetivo em que o ferroviário permanece em casa aguardando ser chamado para o serviço.

8. A duração máxima do tempo de sobreaviso é de 24 horas e deve ser remunerado à razão de 1/3 (um terço) da hora normal de trabalho.

9. O uso de instrumentos telemáticos ou informatizados fornecidos pela empresa ao empregado, por si só, não caracteriza o regime de sobreaviso. Todavia, considera-se em sobreaviso o empregado que, à distância e submetido a controle patronal por instrumentos telemáticos ou informatizados, permanecer em regime de plantão ou equivalente, aguardando a qualquer momento o chamado para o serviço durante o período de descanso.

10. Aplica-se analogicamente o instituto do sobreaviso aos eletricitários.

11. Prontidão é o tempo gasto pelo ferroviário que ficar nas dependências da estrada, aguardando ordens.

12. A escala de prontidão será de, no máximo, doze horas, e a hora de prontidão será remunerada à razão de 2/3 do valor da hora normal de trabalho.

13. O tempo de prontidão do aeronauta é denominado reserva, e a remuneração corresponde à da hora normal de trabalho.

14. Não serão descontadas nem computadas como jornada extraordinária as variações de horário no registro de ponto não excedentes de cinco minutos, observado o limite máximo de dez minutos diários.

15. Excedido o limite residual previsto (cinco minutos), todo o tempo será considerado como hora extraordinária, pois configurado tempo à disposição do empregador.

16. Não será computado como período extraordinário o que exceder à jornada normal, ainda que ultrapasse o limite de cinco minutos, quando o empregado, por escolha própria, buscar proteção pessoal, em caso de insegurança nas vias públicas ou más condições climáticas, bem como adentrar ou permanecer nas dependências da empresa para exercer atividades particulares, a exemplo do tempo despendido em higiene pessoal, práticas religiosas, descanso, lazer, estudo, alimentação, atividades de relacionamento social e troca de uniforme, quando não houver obrigatoriedade de realizar a mudança na empresa.

17. Norma coletiva pode flexibilizar o tempo residual previsto na CLT, estipulando tolerância maior.

18. Quanto ao controle, as jornadas são classificadas em controladas e não controladas.

19. São controladas as jornadas em que o tempo de trabalho é controlado pelo empregador, em decorrência do poder empregatício.

20. São obrigados a manter controle de jornada (ponto) os estabelecimentos que contem com mais de vinte empregados. O empregador doméstico, por sua vez, é sempre obrigado a conservar controle de ponto, independentemente do número de empregados que mantenha.

21. A assinalação dos horários de repouso intrajornada (saída para o repouso e retorno para o trabalho) não é obrigatória, podendo tais horários serem pré-assinalados no cartão de ponto. Em caso de desmembramento do intervalo do doméstico que reside no local de trabalho, é obrigatória a anotação dos horários relativos aos intervalos, vedada a prenotação.

22. A modalidade de registro de jornada de trabalho pode ser flexibilizada mediante previsão em instrumento coletivo de trabalho.

23. É ônus do empregador que conta com mais de vinte empregados controlar a jornada destes. Caso contrário, inverte-se o ônus da prova, cabendo ao empregador comprovar que o empregado não trabalhou durante o tempo alegado.

24. Os registros de ponto uniformes ("ponto britânico") são inválidos. Todavia, é admitido o controle de ponto por exceção, mediante acordo individual escrito ou norma coletiva.

25. Se o trabalho for executado fora do estabelecimento, o horário dos empregados constará do registro manual, mecânico ou eletrônico em seu poder.

26. Os empregados que exercem atividade externa incompatível com a fixação de horário de trabalho não têm a jornada controlada. Logo, não fazem jus a horas extras.

27. Os gerentes (exercentes de cargos de gestão), os diretores e chefes de departamento ou filial, desde que tenham salário pelo menos 40% superior ao cargo efetivo, também não se sujeitam ao regime de limitação da duração do trabalho, salvo se efetivamente têm a jornada controlada pelo empregador.

28. A estes empregados não sujeitos a controle de horário não se aplicam as horas extras, os descansos trabalhistas, o adicional noturno e a hora reduzida noturna. Fazem jus, entretanto, ao RSR, garantido pela CRFB.

29. Os empregados em regime de teletrabalho por produção ou por tarefa não estão sujeitos às normas que limitam a duração do trabalho, salvo se efetivamente têm a jornada controlada pelo empregador.

30. A jornada normal de trabalho para os empregados em geral é de 8h diárias e 44h semanais.

31. É possível a fixação, por lei, de jornadas especiais de trabalho, conforme as peculiaridades da atividade desenvolvida por determinada categoria.

32. A duração normal do trabalho dos empregados em bancos, em casas bancárias e na Caixa Econômica Federal, **para aqueles que operam exclusivamente no caixa**, será de até seis horas diárias, perfazendo um total de trinta horas de trabalho por semana, podendo ser pactuada jornada superior, a qualquer tempo, nos termos do disposto no art. 58 da CLT, mediante acordo individual escrito, convenção coletiva ou acordo coletivo de trabalho, hipóteses em que não será cabível a gratificação de função. A jornada de trabalho do bancário é de 6h, de segunda a sexta-feira, sendo o sábado considerado dia útil não trabalhado, salvo previsão mais benéfica em contrato, regulamento ou norma coletiva.

33. A jornada especial do bancário não se aplica aos que exercem funções de direção, gerência, fiscalização, chefia e equivalentes, ou que desempenhem outros cargos de confiança, desde que o valor da gratificação não seja inferior a 1/3 (um terço) do salário do cargo efetivo.

34. O gerente-geral da agência bancária não está sujeito ao controle da jornada de trabalho, enquadrando-se na regra do art. 62, II, da CLT.

35. O caixa bancário, ainda que caixa executivo, não exerce cargo de confiança. Se perceber gratificação igual ou superior a um terço do salário do posto efetivo, essa remunera apenas a maior responsabilidade do cargo e não as duas horas extraordinárias além da sexta.

36. É de 6h a jornada para o trabalho realizado em turnos ininterruptos de revezamento, salvo negociação coletiva, quando poderá ser ampliada para até 8h. O elastecimento da jornada, todavia, não pode ser pactuado de forma retroativa.

37. Enquadra-se no regime de turnos ininterruptos o empregado que trabalha em turnos alternados, ainda que em dois turnos de trabalho, que compreendam, no todo ou em parte, o horário diurno e o noturno.

38. A interrupção do trabalho destinada a repouso e alimentação, dentro de cada turno, ou o intervalo para repouso semanal, não descaracteriza o turno de revezamento com jornada de 6h previsto no art. 7º, XIV, da CF/1988.

39. A função do empregado não interessa para enquadramento no regime de turnos ininterruptos.

40. Turno fixo em empresa que funciona ininterruptamente não dá direito à jornada especial de 6h.

41. Inexistindo instrumento coletivo fixando jornada diversa, o empregado horista submetido a turno ininterrupto de revezamento faz jus ao pagamento das horas extraordinárias laboradas além da 6ª, bem como ao respectivo adicional.

42. Para o cálculo do salário hora do empregado horista, submetido a turnos ininterruptos de revezamento, considerando a alteração da jornada de 8 para 6 horas diárias, aplica-se o divisor 180, em observância ao disposto no art. 7º, VI, da CRFB, que assegura a irredutibilidade salarial.

43. A jornada de trabalho em regime de revezamento dos petroleiros, de até 12h, foi recepcionada pela CRFB.

44. A jornada normal do advogado empregado é de 8h diárias e 40h semanais.

45. O advogado empregado de banco, pelo simples exercício da advocacia, não exerce cargo de confiança, não se enquadrando, portanto, na hipótese do § 2º do art. 224 da CLT.

46. Empregados de empresas que explorem o serviço de telefonia, telegrafia submarina ou subfluvial, de radiotelegrafia ou de radiotelefonia têm a jornada de 6h e 36h semanais.

47. É aplicável à telefonista de mesa de empresa que não explora o serviço de telefonia o disposto no art. 227, e seus parágrafos, da CLT.

48. O operador de telex de empresa, cuja atividade econômica não se identifica com qualquer uma das previstas no art. 227 da CLT, não se beneficia de jornada reduzida.

49. A jurisprudência dominante tem entendido que a jornada reduzida de que trata o art. 227 da CLT é aplicável, por analogia, ao operador de televendas (*telemarketing*). Logo, aplica-se a jornada de 6 horas também para os operadores de *telemarketing*.

50. A jornada dos trabalhadores em minas de subsolo é de 6h e 36h semanais.

51. O trabalho extraordinário é lícito, desde que respeitados os limites legais.

52. A jornada pode ser prorrogada por até duas horas diárias, mediante acordo individual ou norma coletiva. O acordo individual pode ser escrito, verbal ou mesmo tácito.

53. É inválida a pré-contratação de horas extras.

54. O valor eventualmente contratado a título de pré-contratação de horas extras remunera apenas as horas normais de trabalho.

55. Excepcionalmente, em caso necessidade imperiosa, por motivo de força maior ou para atender à realização ou conclusão de serviços inadiáveis ou cuja inexecução possa acarretar prejuízo manifesto, poderá ser exigida a prestação de horas extras, até o limite de 12h diárias, independentemente de convenção coletiva ou acordo coletivo de trabalho.

56. Força maior é todo acontecimento inevitável, em relação à vontade do empregador, e para a realização do qual este não concorreu, direta ou indiretamente.

57. Nos casos prorrogação da jornada por necessidade imperiosa, decorrente de força maior ou de serviços inadiáveis, não mais se exige a comunicação da ocorrência ao Ministério do Trabalho e Emprego.

58. Também as horas extraordinárias prestadas independentemente de acordo, qualquer que seja o motivo, devem ser remuneradas com adicional de, no mínimo, 50% sobre o valor da hora normal de trabalho.

59. Se ocorrer interrupção do trabalho, resultante de causas acidentais, ou de força maior, que determinem a impossibilidade de sua realização, poderá ser exigida a prestação

de horas extras, observados os seguintes limites: a) deve haver autorização prévia do Ministério do Trabalho e Emprego; b) limite de 2h extras, até 10h diárias, e até 45 dias por ano.

60. Ao menor de 18 anos só pode ser exigido o trabalho extraordinário em virtude de força maior, e ainda assim quando o trabalho for imprescindível ao estabelecimento.

61. Todo e qualquer dispositivo celetista que estipule remuneração de hora extra com adicional inferior a 50% deve ser relido à luz da CRFB, ou seja, considera-se o adicional de 50%.

62. Prestado o trabalho extraordinário, há dois efeitos possíveis: a) remuneração das horas extras, com adicional de, no mínimo, 50%; b) compensação de jornada mediante a diminuição da jornada em outro dia.

63. O trabalho extraordinário deve ser remunerado como tal, ainda que sem o devido acordo de prorrogação.

64. Todas as horas extraordinárias prestadas devem ser remuneradas, ainda que a jornada suplementar tenha excedido o limite de duas horas diárias.

65. Todas as horas extraordinárias prestadas integram o cálculo das demais parcelas trabalhistas, independentemente do limite de duas horas suplementares diárias.

66. É lícito o regime de compensação de jornada estabelecido por acordo individual, tácito ou escrito, para a compensação no mesmo mês.

67. O banco de horas semestral pode ser pactuado mediante acordo individual escrito.

68. O banco de horas anual depende autorização em instrumento coletivo de trabalho (ACT ou CCT). Para o doméstico, basta o acordo individual escrito.

69. É válido o regime 12x36, bastando, para sua pactuação, o acordo individual escrito. A remuneração mensal do empregado, neste caso, abrange os pagamentos devidos pelos DSR e pelo descanso em feriados. Considera-se compensados os feriados e as prorrogações do trabalho noturno, quando houver. O intervalo intrajornada pode ser observado ou indenizado.

70. Horas compensadas irregularmente ensejam o pagamento do adicional (50%), mas as horas normais já são remuneradas pelo salário mensal do empregado.

71. A prestação de horas extras habituais não descaracteriza o acordo de compensação de jornada nem o banco de horas.

72. O trabalho em sobrejornada é proibido aos empregados contratados a tempo parcial cuja jornada seja de 26h a 30h semanais, bem como aos aprendizes.

73. Quando o menor de 18 anos for empregado em mais de um estabelecimento, as horas de trabalho em cada um serão totalizadas.

74. Nas atividades insalubres quaisquer prorrogações ou compensações só poderão ser acordadas mediante licença prévia das autoridades competentes em matéria de higiene do trabalho. Excetuam-se da exigência de licença prévia, entretanto, as jornadas 12x36. Além disso, norma coletiva pode autorizar a prorrogação de jornada em ambientes insalubres, sem licença prévia da autoridade competente.

75. Considera-se trabalho em regime de tempo parcial aquele cuja duração não exceda a trinta horas semanais, sem a possibilidade de prestação de horas suplementares, ou aquele cuja duração não exceda a vinte e seis horas semanais, com a possibilidade de prestação de até 6h suplementares por semana.

76. No regime de tempo parcial, as horas suplementares poderão ser compensadas diretamente até a semana imediatamente posterior à da sua execução. Caso não ocorra a compensação, as horas deverão ser pagas na folha de pagamento do mês subsequente.

77. É facultado ao empregado contratado sob regime de tempo parcial converter um terço do período de férias a que tiver direito em abono pecuniário.

78. As férias do regime de tempo parcial não mais diferem daquelas concedidas aos empregados em geral.

79. O salário a ser pago aos empregados sob o regime de tempo parcial será proporcional à sua jornada, em relação aos empregados que cumprem, nas mesmas funções, tempo integral.

80. Para os empregados com contrato em vigor, a adoção do regime de tempo parcial depende de opção manifestada pelo empregado e de autorização em norma coletiva.

81. A remuneração do serviço suplementar é composta do valor da hora normal, integrado por parcelas de natureza salarial e acrescido do adicional previsto em lei, contrato, acordo, convenção coletiva ou sentença normativa.

82. O empregado, sujeito a controle de horário, remunerado à base de comissões, tem direito ao adicional de, no mínimo, 50% (cinquenta por cento) pelo trabalho em horas extras, calculado sobre o valor-hora das comissões recebidas no mês, considerando-se como divisor o número de horas efetivamente trabalhadas.

83. O empregado que recebe salário por produção e trabalha em sobrejornada tem direito à percepção apenas do adicional de horas extras, exceto no caso do empregado cortador de cana, a quem é devido o pagamento das horas extras e do adicional respectivo.

84. A remuneração do serviço suplementar, habitualmente prestado, integra o cálculo da gratificação natalina (13º salário).

85. O valor das horas extras habituais integra a remuneração do trabalhador para o cálculo das gratificações semestrais.

86. Computam-se no cálculo do repouso remunerado as horas extras habitualmente prestadas.

87. O cálculo do valor das horas extras habituais, para efeito de reflexos em verbas trabalhistas, observará o número de horas efetivamente prestadas e a ele aplica-se o valor do salário-hora da época do pagamento daquelas verbas.

88. A supressão total ou parcial das horas extras habitualmente prestadas dá direito à indenização, à razão de um mês das horas suprimidas para cada ano ou fração igual ou superior a 6 meses de trabalho em sobrejornada. Condição: pelo menos um ano de sobrejornada.

89. Considera-se trabalho noturno, no meio urbano, aquele prestado entre as 22h de um dia e as 5h do dia seguinte.

90. O trabalho noturno deve ser remunerado com adicional noturno de 20% sobre a hora diurna.

91. A hora noturna urbana é de apenas 52'30", de forma que o empregado labora 7h e recebe por 8h.

92. O direito à hora reduzida de 52 minutos e 30 segundos aplica-se ao vigia noturno.

93. Os petroleiros não fazem jus à hora reduzida.

94. Nos horários mistos, assim entendidos os que abrangem períodos diurnos e noturnos, aplica-se às horas de trabalho noturno o adicional noturno e a hora reduzida.

95. Cumprida integralmente a jornada no período noturno e prorrogada esta, devido é também o adicional quanto às horas prorrogadas, exceto no regime 12x36.

96. A transferência para o período diurno de trabalho implica na perda do direito ao adicional noturno.

97. O adicional noturno integra a base de cálculo das horas extras prestadas no período noturno.

98. O adicional de periculosidade deve compor a base de cálculo do adicional noturno, já que também neste horário o trabalhador permanece sob as condições de risco.

99. O horário noturno do rurícola é diferenciado: a) na pecuária, das 20h às 4h; b) na agricultura, de 21h às 5h.

100. O adicional noturno do rurícola é de 25%, mas a hora noturna não é reduzida.

101. O cálculo da indenização pela supressão das horas extras habitualmente prestadas observará a média das horas suplementares nos doze meses anteriores à mudança, multiplicada pelo valor da hora extra do dia da supressão.

102. Considera-se teletrabalho ou trabalho remoto a prestação de serviços fora das dependências do empregador, de maneira preponderante ou não, com a utilização de tecnologias de informação e de comunicação, que, por sua natureza, não configure trabalho externo. O comparecimento, ainda que de modo habitual, às dependências do empregador para a realização de atividades específicas que exijam a presença do empregado no estabelecimento não descaracteriza o regime de teletrabalho ou trabalho remoto.

103. O regime de teletrabalho ou trabalho remoto não se confunde nem se equipara à ocupação de operador de *telemarketing* ou de teleatendimento.

104. O regime de teletrabalho deverá constar expressamente do instrumento do contrato de trabalho, isto é, deve ser registrado por escrito.

105. Ao contrato de trabalho do empregado admitido no Brasil que optar pela realização de teletrabalho fora do território nacional aplica-se a legislação brasileira, excetuadas as disposições constantes da Lei nº 7.064, de 6 de dezembro de 1982, salvo disposição em contrário estipulada entre as partes.

106. Aos empregados em regime de teletrabalho aplicam-se as disposições previstas na legislação local e nas convenções e nos acordos coletivos de trabalho relativas à base territorial do estabelecimento de lotação do empregado.

107. É válida a alteração entre regime presencial e de teletrabalho, desde que haja mútuo acordo entre as partes. A alteração deverá ser registrada em aditivo contratual.

108. Constitui prerrogativa do empregador alterar o regime de teletrabalho para o presencial, desde que se assegure prazo de transição de, no mínimo, 15 dias. A alteração deverá ser registrada em aditivo contratual.

109. O empregador não será responsável pelas despesas resultantes do retorno ao trabalho presencial, na hipótese de o empregado optar pela realização do teletrabalho ou trabalho remoto fora da localidade prevista no contrato, salvo disposição em contrário estipulada entre as partes.

110. As disposições relativas à responsabilidade pela aquisição, manutenção ou fornecimento dos equipamentos tecnológicos e da infraestrutura necessária e adequada à prestação do trabalho remoto, bem como pelo reembolso de despesas arcadas pelo empregado, serão previstas em contrato escrito. Tais utilidades, fornecidas para o trabalho, não possuem natureza salarial, pelo que não integram a remuneração do empregado nem repercutem em outras parcelas.

111. O empregador deverá instruir os teletrabalhadores, de maneira expressa e ostensiva, quanto às precauções a tomar a fim de evitar doenças e acidentes de trabalho. O empregado, por sua vez, deverá assinar termo de responsabilidade, pelo qual se comprometerá a seguir as instruções fornecidas pelo empregador.

112. O tempo de uso de equipamentos tecnológicos e de infraestrutura necessária, bem como de *softwares*, de ferramentas digitais ou de aplicações de internet utilizados para o teletrabalho, fora da jornada de trabalho normal do empregado não constitui tempo à disposição ou regime de prontidão ou de sobreaviso, exceto se houver previsão em acordo individual ou em acordo ou convenção coletiva de trabalho.

113. Os empregadores deverão conferir prioridade aos empregados com deficiência e aos empregados e empregadas com filhos ou criança sob guarda judicial até quatro anos de idade na alocação em vagas para atividades que possam ser efetuadas por meio do teletrabalho ou trabalho remoto.

114. Fica permitida a adoção do regime de teletrabalho ou trabalho remoto para estagiários e aprendizes.

CAPÍTULO 14

Duração do Trabalho – Descansos

• • • • • • • • • • • • • • • • • •

Marcadores: DURAÇÃO DO TRABALHO; DESCANSOS TRABALHISTAS; INTERVALOS; PERÍODOS DE REPOUSO; INTERVALO INTERJORNADAS; INTERVALO INTRAJORNADA; DESCANSO SEMANAL REMUNERADO; REPOUSO SEMANAL REMUNERADO; FERIADOS.

Material de estudo:

✓ Legislação básica: **CLT**, arts. 4°, 66-72, 382-386, 396, 412, 413; **Lei n° 605/1949; Lei Complementar n° 150/2015**, arts. 2°, 10, 13, 15, 16.

✓ Legislação para *estudo avançado*: **CLT**, arts. 229-231, 234, 235, 235-C-235-F, 238-240, 243, 245, 253, 298, 307, 308; Lei n° 14.437/2022, arts. 1°, 2°, 15.

✓ Jurisprudência: **Súm.** 27, 110, 113, 118, 146, 172, 346, 351, 437, 438, 446, TST; **OJ SDI-1** 178, 355, 394, 410, TST.

✓ Doutrina (+).

Estratégia de estudo sugerida:

O assunto deste capítulo é bastante importante, sendo imprescindível que o leitor conheça a literalidade dos dispositivos legais, bem como dos verbetes de jurisprudência respectivos.

Há que se tomar cuidado especial com os dispositivos referentes à duração do trabalho da mulher, muitos deles considerados pela doutrina majoritária como não recepcionados pela CRFB/88. Em que pese tal fato, não é esta a orientação predominante no TST e no STF.

Os descansos trabalhistas formam, juntamente com a jornada de trabalho, a disciplina legal da duração do trabalho. Se, por um lado, o legislador se preocupou em limitar a jornada de trabalho, por outro cuidou de estabelecer intervalos e pausas, seja durante a jornada, seja entre duas jornadas consecutivas, a fim de garantir a higidez física e mental do trabalhador.

Dessa forma, **pelo seu caráter de normas de saúde pública, as normas relativas a intervalos e descansos trabalhistas são, em princípio, normas imperativas**, razão pela qual, consoante a jurisprudência que se consolidou no âmbito do TST, são inderrogáveis pela vontade das partes e, inclusive, como regra, até pela negociação coletiva. A título de exemplo, pode ser mencionado o item II da Súmula 437 do TST, segundo o qual "é inválida cláusula de acordo ou convenção coletiva de trabalho contemplando a supressão ou redução do intervalo intrajornada porque este constitui medida de higiene, saúde e segurança do trabalho, garantido por norma de ordem pública (art. 71 da CLT e art. 7º, XXII, da CF/1988), infenso à negociação coletiva".

Ocorre que, não obstante a associação à preservação da saúde e da segurança do trabalho seja intrínseca às normas que regem a duração do trabalho, a *Reforma Trabalhista de 2017* dispôs que "regras sobre duração do trabalho e intervalos não são consideradas como normas de saúde, higiene e segurança do trabalho" para os fins do estabelecimento de hipóteses de flexibilização da legislação heterônoma mediante negociação coletiva de trabalho (parágrafo único do art. 611-B da CLT, incluído pela Lei nº 13.467/2017).

Relembre ainda que, conforme Tese aprovada pelo STF quando do julgamento do ARE 1.121.633 (Tema 1.046 de Repercussão Geral), "são constitucionais os acordos e as convenções coletivos que, ao considerarem a adequação setorial negociada, pactuam limitações ou afastamentos de direitos trabalhistas, independentemente da explicitação especificada de vantagens compensatórias, desde que respeitados os direitos absolutamente indisponíveis".

Ainda na linha da imperatividade das normas que estabelecem os descansos trabalhistas, a não concessão de intervalos obrigatórios por força de lei não se resolve pela sua simples remuneração diferenciada, ao passo que a questão não é, no caso, econômica. Assim, ao contrário do que normalmente alegam os empregadores infratores, quando da defesa de autos de infração por não concessão dos descansos trabalhistas, o pagamento do intervalo não concedido não tem o condão de elidir a infração administrativa, salvo, naturalmente, nas hipóteses em que a possibilidade de indenização do intervalo é prevista expressamente em lei (art. 59-A da CLT e art. 10 da LC nº 150/2015).

Os descansos trabalhistas se subdividem, de uma forma geral, em intervalos, dias de repouso (repouso semanal e feriados) e férias.

Neste capítulo serão detalhadas as regras que regem os intervalos e os dias de repouso. O estudo das férias, pelas suas peculiaridades, será tratado no próximo capítulo (Capítulo 15).

14.1. INTERVALOS

Os chamados *intervalos* são pequenos lapsos de tempo que visam, precipuamente, à recuperação das energias do empregado, o que favorece a manutenção de sua higidez física e mental, evitando assim o acometimento por doenças ocupacionais e a ocorrência de acidentes de trabalho.

São intervalos os períodos destinados ao repouso ou alimentação ao longo da jornada de trabalho, também conhecidos como **intervalos intrajornada**, bem como os lapsos de tempo consecutivos de descanso entre duas jornadas de trabalho consecutivas, também chamados de **intervalos interjornadas**.

14.1.1. Intervalos intrajornada

Dispõe o art. 71 da CLT, *in verbis*:

Art. 71. Em qualquer trabalho contínuo, cuja duração exceda de 6 (seis) horas, é obrigatória a concessão de um intervalo para repouso ou alimentação, o qual será, no mínimo, de 1 (uma) hora e, salvo acordo escrito ou contrato coletivo em contrário, não poderá exceder de 2 (duas) horas.

§ 1º Não excedendo de 6 (seis) horas o trabalho, será, entretanto, obrigatório um intervalo de 15 (quinze) minutos quando a duração ultrapassar 4 (quatro) horas.

(...)

Portanto, a regra geral é o intervalo intrajornada de, no mínimo, uma hora, e, no máximo, duas horas, para todo trabalho cuja jornada seja superior a seis horas. Para jornadas superiores a quatro horas e inferiores ou iguais a seis horas, o intervalo intrajornada comum é de 15 minutos.

Embora a lei não estabeleça em que momento da jornada o intervalo deve ser concedido, a jurisprudência não admite a concessão apenas no final da jornada, porquanto, neste caso, não teria sido cumprida a finalidade do intervalo. Ilustra esse entendimento o seguinte julgado:

Recurso de embargos em recurso de revista regido pela Lei nº 11.496/2007. Trabalhador avulso. Concessão do intervalo intrajornada de quinze minutos no final da jornada. Norma coletiva. Matéria pacificada nesta subseção. A concessão do intervalo intrajornada tem por intuito assegurar a saúde física e mental do trabalhador e, por isso, respalda-se em norma de ordem pública e cogente. O interesse público predominante é o de assegurar ao trabalhador condições adequadas de trabalho de evitar o custeio estatal de possível afastamento causado por doença ocupacional, na forma do artigo 8º, parte final, da CLT. Assim, a concessão do referido intervalo apenas ao final da jornada de trabalho desvirtua a essência da medida. A jurisprudência desta Corte também consolidou o entendimento de que é inválida a norma coletiva que prevê a concessão do intervalo para repouso e alimentação apenas no final da jornada, uma vez que a hipótese equivale à supressão do intervalo intrajornada. Precedentes. Recurso de embargos de que não se conhece (TST, SDI-I, E-RR-997-86.2011.5.04.0122, Rel. Min. Cláudio Mascarenhas Brandão, j. 06.10.2016, *DEJT* 14.10.2016).

Por absoluta falta de previsão legal, não há se falar em intervalo nas jornadas de até quatro horas.

Por outro lado, observe-se que a parte final do *caput* do art. 71 autoriza a ampliação do intervalo intrajornada mediante simples acordo escrito entre empregador e empregado.

Exemplo típico normalmente ocorre em bares e restaurantes, cujo intervalo corriqueiramente é ampliado para quatro horas, mediante acordo escrito (no mínimo), a fim de aproveitar a energia de trabalho do empregado nos dois períodos de maior acúmulo de serviço, que ocorrem nos horários de almoço e jantar.

Como mencionado, quem labora 6h diárias tem direito a intervalo de 15 minutos. Não obstante, se este trabalhador tem a jornada habitualmente prorrogada, qual seria o intervalo devido? Imagine o exemplo de um bancário, caixa executivo, cuja jornada legal é de 6h (art. 224, *caput*, da CLT), que presta habitualmente uma hora extra por dia.

Durante muito tempo, o entendimento majoritário na jurisprudência foi no sentido de que o empregado em questão continuaria fazendo jus ao intervalo previsto para sua jornada contratual.

Entretanto, o TST reviu sua posição, editando a OJ 380, a qual se direcionou no sentido contrário. Em 2012 tal OJ foi convertida no item IV da Súmula 437:

> Súm. 437. Intervalo intrajornada para repouso e alimentação. Aplicação do art. 71 da CLT (conversão das Orientações Jurisprudenciais nºs 307, 342, 354, 380 e 381 da SBDI-1) – Res. 185/2012, DEJT divulgado em 25, 26 e 27.09.2012.
>
> (...)
>
> IV – Ultrapassada habitualmente a jornada de seis horas de trabalho, é devido o gozo do intervalo intrajornada mínimo de uma hora, obrigando o empregador a remunerar o período para descanso e alimentação não usufruído como extra, acrescido do respectivo adicional, na forma prevista no art. 71, *caput* e § 4º da CLT.

Quanto à possibilidade de redução do intervalo intrajornada, é admitida apenas excepcionalmente, conforme art. 71, § 3º, da CLT:

> § 3º O limite mínimo de uma hora para repouso ou refeição poderá ser reduzido **por ato do Ministro do Trabalho**, Indústria e Comércio, quando ouvido o Serviço de Alimentação de Previdência Social, **se verificar que o estabelecimento atende integralmente às exigências concernentes à organização dos refeitórios, e quando os respectivos empregados não estiverem sob regime de trabalho prorrogado a horas suplementares.**

Além da redução mediante autorização do Ministério do Trabalho e Emprego, atualmente **é expressamente permitida em lei a redução do intervalo intrajornada mediante negociação coletiva, desde que observado o limite mínimo de trinta minutos para jornadas superiores a seis horas** (art. 611-A, III, da CLT, incluído pela Lei nº 13.467/2017).

Diante de tal previsão legal, **está parcialmente superado o entendimento jurisprudencial consubstanciado no item II da Súmula 437**[1], o qual deverá ser revisto pelo TST. Com efeito, embora continue sendo inválida a supressão do intervalo intrajornada, não mais se pode falar em invalidade da redução, desde que observado o limite mínimo de 30 minutos para jornadas superiores a seis horas.

> **Doméstico:** a Lei Complementar nº 150/2015 permitiu a redução do intervalo do intervalo do doméstico para apenas 30 minutos **mediante acordo escrito entre empregador e empregado** (art. 13, *caput*). Para os empregados domésticos que residem no local de trabalho, a Lei facultou o fracionamento do intervalo em dois períodos, desde que cada um deles tenha de uma a quatro horas (art. 13, § 1º).

Por sua vez, seguindo a orientação predominante na jurisprudência do TST, a Lei nº 12.619, de 30.04.2012 (*DOU* 02.05.2012), acrescentou o § 5º ao art. 71 da CLT, passando a permitir expressamente o fracionamento do intervalo para a categoria dos motoristas, cobradores, fiscalização de campo e afins nos serviços de operação de veículos rodoviários,

---

[1] [TST, Súm. 437] II - É inválida cláusula de acordo ou convenção coletiva de trabalho contemplando a supressão ou redução do intervalo intrajornada porque este constitui medida de higiene, saúde e segurança do trabalho, garantido por norma de ordem pública (art. 71 da CLT e art. 7º, XXII, da CF/1988), infenso à negociação coletiva.

empregados no setor do transporte coletivo de passageiros. Tal possibilidade foi ampliada, por sua vez, pela Lei nº 13.103/2015, que deu nova redação ao supramencionado § 5º do art. 71, passando a permitir, além do fracionamento, a redução do intervalo intrajornada dos motoristas, cobradores e afins, mediante previsão em norma coletiva.

No mesmo diapasão, a jurisprudência do TST vem se consolidando no sentido de que **é lícito o fracionamento do intervalo do rurícola, desde que em consonância com os usos e costumes da região**, conforme ilustra o seguinte julgado, divulgado no *Informativo nº 158 do TST*:

RECURSO DE EMBARGOS REGIDO PELA LEI Nº 13.015/2014. TRABALHADOR RURAL – HORAS EXTRAS – INTERVALO FRACIONADO – INTERVALO PARA O CAFÉ. No caso, restou incontroverso que o embargado usufruía de dois intervalos intrajornadas, a saber: o primeiro, para o almoço, e o segundo, de 30 minutos, para o café. O artigo 5º da Lei nº 5.889/73, que estatui normas reguladoras do trabalho rural, dispõe expressamente que: "Em qualquer trabalho contínuo de duração superior a seis horas, será obrigatória a concessão de um intervalo para repouso ou alimentação observados os usos e costumes da região, não se computando este intervalo na duração do trabalho.". Da análise do dispositivo legal acima, extrai-se que não houve vedação para a concessão de intervalo intrajornada de forma fracionada, como na presente hipótese, onde havia a concessão de dois intervalos, o primeiro para o almoço e o segundo, de 30 minutos, para o café. Pelo contrário, o referido preceito legal estabelece a possibilidade de concessão do período destinado ao repouso e alimentação do trabalhador rural, tomando-se o cuidado de observar os usos e costumes da região. É notório que no meio rural o costume é a concessão de mais de um intervalo para alimentação, sendo que o segundo intervalo é condição mais benéfica ao trabalhador, por se tratar de trabalho braçal que causa enorme desgaste físico ao mesmo. Na realidade, o que o legislador ordinário visava garantir é que o período destinado a repouso e alimentação do trabalhador rural não pode ser inferior a uma hora e não vedar a possibilidade de fracionar esse intervalo em duas vezes ou mais. Assim, não há que se falar que o artigo 5º da Lei nº 5.889/1973 não autoriza a dedução de mais de um intervalo intrajornada, pelo que, no presente caso, válido o segundo intervalo concedido para café, de 30 minutos, não devendo este ser computado na jornada de trabalho do empregado. De outra parte, a diretriz inscrita na Súmula/TST n.º 118 não guarda pertinência com a hipótese, pois o intervalo referido nos autos é remunerado e está previsto em norma legal. Precedentes do TST. Recurso de embargos conhecido e provido. (TST, SDI-I, E-RR-932-60.2010.5.09.0325, Rel. Min.: Renato de Lacerda Paiva, Data de Julgamento: 04/05/2017, *DEJT* 12.05.2017).

Em resumo, e considerando a grande quantidade de exceções atualmente previstas à regra da invalidade da redução ou fracionamento do intervalo mínimo intrajornada, vejamos o tema de forma esquematizada.

Exceções à impossibilidade de redução ou flexibilização do intervalo mínimo intrajornada:

* **Redução** do intervalo, respeitado o limite mínimo de 30 minutos para jornadas superiores a 6h, mediante previsão em **instrumento coletivo de trabalho** (art. 611-A, III, CLT);

* **Redução** do intervalo, respeitado o limite mínimo de 30 minutos para jornadas superiores a 6h, mediante previsão em **contrato firmado por trabalhador hipersuficiente** (art. 444, parágrafo único, CLT);

* **Redução** do intervalo devido ao **doméstico** para apenas 30 minutos, mediante previsão em **acordo escrito entre empregador e empregado** (art. 13, caput, LC nº 150/2015);

- **Redução e/ou fracionamento** do intervalo, mediante **previsão em norma coletiva,** para as categorias de **motoristas,** cobradores, fiscalização de campo e afins nos serviços de operação de veículos rodoviários (art. 71, § 5º, CLT);

- **Fracionamento** do intervalo devido ao **doméstico** que reside no local de trabalho, por **iniciativa do empregador,** desde que em dois períodos, cada um deles variando de uma a quatro horas (art. 13, § 1º, LC nº 150/2015);

- **Fracionamento** do intervalo devido ao rurícola conforme **usos e costumes da região** (art. 5º da Lei nº 5.889/1973, c/c jurisprudência do TST).

> **Matéria suscetível de flexibilização:** A convenção coletiva e o acordo coletivo de trabalho têm prevalência sobre a lei quando dispuserem sobre o **intervalo intrajornada, respeitado o limite mínimo de trinta minutos para jornadas superiores a seis horas** (art. 611-A, III, da CLT).

14.1.1.1. Intervalos computados e não computados na jornada de trabalho

Dentre os intervalos intrajornada, temos aqueles **não computados na jornada de trabalho,** os quais **constituem a regra geral** (intervalos intrajornada comuns), mas temos também aqueles computados na jornada de trabalho, que é o caso, por exemplo, do intervalo de 10 minutos a cada 90 trabalhados, o qual é computado na jornada dos trabalhadores em serviços permanentes de mecanografia (art. 72 da CLT).

Em outras palavras, seria o mesmo que dizer intervalos remunerados e não remunerados. Remunerados são os computados na jornada de trabalho. Não remunerados, por sua vez, são obviamente os deduzidos da jornada de trabalho que, frise-se, constituem a regra geral.

Embora a questão seja simples, muitos leitores e alunos se confundem com as expressões utilizadas na seara trabalhista. Cuidado! Vejamos as duas hipóteses:

a) intervalo não é *computado* na jornada de trabalho

Computado, segundo o dicionário eletrônico Houaiss[2], é o mesmo que *incluído, contado, calculado em.* Assim, *intervalo não computado na jornada de trabalho* é aquele que não é contado como se jornada fosse. É o caso, por exemplo, do intervalo para repouso ou alimentação (também conhecido como intervalo intrajornada), previsto no art. 71 da CLT. Se o empregado trabalha das 8h às 12h, e das 13h às 17h, cumpre jornada de 8 horas, e não de 9 horas, tendo em vista que o intervalo não é computado na jornada de trabalho.

b) intervalo não é *deduzido* da jornada de trabalho

Deduzido, conforme Houaiss[3], é o mesmo que *retirado, abatido, descontado, diminuído, subtraído.* Logo, *intervalo não deduzido da jornada de trabalho* é aquele período que, não obstante o empregado tenha deixado de trabalhar, conta como jornada de trabalho. Ou, ainda, é **computado** como jornada de trabalho. É o caso do intervalo previsto para os trabalhadores em minas de subsolo, conforme art. 298 da CLT.

Portanto, a regra geral é a dedução do intervalo da jornada de trabalho, ou seja, o intervalo normalmente não é computado para efeito do cálculo da jornada de trabalho,

---

[2]   *Dicionário Houaiss eletrônico da língua portuguesa.* Versão 1.0. Rio de Janeiro: Objetiva, 2009.
[3]   Idem.

e, portanto, não é remunerado. Este o sentido do § 2º do art. 71 da CLT, segundo o qual "os intervalos de descanso não serão computados na duração do trabalho"⁴.

Por exceção, e **somente quando a lei assim dispuser expressamente, os intervalos serão computados na jornada de trabalho**. É o que ocorre, por exemplo, no caso dos serviços de mecanografia e no caso do trabalho em minas de subsolo, respectivamente por força do disposto nos arts. 72 e 298 da CLT:

> Art. 72. Nos serviços permanentes de mecanografia (datilografia, escrituração ou cálculo), a cada período de 90 (noventa) minutos de trabalho consecutivo corresponderá um repouso de 10 (dez) minutos **não deduzidos da duração normal de trabalho**.

> Art. 298. Em cada período de 3 (três) horas consecutivas de trabalho, será obrigatória uma pausa de 15 (quinze) minutos para repouso, a qual **será computada na duração normal de trabalho efetivo**.

14.1.1.2. Intervalos intrajornada comuns e especiais

Além dos intervalos intrajornada comuns (15min e 1 a 2 horas), existem também os chamados *intervalos intrajornada especiais*, assim considerados aqueles aplicáveis, por força de lei, a categorias específicas de trabalhadores.

É o que ocorre, por exemplo, nos **serviços permanentes de mecanografia**, cujo intervalo é de 10 minutos a cada 90 minutos trabalhados, conforme art. 72 da CLT.

Embora o art. 72 trate especificamente dos empregados em serviços permanentes de mecanografia, o TST vem estendendo tal intervalo, por analogia, aos **digitadores**. Este é o sentido da Súmula 346:

> Súm. 346. Digitador. Intervalos intrajornada. Aplicação analógica do art. 72 da CLT (mantida). Res. 121/2003, *DJ* 19, 20 e 21.11.2003.

> Os digitadores, por aplicação analógica do art. 72 da CLT, equiparam-se aos trabalhadores nos serviços de mecanografia (datilografia, escrituração ou cálculo), razão pela qual têm direito a intervalos de descanso de 10 (dez) minutos a cada 90 (noventa) de trabalho consecutivo.

Atualmente o TST, utilizando-se da analogia como critério de integração jurídica, tem aplicado o art. 72 aos **empregados rurais em atividade no corte de cana-de-açúcar**, concretizando assim o direito às pausas estabelecidas pela NR-31:

> [...] TRABALHADOR RURAL. SOBRECARGA MUSCULAR. PAUSAS PREVISTAS NA NR 31. APLICAÇÃO ANALÓGICA DO ART. 72 DA CLT. A jurisprudência iterativa e atual deste Tribunal Superior do Trabalho é no sentido de admitir a aplicação analógica dos intervalos previstos no art. 72 da CLT para atender a orientação da NR 31 em relação aos trabalhadores rurais que, por executarem atividade com sobrecarga muscular, necessitam de pausas regulares. Recurso de revista conhecido e provido (TST, ARR-2869-34.2014.5.09.0562, 1ª Turma, Rel. Min. Amaury Rodrigues Pinto Junior, *DEJT* 17.02.2023).

> AGRAVO EM AGRAVO DE INSTRUMENTO EM RECURSO DE REVISTA – LEI Nº 13.467/2017 – HORAS EXTRAS. TRABALHADORA RURAL. INTERVALO PARA DESCAN-SO. APLICAÇÃO ANALÓGICA DO ART. 72 DA CLT. Esta Corte Superior tem decidido reite-

---

4 Ainda no mesmo sentido, o § 7º do art. 2º da Lei Complementar nº 150/2015 (Lei do Doméstico), segundo o qual "os intervalos previstos nesta Lei, o tempo de repouso, as horas não trabalhadas, os feriados e os domingos livres em que o empregado que mora no local de trabalho nele permaneça não serão computados como horário de trabalho".

radamente que, diante da ausência de previsão expressa sobre o tempo de repouso constante da NR-31 do MTE, aplica-se, de forma analógica, o artigo 72 da CLT ao trabalhador rural - que faz jus à interrupção de 10 minutos a cada 90 minutos de labor contínuo. Solucionada a lide nos termos supramencionados, a manutenção da decisão monocrática agravada é medida que se impõe. Agravo não provido (TST, Ag-AIRR-10196-54.2021.5.15.0065, 3ª Turma, Rel. Min. Alberto Bastos Balazeiro, *DEJT* 17.02.2023).

Horas extras. Empregado rural. Atividade de corte de cana-de-açúcar. Pausas previstas na NR-31 do Ministério do Trabalho e Emprego. Aplicação analógica do art. 72 da CLT 1. A NR-31 do Ministério do Trabalho e Emprego, aprovada pela Portaria GM 86, de 03.03.2005, prevê a obrigatoriedade de concessão de pausas para descanso aos empregados rurais que realizem atividades em pé ou submetam-se à sobrecarga muscular. A norma regulamentar, no entanto, não especifica as condições ou o tempo de duração de tais pausas. 2. A lacuna da norma regulamentar e da própria legislação trabalhista sobre aspecto de menor importância, relativo ao *modus operandi* das aludidas pausas, não pode servir de justificativa para a denegação de direitos fundamentais constitucionalmente assegurados ao trabalhador, relativos à "redução dos riscos inerentes ao trabalho, por meio de normas de saúde, higiene e segurança" (art. 7º, XXII, CF) e ao meio ambiente do trabalho equilibrado (art. 225, *caput*, CF). Necessidade de utilização da técnica processual de integração da ordem jurídica, mediante analogia. Aplicação das disposições dos arts. 8º da CLT, 126 do CPC e 4º da Lei de Introdução ao Código Civil. 3. Ante a ausência de previsão, na NR-31 do MTE, quanto ao tempo de descanso devido nas condições de trabalho lá especificadas, aplica-se ao empregado que labora em atividade de corte de cana-de-açúcar, por analogia, a norma do art. 72 da CLT. Precedentes das Turmas e da SBDI-1 do TST. 4. Embargos de que se conhece, por divergência jurisprudencial, e a que se dá provimento (TST, SDI-I, E-RR-912-26.2010.5.15.0156, Rel. Min. João Oreste Dalazen, *DEJT* 19.12.2013). *Informativo 69.*

Outro exemplo é o caso dos trabalhadores em **minas de subsolo**, que fazem jus a um intervalo de 15 minutos a cada 3 horas consecutivas de trabalho, consoante dispõe o supramencionado art. 298 da CLT.

Por fim, para os empregados que trabalham no interior de **câmaras frigoríficas**, bem como para aqueles que movimentam mercadorias de ambiente quente ou normal para outro frio, ou vice-versa, o art. 253 da CLT[5] assegura intervalo de 20 minutos de repouso a cada 1h40min de trabalho. Este intervalo *é computado* na jornada de trabalho, ou seja, é remunerado.

Na última grande revisão de sua jurisprudência o TST passou a estender tal intervalo aos empregados submetidos a trabalho contínuo em ambiente artificialmente frio, ainda que não laborem em câmara frigorífica. Neste sentido, a Súmula 438:

Súm. 438. Intervalo para recuperação térmica do empregado. Ambiente artificialmente frio. Horas extras. Art. 253 da CLT. Aplicação analógica – Res. 185/2012, DEJT divulgado em 25, 26 e 27.09.2012.

O empregado submetido a trabalho contínuo em ambiente artificialmente frio, nos termos do parágrafo único do art. 253 da CLT, ainda que não labore em câmara frigorífica, tem direito ao intervalo intrajornada previsto no *caput* do art. 253 da CLT.

No quadro sinóptico ao final deste tópico (14.1) são mencionados outros intervalos, cuja incidência é menor no cotidiano trabalhista.

---

[5] Art. 253. Para os empregados que trabalham no interior das câmaras frigoríficas e para os que movimentam mercadorias do ambiente quente ou normal para o frio e vice-versa, depois de 1 (uma) hora e 40 (quarenta) minutos de trabalho contínuo, será assegurado um período de 20 (vinte) minutos de repouso, computado esse intervalo como de trabalho efetivo. (...)

14.1.1.3. Intervalos não previstos em lei

A jurisprudência é remansosa no sentido de que os intervalos não previstos em lei constituem tempo à disposição do empregador, razão pela qual devem ser remunerados como tal. Neste sentido, a Súmula 118 do TST:

Súm. 118. Jornada de trabalho. Horas extras (mantida). Res. 121/2003, *DJ* 19, 20 e 21.11.2003.

Os intervalos concedidos pelo empregador na jornada de trabalho, não previstos em lei, representam tempo à disposição da empresa, remunerados como serviço extraordinário, se acrescidos ao final da jornada.

A razão de ser é simples: o tempo considerado necessário à recuperação do trabalhador é aquele definido em lei (intervalos obrigatórios). O que for concedido além disso é benéfico apenas ao empregador, pois amplia o tempo em que o empregado fica à sua disposição (tempo decorrido desde a entrada até a saída do trabalho).

14.1.1.4. Efeitos jurídicos da não concessão do intervalo intrajornada

A não concessão de qualquer dos intervalos devidos dá origem a duas consequências legais:

* configuração de infração administrativa, punível com autuação pela fiscalização do trabalho e posterior imposição de multa administrativa, conforme art. 75 da CLT;
* indenização do período suprimido, com acréscimo de 50% sobre a remuneração da hora normal de trabalho.

Neste sentido, o art. 71, § 4º, da CLT, com redação dada pela Lei nº 13.467/2017:

§ 4º A não concessão ou a concessão parcial do intervalo intrajornada mínimo, para repouso e alimentação, a empregados urbanos e rurais, implica o pagamento, de natureza indenizatória, apenas do período suprimido, com acréscimo de 50% (cinquenta por cento) sobre o valor da remuneração da hora normal de trabalho.

Vejamos a correta interpretação do novel dispositivo legal a partir de três exemplos.

Exemplo 1:

Tereza trabalha das 8h às 17h, com uma hora de intervalo, mas, em determinado dia, trabalhou das 8h às 16h, sem que lhe fosse concedido o intervalo intrajornada. O salário/hora de Tereza é de R$ 10,00. Neste caso não foram prestadas efetivamente horas extras, ou seja, Tereza prestou a jornada normal de 8h. Entretanto, a Lei determina a indenização do intervalo não concedido, pelo que Tereza receberá, **a título indenizatório**, o equivalente a R$ 15,00 (valor equivalente a uma hora de trabalho, relativa ao intervalo não concedido, mais 50%).

Exemplo 2:

Tereza trabalha das 8h às 17h, com uma hora de intervalo, mas, em determinado dia, trabalhou das 8h às 16h30min, sendo que lhe foi concedido intervalo de apenas 30 min. O salário/hora de Tereza é de R$10,00. Neste caso não foram prestadas efetivamente horas extras, ou seja, Tereza prestou a jornada normal de 8h. Entretanto, a Lei determina a indenização do tempo que foi suprimido do intervalo, pelo que Tereza receberá, **a título indenizatório**, o equivalente a R$ 7,50 (valor equivalente a meia hora de trabalho, relativa tempo suprimido do intervalo, mais 50%).

Exemplo 3:

Geovani trabalha das 8h às 17h, com uma hora de intervalo, mas, em determinado dia, trabalhou das 8h às 18h, sem que lhe fosse concedido o intervalo intrajornada. O salário/hora de Geovani é de R$ 10,00. Neste caso, há duas horas extras trabalhadas, mais a hora correspondente ao intervalo não concedido, que deverá ser indenizada com acréscimo de 50%. Logo, Geovani receberá, neste dia, duas horas extras [(2xR$ 10,00) x 1,5 = R$ 30,00), mais R$ 15,00 a título de indenização do intervalo não concedido (valor equivalente a uma hora de trabalho, relativa ao intervalo não concedido, mais 50%).

Advirta-se para o fato de que **o valor a ser pago pelo empregador em razão da supressão total ou parcial do intervalo intrajornada não tem, na vigência da Lei nº 13.467/2017, natureza salarial**, porquanto a novel redação do § 4º dispõe expressamente que **se trata de parcela cuja natureza é indenizatória**. Sendo assim, o pagamento de tal parcela não repercute no cálculo de outras parcelas pagas ao empregado.

Registre-se, neste sentido, que **o entendimento que vinha prevalecendo no âmbito da jurisprudência consolidada do TST foi superado pela nova redação do § 4º do art. 71 da CLT, de forma que deverão ser revistos os itens I e III da Súmula 437 do TST**, *in verbis*:

> Súm. 437. Intervalo intrajornada para repouso e alimentação. Aplicação do art. 71 da CLT – Res. 185/2012, DEJT divulgado em 25, 26 e 27.09.2012.
>
> I – Após a edição da Lei nº 8.923/94, a não concessão ou a concessão parcial do intervalo intrajornada mínimo, para repouso e alimentação, a empregados urbanos e rurais, implica o pagamento ~~total do período correspondente, e não apenas~~ daquele suprimido, com acréscimo de, no mínimo, 50% sobre o valor da remuneração da hora normal de trabalho (art. 71 da CLT), sem prejuízo do cômputo da efetiva jornada de labor para efeito de remuneração.
>
> (...)
>
> III – ~~Possui natureza salarial~~ a parcela prevista no art. 71, § 4º, da CLT, com redação introduzida pela Lei nº 8.923, de 27 de julho de 1994, quando não concedido ou reduzido pelo empregador o intervalo mínimo intrajornada para repouso e alimentação, ~~repercutindo, assim, no cálculo de outras parcelas salariais~~.
>
> (...)

Dada a grande relevância deste tema, vejamos de forma esquematizada as alterações promovidas pela *Reforma Trabalhista de 2017*:

Efeitos da supressão total ou parcial do intervalo mínimo intrajornada	
Antes da *Reforma Trabalhista*	Atualmente
Pagamento total do período correspondente ao intervalo, e não apenas daquele suprimido.	**Pagamento apenas do período suprimido.**
O pagamento tem **natureza salarial**, pelo que repercute em outras parcelas pagas ao empregado.	O pagamento tem **natureza indenizatória**, pelo que não repercute em outras parcelas pagas ao empregado.

Cabe observar ainda que, em julgamento do **IRR nº 14**, o Pleno do TST fixou tese jurídica no sentido de que a redução ínfima do intervalo intrajornada, assim considerada aquela que não exceda de cinco minutos no total diário, contando início e término do intervalo, não atrai a incidência do disposto no § 4º do art. 71 da CLT. Eis a ementa:

INCIDENTE DE RECURSOS REPETITIVOS. REDUÇÃO ÍNFIMA DO INTERVALO INTRA-JORNADA DE QUE TRATA O ART. 71, *CAPUT*, DA CLT. DEFINIÇÃO E EFEITOS. **INCIDENTE SUSCITADO RELATIVAMENTE A CASOS ANTERIORES À LEI N.º 13.467/2017**, QUE DEU NOVA REDAÇÃO AO ART. 71, § 4.º, DA CLT. **Neste Incidente de Recursos Repetitivos, que trata de casos anteriores à Lei nº 13.467, de 2017**, que deu nova redação ao art. 71, § 4.º, da CLT fixa-se a seguinte tese jurídica: **"A redução eventual e ínfima do intervalo intrajornada, assim considerada aquela de até 5 (cinco) minutos no total, somados os do início e término do intervalo, decorrentes de pequenas variações de sua marcação nos controles de ponto, não atrai a incidência do artigo 71, § 4º, da CLT. A extrapolação desse limite acarreta as consequências jurídicas previstas na lei e na jurisprudência."** [...] (TST, IRR-1384-61.2012.5.04.0512, Tribunal Pleno, Rel. Min. Katia Magalhaes Arruda, *DEJT* 10.05.2019). (grifos meus)

Observe-se que **constou de forma destacada na ementa que a tese foi fixada *para os casos anteriores à Lei nº 13.467/2015***. Tal advertência também consta expressamente do seguinte trecho do acórdão:

[...] **Terceiro**, este Incidente de Recursos Repetitivos foi suscitado tendo em vista **casos anteriores à vigência da Lei n.º 13.467 de 2017, de modo que as alterações introduzidas no art. 71, § 4.º, da CLT, e seus efeitos em relação à atual redação da Súmula n.º 437 do TST não serão analisadas neste julgamento**. Ademais, eventual alteração no texto dessa Súmula é inviável pois não observados os atuais requisitos previstos na lei e no RITST. [...] (grifos meus)

A razão de ser do Incidente é simples: antes da vigência da Lei nº 13.467/2017, que deu nova redação ao § 4º do art. 71 da CLT, a não concessão integral do intervalo intrajornada tinha como efeito jurídico o pagamento como hora extra de todo o intervalo, e não apenas do tempo suprimido, nos termos do entendimento consubstanciado no item I da Súmula 437 do TST[6]. Diante disso, havia grande celeuma acerca dos casos em que o tempo suprimido era ínfimo, de poucos minutos, muitas vezes provocado por dificuldades de ordem prática, como aquelas que autorizam a consideração do tempo residual a que alude o art. 58, § 1º, da CLT.

Muitos consideravam injusto que o empregador que tenha concedido, digamos, 56 minutos de intervalo intrajornada ao empregado, estivesse sujeito ao mesmo efeito jurídico que aquele outro empregador que não concedeu nenhum intervalo a seu empregado, ou seja, que ambos estivessem sujeitos a pagar (como hora extra) a hora inteira relativa ao intervalo, sendo que um suprimiu apenas quatro minutos, enquanto o outro suprimiu quinze vezes mais, não concedendo qualquer intervalo.

A discussão perdeu grande parte do sentido com a nova redação dada pela Lei nº 13.467/2015 ao § 4º do art. 71 da CLT, pois, a partir de então, somente é devido, em caso de não concessão do intervalo mínimo intrajornada, o pagamento do tempo suprimido, e não mais o pagamento de todo o intervalo.

A leitura apressada da tese jurídica em questão poderia levar à conclusão de que o TST pacificou o entendimento segundo o qual o tempo ínfimo de até cinco minutos

---

6   Súmula 437, I – "Após a edição da Lei nº 8.923/94, a não concessão ou a concessão parcial do intervalo intrajornada mínimo, para repouso e alimentação, a empregados urbanos e rurais, implica o pagamento total do período correspondente, e não apenas daquele suprimido, com acréscimo de, no mínimo, 50% sobre o valor da remuneração da hora normal de trabalho (art. 71 da CLT), sem prejuízo do cômputo da efetiva jornada de labor para efeito de remuneração."

diários de redução do intervalo intrajornada deve ser desconsiderado em qualquer caso, não ensejando o pagamento de horas extras, a exemplo do que prevê o art. 58, § 1º, da CLT, em relação ao tempo residual em face da jornada diária do trabalhador. Em outras palavras, poder-se-ia concluir, em minha opinião de forma equivocada, que a tese do tempo ínfimo valeria também para os casos submetidos à lei vigente, qual seja à nova redação do § 4º do art. 71 da CLT, dada pela Lei nº 13.467/2015.

Todavia, a ementa do julgamento do IRR 14 esclarece, de forma expressa, que aquele incidente tratou tão somente dos casos anteriores à vigência da Lei nº 13.467/2017, pelo que a **tese, não vale, automaticamente, para os casos constituídos sob a égide da Lei nº 13.467/2017**. Pode até ser que, com o tempo, a jurisprudência estenda para tais casos a tese fixada quando do julgamento do IRR 14, porém entendo que, até lá, quando menos **não se pode considerar essa questão pacificada no âmbito do Tribunal Superior do Trabalho**.

Logo, para os casos constituídos na vigência da Lei nº 13.467/2017, entendo que o tempo suprimido deve ser remunerado pelo empregador como tempo extraordinário, na forma do § 4º do art. 71 da CLT, independentemente do fato de que tal tempo suprimido tenha sido eventualmente ínfimo.

Em resumo, seria assim:

Efeitos da não concessão do intervalo intrajornada (art. 71, § 4º, da CLT)	
Casos anteriores à vigência da Lei nº 13.467/2015	**Casos posteriores à vigência da Lei nº 13.467/2015**
A não concessão do intervalo mínimo intrajornada implica o pagamento total do período correspondente, e não apenas daquele suprimido, salvo se a redução foi ínfima, não superior a 5min ao todo, hipótese em que nada é devido. (Tese IRR 14 c/c art. 71, § 4º, da CLT, c/c Súm. 437, I, do TST).	A não concessão do intervalo mínimo intrajornada implica o pagamento do tempo suprimido. Em princípio não se aplicaria a tese fixada quando do julgamento do IRR 14, visto que ela diz respeito especificamente a casos anteriores à vigência da Lei nº 13.467/2015.

14.1.1.5. *Intervalo intrajornada da mulher, do menor e do rurícola*

Em relação à mulher, dispõe o art. 383 da CLT, *in verbis*:

> Art. 383. Durante a jornada de trabalho, será concedido à empregada um período para refeição e repouso não inferior a 1 (uma) hora nem superior a 2 (duas) horas salvo a hipótese prevista no art. 71, § 3º.

Assim, em sua literalidade o mencionado dispositivo prevê o intervalo intrajornada de uma a duas horas para a mulher, **independentemente da jornada contratada**. O entendimento pacífico da doutrina é no sentido da **não recepção deste dispositivo** (ou ao menos desta interpretação) pela CRFB/88, tendo em vista que, na ordem constitucional vigente, homens e mulheres são iguais em direitos e obrigações. Ademais, o intervalo de no mínimo uma hora para a mulher, em jornadas de até seis horas, seria inclusive menos benéfico, tendo em vista que aumentaria o tempo entre o início e o final da jornada de trabalho, e com isso diminuiria tempo destinado ao convívio familiar. Dessa forma, **entende-se que a regra do intervalo intrajornada é igual para homens e mulheres, não se aplicando, portanto, o art. 383.**

Não obstante o entendimento doutrinário mencionado, a tendência atual na jurisprudência do TST e do STF é no sentido da recepção dos dispositivos celetistas que estabelecem tratamento diferenciado à mulher. Neste sentido, a SDI-1 decidiu pela vedação ao elastecimento do intervalo intrajornada da mulher[7], conforme interpretação literal do art. 383 da CLT.

Como será detalhado no Capítulo 24, quando do estudo do trabalho da mulher, há uma tendência jurisprudencial no sentido da manutenção integral dos termos do art. 383.

Prevê ainda a CLT intervalo especial para a mulher, conforme art. 396:

Art. 396. Para amamentar seu filho, inclusive se advindo de adoção, até que este complete 6 (seis) meses de idade, a mulher terá direito, durante a jornada de trabalho, a 2 (dois) descansos especiais de meia hora cada um.

§ 1º Quando o exigir a saúde do filho, o período de 6 (seis) meses poderá ser dilatado, a critério da autoridade competente[8].

[...]

Ante a omissão legal, a doutrina diverge acerca da remuneração ou não de tal intervalo[9], mas parece haver certa tendência da doutrina a considerá-lo remunerado. Neste sentido, Gustavo Filipe Barbosa Garcia ensina que

"Há entendimento de que o intervalo em estudo não é computado na jornada de trabalho, pois assim não estabelece a lei, tornando período não remunerado. (...)

A corrente diversa tende a ser majoritária e se revela mais adequada, por imprimir à norma maior eficácia, atingindo o seu verdadeiro objetivo.

Nessa linha, considera-se que o tempo durante o qual a empregada tem direito ao descanso, para amamentar o seu filho, deve ser computado na jornada de trabalho, sendo remunerado, sob pena de prejudicar quem trabalha e a própria criança. Defende-se que o caso revela hipótese de interrupção do contrato de trabalho. Tanto é assim que o art. 396, *caput*, da CLT faz referência aos mencionados descansos especiais 'durante a jornada de trabalho'"[10]. (grifos meus)

No mesmo sentido, e a meu ver resolvendo a questão a favor da remuneração dos intervalos para amamentação, Homero Batista Mateus da Silva:

"Há muita curiosidade sobre a natureza jurídica dessa pausa, mas o legislador, sabendo de sua completa atipicidade, foi direto ao ponto para denominá-la **pausa especial**. Assim, não deve haver desconto na jornada da empregada, o que torna essa pausa remunerada a expensas do empregador e incomparável com a pausa de refeição do art. 71. Se dúvida houver, é bom frisar que o art. 5º da Convenção 103 da Organização Internacional do Trabalho menciona expressamente que as pausas para o aleitamento devem ser consideradas como tempo remunerado de trabalho, sendo certo que o Brasil é signatário desse tratado."[11] (grifos no original)

---

7   E-RR 2433300.61.2000.5.09.0652, cuja ementa encontra-se transcrita no tópico 24.6. deste manual.

8   Redação conforme Lei nº 13.467/2017.

9   José Cairo Júnior, ao se referir aos intervalos especiais assegurados à mulher, defende que, "apesar de a norma citada ser omissa, entende-se que os referidos intervalos especiais são computados na jornada normal de trabalho da empregada" (JÚNIOR, José Cairo. *Curso de Direito do Trabalho*. 4. ed. Salvador: JusPodivm, 2009, p. 423). Para Vólia Bomfim Cassar, o intervalo do art. 396 é computável na jornada de trabalho (CASSAR, Vólia Bomfim. *Direito do Trabalho*, p. 718).

10   GARCIA, Gustavo Filipe Barbosa. *Curso de Direito do Trabalho*. 4. ed. São Paulo: Forense, 2010, p. 885.

11   SILVA, Homero Batista Mateus da. *Curso de Direito do Trabalho aplicado: Segurança e medicina do trabalho, trabalho da mulher e do menor*. Rio de Janeiro: Elsevier, 2009, vol. 3, p. 182.

O art. 384 da CLT, que estabelecia intervalo de 15min para a mulher antes do início do período extraordinário de trabalho, **foi revogado pela Lei nº 13.467/2017**, pelo que se resolveu, de uma vez por todas, a antiga controvérsia acerca da recepção ou não daquele dispositivo pela CRFB/88.

Quanto ao **rurícola**, o intervalo não é fixado legalmente, sendo deixada sua aplicação conforme os **usos e costumes**. Assim dispõe o art. 5º da Lei nº 5.889/1973:

Art. 5º Em qualquer trabalho contínuo de duração superior a seis horas, será obrigatória a concessão de um intervalo para repouso ou alimentação observados os usos e costumes da região, não se computando este intervalo na duração do trabalho. Entre duas jornadas de trabalho haverá um período mínimo de onze horas consecutivas para descanso.

Não obstante, **o Decreto regulamentador** inovou em relação à lei regulamentada e **fixou em uma hora o intervalo mínimo intrajornada do rurícola**, originalmente conforme art. 5º do revogado Decreto nº 73.626/1974 e atualmente conforme art. 87, § 1º, do Decreto nº 10.854/2021:

Art. 87. Os contratos de trabalho rural, individuais ou coletivos, estabelecerão, conforme os usos, as praxes e os costumes de cada região, o início e o término normal da jornada de trabalho, cuja duração não poderá exceder a oito horas diárias.

§ 1º **Será obrigatória**, em qualquer trabalho contínuo de duração superior a seis horas, a **concessão de intervalo mínimo de uma hora para repouso ou alimentação, observados os usos e os costumes da região.** (grifos meus)

§ 2º Os intervalos para repouso ou alimentação não serão computados na duração da jornada de trabalho.

Embora o referido Decreto tenha extrapolado sua função regulamentadora, a jurisprudência amplamente majoritária no âmbito do TST vem validando o parâmetro segundo o qual deve ser estendido ao rurícola o intervalo mínimo previsto no art. 71, *caput*, da CLT.

No mesmo sentido, a Lei nº 13.467/2017, ao conferir nova redação ao § 4º do art. 71 da CLT, que disciplina o efeito da não concessão do intervalo mínimo intrajornada, mencionou expressamente também os trabalhadores rurais:

[CLT, art. 71] § 4º A não concessão ou a concessão parcial do intervalo intrajornada mínimo, para repouso e alimentação, a empregados urbanos **e rurais**, implica o pagamento, de natureza indenizatória, apenas do período suprimido, com acréscimo de 50% (cinquenta por cento) sobre o valor da remuneração da hora normal de trabalho.

Registre-se, por oportuno, que o Decreto fixou o intervalo mínimo intrajornada para o trabalhador rural, mas não mencionou qualquer limite máximo. Logo, continua valendo a aplicação dos usos e costumes da região para fixação, diante do caso concreto, do período máximo de intervalo intrajornada. Esse é o entendimento que prevalece no âmbito do TST, como ilustra o seguinte julgado:

[...] 2. Empregado que labora em haras. Atividade empresarial agroeconômica. Enquadramento como rurícola. Intervalo intrajornada. Duração superior a 2 (duas) horas. Usos e costumes da região. Art. 5º da Lei nº 5.889/73. Recepção. Interpretação conforme o art. 7º, XXII, da Constituição Federal. É rurícola o empregado que atua como cavalariço em haras. Esta Corte Superior tem dado ao art. 5º da Lei 5.889/73 interpretação conforme o art. 7º, XXII, da Constituição

Federal, para concluir pela impossibilidade da concessão de intervalo intrajornada inferior a uma hora, porque a medida é considerada como essencial à proteção da saúde do empregado. Contudo, a mesma lógica não pode ser aplicada à hipótese em que o trabalhador desfruta de intervalo superior a duas horas. De fato, mesmo em se tratando de trabalhador urbano, a lei faculta aos contratantes a possibilidade de ajuste no sentido de ampliar o intervalo intrajornada para mais de duas horas (art. 71, *caput*, da CLT, parte final). Isso significa que, no caso dos empregados urbanos, a referida norma, porque incapaz de prejudicar a saúde do empregado, pode ser objeto de transação pelas partes contratantes, desde que em acordo escrito ou norma coletiva de trabalho. No caso dos rurícolas, o art. 5º da Lei 5.889/73 autoriza a fixação do intervalo intrajornada com base nos "usos e costumes da região". Esta disposição, como visto, vem sendo interpretada restritivamente apenas para excluir a possibilidade de fixação de intervalo inferior a uma hora, sendo lícito, portanto, concluir que é juridicamente possível o descanso superior a duas horas, sem ofensa ao art. 7º, XXII, da Constituição Federal. Aliás, em razão da excessiva carga solar a que está submetida boa parte dos trabalhadores rurais, não é incomum a suspensão do labor no campo durante as horas mais quentes do dia, tal como se verifica no caso vertente. Assim sendo, o *caput* do art. 7º da Constituição Federal não eliminou toda a legislação que diferencia o trabalhador urbano e rural. O que não mais se admite é que uma destas categorias se beneficie injustificadamente de maior proteção jurídica, tal como ocorria até antes do advento da Carta Magna de 1988. O art. 5º da Lei 5.889/73 foi recepcionado pela atual ordem constitucional, embora seja imperativa a interpretação restritiva da mencionada norma, vedando-se a concessão de intervalo intrajornada inferior a 1 (uma) hora, por constituir medida garantidora da higidez física e mental do trabalhador. A *contrario sensu*, é possível a fixação de intervalo intrajornada superior a duas horas em conformidade com os "usos e costumes da região". Recurso de revista não conhecido. [...] (TST, 3ª Turma, RR-60100-21.2009.5.01.0302, Rel. Min. Alberto Luiz Bresciani de Fontan Pereira, j. 07.10.2015, *DEJT* 09.10.2015).

> **Doméstico**: em princípio, o intervalo intrajornada do doméstico será de uma a duas horas, permitida a redução (para 30 minutos) mediante acordo individual escrito. Para os empregados domésticos que residam no local de trabalho, entretanto, é válido o desmembramento do intervalo em dois períodos, desde que cada um deles não seja inferior a uma nem superior a quatro horas.

14.1.2. Intervalo interjornadas

Intervalos interjornadas são lapsos de tempo em que o empregado deve descansar entre duas jornadas de trabalho consecutivas.

O objetivo do intervalo interjornadas, além de garantir a higidez física e mental do empregado através da reposição de suas energias, é também garantir ao trabalhador um mínimo de convívio familiar e social fora do tempo em que se dedica ao trabalho.

A regra geral (intervalo interjornadas comum) é o intervalo de 11 horas consecutivas, conforme dispõe o art. 66 da CLT:

> Art. 66. Entre 2 (duas) jornadas de trabalho haverá um período mínimo de 11 (onze) horas consecutivas para descanso.

Há ainda os intervalos interjornadas especiais, os quais alcançam não só categorias especiais de trabalhadores, tais como os vinculados a serviços de telefonia, telegrafia submarina e subfluvial, radiotelegrafia e radiotelefonia (art. 229 da CLT), mas também empregados em regime de compensação de jornada, nos denominados regimes de plantão (12x36 ou 24x72). Dispõe o art. 229, *in verbis*:

> Art. 229. Para os empregados sujeitos a horários variáveis, fica estabelecida a duração máxima de 7 (sete) horas diárias de trabalho e 17 (dezessete) horas de folga, deduzindo-se deste tempo 20 (vinte) minutos para descanso, de cada um dos empregados, sempre que se verificar um esforço contínuo de mais de 3 (três) horas.

No caso do regime de plantões, a folga compreende não só o intervalo interjornadas, mas também o descanso semanal (11h + 24h = 35h), razão pela qual o problema fica somente por conta do excesso diário de jornada.

De forma geral, os intervalos interjornadas não são remunerados. Nem os comuns, nem os especiais. Isto porque não representam sequer tempo à disposição do empregador. Em outras palavras, o empregado tem liberdade para gastar esse tempo como bem entender.

Há que se mencionar, ainda, a questão do intervalo interjornadas consecutivo ao descanso semanal remunerado. Com efeito, a concessão do descanso semanal de 24 horas consecutivas não desobriga o empregador de conceder também o intervalo interjornadas de, no mínimo, 11 horas consecutivas. De tal forma, **o empregado tem direito a 35 horas consecutivas de descanso por semana**, assim consideradas as 24 horas do DSR mais as 11 horas do intervalo interjornadas.

14.1.2.1. *Tratamento legal da não concessão do intervalo interjornadas*

No caso do intervalo interjornadas de trabalhadores que laboram em turnos ininterruptos de revezamento, a questão é pacífica na jurisprudência do TST, conforme Súmula 110:

> Súm. 110. Jornada de trabalho. Intervalo (mantida). Res. 121/2003, *DJ* 19, 20 e 21.11.2003.
>
> No regime de revezamento, as horas trabalhadas em seguida ao repouso semanal de 24 horas, com prejuízo do intervalo mínimo de 11 horas consecutivas para descanso entre jornadas, devem ser remuneradas como extraordinárias, inclusive com o respectivo adicional.

Em relação aos demais trabalhadores, até pouco tempo atrás a questão era tormentosa. Muitos defendiam que a não concessão configuraria apenas infração administrativa. Outros advogavam pela aplicação analógica da solução apontada pela Súmula 110. Entretanto, em março de 2008 o TST editou a OJ 355, pelo que resolveu a questão em benefício do trabalhador:

> OJ-SDI1-355. Intervalo interjornadas. Inobservância. Horas extras. Período pago como sobrejornada. Art. 66 da CLT. Aplicação analógica do § 4º do art. 71 da CLT (*DJ* 14.03.2008).
>
> O desrespeito ao intervalo mínimo interjornadas previsto no art. 66 da CLT acarreta, por analogia, os mesmos efeitos previstos no § 4º do art. 71 da CLT e na Súmula nº 110 do TST, devendo-se pagar a integralidade das horas que foram subtraídas do intervalo, acrescidas do respectivo adicional.

Ocorre que a redação do § 4º do art. 71 da CLT foi alterada pela Lei nº 13.467/2017, que retirou do referido pagamento a natureza salarial. Logo, parece-me que **o entendimento consubstanciado na OJ 355 continua válido, desde que compatibilizado com a nova redação do § 4º do art. 71.**

Portanto, embora não seja, em princípio, um intervalo remunerado, **as horas que forem subtraídas do intervalo interjornadas devem ser *indenizadas*, com acréscimo de 50% sobre o valor da remuneração da hora normal de trabalho.**

Vejamos um resumo dos intervalos intrajornada e interjornadas:

INTERVALOS INTRAJORNADA		
Categoria de trabalhadores	Tempo de intervalo	Remuneração
Trabalhadores em geral cuja jornada seja superior a 4h, e de até 6h – art. 71, § 1º, CLT	15min	NÃO
Trabalhadores em geral cuja jornada seja superior a 6h – art. 71, *caput*, CLT	1 hora (mínimo) a 2 horas (máximo)	NÃO
Rurícola cuja jornada seja superior a 6h – art. 5º, Lei nº 5.889/1973, c/c o arte. 87, § 1º, do Decreto nº 10.854/2021	Mínimo 1 hora (máximo conforme usos e costumes da região)	NÃO
Serviços permanentes de mecanografia (datilografia, escrituração e cálculo) e digitadores (processamento de dados) – art. 72, CLT	10min a cada 90min de trabalho	SIM
Serviços no interior de câmaras frigoríficas ou em movimento de mercadorias de ambiente quente ou normal para o frio e vice-versa – art. 253, CLT; serviços prestados em ambiente artificialmente frio, ainda que não em câmara frigorífica – Súmula 438, TST	20min a cada 1h40min de trabalho	SIM
Serviços de telefonia, telegrafia submarina e subfluvial, radiotelegrafia e radiotelefonia (horários variáveis – jornada de 7h) – art. 229, CLT	20min a cada 3h de esforço contínuo	SIM
Serviços em minas de subsolo – art. 298, CLT	15min a cada 3h de trabalho contínuo	SIM
Mulher com filho de até 6 meses de idade, para amamentação – art. 396, CLT	2 intervalos de 30min cada um	SIM
Intervalos não previstos em lei (concedidos por liberalidade do empregador) – art. 4º, CLT, c/c Súmula 118, TST		SIM
INTERVALOS INTERJORNADA		
Categoria de trabalhadores	Tempo de intervalo	Remuneração
Trabalhadores em geral – art. 66, CLT	11h	NÃO
Serviços de telefonia, telegrafia submarina e subfluvial, radiotelegrafia e radiotelefonia (sujeitos a horários variáveis – jornada de 7h) – art. 229, CLT	17h	NÃO
Operadores cinematográficos sujeitos a horário noturno de trabalho – art. 235, § 2º, CLT	12h	NÃO
Jornalista – art. 308, CLT	10h	NÃO
Cabineiros ferroviários – art. 245, CLT	14h	NÃO

14.2. DESCANSO SEMANAL REMUNERADO (OU REPOUSO SEMANAL REMUNERADO)

Descanso semanal remunerado é o período de tempo, de vinte e quatro horas consecutivas, preferencialmente coincidente com o domingo, em que o empregado deixa de prestar serviços ao empregador, bem como de se colocar à disposição deste.

Como o próprio nome diz, o repouso é **semanal**, ou seja, sua periodicidade deve coincidir com a semana. Em outras palavras, deve ser concedido um dia (24 horas, nos termos legais), a cada semana trabalhada. A diferença entre um dia e 24 horas é relevante, pois é lícito iniciar o DSR a qualquer dia e hora, desde que respeitado o intervalo de 24 horas consecutivas.

Assim, suponhamos que o empregado sujeito a turnos ininterruptos de revezamento trabalhou no sábado até as 8h. Nada impede que ele goze o DSR de 8h de sábado até 8h de domingo, mais o intervalo interjornadas até 19h de domingo, e então comece uma nova jornada. Este empregado não teria ficado, portanto, um dia inteiro sem trabalhar, e sim as 24h legais.

Eventuais controvérsias que ainda pudessem subsistir acerca da periodicidade de concessão do descanso semanal foram afastadas pela edição da OJ 410 do TST, *in verbis*:

> OJ-SDI1-410. Repouso semanal remunerado. Concessão após o sétimo dia consecutivo de trabalho. Art. 7°, XV, da CF. Violação (DEJT divulgado em 22, 25 e 26.10.2010).
>
> Viola o art. 7°, XV, da CF a concessão de repouso semanal remunerado após o sétimo dia consecutivo de trabalho, importando no seu pagamento em dobro.

Com a OJ 410, o TST consagrou a tese do **descanso hebdomadário**, ou seja, do descanso no sétimo dia, após seis dias de trabalho.

Ainda conforme o nome do descanso em questão, ele é **remunerado**. Significa tratar-se de interrupção do contrato de trabalho (sustação da prestação de serviços, com manutenção da remuneração por parte do empregador).

> **Matéria insuscetível de flexibilização:** Constitui objeto ilícito de convenção coletiva ou de acordo coletivo de trabalho a supressão ou a redução do direito ao **repouso semanal remunerado** (art. 611-B, IX, da CLT).

14.2.1. Previsão legal

> (CRFB/88) Art. 7° São direitos dos trabalhadores urbanos e rurais, além de outros que visem à melhoria de sua condição social:
>
> (...)
>
> XV – repouso semanal remunerado, preferencialmente aos domingos;
>
> (...)

> (CLT) Art. 67 – Será assegurado a todo empregado um descanso semanal de 24 (vinte e quatro) horas consecutivas, o qual, salvo motivo de conveniência pública ou necessidade imperiosa do serviço, deverá coincidir com o domingo, no todo ou em parte.
>
> Parágrafo único – Nos serviços que exijam trabalho aos domingos, com exceção quanto aos elencos teatrais, será estabelecida escala de revezamento, mensalmente organizada e constando de quadro sujeito à fiscalização.

(Lei nº 605/1949) Art. 1º Todo empregado tem direito ao repouso semanal remunerado de vinte e quatro horas consecutivas, preferentemente aos domingos e, nos limites das exigências técnicas das empresas, nos feriados civis e religiosos, de acordo com a tradição local.

> **Doméstico:** LC nº 150/2015, art. 16 - É devido ao empregado doméstico descanso semanal remunerado de, no mínimo, 24 (vinte e quatro) horas consecutivas, preferencialmente aos domingos, além de descanso remunerado em feriados.

14.2.2. Coincidência com o domingo

Dispõe a CRFB, bem como a CLT, que o repouso semanal remunerado deve ser concedido **preferencialmente** aos domingos.

Deve-se questionar o alcance deste termo *preferencialmente*. A rigor, o DSR deve ser concedido aos domingos, exceto se a atividade explorada pelo empregador tem autorização para funcionamento aos domingos. Nesse caso, as empresas que funcionam aos domingos deverão elaborar escala de revezamento, de forma que o trabalhador tenha o descanso semanal coincidente com o domingo ao menos de tempos em tempos.

A Portaria MTP nº 671/2021, que atualmente regulamenta o tema, estabelece, em seu art. 58, §§ 2º e 3º, o seguinte:

§ 2º O repouso semanal remunerado deverá coincidir, pelo menos uma vez no período máximo de sete semanas, com o domingo, respeitadas as demais normas de proteção ao trabalho.

§ 3º **Nas atividades do comércio em geral, o repouso semanal remunerado deverá coincidir, pelo menos uma vez no período máximo de três semanas, com o domingo,** respeitadas as demais normas de proteção ao trabalho e outras a serem estipuladas em negociação coletiva, nos termos da Lei nº 10.101, de 19 de dezembro de 2000. (grifos meus)

Na prática, a Portaria MTP nº 671/2021 apenas compilou os parâmetros que já existiam anteriormente, sendo o § 2º reprodução da antiga Portaria 417/1966 e o § 3º reprodução do disposto no parágrafo único do art. 6º da Lei nº 10.101/2000.

Entretanto, o TST tem exigido a coincidência do descanso semanal com o domingo ao menos uma vez a cada três semanas, sob pena de não se atender ao comando constitucional. Nesse sentido, os seguintes julgados:

[...] DANO MORAL COLETIVO. REGIME DE TRABALHO 5X1. DESCANSO SEMANAL REMUNERADO. COINCIDÊNCIA DA FOLGA SEMANAL NO DOMINGO APENAS A CADA SETE SEMANAS. Hipótese na qual a Corte a quo ao decidir que a jornada 5x1 não garante que o trabalhador usufrua os devidos descansos semanais remunerados preferencialmente aos domingos (art. 7º, XV, da CF/88), embora não se exija que os descansos sejam sempre aos domingos, decidiu em sintonia com a jurisprudência do TST sobre a invalidade da referida jornada bem como pela caracterização do dano moral coletivo. Precedentes da SBDI-1 e de Turmas do TST. Agravo conhecido e não provido, no tópico (TST, Ag-AIRR-831-68.2012.5.15.0104, 1ª Turma, Rel. Min. Luiz Jose Dezena da Silva, *DEJT* 03.05.2023).

[...] Recurso de embargos em embargos de declaração em embargos de declaração em recurso de revista, interposto pela reclamada, regido pela Lei nº 13.015/2014. Descanso semanal remunerado. Regime de trabalho 5x1. Coincidência da folga semanal no domingo apenas a cada sete semanas. Pagamento em dobro. O repouso semanal remunerado, inserido no rol dos direitos sociais dos trabalhadores, no artigo 7º, XV, da Constituição Federal, corresponde ao período de folga a que tem direito o empregado, a cada sete dias, com o fim de proporcionar-lhe descanso físico, mental, social e recreativo. A conjugação das normas insculpidas nos artigos 67 da CLT e 1º da Lei nº 605/49 indica que a correspondência com o domingo, em que pese não obrigatória, deve ser perseguida pelo empregador e, apenas excepcionalmente, deverá recair em outro dia da semana. De outra parte, o artigo 6º da Lei nº 10.101/2000, aqui aplicado analogicamente, permite o labor aos domingos nas atividades de comércio; contudo, o parágrafo único assevera que o repouso semanal deverá coincidir com o domingo ao menos uma vez no período de três semanas. Nesse contexto, observadas tais diretrizes, conclui-se que possui o autor o direito a que o seu descanso semanal coincida com o domingo pelo menos uma vez no período máximo de três semanas. A não concessão na periodicidade descrita equivalerá à ausência de compensação do labor prestado ao domingo, motivo pelo qual deverá ser pago em dobro, nos termos da Súmula nº 146 do TST. Precedentes de Turmas. Recurso de embargos de que se conhece e a que se nega provimento. [...] (TST, SDI-I, E-ED-ED-RR-90300-68.2008.5.09.0093, Rel. Min. Cláudio Mascarenhas Brandão, j. 22.09.2016, *DEJT* 28.10.2016. *Informativo 145*).

[...] Regime 5x1. Repouso semanal remunerado. Conquanto a Constituição da República disponha sobre repouso semanal remunerado "preferencialmente" aos domingos, considerando que a finalidade da norma é resguardar a higidez física e mental do empregado, aí incluído o convívio social, esta Corte tem entendido que apenas excepcionalmente o descanso semanal deverá recair em outro dia da semana e que a Lei 10.101/2000, art. 6º, parágrafo único, conquanto discipline a atividade no comércio, tem aplicação analógica no caso. Nesse contexto, a partir da interpretação teleológica dos arts. 7º, inc. XV, da Constituição da República, 67 da CLT e 1º da Lei 605/49, conclui-se que a não concessão do descanso aos domingos na periodicidade descrita no art. 6º, parágrafo único, da Lei 10.101/2000 equivalerá à ausência de compensação do trabalho prestado aos domingos, motivo pelo qual deverá ser pago em dobro, nos termos da Súmula 146 do TST. [...] (TST, SDI-I, E-RR-97000-60.2008.5.09.0093, Rel. Min. João Batista Brito Pereira, j. 06.10.2016, *DEJT* 14.10.2016).

Portanto, em que pese a diferenciação ainda mantida pelo Ministério do Trabalho e Emprego, admitindo parâmetros distintos para os empregados do comércio (descanso semanal coincidente com o domingo a cada três semanas) e para os demais empregados (descanso semanal coincidente com o domingo a cada sete semanas), **a jurisprudência do TST se consolidou no sentido de que a coincidência do DSR com o domingo a cada três semanas deve ser estendida a todos os trabalhadores**, sob pena de não concretização do comando constitucional.

As mulheres têm a seu favor o art. 386 da CLT, o qual estipula que, "havendo trabalho aos domingos, será organizada uma escala de revezamento quinzenal, que favoreça o repouso dominical". Apesar de todas as críticas da doutrina ao dispositivo, o STF, em decisão monocrática da Min. Carmen Lúcia, proferida aos 13.10.2022, nos autos do RE 1.403.904/SC, negou provimento ao Recurso Extraordinário e reconheceu a constitucionalidade do art. 386 da CLT, cabendo destacar o seguinte trecho da decisão:

"Não é caso de cogitar-se sequer de considerar que a concessão de condições especiais à mulher ofenderia o princípio da isonomia, tampouco de que a adoção de regras diferenciadas resultem em tratar "a mulher indefinidamente como ser inferior" em relação aos homens, como alega a parte. O caso é de adoção de critério legítimo de discrímen. Na espécie em exame, há proteção diferenciada e concreta ao trabalho da mulher para resguardar a saúde da trabalhadora, considerando-se suas condições específicas impostas pela realidade social e familiar, a afastar a alegada ofensa ao princípio da isonomia."

Registre-se que as atividades do comércio em geral têm, hoje, autorização legal para funcionar no domingo, observada a legislação local, nos termos do art. 6º da Lei nº 10.101/2000:

> Art. 6º Fica autorizado o trabalho aos domingos nas atividades do comércio em geral, observada a legislação municipal, nos termos do art. 30, inciso I, da Constituição.
>
> Parágrafo único. O repouso semanal remunerado deverá coincidir, pelo menos uma vez no período máximo de três semanas, com o domingo, respeitadas as demais normas de proteção ao trabalho e outras a serem estipuladas em negociação coletiva.

Quanto às demais atividades, aplicam-se as regras do art. 68 da CLT:

> Art. 68. O trabalho em domingo, seja total ou parcial, na forma do art. 67, será sempre subordinado à permissão prévia da autoridade competente em matéria de trabalho.
>
> Parágrafo único. A permissão será concedida a título permanente nas atividades que, por sua natureza ou pela conveniência pública, devem ser exercidas aos domingos, cabendo ao Ministro do Trabalho, Indústria e Comércio, expedir instruções em que sejam especificadas tais atividades. Nos demais casos, ela será dada sob forma transitória, com discriminação do período autorizado, o qual, de cada vez, não excederá de 60 (sessenta) dias.

A permissão para trabalho aos domingos a que alude o parágrafo único do art. 68, concedida a título permanente pelo MTE, é dada atualmente pela Portaria MTP nº 671/2021 (art. 62 e Anexo IV). Apenas para exemplificar[12], são autorizados permanentemente a manter empregados trabalhando aos domingos (observada a necessidade de escala de revezamento, frise-se) os empregadores que explorem atividades de laticínios, purificação e distribuição de água, produção e distribuição de energia elétrica, produção e distribuição de gás, serviços de esgotos, panificação em geral, vários serviços de transporte especificados, empresas de radiodifusão, televisão e revistas, estabelecimentos e entidades que executem serviços funerários, entre outras atividades.

Quanto aos pedidos de permissão para funcionamento provisório de quaisquer outras atividades aos domingos, são cabíveis nas estreitas hipóteses do art. 155 do Decreto nº 10.854/2021:

> Art. 155. Será admitido, excepcionalmente, o trabalho em dia de repouso quando:
>
> I – ocorrer motivo de força maior; ou
>
> II – para atender à realização ou à conclusão de serviços inadiáveis ou cuja inexecução possa acarretar prejuízo manifesto, a empresa obtiver autorização prévia da autoridade competente em matéria de trabalho, com discriminação do período autorizado, o qual, de cada vez, não excederá a sessenta dias.

A autorização transitória, válida por até sessenta dias, conforme estabelecido pelo parágrafo único do art. 68 da CLT, deverá observar o disposto nos artigos 56/61 da Portaria MTP nº 671/2021 e será concedida pelo chefe da unidade descentralizada da Inspeção do Trabalho, com circunscrição no local da prestação de serviço, mediante fundamentação técnica que leve à conclusão pela realização ou conclusão de serviços inadiáveis ou cuja inexecução possa acarretar prejuízo manifesto à requerente (art. 57).

---

[12] É claro que isso não será cobrado em prova. O exemplo tem por objetivo demonstrar que a própria natureza das atividades (atividades essenciais e/ou de interesse público e/ou que não podem sofrer solução de continuidade) acaba tornando imperativo o trabalho aos domingos.

14.2.3. Remuneração do descanso semanal

O descanso semanal é **remunerado, desde que observadas pelo empregado a frequência e a pontualidade na semana correspondente**. Em outras palavras, se o empregado faltou injustificadamente ou não cumpriu integralmente a jornada de trabalho ao longo da semana, perde o direito à remuneração do repouso, **persistindo, entretanto, o direito ao gozo da folga**.

Neste sentido, o art. 6º, *caput,* da Lei nº 605/1949:

> Art. 6º Não será devida a remuneração quando, sem motivo justificado, o empregado não tiver trabalhado durante toda a semana anterior, cumprindo integralmente o seu horário de trabalho.
> (...)

A regulamentação do art. 6º, quanto à frequência e pontualidade, foi dada pelos artigos 158/159 do Decreto nº 10.854/2021.

O valor da remuneração do repouso é fixado pelo art. 7º da Lei nº 605/1949, nos seguintes termos:

> Art. 7º A remuneração do repouso semanal corresponderá:
> a) para os que trabalham por dia, semana, quinzena ou mês, à de um dia de serviço, computadas as horas extraordinárias habitualmente prestadas;
> b) para os que trabalham por hora, à sua jornada normal de trabalho, computadas as horas extraordinárias habitualmente prestadas;
> c) para os que trabalham por tarefa ou peça, o equivalente ao salário correspondente às tarefas ou peças feitas durante a semana, no horário normal de trabalho, dividido pelos dias de serviço efetivamente prestados ao empregador;
> d) para o empregado em domicílio, o equivalente ao quociente da divisão por 6 (seis) da importância total da sua produção na semana.
> § 1º Os empregados cujos salários não sofram descontos por motivo de feriados civis ou religiosos são considerados já remunerados nesses mesmos dias de repouso, conquanto tenham direito à remuneração dominical.
> § 2º Consideram-se já remunerados os dias de repouso semanal do empregado mensalista ou quinzenalista cujo cálculo de salário mensal ou quinzenal, ou cujos descontos por falta sejam efetuados na base do número de dias do mês ou de 30 (trinta) e 15 (quinze) diárias, respectivamente.

O dispositivo não apresenta maiores dificuldades, ao passo que prevê a base de cálculo do DSR para cada forma diferente de pagamento de salário. A essência é a remuneração do DSR à base de um dia de serviço do empregado. Quem recebe por mês (mensalista) já tem embutido no salário o DSR, ao passo que recebe por todos os dias do mês, inclusive os não úteis. No caso dos empregados que recebem salário variável, por produção, entre outras modalidades, faz-se necessário calcular o valor de um dia de salário para, a partir daí, calcular o valor do DSR.

As horas extras habitualmente prestadas integram o cálculo da remuneração do DSR não só por força do dispositivo legal mencionado, como também em função da Súmula 172 do TST:

> Súm. 172. Repouso remunerado. Horas extras. Cálculo (mantida). Res. 121/2003, *DJ* 19, 20 e 21.11.2003.
> Computam-se no cálculo do repouso remunerado as horas extras habitualmente prestadas.

Ocorre que o salário mensal do empregado já remunera os DSRs, porém o faz em relação à jornada normal de trabalho (8h/dia, 44h/semana, 220h/mês, ou outra fixada por lei ou contrato). Desse modo, se o trabalhador presta horas extras habitualmente, prática infelizmente tolerada no Brasil, deverá ocorrer a integração deste valor na remuneração dos DSRs, o que se faz mediante cálculo separado, tendo em vista que os DSRs relativos ao salário normal já estão embutidos neste.

Exemplo: Tício foi contratado para trabalhar 8 horas por dia (220 por mês) e, para tal, receberia R$2.200,00. Ocorre que, tão logo Tício firmou acordo de prorrogação de jornada com seu empregador, passou a laborar habitualmente em sobrejornada. No mês de agosto de 2010, Tício prestou 20 horas extras. Qual é o valor das horas extras e de sua integração nos DSRs?

Noções de cálculo[13]:

Em primeiro lugar, é necessário saber o valor recebido a título de horas extras. Para tal, devemos iniciar calculando o valor da hora (salário/hora):

$$\frac{\text{Salário mensal}}{\text{Horas trabalhadas/mês}} \quad \frac{\text{R\$ 2.200,00}}{220} = \text{R\$ 10,00/hora}$$

Se Tício prestou 20 horas extras no mês de agosto/2010, quer dizer que ele recebeu, a este título, R$ 300,00 (horas extras x valor do salário/hora x 1,5[14]).

Ocorre que os descansos semanais já estão remunerados pelo salário de Tício (R$ 2.200,00,00) apenas em relação à duração normal do trabalho. Há que se calcular, portanto, o valor dos DSRs em relação ao tempo trabalhado em sobrejornada (horas extras), também denominado reflexo das horas extras no DSR. A integração das horas extras habitualmente prestadas nos DSRs é obtida a partir da seguinte fórmula:

$$\frac{\text{Valor das horas extras no mês}}{\text{N}^\circ \text{ de dias úteis do mês}} \times \text{N}^\circ \text{ de DSRs do mês}$$

Calculando: $\dfrac{\text{R\$ 300,00,00}}{26 \text{ dias úteis}} \times 5 \text{ DSRs} = \text{R\$ 57,70}$

Portanto, Tício receberá, no mês de agosto/2010, R$ 300,00 a título de horas extras, e mais R$ 57,70 a título de reflexo (integração) das horas extras no DSR.

Por sua vez, os adicionais de insalubridade e periculosidade não repercutem no cálculo do DSR, tendo em vista que já são calculados com base no salário mensal, o qual remunera o DSR. A matéria será estudada de forma detalhada no capítulo referente à remuneração.

Os comissionistas também fazem jus à remuneração relativa ao DSR, conforme Súmula 27 do TST:

Súm. 27. Comissionista (mantida). Res. 121/2003, DJ 19, 20 e 21.11.2003.

É devida a remuneração do repouso semanal e dos dias feriados ao empregado comissionista, ainda que pracista.

Com efeito, o comissionista não tem o DSR integrado ao salário, ao passo que recebe apenas por aquilo que produz (normalmente em razão do que vende). Logo, o DSR deve

---

[13] Em alguns tópicos serão realizados cálculos como forma de ilustrar a teoria e, assim, facilitar a compreensão da matéria. Se você quiser simplesmente saltar este quadro e prosseguir nos seus estudos, não há problemas.

[14] 1,5 é o mesmo que 150% ou, ainda, o valor da hora normal, acrescido do adicional de 50%.

ser calculado separadamente, à semelhança do que ocorre com o reflexo das horas extras habituais no DSR.

No caso do professor, entende o TST que "o professor que recebe salário mensal à base de hora-aula tem direito ao acréscimo de 1/6 a título de repouso semanal remunerado, considerando-se para esse fim o mês de quatro semanas e meia" (Súmula 351).

Exemplo: Alessandra, professora de biologia, recebe R$40,00 por hora/aula ministrada, tendo carga horária semanal de 20 aulas. Calcular o valor do DSR.

Cálculo
Primeiro, é preciso encontrar o valor mensal das aulas ministradas, considerado o mês de 4,5 semanas (art. 320, § 1°, CLT, c/c Súmula 351, TST):
R$ 40,00 por hora/aula x 20 horas/aula semanais x 4,5 semanas = R$ 3.600,00
Na sequência, basta aplicarmos ao valor das horas trabalhadas o DSR, na proporção de 1/6:
R$ 3.600,00 ÷ 6[18] = R$ 600,00.

Portanto, o DSR de Alessandra será de R$ 600,00, pelo que o seu salário será de R$ 4.200,00 (= aulas ministradas + DSR = R$ 3.600,00 + R$ 600,00).[15]

Frise-se apenas que a regra vale para o professor que recebe por hora/aula. Para o mensalista (salário fixo) vale a regra geral, ou seja, o DSR já está embutido no salário.

14.2.4. Consequências da não concessão do DSR

De uma forma geral, a jurisprudência tem admitido a concessão de folga compensatória em relação ao DSR não concedido no domingo, ou seja, pode ser concedida a folga em outro dia da semana, sem pagamento diferenciado.

No caso de não concessão semanal, entretanto, a jurisprudência se inclina pela remuneração em dobro do dia trabalhado, aplicando analogicamente o art. 9° da Lei n° 605/1949:

Art. 9° Nas atividades em que não for possível, em virtude das exigências técnicas das empresas, a suspensão do trabalho, nos dias feriados civis e religiosos, a remuneração será paga em dobro, salvo se o empregador determinar outro dia de folga.

Nesse sentido, a Súmula 146 do TST:

Súm. 146. Trabalho em domingos e feriados, não compensado. Res. 121/2003, DJ 19, 20 e 21.11.2003.

O trabalho prestado em domingos e feriados, não compensado, deve ser pago em dobro, sem prejuízo da remuneração relativa ao repouso semanal.

Doméstico: também para o doméstico "o trabalho não compensado prestado em domingos e feriados deve ser pago em dobro, sem prejuízo da remuneração relativa ao repouso semanal" (art. 2°, § 8°, LC n° 150/2015).

---

15   Ou ainda x 1/6, tanto faz.

Por fim, em caso de não concessão do DSR após o sétimo dia consecutivo de trabalho[16], o pagamento deve ser dobrado, nos termos da supramencionada OJ 410 do TST.

Exemplo do pagamento dobrado do DSR:

Ademir Menezes trabalha normalmente de segunda-feira a sábado, em jornada padrão de 8h e 44h semanais. Entretanto, Ademir trabalhou no dia 16.01.2010, domingo, sendo que não lhe foi concedida folga compensatória. Considerando que o salário de Ademir é R$ 900,00, quanto ele deve receber no mês de janeiro?

Cálculo do valor do dia de trabalho: R$ 900,00 ÷ 30 dias[19] = R$ 30,00/dia

O domingo em questão (dia destinado ao descanso semanal que não foi concedido) foi remunerado pelos R$ 900,00, pois o salário do mensalista já inclui o DSR. **E o direito à remuneração deste dia já havia sido adquirido por Ademir, ao ser frequente e pontual na semana anterior.** Resta, assim, verificar o valor do trabalho prestado naquele domingo. Neste sentido, o TST determina o pagamento em dobro (Súmula 146).

Portanto, deve ser pago, a título de "domingo trabalhado", R$ 60,00 (salário/dia x 2). Logo, o empregado deverá receber R$ 960,00.

Muito se discutiu na doutrina, antes da alteração da redação da Súmula 146, se este cálculo não importaria pagamento em triplo, e não em dobro. Embora a questão já tenha sido resolvida pelo TST, merece um breve comentário. Com efeito, se a remuneração pelo trabalho no domingo em questão fosse "simples", como queriam (e ainda querem, por incrível que pareça) alguns doutrinadores, o empregado receberia, pelo trabalho extraordinário *irregular* (trabalho em dia de repouso), menos que o que receberia pelo trabalho extraordinário regular. Isso porque, como horas extras, receberia 1,5 x a remuneração do dia normal de trabalho.

14.3. FERIADOS

Feriados são dias de descanso, assim estipulados por força de lei, seja por motivos cívicos, seja por motivos religiosos.

A disciplina legal dos feriados é praticamente idêntica à do descanso semanal remunerado; inclusive, são regidos pelo mesmo diploma legal, qual seja a Lei nº 605/1949. Os requisitos para remuneração (frequência e pontualidade) e forma de cálculo da remuneração também são os mesmos.

A CLT assim dispõe sobre os feriados:

Art. 70. Salvo o disposto nos artigos 68 e 69, é vedado o trabalho em dias feriados nacionais e feriados religiosos, nos termos da legislação própria.

Desse modo, as hipóteses de autorização para trabalho em feriados, como regra, são as mesmas do domingo, conforme art. 68 da CLT.

No comércio em geral o trabalho em feriados é permitido, desde que exista previsão expressa em convenção coletiva de trabalho e observada a legislação municipal, nos termos da Lei nº 10.101/2000:

Art. 6º-A. É permitido o trabalho em feriados nas atividades do comércio em geral, desde que autorizado **em convenção coletiva de trabalho** e observada a legislação municipal, nos termos do art. 30, inciso I, da Constituição.

---

[16] No caso, o descanso deve ser concedido **até** o sétimo dia, tendo em vista que é hebdomadário.

Note-se que a lei alude a convenção coletiva, e não a norma coletiva ou instrumento coletivo de trabalho. Logo, não vale a autorização em acordo coletivo de trabalho.

Admite-se, contudo, a concessão de folga compensatória ou pagamento em dobro, nos termos do art. 9º da Lei nº 605/1949:

> Art. 9º Nas atividades em que não for possível, em virtude das exigências técnicas das empresas, a suspensão do trabalho, nos dias feriados civis e religiosos, a remuneração será paga em dobro, salvo se o empregador determinar outro dia de folga.

Quanto à flexibilização mediante negociação coletiva de trabalho, o inciso XI do art. 611-A da CLT, incluído pela Lei nº 13.467/2017, autoriza expressamente a troca do dia de feriado, desde que previsto em norma coletiva.

Registre-se ainda que a Lei nº 14.437/2022, que autorizou o Poder Executivo federal a dispor sobre a adoção, por empregados e empregadores, de medidas trabalhistas alternativas e sobre o Programa Emergencial de Manutenção do Emprego e da Renda, para enfrentamento das consequências sociais e econômicas de estado de calamidade pública em âmbito nacional ou em âmbito estadual, distrital ou municipal reconhecido pelo Poder Executivo federal, dispôs sobre o aproveitamento e a antecipação de feriados em caso de calamidade pública reconhecida pelo Poder Executivo Federal, nos seguintes termos:

> Art. 15. Os empregadores poderão, durante o prazo previsto no ato do Ministério do Trabalho e Previdência de que trata o art. 2º desta Lei, antecipar o gozo de feriados federais, estaduais, distritais e municipais, incluídos os religiosos, e deverão notificar, por escrito ou por meio eletrônico, o conjunto de empregados beneficiados, com antecedência de, no mínimo, 48 (quarenta e oito) horas, com a indicação expressa dos feriados aproveitados.
>
> Parágrafo único. Os feriados a que se refere o *caput* deste artigo poderão ser utilizados para compensação do saldo em banco de horas.

Os dias considerados feriados são aqueles mencionados pela Lei nº 9.093/1995:

> Art. 1º São feriados civis:
>
> I – os declarados em lei federal;
>
> II – a data magna do Estado fixada em lei estadual.
>
> III – os dias do início e do término do ano do centenário de fundação do Município, fixados em lei municipal.
>
> Art. 2º São feriados religiosos os dias de guarda, declarados em lei municipal, de acordo com a tradição local e em número não superior a quatro, neste incluída a Sexta-Feira da Paixão.

Por sua vez, o art. 1º da Lei nº 662/1949, com redação modificada por leis posteriores, dispõe que "são feriados nacionais os dias 1º de janeiro, 21 de abril, 1º de maio, 7 de setembro, 2 de novembro, 15 de novembro e 25 de dezembro".

A Lei nº 6.802/1980, por seu turno, declarou o dia 12 de outubro como feriado alusivo à Padroeira do Brasil.

QUADRO DE FERIADOS
1º de janeiro
21 de abril
1º de maio
7 de setembro
12 de outubro
2 de novembro
15 de novembro
25 de dezembro
Sexta-feira da Paixão (incluído no limite de 4 feriados municipais religiosos)
Os dias de guarda, declarados em lei municipal, em número não superior a 3 (pois a Sexta-feira da Paixão é o quarto, já definido em Lei Federal)
A data magna do Estado, fixada em lei estadual
Os dias do início e do término do ano do centenário de fundação do Município, fixados em lei municipal.

Finalmente, caso o feriado coincida com o dia do repouso semanal, as remunerações não se cumulam, pois a norma prevê apenas um descanso. Neste sentido, o §3º do art. 158 do Decreto nº 10.854/2021:

§ 3º Não serão acumuladas a remuneração do repouso semanal e a do feriado civil ou religioso que recaírem no mesmo dia.

> **Matéria suscetível de flexibilização**: A convenção coletiva e o acordo coletivo de trabalho têm prevalência sobre a lei quando dispuserem sobre a **troca do dia de feriado** (art. 611-A, XI, da CLT).

Dicas para provas discursivas:

Assim como o Capítulo 13, que trata da jornada de trabalho, este capítulo deve ser estudado com muita atenção também para as provas discursivas.

Aplicam-se aqui as mesmas premissas do capítulo anterior, notadamente no tocante à abordagem da natureza cogente das normas que estabelecem os descansos trabalhistas (regra geral), bem como à importância das alterações promovidas pela Lei nº 13.467/2017.

Deve-se ainda estudar com atenção os impactos da *Reforma Trabalhista* sobre a jurisprudência do TST.

DESCANSOS TRABALHISTAS

Natureza jurídica das normas instituidoras:

- Normas de saúde pública → normas cogentes, imperativas (cuidado com a previsão do parágrafo único do art. 611-B da CLT).

DESCANSOS TRABALHISTAS

Descansos trabalhistas (espécies):

- Intervalos.
- Dias de repouso (RSR e feriados).
- Férias.

Intervalos:

- Intrajornada (descanso ou alimentação).
- Interjornadas.
- Não previstos em lei constituem tempo à disposição do empregador.

Intervalo intrajornada:

- Regra geral: 1 a 2 horas (para jornada superior a 6h); 15min (para jornada superior a 4h, e de até 6h).
- Em regra não é computado na jornada de trabalho.
- O intervalo de 1 a 2 horas pode ser ampliado mediante acordo escrito (vale mero acordo individual) e somente pode ser reduzido mediante autorização do Ministério do Trabalho e Emprego.
- Ultrapassada habitualmente a jornada normal de trabalho, é devido o intervalo intrajornada referente à jornada efetivamente praticada pelo empregado.
- Em caso de não concessão ou concessão parcial do intervalo, **o tempo suprimido** deve ser **indenizado**, com acréscimo de 50%, sem prejuízo da sanção administrativa.
- O intervalo poderá ser reduzido mediante negociação coletiva, respeitado o limite mínimo de 30min para jornadas superiores a 6h.

Intervalo interjornadas:

- Regra geral: 11 horas consecutivas entre duas jornadas de trabalho.
- Não é computado na jornada de trabalho.
- O intervalo é devido inclusive quando da concessão do descanso semanal, sendo que este não compensa aquele.
- O tempo suprimido do intervalo deve ser indenizado, com acréscimo de 50%, sem prejuízo da sanção administrativa.

Descanso semanal remunerado e feriados:

- É o período de 24h consecutivas de descanso remunerado concedido ao empregado a cada semana de trabalho.
- Deve ser concedido preferencialmente aos domingos. Pode ser concedido em outro dia se a atividade explorada pelo empregador tem autorização legal para funcionar aos domingos.
- A remuneração do descanso depende da frequência e pontualidade do empregado na semana a que se refere. Mesmo que perca a remuneração, subsiste o direito à folga.
- O salário do mensalista já remunera o descanso semanal.
- As horas extras habitualmente prestadas devem integrar o cálculo do DSR.
- O sábado do bancário é considerado dia útil não trabalhado, e não um segundo descanso semanal, salvo previsão mais benéfica em contrato, regulamento ou norma coletiva.
- Não concedido o descanso semanal, admite-se a concessão de folga compensatória em outro dia da semana. Não concedida também a folga, é devido o pagamento em dobro, além daquele devido em razão dos serviços prestados no dia que seria destinado ao repouso.
- Aplicam-se aos feriados, em geral, as mesmas regras aplicáveis ao DSR.
- Norma coletiva pode estabelecer, com prevalência sobre a lei, a troca do dia de feriado.

14.4. DEIXADINHAS

1. Pelo seu caráter de normas de saúde pública, as normas relativas a intervalos e descansos trabalhistas são normas imperativas, razão pela qual são, em regra, inderrogáveis pela vontade das partes. Todavia, a Reforma Trabalhista estabeleceu que as regras sobre duração do trabalho e intervalos não são consideradas como normas de saúde, higiene e segurança do trabalho para fins de flexibilização mediante negociação coletiva.

2. É inválida a norma coletiva que suprime ou reduz o intervalo intrajornada para menos de 30 minutos diários para jornadas superiores a seis horas.

3. O empregador não pode substituir a concessão do intervalo pela remuneração correspondente, salvo em caso de compensação sob o regime 12x36, hipótese em que há autorização legal expressa para indenização do intervalo intrajornada.

4. Intervalos trabalhistas são pequenos lapsos de tempo em que o empregado descansa durante ou entre as jornadas de trabalho, a fim de repor suas energias e manter sua higidez física e mental.

5. Intervalo intrajornada é aquele concedido dentro da jornada de trabalho, normalmente para descanso e/ou refeição.

6. Para os empregados em geral é devido um intervalo de 15min, para jornadas > 4h e ≤ 6h, e de 1h (mín.) a 2h (máx.), para jornadas > 6h.

7. Empregados que cumprem jornada de até 4h não fazem jus a intervalo intrajornada.

8. O intervalo máximo intrajornada (2h) pode ser ampliado por simples acordo escrito.

9. O intervalo mínimo intrajornada (1h) pode ser reduzido com autorização do Ministério do Trabalho e Emprego. Pode também ser reduzido o intervalo mediante previsão em norma coletiva, desde que respeitado o limite mínimo de 30min para jornadas superiores a 6h.

10. Se a jornada é prorrogada habitualmente, o empregado faz jus ao intervalo aplicável à jornada efetivamente praticada, e não à contratual.

11. Em regra os intervalos não são computados na jornada de trabalho (não são remunerados).

12. Nos serviços permanentes de mecanografia, bem como nos serviços de digitação, os empregados têm direito ao intervalo de 10min a cada 90min trabalhados, e este intervalo é computado na jornada.

13. Os trabalhadores em minas de subsolo têm direito a intervalo de 15min a cada 3h consecutivas de trabalho, e este intervalo é computado na jornada.

14. Empregados que trabalham no interior de câmaras frigoríficas têm intervalo de 20min a cada 1h40min de trabalho, e este intervalo é computado na jornada. Trabalhadores que se ativam continuamente em ambiente artificialmente frio, ainda que não seja câmara frigorífica, também fazem jus a tal intervalo.

15. Os intervalos concedidos pelo empregador na jornada de trabalho, não previstos em lei, representam tempo à disposição da empresa, remunerados como serviço extraordinário, se acrescidos ao final da jornada.

16. Não concedido (total ou parcialmente) o intervalo intrajornada, deve o empregador indenizar o tempo suprimido do intervalo com acréscimo de 50%, sem prejuízo da autuação pela infração administrativa.

17. O pagamento do intervalo intrajornada não concedido não tem natureza salarial, e sim indenizatória, pelo que não integra o cálculo de outras parcelas.

18. Para amamentar o próprio filho, até que este complete 6 (seis) meses de idade, a mulher terá direito, durante a jornada de trabalho, a 2 (dois) descansos especiais, de meia hora cada um.

19. No trabalho rural superior a seis horas é devido um intervalo de, no mínimo, uma hora, observados os usos e costumes da região (a lei não estipula o máximo).

20. A não concessão (total ou parcial) do intervalo mínimo de 1h para o trabalhador rural acarreta a obrigação de indenização do tempo suprimido, com acréscimo de 50% sobre o valor da remuneração da hora normal de trabalho.

21. Intervalos interjornadas são lapsos de tempo entre duas jornadas de trabalho consecutivas.

22. Como regra o intervalo interjornadas deve ser de, no mínimo, 11h consecutivas.

23. Para os empregados em serviços de telefonia, telegrafia submarina e subfluvial, radiotelegrafia e radiotelefonia, e sujeitos a horários variáveis, o intervalo interjornadas é de 17h.

24. Empregados operadores cinematográficos que trabalham em horário noturno fazem jus a intervalo interjornadas de 12h.

25. No caso dos regimes de plantão, tanto o intervalo interjornadas quanto o descanso semanal são assegurados pelo tempo de folga.

26. De forma geral, os intervalos interjornadas não são remunerados.

27. A concessão do descanso semanal de 24h consecutivas não elide a obrigação de concessão do intervalo interjornadas.

28. A não concessão do intervalo interjornadas implica na indenização das horas suprimidas, com acréscimo de 50% sobre o valor da remuneração da hora normal de trabalho.

29. O DSR (ou RSR) é o período de 24h consecutivas em que o empregado fica de folga, entre dois módulos semanais de trabalho.

30. O DSR deve ser concedido, no máximo, até o 7º dia de trabalho consecutivo, sob pena de pagamento em dobro.

31. O descanso semanal deve coincidir, preferencialmente, com o domingo. Nas atividades de comércio e serviços, deve coincidir com o domingo, no mínimo, uma vez a cada três semanas. Nas atividades industriais, deve coincidir com o domingo, no mínimo, uma vez a cada sete semanas (Portaria MTP nº 671/2021). O TST tem entendido, entretanto, que a norma aplicável ao comércio (coincidência do DSR com o domingo uma vez a cada três semanas) deve ser estendida, por analogia, a todos os demais empregados.

32. A remuneração do DSR depende da frequência e pontualidade do empregado na semana respectiva. Faltando qualquer das duas, o obreiro perde a remuneração, mas continua com direito à folga.

33. Computam-se no cálculo do repouso remunerado as horas extras habitualmente prestadas.

34. O trabalho em domingo, seja total ou parcial, será sempre subordinado à permissão prévia do Ministério do Trabalho. Nas atividades que, por sua natureza, devem ser exercidas aos domingos, a permissão é concedida a título permanente. Nos demais casos, a permissão será concedida sob forma transitória, com discriminação do período autorizado, o qual, de cada vez, não excederá de 60 dias.

35. É devida a remuneração do repouso semanal e dos dias feriados ao empregado comissionista, ainda que pracista.

36. Se o empregador não concede o DSR ou o feriado, deve conceder folga compensatória, ou pagar o dia em dobro, sem prejuízo da remuneração relativa ao dia de descanso.

37. Feriados são dias de descanso assim estipulados por força de lei, seja por motivos cívicos, seja por motivos religiosos.

38. No comércio em geral, o trabalho em feriados é permitido, desde que exista previsão expressa em convenção coletiva de trabalho.

39. No caso de não concessão do feriado, admite-se, alternativamente, ou a concessão de folga compensatória, ou o pagamento em dobro.

40. Norma coletiva pode dispor sobre a troca do dia de feriado.

CAPÍTULO 15

Férias

• • • • • • • • • • • • • •

Marcadores: FÉRIAS; FÉRIAS REMUNERADAS; PERÍODO AQUISITIVO; PERÍODO CONCESSIVO; FÉRIAS COLETIVAS; ABONO DE FÉRIAS; ABONO PECUNIÁRIO.

Material de estudo:

✓ Legislação básica: **CLT**, arts. 129-153, 453; **Lei Complementar nº 150/2015**, arts. 3º, 17.

✓ Legislação para *estudo avançado*: Lei nº 14.437/2022, arts. 6º-14.

✓ Jurisprudência: **Súm.** 7, 46, 81, 89, 138, 149, 171, 261, 328, TST.

✓ Doutrina (+).

Estratégia de estudo sugerida:

O estudo das férias se resume praticamente à legislação e à jurisprudência consolidada do TST (súmulas).

Os cálculos inseridos neste capítulo o foram para, através de exemplos práticos, facilitar o entendimento dos dispositivos legais e, consequentemente, a sua memorização. Em geral, o leitor não precisa dominar o cálculo trabalhista.

As férias constituem o período de descanso por excelência, no qual o trabalhador, além de revigorar suas energias, tem a oportunidade de desenvolver sua vida além do trabalho, seja sob o aspecto social ou político.

Tal qual ocorre com os demais descansos trabalhistas, as normas relativas às férias são normas de saúde pública, razão pela qual também são imperativas (normas de ordem pública).

O direito às férias é um dos direitos constitucionais dos trabalhadores, conforme art. 7º da CRFB:

Art. 7º São direitos dos trabalhadores urbanos e rurais, além de outros que visem à melhoria de sua condição social:

(...)

XVII – gozo de férias anuais remuneradas com, pelo menos, um terço a mais do que o salário normal;

(...)

Justamente em razão da expressa previsão constitucional, **a Lei nº 13.467/2017 tratou de inserir os direitos básicos relativos às férias** ("número de dias de férias devidas ao empregado" e "gozo de férias anuais remuneradas com, pelo menos, um terço a mais do que o salário normal") **no art. 611-B da CLT**, afastando-os do alcance da criatividade coletiva e **considerando sua supressão ou redução objeto ilícito de convenção coletiva ou acordo coletivo de trabalho**.

Também a CLT cuidou de estabelecer minuciosamente o regramento aplicável às férias, ao longo dos arts. 129-153.

Ao passo que o legislador celetista foi bem detalhista ao dispor sobre as férias, o estudo será entabulado a partir dos próprios dispositivos legais.

Antes, porém, para melhor compreensão do conteúdo, faz-se necessário mencionar os chamados *princípios básicos aplicáveis às férias*. Maurício Godinho Delgado[1] prefere chamar tais *princípios* de *características das férias*. Amauri Mascaro Nascimento[2], por sua vez, os arrola como princípios.

Princípios básicos aplicáveis às férias (conforme Amauri Mascaro do Nascimento[3]):

• *anualidade para adquirir o direito*: o empregado somente faz jus ao gozo das férias após completar um ano na empresa (período aquisitivo);

• *remunerabilidade*: as férias são concedidas sem prejuízo da remuneração do período, e, além disso, à remuneração se soma o terço constitucional;

• *continuidade*: as férias deveriam, tanto quanto possível, ser concedidas em um único bloco, razão pela qual a lei restringia as possibilidades de fracionamento. Com as alterações promovidas pela Reforma Trabalhista de 2017, entretanto, eslte princípio foi severamente mitigado, porquanto se passou a permitir expressamente o fracionamento das férias em até três períodos (art. 134, § 1º, da CLT);

• *irrenunciabilidade*: o empregado não pode dispor das férias, tendo em vista se tratar de direito irrenunciável, amparado por norma de ordem pública;

• *proporcionalidade*: sob um aspecto, pela proporcionalidade da duração das férias, conforme o número de faltas injustificadas do empregado; sob outro aspecto, pela proporcionalidade da indenização das férias não gozadas quando da cessação do contrato de trabalho.

Características das férias (conforme Maurício Godinho Delgado[4]):

• *caráter imperativo*: diz respeito à indisponibilidade do direito às férias, no sentido de que não podem ser objeto de renúncia ou transação, nem mesmo de transação prejudicial negociada no âmbito coletivo;

• *composição temporal complexa*: as férias são estipuladas proporcionalmente, em um conjunto unitário de dias sequenciais. Tal característica se identifica com a ideia de *continuidade* das férias. Aqui cabe, naturalmente, a mesma ressalva feita acima, no sentido de que a Lei nº 13.467/2017 não acolheu tal característica;

• *anualidade de ocorrência*: as férias são fixadas após o transcurso do ano contratual;

• *composição obrigacional múltipla*: as férias encerram várias obrigações de natureza diversa, como a obrigação do empregador de fixar o período de férias e avisar o

1 DELGADO, Maurício Godinho. *Curso de Direito do Trabalho*. 9. ed. São Paulo: LTr, 2010, p. 893-895.
2 NASCIMENTO, Amauri Mascaro. *Iniciação ao Direito do Trabalho*. 35. ed. São Paulo: LTr, 2009, p. 319.
3 Idem, ibidem.
4 DELGADO, Maurício Godinho. *Curso de direito do trabalho*. 9. ed. São Paulo: LTr, 2010. p. 893-895.

empregado a respeito (obrigações de fazer), a obrigação do empregador de pagar a remuneração correspondente, incluído o terço constitucional (obrigação de dar), a obrigação do empregador de se abster de requisitar quaisquer serviços do empregado durante o gozo das férias (obrigação de não fazer);

- **natureza de interrupção contratual**: o gozo das férias constitui hipótese típica de interrupção contratual, pois não há prestação de serviços, porém permanece a obrigação do empregador de pagar os salários, computar o tempo como de serviço etc.

15.1. DURAÇÃO DAS FÉRIAS

O padrão geral das férias, no Brasil, **é de 30 dias corridos**. Não obstante, se o empregado faltar injustificadamente várias vezes, durante o período aquisitivo, terá diminuído seu período de férias.

Há que se ter o cuidado de observar que **estes dias de falta não podem ser simplesmente compensados**, isto é, **a cada dia de falta o empregador não pode descontar um dia das férias do empregado**. Ao contrário, a CLT prevê uma progressiva redução do período de férias, de acordo com o número de faltas injustificadas do empregado. Vejamos:

Art. 130. Após cada período de 12 (doze) meses de vigência do contrato de trabalho, o empregado terá direito a férias, na seguinte proporção:

I – 30 (trinta) dias corridos, quando não houver faltado ao serviço mais de 5 (cinco) vezes;

II – 24 (vinte e quatro) dias corridos, quando houver tido de 6 (seis) a 14 (quatorze) faltas;

III – 18 (dezoito) dias corridos, quando houver tido de 15 (quinze) a 23 (vinte e três) faltas;

IV – 12 (doze) dias corridos, quando houver tido de 24 (vinte e quatro) a 32 (trinta e duas) faltas.

§ 1º É vedado descontar, do período de férias, as faltas do empregado ao serviço.

§ 2º O período das férias será computado, para todos os efeitos, como tempo de serviço.

Para o concursando, isso precisa ser decorado, pois, infelizmente, as bancas examinadoras costumam cobrar (e com frequência) esta tabela:

Nº de faltas injustificadas	Dias de férias
Até 5	30
De 6 a 14	24
De 15 a 23	18
De 24 a 32	12

A fim de facilitar a memorização do quadro acima, observe a lógica implícita:

- simplesmente memorize a primeira linha: até 5 faltas, permanece o direito a 30 dias de férias;
- a partir daí, observe que cada intervalo de faltas tem, ao todo, nove faltas (por exemplo, 6, 7, 8, 9, 10, 11, 12, 13 e 14);
- a cada intervalo de faltas, diminui em 6 dias o período de férias (30 - 6 = 24; 24 - 6 = 18; 18 - 6 = 12).

A lei não é explícita, mas, se com *até 32 faltas* injustificadas o empregado tem direito ao *mínimo de férias* (12 dias), **com mais de 32 faltas ele perderá o direito às férias**. Isso é absolutamente pacífico na doutrina e na jurisprudência.

Por fim, observe com cuidado o § 2º, o qual dispõe que "o período das férias será computado, para todos os efeitos, como tempo de serviço". Isso significa que **o período de gozo de férias é contado como tempo de serviço para todos os efeitos**, e, portanto, inclusive para aquisição de novo período de férias. Isso terá muita importância no estudo das férias coletivas.

15.1.1. Duração das férias em contratos sob o regime de tempo parcial

As férias do trabalhador contratado sob regime de tempo parcial (assim definido pelo art. 58-A da CLT) obedeciam a critério específico, nos termos do art. 130-A da CLT.

Todavia, **o art. 130-A foi revogado pela Lei nº 13.467/2017**, de forma que, a partir da vigência da *Reforma Trabalhista de 2017*, **o trabalhador contratado sob regime de tempo parcial passou a fazer jus às férias em igualdade de condições com os empregados em geral**, ou seja, conforme disposto no art. 130 da CLT.

Há que se tomar especial cuidado ao estudar este tema, tendo em vista a significativa mudança levada a efeito pela Lei nº 13.467/2017.

15.1.2. Aquisição do direito às férias e faltas justificadas

Para que se possa apurar o número de dias de férias a que o empregado tem direito, nos termos do art. 130 da CLT, há que se ter em mente o que seriam faltas justificadas. Isso é resolvido pelo art. 131:

> Art. 131. Não será considerada falta ao serviço, para os efeitos do artigo anterior, a ausência do empregado:
>
> I – nos casos referidos no art. 473;
>
> (...)

O art. 473 arrola diversas hipóteses de interrupção contratual por pequeno prazo, ou seja, hipóteses em que o empregado pode faltar ao serviço sem prejuízo do salário. São as faltas justificadas por excelência, por exemplo, em virtude de gala, nojo, licença-paternidade, doação de sangue, alistamento eleitoral, entre outras. Este artigo será analisado em detalhes no Capítulo 19, quando do estudo da suspensão e interrupção do contrato de trabalho.

No sentido do inciso I, ainda, a Súmula 89 do TST:

> Súm. 89. Falta ao serviço (mantida). Res. 121/2003, *DJ* 19, 20 e 21.11.2003.
>
> Se as faltas já são justificadas pela lei, consideram-se como ausências legais e não serão descontadas para o cálculo do período de férias.

> (CLT) Art. 131. (...)
>
> II – durante o licenciamento compulsório da empregada por motivo de maternidade ou aborto, observados os requisitos para percepção do salário-maternidade custeado pela Previdência Social;
>
> (...)

Outra hipótese de interrupção contratual e, principalmente, de ausência justificada ao serviço. O fundamento legal é encontrado nos arts. 392, 392-A e 395, todos da CLT.

(CLT) Art. 131. (...)

III – por motivo de acidente do trabalho ou enfermidade atestada pelo Instituto Nacional do Seguro Social – INSS, excetuada a hipótese do inciso IV do art. 133;

(...)

A situação fática da exceção (inciso IV do art. 133) é o afastamento, com percebimento de prestações previdenciárias, por mais de seis meses ao longo do período aquisitivo, hipótese em que o empregado perde o direito às férias.

Neste sentido, também a Súmula 46 do TST:

Súm. 46. Acidente de trabalho (mantida). Res. 121/2003, *DJ* 19, 20 e 21.11.2003.

As faltas ou ausências decorrentes de acidente do trabalho não são consideradas para os efeitos de duração de férias e cálculo da gratificação natalina.

(CLT) Art. 131. (...)

IV – justificada pela empresa, entendendo-se como tal a que não tiver determinado o desconto do correspondente salário;

(...)

Hipótese de interrupção contratual, ocorre quando a falta é, em princípio, injustificada, mas foi *abonada* pelo empregador, ou seja, foi perdoada, não se procedendo ao desconto do salário.

(CLT) Art. 131. (...)

V – durante a suspensão preventiva para responder a inquérito administrativo ou de prisão preventiva, quando for impronunciado ou absolvido; e

(...)

Também são hipóteses em que o empregado não deu causa à ausência ao serviço. Da solução, entretanto, não decorre bom resultado prático, tendo em vista que a solução do processo criminal certamente se arrastará por muito tempo além do período concessivo de férias.

(CLT) Art. 131. (...)

VI – nos dias em que não tenha havido serviço, salvo na hipótese do inciso III do art. 133.

Em princípio, o empregado se coloca à disposição do empregador, ainda que não tenha havido serviço em determinado(s) dia(s). Sabe-se que o empregado não suporta os riscos do empreendimento, razão pela qual a falta de serviço não elide o direito ao salário. Não obstante, dispõe o art. 133, III, como veremos, que, se o empregado ficar mais de 30 dias sem serviço, em virtude de paralisação total ou parcial dos serviços da empresa, perderá o direito às férias. Entende-se que, nesta hipótese, o empregado já descansou o suficiente.

15.2. AQUISIÇÃO DO DIREITO ÀS FÉRIAS E SERVIÇO MILITAR

Dispõe o art. 132 da CLT, *in verbis*:

Art. 132. O tempo de trabalho anterior à apresentação do empregado para serviço militar obrigatório será computado no período aquisitivo, desde que ele compareça ao estabelecimento dentro de 90 (noventa) dias da data em que se verificar a respectiva baixa.

Este dispositivo facilita a aquisição de férias pelo conscrito, somando o período anterior à apresentação ao serviço militar, desde que retorne ao trabalho no prazo de 90 dias, contados da baixa. Trata-se, a rigor, de hipótese de suspensão do período aquisitivo de férias.

Exemplo: empregado é admitido em 07.04.2008 e se apresenta ao Tiro de Guerra de sua cidade aos 07.01.2009, para prestação do serviço militar obrigatório. A baixa ocorre em 15.12.2009. Nesta hipótese, o trabalhador conservaria o período compreendido entre 07.04.2008 e 07.01.2009 para cômputo do período aquisitivo de férias, desde que tivesse comparecido ao estabelecimento do empregador em até 90 dias, contados a partir do dia 15.12.2009.

Naturalmente, a expressão "compareça ao estabelecimento" quer dizer "retorne ao trabalho". A respeito, esclareça-se que **a hipótese não se confunde com a previsão do art. 472, § 1º, da CLT**[5]. Diante da grande confusão que normalmente se faz em relação aos dois institutos, vejamos resumidamente o estatuto jurídico-trabalhista do empregado que presta o serviço militar obrigatório.

SERVIÇO MILITAR OBRIGATÓRIO
Suspensão contratual: Ao se apresentar para prestação do serviço militar obrigatório, o empregado tem o contrato de trabalho *suspenso*[6]. Embora suspenso o contrato, o tempo de prestação do serviço militar obrigatório é computado no tempo de serviço, porém somente para fins de indenização e estabilidade, nos termos do art. 4º, § 1º, da CLT.
Requisitos para retorno: Caso queira retomar o cargo anteriormente ocupado (ou seja, seu emprego), o trabalhador deve **notificar** o empregador dessa intenção, por telegrama ou carta registrada, **dentro do prazo máximo de 30 dias**, contados da baixa (liberação pelas Forças Armadas). Este é o teor do disposto no art. 472, § 1º, da CLT. Observe que o prazo de 30 dias não é para retorno ao trabalho, mas sim para que o trabalhador manifeste o interesse em retornar.
Retorno ao trabalho: Manifestado o interesse em retornar ao trabalho, na forma do art. 472, § 1º, da CLT, cabe ao trabalhador efetivar sua vontade, ou seja, retomar a prestação dos serviços. Caso o faça em até 90 dias contados da baixa, terá direito à retomada da contagem do período aquisitivo de férias, considerando-se o tempo anterior, até a data da incorporação. Entretanto, caso o obreiro somente volte ao trabalho após 90 dias, contados da data da baixa, perderá ele o período aquisitivo anterior de férias. Este o sentido do art. 132 da CLT.

---

[5] Art. 472. (...)
§ 1º Para que o empregado tenha direito a voltar a exercer o cargo do qual se afastou em virtude de exigências do serviço militar ou de encargo público, é indispensável que notifique o empregador dessa intenção, por telegrama ou carta registrada, dentro do prazo máximo de 30 (trinta) dias, contados da data em que se verificar a respectiva baixa ou a terminação do encargo a que estava obrigado.
(...)

[6] Embora existam divergências a respeito, predomina a tese de que se trata de suspensão contratual. Remeto o leitor ao Capítulo 19, no qual a questão será analisada de forma exaustiva.

15.3. PERDA DO DIREITO ÀS FÉRIAS

A CLT cuida também dos casos em que o empregado perde o direito às férias. Recorde-se sempre, entretanto, que, se o empregado faltar injustificadamente mais de 32 vezes ao longo do período aquisitivo, também perderá o direito às férias, embora isso não esteja expresso na CLT.

Art. 133. Não terá direito a férias o empregado que, no curso do período aquisitivo:

I – deixar o emprego e não for readmitido dentro de 60 (sessenta) dias subsequentes à sua saída;

(...)

Aqui temos a chamada perda da *accessio temporis*. Se o empregado pedir demissão, mas retornar ao emprego em 60 dias, aproveita o período aquisitivo anterior. Na prática, o dispositivo é atualmente inócuo, ao passo que todo empregado que pede demissão faz jus ao recebimento de férias proporcionais, independentemente do tempo de serviço, conforme as Súmulas 261[7] e 171[8] do TST.

A *accessio temporis* é prevista no art. 453 da CLT, bem como na Súmula 138 do TST:

Art. 453. No tempo de serviço do empregado, quando readmitido, serão computados os períodos, ainda que não contínuos, em que tiver trabalhado anteriormente na empresa, salvo se houver sido despedido por falta grave, recebido indenização legal ou se aposentado espontaneamente.

(...)

Súm. 138. Readmissão (mantida). Res. 121/2003, *DJ* 19, 20 e 21.11.2003.

Em caso de readmissão, conta-se a favor do empregado o período de serviço anterior, encerrado com a saída espontânea.

Exemplo: empregado trabalha 5 meses e *pede demissão*. Um mês depois, é readmitido. Pela regra mencionada, estes 5 meses seriam computados no tempo de serviço do empregado, notadamente para fins de aquisição do direito às férias.

Ocorre que, quando da demissão, este empregado teve indenizadas as férias proporcionais, referentes aos mesmos 5 meses (conforme as Súmulas 171 e 261 do TST), pelo que a contagem deste tempo para efeito de aquisição de férias importaria, a meu ver, *bis in idem*, com consequente enriquecimento sem causa do trabalhador. A doutrina praticamente silencia a respeito.

Entendo que o art. 453 se aplicaria tão somente aos empregados admitidos antes da Constituição de 1988, ou seja, ainda no antigo sistema da indenização e da estabilidade, bem como, especificamente em relação às férias, aos empregados que contavam com menos de um ano de empresa e se demitiram a pedido até 2003, quando o TST reviu seu posicionamento a respeito[9].

---

7 Súm. 261, TST: Férias proporcionais. Pedido de demissão. Contrato vigente há menos de um ano (nova redação). Res. 121/2003, *DJ* 19, 20 e 21.11.2003.
O empregado que se demite antes de complementar 12 (doze) meses de serviço tem direito a férias proporcionais.
8 Súm. 171, TST: Férias proporcionais. Contrato de trabalho. Extinção (republicada em razão de erro na referência legislativa). *DJ* 05.05.2004.
Salvo na hipótese de dispensa do empregado por justa causa, a extinção do contrato de trabalho sujeita o empregador ao pagamento da remuneração das férias proporcionais, ainda que incompleto o período aquisitivo de 12 (doze) meses (art. 147 da CLT).
9 As Súmulas 171 e 261 foram alteradas pela Res. 121/2003, publicada no *DJ* de 19, 20 e 21.11.2003.

(CLT) Art. 133. (...)

II – permanecer em gozo de licença, com percepção de salários, por mais de 30 (trinta) dias;

(...)

É o caso de licença remunerada por mais de 30 dias, hipótese em que se entende que o empregado já descansou o suficiente. Observe-se que o empregado terá, nesta hipótese do inciso II, grande prejuízo quanto à remuneração (no mínimo, o terço constitucional, mas também podendo alcançar médias de remuneração variável do período aquisitivo)[10].

Em razão de tal prejuízo, sempre defendi que a remuneração da licença, em relação aos dias de férias a que o empregado tem direito, deve ser acrescida do adicional de um terço previsto na Constituição de 1988. Durante muito tempo a jurisprudência oscilou a respeito, mas recentemente o entendimento tem se uniformizado, no âmbito do TST, neste sentido, como bem ilustra a seguinte decisão da SDI-I, publicada no *Informativo* nº 84 do TST:

> Férias não gozadas. Licença remunerada superior a trinta dias. Terço constitucional. 1. De conformidade com o art. 133, inciso II, da CLT, não terá direito a férias o empregado que, no curso do período aquisitivo, desfrutar de mais de 30 dias de licença remunerada, iniciando-se o decurso de novo período aquisitivo quando o empregado retornar ao serviço, após o período de licença (§ 2º do art. 133). 2. Ao assim dispor, a lei quis apenas evitar a duplicidade de gozo de férias conquistadas no mesmo período aquisitivo. A licença remunerada, contudo, não significa que o empregado não faça jus ao terço constitucional sobre a remuneração proporcional ao período de férias a que o empregado teria direito não fora a licença remunerada. Ao retirar o duplo gozo de férias, a lei não poderia subtrair-lhe também o acréscimo remuneratório contemplado no inciso XVII do art. 7º da Constituição Federal. Essa não foi a intenção da lei, tanto que a Súmula nº 328 do TST assegura o terço constitucional mesmo em caso da remuneração atinente a férias, integrais ou proporcionais, gozadas ou não. Ademais, a não se interpretar assim a lei, haveria um indesejável estímulo a que o empregador frustrasse a aplicação do terço constitucional mediante a concessão de licença remunerada de 31 ou 32 dias. 3. Embargos de que se conhece, por divergência jurisprudencial, e a que se dá provimento para assegurar o terço constitucional sobre a remuneração proporcional ao período de férias a que o empregado teria direito não fora a licença remunerada (TST, SDI-I, E-ED-RR-175700-12.2002.5.02.0463, Rel. Min. João Oreste Dalazen, *DEJT* 13.06.2014). *Informativo* 84.

(CLT) Art. 133. (...)

III – deixar de trabalhar, com percepção do salário, por mais de 30 (trinta) dias, em virtude de paralisação parcial ou total dos serviços da empresa; e

(...)

Aqui se aplica a mesma justificativa da hipótese anterior. Atente-se apenas para o fato de que a falta de serviço por 30 dias ou menos não prejudica as férias do empregado, em nenhuma hipótese.

Quanto ao pagamento do terço constitucional, o professor Marcelo Moura[11] entende cabível também nesta hipótese, tese que foi acolhida pela SDI-1:

> Embargos em recurso de revista. Publicação do acórdão embargado anterior à vigência da Lei 11.496/2007. Acréscimo de um terço. CF, artigo 7º, XVII. Férias não usufruídas ante a conces-

---

[10] Apenas para exemplificar, imagine que um empregador, ao invés de conceder férias coletivas, dispensasse os empregados por 31 dias, em licença remunerada. Livrar-se-ia, assim, de pagar o terço de férias, bem como, eventualmente, as médias de horas extras, por exemplo, "zerando" o período aquisitivo de férias dos seus empregados.

[11] MOURA, Marcelo. *Consolidação das Leis do Trabalho para concursos*, p. 200.

são de licença remunerada por mais de trinta dias. Paralisação das atividades da empresa por força de interdição judicial. A concessão de licença remunerada superior a trinta dias (CLT, artigo 133, inciso II) não elide o direito à percepção do adicional à remuneração das férias, consagrado no artigo 7º, inciso XVII, da Carta Magna vigente, de, "pelo menos, um terço a mais do que o salário normal", porque à época em que editado o Decreto-lei 1.535/1977, que conferiu nova redação à aludida regra legal, era assegurado ao trabalhador o direito tão somente às "férias anuais remuneradas" (CF/69, art. 165, VIII), sem a vantagem pecuniária prevista no citado artigo 7º, inciso XVII, da CF/88. Assim, não tem aquela norma consolidada o condão de retirar do trabalhador – notadamente no caso em que esse se viu impelido, por força de interdição judicial da empresa, a licenciar-se – o direito ao terço constitucional, principalmente se examinada a questão sob a perspectiva da ampliação do rol de direitos fundamentais dos trabalhadores, instituída pela Carta Política vigente. Precedentes desta SDI-1/TST e da Suprema Corte. Recurso de embargos conhecido e provido (TST, SDI-1, E-RR 42700-67.2002.5.02.0251, Rel. Min. Rosa Maria Weber, *DEJT* 28.09.2012).

(CLT) Art. 133. (...)
IV – tiver percebido da Previdência Social prestações de acidente de trabalho ou de auxílio--doença por mais de 6 (seis) meses, embora descontínuos.
(...)

Aqui há alguma polêmica, porque a regra colide com a previsão da **Convenção nº 132** da OIT, a qual prevê a impossibilidade de afastamentos por doença (independentemente do motivo) prejudicarem o direito à aquisição de férias. A maior parte da doutrina, entretanto, entende que a referida Convenção, embora ratificada pelo Brasil, deve ser analisada sob o aspecto da **teoria do conglobamento**. Como a norma internacional é, em seu conjunto, bem menos benéfica que a CLT, aplica-se apenas esta última. A questão, entretanto, está longe da pacificação. Prova disso é a Súmula 261 (e também a 171) do TST, que prevê o pagamento das férias proporcionais ao empregado demissionário que conte com menos de um ano no emprego, em homenagem à Convenção nº 132 (e contra disposição expressa da CLT).

(CLT) Art. 133. (...)
§ 1º A interrupção da prestação de serviços deverá ser anotada na Carteira de Trabalho e Previdência Social.
(...)

O objetivo deste dispositivo é apenas reforçar o meio de prova, por excelência, da interrupção contratual. Deve o empregador, com efeito, anotar tal circunstância na CTPS do empregado. Caso não o faça, entretanto, ainda assim pode, utilizando-se de outro meio de prova legalmente admitida, comprovar o afastamento do empregado. Portanto, a não anotação da interrupção da prestação de serviços na CTPS constitui apenas infração administrativa.

(CLT) Art. 133. (...)
§ 2º Iniciar-se-á o decurso de novo período aquisitivo quando o empregado, após o implemento de qualquer das condições previstas neste artigo, retornar ao serviço.
(...)

Ocorrida qualquer das hipóteses deste artigo, o empregado perde o período aquisitivo acumulado até então, sendo que um novo período aquisitivo é contado a partir do retorno ao serviço.

(CLT) Art. 133. (...)

§ 3º Para os fins previstos no inciso III deste artigo a empresa comunicará ao órgão local do Ministério do Trabalho, com antecedência mínima de 15 (quinze) dias, as datas de início e fim da paralisação total ou parcial dos serviços da empresa, e, em igual prazo, comunicará, nos mesmos termos, ao sindicato representativo da categoria profissional, bem como afixará aviso nos respectivos locais de trabalho.

O parágrafo trata de requisitos formais que deverão ser observados pelo empregador nos casos de paralisação das atividades da empresa. O objetivo é evitar fraudes, como, por exemplo, a sonegação do terço constitucional. Concordo com Sérgio Pinto Martins, para quem, "na hipótese do item II, não será necessária a comunicação à DRT, embora a lei devesse também tê-lo determinado, justamente para evitar fraudes"[12].

15.4. DA CONCESSÃO E DA ÉPOCA DAS FÉRIAS

As férias têm a peculiaridade de apresentar distintos períodos, um para aquisição do direito, e outro para sua fruição. Neste sentido, o art. 134 da CLT:

Art. 134. As férias serão concedidas por ato do empregador, em um só período, nos 12 (doze) meses subsequentes à data em que o empregado tiver adquirido o direito.

§ 1º Desde que haja concordância do empregado, as férias poderão ser usufruídas em até três períodos, sendo que um deles não poderá ser inferior a quatorze dias corridos e os demais não poderão ser inferiores a cinco dias corridos, cada um[13].

Exemplo de cômputo dos períodos aquisitivo e concessivo:

Imagine um empregado admitido em 01.02.2008. O seu primeiro período aquisitivo de férias será contado de 01.02.2008 a 31.01.2009, e o período concessivo correspondente de 01.02.2009 a 31.01.2010.

Ressalte-se que a redação anterior do § 1º do art. 134 estabelecia que a regra era a concessão das férias em um único período, sendo que se permitia o fracionamento apenas em casos excepcionais. Entretanto, a redação atual, dada pela Lei nº 13.467/2017, passou a permitir o fracionamento em até três períodos mediante concordância do empregado.

Observe-se que, **em caso de fracionamento,** *um dos períodos* **não poderá ser inferior a quatorze dias corridos e os demais não poderão ser inferiores a cinco dias corridos,**

---

12 MARTINS, Sergio Pinto. *Comentários à CLT*. 14. ed. São Paulo: Atlas, 2010, p. 156.
13 Redação dada pela Lei nº 13.467/2017.

cada um. Sendo assim, obviamente o empregado que houver faltado injustificadamente quinze ou mais vezes ao longo do período aquisitivo não poderá ter as férias fracionadas, pois terá, no máximo, 18 dias de férias, o que não permitiria o fracionamento com o respeito ao mínimo de dias em cada período (14 + 5 = 19).

Cabe observar ainda que **o § 2º do art. 134 da CLT, que vedava o fracionamento das férias aos menores de 18 anos e aos maiores de 50 anos, foi revogado pela Lei nº 13.467/2017**, de forma que, atualmente, todos os empregados contratados sob a égide da CLT podem, desde que com a sua concordância, ter as férias fracionadas.

> **Doméstico:** "o período de férias poderá, a critério do empregador, ser fracionado em até 2 (dois) períodos, sendo 1 (um) deles de, no mínimo, 14 (quatorze) dias corridos" (art. 17, § 2º, LC nº 150/2015). Portanto, o fracionamento, no caso do doméstico, não é excepcional, como o é na CLT.

Quanto à **determinação do período** em que serão gozadas as férias, ela **cabe ao empregador**, que dirige a prestação pessoal dos serviços, **desde que dentro do período concessivo**. Neste sentido, o art. 134, *caput*, da CLT ("as férias serão concedidas por ato do empregador"), bem como o art. 136, *caput*, da CLT ("a época da concessão das férias será a que melhor consulte os interesses do empregador").

Assim, no exemplo mencionado acima, cabe ao empregador definir em que época, no período compreendido entre 01.02.2009 a 31.01.2010 (período concessivo), o empregado gozará as férias.

No tocante ao início das férias, o novel § 3º do art. 134 da CLT, inserido pela Lei nº 13.467/2017, dispõe que "**é vedado o início das férias no período de dois dias que antecede feriado ou dia de repouso semanal remunerado**". A previsão é positiva, porquanto evita que o empregador maliciosamente determine o início das férias do empregado em véspera de feriado, por exemplo, a fim de lhe subtrair alguns dias de descanso.

15.4.1. Das formalidades relativas à concessão das férias

O ato de concessão das férias pressupõe o preenchimento de algumas formalidades. Vejamos:

Art. 135. A concessão das férias será participada, por escrito, ao empregado, com antecedência de, no mínimo, 30 (trinta) dias. Dessa participação o interessado dará recibo.

§ 1º O empregado não poderá entrar no gozo das férias sem que apresente ao empregador sua Carteira de Trabalho e Previdência Social, para que nela seja anotada a respectiva concessão.

§ 2º A concessão das férias será, igualmente, anotada no livro ou nas fichas de registro dos empregados.

§ 3º Nos casos em que o empregado possua a CTPS em meio digital, a anotação será feita nos sistemas a que se refere o § 7º do art. 29 desta Consolidação, na forma do regulamento, dispensadas as anotações de que tratam os §§ 1º e 2º deste artigo[14].

O *aviso de férias* é necessário para que o empregado se programe e possa efetivamente desfrutar de seu período de descanso da forma que melhor lhe aproveite. A lei exige a **comunicação escrita**, não sendo válida a comunicação verbal.

---

[14] Redação dada pela Lei nº 13.874/2019.

A partir do momento em que o empregador comunica a concessão das férias, somente poderá alterá-la com o consentimento do empregado, "que poderá sair na data comunicada sem que se configure indisciplina"[15].

A obrigatoriedade de anotação da concessão das férias na CTPS e no registro visa facilitar a prova. Admitem-se, contudo, outros meios de prova acerca da concessão das férias.

A obrigação constante do § 2º é dispensada para as microempresas e empresas de pequeno porte, nos termos da Lei Complementar nº 123/2006.

15.4.2. Da época de concessão das férias

É muito importante, para concursos, ter em mente que cabe ao empregador, como regra geral, determinar quando serão concedidas as férias.

Art. 136. A época da concessão das férias **será a que melhor consulte os interesses do empregador**.

(...)

As exceções são mencionadas nos parágrafos do art. 136, sendo a primeira relativa (§ 1º) e a segunda, absoluta (§ 2º). Em se tratando de membros de uma mesma família, poderão eles gozar férias no mesmo período, desde que, cumulativamente:

a) trabalhem no mesmo estabelecimento ou empresa;

b) tenham interesse em gozar as férias no mesmo período;

c) do fato não resulte prejuízo para o serviço.

Neste sentido, o § 1º do art. 136 dispõe que "os membros de uma família, que trabalharem no mesmo estabelecimento ou empresa, terão direito a gozar férias no mesmo período, se assim o desejarem e se disto não resultar prejuízo para o serviço".

Observe-se que a coincidência do período de gozo de férias das pessoas da mesma família, que trabalhem em um mesmo estabelecimento, também depende do empregador, porém objetivamente.

Exemplo: uma pequena indústria de fundo de quintal tem cinco empregados, sendo quatro de uma mesma família. Obviamente, o gozo de férias de todos os empregados da mesma família, no mesmo período, resultará prejuízo para o serviço, ante a diminuição da força de trabalho em 80%.

A segunda exceção diz respeito ao menor de 18 anos e, esta sim, configura direito potestativo do empregado. Em outras palavras, independentemente da vontade do empregador ou da necessidade de serviço, o menor de 18 anos tem o direito subjetivo de fazer coincidir suas férias com as férias escolares. Neste sentido, o § 2º do art. 136 da CLT dispõe que "o empregado estudante, menor de 18 (dezoito) anos, terá direito a fazer coincidir suas férias com as férias escolares".

15.4.3. Concessão das férias fora do prazo (férias vencidas)

Caso o empregador não conceda as férias ao empregado dentro do período concessivo (doze meses imediatamente posteriores ao final do período aquisitivo), diz-se que as férias *venceram*. Na verdade, o que venceu foi o prazo estipulado para concessão das férias (período concessivo), pelo que o empregador, em mora, deverá suportar a pena consistente

---

[15] MARTINS, Sergio Pinto. *Comentários à CLT*, p. 158.

no **pagamento em dobro da remuneração** das férias. A consequência legal em referência tem fundamento no art. 137, *caput*, da CLT, *in verbis*:

> Art. 137. Sempre que as férias forem concedidas após o prazo de que trata o art. 134, o empregador pagará em dobro a respectiva remuneração.
>
> (...)

O pagamento em dobro inclui a dobra do terço de férias. Assim, se o empregado ganha, por exemplo, R$ 1.800,00, deveria receber, pelas férias concedidas no prazo, R$ 2.400,00 (= R$ 1.800,00 + 1/3). Nesse caso, se concedidas (ou indenizadas) as férias fora do período concessivo, deverá o empregador pagar R$ 4.800,00, ou seja, o dobro da "respectiva remuneração", que, sem dúvida, inclui o terço de férias.

Neste sentido, a Súmula 328 do TST:

> Súm. 328. Férias. Terço constitucional (mantida). Res. 121/2003, *DJ* 19, 20 e 21.11.2003.
>
> O pagamento das férias, integrais ou proporcionais, gozadas ou não, na vigência da CF/1988, sujeita-se ao acréscimo do terço previsto no respectivo art. 7º, XVII.

Portanto, **sempre que alguém falar em remuneração de férias, a qualquer título que seja, deve estar presente o terço constitucional**. *O acessório sempre segue o principal.*

Se as férias são concedidas parcialmente fora do período concessivo, apenas estes dias serão remunerados em dobro. Neste sentido, a Súmula 81 do TST:

> Súm. 81. Férias (mantida). Res. 121/2003, *DJ* 19, 20 e 21.11.2003.
>
> Os dias de férias gozados após o período legal de concessão deverão ser remunerados em dobro.

Vejamos um exemplo retirado de um caso concreto: um empregado adquiriu o direito às férias entre 15.10.2007 e 14.10.2008, de forma que o período concessivo se estendeu de 15.10.2008 a 14.10.2009. Entretanto, só lhe foram concedidas as férias no período de 21.09.2009 a 20.10.2009. Neste caso, caberia ao empregador pagar: a) a remuneração normal das férias (salário relativo a 24 dias + 1/3) referente ao período de 21.09.2009 a 14.10.2009 (parte das férias concedida ainda dentro do período concessivo); b) a remuneração em dobro (salário referente a 6 dias + 1/3 x 2) em relação ao período de 15.10.2009 a 20.10.2009.

Por fim, os parágrafos do art. 137 estipulam a possibilidade de reclamação sempre que o empregador deixar de conceder as férias tempestivamente, nos seguintes termos:

> Art. 137. (...)
>
> § 1º Vencido o mencionado prazo sem que o empregador tenha concedido as férias, o empregado poderá ajuizar reclamação pedindo a fixação, por sentença, da época de gozo das mesmas.
>
> § 2º A sentença cominará pena diária de 5% (cinco por cento) do salário mínimo da região, devida ao empregado até que seja cumprida.
>
> § 3º Cópia da decisão judicial transitada em julgado será remetida ao órgão local do Ministério do Trabalho, para fins de aplicação da multa de caráter administrativo.

A questão da reclamação trabalhista é utópica. Em primeiro lugar, porque o empregado que propuser ação com o contrato em vigor perderá o emprego imediatamente. Em segundo lugar, porque certamente a sentença sairia muito tempo depois de efetivamente concedidas as férias vencidas, dada a morosidade do Judiciário. Logo, o dispositivo é absolutamente inócuo.

15.4.4. Vedação ao trabalho durante o período destinado ao gozo de férias

Se, por um lado, as férias constituem direito do empregado, por outro constituem também um dever atribuído ao empregado, qual seja o **dever de descansar**. Como norma de ordem pública e, principalmente, de saúde pública que é, o regramento legal das férias proíbe que o empregado permaneça em atividade durante o período destinado ao gozo de férias, exceto se obrigado a isso em virtude de um segundo contrato de trabalho preexistente.

Seguindo esta linha de pensamento, o art. 138 da CLT:

> Art. 138. Durante as férias, o empregado não poderá prestar serviços a outro empregador, salvo se estiver obrigado a fazê-lo em virtude de contrato de trabalho regularmente mantido com aquele[16].

Exemplo: Juliana trabalha como analista de sistemas durante o dia e, à noite, tem outro emprego, em uma escola de idiomas, na qual leciona italiano. Nos termos do art. 138, mesmo que esteja de férias no primeiro emprego, Juliana poderá normalmente trabalhar na escola de idiomas, ao passo que obrigada a fazê-lo em virtude de contrato de trabalho regularmente mantido. Ao contrário, Eduardo, que tem somente um emprego, como protético, não poderá, durante as suas férias, prestar serviços a terceiros, pois tem o dever legal de descansar.

O dispositivo é interpretado de maneira diversa pela doutrina. Alguns autores defendem que o empregador teria até mesmo o direito de fiscalizar o empregado e, constatado que ele prestou serviços a terceiros durante as férias, poderia puni-lo disciplinarmente por ato faltoso. Neste sentido, Vólia Bomfim Cassar[17], Sérgio Pinto Martins[18] e Marcelo Moura[19], sendo que este último defende inclusive que a inação do empregado durante as férias é direito subjetivo do empregador, objetivando ter seu empregado descansado e com condições de produtividade no retorno.

Outros entendem que o dispositivo não tem todo esse alcance, faltando ao empregador poder para interferir na vida do empregado além dos portões da empresa. O argumento é até razoável, mas simplesmente anula qualquer possibilidade de efeito prático do art. 138. Não podendo o empregador punir o empregado pelo descumprimento do dispositivo, ele torna-se letra morta.

Em defesa da segunda corrente, Arion Sayão Romita argumenta que a finalidade das férias

> "está em propiciar ao empregado a oportunidade de se subtrair ao ambiente de trabalho, mas não para recuperar energias físicas e psíquicas em benefício da produção após o retorno, e sim para se dedicar ao desenvolvimento da atividade que lhe aprouver, inclusive trabalhar, se for o caso: a pretexto de proibir o trabalho ao empregado em férias, o art. 138 da Consolidação das Leis do Trabalho expressamente o autoriza, ao ressalvar a obrigação de fazê-lo 'em virtude de contrato de trabalho regularmente mantido' com outro empregador"[20].

---

[16] O dispositivo consagra a possibilidade de prestação de serviços a mais de um empregador, desde que haja compatibilidade de horários. Por isso, a exclusividade não é requisito (nem característica essencial) da relação de emprego.

[17] CASSAR, Vólia Bomfim. *Direito do Trabalho*. 4. ed. Niterói: Impetus, 2010, p. 753.

[18] MARTINS, Sergio Pinto. *Comentários à CLT*, p. 162-163.

[19] MOURA, Marcelo. *Consolidação das Leis do Trabalho para concursos*, p. 211.

[20] ROMITA, Arion Sayão. *Direitos fundamentais nas relações de trabalho*. São Paulo: LTr, 2005, p. 372.

15.5. FÉRIAS COLETIVAS

Pode o empregador optar por, ao invés de conceder individualmente as férias a seus empregados, concedê-las coletivamente, seja para todos, para os empregados de determinado(s) estabelecimento(s), ou ainda para empregados de determinado(s) setor(es). Assim dispõe o art. 139 da CLT:

> Art. 139. Poderão ser concedidas férias coletivas a todos os empregados de uma empresa ou de determinados estabelecimentos ou setores da empresa.
>
> § 1º As férias poderão ser gozadas em 2 (dois) períodos anuais desde que nenhum deles seja inferior a 10 (dez) dias corridos.
>
> (...)

A diferença, até aqui, entre as férias individuais e as coletivas se refere às regras para eventual fracionamento do período de férias. **Enquanto nas férias individuais o fracionamento é admitido em até três períodos, sendo um deles de, no mínimo, quatorze dias, e os outros de, no mínimo, cinco dias, cada um, as férias coletivas podem ser fracionadas em até dois períodos, apenas, sendo que nenhum deles pode ser inferior a dez dias corridos.**

A fim de facilitar a visualização desta distinção, vejamo-la de forma esquematizada:

	Férias individuais	Férias coletivas
Possibilidade de fracionamento	SIM	SIM
Pode-se fracionar em quantos períodos	Até três	Até dois
Tempo mínimo de cada período	Um ≥ 14 dias corridos; os demais, ≥ 5 dias corridos, cada um	Cada período ≥ 10 dias corridos

15.5.1. Das formalidades relativas à concessão das férias coletivas

Assim como ocorre com as férias individuais, a concessão de férias coletivas exige determinadas providências formais por parte do empregador. São, basicamente, a comunicação ao órgão nacional competente em matéria de trabalho e ao sindicato da categoria, bem como a fixação de avisos aos empregados. Assim dispõem os §§ 2º e 3º do art. 139 da CLT:

> Art. 139. (...)
>
> § 2º Para os fins previstos neste artigo, o empregador comunicará ao órgão local do Ministério do Trabalho, com a antecedência mínima de 15 (quinze) dias, as datas de início e fim das férias, precisando quais os estabelecimentos ou setores abrangidos pela medida.
>
> § 3º Em igual prazo, o empregador enviará cópia da aludida comunicação aos sindicatos representativos da respectiva categoria profissional, e providenciará a afixação de aviso nos locais de trabalho.

Cuidado com este dispositivo. **Cabe ao empregador apenas comunicar (tornar pública, portanto) a concessão das férias coletivas**, nos prazos do art. 139, § 2º, da CLT, não havendo que se falar em necessidade de aprovação ou autorização das férias coletivas pelo Ministério do Trabalho.

O art. 141 da CLT, que dispunha sobre a formalização das férias coletivas na CTPS do empregado, foi revogado pela Lei nº 13.874/2019, motivo pelo qual não subsiste razão para preocupação com as antigas regras.

15.5.2. Férias coletivas para empregados com período aquisitivo incompleto

Questão que suscita muitas dúvidas diz respeito à concessão de férias coletivas para empregados que ainda não completaram o período aquisitivo, ou seja, para aqueles que estão na empresa há menos de um ano.

Consoante dispõe o art. 140 da CLT, "os empregados contratados há menos de 12 (doze) meses gozarão, na oportunidade, férias proporcionais, iniciando-se, então, novo período aquisitivo".

Exemplo: o empregado foi admitido em 01.05.2008, e a empresa concedeu férias coletivas de 30 dias a partir de 01.01.2009. Na hipótese, o empregado ainda não tinha direito a 30 dias de férias, visto que possuía apenas 8 meses de serviço. Qual seria a solução?

A concessão das férias coletivas interessa ao empregador. Logo, ele é quem deve arcar com o ônus de solucionar esta questão. **Não é válida, em regra, a antecipação de concessão das férias**, de forma que o empregado tivesse que trabalhar até 30.04.2009, a fim de "pagar" as férias já gozadas. Assim, a solução só pode ser uma:

O empregado goza 20 dias de férias coletivas proporcionais (8/12 de 30 dias), e então permanece os outros 10 dias em *licença remunerada*, tendo em vista que a empresa (ou o estabelecimento, ou o setor) está com as atividades paralisadas.

No caso, o empregado receberá o terço de férias relativo aos 20 dias (que são efetivamente as suas férias por direito), e os outros 10 dias serão remunerados como dias normais à disposição do empregador.

Ato contínuo, pergunta-se, a partir do exemplo acima, quando recomeça a contagem do período aquisitivo.

A questão é muito controvertida. Muitos entendem que a expressão "iniciando-se, **então**, novo período aquisitivo", se refere ao final das férias coletivas, e não ao início delas. Defendem que a solução seria a mesma do art. 133, § 2º, segundo o qual, nas hipóteses de perda do período aquisitivo, inicia-se a contagem de novo período quando o empregado retorna ao serviço.

Não me parece, entretanto, a melhor solução. Comungo com a posição do Prof. Gustavo Filipe Barbosa Garcia[21], para quem **o novo período aquisitivo se inicia**, no caso, **quando do início das férias coletivas**. Isso porque o art. 130, § 2º, é absolutamente claro no sentido de que "o período das férias será computado, para todos os efeitos, como tempo de serviço". Logo, não é possível simplesmente desprezar, como tempo de serviço, os dias em que o empregado goza de férias coletivas proporcionais, frise-se, **por conta do empregador**, criando uma espécie de vazio em seu currículo.

15.6. FÉRIAS E REMUNERAÇÃO

Todo empregado terá direito anualmente ao gozo de um período de férias, sem prejuízo da remuneração (art. 129, CLT).

Como preceitua o art. 7º, XVII, da CRFB, as férias são **anuais e remuneradas**. Neste mesmo sentido, o art. 129 da CLT. É relativamente comum para os leigos, especialmente os próprios trabalhadores, confundirem a questão da remuneração das férias, supondo lhe

---

21 GARCIA, Gustavo Filipe Barbosa. *Curso de Direito do Trabalho*. 4. ed. São Paulo: Forense, 2010, p. 923.

serem devidos, além do salário do mês, mais um mês de salário, acrescido do terço de férias. É lógico que não é assim! Com efeito, as férias constituem nada mais do que uma interrupção contratual, ou seja, o empregado deixa de prestar serviços (e de se colocar à disposição do empregador) durante um determinado período de tempo; porém, **recebe o salário referente àquele período**. É, portanto, um descanso remunerado. Entretanto, além do salário normal devido, o empregado faz jus, a mais, em virtude das férias, somente ao **terço constitucional**, que é **calculado à razão de 1/3 do salário à época da concessão das férias**.

Neste sentido, o art. 142 da CLT:

> Art. 142. O empregado perceberá, durante as férias, a remuneração que lhe for devida na data da sua concessão.
>
> (...)

Como visto, a concessão das férias se dá após sua aquisição, mais precisamente durante os doze meses subsequentes aos doze meses da aquisição. Não obstante, o cálculo da remuneração das férias deverá ter como base a remuneração devida na data da concessão, e não à época da aquisição do direito.

Exemplo: Acácio, admitido em 01.02.2008, completa o primeiro período aquisitivo (férias 2008/2009) em 31.01.2009, quando seu salário é de R$ 1.200,00. No mês de março/2009, o empregador lhe concede aumento decorrente da data-base da categoria, reajustando o salário para R$ 1.320,00. Em setembro/2009, por sua vez, Acácio é promovido, passando a receber salário de R$ 2.600,00. Em seguida, lhe são concedidas férias no período de 02.12.2009 a 31.12.2009. Nesta hipótese, embora o salário de Acácio, à época da aquisição do direito às férias, fosse R$ 1.200,00, fará ele jus à remuneração das férias pelo valor de seu salário à época da concessão, qual seja, R$ 2.600,00, naturalmente acrescido do terço constitucional.

Na verdade, é muito fácil lembrar esta regra: basta pensar que, **normalmente, a remuneração das férias corresponde ao salário que o empregado já receberia naquele mês (caso trabalhasse), mais 1/3**.

Caso o salário do empregado seja variável, os parágrafos do art. 142 dispõem especificamente sobre a forma de cálculo[22]:

> Art. 142. (...)
>
> § 1º Quando o salário for pago por hora com jornadas variáveis, apurar-se-á a média do período aquisitivo, aplicando-se o valor do salário na data da concessão das férias.
>
> (...)

Apura-se a média das horas trabalhadas no período aquisitivo, mas o valor da hora será o da data da concessão. Portanto, pode-se estabelecer como regra a seguinte lógica: **a base de cálculo é a do período aquisitivo, mas o valor é o do momento da concessão**.

Exemplo: Henrique é horista, tendo trabalhado em média, durante o período aquisitivo de férias, 200 horas por mês. O seu salário/hora, na época, era de R$ 4,00. As férias respectivas foram concedidas a Henrique a partir do dia 02.12.2010, sendo que ele trabalhou apenas 190 horas no mês de novembro/2010. O salário/hora de Henrique, no dia da concessão das férias, era R$ 4,35. No caso, a remuneração de suas férias será calculada à

---

22 Se você não tem segurança sobre os conceitos tratados nestes próximos parágrafos, sugiro que os estude em conjunto com o Capítulo 16, que trata da remuneração e do salário.

razão de 200 horas (média do período aquisitivo), à qual será aplicado o valor/hora de R$ 4,35 (vigente na data da concessão das férias).

(CLT) Art. 142. (...)

§ 2º Quando o salário for pago por tarefa tomar-se-á por base a média da produção no período aquisitivo do direito a férias, aplicando-se o valor da remuneração da tarefa na data da concessão das férias.

(...)

Igualmente, a média da produção se refere ao período aquisitivo, mas o valor por peça ou tarefa aplicável é o da data da concessão. A hipótese é idêntica à do parágrafo anterior, mudando apenas a forma de salário, de horista para tarefeiro. Neste sentido, também a Súmula 149 do TST:

Súm. 149. Tarefeiro. Férias (mantida). Res. 121/2003, *DJ* 19, 20 e 21.11.2003.

A remuneração das férias do tarefeiro deve ser calculada com base na média da produção do período aquisitivo, aplicando-se-lhe a tarifa da data da concessão.

(CLT) Art. 142. (...)

§ 3º Quando o **salário for pago por percentagem, comissão ou viagem**, apurar-se-á a média percebida pelo empregado nos 12 (doze) meses que precederem à concessão das férias.

(...) (grifos meus)

Cuidado com este parágrafo, porque **aqui a regra muda**. Ao invés da média do período aquisitivo, **apura-se a média dos 12 meses imediatamente anteriores à data da concessão**.

Exemplo: Denise é vendedora comissionista pura, tendo percebido, em média, R$ 1.200,00 ao longo do período aquisitivo de férias, R$ 1.800,00 no mês anterior ao da concessão das férias e R$ 1.050,00 nos últimos doze meses anteriores à data da concessão. Neste caso, a remuneração das férias de Denise será calculada sobre R$ 1.050,00, consoante dispõe o § 3º.

Além disso, a jurisprudência entende que o valor das comissões deve ser corrigido monetariamente, conforme OJ 181 da SDI-1 do TST:

OJ-SDI1-181. Comissões. Correção monetária. Cálculo (inserida em 08.11.2000).

O valor das comissões deve ser corrigido monetariamente para em seguida obter-se a média para efeito de cálculo de férias, 13º salário e verbas rescisórias.

(CLT) Art. 142. (...)

§ 4º A parte do salário paga em utilidades será computada de acordo com a anotação na Carteira de Trabalho e Previdência Social.

(...)

Em tese o valor das utilidades deve ser anotado em CTPS. Se não o for, entretanto, seu valor, também para o efeito de cálculo das férias, deve corresponder ao real valor da utilidade, conforme a Súmula 258 do TST:

Súm. 258. Salário-utilidade. Percentuais (nova redação). Res. 121/2003, *DJ* 19, 20 e 21.11.2003.

Os percentuais fixados em lei relativos ao salário "in natura" apenas se referem às hipóteses em que o empregado percebe salário mínimo, apurando-se, nas demais, o real valor da utilidade.

Observe-se que as utilidades integram o cálculo das férias, dada sua natureza salarial, exceto se continuarem sendo usufruídas pelo empregado durante o gozo de férias. O raciocínio contrário levaria ao *bis in idem*. Assim, a habitação, por exemplo, se fornecida como utilidade, não entra no cálculo da remuneração das férias, pois o empregado continua recebendo tal utilidade durante o período de gozo das férias. Entretanto, há que se apurar o valor da utilidade, neste caso, a fim de calcular o terço de férias, este sim incidente sobre a totalidade das utilidades, tendo em vista se tratar de um *plus*.

(CLT) Art. 142. (...)

§ 5º Os adicionais por trabalho extraordinário, noturno, insalubre ou perigoso serão computados no salário que servirá de base ao cálculo da remuneração das férias.

(...)

Como dito, a remuneração das férias corresponde à remuneração do empregado na data da concessão das férias. Assim, todas as parcelas de sobressalário entrarão no cálculo. Observe-se que a expressão *remuneração* é utilizada como sinônimo de salário cheio, integradas as demais parcelas devidas. Dado o uso da expressão *remuneração* (art. 142, *caput*), entende-se que a média das gorjetas habitualmente recebidas também integra o cálculo da remuneração das férias.

(CLT) Art. 142. (...)

§ 6º Se, no momento das férias, o empregado não estiver percebendo o mesmo adicional do período aquisitivo, ou quando o valor deste não tiver sido uniforme será computada a média duodecimal recebida naquele período, após a atualização das importâncias pagas, mediante incidência dos percentuais dos reajustamentos salariais supervenientes.

O dispositivo reforça que **os valores são os da data da concessão, mas, em regra, a base de cálculo (parcelas que integram o salário, produção etc.) se refere ao período aquisitivo**.

Imagine-se que o empregado recebeu, durante o período aquisitivo, adicional noturno, mas que, durante o curso do período concessivo, e antes da concessão efetiva das férias, este empregado foi transferido para o turno diurno. Obviamente, neste caso, ele deixou de receber o adicional noturno, tendo em vista a sua natureza de salário-condição. Não obstante, nos termos do art. 142, § 6º, apurar-se-á a média do número de horas noturnas pagas ao longo do período aquisitivo, e sobre esta média será calculado o valor do adicional noturno, com base no salário do dia da concessão das férias.

15.6.1. Abono pecuniário de férias

Em matéria de férias, *abono pecuniário* ou *abono de férias* tem a conotação da **conversão de 1/3 das férias em pecúnia, ou seja, em dinheiro**.

A conversão de parte das férias em pecúnia é regulada pelo art. 143 da CLT, nos seguintes termos:

Art. 143. É facultado ao empregado converter 1/3 (um terço) do período de férias a que tiver direito em abono pecuniário, no valor da remuneração que lhe seria devida nos dias correspondentes.

§ 1º O abono de férias deverá ser requerido até 15 (quinze) dias antes do término do período aquisitivo.

§ 2º Tratando-se de férias coletivas, a conversão a que se refere este artigo deverá ser objeto de acordo coletivo entre o empregador e o sindicato representativo da respectiva categoria profissional, independendo de requerimento individual a concessão do abono.

A possibilidade de converter parte das férias em pecúnia (abono pecuniário) tem por objetivo propiciar que o empregado tenha melhores condições de gozar efetivamente as suas férias. O fundamento é parecido com o do terço constitucional.

Não há se confundir o abono, entretanto, com a figura da *venda* das férias, consubstanciada na renúncia a tal direito. Na *venda das férias* o empregado, muitas vezes em dificuldades financeiras, aceita continuar trabalhando no período destinado ao gozo de férias em troca da remuneração dobrada (remuneração das férias + remuneração do trabalho efetivo). Como norma de ordem pública que é, o direito às férias é irrenunciável, não podendo ser objeto de negociação pelo empregado.

A figura em estudo é bastante polêmica, e esse cenário se tornou ainda mais obscuro depois de decisões recentes do TST sobre a matéria. A doutrina, de forma geral, não costuma enfrentar adequadamente esse tema, praticamente se limitando a repetir o disposto no art. 143 da CLT, sem, contudo, explicá-lo adequadamente. Em minha opinião, com apoio em alguns doutrinadores, a situação fática do abono pecuniário é a seguinte (exemplo):

Empregado recebe salário de R$ 1.800,00 e teve três faltas injustificadas ao longo do período aquisitivo de férias. Logo, tem direito a 30 dias de férias. Ele solicita o abono pecuniário, conforme prevê o art. 143, § 1º. As férias são gozadas em setembro/2009 (01.09.2009 a 20.09.2009).

ABONO PECUNIÁRIO DE FÉRIAS		
10 DIAS	10 DIAS	10 DIAS
GOZO DE FÉRIAS (20 DIAS) – 01.09.2009 a 20.09.2009		ABONO DE FÉRIAS (CONVERSÃO DE 10 DIAS EM $)
Remuneração = R$ 1.200,00 (resultante de 2/3 do salário = 20 dias) + R$ 400,00 (1/3 da remuneração das férias = terço constitucional) = R$ 1.600,00		Remuneração = R$ 600,00 (abono pecuniário = 1/3 do salário = 10 dias) + R$ 200,00 (terço de férias sobre o abono pecuniário) = R$ 800,00

Assim, o empregado receberá, até dois dias antes do início do gozo das férias, o valor de R$ 2.400,00 (ou seja, o mesmo valor que receberia caso tivesse tirado férias). Qual a diferença, então? Como ele trabalhou durante os 10 dias convertidos em abono pecuniário (21.09.2009 a 30.09.2009), receberá o salário normal por esses dias, que será R$ 600,00 (R$ 1.800,00 ÷ 30 dias x 10 dias). Esse valor deve ser pago até o quinto dia útil do mês subsequente (06.10.2009), visto se tratar de salário normal e não de férias.

No sentido do exemplo *supra*, mencione-se a lição da Profa. Vólia Bomfim Cassar[23]:

"Assim, se o trabalhador tiver direito a 30 dias de férias, poderá usufruir 20 dias de repouso e 'vender' 10 dias. Receberá o dinheiro correspondente por estes dez dias 'vendidos' de forma antecipada, junto com as férias, além do salário pelos dias efetivamente trabalhados nestes mesmos 10 dias, este pago quando do pagamento do salário normal (até o quinto dia útil do mês subsequente)".

---

23 CASSAR, Vólia Bomfim. *Direito do Trabalho*. 11. ed. São Paulo: Método, 2015. p. 758.

Ainda mais analítico, e com a impressionante clareza que lhe é peculiar, Homero Batista Mateus da Silva[24] ensina que:

"Embora o abono date de 1943, antes, pois, da Constituição Federal de 1988, é consensual que em seu cálculo se inclua também o acréscimo de um terço sobre a remuneração das férias, à luz do art. 7º, XVII. Isso se deve ao fato de que, de forma genérica e atenta, o art. 143 prevê a conversão em pecúnia 'no valor da remuneração que lhe seria devida nos dias correspondentes'. Então, a melhor interpretação ao art. 143 é sem dúvida calcular, em primeiro lugar, o valor das férias como se desfrutadas fossem, com o acréscimo do terço da Constituição, mais os reflexos das horas suplementares e demais parcelas variáveis, de que se falou no estudo do art. 142 da CLT e a aplicação das tarifas vigentes na época da concessão. Somente após esse esforço é que se devem separar, de um lado, 2/3 de dias a serem gozados e, de outro lado, o 1/3 de dias a serem abonados.

(...)

Na verdade, o abono pecuniário de férias diz mais respeito ao incremento no salário do mês seguinte do que propriamente a criar uma vantagem sobre as férias: férias por férias, o empregado já a tem por inteiro; o que ele quer é receber mais dias de salário no contracheque subsequente, e, assim, 'sobrepor' dez dias de férias 'vendidas' com dez dias de salário pelo labor prestado. O abono não é assim uma gratuidade, mas fruto do trabalho complementar do empregado; se não trabalhar, não tem os dez dias a mais.

(...) Os dez dias de abono são calculados como se férias gozadas fossem. Logo, são acrescidos de um terço. Os dez dias de saldo de salário são calculados como salários, de modo que não são acrescidos de um terço. Se o acréscimo de um terço incidisse sobre os 30 dias de férias − 20 gozados e 10 vendidos −, e, também, sobre os 10 dias de salário, então teríamos o terço sobre 40 dias, o que não tem assento constitucional".

É também este o entendimento adotado pelo Min. Godinho Delgado em julgamentos recentes, como ilustra o seguinte aresto:

RECURSO DE REVISTA. PROCESSO SOB A ÉGIDE DA LEI 13.015/2014 E ANTERIOR À LEI 13.467/2017. CEF. CONVERSÃO DE 1/3 DAS FÉRIAS EM ABONO PECUNIÁRIO. TERÇO CONSTITUCIONAL. FORMA DE CÁLCULO. **O abono pecuniário caracteriza-se como a parcela monetária resultante da conversão pecuniária do valor correspondente a um terço do período de férias (art. 143, § 1º, da CLT). Esse abono celetista de férias é calculado sobre o valor global das férias: logo, considera, inclusive, o terço constitucional de férias.** No tocante à gratificação de 1/3 das férias, ainda que o empregado tenha optado por converter em dinheiro 1/3 do período de descanso anual, esta parcela deve incidir sobre a remuneração equivalente aos 30 dias de férias. Há duas maneiras de se calcular a verba, ambas corretas e com o mesmo resultado: ou já se computa o total de 30 dias de férias agregando-se 1/3 e, em seguida, chega-se aos 10 dias convertidos já com 1/3 ou, alternativamente, faz-se a operação agregando-se o terço após encontrado o valor dos 10 dias. Não há resultado dissonante, prejuízo ou desrespeito à regra legal no fato de a Reclamada ter realizado o cálculo do abono em consonância com a segunda forma. Julgados desta Corte. Recurso de revista conhecido e provido (TST, 3ª Turma, RR-1522-79.2013.5.07.0004, Rel. Min. Mauricio Godinho Delgado, j. 13.03.2019, *DEJT* 15.03.2019). (grifos meus)

Algumas observações pertinentes:

1. O abono inclui o terço constitucional de férias (cuidado para não confundir 1/3 de férias convertidas em pecúnia com o 1/3 de férias, ou seja, com o terço constitucional).

---

[24] SILVA, Homero Batista Mateus da. *Curso de Direito do Trabalho Aplicado*: jornadas e pausas. 3. ed. São Paulo: RT, 2015. v. 2, p. 357.

Contudo, esse aspecto é bastante controvertido. **Atualmente a jurisprudência majoritária do TST aparentemente caminha em sentido contrário**, como veremos a seguir.

2. A maioria da doutrina defende que, embora omisso o texto legal, o empregado pode converter também menos de 1/3 das férias em pecúnia (quem pode o mais, pode o menos). Assim, o empregado poderia optar em converter em pecúnia, por exemplo, apenas cinco dias de férias, de um total de 30 a que tem direito.

3. O abono de férias (no caso das férias individuais) é direito potestativo do empregado, pelo que o empregador não pode a ele se opor. Assim, basta ao empregado requerê-lo até 15 dias antes do término do período **aquisitivo**. Caso não o faça neste prazo, dependerá o empregado da concordância do empregador para converter 1/3 das férias em pecúnia.

4. No caso de férias coletivas, somente poderá haver abono pecuniário se houver previsão em acordo coletivo (a norma não faz menção a convenção coletiva, provavelmente por sua natureza de generalidade, em contraposição ao acordo coletivo, que trata da realidade de cada empresa).

5. Atualmente o direito ao abono pecuniário é aplicável também aos empregados contratados sob regime de tempo parcial. Com efeito, o § 3º do art. 143 da CLT, que vedava o abono pecuniário a tais empregados, foi revogado pela Lei nº 13.467/2017.

Não obstante o entendimento supramencionado, que me parece plenamente adequado e compatível com a disciplina legal da matéria, o Tribunal Superior do Trabalho, a partir de 2014, vem entendendo de forma diversa, conforme demonstram os seguintes julgados:

> [...] CÁLCULO DO ABONO PECUNIÁRIO E DO TERÇO CONSTITUCIONAL SOBRE AS FÉRIAS. A jurisprudência desta Corte consagra entendimento de que **não há incidência do acréscimo do terço constitucional sobre os dias convertidos em abono pecuniário. Isso em razão de o abono previsto no art. 143 da CLT constituir-se em uma contraprestação pelo serviço prestado nos dias a que ele corresponde, não se tratando de férias.** Assim, apesar de fazer incidir o terço constitucional sobre o abono pecuniário e período de gozo das férias, separadamente, o método adotado pela agravada não causou prejuízo à agravante, pois não reduziu o valor total a que ela teria direito a título de abono pecuniário e adicional de férias, razão pela qual não se constata a pretensa violação aos arts. 7º, XXVII, da CR-88, 143 da CLT, nem a contrariedade à Súmula 328 do TST. Agravo Regimental não provido. [...] (TST, 5ª Turma, AgR-AIRR-1007-80.2015.5.08.0122, Rel. Min. Breno Medeiros, Data de Julgamento: 04.04.2018, Data de Publicação: *DEJT* 06.04.2018). (grifos meus)

> [...] II. Recurso de revista. Férias. Abono pecuniário. Terço constitucional. O entendimento desta Corte Superior é no sentido de que nos casos em que o obreiro optar por converter 10 (dez) dias de férias em abono, o terço de férias deve incidir sobre 30 (trinta) dias de férias, **devendo o abono pecuniário ser pago com base apenas na remuneração, sem o referido acréscimo.** Precedentes. Recurso de revista conhecido e provido (TST, 7ª Turma, RR-3780-57.2010.5.12.0027, Rel. Min. Douglas Alencar Rodrigues, j. 11.10.2016, *DEJT* 21.10.2016). (grifos meus)

> Recurso de revista interposto sob a égide da Lei nº 13.015/2014. Férias. Acréscimo do terço constitucional sobre o abono pecuniário. Impossibilidade. Violação ao art. 7º, XVII, da Constituição Federal configurada. I – A jurisprudência desta Corte consagra entendimento de que **não há incidência do acréscimo do terço constitucional sobre os dias convertidos em abono pecuniário. Isso em razão de o abono previsto no art. 143 da CLT constituir-se em**

uma contraprestação pelo serviço prestado nos dias a que ele corresponde, não se tratando de férias. II – A decisão regional, ao consignar a tese de que "se o empregado converte um terço de suas férias em abono pecuniário, terá direito aos 30 dias de férias com acréscimo de um terço, mais dez dias de salário, pelo labor despendido, também acrescidos de um terço" violou o disposto no art. 7º, XVII, da Constituição Federal. III – Recurso conhecido e provido (TST, 5ª Turma, RR-9800-15.2011.5.13.0023, Rel. Min. Antonio José de Barros Levenhagen, j. 05.10.2016, *DEJT* 07.10.2016). (grifos meus)

Registre-se, todavia, que a própria SDI-I demonstra que a preocupação principal é evitar o *bis in idem*, de forma que também valida o fracionamento do pagamento (20 dias de férias gozadas e 10 dias de abono) em rubricas distintas. Eis a ementa dos julgamentos:

[...] FÉRIAS. ABONO PECUNIÁRIO. TERÇO CONSTITUCIONAL. 1. A e.g. Quarta Turma proferiu acórdão em harmonia com a jurisprudência deste Tribunal Superior, ao dar provimento ao recurso de revista, quanto às diferenças de férias, sob o fundamento de que, quitado o terço constitucional referente aos 30 dias, não é devido novo pagamento do terço constitucional sobre os dias de abono pecuniário. 2. Nesse contexto, o recurso de embargos se afigura incabível, nos termos do art. 894, II, da CLT, considerada a redação dada pela Lei nº 11.496/2007. Recurso de embargos de que não se conhece (TST, SDI-I, E-ED-RR - 856300-36.2007.5.12.0036, Rel. Min. Walmir Oliveira da Costa, j. 06.12.2018, *DEJT* 14.12.2018).

Embargos interpostos na vigência da Lei nº 13.015/2014. Artigo 894, § 2º, da CLT. Iterativa e notória jurisprudência da SBDI-1 do TST. Férias. Abono pecuniário. Terço constitucional. 1. À luz dos artigos 7º, XVII, da Constituição Federal e 143 da CLT, se o empregado usufruir da prerrogativa de converter em pecúnia dez dias de suas férias, perceberá o valor correspondente aos trinta dias de férias a que faz jus, acrescido do terço constitucional calculado sobre esses mesmos 30 dias. Perceberá, igualmente, a remuneração correspondente aos dez dias convertidos em abono pecuniário, que será calculada tomando por base a remuneração integral do mês de férias, porém, sem a incidência do terço constitucional. 2. Conquanto o terço constitucional seja calculado e pago sobre a totalidade dos dias de férias (30 dias), inexiste impedimento legal para sua aplicação sobre os 20 dias de férias usufruídas e, em rubrica específica, sobre os 10 dias correspondentes ao abono pecuniário. Ao final, o acréscimo de 1/3 à remuneração terá considerado os 30 dias de férias. Entendimento em consonância com a jurisprudência pacífica da SBDI-1 do TST. Precedentes. 3. Embargos dos Reclamantes de que não se conhece, com fundamento na norma do artigo 894, § 2º, da CLT (TST, SDI-I, E-RR-1974-33.2011.5.07.0013, Rel. Min. João Oreste Dalazen, j. 15.09.2016, *DEJT* 30.09.2016).

Ocorre que a questão (de se saber exatamente o que é o abono pecuniário de férias) não se limita a preciosismo técnico, porquanto impacta diretamente no prazo para pagamento dos dez dias trabalhados (dias de férias convertidos em pecúnia), bem como na natureza jurídica do pagamento referente a estes dias, com reflexo no cálculo de outras parcelas.

Observe-se que o entendimento do TST se baseia na premissa, a meu ver totalmente equivocada, de que "referido abono significa contraprestação pelo serviço", ou seja, o abono seria a remuneração dos dez dias trabalhados[25] pelo empregado, e não a remuneração dos dez dias de férias convertidos em pecúnia. Parece-me que tal entendimento atenta contra o próprio sentido do art. 144, pois a contraprestação por dias *trabalhados* é, por natureza, salarial, ao passo que a CLT determina que o abono não tem natureza salarial.

Em outras palavras, **o TST tem entendido que, em caso de conversão de 1/3 das férias em abono pecuniário, nos termos do art. 143 da CLT, o empregado deve rece-**

---

[25] Considerando-se, naturalmente, o direito do empregado a 30 dias de férias.

ber normalmente a remuneração referente à totalidade das férias, acrescida de um terço, mais o abono, em valor simples, que corresponderia à contraprestação pelos dias trabalhados.

A se adotar este entendimento da SDI-1, duas consequências importantes devem ser observadas:

- o abono deve ser calculado sem o terço de férias;
- o pagamento dos 10 dias trabalhados (que o TST majoritariamente tem considerado abono de férias) **deve se dar no prazo do art. 145 da CLT, e não até o quinto dia útil do mês subsequente**, ao passo que o art. 145 dispõe que "**o pagamento** da remuneração das férias e, se for o caso, o **do abono referido no art. 143** serão efetuados **até 2 (dois) dias antes do início do respectivo período**"[26].

15.6.2. Natureza jurídica do abono pecuniário

Por disposição expressa de lei, o abono pecuniário tem **natureza indenizatória**, razão pela qual não é base de cálculo para as demais parcelas trabalhistas. Assim dispõe o art. 144 da CLT:

> Art. 144. O abono de férias de que trata o artigo anterior, bem como o concedido em virtude de cláusula do contrato de trabalho, do regulamento da empresa, de convenção ou acordo coletivo, desde que não excedente de vinte dias do salário, não integrarão a remuneração do empregado para os efeitos da legislação do trabalho.

Observe-se que o artigo menciona não só o abono das férias regulamentares (até 30 dias, conforme o número de faltas), como também outro eventualmente previsto em cláusula contratual ou regulamentar, ou ainda em instrumento coletivo, desde que não superior a 20 dias do salário.

Este *abono* previsto em cláusula contratual, regulamentar ou instrumento coletivo seria uma espécie de *plus* em relação ao terço de férias, não guardando qualquer correspondência com o abono pecuniário. Mais uma vez, o legislador celetista usa conceitos de forma confusa. Imagine-se, por exemplo, que o regulamento de empresa (ou ainda a norma coletiva) estipule abono no valor de mais um terço do salário, além do terço constitucional. Obviamente, a cláusula é lícita, visto que mais benéfica ao trabalhador. É este o sentido do art. 144, ao mencionar tal abono.

Partindo-se da aplicação do entendimento atual da jurisprudência do TST sobre a matéria, conforme analisado *supra*, temos que a contraprestação por dias trabalhados, assim considerados aqueles que seriam destinados ao gozo de férias e que foram convertidos em pecúnia, não teria natureza salarial.

> **Doméstico:** o doméstico também poderá converter 1/3 das férias em abono pecuniário, desde que o faça **até 30 dias** antes do término do período aquisitivo (art. 17, §§ 3º e 4º, da LC 150/2015).

---

[26] Na prática a situação é, no mínimo, embaraçosa, senão vejamos: o empregado receberá adiantado por dias em que ainda não trabalhou. E se houver faltas? E se forem prestadas horas extras nesse período? E se forem suprimidos descansos? É verdade que tudo isso pode ser compensado no mês seguinte, mas parece-me claro que não é uma interpretação razoável. Ademais, se o trabalhador prestar várias horas extras nesse período, não terá assegurada a integração delas sequer no FGTS, pois o abono não tem natureza salarial (art. 144 da CLT).

15.6.3. Época do pagamento das férias

Dispõe o *caput* do art. 145 da CLT que "o pagamento da remuneração das férias e, se for o caso, o do abono referido no art. 143 serão efetuados até 2 (dois) dias antes do início do respectivo período".

Assim, o empregado deve receber a remuneração das férias até dois dias antes do início do gozo, a fim de que tenha dinheiro para usufruir plenamente de seu período de descanso. Para que se entenda bem o que significa este dispositivo, vejamos um exemplo.

Imagine-se que determinado empregado gozou férias entre os dias 01.06.2011 e 30.06.2011. Em circunstâncias normais, caso este empregado não estivesse de férias no período, o salário de junho/2011 lhe seria pago apenas no mês de julho/2011, mais precisamente até o dia 06.07.2011, quinto dia útil do mês subsequente ao vencido. Ocorre que, em virtude do gozo de férias, o prazo para pagamento da remuneração respectiva é antecipado e, nos termos do supramencionado art. 145, deveria ser realizado até o dia 30.05.2011, ou seja, dois dias antes do início efetivo do gozo das férias. Nesta data, deveria ser paga a remuneração das férias (aí incluído o terço constitucional, é claro), bem como, se fosse o caso, o abono pecuniário de férias.

Havia alguma controvérsia acerca da consequência do não pagamento das férias no prazo legal. Alguns defendiam que as férias não pagas até dois dias antes do início não cumpririam seu objetivo, sendo, portanto, inválidas, pelo que deveriam ser concedidas novamente. A maioria da doutrina, entretanto, entendia que o descumprimento do prazo, tanto para pagamento quanto para aviso ao empregado, configuraria mera infração administrativa.

Não obstante, o TST manteve a questão pacificada durante alguns anos, editando a OJ 386 da SDI-1, posteriormente convertida na Súmula 450, nos seguintes termos:

> Súm. 450. Férias. Gozo na época própria. Pagamento fora do prazo. Dobra devida. Arts. 137 e 145 da CLT. (conversão da Orientação Jurisprudencial nº 386 da SBDI-1) – Res. 194/2014, *DEJT* divulgado em 21, 22 e 23.05.2014.
>
> É devido o pagamento em dobro da remuneração de férias, incluído o terço constitucional, com base no art. 137 da CLT, quando, ainda que gozadas na época própria, o empregador tenha descumprido o prazo previsto no art. 145 do mesmo diploma legal.

Ocorre que, aos 05.08.2022, o STF, ao julgar a ADPF 501, **declarou a inconstitucionalidade da referida Súmula 450 do TST**, nos seguintes termos:

> ARGUIÇÃO DE DESCUMPRIMENTO DE PRECEITO FUNDAMENTAL. CONSTITUCIONAL E TRABALHISTA. SÚMULA 450 DO TRIBUNAL SUPERIOR DO TRABALHO. PAGAMENTO DA REMUNERAÇÃO DE FÉRIAS EM DOBRO QUANDO ULTRAPASSADO O PRAZO DO ART. 145 DA CLT. IMPOSSIBILIDADE DE O PODER JUDICIÁRIO ATUAR COMO LEGISLADOR POSITIVO. AUSÊNCIA DE LACUNA. INTERPRETAÇÃO RESTRITIVA DE NORMA SANCIONADORA. OFENSA À SEPARAÇÃO DE PODERES E AO PRINCÍPIO DA LEGALIDADE. PROCEDÊNCIA.
>
> 1. Os poderes de Estado devem atuar de maneira harmônica, privilegiando a cooperação e a lealdade institucional e afastando as práticas de guerrilhas institucionais, que acabam minando a coesão governamental e a confiança popular na condução dos negócios públicos pelos agentes públicos. Precedentes.
>
> 2. Impossibilidade de atuação do Poder Judiciário como legislador positivo, de modo a ampliar o âmbito de incidência de sanção prevista no art. 137 da CLT para alcançar situação diversa, já sancionada por outra norma.

3. Ausência de lacuna justificadora da construção jurisprudencial analógica. Necessidade de interpretação restritiva de normas sancionadoras. Proibição da criação de obrigações não previstas em lei por súmulas e outros enunciados jurisprudenciais editados pelo Tribunal Superior do Trabalho e pelos Tribunais Regionais do Trabalho (CLT, art. 8º, § 2º).

4. Arguição julgada procedente.

(STF, ADPF 501/SC, Rel. Min. Alexandre de Moraes, j. 08.08.2022, *DJE* 18.08.2022)

Sendo assim, atualmente **a única sanção para o não pagamento das férias no prazo estabelecido pelo art. 145 da CLT é a multa administrativa** cominada à infração pelo art. 153 da CLT.

15.7. DOS EFEITOS DA CESSAÇÃO DO CONTRATO DE TRABALHO

O instituto das férias foi concebido, a rigor, para que o empregado possa descansar, repor suas energias, integrar-se no seio de sua família e da sociedade etc. Entretanto, nem sempre o contrato de trabalho dura o suficiente para que ocorra a concessão das férias. Dessa forma, há que se perquirir a solução encontrada, em relação às férias, para o caso de cessação do contrato de trabalho. A solução é dada pelo art. 146 da CLT, *in verbis*:

Art. 146. Na cessação do contrato de trabalho, qualquer que seja a sua causa, será devida ao empregado a remuneração simples ou em dobro, conforme o caso, correspondente ao período de férias cujo direito tenha adquirido.

(...)

Portanto, no caso de cessação do contrato de trabalho, **as férias já adquiridas são sempre indenizadas. Férias já adquiridas são aquelas cujo período aquisitivo já tenha se completado. Se ainda não venceram, são denominadas férias simples. Férias vencidas são aquelas adquiridas e não concedidas no prazo legal**, as quais devem ser pagas em dobro. **Observe-se que até mesmo na dispensa por justa causa as férias já adquiridas são devidas.**

Para o leitor concursando, advirto para o fato de que o Cespe/Cebraspe utiliza nomenclatura ligeiramente distinta para as férias já adquiridas, a qual pode ser resumida no seguinte:

- férias vencidas simples = férias simples;
- férias vencidas dobradas = férias vencidas.

Quanto às férias ainda não adquiridas, também denominadas **férias proporcionais**, sua indenização é regulada pelo parágrafo único do art. 146 da CLT:

Art. 146. (...)

Parágrafo único. Na cessação do contrato de trabalho, após 12 (doze) meses de serviço, o empregado, desde que não haja sido demitido por justa causa, terá direito à remuneração relativa ao período incompleto de férias, de acordo com o art. 130, na proporção de 1/12 (um doze avos) por mês de serviço ou fração superior a 14 (quatorze) dias.

As férias proporcionais são devidas a todos, exceto aos demitidos por justa causa, que perdem o direito.

EXEMPLO DE CÁLCULO DE FÉRIAS NA RESCISÃO	
Salário (devido no mês de rescisão): R$ 3.000,00 Data de admissão: 01.02.2007 Data de desligamento: 08.07.2009 Observações: o empregado é mensalista, não gozou férias ao longo do contrato, não faltou injustificadamente ao longo do contrato e foi dispensado sem justa causa, com aviso-prévio trabalhado.	
Parcelas devidas (férias)	**Cálculo**
Férias vencidas (01.02.2007 a 31.01.2008)	Férias vencidas = (salário + 1/3 salário x 2) 3.000,00 + 1.000,00 x 2 = **R$ 8.000,00**
Férias simples (01.02.2008 a 31.01.2009)	Férias simples = (salário + 1/3) 3.000,00 + 1.000,00 = **R$ 4.000,00**
Férias proporcionais (01.02.2009 a 08.07.2009)	De 01.02.2009 a 08.07.2009, contamos 5/12, tendo em vista que é contado 1/12 a cada mês trabalhado ou fração ≥ 15 dias trabalhados. Logo, para encontrar o valor das férias proporcionais, basta dividir o salário por 12, e em seguida multiplicá-lo pelo nº de duodécimos[27]. Assim, 3.000,00 ÷ 12 x 5 = 1.250,00. Este é o valor devido a título de férias proporcionais. Falta, entretanto, acrescentar o terço constitucional. Portanto, o terço vale: 1.250,00 ÷ 3 = 416,66. Finalmente, 1.250,00 + 416,66 = **R$ 1.666,66**
Total devido a título de férias	8.000,00 + 4.000,00 + 1.666,66 = **R$ 13.666.66**

Entretanto, em relação aos empregados que pedem demissão antes de um ano de serviço, houve grande controvérsia, a partir da interpretação conjugada dos arts. 146, parágrafo único, e 147, que não previam a indenização das férias proporcionais nesta hipótese. Vejamos o art. 147:

Art. 147. O empregado que for despedido sem justa causa, ou cujo contrato de trabalho se extinguir em prazo predeterminado, antes de completar 12 (doze) meses de serviço, terá direito à remuneração relativa ao período incompleto de férias, de conformidade com o disposto no artigo anterior.

Portanto, dentre os empregados com menos de um ano de serviço, somente aquele que fosse demitido sem justa causa ou dispensado por término de contrato faria jus à indenização das férias proporcionais. Ao contrário, o empregado que pedisse demissão, nas mesmas circunstâncias, não teria direito às férias proporcionais.

Há que se ressaltar que o entendimento atual do TST a respeito das férias proporcionais é contrário ao texto expresso dos dispositivos legais mencionados, tendo em vista que despreza a circunstância de o empregado ter ou não menos de um ano de serviço. Neste sentido, as Súmulas 261 e 171 do TST:

Súm. 261. Férias proporcionais. Pedido de demissão. Contrato vigente há menos de um ano (nova redação). Res. 121/2003, *DJ* 19, 20 e 21.11.2003.

O empregado que se demite antes de complementar 12 (doze) meses de serviço tem direito a férias proporcionais.

---

[27] Um *duodécimo* é o mesmo que 1/12. A expressão é comum no jargão trabalhista, inclusive nos verbetes de jurisprudência do TST.

Súm. 171. Férias proporcionais. Contrato de trabalho. Extinção (republicada em razão de erro material no registro da referência legislativa). *DJ* 05.05.2004.

Salvo na hipótese de dispensa do empregado por justa causa, a extinção do contrato de trabalho sujeita o empregador ao pagamento da remuneração das férias proporcionais, ainda que incompleto o período aquisitivo de 12 (doze) meses (art. 147 da CLT).

A alteração do posicionamento do TST se deu em virtude do disposto na Convenção nº 132 da OIT, que teria revogado tacitamente esta parte do parágrafo único. Não obstante, e como já mencionado alhures, há vários outros trechos da Convenção nº 132 incompatíveis com a CLT, os quais não foram observados. Assim, parece que, na prática, o TST tem adotado *dois pesos e duas medidas*, o que tecnicamente chamariam de *teoria da acumulação*.

Finalmente, no caso de culpa recíproca, entende o TST que as férias são devidas pela metade, consoante dispõe a Súmula 14:

Súm. 14. Culpa recíproca (nova redação). Res. 121/2003, *DJ* 19, 20 e 21.11.2003.

Reconhecida a culpa recíproca na rescisão do contrato de trabalho (art. 484 da CLT), o empregado tem direito a 50% (cinquenta por cento) do valor do aviso prévio, do décimo terceiro salário e das férias proporcionais.

A remuneração utilizada para o cálculo das férias indenizadas é aquela devida quando da extinção do contrato, seguindo a regra geral do cálculo com base na remuneração da época da concessão. Neste sentido, a Súmula 7 do TST:

Súm. 7. Férias (mantida). Res. 121/2003, *DJ* 19, 20 e 21.11.2003.

A indenização pelo não deferimento das férias no tempo oportuno será calculada com base na remuneração devida ao empregado na época da reclamação ou, se for o caso, na da extinção do contrato.

15.7.1. Natureza jurídica das férias indenizadas

Como o próprio nome diz, as férias indenizadas têm **natureza indenizatória**, pelo que não constituem base de cálculo do FGTS.

Neste sentido, a OJ 195 da SDI-1:

OJ-SDI1-195. Férias indenizadas. FGTS. Não incidência (inserido dispositivo). *DJ* 20.04.2005.

Não incide a contribuição para o FGTS sobre as férias indenizadas.

Somente em relação à garantia de preferência dos créditos trabalhistas a CLT cuidou de, expressamente, resguardar a natureza *trabalhista* das férias indenizadas. Neste sentido, o art. 148:

Art. 148. A remuneração das férias, ainda quando devida após a cessação do contrato de trabalho, terá natureza salarial, **para os efeitos do art. 449**.

Godinho Delgado[28] observa que, atualmente, a regra é desnecessária, tendo em vista que a jurisprudência tende a considerar toda e qualquer verba oriunda do contrato de trabalho como sujeita à preferência creditícia, nos casos de falência do empregador.

---

[28] DELGADO, Maurício Godinho. *Curso de Direito do Trabalho*, p. 924.

De uma forma geral, pode-se dizer que, no tocante às férias, **não têm natureza salarial as seguintes parcelas**:

- a dobra (somente a dobra, frise-se) relativa ao pagamento das férias vencidas. A remuneração normal ("original") tem natureza salarial, claro;
- as férias indenizadas, com o respectivo adicional (1/3), pagas quando da extinção do contrato;
- o abono pecuniário de férias;
- as parcelas suplementares pagas ao empregado em virtude de contrato, regulamento ou norma coletiva, nos termos do art. 144 da CLT.

15.8. PRESCRIÇÃO E FÉRIAS

Dispõe o art. 149 da CLT que "a prescrição do direito de reclamar a concessão das férias ou o pagamento da respectiva remuneração é contada do término do prazo mencionado no art. 134 ou, se for o caso, da cessação do contrato de trabalho".

Quer dizer que a *actio nata*[29] da prescrição das férias coincide com o término do período concessivo, pois somente aí as férias passam a ser exigíveis.

Exemplo:

- admissão: 01.02.2008

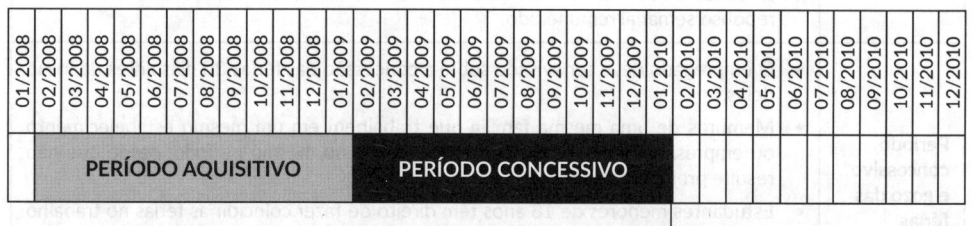

Início da contagem do prazo
prescricional das férias
2008/2009

Portanto, a prescrição da pretensão do direito às férias referentes ao período de férias 2008/2009 mencionado no exemplo dar-se-ia em 31.01.2015[30].

FÉRIAS	
Princípios	• Anualidade para adquirir o direito.
	• Remunerabilidade.
	• Continuidade (atualmente mitigado).
	• Irrenunciabilidade.
	• Proporcionalidade.

[29] *Actio nata* é o nascimento da ação em sentido material, o nascimento da pretensão, o qual marca o início da contagem do prazo prescricional.

[30] Acerca da contagem da prescrição, Vólia Bomfim Cassar ensina que "dispõe a Lei n° 810/1949 c/c art. 132, § 3°, do CC que os prazos fixados em ano devem ser contados repetindo-se o mesmo dia e mês no ano correspondente. Se o último dia do contrato recaiu no dia 10.05.2005, já incluído o aviso prévio, o trabalhador poderá ajuizar a ação até 10.05.2007, último dia de seu prazo" (CASSAR, Vólia Bomfim. *Direito do Trabalho*, p. 1.206).

FÉRIAS		
	N° de faltas	**Dias de férias**
Duração • **Regra geral**: 30 dias. • Proporcionalidade conforme o número de faltas. • Faltas não podem ser descontadas nas férias.	Até 5	30
	De 6 a 14	24
	De 15 a 23	18
	De 24 a 32	12
Período aquisitivo	• É o lapso temporal de 12 meses de serviço mediante o qual o empregado adquire o direito às férias. • Sempre que o empregado perde o direito às férias, inicia-se um novo período aquisitivo tão logo ele retorne ao trabalho.
Período concessivo e gozo das férias	• É o lapso temporal de 12 meses subsequentes ao período aquisitivo, no qual o empregador deve conceder as férias, conforme seus interesses. • As férias individuais podem ser fracionadas, com a concordância do empregado, em até três períodos, desde que um deles não seja inferior a 14 dias, bem como que os demais não sejam inferiores a 5 dias, cada um. • Não há mais vedação ao fracionamento das férias dos menores de 18 anos e dos maiores de 50 anos. • É vedado o início das férias no período de dois dias que antecede feriado ou dia de repouso semanal remunerado.
Período concessivo e gozo das férias	• O empregado deve ser avisado sobre a concessão das férias 30 dias antes do início delas. • Membros de uma mesma família que trabalhem em um mesmo estabelecimento ou empresa podem, se quiserem, gozar férias no mesmo período, desde que não resulte prejuízo ao serviço. • Estudantes menores de 18 anos têm direito de fazer coincidir as férias no trabalho coincidirem com o período de férias escolares. • É vedado o trabalho durante o período destinado ao gozo de férias, salvo se o trabalhador já mantinha, previamente, mais de um emprego.
Perde as férias	• Empregado que pede demissão e não retorna ao emprego em 60 dias. • Empregado que permanece em gozo de licença remunerada por mais de 30 dias. • Empregado que deixa de trabalhar, recebendo salário, em virtude de paralisação total ou parcial dos serviços da empresa, por mais de 30 dias. • Empregado que tenha recebido prestações previdenciárias (auxílio-doença ou acidente de trabalho) por mais de 6 meses, ainda que descontínuos.
Remuneração das férias	• O empregado perceberá, durante as férias, a remuneração que lhe for devida na data da sua concessão, mais o terço constitucional (1/3 sobre o valor da remuneração-base).
Remuneração das férias	• Se concedidas fora do prazo, as férias devem ser remuneradas em dobro, inclusive no tocante ao terço constitucional. • Se parte das férias são concedidas fora do prazo, estes dias deverão ser remunerados em dobro. • O prazo para pagamento da remuneração das férias é de até dois dias antes do seu início. O não pagamento no prazo não implica pagamento em dobro, conforme entendimento do STF, mas tão somente infração administrativa.

FÉRIAS	
Férias coletivas	• Podem ser concedidas férias coletivas a todos os empregados da empresa, ou a todos os empregados de um dos estabelecimentos, ou ainda aos empregados de um ou mais setores. • O fracionamento das férias é expressamente admitido, desde que em dois períodos, e ainda desde que nenhum deles seja inferior a 10 dias. • O empregador deverá comunicar o órgão competente em matéria de trabalho com 15 dias de antecedência a respeito da concessão de férias coletivas. No mesmo prazo, deverá enviar cópia de tal comunicação ao sindicato profissional, bem como afixar aviso no local de trabalho. • Quando da concessão das férias coletivas, os empregados que ainda não completaram o período aquisitivo gozarão de férias proporcionais, iniciando-se então novo período aquisitivo. • O abono pecuniário somente é cabível se previsto em acordo coletivo de trabalho.
Abono pecuniário	• É a conversão em dinheiro de até 1/3 das férias a que o empregado tem direito. • Constitui direito potestativo do empregado (no caso das férias individuais). • Deverá ser requerido pelo empregado até 15 antes do final do período aquisitivo. • À remuneração do abono pecuniário não deve ser somado o terço constitucional, conforme entendimento atual do TST.
Abono pecuniário	• Também assegurado, atualmente, aos empregados sob regime de tempo parcial. • Tem natureza indenizatória (inclusive aqueles previstos em contrato, regulamento de empresa ou norma coletiva, até o limite de 20 dias do salário).
Cessação do contrato	• Ocorrendo a cessação do contrato de trabalho, fará jus o empregado à indenização das férias adquiridas (simples e vencidas), bem como das férias proporcionais, neste último caso salvo na hipótese de dispensa motivada. • No caso de culpa recíproca, o empregado tem direito à metade das férias proporcionais. • As férias pagas na rescisão têm natureza indenizatória, salvo para fins de garantia de preferência creditícia, nos casos de falência do empregador.
Prescrição	• Conta-se o início da prescrição referente ao direito às férias a partir do final do período concessivo.

15.10. FLEXIBILIZAÇÃO DAS NORMAS RELATIVAS A FÉRIAS EM CASO DE CALAMIDADE PÚBLICA (LEI Nº 14.437/2022)

Registre-se ainda que a Lei nº 14.437/2022, que autorizou o Poder Executivo federal a dispor sobre a adoção, por empregados e empregadores, de medidas trabalhistas alternativas e sobre o Programa Emergencial de Manutenção do Emprego e da Renda, para enfrentamento das consequências sociais e econômicas de estado de calamidade pública em âmbito nacional ou em âmbito estadual, distrital ou municipal reconhecido pelo Poder Executivo federal, autorizou, nestes casos, a flexibilização das normas relativas a férias, nos seguintes termos:

Da Antecipação de Férias Individuais

Art. 6º O empregador informará ao empregado, durante o prazo previsto no ato do Ministério do Trabalho e Previdência de que trata o art. 2º desta Lei, sobre a antecipação de suas férias com antecedência de, no mínimo, 48 (quarenta e oito) horas, por escrito ou por meio eletrônico, com a indicação do período a ser gozado pelo empregado.

§ 1º As férias antecipadas nos termos do *caput* deste artigo:

I – não poderão ser gozadas em períodos inferiores a 5 (cinco) dias corridos; e

II – poderão ser concedidas por ato do empregador, ainda que o período aquisitivo a que se referem não tenha transcorrido.

§ 2º O empregado e o empregador poderão, adicionalmente, negociar a antecipação de períodos futuros de férias, por meio de acordo individual escrito.

Art. 7º O empregador poderá, durante o prazo previsto no ato do Ministério do Trabalho e Previdência de que trata o art. 2º desta Lei, suspender as férias e as licenças não remuneradas dos profissionais da área de saúde ou daqueles que desempenham funções essenciais, por meio de comunicação formal da decisão ao trabalhador por escrito ou, preferencialmente, por meio eletrônico, com antecedência de 48 (quarenta e oito) horas.

Art. 8º O adicional de 1/3 (um terço) relativo às férias concedidas durante o prazo previsto no ato do Ministério do Trabalho e Previdência de que trata o art. 2º desta Lei poderá ser pago após a sua concessão, a critério do empregador, até a data em que é devida a gratificação natalina prevista no art. 1º da Lei nº 4.749, de 12 de agosto de 1965.

Art. 9º A conversão de 1/3 (um terço) do período das férias em abono pecuniário dependerá da anuência do empregador, hipótese em que o pagamento poderá ser efetuado até a data de que trata o art. 8º desta Lei.

Art. 10. O pagamento da remuneração das férias concedidas durante o prazo previsto no ato do Ministério do Trabalho e Previdência de que trata o art. 2º desta Lei poderá ser efetuado até o quinto dia útil do mês subsequente ao do início do gozo das férias, hipótese em que não se aplica o disposto no art. 145 da Consolidação das Leis do Trabalho, aprovada pelo Decreto-Lei nº 5.452, de 1º de maio de 1943.

Art. 11. Na hipótese de rescisão do contrato de trabalho, os valores das férias, individuais ou coletivas, ainda não adimplidos serão pagos juntamente com as verbas rescisórias devidas.

Parágrafo único. No caso de pedido de demissão, as férias antecipadas gozadas cujo período não tenha sido adquirido serão descontadas das verbas rescisórias devidas ao empregado.

Da Concessão de Férias Coletivas

Art. 12. O empregador poderá, a seu critério, durante o prazo previsto no ato do Ministério do Trabalho e Previdência de que trata o art. 2º desta Lei, conceder férias coletivas a todos os empregados ou a setores da empresa e deverá notificar o conjunto de empregados afetados, por escrito ou por meio eletrônico, com antecedência de, no mínimo, 48 (quarenta e oito) horas, hipótese em que não se aplicam o limite máximo de períodos anuais e o limite mínimo de dias corridos previstos na Consolidação das Leis do Trabalho, aprovada pelo Decreto-Lei nº 5.452, de 1º de maio de 1943, permitida a concessão por prazo superior a 30 (trinta) dias.

Art. 13. Aplica-se às férias coletivas o disposto no § 1º do art. 6º, nos arts. 8º, 9º e 10 e no parágrafo único do art. 11 desta Lei.

Art. 14. Na hipótese de que trata esta Seção, ficam dispensadas a comunicação prévia ao órgão local do Ministério do Trabalho e Previdência e a comunicação aos sindicatos representativos da categoria profissional de que trata o art. 139 da Consolidação das Leis do Trabalho, aprovada pelo Decreto-Lei nº 5.452, de 1º de maio de 1943.

Como a aplicação dessas regras será excepcional, basta ao leitor conhecer a literalidade dos artigos 6º a 14 da Lei nº 14.437/2022, todos transcritos acima.

15.11. FLEXIBILIZAÇÃO DAS NORMAS RELATIVAS A FÉRIAS PARA APOIO À PARENTALIDADE (LEI Nº 14.457/2022)

Além da hipótese de flexibilização das normas relativas a férias mencionada no item anterior (Lei nº 14.437/2022), autorização semelhante foi concedida pela Lei nº 14.457/2022 sob o argumento de apoio à parentalidade.

O art. 8º da Lei nº 14.457/2022, sob o argumento de promover a **conciliação entre o trabalho e a parentalidade**, delimita a autorização para antecipação das férias individuais para os **empregados** ou **empregadas** que tenham **filho, enteado ou pessoa sob sua guarda com até seis anos de idade ou com deficiência**, estabelecendo os seguintes requisitos:

- a antecipação das férias individuais somente poderá ser adotada **até o segundo ano** do nascimento do filho ou enteado, ou da adoção ou ainda da guarda judicial. Tal prazo se aplica também para filho, enteado ou pessoa sob guarda judicial com deficiência;
- a antecipação das férias deverá ser formalizada por meio de **acordo individual**, de acordo coletivo ou de convenção coletiva de trabalho.

Por sua vez, os artigos 10 a 13 da referida Lei nº 14.457/2022 estabelecem as regras para antecipação das férias, as quais podem ser resumidas no seguinte:

- a antecipação das férias pode ser solicitada pelos empregados mencionados no art. 8º **ainda que não tenha transcorrido seu período aquisitivo** (art. 10, *caput*). Logo, flexibiliza-se o disposto no art. 134 da CLT;
- as férias antecipadas **não poderão ser usufruídas em período inferior a 5 (cinco) dias corridos** (art. 10, parágrafo único). Neste pormenor se mantém a regra estabelecida pelo parágrafo único do art. 134 da CLT;
- para as férias antecipadas **o empregador poderá optar por efetuar o pagamento do adicional de 1/3 (um terço) de férias após a sua concessão**, até a data em que for devida a gratificação natalina (art. 11), ou seja, o empregador pode optar por pagar o terço de férias não no prazo do art. 145 da CLT (até dois dias antes do início das férias), mas somente quando do pagamento do 13º salário. A medida é muito prejudicial ao trabalhador e desnatura a lógica da remuneração das férias, que é propiciar ao empregado condição financeira suficiente para melhor aproveitar seu período de descanso;
- o **pagamento da remuneração da antecipação das férias poderá ser efetuado até o quinto dia útil do mês subsequente ao início do gozo das férias**, hipótese em que não se aplicará o disposto no art. 145 da CLT (art. 12). Logo, o trabalhador que "optar" pela antecipação das férias as gozará sem nenhuma remuneração antecipada;
- na hipótese de **rescisão do contrato de trabalho, os valores das férias ainda não usufruídas serão pagos juntamente com as verbas rescisórias devidas** (art. 13, *caput*). Neste aspecto é reproduzida a norma do art. 146 da CLT;
- na hipótese de **período aquisitivo não cumprido, as férias antecipadas e usufruídas serão descontadas das verbas rescisórias devidas ao empregado no caso de pedido de demissão** (art. 13, parágrafo único). Trata-se de mais um dispositivo prejudicial ao trabalhador, porquanto a CLT não prevê tal hipótese de desconto.

Como tenho mencionado em vários pontos ao longo desta obra, foram diversos os instrumentos utilizados, nos últimos anos, para relativizar a proteção trabalhista, sempre com o mesmo *modus operandi*: flexibiliza-se a norma em situações aparentemente específicas, sob o argumento da necessidade dos trabalhadores, sempre de forma a **desnaturar o próprio conceito dos institutos**.

Uma vez alcançado tal desiderato em significativo número de situações "específicas", será muito mais fácil convencer a sociedade de que os direitos trabalhistas não têm razão de existir, pois, a essa altura, efetivamente já não cumprirão mais seu objetivo original[31].

Nesta linha, ao autorizar a antecipação das férias o legislador descaracteriza essa modalidade de descanso, que pressupõe, para o alcance de sua finalidade, a observância da dinâmica dos períodos aquisitivos e concessivos e a antecipação da remuneração; ao autorizar o saque do FGTS em inúmeras situações aleatórias, inclusive por ocasião do aniversário do trabalhador (fato obviamente esperado, certo e frequente ao longo do tempo), descaracterizada está a finalidade do Fundo, que é prover temporariamente a subsistência do trabalhador em caso de desemprego involuntário; ao autorizar o controle de ponto por exceção o legislador incentiva abertamente a fraude ao controle de jornada e, consequentemente, relativiza a própria importância da existência de tal controle; ao se autorizar o trabalho intermitente as garantias provisórias de emprego deixam de fazer qualquer sentido; ao autorizar hipótese de trabalho "voluntário" com compensação financeira baseada no salário mínimo por hora o legislador desnatura o próprio conceito de trabalho voluntário e sua classificação como mera relação de trabalho, distinta da relação de emprego, e assim por diante.

15.12. DEIXADINHAS

1. As férias constituem período de descanso que visa não só a reposição de energia do trabalhador, como também o desenvolvimento da vida social e política do trabalhador.

2. As normas relativas às férias são normas de saúde pública, razão pela qual também são imperativas, irrenunciáveis.

3. São princípios básicos aplicáveis às férias: a) anualidade para adquirir o direito; b) remunerabilidade; c) continuidade; d) irrenunciabilidade; e) proporcionalidade.

4. A duração normal das férias é de 30 dias corridos, salvo se o empregado faltou injustificadamente determinado número de vezes ao longo do período aquisitivo.

5. As faltas, entretanto, não podem ser descontadas do período de férias. A este respeito, a lei prevê a proporcionalidade a ser seguida.

6. Se o empregado falta injustificadamente até 5 vezes ao longo do período aquisitivo, terá 30 dias de férias. Entre 6 e 14 faltas, 24 dias. Entre 15 e 23 faltas, 18 dias. Entre 24 e 32 faltas, 12 dias.

7. Se o empregado falta injustificadamente mais de 32 vezes, perde o direito às férias.

8. O período das férias será computado, para todos os efeitos, como tempo de serviço.

9. Aos empregados contratados sob regime de tempo parcial aplicam-se, no tocante ao número de dias de férias, as mesmas regras aplicáveis aos empregados em geral.

10. Não são consideradas faltas injustificadas as hipóteses de interrupção do contrato de trabalho, notadamente aquelas arroladas no art. 473 da CLT.

11. Não é considerada falta injustificada a ausência em virtude de licença-maternidade ou aborto, que também são hipóteses de interrupção contratual.

---

31 Por curiosidade, recomendo que o leitor, caso não conheça, procure conhecer a teoria da *Janela de Overton* (ou janela do discurso). Vivemos experiência parecida na sociedade brasileira ao longo dos últimos anos, inclusive em matéria de Direito do Trabalho.

12. Não é considerada falta injustificada a ausência por motivo de acidente do trabalho ou enfermidade atestada pelo INSS, excetuada a hipótese de afastamento superior a 6 meses, com percepção de benefícios previdenciários.

13. Não é considerada falta injustificada a falta abonada pelo empregador.

14. Não é considerada falta injustificada a ausência durante a suspensão preventiva para responder a inquérito administrativo ou de prisão preventiva, quanto for impronunciado ou absolvido.

15. Não é considerada falta injustificada a ausência nos dias em que não tenha havido serviço, salvo se ultrapassados 30 dias nesta condição.

16. O tempo de trabalho anterior à apresentação do empregado para serviço militar obrigatório será computado no período aquisitivo, desde que ele compareça ao estabelecimento dentro de 90 (noventa) dias da data em que se verificar a respectiva baixa.

17. Perde o período aquisitivo de férias o empregado que deixar o emprego e não for readmitido dentro de 60 (sessenta) dias subsequentes à sua saída.

18. Perde o período aquisitivo de férias o empregado que permanecer em gozo de licença, com percepção de salários, por mais de 30 (trinta) dias.

19. Perde o período aquisitivo de férias o empregado que deixar de trabalhar, com percepção do salário, por mais de 30 (trinta) dias, em virtude de paralisação parcial ou total dos serviços da empresa.

20. Perde o período aquisitivo de férias o empregado que tiver percebido da Previdência Social prestações de acidente de trabalho ou de auxílio-doença por mais de 6 (seis) meses, embora descontínuos.

21. Nas hipóteses em que o empregado perde o direito ao período aquisitivo de férias, será iniciada a contagem de novo período tão logo retorne ao trabalho.

22. No caso de paralisação total ou parcial dos serviços a empresa deve comunicar, com 15 dias de antecedência, o órgão competente em matéria trabalhista, bem como, no mesmo prazo, deve comunicar o sindicato profissional e afixar avisos no local de trabalho.

23. As férias são adquiridas ao longo de 12 meses de trabalho (período aquisitivo), e concedidas por ato do empregador nos 12 meses subsequentes (período concessivo).

24. Desde que haja concordância do empregado, as férias poderão ser fracionadas em até três períodos, sendo que nenhum deles poderá ser inferior a 14 dias corridos e os demais não poderão ser inferiores a 5 dias corridos, cada um.

25. Não há mais restrição quanto ao fracionamento das férias do menor de 18 anos nem do maior de 50 anos.

26. É vedado o início das férias no período de dois dias que antecede feriado ou dia de repouso remunerado.

27. A concessão das férias será avisada ao empregado, com antecedência de 30 dias, mediante recibo escrito.

28. A época da concessão das férias será a que melhor consulte os interesses do empregador.

29. Membros da mesma família que trabalhem em um mesmo estabelecimento ou empresa podem, a seu critério, solicitar o gozo de férias na mesma época, desde que deste fato não resulte prejuízo ao serviço.

30. O empregado estudante, menor de 18 anos, tem direito de fazer coincidir suas férias com as férias escolares. Cuidado, pois este dispositivo não foi alterado pela *Reforma Trabalhista* (não confundir com a questão do fracionamento das férias aos menores de 18 anos).

31. As férias não concedidas ao longo do período concessivo (férias vencidas) devem ser remuneradas em dobro. A dobra alcança também o terço constitucional.

32. A remuneração das férias, qualquer que seja a modalidade, inclui o pagamento do terço constitucional.

33. Os dias de férias gozados após o período legal de concessão deverão ser remunerados em dobro.

34. Vencido o prazo concessivo sem que o empregador tenha concedido as férias, o empregado poderá ajuizar reclamação pedindo a fixação, por sentença, da época de gozo delas.

35. O empregado não poderá prestar serviços durante as férias, salvo se tiver mais de um contrato de trabalho (diversos empregos).

36. Poderão ser concedidas férias coletivas a todos os empregados de uma empresa ou de determinados estabelecimentos ou setores da empresa.

37. As férias coletivas poderão ser gozadas em dois períodos anuais desde que nenhum deles seja inferior a 10 dias corridos.

38. O empregador comunicará o órgão local competente em matéria de trabalho, com antecedência de 15 dias, acerca das datas de início e fim das férias coletivas. Em igual prazo, deve remeter cópia da comunicação ao sindicato profissional e afixar aviso no local de trabalho. Trata-se, entretanto, de mera comunicação, prescindindo de qualquer tipo de autorização.

39. Os empregados contratados há menos de 12 meses gozarão, na oportunidade, férias proporcionais, iniciando-se, então, novo período aquisitivo.

40. Se o empregado não faz jus a tantos dias de férias quantos são concedidos de forma coletiva, nos dias excedentes considerar-se-á que o empregado se encontra em licença remunerada.

41. Naturalmente, sobre os dias de licença remunerada não incide o terço de férias.

42. Todo empregado terá direito anualmente ao gozo de um período de férias, sem prejuízo da remuneração.

43. O empregado perceberá, durante as férias, a remuneração que lhe for devida na data da sua concessão.

44. Quando o salário for pago por hora com jornadas variáveis, apurar-se-á a média do período aquisitivo, aplicando-se o valor do salário na data da concessão das férias. A base de cálculo é a do período aquisitivo, mas o valor é o do momento da concessão.

45. Quando o salário for pago por tarefa tomar-se-á por base a média da produção no período aquisitivo do direito a férias, aplicando-se o valor da remuneração da tarefa na data da concessão das férias.

46. A remuneração das férias do tarefeiro deve ser calculada com base na média da produção do período aquisitivo, aplicando-se-lhe a tarifa da data da concessão.

47. Quando o salário for pago por percentagem, comissão ou viagem, apurar-se-á a média percebida pelo empregado nos 12 (doze) meses que precederem à concessão das férias.

48. O valor das comissões deve ser corrigido monetariamente para em seguida obter-se a média para efeito de cálculo de férias, 13° salário e verbas rescisórias.

49. A parte do salário paga em utilidades será computada de acordo com a anotação na Carteira de Trabalho e Previdência Social.

50. Os adicionais por trabalho extraordinário, noturno, insalubre ou perigoso serão computados no salário que servirá de base ao cálculo da remuneração das férias.

51. Se, no momento das férias, o empregado não estiver percebendo o mesmo adicional do período aquisitivo, ou quando o valor deste não tiver sido uniforme, será computada a média duodecimal recebida naquele período, após a atualização das importâncias pagas, mediante incidência dos percentuais dos reajustamentos salariais supervenientes.

52. Abono de férias é direito potestativo do empregado, no tocante às férias individuais, pelo qual ele pode converter em pecúnia até 1/3 dos dias de férias a que tem direito.

53. Não incide o terço constitucional sobre o abono de férias, pois se trata de contraprestação pelo serviço durante os dias de férias "vendidos", conforme entendimento atual do TST.

54. O abono de férias deverá ser requerido até 15 (quinze) dias antes do término do período aquisitivo. No caso do doméstico, o abono deverá ser requerido até 30 (trinta) dias antes do término do período aquisitivo.

55. No caso de férias coletivas, o abono de férias somente terá lugar se previsto em ACT.

56. O direito ao abono pecuniário alcança também o empregado contratado sob regime de tempo parcial.

57. O abono pecuniário tem natureza indenizatória, razão pela qual não integra o cálculo de outras parcelas.

58. Também tem natureza indenizatória o abono de férias previsto em cláusula contratual, regulamento de empresa ou norma coletiva, desde que não excedente de 20 dias de salário.

59. O pagamento da remuneração das férias e do abono, se for caso, deve ser efetuado até dois dias antes do início do período de gozo.

60. Conforme decidido pelo STF, que declarou a inconstitucionalidade da Súmula 450 do TST, o pagamento das férias fora do prazo legal não enseja o pagamento dobrado, mas tão somente caracteriza infração administrativa.

61. As férias já adquiridas (simples ou vencidas) são sempre devidas por ocasião da extinção do contrato de trabalho, qualquer que seja a sua causa (inclusive na despedida por justa causa).

62. As férias proporcionais, por sua vez, são devidas na extinção do contrato de trabalho, salvo nos casos de dispensa motivada.

63. Para fins de cálculo das férias proporcionais, cada mês de serviço ou fração igual ou superior a 15 dias dará direito a 1/12 de férias proporcionais, calculadas sobre o salário do mês da rescisão.

64. No caso de culpa recíproca, o empregado faz jus à metade das férias proporcionais.

65. A indenização pelo não deferimento das férias no tempo oportuno será calculada com base na remuneração devida ao empregado na época da reclamação ou, se for o caso, na da extinção do contrato.

66. As férias indenizadas por ocasião da extinção contratual têm natureza indenizatória, pelo que não servem de base para o cálculo de outras parcelas.

67. Não incide a contribuição para o FGTS sobre as férias indenizadas.

68. A remuneração das férias, ainda quando devida após a cessação do contrato de trabalho, terá natureza salarial, para fins de garantia de preferência dos créditos trabalhistas em caso de falência.

69. Não tem natureza salarial a dobra relativa à remuneração das férias vencidas. Somente a dobra, pois o valor "original" conserva a natureza salarial.

70. A prescrição do direito de reclamar a concessão das férias ou o pagamento da respectiva remuneração é contada do término do período concessivo, ou da cessação do contrato.

CAPÍTULO 16

Remuneração

· · · · · · · · · · · · · · · · · · · ·

Marcadores: REMUNERAÇÃO; SALÁRIO; GORJETAS; SALÁRIO-UTILIDADE; SALÁRIO *IN NATURA*; SALÁRIO MÍNIMO; PISOS SALARIAIS; PARCELAS SALARIAIS; ADICIONAIS; DÉCIMO TERCEIRO SALÁRIO; FORMAS DE FIXAÇÃO DO SALÁRIO; PROTEÇÃO DO SALÁRIO.

Material de estudo:

✓ Legislação: **CRFB/88**, art. 7°, incisos IV, V, VI, VII, VIII, X, XI, XXX, XXXI, XXXIV, e parágrafo único; **CLT**, arts. 76-83, 117-126, 144, 192-195, 235-G, 320-322, 457-467; **Lei n° 5.889/1973**, art. 9°; **Lei Complementar n° 150/2015**, arts. 2°, 3°, 11, 14, 18; **Lei n° 3.207/1957**; **Lei n° 4.090/1962**; **Lei n° 4.749/1965**; **Decreto n° 10.854/2021, art. 76-82**; **Decreto n° 8.084/2013.**

✓ Jurisprudência: **Súm.** 10, 13, 14, 27, 45, 60, 63, 80, 91, 101, 115, 124, 132, 139, 148, 152, 172, 191, 202, 203, 225, 226, 228, 241, 247, 248, 253, 258, 264, 265, 318, 340, 342, 347, 354, 358, 367, 370, 372, 375, 381, 451 e 460, TST; **OJ SDI-1** 47, 97, 100, 103, 123, 133, 160, 235, 251, 259, 272, 325, 339, 358, 393, 394, 397 e 413, TST; **OJ SDI-2** 71, TST; **OJ SDC** 18, 25 e 26, TST; **Súmulas Vinculantes** 4, 6 e 16, STF.

✓ Doutrina (+).

Estratégia de estudo sugerida:

No estudo da remuneração, é necessário entender os principais conceitos, o que tornará mais fácil a memorização dos dispositivos legais e dos inúmeros verbetes de jurisprudência sobre o tema.

Há que se tomar especial cuidado com o estudo dos arts. 457 e 458 da CLT, dos quais são tiradas muitas questões literais pelas bancas examinadoras. Você precisa estudar estes artigos até começar a sonhar com eles...

Os cálculos utilizados ao longo da exposição são meramente exemplificativos e visam auxiliar na assimilação dos conceitos e do conteúdo em geral. Na imensa maioria dos concursos ou avaliações acadêmicas não é necessário conhecer cálculos trabalhistas.

Neste capítulo trataremos da contraprestação paga ao empregado, seja diretamente pelo tomador dos serviços, seja indiretamente, por terceiros.

A palavra salário deriva do latim *salarium* e é empregada para denominar a contraprestação pelo trabalho, tendo em vista que, na antiguidade, tal contraprestação era paga sob a forma de porções de sal.

16.1. CONCEITO DE SALÁRIO

Salário é toda contraprestação ou vantagem, concedida **em pecúnia ou em utilidade**, paga **diretamente pelo empregador** ao empregado, em virtude do contrato de trabalho.

Assim, conforme Márcio Túlio Viana[1], **só é salário o que sai das mãos do empregador; e só é salário aquilo que corresponde ao trabalho (ou, melhor ainda, ao contrato de trabalho).**

O salário tem **natureza de contraprestação:**

EMPREGADO	EMPREGADOR
Trabalho ou tempo à disposição = prestação	Salário = contraprestação

Observe-se, entretanto, que há casos em que a lei determina o pagamento do salário ainda que não sejam prestados os serviços. Exemplos: aviso-prévio não trabalhado; 15 primeiros dias do afastamento por doença, férias etc. Isso ocorre porque **o contrato de trabalho é sinalagmático *no conjunto,*** e não prestação por prestação[2].

16.2. DISTINÇÃO ENTRE SALÁRIO E REMUNERAÇÃO

Remuneração é a soma dos *pagamentos diretos* (isto é, aqueles feitos pelo empregador) e dos *pagamentos indiretos* (feitos por terceiros) ao empregado em virtude do contrato de trabalho.

A remuneração é o gênero, do qual o salário é uma das espécies.

Esquematicamente, teríamos:

O exemplo mais comum de pagamento indireto é a gorjeta. Neste sentido, inclusive, o texto consolidado:

Art. 457. Compreendem-se na remuneração do empregado, para todos os efeitos legais, **além do salário devido** e *pago diretamente pelo empregador*, como contraprestação do serviço, **as gorjetas que receber**.

(...)

1 VIANA, Márcio Túlio. Salário. In: BARROS, Alice Monteiro de (coord.). *Curso de Direito do Trabalho: estudos em memória de Célio Goyatá.* 3. ed. São Paulo: LTr, 1997, vol. II, p. 21.

2 BARROS, Alice Monteiro de. *Curso de Direito do Trabalho.* 6. ed. São Paulo: LTr, 2010, p. 749.

Do dispositivo em análise se extrai que **a gorjeta não tem natureza salarial**. Caso contrário, não integraria a remuneração (gênero), consoante dispõe o art. 457, mas o próprio salário (espécie). Entretanto, do fato de as gorjetas integrarem a remuneração decorrem importantes efeitos jurídicos. Vejamos os principais.

a) As gorjetas não integram a base de cálculo de parcelas trabalhistas baseadas no salário

Várias parcelas trabalhistas, as quais serão estudadas em pormenores na sequência deste capítulo, têm como base de cálculo **o salário**, razão pela qual não são integradas pelas gorjetas.

Exemplos: aviso-prévio[3], adicional noturno[4], horas extras[5] e descanso semanal remunerado[6].

Aliás, estes exemplos não foram inseridos por acaso, e sim para acompanhar a jurisprudência do TST, consoante a Súmula 354:

> Súm. 354. Gorjetas. Natureza jurídica. Repercussões (mantida). Res. 121/2003, *DJ* 19, 20 e 21.11.2003.
>
> As gorjetas, cobradas pelo empregador na nota de serviço ou oferecidas espontaneamente pelos clientes, integram a remuneração do empregado, não servindo de base de cálculo para as parcelas de aviso prévio, adicional noturno, horas extras e repouso semanal remunerado.

b) As gorjetas não integram a composição do salário mínimo

Como as gorjetas são pagas por terceiros, estranhos à relação de emprego, não podem fazer parte do cálculo do salário mínimo, ao passo que este constituiu obrigação do empregador, nos termos do art. 76 da CLT. Ademais, se as gorjetas não são salário, obviamente não poderiam compor o valor deste.

c) As gorjetas integram a base de cálculo de parcelas baseadas na remuneração

Embora as gorjetas não possuam natureza salarial, seu caráter remuneratório tem o efeito de integrá-las àquelas parcelas calculadas sobre a remuneração.

Exemplos: FGTS[7], férias[8] e décimo terceiro salário[9].

Advirta-se, entretanto, para o fato de que nem sempre a expressão *remuneração* é utilizada no sentido técnico-jurídico preconizado pelo art. 457 da CLT. Ao contrário, é até mais comum na prática trabalhista (aí incluídos o legislador e o juiz) o uso da expressão

---

3 (CLT) Art. 487. (...)
   § 2° A falta do aviso prévio por parte do empregador dá ao empregado o direito aos **salários** correspondentes ao prazo do aviso. (...)
4 (CLT) Art. 73. (...) sua remuneração terá um acréscimo de 20% (vinte por cento), pelo menos, sobre **a hora diurna**. (...)
5 (CLT) Art. 59. (...)
   § 1° A remuneração da hora extra será, pelo menos, 50% (cinquenta por cento) superior à da hora normal.
6 (Lei n° 605/1949) Art. 7°. A remuneração do repouso semanal corresponderá:
   a) para os que trabalham por dia, semana, quinzena ou mês, à de **um dia de serviço**, computadas as horas extraordinárias habitualmente prestadas; (...)
7 (Lei n° 8.036/1990) Art. 15. (...) os empregadores ficam obrigados a depositar, [...] em conta vinculada, a importância correspondente a **8% (oito por cento) da remuneração** paga ou devida (...)
8 (CLT) Art. 142. O empregado perceberá, durante as férias, a **remuneração** que lhe for devida na data da sua concessão. (...)
9 (Lei n° 4.090/1962) Art. 1° (...)
   § 1° A gratificação corresponderá a 1/12 avos da **remuneração** devida em dezembro, por mês de serviço, do ano correspondente. (...)

remuneração com outras acepções, ora como sinônimo de salário, ora com a conotação de gênero que englobaria várias parcelas contraprestativas, dentre as quais o salário. É frequente, por exemplo, a utilização da expressão *caráter remuneratório* para indicar a *natureza salarial* de determinada parcela.

16.2.1. Gorjetas próprias vs. gorjetas impróprias

Gorjetas **próprias** são aquelas *concedidas espontaneamente* pelo terceiro ao empregado. Gorjetas **impróprias**, por sua vez, são aquelas *compulsórias*, cuja concessão é obrigatória para posterior distribuição aos empregados. Normalmente, as gorjetas impróprias são discriminadas na nota de consumo e o cliente não tem liberdade para concedê-las ou não[10]. O § 3º do art. 457 da CLT não faz distinção entre as gorjetas próprias e impróprias, razão pela qual **é dado tratamento jurídico idêntico a ambas**.

Aprofundando um pouco mais o estudo da questão, encontra-se entendimento jurisprudencial segundo o qual as gorjetas devem ser integralmente destinadas aos trabalhadores, razão pela qual é inválida, ainda que prevista em norma coletiva, a retenção de parte das gorjetas pelo empregador. Neste sentido, decisão da SDI-1 publicada no *Informativo nº 95 do TST*:

> EMBARGOS. ACORDO COLETIVO DE TRABALHO. GORJETAS. PREVISÃO DE RETENÇÃO. QUARENTA POR CENTO DO VALOR PARA O EMPREGADOR E O SINDICATO DA CATEGORIA PROFISSIONAL. INVALIDADE. DIFERENÇAS SALARIAIS DEVIDAS. Extrapola os limites da autonomia coletiva cláusula de acordo coletivo de trabalho mediante a qual se pactua a retenção de parte do valor das gorjetas para fins de indenização e ressarcimento das despesas e benefícios inerentes à introdução do próprio sistema de taxa de serviço bem como para contemplar o sindicato da categoria profissional, mormente se se constata que a retenção atinge mais de um terço do respectivo valor. A gorjeta, retribuição pelo bom atendimento, não se reveste de natureza salarial, mas integra a remuneração do empregado nos termos do art. 457 da CLT e da Súmula 354 do TST, segundo a qual "as gorjetas, cobradas pelo empregador na nota de serviço ou oferecidas espontaneamente pelos clientes, integram a remuneração do empregado", de modo que ajuste desse jaez reveste-se de nulidade e implica afronta ao art. 9º da CLT. Embargos de que se conhece e a que se nega provimento (TST, SDI-I, E-ED-RR-139400-03.2009.5.05.0017, Rel. Min. Márcio Eurico Vitral Amaro, Data de Julgamento: 13.11.2014, *DEJT* 21.11.2014).

Em sentido contrário, entretanto, decisão recente da 8ª Turma, com fundamento no entendimento do STF sobre os limites da negociação coletiva (Tema 1.406 de Repercussão Geral):

> AGRAVO DE INSTRUMENTO. LEI 13.467/2017. RITO SUMARÍSSIMO. TAXAS DE SERVIÇO (GORJETAS). RETENÇÃO DE PERCENTUAL PELO EMPREGADOR. PREVISÃO EM NORMA COLETIVA. VALIDADE. TEMA 1046 DO SUPREMO TRIBUNAL FEDERAL. TRANSCENDÊNCIA JURÍDICA RECONHECIDA. OBSERVÂNCIA À TESE PROFERIDA PELO SUPREMO. DESPROVIMENTO. Cinge-se a controvérsia à validade de cláusula coletiva que pactuou a retenção de percentual de taxa de serviço/gorjeta aos empregados para o fim de cobertura de encargos sociais. Há transcendência jurídica da causa, nos termos do art. 896-A, § 1º, IV, da CLT, por tratar de tema novo relativo à

---

[10] Ressalte-se o entendimento atual, construído no âmbito do Direito do Consumidor, no sentido de que o cliente não é obrigado a pagar a gorjeta estipulada na nota de consumo do restaurante ou bar. Não obstante, a questão não tem ressonância na jurisprudência trabalhista, conforme se depreende da literalidade da Súmula 354 do TST. Destarte, faz-se importante conhecer a distinção, a qual é tradicional no âmbito laboral.

validade de cláusula de acordo coletivo que limita ou suprime direito trabalhista, e cuja controvérsia foi alçada à análise do Supremo Tribunal Federal, no ARE 1121633, julgado procedente por aquela Suprema Corte. Na hipótese, e diante da tese vinculante proferida pelo Supremo, com eficácia *erga omnes*, há que se prestigiar o pacto estabelecido entre as partes que direcionou o objeto da norma convencional à forma de divisão e repasse das gorjetas aos empregados, matéria, portanto, que não se enquadra na vedação à negociação coletiva, nos termos da tese descrita no Tema 1.046. Transcendência jurídica reconhecida e agravo de instrumento desprovido (TST, AIRR-80-53.2020.5.09.0303, 8ª Turma, Rel. Min. Aloysio Correa da Veiga, *DEJT* 06.09.2022).

Anote-se, por oportuno, que esta matéria sofreu verdadeira reviravolta em 2017. Isso porque, inicialmente, a Lei nº 13.419/2017 alterou a redação do art. 457 da CLT, acrescentando-lhe os §§ 3º a 11, os quais estabeleceram regras sobre o custeio e o rateio das gorjetas. Não obstante, a Lei nº 13.467/2017 (Reforma Trabalhista), aprovada apenas alguns meses depois da Lei nº 13.419/2017, suprimiu, por teratológico erro quanto à técnica legislativa, os §§ 5º a 11, recém incluídos pela Lei nº 13.419/2017.

Tal situação permaneceu durante mais de dois anos, até que a MPV nº 905/2019 (*DOU* 12.11.2019), ao acrescentar à CLT o art. 457-A, voltou a dispor sobre os critérios de custeio e rateio das gorjetas. Todavia, a MPV nº 905/2019 não foi aprovada pelo Congresso Nacional, pelo que a matéria continua até hoje sem regulamentação.

Mencione-se ainda, a respeito da matéria, que o art. 611-A da CLT, em seu inciso IX, prevê que a norma coletiva tem prevalência sobre a lei quando dispuser sobre "remuneração por produtividade, *incluídas as gorjetas percebidas pelo empregado*, e remuneração por desempenho individual" (destaques meus). Destarte, parece acertada a decisão da 8ª Turma, mencionada acima, a respeito da possibilidade de previsão, em norma coletiva, de retenção de parte do rateio das gorjetas.

16.2.2. Gueltas

Assim como as gorjetas, também as gueltas constituem parcela contraprestativa ofertada por terceiro. A diferença é que as gorjetas são pagas pelos clientes, ao passo que as gueltas são pagas por fornecedores do empregador, com o consentimento deste.

O objetivo das gueltas é incentivar a venda de produtos ou de serviços de determinado fornecedor. Exemplo: farmácias e drogarias, cujos laboratórios fornecedores oferecem determinada quantia aos vendedores para que comercializem seus produtos.

Entende-se, de forma majoritária, que as gueltas integram a remuneração, assim como ocorre com as gorjetas.

Nesse sentido tem decidido o TST, conforme se depreende dos seguintes arestos:

[...] RECURSO DE REVISTA – SOB ÉGIDE DA LEI Nº 13.467/2017 GUELTAS – NATUREZA JURÍDICA SALARIAL – APLICAÇÃO POR ANALOGIA DA SÚMULA/TST 354 – TRANSCENDÊNCIA POLÍTICA RECONHECIDA. (alegação de contrariedade à Súmula/TST 354). Tratando-se de recurso interposto em face de decisão regional que se mostra em contrariedade à jurisprudência desta Corte, revela-se presente a transcendência política da causa. Quanto à questão de fundo tem-se que o Regional determinou a integração dos valores pagos a título de guelta na base de cálculo das horas extras e do repouso semanal remunerado do reclamante. Agindo assim, acabou por negar vigência à integralidade da Súmula/TST 354 que prevê que "As gorjetas, cobradas pelo empregador na nota de serviço ou oferecidas espontaneamente pelos clientes, integram a remuneração do empregado, não servindo de base de cálculo para as parcelas de aviso-prévio, adicional noturno, horas extras e repouso semanal remunerado.". Ademais disso, contrariou jurisprudência do TST que defende a aplicação por analogia da referida Súmula às gueltas, visto que, conquanto pagas por terceiros, decorrem do contrato de trabalho e servem de incentivo ao empregado, sendo concedidas com habitualidade. Em decorrência da aplicação por analogia da Súmula/TST 354 às gueltas, não é possível que ela sirva de base de cálculo para as horas extras e repouso semanal remunerado, como determinado pelo Regional no caso dos autos. Precedentes. Recurso de revista conhecido e provido (TST, RR-78-81.2019.5.08.0130, 7ª Turma, Rel. Min. Renato de Lacerda Paiva, *DEJT* 12.08.2022).

AGRAVO EM RECURSO DE REVISTA DO RECLAMANTE – PROCESSO SOB A VIGÊNCIA DO CPC/1973 E ANTERIOR AO ADVENTO DA LEI Nº 13.015/2014 – GUELTAS – REFLEXOS. Tem natureza jurídica de gorjeta a parcela (guelta) paga por terceiros e que decorre da venda de produtos pelo reclamante no exercício de suas atividades junto ao empregador. Logo, as gueltas compõem a remuneração do reclamante e, por possuírem a mesma natureza integrativa atribuída às gorjetas, não servem de base de cálculo para as parcelas de aviso-prévio, adicional noturno, horas extraordinárias e repouso semanal remunerado, conforme entendimento consubstanciado na Súmula nº 354 do TST, analogicamente aplicada à hipótese dos autos. [...] (TST, Ag-RR-86400-74.2012.5.17.0009, 7ª Turma, Rel. Min. Luiz Philippe Vieira de Mello Filho, *DEJT* 21.05.2021).

REMUNERAÇÃO. BONIFICAÇÕES CONCEDIDAS POR TERCEIROS EM VIRTUDE DO CONTRATO DE TRABALHO. GUELTAS. NATUREZA JURÍDICA. SÚMULA Nº 354/TST. GORJETAS. APLICAÇÃO, POR ANALOGIA. 1. A exemplo das gorjetas ofertadas por clientes, as "bonificações" pagas por laboratórios, a título de "incentivo" pelo desempenho nas vendas, a empregada de empresa atacadista de produtos farmacêuticos e afins – as denominadas "gueltas" – decorrem diretamente do contrato de trabalho. Aludida parcela integra a remuneração da empregada para todos os efeitos legais. Aplicação, por analogia, da Súmula nº 354 do TST e do artigo 457, § 3º, da CLT. 2. Por força do contrato de trabalho, o empregador possibilita ao empregado auferir "bonificações" ou "prêmios" dos laboratórios cujos produtos sejam comercializados em maior quantidade. 3. O empregador atacadista igualmente se beneficia diretamente com o incremento nas vendas de produtos de determinado fornecedor. As "bonificações" percebidas por seus empregados, conquanto efetuadas por terceiros, repercutem diretamente no lucro do empreendimento e constituem verdadeiro atrativo à admissão de novos empregados. 4. Embargos não conhecidos (TST, SDI-I, E-RR-224400-06.2007.5.02.0055, Rel. Min. João Oreste Dalazen, *DEJT* 30.05.2014). *Informativo* 81.

REMUNERAÇÃO vs. SALÁRIO

Distinção entre remuneração e salário:

• Remuneração é gênero; salário, umas das espécies.
• Salário é a contraprestação paga diretamente pelo empregador.
• A remuneração inclui pagamentos diretos (empregador) e indiretos (terceiros).
• A principal modalidade de pagamento indireto é a gorjeta.

Gorjetas:

• Não têm natureza salarial, mas integram a remuneração.
• Não integram as parcelas baseadas no salário, como o aviso-prévio, o adicional noturno, as horas extras e o DSR.
• Não integram a composição do salário mínimo.
• Integram as parcelas baseadas na remuneração, como as férias, o décimo terceiro e o FGTS.
• É indiferente que as gorjetas sejam próprias (concedidas espontaneamente pelo terceiro) ou impróprias (cobradas compulsoriamente na nota de serviço). O efeito jurídico é o mesmo.

REMUNERAÇÃO vs. SALÁRIO

Gueltas:

• Não têm natureza salarial, mas integram a remuneração (mesma natureza das gorjetas).

• São concedidas por fornecedores do empregador, com a aquiescência deste, como forma de incentivar o empregado.

16.3. CARACTERÍSTICAS DO SALÁRIO

São características do salário:

a) **caráter forfetário**: o salário é definido *previamente*, independentemente do resultado da atividade do empresário, ou seja, o empregado tem a certeza do quanto deverá receber, não assumindo os riscos do negócio;

b) **caráter alimentar**: em regra o salário é a fonte de subsistência do trabalhador e de sua família, razão pela qual lhe é reconhecido o caráter alimentar. Em razão desta característica, o salário merece ampla proteção legal, sendo impenhorável, irredutível e irrenunciável;

c) **crédito privilegiado**: em caso de falência do empregador, os créditos trabalhistas gozam de preferência, exatamente em razão de sua natureza alimentar.

No mesmo diapasão, registre-se que a CRFB reforçou tal característica, ao dispor que, nos precatórios judiciais, os créditos de natureza alimentícia devem ter prevalência sobre os demais (art. 100, *caput*);

d) **indisponibilidade**: significa que o salário não pode ser objeto de renúncia ou de transação prejudicial ao trabalhador, no contexto da relação de emprego. Alguns autores associam esta característica à irrenunciabilidade da verba salarial;

e) **periodicidade**: como o contrato de trabalho tem, como uma de suas características, o fato de ser um contrato de *trato sucessivo*, logicamente também o salário terá esta característica, de forma que é devido periodicamente, normalmente em módulo temporal não superior ao mês, conforme o art. 459 da CLT. A exceção fica por conta do salário pago à base de comissões, gratificações e percentagens, que também é periódico, mas não se limita ao parâmetro mensal;

f) **persistência ou continuidade**: o salário é pago, reiteradamente, ao longo de todo o contrato de trabalho, pelo que se pode dizer que o pagamento não é intermitente, e sim persistente, contínuo;

g) **natureza composta**: o salário é composto não só do *salário-base*, mas também de outras parcelas acessórias, como adicionais, gratificações etc.;

h) **pós-numeração**: como regra, o salário é pago somente após a prestação dos serviços, conforme a modalidade contratada (por mês, por quinzena, por semana etc.). A característica é mitigada pelos adiantamentos geralmente previstos em instrumento coletivo, bem como pelo fornecimento de utilidades, cuja fruição normalmente se dá antes ou concomitantemente com a prestação dos serviços;

i) **tendência à determinação heterônoma**: na lição de Maurício Godinho Delgado, "o salário fixa-se, usualmente, mediante o exercício da vontade unilateral ou bilateral das partes contratantes, mas sob o concurso interventivo de certa vontade externa, manifestada por regra jurídica"[11]. Mencione-se como exemplo o salário mínimo, cuja fixação é estranha à vontade das partes contratuais.

---

[11]   DELGADO, Maurício Godinho. *Curso de Direito do Trabalho*. 9. ed. São Paulo: LTr, 2010, p. 667.

CARACTERÍSTICAS DO SALÁRIO

- Caráter forfetário: valor definido previamente, independentemente do resultado.
- Caráter alimentar: fonte de subsistência.
- Crédito privilegiado: preferência em casos de falência.
- Indisponibilidade: não pode ser objeto de renúncia ou transação prejudicial.
- Periodicidade: o pagamento se repete em intervalos de tempo regulares.
- Persistência ou continuidade: o pagamento do salário não é intermitente, persistindo durante a execução do contrato de trabalho.
- Natureza composta: composto de salário-base mais sobressalários.
- Pós-numeração: pagamento somente depois da prestação dos serviços.
- Tendência à determinação heterônoma: fixação por agente externo, estranho à relação de emprego.

16.4. TERMINOLOGIA: DIFERENTES ACEPÇÕES DE SALÁRIO

O salário recebe diversas denominações, algumas delas tecnicamente incorretas, ao menos se tomando por base a **acepção trabalhista** de **salário como contraprestação paga ao empregado, diretamente pelo empregador, em razão dos serviços prestados**.

É comum a utilização de inúmeros termos ligados intrinsecamente ao Direito Previdenciário que empregam a palavra salário em sua composição. São exemplos o *salário de contribuição*, o *salário de benefício*, o *salário-família* e o *salário-maternidade*.

Também o *salário-educação*, com natureza jurídica de contribuição social, não guarda qualquer relação com a denominação trabalhista.

A estas denominações, afastadas do sentido trabalhista do termo *salário*, Maurício Godinho Delgado[12] atribui a classificação de *denominações impróprias de salário*. Por sua vez, são denominações próprias aquelas diferentes nomenclaturas utilizadas para caracterizar o salário, suas formas e especificidades.

Vejamos algumas delas:

a) *salário mínimo legal*: menor valor que pode ser pago a um empregado **por jornada completa de trabalho**;

b) *salário profissional*: menor valor que se pode pagar a empregado no contexto de profissões regulamentadas (exemplo: engenheiro, médico);

c) *salário normativo*: menor valor devido a determinada categoria profissional, podendo ser fixado em sentença normativa ou em norma coletiva (ACT ou CCT);

d) *piso salarial*: utilizado como sinônimo de salário normativo;

e) *salário-base*: é a parte principal e fixa do salário, que normalmente serve de base para incidência de outras parcelas de natureza salarial ou, quando menos, soma-se a tais parcelas para composição do salário;

f) *salário complessivo*: compreende o pagamento de duas ou mais parcelas de natureza tipicamente salarial em uma mesma rubrica, ou seja, paga-se um valor de R$ 2.000,00, por exemplo, englobando salário, horas extras, descansos trabalhados e adicional noturno. Exatamente por impossibilitar a verificação da regularidade das verbas pagas a título de cada parcela, bem como por suprimir as contraprestações variáveis (horas extras, por exemplo), **o salário complessivo não é admitido**

---

12 DELGADO, Maurício Godinho. *Curso de Direito do Trabalho*, p. 648.

pela jurisprudência, entendimento este já consolidado há muito pelo TST, por meio da Súmula 91.

Súm. 91. Salário complessivo (mantida). Res. 121/2003, *DJ* 19, 20 e 21.11.2003.

Nula é a cláusula contratual que fixa determinada importância ou percentagem para atender englobadamente vários direitos legais ou contratuais do trabalhador.

g) *salário condição*: é considerado salário condição toda parcela que, embora tenha natureza tipicamente salarial, somente subsiste enquanto presentes determinadas circunstâncias especiais no âmbito da prestação laboral, pelo que a parcela pode ser suprimida caso cessada a referida circunstância. Exemplo típico é o adicional noturno, que remunera de forma diferenciada o trabalho em horário noturno e, por óbvio, deixa de ser devido se o empregado tem o horário de trabalho alterado para o horário diurno. Neste caso, não há se falar em alteração contratual prejudicial, tendo em vista que, em tese, o trabalho noturno é mais gravoso à saúde do obreiro, razão pela qual deve ser evitado na medida do possível.

16.5. FORMAS DE ESTIPULAÇÃO DO PAGAMENTO DO SALÁRIO

O pagamento do salário pode ser ajustado sob diversas formas, seja por módulo de tempo, por produção, ou por tarefa.

16.5.1. Salário por unidade de tempo

O salário é pago por unidade de tempo quando se refere ao período trabalhado pelo empregado (ou em que este se colocou à disposição do empregador). Pode o salário por unidade de tempo ser objeto de estipulação por mês (mais comum), por quinzena, por semana, por dia, ou por hora. Excepcionalmente, como no caso do pagamento por comissões, pode o salário ser pago por módulo temporal superior ao mês.

Nesta modalidade, não interessa a produtividade do empregado, e sim apenas **o passar do tempo,** colocando-se o empregado à disposição do empregador ao longo desta unidade de tempo predeterminada.

O exemplo desta forma de pactuação do salário é o mais simples de todos. Imagine-se um empregado contratado como mensalista, com salário de R$ 2.000,00 para cumprir jornada integral. Significa dizer que o salário deste empregado será fixo, sempre R$ 2.000,00, desde que não exista nenhuma circunstância excepcional (p. ex., prestação de horas extras, trabalho noturno, trabalho em local insalubre etc.). Naturalmente, outras parcelas podem se somar ao salário fixo contratado, como gratificações ou abonos, sem que isso altere a forma de ajuste do salário, que continuará sendo por unidade de tempo.

Normalmente, o tempo atua como parâmetro, tanto para o cálculo do salário como também para fixação da periodicidade do pagamento. É o que ocorre com o salário mensal (calculado por mês trabalhado e pago mensalmente), com o salário quinzenal e com o salário semanal. A exceção, no caso, fica por conta do horista, cuja unidade de tempo serve apenas para cálculo do salário, sendo a periodicidade do pagamento a regra geral (mensal), ou ainda outra utilizada para os demais empregados do mesmo empregador.

A grande vantagem da utilização do salário por unidade de tempo é a simplicidade do cálculo, o que confere transparência em relação à remuneração dos trabalhadores, ao contrário do trabalho por produção e/ou por unidade de obra, que sempre depende das médias, geralmente apresentadas de forma ininteligível pelo empregador, e muitas vezes apuradas de forma subjetiva e/ou fraudulenta.

16.5.2. Salário por produção (ou por unidade de obra)

Aqui o salário é calculado a partir do número de unidades produzidas pelo empregado. Não **interessa** quanto tempo o empregado gastou para produzir x peças, e sim **o número de peças produzidas**, sendo que seu salário resultará da multiplicação do total da produção pelo valor unitário da peça produzida.

Tal **valor fixo estipulado por peça produzida** é denominado *tarifa*.

Se, por um lado, o salário por produção pode parecer mais justo, remunerando cada trabalhador pelo que efetivamente produz, e ainda pode motivar o obreiro a produzir mais, por outro lado o sistema é extremamente danoso, especialmente no tocante à higidez física e mental do trabalhador que, para conseguir um incremento de sua remuneração, extrapola seus limites físicos. Exemplo atual desta mazela é a situação dos cortadores de cana da indústria sucroalcooleira, cujo salário é normalmente fixado por produção (em geral um valor estipulado por tonelada de cana cortada). Nos últimos anos, vários trabalhadores deste segmento morreram prematuramente, provavelmente por excesso de esforço, além de inúmeros outros que adoeceram e perderam a capacidade laboral após poucos anos na atividade[13].

Ainda no mesmo sentido, o art. 235-G, da CLT, com redação dada pela Lei nº 13.103/2015, nos seguintes termos: "Art. 235-G. É permitida a remuneração do motorista em função da distância percorrida, do tempo de viagem ou da natureza e quantidade de produtos transportados, inclusive mediante oferta de comissão ou qualquer outro tipo de vantagem, *desde que essa remuneração ou comissionamento não comprometa a segurança da rodovia e da coletividade ou possibilite a violação das normas previstas nesta Lei*" (destaques meus).

Também o salário à base de comissões é forma de salário por produção ou por unidade de obra, cujo exemplo típico é do vendedor do comércio varejista, que normalmente recebe comissões sobre as vendas efetuadas.

Ao estipular o pagamento do salário por produção o empregador se submete a dois limites, a saber:

a) **deve garantir o salário mínimo** mensalmente ao empregado, independentemente do resultado da produção. Observe-se que não se trata, como muitos interpretam equivocadamente, de salário mínimo mais produção, e sim o total da produção, garantido o salário mínimo se a produção não tiver atingido tal patamar.

Exemplo: Paulo César é vendedor comissionista. Com base nas comissões incidentes sobre as vendas realizadas, Paulo César teria direito a R$ 2.100,00 em dezembro/2009, R$ 820,00 em janeiro/2010, R$ 480,00 em fevereiro/2010 e R$ 415,00 em março/2010. Neste caso, em dezembro/2009 e janeiro/2010 Paulo César receberá exatamente o valor relativo à sua produção. Entretanto, em fevereiro/2010 e março/2010 o trabalhador receberá R$ 510,00, tendo em vista que as comissões sobre as vendas não lhe garantiram o salário mínimo vigente na época;

b) o empregador não pode, na prática, reduzir drasticamente a quantidade de trabalho oferecida ao empregado, provocando redução importante no seu patamar salarial.

---

[13] Demonstrando não estar alheio ao problema, o TST alterou em abril de 2012 (Resolução 182/2012, *DEJT* divulgado em 19, 20 e 23.04.2012), a redação da OJ 235 da SDI-1, conforme estudado no item 13.6.9, passando a prever que o cortador de cana que recebe o salário por produção e trabalha em sobrejornada tem direito não só ao adicional, mas também ao valor da hora suplementar trabalhada. Conforme estudado no item 13.6.9, tal entendimento tem sido adotado também em relação ao trabalhador da lavoura de laranja.

Imaginemos um exemplo: um empregado trabalha em domicílio confeccionando sapatos, sendo seu salário estipulado por produção, ou seja, conforme o número de pares produzidos. Normalmente, o empregador enviava mensalmente ao trabalhador, em média, 600 pares de sapato para confecção. Neste caso, não poderia o empregador, de uma hora para outra, reduzir o envio para apenas 200 pares/mês, sob pena de prejudicar sobremaneira o empregado.

Por fim, uma advertência: **o fato de o empregado ter o salário fixado por produção, e não por unidade de tempo, obviamente não exime o empregador de observar as normas limitadoras da jornada de trabalho**.

16.5.3. Salário por tarefa

O salário é pago pela combinação do critério de unidade de tempo com o critério de unidade de obra (produção), de forma que o empregado tem determinada tarefa para cumprir em uma dada unidade de tempo. Cumprida a tarefa neste tempo, das duas, uma: ou o empregado é dispensado do serviço até o fim da unidade de tempo; ou continua trabalhando e é remunerado destacadamente por este acréscimo de produção.

Exemplo:

Um empregado de uma indústria de calçados deve costurar 200 pares de sapato por semana. Imagine-se que na quinta-feira o trabalhador já tenha alcançado esta sua tarefa. Então ele deve, alternativamente: ir embora, e só retornar ao trabalho na semana seguinte; ou continuar trabalhando e receber um acréscimo salarial pelo que venha a produzir além dos 200 pares.

Obviamente, os padrões de jornada e descanso aplicam-se aos empregados que recebem salário por tarefa. Caso permaneçam laborando além da duração normal do trabalho, a fim de cumprir sua tarefa, lhe serão devidas horas extraordinárias.

Tal como ocorre na hipótese do salário por produção, também no salário por tarefa é garantido ao obreiro o salário mínimo mensal.

FORMAS DE ESTIPULAÇÃO DO PAGAMENTO DO SALÁRIO
1. **Salário por unidade de tempo:**
• O empregado ganha não pelo que produz, mas pelo tempo em que esteve à disposição do empregador.
• Pode ser estipulado por mês, por quinzena, por semana, por dia, ou por hora.
2. **Salário por unidade de obra (ou por produção):**
• O empregado ganha em razão daquilo que produz, e não do tempo em que esteve à disposição.
• O empregador é obrigado a garantir o salário mínimo ao empregado, caso a produção não atinja tal valor.
• É vedado ao empregador reduzir drasticamente a quantidade de trabalho oferecida ao empregado.
3. **Salário por tarefa:**
• Combina os dois primeiros critérios (unidade de tempo + unidade de obra).
• É dada ao empregado uma determinada tarefa, para cumprir em determinada unidade de tempo.
• Caso o empregado termine a tarefa antes do final do tempo, pode, alternativamente, continuar trabalhando e receber uma parcela extra a este título, ou ser dispensado, retornando somente no início da próxima unidade de tempo.
• O empregador é obrigado a garantir o salário mínimo.

16.6. COMPOSIÇÃO DO COMPLEXO SALARIAL: INTEGRAÇÃO E INCORPORAÇÃO

Como observado de passagem, anteriormente, ao salário fixado contratualmente podem ser acrescidas outras parcelas (sobressalários) em função das peculiaridades da prestação laboral. Assim, é correto estabelecer a seguinte equação:

COMPLEXO SALARIAL = SALÁRIO-BASE + SOBRESSALÁRIOS

Ademais, além deste complexo salarial recebido em intervalos de tempo relativamente curtos[14], o obreiro faz jus a outras parcelas cuja periodicidade é distinta, como as férias, o décimo terceiro salário, entre outras.

Em razão disso, e conforme a sua natureza, algumas parcelas repercutem no cálculo das demais. Esta *repercussão* é também denominada *integração* ou *projeção*. Assim, dizer que as horas extras habitualmente prestadas **integram** o DSR é o mesmo que dizer que as horas extras habitualmente prestadas **se projetam no cálculo** do DSR, ou ainda que **repercutem no cálculo** do DSR.

Integrar uma parcela é o mesmo que somá-la a outra em determinado período, sendo que, muitas vezes, do resultado surge a base de cálculo de uma terceira parcela.

Exemplo: salário = R$ 1.000,00; horas extras = R$ 200,00. Diz-se, neste caso, que as horas extras integram o salário, isto é, são somadas ao mesmo (R$ 1.000,00 + R$ 200,00 = R$ 1.200,00), formando assim o chamado *complexo salarial*.

São três os **requisitos para que uma parcela integre o cálculo de outra**:

1º) a parcela deve ter *natureza salarial* (caráter de retribuição ou contraprestação);

2º) a parcela deve ser concedida *habitualmente*;

3º) a parcela não pode ter sido projetada anteriormente no cálculo da parcela a integrar, sob pena de *bis in idem*, e mesmo de um ciclo vicioso interminável, com integrações sucessivas.

Vejamos exemplos deste terceiro requisito: o salário mensal já inclui o pagamento do DSR; se o adicional de periculosidade é calculado sobre o salário mensal (salário-base)[15], por consequência o DSR estará embutido também em seu cálculo, não havendo se falar em integração do adicional de periculosidade no DSR. Da mesma forma, o adicional de periculosidade não integra, *em separado*, o cálculo das horas extras, pois estas últimas já são calculadas com base no complexo salarial, o qual inclui o adicional de periculosidade.

Outro exemplo esclarecedor a respeito da questão do *non bis in idem* estava contido na OJ 394 da SDI-1 do TST.

Observe-se, entretanto, que **o entendimento consolidado na referida OJ 394 foi objeto de revisão pela maioria dos Ministros do TST** quando do julgamento, em março de 2018, do IRR-10169-57.2013.5.05.0024, no qual se fixou, para o Tema Repetitivo nº 9, tese jurídica de observância obrigatória (arts. 896-C da CLT, 927, III, do CPC e 3º, XXIII, da Instrução Normativa nº 39/2015 do TST), enunciada nos seguintes termos: "**A majoração**

---

14 O parâmetro máximo é o mês, exceto no que concerne a comissões, percentagens e gratificações, nos termos do art. 459, *caput*, da CLT.

15 (CLT) Art. 193. (...)
§ 1º O trabalho em condições de periculosidade assegura ao empregado um adicional de 30% (trinta por cento) sobre o salário sem os acréscimos resultantes de gratificações, prêmios ou participações nos lucros da empresa. (...)

do valor do repouso semanal remunerado, decorrente da integração das horas extras habituais, deve repercutir no cálculo das demais parcelas que se baseiam no complexo salarial, não se cogitando de 'bis in idem' por sua incidência no cálculo das férias, da gratificação natalina, do aviso prévio e do FGTS".

O julgamento do IRR nº 9 (Processo nº 10169-57.2013.5.05.0024) ocorreu aos 20.03.2023, tendo sido **aprovada**, por maioria de votos, **a seguinte tese**, a qual **orientará a revisão do texto da OJ 394**:

> REPOUSO SEMANAL REMUNERADO. INTEGRAÇÃO DAS HORAS EXTRAS. REPERCUSSÃO NO CÁLCULO DAS FÉRIAS, DÉCIMO TERCEIRO SALÁRIO, AVISO PRÉVIO E DEPÓSITOS DO FGTS. I. A majoração do valor do repouso semanal remunerado, decorrente da integração das horas extras habituais, deve repercutir no cálculo, efetuado pelo empregador, das demais parcelas que têm como base de cálculo o salário, não se cogitando de *bis in idem* por sua incidência no cálculo das férias, da gratificação natalina, do aviso prévio e do FGTS. II. O item I será aplicado às horas extras trabalhadas a partir de 20.03.2023.

Conforme notícia publicada no *site* do TST[16], a alteração do entendimento se deu em razão da conclusão no sentido de que o entendimento consubstanciado na OJ 394 era baseado em erro aritmético, pois "as horas extras habituais e as respectivas diferenças de RSR são parcelas autônomas que formam o espectro remuneratório do trabalhador", pelo que "as duas devem ser consideradas no cálculo de parcelas que têm como base a remuneração". Ainda segundo a notícia, asseverou o Min. Amaury Rodrigues que

> "O cálculo das horas extras é elaborado mediante a utilização de um divisor que isola o valor do salário-hora, excluindo de sua gênese qualquer influência do repouso semanal remunerado pelo salário mensal, de modo que estão aritmeticamente separados os valores das horas extras e das diferenças de RSR apuradas em decorrência dos reflexos daquelas horas extras (cálculos elaborados separada e individualmente)".

De fato, como visto em outras passagens desta obra, notadamente em relação ao divisor aplicável ao bancário e à conversão de parte das férias em pecúnia (abono de férias), operações aritméticas não parecem ser o forte do TST.

Caso o leitor queira aprofundar na compreensão do raciocínio que levou à alteração do entendimento que foi adotado pelo TST ao longo de mais de dez anos, sugiro a leitura de artigo de autoria de Torquato Charão dos Santos, publicado na Revista nº 158/2013 do TRT da 4ª Região[17], bem como de artigo do perito judicial trabalhista Marcos Paulo Montanhani, publicado no *site* jurídico Migalhas[18].

Voltando aos requisitos gerais para que a parcela integre o cálculo de outra, a **exceção aos dois primeiros é o FGTS**, cuja base de cálculo é formada pela soma de todas as parcelas que tenham **natureza remuneratória**. Inclui, portanto, não só as gorjetas, como também qualquer parcela que tenha sido paga mesmo uma única vez, salvo se indenizatória. Prescinde, desse modo, da habitualidade. Neste sentido, o art. 15 da Lei nº 8.036/1990.

Situação diferente se dá com a **incorporação** de determinada parcela. Incorporar parcelas significa somá-las ao patrimônio jurídico do empregado, de forma que elas

---

[16] Disponível em: https://www.tst.jus.br/web/guest/-/pleno-do-tst-altera-oj-394-em-julgamento-de-recurso-repetitivo. Acesso em 09.05.2023.

[17] Disponível em: https://juslaboris.tst.jus.br/bitstream/handle/20.500.12178/77712/2013_santos_torquato_equivoco_inexistencia.pdf. Acesso em 09.05.2023.

[18] Disponível em: https://www.migalhas.com.br/depeso/357475/oj-394-sdi-1-comprovacao-matematica-da-inexistencia-do-bis-in-idem. Acesso em 09.05.2023.

não possam mais ser suprimidas ao longo do contrato de trabalho, nos termos do art. 468 da CLT[19].

O que distingue a mera integração da **incorporação** é que esta última exige que a **parcela** tenha sido **concedida incondicionalmente**.

Esquematicamente a questão pode ser resumida assim:

INTEGRAÇÃO	INCORPORAÇÃO
Requisitos: • Natureza salarial da parcela. • Habitualidade. • *Non bis in idem.*	**Requisitos:** • Natureza salarial da parcela. • Habitualidade. • **Concessão incondicional.**
Efeitos: a integração de determinada parcela no cálculo de outra produz efeitos enquanto a verba seja devida. Ex.: o adicional noturno integra o salário para todos os efeitos (Súm. 60, TST). Entretanto, se alterado o turno de trabalho para o diurno, o adicional noturno deixa de ser devido, e, consequentemente, deixa de integrar o salário.	**Efeitos:** regra geral, toda parcela concedida habitualmente e incondicionalmente é incorporada definitivamente ao contrato de trabalho, não podendo ser suprimida (art. 468, CLT). Se a parcela é concedida sob condição (mediante a ocorrência de um fato gerador determinado, como os adicionais em geral, por exemplo), não há se falar em sua incorporação.

Talvez a questão mais relevante neste ponto seja definir os contornos dados à **habitualidade**.

Em primeiro lugar, há que se esclarecer, de uma vez por todas, que **é a habitualidade que qualifica uma determinada parcela como salarial**. Mencione-se a lição de Amauri Mascaro do Nascimento, para quem "a característica principal do salário é a pendularização, a reiteração, a constância do pagamento contraprestativo do trabalho"[20].

Neste diapasão, sempre que o empregado recebe determinada parcela de forma repetida, constante, habitual, ele passará a incluir aquela parcela na sua expectativa de ganho, ou seja, contará com aquele valor na composição de seu orçamento familiar. Tendo em vista a onerosidade que qualifica a relação de emprego, esta expectativa criada pelo obreiro acaba por definir a natureza da parcela como salário, visto que ajustada à sua principal característica, como ensina Amauri Mascaro.

Desse modo, "a habitualidade detém poder muito maior para o estabelecimento da natureza salarial da parcela do que a sua denominação"[21].

Exemplo: empregador paga todo mês ao empregado uma parcela de valor fixo, sob a rubrica "indenização por despesas diversas", sem, entretanto, exigir qualquer comprovação das referidas despesas. Neste caso, ainda que tenha sido dado à parcela o nome de "indenização", trata-se de gratificação, pois é habitual e tem nítido caráter contraprestativo.

O grande problema é definir o **parâmetro para a habitualidade**. Em outras palavras, *quantas vezes* o empregado deve receber a parcela para que o pagamento seja considerado habitual. A lei silencia a respeito, e, na prática, a questão é tratada caso a caso.

---

[19] Art. 468. Nos contratos individuais de trabalho só é lícita a alteração das respectivas condições por mútuo consentimento, e ainda assim desde que não resultem, direta ou indiretamente, prejuízos ao empregado, sob pena de nulidade da cláusula infringente desta garantia. (...)

[20] NASCIMENTO, Amauri Mascaro. *Curso de Direito do Trabalho.* 25. ed. São Paulo: Saraiva, 2010, p. 804.

[21] SILVA, Homero Batista Mateus da. *Curso de Direito do Trabalho aplicado: Livro da Remuneração.* Rio de Janeiro: Elsevier, 2009, vol. 5, p. 91.

Pelo critério mais utilizado, o operador do direito deve investigar se, diante do número de vezes que a parcela foi paga, já seria razoável que o empregado criasse expectativa acerca do recebimento futuro.

A professora Vólia Bomfim Cassar[22], entretanto, sugere um critério objetivo, segundo o qual se considera habitual a parcela que seja concedida em metade ou mais de uma dada unidade de tempo. O fundamento seria a aplicação analógica da regra utilizada para o cômputo da proporcionalidade do décimo terceiro e das férias[23]. Assim, por exemplo, em determinado mês seriam as horas extras consideradas habituais se prestadas em metade ou mais dos dias úteis daquele mês.

> **Dica para provas discursivas:**
> A distinção entre integração e incorporação é muito importante também para provas discursivas. A perfeita compreensão da distinção elimina a necessidade de memorizar dezenas de verbetes sobre o tema, pois o candidato terá condição de entender o mecanismo da integração de parcelas ao salário.

16.7. PARCELAS SALARIAIS

A noção de complexo salarial é extraída do § 1º do art. 457 da CLT, com redação dada pela Lei nº 13.467/2017, segundo o qual **"integram o salário a importância fixa estipulada, as gratificações legais e as comissões pagas pelo empregador"**.

Observe-se que a alteração promovida pela *Reforma Trabalhista de 2017* suprimiu, em relação à antiga redação do § 1º do art. 457, **a natureza salarial das gratificações ajustadas, das diárias para viagem e dos abonos**. Todavia, não são só as parcelas mencionadas atualmente pelo § 1º que possuem natureza salarial e, consequentemente, integram o salário. Os adicionais, por exemplo, nunca foram contemplados pelo art. 457, em que pese sempre tenham sido considerados parcelas salariais.

Parcelas salariais são aquelas que possuem natureza de contraprestação, ou seja, são pagas *pelo trabalho* realizado, de forma direta (pelo empregador).

Estas diferentes parcelas não podem ser pagas de forma englobada em uma única rubrica, nos termos da já mencionada Súmula 91 do TST, que veda o pagamento complessivo.

A parcela salarial básica é o **salário básico (ou salário-base)**, que, na lição de Godinho Delgado, é **"a contraprestação salarial fixa principal paga pelo empregador ao empregado"**[24].

Embora tenha esta conotação de parcela principal, **a fixação do salário-base não é obrigatória**. O salário pode ser fixado, por exemplo, à base somente de comissões (caso do comissionista puro, analisado na sequência), hipótese em que não há se falar em salário-base.

Além do salário-base, são parcelas salariais os adicionais em geral, as gratificações legais (cuidado, pois a Reforma Trabalhista excluiu, repita-se, a natureza salarial das gratificações meramente ajustadas), e as comissões. Vejamos as características de cada uma destas parcelas.

Nos tópicos seguintes, sempre que uma determinada parcela não for obrigatória por força de lei (em sentido estrito) dir-se-á que é *espontaneamente concedida pelo empregador*, não obstante possa ser compulsória por força de cláusula de instrumento coletivo de tra-

---

[22] CASSAR, Vólia Bomfim. *Direito do Trabalho*. 4. ed. Niterói: Impetus, 2010, p. 843.
[23] 15 dias (metade do período/mês) ou mais de trabalho contam 1/12 avos para férias e décimo terceiro.
[24] DELGADO, Maurício Godinho. *Curso de Direito do Trabalho*, p. 689.

balho (CCT ou ACT). É que a obrigatoriedade decorrente de previsão em norma coletiva também constitui, de certa forma, vontade do empregador, que foi representado pelo sindicato durante a negociação coletiva que deu origem ao instrumento coletivo de trabalho.

16.7.1. Adicionais

Os adicionais são parcelas salariais devidas ao empregado em razão de circunstâncias especiais que tornam a execução do contrato de trabalho mais gravosa.

Assim, como a prestação de horas extraordinárias é prejudicial à saúde do empregado a lei estipula o adicional de 50% (no mínimo) sobre o valor da hora normal como forma de retribuir o empregado em razão desta circunstância desfavorável. Da mesma forma outros adicionais, como o de insalubridade, o de periculosidade, o de transferência, o adicional noturno, o adicional por acúmulo de funções, o adicional de fronteira (previsto em algumas normas coletivas).

Maurício Godinho Delgado ensina que

> "O que distingue os adicionais de outras parcelas salariais são tanto o fundamento como o objetivo de incidência da figura jurídica. Os adicionais correspondem a parcela salarial deferida suplementarmente ao obreiro por este encontrar-se, no plano do exercício contratual, em circunstâncias tipificadas mais gravosas. A parcela adicional é, assim, nitidamente contraprestativa: paga-se um *plus* em virtude do desconforto, desgaste ou risco vivenciados, da responsabilidade e encargos superiores recebidos, do exercício cumulativo de funções etc. Ela é, portanto, *nitidamente salarial, não tendo, em consequência, caráter indenizatório* (ressarcimento de gastos, despesas; reparação de danos etc.)"[25]. (grifos do original)

Enquanto são pagos, os adicionais integram o salário. Se deixar de existir a condição para seu pagamento (p. ex., é neutralizada a insalubridade, ou o empregado é transferido para o turno diurno), seu pagamento deixará de ser obrigatório. Assim, **não existe *incorporação* de adicionais**, dada sua *natureza de prestação condicional*. Por isso, tais parcelas são também denominadas **salário condição**.

No sentido da não incorporação dos adicionais, a Súmula 248 do TST, segundo a qual "a reclassificação ou a descaracterização da insalubridade, por ato da autoridade competente, repercute na satisfação do respectivo adicional, **sem ofensa a direito adquirido ou ao princípio da irredutibilidade salarial.**" (grifos meus)

Neste mesmo diapasão, e de forma ainda mais explícita, a Súmula 265 do TST: "a transferência para o período diurno de trabalho implica a perda do direito ao adicional noturno."

Desde que pagos com habitualidade, os adicionais integrarão o salário para todos os fins legais, ou seja, repercutirão no cálculo das horas extras, das férias, do décimo terceiro salário, do FGTS e do aviso-prévio.

Neste sentido, a Súmula 139 do TST:

> Súm. 139. Adicional de insalubridade. Res. 129/2005, *DJ* 20, 22 e 25.04.2005.
>
> Enquanto percebido, o adicional de insalubridade integra a remuneração para todos os efeitos legais.

A expressão *enquanto percebido* dá a exata noção de que se trata de parcela condicional. O termo *remuneração*, por sua vez, foi utilizado em sua acepção mais abrangente, significando complexo salarial.

---

[25] DELGADO, Maurício Godinho. *Curso de Direito do Trabalho*, p. 692.

A Súmula 80, por seu turno, não deixa qualquer margem a dúvidas a respeito do caráter condicional do adicional:

Súm. 80. Insalubridade (mantida). Res. 121/2003, *DJ* 19, 20 e 21.11.2003.

A eliminação da insalubridade mediante fornecimento de aparelhos protetores aprovados pelo órgão competente do Poder Executivo exclui a percepção do respectivo adicional.

Vejamos alguns exemplos de integração dos adicionais, a partir de verbetes de jurisprudência do TST.

16.7.1.1. Adicional de insalubridade e hora extra

OJ-SDI1-47. Hora extra. Adicional de insalubridade. Base de cálculo (alterada). Res. 148/2008, DJ 04 e 07.07.2008. Republicada, DJ 08, 09 e 10.07.2008.

A base de cálculo da hora extra é o resultado da soma do salário contratual mais o adicional de insalubridade.

Exemplo: empregado mensalista com jornada completa recebe salário de R$ 1.452,00, mais adicional de insalubridade de 40% (grau máximo). Considerando-se seja base de cálculo do adicional de insalubridade o salário mínimo[26] de R$ 1.320,00, o valor devido a esse título é R$ 528,00. Qual é o valor da hora extra?

Cálculo:

O adicional de insalubridade, como os demais, integra o salário para todos os efeitos. Neste sentido, a OJ 47 determina a soma do salário contratual (salário-base) ao adicional de insalubridade para formação da base de cálculo da hora extra. Por isso diz-se que o adicional de insalubridade integra as horas extras. Vejamos o cálculo:

BASE DE CÁLCULO DA HE = SALÁRIO-BASE + AD. INSALUBRIDADE
R$ 1.452,00 + R$ 528,00 = R$ 1.980,00

O empregado é mensalista com jornada completa, o que significa que trabalha 8h por dia, 44h por semana e 220h por mês. A partir daí calcula-se o salário/hora, já integrado pelo adicional de insalubridade:

SALÁRIO/HORA = COMPLEXO SALARIAL ÷ 220
Salário/hora = R$ 1.980,00 ÷ 220h = R$ 9,00/h.

Logo, o valor da hora extra é o valor do salário/hora x 1,5 (ou mais 50%, tanto faz) R$ 9,00 x 1,5 = **R$ 13,50.**

16.7.1.2. Adicional de periculosidade – Integração

Súm. 132. Adicional de periculosidade. Integração. Res. 129/2005, *DJ* 20, 22 e 25.04.2005.

I – O adicional de periculosidade, pago em caráter permanente, integra o cálculo de indenização e de horas extras.

II – Durante as horas de sobreaviso, o empregado não se encontra em condições de risco, razão pela qual é incabível a integração do adicional de periculosidade sobre as mencionadas horas.

---

[26] Sobre a polêmica a respeito da base de cálculo do adicional de insalubridade, ver o Capítulo referente ao estudo da Segurança e Medicina do Trabalho.

O cálculo de indenização tem pouco efeito prático, tendo em vista se tratar de figura em extinção[27]. Quanto à integração no cálculo das horas extras, aplica-se perfeitamente o exemplo anterior, bastando substituir o adicional de insalubridade pelo adicional de periculosidade. Observe-se, por oportuno, que a base de cálculo do adicional de periculosidade é o salário-base. Durante as horas de sobreaviso, o ferroviário permanece em sua casa aguardando ser chamado para o serviço (art. 244, § 2º, CLT), razão pela qual não se sujeita, *neste período*, à condição mais gravosa que enseja o pagamento do adicional de periculosidade. Logo, o adicional em questão não é devido sobre tais horas.

16.7.1.3. Adicional de periculosidade – Integração no adicional noturno

OJ-SDI1-259. Adicional noturno. Base de cálculo. Adicional de periculosidade. Integração (inserida em 27.09.2002).

O adicional de periculosidade deve compor a base de cálculo do adicional noturno, já que também neste horário o trabalhador permanece sob as condições de risco.

Mais um verbete que reforça a ideia de integração dos adicionais para todos os fins. Desse modo, também o adicional noturno de 20% deverá ser calculado sobre a soma do salário-base + adicional de periculosidade. A forma de cálculo é a mesma utilizada no exemplo da integração do adicional de insalubridade nas horas extras: calcula-se primeiro o complexo salarial (salário-base + adicional de periculosidade), depois o valor do salário/hora, e o resultado é multiplicado por 1,2 (ou mais 20%, tanto faz).

Atente-se para o fato de que, sendo a terceira parcela (neste caso o adicional noturno) calculada a partir do salário, a integração é automática, ao passo que os adicionais se integram ao salário por força de lei.

16.7.1.4. Adicional noturno – Integração nas horas extras

OJ-SDI1-97. Horas extras. Adicional noturno. Base de cálculo (inserida em 30.05.1997).

O adicional noturno integra a base de cálculo das horas extras prestadas no período noturno.

A situação fática aqui é um pouco diferente das anteriores. Com efeito, os adicionais de insalubridade e periculosidade, por exemplo, retribuem uma condição mais gravosa presente durante todo o tempo[28] em que o empregado cumpre seus deveres contratuais. Ao contrário, o adicional noturno visa retribuir o empregado de forma diferenciada somente naquela parte da jornada em que se implementa a condição respectiva, ou seja, somente nas horas noturnas. Mais que isso, a CLT prevê expressamente a possibilidade de trabalho misto, parte de dia e parte à noite (art. 73, § 4º).

Ora, se o próprio adicional noturno é devido somente em relação às horas noturnas trabalhadas, consequentemente a sua integração em outras parcelas também deverá respeitar esta regra. Exatamente por isso, prevê a OJ 97 que o adicional noturno integrará a base de cálculo das horas extras, mas somente aquelas prestadas no período noturno.

---

[27] A respeito do antigo sistema celetista da indenização por antiguidade, remeto o leitor ao Capítulo 22 deste manual, que trata da estabilidade e das garantias de emprego.

[28] Abstraída, neste momento, a questão da exposição intermitente, a qual será estudada no capítulo próprio.

Exemplo: Henrique cumpre jornada de 8h, sendo seu horário de trabalho até as 21h, e o seu salário R$ 1.540,00. Se Henrique prestar duas horas extras em determinado dia, entre 21h e 22h52min, quanto deverá receber pelo trabalho em sobrejornada?

Cálculo:

Em primeiro lugar é necessário calcular o valor do salário/hora de Henrique. Como mencionado, o salário/hora é obtido pela divisão do salário pela "jornada" mensal.

Salário/hora = R$ 1.540,00 ÷ 220h = R$ 7,00/h

Em segundo lugar, quanto seria devido a Henrique a título de adicional noturno?

Considera-se hora noturna, no meio urbano, aquela trabalhada a partir das 22h, até 5h do dia seguinte. Logo, Henrique trabalhou 1h em horário noturno. Isso porque a hora noturna reduzida é de 52'30", o que significa dizer que o empregado que trabalhou 52'30" em horário noturno deve receber 1h. Logo, seria devida a Henrique 1h noturna. Como o salário/hora vale R$ 7,00, esta hora noturna valeria R$ 7,00 x 1,20 = R$ 8,40.

Ocorre que esta hora noturna é também extra. Aliás, Henrique prestou duas horas extras neste dia. A primeira hora extra trabalhada, entre 21h e 22h é diurna, visto que prestada em horário considerado diurno. Logo, valerá R$ 7,00 x 1,5 = R$ 10,50.

Quanto à hora noturna extraordinária, há que se integrar também o adicional noturno. Portanto, utilizaremos o salário/hora já integrado pelo adicional noturno, que resulta em valor hora de R$ 8,40. Calculando a hora extra, R$ 8,40 x 1,5 = **R$ 12,60**. O exemplo pediu o valor da remuneração das horas extras do dia, então é necessário somar a hora extra diurna e a noturna. Fica assim: R$ 10,50 + R$ 12,60 = **R$ 23,10**. Simples, não?!

16.7.1.5. Integração das horas extras e adicionais no FGTS

Súm. 63. Fundo de garantia (mantida). Res. 121/2003, *DJ* 19, 20 e 21.11.2003.

A contribuição para o Fundo de Garantia do Tempo de Serviço incide sobre a remuneração mensal devida ao empregado, inclusive horas extras e adicionais eventuais.

Em razão do exposto anteriormente, a Súmula 63 não apresenta novidades, ao passo que **o FGTS incide sobre qualquer parcela remuneratória** (o que inclui as gorjetas), e independe até mesmo da habitualidade. Logo, se as horas extras e os adicionais eventuais se integram ao salário (art. 457, § 1º, CLT), significa que possuem natureza salarial, e como tal integrarão o FGTS independentemente de qualquer outro requisito. No caso, *eventuais* se contrapõe a *habituais*, naturalmente.

16.7.1.6. Cálculo da hora extra

Súm. 264. Hora suplementar. Cálculo (mantida). Res. 121/2003, *DJ* 19, 20 e 21.11.2003.

A remuneração do serviço suplementar é composta do valor da hora normal, integrado por parcelas de natureza salarial e acrescido do adicional previsto em lei, contrato, acordo, convenção coletiva ou sentença normativa.

Esta súmula especifica o cálculo feito acima, ou seja, prevê a integração das parcelas de natureza salarial para fins de cálculo da hora extra. Recorde-se que, se prestada a hora extra em horário noturno, a *hora normal*, neste caso, é a hora já acrescida do adicional noturno.

Há sempre que se tomar cuidado, entretanto, para não incorrer em *bis in idem*. Em outras palavras, é preciso entender a lógica do cálculo de cada parcela, para que não sejam integradas parcelas duas vezes na mesma hipótese. Este é o sentido da OJ 103 da SDI-1, a qual dispõe que "**o adicional de insalubridade já remunera os dias de repouso semanal e feriados**". Com efeito, o adicional de insalubridade é calculado sobre *parâmetro salarial* (no caso, o salário mínimo, conforme art. 192, CLT). Por sua vez, o salário do mensalista já inclui o DSR (art. 7º, § 2º, da Lei nº 605/1949). Portanto, o adicional de insalubridade, através de sua própria base de cálculo (o parâmetro salarial , frise-se), já remunera o DSR, não cabendo integração no cálculo deste.

16.7.2. Gratificações legais

Na definição de Maurício Godinho Delgado:

"As gratificações consistem em parcelas contraprestativas pagas pelo empregador ao empregado em decorrência de um evento ou circunstância tida como relevante pelo empregador (gratificações convencionais) ou por norma jurídica (gratificações normativas)"[29].

Em sua origem, as gratificações *surgiram como atos de liberalidade do empregador*, diante de circunstâncias socialmente relevantes como, por exemplo, as festas de final de ano, as quais deram azo à criação da gratificação natalina.

Originalmente o legislador reconheceu a natureza salarial das gratificações ajustadas, conforme antiga redação do § 1º do art. 457 da CLT. Não obstante, a **Lei nº 13.467/2017** alterou este cenário, passando a estabelecer que **apenas as gratificações legais possuem natureza salarial**.

Logo, deixam de ser consideradas integrantes do salário gratificações comumente pagas aos empregados, mas que não têm previsão legal, como, por exemplo, a gratificação semestral (frequentemente instituída por norma coletiva), a gratificação por tempo de serviço e a gratificação de quebra de caixa (normalmente instituída por norma coletiva ou ajustada por meio do contrato de trabalho). Tais parcelas serão estudadas no tópico 16.8.

Se prevista em norma jurídica, que tanto pode ser a norma coletiva quanto a própria lei, a gratificação tem a natureza determinada pela norma que a instituiu[30]. Exemplos: a gratificação natalina (décimo terceiro) tem natureza salarial, consoante dispõe a Lei nº 4.090/1962; a gratificação de participação nos lucros não tem natureza salarial, conforme art. 7º, XI, da CRFB, c/c o art. 3º da Lei nº 10.101/2000.

A gratificação legal, por excelência, é a gratificação natalina (décimo terceiro salário), instituída pela nº 4.090/1962. Dada a sua importância para o direito do trabalho, será estudada em tópico específico, adiante.

Conforme ensina Gustavo Filipe Barbosa Garcia[31], "também pode ser considerada gratificação legal a gratificação de função, uma vez que prevista nos arts. 62, parágrafo único, 224, § 2º, e 468, § 2º, da CLT (acrescentado pela Lei 13.467/2017)". Observe-se, entretanto, que a previsão legal, no caso, é apenas indireta, ao passo que tal gratificação é criada espontaneamente pelo empregador, com vistas a remunerar o exercício de função mais destacada na empresa. Normalmente é paga aos trabalhadores que exercem função de confiança.

Exemplo: o empregado ocupa o cargo efetivo de caixa em um supermercado, e então é promovido pelo empregador para a função de encarregado de setor, pelo que perceberá

---

29   DELGADO, Maurício Godinho. *Curso de Direito do Trabalho*, p. 694.

30   Naturalmente a norma coletiva, ainda que não seja lei em sentido estrito, pode atribuir à gratificação natureza salarial, visto que a previsão seria mais favorável ao trabalhador do que a legislação heterônoma.

31   GARCIA, Gustavo Filipe Barbosa. *CLT Comentada*. 4. ed. São Paulo: Método, 2018, p. 437.

gratificação de função correspondente a 30% de seu salário-base. Outro exemplo é o do bancário que ocupa o cargo efetivo de escriturário e é promovido a gerente de contas, com gratificação de função (normalmente denominada *comissão* no âmbito bancário) correspondente a 45% de seu salário-base.

É importante frisar que a lei não assegura o pagamento de gratificação de função[32], razão pela qual os requisitos, a base de cálculo, a alíquota e outras circunstâncias referentes à concessão serão aqueles indicados quando da instituição da parcela, seja por cláusula contratual, regulamento de empresa ou norma coletiva.

Embora se trate de parcela condicional (**salário condição**, portanto), no sentido de que somente será devida enquanto o empregado ocupar a função de confiança, a jurisprudência, baseada no *princípio da estabilidade econômica*, não vinha admitindo a supressão da gratificação de função de confiança quando percebida por dez anos ou mais. Nesta hipótese, mesmo que o empregado fosse destituído da função de confiança, retornando ao cargo efetivo de origem[33], teria direito à *incorporação* da gratificação de função de confiança. Neste sentido, a Súmula 372 do TST:

> Súm. 372. Gratificação de função. Supressão ou redução. Limites. Res. 129/2005, *DJ* 20, 22 e 25.04.2005.
>
> I – Percebida a gratificação de função por dez ou mais anos pelo empregado, se o empregador, sem justo motivo, revertê-lo a seu cargo efetivo, não poderá retirar-lhe a gratificação tendo em vista o princípio da estabilidade financeira.
>
> II – Mantido o empregado no exercício da função comissionada, não pode o empregador reduzir o valor da gratificação.

Entretanto, **a Súmula 372 foi superada pela Lei nº 13.467/2017**, a qual incluiu ao art. 468 da CLT o § 2º, nos seguintes termos:

> (CLT), art. 468 (...)
>
> § 1º Não se considera alteração unilateral a determinação do empregador para que o respectivo empregado reverta ao cargo efetivo, anteriormente ocupado, deixando o exercício de função de confiança.
>
> § 2º A alteração de que trata o § 1º deste artigo, com ou sem justo motivo, não assegura ao empregado o direito à manutenção do pagamento da gratificação correspondente, que não será incorporada, independentemente do tempo de exercício da respectiva função.

Sendo assim, **a partir da vigência da Reforma Trabalhista de 2017 não há mais que se falar em direito do empregado à manutenção do pagamento da gratificação de função**, independentemente do tempo durante o qual o empregado a recebeu.

Para aqueles que consideram a gratificação de função como espécie do gênero gratificação legal (a previsão legal seria indireta, conforme mencionado acima), ela **possui natureza salarial**, do que decorre a integração ao salário para todos os fins (férias, décimo terceiro, FGTS, horas extras, aviso-prévio). Não há se falar em reflexos no DSR ao passo que, normalmente, a gratificação de função é calculada sobre o salário mensal, que já inclui o DSR.

---

32 Salvo nos casos do acúmulo de funções do radialista e do vendedor pracista que acumula tal função com a de inspetor ou fiscal, consoante dispõem, respectivamente, os arts. 13 e 16 da Lei nº 6.615/1978 e o art. 8º da Lei nº 3.207/1957.

33 A reversão ao cargo efetivo é expressamente permitida pelo art. 468, § 1º, da CLT.

Exemplo: empregado recebe salário-base de R$ 1.000,00, mais gratificação de função de R$ 600,00. Neste caso, a base de cálculo das demais parcelas será, enquanto percebida a gratificação, R$ 1.600,00.

16.7.3. Décimo terceiro salário

Embora tenha natureza de gratificação, é conveniente seja o décimo terceiro salário estudado separadamente, dadas as suas peculiaridades.

Em primeiro lugar, o décimo terceiro foge à regra geral da espontaneidade das gratificações. Com efeito, o traço característico das gratificações é a sua concessão espontânea, não imposta pela lei. No caso do décimo terceiro, não é o que ocorre.

A explicação para isso é histórica, visto que a parcela surgiu da prática adotada pelos empregadores de concederem a gratificação de Natal (ou gratificação natalina) a seus empregados, por ocasião do final do ano.

Em razão da prática de conceder a gratificação natalina, o legislador resolveu torná-la compulsória, e o fez através da Lei nº 4.090/1962, bem como da Lei nº 4.749/1965 (dispõe sobre o pagamento), posteriormente regulamentadas pelo Decreto nº 57.155/1965, recentemente revogado e substituído pelo Decreto nº 10.854/2021.

Atualmente, o décimo terceiro salário encontra-se guindado à condição de direito constitucionalmente assegurado aos trabalhadores, nos termos do art. 7º, VIII, da CRFB/88, sendo devido aos trabalhadores urbanos e rurais, aos domésticos, aos servidores públicos, aos trabalhadores avulsos e, para alguns, aos trabalhadores temporários[34].

A **natureza salarial** é extraída do art. 1º da Lei nº 4.090/1962:

Art. 1º No mês de dezembro de cada ano, a todo empregado será paga, pelo empregador, uma **gratificação** *salarial*, independentemente da remuneração a que fizer jus.

(...) (grifos meus)

O décimo terceiro é devido até o dia 20 de dezembro de cada ano, com valor equivalente à remuneração devida em dezembro.

A título de adiantamento, deverá o empregador pagar ao empregado, entre os meses de fevereiro e novembro (portanto, até 30 de novembro), metade do décimo terceiro devido, parcela esta que será compensada quando do pagamento em dezembro.

É *direito potestativo* do empregado **requerer** o adiantamento de metade do décimo terceiro, de forma que seja pago concomitantemente com as férias, desde que o faça **durante o mês de janeiro do ano correspondente**.

Não é o empregador, entretanto, obrigado a pagar o adiantamento a todos os empregados em um único mês. Pode, por exemplo, pagar o adiantamento a um empregado em fevereiro, a outro em março, e assim sucessivamente.

Caso o empregado não tenha laborado todos os meses do ano, receberá o décimo terceiro proporcional aos meses trabalhados, à razão de 1/12 da remuneração por mês trabalhado, sendo que frações iguais ou superiores a 15 dias contam como mês completo para efeito de cálculo do décimo terceiro devido.

Na hipótese de extinção do contrato, é devido o décimo terceiro proporcional, exceto no caso de dispensa por justa causa, hipótese na qual o empregado perde o direito ao

---

[34] Neste sentido, BARROS, Alice Monteiro de. *Curso de Direito do Trabalho*, 6. ed., p. 774, para quem a lista do art. 12 da Lei nº 6.019/1974 seria meramente exemplificativa. Ainda no mesmo sentido, DELGADO, Maurício Godinho. *Curso de Direito do Trabalho*, p. 697.

décimo terceiro ainda não adquirido no ano corrente. Considera-se adquirido o décimo terceiro depois do dia 14 de dezembro de cada ano[35].

Na hipótese de extinção do contrato por culpa recíproca é devido apenas 50% do décimo terceiro proporcional aos meses trabalhados, nos termos da Súmula 14 do TST:

Súm. 14. Culpa recíproca (nova redação). Res. 121/2003, *DJ* 19, 20 e 21.11.2003.

Reconhecida a culpa recíproca na rescisão do contrato de trabalho (art. 484 da CLT), o empregado tem direito a 50% (cinquenta por cento) do valor do aviso prévio, do décimo terceiro salário e das férias proporcionais.

No caso de extinção contratual, em que o empregador tenha adiantado valor superior ao devido a título de décimo terceiro salário, é lícita a compensação das diferenças com as verbas rescisórias.

Para os empregados que recebem remuneração variável, o décimo terceiro é calculado pela média duodecimal. Tal média, no caso, é obtida somando-se as parcelas variáveis de todo o ano e, ao final, dividindo-se o resultado por 12. O procedimento de cálculo é desdobrado em duas etapas, consoante dispõe o art. 77 do Decreto nº 10.854/2021:

a) no mês de dezembro, somam-se todas as parcelas de salário variável pagas de janeiro a novembro, e o resultado é dividido por 11. Este valor (1/11 das parcelas variáveis pagas ao longo do ano) deve ainda ser somado, se for o caso, à parcela fixa do salário[36]. O décimo terceiro deve ser pago no prazo legal, ou seja, até o dia 20 de dezembro;

b) até o dia 10 de janeiro deve ser ajustado o cálculo, somando-se as remunerações variáveis de janeiro a dezembro, e dividindo-se o resultado por 12 (daí a chamada média duodecimal). A partir disso é feito o ajuste, mediante o pagamento da diferença ou a compensação.

Exemplo: empregado comissionista puro recebeu R$ 11.000,00 de janeiro a novembro de determinado ano. Assim, o empregador lhe pagou R$ 1.000,00 no dia 20 de dezembro a título de 13º salário. Em dezembro, entretanto, com o aumento das vendas, o empregado recebeu R$ 4.000,00 em comissões. Logo, o ajuste é feito da seguinte forma: R$ 15.000,00 (total pago de janeiro a dezembro) ÷ 12 meses = R$ 1.250,00 (= duodécimo). Deverá o empregador, portanto, pagar ao empregado mais R$ 250,00 em janeiro, a título de complementação do 13º salário. Ao contrário, se o empregado tivesse recebido em dezembro valor inferior à média anterior (R$ 1.000,00), caberia a compensação, ou seja, o desconto, no salário de janeiro, do valor pago a maior a título de décimo terceiro.

O décimo terceiro integra o cálculo apenas do FGTS, tendo em vista o parâmetro temporal utilizado para a base de cálculo das demais parcelas, isto é, nenhuma outra parcela trabalhista atualmente utiliza o ano como parâmetro para base de cálculo[37].

Não obstante, as demais parcelas, se pagas habitualmente, integram o cálculo do décimo terceiro. Com efeito, dispõe a Lei nº 4.090/1962 que "a gratificação corresponderá a 1/12 avos da **remuneração devida em dezembro**, por mês de serviço, do ano correspondente" (art. 1º, § 1º). Logo, o décimo terceiro é calculado sobre o *complexo salarial do mês de dezembro*, e não apenas sobre o salário-base.

---

[35] Neste sentido, CASSAR, Vólia Bomfim. *Direito do Trabalho*, p. 797.

[36] Exemplo: comissionista misto, que tem parte do salário fixo e parte variável (comissões).

[37] Neste sentido, a Súmula 148 do TST dispõe que "é computável a gratificação de Natal para efeito de cálculo de indenização", exatamente porque a indenização por antiguidade (art. 478, CLT) levava em consideração o tempo de serviço, em anos.

Neste sentido, vários verbetes do TST além dos já mencionados:

Súm. 45. Serviço suplementar (mantida). Res. 121/2003, *DJ* 19, 20 e 21.11.2003.

A remuneração do serviço suplementar, habitualmente prestado, integra o cálculo da gratificação natalina prevista na Lei nº 4.090, de 13.07.1962.

Súm. 60. Adicional noturno. Integração no salário e prorrogação em horário diurno. Res. 129/2005, *DJ* 20, 22 e 25.04.2005.

I – O adicional noturno, pago com habitualidade, integra o salário do empregado para todos os efeitos.

II – Cumprida integralmente a jornada no período noturno e prorrogada esta, devido é também o adicional quanto às horas prorrogadas. Exegese do art. 73, § 5º, da CLT.

Súm. 139. Adicional de insalubridade. Res. 129/2005, *DJ* 20, 22 e 25.04.2005.

Enquanto percebido, o adicional de insalubridade integra a remuneração para todos os efeitos legais.

16.7.4. Comissões

As comissões constituem forma de pagamento propriamente dito, pelo que sua **natureza** é incontestavelmente **salarial**.

Conforme Alice Monteiro de Barros,

"as comissões poderão ser conceituadas como modalidade de salário variável constituído, em regra, de um percentual sobre o valor do resultado da atividade executada pelo empregado. **Distinguem-se as comissões das percentagens**, considerando que as primeiras possuem um conceito mais amplo, isto é, abrangem estas últimas. Ademais, poderá ocorrer de as comissões não serem pagas por meio de percentagens, mas de unidades"[38]. (grifos do original)

Portanto, as comissões são o gênero, do qual as percentagens são espécies. Vejamos alguns exemplos:

1º) Túlio é vendedor comissionista puro, recebendo 3% do valor das vendas realizadas. Neste caso, é correto falar que Túlio é comissionista, recebendo por percentagem.

2º) Hugo é vendedor comissionista puro, mas a contraprestação de seu serviço obedece a tabela fixa, da seguinte forma: até R$ 25.000,00 em vendas, recebe o valor fixo de R$ 1.500,00; de R$ 25.000,01 a R$ 30.000,00 em vendas, recebe o valor fixo de R$ 1.700,00; de R$ 30.000,01 a 40.000,00 em vendas, recebe o valor fixo de R$ 2.000,00; de R$ 40.000,01 a R$ 70.000,00 em vendas, recebe o valor fixo de R$ 2.500,00; acima de R$ 70.000,00 em vendas recebe o valor fixo de R$ 3.400,00. Ao contrário do exemplo anterior, embora Hugo também seja comissionista, não o é por percentagem, donde reside a distinção entre os termos.

A natureza jurídica das comissões é de modalidade de salário pago por unidade de obra ou serviço. A este respeito, remeto o leitor ao item 16.5.2.

O pagamento do comissionista pode ser fixado exclusivamente por comissões ou não. Neste sentido, temos dois *tipos de empregados comissionistas*:

a) **comissionista puro** (ou *próprio*): é o empregado que recebe o salário exclusivamente à base de comissões. Exemplo: empregado que recebe 3% daquilo que vender;

---

[38] Idem, p. 762.

b) **comissionista misto** (ou *impróprio*): é o empregado que recebe uma parte fixa mais comissões, conforme a produção. Exemplo: empregado que recebe R$ 400,00 + comissões de 2% sobre as vendas.

Em ambos os casos, **é garantido ao comissionista o salário mínimo** (ou piso convencional, se aplicável). **A garantia**, entretanto, **se refere ao total recebido, e não somente às comissões**, como muitos erroneamente pensam. Assim, se o empregado é comissionista misto, a soma da parte fixa e das comissões deve ser pelo menos igual ao mínimo. Caso contrário, garante-se o mínimo, sem possibilidade de compensação no mês seguinte. Neste sentido, o art. 78, parágrafo único, da CLT:

> Art. 78. (...)
>
> Parágrafo único. Quando o salário mínimo mensal do empregado a comissão ou que tenha direito a percentagem for integrado por parte fixa e parte variável, ser-lhe-á sempre garantido o salário mínimo, vedado qualquer desconto em mês subsequente a título de compensação.

Exemplos:

1º) empregado comissionista puro vende, no mês de maio/2010, apenas o equivalente a R$ 350,00 em comissões. No mês de junho/2010, entretanto, o mesmo empregado vende o equivalente a R$ 2.000,00 em comissões. Neste caso, o empregador deverá lhe pagar R$ 510,00 (garantia do salário mínimo) em maio/2010, e R$ 2.000,00 em junho/2010, ao passo que é vedado compensar a diferença (R$ 160,00) no mês seguinte;

2º) empregado comissionista misto recebe R$ 300,00 + comissões. Em maio/2010, vendeu o equivalente a R$ 150,00 em comissões, e em junho/2010 produziu o equivalente a R$ 1.700,00 em comissões. Nesta hipótese, o empregador deverá lhe pagar R$ 510,00 (garantia do salário mínimo) em maio/2010, e R$ 2.000,00 (parte fixa + comissões) em junho/2010, ao passo que é vedado compensar a diferença (R$ 60,00) no mês seguinte. Observe que a garantia do mínimo se refere ao complexo salarial (parte fixa + parte variável), e não somente às comissões;

3º) empregado comissionista misto recebe R$ 600,00 + comissões. Em maio/2010 não vendeu nada, e em junho/2010 vendeu o equivalente a R$ 1.000,00 em comissões. Neste caso, deverá receber R$ 600,00 em maio/2010 (pois a parte fixa, por si só, é superior ao salário mínimo), e R$ 1.600,00 em junho/2010.

O estatuto jurídico do comissionista é dado pelo conjunto dos arts. 457, 478, § 4º, 142, § 3º e 466 da CLT, bem como pela Lei nº 3.207/1957, que regulamenta as atividades dos vendedores viajantes e pracistas. Observe-se, entretanto, que qualquer empregado pode ter o salário estipulado exclusivamente ou não à base de comissões, em qualquer ramo de atividade.

Nos termos do disposto no art. 466, *caput*, da CLT, "**o pagamento de comissões e percentagens só é exigível depois de ultimada a transação a que se referem**". A doutrina e a jurisprudência majoritárias consideram ultimada a transação **quando aceito o negócio pelo *empregador***, independentemente do cumprimento do negócio e/ou do pagamento. A Lei nº 3.207/1957 estabelece a presunção de aceitação, mediante o decurso de prazo, da seguinte forma:

> Art. 3º A transação será considerada aceita se o **empregador** não a recusar por escrito, dentro de **10 (dez) dias**, contados da data da proposta. Tratando-se de transação a ser

concluída com comerciante ou **empresa estabelecida noutro Estado ou no estrangeiro**, o prazo para aceitação ou recusa da proposta de venda será de **90 (noventa) dias podendo, ainda, ser prorrogado**, por tempo determinado, mediante comunicação escrita feita ao empregado. (grifos meus)

Como regra, o pagamento das comissões ao empregado deve ser feito mensalmente, nos termos do art. 4º, *caput*, da Lei nº 3.207/1957, salvo acordo escrito entre empregado e empregador, o qual pode elastecer tal prazo para até três meses (art. 4º, parágrafo único). Aliás, o próprio art. 459, *caput*, da CLT, já estabelece a exceção à periodicidade máxima mensal para pagamento do salário, ao estabelecer:

Art. 459. O pagamento do salário, qualquer que seja a modalidade do trabalho, não deve ser estipulado por período superior a 1 (um) mês, **salvo no que concerne a comissões, percentagens e gratificações**.

(...)(grifos meus)

Atente-se, entretanto, para o fato de que também nos meses em que o empregado comissionista não receba as comissões lhe é garantida a percepção do salário mínimo. Assim, por exemplo, se o empregado vendeu o equivalente a R$ 10.000,00 de comissões, mas só irá receber tal valor daqui a três meses, nos dois meses anteriores o empregador deverá lhe pagar o salário mínimo, não podendo proceder à posterior compensação.

Nas vendas realizadas por prestações sucessivas, as comissões devem ser pagas de acordo com o vencimento das parcelas, independentemente do efetivo pagamento, tendo em vista que os riscos do negócio cabem exclusivamente ao empregador (inteligência do art. 466, § 1º, da CLT, à luz do art. 2º).

Exemplo:

Venda de um produto no valor de R$ 1.000,00, em 10 prestações mensais, com comissões fixadas em 5% do valor faturado. Serão devidas mensalmente as comissões referentes às parcelas vincendas, ou seja, o empregado receberá R$ 5,00 mensais a título de comissão pela venda efetuada.

Mesmo extinto o contrato de trabalho, o empregado continua tendo direito de receber as comissões vincendas relativas aos negócios já efetuados antes da sua demissão. Neste sentido, o art. 466, § 2º, da CLT. No caso, cabe ao empregador acertar com o empregado, mês a mês, mediante Termo de Rescisão de Contrato de Trabalho – TRCT complementar, o valor referente às comissões decorrentes de parcelas vencidas naquele mês.

No caso de realização de horas extras pelo comissionista puro, as horas em si já são remuneradas pelas comissões, sendo devido apenas o respectivo adicional, nos termos da Súmula 340 do TST:

Súm. 340. Comissionista. Horas extras (nova redação). Res. 121/2003, *DJ* 19, 20 e 21.11.2003.

O empregado, sujeito a controle de horário, remunerado à base de comissões, tem direito ao adicional de, no mínimo, 50% (cinquenta por cento) pelo trabalho em horas extras, calculado sobre o valor-hora das comissões recebidas no mês, considerando-se como divisor o número de horas efetivamente trabalhadas.

Um exemplo facilita a visualização da hipótese aventada pela Súmula 340. Imagine um empregado vendedor em uma loja de departamentos, remunerado à base de comissões (comissionista puro). Suponha que este empregado, devido ao aumento das vendas no final do ano, prestou 20h extraordinárias durante o mês de dezembro. É certo que estas 20h de trabalho já foram remuneradas pelas comissões recebidas, ao passo que também durante o tempo de sobrejornada o empregado continuou remunerado à base de comissões, ou seja, recebendo um percentual sobre aquilo que efetivamente vendeu. Entretanto, como prestou serviços além da jornada normal, fará jus ao adicional de horas extraordinárias (50% sobre o valor da hora normal), nos termos da Súmula 340 e da OJ 235[39]. O cálculo, por sua vez, será obtido pelo total recebido no mês, dividido pelo número de horas trabalhadas, donde se encontrará o valor-hora das comissões (Súmula 340). Sobre este valor hora será calculado o adicional devido.

No caso do comissionista misto, por sua vez, ocorre o seguinte:

–   em relação ao salário fixo, é devido o pagamento das horas extras + adicional;
–   em relação às comissões, é devido apenas o adicional.

Neste mesmo sentido, a SDI-1 do TST editou a OJ 397:

OJ-SDI1-397. Comissionista misto. Horas extras. Base de cálculo. Aplicação da Súmula 340 do TST (*DEJT* divulgado em 02, 03 e 04.08.2010).

O empregado que recebe remuneração mista, ou seja, uma parte fixa e outra variável, tem direito a horas extras pelo trabalho em sobrejornada. Em relação à parte fixa, são devidas as horas simples acrescidas do adicional de horas extras. Em relação à parte variável, é devido somente o adicional de horas extras, aplicando-se à hipótese o disposto na Súmula 340 do TST.

Ressalte-se que **o pagamento de prêmio ou bônus pelo cumprimento de metas não se confunde com a remuneração à base de comissões**, pelo que àquela hipótese não se aplica o entendimento consolidado na Súmula 340 nem na OJ 397. Nesse sentido, o seguinte julgado, publicado no *Informativo* nº 145 do TST:

Recurso de embargos regido pela Lei 11.496/2007. Horas extras. Prêmios pelo cumprimento de metas. Inaplicabilidade da Súmula 340 do TST e da Orientação Jurisprudencial 397 da SBDI-1. Trata-se de controvérsia a respeito da aplicação da Súmula 340 e da OJ 397 da SBDI-1, ambas do TST, especificamente se a parte da remuneração variável na forma de prêmios pode ser considerada como comissões, para efeito de cálculo das horas extras. No caso, os pagamentos efetuados a título de prêmios não se confundiam com comissões propriamente ditas, visto que aqueles não dependiam de vendas do reclamante, mas sim do alcance ou não de metas globais. Nesse contexto, não se pode reconhecer que os prêmios – resultado do alcance de metas – tenham a mesma natureza das comissões, as quais constituem parte variável dos ganhos, para efeito de contraprestação às horas relativas ao trabalho extraordinário. Sendo inaplicáveis na espécie a Súmula 340 do TST e OJ 397 da SBDI-1, entende-se devida a incidência dos prêmios no cálculo das horas extras, nos termos da Súmula 264 do TST. No mesmo sentido, há julgados desta Subseção e de todas as Turmas deste Tribunal. Recurso de embargos conhecido e provido (TST, SDI-I, E-RR-445-46.2010.5.04.0029, Rel. Min. Augusto César Leite de Carvalho, j. 22.09.2016, *DEJT* 21.10.2016. *Informativo 145*).

---

[39]   OJ-SDI1-235. Horas extras. Salário por produção. (redação alterada na sessão do Tribunal Pleno realizada em 16.04,2012) – Res. 182/2012, *DEJT* divulgado em 19, 20 e 23.04.2012. O empregado que recebe salário por produção e trabalha em sobrejornada tem direito à percepção apenas do adicional de horas extras, exceto no caso do empregado cortador de cana, a quem é devido o pagamento das horas extras e do adicional respectivo.

Tal distinção entre prêmio e comissões é hoje ainda mais evidente, porquanto a Lei nº 13.467/2017 retirou do prêmio ou bônus a natureza salarial, consoante redação dada ao § 2º do art. 457 da CLT.

O DSR do comissionista deve ser calculado à parte, tendo em vista que as comissões remuneram apenas as horas trabalhadas, e não as horas destinadas ao repouso remunerado. Assim a Súmula 27 do TST:

Súm. 27. Comissionista (mantida). Res. 121/2003, *DJ* 19, 20 e 21.11.2003.

É devida a remuneração do repouso semanal e dos dias feriados ao empregado comissionista, ainda que pracista.

O cálculo do DSR deve ser feito da seguinte forma: divide-se o valor das comissões recebidas durante a semana, no horário normal de trabalho, pelo número de dias de serviço efetivamente prestado; o resultado desta operação equivale ao dia de repouso[40].

Quanto às **férias** do comissionista, são calculadas pela **média das comissões recebidas nos doze meses que antecedem a concessão** (e não do período aquisitivo, como ocorre em regra), nos termos do § 3º do art. 142 da CLT.

Há que se registrar que o art. 7º da Lei nº 3.207/1957 **mitiga o princípio da alteridade**, ao dispor que, "verificada a insolvência do comprador, cabe ao empregador o direito de estornar a comissão que houver pago" (sic). O dispositivo tem por objetivo evitar que o empregado vendedor realize negócios com quem notoriamente não tenha condições de honrá-lo, somente para auferir ganhos com as comissões respectivas. Conforme Maurício Godinho Delgado[41], o dispositivo deve ser interpretado restritivamente, de modo que somente a insolvência do comprador (e não o mero inadimplemento) autoriza o referido estorno.

Em consonância com este último entendimento, o TST tem rechaçado a possibilidade de estorno das comissões, conforme se depreende dos seguintes julgados:

[...] 9 – ESTORNO DE COMISSÕES (TEMA REMANESCENTE DO RECURSO DE REVISTA DA RECLAMADA CARVAJAL INFORMAÇÃO LTDA.). No caso, o acórdão recorrido está em consonância com o entendimento desta Corte, no sentido de que o direito à comissão surge no momento em que há transação entre vendedor e cliente, quanto ao produto ofertado. A ocorrência de fato superveniente à manutenção do negócio, como o cancelamento ou a inadimplência pelo comprador, não autoriza a empresa a efetuar os descontos das comissões pagas ao vendedor porque, assim, estaria transferindo ao empregado os riscos da atividade econômica, o que encontra vedação no artigo 2º da CLT, pois se trata de prerrogativa específica do empregador. Precedentes. Agravo de instrumento não provido. [...] (TST, AIRR-656-34.2013.5.04.0011, 8ª Turma, Rel. Min. Delaide Alves Miranda Arantes, *DEJT* 02.05.2023).

AGRAVO. RECURSO DE REVISTA. ACÓRDÃO PUBLICADO NA VIGÊNCIA DA LEI Nº 13.467/2017. COMISSÕES SOBRE VENDAS CANCELADAS. DECISÃO EM CONFORMIDADE COM A REITERADA JURISPRUDÊNCIA DO TST. AUSÊNCIA DE TRANSCENDÊNCIA. O e. TRT, ao concluir ser devido o pagamento de diferenças de comissões estornadas em virtude de vendas não faturadas e canceladas, decidiu em consonância com o entendimento pacificado no âmbito das Turmas do TST de que a transação é ultimada no momento em

---

40   BARROS, Alice Monteiro de. *Curso de Direito do Trabalho*, p. 768.
41   DELGADO, Maurício Godinho. *Curso de Direito do Trabalho*, p. 701.

que o comprador anui com as condições propostas pelo vendedor, sendo indevido o estorno da comissão por inadimplência ou cancelamento do comprador, porquanto o empregador não pode transferir ao empregado os riscos da atividade econômica. Nesse contexto, incide o óbice da Súmula nº 333 do TST como obstáculo à extraordinária intervenção deste Tribunal Superior no feito. A existência de obstáculo processual apto a inviabilizar o exame da matéria de fundo veiculada, como no caso, acaba por evidenciar, em última análise, a própria ausência de transcendência do recurso de revista, em qualquer das suas modalidades. Precedentes. Ante a improcedência do recurso, aplica-se à parte agravante a multa prevista no art. 1.021, § 4º, do CPC. Agravo não provido. [...] (TST, RRAg-10734-67.2020.5.03.0109, 5ª Turma, Rel. Min. Breno Medeiros, *DEJT* 17.03.2023).

Por fim, **a doutrina e a jurisprudência amplamente majoritárias não admitem a possibilidade de estabelecimento da cláusula *star del credere* no contrato de emprego**. Pela referida cláusula, o empregador pagaria ao empregado comissionista um *plus* remuneratório (uma comissão complementar) para que este, por sua vez, se tornasse solidariamente responsável pela solvabilidade e pontualidade dos compradores. Desse modo, o empregado teria que ressarcir o empregador de um percentual sobre as vendas não cumpridas pelo comprador.

O fundamento para afastar a possibilidade de ajuste de tal cláusula no âmbito do contrato de emprego é o princípio da alteridade, segundo o qual os riscos do empreendimento devem ser suportados exclusivamente pelo empregador. Ademais, a Lei nº 4.886/1965, que regulamenta a atividade dos representantes comerciais autônomos, em seu art. 43, veda expressamente a estipulação da cláusula *star del credere* para estes profissionais, ainda que autônomos, o que reforça sua incompatibilidade com a relação de emprego, na qual o trabalhador não deve assumir os riscos do negócio.

PARCELAS SALARIAIS
1. **Salário-base** → parte fixa do salário paga pelo empregador (não é obrigatório).
2. **Adicionais** → modalidade de salário condição, consiste em parcelas pagas em razão de circunstâncias mais gravosas a que é submetido o trabalhador.
3. **Gratificações legais** → parcela prevista em lei (ex.: décimo terceiro salário)
Décimo terceiro salário • Gratificação compulsória (obrigatória por força de lei). • Deve ser paga até o dia 20 de dezembro, com valor equivalente à remuneração de dezembro. • Metade do 13º deve ser adiantada entre fevereiro e novembro e compensada em dezembro. • Desde que o requeira em janeiro, tem o empregado direito de receber a 1ª parcela juntamente com as férias. • O empregador não é obrigado a conceder o adiantamento a todos os empregados em um único mês. • Em caso de extinção do contrato, o empregado recebe o 13º proporcional aos meses trabalhados no ano, salvo se dispensado motivadamente (justa causa). • Se a rescisão do contrato se der por culpa recíproca, o empregado faz jus à metade do 13º proporcional. • Para empregados que recebem remuneração variável, o 13º é calculado pela média duodecimal. • Integra o cálculo do FGTS, mas não das outras parcelas trabalhistas.

PARCELAS SALARIAIS

4. Comissões

• Trata-se de modalidade de salário variável em que o empregado recebe um determinado valor (normalmente em percentual) sobre sua produção.

• O comissionista puro é aquele empregado que recebe o salário exclusivamente por comissões. É garantido o salário mínimo. Se prestar horas extras, as horas em si já são remuneradas pelas comissões, sendo devido apenas o adicional.

• O comissionista misto é o empregado que recebe parte do salário fixa, e o restante por meio de comissões. A soma das duas partes não pode ser inferior ao mínimo, sob pena de complemento pelo empregador.

• A complementação do salário para garantia do salário mínimo não importa, em qualquer dos casos, na possibilidade de compensação futura.

• O pagamento só é feito depois de ultimadas as transações (aceite do empregador).

• Em regra, o pagamento deve ser feito mensalmente, mas pode ser objeto de acordo bilateral, estendendo tal prazo para até três meses.

• Extinto o contrato de trabalho, o empregado continua tendo direito de receber as comissões vincendas relativas aos negócios já efetuados antes da sua demissão.

• É devida a remuneração do DSR e dos feriados ao comissionista, ainda que pracista.

• As férias do comissionista são calculadas pela média das comissões dos 12 meses que antecedem a concessão.

• Não é cabível, no Direito do Trabalho, a estipulação da cláusula *star del credere*.

16.8. PARCELAS NÃO SALARIAIS

Como mencionado anteriormente, o elemento principal que define a natureza salarial de uma parcela é a habitualidade de sua concessão. Não obstante, há outros elementos que também podem retirar da parcela a natureza salarial e, por consequência, a integração nas demais parcelas trabalhistas.

O primeiro destes elementos é a previsão expressa em lei. Assim, ainda que a parcela seja concedida habitualmente e tenha feição tipicamente salarial, sobre ela não incidirão os efeitos jurídicos normalmente aplicáveis, sempre que a lei determine seu caráter não salarial. A participação nos lucros é um exemplo, como veremos adiante. Em alguns casos, também a norma coletiva pode retirar de determinada parcela a natureza salarial.

O segundo elemento, por fim, é o caráter indenizatório por natureza, ainda que habitual a concessão. Um exemplo seria a indenização por uso de veículo próprio, na hipótese em que o empregador paga mensalmente ao empregado um valor a título de ressarcimento das despesas incorridas com o uso de veículo próprio a trabalho, mediante comprovação destas despesas. No caso, a parcela é indenizatória, e não salarial, pois visa ressarcir o empregado de despesas efetivamente efetuadas, e não retribuir o trabalho prestado.

Vejamos as principais parcelas não salariais extraídas do cotidiano trabalhista.

16.8.1. Abono

O abono é, tecnicamente, uma **antecipação de salário feita pelo empregador**. Não se confunde com outros institutos que usam denominação semelhante, tais qual o abono pecuniário de férias ou o abono previsto em contrato ou norma coletiva a que alude o art. 144 da CLT.

Sua função precípua é antecipar o reajuste salarial, e era muito utilizado em épocas de inflação alta.

Exemplo: o piso convencional de determinada categoria é R$ 1.400,00 e a data-base[42] é 1º de junho; porém, os trabalhadores demonstram grande insatisfação, já em janeiro, devido aos efeitos da inflação sobre o poder de compra do salário. A fim de amenizar a crise, o empregador concede abono de R$ 120,00 por mês, até que o novo piso seja fixado e a situação corrigida pela norma coletiva futura.

Embora sua natureza intrínseca seja salarial (o que é elementar, pois adiantamento de salário não poderia ser outra coisa que não seja salário), **a Lei nº 13.467/2017**, alterando a redação do § 2º do art. 457 da CLT, **retirou-lhe expressamente a natureza salarial**, senão vejamos:

> § 2º As importâncias, ainda que habituais, pagas a título de ajuda de custo, auxílio-alimentação, vedado seu pagamento em dinheiro, diárias para viagem, prêmios e **abonos não integram a remuneração do empregado**, não se incorporam ao contrato de trabalho e não constituem base de incidência de qualquer encargo trabalhista e previdenciário. (grifos meus)

Em outras palavras, ao abono, antes da *Reforma Trabalhista de 2017*, era pacificamente reconhecida a natureza salarial; com a vigência da Lei nº 13.467/2017, entretanto, a natureza salarial passou dessa parcela a ser expressamente afastada pela Lei.

16.8.2. Ajuda de custo

Dispõe o art. 457, § 2º, da CLT, com a redação dada pela Lei nº 13.467/2017, que "as importâncias, *ainda que habituais*, pagas a título de ajuda de custo, [...] não integram a remuneração do empregado, não se incorporam ao contrato de trabalho e não constituem base de incidência de qualquer encargo trabalhista e previdenciário" (destaques meus).

Consoante sempre se posicionou a doutrina amplamente majoritária, a ajuda de custo corresponde a "um único pagamento, efetuado em situações excepcionais, em geral para fazer face às despesas de transferência do empregado ocorridas no interesse do empregador"[43].

Há, entretanto, entendimento no sentido de que, mesmo que a ajuda de custo tenha um valor fixo, com periodicidade mensal, não constitui salário[44], desde que, efetivamente, traduza ressarcimento de despesas incorridas pelo trabalhador em decorrência do contrato de trabalho.

Também seguindo esta linha de entendimento, Sergio Pinto Martins[45] defende que "ajuda de custo é a importância paga pelo empregador ao empregado com o objetivo de proporcionar condições para a execução do serviço", bem como que "não se está exatamente indenizando a pessoa, mas compensando ou ressarcindo a maior dificuldade do empregado em fazer o serviço".

Embora a Lei nº 13.467/2017 tenha feito constar no § 2º do art. 457 da CLT a expressão "ainda que habituais", é claro que, se o empregador utiliza a rubrica *ajuda de custo* para encobrir verdadeira contraprestação, não há se falar em verba compensatória. Isso porque o Direito do Trabalho é informado pelo princípio da primazia da realidade (art.

---

42 Denomina-se data-base a época em que empregadores e empregados (estes sempre representados pelo sindicato profissional) se reúnem para renovar as normas coletivas e principalmente para estabelecer o novo piso salarial.

43 BARROS, Alice Monteiro de. *Curso de Direito do Trabalho*, p. 806.

44 MOURA, Marcelo. *Consolidação das Leis do Trabalho para concursos*. Salvador: JusPodivm, 2011, p. 521.

45 MARTINS, Sergio Pinto. *Direito do Trabalho*. 34. ed. São Paulo: Saraiva, 2018, p. 430-431.

9º da CLT), segundo o qual os fatos se sobrepõem à forma, quando não coincidem. Do contrário, ou seja, se a ajuda de custo foi paga regularmente, jamais terá natureza salarial.

Exemplo: o empregador paga aos empregados uma importância mensal de R$ 500,00 sob a rubrica "ajuda de custo aluguel". Obviamente a parcela tem natureza salarial, visto que contraprestativa. Neste caso, não há que se falar em compensação nem em indenização, mas sim em vantagem econômica atribuída ao empregado em razão da prestação de serviços.

Registre-se, por oportuno, a fim de facilitar o estudo, que a ajuda de custo já não tinha natureza salarial no sistema anterior à *Reforma Trabalhista de 2017*. O que mudou com a Lei nº 13.467/2017 foi a previsão de que, **mesmo paga habitualmente, a parcela continuará não tendo natureza salarial, desde que**, naturalmente, **seja efetivamente ajuda de custo**, e não parcela salarial dissimulada.

16.8.3. Auxílio-alimentação

Antes da vigência da *Reforma Trabalhista de 2017*, a questão do fornecimento de alimentação ao trabalhador era definida pela lei e pela jurisprudência conforme a inscrição da empresa no Programa de Alimentação do Trabalhador (PAT): a alimentação fornecida tinha natureza salarial, salvo se concedida no âmbito do PAT, não importando se concedida *in natura* (cesta básica, refeições etc.), ou por meio de tíquetes (vale-refeição e/ou vale-alimentação).

Este cenário mudou substancialmente com a vigência da Lei nº 13.467/2017, tendo em vista a nova redação dada ao § 2º do art. 457 da CLT, segundo a qual "as importâncias, ainda que habituais, pagas a título de [...] auxílio-alimentação, vedado seu pagamento em dinheiro, [...] não integram a remuneração do empregado, não se incorporam ao contrato de trabalho e não constituem base de incidência de qualquer encargo trabalhista e previdenciário".

Sendo assim, o *auxílio-alimentação* **concedido ao empregado não tem natureza salarial, salvo se pago em dinheiro**. Reitere-se que a Lei veda o pagamento do auxílio-alimentação em dinheiro (art. 457, § 2º), razão pela qual, caso ocorra, a parcela terá natureza salarial.

Em relação a esta matéria, temos dois verbetes da jurisprudência consolidada do TST, os quais foram impactados de forma diversa pela *Reforma Trabalhista de 2017 e alterações legislativas posteriores*:

- *a Súmula 241*[46] *se tornou superada*, tendo em vista que, indubitavelmente, não mais se pode defender que o vale para refeição tenha caráter salarial, ante a previsão expressa do § 2º do art. 457 da CLT, com redação dada pela Lei nº 13.467/2017.

- *a OJ 133 da SDI-1 do TST parece não ter sido prejudicada pela Reforma Trabalhista*, senão vejamos:

OJ-SDI1-133. Ajuda alimentação. PAT. Lei nº 6.321/1976. Não integração ao salário (inserida em 27.11.1998).

A ajuda alimentação fornecida por empresa participante do programa de alimentação ao trabalhador, instituído pela Lei nº 6.321/1976, não tem caráter salarial. Portanto, não integra o salário para nenhum efeito legal.

---

[46] Súm. 241. Salário-utilidade. Alimentação (mantida). Res. 121/2003, DJ 19, 20 e 21.11.2003.
O vale para refeição, fornecido por força do contrato de trabalho, tem caráter salarial, integrando a remuneração do empregado, para todos os efeitos legais.

Embora tenha se tornado desnecessária, pois o entendimento foi ampliado para qualquer tipo de fornecimento de auxílio-alimentação, vedado apenas o pagamento em dinheiro, a OJ 133 continua sendo compatível com a legislação em vigor.

A título apenas informativo, mencione-se, em linhas gerais, que o **Programa de Alimentação do Trabalhador – PAT** constitui um programa de estímulo à alimentação sadia do trabalhador, mediante a concessão de benefícios fiscais, ao passo que as empresas cadastradas obtêm dedução no imposto de renda.

A empresa interessada se cadastra mediante formulário eletrônico disponibilizado em *site* do Ministério do Trabalho e Emprego[47].

A partir daí, poderá, alternativamente: a) preparar as refeições em local próprio (observadas as condições do Programa) e servi-las *in natura* aos trabalhadores; b) contratar empresas especializadas na preparação de refeições (também cadastradas no PAT), as quais prepararão as refeições e as servirão *in natura* aos trabalhadores; c) fornecer tíquetes (ou vales-refeição etc.) aos trabalhadores, que poderão trocá-los por refeições ou por gêneros alimentícios, conforme o caso, junto a fornecedores conveniados.

Regras específicas sobre o PAT estão disponíveis nos artigos 166-182 do Decreto nº 10.854/2021.

Anote-se, ainda, que a Lei nº 14.442/2022, resultante da conversão da MPV nº 1.108/2022, dispôs sobre o pagamento do auxílio-alimentação ao empregado, estabelecendo várias regras específicas. Considerados os objetivos desta obra, não cabe o aprofundamento no tema. Caso o leitor tenha interesse, entretanto, vale a leitura dos artigos 1º a 5º da referida Lei.

16.8.4. Diárias para viagem

Diárias são valores pagos ao empregado a título de ressarcimento de despesas provenientes de viagens a serviço.

Na redação anterior da CLT, as diárias para viagem integravam o salário do empregado (§ 1º do art. 457), desde que não excedessem de 50% de seu salário (§ 2º do art. 457).

No mesmo sentido, as Súmulas 101 e 318 do TST, *atualmente superadas pela legislação em vigor*:

Súm. 101. Diárias de viagem. Salário. Res. 129/2005, *DJ* 20, 22 e 25.04.2005.

Integram o salário, pelo seu valor total e para efeitos indenizatórios, as diárias de viagem que excedam a 50% (cinquenta por cento) do salário do empregado, enquanto perdurarem as viagens.

Súm. 318. Diárias. Base de cálculo para sua integração no salário (mantida). Res. 121/2003, *DJ* 19, 20 e 21.11.2003.

Tratando-se de empregado mensalista, a integração das diárias no salário deve ser feita tomando-se por base o salário mensal por ele percebido e não o valor do dia de salário, somente sendo devida a referida integração quando o valor das diárias, no mês, for superior à metade do salário mensal.

Não obstante este ponto fosse frequentemente cobrado em provas de concursos públicos, toda a discussão a seu respeito perdeu o sentido ante a nova redação dada aos §§ 1º e 2º do art. 457 pela Lei nº 13.467/2017. Com efeito, em princípio **a Reforma**

---

[47] Disponível em http://www.trabalho.gov.br/sistemas/patnet/. Acesso em 10.05.2023.

Trabalhista de 2017 retirou expressamente das diárias para viagem a natureza salarial, *independentemente de seu valor ou de seu pagamento habitual*.

É claro que, se o empregado não fez viagem nenhuma e recebeu determinada parcela a título de diárias, esta terá natureza salarial, ante a fraude perpetrada.

16.8.5. Gratificações meramente ajustadas

Na definição de Maurício Godinho Delgado,

"As gratificações consistem em parcelas contraprestativas pagas pelo empregador ao empregado em decorrência de um evento ou circunstância tida como relevante pelo empregador (gratificações convencionais) ou por norma jurídica (gratificações normativas)"[48].

Em sua origem, as gratificações *surgiram como atos de liberalidade do empregador*, diante de circunstâncias socialmente relevantes, por exemplo, as festas de final de ano, as quais deram azo à criação da gratificação natalina.

A fim de distinguir a figura da gratificação concedida por mera liberalidade daquela outra indubitavelmente contraprestativa, que deve se integrar ao salário, o legislador celetista lançou mão, originalmente, da expressão *gratificação ajustada*.

Entretanto, como mencionado no item 16.7.2, a nova redação do § 1º do art. 457 da CLT, dada pela Lei nº 13.467/2017, estabelece que integram o salário a importância fixa estipulada, as **gratificações *legais*** e as comissões pagas pelo empregador.

Na redação anterior do dispositivo, a CLT fazia referência às *gratificações ajustadas*, assim consideradas aquelas pagas habitualmente ao empregado. Ao promover a mudança na redação do § 1º, passando a se referir a gratificações *legais*, **o legislador reformador retirou a natureza salarial das gratificações meramente ajustadas entre empregador e empregado**, mantendo-a tão somente para as gratificações asseguradas por lei.

Nesta esteira, várias parcelas comumente pagas aos empregados a título de gratificação deixam, em princípio, de ser consideradas integrantes do salário. Vejamos as mais comuns.

16.8.5.1. Gratificação semestral

É a gratificação estipulada espontaneamente pelo empregador e paga a cada seis meses.

Considerando que, nos termos da redação atual do § 1º do art. 457 da CLT, apenas as gratificações legais possuem natureza salarial, *encontra-se superado pela legislação em vigor o entendimento consubstanciado na Súmula 253 do TST*:

Súm. 253. Gratificação semestral. Repercussões (nova redação). Res. 121/2003, *DJ* 19, 20 e 21.11.2003.

A gratificação semestral não repercute no cálculo das horas extras, das férias e do aviso prévio, ainda que indenizados. Repercute, contudo, pelo seu duodécimo na indenização por antiguidade e na gratificação natalina.

Com efeito, se **a gratificação semestral não tem mais natureza salarial** (pois não é prevista em lei), naturalmente não repercute no cálculo de outras parcelas salariais.

---

[48] DELGADO, Maurício Godinho. *Curso de Direito do Trabalho*, p. 694.

16.8.5.2. Gratificação de quebra de caixa

É a gratificação espontânea concedida pelo empregador aos empregados que exercem a função de caixa, visando compensar eventuais diferenças encontradas quando do fechamento do caixa que, normalmente, observado o disposto no art. 462, § 1º, da CLT[49], são descontadas do salário do empregado responsável. A legalidade de tal desconto é atualmente pacífica na jurisprudência do TST, conforme aresto da SDI-I, publicado no *Informativo* nº 87 do TST:[50]

> (...) Percepção da parcela quebra de caixa. Diferenças no caixa. Descontos. Licitude. A gratificação denominada "quebra de caixa", percebida pelo empregado que exerce a função de caixa, tem por objetivo saldar diferenças verificadas no caixa sob sua responsabilidade. Por essa razão é lícito ao empregador efetuar os descontos no salário do empregado sempre que se constatar essa diferença e o empregado não demonstrar que esse evento resultou de fato estranho à sua atividade (*v.g.*, assalto). É que ao caixa são atribuídas a guarda e a responsabilidade pelo dinheiro a ser por ele manuseado. Recurso de embargos de que se conhece em parte e a que se dá provimento (Ministro João Batista Brito Pereira) (TST, SDI-I, E-ED-RR-1658400-44.2003.5.09.0006, Rel. Min. Lelio Bentes Corrêa, *DEJT* 10.10.2014).

No regime anterior ao estabelecido pela Reforma Trabalhista de 2017, a gratificação de quebra de caixa tinha natureza salarial, nos termos da Súmula 247 do TST, hoje superada, em princípio, pela legislação em vigor:

> Súm. 247. Quebra de caixa. Natureza jurídica (mantida). Res. 121/2003, *DJ* 19, 20 e 21.11.2003.
>
> A parcela paga aos bancários sob a denominação "quebra de caixa" possui natureza salarial, integrando o salário do prestador de serviços, para todos os efeitos legais.

Ocorre que, como mencionado anteriormente, a Lei nº 13.467/2017 limitou a natureza salarial apenas às gratificações legais. Considerando que a gratificação de quebra de caixa não tem previsão legal, **sua natureza deixou de ser salarial a partir da vigência da Lei nº 13.467/2017**.

Registre-se, por oportuno, que há entendimento em sentido contrário, advogando que, "como a quebra de caixa é uma gratificação paga em razão da função exercida do empregado, tendo em vista a possibilidade de o caixa operado apresentar diferenças, entende-se que, em tese, tem natureza salarial"[51].

Com a devida vênia, considero a tese ousada, ao menos para provas de concursos públicos. Nesta seara, recomendo sempre a posição mais próxima da literalidade da lei, ainda que não nos pareça a mais justa. No caso, parece-me que, até que tenhamos o amadurecimento da jurisprudência a respeito da matéria, a gratificação de quebra de caixa não tem mais natureza salarial, pelo que a Súmula 247 do TST encontra-se superada.

16.8.5.3. Gratificação por tempo de serviço

É gratificação espontânea fixada em razão do tempo de serviço do empregado, privilegiando os mais antigos na empresa. Não tem regulamentação legal, podendo ser

---

[49] Art. 462. (...)
§ 1º Em caso de dano causado pelo empregado, o desconto será lícito, desde de que esta possibilidade tenha sido acordada ou na ocorrência de dolo do empregado. (...)

[50] No mesmo sentido, ainda a título de exemplo, AIRR-223-54.2015.5.08, *DEJT* 23.09.2016; RR-20300-40.2007.5.09.0073, *DEJT* 23.09.2016; e RR-1696-68.2012.5.01.0076, *DEJT* 16.09.2016.

[51] GARCIA, Gustavo Filipe Barbosa. *CLT Comentada*. 4. ed. São Paulo: Método, 2018, p. 439.

prevista em cláusula contratual, regulamentar ou norma coletiva. Pode ser concedida sob a forma de anuênio (um percentual para cada ano de serviço), biênio (para cada dois anos), quinquênio (para cada cinco anos), e assim sucessivamente.

Normalmente a gratificação em questão é denominada *adicional por tempo de serviço*, mas o termo não é adequado sob o ponto de vista técnico, pois, como mencionado anteriormente, os adicionais remuneram circunstâncias mais gravosas ao empregado, o que não é o caso.

Como a parcela não está prevista em lei, não tem natureza salarial, consoante disposto no § 1º do art. 457 da CLT, com redação dada pela Lei nº 13.467/2017.

Não sendo considerada salário, a gratificação por tempo de serviço deixa de integrar as demais parcelas salariais, razão pela qual *estão superadas pela legislação em vigor as Súmulas 203 e 226 do TST*:

Súm. 203. Gratificação por tempo de serviço. Natureza salarial (mantida). Res. 121/2003, *DJ* 19, 20 e 21.11.2003.

A gratificação por tempo de serviço integra o salário para todos os efeitos legais.

Súm. 226. Bancário. Gratificação por tempo de serviço. Integração no cálculo das horas extras (mantida). Res. 121/2003, *DJ* 19, 20 e 21.11.2003.

A gratificação por tempo de serviço integra o cálculo das horas extras.

Pela mesma razão, deixou de fazer sentido[52] a Súmula 225 do TST:

Súm. 225. Repouso semanal. Cálculo. Gratificações por tempo de serviço e produtividade (mantida). Res. 121/2003, *DJ* 19, 20 e 21.11.2003.

As gratificações por tempo de serviço e produtividade, pagas mensalmente, não repercutem no cálculo do repouso semanal remunerado.

A Súmula 202 do TST, por sua vez, trata da possibilidade de existirem duas gratificações por tempo de serviço, uma outorgada pelo empregador e outra assegurada pela norma coletiva, hipótese em que o empregado receberá apenas uma delas. Parece-me que este verbete não foi impactado pela *Reforma Trabalhista de 2017*:

Súm. 202. Gratificação por tempo de serviço. Compensação (mantida). Res. 121/2003, *DJ* 19, 20 e 21.11.2003.

Existindo, ao mesmo tempo, gratificação por tempo de serviço outorgada pelo empregador e outra da mesma natureza prevista em acordo coletivo, convenção coletiva ou sentença normativa, o empregado tem direito a receber, exclusivamente, a que lhe seja mais benéfica.

16.8.6. Prêmios ou bônus

A Lei nº 13.467/2017 alterou a redação do § 4º do art. 457 da CLT, estabelecendo o **conceito legal** da parcela denominada prêmio ou bônus, nos seguintes termos:

§ 4º Consideram-se prêmios as liberalidades concedidas pelo empregador em forma de bens, serviços ou valor em dinheiro a empregado ou a grupo de empregados, em razão de desempenho superior ao ordinariamente esperado no exercício de suas atividades.

---

[52] Observe-se que, neste caso, o entendimento não foi propriamente superado, visto que, de fato, a gratificação por tempo de serviço não repercute no cálculo do RSR. Com efeito, se tal gratificação deixou de repercutir no cálculo de quaisquer parcelas salariais, por óbvio também não repercute no cálculo do RSR.

Portanto, os prêmios não se confundem com os adicionais, pois estes pressupõem a exposição do trabalhador a circunstâncias mais gravosas no âmbito do contrato de trabalho, o que não ocorre com os prêmios. Por sua vez, distinguem-se também das gratificações, ao passo que estas não se vinculam a fatores de ordem pessoal do trabalhador ou do grupo[53-54].

Observe-se, por oportuno, que os prêmios podem ser vinculados não só à conduta individual do trabalhador, como também à conduta de um grupo de trabalhadores (bônus de produtividade por setor, por exemplo).

Como estudado anteriormente, a nova redação do § 2º do art. 457 da CLT, dada pela Lei nº 13.467/2017, retirou expressamente a natureza salarial dos prêmios ou bônus, *ainda que pagos habitualmente*.

Ressalte-se que o § 4º do art. 457 restringe o alcance dos prêmios aos fatos e situações superiores aos ordinariamente esperados no exercício das atividades. Neste sentido, o Prof. Homero Batista Mateus da Silva[55] destaca que

"Do contrário, se todos recebem prêmios todos os meses, com ou sem metas e cronogramas, então a parcela nada mais é do que o salário sob a falsa roupagem de prêmio. O prêmio não pode ser razoavelmente esperado nem pode ser destinado à generalidade dos empregados, como um complemento salarial".

Neste diapasão, é forçoso reiterar que, como ocorre com todas as demais parcelas cuja natureza salarial foi afastada pela *Reforma Trabalhista de 2017*, sempre caberá ao operador do direito do trabalho, quando da avaliação do caso concreto, a investigação de possível fraude, tendo como fundamento jurídico o disposto no art. 9º da CLT. Esta noção é muito importante não só para a prática do cotidiano trabalhista, como também para a resolução de provas de concursos públicos.

Por fim, cabe observar que o inciso XIV do art. 611-A da CLT, inserido pela Lei nº 13.467/2017, prevê que a norma coletiva prevalece sobre a lei quando dispuser sobre "prêmios de incentivo em bens ou serviços, eventualmente concedidos em programas de incentivo". Em outras palavras, os prêmios estão sujeitos à flexibilização mediante negociação coletiva.

16.8.7. Participação nos lucros ou resultados (PLR)

Também denominada gratificação de balanço, é parcela espontânea, tendo em vista que a Lei nº 10.101/2000, que dispõe sobre a participação dos trabalhadores nos lucros ou resultados da empresa, não a considera compulsória, e sim dependente de negociação entre os empregados e o empregador (art. 2º da Lei nº 10.101/2000). Normalmente é instituída por norma coletiva.

Não tem natureza salarial por força de lei (art. 3º da Lei nº 10.101/2000) **e da própria Constituição** (art. 7º, XI, da CRFB).

O pagamento pode ser anual ou semestral[56], e o valor pode ser fixo ou variável, conforme negociado.

---

53 Neste sentido, DELGADO, Maurício Godinho. *Curso de Direito do Trabalho*, p. 703.

54 Em sentido contrário, CASSAR, Vólia Bomfim. *Direito do Trabalho*, p. 810-811, negando o argumento no sentido de que "o prêmio se destina a compensar um atributo pessoal, enquanto a gratificação compensa atributo geral". Segundo a autora, a jurisprudência majoritária não acolheria a distinção. Por fim, acrescenta que o prêmio é sempre eventual; portanto, não tem natureza salarial. Se for habitual, será gratificação.

55 SILVA, Homero Batista Mateus da. *Comentários à reforma trabalhista*. São Paulo: Revista dos Tribunais, 2017, p. 81.

56 Para maior aprofundamento sobre o assunto, ver texto completo da Lei nº 10.101/2000. Para a maioria dos concursos, tais detalhes são irrelevantes, pelo que o estudo fugiria à proposta desta obra.

Em decisões recentes, entretanto, o TST tem admitido o parcelamento (pagamento mensal) da participação nos lucros diante de previsão em norma coletiva, conforme o seguinte aresto:

[...] PARTICIPAÇÃO NOS LUCROS E RESULTADOS. PAGAMENTO MENSAL. NORMA COLETIVA. NATUREZA INDENIZATÓRIA. OJ TRANSITÓRIA 73 DA SBDI-1 DO TST. Nos termos da OJ Transitória 73 da SbDI-1 do TST, "a despeito da vedação de pagamento em periodicidade inferior a um semestre civil ou mais de duas vezes no ano cível, disposta no art. 3º, § 2º, da Lei nº 10.101, de 19.12.2000, o parcelamento em prestações mensais da participação nos lucros e resultados de janeiro de 1999 a abril de 2000, fixado no acordo coletivo celebrado entre o Sindicato dos Metalúrgicos do ABC e a Volkswagen do Brasil Ltda., não retira a natureza indenizatória da referida verba (art. 7º, XI, da CF), devendo prevalecer a diretriz constitucional que prestigia a autonomia privada coletiva (art. 7º, XXVI, da CF)". O referido entendimento também se aplica aos acordos de parcelamento que, embora posteriores ao período indicado, foram firmados nos mesmos termos. Julgados. Recurso de revista de que não se conhece (TST, 8ª Turma, RR-218100-62.2007.5.02.0464, Rel. Min. Márcio Eurico Vitral Amaro, j. 07.11.2018, *DEJT* 09.11.2018).

Advirta-se, uma vez mais, para o fato de que o correto enquadramento da natureza jurídica da parcela depende do caso concreto. Isso ocorre porque, se parcela tipicamente salarial foi ocultada pelo empregador sob a rubrica "participação nos lucros ou resultados", naturalmente deverá ser aplicado o princípio da primazia da realidade. Neste sentido, a título de exemplo, o seguinte julgado:

[...] 2. COMISSÕES. PARTICIPAÇÃO NOS LUCROS E RESULTADOS. NATUREZA JURÍDICA. A Corte Regional firmou o convencimento de que os valores pagos a título de PLR se referiam, na realidade, a comissões, calculadas mensalmente sobre os contratos realizados no referido período, verificando-se, assim, sua periodicidade mensal e natureza salarial. O pagamento de comissões, sob a mera rubrica de PLR, não tem o condão de transmudar a natureza jurídica das comissões, consoante os artigos 9º e 457, § 1º, da CLT. Agravo de instrumento conhecido e não provido (TST, 8ª Turma, AIRR-884-56.2011.5.15.0016, Rela. Mina. Dora Maria da Costa, Data de Julgamento: 16.12.2015, *DEJT* 18.12.2015).

Consoante estabelecido na OJ 390 da SDI-1 do TST, editada em 2010 e convertida na Súmula 451, em 2014, é devida a participação nos lucros proporcional por ocasião da rescisão do contrato de trabalho:

Súm. 451. Participação nos lucros e resultados. Rescisão contratual anterior à data da distribuição dos lucros. Pagamento proporcional aos meses trabalhados. Princípio da isonomia (conversão da Orientação Jurisprudencial nº 390 da SBDI-1) – Res. 194/2014, *DEJT* divulgado em 21, 22 e 23.05.2014.

Fere o princípio da isonomia instituir vantagem mediante acordo coletivo ou norma regulamentar que condiciona a percepção da parcela participação nos lucros e resultados ao fato de estar o contrato de trabalho em vigor na data prevista para a distribuição dos lucros. Assim, inclusive na rescisão contratual antecipada, é devido o pagamento da parcela de forma proporcional aos meses trabalhados, pois o ex-empregado concorreu para os resultados positivos da empresa.

16.8.8. Verba de representação

É a importância concedida ao empregado com a finalidade de ressarcir despesas que este comprovadamente tenha incorrido em decorrência do *relacionamento com os clientes do empregador*. São exemplos de despesas desta natureza aquelas referentes a jantares de negócio, almoço de trabalho, visitas a locais turísticos, entre outras. **Trata-se de verba indenizatória**, pelo que **não tem caráter salarial**.

16.8.9. Abono do PIS

Embora a denominação da parcela possa levar a alguma confusão em relação aos abonos referidos pela CLT, temos aqui um benefício de direito público, advindo de fundo de natureza pública[57].

Com efeito, o abono salarial (mais conhecido como *abono do PIS/PASEP*), no valor de até um salário mínimo[58], é devido aos trabalhadores cadastrados há mais de cinco anos no Programa de Integração Social – PIS ou no Programa de Formação do Patrimônio do Servidor Público – PASEP e que tenham auferido, no ano anterior, remuneração média mensal de até dois salários mínimos, bem como trabalhado (com a CTPS assinada, é claro) por pelo menos 30 dias no mesmo ano[59].

Obviamente, tal parcela não tem natureza salarial, até mesmo porque sequer é paga pelo empregador. Cabe ao empregador tão somente informar corretamente os dados do empregado na RAIS (Relação Anual de Informações Sociais), que serve como base para a triagem dos beneficiários do abono salarial, sob pena de, configurado o prejuízo (não recebimento do abono salarial), estar sujeito à indenização do trabalhador, nos termos da lei civil.

16.8.10. *Stock options*

O regime de *stock options* (opção de compra) configura oportunidade conferida pelo empregador para que seus empregados comprem ou subscrevam ações da companhia em condições vantajosas, normalmente com um custo bem inferior ao do mercado e ajustado previamente.

Da lição de Alice Monteiro de Barros, extrai-se que "elas não representam um complemento da remuneração, mas um meio de estimular o empregado a fazer coincidir seus interesses com o dos acionistas"[60]. Isso porque, se o valor das ações da empresa subir, ganharão também os empregados optantes, os quais poderão revendê-las.

Logo, não possuem natureza salarial.

16.8.11. Salário-família

Trata-se de benefício previdenciário, assegurado pelo art. 7º, XII, da CRFB/88, e regulado pelos arts. 65-70 da Lei nº 8.213/1991, bem como pelos arts. 81-92 do Decreto nº 3.048/1999.

Embora o salário-família seja pago mensalmente pelo empregador, juntamente com o salário, o valor é posteriormente compensado com as contribuições previdenciárias devidas, a exemplo do que ocorre com o salário-maternidade.

Desse modo, também não pairam dúvidas de que não se trata de salário, em que pese o nome.

---

57 GARCIA, Gustavo Filipe Barbosa. *Curso de Direito do Trabalho*. 4. ed. São Paulo: Forense, 2010, p. 396.

58 O valor do abono salarial anual será calculado proporcionalmente ao número de meses trabalhados ao longo do ano-base, nos termos do § 2º do art. 9º da Lei nº 7.998/1990, com redação dada pela Lei nº 13.134/2015.

59 Requisitos estabelecidos pelo art. 9º da Lei nº 7.998/1990, com redação dada pela Lei nº 13.134/2015 (conversão da MPV nº 665/2014, com alterações).

60 BARROS, Alice Monteiro de. *Curso de Direito do Trabalho*, p. 783.

> **Doméstico:** com o advento da EC n° 72/2013, o direito ao salário-família foi estendido ao doméstico. A regulamentação veio com a Lei Complementar n° 150/2015, que alterou a redação do art. 65 da Lei n° 8.213/1991.

Dica para provas discursivas:

Em relação à remuneração, o candidato deve conhecer, além do mecanismo de integração e do conceito de incorporação de parcelas, as parcelas em espécie que são consideradas salariais ou não. Normalmente questões discursivas exploram este aspecto, no mais das vezes a partir de enunciado de fatos hipotéticos. Neste sentido, as alterações levadas a efeito pela *Reforma Trabalhista de 2017* devem ser bastante exploradas pelas bancas examinadoras durante os próximos anos.

Naturalmente é importante conhecer a orientação jurisprudencial a respeito da matéria, mas há que se tomar grande cuidado em razão da superação de muitos verbetes do TST pela Lei n° 13.467/2017.

A harmonização do princípio da inalterabilidade contratual lesiva (art. 468 da CLT; ver item 3.4.4) com a sistemática de integração dos adicionais salariais (espécie de parcela denominada salário-condição) é importante para resolver eventual questão discursiva.

PARCELAS NÃO SALARIAIS

As parcelas pagas pelo empregador **não têm natureza salarial** se:

→ A sua natureza é indenizatória OU

→ O seu fornecimento não é habitual OU

→ A norma jurídica, por disposição expressa, retira-lhe a natureza salarial.

1. **Abono** → antecipação de salário ou de reajuste salarial. Não tem natureza salarial por força de lei.

2. **Ajuda de custo** → tradicionalmente, único pagamento, a título de ressarcimento de despesas, normalmente relacionadas à transferência. A partir da vigência da Lei n° 13.467/2017, pode ser inclusive parcela paga habitualmente, e mesmo assim não terá natureza salarial.

3. **Auxílio-alimentação** → não tem natureza salarial, salvo se pago em dinheiro.

4. **Diárias para viagem** → não terão natureza salarial independentemente do valor e da habitualidade do pagamento.

5. **Gratificações meramente ajustadas** → não terão natureza salarial independentemente da habitualidade do pagamento. Somente gratificações legais têm natureza salarial.

6. **Prêmio ou bônus** → liberalidades concedidas pelo empregador em forma de bens, serviços ou valor em dinheiro a empregado ou a grupo de empregados, em razão de desempenho superior ao ordinariamente esperado no exercício de suas atividades. Não tem natureza salarial por força de lei.

7. **Participação nos lucros e resultados (PLR)** → não é compulsória, dependendo de negociação coletiva. Tem a natureza salarial retirada pela CRFB e pela Lei.

8. **Verba de representação** → visa o ressarcimento de despesas incorridas pelo empregado no relacionamento com clientes.

9. **Abono do PIS** → parcela de direito público, assegurada a quem é cadastrado no PIS/PASEP há 5 anos, recebeu em média até 2 salários mínimos no ano anterior e esteve empregado por pelo menos 30 dias.

10. *Stock options* → oportunidade de compra de ações da companhia por valores diferenciados.

11. **Salário-família** → benefício previdenciário que, embora pago pelo empregador, é compensado nas contribuições previdenciárias devidas.

16.9. MEIOS DE PAGAMENTO DO SALÁRIO

Dispõe o art. 458, *caput*, da CLT:

Art. 458. Além do pagamento em dinheiro, compreende-se no salário, para todos os efeitos legais, a alimentação, habitação, vestuário ou outras prestações "in natura" que a empresa, por força do contrato ou do costume, fornecer habitualmente ao empregado. Em caso algum será permitido o pagamento com bebidas alcoólicas ou drogas nocivas.

(...)

Desse modo, o salário pode ser pago tanto em dinheiro quanto em dinheiro + utilidades, observados os limites legais.

Surge daí a noção de salário-utilidade, também denominado salário *in natura*.

Faz-se necessário, antes de passar ao estudo do salário-utilidade, mencionar as regras legais atinentes ao pagamento em pecúnia.

Com efeito, o art. 463 da CLT determina seja o pagamento do salário efetuado em moeda corrente do país, sob pena de ser considerado não pago. Assim, **é vedado o pagamento em moeda estrangeira**.

Também é vedado o chamado *truck system* **(sistema de troca)**, que consiste na contraprestação pelo trabalho apenas em bens, sem que uma parte seja paga em moeda corrente. Marcelo Moura[61] observa que no Brasil a figura chegou a ser denominada *sistema de barracão*, em que o empregado trabalhava em troca de alimentação e moradia.

Alice Monteiro de Barros[62], por sua vez, ensina que "este sistema retributivo consiste no pagamento do salário por meio de vales, bônus ou equivalentes capazes de propiciar a aquisição de mercadorias pelo empregado em estabelecimento do empregador ou de terceiros".

Aliás, a saudosa jurista mineira assevera que tal sistema já existia na Europa desde o século XV, sendo que a escassez de moeda, aliada a outros fatores, motivou o pagamento por meio de vales e fichas, os quais, "em um primeiro momento, eram aceitos pelos comerciantes, com o aval do empregador. Posteriormente, os vales deixaram de ser aceitos no comércio e o empregador se transformou em abastecedor dos próprios empregados. A fixação de preços abusivos e a má qualidade do produto trouxeram graves consequências para os trabalhadores, entre elas o seu endividamento diante do empregador e o seu estado de submissão vitalícia"[63].

É exatamente por este motivo que até os dias de hoje o *truck system* é utilizado como meio para a manutenção de trabalhadores em condições análogas à de escravo, ao passo que induz à servidão por dívidas.

Tendo em vista que limita a liberdade de disposição do salário pelo trabalhador, bem como que propicia inclusive a servidão por dívidas, o *truck system* é ilícito, inclusive nos termos expressos do art. 462, §§ 2º e 3º, da CLT:

Art. 462. (...)

§ 2º É vedado à empresa que mantiver armazém para venda de mercadorias aos empregados ou serviços estimados a proporcionar-lhes prestações *in natura* exercer qualquer coação ou induzimento no sentido de que os empregados se utilizem do armazém ou dos serviços.

61 MOURA, Marcelo. *Consolidação das Leis do Trabalho para concursos*. Salvador: JusPodivm, 2011, p. 548.
62 BARROS, Alice Monteiro de. *Curso de Direito do Trabalho*. 6. ed. São Paulo: LTr, 2010, p. 821.
63 BARROS, Alice Monteiro de. *Curso de Direito do Trabalho*. 6. ed. São Paulo: LTr, 2010, p. 820-821.

§ 3º Sempre que não for possível o acesso dos empregados a armazéns ou serviços não mantidos pela Empresa, é lícito à autoridade competente determinar a adoção de medidas adequadas, visando a que as mercadorias sejam vendidas e os serviços prestados a preços razoáveis, sem intuito de lucro e sempre em benefício dos empregados.

É importante enfatizar que o *truck system* se manifesta sob dois aspectos:

a) pagamento por meio de cartas de crédito, bônus, vales e quaisquer outros meios não especificados;

Neste aspecto é ilícito porque não assegura ao empregado parte da contraprestação em dinheiro, conforme dispõem, entre outros, os arts. 458, *caput* ("além do pagamento em dinheiro"), 463, *caput* ("a prestação, em espécie, do salário será paga em moeda corrente do País") e 82, parágrafo único ("o salário mínimo pago em dinheiro não será inferior a 30% do salário mínimo" nacionalmente unificado), todos da CLT.

b) coação ou induzimento para utilização, pelo trabalhador, de armazéns mantidos pelo empregador.

É ilícito porque, além de não assegurar ao empregado a livre disposição de seu salário, ainda o submete ao endividamento. Por isso, a CLT veda a coação e/ou o induzimento (art. 462, § 2º), e, nas hipóteses em que não é possível o acesso do trabalhador a armazéns e serviços não mantidos pelo empregador, assegura a intervenção da autoridade competente para que as mercadorias sejam vendidas a preços razoáveis, sem intuito de lucro.

Quanto à parte do salário paga em pecúnia, dispõe o art. 464, parágrafo único, da CLT, *in verbis*:

Art. 464. (...)
Parágrafo único. Terá força de recibo o comprovante de depósito em conta bancária, aberta para esse fim em nome de cada empregado, com o consentimento deste, em estabelecimento de crédito próximo ao local de trabalho.

Portanto, é lícito ao empregador pagar o salário devido ao empregado através de depósito bancário, desde que abra **conta específica** para este fim, **com o consentimento do empregado**, em estabelecimento bancário **próximo ao local de trabalho**.

Finalmente, o **pagamento em cheque** é admitido **no meio urbano, desde que o empregador garanta ao empregado condições de descontar o cheque até o dia do vencimento**. Isto compreende liberação do empregado durante o expediente, no horário bancário, naturalmente sem prejuízo da remuneração do dia, e fornecimento de transporte até o estabelecimento bancário.

Em ambos os casos (depósito bancário e cheque), o importante é a observância do prazo legal, que é de **disponibilidade** do salário pelo empregado.

O estudo do salário-utilidade será feito em tópico separado, dada sua importância nas provas de concursos.

MEIOS DE PAGAMENTO DO SALÁRIO
SALÁRIO = DINHEIRO ou DINHEIRO + UTILIDADES
O salário pode ser pago integralmente em dinheiro, ou em dinheiro (no mínimo 30% do valor do salário mínimo) e em utilidades (como habitação, alimentação ou outras prestações *in natura* fornecidas **habitualmente**). O pagamento em dinheiro há de ser efetuado sempre em moeda corrente nacional, considerando-se não realizado o pagamento em moeda estrangeira.

MEIOS DE PAGAMENTO DO SALÁRIO
Truck system: É vedado o pagamento através de cartas de crédito, vales, bônus ou quaisquer outros meios não especificados. Também é vedado ao empregador coagir e/ou induzir o trabalhador a utilizar os armazéns ou serviços disponibilizados pelo empregador.
Depósito bancário: O salário pode ser pago mediante depósito em conta, desde que: • A conta seja específica para recebimento (conta-salário). • Tenha o consentimento do empregado. • O banco seja próximo ao local de trabalho.
Cheque: Admite-se no meio urbano, desde que o empregado tenha tempo de, sem prejuízo do salário, ir ao banco para descontar o cheque até o dia do pagamento dos salários.

16.10. SALÁRIO-UTILIDADE OU SALÁRIO *IN NATURA*

Como mencionado no item anterior, o salário pode ser pago em dinheiro, ou em dinheiro e utilidades.

Em primeiro lugar, é fundamental distinguir *utilidade* de *salário-utilidade*.

Utilidade é tudo que não for dinheiro e for útil.

Salário-utilidade (ou salário *in natura*), por sua vez, é o fornecimento de utilidades **qualificado** pela **habitualidade** e pela natureza de **retribuição,** de concessão *pelo* trabalho.

Alguns autores sugerem outros requisitos para que o fornecimento da utilidade configure salário *in natura*. Vólia Bomfim Cassar[64], por exemplo, acrescenta à habitualidade e à natureza retributiva a *gratuidade*, o *caráter benéfico ao empregado* e a *não vedação do caráter salarial em lei.*

Analiticamente, pode-se dizer que a utilidade terá natureza salarial somente se:

a) for **habitual**, ou seja, for prestada ou fornecida repetidamente, de forma que o empregado crie expectativa em relação àquela parcela, passando a contar com o fornecimento da utilidade em seu cotidiano. Valem aqui as mesmas considerações lançadas alhures sobre a habitualidade como principal elemento definidor da natureza salarial de parcelas trabalhistas;

b) for **benéfica** ao empregado: o fornecimento de bebida alcoólica, drogas, cigarro, entre outros agentes nocivos à saúde, não constituirá salário *in natura*, nos termos do art. 458, *caput*, da CLT, c/c a Súmula 367, II, do TST:

> Art. 458. Além do pagamento em dinheiro, compreende-se no salário, para todos os efeitos legais, a alimentação, habitação, vestuário ou outras prestações "in natura" que a empresa, por força do contrato ou do costume, fornecer habitualmente ao empregado. Em caso algum será permitido o pagamento com bebidas alcoólicas ou drogas nocivas.
>
> (...)

---

[64] CASSAR, Vólia Bomfim. *Direito do Trabalho*, p. 771.

Súm. 367. Utilidades *in natura*. Habitação. Energia elétrica. Veículo. Cigarro. Não integração ao salário. Res. 129/2005, *DJ* 20, 22 e 25.04.2005.

(...)

II – O cigarro não se considera salário-utilidade em face de sua nocividade à saúde.

c) tiver natureza de **contraprestação:** será salário *in natura* a utilidade fornecida **PELO** trabalho, e não aquela fornecida **PARA** o trabalho.

Ferramentas de trabalho, carro, celular, *notebook*, entre outros, quando indispensáveis à realização do trabalho, não constituem salário-utilidade, ainda que permaneçam com o empregado nas férias, feriados e finais de semana. Diz-se que não tem natureza salarial a *utilidade de uso híbrido*[65]. Assim, não terá caráter retributivo o fornecimento de bens ou serviços feito como instrumento para viabilização ou aperfeiçoamento da prestação laboral[66]. Neste sentido, a Súmula 367, I, do TST:

Súm. 367. Utilidades *in natura*. Habitação. Energia elétrica. Veículo. Cigarro. Não integração ao salário. Res. 129/2005, *DJ* 20, 22 e 25.04.2005.

I – A habitação, a energia elétrica e veículo fornecidos pelo empregador ao empregado, quando indispensáveis para a realização do trabalho, não têm natureza salarial, ainda que, no caso de veículo, seja ele utilizado pelo empregado também em atividades particulares.

(...)

Apesar de algumas controvérsias na doutrina a respeito da matéria, reitere-se que o supramencionado item I da Súmula 367 do TST continua representando a posição dominante sobre o tema na jurisprudência do TST, conforme se depreende dos seguintes arestos:

[...] III – RECURSO DE REVISTA. INTEGRAÇÃO DA UTILIDADE. SALÁRIO In Natura. FORNECIMENTO DE VEÍCULO PARA O TRABALHO E USO PARTICULAR. Em relação ao salário in natura, o artigo 458 da CLT, com a interpretação adotada pela Súmula 367 do TST, diferencia o fornecimento da utilidade com a contraprestação pelo trabalho e para o trabalho. No presente caso, a situação amolda-se à segunda hipótese. Conforme se denota do quadro fático delineado pelo Tribunal Regional, o veículo fornecido pela empresa era imprescindível para o trabalho, não obstante pudesse também ser utilizado pelo empregado para fins particulares. Esse entendimento acerca da matéria já se encontra pacificado nesta Corte por meio da Súmula 367, I, do TST. Dessa forma, a decisão do e. Tribunal Regional contraria a Súmula 367 do TST. Recurso de revista conhecido por contrariedade à Súmula 367, do TST e provido. CONCLUSÃO: Agravo conhecido e provido; Agravo de instrumento conhecido e provido; Recurso de revista conhecido por contrariedade à Súmula 367, do TST e provido. (TST, 3ª Turma, RR-11589-93.2014.5.15.0021, Rel. Min. Alexandre de Souza Agra Belmonte, j. 10.04.2019, *DEJT* 12.04.2019).

SALÁRIO-UTILIDADE. VEÍCULO FORNECIDO PELO EMPREGADOR. UTILIZAÇÃO PELO EMPREGADO PARA FINS PARTICULARES. NATUREZA JURÍDICA. O veículo fornecido para o trabalho não tem natureza salarial. O fato de a empresa autorizar seu uso pelo empregado também para fins particulares não modifica a natureza jurídica do bem. Não constitui salário-utilidade veículo fornecido por liberalidade do empregador, com o escopo não de incrementar a remuneração do empregado, mas, tão somente, permitir

---

[65] Considera-se utilidade de uso híbrido aquela utilizada como ferramenta de trabalho, mas que também constitui vantagem para o empregado, como, por exemplo, o veículo utilizado também nos horários de folga, ou a roupa social, sem o nome da empresa, que o empregado pode utilizar tanto para visitar clientes quanto para passear no *shopping*.

[66] DELGADO, Maurício Godinho. *Curso de Direito do Trabalho*, p. 677.

que desenvolva de forma mais eficiente as funções inerentes ao contrato de emprego. Entendimento esse pacificado na Súmula n.º 367, I, do Tribunal Superior do Trabalho, de seguinte teor: "Utilidades 'in natura'. Habitação. Energia elétrica. Veículo. Cigarro. Não integração ao salário. A habitação, a energia elétrica e veículo fornecidos pelo empregador ao empregado, quando indispensáveis para a realização do trabalho, não têm natureza salarial, ainda que, no caso de veículo, seja ele utilizado pelo empregado também em atividades particulares". Recurso de Revista conhecido e provido (TST, 1ª Turma, RR-208900-73.2007.5.02.0062, Rel. Des. Convocado: Marcelo Lamego Pertence, Data de Julgamento: 04.11.2015, *DEJT* 06.11.2015).

d) **a natureza salarial não for afastada por lei:** em alguns casos o legislador, visando estimular a concessão de utilidades, retirou expressamente a sua natureza salarial. Observe-se que a norma jurídica pode, excepcionalmente, eliminar o enquadramento jurídico de determinada parcela (retirando-lhe o caráter salarial, por exemplo), tendo em vista que possui o mesmo *status* jurídico da norma que lhe precedeu[67]. Neste sentido, o art. 458, § 2º, da CLT:

Art. 458. (...)

§ 2º Para os efeitos previstos neste artigo, não serão consideradas como salário as seguintes utilidades concedidas pelo empregador:

I – vestuários, equipamentos e outros acessórios fornecidos aos empregados e utilizados no local de trabalho, para a prestação do serviço;

II – educação, em estabelecimento de ensino próprio ou de terceiros, compreendendo os valores relativos a matrícula, mensalidade, anuidade, livros e material didático;

III – transporte destinado ao deslocamento para o trabalho e retorno, em percurso servido ou não por transporte público;

IV – assistência médica, hospitalar e odontológica, prestada diretamente ou mediante seguro-saúde;

V – seguros de vida e de acidentes pessoais;

VI – previdência privada;

VII – (VETADO)

VIII – o valor correspondente ao vale-cultura[68].

[...]

§ 5º O valor relativo à assistência prestada por serviço médico ou odontológico, próprio ou não, inclusive o reembolso de despesas com medicamentos, óculos, aparelhos ortopédicos, próteses, órteses, despesas médico-hospitalares e outras similares, mesmo quando concedido em diferentes modalidades de planos e coberturas, não integram o salário do empregado para qualquer efeito nem o salário de contribuição, para efeitos do previsto na alínea *q* do § 9º do art. 28 da Lei nº 8.212, de 24 de julho de 1991.

e) **for gratuita:** este requisito é extremamente polêmico na doutrina. A exemplo de alguns outros doutrinadores[69], a professora Vólia Bomfim Cassar[70] defende a tese de que,

---

67 DELGADO, Maurício Godinho. *Curso de Direito do Trabalho*, p. 682.
68 Inciso VIII inserido pela Lei nº 12.761/2012. O vale-cultura deverá ser fornecido ao trabalhador que perceba até 5 (cinco) salários mínimos mensais (art. 7º), e seu valor, por usuário, será de R$ 50,00, sendo que 10% deste valor poderá ser descontado do salário do empregado (art. 8º). O trabalhador poderá optar pelo não recebimento do vale-cultura, mediante procedimento a ser definido em regulamento (art. 8º, § 4º). O benefício foi regulamentado pelo Decreto nº 8.084/2013.
69 Também neste sentido, MARTINS, Sergio Pinto. *Comentários à CLT*. 14. ed. São Paulo: Atlas, 2010, p. 417.
70 CASSAR, Vólia Bomfim. *Direito do Trabalho*, p. 771.

se o empregado sofre desconto (desde que não seja em valor desprezível), em razão do fornecimento da utilidade, esta não terá natureza salarial. Exemplo:

Fornecimento de habitação. Se o empregador desconta do empregado R$ 40,00 por mês a título de aluguel, a prestação é considerada salário *in natura*, pois o valor é incompatível com a realidade do mercado imobiliário, isto é, o valor descontado é desprezível. Ao contrário, se desconta R$ 600,00, o fornecimento da habitação deixará de ter natureza salarial, pois não terá sido gratuito.

Por outro lado, Maurício Godinho Delgado[71] observa que este requisito seria apenas impróprio (e, portanto, não essencial), tendo em vista a dificuldade de se aferir, no caso concreto, se o valor do desconto é módico (mera simulação trabalhista) ou não. Outro argumento contrário seria a possibilidade de contingenciamento da vontade do empregado, quando da adesão ao fornecimento da utilidade subsidiada.

A questão me parece se resolver de outra forma, consoante a sempre ponderada lição de Márcio Túlio Viana:

> "(...) a rigor, os chamados 'descontos' de utilidades são simples jogo contábil. Tanto faz o empregador pagar 90 em dinheiro, fornecendo uma utilidade que vale 10, como preparar um recibo em que o salário global é 100, seguindo-se um 'desconto' de 10.
>
> Desse modo, haja ou não um 'desconto' no recibo, pode-se dizer que as utilidades se somam sempre ao salário efetivamente recebido em dinheiro, compondo o salário total. (...)".[72]

Na mesma linha de entendimento, Gustavo Filipe Barbosa Garcia completa:

> "Na realidade, o relevante é verificar se a utilidade é *fornecida* pelo empregador – hipótese em que poderá caracterizar-se como salário, se preenchidos os demais requisitos pertinentes – ou se é o empregado quem, manifestando seu desejo de adquirir o bem ou serviço, paga por ele, às vezes num autêntico contrato de compra e venda.
>
> Neste último caso, não há se falar em salário-utilidade, mas sim em contrato de natureza civil, paralelo ao contrato de trabalho. Aqui, o empregado está pagando o preço de bem que ele desejou adquirir, e não que foi fornecido pelo empregador. (...) Aqui sim há, efetivamente, um desconto salarial, e não mera dedução para efeitos contábeis. (...)
>
> No entanto, o que pode ocorrer é ser a dedução ou a devolução, em si, em valor inferior ao que representa a utilidade fornecida. Neste caso, a diferença entre o valor falsamente atribuído pelo empregador à utilidade e seu efetivo montante também será considerada salário *in natura*, pois o que interessa nas relações laborais é a realidade dos fatos."[73] (grifos do original)

Um exemplo parece resolver a questão a favor da segunda corrente (no sentido da não exigência da gratuidade da utilidade para o empregado). Imagine-se um empregado que ganhava salário mínimo (R$ 1.320,00, vigente a partir de 01.05.2023). Este empregado recebia apenas R$ 396,00 em dinheiro (conforme determina o art. 82 da CLT – vide item 16.10.2, abaixo), e o restante em utilidades. Seu contracheque era assim: salário-base = R$ 1.320,00; descontos (salário *in natura*) = R$ 924,00; líquido a receber = R$ 396,00. Ora, a seguir o raciocínio da primeira corrente, o empregador estaria liberado dos encargos referentes aos R$ 357,00 pagos em utilidades, visto que "descontados" do empregado

---

[71] DELGADO, Maurício Godinho. *Curso de Direito do Trabalho*, p. 682.

[72] VIANA, Márcio Túlio. O trabalhador rural. In: BARROS, Alice Monteiro de (coord.). *Curso de Direito do Trabalho: estudos em memória de Célio Goyatá*, 3. ed., p. 323.

[73] GARCIA, Gustavo Filipe Barbosa. *Curso de Direito do Trabalho*, p. 418-420.

(do que decorreria a natureza não salarial do fornecimento), e, por exemplo, recolheria o FGTS somente sobre 30% do salário mínimo.

16.10.1. Art. 458 da CLT: rol exemplificativo

A relação de utilidades, constante do art. 458, *caput*, da CLT (alimentação, habitação, vestuário **ou outras parcelas** *in natura*), é meramente exemplificativa, admitindo-se o fornecimento de qualquer bem ou serviço (p. ex., viagem anual) que seja útil ao empregado, desde que atendidos os demais requisitos configuradores do salário-utilidade.

16.10.2. Parte paga em dinheiro

O art. 82 da CLT determina que pelo menos 30% do salário **mínimo** seja pago em dinheiro. Assim, se o empregado foi contratado com salário de R$ 937,00 (mínimo vigente em 2017), deverá receber pelo menos R$ 281,10 em dinheiro.

Quanto ao empregado que recebe salário superior ao mínimo legal, aplica-se a mesma regra, ou seja, também neste caso é devido em dinheiro 30% do valor **do salário mínimo**, e não do salário contratual. Neste sentido, Maurício Godinho Delgado[74].

16.10.3. Valor das utilidades

Além do limite percentual do salário (no caso, do salário mínimo) que pode ser pago em utilidades, há que se perquirir quais os limites destinados a cada uma das utilidades fornecidas ao trabalhador.

Os parâmetros utilizados para o cálculo das utilidades são dados pelo art. 458, § 1º, da CLT, c/c a Súmula 258 do TST:

"Os valores atribuídos às prestações *in natura* deverão ser justos e razoáveis, não podendo exceder, em cada caso, os dos percentuais das parcelas componentes do salário mínimo (arts. 81 e 82)" (art. 458, § 1º, da CLT), mas "os percentuais fixados em lei relativos ao salário *in natura* apenas se referem às hipóteses em que o empregado percebe salário mínimo, apurando-se, nas demais, o real valor da utilidade" (Súmula 258, TST).

Para entendermos estes parâmetros, devemos conhecer a composição do salário mínimo, nos termos celetistas.

Dispõe o art. 81, *caput*, da CLT:

Art. 81. O salário mínimo será determinado pela fórmula SM = a + b + c + d + e, em que "a", "b", "c", "d" e "e" representam, respectivamente, o valor das despesas diárias com **alimentação**, **habitação**, **vestuário**, **higiene** e **transporte** necessários à vida de um trabalhador adulto. (...)

Assim, para a CLT, o salário mínimo é composto de cinco parcelas, a saber:

1) alimentação;
2) habitação;
3) vestuário;
4) higiene;
5) transporte.

---

[74] DELGADO, Maurício Godinho. *Curso de Direito do Trabalho*, p. 685.

Não obstante, a CRFB/88 aumentou para nove as parcelas componentes do salário mínimo, conforme o art. 7º, IV:

Art. 7º São direitos dos trabalhadores urbanos e rurais, além de outros que visem à melhoria de sua condição social:

(...)

IV – salário mínimo, fixado em lei, nacionalmente unificado, capaz de atender a suas necessidades vitais básicas e às de sua família com moradia, alimentação, educação, saúde, lazer, vestuário, higiene, transporte e previdência social, com reajustes periódicos que lhe preservem o poder aquisitivo, sendo vedada sua vinculação para qualquer fim;

(...)

Do dispositivo em comento extraem-se as seguintes parcelas componentes do salário mínimo, na vigência da CRFB/88:

1) moradia;
2) alimentação;
3) educação;
4) saúde;
5) lazer;
6) vestuário;
7) higiene;
8) transporte;
9) previdência social.

Isso significa dizer que, em tese, o salário mínimo deve garantir todas essas necessidades básicas do ser humano. É claro que, na prática, não funciona assim. A título de curiosidade, consta do *site* do DIEESE que o chamado "salário mínimo necessário" para abril/2023 seria de R$ 6.676,11, assim considerado o valor mínimo necessário para satisfazer as necessidades básicas de consumo preconizadas pela Constituição, para uma família composta por dois adultos e duas crianças[75].

Pois bem, se o salário mínimo deve garantir todas essas nove parcelas previstas no art. 7º, IV, da CRFB, quais seriam os percentuais aplicáveis a cada uma delas?

Quanto à habitação, o art. 458, § 3º, da CLT, fixa o percentual **para os trabalhadores urbanos**:

– habitação: até 25% do salário **contratual**.

Observe-se que o limite percentual, no caso, foi previsto para o **salário contratual**, e não para o salário mínimo. Observe-se também que, desde a *Reforma Trabalhista de 2017*, o auxílio-alimentação deixou de ter natureza salarial. Todavia, se esqueceram de alterar a redação do § 3º do art. 458, o qual continua mencionando limite percentual para o fornecimento de alimentação, embora a parcela não seja mais considerada salarial. Espera-se que o Congresso Nacional, algum dia, promova os ajustes necessários.

Ainda no tocante à habitação, dispõe o art. 458, § 4º, da CLT, que, "tratando-se de habitação coletiva, o valor do salário-utilidade a ela correspondente será obtido mediante

---

75   Disponível em:< https://www.dieese.org.br/analisecestabasica/salarioMinimo.html>. Acesso em: 10.05.2023.

a divisão do justo valor da habitação pelo número de coabitantes, vedada, em qualquer hipótese, a utilização da mesma unidade residencial por mais de uma família."

Desse modo, a lei veda a coabitação de famílias em uma mesma moradia fornecida pelo empregador, mas nada impede que dois ou mais empregados solteiros, ou que não estejam acompanhados das respectivas famílias, dividam um mesmo imóvel para fins de moradia. Neste caso, naturalmente o percentual da utilidade sobre o salário contratual será dividido, no mínimo, entre o número de coabitantes do imóvel.

Em relação às demais utilidades, entretanto, a questão não é tão simples. Isso porque os percentuais eram fixados pela Portaria nº 19/1952 do Ministério do Trabalho, bem como pelo Decreto nº 94.062/1987 (este já revogado), porém eram levadas em consideração apenas as cinco utilidades originalmente previstas no art. 81 da CLT.

Além disso, os percentuais variavam de Estado para Estado, pois cada utilidade tem um valor diferente em cada Estado da Federação. A alimentação, por exemplo, era mais cara em Minas Gerais que em São Paulo (ao menos nos idos de 1952; hoje em dia é bem diferente...).

Vólia Bomfim Cassar[76] sugere a aplicação de regra de três para aferição dos percentuais, tendo em vista que atualmente o salário mínimo compreende, como mencionado, nove utilidades, bem como pela limitação dos percentuais referentes à habitação e à alimentação pelo art. 458, § 3º, da CLT.

Questiona-se ainda se os percentuais incidem apenas sobre o salário mínimo ou também sobre o salário contratual. Parte da doutrina defende a aplicação dos percentuais também para quem ganha mais de um salário mínimo, mas **o TST não acompanha este entendimento**.

Com efeito, a Súmula 258 do TST prevê a apuração do valor real da utilidade, para os casos em que o empregado ganha mais que o salário mínimo. *In verbis*:

> Súm. 258. Salário-utilidade. Percentuais (nova redação). Res. 121/2003, *DJ* 19, 20 e 21.11.2003.
>
> **Os percentuais fixados em lei relativos ao salário *in natura* apenas se referem às hipóteses em que o empregado percebe salário mínimo**, apurando-se, nas demais, o real valor da utilidade. (grifos meus)

Como sempre, sugiro a adoção do entendimento sumulado.

A solução, então, é conciliar a aplicação do art. 458, § 3º, da CLT, com a Súmula 258, e isso deve ser feito da seguinte forma: o art. 458, § 3º, prevê o percentual máximo para fornecimento de habitação como salário *in natura*[77]. Não quer dizer que será sempre utilizado este percentual. Logo, podemos, sem maiores problemas, utilizar os dois dispositivos conjugadamente. Assim, se o empregado recebe salário superior ao mínimo, a habitação será calculada sobre seu valor real, até o limite de 25%.

Exemplos:

1º) Empregado recebe salário mínimo de R$ 1.320,00. Logo, o valor do fornecimento de habitação como salário-utilidade fica limitado a R$ 330,00 (= 25%).

2º) Empregado recebe salário de R$ 8.000,00. Logo, o valor referente ao fornecimento de habitação como salário-utilidade deve ser apurado conforme o valor real da utilidade, até o limite de R$ 2.000,00 (= 25%). Se, por exemplo, o aluguel do imóvel em

---

[76] CASSAR, Vólia Bomfim. *Direito do Trabalho*, p. 776.

[77] Já considerando que a alimentação não tem mais natureza salarial, pelo que, por óbvio, não pode ser descontada do salário.

que reside o empregado é pago pela empresa, no valor de R$ 900,00, como contra-prestação pelo trabalho, será este o valor a título desta utilidade, visto que considerado seu valor real. Por sua vez, se o valor do referido aluguel for R$ 2.500,00, ainda assim será considerado o valor de R$ 2.000,00, que é o limite imposto pelo art. 458, § 3º, da CLT.

16.10.4. Tratamento diferenciado do rurícola

No tocante aos rurícolas, há algumas especificidades quanto ao salário-utilidade, as quais são impostas pelo art. 9º da Lei nº 5.889/1973, a saber:

a) somente poderão ser descontadas as utilidades fornecidas mediante **autorização expressa do empregado**;

b) as **hipóteses legais** de fornecimento de utilidade *como parte do salário*, ao contrário do que ocorre com o trabalhador urbano, são **taxativas**, limitando-se a **moradia e alimentação "sadia e farta"**;

c) os **percentuais** previstos em lei para habitação e alimentação são **diferentes** daqueles previstos para os trabalhadores urbanos:

   – **Habitação (20%)**

   – **Alimentação**[78] **(25%)**

d) **os percentuais sempre incidirão sobre o salário mínimo**, ainda que o empregado ganhe mais que esse valor. Exemplo: empregado ganha R$ 3.000,00, mas o empregador resolve lhe pagar parte do salário em utilidades. Nesse caso, somente poderá fornecer até R$ 264,00 a título de habitação, e R$ 330,00 a título de alimentação, assim considerados, respectivamente, 20% e 25% do salário mínimo de R$ 1.320,00.

16.10.5. Tratamento diferenciado do doméstico

As seguintes utilidades não poderão ser descontadas do doméstico, nos termos do art. 18 da Lei Complementar nº 150/2015:

– moradia (desde que a moradia seja fornecida na residência em que são prestados os serviços);

– vestuário;

– higiene;

– alimentação;

– transporte, hospedagem e alimentação, em caso de acompanhamento em viagem.

Da mesma forma, essas utilidades, se concedidas, não têm natureza salarial (art. 18, § 3º, da LC nº 150/2015).

A alteração legal, já contemplada pela anteriormente pela Lei nº 11.324/2006, teve por objetivo corrigir distorção histórica, tendo em vista que o empregado doméstico recebia tais utilidades como sobras da casa do patrão, e muitas vezes *para* o trabalho, como, por exemplo, o famoso "quartinho de empregada", que é fornecido, no mais das vezes, por

---

[78] Embora a questão não seja pacífica, entendo que o fornecimento de habitação ao trabalhador rural continua tendo natureza salarial, porquanto a lei específica (Lei nº 5.889/1973) disciplina a matéria. Logo, entendo que não cabe aplicação da CLT, que se aplica apenas subsidiariamente ao rurícola.

conveniência do empregador (para ter a empregada sempre por perto, à disposição, bem como até mesmo para deixar de gastar com o vale-transporte) e não como retribuição pelo trabalho.

Se a **moradia** for fornecida em **local diverso daquele onde são prestados os serviços**, poderão as despesas ser descontadas, **desde que essa possibilidade tenha sido expressamente acordada entre as partes** (art. 18, § 2º, da LC nº 150/2015). No caso, naturalmente, a parcela *in natura* passa a ter natureza salarial, integrando o salário do empregado para todos os fins.

16.10.6. Utilidades sem natureza salarial

Há várias hipóteses legais de exclusão expressa da natureza salarial de algumas utilidades, sendo que decorre tanto da própria *natureza da parcela*, como ocorre com todas as utilidades fornecidas *para* o trabalho, quanto por questões de *política legislativa*, a fim de incentivar a concessão de determinadas utilidades pelo empregador, mediante a desoneração dos encargos que incidiriam sobre elas se fosse considerada somente sua natureza.

Neste sentido, o art. 458, § 2º, da CLT, *in verbis:*[79]

Art. 458. (...)

§ 2º Para os efeitos previstos neste artigo, **não serão consideradas como salário** as seguintes utilidades concedidas pelo empregador: (grifos meus)

I – vestuários, equipamentos e outros acessórios fornecidos aos empregados e utilizados no local de trabalho, para a prestação do serviço;

II – educação, em estabelecimento de ensino próprio ou de terceiros, compreendendo os valores relativos a matrícula, mensalidade, anuidade, livros e material didático;

III – transporte destinado ao deslocamento para o trabalho e retorno, em percurso servido ou não por transporte público;

IV – assistência médica, hospitalar e odontológica, prestada diretamente ou mediante seguro-saúde;

V – seguros de vida e de acidentes pessoais;

VI – previdência privada;

VII – (Vetado) (Incluído pela Lei nº 10.243, de 19.06.2001)

VIII – o valor correspondente ao vale-cultura.

[...]

§ 5º O valor relativo à assistência prestada por serviço médico ou odontológico, próprio ou não, inclusive o reembolso de despesas com medicamentos, óculos, aparelhos ortopédicos, próteses, órteses, despesas médico-hospitalares e outras similares, mesmo quando concedido em diferentes modalidades de planos e coberturas, não integram o salário do empregado para qualquer efeito nem o salário de contribuição, para efeitos do previsto na alínea q do § 9º do art. 28 da Lei nº 8.212, de 24 de julho de 1991.

Quanto às utilidades elencadas no inciso I, não há qualquer dúvida: trata-se de instrumentos de trabalho, razão pela qual, por sua própria natureza, não possuem feição salarial.

As utilidades mencionadas nos incisos II, IV, V, VI e VIII, bem como no novel §5º, tiveram sua natureza salarial retirada por opção do legislador, a fim de estimular a concessão pelo empregador, dada a sua importância para a melhoria da condição social do

---

[79] O § 5º deste artigo foi incluído pela Lei nº 13.467/2017.

trabalhador. Com efeito, estamos aí diante de uma clara desoneração do Estado, que não cumpre seus objetivos básicos (por exemplo, fornecer educação, saúde e um sistema de previdência decentes) e atribui à sociedade a responsabilidade de fazê-lo.

Em relação ao transporte destinado ao percurso casa/trabalho/casa do empregado, também constitui hipótese de fornecimento *para* o trabalho. Aliás, **o vale-transporte não tem natureza salarial**, não só pela previsão genérica do inciso III do artigo em análise, mas também por força de disposição expressa da lei que o instituiu (art. 2º, "a", da Lei nº 7.418/1985, c/c o art. 111, I, do Decreto nº 10.854/2021).

O vale-transporte é direito do trabalhador urbano, rural e doméstico, e visa custear as despesas de deslocamento no percurso residência/trabalho e trabalho/residência, através de transporte coletivo público urbano, intermunicipal ou interestadual, consoante dispõe o art. 1º da Lei nº 7.418/1985[80]. O empregador, entretanto, não é obrigado a custear o transporte do trabalhador em transporte privado coletivo e transporte público individual (art. 108, parágrafo único, do Decreto nº 10.854/2021).

Caso o empregador forneça diretamente o transporte ao empregado (seja através de veículo próprio, seja por meio de fretamento), fica naturalmente desobrigado de fornecer o vale-transporte.

Para que faça jus ao benefício o empregado deve optar pelo recebimento do vale--transporte, bem como declarar que satisfaz os requisitos legais, ou seja, que realmente precisa utilizar transporte coletivo público para chegar ao local de trabalho (art. 112 do Decreto nº 10.854/2021).

A interpretação dominante na jurisprudência, durante muito tempo, foi no sentido de que cabia ao empregado o ônus de comprovar que satisfaz os requisitos indispensáveis à obtenção do vale-transporte. Neste sentido, a antiga OJ 215 da SDI-1 do TST.

Todavia, tal entendimento foi superado na jurisprudência do TST, primeiro com o cancelamento da OJ 215 pela Resolução 175/2011 e, posteriormente, com a edição da Súmula 460:

Súm. 460. Vale-transporte. Ônus da prova – Res. 209/2016, *DEJT* divulgado em 01, 02 e 03.06.2016.

É do empregador o ônus de comprovar que o empregado não satisfaz os requisitos indispensáveis para a concessão do vale-transporte ou não pretenda fazer uso do benefício.

O art. 110, *caput*, do Decreto nº 10.854/2021 dispõe que "**é vedado ao empregador substituir o vale-transporte por antecipação em dinheiro ou qualquer outra forma de pagamento, exceto quanto ao empregador doméstico** (...)". Assim, em princípio não é válida a prática de conceder o vale-transporte em dinheiro ao empregado, mas a jurisprudência o tem admitido, sem que a parcela passe, por isso, a ter natureza salarial. Neste sentido, os seguintes arestos:

[...] 4 – VALE-TRANSPORTE. INTEGRAÇÃO DO VALOR DA PASSAGEM PAGA EM PE-CÚNIA. Esta Corte, com base no art. 2º, "a" e "b", da Lei 7.418/85, tem firmado entendimento no sentido de que o fornecimento do vale transporte em dinheiro não altera a natureza jurídica indenizatória da parcela. Precedentes. Recurso de revista não conhecido. [...] (TST,

[80] Art. 1º Fica instituído o vale-transporte, que o empregador, pessoa física ou jurídica, antecipará ao empregado para utilização efetiva em despesas de deslocamento residência-trabalho e vice-versa, através do sistema de transporte coletivo público, urbano ou intermunicipal e/ou interestadual com características semelhantes aos urbanos, geridos diretamente ou mediante concessão ou permissão de linhas regulares e com tarifas fixadas pela autoridade competente, excluídos os serviços seletivos e os especiais.

2ª Turma, RR-181900-33.2013.5.17.0010, Rel. Min. Delaíde Miranda Arantes, j. 10.04.2019, *DEJT* 12.04.2019).

[...] VALE-TRANSPORTE. PAGAMENTO EM PECÚNIA. NATUREZA SALARIAL RECO-NHECIDA. INVIABILIDADE ANTE O DISPOSTO NA LEI Nº 7.418/85. O Tribunal Regional entendeu que a referida verba possui natureza indenizatória, em consonância com a jurisprudência do TST, que aponta no sentido de que a concessão do benefício em dinheiro não tem o condão de alterar a natureza jurídica do vale transporte, visto que a lei, de forma expressa, lhe atribui natureza indenizatória. Dessa forma, é imperiosa a manutenção do r. acórdão. Precedentes. Inteligência da Súmula 333/TST. Recurso de revista não conhecido. [...] (TST, 3ª Turma, RR-947-86.2015.5.09.0411, Rel. Min. Alexandre de Souza Agra Belmonte, j. 10.10.2018, 3ª Turma, *DEJT* 11.10.2018).

Admite-se, também, atualmente **de forma expressa** (art. 19, parágrafo único, da LC nº 150/2015), **a substituição pelo equivalente em dinheiro do vale-transporte devido ao empregado doméstico**.

O empregador pode descontar do salário do empregado **até 6% de seu salário***base*, a título de participação no custeio do vale-transporte (art. 4º, parágrafo único, da Lei nº 7.418/1985). Significa que, se os vales-transporte custaram menos de 6% do salário-base do empregado, cabe a ele custear toda a despesa. Se, ao contrário, custaram mais de 6%, o desconto é limitado a este percentual, e o empregador deve pagar a diferença. Imaginemos dois exemplos que ilustram a regra:

1º) O salário básico do empregado é R$ 3.000,00 e ele gasta R$ 120,00 por mês com o transporte (vale-transporte). Nesta hipótese, o empregado arcará sozinho com os R$ 120,00, pois o valor é inferior a 6% de seu salário-base (que seria R$ 180,00).

2º) O salário básico do empregado é R$ 1.320,00 e ele gasta R$ 120,00 por mês com o transporte (vale-transporte). Neste caso, o empregado participará com 6% do seu salário-base (R$ 79,20), que é o limite legal, mediante desconto em seu salário, e o empregador pagará o restante (R$ 40,80).

Advirta-se que **o vale-transporte é uma opção do trabalhador**, que pode preferir não o receber, até porque participará de seu custeio através de desconto salarial. Assim, se o trabalhador preferir ir para o trabalho de bicicleta, a fim de economizar o desconto de 6% de seu salário-base, o empregador nada lhe deverá a este título.

Finalmente, prevê o art. 112, § 3º, do Decreto nº 10.854/2021, que a declaração falsa, seja em relação ao endereço, ou ainda acerca da necessidade do uso do vale-transporte, bem como o uso indevido do benefício, constituem falta grave, que pode ensejar a dispensa motivada.

Além das utilidades mencionadas no § 2º do art. 458 da CLT, há outras espalhadas por leis específicas que também não possuem natureza salarial. Neste diapasão, mencionem-se os seguintes casos:

a) Trabalhador rural e infraestrutura para produção de subsistência

Dispõe o art. 9º, § 5º, da Lei nº 5.889/1973, *in verbis*:

Art. 9º (...)

§ 5º A cessão pelo empregador, de moradia e de sua infraestrutura básica, assim como bens destinados à produção para sua subsistência e de sua família, não integram o salário do trabalhador rural, desde que caracterizados como tais, em contrato escrito celebrado entre as partes, com testemunhas e notificação obrigatória ao respectivo sindicato de trabalhadores rurais.

(...)

Portanto, temos aí mais uma hipótese de fornecimento de utilidade sem caráter salarial, por força de lei.

b) Previsão em norma coletiva

Não há dúvida de que a norma coletiva pode estipular a obrigação do empregador de conceder determinadas utilidades ao empregado. É comum, por exemplo, a norma coletiva estipular o fornecimento de cesta básica mensalmente aos trabalhadores.

A grande indagação diz respeito à possibilidade de a norma coletiva, além de estipular a obrigatoriedade de concessão de determinada utilidade, estabelecer a natureza indenizatória desta prestação, ou seja, retirar-lhe a natureza salarial e os reflexos daí decorrentes.

A possibilidade é controvertida na doutrina, que tende a negá-la. Não obstante, **o TST tende a aceitá-la, notadamente em relação à alimentação**. Neste sentido, a OJ 123 e a OJ Transitória 61, ambas da SDI-1:

OJ-SDI1-123. Bancários. Ajuda alimentação (inserida em 20.04.1998).

A ajuda alimentação prevista em norma coletiva em decorrência de prestação de horas extras tem natureza indenizatória e, por isso, não integra o salário do empregado bancário.

OJ-SDI1T-61. Auxílio cesta-alimentação previsto em norma coletiva. CEF. Cláusula que estabelece natureza indenizatória à parcela. Extensão aos aposentados e pensionistas. Impossibilidade (*DJ* 14.03.2008).

Havendo previsão em cláusula de norma coletiva de trabalho de pagamento mensal de auxílio cesta-alimentação somente a empregados em atividade, dando-lhe caráter indenizatório, é indevida a extensão desse benefício aos aposentados e pensionistas. Exegese do art. 7º, XXVI, da Constituição Federal.

SALÁRIO-UTILIDADE
Requisitos: • Utilidade fornecida **habitualmente**. • Natureza contraprestativa (pelo trabalho, e não *para* o trabalho; se a utilidade for híbrida, não será salário). • Utilidade benéfica ao empregado. • Natureza salarial não afastada por lei. • Concessão gratuita, salvo se o valor for desprezível (requisito controvertido!).
Valor das utilidades: • Habitação: até 25% do salário **contratual**, e limitada ao valor real.
Rurícola: • A utilidade somente poderá ser descontada com autorização do empregado. • As hipóteses legais são taxativas (moradia e alimentação sadia e farta). • Os percentuais sempre incidirão sobre o salário mínimo. • Habitação: até 20% do salário mínimo. • Alimentação: até 25% do salário mínimo.

SALÁRIO-UTILIDADE

Doméstico:

• Não é admitido o desconto de moradia (no local de trabalho), vestuário, higiene e alimentação, bem como despesas com transporte, hospedagem e alimentação em caso de acompanhamento em viagem.

• Se a moradia for concedida em local diverso ao de trabalho, pode haver o desconto, desde que autorizado pelo empregado.

Utilidades sem natureza salarial:

• Vestuários, equipamentos e outros acessórios fornecidos aos empregados e utilizados no local de trabalho, para a prestação do serviço (inclui uniformes e EPIs).

• Educação, em estabelecimento de ensino próprio ou de terceiros, compreendendo os valores relativos a matrícula, mensalidade, anuidade, livros e material didático.

• Transporte destinado ao deslocamento para o trabalho e retorno, em percurso servido ou não por transporte público (inclusive vale-transporte).

• Assistência médica, hospitalar e odontológica, prestada diretamente ou mediante seguro-saúde.

• Seguros de vida e de acidentes pessoais.

• Previdência privada.

• Valor correspondente ao vale-cultura.

• Alimentação fornecida nos termos do Programa de Alimentação do Trabalhador – PAT, ou auxílio-alimentação, em qualquer caso.

• Para o trabalhador rural, a moradia e infraestrutura básica, e bens destinados à subsistência.

• Previsão expressa em norma coletiva.

16.11. TEMPO DE PAGAMENTO DO SALÁRIO

A estipulação do salário, qualquer que seja a modalidade empregada (por unidade de tempo, por unidade de obra ou por tarefa), deve obedecer ao disposto no art. 459 da CLT:

Art. 459. O pagamento do salário, qualquer que seja a modalidade do trabalho, não deve ser estipulado por período superior a 1 (um) mês, salvo no que concerne a comissões, percentagens e gratificações.

§ 1º Quando o pagamento houver sido estipulado por mês, deverá ser efetuado, o mais tardar, até o quinto dia útil do mês subsequente ao vencido.

(...)

Portanto, a regra é o parâmetro mensal como tempo para pagamento do salário. Dada a característica de pós-numeração, o salário é pago depois que os serviços são prestados, e o prazo, como regra geral (pagamento estipulado por mês), é até o quinto dia útil do mês subsequente ao vencido.

Até o quinto dia útil significa que este é o último dia para pagamento tempestivo do salário. Como o sábado é dia útil (ainda que não trabalhado, como no caso do bancário), se o quinto dia útil recair no sábado e a empresa não funcionar neste dia, cabe ao empregador antecipar o pagamento.

Doméstico: o salário do doméstico deve ser pago até o dia sete do mês subsequente (art. 35 da Lei Complementar nº 150/2015).

As comissões e percentagens devem, em princípio, ser pagas mensalmente, mas poderão as partes, mediante acordo individual (ou seja, entre empregador e empregado), estipular outra periodicidade, que será, no máximo, trimestral, nos termos do disposto no art. 4º da Lei nº 3.207/1957. Reitere-se, por oportuno, que, neste caso, o empregador é obrigado a garantir o salário mínimo nos meses em que o empregado não receba as comissões, com fundamento no art. 7º, VII, da CRFB/88.

Embora a questão da correção monetária não esteja atualmente em voga, é interessante conhecer os termos da Súmula 381 do TST, que pode ser cobrada em prova:

> Súm. 381. Correção monetária. Salário. Art. 459 da CLT. Res. 129/2005, *DJ* 20, 22 e 25.04.2005.
>
> O pagamento dos salários até o 5º dia útil do mês subsequente ao vencido não está sujeito à correção monetária. Se essa data limite for ultrapassada, incidirá o índice da correção monetária do mês subsequente ao da prestação dos serviços, a partir do dia 1º.

Portanto, se o salário for pago no prazo legal, não há se falar em correção monetária. Esta incidirá, entretanto, caso houver atraso no pagamento, a partir do dia em que o salário é "adquirido", ou seja, a partir do primeiro dia do mês subsequente àquele em que os serviços foram prestados.

16.11.1. Mora contumaz e débito salarial

O empregador que deixa de pagar o salário no prazo legal encontra-se em *débito salarial*, conforme dispõe o art. 1º, parágrafo único, do Decreto-Lei nº 368/1968[81].

Por sua vez, considera-se em *mora contumaz* o empregador que deixa de pagar os salários por período igual ou superior a três meses, sem motivo grave e relevante (art. 2º, § 1º)[82].

O objetivo do Decreto-Lei nº 368/1968 é imputar ao empregador que se encontra em débito salarial ou mora contumaz restrições de direitos, ante a gravidade do ato de sonegar aos seus empregados parcelas cuja natureza é alimentar. Assim, o art. 1º dispõe sobre os efeitos do débito salarial:

> Art. 1º A empresa em débito salarial com seus empregados não poderá:
>
> I – pagar honorário, gratificação, *pro labore* ou qualquer outro tipo de retribuição ou retirada a seus diretores, sócios, gerentes ou titulares da firma individual;
>
> II – distribuir quaisquer lucros, bonificações, dividendos ou interesses a seus sócios, titulares, acionistas, ou membros de órgãos dirigentes, fiscais ou consultivos;
>
> III – ser dissolvida.
>
> (...)

Em relação à empresa que se encontra em situação de mora contumaz, além das proibições do art. 1º, não poderá ser favorecida com qualquer benefício de natureza fiscal, tributária ou financeira, por parte de órgãos da União, dos Estados ou dos Municípios, ou de que estes participem (art. 2º, *caput*).

---

[81] Art. 1º (...)
Parágrafo único. Considera-se em débito salarial a empresa que não paga, no prazo e nas condições da lei ou do contrato, o salário devido a seus empregados.

[82] Art. 2º (...)
§ 1º Considera-se mora contumaz o atraso ou sonegação de salários devidos aos empregados, por período igual ou superior a 3 (três) meses, sem motivo grave e relevante, excluídas as causas pertinentes ao risco do empreendimento. (...)

O processo de apuração de débito salarial e mora contumaz tem início na Superintendência Regional do Trabalho – SRT, a partir de denúncia do empregado ou da entidade sindical respectiva. O processo administrativo é sumário, mas assegura-se ao interessado a ampla defesa.

Depois de encerrado, o processo é remetido ao órgão competente em matéria de trabalho para emissão de parecer conclusivo.

A infração à proibição contida nos incisos I e II do art. 1º supramencionado deve ser representada pelo chefe da unidade regional de multas e recursos ao Ministério Público Federal[83], para instauração de ação penal, e sujeita a empresa à multa administrativa e o agente à pena de detenção, de um mês a um ano.

Há que se esclarecer, por fim, que a mora salarial constitui hipótese de rescisão indireta do contrato de trabalho, nos termos do art. 483, "d", da CLT. Consoante a Súmula 13 do TST, *"o só pagamento dos salários atrasados em audiência não ilide a mora capaz de determinar a rescisão do contrato de trabalho."*

16.12. LOCAL E FORMA DE PAGAMENTO DO SALÁRIO

As regras quanto à forma e ao local de pagamento do salário constam dos arts. 464 e 465 da CLT:

Art. 464. O pagamento do salário deverá ser efetuado contra recibo, assinado pelo empregado; em se tratando de analfabeto, mediante sua impressão digital, ou, não sendo esta possível, a seu rogo[84].

Parágrafo único. Terá força de recibo o comprovante de depósito em conta bancária, aberta para esse fim em nome de cada empregado, com o consentimento deste, em estabelecimento de crédito próximo ao local de trabalho.

Art. 465. O pagamento dos salários será efetuado em dia útil e no local do trabalho, dentro do horário do serviço ou imediatamente após o encerramento deste, salvo quando efetuado por depósito em conta bancária, observado o disposto no artigo anterior.

Os dispositivos são autoexplicativos, não demandando maiores considerações. Observe-se apenas que o recibo de pagamento, além de assinado pelo empregado, deve também ser datado pelo mesmo, a fim de que se possa comprovar a regularidade do prazo do pagamento de salário junto ao órgão fiscalizador das relações de trabalho (Subsecretaria de Inspeção do Trabalho). O fundamento é o art. 320 do Código Civil[85], aplicável à espécie por força do art. 8º da CLT, ante a lacuna da norma específica.

Como regra, não se admite o recebimento do salário por procurador, salvo se o empregador tiver como provar que salário reverteu efetivamente ao trabalhador.

16.13. SISTEMAS DE GARANTIAS SALARIAIS

Tendo em vista a característica de verba alimentar atribuída ao salário, o legislador cuidou de estabelecer uma rede de proteção ao direito do obreiro. Em outras palavras,

---

[83] Nesse sentido, o art. 116 da Portaria MTP nº 671/2021.

[84] Assinatura a rogo é aquela feita por um terceiro em nome de outra pessoa, impossibilitada de assinar, sendo o fato confirmado por duas testemunhas.

[85] (CCB) Art. 320. A quitação, que sempre poderá ser dada por instrumento particular, designará o valor e a espécie de dívida quitada, o nome do devedor, ou quem por este pagou, o tempo e o lugar do pagamento, com a assinatura do credor, ou do seu representante. (...)

como o trabalhador necessita do salário, como regra geral, para sobrevivência sua e de sua família, a lei procura dificultar a apropriação desta verba, seja pelo próprio empregador, pelos credores do empregador ou pelos credores do próprio empregado.

O sistema de garantias salariais se funda em alguns mecanismos legalmente previstos, os quais serão analisados a seguir.

16.13.1. Proteção quanto ao valor (irredutibilidade salarial)

É vedado ao empregador, conforme previsto na CRFB, art. 7º, VI, reduzir o salário nominal do empregado. Frise-se: **é irredutível, em regra, o *salário nominal*.** Não há, entretanto, garantia de manutenção do salário real, ou seja, do poder aquisitivo do salário.

Questiona-se a possibilidade de fixação do salário profissional, ou do salário convencional, em determinado número de salários mínimos, em face da proibição de vinculação do salário mínimo *para qualquer fim* (art. 7º, IV, da CRFB).

Esta sistemática, largamente utilizada na prática, visava exatamente garantir, de certa forma, o poder aquisitivo dos salários destas categorias profissionais. Ao longo de muito tempo, a doutrina e a jurisprudência, notadamente na seara trabalhista, tinham como pacífico o entendimento de que a vedação à vinculação do salário mínimo não seria dirigida ao Direito do Trabalho. Ao contrário, dirigir-se-ia tão somente ao mercado em geral e à economia, como forma de evitar a indexação de preços e salários, o que acabava frustrando o ideal de valorização real do salário mínimo.

Não obstante, este entendimento foi posto em xeque pelo STF, ao editar a Súmula Vinculante 4, a qual vedou a utilização do salário mínimo "como indexador de base de cálculo de vantagem de servidor público **ou de empregado**". Portanto, embora a questão ainda esteja, de certa forma, aberta[86], **a tendência é a desvinculação do salário mínimo, inclusive para fins trabalhistas**.

A *irredutibilidade salarial* encontra algumas **exceções**:

a) a regra não se aplica caso decorra de negociação coletiva, consubstanciada em instrumento coletivo de trabalho (ACT ou CCT). Neste caso, a maioria da doutrina entende que é necessário o que Maurício Godinho Delgado[87] chama de *motivação tipificada*. Segundo a tese, não poderia o sindicato simplesmente acatar a redução salarial sem qualquer motivação e/ou contrapartida (vantagem) deferida ao trabalhador. Exemplo: em meio a uma grave crise econômica, é razoável que o sindicato firme com uma grande empresa um acordo de redução temporária de jornada com a redução proporcional dos salários, a fim de evitar a demissão em massa dos trabalhadores. Por sua vez, não seria razoável, por exemplo, que os empregados continuassem cumprindo a mesma jornada e tivessem o salário reduzido, ainda que autorizado em instrumento coletivo de trabalho.

Não obstante, **os §§ 2º e 3º do art. 611-A da CLT**, incluídos pela Lei nº 13.467/2017, **dispensam a observância da motivação tipificada**, senão vejamos:

§ 2º A inexistência de expressa indicação de contrapartidas recíprocas em convenção coletiva ou acordo coletivo de trabalho não ensejará sua nulidade por não caracterizar um vício do negócio jurídico.

---

[86] O TST ainda não cancelou a OJ 71 da SDI-2, a qual dispõe que "a estipulação do salário profissional em múltiplos do salário mínimo não afronta o art. 7º, inciso IV, da Constituição Federal de 1988, só incorrendo em vulneração do referido preceito constitucional a fixação de correção automática do salário pelo reajuste do salário mínimo".
[87] DELGADO, Maurício Godinho. *Curso de Direito do Trabalho*, p. 709.

§ 3º Se for pactuada cláusula que reduza o salário ou a jornada, a convenção coletiva ou o acordo coletivo de trabalho deverão prever a proteção dos empregados contra dispensa imotivada durante o prazo de vigência do instrumento coletivo.

Portanto, ao menos em princípio a norma coletiva que venha a estabelecer a redução de salários não precisa dispor sobre a redução proporcional da jornada, bastando que preveja a proteção dos empregados contra dispensa sem justa causa durante o prazo em que estiver em vigor o instrumento coletivo de trabalho. No mesmo sentido, aparentemente a tese firmada pelo STF, quando do julgamento do ARE 1121633[88], dispondo que "são constitucionais os acordos e as convenções coletivos que, ao considerarem a adequação setorial negociada, pactuam limitações ou afastamentos de direitos trabalhistas, **independentemente da explicitação especificada de vantagens compensatórias**, desde que respeitados os direitos absolutamente indisponíveis" (grifos meus).

b) a irredutibilidade não alcança parcelas de salário condição. Com efeito, parcelas pagas em virtude de determinada condição mais gravosa ao empregado (adicionais em geral), ou mesmo de uma circunstância temporária (gratificação por exercício de função de confiança), não aderem ao patrimônio jurídico do empregado, podendo ser suprimidas a qualquer tempo, assim que cessar a causa de seu pagamento. Exemplo: empregado que recebia adicional noturno e é transferido para o turno diurno deixa de receber o adicional.

16.13.2. Proteção quanto ao valor mínimo do salário

A lei estabelece imperativamente um valor mínimo que cada trabalhador deve receber como contraprestação por seu trabalho.

O padrão geral é o salário mínimo legal. Não obstante, há vários outros pisos estipulados diretamente por lei, pelas próprias categorias profissionais, ou ainda pela Justiça do Trabalho, em sede dos dissídios coletivos de trabalho.

16.13.2.1. Salário mínimo legal

O salário mínimo, aplicável à generalidade dos trabalhadores na falta de outro piso mais vantajoso aplicável, já era previsto no art. 76 da CLT:

Art. 76. Salário mínimo é a contraprestação mínima devida e paga **diretamente pelo empregador** a todo trabalhador, inclusive ao trabalhador rural, sem distinção de sexo, por dia normal de serviço, e capaz de satisfazer, em determinada época e região do País, *as suas necessidades normais* de alimentação, habitação, vestuário, higiene e transporte. (grifos meus)

Observe-se que **a garantia do salário mínimo legal é obrigação do empregador, que deve fazê-lo diretamente**. Assim, o empregado que recebe gorjetas não pode ter o mínimo garantido a partir do resultado da soma do salário mais as gorjetas, devendo ser o salário pelo menos igual ao mínimo legal.

Com o advento da CRFB/1988, algumas mudanças importantes ocorreram:

Art. 7º São direitos dos trabalhadores urbanos e rurais, além de outros que visem à melhoria de sua condição social:

(...)

88   Tema 1.046 de Repercussão Geral.

IV – salário mínimo, *fixado em lei*, *nacionalmente unificado*, capaz de atender *a suas necessidades vitais básicas e às de sua família* com moradia, alimentação, educação, saúde, lazer, vestuário, higiene, transporte e previdência social, com reajustes periódicos que lhe preservem o poder aquisitivo, *sendo vedada sua vinculação para qualquer fim*;

(...)

Assim, a CRFB unificou o salário mínimo, que até então era regionalizado; tornou obrigatória sua fixação em lei, ao contrário do regime anterior, em que o salário mínimo era fixado por decreto; ampliou o espectro de abrangência da teórica suficiência do salário mínimo, não só ao dispor que o salário mínimo atenderá às necessidades do trabalhador *e de sua família*, mas também ao incluir no rol de parcelas que deveriam ser suficientemente custeadas pelo salário mínimo a educação, a saúde, o lazer e a previdência social; por derradeiro, a CRFB vedou a vinculação do salário mínimo para qualquer fim.

Sempre que o empregado recebe um complexo salarial formado por salário-base mais sobressalários, a garantia do mínimo se refere ao total (complexo salarial), e não ao salário-base. Neste sentido, a SDI-1 do TST editou a OJ 272, nos seguintes termos:

> OJ-SDI1-272. Salário mínimo. Servidor. Salário-base inferior. Diferenças. Indevidas (inserida em 27.09.2002).
>
> A verificação do respeito ao direito ao salário mínimo não se apura pelo confronto isolado do salário-base com o mínimo legal, mas deste com a soma de todas as parcelas de natureza salarial recebidas pelo empregado diretamente do empregador.

A situação, de fato, é comum no serviço público, em que o salário-base do empregado (trata-se aqui do servidor público regido pela CLT, é claro) muitas vezes é fixado em valor bem baixo, menor até que o salário mínimo, e sobre este valor incide um sem número de gratificações. Durante muito tempo se discutiu se seriam devidas as diferenças entre o salário-base e o salário mínimo, o que foi negado pela jurisprudência, tendo em vista que a garantia do salário mínimo não passa somente pelo valor do salário-base, e sim de todas as parcelas salariais recebidas.

No mesmo sentido da OJ 272, a Súmula Vinculante 16 do STF dispõe que "os artigos 7º, IV, e 39, § 3º (redação da EC 19/1998), da Constituição, referem-se ao total da remuneração percebida pelo servidor público".

Também é relevante esclarecer que o salário mínimo fixado em lei é o mínimo que pode ser pago para a jornada padrão de trabalho, qual seja, 8h por dia, 44h por semana e 220h por mês. Assim, caso o empregado cumpra jornada parcial, seu salário será proporcional, **salvo se beneficiário de jornada reduzida fixada por norma jurídica**. Neste sentido, a OJ 358 do TST, cuja redação foi alterada pela Res. 202/2016 do TST:

> OJ-SDI1-358. SALÁRIO MÍNIMO E PISO SALARIAL PROPORCIONAL À JORNADA REDUZIDA. EMPREGADO. SERVIDOR PÚBLICO (redação alterada na sessão do Tribunal Pleno realizada em 16.2.2016). Res. 202/2016, *DEJT* divulgado em 19, 22 e 23.02.2016.
>
> I – Havendo contratação para cumprimento de jornada reduzida, inferior à previsão constitucional de oito horas diárias ou quarenta e quatro semanais, é lícito o pagamento do piso salarial ou do salário mínimo proporcional ao tempo trabalhado.
>
> II – Na Administração Pública direta, autárquica e fundacional não é válida remuneração de empregado público inferior ao salário mínimo, ainda que cumpra jornada de trabalho reduzida. Precedentes do Supremo Tribunal Federal.

Ratificando o entendimento consubstanciado no item II da OJ 358, o STF, ao apreciar, aos 05.08.2022, o Tema 900 da Repercussão Geral (RE 964.659/RS), fixou tese neste mesmo sentido, como demonstra a ementa:

Direito Constitucional e Administrativo. Remuneração inferior a um salário mínimo percebida por servidor público civil que labore em jornada de trabalho reduzida. Impossibilidade. Violação do art. 7º, inciso IV, e do art. 39, § 3º, da CF. Violação do valor social do trabalho, da dignidade da pessoa humana e do mínimo existencial. Recurso extraordinário provido.

1. O pagamento de remuneração inferior ao salário mínimo ao servidor público civil que labore em jornada de trabalho reduzida contraria o disposto no art. 7º, inciso IV, e no art. 39, § 3º, da CF, bem como o valor social do trabalho, o princípio da dignidade da pessoa humana, o mínimo existencial e o postulado da vedação do retrocesso de direitos sociais.

2. Restrição inconstitucional ao direito fundamental imposta pela lei municipal, por conflitar com o disposto no art. 39, § 3º, da Carta da República, que estendeu o direito fundamental ao salário mínimo aos servidores públicos, sem nenhum indicativo de que esse poderia ser flexibilizado, pago a menor, mesmo em caso de jornada reduzida ou previsão em legislação infraconstitucional.

3. Lidos em conjunto, outro intuito não se extrai do art. 7º, inciso IV, e do art. 39, § 3º, da Constituição Federal que não a garantia do mínimo existencial para os integrantes da administração pública direta e indireta, com a fixação do menor patamar remuneratório admissível nos quadros da administração pública.

4. Recurso extraordinário ao qual se dá provimento, com a formulação da seguinte tese para fins de repercussão geral: "[é] **defeso o pagamento de remuneração em valor inferior ao salário mínimo ao servidor público, ainda que labore em jornada reduzida de trabalho**". (grifos meus)

(STF, RE 964.659/RS, Rel. Min. Dias Toffoli, j. 05.08.2022, *DJe* 01.09.2022)

Há que se tomar cuidado com a questão das categorias regulamentadas por leis específicas, ou mesmo tratadas de forma diferenciada pela CLT. Nestes casos, o salário mínimo se refere à jornada estabelecida na regra especial, não havendo que se falar em pagamento proporcional com base no divisor 220, aplicável à jornada padrão de trabalho.

Por fim, anote-se que, nos termos da Súmula Vinculante 6, do STF, "não viola a Constituição o estabelecimento de remuneração inferior ao salário mínimo para as praças prestadoras de serviço militar inicial".

16.13.2.2. *Pisos estaduais*

Embora tenha unificado o salário mínimo para todo o país, a CRFB deixou aberta a possibilidade de criação, desde que autorizada por Lei Complementar, de pisos estaduais em cada um dos Estados-membros, e desde que em valores superiores ao fixado para o salário mínimo legal.

A Lei Complementar nº 103/2000 autorizou os Estados a fixarem seus respectivos pisos salariais. Atualmente, vários Estados possuem pisos salariais, como Paraná, Rio de Janeiro, Rio Grande do Sul e São Paulo.

A fim de não desnaturar a ideia de unificação do salário mínimo legal, **os pisos salariais definidos pelos Estados não podem fixar um valor único como salário mínimo estadual**, sob pena de retornar à situação anterior a 1988, em que existiam os salários mínimos regionais. A solução foi estipular vários pisos salariais, conforme a função desempenhada pelo trabalhador, e sempre em valores superiores ao do salário mínimo legal.

16.13.2.3. Salário profissional

É o piso salarial fixado **em lei** e válido para os trabalhadores integrantes de categoria profissional cujo ofício seja legalmente regulamentado.

Exemplo: médicos, engenheiros. Aliás, o salário profissional de médicos e engenheiros é pacificamente reconhecido pela jurisprudência, conforme Súmula 370 do TST:

Súm. 370. Médico e engenheiro. Jornada de trabalho. Leis nº 3.999/1961 e 4.950-A/1966. Res. 129/2005, *DJ* 20, 22 e 25.04.2005.

Tendo em vista que as Leis nº 3.999/1961 e 4.950-A/1966 não estipulam a jornada reduzida, mas apenas estabelecem o salário mínimo da categoria para uma jornada de 4 horas para os médicos e de 6 horas para os engenheiros, não há que se falar em horas extras, salvo as excedentes à oitava, desde que seja respeitado o salário mínimo/horário das categorias.

Da mesma forma, os radiologistas, nos termos da Súmula 358 do TST:

Súm. 358. Radiologista. Salário profissional. Lei nº 7.394, de 29.10.1985 (mantida). Res. 121/2003, *DJ* 19, 20 e 21.11.2003.

O salário profissional dos técnicos em radiologia é igual a 2 (dois) salários mínimos e não a 4 (quatro).

Como mencionado anteriormente, normalmente os salários profissionais são estipulados em múltiplos do salário mínimo, o que parece ser incompatível com a Súmula Vinculante nº 4 do STF. O TST vem aplicando o piso em múltiplos do salário mínimo, vedando apenas a correção vinculada aos reajustes do salário mínimo. Neste sentido, o seguinte julgado:

RECURSO DE EMBARGOS. ENGENHEIRO. PISO SALARIAL. EMPREGADO PÚBLICO. ADPF 53. A jurisprudência do c. TST, a teor da Orientação Jurisprudencial 71 da c. SDI admite que a estipulação do salário profissional em múltiplos do salário mínimo não afronta o art. 7º, inciso IV, da Constituição Federal de 1988, só incorrendo em vulneração do referido preceito constitucional a fixação de correção automática do salário pelo reajuste do salário mínimo. Em decisão publicada em 18/3/2022 o e. STF, no julgamento da ADPF firmou tese no sentido de atribuir interpretação conforme a Constituição ao art. 5º da Lei nº 4.950-A/1966, com o congelamento da base de cálculo prevista em tal dispositivo, de modo a inviabilizar posteriores reajustes automáticos com base na variação do salário mínimo. De tal modo, julgou parcialmente procedentes os pedidos, a adotar o critério de congelar a base de cálculo dos pisos profissionais fixados na norma, adotando como marco temporal a data da publicação da ata de julgamento da ADPF 53. A v. decisão alcança os contratos de trabalho em face das "relações de emprego regidas, enquanto tais, pela Consolidação das Leis do Trabalho, tanto nas empresas privadas quanto nos órgãos e entidades da Administração Pública direta e indireta da União, dos Estados, do Distrito Federal e dos Municípios" (ADPF 53). Embargos conhecidos e parcialmente providos (TST, E-ED-Ag-ARR-11229-60.2015.5.03.0021, Subseção I Especializada em Dissídios Individuais, Rel. Min. Aloysio Correa da Veiga, *DEJT* 02.12.2022).

Aos 19.02.2022, ao julgar a ADPF nº 53/PI, **o STF ratificou o entendimento que já vinha sendo adotado no âmbito do TST**, senão vejamos:

ARGUIÇÃO DE DESCUMPRIMENTO DE PRECEITO FUNDAMENTAL. CONVERSÃO DA APRECIAÇÃO DO REFERENDO DE LIMINAR EM JULGAMENTO FINAL DE MÉRITO. **PISO SALARIAL** DOS PROFISSIONAIS DIPLOMADOS EM CURSO SUPERIOR DE ENGENHARIA, QUÍMICA, ARQUITETURA, AGRONOMIA E VETERINÁRIA (LEI Nº 9.450-A, DE 22 DE ABRIL DE 1966). SALÁRIO PROFISSIONAL **FIXADO EM MÚLTIPLOS DO**

SALÁRIO-MÍNIMO NACIONAL. ALEGADA TRANSGRESSÃO À NORMA QUE VEDA A VINCULAÇÃO DO SALÁRIO-MÍNIMO "PARA QUALQUER FINALIDADE" (CF, ART. 7º, IV, FINE). INOCORRÊNCIA DE TAL VIOLAÇÃO. CLÁUSULA CONSTITUCIONAL QUE TEM O SENTIDO DE PROIBIR O USO INDEVIDO DO SALÁRIO-MÍNIMO COMO INDEXADOR ECONÔMICO. **PRECEDENTES.**

1. Conversão do referendo de medida cautelar em julgamento definitivo do mérito. **Precedentes.**

2. Distinções entre o tratamento normativo conferido pelo texto constitucional às figuras jurídicas do **salário-mínimo** (CF, art. 7º, IV) e do **piso salarial** (CF, art. 7º, IV).

3. A cláusula constitucional que veda a vinculação do salário mínimo "para qualquer finalidade" (CF, art. 7º, IV, *fine*) tem o sentido proibir a sua indevida utilização como indexador econômico, de modo a preservar o poder aquisitivo inerente ao salário mínimo contra os riscos decorrentes de sua exposição às repercussões inflacionárias negativas na economia nacional resultantes da indexação de salários e preços.

4. Além disso, a norma protetiva inserida no quadro do sistema constitucional de garantias salariais (CF, art. 7º, IV, *fine*) protege os trabalhadores em geral contra o surgimento de conjunturas político-econômicas que constituam obstáculo ou tornem difícil a implementação efetiva de planos governamentais de progressiva valorização do salário-mínimo, motivadas pela aversão aos impactos econômicos indesejados que, por efeito da indexação salarial, atingiriam as contas públicas, especialmente as despesas com o pagamento de servidores e empregados públicos.

5. O texto constitucional (CF, art. 7º, IV, *fine*) **não proíbe** a utilização de múltiplos do salário-mínimo como **mera referência paradigmática** para definição do valor justo e proporcional do piso salarial destinado à remuneração de categorias profissionais especializadas (CF, art. 7º, V), **impedindo**, no entanto, **reajustamentos automáticos futuros**, destinados à adequação do salário inicialmente contratado aos **novos** valores vigentes para o salário-mínimo nacional.

6. Fixada interpretação conforme à Constituição, com adoção da técnica do congelamento da base de cálculo dos pisos salariais, a fim de que sejam calculados de acordo com o valor do salário-mínimo vigente **na data da publicação da ata da sessão de julgamento**. Vencida, no ponto, e apenas quanto ao marco referencial do congelamento, a Ministra Relatora, que o fixava na data do trânsito em julgado da decisão.

7. Arguição de descumprimento **conhecida, em parte**. Pedido **parcialmente procedente**. (grifos no original)

(STF, ADPF 53/PI, Rel. Min. Rosa Weber, j. 21.02.2022, *DJe* 18.03.2022)

16.13.2.4. Salário normativo e salário convencional

Salário normativo é o piso salarial estipulado em sentença normativa, válido para a categoria profissional envolvida no dissídio coletivo.

Salário convencional, por sua vez, é o piso salarial estipulado em instrumento coletivo de trabalho (ACT ou CCT), válido para a respectiva categoria de trabalhadores.

Na prática estes conceitos são bastante confundidos, sendo mais comum a referência ao salário convencional como *piso normativo* ou *piso da categoria*. Denomina-se ainda *salário relativo* o piso salarial determinado em norma coletiva.

16.13.2.5. Política salarial

Embora tenham sido mantidas até os dias atuais algumas orientações jurisprudenciais (OJs) referentes a questões de política salarial pretérita, é possível afirmar com segurança que, felizmente, tais verbetes não fazem parte das matérias-alvo das bancas examinadoras. Portanto, não se preocupe com elas.

A política salarial atual é estabelecida pela Lei nº 10.192/2001, que, em seu art. 10, dispõe que "os salários e as demais condições referentes ao trabalho continuam a ser fixados e revistos, na respectiva data-base anual, por intermédio da livre negociação coletiva".

Com efeito, a política salarial é estabelecida como forma de balizar a atuação autônoma dos sindicatos, evitando danos à economia do país e notadamente coibindo a adoção de medidas que possam facilitar o crescimento do processo inflacionário.

Neste diapasão, a Lei nº 10.192/2001 proíbe a estipulação ou fixação de cláusula de reajuste ou correção salarial automática vinculada a índice de preços (art. 13, *caput*), bem como a concessão de aumento salarial a título de produtividade sem fundamento em fatores objetivos (art. 13, § 2º).

Por isso, a Súmula 375 do TST estabelece que "os reajustes salariais previstos em norma coletiva de trabalho não prevalecem frente à legislação superveniente de política salarial".

Neste mesmo sentido, registre-se que o art. 623 da CLT, ainda em vigor, sempre tratou a questão de forma semelhante:

> Art. 623. Será nula de pleno direito disposição de Convenção ou Acordo que, direta ou indiretamente, contrarie proibição ou norma disciplinadora da política econômico-financeira do Governo ou concernente à política salarial vigente, não produzindo quaisquer efeitos perante autoridades e repartições públicas, inclusive para fins de revisão de preços e tarifas de mercadorias e serviços.
>
> (...)

No tocante aos órgãos da Administração Pública que admitem empregados sob o regime celetista, assim dispõe a OJ 100 da SDI-1 do TST:

> OJ-SDI1-100. Salário. Reajuste. Entes públicos (título alterado e inserido dispositivo). *DJ* 20.04.2005.
>
> Os reajustes salariais previstos em legislação federal devem ser observados pelos Estados-membros, suas Autarquias e Fundações Públicas nas relações contratuais trabalhistas que mantiverem com seus empregados.

16.13.3. Proteção quanto aos possíveis abusos do empregador

O empregador não pode limitar, sob qualquer pretexto, a liberdade do empregado de dispor de seu salário.

A fim de evitar eventual prática abusiva do empregador e garantir a fruição completa do salário pelo empregado, a lei estabelece diversos mecanismos de proteção. Vejamos os principais.

16.13.3.1. Prazo para pagamento do salário

Em primeiro lugar, a regra geral é a periodicidade máxima mensal no tocante ao pagamento (e ao cálculo) do salário. Exceção: comissões, percentagens e gratificações.

Quanto à data do pagamento, dispõe o art. 459, § 1º, da CLT, que o salário deve ser pago até o 5º dia útil do mês seguinte ao trabalhado, isto é, do mês vencido.

No tocante ao horário, o salário deve ser pago durante o expediente ou imediatamente após o encerramento do mesmo, nos termos do art. 465 da CLT.

Observe-se que pagamento do salário com atraso importa em descumprimento de dever contratual, facultando ao empregado a rescisão indireta do contrato de trabalho ("justa causa do empregador"), nos termos do art. 483, alínea "d", da CLT.

O assunto foi detalhado no item 16.11 (tempo do pagamento).

16.13.3.2. Lugar do pagamento

Como regra, o pagamento deve ser feito no local de trabalho, conforme o art. 465 supramencionado, mas são exceções os pagamentos efetuados através do sistema bancário, seja através de depósito em conta ou de cheque. Para mais detalhes, ver o item 16.12.

16.13.3.3. Meios de pagamento

Regra: pagamento em dinheiro.

Outras possibilidades: depósito em conta; utilidades (exceto pelo menos 30% do salário mínimo, que deve ser pago sempre em dinheiro); cheque (desde que garantidas condições para que ele seja descontado em tempo hábil).

Para mais detalhes a respeito dos meios de pagamento do salário, ver item 16.9.

16.13.3.4. Quem deve receber

O salário deve ser pago ao próprio empregado, vedado, como regra, o recebimento por procurador.

Ver item 16.12.

16.13.3.5. Retenção do salário

Dispõe a CRFB/88 que **a retenção dolosa do salário é considerada crime** (art. 7°, X). Assim, a partir da data do vencimento o salário passa a pertencer ao empregado, pelo que o não pagamento constitui retenção e, portanto, se houver dolo, constitui crime. A conduta é enquadrada por alguns doutrinadores como apropriação indébita, tipificada no art. 168 do Código Penal.

Outra corrente doutrinária, entretanto, entende que o dispositivo constitucional carece de regulamentação, e, como ainda não existe tipificação específica para a retenção dolosa, ela não teria aplicabilidade.

Para fins de concurso, basta saber a literalidade do dispositivo da CRFB.

16.13.3.6. Descontos permitidos

Regra geral: são vedados os descontos do salário do empregado.

Art. 462. Ao empregador é vedado efetuar qualquer desconto nos salários do empregado, salvo quando este resultar de adiantamentos, de dispositivos de lei ou de contrato coletivo.

§ 1° Em caso de dano causado pelo empregado, o desconto será lícito, desde que esta possibilidade tenha sido acordada ou na ocorrência de dolo do empregado.

(...)

Exceções: há várias exceções à regra. Vejamos as principais:

a) **Adiantamentos**

O desconto dos adiantamentos é permitido por disposição expressa do art. 462 da CLT, e não poderia ser diferente, simplesmente porque no caso do adiantamento não há sequer desconto propriamente dito, e sim compensação. O empregado efetivamente recebeu aquele valor, só que antecipadamente, excepcionando a característica salarial da pós-numeração. Proibir o desconto dos valores adiantados seria estimular o enriquecimento sem causa do empregado, fato que o direito não tolera.

Exemplo clássico de adiantamento é o pagamento da *quinzena*, consubstanciado no pagamento de metade do salário, normalmente até o dia 20 do mês em curso. Em geral tal pagamento é previsto em norma coletiva, mas também pode sê-lo em cláusula contratual ou regulamento de empresa.

Da mesma forma, também os adiantamentos individuais levados a efeito durante o mês, a requerimento do empregado, conhecidos popularmente como *vales*, podem ser descontados do salário.

Obviamente, a possibilidade de desconto de adiantamentos não pode ser usada para encobrir verdadeiro esbulho do salário pelo empregador. Com efeito, são comuns os descontos sob a rubrica "vales" que, na verdade, não passam de descontos ilícitos, como, por exemplo, o desconto de uniformes ou de outros equipamentos utilizados *para* o trabalho, ou ainda a "devolução" do valor referente às horas extras pagas em folha. Neste caso, aplica-se, como sempre, o disposto no art. 9º da CLT, em homenagem ao princípio da primazia da realidade.

b) Dano doloso

Se o empregado provoca um dano qualquer ao empregador, e o faz dolosamente, ou seja, com a intenção de fazê-lo, deve ressarcir o empregador dos prejuízos experimentados. E este ressarcimento pode ser feito inclusive através do desconto nos salários, a teor do disposto no art. 462, § 1º, da CLT.

Caso o valor a ser ressarcido seja superior a 70% do valor do salário, entende-se que somente pode ser descontado, por mês, até este limite, ante o disposto na OJ 18 da SDC do TST:

> OJ-SDC-18. Descontos autorizados no salário pelo trabalhador. Limitação máxima de 70% do salário-base (inserida em 25.05.1998).
>
> Os descontos efetuados com base em cláusula de acordo firmado entre as partes não podem ser superiores a 70% do salário-base percebido pelo empregado, pois deve-se assegurar um mínimo de salário em espécie ao trabalhador.

Há corrente doutrinária[89], entretanto, que defende a limitação do desconto a 35% do salário, por aplicação analógica da Lei nº 10.820/2003[90].

Para concursos, recomenda-se sempre o entendimento do TST (no caso, a primeira corrente).

c) Dano culposo, *se autorizado em contrato o desconto*

No caso de dano causado ao empregador pelo empregado, tendo agido este com culpa (seja por imperícia, imprudência ou negligência), pode o empregador descontar do salário o prejuízo experimentado, desde que o empregado tenha autorizado expressamente o desconto em tais hipóteses.

---

[89] CASSAR, Vólia Bomfim. *Direito do Trabalho*, p. 869.

[90] A Lei nº 10.820/2003 foi profundamente alterada pela Lei nº 13.172/2015, que ampliou as hipóteses de endividamento consignado em folha salarial e também o limite deste comprometimento, que passou de 30% para 35% da remuneração disponível. Posteriormente, a Lei nº 14.431/2022 ampliou ainda mais o limite, para 40% da remuneração disponível.

Na prática, quase todos os empregados autorizam o desconto por dano culposo no momento da admissão, ao assinar o famoso contrato de adesão imposto pelo empregador.

Nesta hipótese de desconto por dano culposo, surge a polêmica questão da OJ 251 do TST:

> OJ-SDI1-251. Descontos. Frentista. Cheques sem fundos (inserida em 13.03.2002).
>
> É lícito o desconto salarial referente à devolução de cheques sem fundos, quando o frentista não observar as recomendações previstas em instrumento coletivo.

A interpretação que se dá a tal verbete é no sentido de que o TST flexibilizou o rigor do dispositivo celetista, passando a prever, ao menos neste caso, a autorização genérica para desconto na própria norma coletiva, pelo que o desconto prescindiria de autorização contratual do empregado.

No mundo dos fatos, a hipótese é mais ou menos a seguinte: a norma coletiva prevê que o frentista deve anotar, no verso do cheque recebido, os dados básicos do emitente, como endereço e telefone, bem como a placa do veículo. Caso deixe de fazê-lo, se sujeita ao desconto salarial caso o cheque não tenha provisão de fundos.

d) Descontos resultantes de dispositivos de lei

São várias as hipóteses em que a própria lei prevê a possibilidade de descontos em folha de pagamento. A título de exemplo, mencionem-se as seguintes:

d.1) *Contribuição previdenciária oficial*

Cabe ao empregador recolher a contribuição previdenciária devida ao INSS, mas o empregado é obrigado a participar com determinado percentual de contribuição, que varia de 7,5% a 14%, conforme o salário do empregado, nos termos do art. 28 da Emenda Constitucional nº 103/2019. Esta parcela que cabe ao empregado é descontada do salário e recolhida ao INSS juntamente com a parcela que cabe ao empregador. Caso o empregador retenha a parcela do empregado (mediante desconto no salário) e não recolha a contribuição à Previdência, cometerá crime, tipificado como apropriação indébita. Aliás, a Lei nº 12.692/2012 acrescentou o inciso VI ao art. 32 da Lei nº 8.212/1991, pelo qual o empregador passou a ser obrigado a comunicar mensalmente aos empregados, por intermédio de documento a ser definido em regulamento, os valores recolhidos sobre o total de sua remuneração ao INSS.

d.2) *Imposto de renda retido na fonte*

Também é retido pelo empregador o valor devido pelo empregado a título de imposto de renda, nos termos da Lei nº 8.541/1992.

d.3) *Pensão alimentícia*

Por determinação judicial, podem ser descontados do salário do empregado valores devidos por este a título de pensão alimentícia, conforme os artigos 529 e 912 do CPC/2015. No caso, embora o salário tenha natureza alimentar, do que decorre a regra da impenhorabilidade, a pensão alimentícia também tem a mesma natureza.

d.4) *Contribuição sindical facultativa*[91]

A contribuição sindical, que antes era obrigatória (também conhecida como imposto sindical), devia ser descontada diretamente do salário do empregado, no mês de março de cada ano, com fundamento na antiga redação do art. 582 da CLT.

---

[91] Quanto à possibilidade de desconto de outras contribuições de financiamento do sistema sindical, remeto o leitor ao Capítulo 29, que trata da matéria em detalhes.

Com a vigência da Lei nº 13.467/2017, a contribuição se tornou facultativa, de forma que sua cobrança passou a estar condicionada à autorização prévia e expressa do empregado (arts. 545, 578, 579, 582, 583, 587 e 602, todos da CLT).

Destarte, desde que prévia e expressamente autorizado pelo empregado, a contribuição sindical facultativa pode ser descontada do salário do trabalhador, constituindo hipótese legal de desconto.

d.5) Dívida imobiliária (Sistema Financeiro de Habitação – SFH)

Caso o empregado adquira imóvel junto ao Sistema Financeiro de Habitação – SFH, poderá, mediante requerimento, ver descontado em salário os valores relativos às prestações, nos termos da Lei nº 5.725/1971.

d.6) Empréstimo contratado pelo trabalhador

A Lei nº 10.820/2003[92] prevê que o empregado, ao contrair empréstimos, financiamentos, cartões de crédito e operações de arrendamento mercantil concedidos por instituições financeiras e sociedades de arrendamento mercantil, pode autorizar, de forma irrevogável e irretratável, o desconto dos valores referentes em folha de pagamento.[93]

Neste caso, os descontos se limitam a 40% da remuneração disponível ou das verbas rescisórias.

d.7) Vale-transporte

Como visto, a Lei nº 7.418/1985 prevê o desconto de até 6% do salário-base do empregado a título de participação nas despesas de transporte no percurso casa/trabalho/casa.

d.8) Vale-cultura

O vale-cultura, criado pela Lei nº 12.761/2012, que acrescentou o inciso VIII ao § 2º do art. 458 da CLT, pode ser parcialmente descontado do salário do empregado, nos termos do art. 15 do Decreto nº 8.084/2013.

e) Descontos autorizados por norma coletiva

O TST tende a admitir os descontos autorizados por norma coletiva de uma forma geral. Assim o fez, por exemplo, na questão do frentista que recebe cheque sem provisão de fundos. Também é comum a norma coletiva prever descontos a título de plano de saúde, plano odontológico etc.

f) Outros descontos autorizados expressamente pelo empregado

Embora não conste do texto legal, a jurisprudência tem admitido sejam descontados do salário do empregado valores relativos a prestações que melhorem sua condição social, desde que o desconto tenha sido prévia e expressamente autorizado pelo empregado, livre de qualquer coação para tal. Neste sentido, a Súmula 342 do TST:

Súm. 342. Descontos salariais. Art. 462 da CLT (mantida). Res. 121/2003, DJ 19, 20 e 21.11.2003.

Descontos salariais efetuados pelo empregador, com a autorização prévia e por escrito do empregado, para ser integrado em planos de assistência odontológica, médico-hospitalar, de

---

92 A Lei nº 10.820/2003 foi profundamente alterada pela Lei nº 13.097/2015, bem como pela Lei nº 13.172/2015, que ampliaram as hipóteses de endividamento consignado em folha salarial e também o limite deste comprometimento, que passou de 30% para 35% da remuneração disponível. Posteriormente, a Lei nº 14.431/2022 ampliou ainda mais o limite, para 40% da remuneração disponível.

93 Além disso, a MPV nº 719/2016, posteriormente convertida na Lei nº 13.313/2016, autorizou o oferecimento, em garantia de empréstimo consignado contraído pelo empregado, de até 10% do saldo de sua conta vinculada no FGTS, bem como de até 100% da multa rescisória eventualmente devida pelo empregador.

seguro, de previdência privada, ou de entidade cooperativa, cultural ou recreativo-associativa de seus trabalhadores, em seu benefício e de seus dependentes, não afrontam o disposto no art. 462 da CLT, salvo se ficar demonstrada a existência de coação ou de outro defeito que vicie o ato jurídico.

Com relação à coação, o TST entende que ela não pode ser presumida, nos termos da OJ 160:

> OJ-SDI1-160. Descontos salariais. Autorização no ato da admissão. Validade (inserida em 26.03.1999).
>
> É inválida a presunção de vício de consentimento resultante do fato de ter o empregado anuído expressamente com descontos salariais na oportunidade da admissão. É de se exigir demonstração concreta do vício de vontade.

g) Descontos autorizados pela Lei Complementar nº 150/2015 (doméstico)

Em relação ao doméstico, é expressamente facultado ao empregador efetuar descontos no salário do empregado em caso de adiantamento salarial e, mediante acordo escrito entre as partes, para a inclusão do empregado em planos de assistência médico-hospitalar e odontológica, de seguro e de previdência privada, não podendo a dedução ultrapassar 20% (vinte por cento) do salário (art. 18, § 1º, da LC nº 150/2015).

16.13.4. Proteção quanto a atos de terceiros

a) Em relação aos credores do empregado

Consoante dispõe o art. 833, IV e § 2º, do Código de Processo Civil[94], o salário é impenhorável, não podendo ser objeto de arresto ou penhora, exceto no caso de pensão alimentícia imposta judicialmente.

Recentemente, entretanto, a Corte Especial do Superior Tribunal de Justiça decidiu, por maioria, que a regra geral da impenhorabilidade salarial do CPC pode ser mitigada em nome dos princípios da efetividade e da razoabilidade, nos casos em que ficar demonstrado que a penhora não afeta a dignidade do devedor (EREsp 1582475). Veja também, no mesmo sentido, o EREsp 1874222, julgado em 19.04.2023.

b) Em relação aos credores do empregador

No tocante à preferência do crédito trabalhista em caso de falência, a CLT impõe regra absoluta:

> Art. 449. Os direitos oriundos da existência do contrato de trabalho subsistirão em caso de falência, concordata ou dissolução da empresa.
>
> § 1º Na falência constituirão créditos privilegiados **a totalidade dos salários devidos ao empregado e a totalidade das indenizações a que tiver direito.**
>
> (...)

---

94 Art. 833. São impenhoráveis:
   [...]
   IV - os vencimentos, os subsídios, os soldos, os salários, as remunerações, os proventos de aposentadoria, as pensões, os pecúlios e os montepios, bem como as quantias recebidas por liberalidade de terceiro e destinadas ao sustento do devedor e de sua família, os ganhos de trabalhador autônomo e os honorários de profissional liberal, ressalvado o § 2º;
   [...]
   § 2º O disposto nos incisos IV e X do caput não se aplica à hipótese de penhora para pagamento de prestação alimentícia, independentemente de sua origem, bem como às importâncias excedentes a 50 (cinquenta) salários-mínimos mensais, devendo a constrição observar o disposto no art. 528, § 8º, e no art. 529, § 3º.

Não obstante, a Lei de Recuperação e Falências (Lei n° 11.101/2005) limitou este privilégio a 150 salários mínimos, sendo que, quanto ao restante, cabe ao empregado habilitar-se perante a massa falida como credor quirografário. Neste sentido, o art. 83 da Lei n° 11.101/2005:

> Art. 83. A classificação dos créditos na falência obedece à seguinte ordem:
>
> I – os créditos derivados da legislação trabalhista, limitados a 150 (cento e cinquenta) salários mínimos por credor, e aqueles decorrentes de acidentes de trabalho;
>
> (...)
>
> VI – créditos quirografários, a saber:
>
> (...)
>
> c) os saldos dos créditos derivados da legislação trabalhista que excederem o limite estabelecido no inciso I do *caput* deste artigo;
>
> (...)

Em um primeiro momento, houve grande controvérsia doutrinária acerca da constitucionalidade dos referidos dispositivos da Lei de Falência. Hoje, entretanto, tal polêmica deixou de existir, tendo em vista que **o STF declarou a constitucionalidade do art. 83 da Lei de Falências** (ADI 3.934, de 27.05.2009).

16.13.5. Proteção quanto a atos do próprio empregado

Sequer o próprio empregado pode dispensar o próprio salário, razão pela qual se diz que **o salário é irrenunciável**. Isto porque, durante a relação empregatícia, o empregado fica sujeito à pressão do empregador no sentido de renunciar a direitos, razão pela qual o salário, bem como a maioria dos direitos trabalhistas, é protegido pela irrenunciabilidade.

No mesmo diapasão, não é admitida a cessão do crédito trabalhista. Godinho Delgado observa que "o veículo utilizado pela CLT para evitar a cessão de crédito, seja ela explícita ou implícita, foi a determinação de pagamento salarial diretamente ao próprio trabalhador."[95]

Dicas para provas discursivas:

Assim como ocorre em relação ao tema duração do trabalho (Capítulos 13 e 14), é grande a incidência de questões discursivas sobre remuneração. Destarte, é preciso conhecer de forma analítica as regras deste Capítulo 16.

O sistema conhecido como *truck system* pode aparecer na prova discursiva associado a questão sobre o combate ao trabalho escravo. Ver itens 16.9 e 27.9.

SISTEMAS DE GARANTIAS SALARIAIS

1. Proteção quanto ao valor
- Irredutibilidade salarial, salvo previsão em ACT ou CCT.
- É irredutível o salário nominal.
- Não alcança parcelas condicionais (salário condição).

---

[95] DELGADO, Maurício Godinho. *Curso de Direito do Trabalho*, p. 780.

SISTEMAS DE GARANTIAS SALARIAIS

2. Proteção quanto ao valor mínimo

- Garantia do salário mínimo (ou piso convencional).
- Características do salário mínimo:
- Fixado em lei.
- Nacionalmente unificado.
- Deve atender às necessidades vitais básicas do empregado e de sua família.
- Não pode servir de vinculação para qualquer fim.
- Pisos estaduais: podem ser criados, mas não se confundem com salário mínimo regional.
- Salário profissional: definido em lei para profissões regulamentadas.
- Salário normativo: fixado em sentença normativa, em sede de dissídio coletivo.
- Salário convencional: também conhecido como *piso da categoria*, é o piso salarial estipulado em instrumento coletivo de trabalho para toda a categoria.

3. Proteção quanto aos possíveis abusos do empregador

3.1. Prazo para pagamento:

- Periodicidade máxima mensal, salvo para comissões, percentagens e gratificações.
- Pagamento até o 5º dia útil do mês subsequente ao vencido (para o doméstico, até o dia 7 do mês subsequente).
- Pagamento durante o expediente de trabalho, ou logo após o encerramento deste.
- Atraso de salário = descumprimento contratual, hipótese de rescisão indireta do contrato de trabalho.

3.2. Lugar do pagamento:

- Regra: local de trabalho.
- Exceção: depósito bancário.

3.3. Meios de pagamento:

- Dinheiro.
- Utilidades (garantido o pagamento em $ de pelo menos 30% do salário mínimo).
- Depósito em conta.
- Cheque (garantida a possibilidade de desconto em tempo hábil).

3.4. Quem deve receber:

Só o empregado, salvo hipóteses excepcionais, e mesmo assim se comprovado que o salário reverteu efetivamente ao trabalhador.

3.5. Retenção dolosa do salário:

- É crime, mas não foi regulamentado.

3.6. Descontos:

- Regra geral: são vedados.
- Exceções:
  - Adiantamentos.
  - Dispositivos de lei.
  - Previsão em norma coletiva.

4. Proteção quanto a atos de terceiros

- O salário é impenhorável, não podendo ser constringido judicialmente (salvo pensão alimentícia). Entretanto, o STJ tem flexibilizado a impenhorabilidade salarial, respeitada apenas a dignidade do trabalhador.
- Os créditos salariais gozam de preferência para pagamento em caso de falência do empregador.
- O salário é irrenunciável.
- Não é admitida a cessão de salário.

16.14. DEIXADINHAS

1. Salário é toda contraprestação ou vantagem, concedida em pecúnia ou em utilidade, paga diretamente pelo empregador ao empregado em virtude do contrato de trabalho.

2. Remuneração é a soma dos pagamentos diretos e indiretos, sendo os diretos aqueles feitos pelo empregador, e indiretos os feitos por terceiros.

3. Gorjeta é a importância paga por terceiro, seja oferecida espontaneamente (própria), seja compulsória, incluída na nota de serviços (imprópria). A distinção entre gorjetas próprias e impróprias não tem relevância jurídica, ao passo que os efeitos de ambas são os mesmos.

4. A gorjeta não tem natureza salarial, mas integra a remuneração do empregado.

5. As gorjetas não integram a base de cálculo das parcelas trabalhistas baseadas no salário (aviso-prévio, adicional noturno, horas extras e DSR).

6. As gorjetas integram a base de cálculo das parcelas baseadas na remuneração (FGTS, férias e 13°).

7. São características do salário: a) caráter forfetário; b) natureza alimentar; c) crédito privilegiado; d) indisponibilidade; e) periodicidade; f) natureza composta; g) pós-numeração; h) tendência à determinação heterônoma.

8. É vedado o pagamento complessivo do salário, assim considerada a prática de pagar determinado valor ao empregado englobando mais de uma parcela sob a mesma rubrica.

9. O salário pode ser estipulado por unidade de tempo, por unidade de obra ou por tarefa.

10. Na estipulação por unidade de tempo, interessa a passagem do tempo, e não produção do empregado.

11. Na estipulação por unidade de obra, interessa a produção do empregado, e não a passagem do tempo. Aplicam-se, contudo, as normas que limitam a jornada de trabalho.

12. Na estipulação por tarefa, interessa a relação entre a produção e o tempo gasto, pelo que se combinam os dois critérios anteriores.

13. A soma do salário-base e dos sobressalários dá origem ao chamado complexo salarial.

14. As parcelas cuja natureza é salarial e que são concedidas habitualmente integram o cálculo das demais parcelas.

15. Os requisitos básicos para integração de uma parcela em outra são: a) natureza salarial; b) habitualidade; c) a parcela não pode ter feito parte do cálculo daquela a que se pretende integrá-la, sob pena de *bis in idem*.

16. O FGTS incide sobre qualquer parcela de natureza remuneratória (e não só salarial), bem como prescinde do requisito habitualidade.

17. Incorporar uma parcela significa somá-la ao patrimônio jurídico do empregado, tornando-a intangível no âmbito do contrato de trabalho.

18. Para que determinada parcela seja incorporada ao salário do empregado, ela deve ser salarial, habitual e incondicional.

19. A habitualidade surge a partir do momento em que o empregado passa a contar com o recebimento de determinada parcela, em razão da expectativa criada pelo recebimento periódico e reiterado.

20. Integram o salário não só a importância fixa estipulada, como também as gratificações legais, os adicionais e as comissões pagas pelo empregador.

21. Uma parcela tem a natureza salarial quando é paga diretamente pelo empregador, e de forma habitual, como contraprestação pelo trabalho.

22. O salário-base é a contraprestação fixa paga pelo empregador.

23. Não é obrigatória a fixação de salário-base, podendo o empregado receber apenas salário variável, assegurado sempre o salário mínimo.

24. Abono é antecipação de salário feita pelo empregador. É espontâneo e não tem natureza salarial a partir da vigência da *Reforma Trabalhista de 2017*.

25. Os adicionais são parcelas pagas em razão de circunstâncias mais gravosas a que está exposto o empregado.

26. Os adicionais são espécie de salário condição, pois seu pagamento depende da satisfação de determinada condição. Cessada esta circunstância mais gravosa, o empregado deixa de receber o adicional. Por isso, o adicional, enquanto é pago, integra o salário, mas não se incorpora ao mesmo.

27. O adicional de periculosidade deve compor a base de cálculo do adicional noturno, já que também neste horário o trabalhador permanece sob as condições de risco.

28. O adicional noturno integra a base de cálculo das horas extras prestadas no período noturno.

29. O adicional de periculosidade incide apenas sobre o salário básico e não sobre este acrescido de outros adicionais.

30. A remuneração do serviço suplementar é composta do valor da hora normal, integrado por parcelas de natureza salarial e acrescido do adicional previsto em lei, contrato, acordo, convenção coletiva ou sentença normativa.

31. Porque calculado sobre o salário, o adicional de insalubridade já remunera os dias de repouso semanal e feriados.

32. Gratificações legais (*v.g.* o décimo terceiro salário) têm natureza salarial.

33. Não possuem natureza salarial as gratificações ajustadas, assim consideradas tanto aquelas expressamente pactuadas, quanto as gratificações tacitamente ajustadas, mediante a concessão habitual. Exemplos: gratificação semestral; gratificação de quebra de caixa (há controvérsias); gratificação por tempo de serviço.

34. Gratificação de função é o *plus* pago pelo empregador ao empregado que exerce função de confiança. A reversão do empregado ao cargo efetivo, com ou sem justo motivo, não assegura ao empregado a manutenção do pagamento da gratificação de função, que não será incorporada, independentemente do tempo de exercício na respectiva função.

35. A gratificação semestral é aquela paga, por óbvio, a cada seis meses. Não tem natureza salarial, pois não é assegurada por lei.

36. A gratificação de quebra de caixa é paga ao empregado que exerce a função de caixa, como forma de compensar a eventual responsabilização do trabalhador por diferenças quando do fechamento do caixa. Como não se enquadra no conceito de gratificação legal, não tem natureza salarial.

37. A gratificação por tempo de serviço é parcela espontânea, concedida pelo empregador conforme o tempo de serviço do empregado. Normalmente é paga sob a forma de anuênios, biênios e quinquênios, e também é conhecida como adicional por tempo de serviço. Como não é prevista em lei, não tem natureza salarial.

38. O décimo terceiro salário é parcela salarial compulsória, sendo o empregador obrigado a pagá-lo até o dia 20 de dezembro de cada ano. É também devido um adiantamento de metade do valor, a ser pago entre os meses de fevereiro e novembro.

39. O empregado tem direito de receber o adiantamento do décimo terceiro junto com as férias, desde que o requeira no mês de janeiro.

40. Não é o empregador, entretanto, obrigado a pagar o adiantamento a todos os empregados em um único mês.

41. Caso o empregado não tenha trabalhado desde o início do ano, tem direito ao décimo terceiro proporcional, à razão de 1/12 por mês ou fração igual ou superior a 15 dias de trabalho.

42. Também em caso de rescisão do contrato de trabalho o empregado faz jus ao décimo terceiro proporcional, salvo se dispensado por justa causa.

43. Reconhecida a culpa recíproca na rescisão do contrato de trabalho (art. 484 da CLT), o empregado tem direito a 50% (cinquenta por cento) do valor do aviso-prévio, do décimo terceiro salário e das férias proporcionais.

44. Para os empregados que recebem remuneração variável, o décimo terceiro é calculado pela média duodecimal.

45. O décimo terceiro integra o cálculo do FGTS, mas não das outras parcelas, tendo em vista que considera o parâmetro anual de tempo.

46. As demais parcelas salariais pagas com habitualidade integram a base de cálculo do décimo terceiro.

47. O auxílio-alimentação, ainda que habitual, não tem natureza salarial, salvo se pago em dinheiro. É indiferente que tenha sido concedido *in natura* ou por meio de documentos de legitimação, como tíquetes, vales, cupons, cheques ou cartões eletrônicos.

48. Prêmio é a liberalidade concedida pelo empregador em forma de bens, serviços ou valor em dinheiro a empregado ou a grupo de empregados, em razão de desempenho superior ao ordinariamente esperado no exercício de suas atividades.

49. Ainda que pago com habitualidade, o prêmio não tem natureza salarial.

50. As comissões constituem forma de pagamento do salário variável (por unidade de obra).

51. O salário do comissionista pode ser fixado exclusivamente por comissões (comissionista puro) ou não (comissionista misto). Na segunda hipótese, o empregado recebe salário fixo + comissões.

52. Em qualquer caso é assegurado ao empregado comissionista a garantia do salário mínimo, porém a garantia se refere ao total recebido, e não somente às comissões.

53. O pagamento de comissões e percentagens só é exigível depois de ultimada a transação a que se referem, isto é, quando aceito o negócio pelo empregador.

54. O pagamento do salário, qualquer que seja a modalidade do trabalho, não deve ser estipulado por período superior a um mês, salvo no que concerne a comissões, percentagens e gratificações.

55. Nas vendas realizadas por prestações sucessivas, as comissões devem ser pagas de acordo com o vencimento das parcelas, independentemente do efetivo pagamento.

56. Mesmo extinto o contrato de trabalho, o empregado continua tendo direito de receber as comissões vincendas relativas aos negócios já efetuados antes da sua demissão.

57. O empregado, sujeito a controle de horário, remunerado à base de comissões, tem direito ao adicional de, no mínimo, 50% pelo trabalho em horas extras, calculado sobre o valor--hora das comissões recebidas no mês, considerando-se como divisor o número de horas efetivamente trabalhadas.

58. O empregado que recebe remuneração mista tem direito a horas extras pelo trabalho em sobrejornada. Em relação à parte fixa, são devidas as horas simples acrescidas do adicional de horas extras. Em relação à parte variável, é devido somente o adicional de horas extras.

59. É devida a remuneração do repouso semanal e dos dias feriados ao empregado comissionista, ainda que pracista.

60. As férias do comissionista são calculadas pela média das comissões recebidas nos doze meses que antecedem a concessão.

61. Verificada a insolvência do comprador, cabe ao empregador o direito de estornar a comissão que houver pagado.

62. A cláusula *star del credere* não é compatível com o Direito do Trabalho.

63. São parcelas não salariais aquelas cuja natureza é indenizatória (ressarcimento, e não contraprestação), bem como aquelas cuja natureza salarial é afastada por disposição expressa de lei.

64. Não se inclui no salário, independentemente de pagamento habitual, a ajuda de custo, salvo se concedida de forma fraudulenta.

65. Diárias são valores pagos ao empregado a título de ressarcimento de despesas provenientes de viagens a serviço.

66. As diárias para viagem não integram o salário, independentemente de seu valor ou do pagamento habitual.

67. A participação nos lucros e resultados é parcela desvinculada do salário (portanto, não salarial), por força de Lei e da Constituição.

68. A verba de representação constitui a parcela indenizatória que tem por objetivo ressarcir gastos do empregado com o relacionamento mantido com os clientes do empregador. Não tem natureza salarial.

69. O abono do PIS não tem natureza salarial, pois sequer é pago pelo empregador.

70. O regime de *stock options* não tem natureza salarial.

71. O salário-família, embora pago pelo empregador, é um benefício previdenciário e, a exemplo do que ocorre com o salário-maternidade, o seu valor é posteriormente compensado com as prestações devidas pelo empregador à Previdência. Logo, não tem feição salarial.

72. O pagamento do salário pode ser feito somente em dinheiro ou ainda em dinheiro e utilidades.

73. São consideradas utilidades para fins de composição do salário do empregado o fornecimento de habitação, vestuário (exceto uniformes), entre outros. A lista apresentada pela CLT é meramente exemplificativa.

74. Não se admite o fornecimento de utilidade nociva ao empregado, como cigarro, bebida alcoólica ou drogas nocivas.

75. É vedado o pagamento em moeda estrangeira, através de cartas de crédito, cupons e quaisquer outros meios não especificados.

76. Não se admite o *truck system*, assim considerada a prática de vinculação do pagamento do salário à quitação de dívidas contraídas em mercearia mantida pelo empregador.

77. Embora a regra seja o pagamento do salário em dinheiro, também se admite o depósito bancário do valor correspondente, desde que autorizado pelo empregado e feito em conta específica para este fim, em estabelecimento bancário localizado próximo ao local de trabalho.

78. O pagamento em cheque é admitido no meio urbano, desde que o empregador garanta ao empregado condições de descontar o cheque até o dia do vencimento.

79. Utilidade é tudo que não for dinheiro e for útil.

80. Salário-utilidade é o fornecimento de utilidade(s) qualificado pela habitualidade e pela natureza contraprestativa, sendo o fornecimento concedido pelo trabalho e não para o trabalho.

81. A utilidade de uso híbrido, assim considerada aquela fornecida para o trabalho, mas que também constitua vantagem ao empregado, não é considerada salário.

82. Se a lei afasta natureza salarial de determinada parcela, é claro que ela não poderá ser considerada salário *in natura*.

83. Não é considerado salário o fornecimento vestuários, equipamentos e outros acessórios fornecidos aos empregados e utilizados no local de trabalho, para a prestação do serviço.

84. Não é considerado salário o custeio de educação, em estabelecimento de ensino próprio ou de terceiros, compreendendo os valores relativos a matrícula, mensalidade, anuidade, livros e material didático.

85. Não é considerado salário o fornecimento de transporte destinado ao deslocamento para o trabalho e retorno, em percurso servido ou não por transporte público.

86. Não é considerado salário o custeio de assistência médica, hospitalar e odontológica, prestada diretamente ou mediante seguro-saúde.

87. O valor relativo à assistência prestada por serviço médico ou odontológico, próprio ou não, inclusive o reembolso de despesas com medicamentos, óculos, aparelhos ortopédicos, próteses, órteses, despesas médico-hospitalares e outras similares, mesmo quando concedido em diferentes modalidades de planos e coberturas, não integra o salário do empregado para qualquer efeito.

88. Não é considerado salário o custeio de seguros de vida e de acidentes pessoais, de previdência privada, bem como o valor referente ao vale-cultura.

89. Alguns autores defendem que somente a utilidade concedida gratuitamente poderia ser considerada salário *in natura*, salvo se o valor cobrado for irrisório.

90. Pelo menos 30% do valor do salário mínimo deve ser pago em dinheiro ao empregado.

91. Quanto ao valor das utilidades, a habitação é limitada a 25% do salário contratual, observado o valor real da utilidade.

92. Os percentuais fixados em lei relativos ao salário *in natura* apenas se referem às hipóteses em que o empregado percebe salário mínimo, apurando-se, nas demais, o real valor da utilidade.

93. No meio rural, o valor da habitação e da alimentação é limitado a, respectivamente, 20% e 25% do salário mínimo, mesmo que o empregado perceba remuneração maior.

94. É proibida a coabitação de famílias em uma mesma moradia fornecida pelo empregador.

95. Não poderão ser descontadas dos domésticos as seguintes utilidades: a) moradia (desde que a moradia seja fornecida na residência em que são prestados os serviços); b) vestuário; c) higiene; d) alimentação; e) despesas com transporte, hospedagem e alimentação em caso de acompanhamento em viagem. Estas utilidades, se concedidas não têm natureza salarial.

96. Se a moradia for concedida ao doméstico em local diverso de onde são prestados os serviços, terá natureza salarial e poderá ser descontada, desde que tenha havido ajuste das partes neste sentido.

97. O vale-transporte não tem natureza salarial.

98. O empregador pode descontar até 6% do salário-base do empregado para custeio do vale--transporte.

99. A jurisprudência tende a aceitar retirada, por norma coletiva, da natureza salarial de determinadas parcelas fornecidas pelo empregador.

100. Quando o pagamento houver sido estipulado por mês, deverá ser efetuado, o mais tardar, até o quinto dia útil do mês subsequente ao vencido. O salário do doméstico, por sua vez, deve ser pago até o dia sete do mês subsequente ao vencido.

101. As comissões e percentagens devem ser pagas, em princípio, mensalmente. Entretanto, mediante acordo individual pode ser seu pagamento estipulado no máximo trimestral-mente.

102. Considera-se em mora contumaz o empregador que deixa de pagar os salários por período igual ou superior a três meses, sem motivo grave e relevante.

103. O pagamento do salário deverá ser efetuado contra recibo, assinado pelo empregado; em se tratando de analfabeto, mediante sua impressão digital, ou, não sendo esta possível, a seu rogo.

104. O pagamento dos salários será efetuado em dia útil e no local do trabalho, dentro do horário do serviço ou imediatamente após o encerramento deste, salvo quando efetuado por depósito em conta bancária.

105. Como regra, não se admite o recebimento do salário por procurador, salvo se o empregador tiver como provar que salário reverteu efetivamente ao trabalhador.

106. O salário nominal é irredutível, salvo o disposto em convenção ou acordo coletivo de trabalho.

107. A irredutibilidade não alcança parcelas de salário-condição.

108. O salário mínimo não pode ser usado como indexador de base de cálculo de vantagem de servidor público ou de empregado, nem ser substituído por decisão judicial.

109. A verificação do respeito ao direito ao salário mínimo não se apura pelo confronto isolado do salário-base com o mínimo legal, mas deste com a soma de todas as parcelas de natureza salarial recebidas pelo empregado diretamente do empregador.

110. Havendo contratação para cumprimento de jornada reduzida, inferior à previsão constitucional de oito horas diárias ou quarenta e quatro semanais, é lícito o pagamento do piso salarial ou do salário mínimo proporcional ao tempo trabalhado.

111. Na Administração Pública direta, autárquica e fundacional não é válida remuneração de empregado público inferior ao salário mínimo, ainda que cumpra jornada de trabalho reduzida. Precedentes do Supremo Tribunal Federal.

112. Não viola a Constituição o estabelecimento de remuneração inferior ao salário mínimo para as praças prestadoras de serviço militar inicial.

113. Os pisos salariais definidos pelos Estados não podem fixar um valor único como salário mínimo estadual.

114. Salário profissional é o piso salarial fixado em lei e válido para os trabalhadores integrantes de categoria profissional cujo ofício seja legalmente regulamentado.

115. Salário normativo é o piso salarial estipulado em sentença normativa, válido para a categoria profissional envolvida no dissídio coletivo.

116. Salário convencional, por sua vez, é o piso salarial estipulado em instrumento coletivo de trabalho (ACT ou CCT), válido para a respectiva categoria de trabalhadores. Entretanto, o salário convencional é também denominado salário normativo, piso salarial ou salário relativo.

117. Os reajustes salariais previstos em legislação federal devem ser observados pelos Estados--membros, suas Autarquias e Fundações Públicas nas relações contratuais trabalhistas que mantiverem com seus empregados.

118. Ao empregador é vedado efetuar qualquer desconto nos salários do empregado, salvo quando este resultar de adiantamentos, de dispositivos de lei ou de contrato coletivo.

119. Em caso de dano causado pelo empregado, o desconto será lícito, desde que esta possibilidade tenha sido acordada ou na ocorrência de dolo do empregado.

120. É lícito o desconto salarial referente à devolução de cheques sem fundos, quando o frentista não observar as recomendações previstas em instrumento coletivo.

121. Além dos descontos expressamente mencionados no art. 462, admitem-se descontos expressamente autorizados pelo empregado, como planos de saúde, seguros, previdência privada, mensalidade de clube etc.

122. É inválida a presunção de vício de consentimento resultante do fato de ter o empregado anuído expressamente com descontos salariais na oportunidade da admissão. É de se exigir demonstração concreta do vício de vontade.

123. O salário é impenhorável (salvo para pagamento de pensão alimentícia) e constitui crédito privilegiado em caso de falência do empregador. Consoante entendimento do STJ, entretanto, existe a possibilidade de penhora do salário, desde que garantida a dignidade do trabalhador e de sua família (ERESP 1874222).

124. O salário é irrenunciável pelo empregado.

125. A cessão de crédito do salário não é admitida.

CAPÍTULO 17

Equiparação Salarial

· ·

Marcadores: EQUIPARAÇÃO SALARIAL; ISONOMIA; QUADRO DE CARREIRA.

Material de estudo:
✓ Legislação: **CLT**, art. 5°, 461.
✓ Jurisprudência: **Súm.** 6, 127, 159, 301, 452, 455, TST; **OJ SDI-1** 125, 296, 297, 418, TST.
✓ Doutrina (+).

Estratégia de estudo sugerida:
É absolutamente imprescindível conhecer a literalidade da Súmula 6 do TST, a partir da qual são formuladas quase todas as questões sobre o assunto deste capítulo. Por outro lado, há que se atentar para as alterações legislativas promovidas pela Lei n° 13.467/2017, que prejudicou em vários pontos o entendimento do TST até então vigente sobre a matéria.

17.1. CONCEITO

Equiparação salarial é a consagração do princípio da isonomia no âmbito da remuneração do empregado, de forma que empregados que exerçam simultaneamente a mesma função, em benefício de um mesmo empregador, e na mesma localidade, devem receber salários iguais.

17.2. FUNDAMENTO LEGAL

Em primeiro lugar, e de forma mais ampla, a equiparação salarial tem fundamento no princípio constitucional da isonomia, segundo o qual se deve tratar de forma igual os iguais e de forma desigual os desiguais, na medida de suas desigualdades (princípio da igualdade substancial).

Dessa maneira, mencionem-se os seguintes dispositivos constitucionais consagradores da não discriminação:

Art. 5º Todos são iguais perante a lei, sem distinção de qualquer natureza, garantindo-se aos brasileiros e aos estrangeiros residentes no País a inviolabilidade do direito à vida, à liberdade, à igualdade, à segurança e à propriedade, nos termos seguintes:

I – homens e mulheres são iguais em direitos e obrigações, nos termos desta Constituição;

(...)

Art. 7º São direitos dos trabalhadores urbanos e rurais, além de outros que visem à melhoria de sua condição social:

(...)

XXX – proibição de diferença de salários, de exercício de funções e de critério de admissão por motivo de sexo, idade, cor ou estado civil;

(...)

Em segundo lugar, o tema é regulado pela CLT, conforme arts. 5º e 461[1], *in verbis*:

Art. 5º A todo trabalho de igual valor corresponderá salário igual, sem distinção de sexo.

(...)

Art. 461. Sendo idêntica a função, a todo trabalho de igual valor, prestado ao mesmo empregador, no mesmo estabelecimento empresarial, corresponderá igual salário, sem distinção de sexo, etnia, nacionalidade ou idade.

§ 1º Trabalho de igual valor, para os fins deste Capítulo, será o que for feito com igual produtividade e com a mesma perfeição técnica, entre pessoas cuja diferença de tempo de serviço para o mesmo empregador não seja superior a quatro anos e a diferença de tempo na função não seja superior a dois anos.

§ 2º Os dispositivos deste artigo não prevalecerão quando o empregador tiver pessoal organizado em quadro de carreira ou adotar, por meio de norma interna da empresa ou de negociação coletiva, plano de cargos e salários, dispensada qualquer forma de homologação ou registro em órgão público.

§ 3º No caso do § 2º deste artigo, as promoções poderão ser feitas por merecimento e por antiguidade, ou por apenas um destes critérios, dentro de cada categoria profissional.

§ 4º O trabalhador readaptado em nova função por motivo de deficiência física ou mental atestada pelo órgão competente da Previdência Social não servirá de paradigma para fins de equiparação salarial.

§ 5º A equiparação salarial só será possível entre empregados contemporâneos no cargo ou na função, ficando vedada a indicação de paradigmas remotos, ainda que o paradigma contemporâneo tenha obtido a vantagem em ação judicial própria.

§ 6º Na hipótese de discriminação por motivo de sexo, raça, etnia, origem ou idade, o pagamento das diferenças salariais devidas ao empregado discriminado não afasta seu direito de ação de indenização por danos morais, consideradas as especificidades do caso concreto.

§ 7º Sem prejuízo do disposto no § 6º, no caso de infração ao previsto neste artigo, a multa de que trata o art. 510 desta Consolidação corresponderá a 10 (dez) vezes o valor do novo salário devido pelo empregador ao empregado discriminado, elevada ao dobro, no caso de reincidência, sem prejuízo das demais cominações legais. (NR)

---

[1] Art. 461 conforme redação dada pela Lei nº 13.467/2017 (*Reforma Trabalhista*).

17.3. REQUISITOS

São requisitos **cumulativos** para o reconhecimento do direito à equiparação salarial:

- mesma função;
- mesmo empregador;
- mesmo estabelecimento empresarial;
- simultaneidade no exercício da função;
- mesma perfeição técnica:
- mesma produção;
- mesma produtividade;
- até dois anos de diferença de tempo de serviço na função e até quatro anos de diferença de tempo de serviço no emprego;
- inexistência de plano de carreira ou de plano de cargos e salários, dispensada qualquer forma de homologação ou registro em órgão público.

17.3.1. Identidade de função

Ambos os empregados (paradigma e paragonado[2]) devem exercer idêntica função no universo da divisão de trabalho na empresa. Não se confunde função com tarefa. Como ensina Maurício Godinho Delgado,

"tarefa é atribuição ou ato singulares no contexto da prestação laboral, ao passo que função é um *feixe unitário de tarefas*, isto é, *um conjunto de tarefas que se reúnem em um todo unitário, de modo a situar o trabalhador em um posicionamento específico no universo da divisão do trabalho da empresa*"[3]. (grifos do original)

Da mesma forma, também não interessa a denominação do cargo, e sim a função efetivamente desempenhada.

Não se confunde identidade de funções com similitude de funções, de forma que não basta sejam as funções análogas, exigindo a lei sejam elas idênticas, assim considerado o feixe unitário de atribuições ou tarefas conferidas ao empregado que o distingue dos demais. Este é o sentido do item III da Súmula 6 do TST:

Súm. 6. (...)

III – A equiparação salarial só é possível se o empregado e o paradigma exercerem a mesma função, desempenhando as mesmas tarefas, não importando se os cargos têm, ou não, a mesma denominação.

(...)

Alice Monteiro de Barros, por sua vez, adverte que

"essa identidade é relativa e não se descaracteriza se houver no exercício da função, ou seja, no conjunto de atos e operações realizadas, pluralidade de atribuições afins entre os empregados, o que, aliás, traduz imposição do sistema racional de trabalho na empresa moderna.

---

[2]   Paragonado é o nome dado ao empregado que pleiteia a equiparação com outro, que então serve como paradigma.

[3]   DELGADO, Maurício Godinho. *Curso de Direito do Trabalho*. 9. ed. São Paulo: LTr, 2010, p. 743.

O importante é que as operações substanciais sejam idênticas. Os elementos de uma função compreendem o seu objeto e os meios de realização; esses sim devem ser idênticos"[4].

E completa a autora mineira, citando um exemplo dado por Fernando Américo Damasceno[5]:

"A datilógrafa 'A' é incumbida de datilografar ofícios, com base em minutas que lhe são entregues pelos interessados; a datilógrafa 'B' preenche datilograficamente notas fiscais copiando rascunhos que lhe são fornecidos por outro empregado; a datilógrafa 'C' preenche datilograficamente guias de recolhimento de tributos, mediante dados que recolhe em outra unidade administrativa. Todas são datilógrafas e as respectivas tarefas não são idênticas. Mas as funções das duas primeiras são idênticas, a despeito de as suas tarefas serem diferentes, considerados os resultados que produzem e os meios utilizados para atingir o objetivo da função: instrumentos datilografados (objeto), com base em minutas (meios de realização). Já a datilógrafa 'C', também tendo a missão de elaborar instrumentos datilografados (objeto), executa tarefas com base em dados que lhe são fornecidos, desempenhando atividade intelectual, ainda que pequena, para o correto preenchimento das guias; há uma diferença no meio de realização e sua função não é idêntica à das datilógrafas 'A' e 'B'."

Em princípio, quaisquer funções dão ensejo ao pleito equiparatório, inclusive as funções de confiança e as funções intelectuais. Neste sentido, o item VII da Súmula 6 do TST:

Súm. 6. (...)

VII – Desde que atendidos os requisitos do art. 461 da CLT, é possível a equiparação salarial de trabalho intelectual, que pode ser avaliado por sua perfeição técnica, cuja aferição terá critérios objetivos.

(...)

17.3.2. Identidade de empregador

Obviamente, somente se poderá falar em equiparação salarial se o empregador do paradigma e do paragonado for o mesmo.

Dúvida surge, entretanto, no caso do **grupo econômico**. Tendo em vista que a jurisprudência consagrou a responsabilidade dual do grupo econômico (teoria do empregador único, conforme Súmula 129 do TST[6]), Maurício Godinho Delgado[7] defende a possibilidade de se pleitear a equiparação salarial em relação a empregados de outras empresas do mesmo grupo econômico, desde que preenchidos os demais requisitos. Todavia, o entendimento que prevalece no âmbito do TST[8] é no sentido de se negar tal possibilidade, ou seja, **a jurisprudência dominante não admite, em regra, a equiparação salarial entre empregados de diferentes empresas do mesmo grupo econômico**, sob o argumento de que falta o requisito do mesmo empregador, **salvo nos casos em que o trabalhador presta serviços**

---

4   BARROS, Alice Monteiro de. *Curso de Direito do Trabalho*. 6. ed. São Paulo: LTr, 2010, p. 831.

5   DAMASCENO, Fernando Américo Veiga. *Equiparação salarial*. São Paulo: LTr, 1980, p. 44, *apud* BARROS, Alice Monteiro de. *Curso de Direito do Trabalho*, p. 831.

6   Súm. 129. Contrato de trabalho. Grupo econômico. A prestação de serviços a mais de uma empresa do mesmo grupo econômico, durante a mesma jornada de trabalho, não caracteriza a coexistência de mais de um contrato de trabalho, salvo ajuste em contrário.

7   DELGADO, Maurício Godinho. *Curso de Direito do Trabalho*. 12. ed. São Paulo: LTr, 2013, p. 832-833.

8   Em sentido contrário, por exemplo, AIRR-45700-48.2009.5.03.0107, 3ª Turma, Rel. Min. Alexandre de Souza Agra Belmonte, julgamento em 03.02.2016, *DEJT* 12.02.2016.

em favor do grupo econômico, considerado como empregador único. Neste sentido, é esclarecedor o seguinte julgado da SDI-1:

> Recurso de embargos. Equiparação salarial. Grupo econômico. Empresas distintas. Recurso de revista parcialmente provido. Requisito mesmo empregador. O fato de o reclamante e o empregado paradigma prestarem serviços a empresas distintas, ainda que integrantes do mesmo grupo econômico, impede o deferimento da equiparação salarial, notadamente quando o trabalho se realiza, independente do grupo, diretamente a uma e outra empresa integrante do grupo econômico, em locais diversos, com distinção de trabalho e função. Isso porque as empresas que formam o grupo econômico constituem empregadores distintos, têm personalidade jurídica própria, com organização e estrutura funcional independentes, impossibilitando a presença da identidade funcional, exigida por lei para o reconhecimento do direito à equiparação salarial. Todavia, diante da existência de trabalho direto ao grupo econômico, não é possível afastar o direito à equiparação salarial apenas pelo aspecto formal relativo ao contrato de trabalho realizado com empresas distintas, em face de paragonado e paradigma. Necessário verificar os requisitos do art. 461 da CLT, exatamente como entendeu a c. Turma, já que o conceito de mesmo empregador também pode alcançar o trabalho dirigido diretamente ao grupo econômico, quando efetivamente no local da prestação de serviços existe [sic] atribuição e função idêntica [sic]. Embargos conhecidos e desprovidos (TST, SDI-1, E-ED-RR-30-24.2010.5.02.0254, Rel. Min. Aloysio Corrêa da Veiga, j. 06.06.2013, *DEJT* 14.06.2013).

No mesmo sentido, decisão mais recente da 2ª Turma:

> [...] CONTRATADOS POR EMPRESAS FORMALMENTE DISTINTAS PERTENCENTES AO MESMO GRUPO ECONÔMICO. PRESTAÇÃO DE SERVIÇOS AO MESMO BANCO. EMPREGADOR ÚNICO. TEORIA DO CONTRATO-REALIDADE. POSSIBILIDADE A jurisprudência deste Tribunal Superior vem se posicionando no sentido de que não há a possibilidade de configuração de equiparação salarial entre empregados de empresas distintas, ainda que pertencentes ao mesmo grupo econômico. No caso, todavia, constatou-se fraude implementada pelo reclamado, tendo em vista que o Regional expressamente reconheceu que a reclamante e a paradigma prestavam serviço ao mesmo banco e sob a mesma chefia imediata, exercendo as mesmas atividades (venda de títulos de seguro e capitalização), destacando que o labor foi desempenhado em proveito do grupo econômico ao qual integram as duas instituições financeiras empregadoras, evidenciando a figura do empregador único. Destaca-se que, a despeito da empregada indicada como paradigma, ter sido formalmente contratada por instituição financeira distinta da empregadora do reclamante, para fins de apuração da equiparação salarial deve prevalecer a figura do contrato-realidade, uma vez que exerciam exatamente a mesma atividade, hierarquicamente subordinadas à mesma chefia e supervisão, notadamente quando consignado que a "a testemunha da ré era chefe de ambos". Desse modo, diante da peculiaridade do caso dos autos, quanto à identidade funcional dos serviços prestados pela reclamante e a paradigma, nos moldes do artigo 461 da CLT, em proveito do mesmo empregador, a partir da concepção de contrato-realidade de empregador único, deve ser mantida a equiparação salarial. Ademais, é irrelevante a configuração de grupo econômico, na medida em que, constatada a figura do empregador único a partir do contrato-realidade, perfeitamente possível a equiparação salarial, ao contrário da jurisprudência indicada. Recurso de revista não conhecido. [...] (TST, 2ª Turma, ARR-559-90.2012.5.09.0088, Rel. Min. José Roberto Freire Pimenta, j. 06.02.2019, *DEJT* 08.02.2019).

No caso de **sucessão de empresas**, por sua vez, considera-se também o tempo de serviço em que a função foi exercida na empresa sucedida, tendo em vista que a alteração da propriedade ou da estrutura jurídica da empresa não altera os contratos de trabalho em vigor, o que vale também para a equiparação salarial.

17.3.3. Identidade de localidade de prestação dos serviços

Os trabalhadores devem exercer suas funções em uma mesma localidade, de forma que faça sentido o pleito de equiparação. Em outras palavras, há que existir similitude de características socioeconômicas em relação ao local da prestação dos serviços.

A partir da vigência da Lei nº 13.467/2017, que alterou a redação do *caput* do art. 461 da CLT, **entende-se por mesma localidade tão somente o *mesmo estabelecimento empresarial*.**

Desse modo, por exemplo, se determinada empresa tiver, em uma mesma cidade, vinte filiais, os empregados somente poderão pleitear a equiparação salarial com base em paradigmas que laborem na mesma filial, porquanto cada filial constitui um estabelecimento empresarial diverso.

Critica-se a opção do legislador, porquanto o empregador, de fato, nem sempre é empresa, então pode surgir dificuldade para definir *mesmo estabelecimento empresarial*, por exemplo, no caso de um profissional liberal que empregue trabalhadores, nos termos do § 1º do art. 2º da CLT.

O Código Civil estabelece que se considera estabelecimento todo complexo de bens organizado, para exercício da empresa, por empresário ou por sociedade empresária (art. 1.142). Na prática, dever-se-á considerar, para fins de equiparação salarial, a mesma unidade da atividade do empregador[9].

Diante da referida alteração legislativa, *encontra-se superado o entendimento jurisprudencial consubstanciado no item X da Súmula 6 do TST, in verbis*:

Súm. 6. (...)

X – O conceito de "mesma localidade" de que trata o art. 461 da CLT refere-se, em princípio, ao mesmo município, ou a municípios distintos que, comprovadamente, pertençam à mesma região metropolitana.

17.3.4. Simultaneidade do exercício da mesma função

Não obstante a CLT não exija expressamente tal requisito, decorre o mesmo da própria lógica equiparatória. Isso porque a figura visa evitar que trabalhadores que se encontrem em idêntica situação sejam tratados de forma desigual, recebendo salários diferentes. Obviamente, tal remédio somente se justifica em se tratando de obreiros que atuem em uma mesma época, sob pena de se propor o absurdo de pleitear equiparação salarial tendo por paradigma o salário de um trabalhador que tenha exercido a mesma função vários anos depois, por exemplo.

À falta de previsão legal expressa, a simultaneidade, no caso, resta configurada, conforme construção doutrinária, sempre que paradigma e paragonado tenham laborado simultaneamente por pelo menos 30 dias[10].

Simultaneidade significa trabalhar na mesma época, e não necessariamente no mesmo horário. Assim, nada impede que o paradigma cumpra sua jornada no período da manhã, enquanto o paragonado trabalhe no turno da tarde.

Da mesma forma, não é necessário que ao tempo da reclamação o paradigma ainda trabalhe na empresa, desde que, por algum tempo, paradigma e paragonado tenham trabalhado simultaneamente. Neste sentido, o item IV da Súmula 6 do TST:

---

9   Neste sentido, GARCIA, Gustavo Filipe Barbosa. *CLT Comentada*. 4. ed. São Paulo: Método, 2018, p. 472.
10   Neste sentido, DELGADO, Maurício Godinho. *Curso de Direito do Trabalho*, p. 746.

Súm. 6. (...)

IV - É desnecessário que, ao tempo da reclamação sobre equiparação salarial, reclamante e paradigma estejam a serviço do estabelecimento, desde que o pedido se relacione com situação pretérita.

(...)

Exemplo: Gustavo trabalhou em determinado estabelecimento de 2005 a 2007, exercendo a função de analista de sistemas. Leonardo, por sua vez, trabalhou no mesmo estabelecimento, também na função de analista de sistemas, entre 2005 e 2008. Embora cumpridos os requisitos do art. 461 da CLT, Leonardo recebia salário inferior àquele pago a Gustavo, razão pela qual Leonardo resolveu, no dia seguinte ao de sua demissão, ajuizar ação trabalhista visando o reconhecimento do direito à equiparação salarial e pagamento das diferenças salariais e reflexos. Neste caso, ainda que Gustavo (o paradigma) não mais trabalhasse no estabelecimento, o requisito da simultaneidade foi cumprido, visto que ambos (paradigma e paragonado) trabalharam na mesma empresa simultaneamente, por aproximadamente dois anos.

17.4. FATOS QUE INVIABILIZAM A EQUIPARAÇÃO SALARIAL

Cabe ao empregado, ao pleitear a equiparação salarial, o ônus de provar o preenchimento dos requisitos legais do art. 461, além da simultaneidade da prestação laboral.

Por seu turno, **cabe ao empregador o ônus de provar qualquer fato modificativo, impeditivo ou extintivo do direito à equiparação**. Neste sentido, o item VIII da Súmula 6 do TST. Tais fatos são arrolados no art. 461 da CLT, mais especificamente em seus parágrafos. Vejamos cada um deles.

17.4.1. Diferença de perfeição técnica (aspecto qualitativo)

Se o trabalho é desenvolvido por paradigma e paragonado com diferente perfeição técnica, não há se falar em equiparação salarial, ainda que presentes todos os quatro requisitos.

A grande dificuldade, no caso, é fazer prova desta diferença, tendo em vista a subjetividade da aferição. A jurisprudência costuma considerar, como indício para tal comprovação, a demonstração de maior qualificação técnico-profissional do paradigma (maior experiência anterior na função, por exemplo). Isso porque a maior qualificação favorece, em tese, a diferenciação quanto à qualidade do trabalho prestado. Entretanto, trata-se de mera presunção, que deve ser confirmada por outros elementos.

Neste diapasão, Alice Monteiro de Barros assevera que, "para a incidência da regra consubstanciada no art. 461 da CLT, a maior formação teórica ou maior potencialidade do paradigma é irrelevante, quando não sobressaiu em sua atividade, tampouco foi revertida em favor do credor do trabalho"[11].

No tocante à legitimação para exercício de determinada função, o TST vacila entre duas soluções distintas, conforme os seguintes verbetes:

OJ-SDI1-296. Equiparação salarial. Atendente e auxiliar de enfermagem. Impossibilidade (*DJ* 11.08.2003).

---

11 BARROS, Alice Monteiro de. *Curso de Direito do Trabalho*, p. 839.

Sendo regulamentada a profissão de auxiliar de enfermagem, cujo exercício pressupõe habilitação técnica, realizada pelo Conselho Regional de Enfermagem, impossível a equiparação salarial do simples atendente com o auxiliar de enfermagem.

Súm. 301. Auxiliar de laboratório. Ausência de diploma. Efeitos (mantida). Res. 121/2003, *DJ* 19, 20 e 21.11.2003.

O fato de o empregado não possuir diploma de profissionalização de auxiliar de laboratório não afasta a observância das normas da Lei nº 3.999, de 15.12.1961, uma vez comprovada a prestação de serviços na atividade.

17.4.2. Diferença de produtividade (aspecto quantitativo)

Se o paradigma tem maior produtividade (produção relativa em determinada unidade de tempo) que o equiparando, não há se falar em equiparação salarial.

Da mesma forma que na aferição da perfeição técnica, também é difícil, na prática, aferir diferença de produtividade, exceto nos casos em que o salário já é estipulado por unidade de obra (valor x por peças produzidas, por exemplo). Por isso, a jurisprudência tende a considerar a maior qualificação técnico-profissional do paradigma como *indicador* de maior produtividade.

17.4.3. Diferença de tempo de serviço

Dispõe o § 1º do art. 461 da CLT, com redação dada pela Lei nº 13.467/2017, que se considera trabalho de igual valor aquele feito com igual produtividade e com a mesma perfeição técnica, **entre pessoas cuja diferença de tempo de serviço para o mesmo empregador não seja superior a quatro anos e a diferença de tempo na função não seja superior a dois anos.**

Portanto, tivemos também neste aspecto mudança significativa levada a efeito pela *Reforma Trabalhista de 2017*, ao passo que, até então, a CLT só se referia à "diferença de tempo de serviço não superior a dois anos", o que a jurisprudência entendia como sendo a diferença de tempo de serviço na função, e não no emprego.

Diante da referida alteração legislativa, *encontra-se superado, portanto, o item II da Súmula 6 do TST*, visto que atualmente se conta o tempo de serviço na função e no emprego. Eis o verbete superado:

Súm. 6. (...)

II – Para efeito de equiparação de salários em caso de trabalho igual, conta-se o tempo de serviço na função e não no emprego.

(...)

17.4.4. Existência de quadro de carreira ou plano de cargos e salários

Se a empresa tem pessoal organizado em quadro de carreira ou adotar, por meio de norma interna ou de negociação coletiva, plano de cargos e salários, não há direito à equiparação salarial, pois, neste caso, o próprio empregador estabeleceu mecanismo de não discriminação.

A grande novidade estabelecida pela Lei nº 13.467/2017 foi a **dispensa de qualquer forma de homologação ou registro em órgão público** (parte final do § 2º do art. 461 da

CLT). Com efeito, antes da vigência da Lei nº 13.467/2017 a jurisprudência do TST condicionava o óbice à equiparação salarial, neste caso, à homologação do plano de carreira pelo Ministério do Trabalho, exigência esta que não mais subsiste.

Destarte, *encontra-se superado o entendimento jurisprudencial consubstanciado no item I da Súmula 6 do TST*:

> I – Para os fins previstos no § 2º do art. 461 da CLT, só é válido o quadro de pessoal organizado em carreira quando homologado pelo Ministério do Trabalho, excluindo-se, apenas, dessa exigência o quadro de carreira das entidades de direito público da administração direta, autárquica e fundacional aprovado por ato administrativo da autoridade competente.

Registre-se ainda que, nos termos do § 3º do art. 461, com a redação dada pela Lei nº 13.467/2017, **as promoções previstas no quadro de carreira poderão ser feitas por merecimento ou por antiguidade, ou por apenas um destes critérios, dentro de cada categoria profissional**.

Na redação anterior do dispositivo era exigida a previsão, no plano de cargos e salários, de alternância de critérios de promoção por antiguidade e por merecimento, sob pena de invalidação do plano. Considerando-se que esta exigência não mais existe, *encontra-se superado pela legislação em vigor o entendimento consubstanciado na OJ nº 418 da SDI-1 do TST*:

> OJ-SDI1-418 Equiparação salarial. Plano de cargos e salários. Aprovação por instrumento coletivo. Ausência de alternância de critérios de promoção por antiguidade e merecimento (*DEJT* divulgado em 12, 13 e 16.04.2012)
>
> Não constitui óbice à equiparação salarial a existência de plano de cargos e salários que, referendado por norma coletiva, prevê critério de promoção apenas por merecimento ou antiguidade, não atendendo, portanto, o requisito de alternância dos critérios, previsto no art. 461, § 2º, da CLT.

Observa Gustavo Filipe Barbosa Garcia[12] que "passam a ser admitidas as promoções somente por merecimento, embora estas normalmente decorram de critérios mais subjetivos do empregador do que as promoções por antiguidade".

Havendo quadro de carreira, independentemente de homologação ou registro em órgão público, não há se falar em ação de equiparação, mas sim, se for o caso, em reclamação fundada em preterição, enquadramento ou reclassificação. Neste sentido, a Súmula 127 do TST, *com as devidas adaptações que se fazem necessárias em face da eliminação da obrigatoriedade de aprovação por órgão público*:

> Súm. 127. Quadro de carreira (mantida). Res. 121/2003, *DJ* 19, 20 e 21.11.2003
>
> Quadro de pessoal organizado em carreira, aprovado pelo órgão competente, excluída a hipótese de equiparação salarial, não obsta reclamação fundada em preterição, enquadramento ou reclassificação.

Neste caso, embora não caiba equiparação salarial, o empregador é obrigado a respeitar as regras de enquadramento estabelecidas pelo plano de carreira, razão pela qual, se não o fizer, fica sujeito à reclamação fundada, conforme o caso, em preterição, enquadramento ou reclassificação.

---

[12] GARCIA, Gustavo Filipe Barbosa. *CLT Comentada*. 4. ed. São Paulo: Método, 2018, p. 473.

Quando da admissão, o empregado é *enquadrado* no plano de cargos e salários (quadro de carreira). Ao preencher os requisitos estipulados para promoção, será *reenquadrado*. Caso o empregador tenha deixado de enquadrar o empregado, isto é, de lhe classificar no quadro de carreira, cabe ação visando ao enquadramento ou à reclassificação.

Preterição é a "tomada de posse ou ocupação indevida de posto ou lugar que cabia a outrem"[13]. Ocorre sempre que, existindo quadro de carreira, ao empregado é negada a promoção, mesmo diante do alcance dos critérios objetivos estabelecidos, hipótese em que o trabalhador é preterido em face de outro colega, o qual assume o posto que seria seu.

Situação diversa ocorre na hipótese em que o empregador modifica as funções originalmente conferidas ao empregado, atribuindo-lhe atividades normalmente mais complexas, sem o *plus* remuneratório correspondente. Neste caso, ocorre o **desvio de função**.

Exemplo: um empregado é contratado como conferente em uma indústria, mas, na prática, exerce as atribuições de almoxarife, atividade mais complexa na estrutura organizacional daquela empresa.

A solução, no caso do **desvio de função**, é o pagamento das diferenças salariais, mas não o enquadramento na função efetivamente desempenhada, tendo em vista que, na realidade, outra pessoa já ocupa este cargo no plano de cargos e salários. Este é o sentido da OJ 125 da SDI-1:

OJ-SDI1-125. Desvio de função. Quadro de carreira (alterado em 13.03.2002).

O simples desvio funcional do empregado não gera direito a novo enquadramento, mas apenas às diferenças salariais respectivas, mesmo que o desvio de função haja iniciado antes da vigência da CF/1988.

17.4.5. Paradigma em readaptação funcional

Não servem de paradigma, nos termos do § 4º do art. 461 da CLT, os trabalhadores que ocupam determinada função em decorrência de readaptação previdenciária por deficiência física ou mental.

Ocorre a readaptação sempre que um empregado tenha sido afastado do trabalho por longo período, recebendo benefício previdenciário, e então seja preparado para retornar às suas atividades em uma função adequada à sua condição física ou mental. O procedimento de reabilitação e readaptação está previsto nos arts. 136-141 do Decreto nº 3.048/1999.

Desse modo, imagine-se o seguinte exemplo: um empregado exerce a função de caixa em um supermercado, com salário de R$ 1.500,00. Após sofrer um acidente, passou a ter falhas de memória e ficou afastado durante oito meses junto ao INSS. Ao retornar à empresa, foi readaptado na função de empacotador, ao passo que as sequelas do acidente o tornaram inapto para o exercício da função anterior (caixa). Neste caso, considerado o princípio da irredutibilidade salarial, este empregado continuará recebendo R$ 1.500,00, embora o salário pago pela empresa para a função de empacotador seja de R$ 1.000,00. Não obstante, os demais empacotadores não poderão pleitear a equiparação salarial tendo como paradigma este empregado readaptado.

Assim, a maior remuneração do readaptado decorre de lei (irredutibilidade salarial) e constitui vantagem de caráter personalíssimo, pelo que não se comunica aos demais empregados.

---

13   *Dicionário Houaiss eletrônico da língua portuguesa*. Versão 1.0. Rio de Janeiro: Objetiva, 2009.

17.5. VEDAÇÃO À EQUIPARAÇÃO EM CADEIA

Estabelece o item VI da Súmula 6 do TST, que teve a redação alterada pela Res. 198/2015, que

> Súm. 6. (...)
>
> VI – Presentes os pressupostos do art. 461 da CLT, é irrelevante a circunstância de que o desnível salarial tenha origem em decisão judicial que beneficiou o paradigma, exceto: a) se decorrente de vantagem pessoal ou de tese jurídica superada pela jurisprudência de Corte Superior; b) na hipótese de equiparação salarial em cadeia, suscitada em defesa, se o empregador produzir prova do alegado fato modificativo, impeditivo ou extintivo do direito à equiparação salarial em relação ao paradigma remoto, considerada irrelevante, para esse efeito, a existência de diferença de tempo de serviço na função superior a dois anos entre o reclamante e os empregados paradigmas componentes da cadeia equiparatória, à exceção do paradigma imediato.

A hipótese fática do mencionado item é a seguinte: um empregado obteve sucesso em seu pleito equiparatório, ou seja, sua ação foi julgada procedente pela Justiça do Trabalho. A partir daí, outros empregados ajuízam ações semelhantes, utilizando como paradigma o reclamante da ação anterior, e não o paradigma daquela ação. A esta hipótese dá-se o nome de *equiparação salarial em cadeia*.

Ocorre que **o § 5º do art. 461 da CLT, com redação dada pela Lei nº 13.467/2017, vedou a referida hipótese de equiparação salarial em cadeia**, nos seguintes termos:

> § 5º A equiparação salarial só será possível entre empregados contemporâneos no cargo ou na função, ficando vedada a indicação de paradigmas remotos, ainda que o paradigma contemporâneo tenha obtido a vantagem em ação judicial própria.

Desse modo, *está superado pela legislação em vigor o item VI da Súmula 6 do TST*.

17.6. EQUIPARAÇÃO NA HIPÓTESE DE CESSÃO DE EMPREGADOS

Fato comum no serviço público, a cessão de empregados de um órgão a outro não obsta a equiparação salarial, nos termos do item V da Súmula 6 do TST:

> Súm. 6. (...)
>
> V – A cessão de empregados não exclui a equiparação salarial, embora exercida a função em órgão governamental estranho à cedente, se esta responde pelos salários do paradigma e do reclamante.
>
> (...)

Imagine-se o seguinte exemplo: Marília é secretária de empresa de transporte coletivo do município e foi cedida à empresa de coleta de lixo do mesmo município, sendo que a empresa cedente (ou seja, a de transporte coletivo) paga seu salário, embora Marília permaneça prestando serviços à cessionária (coleta de lixo). No caso, se outra secretária da empresa de transporte coletivo recebe salário superior àquele percebido por Marília, cabe a ela, se preenchidos os demais requisitos do art. 461 da CLT, pleitear a equiparação salarial, não obstante preste serviços em outro órgão.

17.7. EQUIPARAÇÃO SALARIAL E SERVIÇO PÚBLICO

Além da hipótese de cessão de empregado público, vista no tópico anterior, também é relevante mencionar que a jurisprudência entende inviável a equiparação salarial na Administração direta, autárquica e fundacional. Neste sentido, a OJ 297 da SDI-1:

OJ-SDI1-297. Equiparação salarial. Servidor público da Administração direta, autárquica e fundacional. Art. 37, XIII, da CF/1988 (DJ 11.08.2003).

O art. 37, inciso XIII, da CF/1988, veda a equiparação de qualquer natureza para o efeito de remuneração do pessoal do serviço público, sendo juridicamente impossível a aplicação da norma infraconstitucional prevista no art. 461 da CLT quando se pleiteia equiparação salarial entre servidores públicos, independentemente de terem sido contratados pela CLT.

Contudo, a exceção não se aplica aos empregados de empresa pública ou sociedade de economia mista, consoante determina a Súmula 455 do TST (antiga OJ 353 da SDI-1):

Súm. 455. Equiparação salarial. Sociedade de economia mista. Art. 37, XIII, da CF/1988. Possibilidade (conversão da Orientação Jurisprudencial nº 353 da SBDI-1 com nova redação) – Res. 194/2014, DEJT divulgado em 21, 22 e 23.05.2014.

À sociedade de economia mista não se aplica a vedação à equiparação prevista no art. 37, XIII, da CF/1988, pois, ao admitir empregados sob o regime da CLT, equipara-se a empregador privado, conforme disposto no art. 173, § 1º, II, da CF/1988.

A respeito do tema, vale ainda mencionar a lição de Hely Lopes Meirelles:

"A vedação de equiparações e vinculações de quaisquer espécies remuneratórias para o efeito da remuneração do pessoal do serviço público (CF, art. 37, XIII) é outra norma moralizadora que figura no texto constitucional desde 1967 (art. 96). A Constituição proíbe o tratamento jurídico paralelo de cargos com funções desiguais (equiparação) e a subordinação de um cargo a outro, dentro ou fora do mesmo Poder, ou a qualquer fator que funcione como índice de reajustamento automático, como o salário mínimo ou a arrecadação orçamentária (vinculação), para fins de remuneração do pessoal administrativo. Equiparar significa a previsão, em lei, de remuneração igual à de determinada carreira ou cargo. Assim, não significa equiparação a existência de duas ou mais leis estabelecendo, cada uma, valores iguais para os servidores por elas abrangidos"[14]. (grifos do original)

Desse modo, parece que a melhor interpretação do dispositivo constitucional é a de Gustavo Filipe Barbosa Garcia, para quem

"a vedação atinge as equiparações de situações desiguais, bem como as vinculações a reajustes automáticos, tendo em vista a necessidade de lei específica para reajuste salarial de servidores públicos. A norma constitucional, portanto, não está impedindo o tratamento igual de situações que são idênticas"[15].

Partindo-se dessa premissa, ou seja, da possibilidade de equiparação salarial também entre empregados públicos que se encontrem em idêntica situação, há que se considerar que é inviável a equiparação entre servidores regidos por regimes jurídicos diversos (celetista e estatutário), tendo em vista que "a mesclagem de dois regimes

---

[14] MEIRELLES, Hely Lopes. Direito Administrativo Brasileiro. 24. ed. São Paulo: Malheiros, 2001, p. 393.

[15] GARCIA, Gustavo Filipe Barbosa. Curso de Direito do Trabalho. 4. ed. São Paulo: Forense, 2010, p. 470.

diversos conduz a um terceiro regime, o que destrói a harmonia interna das normas e por isso deve ser evitado"[16-17].

Registre-se, por fim, que aos 16.10.2014 o Supremo Tribunal Federal aprovou a conversão da Súmula nº 339 na **Súmula Vinculante nº 37**, mantendo integralmente seus termos:

> Súmula Vinculante 37. Não cabe ao Poder Judiciário, que não tem função legislativa, aumentar vencimentos de servidores públicos sob o fundamento de isonomia.

17.8. SALÁRIO DE SUBSTITUIÇÃO

Consoante construção da jurisprudência, a substituição não eventual e provisória dá direito ao substituto de perceber, durante a substituição, o salário do substituído. Este é o sentido da Súmula 159 do TST:

> Súm. 159. Substituição de caráter não eventual e vacância do cargo. Res. 129/2005, *DJ* 20, 22 e 25.04.2005.
>
> I – Enquanto perdurar a substituição que não tenha caráter meramente eventual, inclusive nas férias, o empregado substituto fará jus ao salário contratual do substituído.
>
> II – Vago o cargo em definitivo, o empregado que passa a ocupá-lo não tem direito a salário igual ao do antecessor.

Há alguma polêmica acerca da delimitação de eventualidade e interinidade para fins de recebimento do salário de substituição. Como regra geral, a doutrina costuma utilizar o parâmetro de 30 dias como indicador de interinidade[18]. A exceção fica por conta das férias, que são sempre consideradas condição para substituição não eventual, ainda que fracionadas (menos de 30 dias). Exemplo de substituição eventual é a do chefe que viaja a trabalho durante apenas alguns dias.

Naturalmente, o salário diferenciado é garantido ao substituto apenas enquanto dure a substituição, pelo que Maurício Godinho Delgado[19] afirma ser esta uma hipótese rara de salário condição que abrange o próprio salário básico.

Por fim, se a *substituição* for permanente, ou seja, caso se trate de ocupação de cargo vago, o *substituto* não fará jus ao mesmo salário do substituído. Não se trata, tecnicamente, de substituição, e sim de provimento de cargo vago por novo ocupante.

Vejamos três exemplos que esclarecem a hipótese:

1º) O empregador demite Alexandre, encarregado de departamento de pessoal que ganhava R$ 2.500,00, e contrata Mauro para ocupar o cargo vago deixado pelo pri-

---

[16] BARROS, Alice Monteiro de. *Curso de direito do trabalho*, p. 834.

[17] Há que se mencionar, todavia, decisão da SDI-I, inclusive publicada no Informativo nº 83 do TST: Salário. Diferenças. Desvio de função. Empregado de empresa pública. Desempenho de atividades próprias de servidor público *stricto sensu*. Orientação jurisprudencial nº 125 da SbDI-1 do TST 1. À luz da diretriz perfilhada na OJ nº 125 da SbDI-1 do TST, faz jus a diferenças salariais decorrentes de desvio de função empregado de empresa pública, auxiliar de informática, que, cedido para a União, prestava serviços na Receita Federal e lá desempenhava atribuições próprias àquelas desenvolvidas por servidores estatutários ocupantes do cargo de técnico do tesouro nacional. 2. Uma vez que não se busca reenquadramento funcional, mas a observância do critério da isonomia, as disposições dos incisos II e XIII do art. 37 da Constituição Federal não obstam o acolhimento da pretensão de diferenças salariais, por desvio de função. Negar ao empregado o direito de contraprestação pecuniária pelos serviços efetivamente prestados em desvio de função implicaria enriquecimento ilícito da Administração Pública. Precedentes do STF e da SbDI-1 do TST. 3. Embargos de que se conhece, por divergência jurisprudencial, e a que se nega provimento (TST, SDI-I, E-ED-RR-210900-27.2000.5.09.0020, Rel. Min. João Oreste Dalazen, *DEJT* 08.08.2014).

[18] Neste sentido, DELGADO, Maurício Godinho. *Curso de Direito do Trabalho*, p. 753.

[19] Idem, p. 752.

meiro, com salário de R$ 2.000,00. No caso, Mauro não tem direito à equiparação salarial – porque não houve simultaneidade de prestação de serviços – nem ao salário substituição, pois efetivamente substituição não houve, e sim provimento de cargo vago.

2º) O empregador demite Alexandre, encarregado de departamento de pessoal que ganhava R$ 2.500,00, e promove Mauro, que ocupava o cargo de auxiliar de departamento de pessoal, ganhando salário de R$ 1.000,00, para ocupar o cargo vago deixado pelo primeiro, sendo que Mauro passará a receber salário de R$ 2.000,00 na nova função. Neste caso, Mauro não terá direito ao valor anteriormente recebido por Alexandre, tendo em vista a vacância do cargo. Não obstante, caso exista na empresa plano de cargos e salários prevendo salário de R$ 2.500,00 para encarregado de departamento de pessoal, Mauro também fará jus a este patamar salarial.

3º) Com o afastamento previdenciário (por motivo de doença) de Alexandre, encarregado de departamento de pessoal que ganhava R$ 2.500,00, o empregador indica Mauro, que ocupava o cargo de auxiliar de departamento de pessoal ganhando salário de R$ 1.000,00, para substituí-lo durante o período de afastamento. Como a substituição é provisória e não eventual, Mauro fará jus, durante o período de substituição, ao salário de Alexandre. Imaginando-se que, ao receber alta médica, Alexandre tenha sido demitido e Mauro, efetivado naquela função, naturalmente ele continuará recebendo o salário de R$ 2.500,00[20].

17.9. PRESCRIÇÃO DA PRETENSÃO À EQUIPARAÇÃO SALARIAL

A Súmula 6 do TST estabelece que a prescrição da pretensão à equiparação salarial é parcial, nos seguintes termos:

> Súm. 6. (...)
> IX – Na ação de equiparação salarial, a prescrição é parcial e só alcança as diferenças salariais vencidas no período de 5 (cinco) anos que precedeu o ajuizamento.
> (...)

Ensina Homero Batista Mateus da Silva que "o instituto da prescrição atua corrosivamente apenas sobre a pretensão, especialmente de caráter pecuniário, sem tocar minimamente sobre o direito e muito menos sobre os fatos"[21].

Imaginemos um exemplo: Donizete e Luiz trabalharam juntos, exercendo a mesma função, em um mesmo estabelecimento, no período compreendido entre 2000 e 2001. Ocorre que o salário de Luiz era de R$ 1.000,00, ao passo que o salário de Donizete, na mesma época, era de R$ 1.500,00. Donizete foi demitido em 2002 e Luiz permaneceu trabalhando na empresa até 2008. Ao ser demitido, Luiz ajuizou reclamação trabalhista postulando diferenças salariais decorrentes da equiparação salarial com Donizete. No caso, a discriminação ocorreu há mais de cinco anos, mas os fatos não se sujeitam à prescrição. Como os efeitos pecuniários da lesão se renovam mês a mês, a prescrição é parcial, pelo que Luiz terá direito às diferenças salariais dos últimos cinco anos anteriores à data do ajuizamento da ação[22].

---

[20] Neste sentido, DELGADO, Maurício Godinho. *Curso de Direito do Trabalho*, p. 754.

[21] SILVA, Homero Batista Mateus da. *Curso de Direito do Trabalho aplicado: Livro da Remuneração*, vol. 5, p. 286.

[22] Para maiores detalhes sobre a sistemática da prescrição trabalhista e a distinção entre prescrição total e prescrição parcial, remeto o leitor ao Capítulo 28 deste livro.

17.10. MULTA POR DISCRIMINAÇÃO EM RAZÃO DE SEXO OU ETNIA

Dispõe o § 6º do art. 461 da CLT, incluído pela Lei nº 13.467/2017, *in verbis*:

§ 6º No caso de comprovada discriminação por motivo de sexo ou etnia, o juízo determinará, além do pagamento das diferenças salariais devidas, multa, em favor do empregado discriminado, no valor de 50% (cinquenta por cento) do limite máximo dos benefícios do Regime Geral de Previdência Social.

Observe-se, por oportuno, que, embora o *caput* do art. 461, em sua nova redação, estabeleça "igual salário, sem distinção de sexo, etnia, nacionalidade ou idade", **a multa prevista no § 6º é cabível apenas nas hipóteses de discriminação por motivo de sexo ou etnia**. Este detalhe, embora aparentemente irrelevante, é bastante provável em provas objetivas.

17.11. EFEITOS JURÍDICOS DA DISCRIMINAÇÃO SALARIAL POR MOTIVO DE SEXO, RAÇA, ETNIA, ORIGEM OU IDADE

Dispunha o § 6º do art. 461 da CLT, incluído pela Lei nº 13.467/2017, que, no caso de comprovada discriminação por motivo de sexo ou etnia, o juízo determinaria, além do pagamento das diferenças salariais devidas, multa, em favor do empregado discriminado, no valor de 50% (cinquenta por cento) do limite máximo dos benefícios do Regime Geral de Previdência Social.

Todavia, a redação de tal dispositivo foi alterada recentemente pela Lei 14.611/2023, passando a dispor o seguinte:

§ 6º Na hipótese de discriminação por motivo de sexo, raça, etnia, origem ou idade, o pagamento das diferenças salariais devidas ao empregado discriminado não afasta seu direito de ação de indenização por danos morais, consideradas as especificidades do caso concreto.

Portanto, **não há mais previsão de multa em favor do empregado que sofreu discriminação**, mas tão somente do pagamento das diferenças salariais, sem prejuízo do direito de ação de indenização por danos morais.

Observe-se, por fim, que a multa administrativa cominada por infração ao disposto no art. 461 da CLT, até então determinada pelo art. 510 da CLT, passou a ser aquela estabelecida pelo novel § 7º do art. 461, incluído pela Lei 14.611/2023, nos seguintes termos:

§ 7º Sem prejuízo do disposto no § 6º, no caso de infração ao previsto neste artigo, a multa de que trata o art. 510 desta Consolidação corresponderá a 10 (dez) vezes o valor do novo salário devido pelo empregador ao empregado discriminado, elevada ao dobro, no caso de reincidência, sem prejuízo das demais cominações legais. (NR)

EQUIPARAÇÃO SALARIAL	
Requisitos	**Observações pertinentes**
Mesma função	Não interessa a denominação do cargo, e sim a função e as tarefas desempenhadas, que devem ser **idênticas**. Em princípio, qualquer função, inclusive as intelectuais, podem ser objeto de equiparação.

EQUIPARAÇÃO SALARIAL	
Mesmo empregador	Em caso de grupo econômico, o TST somente admite a equiparação se os serviços foram prestados em favor do grupo, como verdadeiro *empregador único*, e não a uma das empresas, isoladamente.
Mesma localidade	O trabalho deve ser desenvolvido **no mesmo estabelecimento empresarial**.
Simultaneidade	O paradigma e o paragonado devem ter trabalhado juntos, em uma mesma época, ao menos durante algum tempo. Não é necessária a simultaneidade ao tempo da reclamação.
Mesma perfeição técnica	Avalia-se o aspecto qualitativo do trabalho do paradigma e do paragonado.
Mesma produtividade	Avalia-se o aspecto quantitativo do trabalho (produção em determinada unidade de tempo).
Diferença de tempo de serviço	A diferença de tempo de serviço deve ser ≤ quatro anos no emprego **e** ≤ dois anos na função.
Inexistência de quadro de carreira	Quando o empregador tiver pessoal organizado em quadro de carreira ou adotar plano de cargos e salários, a equiparação salarial estará afastada, independentemente de homologação ou registro em órgão público. As promoções poderão ser feitas por merecimento e por antiguidade, ou apenas por um destes critérios, dentro de cada categoria profissional. Se existir quadro de carreira, a equiparação é inviável, mas o empregado pode reclamar judicialmente a preterição, enquadramento ou reclassificação. No caso de desvio de função, são devidas apenas as diferenças salariais, mas não o novo enquadramento.

Outras observações relevantes sobre o tema:

• O trabalhador readaptado por deficiência física ou mental, atestada pelo INSS, não serve de paradigma;

• É vedada a equiparação em cadeia;

• É viável a equiparação salarial na hipótese de cessão de empregados, desde que a cedente responda pelos salários do paradigma e do paragonado (reclamante).

• Em regra, é vedada a equiparação salarial nos órgãos da administração direta, autárquica e fundacional.

• Admite-se a equiparação nas empresas públicas e sociedades de economia mista.

• Em caso de substituição temporária e não eventual, inclusive nas férias, o substituto faz jus ao salário do substituído, enquanto durar a substituição.

• A ocupação de cargo vago não dá direito à equiparação com o antigo titular do mesmo, nem ao salário de substituição, pois efetivamente não ocorre substituição nesta hipótese.

• A prescrição da pretensão à equiparação salarial é parcial, tendo em vista que a lesão se renova mês a mês.

17.12. DEIXADINHAS

1. A equiparação salarial realiza o princípio da isonomia em matéria de remuneração, estabelecendo tratamento igual aos iguais, e desigual aos desiguais.

2. A equiparação salarial só é possível se o empregado e o paradigma exercerem a mesma função, desempenhando as mesmas tarefas, não importando se os cargos têm, ou não, a mesma denominação.

3. Desde que atendidos os requisitos do art. 461 da CLT, é possível a equiparação salarial de trabalho intelectual, que pode ser avaliado por sua perfeição técnica, cuja aferição terá critérios objetivos.

4. Somente haverá possibilidade de equiparação salarial se o empregador for o mesmo. Admite-se a equiparação entre empresas do mesmo grupo econômico se este for considerado empregador único.

5. Só é possível a equiparação entre empregados que trabalham em um mesmo estabelecimento empresarial.

6. Para a equiparação salarial, faz-se necessário que paradigma e paragonado tenham trabalhado simultaneamente, ao menos durante algum tempo.

7. É desnecessário que, ao tempo da reclamação sobre equiparação salarial, reclamante e paradigma estejam a serviço do estabelecimento, desde que o pedido se relacione com situação pretérita.

8. Cabe ao empregador o ônus de provar qualquer fato modificativo, impeditivo ou extintivo do direito à equiparação.

9. Somente há possibilidade de equiparação salarial se o trabalho do paradigma e do paragonado for de igual valor.

10. Trabalho de igual valor será o que for feito com igual produtividade e com a mesma perfeição técnica, entre pessoas cuja diferença de tempo de serviço para o mesmo empregador não seja superior a quatro anos e a diferença de tempo na função não seja superior a dois anos.

11. A perfeição técnica relaciona-se ao aspecto qualitativo do trabalho.

12. A produtividade relaciona-se ao aspecto quantitativo do trabalho, ou seja, ao resultado da equação produção/unidade de tempo.

13. Não se aplica a equiparação quando o empregador tiver quadro de carreira ou plano de cargos e salários, dispensada qualquer forma de homologação ou registro em órgão público. As promoções poderão ser feitas por merecimento e/ou por antiguidade, não se exigindo alternância destes critérios.

14. Quadro de pessoal organizado em carreira, aprovado pelo órgão competente, excluída a hipótese de equiparação salarial, não obsta reclamação fundada em preterição, enquadramento ou reclassificação.

15. O simples desvio funcional do empregado não gera direito a novo enquadramento, mas apenas às diferenças salariais respectivas, mesmo que o desvio de função haja iniciado antes da vigência da CF/1988.

16. O trabalhador readaptado em nova função por motivo de deficiência física ou mental atestada pelo órgão competente da Previdência Social não servirá de paradigma para fins de equiparação salarial.

17. É vedada a equiparação salarial em cadeia.

18. A cessão de empregados não exclui a equiparação salarial, embora exercida a função em órgão governamental estranho à cedente, se esta responde pelos salários do paradigma e do reclamante.

19. A jurisprudência não admite a equiparação salarial entre servidores públicos da administração direta, autárquica e fundacional.

20. Admite-se, entretanto, a equiparação entre empregados das empresas públicas ou sociedades de economia mista.

21. Enquanto perdurar a substituição que não tenha caráter meramente eventual, inclusive nas férias, o empregado substituto fará jus ao salário contratual do substituído.

22. Vago o cargo em definitivo, o empregado que passa a ocupá-lo não tem direito a salário igual ao do antecessor.

23. Na ação de equiparação salarial, a prescrição é parcial e só alcança as diferenças salariais vencidas no período de 5 (cinco) anos que precedeu o ajuizamento.

19.4.11 Prisão provisória do empregado

19.4.12 Afastamento para cumprimento de encargo público, diferente do serviço militar (art. 483, § 1º, e/ou o art. 472 da CLT)

CAPÍTULO 18

Alteração do Contrato de Trabalho

· · · · · · · · · · · · · · · · · · · ·

Marcadores: ALTERAÇÃO DO CONTRATO DE TRABALHO; INALTERABILIDADE CONTRATUAL LESIVA; *JUS VARIANDI*; TRANSFERÊNCIA.

Material de estudo:

✓ Legislação: **CLT**, arts. 75-C, 456-A, 468.

✓ Jurisprudência: **Súm.** 29, 43, 51, 159, 243, 248, 265, 372, 382, TST; **OJ SDI-1** 113, 159, 244, 308, TST.

✓ Doutrina (+).

Estratégia de estudo sugerida:

As atenções do leitor devem se voltar especialmente para os requisitos da alteração contratual, a figura jurídica do *jus variandi* e da transferência, que constituem os temas mais cobrados em concursos públicos sobre o assunto deste capítulo.

18.1. GENERALIDADES E FUNDAMENTO LEGAL

Quando do estudo dos princípios que regem o Direito do Trabalho, observa-se que um dos que mais se destaca é o *princípio da inalterabilidade contratual lesiva*, segundo o qual a ordem justrabalhista não admite a alteração das condições pactuadas no contrato de trabalho, sempre que esta alteração acarrete prejuízo ao obreiro.

Em outras palavras, as vantagens estabelecidas em favor do empregado aderem ao contrato de trabalho como direitos adquiridos do trabalhador, pelo que são vedadas, em regra, quaisquer alterações que possam de alguma maneira prejudicar o empregado.

O fundamento legal de tal princípio é encontrado no art. 468 da CLT:

Art. 468. Nos contratos individuais de trabalho só é lícita a alteração das respectivas condições por **mútuo consentimento**, e ainda assim **desde que não resultem, direta ou indiretamente, prejuízos ao empregado**, sob pena de nulidade da cláusula infringente desta garantia.

(...)

No tocante à alteração subjetiva, ou seja, à alteração do polo passivo da relação empregatícia, é sabido que a mudança na propriedade ou na estrutura jurídica da empresa não altera os contratos de trabalho em vigor, nos termos dos arts. 10 e 448 da CLT. A matéria foi estudada no capítulo referente à figura jurídica do empregador, para o qual remeto o leitor.

O assunto deste capítulo, por sua vez, é a **alteração objetiva** do contrato de trabalho, isto é, a alteração das condições de trabalho pactuadas.

18.2. REQUISITOS PARA A ALTERAÇÃO LÍCITA DO CONTRATO DE TRABALHO

Nos termos do art. 468 da CLT, são duas as **condições para a validade da alteração do contrato de trabalho**, a saber:

1ª) *consentimento do empregado* (são vedadas, como regra, as alterações unilaterais por parte do empregador);
2ª) *ausência de prejuízo ao empregado*.

Mesmo que o empregado concorde com a alteração, ela será nula sempre que lhe acarrete prejuízo, tendo em vista a indisponibilidade e a irrenunciabilidade que caracterizam, em regra, os direitos trabalhistas.

Na falta de qualquer dos dois requisitos, a alteração é nula de pleno direito, razão pela qual não surte qualquer efeito válido, consoante dispõe o art. 9º da CLT:

Art. 9º Serão nulos de pleno direito os atos praticados com o objetivo de desvirtuar, impedir ou fraudar a aplicação dos preceitos contidos na presente Consolidação.

Neste caso, como a cláusula é ilícita, a declaração de nulidade implica na imediata substituição pela norma legal mínima ou pela cláusula alterada.

Exemplos:

a) O empregador altera a jornada normal de trabalho do empregado para dez horas diárias, mediante previsão em regulamento de empresa. Como a alteração é flagrantemente prejudicial ao trabalhador, a cláusula é nula, e deve ser substituída pela norma legal mínima, a qual prevê a jornada normal de oito horas.

b) Cláusula regulamentar previa o pagamento de gratificação por tempo de serviço, à razão de 10% do salário-base do empregado a cada quinquênio completo. Resolve então o empregador alterar o regulamento da empresa, reduzindo a referida gratificação para 5% do salário-base a cada quinquênio completo. Também neste caso, a alteração é nula de pleno direito, razão pela qual prevalecerá a cláusula anterior, a qual previa a gratificação de 10%.

Outros exemplos corriqueiros de alteração contratual lesiva são a redução salarial (salvo se decorrente de negociação coletiva, nos termos do art. 7º, VI, da CRFB) e o rebaixamento de função.

O prejuízo experimentado pelo empregado – que tem o condão de tornar ilícita a alteração – tanto pode ser direto quanto indireto. *Direto* é aquele que ataca diretamente o patrimônio do trabalhador, como, por exemplo, a redução salarial. *Indireto*, por sua vez, é aquele que traduz redução do patrimônio do trabalhador de forma indireta, como, por exemplo, no caso da redução drástica da tarefa repassada ao empregado que recebe por peça produzida. Observe-se, entretanto, que o prejuízo não precisa ser ao patrimônio material do empregado, isto é, não é necessariamente prejuízo econômico, pois a lei não estabelece tal restrição.

Obviamente, **as alterações favoráveis ao empregado são admitidas, e até mesmo incentivadas pelo direito.**

Também é importante observar que **a vedação à alteração lesiva do contrato de trabalho se dirige ao empregador**, e não ao Estado ou aos entes coletivos, estes últimos nos limites previstos pela CRFB/88. Assim, a legislação nova tem o condão de substituir eventual cláusula conflitante do contrato de trabalho por suas disposições, ainda que disso decorra prejuízo ao empregado[1], respeitado o direito adquirido.

18.3. *JUS VARIANDI*

A exceção à inalterabilidade contratual insere-se no âmbito do poder diretivo do empregador, que possui alguma liberdade de alterar determinadas condições de trabalho de forma unilateral. Tal poder é chamado pela doutrina de *jus variandi*.

Assim, o *jus variandi* fundamenta alterações do contrato de trabalho relativas à organização do ambiente de trabalho, à função, ao salário e ao local da prestação de serviços.

O chamado *jus variandi* **ordinário** permite pequenas modificações quanto ao exercício da prestação do trabalho, sem nenhum prejuízo efetivo ao empregado. Normalmente, está ligado à organização do ambiente de trabalho, como a exigência do uso de uniforme, pequena alteração do horário de entrada e de saída dos trabalhadores, entre outros.

Por sua vez, o *jus variandi* **extraordinário** admite alterações prejudiciais ao empregado em hipóteses especiais, desde que observados os limites legais. Um exemplo é a reversão ao cargo efetivo do empregado que exerce função de confiança, nos termos expressamente autorizados pelo § 1º do art. 468.

No mesmo sentido, como exemplo de exercício do *jus variandi* extraordinário, a jurisprudência admite a possibilidade de alteração unilateral da data de pagamento do salário pelo empregador, desde que respeitado o prazo legal para pagamento, nos termos da OJ 159 da SDI-1:

> OJ-SDI1-159. Data de pagamento. Salários. Alteração (inserida em 26.03.1999).
>
> Diante da inexistência de previsão expressa em contrato ou em instrumento normativo, a alteração de data de pagamento pelo empregador não viola o art. 468, desde que observado o parágrafo único, do art. 459, ambos da CLT.

Embora o *jus variandi* confira ao empregador a prerrogativa de proceder a pequenas alterações no contrato de trabalho, certamente **tal poder é limitado**. Assim, caso o empregador abuse deste exercício, poderá o empregado opor-se às modificações implementadas, inclusive pleiteando a rescisão indireta do contrato de trabalho, por descumprimento contratual, nos termos do art. 483 da CLT. Este **direito de resistência do empregado** é denominado *jus resistentiae*.

18.4. SITUAÇÕES-TIPO DE ALTERAÇÃO CONTRATUAL

A forma mais didática de se estudar as alterações contratuais é através da casuística trabalhista, analisando de forma individualizada as principais hipóteses, o que passo a fazer adiante.

---

[1] Não cabe, nos limites deste manual, discutir a tese da *vedação ao retrocesso social*.

18.4.1. Rebaixamento de função

É **ilícito, exceto se decorre de *reversão***. O rebaixamento de função consiste na alteração da função do empregado, passando-o para função de menor importância e, no mais das vezes, mais mal remunerada. Ainda que o empregador não reduza o salário do empregado, o rebaixamento de função lhe acarreta prejuízo moral, razão pela qual é vedado.

Além disso, o rebaixamento de função **jamais** pode ser utilizado pelo empregador como forma de punir o empregado.

18.4.2. Reversão

Dispõe o § 1º do art. 468 da CLT que "não se considera alteração unilateral a determinação do empregador para que o respectivo empregado reverta ao cargo efetivo, anteriormente ocupado, deixando o exercício de função de confiança".

Isso ocorre porque a designação para exercer função de confiança insere-se no âmbito do poder diretivo do empregador, cabendo-lhe julgar até que ponto continua existindo tal fidúcia.

Exemplo: Iomar era vendedor de loja de material esportivo e foi promovido pelo empregador para exercer a função de gerente da loja, típica função de confiança. Decorridos três anos desde a promoção de Iomar, o empregador resolveu lhe reverter ao cargo de origem, ou seja, vendedor, retirando-lhe a gratificação de função respectiva. Neste caso, a alteração é lícita, nos termos do § 1º do art. 468 da CLT. A supressão da gratificação de função não fere o princípio da irredutibilidade salarial, tendo em vista que se trata de salário condição que, como tal, não é incorporado ao contrato de trabalho.

Aliás, a questão da possibilidade de incorporação da gratificação de função foi definitivamente resolvida pela Lei nº 13.467/2017, mediante inclusão, no art. 468 da CLT, do § 2º, segundo o qual **a reversão, "com ou sem justo motivo, não assegura ao empregado o direito à manutenção do pagamento da gratificação correspondente, que não será incorporada, independentemente do tempo de exercício da respectiva função"** (grifos meus).

Tal alteração legislativa levou à *superação do entendimento jurisprudencial consubstanciado no item I da Súmula 372 do TST*, segundo o qual, "percebida a gratificação de função por dez ou mais anos pelo empregado, se o empregador, sem justo motivo, revertê-lo a seu cargo efetivo, não poderá retirar-lhe a gratificação tendo em vista o princípio da estabilidade financeira".

Se o empregado já é contratado diretamente para exercer a função de confiança, entretanto, não há possibilidade de rebaixamento funcional, simplesmente porque não haverá cargo efetivo anteriormente ocupado. Aí não resta alternativa ao empregador, a não ser a demissão do empregado.

18.4.3. Alteração de função em caso de extinção de cargo

Por alguns autores chamada de *aproveitamento*, a hipótese ocorre quando o empregador altera a função de determinado empregado para outra do mesmo nível, em decorrência da extinção do cargo anteriormente ocupado. Será lícita a alteração se dela não decorrer prejuízo ao empregado, até mesmo em homenagem ao princípio da continuidade da relação de emprego. Considera-se preferível que o empregado tenha a função alterada a perder definitivamente o emprego.

Mencione-se como exemplo o ocorrido na ECT (*Correios*) em face da automação dos serviços. Nesse caso, o TST tem admitido o aproveitamento dos empregados em outra função, mesmo que isso implique majoração da jornada de trabalho. Naturalmente o complemento salarial é devido, sob pena de ofensa ao princípio da irredutibilidade salarial. Nesse sentido, o seguinte julgado, publicado no *Informativo* nº 102 do TST:

ALTERAÇÃO CONTRATUAL. MUDANÇA DE ATIVIDADE LABORAL DECORRENTE DE AUTOMAÇÃO DOS SERVIÇOS. AMPLIAÇÃO DA JORNADA DE TRABALHO. AUSÊNCIA DE ACRÉSCIMO REMUNERATÓRIO. 1. Não consubstancia alteração contratual lesiva, por si só, a transposição de empregados para o exercício de novas funções, com o consequente aumento da jornada diária de labor, de seis para oito horas diárias, em decorrência de inevitáveis avanços tecnológicos que culminaram com a extinção das funções originalmente ocupadas, as quais, por imperativo legal (art. 227, *caput*, da CLT), demandavam a adoção de jornada de trabalho reduzida. 2. A reestruturação tecnológica empresarial, fenômeno inevitável e irrefreável no âmbito das modernas relações de trabalho, efetivamente impõe a realocação dos empregados em atividade diversa, compatível com a nova realidade da empresa. Conduta inserida no poder diretivo do empregador e que prestigia a preservação dos empregos. 3. Não obstante válida a alteração contratual sob a ótica do artigo 468 da CLT, o implemento de duas horas adicionais à jornada diária de trabalho sem o correspondente acréscimo remuneratório implica afronta ao princípio constitucional da irredutibilidade salarial (art. 7º, VI, CF), em face de sensível diminuição do valor do salário-hora. 4. Escorreito acórdão de Turma do TST que, diante do aumento da jornada de trabalho diária das empregadas, sem a respectiva compensação salarial, determina o pagamento das 7ª e 8ª horas laboradas, de forma simples. 5. Embargos de que se conhece, por divergência jurisprudencial, e a que se nega provimento (TST, Tribunal Pleno, E-RR-110600-80.2009.5.04.0020, Redator Min. João Oreste Dalazen, Data de Julgamento: 24.03.2015, *DEJT* 26.06.2015).

18.4.4. Readaptação

É lícita a alteração da função do empregado acidentado que é readaptado por recomendação do INSS. Ainda que a alteração cause prejuízo imaterial ao empregado (pela menor importância da nova função), será lícita, exceto se também houver redução salarial. Portanto, o empregado não poderá ter os salários reduzidos, razão pela qual também não servirá de paradigma na nova função para fins de equiparação salarial (art. 461, § 4º, da CLT).

18.4.5. Promoção

Há muita divergência doutrinária acerca da promoção do trabalhador. A principal questão que se coloca é no sentido da possibilidade de o empregado recusar a promoção.

A tendência da doutrina e da jurisprudência é admitir a recusa do empregado, tendo em vista que, não obstante o salário normalmente melhore em virtude da promoção, o prejuízo de que trata o art. 468 nem sempre é econômico. Razões de ordem pessoal, como, por exemplo, a sensação de inaptidão para aquela função mais complexa, a carga de responsabilidade que o empregado está disposto a assumir, entre outras, podem levar o obreiro a recusar a promoção.

Entretanto, se a promoção é prevista em quadro de carreira, a jurisprudência entende que o empregado não poderia recusá-la, tendo em vista que já conhecia a possibilidade de ser promovido desde que assumiu o emprego.

18.4.6. Outras mudanças de função

Há casos em que a própria lei determina a alteração temporária da função, visando à proteção do empregado. Um exemplo é a hipótese de mudança de função do menor, prevista no art. 407 da CLT, *in verbis*:

> Art. 407. Verificado pela autoridade competente que o trabalho executado pelo menor é prejudicial à sua saúde, ao seu desenvolvimento físico ou a sua moralidade, poderá ela obrigá-lo a abandonar o serviço, devendo a respectiva empresa, quando for o caso, proporcionar ao menor todas as facilidades para mudar de funções.
>
> Parágrafo único. Quando a empresa não tomar as medidas possíveis e recomendadas pela autoridade competente para que o menor mude de função, configurar-se-á a rescisão do contrato de trabalho, na forma do art. 483.

Obviamente, neste caso a alteração de função é lícita, porque efetuada em cumprimento a dispositivo legal.

Também é admitida a alteração, pelo empregador, das atribuições do empregado, desde que compatíveis com a sua condição pessoal ou com a função exercida, nos termos do art. 456, parágrafo único, da CLT, sem que isso importe na realização de sobrejornada. Assim, Alice Monteiro de Barros[2] e Vólia Bomfim Cassar[3] mencionam, por exemplo, a função de motorista, que é compatível com a de cobrador.

Nesse sentido, julgado recente publicado no *Informativo* nº 132 do TST:

> Embargos em recurso de revista. Diferenças salariais. Acúmulo de funções. Motorista e cobrador. Cabimento. Nos termos do art. 456, parágrafo único, da CLT, há permissão legal para o empregador exigir do empregado qualquer atividade compatível com a condição pessoal do empregado, desde que lícita e dentro da mesma jornada de trabalho. Não há justificativa, portanto, para a percepção de acréscimo salarial pelo Reclamante, que exerce, cumulativamente, a função de motorista e cobrador, quando patente que as obrigações em liça estão inseridas no elenco de obrigações decorrentes do contrato de trabalho, conforme consta da Classificação Brasileira de Ocupações (CBO). Precedentes do TST. Recurso de embargos conhecido por divergência jurisprudencial e provido (TST, SDI-I, E-RR-67-15.2012.5.01.0511, Rel. Min. Alexandre de Souza Agra Belmonte, j. 14.04.2016, *DEJT* 22.04.2016. *Informativo 132*).

18.4.7. Redução da jornada de trabalho

Desde que não seja reduzido o salário, nada impede que o empregador reduza a jornada de trabalho do empregado, tendo em vista que esta alteração é visivelmente mais benéfica ao trabalhador.

Assim, por exemplo, se o empregador reduz a jornada do empregado de 8h e 44h semanais para 7h e 35h semanais, mantendo, entretanto, o salário anterior, a alteração é plenamente válida, visto que mais benéfica ao trabalhador.

A redução de salário correspondente só tem cabimento em quatro hipóteses:

a) havendo previsão em instrumento coletivo de trabalho (convenção coletiva de trabalho ou acordo coletivo de trabalho), nos termos da CRFB/88;

---

2   BARROS, Alice Monteiro de. *Curso de Direito do Trabalho*. 6. ed. São Paulo: LTr, 2010, p. 853.
3   CASSAR, Vólia Bomfim. *Direito do Trabalho*. 4. ed. Niterói: Impetus, 2010, p. 979.

b) caso fique devidamente comprovado que o empregado tem determinado interesse extracontratual na alteração, e que, portanto, com ela consinta de forma absolutamente inequívoca. O exemplo clássico é o do empregado que cursa o último ano de faculdade e precisa (e/ou quer) fazer o estágio para conclusão do curso. Neste caso, como há inequívoco interesse obreiro, independente do contrato de trabalho, podem as partes, em comum acordo, reduzir a jornada à metade, com a correspondente redução do salário do trabalhador, naturalmente;

c) no caso da redução da jornada do professor que recebe por hora/aula, em virtude de redução do número de turmas da escola. Neste sentido, a OJ 244 do TST:

OJ-SDI1-244. Professor. Redução da carga horária. Possibilidade (inserida em 20.06.2001).

A redução da carga horária do professor, em virtude da diminuição do número de alunos, não constitui alteração contratual, uma vez que não implica redução do valor da hora-aula.

d) para adoção do contrato sob o regime de tempo parcial, conforme art. 58-A, § 2º, da CLT (contrato anteriormente de 8h, alterado para tempo parcial conforme art. 58-A).

Ocorre que, caso o empregador resolva reduzir unilateralmente a jornada, não pode depois voltar a aumentá-la, pois aí a alteração seria lesiva ao empregado. A exceção fica por conta do servidor público, nos termos da OJ 308 do TST:

OJ-SDI1-308. Jornada de trabalho. Alteração. Retorno à jornada inicialmente contratada. Servidor público (*DJ* 11.08.2003).

O retorno do servidor público (administração direta, autárquica e fundacional) à jornada inicialmente contratada não se insere nas vedações do art. 468 da CLT, sendo a sua jornada definida em lei e no contrato de trabalho firmado entre as partes.

A distinção se justifica pelo caráter vinculado dos atos administrativos em relação à administração de pessoal. Logo, se o administrador público reduziu, na prática, a jornada legal do servidor, o fez ao arrepio da lei, utilizando-se de discricionariedade que não lhe foi conferida. Portanto, a qualquer tempo pode ser exigida a jornada legal/contratual. A título de exemplo, decisão da SDI-1 publicada no *Informativo nº 99* do TST:

Servidor público submetido ao regime da CLT. Empregado que nunca foi submetido à jornada de trabalho inicialmente contratada. Determinação de retorno à jornada original. Alteração lícita. Orientação Jurisprudencial nº 308 da SBDI-I. O restabelecimento da jornada original de trabalho de servidor público, submetido ao regime da CLT, não importa alteração ilícita do contrato de trabalho, ainda que isso implique aumento da carga horária sem contrapartida salarial. Com efeito, é a lei que determina a jornada do servidor, e eventual redução, ainda que por tempo prolongado ou mesmo desde o início do contrato de trabalho, não se incorpora ao seu patrimônio jurídico. A teoria do fato consumado não é aplicável em contrariedade à lei, que resguarda o interesse público, indisponível por natureza. Incide, portanto, o entendimento consolidado pela Orientação Jurisprudencial nº 308 da SBDI-I, em obediência aos princípios constitucionais da legalidade, moralidade, impessoalidade e eficiência do serviço público (art. 37 da CF). Com esses fundamentos, a SBDI-I, por maioria, conheceu dos embargos interpostos pelo reclamado por contrariedade à Orientação Jurisprudencial nº 308 da SBDI-I, e, no mérito, deu-lhes provimento para restabelecer a sentença que julgou lícita a alteração da jornada de trabalho da reclamante para quarenta horas semanais, pactuada à época da contratação e prevista em lei estadual. Vencidos os Ministros Renato de Lacerda Paiva, Augusto César Leite de Carvalho, José Roberto Freire Pimenta e Alexandre de Souza Agra Belmonte (TST, SDI-I, E-RR-368500-43.2009.5.04.0018, Rel. Min. Márcio Eurico Vitral Amaro, julgamento em 5.2.2015).

18.4.8. Transferência de turno de trabalho

É lícita a transferência unilateral do empregado do turno noturno para o diurno, inclusive com a supressão do adicional noturno, tendo em vista que trabalhar à noite é mais gravoso à saúde do trabalhador. Logo, a transferência é benéfica. Neste sentido, a Súmula 265 do TST:

> Súm. 265. Adicional noturno. Alteração de turno de trabalho. Possibilidade de supressão (mantida). Res. 121/2003, DJ 19, 20 e 21.11.2003.
>
> A transferência para o período diurno de trabalho implica a perda do direito ao adicional noturno.

A alteração contrária, isto é, do diurno para o noturno, por óbvio, é ilícita, tendo em vista ser prejudicial ao empregado.

Seguindo a mesma linha de raciocínio, admite-se a alteração do regime de turnos ininterruptos de revezamento para turno fixo, visto que este último regime é mais benéfico ao empregado[4]. Assim, pode o empregador alterar jornada de 6h em turnos de revezamento para jornada de 8h em turno fixo[5].

18.4.9. Alteração da jornada do bancário

O bancário promovido a cargo de confiança tem a jornada aumentada de 6h para 8h, com base em expressa disposição de lei, qual seja, o art. 224, § 2º, da CLT:

> Art. 224. A duração normal do trabalho dos empregados em bancos, casas bancárias e Caixa Econômica Federal será de 6 (seis) horas contínuas nos dias úteis, com exceção dos sábados, perfazendo um total de 30 (trinta) horas de trabalho por semana.
>
> (...)
>
> § 2º As disposições deste artigo não se aplicam aos que exercem funções de direção, gerência, fiscalização, chefia e equivalentes, ou que desempenhem outros cargos de confiança, desde que o valor da gratificação não seja inferior a 1/3 (um terço) do salário do cargo efetivo.

Exemplo: Carlos Henrique exercia a função de escriturário em um banco, cumprindo a jornada normal do bancário (6h) e ganhando R$ 1.500,00. Tendo em vista seu bom desempenho no trabalho, Carlos Henrique foi promovido a "gerente de contas pessoa física", com jornada de 8h e salário de R$ 3.200,00. Neste caso, embora a jornada tenha sido aumentada, a alteração contratual é lícita, pois amparada em dispositivo expresso de lei.

18.4.10. Alteração do horário de trabalho

É lícita a alteração do horário de trabalho do empregado, desde que não haja alteração do turno diurno para o noturno. Excetuada esta hipótese, a alteração insere-se no âmbito do *jus variandi* do empregador. Somente se prevista em contrato vedação expressa à alteração não poderia o empregador efetuá-la. Imagine-se, por exemplo, o caso de um empregado que tenha dois empregos (o que, frise-se, é lícito, desde que haja compatibili-

---

[4]   Embora se presuma ser mais benéfica ao empregado tal alteração, naturalmente deverão ser avaliados os fatos, caso a caso. Assim, se a alteração consistiu em retaliação, em face de frustração da negociação coletiva, por exemplo, ela é inválida. Nesse sentido, TST, SDI-I, E-ED-RR-34700-84.2004.5.03.0088, Rel. Min. Maria de Assis Calsing, *DEJT* 13.09.2013 (publicado no *Informativo* nº 57 do TST).

[5]   Neste sentido, CASSAR, Vólia Bomfim. *Direito do Trabalho*, p. 979.

dade de horários). Este empregado trabalha durante o dia em uma indústria, com horário de trabalho das 8h às 17h, com uma hora de intervalo, e à noite, a partir das 18h, dá aulas em uma escola de idiomas. Imagine-se que o empregador resolva alterar o horário de trabalho deste empregado para 9h às 18h. Certamente a alteração lhe trará prejuízo, pelo que será nula de pleno direito.

18.4.11. Uso de uniforme

Determinar o uso de uniforme é prerrogativa decorrente do poder diretivo do empregador (poder de organização do local de trabalho); portanto, se insere no *jus variandi*. Ainda que o empregador nunca tenha exigido o uso de uniforme, poderá fazê-lo a qualquer tempo, vedadas apenas as exigências discriminatórias e/ou vexatórias ao empregado. Obviamente, o uso do uniforme não pode gerar nenhum custo *extraordinário* ao empregado, tendo em vista que é utilizado *para* o trabalho.

Neste diapasão, a Lei nº 13.467/2017 incluiu na CLT o art. 456-A, o qual regula a utilização de uniforme nos seguintes termos:

> Art. 456-A. Cabe ao empregador definir o padrão de vestimenta no meio ambiente laboral, sendo lícita a inclusão no uniforme de logomarcas da própria empresa ou de empresas parceiras e de outros itens de identificação relacionados à atividade desempenhada.
>
> Parágrafo único. A higienização do uniforme é de responsabilidade do trabalhador, salvo nas hipóteses em que forem necessários procedimentos ou produtos diferentes dos utilizados para a higienização das vestimentas de uso comum.

Observe-se, portanto, que a *Reforma Trabalhista de 2017* contemplou apenas parcialmente o entendimento jurisprudencial que vinha prevalecendo no âmbito do TST, no sentido de que caberia ao empregador custear a higienização de uniformes de uso obrigatório[6].

Com efeito, nos termos do supramencionado parágrafo único do novel art. 456-A, **a responsabilidade pela higienização ordinária do uniforme é do trabalhador,** ou seja, se não forem necessários produtos ou métodos de lavagem especiais para a higienização dos uniformes. Do contrário, **se forem necessários produtos e/ou métodos de lavagem diferentes daqueles utilizados para a higienização de vestimentas de uso comum, o custo respectivo deverá suportado pelo empregador.**

Cabe registrar, ainda, que o custeio do uniforme exigido fica a cargo, naturalmente, do empregador, que assume os riscos da atividade econômica e dirige a prestação pessoal de serviços, nos termos do art. 2º da CLT. Nesse sentido, decisão da SDI-1 do TST:

> RECURSO DE EMBARGOS EM RECURSO DE REVISTA. INTERPOSIÇÃO SOB A ÉGIDE DA LEI 13.015/2014. AÇÃO CIVIL PÚBLICA. VESTIMENTAS ESPECÍFICAS EXIGIDAS PARA A PRESTAÇÃO DE SERVIÇOS. RESPONSABILIDADE DO EMPREGADOR PELO FORNECIMENTO OU PELO RESSARCIMENTO DAS DESPESAS DECORRENTES DA SUA

---

6 Ilustra este entendimento o seguinte julgado da SDI-1, publicado no *Informativo nº 101 do TST*: LAVAGEM E HIGIENIZAÇÃO DE UNIFORMES DE USO OBRIGATÓRIO. RESSARCIMENTO DE DESPESAS. INDÚSTRIA DE LATICÍNIOS 1. À semelhança do que se dá em relação à conservação e à manutenção de equipamentos e outros acessórios fornecidos aos empregados e utilizados no local de trabalho (artigo 458, § 2º, I, da CLT), as despesas inerentes à lavagem e higienização dos uniformes de uso obrigatório constituem ônus do empregador, em caso em que, por imposição da natureza do serviço, a utilização compulsória e o necessário asseio atendem primariamente aos interesses da empresa, indústria de laticínios. 2. Embargos das Reclamadas de que se conhece, por divergência jurisprudencial, e a que se nega provimento (TST, SDI-I, E-RR-12-47.2012.5.04.0522, Rel. Min. João Oreste Dalazen, j. 12.03.2015, *DEJT* 03.11.2015).

AQUISIÇÃO. 1. É certo que o empregador, por força de seu poder diretivo, pode definir o padrão de vestimenta a ser adotado pelos empregados no ambiente laboral. 2. Contudo, se é exigida a utilização de peças específicas para a prestação de serviços – o que caracteriza o uso de uniforme –, as mesmas devem ser fornecidas gratuitamente ao empregado, que não pode ser responsabilizado pelos custos do trabalho prestado. 3. Com efeito, nos termos do art. 2º da CLT, consagrador do princípio da alteridade, "considera-se empregador a empresa, individual ou coletiva, que, assumindo os riscos da atividade econômica, admite, assalaria e dirige a prestação pessoal de serviço". 4. Assim, sob pena de ofensa ao art. 2º da CLT – e também de inobservância ao princípio da irredutibilidade salarial –, é inviável exigir que o trabalhador disponha de parte dos seus ganhos para custear o uniforme exigido pelo empregador. 5. Nesse sentido é, inclusive, o entendimento consubstanciado no Precedente Normativo 115 do TST: "determina-se o fornecimento gratuito de uniformes, desde que exigido seu uso pelo empregador". 6. No caso, a teor do acórdão embargado, a empresa ré exigia de seus empregados "um padrão nas vestimentas: calça social preta, camisa social preta, sapato de salto para as mulheres e calça e camisa social, ambos na cor preta, e sapato social para os homens". 7. Está configurada, pois, a hipótese de uso obrigatório de uniforme pelos empregados, de modo que cabe à empresa ré o fornecimento das peças que o compõem ou o ressarcimento das despesas decorrentes da sua aquisição. 8. Tal conclusão não é alterada pela possibilidade de utilização de tais peças fora do ambiente laboral, sendo suficiente para fins de responsabilização da empregadora a circunstância de as mesmas serem necessárias para a prestação dos serviços. Recurso de embargos conhecido e provido (TST, E-RR-813-50.2013.5.09.0663, Subseção I Especializada em Dissídios Individuais, Rel. Min. Hugo Carlos Scheuermann, *DEJT* 12.02.2021).

18.4.12. Forma de remuneração

Pode ser alterada licitamente, desde que disso não decorram prejuízos ao trabalhador. Exemplo: empregado que recebe por comissões pode ter a forma de remuneração alterada para salário fixo, desde que mantido o patamar salarial anterior.

18.4.13. Alteração do regulamento da empresa

Como as cláusulas de regulamento de empresa aderem ao contrato de trabalho, a alteração do regulamento provoca também a alteração do contrato. Dessa forma, a alteração (prejudicial) do regulamento de empresa somente surte efeito para os empregados contratados a partir da alteração[7]. Neste sentido, a Súmula 51 do TST:

Súm. 51. Norma regulamentar. Vantagens e opção pelo novo regulamento. Art. 468 da CLT. Res. 129/2005, *DJ* 20, 22 e 25.04.2005.

I – As cláusulas regulamentares, que revoguem ou alterem vantagens deferidas anteriormente, só atingirão os trabalhadores admitidos após a revogação ou alteração do regulamento.

II – Havendo a coexistência de dois regulamentos da empresa, a opção do empregado por um deles tem efeito jurídico de renúncia às regras do sistema do outro.

A interpretação desta súmula costuma suscitar dúvidas, não obstante a grande maioria das questões de concursos cobre seus termos literais.

---

7   Como mencionado no item 18.2, supra, as alterações favoráveis ao empregado são admitidas, e até mesmo incentivadas pelo direito. Sendo assim, eventual alteração do regulamento de empresa que seja benéfica ao empregado surtirá efeitos também em relação àqueles trabalhadores com contrato de trabalho em vigor, não se aplicando o item I da Súmula 51 do TST.

O item I consagra o princípio da inalterabilidade contratual lesiva, nos termos do art. 468 da CLT, tendo em vista que a alteração prejudicial de cláusula regulamentar na vigência do contrato de trabalho é vedada.

O item II, por sua vez, determina que cabe ao empregado a escolha, na hipótese de coexistirem dois regulamentos de empresa na mesma época, sendo que o empregado não pode escolher o que de mais vantajoso tenha em cada um dos regulamentos, e sim eleger um deles. Obviamente, neste caso, não fará jus às regras previstas no regulamento preterido.

Bruno Klippel menciona como exemplo a seguinte hipótese:

"prevendo o regulamento n. 1 uma estabilidade quinquenal (após 5 anos na empresa) e o regulamento n. 2 uma indenização compensatória por rescisão sem justa causa após 5 anos de trabalho, poderá o empregado escolher livremente entre as normas vigentes na empresa"[8].

Observe-se, por fim, que o inciso VI do art. 611-A da CLT, incluído pela Lei nº 13.467/2017, estabeleceu que o instrumento coletivo de trabalho tem prevalência sobre a lei ao dispor sobre regulamento empresarial.

18.4.14. Alteração de regime de trabalho (teletrabalho ↔ presencial)

O art. 75-C da CLT, incluído pela Lei nº 13.467/2017, autorizou duas novas hipóteses de alteração contratual: a alteração entre o regime presencial e o regime de teletrabalho, e a alteração contrária, do regime de teletrabalho para o regime presencial. Eis os termos do dispositivo:

Art. 75-C. A prestação de serviços na modalidade de teletrabalho deverá constar expressamente do instrumento de contrato individual de trabalho[9].

§ 1º Poderá ser realizada a alteração entre regime presencial e de teletrabalho desde que haja mútuo acordo entre as partes, registrado em aditivo contratual.

§ 2º Poderá ser realizada a alteração do regime de teletrabalho para o presencial por determinação do empregador, garantido prazo de transição mínimo de quinze dias, com correspondente registro em aditivo contratual.

Vejamos de forma esquematizada as hipóteses dos §§ 1º e 2º do art. 75-C:

PRESENCIAL → TELETRABALHO
- Depende de mútuo acordo entre empregador e empregado.
- A alteração deve ser registrada em aditivo contratual.

TELETRABALHO → PRESENCIAL
- A alteração é determinada pelo empregador, ou seja, não depende da concordância do empregado. Trata-se de novo exemplo, portanto, de *jus variandi* extraordinário.
- Deve ser assegurado ao empregado prazo de transição mínimo de 15 dias, ou seja, a partir da determinação do empregador para alteração do regime de teletrabalho para o presencial, o empregado tem o direito de permanecer durante ao menos mais 15 dias no regime de teletrabalho.
- A alteração deve ser registrada em aditivo contratual.

---

8 KLIPPEL, Bruno. *Direito sumular esquematizado – TST*. São Paulo: Saraiva, 2011, p. 88.
9 Redação dada pela Lei nº 14.442/2022.

18.4.15. Alteração do contrato de trabalhadores hipersuficientes

Como estudado anteriormente, a *Reforma Trabalhista de 2017* estabeleceu a atuação "livre" da vontade individual dos contratantes nos casos em que o empregado receba salário igual ou superior a duas vezes o teto de benefícios do RGPS (atualmente, portanto, salário ≥ R$ 15.014,98[10]) e seja "portador de diploma de nível superior".

Neste sentido, o parágrafo único do art. 444 da CLT, incluído pela Lei nº 13.467/2017, dispõe, *in verbis*:

> Parágrafo único. A livre estipulação a que se refere o *caput* deste artigo aplica-se às hipóteses previstas no art. 611-A desta Consolidação, com a mesma eficácia legal e preponderância sobre os instrumentos coletivos, no caso de empregado portador de diploma de nível superior e que perceba salário mensal igual ou superior a duas vezes o limite máximo dos benefícios do Regime Geral de Previdência Social.

Portanto, o trabalhador hipersuficiente pode, em princípio[11], flexibilizar **individualmente** as condições de trabalho, com preponderância sobre a lei e sobre a norma coletiva, naquelas hipóteses previstas no art. 611-A da CLT. Se tal trabalhador pode pactuar o contrato nestes termos extremos de "autonomia" da vontade, deve-se entender que também poderá alterá-lo, a qualquer tempo, seguindo estes mesmos parâmetros. No mesmo sentido, Vólia Bomfim Cassar[12].

18.4.16. Alteração do contrato por norma coletiva

Segundo lição da Prof.ª. Vólia Bomfim Cassar[13], "após a Lei nº 13.467/2017, a norma coletiva poderá alterar o contrato de trabalho para suprimir vantagens contratuais, regulamentares ou criadas por normas internas do empregador ou direitos legais, pois prevalece sobre a lei".

Naturalmente esta possibilidade se resume às hipóteses arroladas no art. 611-A da CLT, não alcançando os direitos protegidos pela Constituição e, no âmbito normativo infraconstitucional, pelo art. 611-B da CLT.

Neste mesmo sentido, a tese aprovada pelo STF quando do julgamento do ARE 1.121.633 (Tema 1.046 de Repercussão Geral), segundo a qual "são constitucionais os acordos e as convenções coletivos que, ao considerarem a adequação setorial negociada, pactuam limitações ou afastamentos de direitos trabalhistas, independentemente da explicitação especificada de vantagens compensatórias, desde que respeitados os direitos absolutamente indisponíveis".

18.5. TRANSFERÊNCIA

Dada a importância e maior complexidade deste tema, bem como sua importância para o cotidiano do estudante, do concursando e do operador do Direito do Trabalho, seu estudo será feito separadamente.

---

[10]   Considerado o teto de benefícios vigente em 2023 (R$ 7.507,49), conforme art. 2° da Portaria Interministerial MPS/MF nº 26, de 10.01.2023 (*DOU* 11.01.2023).

[11]   O dispositivo em questão é um dos mais polêmicos da *Reforma Trabalhista* de 2017, de forma que ainda teremos um longo tempo de amadurecimento acerca da definição de seu alcance.

[12]   CASSAR, Vólia Bomfim. *Direito do Trabalho*. 14. ed. São Paulo: Método, 2017, p. 973.

[13]   CASSAR, Vólia Bomfim. *Direito do Trabalho*. 14. ed. São Paulo: Método, 2017, p. 982.

Na seara trabalhista, *transferência* significa a alteração do local da prestação de serviços, a qual acarrete ao obreiro a mudança de seu domicílio (leia-se residência).

Este é o teor do art. 469 da CLT:

> Art. 469. Ao empregador é vedado transferir o empregado, sem a sua anuência, para localidade diversa da que resultar do contrato, **não se considerando transferência a que não acarretar necessariamente a mudança do seu domicílio.**
>
> (...)

Portanto, **só haverá transferência se o empregado tiver que mudar de residência.**

18.5.1. Regra geral

De forma geral, é vedada a transferência unilateral do empregado, somente sendo admitida com o *consentimento* do obreiro. Neste sentido, o *caput* do art. 469 da CLT.

18.5.2. Exceções legais

Embora a regra geral seja a impossibilidade de alteração unilateral do local da prestação de serviços (transferência), o próprio art. 469 da CLT prevê, em seus parágrafos, algumas exceções a tal regra. Vejamos cada uma delas:

a) **Empregados que exerçam cargo de confiança e transferência decorrente da natureza do próprio contrato**

> Art. 469. (...)
>
> § 1º Não estão compreendidos na proibição deste artigo: os empregados que exerçam cargo de confiança e aqueles cujos contratos tenham como condição, implícita ou explícita, a transferência, **quando esta decorra de real necessidade de serviço.**
>
> (...)

O cargo de confiança mencionado no § 1º é aquele mesmo do § 1º do art. 468 (o qual permite a reversão futura).

A grande questão deste dispositivo é a interpretação de sua parte final, se referente somente àqueles empregados "cujos contratos tenham como condição, implícita ou explícita, a transferência", ou também aos "empregados que exerçam cargos de confiança".

O TST tem entendimento sumulado no sentido de que a *real necessidade de serviço* é exigida em ambas as hipóteses, embora a redação do parágrafo dê a entender o contrário. Como o seu objetivo deve ser, em princípio, resolver questões de concursos, tenha sempre em mente o entendimento do TST:

> Súm. 43. Transferência (mantida). Res. 121/2003, *DJ* 19, 20 e 21.11.2003.
>
> Presume-se abusiva a transferência de que trata o § 1º do art. 469 da CLT, sem comprovação da necessidade do serviço.

Neste mesmo diapasão, o seguinte aresto:

> Agravo de instrumento. Recurso de revista. Processo sob a égide da Lei 13.015/2014. Rescisão indireta. Alteração do local de trabalho (Município de Itajaí/SC para o Município de Joinville/SC). Transferência ilícita. Súmula 126/TST. As alterações do local de trabalho, além de

englobarem as remoções não relevantes, abrangem as remoções relevantes (implicam efetiva alteração da própria residência do trabalhador, mas com aquiescência e comprovado interesse do empregado) e as remoções relevantes excepcionalmente situadas dentro do *jus variandi* empresarial. Especificamente em relação às remoções lícitas relevantes excepcionalmente situadas dentro do *jus variandi* empresarial, registra-se que esta envolve quatro situações-tipo enumeradas pela CLT, quais sejam: (a) quando ocorrer extinção do estabelecimento a que se vincula o empregado (§ 2º do art. 469 da CLT); (b) quando se tratar de empregado exercente de cargo de confiança (§ 1º do art. 469 da CLT); (c) quando se tratar de empregado que tenha cláusula explícita ou implícita de transferibilidade (§ 1º do art. 469 da CLT); (d) transferência unilateral, desde que provisória e existindo real necessidade de serviço (§ 3º do art. 469 da CLT). Em todos estes casos, porém, a jurisprudência (Súmula 43/TST) já estendeu a noção de real necessidade do serviço para todas as situações autorizativas de transferência. Na presente hipótese, a reclamação trabalhista pretendeu a resolução do contrato de trabalho por conduta faltosa do Empregador, que subitamente transferiu o Reclamante para localidade distante 100 km do seu local originário de trabalho. O TRT, analisando as provas dos autos, manteve a sentença, que declarou a rescisão indireta do contrato, tendo em vista que a transferência se revelou ilícita e configurou alteração contratual prejudicial ao trabalhador. Observe-se que, conquanto o TRT tenha consignado a existência de previsão no contrato de trabalho acerca da possibilidade de alteração do posto de trabalho, não constou informação sobre a ocorrência de real necessidade do serviço para a transferência. Nesse sentido, a análise da controvérsia em perspectiva diversa – ou seja, sobre a existência (ou não) da real necessidade do serviço – demandaria necessário revolvimento dos fatos e provas constantes nos autos, o que não é permitido nessa instância recursal especial, à luz da Súmula 126/TST. Agravo de instrumento desprovido (TST, 3ª Turma, AIRR-287-65.2015.5.12.0005, Rel. Min. Mauricio Godinho Delgado, j. 17.08.2016, *DEJT* 19.08.2016).

A transferência é explícita no contrato de trabalho quando está expressamente prevista no instrumento contratual. Ao contrário, é implícita quando decorre da própria natureza das funções desempenhadas ou das circunstâncias em que o serviço é prestado. Imagine-se, como exemplo, um piloto de avião. É decorrência natural de sua atividade que ele tenha sempre que mudar o local da prestação de serviços; portanto, a transferência é lícita **se ocorrer real necessidade de serviço.**

Entende-se por *real necessidade de serviço* a circunstância de a empresa não poder desenvolver sua atividade de forma adequada sem o concurso daquele determinado empregado ou, em outras palavras, a impossibilidade de execução daquela função por outro empregado.

b) **Extinção do estabelecimento**

Nos termos do § 2º do art. 469 da CLT, "é lícita a transferência quando ocorrer extinção do estabelecimento em que trabalhar o empregado".

Uma vez mais, trata-se de decorrência lógica do princípio da continuidade da relação de emprego, assim como ocorre com a alteração da função do empregado, no caso de extinção do cargo respectivo.

c) **Transferência provisória por necessidade de serviço**

Dispõe o § 3º do art. 469, *in verbis*:

Art. 469. (...)

§ 3º Em caso de necessidade de serviço o empregador poderá transferir o empregado para localidade diversa da que resultar do contrato, não obstante as restrições do artigo anterior, mas, nesse caso, ficará obrigado a um pagamento suplementar, nunca inferior a 25% (vinte e cinco por cento) dos salários que o empregado percebia naquela localidade, enquanto durar essa situação.

Neste caso, é lícito ao empregador transferir unilateralmente o empregado, desde que haja necessidade de serviço (assim como no caso do § 1º). A diferença é que, nesta hipótese, a transferência deve ser **provisória**.

Determina ainda o dispositivo que na hipótese em referência (transferência provisória) o empregado faz jus, enquanto durar a transferência, a um adicional, no valor de 25% de seu salário.

18.5.3. Adicional de transferência

Como visto, é devido o adicional de 25% no caso de transferência **provisória** por necessidade de serviço.

Embora possa surgir alguma dúvida a respeito do cabimento do adicional de transferência nas hipóteses do § 1º do art. 469 da CLT, é pacífico que cabe tal adicional também nestes casos, **desde que a transferência seja provisória**.

Neste sentido, a OJ 113 da SDI-1 do TST:

OJ-SDI1-113. Adicional de transferência. Cargo de confiança ou previsão contratual de transferência. Devido. Desde que a transferência seja provisória (inserida em 20.11.1997).

O fato de o empregado exercer cargo de confiança ou a existência de previsão de transferência no contrato de trabalho não exclui o direito ao adicional. O pressuposto legal apto a legitimar a percepção do mencionado adicional é a transferência provisória.

Naturalmente, **se a transferência é bilateral**, no interesse do empregado, **não é devido o adicional** respectivo. Vejamos um exemplo:

Alessandra é bióloga e trabalha em Belo Horizonte. Vislumbrando a possibilidade de cursar o mestrado em biologia marinha na Universidade Federal Fluminense, em Niterói, Alessandra solicita ao seu empregador a transferência para o estabelecimento da empresa situado no Rio de Janeiro, pelo tempo necessário para cursar a pós-graduação, sendo-lhe deferida a transferência provisória. Neste caso, Alessandra não faz jus ao adicional de transferência, pois esta se deu a seu pedido, atendendo a interesse extracontratual obreiro.

O adicional de 25% **é calculado sobre todas as verbas de natureza salarial**, e não somente sobre o salário-base devido ao trabalhador. Como tal, integra-se ao salário para todos os fins.

18.5.4. Despesas decorrentes da transferência

As despesas decorrentes da transferência consubstanciam a famosa *ajuda de custo* (lícita, frise-se, não o salário maquiado).

Desse modo, dispõe o art. 470 da CLT que "as despesas resultantes da transferência correrão por conta do empregador".

Como se trata de um ressarcimento, a ajuda de custo tem natureza indenizatória, razão pela qual o § 2º do art. 457 da CLT a exclui do salário.

18.5.5. Transferências vedadas por lei

Empregados estáveis não podem ser transferidos unilateralmente, ainda que exista real necessidade de serviço.

Enquadram-se pacificamente nesta hipótese o antigo estável decenal, por força do disposto nos arts. 497 e 498 da CLT, bem como o dirigente sindical, conforme art. 543 da CLT, *in verbis*:

> Art. 543. O empregado eleito para cargo de administração sindical ou representação profissional, inclusive junto a órgão de deliberação coletiva, não poderá ser impedido do exercício de suas funções, nem transferido para lugar ou mister que lhe dificulte ou torne impossível o desempenho das suas atribuições sindicais.
>
> § 1º O empregado perderá o mandato se a transferência for por ele solicitada ou voluntariamente aceita.
>
> (...)

Em relação aos demais empregados detentores de garantias de emprego (cipeiro, gestante, acidentado, entre outros), há considerável controvérsia a respeito da intransferibilidade ou não dos mesmos. Maurício Godinho Delgado[14] defende que estes também seriam intransferíveis, pelo próprio espírito da garantia de emprego, senão a tal estabilidade provisória conferida a estes trabalhadores poderia acabar se voltando em prejuízo deles. Parece acertada a tese.

18.5.6. Transferência para o exterior

A transferência para o exterior somente é possível com a concordância livre e manifesta do empregado[15], razão pela qual não há espaço, neste caso, para o *jus variandi* empregatício.

A Lei nº 7.064/1982 fixava regras especiais aplicáveis à transferência para o exterior de empregados vinculados a empresas prestadoras de serviços de engenharia, consultoria, projetos e obras, montagens, gerenciamento e congêneres.

Não obstante, **a Lei nº 11.962/2009** alterou o art. 1º da Lei nº 7.064/1982, **estendendo-a a *todos os empregados***.

Em primeiro lugar, é imperioso observar que **tal lei específica mitiga o princípio da territorialidade**, segundo o qual "a relação jurídica trabalhista é regida pelas leis vigentes no país da prestação de serviço e não por aquelas do local da contratação" (antiga Súmula 207 do TST, cancelada pela Res. 181/2012). Isso porque a Lei nº 7.064/1982 estabelece que aos trabalhadores por ela regidos aplicam-se: a) os direitos por ela (Lei nº 7.064/1982) fixados; b) as leis vigentes no país da prestação de serviços (critério da territorialidade); c) a lei brasileira, quando mais favorável que a territorial, no conjunto de normas e em relação a cada matéria. A questão foi tratada com maiores detalhes quando do estudo da aplicação da lei trabalhista, no Capítulo 4 deste manual.

Dentre outros direitos, assegura-se ao empregado transferido para prestar serviços no exterior o seguinte:

a) fixação, por escrito, do salário-base e do adicional de transferência (art. 4º, *caput*);

b) garantia do salário-base não inferior ao piso da categoria (art. 4º, § 2º);

c) o salário-base do contrato será obrigatoriamente estipulado em moeda nacional, mas a remuneração devida durante a transferência do empregado, computado o

---

14 DELGADO, Maurício Godinho. *Curso de Direito do Trabalho*. 9. ed. São Paulo: LTr, 2010, p. 977.
15 Idem, p. 978.

adicional de que trata o artigo anterior, poderá, no todo ou em parte, ser paga no exterior, em moeda estrangeira (art. 5º, *caput*);

d) após dois anos de permanência no exterior, será facultado ao empregado gozar anualmente férias no Brasil, correndo por conta da empresa empregadora, ou para a qual tenha sido cedido, o custeio da viagem, inclusive em relação ao cônjuge e demais dependentes (art. 6º, *caput* e § 1º);

e) fica assegurado o retorno do empregado ao Brasil, custeado pelo empregador, seja no caso do término do prazo da transferência, ou antecipadamente, em uma das hipóteses legais (art. 7º, parágrafo único, c/c art. 8º, *caput*), salvo no caso de pedido de demissão ou dispensa por justa causa (art. 8º, parágrafo único);

f) o adicional de transferência, as prestações *in natura*, bem como quaisquer outras vantagens a que fizer jus o empregado em função de sua permanência no exterior, não serão devidas após seu retorno ao Brasil (art. 10);

g) o empregador deve contratar, em nome do empregado, seguro de vida e contra acidentes pessoais, em valor não inferior a doze vezes a remuneração mensal contratada (art. 21);

h) o empregador deve garantir, no local de trabalho no exterior ou próximo a ele, serviços gratuitos e adequados de assistência médica e social (art. 22).

Dicas para provas discursivas:

Esse assunto é potencialmente importante para questões discursivas.

A grande referência é o princípio da inalterabilidade contratual lesiva (ver item 3.4.4), consagrado pelo art. 468 da CLT.

É fundamental conhecer bem a disciplina jurídica da transferência do local da prestação dos serviços, bem como os impactos da *Reforma Trabalhista de 2017* sobre a temática da alteração contratual.

ALTERAÇÃO DO CONTRATO DE TRABALHO
Regra geral: é vedada a alteração unilateral do contrato de trabalho.
Requisitos para alteração válida: • Consentimento do empregado **E** • Ausência de prejuízo ao empregado. Faltando um dos requisitos, a alteração será nula de pleno direito, devendo a cláusula alterada ser substituída pela norma legal mínima ou pela cláusula anterior.
Exceção ao princípio da inalterabilidade contratual lesiva: *jus variandi* Em decorrência do poder diretivo, o empregador pode promover algumas alterações unilaterais no contrato de trabalho, visando à melhor organização do espaço físico ou do modo de prestação dos serviços.
***Jus variandi*:** • Ordinário: permite pequenas modificações, sem causar prejuízo ao empregado (ex.: exigência do uso de uniforme). • Extraordinário: limitado pela lei, possibilita alterações mais expressivas, capazes de causar efetivo prejuízo ao empregado (ex.: reversão).

ALTERAÇÃO DO CONTRATO DE TRABALHO

Alteração de função:

a) **Rebaixamento:** é a alteração da função do empregado, para outra de menor importância. É vedado, salvo no caso de reversão.

b) **Reversão:** é o retorno do empregado que exerce função de confiança ao cargo efetivo anteriormente ocupado. É permitida por expressa disposição de lei (art. 468, § 1º, CLT).

c) **Aproveitamento:** ocorre quando o empregado tem a função alterada em função da extinção do cargo por ele ocupado. É admitido, tendo em vista ser preferível mudar a função que perder o emprego.

d) **Readaptação:** é a alteração de função por recomendação do INSS, aplicável ao empregado que permaneceu afastado (por doença ou acidente de trabalho) e perdeu parte de sua capacidade laboral. É lícita, vedada a redução salarial.

e) **Promoção:** em tese, é mais benéfica; porém, o empregado pode recusá-la, caso dela decorra algum tipo de prejuízo imaterial. Não poderá haver recusa, entretanto, se a promoção é prevista em plano de cargos e salários.

f) **Mudança imposta por lei:** obviamente, é lícita. Ex.: mudança de função do menor que se ativa em função prejudicial à sua saúde, ao seu desenvolvimento físico ou à sua moralidade (art. 407, CLT).

Alteração da duração do trabalho:

a) **Horário de trabalho:** pequenas alterações no horário de trabalho se inserem no âmbito do *jus variandi* ordinário.

b) **Turno de trabalho:** é lícita a alteração do turno de trabalho, salvo do diurno para o noturno, ou ainda quando a alteração provocar inequívoco prejuízo ao empregado (ex.: quando o obreiro tiver outro emprego/atividade no outro turno).

c) **Jornada de trabalho:** a redução da jornada é sempre lícita, visto que mais benéfica ao empregado. A dilação da duração normal do trabalho, por sua vez, é ilícita, visto que prejudicial.

d) **Jornada do bancário:** pode ser alterada de 6h para 8h se o empregado é investido em cargo de confiança, cuja gratificação seja, no mínimo, 1/3 do valor do salário do cargo efetivo (art. 224, § 2º, CLT).

Alteração de salário:

A redução de salários somente é possível com a correspondente redução da jornada de trabalho, e ainda assim apenas nas seguintes hipóteses:

a) Mediante previsão em ACT ou CCT (CRFB/88, art. 7º, VI).

b) Mediante solicitação expressa do empregado, decorrente de inequívoco interesse extracontratual.

c) Redução da jornada do professor que recebe por hora/aula (OJ 244).

d) Para adoção do regime de tempo parcial (art. 58-A, § 2º, CLT).

Forma de remuneração:

Pode ser alterada, desde que não acarrete prejuízo (direto ou indireto) ao empregado.

Alteração do regulamento da empresa:

Qualquer alteração é válida somente para os empregados admitidos a partir da data da alteração. Se coexistirem dois ou mais regulamentos, o empregado deve escolher um deles, renunciando aos demais.

Alteração do regime de trabalho (teletrabalho / presencial / teletrabalho:

O regime presencial pode ser alterado para regime de teletrabalho por mútuo acordo entre as partes, com o devido registro em aditivo contratual. O regime de teletrabalho, por sua vez, pode ser alterado para regime presencial, por determinação do empregador, independentemente da vontade do empregado, desde que concedido tempo de transição de, no mínimo, 15 dias. Também neste caso a alteração deve ser registrada em aditivo contratual.

ALTERAÇÃO DO CONTRATO DE TRABALHO
Alteração do contrato de trabalhadores hipersuficientes: Os trabalhadores hipersuficientes, assim considerados aqueles cujo salário não seja inferior a duas vezes o teto de benefícios do RGPS e sejam "portadores de diploma de nível superior", poderão negociar "livremente" com o empregador, com prevalência sobre a lei e sobre a norma coletiva, nas hipóteses do art. 611-A da CLT, as condições de trabalho, seja na admissão, seja durante o contrato de trabalho (alteração).

Transferência:
 	
a) **Conceito**: é a alteração do local de trabalho que implique na mudança de domicílio (leia-se residência) do empregado.
 	
b) **Regra geral**: a transferência unilateral é vedada, exigindo o consentimento do empregado.
 	
c) **Exceções**: admite-se a transferência unilateral nas seguintes hipóteses:
  • Empregados que exercem cargo de confiança, desde que haja necessidade de serviço.
  • Empregados cuja natureza do serviço pressuponha a transferência, desde que haja necessidade de serviço.
  • Extinção do estabelecimento.
  • Sempre que, existindo real necessidade de serviço, a transferência seja provisória.
 	
d) **Adicional de transferência:**
  • **Sempre** que a transferência for provisória será devido o adicional, no valor de 25% do salário.
 	
e) **Despesas decorrentes:**
  • As despesas decorrentes da transferência correm por conta do empregador.
 	
f) **Transferências vedadas por lei:**
  • Empregados detentores de garantias de emprego não podem ser transferidos.
 	
g) **Transferência para o exterior:**
  • Exige-se o consentimento do empregado.
  • É regida pela Lei nº 7.064/1982.

18.6. DEIXADINHAS

1. É vedada, como regra, a alteração unilateral do contrato de trabalho.

2. Pelo princípio da inalterabilidade contratual lesiva, somente são admitidas as alterações contratuais que não resultem prejuízo ao empregado.

3. Em regra, a alteração contratual só é válida se, cumulativamente, tem o consentimento do empregado, bem como não lhe causa prejuízo, direto ou indireto.

4. As alterações favoráveis ao empregado são sempre admitidas.

5. A vedação à alteração lesiva se dirige ao empregador e se refere somente ao contrato de trabalho, pelo que a lei pode alterar os direitos trabalhistas, mesmo em prejuízo do empregado.

6. A exceção à inalterabilidade contratual lesiva é o *jus variandi*, assim considerado o direito que detém o empregador, em decorrência do poder diretivo, de alterar determinadas condições de trabalho de forma unilateral.

7. As pequenas alterações, que não provocam efetivo prejuízo ao empregado, inserem-se no chamado *jus variandi* ordinário.

8. Alterações prejudiciais expressamente permitidas por lei, por sua vez, inserem-se no âmbito do *jus variandi* extraordinário.

9. Diante da inexistência de previsão expressa, em contrato ou em instrumento normativo, a alteração de data de pagamento pelo empregador não viola o art. 468, desde que o pagamento se realize até o 5º dia útil do mês subsequente ao vencido.

10. O *jus variandi* encontra limites na lei, sendo que o seu uso abusivo pelo empregador dá ao empregado o direito de resistência (*jus resistentiae*), pelo qual o trabalhador pode se opor às alterações ilegais e até mesmo requerer a rescisão indireta do contrato de trabalho.

11. É ilícito o rebaixamento de função, salvo na hipótese de reversão.

12. Não se considera alteração unilateral a determinação do empregador para que o respectivo empregado reverta ao cargo efetivo, anteriormente ocupado, deixando o exercício de função de confiança.

13. É lícita a alteração de função (aproveitamento) se o cargo originalmente ocupado pelo empregado é extinto.

14. A readaptação do empregado recomendada pelo INSS é cabível, ainda que em função menos importante, desde que não haja redução salarial.

15. O empregado pode recusar promoção, salvo se prevista em plano de cargos e salários.

16. Verificado pela autoridade competente que o trabalho executado pelo menor é prejudicial à sua saúde, ao seu desenvolvimento físico ou a sua moralidade, poderá ela obrigá-lo a abandonar o serviço, devendo a respectiva empresa, quando for o caso, proporcionar ao menor todas as facilidades para mudar de funções.

17. Quando a empresa não tomar as medidas possíveis e recomendadas pela autoridade competente para que o menor mude de função, configurar-se-á a rescisão indireta do contrato de trabalho.

18. Desde que não seja reduzido o salário, nada impede que o empregador reduza a jornada de trabalho do empregado, tendo em vista que esta alteração é visivelmente mais benéfica ao trabalhador.

19. A redução de salários só é válida nas seguintes hipóteses: a) se prevista em ACT ou CCT, nos termos da CRFB/88; b) se comprovado o interesse extracontratual do empregado na redução da jornada com redução proporcional de salário; c) no caso da redução da jornada do professor que recebe por hora/aula, em virtude de redução do número de turmas da escola; d) para adoção do contrato sob o regime de tempo parcial, conforme art. 58-A, § 2º, da CLT.

20. Se o empregador reduz a jornada de trabalho do empregado, não pode, posteriormente, voltar a aumentá-la.

21. O retorno do servidor público (administração direta, autárquica e fundacional) à jornada inicialmente contratada não se insere nas vedações do art. 468 da CLT, sendo a sua jornada definida em lei e no contrato de trabalho firmado entre as partes.

22. É lícita a transferência do empregado do turno noturno para o diurno, hipótese em que o empregado perde o direito ao adicional noturno, que é modalidade de salário condicional.

23. O bancário promovido a cargo de confiança tem a jornada alterada de seis para oito horas, desde que observado o disposto no art. 224, § 2º, da CLT.

24. A alteração do horário de trabalho insere-se no *jus variandi* do empregador, pelo que é lícita, salvo no caso de mudança do turno diurno para o noturno, ou ainda se acarretar prejuízo manifesto ao empregado.

25. O empregador pode exigir o uso de uniforme a qualquer momento durante o contrato de trabalho.

26. Pode ser alterada licitamente a forma de remuneração do trabalhador, desde que desta alteração não lhe decorram prejuízos.

27. As cláusulas regulamentares, que revoguem ou alterem vantagens deferidas anteriormente, só atingirão os trabalhadores admitidos após a revogação ou alteração do regulamento.

28. Havendo a coexistência de dois regulamentos da empresa, a opção do empregado por um deles tem efeito jurídico de renúncia às regras do sistema do outro.

29. Transferência significa a alteração do local da prestação de serviços que acarreta ao obreiro a mudança de seu domicílio (leia-se residência).

30. Ao empregador é vedado transferir o empregado, sem a sua anuência, para localidade diversa da que resultar do contrato, não se considerando transferência a que não acarretar necessariamente a mudança do seu domicílio.

31. De forma geral, é vedada a transferência unilateral do empregado, somente sendo admitida com o consentimento do obreiro.

32. É lícita a transferência unilateral no caso dos empregados que exerçam cargo de confiança e daqueles cujos contratos tenham como condição, implícita ou explícita, a transferência, quando esta decorra de real necessidade de serviço.

33. Presume-se abusiva a transferência de que trata o § 1º do art. 469 da CLT, sem comprovação da necessidade do serviço.

34. Entende-se por real necessidade de serviço a circunstância de a empresa não poder desenvolver sua atividade de forma adequada sem o concurso daquele determinado empregado ou, em outras palavras, a impossibilidade de execução daquela função por outro empregado.

35. É lícita a transferência quando ocorrer extinção do estabelecimento em que trabalhar o empregado.

36. Em caso de necessidade de serviço, o empregador poderá transferir o empregado para localidade diversa da que resultar do contrato, não obstante as restrições do artigo anterior, mas, nesse caso, ficará obrigado a um pagamento suplementar, nunca inferior a 25% (vinte e cinco por cento) dos salários que o empregado percebia naquela localidade, enquanto durar essa situação.

37. Qualquer empregado transferido provisoriamente faz jus ao adicional de transferência enquanto durar esta situação.

38. O fato de o empregado exercer cargo de confiança ou a existência de previsão de transferência no contrato de trabalho não exclui o direito ao adicional.

39. O adicional de transferência integra-se ao salário para todos os fins.

40. As despesas resultantes da transferência correrão por conta do empregador.

41. Empregados estáveis não podem ser transferidos unilateralmente, ainda que exista real necessidade de serviço.

42. A transferência para o exterior somente é possível com a concordância livre e manifesta do empregado, razão pela qual não há espaço, neste caso, para o *jus variandi* empregatício.

43. Poderá ser realizada a alteração entre regime presencial e de teletrabalho desde que haja mútuo acordo entre as partes, registrado em aditivo contratual.

44. Poderá ser realizada a alteração do regime de teletrabalho para o presencial por determinação do empregador, garantido prazo de transição mínimo de quinze dias, com correspondente registro em aditivo contratual.

CAPÍTULO 19

Suspensão e Interrupção do Contrato de Trabalho

• •

Marcadores: SUSPENSÃO DO CONTRATO DE TRABALHO; INTERRUPÇÃO DO CONTRATO DE TRABALHO; SERVIÇO MILITAR OBRIGATÓRIO; LICENÇA-MATERNIDADE.

Material de estudo:

✓ Legislação: **CLT**, arts. 4º, 131, 132, 471-476, 494, 495.

✓ Jurisprudência: **Súm.** 160, 269, 440, TST; **OJ SDI-1** 375, TST; **OJ SDI-2** 137, TST.

✓ Doutrina (+++).

Estratégia de estudo sugerida:

Assunto constante nas provas de concursos públicos, o tema deste capítulo deve ser estudado de forma pragmática. Como toda questão eminentemente doutrinária, há várias correntes interpretativas. Não obstante, os precedentes obtidos a partir de questões de concursos anteriores orientam o candidato em relação ao caminho mais seguro a seguir.

Utilizam-se comumente, tanto pelo legislador quanto pela doutrina amplamente majoritária, as expressões *suspensão do contrato de trabalho* e *interrupção do contrato de trabalho*. Por isso, utilizo as mesmas expressões, inclusive ao nomear o tema tratado. Não obstante, o que se suspende ou se interrompe, consoante a melhor doutrina, não é o contrato de trabalho em si (vínculo jurídico), e sim a sua execução, seus efeitos.

19.1. SUSPENSÃO DO CONTRATO DE TRABALHO

É a cessação temporária dos **principais** efeitos do contrato de trabalho. O vínculo empregatício se mantém; porém, as partes (empregador e empregado) não se submetem às principais obrigações contratuais enquanto dure a suspensão.

Principais consequências da suspensão do contrato de trabalho:

• o empregado não presta serviços e não se mantém à disposição do empregador;

• o empregador não paga salários;

• o período de suspensão não é computado como tempo de serviço.

É comum encontrarmos na doutrina, e mais ainda em provas de concurso[1], a afirmação de que a suspensão do contrato de trabalho susta **todos os efeitos** do contrato. Não é verdade. De fato, a ocorrência de uma hipótese suspensiva susta **os principais efeitos** do contrato, **mas não todos**. Subsistem, mesmo durante a suspensão, as chamadas obrigações acessórias, normalmente caracterizadas por condutas omissivas das partes. Assim, pode-se dizer que subsistem, por exemplo, durante a suspensão, as seguintes obrigações contratuais:

- dever de não violação de segredo da empresa;
- dever de não praticar concorrência desleal;
- dever de respeito, pelo empregado, à integridade física e moral do empregador;
- dever de respeito, pelo empregador, à integridade física e moral do empregado.

Qualquer destas obrigações, se violadas, ensejam ruptura motivada do vínculo (demissão por justa causa, se descumprida obrigação pelo empregado; rescisão indireta, se descumprida obrigação pelo empregador).

19.2. INTERRUPÇÃO DO CONTRATO DE TRABALHO

Ocorre a interrupção contratual, com a cessação temporária da prestação de serviços pelo empregado, mantendo-se, entretanto, as obrigações patronais.

Principais consequências da interrupção do contrato de trabalho:

- o empregado não presta serviços e não se mantém à disposição do empregador;
- o empregador paga os salários normalmente;
- o período de interrupção é computado como tempo de serviço.

Suspensão vs. interrupção	
SUSPENSÃO	**INTERRUPÇÃO**
Não há prestação de serviços	Não há prestação de serviços
Não há pagamento de salário	**Há** pagamento de salário
Não há contagem do tempo de serviço	**Há** contagem do tempo de serviço

Mnemonicamente, pode-se utilizar o seguinte recurso:

Suspensão
SEM SALÁRIO
SEM TEMPO DE SERVIÇO

Interrupção
INCLUI SALÁRIO
INCLUI TEMPO DE SERVIÇO

---

[1] Por exemplo, em questão da FGV (Advogado – BADESC – 2010).

19.3. EXCEÇÕES À REGRA GERAL DISTINTIVA

Como mencionado, a caracterização da suspensão e da interrupção se baseia nos efeitos da sustação da prestação de serviços sobre o contrato de trabalho, no tocante ao pagamento de salários e contagem do tempo de serviço. Não obstante, em algumas hipóteses de suspensão essa distinção é mitigada pela previsão legal de efeitos característicos da interrupção, como, por exemplo, no caso de afastamento em decorrência de acidente de trabalho (após o 15º dia), em que a lei assegura a contagem do tempo de serviço para os fins de indenização e estabilidade e o recolhimento do FGTS, embora seja considerada, tecnicamente, como hipótese de suspensão contratual (porque o empregador não paga os salários).

Maurício Godinho Delgado ensina que as exceções ocorrem

"por razões também claramente objetivas e práticas: é que a lei, embora sabendo que certos fatos ou atos deveriam ensejar, tecnicamente, a suspensão contratual, busca minorar, ainda assim, os reflexos negativos da suspensão sobre os interesses obreiros, impondo ao empregador que compartilhe uma fração de efeitos resultantes daquele fato ou ato que se abateu sobre o contrato."[2]

19.4. HIPÓTESES DE SUSPENSÃO (SITUAÇÕES-TIPO)

Sob o ponto de vista didático, e, notadamente, visando à preparação para concursos públicos, a melhor forma de estudo dos institutos da suspensão e da interrupção contratuais é, sem dúvida, a análise da casuística trabalhista, ou seja, de cada uma das hipóteses fáticas de sustação da prestação de serviços, com a respectiva classificação.

19.4.1. Faltas injustificadas

São aquelas não autorizadas em lei ou que, se autorizadas, não implicam no pagamento de salários.

A hipótese não oferece maiores dificuldades, pois se amolda à característica típica da suspensão contratual: não há prestação de serviços, mas também não se paga o salário correspondente.

19.4.2. Suspensão disciplinar (art. 474 da CLT)

Trata-se da suspensão aplicada ao empregado, no exercício do poder disciplinar (aspecto do poder diretivo, relembre-se), como punição por falta cometida pelo obreiro. O prazo máximo é de 30 dias, sob pena de configuração da rescisão injusta do contrato de trabalho.

Neste sentido, dispõe o art. 474 da CLT: "a suspensão do empregado por mais de 30 (trinta) dias consecutivos importa na rescisão injusta do contrato de trabalho".

É claro que, durante a suspensão, o empregado não faz jus ao salário respectivo, pois se trata de punição, e não de premiação.

---

2   DELGADO, Maurício Godinho. *Curso de Direito do Trabalho*. 9. ed. São Paulo: LTr, 2010, p. 985.

19.4.3. Suspensão do empregado estável visando ao ajuizamento de inquérito para apuração de falta grave (art. 494 c/c o art. 853 da CLT)

É obrigatório o ajuizamento de inquérito para apuração de falta grave visando à demissão motivada (justa causa) dos seguintes empregados:

– estáveis celetistas (arts. 492 e 494 da CLT). São raríssimos os casos atualmente, tendo em vista que a CRFB/88 extinguiu o sistema da estabilidade e da indenização, substituindo-o pelo FGTS;
– dirigentes sindicais (art. 8º, VIII, da CRFB, c/c o art. 543 da CLT). A Súmula 379 do TST esclarece que o dirigente sindical só pode ser dispensado por falta grave mediante ajuizamento do inquérito judicial.

Conforme Marcelo Moura[3], corrente doutrinária **minoritária** entende que o inquérito seria cabível também no caso da estabilidade provisória dos dirigentes da cooperativa, bem como de outros empregados beneficiados por estabilidade criada por norma coletiva, ou mesmo por cláusula contratual ou regulamentar. O autor cita Wagner Giglio como defensor desta corrente, mas reitera que a mesma é minoritária, sendo majoritário o entendimento no sentido de que o inquérito para apuração de falta grave se aplica somente ao estável decenal e ao dirigente sindical. A questão será abordada novamente no Capítulo 22 deste manual, que trata da estabilidade e das garantias provisórias de emprego.

O prazo de duração desta hipótese de suspensão é indeterminado (até que seja concluído o inquérito), ao contrário do que ocorre com a suspensão disciplinar, cujo prazo é limitado a 30 dias.

Neste sentido, o art. 494 da CLT:

Art. 494. O empregado acusado de falta grave poderá ser suspenso de suas funções, mas a sua despedida só se tornará efetiva após o inquérito e que se verifique a procedência da acusação.

Parágrafo único. A suspensão, no caso deste artigo, perdurará até a decisão final do processo.

O prazo para ajuizamento do inquérito, por sua vez, é de 30 dias, conforme dispõe o art. 853 da CLT (prazo decadencial, como se verá adiante, no Capítulo 28).

Obviamente, os efeitos de suspensão somente terão lugar se resultar do inquérito a apuração de efetiva ocorrência de falta grave. Do contrário, a suspensão se converte em hipótese de interrupção, pois serão devidos os salários e demais direitos relativos ao período de afastamento do empregado. Neste sentido, o art. 495 da CLT:

Art. 495. Reconhecida a inexistência de falta grave praticada pelo empregado, fica o empregador obrigado a readmiti-lo no serviço e a pagar-lhe os salários a que teria direito no período da suspensão.

19.4.4. Afastamento para participação em curso de qualificação profissional (art. 476-A da CLT)

Trata-se da figura jurídica conhecida como *lay-off*. O empregado poderá se afastar do serviço pelo período de **dois a cinco meses**, a fim de frequentar curso de qualificação profissional oferecido pelo empregador, **desde que esta hipótese esteja prevista**

---

3 MOURA, Marcelo. *Consolidação das Leis do Trabalho para concursos*. Salvador: JusPodivm, 2011, p. 1.164-1.165.

em norma coletiva e autorizada expressamente (por escrito) pelo empregado. O contrato não poderá ser suspenso por mais de uma vez, por este mesmo motivo, no período de 16 meses.

> Art. 476-A. O contrato de trabalho poderá ser **suspenso**, por um período de dois a cinco meses, para participação do empregado em curso ou programa de qualificação profissional oferecido pelo empregador, com duração equivalente à suspensão contratual, mediante previsão em convenção ou acordo coletivo de trabalho e aquiescência formal do empregado, observado o disposto no art. 471 desta Consolidação.
>
> § 1º Após a autorização concedida por intermédio de convenção ou acordo coletivo, o empregador deverá notificar o respectivo sindicato, com antecedência mínima de quinze dias da suspensão contratual.
>
> § 2º O contrato de trabalho não poderá ser suspenso em conformidade com o disposto no *caput* deste artigo mais de uma vez no período de dezesseis meses.
>
> § 3º O empregador poderá conceder ao empregado ajuda compensatória mensal, sem natureza salarial, durante o período de suspensão contratual nos termos do *caput* deste artigo, com valor a ser definido em convenção ou acordo coletivo.
>
> § 4º Durante o período de suspensão contratual para participação em curso ou programa de qualificação profissional, o empregado fará jus aos benefícios voluntariamente concedidos pelo empregador.
>
> § 5º Se ocorrer a dispensa do empregado no transcurso do período de suspensão contratual ou nos três meses subsequentes ao seu retorno ao trabalho, o empregador pagará ao empregado, além das parcelas indenizatórias previstas na legislação em vigor, multa a ser estabelecida em convenção ou acordo coletivo, sendo de, no mínimo, cem por cento sobre o valor da última remuneração mensal anterior à suspensão do contrato.
>
> § 6º Se durante a suspensão do contrato não for ministrado o curso ou programa de qualificação profissional, ou o empregado permanecer trabalhando para o empregador, ficará descaracterizada a suspensão, sujeitando o empregador ao pagamento imediato dos salários e dos encargos sociais referentes ao período, às penalidades cabíveis previstas na legislação em vigor, bem como às sanções previstas em convenção ou acordo coletivo.
>
> § 7º O prazo limite fixado no *caput* poderá ser prorrogado mediante convenção ou acordo coletivo de trabalho e aquiescência formal do empregado, desde que o empregador arque com o ônus correspondente ao valor da bolsa de qualificação profissional, no respectivo período. (grifo meu)

Observe-se que a Lei nº 14.457/2022 criou outras duas hipóteses específicas de suspensão contratual nos moldes do art. 476-A da CLT, quais sejam:

a) a suspensão do contrato de trabalho da mulher para qualificação profissional, nos termos do art. 15:

> Art. 15. Mediante requisição formal da empregada interessada, para estimular a qualificação de mulheres e o desenvolvimento de habilidades e de competências em áreas estratégicas ou com menor participação feminina, o empregador poderá suspender o contrato de trabalho para participação em curso ou em programa de qualificação profissional oferecido pelo empregador.
>
> § 1º Na hipótese prevista no caput deste artigo, a suspensão do contrato de trabalho será formalizada por meio de acordo individual, de acordo coletivo ou de convenção coletiva de trabalho, nos termos do art. 476-A da Consolidação das Leis do Trabalho, aprovada pelo Decreto-Lei nº 5.452, de 1º de maio de 1943.

§ 2º O curso ou o programa de qualificação profissional oferecido pelo empregador priorizará áreas que promovam a ascensão profissional da empregada ou áreas com baixa participação feminina, tais como ciência, tecnologia, desenvolvimento e inovação.

§ 3º Durante o período de suspensão do contrato de trabalho, a empregada fará jus à bolsa de qualificação profissional de que trata o art. 2º-A da Lei nº 7.998, de 11 de janeiro de 1990.

§ 4º Além da bolsa de qualificação profissional, durante o período de suspensão do contrato de trabalho, o empregador poderá conceder à empregada ajuda compensatória mensal, sem natureza salarial.

§ 5º Para fins de pagamento da bolsa de qualificação profissional, o empregador encaminhará ao Ministério do Trabalho e Previdência os dados referentes às empregadas que terão o contrato de trabalho suspenso.

§ 6º Se ocorrer a dispensa da empregada no transcurso do período de suspensão ou nos 6 (seis) meses subsequentes ao seu retorno ao trabalho, o empregador pagará à empregada, além das parcelas indenizatórias previstas na legislação, multa a ser estabelecida em convenção ou em acordo coletivo, que será de, no mínimo, 100% (cem por cento) sobre o valor da última remuneração mensal anterior à suspensão do contrato de trabalho.

b) a suspensão do contrato de trabalho de pais empregados, para que possam prestar cuidados e estabelecer vínculos com os filhos, acompanhar seu desenvolvimento e apoiar o retorno ao trabalho de sua esposa ou companheira, nos termos do art. 17:

Art. 17. Mediante requisição formal do empregado interessado, o empregador poderá suspender o contrato de trabalho do empregado com filho cuja mãe tenha encerrado o período da licença-maternidade para:

I – prestar cuidados e estabelecer vínculos com os filhos;

II – acompanhar o desenvolvimento dos filhos; e

III – apoiar o retorno ao trabalho de sua esposa ou companheira.

§ 1º A suspensão do contrato de trabalho ocorrerá nos termos do art. 476-A da Consolidação das Leis do Trabalho, aprovada pelo Decreto-Lei nº 5.452, de 1º de maio de 1943, para participação em curso ou em programa de qualificação profissional oferecido pelo empregador, formalizada por meio de acordo individual, de acordo coletivo ou de convenção coletiva de trabalho.

§ 2º A suspensão do contrato de trabalho será efetuada após o término da licença-maternidade da esposa ou companheira do empregado.

§ 3º O curso ou o programa de qualificação profissional deverá ser oferecido pelo empregador, terá carga horária máxima de 20 (vinte) horas semanais e será realizado exclusivamente na modalidade não presencial, preferencialmente, de forma assíncrona.

§ 4º A limitação prevista no § 2º do art. 476-A da Consolidação das Leis do Trabalho, aprovada pelo Decreto-Lei nº 5.452, de 1º de maio de 1943, não se aplica à suspensão do contrato de trabalho de que trata este artigo.

§ 5º O empregado fará jus à bolsa de qualificação profissional de que trata o art. 2º-A da Lei nº 7.998, de 11 de janeiro de 1990.

§ 6º Além da bolsa de qualificação profissional, durante o período de suspensão do contrato de trabalho, o empregador poderá conceder ao empregado ajuda compensatória mensal, sem natureza salarial.

§ 7º Se ocorrer a dispensa do empregado no transcurso do período de suspensão ou nos 6 (seis) meses subsequentes ao seu retorno ao trabalho, o empregador pagará ao empregado, além das parcelas indenizatórias previstas na legislação em vigor, multa a ser estabelecida em convenção ou em acordo coletivo, que será de, no mínimo, 100% (cem por cento) sobre o valor da última remuneração mensal anterior à suspensão do contrato.

19.4.5. Afastamento para exercício de cargo de dirigente sindical (art. 543, § 2°, da CLT)

Esta hipótese não se aplica no caso de existir previsão de pagamento de salários e demais verbas ao empregado, seja em contrato, seja em instrumento coletivo.

Dispõe o art. 543 da CLT, *in verbis*:

Art. 543. O empregado eleito para cargo de administração sindical ou representação profissional, inclusive junto a órgão de deliberação coletiva, não poderá ser impedido do exercício de suas funções, nem transferido para lugar ou mister que lhe dificulte ou torne impossível o desempenho das suas atribuições sindicais.

(...)

§ 2° **Considera-se de licença *não remunerada*, salvo assentimento da empresa ou cláusula contratual, o tempo em que o empregado se ausentar do trabalho no desempenho das funções a que se refere este artigo.**

(...)

(grifos meus)

Portanto, como regra, o afastamento para exercício de mandato sindical implica suspensão do contrato de trabalho, tendo em vista que não são devidos os salários do período (licença não remunerada, nos termos legais). Fica ressalvada, entretanto, a possibilidade de as partes estabelecerem o pagamento de salários durante a ausência para o exercício de mandato de direção sindical, seja mediante cláusula contratual ou, como ocorre com maior frequência, através previsão em norma coletiva.

19.4.6. Afastamento de empregado eleito diretor de sociedade anônima

Esta hipótese não se aplica caso permaneça a subordinação inerente à relação de emprego.

Embora a questão seja controvertida na doutrina, a jurisprudência do TST é remansosa no sentido da suspensão contratual do empregado eleito diretor de S.A., salvo se permanecer a subordinação jurídica. Neste sentido, a Súmula 269:

Súm. 269. Diretor eleito. Cômputo do período como tempo de serviço (mantida). Res. 121/2003, *DJ* 19, 20 e 21.11.2003.

O empregado eleito para ocupar cargo de diretor tem o respectivo contrato de trabalho suspenso, não se computando o tempo de serviço desse período, salvo se permanecer a subordinação jurídica inerente à relação de emprego.

Observe-se, por oportuno, que, nos casos de eleição de dirigente sindical e/ou diretor de sociedade anônima, a suspensão ocorre a partir da posse.

19.4.7. Afastamento por doença, a partir do 16° dia (art. 60, § 3°, da Lei n° 8.213/1991)

No caso de afastamento do empregado por motivo de doença, os primeiros 15 dias são pagos pelo empregador; então, a hipótese, nesse período, é de interrupção. A partir

628 | DIREITO DO TRABALHO • RICARDO RESENDE

do 16º dia, o caso é de suspensão, pois o empregado passa a receber o auxílio-doença diretamente do INSS[4]. Observe-se, entretanto, que, no caso do empregado doméstico, a suspensão é imediata, pois o INSS paga o auxílio-doença desde o 1º dia de afastamento (art. 72, I, do Decreto nº 3.048/1999).

No tocante ao doméstico, ressalte-se que o *caput* do art. 60 da Lei nº 8.213/1991 dispõe que "o auxílio-doença será devido ao segurado empregado a contar do décimo sexto dia do afastamento da atividade, **e, no caso dos demais segurados, a contar da data do início da incapacidade e enquanto ele permanecer incapaz**" (grifos meus), devendo-se lembrar de que o doméstico é considerado, para efeitos da Lei Previdenciária, como segurado à parte em relação aos empregados (art. 11 da Lei nº 8.213/1991[5]). No mesmo sentido, o art. 72 do Decreto nº 3.048/1999[6].

Registre-se, todavia, por lealdade intelectual, que Gabriela Neves Delgado e Maurício Godinho Delgado entendem de forma diversa, defendendo que a regra válida para os empregados em geral (auxílio-doença a partir do 16º dia de afastamento; primeiros 15 dias a cargo do empregador) seria também aplicável em relação ao doméstico[7].

O fundamento legal é retirado do art. 60 da Lei nº 8.213/1991, *in verbis*:

Art. 60. O auxílio-doença será devido ao segurado empregado a contar do décimo sexto dia do afastamento da atividade, e, no caso dos demais segurados, a contar da data do início da incapacidade e enquanto ele permanecer incapaz.

§ 1º Quando requerido por segurado afastado da atividade por mais de 30 (trinta) dias, o auxílio-doença será devido a contar da data da entrada do requerimento.

(...)

§ 3º Durante os primeiros quinze dias consecutivos ao do afastamento da atividade por motivo de doença, incumbirá à empresa pagar ao segurado empregado o seu salário integral.

§ 4º A empresa que dispuser de serviço médico, próprio ou em convênio, terá a seu cargo o exame médico e o abono das faltas correspondentes ao período referido no § 3º, somente devendo encaminhar o segurado à perícia médica da Previdência Social quando a incapacidade ultrapassar 15 (quinze) dias.

(...)

---

4   O art. 60 da Lei nº 8.213/1991 chegou a ser alterado pela MPV nº 664/2014 (vigência a partir de 01.03.2015), no sentido de que os primeiros 30 dias de afastamento seriam pagos pelo empregador e, a partir do 31º dia, pelo INSS. Todavia, a Lei de conversão da referida MPV, Lei nº 13.135/2015 (*DOU* 18.06.2015), não aprovou a supramencionada alteração, pelo que voltou a valer a redação anterior do dispositivo, dada pela Lei nº 9.876/1999.

5   Art. 11. São segurados obrigatórios da Previdência Social as seguintes pessoas físicas:
I – como empregado:
a) aquele que presta serviço de natureza urbana ou rural à empresa, em caráter não eventual, sob sua subordinação e mediante remuneração, inclusive como diretor empregado;
(...)
II – como empregado doméstico: aquele que presta serviço de natureza contínua a pessoa ou família, no âmbito residencial desta, em atividades sem fins lucrativos;
(...)

6   Art. 72. O auxílio por incapacidade temporária consiste em renda mensal correspondente a noventa e um por cento do salário de benefício definido na forma prevista no art. 32 e será devido:
I – a contar do décimo sexto dia do afastamento da atividade para o segurado empregado, exceto o doméstico;
II – a contar da data do início da incapacidade, para os demais segurados, desde que o afastamento seja superior a quinze dias; ou
III – a contar da data de entrada do requerimento, quando requerido após o trigésimo dia do afastamento da atividade, para todos os segurados.

7   DELGADO, Maurício Godinho; DELGADO, Gabriela Neves. *O Novo Manual do Trabalho Doméstico*. São Paulo: LTr, 2016, p. 63.

Assim, esquematicamente, temos, em regra:

Afastamento por doença até o 15° dia	Afastamento por doença a partir do 16° dia
O salário é pago pelo empregador	O salário (benefício) é pago pelo INSS
A hipótese é de interrupção contratual	A hipótese passa a ser de suspensão

19.4.8. Greve (art. 7° da Lei n° 7.783/1989)

Em princípio, a paralisação dos serviços por motivo de greve constitui hipótese de suspensão do contrato de trabalho, nos termos do art. 7° da Lei n° 7.783/1989 (Lei de Greve):

Art. 7° Observadas as condições previstas nesta Lei, a participação em greve *suspende* o contrato de trabalho, devendo as relações obrigacionais, durante o período, ser regidas pelo acordo, convenção, laudo arbitral ou decisão da Justiça do Trabalho.

(...)

(grifo meu)

Nada impede, entretanto, que seja negociado, ao longo da greve, o pagamento de salários, o que desconfigura a hipótese de suspensão, passando a enquadrar-se como interrupção.

19.4.9. Licenças não remuneradas em geral

As partes não podem estipular a suspensão contratual fora dos casos expressamente previstos em lei, tendo em vista a posição de fragilidade a que é exposto o empregado durante a suspensão (por não receber salários). Assim, são nulas de pleno direito as chamadas *licenças sem vencimentos* impostas pelo empregador, ensejando inclusive a rescisão indireta do contrato de trabalho.

Desse modo, as licenças não remuneradas são apenas aquelas previstas em lei. Pode-se mencionar como hipótese de licença não remunerada, por exemplo, o afastamento, por até seis meses, da mulher vítima de violência, a fim de assegurar sua integridade física (art. 9°, § 2°, II, da Lei n° 11.340/2006 – Lei Maria da Penha).

19.4.10. Aposentadoria por invalidez (art. 475, caput, da CLT, c/c a Súmula 160 do TST e os arts. 43 e 47 da Lei n° 8.213/1991)

O trabalhador aposentado por invalidez deve se submeter à perícia periodicamente, podendo o benefício ser cancelado e o contrato ser retomado, na hipótese da recuperação da capacidade laboral (arts. 43 e 47 da Lei n° 8.213/91). Dessa forma, o contrato de trabalho fica suspenso enquanto o trabalhador encontra-se aposentado por invalidez.

(CLT) Art. 475. O empregado que for aposentado por invalidez terá **suspenso** o seu contrato de trabalho durante o prazo fixado pelas leis de previdência social para a efetivação do benefício.

(...)

(grifo meu)

Súm. 160. Aposentadoria por invalidez (mantida). Res. 121/2003, *DJ* 19, 20 e 21.11.2003.

Cancelada a aposentadoria por invalidez, mesmo após cinco anos, o trabalhador terá direito de retornar ao emprego, facultado, porém, ao empregador, indenizá-lo na forma da lei.

Observe-se que, nos termos da Súmula 160, atualmente não há prazo para confirmação da aposentadoria por invalidez, razão pela qual esta jamais será definitiva.

Também é importante ressaltar que o TST passou a admitir uma exceção à regra geral, no tocante aos efeitos da suspensão contratual. Especificamente no caso da aposentadoria por invalidez, assegura-se ao empregado o direito à manutenção do plano de saúde ou assistência médica eventualmente oferecido pela empresa. Nesse sentido, a Súmula 440 do TST:

> Súm. 440. Auxílio-doença acidentário. Aposentadoria por invalidez. Suspensão do contrato de trabalho. Reconhecimento do direito à manutenção de plano de saúde ou de assistência médica – Res. 185/2012, DEJT divulgado em 25, 26 e 27.09.2012.
>
> Assegura-se o direito à manutenção de plano de saúde ou de assistência médica oferecido pela empresa ao empregado, não obstante suspenso o contrato de trabalho em virtude de auxílio-doença acidentário ou de aposentadoria por invalidez.

19.4.11. Prisão provisória do empregado

Somente a prisão decorrente de condenação criminal transitada em julgado dá ensejo à aplicação de justa causa, nos termos do art. 482, "d", da CLT. A prisão provisória constitui hipótese de suspensão contratual, não autorizando o rompimento do contrato por justa causa.

O fundamento é a impossibilidade física de cumprimento do contrato por parte do empregado, enquanto perdure a prisão, somada à responsabilidade pelo fato, que não pode ser imputada ao empregador.

19.4.12. Afastamento para cumprimento de encargo público diferente do serviço militar (art. 483, § 1º, c/c o art. 472 da CLT)

Normalmente, configuram suspensão os afastamentos para cumprimento de encargo público levados a efeito por um longo período de tempo. Exemplos: afastamento para cumprir mandato eletivo (art. 472, *caput*, e 483, § 1º, da CLT); afastamento para cumprir cargo público de direção (art. 472, *caput*, e art. 483, § 1º, da CLT). Observe-se que há encargos públicos de curta duração que são considerados, por força de lei, casos de interrupção (exemplos: convocação para Júri, serviço eleitoral etc.).

> Art. 472. O afastamento do empregado em virtude das exigências do serviço militar, ou de outro encargo público, não constituirá motivo para alteração ou rescisão do contrato de trabalho por parte do empregador.
>
> § 1º Para que o empregado tenha direito a voltar a exercer o cargo do qual se afastou em virtude de exigências do serviço militar ou de encargo público, é indispensável que notifique o empregador dessa intenção, por telegrama ou carta registrada, dentro do prazo máximo de 30 (trinta) dias, contados da data em que se verificar a respectiva baixa ou a terminação do encargo a que estava obrigado.
>
> (...)
>
> Art. 483. (...)
>
> § 1º O empregado poderá suspender a prestação dos serviços ou rescindir o contrato, quando tiver de desempenhar obrigações legais, incompatíveis com a continuação do serviço.
>
> (...)

19.4.13. Afastamento para prestação do serviço militar obrigatório (art. 472 da CLT)

Embora seja obrigatório o recolhimento de FGTS (art. 15, § 5º, Lei nº 8.036/1990) e o tempo de afastamento conte como tempo de serviço para fins de indenização e estabilidade (art. 4º da CLT), a hipótese configura suspensão contratual. **O importante é que, em regra, não são devidos salários.**

Trata-se de um dos casos em que o legislador optou por distribuir com o empregador o ônus pela suspensão contratual, desonerando o trabalhador, que já tem um fator extremamente desfavorável (obrigação de prestar o serviço militar). Não seria exagero atribuir esta distribuição do ônus ao princípio da função social da empresa. Ora, a prestação do serviço militar é, ao menos em tese, a prestação de um serviço à Nação, e como tal um serviço prestado a todos, inclusive à empresa, a fim de garantir a segurança nacional. Assim, faz-se razoável que o empregador também arque parcialmente com os custos deste encargo.

Há que se distinguir, para fins de concurso público, entre duas situações.

a) **Apresentação anual do reservista (alistamento)**

Constitui hipótese incontroversa de **interrupção contratual**, prevista no art. 473, VI, da CLT:

> Art. 473. O empregado poderá deixar de comparecer ao serviço sem prejuízo do salário:
>
> (...)
>
> VI – no período de tempo em que tiver de cumprir as exigências do Serviço Militar referidas na letra "c" do art. 65 da Lei nº 4.375, de 17 de agosto de 1964 (Lei do Serviço Militar);
>
> (...)

b) **Prestação do serviço militar inicial (art. 472 da CLT e arts. 16 e 60, *caput*, da Lei nº 4.375/1964)**

Como este período de afastamento para prestação do serviço militar inicial **não é remunerado pelo empregador,** a tendência é o enquadramento como **hipótese de suspensão contratual,** não obstante seja computado o tempo de serviço para fins de indenização e estabilidade celetistas (hoje praticamente inaplicáveis) e seja obrigatório o recolhimento do FGTS. Além disso, computa-se o tempo anterior à prestação do serviço militar para fins de aquisição de férias, desde que o empregado retorne em até 90 dias após a respectiva baixa (art. 132 da CLT).

> (CLT) Art. 472. O afastamento do empregado em virtude das exigências do serviço militar, ou de outro encargo público, não constituirá motivo para alteração ou rescisão do contrato de trabalho por parte do empregador.
>
> (...)
>
> (Lei 4.375/1964) Art. 60. Os funcionários públicos federais, estaduais ou municipais, bem como os empregados, operários ou trabalhadores, qualquer que seja a natureza da entidade em que exerçam as suas atividades, quando incorporados ou matriculados em Órgão de Formação de Reserva, por motivo de convocação para prestação do Serviço Militar inicial estabelecido pelo art. 16, desde que para isso forçados a abandonarem o cargo ou emprego, terão assegurado o retorno ao cargo ou emprego respectivo, dentro dos 30 (trinta) dias que se seguirem ao licenciamento, ou término de curso, salvo se declararem, por ocasião da incorporação ou matrícula, não pretender a ele voltar.

§ 1º Esses convocados, durante o tempo em que estiverem incorporados a organizações militares da Ativa ou matriculados em órgãos de formação de Reserva, nenhuma remuneração, vencimento ou salário perceberão das organizações a que pertenciam.

(...)

(CLT) Art. 4º (...)

§ 1º Computar-se-ão, na contagem de tempo de serviço, para efeito de indenização e estabilidade, os períodos em que o empregado estiver afastado do trabalho prestando serviço militar e por motivo de acidente do trabalho.

(Lei nº 8.036/1990) Art. 15. Para os fins previstos nesta lei, todos os empregadores ficam obrigados a depositar, até o dia 7 (sete) de cada mês, em conta bancária vinculada, a importância correspondente a 8 (oito) por cento da remuneração paga ou devida, no mês anterior, a cada trabalhador, incluídas na remuneração as parcelas de que tratam os arts. 457 e 458 da CLT e a gratificação de Natal a que se refere a Lei nº 4.090, de 13 de julho de 1962, com as modificações da Lei nº 4.749, de 12 de agosto de 1965[8].

(...)

§ 5º O depósito de que trata o *caput* deste artigo é obrigatório nos casos de afastamento para prestação do serviço militar obrigatório e licença por acidente do trabalho.

(...)

É verdade que, diante deste tratamento excepcional da hipótese (contagem de tempo de serviço e recolhimento de FGTS durante o afastamento), parte da doutrina reconhece na prestação do serviço militar uma hipótese de interrupção contratual.

19.4.14. Afastamento por acidente de trabalho, a partir do 16º dia (art. 60, § 3º, da Lei nº 8.213/1991)

No caso de afastamento por acidente de trabalho, não importa se deve o empregador recolher o FGTS e/ou se o tempo de afastamento é computado como tempo de serviço. **O importante é que não são devidos salários.** Tanto no caso de afastamento por doença quanto por acidente de trabalho, é assegurada, para fins de aquisição de férias, a contagem do tempo de serviço, até o limite de seis meses de suspensão (art. 131, III, da CLT). É outra hipótese de distribuição dos ônus e, por que não, de exercício da responsabilidade social da empresa.

A controvérsia que se forma em torno desta hipótese, bem como em relação à hipótese anterior (prestação de serviço militar), advém, em grande medida, da literalidade do art. 28 do Decreto 99.684/1990 (Regulamento do FGTS):

Art. 28. O depósito na conta vinculada do FGTS é obrigatório também nos **casos de interrupção** do contrato de trabalho prevista em lei, tais como:

I – **prestação de serviço militar**;

II – licença para tratamento de saúde de até quinze dias;

III – **licença por acidente de trabalho**;

---

[8] A nova redação dada pela Lei nº 14.438/2022 ao *caput* do art. 15 Lei nº 8.036/1990, que prevê a alteração da data de recolhimento do FGTS para "até o vigésimo dia de cada mês", não havia entrado ainda em vigor quando do fechamento desta edição. Com efeito, a nova redação do referido art. 15 somente produzirá efeitos para fatos geradores ocorridos "a partir da data de início da arrecadação por meio da prestação dos serviços digitais de geração de guias a que se refere o inciso II do *caput* do art. 17 da Lei nº 8.036/1990" (art. 19 da Lei nº 14.438/2022).

IV – licença à gestante; e

V – licença-paternidade.

(...)

A redação infeliz deste dispositivo legal tem produzido grande celeuma no tratamento do tema. Da confusão extrai-se que o caminho mais seguro será sempre considerar o serviço militar e o acidente de trabalho (a partir do 16º dia) como hipóteses de suspensão contratual, pois a doutrina amplamente majoritária assim o faz.

Ademais, em caso de suspensão contratual por auxílio-doença acidentário, o empregado continua fazendo jus, durante o período de suspensão, ao plano de saúde ou de assistência médica eventualmente oferecido pela empresa, conforme a Súmula 440 do TST.

A razão para a mitigação dos efeitos da suspensão, no caso do acidente de trabalho, também é óbvia. Ora, sabe-se que o acidente de trabalho se insere nos riscos do empreendimento, e, como tal, o empregador também deve suportar os efeitos do afastamento do trabalhador, até porque este já suporta o infortúnio físico.

> **Doméstico:** o auxílio-acidente foi estendido ao empregado doméstico pela Lei Complementar nº 150/2015, que alterou, entre outros, a redação dos artigos 18, § 1º; 19, 21-A e 22, todos da Lei nº 8.213/1991. Desse modo, aplica-se também ao doméstico a hipótese de suspensão contratual tratada neste tópico.

19.4.15. Período de inatividade no trabalho intermitente

Dispõe o § 5º do art. 452-A da CLT, incluído pela Lei nº 13.467/2017, que "**o período de inatividade não será considerado tempo à disposição do empregador**, podendo o trabalhador prestar serviços a outros contratantes".

Em não se considerando tal período como tempo à disposição do empregador, trata-se de lapso de tempo em que há suspensão temporária dos principais efeitos do contrato de trabalho (prestação de serviços e pagamento de salários), pelo que a hipótese é de suspensão contratual.

19.5. EFEITOS JURÍDICOS DA SUSPENSÃO CONTRATUAL

É fundamental conhecer os efeitos jurídicos da suspensão (bem como da interrupção) contratual. De forma esquematizada, temos que:

a) Garante-se ao empregado o retorno, cessada a causa da suspensão, ao cargo anteriormente ocupado, conforme art. 471 da CLT.

> Art. 471. Ao empregado afastado do emprego, são asseguradas, por ocasião de sua volta, todas as vantagens que, em sua ausência, tenham sido atribuídas à categoria a que pertencia na empresa.

Isso significa que o trabalhador não perde o emprego em face da ocorrência de suspensão contratual. Naturalmente, o empregador poderá demiti-lo quando de seu retorno, salvo nas hipóteses que consubstanciam garantia de emprego (exemplo: acidente de trabalho), mas neste caso o fará como demissão sem justa causa, com os efeitos jurídicos daí advindos.

b) Garante-se ao empregado a percepção de todas as vantagens que, em sua ausência, tenham sido atribuídas à categoria (art. 471 da CLT).

Imagine-se, por exemplo, que, na ausência do empregado, por força de hipótese de suspensão contratual, tenha passado a vigorar novo instrumento coletivo de trabalho, prevendo vantagens em relação ao anterior. Neste caso, é claro que o trabalhador terá assegurada a percepção de tais vantagens quando de seu retorno.

c) O empregador não pode rescindir o contrato de trabalho durante a suspensão, exceto por justa causa (exemplo: se o empregado, durante a suspensão, revela segredo da empresa).

A possibilidade de dispensa por justa causa ocorrida durante o afastamento é pacífica no TST, conforme se depreende do seguinte julgado:

> [...] PERCEPÇÃO DE AUXÍLIO-DOENÇA. SUSPENSÃO DO CONTRATO DE TRABA-LHO. DISPENSA POR JUSTA CAUSA NO PERÍODO DA SUSPENSÃO. POSSIBILIDADE. A suspensão do contrato de trabalho tem como principal efeito a ausência de eficácia das cláusulas contratuais, que só voltam a viger quando cessada a causa de suspensão. Assim, não é exigido labor do empregado, ou mesmo pagamento de remuneração por parte do empregador, além do que, não existe obrigação de recolhimento previdenciário, até o término do período em que perdurar a suspensão do contrato de trabalho. Todavia, não obstante a ausência de eficácia das cláusulas contratuais, prevalece, ainda, princípios norteadores da relação empregatícia, mesmo suspenso o contrato laboral, tais como: a lealdade, a boa-fé, a fidúcia, a confiança recíproca, a honestidade, etc. Incontroverso nos autos que a dispensa da recorrida se deu por Justa Causa. Assim, é de se concluir que o poder potestativo de rescindir o contrato de trabalho não deve ser afetado por esta suspensão de eficácia. Dessa forma, restando comprovada a justa causa, a suspensão do contrato de trabalho não se revela como motivo capaz de impedir a rescisão do con-trato de trabalho de imediato. Recurso de revista conhecido e provido (TST, 2ª Turma, RR-91300-48.2009.5.19.0010, Rel. Min. Renato de Lacerda Paiva, Data de Julgamento: 17.02.2016, *DEJT* 26.02.2016).

É lícito, por sua vez, o pedido de demissão no curso da suspensão, tendo em vista o princípio basilar da liberdade de trabalho. Há que se verificar, entretanto, se não é caso de mera renúncia, hipótese vedada pela ordem jurídica.

19.6. RETORNO AO TRABALHO DEPOIS DE CESSADA A SUSPENSÃO

Afastada a causa suspensiva, cabe ao empregado reapresentar-se ao empregador, colo-cando-se à disposição para retomar suas atividades. Caso o empregado não se reapresente, pode o empregador demiti-lo por justa causa, consistente no abandono de emprego, nos termos do art. 482, "i", da CLT. O prazo genérico para retorno ao emprego, sob pena de configuração de abandono de emprego, é de 30 dias, de acordo com a construção juris-prudencial (Súmula 32 do TST) e o silêncio da lei a respeito.[9]

A exceção fica por conta do **serviço militar obrigatório**, cujo prazo de *30 dias* é previsto em lei *para a notificação extrajudicial* do empregador, no sentido de que o em-pregado pretende retornar ao serviço, sendo que este **retorno** deve se dar **em até 90 dias contados da baixa,** para que o empregado tenha o tempo de trabalho anterior à suspensão computado para fins de aquisição de férias (art. 132 da CLT).

---

[9] Em relação ao doméstico, a Lei Complementar n° 150/2015 dispôs expressamente a respeito, positivando o entendimento jurisprudencial já consagrado (art. 27, IX).

O prazo de trinta dias corre a partir do final da suspensão, sendo desnecessária a convocação do empregador para que o empregado retorne, pois o retorno é obrigação do obreiro.

HIPÓTESES DE SUSPENSÃO CONTRATUAL		
HIPÓTESE	FUNDAMENTO	EFEITOS
Faltas injustificadas	Art. 4°, c/c o art. 131, IV, CLT	Típicos
Suspensão disciplinar	Art. 474 da CLT	Típicos
Suspensão do empregado estável para ajuizamento de inquérito para apuração de falta grave	Art. 494, c/c o art. 853 da CLT	Típicos
Curso de qualificação profissional	Art. 476-A, CLT	Típicos
Exercício de cargo de dirigente sindical	Art. 543, § 2°, CLT	Típicos
Empregado eleito diretor de S.A., salvo se permanecer a subordinação jurídica	Súmula 269, TST	Típicos
Afastamento por doença, a partir do 16° dia	Art. 60, § 3°, Lei n° 8.213/1991	Típicos
Afastamento por doença do empregado doméstico, a partir do 1° dia	Art. 72 do Decreto n° 3.048/1999	Típicos
Greve (sem acordo para pagamento dos dias parados)	Art. 7° da Lei n° 7.783/1989	Típicos
Licenças não remuneradas em geral	Art. 9°, § 2°, II, da Lei n° 11.340/2006	Típicos
Aposentadoria por invalidez	Art. 475, caput, da CLT, c/c a Súmula 160 do TST, c/c os arts. 43 e 47 da Lei 8.213/1991	Atípicos: • Assegura-se a manutenção do plano de saúde eventualmente oferecido pela empresa.
Prisão provisória do empregado	Art. 482, "d", da CLT, c/c art. 4°, da CLT	Típicos
Cumprimento de encargo público diferente do serviço militar	Art. 483, § 1°, c/c o art. 472 da CLT	Típicos
Prestação do serviço militar obrigatório	Art. 472 da CLT	Atípicos: • Recolhe FGTS. • Conta o tempo de serviço para fins de indenização e estabilidade.

HIPÓTESES DE SUSPENSÃO CONTRATUAL		
HIPÓTESE	FUNDAMENTO	EFEITOS
Afastamento por acidente de trabalho, a partir do 16º dia	Art. 60, § 3º, Lei nº 8.213/1991	Atípicos: • Recolhe FGTS. • Conta o tempo de serviço para fins de indenização e estabilidade. • Assegura-se a manutenção do plano de saúde eventualmente oferecido pela empresa.
Período de inatividade no contrato de trabalho intermitente	Art. 452-A, § 5º, da CLT	Típicos

19.7. HIPÓTESES DE INTERRUPÇÃO (SITUAÇÕES-TIPO)

Cabe agora o estudo das hipóteses de interrupção contratual, o que também será feito levando-se em conta a casuística trabalhista.

19.7.1. Art. 473 da CLT

O art. 473 da CLT prevê que "o empregado poderá deixar de comparecer ao serviço sem prejuízo do salário" em diversas hipóteses, as quais configuram, por óbvio, interrupção contratual. Com efeito, se não há prestação de serviços, mas há pagamento de salário, as hipóteses são de interrupção contratual.

Vejamos cada uma delas de forma esquematizada:

a) **Até 2 (dois) dias consecutivos, em caso de falecimento do cônjuge, ascendente, descendente, irmão ou pessoa que, declarada em sua carteira de trabalho e previdência social, viva sob sua dependência econômica**

Esta licença costuma ser denominada *nojo*. Como a lei menciona *dias consecutivos*, o entendimento é que se trata dos dias imediatamente posteriores ao fato, independentemente de serem úteis[10]. Não há previsão legal acerca da falta no dia do falecimento, a qual normalmente é abonada pelo empregador, mas por mera liberalidade.

São ascendentes os pais, avós, bisavós, trisavós e tetravós. Por sua vez, são descendentes os filhos, netos, bisnetos, trinetos e tetranetos. Como a lei não estipula limitação de graus, o falecimento de parentes em linha ascendente ou descendente, em qualquer grau, enseja o direito à interrupção contratual.

Para o professor, o prazo é de nove dias em caso de falecimento de cônjuge, pai, mãe ou filho (art. 320, § 3º, da CLT). Em relação às hipóteses de falecimento de parentes do professor não mencionados no art. 320 da CLT (irmão, avós, netos etc.), aplica-se o prazo de dois dias da alínea "a" em referência.

b) **Até 3 (três) dias consecutivos, em virtude de casamento**

Trata-se da licença por *motivo de gala*. Para o professor, o afastamento é de 9 dias, conforme art. 320, § 3º, da CLT.

---

[10]   MARTINS, Sergio Pinto. *Comentários à CLT*. 14. ed. São Paulo: Atlas, 2010. p. 467.

c) **Por 5 (cinco) dias consecutivos, em caso de nascimento de filho, de adoção ou de guarda compartilhada**[11]

Originalmente, a CLT previa, no inciso III do art. 473, a licença "por um dia, em caso de nascimento de filho, no decorrer da primeira semana". Desde a promulgação da Constituição de 1988 se entendia que tal licença fora substituída pela licença-paternidade, de cinco dias, conforme art. 7º, XIX, da CRFB, c/c o art. 10, § 1º, do ADCT.

Qualquer dúvida porventura ainda existente a respeito da matéria foi dissipada pela nova redação do inciso III do art. 473 da CLT, dada pela Lei nº 14.457/2022, que não só alterou o prazo para cinco dias, como também estendeu tal licença, que até então era assegurada apenas ao pai empregado, ao pai adotivo e ao empregado que venha a obter a guarda compartilhada de criança.

Dispôs ainda o parágrafo único do art. 473, acrescentado pela Lei nº 14.457/2022, que **tal prazo de cinco dias "será contado a partir do nascimento do filho"**, resolvendo, ao menos para essa hipótese de interrupção contratual, antiga celeuma a respeito do início da contagem do prazo.

Curiosamente a Lei nº 14.457/2022 estendeu a licença-paternidade para empregados adotantes e para aqueles que venham a obter a guarda compartilhada, porém, no parágrafo único acrescentado ao art. 473, fez menção apenas ao "nascimento do filho". Deve-se entender, naturalmente, que para o caso de adoção a contagem dos cinco dias se inicia na data do termo de adoção. Para a empregado que obtém a guarda compartilhada, por sua vez, o início do prazo coincidirá com a data da lavratura do termo de guarda.

Registre-se ainda que **a Lei nº 13.257/2016 (*DOU* 09.03.2016) facultou *às empresas* estender a licença-paternidade em 15 (quinze) dias, ou seja, totalizando 20 (vinte) dias**, mediante adesão ao Programa Empresa Cidadã de que trata a Lei nº 11.770/2008[12]. Tal possibilidade de extensão alcança também o empregado adotante e aquele que obtiver a guarda judicial da criança para fins de adoção, conforme prevê o art. 1º, § 2º, da Lei nº 11.770/2008.

d) **Por um dia, em cada 12 (doze) meses de trabalho, em caso de doação voluntária de sangue devidamente comprovada**

No caso, o dia de falta para doação de sangue pode ocorrer uma vez a cada 12 meses de trabalho, e não após 12 meses da última doação.

e) **Até 2 (dois) dias consecutivos ou não, para o fim de se alistar eleitor, nos termos da lei respectiva**

A lei eleitoral (Lei nº 4.737/1965) reforça tal direito, ao dispor que "o empregado, mediante comunicação com 48 (quarenta e oito) horas de antecedência, poderá deixar de comparecer ao serviço, sem prejuízo do salário e por tempo não excedente a 2 (dois) dias, para o fim de se alistar como eleitor ou requerer transferência" (art. 48).

f) **No período de tempo em que tiver de cumprir as exigências do Serviço Militar referidas na letra "c" do art. 65 da Lei nº 4.375, de 17 de agosto de 1964 (Lei do Serviço Militar)**

Cuidado! Este afastamento não se confunde com a prestação do serviço militar obrigatório em si, que configura hipótese de suspensão do contrato de trabalho. Neste caso, trata-se apenas de exigências prévias, como alistamento etc.

---

11 Redação dada pela Lei nº 14.457/2022.
12 Veja mais a respeito no item 32.2.19.

g) Nos dias em que estiver comprovadamente realizando provas de exame vestibular para ingresso em estabelecimento de ensino superior

A norma não pode ser interpretada de forma ampliativa, visto que se trata de restrição a direito do empregador. Logo, a interrupção tem lugar somente no caso de realização de exame vestibular, para ingresso em estabelecimento de ensino superior, não se estendendo para outros tipos de avaliação, como concursos, provas de proficiência em língua estrangeira etc.

h) Pelo tempo que se fizer necessário, quando tiver que comparecer a juízo

Observe-se que o dispositivo não menciona *o dia* em que o empregado tiver que comparecer a juízo, *mas apenas o tempo necessário*. Isso quer dizer que, por exemplo, se a audiência ocorreu no período da tarde, o empregado deve trabalhar normalmente no período da manhã, e só terá o abono referente ao tempo estritamente necessário para o ato.

A Súmula 155 do TST também prevê a interrupção, nos seguintes termos:

Súm. 155. Ausência ao serviço (mantida). Res. 121/2003, DJ 19, 20 e 21.11.2003.

As horas em que o empregado falta ao serviço para comparecimento necessário, como parte, à Justiça do Trabalho não serão descontadas de seus salários.

As faltas referentes ao comparecimento a juízo como testemunha estão previstas nos arts. 822 da CLT[13] e 463, parágrafo único, do CPC/2015[14], e também constituem hipótese de interrupção contratual, ao passo que não prejudicam o pagamento de salário. Portanto, qualquer comparecimento do empregado a juízo constitui hipótese de interrupção contratual.

i) Pelo tempo que se fizer necessário, quando, na qualidade de representante de entidade sindical, estiver participando de reunião oficial de organismo internacional do qual o Brasil seja membro

O tempo que se fizer necessário compreende, além do tempo destinado às reuniões, a viagem de ida e volta.

j) Pelo tempo necessário para acompanhar sua esposa ou companheira em até 6 (seis) consultas médicas, ou em exames complementares, durante o período de gravidez

Esta hipótese, prevista no inciso X do art. 473, foi inicialmente incluída pela Lei nº 13.257/2016 (*DOU* 09.03.2016), com a seguinte redação: "até 2 (dois) dias para acompanhar consultas médicas e exames complementares durante o período de gravidez de sua esposa ou companheira".

A Lei nº 14.457/2022, por sua vez, aperfeiçoou o dispositivo, esclarecendo que **a licença não se limita a dois dias, estendendo-se pelo tempo necessário** para que o empregado possa acompanhar sua esposa ou companheira durante o período do pré-natal (**em até seis consultas médicas, ou em exames complementares**). Portanto, não é até seis eventos (consultas *ou* exames complementares), e sim **até seis consultas médicas, mais os exames complementares porventura necessários**, conforme orientação médica.

Trata-se de mecanismo que visa à proteção da primeira infância, propiciando ao nascituro a maior participação do pai já durante o período pré-natal, o que certamente colaborará para que se estreitem, futuramente, os laços afetivos entre pai e filho.

---

[13] (CLT) Art. 822. As testemunhas não poderão sofrer qualquer desconto pelas faltas ao serviço, ocasionadas pelo seu comparecimento para depor, quando devidamente arroladas ou convocadas.

[14] (CPC/2015) Art. 463, parágrafo único. A testemunha, quando sujeita ao regime da legislação trabalhista, não sofre, por comparecer à audiência, perda de salário nem desconto no tempo de serviço.

A Lei não faz distinção entre o casamento tradicional e outras modalidades de união, referindo-se expressamente à "esposa *ou* **companheira**".

k) Por 1 (um) dia por ano para acompanhar filho de até 6 (seis) anos em consulta médica

Também esta hipótese foi criada pela Lei nº 13.257/2016 (*DOU* 09.03.2016), que acrescentou o inciso XI ao art. 473 da CLT. A finalidade é a mesma da anterior, qual seja a proteção da primeira infância mediante a maior participação dos pais em momentos importantes da vida da criança. Ressalte-se que, no caso, **o direito é tanto da mãe empregada quanto do pai empregado**.

l) Por até 3 (três) dias, em cada 12 (doze) meses de trabalho, em caso de realização de exames preventivos de câncer devidamente comprovada

Incluída pela Lei nº 13.767/2018 (DOU 18.12.2018), esta hipótese visa à prevenção de câncer, atualmente uma das principais causas de morte entre os brasileiros. A Lei não se refere ao ano civil, e sim ao período de doze meses de trabalho, pelo que se deve contar os três dias a partir de cada aniversário do contrato de trabalho.

Assim, por exemplo, se o empregado foi contratado em 06.03.2023 poderá faltar, sem prejuízo do salário, em caso de realização de exames preventivos de câncer, por até três dias, no período compreendido entre 06.03.2023 e 05.03.2024. Depois terá direito a até mais três dias, entre 06.03.2024 e 05.03.2025, e assim por diante.

19.7.2. Férias (art. 7º, XVII, da CRFB)

Como as férias são remuneradas (art. 7º, XVII, da CRFB/88, c/c o art. 129 da CLT), a hipótese é de interrupção contratual.

19.7.3. Feriados (art. 1º da Lei nº 605/1949)

Os feriados também constituem hipótese de interrupção contratual, pois não há prestação de serviços, mas o salário respectivo é devido.

19.7.4. Repouso semanal remunerado – RSR (art. 7º, XV, da CRFB)

Além dos feriados, configuram interrupção contratual o RSR e os demais descansos trabalhistas remunerados (intervalos intrajornada remunerados, por exemplo, o do digitador, o intervalo para amamentação previsto no art. 396 da CLT etc.).

19.7.5. Licença-paternidade (art. 7º, XIX, da CRFB, c/c o art. 10, § 1º, do ADCT, c/c art. 473, III, da CLT c/c o art. 1º, II, da Lei nº 11.770/2008)

A licença-paternidade instituída pela CRFB/88, fixada em cinco dias até que a lei venha a regulamentar o art. 7º, XIX, da Constituição (art. 10, § 1º, do ADCT), constitui hipótese típica de interrupção contratual. No mesmo sentido, conforme mencionado anteriormente (item 19.7.1, "c"), a Lei nº 14.457/2022, conferindo nova redação ao inciso III do art. 473 da CLT, permitiu que o empregado falte, sem prejuízo do salário, por cinco dias consecutivos, em caso de nascimento de filho, de adoção ou de guarda compartilhada. Relembre-se que, conforme mencionado anteriormente (item 19.7.1, "c"), a Lei nº 13.257/2016 (*DOU* 09.03.2016) alterou a redação do art. 1º da Lei nº 11.770/2008 (que instituiu o *Programa Empresa Cidadã*), **possibilitando** a ampliação para 20 (vinte) dias do prazo da licença-paternidade. Reitere-se que apenas os empregados das empresas participantes do referido *Programa* fazem jus à licença-paternidade ampliada.

19.7.6. Primeiros 15 dias de afastamento por acidente de trabalho ou doença (art. 60, § 3°, da Lei n° 8.213/1991)

Dispõe a lei previdenciária que os primeiros 15 (quinze) dias de afastamento do empregado são remunerados pelo empregador (art. 60, § 3°, da Lei n° 8.213/1991[15]). Logo, se não há prestação de serviços, mas há pagamento de salários, a hipótese é de interrupção contratual.

Entretanto, se ocorrer um novo afastamento, resultante da mesma doença, dentro de um intervalo de 60 dias, o empregador não é obrigado a pagar novamente os 15 primeiros dias de afastamento, correndo todo o período do segundo afastamento por conta do INSS (art. 75, § 3°, do Decreto 3.048/1999).

19.7.7. Licenças remuneradas em geral e outras faltas justificadas

Dispõe o art. 131, IV, da CLT, que não será considerada falta ao serviço a ausência do empregado justificada pela empresa, entendendo-se como tal a que não tiver determinado o desconto do correspondente salário. Assim, se o empregado faltou e a empresa aceitou sua justificativa, ainda que não prevista em lei, a falta é considerada justificada, configurando hipótese de interrupção.

19.7.8. Atuação do empregado como conciliador em Comissão de Conciliação Prévia – CCP (art. 625-B, § 2°, da CLT)

Dispõe o art. 625-B da CLT, textualmente:

Art. 625-B. A Comissão instituída no âmbito da empresa será composta de, no mínimo, dois e, no máximo, dez membros, e observará as seguintes normas:

(...)

§ 2° O representante dos empregados desenvolverá seu trabalho normal na empresa afastando-se de suas atividades apenas quando convocado para atuar como conciliador, sendo computado como tempo de trabalho efetivo o despendido nessa atividade.

Portanto, o tempo despendido pelo empregado na função de conciliador na comissão de conciliação prévia, instituída no âmbito da empresa, é considerado como tempo de trabalho, pelo que é remunerado. Logo, trata-se de hipótese de interrupção contratual.

19.7.9. *Lockout*

Ocorre o *lockout* (ou locaute) quando o empregador adota providências semelhantes às da greve, a fim de constranger os empregados a agirem de determinada maneira, e especialmente a fim de desmobilizar os trabalhadores, impedindo, por exemplo, o acesso destes ao prédio da empresa. O *lockout* é vedado pela legislação brasileira (art. 17, *caput*, da Lei n° 7.783/1989) e, diante de sua ocorrência, são devidos os salários e demais direitos contratuais (parágrafo único do art. 17 da Lei de Greve), razão pela qual se trata de interrupção contratual.

---

15 Relembre-se de que a redação dada pela MPV n° 664/2014 (*DOU* 30.12.2014), que vigorou a partir de 01.03.2015 e alterou para 30 dias o prazo a ser pago pelo empregador, foi suprimida quando da aprovação da Lei de Conversão n° 13.135/2015 (*DOU* 18.06.2015), pelo que a Lei n° 8.213/1991 voltou a vigorar em sua redação anterior, dada pela Lei n° 9.876/1999.

19.7.10. Participação em eleições em virtude de convocação da Justiça Eleitoral

Dispõe o art. 98 da Lei nº 9.504/1997 que "os eleitores nomeados para compor as Mesas Receptoras ou Juntas Eleitorais e os requisitados para auxiliar seus trabalhos serão dispensados do serviço, mediante declaração expedida pela Justiça Eleitoral, **sem prejuízo do salário, vencimento ou qualquer outra vantagem**, pelo dobro dos dias de convocação."

Assim, se o empregado prestou serviços à Justiça Eleitoral durante dois dias (um dia para cada turno das eleições, por exemplo), fará jus a quatro faltas abonadas, sem prejuízo do salário. Outrossim, a hipótese é de interrupção contratual.

19.7.11. Participação como jurado em sessões do Tribunal do Júri

Dispõe o art. 441 do Código de Processo Penal que "nenhum desconto será feito nos vencimentos ou salário do jurado sorteado que comparecer à sessão do júri", pelo que a participação como jurado em sessão do Tribunal do Júri é hipótese de interrupção contratual.

19.7.12. Aborto comprovado por atestado médico oficial (art. 395 da CLT)

O art. 395 da CLT prevê o afastamento por duas semanas no caso de aborto não criminoso:

Art. 395. Em caso de aborto não criminoso, comprovado por atestado médico oficial, a mulher terá um repouso remunerado de 2 (duas) semanas, ficando-lhe assegurado o direito de retornar à função que ocupava antes de seu afastamento.

Como este afastamento é remunerado, a hipótese é de interrupção contratual.

19.7.13. Aviso-prévio (art. 488 da CLT)

O período de redução da jornada durante o aviso-prévio (duas horas ou sete dias corridos) é hipótese típica de interrupção, pois são devidos salários e conta como tempo de serviço.

Vólia Bomfim Cassar[16] entende que o aviso-prévio indenizado é hipótese de interrupção contratual. Ouso discordar, entretanto. Ora, o aviso-prévio indenizado nada mais é que indenização trabalhista, não caracterizando nem suspensão nem interrupção, pelo simples fato de que não se protrai no tempo. Faz sentido se falar em suspensão ou interrupção quando tratamos de determinado lapso de tempo efetivamente transcorrido em que não houve trabalho (prestação de serviços/disponibilidade). No caso do aviso-prévio indenizado, trata-se de ficção jurídica, e não de tempo transcorrido.

19.7.14. Licença-maternidade (art. 7º, XVIII, da CRFB, c/c art. 71 da Lei nº 8.213/1991 e art. 392-A da CLT)

Corrente doutrinária **minoritária**[17] defende que a licença-maternidade seria hipótese de suspensão contratual, tendo em vista que, não obstante os salários sejam pagos pelo

---

[16] CASSAR, Vólia Bomfim. *Direito do Trabalho*. 4. ed. Niterói: Impetus, 2010, p. 962.

[17] Neste sentido, por exemplo, BARROS, Alice Monteiro de. *Curso de Direito do Trabalho*. 6. ed. São Paulo: LTr, 2010, p. 877.

empregador, são devidos pelo INSS[18], que, posteriormente, procede à compensação dos valores pagos pelo empregador[19].

A **doutrina majoritária**[20], entretanto, **defende que a hipótese é de interrupção do contrato de trabalho**, com ressalvas. Isso porque a natureza do afastamento e os efeitos legais do mesmo se ajustam ao modelo da interrupção. Na verdade, a ordem legal buscou, ao responsabilizar o INSS pelo pagamento dos salários, minorar os custos do empregador, a fim de desestimular a discriminação por gênero.

Advirta-se para o fato de que a Lei nº 12.873/2013 estendeu ao empregado, em algumas hipóteses, a referida licença. A fim de evitar repetições inúteis, remeto o leitor ao Capítulo 24, notadamente aos itens 24.9.2, 24.9.4 e 24.9.5, nos quais a questão será tratada em pormenores.

19.7.15. Representação dos trabalhadores junto ao Conselho Curador do FGTS (art. 3º, § 7º, da Lei nº 8.036/1990)

Dispõe o § 7º do art. 3º da Lei nº 8.036/1990 que "as ausências ao trabalho dos representantes dos trabalhadores no Conselho Curador, decorrentes das atividades desse órgão, serão abonadas, computando-se como jornada efetivamente trabalhada para todos os fins e efeitos legais."

Se a ausência é abonada, significa que o salário correspondente é devido. Além disso, há contagem do tempo de serviço. Logo, trata-se de hipótese típica de interrupção contratual.

19.7.16. Representação dos trabalhadores no Conselho Nacional de Previdência Social – CNPS (art. 3º, § 6º, da Lei nº 8.213/1991)

Tal qual ocorre com os representantes dos trabalhadores junto ao Conselho Curador do FGTS, também as atividades de representação dos trabalhadores junto ao CNPS constituem causa de interrupção do contrato de trabalho. Neste sentido, o art. 3º, § 6º, da Lei nº 8.213/1991:

> Art. 3º Fica instituído o Conselho Nacional de Previdência Social – CNPS, órgão superior de deliberação colegiada, que terá como membros:
>
> I – seis representantes do Governo Federal;
>
> II – nove representantes da sociedade civil, sendo:
>
> a) três representantes dos aposentados e pensionistas;
>
> b) três representantes dos trabalhadores em atividade;
>
> c) três representantes dos empregadores.
>
> (...)

---

[18] (Lei nº 8.213/1991) Art. 71. O salário-maternidade é devido à segurada da Previdência Social, durante 120 (cento e vinte) dias, com início no período entre 28 (vinte e oito) dias antes do parto e a data de ocorrência deste, observadas as situações e condições previstas na legislação no que concerne à proteção à maternidade.

[19] (Lei nº 8.213/1991) Art. 72 (...)
§ 1º Cabe à empresa pagar o salário-maternidade devido à respectiva empregada gestante, efetivando-se a compensação, observado o disposto no art. 248 da Constituição Federal, quando do recolhimento das contribuições incidentes sobre a folha de salários e demais rendimentos pagos ou creditados, a qualquer título, à pessoa física que lhe preste serviço. (...)

[20] Por todos, DELGADO, Maurício Godinho. *Curso de Direito do Trabalho*, p. 1.003.

§ 6º As ausências ao trabalho dos representantes dos trabalhadores em atividade, decorrentes das atividades do Conselho, serão abonadas, computando-se como jornada efetivamente trabalhada para todos os fins e efeitos legais.

(...)

(grifos meus)

Dicas para provas discursivas:

Embora não seja muito comum a cobrança de questões discursivas envolvendo a suspensão e a interrupção do contrato de trabalho, tal tema pode ser exigido em uma questão mais ampla, que contenha vários aspectos distintos a partir de um caso hipotético.

O assunto não apresenta maiores dificuldades de estudo, sendo necessário que o candidato conheça bem (e saiba diferenciar, é claro) as hipóteses de suspensão e de interrupção do contrato de trabalho.

Atente-se para as hipóteses fronteiriças, a saber: aposentadoria por invalidez, prestação do serviço militar obrigatório e afastamento por acidente de trabalho a partir do 16º dia como hipóteses de suspensão contratual; licença-maternidade como hipótese de interrupção contratual.

O candidato precisa também conhecer os efeitos de cada uma das hipóteses de suspensão e interrupção do contrato.

HIPÓTESES DE INTERRUPÇÃO CONTRATUAL		
HIPÓTESE	**FUNDAMENTO**	**EFEITOS**
Até 2 (dois) dias consecutivos, em caso de falecimento do cônjuge, ascendente, descendente, irmão ou pessoa que, declarada em sua carteira de trabalho e previdência social, viva sob sua dependência econômica	Art. 473, I, da CLT	Típicos
Até 3 (três) dias consecutivos, em virtude de casamento	Art. 473, II, da CLT	Típicos
Por 5 (cinco) dias consecutivos, contados a partir do evento, em virtude de nascimento de filho, adoção ou obtenção de guarda provisória, podendo ser estendido o prazo por mais 15 (quinze) dias, se a empresa aderir ao Programa Empresa Cidadã.	Art. 473, III, da CLT, c/c o art. 7º, XIX, da CRFB, c/c o art. 10, § 1º, do ADCT. Art. 1º da Lei nº 11.770/2008 (redação da Lei nº 13.257/2016).	Típicos
Por um dia, em cada 12 (doze) meses de trabalho, em caso de doação voluntária de sangue devidamente comprovada	Art. 473, IV, da CLT	Típicos
Até 2 (dois) dias consecutivos ou não, para o fim de se alistar eleitor, nos termos da lei respectiva	Art. 473, V, da CLT	Típicos
No período em que tiver de cumprir as exigências prévias do Serviço Militar (alistamento, por exemplo)	Art. 473, VI, da CLT	Típicos

HIPÓTESES DE INTERRUPÇÃO CONTRATUAL		
HIPÓTESE	**FUNDAMENTO**	**EFEITOS**
Nos dias em que estiver comprovadamente realizando provas de exame vestibular para ingresso em estabelecimento de ensino superior	Art. 473, VII, da CLT	Típicos
Pelo tempo que se fizer necessário, quando tiver que comparecer a juízo	Art. 473, VIII, da CLT	Típicos
Pelo tempo que se fizer necessário, quando, na qualidade de representante de entidade sindical, estiver participando de reunião oficial de organismo internacional do qual o Brasil seja membro	Art. 473, IX, da CLT	Típicos
Pelo tempo necessário para acompanhar sua esposa ou companheira em até 6 (seis) consultas médicas, ou em exames complementares, durante o período de gravidez	Art. 473, X, da CLT	Típicos
Por 1 (um) dia por ano para acompanhar filho de até 6 (seis) anos em consulta médica	Art. 473, XI, da CLT	Típicos
Por até 3 (três) dias, em cada 12 (doze) meses de trabalho, em caso de realização de exames preventivos de câncer devidamente comprovada	Art. 473, XII, da CLT	Típicos
Férias	Art. 7º, XVII, CRFB/88, c/c o art. 129, CLT	Típicos
Feriados	Art. 1º da Lei 605/1949	Típicos
Repouso semanal remunerado	Art. 7º, XV, CRFB, c/c art. 1º, Lei 605/1949	Típicos
Primeiros 15 dias de afastamento por acidente de trabalho ou doença	Art. 60, § 3º, da Lei 8.213/1991	Típicos
Licenças remuneradas em geral e outras faltas justificadas	Art. 131, IV, CLT	Típicos
Atuação do empregado como conciliador em Comissão de Conciliação Prévia – CCP	Art. 625-B, § 2º, da CLT	Típicos
Locaute (ou *lockout*)	Art. 17, parágrafo único, da Lei nº 7.783/1989	Típicos
Participação em eleições em virtude de convocação da Justiça Eleitoral	Art. 98 da Lei nº 9.504/1997	Típicos
Aborto não criminoso, comprovado por atestado médico oficial	Art. 395 da CLT	Típicos
Período de redução da jornada durante o aviso-prévio	Art. 488 da CLT	Típicos

HIPÓTESES DE INTERRUPÇÃO CONTRATUAL		
HIPÓTESE	**FUNDAMENTO**	**EFEITOS**
Licença-maternidade	Art. 7°, XVIII, da CRFB, c/c o art. 71 da Lei 8.213/1991 e art. 392-A da CLT	Atípicos: • O empregado recebe salários, os quais são devidos pelo INSS. • Recolhe FGTS. • Conta como tempo de serviço.
Representação dos trabalhadores junto ao Conselho Curador do FGTS	Art. 3°, § 7°, da Lei n° 8.036/1990	Típicos
Representação dos trabalhadores junto ao Conselho Nacional de Previdência Social – CNPS	Art. 3°, § 6°, da Lei n° 8.213/1991	Típicos

19.8. EFEITOS JURÍDICOS DA INTERRUPÇÃO CONTRATUAL

Os efeitos jurídicos da interrupção contratual são basicamente os mesmos decorrentes da suspensão, a saber:

a) garante-se ao empregado o retorno, cessada a causa da interrupção, ao cargo anteriormente ocupado (art. 471 da CLT);

b) garante-se ao empregado a percepção de todas as vantagens que, em sua ausência, tenham sido atribuídas à categoria (art. 471 da CLT);

c) o empregador não pode rescindir o contrato de trabalho durante a interrupção, exceto por justa causa.

Os efeitos diversos dizem respeito ao próprio período em que o empregado permanece afastado de suas atividades, sendo que, na hipótese de interrupção contratual, continua sendo devido o salário, bem como contado o tempo de serviço.

19.9. RETORNO AO TRABALHO DEPOIS DE CESSADA A INTERRUPÇÃO

Afastada a causa interruptiva, cabe ao empregado reapresentar-se **de imediato** ao empregador, não havendo se falar em prazo para reapresentação, como ocorre no caso de suspensão. Isso porque a interrupção é "tudo de bom" para o empregado, e desfavorável ao empregador; então, nada justifica prolongar-se essa situação além do estritamente necessário.

19.10. APLICAÇÃO NOS CONTRATOS POR PRAZO DETERMINADO

Consideradas as hipóteses de suspensão e interrupção nos contratos por prazo determinado, surgem duas correntes principais:

a) **Solução majoritária na doutrina e na jurisprudência**

O contrato termina na data estipulada, independentemente da ocorrência de hipótese de suspensão ou interrupção. Assim, se o empregado firmou contrato de experiência vigente no período de 01.01.2008 a 01.04.2008, e veio a se afastar do trabalho por motivo de saúde aos 20.02.2008, permanecendo afastado em 01.04.2008, mesmo assim o contrato teria seu término na data prevista (01.04.2008), não obstante o empregado se encontrasse afastado e em gozo de benefício previdenciário.

A solução é extraída da interpretação do § 2º do art. 472 da CLT, segundo o qual "nos contratos por prazo determinado o tempo de afastamento, se assim acordarem as partes interessadas, não será computado na contagem do prazo para a respectiva terminação".

Logo, se não houver cláusula contratual neste sentido, o tempo de afastamento será computado na contagem do prazo para o término do contrato.

b) **Solução minoritária, defendida por Maurício Godinho Delgado**[21]

Respeita-se o prazo previamente fixado, porém prorroga-se o termo final para o dia seguinte àquele em que finda a causa de suspensão ou interrupção. No exemplo anterior, suponha-se que o empregado tenha recebido alta médica em 15.04.2008. Para esta corrente, o término do contrato se daria em 16.04.2008, compatibilizando assim a predeterminação do prazo e a impossibilidade de ruptura do vínculo durante a suspensão ou interrupção.

19.11. DEIXADINHAS

1. Ocorrendo suspensão ou interrupção do contrato de trabalho o que se suspende ou interrompe são os efeitos contratuais, e não o próprio vínculo jurídico, que permanece intacto.

2. Durante a suspensão do contrato o empregado não presta serviços, o empregador não paga salários e, em regra, não há contagem de tempo de serviço. O requisito mais relevante é, sem dúvida, o fato de o empregado não receber salário do empregador.

3. Permanecem, mesmo durante a suspensão, alguns efeitos contratuais, tais como a obrigação de agir com lealdade e boa-fé. Assim, a ocorrência de justa causa durante a suspensão acarreta a ruptura motivada do vínculo empregatício (dispensa motivada ou rescisão indireta).

4. Durante a interrupção contratual, o empregado não presta serviços, mas recebe salários do empregador e tem o tempo de serviço computado para todos os efeitos. O diferencial para a identificação da figura jurídica é o pagamento de salário pelo empregador.

5. Quaisquer afastamentos não remunerados pelo empregador constituem hipóteses de suspensão contratual.

6. A suspensão do empregado por mais de 30 (trinta) dias consecutivos importa na rescisão injusta do contrato de trabalho.

7. O empregado acusado de falta grave poderá ser suspenso de suas funções, mas a sua despedida só se tornará efetiva após o inquérito e que se verifique a procedência da acusação. A suspensão perdurará até a decisão final do processo.

8. Reconhecida a inexistência de falta grave praticada pelo empregado, fica o empregador obrigado a readmiti-lo no serviço e a pagar-lhe os salários a que teria direito no período da suspensão.

9. O contrato de trabalho poderá ser suspenso, por um período de dois a cinco meses, para participação do empregado em curso ou programa de qualificação profissional oferecido pelo empregador, com duração equivalente à suspensão contratual, mediante previsão em convenção ou acordo coletivo de trabalho e aquiescência formal do empregado. Trata-se da figura denominada *lay-off*.

10. Considera-se de licença não remunerada, salvo assentimento da empresa ou cláusula contratual, o tempo em que o empregado se ausentar do trabalho no desempenho das funções de administração da entidade sindical.

---

21 DELGADO, Maurício Godinho. *Curso de Direito do Trabalho*, p. 1.019.

11. O empregado eleito para ocupar cargo de diretor tem o respectivo contrato de trabalho suspenso, não se computando o tempo de serviço desse período, salvo se permanecer a subordinação jurídica inerente à relação de emprego.

12. Durante os primeiros quinze dias consecutivos ao do afastamento da atividade por motivo de doença, incumbirá à empresa pagar ao segurado empregado o seu salário integral.

13. A participação em greve suspende o contrato de trabalho, devendo as relações obrigacionais, durante o período, ser regidas pelo acordo, convenção, laudo arbitral ou decisão da Justiça do Trabalho.

14. O empregado que for aposentado por invalidez terá suspenso o seu contrato de trabalho durante o prazo fixado pelas leis de previdência social para a efetivação do benefício.

15. Cancelada a aposentadoria por invalidez, mesmo após cinco anos, o trabalhador terá direito de retornar ao emprego, facultado, porém, ao empregador, indenizá-lo na forma da lei.

16. A prisão provisória do empregado constitui hipótese de suspensão contratual, dada a impossibilidade física de prestação dos serviços.

17. O afastamento do empregado em virtude das exigências do serviço militar, ou de outro encargo público, não constituirá motivo para alteração ou rescisão do contrato de trabalho por parte do empregador.

18. Para que o empregado tenha direito a voltar a exercer o cargo do qual se afastou em virtude de exigências do serviço militar ou de encargo público, é indispensável que notifique o empregador dessa intenção, por telegrama ou carta registrada, dentro do prazo máximo de 30 (trinta) dias, contados da data em que se verificar a respectiva baixa ou a terminação do encargo a que estava obrigado.

19. O empregado poderá suspender a prestação dos serviços ou rescindir o contrato, quando tiver de desempenhar obrigações legais, incompatíveis com a continuação do serviço.

20. O afastamento para prestação do serviço militar obrigatório configura hipótese mitigada de suspensão contratual. São devidos os recolhimentos de FGTS e o tempo de serviço é contado para fins de indenização e estabilidade. Não obstante, não há pagamento de salários pelo empregador.

21. Até o 15º dia, o afastamento do empregado, seja por doença, seja por acidente de trabalho, configura hipótese de interrupção contratual, pois o empregador paga o salário referente a estes dias.

22. A partir do 16º dia de afastamento, inclusive por motivo de acidente de trabalho, a hipótese passa a ser de suspensão contratual, pois os salários são devidos pelo INSS, e não pelo empregador.

23. Ocorrendo o afastamento do empregado por acidente de trabalho, o empregador é obrigado a recolher o FGTS e o tempo de serviço é contado para fins de indenização e estabilidade, mesmo após o 15º dia. Isso não desconfigura, entretanto, a suspensão contratual.

24. O tempo de inatividade do trabalhador no contrato de trabalho intermitente não é considerado tempo à disposição do empregador, pelo que a hipótese é de suspensão contratual.

25. Ao empregado afastado do emprego, são asseguradas, por ocasião de sua volta, todas as vantagens que, em sua ausência, tenham sido atribuídas à categoria a que pertencia na empresa.

26. O empregador não pode rescindir o contrato de trabalho durante a suspensão ou a interrupção, exceto por justa causa.

27. Em caso de falecimento do cônjuge, ascendente, descendente, irmão ou pessoa que, declarada em sua carteira de trabalho e previdência social, viva sob sua dependência econômica, o empregado tem o contrato interrompido por até dois dias consecutivos.

28. O empregado tem o contrato interrompido por até três dias consecutivos, em virtude de casamento.

29. Em caso de nascimento de filho, adoção ou obtenção de guarda compartilhada, é devida ao empregado a licença-paternidade, de cinco dias, sem prejuízo do salário (hipótese de interrupção). O referido prazo será ainda estendido por mais 15 dias caso o empregador seja empresa que tenha aderido ao Programa Empresa Cidadã, na forma da Lei nº 11.770/2008, com redação dada pela Lei nº 13.257/2016.

30. O empregado pode faltar, sem prejuízo do salário, por um dia, em cada 12 (doze) meses de trabalho, em caso de doação voluntária de sangue devidamente comprovada.

31. O contrato de trabalho é interrompido por até dois dias, consecutivos ou não, para o fim de o empregado se alistar eleitor, nos termos da lei respectiva.

32. O contrato de trabalho permanece interrompido pelo tempo necessário para que o empregado cumpra as exigências iniciais do serviço militar, tais como o alistamento.

33. O empregado pode faltar, sem prejuízo do salário, nos dias em que comprovadamente esteja realizando provas de exame vestibular para ingresso em estabelecimento de ensino superior.

34. Configura interrupção contratual o comparecimento do empregado a juízo, seja na condição de parte ou de testemunha, pelo tempo que se fizer necessário.

35. As horas em que o empregado falta ao serviço para comparecimento necessário, como parte, à Justiça do Trabalho não serão descontadas de seus salários.

36. O empregado pode se ausentar do serviço, sem prejuízo do salário, pelo tempo que se fizer necessário, quando, na qualidade de representante de entidade sindical, estiver participando de reunião oficial de organismo internacional do qual o Brasil seja membro.

37. O empregado pode faltar, sem prejuízo do salário, pelo tempo necessário para acompanhar sua esposa ou companheira em até 6 (seis) consultas médicas, ou em exames complementares, durante o período de gravidez.

38. Também é considerada hipótese de interrupção contratual a falta por 1 (um) dia por ano para acompanhar filho de até 6 (seis) anos em consulta médica.

39. O empregado poderá deixar de comparecer ao serviço, sem prejuízo do salário (interrupção contratual, portanto), até 3 (três) dias, em cada 12 (doze) meses de trabalho, em caso de realização de exames preventivos de câncer devidamente comprovada.

40. Férias, feriados e descanso semanal remunerado são hipóteses típicas de interrupção contratual.

41. A atuação do empregado como conciliador em Comissão de Conciliação Prévia configura hipótese de interrupção contratual.

42. O empregador que pratica o *lockout*, vedado pela Lei de Greve, deve pagar ao empregado os salários correspondentes, pelo que a hipótese é de interrupção contratual.

43. Os eleitores nomeados para compor as Mesas Receptoras ou Juntas Eleitorais e os requisitados para auxiliar seus trabalhos serão dispensados do serviço, mediante declaração expedida pela Justiça Eleitoral, sem prejuízo do salário, vencimento ou qualquer outra vantagem, pelo dobro dos dias de convocação.

44. Nenhum desconto será feito nos vencimentos ou salário do jurado sorteado que comparecer à sessão do júri.

45. O aborto não criminoso, comprovado por atestado médico oficial, configura hipótese de interrupção contratual.

46. O período de redução da jornada durante o aviso-prévio (duas horas ou 7 dias corridos) é hipótese típica de interrupção, pois são devidos salários e conta como tempo de serviço.

47. A licença-maternidade é hipótese de interrupção contratual, não obstante os salários sejam devidos pelo INSS. Trata-se de política legislativa, com o objetivo de reduzir a discriminação da mulher quanto ao acesso ao mercado de trabalho.

48. As ausências ao trabalho dos representantes dos trabalhadores no Conselho Curador, decorrentes das atividades desse órgão, serão abonadas, computando-se como jornada efetivamente trabalhada para todos os fins e efeitos legais.

49. As ausências ao trabalho dos representantes dos trabalhadores em atividade, decorrentes das atividades do Conselho, serão abonadas, computando-se como jornada efetivamente trabalhada para todos os fins e efeitos legais.

50. No caso de contrato por prazo determinado, entende-se majoritariamente que este termina na data estipulada, independentemente da ocorrência de suspensão ou de interrupção.

51. Assegura-se o direito à manutenção de plano de saúde ou de assistência médica oferecido pela empresa ao empregado, não obstante suspenso o contrato de trabalho em virtude de auxílio-doença acidentário ou de aposentadoria por invalidez.

CAPÍTULO 20

Extinção do Contrato de Trabalho

· ·

Marcadores: EXTINÇÃO DO CONTRATO DE TRABALHO; RESCISÃO DO CONTRATO DE TRABALHO; CESSAÇÃO DO CONTRATO DE TRABALHO; TERMINAÇÃO DO CONTRATO DE TRABALHO; RESILIÇÃO CONTRATUAL; RESOLUÇÃO CONTRATUAL; RESCISÃO CONTRATUAL; DISPENSA POR JUSTA CAUSA; FALTAS GRAVES; DESPEDIDA INDIRETA; DISPENSA POR CULPA RECÍPROCA; PEDIDO DE DEMISSÃO; DISPENSA SEM JUSTA CAUSA; DISPENSA ARBITRÁRIA; VERBAS RESCISÓRIAS; ASSISTÊNCIA À RESCISÃO CONTRATUAL; HOMOLOGAÇÃO RESCISÓRIA; PRAZOS PARA PAGAMENTO DAS VERBAS RESCISÓRIAS; DISTRATO; EXTINÇÃO DO CONTRATO POR COMUM ACORDO.

Material de estudo:

✓ Legislação: **CLT**, arts. 146-148, art. 158, parágrafo único; arts. 166, 477, 477-A, 477-B, 479-486, 507-B; **Lei nº 7.238/1984**, art. 9º; **Lei Complementar nº 150/2015**, arts. 6º-8º, 21-27.

✓ Jurisprudência: **Súm.** 10, 14, 32, 62, 69, 73, 125, 163, 171, 173, 182, 212, 242, 261, 314, 328, 330, 388, 443 e 462, TST; **OJ SDI-1** 14, 82, 148, 162, 238, 247, 268, 270, 356, 361, TST; **OJ SDC** 16, TST.

✓ Doutrina (+++).

Estratégia de estudo sugerida:

O assunto tratado neste capítulo é explorado com maior frequência em concursos em relação aos seguintes tópicos: verbas rescisórias devidas em cada modalidade de extinção contratual; hipóteses fáticas da dispensa por justa causa e rescisão indireta do contrato de trabalho; formalidades rescisórias e abrangência da quitação.

O estudo das hipóteses de dispensa por justa causa baseia-se precipuamente na doutrina, razão pela qual há divergência em relação a algumas figuras.

A extinção do contrato de trabalho tem importância destacada no estudo do Direito do Trabalho. Tendo em vista as diversas formas (*modalidades*) de extinção do contrato existentes, é preciso estudar cada uma delas separadamente.

Antes, porém, é importante salientar que a extinção do contrato de trabalho é, de certa maneira, um fato anormal na história do contrato de trabalho. Isto porque, como visto anteriormente, o Direito do Trabalho é informado pelo **princípio da continuidade** da relação de emprego, segundo o qual o contrato de trabalho, em regra, se protrai no tempo, se tudo correr bem, de forma indefinida.

É exatamente por isso que a iniciativa de romper o contrato unilateralmente costuma acarretar à parte determinados ônus, como, por exemplo, o cumprimento do aviso-prévio e, no caso da dispensa sem justa causa por iniciativa do empregador, também o pagamento da indenização compensatória (multa de 40% do FGTS).

Alguns autores identificam princípios próprios aplicáveis à extinção contratual. Vejamos.

20.1. PRINCÍPIOS APLICÁVEIS À EXTINÇÃO CONTRATUAL

a) Princípio da continuidade da relação de emprego

Conforme mencionado acima, o normal, na seara trabalhista, é a manutenção do contrato de trabalho, permitindo, nas palavras de Maurício Godinho Delgado, "a integração do trabalhador na estrutura e dinâmica empresariais"[1].

Embora no Brasil tal princípio seja extremamente enfraquecido, dada a facilidade com que o empregador põe fim ao contrato de trabalho (especialmente após a generalização do regime do FGTS), ainda assim é relevante, por estabelecer presunções favoráveis ao trabalhador. Por sua vez, o princípio da continuidade da relação de emprego torna regra os contratos por prazo indeterminado, exigindo a observância de certas condições para caracterização dos contratos por prazo determinado.

b) Princípio das presunções favoráveis ao trabalhador

Em primeiro lugar, este princípio informa que se presume indeterminada a duração do contrato. Assim, na falta de prova inequívoca acerca da predeterminação do prazo do contrato, este será tido como por prazo indeterminado. Isso é bom para o empregado, porque as verbas rescisórias devidas nos contratos por prazo indeterminado lhe são mais vantajosas.

Através deste princípio é presumida ainda a continuidade da relação de emprego, bem como garantida ao empregado, em caso de extinção contratual, e na dúvida sob que modalidade esta ocorreu, a situação mais vantajosa, isto é, os efeitos da dispensa imotivada.

Este princípio foi consagrado pelo TST, através da Súmula 212:

Súm. 212. Despedimento. Ônus da prova (mantida). Res. 121/2003, *DJ* 19, 20 e 21.11.2003.

O ônus de provar o término do contrato de trabalho, quando negados a prestação de serviço e o despedimento, é do empregador, pois o princípio da continuidade da relação de emprego constitui presunção favorável ao empregado.

c) Princípio da norma mais favorável

O princípio peculiar trabalhista fundamenta a prevalência dos contratos por prazo indeterminado (porque são claramente mais favoráveis ao obreiro), bem como confere validade às presunções estabelecidas em favor do empregado (por exemplo, no tocante à modalidade de dissolução do contrato, que é considerada conforme a mais benéfica ao empregado).

---

1   DELGADO, Maurício Godinho. *Curso de Direito do Trabalho.* 9. ed. São Paulo: LTr, 2010, p. 1.023.

20.2. TERMINOLOGIA E VERBAS RESCISÓRIAS

Outra questão que merece uma rápida menção diz respeito à nomenclatura. A CLT usa indistintamente os termos *rescisão*, *cessação*, *terminação* e *dissolução* para as mais diversas formas de extinção do contrato de trabalho. A doutrina, por sua vez, procura complicar a matéria, estabelecendo uma série de nomes pomposos, que ao final dificultam mais que ajudam. **O termo consagrado pela prática é *rescisão do contrato de trabalho*, independentemente da modalidade extintiva.** Procuro identificar as formas de extinção da maneira mais simples possível, mencionando, entretanto, a nomenclatura geralmente dada a cada uma pela doutrina majoritária.

As modalidades de extinção do contrato de trabalho podem ser divididas em quatro grandes grupos:

a) Extinção normal do contrato de trabalho
   – Contratos a termo em geral (extinção por decurso do prazo)
b) Ato voluntário imotivado (para alguns, *resilição* contratual)
   – Dispensa sem justa causa por iniciativa do empregador (inclusive extinção antecipada do contrato por prazo determinado)
   – Pedido de demissão por iniciativa do empregado (inclusive extinção antecipada do contrato por prazo determinado)
   – Extinção por acordo entre empregado e empregador (distrato)
c) Ato voluntário motivado (para alguns, *resolução* contratual)
   – Dispensa do empregado por justa causa
   – Rescisão indireta do contrato de trabalho (justa causa do empregador)
   – Culpa recíproca
d) Extinção atípica do contrato por fato involuntário
   – Força maior
   – Fato do príncipe (*factum principis*)
   – Nulidade do contrato (para alguns, *rescisão* contratual)
   – Morte do empregado
   – Morte do empregador pessoa física
   – Extinção da empresa, fechamento ou falência

Ainda no tocante à terminologia utilizada neste capítulo, faz-se importante definir o alcance da expressão **verbas rescisórias**.

Com efeito, *verbas rescisórias* ou *parcelas rescisórias* designam, no cotidiano trabalhista, todas aquelas rubricas normalmente pagas ao empregado quando da extinção do contrato de trabalho, como o saldo de salários, o décimo terceiro proporcional, as férias (vencidas, simples e proporcionais) etc.

Saldo de salários é o montante devido pelo empregador ao empregado, referente aos **dias trabalhados no mês da rescisão**. Ocorre que, não fosse o contrato de trabalho extinto, teria o empregador até o 5º dia útil do mês subsequente ao vencido para efetuar o pagamento do salário (art. 459, § 1º, da CLT). Não obstante, a partir do momento em que o contrato de trabalho é extinto, as obrigações dele decorrentes vencem antecipadamente, devendo ser liquidadas no prazo do § 6º do art. 477 da CLT, oportunidade na qual se procede ao acerto com o empregado.

Exemplo: Bernardo, contratado por prazo indeterminado, recebia R$ 900,00 por mês e foi dispensado no dia 20.01.2011. Neste caso, terá direito ao pagamento do saldo de salários correspondente aos vinte dias trabalhados, calculado da seguinte forma: R$ 900,00 ÷ 30 dias = R$ 30,00 por dia trabalhado → Saldo de salários = R$ 30,00 x 20 dias = R$ 600,00.

As **férias** não gozadas ao longo do contrato de trabalho são **indenizadas** quando da extinção contratual. Recorde-se que não existe pagamento de férias (gozadas ou indenizadas, simples ou em dobro) sem o respectivo terço constitucional. Assim dispõe a Súmula 328 do TST:

> Súm. 328. Férias. Terço constitucional (mantida). Res. 121/2003, *DJ* 19, 20 e 21.11.2003.
>
> O pagamento das férias, integrais ou proporcionais, gozadas ou não, na vigência da CF/1988, sujeita-se ao acréscimo do terço previsto no respectivo art. 7º, XVII.

Existem três modalidades de férias que podem ser pagas na rescisão, conforme o caso:

a) *férias vencidas*, assim consideradas aquelas já adquiridas e não concedidas durante o período concessivo, as quais devem ser pagas em dobro quando da extinção contratual;

b) *férias simples*, que são aquelas já adquiridas, mas ainda não exigíveis, hipótese em que a extinção contratual se deu durante o período concessivo correspondente. Neste caso, o pagamento das férias será simples (férias + 1/3, sem a dobra);

c) *férias proporcionais*, ou seja, ainda não adquiridas (a extinção ocorre durante o período aquisitivo), devidas à razão de 1/12 para cada mês (ou fração igual ou superior a 15 dias) trabalhado durante o período aquisitivo. **As férias proporcionais são devidas em qualquer modalidade rescisória, exceto na dispensa por justa causa**, como se verá adiante.

Exemplo: Denise foi admitida na empresa Mercantil Ltda. em 01.02.2005, tendo se desligado da empresa, a pedido, em 01.07.2007. Considerando que Denise nunca gozou férias, bem como que sua remuneração, no mês do desligamento, era R$ 900,00, ela terá direito a qual valor, a título de férias indenizadas?

Cálculo:

As férias 2005/2006, cujo período concessivo terminou em 31.01.2007, já estavam vencidas quando da rescisão, pelo que são devidas em dobro. Logo, (R$ 900,00 + 1/3) x 2 = R$ 2.400,00.

As férias 2006/2007, por sua vez, embora já adquiridas, ainda não estavam vencidas na data da rescisão, pelo que são devidas de forma simples. Logo, R$ 900,00 + 1/3 = R$ 1.200,00.

O período aquisitivo de férias, contado de 01.02.2007 a 01.07.2007, está incompleto, pelo que é devido proporcionalmente. Logo, (R$ 900,00 + 1/3) ÷ 12 meses x 5 meses = R$ 500,00.

Portanto, Denise deverá receber, no exemplo, R$ 2.400,00 + R$ 1.200,00 + R$ 500,00 = R$ 4.100,00 a título de férias indenizadas.

O **décimo terceiro** proporcional pago na rescisão corresponde ao valor adquirido ao longo dos meses trabalhados no ano em curso. Como o décimo terceiro é pago em dezembro de cada ano, inicia-se um novo período aquisitivo sempre em janeiro, independentemente da data de aniversário do contrato de trabalho. Para cada mês trabalhado, ou fração igual ou superior a 15 dias, o empregado adquire o direito a 1/12 a título de décimo terceiro proporcional. Assim, no exemplo anterior, Denise teria direito a 6/12 de sua remuneração a título de décimo terceiro salário proporcional, visto que trabalhou de janeiro a junho de 2007. Logo, receberia R$ 450,00 a este título.

Existem ainda outras parcelas rescisórias, as quais serão estudadas nas hipóteses específicas em que são devidas. A título de exemplo, mencione-se o aviso-prévio, devido na dispensa do empregado sem justa causa, e a indenização adicional instituída pelo art. 9º da Lei nº 7.238/1984.

20.3. EXTINÇÃO NORMAL DO CONTRATO DE TRABALHO

O contrato de trabalho se extingue normalmente quando alcançado o termo prefixado nos contratos por prazo determinado.

Neste caso, não há propriamente surpresa de qualquer das partes em decorrência da extinção do contrato, pois já se sabia, de antemão, a data do término contratual. E é exatamente por este motivo que o empregador não precisa pré-avisar o empregado, nem mesmo notificá-lo ou comunicá-lo acerca da extinção contratual.

Na extinção normal do contrato a termo, o empregado tem os seguintes direitos:

*   Saldo de salários;
*   Férias (integrais e proporcionais, conforme o caso);
*   Décimo terceiro proporcional;
*   Saque do FGTS.

Não há aviso-prévio, porque ambas as partes já sabiam antecipadamente que o contrato terminaria, e quando.

Não há seguro-desemprego, porque o contrato a termo é precário, ao passo que o seguro-desemprego visa à manutenção temporária do empregado demitido sem justa causa.

20.4. EXTINÇÃO ANTECIPADA DO CONTRATO A TERMO

Embora o normal, nos contratos a termo, seja a extinção contratual no termo prefixado, pode acontecer de uma das partes decidir antecipar a extinção contratual. Neste caso, os efeitos são diferentes daqueles da extinção normal, conforme uma das hipóteses de extinção antecipada, a saber:

*   – extinção antecipada do contrato a termo, por iniciativa do empregador;
*   – extinção antecipada do contrato a termo, por iniciativa do empregado;
*   – extinção antecipada (por qualquer das partes) do contrato a termo que possua cláusula assecuratória do direito recíproco de rescisão antecipada;
*   – extinção antecipada do contrato a termo em virtude de força maior.

Vejamos cada uma das hipóteses, bem como os respectivos efeitos jurídicos.

20.4.1. Extinção antecipada por iniciativa do empregador

A extinção antecipada do contrato a termo por iniciativa do empregador implica o pagamento de **indenização ao empregado**, no valor de **metade da remuneração devida até o termo fixado para término do contrato**. Neste sentido, o art. 479 da CLT:

Art. 479. Nos contratos que tenham termo estipulado, o empregador que, sem justa causa, despedir o empregado será obrigado a pagar-lhe, a título de indenização, e por metade, a remuneração a que teria direito até o termo do contrato.

Parágrafo único. Para a execução do que dispõe o presente artigo, o cálculo da parte variável ou incerta dos salários será feito de acordo com o prescrito para o cálculo da indenização referente à rescisão dos contratos por prazo indeterminado.

Doméstico: o doméstico faz jus, em caso de dispensa antecipada em contrato a termo (por iniciativa do empregador, é claro), à indenização idêntica à prevista no art. 479 da CLT (art. 6° da LC n° 150/2015).

A grande discussão gira em torno da compatibilidade ou não desta indenização com o regime do FGTS. O TST já pacificou a questão através da Súmula 125:

Súm. 125. Contrato de trabalho. Art. 479 da CLT (mantida). Res. 121/2003, *DJ* 19, 20 e 21.11.2003.

O art. 479 da CLT aplica-se ao trabalhador optante pelo FGTS admitido mediante contrato por prazo determinado, nos termos do art. 30, § 3°, do Decreto n° 59.820, de 20.12.1966.

Atente-se para o fato de que a referência ao Decreto n° 59.820/1966 não mais subsiste, tendo em vista que este Decreto, que regulamentava o FGTS, foi revogado pelo Decreto n° 99.684/1990, que o faz até os dias atuais.

Neste sentido, o art. 14 do Regulamento do FGTS (Decreto n° 99.684/1990) define a questão:

Art. 14. No caso de contrato a termo, a rescisão antecipada, sem justa causa ou com culpa recíproca, equipara-se às hipóteses previstas nos §§ 1° e 2° do art. 9°, respectivamente, sem prejuízo do disposto no art. 479 da CLT.

Por sua vez, o supramencionado art. 9° prevê o seguinte:

Art. 9° Ocorrendo despedida sem justa causa, ainda que indireta, com culpa recíproca por força maior ou extinção normal do contrato de trabalho a termo, inclusive a do trabalhador temporário, deverá o empregador depositar, na conta vinculada do trabalhador no FGTS, os valores relativos aos depósitos referentes ao mês da rescisão e, ao imediatamente anterior, que ainda não houver sido recolhido, sem prejuízo das cominações legais cabíveis.

§ 1° No caso de despedida sem justa causa, ainda que indireta, o empregador depositará na conta vinculada do trabalhador no FGTS, importância igual a quarenta por cento do montante de todos os depósitos realizados na conta vinculada durante a vigência do contrato de trabalho atualizados monetariamente e acrescidos dos respectivos juros, não sendo permitida, para este fim a dedução dos saques ocorridos.

§ 2° Ocorrendo despedida por culpa recíproca ou força maior, reconhecida pela Justiça do Trabalho, o percentual de que trata o parágrafo precedente será de vinte por cento.

(...)

No mesmo sentido, Homero Batista Mateus da Silva explica a distinção:

"Outro dado curioso que costuma passar despercebido é que a indenização do art. 479 busca corrigir a quebra de expectativa futura – pois mira no número de meses restantes – ao passo que a indenização de 40% do fundo de garantia objetiva ressarcir o empregado proporcionalmente ao número de meses passados – pois se alicerça nos depósitos pretéritos do fundo de garantia. Assim, é razoável sustentar que ambas as indenizações se cumulam e se complementam, pois tutelam uma situação – rompimento inesperado do contrato de trabalho por prazo determinado – que, caso houvesse perdurado até o final do período combinado, não geraria pagamento indenizatório algum"[2].

Assim, em que pesem autorizadas vozes doutrinárias no sentido da incompatibilidade da indenização do art. 479 da CLT com o regime do FGTS, e notadamente com a multa compensatória do FGTS (40%)[3], ante a alegada ocorrência de *bis in idem*, para fins de concurso a questão não apresenta maiores dificuldades, tendo em vista a previsão legal (art. 14 do Decreto regulamentador do FGTS) e a Súmula 125 do TST.

Parcelas devidas na ruptura antecipada do contrato a termo por iniciativa do empregador:

- Saldo de salários;
- Férias integrais, se for o caso;
- Férias proporcionais (ao tempo trabalhado até a data da ruptura, frise-se);
- Décimo terceiro proporcional (ao tempo trabalhado até a data da ruptura);
- Indenização do art. 479 da CLT;
- Multa compensatória do FGTS (40%);
- Saque do FGTS;
- Seguro-desemprego.

20.4.2. Extinção antecipada por iniciativa do empregado

Ainda quanto à rescisão do contrato por prazo determinado, prevê o art. 480 da CLT que, no caso da rescisão antecipada pelo empregado, este deve indenizar o empregador *pelos prejuízos* experimentados em decorrência da antecipação da extinção contratual.

Art. 480. Havendo termo estipulado, o empregado não se poderá desligar do contrato, sem justa causa, sob pena de ser obrigado a indenizar o empregador dos prejuízos que desse fato lhe resultarem.

§ 1º A indenização, porém, não poderá exceder àquela a que teria direito o empregado em idênticas condições.

(...)

Neste sentido, também a jurisprudência:

[...] CONTRATO POR PRAZO DETERMINADO. RESCISÃO ANTECIPADA PELO EMPREGADO. INDENIZAÇÃO DO ART. 480 DA CLT. PROVA DO PREJUÍZO SOFRIDO PELO EMPREGADOR. O disposto no art. 479 da CLT, que prevê o critério de cálculo da indenização a cargo do empregador quando houver a dispensa antecipada do empregado em contratos por prazo determinado (metade da remuneração a que teria direito o empregado até o termo do contrato), não deve ser aplicado de forma imediata para o cálculo da indenização devida pelo empregado, como fez a reclamada. Há necessidade de prova não apenas do prejuízo, como do seu montante, a fim de fixar-se a indenização cabível. No caso em exame, o TRT consignou

---

[2] SILVA, Homero Batista Mateus da. *Curso de Direito do Trabalho aplicado: Contrato de trabalho.* Rio de Janeiro: Elsevier, 2009, vol. 6, p. 239.

[3] No caso do doméstico, com a *indenização compensatória da perda do emprego* (art. 22 da LC nº 150/2015), depositada ao longo de todo o contrato de trabalho. Observe-se que o dispositivo em referência é mais um elemento normativo importante para fundamentar a compatibilidade da indenização por término antecipado do contrato a termo com a indenização do FGTS.

que não houve prova do prejuízo. Nesse contexto, para dissentir da tese consignada no acórdão recorrido, seria necessária nova incursão no conjunto probatório dos autos, a fim de concluir que a análise das provas e as impressões obtidas pelo julgador ao instruir a causa não deveriam prevalecer. Tal procedimento, contudo, é vedado nessa esfera recursal extraordinária, nos termos da Súmula 126 do TST. Agravo de instrumento a que se nega provimento (TST, AIRR-1641-26.2014.5.12.0017, 2ª Turma, Relatora Ministra Maria Helena Mallmann, *DEJT* 10.08.2017).

Assim, a indenização devida pelo empregado depende de comprovação dos prejuízos eventualmente experimentados pelo empregador.

Observe-se também que a indenização a ser paga pelo empregado nunca poderá ser superior à prevista no art. 479, ou seja, à metade da remuneração a que teria direito o empregado até o final do contrato.

São devidas, portanto, na ruptura antecipada do contrato a termo, por iniciativa do empregado, as seguintes verbas rescisórias:

- Saldo de salários;
- Férias integrais, se for o caso;
- Férias proporcionais (ao tempo trabalhado até a data da ruptura, frise-se);
- Décimo terceiro proporcional (ao tempo trabalhado até a data da ruptura);
- Desconta-se do empregado a indenização do art. 480 da CLT, desde que comprovados os prejuízos, e até o limite da indenização do art. 479.

20.4.3. Extinção antecipada na vigência de cláusula assecuratória do direito recíproco de rescisão antecipada

Por fim, possibilita a lei que os contratos por prazo determinado contenham cláusula assecuratória do direito recíproco de rescisão antecipada. Neste sentido, o art. 481 da CLT:

Art. 481. Aos contratos por prazo determinado, que contiverem cláusula assecuratória do direito recíproco de rescisão antes de expirado o termo ajustado, aplicam-se, caso seja exercido tal direito por qualquer das partes, os princípios que regem a rescisão dos contratos por prazo indeterminado.

Quer dizer que, existente a cláusula, a rescisão antecipada por uma das partes faz com que sejam aplicadas as regras da rescisão do contrato por prazo indeterminado. Esta cláusula faz sentido nos contratos a termo mais longos, em que eventualmente podem surgir incompatibilidades entre empregador e empregado, e nos quais a indenização do art. 479-480 seria excessivamente onerosa para as partes. Imagine-se, por exemplo, um contrato por prazo determinado pactuado pelo tempo máximo (dois anos). Uma das partes resolve, então, rescindir o contrato ao final do segundo mês, pelo que teria, pela regra geral, que indenizar a outra à razão de onze salários (metade dos vinte e dois meses faltantes). Muito mais barato, portanto, pagar aviso-prévio (e também a multa compensatória do FGTS, se a rescisão foi de iniciativa do empregador).

A jurisprudência esclarece que também no contrato de experiência, espécie de contrato por prazo determinado, e existindo a cláusula assecuratória de rescisão antecipada, aplicam-se os princípios da rescisão dos contratos por prazo indeterminado. Isso conforme a Súmula 163 do TST:

Súm. 163. Aviso prévio. Contrato de experiência (mantida). Res. 121/2003, *DJ* 19, 20 e 21.11.2003.

Cabe aviso prévio nas rescisões antecipadas dos contratos de experiência, na forma do art. 481 da CLT.

Afinal, o aviso-prévio é também cabível nos contratos por prazo determinado em que tenha sido utilizada a cláusula assecuratória do direito recíproco de rescisão antecipada.

Os princípios que regem a rescisão dos contratos por prazo indeterminado aos quais se refere o art. 481 serão estudados mais à frente. Basicamente, a solução prática será a seguinte:

• Conceder-se-á aviso-prévio (empregador ou empregado, conforme o caso);
• Serão devidas as férias e o décimo terceiro;
• Será devido o saldo de salários;
• Se por iniciativa do empregador, será devida a multa compensatória do FGTS.

Saliente-se, contudo, que o sistema do art. 481 substitui a indenização do art. 479, não havendo que se falar em cumulação.

20.4.4. Rescisão antecipada do contrato a termo em virtude de força maior ou culpa recíproca

Nestas duas hipóteses, a indenização do art. 479 é devida pela metade. Esta solução é expressa na lei para o caso de força maior, conforme art. 502, *caput* e inciso III, da CLT:

Art. 502. Ocorrendo motivo de força maior que determine a extinção da empresa, ou de um dos estabelecimentos em que trabalhe o empregado, é assegurada a este, quando despedido, uma indenização na forma seguinte:
(...)
III – havendo contrato por prazo determinado, aquela a que se refere o art. 479 desta Lei, reduzida igualmente à metade.

Rememore-se que a CLT considera força maior "todo acontecimento inevitável, em relação à vontade do empregador, e para a realização do qual este não concorreu, direta ou indiretamente", e que afete a substancialmente a situação econômica e financeira da empresa (art. 501).

Já no caso de culpa recíproca a lei é omissa, mas tanto a doutrina quanto a jurisprudência utilizam analogicamente o comando genérico do art. 484 da CLT:

Art. 484. Havendo culpa recíproca no ato que determinou a rescisão do contrato de trabalho, o tribunal de trabalho reduzirá a indenização que seria devida em caso de culpa exclusiva do empregador, por metade.

Utilizou-se da mesma lógica o TST, por meio da Súmula 14:

Súm. 14. Culpa recíproca (nova redação). Res. 121/2003, *DJ* 19, 20 e 21.11.2003.

Reconhecida a culpa recíproca na rescisão do contrato de trabalho (art. 484 da CLT), o empregado tem direito a 50% (cinquenta por cento) do valor do aviso prévio, do décimo terceiro salário e das férias proporcionais.

20.5. EXTINÇÃO POR ATO VOLUNTÁRIO IMOTIVADO (RESILIÇÃO CONTRATUAL)

Tanto o empregado quanto o empregador podem pôr fim ao contrato por prazo indeterminado a qualquer tempo, através de ato voluntário, ainda que não tenham motivos objetivos para tal.

No tocante ao empregador, é o que se costuma chamar, no Brasil, de **direito potestativo de demitir**. Com efeito, é lícito (ou ao menos tem sido considerado assim pela imensa maioria, não obstante o disposto no art. 7º, inciso I, da CRFB/88) ao empregador demitir o empregado a qualquer tempo (exceto, é claro, no curso de garantia de emprego), independentemente de qualquer consentimento obreiro. Basta que o empregador conceda (ou indenize) o aviso-prévio e pague a multa compensatória do FGTS. No mais, é uma rescisão com efeitos normais.

Anote-se que, há algum tempo, o TST vem reconhecendo uma espécie de garantia de emprego (baseada na normatividade dos princípios) ao trabalhador portador de doença grave que suscite estigma ou preconceito. Finalmente, por ocasião da "2ª Semana do TST", foi editada a Súmula 443, nos seguintes termos:

> Súm. 443. Dispensa discriminatória. Presunção. Empregado portador de doença grave. Estigma ou preconceito. Direito à reintegração – Res. 185/2012, DEJT divulgado em 25, 26 e 27.09.2012.
>
> Presume-se discriminatória a despedida de empregado portador do vírus HIV ou de outra doença grave que suscite estigma ou preconceito. Inválido o ato, o empregado tem direito à reintegração no emprego.

Por sua vez, o empregado pode se demitir a qualquer tempo, tendo em vista que ninguém pode ser obrigado a trabalhar contra a sua vontade (princípio da liberdade de trabalho).

A Lei nº 13.467/2017, ao acrescentar à CLT o art. 484-A, regulou a extinção contratual por acordo entre empregado e empregador, de forma que, a partir da vigência da *Reforma Trabalhista de 2017*, passou a ser lícita a extinção imotivada bilateral do contrato de trabalho, também conhecida como *distrato*.

A extinção do contrato de trabalho por ato voluntário, porém sem justa causa, por qualquer das partes, ou por ambas, é denominada pela doutrina **resilição** contratual. Logo, utilizando-se esta terminologia, pode-se ter *resilição por iniciativa do empregador, resilição por iniciativa do empregado e resilição bilateral do contrato de trabalho*.

Vejamos cada uma destas formas de extinção voluntária do contrato de trabalho.

20.5.1. Pedido de demissão

Se o empregado não pretende continuar a prestar serviços ao empregador, deve pedir demissão. No jargão popular, *pedir contas*.

O pedido de demissão do obreiro é formalizado através do aviso-prévio, pelo qual o trabalhador pré-avisa o empregador, trinta dias antes da data em que pretende deixar o emprego, sua intenção de fazer cessar a prestação de serviços. A doutrina defende a possibilidade de aviso-prévio verbal, desde que expresso. Como sempre, a possibilidade é mitigada pela grande dificuldade de prova.

A simples cessação da prestação de serviços por parte do empregado, sem a devida comunicação ao empregador, não configura demissão, e sim abandono de emprego, sujeitando o empregado à dispensa por justa causa.

Não cabe ao empregador, por óbvio, aceitar ou não a demissão, pois este é um direito fundamental do empregado (liberdade), um direito potestativo. Portanto, seria muito mais uma **comunicação de demissão** que propriamente um *pedido de demissão*, pois *pedido* envolve a vontade da outra parte.

O empregado deverá então trabalhar durante os 30 dias do aviso-prévio, prazo este conferido ao empregador para que arranje um substituto para exercer aquela função. Caso o empregado não cumpra tal prazo, o empregador pode descontar, das verbas rescisórias devidas ao empregado, o valor referente ao salário que seria devido no prazo respectivo. Isto será estudado em maiores detalhes no capítulo seguinte, que cuida especificamente do aviso-prévio.

De uma forma bem simples, são direitos do empregado que pede demissão:

• Saldo de salários;
• Férias (vencidas, simples e proporcionais, independentemente do tempo de casa, conforme Súmulas 261 e 171 do TST);
• Décimo terceiro proporcional.

Naturalmente, o empregado demissionário não tem direito ao aviso-prévio, pois este consiste, no caso, em uma obrigação sua para com o empregador, e não em um direito.

Também não faz jus à multa compensatória do FGTS, saque dos valores da conta vinculada e seguro-desemprego, tudo porque seu desemprego foi, no caso, voluntário.

20.5.2. Dispensa sem justa causa

Também chamada pela doutrina de *demissão imotivada, dispensa imotivada, despedida imotivada*, entre outros adjetivos, é a extinção do contrato de trabalho por iniciativa do empregador, sem justa causa.

Assim como ocorre com o pedido de demissão, a dispensa sem justa causa tem natureza de direito potestativo, ao passo que depende unicamente da vontade do empregador.

A dispensa do empregado é formalizada pelo aviso-prévio, através do qual o empregador comunica ao empregado que não mais se utilizará de seus serviços a partir de tal dia. A doutrina majoritária entende que o aviso-prévio só precisa ser expresso, pelo que pode ser verbal.

Embora não faça grande diferença no Brasil, dada a aceitação geral e irrestrita da dispensa arbitrária (exercício de poder potestativo pelo empregador), a distinção entre *dispensa arbitrária* e *dispensa sem justa causa* é relevante para o estudo das estabilidades relativas.

Com efeito, dispõe o art. 165 da CLT, *in verbis*:

Art. 165. Os titulares da representação dos empregados nas CIPA (s) não poderão sofrer **despedida arbitrária**, entendendo-se como tal **a que não se fundar em motivo disciplinar, técnico, econômico ou financeiro**.

Parágrafo único. Ocorrendo a despedida, caberá ao empregador, em caso de reclamação à Justiça do Trabalho, comprovar a existência de qualquer dos motivos mencionados neste artigo, sob pena de ser condenado a reintegrar o empregado. (grifos meus)

Portanto, a estabilidade do cipeiro, como veremos no Capítulo 22, é apenas relativa, de forma a impedir a dispensa *arbitrária*, assim considerada aquela não fundada em motivo disciplinar, técnico, econômico ou financeiro.

Em outras palavras, **arbitrária é a dispensa naquela hipótese em que o empregador não tem qualquer motivo para dispensar o empregado**, o fazendo por mero capricho.

Por sua vez, **sem justa causa, *em sentido estrito*, é a dispensa não fundada em falta grave do empregado, mas que tenha algum motivo relevante, seja ele disciplinar, técnico, econômico ou financeiro**.

Tendo em vista que, na dispensa sem justa causa, a conduta do empregador contrariou o princípio da continuidade da relação de emprego, a lei lhe atribui alguns ônus, a fim de compensar o trabalhador pela perda inesperada do emprego. Assim, **são direitos do empregado**, nesta hipótese resilitória:

*   saldo de salários;
*   férias (vencidas, simples e proporcionais, inclusive sobre o prazo do aviso-prévio);
*   décimo terceiro proporcional, inclusive sobre o prazo do aviso-prévio;
*   aviso-prévio (que pode ser trabalhado ou indenizado);
*   multa compensatória do FGTS (40%)[4];
*   saque do FGTS;
*   seguro-desemprego.

Será devida ainda, se for o caso, **indenização adicional** prevista no art. 9º da Lei nº 7.238/1984:

Art. 9º O empregado dispensado, sem justa causa, no período de 30 (trinta) dias que antecede a data de sua correção salarial, terá direito à indenização adicional equivalente a um salário mensal, seja ele optante ou não pelo Fundo de Garantia do Tempo de Serviço – FGTS.

A indenização adicional tem por escopo inibir que o empregador dispense o empregado na véspera de obter vantagens decorrentes da negociação coletiva. Imagine-se o seguinte exemplo: o empregado pertence a determinada categoria profissional cuja data-base (data para reajuste salarial) é 1º de fevereiro. A fim de não lhe pagar as verbas rescisórias calculadas sobre o novo salário, que entrará em vigor em 1º de fevereiro, o empregador dispensa este trabalhador em 10 de janeiro. Neste caso, será devida a indenização adicional, visto que a dispensa se deu nos 30 dias (trintídio) que antecede a data-base.

A respeito da indenização adicional, é importante conhecer alguns verbetes da jurisprudência do TST. O primeiro é a Súmula 182:

Súm. 182. Aviso prévio. Indenização compensatória. Lei nº 6.708, de 30.10.1979 (mantida). Res. 121/2003, *DJ* 19, 20 e 21.11.2003.

O tempo do aviso prévio, mesmo indenizado, conta-se para efeito da indenização adicional prevista no art. 9º da Lei nº 6.708, de 30.10.1979.

A Súmula 182 quer dizer que a data de desligamento, para fins de incidência ou não da indenização adicional, leva em conta o aviso-prévio, ainda que indenizado. Assim, se o empregado foi dispensado no dia 10 de dezembro, com aviso-prévio indenizado, a sua data de desligamento será 09 de janeiro. Logo, no exemplo anterior, cuja data-base era 1º de fevereiro, seria devida a indenização adicional.

No mesmo sentido, o Enunciado nº 19 da Secretaria de Relações do Trabalho do Ministério do Trabalho[5], aprovado pela Portaria nº 01, de 25.05.2006 e mantido pela Portaria SRT/MTE nº 4, de 16.09.2014:

---

[4]   Recorde-se que, em relação ao empregado doméstico, a multa compensatória foi substituída pelo recolhimento adicional mensal equivalente a 3,2% da remuneração do empregado a título de indenização compensatória da perda do emprego (art. 22, LC nº 150/2015).

[5]   Observe-se que os Enunciados (anteriormente denominados Ementas) da SRT/MTb não vinculavam os particulares, mas serviam para orientar a atuação dos agentes do MTb no exercício da prestação de assistência ao trabalhador nas rescisões contratuais, conforme era previsto no art. 477, § 1º, da CLT. Como atualmente não mais existe o

Enunciado n. 19

Homologação. Art. 9º da Lei nº 7.238, de 1984. Indenização adicional. Contagem do prazo do aviso prévio. É devida ao empregado, dispensado sem justa causa, no período de 30 dias que antecede a data-base de sua categoria, indenização equivalente ao seu salário mensal. I – Será devida a indenização em referência se o término do aviso prévio trabalhado ou a projeção do aviso prévio indenizado se verificar em um dos dias do trintídio; II – O empregado não terá direito à indenização se o término do aviso prévio ocorrer após ou durante a data base e fora do trintídio, no entanto, fará jus aos complementos rescisórios decorrentes da norma coletiva celebrada.

Ref.: art. 9º, da Lei nº 7.238, de 1984, e art. 487, § 1º, da CLT.

A Súmula 242 do TST, por sua vez, trata do valor da indenização adicional nos seguintes termos:

Súm. 242. Indenização adicional. Valor (mantida). Res. 121/2003, *DJ* 19, 20 e 21.11.2003.

A indenização adicional, prevista no art. 9º da Lei nº 6.708, de 30.10.1979 e no art. 9º da Lei nº 7.238, de 28.10.1984, corresponde ao salário mensal, no valor devido na data da comunicação do despedimento, integrado pelos adicionais legais ou convencionados, ligados à unidade de tempo mês, não sendo computável a gratificação natalina.

Portanto, a base de cálculo da indenização adicional é o complexo salarial (salário-base + parcelas de sobressalário) recebido pelo empregado.

A seu turno, a Súmula 314 do TST esclarece que a eventual antecipação do reajuste salarial quando do cálculo das verbas rescisórias não elide o direito à indenização adicional, desde que o desligamento tenha ocorrido no trintídio que antecede a data-base:

Súm. 314. Indenização adicional. Verbas rescisórias. Salário corrigido (mantida). Res. 121/2003, *DJ* 19, 20 e 21.11.2003.

Se ocorrer a rescisão contratual no período de 30 (trinta) dias que antecede à data-base, observado a Súmula nº 182 do TST, o pagamento das verbas rescisórias com o salário já corrigido não afasta o direito à indenização adicional prevista nas Leis nºs 6.708, de 30.10.1979 e 7.238, de 28.10.1984.

Além das três súmulas mencionadas, também a OJ SDI-1 268 trata da indenização adicional:

OJ-SDI1-268. Indenização adicional. Leis nº 6.708/1979 e 7.238/1984. Aviso prévio. Projeção. Estabilidade provisória (inserida em 27.09.2002).

Somente após o término do período estabilitário é que se inicia a contagem do prazo do aviso prévio para efeito das indenizações previstas nos arts. 9º da Lei nº 6.708/1979 e 9º da Lei nº 7.238/1984.

A solução apontada chega a ser óbvia, ao passo que o aviso-prévio é incompatível com as garantias de emprego, não sendo válida sua concomitância. Vejamos um exemplo: o empregado tem garantia de emprego até 5 de dezembro, e recebe o aviso-prévio do empregador no dia 20 de novembro. Como o aviso-prévio não pode ser concedido durante a fluência de garantia de emprego (Súmula 348 do TST), sua contagem só é possível a partir do término do período estabilitário. Logo, considera-se que o empregado foi pré-avisado

---

ato de assistência à rescisão contratual, tais Enunciados possuem apenas finalidade didática. Nos limites deste manual, se prestam, portanto, a ilustrar a interpretação da lei ou, no caso, do verbete de jurisprudência.

em 6 de dezembro, quando então começará a contagem dos 30 dias, pelo que a data de desligamento será 5 de janeiro. Esta será, afinal, a data considerada para fins de incidência ou não da indenização adicional.

20.5.3. Extinção por acordo entre empregado e empregador (distrato)

Esta terceira figura era objeto de extrema polêmica doutrinária, visto que muitos doutrinadores defendiam seu cabimento, ela se verificava com frequência no cotidiano das relações laborais, mas não encontrava amparo na legislação até então em vigor.

O distrato consiste na ruptura contratual por mútuo acordo entre as partes, isto é, na ruptura bilateral do contrato. É figura comum no Direito Civil, mas, até a Reforma Trabalhista de 2017, não tinha qualquer amparo na legislação trabalhista.

Nesta seara, sempre foi comum, na prática, o *acordo* para pôr fim ao contrato de trabalho. No mais das vezes, quando o empregado gostaria de deixar o emprego, pedia ao patrão para demiti-lo (a fim, principalmente, de receber *indevidamente* as parcelas do seguro-desemprego e de sacar o FGTS), oportunidade na qual combinavam algo à margem da lei (até porque a hipótese de distrato não era tipificada), como, por exemplo, a devolução do valor relativo à indenização compensatória do FGTS.

Talvez com a finalidade de reduzir a percepção indevida do seguro-desemprego, a Lei nº 13.467/2017 acrescentou à CLT o art. 484-A, o qual dispõe sobre a extinção do contrato de trabalho por acordo entre empregado e empregador, nos seguintes termos:

Art. 484-A. O contrato de trabalho poderá ser extinto por acordo entre empregado e empregador, caso em que serão devidas as seguintes verbas trabalhistas:

I – por metade:

a) o aviso prévio, se indenizado; e

b) a indenização sobre o saldo do Fundo de Garantia do Tempo de Serviço, prevista no § 1º do art. 18 da Lei nº 8.036, de 11 de maio de 1990;

II – na integralidade, as demais verbas trabalhistas

§ 1º A extinção do contrato prevista no *caput* deste artigo permite a movimentação da conta vinculada do trabalhador no Fundo de Garantia do Tempo de Serviço na forma do inciso I-A do art. 20 da Lei nº 8.036, de 11 de maio de 1990, limitada até 80% (oitenta por cento) do valor dos depósitos.

§ 2º A extinção do contrato por acordo prevista no *caput* deste artigo não autoriza o ingresso no Programa de Seguro-Desemprego.

Portanto, atualmente existe a possibilidade de extinção do contrato de trabalho por acordo entre empregado e empregador, hipótese em que **são assegurados ao empregado os seguintes direitos**:

* saldo de salários;
* férias (vencidas, simples e proporcionais, inclusive sobre o prazo do aviso-prévio);
* décimo terceiro proporcional, inclusive sobre o prazo do aviso-prévio;
* aviso-prévio **devido pela metade, caso seja indenizado**;
* **multa compensatória do FGTS devida pela metade** (20%);
* saque do **FGTS até o limite de 80% dos depósitos**[6];

---

6   Foi também incluído o inciso I-A no art. 20 da Lei nº 8.036/1990, passando a prever a autorização para levantamento do FGTS nesta hipótese. No caso, os 20% restantes do montante depositado ficarão retidos na conta vinculada do trabalhador, tal como ocorre, por exemplo, em caso de dispensa por justa causa.

No caso, **o empregado não tem direito ao seguro-desemprego**, pois não se trata de desemprego involuntário.

20.6. EXTINÇÃO POR ATO VOLUNTÁRIO MOTIVADO (RESOLUÇÃO CONTRATUAL)

Ocorrendo o descumprimento contratual por uma das partes, ou até mesmo por ambas, o contrato se extingue por justa causa. Esta modalidade de extinção contratual se diferencia das demais pelos efeitos radicalmente diversos.

20.6.1. Dispensa do empregado por justa causa

A CLT prevê, no art. 482, condutas do empregado que constituem falta grave, punível com dispensa motivada. Assim, caso o empregado adote uma destas condutas, fica sujeito à dispensa por justa causa, o que influenciará sobremaneira nas verbas rescisórias devidas.

20.6.1.1. *Nomenclatura: falta grave vs. justa causa*

Quanto à nomenclatura, mais uma vez a doutrina se debruça sobre tema pouco importante. Com efeito, tecem-se acaloradas discussões acerca da distinção entre *justa causa* e *falta grave*. O que a maioria afirma é que a expressão *falta grave* seria aplicável somente no caso da demissão de empregado estável, a qual deve ser precedida de *inquérito para apuração de falta grave*. Assim, só haveria se falar em falta grave após instrução judicial. *Justa causa*, por sua vez, seria o termo aplicável a todas as demais faltas que ensejam dispensa motivada.

Não compartilho, entretanto, de tal capricho. Prefiro utilizar os termos como sinônimos, e muitas vezes utilizar um para enfatizar o outro. As bancas examinadoras de concurso também não prestigiam tal distinção.

A configuração da falta grave passível de dispensa motivada deve obedecer a determinados limites, os quais foram vistos quando do estudo do poder empregatício (Capítulo 12). O próximo tópico abordará de passagem tais requisitos.

20.6.1.2. *Requisitos para imposição de sanção disciplinar*

Nos limites desta obra, cabe abordar, ainda que rapidamente, os requisitos que devem ser preenchidos para a imposição de sanção no âmbito trabalhista. Para tal, utilizarei a classificação proposta por Maurício Godinho Delgado[7].

Para o autor mineiro, tais requisitos são divididos em três grandes grupos:

a) **Requisitos objetivos**: relacionam-se à conduta que se pretende censurar.

- **Tipicidade**: a conduta considerada faltosa deve ser prevista taxativamente na lei trabalhista. Com efeito, grande parte das hipóteses de justa causa encontram-se arroladas, taxativamente, no art. 482 da CLT. Outras, porém, estão também taxativamente previstas em dispositivos esparsos.

- **Gravidade da falta**: para que tenha aptidão a ensejar a dispensa motivada, a falta há de ser muito grave, de forma que não seja mais possível continuar a relação empregatícia. A falta grave acaba por provocar o rompimento da confiança mínima exigível entre as partes na relação de emprego, pelo que a situação se torna insustentável.

---

[7] DELGADO, Maurício Godinho. *Curso de Direito do Trabalho*, p. 1.105 e ss.

- **Relação entre a falta e o trabalho**: ainda que se admita a ocorrência de falta grave fora do ambiente de trabalho somente será lícita a punição disciplinar do empregado se a conduta tida por irregular repercutir no cumprimento de suas obrigações contratuais ou, no mínimo, produzir prejuízo ao ambiente de trabalho.

b) **Requisitos subjetivos**: dizem respeito ao envolvimento do empregado com tal conduta.

- **Autoria**: é claro que o empregado somente será punido por conduta da qual tenha ao menos participado.
- **Dolo ou culpa**: o empregado só pode ser punido se agiu, no mínimo, com culpa, assim considerada a conduta decorrente de imperícia, imprudência ou negligência.

c) **Requisitos circunstanciais**: referem-se à conduta adotada pelo empregador, no exercício do poder disciplinar, em face da falta cometida pelo empregado.

- **Nexo causal**: há que existir uma conexão entre a conduta do empregado e a pena aplicada.
- **Proporcionalidade**: Deve haver proporcionalidade entre a falta cometida e a punição aplicada. Assim, não é possível demitir motivadamente um empregado por ter chegado 15 minutos atrasado num único dia.

A título de exemplo, mencionem-se os seguintes julgados:

[...] JUSTA CAUSA. REVERSÃO. AUSÊNCIA DE PROPORCIONALIDADE ENTRE A FALTA COMETIDA E A PENALIDADE APLICADA. Discute-se nos autos a proporcionalidade da medida adotada pelo empregador, ao dispensar o reclamante por justa causa. O Juízo *a quo*, soberano no exame dos elementos de prova, concluiu que a modalidade de rescisão contratual não guarda razoabilidade com os fatos apurados, entendendo, assim como o juiz singular, "que o procedimento parece muito mais um erro do que uma conduta ímproba". Registrou, na oportunidade, que "errar a data de emissão da passagem não é motivo suficiente par aplicação da justa causa, que é a pena máxima aplicada ao empregado". Diante de tal contexto fático-jurídico, insuscetível de revisão nesta fase recursal, conforme preconiza a Súmula nº 126 do TST, a conclusão a que se chega é a de que o Regional, ao determinar a reversão da justa causa em dispensa imotivada, não afrontou o disposto no art. 482, "b", da CLT. Agravo conhecido e não provido (TST, Ag-AIRR-10609-28.2015.5.01.0078, 1ª Turma, Rel. Min. Luiz Jose Dezena da Silva, *DEJT* 25.04.2023).

[...] DISPENSA POR JUSTA CAUSA. ATO DE IMPROBIDADE. "ROUPEIRO" DE CLUBE DE FUTEBOL. ACUSAÇÃO DE SUBTRAÇÃO DE TRÊS CAMISETAS USADAS PARA ENTREGA A TORCEDOR, POR INTERMÉDIO DE ATLETA PROFISSIONAL DO CLUBE. INEXISTÊNCIA DE REGULAMENTAÇÃO ACERCA DA DESTINAÇÃO DE UNIFORMES USADOS. CONSTATAÇÃO DA PRÁTICA DE TROCA E DISTRIBUIÇÃO DE CAMISETAS USADAS. AUSÊNCIA DE PROPORCIONALIDADE ENTRE A CONDUTA DO TRABALHADOR E A PENALIDADE APLICADA. 1. Extrai-se do acórdão regional que "o reclamante, na condição de roupeiro do S. C. Internacional, foi acusado de furto qualificado e demitido por justa causa", "em razão do fornecimento de três camisetas usadas, com valor de mercado de R$ 40,00 a R$ 70,00 cada uma" e que "sequer houve advertência, ou suspensão prévia". Conforme registrado pelo TRT, "um torcedor/colecionador pediu camiseta a um jogador profissional de seu clube do coração, o qual repassou o pedido ao seu roupeiro" e, em razão disso, o reclamante "alcançou três camisetas usadas". Acrescentou, ainda, que "não há normatização editada pelo reclamado no sentido de ordenar de forma precisa a concessão das camisetas usadas, ou em desuso", de modo que "foram necessárias várias diligências e questionamentos, até se chegar à conclusão de que os roupeiros não estão autorizados a dar uniformes usados ou em desuso". Ressaltou que "próprio clube, quando realiza partidas no Beira-Rio, distribui, nos intervalos, em torno de dez camisetas para torcedores", que "também é normal a troca de camisetas entre os jogares", bem como ser incontroverso que o reclamante "já distribuiu camisetas na presença de dirigentes, quando em jogos pelo interior do Estado". Concluiu, assim, que "a conduta do réu foi excessiva e desproporcional, pois cabia a ele, em meio a todas essas peculiaridades que envolvem o mundo do futebol, no qual estão inseridos os roupeiros, jogadores e torcedores, regulamentar o fornecimento e distribuição de camisetas em desuso pelo clube". Dito isso, deu provimento ao recurso ordinário do reclamante para reverter para imotivada a modalidade da dispensa do autor. 2. Este Tribunal firmou jurisprudência no sentido de que para o adequado exercício do poder disciplinar do empregador, há que se observar o preenchimento de certos requisitos, entre eles a proporcionalidade entre o ato faltoso e a penalidade aplicada. Precedentes. 3. Na hipótese dos autos, conclui-se que a conduta praticada pelo reclamante, de fornecer três camisetas usadas a um dos atletas profissionais do clube, não se reveste da gravidade necessária à configuração da justa causa ensejadora da dispensa motivada (artigo 482, "a", da CLT), máxime quando o quadro fático revela a ausência de normatização interna a respeito e, até mesmo, alguma permissibilidade do clube quanto à distribuição e troca de camisetas usadas, de modo a gerar dúvida razoável quanto à própria ilicitude da conduta. Recurso de revista não conhecido, no tema. [...] (TST, 1ª Turma, RR-119600-32.2008.5.04.0023, Rel. Min. Hugo Carlos Scheuermann, Data de Julgamento: 09.12.2015, *DEJT* 18.12.2015).

- **Imediaticidade ou atualidade**: somente pode ser aplicada a punição disciplinar se a falta é atual, ou seja, a punição deve ser imediata à conduta irregular do empregado (ou ao conhecimento desta conduta pelo empregador, conforme o caso), a fim de impedir que o empregador guarde sempre uma *carta na manga* contra o empregado.

Se o empregador teve conhecimento da falta e não puniu imediatamente o empregado, considera-se que houve *perdão tácito*. Neste sentido, o seguinte aresto, com vasta e elucidativa fundamentação:

AGRAVO DE INSTRUMENTO. RECURSO DE REVISTA. 1. REVERSÃO DA JUSTA CAUSA EM JUÍZO. IMEDIATICIDADE DA PUNIÇÃO NÃO CONFIGURADA. MATÉRIA FÁTICA. SÚMULA 126/TST. 2. VERBAS RESCISÓRIAS. SEGURO-DESEMPREGO. AUSÊNCIA DE PREQUESTIONAMENTO. SÚMULA 297/TST. 3. ADICIONAL DE INSALUBRIDADE. CARACTERIZAÇÃO. MATÉRIA FÁTICA. SÚMULA 126/TST. DECISÃO DENEGATÓRIA. MANUTENÇÃO. A dispensa por justa causa é modalidade de extinção contratual por infração obreira apta a quebrar a fidúcia necessária para a continuidade do vínculo de emprego. Portanto, para a sua caracterização, devem estar presentes os seguintes requisitos: a) tipicidade da conduta; b) autoria obreira da infração; c) dolo ou culpa do infrator; d) nexo de causalidade; e) adequação e proporcionalidade; f) imediaticidade da punição; g) ausência de perdão tácito; h) singularidade da punição (*non bis in idem*); i) caráter pedagógico do exercício do poder disciplinar, com a correspondente gradação de penalidades. No que tange à imediaticidade da punição, exige a ordem jurídica que a aplicação de penas trabalhistas se faça tão logo se tenha conhecimento da falta cometida. Com isso, evita-se eventual situação de pressão permanente, ou, pelo menos, por largo e indefinido prazo sobre o obreiro, em virtude de alguma falta cometida. A quantificação do prazo tido como razoável a medear a falta e a punição não é efetuada expressamente pela legislação. Algumas regras, contudo, podem ser alinhavadas. Em primeiro lugar, tal prazo conta-se não exatamente do fato irregular ocorrido, mas do instante de seu conhecimento pelo empregador (ou seus prepostos intraempresariais). Em segundo lugar, esse prazo pode ampliar-se ou reduzir-se em função da existência (ou não) de algum procedimento administrativo prévio à efetiva consumação da punição. Se houver instalação de comissão de sindicância para apuração dos fatos envolventes à irregularidade detectada, por exemplo, obviamente que disso resulta um alargamento do prazo para consumação da penalidade, já que o próprio conhecimento pleno do fato, sua autoria, culpa ou dolo incidentes, tudo irá concretizar-se apenas depois dos resultados da sindicância efetivada. Finalmente, em terceiro lugar, embora não haja prazo legal prefixado para todas as situações envolvidas, há um parâmetro máximo fornecido pela CLT e eventualmente aplicável a algumas situações concretas. Trata-se do lapso temporal de 30 dias (prazo decadencial: Súmula 403, STF) colocado ao empregador para ajuizamento de ação de inquérito para apuração de falta grave de empregado estável (art. 853, CLT; Enunciado 62, TST). O prazo trintidial celetista pode servir de relativo parâmetro para outras situações disciplinares, mesmo não envolvendo empregado estável nem a propositura de inquérito. Observe-se, porém, que tal lapso de 30 dias somente seria aplicável quando houvesse necessidade de alguma diligência averiguatória acerca dos fatos referentes à infração. É que a jurisprudência tende a considerar muito longo semelhante prazo em situações mais singelas (e mais frequentes), que digam respeito a faltas inequivocamente cometidas e inequivocamente conhecidas pelo empregador. No caso em tela, restou consignado no acórdão regional que o Reclamante cometeu o suposto ato faltoso em 23.09.2011, sendo que a instauração da sindicância não restou provada nos autos e a dispensa foi efetivada em 04.11.2011. Com efeito, considera-se desproporcional o lapso temporal de 42 dias utilizado pela Reclamada, tendo em vista, inclusive, que não restou provada a existência de instauração de sindicância. Registre-se que a falta de imediaticidade gera, em regra, a presunção de incidência do perdão tácito. Outrossim, para que se pudesse chegar, se fosse o caso, a conclusão fática diversa, seria necessário o revolvimento do conteúdo fático-probatório, propósito insuscetível de ser alcançado nesta fase processual, diante do óbice da Súmula 126/TST. Dessa forma, não há como assegurar o processamento do recurso de revista quando o agravo de instrumento interposto não desconstitui os termos da decisão denegatória, que subsiste por seus próprios fundamentos. Agravo de instrumento desprovido (TST, 3ª Turma, AIRR-301-52.2012.5.02.0031, Rel. Min. Mauricio Godinho Delgado, Data de Julgamento: 09.03.2016, *DEJT* 11.03.2016).

- **Singularidade da punição**: somente pode ser aplicada uma penalidade para cada falta cometida (princípio do *non bis in idem*).
- **Não alteração da punição**: uma vez aplicada determinada penalidade, não pode o empregador substituí-la por outra *mais grave*. O contrário (substituição por pena mais branda) é, naturalmente, admitido, visto que a solução é mais benéfica ao empregado.
- **Não discriminação**: é vedado ao empregador aplicar penas diferentes a empregados que cometeram idêntica falta.
- **Vinculação aos motivos da punição**: para que possa aplicar a pena, o empregador tem que declinar o(s) motivo(s) que ensejou(aram) a punição, e a ele(s) fica vinculado, não podendo substituí-lo(s) por outro(s) mais tarde. Assim, caso não consiga provar em juízo o motivo alegado, não pode substituí-lo por outro, ainda que tenha chegado a seu conhecimento uma nova falta do empregado.

Alguns autores até argumentam que não seria obrigatória a comunicação ao empregado do motivo da dispensa. Ora, não me parece razoável tal entendimento; a uma, porque o empregado tem direito de se defender da acusação que lhe é imputada, e a duas, porque o empregado tem hoje, à luz do princípio da boa-fé objetiva, que rege também o contrato de trabalho, o mínimo direito à informação. Se a demissão por justa causa, um dos fatos mais graves de todo o direito laboral, não precisar ser devidamente esclarecido pelo empregador, abrir-se-á a porta para toda ordem de abusos em face do empregado. A jurisprudência do TST tem oscilado entre as duas posições interpretativas, conforme se depreende dos seguintes arestos:

Dispensa por justa causa. Ausência de comunicação ao empregado no ato da ruptura contratual mediante qualificação da conduta no cotejo com o art. 482 da CLT. Efeitos. I. Não há no ordenamento jurídico, tampouco na CLT, norma a impor a obrigação ao empregador de, no ato da resilição contratual, comunicar ao trabalhador as condutas que ensejaram a sua dispensa por justa causa, inclusive mediante o respectivo enquadramento nas hipóteses do art. 482 da CLT. II. Recurso conhecido e parcialmente provido apenas para, ultrapassado o óbice da ausência de comunicação ao empregado sobre o motivo da ruptura contratual por justa causa, determinar o retorno dos autos ao Tribunal de origem para que julgue o recurso ordinário interposto pelo reclamante conforme de direito (TST, RR 22900-03.2007.5.23.0022, 4ª Turma, Rel. Min. Antônio José de Barros Levenhagen, *DEJT* 06.08.2010).

Falta grave. Comunicação. A norma coletiva fixa a obrigação de informar por escrito o motivo de despedimento por justa causa, bem como de apresentar razões para a aplicação das sanções disciplinares. **Na jurisprudência desta Casa sedimentou-se o entendimento de que o empregador deve informar por escrito o motivo da dispensa do empregado, seja qual for o fundamento.** Porém, no caso de imposição de outras penalidades menos gravosas, não há igual entendimento. Deve-se adaptar a cláusula ao precedente (TST, RODC 314200-64.2004.5.04.0000, SDC, Rel. Min. Carlos Alberto Reis de Paula, *DJ* 23.11.2007). (grifos meus)

20.6.1.3. *Faltas em espécie*

As faltas do obreiro que dão ensejo à dispensa motivada (*justa causa*) estão espalhadas em diversos dispositivos legais. Entretanto, não restam dúvidas de que o rol de *justas causas*, por excelência, é encontrado no art. 482 da CLT[8]. Vejamos:

Art. 482. Constituem justa causa para rescisão do contrato de trabalho pelo empregador:

a) ato de improbidade;

b) incontinência de conduta ou mau procedimento;

c) negociação habitual por conta própria ou alheia sem permissão do empregador, e quando constituir ato de concorrência à empresa para a qual trabalha o empregado, ou for prejudicial ao serviço;

d) condenação criminal do empregado, passada em julgado, caso não tenha havido suspensão da execução da pena;

e) desídia no desempenho das respectivas funções;

f) embriaguez habitual ou em serviço;

g) violação de segredo da empresa;

h) ato de indisciplina ou de insubordinação;

i) abandono de emprego;

j) ato lesivo da honra ou da boa fama praticado no serviço contra qualquer pessoa, ou ofensas físicas, nas mesmas condições, salvo em caso de legítima defesa, própria ou de outrem;

k) ato lesivo da honra ou da boa fama ou ofensas físicas praticadas contra o empregador e superiores hierárquicos, salvo em caso de legítima defesa, própria ou de outrem;

l) prática constante de jogos de azar.

m) perda da habilitação ou dos requisitos estabelecidos em lei para o exercício da profissão, em decorrência de conduta dolosa do empregado[9].

Parágrafo único. Constitui igualmente justa causa para dispensa de empregado a prática, devidamente comprovada em inquérito administrativo, de atos atentatórios à segurança nacional.

---

8   Em relação ao doméstico, veja o art. 27 da Lei Complementar nº 150/2015, bem como o item 6.2.2 supra (Capítulo 6).

9   Alínea "m" incluída pela Lei nº 13.467/2017.

Como mencionado anteriormente, considera-se que o rol de justas causas é **taxativo**, e não meramente exemplificativo. Vejamos as condutas faltosas em espécie.

a) Improbidade

Ímprobo é o indivíduo desonesto. Dessa maneira, age com improbidade o empregado desonesto, que atua de forma contrária à lei, à moral ou aos bons costumes.

Não obstante, essa definição não é tão pacífica assim. Existem basicamente duas correntes:

1ª corrente: Subjetivista

O conceito de improbidade coincide com aquele apresentado acima, isto é, improbidade é todo ato de desonestidade, contrário à lei, à moral ou aos bons costumes. Seria irrelevante que o ato causasse prejuízo ao empregador ou fosse praticado no local de trabalho, visto que a conduta desonesta, independente do lugar onde é praticada, provoca a *quebra da confiança* essencial à relação de emprego. Para esta corrente, seria improbidade, por exemplo, a conduta do empregado que falsifica atestado médico para justificar falta ao serviço.

Partilham deste entendimento, dentre outros, Alice Monteiro de Barros[10], Gabriel Saad[11], Mozart Victor Russomano[12], Sérgio Pinto Martins[13] e Vólia Bomfim Cassar[14].

2ª corrente: Objetivista

Considera-se falta grave decorrente de ato de improbidade todo aquele praticado contra o *patrimônio da empresa ou de terceiros*. Neste sentido, Amauri Mascaro do Nascimento[15], Homero Batista Mateus da Silva[16], Marcelo Moura[17] e Maurício Godinho Delgado[18].

Esta segunda corrente defende que os atos de desonestidade que não causem prejuízo direto ao empregador ou ainda a terceiros, em razão do contrato de trabalho, devem ser enquadrados como mau procedimento (alínea "b" do art. 482).

Irany Ferrari e Melchíades Martins[19], em corrente intermediária, entendem que ato de improbidade seria aquele voltado contra o patrimônio do empregador ou de terceiro, **porém, independentemente do dano**, tendo em vista a possibilidade da tentativa (de furto, por exemplo), que, sem dúvida, também quebra a relação de confiança estabelecida entre as partes. Ressaltam, entretanto, que os Tribunais geralmente acatam a corrente subjetiva, colacionando vários julgados neste sentido.

Parece ser realmente esta a tônica da discussão: a **prevalência da corrente subjetivista na doutrina e na jurisprudência**.

Para fins de concurso público, o mais importante é saber o básico: improbidade é conduta criminosa que normalmente importa em prejuízo patrimonial ao empregador ou a terceiro. Até aí não existe controvérsia, e a grande maioria das questões se resume a uma hipótese com um dos tipos penais de ofensa ao patrimônio (furto, roubo, apropriação indé-

---

10 BARROS, Alice Monteiro de. *Curso de Direito do Trabalho*. 6. ed. São Paulo: LTr, 2010, p. 893.

11 SAAD, Eduardo Gabriel. *Consolidação das Leis do Trabalho Comentada*. 43. ed. atual., rev. e ampl. por José Eduardo Duarte Saad e Ana Maria Saad Castello Branco. São Paulo: LTr, 2010, p. 682.

12 RUSSOMANO, Mozart Victor. *Curso de Direito do Trabalho*. 9. ed. Curitiba: Juruá, 2002, p. 205.

13 MARTINS, Sergio Pinto. *Direito do Trabalho*. 26. ed. São Paulo: Atlas, 2010, p. 378.

14 CASSAR, Vólia Bomfim. *Direito do Trabalho*. 4. ed. Niterói: Impetus, 2010, p. 1.056.

15 NASCIMENTO, Amauri Mascaro. *Iniciação ao Direito do Trabalho*. 35. ed. São Paulo: LTr, 2009, p. 401.

16 SILVA, Homero Batista Mateus da. *Curso de Direito do Trabalho aplicado: Contrato de trabalho*, p. 253.

17 MOURA, Marcelo. *Consolidação das Leis do Trabalho para concursos*. Salvador: JusPodivm, 2011, p. 612.

18 DELGADO, Maurício Godinho. *Curso de Direito do Trabalho*, p. 1.112.

19 FERRARI, Irany; MARTINS, Melchíades Rodrigues. *Consolidação das Leis do Trabalho: Doutrina, jurisprudência predominante e procedimentos administrativos – 4: Do Contrato Individual do Trabalho, arts. 442 a 510*. São Paulo: LTr, 2009, p. 278.

bita). Também tem sido comum em questões de concursos públicos a alusão à falsificação de atestado médico, exemplo clássico invocado pelos partidários da corrente subjetivista.

Há que se observar, por fim, que a apuração de qualquer uma das condutas definidas como justa causa não exige maiores formalidades, cabendo ao empregador fazer prova da ocorrência da falta através de qualquer meio de prova lícito.

b) Incontinência de conduta ou mau procedimento

Embora o legislador celetista tenha usado "ou", dando a entender que as expressões seriam sinônimas, não o são. Ambas se referem à conduta do empregado contrária à moral, às regras de boa convivência, **mas a *incontinência de conduta* constitui violação específica da moral sexual**, ao passo que o *mau procedimento* é **violação da moral genérica, excluída a moral sexual**.

Em ambos os casos, a conduta ofensiva à moral somente é considerada falta grave se afeta o ambiente de trabalho ou o cumprimento das obrigações contratuais pelo empregado.

É exatamente em virtude da grande amplitude que a *ofensa à moral* comporta que os defensores da corrente objetivista defendem que o ato de improbidade se limita às hipóteses de lesão ao patrimônio. Todas as demais ilicitudes estariam abrangidas neste tipo, dentro do gênero *mau procedimento*, pois, afinal, tudo que é ilícito é imoral, na acepção mais ampla do termo. Aliás, a maioria esmagadora da doutrina considera o mau procedimento como a vala comum onde são depositadas todas as faltas não enquadráveis nas demais alíneas, tendo em vista o sem-número de situações que abrange.

Maurício Godinho Delgado[20] cita como exemplos de mau procedimento a direção de veículo da empresa sem a devida habilitação; a utilização (ou tráfico) de entorpecentes no local de trabalho; a pichação das paredes do estabelecimento; a danificação de equipamentos da empresa.

Seria exemplo de incontinência de conduta o assédio sexual (inclusive aquele não tipificado como crime), bem como o uso do telefone da empresa pelo empregado para ligar para o disque-sexo.

c) Negociação habitual

Dispõe a alínea "c" do art. 482 da CLT que constitui justa causa a "negociação habitual por conta própria ou alheia sem permissão do empregador, e quando constituir ato de concorrência à empresa para a qual trabalha o empregado, ou for prejudicial ao serviço".

Conforme a doutrina amplamente dominante, a alínea contempla, na verdade, dois tipos distintos.

O primeiro seria a **concorrência desleal**, assim considerado todo ato do empregado, seja vendendo produtos, seja prestando serviços, em franca atitude de concorrência com o empregador, violando, assim, o dever de lealdade a ser observado pelas partes contratantes.

Exemplo: vendedor de uma loja de cortinas oferece ao cliente da loja, por preço menor, o produto, desde que contratado diretamente com ele.

No caso, a concorrência desleal não decorre necessariamente de cláusula expressa de não concorrência no contrato de trabalho, bastando que a conduta do empregado configure prejuízo ao empregador, seja pela redução das vendas, pela perda de clientes etc.

Observe-se, por oportuno, que, embora a exclusividade não seja uma característica intrínseca ao contrato de trabalho, nada impede seja estipulada cláusula neste sentido, mormente se a atividade assim o recomenda.

---

20 DELGADO, Maurício Godinho. *Curso de Direito do Trabalho*, p. 1.112.

É claro que, se a atividade exercida paralelamente pelo empregado não afeta a atividade do empregador, não se configura a hipótese legal.

O segundo tipo seria a **negociação habitual no ambiente de trabalho**, com prejuízo ao serviço. Neste caso, não se trata de concorrência desleal, e sim de certa desídia do empregado, em decorrência da venda de produtos no local de trabalho. Assim, a secretária de uma clínica que passa boa parte do tempo oferecendo produtos de beleza aos pacientes de seu empregador certamente será relapsa no exercício de suas atribuições, o que, por certo, enquadrará sua conduta no tipo estudado.

Nas duas hipóteses, é requisito legal que o empregador não permita a atividade do empregado, pois, do contrário, haverá perdão tácito.

d) Condenação criminal do empregado, passada em julgado, ao cumprimento de pena privativa de liberdade, sendo inaplicável a suspensão da execução da pena

No caso da condenação do empregado ao cumprimento de pena privativa de liberdade, o empregador pode demiti-lo por justa causa. Não sendo possível a suspensão da pena, o empregado não terá como prestar serviços em decorrência de conduta a ele imputada, razão pela qual o empregador se libera do vínculo.

Há que se ressaltar, entretanto, que, **enquanto preso provisoriamente, antes do trânsito em julgado da condenação, o contrato de trabalho permanece suspenso, não sendo devidos salários, porém mantido o vínculo empregatício entre as partes**.

Não interessa a natureza do delito, nem se ele tem ou não relação com o trabalho. O problema, aqui, é a total impossibilidade de cumprimento do contrato pelo empregado, tendo em vista a privação da liberdade. Logo, o que configura o tipo não é a condenação em si, mas sim a impossibilidade de continuidade da prestação de serviços.

e) Desídia

Age desidiosamente o empregado preguiçoso, desinteressado, desmazelado. Aquele que não se compromete com o seu serviço, atuando com indiferença, de forma negligente.

Dada a característica do comportamento, **como regra, somente constitui falta grave se a conduta é *reiterada***[21]. Admite-se, entretanto, que, em casos extremos, um único ato dê azo à dispensa motivada por desídia. Exemplo retirado da jurisprudência: "empregado incumbido de acompanhar o desenvolvimento de obras, com o fim de autorizar o pagamento respectivo, deixou de observar o rigor necessário nessa avaliação e permitiu a quitação de tarefas não executadas".

f) Embriaguez habitual ou em serviço

O tipo contempla duas condutas distintas.

Em primeiro lugar, a **embriaguez habitual**, que **ocorre fora do ambiente de trabalho, mas repercute negativamente na atividade do trabalhador**. Nesta hipótese, *a embriaguez deve ser habitual* para configurar justa causa, não bastando um ato isolado.

Em segundo lugar, a **embriaguez em serviço**, hipótese em que **o empregado se embriaga no próprio local de trabalho, durante o expediente**. Na embriaguez em serviço,

---

[21] Neste sentido, a seguinte decisão da SDI-I, publicada no *Informativo n° 79* do TST: RECURSO DE EMBARGOS. REGÊNCIA PELA LEI N° 11.496/2007. JUSTA CAUSA. PRINCÍPIOS DA PROPORCIONALIDADE E GRADAÇÃO DA PENA. INOBSERVÂNCIA. APLICAÇÃO DE PENA *PER SALTUM*. RESOLUÇÃO CONTRATUAL DESQUALIFICADA. A desídia, por certo, caracteriza-se pela reiteração de atos negligentes. Assim, se o empregador não observa a necessária gradação da pena na hipótese, apressando-se em romper o contrato de trabalho por justa causa, frustra o caráter pedagógico do instituto disciplinar, dando azo à desqualificação da resolução contratual. Recurso de embargos conhecido e desprovido (TST, SDI-I, E-ED-RR– 21100-72.2009.5.14.0004, Rel. Min. Luiz Philippe Vieira de Mello Filho, Data de Julgamento: 10.04.2014, *DEJT* 25.04.2014).

uma única ocorrência autoriza a dispensa motivada, notadamente se a função desenvolvida pelo empregado coloca em risco outras pessoas, como, por exemplo, a função de motorista.

Em ambas as hipóteses, a doutrina considera que a embriaguez engloba entorpecentes, e não só álcool.

Tem surgido na doutrina e nos tribunais o entendimento de que o alcoolismo, por ser considerado pela Organização Mundial de Saúde uma doença (denominada síndrome de dependência do álcool, sob a referência F-10.2 da OMS), não poderia ensejar a dispensa motivada, pelo que caberia ao empregador e à sociedade tentar recuperar o doente, e não simplesmente descartá-lo.

Nesse sentido, os seguintes julgados do TST:

AGRAVO DE INSTRUMENTO EM RECURSO DE REVISTA INTERPOSTO PELA RECLAMADA. RECURSO REGIDO PELA LEI 13.467/2017. TRANSCENDÊNCIA ECONÔMICA RECONHECIDA. 1 – REVERSÃO DA JUSTA CAUSA. DEPENDÊNCIA QUÍMICA CONSTATADA PELO TRIBUNAL REGIONAL. DOENÇA GRAVE. DISPENSA DISCRIMINATÓRIA. MANUTENÇÃO DA REINTEGRAÇÃO DETERMINADA EM SEDE DE SENTENÇA (SÚMULA 333 DO TST E ART. 896, § 7º, DA CLT). 1.1. O Tribunal Regional registrou ser incontroverso – e de conhecimento da reclamada – o fato de o reclamante ser dependente químico, vindo a concluir que não deve ser reconhecida a penalidade máxima aplicada, independentemente da comprovação de que o autor adulterou atestados médicos para faltar ao trabalho com a percepção de salário. A Corte ressaltou haver, no caso dos autos, a agravante da dependência em crack, uma das drogas de maior potencial para causar dependência química e que gera efeitos negativos imediatos na qualidade de vida do usuário. Nos termos da decisão recorrida, a reabilitação do dependente dessa substância é muito difícil, em razão das constantes reincidências, devendo, a referida patologia, receber o mesmo tratamento conferido às doenças crônicas. De acordo com o acórdão regional, "após o retorno do autor às suas atividades, sem cometimento de novas faltas e com a doença em tratamento, não se justifica a manutenção da dispensa pelas faltas cometidas durante o período crítico do transtorno acometido pelo autor, principalmente porque o reclamante apresenta conduta positiva desde então". Entendimento contrário demandaria o reexame do conjunto fático-probatório dos autos, procedimento vedado nesta esfera recursal extraordinária pela Súmula 126 do TST. Nesse contexto, o Tribunal de origem concluiu que "o afastamento do autor de suas funções, mormente com o reconhecimento de justa causa, nesse caso específico, seria infringir igualmente sua dignidade como pessoa, trazendo consequências maléficas ao próprio tratamento para sua recuperação". Dessa forma, a Corte Regional considerou correta a sentença que declarou nula a dispensa do autor, ocorrida em 10/8/2017, condenando a reclamada à reintegração do trabalhador, bem como ao pagamento das parcelas vencidas e vincendas que lhe seriam devidas desde a dispensa até a efetiva reintegração. 1.2. Sobre o tema, a jurisprudência desta Corte orienta-se no sentido de que o trabalhador que sofre de transtorno mental e comportamental por uso de álcool, de cocaína e de outras substâncias psicoativas não pode ser penalizado com a dispensa por justa causa. A dependência química, catalogada no Código Internacional de Doenças (CID – referência F10 a F19) da Organização Mundial de Saúde (OMS), sob o título "Transtornos mentais e comportamentais devidos ao uso de substância psicoativa", gera compulsão e retira do indivíduo a capacidade de discernimento sobre seus atos, não se tratando de um desvio de conduta justificador da rescisão do contrato de trabalho. Assim, deve ser mantida a decisão recorrida, pois proferida em total consonância com iterativa, notória e atual jurisprudência do TST; o que atrai o óbice da Súmula 333 do TST e do art. 896, § 7.º, da CLT ao processamento do recurso de revista. Agravo de instrumento não provido. [...] (TST, AIRR-10759-72.2018.5.03.0005, 2ª Turma, Rel. Min. Delaíde Alves Miranda Arantes, *DEJT* 11.06.2021).

RECURSO DE REVISTA. DESPEDIDA POR JUSTA CAUSA. ALCOOLISMO. REINTEGRAÇÃO 1. A jurisprudência prevalecente no Tribunal Superior do Trabalho firmou-se no sentido de que a Organização Mundial da Saúde (OMS) reconhece o alcoolismo crônico como doença no Código Internacional de Doenças (CID), classificado como "síndrome de dependência do álcool" (referência F-10.2). 2. Portanto, trata-se de patologia que gera compulsão, impele o alcoolista a consumir descontroladamente a substância psicoativa e retira-lhe a capacidade de discernimento sobre seus atos. Clama, pois, por tratamento e não por sanção. 3. Decisão regional que desconstitui a justa causa aplicada ao empregado, em virtude de laudo pericial concluir que este padece de alcoolismo crônico, encontra-se em conformidade com a jurisprudência iterativa e notória do TST. 4. Recurso de revista da Reclamada de que não se conhece (TST, 4ª Turma, RR-300-53.2011.5.17.0009, Rel. Min. João Oreste Dalazen, Data de Julgamento: 14.10.2015, *DEJT* 23.10.2015).

Tem-se admitido até mesmo o enquadramento do alcoolismo na diretriz da Súmula 443 do TST, conforme ilustra o seguinte aresto[22]:

RECURSO DE REVISTA. PROCESSO SOB A ÉGIDE DA LEI 13.015/2014. 1. DEPENDÊNCIA QUÍMICA. ALCOOLISMO CRÔNICO. DISPENSA MERAMENTE ARBITRÁRIA DE EMPREGADO PORTADOR DA DOENÇA, AINDA QUE NÃO OCUPACIONAL. PRESUNÇÃO RELATIVA DE DISPENSA DISCRIMINATÓRIA. REINTEGRAÇÃO. SÚMULA 443/TST. ATO DISCRIMINATÓRIO E JURIDICAMENTE IMPOSSÍVEL. A Constituição da República veda prática discriminatória no contexto da sociedade política (Estado) e da sociedade civil, inclusive no âmbito empresarial e empregatício (art. 3º, IV, *in fine*, CF). Não se olvide, outrossim, que faz parte do compromisso do Brasil, também na ordem internacional (Convenção 111 da OIT), o rechaçamento a toda forma de discriminação no âmbito laboral. Nessa linha, o TST editou a Súmula 443, mencionando a presunção de discriminação relativamente à dispensa de trabalhadores portadores de doença grave que suscite estigma ou preconceito. Por sua vez, hodiernamente, o alcoolismo é considerado uma doença pela Organização Mundial da Saúde (OMS), formalmente reconhecida pelo Código Internacional de Doenças (CID – referência F-10.2), e se recomenda que o assunto seja tratado como matéria de saúde pública. Com efeito, presume-se discriminatória a ruptura arbitrária do contrato de trabalho, quando não comprovado um motivo justificável, em face de circunstancial debilidade física, psíquica e moral decorrente da síndrome de dependência do álcool, que, regra geral, é vista com preconceito e discriminação no seio da sociedade. Registre-se, entretanto, que a presunção de ilegalidade do ato de dispensa do empregado portador de doença grave, ressoante na jurisprudência trabalhista, não pode ser de modo algum absoluta, sob risco de se criar uma nova espécie de estabilidade empregatícia totalmente desvinculada do caráter discriminatório que se quer reprimir. Assim, além da viabilidade da dispensa por justa causa, é possível também que a denúncia vazia do contrato de trabalho seja considerada legal e não se repute discriminatório o ato de dispensa do empregado dependente químico. Porém, esse não é o caso dos autos. No caso concreto, é incontroverso que o Autor, há muitos anos, é portador da síndrome de dependência de álcool, encontrando-se, à época da dispensa, em fase de reabilitação, com acompanhamento psicoterápico e medicamentoso. Frise-se ainda que a doença era de conhecimento da empresa, que, inclusive, já havia manifestado a intenção de despedir o reclamante em razão da mesma. Consequentemente, presume-se discriminatória a dispensa, nos moldes do entendimento da Súmula 443/TST, sendo devida a reintegração do empregado. Recurso de revista não conhecido no aspecto. [...] (TST, 3ª Turma, RR-775-73.2013.5.04.0664, Rel. Min. Mauricio Godinho Delgado, Data de Julgamento: 24.02.2016, *DEJT* 26.02.2016).

Para concursos, entretanto, vale a letra fria da lei, pelo que a conduta continua configurando hipótese de justa causa. Reforçando esta tese, mencione-se que a Lei Complementar nº 150/2015, ao definir as hipóteses de justa causa para o empregado doméstico

---

22 No mesmo sentido, Ag-AIRR-1777-38.2016.5.17.0009, 2ª Turma, *DEJT* 17.03.2023; A-AIRR-5103-13.2017.5.10.0802, 6ª Turma, *DEJT* 11.11.2022.

(art. 27), reproduziu a regra celetista, considerando falta grave a embriaguez habitual ou em serviço. É claro que, se o enunciado mencionar a jurisprudência, deverá ser levado em conta o entendimento mencionado anteriormente.

g) Violação de segredo da empresa

No caso, o empregado quebra a confiança nele depositada ao revelar para terceiros, notadamente concorrentes do empregador, quaisquer informações sigilosas de que tenha conhecimento em razão do desempenho de suas funções.

Assim, o tipo não oferece maiores dificuldades de interpretação. Mencione-se como exemplo o caso de um empregado que desenvolve aplicativos (*software*) para uso na rede de computadores da empresa e os repassa a concorrente do empregador.

h) Ato de indisciplina ou insubordinação

Indisciplina é o descumprimento de ordens gerais, emanadas em relação a todos os empregados da empresa. Tais ordens podem decorrer de qualquer meio, desde a própria lei (que ordena que o empregado utilize os equipamentos de proteção individual, por exemplo) até disposições contratuais ou regulamentares.

Insubordinação, por sua vez, **é o descumprimento de ordens individuais**. A ordem individual também pode ser veiculada por qualquer meio, mas normalmente é dada verbalmente pelo superior hierárquico.

Obviamente, as ordens descumpridas, em ambos os casos, devem ser lícitas.

i) Abandono de emprego

Constitui abandono de emprego a falta reiterada ao trabalho, por determinado período de tempo (elemento objetivo), combinada com a intenção do empregado de ver extinto o contrato de trabalho (elemento subjetivo). Distingue-se do pedido de demissão, na medida em que, neste, o empregado comunica sua intenção de deixar o emprego.

De uma forma geral, considera-se como prazo fatal **30 dias corridos consecutivos**, conforme consolidado na Súmula 32 do TST:

Súm. 32. Abandono de emprego (nova redação). Res. 121/2003, *DJ* 19, 20 e 21.11.2003.

Presume-se o abandono de emprego se o trabalhador não retornar ao serviço no prazo de 30 (trinta) dias após a cessação do benefício previdenciário nem justificar o motivo de não o fazer.

Para os empregados em geral, não há previsão legal de tal parâmetro, o qual foi construído pela jurisprudência. Em relação ao doméstico, entretanto, a Lei Complementar nº 150/2015 positivou o referido entendimento jurisprudencial, dispondo que se considera abandono de emprego "a ausência injustificada ao serviço por, pelo menos, 30 (trinta) dias corridos" (art. 27, IX).

Se o empregado falta durante 30 dias ou mais, porém intercalados (não consecutivos), a falta não se enquadra como abandono de emprego, podendo ser considerada desídia.

Não obstante, Maurício Godinho Delgado[23] adverte que é possível a dispensa motivada imediata por abandono de emprego, desde que reste evidenciada a intenção do empregado de abandonar o emprego, como, por exemplo, no caso do empregado que arranja novo emprego no mesmo horário do anterior.

Quanto à forma de comunicação do trabalhador, a fim de iniciar a contagem do prazo para configuração do abandono de emprego, a prática sempre foi no sentido de fazer

---

[23] DELGADO, Maurício Godinho. *Curso de Direito do Trabalho*, p. 1.117.

publicar aviso em jornal de circulação no local de trabalho. Entretanto, a jurisprudência tem repelido tal forma, tendo em vista se tratar de mera ficção. Na prática, tem-se exigido o envio de telegrama ao empregado.

Aliás, o TST já considerou inclusive que a publicação de convocação para retorno ao trabalho em jornal de grande circulação constituiria abuso do poder diretivo, tendo em vista a desnecessária exposição do trabalhador, porquanto atentaria contra sua dignidade. Neste sentido, RR-359-69.2011.5.09.0007, 1ª Turma, Data de Julgamento: 19.02.2014, Rel. Min. Hugo Carlos Scheuermann, *DEJT* 07.03.2014[24].

j) Ato lesivo praticado contra qualquer pessoa

O tipo trata de ofensas morais (calúnia, injúria e difamação) e físicas *praticadas no ambiente de trabalho*. Note-se que não é exigido esteja o ofensor trabalhando, mas apenas que o ato ocorra no ambiente de trabalho, assim considerado todo ambiente onde o empregador exerça seu poder empregatício.

A ofensa física caracteriza justa causa mesmo que não provoque lesão corporal. Logo, as vias de fato constituem hipótese de justa causa.

A diferença desta falta para a da alínea seguinte é basicamente a vítima, que, neste caso, é qualquer pessoa, exceto o empregador, e, naquele, é o empregador ou um superior hierárquico do empregado. Além disso, na próxima falta não se exige seja ela cometida no ambiente de trabalho.

A legítima defesa, própria ou de outrem, praticada dentro dos limites aceitáveis, elide a infração. Essa observação é importante porque normalmente as bancas examinadoras cobram, em provas de concurso, este tipo, porém omitindo a possibilidade de legítima defesa, o que torna a assertiva incorreta.

k) Ato lesivo praticado contra o empregador ou superior hierárquico

É a ofensa moral (calúnia, injúria, difamação) ou física, praticada contra o empregador ou contra superior hierárquico do empregado. Não interessa onde foi cometida, ao contrário do que ocorre na infração anterior, que só se configura se a ofensa se deu no ambiente de trabalho.

Da mesma forma, a legítima defesa, própria ou de outrem, afasta a falta grave.

l) Prática constante de jogos de azar

A doutrina não é unânime acerca do alcance da expressão *jogos de azar*, se só se refere aos jogos ilícitos, ou a qualquer jogo de azar.

A maioria afirma que pode ser qualquer jogo de azar, desde que praticado no âmbito do local de trabalho ou, se praticado fora, que repercuta negativamente no ambiente de trabalho. Do contrário, não caberia ao empregador julgar o comportamento do empregado em sua vida privada.

A falta **exige habitualidade da conduta**, ou seja, o empregado deve jogar constantemente, de forma que sua atividade laboral reste inequivocamente prejudicada pelo vício.

m) Perda da habilitação ou dos requisitos para o exercício de profissão

Esta hipótese, incluída pela Lei nº 13.467/2017, diz respeito àqueles casos em que o empregado, dolosamente, perde a habilitação ou os requisitos para continuar prestando serviços normalmente ao empregador. Embora a conduta não tenha relação direta com o

---

24 Em sentido contrário, RR-10518-52.2011.5.04.0511, 6ª Turma, Data de Julgamento: 13.08.2014, Rel. Min. Aloysio Corrêa da Veiga, *DEJT* 15.08.2014.

ambiente de trabalho, indiretamente reflete nele, pois prejudica ou até mesmo inviabiliza a continuidade da atividade do empregado.

Exemplos: o motorista que perde a habilitação para dirigir; o advogado que tem cassada a inscrição na Ordem dos Advogados do Brasil; o engenheiro que tem o diploma universitário anulado em virtude de fraude praticada durante a graduação.

O importante, no caso, é lembrar que a caracterização da justa causa está condicionada à presença do elemento volitivo. Com efeito, **a conduta do empregado** que enseja a perda da habilitação ou dos requisitos para o exercício da profissão **há de ser dolosa**, sob pena de não configuração da hipótese legal.

n) Atos atentatórios à segurança nacional

A doutrina amplamente majoritária considera o dispositivo (parágrafo único do art. 482) não recepcionado pela CRFB, tendo em vista se tratar de resquício do regime militar. Ademais, no regime constitucional vigente não existe possibilidade de condenação criminal sem o devido processo legal. Finalmente, o tipo em análise não tem qualquer relação com a prestação de serviços.

Como mencionado anteriormente, além das faltas graves previstas no art. 482 da CLT, existem outras esparsas.

A principal falta grave que subsiste na CLT, fora do art. 482, é a recusa injustificada do trabalhador em utilizar equipamento de proteção individual, prevista no art. 158, parágrafo único, da CLT.

Relembre-se que o antigo **art. 508 da CLT foi revogado** pela Lei nº 12.347/2010. Tal dispositivo previa uma hipótese de justa causa específica aplicável ao bancário, a saber, a falta contumaz de pagamento de dívida, a qual não mais existe.

Não obstante a existência de tais hipóteses esparsas de justa causa, normalmente as faltas estabelecidas em tais dispositivos acabam se enquadrando em um dos tipos do art. 482. Assim, por exemplo, a não utilização de equipamentos de proteção individual pelo empregado pode ser enquadrada na alínea "h" do art. 482, tanto podendo configurar indisciplina (se a recomendação para utilização dos EPIs era geral) quanto insubordinação (se o empregado recebeu ordem direta do superior hierárquico para utilizar o EPI).

20.6.1.4. *Efeitos da dispensa motivada*

Demitido por justa causa, o empregado perde o direito às férias proporcionais, ao aviso-prévio, ao décimo terceiro proporcional, não pode sacar o FGTS e, obviamente, não tem direito à multa compensatória do FGTS nem ao seguro-desemprego.

Assim, terá direito apenas a:

• saldo de salários;

• férias já adquiridas (simples ou vencidas).

Registre-se que a dispensa motivada retira do obreiro o direito às parcelas ainda não adquiridas, razão pela qual não são devidas as férias proporcionais e o décimo terceiro proporcional. Seguindo o mesmo raciocínio, Vólia Bomfim Cassar[25] entende que o décimo terceiro é devido se a dispensa motivada se dá a partir de 15 de dezembro, pois neste caso a parcela já foi adquirida. Faz sentido, pois o décimo terceiro é devido

---

25 CASSAR, Vólia Bomfim. *Direito do Trabalho*, p. 797.

à razão de 1/12 por mês trabalhado ou fração igual ou superior a 15 dias (art. 1º, §§ 1º e 2º, da Lei nº 4.090/1962). Desse modo, a partir de 15 de dezembro, a parcela já é devida por inteiro.

20.6.2. Rescisão indireta

Ocorre a rescisão indireta do contrato de trabalho sempre que o empregador agir descumprindo suas obrigações decorrentes do contrato de trabalho. É exatamente por isso que a modalidade é também denominada extinção do contrato de trabalho por *justa causa do empregador*, pois este comete falta grave capaz de romper o vínculo.

Como, obviamente, o empregado não tem como punir o empregador, a Justiça do Trabalho o faz. Assim, em caso de *falta grave do empregador,* cabe ao trabalhador ingressar perante a Justiça do Trabalho com ação de rescisão indireta do contrato de trabalho. Julgada procedente tal ação, estará extinto o vínculo e, como punição, será o empregador condenado a pagar todas as verbas que seriam devidas em caso de despedida imotivada; ou seja, os efeitos são os mesmos da demissão sem justa causa.

O art. 483 da CLT tipifica as condutas do empregador consideradas como motivo suficiente para a dispensa indireta[26]:

Art. 483. O empregado poderá considerar rescindido o contrato e pleitear a devida indenização quando:

a) forem exigidos serviços superiores às suas forças, defesos por lei, contrários aos bons costumes, ou alheios ao contrato;

b) for tratado pelo empregador ou por seus superiores hierárquicos com rigor excessivo;

c) correr perigo manifesto de mal considerável;

d) não cumprir o empregador as obrigações do contrato;

e) praticar o empregador ou seus prepostos, contra ele ou pessoas de sua família, ato lesivo da honra e boa fama;

f) o empregador ou seus prepostos ofenderem-no fisicamente, salvo em caso de legítima defesa, própria ou de outrem;

g) o empregador reduzir o seu trabalho, sendo este por peça ou tarefa, de forma a afetar sensivelmente a importância dos salários.

§ 1º O empregado poderá suspender a prestação dos serviços ou rescindir o contrato, quando tiver de desempenhar obrigações legais incompatíveis com a continuação do serviço.

§ 2º No caso de morte do empregador constituído em empresa individual, é facultado ao empregado rescindir o contrato de trabalho.

§ 3º Nas hipóteses das letras "d" e "g", poderá o empregado pleitear a rescisão de seu contrato de trabalho e o pagamento das respectivas indenizações, permanecendo ou não no serviço até final decisão do processo.

20.6.2.1. Hipóteses legais de justa causa do empregador

a) Exigir serviços superiores às forças do empregado, defesos por lei, contrários aos bons costumes, ou alheios ao contrato

Na verdade, a alínea "a" trata de várias hipóteses em conjunto.

---

26 Em relação ao doméstico, veja o art. 27, parágrafo único, da Lei Complementar nº 150/2015, bem como o item 6.2.2 deste livro.

Quanto à força, considera a doutrina se tratar tanto de força física quanto psíquica e intelectual. Portanto, volta à baila a questão da promoção imposta ao empregado, a qual pode ser recusada, caso, por exemplo, o trabalhador não se julgue capacitado para desenvolver aquela função.

Num outro exemplo, imagine-se que o dono de uma escola determine que um empregado escreva um livro de 1.000 páginas em apenas dois dias.

No tocante à força física, a própria CLT estabelece os parâmetros:

Art. 198. É de 60 kg (sessenta quilogramas) o peso máximo que um empregado pode remover individualmente, ressalvadas as disposições especiais relativas ao trabalho do menor e da mulher.

Art. 390. Ao empregador é vedado empregar a mulher em serviço que demande o emprego de força muscular superior a 20 (vinte) quilos para o trabalho contínuo, ou 25 (vinte e cinco) quilos para o trabalho ocasional.

(...)

Também é vedado ao empregador exigir do empregado qualquer atividade ilícita. Assim, não pode, por exemplo, exigir que o empregado engane um cliente, vendendo produto falsificado como se fosse original. Da mesma forma, não pode o empregador exigir que o empregado emita notas fiscais "frias", ou ainda que deixe de emitir as devidas notas fiscais.

No que toca aos bons costumes, não pode o empregador, por exemplo, solicitar que a secretária faça gracejos para os seus clientes, a fim de angariar a simpatia deles.

Finalmente, a hipótese contempla a figura do desvio de função. Não pode o empregador designar empregado para uma função diferente daquela para a qual foi contratado. É comum em pequenas indústrias que os próprios operários sejam indicados pelo empregador para, no final do expediente, limpar as dependências da empresa. Neste caso, estão sendo desviados quanto à sua função contratual, podendo, por isso, requerer a rescisão indireta do contrato de trabalho.

Homero Batista Mateus da Silva adverte, entretanto, que

"A recepcionista dificilmente terá razão no pedido de rescisão indireta por haver sido acrescentada a suas atividades a transmissão e o recebimento de fax, assim como o empregado de carga e descarga não deve se espantar com o pedido de conferência de carga. São situações conexas ou complementares a suas atividades originais. (...) O que não se pode admitir é que o empregado vá comprar pacote de cigarros para o chefe, sendo uma secretária; fazer a feira para o proprietário da empresa, sendo um vendedor; ou pagar contas na fila do banco, sendo ele um torneiro mecânico, e assim por diante."[27]

b) Tratar o empregado com rigor excessivo

O empregador detém o poder empregatício, do qual faz parte o poder disciplinar; porém, deve utilizar este poder de forma proporcional e razoável. Do contrário, se extrapolar o uso deste seu poder, praticará abuso de direito, punível com a rescisão indireta do contrato de trabalho.

Este tipo se liga à prática do assédio moral, em que o empregador persegue o empregado, minando-lhe a resistência. Em ambos os casos, a conduta típica (*modus operandi*) consiste na perseguição ao trabalhador.

Outras práticas relativamente comuns no ambiente de trabalho configuram, da mesma forma, o tipo em análise, como impedir que o empregado vá ao banheiro, repreender-lhe

---

27 SILVA, Homero Batista Mateus da. *Curso de Direito do Trabalho aplicado: Contrato de trabalho*, p. 287-288.

com rispidez diante dos outros colegas, fiscalizar suas atividades de forma intensiva e afrontosa, entre outras.

Registre-se ainda, por oportuno, que o sujeito ativo (quem pratica a conduta faltosa) tanto pode ser o empregador quanto um superior hierárquico do empregado.

c) Expor o empregado a perigo manifesto de mal considerável

Todo ato que acarrete risco à integridade física ou à saúde do trabalhador, e que não esteja previsto no contrato de trabalho, enquadra-se neste tipo. Os riscos normais da atividade não são considerados para este fim.

Exemplo: motorista corre risco de acidentes pela própria natureza da atividade. Entretanto, se o empregador exigir que este motorista viaje com o veículo da empresa, cujos pneus estão "carecas", aí sim estará caracterizado o tipo legal, tendo em vista que o empregado estará sujeito a risco manifesto de sofrer mal considerável.

O caso típico de exposição do empregado a perigo manifesto de mal considerável é o não fornecimento, pelo empregador, dos equipamentos de proteção individual.

d) Deixar o empregador de cumprir as obrigações contratuais

Qualquer descumprimento de obrigação decorrente do contrato de trabalho, seja ela prevista no próprio contrato, em lei ou em norma coletiva, ensejará a configuração desta falta grave do empregador, desde que seja importante, grave, tornando insuportável a continuidade da relação de emprego.

Assim, o atraso reiterado do pagamento dos salários, por exemplo, constitui descumprimento grave do pacto laboral, passível, portanto, de rescisão indireta.

Da mesma forma, se o empregador reduz nominalmente o salário do empregado, sem que tenha ocorrido uma das hipóteses legais para tal (autorização em norma coletiva ou supressão de parcela de salário-condição), também comete falta grave, que tem o condão de extinguir indiretamente o contrato de trabalho.

e) Praticar ato lesivo da honra e boa fama contra o empregado ou pessoas de sua família

O tipo consiste na ofensa moral à pessoa do trabalhador ou à sua família, caracterizada por ato de injúria, calúnia ou difamação. **Tanto faz seja a ofensa cometida diretamente pelo empregador como indiretamente, através de seus prepostos**. Como a lei não faz restrição, nada impede que a ofensa seja verificada fora do ambiente de trabalho, hipótese em que também configurará a falta.

f) Praticar ofensa física contra o empregado, salvo em caso de legítima defesa, própria ou de outrem

Aqui a ofensa é física, **praticada pelo empregador ou por seus prepostos** contra o empregado. A legítima defesa, seja do agressor ou de outrem, elide a falta.

g) Reduzir o trabalho do empregado, sendo este por peça ou tarefa, de forma a afetar sensivelmente a importância dos salários

Se o empregado tem o salário fixado por produção e o empregador reduz significativamente a tarefa passada ao empregado, de forma a reduzir sensivelmente a sua remuneração, estará configurado o tipo legal. Observe-se que a redução de pequena monta não configurará o tipo.

No caso do professor, entretanto, o TST abre um precedente no sentido contrário:

OJ-SDI1-244. Professor. Redução da carga horária. Possibilidade (inserida em 20.06.2001).

A redução da carga horária do professor, em virtude da diminuição do número de alunos, não constitui alteração contratual, uma vez que não implica redução do valor da hora-aula.

Assim, há quem entenda que, se a redução salarial indireta não decorre de culpa do empregador, seria lícita. Neste sentido, Vólia Bomfim Cassar[28]. Corrente oposta refuta tal argumento, com base no princípio de que a assunção dos riscos do empreendimento cabe exclusivamente ao empregador.

Para fins de concurso público, e tendo em vista a relativa controvérsia doutrinária, o candidato deve se concentrar na literalidade da alínea "g" e da OJ 244.

20.6.2.2. Assédio sexual

A prática do assédio sexual pelo empregador ou por superior hierárquico do empregado enseja a postulação da rescisão indireta do contrato de trabalho.

Não interessa se o assédio ocorre *por intimidação* (assédio ambiental), ou *por chantagem* ("isto por aquilo").

Alice Monteiro de Barros ensina que

"São inúmeras as manifestações do assédio sexual. Poderá assumir a forma **não verbal** (olhares concupiscentes e sugestivos, exibição de fotos e textos pornográficos seguidos de insinuações, passeios frequentes no local de trabalho ou diante do domicílio da vítima, perseguição à pessoa assediada, exibicionismo, entre outros); **verbal** (convites reiterados para sair, pressões sexuais sutis ou grosseiras, telefonemas obscenos, comentários inoportunos de natureza sexual), e **física** (toques, encurralamento dentro de um ângulo, roçaduras, apertos, palmadas, esbarrões propositais, apalpadelas, agarramentos etc.). Na maioria das vezes os gestos são acompanhados de linguagem sexista"[29]. (grifos do original)

Quanto ao enquadramento do assédio sexual como justa causa do empregador, a doutrina costuma defender a possibilidade de enquadramento em várias alíneas do art. 483, principalmente nas alíneas "c", "d" e "e". Com efeito, a prática do assédio sexual denota descumprimento de obrigação contratual, porque cabe ao empregador zelar pela segurança e decência no local de trabalho, preservando o respeito à vida privada do empregado[30]. Ademais, o assédio sexual pode lesar a honra e a boa fama do empregado (alínea "e"), bem como provocar sequelas psíquicas, que caracterizam perigo manifesto de mal considerável (alínea "c").

Esclareça-se que também pode ocorrer assédio sexual de iniciativa do empregado em relação a colega de trabalho, ao empregador ou a terceiro ligado ao contrato de trabalho, hipóteses em que o empregado poderá ser dispensado por justa causa, pela prática de incontinência de conduta (art. 482, *b*, da CLT).

20.6.2.3. Procedimento da dispensa indireta

Em primeiro lugar, há que se enfatizar que a doutrina majoritária defende, também na rescisão indireta, a atuação do princípio da imediaticidade, de forma que a rescisão por justa causa deverá ser imediata à falta, sob pena da configuração de perdão tácito.

---

[28] CASSAR, Vólia Bomfim. *Direito do Trabalho*, p. 1.104.
[29] BARROS, Alice Monteiro de. *Curso de Direito do Trabalho*, 6. ed., p. 946.
[30] Idem, p. 950.

Maurício Godinho Delgado[31] assevera, entretanto, que, dependendo da natureza da lesão provocada pelo empregador, há que se aguardar e admitir que o empregado venha propor a ação de rescisão indireta do contrato somente mais tarde. Menciona como exemplo um possível abuso sexual da empregada praticado pelo empregador, sendo que esta demora para decidir se leva ou não a público o ocorrido. Neste caso, dada a própria natureza da lesão sofrida pela empregada, justifica-se a demora, não havendo se falar em perdão tácito.

Não obstante, o TST tem firmado entendimento no sentido de que a hipossuficiência do trabalhador é incompatível, muitas vezes, com a imediatidade. A título de exemplo, mencione-se o seguinte aresto, divulgado no *Informativo nº 152 do TST*:

> [...] 4. Nessa perspectiva, estando a questão em condições de imediato julgamento, no mérito impõe-se trazer a lume a jurisprudência iterativa e atual desta Corte Superior, firme no sentido de que o descumprimento reiterado das obrigações trabalhistas pelo empregador caracteriza a hipótese de falta grave empresarial tipificada no art. 483, "d", da CLT, de molde a autorizar a rescisão indireta do contrato de trabalho, com ônus rescisórios para a empresa. Não constitui óbice ao reconhecimento da falta grave a ausência de imediatidade entre o início da conduta e a proposição da ação, diante do desequilíbrio econômico entre as partes e a necessidade premente de manutenção do contrato de emprego. Recurso de embargos conhecido e provido (TST, SDI-I, E-RR-1044-36.2014.5.03.0105, Rel. Min. Walmir Oliveira da Costa, j. 09.02.2017, *DEJT* 17.02.2017).

Outra questão controvertida acerca da matéria diz respeito ao momento em que o empregado deve se afastar do trabalho nas hipóteses de rescisão indireta.

Boa parte da doutrina entende que o empregado deve se afastar do trabalho imediatamente, em todas as hipóteses do art. 483, salvo nas hipóteses das alíneas "d" e "g". Isso porque o § 3º prevê o seguinte:

> Art. 483. (...)
> § 3º Nas hipóteses das letras "d" e "g", poderá o empregado pleitear a rescisão de seu contrato de trabalho e o pagamento das respectivas indenizações, permanecendo ou não no serviço até final decisão do processo.

Apenas para recordar, as hipóteses das alíneas "d" e "g" tratam, respectivamente, do descumprimento das obrigações contratuais e da redução indireta da remuneração.

Argumentam tais doutrinadores que, nestas duas hipóteses específicas, não há aparente incompatibilização entre as partes do contrato, pelo que cabe ao empregado, conforme o caso concreto, escolher se continua ou não em atividade. Nas outras hipóteses, entretanto, não haveria "clima" para o empregado permanecer prestando serviços.

Outra corrente, entretanto, defendida por Maurício Godinho Delgado[32] e Valentim Carrion[33], afirma que em todas as hipóteses o empregado poderia optar por permanecer trabalhando, mas que, sem nenhuma dúvida, esta escolha, exceto nas hipóteses do § 3º, indicaria perdão tácito, ou mesmo que a falta empresarial não foi tão grave, enfraquecendo a tese do empregado no sentido dessa falta empresarial.

---

[31] DELGADO, Maurício Godinho. *Curso de Direito do Trabalho*, p. 1.140.
[32] DELGADO, Maurício Godinho. *Curso de Direito do Trabalho*, p. 1.141-1.142.
[33] CARRION, Valentin. *Comentários à Consolidação das Leis do Trabalho*. 35. ed. atual. por Eduardo Carrion. São Paulo: Saraiva, 2010, p. 440.

Resta saber, por fim, qual é o efeito jurídico da improcedência da ação de rescisão indireta. Em outras palavras, o que ocorre se o empregado não consegue provar a falta grave do empregador.

Não reconhecida a falta grave, a doutrina tende a considerar que a comunicação de rescisão indireta se transforma em pedido de demissão. Neste caso, Maurício Godinho Delgado[34] entende que o empregado não é obrigado a conceder o aviso-prévio, tendo em vista que o próprio ajuizamento da reclamação trabalhista já teria pré-avisado o empregador.

Em consonância com este entendimento, a jurisprudência do TST:

AGRAVO DE INSTRUMENTO. RECURSO DE REVISTA. 1. RESCISÃO INDIRETA DO CONTRATO DE TRABALHO. ESTABILIDADE PROVISÓRIA. GESTANTE. NÃO CONFI-GURAÇÃO. 2. AVISO PRÉVIO. 3. SEGURO-DESEMPREGO. MATÉRIAS FÁTICAS. SÚMULA 126. 4. HORAS EXTRAS. 5. MULTA DO ART. 467 DA CLT. 6. BENEFÍCIO DA JUSTIÇA GRATUITA. AUSÊNCIA DE INTERESSE RECURSAL. DECISÃO DENEGATÓRIA. MA-NUTENÇÃO. Pleiteando a autora rescisão indireta, em face de alegada infração grave do empregador, com imediato afastamento do trabalho, e sendo julgado improcedente o pedido rescisório, torna-se patente que o afastamento obreiro traduz pedido de demissão tácito, con-forme jurisprudência dominante. Registre-se que a alteração dos dados fáticos consignados quanto à rescisão indireta implicaria o reexame probatório dos autos, ficando sob os limites da Súmula 126/TST. Não há como assegurar o processamento do recurso de revista quando o agravo de instrumento interposto não desconstitui os termos da decisão denegatória, que subsiste por seus próprios fundamentos. Agravo de instrumento desprovido (TST, 3ª Turma, AIRR-20212-42.2012.5.20.0001, Rel. Min. Mauricio Godinho Delgado, Data de Julgamento: 29.04.2015, *DEJT* 08.05.2015).

20.6.2.4. Direitos do empregado na dispensa indireta

Confirmada judicialmente a rescisão indireta, fará jus o empregado às mesmas par-celas devidas na demissão sem justa causa:

* saldo de salários;
* férias (vencidas, simples e proporcionais);
* décimo terceiro salário;
* aviso-prévio;
* multa compensatória do FGTS;
* saque do FGTS;
* seguro-desemprego.

20.6.2.5. Situações especiais previstas no art. 483

Prevê o art. 483 da CLT, além das faltas graves do empregador, as seguintes situações especiais:

* O empregado poderá suspender a prestação dos serviços ou rescindir o contrato quando tiver de desempenhar obrigações legais incompatíveis com a continuação do serviço (§ 1º).

---

[34] DELGADO, Maurício Godinho. *Curso de Direito do Trabalho*, p. 1.143.

A doutrina menciona como exemplo a eleição do empregado para exercer cargo parlamentar. Neste caso, ele pode escolher uma dentre duas soluções:

a) suspender a prestação dos serviços;
b) rescindir o contrato.

A escolha do empregado constitui direito potestativo, podendo o empregador apenas exigir a comprovação do motivo alegado.

Caso opte por rescindir o contrato, o empregado fará jus a todas as verbas deferidas na hipótese de pedido de demissão, e não estará obrigado a conceder o aviso-prévio ao empregador.

• No caso de morte do empregador constituído em empresa individual, é facultado ao empregado rescindir o contrato de trabalho (§ 2º).

Na hipótese do art. 485 da CLT, a morte do empregador faz cessar a atividade da empresa, e, em consequência, os contratos de trabalho dos empregados são extintos, com efeitos de dispensa injusta. Diferentemente, no caso do § 2º do art. 483, a empresa continua, seja pelos herdeiros do empresário, seja por sucessão. Assim, **a lei apenas faculta ao empregado a rescisão do contrato de trabalho**, razão pela qual não lhe serão devidas as verbas rescisórias aplicáveis à dispensa imotivada.

Desse modo, optando o empregado por rescindir o contrato, ele fará jus às parcelas rescisórias devidas no pedido de demissão, com a única vantagem de ficar dispensado do cumprimento do aviso-prévio (ou de pagar a indenização do art. 480 da CLT, se o contrato for por prazo determinado).

20.6.3. Extinção do contrato por culpa recíproca

Ocorre a extinção contratual por culpa recíproca quando ambas as partes têm culpa na extinção do contrato, isto é, tanto empregado quanto empregador descumpriram suas obrigações contratuais e, portanto, concorreram culposamente para a cessação do contrato de trabalho.

Normalmente, a segunda falta tem conexão com a primeira; por isso, diz-se que a culpa é recíproca.

Somente é possível a configuração desta modalidade de extinção contratual mediante decisão judicial.

Quanto às verbas rescisórias, a lei abre espaço para a solução encontrada, no sentido de reduzir à metade as parcelas devidas ao empregado. Neste sentido, o art. 484 da CLT prevê que a antiga indenização por tempo de serviço seria paga pela metade no caso de culpa recíproca.

Art. 484. Havendo culpa recíproca no ato que determinou a rescisão do contrato de trabalho, o tribunal de trabalho reduzirá a indenização à que seria devida em caso de culpa exclusiva do empregador, por metade.

Neste mesmo sentido, o art. 18, § 2º, da Lei nº 8.036/1990:

Art. 18. (...)

§ 1º Na hipótese de despedida pelo empregador sem justa causa, depositará este, na conta vinculada do trabalhador no FGTS, importância igual a quarenta por cento do montante de todos os depósitos realizados na conta vinculada durante a vigência do contrato de trabalho, atualizados monetariamente e acrescidos dos respectivos juros.

§ 2º Quando ocorrer despedida por culpa recíproca ou força maior, reconhecida pela Justiça do Trabalho, o percentual de que trata o § 1º será de 20 (vinte) por cento.

(...)

A solução também é adotada pela jurisprudência:

Súm. 14. Culpa recíproca (nova redação). Res. 121/2003, *DJ* 19, 20 e 21.11.2003. Reconhecida a culpa recíproca na rescisão do contrato de trabalho (art. 484 da CLT), o empregado tem direito a 50% (cinquenta por cento) do valor do aviso prévio, do décimo terceiro salário e das férias proporcionais.

Deve-se dar atenção especial a este dispositivo, o qual aparece frequentemente em questões de concursos.

Assim, são os seguintes os direitos do empregado na rescisão por culpa recíproca:

• saldo de salários (integral, porque já adquirido/trabalhado);
• metade do aviso-prévio;
• metade do décimo terceiro proporcional;
• metade das férias proporcionais;
• metade da multa do FGTS (20%)[35];
• férias vencidas e décimo terceiro vencido são devidos integralmente, naturalmente;
• saque do FGTS (é óbvio que o saque é de todo o valor depositado na conta vinculada).

O seguro-desemprego não é devido porque o empregado concorreu para o desemprego. Ademais, o inciso I do art. 2º da Lei nº 7.998/1990 dispõe que "o Programa do Seguro-Desemprego tem por finalidade prover assistência financeira temporária ao trabalhador desempregado em virtude de dispensa sem justa causa, inclusive a indireta, e ao trabalhador comprovadamente resgatado em regime de trabalho forçado ou da condição análoga à de escravo".

20.7. EXTINÇÃO ATÍPICA DO CONTRATO DE TRABALHO POR FATO INVOLUNTÁRIO

Aqui temos, residualmente, as demais formas de extinção do contrato de trabalho, mais precisamente aquelas classificadas como atípicas, visto que provocadas por ato alheio à vontade das partes contratantes. Vejamos.

20.7.1. Rescisão (nulidade)

Em caso de nulidade do contrato de trabalho, este é *rescindido*, conforme termo técnico que parte da doutrina costuma utilizar especialmente para esta hipótese, embora seja o mesmo termo utilizado popularmente para designar todas as demais hipóteses de cessação do contrato de trabalho.

---

[35] Na hipótese de extinção do contrato de trabalho do empregado doméstico por culpa recíproca, metade dos valores depositados relativos à *indenização compensatória da perda do emprego* será movimentada pelo empregado, enquanto a outra metade será movimentada pelo empregador (art. 22, § 2º, da LC nº 150/2015).

Imaginemos dois exemplos:

a) *trabalho ilícito*: neste caso, o contrato deve ser rescindido com efeitos *ex tunc*, isto é, não produz qualquer efeito, visto que juridicamente inviável a validação de atividade criminosa.

Neste sentido, a OJ 199 da SDI-1 do TST:

OJ-SDI1-199. Jogo do bicho. Contrato de trabalho. Nulidade. Objeto ilícito (título alterado e inserido dispositivo). *DEJT* divulgado em 16, 17 e 18.11.2010.

É nulo o contrato de trabalho celebrado para o desempenho de atividade inerente à prática do jogo do bicho, ante a ilicitude de seu objeto, o que subtrai o requisito de validade para a formação do ato jurídico.

b) *trabalho proibido*: normalmente o contrato é rescindido com efeitos *ex nunc*, como no caso do menor de 16 anos, ou seja, são devidas ao trabalhador todas as verbas rescisórias. Neste caso específico do menor, entendo que deve ser aplicado o princípio da norma mais favorável e das presunções em favor do trabalhador, de forma que ao menor devem ser asseguradas todas as verbas rescisórias previstas para a dispensa imotivada, que é a modalidade mais vantajosa para o trabalhador.

Por sua vez, reitere-se que, no caso de contratação de servidor público sem o devido concurso público, o TST firmou entendimento no sentido de que só são devidos salários + FGTS, consoante dispõe a Súmula 363:

Súm. 363. Contrato nulo. Efeitos (nova redação). Res. 121/2003, *DJ* 19, 20 e 21.11.2003.

A contratação de servidor público, após a CF/1988, sem prévia aprovação em concurso público, encontra óbice no respectivo art. 37, II e § 2º, somente lhe conferindo direito ao pagamento da contraprestação pactuada, em relação ao número de horas trabalhadas, respeitado o valor da hora do salário mínimo, e dos valores referentes aos depósitos do FGTS.

20.7.2. Força maior

A CLT define força maior no art. 501:

Art. 501. Entende-se como força maior todo acontecimento inevitável, em relação à vontade do empregador, e para a realização do qual este não concorreu, direta ou indiretamente.

(...)

Diante da assunção dos riscos da atividade econômica pelo empregador, normalmente só se admite a configuração da força maior, na seara trabalhista, associada a **catástrofes da natureza**, como enchentes, deslizamentos de terra etc. Exige-se, ainda, que o **empregador** tenha agido de forma **previdente**. Neste sentido, Homero Batista Mateus da Silva adverte que "empresa habituada com constantes inundações no bairro não pode alegar força maior na terceira enchente, nem o posto de gasolina pode alegar surpresa com o incêndio agravado pela falta de extintores e de para-raios"[36].

---

36   SILVA, Homero Batista Mateus da. *Curso de Direito do Trabalho aplicado: Contrato de trabalho*, p. 305.

O art. 502 prevê a possibilidade de extinção contratual em razão da ocorrência de força maior:

Art. 502. Ocorrendo motivo de força maior que determine a extinção da empresa, ou de um dos estabelecimentos em que trabalhe o empregado, é assegurada a este, quando despedido, uma indenização na forma seguinte:

I – sendo estável, nos termos dos arts. 477 e 478;

II – não tendo direito à estabilidade, metade da que seria devida em caso de rescisão sem justa causa;

III – havendo contrato por prazo determinado, aquela a que se refere o art. 479 desta Lei, reduzida igualmente à metade.

É relevante mencionar que **a pandemia de Covid-19 foi reconhecida pelo TST como caracterizadora de força maior apenas nos casos em que seus efeitos ensejaram** *diretamente* **a extinção da empresa ou ao menos de um de seus estabelecimentos.** Neste sentido, a título de exemplo, o seguinte julgado:

AGRAVO DE INSTRUMENTO EM RECURSO DE REVISTA DA RECLAMADA. PROCESSO SOB A ÉGIDE DA LEI 13.467/2017. RESCISÃO DO CONTRATO DE TRABALHO. MOTIVO DE FORÇA MAIOR. PANDEMIA DE COVID-19. REGISTRO FÁTICO DE QUE A EMPRE-GADORA NÃO FECHOU O ESTABELECIMENTO. INAPLICABILIDADE DO ARTIGO 502 DA CLT. MULTA FUNDIÁRIA NO IMPORTE DE 40% DEVIDA. Discute-se a possibilidade de redução pela metade da multa de 40% do FGTS quando da extinção do contrato de emprego do reclamante, em face de motivo de força maior, no caso, a pandemia de Covid-19. Prevê o artigo 502 da CLT: "Art. 502 – Ocorrendo motivo de força maior que determine a extinção da empresa, ou de um dos estabelecimentos em que trabalhe o empregado, é assegurada a este, quando despedido, uma indenização na forma seguinte: [...] II – não tendo direito à es-tabilidade, metade da que seria devida em caso de rescisão sem justa causa;[...]." Na hipótese, consoante se infere da decisão do Regional, "a pandemia de COVID-19 configura situação de força maior, mas a redução da indenização pela rescisão do contrato de trabalho pela me-tade somente é devida apenas quando comprovado que houve encerramento da empresa ou do estabelecimento de trabalho do autor, o que não resta demonstrado no caso". Delimitou, ademais, que, "levando em consideração o fato de estar demonstrado que a empresa já se en-contrava com dificuldades financeiras desde 2019 e que não houve prova do encerramento da empresa ou de estabelecimento; entendo que o agravamento da crise em razão da pandemia, ainda que com paralisação da produção por longo período, não é suficiente para configurar a situação prevista no caput do art. 502 da CLT". Dessa forma, de acordo com o registro fático delimitado pelo Regional, não está configurada a hipótese do artigo 502, caput e inciso II, da CLT, sendo que qualquer rediscussão acerca do tema, para adoção de entendimento contrário àquele adotado pela Corte *a quo*, como pretende a reclamada, implicaria, inevitavelmente, o reexame da valoração dos elementos de prova produzidos pelas esferas ordinárias, o que é vedado a esta instância recursal de natureza extraordinária, nos termos do que preconiza a Súmula nº 126 do Tribunal Superior do Trabalho. Agravo de instrumento desprovido. [...]" (TST, RRAg-20637-05.2020.5.04.0011, 3ª Turma, Rel. Min. Jose Roberto Freire Pimenta, *DEJT* 20.04.2023). (grifos meus)

Assim, em caso de extinção do contrato por fechamento da empresa decorrente de força maior, o empregado faz jus às seguintes parcelas:

• aviso-prévio (alguns autores defendem que não seria devido);
• saldo de salários;
• décimo terceiro proporcional;

- férias (vencidas, simples e proporcionais);
- 50% da multa compensatória do FGTS (20%, portanto);
- 50% da indenização do art. 479, se for o caso;
- saque do FGTS.

20.7.3. Fato do príncipe (*factum principis*)

Fato do príncipe é a paralisação temporária ou definitiva do trabalho em razão de ato de autoridade municipal, estadual, ou federal, ou pela promulgação de lei ou resolução que impossibilite a continuação da atividade. É uma espécie de força maior decorrente de ato do poder público.

O art. 486 da CLT prevê o pagamento de indenização por parte do ente público:

> Art. 486. No caso de paralisação temporária ou definitiva do trabalho, motivada por ato de autoridade municipal, estadual ou federal, ou pela promulgação de lei ou resolução que impossibilite a continuação da atividade, **prevalecerá o pagamento da indenização, que ficará a cargo do governo responsável**.
>
> (...) (grifos meus)

É muito importante ressaltar que **a participação do empregador elide a responsabilidade da administração pública**, isto é, se o ato decorreu de exercício de atividade irregular ou ilícita, a administração não terá qualquer responsabilidade.

Exemplo: empresa é interditada por irregularidades generalizadas no prédio onde funcionava, bem como na documentação (alvará de funcionamento etc.), e com isso vem a fechar as portas. Neste caso, não há se falar em *factum principis*.

Da mesma forma, a jurisprudência não aceita o fechamento de casas de bingo por lei como *factum principis*, tendo em vista que, a rigor, a atividade é ilícita.

Mencione-se que as medidas sanitárias determinadas pelo Poder Público durante a pandemia de Covid-19 não foram consideradas pelo TST como caracterizadoras de fato do príncipe, porquanto tais medidas não foram discricionárias, tendo sido devidamente motivadas, fundadas em orientações de autoridades internacionais em matéria de saúde pública. Ilustram tal entendimento os seguintes julgados:

AGRAVO. AGRAVO DE INSTRUMENTO. RECURSO DE REVISTA INTERPOSTO NA VIGÊNCIA DA LEI Nº 13.467/2017. RESCISÃO DO CONTRATO. VERBAS RESCISÓRIAS. FORÇA MAIOR. *FACTUM PRINCIPIS*. TRANSCENDÊNCIA JURÍDICA RECONHECIDA. 1. O Tribunal Regional, analisando o conjunto fático-probatório, firmou convicção no sentido de manter a sentença que reconheceu a extinção contratual sem justa causa e condenou a ré no pagamento das verbas rescisórias, uma vez que não restou configurada hipótese de força maior. 2. Consignou a Corte que, "para que se configure o fato do príncipe, disposto no art. 486 da CLT, é necessário que o ato do ente público seja discricionário, o que não é o caso dos autos, eis que os atos de enfrentamento à Pandemia da COVID-19 foram devidamente motivados, seguindo orientações gerais, inclusive de âmbito internacional, de salvaguarda da saúde e da vida da coletividade, as quais recomendavam o isolamento social para combater a disseminação do vírus na coletividade", bem como que, "inobstante a MP 927, vigente na época da rescisão contratual, tenha reconhecido como hipótese de força maior as medidas de enfrentamento ao estado de calamidade pública previstas pelo Decreto Legislativo nº 06/2020, o art. 502 da CLT somente é aplicável quando ocorre a extinção da empresa ou de um dos estabelecimentos em que trabalhe o empregado, o que, entretanto, não é o caso dos autos, eis que não houve extinção temporária ou definitiva da atividade empresarial, mas apenas a redução das atividades naquele período atingido pelas medidas de confinamento". 3. A pacífica jurisprudência desta Corte coaduna o mesmo posicionamento consignado pelo Tribunal Regional, no sentido de que a pandemia do Covid-19 não configura motivo de força maior a ensejar, "per se", a incidência dos arts. 501 e 502 da CLT. Precedentes. Agravo a que se nega provimento (TST, Ag-AIRR-399-36.2020.5.07.0025, 1ª Turma, Rel. Min. Amaury Rodrigues Pinto Junior, *DEJT* 08.05.2023).

RECURSO DE REVISTA. ACÓRDÃO REGIONAL. PUBLICAÇÃO NA VIGÊNCIA DA LEI Nº 13.467/2017. RESCISÃO DO CONTRATO DE TRABALHO. FATO DO PRÍNCIPE. COVID-19. TRANSCENDÊNCIA. RECONHECIMENTO. I. Observa-se que o tema "rescisão do contrato de trabalho – fato do príncipe – covid-19" oferece transcendência jurídica, pois este vetor da transcendência está presente nas situações em que a síntese normativo-material devolvida a esta Corte versa sobre a existência de questão nova em torno da interpretação da legislação trabalhista, ou, ainda, sobre questões antigas, ainda não definitivamente solucionadas pela manifestação jurisprudencial. No presente caso, a discussão está relacionada a motivo de fato do príncipe previsto no artigo 486 da CLT e à pandemia da COVID-19. Cuida-se de questão nova, a revelar a transcendência jurídica da matéria. II. O art. 486 da CLT prevê que, no caso de paralisação temporária ou definitiva do trabalho, motivada por ato de autoridade municipal, estadual ou federal, ou pela promulgação de lei ou resolução que impossibilite a continuação da atividade, prevalecerá o pagamento da indenização, que ficará a cargo do ente público. Para configuração do fato do príncipe, com previsão no art. 486 da CLT, é necessário que o ato expedido pelo Poder Público seja discricionário, o que não se verificou no presente caso. O decreto municipal que determinou a suspensão temporária dos serviços de transporte e, ato contínuo, a redução da frota de ônibus, foi editado por recomendação da Organização Mundial da Saúde (OMS) para proteger a população em decorrência da calamidade na saúde pública causada pela COVID-19. Tal ato normativo, portanto, foi motivado, e não discricionário visando impossibilitar a continuação da atividade empresarial. Ademais, o art. 29 da Lei nº 14.020/2020, que trata do Programa Emergencial de Manutenção do Emprego e da Renda, dispõe que "não se aplica o disposto no art. 486 da CLT, aprovada pelo Decreto-Lei nº 5.452, de 1º de maio de 1943, na hipótese de paralisação ou suspensão de atividades empresariais determinada por ato de autoridade municipal, estadual ou federal para o enfrentamento do estado de calamidade pública reconhecido pelo Decreto Legislativo nº 6, de 20 de março de 2020, e da emergência de saúde pública de importância internacional decorrente do coronavírus, de que trata a Lei nº 13.979, de 6 de fevereiro de 2020". Julgados. Ausentes os requisitos necessários para a configuração de fato do príncipe, impõe-se a responsabilização da empresa reclamada pelo pagamento das verbas rescisórias (aviso prévio e multa de 40% sobre o FGTS). III. Recurso de revista de que se conhece e a que se dá provimento (TST, RR-114-51.2020.5.05.0493, 7ª Turma, Rel. Min. Evandro Pereira Valadão Lopes, *DEJT* 24.03.2023).

Quanto à abrangência da indenização devida pela Administração, existem basicamente duas correntes:

1ª corrente (minoritária) – Amauri Mascaro do Nascimento[37]: seriam devidas todas as verbas rescisórias aplicáveis à dispensa imotivada.

2ª corrente (majoritária) – Maurício Godinho Delgado[38]: a indenização mencionada pela lei consiste apenas na multa compensatória do FGTS, ou, nos contratos por prazo determinado, na indenização prevista no art. 479.

Na verdade, a questão tem mais interesse acadêmico que prático, ante a dificuldade de caracterização da figura jurídica, tal como ocorre na hipótese de força maior. Isto porque o empregador corre os riscos do empreendimento, razão pela qual a grande maioria das

---

[37] NASCIMENTO, Amauri Mascaro. *Curso de Direito do Trabalho*. 25. ed. São Paulo: Saraiva, 2010, p. 1.130.

[38] DELGADO, Maurício Godinho. *Curso de Direito do Trabalho*, p. 1.058.

causas de extinção da empresa está aí inserida. Neste diapasão, Homero Batista Mateus da Silva[39] chega a mencionar que o único exemplo de fato do príncipe que se pode imaginar no Direito do Trabalho é o antigo sistema de encampação de empresas privadas pelo administrador público, também conhecido como estatização.

Da jurisprudência também é possível extrair exemplos da ocorrência de *factum principis*, ainda que bastante raros. Mencione-se, de forma ilustrativa, que o TRT da 3ª Região condenou o Incra a pagar aviso-prévio indenizado e multa de 40% do FGTS a um empregado de uma fazenda desapropriada para fins de reforma agrária, tendo sido a decisão mantida pelo TST, embora não tenha sido revisto o mérito[40].

É claro que, abstraída a controvérsia acerca do que é pago pela Administração e do que cabe ao empregador, o empregado não pode ficar no prejuízo. Assim, lhe são devidas, em caso de extinção contratual por fato do príncipe, as mesmas verbas rescisórias devidas no caso de dispensa sem justa causa.

20.7.4. Morte do empregado

O falecimento do empregado determina a extinção do contrato, tendo em vista a característica da pessoalidade em relação ao obreiro.

Os herdeiros do empregado farão jus às seguintes parcelas:

* saldo de salários;
* décimo terceiro proporcional;
* férias (vencidas, simples e proporcionais);
* saque do FGTS pelos dependentes do empregado perante o INSS.

Não será devido o aviso-prévio nem a multa compensatória do FGTS, exceto se a morte decorreu de acidente de trabalho, com dolo ou culpa do empregador. Neste caso, a situação seria enquadrada na hipótese do art. 483, "c", da CLT[41].

20.7.5. Morte do empregador pessoa física

Falecendo o empregador pessoa física, há duas possibilidades: a) se o contrato continuou, houve sucessão trabalhista, pelo que não há se falar em rompimento contratual; b) se, por seu turno, houve cessação do contrato de trabalho, a solução será a mesma dada para os casos de fechamento da empresa sem força maior, ou seja, todos os efeitos da dispensa imotivada.

Portanto, o empregado fará jus às seguintes parcelas:

* aviso-prévio;
* saldo de salários;
* férias;
* décimo terceiro proporcional;
* multa compensatória do FGTS (doutrina majoritária);
* saque do FGTS.

---

[39] SILVA, Homero Batista Mateus da. *Curso de Direito do Trabalho aplicado: Contrato de trabalho*, p. 303.

[40] TST, AIRR-1770-57.2013.5.03.0036, 4ª Turma, Data de Julgamento: 16.12.2015, Rel. Min. Maria de Assis Calsing, *DEJT* 18.12.2015.

[41] DELGADO, Maurício Godinho. *Curso de Direito do Trabalho*, p. 1.059.

20.7.6. Extinção da empresa ou estabelecimento

Como os riscos do empreendimento devem ser suportados exclusivamente pelo empregador, havendo extinção da empresa ou do estabelecimento, sem a ocorrência de força maior, o empregador deverá arcar com as verbas rescisórias devidas em caso de dispensa imotivada.

20.7.7. Falência da empresa

Tal qual ocorre no caso de fechamento da empresa, também na falência são devidas todas as verbas rescisórias incidentes em caso de dispensa imotivada.

Somente não cabe, por força de disposição expressa de lei, a multa do art. 477, § 8°, da CLT.

Neste sentido, a Súmula 388 do TST:

> Súm. 388. Massa falida. Arts. 467 e 477 da CLT. Inaplicabilidade. Res. 129/2005, *DJ* 20, 22 e 25.04.2005.
>
> A massa falida não se sujeita à penalidade do art. 467 e nem à multa do § 8° do art. 477, ambos da CLT.

20.8. PROGRAMA DE INCENTIVO AO DESLIGAMENTO VOLUNTÁRIO – PIDV

Algumas grandes empresas, ante a necessidade de redução do quadro de pessoal, instituem programas de incentivo ao desligamento voluntário. A ideia é, por um lado, evitar o desgaste político e social de uma dispensa coletiva e, por outro, aproveitar a oportunidade para dispensar aqueles trabalhadores que possuem outros anseios profissionais fora da empresa, a ponto de aderirem ao programa de desligamento voluntário.

A natureza de tal circunstância, entretanto, provoca polêmica na doutrina. Com efeito, há certo consenso no sentido de que a figura se assemelha ao distrato, mas com ele não se confunde, pois não há exatamente concessões recíprocas, e sim incentivo do empregador à extinção contratual. Resta a controvérsia, todavia: trata-se de dispensa sem justa causa, de distrato ou de pedido de demissão?

Maurício Godinho Delgado[42] ensina que, "em tais casos, regra geral, com sua adesão ao plano de desligamento, o trabalhador recebe as parcelas inerentes à dispensa injusta, acrescidas de um *montante pecuniário significativo*, de natureza indenizatória, reparando o prejuízo com a perda do emprego (OJ 207, SDI-I/TST)" (grifos no original).

Defendendo também a tese de que se trata, em regra, de dispensa sem justa causa, Homero Batista Mateus da Silva[43] pondera que

> "É verdade que prevaleceu o entendimento de que se trata realmente de uma dispensa sem justa causa, em que o empregador apenas usa critério diferente de escolha: em vez de escolhas aleatórias ou cujos critérios são escondidos, o empregador revela o plano antecipadamente e insere na lista pessoas que consideram melhor sair do que permanecer; para tanto, costuma ofertar alguns benefícios adicionais".

---

[42] DELGADO, Maurício Godinho. *Curso de Direito do Trabalho*. 15. ed. São Paulo: LTr, 2016, p. 1306.

[43] SILVA, Homero Batista Mateus da. *Curso de Direito do Trabalho Aplicado*: volume 6 – contrato de trabalho. 3. ed. São Paulo: RT, 2015, p. 325.

Em sentido contrário, Vólia Bomfim Cassar[44] defendia, antes da Reforma Trabalhista de 2017, que o PIDV produzia os efeitos do pedido de demissão:

"Percebe-se que quem toma a iniciativa de oferecer vantagens para atrair os empregados com interesse de afastamento é o empregador, mas quem de fato aceita a "troca" do emprego pelo "prêmio" (dinheiro) é o empregado. Assim, o empregado acaba requerendo sua demissão ou aposentadoria em troca das indenizações incentivadoras (verdadeiros prêmios). Logo, houve pedido de demissão e não distrato. Entrementes, a verdadeira motivação não consta do termo de rescisão, pois não há código legal para o distrato, requisito exigido para o levantamento do FGTS. Desta forma, sempre constará formalmente dos termos de rescisão que a terminação se deu por aposentadoria, pedido de demissão ou dispensa imotivada".

Depois da *Reforma Trabalhista de 2017*, entretanto, a mencionada autora concluiu que, "como o PDV é espécie de distrato, as parcelas mínimas a serem pagas aos empregados que aderem ao programa são as previstas no art. 484-A da CLT"[45].

Penso que apenas à luz do caso concreto seja possível verificar qual é a natureza da extinção contratual, desde que obedecida uma daquelas previstas em lei. Cabe ao regulamento do PIDV dispor a respeito. Se houver previsão no sentido de que o empregado aderente ao Programa pedirá demissão, ou que será hipótese de distrato, esta será, conforme o caso, a modalidade rescisória. Não existindo tal previsão, entretanto, dever-se-á considerar que houve dispensa sem justa causa, em face das presunções favoráveis ao trabalhador que atuam quando da extinção contratual.

No caso de extinção do contrato no âmbito do PIDV, o empregado recebe, **além das verbas rescisórias devidas**, o valor estipulado pelo empregador a título de incentivo ao desligamento.

Observe-se que a indenização paga a título de adesão ao programa de demissão voluntária não é compensável com as verbas rescisórias devidas. Neste sentido, a jurisprudência do TST:

OJ-SDI1-356. Programa de Incentivo à Demissão Voluntária (PDV). Créditos trabalhistas reconhecidos em juízo. Compensação. Impossibilidade (*DJ* 14.03.2008).

Os créditos tipicamente trabalhistas reconhecidos em juízo não são suscetíveis de compensação com a indenização paga em decorrência de adesão do trabalhador a Programa de Incentivo à Demissão Voluntária (PDV).

Exemplo: imagine-se que o empregador tenha oferecido R$ 10.000,00 a título de incentivo ao desligamento voluntário. Desse modo, se as verbas rescisórias devidas ao empregado totalizaram R$ 6.000,00, deverá este empregado receber R$ 16.000,00.

Quanto às parcelas devidas ao empregado que adere ao PIDV, dependerão dos termos do próprio programa. Registre-se, contudo, que se o caso for de dispensa sem justa causa, o empregado não fará jus ao seguro-desemprego, pois não é o caso, por óbvio, de desemprego involuntário[46].

Outra observação importante diz respeito aos limites da quitação passada pelo empregado que adere ao programa de demissão incentivada. Conforme entendimento

---

44 CASSAR, Vólia Bomfim. *Direito do Trabalho*. 11. ed. São Paulo: Método, 2015, p. 1022.

45 CASSAR, Vólia Bomfim. *Direito do Trabalho*. 14. ed. São Paulo: Método, 2017, p. 1005.

46 Neste sentido, o art. 6º da Resolução CODEFAT nº 467/2005: Art. 6º – A adesão a Planos de Demissão Voluntária ou similar não dará direito ao benefício, por não caracterizar demissão involuntária.

sedimentado do TST, a quitação abrangeria somente as parcelas e os valores consignados no recibo. Neste sentido, a OJ 270 da SDI-1:

> OJ-SDI1-270. Programa de incentivo à demissão voluntária. Transação extrajudicial. Parcelas oriundas do extinto contrato de trabalho. Efeitos (inserida em 27.09.2002).
>
> A transação extrajudicial que importa rescisão do contrato de trabalho ante a adesão do empregado a plano de demissão voluntária implica quitação exclusivamente das parcelas e valores constantes do recibo.

Ocorre que o Plenário do STF, ao julgar, em 30.04.2015, o RE nº 590.415, que teve repercussão geral reconhecida, estabeleceu que "a transação extrajudicial que importa rescisão do contrato de trabalho em razão de adesão voluntária de empregado a plano de dispensa incentivada enseja quitação ampla e irrestrita de todas as parcelas objeto do contrato de emprego caso essa condição tenha constado expressamente do acordo coletivo que aprovou o plano, bem como dos demais instrumentos celebrados com o empregado" (STF, RE 590.415, *DJE* 29.05.2015).

A partir de tal decisão, o TST vinha considerando que a OJ 270 da SDI-1 não se aplica naqueles casos em que a quitação geral constou expressamente do acordo coletivo que aprovou o PIDV, bem como dos demais instrumentos celebrados com o empregado. Nos demais casos, ou seja, se a quitação geral não foi expressamente acordada entre as partes, a quitação se refere apenas às parcelas e valores constantes do recibo, nos termos da OJ 270.

Não obstante, a Lei nº 13.467/2017 resolveu, ao menos em princípio, a questão, acrescentando à CLT o art. 477-B, nos seguintes termos:

> Art. 477-B. Plano de Demissão Voluntária ou Incentivada, para dispensa individual, plúrima ou coletiva, previsto em convenção coletiva ou acordo coletivo de trabalho, enseja quitação plena e irrevogável dos direitos decorrentes da relação empregatícia, salvo disposição em contrário estipulada entre as partes.

Observa-se, portanto, que o legislador reformador, além de positivar o entendimento adotado pelo STF, inverteu a presunção acerca da quitação geral. Com efeito, na tese aprovada pelo STF quando do julgamento do RE 590.415, a quitação seria geral nos casos em que essa condição tenha constado expressamente do instrumento coletivo que aprovou o PIDV (presunção de inexistência de quitação geral, portanto). Consoante previsto no art. 477-B da CLT, por sua vez, se o plano de demissão foi aprovado por instrumento coletivo de trabalho, **a quitação é geral, salvo disposição em contrário estipulada pelas partes** (ou seja, no silêncio da norma coletiva, presume-se a quitação geral).

Do exposto se extrai que *a OJ 270 da SDI-1 do TST foi parcialmente superada*, primeiro pela decisão do STF (RE 590.415) e depois pela Lei nº 13.467/2017 (art. 477-B, da CLT). Todavia, o entendimento ainda tem alguma aplicabilidade, visto que nada impede que o empregador estabeleça de forma unilateral um PIDV, hipótese em que naturalmente não será aplicável o disposto no art. 477-B da CLT nem na tese aprovada pelo STF. Neste caso, continua sendo cabível a aplicação do entendimento consubstanciado na OJ 270, não havendo que se falar em quitação geral.

20.9. DISPENSA COLETIVA

Se é certo que a dispensa de um trabalhador tem o potencial de causar desordens no âmbito individual e familiar dele, é natural que a dispensa coletiva, assim considerada a dispensa simultânea de um grupo de trabalhadores de uma mesma empresa (às vezes na casa de centenas), tem potencial de causar dano que vai muito além dos indivíduos afetados, muitas vezes prejudicando seriamente a comunidade, como um todo.

Neste diapasão, a jurisprudência do TST se desenvolveu no sentido de que somente seria válida a dispensa coletiva ou em massa se precedida de negociação coletiva, pela qual seriam buscadas soluções alternativas à sua ocorrência.

A título ilustrativo, mencione-se o seguinte julgado da SDC do TST:

> [...] RECURSO ORDINÁRIO INTERPOSTO PELA SUSCITADA. ENCERRAMENTO DA EMPRESA. DEMISSÃO EM MASSA CARACTERIZADA. NECESSIDADE DE PRÉVIA NE-GOCIAÇÃO COLETIVA. 1. É incontroverso nos autos que a demissão de todo o universo de empregados da Empresa, no total de 295 empregados, segundo apontado pelo Sindicato profissional, ocorreu em decorrência do encerramento das atividades da Suscitada. Revela-se de tal contexto a ilação de que a causa das dispensas é comum a todos os trabalhadores que se encontravam em atividade naquele momento e teve por escopo atender circunstância própria do empregador. A hipótese amolda-se perfeitamente à noção de demissão coletiva. 2. Segundo a jurisprudência da Seção de Dissídios Coletivos, a negociação coletiva é imprescindível para a dispensa em massa de trabalhadores. À míngua de tal procedimento, são devidas, por conse-quência, indenização compensatória e manutenção do plano de assistência médica, conforme decidido pela Corte de Origem. Precedente. Excluído do comando condenatório, em outro capítulo, o pagamento de dano moral coletivo, por incabível à espécie. Recurso a que se nega provimento (TST, SDC, RO-6155-89.2014.5.15.0000, Rel. Min. Maria de Assis Calsing, Data de Julgamento: 22.02.2016, *DEJT* 26.02.2016).

Ocorre que *tal entendimento se encontra, em princípio, superado pela legislação em vigor*, tendo em vista que a Lei nº 13.467/2017, ao acrescentar à CLT o art. 477-A, estabe-leceu que **as dispensas imotivadas individuais, plúrimas ou coletivas equiparam-se para todos os fins, não havendo necessidade de autorização prévia de entidade sindical ou de celebração de convenção coletiva ou acordo coletivo de trabalho para sua efetivação.**

O STF, ao analisar a matéria (RE 999.435/SP; Tema 638 da Repercussão Geral), fixou, aos 08.06.2022 (*DJE* 15.09.2022), a seguinte tese: "A intervenção sindical prévia é exigência procedimental imprescindível para a dispensa em massa de trabalhadores, que **não se confunde com autorização prévia por parte da entidade sindical ou celebração de convenção ou acordo coletivo**".

Portanto, exige-se, para dispensa em massa, a intervenção sindical prévia, ou seja, o diálogo entre a empresa e o sindicato dos trabalhadores, sem, entretanto, o estabelecimento de quaisquer condições. O STF deixou claro que não é exigível a autorização do sindicato para a dispensa em massa, mas tão somente a tentativa de manutenção dos empregos pela via da intervenção sindical.

20.10. QUESTÃO DA APOSENTADORIA ESPONTÂNEA

Sempre se discutiu se a aposentadoria espontânea teria o condão de extinguir o contrato de trabalho. O STF pacificou a questão ao julgar inconstitucionais os §§ 1º e 2º do art. 453 da CLT e decidir no sentido de que **a aposentadoria espontânea não é causa de extinção do contrato de trabalho.**

Quanto aos efeitos trabalhistas propriamente ditos, a OJ 361 da SDI-1 do TST re-solveu o impasse:

> OJ-SDI1-361. Aposentadoria espontânea. Unicidade do contrato de trabalho. Multa de 40% do FGTS sobre todo o período (*DJ* 20, 21 e 23.05.2008).

A aposentadoria espontânea não é causa de extinção do contrato de trabalho se o empregado permanece prestando serviços ao empregador após a jubilação. Assim, por ocasião da sua dispensa imotivada, o empregado tem direito à multa de 40% do FGTS sobre a totalidade dos depósitos efetuados no curso do pacto laboral.

Imagine-se um exemplo a fim de ilustrar a hipótese: Hélton foi admitido em 01.06.1995 e, tendo completado o tempo de serviço necessário para aposentadoria em junho/2009, requereu o benefício junto ao INSS. Foi concedida a aposentadoria espontânea pelo INSS a partir de 15.06.2009. Mesmo aposentado, Hélton continuou prestando serviços à mesma empresa, até que, em 14.04.2011, foi demitido sem justa causa. Neste caso, observem-se as distintas soluções, conforme o entendimento anterior e atual:

– **entendimento anterior** (aposentadoria voluntária extingue o contrato de trabalho): Teria havido extinção contratual em 15.06.2009, pelo que os serviços prestados após a aposentadoria espontânea teriam configurado um novo contrato de trabalho. Logo, o empregador estaria obrigado a pagar a Hélton a multa compensatória do FGTS sobre os depósitos efetuados durante este novo vínculo, qual seja de junho/2009 a abril/2011;

– **entendimento atual**, conforme STF (a aposentadoria espontânea não extingue o contrato de trabalho): o contrato de trabalho de Hélton é um só, compreendendo o período de 01.06.1995 a 14.04.2011. Logo, como foi dispensado sem justa causa, Hélton tem direito à multa compensatória do FGTS calculada sobre todos os depósitos do FGTS, desde a sua admissão, e não apenas sobre aqueles posteriores à aposentadoria.

20.11. FORMALIDADES RESCISÓRIAS E PAGAMENTO DAS VERBAS RESCISÓRIAS (ART. 477)

As regras relativas às formalidades rescisórias e ao pagamento das verbas rescisórias são estabelecidas pelo art. 477 da CLT. O tema é relevante para todos os leitores, independentemente da área de atuação.

Quando da extinção do contrato de trabalho, o empregador deve, nos termos do art. 477 da CLT:

• pagar as verbas rescisórias no prazo e na forma estabelecidos
• comunicar a dispensa aos órgãos competentes
• dar baixa na CTPS

Neste sentido, o *caput* do art. 477, *in verbis*:

Art. 477. Na extinção do contrato de trabalho, o empregador deverá proceder à anotação na Carteira de Trabalho e Previdência Social, comunicar a dispensa aos órgãos competentes e realizar o pagamento das verbas rescisórias no prazo e na forma estabelecidos neste artigo.

Vejamos, portanto, as regras estabelecidas pelo art. 477 da CLT.

20.11.1. Fim da assistência à rescisão e homologação

Dispunha o § 1º do art. 477, em sua redação original, que "o pedido de demissão ou recibo de quitação de rescisão, do contrato de trabalho, firmado por empregado com mais de 1 (um) ano de serviço, só será válido quando feito com a assistência do respectivo Sindicato ou perante a autoridade do Ministério do Trabalho e Previdência Social".

O dispositivo tinha por finalidade garantir que o empregado fosse assistido no momento da formalização da rescisão contratual. A assistência culminava com a chamada *homologação* da rescisão do contrato, ato mediante o qual o assistente atestava ter verificado a regularidade dos cálculos rescisórios e do respectivo pagamento, bem como orientado o trabalhador.

Contratos de trabalho firmados há menos de um ano e um dia não se sujeitavam à homologação, salvo se previsto em instrumento coletivo de trabalho, o que é lícito, visto que mais benéfico ao empregado.

Ocorre que a *Reforma Trabalhista de 2017* revogou expressamente o § 1º do art. 477 da CLT, pelo que **eliminou, como regra, a figura da assistência à rescisão do contrato de trabalho como imposição legal**.

Naturalmente a assistência à rescisão pode ser prevista em norma coletiva, porém não haverá que se falar, neste caso, em participação estatal no ato de assistência, pois a negociação coletiva não pode criar obrigação para terceiros. O importante é que se tenha em mente que **a obrigação legal de submeter as rescisões de contratos à homologação não existe mais, salvo em se tratando de pedido de demissão de empregado estável**, nos termos do art. 500 da CLT, o qual não foi alterado pela Lei nº 13.467/2017.

20.11.2. Formalização dos pagamentos rescisórios e limites da quitação

Art. 477. (...)

§ 2º O instrumento de rescisão ou recibo de quitação, qualquer que seja a causa ou forma de dissolução do contrato, deve ter especificada a natureza de cada parcela paga ao empregado e discriminado o seu valor, sendo válida a quitação, apenas, relativamente às mesmas parcelas.

(...)

Este parágrafo trata da formalização dos recibos de quitação das verbas rescisórias, veda os chamados pagamentos complessivos e esclarece que a **quitação se dá apenas em relação às** *parcelas* expressamente consignadas no Termo de Rescisão do Contrato de Trabalho – TRCT.

Em relação à vedação ao pagamento complessivo não há maiores novidades, ou seja, não se admite a quitação de várias parcelas sob uma única rubrica, sob um único nome. A respeito, relembre-se o teor da Súmula 91 do TST.

O grande problema reside na delimitação dos efeitos da quitação, isto é, no efeito jurídico do recibo de quitação. Há enorme controvérsia doutrinária no que tange à interpretação da expressão "relativamente às mesmas *parcelas*", extraída da parte final do § 2º do art. 477.

Uma **primeira corrente** doutrinária interpreta **parcela como rubrica**, pelo que a quitação passada pelo trabalhador não se referiria aos valores pagos, mas sim aos direitos representados pelas rubricas constantes do termo de quitação. Assim, se o empregador pagou, por exemplo, R$ 1.000,00 a título de férias, a parcela *férias* estaria quitada, não podendo o empregado reclamar futuramente, na Justiça do Trabalho, eventuais diferenças relativas a férias.

A **segunda corrente**, por sua vez, defende que o dispositivo em análise mencionou **parcela como sinônimo de valor**, razão pela qual a quitação se referiria aos valores homologados, e não à rubrica correspondente. No exemplo anterior, o empregado não poderia reclamar os R$ 1.000,00 já pagos a título de férias, mas poderia fazê-lo em relação a eventuais diferenças, ainda que relativas à mesma rubrica. Suponha-se que este empregado tivesse direito a R$ 1.400,00 a título de férias, considerada a média de parcelas variáveis não utilizada para o cálculo objeto de homologação. Neste caso, poderia reivindicar, na Justiça do Trabalho, os R$ 400,00 não pagos.

Até a *Reforma Trabalhista de 2017* era obrigatória a homologação levada a efeito pelo sindicato, pelo que o TST entendia que a eficácia liberatória do termo de quitação se referia à parcela na acepção de título de rubrica, e não de valor, salvo, literalmente, se houver ressalva expressa. Este é o sentido da Súmula 330:

> Súm. 330. Quitação. Validade (mantida). Res. 121/2003, *DJ* 19, 20 e 21.11.2003.
>
> A quitação passada pelo empregado, com assistência de entidade sindical de sua categoria, ao empregador, com observância dos requisitos exigidos nos parágrafos do art. 477 da CLT, tem eficácia liberatória em relação às parcelas expressamente consignadas no recibo, *salvo se oposta ressalva expressa e especificada ao valor dado à parcela ou parcelas impugnadas.*
>
> I – A quitação não abrange parcelas não consignadas no recibo de quitação e, consequentemente, seus reflexos em outras parcelas, ainda que estas constem desse recibo.
>
> II – Quanto a direitos que deveriam ter sido satisfeitos durante a vigência do contrato de trabalho, a quitação é válida em relação ao período expressamente consignado no recibo de quitação. (grifos meus)

Ocorre que o entendimento jurisprudencial consubstanciado no referido verbete se referia especificamente às hipóteses em que houvesse homologação sindical do TRCT, justamente porque se presume que, prestada a assistência ao obreiro no momento da rescisão, estaria assegurada a proteção do trabalhador hipossuficiente.

Considerando-se que, com a revogação do § 1º do art. 477 da CLT pela Lei nº 13.467/2017, a assistência à rescisão (conhecida popularmente como *homologação*) deixou de existir, consequentemente *a Súmula 330 do TST não tem mais aplicação* (às rescisões contratuais levadas a efeito a partir da vigência da *Reforma Trabalhista*, é claro), *devendo ser substancialmente alterada, ou mesmo cancelada.*

Maurício Godinho Delgado afirma que "a prática jurisprudencial tem demonstrado que essa validade atinge, regra geral, somente os *valores* especificados, *pelo menos no tocante a parcelas que também se vencem ao longo do contrato*"[47]. (grifos no original)

20.11.3. Limitações quanto à forma de pagamento das verbas rescisórias

O *caput* e o § 4º do art. 477, com redação dada pela Lei nº 13.467/2017, estabelece a forma e o meio de pagamento das verbas rescisórias, nos seguintes termos:

> Art. 477. **Na extinção do contrato de trabalho, o empregador deverá** proceder à anotação na Carteira de Trabalho e Previdência Social, comunicar a dispensa aos órgãos competentes e **realizar o pagamento das verbas rescisórias no prazo e na forma estabelecidos neste artigo.**
>
> (...)
>
> § 4º O pagamento a que fizer jus o empregado será efetuado:
>
> I – em dinheiro, depósito bancário ou cheque visado, **conforme acordem as partes**; ou
>
> II – em dinheiro ou depósito bancário quando o empregado for analfabeto.
>
> (...)

---

[47] DELGADO, Maurício Godinho. *Curso de Direito do Trabalho*. 9. ed. São Paulo: LTr, 2010, p. 1.068.

Portanto, o pagamento rescisório deve ser efetuado quando da extinção do contrato, observado o prazo previsto no § 6º, como será visto adiante.

O pagamento deve ser feito em dinheiro, depósito bancário ou cheque visado, *conforme acordem as partes*, ou seja, o empregador não pode simplesmente impor determinada modalidade de pagamento. Não pode ser feito em cheque comum, pois, neste caso, o empregado não teria certeza sobre a provisão de fundos do cheque e, consequentemente, sobre a efetividade do pagamento.

Caso o empregado seja analfabeto, o pagamento deve ser feito obrigatoriamente em dinheiro ou depósito bancário, vedado o pagamento por meio de cheque.

20.11.4. Limitação a descontos nas parcelas rescisórias

Existindo qualquer valor a descontar em decorrência do contrato de trabalho (adiantamentos, por exemplo) pode ser ele descontado das parcelas rescisórias devidas, desde que não ultrapasse o valor equivalente a um mês de remuneração. Neste sentido, o § 5º do art. 477 da CLT:

Art. 477. (...)

§ 5º Qualquer compensação no pagamento de que trata o parágrafo anterior não poderá exceder o equivalente a um mês de remuneração do empregado.

(...)

Caso o valor supere o limite, o que exceder passa a ser considerada dívida civil, não podendo ser descontado das parcelas rescisórias.

Registre-se, todavia, que a Lei nº 10.820/2003, posteriormente alterada pela Lei nº 14.431/2022 (*DOU* 05.08.2022), prevê a possibilidade de **desconto de até 40% das verbas rescisórias devidas**, a título de pagamento de empréstimos, financiamentos, cartões de crédito e operações de arrendamento mercantil por instituições financeiras e sociedades de arrendamento mercantil, quando previsto no contrato.

Neste sentido, o art. 1º da Lei nº 10.820/2003, *in verbis*:

Art. 1º Os empregados regidos pela Consolidação das Leis do Trabalho – CLT, aprovada pelo Decreto-Lei nº 5.452, de 1º de maio de 1943, poderão autorizar, de forma irrevogável e irretratável, o desconto em folha de pagamento ou na sua remuneração disponível dos valores referentes ao pagamento de empréstimos, financiamentos, cartões de crédito e operações de arrendamento mercantil concedidos por instituições financeiras e sociedades de arrendamento mercantil, quando previsto nos respectivos contratos.

§ 1º O desconto mencionado neste artigo também poderá incidir sobre verbas rescisórias devidas pelo empregador, se assim previsto no respectivo contrato de empréstimo, financiamento, cartão de crédito ou arrendamento mercantil, **até o limite de 40% (quarenta por cento), sendo 35% (trinta e cinco por cento) destinados exclusivamente a empréstimos, financiamentos e arrendamentos mercantis e 5% (cinco por cento) destinados exclusivamente à amortização de despesas contraídas por meio de cartão de crédito consignado ou à utilização com a finalidade de saque por meio de cartão de crédito consignado**[48]. (grifos meus)

I – (revogado); (Redação dada pela Lei nº 14.431, de 2022)

II – (revogado). (Redação dada pela Lei nº 14.431, de 2022)

---

[48] Redação dada pela Lei nº 14.431/2022.

§ 2º **O regulamento disporá sobre os limites de valor do empréstimo, da prestação consignável para os fins do *caput* e do comprometimento das verbas rescisórias para os fins do § 1º deste artigo.** (grifos meus.)

(...)

Há controvérsias sobre a melhor forma de harmonizar a aplicação do § 5º do art. 477 da CLT (descontos limitados a um mês de remuneração) ao disposto no § 1º do art. 1º da Lei nº 10.820/2003 (descontos limitados a 40% das verbas rescisórias devidas). O regulamento a que se refere o § 2º do art. 1º da Lei nº 10.820/2003 é o Decreto nº 4.840/2003, o qual esclarece que "em caso de rescisão do contrato de trabalho do empregado antes do término da amortização do empréstimo, ressalvada disposição contratual em contrário, serão mantidos os prazos e encargos originalmente previstos, cabendo ao mutuário efetuar o pagamento mensal das prestações diretamente à instituição consignatária" (art. 13).

Parece-me que a melhor solução seja a aplicação do limite de 40% para estes descontos específicos (empréstimos consignados), de qualquer forma limitado o total de descontos a um mês de remuneração, nos termos do § 5º do art. 477 da CLT. No mesmo sentido, Marcelo Moura[49].

20.11.5. Prazo para pagamento das verbas rescisórias

A CLT estipula expressamente o prazo para pagamento das verbas rescisórias, sendo que a Lei nº 13.467/2017, dando nova redação ao § 6º do art. 477, unificou os prazos para pagamento, de forma que, **atualmente, não há mais prazos diferentes conforme seja a modalidade de extinção contratual** e, mais precisamente, de acordo com o cumprimento ou não do aviso-prévio. Assim dispõe o § 6º do art. 477, em sua nova redação:

> Art. 477. (...)
>
> § 6º A entrega ao empregado de documentos que comprovem a comunicação da extinção contratual aos órgãos competentes bem como o pagamento dos valores constantes do instrumento de rescisão ou recibo de quitação deverão ser efetuados **até dez dias contados a partir do término do contrato.**
>
> (...)

Neste sentido, pode surgir dúvida acerca de quando se daria o *término do contrato*, se no último dia trabalhado ou no último dia da projeção do aviso-prévio, se for o caso. A solução mais condizente com a finalidade do pagamento das verbas rescisórias parece ser aquela oferecida pelo Prof. Homero Batista Mateus da Silva[50]:

> "Prefira interpretar esse dispositivo como 10 dias após a cessação da prestação de serviços, não se projetando o aviso prévio indenizado para, ao depois, computar o prazo, sob pena de frustração do procedimento rescisório e do acesso do trabalhador ao dinheiro necessário para fazer frente ao período de desemprego"[51].

49 MOURA, Marcelo. *Consolidação das Leis do Trabalho para concursos*. 5 ed. Salvador: JusPodivm, 2015, p. 520.
50 SILVA, Homero Batista Mateus da. *Comentários à reforma trabalhista*. São Paulo: Revista dos Tribunais, 2017, p. 90.
51 Em sentido contrário ao entendimento do Prof. Homero, por exemplo, a FGV (XXVII Exame de Ordem – OAB – 2018) considerou **correta** a seguinte assertiva: *"Gilda e Renan são empregados da sociedade empresária Alfa Calçados Ltda. há 8 meses, mas, em razão da crise econômica no setor, o empregador resolveu dispensá-los em outubro de 2018. Nesse sentido, concedeu aviso prévio indenizado de 30 dias a Gilda e aviso prévio trabalhado de 30 dias a Renan. Em relação ao prazo máximo, previsto na CLT, para pagamento das verbas devidas pela extinção, ambos os empregados receberão em até 10 dias contados do término do aviso prévio".*

A questão é, entretanto, controvertida, não havendo ainda pacificação sobre o tema. **O que temos de segurança, por enquanto, é apenas a literalidade do § 6º do art. 477**, à qual devemos nos apegar até que a questão seja desenvolvida pela jurisprudência. Pode-se dizer que existe tendência jurisprudencial no sentido de se considerar o *término do contrato*, em caso de aviso-prévio **indenizado, apenas para fins de fixação do prazo para pagamento das verbas rescisórias** (isto é, sem prejuízo da projeção, para outros fins, do aviso-prévio indenizado), a **data da comunicação da dispensa**.

A contagem do prazo, por sua vez, obedece à regra geral do Código Civil, nos termos da OJ 162 da SDI-1[52]:

OJ-SDI1-162. Multa. Art. 477 da CLT. Contagem do prazo. Aplicável o art. 132 do Código Civil de 2002. *DJ* 20.04.2005.

A contagem do prazo para quitação das verbas decorrentes da rescisão contratual prevista no art. 477 da CLT exclui necessariamente o dia da notificação da demissão e inclui o dia do vencimento, em obediência ao disposto no art. 132 do Código Civil de 2002 (art. 125 do Código Civil de 1916).

Doméstico: parece-me que o prazo do art. 477 para pagamento das parcelas rescisórias também se aplica, subsidiariamente, ao doméstico, nos termos do art. 19 da LC nº 150/2015. Com efeito, há plena compatibilidade com as peculiaridades do trabalho doméstico, e há omissão na lei específica.

Caso as verbas rescisórias não sejam pagas nos prazos a que se refere o § 6º do art. 477, incidem as multas previstas no § 8º do mesmo artigo, conforme será estudado no próximo tópico.

Observe-se ainda, por oportuno, que **o prazo de dez dias**, contados do término do contrato, **deverá ser observado** não só para o pagamento das verbas rescisórias, como **também para a entrega ao empregado de documentos que comprovem a comunicação da extinção contratual aos órgãos competentes**. Justifica-se a previsão legal pelo fato de que somente após tais comunicações o empregado pode solicitar, se for o caso, o saque do FGTS, bem como pode requerer o seguro-desemprego. Consequentemente, **a inobservância, pelo empregador, da obrigação de entregar ao empregado os documentos comprobatórios da comunicação da dispensa aos órgãos competentes também enseja o pagamento da multa do § 8º**, ainda que o pagamento tenha sido efetuado tempestivamente.

20.11.6. Multa por inobservância do disposto no § 6º do art. 477

Historicamente, o descumprimento, pelo empregador, do prazo para pagamento das verbas rescisórias sempre foi tratado pelo § 8º do art. 477, nos seguintes termos:

Art. 477. (...)

§ 8º A inobservância do disposto no § 6º deste artigo sujeitará o infrator à multa de 160 BTN, por trabalhador, bem assim ao pagamento da multa a favor do empregado, em valor equivalente ao seu salário, devidamente corrigido pelo índice de variação do BTN, salvo quando, comprovadamente, o trabalhador der causa à mora.

---

[52] Há que se fazer, é claro, a devida adaptação do texto da OJ 162, a qual se refere a notificação da demissão, quando, atualmente, há que se utilizar como parâmetro o dia da cessação da prestação de serviços.

Atente-se para o fato de que a CLT estabelece **duas multas distintas** em virtude da irregularidade: a primeira, de natureza administrativa, aplicada pela fiscalização do trabalho; a segunda tem em vista, de certa forma, indenizar o empregado pelo atraso, e é dirigida a ele próprio, sendo devida em *valor fixo* correspondente ao seu salário. As multas são distintas (uma devida ao empregado e outra ao Estado), razão pela qual o pagamento de uma não elide a obrigação de pagar a outra.

A lei não estabelece qualquer proporcionalidade, de forma que o empregador que cumpre as exigências do § 6º um dia depois do prazo legal deve a mesma multa que aquele que as cumpre, digamos, um ano depois do prazo.

Com a vigência da Lei nº 13.467/2017, é oportuno observar que **o § 6º do art. 477 passou a impor ao empregador duas obrigações distintas**, a saber:

1º) **Pagamento das verbas rescisórias** no prazo de dez dias contados a partir do término do contrato;

2º) **Entrega ao empregado de documentos que comprovem a comunicação da extinção contratual aos órgãos competentes**, também no prazo de dez dias contados a partir do término do contrato.

Sendo certo que o supramencionado § 8º do art. 477 faz referência expressa à "inobservância do disposto no § 6º deste artigo", a qual sujeita o infrator à multa administrativa e à multa de mora, cabe a multa em face do descumprimento de qualquer uma das obrigações. Em outras palavras, **ainda que o empregador tenha efetuado, no prazo legal, o pagamento das verbas rescisórias, estará sujeito à multa se deixar de entregar ao empregado os documentos que comprovem a comunicação da extinção contratual aos órgãos competentes**[53].

É importante observar, ainda, que o termo *verbas rescisórias* utilizado no § 8º inclui a multa compensatória do FGTS, se for o caso. Neste sentido, decisão da SDI-1 publicada no *Informativo nº 122* do TST:

> RECURSO DE EMBARGOS INTERPOSTO NA VIGÊNCIA DA LEI Nº 13.015/2014. MULTA PREVISTA NO ART. 477, § 8º, DA CLT. PAGAMENTO TARDIO APENAS DA INDENIZA-ÇÃO COMPENSATÓRIA DE 40% SOBRE OS DEPÓSITOS DO FGTS. Nos termos do art. 477, § 6º, "a" e "b", da CLT, o pagamento das parcelas constantes do instrumento de rescisão deverá ser feito até o primeiro dia útil imediato ao término do contrato ou até o décimo dia, contado da data da notificação da demissão, quando da ausência de aviso-prévio, indenização deste ou dispensa de seu cumprimento. Sabe-se que pagamento não é entrega de dinheiro e sim o cumprimento de uma obrigação. No caso das verbas rescisórias, o cumprimento da obrigação somente se aperfeiçoa com o pagamento no prazo legal de todas as parcelas. No caso, não se trata de pagamento a menor por diferenças quanto ao cálculo, mas de desrespeito pelo empregador do cumprimento do prazo para a satisfação de direito vocacionado à prote-ção constitucional contra despedida arbitrária ou sem justa causa, na forma do art. 7º, I, da Constituição da República, c/c o art. 10, I, do ADCT. Nesse sentido, com o pagamento tardio da indenização compensatória de 40% do FGTS não se aperfeiçoou o cumprimento da obri-gação prevista no art. 477, § 6º, da CLT, incidindo na hipótese a multa prevista no art. 477, § 8º, da CLT. Recurso de embargos conhecido por divergência jurisprudencial e provido (TST, SDI-I, E-ED-ARR-643-82.2013.5.09.0015, Rel. Min. Alexandre de Souza Agra Belmonte, Data de Julgamento: 05.11.2015, *DEJT* 18.12.2015).

---

[53] No mesmo sentido, MARTINEZ, Luciano. *Reforma trabalhista*: entenda o que mudou – CLT comparada e comentada. São Paulo: Saraiva, 2018, p. 154. Também no mesmo sentido, os seguintes julgados do TST: AIRR-476-11.2021.5.09.0007, 4ª Turma, *DEJT* 31.03.2023; AIRR-10849-48.2021.5.03.0111, 6ª Turma, *DEJT* 11.11.2022.

20.11.6.1. Prazo para pagamento vs. modalidade da dispensa

Sob outro aspecto, é importante esclarecer que **o prazo do art. 477, § 6º**, bem como as multas por descumprimento previstas no § 8º, **aplicam-se, em princípio, a qualquer modalidade de extinção contratual**, tendo em vista que o legislador não fez qualquer ressalva. Assim, inclusive na dispensa por justa causa aplica-se o prazo e, se for o caso, as multas.

Registre-se, entretanto, que a SDI-1 decidiu recentemente, em julgado publicado no *Informativo nº 116* do TST, que o § 6º do art. 477 da CLT não se aplica na hipótese de falecimento do empregado, tendo em vista que tal hipótese envolve peculiaridades, por exemplo, a necessidade de apresentação de alvará judicial pelos herdeiros do trabalhador. Eis o julgado:

> MULTA. ATRASO NO PAGAMENTO DAS VERBAS RESCISÓRIAS. ARTIGO 477, § 8º, DA CLT. FALECIMENTO DO EMPREGADO 1. A norma do artigo 477, § 6º, da CLT, dirigida às hipóteses de resilição do contrato de trabalho, não fixa prazo para o pagamento das verbas rescisórias para os casos de força maior, em que se insere o falecimento do empregado. Trata-se de um "silêncio eloquente" do legislador ordinário. Dispositivo legal que, ao fixar prazos e circunstâncias específicas para o cumprimento da obrigação, não autoriza interpretação ampliativa. Norma que contempla sanção, em boa hermenêutica, interpreta-se restritivamente. 2. A ruptura do vínculo empregatício em virtude de óbito do empregado, por constituir forma abrupta e imprevisível de dissolução do contrato de trabalho, envolve peculiaridades que tornam incompatível a aplicação da multa prevista no § 8º do artigo 477 da CLT. Peculiaridades como a necessidade de transferência da titularidade do crédito trabalhista para os dependentes/sucessores legais, a qual não se opera instantaneamente, mas mediante procedimento próprio previsto na Lei nº 6.858/80. 3. Hipoteticamente, poder-se-á cogitar da multa prevista no § 8º do artigo 477 da CLT em caso de falecimento do empregado se, apresentado o alvará judicial pelos dependentes devidamente habilitados perante o INSS, nos termos da Lei nº 6.858/1980, o empregador não efetiva o pagamento das verbas rescisórias no prazo de dez dias. Em tese, conhecidos os novos titulares do crédito, nada justifica o retardamento no pagamento das verbas rescisórias por prazo superior a 10 dias, contados da exibição do alvará judicial. 4. Excepcionada a possibilidade de apresentação de alvará judicial pelos dependentes já habilitados, afigura-se impróprio e de rigor insustentável afirmar-se, no caso, a subsistência do prazo para quitação das verbas rescisórias, sob pena de multa. Impraticável a observância de tal prazo, na medida em que se desconhece(m) o(s) novo(s) titulares(s) do crédito, na forma da Lei, o que pode depender, inclusive, da morosa abertura de inventário e de nomeação do respectivo inventariante. 5. Qualquer tentativa de fixar-se, em juízo, "prazo razoável" para o adimplemento das verbas rescisórias, em semelhante circunstância, refugiria às hipóteses elencadas no § 6º do artigo 477 da CLT e acarretaria imprópria incursão em atividade legiferante, vedada ao Poder Judiciário em face do princípio constitucional da Separação dos Poderes. 6. A adoção de interpretação restritiva à literalidade do artigo 477, §§ 6º e 8º, da CLT não implica negar ou desestimular eventual ajuizamento de ação de consignação em pagamento pelo empregador, com vistas a desobrigá-lo da quitação das verbas rescisórias referentes ao contrato de trabalho de empregado falecido, mesmo antes de definida a nova titularidade do crédito trabalhista. 7. Embargos da Reclamada de que se conhece, por divergência jurisprudencial, e a que dá provimento (TST, SDI-I, E-RR-152000-72.2005.5.01.0481, Rel. Min. João Oreste Dalazen, Data de Julgamento: 03.09.2015, *DEJT* 20.11.2015).

20.11.6.2. Massa falida – Inaplicabilidade

Consoante a jurisprudência consolidada do TST, a massa falida não se sujeita à multa dos arts. 467 e 477 da CLT. Este é o teor da Súmula 388:

> Súm. 388. Massa falida. Arts. 467 e 477 da CLT. Inaplicabilidade. Res. 129/2005, *DJ* 20, 22 e 25.04.2005.

A massa falida não se sujeita à penalidade do art. 467 e nem à multa do § 8º do art. 477, ambos da CLT.

Aliás, o art. 467 da CLT dispõe:

Art. 467. Em caso de rescisão de contrato de trabalho, havendo controvérsia sobre o montante das verbas rescisórias, o empregador é obrigado a pagar ao trabalhador, à data do comparecimento à Justiça do Trabalho, a parte incontroversa dessas verbas, sob pena de pagá-las acrescidas de cinquenta por cento.

No mesmo sentido, a Súmula 69 do TST:

Súm. 69. Rescisão do contrato (nova redação). Res. 121/2003, *DJ* 19, 20 e 21.11.2003.

A partir da Lei nº 10.272, de 05.09.2001, havendo rescisão do contrato de trabalho e sendo revel e confesso quanto à matéria de fato, deve ser o empregador condenado ao pagamento das verbas rescisórias, não quitadas na primeira audiência, com acréscimo de 50% (cinquenta por cento).

20.11.6.3. Pessoas jurídicas de direito público – Aplicabilidade

As pessoas jurídicas de direito público, por sua vez, se sujeitam à multa por atraso no pagamento das verbas rescisórias, conforme a OJ 238 da SDI-1:

OJ-SDI1-238. Multa. Art. 477 da CLT. Pessoa jurídica de direito público. Aplicável (inserido dispositivo). *DJ* 20.04.2005.

Submete-se à multa do art. 477 da CLT a pessoa jurídica de direito público que não observa o prazo para pagamento das verbas rescisórias, pois nivela-se a qualquer particular, em direitos e obrigações, despojando-se do *jus imperii* ao celebrar um contrato de emprego.

20.11.6.4. Depósito bancário e ação de consignação

Caso o empregado não compareça na data agendada (entre as partes) para o acerto e não seja possível efetuar o depósito bancário no prazo legal (se, por exemplo, o empregado não possui conta bancária), cabe ao empregador providenciar a ação de consignação, a fim de cumprir o prazo e se liberar das multas do § 8º do art. 477 da CLT.

É claro que, no caso, a ação de consignação deve ser proposta também no prazo do § 6º do art. 477, conforme esclarece o Precedente Administrativo nº 37 do Ministério do Trabalho:

Precedente Administrativo nº 37

Rescisão. Ajuizamento da ação de consignação fora do prazo legal para pagamento das verbas rescisórias. A propositura fora do prazo legal de ação judicial de consignação em pagamento para pagamento das verbas rescisórias não afasta a mora da empresa autuada em relação ao prazo legal para cumprimento da obrigação.

Referência normativa: art. 477 da Consolidação das Leis do Trabalho – CLT.

20.11.6.5. Existência de fundada controvérsia quanto à existência da obrigação

Enquanto vigente, a OJ 351 da SDI-1 dispunha ser "incabível a multa prevista no art. 477, § 8º, da CLT, quando houver fundada controvérsia quanto à existência da obrigação cujo inadimplemento gerou a multa". Entretanto, tal verbete foi cancelado pela Resolução nº 163/2009 do TST. A partir daí, o TST passou a adotar o entendimento no sentido do qual **apenas é indevida a multa do art. 477 nos casos em que o empregado tenha dado causa ao atraso do pagamento rescisório**. Recentemente, o TST consolidou tal entendimento mediante a edição da Súmula 462, *in verbis*:

> Súm. 462. Multa do art. 477, § 8º, da CLT. Incidência. Reconhecimento judicial da relação de emprego – Res. 209/2016, *DEJT* divulgado em 01, 02 e 03.06.2016.
>
> A circunstância de a relação de emprego ter sido reconhecida apenas em juízo não tem o condão de afastar a incidência da multa prevista no art. 477, § 8º, da CLT. A referida multa não será devida apenas quando, comprovadamente, o empregado der causa à mora no pagamento das verbas rescisórias.

20.11.6.6. Parcelamento das verbas rescisórias

A lei (art. 477 da CLT) não faz qualquer menção à possibilidade de pagamento parcelado das verbas rescisórias, razão pela qual, em princípio, poder-se-ia dizer ser tal parcelamento inviável, por ausência de previsão legal.

Embora a matéria tenha sido controvertida no passado, nos últimos anos vem sendo amplamente dominante no TST o entendimento segundo o qual é **inválido o parcelamento das verbas rescisórias**, sujeitando o empregador ao pagamento da multa do art. 477, § 8º, da CLT. A título de exemplo, o seguinte julgado da SDI-I, publicado no *Informativo nº 91* do TST:

> (...) Multa prevista no art. 477 da CLT. Parcelamento acordado entre as partes. Indisponibilidade do direito à multa. O pagamento parcelado das verbas rescisórias, mesmo com previsão em acordo coletivo, acarreta o pagamento da multa prevista no § 8º do art. 477 da CLT. Não há como se validar acordo firmado entre as partes prevendo o parcelamento das verbas, uma vez que se trata de direito indisponível do empregado. Considerar o previsto no acordo coletivo é possibilitar o pagamento de forma parcial das verbas rescisórias, o que não é possível, diante da determinação do art. 477, §§ 4º e 6º, consolidado, o que determina a inafastabilidade da multa pelo atraso do pagamento das parcelas, de natureza alimentar. Embargos conhecidos e desprovidos (TST, SDI-I, E-ED-ED-RR-1285700-40.2008.5.09.0016, Rel. Min. Aloysio Corrêa da Veiga, *DEJT* 17.10.2014). *Informativo nº 91*.

Ainda no mesmo sentido, o seguinte aresto de 2023:

> AGRAVO EM AGRAVO DE INSTRUMENTO EM RECURSO DE REVISTA INTERPOSTO PELA RECLAMADA NA VIGÊNCIA DA LEI 13.467/2017. VERBAS RESCISÓRIAS. PARCE-LAMENTO. MULTA DO ART. 477, § 8º, DA CLT. AUSÊNCIA DE TRANSCENDÊNCIA. No caso, não se verifica nenhum dos indicadores de transcendência previstos no art. 896-A, § 1º, da CLT. O valor da causa não é elevado, o que revela a falta de transcendência econômica. A decisão do Tribunal Regional não contraria Súmula ou Orientação Jurisprudencial do Tribunal Superior do Trabalho ou Súmula do Supremo Tribunal Federal, nem contraria jurisprudência pacífica e reiterada desta Corte Superior. Ao contrário, a decisão recorrida encontra-se em consonância com o entendimento predominante nesta Corte, no sentido de que o pagamento parcelado das verbas rescisórias não exclui a incidência da multa prevista no art. 477, § 8º, da CLT, uma vez que se trata de direito indisponível do empregado. Precedentes. Assim, fica afastada a possibilidade de transcendência política. No mais, a controvérsia dos autos não afeta matéria nova atinente à interpretação da legislação trabalhista, pelo que não há transcendência jurídica. Por fim, não há transcendência social, porquanto não caracterizada ofensa a direito social constitucionalmente assegurado. Agravo não provido (TST, Ag-AIRR-297-02.2018.5.05.0005, 8ª Turma, Relatora Ministra Delaíde Alves Miranda Arantes, *DEJT* 28.04.2023).

Ocorre que, **em decisão recente, a Seção de Dissídios Coletivos (SDC) do TST adotou entendimento no sentido da possibilidade de previsão de parcelamento de verbas rescisórias em instrumento coletivo de trabalho,** conforme decisão publicada no *Informativo nº 261* do TST:

> RECURSO ORDINÁRIO DA EUCATUR. AÇÃO ANULATÓRIA AJUIZADA PELO MINIS-TÉRIO PÚBLICO DO TRABALHO NA VIGÊNCIA DA LEI Nº 13.467/2017. CLÁUSULA 7ª DO ACORDO COLETIVO 69/2000 FIRMADO ENTRE A EMPRESA RECORRENTE E O SINTTRAR/RO. POSSIBILIDADE DE PARCELAMENTO DO PAGAMENTO DAS VERBAS RESCISÓRIAS. PREVALÊNCIA SOBRE A REGRA PREVISTA NO ART. 477, § 6º, DA CLT. MATÉRIA PASSÍVEL DE NEGOCIAÇÃO COLETIVA. ART. 611-A DA CLT. Há de se resta-belecer a redação da cláusula sétima do instrumento normativo denunciado nestes autos, que estabelece a possibilidade de parcelamento do pagamento das verbas rescisórias pelas empresas do ramo de transporte local atingidas "durante o estado de calamidade pública reconhecido pelo Decreto Legislativo nº 6, de 20 de março de 2020", em razão da pandemia mundial do corona vírus - denominada Covid-19. Isso porque, como admite o próprio autor, as Medidas Provisórias nºs 927 e 936/2020 – esta última atualmente convertida na Lei nº 14.020/2020 – que instituíram o Programa Emergencial de Manutenção do Emprego e da Renda não trouxeram a previsão do pagamento parcelado das verbas rescisórias. Logo, não subsistem os fundamentos adotados pelo Tribunal Regional no sentido de que a cláusula questionada pelo Ministério Público do Trabalho extrapolaria os limites das referidas Medidas Provisórias editadas pelo Poder Executivo Federal para o enfrentamento da emergência em saúde pública de impor-tância internacional, supostamente incorrendo em ofensa aos artigos 477 e 611-A da CLT. Ora, a reforma trabalhista ocorrida em 2017, que introduziu na CLT, por intermédio da Lei nº 13.467/2017, os arts. 611-A e 611-B, buscou o fortalecimento da negociação coletiva, insti-tuto já prestigiado constitucionalmente mediante o reconhecimento das convenções e acordos coletivos, preceituado no artigo 7º, inciso XXVI, da Constituição Federal de 1988. Ocorre que **o princípio da intervenção mínima do Poder Judiciário na autonomia de vontade coletiva encontra limite nas normas heterônomas de ordem cogente, que tratam de direitos indis-poníveis. Nesse contexto, é sabido que o art. 611-A da CLT enumera exemplificativamente os temas suscetíveis de negociação coletiva, ao dispor que a convenção coletiva e o acordo coletivo de trabalho têm prevalência sobre a lei quando, entre outros, dispuserem sobre as matérias elencadas nos quinze incisos do referido artigo. Por outro lado, o art. 611-B da CLT, ao utilizar o termo "exclusivamente", especifica o rol das matérias não passíveis de negociação coletiva, porque compreendem direitos de indisponibilidade absoluta. Assim sendo, conquanto a nova redação do § 6º do art. 477 da CLT preveja que "o pagamento dos valores constantes do instrumento de rescisão ou recibo de quitação deverão ser efetuados até dez dias contados a partir do término do contrato", nada impede, em relação a esse tópico, a participação direta das partes envolvidas (sindicato profissional e empresas) na formulação de normas convencionais** em conformidade com a nova realidade imposta pela emergência sanitária acometida ao país, ao dispor cláusula de acordo coletivo que viabilize a manutenção da saúde financeira e a continuidade das atividades empresariais ligadas ao trans-porte coletivo estadual e interestadual de passageiros, como no caso concreto, a que se viram obrigadas a se adaptar com austeridade e razoabilidade às contingências determinadas pelos órgãos públicos, ante os fatos notórios e de amplo conhecimento acarretados pela Pandemia do coronavírus, sobretudo concernente à novas normas de restrição à circulação de pessoas, de isolamento e de distanciamento, reduzindo consideravelmente a demanda de passageiros e tornando ociosos inúmeros postos de trabalho. Obviamente, **não estando a forma de paga-mento das verbas rescisórias elencada no rol taxativo do art. 611-B da CLT como objeto ilícito de convenção coletiva ou de acordo coletivo de trabalho, não há falar em exclusão de direito indisponível e em ocorrência de sérios prejuízos aos empregados, até porque a legislação trabalhista já havia sido modificada mesmo antes do advento da mencionada pandemia mundial do corona vírus.** Recurso ordinário conhecido e provido (TST, ROT-303-

04.2020.5.14.0000, Seção Especializada em Dissídios Coletivos, Rel. Min. Alexandre de Souza Agra Belmonte, *DEJT* 20.10.2022). (grifos meus)

Há que se recordar ainda que, conforme tese aprovada pelo STF quando do julgamento do ARE 1.121.633 (Tema 1.046 de Repercussão Geral), "são constitucionais os acordos e as convenções coletivos que, ao considerarem a adequação setorial negociada, pactuam limitações ou afastamentos de direitos trabalhistas, independentemente da explicitação especificada de vantagens compensatórias, desde que respeitados os direitos absolutamente indisponíveis".

No julgamento acima, a SDC considerou que o prazo para pagamento das verbas rescisórias seria direito disponível, contrariando entendimento que, conforme mencionado, vinha prevalecendo há muitos anos no âmbito do TST. Resta ao leitor acompanhar com atenção o tema, a fim de verificar se tal decisão foi isolada ou se terá sido o início de um movimento no sentido da alteração do entendimento até então predominante na jurisprudência do TST sobre a matéria.

20.11.7. Formalização da extinção contratual na CTPS

Extinto o contrato de trabalho, cabe ao empregador "dar baixa" na CTPS do empregado, isto é, proceder às anotações devidas referentes à cessação do contrato. Dentre estas anotações pertinentes, a dúvida normalmente encontrada se refere à data do desligamento no caso de dispensa com aviso-prévio indenizado.

O correto seria anotar como data de saída o último dia trabalhado ou o último dia da projeção do aviso-prévio indenizado? Certamente a segunda opção, tendo em vista que o aviso-prévio conta como tempo de serviço para todos os efeitos e, notadamente, para fins previdenciários, e a CTPS é o meio de prova por excelência para comprovação do tempo de serviço junto ao INSS.

A jurisprudência do TST caminha no mesmo sentido, consoante dispõe a OJ 82 da SDI-1:

OJ-SDI1-82. Aviso prévio. Baixa na CTPS (inserida em 28.04.1997).

A data de saída a ser anotada na CTPS deve corresponder à do término do prazo do aviso prévio, ainda que indenizado.

Exemplo: empregado é comunicado de sua dispensa sem justa causa em 01.03.2011, com aviso-prévio indenizado. Neste caso, a projeção do aviso-prévio se estende de 02.03.2011 a 31.03.2011, razão pela qual a data de saída (término do contrato) na CTPS deve ser 31.03.2011, e não 01.03.2011, último dia trabalhado.

Também é importante salientar que a Lei nº 13.467/2017, ao incluir no art. 477 da CLT o § 10, estabeleceu que **a anotação da extinção do contrato na CTPS é documento hábil para requerer o benefício do seguro-desemprego e a movimentação da conta vinculada do FGTS**, nas hipóteses legais, desde que a comunicação prevista no *caput* do art. 477 tenha sido realizada.

Quer dizer que, em tese, o empregado não mais necessita de documentos específicos (TRCT e comunicação de dispensa) para dar entrada no saque do FGTS e para requerer o benefício do seguro-desemprego, bastando apresentar a CTPS com a extinção do contrato de trabalho devidamente anotada[54]. Evidentemente que o obreiro somente conseguirá encaminhar o saque do FGTS e o seguro-desemprego se o empregador tiver comunicado a

---

54 Na prática, cabe ao empregador informar aos órgãos competentes, atualmente por meio eletrônico, a extinção do contrato de trabalho do empregado.

dispensa corretamente, e no prazo legal (entende-se que no mesmo prazo do § 6º do art. 477), conforme lhe impõe o *caput* do art. 477.

Em princípio, podem parecer contraditórios os termos dos §§ 6º e 10º do art. 477, porquanto o § 6º estabelece que a entrega ao empregado dos documentos que comprovem a comunicação da extinção contratual aos órgãos competentes deve ser efetuada no mesmo prazo estabelecido para pagamento das verbas rescisórias (10 dias).

Daí se extrai, entretanto, justamente o disposto na primeira parte do § 6º do art. 477, no sentido de que o empregado deverá receber não só a CTPS devidamente anotada, mas também documentos comprobatórios da comunicação da extinção contratual aos órgãos competentes, embora, em princípio, não precise apresentar nada além da CTPS quando for requerer o seguro-desemprego e a movimentação da conta vinculada do FGTS.

20.12. QUITAÇÃO PARCIAL DE VERBAS TRABALHISTAS

A Lei nº 13.467/2017, uma vez mais desafiando os princípios próprios que regem o direito do trabalho, estabeleceu dois mecanismos de **quitação parcial das verbas trabalhistas no curso do contrato de trabalho**, circunstância que pode repercutir, quando da extinção do contrato de trabalho, nas verbas rescisórias remanescentes, notadamente no que diz respeito à indenização do décimo terceiro e das férias vencidas.

Vejamos estas duas hipóteses legais, bem como seus principais desdobramentos quando da extinção do contrato de trabalho:

Quitação por período de prestação de serviço no trabalho intermitente.

Dispõe o § 6º do art. 452-A da CLT que, **no trabalho intermitente, ao final de cada período de prestação de serviço, o empregado receberá o pagamento** *imediato* **das seguintes parcelas**:

• remuneração;
• férias proporcionais com acréscimo de um terço;
• décimo terceiro salário proporcional;
• repouso semanal remunerado;
• adicionais legais.

Desse modo, quando da extinção do contrato de trabalho intermitente pode acontecer inclusive de o empregado não ter nada a receber, se não estava prestando serviços quando foi demitido.

Quitação anual perante o sindicato profissional

Prevê o art. 507-B da CLT que "é facultado a empregados e empregadores, na vigência ou não do contrato de emprego, firmar o termo de quitação anual de obrigações trabalhistas, perante o sindicato dos empregados da categoria".

O parágrafo único do referido art. 507-B dispõe que "o termo discriminará as obrigações de dar e fazer cumpridas mensalmente e dele constará a quitação anual dada pelo empregado, com eficácia liberatória das parcelas nele especificadas".

Sobre a novidade em questão, são oportunas as observações do Prof. Homero Batista Mateus da Silva[55]:

---

[55] SILVA, Homero Batista Mateus da. *Comentários à reforma trabalhista.* São Paulo: Revista dos Tribunais, 2017, p. 101.

O dispositivo explica que o empregado tem a faculdade de aceitar ou não o regime de prestação anual de contas, de modo que ele pode se opor tanto ao comparecimento ao sindicato quanto à assinatura do termo, por divergir dos cálculos ou por não os ter entendido. Todavia, embora assim conste da redação do art. 507-B, ninguém é ingênuo a ponto de achar que este empregado terá autêntica autonomia da vontade: em muitos casos, ele poderá ser forçado a assinar o termo para preservar o emprego ou será informado calorosamente que assim funciona naquele estabelecimento. Trata-se de arma de elevada periculosidade, cujo desfecho poderá ser semelhante ao das CCPs – Comissões de Conciliação Prévia: se começarem a chegar denúncias de carimbos batidos a esmo, contas mal conferidas, quitações dadas em massa ou cobrança de taxas abusivas para homologação, não será espantoso que a Justiça do Trabalho desvalorize a prestação de contas como elemento idôneo e muito menos como mecanismo de eficácia liberatória geral.

Até que amadureçam estas questões, entretanto, o leitor atento deve considerar a literalidade do dispositivo legal, bem como o impacto dele na matéria estudada. No caso, a eventual quitação anual poderá subtrair das verbas rescisórias devidas, por exemplo, férias vencidas das quais o trabalhador tenha dado quitação na forma do art. 507-B.

Dicas para prova discursiva:

Questões de provas discursivas sobre extinção do contrato normalmente exigirão que o candidato conheça as modalidades de extinção e as verbas rescisórias devidas.

A construção doutrinária acerca das hipóteses de dispensa por justa causa (art. 482 da CLT) e de rescisão indireta do contrato (art. 483 da CLT) também é importante. Em razão das questões envolvendo os efeitos da pandemia, vale dedicar especial atenção às hipóteses de extinção do contrato de trabalho em razão de força maior ou fato do príncipe.

Por fim, também é relevante o estudo atento das alterações promovidas pela Reforma Trabalhista de 2017, notadamente no que diz respeito às dispensas coletivas, aos efeitos da quitação no PIDV, às formalidades rescisórias e ao distrato.

EXTINÇÃO DO CONTRATO DE TRABALHO

Princípios aplicáveis:
- Princípio da continuidade da relação de emprego.
- Princípio das presunções favoráveis ao trabalhador.
- Princípio da norma mais favorável.

Modalidades de extinção:
- Extinção normal do contrato de trabalho:
  - Término do contrato por prazo determinado.
- Extinção por ato voluntário imotivado (resilição contratual):
  - Dispensa sem justa causa por iniciativa do empregador (inclusive rescisão antecipada do contrato a termo).
  - Pedido de demissão – iniciativa do empregado (inclusive rescisão antecipada do contrato a termo).
  - Extinção por acordo entre empregado e empregador (distrato).
- Extinção por ato voluntário motivado (resolução contratual):
  - Dispensa do empregado por justa causa.
  - Rescisão indireta.
  - Culpa recíproca.

EXTINÇÃO DO CONTRATO DE TRABALHO

- Extinção atípica do contrato de trabalho:
  - Força maior.
  - Fato do príncipe (*factum principis*).
  - Nulidade do contrato (rescisão contratual).
  - Morte do empregado.
  - Morte do empregador pessoa física.
  - Extinção da empresa, fechamento ou falência.

Verbas rescisórias:

- Saldo de salários: dias trabalhados no mês da rescisão.
- Férias indenizadas (sempre acompanhadas do terço constitucional):
  - Vencidas (não concedidas no período concessivo respectivo). São remuneradas em dobro.
  - Simples (não concedidas, mas ainda não vencidas).
  - Proporcionais (ainda não adquiridas por completo). São remuneradas à razão de 1/12 por mês trabalhado (ou fração superior a 14 dias).
- Décimo terceiro proporcional: 1/12 por mês trabalhado (ou fração superior a 14 dias).
- Aviso-prévio indenizado (nas hipóteses de dispensa sem justa causa com aviso-prévio não concedido pelo empregador).
- Indenização adicional (se o empregado é dispensado no trintídio que antecede a data-base). Corresponde a um salário.

Justa causa:

- Requisitos para imposição de dispensa por justa causa:
  - Objetivos: relativos à conduta faltosa.
  - Tipicidade: a conduta típica deve ser arrolada como falta pela lei (hipóteses taxativas).
  - Gravidade da falta: para que seja objeto de punição a falta deve ser grave o suficiente para que não seja viável a continuidade da relação de emprego.
  - Relação entre a falta e o trabalho: a falta cometida deve guardar alguma relação com o trabalho.
  - Subjetivos: relativos ao envolvimento do empregado com a falta.
  - Autoria: o empregado somente pode ser punido por falta que tenha cometido.
  - Culpa ou dolo: só há se falar em punição da conduta dolosa ou, no mínimo, culposa.
  - Circunstanciais: relativos à conduta adotada pelo empregador em face da falta cometida.
  - Nexo causal: deve haver relação entre a falta e a pena aplicada.
  - Proporcionalidade: a pena aplicada deve ser proporcional à gravidade da falta.
  - Imediaticidade ou atualidade: a punição deve ser imediata ao cometimento da falta, sob pena de configuração de perdão tácito.
  - Singularidade (*non bis in idem*): não se admite a aplicação de mais de uma sanção para a mesma falta.
  - Não alteração da punição: uma vez aplicada a pena, não pode o empregador alterá-la para outra mais grave.
  - Não discriminação: o empregador não pode aplicar penas diferentes a empregados que cometeram idêntica falta.
  - Vinculação aos motivos da punição: o empregador deve declinar os motivos da punição, não podendo substituí-los por outros mais tarde.

EXTINÇÃO DO CONTRATO DE TRABALHO

- Faltas em espécie (hipóteses legais de justa causa):
  - Improbidade: é o ato de desonestidade que contraria a lei, a moral e os bons costumes, quebrando a confiança existente entre as partes da relação de emprego. Para alguns é o ato ilegal que causa prejuízo ao patrimônio do empregador ou de terceiros.
  - Incontinência de conduta: violação específica da moral sexual.
  - Mau procedimento: violação da moral genérica, excluída a moral sexual.
  - Negociação habitual: ocorre tanto com a concorrência desleal praticada pelo empregado quanto pela negociação habitual no ambiente de trabalho.
  - Condenação criminal transitada em julgado e sem possibilidade de suspensão da execução da pena: é motivo de dispensa por justa causa dado que o empregado fica impossibilitado de cumprir o contrato (prestar serviços).
  - Desídia: atuação do empregado de forma negligente, desmazelada. Exige, em regra, reiteração da conduta.
  - Embriaguez habitual: o empregado que está sempre embriagado acaba levando para o ambiente de trabalho as consequências negativas de sua conduta.
  - Embriaguez em serviço: se o empregado se embriaga durante a jornada de trabalho, ainda que uma única vez, se sujeita à dispensa motivada.
  - Violação de segredo da empresa: o empregado revela a terceiros, notadamente concorrentes do empregador, qualquer informação que conhece em razão de seu ofício.
  - Indisciplina: descumprimento de ordens gerais, dirigidas a todos os empregados ou a um grupo deles.
  - Insubordinação: descumprimento de ordens específicas, dirigidas individualmente ao empregado por superior hierárquico.
  - Abandono de emprego: é a falta reiterada ao trabalho, por período normalmente superior a 30 dias consecutivos, com a intenção de abandonar o emprego.
  - Ato lesivo praticado contra qualquer pessoa: o empregado comete ato lesivo à integridade física ou moral de alguém, no ambiente de trabalho. A legítima defesa, própria ou de outrem, elide a infração.
  - Ato lesivo praticado contra o empregador ou contra superior hierárquico: o empregado comete ato lesivo à integridade física ou moral do empregador ou de superior hierárquico, no ambiente de trabalho ou fora dele. A legítima defesa, própria ou de outrem, elide a infração.
  - Prática constante de jogos de azar: se o empregado se dedica de forma reiterada à prática de jogos de azar, notadamente aqueles ilícitos, comete a falta, pois sua conduta influencia negativamente no ambiente de trabalho.
  - Perda da habilitação ou dos requisitos estabelecidos em lei para o exercício da profissão: por ato doloso, o empregado perde a habilitação ou os requisitos legais para continuar exercendo suas atividades profissionais.

Rescisão indireta do contrato de trabalho:

- Em face de descumprimento contratual por parte do empregador (justa causa do empregador), pode o empregado ajuizar ação trabalhista requerendo a rescisão indireta do contrato de trabalho. Caso deferido, os efeitos serão os mesmos aplicáveis na hipótese de dispensa sem justa causa.
- Hipóteses legais (justas causas do empregador):
  - Exigir serviços superiores às forças do empregado (alcança tanto a força física quanto a psíquica e intelectual).
  - Exigir serviços defesos por lei.
  - Exigir serviços contrários aos bons costumes.
  - Exigir serviços alheios ao contrato.
  - Tratar o empregado com rigor excessivo.

EXTINÇÃO DO CONTRATO DE TRABALHO

- – Expor o empregado a perigo manifesto de mal considerável (não se inclui aí o risco normal da atividade).
- – Deixar (o empregador) de cumprir as obrigações contratuais.
- – Praticar ato lesivo contra a honra ou a boa fama do empregado ou de pessoas da sua família.
- – Praticar ofensa física contra o empregado, salvo em caso de legítima defesa.
- – Reduzir o trabalho do empregado, sendo este por peça ou tarefa, de forma a diminuir significativamente o valor dos salários.
- • Procedimento: o empregado pode continuar prestando serviços após o ajuizamento da ação trabalhista requerendo a rescisão indireta, nos casos de descumprimento contratual e de redução indireta dos salários. Nos demais, entende-se que a permanência da prestação de serviços demonstraria perdão tácito.

Obrigações legais incompatíveis com a prestação de serviços:

- • Sempre que o empregado tiver de desempenhar obrigações legais incompatíveis com a continuidade do serviço, ele poderá optar entre:
  - – Suspender a prestação de serviços.
  - – Rescindir o contrato de trabalho (efeitos do pedido de demissão, sem aviso-prévio).

Morte do empregador empresário individual:

- • É facultado ao empregado rescindir o contrato (efeitos do pedido de demissão, sem aviso-prévio).

Culpa recíproca:

- • As duas partes cometem faltas graves recíprocas.
- • Efeito: as verbas rescisórias (salvo as adquiridas) são devidas pela metade.

Nulidade (rescisão contratual):

- • Se o trabalho for ilícito, os efeitos são *ex tunc* (o empregado não recebe nada).
- • Se o trabalho for proibido, os efeitos são *ex nunc* (a declaração de nulidade só produz efeitos no futuro, assegurando-se ao trabalhador os direitos decorrentes dos serviços prestados).
- • No caso da contratação de servidor público sem o devido concurso, são devidos apenas o salário e o FGTS.

Extinção da empresa/estabelecimento por motivo de força maior:

- • Força maior é o acontecimento inevitável para o qual o empregador não tenha concorrido de nenhuma forma (normalmente são catástrofes naturais).
- • Se a empresa/estabelecimento fechar em virtude de força maior, serão devidas as verbas rescisórias da dispensa sem justa causa, porém apenas 50% das indenizações (multa compensatória do FGTS e multa do art. 479, conforme o caso).

Fato do príncipe (*factum principis*):

- • É a paralisação temporária ou definitiva do trabalho em decorrência de ato do poder público, desde que o empregador não tenha concorrido de nenhuma forma para a prática do ato.
- • A indenização devida ao empregado cabe à Administração Pública.

Morte do empregado: obviamente extingue o contrato de trabalho. Efeitos do pedido de demissão, sem aviso-prévio.

Morte do empregador pessoa física:

- • O contrato pode continuar normalmente, com eventual sucessor do empregador.
- • Se o contrato for extinto, serão devidas as parcelas aplicáveis à dispensa sem justa causa.

EXTINÇÃO DO CONTRATO DE TRABALHO

Extinção da empresa ou do estabelecimento, ou falência da empresa:
- São devidas as parcelas aplicáveis à dispensa sem justa causa.

Programa de incentivo ao desligamento voluntário:
- Trata-se de figura *sui generis*, que tem elementos do pedido de demissão e da dispensa sem justa causa. Alguns autores entendem que se trata de distrato, figura agora prevista em lei. De qualquer forma, o mais seguro é considerar que a modalidade de dispensa, neste caso, é aquela que for combinada no acordo para instituição do programa.

- Os créditos trabalhistas típicos não são compensáveis com a indenização decorrente da adesão ao PDV.
- Se previsto em norma coletiva, enseja quitação plena e irrevogável dos direitos decorrentes da relação empregatícia, salvo disposição em contrário estipulada entre as partes.

Aposentadoria espontânea:
- Não extingue o contrato de trabalho (STF).
- No caso de dispensa sem justa causa, a qualquer tempo, a multa compensatória do FGTS incide sobre a totalidade dos depósitos mensais, mesmo aqueles devidos antes da aposentadoria.

Assistência à rescisão e homologação:
- Na vigência da Lei nº 13.467/2017, não é mais obrigatória.

Formalização e eficácia liberatória do recibo de quitação:
- As parcelas pagas na rescisão devem ter sua natureza especificada e seu valor discriminado no TRCT.
- A quitação vale apenas em relação às parcelas expressamente consignadas no recibo.

Pagamento das parcelas rescisórias:
- O pagamento das verbas rescisórias deve ser efetuado no prazo estabelecido no art. 477, em dinheiro, depósito bancário ou cheque visado, conforme acordem as partes.
- Ao analfabeto o pagamento deve sempre ser feito em dinheiro ou depósito bancário, vedado o pagamento por meio de cheque.
- Eventuais descontos cabíveis não podem ultrapassar o valor correspondente à remuneração do empregado.

Prazo para pagamento das verbas rescisórias e para formalização da dispensa:
- Até 10 dias contados a partir do término do contrato.
- O prazo vale para pagamento das verbas rescisórias e para a entrega ao empregado dos documentos comprobatórios da comunicação da extinção contratual aos órgãos competentes.

Multa do art. 477:
- Se as verbas rescisórias não forem pagas e/ou os documentos comprobatórios da comunicação da dispensa aos órgãos competentes não forem entregues ao empregado no prazo legal, cabem duas multas: uma ao empregado, no valor de seu salário, e outra administrativa, devida ao Estado.
- A massa falida não se sujeita à multa por atraso no pagamento das verbas rescisórias.
- As pessoas jurídicas de direito público se sujeitam à multa, caso atrasem o pagamento das verbas rescisórias.
- O reconhecimento em juízo da relação de emprego não afasta o pagamento da multa, a qual é indevida somente se o empregado der causa à mora.

EXTINÇÃO DO CONTRATO DE TRABALHO
Formalização da extinção contratual na CTPS:
• A data de saída do empregado na CTPS deve corresponder ao último dia do contrato de trabalho, aí incluída a projeção do aviso-prévio indenizado.
• A anotação da extinção do contrato na CTPS é documento hábil para requerer o benefício do seguro-desemprego e a movimentação da conta vinculada do FGTS, nas hipóteses legais, desde que a comunicação da extinção do contrato aos órgãos competentes tenha sido devidamente realizada.
Quitação parcial de verbas trabalhistas:
• No trabalho intermitente, a cada período de prestação de serviços o empregador deverá pagar imediatamente ao empregado a remuneração, férias proporcionais + 1/3, décimo terceiro salário proporcional, RSR e adicionais legais.
• É facultado a empregados e empregadores, na vigência ou não do contrato de emprego, firmar o termo de quitação anual de obrigações trabalhistas, perante o sindicato dos empregados da categoria.

20.13. DEIXADINHAS

1. Pelo princípio da continuidade da relação de emprego, se estabelece a presunção de que o contrato de trabalho foi firmado por prazo indeterminado.

2. O ônus de provar o término do contrato de trabalho, quando negados a prestação de serviço e o despedimento, é do empregador, pois o princípio da continuidade da relação de emprego constitui presunção favorável ao empregado.

3. O princípio da norma mais favorável informa não só o Direito do Trabalho em geral, mas também a extinção contratual, em especial. Assim, havendo dúvida acerca da modalidade de extinção contratual, prevalece a mais favorável ao trabalhador.

4. A extinção contratual por ato voluntário imotivado das partes é também denominada resilição contratual.

5. A extinção contratual por ato voluntário motivado das partes é também conhecida como resolução contratual.

6. A extinção contratual decorrente de nulidade é chamada de rescisão contratual (em sentido estrito).

7. Verbas rescisórias é o termo utilizado no cotidiano trabalhista para designar as parcelas normalmente pagas quando da extinção do contrato de trabalho.

8. O saldo de salários corresponde ao valor devido em razão dos dias trabalhados no mês de rescisão, cujo pagamento deve coincidir com o acerto rescisório.

9. As férias não gozadas ao longo do contrato de trabalho são indenizadas na rescisão.

10. As férias cujo período concessivo encontra-se expirado são denominadas férias vencidas, e devem ser pagas em dobro.

11. As férias já adquiridas, mas ainda não exigíveis (período concessivo em curso) são denominadas férias simples. São pagas de forma simples, mais o terço constitucional, que acompanha o pagamento de quaisquer modalidades de férias.

12. As férias ainda não adquiridas (período aquisitivo em curso quando da rescisão contratual) são denominadas férias proporcionais. Não são devidas na dispensa por justa causa.

13. O décimo terceiro salário é devido na rescisão à razão de 1/12 da remuneração do empregado por mês trabalhado no ano em curso.

14. Frações iguais ou superiores a 15 dias de trabalho contam 1/12 para fins de férias proporcionais e décimo terceiro proporcional.

15. Nos contratos que tenham termo estipulado, o empregador que, sem justa causa, despedir o empregado será obrigado a pagar-lhe, a título de indenização, e por metade, a remuneração a que teria direito até o termo do contrato.

16. A indenização do art. 479 da CLT (metade da remuneração devida até o final do contrato por prazo determinado rescindido antecipadamente) é compatível com o FGTS, tendo em vista que este se refere ao tempo de serviço que já passou, enquanto aquela mira o tempo de contrato que ainda faltava.

17. Havendo termo estipulado, o empregado não se poderá desligar do contrato, sem justa causa, sob pena de ser obrigado a indenizar o empregador dos prejuízos que desse fato lhe resultarem. A indenização é limitada à metade da remuneração devida até o final do contrato.

18. Aos contratos por prazo determinado, que contiverem cláusula assecuratória do direito recíproco de rescisão antes de expirado o termo ajustado, aplicam-se, caso seja exercido tal direito por qualquer das partes, os princípios que regem a rescisão dos contratos por prazo indeterminado.

19. Cabe aviso-prévio nas rescisões antecipadas dos contratos de experiência, na forma do art. 481 da CLT (ou seja, existindo cláusula assecuratória do direito recíproco de rescisão antecipada do contrato a termo).

20. Ocorrendo motivo de força maior que determine a extinção da empresa, ou de um dos estabelecimentos em que trabalhe o empregado, de forma que o contrato a termo seja rescindido antecipadamente, cabe pela metade a indenização ao art. 479 da CLT.

21. Reconhecida a culpa recíproca na rescisão do contrato de trabalho (art. 484 da CLT), o empregado tem direito a 50% (cinquenta por cento) do valor do aviso-prévio, do décimo terceiro salário e das férias proporcionais.

22. A rescisão imotivada do contrato por prazo indeterminado constitui direito potestativo, tanto do empregador quanto do empregado, de forma que qualquer das partes pode, em regra, independentemente da concordância da outra, por fim ao contrato de trabalho a qualquer tempo.

23. Presume-se discriminatória a despedida de empregado portador do vírus HIV ou de outra doença grave que suscite estigma ou preconceito. Inválido o ato, o empregado tem direito à reintegração no emprego.

24. Em caso de pedido de demissão o aviso-prévio é obrigação do empregado e direito do empregador, podendo ser descontado caso não concedido.

25. O empregado dispensado, sem justa causa, no período de 30 (trinta) dias que antecede a data de sua correção salarial, terá direito à indenização adicional equivalente a um salário mensal, seja ele optante ou não pelo Fundo de Garantia do Tempo de Serviço – FGTS.

26. O tempo do aviso-prévio, mesmo indenizado, conta-se para efeito da indenização adicional prevista no art. 9º da Lei nº 6.708, de 30.10.1979.

27. A indenização adicional, prevista no art. 9º da Lei nº 6.708, de 30.10.1979 e no art. 9º da Lei nº 7.238 de 28.10.1984, corresponde ao salário mensal, no valor devido na data da comunicação do despedimento, integrado pelos adicionais legais ou convencionados, ligados à unidade de tempo mês, não sendo computável a gratificação natalina.

28. Se ocorrer a rescisão contratual no período de 30 (trinta) dias que antecede à data-base, observado a Súmula 182 do TST, o pagamento das verbas rescisórias com o salário já corrigido não afasta o direito à indenização adicional prevista nas Leis nºs 6.708, de 30.10.1979 e 7.238, de 28.10.1984.

29. Somente após o término do período estabilitário é que se inicia a contagem do prazo do aviso-prévio para efeito das indenizações previstas nos artigos 9º da Lei nº 6.708/79 e 9º da Lei nº 7.238/1984.

30. O contrato de trabalho poderá ser extinto por acordo entre empregado e empregador, hipótese em que serão devidos pela metade o aviso-prévio, se indenizado, e a indenização compensatória do FGTS. As demais parcelas rescisórias são devidas integralmente.

31. Ocorrendo a extinção do contrato por comum acordo entre as partes, o empregado tem direito de sacar até 80% dos depósitos fundiários de sua conta vinculada, mas não tem direito ao recebimento de parcelas do seguro-desemprego.

32. Os requisitos objetivos para imposição da sanção disciplinar se relacionam à conduta censurável. Exige-se, sob este aspecto, a tipicidade, a gravidade da falta e a relação entre a falta e o trabalho.

33. São requisitos subjetivos para imposição da sanção disciplinar a autoria e a culpa em sentido amplo, ou seja, os elementos relacionados ao envolvimento do empregado com a conduta faltosa.

34. Os requisitos circunstanciais dizem respeito à conduta adotada pelo empregador diante da falta cometida. São o nexo causal, a proporcionalidade, a imediaticidade, a singularidade da punição, a não alteração da punição, a não discriminação e a vinculação aos motivos da punição.

35. Age com improbidade o empregado desonesto, que atua de forma contrária à lei, à moral ou aos bons costumes.

36. Para a corrente objetivista somente constitui ato de improbidade aquele que provoca prejuízo patrimonial ao empregador ou a terceiros. Para a corrente subjetivista, por sua vez, a improbidade não depende de dano ao patrimônio, e se configura pela quebra de confiança.

37. Incontinência de conduta é o comportamento que viola especificamente a moral sexual.

38. Mau procedimento é o comportamento que viola a moral genérica, excluída a moral sexual.

39. A negociação habitual abrange não só a concorrência desleal como também a negociação habitual no ambiente de trabalho, a qual prejudica o serviço.

40. A condenação criminal do empregado constitui justa causa para demissão do empregado desde que a decisão tenha transitado em julgado e que não seja possível a suspensão da execução da pena.

41. Enquanto o empregado está preso provisoriamente, antes do trânsito em julgado da condenação, o contrato de trabalho permanece suspenso, não sendo devidos salários, porém mantido o vínculo empregatício entre as partes.

42. A desídia é configurada pela atuação negligente do empregado.

43. A embriaguez habitual ocorre fora do ambiente de trabalho e constitui justa causa se há reiteração da conduta. A embriaguez em serviço, por sua vez, ocorre durante o horário de trabalho, e normalmente a justa causa se configura com um único evento.

44. Se sujeita à dispensa por justa causa o empregado que revela segredo da empresa a terceiros.

45. Indisciplina é o descumprimento de ordens gerais. Insubordinação é o descumprimento de ordens individuais.

46. Ocorre o abandono de emprego quando o empregado deixa de comparecer ao serviço por vários dias consecutivos, com a intenção de extinguir o contrato de trabalho.

47. Presume-se o abandono de emprego se o trabalhador não retornar ao serviço no prazo de 30 (trinta) dias após a cessação do benefício previdenciário nem justificar o motivo de não o fazer.

48. Constitui justa causa a conduta do empregado que provoca lesão (física ou moral) a qualquer pessoa, desde que praticada no ambiente de trabalho. A legítima defesa, própria ou de terceiro, elide a infração.

49. Da mesma forma, incorre em justa causa o empregado que pratica lesão (física ou moral) contra o empregador ou superior hierárquico, mesmo fora do local de trabalho. A legítima defesa, própria ou de terceiro, elide a infração.

50. Incorre em justa causa o empregado que pratica constantemente jogos de azar.

51. Constitui justa causa para rescisão do contrato pelo empregador a perda da habilitação ou dos requisitos estabelecidos em lei para o exercício da profissão, em decorrência de conduta dolosa do empregado.

52. Ocorre a rescisão indireta do contrato de trabalho sempre que o empregador agir descumprindo suas obrigações decorrentes do contrato de trabalho.

53. O empregado poderá considerar rescindido o contrato e pleitear a devida indenização quando forem exigidos serviços superiores às suas forças, defesos por lei, contrários aos bons costumes, ou alheios ao contrato.

54. O empregado poderá considerar rescindido o contrato e pleitear a devida indenização quando for tratado pelo empregador ou por seus superiores hierárquicos com rigor excessivo.

55. O empregado poderá considerar rescindido o contrato e pleitear a devida indenização quando correr perigo manifesto de mal considerável.

56. O empregado poderá considerar rescindido o contrato e pleitear a devida indenização quando não cumprir o empregador as obrigações do contrato.

57. O empregado poderá considerar rescindido o contrato e pleitear a devida indenização quando praticar o empregador ou seus prepostos, contra ele ou pessoas de sua família, ato lesivo da honra e boa fama.

58. O empregado poderá considerar rescindido o contrato e pleitear a devida indenização quando o empregador ou seus prepostos ofenderem-no fisicamente, salvo em caso de legítima defesa, própria ou de outrem.

59. O empregado poderá considerar rescindido o contrato e pleitear a devida indenização quando o empregador reduzir o seu trabalho, sendo este por peça ou tarefa, de forma a afetar sensivelmente a importância dos salários.

60. O empregado poderá suspender a prestação dos serviços ou rescindir o contrato, quando tiver de desempenhar obrigações legais incompatíveis com a continuação do serviço.

61. No caso de morte do empregador constituído em empresa individual, é facultado ao empregado rescindir o contrato de trabalho.

62. Nas hipóteses de descumprimento contratual e de redução indireta do salário, poderá o empregado pleitear a rescisão de seu contrato de trabalho e o pagamento das respectivas indenizações, permanecendo ou não no serviço até final decisão do processo.

63. A redução da carga horária do professor, em virtude da diminuição do número de alunos, não constitui alteração contratual, uma vez que não implica redução do valor da hora-aula.

64. A prática do assédio sexual pelo empregador ou por superior hierárquico do empregado enseja a postulação da rescisão indireta do contrato de trabalho.

65. Não reconhecida a falta grave, a doutrina tende a considerar que a comunicação de rescisão indireta se transforma em pedido de demissão.

66. Quando ocorrer despedida por culpa recíproca ou força maior, reconhecida pela Justiça do Trabalho, a multa compensatória do FGTS será de 20 (vinte) por cento.

67. Entende-se como força maior todo acontecimento inevitável, em relação à vontade do empregador, e para a realização do qual este não concorreu, direta ou indiretamente.

68. A contratação de servidor público, após a CF/1988, sem prévia aprovação em concurso público, encontra óbice no respectivo art. 37, II e § 2º, somente lhe conferindo direito ao pagamento da contraprestação pactuada, em relação ao número de horas trabalhadas, respeitado o valor da hora do salário mínimo, e dos valores referentes aos depósitos do FGTS.

69. No caso de paralisação temporária ou definitiva do trabalho, motivada por ato de autoridade municipal, estadual ou federal, ou pela promulgação de lei ou resolução que impossibilite a continuação da atividade, prevalecerá o pagamento da indenização, que ficará a cargo do governo responsável.

70. O falecimento do empregado determina a extinção do contrato, tendo em vista a característica da pessoalidade em relação ao obreiro.

71. Falecendo o empregador pessoa física, há duas possibilidades: a) se o contrato continuou, houve sucessão trabalhista; b) se, por seu turno, houve cessação do contrato de trabalho, a solução será a mesma dada para os casos de fechamento da empresa sem força maior, ou seja, todos os efeitos da dispensa imotivada.

72. Havendo extinção da empresa ou do estabelecimento, sem a ocorrência de força maior, ou ainda falência, o empregador deverá arcar com as verbas rescisórias devidas em caso de dispensa imotivada.

73. As dispensas imotivadas individuais, plúrimas ou coletivas equiparam-se para todos os fins, não havendo necessidade de autorização prévia de entidade sindical ou de celebração de instrumento coletivo de trabalho para sua efetivação. A intervenção sindical prévia é exigência procedimental imprescindível para a dispensa em massa de trabalhadores, que não se confunde com autorização prévia por parte da entidade sindical ou celebração de convenção ou acordo coletivo.

74. Os créditos tipicamente trabalhistas reconhecidos em juízo não são suscetíveis de compensação com a indenização paga em decorrência de adesão do trabalhador a Programa de Incentivo à Demissão Voluntária (PDV).

75. Plano de Demissão Voluntária ou Incentivada, para dispensa individual, plúrima ou coletiva, previsto em convenção coletiva ou acordo coletivo de trabalho, enseja quitação plena e irrevogável dos direitos decorrentes da relação empregatícia, salvo disposição em contrário estipulada entre as partes.

76. A aposentadoria espontânea não é causa de extinção do contrato de trabalho se o empregado permanece prestando serviços ao empregador após a jubilação. Assim, por ocasião da sua dispensa imotivada, o empregado tem direito à multa de 40% do FGTS sobre a totalidade dos depósitos efetuados no curso do pacto laboral.

77. Na vigência da Lei nº 13.467/2017, deixou de ser obrigatória a homologação das rescisões, independentemente do tempo de serviço do empregado.

78. O instrumento de rescisão ou recibo de quitação, qualquer que seja a causa ou forma de dissolução do contrato, deve ter especificada a natureza de cada parcela paga ao empregado e discriminado o seu valor, sendo válida a quitação, apenas, relativamente às mesmas parcelas.

79. Na extinção do contrato de trabalho, o empregador deverá proceder à anotação da CTPS (baixa), comunicar a dispensa aos órgãos competentes e realizar o pagamento das verbas rescisórias no prazo de dez dias, contados a partir do término do contrato. No mesmo prazo devem ser entregues ao empregado os documentos que comprovem a comunicação da dispensa aos órgãos competentes.

80. A contagem do prazo para quitação das verbas decorrentes da rescisão contratual prevista no art. 477 da CLT exclui necessariamente o dia da notificação da demissão e inclui o dia do vencimento, em obediência ao disposto no art. 132 do Código Civil de 2002.

81. O pagamento a que fizer jus o empregado na rescisão do contrato de trabalho será efetuado em dinheiro, depósito bancário ou em cheque visado, conforme acordem as partes, salvo se o empregado for analfabeto, hipótese em que o pagamento somente poderá ser feito em dinheiro ou depósito bancário.

82. Qualquer compensação no pagamento de que trata o parágrafo anterior não poderá exceder o equivalente a um mês de remuneração do empregado.

83. A inobservância do prazo para pagamento das verbas rescisórias e/ou para a entrega ao empregado dos documentos que comprovem a comunicação da dispensa aos órgãos competentes implica na imposição de duas multas ao empregador. A primeira, de natureza indenizatória, é devida ao trabalhador, em valor equivalente ao seu salário. A segunda, de natureza administrativa, é imposta pela fiscalização do trabalho e devida ao Estado.

84. O prazo para pagamento das verbas rescisórias aplica-se a qualquer modalidade de extinção contratual.

85. A massa falida não se sujeita à penalidade do art. 467 e nem à multa do § 8º do art. 477, ambos da CLT.

86. A circunstância de a relação de emprego ter sido reconhecida apenas em juízo não tem o condão de afastar a incidência da multa prevista no art. 477, § 8º, da CLT. A referida multa não será devida apenas quando, comprovadamente, o empregado der causa à mora no pagamento das verbas rescisórias.

87. Em caso de rescisão de contrato de trabalho, havendo controvérsia sobre o montante das verbas rescisórias, o empregador é obrigado a pagar ao trabalhador, à data do comparecimento à Justiça do Trabalho, a parte incontroversa dessas verbas, sob pena de pagá-las acrescidas de cinquenta por cento.

88. A partir da Lei nº 10.272, de 05.09.2001, havendo rescisão do contrato de trabalho e sendo revel e confesso quanto à matéria de fato, deve ser o empregador condenado ao pagamento das verbas rescisórias, não quitadas na primeira audiência, com acréscimo de 50% (cinquenta por cento).

89. Submete-se à multa do art. 477 da CLT a pessoa jurídica de direito público que não observa o prazo para pagamento das verbas rescisórias, pois nivela-se a qualquer particular, em direitos e obrigações, despojando-se do *jus imperii* ao celebrar um contrato de emprego.

90. A data de saída a ser anotada na CTPS deve corresponder à do término do prazo do aviso-prévio, ainda que indenizado.

91. A anotação da extinção do contrato na CTPS é documento hábil para requerer o benefício do seguro-desemprego e a movimentação da conta vinculada no FGTS, nas hipóteses legais, desde que a comunicação da extinção aos órgãos competentes tenha sido devidamente realizada.

92. É facultado a empregados e empregadores, na vigência ou não do contrato de emprego, firmar o termo de quitação anual de obrigações trabalhistas perante o sindicato dos empregados da categoria.

QUADRO DOS DIREITOS RESCISÓRIOS

MODALIDADE DE EXTINÇÃO CONTRATUAL	Saldo de salário	Décimo terceiro proporcional	Férias vencidas	Férias simples	Férias proporcionais	Aviso-Prévio	Multa FGTS	Saque FGTS	Seguro-Desemprego	Multa: art. 479, CLT	Multa: art. 480, CLT	Indenização adicional
Término do contrato por prazo determinado	SIM	SIM	SIM	SIM	SIM			SIM				
Rescisão antecipada do contrato a termo (iniciativa do empregador)	SIM	SIM	SIM	SIM	SIM		40%[56]	SIM	SIM	SIM		
Rescisão antecipada do contrato a termo (iniciativa do empregado)	SIM	SIM	SIM	SIM	SIM				SIM		PAGA	
Rescisão antecipada do contrato a termo com cláusula assecuratória (iniciativa do empregador)	SIM	SIM	SIM	SIM	SIM	SIM	40%	SIM	SIM			SIM
Rescisão antecipada do contrato a termo com cláusula assecuratória (iniciativa do empregado)	SIM	SIM	SIM	SIM	SIM	CUMPRE/PAGA						
Rescisão antecipada do contrato a termo por motivo de força maior	SIM	SIM	SIM	SIM	SIM	SIM	20%	SIM	SIM	50%		
Rescisão antecipada do contrato a termo por culpa recíproca	SIM	50%	SIM	SIM	50%	SIM	20%[57]	SIM		50%		
Rescisão antecipada do contrato a termo por justa causa	SIM		SIM	SIM		CUMPRE/PAGA						
Pedido de demissão	SIM	SIM	SIM	SIM	SIM	SIM						
Despedida sem justa causa	SIM	SIM	SIM	SIM	SIM	SIM	40%	SIM	SIM			SIM[58]
Acordo entre empregador e empregado (distrato)	SIM	SIM	SIM	SIM	SIM	50%[59]	50%[60]	50%[61]	SIM			
Dispensa por justa causa	SIM		SIM	SIM								
Rescisão indireta do contrato de trabalho	SIM	SIM	SIM	SIM	SIM	SIM	40%[62]	SIM	SIM			
Culpa recíproca	SIM	50%	SIM	SIM	50%	50%	20%[63]	SIM				
Rescisão para desempenho de obrigações legais incompatíveis[64]	SIM	SIM	SIM	SIM	SIM	NÃO PAGA						
Morte do empregador constituído em empresa individual[65]	SIM	SIM	SIM	SIM	SIM	NÃO PAGA						
Extinção do contrato por motivo de força maior	SIM	SIM	SIM	SIM	SIM	SIM	20%[66]	SIM	SIM			
Morte do empregado	SIM	SIM	SIM	SIM	SIM			SIM	SIM			
Morte do empregador pessoa física[67]	SIM	SIM	SIM	SIM	SIM	SIM	40%	SIM	SIM			
Extinção da empresa ou do estabelecimento/falência	SIM	SIM	SIM	SIM	SIM	SIM	40%	SIM	SIM			

56 Art. 14 do Decreto nº 99.684/1990 (Regulamento do FGTS).
57 Art. 14 do Decreto nº 99.684/1990 (Regulamento do FGTS).
58 É devida a indenização adicional no caso de dispensa imotivada no trintídio que antecede a data-base (art. 9º da Lei nº 7.238/1984).
59 Art. 9º, § 1º, do Decreto nº 99.684/1990 (Regulamento do FGTS).
60 Art. 18, § 2º, da Lei nº 8.036/1990.
61 Art. 483, § 1º, CLT.
62 Art. 483, § 2º, CLT.
63 Devido pela metade somente se for indenizado. Do contrário, é devido integralmente. Art. 484-A, I, "a", da CLT.
64 Art. 484-A, I, "b", CLT.
65 Art. 484-A, §1º, CLT.
66 Art. 18, § 2º, da Lei nº 8.036/1990.
67 Art. 485, CLT.

CAPÍTULO 21

Aviso-Prévio

· ·

Marcadores: Aviso-prévio; Aviso-prévio TRABALHADO; Aviso-prévio INDENIZADO; PROJEÇÃO DO Aviso-prévio INDENIZADO; Aviso-prévio CUMPRIDO EM CASA; Aviso-prévio PROPORCIONAL AO TEMPO DE SERVIÇO.

Material de estudo:

✓ Legislação: **CLT**, arts. 391-A, 481, 484-A, 487-491; **Lei n° 5.889/1973**, art. 15; **Lei n° 12.506/2011; Lei Complementar n° 150/2015**, arts. 23, 24.

✓ Jurisprudência: **Súm.** 10, 14, 44, 73, 163, 182, 230, 276, 305, 348, 354, 371, 380, 441, **TST; OJ SDI-1** 14, 82, 83, 367, **TST.**

✓ Doutrina (–).

Estratégia de estudo sugerida:

Concentre-se na literalidade dos dispositivos legais e dos verbetes de jurisprudência do TST. Para resolver a grande maioria das questões que envolvem o assunto deste capítulo é suficiente o estudo básico (lei + jurisprudência).

O instituto do aviso-prévio, embora seja figura comum ao direito privado, existe na seara laboral tendo em vista a regra geral de indeterminação de prazo do contrato de trabalho. Assim, a parte que desejar romper o contrato deverá pré-avisar a outra, conforme disposto em lei.

21.1. CONCEITO E CARACTERÍSTICAS

Aviso-prévio é o direito do contratante de ser avisado, com a antecedência de, no mínimo, 30 dias, conforme previsto na CRFB, sobre a intenção da outra parte de romper o contrato de trabalho.

Na mesma linha, Messias Pereira Donato ensina que "aviso-prévio é a notificação de prazo a ser obrigatoriamente feita a um dos contratantes por parte do contratante que pretender denunciar, sem justa causa, o contrato de trabalho por tempo indeterminado que os vincula"[1].

---

[1]   DONATO, Messias Pereira. *Curso de Direito Individual do Trabalho*. 6. ed. São Paulo: LTr, 2008, p. 637.

A doutrina costuma destacar as seguintes características do aviso-prévio:

- *declaração receptícia de vontade*: não depende da vontade (aceitação) do outro sujeito, é unilateral;
- *natureza constitutiva*: tendo em vista que põe fim ao contrato;
- provoca efeitos *ex nunc*: produz efeitos a partir da comunicação, de forma não retroativa.

21.2. FINALIDADE

Incontestavelmente, a finalidade primordial do aviso-prévio é impedir que uma das partes seja surpreendida com a ruptura, pela outra parte, do contrato por prazo indeterminado.

Parcela considerável da doutrina, entretanto, considera o aviso-prévio instituto de *natureza jurídica multidimensional*[2], destacando-se o seguinte:

a) declaração de vontade no sentido de romper o contrato de trabalho;
b) fixação do prazo para o término do contrato;
c) pagamento do período do aviso (seja trabalhado ou indenizado).

Seguindo o mesmo raciocínio, Homero Batista Mateus da Silva ensina que

"A mesma expressão assume, portanto, mais de um significado. O primeiro e mais importante para o estudo corresponde à obrigação de fazer, no sentido de ser cumprido o ritual de cortesia e transparência, externando à parte contrária a verdade. O segundo significado carrega também uma obrigação de fazer, mas no sentido de trabalho: o cumprimento do período do aviso-prévio durante o período necessário para a transição. O terceiro significado tem aspecto de obrigação de pagar, concernente à conversão em pecúnia em caso de descumprimento de alguma das obrigações de fazer"[3].

21.3. CABIMENTO

Como regra, o aviso-prévio é cabível nos contratos por prazo indeterminado. De forma geral, a figura não é compatível com os contratos por prazo determinado, cuja extinção antecipada acarreta o pagamento de indenização (arts. 479 e 480 da CLT), mas não exige o aviso-prévio.

Não obstante, nos contratos por prazo determinado que contenham *cláusula assecuratória do direito recíproco de rescisão antecipada*, nos termos do art. 481 da CLT, a rescisão antecipada do contrato enseja o cumprimento do aviso-prévio. Isso porque a CLT estipula que, na vigência de tal cláusula, aplicam-se "os princípios que regem a rescisão dos contratos por prazo indeterminado".

Se houver cláusula assecuratória do direito recíproco de rescisão antecipada e se esta for utilizada por uma das partes, caberá o aviso-prévio, ainda que o contrato seja de experiência, pois este é espécie do gênero contratos por prazo determinado. Neste diapasão, a Súmula 163 do TST:

Súm. 163. Aviso-prévio. Contrato de experiência (mantida). Res. 121/2003, *DJ* 19, 20 e 21.11.2003.

---

2   Por todos, DELGADO, Maurício Godinho. *Curso de Direito do Trabalho*. 9. ed. São Paulo: LTr, 2010, p. 1.094.
3   SILVA, Homero Batista Mateus da. *Curso de Direito do Trabalho aplicado: Contrato de trabalho*. Rio de Janeiro: Elsevier, 2009, vol. 6, p. 311.

Cabe aviso-prévio nas rescisões antecipadas dos contratos de experiência, na forma do art. 481 da CLT.

Muito cuidado ao estudar esta súmula, para que se alcance sua correta interpretação. O verbete não significa que, de uma forma geral, caiba aviso-prévio no contrato de experiência, mas tão somente naquelas hipóteses em que há, no contrato de experiência, cláusula assecuratória do direito recíproco de rescisão antecipada do contrato a termo, conforme dispõe o art. 481 da CLT.

Registre-se ainda que **é cabível o aviso-prévio nas hipóteses de rescisão indireta do contrato de trabalho** (art. 487, § 4º, CLT).

De forma esquemática, **o aviso-prévio tem cabimento nas seguintes situações**:

* rescisão sem justa causa do contrato por prazo indeterminado[4], seja por iniciativa do empregador ou do empregado (naturalmente, o direito ao aviso-prévio será, no caso, da parte avisada);
* rescisão por comum acordo, também denominada *distrato* (art. 484-A, I, CLT)[5];
* rescisão indireta do contrato de trabalho (conhecida como *justa causa do empregador*);
* rescisão antecipada do contrato a termo que contenha cláusula assecuratória do direito recíproco de rescisão antecipada (art. 481, CLT);
* rescisão por culpa recíproca, hipótese em que é devido pela metade.

Nesta última hipótese, de extinção contratual por culpa recíproca, não há previsão legal expressa, e sim construção jurisprudencial, consubstanciada na Súmula 14 do TST:

Súm. 14. Culpa recíproca (nova redação). Res. 121/2003, *DJ* 19, 20 e 21.11.2003.

Reconhecida a culpa recíproca na rescisão do contrato de trabalho (art. 484 da CLT), o empregado tem direito a 50% (cinquenta por cento) do valor do aviso-prévio, do décimo terceiro salário e das férias proporcionais.

Por fim, e ainda sobre o cabimento do aviso-prévio, a Súmula 44 do TST:

Súm. 44. Aviso prévio (mantida). Res. 121/2003, *DJ* 19, 20 e 21.11.2003.

A cessação da atividade da empresa, com o pagamento da indenização, simples ou em dobro, não exclui, por si só, o direito do empregado ao aviso prévio.

Com razão o TST, pois os riscos do empreendimento cabem exclusivamente ao empregador, razão pela qual o ônus da cessação da atividade da empresa, **qualquer que seja o motivo**, deve ser suportado pelo empregador, e não dividido com os empregados.

---

4   O aviso-prévio é devido inclusive na hipótese de dispensa sem justa causa do professor ao final do ano letivo ou durante as férias escolares. Neste sentido, a Súmula 10 do TST:
Súm. 10. Professor. Dispensa sem justa causa. Término do ano letivo ou no curso de férias escolares. Aviso-prévio (redação alterada em sessão do Tribunal Pleno realizada em 14.09.2012) – Res. 185/2012, DEJT divulgado em 25, 26 e 27.09.2012.
O direito aos salários do período de férias escolares assegurado aos professores (art. 322, *caput* e § 3º, da CLT) não exclui o direito ao aviso-prévio, na hipótese de dispensa sem justa causa ao término do ano letivo ou no curso das férias escolares.

5   O art. 484-A da CLT foi incluído pela Lei nº 13.467/2017 e prevê que, na extinção do contrato por comum acordo entre empregador e empregado, o aviso-prévio é devido pela metade, se indenizado. Caso o aviso-prévio seja trabalhado, deve ser cumprido normalmente.

21.4. FUNDAMENTO LEGAL E PRAZO

O aviso-prévio é **direito constitucional** assegurado aos empregados, nos termos do art. 7º, XXI, da CRFB:

> Art. 7º São direitos dos trabalhadores urbanos e rurais, além de outros que visem à melhoria de sua condição social:
> (...)
> XXI – aviso prévio proporcional ao tempo de serviço, sendo no mínimo de trinta dias, nos termos da lei;
> (...)

Observe-se que **a CRFB/88 estipulou o prazo mínimo do aviso-prévio**, que é de **30 dias**. Não estabeleceu, entretanto, a proporção em relação ao tempo de serviço, deixando tal matéria para a regulamentação infraconstitucional. A propósito, o TST tinha firme o entendimento de que o dispositivo constitucional que trata da proporcionalidade do aviso-prévio não era autoaplicável, razão pela qual carecia de regulamentação. Neste sentido, a OJ 84 da SDI-1 do TST[6], cancelada pela Res. 186/2012 do TST.

Ante a absurda demora do legislador em regulamentar o aviso-prévio proporcional previsto na CRFB/1988, a questão foi levada a julgamento perante o STF, por meio dos Mandados de Injunção 943, 1.011, 1.074 e 1.090, os quais foram reunidos. Tais ações, antes mesmo de serem julgadas[7], desencadearam a corrida do legislador, a qual culminou com a promulgação da Lei nº 12.506, de 11.10.2011, publicada no *DOU* de 13.10.2011.

Ocorre que os 23 anos decorridos entre a promulgação da Constituição e a promulgação da Lei nº 12.506/2011 não foram suficientes para que o legislador esclarecesse de vez a questão. Ao contrário, a Lei nº 12.506/2011 trouxe muitas dúvidas e uma única certeza: agora temos entre nós, de fato e de direito, o aviso-prévio proporcional ao tempo de serviço.

Dispõe o art. 1º (e único, ao passo que o art. 2º trata apenas da vigência imediata) da Lei nº 12.506/2011, *in verbis*:

> Art. 1º O aviso prévio, de que trata o Capítulo VI do Título IV da Consolidação das Leis do Trabalho – CLT, aprovada pelo Decreto-Lei nº 5.452, de 1º de maio de 1943, será concedido na proporção de 30 (trinta) dias aos empregados que contem até 1 (um) ano de serviço na mesma empresa.
> Parágrafo único. Ao aviso prévio previsto neste artigo serão acrescidos 3 (três) dias por ano de serviço prestado na mesma empresa, até o máximo de 60 (sessenta) dias, perfazendo um total de até 90 (noventa) dias.

Os possíveis desdobramentos deste novo cenário serão apresentados conjuntamente em tópico próprio, no final deste capítulo (tópico 21.16).

Faz-se necessário esclarecer, entretanto, que até a publicação da Lei nº 12.506/2011, ou seja, até 13.10.2011, valia a previsão constitucional, salvo **estipulação mais benéfica** em norma coletiva, cláusula contratual ou regulamentar.

---

[6] OJ-SDI1-84. Aviso-prévio. Proporcionalidade (cancelada) – Res. 186/2012, *DEJT* divulgado em 25, 26 e 27.09.2012. A proporcionalidade do aviso-prévio, com base no tempo de serviço, depende da legislação regulamentadora, visto que o art. 7º, inc. XXI, da CF/1988 não é autoaplicável.

[7] O julgamento dos referidos Mandados de Injunção ocorreu em 06.02.2013, oportunidade na qual o STF determinou a aplicação dos parâmetros da Lei nº 12.506/2011 no caso concreto.

Registre-se ainda que, **para as hipóteses já constituídas anteriormente à Lei nº 12.506/2011,** caso exista previsão mais benéfica em norma coletiva, os seus efeitos dependerão da respectiva cláusula da convenção ou do acordo coletivo de trabalho. Explica-se: o aviso-prévio tem o efeito pecuniário direto (pagamento do período respectivo), bem como o efeito de produzir reflexos em outras parcelas, como decorrência da contagem de tempo de serviço. Omissa a norma coletiva a este respeito, entende-se que o aviso-prévio majorado vale para todos os efeitos, inclusive integração nas demais parcelas (notadamente no décimo terceiro proporcional e nas férias proporcionais). Este é o sentido da OJ 367 da SDI-1 do TST:

OJ-SDI1-367. Aviso prévio de 60 dias. Elastecimento por norma coletiva. Projeção. Reflexos nas parcelas trabalhistas (*DEJT* divulgado em 03, 04 e 05.12.2008).

O prazo de aviso prévio de 60 dias, concedido por meio de norma coletiva que silencia sobre alcance de seus efeitos jurídicos, computa-se integralmente como tempo de serviço, nos termos do § 1º do art. 487 da CLT, repercutindo nas verbas rescisórias.

Exemplo da hipótese fática pode ser extraído do seguinte aresto:

(...) Auxílio-alimentação. Aviso prévio indenizado. O acórdão regional é expresso ao consignar que a norma coletiva da qual se extrai a previsão do benefício em debate determina seu pagamento relativamente aos dias trabalhados. Nessa moldura, indevida a manutenção do pagamento durante o período do aviso prévio indenizado de 60 (sessenta) dias. (...) (TST, RR 1800-09.2008.5.04.0661, 8ª Turma, Rel. Min. Maria Cristina Irigoyen Peduzzi, *DEJT* 11.06.2010).

A CLT já regulava o aviso-prévio, porém fixava-lhe os prazos conforme a periodicidade do pagamento dos salários. Neste sentido, o art. 487:

Art. 487. Não havendo prazo estipulado, a parte que, sem justo motivo, quiser rescindir o contrato deverá avisar a outra da sua resolução com a antecedência mínima de:

I - oito dias, se o pagamento for efetuado por semana ou tempo inferior;

II - trinta dias aos que perceberem por quinzena ou mês, ou que tenham mais de 12 (doze) meses de serviço na empresa.

(...)

Obviamente, o prazo do inciso I do art. 487, bem como a menção, no inciso II, à periodicidade do pagamento do salário, não são compatíveis com a CRFB de 1988. Com efeito, **na ordem constitucional atual não mais existe aviso-prévio menor que 30 dias.** Portanto, deve-se ler este dispositivo em conformidade com o art. 7º, XXI, da Constituição.

Corrente doutrinária notadamente minoritária[8] defende que o inciso I continuaria vigente em caso de aviso-prévio devido pelo empregado (pedido de demissão), visto que mais benéfico, ao passo que o aviso-prévio de 30 dias (no mínimo) seria devido pelo empregador, nas hipóteses de demissão sem justa causa, tendo em vista que arrolado na CRFB/88 como *direito* do trabalhador.

---

8   Neste sentido, DONATO, Messias Pereira. *Curso de Direito Individual do Trabalho*, p. 641-642; e MARTINS, Sergio Pinto. *Comentários à CLT*. 14. ed. São Paulo: Atlas, 2010, p. 540.

Por fim, registre-se que **a Lei nº 12.506/2011 não revogou os dispositivos celetistas que tratam do aviso-prévio**, mas tão somente regulamentou o aviso-prévio proporcional ao tempo de serviço previsto na Constituição.

21.5. CONTAGEM DO PRAZO E FORMA

A contagem do prazo do aviso-prévio obedece à regra civilista clássica constante do art. 132 do CCB/2002, segundo a qual, "salvo disposição legal ou convencional em contrário, computam-se os prazos, excluído o dia do começo, e incluído o do vencimento".

Neste mesmo sentido, ainda que de forma redundante, o TST já firmou jurisprudência:

> Súm. 380. Aviso prévio. Início da contagem. Art. 132 do Código Civil de 2002. Res. 129/2005, DJ 20, 22 e 25.04.2005.
>
> Aplica-se a regra prevista no *caput* do art. 132 do Código Civil de 2002 à contagem do prazo do aviso prévio, excluindo-se o dia do começo e incluindo o do vencimento.

Exemplo:

Aviso-prévio em 13.04.2009

Início da contagem: 14.04.2009   Término do aviso-prévio: 13.05.2009

Contam-se os 30 dias corridos, independentemente de o primeiro e o último serem dias úteis ou não[9]. Naturalmente, se o mês em que se der a comunicação for de 31 dias (ou de 28, ou ainda de 29), o dia do término não coincidirá com o dia (do mês) da comunicação, no mês subsequente.

No tocante à forma, a lei não estipula forma especial, razão pela qual seria válido, em tese, o aviso-prévio verbal. Não obstante, a doutrina costuma sugerir seja o aviso-prévio firmado por escrito, a fim de facilitar, quando necessário, a produção de prova. Neste sentido, o seguinte julgado do TRT de Minas Gerais:

> Aviso prévio. Forma. A lei não prescreve forma para o aviso prévio. Embora a vantagem da forma escrita seja indiscutível, nada impede que o pré-aviso seja dado tácita ou verbalmente. E não se pode discutir a validade do aviso prévio, quando se verifica que o seu objetivo foi alcançado, ou seja, a notificação de uma parte da ruptura do pacto por iniciativa da outra. (...) (TRT da 3ª Região, RO-6.740/1996, 2ª Turma, Rel. Juiz Carlos Eduardo Ferreira, *DJ/MG* 17.01.1997).

21.6. RECIPROCIDADE DA OBRIGAÇÃO E IRRENUNCIABILIDADE

Tanto o empregador quanto o empregado têm a obrigação de conceder o aviso-prévio, conforme quem tiver dado causa à terminação do contrato de trabalho.

21.6.1. Aviso-prévio concedido pelo empregador

Se o empregador demitiu o empregado sem justa causa, deve conceder-lhe o aviso-prévio, sob pena de indenizar o período respectivo, o qual será contado como tempo de serviço para o cálculo das demais parcelas com repercussão pecuniária.

---

[9]   Neste sentido, MARTINS, Sergio Pinto. *Comentários à CLT*. 14. ed. São Paulo: Atlas, 2010, p. 541. Da mesma forma, SILVA, Homero Batista Mateus da. *Curso de Direito do Trabalho aplicado: Contrato de trabalho*, p. 318.

Neste sentido, o § 1º do art. 487:

Art. 487. (...)

§ 1º A falta do aviso prévio por parte do empregador dá ao empregado o direito aos salários correspondentes ao prazo do aviso, garantida sempre a integração desse período no seu tempo de serviço.

(...)

Portanto, o aviso-prévio concedido pelo empregador pode ser:

a) trabalhado, hipótese em que o empregado presta serviços normalmente durante o prazo do aviso-prévio, salvo se optar pela redução de sete dias corridos, como se verá adiante. Naturalmente, o pagamento deste período será devido como verdadeiro salário;

b) indenizado, caso o empregador não queira que o obreiro permaneça na empresa trabalhando durante o prazo correspondente ao aviso-prévio. Neste caso, o valor correspondente ao salário dos dias referentes ao aviso-prévio é pago ao empregado juntamente com as verbas rescisórias. Além disso, a projeção do aviso-prévio indenizado é computada como tempo de serviço, refletindo no cálculo de outras parcelas.

O direito não acolhe a figura do *aviso-prévio cumprido em casa*. Com efeito, tratava-se de **estratégia patronal utilizada sob a égide da redação anterior do § 6º do art. 477 da CLT**, com vistas a postergar o pagamento das parcelas rescisórias. A situação fática era a seguinte: o empregador resolvia demitir o empregado sem justa causa, mas não pretendia que ele cumprisse o aviso-prévio. Entretanto, se não havia cumprimento do aviso-prévio, a data para pagamento das verbas rescisórias era até o décimo dia, contado da data da notificação da demissão (art. 477, § 6º, "b", CLT, *em sua redação original*). Assim, o empregador determinava que o aviso-prévio deveria ser cumprido pelo empregado, mas em casa, longe da empresa, de modo que o prazo para pagamento das verbas rescisórias seria até o primeiro dia útil imediato ao término do aviso-prévio (art. 477, § 6º, "a", CLT, *em sua redação original*).

Como tal figura não tem amparo legal, bem como constituía manobra do empregador visando fraudar direito trabalhista assegurado, lhe eram atribuídos os **mesmos efeitos do aviso-prévio indenizado**. Em consonância com tal entendimento, a OJ 14 da SDI-1 do TST:

OJ-SDI1-14. Aviso prévio cumprido em casa. Verbas rescisórias. Prazo para pagamento. *DJ* 20.04.2005.

Em caso de aviso prévio cumprido em casa, o prazo para pagamento das verbas rescisórias é até o décimo dia da notificação de despedida.

Ocorre que toda esta discussão acerca do aviso-prévio cumprido em casa aparentemente perdeu o sentido ante a alteração da redação do § 6º do art. 477 da CLT, levada a efeito pela Lei nº 13.467/2017. Com efeito, em sua nova redação o § 6º do art. 477 da CLT unificou os prazos para pagamento das verbas rescisórias, estabelecendo um único prazo de dez dias, contados do término do contrato de trabalho.

Sendo assim, e considerando o entendimento que vem prevalecendo no sentido de que o *término do contrato de trabalho*, para os fins do disposto no art. 477, § 6º, da CLT (prazo de dez dias para pagamento das verbas rescisórias), é, no caso do aviso-prévio indenizado, a data da comunicação da dispensa, o critério para contagem do prazo será sempre o mesmo. De qualquer forma, entretanto, se o empregador insistir com a figura do aviso-prévio cumprido em casa, já se sabe que ele tem os mesmos efeitos do aviso-prévio indenizado.

728 | DIREITO DO TRABALHO • RICARDO RESENDE

Enquanto direito do empregado, o aviso-prévio é irrenunciável, exceto na hipótese de o trabalhador já ter conseguido novo emprego. A justificativa é a regra da imperatividade das normas trabalhistas, com vistas à preservação do direito do hipossuficiente. Neste sentido, o TST:

> Súm. 276. Aviso prévio. Renúncia pelo empregado (mantida). Res. 121/2003, *DJ* 19, 20 e 21.11.2003.
>
> O direito ao aviso prévio é irrenunciável pelo empregado. O pedido de dispensa de cumprimento não exime o empregador de pagar o respectivo valor, salvo comprovação de haver o prestador dos serviços obtido novo emprego.

A exceção se justifica pela própria finalidade do aviso-prévio concedido pelo empregador, qual seja possibilitar que o empregado arranje novo emprego.

Mencione-se, entretanto, que a previsão de extinção do contrato de trabalho por acordo entre empregador e empregado (art. 484-A da CLT, incluído pela Lei nº 13.467/2017) mitigou a ideia de irrenunciabilidade do aviso-prévio, porquanto estabeleceu que, nesta modalidade rescisória, o aviso-prévio, se indenizado, é devido pela metade (art. 484-A, I, "a").

21.6.2. Aviso-prévio concedido pelo empregado

O empregado que pede demissão *deve* conceder o aviso-prévio ao empregador. Nesta hipótese, o aviso-prévio não é direito do empregado, e sim dever, pelo que a não concessão implica o direito de o empregador descontar, das parcelas rescisórias devidas ao trabalhador, o valor correspondente ao aviso-prévio não cumprido.

Este é o teor do § 2º do art. 487:

> Art. 487. (...)
>
> § 2º A falta de aviso prévio por parte do empregado dá ao empregador o direito de descontar os salários correspondentes ao prazo respectivo.
>
> (...)

Tendo em vista que, no caso, o empregado é quem deve cumprir o aviso-prévio, é lícita a dispensa, pelo empregador, do seu cumprimento, ao passo que o Direito do Trabalho visa à proteção dos interesses do trabalhador, e não do empregador. Ademais, a solução é visivelmente mais favorável ao obreiro. É claro que se o empregador dispensa o empregado de trabalhar durante o aviso-prévio, o contrato terminará de imediato, para todos os efeitos legais.

Exemplo: o empregado comunica ao empregador, no dia 30.06.2011, que pretende romper o contrato de trabalho, ou seja, dá ao empregador o aviso-prévio. Tendo em vista a possibilidade de arranjar novo emprego de imediato, o empregado solicita ao empregador a dispensa do cumprimento do aviso-prévio. Neste caso, o empregador pode escolher entre duas possibilidades:

a) pode dispensar o empregado do cumprimento do aviso-prévio, hipótese em que o término do contrato de trabalho se dará em 30.06.2011, não sendo devidas, por óbvio, quaisquer parcelas referentes ao prazo do aviso-prévio não cumprido. Observe-se que, neste caso, não há renúncia de direito do trabalhador, porque o aviso--prévio constitui dever e não direito;

b) pode negar ao empregado a dispensa solicitada. Se esta for a opção do empregador, há ainda duas soluções possíveis: o empregado cumpre o aviso-prévio, trabalhando durante os trinta dias; ou o empregado deixa o trabalho imediatamente, e o empregador desconta os salários correspondentes ao prazo do aviso-prévio não cumprido.

Considerando-se a importância do tema no cotidiano laboral, bem como a fim de facilitar a compreensão das hipóteses mencionadas, segue quadro-resumo contendo as hipóteses de dispensa do cumprimento do aviso-prévio e os respectivos efeitos jurídicos:

Modalidade de extinção	Direito de quem?	Dispensa cumprimento	Efeito
Dispensa sem justa causa	EMPREGADO	Empregado (sem novo emprego) solicita e o empregador aceita	O empregado não precisa cumprir o aviso, mas mesmo assim é devida a indenização.
		Empregado (com novo emprego) solicita e o empregador aceita	O empregado não precisa cumprir o aviso e o empregador não é obrigado a indenizá-lo. (Súmula 276)
		Empregado solicita, mas o empregador não aceita	O empregador pode descontar como faltas os dias não trabalhados do aviso--prévio.
		Empregador dispensa diretamente (por opção sua)	O empregador indeniza o aviso-prévio.
Pedido de demissão	EMPREGADOR	Empregado solicita e o empregador aceita	O empregado para de prestar serviços imediatamente e não sofre qualquer desconto.
		Empregado solicita, mas o empregador não aceita	Se o empregado não cumpre o aviso, o empregador pode descontar o valor equivalente a um mês de salário. Caso o empregado cumpra o aviso, naturalmente não sofrerá desconto.
		Empregador dispensa diretamente (por opção sua)	O empregador indeniza o aviso-prévio.

No que diz respeito ao aviso-prévio proporcional, regulado pela Lei nº 12.506/2011, tem prevalecido o entendimento no sentido de que não há bilateralidade, ou seja, não se aplica a proporcionalidade quando o empregado pede demissão. A título de exemplo, mencione-se o seguinte aresto:

RECURSO DE EMBARGOS EM RECURSO DE REVISTA. INTERPOSIÇÃO SOB A ÉGIDE DA LEI 13.015/2014. AVISO PRÉVIO PROPORCIONAL. ALTERAÇÃO DA LEI 12.506/2011. OBRIGAÇÃO LIMITADA AO EMPREGADOR. AUSÊNCIA DE RECIPROCIDADE. A proporcionalidade do aviso prévio a que se refere a Lei 12.506/2001 apenas pode ser exigida da empresa, uma vez que entendimento em contrário, qual seja, exigir que também o trabalhador cumpra aviso prévio superior aos originários 30 dias, constituiria alteração legislativa prejudicial ao empregado, o que, pelos princípios que norteiam o ordenamento jurídico trabalhista, não se pode admitir. Dessarte (sic), conclui-se que a norma relativa ao aviso prévio proporcional não guarda a mesma bilateralidade característica da exigência de 30 dias, essa sim obrigatória a qualquer das partes que intentarem resilir o contrato de emprego. Recurso de embargos conhecido e provido. (TST, SDI-I, E-RR-1964-73.2013.5.09.0009, Rel. Min. Hugo Carlos Scheuermann, j. 21.09.2017, *DEJT* 29.09.2017).

21.7. BASE DE CÁLCULO DO AVISO-PRÉVIO

O aviso-prévio tem como **base de cálculo** o **salário** (art. 487, §§ 1º e 2º, CLT), e não a remuneração. Assim, as **gorjetas** porventura recebidas **não integram** a base de cálculo do aviso-prévio. Neste sentido, a Súmula 354 do TST:

> Súm. 354. Gorjetas. Natureza jurídica. Repercussões (mantida). Res. 121/2003, *DJ* 19, 20 e 21.11.2003.
>
> **As gorjetas**, cobradas pelo empregador na nota de serviço ou oferecidas espontaneamente pelos clientes, integram a remuneração do empregado, **não servindo de base de cálculo para as parcelas de aviso prévio**, adicional noturno, horas extras e repouso semanal remunerado. (grifos meus)

Salário, no caso, inclui parcelas salariais em geral, sempre que pagas com habitualidade, por exemplo, os adicionais. Se o salário do empregado for fixo, o aviso-prévio corresponderá ao próprio salário. Entretanto, se for variável, computar-se-á a média dos últimos 12 meses, conforme art. 487, § 3º:

> Art. 487. (...)
>
> § 3º Em se tratando de salário pago na base de tarefa, o cálculo, para os efeitos dos parágrafos anteriores, será feito de acordo com a média dos últimos 12 (doze) meses de serviço.
>
> (...)

O valor das horas extras habitualmente prestadas, que integra o salário para todos os fins legais, integra também o cálculo do aviso-prévio, inclusive indenizado, nos termos do § 5º do art. 487 da CLT, segundo o qual "o valor das horas extraordinárias habituais integra o aviso prévio indenizado".

As gratificações semestrais, caso pagas, **não** integram a base de cálculo do aviso-prévio, nos termos da Súmula 253 do TST.

21.8. NATUREZA DO AVISO-PRÉVIO E INDENIZAÇÃO DO PERÍODO RESPECTIVO

O aviso-prévio tem natureza de comunicação formal da intenção de romper o contrato de trabalho. Alguns autores chamam tal rompimento de *denúncia do contrato*, o que é a mesma coisa.

Se **cumprido**, o aviso-prévio **tem a natureza de parcela salarial**, integrando o cálculo de todas as demais parcelas, conforme o caso. Isso porque, neste caso, o aviso-prévio nada mais é que um último mês de contrato, que se soma ao que já foi cumprido até a data da comunicação. Assim, o aviso-prévio trabalhado é, inquestionavelmente, base de cálculo do FGTS.

Caso não seja concedido pelo empregador, entretanto, o aviso-prévio **deve ser indenizado**, computando-se a projeção do prazo respectivo para cálculo dos haveres trabalhistas da rescisão (férias e décimo terceiro proporcionais). Neste sentido, o supramencionado § 1º do art. 487 da CLT.

Nesta segunda hipótese, embora a natureza seja indenizatória, permanece a obrigação de recolher o FGTS sobre o aviso-prévio indenizado, conforme a Súmula 305 do TST:

> Súm. 305. Fundo de garantia do tempo de serviço. Incidência sobre o aviso prévio (mantida). Res. 121/2003, *DJ* 19, 20 e 21.11.2003.
>
> O pagamento relativo ao período de aviso prévio, trabalhado ou não, está sujeito a contribuição para o FGTS.

A respeito dos efeitos econômicos da projeção do aviso-prévio, a Súmula 182 do TST:

> Súm. 182. Aviso prévio. Indenização compensatória. Lei nº 6.708, de 30.10.1979 (mantida). Res. 121/2003, *DJ* 19, 20 e 21.11.2003.
>
> O tempo do aviso prévio, mesmo indenizado, conta-se para efeito da indenização adicional prevista no art. 9º da Lei nº 6.708, de 30.10.1979.

Este verbete já foi objeto de estudo no Capítulo anterior, para onde remeto o leitor, caso seja necessário.

21.9. AVISO-PRÉVIO E GARANTIAS DE EMPREGO

Prevalece o entendimento no sentido de que, em regra, as garantias de emprego não se aplicam a fatos geradores ocorridos durante o cumprimento do aviso-prévio, tendo em vista que, a partir da comunicação, o empregado já tem conhecimento da data do rompimento do contrato, a exemplo do que ocorre em relação aos contratos por prazo determinado.

Neste sentido, a Súmula 371 do TST:

> Súm. 371. Aviso prévio indenizado. Efeitos. Superveniência de auxílio-doença no curso deste. Res. 129/2005, *DJ* 20, 22 e 25.04.2005.
>
> A projeção do contrato de trabalho para o futuro, pela concessão do aviso prévio indenizado, tem efeitos limitados às vantagens econômicas obtidas no período de pré-aviso, ou seja, salários, reflexos e verbas rescisórias. No caso de concessão de auxílio-doença no curso do aviso prévio, todavia, só se concretizam os efeitos da dispensa depois de expirado o benefício previdenciário.

Ainda no mesmo sentido, o item V da Súmula 369 do TST:

> Súm. 369. Dirigente sindical. Estabilidade provisória (redação do item I alterada na sessão do Tribunal Pleno realizada em 14.09.2012) – Res. 185/2012, *DEJT* divulgado em 25, 26 e 27.09.2012.
>
> (...)
>
> V – O registro da candidatura do empregado a cargo de dirigente sindical durante o período de aviso prévio, ainda que indenizado, não lhe assegura a estabilidade, visto que inaplicável a regra do § 3º do art. 543 da Consolidação das Leis do Trabalho.

Assim, a jurisprudência confere, em geral, efeitos meramente econômicos à projeção do aviso-prévio, com a correspondente contagem do tempo de serviço. Este é o entendimento que ainda prevalece na doutrina e, aparentemente, também na jurisprudência. Neste sentido, Gustavo Filipe Barbosa Garcia[10], que, embora reconhecendo a existência de decisões divergentes, cita decisão do TST de 13.11.2009.

---

[10] GARCIA, Gustavo Filipe Barbosa. *Curso de Direito do Trabalho.* 4. ed. São Paulo: Forense, 2010, p. 706.

Não obstante, o TST já vinha decidindo, desde 2010, de forma diversa em relação à empregada que fica grávida durante o curso do aviso-prévio, assegurando, no caso, a garantia de emprego, inclusive se a concepção se deu durante a projeção do aviso-prévio indenizado.

Tal construção jurisprudencial foi positivada pela Lei nº 12.812/2013, que acrescentou à CLT o art. 391-A, nos seguintes termos:

> Art. 391-A. A confirmação do estado de gravidez advindo no curso do contrato de trabalho, ainda que durante o prazo do aviso prévio trabalhado ou indenizado, garante à empregada gestante a estabilidade provisória prevista na alínea *b* do inciso II do art. 10 do Ato das Disposições Constitucionais Transitórias.

No mesmo sentido, o parágrafo único do art. 25 da Lei Complementar nº 150/2015, o qual estabelece que "a confirmação do estado de gravidez durante o curso do contrato de trabalho, ainda que durante o prazo do aviso-prévio trabalhado ou indenizado, garante à empregada [doméstica] gestante a estabilidade provisória prevista na alínea "b" do inciso II do art. 10 do Ato das Disposições Constitucionais Transitórias".

Ademais, o TST tem entendido que o trabalhador que sofre acidente de trabalho durante o curso do aviso-prévio também tem direito à garantia provisória de emprego. Nesse sentido, os seguintes arestos:

> AGRAVO DE INSTRUMENTO EM RECURSO DE REVISTA EM FACE DE DECISÃO PUBLICADA ANTES DA VIGÊNCIA DA LEI Nº 13.015/2014. ESTABILIDADE PROVISÓRIA. CIPEIRO. COMISSÃO COMPOSTA DE DOIS TITULARES E DOIS SUPLENTES. DESPEDIDA DO QUINTO MAIS VOTADO. PROJEÇÃO DO AVISO PRÉVIO INDENIZADO. A concessão do aviso prévio possui o condão de fixar termo final para o contrato de trabalho com prazo indeterminado. Logo, por sua natureza, é incompatível com os institutos da estabilidade provisória e da garantia de emprego. Somente em casos excepcionais como acidente de trabalho, acometimento de doença ocupacional ou reconhecimento de estado gravídico vem a jurisprudência admitindo, por exceção, a possibilidade de incidência destes institutos no período de aviso prévio. Ademais, na presente hipótese, o Tribunal Regional, soberano na análise da prova, consignou não haver indicação de má-fé da empresa no ato da despedida do autor, tampouco se constatou prejuízo ao regular funcionamento da CIPA, pois, diante do pedido de demissão do membro eleito, foi assegurada a posse do sexto mais votado. Logo, há de prevalecer o poder diretivo do empregador, a afastar a possibilidade de se deferir reintegração a empregado, cujo contrato já se encontrava com o termo fixado, quando do pedido de demissão do membro eleito para a CIPA. Agravo de instrumento a que se nega provimento (TST, 7ª Turma, AIRR-478-51.2012.5.09.0021, Rel. Min. Cláudio Mascarenhas Brandão, Data de Julgamento: 24.02.2016, *DEJT* 04.03.2016).

> AGRAVO DE INSTRUMENTO. RECURSO DE REVISTA. RESCISÃO CONTRATUAL. ESTABILIDADE ACIDENTÁRIA. A Corte de origem reconheceu o direito do obreiro à estabilidade provisória e o direito aos respectivos consectários jurídicos baseada nos seguintes fundamentos: "Incontroverso nos autos que o reclamante sofreu acidente de trabalho no dia 04.08.2010, quando lesionou o seu joelho direito (CAT, fl. 62). Incontroverso, ainda, que o reclamante ficou afastado do trabalho por 15 dias, conforme atestados das fls. 60 e 61, tendo retornado às suas atividades em 19.08.2010 (fl. 63) e que foi despedido em 27.10.2010, com aviso prévio indenizado (fl. 69). Por fim, foi demonstrado que o reclamante requereu o benefício previdenciário em 08.11.2010, o que restou atendido em 22.12.2010, com a concessão de auxílio-doença acidentário (espécie 91) para o período de 08.11.2010 a 15.12.2010 (fl. 20). Tenho, nessas condições, que o reclamante, na data da extinção do contrato de trabalho, gozava da estabilidade provisória no emprego prevista no art. 118 da Lei 8.213/91, nos termos da Súmula 378 do

TST, pois, em decorrência do acidente de trabalho sofrido ficou afastado do trabalho por 15 dias e, posteriormente, percebeu o consequente auxílio-doença acidentário. Sinalo que não há alegação, tampouco comprovação, de que o benefício previdenciário concedido não decorra do acidente ocorrido, o que se presume, tendo em vista a cronologia dos fatos. No caso, o fato de o benefício não ter sido concedido imediatamente aos primeiros dias de afastamento não obsta o reconhecimento da garantia provisória de emprego, pois nem a legislação nem o entendimento sumulado adotado faz tal exigência. Da mesma forma, não constitui óbice ao acolhimento da pretensão, a concessão do benefício após o afastamento do emprego. Na espécie, conforme a comunicação do aviso prévio e o termo de rescisão de contrato de trabalho (fls. 67 e 69), o reclamante foi dispensado sem justa causa no dia 27.10.2010, recebendo aviso prévio na modalidade indenizada. Assim, nos termos do artigo 487, § 1º, da CLT, e da OJ 82 da SDI-1 do TST, o período do aviso prévio deve ser considerado como tempo de efetivo serviço, de forma que o contrato de trabalho somente foi encerrado no dia 28.11.2010. Destarte, e considerando que o benefício acidentário foi concedido com data retroativa a 08.11.2010, é imperioso reconhecer que a despedida se deu quando o reclamante se encontrava ao abrigo da garantia provisória de emprego, prevista no art. 118 da Lei 8.213/91. No aspecto, há de se considerar, ainda, que a concessão do benefício acidentário após a cessação das atividades laborais se equipara à hipótese prevista na segunda parte do inciso II da Súmula 378 do TST, que assegura a garantia provisória de emprego quando verificada a relação da causalidade da doença com a execução do contrato de trabalho após a extinção deste." Tais premissas fáticas não foram infirmadas pelo recorrente. Logo, conclusão em sentido diverso implica reexame de fatos e provas, inviável nessa esfera extraordinária ante o óbice da Súmula 126 desta Corte. Ademais, infere-se do exposto que a decisão regional está em consonância com o item II da Súmula nº 378 do TST, tendo em vista a constatação de doença profissional após a dispensa do empregado. Inviável, portanto, o prosseguimento do apelo ante o óbice previsto no art. 896, § 4º, da CLT. Agravo de instrumento improvido (TST, 6ª Turma, AIRR-778-73.2011.5.04.0122, Rel. Des. Convocado Américo Bedê Freire, Data de Julgamento: 09.12.2015, *DEJT* 11.12.2015).

Mencione-se, ainda, que, na última grande revisão da jurisprudência do TST, discutida durante a "2ª Semana do TST" (setembro de 2012), restou consolidado o entendimento jurisprudencial no sentido de que a garantia de emprego conferida à empregada gestante e ao empregado acidentado subsiste mesmo em caso de contrato por prazo determinado. Nesse sentido, o item III da Súmula 244[11], bem como o item III da Súmula 378[12], ambas do TST, com a redação dada pela Res. 185/2012 (*DEJT* 25, 26 e 27.09.2012).

Desse modo, naturalmente tais hipóteses de estabilidade serão aplicáveis, também, durante o aviso-prévio.

Esquematicamente, temos o seguinte:

✓ Regra geral: as garantias de emprego não se aplicam aos fatos geradores ocorridos durante o aviso-prévio.

✓ Exceções:

• Gestante (art. 391-A da CLT e Súmula 244, III);

• Acidente de trabalho (Súmula 378, III).

Solução distinta se dá para o afastamento do empregado por motivo de saúde. Neste caso, embora o obreiro não tenha direito subjetivo à manutenção do emprego,

---

[11] Súmula 244, III: A empregada gestante tem direito à estabilidade provisória prevista no art. 10, inciso II, alínea "b", do Ato das Disposições Constitucionais Transitórias, mesmo na hipótese de admissão mediante contrato por tempo determinado.

[12] Súmula 378, III: O empregado submetido a contrato de trabalho por tempo determinado goza da garantia provisória de emprego decorrente de acidente de trabalho prevista no art. 118 da Lei nº 8.213/1991.

o contrato de trabalho estará suspenso até a alta do empregado, quando então se dará a rescisão do contrato.

Por sua vez, se o empregado já estava em gozo de garantia de emprego, não cabe o pré-aviso no curso desta, ante a incompatibilidade dos dois institutos. Neste sentido, a Súmula 348 do TST:

> Súm. 348. Aviso prévio. Concessão na fluência da garantia de emprego. Invalidade (mantida). Res. 121/2003, DJ 19, 20 e 21.11.2003.
>
> É inválida a concessão do aviso prévio na fluência da garantia de emprego, ante a incompatibilidade dos dois institutos.

Imagine-se o seguinte exemplo: Ana Luiza era detentora de garantia de emprego até 01.04.2011. Neste caso, não poderia o empregador, decidido a demitir Ana Luiza sem justa causa, ter comunicado a dispensa em 02.03.2011, pois o aviso-prévio não pode ser concedido na fluência da garantia de emprego. Desse modo, o empregador deveria ter comunicado a dispensa a Ana Luiza, quando menos, em 02.04.2011, hipótese em que o prazo do aviso-prévio seria contado a partir de 03.04.2011.

21.10. REAJUSTAMENTO DE SALÁRIO E AVISO-PRÉVIO

Caso o salário seja alterado por norma coletiva durante a fluência do aviso-prévio, o empregado faz jus ao complemento, ainda que já tenha recebido antecipadamente o valor correspondente ao prazo do aviso-prévio. Neste sentido, o art. 487, § 6º, da CLT:

> Art. 487. (...)
>
> § 6º O reajustamento salarial coletivo, determinado no curso do aviso prévio, beneficia o empregado pré-avisado da despedida, mesmo que tenha recebido antecipadamente os salários correspondentes ao período do aviso, que integra seu tempo de serviço para todos os efeitos legais.
>
> (...)

21.11. JORNADA REDUZIDA NO CURSO DO AVISO-PRÉVIO

Como mencionado anteriormente, o aviso-prévio tem o condão de permitir que a parte surpreendida pela rescisão unilateral do contrato de trabalho se reorganize diante de tal decisão da parte contrária, seja arranjando novo emprego, no caso do trabalhador, seja substituindo o obreiro, no caso do empregador.

E é exatamente em razão deste espírito que o legislador criou um mecanismo especial para facilitar a reinserção do trabalhador no mercado de trabalho. Este mecanismo consiste na redução da jornada de trabalho durante o curso do aviso-prévio, a fim de que o trabalhador tenha tempo de procurar nova colocação.

Há duas possibilidades, a respeito das quais **cabe ao trabalhador a opção**:

a) ter a jornada reduzida em duas horas diárias ao longo de todo prazo do aviso--prévio;

b) faltar por sete dias corridos durante o prazo do aviso-prévio.

Obviamente, em nenhuma das duas hipóteses o empregado terá qualquer prejuízo em relação ao seu salário.

É o que dispõe o art. 488 da CLT:

Art. 488. O horário normal de trabalho do empregado, durante o prazo do aviso, e **se a rescisão tiver sido promovida pelo empregador**, será reduzido de 2 (duas) horas diárias, sem prejuízo do salário integral.

Parágrafo único. É facultado ao empregado trabalhar sem a redução das 2 (duas) horas diárias previstas neste artigo, caso em que poderá faltar ao serviço, sem prejuízo do salário integral, *por 1 (um) dia, na hipótese do inciso l*, e por 7 (sete) dias corridos, na hipótese do inciso II do art. 487 desta Consolidação. (grifos meus)

Atente-se apenas para a parte final do parágrafo único, não recepcionada pela CRFB. Com efeito, não há mais a regra de um dia de falta, e sim a regra unificada de sete dias corridos.

Independentemente do regime de trabalho praticado pelo empregado, fará ele jus à redução da jornada durante o aviso-prévio, nos termos do art. 488. Assim, por exemplo, o empregado que trabalha à noite também tem direito à redução.

Da mesma forma, costuma-se argumentar que o empregado que trabalha em regime de plantões (12x36, por exemplo) não teria direito à redução, visto que já tenha um longo intervalo entre duas jornadas de trabalho, o qual poderia ser utilizado para procurar um novo emprego. A jurisprudência não acolhe o argumento, tendo em vista que as horas destinadas ao descanso do empregado, por se prestarem ao restabelecimento de suas forças, não devem ser utilizadas para a procura de novo emprego[13].

É evidente que, se o aviso-prévio foi concedido pelo trabalhador (pedido de demissão), não há se falar em redução da jornada, pois, neste caso, presume-se que o obreiro já tinha novo emprego.

No tocante à operacionalização da redução da jornada durante o aviso-prévio, há algumas questões controvertidas. Vejamos.

21.11.1. A quem cabe a decisão sobre a redução

A primeira grande controvérsia diz respeito a quem cabe a decisão sobre a redução da jornada, isto é, quem determina se as duas horas são reduzidas no início ou no final da jornada.

Há duas correntes:

a) cabe ao empregador decidir (Mozart Victor Russomano[14], Orlando Gomes[15], Sérgio Pinto Martins[16] e Valentin Carrion[17]);

b) cabe ao empregado decidir, devendo ele avisar ao empregador antecipadamente sua escolha (Vólia Bomfim Cassar[18]).

Parece-me mais acertada a segunda corrente, até porque a redução da jornada é medida de proteção do trabalhador, para que lhe seja possível arranjar outro emprego; então,

---

13 TST, RR 164500-23.2006.5.18.0010, 1ª Turma, Rel. Min. Luiz Philippe Vieira de Mello Filho, *DEJT* 18.06.2010.

14 RUSSOMANO, Mozart Victor. *Curso de Direito do Trabalho*. 9. ed. Curitiba: Juruá, 2002, p. 184-185.

15 GOMES, Orlando; GOTTSCHALK, Elson. *Curso de Direito do Trabalho*. 18. ed. Rio de Janeiro: Forense, 2008, p. 375.

16 MARTINS, Sergio Pinto. *Comentários à CLT*. 14. ed. São Paulo: Atlas, 2010, p. 545.

17 CARRION, Valentin. *Comentários à Consolidação das Leis do Trabalho*. 35. ed. atual. por Eduardo Carrion. São Paulo: Saraiva, 2010, p. 451.

18 CASSAR, Vólia Bomfim. *Direito do Trabalho*. 4. ed. Niterói: Impetus, 2010, p. 1.028.

ninguém melhor que o próprio trabalhador para saber qual o melhor horário para procurar nova colocação. Não obstante, há que se deixar registrado que a corrente majoritária, no caso, é a primeira (no sentido de ser a prerrogativa do empregador).

21.11.2. No caso da falta durante sete dias corridos, estes dias são concedidos sempre no final do aviso-prévio?

É usual considerar que os sete dias corridos devem ser concedidos no final do prazo do aviso-prévio, mas isso não está disposto na lei. Logo, não cabe ao intérprete restringir o direito.

Não se pode negar que a prática indica como a melhor solução a utilização dos últimos sete dias corridos, até mesmo pela natural incompatibilização entre empregador e empregado, em virtude da extinção contratual. Entretanto, não seria correta, por exemplo, uma assertiva no sentido de que as faltas por sete dias corridos devem coincidir com a última semana do aviso-prévio.

Tal qual ocorre com a redução diária da jornada, também há discussão a respeito de quem seria o agraciado com a escolha dos dias de folga. Cabem aqui as mesmas considerações feitas num dos itens anteriores (21.11.1).

21.11.3. A redução do art. 488 e as jornadas já reduzidas

Questiona-se ainda qual seria a solução para aplicação do art. 488 nos casos em que o trabalhador cumpre jornada inferior a oito horas. Em outras palavras, teria sido a regra (redução de 2h diárias) estipulada em relação à jornada padrão (8h), ou se aplicaria a qualquer duração de trabalho?

Também a respeito encontramos duas correntes:

a) Aplica-se proporcionalmente a redução

Para esta corrente, a redução é de duas horas para a jornada de 8h, pelo que a redução é de 25% da jornada contratual. Logo, quem trabalha, por exemplo, seis horas por dia, faria jus à redução de uma hora e meia por dia.

Defendem esta primeira corrente Valentim Carrion[19] e Vólia Bomfim Cassar[20].

b) A redução é sempre de duas horas, independentemente da jornada contratual

A segunda corrente, majoritária na doutrina, defende que se a lei não prevê a aplicação proporcional da redução, não cabe ao intérprete fazê-lo. Logo, a redução é sempre de duas horas, independentemente da jornada contratual do empregado.

Neste sentido, Homero Batista Mateus da Silva[21], Irany Ferrari e Melchíades Martins[22], Mozart Victor Russomano[23], Orlando Gomes[24], Sérgio Pinto Martins[25].

Esta segunda corrente me parece a mais correta e, repito, é majoritária.

---

[19] CARRION, Valentin. *Comentários à Consolidação das Leis do Trabalho*, p. 452.

[20] CASSAR, Vólia Bomfim. *Direito do Trabalho*, 7. ed., São Paulo: Método, 2012, p. 1.020.

[21] SILVA, Homero Batista Mateus da. *Curso de Direito do Trabalho aplicado: Contrato de trabalho*, p. 325.

[22] FERRARI, Irany; MARTINS, Melchíades Rodrigues. *Consolidação das Leis do Trabalho: Doutrina, jurisprudência predominante e procedimentos administrativos – 4: Do Contrato Individual do Trabalho, arts. 442 a 510*. São Paulo: LTr, 2009, p. 395.

[23] RUSSOMANO, Mozart Victor. *Curso de Direito do Trabalho*. 9. ed. Curitiba: Juruá, 2002, p. 185.

[24] GOMES, Orlando; GOTTSCHALK, Elson. *Curso de Direito do Trabalho*. 18. ed. Rio de Janeiro: Forense, 2008, p. 375.

[25] MARTINS, Sergio Pinto. *Comentários à CLT*. 14. ed. São Paulo: Atlas, 2010, p. 545.

21.11.4. Impossibilidade de substituição da redução da jornada pelo pagamento das horas

É claro que o empregador não pode substituir a redução da jornada prevista no art. 488 da CLT pelo pagamento das horas trabalhadas como extras. Isso porque a norma, no caso, não tem condão econômico, e sim de assegurar ao empregado a possibilidade de procurar novo emprego. Logo, tal direito não pode ser *comprado* pelo empregador.

Neste diapasão, a Súmula 230 do TST:

> Súm. 230. Aviso prévio. Substituição pelo pagamento das horas reduzidas da jornada de trabalho (mantida). Res. 121/2003, *DJ* 19, 20 e 21.11.2003.
>
> É ilegal substituir o período que se reduz da jornada de trabalho, no aviso prévio, pelo pagamento das horas correspondentes.

21.11.5. Efeito do aviso-prévio concedido sem a redução da jornada

Se o empregador deixou de conceder a redução da jornada ou de dispensar o empregado durante sete dias corridos, o aviso-prévio não foi, para todos os efeitos, concedido.

Neste caso, Maurício Godinho Delgado ensina:

> "Não é válida a substituição, pelo empregador, das duas horas de redução diária pelo correspondente pagamento de duas horas extras. Tal prática é censurada pela jurisprudência, por frustrar o principal objetivo do aviso prévio, que é possibilitar à parte surpreendida com a ruptura ajustar-se à nova situação; no caso do trabalhador, procurar outro emprego. Sem a redução da jornada, torna-se mais difícil essa busca. Em consequência, verificando-se tal prática censurada, o empregador deve pagar novo valor pelo aviso parcialmente frustrado, pagamento que tem caráter indenizatório (Súmula 230, TST).
>
> **Este novo pagamento não traduz novo aviso prévio, com todas as suas repercussões específicas (nova projeção no contrato etc.).** O que se verifica é apenas novo pagamento do valor correspondente aos 30 dias, a título de ressarcimento, indenização, à medida que um aspecto do aviso foi comprometido: o correto cumprimento de seu período de labor. Contudo, os demais aspectos do pré-aviso foram já anteriormente atingidos, quais sejam, a comunicação da iniciativa resilitória do contrato, a integração contratual do período e o pagamento do respectivo prazo. Não se pode tomar a indenização devida em face de um parcial prejuízo verificado como renascimento de todo o instituto, em toda a sua complexidade"[26]. (grifos meus)

21.11.6. Tratamento dispensado ao rurícola e ao doméstico

Em relação ao rurícola, aplica-se a redução de jornada, porém de forma diferenciada. Dadas as dificuldades de locomoção do trabalhador rural, bem como a necessidade de retornar ao local de trabalho, que normalmente é também a sua moradia, o legislador assegurou ao rurícola a **dispensa do trabalho durante um dia por semana, ao longo do aviso-prévio.**

Neste sentido, o art. 15 da Lei nº 5.889/1973:

> Art. 15. Durante o prazo do aviso prévio, se a rescisão tiver sido promovida pelo empregador, o empregado rural terá direito a um dia por semana, sem prejuízo do salário integral, para procurar outro trabalho.

26 DELGADO, Maurício Godinho. *Curso de Direito do Trabalho.* 9. ed. São Paulo: LTr, 2010. p. 1.097-1.098.

Quanto ao empregado doméstico, a redução segue a mesma sistemática celetista, conforme previsto no art. 24 da Lei Complementar nº 150/2015:

> Art. 24. O horário normal de trabalho do empregado durante o aviso prévio, quando a rescisão tiver sido promovida pelo empregador, será reduzido de 2 (duas) horas diárias, sem prejuízo do salário integral.
>
> Parágrafo único. É facultado ao empregado trabalhar sem a redução das 2 (duas) horas diárias previstas no *caput* deste artigo, caso em que poderá faltar ao serviço, sem prejuízo do salário integral, por 7 (sete) dias corridos, na hipótese dos §§ 1º e 2º do art. 23.

21.11.7. Redução de jornada no aviso-prévio proporcional

Com a lacônica regulamentação do inciso XXI do art. 7º da CRFB/1988 pela Lei nº 12.506/2011, surgiu, inicialmente, outra controvérsia interpretativa: a redução da jornada durante o aviso-prévio proporcional concedido pelo empregador, assim considerado aquele superior a 30 dias, seria a mesma a que se refere o art. 488 da CLT, ou também seria proporcional?

Para Godinho Delgado[27], a redução da jornada durante o cumprimento do aviso--prévio não foi alterada pela Lei nº 12.506/2011, pelo que os parâmetros do art. 488 da CLT (duas horas diárias de redução da jornada durante 30 dias ou falta durante sete dias corridos) continuariam inalterados. Observe-se, todavia, que Godinho Delgado defende, em caso concessão do aviso-prévio proporcional, uma espécie de aviso-prévio misto, com o cumprimento de 30 dias e indenização dos demais[28].

O entendimento do Ministério do Trabalho[29] foi em sentido ligeiramente diverso: a solução seria a redução de duas horas diárias, ao longo de todo o prazo do aviso-prévio, ou a redução de sete dias corridos, **a critério do empregado**, ao passo que o art. 488 dá a possibilidade de escolha **ao trabalhador**.

Por fim, Vólia Bomfim Cassar[30] argumenta que "a redução de duas horas por dia deve ocorrer durante todo o período do pré-aviso ou a supressão de 7 dias consecutivos de trabalho, sem prejuízo do salário, para cada 30 dias de aviso que o empregado (urbano) tenha direito".

Sempre entendi que a melhor solução seria aquela indicada pelo Ministério do Trabalho, no sentido da escolha, pelo empregado, entre a redução de duas horas diárias durante todo o prazo do aviso, ou a redução de sete dias consecutivos, inclusive no caso de aviso-prévio proporcional. Neste diapasão, mencione-se que o § 2º do art. 23 da LC nº 150/2015 trata do aviso-prévio proporcional devido ao empregado doméstico, razão pela qual o parágrafo único do supramencionado art. 24 deixa claro que a redução da jornada durante o aviso-prévio concedido pelo empregador se aplica, indistintamente, ao aviso-prévio de 30 dias e ao aviso-prévio proporcional.

Atualmente, me parece que a questão perdeu relevância, porquanto o TST consolidou entendimento no sentido de que, no aviso-prévio proporcional, apenas os primeiros 30 dias são cumpridos, devendo ser os demais indenizados pelo empregador, na linha do quanto defendido pelo Min. Godinho Delgado. Sendo assim, também não há discussão acerca do tempo de redução na hipótese do aviso-prévio proporcional, aplicando-se normalmente a redução prevista no art. 488 da CLT.

---

27 DELGADO, Maurício Godinho. *Curso de Direito do Trabalho*. 12. ed. São Paulo: LTr, 2013, p. 1.219.

28 DELGADO, Maurício Godinho. *Curso de Direito do Trabalho*. 15. ed. São Paulo: LTr, 2016, p. 1.311.

29 Conforme Nota Técnica nº 35/2012/DMSC/GAB/SIT, de 13.02.2012 (Secretaria de Inspeção do Trabalho), e Nota Técnica nº 184/2012/CGRT/SRT/MTE, de 07.05.2012 (Secretaria de Relações do Trabalho).

30 CASSAR, Vólia Bomfim. *Direito do Trabalho*. 11. ed. São Paulo: Método, 2015, p. 1.050.

21.12. AVISO-PRÉVIO E RETRATAÇÃO

Em princípio o aviso-prévio, uma vez concedido, faz cessar o contrato de trabalho, bastando para tal o curso do prazo. Admite-se a possibilidade de reconsideração do aviso-prévio, isto é, a retratação da parte que pré-avisou a outra. Exige-se, entretanto, para que a retratação surta efeitos, a concordância da parte contrária, ainda que tacitamente. Assim, se o empregado continua a prestar serviços depois de esgotado o prazo do aviso--prévio, o contrato de trabalho continua normalmente, como se não tivesse sido concedido o aviso-prévio.

Neste sentido, o art. 489 da CLT:

> Art. 489. Dado o aviso prévio, a rescisão torna-se efetiva depois de expirado o respectivo prazo, mas, se a parte notificante reconsiderar o ato, antes de seu termo, à outra parte é facultado aceitar ou não a reconsideração.
>
> Parágrafo único. Caso seja aceita a reconsideração ou continuando a prestação depois de expirado o prazo, o contrato continuará a vigorar, como se o aviso prévio não tivesse sido dado.

Vale observar, também, que só há se falar em reconsideração válida se esta ocorre antes do término do prazo.

21.13. AVISO-PRÉVIO E JUSTA CAUSA

Qualquer das partes que, durante o prazo do aviso-prévio, cometer falta enquadrada pela lei como justa causa se sujeita à conversão da extinção contratual em dispensa por justa causa, com os efeitos daí advindos. Assim, se o empregado comete tal falta, perde o direito ao restante do prazo do aviso-prévio, bem como as parcelas rescisórias referentes a direitos ainda não adquiridos. Por sua vez, se o empregador adota conduta classificada em uma das hipóteses do art. 483 da CLT, é devido o período restante do aviso-prévio, mais as parcelas devidas na rescisão indireta do contrato de trabalho.

Neste sentido, os arts. 490 e 491 da CLT:

> Art. 490. O empregador que, durante o prazo do aviso prévio dado ao empregado, praticar ato que justifique a rescisão imediata do contrato, sujeita-se ao pagamento da remuneração correspondente ao prazo do referido aviso, sem prejuízo da indenização que for devida.
>
> Art. 491. O empregado que, durante o prazo do aviso prévio, cometer qualquer das faltas consideradas pela lei como justas para a rescisão, perde o direito ao restante do respectivo prazo.

O TST também caminha na mesma direção:

> Súm. 73. Despedida. Justa causa (nova redação). Res. 121/2003, DJ 19, 20 e 21.11.2003.
>
> A ocorrência de justa causa, salvo a de abandono de emprego, no decurso do prazo do aviso prévio dado pelo empregador, retira do empregado qualquer direito às verbas rescisórias de natureza indenizatória.

A exceção para a hipótese de abandono de emprego justifica-se em face da possibilidade de o empregado ter arranjado novo emprego, pelo que não teria como cumprir o aviso-prévio, e não seria razoável apená-lo com os efeitos da dispensa motivada. Isso porque a finalidade do aviso-prévio dado pelo empregador é exatamente possibilitar que o empregado procure nova colocação.

21.14. AVISO-PRÉVIO INDENIZADO E TEMPO DE SERVIÇO

O aviso-prévio, ainda que indenizado, integra o tempo de serviço do empregado para todos os fins legais. Dessa forma, se o empregador não concede o aviso-prévio ao empregado, ainda assim o período respectivo, que será então objeto de indenização, será computado como se tempo trabalhado fosse. Neste sentido, os §§ 1º, 5º e 6º do art. 487 da CLT.

Exemplo: o empregado, com oito meses de serviço, é comunicado de sua demissão sem justa causa em 31 de maio, sendo o aviso-prévio indenizado. Neste caso, o aviso-prévio se projeta até 30 de junho (início da contagem em 1º de junho), pelo que o tempo de serviço do empregado será contado até esta data. Além disso, serão devidas as verbas rescisórias calculadas sobre o tempo de serviço, como décimo terceiro proporcional e férias proporcionais, também em relação ao mês de junho.

Também ilustra a contagem do tempo do aviso-prévio, inclusive indenizado, como tempo de serviço, recente julgado da SDI-I publicado no *Informativo* nº 137 do TST, segundo o qual o empregado tem direito de aderir ao PIDV aberto durante a projeção do aviso-prévio indenizado:

> Recurso de embargos interposto na vigência da Lei 13.015/2014. Aviso prévio indenizado. Projeção. Efeitos. Direito à adesão ao programa de demissão voluntária. O art. 487, § 1º, da CLT expressamente garante a integração do período do aviso prévio no tempo de serviço do empregado, não limitando esse benefício aos efeitos meramente pecuniários. Dessa forma, estando em vigor o contrato de trabalho até o final do aviso prévio, tem o empregado direito a aderir a eventual plano de demissão voluntária que sobrevenha no curso desse período. Recurso de Embargos de que se conhece e a que se nega provimento (TST, SDI-I, E-ED-RR-2303-30.2012.5.02.0472, Rel. Min. João Batista Brito Pereira, j. 19.05.2016, *DEJT* 27.05.2016. *Informativo 137*).

Outra questão que se coloca a respeito da projeção do aviso-prévio indenizado é a data a ser anotada na CTPS do empregado, correspondente à *saída* do trabalhador. O entendimento jurisprudencial dominante é no sentido de que a data de saída anotada na CTPS deve corresponder à data do término da projeção do aviso-prévio indenizado. Neste sentido, a OJ 82 da SDI-1 do TST:

> OJ-SDI1-82. Aviso prévio. Baixa na CTPS (inserida em 28.04.1997).
> A data de saída a ser anotada na CTPS deve corresponder à do término do prazo do aviso prévio, ainda que indenizado.

No mesmo sentido, o art. 15, V, da Portaria MTP nº 671/2021, estabelece expressamente que deve ser anotada a data da projeção do aviso-prévio indenizado:

> Art. 15. O empregador anotará na CTPS do empregado os seguintes dados:
> [...]
> V – até o décimo dia seguinte ao da ocorrência, os dados de desligamento, quando acarretar extinção do vínculo empregatício, observado o disposto no § 6º do art. 14, com a indicação da respectiva data, e se houver aviso prévio indenizado, da data projetada para término do contrato de trabalho. (Redação dada pela Portaria MTP nº 1.486/2022). (grifos meus)
> [...]

21.15. AVISO-PRÉVIO E PRESCRIÇÃO

No caso do aviso-prévio trabalhado, não há dúvida de que o termo inicial da prescrição (dois anos após a extinção do contrato) coincide com o término do aviso-prévio.

Entretanto, na hipótese de o aviso-prévio ter sido indenizado, sempre houve alguma divergência no sentido de fixar o dia da extinção do contrato, se o último dia trabalhado ou o último dia da projeção do aviso-prévio indenizado. A jurisprudência se inclinou neste último sentido, consoante dispõe a OJ 83 da SDI-1 do TST:

OJ-SDI1-83. Aviso prévio. Indenizado. Prescrição (inserida em 28.04.1997).

A prescrição começa a fluir no final da data do término do aviso prévio. Art. 487, § 1º, da CLT.

21.16. AVISO-PRÉVIO PROPORCIONAL (LEI Nº 12.506/2011)

Conforme mencionado no item 21.4 *supra*, passados 23 anos desde a promulgação da Constituição, o legislador finalmente se dignou a regulamentar o aviso-prévio proporcional previsto pelo inciso XXI do art. 7º da Constituição, e ainda assim pressionado por Mandados de Injunção que tramitavam no STF.

Eis o texto da Lei nº 12.506/2011:

Art. 1º O aviso prévio, de que trata o Capítulo VI do Título IV da Consolidação das Leis do Trabalho – CLT, aprovada pelo Decreto-Lei nº 5.452, de 1º de maio de 1943, será concedido na proporção de 30 (trinta) dias aos empregados que contem até 1 (um) ano de serviço na mesma empresa.

Parágrafo único. Ao aviso prévio previsto neste artigo serão acrescidos 3 (três) dias por ano de serviço prestado na mesma empresa, até o máximo de 60 (sessenta) dias, perfazendo um total de até 90 (noventa) dias.

Art. 2º Esta Lei entra em vigor na data de sua publicação.

Várias dificuldades interpretativas se estabelecem a partir da referida Lei. Como o legislador não se deu ao trabalho de tratar dos desdobramentos do aviso-prévio indenizado, sequer mediante remissão aos dispositivos celetistas correspondentes, por exemplo, cabe ao intérprete fazê-lo. Vejamos as principais controvérsias surgidas a partir da Lei nº 12.506/2011.

21.16.1. Eficácia temporal da nova Lei

A primeira grande questão que surgiu a respeito da matéria dizia respeito à eficácia temporal da Lei nº 12.506/2011, isto é, se o instituto do aviso-prévio proporcional seria aplicável também aos contratos já extintos antes de 13.10.2011, data da publicação da referida Lei.

Hoje a questão já não apresenta mais dificuldades, tendo em vista a edição da Súmula nº 441, do TST:

Súm. 441. Aviso prévio. Proporcionalidade – Res. 185/2012, DEJT divulgado em 25, 26 e 27.09.2012.

O direito ao aviso prévio proporcional ao tempo de serviço somente é assegurado nas rescisões de contrato de trabalho ocorridas a partir da publicação da Lei nº 12.506, em 13 de outubro de 2011.

21.16.2. Contagem do acréscimo proporcional ao tempo de serviço

Outra questão que durante muito tempo desafiou os operadores do direito diz respeito à interpretação dada ao art. 1º da Lei nº 12.506/2011 no tocante à contagem do acréscimo referente à proporcionalidade.

Seriam os primeiros três dias adicionais devidos ao empregado que completa um ano de serviço na empresa, ou apenas àquele que completa dois anos?

Prevaleceu, na doutrina e na jurisprudência, a tese segundo a qual **o empregado adquire o direito aos três primeiros dias adicionais ao completar** *um ano na empresa*, razão pela qual teria direito ao aviso-prévio máximo, de 90 dias, ao completar 20 anos de serviço.

Esta é a tese adotada por Godinho Delgado, para quem

"Quer isso dizer que o trabalhador que complete um ano de serviço na entidade empregadora terá direito ao aviso de 30 dias, *mais três dias em face da proporcionalidade*. A cada ano subsequente, desponta o acréscimo de mais três dias. Desse modo, completando o segundo ano de serviço na empresa, terá 30 dias de aviso prévio, mais seis dias, a título de proporcionalidade da figura jurídica, e assim sucessivamente. No 20º ano de serviço na mesma empregadora, terá direito a 30 dias de aviso prévio normal, mais 60 dias a título de proporcionalidade do instituto"[31]. (grifos no original)

No mesmo sentido, Gustavo Filipe Barbosa Garcia[32] e Vólia Bomfim Cassar[33].

O quadro abaixo demonstra inequivocamente a forma de contagem que prevaleceu depois de alguns anos da publicação da Lei nº 12.506/2011:

Tempo de Serviço (anos completos)	Aviso-prévio (dias)
0	30
1	33
2	36
3	39
4	42
5	45
6	48
7	51
8	54
9	57
10	60
11	63

---

[31] DELGADO, Maurício Godinho. *Curso de Direito do Trabalho*. 12. ed. São Paulo: LTr, 2013, p. 1.218.

[32] GARCIA, Gustavo Filipe Barbosa. *Curso de Direito do Trabalho*. 7. ed. Rio de Janeiro: Forense, 2013, p. 711.

[33] CASSAR, Vólia Bomfim. *Direito do Trabalho*. 11. ed. São Paulo: Método, 2015, p. 1.050. Registre-se, por oportuno, que a Prof.ª. Vólia Bomfim defendeu, inicialmente, posição diversa (CASSAR, Vólia Bomfim. *Direito do Trabalho*. 7. ed. São Paulo: Método, 2012, p. 1.026-1.027).

Tempo de Serviço (anos completos)	Aviso-prévio (dias)
12	66
13	69
14	72
15	75
16	78
17	81
18	84
19	87
20	90

No mesmo sentido, vem se consolidando o entendimento do Colendo TST, conforme demonstram os seguintes julgados:

[...] RECURSO DE REVISTA EM FACE DE DECISÃO PUBLICADA NA VIGÊNCIA DAS LEIS 13.015/2014 e 13.105/2015, MAS ANTES DA LEI N° 13.467/2017. AVISO-PRÉVIO PROPORCIONAL – FORMA DE CONTAGEM – LEI N° 12.506/11. (violação ao artigo 1°, "caput" e parágrafo único da Lei n° 12.506/2011 e divergência jurisprudencial) Esta Corte, interpretando o teor da Lei n° 12.506/2011, assim como a Nota Técnica n° 184/2012/CGRT/ SRT/MTE, firmou o entendimento de que o primeiro ano de trabalho do empregado na empresa é computado para fins de cálculo do aviso prévio devido, sendo devido o total de 30 dias. Ultrapassado o 1° ano do contrato, há que se acrescer mais 3 dias por ano de trabalho, ainda que incompleto, até completar o limite máximo de 90 dias de pré-aviso. Assim, no caso, incontroversa a prestação de serviço por 1 ano e 8 meses, já é aplicada a soma de 3 dias prevista na lei, sendo devido, portanto, 33 dias de aviso-prévio. Recurso de revista não conhecido (TST, ARR-802-34.2016.5.12.0048, 7ª Turma, Rel. Min. Renato de Lacerda Paiva, *DEJT* 03.12.2021).

RECURSO DE REVISTA. ACÓRDÃO RECORRIDO PUBLICADO NA VIGÊNCIA DA LEI 13.467/2017. AVISO PRÉVIO PROPORCIONAL. FORMA DE CONTAGEM. PROJEÇÃO. EXTINÇÃO DO CONTRATO. PRESCRIÇÃO BIENAL. Nos termos do art. 1°, parágrafo único, da Lei 12.506/2011, o empregado tem direito a 30 dias de aviso prévio, acrescidos de 3 dias a cada ano de trabalho, não sendo excluído dessa contagem o primeiro ano completo de contrato. No caso dos autos, tendo o empregado sido despedido após mais de quatro anos completos de trabalho, tem direito a 42 dias de aviso prévio. Assim, tendo a demissão ocorrido em 24/10/2015 o aviso prévio projetou a extinção do contrato para o dia 05/12/2015, motivo pelo qual o ajuizamento da ação, em 04/12/2017, ocorreu dentro do biênio prescricional, não havendo prescrição a ser decretada. Revista de que se conhece e a que se dá provimento (TST, RR-2141-76.2017.5.09.0662, 8ª Turma, Rel. Min. Joao Batista Brito Pereira, *DEJT* 28.08.2020).

Resumo: contagem do aviso-prévio proporcional

✓ 1 ano completo (**e não 1 ano e 1 dia**) → 33 dias de aviso-prévio

✓ 2 anos completos → 36 dias de aviso-prévio

✓ (...)

✓ 20 anos completos → 90 dias de aviso-prévio

21.16.3. Destinatários do direito

A quem se aplica o aviso-prévio proporcional da Lei nº 12.506/2011?

Partindo do princípio de que o dispositivo regulamentado (inciso XXI do art. 7º da CRFB/88) se aplica, indistintamente, a empregados urbanos, rurais e domésticos, também a eles deve se empregar a Lei regulamentadora. Parece-me, sem dúvida, a melhor interpretação. No mesmo sentido, Godinho Delgado[34], Luciano Martinez[35], Vólia Bomfim Cassar[36], o art. 98 do Decreto nº 10.854/2021 e o Memorando Circular nº 10/2011, da SRT/MTE[37].

Esta tem sido também a posição do TST, como ilustra o seguinte julgado:

> Recurso de revista. 1) Aviso prévio proporcional. Súmula 441/TST. A proporcionalidade do aviso prévio, fixada pelo art. 7º, XXI, CF, segundo a jurisprudência dominante (OJ 84, SDI-1, TST), dependia de especificação normativa por lei federal. O advento da Lei nº 12.506/2011 supriu essa omissão legislativa, fixando a proporcionalidade como direito dos empregados (art. 1º, Lei 12.506/2011), inclusive rurícolas, domésticos e terceirizados, a partir de um ano completo de serviço (art. 1º, citado), à base de três dias por ano de serviço prestado na mesma entidade empregadora (parágrafo único do art. 1º, citado) até o máximo de 60 dias de proporcionalidade, perfazendo um total de 90 dias. A proporcionalidade agregada pelo art. 7º, XXI, CF e Lei nº 12.506/2011 não prejudica a regência normativa do instituto do pré-aviso fixada pelos arts. 487 a 491 da CLT, que preservam plena efetividade. Contudo, tratando-se de vantagem econômica fixada pela lei nova, publicada em 13.10.2011, a proporcionalidade não pode ter efeito retroativo, em face do princípio e regra geral do efeito normativo estritamente imediato fixado pela Constituição para as leis do País (art. 5º, XXXVI, CF). Recurso de revista conhecido e provido quanto ao tema. (...) (TST, 3ª Turma, RR-285-96.2012.5.04.0531, Rel. Min. Mauricio Godinho Delgado, *DEJT* 25.04.2014). (grifos meus)

Em sentido contrário, Marcelo Moura[38] defendeu que o aviso-prévio proporcional não se aplicaria ao empregado doméstico porque a Lei nº 12.506/2011 se referiu à empresa, o que excluiria os empregadores domésticos. Como mencionado em edições anteriores, jamais me pareceu que este entendimento pudesse prosperar. De fato, a Lei Complementar nº 150/2015 eliminou quaisquer dúvidas que porventura ainda subsistissem a respeito da matéria, conforme disposição expressa do § 2º do art. 23, *in verbis*:

> Art. 23. Não havendo prazo estipulado no contrato, a parte que, sem justo motivo, quiser rescindi-lo deverá avisar a outra de sua intenção.
>
> § 1º O aviso prévio será concedido na proporção de 30 (trinta) dias ao empregado que conte com até 1 (um) ano de serviço para o mesmo empregador.
>
> § 2º Ao aviso prévio previsto neste artigo, devido ao empregado, serão acrescidos 3 (três) dias por ano de serviço prestado para o mesmo empregador, até o máximo de 60 (sessenta) dias, perfazendo um total de até 90 (noventa) dias.
>
> (...)

---

34 DELGADO, Maurício Godinho. *Curso de Direito do Trabalho*. 12. ed. São Paulo: LTr, 2013, p. 1218.

35 MARTINEZ, Luciano. Curso de Direito do Trabalho: relações individuais, sindicais e coletivas de trabalho. 3 ed. São Paulo: Saraiva, 2012. p. 524.

36 CASSAR, Vólia Bomfim. Direito do Trabalho. 7. ed. São Paulo: Método, 2012. p. 1.025.

37 As Notas Técnicas nº 35/2012/DMSC/GAB/SIT, de 13.02.2012 (Secretaria de Inspeção do Trabalho), e nº 184/2012/CGRT/SRT/MTE, de 07.05.2012 (Secretaria de Relações do Trabalho) não tratam deste aspecto.

38 MOURA, Marcelo. *Consolidação das Leis do Trabalho para concursos*. 3. ed. Salvador: JusPodivm, 2013, p. 600.

21.16.4. O aviso-prévio proporcional se aplica também ao empregado?

Inicialmente havia basicamente duas correntes a respeito da aplicação do aviso-prévio proporcional também ao empregado que pede demissão:

* Primeira corrente: não se aplica o aviso-prévio proporcional ao empregado, pois esse é seu direito, e tem por objetivo dificultar a dispensa imotivada.
* Segunda corrente: o aviso-prévio proporcional, seguindo a natureza bilateral que sempre foi conferida ao instituto, aplica-se indistintamente ao empregador e ao empregado, nos exatos termos do art. 487, §§ 1º e 2º, da CLT.

Atualmente, entretanto, não mais cabe despender muito tempo de estudo com esta questão, porquanto a SDI-I do TST já pacificou a matéria, adotando a primeira corrente, no sentido de que **não há reciprocidade no aviso-prévio proporcional, tratando-se de direito apenas do empregado**. Neste sentido, o seguinte julgado:

RECURSO DE EMBARGOS EM RECURSO DE REVISTA. INTERPOSIÇÃO SOB A ÉGIDE DA LEI 13.015/2014. AVISO PRÉVIO PROPORCIONAL. ALTERAÇÃO DA LEI 12.506/2011. OBRIGAÇÃO LIMITADA AO EMPREGADOR. AUSÊNCIA DE RECIPROCIDADE. A proporcionalidade do aviso prévio a que se refere a Lei 12.506/2001 apenas pode ser exigida da empresa, uma vez que entendimento em contrário, qual seja, exigir que também o trabalhador cumpra aviso prévio superior aos originários 30 dias, constituiria alteração legislativa prejudicial ao empregado, o que, pelos princípios que norteiam o ordenamento jurídico trabalhista, não se pode admitir. Dessarte (sic), conclui-se que a norma relativa ao aviso prévio proporcional não guarda a mesma bilateralidade característica da exigência de 30 dias, essa sim obrigatória a qualquer das partes que intentarem resilir o contrato de emprego. Recurso de embargos conhecido e provido (TST, SDI-I, E-RR-1964-73.2013.5.09.0009, Rel. Min. Hugo Carlos Scheuermann, j. 21/09/2017, *DEJT* 29.09.2017).

21.16.5. Projeção do aviso-prévio proporcional

Ao menos a este respeito não há grande controvérsia: também o aviso-prévio proporcional, ou seja, o acréscimo em relação ao prazo de 30 dias, integra o contrato de trabalho (e, por consequência, o tempo de serviço) "para todos os efeitos legais". Os limites de tal integração, todavia, ainda não estão bem delineados.

Maurício Godinho Delgado[39] argumenta que "à medida que o pré-aviso integra-se ao tempo contratual para os efeitos jurídicos pertinentes (art. 487, § 1º, *in fine*, CLT), o empregado com 1 ano e 11 meses de serviço terá, sim, direito à segunda cota da proporcionalidade, caso dispensado sem justa causa (isto é, 30 dias mais 6 dias de proporcionalidade), uma vez que, com a projeção do aviso-prévio, seu tempo contratual de serviço atingirá 2 anos (na verdade, um pouco mais)".

Assim também se manifestou, inicialmente, a Secretaria de Relações do Trabalho do Ministério do Trabalho, ao afirmar, por meio do Memorando Circular nº 10/2011, que "se um trabalhador for cientificado por escrito do aviso-prévio e já tenha cumprido um período de contrato de onze anos e dez meses e dez dias, deverá ser concedido um aviso-prévio total de 63 (sessenta e três) dias e não 60 (sessenta) dias, uma vez que, com a integração do aviso-prévio inicial de sessenta dias, o contrato terá um total de mais de doze anos".

---

[39] DELGADO, Maurício Godinho. *Curso de Direito do Trabalho*. 12. ed. São Paulo: LTr, 2013. p. 1.219.

Ocorre que a SRT/MTE modificou seu posicionamento e, em conjunto com a Secretaria de Inspeção do Trabalho, assinou, em 01.08.2012, a Nota Técnica Conjunta SIT/SRT nº 01/2012, nos seguintes termos:

"Com o devido respeito aos que pensam de forma diversa, o tempo de aviso prévio proporcional ao tempo de serviço *só é calculado uma única vez (no momento em que é dado o aviso, levando em conta o tempo trabalhado até então)*; e, a toda evidência, por ser um direito que tem por fato gerador uma proporcionalidade ao tempo de serviço até então prestado pelo trabalhador, naturalmente, não faz qualquer sentido que a projeção dele próprio venha a ser incluída numa nova operação matemática que resulte em acréscimo de dias.

Assim, no exemplo suscitado na própria consulta, onde o trabalhador possui 11 meses e 15 dias de trabalho quando recebe o aviso prévio, o tempo desse aviso será de 30 dias, pelo simples fato de que o trabalhador não atingiu o tempo mínimo para fazer jus ao primeiro acréscimo legal de 3 dias. O fato de vir a somar hipoteticamente 1 ano e 15 ao final desse período não autoriza que se elasteça o período em mais 3 dias. *Não existe, portanto, nenhuma possibilidade de 'recálculo' a partir da projeção do aviso prévio que venha a ampliar o próprio aviso*" (grifos no original).

Esta é também a lição de Jorge Cavalcanti Boucinhas Filho e Ney Maranhão[40], para quem

"[...] o comunicado de aviso prévio tem o condão de obrigar o empregador tão só quanto às diretrizes fixadas pela legislação vigente à época de sua concessão, ou seja, **a referência temporal para o deflagrar da sistemática jurídica da proporcionalidade do aviso prévio é o preciso momento da comunicação do interesse em resilir o contrato**" (grifos no original).

Por sua vez, recaindo o final do aviso-prévio proporcional (trabalhado ou projetado) em um dos 30 dias que antecedem a data-base da categoria, é devida a indenização adicional prevista pela Lei nº 7.238/1984.

21.16.6. Redução da jornada durante o aviso-prévio proporcional

A questão da possibilidade de redução da jornada de trabalho do empregado ao longo do aviso-prévio proporcional, nos termos do art. 488 da CLT, também já foi tratada em tópico específico (21.11.7), sobressaindo as seguintes linhas interpretativas:

a) Nada mudou em relação à aplicação do art. 488 da CLT em face do aviso-prévio proporcional. Logo, seja o aviso-prévio de 30 dias (mínimo), ou de 90 dias (máximo), o empregado fará jus à redução da jornada durante 30 dias (art. 488, *caput*, da CLT), ou a faltar durante sete dias corridos (art. 488, parágrafo único, da CLT). **Este é o entendimento que parece prevalecer até agora**, tendo sido inicialmente adotado pela SRT/MTE (conforme Memorando Circular nº 10/2011) e pelo Ministro Maurício Godinho Delgado[41].

b) Deve-se aplicar a redução também durante o acréscimo do aviso-prévio proporcional. Em relação à redução diária da jornada, sem maiores problemas, pois bastaria reduzi-la em duas horas ao longo de todo o aviso-prévio. Todavia, como seria aplicada,

---

40 BOUCINHAS FILHO, Jorge Cavalcanti; MARANHÃO, Ney Stany Morais. *O Novo Aviso Prévio*: Questões Polêmicas Suscitadas pela Lei n. 12.506/2011. São Paulo: LTr, 2014, p. 114-115.

41 DELGADO, Maurício Godinho. *Curso de Direito do Trabalho*. 12. ed. São Paulo: LTr, 2013, p. 1.219.

na prática, a opção do trabalhador por faltar durante sete dias corridos (parágrafo único do art. 488 da CLT)? Marcelo Moura[42] chegou a sugerir uma solução engenhosa: com 11 anos trabalhados o empregado faria jus a faltas durante 14 dias corridos, e com 21 anos trabalhados, teria o direito de faltar durante 21 dias corridos. Parece, entretanto, que o Prof. Marcelo Moura reviu tal posicionamento, visto que não foi reproduzido na edição atualizada de sua CLT comentada[43].

Pelo entendimento que prevaleceu no âmbito da SRT/MTPS, consubstanciado na Nota Técnica nº 184/2012/CGRT/SRT/MTE, de 07.05.2012, "continuam em vigência a redução de duas horas diárias, bem como a redução de sete dias durante todo o aviso-prévio", sendo que "o trabalhador poderá optar pela hipótese mais favorável entre as oferecidas pelo parágrafo único do art. 488 da CLT quando da hipótese de aviso-prévio proporcional". Tal entendimento também é compartilhado pela Secretaria de Inspeção do Trabalho (Nota Técnica nº 35/2012/DMSC/GAB/SIT, de 13.02.2012) e significa que a redução seria de duas horas diárias durante todo o prazo de duração do aviso-prévio (e não apenas durante 30 dias) ou, a critério do trabalhador, de sete dias corridos.

No mesmo sentido, Vólia Bomfim Cassar[44] e Jorge Cavalcanti Boucinhas Filho[45] defendem a redução diária de duas horas durante todo o aviso-prévio ou a opção por faltar durante sete dias consecutivos, independentemente do prazo do aviso.

Insista-se que a Lei Complementar nº 150/2015, ao regulamentar o aviso-prévio devido ao doméstico, acolheu esta tese, pois previu a redução da jornada, nestes termos, tanto para o aviso-prévio de 30 dias quanto para o aviso-prévio proporcional ao tempo de serviço (arts. 23 e 24). Por fim, mencione-se que tem ganhado espaço, na doutrina e na jurisprudência, corrente no sentido de que o aviso-prévio trabalhado seria sempre de 30 dias, sendo necessariamente indenizados os demais dias do aviso-prévio proporcional. É claro que, para os partidários desta corrente, a celeuma tratada neste tópico perde totalmente o objeto. Este aspecto será abordado em detalhes no tópico seguinte.

21.16.7. Cumprimento do aviso-prévio proporcional: aviso-prévio misto?

Em primeiro lugar, partiremos do princípio de que o aviso-prévio proporcional é apenas aquele devido pelo empregador ao empregado, porquanto tem prevalecido o entendimento no sentido de que tal direito é apenas do empregado, não havendo que se falar em bilateralidade.

A discussão se instala, na doutrina e na jurisprudência, acerca da maneira como seria cumprido o aviso-prévio proporcional concedido pelo empregador ao dispensar o empregado sem justa causa. Há basicamente duas correntes a respeito da cizânia:

a) **em caso de aviso-prévio concedido pelo empregador, apenas os 30 dias iniciais seriam trabalhados, devendo ser os dias adicionais, adquiridos em razão da proporcionalidade estabelecida pela Lei nº 12.506/2011, automaticamente indenizados pelo empregador.**

---

[42] Nota de atualização à *Consolidação das Leis do Trabalho para concursos*, disponível em <http://www.jusbrasil.com.br/files_websites/dev5/websites/474/anexos/CLT__NOTA_DE_ATUALIZACAO_2011_1768.pdf>. Acesso em: 12 mar. 2012.

[43] MOURA, Marcelo. *Consolidação das Leis do Trabalho para Concursos*. 5. ed. Salvador: JusPodivm, 2015.

[44] CASSAR, Vólia Bomfim. *Direito do Trabalho*. 11. ed. São Paulo: Método, 2015, p. 1.050.

[45] BOUCINHAS FILHO, Jorge Cavalcanti; MARANHÃO, Ney Stany Morais. *O novo aviso prévio*: questões polêmicas suscitadas pela Lei n. 12.506/2011. São Paulo: LTr, 2014, p. 74-77.

Esta é a posição defendida por Maurício Godinho Delgado[46] e Homero Batista Mateus da Silva[47].

Neste sentido tem se direcionado a jurisprudência do TST, inclusive no âmbito de uniformização da SDI-1, como se depreende dos seguintes julgados:

[...] 2. PROPORCIONALIDADE DO AVISO PRÉVIO AO TEMPO DE SERVIÇO. VANTAGEM ESTENDIDA APENAS AOS EMPREGADOS. A Lei nº 12.506/2011 é clara em considerar a proporcionalidade uma vantagem estendida aos empregados (*caput* do art. 1º do diploma legal), sem a bilateralidade que caracteriza o instituto original, fixado em 30 dias desde 5.10.1988. A bilateralidade restringe-se ao aviso prévio de 30 dias, que tem de ser concedido também pelo empregado a seu empregador, caso queira pedir demissão (*caput* do art. 487 da CLT), sob pena de poder sofrer o desconto correspondente ao prazo descumprido (art. 487, § 2º, CLT). Esse prazo de 30 dias também modula a forma de cumprimento físico do aviso prévio (aviso trabalhado): redução de duas horas de trabalho ao dia, durante 30 dias (*caput* do art. 488, CLT) ou cumprimento do horário normal de trabalho durante o pré-aviso, salvo os últimos sete dias (parágrafo único do art. 488 da CLT). A escolha jurídica feita pela Lei n. 12.506/2011, mantendo os trinta dias como módulo que abrange todos os aspectos do instituto, inclusive os desfavoráveis ao empregado, ao passo que a proporcionalidade favorece apenas o trabalhador, é sensata, proporcional e razoável, caso considerados a lógica e o direcionamento jurídicos da Constituição e de todo o Direito do Trabalho. Trata-se da única maneira de se evitar que o avanço normativo da proporcionalidade se converta em uma contrafacção, como seria impor-se ao trabalhador com vários anos de serviço gravíssima restrição a seu direito de se desvincular do contrato de emprego. Essa restrição nunca existiu no Direito do Trabalho e nem na Constituição, que jamais exigiram até mesmo do trabalhador estável ou com garantia de emprego (que tem – ou tinha – vantagem enorme em seu benefício) qualquer óbice ao exercício de seu pedido de demissão. Ora, o cumprimento de um aviso de 60, 80 ou 90 dias ou o desconto salarial nessa mesma proporção fariam a ordem jurídica retornar a períodos selvagens da civilização ocidental, antes do advento do próprio Direito do Trabalho – situação normativa incompatível com o espírito da Constituição da República e do Direito do Trabalho brasileiros. Recurso de revista conhecido e parcialmente provido no particular (TST, RRAg-10431-29.2017.5.18.0016, 3ª Turma, Rel. Min. Mauricio Godinho Delgado, *DEJT* 23.09.2022).

RECURSO DE EMBARGOS – INTERPOSIÇÃO SOB A REGÊNCIA DA LEI Nº 13.015/2014 – AVISO PRÉVIO PROPORCIONAL – LEI Nº 12.506/2011 – OBRIGAÇÃO LIMITADA AO EMPREGADOR – AUSÊNCIA DE RECIPROCIDADE 1. Com a ressalva de meu entendimento, esta C. SBDI-I já decidiu que a proporcionalidade do aviso prévio, prevista na Lei nº 12.506/2011, é um direito exclusivo do trabalhador, de modo que sua exigência pelo empregador impõe o pagamento de indenização pelo período excedente a 30 (trinta) dias. 2. Estando o acórdão embargado em sintonia com esse entendimento, inviável o conhecimento dos Embargos (art. 894, II, e § 2º, da CLT). Embargos não conhecidos. (TST, SDI-I, E-RR-10739-43.2015.5.03.0181, Rel. Min. Maria Cristina Irigoyen Peduzzi, j. 13.12.2018, *DEJT* 19.12.2018).

b) **também nesta hipótese deve o aviso-prévio ser trabalhado, caso seja esta a opção do empregador.**

Esta vertente interpretativa, que me parece muito mais consentânea com a natureza e com a finalidade do instituto, bem como com a própria literalidade da Lei nº 12.506/2011,

---

46   DELGADO, Maurício Godinho. *Curso de Direito do Trabalho*. 15. ed. São Paulo: LTr, 2016, p. 1.311.

47   SILVA, Homero Batista Mateus da. *Curso de Direito do Trabalho Aplicado*: volume 6 – contrato de trabalho. 3. ed. São Paulo: RT, 2015, p. 352.

é defendida, entre outros, por Vólia Bomfim Cassar[48], Sérgio Pinto Martins[49] e Jorge Cavalcanti Boucinhas Filho e Ney Maranhão[50].

Tal tese também encontra ressonância em precedentes de algumas Turmas do TST[51], embora seja atualmente francamente minoritária.

De qualquer sorte, repita-se, a corrente amplamente majoritária, no caso, é a primeira, no sentido de que **apenas os 30 dias devem ser trabalhados, devendo o restante do prazo ser automaticamente indenizado pelo empregador**.

Aliás, o Tribunal Regional do Trabalho da 4ª Região aprovou, neste sentido, a Súmula 120:

Súmula nº 120 – AVISO-PRÉVIO PROPORCIONAL TRABALHADO

A exigência de trabalho durante a proporcionalidade do aviso-prévio é nula, sendo devida a indenização do período de que trata a Lei nº 12.506/2011.

Resolução Administrativa nº 30/2017 Disponibilizada no DEJT dos dias 26, 27 e 28.09.2017, considerada publicada nos dias 27, 28 e 29.09.2017

AVISO-PRÉVIO
Conceito:
• É o direito que tem a parte de ser avisada acerca da intenção da outra de romper o contrato de trabalho.
Finalidade:
• Comunicação da vontade de romper o contrato de trabalho.
• Fixação de prazo para término do contrato.
• Pagamento do período correspondente.
Cabimento:
• Extinção do contrato por prazo indeterminado por iniciativa do empregador (demissão sem justa causa).
• Extinção do contrato por prazo indeterminado por iniciativa do empregado (pedido de demissão).
• Extinção do contrato por acordo entre empregado e empregador (aviso-prévio devido pela metade se for indenizado).
• Extinção antecipada do contrato a termo que possui cláusula assecuratória do direito recíproco de rescisão antecipada.
• Extinção do contrato por justa causa do empregador (rescisão indireta).
• Extinção do contrato por culpa recíproca (aviso-prévio devido pela metade).
• Extinção do contrato por cessação das atividades da empresa, ainda que tenha sido paga a indenização.
Prazo:
• 30 dias para os empregados que contem com até um ano de serviço (incompleto) prestado ao mesmo empregador.
• 30 dias, mais três dias a cada ano completo de trabalho do empregado ao mesmo empregador, até o limite de 60 dias, totalizando 90 dias (30 + 60).

48 CASSAR, Vólia Bomfim. *Direito do Trabalho*. 11. ed. São Paulo: Método, 2015, p. 1.051.

49 MARTINS, Sérgio Pinto. *Comentários à CLT*. 19. ed. São Paulo: Atlas, 2015, p. 580.

50 BOUCINHAS FILHO, Jorge Cavalcanti; MARANHÃO, Ney Stany Morais. *O Novo Aviso Prévio*: Questões Polêmicas Suscitadas pela Lei n. 12.506/2011. São Paulo: LTr, 2014, p. 42-45.

51 Por exemplo, RR-91600-19.2013.5.17.0012, 6ª Turma, *DEJT* 24.06.2016; RR-167900-37.2013.5.17.0007, 8ª Turma, *DEJT* 05.08.2016.

AVISO-PRÉVIO

Contagem do prazo:
- Exclui-se o dia da comunicação e inclui-se o dia do término.
- A fluência do prazo é contínua, podendo começar e/ou terminar em dia não útil.

Forma:
- A lei não exige forma especial.

Aviso-prévio concedido pelo empregador:
- Se o empregador resolver extinguir sem justa causa o contrato por prazo indeterminado, deverá avisar o empregado com 30 dias de antecedência.
- Caso o empregador queira que o empregado deixe o serviço imediatamente, deverá indenizar o período correspondente ao aviso-prévio, bem como integrá-lo no tempo de serviço para todos os efeitos.
- O aviso-prévio cumprido em casa não tem amparo legal, e se equipara ao aviso-prévio indenizado.
- Como direito do empregado, o aviso-prévio é irrenunciável, salvo se o obreiro comprovar ter arranjado novo emprego.

Aviso-prévio concedido pelo empregado:
- Se o empregado resolver extinguir sem justa causa o contrato por prazo indeterminado (pedido de demissão), deverá avisar o empregador com 30 dias de antecedência. Tem prevalecido o entendimento no sentido de que o aviso-prévio proporcional não é bilateral, ou seja, em caso de pedido de demissão o empregado está obrigado a cumprir apenas 30 dias de aviso-prévio.
- Caso não cumpra o aviso-prévio, o empregado pode ter descontado das verbas rescisórias o salário correspondente.
- O empregador pode, se quiser, liberar o empregado do cumprimento do aviso-prévio.

Base de cálculo do aviso-prévio:
- A base de cálculo do aviso-prévio é o salário (complexo salarial).
- Como a base não é a remuneração, as gorjetas não integram o cálculo.
- As horas extras habitualmente prestadas integram o cálculo do aviso-prévio.
- Em se tratando de salário variável, apura-se o valor do aviso-prévio pela média dos últimos 12 meses.

Natureza pagamento do aviso-prévio:
- Trabalhado: natureza salarial.
- Indenizado: natureza indenizatória. Incide, entretanto, FGTS.

Garantias de emprego:
- Em princípio, há incompatibilidade entre o aviso-prévio e as garantias de emprego.
- O TST tem admitido a garantia de emprego à gestante que engravida no curso do aviso-prévio, inclusive indenizado, bem como ao empregado que sofre acidente de trabalho durante o prazo do aviso-prévio.
- O aviso-prévio não pode ser concedido na fluência de garantia de emprego, dada a incompatibilidade entre os dois institutos.

Reajustamento salarial:
- Ocorrendo reajustamento salarial por força de norma coletiva, no curso do aviso-prévio, a ele faz jus o empregado demitido, mesmo que o valor correspondente já tenha sido adiantado pelo empregador.

AVISO-PRÉVIO

Jornada reduzida:

- Concedido o aviso-prévio pelo empregador, o trabalhador pode optar por trabalhar, no curso do aviso-prévio, duas horas a menos por dia, ou ainda por faltar durante sete dias consecutivos ao longo do aviso-prévio. Embora ainda controvertida a matéria, em princípio o aviso-prévio proporcional não mudou tal sistemática, até porque prevaleceu a tese no sentido de que o aviso-prévio trabalhado é limitado a 30 dias em qualquer hipótese.
- A redução da jornada durante o aviso-prévio não acarreta qualquer prejuízo salarial ao empregado.
- A maioria da doutrina defende que a fixação de quais horas podem ser reduzidas (se no início ou no final da jornada) fica a cargo do empregador.
- Os sete dias corridos não precisam coincidir, necessariamente, com o final do aviso.
- Em relação às jornadas já reduzidas, aplica-se a mesma redução de duas horas (entendimento majoritário).
- Não é lícito substituir a redução da jornada durante o aviso-prévio pelo pagamento das horas correspondentes como extraordinárias.
- Se for concedido o aviso-prévio sem a devida redução da jornada, considera-se que ele não foi concedido, pelo que deverá ser concedido novamente (corrente majoritária).
- No caso do rurícola, a redução é de um dia por semana, ao longo do aviso-prévio.
- Para o doméstico, a redução é idêntica à celetista (duas horas por dia durante todo o prazo do aviso-prévio ou sete dias consecutivos, independentemente do prazo do aviso).

Retratação:

- É possível a retratação da parte que concedeu o aviso-prévio, desde que ocorra antes do término do prazo, e desde que a parte contrária aceite a reconsideração.

Justa causa:

- Tanto o empregado quanto o empregador, caso cometam, durante o aviso-prévio, falta tipificada como justa causa, sujeitam-se à resolução contratual, isto é, à extinção contratual motivada, nos termos dos arts. 482 e 483 da CLT.
- A ocorrência de justa causa, salvo a de abandono de emprego, no decurso do prazo do aviso-prévio dado pelo empregador, retira do empregado qualquer direito às verbas rescisórias de natureza indenizatória.

Aviso-prévio indenizado:

- O aviso-prévio indenizado conta como tempo de serviço para quaisquer fins.
- A data de saída a ser anotada na CTPS deve corresponder à do término do prazo do aviso-prévio, ainda que indenizado.

Prescrição:

- A prescrição começa a fluir no final da data do término do aviso-prévio.

21.17. DEIXADINHAS

1. Aviso-prévio é o direito do contratante de ser avisado, com a antecedência de no mínimo 30 dias, sobre a intenção da outra parte de romper o contrato de trabalho.

2. O aviso-prévio tem natureza de declaração receptícia de vontade, no sentido de que independe da concordância da outra parte.

3. A chamada natureza multidimensional do aviso-prévio inclui a declaração de vontade no sentido do rompimento contratual, a fixação do prazo para término do contrato e o pagamento do período respectivo.

4. Em regra, o aviso-prévio é cabível nos contratos por prazo indeterminado. Não obstante, cabe também nos contratos por prazo determinado que contenham cláusula assecuratória do direito recíproco de rescisão antecipada.

5. Em caso de extinção do contrato por acordo entre empregador e empregado (distrato), o aviso-prévio será devido pela metade, caso seja indenizado.

6. É devido o aviso-prévio na despedida indireta.

7. Reconhecida a culpa recíproca na rescisão do contrato de trabalho (art. 484 da CLT), o empregado tem direito a 50% (cinquenta por cento) do valor do aviso-prévio, do décimo terceiro salário e das férias proporcionais.

8. A cessação da atividade da empresa, com o pagamento da indenização, simples ou em dobro, não exclui, por si só, o direito do empregado ao aviso-prévio.

9. É direito dos trabalhadores urbanos e rurais, salvo previsão mais benéfica em norma coletiva ou contrato, o aviso-prévio proporcional ao tempo de serviço, sendo no mínimo de trinta dias, nos termos da lei.

10. Ao aviso-prévio mínimo de 30 dias, devido aos empregados que contem com até um ano de serviço (incompleto) para a mesma empresa, serão acrescidos três dias por ano de serviço prestado na mesma empresa, até o máximo de 60 dias, perfazendo um total de até 90 dias.

11. Aos contratos extintos antes da vigência da Lei nº 12.506/2011 aplica-se o aviso-prévio de 30 dias, salvo previsão mais benéfica em norma coletiva ou contrato de trabalho, tendo em vista que a lei nova tem, no nosso ordenamento jurídico, aplicação imediata e não retroativa.

12. O prazo mínimo do aviso-prévio, na ordem constitucional vigente, é de 30 dias, razão pela qual não foram recepcionados dispositivos celetistas que estipulam prazos menores.

13. Aplica-se a regra prevista no *caput* do art. 132 do Código Civil de 2002 à contagem do prazo do aviso-prévio, excluindo-se o dia do começo e incluindo o do vencimento.

14. No tocante à forma, a lei não estipula forma especial, razão pela qual seria válido o aviso-prévio verbal.

15. A falta do aviso-prévio por parte do empregador dá ao empregado o direito aos salários correspondentes ao prazo do aviso, garantida sempre a integração desse período no seu tempo de serviço.

16. Ante a ausência de previsão legal, o aviso-prévio cumprido em casa se equipara, para todos os efeitos, ao aviso-prévio indenizado.

17. A falta de aviso-prévio por parte do empregado dá ao empregador o direito de descontar os salários correspondentes ao prazo respectivo.

18. O direito ao aviso-prévio é irrenunciável pelo empregado. O pedido de dispensa de cumprimento não exime o empregador de pagar o respectivo valor, salvo comprovação de haver o prestador dos serviços obtido novo emprego.

19. A base de cálculo do aviso-prévio é o salário, e não a remuneração. Logo, não inclui as gorjetas. Consideram-se salário todas as parcelas salariais pagas com habitualidade (complexo salarial). O valor das horas extraordinárias habituais integra o aviso-prévio indenizado.

20. Em se tratando de salário pago na base de tarefa, o cálculo dos valores referentes ao aviso-prévio será feito de acordo com a média dos últimos 12 (doze) meses de serviço.

21. Se cumprido, o aviso-prévio tem a natureza de parcela salarial. Caso não seja concedido pelo empregador, entretanto, o aviso-prévio deve ser indenizado, computando-se a projeção do prazo respectivo para cálculo dos haveres trabalhistas da rescisão (férias e décimo terceiro proporcionais).

22. O pagamento relativo ao período de aviso-prévio, trabalhado ou não, está sujeito a contribuição para o FGTS.

23. O tempo do aviso-prévio, mesmo indenizado, conta-se para efeito da indenização adicional prevista no art. 9º da Lei nº 6.708, de 30.10.1979.

24. Prevalece o entendimento no sentido de que as garantias de emprego não se aplicam a fatos geradores ocorridos durante o cumprimento do aviso-prévio, tendo em vista que, a partir da comunicação, o empregado já teria conhecimento da data do rompimento do contrato.

25. A projeção do contrato de trabalho para o futuro, pela concessão do aviso-prévio indenizado, tem efeitos limitados às vantagens econômicas obtidas no período de pré-aviso, ou seja, salários, reflexos e verbas rescisórias. No caso de concessão de auxílio-doença no curso do aviso-prévio, todavia, só se concretizam os efeitos da dispensa depois de expirado o benefício previdenciário.

26. Entretanto, a jurisprudência tem assegurado a garantia de emprego à trabalhadora que engravida no curso do aviso-prévio, ainda que indenizado, bem como ao empregado que sofre acidente de trabalho durante o aviso-prévio.

27. O registro da candidatura do empregado a cargo de dirigente sindical durante o período de aviso-prévio, ainda que indenizado, não lhe assegura a estabilidade, visto que inaplicável a regra do § 3º do art. 543 da Consolidação das Leis do Trabalho.

28. É inválida a concessão do aviso-prévio na fluência da garantia de emprego, ante a incompatibilidade dos dois institutos.

29. O reajustamento salarial coletivo, determinado no curso do aviso-prévio, beneficia o empregado pré-avisado da despedida, mesmo que tenha recebido antecipadamente os salários correspondentes ao período do aviso, que integra seu tempo de serviço para todos os efeitos legais.

30. O horário normal de trabalho do empregado (inclusive doméstico), durante o prazo do aviso, e se a rescisão tiver sido promovida pelo empregador, será reduzido de 2 (duas) horas diárias, sem prejuízo do salário integral.

31. É facultado ao empregado (inclusive doméstico) trabalhar sem a redução das 2 (duas) horas diárias durante o aviso-prévio, caso em que poderá faltar ao serviço, sem prejuízo do salário integral, por 7 (sete) dias corridos.

32. A redução de jornada durante o aviso-prévio é sempre de duas horas, independentemente da jornada contratual.

33. É ilegal substituir o período que se reduz da jornada de trabalho, no aviso-prévio, pelo pagamento das horas correspondentes.

34. Durante o prazo do aviso-prévio, se a rescisão tiver sido promovida pelo empregador, o empregado rural terá direito a um dia por semana, sem prejuízo do salário integral, para procurar outro trabalho.

35. Dado o aviso-prévio, a rescisão torna-se efetiva depois de expirado o respectivo prazo, mas, se a parte notificante reconsiderar o ato, antes de seu termo, à outra parte é facultado aceitar ou não a reconsideração.

36. Caso seja aceita a reconsideração ou continuando a prestação depois de expirado o prazo, o contrato continuará a vigorar, como se o aviso-prévio não tivesse sido dado.

37. O empregador que, durante o prazo do aviso-prévio dado ao empregado, praticar ato que justifique a rescisão imediata do contrato, sujeita-se ao pagamento da remuneração correspondente ao prazo do referido aviso, sem prejuízo da indenização que for devida.

38. O empregado que, durante o prazo do aviso-prévio, cometer qualquer das faltas consideradas pela lei como justas para a rescisão, perde o direito ao restante do respectivo prazo.

39. A ocorrência de justa causa, salvo a de abandono de emprego, no decurso do prazo do aviso-prévio dado pelo empregador, retira do empregado qualquer direito às verbas rescisórias de natureza indenizatória.

40. O aviso-prévio, ainda que indenizado, integra o tempo de serviço do empregado para todos os fins legais.

41. A data de saída a ser anotada na CTPS deve corresponder à do término do prazo do aviso-prévio, ainda que indenizado.

42. A prescrição começa a fluir no final da data do término do aviso-prévio.

CAPÍTULO 22

Estabilidade e Garantias de Emprego

· · · · · · · · · · · · · · · · · · ·

Marcadores: ESTABILIDADE; ESTABILIDADE DECENAL; ESTABILIDADES PROVISÓRIAS; GARANTIAS DE EMPREGO; REINTEGRAÇÃO; ESTABILIDADE DO DIRIGENTE SINDICAL; ESTABILIDADE DO CIPEIRO; ESTABILIDADE DA GESTANTE; ESTABILIDADE DO ACIDENTADO.

Material de estudo:

✓ Legislação: **CRFB/88**, arts. 7°, I; 8°, VIII; e 41; **ADCT/CRFB/88**, arts. 10 e 19; **CLT**, arts. 165; 391-A; 433; 492-500; 510-D; 522; 543; e 625-B, § 1°; **Lei n° 8.213/1991** (Benefícios da Previdência Social), arts. 3°, § 7°; 93, 118; **Lei n° 5.764/1971** (cooperativas), art. 55; **Lei n° 8.036/1990** (FGTS), art. 3°, § 9°; **Lei Complementar n° 146/2014; Lei Complementar n° 150/2015**, art. 25.

✓ Jurisprudência: **Súm.** 28, 54, 244, 339, 369, 378, 379, 390, 396, 443, TST; **OJ SDI-1** 247, 253, 364, 365, 369, 399, TST; **OJ SDC** 30, 31, TST.

✓ Doutrina (+)

Estratégia de estudo sugerida:

Conhecer a jurisprudência do TST tem sido fundamental para o sucesso em concursos públicos, e não é de hoje. Em relação ao assunto deste tópico faz-se necessário, além de simplesmente conhecer os verbetes do TST, memorizar, com detalhes, as Súmulas 244, 339, 369 e 378 do TST, das quais são extraídas quase todas as questões de concursos sobre o tema.

Deve-se prestar especial atenção, ainda, à evolução do entendimento do TST sobre a matéria, notadamente no caso da (in)compatibilidade das garantias de emprego com os contratos por prazo determinado e com o instituto do aviso-prévio.

22.1. GENERALIDADES E ANTECEDENTES HISTÓRICOS

Como já foi exaustivamente estudado, o Direito do Trabalho é regido por princípios peculiares, dentre os quais o princípio da continuidade da relação de emprego.

É exatamente em razão deste princípio que o natural seria, na seara trabalhista, a estabilidade do vínculo empregatício, isto é, a relativa segurança jurídica do trabalhador no sentido da manutenção de seu emprego, salvo motivo relevante.

Era este o sentido do **antigo sistema celetista da indenização e da estabilidade**.

Com efeito, dispunha o art. 478 da CLT, não expressamente revogado, mas não recepcionado pela CRFB/1988, que, em caso de demissão imotivada do empregado que contasse com mais de um ano de casa, caberia ao empregador pagar indenização equivalente a um mês de remuneração por ano de serviço efetivo ou fração igual ou superior a seis meses.

Por sua vez, o art. 492 da CLT previa a chamada estabilidade decenal (praticamente extinta, como será visto a seguir), segundo a qual o empregado que completasse dez anos de serviço na empresa não poderia ser demitido, salvo por justa causa, comprovada em inquérito judicial.

Este sistema aproximava a legislação trabalhista do espírito que originou o princípio da continuidade da relação de emprego. Não obstante, foi abandonado pelo legislador.

Em um primeiro momento surgiu, em 1966, o FGTS, à época *facultativo*, com vistas a substituir o regime da indenização. Observe-se que o recolhimento mensal do FGTS é uma espécie de *provisão* (ou de *poupança*) *para demissão imotivada* para o empregador, pois 8% vezes 12 meses do ano resultam praticamente um salário anual, como ocorria com a antiga indenização do art. 478.

Embora inicialmente facultativo, na prática o que se observou foi a efetiva substituição do regime celetista pelo regime do FGTS, por imposição velada dos empregadores. Dizia-se, no momento da entrevista, algo do tipo "você optará pelo FGTS, não é?!".

O golpe final veio com **a CRFB/1988**, a qual **tornou obrigatório o FGTS** e, com isso, sepultou de vez o regime celetista da indenização e da estabilidade. Assim, a partir de 1988, deixou de existir a estabilidade decenal (salvo para quem já tinha adquirido o direito, ou seja, já contava com dez anos no mesmo emprego em 1988). Portanto, atualmente existem casos cada vez mais raros de empregados estáveis decenais, tendo em vista que estes devem contar, pelo menos, com 44 anos de serviço na mesma empresa (pelo menos dez antes de 1988, mais 34 anos desde 1988 até os dias atuais).

Desse modo, hoje não existe mais estabilidade no serviço privado, ao menos não no sentido próprio do termo. A única estabilidade que persiste é aquela conferida aos servidores públicos, nos termos do art. 41 da CRFB/1988:

Art. 41. São estáveis após três anos de efetivo exercício os servidores nomeados para cargo de provimento efetivo em virtude de concurso público.
(...)

A estabilidade, no caso, se aplica somente aos servidores da administração direta, autárquica ou fundacional. Por sua vez, os empregados das empresas públicas e das sociedades de economia mista não têm direito à estabilidade. Neste sentido, a Súmula 390 do TST:

Súm. 390. Estabilidade. Art. 41 da CF/1988. Celetista. Administração direta, autárquica ou fundacional. Aplicabilidade. Empregado de empresa pública e sociedade de economia mista. Inaplicável.

I – O servidor público celetista da administração direta, autárquica ou fundacional é beneficiário da estabilidade prevista no art. 41 da CF/1988.

II – Ao empregado de empresa pública ou de sociedade de economia mista, ainda que admitido mediante aprovação em concurso público, não é garantida a estabilidade prevista no art. 41 da CF/1988.

Observe-se, por oportuno, que, conforme decidido recentemente pelo Tribunal Pleno do TST, mesmo antes da aquisição da estabilidade a que alude o art. 41 da Constituição só é válida a dispensa de servidor celetista da administração direta, autárquica e fundacional se devidamente motivada. Neste sentido, julgado publicado no *Informativo nº 119* do TST:

RECURSO DE EMBARGOS INTERPOSTO SOB A ÉGIDE DA LEI Nº 11.496/2007. MATÉRIA AFETADA AO TRIBUNAL PLENO. LEI Nº 13.015, DE 21.7.2014. ARTIGOS 896, § 13, DA CLT E 7º DO ATO Nº 491/SEGJUD.GP, DE 23.9.2014. SERVIDOR PÚBLICO CELETISTA. ADMINISTRAÇÃO DIRETA, AUTÁRQUICA E FUNDACIONAL. CONCURSO PÚBLICO. CONTRATO DE EXPERIÊNCIA. DISPENSA IMOTIVADA. IMPOSSIBILIDADE. OBSERVÂNCIA DOS PRINCÍPIOS CONSTITUCIONAIS DA IMPESSOALIDADE E DA MOTIVAÇÃO. 1. A validade do ato de despedida de servidor público celetista da administração pública direta, autárquica ou fundacional, admitido por concurso público, imprescinde de motivação. 2. A observância do princípio constitucional da motivação visa a resguardar o empregado de possível quebra do postulado da impessoalidade por parte do agente estatal investido no poder de dispensar. Nesse quadro, a celebração de contrato de experiência com o empregado público concursado não tem o condão de afastar a necessidade de motivação, não se mostrando adequada e suficiente a dissolução contratual fundamentada em término do contrato de experiência. 3. Sob o viés da impessoalidade, clara manifestação se verifica no art. 37, II, da Carta Maior, ao exigir que o ingresso em cargo, função ou emprego público dependa de concurso público, exatamente para que todos possam disputar o certame em condições de igualdade. Entende-se que, com igual razão, em atenção à diretriz da motivação dos atos administrativos, para a despedida de empregados públicos concursados, deve-se exigir ato motivado para sua validade. 4. Nesse contexto, compreende-se pela necessidade de ato motivado para dispensa do servidor público celetista concursado. Precedentes do STF, do STJ e desta Corte. Recurso de embargos conhecido e provido (TST, Tribunal Pleno, E-ED-RR-64200-46.2006.5.02.0027, Rel. Min. Alberto Luiz Bresciani de Fontan Pereira, j. 29.09.2015, *DEJT* 09.10.2015).

Embora parte da doutrina entenda que, até mesmo em homenagem ao princípio da moralidade, os empregados de empresas públicas e sociedades de economia mista somente poderiam ser demitidos por ato motivado da administração pública, esta tese não era acolhida pelo TST. No caso específico dos Correios, entretanto, o Tribunal se posicionava no sentido da necessidade de motivação do ato de dispensa, tendo em vista o tratamento diferenciado conferido pela Lei à empresa. Este é o sentido da OJ 247 da SBDI-1 do TST, ainda em vigor:

OJ-SDI1-247. Servidor público. Celetista concursado. Despedida imotivada. Empresa pública ou sociedade de economia mista. Possibilidade (alterada – Res. nº 143/2007 – *DJ* 13.11.2007).

I – A despedida de empregados de empresa pública e de sociedade de economia mista, mesmo admitidos por concurso público, independe de ato motivado para sua validade;

II – A validade do ato de despedida do empregado da Empresa Brasileira de Correios e Telégrafos (ECT) está condicionada à motivação, por gozar a empresa do mesmo tratamento destinado à Fazenda Pública em relação à imunidade tributária e à execução por precatório, além das prerrogativas de foro, prazos e custas processuais.

No mesmo sentido do item II da OJ 247, **o Supremo Tribunal Federal**, apreciando ação específica envolvendo demissão de empregado dos Correios, **decidiu que é necessária a** motivação para dispensa de empregados de empresas públicas e sociedades de economia mista que prestam serviços públicos, porém que tal motivação não se confunde com a estabilidade prevista no art. 41 da CRFB/1988. Eis a ementa do julgamento:

Em atenção (...) aos princípios da impessoalidade e isonomia, que regem a admissão por concurso público, a dispensa do empregado de empresas públicas e sociedades de economia mista que prestam serviços públicos deve ser motivada, assegurando-se, assim, que tais princípios, observados no momento daquela admissão, sejam também respeitados por ocasião da dispensa. A motivação do ato de dispensa, assim, visa a resguardar o empregado de uma possível quebra do postulado da impessoalidade por parte do agente estatal investido do poder de demitir. Recurso extraordinário parcialmente provido para afastar a aplicação, ao caso, do art. 41 da CF, exigindo-se, entretanto, a motivação para legitimar a rescisão unilateral do contrato de trabalho (STF, RE 589.998, Rel. Min. Ricardo Lewandowski, j. 20.03.2013, Plenário, *DJe* 12.09.2013).

Durante alguns anos, tal decisão provocou insegurança jurídica, visto que não se tinha certeza sobre seu alcance, se estendido a todas as empresas públicas ou sociedades de economia mista, ou se válida apenas em relação à ECT. Em 10.10.2018, ao decidir os embargos opostos à decisão do referido RE 589.998, o STF fixou a seguinte tese: "a Empresa Brasileira de Correios e Telégrafos – ECT tem o dever jurídico de motivar, em ato formal, a demissão de seus empregados". Os fundamentos, constantes da ementa do acórdão que julgou os embargos de declaração, deixam bem delimitada a decisão e as razões de decidir:

DIREITO CONSTITUCIONAL E DIREITO DO TRABALHO. EMBARGOS DE DECLARAÇÃO EM RECURSO EXTRAORDINÁRIO. DISPENSA SEM JUSTA CAUSA DE EMPREGADOS DA ECT. ESCLARECIMENTOS ACERCA DO ALCANCE DA REPERCUSSÃO GERAL. ADERÊNCIA AOS ELEMENTOS DO CASO CONCRETO EXAMINADO.

1. No julgamento do RE 589998, realizado sob o regime da repercussão geral, esta Corte estabeleceu que a Empresa Brasileira de Correios e Telégrafos – ECT tem o dever de motivar os atos de dispensa sem justa causa de seus empregados. Não houve, todavia, a fixação expressa da tese jurídica extraída do caso, o que justifica o cabimento dos embargos.

2. O regime da repercussão geral, nos termos do art. 543-A, § 7º, do CPC/1973 (e do art. 1.035, § 11, do CPC/2015), exige a fixação de uma tese de julgamento. Na linha da orientação que foi firmada pelo Plenário, a tese referida deve guardar conexão direta com a hipótese objeto de julgamento.

3. A questão constitucional versada no presente recurso envolvia a ECT, empresa prestadora de serviço público em regime de exclusividade, que desfruta de imunidade tributária recíproca e paga suas dívidas mediante precatório. Logo, a tese de julgamento deve estar adstrita a esta hipótese.

4. A fim de conciliar a natureza privada dos vínculos trabalhistas com o regime essencialmente público reconhecido à ECT, não é possível impor-lhe nada além da exposição, por escrito, dos motivos ensejadores da dispensa sem justa causa. Não se pode exigir, em especial, instauração de processo administrativo ou a abertura de prévio contraditório. (grifos meus)

5. Embargos de declaração providos em parte para fixar a seguinte tese de julgamento: A Empresa Brasileira de Correios e Telégrafos – ECT tem o dever jurídico de motivar, em ato formal, a demissão de seus empregados.

(STF, RE-ED 589.998/PI, Pleno, Rel. Min. Roberto Barroso, *DJe* 05.12.2018)

Portanto, a decisão alcançou tão somente os Correios, com fundamento na mesma diferenciação estabelecida pela OJ 247 da SDI-1, qual seja o regime essencialmente público conferido pela legislação à ECT.

Por sua vez, os processos em trâmite no TST que versam sobre a dispensa de empregados de empresas públicas ou de sociedades de economia mista se encontram suspensos desde 17.12.2020 em virtude do reconhecimento da repercussão geral do RE 688.267, relativo à matéria, que se encontra pendente de julgamento no STF até o fechamento desta edição (Tema 1.022 da Tabela de Repercussão Geral)[1].

Diversa é a hipótese em que empresa pública ou sociedade de economia mista foi posteriormente privatizada. Neste caso, não é necessária a motivação para dispensa, pois a empresa privada não se sujeita às regras do art. 37 da Constituição, ainda que o empregado tenha sido admitido, originariamente, mediante concurso público. Neste sentido, decisão recente da SDI-1:

> I. AGRAVO. RECURSO DE REVISTA. REGIDO PELA LEI 13.467/2017. DISPENSA IMOTIVADA. EMPREGADO PÚBLICO. SOCIEDADE DE ECONOMIA MISTA. JULGAMENTO DO RE 589.998 PELO SUPREMO TRIBUNAL FEDERAL. TRANSCENDÊNCIA POLÍTICA CARACTERIZADA. Constatado possível equívoco na decisão monocrática, impõe-se a reforma da decisão agravada. Agravo provido. II. RECURSO DE REVISTA. REGIDO PELA LEI 13.467/2017. DISPENSA IMOTIVADA. EMPREGADO PÚBLICO. SOCIEDADE DE ECONOMIA MISTA. JULGAMENTO DO RE 589.998 PELO SUPREMO TRIBUNAL FEDERAL. TRANSCENDÊNCIA POLÍTICA CARACTERIZADA. 1. De acordo com o artigo 896-A da CLT, o Tribunal Superior do Trabalho, no recurso de revista, deve examinar previamente se a causa oferece transcendência com relação aos reflexos gerais de natureza econômica, política, social ou jurídica. 2. No caso presente, o Reclamante foi admitido pela IRB BRASIL RESSEGUROS S/A, em 1º/6/2004, à época sociedade de economia mista Estadual, e foi dispensado, imotivadamente, em 06/11/2017, após o processo de privatização da empresa. 3. O Supremo Tribunal Federal, no julgamento do RE 589.998, interposto pela Empresa Brasileira de Correios e Telégrafos, com repercussão geral, fixou tese no sentido de que "a Empresa Brasileira de Correios e Telégrafos – ECT tem o dever jurídico de motivar, em ato formal, a demissão de seus empregados". Tal entendimento, contudo, conforme elucidado pela própria Corte Suprema em embargos de declaração, não se estende às demais empresas da administração indireta. Nessa mesma diretriz, já perfilhava a Orientação Jurisprudencial 247, I, da SBDI-1 do TST, segundo a qual "a despedida de empregados de empresa pública e de sociedade de economia mista, mesmo admitidos por concurso público, independe de ato motivado para sua validade". Outrossim, a jurisprudência desta Corte Superior tem se firmado no sentido de que, a dispensa imotivada do obreiro, após a privatização da sociedade de economia mista, não viola o disposto nos artigos 10 e 448 da CLT, na medida em que o contrato de trabalho deixa de ser regido pelo regime jurídico administrativo. De fato, esta Corte firmou entendimento no sentido de que não há garantia de reintegração de empregado de sociedade de economia mista, dispensado sem justa causa após a privatização, hipótese dos autos. 4. Nesse cenário, o Tribunal Regional, ao entender pela necessidade de motivação de dispensa do empregado, concluindo pela reintegração do Reclamante no emprego, decidiu em contrariedade à jurisprudência consolidada desta Corte Superior, restando, consequentemente, divisada a transcendência política do debate proposto. Julgados. Recurso de revista conhecido e provido (TST, Ag-RR-101791-07.2017.5.01.0020, 5ª Turma, Rel. Min. Douglas Alencar Rodrigues, *DEJT* 02.09.2022).

Também fazem jus à estabilidade os *servidores públicos civis* da União, dos Estados, do Distrito Federal e dos Municípios, que, por ocasião da promulgação da CRFB/88, já contavam com pelo menos cinco anos continuados de serviço, ainda que não submetidos a concurso público (art. 19 do ADCT da CRFB/88[2]). A OJ 364 da SDI-1 assegura a estabilidade, no caso, também aos empregados de fundações subvencionadas pelo poder público.

---

1   Acompanhamento disponível em https://portal.stf.jus.br/processos/detalhe.asp?incidente=4245763. Acesso em 13.05.2023.

2   Art. 19. Os servidores públicos civis da União, dos Estados, do Distrito Federal e dos Municípios, da administração direta, autárquica e das fundações públicas, em exercício na data da promulgação da Constituição, há pelo menos

22.2. TERMINOLOGIA E CLASSIFICAÇÃO

Como dito, atualmente não existe, exceto no caso dos servidores públicos (art. 41 da CRFB), estabilidade no direito brasileiro. O que se prevê, em várias hipóteses legais, são garantias de emprego, também denominadas *estabilidades provisórias*. Vejamos a diferença:

* estabilidade → permanente
* garantia de emprego → provisória

É exatamente em virtude desta diferença fundamental que se mostra tecnicamente incorreta a expressão *estabilidade provisória*, a qual soa, inclusive, paradoxal. Entretanto, **o uso consagrou a expressão**; portanto, é normal encontrá-la no cotidiano trabalhista, inclusive em provas de concurso.

Desse modo, no tocante à terminologia, o leitor deve tomar como sinônimos os termos *estabilidade*, *estabilidade provisória* e *garantia de emprego*. Pela mesma razão, os termos serão utilizados indistintamente daqui em diante, neste manual.

Encontram-se, na ordem jurídica, várias garantias de emprego, sendo algumas constitucionalmente previstas (dirigente sindical, empregada gestante e cipeiro), algumas previstas na legislação trabalhista, além de outras oriundas da legislação previdenciária e civil. Veremos adiante cada uma delas, enfatizando as mais importantes no cotidiano.

No tocante à classificação, a estabilidade pode ser:

a) Definitiva ou provisória

É definitiva a garantia que não tem prazo determinado (estável decenal, servidores públicos etc.). Provisória, por sua vez, é aquela garantia de emprego que só vale pelo prazo estipulado em lei (exemplo: dirigente sindical, cipeiro, gestante, acidentado etc.).

b) Absoluta ou relativa

Tem estabilidade absoluta o empregado que só pode ser demitido por justa causa (ex.: dirigente sindical). O detentor de estabilidade relativa, por sua vez, só não pode ser dispensado arbitrariamente, mas o pode por um dos motivos do art. 165 da CLT, ou ainda, no caso do aprendiz, nas hipóteses do art. 433 da CLT.

c) Pessoal ou altruísta

A estabilidade pessoal (ou personalíssima) é adquirida em função de circunstância pessoal do trabalhador (acidentado, gestante etc.). A estabilidade altruísta, por sua vez, visa à representação de terceiros (cipeiro, dirigente sindical etc.).

22.3. GARANTIA DE EMPREGO DO DIRIGENTE SINDICAL

O empregado **eleito** dirigente sindical goza de garantia de emprego desde o registro da candidatura até um ano após o término do mandato, nos termos do art. 8º, VIII, da CRFB/88:

> Art. 8º (...)
>
> VIII – é vedada a dispensa do empregado sindicalizado a partir do registro da candidatura a cargo de direção ou representação sindical e, se eleito, ainda que suplente, até um ano após o final do mandato, salvo se cometer falta grave nos termos da lei.
>
> (...)

---

cinco anos continuados, e que não tenham sido admitidos na forma regulada no art. 37, da Constituição, são considerados estáveis no serviço público.

Aliás, o art. 543, § 3º, da CLT, já previa a garantia de emprego do dirigente sindical, mas não foi completamente recepcionado pela CRFB/88:

Art. 543. (...)

§ 3º Fica vedada a dispensa do empregado sindicalizado ou associado, a partir do momento do registro de sua candidatura a cargo de direção ou representação de entidade sindical ou de associação profissional, até 1 (um) ano após o final do seu mandato, caso seja eleito inclusive como suplente, salvo se cometer falta grave devidamente apurada nos termos desta Consolidação.

(...)

Com efeito, **a CRFB/1988 não recepcionou a garantia de emprego conferida aos dirigentes de associações profissionais**, e sim apenas aos dirigentes dos sindicatos. Esta é a posição amplamente dominante na doutrina e na jurisprudência. Neste sentido, Gustavo Filipe Barbosa Garcia ensina que

"o entendimento que se consolidou na jurisprudência, bem como na doutrina majoritária, é no sentido de que a estabilidade do empregado associado, que for eleito a cargo de direção ou representação de associação profissional, não foi recepcionada pela Constituição Federal de 1988. Tanto é assim que o antigo Enunciado 222 do TST, prevendo a referida estabilidade provisória, foi cancelado pela Resolução 84/1998"[3].

Ainda no mesmo sentido, Alice Monteiro de Barros[4] e a SDI-1 do TST:

Recurso de embargos interposto antes da Lei nº 11.496/2007, que deu nova redação ao art. 894 da CLT. Dirigente de associação profissional. Estabilidade provisória. A jurisprudência desta Corte tem entendido que a atual Constituição Federal, no inciso VIII do artigo 8º, restringiu a estabilidade provisória ao dirigente sindical, não tendo sido recepcionado pela nova ordem o disposto no § 3º do artigo 543 da CLT no que se refere ao dirigente de associação profissional. A partir da Constituição Federal de 1988, a associação deixou de ser um embrião necessário do surgimento de um sindicato. Recurso de Embargos não conhecido (TST, E-ED-RR-654303-55.2000.5.02.5555, Rel. Min. Carlos Alberto Reis de Paula, j. 02.06.2008, Subseção I Especializada em Dissídios Individuais, *DJ* 13.06.2008).

A garantia de emprego, no caso, mira a legítima representação da categoria, livre do temor de represálias por parte do empregador, ou seja, visa à garantia da liberdade sindical. Exatamente por este motivo, a *estabilidade provisória* conferida ao dirigente sindical lhe confere certa *imunidade pela função desempenhada, e não em virtude de características pessoais*.

22.3.1. Inquérito judicial para apuração de falta grave

O dirigente sindical somente pode ser demitido, durante o período de garantia de emprego, por justa causa, **apurada em inquérito judicial**. Neste sentido, a Súmula 379 do TST:

Súm. 379. Dirigente sindical. Despedida. Falta grave. Inquérito judicial. Necessidade. Res. 129/2005, *DJ* 20, 22 e 25.04.2005.

O dirigente sindical somente poderá ser dispensado por falta grave mediante a apuração em inquérito judicial, inteligência dos arts. 494 e 543, § 3º, da CLT.

---

3   GARCIA, Gustavo Filipe Barbosa. *Curso de Direito do Trabalho*. 7. ed. Rio de Janeiro: Forense, 2013, p. 733.

4   BARROS, Alice Monteiro de. *Curso de Direito do Trabalho*. 9. ed. São Paulo: LTr, 2013, p. 776-777.

No mesmo sentido, a Súmula 197 do STF[5]:

Súm. 197. O empregado com representação sindical só pode ser despedido mediante inquérito em que se apure falta grave.

22.3.2. Comunicação ao empregador

Naturalmente, deve ser dada ciência ao empregador acerca da candidatura do empregado ao cargo de dirigente sindical, pois, do contrário, o empregador não tem como saber quem está temporariamente imune à dispensa sem justa causa.

Nesse sentido, o § 5º do art. 543 da CLT estabelece o seguinte:

Art. 543. (...)

§ 5º Para os fins deste artigo, a entidade sindical comunicará por escrito à empresa, dentro de 24 (vinte e quatro) horas, o dia e a hora do registro da candidatura do seu empregado e, em igual prazo, sua eleição e posse, fornecendo, outrossim, a este, comprovante no mesmo sentido. O Ministério do Trabalho e Previdência Social fará no mesmo prazo a comunicação no caso da designação referida no final do § 4º.

(...)

O STF já decidiu que o dispositivo em referência foi recepcionado pela Constituição de 1988, conforme o seguinte aresto:

Dirigente sindical. Garantia de emprego. Comunicação ao empregador. A formalidade prevista no art. 543, § 5º, da Consolidação das Leis do Trabalho – ciência do empregador da candidatura do empregado – não se mostrou incompatível com a norma do inciso VIII do art. 8º da Constituição Federal, isto diante do princípio da razoabilidade (STF, RE 224.667/MG, 2ª Turma, Rel. Min. Marco Aurélio Mello, j. 13.04.1999, DJ 04.06.1999).

Todavia, o TST abrandou a exigência legal, passando a admitir que a referida comunicação se dê a qualquer tempo, desde que ainda vigente o contrato de trabalho. Este é o entendimento atual consubstanciado no item I da Súmula 369 do TST:

Súm. 369. Dirigente sindical. Estabilidade provisória (redação do item I alterada na sessão do Tribunal Pleno realizada em 14.09.2012) – Res. 185/2012, DEJT divulgado em 25, 26 e 27.09.2012.

I – É assegurada a estabilidade provisória ao empregado dirigente sindical, ainda que a comunicação do registro da candidatura ou da eleição e da posse seja realizada fora do prazo previsto no art. 543, § 5º, da CLT, desde que a ciência ao empregador, por qualquer meio, ocorra na vigência do contrato de trabalho.

(...)

22.3.3. Limitação quanto ao número de dirigentes estáveis

Durante muito tempo se discutiu se, na vigência da CRFB/88, em que vigora a ampla liberdade de atuação sindical, continuaria válida a limitação dos dirigentes sindicais a sete, nos termos do art. 522 da CLT. Boa parte da doutrina argumenta que esta limitação fere a liberdade sindical, sendo que o número de dirigentes deveria ser determinado pelo estatuto

---

5   Súmulas do STF não costumam ser cobradas em provas da área trabalhista, e são mencionadas neste manual sempre que reforcem ou ilustrem entendimento da doutrina trabalhista ou do TST.

da entidade. Na prática, o número ilimitado levou ao inchaço das entidades sindicais e a verdadeira "indústria de estáveis".

O TST pacificou a questão por meio do item II da Súmula 369, com a redação alterada pela Resolução 174/2011:

> Súm. 369. (...)
>
> II – O art. 522 da CLT⁶ foi recepcionado pela Constituição Federal de 1988. Fica limitada, assim, a estabilidade a que alude o art. 543, § 3º, da CLT, a sete dirigentes sindicais e igual número de suplentes.
>
> (...)

No mesmo sentido, decisão proferida pelo Plenário do STF, aos 15.05.2020, quando do julgamento da ADPF nº 276/DF:

> ARGUIÇÃO DE DESCUMPRIMENTO DE PRECEITO FUNDAMENTAL. ART. 522 DA CONSOLIDAÇÃO DAS LEIS DO TRABALHO. INC. II DA SÚMULA N. 369 DO TRIBUNAL SUPERIOR DO TRABALHO. DEFINIÇÃO DE NÚMERO MÁXIMO DE DIRIGENTES SINDICATOS COM ESTABILIDADE NO EMPREGO. RECEPÇÃO DO ART. 522 DA CONSOLIDAÇÃO DAS LEIS DO TRABALHO. PRECEDENTES DO SUPREMO TRIBUNAL. AUSÊNCIA DE ESVAZIAMENTO DO NÚCLEO DA LIBERDADE SINDICAL PELA NORMA LEGAL E PELO ENUNCIADO. ARGUIÇÃO DE DESCUMPRIMENTO DE PRECEITO FUNDAMENTAL IMPROCEDENTE. 1. A liberdade sindical tem previsão constitucional, mas não se dota de caráter absoluto. A previsão legal de número máximo de dirigentes sindicais dotados de estabilidade de emprego não esvazia aquela liberdade, que se preserva para cumprir a finalidade de autonomia da entidade sindical, não para criar situações de estabilidade genérica e ilimitada sem se conciliar com a razoabilidade e a finalidade da norma constitucional garantidora do direito. 2. Recepção da norma legal acolhida em precedentes do Supremo Tribunal Federal. Súmula que expressa o que a jurisprudência deste Supremo Tribunal não contraria a Constituição da República. 3. Arguição de descumprimento de preceito fundamental improcedente (STF, Plenário, ADPF nº 276/DF, Rel. Min. Carmen Lucia, j. 15.05.2020, DJe 03.06.2020).

O que interessa é que o TST e o STF entendem constitucional a limitação[7]; então, há que se lembrar apenas que o número máximo de dirigentes sindicais continua sendo **sete** (além do igual número de suplentes).

Observe-se que a última alteração no item II da Súmula 369, incluindo a referência expressa aos suplentes, sepultou a polêmica acerca da inclusão ou não dos suplentes no limite do art. 522. Com efeito, a interpretação agora consolidada já era o entendimento dominante no TST há muito tempo.

22.3.4. Empregado de categoria diferenciada eleito dirigente sindical

Dispõe o item III da Súmula 369 do TST que *o empregado de categoria diferenciada eleito dirigente sindical só goza de estabilidade se exercer na empresa atividade pertinente à categoria profissional do sindicato para o qual foi eleito dirigente.*

---

⁶ Art. 522. A administração do sindicato será exercida por uma diretoria constituída no máximo de sete e no mínimo de três membros e de um Conselho Fiscal composto de três membros, eleitos esses órgãos pela Assembleia Geral. (...)

⁷ No mesmo sentido, o STF: Constitucional. Trabalho. Sindicato: dirigentes: CLT, art. 522: recepção pela CF/88, art. 8º, I. I. O art. 522, CLT, que estabelece número de dirigentes sindicais, foi recebido pela CF/88, art. 8º, I. II. RE conhecido e provido (STF, RE 193345/SC, 2ª Turma, Rel. Min. Carlos Velloso, j. 13.04.1999, DJ 28.05.1999).

A garantia de emprego ao dirigente sindical visa assegurar o exercício da atividade sindical sem interferências do empregador. Assim, somente faz sentido a estabilidade se o empregado exerce função ligada diretamente à sua atividade sindical, pois esta última poderia estar comprometida pela pressão do empregador no cotidiano do trabalho. Imagine-se o exemplo de um radialista (pertencente a categoria diferenciada, portanto), que foi eleito dirigente sindical da sua categoria, mas que trabalha, efetivamente, como vendedor em uma concessionária de automóveis. Obviamente, este empregado não fará jus à garantia de emprego, pois sua função não guarda qualquer relação com a defesa da categoria à qual pertence.

22.3.5. Extinção da atividade empresarial

Pelo mesmo motivo, se o empregador não mais exerce atividade empresarial na base territorial do sindicato, não é factível que adote qualquer providência no sentido de embaraçar a livre representação sindical pelo empregado. Perde-se, assim, o objeto da garantia de emprego, razão pela qual a mesma não subsiste.

Neste sentido, o item IV da Súmula 369 do TST:

> Súm. 369. (...)
>
> IV – Havendo extinção da atividade empresarial no âmbito da base territorial do sindicato, não há razão para subsistir a estabilidade.
>
> (...)

22.3.6. Registro da candidatura durante o aviso-prévio

Questão igualmente frequente em concursos é a hipótese em que o empregado tem a candidatura a dirigente sindical registrada no curso do aviso-prévio. Neste caso, nos termos da Súmula 369, item V, do TST, não há se falar em estabilidade:

> Súm. 369. (...)
>
> V – O registro da candidatura do empregado a cargo de dirigente sindical durante o período de aviso prévio, ainda que indenizado, não lhe assegura a estabilidade, visto que inaplicável a regra do § 3º do art. 543 da Consolidação das Leis do Trabalho.
>
> (...)

Maurício Godinho Delgado[8] critica a postura da jurisprudência, sob o argumento de que a formação de uma chapa sindical costuma levar meses, pelo que somente após todo este processo prévio ocorre o registro da candidatura. Desta forma, o referido verbete de jurisprudência tem o condão de possibilitar ao empregador cercear a liberdade de representação sindical do empregado, demitindo-o tão logo saiba da sua intenção de se candidatar ao cargo de dirigente sindical.

22.3.7. Destinatários da garantia

Mais uma questão corriqueira sobre o tema é a fixação exata do destinatário da estabilidade sindical. Em outras palavras, **quem seria *dirigente*, e, portanto, *estável*, no âmbito sindical?**

---

8   DELGADO, Maurício Godinho. *Curso de Direito do Trabalho*. 9. ed. São Paulo: LTr, 2010, p. 1.168.

A grande maioria da doutrina não trata do tema. Vejamos algumas regras a respeito.

Art. 522. A administração do sindicato será exercida por uma diretoria constituída no máximo de sete e no mínimo de três membros e de um Conselho Fiscal composto de três membros, eleitos esses órgãos pela Assembleia Geral.

§ 1º A diretoria elegerá, dentre os seus membros, o presidente do sindicato.

§ 2º A competência do Conselho Fiscal é limitada à fiscalização da gestão financeira do sindicato.

(...)

Do dispositivo acima se extrai que **diretoria e conselho fiscal não se confundem**, bem como que **o conselho fiscal não tem por atribuição a prática de atos típicos de representação sindical**. Por isso, a garantia de emprego não se estende aos membros do conselho fiscal do sindicato. Este é também o entendimento jurisprudencial dominante, conforme OJ 365 do TST:

OJ-SDI1-365. Estabilidade provisória. Membro de Conselho Fiscal de sindicato. Inexistência (*DJ* 20, 21 e 23.05.2008).

Membro de conselho fiscal de sindicato não tem direito à estabilidade prevista nos arts. 543, § 3º, da CLT e 8º, VIII, da CF/1988, porquanto não representa ou atua na defesa de direitos da categoria respectiva, tendo sua competência limitada à fiscalização da gestão financeira do sindicato (art. 522, § 2º, da CLT).

Da mesma forma, o TST firmou o entendimento no sentido de que os delegados sindicais também não têm garantido o emprego, nos termos da OJ 369:

OJ-SDI1-369. Estabilidade provisória. Delegado sindical. Inaplicável (*DJe* divulgado em 03, 04 e 05.12.2008).

O delegado sindical não é beneficiário da estabilidade provisória prevista no art. 8º, VIII, da CF/1988, a qual é dirigida, exclusivamente, àqueles que exerçam ou ocupem cargos de direção nos sindicatos, submetidos a processo eletivo.

O delegado sindical é aquele associado que representa a entidade sindical em uma seção ou delegacia sindical (em uma grande empresa, por exemplo), com vistas a aproximar o sindicato das massas de trabalhadores. Nos termos do art. 523 da CLT, os delegados sindicais são **designados** pela diretoria do sindicato. Como a estabilidade sindical é atribuída apenas aos representantes *eleitos*, a ela não fazem jus os delegados sindicais, nos termos da OJ 369, mencionada acima.

Por fim, anote-se que a jurisprudência considera o exercício de cargo de confiança incompatível com a garantia de emprego assegurada ao dirigente sindical, porquanto a função de livre nomeação e exoneração, por revestir-se de caráter precário e alicerçar-se no elemento fidúcia, constitui fator impeditivo à aquisição da estabilidade, conforme o disposto no art. 499 da CLT. Neste sentido, decisão da SDI-1 publicada no *Informativo nº 82* do TST[9].

22.3.8. Sindicato sem registro no Ministério do Trabalho e Emprego

Embora seja pacífico o cabimento do registro do sindicato junto ao Ministério do Trabalho e Emprego (art. 8º, I, CRFB/88) como condição para aquisição da chamada

---

9   E-ED-RR-112700-89.2008.5.22.0004, SDI-1, Rel. Min. Márcio Eurico Vitral Amaro, Subseção I Especializada em Dissídios Individuais, *DEJT* 30.05.2014.

personalidade sindical[10], há controvérsia sobre os reflexos de tal obrigatoriedade no âmbito da garantia de emprego em estudo.

Com efeito, seria necessário o prévio registro do sindicato junto ao órgão competente (atualmente, o Ministério do Trabalho e Emprego) para que o dirigente fosse contemplado pela estabilidade provisória?

O entendimento atual do TST[11] é no sentido negativo, ou seja, **a garantia de emprego do dirigente sindical não está vinculada ao prévio registro da entidade sindical no Ministério do Trabalho e Emprego**. Neste sentido, mencionem-se os seguintes julgados, cujas ementas esclarecem os fundamentos de tal posicionamento:

Recurso ordinário em mandado de segurança. Reintegração liminar de empregado eleito dirigente de nova entidade sindical. Pedido de registro sindical ainda sob exame do Ministério do Trabalho e Emprego. Reintegração mantida. 1. Caso em que a autoridade apontada como coatora deferiu, em decisão antecipatória dos efeitos da tutela, a reintegração no emprego de trabalhador eleito para o cargo de dirigente de nova entidade sindical, cujo pedido foi arquivado, encontrando-se pendente a apreciação do recurso administrativo interposto perante o Ministério do Trabalho e Emprego – MTE. 2. O Excelso Supremo Tribunal Federal já decidiu que a estabilidade prevista no art. 8º, VIII, da Carta de 1988 alcança o empregado eleito dirigente de sindicato em processo de obtenção do registro sindical. 3. A partir da exegese empreendida pela Corte Suprema, não parece razoável deixar de reconhecer a potencial estabilidade provisória do litisconsorte passivo, sob o pretexto da possível violação do princípio da estabilidade sindical (art. 8º, II, da Constituição Federal). Em respeito ao devido processo legal administrativo, que deriva do princípio inserto no art. 5º, LIV, da Carta de 1988, enquanto pendente o exame definitivo do requerimento de registro do novo sindicato no âmbito do MTE, a garantia de emprego do dirigente sindical deve ser observada. Não há, portanto, direito líquido e certo à cassação da determinação de reintegração liminar do litisconsorte passivo. Recurso ordinário conhecido e não provido (TST, SDI-II, RO-21386-31.2015.5.04.0000, Rel. Min. Douglas Alencar Rodrigues, j. 07.06.2016, *DEJT* 10.06.2016. *Informativo 139*).

RECURSO DE REVISTA. ESTABILIDADE DO DIRIGENTE SINDICAL. PENDÊNCIA DE REGISTRO NO MINISTÉRIO DO TRABALHO. DESNECESSIDADE. PREJUDICADO O EXAME DA TRANSCENDÊNCIA. O Tribunal Regional entendeu pela estabilidade do reclamante, tendo em vista que a hipótese dos autos se trata de pendência de registro do sindicato no Ministério do Trabalho e não de indeferimento. No entanto, esta Corte Superior já se firmou no sentido de que é desnecessária a efetivação do registro no Ministério do Trabalho e Emprego para o reconhecimento do direito do dirigente sindical à estabilidade provisória. Precedentes. Recurso de revista não conhecido (TST, RR-722-94.2019.5.06.0351, 6ª Turma, Rel. Des. Convocado Jose Pedro de Camargo Rodrigues de Souza, *DEJT* 28.04.2023).

AGRAVO EM AGRAVO DE INSTRUMENTO EM RECURSO DE REVISTA INTERPOSTO PELAS RECLAMADAS NA VIGÊNCIA DA LEI 13.467/2017. RITO SUMARÍSSIMO. ESTABILIDADE PROVISÓRIA. DIRIGENTE SINDICAL. AUSÊNCIA DE REGISTRO DO SINDICATO NO MINISTÉRIO DO TRABALHO. AUSÊNCIA DE TRANSCENDÊNCIA. 1. No caso, não se verifica nenhum dos indicadores de transcendência previstos no art. 896-A, § 1º, da CLT. 2. O valor da causa não é elevado, o que revela a falta de transcendência econômica. 3. A decisão do Tribunal Regional não contraria Súmula ou Orientação Jurisprudencial do Tribunal Superior do Trabalho ou Súmula do Supremo Tribunal Fede-

---

[10] A este respeito, remeto o leitor ao item 29.3.4 do Capítulo 29 deste manual.

[11] No mesmo sentido, o STF, conforme o RE 205.107-1 (STF, Pleno, Rel. Min. Sepúlveda Pertence, *DJ* 25.09.1998).

ral, nem contraria jurisprudência pacífica e reiterada desta Corte Superior. Ao contrário, a decisão regional encontra-se em consonância com o entendimento predominante nesta Corte, no sentido de que a estabilidade do empregado eleito dirigente não está condicionada ao registro do respectivo sindicato perante o Ministério do Trabalho. Precedentes. Assim, fica afastada a possibilidade de transcendência política. 4. No mais, a controvérsia dos autos não afeta matéria nova atinente à interpretação da legislação trabalhista, pelo que não há transcendência jurídica. 5. Por fim, não há transcendência social, porquanto não caracterizada ofensa a direito social constitucionalmente assegurado. Agravo não provido (TST, Ag-AIRR-344-28.2020.5.11.0008, 8ª Turma, Rel. Min. Delaíde Alves Miranda Arantes, *DEJT* 13.12.2022).

22.4. REPRESENTANTES DOS TRABALHADORES NA CIPA (CIPEIRO)

Também para assegurar a atuação livre, muitas vezes contrariando interesses do empregador, o(s) representante(s) dos empregados na CIPA tem garantido o emprego, **desde o registro da candidatura até um ano após o término do mandato**.

Consoante a lição de Alice Monteiro de Barros,

"Esses empregados têm o dever de zelar por condições de trabalho seguras. Compete-lhes relatar área de risco, solicitar ao empregador as medidas necessárias para reduzi-lo ou eliminá-lo, com o objetivo de prevenir a ocorrência de acidentes e doenças ocupacionais. Por essa razão, estão eles quase sempre em confronto com a vontade patronal, achando-se constantemente suscetíveis a represálias ou, ao menos, a intimidação no cumprimento desse mister. O fundamento dessa garantia de emprego reside, portanto, na necessidade de conferir ao cipeiro autonomia no exercício do mandato"[12].

A doutrina se divide sobre o alcance da garantia a todos os membros **eleitos** da CIPA, e não somente ao vice-presidente (o presidente é designado pelo empregador, pelo que não tem direito à garantia de emprego). Não obstante, a jurisprudência do TST é remansosa a respeito: **a garantia de emprego alcança *todos* os membros *eleitos*.** Neste sentido, o seguinte julgado:

Agravo de instrumento em recurso de revista. (...) Estabilidade da CIPA. Membro titular da CIPA. Garantia não restrita ao vice-presidente. Entendimento em consonância com a jurisprudência do TST, em especial a Súmula 339/TST. O Eg. Regional adotou tese no sentido de que, embora não enquadrado na hipótese do art. 10, II, "a", do ADCT, o Reclamante era detentor de estabilidade provisória, por força do art. 165, da CLT, já que titular de representação dos empregados na CIPA. Ao recorrer de revista, a reclamada defendeu tese no sentido de que somente o vice-presidente seria beneficiário das disposições legais atinentes à garantia de emprego do cipeiro. Este Eg. Tribunal tem reiteradamente decidido em favor da tese regional, afirmando a coerência dos preceitos constitucional e celetista que tratam da matéria, concluindo pela garantia extensiva a todo membro titular. Precedentes da SDI-2 e SDI-1. De outro lado, verifica-se que a Súmula 339/TST confirma a tese regional, uma vez que proclama a garantia ao suplente da CIPA, chegando a afirmar que a estabilidade constitui "garantia para as atividades dos membros da CIPA" (g.n.). Incide, por isso, o § 5º, do art. 896, da CLT e Súmula 333, como obstáculo adicional ao conhecimento da revista, seja por vulneração de lei (arts. 5º, II, e 10, II, "a", da Constituição Federal), seja por divergência jurisprudencial. (...) (TST, AIRR 1327300-23.2002.5.16.0900, 2ª Turma, Rel. Juiz Conv. Josenildo dos Santos Carvalho, *DJ* 09.02.2007).

---

12 BARROS, Alice Monteiro de. *Curso de Direito do Trabalho*. 6. ed. São Paulo: LTr, 2010, p. 990.

O fundamento legal, guindado ao *status* de norma constitucional, é encontrado no art. 10, II, "a", do ADCT da CRFB/88:

> Art. 10. Até que seja promulgada a lei complementar a que se refere o art. 7º, I, da Constituição:
>
> (...)
>
> II - fica vedada a dispensa arbitrária ou sem justa causa:
>
> a) do empregado eleito para cargo de direção de comissões internas de prevenção de acidentes, desde o registro de sua candidatura até um ano após o final de seu mandato;
>
> (...)

Como a lei menciona somente *empregado eleito*, abrange apenas os representantes dos empregados, pois os representantes do empregador são por ele **designados**, e não eleitos (art. 164, § 1º, CLT).

Em relação à garantia de emprego do cipeiro, diz-se que é apenas **relativa**, pois se refere somente à *dispensa arbitrária*, nos termos do art. 165 da CLT:

> Art. 165. Os titulares da representação dos empregados nas CIPA (s) não poderão sofrer despedida arbitrária, entendendo-se como tal a que não se fundar em motivo disciplinar, técnico, econômico ou financeiro.
>
> (...)

Assim, o cipeiro pode ser demitido, ainda que não seja por justa causa, desde que o empregador tenha motivação técnica, econômica ou financeira, ou ainda disciplinar. *Motivação técnica* é aquela ligada à atividade de produção da empresa. Ocorre, por exemplo, com a modernização da empresa, com a utilização de novas tecnologias e equipamentos[13]. *Motivo financeiro* diz respeito ao balanço da empresa (receitas menos despesas), enquanto *motivo econômico* advém da conjuntura econômica do país (custo operacional, recessão econômica etc.). Por fim, o *motivo disciplinar* resta configurado sempre que o empregado não cumpre as ordens do empregador, sejam elas gerais ou individuais.

Extinto o estabelecimento, obviamente não há se falar em garantia de emprego do cipeiro, pois a própria CIPA deixa de existir. Neste sentido, a Súmula 339 do TST:

> Súm. 339. CIPA. Suplente. Garantia de emprego. CF/1988. Res. 129/2005, *DJ* 20, 22 e 25.04.2005.
>
> I - **O suplente** da CIPA goza da garantia de emprego prevista no art. 10, II, "a", do ADCT a partir da promulgação da Constituição Federal de 1988.
>
> II - A estabilidade provisória do cipeiro não constitui vantagem pessoal, mas garantia para as atividades dos membros da CIPA, que somente tem razão de ser quando em atividade a empresa. Extinto o estabelecimento, não se verifica a despedida arbitrária, sendo impossível a reintegração e indevida a indenização do período estabilitário. (grifos meus)

Não obstante o dispositivo legal não mencione expressamente o suplente, a jurisprudência estende a ele a garantia de emprego[14]. Bruno Klippel observa que, "caso inexistisse a previsão sumulada, ocasionaria extrema dificuldade para a continuidade dos trabalhos da comissão, em especial dos representantes dos empregados, pois a morte, afastamento ou demissão por justa causa dos titulares acarretaria vacância do cargo, sem substituto"[15].

---

13 MARTINS, Sergio Pinto. *Comentários à CLT*. 14. ed. São Paulo: Atlas, 2010, p. 191.
14 Este é também o entendimento do STF (Súmula 676).
15 KLIPPEL, Bruno. *Direito sumular esquematizado - TST*. São Paulo: Saraiva, 2011, p. 429.

No tocante ao item II da Súmula 339, além da noção de que a extinção do estabelecimento provoca o fim da garantia de emprego, é importante ressaltar que **a estabilidade provisória do cipeiro não constitui vantagem pessoal**, mas garantia para as atividades dos membros da CIPA. Trata-se da chamada *estabilidade altruísta.*

Em decisão publicada no *Informativo nº 94* do TST, a SDI-1 reiterou tal caráter altruísta da garantia de emprego assegurada ao cipeiro, considerando o término da obra equivalente à extinção do estabelecimento. Eis o julgado:

> RECURSO DE EMBARGOS INTERPOSTO SOB A ÉGIDE DA LEI N.º 11.496/2007. GARANTIA PROVISÓRIA DE EMPREGO. CIPEIRO. TÉRMINO DA OBRA. EQUIVALÊNCIA À EXTINÇÃO DO ESTABELECIMENTO. 1. A garantia provisória no emprego, assegurada ao empregado eleito para cargo de direção da Comissão Interna de Prevenção de Acidentes – CIPA – por força do artigo 10, II, "a", do Ato das Disposições Constitucionais Transitórias, conquanto necessária, não se traduz em direito ilimitado, tampouco em vantagem pessoal outorgada ao empregado. Funda-se o instituto na necessidade de assegurar ao empregado eleito para o cargo de dirigente da CIPA a autonomia necessária ao livre e adequado exercício das funções inerentes ao seu mandato, consubstanciadas no zelo pela diminuição de acidentes e na busca de melhores condições de trabalho. Atente-se, desse modo, que a função da CIPA está diretamente vinculada ao funcionamento do estabelecimento, de modo que a extinção deste constitui fator que inviabiliza a ação fiscalizatória e educativa do membro da CIPA, ocasionando, por consequência, a cessação da garantia de emprego. 2. Nessa linha, a jurisprudência desta Corte superior vem direcionando-se no sentido de que o encerramento da obra equivale à extinção do estabelecimento, para efeito de não configuração da despedida arbitrária do empregado membro da CIPA, nos termos do item II da Súmula n.º 339 desta Corte superior. 3. Formada a CIPA para atuar em canteiro de obra, a garantia provisória de emprego somente se justifica enquanto a obra se mantiver ativa. Terminada a obra, cessa a garantia em questão. 4. Recurso de embargos conhecido e provido (TST, SDI-I, E-ED-RR– 24000-48.2004.5.24.0061, Rel. Min. Lelio Bentes Corrêa, Data de Julgamento: 06.11.2014, *DEJT* 14.11.2014).

Por absoluta ausência de previsão legal, **não há se falar na necessidade de inquérito judicial para apuração de falta grave no caso do cipeiro.** Por sua vez, conforme jurisprudência do TST a validade do pedido de demissão do cipeiro fica condicionada à assistência pela entidade sindical, nos termos do art. 500 da CLT[16].

22.5. GESTANTE

A gestante também tem o emprego garantido, **desde a confirmação da gravidez até cinco meses após o parto.** Neste sentido, o art. 10, II, "b", do ADCT da CRFB/88:

> Art. 10. Até que seja promulgada a lei complementar a que se refere o art. 7º, I, da Constituição:
> (...)
> II – fica vedada a dispensa arbitrária ou sem justa causa:
> (...)
> b) da empregada gestante, desde a confirmação da gravidez até cinco meses após o parto.

22.5.1. Doméstica gestante

A **empregada doméstica já fazia jus a esta garantia**, por força do disposto no art. 4º-A da Lei nº 5.859/1972, com a redação dada pela Lei nº 11.324/2006. Posteriormente,

---

16 Neste sentido, por exemplo, RRAg-902-51.2019.5.17.0013, 6ª Turma, *DEJT* 18.11.2022; RR-388-28.2014.5.06.0192, 8ª Turma, *DEJT* 17.02.2017.

a EC 72/2013 estendeu à doméstica o inciso I do art. 7º da CRFB/1988, razão pela qual referida garantia provisória de emprego passou a ser assegurada também constitucionalmente. Por fim, o parágrafo único do art. 25 da Lei Complementar nº 150/2015 estabeleceu expressamente que "a confirmação do estado de gravidez durante o curso do contrato de trabalho, ainda que durante o prazo do aviso-prévio trabalhado ou indenizado, garante à empregada gestante a estabilidade provisória prevista na alínea 'b' do inciso II do art. 10 do Ato das Disposições Constitucionais Transitórias".

Portanto, no tocante à garantia de emprego, a gestante doméstica recebe atualmente idêntico tratamento legal. Atente-se para o fato de que a questão tem sido cobrada de forma reiterada em concursos públicos.

22.5.2. Renúncia ao direito à estabilidade

A garantia em referência vai além da proteção pessoal da mulher empregada, visando, principalmente, assegurar condições minimamente favoráveis ao nascituro, tanto durante a gestação quanto ao longo dos primeiros meses de vida. É exatamente por isso que **normalmente não se admite a renúncia à garantia de emprego pela gestante**, pois ela estaria renunciando a direito de terceiro. Neste sentido decidiu o STF, bem como se posiciona o TST, por meio da OJ da SDC 30:

OJ-SDC-30. Estabilidade da gestante. Renúncia ou transação de direitos constitucionais. Impossibilidade (republicada em decorrência de erro material) – DEJT divulgado em 19, 20 e 21.09.2011.

Nos termos do art. 10, II, *b*, do ADCT, a proteção à maternidade foi erigida à hierarquia constitucional, pois retirou do âmbito do direito potestativo do empregador a possibilidade de despedir arbitrariamente a empregada em estado gravídico. Portanto, a teor do artigo 9º da CLT, torna-se nula de pleno direito a cláusula que estabelece a possibilidade de renúncia ou transação, pela gestante, das garantias referentes à manutenção do emprego e salário.

No mesmo sentido, a seguinte decisão recente:

[...] ESTABILIDADE PROVISÓRIA. RENÚNCIA. GESTANTE. A atual, iterativa e notória jurisprudência desta Casa se posiciona no sentido da impossibilidade de renúncia à estabilidade provisória da empregada grávida, conforme diretriz traçada no art. 10, II, "b", do ADCT, na medida em que se trata de norma especialmente direcionada à proteção do nascituro e, portanto, a gestante não poderia dela dispor. Estabelece-se, isto sim, a responsabilidade objetiva do empregador pelos salários e garantias inerentes ao contrato de trabalho durante todo o período ao longo do qual é assegurada a referida estabilidade. Precedentes. Recurso de revista não conhecido (TST, 8ª Turma, RR-1141-74.2013.5.03.0039, Rel. Des. Convocado Breno Medeiros, Data de Julgamento: 16.12.2015, DEJT 18.12.2015).

Anote-se, entretanto, que **o TST não tem considerado renúncia a recusa, pela gestante, da oferta de retorno ao emprego**. Nesse sentido, o seguinte julgado:

AGRAVO EM EMBARGOS DE DECLARAÇÃO EM RECURSO DE REVISTA. ACÓRDÃO REGIONAL PUBLICADO NA VIGÊNCIA DA LEI Nº 13.467/2017. GESTANTE. ESTABILIDADE. RECUSA DE RETORNO AO EMPREGO. DECISÃO EM CONFORMIDADE COM ENTENDIMENTO PACIFICADO DESTA CORTE SUPERIOR. TRANSCENDÊNCIA NÃO RECONHECIDA. A recusa da empregada em retornar ao trabalho não configura renúncia à estabilidade nem inviabiliza o direito à indenização substitutiva, na medida em que a garantia visa, também, a proteção do nascituro. Precedentes. Mantém-se a decisão recorrida. Agravo conhecido e desprovido, com aplicação de multa de 3%, nos termos do art. 1.021, § 4º, do CPC (TST, Ag-ED-RR-1000537-46.2019.5.02.0611, 5ª Turma, Rel. Min. Morgana de Almeida Richa, *DEJT* 12.05.2023).

Observe-se, por oportuno, que, embora seja **válido o pedido de demissão da empregada grávida**, não havendo que se falar, neste caso, em estabilidade (e/ou em renúncia ao direito), a SDI-1 do TST entendeu que **é necessária a assistência sindical**, nos termos do disposto no art. 500 da CLT[17]. Eis a ementa do julgado:

EMBARGOS COM AGRAVO EM RECURSO DE REVISTA. ESTABILIDADE DA GESTANTE. PEDIDO DE DEMISSÃO. NECESSIDADE DE ASSISTÊNCIA SINDICAL. ART. 500 DA CLT. 1. Hipótese em que a Turma considerou válido o pedido de dispensa sem assistência sindical, por considerar inaplicável à empregada gestante, detentora da estabilidade prevista no art. 10, II, "b", do ADCT, a norma inserta no art. 500 da CLT. Registrou que "sendo válido o pedido de demissão da Reclamante gestante, é indevida a estabilidade prevista no art. 10, II, 'b', do ADCT, não havendo de se falar, portanto, em violação do art. 500 da CLT – segundo o qual o 'pedido de demissão do empregado estável só será válido quando feito com a assistência do respectivo Sindicato e, se não o houver, perante autoridade local competente do Ministério do Trabalho ou da Justiça do Trabalho', por não se tratar de empregado estável". 2. Tratando-se de empregada gestante, detentora de estabilidade provisória, a validade do pedido de demissão está condicionada à assistência do respectivo Sindicato ou da autoridade do Ministério do Trabalho, nos termos do artigo 500 da CLT, de modo a afastar qualquer incerteza quanto à vontade livre e consciente do trabalhador de rescindir o seu contrato de trabalho. Decisões de todas as Turmas neste sentido. Recurso de embargos conhecido e provido (TST, SDI-I, E-ARR-603-26.2015.5.03.0071, Rel. Min.: Hugo Carlos Scheuermann, Data de Julgamento: 19.10.2017, *DEJT* 27.10.2017).

Decisão recente da 2ª Turma confirma a manutenção de tal entendimento:

RECURSO DE REVISTA. ACÓRDÃO PUBLICADO NA VIGÊNCIA DA LEI Nº 13.467/2017. ESTABILIDADE PROVISÓRIA – GESTANTE - PEDIDO DE DEMISSÃO SEM ASSISTÊNCIA SINDICAL – INVALIDADE. O artigo 10, II, "b" do ADCT garante à empregada gestante a estabilidade no emprego, desde a dispensa, até 5 meses após o parto, independentemente do conhecimento do estado de gravidez por parte do empregador, sendo ainda irrelevante o momento no qual teve ciência do estado gravídico da empregada. De outro lado, nos termos do art. 500 da CLT a empregada gestante, detentora de estabilidade provisória, segundo dicção do artigo 10, II, "b", do ADCT e da Súmula nº 244 do TST, terá reconhecimento jurídico do pedido de demissão, desde que efetivado mediante necessária assistência do respectivo sindicato. Tal imposição se justifica por ser a estabilidade provisória direito indisponível e, portanto, irrenunciável. No caso dos autos, o Colegiado a quo entendeu não haver nulidade no pedido de demissão da empregada gestante, ainda que sem a assistência sindical, pois houve renúncia a sua estabilidade. Importa ressaltar que a jurisprudência atual, iterativa e notória do TST firmou-se no sentido de que a validade do pedido de demissão da empregada gestante, detentora de estabilidade provisória, está condicionada à assistência do respectivo Sindicato ou da autoridade do Ministério do Trabalho, nos termos do artigo 500 da CLT, de modo a afastar qualquer incerteza quanto à vontade livre e consciente do trabalhador de rescindir o seu contrato de trabalho. Desse modo, impõe-se a reforma da decisão regional, visto que contrária à jurisprudência atual, iterativa e notória desta Corte Superior. Precedentes. Recurso de revista conhecido e provido (TST, RR-793-81.2021.5.09.0662, 2ª Turma, Relatora Ministra Liana Chaib, *DEJT* 28.04.2023).

---

17 Como mencionado em edições anteriores desta obra, prevalecia no âmbito do TST o entendimento contrário, no sentido de que não se aplicava ao pedido de demissão da gestante o disposto no art. 500 da CLT.

22.5.3. Garantia de emprego *vs.* licença-maternidade

Há que se tomar especial cuidado para não confundir a garantia de emprego conferida à gestante com a licença-maternidade, assim considerado o período em que a gestante permanece afastada do trabalho, recebendo benefício previdenciário (salário-maternidade).

Tendo em vista a semelhança dos prazos, o ponto exige especial atenção, principalmente em concursos e no Exame de Ordem. De forma esquemática:

* garantia de emprego: desde a confirmação da gravidez até cinco meses após o parto;
* licença-gestante: 120 dias, com início, em regra[18], a partir de 28 dias antes do parto até a data deste.

22.5.4. Estabilidade relativa

Subsiste discussão doutrinária em relação à possibilidade de demissão da gestante por motivos técnicos, econômicos ou financeiros, conforme ocorre com o cipeiro, ou seja, se seria a garantia de emprego conferida à gestante absoluta (como a do dirigente sindical) ou relativa (como a do cipeiro).

Maurício Godinho Delgado[19] defende que, na ausência de previsão legal diversa, a gestante somente poderia ser demitida por justa causa. Outros autores, entretanto, defendem que, também no caso da gestante, a garantia de emprego seria apenas relativa, isto é, comportaria demissão motivada. Neste sentido, Alice Monteiro de Barros[20], Arnaldo Süssekind[21], Luciano Martinez[22] e Vólia Bomfim Cassar[23]. Para estes autores, partidários da corrente majoritária, também é consenso que a garantia de emprego da gestante, embora relativa, é absoluta durante os 120 dias da licença-maternidade, pois nesse período o contrato de trabalho encontra-se interrompido[24], não podendo haver demissão.

Decisão da SDI-2 publicada no *Informativo nº 05* do TST parece acolher a tese da garantia de emprego absoluta para a gestante, senão vejamos:

> [...] RECURSO ORDINÁRIO. AÇÃO RESCISÓRIA. ESTABILIDADE. GESTANTE. TRANS-FERÊNCIA PARA OUTRA LOCALIDADE. FECHAMENTO DO ESTABELECIMENTO. RE-CUSA DA EMPREGADA. JUSTA CAUSA. INEXISTÊNCIA. PROVIMENTO. Hipótese em que o acórdão rescindindo proferido pelo Tribunal Regional considerou justa a dispensa da reclamante, embora gestante, por entender que a estabilidade provisória prevista no artigo 10, II, "b", do ADCT não lhe assegurava o direito de opor-se à transferência imposta pela Empresa para outra localidade em decorrência do fechamento da filial na qual ela laborava.

---

18   Embora seja essa a regra geral, estabelecida pelo art. 392, § 1, da CLT, o STF firmou entendimento, quando do julgamento da ADI nº 6327, no sentido de que se deve considerar como termo inicial da licença-maternidade e do respectivo salário-maternidade a alta hospitalar do recém-nascido e/ou de sua mãe, o que ocorrer por último, prorrogando-se em todo o período os benefícios, quando o período de internação exceder as duas semanas previstas no art. 392, § 2º, da CLT, e no art. 93, § 3º, do Decreto nº 3.048/99. Para mais informações sobre o tema, remeto o leitor para o item 24.9.2, no qual o tema foi tratado em pormenores.

19   DELGADO, Maurício Godinho. *Curso de Direito do Trabalho.* 9. ed. São Paulo: LTr, 2010, p. 1.170.

20   BARROS, Alice Monteiro de. *Curso de Direito do Trabalho.* 6. ed. São Paulo: LTr, 2010, p. 992.

21   SÜSSEKIND, Arnaldo; MARANHÃO, Délio; VIANNA, Segadas; TEIXEIRA FILHO, João de Lima. *Instituições de Direito do Trabalho.* 16. ed. São Paulo: LTr, 1996, vol. I, p. 685.

22   MARTINEZ, Luciano. *Curso de Direito do Trabalho:* Relações Individuais, Sindicais e Coletivas do Trabalho. 3. ed. São Paulo: Saraiva, 2012, p. 609.

23   CASSAR, Vólia Bomfim. *Direito do Trabalho.* 4. ed. Niterói: Impetus, 2010, p. 1.132.

24   Sobre a classificação da licença-maternidade como hipótese de interrupção contratual, remeto o leitor ao Capítulo 19, no qual o tema foi tratado em detalhes.

Referida decisão, contudo, contraria frontalmente a garantia da estabilidade conferida à gestante, assegurada no aludido dispositivo constitucional. Esta Corte Superior já firmou o entendimento de que o fechamento da filial na qual laborava a obreira não constitui óbice à manutenção da estabilidade provisória prevista no artigo 10, II, "b", do ADCT. Com efeito, o referido dispositivo constitucional, ao prever tal garantia, não condiciona o direito à estabilidade à existência de atividades regulares na Empresa. Isso porque, como se sabe, os riscos da atividade econômica devem ser suportados pelo próprio empregador, que deve efetivamente suportar as perdas advindas do empreendimento, nos exatos termos do que dispõe o artigo 2º da CLT. Por outro lado, vale registrar que, embora a transferência em virtude do fechamento de filial da Empresa encontre respaldo na lei, mais especificamente no artigo 469, § 2º, da CLT, não se pode impor à empregada gestante a obrigação de com ela anuir a fim de ter assegurado o direito à estabilidade. Saliente-se que a norma assecuratória do direito à estabilidade provisória da gestante constitui preceito de ordem pública e, portanto, de caráter indisponível, que objetiva, em última análise, a proteção do nascituro. Por tais razões, merece acolhimento o pleito rescisório da autora, tendo em vista que, na condição de gestante e portadora da estabilidade provisória prevista no artigo 10, II, "b", do ADCT, não poderia ter sido dispensada sem o pagamento das verbas trabalhistas pelo fato de ter recusado a ordem de transferência do seu empregador para outra localidade em face do fechamento da filial da Empresa na qual laborava. A garantia no emprego da empregada gestante encontra respaldo constitucional, de sorte que a sua recusa em ser transferida para outra localidade não pode ser tida como justa causa a obstaculizar a percepção das verbas devidas em decorrência da estabilidade. Recurso ordinário conhecido e provido (TST, SDI-II, RO-298-04.2010.5.15.0000, Rel. Min. Guilherme Augusto Caputo Bastos, Data de Julgamento: 10.04.2012, *DEJT* 13.04.2012).

22.5.5. Responsabilidade objetiva do empregador

A jurisprudência sempre se inclinou no sentido da objetivação da garantia de emprego conferida à gestante. Com efeito, há muito o TST entende que *o desconhecimento do estado gravídico pelo empregador não afasta o direito ao pagamento da indenização decorrente da estabilidade*. Este é o teor do item I da Súmula 244.

Neste diapasão, mesmo que o empregador não saiba da gravidez quando da demissão da empregada, subsiste o direito à reintegração ou à indenização, conforme o caso.

Ainda se discute se é cabível a estabilidade na hipótese em que a própria empregada desconhece seu estado de gravidez. Alice Monteiro de Barros[25], por exemplo, não admite a aplicação da garantia de emprego neste caso.

Depois de intensa polêmica a respeito, a maioria da **doutrina e a jurisprudência passaram a tratar a questão objetivamente, ou seja, nem mesmo a gestante precisa saber que está grávida para que faça jus à garantia de emprego**. Em outras palavras, basta o fato da concepção, em si, ainda que descoberto posteriormente.

Assim também se posiciona, de forma pacífica, o STF, conforme se depreende dos seguintes julgados:

Agravo regimental em agravo de instrumento. Estabilidade de gestante. Art. 10, II, "b", do ADCT. Ambas as Turmas do Supremo Tribunal Federal têm entendimento no sentido de que basta a confirmação da condição de gestante para o implemento da estabilidade provisória. Agravo regimental a que se nega provimento (STF, AI 277381 AgR/SC, 2ª Turma, Rel. Min. Joaquim Barbosa, j. 08.08.2006, *DJ* 22.09.2006).

---

25 BARROS, Alice Monteiro de. *Curso de Direito do Trabalho*, 6. ed., p. 1.113-1.114.

O art. 10, II, "b", do ADCT confere estabilidade provisória à obreira, exigindo para o seu implemento apenas a confirmação de sua condição de gestante, não havendo, portanto, de se falar em outros requisitos para o exercício desse direito, como a prévia comunicação da gravidez ao empregador. Precedente da Primeira Turma desta Corte. Recurso extraordinário não conhecido (STF, RE 259318/RS, 1ª Turma, Rel. Min. Ellen Gracie, j. 14.05.2002, *DJ* 21.06.2002).

A propósito, o empregador não pode *obrigar* a empregada a se submeter a exame médico para diagnosticar gravidez, não só quando da admissão, mas também quando da demissão (art. 373-A, IV, da CLT).

Há que se mencionar que a redação anterior da OJ SDI-1 88 previa a possibilidade de limitação de tal direito mediante previsão em norma coletiva. Com efeito, a OJ 88 permitia que acordo coletivo de trabalho ou convenção coletiva de trabalho dispusessem no sentido do condicionamento da garantia de emprego à comunicação do estado gravídico ao empregador, pela empregada, em certo tempo após a rescisão. Esta possibilidade foi afastada pelo STF, por ser inconstitucional (por restringir direito que a lei não restringiu), razão pela qual foi retirada do verbete do TST.

Atualmente, é pacífico, no âmbito do TST, o entendimento no sentido de que é inválida a norma coletiva que estabeleça tal condicionante, conforme demonstra o seguinte julgado recente:

> RECURSO ORDINÁRIO EM AÇÃO ANULATÓRIA INTERPOSTO PELO SINDICATO PATRONAL. NULIDADE DO ITEM 8.1 DA CLÁUSULA 8ª – GARANTIA DE EMPREGO, CONSTANTE DA CONVENÇÃO COLETIVA DE TRABALHO 2017/2018. EMPREGADA GESTANTE. DISPENSA SEM JUSTA CAUSA. COMPROVAÇÃO DO ESTADO GRAVÍDICO PARA FINS DA ESTABILIDADE. FLEXIBILIZAÇÃO DO DIREITO POR NORMA COLETIVA. IMPOSSIBILIDADE. 1. De acordo com a tese firmada pelo Supremo Tribunal Federal no Tema 1046 do Ementário de Repercussão Geral, "são constitucionais os acordos e as convenções coletivos que, ao considerarem a adequação setorial negociada, pactuam limitações ou afastamentos de direitos trabalhistas, independentemente da explicitação especificada de vantagens compensatórias, desde que respeitados os direitos absolutamente indisponíveis". 2. Ora, os direitos que visam à proteção da gestante e do nascituro estão previstos nos arts. 6º e 7º, XVIII, da Constituição Federal, o que leva ao reconhecimento de que estão revestidos de indisponibilidade absoluta, não podendo ser objeto de negociação coletiva. O art. 10 do ADCT, na alínea "b" do seu inciso II, ao tratar da estabilidade da gestante, não impõe nenhuma condicionante a esse direito, pelo que, mesmo o desconhecimento, por parte do empregador, do estado gravídico da empregada dispensada sem justa causa, não afasta a proteção constitucionalmente garantida. Ou seja, o fator condicionante à aquisição do direito à estabilidade é somente o fato de a empregada estar grávida e de que a sua dispensa não seja motivada por uma das hipóteses previstas no art. 482 da CLT. 3. No caso em tela, o item 8.1 da cláusula 8ª – GARANTIA DE EMPREGO, impõe que a empregada gestante, dispensada sem justa causa, comunique e comprove o seu estado gravídico, apresentando relatório acerca de tal condição, a fim de exercer o direito relativo à garantia de emprego, criando condicionantes ao direito constitucionalmente garantido. Nesse contexto, o Tribunal Regional, ao declarar a nulidade do item 8.1 da cláusula 8ª, decidiu em consonância à tese firmada pelo STF no Tema 1046 de Repercussão Geral, não havendo o que reformar na decisão. Recurso ordinário conhecido e não provido (TST, RO-503-47.2018.5.08.0000, Seção Especializada em Dissídios Coletivos, Rel. Min. Dora Maria da Costa, *DEJT* 20.04.2023).

Observe-se, por oportuno, que é também com base nesta natureza objetiva da garantia que o TST alterou entendimento predominante até então e passou a admitir a estabilidade provisória da gestante que engravida durante o curso do aviso-prévio, inclusive indenizado. Neste sentido, veja tópico 22.5.9.

22.5.6. Reintegração vs. indenização

Alice Monteiro de Barros ensina que

"o objetivo da Constituição é proteger o emprego contra a resilição unilateral do contrato de trabalho pelo empregador, impedindo que a função fisiológica da mulher no processo de reprodução constitua causa de discriminação, com embaraços ao exercício de seu direito ao trabalho"[26].

Sendo assim, a dispensa irregular da empregada gestante impõe a reintegração ao emprego, pois esta é a finalidade da norma. Ocorre que, não raro, a sentença é proferida depois de transcorrido todo o período da estabilidade. Neste caso, visto que inviável a reintegração, a empregada deve ser indenizada pelo período em que teria o emprego garantido. Neste sentido, o item II da Súmula 244 do TST:

Súm. 244. (...)

II – A garantia de emprego à gestante só autoriza a reintegração se esta se der durante o período de estabilidade. Do contrário, a garantia restringe-se aos salários e demais direitos correspondentes ao período de estabilidade.

(...)

Esta regra tem por objetivo obstar que a empregada, maliciosamente, deixe para ajuizar a ação muito tempo depois da demissão, a fim de receber todos os salários devidos desde o desligamento. Alguns autores vão além e argumentam que a garantia de emprego somente seria exigível se requerida ainda no curso do prazo, e teria efeitos financeiros a partir do ajuizamento da ação[27]. O TST adota o meio-termo, condicionando a possibilidade de reintegração ao ajuizamento durante o período de estabilidade. Se requerida depois, a questão se resolve em perdas e danos, ou seja, indenização do período correspondente à estabilidade.

Esta questão foi pacificada pelo TST, com a edição da OJ 399:

OJ-SDI1-399. Estabilidade provisória. Ação trabalhista ajuizada após o término do período de garantia no emprego. Abuso do exercício do direito de ação. Não configuração. Indenização devida (*DEJT* divulgado em 02, 03 e 04.08.2010).

O ajuizamento de ação trabalhista após decorrido o período de garantia de emprego não configura abuso do exercício do direito de ação, pois este está submetido apenas ao prazo prescricional inscrito no art. 7º, XXIX, da CF/1988, sendo devida a indenização desde a dispensa até a data do término do período estabilitário.

Em caso de indenização, serão devidos os salários e demais direitos correspondentes ao período compreendido entre a data da despedida e o final da estabilidade, nos termos da Súmula 396 do TST.

22.5.7. Contrato por prazo determinado (inclusive contrato de experiência)

De forma geral, as garantias de emprego são incompatíveis com os contratos por prazo determinado, ao passo que nestes já se sabe, de antemão, a data do seu término.

---

[26] BARROS, Alice Monteiro de. *Curso de Direito do Trabalho*, 6. ed. São Paulo: LTr, 2010, p. 1.114.
[27] Neste sentido, MARTINS, Sergio Pinto. *Comentários à CLT*. 14. ed. São Paulo: Atlas, 2010, p. 327.

Como o contrato de experiência é modalidade de contrato a termo (art. 443 da CLT), a regra também se aplica a este.

Este era o entendimento do TST, consubstanciado na antiga redação do item III da Súmula 244.

Entretanto, depois de vários julgados do STF assegurando a estabilidade à gestante mesmo em contratos a termo, o TST modificou seu entendimento, alterando, por meio da Resolução nº 185/2012, o item III da Súmula 244, o qual passou a ter a seguinte redação:

> III – A empregada gestante tem direito à estabilidade provisória prevista no art. 10, inciso II, alínea "b", do Ato das Disposições Constitucionais Transitórias, mesmo na hipótese de admissão mediante contrato por tempo determinado.

Destarte, não resta mais nenhuma dúvida: **a empregada gestante tem direito à estabilidade, mesmo que contratada por prazo determinado** (o que alcança, por óbvio, o contrato de experiência).

Observe-se que **mesmo a gestante aprendiz**, cujo contrato é especial, com peculiaridades notórias, **tem sido considerada pelo TST como detentora da estabilidade provisória**. Neste sentido, os seguintes julgados[28]:

> [...] CONTRATO DE APRENDIZAGEM. MODALIDADE DE CONTRATO POR PRAZO DE-TERMINADO. APRENDIZAGEM. GESTANTE. GARANTIA PROVISÓRIA DE EMPREGO. 1. "A empregada gestante tem direito à estabilidade provisória prevista no art. 10, inciso II, alínea 'b', do Ato das Disposições Constitucionais Transitórias, mesmo na hipótese de admissão mediante contrato por tempo determinado" (Súmula n.º 244, III, desta Corte superior). 2. Negado à menor aprendiz o direito à garantia provisória no emprego assegurada à gestante, configurada está a contrariedade à referida Súmula n.º 244, III, desta Corte uniformizadora, que, por sua atual, notória e iterativa jurisprudência tem entendido que a garantia provisória alcança também os contratos de aprendizagem, por se tratar de modalidade de contrato por prazo determinado. 3. Recurso de Revista conhecido e provido (TST, 1ª Turma, RR-1694-81.2014.5.02.0050, Rel. Min.: Lelio Bentes Corrêa, Data de Julgamento: 21.02.2018, *DEJT* 23.02.2018)

> [...] II – RECURSO DE REVISTA INTERPOSTO NA VIGÊNCIA DA LEI 13.015/2014. GESTANTE. MENOR APRENDIZ. ESTABILIDADE PROVISÓRIA. NORMAS DE ORDEM PÚBLICA. PROTEÇÃO AO NASCITURO. Na hipótese, o Tribunal Regional alterou a sentença para indeferir o pedido de pagamento da indenização estabilitária da empregada gestante, por tratar-se contrato de aprendizagem. A estabilidade provisória dada à empregada gestante ocorre desde a concepção até o quinto mês após o parto, mesmo em se tratando de contrato de aprendizagem. A interpretação restritiva dada pelo Tribunal Regional não se coaduna com o princípio da máxima efetividade das normas constitucionais. Nesse contexto, necessário o provimento do apelo interposto. Recurso de revista conhecido e provido (TST, 2ª Turma, RR-1977-38.2014.5.02.0072, Rel. Min.: Maria Helena Mallmann, Data de Julgamento: 20.09.2017, *DEJT* 29.09.2017)

No mesmo sentido, o Ministério do Trabalho e Emprego também entende que a empregada aprendiz faz jus à estabilidade da gestante, conforme consta expressamente do art. 387 da Portaria MTP nº 671/2021:

> Art. 387. É assegurado à aprendiz gestante o direito à estabilidade provisória prevista na alínea "b" do inciso II do art. 10 do Ato das Disposições Constitucionais Transitórias da Constituição.

---

28 Ainda no mesmo sentido, decisão mais recente: AIRR 0010122-66.2021.5.18.0016, *DEJT* 19.10.2022.

§ 1º Durante o período da licença maternidade, a aprendiz se afastará de suas atividades, sendo-lhe garantido o retorno ao mesmo curso de aprendizagem, caso ainda esteja em andamento, devendo a entidade qualificadora certificar a aprendiz pelos módulos que concluir com aproveitamento.

§ 2º Na hipótese de o contrato de aprendizagem alcançar o seu termo final durante o período de estabilidade, deverá o estabelecimento contratante promover um aditivo ao contrato, prorrogando-o até o último dia do período da estabilidade, ainda que tal medida resulte em contrato superior a dois anos ou mesmo que a aprendiz alcance vinte e quatro anos.

§ 3º Na situação prevista no § 2º, devem permanecer inalterados todos os pressupostos do contrato inicial, inclusive jornada de trabalho, horário de trabalho, função, salário e recolhimentos dos respectivos encargos, mantendo a aprendiz exclusivamente em atividades práticas.

[...]

Por fim, registre-se que, no tocante ao contrato de trabalho temporário (Lei nº 6.019/1974), foi fixada pelo Pleno do TST, nos autos do IAC-5639-31.2013.5.12.0051, a seguinte tese vinculante:

Tese: É inaplicável ao regime de trabalho temporário, disciplinado pela Lei n.º 6.019/1974, a garantia de estabilidade provisória à empregada gestante, prevista no art. 10, II, "b", do Ato das Disposições Constitucionais Transitórias.[29] (grifos meus)

22.5.8. Aborto, nascimento sem vida e adoção

No caso de **aborto**, a empregada não terá direito à garantia de emprego, mas tão somente ao repouso remunerado durante **duas semanas**, conforme dispõe o art. 395 da CLT.

Por sua vez, se a criança nasce sem vida, ou falece depois do nascimento, há duas correntes:

a) O fato gerador da estabilidade é o parto; portanto, a mulher faz jus à garantia de emprego, ainda que a criança não tenha nascido viva.

Vólia Bomfim Cassar[30] defende esta primeira corrente, argumentando que a mulher, neste caso, além de ter garantida a licença-maternidade, consoante as regras previdenciárias, ainda se expõe a intensa dor moral e física no período pós-parto, sendo a garantia de emprego um alento diante da sua perda.

Neste sentido, algumas decisões recentes do TST:

[...] II – RECURSO DE REVISTA. GESTANTE. NATIMORTO. ESTABILIDADE PROVISÓRIA. A jurisprudência desta Corte entende que a hipótese de natimorto não afasta o direito à estabilidade da gestante prevista no art. 10, II, "b", da ADCT, uma vez que a norma constitucional não exige o nascimento com vida para a aquisição do referido direito. Precedentes. Recurso de revista conhecido e provido. [...] (TST, 2ª Turma, RR-41-97.2016.5.12.0049, Rel. Min.: Maria Helena Mallmann, Data de Julgamento: 13.09.2017, *DEJT* 15.09.2017).

RECURSO DE REVISTA. ACÓRDÃO REGIONAL PUBLICADO NA VIGÊNCIA DA LEI Nº 13.015/2014. ESTABILIDADE DA GESTANTE. NATIMORTO. I. O art. 10, II, "b", do ADCT dispõe que é vedada a dispensa arbitrária ou sem justa causa da empregada gestante "desde a confirmação da gravidez até cinco meses após o parto". II. Não há no dispositivo constitucional nenhuma restrição para a hipótese em que o feto tenha nascido sem vida. O

---

[29]   IAC-5639-31.2013.5.12.0051, Tribunal Pleno, Red. Min. Maria Cristina Irigoyen Peduzzi, *DEJT* 29.07.2020.

[30]   CASSAR, Vólia Bomfim. *Direito do Trabalho*. 4. ed. Niterói: Impetus, 2010, p. 1.131.

requisito objetivo para a aquisição da referida estabilidade provisória é que a concepção ocorra no curso do contrato de trabalho. III. Recurso de revista de que se conhece, por divergência jurisprudencial, e a que se nega provimento (TST, 4ª Turma, RR-813-46.2013.5.12.0023, Rel. Desembargadora Convocada: Cilene Ferreira Amaro Santos, Data de Julgamento: 19.04.2017, *DEJT* 28.04.2017).

b) A hipótese seria equiparada ao aborto e, portanto, não ensejaria a garantia de emprego.

O grande argumento desta segunda corrente é no sentido de que a proteção constitucional tem em vista, principalmente, o nascituro. Na falta deste, não há estabilidade.

Mencionem-se, a título de exemplo dessa corrente interpretativa, julgados mais antigos do TST: RR 142600-59.2005.5.15.0088, 8ª Turma, *DJ* 22.02.2008; RR 1200-21.2002.5.18.0010, 4ª Turma, *DJ* 09.02.2007.

A questão permanece controvertida. Considerando-se, entretanto, o tratamento que tem sido dado à matéria, notadamente pelo STF, bem como os inúmeros precedentes mais recentes do TST, parece estar se consolidando o entendimento da 1ª corrente, no sentido do cabimento da estabilidade na hipótese de natimorto.

Finalmente, há que se observar que **ao adotante**, **homem ou mulher**, foi estendido o direito à garantia de emprego. Com efeito, a Lei nº 13.509/2017 incluiu o parágrafo único no art. 391-A da CLT, o qual passou a dispor o seguinte:

Art. 391-A. A confirmação do estado de gravidez advindo no curso do contrato de trabalho, ainda que durante o prazo do aviso prévio trabalhado ou indenizado, garante à empregada gestante a estabilidade provisória prevista na alínea *b* do inciso II do art. 10 do Ato das Disposições Constitucionais Transitórias.

Parágrafo único. O disposto no *caput* deste artigo aplica-se ao empregado adotante ao qual tenha sido concedida guarda provisória para fins de adoção.

Portanto, desde que tenha sido concedida a guarda provisória para fins de adoção, o adotante (homem ou mulher, insista-se) faz jus à garantia de emprego, até cinco meses após a adoção.

Ante o silêncio da lei no que diz respeito à *adoção conjunta*, há que se entender que ambos os adotantes farão jus à garantia de emprego, porquanto não cabe ao intérprete restringir onde a lei o faz. No mesmo sentido, Gustavo Filipe Barbosa Garcia[31].

22.5.9. Falecimento da genitora: estabilidade assegurada ao guardião

A Lei Complementar nº 146/2014, publicada em 26.06.2014, estabeleceu que "o direito prescrito na alínea *b* do inciso II do art. 10 do Ato das Disposições Constitucionais Transitórias, nos casos em que ocorrer o falecimento da genitora, será assegurado a quem detiver a guarda do seu filho".

Assim, falecendo a genitora, terá direito à garantia provisória de emprego a pessoa que detiver a guarda da criança. Como a Lei não faz distinção, deve-se entender que ela alcança inclusive o pai ou outro empregado que venha a ter a guarda do filho da genitora falecida.

Naturalmente a questão é importantíssima para os concursos vindouros.

---

[31] GARCIA, Gustavo Filipe Barbosa. *CLT Comentada.* 4. ed. São Paulo: Método, 2018, p. 335.

22.5.10. Aviso-prévio

A nova redação do item III da Súmula 244 do TST já indicava não haver mais nenhuma dúvida acerca do cabimento da estabilidade da empregada cuja concepção se deu no curso do aviso-prévio. Tal entendimento se confirmou com a promulgação da Lei n° 12.812/2013, que acrescentou à CLT o art. 391-A, nos seguintes termos[32]:

> Art. 391-A. A confirmação do estado de gravidez advindo no curso do contrato de trabalho, ainda que durante o prazo do aviso prévio trabalhado ou indenizado, garante à empregada gestante a estabilidade provisória prevista na alínea *b* do inciso II do art. 10 do Ato das Disposições Constitucionais Transitórias.

No mesmo sentido, o parágrafo único do art. 25 da Lei Complementar n° 150/2015, que trata da estabilidade da doméstica gestante.

22.6. EMPREGADO ACIDENTADO

Nos termos do art. 19, *caput*, da Lei n° 8.213/1991, *"acidente do trabalho é o que ocorre pelo exercício do trabalho a serviço da empresa ou de empregador doméstico ou pelo exercício do trabalho dos segurados referidos no inciso VII do art. 11 desta Lei, provocando lesão corporal ou perturbação funcional que cause a morte ou a perda ou redução, permanente ou temporária, da capacidade para o trabalho".*

Além disso, a doença profissional e a doença do trabalho também são consideradas acidente do trabalho (Lei n° 8.213/1991, art. 20), inclusive para os efeitos da estabilidade em questão[33].

Vólia Bomfim Cassar[34] ensina que o acidente de trabalho tem *três* espécies:

a) **Típico**: ocorre no interior da empresa, durante o horário de trabalho;

b) **Atípico** ou **equiparado**: aquele que, embora não tenha sido a causa única, tenha contribuído para a morte do trabalhador, para perda de sua capacidade ou ainda produzido lesão que exija atenção médica para a sua recuperação. Doenças ocupacionais são espécies de acidente atípico;

c) Acidente de trajeto: ocorre no trajeto casa-trabalho e vice-versa.

O empregado que sofre acidente de trabalho ou é acometido por doença profissional encontra-se em difícil situação, pois, até seu completo restabelecimento, dificilmente conseguirá novo emprego. Exatamente por isso, a lei garante o emprego ao trabalhador, nesta circunstância, até um ano após a cessação do auxílio-acidente.

A previsão é expressa no art. 118 da Lei n° 8.213/1991 (Lei de Benefícios da Previdência Social):

> Art. 118. O segurado que sofreu acidente do trabalho tem garantida, pelo prazo mínimo de doze meses, a manutenção do seu contrato de trabalho na empresa, após a cessação do auxí-lio-doença acidentário, independentemente de percepção de auxílio-acidente.

A expressão *prazo mínimo de doze meses,* utilizada pelo legislador, quer dizer que, na ausência de cláusula contratual ou norma coletiva **mais benéfica,** o emprego do acidenta-

---

[32] Como visto no item 22.5.8, em momento posterior a Lei n° 13.509/2017 acrescentou ao art. 391-A o parágrafo único.

[33] GARCIA, Gustavo Filipe Barbosa. *Curso de Direito do Trabalho.* 7. ed. Rio de Janeiro: Forense, 2013, p. 708.

[34] CASSAR, Vólia Bomfim. *Direito do Trabalho.* 4. ed. Niterói: Impetus, 2010, p. 1.138.

do será garantido por doze meses após a cessação do auxílio-acidente. Significa, também, que **sequer a norma coletiva pode reduzir tal prazo de estabilidade**, tendo em vista a imperatividade da norma instituidora.

Neste sentido, a OJ 31 da SDC do TST:

> OJ-SDC-31. Estabilidade do acidentado. Acordo homologado. Prevalência. Impossibilidade. Violação do art. 118 da Lei nº 8.213/1991 (inserida em 19.08.1998).
>
> Não é possível a prevalência de acordo sobre legislação vigente, quando ele é menos benéfico do que a própria lei, porquanto o caráter imperativo dessa última restringe o campo de atuação da vontade das partes.

A doutrina tende a considerar como **absoluta** a garantia de emprego do acidentado, ou seja, o empregado acidentado só pode ser demitido por justa causa, e não por motivos técnicos, econômicos ou financeiros.

22.6.1. Constitucionalidade do art. 118 da Lei nº 8.213/1991

Durante algum tempo, questionou-se a constitucionalidade da instituição de garantia de emprego ao acidentado por lei ordinária, sob o argumento de violação ao disposto no art. 7º, I, da CRFB/88, o qual exige a regulamentação da proteção da relação de emprego por meio de lei complementar.

Refutando tal tese, a jurisprudência entendeu que a previsão legal de estabilidade para o acidentado não só é constitucional, como também realiza o princípio da norma mais benéfica, insculpido no *caput* do art. 7º da CRFB ("além de outros que visem à melhoria de sua condição social"). Trata-se, a rigor, de criação de uma hipótese específica de proteção, e não de regulamentação genérica da proteção contra despedida arbitrária ou sem justa causa, o que realmente exigiria lei complementar.

Este é o sentido do item I da Súmula 378 do TST:

> Súm. 378. (...)
>
> I – É constitucional o art. 118 da Lei nº 8.213/1991 que assegura o direito à estabilidade provisória por período de 12 meses após a cessação do auxílio-doença ao empregado acidentado. (...)

No mesmo diapasão, o STF julgou improcedente a ADI nº 639-DF:

> Ação direta de inconstitucionalidade. Art. 118 da Lei nº 8.213/1991. Norma que assegura ao trabalhador a manutenção de contrato de trabalho por doze meses após a cessão do auxílio-doença, independentemente de percepção de auxílio-acidente. Alegação de ofensa à reserva de lei complementar, prevista no art. 7º, I, da Constituição Federal, para a disciplina da proteção da relação de emprego contra despedida arbitrária ou sem justa causa. Norma que se refere às garantias constitucionais do trabalhador em face de acidentes de trabalho e não guarda pertinência com a proteção da relação de emprego nos termos do art. 7º, I, da Constituição. Ação julgada improcedente (STF, ADI nº 639-DF, Rel. Min. Moreira Alves, *DJ* 21.10.2005).

Desse modo, é importante ressaltar que sempre será possível a criação de novas hipóteses de garantia de emprego, seja por meio de lei ordinária, ou mesmo de norma coletiva, visto que as garantias de emprego concretizam o princípio da continuidade da relação de emprego e atuam no sentido da melhoria da condição social do trabalhador.

22.6.2. Requisitos para aquisição da garantia de emprego

São dois os requisitos para a aquisição da "estabilidade":

- afastamento por período superior a 15 dias[35];
- percepção de auxílio-doença acidentário (auxílio-acidente).

Nessa linha, a Súmula 378, II, do TST:

Súm. 378. (...)

II – São pressupostos para a concessão da estabilidade o afastamento superior a 15 dias e a consequente percepção do auxílio-doença acidentário, salvo se constatada, após a despedida, doença profissional que guarde relação de causalidade com a execução do contrato de emprego.

No tocante à exceção, ocorre que, muitas vezes, a doença ocupacional somente é descoberta anos depois de cessada a atividade que a desencadeou, razão pela qual não se aplica o requisito de afastamento superior a 15 dias com percepção de auxílio-doença.

22.6.3. Aviso-prévio e estabilidade acidentária

A revisão da jurisprudência do TST ("2ª Semana do TST"), que veio consolidar a tese de que a garantia de emprego do empregado acidentado subsiste mesmo nos contratos por prazo determinado (Súmula 378, III, com a nova redação dada pela Resolução nº 185/2012 do TST), eliminou quaisquer dúvidas porventura persistentes a respeito da matéria:

✓ **O empregado que se acidenta no curso do aviso-prévio tem direito à estabilidade provisória!**

A título ilustrativo, mencionem-se os seguintes arestos:

(...) Recurso de revista. Estabilidade provisória. Acidente de trabalho no curso do aviso prévio. O art. 18 da Lei 8.213/1991 assegura a manutenção do contrato de trabalho quando o empregado se encontra no gozo do auxílio-doença acidentário, estendendo tal garantia ao prazo de doze meses após a cessação do benefício. A estabilidade, desde que demonstrado o nexo de causalidade da doença com o exercício da atividade desempenhada pelo trabalhador, é reconhecida mesmo após a despedida, conforme entendimento pacificado mediante Súmula 378, II, do TST. No presente caso, o direito à estabilidade provisória acidentária, indeferido pelo Tribunal *a quo*, mostra-se mais manifesto, na medida em que admitida a percepção do auxílio-doença acidentário, tendo o acidente ocorrido durante o período de aviso prévio. A concessão do benefício projeta a vigência do contrato de trabalho até o término do benefício previdenciário, nos termos da Súmula 371 do TST. Assim, o acórdão recorrido está em dissonância da iterativa e notória jurisprudência desta Corte Superior que, à luz das suas Súmulas 371 e 378, reconhece a estabilidade provisória do empregado que sofre acidente de trabalho, no curso do aviso prévio. Precedentes. Recurso de revista conhecido e provido (TST, 6ª Turma, RR-68240-54.2005.5.01.0441, Rel. Min. Augusto César Leite de Carvalho, *DEJT* 12.09.2014).

Recurso de revista. 1. Acidente do trabalho. Estabilidade provisória. Aquisição no período de projeção do aviso prévio. Entende-se que o aviso prévio indenizado integra o contrato

---

[35] Registre-se que a MPV nº 664/2014, que havia alterado para 30 dias o tempo de afastamento a ser custeado pelo empregador, não teve tal disposição aprovada na Lei de Conversão nº 13.135/2015, pelo que voltou a vigorar com a redação anterior, em relação a tal aspecto, a Lei nº 8.213/1991.

de trabalho, para todos os efeitos, inclusive para incidência da estabilidade no emprego. Nos termos da OJ/82/SBDI-I/TST, "a data da saída a ser anotada na CTPS deve corresponder à do término do prazo do aviso prévio, ainda que indenizado", o que evidencia a ampla projeção do aviso prévio no contrato de trabalho. No mesmo sentido, o art. 487, § 1º, da CLT. Frise-se que, do ponto de vista jurídico, no período de pré-aviso, permanecem inalteradas algumas importantes obrigações das partes. Assim, há que se considerar a projeção no tempo do aviso prévio indenizado para fins de aquisição da estabilidade provisória prevista na Lei 8.213/1991. Na hipótese, o Reclamante estava nas dependências do Reclamado, quando sofreu acidente do trabalho, fazendo jus, portanto, à estabilidade provisória. Recurso de revista provido, no aspecto. (...) (TST, 3ª Turma, RR 1424800-49.2004.5.09.0016, Rel. Min. Mauricio Godinho Delgado, *DEJT* 28.09.2012).

22.6.4. Contratos a termo (inclusive contrato de experiência)

Reitere-se, ainda uma vez, que a **regra** é a incompatibilidade entre as garantias provisórias de emprego e os contratos por prazo determinado.

Todavia, há duas **exceções: gestante e acidentado**. Depois de muita controvérsia, finalmente o TST pacificou a questão, inserindo o item III à Súmula 378, nos seguintes termos:

> Súm. 378. Estabilidade provisória. Acidente do trabalho. Art. 118 da Lei nº 8.213/1991. (inserido o item III) – Res. 185/2012, *DEJT* divulgado em 25, 26 e 27.09.2012.
>
> (...)
>
> III – O empregado submetido a contrato de trabalho por tempo determinado goza da garantia provisória de emprego decorrente de acidente de trabalho prevista no art. 118 da Lei nº 8.213/1991.

Anote-se, ainda, por oportuno, que a estabilidade acidentária se aplica também ao aprendiz, que é empregado por prazo determinado, embora mantenha com o empregador contrato de natureza especial. Neste sentido, o art. 387, § 4º, da Portaria MTP nº 671/2021.

22.7. REPRESENTANTES DOS TRABALHADORES NO CONSELHO NACIONAL DE PREVIDÊNCIA SOCIAL – CNPS

A Lei nº 8.213/1991 dispõe sobre o Conselho Nacional de Previdência Social, nos seguintes termos:

> Art. 3º Fica instituído o Conselho Nacional de Previdência Social – CNPS, órgão superior de deliberação colegiada, que terá como membros:
>
> I – seis representantes do Governo Federal;
>
> II – nove representantes da sociedade civil, sendo:
>
> a) três representantes dos aposentados e pensionistas;
>
> b) três representantes dos trabalhadores em atividade;
>
> c) três representantes dos empregadores.
>
> § 1º Os membros do CNPS e seus respectivos suplentes serão nomeados pelo Presidente da República, tendo os representantes titulares da sociedade civil mandato de 2 (dois) anos, podendo ser reconduzidos, de imediato, uma única vez.
>
> § 2º Os representantes dos trabalhadores em atividade, dos aposentados, dos empregadores e seus respectivos suplentes serão indicados pelas centrais sindicais e confederações nacionais.
>
> (...)

O § 7º do art. 3º prevê a garantia de emprego aos representantes dos trabalhadores:

Art. 3º (...)

§ 7º Aos membros do CNPS, enquanto representantes dos trabalhadores em atividade, titulares e suplentes, é assegurada a estabilidade no emprego, da nomeação até um ano após o término do mandato de representação, somente podendo ser demitidos por motivo de falta grave, regularmente comprovada através de processo judicial.

(...)

Portanto, sobre o assunto, é suficiente saber o seguinte:

- destinatários da garantia: representantes dos trabalhadores, titulares e suplentes;
- período estabilitário: da **nomeação** até um ano após o término do mandato;
- estabilidade absoluta (não admite mera dispensa motivada ou não arbitrária);
- a comprovação da falta grave exige **processo judicial**.

Embora a doutrina normalmente se omita a respeito, parece-me que *falta grave, regularmente comprovada mediante processo judicial*, corresponde ao rito do *inquérito judicial*, tal como ocorre com o dirigente sindical. Neste sentido, também Carlos Henrique Bezerra Leite[36], Edilton Meireles[37], Gustavo Filipe Barbosa Garcia[38] e Vólia Bomfim Cassar[39]. Não obstante, o professor Marcelo Moura[40] afirma que a **doutrina majoritária** considera o inquérito para apuração de falta grave cabível apenas para o estável decenal e para o dirigente sindical.

22.8. REPRESENTANTES DOS TRABALHADORES NO CONSELHO CURADOR DO FGTS

A fim de assegurar livre atuação dos representantes dos trabalhadores junto ao Conselho Curador do FGTS, a lei criou para eles garantia provisória de emprego. Neste sentido, o art. 3º da Lei nº 8.036/1990:

Art. 3º O FGTS será regido por normas e diretrizes estabelecidas por um Conselho Curador, composto por representação de trabalhadores, empregadores e órgãos e entidades governamentais, na forma estabelecida pelo Poder Executivo.

(...)

§ 9º Aos membros do Conselho Curador, **enquanto representantes dos trabalhadores**, efetivos e suplentes, é assegurada a estabilidade no emprego, **da nomeação até um ano após o término do mandato de representação**, somente podendo ser demitidos por motivo de falta grave, regularmente comprovada através de **processo sindical**.

Esquematicamente, temos:

- destinatários da garantia: representantes dos trabalhadores, efetivos e suplentes;
- período estabilitário: da nomeação até um ano após o término do mandato;

---

36 LEITE, Carlos Henrique Bezerra. *Curso de Direito Processual do Trabalho*. 3. ed. São Paulo: LTr, 2005, p. 795.
37 MEIRELES, Edilton; BORGES, Leonardo Dias. *Primeiras linhas de Processo do Trabalho*. São Paulo: LTr, 2009, p. 237.
38 GARCIA, Gustavo Filipe Barbosa. *Curso de Direito do Trabalho*. 7. ed. Rio de Janeiro: Forense, 2013, p. 716.
39 CASSAR, Vólia Bomfim. *Direito do Trabalho*. 4. ed. Niterói: Impetus, 2010, p. 1.156.
40 MOURA, Marcelo. *Consolidação das Leis do Trabalho para concursos*. Salvador: JusPodivm, 2011, p. 1.164.

* estabilidade absoluta;
* a comprovação de falta grave exige **processo sindical**.

Observe-se que a lei não exige, para comprovação da falta grave, inquérito judicial, e sim mero *processo sindical*, o que, segundo alguns doutrinadores, seria uma espécie de *inquérito sindical*. Gustavo Filipe Barbosa Garcia, entretanto, entende que "o referido processo sindical é justamente o inquérito judicial para apuração de falta grave, o qual é exigido para dispensa do representante sindical"[41-42].

22.9. EMPREGADO ELEITO DIRETOR DE COOPERATIVA DE CONSUMO

O empregado eleito diretor de sociedade cooperativa criada pelos próprios trabalhadores (cooperativa de consumo) goza de garantia de emprego, nos mesmos moldes da garantia conferida ao dirigente sindical. Neste sentido, o art. 55 da Lei nº 5.764/1971:

> Art. 55. Os empregados de empresas, que sejam eleitos diretores de sociedades cooperativas pelos mesmos criadas, gozarão das garantias asseguradas aos dirigentes sindicais pelo art. 543 da Consolidação das Leis do Trabalho (Decreto-Lei n.º 5.452, de 1º de maio de 1943).

Conforme interpretação jurisprudencial, **a garantia não abrange os suplentes**. Neste sentido, a OJ 253 da SDI-1 do TST:

> OJ-SDI1-253. Estabilidade provisória. Cooperativa. Lei nº 5.764/1971. Conselho Fiscal. Suplente. Não assegurada (inserida em 13.03.2002).
>
> O art. 55 da Lei nº 5.764/1971 assegura a garantia de emprego apenas aos empregados eleitos diretores de Cooperativas, não abrangendo os membros suplentes.

Como a garantia é conferida nos mesmos moldes daquela assegurada ao dirigente sindical, tem-se o seguinte:

* destinatários da garantia: empregados eleitos representantes **titulares** dos trabalhadores;
* período estabilitário: desde o registro da candidatura até um ano após o término do mandato;
* estabilidade absoluta;
* falta grave deve ser apurada em inquérito judicial[43];
* o empregado deve comunicar sua candidatura ao empregador.

22.10. REPRESENTANTES DOS EMPREGADOS NAS COMISSÕES DE CONCILIAÇÃO PRÉVIA – CCPS

Também têm garantia de emprego os representantes dos trabalhadores nas comissões de conciliação prévia, nos termos do art. 625-B, § 1º, da CLT:

---

41 GARCIA, Gustavo Filipe Barbosa. *Curso de Direito do Trabalho*. 7. ed. Rio de Janeiro: Forense, 2013, p. 715.

42 No mesmo sentido, LEITE, Carlos Henrique Bezerra. *Curso de Direito Processual do Trabalho*. 3. ed. São Paulo: LTr, 2005, p. 795; e MEIRELES, Edilton; BORGES, Leonardo Dias. *Primeiras linhas de Processo do Trabalho*. São Paulo: LTr, 2009, p. 237.

43 Neste sentido, entre outros: LEITE, Carlos Henrique Bezerra. *Curso de Direito Processual do Trabalho*. 3. ed. São Paulo: LTr, 2005, p. 795; MEIRELES, Edilton; BORGES, Leonardo Dias. *Primeiras linhas de Processo do Trabalho*. São Paulo: LTr, 2009, p. 237.

Art. 625-B. (...)

§ 1º É vedada a dispensa dos representantes dos empregados membros da Comissão de Conciliação Prévia, titulares e suplentes, até um ano após o final do mandato, salvo se cometerem falta grave, nos termos da lei.

Há controvérsia acerca do início da estabilidade, tendo em vista que o legislador se omitiu a respeito. Alice Monteiro de Barros[44] e Gustavo Filipe Barbosa Garcia[45] defendem a aplicação analógica do art. 543, § 3º, da CLT, pelo que a estabilidade teria início com o registro da candidatura. Sérgio Pinto Martins[46] e Vólia Bomfim Cassar[47] entendem que a estabilidade tem início com a eleição, e não com a candidatura.

Acredito que a primeira corrente (estabilidade desde o registro da candidatura) seja a mais correta, visto que entendimento contrário esvazia por completo a garantia, permitindo que o empregador dispense seu desafeto entre o registro da candidatura e a realização da eleição.

No tocante à apuração da falta grave, também há considerável controvérsia doutrinária. Gustavo Filipe Barbosa Garcia[48] menciona a existência de duas correntes:

a) a lei não exige inquérito judicial para apuração da falta grave, sendo que a menção a *falta grave, nos termos da lei*, seria referente ao enquadramento da conduta como falta grave, ou seja, só são assim consideradas aquelas tipificadas na lei;

b) a lei exige inquérito judicial para apuração da falta grave, pois a expressão *falta grave* seria diferente de *justa causa*, tal como previsto no art. 494 da CLT. Ademais, a referência expressa do art. 625-B, § 1º, da CLT, à *falta grave, nos termos da lei*, somente poderia ser entendida como *falta grave apurada nos termos da lei*. Neste sentido, entre outros, Carlos Henrique Bezerra Leite[49] e Edilton Meireles[50].

Em razão do exposto, o esquema desta hipótese é o seguinte:

- destinatários da garantia: representantes dos empregados, titulares e suplentes, **na comissão instituída no âmbito da empresa**;
- período estabilitário: desde o registro da candidatura (controvertido) até um ano após o término do mandato;
- estabilidade absoluta;
- falta grave deve ser apurada em inquérito judicial (controvertido).

22.11. MEMBRO DA COMISSÃO DE REPRESENTANTES DOS EMPREGADOS

A *Reforma Trabalhista de 2017* (Lei nº 13.467/2017) regulamentou o art. 11 da CRFB/88, incluindo na CLT os artigos 510-A a 510-D, os quais estabelecem regras para a representação dos trabalhadores nas empresas que possuam mais de duzentos empregados.

---

44 BARROS, Alice Monteiro de. *Curso de Direito do Trabalho*, 6. ed., p. 995.
45 GARCIA, Gustavo Filipe Barbosa. *Curso de Direito do Trabalho*. 7. ed. Rio de Janeiro: Forense, 2013, p. 715.
46 MARTINS, Sergio Pinto. *Direito do Trabalho*. 26. ed. São Paulo: Atlas, 2010, p. 448.
47 CASSAR, Vólia Bomfim. *Direito do Trabalho*. 4. ed. Niterói: Impetus, 2010, p. 1.156.
48 GARCIA, Gustavo Filipe Barbosa. *Curso de Direito do Trabalho*. 7. ed. Rio de Janeiro: Forense, 2013, p. 714.
49 LEITE, Carlos Henrique Bezerra. *Curso de Direito Processual do Trabalho*. 3. ed. São Paulo: LTr, 2005, p. 795.
50 MEIRELES, Edilton; BORGES, Leonardo Dias. *Primeiras linhas de Processo do Trabalho*. São Paulo: LTr, 2009, p. 237.

O estudo geral de tais regras será abordado no item 32.2.39, para o qual remeto o leitor. Por ora, mencione-se o disposto no art. 510-D, § 3º, da CLT, *in verbis*:

Art. 510-D. O mandato dos membros da comissão de representantes dos empregados será de um ano.

[...]

§ 3º Desde o registro da candidatura até um ano após o fim do mandato, o membro da comissão de representantes dos empregados não poderá sofrer despedida arbitrária, entendendo-se como tal a que não se fundar em motivo disciplinar, técnico, econômico ou financeiro. (grifos meus)

[...]

Destarte, a Lei nº 13.467/2017 instituiu nova modalidade de garantia provisória de emprego mediante a proibição da despedida arbitrária do membro da comissão de representantes dos empregados no período compreendido entre o registro da candidatura até um ano após o término do mandato.

Observe-se que, nos termos expressos da Lei, trata-se de garantia de emprego *relativa*, pois é lícita a dispensa do empregado fundada em motivo disciplinar, técnico, econômico ou financeiro, a exemplo do que já ocorria com o cipeiro.

22.12. APRENDIZ

O aprendiz não pode ser livremente dispensado pelo empregador, mas tão somente nas hipóteses expressamente previstas no art. 433 da CLT:

Art. 433. O contrato de aprendizagem extinguir-se-á no seu termo ou quando o aprendiz completar 24 (vinte e quatro) anos, ressalvada a hipótese prevista no § 5º do art. 428 desta Consolidação, ou ainda antecipadamente nas seguintes hipóteses:

I – desempenho insuficiente ou inadaptação do aprendiz, salvo para o aprendiz com deficiência quando desprovido de recursos de acessibilidade, de tecnologias assistivas e de apoio necessário ao desempenho de suas atividades[51];

II – falta disciplinar grave;

III – ausência injustificada à escola que implique perda do ano letivo; ou

IV – a pedido do aprendiz.

Portanto, o aprendiz faz jus à *estabilidade provisória* relativa, não podendo ser dispensado arbitrariamente pelo empregador, e sim apenas nas hipóteses legais. Reitere-se, por oportuno, que o TST tem deferido à gestante aprendiz a garantia provisória de emprego. Também se tem entendido que o aprendiz faz jus à estabilidade acidentária, conforme mencionado anteriormente.

22.13. EMPREGADO COM DEFICIÊNCIA OU REABILITADO

Como forma de discriminação positiva, a lei previdenciária prevê cotas para contratação de pessoas com deficiência e reabilitadas perante o INSS.

Em princípio, o tema não tem qualquer relação com as garantias de emprego. Ocorre que, embora constitua *garantia de emprego indireta*, o art. 93, § 1º, da Lei nº 8.213/1991,

---

51 Redação dada pela Lei nº 13.146/2015.

prevê que os empregados contratados para cumprimento de tal cota somente podem ser dispensados sem justa causa se a empresa contratar outro substituto em condição semelhante. Vejamos:

> Art. 93. A empresa com 100 (cem) ou mais empregados está obrigada a preencher de 2% (dois por cento) a 5% (cinco por cento) dos seus cargos com beneficiários reabilitados ou pessoas portadoras de deficiência, habilitadas, na seguinte proporção:
>
> I – até 200 empregados..2%;
>
> II – de 201 a 500...3%;
>
> III – de 501 a 1.000..4%;
>
> IV – de 1.001 em diante..5%.
>
> § 1º **A dispensa de pessoa com deficiência ou de beneficiário reabilitado da Previdência Social ao final de contrato por prazo determinado de mais de 90 (noventa) dias e a dispensa imotivada em contrato por prazo indeterminado somente poderão ocorrer após a contratação de outro trabalhador com deficiência ou beneficiário reabilitado da Previdência Social**[52]. (grifos meus.)
>
> § 2º Ao Ministério do Trabalho e Emprego incumbe estabelecer a sistemática de fiscalização, bem como gerar dados e estatísticas sobre o total de empregados e as vagas preenchidas por pessoas com deficiência e por beneficiários reabilitados da Previdência Social, fornecendo-os, quando solicitados, aos sindicatos, às entidades representativas dos empregados ou aos cidadãos interessados[53].
>
> § 3º Para a reserva de cargos será considerada somente a contratação direta de pessoa com deficiência, excluído o aprendiz com deficiência de que trata a Consolidação das Leis do Trabalho (CLT), aprovada pelo Decreto-Lei nº 5.452, de 1º de maio de 1943[54].

22.14. EMPREGADO PORTADOR DE DOENÇA GRAVE

Embora de forma indireta, o Tribunal Superior do Trabalho criou, por construção jurisprudencial, e baseado na função integradora e normativa dos princípios, autêntica hipótese nova de estabilidade relativa. Trata-se do estabelecimento de presunção de discriminação na dispensa sem justa causa de empregado portador de doença grave que suscite estigma ou preconceito, nos termos da Súmula 443:

> Súm. 443. Dispensa discriminatória. Presunção. Empregado portador de doença grave. Estigma ou preconceito. Direito à reintegração – Res. 185/2012, *DEJT* divulgado em 25, 26 e 27.09.2012.
>
> Presume-se discriminatória a despedida de empregado portador do vírus HIV ou de outra doença grave que suscite estigma ou preconceito. Inválido o ato, o empregado tem direito à reintegração no emprego.

No caso, cabe ao empregador o ônus de comprovar que não dispensou o empregado de forma discriminatória, e a única forma de fazê-lo é provando a existência de algum motivo para dispensa. Logo, é vedada a dispensa arbitrária do empregado portador de doença grave que possa suscitar estigma ou preconceito. Insista-se que não basta a doença ser grave. Se ela não for apta a suscitar estigma ou preconceito, não se presume a discriminação quando da dispensa imotivada[55].

---

52 Redação dada pela Lei nº 13.146/2015.
53 Redação dada pela Lei nº 13.146/2015.
54 Incluído pela Lei nº 13.146/2015.
55 RR-2551-38.2012.5.02.0070, 4ª Turma, Data de Julgamento: 02.03.2016, Rela. Mina. Maria de Assis Calsing, *DEJT* 04.03.2016.

Observem-se os fundamentos dos seguintes julgados sobre a matéria, tendo sido o primeiro deles publicado no *Informativo nº 112* do TST:

[...] EMBARGOS EM RECURSO DE REVISTA. PORTADOR DO VÍRUS HIV. ESTIGMA E PRECONCEITO. DISPENSA DISCRIMINATÓRIA. PRESUNÇÃO. CONTRARIEDADE À SÚMULA 443 DO TST. Nos termos da Súmula 443 do TST, presume-se discriminatória a despedida de empregado portador do vírus HIV ou de outra doença grave que suscite estigma ou preconceito. Inválido o ato, o empregado tem direito à reintegração no emprego. Presunção que se elide apenas por meio de prova apta a afastar qualquer possibilidade de se considerar discriminatória a dispensa, a exemplo de não haver ciência do estado de saúde do empregado pela empregadora ou de existir justa causa para a dispensa. Se não se apura motivo de ordem puramente técnico a justificar a dispensa, e, ao contrário, se detecta momento de fragilidade física e emocional da reclamante, em decorrência da doença, não se considera elidida a presunção de dispensa discriminatória de que cogita a Súmula 443 do TST, sendo inválido o ato. Acórdão embargado mediante o qual se considera elidida a presunção embora conhecido o estado de saúde da reclamante pela reclamada e sem a existência de justa causa que justifique a dispensa contraria o aludido verbete. Embargos de que se conhece e a que se dá provimento (TST, SDI-I, E-ED-RR-1129-60.2010.5.02.0082, Rel. Min. Márcio Eurico Vitral Amaro, Data de Julgamento: 25.06.2015, *DEJT* 30.06.2015).

Nulidade do ato demissional. Empregado acometido de doença grave – neoplasia nodular epitelióide. Dispensa discriminatória e arbitrária. 1. Não se reconhece ofensa aos artigos 7º, I, da Constituição da República e 10, II, do Ato das Disposições Constitucionais Transitórias em face de decisão por meio da qual se determinou a reintegração no emprego de empregado portador de doença grave – neoplasia nodular epitelióide, porquanto tais normas não outorgam permissão ao empregador para proceder a dispensa discriminatória e arbitrária de empregado portador de doença grave. Ao contrário, o legislador constituinte assegurou o direito à relação de emprego protegida contra dispensa arbitrária. A dispensa imotivada de empregado portador de doença grave autoriza presumir, em tese, seu caráter discriminatório e arbitrário, incumbindo ao empregador produzir prova da existência de outros motivos lícitos para a prática do ato, o que não ocorreu no caso em exame. 2. A circunstância de o sistema jurídico pátrio não contemplar a garantia provisória no emprego em tais hipóteses não impede o julgador de valer-se da prerrogativa consagrada no artigo 8º da Consolidação das Leis do Trabalho para aplicar à espécie os princípios gerais do Direito, notadamente os princípios constitucionais assecuratórios do direito à vida, ao trabalho, à dignidade da pessoa humana e a não discriminação, insculpidos nos artigos 1º, III e IV, 3º, IV, 5º, cabeça e XLI, 170 e 193 da Constituição da República, além da previsão contida nos artigos 5º, cabeça e 7º, I, da Lei Magna, que vedam a despedida arbitrária. 3. Entendimento consentâneo com a normativa internacional, especialmente a Convenção nº 111, de 1958, sobre Discriminação em Matéria de Emprego e Ocupação (ratificada pelo Brasil em 26.11.1965 e promulgada mediante o Decreto nº 62.150, de 19.01.1968). 4. Frise-se, ademais, que a jurisprudência predominante no âmbito deste Tribunal Superior respalda tal entendimento, ao presumir arbitrária e discriminatória a demissão de empregado portador de moléstia grave (HIV/AIDS). 5. Recurso de revista de que não se conhece (TST, 1ª Turma, RR 119500-97.2002.5.09.0007, Rel. Min. Lelio Bentes Corrêa, *DEJT* 23.03.2012).

Mencione-se, por oportuno, que a Lei nº 12.984/2014 estabeleceu que constitui **crime** punível com reclusão, de 1 (um) a 4 (quatro) anos, e multa, a **conduta discriminatória contra o portador do HIV e o doente de AIDS**, em razão da sua condição de portador ou de doente, consistente em exonerá-lo ou demiti-lo de seu cargo ou emprego (art. 1º, III).

22.15. EFEITOS JURÍDICOS DA DISPENSA IRREGULAR

Se o empregador demite arbitrariamente um empregado protegido por garantia de emprego, este ato é *nulo*, razão pela qual deverão retornar as partes ao *status quo ante*, isto é, à situação anterior ao ato desprezado pelo direito. Nas hipóteses em que não seja possível o retorno à situação anterior, seja pela incompatibilidade gerada entre as partes em virtude da demanda, seja pela extinção do estabelecimento, a questão será resolvida com o pagamento de indenização compensatória ao obreiro.

O primeiro ponto fundamental para que se entendam os efeitos jurídicos da dispensa arbitrária do empregado *estável* é que a lei garante ao trabalhador o emprego, e não o valor correspondente ao período estabilitário. Logo, a regra é (ou ao menos deveria ser) a reintegração, e não a indenização, que surgiria apenas nos casos isolados, conforme previsto no art. 496 da CLT:

> Art. 496. Quando a reintegração do empregado estável for desaconselhável, dado o grau de incompatibilidade resultante do dissídio, especialmente quando for o empregador pessoa física, o tribunal do trabalho poderá converter aquela obrigação em indenização devida nos termos do artigo seguinte.

À míngua de regulação legal das consequências jurídicas da dispensa arbitrária, nos casos de empregados protegidos por garantias de emprego, a doutrina e a jurisprudência estabelecem construções baseadas na interpretação analógica, principalmente.

Como já foi dito, sempre quando possível será determinada a reintegração, pois a garantia é do emprego, notadamente naqueles casos de *representação comunitária* ou *altruísta* (por exemplo, cipeiro e dirigente sindical).

Há, entretanto, algumas situações que inviabilizam a reintegração:

a) o período de *estabilidade provisória* já se encontra esgotado ao tempo da sentença;
b) extinção da empresa ou do estabelecimento;
c) hipóteses em que a reintegração seja desaconselhável, a critério do juiz (art. 496 da CLT);
d) no caso da empregada doméstica, se o empregador não concordar com a reintegração, visto que a casa é asilo inviolável do indivíduo (art. 5º, XI, CRFB/88).

Nestes casos, só será possível a indenização. **Será paga de forma simples** (salários do período), porque a indenização dobrada prevista no art. 497 da CLT se aplica apenas ao estável decenal. Advirta-se que **norma que impõe pena não pode ser interpretada ampliativamente, nem utilizada em processo analógico**.

Assim, imagine-se o exemplo de uma empregada dispensada logo após o retorno da licença-maternidade, hipoteticamente ocorrido três meses após o parto. Logo, ainda faltavam dois meses de garantia de emprego, os quais deverão ser indenizados, se inviável a reintegração.

Em consonância com este entendimento, a Súmula 396 do TST:

> Súm. 396. Estabilidade provisória. Pedido de reintegração. Concessão do salário relativo ao período de estabilidade já exaurido. Inexistência de julgamento *extra petita*. Res. 129/2005, DJ 20, 22 e 25.04.2005.
>
> I – Exaurido o período de estabilidade, são devidos ao empregado apenas os salários do período compreendido entre a data da despedida e o final do período de estabilidade, não lhe sendo assegurada a reintegração no emprego.

II – Não há nulidade por julgamento *extra petita* da decisão que deferir salário quando o pedido for de reintegração, dados os termos do art. 496 da CLT.

Embora o item II trate de matéria processual, em princípio estranha aos limites deste manual, faz-se importante, ainda que de passagem, sua abordagem, visto que, não raro, o dispositivo é cobrado em provas de Direito do Trabalho.

Julgamento *extra petita* é aquele que excede o que foi pedido pelo autor, ou seja, o juiz defere algo que não foi pedido, do que decorre violação ao princípio dispositivo ou da congruência.

A hipótese do item II da Súmula 396 é a seguinte: o empregado detentor da garantia provisória de emprego pede a reintegração, mas esta é inviável no contexto fático da ação (por exemplo, porque o período estabilitário transcorreu por completo até o momento em que a decisão foi proferida). Neste caso, o Juiz pode, ao invés de conceder a reintegração (que é inviável, frise-se), deferir o pagamento dos salários devidos desde a dispensa até o final do período estabilitário, sem que, com isso, esteja caracterizada a decisão *extra petita*. A providência judicial, no caso, evita o ajuizamento de uma nova ação para requerer os salários do período.

22.16. PRAZO PARA AJUIZAR AÇÃO EM FACE DE DISPENSA ARBITRÁRIA

Durante muito tempo se discutiu qual seria o prazo para o empregado ajuizar a ação trabalhista reclamando de dispensa arbitrária durante a fluência de garantia de emprego. Em outras palavras, uma parte da doutrina defende que somente seria possível o ajuizamento da ação durante o período em que o empregado tivesse estabilidade, sob pena de abuso do direito de ação por parte do empregado. Esta corrente defende ainda que a indenização deve se limitar ao período compreendido entre a data do ajuizamento da ação e o final da garantia de emprego a que faria jus o empregado.

Não obstante, o TST não acolhe tal entendimento, tendo pacificado tese contrária com a edição da OJ 399 da SDI-1:

> OJ-SDI1-399. Estabilidade provisória. Ação trabalhista ajuizada após o término do período de garantia no emprego. Abuso do exercício do direito de ação. Não configuração. Indenização devida (*DEJT* divulgado em 02, 03 e 04.08.2010).
>
> O ajuizamento de ação trabalhista após decorrido o período de garantia de emprego não configura abuso do exercício do direito de ação, pois este está submetido apenas ao prazo prescricional inscrito no art. 7º, XXIX, da CF/1988, sendo devida a indenização desde a dispensa até a data do término do período estabilitário.

22.17. EXTINÇÃO DA ESTABILIDADE

Várias são as circunstâncias que provocam a extinção da estabilidade. Podem ser mencionadas, de forma esquematizada, as principais hipóteses:

- decurso do prazo: transcorrido o tempo fixado em lei para a garantia de emprego, por óbvio ela se extingue;
- morte do empregado;
- pedido de demissão (observe-se que alguns empregados estáveis, como o dirigente sindical e o cipeiro[56], sujeitam-se à regra do art. 500 da CLT, consubstanciada na necessidade de assistência sindical ao pedido de demissão);

---

56 MARTINS, Sergio Pinto. *Comentários à CLT*. 14. ed. São Paulo: Atlas, 2010, p. 561.

- extinção da empresa ou do estabelecimento (neste caso, há controvérsias sobre os efeitos, notadamente o cabimento ou não da indenização, conforme a hipótese de garantia de emprego);
- morte do empregador pessoa física;
- dispensa por justa causa;
- extinção do contrato por culpa recíproca;
- hipóteses previstas no art. 165 da CLT, ou em outros dispositivos legais (ex.: casos de dispensa do aprendiz).

Quanto à renúncia, de uma forma geral não se admite a renúncia a garantias provisórias de emprego previstas em lei, tendo em vista que se trata de direito indisponível. Neste sentido, os seguintes julgados:

[...] ESTABILIDADE PROVISÓRIA. RENÚNCIA. GESTANTE. A atual, iterativa e notória jurisprudência desta Casa se posiciona no sentido da impossibilidade de renúncia à estabilidade provisória da empregada grávida, conforme diretriz traçada no art. 10, II, "b", do ADCT, na medida em que se trata de norma especialmente direcionada à proteção do nascituro e, portanto, a gestante não poderia dela dispor. Estabelece-se, isto sim, a responsabilidade objetiva do empregador pelos salários e garantias inerentes ao contrato de trabalho durante todo o período ao longo do qual é assegurada a referida estabilidade. Precedentes. Recurso de revista não conhecido (TST, 8ª Turma, RR-1141-74.2013.5.03.0039, Rel. Des. Convocado Breno Medeiros, Data de Julgamento: 16.12.2015, *DEJT* 18.12.2015).

RECURSO DE REVISTA. ACIDENTE DE TRABALHO. ESTABILIDADE PROVISÓRIA. RECUSA DE RETORNO AO EMPREGO. RENÚNCIA NÃO CONFIGURADA. Conforme a jurisprudência pacífica desta Corte Superior, o direito à estabilidade provisória é irrenunciável. Sendo assim, na hipótese de estabilidade decorrente de acidente de trabalho, a teor da Súmula nº 396, I, desta Corte, são devidos os salários e vantagens do período compreendido entre a data da dispensa e o final dos doze meses da garantia prevista no art. 118 da Lei nº 8.213/91. Recurso de revista conhecido e provido (TST, 1ª Turma, RR-503100-81.2006.5.12.0018, Rel. Min. Walmir Oliveira da Costa, Data de Julgamento: 09.12.2015, *DEJT* 11.12.2015).

Há, entretanto, julgados em sentido contrário, admitindo a renúncia, notadamente quando o trabalhador foi assistido pela entidade sindical. A título de exemplo, mencionem-se os seguintes arestos:

RECURSO DE REVISTA. INTERPOSIÇÃO ANTES DA VIGÊNCIA DA LEI Nº 13.015/2014. MEMBRO DE CIPA. ESTABILIDADE PROVISÓRIA. RENÚNCIA EXPRESSA, ESPONTÂNEA E SEM VÍCIO DE CONSENTIMENTO. Diante da existência de renúncia expressa, espontânea e sem prova do vício de consentimento, ao direito à estabilidade provisória do membro da CIPA, previsto no artigo 10, II, "a", do ADC, é perfeitamente válida a dispensa sem justa causa do reclamante, já que não mais desfrutador da referida garantia de emprego. Precedentes desta c. Corte. Recurso de revista conhecido e não provido (TST, 6ª Turma, RR-1042-89.2013.5.03.0044, Rel. Min. Aloysio Corrêa da Veiga, Data de Julgamento: 16.12.2015, *DEJT* 12.02.2016).

AGRAVO DE INSTRUMENTO. RECURSO DE REVISTA. DOENÇA PROFISSIONAL. REINTEGRAÇÃO OU INDENIZAÇÃO ESTABILITÁRIA. IMPOSSIBILIDADE. TRANSAÇÃO EXTRAJUDICIAL. ADESÃO A PROGRAMA DE DEMISSÃO VOLUNTÁRIA – PDV. CLÁUSULA ESPECÍFICA DE RENÚNCIA À ESTABILIDADE. I. O entendimento dominante no âmbito deste Tribunal Superior é no sentido de que a adesão a Programa de Demissão Voluntária

(PDV) implica renúncia à estabilidade provisória no emprego, desde que ocorrida com assistência pelo sindicato profissional e não haja vício de vontade do empregado. Precedentes do TST. II. Além disso, o documento de quitação tem eficácia liberatória em relação às parcelas expressamente consignadas no termo de quitação, salvo se oposta ressalva expressa e específica ao valor dado à parcela ou às parcelas impugnadas (Súmula nº 330 do TST), o que não é o caso dos autos. III. Portanto, havendo assistência do sindicato da categoria do empregado e cláusula específica de eficácia liberatória em relação à estabilidade provisória, a adesão do Reclamante a Programa de Demissão Voluntária (PDV) implica renúncia à reintegração ao emprego e à indenização estabilitária substitutiva, como na hipótese em análise. IV. A decisão regional está em harmonia com a jurisprudência dominante no âmbito desta Corte Superior, razão pela qual é inviável o processamento do recurso de revista (Súmula nº 333 do TST e arts. 896, § 4º, da CLT e 557, *caput*, do CPC). V. Agravo de instrumento de que se conhece e a que se nega provimento (TST, 4ª Turma, AIRR-138300-45.2008.5.02.0465, Rela. Desa. Convocada Cilene Ferreira Amaro Santos, Data de Julgamento: 25.11.2015, *DEJT* 27.11.2015).

É claro que, mesmo se considerando irrenunciável a garantia de emprego, é sempre possível ao empregado pedir demissão, tendo em vista o princípio maior da liberdade de trabalho. A discussão acerca da possibilidade ou não de se renunciar ao direito envolve apenas a hipótese de demissão sem justa causa[57].

ESTABILIDADE E GARANTIAS DE EMPREGO

Classificação:
- Definitiva ou provisória.
- Absoluta ou relativa.
- Pessoal ou altruísta.

Estabilidade do dirigente sindical
- Apenas o empregado **eleito** tem direito (delegado sindical não tem estabilidade).
- Garantia de emprego desde o registro da candidatura, até um ano após o término do mandato.
- Titular e suplente.
- Dispensa por justa causa exige ajuizamento de inquérito judicial para apuração de falta grave.
- Deve ser dada, por qualquer meio, e na vigência do contrato de trabalho, ciência ao empregador acerca do registro da candidatura.
- O número de dirigentes estáveis é limitado a sete, mais os respectivos suplentes.
- Empregado de categoria diferenciada tem estabilidade somente se desempenhar, na empresa empregadora, atividades pertinentes à categoria profissional do sindicato para o qual foi eleito dirigente.
- Extinta a atividade empresarial na base territorial do sindicato, não subsiste a garantia de emprego.
- O registro da candidatura durante o prazo do aviso-prévio, ainda que indenizado, não assegura a estabilidade.
- Membro do Conselho Fiscal não tem estabilidade.
- Estabilidade do dirigente independe do registro da entidade sindical no Ministério do Trabalho e Emprego.

---

[57] A hipótese de extinção do contrato por acordo entre empregador e empregado (conforme art. 484-A da CLT, incluído pela Lei nº 13.467/2017) provavelmente também será considerada incabível nos casos em que o empregado seja detentor de garantia provisória de emprego. Todavia, o tema ainda se encontra pouquíssimo amadurecido (depende da construção jurisprudencial, que virá apenas nos próximos anos).

ESTABILIDADE E GARANTIAS DE EMPREGO

Estabilidade do representante dos trabalhadores na CIPA (cipeiro)

- Representantes dos trabalhadores (titulares e suplentes) na CIPA têm estabilidade.
- Período estabilitário: do registro da candidatura até um ano após o término do mandato.
- É admitida a despedida motivada do cipeiro, assim considerada aquela fundada em motivo técnico, econômico, financeiro ou disciplinar.
- Motivo técnico: ligado à atividade de produção da empresa.
- Motivo financeiro: desequilíbrio no balanço da empresa.
- Motivo econômico: ligado à conjuntura econômica do país.
- Motivo disciplinar: descumprimento de ordens do empregador.
- A estabilidade do cipeiro é altruísta, ou seja, não constitui vantagem pessoal, mas garantia para as atividades dos membros da CIPA.
- Extinto o estabelecimento, não subsiste a estabilidade, e não é devida a indenização.
- A dispensa por justa causa não depende de inquérito judicial para apuração de falta grave.

Estabilidade da gestante

- Garantia de emprego desde a confirmação da gravidez até cinco meses após o parto.
- Doméstica tem direito à mesma garantia.
- A garantia é irrenunciável, até porque visa à proteção do nascituro.
- Estabilidade relativa (há entendimento contrário). Durante a licença-maternidade a estabilidade é absoluta, pois o contrato permanece interrompido.
- A responsabilidade do empregador é objetiva, de forma que o desconhecimento do estado gravídico pelo empregador não afasta o direito ao pagamento da indenização. Nem mesmo a empregada precisa saber que está grávida, bastando a comprovação futura de que a concepção se deu durante o contrato de trabalho.
- Finalidade da norma – manutenção do emprego – reintegração.
- Caso a reintegração não seja possível (por já expirado o prazo estabilitário, p. ex.), ou não seja desejável (ante a animosidade criada entre as partes), pode ser convertida em indenização pelo juiz.
- O ajuizamento da ação somente depois do término do período da estabilidade não configura abuso de direito, pelo que a indenização é devida.
- A empregada gestante tem direito à estabilidade provisória, mesmo na hipótese de admissão mediante contrato por tempo determinado (inclusive contrato de experiência e de aprendizagem). Não faz jus à estabilidade da gestante, entretanto, a trabalhadora temporária contratada nos moldes da Lei nº 6.019/1974.
- O aborto não enseja a garantia de emprego.
- Em caso de falecimento da genitora, é assegurada a garantia de emprego a quem detiver a guarda de seu filho.
- A confirmação do estado de gravidez advindo no curso do contrato de trabalho, ainda que durante o prazo do aviso-prévio trabalhado ou indenizado, garante à empregada gestante a estabilidade provisória
- O adotante (homem ou mulher) tem o emprego garantido desde a concessão da guarda provisória para fins de adoção até cinco meses após a adoção.

Estabilidade do empregado acidentado (acidente de trabalho)

- É constitucional a previsão de garantia provisória de emprego assegurada ao empregado acidentado pela Lei nº 8.213/1991.
- O empregado acidentado tem o emprego garantido durante um ano a contar da cessação do benefício previdenciário.

ESTABILIDADE E GARANTIAS DE EMPREGO

- Requisitos para a garantia de emprego:
  - Afastamento por período superior a 15 dias.
  - Percepção de auxílio-doença acidentário.
- Não se exigem tais requisitos em caso de doença profissional que guarde relação de causalidade com o contrato de trabalho e tenha sido descoberta somente em momento posterior.
- Atualmente é pacífico o entendimento no sentido de que a garantia de emprego conferida ao acidentado subsiste mesmo nos contratos a termo, inclusive no contrato de aprendizagem.

Estabilidade dos representantes dos empregados no Conselho Nacional de Previdência Social – CNPS
- São destinatários da garantia os representantes dos trabalhadores, titulares e suplentes.
- O período estabilitário se estende da nomeação até um ano após o término do mandato.
- A estabilidade é absoluta e a dispensa por justa causa exige apuração da falta grave através de processo judicial (para a maioria, sinônimo de inquérito judicial).

Estabilidade dos representantes dos trabalhadores no Conselho Curador do FGTS
- São destinatários da garantia os representantes dos trabalhadores, titulares e suplentes.
- O período estabilitário se estende da nomeação até um ano após o término do mandato.
- A estabilidade é absoluta e a dispensa por justa causa exige apuração da falta grave através de processo sindical.

Estabilidade dos empregados eleitos diretores de cooperativas
- São destinatários da garantia os empregados eleitos diretores (só os titulares).
- O período estabilitário se estende desde o registro da candidatura até um ano após o término do mandato. A candidatura deve ser comunicada ao empregador.
- A estabilidade é absoluta e a falta grave deve ser apurada em inquérito judicial.

Estabilidade dos representantes dos empregados nas comissões de conciliação prévia instituídas no âmbito da empresa
- São destinatários da garantia os representantes dos trabalhadores, titulares e suplentes.
- O período estabilitário se estende desde o registro da candidatura (controvertido) até um ano após o término do mandato.
- A estabilidade é absoluta e a falta grave deve ser apurada em inquérito judicial (controvertido).

Estabilidade dos membros da comissão de representação dos empregados nas empresas
- Vedada a despedida arbitrária, desde o registro da candidatura até um ano após o final do mandato.
- O empregado pode ser demitido por motivo disciplinar, técnico, econômico ou financeiro.

Aprendiz
- Não pode ser dispensado arbitrariamente, mas apenas nas hipóteses legalmente previstas.

Empregado reabilitado ou com deficiência
- Os empregados contratados para cumprimento da cota legal somente podem ser dispensados sem justa causa se a empresa contratar outro substituto em condição semelhante.

Empregado portador de doença grave
- O empregado portador do vírus HIV ou de outra doença grave que suscite estigma ou preconceito não pode sofrer dispensa arbitrária, sob pena de presunção de dispensa discriminatória, que enseja a reintegração.

ESTABILIDADE E GARANTIAS DE EMPREGO

Efeitos da dispensa irregular

- Finalidade da norma: reintegração.
- Reintegração não é possível: indenização.
- Hipóteses em que a reintegração não é possível:
  - O período de estabilidade provisória já se encontra esgotado ao tempo da sentença.
  - Extinção da empresa ou do estabelecimento.
  - Hipóteses em que a reintegração for desaconselhável, a critério do juiz.
  - Empregada doméstica, se o empregador não concordar com a reintegração.
- Indenização: é devida simples (e não em dobro), e corresponde aos salários e demais direitos do período estabilitário.

Extinção da estabilidade

- Decurso do prazo legal,
- Morte do empregado,
- Pedido de demissão,
- Morte do empregador pessoa física,
- Dispensa por justa causa,
- Culpa recíproca,
- Dispensa motivada (não arbitrária), nos termos legais (ex.: cipeiro e aprendiz).

22.18. DEIXADINHAS

1. Diz-se que a estabilidade é absoluta sempre que o empregado só pode ser demitido por justa causa. É relativa, por sua vez, nos casos em que o empregado pode ser demitido por justa causa ou por algum motivo expressamente previsto em lei.

2. Estabilidade pessoal ou personalíssima é aquela adquirida em virtude de circunstâncias pessoais do trabalhador. Estabilidade altruísta é aquela adquirida não em razão de circunstâncias pessoais, mas com vistas à representação de terceiros.

3. É vedada a dispensa do empregado sindicalizado a partir do registro da candidatura a cargo de direção ou representação sindical e, se eleito, ainda que suplente, até um ano após o final do mandato, salvo se cometer falta grave nos termos da lei.

4. O dirigente sindical somente poderá ser dispensado por falta grave mediante a apuração em inquérito judicial: inteligência dos arts. 494 e 543, § 3º, da CLT.

5. É assegurada a estabilidade provisória ao empregado dirigente sindical, ainda que a comunicação do registro da candidatura ou da eleição e da posse seja realizada fora do prazo previsto no art. 543, § 5º, da CLT, desde que a ciência ao empregador, por qualquer meio, ocorra na vigência do contrato de trabalho.

6. O art. 522 da CLT, que limita a sete o número de dirigentes sindicais, foi recepcionado pela Constituição Federal de 1988. Portanto, a estabilidade é limitada a sete dirigentes e sete suplentes.

7. O empregado de categoria diferenciada eleito dirigente sindical só goza de estabilidade se exercer na empresa atividade pertinente à categoria profissional do sindicato para o qual foi eleito dirigente.

8. Havendo extinção da atividade empresarial no âmbito da base territorial do sindicato, não há razão para subsistir a estabilidade do dirigente sindical.

9. O registro da candidatura do empregado a cargo de dirigente sindical durante o período de aviso-prévio, ainda que indenizado, não lhe assegura a estabilidade.

10. Membro de conselho fiscal de sindicato não tem direito à estabilidade, porquanto não representa ou atua na defesa de direitos da categoria respectiva, tendo sua competência limitada à fiscalização da gestão financeira do sindicato.

11. O delegado sindical não é beneficiário da estabilidade provisória prevista no art. 8º, VIII, da CF/1988, a qual é dirigida, exclusivamente, àqueles que exerçam ou ocupem cargos de direção nos sindicatos, submetidos a processo eletivo.

12. O Supremo Tribunal Federal reconheceu que a estabilidade sindical, prevista no art. 8º, VIII, da Constituição Federal, sobrevive mesmo quando o sindicato da categoria profissional não está registrado no Ministério do Trabalho e Emprego, não havendo que se falar em vinculação da estabilidade ao efetivo registro.

13. É vedada a dispensa arbitrária ou sem justa causa do empregado eleito para cargo de direção de comissões internas de prevenção de acidentes, desde o registro de sua candidatura até um ano após o final de seu mandato.

14. Entende-se como despedida arbitrária a que não se fundar em motivo disciplinar, técnico, econômico ou financeiro. Assim, a estabilidade do cipeiro é apenas relativa.

15. Motivação técnica é aquela ligada à atividade de produção da empresa, como a automatização de determinado setor, com a redução de postos de trabalho.

16. Motivo financeiro diz respeito ao balanço da empresa (receitas menos despesas).

17. Motivo econômico advém da conjuntura econômica do país (custo operacional ou recessão econômica, por exemplo).

18. O suplente da CIPA goza da garantia de emprego prevista no art. 10, II, "a", do ADCT a partir da promulgação da Constituição Federal de 1988.

19. A estabilidade provisória do cipeiro não constitui vantagem pessoal, mas garantia para as atividades dos membros da CIPA, que somente tem razão de ser quando em atividade a empresa. Extinto o estabelecimento, não se verifica a despedida arbitrária, sendo impossível a reintegração e indevida a indenização do período estabilitário.

20. A apuração de falta grave do cipeiro não exige o ajuizamento de inquérito judicial.

21. É vedada a dispensa arbitrária ou sem justa causa da empregada gestante, inclusive a doméstica, desde a confirmação da gravidez até cinco meses após o parto.

22. É nula de pleno direito a cláusula de norma coletiva que estabelece a possibilidade de renúncia ou transação, pela gestante, das garantias referentes à manutenção do emprego e salário.

23. A empregada gestante não pode, unilateralmente, renunciar à sua garantia no emprego, tendo em vista que tal direito visa não só proteger a própria trabalhadora contra o ato arbitrário de dispensa do empregador, mas, sobretudo, a resguardar e assegurar o bem-estar do nascituro.

24. A responsabilidade do empregador, no caso da estabilidade da gestante, é objetiva. Assim, o desconhecimento do estado gravídico pelo empregador não afasta o direito ao pagamento da indenização decorrente da estabilidade. Sequer a gestante precisa saber que está grávida para que faça jus à estabilidade.

25. O empregador não pode obrigar a empregada a se submeter a exame médico para diagnosticar gravidez, não só quando da admissão, mas também quando da demissão.

26. A garantia de emprego à gestante só autoriza a reintegração se esta se der durante o período de estabilidade. Do contrário, a garantia restringe-se aos salários e demais direitos correspondentes ao período de estabilidade.

27. O ajuizamento de ação trabalhista após decorrido o período de garantia de emprego não configura abuso do exercício do direito de ação, sendo devida a indenização desde a dispensa até a data do término do período estabilitário.

28. A empregada gestante tem direito à estabilidade provisória mesmo na hipótese de admissão mediante contrato por tempo determinado (inclusive contrato de experiência ou de aprendizagem). A trabalhadora temporária gestante não tem direito à estabilidade.

29. No caso de aborto, a empregada não terá direito à garantia de emprego, mas tão somente ao repouso remunerado durante duas semanas.

30. Em caso de falecimento da genitora empregada, a garantia provisória de emprego será assegurada a quem detiver a guarda de seu filho.

31. A confirmação do estado de gravidez advindo no curso do contrato de trabalho, ainda que durante o prazo do aviso-prévio trabalhado ou indenizado, garante à empregada gestante, inclusive doméstica, a estabilidade provisória.

32. Aplica-se a garantia de emprego, nos mesmos moldes assegurados à gestante, ao empregado (homem ou mulher) adotante ao qual tenha sido concedida guarda provisória para fins de adoção.

33. O segurado que sofreu acidente do trabalho tem garantida, pelo prazo mínimo de doze meses, a manutenção do seu contrato de trabalho na empresa, após a cessação do auxílio-doença acidentário, independentemente de percepção de auxílio-acidente.

34. Não é possível a prevalência de acordo sobre legislação vigente, quando ele é menos benéfico do que a própria lei, porquanto o caráter imperativo dessa última restringe o campo de atuação da vontade das partes.

35. A estabilidade do acidentado é absoluta, pelo que só é cabível a dispensa por justa causa.

36. É constitucional o art. 118 da Lei n° 8.213/1991 que assegura o direito à estabilidade provisória por período de 12 meses após a cessação do auxílio-doença ao empregado acidentado.

37. São pressupostos para a concessão da estabilidade o afastamento superior a 15 dias e a consequente percepção do auxílio-doença acidentário, salvo se constatada, após a despedida, doença profissional que guarde relação de causalidade com a execução do contrato de emprego.

38. O empregado submetido a contrato de trabalho por tempo determinado goza da garantia provisória de emprego decorrente de acidente de trabalho prevista no art. 118 da Lei n° 8.213/1991.

39. Aos membros do CNPS, enquanto representantes dos trabalhadores em atividade, titulares e suplentes, é assegurada a estabilidade no emprego, da nomeação até um ano após o término do mandato de representação, somente podendo ser demitidos por motivo de falta grave, regularmente comprovada através de processo judicial.

40. Aos membros do Conselho Curador, enquanto representantes dos trabalhadores, efetivos e suplentes, é assegurada a estabilidade no emprego, da nomeação até um ano após o término do mandato de representação, somente podendo ser demitidos por motivo de falta grave, regularmente comprovada através de processo sindical.

41. Os empregados de empresas que sejam eleitos diretores de sociedades cooperativas pelos mesmos criadas, gozarão das garantias asseguradas aos dirigentes sindicais pelo art. 543 da Consolidação das Leis do Trabalho.

42. É assegurada a garantia de emprego apenas aos empregados eleitos diretores de Cooperativas, não abrangendo os membros suplentes.

43. É vedada a dispensa dos representantes dos empregados membros da Comissão de Conciliação Prévia, titulares e suplentes, até um ano após o final do mandato, salvo se cometerem falta grave, nos termos da lei.

44. Desde o registro da candidatura até um ano após o fim do mandato, o membro da comissão de representantes dos empregados não poderá sofrer despedida arbitrária, entendendo-se como tal a que não se fundar em motivo disciplinar, técnico, econômico ou financeiro.

45. O aprendiz não pode ser livremente dispensado pelo empregador, podendo o contrato ser extinto somente nas seguintes hipóteses: término do contrato; idade máxima; desempenho insuficiente ou inadaptação do aprendiz; falta disciplinar grave; ausência injustificada à escola que implique perda do ano letivo; a pedido do aprendiz.

46. A dispensa de trabalhador reabilitado ou de deficiente habilitado ao final de contrato por prazo determinado de mais de 90 (noventa) dias, e a imotivada, no contrato por prazo indeterminado, só poderá ocorrer após a contratação de outro trabalhador com deficiência ou beneficiário reabilitado da Previdência Social.

47. Presume-se discriminatória a despedida de empregado portador do vírus HIV ou de outra doença grave que suscite estigma ou preconceito. Inválido o ato, o empregado tem direito à reintegração no emprego.

48. Em caso de dispensa irregular de empregado beneficiário de garantia de emprego, em princípio é assegurada a reintegração ao emprego.

49. Quando a reintegração do empregado estável for desaconselhável, dado o grau de incompatibilidade resultante do dissídio, especialmente quando for o empregador pessoa física, o tribunal do trabalho poderá converter aquela obrigação em indenização devida nos termos do artigo seguinte.

50. A indenização devida, no caso, será simples, dada a impossibilidade jurídica de interpretação ampliativa de norma que impõe pena.

51. O simples percebimento das verbas rescisórias não implica na renúncia tácita por parte do empregado beneficiário de garantia de emprego, inclusive porque não há que se falar em renúncia tácita a direitos trabalhistas, sendo necessário ato explícito do empregado neste sentido.

CAPÍTULO 23

FGTS

• • • • • • • • • • • • • •

Marcadores: FUNDO DE GARANTIA DO TEMPO DE SERVIÇO – FGTS; MULTA COMPENSATÓRIA DO FGTS; PRESCRIÇÃO TRINTENÁRIA.

Material de estudo:

✓ **CRFB/88**, art. 7°, III; **Lei n° 8.036/1990**, arts. 1°-30; **Lei Complementar n° 150/2015**, arts. 21, 22, 34, 35; **CLT**, art. 484-A.

✓ Legislação para *estudo avançado*: **Decreto n° 99.684/1990.**

✓ Jurisprudência: **Súm.** 63, 98, 125, 206, 305, 362, TST; **OJ SDI-1** 42, 195, 232, 302, 341, 344, 361, TST.

✓ Doutrina (–).

Estratégia de estudo sugerida:

O estudo do FGTS passa necessariamente pela memorização da lei de regência.

Talvez seja este o único tema cujo estudo da doutrina é *quase* irrelevante, tendo em vista a maneira como as questões são elaboradas.

23.1. GENERALIDADES E ANTECEDENTES HISTÓRICOS

Como mencionado no capítulo anterior, o FGTS surgiu em substituição ao regime celetista da indenização por tempo de serviço e da estabilidade decenal.

De 1966 a 1988, foi facultativo (em tese o empregado fazia opção pelo regime), e, a partir da Constituição de 1988, tornou-se obrigatório para todos os empregados, substituindo definitivamente o regime anterior celetista.

Neste sentido, a Súmula 98 do TST:

Súm. 98. FGTS. Indenização. Equivalência. Compatibilidade. Res. 129/2005, *DJ* 20, 22 e 25.04.2005.

I – A equivalência entre os regimes do Fundo de Garantia do Tempo de Serviço e da estabilidade prevista na CLT é meramente jurídica e não econômica, sendo indevidos valores a título de reposição de diferenças.

II – A estabilidade contratual ou a derivada de regulamento de empresa são compatíveis com o regime do FGTS. Diversamente ocorre com a estabilidade legal (decenal, art. 492 da CLT), que é renunciada com a opção pelo FGTS.

O item I quer dizer que, embora o FGTS apresente, na prática, certa equivalência com o antigo sistema da indenização (8% x 12 meses do ano = 96% do salário do empregado, sem contar o FGTS recolhido sobre o décimo terceiro salário e sobre o terço de férias gozadas), o empregado não poderá reclamar eventuais diferenças, pois a equivalência é jurídica, levada a efeito através da revogação de um sistema (da indenização) por outro (do FGTS).

O item II, por sua vez, esclarece o óbvio: o regime do FGTS passou a ser obrigatório, pelo que substituiu o regime da estabilidade decenal. Logo, não há se falar em estabilidade decenal + FGTS. Por outro lado, caso tenha sido pactuada a estabilidade em cláusula contratual (contrato de trabalho) ou regulamentar (regulamento de empresa), esta será cumulada com o regime do FGTS, tendo em vista a compatibilidade entre os institutos.

Atualmente, a base legal do FGTS é a Lei nº 8.036/1990, regulamentada pelo Decreto nº 99.684/1990.

23.2. CONCEITO E NATUREZA JURÍDICA

O Fundo de Garantia do Tempo de Serviço – FGTS é um fundo formado por recolhimentos mensais incidentes sobre a remuneração do empregado, efetuados em conta vinculada aberta na Caixa Econômica Federal – CEF em nome do trabalhador, que visa principalmente à **subsistência do trabalhador durante o período de desemprego**, em substituição à antiga indenização celetista prevista no art. 478 da CLT.

Subsidiariamente, os valores que formam o Fundo possibilitam o investimento em programas sociais de **habitação, saneamento básico, microcrédito, infraestrutura urbana e em operações de crédito destinadas às entidades hospitalares filantrópicas, bem como a instituições que atuam no campo para pessoas com deficiência, e sem fins lucrativos, que participem de forma complementar do SUS.**

Quanto à sua natureza jurídica, há intensa discussão doutrinária, sendo apontadas diversas hipóteses, como tributo, contribuição parafiscal, indenização do tempo de serviço, salário diferido, entre outras.

O STF, por diversas vezes, afastou a possível natureza tributária do FGTS. Não obstante, ainda não há pacificação acerca de sua exata natureza jurídica, notadamente devido à sua **característica** *multidimensional*[1]. O que se tem como certo é que se trata de **direito trabalhista**, com inquestionável repercussão nesta seara do direito.

23.3. CABIMENTO E IMPERATIVIDADE DO RECOLHIMENTO

O recolhimento do FGTS é obrigatório a todo empregador. Com efeito, a CRFB/1988 tornou obrigatório o FGTS em relação a todo empregado, urbano e rural, com uma única exceção: o doméstico. Todavia, o recolhimento do FGTS para o empregado doméstico, que era facultativo por força de legislação infraconstitucional, também passou a ser obrigatório a partir da promulgação da Emenda Constitucional 72/2013[2].

---

[1] DELGADO, Maurício Godinho. *Curso de Direito do Trabalho*. 9. ed. São Paulo: LTr, 2010, p. 1.182.

[2] Nos termos da EC 72/2013, entretanto, o direito ao FGTS para o doméstico depende de regulamentação, a qual veio com a Lei Complementar nº 150/2015.

Até **mesmo em favor do avulso, que não é empregado, é obrigatório o recolhimento do FGTS.**

No tocante aos **servidores públicos estatutários**, o **FGTS é indevido**, pelo simples fato de que tais trabalhadores são protegidos pela estabilidade, não se sujeitando à despedida imotivada (art. 41 da CRFB/1988). Não obstante, o **servidor público celetista** da administração direta, autárquica ou fundacional **faz jus ao FGTS**, embora também seja estável (Súmula 390, I, do TST).

Registre-se, ainda, que, conforme disposto no art. 611-B, III, da CLT, acrescentado pela Lei nº 13.467/2017, **constitui objeto ilícito de instrumento coletivo de trabalho a supressão ou a redução do valor dos depósitos mensais e da indenização rescisória do FGTS.** Em outras palavras, o FGTS não é suscetível de flexibilização sequer mediante negociação coletiva, porquanto assegurado por norma imperativa.

23.4. ALÍQUOTAS

O FGTS mensal é devido, em regra, à razão de 8% da *remuneração* mensal do empregado (art. 15, *caput*, Lei nº 8.036/1990).

Para os aprendizes, a alíquota é de 2% sobre a *remuneração* mensal (art. 15, § 7º), salvo previsão mais benéfica em cláusula contratual, regulamentar ou norma coletiva.

Quanto à multa compensatória, devida no caso de dispensa sem justa causa, a alíquota aplicável é de 40% sobre o montante dos depósitos mensais devidos (art. 18, § 1º).

Se a rescisão ocorrer por culpa recíproca ou força maior, a alíquota da multa compensatória é de apenas 20% (art. 18, § 2º). **A alíquota da multa também será de 20% em caso de extinção do contrato de trabalho por acordo entre empregado e empregador**, nos termos do disposto no art. 484-A, I, *b*, da CLT, acrescentado pela Reforma Trabalhista (Lei nº 13.467/2017).

Doméstico: o recolhimento mensal do FGTS do doméstico é igual ao dos empregados em geral, ou seja, cabe ao empregador recolher mensalmente 8% sobre a remuneração devida no mês anterior (art. 21, c/c art. 34, IV, ambos da LC nº 150/2015).

Quanto à indenização compensatória, entretanto, há sensível diferença de tratamento, ao passo que o **empregador doméstico deve depositar mensalmente a importância de 3,2% sobre a remuneração devida, no mês anterior**, destinada ao pagamento da *indenização compensatória da perda do emprego*, sem justa causa ou por culpa do empregador. Assim, não se aplica ao doméstico o disposto nos §§ 1º a 3º do art. 18 da Lei nº 8.036/1990 (art. 22, *caput*, da LC nº 150/2015).

23.5. BASE DE CÁLCULO

A alíquota do FGTS mensal incide sobre **todas as parcelas *remuneratórias*** pagas ao empregado, assim consideradas todas as parcelas cuja natureza seja salarial, bem como a média das gorjetas (art. 15, *caput*).

Neste sentido, a Súmula 63 do TST:

Súm. 63. Fundo de garantia (mantida). Res. 121/2003, *DJ* 19, 20 e 21.11.2003.

A contribuição para o Fundo de Garantia do Tempo de Serviço incide sobre a remuneração mensal devida ao empregado, inclusive horas extras e adicionais eventuais.

802 DIREITO DO TRABALHO • RICARDO RESENDE

Observe-se, por oportuno, que **qualquer parcela cuja natureza seja remuneratória compõe a base de cálculo** do FGTS, **independentemente da habitualidade** do pagamento, conforme a regra geral de integração em outras parcelas trabalhistas. Todavia, há que se fazer uma importante distinção: uma parcela tipicamente salarial paga uma única vez (portanto, ausente a habitualidade) integra a base de cálculo do FGTS; por sua vez, o salário-utilidade só será assim considerado se o fornecimento da utilidade for habitual. Logo, as parcelas *in natura* fornecidas ao empregado (como, por exemplo, alimentação ou habitação) integrarão a base de cálculo do FGTS se o fornecimento for habitual, pois, do contrário, elas não configuram *salário-utilidade*.

Destarte, apenas parcelas cuja natureza seja indenizatória ou não remuneratória são excluídas da base de cálculo do FGTS (exemplo[3]: ajuda de custo, diárias de viagem, prêmios *etc.*).

Seguindo a mesma linha de raciocínio, sobre as férias indenizadas não incide o FGTS. A propósito, a OJ 195 da SDI-1:

OJ-SDI1-195. Férias indenizadas. FGTS. Não incidência. Inserida em 08.11.2000 (inserido dispositivo – *DJ* 20.04.2005).

Não incide a contribuição para o FGTS sobre as férias indenizadas.

Quanto ao décimo terceiro, o FGTS incide inclusive sobre o valor indenizado na rescisão, tendo em vista que a Lei nº 8.036/1990 faz alusão expressa a tal parcela (art. 15, *caput*).

O aviso-prévio, inclusive o indenizado, é base de incidência do FGTS. Em consonância com este entendimento, a Súmula 305 do TST:

Súm. 305. Fundo de garantia do tempo de serviço. Incidência sobre o aviso prévio (mantida). Res. 121/2003, *DJ* 19, 20 e 21.11.2003.

O pagamento relativo ao período de aviso prévio, trabalhado ou não, está sujeito a contribuição para o FGTS.

As parcelas de natureza salarial pagas ao empregado em virtude da prestação de serviços no exterior também compõem a base de cálculo do FGTS, nos termos da OJ 232 da SDI-1:

OJ-SDI1-232. FGTS. Incidência. Empregado transferido para o exterior. Remuneração (inserida em 20.06.2001).

O FGTS incide sobre todas as parcelas de natureza salarial pagas ao empregado em virtude de prestação de serviços no exterior.

A multa compensatória (40%) incide sobre o montante dos depósitos devidos ao longo de todo o contrato de trabalho, devidamente *atualizados* até a data do desligamento. Aplica-se a alíquota de 40% inclusive sobre os saques eventualmente realizados ao longo do contrato. Neste sentido, a OJ 42 da SDI-1 do TST:

OJ-SDI1-42. FGTS. Multa de 40%. *DJ* 20.04.2005.

I – É devida a multa do FGTS sobre os saques corrigidos monetariamente ocorridos na vigência do contrato de trabalho. Art. 18, § 1º, da Lei nº 8.036/1990 e art. 9º, § 1º, do Decreto nº 99.684/1990.

---

3   Considerada a nova redação do art. 457 da CLT, dada pela Lei nº 13.467/2017.

II – O cálculo da multa de 40% do FGTS deverá ser feito com base no saldo da conta vinculada na data do efetivo pagamento das verbas rescisórias, desconsiderada a projeção do aviso prévio indenizado, por ausência de previsão legal.

A hipótese fática do item I é a seguinte: imagine-se que, na vigência do contrato de trabalho, o empregado tenha sacado o FGTS depositado em sua conta vinculada, no valor de R$40.000,00, para comprar um imóvel financiado junto ao Sistema Financeiro de Habitação – SFH. Três anos depois da referida movimentação da conta vinculada (saque), este empregado é demitido sem justa causa. Na época da demissão, o saldo na conta vinculada era de R$ 15.000,00. Neste caso, a multa compensatória (40%) deve ser calculada sobre o valor sacado durante o contrato de trabalho (R$ 40.000,00), devidamente atualizado até a data do saque, mais os R$ 15.000,00 de saldo remanescente.

Observe-se que o item II se refere à data do saldo da conta vinculada que deve ser considerada para fins de cálculo da multa compensatória. Não se confunde, portanto, com a obrigatoriedade de recolhimento do FGTS sobre o aviso-prévio indenizado, a qual está, inclusive, pacificada na Súmula 305 do TST.

Abrem-se aqui duas linhas interpretativas diversas:

a) 1ª corrente: o saldo da conta vinculada que servirá de base de cálculo para a multa compensatória será aquele do efetivo pagamento das verbas rescisórias, observado o prazo do art. 477 da CLT, incluindo no saldo o valor recolhido sobre o aviso-prévio indenizado. Desse modo, a lógica do item II da OJ 42 seria tão somente não exigir que o empregador recolhesse a indenização compensatória tendo como base de cálculo o saldo existente no fim da projeção do aviso-prévio indenizado, pois entre a data do recolhimento e o fim do aviso-prévio indenizado incidiriam juros e atualização monetária, os quais não devem ser considerados nesse caso. Embora a doutrina não se debruce sobre a matéria, é a interpretação que considero correta, bem como a que está em consonância com os precedentes que deram origem à edição deste verbete.

Demonstro tal viés interpretativo destacando a cabeça da antiga OJ 254, posteriormente convertida no item II da atual OJ 42:

FGTS. MULTA DE 40%. AVISO PRÉVIO INDENIZADO. ATUALIZAÇÃO MONETÁRIA. DIFERENÇA INDEVIDA (cancelada em decorrência da sua incorporação à nova redação da Orientação Jurisprudencial nº 42 da SBDI-I) – Res. 129/2005, DJ 20, 22 e 25.04.2005

O cálculo da multa de 40% do FGTS deverá ser feito com base no saldo da conta vinculada na data do efetivo pagamento das verbas rescisórias, desconsiderada a projeção do aviso prévio indenizado, por ausência de previsão legal.

Observe-se que o objeto da orientação jurisprudencial em referência era o não cabimento da diferença a título de atualização monetária, e não o não cabimento da indenização compensatória do FGTS sobre o valor do recolhimento fundiário incidente sobre o aviso-prévio indenizado, o qual naturalmente faz parte do saldo rescisório.

Exemplo: o empregado foi demitido sem justa causa no dia 21 de março, com aviso-prévio indenizado. As verbas rescisórias foram pagas em 31 de março (décimo dia, contado do término do contrato, conforme art. 477, § 6º, da CLT). A projeção do aviso-prévio indenizado se estende de 22 de março a 20 de abril. Neste caso, é devido o recolhimento do FGTS incidente sobre o aviso-prévio indenizado (Súmula 305 do TST), e este valor integra a base de cálculo da multa compensatória, assim como todos os demais depósitos da conta vinculada. O sentido do item II da OJ 42 é, para essa corrente interpretativa, outro:

o saldo da conta vinculada que servirá de base de cálculo para a multa compensatória será aquele de 31 de março (dia do efetivo pagamento das parcelas rescisórias), e não o do dia 20 de abril (último dia da projeção do aviso-prévio indenizado).

b) 2ª corrente: também utiliza como referência o saldo da conta vinculada na data do pagamento das verbas rescisórias, mas não inclui neste saldo o valor do FGTS recolhido sobre o aviso-prévio indenizado, sob o argumento de que não haveria previsão legal para tal. Em outras palavras, os partidários dessa corrente entendem que o FGTS mensal (8%) incide sobre o aviso-prévio indenizado, mas a multa rescisória não. Mencionam como fundamento o art. 18 da Lei nº 8.036/1990, porém tal dispositivo, em minha opinião, prevê exatamente o contrário do quanto defendido, senão vejamos:

> Art. 18. Ocorrendo rescisão do contrato de trabalho, por parte do empregador, ficará este obrigado a depositar na conta vinculada do trabalhador no FGTS os valores relativos aos depósitos referentes ao mês da rescisão e ao imediatamente anterior, que ainda não houver sido recolhido, sem prejuízo das cominações legais.
>
> § 1º Na hipótese de despedida pelo empregador sem justa causa, depositará este, na conta vinculada do trabalhador no FGTS, importância igual a quarenta por cento do montante de todos os depósitos realizados na conta vinculada durante a vigência do contrato de trabalho, atualizados monetariamente e acrescidos dos respectivos juros. (grifos meus)
>
> [...]

Parece-me claro que o art. 18 estabelece que o FGTS do mês da rescisão, o qual inclui em sua base de cálculo o valor relativo ao aviso-prévio indenizado (Súmula 305 do TST), compõe o saldo para fins rescisórios, sobre o qual incidirá a indenização compensatória do FGTS. Neste sentido, o § 1º do art. 18 não me parece deixar margem para dúvidas ao fazer menção a "todos os depósitos realizados na conta vinculada durante a vigência do contrato de trabalho". Caso se entenda que o problema seria a expressão "durante a vigência do contrato de trabalho", considerando-se que o recolhimento incidente sobre o aviso-prévio indenizado teria ocorrido depois de extinto o contrato, parece-me que surgiriam dois novos problemas: i) as demais parcelas rescisórias que constituem a base de cálculo do FGTS rescisório (saldo de salários e décimo terceiro proporcional, p. ex.) também deveriam ser excluídas da base de cálculo da multa rescisória pelo mesmo fundamento, o que efetivamente não ocorre; ii) não se teria observado a regra do art. 487, § 1º, da CLT, segundo a qual a projeção do aviso-prévio indenizado deve ser integrada ao tempo de serviço do empregado. A orientação contraria, afinal, a própria lógica da Súmula 305, no sentido da incidência do FGTS sobre o aviso-prévio indenizado.

Não obstante eu considere essa segunda corrente equivocada, aparentemente ela vem ganhando força em julgados relativamente recentes do TST, dos quais menciono, a título de exemplo, os seguintes:

> RECURSO DE REVISTA. MULTA DE 40% DO FGTS SOBRE O AVISO PRÉVIO INDENIZADO. ORIENTAÇÃO JURISPRUDENCIAL Nº 42, II, DA SDI-I DO TST. O item II da Orientação Jurisprudencial nº 42 da SBDI-1 do TST dispõe que "o cálculo da multa de 40% do FGTS deverá ser feito com base no saldo da conta vinculada na data do efetivo pagamento das verbas rescisórias, desconsiderada a projeção do aviso-prévio indenizado, por ausência de previsão legal". Dessa forma, a decisão regional, ao determinar a incidência da multa de 40% do FGTS sobre o aviso prévio indenizado, contrariou o entendimento consolidado na OJ nº 42 da SBDI-1/TST. Recurso de revista conhecido, por contrariedade à OJ nº 42, II, da SBDI-

1, do TST, e provido (TST, RR-1001153-95.2018.5.02.0048, 3ª Turma, Rel. Min. Alexandre de Souza Agra Belmonte, *DEJT* 04.09.2020).

[...] MULTA DE 40% DO FGTS SOBRE O AVISO PRÉVIO INDENIZADO. A decisão recorrida que determina o pagamento da multa de 40% sobre o aviso prévio indenizado merece ser reformada, pois contraria o item II da OJ 42 da SBDI-1. Recurso de revista conhecido por contrariedade à OJ nº 42, II, da SBDI-1 e provido. [...] (TST, RR-427685-51.2009.5.12.0030, 3ª Turma, Rel. Min. Alexandre de Souza Agra Belmonte, *DEJT* 28.10.2016).

AGRAVO DE INSTRUMENTO. RECURSO DE REVISTA. MULTA DE 40% DO FGTS. BASE DE CÁLCULO. AVISO PRÉVIO INDENIZADO. OJ 42 DA SDI-I-TST. 1. No caso concreto, o Tribunal Regional manteve a decisão de 1º grau em que determinada a incidência da multa de 40% do FGTS sobre o aviso prévio indenizado. Consignou, para tanto, que "O cálculo da referida parcela (...) não deve levar em conta 'a projeção do aviso prévio indenizado', e não a própria verba relativa ao aviso. '2. Aparente contrariedade à OJ 42 da SDI-I/TST, nos moldes do artigo 896 da CLT, a ensejar o provimento do agravo de instrumento, nos termos do artigo 3º da Resolução Administrativa nº 928/2003. Agravo de instrumento conhecido e provido. [...] MULTA DE 40% DO FGTS. BASE DE CÁLCULO. AVISO PRÉVIO INDENIZADO. OJ 42 DA SDI-I-TST. 1. Hipótese em que o Tribunal Regional manteve a decisão de 1ª grau em que determinada a incidência da multa de 40% do FGTS sobre o aviso prévio indenizado. Consignou, para tanto, que "O cálculo da referida parcela (...) não deve levar em conta 'a projeção do aviso prévio indenizado', e não a própria verba relativa ao aviso." 2. Ao assim decidir, a Corte de origem manifestou-se contrariamente às determinações constantes na OJ 42 da SDI-I-TST, *in verbis*: "O cálculo da multa de 40% do FGTS deverá ser feito com base no saldo da conta vinculada na data do efetivo pagamento das verbas rescisórias, desconsiderada a projeção do aviso prévio indenizado, por ausência de previsão legal.". Precedentes. Recurso de revista conhecido e provido, no tema (TST, RR-809-89.2012.5.05.0006, 1ª Turma, Rel. Min. Hugo Carlos Scheuermann, *DEJT* 19.06.2015).

[...] INCIDÊNCIA DO FGTS E DA MULTA DE 40% SOBRE OS REFLEXOS DAS HORAS EXTRAORDINÁRIAS NO AVISO PRÉVIO INDENIZADO. O entendimento consolidado nesta c. Corte Superior, por meio da Súmula nº 305 é no sentido de que incide o FGTS sobre o aviso prévio, indenizado ou não. Contudo, o cálculo da multa de 40% do FGTS é feito sobre o saldo existente na conta vinculada do trabalhador na data do efetivo pagamento das verbas rescisórias, sem a projeção do aviso prévio indenizado, por ausência de previsão legal, conforme diretriz da OJ nº 42, II, da SDI-1, do c. TST. Recurso de revista conhecido e parcialmente provido. [...] (TST, RR-1830-80.2010.5.03.0021, 6ª Turma, Rel. Min. Aloysio Correa da Veiga, *DEJT* 09.11.2012).

23.6. PRAZOS PARA RECOLHIMENTO

O FGTS mensal deve ser recolhido *até o dia sete de cada mês* (art. 15, *caput*), referente à remuneração do mês anterior. Observe-se que *até o dia sete* quer dizer que, se o dia sete não for dia útil, o pagamento deve ser antecipado para o dia útil anterior.

A nova redação dada pela Lei nº 14.438/2022 ao *caput* do art. 15 Lei nº 8.036/1990, que prevê a alteração da data de recolhimento do FGTS para "até o vigésimo dia de cada mês"[4], não havia entrado ainda em vigor quando do fechamento desta edição. Com efeito,

---

4   Art. 15. Para os fins previstos nesta Lei, todos os empregadores ficam obrigados a depositar, até o vigésimo dia de cada mês, em conta vinculada, a importância correspondente a 8% (oito por cento) da remuneração paga ou devida, no mês anterior, a cada trabalhador, incluídas na remuneração as parcelas de que tratam os arts. 457 e 458 da Consolidação das Leis do Trabalho (CLT), aprovada pelo Decreto-Lei nº 5.452, de 1º de maio de 1943, e

a nova redação do referido art. 15 somente produzirá efeitos para fatos geradores ocorridos "a partir da data de início da arrecadação por meio da prestação dos serviços digitais de geração de guias a que se refere o inciso II do *caput* do art. 17 da Lei nº 8.036, de 11 de maio de 1990" (art. 19, I, da Lei nº 14.438/2022). Em outras palavras, produzirá efeitos somente a partir da implantação do FGTS Digital, a qual ainda se encontra pendente, conforme pode ser acompanhado no "Cronograma de Implantação" disponível no *hotsite* do *FGTS Digital*[5].

O FGTS rescisório, por sua vez, assim compreendido tanto o FGTS do mês de rescisão (incidente sobre as parcelas salariais da rescisão, normalmente saldo de salários e décimo terceiro proporcional) quanto a multa compensatória do FGTS, deve ser recolhido no prazo para recolhimento das verbas rescisórias previsto no art. 477 da CLT, qual seja até o décimo dia, contado do término do contrato de trabalho (art. 18, § 3º).

Advirta-se que **o FGTS não pode ser pago diretamente ao empregado**, conforme prevê o art. 15 da Lei nº 8.036/1990. Caso o empregador o faça, aplica-se o brocardo segundo o qual *quem paga mal, paga duas vezes*.

Doméstico: o prazo para recolhimento do FGTS do empregado doméstico também é até o dia 7 do mês seguinte ao da competência (art. 35, *caput*, da Lei Complementar nº 150/2015). Também neste caso se aplicará, a partir da implantação do *FGTS Digital*, a mudança da data de vencimento para "até o vigésimo dia do mês seguinte ao da competência", conforme art. 10, II, da Lei nº 14.438/2022.

23.7. AFASTAMENTOS

Como regra, o FGTS será devido sempre que o salário for devido. Assim, nas hipóteses de suspensão contratual, o FGTS normalmente não é devido, pois não há pagamento de salário.

Há, entretanto, duas **exceções** expressamente previstas na Lei do FGTS, a saber, o afastamento em virtude de **acidente de trabalho** e o afastamento para **prestação do serviço militar obrigatório**. Neste sentido, o art. 15, § 5º, da Lei nº 8.036/1990:

Art. 15. (...)

§ 5º O depósito de que trata o *caput* deste artigo é obrigatório nos casos de afastamento para prestação do serviço militar obrigatório e licença por acidente do trabalho.

(...)

Cuidado, pois a previsão de recolhimento do FGTS, nestes casos, não torna tais hipóteses interrupção contratual. A questão é abordada de forma detalhada nos itens 19.4.13 e 19.4.14 deste manual.

Outro aspecto interessante, cuja solução foi inclusive publicada no *Informativo* nº 10 do TST, diz respeito ao afastamento do empregado em razão de acidente de trabalho, e posteriormente convertido em aposentadoria por invalidez. Neste caso, **a partir da apo-**

a Gratificação de Natal de que trata a Lei nº 4.090, de 13 de julho de 1962. (Redação dada pela Lei nº 14.438, de 2022)

5 Disponível em https://www.gov.br/trabalho-e-emprego/pt-br/servicos/empregador/fgtsdigital/conheca-o-fgts-digital/cronograma-de-implantacao. Acesso em: 15.05.2023.

sentadoria por invalidez não são mais devidos os recolhimentos fundiários, conforme entendimento do TST ilustrado pelos seguintes julgados:

AGRAVO DE INSTRUMENTO EM RECURSO DE REVISTA. APOSENTADORIA POR INVALIDEZ. DEPÓSITOS DE FGTS. Em conformidade com a iterativa, notória e atual jurisprudência do TST, na hipótese de aposentadoria por invalidez, não são devidos os recolhimentos a título de FGTS. A negativa de seguimento ao Recurso de Revista, em tal contexto, está amparada pela regra do artigo 896, § 7º, da CLT e da Súmula nº 333 do TST. Agravo de instrumento conhecido e desprovido (TST, 4ª Turma, AIRR-1943-03.2013.5.02.0362, Rel. Des. Convocado José Ribamar Oliveira Lima Júnior, Data de Julgamento: 17.06.2015, *DEJT* 19.06.2015).

Recurso de embargos em recurso de revista. Interposição sob a égide da Lei 11.496/2007. Doença do trabalho decorrente de esforços repetitivos. Aposentadoria por invalidez. Depósitos do FGTS. Recolhimento. Indevido. 1. A jurisprudência desta Corte fixou o entendimento no sentido de que a aposentadoria por invalidez, ainda que acidentária, não garante ao empregado o direito aos depósitos do FGTS, por falta de amparo legal, na medida em que, nos termos do art. 15, *caput* e § 5º, da Lei 8.036/1990, tal verba é devida somente para os empregados em licença previdenciária por acidente do trabalho e para aqueles afastados para a prestação de serviço militar obrigatório, não mencionando a lei o afastamento por aposentadoria. Precedentes desta Subseção. Recurso de embargos conhecido e não provido (TST, SDI-I, E-RR-1228-12.2010.5.03.0079, Rel. Min. Hugo Carlos Scheuermann, *DEJT* 15.08.2014).

23.8. CONTRATO NULO POR AUSÊNCIA DE CONCURSO PÚBLICO

Declarada a nulidade da contratação de servidor público admitido sem o devido concurso, são devidos os recolhimentos de FGTS. Neste sentido, o art. 19-A da Lei nº 8.036/1990:

Art. 19-A. É devido o depósito do FGTS na conta vinculada do trabalhador cujo contrato de trabalho seja declarado nulo nas hipóteses previstas no art. 37, § 2º, da Constituição Federal, quando mantido o direito ao salário.

(...)

Observe-se que o referido dispositivo legal foi declarado constitucional pelo Supremo Tribunal Federal, tendo sido estabelecida a seguinte tese, com repercussão geral:

É constitucional o art. 19-A da Lei 8.036/1990, que dispõe ser devido o depósito do Fundo de Garantia do Tempo de Serviço – FGTS na conta de trabalhador cujo contrato com a Administração Pública seja declarado nulo por ausência de prévia aprovação em concurso público, desde que mantido o direito ao salário. (STF, RE 596.478/RR, Rel. Ellen Gracie, Red. p/ Ac. Min. Dias Toffoli, julgado em 13.06.2012, publicado em 01.03.2013)

No mesmo diapasão, a Súmula 363 do TST:

Súm. 363. Contrato nulo. Efeitos. Res. 121/2003, *DJ* 19, 20 e 21.11.2003.

A contratação de servidor público, após a CF/1988, sem prévia aprovação em concurso público, encontra óbice no respectivo art. 37, II e § 2º, somente lhe conferindo direito ao pagamento da contraprestação pactuada, em relação ao número de horas trabalhadas, respeitado o valor da hora do salário mínimo, e dos valores referentes aos depósitos do FGTS.

23.9. ATUALIZAÇÃO DOS VALORES DEPOSITADOS

Os valores recolhidos mensalmente na conta vinculada do empregado são atualizados monetariamente, conforme índice aplicável à caderneta de poupança, e capitalizam juros de três por cento ao ano, conforme art. 13, *caput*, da Lei nº 8.036/1990[6].

Não há que se confundir, entretanto, a atualização dos valores depositados, enquanto mantidos na conta vinculada do trabalhador, com a atualização dos créditos de FGTS decorrentes de condenação judicial[7]. Esta última hipótese é regida pela OJ 302 da SDI-1:

> OJ-SDI1-302. FGTS. Índice de correção. Débitos trabalhistas (*DJ* 11.08.2003).
>
> Os créditos referentes ao FGTS, decorrentes de condenação judicial, serão corrigidos pelos mesmos índices aplicáveis aos débitos trabalhistas.

23.10. APOSENTADORIA ESPONTÂNEA

Como é de conhecimento geral, houve, há alguns anos, grande reviravolta na questão da aposentadoria espontânea, tendo em vista a decisão do STF no sentido de que a aposentadoria espontânea, por si só, não tem o condão de extinguir o contrato de trabalho, contrariando o entendimento predominante até então.

Este novo entendimento tem reflexos diretos no cálculo do FGTS, e notadamente da multa compensatória devida na dispensa sem justa causa, pois, dependendo da solução adotada, variará a base de cálculo da multa.

Atualmente, o TST pacificou a matéria através da OJ 361 da SDI-1:

> OJ-SDI1-361. Aposentadoria espontânea. Unicidade do contrato de trabalho. Multa de 40% do FGTS sobre todo o período (*DJ* 20, 21 e 23.05.2008).
>
> A aposentadoria espontânea não é causa de extinção do contrato de trabalho se o empregado permanece prestando serviços ao empregador após a jubilação. Assim, por ocasião da sua

---

6   O índice de correção do FGTS é objeto de muitos questionamentos, ao passo que a TR não acompanha, há muitos anos, a inflação. O STJ, ao julgar, em 11.04.2018, o REsp nº 1.614.874, firmou a seguinte tese sobre a matéria: "A remuneração das contas vinculadas ao FGTS tem disciplina própria, ditada por lei, que estabelece a TR como forma de atualização monetária, sendo vedado, portanto, ao Poder Judiciário substituir o mencionado índice". No STF, por sua vez, a matéria está sendo discutida nos autos da ADI nº 5090, ainda pendente de julgamento. Existe certa expectativa no sentido de que o STF considere a correção pela TR inconstitucional também para o FGTS, tendo em vista que, recentemente, quando do julgamento do RE 870.947, o STF considerou inconstitucional o artigo 1º-F da Lei 9.494/1997, com a redação dada pela Lei 11.960/2009, na parte em que disciplina a atualização monetária das condenações impostas à Fazenda Pública segundo a remuneração oficial da caderneta de poupança, sob o argumento de que a TR "não se qualifica como medida adequada a capturar a variação de preços da economia, sendo inidônea a promover os fins a que se destina". O julgamento da ADI nº 5090 teve início em 20.04.2023, continuando, até o fechamento desta edição, com dois votos favoráveis à declaração de inconstitucionalidade da fixação da TR como índice de correção do FGTS. Os Ministros Luís Roberto Barroso e André Mendonça, em seus votos, consideraram que o índice de correção deve ser, no mínimo, igual àquele aplicável à caderneta de poupança. Aos 27.04.2023 o Min. Nunes Marques pediu vista do processo, suspendendo o julgamento. Cabe, portanto, acompanhar os desdobramentos desta questão.

7   A Reforma Trabalhista tornou polêmica também a questão da atualização dos débitos trabalhistas na Justiça do Trabalho, ao passo que a Lei nº 13.467/2017 estabeleceu a TR como indexador (art. 879, § 7º, da CLT), contrariando o entendimento que vinha sendo aplicado pelo TST e a própria tendência da jurisprudência do STF. Diante disso, o STF, ao julgar, aos 18.12.2020, a ADC nº 58, conferiu "interpretação conforme à Constituição ao art. 879, § 7º, e ao art. 899, § 4º, da CLT, na redação dada pela Lei 13.467, de 2017, definindo-se que, até que sobrevenha solução legislativa, deverão ser aplicados à atualização dos créditos decorrentes de condenação judicial e à correção dos depósitos recursais nas contas judiciais na Justiça do Trabalho os mesmos índices de correção monetária e de juros vigentes para as hipóteses de condenações cíveis em geral (art. 406 do Código Civil), à exceção das dívidas da Fazenda Pública que possui regramento específico (art. 1º-F da Lei 9.494/1997, com a redação dada pela Lei 11.960/2009)". Todavia, tal aspecto não diz respeito ao direito material do trabalho.

dispensa imotivada, o empregado tem direito à multa de 40% do FGTS sobre a totalidade dos depósitos efetuados no curso do pacto laboral.

O assunto já foi tratado em pormenores no item 20.9 deste manual. De qualquer sorte, pode-se exemplificar a hipótese através da seguinte assertiva extraída de prova de concurso público:

"Péricles Gones, empregado da Indústria Metalúrgica Suriname, desde 25.04.1969, época em que optou pelo fundo de garantia por tempo de serviço, requer sua aposentadoria voluntária, em 25.04.2004, permanecendo no emprego. Em 25.05.2008, foi o mesmo dispensado, sem justa causa, pela Indústria Metalúrgica Suriname, sendo que a mesma somente efetuou o pagamento de multa, incidente sobre o saldo do fundo de garantia por tempo de serviço, em relação ao período entre 25.04.2004 e 25.05.2008, por entender que, com a aposentadoria voluntária, havia sido extinto o contrato de trabalho. Em relação aos fatos narrados é correto afirmar que a aposentadoria espontânea não é causa de extinção do contrato de trabalho se o empregado permanece prestando serviços ao empregador após a jubilação. Assim, por ocasião da sua dispensa imotivada, o empregado tem direito à multa do FGTS sobre a totalidade dos depósitos efetuados no curso do pacto laboral".

23.11. PRESCRIÇÃO DO FGTS

Conforme disposto na redação original do art. 23, § 5º, da Lei nº 8.036/1990, a prescrição do FGTS seria trintenária. Nos termos do entendimento há muito consolidado no âmbito do TST, embora se devesse observar o prazo prescricional bienal trabalhista (a ação deveria ser ajuizada até dois anos contados da extinção contratual), não se aplicaria ao FGTS a prescrição quinquenal trabalhista, e sim a prescrição trintenária, de forma que seria de 30 anos o prazo para reclamar a ausência de depósitos fundiários. Neste sentido, o entendimento jurisprudencial consubstanciado na antiga redação da Súmula 362 do TST.

Também havia precedentes no mesmo sentido no âmbito do STJ e do STF. Ocorre que aos 13.11.2014, ao julgar o ARE 709.212/DF, o **Supremo Tribunal Federal**, em sua composição plena e por maioria de votos, **declarou a inconstitucionalidade do art. 23, § 5º, da Lei nº 8.036/1990, e do art. 55 do Decreto nº 99.684/1990, na parte em que ressalvam o "privilégio do FGTS à prescrição trintenária"**, haja vista violarem o disposto no art. 7º, XXIX, da Carta de 1988, vencidos os Ministros Teori Zavascki e Rosa Weber, que mantinham a jurisprudência da Corte.

Eis a ementa do julgado, disponibilizada no site do STF[8]:

Recurso Extraordinário com Agravo 709.212 Distrito Federal

Relator: Min. Gilmar Mendes

Recurso extraordinário. Direito do Trabalho. Fundo de Garantia por Tempo de Serviço (FGTS). Cobrança de valores não pagos. Prazo prescricional. Prescrição quinquenal. Art. 7º, XXIX, da Constituição. Superação de entendimento anterior sobre prescrição trintenária. Inconstitucionalidade dos arts. 23, § 5º, da Lei 8.036/1990 e 55 do Regulamento do FGTS aprovado pelo Decreto 99.684/1990. Segurança jurídica. Necessidade de modulação dos efeitos da decisão. Art. 27 da Lei 9.868/1999. Declaração de inconstitucionalidade com efeitos *ex nunc*. Recurso extraordinário a que se nega provimento.

---

8   Disponível em: http://www.stf.jus.br/arquivo/cms/noticiaNoticiaStf/anexo/ARE709212ementa.pdf. Acesso em: 13.11.2014.

Portanto, **o STF, alterando entendimento anterior, passou a considerar que a prescrição aplicável ao FGTS é quinquenal**, nos termos do inciso XXIX do art. 7º da CRFB/1988. Saliente-se, todavia, que os efeitos da decisão foram modulados, de forma que o novel entendimento somente passou a ser aplicado a partir da decisão. Nesse sentido, destaquem-se os seguintes trechos do voto do Min. Relator Gilmar Mendes[9]:

> "Com essas considerações, diante da mudança que se opera, neste momento, em antiga juris-prudência do Supremo Tribunal Federal, e com base em razões de segurança jurídica, entendo que os efeitos desta decisão devam ser modulados no tempo, a fim de que se concedam apenas efeitos prospectivos à decisão e à mudança de orientação que ora se propõe".

> "A modulação que se propõe consiste em atribuir à presente decisão efeitos *ex nunc* (prospectivos). Dessa forma, para aqueles cujo termo inicial da prescrição ocorra após a data do presente julgamento, aplica-se, desde logo, o prazo de cinco anos. Por outro lado, para os casos em que o prazo prescricional já esteja em curso, aplica-se o que ocorrer primeiro: 30 anos, contados do termo inicial, ou 5 anos, a partir desta decisão. Assim, se, na presente data, já tenham transcorrido 27 anos do prazo prescricional, bastarão mais 3 anos para que se opere a prescrição, com base na jurisprudência desta Corte até então vigente. Por outro lado, se na data desta decisão tiverem decorrido 23 anos do prazo prescricional, ao caso se aplicará o novo prazo de 5 anos, a contar da data do presente julgamento."

O atual entendimento do STF pode ser resumido no seguinte:

✓ Conforme entendimento atual do STF, a prescrição aplicável em caso de não recolhimento do FGTS é a quinquenal, tendo em vista que se trata de direito trabalhista.
✓ O novo entendimento vale a partir da decisão (efeitos *ex nunc*).
✓ Para os prazos prescricionais em curso, continua valendo a prescrição trintenária, salvo se ainda faltar mais de cinco anos para o *dies ad quem* (termo final da contagem).
✓ Para os prazos prescricionais iniciados a partir da decisão, naturalmente se aplica, de imediato, a prescrição quinquenal.

A partir da decisão do STF, e considerando a *repercussão geral* do tema, o Tribunal Superior do Trabalho alterou, em junho de 2015, a redação da Súmula 362, adequando-a ao novel entendimento:

> Súm. 362. FGTS. PRESCRIÇÃO (redação alterada) – Res. 198/2015, republicada em razão de erro material – *DEJT* divulgado em 12, 15 e 16.06.2015.
> I – Para os casos em que a ciência da lesão ocorreu a partir de 13.11.2014, é quinquenal a prescrição do direito de reclamar contra o não recolhimento de contribuição para o FGTS, observado o prazo de dois anos após o término do contrato;
> II – Para os casos em que o prazo prescricional já estava em curso em 13.11.2014, aplica-se o prazo prescricional que se consumar primeiro: trinta anos, contados do termo inicial, ou cinco anos, a partir de 13.11.2014 (STF-ARE-709212/DF).

No tocante à Súmula 206 do TST, a qual trata da prescrição do FGTS como parcela reflexa, em princípio nada muda, pois o entendimento já está adequado à novel tese do STF, e já se aplicava, no âmbito da Justiça do Trabalho, aos processos em andamento.

---

9 Disponível em: http://www.stf.jus.br/arquivo/cms/noticiaNoticiaStf/anexo/ARE709212voto.pdf. Acesso em: 13.11.2014.

Com efeito, considerando que o acessório segue a sorte do principal, o TST já entendia que, se o depósito fundiário discutido se referisse a parcelas prescritas, também prescrita estaria a pretensão fundiária, entendimento esse consubstanciado na Súmula 206 do TST:

Súm. 206. FGTS. Incidência sobre parcelas prescritas. Res. 121/2003, *DJ* 19, 20 e 21.11.2003.

A prescrição da pretensão relativa às parcelas remuneratórias alcança o respectivo recolhimento da contribuição para o FGTS.

Ainda sobre a prescrição do FGTS, registre-se que a MPV nº 889/2019, posteriormente convertida na Lei nº 13.932/2019, acrescentou à Lei nº 8.036/1990 o art. 23-A, dispondo sobre a **interrupção e suspensão do prazo prescricional**, nos seguintes termos:

Art. 23-A. A notificação do empregador relativa aos débitos com o FGTS, o início de procedimento administrativo ou a medida de fiscalização interrompem o prazo prescricional.

§ 1º O contencioso administrativo é causa de suspensão do prazo prescricional.

§ 2º A data de publicação da liquidação do crédito será considerada como a data de sua constituição definitiva, a partir da qual será retomada a contagem do prazo prescricional.

§ 3º Todos os documentos relativos às obrigações perante o FGTS, referentes a todo o contrato de trabalho de cada trabalhador, devem ser mantidos à disposição da fiscalização por até 5 (cinco) anos após o fim de cada contrato.

O procedimento administrativo ou medida de fiscalização a que se refere o art. 23-A da Lei nº 8.036/1990 se encontra atualmente regulamentado pela Instrução Normativa MTP nº 2/2021, nos seguintes termos:

Art. 276. Procedimento administrativo, para efeitos desta Seção, é a sequência de atos praticados por Auditor-Fiscal do Trabalho, no exercício do poder de polícia, para a verificação do recolhimento e apuração do FGTS e da Contribuição Social devidos.

§ 1º O procedimento administrativo, sem prejuízo de outros que venham a ser normatizados, realiza-se por intermédio de:

I – fiscalização direta, nas modalidades dirigida ou mista; e

II – fiscalização indireta, nas modalidades presencial ou eletrônica, na forma dos normativos aplicáveis.

§ 2º O procedimento administrativo tem início na data de emissão do primeiro ato de notificação ao empregador, formalizado por meio das seguintes medidas de fiscalização:

I – Notificação para Apresentação de Documentos – NAD;

II – Notificação para Cumprimento de Obrigações – NCO;

III – Notificação de Indícios de Débito de FGTS e Contribuição Social – NDF;

IV – qualquer outro meio de notificação ao empregador exarado por Auditor-Fiscal do Trabalho com a finalidade de exigir a exibição de documentos e a prestação de informações, na forma dos § 3º e § 4º do art. 630 da Consolidação das Leis do Trabalho - CLT, aprovada pelo Decreto-Lei nº 5.452, de 1943.

[...]

23.12. MOVIMENTAÇÃO DA CONTA VINCULADA (SAQUE)

São várias as hipóteses legais de saque do FGTS, isto é, de levantamento pelo empregado dos valores depositados na conta vinculada. A hipótese diretamente ligada à função precípua do Fundo é a de dispensa sem justa causa. Entretanto, há várias outras possibilidades legais, inclusive durante a vigência do contrato de trabalho.

Estas hipóteses estão previstas no art. 20 da Lei nº 8.036/1990:

Art. 20. A conta vinculada do trabalhador no FGTS poderá ser movimentada nas seguintes situações:

I – despedida sem justa causa, inclusive a indireta, de culpa recíproca e de força maior;

I-A – extinção do contrato de trabalho prevista no art. 484-A da Consolidação das Leis do Trabalho (CLT), aprovada pelo Decreto- Lei nº 5.452, de 1º de maio de 1943[10];

II – extinção total da empresa, fechamento de quaisquer de seus estabelecimentos, filiais ou agências, supressão de parte de suas atividades, declaração de nulidade do contrato de trabalho nas condições do art. 19-A, ou ainda falecimento do empregador individual sempre que qualquer dessas ocorrências implique rescisão de contrato de trabalho, comprovada por declaração escrita da empresa, suprida, quando for o caso, por decisão judicial transitada em julgado;

III – aposentadoria concedida pela Previdência Social;

IV – falecimento do trabalhador, sendo o saldo pago a seus dependentes, para esse fim habilitados perante a Previdência Social, segundo o critério adotado para a concessão de pensões por morte. Na falta de dependentes, farão jus ao recebimento do saldo da conta vinculada os seus sucessores previstos na lei civil, indicados em alvará judicial, expedido a requerimento do interessado, independente de inventário ou arrolamento;

V – pagamento de parte das prestações decorrentes de financiamento habitacional concedido no âmbito do Sistema Financeiro da Habitação (SFH), desde que:

a) o mutuário conte com o mínimo de 3 (três) anos de trabalho sob o regime do FGTS, na mesma empresa ou em empresas diferentes;

b) o valor bloqueado seja utilizado, no mínimo, durante o prazo de 12 (doze) meses;

c) o valor do abatimento atinja, no máximo, 80 (oitenta) por cento do montante da prestação;

VI – liquidação ou amortização extraordinária do saldo devedor de financiamento imobiliário, observadas as condições estabelecidas pelo Conselho Curador, dentre elas a de que o financiamento seja concedido no âmbito do SFH e haja interstício mínimo de 2 (dois) anos para cada movimentação;

VII – pagamento total ou parcial do preço de aquisição de moradia própria, ou lote urbanizado de interesse social não construído, observadas as seguintes condições:

a) o mutuário deverá contar com o mínimo de 3 (três) anos de trabalho sob o regime do FGTS, na mesma empresa ou empresas diferentes;

b) seja a operação financiável nas condições vigentes para o SFH;

VIII – quando o trabalhador permanecer três anos ininterruptos fora do regime do FGTS;

IX – extinção normal do contrato a termo, inclusive o dos trabalhadores temporários regidos pela Lei nº 6.019, de 3 de janeiro de 1974;

X – suspensão total do trabalho avulso por período igual ou superior a 90 (noventa) dias, comprovada por declaração do sindicato representativo da categoria profissional;

XI – quando o trabalhador ou qualquer de seus dependentes for acometido de neoplasia maligna;

XII – aplicação em quotas de Fundos Mútuos de Privatização, regidos pela Lei nº 6.385, de 7 de dezembro de 1976, permitida a utilização máxima de 50% (cinquenta por cento) do saldo existente e disponível em sua conta vinculada do Fundo de Garantia do Tempo de Serviço, na data em que exercer a opção;

---

[10] Incluído pela Lei nº 13.467/2017.

XIII – quando o trabalhador ou qualquer de seus dependentes for portador do vírus HIV;

XIV – quando o trabalhador ou qualquer de seus dependentes estiver em estágio terminal, em razão de doença grave, nos termos do regulamento;

XV – quando o trabalhador tiver idade igual ou superior a setenta anos;

XVI – necessidade pessoal, cuja urgência e gravidade decorra de desastre natural, conforme disposto em regulamento[11], observadas as seguintes condições:

a) o trabalhador deverá ser residente em áreas comprovadamente atingidas de Município ou do Distrito Federal em situação de emergência ou em estado de calamidade pública, formalmente reconhecidos pelo Governo Federal;

b) a solicitação de movimentação da conta vinculada será admitida até 90 (noventa) dias após a publicação do ato de reconhecimento, pelo Governo Federal, da situação de emergência ou de estado de calamidade pública; e

c) o valor máximo do saque da conta vinculada será definido na forma do regulamento;

XVII – integralização de cotas do FI-FGTS, respeitado o disposto na alínea "i" do inciso XIII do art. 5º desta Lei, permitida a utilização máxima de 30% (trinta por cento) do saldo existente e disponível na data em que exercer a opção.

XVIII – quando o trabalhador com deficiência, por prescrição, necessite adquirir órtese ou prótese para promoção de acessibilidade e de inclusão social.

XIX - pagamento total ou parcial do preço de aquisição de imóveis da União inscritos em regime de ocupação ou aforamento, a que se referem o art. 4º da Lei nº 13.240, de 30 de dezembro de 2015, e o art. 16-A da Lei nº 9.636, de 15 de maio de 1998, respectivamente, observadas as seguintes condições[12]:

a) o mutuário deverá contar com o mínimo de três anos de trabalho sob o regime do FGTS, na mesma empresa ou em empresas diferentes;

b) seja a operação financiável nas condições vigentes para o Sistema Financeiro da Habitação (SFH) ou ainda por intermédio de parcelamento efetuado pela Secretaria do Patrimônio da União (SPU), mediante a contratação da Caixa Econômica Federal como agente financeiro dos contratos de parcelamento;

c) sejam observadas as demais regras e condições estabelecidas para uso do FGTS.

XX – anualmente, no mês de aniversário do trabalhador, por meio da aplicação dos valores constantes do Anexo desta Lei, observado o disposto no art. 20-D desta Lei[13]; e

§ 1º A regulamentação das situações previstas nos incisos I e II assegurará[14] que a retirada a que faz jus o trabalhador corresponda aos depósitos efetuados na conta vinculada durante o período de vigência do último contrato de trabalho, acrescida de juros e atualização monetária, deduzidos os saques.

(...)

Ressalte-se que a Lei nº 13.446/2017 acrescentou o § 22 ao art. 20 da Lei nº 8.036/1990, estabelecendo a possibilidade de movimentação de contas inativas, tendo a iniciativa sido ampliada recentemente pelo Governo Federal, por meio da Lei nº 13.932/2019, resultado da conversão da MPV nº 889/2019, que criou a sistemática de **saque-aniversário** mediante inclusão, na Lei nº 8.036/1990, dos arts. 20-A a 20-D da Lei nº 8.036/1990.

---

[11] O Decreto nº 8.572/2015 dispôs que, para os fins deste inciso, "considera-se também como natural o desastre decorrente do rompimento ou colapso de barragens que ocasione movimento de massa, com danos a unidades residenciais".

[12] Incluído pela Lei nº 13.465/2017.

[13] Incluído pela MPV nº 889/2019, posteriormente convertida na Lei nº 13.932/2019.

[14] No texto disponível no *site* da Presidência da República (www.planalto.gov.br, consultado em 14.06.2011) consta "assegurar", tendo a correção sido efetuada a fim de facilitar a leitura do texto.

No que diz respeito à nova hipótese de saque prevista no inciso I-A do art. 20, incluído pela Lei nº 13.467/2017, há que se relembrar o disposto no art. 484-A da CLT, também incluído pela mesma Lei, que, ao instituir a possibilidade de extinção contratual por **acordo entre empregador e empregado**, estabeleceu que **o levantamento do FGTS**, nesta hipótese, **é limitado a 80% (oitenta por cento) do valor dos depósitos** (art. 484-A, § 1º, da CLT).

Anote-se ainda, por oportuno, que a Lei nº 14.438/2022 acrescentou o § 27 ao art. 20 da Lei nº 8.036/1990, dispondo o seguinte:

§ 27. A critério do titular da conta vinculada do FGTS, em ato formalizado no momento da contratação do financiamento habitacional, os direitos aos saques de que trata o *caput* deste artigo poderão ser objeto de alienação ou cessão fiduciária para pagamento de parte das prestações decorrentes de financiamento habitacional concedido no âmbito do SFH, observadas as condições estabelecidas pelo Conselho Curador, mediante caucionamento dos depósitos a serem realizados na conta vinculada do trabalhador, exceto o previsto no art. 18 desta Lei.

Doméstico: aplicam-se aos domésticos, no que couber, as mesmas hipóteses de saque do FGTS previstas no art. 20 da Lei nº 8.036/1990 (art. 21, *caput*, da Lei Complementar nº 150/2015).

Quanto à *indenização compensatória da perda do emprego*, os depósitos a que se refere o art. 22 da LC nº 150/2015 serão levantados pelo empregado nas hipóteses de dispensa sem justa causa ou por culpa do empregador (rescisão indireta). Se a extinção do contrato ocorrer por culpa recíproca, metade dos valores depositados será levantada pelo empregado, e a outra metade, pelo empregador. Por fim, nas hipóteses de dispensa por justa causa ou a pedido, de término do contrato por prazo determinado, de aposentadoria ou de falecimento do empregado doméstico, os valores em referência serão movimentados pelo empregador.

23.13. FISCALIZAÇÃO DO FGTS

A administração do Fundo cabe ao Conselho Curador, nos termos dos arts. 3º e 5º da Lei nº 8.036/1990.

O agente operador do FGTS é a Caixa Econômica Federal – CEF, a qual fica encarregada de receber os depósitos e realizar tarefas operacionais de manutenção das contas vinculadas, saques etc.

Por sua vez, a fiscalização da regularidade dos recolhimentos do FGTS cabe ao Ministério do Trabalho e Emprego, através da fiscalização do trabalho. Neste sentido, o art. 23 da Lei do FGTS[15]:

Art. 23. Compete ao Ministério do Trabalho e Previdência a verificação do cumprimento do disposto nesta Lei, especialmente quanto à apuração dos débitos e das infrações praticadas pelos empregadores ou tomadores de serviço, que serão notificados para efetuar e comprovar os depósitos correspondentes e cumprir as demais determinações legais[16].

§ 1º Constituem infrações para efeito desta lei:

---

[15] Redação vigente quando do fechamento desta edição, antes da implementação da arrecadação por meio da prestação dos serviços digitais de geração de guias a que se refere o inciso II do *caput* do art. 17 da Lei nº 8.036/1990, ou seja, antes da implementação do FGTS Digital. A partir da primeira competência seguinte à implementação do FGTS Digital passarão a produzir efeitos os dispositivos alterados ou incluídos pela Lei nº 14.438/2022, exceto o *caput* do art. 23, cuja nova redação já está em vigor desde a publicação da referida Lei.

[16] Redação dada pela Lei nº 14.438/2022.

I – não depositar mensalmente o percentual referente ao FGTS, bem como os valores previstos no art. 18 desta Lei, nos prazos de que trata o § 6º do art. 477 da Consolidação das Leis do Trabalho – CLT;

II – omitir as informações sobre a conta vinculada do trabalhador;

III – apresentar as informações ao Cadastro Nacional do Trabalhador, dos trabalhadores beneficiários, com erros ou omissões;

IV – deixar de computar, para efeito de cálculo dos depósitos do FGTS, parcela componente da remuneração;

V – deixar de efetuar os depósitos e os acréscimos legais, após ser notificado pela fiscalização[17];

VI – deixar de apresentar, ou apresentar com erros ou omissões, as informações de que trata o art. 17-A desta Lei e as demais informações legalmente exigíveis[18].

§ 2º Pela infração do disposto no § 1º deste artigo, o infrator estará sujeito às seguintes multas por trabalhador prejudicado:

a) de 2 (dois) a 5 (cinco) BTN, no caso dos incisos II e III;

b) de 10 (dez) a 100 (cem) BTN, no caso dos incisos I, IV e V.

§ 3º Nos casos de fraude, simulação, artifício, ardil, resistência, embaraço ou desacato à fiscalização, assim como na reincidência, a multa especificada no parágrafo anterior será duplicada, sem prejuízo das demais cominações legais.

§ 4º Os valores das multas, quando não recolhidas no prazo legal, serão atualizados monetariamente até a data de seu efetivo pagamento, através de sua conversão pelo BTN Fiscal.

§ 5º O processo de fiscalização, de autuação e de imposição de multas reger-se-á pelo disposto no Título VII da CLT[19].

§ 6º Quando julgado procedente o recurso interposto na forma do Título VII da CLT, os depósitos efetuados para garantia de instância serão restituídos com os valores atualizados na forma de lei.

§ 7º A rede arrecadadora e a Caixa Econômica Federal deverão prestar ao Ministério do Trabalho e da Previdência Social as informações necessárias à fiscalização.

Considerando-se a quantidade de alterações promovidas neste artigo pela Lei nº 14.438/2022, e a fim de facilitar o estudo, transcrevo abaixo o **texto atualizado do art. 23 da Lei nº 8.036/1990, com redação dada pela Lei nº 14.438/2022**, observando que tal redação somente **passará a produzir efeitos a partir da implementação da arrecadação por meio da prestação dos serviços digitais de geração de guias** a que se refere o inciso II do *caput* do art. 17 da Lei nº 8.036/1990, ou seja, **a partir da implementação do FGTS Digital**:

Art. 23. Compete ao Ministério do Trabalho e Previdência a verificação do cumprimento do disposto nesta Lei, especialmente quanto à apuração dos débitos e das infrações praticadas pelos empregadores ou tomadores de serviço, que serão notificados para efetuar e comprovar os depósitos correspondentes e cumprir as demais determinações legais[20].

§ 1º Constituem infrações para efeito desta lei:

I – não depositar mensalmente o percentual referente ao FGTS, bem como os valores previstos no art. 18 desta Lei, nos prazos de que trata o § 6º do art. 477 da Consolidação das Leis do Trabalho – CLT;

---

[17] Redação dada pela Lei nº 13.932/2019.
[18] Redação dada pela Lei nº 13.932/2019.
[19] Redação dada pela Lei nº 13.932/2019.
[20] Redação dada pela Lei nº 14.438/2022, porém, com efeitos imediatos à publicação, nos termos do disposto no art. 19, I, "b.1", da Lei nº 14.438/2022.

II – (revogado); (Redação dada pela Lei nº 14.438, de 2022)

III – (revogado); (Redação dada pela Lei nº 14.438, de 2022)

IV – deixar de computar, para efeito de cálculo dos depósitos do FGTS, parcela componente da remuneração;

V – deixar de efetuar os depósitos e os acréscimos legais do FGTS constituído em notificação de débito, no prazo concedido pelo ato de notificação da decisão definitiva exarada no processo administrativo; (Redação dada pela Lei nº 14.438, de 2022)

VI – deixar de apresentar, ou apresentar com erros ou omissões, as informações de que trata o art. 17-A desta Lei e as demais informações legalmente exigíveis; e (Redação dada pela Lei nº 14.438, de 2022)

VII – deixar de apresentar ou de promover a retificação das informações de que trata o art. 17-A desta Lei no prazo concedido na notificação da decisão definitiva exarada no processo administrativo que reconheceu a procedência da notificação de débito decorrente de omissão, de erro, de fraude ou de sonegação constatados. (Redação dada pela Lei nº 14.438, de 2022)

§ 1º-A. A formalização de parcelamento da integralidade do débito suspende a ação punitiva da infração prevista: (Incluído pela Lei nº 14.438, de 2022)

I – no inciso I do § 1º deste artigo, quando realizada anteriormente ao início de qualquer processo administrativo ou medida de fiscalização; e (Incluído pela Lei nº 14.438, de 2022)

II – no inciso V do § 1º deste artigo, quando realizada no prazo nele referido. (Incluído pela Lei nº 14.438, de 2022)

§ 1º-B. A suspensão da ação punitiva prevista no § 1º-A deste artigo será mantida durante a vigência do parcelamento, e a quitação integral dos valores parcelados extinguirá a infração. (Incluído pela Lei nº 14.438, de 2022)

§ 2º Pela infração ao disposto no § 1º deste artigo, o infrator estará sujeito às seguintes multas: (Redação dada pela Lei nº 14.438, de 2022)

a) (revogada); (Redação dada pela Lei nº 14.438, de 2022)

b) 30% (trinta por cento) sobre o débito atualizado apurado pela inspeção do trabalho, confessado pelo empregador ou lançado de ofício, nas hipóteses previstas nos incisos I, IV e V do § 1º deste artigo; e (Redação dada pela Lei nº 14.438, de 2022)

c) de R$ 100,00 (cem reais) a R$ 300,00 (trezentos reais) por trabalhador prejudicado, nas hipóteses previstas nos incisos VI e VII do § 1º deste artigo. (Redação dada pela Lei nº 14.438, de 2022)

§ 3º Nos casos de fraude, simulação, artifício, ardil, resistência, embaraço ou desacato à fiscalização, assim como na reincidência, a multa especificada no parágrafo anterior será duplicada, sem prejuízo das demais cominações legais.

§ 3º-A. Estabelecidas a multa-base e a majoração na forma prevista nos §§ 2º e 3º deste artigo, o valor final será reduzido pela metade quando o infrator for empregador doméstico, microempresa ou empresa de pequeno porte. (Redação dada pela Lei nº 14.438, de 2022)

§ 4º Os valores das multas, quando não recolhidas no prazo legal, serão atualizados monetariamente até a data de seu efetivo pagamento, através de sua conversão pelo BTN Fiscal.

§ 5º O processo de fiscalização, de autuação e de imposição de multas reger-se-á pelo disposto no Título VII da CLT.

§ 6º Quando julgado procedente o recurso interposto na forma do Título VII da CLT, os depósitos efetuados para garantia de instância serão restituídos com os valores atualizados na forma de lei.

§ 7º A rede arrecadadora e a Caixa Econômica Federal deverão prestar ao Ministério do Trabalho e da Previdência Social as informações necessárias à fiscalização.

Anote-se, ainda, que a Lei nº 13.932/2019 estabeleceu a obrigatoriedade de declaração, pelo empregador, por meio de sistema de escrituração digital, dos dados relacionados aos valores do FGTS, o que provavelmente constituirá importante mecanismo de modernização da apuração, verificação e cobrança do FGTS. Neste sentido, o art. 17-A da Lei nº 8.036/1990, incluído pela Lei nº 13.932/2019, *in verbis*:

> Art. 17-A. O empregador ou o responsável fica obrigado a elaborar folha de pagamento e a declarar os dados relacionados aos valores do FGTS e outras informações de interesse do poder público por meio de sistema de escrituração digital, na forma, no prazo e nas condições estabelecidos em ato do Ministro de Estado do Trabalho e Previdência[21].
>
> § 1º As informações prestadas na forma do *caput* deste artigo constituem declaração e reconhecimento dos créditos delas decorrentes, caracterizam confissão de débito e constituem instrumento hábil e suficiente para a cobrança do crédito de FGTS.
>
> § 2º O lançamento da obrigação principal e das obrigações acessórias relativas ao FGTS será efetuado de ofício pela autoridade competente, no caso de o empregador não apresentar a declaração na forma do *caput* deste artigo, e será revisto de ofício, nas hipóteses de omissão, erro, fraude ou sonegação.

Conforme consta do *site* do Ministério do Trabalho e Emprego[22], o FGTS Digital constitui "nova forma de recolhimento do FGTS que vai facilitar e simplificar a vida dos empregadores, utilizando informações do eSocial como base de dados, interface 100% web e diversas opções para gerar guias". As contas vinculadas dos trabalhadores, que continuarão administradas pela Caixa Econômica Federal (Agente Operador do FGTS), serão centralizadas no CPF do trabalhador.

23.14. ADMINISTRAÇÃO DO FUNDO

A seguir, apresento, de forma esquematizada, os principais aspectos da administração do Fundo de Garantia, os quais são estabelecidos pelos arts. 3º a 10 da Lei nº 8.036/1990.

23.14.1. Conselho Curador

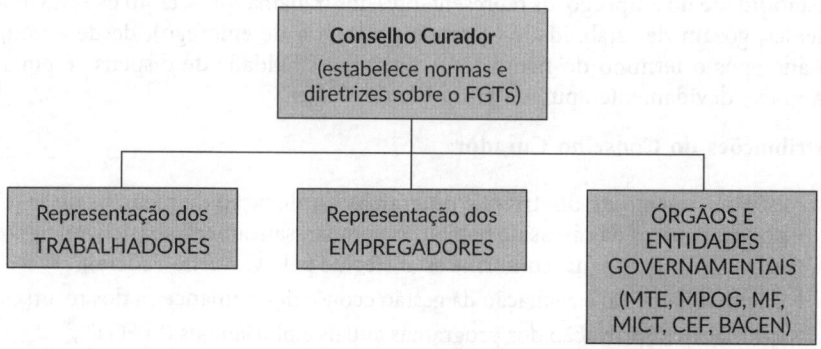

Presidência: exercida pelo *Ministro de Estado do Trabalho e Emprego* ou representante por ele indicado.

Representantes do Governo Federal: Atualmente, conforme Decreto nº 11.496/2023, são seis, sendo dois do MTE (incluído o Ministro do Trabalho e Emprego, que presidi-

---

21 Redação dada pela Lei nº 14.438/2022. Vigência imediata.

22 Disponível em https://www.gov.br/trabalho-e-emprego/pt-br/servicos/empregador/fgtsdigital. Acesso em 15.05.2023.

rá o Conselho), um da Casa Civil da Presidência da República, um do Ministério das Cidades, um do Ministério da Fazenda e um do Ministério da Gestão e da Inovação em Serviços Públicos. Os membros titulares e suplentes (cada titular terá um suplente) serão indicados pelos titulares dos órgãos que representam.

Representantes dos trabalhadores: um de cada uma das três centrais sindicais com maior índice de representatividade dos trabalhadores, com indicação a cargo das respectivas centrais sindicais.

Representantes dos empregadores: três, sendo um indicado pela Confederação Nacional da Indústria, um indicado pela Confederação Nacional do Sistema Financeiro e um indicado pela Confederação Nacional do Comércio de Bens, Serviços e Turismo.

Representantes dos trabalhadores e dos empregadores: O *mandato é de dois anos, permitida uma única recondução.*

Reuniões: as *ordinárias* têm periodicidade bimestral, e são convocadas pelo Presidente do Conselho. Na omissão deste, qualquer membro poderá convocar a reunião, no prazo de 15 dias contados do bimestre desde a última reunião realizada. As reuniões *extraordinárias* podem ser convocadas por qualquer membro, desde que haja necessidade.

Quórum: exige-se *maioria simples* dos membros para a tomada de decisões pelo Conselho. O Presidente tem o voto de qualidade.

Despesas decorrentes da participação nas reuniões: cada entidade representada arca com as despesas dos seus representantes.

Natureza jurídica da ausência ao trabalho dos representantes dos trabalhadores: o tempo necessário para participação dos representantes dos trabalhadores no Conselho Curador constitui *interrupção do contrato de trabalho*, ou seja, são-lhes asseguradas a remuneração e a contagem de tempo de serviço para todos os fins. A lei faz menção a *ausências abonadas.*

Provimento de meios necessários ao exercício da competência atribuída: cabe ao Ministério do Trabalho e Emprego, por meio da Secretaria Executiva do Conselho Curador do FGTS, proporcionar os meios necessários ao exercício da competência atribuída ao Conselho Curador.

Estabilidade no emprego: os representantes dos trabalhadores, tanto os efetivos quanto os suplentes, gozam de estabilidade (garantia provisória de emprego), desde a nomeação, até um ano após o término do mandato. A única possibilidade de dispensa é por motivo de falta grave, devidamente apurada em *processo sindical.*

Atribuições do Conselho Curador:

– estabelecimento de diretrizes e programas de alocação de recursos do FGTS, que podem ocorrer nas áreas de habitação popular, saneamento básico, microcrédito e infraestrutura urbana, conforme estabelecido pelo Governo Federal;

– acompanhamento e avaliação da gestão econômica e financeira dos recursos;

– apreciação e aprovação dos programas anuais e plurianuais do FGTS;

– aprovação das demonstrações financeiras do FGTS, com base em parecer de auditoria externa independente, antes de sua publicação e encaminhamento aos órgãos de controle, bem como da distribuição de resultados;

– adoção de providências em face da atuação do gestor da aplicação e da CEF, sempre que houver comprometimento indevido dos recursos do Fundo;

– interpretação das normas regulamentadoras do FGTS;

– aprovação do próprio regimento interno;

- fixação de normas e valores de remuneração do Agente Operador (CEF) e dos Agentes Financeiros;
- fixação de critérios para parcelamento dos recolhimentos em atraso;
- fixação de critérios e valor da remuneração para o exercício da fiscalização;
- fazer publicar, no Diário Oficial da União, as decisões proferidas pelo Conselho, as contas e os pareceres emitidos;
- fixação de critérios e condições para compensação entre créditos e débitos relativos ao Fundo;
- dispor, de forma abrangente, sobre o Fundo de Investimento do FGTS (FI-FGTS);
- autorizar a aplicação de recursos do FGTS em outros fundos de investimento, no mercado de capitais e em títulos públicos e privados, com base em proposta elaborada pelo agente operador;
- estipular limites às tarifas cobradas pelo agente operador ou pelos agentes financeiros na intermediação da movimentação dos recursos da conta vinculada do FGTS;
- estabelecer regulamentação em relação à autorização de aplicação de recursos do FGTS em fundos garantidores de crédito.

23.14.2. Ministério das Cidades - gestor da aplicação

Competência:
- gerir a aplicação do Fundo, conforme diretrizes e programas estabelecidos pelo Conselho Curador;
- expedir atos normativos relativos à alocação de recursos para implementação de programas aprovados pelo Conselho Curador;
- elaborar orçamentos anuais e plurianuais sobre aplicação dos recursos, por região geográfica, os quais devem ser submetidos ao Conselho Curador até 31 de julho;
- acompanhar a execução dos programas financiados por recursos do Fundo e implementados pela CEF;
- submeter ao Conselho Curador as contas do FGTS;
- subsidiar o Conselho Curador com estudos técnicos acerca dos programas aos quais se destinam os investimentos dos recursos do Fundo;
- definir as metas a serem alcançadas nos referidos programas.

23.14.3. Caixa Econômica Federal - CEF - agente operador

Atribuições da CEF:
- administrar as contas vinculadas e centralizar os recursos (o FGTS pode ser recolhido em qualquer banco, mas o numerário é repassado à Caixa, que opera os recursos);
- expedir atos normativos relativos à operacionalização do recolhimento do FGTS (ex.: convênios com bancos para formar a rede arrecadadora, utilização de *software* para transmissão de informações – Conectividade Social etc.);
- definir os procedimentos operacionais necessários à execução dos programas financiados por recursos do Fundo, estabelecidos pelo Conselho Curador, com base nas normas e diretrizes de aplicação elaboradas pelo gestor da aplicação;
- elaborar análises jurídicas e econômico-financeiras dos projetos que envolvem os programas a serem financiados com recursos do Fundo;

- emitir o Certificado de Regularidade do FGTS;
- elaborar as demonstrações financeiras do FGTS, encaminhando-as até 30 de junho do exercício subsequente ao gestor da aplicação;
- implementar os atos emanados do gestor da aplicação relativos à alocação dos recursos, de acordo com as diretrizes do Conselho Curador;
- garantir aos recursos alocados no FI-FGTS a remuneração aplicável às contas vinculadas ;
- realizar todas as aplicações com recursos do FGTS por meio de sistemas informatizados e auditáveis;
- colocar à disposição do Conselho Curador, em formato digital, as informações gerenciais que estejam sob gestão do agente operador e que sejam necessárias ao desempenho das atribuições daquele colegiado.

FUNDO DE GARANTIA DO TEMPO DE SERVIÇO – FGTS

Conceito:
- Fundo formado por recolhimentos mensais incidentes sobre a remuneração do trabalhador, depositados em conta vinculada mantida pela CEF, em nome do trabalhador, a fim de formar pecúlio em favor deste, a ser utilizado principalmente para subsistência nas hipóteses de desemprego involuntário.
- Possibilita ainda o investimento em habitação, saneamento básico, microcrédito e infraestrutura urbana, mediante programas de financiamento.

Natureza jurídica:
- Multidimensional, sobressaindo o caráter de direito trabalhista.

Cabimento:
- Todos os empregados (urbanos, rurais e domésticos) fazem jus ao FGTS.
- O trabalhador avulso tem direito ao FGTS.
- Não pode ser flexibilizado por norma coletiva.

Alíquotas:
- FGTS mensal:
  - 8% (regra geral).
  - 2% (aprendizes).
- Multa compensatória:
  - 40% (regra geral).
  - 20% (força maior, culpa recíproca, acordo/distrato).
- 3,2% ao mês, incidente sobre a remuneração devida no mês anterior, para o doméstico (depositados na conta vinculada, em variação distinta daquela em que se encontram os depósitos mensais).

Base de cálculo:
- FGTS mensal:
  - Remuneração do empregado (inclusive parcelas salariais eventuais e aquelas pagas em virtude de prestação de serviços no exterior).
  - Décimo terceiro salário (inclusive pago na rescisão).
  - Férias gozadas (inclusive terço constitucional).
  - Aviso-prévio (trabalhado ou indenizado).
  - Salário *in natura*.

FUNDO DE GARANTIA DO TEMPO DE SERVIÇO - FGTS

* Multa compensatória:

    - Saldo da conta vinculada, abrangendo todos os depósitos efetuados ou devidos ao longo de todo o contrato de trabalho, inclusive saques eventualmente realizados.
    - Utiliza-se o saldo da conta vinculada da data do efetivo pagamento das verbas rescisórias.
    - Para o doméstico, a indenização compensatória da perda do emprego é depositada mensalmente, à razão de 3,2% sobre a remuneração devida no mês anterior.

Prazos para recolhimento:

* FGTS mensal: até o dia 7 do mês subsequente. O prazo passará a ser até o dia 20 do mês subsequente quando for implementado o *FGTS Digital*.
* FGTS rescisório: data de pagamento das verbas rescisórias (art. 477, § 6°, CLT).

Suspensão contratual:

* Não é devido o recolhimento do FGTS, salvo nos casos de afastamento por acidente de trabalho e para prestação do serviço militar.

Contrato nulo (ausência de concurso público):

* FGTS devido.

Atualização dos depósitos:

* Atualização monetária, conforme índice da caderneta de poupança, mais juros de 3% ao ano.

Aposentadoria espontânea:

* Não extingue, por si só, o contrato de trabalho.
* A multa compensatória deve ser calculada sobre os depósitos de todo o período contratual, e não somente sobre aqueles posteriores à aposentadoria espontânea.

Prescrição:

* FGTS como parcela principal:

    - Prescrição trabalhista (quinquenal, observado o limite de dois anos após a extinção do contrato), conforme entendimento atual do STF (ARE 709.212).
    - Para os processos em andamento quando da decisão do STF (ARE 709.212), prescrição em cinco anos, contados da decisão que alterou o entendimento no âmbito do STF, ou no prazo restante para completar 30 anos, o que for menor.

* FGTS como parcela reflexa (acessória): prescrição da parcela principal = cinco anos (entendimento do TST adequado ao entendimento atual do STF).

Hipóteses de movimentação da conta vinculada (saque):

* Despedida sem justa causa.
* Extinção do contrato por acordo entre empregador e empregado (saque limitado a 80% dos depósitos).
* Rescisão indireta do contrato de trabalho.
* Extinção do contrato por culpa recíproca.
* Extinção do contrato por motivo de força maior.
* Extinção normal do contrato a termo, inclusive contrato de trabalho temporário.
* Extinção total da empresa ou fechamento do estabelecimento que implique extinção do contrato de trabalho.
* Declaração de nulidade do contrato por ausência de concurso público.
* Falecimento do empregador individual que implique extinção do contrato de trabalho.
* Aposentadoria concedida pela Previdência Social.

FUNDO DE GARANTIA DO TEMPO DE SERVIÇO – FGTS

- Falecimento do trabalhador.
- Financiamento de imóvel junto ao SFH, atendidas as condições legais.
- Permanência por 3 anos fora do regime do FGTS.
- Suspensão total do trabalho avulso por período igual ou superior a 90 dias.
- Trabalhador ou dependente acometido de neoplasia maligna.
- Trabalhador ou dependente portador do vírus HIV.
- Trabalhador ou dependente em estágio terminal, em razão de doença grave.
- Aplicação em quotas de Fundos Mútuos de Privatização.
- Trabalhador com idade igual ou superior a 70 anos.
- Necessidade pessoal, cuja urgência e gravidade decorram de desastre natural.
- Integralização de quotas do FI-FGTS.
- Trabalhador com deficiência que necessite adquirir órtese ou prótese para promoção de acessibilidade e de inclusão social.
- Pagamento total ou parcial do preço de aquisição de imóveis da União inscritos em regime de ocupação ou aforamento.
- Anualmente, no mês de aniversário do trabalhador, conforme tabela previamente divulgada.
- A qualquer tempo, quando seu saldo for inferior a R$ 80,00 e não tiverem ocorrido depósitos ou saques por, no mínimo, um ano.

23.15. DEIXADINHAS

1. A equivalência entre os regimes do Fundo de Garantia do Tempo de Serviço e da estabilidade prevista na CLT é meramente jurídica e não econômica, sendo indevidos valores a título de reposição de diferenças.

2. A estabilidade contratual ou a derivada de regulamento de empresa são compatíveis com o regime do FGTS. Diversamente ocorre com a estabilidade legal decenal, que é renunciada com a opção pelo FGTS.

3. O FGTS é um fundo formado por recolhimentos mensais incidentes sobre a remuneração do empregado, efetuados em conta vinculada aberta na CEF em nome do trabalhador, que visa principalmente à subsistência do trabalhador durante o período de desemprego, em substituição à antiga indenização celetista.

4. Todos os empregadores, inclusive os domésticos, sujeitam-se ao recolhimento do FGTS.

5. O trabalhador avulso tem direito ao FGTS.

6. O FGTS mensal é devido à razão de 8% da remuneração do empregado. Para o aprendiz a alíquota é de 2%.

7. A multa compensatória do FGTS é devida à razão de 40% sobre o saldo dos depósitos devidos na conta vinculada do trabalhador, atualizados até a data do efetivo pagamento das verbas rescisórias. Para o doméstico, a indenização compensatória da perda do emprego deve ser depositada mensalmente pelo empregador, à razão de 3,2% da remuneração devida no mês anterior.

8. Em caso de extinção do contrato por culpa recíproca ou por força maior, bem como na hipótese de extinção do contrato por acordo entre empregador e empregado (distrato), a alíquota da multa compensatória é de 20%.

9. A contribuição para o Fundo de Garantia do Tempo de Serviço incide sobre a remuneração mensal devida ao empregado, inclusive horas extras e adicionais eventuais.

10. Não incide a contribuição para o FGTS sobre as férias indenizadas.

11. O pagamento relativo ao período de aviso-prévio, trabalhado ou não, está sujeito a contribuição para o FGTS.

12. O FGTS incide sobre todas as parcelas de natureza salarial pagas ao empregado em virtude de prestação de serviços no exterior.

13. É devida a multa do FGTS sobre os saques corrigidos monetariamente ocorridos na vigência do contrato de trabalho. Em relação ao doméstico, a indenização, se for o caso, é formada pelos recolhimentos efetuados a este título ao longo do contrato de trabalho.

14. O cálculo da multa de 40% do FGTS deverá ser feito com base no saldo da conta vinculada na data do efetivo pagamento das verbas rescisórias, desconsiderada a projeção do aviso--prévio indenizado, por ausência de previsão legal.

15. O FGTS mensal deve ser recolhido até o dia 7 de cada mês (até o dia 20 de cada mês a partir da implantação do FGTS Digital). O rescisório, por sua vez, até a data do pagamento das verbas rescisórias, observado o prazo do art. 477, § 6º, da CLT. O FGTS não pode ser pago diretamente ao empregado.

16. Como regra, o FGTS será devido sempre que o salário for devido. Assim, nas hipóteses de suspensão contratual, o FGTS normalmente não é devido, pois não há pagamento de salário. Exceções: acidente de trabalho e prestação do serviço militar obrigatório.

17. É devido o depósito do FGTS na conta vinculada do trabalhador cujo contrato de trabalho seja declarado nulo nas hipóteses previstas no art. 37, § 2º, da Constituição Federal, quando mantido o direito ao salário.

18. Os valores recolhidos mensalmente na conta vinculada do empregado são atualizados monetariamente, conforme índice aplicável à caderneta de poupança, e capitalizam juros de três por cento ao ano.

19. Os créditos referentes ao FGTS, decorrentes de condenação judicial, serão corrigidos pelos mesmos índices aplicáveis aos débitos trabalhistas.

20. A aposentadoria espontânea não é causa de extinção do contrato de trabalho se o empregado permanece prestando serviços ao empregador após a jubilação. Assim, por ocasião da sua dispensa imotivada, o empregado tem direito à multa de 40% do FGTS sobre a totalidade dos depósitos efetuados no curso do pacto laboral.

21. Aplica-se ao FGTS a prescrição trabalhista, qual seja de cinco anos, observado o prazo de 2 (dois) anos após o término do contrato de trabalho. Para os casos em que o prazo prescricional já estava em curso em 13.11.2014, aplica-se o prazo prescricional que se consumar primeiro: trinta anos, contados do termo inicial, ou cinco anos, a partir de 13.11.2014.

22. O empregado pode sacar o FGTS nas hipóteses de extinção contratual, exceto pedido de demissão e dispensa por justa causa, bem como em outras hipóteses taxativamente previstas em lei, como em virtude de aposentadoria, aos 70 anos de idade ou após permanecer três anos fora do regime do FGTS.

23. Em caso de extinção do contrato de trabalho por acordo entre empregador e empregado, nos termos do art. 484-A da CLT, é permitido o saque do FGTS, porém, até o limite de 80% do valor dos depósitos.

24. Não pode a conta vinculada ser movimentada em virtude de conversão do regime jurídico de celetista para estatutário.

25. A administração do Fundo cabe ao Conselho Curador. A CEF é o agente operador. A fiscalização da regularidade dos recolhimentos fundiários cabe ao Ministério do Trabalho e Emprego.

26. O Conselho Curador é composto por representação de trabalhadores, empregadores e órgãos e entidades governamentais, na forma estabelecida pelo Poder Executivo.

27. A Presidência do Conselho Curador será exercida Ministro de Estado do Ministério do Trabalho e Emprego ou representante por ele indicado.

28. Os representantes dos trabalhadores e dos empregadores e seus respectivos suplentes serão indicados pelas respectivas centrais sindicais e confederações nacionais e nomeados pelo Ministro do Trabalho e Emprego, e terão mandato de 2 (dois) anos, podendo ser reconduzidos uma única vez.

29. O Conselho Curador reunir-se-á ordinariamente, a cada bimestre, por convocação de seu Presidente. Esgotado esse período, não tendo ocorrido convocação, qualquer de seus membros poderá fazê-la, no prazo de 15 (quinze) dias. Havendo necessidade, qualquer membro poderá convocar reunião extraordinária, na forma que vier a ser regulamentada pelo Conselho Curador.

30. As decisões do Conselho serão tomadas com a presença da maioria simples de seus membros, tendo o Presidente voto de qualidade.

31. As despesas porventura exigidas para o comparecimento às reuniões do Conselho constituirão ônus das respectivas entidades representadas.

32. As ausências ao trabalho dos representantes dos trabalhadores no Conselho Curador, decorrentes das atividades desse órgão, serão abonadas, computando-se como jornada efetivamente trabalhada para todos os fins e efeitos legais.

33. Competirá ao Ministério do Trabalho e Emprego proporcionar ao Conselho Curador os meios necessários ao exercício de sua competência, para o que contará com uma Secretaria Executiva do Conselho Curador do FGTS.

34. Aos membros do Conselho Curador, enquanto representantes dos trabalhadores, efetivos e suplentes, é assegurada a estabilidade no emprego, da nomeação até um ano após o término do mandato de representação, somente podendo ser demitidos por motivo de falta grave, regularmente comprovada através de processo sindical.

35. A gestão da aplicação do FGTS será efetuada pelo Ministério das Cidades, cabendo à Caixa Econômica Federal (CEF) o papel de agente operador.

36. Entende-se por empregador, para fins do FGTS, a pessoa física ou a pessoa jurídica de direito privado ou de direito público, da administração pública direta, indireta ou fundacional de qualquer dos Poderes, da União, dos Estados, do Distrito Federal e dos Municípios, que admitir trabalhadores a seu serviço, bem assim aquele que, regido por legislação especial, encontrar-se nessa condição ou figurar como fornecedor ou tomador de mão de obra, independente da responsabilidade solidária e/ou subsidiária a que eventualmente venha obrigar-se.

37. Considera-se trabalhador, para fins do FGTS, toda pessoa física que prestar serviços a empregador, a locador ou tomador de mão de obra, excluídos os eventuais, os autônomos e os servidores públicos civis e militares sujeitos a regime jurídico próprio.

CAPÍTULO 24

Proteção do Trabalho da Mulher

· · · · · · · · · · · · · · · · · ·

Marcadores: PROTEÇÃO DO TRABALHO DA MULHER; PROTEÇÃO À MATERNIDADE; PROTEÇÃO À GESTANTE; LICENÇA-MATERNIDADE; SALÁRIO-MATERNIDADE; AUXÍLIO--CRECHE.

Material de estudo:

✓ Legislação: **CLT**, arts. 372-400, 611-B; **CRFB/88**, art. 7°, incisos XVIII, XX, XXV, XXX; **ADCT** da CRFB/88, art. 10, II, "b".

✓ Jurisprudência: **OJ SDI-1** 44, TST.

✓ Doutrina (+).

Estratégia de estudo sugerida:

Há que se tomar especial cuidado ao estudar este capítulo, pois existe certo descompasso entre a doutrina majoritária, o entendimento do TST e a forma como as bancas examinadoras cobram o assunto nos concursos públicos.

Com efeito, embora a doutrina se posicione fortemente no sentido do tratamento igualitário entre homens e mulheres, nos termos do art. 5°, I, da CRFB, o fato é que os dispositivos de proteção do trabalho da mulher continuam no texto celetista, e as bancas costumam cobrá-los em sua literalidade.

Portanto, em que pese seja necessária a menção aos argumentos doutrinários no sentido da não recepção de vários dos dispositivos celetistas referentes à proteção do trabalho da mulher, de uma forma geral as bancas cobrarão a literalidade dos mencionados dispositivos, razão pela qual eles devem ser conhecidos pelo candidato. Somente em um enunciado de questão devidamente contextualizado eu recomendo a adoção das correntes que defendem a não recepção de tais dispositivos.

Durante os primeiros séculos do sistema capitalista de produção, verificou-se grande exploração dos trabalhadores, seja com jornadas extenuantes, seja com o emprego de força muscular excessiva, geralmente em locais absolutamente insalubres.

Esta realidade social provocou danos de grande monta aos trabalhadores, e notadamente às mulheres, tendo em vista suas especificidades ligadas à gestação e aos cuidados com seus filhos recém-nascidos.

A partir daí, buscou-se a proteção do trabalho da mulher através de dispositivos legais que restringiam sua atividade laboral, a exemplo do que ocorreu e ainda ocorre com o menor.

Não obstante, esta legislação, que em princípio visava proteger o trabalho feminino, revelou-se um verdadeiro tiro pela culatra, ao passo que as restrições ao trabalho da mulher se traduziram em fontes de discriminação no mercado de trabalho.

Como o labor feminino era *mais caro* e *mais restrito* para o empregador, os interesses capitalistas acabaram relegando o trabalho da mulher a segundo plano, estabelecendo dificuldades de acesso ao emprego, bem como distinção nos salários em razão do gênero.

A fim de derrubar esta barreira criada ao trabalho da mulher, o legislador passou a eliminar as restrições anteriormente impostas, mantendo apenas aquelas necessárias em virtude da condição peculiar da mulher, notadamente no tocante à gestação e à maternidade.

É esta a interpretação que a doutrina majoritária confere a qualquer dispositivo que estabeleça distinção de tratamento à mulher trabalhadora: subsistem apenas as restrições ligadas à proteção da maternidade, bem como aqueles dispositivos tendentes a criar a chamada *discriminação positiva*, que, na realidade, têm por objetivo alcançar a igualdade substancial entre homens e mulheres. Neste diapasão, todos os demais dispositivos que estabeleçam restrições devem ser considerados não recepcionados pela CRFB/88, que dispõe, em seu art. 5º, *in verbis*:

> Art. 5º. (...)
> I – homens e mulheres são iguais em direitos e obrigações, nos termos desta Constituição;
> (...)
> No mesmo sentido, o art. 7º da CRFB:
> Art. 7º São direitos dos trabalhadores urbanos e rurais, além de outros que visem à melhoria de sua condição social:
> (...)
> XX – proteção do mercado de trabalho da mulher, mediante incentivos específicos, nos termos da lei;
> (...)
> XXX – proibição de diferença de salários, de exercício de funções e de critério de admissão por motivo de sexo, idade, cor ou estado civil;
> (...)

Não obstante, o estudo da proteção do trabalho da mulher para concursos exige o enfoque nos dispositivos celetistas, tendo em vista que daí sai a maioria das questões de concursos públicos.

24.1. TRATAMENTO CELETISTA DISPENSADO AOS HOMENS E ÀS MULHERES

Dispõe o art. 372, *caput* da CLT que "os preceitos que regulam o trabalho masculino são aplicáveis ao trabalho feminino, naquilo em que não colidirem com a proteção especial instituída por este Capítulo".

Isto é óbvio, e chega mesmo a ser redundante. A rigor, não existe preceito que regula o trabalho masculino, e sim preceitos que regulam o trabalho humano, e notadamente o trabalho humano subordinado. Excepcionalmente há preceitos aplicáveis às mulheres, na medida de suas peculiaridades orgânicas.

O parágrafo único do supramencionado art. 372, por sua vez, dispunha que "não é regido pelos dispositivos a que se refere este artigo o trabalho nas oficinas em que sirvam exclusivamente pessoas da família da mulher e esteja esta sob a direção do esposo, do pai, da mãe, do tutor ou do filho", porém **tal dispositivo foi revogado pela Lei nº 13.467/2017.**

A revogação do parágrafo único do art. 372 da CLT eliminou eventuais divergências, embora o referido parágrafo único já viesse sendo considerado não recepcionado pela Constituição de 1988, pois, na ordem constitucional vigente, não subsiste a ideia da mulher *sob a direção* de quem quer que seja no âmbito familiar. Se o caso é de direção no sentido de subordinação, há relação de emprego, e se lhe aplica toda a proteção celetista.

Aliás, é comum o equívoco de se dizer que o fundamento para que a jurisprudência não admita a relação de emprego doméstico entre marido e mulher é a ausência do requisito onerosidade. O que afasta a possibilidade de estabelecimento do vínculo empregatício, no caso, é a presumida ausência de subordinação, ao passo que o casal forma o que se conhece no direito comum como *sociedade de fato*.

24.2. DURAÇÃO DO TRABALHO DA MULHER

Dispõe o art. 373 da CLT que "a duração normal de trabalho da mulher será de 8 (oito) horas diárias, exceto nos casos para os quais for fixada duração inferior".

Também é um dispositivo dispensável, tendo em vista que este é o padrão para os empregados em geral (art. 7º, XIII, CRFB, c/c art. 58, CLT). Aliás, não subsiste qualquer distinção entre homens e mulheres em relação à jornada de trabalho, e sim, em matéria de duração do trabalho, apenas no tocante aos descansos.

24.3. PROTEÇÃO CONTRA A DISCRIMINAÇÃO

O art. 373-A da CLT estabelece diversos mecanismos de proteção do trabalho da mulher em face de condutas discriminatórias. Em alguns pontos o dispositivo protege também outras categorias de trabalhadores discriminados, além da mulher.

O *caput* do art. 373-A ressalva das disposições do artigo as chamadas normas que traduzem discriminação positiva, bem como "certas especificidades estabelecidas nos acordos trabalhistas". Marcelo Moura[1] exemplifica a discriminação positiva mencionando a possibilidade de aprovação de normas concedendo incentivos fiscais para a contratação de mulheres, particularmente aquelas com menor formação cultural. No tocante a *acordos trabalhistas,* há divergência quanto ao alcance da expressão. Sérgio Pinto Martins[2] defende que se trata de acordos coletivos (normas coletivas), pois dificilmente haveria um acordo individual (cláusula contratual) estabelecendo especificidades para o trabalho da mulher.

Ainda no tocante aos *acordos trabalhistas,* há que se ressaltar que as **disposições do art. 373-A da CLT são insuscetíveis de flexibilização mediante norma coletiva**, conforme prevê o art. 611-B, XV, da CLT, acrescentado pela Lei nº 13.467/2017.

---

[1]   MOURA, Marcelo. *Consolidação das Leis do Trabalho para concursos.* Salvador: JusPodivm, 2011, p. 407.

[2]   MARTINS, Sergio Pinto. *Comentários à CLT.* 14. ed. São Paulo: Atlas, 2010, p. 312.

Vejamos de forma esquematizada cada um dos incisos do art. 373-A:

- **É vedado publicar ou fazer publicar anúncio de emprego no qual haja referência ao sexo, à idade, à cor ou situação familiar, salvo quando a natureza da atividade a ser exercida, pública e notoriamente, assim o exigir.**

Esta restrição diz respeito ao anúncio de emprego, do tipo que aparece em jornais, redes sociais e plataformas de emprego.

Quanto à natureza da atividade, imagine-se o exemplo de um emprego para movimentador de mercadorias, no qual o candidato deva conseguir carregar sacas de cereais cujo peso comumente excede a 50 quilos. Obviamente, o anúncio de emprego poderá especificar que devem se candidatar ao emprego apenas homens, dada a necessidade de grande força muscular. Da mesma forma, um emprego de faxineiro de sanitários masculinos deve, pela própria natureza do trabalho, ser exercido por um homem.

- **É vedado recusar emprego, promoção ou motivar a dispensa do trabalho em razão de sexo, idade, cor, situação familiar ou estado de gravidez, salvo quando a natureza da atividade seja notória e publicamente incompatível.**

Neste caso, a proteção se refere à própria admissão, promoção ou dispensa, sendo que em nenhum caso é admitida a motivação discriminatória.

Quanto à natureza da atividade, valem os mesmos exemplos mencionados no inciso anterior.

- **É vedado considerar o sexo, a idade, a cor ou situação familiar como variável determinante para fins de remuneração, formação profissional e oportunidades de ascensão profissional.**

Há que se ponderar, entretanto, que os critérios de admissão e promoção comportam considerável carga de subjetividade, razão pela qual é difícil, na prática, comprovar a discriminação. O que a lei consegue inibir é apenas a discriminação aberta, escancarada.

No sentido da não discriminação remuneratória em razão de gênero, a Lei nº 14.457/2022 estabeleceu que "às mulheres empregadas é garantido igual salário em relação aos empregados que exerçam idêntica função prestada ao mesmo empregador, nos termos dos arts. 373-A e 461 da Consolidação das Leis do Trabalho" (art. 30). O dispositivo não tem especial relevância, porquanto apenas reiterou o que já estava previsto na legislação em vigor. Em matéria de discriminação de gênero, falta dar efetividade à lei, e não apenas criar novos instrumentos que também não tenham eficácia social.

- **É vedado exigir atestado ou exame, de qualquer natureza, para comprovação de esterilidade ou gravidez, na admissão ou permanência no emprego.**

Não é lícito ao empregador exigir que a trabalhadora se submeta a exame para detectar gravidez, seja no momento da admissão, seja durante o contrato de trabalho, aí incluído o momento da extinção. A razão de ser do dispositivo é, além de evitar a discriminação da mulher em virtude de gravidez, assegurar a intimidade da trabalhadora.

Parte da doutrina defende que, embora o empregador não possa exigir o exame ou atestado, pode sugeri-lo à empregada quando resolver demiti-la, até mesmo para que se possa ter conhecimento de eventual gravidez, e então suspender o ato de dispensa. Neste sentido, Sérgio Pinto Martins[3]. Alice Monteiro de Barros[4], por sua vez, defende que a garantia de emprego da gestante depende do conhecimento do estado gravídico por ela no momento da demissão, sendo dispensado somente o conhecimento pelo empregador. Unindo-se as duas teses, parece razoável o argumento. Ocorre que os tribunais, aí incluídos o STF e o TST, entendem de forma pacífica que a garantia de emprego assegurada à gestante depende apenas da concepção (fato objetivo).

Entretanto, em decisão recente, a 3ª Turma do TST entendeu que a exigência de exame de gravidez por ocasião da dispensa não pode ser considerada ato discriminatório, constituindo providência inerente ao dever de cautela do empregador e visa dar segurança jurídica ao término do contrato de trabalho:

[...] II – RECURSO DE REVISTA. ACÓRDÃO DO REGIONAL PUBLICADO SOB A ÉGIDE DA LEI 13.467/2017. EXIGÊNCIA DE REALIZAÇÃO DE EXAME PARA AVERIGUAÇÃO DO ESTADO GRAVÍDICO. ATO DE DISPENSA DA EMPREGADA. DANO MORAL. CONFIGURAÇÃO. INDENIZAÇÃO. A lide versa sobre o pleito de indenização por danos morais decorrentes da exigência de exame de gravidez por ocasião da dispensa da trabalhadora. A exigência do exame de gravidez é vedada pela legislação, a fim de inibir qualquer prática discriminatória e limitativa para efeito de acesso a relação de emprego, ou sua manutenção, por motivo de sexo, origem, raça, cor, estado civil, situação familiar, deficiência, reabilitação profissional, idade, entre outros, ressalvados, nesse caso, as hipóteses de proteção à criança e ao adolescente (art. 7º, XXXIII, CF; art. 1º, Lei 9.029/95), sendo tipificada como crime "a exigência de teste, exame, perícia, laudo, atestado, declaração ou qualquer outro procedimento relativo à esterilização ou a estado de gravidez" (art. 2º, Lei 9.029). A CLT também proíbe a exigência de atestado ou exame para comprovação de gravidez na admissão ou para permanência no emprego (art. 373-A, IV). Assim, a CLT como a Lei 9.029/95 vedam a prática de ato discriminatório para efeito de admissão ou manutenção no emprego. A finalidade é impedir que o empregador, tendo conhecimento prévio do estado gravídico, deixe de admitir a candidata ao emprego, praticando, dessa forma, ato discriminatório. A exigência de exame de gravidez por ocasião da dispensa não pode ser considerada um ato discriminatório, tampouco violador da intimidade da trabalhadora. Pelo contrário, visa dar segurança jurídica ao término do contrato de trabalho, na medida em que, caso a trabalhadora esteja em estado gestacional, circunstância que muitas vezes ela própria desconhece, o empregador, ciente do direito à estabilidade, poderá mantê-la no emprego ou indenizá-la de antemão, sem que esta necessite recorrer ao judiciário. O que se resguarda, no caso, é o direito da empregada gestante ao emprego (art. 10, II, *b*, do ADCT), bem como do usufruto da licença previdenciária. Por outro lado, não é somente o direito da gestante que se visa resguardar com a estabilidade provisória decorrente. O nascituro também é objeto dessa proteção, tanto que o direito do nascituro também está implícito do art. 10, II, *b*, do ADCT. Assim, não há que se falar em eventual violação ao direito a intimidade quando também existem direitos de terceiros envolvidos, devendo ser realizada uma ponderação dos valores. Ademais, o ato de verificação de eventual estado gravídico da trabalhadora por ocasião da sua dispensa está abarcado pelo dever de cautela que deve fazer parte da conduta do empregador. Assim, como cabe ao empregador zelar pela segurança de seus funcionários no desempenho das atividades laborativas, também a observância do cumprimento da legislação, sobretudo a que resguarda a estabilidade da gestante, obrigações legais que estão abarcadas pelo dever de cautela do empregador. Com isso, não pode a exigência de comprovação do estado gravídico por parte do empregador, único meio para o conhecimento gestacional, ser considerada uma conduta ofensiva ao direito à intimidade. Não houve discriminação, tampouco violação do direito à intimidade da trabalhadora ao lhe ser exigido o exame de gravidez por ocasião da sua dispensa, e em consequência, a configuração do alegado dano moral passível de indenização, na medida em que se visou garantir o fiel cumprimento da

---

3   MARTINS, Sergio Pinto. *Comentários à CLT*. 14. ed. São Paulo: Atlas, 2010, p. 313.
4   BARROS, Alice Monteiro de. *Curso de Direito do Trabalho*. 6. ed. São Paulo: LTr, 2010, p. 1.113-1.114.

lei. Intacto, portanto, o art. 5º, X, da Constituição Federal. Recurso de revista não conhecido. Conclusão: agravo de instrumento conhecido e provido. Recurso de revista não conhecido (TST, RR-61-04.2017.5.11.0010, 3ª Turma, Redator Min. Alexandre de Souza Agra Belmonte, *DEJT* 18.06.2021). (grifos meus)

No sentido da proibição da exigência de atestados de gravidez como práticas discriminatórias no curso da relação de emprego, a Lei nº 9.029/1995 inclusive tipifica a conduta como crime, nos seguintes termos:

Art. 1º É proibida a adoção de qualquer prática discriminatória e limitativa para efeito de acesso à relação de trabalho, ou de sua manutenção, por motivo de sexo, origem, raça, cor, estado civil, situação familiar, deficiência, reabilitação profissional, idade, entre outros, ressalvadas, nesse caso, as hipóteses de proteção à criança e ao adolescente previstas no inciso XXXIII do art. 7º da Constituição Federal[5].

Art. 2º Constituem crime as seguintes práticas discriminatórias:

I – a exigência de teste, exame, perícia, laudo, atestado, declaração ou qualquer outro procedimento relativo à esterilização ou a estado de gravidez;

II – a adoção de quaisquer medidas, de iniciativa do empregador, que configurem:

a) indução ou instigamento à esterilização genética;

b) promoção do controle de natalidade, assim não considerado o oferecimento de serviços e de aconselhamento ou planejamento familiar, realizados através de instituições públicas ou privadas, submetidas às normas do Sistema Único de Saúde (SUS).

Pena: detenção de um a dois anos e multa.

Parágrafo único. São sujeitos ativos dos crimes a que se refere este artigo:

I – a pessoa física empregadora;

II – o representante legal do empregador, como definido na legislação trabalhista;

III – o dirigente, direto ou por delegação, de órgãos públicos e entidades das administrações públicas direta, indireta e fundacional de qualquer dos Poderes da União, dos Estados, do Distrito Federal e dos Municípios.

Se o empregador dispensa a empregada por ato discriminatório, fica sujeito a reintegrá-la, pagando-lhe toda a remuneração devida no período de afastamento, ou ainda a indenizá-la à razão do dobro da remuneração do período de afastamento. Neste sentido, o art. 4º da Lei nº 9.029/1995:

Art. 4º O rompimento da relação de trabalho por ato discriminatório, nos moldes desta Lei, além do direito à reparação pelo dano moral, faculta ao empregado optar entre:

I – a reintegração com ressarcimento integral de todo o período de afastamento, mediante pagamento das remunerações devidas, corrigidas monetariamente e acrescidas de juros legais[6];

II – a percepção, em dobro, da remuneração do período de afastamento, corrigida monetariamente e acrescida dos juros legais.

• **É vedado impedir o acesso ou adotar critérios subjetivos para deferimento de inscrição ou aprovação em concursos, em empresas privadas, em razão de sexo, idade, cor, situação familiar ou estado de gravidez.**

---

5   Redação dada pela Lei nº 13.146/2015.
6   Redação dada pela Lei nº 13.146/2015.

A situação aqui é a mesma já objeto de proteção nos incisos anteriores (eliminação da discriminação no momento da admissão), porém na hipótese de concurso para admissão. Fica a dúvida porque o dispositivo menciona "concursos em empresas privadas", o que não faz sentido. A melhor interpretação é que o legislador tenha querido dizer concursos em empresas públicas, nos quais não poderão ser adotados critérios subjetivos. Isto, aliás, já está subentendido diante dos princípios que regem a Administração Pública. Critérios subjetivos são critérios pessoais, não objetivos, que abrem espaço à subjetividade e à discriminação.

- **É vedado proceder o empregador ou preposto a revistas íntimas nas empregadas ou funcionárias.**

As revistas íntimas são proibidas porque atentam contra a dignidade da pessoa humana, contra o direito fundamental do trabalhador à intimidade. O assunto já foi analisado quando do estudo do poder empregatício (Capítulo 12). Relembre-se que, além do supramencionado art. 373-A, VI, da CLT, a Lei nº 13.271/2016 (*DOU* 18.04.2016) também proíbe a revista íntima de *funcionárias*, nos seguintes termos:

> *Art. 1º As empresas privadas, os órgãos e entidades da administração pública, direta e indireta, ficam proibidos de adotar qualquer prática de revista íntima de suas funcionárias e de clientes do sexo feminino.*

Não obstante os referidos dispositivos, em sua literalidade, proíbam a revista íntima apenas para as mulheres, a doutrina e a jurisprudência são mais ou menos unânimes em estender a proteção também aos homens, tendo em vista a igualdade de direitos entre homens e mulheres preconizada pela CRFB, bem como o fato de que a dignidade de ambos deve ser igualmente preservada.

Caso o empregador proceda às revistas íntimas, poderá ser condenado à compensação por dano moral, sem prejuízo da rescisão indireta do contrato de trabalho (art. 483 da CLT).

A revista (não íntima) é tolerada, desde que a atividade do empregador a justifique, e desde que observadas as cautelas necessárias para que não seja violada a intimidade do empregado.

- **Estímulo à adoção de medidas que constituam discriminação positiva.**

Naturalmente são admitidas, e inclusive estimuladas, as medidas que constituam discriminação positiva, visando o alcance da igualdade substancial entre homens e mulheres. Neste sentido, o parágrafo único do art. 373-A, reforçando a ressalva que já consta do *caput* do art. 373-A.

24.4. NATUREZA JURÍDICA DAS NORMAS DE PROTEÇÃO DO TRABALHO DA MULHER

Dispõe o art. 377 da CLT que "a adoção de medidas de proteção ao trabalho das mulheres é considerada de ordem pública, não justificando, em hipótese alguma, a redução de salário".

Do dispositivo se extraem algumas conclusões. Em primeiro lugar, a natureza jurídica das normas de proteção ao trabalho da mulher é de *normas de ordem pública*, razão pela qual não é admitida a flexibilização sequer por instrumento coletivo. Neste mesmo diapasão, mencione-se o disposto no art. 611-B, XXX, da CLT, acrescentado pela Lei nº 13.467/2017, segundo o qual constitui objeto ilícito de instrumento coletivo de trabalho a supressão ou a redução dos direitos previstos nos artigos 373-A, 390, 392, 392-A, 394-A, 395, 396 e 400, todos da CLT, os quais tratam da proteção ao trabalho da mulher. Ainda no mesmo sentido, é expressamente proibida a flexibilização das normas de proteção ao trabalho da mulher previstas pelo art. 7º da CRFB/88 (CLT, art. 611-B, incisos XIII e XV).

Em segundo lugar, há que se esclarecer que a redução de salário vedada por este dispositivo é aquela que compensaria eventuais vantagens conferidas pela lei às mulheres, como algo do tipo "a mulher pode carregar menos peso; portanto, ganha 30% menos que o homem".

Não há que se confundir esta hipótese de redução salarial, repelida pela CLT, com aquela outra, decorrente de negociação coletiva, que é admitida expressamente pela Constituição (art. 7º, VI). Logo, evidentemente, a redução salarial definida em norma coletiva alcança também as mulheres.

24.5. TRABALHO NOTURNO DA MULHER

O art. 381 da CLT dispõe sobre o trabalho noturno da mulher, mas não traz qualquer inovação em relação ao tratamento dado pelo art. 73 da CLT ao trabalho noturno da generalidade dos empregados. Transcrevo o dispositivo apenas para facilitar o estudo da literalidade:

Art. 381. O trabalho noturno das mulheres terá salário superior ao diurno.

§ 1º Para os fins desse artigo, os salários serão acrescidos duma percentagem adicional de 20% (vinte por cento) no mínimo.

§ 2º Cada hora do período noturno de trabalho das mulheres terá 52 (cinquenta e dois) minutos e 30 (trinta) segundos.

24.6. DESCANSOS TRABALHISTAS

Se em relação à jornada de trabalho não há tratamento diferenciado entre homens e mulheres, à luz da CRFB/88, o mesmo não se pode dizer em relação aos descansos trabalhistas.

Com efeito, temos aqui importantes peculiaridades, as quais devem ser estudadas com atenção, pois representam, conforme entendimento que vai se consolidando na jurisprudência do TST e do STF, tratamento específico destinado às mulheres que não viola o princípio da isonomia.

Em relação ao intervalo interjornadas, assim considerado aquele intervalo entre duas jornadas consecutivas de trabalho, não há qualquer diferença de tratamento entre a mulher e o empregado em geral. É que o art. 382 da CLT, embora se refira à mulher, repete os termos do art. 66 da CLT, fixando em onze horas o intervalo interjornadas da mulher.

No que diz respeito ao intervalo para repouso ou alimentação (intervalo intrajornada), o art. 383 dispõe, in verbis:

Art. 383. Durante a jornada de trabalho, será concedido à empregada um período para refeição e repouso não inferior a 1 (uma) hora nem superior a 2 (duas) horas salvo a hipótese prevista no art. 71, § 3º.

O entendimento dominante na doutrina é no sentido de que o dispositivo deve ser substituído pelo art. 71 da CLT. A única diferença é que **este art. 383 não prevê a possibilidade de aumento do intervalo intrajornada da mulher**. O entendimento majoritário da doutrina aponta para a igualdade de tratamento entre homens e mulheres no tocante às normas que regulam a jornada de trabalho e os descansos trabalhistas, razão pela qual esta regra não teria sido recepcionada.

Maurício Godinho Delgado[7] observa que a disposição, ao não mencionar a extensão da jornada, tinha por objetivo conceder no mínimo uma hora de intervalo intrajornada para a mulher trabalhadora, mesmo que sua jornada fosse de até seis horas. Adverte o ilustre jurista que da regra decorria grande prejuízo para a empregada, que em jornadas curtas tinha mais 45 minutos de seu tempo diário comprometido. Por fim, Godinho Delgado também afirma que o dispositivo não foi recepcionado pela CRFB/88, devendo ser concedidos à mulher os mesmos intervalos intrajornada previstos para a generalidade dos empregados.

Há ainda quem defenda que a vedação de elastecimento do intervalo intrajornada subsiste após a CRFB/88, ao argumento de que a mulher não poderia ficar por um longo tempo afastada do convívio familiar. Neste sentido, Valentin Carrion[8]. Em sentido contrário, pela não recepção desta parte do dispositivo, Gabriel Saad[9] menciona julgado do TST de 2008[10].

Em julgamento posterior (E-RR 2433300.61.2000.5.09.0652, *DEJT* 19.11.2010), entretanto, a SDI-1 do **TST** mencionou o seguinte precedente, no sentido da **subsistência da vedação ao elastecimento do intervalo intrajornada da mulher**:

> Recurso de embargos. Proteção do trabalho da mulher. Elastecimento do intervalo intrajornada mediante acordo escrito. Impossibilidade. Inteligência do art. 383 da CLT. A gênese do art. 383 da CLT, ao proibir, expressamente, a majoração do intervalo intrajornada de duas horas para a mulher, não concedeu direito desarrazoado às trabalhadoras. Ao contrário, objetivou preservá-las da nocividade decorrente da concessão de intervalo excessivamente elastecido, que gera um desgaste natural pelo longo período de tempo em que a trabalhadora fica vinculada ao local de trabalho, uma vez que necessita retornar à empresa para complementar sua jornada laboral. Essa previsão legislativa considerou, para tanto, a condição física, psíquica e até mesmo social da mulher, pois é público e notório que, não obstante as mulheres venham conquistando merecidamente e a duras penas sua colocação no mercado de trabalho, em sua grande maioria ainda são submetidas a uma dupla jornada, tendo que cuidar dos seus lares e de suas famílias. O comando do art. 383 da CLT, recepcionado pelo princípio isonômico tratado no art. 5º, I, da Magna Carta, é expresso em vedar essa prática, ao dispor que o intervalo não poderá ser "inferior a 1 (uma) hora nem superior a 2 (duas) horas salvo a hipótese prevista no art. 71, § 3º". A única exceção à aludida proibição, admitida pelo legislador ordinário, é a do § 3º do art. 71 da CLT, que autoriza a diminuição do intervalo mínimo, o que não é o caso. O descumprimento do limite máximo legal destinado ao intervalo para refeição e descanso da mulher, tratado no art. 383 da CLT, importa pagamento de horas extraordinárias do período dilatado, por se tratar de norma de ordem pública, dirigida à proteção do trabalhado da mulher, infensa à disposição das partes. Recurso de embargos conhecido e provido (TST, E-RR 5100-23.2002.5.12.0028, SDI-1, j. 16.04.2009, Rel. Min. Luiz Philippe Vieira de Mello Filho, *DEJT* 07.08.2009).

---

7   DELGADO, Maurício Godinho. *Curso de Direito do Trabalho*. 9. ed. São Paulo: LTr, 2010, p. 873-874.

8   CARRION, Valentin. *Comentários à Consolidação das Leis do Trabalho*. 35. ed. atual. por Eduardo Carrion. São Paulo: Saraiva, 2010, p. 292.

9   SAAD, Eduardo Gabriel. *Consolidação das Leis do Trabalho Comentada*. 43. ed. atual., rev. e ampl. por José Eduardo Duarte Saad, Ana Maria Saad Castello Branco. São Paulo: LTr, 2010, p. 475.

10   Recurso de embargos. Vigência da Lei nº 11.496/2007. Trabalho da mulher. Ampliação do intervalo intrajornada mediante acordo escrito. Art. 383 da CLT. Diante da realidade trazida pela nova ordem constitucional, consagrando o princípio da igualdade, inexiste razão para se impossibilitar o elastecimento do intervalo para refeição e descanso da mulher quando houver acordo escrito entre as partes, como determina o vetusto art. 71, *caput*, da CLT aplicado sistematicamente com o art. 383 do mesmo diploma legal. Embargos conhecidos e desprovidos (TST, ED-RR 89200-85.2006.5.12.0054, SDI-1, Rel. Min. Aloysio Corrêa da Veiga, *DJ* 22.08.2008).

Somando-se a isso o fato de que, não obstante a recente revogação do art. 384 da CLT pela Lei nº 13.467/2017, tanto o TST quanto o STF vinham declarando recepcionado pela Constituição de 1988 o intervalo previsto no art. 384, **se pode inferir que há uma** *tendência* **da jurisprudência do TST em considerar integralmente recepcionado o art. 383**.

Se a questão for cobrada em prova, recomendo seja seguida a literalidade do dispositivo.

Outro aspecto que por muito tempo apresentou grandes controvérsias foi a previsão do art. 384 da CLT, segundo o qual, "em caso de prorrogação do horário normal, será obrigatório um descanso de 15 (quinze) minutos no mínimo, antes do início do período extraordinário do trabalho". Todavia, **o art. 384 da CLT foi revogado pela Lei nº 13.467/2017**, pelo que não mais subsiste qualquer controvérsia a respeito do assunto.

O art. 385 da CLT, que trata do descanso semanal e dos feriados da mulher, foi tacitamente revogado pela Lei nº 605/1949, que é posterior e regula inteiramente a matéria.

Por sua vez, o art. 386 dispõe que "havendo trabalho aos domingos, será organizada uma escala de revezamento quinzenal, que favoreça o repouso dominical".

Há na doutrina basicamente duas interpretações acerca deste dispositivo: a) foi revogado pela Lei nº 605/1949, assim como o art. 385. Neste sentido, Gabriel Saad[11]; b) constitui tratamento diferenciado inaceitável entre homens e mulheres, razão pela qual deveria ser estendido aos homens, visto que mais benéfico. Neste sentido, Sérgio Pinto Martins[12] e Gustavo Filipe Barbosa Garcia[13].

Todavia, apesar de todas as críticas da doutrina ao dispositivo, o STF, em decisão monocrática da Min. Cármen Lúcia, proferida aos 13.10.2022, nos autos do RE 1403904/SC, negou provimento ao Recurso Extraordinário e reconheceu a constitucionalidade do art. 386 da CLT, cabendo destacar o seguinte trecho da decisão:

> "Não é caso de cogitar-se sequer de considerar que a concessão de condições especiais à mulher ofenderia o princípio da isonomia, tampouco de que a adoção de regras diferenciadas resultem em tratar "a mulher indefinidamente como ser inferior" em relação aos homens, como alega a parte. O caso é de adoção de critério legítimo de discrímen. Na espécie em exame, há proteção diferenciada e concreta ao trabalho da mulher para resguardar a saúde da trabalhadora, considerando-se suas condições específicas impostas pela realidade social e familiar, a afastar a alegada ofensa ao princípio da isonomia."

24.7. MÉTODOS E LOCAIS DE TRABALHO

Alguns doutrinadores defendem que as normas estabelecidas nesta seção da CLT deveriam ter sido deslocadas para o Capítulo V do Título II celetista, que trata da Segurança e Medicina do Trabalho.

Não obstante, tem prevalecido, inclusive no TST, o entendimento segundo o qual as normas que dizem respeito à higiene, saúde e segurança do trabalhador foram plenamente recepcionadas pela CRFB/88, que prevê a "redução dos riscos inerentes ao trabalho, por meio de normas de saúde, higiene e segurança" (art. 7º, XXII).

Assim, mesmo que o ideal fosse o deslocamento para o Capítulo V, Título II, os arts. 389 e seguintes continuam surtindo efeitos normalmente, pelo que podem ser cobrados em prova de concurso público.

---

[11] SAAD, Eduardo Gabriel. *Consolidação das Leis do Trabalho Comentada*. 43. ed. atual., rev. e ampl. por José Eduardo Duarte Saad, Ana Maria Saad Castello Branco. São Paulo: LTr, 2010, p. 477.

[12] MARTINS, Sergio Pinto. *Comentários à CLT*. 14. ed. São Paulo: Atlas, 2010, p. 318.

[13] GARCIA, Gustavo Filipe Barbosa. *Curso de Direito do Trabalho*. 4. ed. Rio de Janeiro: Forense, 2010. p. 876.

O art. 389 da CLT estabelece as obrigações da empresa no tocante aos métodos e locais de trabalho, dispondo que toda empresa é obrigada:

- **A prover os estabelecimentos de medidas concernentes à higienização dos métodos e locais de trabalho, tais como ventilação e iluminação e outros que se fizerem necessários à segurança e ao conforto das mulheres, a critério da autoridade competente.**

O dispositivo repete previsão genérica destinada a todos os locais de trabalho, conforme arts. 175-178 da CLT e NR-24.

- **A instalar bebedouros, lavatórios, aparelhos sanitários; dispor de cadeiras ou bancos, em número suficiente, que permitam às mulheres trabalhar sem grande esgotamento físico.**

Da mesma forma, também este inciso II repete a previsão genérica dos arts. 199-200 da CLT, da NR-17 e da NR-24.

- **A instalar vestiários com armários individuais privativos das mulheres, exceto os estabelecimentos comerciais, escritórios, bancos e atividades afins, em que não seja exigida a troca de roupa e outros, a critério da autoridade competente em matéria de segurança e higiene do trabalho, admitindo-se como suficientes as gavetas ou escaninhos, onde possam as empregadas guardar seus pertences.**

Dispositivo previsto genericamente para todos os trabalhadores, tanto no art. 200, VII, da CLT, quanto na NR-24.

- **A fornecer, gratuitamente, a juízo da autoridade competente, os recursos de proteção individual, tais como óculos, máscaras, luvas e roupas especiais, para a defesa dos olhos, do aparelho respiratório e da pele, de acordo com a natureza do trabalho.**

Dispositivo previsto genericamente para todos os trabalhadores, tanto no art. 166 da CLT quanto na NR-6.

Os parágrafos do art. 389 dispõem sobre a obrigatoriedade de manutenção de creche por parte do empregador, nos seguintes termos:

Art. 389. (...)

§ 1º **Os estabelecimentos em que trabalharem pelo menos 30 (trinta) mulheres com mais de 16 (dezesseis) anos de idade** terão local apropriado onde seja permitido às empregadas guardar sob vigilância e assistência os seus filhos no período da amamentação.

§ 2º A exigência do § 1º poderá ser suprida por meio de creches distritais mantidas, diretamente ou mediante convênios, com outras entidades públicas ou privadas, pelas próprias empresas, em regime comunitário, ou a cargo do SESI, do SESC, da LBA ou de entidades sindicais. (grifos meus)

Na verdade, abrem-se três opções ao empregador:

a) manter creche própria;

b) valer-se de creches externas, mediante convênio;

c) optar pelo reembolso-creche, pelo qual o empregador indeniza a mãe pelas despesas incorridas com a creche particular por ela contratada.

No caso do reembolso-creche, o empregador deve arcar com as despesas *no mínimo* até a criança completar seis meses de idade (período considerado mínimo para amamentação), no prazo estipulado em norma coletiva, conforme regulamentado pela Portaria MTP nº 671/2021 (arts. 121-122).

Importante ressaltar que a opção pelo reembolso-creche depende de previsão em instrumento coletivo de trabalho.

Se o empregador optar por manter creche própria, deverá respeitar os requisitos mínimos do art. 400 da CLT[14], quais sejam:

> Art. 400. Os locais destinados à guarda dos filhos das operárias durante o período da amamentação deverão possuir, no mínimo, um berçário, uma saleta de amamentação, uma cozinha dietética e uma instalação sanitária.

Ao optar, ao contrário, pelo convênio ou pelo reembolso-creche, o dispositivo perde o seu objeto.

Caso o empregador não providencie nenhuma das três soluções, considera-se interrompido o contrato de trabalho pelo tempo necessário à amamentação do recém-nascido, nos termos do Precedente Normativo 6, do TST:

> PN-6. Garantia de salário no período de amamentação (positivo)
>
> É garantido às mulheres, no período de amamentação, o recebimento do salário, sem prestação de serviços, quando o empregador não cumprir as determinações dos §§ 1º e 2º do art. 389 da CLT.

Obviamente, a hipótese praticamente não ocorre, pois a trabalhadora ficaria, simplesmente, desempregada...

Estes parágrafos devem ser estudados combinados com o art. 396 da CLT, o qual estabelece dois intervalos de 30 minutos cada um para que a mãe possa amamentar o filho recém-nascido, até que este complete seis meses de idade. Assim, a creche serve para guardar o bebê no restante do período em que a mãe está trabalhando.

Mais uma vez, observa-se que, na prática, com a licença-maternidade de 120 dias, a situação ocorre durante pouco tempo.

Por fim, lembre-se que, embora a CRFB/88 estipule como direito dos trabalhadores a "assistência gratuita aos filhos e dependentes desde o nascimento até 5 (cinco) anos de idade em creches e pré-escolas" (art. 7º, XXV), não quer dizer que os §§ 1º e 2º do art. 389 da CLT tenham sido revogados. Com efeito, os primeiros seis meses seriam a "parcela da colaboração que coube ao empregador a que se refere o art. 205 da Carta da República", como decidiu o TST em sede do julgamento do RODC 31097 (SDC, Rel. Min. João Oreste Dalazen, *DJU* 13.02.2004). Desse modo, o restante do período, até que a criança complete cinco anos, é de responsabilidade do Estado.

Todavia, a Lei nº 14.457/2022 dispôs sobre a possibilidade de o empregador adotar o benefício de reembolso-creche, mediante previsão em acordo individual ou em instrumento coletivo de trabalho, pagando-o à empregada *ou empregado* que possua filho com até cinco anos e onze meses de idade:

> Art. 2º Ficam os empregadores autorizados a adotar o benefício de reembolso-creche, de que trata a alínea "s" do § 9º do art. 28 da Lei nº 8.212, de 24 de julho de 1991, desde que cumpridos os seguintes requisitos:

---

14 Ver também arts. 118-120 da Portaria MTP nº 671-2021.

I – ser o benefício destinado ao pagamento de creche ou de pré-escola de livre escolha da empregada ou do empregado, bem como ao ressarcimento de gastos com outra modalidade de prestação de serviços de mesma natureza, comprovadas as despesas realizadas;

II – ser o benefício concedido à empregada ou ao empregado que possua filhos com até 5 (cinco) anos e 11 (onze) meses de idade, sem prejuízo dos demais preceitos de proteção à maternidade;

III – ser dada ciência pelos empregadores às empregadas e aos empregados da existência do benefício e dos procedimentos necessários à sua utilização; e

IV – ser o benefício oferecido de forma não discriminatória e sem a sua concessão configurar premiação.

Parágrafo único. Ato do Poder Executivo federal disporá sobre os limites de valores para a concessão do reembolso-creche e as modalidades de prestação de serviços aceitas, incluído o pagamento de pessoa física.

Art. 3º A implementação do reembolso-creche ficará condicionada à formalização de acordo individual, de acordo coletivo ou de convenção coletiva de trabalho.

Parágrafo único. O acordo ou a convenção a que se refere o *caput* deste artigo estabelecerá condições, prazos e valores, sem prejuízo do cumprimento dos demais preceitos de proteção à maternidade.

Art. 4º Os valores pagos a título de reembolso-creche:

I – não possuem natureza salarial;

II – não se incorporam à remuneração para quaisquer efeitos;

III – não constituem base de incidência de contribuição previdenciária ou do Fundo de Garantia do Tempo de Serviço (FGTS); e

IV – não configuram rendimento tributável da empregada ou do empregado.

Art. 5º Os estabelecimentos em que trabalharem pelo menos 30 (trinta) mulheres com mais de 16 (dezesseis) anos de idade terão local apropriado onde seja permitido às empregadas guardar sob vigilância e assistência os seus filhos no período da amamentação.

Parágrafo único. Os empregadores que adotarem o benefício do reembolso-creche previsto nos arts. 2º, 3º e 4º desta Lei para todos os empregados e empregadas que possuam filhos com até 5 (cinco) anos e 11 (onze) meses de idade ficam desobrigados da instalação de local apropriado para a guarda e a assistência de filhos de empregadas no período da amamentação, nos termos do *caput* deste artigo.

24.8. LIMITES AO CARREGAMENTO DE PESO

O art. 390 da CLT, considerando o padrão médio do ser humano, em que a massa muscular e a estrutura óssea da mulher são mais frágeis que as do homem, estipula que **ao empregador é vedado empregar a mulher em serviço que demande o emprego de força muscular superior a 20 (vinte) quilos para o trabalho contínuo, ou 25 (vinte e cinco) quilos para o trabalho ocasional, salvo se a remoção de material for feita por impulsão ou tração de vagonetes sobre trilhos, de carros de mão ou quaisquer aparelhos mecânicos.**

O disposto neste artigo continua plenamente em vigor, embora parte da doutrina se insurja contra a restrição, ao argumento de que tal regra acarretaria tratamento discriminatório da mulher, notadamente em relação ao acesso ao trabalho. Argumenta-se que a questão deveria ser tratada caso a caso, conforme a compleição física da mulher, observando-se, evidentemente, os limites de cada trabalhadora, até mesmo sob pena de rescisão indireta do contrato de trabalho por exigência de serviços superiores às suas forças (art. 483, "a").

Mas o fato é que, além de estar em vigor o art. 390, a *Reforma Trabalhista de 2017* (Lei nº 13.467/2017) ratificou a norma em referência, ao estabelecer, no novel art. 611-B da CLT, que **as disposições do art. 390 da CLT são insuscetíveis de flexibilização mediante negociação coletiva.**

24.9. PROTEÇÃO À MATERNIDADE

A seção da CLT que trata da proteção à maternidade estabelece regras que se justificam plenamente em razão da circunstância especial de caráter pessoal associada ao gênero feminino, sendo, desta maneira, perfeitamente compatível com a ordem constitucional vigente. Há que se fazer somente algumas adaptações nos pontos em que a matéria é tratada tanto pela CLT quanto pela Constituição, ora de forma um pouco diversa, ora com abrangência diferente.

24.9.1. Vedação à discriminação em razão de casamento ou gravidez

Dispõe o art. 391 da CLT, *in verbis:*

Art. 391. Não constitui justo motivo para a rescisão do contrato de trabalho da mulher o fato de haver contraído matrimônio ou de encontrar-se em estado de gravidez.

Parágrafo único. Não serão permitidos em regulamentos de qualquer natureza contratos coletivos ou individuais de trabalho, restrições ao direito da mulher ao seu emprego, por motivo de casamento ou de gravidez.

O dispositivo visa impedir o tratamento discriminatório da mulher em virtude de casamento ou gravidez. Onde se lê *contratos coletivos,* leia-se *convenção coletiva* ou *acordo coletivo de trabalho.*

24.9.2. Licença-maternidade

O art. 392 da CLT **assegura à empregada gestante o direito à licençamaternidade de 120 dias, *sem prejuízo do emprego e do salário,*** não estando tal dispositivo sujeito à flexibilização sequer mediante norma coletiva (art. 611-B, XXX, da CLT).

É importante não confundir licença-maternidade, salário-maternidade e estabilidade da gestante.

Licença-maternidade é o período em que a empregada gestante fica afastada do trabalho, portanto sem prestar serviços, em virtude de nascimento de filho. Trata-se, para a doutrina majoritária, de hipótese de **interrupção contratual**, embora os salários sejam pagos pela Previdência Social. Para mais detalhes a respeito, remeto o leitor ao Capítulo 19, que trata da suspensão e da interrupção contratual.

Salário-maternidade, por sua vez, é o pagamento a que faz jus a empregada durante a licença-maternidade. Tem natureza de **benefício previdenciário**.

No que diz respeito ao salário-maternidade, há que se tomar algum cuidado com a interpretação da OJ SDI-1 44 do TST, a qual estabelece que "é devido o salário-maternidade, de 120 dias, desde a promulgação da CF/1988, **ficando a cargo do empregador** o pagamento do período acrescido pela Carta" (grifos meus).

Ocorre que tal verbete pode estabelecer uma grande confusão na cabeça do leitor, o qual sempre ouviu dizer que o salário-maternidade é devido pelo INSS. Por sua vez, a OJ 44 está em pleno vigor. Explica-se. É sempre desejável (e inclusive consta de Recomendação da Organização Internacional do Trabalho – OIT) que o custeio da licença-maternidade seja feito de forma concorrente, pela sociedade, através do órgão previdenciário, e não pelo empregador, a fim de evitar a restrição do acesso da mulher ao mercado de trabalho.

Não obstante, embora a CRFB/88 tenha previsto a licença à gestante, sem prejuízo do emprego e do salário (art. 7º, XVIII), nenhum benefício previdenciário pode ser instituído sem a respectiva fonte de custeio (art. 195, § 5º, da CRFB/88), pelo que o salário-maternidade foi custeado pelo empregador entre 1988, a partir da promulgação da CRFB, até julho de 1991, quando então a questão foi regulamentada pelas Leis nº 8.212/1991 e 8.213/1991, passando o encargo para a Previdência Social.

Portanto, a OJ 44 do TST se refere especificamente a este período, compreendido entre outubro de 1988 e julho de 1991, em que, excepcionalmente, o salário-maternidade foi custeado pelo empregador. A partir daí, o empregador continuou pagando normalmente o salário-maternidade à empregada, porém passou a compensar integralmente o valor pago das contribuições devidas à Previdência Social.

Estabilidade da gestante, por fim, é o período compreendido desde a confirmação da gravidez até cinco meses após o parto, em que fica **vedada a dispensa sem justa causa** da empregada.

A Lei nº 11.770/2008, ao instituir o "Programa Empresa Cidadã", criou a **possibilidade** de ampliação da licença-maternidade por mais 60 dias, mediante adesão do empregador ao programa, em troca de incentivos fiscais (dedução no imposto de renda).

Sobre esta possibilidade, há que se esclarecer o seguinte:

a) é **faculdade do empregador**, não obrigatoriedade;

b) o INSS **não** é responsável pelo pagamento de salário-maternidade em relação a estes 60 dias. Portanto, quem paga é o empregador;

c) somente pessoa jurídica pode aderir ao Programa. Logo, estão excluídas da possibilidade de ampliação da licença-maternidade as empregadas domésticas e as demais empregadas de pessoas físicas;

d) a Administração Pública também pode ampliar a licença-maternidade de suas servidoras;

e) a empregada deve requerer a prorrogação (obviamente, se seu empregador for optante pelo Programa) até o final do primeiro mês após o parto;

f) o benefício estende-se à mãe adotiva.

Como o objetivo do Programa é manter a mãe por mais tempo com o bebê recém-nascido, fica proibido o exercício de qualquer outra atividade remunerada pela mãe no respectivo período, e a criança deverá ser mantida sob seus cuidados[15].

Ainda no âmbito do Programa Empresa Cidadã, a Lei nº 14.457/2022 acrescentou à Lei nº 11.770/2008 o art. 1º-A, autorizando a substituição do período de prorrogação da licença-maternidade pela redução da jornada de trabalho da empregada, à razão de 50%, durante 120 dias, nos seguintes termos:

> Art. 1º-A. Fica a empresa participante do Programa Empresa Cidadã autorizada a substituir o período de prorrogação da licença-maternidade de que trata o inciso I do caput do art. 1º desta Lei pela redução de jornada de trabalho em 50% (cinquenta por cento) pelo período de 120 (cento e vinte) dias.

---

[15] Redação do art. 4º da Lei nº 11.770/2008, alterada pela Lei nº 13.257/2016 (*DOU* 09.03.2016).

§ 1º São requisitos para efetuar a substituição de que trata o *caput* deste artigo:

I – pagamento integral do salário à empregada ou ao empregado pelo período de 120 (cento e vinte) dias; e

II – acordo individual firmado entre o empregador e a empregada ou o empregado interessados em adotar a medida.

[...]

Dispõe o art. 392, § 1º, da CLT, que **"a empregada deve, mediante atestado médico, notificar o seu empregador da data do início do afastamento do emprego, que poderá ocorrer entre o 28º (vigésimo oitavo) dia antes do parto e ocorrência deste"**.

Assim, imaginando que a empregada tinha o parto previsto para 28 de fevereiro de 2011, deveria se afastar, iniciando a licença-maternidade, a partir de 31 de janeiro, em dia definido pelo médico. A partir da data de afastamento, serão contados os 120 dias da licença-maternidade.

Cabe ao médico, juntamente com a gestante, definirem a data do afastamento, desde que esta se dê a partir do 28º dia anterior à data prevista do parto. O atestado médico definirá, para o empregador, a data do afastamento. Na prática, a empregada permanece trabalhando até uma semana antes do parto ou menos, desde que tudo esteja aparentemente bem, a fim de aproveitar mais o tempo pós-parto para garantir os primeiros cuidados ao bebê.

Caso necessário, os períodos de repouso, antes e depois do parto, poderão ser aumentados de duas semanas cada um, mediante atestado médico (art. 392, § 2º).

De acordo com a literalidade do § 2º do art. 392, somente em casos excepcionais (risco para a vida da criança ou da mãe) pode ocorrer a ampliação dos períodos mencionados, sempre mediante atestado médico. Nestes casos, também o salário-maternidade é pago pelo INSS, conforme previsto no art. 93, § 3º, do Decreto nº 3.048/1999 (Regulamento da Previdência Social).

Ocorre que, não raro, diante de complicações ocorridas durante o parto, a mãe e/ou o bebê permanecem internados no hospital por considerável período, às vezes por meses, o que, naturalmente, prejudica sobremaneira o desenvolvimento de laços afetivos entre mãe e filho recém-nascido, que é uma das finalidades da licença-maternidade. Diante disso, o partido político Solidariedade ajuizou, perante o STF, Ação Direta de Inconstitucionalidade (ADI nº 6.327/DF), requerendo fosse considerado como termo inicial da licença-maternidade a alta hospitalar do recém-nascido e/ou de sua mãe, o que ocorrer por último.

Aos 03.04.2020, o Pleno do STF ratificou a medida cautelar então concedida pelo relator da ADI nº 6.327/DF, Min. Edson Fachin, e, **aos 24.10.2022, a ação foi julgada procedente, declarando-se a interpretação conforme a Constituição do § 1º do art. 392 da CLT**, nos seguintes termos:

EMENTA: CONSTITUCIONAL. DIREITOS SOCIAIS. AÇÃO DIRETA DE INCONSTITUCIONALIDADE CONVERTIDA EM ARGUIÇÃO DE DESCUMPRIMENTO DE PRECEITO FUNDAMENTAL. POSSIBILIDADE. **CONTAGEM DE TERMO INICIAL DE LICENÇA-MATERNIDADE E DE SALÁRIO-MATERNIDADE A PARTIR DA ALTA HOSPITALAR DO RECÉM-NASCIDO OU DA MÃE, O QUE OCORRER POR ÚLTIMO.** INTERPRETAÇÃO CONFORME À CONSTITUIÇÃO DO §1º DO ART. 392, DA CLT, E DO ART. 71 DA LEI 8.213/1991. NECESSÁRIA PROTEÇÃO CONSTITUCIONAL À MATERNIDADE E À INFÂNCIA. AÇÃO JULGADA PROCEDENTE.

1. Cumpridos os requisitos da Lei nº. 9.882/99, a jurisprudência do Supremo Tribunal Federal (STF) entende possível a fungibilidade entre ADI e ADPF.

2. A fim de que seja protegida a maternidade e a infância e ampliada a convivência entre mães e bebês, em caso de internação hospitalar que supere o prazo de duas semanas, previsto no art. 392, §2º, da CLT, e no art. 93, §3º, do Decreto nº. 3.048/99, **o termo inicial aplicável à fruição da licença-maternidade e do respectivo salário-maternidade deve ser o da alta hospitalar da mãe ou do recém-nascido, o que ocorrer por último, prorrogando-se ambos os benefícios por igual período ao da internação.**

3. O direito da criança à convivência familiar deve ser colocado a salvo de toda a forma de negligência e omissão estatal, consoante preconizam os arts. 6º, *caput*, 201, II, 203, I, e 227, caput, da Constituição da República, impondo-se a interpretação conforme à Constituição do §1º do art. 392 da Consolidação das Leis do Trabalho (CLT) e do art. 71 da Lei nº. 8.213/1991.

4. Não se verifica critério racional e constitucional para que o período de licença à gestante e salário-maternidade sejam encurtados durante a fase em que a mãe ou o bebê estão alijados do convívio da família, em ambiente hospitalar, nas hipóteses de nascimentos com prematuridade e complicações de saúde após o parto.

5. **A jurisprudência do STF tem se posicionado no sentido de que a ausência de previsão de fonte de custeio não é óbice para extensão do prazo de licença-maternidade, conforme precedente do RE nº. 778889**, Relator(a): Min. ROBERTO BARROSO, Tribunal Pleno, julgado em 10/03/2016. **A prorrogação de benefício existente, em decorrência de interpretação constitucional do seu alcance, não vulnera a norma do art. 195, §5º, da Constituição Federal.**

6. **Arguição julgada procedente para conferir interpretação conforme à Constituição ao artigo 392, §1º, da CLT, assim como ao artigo 71 da Lei n.º 8.213/91 e, por arrastamento, ao artigo 93 do seu Regulamento (Decreto n.º 3.048/99), de modo a se considerar como termo inicial da licença-maternidade e do respectivo salário-maternidade a alta hospitalar do recém-nascido e/ou de sua mãe, o que ocorrer por último, prorrogando-se em todo o período os benefícios, quando o período de internação exceder as duas semanas previstas no art. 392, §2º, da CLT, e no art. 93, §3º, do Decreto n.º 3.048/99."** (grifos meus)

(STF, ADI 6.327/DF, Pleno, Rel. Min. Edson Fachin, *DJE* 07.11.2022)

Um exemplo facilita a compreensão da hipótese fática: imagine-se que a empregada, ante a iminência de um parto prematuro, é internada em hospital, permanecendo nessa condição durante cinco dias, quando, então, efetivamente ocorre o parto prematuro. A empregada recebe alta hospitalar cinco dias depois do parto, porém o recém-nascido permanece internado por mais 100 dias, totalizando 105 dias de internação, quando, finalmente, tem alta hospitalar. Neste caso, nos termos do § 1º do art. 392 da CLT, a licença-maternidade da empregada teria início no dia da internação (cinco dias antes do parto, portanto), razão pela qual a trabalhadora teria, de fato, apenas dez dias da licença para ficar com o bebê após a alta hospitalar (120 – 5 – 105 = 10). Conforme a referida decisão do STF, entretanto, o prazo de 120 dias da licença-maternidade será contado somente a partir da alta hospitalar do recém-nascido, pelo que a licença-maternidade (e o respectivo salário-maternidade, a cargo do INSS) totalizará o período de 230 dias (110 dias desde a internação da mãe pré-parto até a alta hospitalar do recém-nascido, mais 120 dias da licença-maternidade).

Neste sentido, mesmo que o parto ocorra antes dos nove meses, são direitos da empregada a licença-maternidade e o respectivo salário-maternidade (§ 3º do art. 392). **Não interessa se o bebê nasceu com vida.**

A propósito, o INSS considera *parto* o evento ocorrido após a 23ª semana de gestação, que seria o limite de viabilidade. Antes disso, considera aborto[16].

---

[16] Naturalmente, o parâmetro se presta à hipótese em que a criança nasce sem vida. Por óbvio, se o bebê nasceu com menos de 23 semanas e sobreviveu (o que felizmente tem sido alcançado em alguns casos), não há que se falar em aborto, e a mãe terá direito à licença-maternidade e, consequentemente, ao salário-maternidade.

Cumpre observar, por fim, que a Lei nº 12.873/2013 imprimiu profundas alterações no tratamento jurídico da licença-maternidade, tanto na CLT quanto na Lei nº 8.213/1991. Conforme a legislação atual existe a possibilidade de o cônjuge ou companheiro empregado assumir a licença-maternidade (e o respectivo salário-maternidade), o que ocorre em caso de falecimento da genitora. Neste sentido, o art. 392-B da CLT, incluído pela Lei nº 12.873/2013:

> Art. 392-B. *Em caso de morte da genitora*, é assegurado ao **cônjuge ou companheiro empregado** o gozo de licença por todo o período da licença-maternidade ou pelo tempo restante a que teria direito a mãe, exceto no caso de falecimento do filho ou de seu abandono. (grifos meus)

24.9.3. Direitos assegurados durante a gravidez e a lactação

A fim de garantir a gestação saudável e a integridade da gestante e do nascituro, a lei assegura à gestante, durante a gravidez, e **sem prejuízo do salário** e demais direitos (§ 4º do art. 392):

a) Transferência de função, quando as condições de saúde o exigirem, assegurada a retomada da função anteriormente exercida, logo após o retorno ao trabalho.

Imagine-se uma gestante que trabalha em atividade que demande força muscular, e cuja gravidez é considerada de risco pelo médico. Neste caso, a transferência de função se impõe, sob pena de prováveis prejuízos ao feto, devendo a empregada ser deslocada para função não prejudicial, sendo-lhe assegurado o direito de retomar a função anteriormente exercida tão logo retorne da licença-maternidade.

No mesmo sentido, a Lei nº 13.287/2016 acrescentou à CLT o art. 394-A, que proibiu o trabalho de gestantes e de lactantes em atividades insalubres. Todavia, a Lei nº 13.467/2017 deu nova redação ao art. 394-A, em princípio abrandando sobremaneira a proibição, nos seguintes termos:

> Art. 394-A. Sem prejuízo de sua remuneração, nesta incluído o valor do adicional de insalubridade, a empregada deverá ser afastada de:
> I – atividades consideradas insalubres em grau máximo, enquanto durar a gestação;
> II – atividades consideradas insalubres em grau médio ou mínimo, quando apresentar atestado de saúde, emitido por médico de confiança da mulher, que recomende o afastamento durante a gestação;
> III – atividades consideradas insalubres em qualquer grau, quando apresentar atestado de saúde, emitido por médico de confiança da mulher, que recomende o afastamento durante a lactação.
> § 1º (VETADO)
> § 2º Cabe à empresa pagar o adicional de insalubridade à gestante ou à lactante, efetivando-se a compensação, observado o disposto no art. 248 da Constituição Federal, por ocasião do recolhimento das contribuições incidentes sobre a folha de salários e demais rendimentos pagos ou creditados, a qualquer título, à pessoa física que lhe preste serviço.
> § 3º Quando não for possível que a gestante ou a lactante afastada nos termos do *caput* deste artigo exerça suas atividades em local salubre na empresa, a hipótese será considerada como gravidez de risco e ensejará a percepção de salário-maternidade, nos termos da Lei nº 8.213, de 24 de julho de 1991, durante todo o período de afastamento.

Ocorre que **o Pleno do STF**, ao julgar a ADI nº 5.938, declarou a inconstitucionalidade dos trechos destacados acima do texto da atual redação do art. 394-A da CLT, ou seja, **considerou inconstitucional o condicionamento do afastamento da gestante ou da** lactante de atividades insalubres à apresentação de atestado de saúde que recomende o afastamento. Eis a decisão:

DIREITOS SOCIAIS. REFORMA TRABALHISTA. PROTEÇÃO CONSTITUCIONAL À MATERNIDADE. PROTEÇÃO DO MERCADO DE TRABALHO DA MULHER. DIREITO À SEGURANÇA NO EMPREGO. DIREITO À VIDA E À SAÚDE DA CRIANÇA. GARANTIA CONTRA A EXPOSIÇÃO DE GESTANTES E LACTANTES A ATIVIDADES INSALUBRES. 1. O conjunto dos Direitos sociais foi consagrado constitucionalmente como uma das espécies de direitos fundamentais, caracterizando-se como verdadeiras liberdades positivas, de observância obrigatória em um Estado Social de Direito, tendo por finalidade a melhoria das condições de vida aos hipossuficientes, visando à concretização da igualdade social, e são consagrados como fundamentos do Estado Democrático, pelo art. 1º, IV, da Constituição Federal. 2. A Constituição Federal proclama importantes direitos em seu artigo 6º, entre eles a proteção à maternidade, que é a *ratio* para inúmeros outros direitos sociais instrumentais, tais como a licença-gestante e o direito à segurança no emprego, a proteção do mercado de trabalho da mulher, mediante incentivos específicos, nos termos da lei, e redução dos riscos inerentes ao trabalho, por meio de normas de saúde, higiene e segurança. 3. A proteção contra a exposição da gestante e lactante a atividades insalubres caracteriza-se como importante direito social instrumental protetivo tanto da mulher quanto da criança, tratando-se de normas de salvaguarda dos direitos sociais da mulher e de efetivação de integral proteção ao recém-nascido, possibilitando seu pleno desenvolvimento, de maneira harmônica, segura e sem riscos decorrentes da exposição a ambiente insalubre (CF, art. 227). 4. A proteção à maternidade e a integral proteção à criança são direitos irrenunciáveis e não podem ser afastados pelo desconhecimento, impossibilidade ou a própria negligência da gestante ou lactante em apresentar um atestado médico, sob pena de prejudicá-la e prejudicar o recém-nascido. 5. Ação Direta julgada procedente (STF, Pleno, ADI nº 5.938/DF, Rel. Min. Alexandre de Moraes, julg. 29.05.2019, *DJE* 23.09.2019).

Sendo assim, pode-se afirmar seguramente que **empregadas gestantes e lactantes continuam proibidas de laborar em atividades insalubres**, devendo o empregador promover a mudança de função, se possível, durante o período de gravidez ou lactação. Na impossibilidade de deslocamento da trabalhadora para atividade salubre, aplicar-se-á o disposto no supramencionado § 3º do art. 394-A da CLT (caracterização de gravidez de risco e consequente percepção de salário maternidade), solução esta que será analisada criticamente a seguir.

Ressalte-se que a *Reforma Trabalhista de 2017*, embora tenha pretendido flexibilizar a proibição incluída pela Lei nº 13.287/2016, resolveu um grande problema do art. 394-A. Com efeito, embora tenha sido aprovado em 2016 o parágrafo único do art. 394-A[17], no sentido do pagamento do adicional de insalubridade à empregada gestante ou lactante durante o período de afastamento, tal comando foi vetado pela então Presidente da República, pelo que se entendia que, durante o afastamento, a empregada não faria jus ao adicional de insalubridade.

Tal solução foi expressamente superada pela Lei nº 13.467/2017, a qual estabeleceu, no § 2º do art. 394-A, o pagamento do adicional de insalubridade à gestante ou à lactante afastada, mediante compensação posterior por ocasião do recolhimento das contribuições previdenciárias. No caso, o legislador optou pela socialização do custeio do adicional de insalubridade, provavelmente com vistas a evitar o tratamento discriminatório da mulher no mercado de trabalho.

---

[17] Este parágrafo único foi transformado em § 1º pela Lei nº 13.467/2017, embora nada tenha sido mencionado expressamente neste sentido.

No mesmo diapasão da socialização dos custos da gestação da empregada que labora em ambiente insalubre, a Lei nº 13.467/2017 estabeleceu que, sendo impossível a transferência da gestante para local salubre, caracterizada estará *gravidez de risco*, a qual ensejará a percepção do salário-maternidade durante todo o período de afastamento. No caso, a gestante terá direito ao salário-maternidade não só no período relativo à licença-maternidade, mas também durante a gravidez, enquanto permanecer afastada de sua atividade.

Embora a solução legislativa pareça socialmente justa, é importante lembrar que a Constituição prevê que "nenhum benefício ou serviço da seguridade social poderá ser criado, majorado ou estendido sem a correspondente fonte de custeio total" (art. 195, § 5º). Porém, a Lei nº 13.467/2017 não indicou a respectiva fonte de custeio do novel benefício previdenciário, o que pode ocasionar problemas práticos às empregadas até que a fonte de custeio seja definida.

b) Dispensa do horário de trabalho pelo tempo necessário para a realização de, no mínimo, seis consultas médicas e demais exames complementares.

O dispositivo assegura à empregada gestante a possibilidade de comparecer ao médico para fazer o pré-natal, sem prejuízo do salário. Em outras palavras, estipula hipótese típica de interrupção contratual, em que não há prestação de serviços, mas a empregada mantém o direito aos salários.

Se forem necessários outros dias, inclusive para realização dos exames complementares pedidos nas consultas, a critério do médico responsável, serão eles assegurados à gestante, sem prejuízo do salário, pois o inciso menciona o mínimo de seis.

Observe-se que **o disposto no art. 394-A da CLT também está expressamente imune à flexibilização mediante negociação coletiva**, conforme inciso XXX do art. 611-B da CLT, acrescentado pela Lei nº 13.467/2017.

Por fim, e a título de informação, apenas, registre-se que a Lei nº 13.363/2016 (*DOU* 28.11.2016), ao alterar dispositivos da Lei nº 8.906/1994 (Estatuto da OAB) e do NCPC, estabeleceu diversos direitos e garantias à advogada gestante, lactante ou adotante, bem como ao advogado que se tornar pai. O tema não está diretamente relacionado, entretanto, ao Direito do Trabalho, porquanto não se refere a direitos trabalhistas propriamente ditos. Pela mesma razão não cabe maior aprofundamento, considerados os limites e objetivos desta obra.

24.9.4. Direitos assegurados ao adotante

Dispõe o art. 392-A da CLT, *in verbis*:

Art. 392-A. À empregada que adotar ou obtiver guarda judicial para fins de adoção de criança ou adolescente será concedida licença-maternidade nos termos do art. 392 desta Lei. (Redação dada pela Lei nº 13.509, de 2017)

Portanto, também à adotante é garantida a licença-maternidade de 120 dias, bem como o salário-maternidade. A redação anterior do art. 392-A, dada pela Lei nº 12.873/2013, mencionava apenas a *criança*, o que excluía do direito à licença-maternidade a adotante de adolescente (entre 12 e 18 anos[18]). Em boa hora, a Lei nº 13.509/2017 eliminou tal diferenciação, estendendo expressamente o direito também a quem adotar adolescentes.

---

[18] A definição de criança (até 12 anos) e adolescente (entre 12 e 18 anos) é dada pelo art. 2º da Lei nº 8.069/1990 (Estatuto da Criança e do Adolescente).

Atualmente não mais subsiste a diferenciação acerca da duração do salário-maternidade devido à empregada adotante, que é de 120 dias, independentemente da idade do(a) adotado(a). Com efeito, a redação atual do art. 71-A da Lei n° 8.213/1991, dada pela Lei n° 12.873/2013, não deixa margem a dúvidas. Embora a Lei n° 13.509/2017 não tenha alterado também a redação do art. 71-A da Lei de Benefícios da Previdência Social (que continua mencionando apenas a adoção de *criança*), parece fora de dúvida que também em caso de adoção de adolescente será devido o salário-maternidade, sem o qual a licença-maternidade (assegurada pelo art. 392-A   da CLT) não faz sentido.

Os artigos 71-A, 71-B e 71-C da Lei n° 8.213/1991, bem como os artigos 392-A, § 5° e 392-C, da CLT, todos com a redação dada pela Lei n° 12.873/2013, trouxeram, entretanto, grande inovação, **assegurando a licença e o benefício previdenciário também ao empregado adotante**, nos seguintes termos:

> Lei n° 8.213/1991, art. 71-A – Ao **segurado** ou segurada da Previdência Social que adotar ou obtiver guarda judicial para fins de adoção de criança é devido salário-maternidade pelo período de 120 (cento e vinte) dias. (grifos meus)

> CLT, art. 392-A, § 5° – A adoção ou guarda judicial conjunta ensejará a concessão de licença-maternidade a apenas um dos adotantes ou guardiães **empregado** ou empregada. (Incluído pela Lei n° 12.873, de 2013) (grifos meus)

> Art. 392-C. Aplica-se, no que couber, o disposto no art. 392-A e 392-B ao **empregado** que adotar ou obtiver guarda judicial para fins de adoção. (grifos meus)

Portanto, a legislação atual passou a estender o direito à licença e ao benefício previdenciário correspondente ao empregado adotante, inclusive em relações homoafetivas. Só não se admite que dois adotantes, num mesmo processo de adoção, usufruam da licença e do benefício.

Por sua vez, em caso de morte do adotante (homem ou mulher), é assegurado ao cônjuge ou companheiro(a) empregado(a) o gozo de licença por todo o período da licença-maternidade ou pelo tempo restante a que teria direito a mãe, exceto no caso de falecimento do filho ou de seu abandono (art. 392-B, c/c art. 392-C, da CLT).

Para que a licença-maternidade seja concedida à adotante, faz-se necessária a apresentação do termo judicial de guarda à adotante ou guardiã (§ 4° do art. 392-A). Com efeito, somente com o documento em referência fica comprovada a adoção, com o que o empregador será obrigado a licenciar a empregada (ou o empregado, se for o caso).

Em tempo, atente-se para o fato de que **o art. 392-A da CLT não pode ser flexibilizado** mediante negociação coletiva (CLT, art. 611-B, XXX).

24.9.5. Remuneração durante a licença-maternidade

O art. 7°, XVIII, da CRFB/88, prevê o direito da empregada à licença-gestante, sem prejuízo do emprego e do salário. No mesmo sentido, o art. 393 da CLT:

> Art. 393. Durante o período a que se refere o art. 392, a mulher terá direito ao salário integral e, quando variável, calculado de acordo com a média dos 6 (seis) últimos meses de trabalho, bem como os direitos e vantagens adquiridos, sendo-lhe ainda facultado reverter à função que anteriormente ocupava.

Assim como a CLT, a Constituição também faz referência a *salário*, então não resta dúvida de que o salário-maternidade deve ser pago conforme o salário da empregada, ainda que superior ao teto dos benefícios do INSS. Em outras palavras, **não há teto para** o **salário-maternidade**. Se a empregada ganha 40 mil por mês, este é o valor que receberá durante a licença-maternidade. A questão é pacífica no STF[19].

Há, entretanto, uma dificuldade: o art. 248 da CRFB/88 dispõe que "os benefícios pagos, a qualquer título, pelo órgão responsável pelo regime geral de previdência social, ainda que à conta do Tesouro Nacional, e os não sujeitos ao limite máximo de valor fixado para os benefícios concedidos por esse regime observarão os limites fixados no art. 37, XI", ou seja, serão limitados ao subsídio devido aos Ministros do Supremo Tribunal Federal[20].

Portanto, o INSS paga o salário-maternidade até o limite do teto fixado pelo art. 37, XI, da CRFB. Por sua vez, o art. 7º, XVIII, da CRFB/88 prevê a licençamaternidade de 120 dias como direito da empregada, **sem prejuízo do emprego e do salário**. Tal ressalva só pode significar que a empregada tem assegurado o seu salário integral durante a licença--gestante. Uma vez mais, quem pagará a diferença? Só pode ser o empregador.

Se a gestante tiver gêmeos, continua fazendo jus apenas ao seu salário (um só!). Entretanto, se tiver mais de um emprego, receberá normalmente os salários respectivos, cumulativamente, pois deve continuar recebendo o que recebia antes de ter o(s) filho(s).

A empregada doméstica recebe o salário-maternidade diretamente do INSS, em valor equivalente ao último salário de contribuição. Da mesma forma, o salário-maternidade devido ao adotante é pago diretamente pela Previdência Social, conforme dispõe o § 1º do art. 71-A da Lei nº 8.213/1991, com a redação dada pela Lei nº 12.873/2013.

A reversão à função que anteriormente ocupava diz respeito à função que a gestante exercia quando precisou mudar de função, em decorrência de riscos à gravidez. Por exemplo: trabalhava como técnica de raios-X e teve a função alterada para atendente durante a gravidez; então, tem direito de retornar à função de técnica de raios-X quando de seu retorno ao trabalho.

24.9.6. Rompimento contratual por recomendação médica

O art. 394 da CLT assegura à mulher grávida o direito de romper o contrato de trabalho desde que sua atividade seja prejudicial à gestação, o que deve ser comprovado por atestado médico.

Se a atividade laboral coloca em risco a vida e a saúde do bebê e/ou da própria gestante, poderá ela romper o contrato de trabalho. **Neste caso, não será devido o aviso--prévio, e os demais efeitos são os mesmos do pedido de demissão.**

Conforme previsto no inciso XXX do art. 611-B da CLT, **o disposto no art. 394 da CLT não é suscetível de flexibilização** mediante negociação coletiva.

24.9.7. Aborto não criminoso

Dispõe o art. 395, *caput*, da CLT que

Art. 395. Em caso de aborto não criminoso, comprovado por atestado médico oficial, a mulher terá um repouso remunerado de 2 (duas) semanas, ficando-lhe assegurado o direito de retornar à função que ocupava antes de seu afastamento.

Como mencionado, a gestante tem direito à licença-maternidade independentemente do nascimento da criança com vida. Entretanto, se o evento ocorreu antes da 23ª semana,

---

[19] STF, ADI 1946/DF, Tribunal Pleno, Rel. Min. Sydney Sanches, j. 03.04.2003, DJ 16.05.2003.
[20] No mesmo sentido, o art. 240, § 3º, da Instrução Normativa INSS/PRES nº 128/2022.

considera-se aborto, e não há direito à licença-maternidade, e sim ao repouso remunerado (interrupção contratual, portanto) de duas semanas. Parte da doutrina entende que o período é pago pelo empregador. Em sentido contrário, Alice Monteiro de Barros[21] defende seja o *descanso* pago pela Previdência Social. Também neste último sentido, Homero Batista Mateus da Silva[22], asseverando que o Regulamento da Previdência Social assegura tal interpretação, o que realmente é verdade, nos seguintes termos:

(Decreto nº 3.048/1999) Art. 93. (...)

§ 5º Em caso de aborto não criminoso, comprovado mediante atestado médico, a segurada terá direito ao salário-maternidade correspondente a duas semanas.

Maurício Godinho Delgado[23] afirma, com propriedade, que a menção a "aborto não criminoso" é preconceituosa, pois não se pode admitir condenação criminal prévia e sumaríssima. Reforça o argumento o fato de que a Lei nº 8.921/1994 retirou o adjetivo (não criminoso) do art. 131, II, da CLT, que trata das ausências não consideradas para aquisição das férias.

Para fins de concurso público e de prova objetiva da OAB, entretanto, como nós temos o texto celetista ainda intocado, vale a literalidade. Então, *contrario sensu*, se a questão disser que o aborto foi criminoso, em tese você deve concluir que não são devidas as duas semanas. De qualquer forma, a solução é terrível, pois mesmo em um aborto não espontâneo a mulher merece e precisa de um tempo de descanso, diante das inegáveis alterações físicas e psicológicas provocadas pela gravidez.

A garantia de emprego, neste caso, não se aplica, pois a Constituição tutela o evento parto, e não a interrupção da gestação[24]. De qualquer forma, o contrato da empregada estará interrompido, razão pela qual continuará incólume até o seu retorno, depois de decorridas as duas semanas.

Consoante dispõe o inciso XXX do art. 611-B da CLT, **constitui objeto ilícito de norma coletiva a flexibilização do direito assegurado pelo art. 395 da CLT.**

24.9.8. Intervalos para amamentação

Dispõe o art. 396 da CLT, *in verbis*:

Art. 396. Para amamentar seu filho, inclusive se advindo de adoção, até que este complete 6 (seis) meses de idade, a mulher terá direito, durante a jornada de trabalho, a 2 (dois) descansos especiais de meia hora cada um.

§ 1º Quando o exigir a saúde do filho, o período de 6 (seis) meses poderá ser dilatado, a critério da autoridade competente.

§ 2º Os horários dos descansos previstos no caput deste artigo deverão ser definidos em acordo individual entre a mulher e o empregador.

Este dispositivo deve ser lido em conjunto com os §§ 1º e 2º do art. 389, bem como com o art. 400.

---

21 BARROS, Alice Monteiro de. *Curso de Direito do Trabalho*, 6. ed., p. 1.102.

22 SILVA, Homero Batista Mateus da. *Curso de Direito do Trabalho aplicado: Segurança e medicina do trabalho, trabalho da mulher e do menor*. Rio de Janeiro: Elsevier, 2009, vol. 3, p. 169.

23 DELGADO, Maurício Godinho. *Curso de Direito do Trabalho*, p. 994.

24 SILVA, Homero Batista Mateus da. *Curso de Direito do Trabalho aplicado: Segurança e medicina do trabalho, trabalho da mulher e do menor*, p. 169.

Embora originalmente tal intervalo tenha sido destinado apenas à amamentação do próprio filho, a Lei nº 13.509/2017 alterou a redação do *caput* do art. 396, o qual passou a dispor expressamente que faz jus ao intervalo também a adotante.

Neste mesmo diapasão, Vólia Bomfim Cassar[25] e Alice Monteiro de Barros[26] já defendiam, mesmo antes da recente alteração legislativa, a possibilidade de extensão do referido intervalo também para os casos de aleitamento artificial, a fim de garantir os elos afetivos entre mães e filhos. Aparentemente tal entendimento vai ao encontro do espírito da Lei nº 13.509/2017.

Outra novidade recente sobre o tema é o § 2º do art. 396, incluído pela Lei nº 13.467/2017. Nos termos do referido dispositivo, cabe ao empregador e à empregada definirem, mediante *acordo individual*, os horários em que os descansos para amamentação serão gozados. Na prática, pouco muda, visto que naturalmente tais descansos sempre foram definidos mediante a compatibilização das circunstâncias do serviço e da necessidade de alimentar a criança.

Há controvérsias acerca da natureza deste descanso, se computável ou não na jornada de trabalho. Em outras palavras, se devido ou não pelo empregador. Sérgio Pinto Martins[27] defende que não, por ausência de previsão legal. Em sentido contrário, pela remuneração do intervalo, Vólia Bomfim Cassar[28], Valentim Carrion[29], Alice Monteiro de Barros[30], além de Homero Batista Mateus da Silva, que encerra a questão de forma brilhante:

"Há muita curiosidade sobre a natureza jurídica dessa pausa, mas o legislador, sabendo de sua completa atipicidade, foi direto ao ponto para denominá-la **pausa especial**. Assim, não deve haver desconto na jornada da empregada, o que torna essa pausa remunerada a expensas do empregador e incomparável com a pausa de refeição do art. 71. Se dúvida houver, é bom frisar que o art. 5º da Convenção 103 da Organização Internacional do Trabalho menciona expressamente que as pausas para o aleitamento devem ser consideradas como tempo remunerado de trabalho, sendo certo que o Brasil é signatário desse tratado[31]." (grifos do original)

Em caso de não concessão deste intervalo pelo empregador, o TST entende que são devidas horas extras, a exemplo do que ocorre no caso de não concessão do intervalo intrajornada para repouso ou alimentação. Obviamente, o empregador não está autorizado a simplesmente substituir tais intervalos pelo pagamento das horas extras correspondentes, pois a finalidade de tais pausas não teria sido atingida.

Por fim, mencione-se que **o direito assegurado pelo art. 396 da CLT não está sujeito à flexibilização** (CLT, art. 611-B, XXX).

24.10. GARANTIA DE EMPREGO CONFERIDA À GESTANTE

O art. 10 do ADCT da CRFB/88 dispõe, *in verbis*:

Art. 10. Até que seja promulgada a lei complementar a que se refere o art. 7º, I, da Constituição:

(...)

25 CASSAR, Vólia Bomfim. *Direito do Trabalho*, p. 728.
26 BARROS, Alice Monteiro de. *Curso de Direito do Trabalho*, 6. ed., p. 1.104.
27 MARTINS, Sergio Pinto. *Comentários à CLT*, p. 334. 14. ed. São Paulo: Atlas, 2010.
28 CASSAR, Vólia Bomfim. *Direito do Trabalho*. 4. ed. Niterói: Impetus, 2010, p. 728.
29 CARRION, Valentin. *Comentários à Consolidação das Leis do Trabalho*, p. 301.
30 BARROS, Alice Monteiro de. *Curso de Direito do Trabalho*, 6. ed. São Paulo: LTr, 2010, p. 1.103.
31 SILVA, Homero Batista Mateus da. *Curso de Direito do Trabalho aplicado: Segurança e medicina do trabalho, trabalho da mulher e do menor*. Rio de Janeiro: Elsevier, 2009. v. 3, p. 182.

II – fica vedada a dispensa arbitrária ou sem justa causa:

(...)

b) da empregada gestante, desde a confirmação da gravidez até cinco meses após o parto.

(...)

Reitere-se, por oportuno, que a garantia de emprego conferida à gestante foi recentemente estendida, em caso de falecimento da genitora empregada, a quem detiver a guarda da criança (Lei Complementar nº 146/2014).

Além disso, **a Lei nº 13.509/2017 estendeu ao adotante tal garantia provisória de emprego**, nos termos do parágrafo único do art. 391-A da CLT, segundo o qual o disposto no *caput*[32] "aplica-se ao empregado adotante ao qual tenha sido concedida guarda provisória para fins de adoção"

A matéria foi tratada exaustivamente no capítulo destinado ao estudo da estabilidade e das garantias de emprego (Capítulo 22), para o qual remeto o leitor.

24.11. PROGRAMA EMPREGA + MULHERES (LEI Nº 14.457/2022)

Sob o argumento de promover a inserção e a manutenção de mulheres no mercado de trabalho, foi editada a Medida Provisória nº 1.116/2022, posteriormente convertida pelo Congresso Nacional na Lei nº 14.457/2022, pela qual foi autorizada a implementação de diversas medidas, inclusive de natureza trabalhista, sendo parte delas destinadas à flexibilização das condições de trabalho das mulheres.

Conforme previsto no art. 1º da Lei nº 14.457/2022, tais medidas são de diversas ordens, a saber:

a) apara apoio à parentalidade[33] na primeira infância:

• pagamento de reembolso-creche;

• manutenção ou subvenção de instituições de educação infantil pelos serviços sociais autônomos.

b) para apoio à parentalidade por meio da flexibilização do regime de trabalho: teletrabalho;

• regime de tempo parcial;

• regime especial de banco de horas;

• jornada 12x36, quando a atividade permitir;

• antecipação de férias individuais;

• horários de entrada e saída flexíveis.

c) para qualificação de mulheres, em áreas estratégicas para ascensão profissional: suspensão do contrato de trabalho para fins de qualificação profissional;

---

[32] Art. 391-A. A confirmação do estado de gravidez advindo no curso do contrato de trabalho, ainda que durante o prazo do aviso prévio trabalhado ou indenizado, garante à empregada gestante a estabilidade provisória prevista na alínea *b* do inciso II do art. 10 do Ato das Disposições Constitucionais Transitórias.

[33] Esclarece o parágrafo único do art. 1º da Lei nº 14.457/2022 que, "para os efeitos desta Lei, **parentalidade** é o vínculo socioafetivo maternal, paternal ou qualquer outro que resulte na assunção legal do papel de realizar as atividades parentais, de forma compartilhada entre os responsáveis pelo cuidado e pela educação das crianças e dos adolescentes, nos termos do parágrafo único do art. 22 da Lei nº 8.069, de 13 de julho de 1990 (Estatuto da Criança e do Adolescente)". (grifo meu)

- estímulo à ocupação das vagas em cursos de qualificação dos serviços nacionais de aprendizagem por mulheres e priorização de mulheres hipossuficientes vítimas de violência doméstica e familiar.

d) para apoio ao retorno ao trabalho das mulheres após o término da licença-maternidade:

- suspensão do contrato de trabalho de pais empregados para acompanhamento do desenvolvimento dos filhos;
- flexibilização do usufruto da prorrogação da licença-maternidade, conforme prevista na Lei nº 11.770/2008.

e) reconhecimento de boas práticas na promoção da empregabilidade das mulheres, por meio da instituição do Selo Emprega + Mulher;

f) prevenção e combate ao assédio sexual e a outras formas de violência no âmbito do trabalho;

g) estímulo ao microcrédito para mulheres.

Em primeiro lugar, mencione-se que os acordos individuais visando à formalização das medidas previstas nessa Lei somente poderão ser pactuados nas seguintes hipóteses:

a) nos casos de empresas ou de categorias de trabalhadores para as quais não haja acordo coletivo ou convenção coletiva de trabalho celebrados; ou

b) se houver acordo coletivo ou convenção coletiva de trabalho celebrados, se o acordo individual a ser celebrado contiver medidas mais vantajosas à empregada ou ao empregado que o instrumento coletivo vigente.

Em reforço a tal premissa, o art. 22 da Lei nº 14.457/2022 dispõe que tanto na priorização para vagas em regime de teletrabalho, trabalho remoto ou trabalho a distância quanto na adoção das medidas de flexibilização e de suspensão do contrato de trabalho, deverá sempre ser levada em conta a vontade expressa da empregada ou do empregado beneficiado pelas medidas de apoio ao exercício da parentalidade.

Vejamos cada uma dessas ordens de medidas relacionadas ao direito do trabalho, as quais também foram tratadas nos tópicos referentes a cada assunto, ao longo desta obra, para os quais remeto o leitor.

24.11.1. Apoio à parentalidade na primeira infância

Sob o ponto de vista estritamente trabalhista, a Lei nº 14.457/2022 autoriza os empregadores a, mediante previsão em acordo individual, acordo coletivo ou convenção coletiva de trabalho, que estabelecerá condições, prazos e valores, adotarem o benefício de reembolso-creche, desde que cumpridos determinados requisitos:

- ser o benefício destinado ao pagamento de creche ou de pré-escola de livre escolha da empregada ou do empregado, bem como ao ressarcimento de gastos com outra modalidade de prestação de serviços de mesma natureza, comprovadas as despesas realizadas;
- ser o benefício concedido à empregada ou ao empregado que possua filhos com até 5 (cinco) anos e 11 (onze) meses de idade, sem prejuízo dos demais preceitos de proteção à maternidade;

- ser dada ciência pelos empregadores às empregadas e aos empregados da existência do benefício e dos procedimentos necessários à sua utilização; e
- ser o benefício oferecido de forma não discriminatória e sem a sua concessão configurar premiação.

Por fim, ficou estabelecido que os empregadores que adotarem o benefício do reembolso-creche, nos termos dessa lei, para todos os empregados e empregadas que possuam filhos com até 5 (cinco) anos e 11 (onze) meses de idade, ficam desobrigados da instalação de local apropriado para a guarda e a assistência de filhos de empregadas no período da amamentação.

24.11.2. Apoio à parentalidade por meio da flexibilização do regime de trabalho

Como mencionado anteriormente, promoveu-se, com a MPV nº 1.116/2022, posteriormente convertida na Lei nº 14.457/2022, nova abertura à flexibilização das condições de trabalho dos pais e guardiões de crianças pequenas ou pessoas com deficiência. Em outras palavras, sob a roupagem da proteção da parentalidade, o que provavelmente se buscou, na prática, foi o afrouxamento do rigor legal, objetivo tão perseguido, nos últimos anos, pelos mais diversos *lobbies* que controlam as instâncias públicas no Brasil.

Vejamos em resumo o quanto autorizado por meio da Lei nº 14.457/2022.

24.11.2.1. Teletrabalho

Prevê o art. 7º que, na alocação de vagas para as atividades que possam ser efetuadas por meio de teletrabalho, trabalho remoto ou trabalho a distância, os empregadores deverão conferir prioridade:

- às empregadas e aos empregados com filho, enteado ou criança sob guarda judicial com até 6 (seis) anos de idade; e
- às empregadas e aos empregados com filho, enteado ou pessoa sob guarda judicial com deficiência, sem limite de idade.

A norma carece, entretanto, de objetividade, pois não estabelece os limites para exercício de tal preferência, tampouco dispõe sobre eventuais cominações a que estaria sujeito o empregador em caso de não cumprimento do dispositivo. Logo, neste aspecto a Lei não passa de uma carta de boas intenções.

24.11.2.2. Flexibilização do regime de trabalho e das férias

O art. 8º dispõe que, no âmbito dos poderes diretivo e gerencial dos empregadores, e considerada a vontade expressa dos empregados e das empregadas, haverá priorização na concessão de uma ou mais das seguintes medidas de flexibilização da jornada de trabalho aos empregados e às empregadas que tenham filho, enteado ou pessoa sob sua guarda com até 6 (seis) anos de idade ou com deficiência, com vistas a promover a conciliação entre o trabalho e a parentalidade.

As medidas relacionadas abaixo somente poderão ser adotadas até o segundo ano do nascimento do filho ou enteado, da adoção ou da guarda judicial, aplicando-se tal prazo inclusive para o empregado ou a empregada que tiver filho, enteado ou pessoa sob guarda judicial com deficiência. Ademais, tais medidas deverão ser formalizadas por meio de acordo individual, de acordo coletivo ou de convenção coletiva de trabalho.

24.11.2.2.1. Regime de tempo parcial, nos termos do art. 58-A da CLT.

Neste ponto, nenhuma novidade, visto que a Lei apenas remete à regulamentação prevista na CLT. Logo, cabe ressaltar apenas a priorização da medida para, em tese, promover a parentalidade.

24.11.2.2.2. Regime especial de compensação de jornada de trabalho por meio de banco de horas, nos termos do art. 59 da CLT

Especificamente no que diz respeito ao banco de horas, dispõe o art. 9º da Lei nº 14.457/2022 que, na hipótese de rescisão do contrato de trabalho de empregado ou empregada em regime de compensação de jornada por meio de banco de horas, as horas acumuladas ainda não compensadas serão:

a) descontadas das verbas rescisórias devidas ao empregado ou à empregada, na hipótese de banco de horas em favor do empregador, quando a demissão for a pedido e o empregado ou empregada não tiver interesse ou não puder compensar a jornada devida durante o prazo do aviso-prévio; ou

b) pagas juntamente com as verbas rescisórias, na hipótese de banco de horas em favor do empregado ou da empregada.

Observe-se que o desconto previsto acima, na hipótese de saldo negativo do banco de horas, precariza a situação do trabalhador, porquanto não é previsto na CLT e, em regra, não vinha sendo admitido pela jurisprudência. Logo, sob o argumento de "apoio à parentalidade" o poder público se aproveitou de lei específica, cuja aprovação não gera o desgaste político de uma alteração da CLT, para flexibilizar direito trabalhista.

24.11.2.2.3. Jornada de 12 (doze) horas trabalhadas por 36 (trinta e seis) horas ininterruptas de descanso, nos termos do art. 59-A da CLT.

Também aqui a Lei nº 14.457/2022 se limita a fazer remissão à CLT, pelo que não apresenta qualquer novidade.

24.11.2.2.4. Antecipação de férias individuais

A antecipação de férias individuais poderá ser concedida ao empregado ou à empregada até o segundo ano do nascimento do filho ou enteado, da adoção ou da guarda judicial, ainda que não tenha transcorrido o seu período aquisitivo.

As férias antecipadas não poderão ser usufruídas em período inferior a 5 (cinco) dias corridos e serão pagas de forma excepcional, observado o seguinte:

a) o empregador poderá optar por efetuar o pagamento do adicional de 1/3 (um terço) de férias após a sua concessão, até a data em que for devida a gratificação natalina prevista no art. 1º da Lei nº 4.749/1965;

b) o pagamento da remuneração da antecipação das férias poderá ser efetuado até o quinto dia útil do mês subsequente ao início do gozo das férias, hipótese em que não se aplicará o disposto no art. 145 da CLT.

Na hipótese de rescisão do contrato de trabalho, os valores das férias ainda não usufruídas serão pagos juntamente com as verbas rescisórias devidas. Por sua vez, na hipótese de período aquisitivo não cumprido, as férias antecipadas e usufruídas serão descontadas das verbas rescisórias devidas ao empregado no caso de pedido de demissão.

As regras estabelecidas são substancialmente desfavoráveis aos empregados em relação às disposições celetistas, visto que, além de alterarem a dinâmica de concessão das férias (período aquisitivo e período concessivo), desvirtuando sua finalidade (promover períodos prolongados de descanso ao trabalhador com certa regularidade temporal), flexibilizam os prazos para pagamento e preveem desconto em caso de rescisão, o que não é contemplado pela CLT.

No caso, o Poder Executivo, e posteriormente o legislador, trouxeram para o cotidiano das relações ordinárias de trabalho regras excepcionais, as quais haviam sido editadas até então apenas no contexto das normas de transição aplicáveis em situação de calamidade pública decorrente da pandemia de Covid-19. Transparece que o objetivo é corroer por dentro a legislação trabalhista, relativizando direitos conquistados há décadas e, em continuação ao movimento iniciado pela *Reforma Trabalhista de 2017*, reduzindo paulatinamente os direitos trabalhistas mais elementares sob o manto de alegada *modernização* da legislação.

24.11.2.2.5. Horários de entrada e de saída flexíveis.

Quando a atividade permitir, os horários fixos da jornada de trabalho poderão ser flexibilizados ao empregado ou à empregada que se enquadre nos critérios estabelecidos no *caput do art. 8º da Lei nº 14.457/2022*[34].

Entretanto, a flexibilização não poderá ser estabelecida sem quaisquer limitações, devendo obedecer a intervalo de horário previamente estabelecido, no qual sejam consignados os horários inicial e final de horário de trabalho diário.

Exemplo: determinada empregada tem horário de trabalho fixado das 8h às 17h, com uma hora de intervalo, porém pactua com o empregador a possibilidade de flexibilizar tal horário de trabalho, estabelecendo as partes o limite de 7h para início da jornada e de 18h para o fim da jornada. Assim, em determinado dia a trabalhadora poderá laborar das 7h às 16h; em outro dia, poderá laborar das 9h às 18h, e assim por diante, sempre observados os limites pré-estabelecidos.

Neste aspecto, a regra é, em princípio, positiva, visto que em certas situações concretas os pais têm dificuldades para conciliar os horários de trabalho com os eventos relacionados às demandas de filhos pequenos e/ou de crianças ou pessoas com deficiência sob sua guarda. Todavia, sempre haverá risco de abusos por parte do empregador, tendo em vista a assimetria entre os contratantes, que constitui característica intrínseca às relações de emprego.

24.11.3. Medidas para qualificação de mulheres

No sentido da qualificação profissional de mulheres, a Lei nº 14.457/2022 prevê a suspensão do contrato de trabalho para qualificação profissional (praticamente repetindo os termos do já disposto no art. 476-A da CLT), bem como o estímulo à ocupação de vagas de gratuidade nos cursos ministrados pelos serviços nacionais de aprendizagem (*Sistema S*). Vejamos.

24.11.3.1. Suspensão do contrato de trabalho para qualificação profissional

Mediante requisição formal da empregada interessada, para estimular a qualificação de mulheres e o desenvolvimento de habilidades e de competências em áreas estratégicas ou

---

[34] Art. 8º No âmbito dos poderes diretivo e gerencial dos empregadores, e considerada a vontade expressa dos empregados e das empregadas, haverá priorização na concessão de uma ou mais das seguintes medidas de flexibilização da jornada de trabalho aos empregados e às empregadas que tenham filho, enteado ou pessoa sob sua guarda com até 6 (seis) anos de idade ou com deficiência, com vistas a promover a conciliação entre o trabalho e a parentalidade.

com menor participação feminina, o empregador poderá suspender o contrato de trabalho para participação em curso ou em programa de qualificação profissional oferecido pelo empregador. A suspensão do contrato, no caso, será formalizada por meio de acordo individual, de acordo coletivo ou de convenção coletiva de trabalho, nos termos do art. 476-A da CLT.

Com efeito, tal possibilidade de suspensão contratual já se encontrava prevista na CLT, conforme art. 476-A, razão pela qual a Lei nº 14.457/2022 não traz inovação relevante.

Durante o período de suspensão do contrato de trabalho, a empregada fará jus à bolsa de qualificação profissional de que trata o art. 2º-A da Lei nº 7.998/1990, podendo receber ainda do empregador, sem prejuízo da bolsa de qualificação, ajuda compensatória mensal, sem natureza salarial.

Caso ocorra a dispensa da empregada no transcurso do período de suspensão ou nos 6 (seis) meses subsequentes ao seu retorno ao trabalho, o empregador pagará à empregada, além das parcelas indenizatórias previstas na legislação, multa a ser estabelecida em convenção ou em acordo coletivo, que será de, no mínimo, 100% (cem por cento) sobre o valor da última remuneração mensal anterior à suspensão do contrato de trabalho.

24.11.3.2. *Estímulo à ocupação das vagas de gratuidade dos serviços sociais autônomos*

As entidades dos serviços nacionais de aprendizagem (*Sistema S*), observadas suas leis de regência e regulamentos, mediante a celebração de ajustes e de parcerias com a União, poderão implementar medidas que estimulem a matrícula de mulheres em cursos de qualificação, em todos os níveis e áreas de conhecimento. Serão priorizadas as mulheres hipossuficientes vítimas de violência doméstica e familiar com registro de ocorrência policial.

24.11.4. Apoio ao retorno ao trabalho após o término da licença-maternidade

Neste aspecto, a Lei nº 14.457/2022 previu a medida de suspensão do contrato de trabalho de pais empregados, bem como promoveu alterações no Programa Empresa Cidadã (Lei nº 11.770/2008).

24.11.4.1. *Suspensão do contrato de trabalho de pais empregados*

Conforme art. 17 da Lei nº 14.457/2022, mediante requisição formal do empregado interessado, o empregador poderá suspender o contrato de trabalho do empregado com filho cuja mãe tenha encerrado o período da licença-maternidade para:

a) prestar cuidados e estabelecer vínculos com os filhos;

b) acompanhar o desenvolvimento dos filhos; e

c) apoiar o retorno ao trabalho de sua esposa ou companheira.

A suspensão do contrato de trabalho ocorrerá nos termos do art. 476-A da CLT e observará o seguinte:

a) será formalizada por meio de acordo individual, de acordo coletivo ou de convenção coletiva de trabalho;

b) será efetuada após o término da licença-maternidade da esposa ou companheira do empregado;

c) o curso ou o programa de qualificação profissional deverá ser oferecido pelo empregador, terá carga horária máxima de 20 (vinte) horas semanais e será realizado exclusivamente na modalidade não presencial, preferencialmente, de forma assíncrona;

d) a limitação prevista no § 2º do art. 476-A da CLT (vedação à suspensão contratual por mais de uma vez no período de dezesseis meses) não se aplica à suspensão do contrato de trabalho em questão;

e) o empregado fará jus à bolsa de qualificação profissional de que trata o art. 2º-A da Lei nº 7.998/1990, podendo ainda, sem prejuízo de tal bolsa, ser concedida pelo empregador ao empregado ajuda compensatória mensal, sem natureza salarial;

f) se ocorrer a dispensa do empregado no transcurso do período de suspensão ou nos 6 (seis) meses subsequentes ao seu retorno ao trabalho, o empregador pagará ao empregado, além das parcelas indenizatórias previstas na legislação em vigor, multa a ser estabelecida em convenção ou em acordo coletivo, que será de, no mínimo, 100% (cem por cento) sobre o valor da última remuneração mensal anterior à suspensão do contrato.

24.11.4.2. Alterações no Programa Empresa Cidadã

Conforme mencionado no item 24.9.2, a Lei nº 11.770/2008, ao instituir o "Programa Empresa Cidadã", criou a possibilidade de ampliação da licença-maternidade por mais 60 dias, mediante adesão do empregador ao Programa, em troca de incentivos fiscais (dedução do imposto de renda).

A Lei nº 14.457/2022, por sua vez, alterou substancialmente as regras do referido "Programa Empresa Cidadã", passando a permitir o seguinte:

a) que a prorrogação da licença-maternidade seja compartilhada entre a empregada e o empregado requerente, desde que ambos sejam empregados de pessoa jurídica aderente ao Programa e que a decisão seja adotada conjuntamente, na forma estabelecida em regulamento;

b) que o período de prorrogação da licença-maternidade possa ser substituído pela redução de jornada de trabalho em 50% (cinquenta por cento) pelo período de 120 (cento e vinte) dias, observados os seguintes requisitos:

• pagamento integral do salário à empregada ou ao empregado pelo período de 120 (cento e vinte) dias; e

• acordo individual firmado entre o empregador e a empregada ou o empregado interessados em adotar a medida.

A substituição da prorrogação da licença-maternidade pela redução de jornada também poderá ser compartilhada entre empregada e empregado, nos mesmos termos previstos para o compartilhamento da prorrogação mencionados acima.

24.11.5. Medidas de prevenção e de combate ao assédio sexual e a outras formas de violência no âmbito do trabalho

Para a promoção de um ambiente laboral sadio, seguro e que favoreça a inserção e a manutenção de mulheres no mercado de trabalho, as empresas com Comissão Interna de Prevenção de Acidentes e de Assédio (Cipa) deverão adotar as seguintes medidas, além de outras que entenderem necessárias, com vistas à prevenção e ao combate ao assédio sexual e às demais formas de violência no âmbito do trabalho:

a) inclusão de regras de conduta a respeito do assédio sexual e de outras formas de violência nas normas internas da empresa, com ampla divulgação do seu conteúdo aos empregados e às empregadas;

b) fixação de procedimentos para recebimento e acompanhamento de denúncias, para apuração dos fatos e, quando for o caso, para aplicação de sanções administrativas aos responsáveis diretos e indiretos pelos atos de assédio sexual e de violência, garantido o anonimato da pessoa denunciante, sem prejuízo dos procedimentos jurídicos cabíveis;

Observe-se que o recebimento de denúncias não substitui o procedimento penal correspondente, caso a conduta denunciada pela vítima se encaixe na tipificação de assédio sexual contida no art. 216-A do Código Penal, ou em outros crimes de violência tipificados na legislação brasileira.

c) inclusão de temas referentes à prevenção e ao combate ao assédio sexual e a outras formas de violência nas atividades e nas práticas da Cipa; e

d) realização, no mínimo a cada 12 (doze) meses, de ações de capacitação, de orientação e de sensibilização dos empregados e das empregadas de todos os níveis hierárquicos da empresa sobre temas relacionados à violência, ao assédio, à igualdade e à diversidade no âmbito do trabalho, em formatos acessíveis, apropriados e que apresentem máxima efetividade de tais ações.

Portanto, a Lei nº 14.457/2022 transformou a Comissão Interna de Prevenção de Acidentes (CIPA) em Comissão Interna de Prevenção de Acidentes e Assédio, cometendo a tal comissão diversas novas atribuições relativas à prevenção e combate ao assédio sexual e a outras formas de violência no âmbito do trabalho.

O § 2º do art. 23 da Lei nº 14.457/2022 estabeleceu prazo de 180 dias, após a entrada em vigor da Lei, para adoção das medidas previstas nos itens "a" a "d" acima. Neste sentido, a Portaria MTP nº 4.219/2022 (*DOU* 22.12.2022) aprovou alterações na NR-5, de forma a adequá-la ao disposto na Lei nº 14.457/2022. Tal Portaria entrou em vigor em 30.03.2023.

TRABALHO DA MULHER
Proteção contra discriminação por gênero: • Proibido o anúncio de emprego com referência ao sexo, à idade, à cor ou ao estado familiar, salvo se a atividade, pela sua natureza, assim o exigir. • Proibido recusar emprego, promoção ou motivar dispensa em razão do sexo, idade, cor ou estado familiar ou de gravidez, salvo se a atividade, pela sua natureza, assim o exigir. • Proibido vincular a remuneração, a formação profissional e oportunidades de ascensão profissional ao sexo, idade, cor ou situação familiar. • Proibido exigir atestado ou exame, de qualquer natureza, para comprovação de esterilidade ou gravidez, na admissão ou permanência no emprego. • Proibido impedir o acesso ou adotar critérios subjetivos para deferimento de inscrição ou aprovação em concursos, em empresas privadas, em razão de sexo, idade, cor, situação familiar ou estado de gravidez. • Proibido submeter as empregadas a revistas íntimas (a doutrina estende a regra também aos empregados).
Jornada de trabalho: igual à dos homens (padrão geral = 8h diárias e 44h semanais).
Trabalho noturno: igual ao dos homens (adicional de 20%; direito à hora noturna reduzida).
Intervalo interjornadas: igual ao dos homens (11h consecutivas entre duas jornadas de trabalho).

TRABALHO DA MULHER

Intervalo intrajornada: Art. 383. Durante a jornada de trabalho, será concedido à empregada um período para refeição e repouso não inferior a 1 (uma) hora nem superior a 2 (duas) horas salvo a hipótese prevista no art. 71, § 3°.

- Período mínimo igual ao dos homens (1h, salvo se a redução é autorizada pelo Ministério do Trabalho e Emprego, conforme art. 71, § 3°, ou mediante previsão em norma coletiva, conforme art. 611-A, III, da CLT).

- Período máximo não pode ser prorrogado, como ocorre com o dos homens. A doutrina repele a distinção. No TST, embora o entendimento não seja absolutamente pacífico, entende-se que o dispositivo foi recepcionado, razão pela qual o intervalo da mulher não pode ser elastecido.

- Proporção entre a jornada e o intervalo: pela confrontação do art. 383 com o art. 71 (que regula o intervalo intrajornada para a generalidade dos trabalhadores), o intervalo mínimo de uma hora seria devido à mulher independentemente da jornada, ou seja, mesmo naqueles casos em que a jornada é de até 6h. A doutrina não admite a distinção. Não se tem notícia de julgado a respeito. Para concursos, vale a literalidade do dispositivo.

Creches: os estabelecimentos onde trabalhem mais de 29 mulheres com idade acima de 16 anos devem manter creche para a guarda dos filhos durante o período de amamentação. Para cumprir o mandamento o empregador tem três opções:

- Manter creche no próprio estabelecimento (o local deverá possuir, no mínimo, um berçário, uma saleta de amamentação, uma cozinha dietética e uma instalação sanitária).

- Utilizar-se de creches externas, mediante convênio.

- Optar pelo reembolso-creche, pelo qual o empregador indeniza a mãe pelas despesas incorridas com a creche particular por ela contratada (depende de previsão em norma coletiva).

Limites quanto ao carregamento de peso: máximo 20kg para o trabalho contínuo e 25kg para o trabalho ocasional, salvo se utilizada impulsão ou tração de vagonetes sobre trilhos, carros de mão ou outros aparelhos mecânicos.

Proteção à maternidade:

- Proibida a discriminação em razão de casamento ou de estado de gravidez.

- Direito à **licença-maternidade de 120 dias**, sem prejuízo do emprego e do salário (no período da licença-maternidade o salário-maternidade equivale ao salário efetivamente percebido pela empregada, é pago pelo empregador e compensado integralmente com as contribuições devidas ao INSS).

- É possível **ampliar por 60 dias o período da licença-maternidade, a critério do empregador**, em troca de incentivos fiscais. No caso, o salário destes 60 dias é pago pelo empregador, e não pelo INSS. Caso o empregador tenha aderido ao programa, a empregada deve optar pela prorrogação da licença-maternidade até o final do primeiro mês após o parto. O benefício é cabível também à mãe adotiva. Também é possível a conversão da prorrogação em redução da jornada (50%), durante o período de 120 dias.

- Para afastamento por licença-maternidade a empregada deve notificar o empregador, mediante atestado médico, a partir de 28 dias antes da data prevista para o parto, contando-se os 120 dias a partir do efetivo afastamento.

- Caso necessário os períodos de repouso, antes e depois do parto, poderão ser aumentados de duas semanas cada um, mediante atestado médico (art. 392, § 2°).

- Conforme entendimento do STF, se a empregada e/ou o recém-nascido ficarem internados após o parto, o prazo de 120 dias da licença-maternidade e do respectivo salário-maternidade será contado a partir da alta hospitalar que ocorrer por último.

- Desde que tenha ocorrido o parto, independentemente do fato do bebê ter nascido com vida, a gestante tem direito à licença-maternidade e ao salário-maternidade.

- Em caso de falecimento da mãe, é assegurado ao **cônjuge ou companheiro empregado** o gozo de licença por todo o período da licença-maternidade ou pelo tempo restante a que teria direito a mãe, exceto no caso de falecimento do filho ou de seu abandono.

TRABALHO DA MULHER

- Durante a gravidez fica assegurada à gestante a **transferência de função**, sempre que recomendada pelo médico, garantido o retorno à função anteriormente ocupada.
- É assegurado à empregada, enquanto durar a gestação ou lactação, **o afastamento de atividades insalubres**, devendo exercer suas atividades em local salubre.
- É inconstitucional o condicionamento do afastamento da gestante ou da lactante de atividades insalubres à apresentação de atestado de saúde que o recomende.
- É garantida à gestante a dispensa do horário de trabalho pelo tempo necessário para a realização de, **no mínimo, seis consultas médicas e demais exames complementares**.
- É assegurado à gestante o **direito de romper o contrato** se da sua execução decorrer riscos à sua saúde ou à própria gestação. Neste caso, não é devido o aviso-prévio, e os demais efeitos jurídicos são os do pedido de demissão.
- No caso de **aborto não criminoso** a empregada faz jus à licença remunerada (interrupção contratual) de duas semanas, e não há se falar em garantia de emprego.
- Garante-se à mãe dois **intervalos para amamentação** de meia hora cada um, até que o bebê complete seis meses, período que pode ser prorrogado por determinação médica. Estes intervalos são computados na jornada de trabalho e deverão ser ajustados entre a empregada e o empregador, quanto aos horários das pausas, mediante acordo individual.
- **Garantia de emprego**: fica vedada a dispensa da gestante, desde a confirmação da gravidez até cinco meses após o parto. O direito é estendido a quem detiver a guarda da criança em caso de falecimento da genitora, bem como ao adotante.

Proteção ao adotante:

- Garante-se a licença-maternidade de 120 dias (bem como o respectivo salário-maternidade, pelo mesmo período) ao adotante empregado (mulher ou homem), independentemente da idade do(a) adotado(a).
- A licença (e o respectivo benefício previdenciário) é garantida a um dos adotantes de um mesmo processo de adoção, inclusive nos casos de união estável homoafetiva.

24.12. DEIXADINHAS

1. É vedado ao empregador veicular anúncio de emprego fazendo referência ao sexo, à idade, à cor ou à situação familiar do trabalhador, salvo quando a atividade, por sua própria natureza, assim o exigir.
2. É vedado recusar emprego, promoção ou motivar a dispensa do trabalho em razão de sexo, idade, cor, situação familiar ou estado de gravidez, salvo quando a natureza da atividade seja notória e publicamente incompatível.
3. É vedado considerar o sexo, a idade, a cor ou situação familiar como variável determinante para fins de remuneração, formação profissional e oportunidades de ascensão profissional.
4. É vedado exigir atestado ou exame, de qualquer natureza, para comprovação de esterilidade ou gravidez, na admissão ou permanência no emprego.
5. É vedado impedir o acesso ou adotar critérios subjetivos para deferimento de inscrição ou aprovação em concursos, em empresas privadas, em razão de sexo, idade, cor, situação familiar ou estado de gravidez.
6. É vedado proceder o empregador ou preposto a revistas íntimas nas empregadas ou funcionárias.
7. A doutrina considera que a proibição às revistas íntimas estende-se ao empregado do sexo masculino, ante a igualdade de direitos preconizada pelo art. 5º, I, da CRFB, bem como pelo direito fundamental à intimidade.
8. A adoção de medidas de proteção ao trabalho da mulher tem natureza de ordem pública, não justificando, em hipótese alguma, redução de salário.

9. É claro que a redução de salário proibida é aquela vinculada à medida de proteção ao trabalho da mulher, pelo que é permitida a redução salarial mediante negociação coletiva, nos termos do art. 7º, VI, da CRFB.

10. Durante a jornada de trabalho, será concedido à empregada um período para refeição e repouso não inferior a 1 (uma) hora nem superior a 2 (duas) horas, salvo se a redução for autorizada pelo Ministério do Trabalho e Emprego.

11. Havendo trabalho aos domingos, será organizada uma escala de revezamento quinzenal, que favoreça o repouso dominical.

12. Toda empresa é obrigada a prover os estabelecimentos de medidas concernentes à higienização dos métodos e locais de trabalho, tais como ventilação e iluminação, bem como outros que se fizerem necessários à segurança e ao conforto das mulheres, a critério da autoridade competente.

13. Toda empresa é obrigada a instalar bebedouros, lavatórios, aparelhos sanitários; dispor de cadeiras ou bancos, em número suficiente, que permitam às mulheres trabalhar sem grande esgotamento físico.

14. Toda empresa é obrigada a instalar vestiários com armários individuais privativos das mulheres, exceto os estabelecimentos comerciais, escritórios, bancos e atividades afins, em que não seja exigida a troca de roupa e outros, a critério da autoridade competente em matéria de segurança e higiene do trabalho, admitindo-se como suficientes as gavetas ou escaninhos, onde possam as empregadas guardar seus pertences.

15. Toda empresa é obrigada a fornecer, gratuitamente, a juízo da autoridade competente, os recursos de proteção individual, tais como óculos, máscaras, luvas e roupas especiais, para a defesa dos olhos, do aparelho respiratório e da pele, de acordo com a natureza do trabalho.

16. Os estabelecimentos em que trabalharem pelo menos 30 (trinta) mulheres com mais de 16 (dezesseis) anos de idade terão local apropriado onde seja permitido às empregadas guardar sob vigilância e assistência os seus filhos no período da amamentação.

17. No tocante à manutenção de creches, a obrigação pode ser cumprida mediante a disponibilização de creches próprias, a utilização de creches externas, mediante convênio, ou ainda mediante o pagamento de reembolso-creche, através do qual o empregador reembolsa a mãe das despesas efetivamente incorridas com creche.

18. O sistema de reembolso-creche depende de previsão em instrumento coletivo de trabalho.

19. Caso o empregador mantenha creche própria, os locais destinados à guarda dos filhos das operárias durante o período da amamentação deverão possuir, no mínimo, um berçário, uma saleta de amamentação, uma cozinha dietética e uma instalação sanitária.

20. É vedado empregar a mulher em serviço que demande o emprego de força muscular superior a 20 (vinte) quilos para o trabalho contínuo, ou 25 (vinte e cinco) quilos para o trabalho ocasional, salvo se a remoção de material for feita por impulsão ou tração de vagonetes sobre trilhos, de carros de mão ou quaisquer aparelhos mecânicos.

21. Não constitui justo motivo para a rescisão do contrato de trabalho da mulher o fato de haver contraído matrimônio ou de encontrar-se em estado de gravidez.

22. A empregada gestante e o empregado adotante (homem ou mulher) têm direito à licença-maternidade de 120 dias, sem prejuízo do emprego ou do salário. No caso, sendo os dois adotantes empregados, apenas um terá direito à licença e ao benefício previdenciário respectivo.

23. Durante a licença-maternidade a empregada recebe o salário-maternidade, que tem natureza de benefício previdenciário; porém, não se limita ao teto do INSS, representando o salário efetivamente percebido pela empregada.

24. Se a remuneração for variável, a remuneração paga durante a licença-maternidade é calculada pela média dos últimos seis meses de trabalho.

25. A licença-maternidade poderá ser prorrogada por 60 dias, se o empregador aderir ao Programa Empresa Cidadã, cuja participação lhe assegura benefícios fiscais. A prorrogação poderá ser substituída por redução da jornada em 50%, durante 120 dias, sem prejuízo do salário integral.

26. Caso o empregador participe do referido Programa, a licença-maternidade será de 180 dias, desde que a prorrogação seja requerida pela empregada até o final do primeiro mês após o parto. O pagamento do salário neste período de 60 dias fica a cargo do empregador.

27. A prorrogação da licença-maternidade, quando cabível, estende-se também à mãe adotante.

28. Somente pessoa jurídica pode aderir ao Programa Empresa Cidadã, razão pela qual a prorrogação não se aplica à doméstica, bem como a outras empregadas cujo empregador é pessoa física.

29. Durante a prorrogação da licença-maternidade, fica a mãe proibida de exercer qualquer outra atividade remunerada, e a criança deverá ser mantida sob seus cuidados.

30. A empregada deve, mediante atestado médico, notificar o seu empregador da data do início do afastamento do emprego, que poderá ocorrer entre o 28º (vigésimo-oitavo) dia antes do parto e a ocorrência deste.

31. Caso necessário os períodos de repouso, antes e depois do parto, poderão ser aumentados de duas semanas cada um, mediante atestado médico.

32. Mesmo que o parto ocorra antes dos nove meses, são direitos da empregada a licença-maternidade e o respectivo salário-maternidade. Não interessa se o bebê nasceu com vida.

33. A gestante tem direito à transferência de função, quando as condições de saúde o exigirem, assegurada a retomada da função anteriormente exercida, logo após o retorno ao trabalho.

34. A empregada gestante será afastada de atividade insalubre em qualquer grau, durante a gestação, independentemente da apresentação de atestado médico que o recomende.

35. A empregada será afastada de qualquer atividade insalubre, durante a lactação, independentemente de atestado médico que o recomende.

36. A gestante tem direito à dispensa do horário de trabalho pelo tempo necessário para a realização de, no mínimo, seis consultas médicas e demais exames complementares.

37. À empregada que adotar ou obtiver guarda judicial para fins de adoção de criança será concedida licença-maternidade, nos mesmos moldes concedidos à empregada gestante.

38. Para que a licença-maternidade seja concedida à adotante, faz-se necessária a apresentação do termo judicial de guarda à adotante ou guardiã.

39. A mulher grávida tem o direito de romper o contrato de trabalho desde que sua atividade seja prejudicial à gestação, o que deve ser comprovado por atestado médico. Neste caso, não é devido o aviso-prévio, e os demais efeitos jurídicos são os do pedido de demissão.

40. Em caso de aborto não criminoso, comprovado por atestado médico oficial, a mulher terá um repouso remunerado de 2 (duas) semanas, ficando-lhe assegurado o direito de retornar à função que ocupava antes de seu afastamento.

41. Para amamentar o próprio filho, até que este complete 6 (seis) meses de idade, a mulher terá direito, durante a jornada de trabalho, a 2 (dois) descansos especiais, de meia hora cada um. O horário das pausas será definido em acordo individual entre empregada e empregador.

42. Estes intervalos são computados na jornada de trabalho, ou seja, são remunerados.

43. Quando o exigir a saúde do filho, o período de 6 (seis) meses poderá ser dilatado, a critério da autoridade competente, que é o médico.

44. É vedada a dispensa arbitrária ou sem justa causa da empregada gestante, desde a confirmação da gravidez até cinco meses após o parto. Tal direito se estende, em caso de falecimento da genitora empregada, a quem detiver a guarda de seu filho. Estende-se também o direito ao adotante.

CAPÍTULO 25

Proteção do Trabalho do Menor

· · · · · · · · · · · · · · · · · ·

Marcadores: TRABALHO DO MENOR; TRABALHO PROIBIDO AO MENOR; CAPACIDADE TRABALHISTA; TRABALHO ARTÍSTICO DA CRIANÇA E DO ADOLESCENTE.

Material de estudo:

✓ Legislação *básica*: **CLT**, arts. 136, § 2°, 402-441, 611-B; **Lei Complementar n° 150/2015**, art. 1°, parágrafo único; **CRFB/88**, art. 7°, XXXIII.

✓ Legislação para *estudo avançado*: **Decreto n° 6.481/2008 (Lista TIP)**; **Lei n° 8.069/1990 (ECA)**, arts. 16, II, 60-69, 149.

✓ Jurisprudência: **OJ SDC** 26, TST.

✓ Doutrina (+).

Estratégia de estudo sugerida:

As questões de concursos sobre o trabalho do menor normalmente se restringem à limitação de idade, conforme a CRFB, bem como às atividades vedadas ao menor. De forma menos frequente, cobra-se a capacidade do menor, no sentido dos atos que este pode praticar sozinho, hipóteses em que é assistido pelo responsável e a hipótese de representação.

Para quem precisa estudar o Estatuto da Criança e do Adolescente – ECA (incluído eventualmente em editais de concursos): cuidado, pois vários dispositivos já se encontram superados ante o texto reformado da CRFB/1988.

A legislação procura tutelar o trabalho do menor de forma a garantir seu desenvolvimento saudável, tanto sob o aspecto físico quanto psicológico.

Nessa esteira, estabelece uma série de restrições ao seu trabalho, pelo que há significativas diferenças de tratamento jurídico entre menores e maiores de 18 anos.

Garcia Oviedo[1] indica os seguintes fundamentos para a proteção especial conferida ao trabalho do menor:

a) de *ordem fisiológica*, com vistas a afastar possíveis danos ao desenvolvimento fisiológico do menor em decorrência do trabalho em atividades insalubres e/ou penosas;

b) de *ordem cultural*, para evitar que o menor seja privado do tempo necessário aos estudos e à sua formação cultural de uma forma geral;

c) de *ordem moral*, a fim de garantir que o menor não seja exposto a locais prejudiciais à sua formação moral;

d) *quanto à segurança*, para evitar que o menor seja acometido pelas duras consequências dos acidentes de trabalho.

No plano normativo a proteção ao trabalho do menor tem fundamento constitucional no Brasil, conforme o *princípio da proteção integral* extraído do art. 227 da CRFB/88:

Art. 227. É dever da família, da sociedade e do Estado assegurar à criança, ao adolescente e ao jovem, com absoluta prioridade, o direito à vida, à saúde, à alimentação, à educação, ao lazer, à profissionalização, à cultura, à dignidade, ao respeito, à liberdade e à convivência familiar e comunitária, além de colocá-los a salvo de toda forma de negligência, discriminação, exploração, violência, crueldade e opressão.

(...)

§ 3º O direito a proteção especial abrangerá os seguintes aspectos:

I – idade mínima de quatorze anos para admissão ao trabalho, observado o disposto no art. 7º, XXXIII;

II – garantia de direitos previdenciários e trabalhistas;

III – garantia de acesso do trabalhador adolescente e jovem à escola;

(...)

Da mesma forma, o art. 7º, XXXIII, da CRFB/88, estabelece a idade mínima de ingresso do menor no mercado de trabalho e as atividades proibidas, nos seguintes termos:

Art. 7º São direitos dos trabalhadores urbanos e rurais, além de outros que visem à melhoria de sua condição social:

(...)

XXXIII – proibição de trabalho noturno, perigoso ou insalubre a menores de dezoito e de qualquer trabalho a menores de dezesseis anos, salvo na condição de aprendiz, a partir de quatorze anos;

(...)

Por fim, a CLT dedica um capítulo (Capítulo IV do Título III, que compreende os arts. 402-441) à proteção do trabalho do menor. Porém, há uma exceção:

Art. 402. (...)

Parágrafo único. O trabalho do menor reger-se-á pelas disposições do presente Capítulo, **exceto no serviço em oficinas em que trabalhem exclusivamente pessoas da família do menor e**

---

[1] OVIEDO, Garcia. *Tratado Elemental de derecho social*. Madrid, 1934, p. 403, apud SAAD, Eduardo Gabriel. *Consolidação das Leis do Trabalho Comentada*. 43. ed. atual., rev. e ampl. por José Eduardo Duarte Saad, Ana Maria Saad Castello Branco. São Paulo: LTr, 2010, p. 492.

esteja este sob a direção do pai, mãe ou tutor, observado, entretanto, o disposto nos arts. 404, 405 e na Seção II. (grifos meus)

A propósito, Gustavo Filipe Barbosa Garcia esclarece:

"Essa previsão deve, no entanto, ser interpretada restritivamente, só podendo afastar a incidência da legislação trabalhista na efetiva ausência de vínculo de emprego, por não ser a prestação de serviços feita com subordinação, mas sim no âmbito da relação familiar."[2-3]

25.1. CONCEITO DE MENOR PARA FINS TRABALHISTAS

Menor, para os fins da relação de emprego, **é o trabalhador com idade entre 14 anos e 18 anos incompletos.**

Neste sentido, o art. 402, *caput*, da CLT:

Art. 402. Considera-se menor para os efeitos desta Consolidação o trabalhador de quatorze até dezoito anos.

(...)

Cuidado, porque a previsão celetista inclui, naturalmente, o aprendiz, que pode ser contratado a partir dos quatorze anos.

Não importa se ocorreu uma das hipóteses de emancipação previstas no Direito Civil, tendo em vista que as normas de proteção ao menor visam à preservação de sua saúde e desenvolvimento físico e psíquico, pelo que sua finalidade não é alcançada através de ficções jurídicas. Interessa, propriamente, a idade cronológica do trabalhador. Neste sentido, Maurício Godinho Delgado[4] e Gustavo Filipe Barbosa Garcia[5], sendo que este último ressalta, entretanto, a existência de entendimento diverso, **não majoritário**.

25.2. IDADE PARA O TRABALHO E CAPACIDADE

No tocante à idade para o trabalho, dispõe o art. 403 da CLT, reiterando o limite constitucional, que "é proibido qualquer trabalho a menores de dezesseis anos de idade, salvo na condição de aprendiz, a partir dos quatorze anos".

A capacidade trabalhista plena se adquire aos 18 anos, quando o trabalhador pode praticar sozinho todos os atos pertinentes à sua vida laboral, embora ainda existam atividades proibidas, como o trabalho em minas de subsolo, que só é permitido aos maiores de 21 anos (art. 301, CLT).

Entre os 16 e os 18 anos (e a partir dos 14 anos, no caso do aprendiz), o trabalhador é relativamente capaz, pelo que pode firmar contrato de trabalho, dependendo da *assistência* do responsável legal para a prática de alguns atos da vida trabalhista, como se verá adiante.

Como mencionado, a emancipação civil não tem qualquer efeito no âmbito laboral, naquilo que diz respeito às restrições impostas pelo legislador ao trabalho do menor.

---

2   GARCIA, Gustavo Filipe Barbosa. *Curso de Direito do Trabalho*. 4. ed. São Paulo: Forense, 2010, p. 997.

3   No mesmo sentido, MOURA, Marcelo. *Consolidação das Leis do Trabalho para concursos*. Salvador: JusPodivm, 2011, p. 440-441.

4   DELGADO, Maurício Godinho. *Curso de Direito do Trabalho*. 9. ed. São Paulo: LTr, 2010, p. 478.

5   GARCIA, Gustavo Filipe Barbosa. *Curso de Direito do Trabalho*, p. 152.

25.3. TRABALHO VEDADO AO MENOR

A fim de garantir o adequado desenvolvimento físico e psíquico do adolescente, o legislador restringe as atividades e/ou circunstâncias em que o menor pode trabalhar, estipulando diversas proibições.

Ressalte-se, entretanto, como já foi mencionado quando do estudo dos elementos do contrato de trabalho, que o labor irregular do menor é enquadrado pelo direito como *trabalho proibido*, do que se extrai que, caso o menor trabalhe irregularmente em atividade proibida, ou antes de completar a idade mínima, ainda assim terá assegurada a proteção trabalhista integral. Em outras palavras, a declaração de nulidade, no caso, opera efeitos *ex nunc*.

No tocante às proibições propriamente ditas, a própria Constituição estabelece importantes limites ao trabalho do menor, consoante dispõe o art. 7º, XXXIII. No mesmo sentido, o Decreto nº 10.854/2021, o qual proíbe o trabalho noturno, perigoso ou insalubre a menores de dezoito anos de idade, além daqueles proibidos pela Lei nº 8.069/1990 (ECA) e pelo Decreto nº 6.481/2008. Vejamos separadamente as principais restrições ao trabalho do adolescente.

25.3.1. Trabalho noturno

A proibição do trabalho noturno deve-se ao fato de que o trabalho em tal horário é mais gravoso à saúde do trabalhador, e tanto mais à do menor. Considera-se trabalho noturno o realizado entre as 22h e as 5h na cidade (art. 73, § 2º, CLT), o realizado entre as 20h e as 4h, na atividade pecuária, bem como o realizado entre as 21h e as 5h na atividade agrícola (art. 7º da Lei nº 5.889/1973).

25.3.2. Trabalho insalubre ou perigoso

É notório que o trabalho perigoso ou insalubre acarreta grandes malefícios ao normal desenvolvimento do menor, razão pela qual é proibido. São consideradas atividades perigosas as que, desenvolvidas de forma não eventual, impliquem no contato com substâncias inflamáveis, explosivos e com eletricidade, em condições de risco acentuado, ou, ainda, aquelas que impliquem risco acentuado em virtude de exposição permanente do trabalhador a roubos ou outras espécies de violência física nas atividades profissionais de segurança pessoal ou patrimonial. Atividades insalubres, por sua vez, são aquelas que expõem o trabalhador a agentes químicos, físicos ou biológicos prejudiciais à saúde.

No mesmo sentido do art. 7º, XXXIII, da CRFB/88, o art. 405, I, da CLT, *in verbis*:

> Art. 405. Ao menor não será permitido o trabalho:
>
> I – nos locais e serviços perigosos ou insalubres, constantes de quadro para esse fim aprovado pelo Diretor-Geral do Departamento de Segurança e Higiene do Trabalho *[atualmente, pelo titular da Secretaria de Inspeção do Trabalho]*;
>
> (...)

Os locais e serviços perigosos ou insalubres são aqueles descritos no item I do Decreto nº 6.481/2008, que atualizou a lista das piores formas de trabalho infantil ("lista TIP"). A propósito, o Decreto nº 6.481/2008 veio regulamentar a Convenção nº 182 da Organização Internacional do Trabalho – OIT, que dispõe sobre a *proibição das piores formas de trabalho infantil*, e, desse modo, lista as atividades vedadas aos menores de 18 anos, tanto sob o ponto de vista dos trabalhos prejudiciais à saúde e à segurança, bem como sob o aspecto dos trabalhos prejudiciais à moralidade.

25.3.3. Trabalho em locais prejudiciais à sua formação

Dispõe o parágrafo único do art. 403 da CLT que "**o trabalho do menor não poderá ser realizado em locais prejudiciais à sua formação, ao seu desenvolvimento físico, psíquico, moral e social e em horários e locais que não permitam a frequência à escola**". Por seu turno, o art. 405 proíbe o trabalho do menor em locais prejudiciais à sua moralidade, considerando-se como tais as seguintes atividades:

a) trabalho prestado de qualquer modo em teatros de revista, cinemas, boates, cassinos, cabarés, dancings e estabelecimentos análogos;

b) trabalho em empresas circenses, em funções de acrobata, saltimbanco, ginasta e outras semelhantes;

[Nestes dois primeiros casos, o Juiz da Infância e da Juventude pode autorizar o trabalho do menor, desde que, cumulativamente: a representação tenha fim educativo ou a peça de que participe não possa ser prejudicial à sua formação moral; a ocupação não acarrete prejuízo à formação moral do menor, bem como seja a remuneração do trabalho indispensável à subsistência do menor ou de seus pais, avós ou irmãos (art. 406).]

c) trabalho de produção, composição, entrega ou venda de escritos, impressos, cartazes, desenhos, gravuras, pinturas, emblemas, imagens e quaisquer outros objetos que possam, a juízo da autoridade competente, prejudicar sua formação moral. Trata-se do material pornográfico;

d) trabalho consistente na venda, a varejo, de bebidas alcoólicas.

Nestas duas últimas hipóteses, não há se falar em autorização judicial, ficando absolutamente vedado o trabalho do adolescente menor de 18 anos.

Também é vedado o trabalho do adolescente nas ruas, praças e outros logradouros, salvo mediante autorização prévia do Juiz da Infância e da Juventude, nos casos em que a ocupação não acarrete prejuízo à formação moral do menor, bem como seja a remuneração do trabalho indispensável à subsistência do menor ou de seus pais, avós ou irmãos (art. 405, § 2º).

25.3.4. Trabalho doméstico

O trabalho doméstico já era vedado ao menor pelo Decreto nº 6.481/2008, o qual aprovou a Lista das Piores Formas de Trabalho Infantil (Lista TIP), incluindo nela o trabalho doméstico (item 76 da Lista). Todavia, subsistia alguma dúvida a respeito da vedação, notadamente depois da promulgação da EC nº 72/2013, porquanto tal Emenda estendeu ao doméstico o inciso XXXIII do art. 7º da Constituição, o que poderia sugerir a liberação da contratação de menores para o trabalho doméstico, desde que observado o limite etário e a vedação do trabalho noturno, insalubre ou perigoso.

Eliminando quaisquer dúvidas porventura ainda existentes, dispôs o parágrafo único do art. 1º da Lei Complementar nº 150/2015 que "**é vedada a contratação de menor de 18 (dezoito) anos para desempenho de trabalho doméstico**, de acordo com a Convenção nº 182, de 1999, da Organização Internacional do Trabalho (OIT) e com o Decreto nº 6.481, de 12 de junho de 2008".

Observe-se que a vedação é não só à contratação do menor como empregado doméstico, mas a qualquer trabalho doméstico ao menor de 18 anos.

25.3.5. Limite de carregamento de peso

Dispõe o § 5º do art. 405 da CLT que ao menor é aplicável o disposto no art. 390 e seu parágrafo único.

O art. 390 é o que proíbe à mulher o trabalho em atividades que demandem força muscular superior a 20kg e 25kg, respectivamente, para o trabalho contínuo e ocasional, salvo se realizado por meios mecânicos[6].

Dica para prova discursiva:

Tendo em vista a inclusão do combate ao trabalho infantil no edital do último concurso para AFT (2013), é factível a cobrança de questão discursiva a respeito da matéria. De todo o Capítulo 25, creio que as limitações ao trabalho do menor (itens 25.2, 25.3 e 25.7) constituem o cerne da questão para provas discursivas. Ver ainda item 27.9.1.

25.4. TRABALHO ARTÍSTICO DE CRIANÇAS E ADOLESCENTES

Em que pese a proibição de qualquer trabalho aos menores de 16 anos, salvo na condição de aprendiz, a partir dos 14 anos, é comum depararmos com crianças e adolescentes em atividades artísticas, por exemplo, em programas de televisão. No caso, admite-se excepcionalmente a atividade da criança e do adolescente, com espeque na garantia de manifestação do direito fundamental da liberdade de expressão. Neste sentido, Gustavo Filipe Barbosa Garcia:

> "Permite-se essa atividade apenas quando não possa gerar qualquer prejuízo ao menor, sendo admitida como forma de manifestação do direito fundamental de liberdade de expressão (art. 5º, inciso IX, da CF/1988). Mesmo não tendo a criança idade mínima, exigida pelo texto constitucional, a participação em referidos programas seria excepcionalmente admitida, mediante autorização judicial, desde que ausente qualquer prejuízo ao menor, com fundamento no princípio da razoabilidade, bem como por ser considerada, preponderantemente e em essência, uma atividade artística, e não um trabalho ou emprego propriamente[7]."

A autorização, que cabe ao Juiz da Infância e da Juventude, também encontra fundamento no art. 149, II, do Estatuto da Criança e do Adolescente[8]. Neste mesmo sentido, medida cautelar concedida pelo STF em sede da ADI nº 5.326/DF, relatada pelo Min. Marco Aurélio (*DJE* 20.03.2020)[9].

---

[6] Não obstante, a Lista das Piores Formas de Trabalho Infantil (Lista TIP), aprovada pelo Decreto nº 6.481/2008, **proíbe o trabalho do menor** "com levantamento, transporte, carga ou descarga manual de pesos, quando realizados raramente, superiores a 20 quilos, para o gênero masculino e superiores a 15 quilos para o gênero feminino; e superiores a 11 quilos para o gênero masculino e superiores a 7 quilos para o gênero feminino, quando realizados frequentemente" (item 80). Em provas de concursos normalmente será cobrado o dispositivo celetista, mas é importante, notadamente para eventual questão discursiva, conhecer os termos da Lista TIP.

[7] GARCIA, Gustavo Filipe Barbosa. *Curso de Direito do Trabalho*, p. 1.006.

[8] (Lei nº 8.069/1990) Art. 149: Compete à autoridade judiciária disciplinar, através de portaria, ou autorizar, mediante alvará: (...)
II – a participação de criança e adolescente em: a) espetáculos públicos e seus ensaios; b) certames de beleza. (...)

[9] Até o fechamento desta edição a referida ADI 5.326 se encontrava pendente de julgamento.

25.5. AFASTAMENTO DO MENOR POR DETERMINAÇÃO DA AUTORIDADE COMPETENTE

Art. 407. Verificado pela **autoridade competente** que o trabalho executado pelo menor é prejudicial à sua saúde, ao seu desenvolvimento físico ou a sua moralidade, **poderá ela obrigá-lo a abandonar o serviço, devendo a respectiva empresa**, quando for o caso, **proporcionar ao menor todas as facilidades para mudar de funções.**

(...)

Autoridade competente, no caso, é, normalmente, o Auditor Fiscal do Trabalho, que encontra o menor em atividade prejudicial durante inspeção fiscal *in loco*. Poderá ser, também, o Juiz da Infância e Juventude ou o Juiz do Trabalho, o que é mais raro na prática. Neste caso, a autoridade determina o imediato afastamento do menor da função prejudicial, se possível mediante transferência para outra função, hipótese em que o empregador deverá facilitar a mudança de função (art. 407, *caput*, parte final, c/c o art. 426 da CLT).

Caso o empregador não empreenda esforços para adequar a função do menor ao seu desenvolvimento sadio, deverá o contrato ser rescindido, mediante **rescisão indireta**, na forma do art. 483 da CLT (art. 407, parágrafo único, CLT).

Ainda a fim de proteger o menor quanto à sua formação e moralidade, pode o AFT determinar que o adolescente menor não permaneça no local de trabalho durante os períodos destinados ao repouso (art. 409). A doutrina aponta como justificativa para tal previsão duas ordens de fatores: em primeiro lugar, o menor poder ficar exposto, durante os intervalos, a risco de acidentes nos próprios equipamentos da empresa, tendo em vista que, neste horário, o empregador não tem o dever de vigilância sobre seus empregados; em segundo lugar, o ambiente mais descontraído entre os colegas de trabalho pode expor o menor a relacionamentos prejudiciais à sua formação moral, quando inadequados à sua idade[10].

25.6. RESCISÃO PLEITEADA PELO RESPONSÁVEL LEGAL

Temos aqui uma hipótese de *representação* do menor pelo responsável legal, o que configura exceção à regra geral da capacidade relativa do menor entre 16 anos e 18 anos (e entre 14 anos e os 18 anos como aprendiz), pela qual o trabalhador é *assistido* pelo responsável, ou seja, ambos praticam juntos os atos para os quais ele ainda não tem plena capacidade.

Na hipótese, prevista no art. 408 da CLT, "ao responsável legal do menor é facultado pleitear a extinção do contrato de trabalho, desde que o serviço possa acarretar para ele prejuízos de ordem física ou moral".

Nesse caso, o menor não precisa cumprir aviso-prévio, pois a extinção é por justo motivo, e deve ocorrer de imediato para que surta os efeitos esperados.

25.7. LIMITES À DURAÇÃO DO TRABALHO DO MENOR

Além das normas relativas à duração do trabalho aplicáveis aos trabalhadores em geral, os menores gozam de proteção especial.

---

[10] MOURA, Marcelo. *Consolidação das Leis do Trabalho para concursos*, p. 449.

Em primeiro lugar, **a regra geral é a impossibilidade da prorrogação da jornada de trabalho do menor.** Neste sentido, o art. 413 da CLT:

Art. 413. É vedado prorrogar a duração normal diária do trabalho do menor, salvo:

I – até mais 2 (duas) horas, independentemente de acréscimo salarial, mediante convenção ou acordo coletivo nos termos do Título VI desta Consolidação, desde que o excesso de horas em um dia seja compensado pela diminuição em outro, de modo a ser observado o limite máximo de 48 (quarenta e oito) horas semanais ou outro inferior legalmente fixado;

II – excepcionalmente, por motivo de força maior, até o máximo de 12 (doze) horas, com acréscimo salarial de, pelo menos, 25% (vinte e cinco por cento) sobre a hora normal e desde que o trabalho do menor seja imprescindível ao funcionamento do estabelecimento.

(...)

Assim, com as adaptações necessárias à luz da CRFB/1988, extraímos do art. 413 as seguintes ilações:

a) em regra, é **vedada a prorrogação da jornada do menor;**

b) será lícita a prorrogação no caso de compensação intrassemanal, desde que a hipótese esteja prevista em instrumento coletivo de trabalho. Onde se lê 48 horas, leia-se 44 horas, em face do novo limite constitucional do módulo semanal (art. 7º, XIII, CRFB/88). Observe-se que a lei não autoriza a compensação do trabalho do menor sob a modalidade denominada "banco de horas";

c) será ainda lícita a prorrogação da jornada do menor nos casos de **força maior,** mas **desde que o trabalho do menor seja imprescindível** ao funcionamento do estabelecimento, **limitada a jornada a 12 horas.** Neste caso, as horas que excederem a jornada normal deverão ser remuneradas como extras (naturalmente conforme dispõe a CRFB/88, isto é, onde se lê "com acréscimo salarial de pelo menos 25% sobre a hora normal", leia-se "com acréscimo salarial de pelo menos 50% sobre a hora normal").

Outra peculiaridade aplicável ao menor incide na hipótese de o menor ter mais de um emprego. Neste caso, a jornada de cada um dos empregos será somada, conforme dispõe o art. 414 da CLT.

Art. 414. Quando o menor de 18 (dezoito) anos for empregado em mais de um estabelecimento, as horas de trabalho em cada um serão totalizadas.

Aplicava-se ao menor, por força do disposto no art. 413, parágrafo único, da CLT, o intervalo de 15 minutos entre o final da jornada normal e o início da jornada prorrogada, nos termos do disposto no art. 384 da CLT, que previa o intervalo para a mulher. Todavia, **o art. 384 da CLT foi revogado pela Lei nº 13.467/2017, razão pela qual naturalmente também o menor deixou de ter direito a tal intervalo.** Aliás, a partir da vigência da Lei nº 13.467/2017, o parágrafo único do art. 413 da CLT[11] não faz mais nenhum sentido, porquanto todos os dispositivos ali referidos já se encontram revogados.

---

[11] Art. 413. (...)
Parágrafo único. Aplica-se à prorrogação do trabalho do menor o disposto no art. 375, no parágrafo único do art. 376, no art. 378 e no art. 384 desta Consolidação.

25.8. ADMISSÃO E DESLIGAMENTO

Conforme entendimento jurisprudencial dominante durante muitos anos, **se o menor já tinha carteira de trabalho, não precisava de autorização dos pais para assinar contrato de trabalho**, tendo em vista que a emissão de CTPS em favor do menor dependia de declaração expressa dos pais ou responsável, consoante disposto no art. 17, § 1º, da CLT. Ocorre que o referido art. 17 da CLT foi revogado pela Lei nº 13.874/2019 e atualmente não se exige, para emissão da CTPS do menor, a declaração dos pais ou responsáveis, conforme inteligência do art. 5º, § 1º, c/c art. 9º, ambos da Portaria MTP nº 671/2021.

Sendo assim, entendo que atualmente o menor deve ser assistido pelos pais ou responsáveis quando da assinatura do primeiro contrato de trabalho.

Por outro lado, **admite-se que o menor peça demissão sem assistência do responsável legal, sendo esta exigida apenas no ato de quitação** das verbas rescisórias, nos termos do art. 439 da CLT:

> Art. 439. É lícito ao menor firmar recibo pelo pagamento dos salários. Tratando-se, porém, de rescisão do contrato de trabalho, é vedado ao menor de 18 (dezoito) anos dar, sem assistência dos seus responsáveis legais, quitação ao empregador pelo recebimento da indenização que lhe for devida.

Observe-se que, neste caso, o menor é *assistido* e não *representado*, o que significa que ele também deverá assinar, em conjunto com seu responsável legal, o termo de quitação das verbas rescisórias. Somente há representação do menor empregado na hipótese do art. 408 da CLT, qual seja quando for solicitada pelo representante legal do menor a rescisão do contrato de trabalho, tendo em vista ser o trabalho prejudicial física ou moralmente ao empregado.

25.9. PRESCRIÇÃO

> Art. 440. Contra os menores de 18 (dezoito) anos não corre nenhum prazo de prescrição.

Imagine-se o seguinte exemplo: um menor foi admitido em determinada empresa com 12 anos de idade, tendo sido demitido exatamente no dia em que completou 15 anos. Neste caso, pela regra geral da prescrição trabalhista, este menor teria até dois anos, contados do desligamento, para ajuizar ação trabalhista em face de seu empregador. Não obstante, como não corre prescrição contra menores de 18 anos, o prazo prescricional (bienal) somente começará a contar a partir do momento em que o empregado complete 18 anos. Observe-se também que não corre "nenhum prazo de prescrição"; então, obviamente, o prazo quinquenal não será aplicável, até porque, se o fosse, a proteção restaria inútil.

Desse modo, caso o trabalhador contratado, quando ainda menor, venha a permanecer no emprego após completar 18 anos, a prescrição parcial somente passará a incidir quando o trabalhador tiver 23 anos. Este é o entendimento adotado inclusive pelo TST.

TRABALHO DO MENOR
Conceito: é menor o trabalhador maior de 14 e menor que 18 anos.
Idade para o trabalho: • > 14 anos, na condição de aprendiz. • > 16 anos, como empregado em geral.

TRABALHO DO MENOR

Capacidade:
- São plenamente capazes os maiores de 18 anos.
- São relativamente capazes os maiores de 16 e menores de 18 anos, bem como os aprendizes maiores de 14 e menores de 18 anos.
- Os relativamente capazes podem praticar sozinhos diversos atos da vida trabalhista, como firmar recibo de pagamento de salário, pedir demissão ou assinar aviso-prévio de demissão.
- Não podem os relativamente capazes, entretanto, dar quitação das parcelas rescisórias sem a assistência dos pais ou responsável.

Trabalho proibido:
- Trabalho noturno.
- Trabalho perigoso ou insalubre.
- Trabalho que impeça o menor de frequentar a escola.
- Trabalho prejudicial ao desenvolvimento do menor e/ou à moralidade.
- Trabalho que demande força muscular superior a 20 kg e 25 kg, respectivamente, para o trabalho contínuo e ocasional, salvo se utilizado meio mecânico que reduz o esforço.
- Trabalho em ruas, praças e outros logradouros, salvo com autorização judicial.
- Trabalho doméstico.

Trabalho prejudicial à moralidade:
- Teatros de revista, cinemas, teatros, cassinos, cabarés, *dancings* e estabelecimentos análogos.
- Empresas circenses, em funções de acrobata, saltimbanco, ginasta e outras semelhantes.
- Qualquer trabalho relacionado à circulação de material pornográfico.
- Venda, a varejo, de bebidas alcoólicas.

Autorização judicial para trabalho do menor:
- Pode ser concedida pelo Juiz da Infância e Juventude para o trabalho em teatros de revista, cinemas etc., e empresas circenses, em funções de acrobata, saltimbanco etc., desde que a atividade não seja prejudicial à formação moral do menor, bem como que o salário seja indispensável à própria subsistência ou à de seus pais, avós ou irmãos.
- Pode ser concedida pelo Juiz da Infância e Juventude a autorização para o trabalho em ruas, praças e outros logradouros, desde que comprovado ser indispensável à subsistência do menor ou de seus pais, avós ou irmãos, bem como que a atividade não prejudique a formação moral do menor.
- Excepcionalmente se costuma obter autorização judicial para o trabalho de crianças e adolescentes no meio artístico (ex.: programas de televisão), desde que o menor continue frequentando a escola e que da atividade não advenha qualquer prejuízo à sua formação.

Afastamento do menor por determinação da autoridade competente:
- O Auditor Fiscal do Trabalho (ou ainda o Juiz) pode determinar o afastamento do menor da atividade laboral prejudicial ao seu desenvolvimento físico ou psíquico.
- Cabe ao empregador facilitar a mudança de função do menor.
- Na impossibilidade de mudança de função, a hipótese é de rescisão indireta do contrato de trabalho.
- Pode ainda o Auditor Fiscal do Trabalho determinar que o adolescente menor não permaneça no local de trabalho durante os períodos destinados ao repouso.

Rescisão requerida pelo responsável legal:
- Caso os pais ou o responsável legal pelo menor entendam que a atividade por ele desenvolvida é prejudicial ao seu desenvolvimento, poderá requerer ao empregador a rescisão do contrato de trabalho, hipótese em que não é devido o aviso-prévio. Trata-se, neste caso, de representação do menor.

TRABALHO DO MENOR

Duração do trabalho:
- Regra geral: o menor não pode ter a jornada de trabalho prorrogada.
- Hipóteses de prorrogação: a) compensação intrassemanal; b) excepcionalmente, por motivo de força maior, desde que o trabalho seja indispensável, e limitada a duração do trabalho a 12 horas.
- Quando o menor tiver mais de um emprego, as jornadas de trabalho são somadas para fins de limitação da duração do trabalho.

Prescrição:
- Contra os menores de 18 anos não corre prazo prescricional (bienal nem quinquenal).

25.10. DEIXADINHAS

1. O tratamento jurídico diferenciado dispensado ao menor se justifica tendo em vista encontrar-se o adolescente em fase de formação física e psíquica.

2. Os fundamentos para a proteção do trabalho do menor são de ordem fisiológica, cultural, moral e de segurança.

3. A Constituição prevê atendimento prioritário à criança e ao adolescente e consagra o princípio da proteção integral.

4. O trabalho é proibido aos menores de 16 anos, salvo a partir dos 14 anos, na condição de aprendiz.

5. Considera-se menor, na seara trabalhista, o trabalhador de 14 a 18 anos.

6. Ao menor é vedado trabalhar em atividade noturna, insalubre ou perigosa. Da mesma forma, é vedada a contratação de menor de 18 anos para desempenho de trabalho doméstico.

7. O trabalho do menor não poderá ser realizado em locais prejudiciais à sua formação, ao seu desenvolvimento físico, psíquico, moral e social e em horários e locais que não permitam a frequência à escola.

8. É proibido o trabalho do menor em locais prejudiciais à sua moralidade.

9. Considera-se prejudicial à moralidade o trabalho prestado de qualquer modo em teatros de revista, cinemas, boates, cassinos, cabarés, *dancings* e estabelecimentos análogos.

10. Considera-se prejudicial à moralidade o trabalho em empresas circenses, em funções de acrobata, saltimbanco, ginasta e outras semelhantes.

11. Considera-se prejudicial à moralidade o trabalho de produção, composição, entrega ou venda de escritos, impressos, cartazes, desenhos, gravuras, pinturas, emblemas, imagens e quaisquer outros objetos que possam, a juízo da autoridade competente, prejudicar sua formação moral.

12. Considera-se prejudicial à moralidade o trabalho consistente na venda, a varejo, de bebidas alcoólicas.

13. Nas hipóteses do trabalho em cinemas, boates e congêneres, bem como em empresas circenses e congêneres, o trabalho do menor pode ser autorizado, desde que previamente, pelo Juiz da Infância e da Juventude.

14. Da mesma forma, o trabalho em ruas, praças e outros logradouros é proibido ao menor, salvo se autorizado pelo Juiz da Infância e da Juventude.

15. A autorização judicial, nestas hipóteses, é concedida se da atividade não decorre qualquer prejuízo à formação moral do menor, bem como se o salário é indispensável para a sua subsistência ou a de seus pais, avós ou irmãos.

16. É vedado o trabalho do menor em atividades que demandem força muscular superior a 20kg e 25kg, respectivamente, para o trabalho contínuo e ocasional, salvo se realizado por meios mecânicos.

17. Verificado pela autoridade competente que o trabalho executado pelo menor é prejudicial à sua saúde, ao seu desenvolvimento físico ou a sua moralidade, poderá ela obrigá-lo a abandonar o serviço, devendo a respectiva empresa, quando for o caso, proporcionar ao menor todas as facilidades para mudar de funções.

18. Caso o empregador não empreenda esforços para adequar a função do menor ao seu desenvolvimento sadio, deverá o contrato ser rescindido, mediante rescisão indireta, na forma do art. 483 da CLT.

19. Pode o AFT determinar que o adolescente menor não permaneça no local de trabalho durante os períodos destinados ao repouso.

20. Ao responsável legal do menor é facultado pleitear a extinção do contrato de trabalho, desde que o serviço possa acarretar para ele prejuízos de ordem física ou moral.

21. Em regra, é vedado prorrogar a duração do trabalho do menor.

22. É admitida a prorrogação para fins de compensação intrassemanal.

23. É também admitida a prorrogação diante de força maior, até 12 horas por dia, e se o trabalho do menor for imprescindível ao funcionamento do estabelecimento.

24. Quando o menor de 18 (dezoito) anos for empregado em mais de um estabelecimento, as horas de trabalho em cada um serão totalizadas.

25. Admite-se que o menor peça demissão sem assistência do responsável legal, sendo esta exigida apenas no ato de quitação das verbas rescisórias.

26. É lícito ao menor firmar recibo pelo pagamento dos salários. Tratando-se, porém, de rescisão do contrato de trabalho, é vedado ao menor de 18 (dezoito) anos dar, sem assistência dos seus responsáveis legais, quitação ao empregador pelo recebimento da indenização que lhe for devida.

27. Contra os menores de 18 (dezoito) anos não corre nenhum prazo de prescrição.

CAPÍTULO **26**

Segurança e Saúde
do Trabalhador

· ·

Marcadores: SEGURANÇA E SAÚDE DO TRABALHADOR – SST; DA SEGURANÇA E MEDICINA DO TRABALHO; COMISSÃO INTERNA DE PREVENÇÃO DE ACIDENTES – CIPA; INSALUBRIDADE; PERICULOSIDADE.

Material de estudo:

✓ Legislação *básica*: **CLT**, arts. 154-200; 611-A, XII e XIII; 611-B, XVII e parágrafo único.

✓ Legislação para *estudo avançado*: Normas Regulamentadoras (**NRs**) do Ministério do Trabalho e Emprego.

✓ Jurisprudência: **Súm.** 39, 47, 364, 447, 448, 453, TST; **OJ SDI-1** 47, 103, 165, 171, 172, 173, 259, 278, 324, 345, 347, 385, TST.

✓ Doutrina (–)

Estratégia de estudo sugerida:

Este capítulo contempla apenas algumas noções gerais sobre o tratamento legal da saúde e segurança do trabalhador.

Para a grande maioria dos concursos, as considerações aqui lançadas, bem como a leitura dos dispositivos pertinentes da CLT (relacionados acima, em *legislação básica*), são o suficiente em relação a este assunto. Naturalmente, é obrigatório conhecer os verbetes de jurisprudência do TST, fonte predileta das bancas examinadoras.

Se você pretende prestar o concurso para Auditor Fiscal do Trabalho – AFT, entretanto, é claro que este capítulo não é o bastante. Para este concurso, faz-se imprescindível estudar as Normas Regulamentadoras do Ministério do Trabalho e Emprego.

26.1. INTRODUÇÃO

A Segurança e Medicina do Trabalho é um segmento científico vinculado ao Direito do Trabalho, cujo escopo é estabelecer medidas de proteção à segurança e à saúde do trabalhador.

Trata-se, na verdade, de conteúdo multidisciplinar, abrangendo várias áreas do conhecimento, como o próprio Direito do Trabalho, o Direito Constitucional, o Direito Previdenciário, o Direito Ambiental, a Medicina, a Engenharia, a Arquitetura, entre outras.

O fundamento legal para a proteção à saúde e ao meio ambiente equilibrado e, notadamente, à saúde do trabalhador e ao ambiente do trabalho sadio, é encontrado no art. 200 da CRFB, *in verbis*:

Art. 200. Ao sistema único de saúde compete, além de outras atribuições, nos termos da lei:

(...)

II – executar as ações de vigilância sanitária e epidemiológica, bem como as de saúde do trabalhador;

(...)

VIII – colaborar na proteção do meio ambiente, nele compreendido o do trabalho.

No mesmo diapasão, o art. 7º, XXII, da Carta Magna, arrola como direito dos trabalhadores urbanos e rurais "a redução dos riscos inerentes ao trabalho, por meio de normas de saúde, higiene e segurança".

Desse modo, o meio ambiente do trabalho sadio é **direito fundamental do trabalhador**, oponível contra o empregador.

Nas palavras de Maurício Godinho Delgado, a propriedade se submete à função socioambiental nos seguintes termos:

"A submissão da propriedade à sua função socioambiental, ao mesmo tempo em que afirma o regime da livre iniciativa, enquadra-o, rigorosamente, em leito de práticas e destinações afirmatórias do ser humano e dos valores sociais e ambientais. É inconstitucional, para a Carta Máxima, a antítese 'o lucro *ou* as pessoas'; a livre iniciativa e o lucro constitucionalmente reconhecidos – e, nessa medida, protegidos – são aqueles que agreguem valor aos seres humanos, à convivência e aos valores da sociedade, à higidez do meio ambiente em geral, inclusive o do trabalho[1]". (grifo no original)

26.2. MEIO AMBIENTE DO TRABALHO

Segundo Edwar Abreu Gonçalves,

"Meio ambiente de trabalho corresponde ao espaço físico no qual são desenvolvidas atividades profissionais produtivas e onde se fazem presentes os agentes físicos, químicos, biológicos, mecânicos, ergonômicos e outros, naturais ou artificiais que, associados ou não, podem desencadear reações biopsicofisiológicas e sociais com repercussões na saúde, na integridade física e na qualidade de vida do trabalhador[2]".

Em palavras mais simples, meio ambiente do trabalho é o local onde o trabalhador desenvolve sua atividade laboral.

Zelar pelo meio ambiente do trabalho é obrigação do empregador, de forma a proteger os bens jurídicos trazidos pelo empregado quando da admissão, tais quais a vida, a saúde e a capacidade para o trabalho. Neste diapasão, cabe ao empregador adotar todas as medidas

---

[1] DELGADO, Maurício Godinho Delgado. "Direitos fundamentais na relação de trabalho". In: SILVA, Alessandro da; MAIOR, Jorge Luiz Souto; FELIPPE, Kenarik Boujikian; SEMER, Marcelo (coord.). *Direitos humanos: essência do Direito do Trabalho.* São Paulo: LTr, 2007, p. 74.

[2] GONÇALVES, Edwar Abreu. *Segurança e saúde no trabalho em 2000 perguntas e respostas.* 4. ed. São Paulo: LTr, 2010, p. 9.

que estiverem ao seu alcance, no sentido de minimizar a possibilidade de ocorrência de acidentes de trabalho e o desenvolvimento de doenças ocupacionais.

26.3. DEVERES DO EMPREGADOR

Nos termos do disposto no art. 157 da CLT, cabe às empresas:

* cumprir e fazer cumprir as normas de segurança e medicina do trabalho;
* instruir os empregados, através de ordens de serviço, quanto às precauções a tomar no sentido de evitar acidentes do trabalho ou doenças ocupacionais;
* adotar as medidas que lhes sejam determinadas pelo órgão regional competente;
* facilitar o exercício da fiscalização pela autoridade competente.

Temática relevante, **especialmente para eventual questão dissertativa**, diz respeito à responsabilidade ambiental nas hipóteses de serviços prestados por terceiros. Arion Sayão Romita ensina que

"A observância das normas de segurança e medicina do trabalho não se impõem apenas na relação jurídica entre a empresa e seus empregados. Estende-se às relações travadas pela empresa contratante e os empregados da contratada, no tocante a estes, quando ocorre a subcontratação (ou exteriorização dos serviços). Na empresa contratante, trabalham ombro a ombro seus empregados e os das empresas prestadoras de serviços. (...) As normas sobre saúde e segurança do trabalho são promulgadas em razão de superiores interesses sociais: sua aplicação transcende o âmbito contratual, no sentido de ser desnecessário o suporte de um contrato de trabalho para sua incidência. (...) O bem jurídico protegido pelas normas de saúde e segurança do trabalho é uno, diz respeito a qualquer empregado, seja da empresa contratante, seja da empresa contratada[3]".

Acolhendo esta tese, o legislador estabeleceu expressamente que **cabe à contratante garantir as condições de segurança, higiene e salubridade dos trabalhadores, quando o trabalho for realizado em suas dependências ou local previamente convencionado em contrato** (art. 5º-A, § 3º, da Lei nº 6.019/1974, acrescentado pela Lei nº 13.429/2017). Idêntica regra se aplica à tomadora de serviços de trabalho temporário, nos termos do disposto no § 1º do art. 9º da Lei nº 6.019/1974, igualmente acrescentado pela Lei nº 13.429/2017.

26.4. DEVERES DO EMPREGADO

Sendo certo que o empregador deve adotar todas as medidas no sentido de evitar acidentes de trabalho e doenças ocupacionais, a contrapartida é a **colaboração do empregado**.

Em razão disso, o art. 158 da CLT atribui ao empregado o dever de observar as normas de segurança e medicina do trabalho, aí incluídas as instruções e orientações levadas a efeito pelo empregador, bem como de colaborar com o empregador na aplicação de tais medidas de prevenção.

O empregado que deixar de observar tais regras se sujeita à punição disciplinar, nos termos do parágrafo único do art. 158, segundo o qual "constitui ato faltoso do empregado a recusa injustificada":

a) à observância das instruções expedidas pelo empregador;

b) ao uso dos equipamentos de proteção individual fornecidos pela empresa.

---

3 ROMITA, Arion Sayão. *Direitos fundamentais nas relações de trabalho*. São Paulo: LTr, 2005, p. 380.

Assim, por exemplo, se o empregado se nega a seguir um determinado procedimento de segurança para o uso de uma máquina, ou se deixa de usar o equipamento de proteção individual fornecido pelo empregador, estará sujeito à punição disciplinar, que, em última análise, poderá culminar na dispensa por justa causa.

Na prática, a punição disciplinar para tais faltas costuma começar pela advertência e, se reiterada, pode culminar em aplicação de pena de suspensão e até mesmo de dispensa motivada, embora a lei não estabeleça a gradação obrigatória entre as penalidades disciplinares, como visto alhures.

26.5. COMPETÊNCIA REGULAMENTADORA EM MATÉRIA DE SAÚDE E SEGURANÇA DO TRABALHADOR

Cabe ao Ministério do Trabalho e Emprego editar normas regulamentadoras da proteção à saúde e à segurança do trabalhador, complementares aos dispositivos celetistas, nos termos dos arts. 155 e 200 da CLT[4]:

Art. 155. Incumbe ao órgão de âmbito nacional competente em matéria de segurança e medicina do trabalho:

I – estabelecer, nos limites de sua competência, normas sobre a aplicação dos preceitos deste Capítulo, especialmente os referidos no art. 200;

II – coordenar, orientar, controlar e supervisionar a fiscalização e as demais atividades relacionadas com a segurança e a medicina do trabalho em todo o território nacional, inclusive a Campanha Nacional de Prevenção de Acidentes do Trabalho;

Art. 200. Cabe ao Ministério do Trabalho estabelecer disposições complementares às normas de que trata este Capítulo, tendo em vista as peculiaridades de cada atividade ou setor de trabalho, especialmente sobre:

I – medidas de prevenção de acidentes e os equipamentos de proteção individual em obras de construção, demolição ou reparos;

II – depósitos, armazenagem e manuseio de combustíveis, inflamáveis e explosivos, bem como trânsito e permanência nas áreas respectivas;

III – trabalho em escavações, túneis, galerias, minas e pedreiras, sobretudo quanto à prevenção de explosões, incêndios, desmoronamentos e soterramentos, eliminação de poeiras, gases etc. e facilidades de rápida saída dos empregados;

IV – proteção contra incêndio em geral e as medidas preventivas adequadas, com exigências ao especial revestimento de portas e paredes, construção de paredes contrafogo, diques e outros anteparos, assim como garantia geral de fácil circulação, corredores de acesso e saídas amplas e protegidas, com suficiente sinalização;

V – proteção contra insolação, calor, frio, umidade e ventos, sobretudo no trabalho a céu aberto, com provisão, quanto a este, de água potável, alojamento e profilaxia de endemias;

VI – proteção do trabalhador exposto a substâncias químicas nocivas, radiações ionizantes e não ionizantes, ruídos, vibrações e trepidações ou pressões anormais ao ambiente de trabalho, com especificação das medidas cabíveis para eliminação ou atenuação desses efeitos limites máximos quanto ao tempo de exposição, à intensidade da ação ou de seus efeitos sobre o organismo do trabalhador, exames médicos obrigatórios, limites de idade, controle permanente dos locais de trabalho e das demais exigências que se façam necessárias;

VII – higiene nos locais de trabalho, com discriminação das exigências, instalações sanitárias, com separação de sexos, chuveiros, lavatórios, vestiários e armários individuais, refeitórios ou

---

4   Sobre a matéria, ver também o Decreto 7.605/2011, que dispõe sobre a Política Nacional de Segurança e Saúde no Trabalho – PNSST.

condições de conforto por ocasião das refeições, fornecimento de água potável, condições de limpeza dos locais de trabalho e modo de sua execução, tratamento de resíduos industriais;

VIII – emprego das cores nos locais de trabalho, inclusive nas sinalizações de perigo.

Parágrafo único. Tratando-se de radiações ionizantes e explosivos, as normas a que se referem este artigo serão expedidas de acordo com as resoluções a respeito adotadas pelo órgão técnico.

Mencione-se, por oportuno, que a normatização em questão também tem fundamento constitucional, conforme art. 7º, XXII, supramencionado.

26.6. COMPETÊNCIA DA SUPERINTENDÊNCIA REGIONAL DO TRABALHO

Compete *especialmente às Delegacias Regionais do Trabalho*[5], *nos limites de sua jurisdição*, nos termos do art. 156 da CLT:

I – promover a fiscalização do cumprimento das normas de segurança e medicina do trabalho;

II – adotar as medidas que se tornem exigíveis, em virtude das disposições deste Capítulo, determinando as obras e reparos que, em qualquer local de trabalho, se façam necessárias;

III – impor as penalidades cabíveis por descumprimento das normas constantes deste Capítulo, nos termos do art. 201.

Em resumo, cabe à Superintendência Regional do Trabalho fiscalizar o cumprimento das normas de segurança e saúde do trabalhador, promover a regularização do ambiente de trabalho e punir os infratores.

26.7. COMISSÃO INTERNA DE PREVENÇÃO DE ACIDENTES [E DE ASSÉDIO] – CIPA[6]

A Comissão Interna de Prevenção de Acidentes [e de Assédio] – CIPA tem como objetivo a prevenção de acidentes e doenças decorrentes do trabalho, de modo a tornar compatível permanentemente o trabalho com a preservação da vida e a promoção da saúde do trabalhador (item 5.1.1 da NR-5).

É obrigatória a constituição da CIPA para quaisquer empregadores que admitam trabalhadores como empregados, observada a tabela de dimensionamento anexa à Norma Regulamentadora nº 5 (NR-5). De uma forma geral, empresas com até 19 empregados estão dispensadas de constituir a CIPA. A partir de 20 empregados, a obrigatoriedade de constituir a CIPA e o seu dimensionamento (número de representantes) dependem da atividade econômica desenvolvida pela empresa, conforme a Classificação Nacional de Atividades Econômicas – CNAE. Desse modo, uma atividade que apresenta grau de risco maior (extração mineral, por exemplo), já obriga o empregador a manter a CIPA a partir de vinte empregados. Quanto menor o risco da atividade, maior é o contingente de empregados necessário para obrigar o empregador a manter a CIPA (como exemplo, mencione-se os escritórios de contabilidade, os quais ficam dispensados da manutenção da CIPA, desde que tenham até 80 empregados). Tudo de acordo com o previsto na NR-5, é claro.

---

5   Atuais Superintendências Regionais do Trabalho.

6   Conforme estudado no Capítulo 24, a Lei nº 14.457/2022 transformou a Comissão Interna de Prevenção de Acidentes (CIPA) em Comissão Interna de Prevenção de Acidentes **e de Assédio**, tendo a Portaria MTP nº 4.219/2022 promovido as adaptações necessárias na NR-5. Considerando-se que a novidade, nos limites do que é estudado sobre o tema nesta obra, se refere mais à nomenclatura, bem como que a CLT não foi impactada diretamente pelas disposições da Lei nº 14.457/2022, para todos os efeitos utilizarei aqui a nomenclatura antiga, sempre sucedida pela expressão "[e de Assédio]", a fim de que o leitor vá se acostumando com a nova terminologia.

Atente-se para o disposto no art. 164 da CLT, o qual estabelece várias regras relativas à composição e funcionamento da CIPA, a saber:

Art. 164. Cada CIPA será composta de **representantes da empresa e dos empregados**, de acordo com os critérios que vierem a ser adotados na regulamentação de que trata o parágrafo único do artigo anterior.

§ 1º Os **representantes dos empregadores**, titulares e suplentes, **serão** por eles **designados**.

§ 2º Os **representantes dos empregados**, titulares e suplentes, **serão** *eleitos* em escrutínio secreto, do qual participem, independentemente de filiação sindical, exclusivamente os empregados interessados.

§ 3º O **mandato dos membros eleitos** da CIPA terá a duração de **1 (um) ano, permitida uma reeleição**.

§ 4º O disposto no parágrafo anterior não se aplicará ao membro suplente que, durante o seu mandato, tenha participado de menos da metade do número de reuniões da CIPA.

§ 5º **O empregador designará**, anualmente, **dentre os seus representantes, o Presidente da CIPA** e os *empregados elegerão*, dentre eles, *o Vice-Presidente*. (grifos meus)

Deste artigo se extraem algumas observações:

➤ Os representantes dos empregados, os quais são eleitos, somente poderão se reeleger uma única vez. Aos representantes do empregador, entretanto, que são designados (ou seja, indicados) pelo empregador, não se aplica tal restrição. Desse modo, o representante do empregador pode ser designado sucessivas vezes.

➤ A candidatura ao cargo de representante dos empregados na CIPA independe de filiação sindical, até mesmo em homenagem ao princípio da liberdade sindical, insculpido no art. 8º, V, da CRFB[7].

Os representantes dos empregados na CIPA, titular(es) e suplente(s), goza(m) de garantia provisória de emprego, não podendo sofrer despedida arbitrária, assim considerada aquela que não se fundar em motivo disciplinar, técnico, econômico ou financeiro (art. 165, *caput*, CLT).

A questão da estabilidade do cipeiro foi analisada no capítulo próprio (Capítulo 22), para onde remeto o leitor.

Reitere-se, por oportuno, que os representantes do empregador na CIPA não gozam da referida garantia provisória de emprego, simplesmente por falta de previsão legal. Neste sentido, o art. 10, II, "a", do ADCT da CRFB/88 dispõe que "fica vedada a dispensa arbitrária ou sem justa causa do empregado **eleito** para cargo de direção de comissões internas de prevenção de acidentes, desde o registro de sua candidatura até um ano após o final de seu mandato". Portanto, como o representante do empregador não é eleito, mas designado, não se lhe aplica a garantia de emprego.

26.8. EQUIPAMENTOS DE PROTEÇÃO INDIVIDUAL – EPI

Considera-se equipamento de proteção individual todo dispositivo ou produto, de uso individual utilizado pelo trabalhador, concebido e fabricado para oferecer proteção contra os riscos ocupacionais existentes no ambiente de trabalho[8] (item 6.3.1 da NR-6).

---

[7] Art. 8º (...)
   V – ninguém será obrigado a filiar-se ou a manter-se filiado a sindicato; (...)

[8] Advirta-se para o fato de que a utilização de EPI deve ser medida subsidiária, aplicando-se a seguinte hierarquia das medidas de controle: a) devem ser priorizadas as medidas de proteção coletiva; b) comprovada a inviabilidade

O fornecimento do EPI é obrigatório, nos termos do art. 166 da CLT, *in verbis*:

Art. 166. A empresa é obrigada a fornecer aos empregados, gratuitamente, equipamento de proteção individual adequado ao risco e em perfeito estado de conservação e funcionamento, sempre que as medidas de ordem geral não ofereçam completa proteção contra os riscos de acidentes e danos à saúde dos empregados.

Entretanto, não basta ao empregador fornecer o EPI, sendo-lhe **obrigatório exigir dos empregados o efetivo uso dos equipamentos de proteção.** Como visto, o empregado que se nega a utilizar o EPI comete falta, passível de punição disciplinar. Logo, exigir o uso do EPI se insere no âmbito do poder diretivo, pelo que o empregador passa a ser o responsável direto pela não utilização do EPI pelos empregados, mesmo que o equipamento tenha sido fornecido.

Neste sentido, o item 6.5.1 da NR-6:

6.5.1 Cabe à organização, quanto ao EPI:

a) adquirir somente o aprovado pelo órgão de âmbito nacional competente em matéria de segurança e saúde no trabalho;

b) orientar e treinar o empregado;

c) fornecer ao empregado, gratuitamente, EPI adequado ao risco, em perfeito estado de conservação e funcionamento, nas situações previstas no subitem 1.5.5.1.2 da Norma Regulamentadora nº 01 (NR-01) – Disposições Gerais e Gerenciamento de Riscos Ocupacionais, observada a hierarquia das medidas de prevenção;

d) registrar o seu fornecimento ao empregado, podendo ser adotados livros, fichas ou sistema eletrônico, inclusive, por sistema biométrico;

e) exigir seu uso;

f) responsabilizar-se pela higienização e manutenção periódica, quando aplicáveis esses procedimentos, em conformidade com as informações fornecidas pelo fabricante ou importador;

g) substituir imediatamente, quando danificado ou extraviado; e

h) comunicar ao órgão de âmbito nacional competente em matéria de segurança e saúde no trabalho qualquer irregularidade observada.

Por sua vez, cabe ao empregado, nos termos do item 6.6.1 da NR-6:

a) usar o fornecido pela organização, observado o disposto no item 6.5.2;

b) utilizar apenas para a finalidade a que se destina;

c) responsabilizar-se pela limpeza, guarda e conservação;

d) comunicar à organização quando extraviado, danificado ou qualquer alteração que o torne impróprio para uso; e

e) cumprir as determinações da organização sobre o uso adequado.

No tocante à aquisição do EPI, o empregador somente pode comprar os equipamentos devidamente certificados pelo Ministério do Trabalho e Emprego através do chamado "CA" (Certificado de Aprovação), nos termos do art. 167 da CLT, *in verbis*:

Art. 167. O equipamento de proteção só poderá ser posto à venda ou utilizado com a indicação do Certificado de Aprovação do Ministério do Trabalho.

---

técnica das medidas de proteção coletiva, ou a insuficiência destas, dever-se-á adotar medidas de caráter administrativo ou de organização do trabalho; c) somente em último caso, ou seja, ante a inviabilidade e/ou insuficiência das medidas anteriormente mencionadas, deve ser adotada a utilização de EPI.

26.9. ATIVIDADES INSALUBRES

O conceito de atividades insalubres é dado pelo art. 189 da CLT, nos seguintes termos:

Art. 189. Serão consideradas atividades ou operações insalubres aquelas que, por sua natureza, condições ou métodos de trabalho, exponham os empregados a agentes nocivos à saúde, acima dos limites de tolerância fixados em razão da natureza e da intensidade do agente e do tempo de exposição aos seus efeitos.

Cabe ao Ministério do Trabalho e Emprego, no exercício de sua competência regulamentar em matéria de segurança e saúde do trabalho, definir as atividades e operações insalubres, bem como adotar normas sobre os critérios de **caracterização da insalubridade**, os limites de tolerância aos agentes agressivos, meios de proteção e o tempo máximo de exposição do empregado a esses agentes (art. 190 da CLT).

A regulamentação em questão consta da Norma Regulamentadora – NR nº 15 (NR-15) e da Portaria nº 3.214/1978, com alterações posteriores.

A título de exemplo, mencione-se o entendimento que vinha sendo adotado pela SDI-1 do TST sobre o não cabimento do adicional de insalubridade nos locais destinados ao atendimento socioeducativo do menor infrator (Fundação Casa), tendo em vista que a atividade não está enquadrada no rol previsto no Anexo da NR-15[9]. A questão foi definitivamente pacificada com a tese jurídica fixada no julgamento do E-RR- -1086-51.2012.5.15.0031, alçado ao Tribunal Pleno no Tema 8 da Tabela de Recursos Repetitivo, nos seguintes termos:

INCIDENTE DE RECURSO REPETITIVO. AGENTE DE APOIO SOCIOEDUCATIVO DA FUNDAÇÃO CASA. ADICIONAL DE INSALUBRIDADE. A questão jurídica posta à análise diz respeito a: "O Agente de Apoio Socieducativo da Fundação Casa tem direito ao adicional de insalubridade, em razão do local da prestação de serviços?". O adicional de insalubridade encontra-se regulamentado no art. 192 da CLT, sendo possível o pagamento em grau médio, nos termos da NR 15, anexo 14, para os "trabalhos e operações em contato permanente com pacientes, animais ou com material infecto-contagiante, em: hospitais, serviços de emergência, enfermarias, ambulatórios, postos de vacinação e outros estabelecimentos destinados aos cuidados da saúde humana. A Súmula 448, I, do c. TST enuncia acerca da necessidade de que a classificação da atividade insalubre esteja contida na relação oficial elaborada pelo Ministério do trabalho". É certo que a atividade do Agente de Apoio Socioeducativo da Fundação Casa demanda o encaminhamento de pessoas portadoras de doenças infectocontagiosas. Contudo, além de não ser possível afirmar que há contato permanente com os adolescentes, necessário salientar que a falta de previsão na NR 15, anexo 14, do direito ao adicional de insalubridade àquele que trabalha em um estabelecimento que não se destina aos cuidados da saúde humana, como a Fundação Casa, inviabiliza a condenação ao adicional, ainda que possa ser constatado o contato com adolescentes com doenças infectocontagiosas. **Firma-se a seguinte tese jurídica: O Agente de Apoio Socioeducativo da Fundação Casa não tem direito ao adicional de insalubridade, em razão do local da prestação de serviços, na medida em que o eventual risco de contato com adolescentes que possuem doenças infectocontagiosas ocorre no estabelecimento, cuja atividade é a tutela de adolescentes em conflito com a lei e não se trata de estabelecimento destinado aos cuidados da saúde humana.** Tese jurídica fixada sem modulação. [...] (TST, E-RR-1086-51.2012.5.15.0031, Tribunal Pleno, Rel. Min. Aloysio Correa da Veiga, *DEJT* 14.10.2022). (grifos meus)

---

[9]   SDI-I, E-RR-114800-83.2008.5.15.0142, Rel. Min. Renato de Lacerda Paiva, *DEJT* 02.05.2014. *Informativo* nº 79 do TST.

Ainda no mesmo sentido, decisão de Incidente de Recurso Repetitivo (IRR) acerca da inaplicabilidade do adicional de insalubridade em razão da mera utilização constante de fones de ouvido:

INCIDENTE DE JULGAMENTO DE RECURSOS DE REVISTA E DE EMBARGOS RE-PETITIVOS. RECURSO DE REVISTA REPRESENTATIVO DA CONTROVÉRSIA. TEMA REPETITIVO Nº 0005 - ADICIONAL DE INSALUBRIDADE. UTILIZAÇÃO DE FONES DE OUVIDO. OPERADOR DE TELEMARKETING. FIXAÇÃO DAS TESES JURÍDICAS. ARTS. 896-C DA CLT, 926, § 2º, E 927 DO CPC. 1. O reconhecimento da insalubridade, para fins do percebimento do adicional previsto no artigo 192 da CLT, não prescinde do enquadramento da atividade ou operação na relação elaborada pelo Ministério do Traba-lho ou da constatação de extrapolação de níveis de tolerância fixados para agente nocivo expressamente arrolado no quadro oficial. 2. A atividade com utilização constante de fones de ouvido, tal como a de operador de telemarketing, não gera direito ao adicional de insa-lubridade, tão somente por equiparação aos serviços de telegrafia e radiotelegrafia, manipu-lação em aparelhos do tipo Morse e recepção de sinais em fones, descritos no Anexo 13 da Norma Regulamentadora 15 da Portaria nº 3.214/78 do Ministério do Trabalho. [...] (TST, SDI-I, IRR-356-84.2013.5.04.0007, Rel. Min. Walmir Oliveira da Costa, Data de Julgamento: 25/05/2017, *DEJT* 02/06/2017). *Informativo 159*.

Vários verbetes de jurisprudência confirmam a importância da regulamentação mi-nisterial em matéria de definição de atividades e operações insalubres, ou seja, de caracte-rização da insalubridade. Neste sentido, a Súmula 460 do STF: "para efeito do adicional de insalubridade, a perícia judicial, em reclamação trabalhista, não dispensa o enquadramento da atividade entre as insalubres, que é ato da competência do Ministro do Trabalho".

Em consonância com este entendimento, a jurisprudência consolidada do TST:

Súm. 448. Atividade insalubre. Caracterização. Previsão na Norma Regulamentadora nº 15 da Portaria do Ministério do Trabalho nº 3.214/78. Instalações sanitárias (conversão da Orien-tação Jurisprudencial nº 4 da SBDI-1 com nova redação do item II) – Res. 194/2014, *DEJT* divulgado em 21, 22 e 23.05.2014.

I – Não basta a constatação da insalubridade por meio de laudo pericial para que o empregado tenha direito ao respectivo adicional, sendo necessária a classificação da atividade insalubre na relação oficial elaborada pelo Ministério do Trabalho.

II – A higienização de instalações sanitárias de uso público ou coletivo de grande circulação, e a respectiva coleta de lixo, por não se equiparar à limpeza em residências e escritórios, enseja o pagamento de adicional de insalubridade em grau máximo, incidindo o disposto no Anexo 14 da NR-15 da Portaria do MTE nº 3.214/1978 quanto à coleta e industrialização de lixo urbano.

OJ-SDI1-173. Adicional de insalubridade. Atividade a céu aberto. Exposição ao sol e ao calor (redação alterada na sessão do Tribunal Pleno realizada em 14.09.2012) – Res. 186/2012, *DEJT* divulgado em 25, 26 e 27.09.2012.

I – Ausente previsão legal, indevido o adicional de insalubridade ao trabalhador em atividade a céu aberto, por sujeição à radiação solar (art. 195 da CLT e Anexo 7 da NR 15 da Portaria nº 3.214/78 do MTE).

II – Tem direito ao adicional de insalubridade o trabalhador que exerce atividade exposto ao calor acima dos limites de tolerância, inclusive em ambiente externo com carga solar, nas condições previstas no Anexo 3 da NR 15 da Portaria nº 3.214/78 do MTE.

No que diz respeito aos serviços de limpeza, é importante ressaltar que, consolidando entendimento mencionado na 4ª edição desta obra, o TST converteu a OJ 4 na supramencionada Súmula 448, dando nova redação ao item II. Nesse sentido, e a título de exemplo, julgado da SDI-I, publicado inclusive no *Informativo* 90 do TST:

> Recurso de embargos interposto sob a égide da Lei nº 11.496/2007. Adicional de insalubridade. Limpeza de quartos e coleta de lixo. Hotelaria. Súmula n.º 448, item II, desta Corte superior. 1. "A higienização de instalações sanitárias de uso público ou coletivo de grande circulação, e a respectiva coleta de lixo, por não se equiparar à limpeza em residências e escritórios, enseja o pagamento de adicional de insalubridade em grau máximo, incidindo o disposto no Anexo 14 da NR-15 da Portaria do MTE nº 3.214/1978 quanto à coleta e industrialização de lixo urbano." - Súmula nº 448, item II, desta Corte superior. 2. Constatado nos autos que a reclamante realizava serviços de limpeza e higienização, inclusive de banheiros, em hotel de grande circulação de pessoas, resulta devida a condenação ao pagamento do adicional de insalubridade. 3. Recurso de embargos conhecido e provido (TST, SDI-I, E-RR-324-22.2010.5.04.0351, Rel. Min. Lelio Bentes Corrêa, *DEJT* 03.10.2014).

Por sua vez, em relação à exposição ao sol e ao calor, o TST reviu, por ocasião da "2ª Semana do TST", seu entendimento. Até então a OJ 173 continha apenas o que hoje é o seu item I, no sentido de que, "em face de ausência de previsão legal, indevido o adicional de insalubridade ao trabalhador em atividade a céu aberto".

Ocorre que há ausência de previsão legal para caracterização da radiação solar como agente insalubre, mas não do calor provocado por tal radiação. Com efeito, o anexo nº 3 da NR-15 estabelece os limites de tolerância para exposição ao calor.

Logo, comprovado que a atividade do trabalhador o expõe ao calor acima de tais limites de tolerância, inclusive em decorrência de trabalho em ambiente externo, sujeito a radiação solar, devido será o adicional de insalubridade.

A propósito, as atividades e operações insalubres são previstas em normas do Ministério do Trabalho e Emprego, mas a verificação da presença de agentes nocivos acima dos limites de tolerância fica a cargo de *profissional devidamente habilitado*, qual seja *médico do trabalho ou engenheiro do trabalho*, o qual emitirá **laudo técnico**[10] indicando a caracterização ou não da insalubridade no caso concreto, nos termos do art. 195, *caput*, da CLT.

Neste sentido, também a jurisprudência, através da OJ 165 da SDI-1:

> OJ-SDI1-165. Perícia. Engenheiro ou médico. Adicional de insalubridade e periculosidade. Válido. Art. 195 da CLT (inserida em 26.03.1999).
>
> O art. 195 da CLT não faz qualquer distinção entre o médico e o engenheiro para efeito de caracterização e classificação da insalubridade e periculosidade, bastando para a elaboração do laudo seja o profissional devidamente qualificado.

A regra geral é a necessidade de perícia no local de trabalho para caracterização da insalubridade, pois só assim haverá certeza de que os agentes nocivos eram encontrados acima dos limites de tolerância. Não obstante, o TST mitigou tal regra ao admitir, no caso de extinção da empresa, outros meios de prova, consoante a OJ 278:

> OJ-SDI1-278. Adicional de insalubridade. Perícia. Local de trabalho desativado (*DJ* 11.08.2003).
>
> A realização de perícia é obrigatória para a verificação de insalubridade. Quando não for possível sua realização, como em caso de fechamento da empresa, poderá o julgador utilizar-se de outros meios de prova.

---

[10] Embora o verbete se relacione ao âmbito processual, é interessante mencionar a Súmula 293 do TST, segundo a qual "a verificação mediante perícia de prestação de serviços em condições nocivas, considerado agente insalubre diverso do apontado na inicial, não prejudica o pedido de adicional de insalubridade".

A **eliminação ou neutralização da insalubridade** ocorrerá, nos termos do art. 191 da CLT, mediante:

a) A adoção de medidas que conservem o ambiente de trabalho dentro dos limites de tolerância. No caso, trata-se das medidas de proteção coletiva, as quais reduzem os agentes nocivos de forma a manter o ambiente de trabalho salubre, dentro dos parâmetros estipulados pelo Ministério do Trabalho e Emprego. Exemplo: uma indústria que utiliza maquinário que produz ruído excessivo enclausura tais máquinas, no sentido da redução de tal agente físico[11], mantendo assim o ruído ambiente dentro dos limites de tolerância.

b) A utilização de equipamentos de proteção individual pelo trabalhador que diminuam a intensidade do agente agressivo, de forma que não sejam ultrapassados os limites de tolerância. Exemplo: indústria que utiliza máquinas que produzem ruído excessivo neutraliza a insalubridade do ambiente de trabalho mediante o fornecimento (e exigência do uso) de abafadores de ruído e protetores auriculares (EPIs), conforme o caso.

A adoção de tais medidas, tanto de proteção coletiva quanto individual, constitui obrigação do empregador, e deve ser fiscalizada pela Superintendência Regional do Trabalho, por meio dos Auditores Fiscais do Trabalho, os quais concederão prazo para regularização (art. 191, parágrafo único, CLT).

O trabalho realizado em ambiente insalubre, assim considerado aquele em que os agentes nocivos são encontrados em patamares superiores aos limites de tolerância estabelecidos pelo Ministério do Trabalho e Emprego, é remunerado com adicional. Como visto no capítulo relativo à remuneração, os adicionais são parcelas salariais condicionadas à prestação do serviço em condições mais gravosas ao trabalhador (trabalho em ambiente insalubre ou perigoso, trabalho noturno, trabalho em sobrejornada etc.).

Nos termos do art. 192 da CLT, o adicional de insalubridade é devido conforme o grau da insalubridade:

➢ 10% para insalubridade em grau mínimo;
➢ 20% para insalubridade em grau médio;
➢ 40% para insalubridade em grau máximo.

Registre-se, contudo, que a Lei nº 13.467/2017 autorizou, em tese, a flexibilização do grau de insalubridade, visto que o inciso XII do art. 611-A da CLT autorizou expressamente que a norma coletiva disponha, com prevalência sobre a lei, a respeito do "enquadramento do grau de insalubridade".

Sendo assim, a norma coletiva poderia, por exemplo, dispor no sentido de que determinada atividade, classificada pelo Ministério do Trabalho e Emprego como insalubre

---

[11]   Conforme Anexo I da NR-1 (Termos e Definições), temos o seguinte: **Agente físico:** Qualquer forma de energia que, em função de sua natureza, intensidade e exposição, é capaz de causar lesão ou agravo à saúde do trabalhador. Exemplos: ruído, vibrações, pressões anormais, temperaturas extremas, radiações ionizantes, radiações não ionizantes. **Agente químico:** Substância química, por si só ou em misturas, quer seja em seu estado natural, quer seja produzida, utilizada ou gerada no processo de trabalho, que em função de sua natureza, concentração e exposição, é capaz de causar lesão ou agravo à saúde do trabalhador. Exemplos: fumos de cádmio, poeira mineral contendo sílica cristalina, vapores de tolueno, névoas de ácido sulfúrico. **Agente biológico:** Micro-organismos, parasitas ou materiais originados de organismos que, em função de sua natureza e do tipo de exposição, são capazes de acarretar lesão ou agravo à saúde do trabalhador. Exemplos: bactéria *Bacillus anthracis*, vírus linfotrópico da célula T humana, *príon* agente de doença de *Creutzfeldt-Jakob*, fungo *Coccidioides immitis*.

em grau médio, seja enquadrada como insalubre em grau mínimo. Também poderia, naturalmente, enquadrar determinada atividade em grau mais alto de insalubridade.

É flagrante a inconstitucionalidade do dispositivo em questão, porquanto permite a flexibilização de norma intrinsecamente relacionada à saúde e à segurança do trabalhador, em evidente afronta ao disposto no art. 7º, XXII, da CRFB/88. Aliás, o inciso XII do art. 611-A é incompatível com outro dispositivo inserido pela Reforma Trabalhista de 2017, qual seja o inciso XVII do art. 611-B, segundo o qual constitui objeto ilícito de norma coletiva a supressão ou redução das "normas de saúde, higiene e segurança do trabalho previstas em lei ou em normas regulamentadoras do Ministério do Trabalho".

Exatamente no sentido do parágrafo anterior, que já constava da 8ª edição dessa obra, julgado recente do TST:

RECURSO DE REVISTA. LEIS Nºs 13.015/2014 E 13.467/2017. RITO SUMARÍSSIMO. SERVENTE. DIFERENÇAS DE ADICIONAL DE INSALUBRIDADE. PAGAMENTO DO ADICIONAL EM GRAU MÁXIMO. SÚMULA 448, II, DO TST. PREVISÃO EM NORMA COLETIVA DE PAGAMENTO EM GRAU MÉDIO. ANÁLISE DOS ARTS. 611-A, XII E 611-B, XVII E XVIII, DA CLT. TEMA 1.046 DA TABELA DE REPERCUSSÃO GERAL DO STF. TRANSCENDÊNCIA POLÍTICA RECONHECIDA 1. A controvérsia diz respeito à possibilidade de enquadramento das atribuições da reclamante na atividade tipificada como insalubre em grau máximo (40%), nos termos do anexo 14 da NR 15 e da Súmula 448/TST, tendo em vista a previsão normativa de que a composição salarial da reclamante está acrescida de adicional de insalubridade em grau médio (20%). 2. A jurisprudência desta Corte pacificou o entendimento de que a limpeza e coleta de lixo de sanitários, em locais de grande circulação de pessoas, devem ser enquadradas como atividade insalubre (em grau máximo), nos termos da Súmula 448, II, do TST. 3. O STF no julgamento do ARE 1121633 (Tema 1046 da Tabela de Repercussão Geral) fixou a tese jurídica de que "São constitucionais os acordos e convenções coletiva que, ao considerarem a adequação setorial negociada, pactuam limitações ou afastamentos de direitos trabalhistas, independentemente da explicitação especificada de vantagens compensatórias, desde que respeitados os direitos absolutamente indisponíveis", excepcionando, portanto, os direitos absolutamente indisponíveis. Assim, a regra geral é de validade das normas coletivas, ainda que pactuem limitações ou afastamentos de direitos trabalhistas. 4. Infere-se do conceito de direitos absolutamente indisponíveis, a garantia de um patamar civilizatório mínimo, diretamente ligado à dignidade da pessoa humana e ao conceito de trabalho decente, e que, portanto, não podem ser flexibilizados. 5. Assim, **muito embora a CLT assegure a prevalência do negociado sobre o legislado, o enquadramento das atividades tipificadas como insalubres deve sempre ter em vista o princípio da dignidade da pessoa humana em conjunto com a necessidade de garantir segurança, higidez e saúde do empregado (arts. 611-A, XII e 611-B, XVII e XVIII, da CLT), constituindo, portanto, matéria de ordem pública, nos termos do art. 7º, XXIII, da Constituição da República, insuscetível de negociação coletiva. 6. Logo, a existência de norma infraconstitucional que expressamente veda a redução do adicional de insalubridade (art. 611-B, XVII e XVIII, da CLT), ao fundamento de que são normas de saúde, higiene e segurança do trabalho, coaduna-se e faz incidir a exceção prevista no Tema 1046 da Tabela de Repercussão Geral do STF, por tratar-se de direito absolutamente indisponível.** Recurso de revista de que não se conhece (TST, RR-401-40.2020.5.12.0001, 3ª Turma, Rel. Min. Alberto Bastos Balazeiro, *DEJT* 28.04.2023). (grifos meus)

A base de cálculo do adicional de insalubridade, ou seja, o valor sobre o qual será calculado o adicional de 10, 20 ou 40%, é ainda hoje objeto de controvérsias na jurisprudência. Isso porque o art. 192 da CLT estipula que a base de cálculo é o "salário mínimo da região".

Com o advento da CRFB/88, que extinguiu os salários mínimos regionais, unificando nacionalmente o salário mínimo (art. 7º, IV), tanto a doutrina quanto a jurisprudência passaram a calcular o adicional de insalubridade sobre o salário mínimo nacional[12].

Ocorre que o inciso IV do art. 7º da CRFB/88, além de unificar o salário mínimo, proibiu sua vinculação para qualquer fim. A interpretação que se dava ao dispositivo era de que o objetivo do constituinte havia sido impedir a vinculação de preços ao salário, evitando assim o chamado "gatilho salarial", e que a vedação não se aplicaria ao âmbito interno do Direito do Trabalho.

Não obstante, passados aproximadamente vinte anos da aplicação desta interpretação, o STF alterou seu entendimento, julgando que a proibição de vinculação ao salário mínimo se estendia também às parcelas salariais, inclusive ao adicional de insalubridade. E a nova posição interpretativa restou cristalizada na edição da **Súmula Vinculante 4**, cujo conhecimento é absolutamente indispensável:

> **Salvo nos casos previstos na Constituição, o salário mínimo não pode ser usado como indexador de base de cálculo de vantagem de servidor público ou de empregado, nem ser substituído por decisão judicial.**

Assim, não resta mais dúvida de que o adicional de insalubridade não pode ser vinculado ao salário mínimo. O problema, entretanto, está em saber qual base utilizar, tendo em vista que o indexador também não pode ser substituído por decisão judicial. Neste diapasão, quatro correntes de entendimento se destacaram:

a) a base de cálculo do adicional de insalubridade continua sendo o salário mínimo, até que sobrevenha lei ou norma coletiva em sentido contrário. Isto porque o STF não aceita a vinculação, mas também não admite a substituição do critério por decisão judicial, o que afasta a saída encontrada inicialmente pelo TST, que foi o cálculo sobre o salário-base do empregado (conforme Súmula 228 do TST[13]). Assim, só restaria ao operador do direito aguardar norma jurídica que venha pacificar de vez a questão. Enquanto isso, continuaria o adicional sendo calculado sobre o salário mínimo;

b) a base de cálculo do adicional de insalubridade seria a remuneração do empregado. Não há qualquer base legal para aplicação desta tese;

c) a base de cálculo do adicional de insalubridade seria o salário-base do empregado. Como mencionado, foi a tese inicialmente defendida pelo TST, mas logo o STF impediu a aplicação da parte final da Súmula 228 do TST, por se tratar de substituição do indexador por decisão judicial[14];

---

12   Existia, também a este respeito, alguma controvérsia no tocante aos salários profissionais *lato sensu*, o que não vem ao caso, pois a questão já se encontra superada.

13   Súm. 228. Adicional de insalubridade. Base de cálculo. Res. 148/2008, *DJ* 04 e 07.07.2008. Republicada *DJ* 08, 09 e 10.07.2008.
     A partir de 9 de maio de 2008, data da publicação da Súmula Vinculante 4 do Supremo Tribunal Federal, o adicional de insalubridade será calculado sobre o salário básico, salvo critério mais vantajoso fixado em instrumento coletivo.

14   A parte da Súmula 228 que faz menção ao salário básico do empregado como base de cálculo do adicional de insalubridade teve sua aplicação suspensa por liminar concedida pelo Min. Gilmar Mendes, em 2008, nos autos da Reclamação RCL 6266. Finalmente, em 11.03.2018, o Min. Ricardo Lewandowski, em decisão monocrática prolatada nos autos da RCL 6275, cassou em definitivo a Súmula 228 do TST, "apenas e tão somente na parte em que estipulou o salário básico do trabalhador como base de cálculo do adicional de insalubridade devido", reafirmando que o adicional de insalubridade deve continuar sendo calculado com base no salário mínimo até que lei ou norma coletiva venha a regular a matéria.

d) a base de cálculo do adicional de insalubridade seria o valor, em moeda corrente, do salário mínimo vigente na data da edição da Súmula Vinculante 4, isto é, R$ 415,00, e ficaria congelada até que sobreviesse norma específica. A solução é, *data venia*, terrivelmente prejudicial ao empregado.

A posição atual do TST, consentânea com o entendimento mencionado na decisão da RCL 6275 pelo STF, é no sentido da primeira corrente mencionada, ou seja, pela aplicação do salário mínimo como base de cálculo até que sobrevenha lei ou norma coletiva a regular a matéria[15]. Neste sentido, transcrevo julgado que fornece todo o histórico e embasamento jurídico da solução apontada pelo TST, bem como aresto recente da SDI-1, os quais indicam também inequivocamente o entendimento adotado:

Ação rescisória. Adicional de insalubridade. Base de cálculo. Salário mínimo (CLT, art. 192). Declaração de inconstitucionalidade sem pronúncia de nulidade. Súmula Vinculante 4 do STF.

1. O STF, ao apreciar o RE-565.714-SP sob o pálio da repercussão geral da questão constitucional referente à base de cálculo do adicional de insalubridade, editou a Súmula Vinculante 4, reconhecendo a inconstitucionalidade da utilização do salário mínimo, mas vedando a substituição desse parâmetro por decisão judicial. Rejeitou, inclusive, a tese da conversão do salário mínimo em sua expressão monetária e aplicação posterior dos índices de correção dos salários, uma vez que, sendo o reajuste do salário mínimo mais elevado do que a inflação do período, restariam os servidores e empregados postulantes de uma base de cálculo mais ampla prejudicados ao receberem como prestação jurisdicional a redução da vantagem postulada.

2. Assim decidindo, a Suprema Corte adotou técnica decisória conhecida no Direito Constitucional Alemão como declaração de inconstitucionalidade sem pronúncia da nulidade, ou seja, a norma, não obstante ser declarada inconstitucional, continua a reger as relações obrigacionais, em face da impossibilidade de o Poder Judiciário se substituir ao legislador para definir critério diverso para a regulação da matéria.

3. O Direito Constitucional pátrio encampou tal técnica no art. 27 da Lei 9.868/1999, o qual dispõe que, ao declarar a inconstitucionalidade de lei ou ato normativo e tendo em vista razões de segurança jurídica ou de excepcional interesse social, poderá o Supremo Tribunal Federal, por maioria de dois terços de seus membros, restringir os efeitos daquela declaração ou decidir que ela só tenha eficácia a partir de seu trânsito em julgado ou de outro momento que venha a ser fixado. *In casu*, o momento oportuno fixado pela Suprema Corte foi o da edição de norma que substitua a declarada inconstitucional.

4. Nesse contexto, ainda que reconhecida a inconstitucionalidade do art. 192 da CLT e, por conseguinte, da própria Súmula 228 do TST, tem-se que a parte final da Súmula Vinculante 4 do STF não permite criar critério novo por decisão judicial, razão pela qual, até que se edite norma legal ou convencional estabelecendo base de cálculo distinta do salário mínimo para o adicional de insalubridade, continuará a ser aplicado esse critério para o cálculo do referido adicional, merecendo ser mantida a decisão regional que elegeu o salário mínimo como critério de cálculo do referido adicional. Reforça tal convicção o fato de o STF ter cassado, em liminar, tanto a nova redação da Súmula 228 do TST, que estabelecia, após a Súmula Vinculante 4 do STF, o salário básico como parâmetro para o adicional de insalubridade (Reclamação 6.266-DF, Rel. Min. Gilmar Mendes, *DJ* 05.08.2008), quanto decisão judicial que substituía o salário mínimo pelo piso salarial da categoria (Reclamação 6.833-PR, Rel. Min. Ricardo Lewandowski, *DJ* 28.10.2008). Ação

---

[15] A Lei n° 13.342/2016 alterou a Lei n° 11.350/2006, passando a estabelecer que para os Agentes Comunitários de Saúde e para os Agentes de Combate às Endemias o adicional de insalubridade deve ser calculado sobre o seu vencimento ou salário-base (art. 9°-A, § 3°). A norma vale, entretanto, somente para essa categoria de trabalhadores.

rescisória procedente (TST, AR 26089-89.2010.5.00.0000, SDI-2, Rel. Juíza Convocada Maria Doralice Novaes, *DEJT* 10.12.2010).

[...] ADICIONAL DE INSALUBRIDADE. BASE DE CÁLCULO. SALÁRIO MÍNIMO. DIVERGÊNCIA JURISPRUDENCIAL NÃO DEMONSTRADA. Conforme entendimento do Supremo Tribunal Federal (Reclamação n° 6.830 MC/PR – Paraná, publicada no DJE n° 217, em 21/10/2008), até que sobrevenha lei que disponha sobre a base de cálculo do adicional de insalubridade, e não havendo previsão normativa nesse sentido, essa parcela deve ser calculada com base no salário mínimo nacional. Trata-se de dar aplicação à Súmula Vinculante n° 4 da Corte Suprema nacional, na interpretação que lhe foi dada na citada Reclamação, levando-se ainda em conta que a Súmula n° 17 desta Corte foi cancelada pela Resolução n° 148/2008 deste Tribunal Superior exatamente em função desses pronunciamentos do Supremo Tribunal Federal. Acrescenta-se, ainda, o novo posicionamento consolidado desta Corte superior, aprovado na sessão do Tribunal Pleno de 14/9/2012, em decorrência das discussões travadas na "2ª Semana do TST", realizada de 10 a 14 de setembro daquele ano, em que foi aprovado, à unanimidade, o acréscimo à Súmula n° 228 do seguinte adendo: "súmula cuja eficácia está suspensa por decisão liminar do Supremo Tribunal Federal". Embargos não conhecidos. [...] (TST, E-RR-137000-18.2007.5.15.0046, Subseção I Especializada em Dissídios Individuais, Rel. Min. Jose Roberto Freire Pimenta, *DEJT* 17.09.2021).

Ademais, advirta-se para o fato de que, impedido de definir critério diverso para a base de cálculo do adicional de insalubridade, não se admite a simples utilização, como base de cálculo, do piso convencional da categoria definido em norma coletiva, salvo se essa mesma norma expressamente o indicar como base de cálculo do adicional. Nesse sentido, decisão da SDI-I, publicada no *Informativo* n° 89 do TST.

Recurso de embargos. Interposição sob a égide da Lei 11.496/2007. Divergência jurisprudencial configurada. Base de cálculo do adicional de insalubridade. Piso salarial da categoria x salário mínimo. 1. O acórdão recorrido da Quinta Turma desta Corte consignou que, no caso dos autos, o Tribunal Regional do Trabalho registra, a fls. 276, que há norma coletiva estabelecendo o piso salarial da categoria profissional do reclamante. Nesse contexto, a solução adotada por meio de negociação coletiva deve prevalecer, adotando-se como base de cálculo do adicional de insalubridade o piso salarial, tendo em vista que os atores sociais envolvidos – empresas ou respectivos sindicatos, juntamente com as entidades sindicais profissionais – possuem elementos suficientes para o estabelecimento de uma base de cálculo para o adicional de insalubridade que atenda aos interesses de todos os envolvidos. 2. O recurso de embargos logra conhecimento, ante a divergência jurisprudencial formalmente apta (SJ 337/TST) e específica (SJ 296/TST), na medida em que colacionado aresto no qual adotado o salário mínimo como base de cálculo do adicional de insalubridade, independentemente da existência de piso salarial. 3. Quanto ao mérito, na esteira da jurisprudência do STF, esta Corte firmou entendimento no sentido de que a base de cálculo do adicional de insalubridade, tanto antes como após a edição da Súmula Vinculante n° 4 do STF, continua a ser o salário mínimo de acordo com o art. 192 da CLT, até que nova base seja estabelecida mediante lei ou norma coletiva. No caso dos autos, como se infere do acórdão ora recorrido, não há norma coletiva específica designando o piso salarial estabelecido nas CCTs como base de cálculo própria do adicional de insalubridade, senão apenas a adoção de tese jurídica sem a necessária especificação decorrente de negociação coletiva especial para esse fim, em contrariedade ao entendimento do STF e desta Corte. 4. Assim, sendo fixado nas instâncias ordinárias e mantido no acórdão turmário o salário-base (piso salarial das CCTs) do trabalhador como base de cálculo do adicional de insalubridade, a consequência é o provimento do recurso de embargos para estabelecer o salário mínimo como base de cálculo do adicional de insalubridade. Recurso de embargos conhecido e provido (TST, SDI-I, E-RR-77400-23.2008.5.03.0060, Rel. Min. Hugo Carlos Scheuermann, *DEJT* 19.09.2014).

Ainda que a exposição aos agentes nocivos seja intermitente, é devido o adicional de insalubridade, nos termos da Súmula 47 do TST:

Súm. 47. Insalubridade (mantida). Res. 121/2003, *DJ* 19, 20 e 21.11.2003.

O trabalho executado em condições insalubres, em caráter intermitente, não afasta, só por essa circunstância, o direito à percepção do respectivo adicional.

Como parcela condicional que é, o adicional de insalubridade é devido enquanto perdurar a hipótese fática que enseja seu pagamento, isto é, enquanto o ambiente for insalubre. Apenas para recordar, saliente-se que o ambiente insalubre é caracterizado pela constatação de que agentes nocivos são encontrados acima dos limites de tolerância estabelecidos pelo Ministério do Trabalho e Emprego, ou seja, a atividade ou operação deve estar prevista nos quadros do Ministério do Trabalho e Emprego, a que alude o art. 190 da CLT, e as medidas de proteção adotadas pela empresa não são suficientes para neutralização ou eliminação da insalubridade.

Desse modo, mesmo que o empregado receba o adicional de insalubridade há, digamos, cinco anos, tal adicional deixa de ser devido se o empregador empreender medidas efetivas que neutralizem ou eliminem a insalubridade do ambiente. Igualmente, a descaracterização da atividade ou operação como insalubre pelo Ministério do Trabalho e Emprego faz com que o empregado perca o direito ao adicional. Neste sentido, as Súmulas 80 e 248 do TST:

Súm. 80. Insalubridade (mantida). Res. 121/2003, *DJ* 19, 20 e 21.11.2003.

A eliminação da insalubridade mediante fornecimento de aparelhos protetores aprovados pelo órgão competente do Poder Executivo exclui a percepção do respectivo adicional.

Súm. 248. Adicional de insalubridade. Direito adquirido (mantida). Res. 121/2003, *DJ* 19, 20 e 21.11.2003.

A reclassificação ou a descaracterização da insalubridade, por ato da autoridade competente, repercute na satisfação do respectivo adicional, sem ofensa a direito adquirido ou ao princípio da irredutibilidade salarial.

Este é também o sentido do art. 194 da CLT, *in verbis*:

Art. 194. O direito do empregado ao adicional de insalubridade ou de periculosidade cessará com a eliminação do risco à sua saúde ou integridade física, nos termos desta Seção e das normas expedidas pelo Ministério do Trabalho.

Há que se tomar certo cuidado, entretanto, com a questão do fornecimento dos EPIs. Com efeito, cabe ao empregador, nos termos do art. 191 da CLT, promover a **utilização** de equipamentos de proteção, de forma a neutralizar ou eliminar a insalubridade. Logo, não há se falar em elisão da obrigação de pagar o adicional de insalubridade se, embora fornecidos os EPIs, permanece a insalubridade. A jurisprudência do TST é remansosa neste sentido, conforme a Súmula 289:

Súm. 289. Insalubridade. Adicional. Fornecimento do aparelho de proteção. Efeito (mantida). Res. 121/2003, *DJ* 19, 20 e 21.11.2003.

O simples fornecimento do aparelho de proteção pelo empregador não o exime do pagamento do adicional de insalubridade. Cabe-lhe tomar as medidas que conduzam à diminuição ou eliminação da nocividade, entre as quais as relativas ao uso efetivo do equipamento pelo empregado.

26.10. ATIVIDADES PERIGOSAS

A definição de atividades perigosas também é dada pela CLT, nos termos do art. 193:

Art. 193. São consideradas atividades ou operações perigosas, na forma da regulamentação aprovada pelo Ministério do Trabalho e Emprego, aquelas que, por sua natureza ou métodos de trabalho, impliquem risco acentuado em virtude de exposição permanente do trabalhador a:

I – inflamáveis, explosivos ou energia elétrica;

II – roubos ou outras espécies de violência física nas atividades profissionais de segurança pessoal ou patrimonial.

(...)

§ 4º São também consideradas perigosas as atividades de trabalhador em motocicleta. (Incluído pela Lei nº 12.997, de 2014.)

Portanto, assim como no caso das atividades insalubres, também aqui cabe ao Ministério do Trabalho e Emprego regulamentar o trabalho em atividades perigosas e, notadamente, estabelecer quais são elas. A Norma Regulamentadora nº 16 (NR-16) trata de tal desiderato.

Tal qual ocorre com a caracterização da insalubridade, também a periculosidade da atividade ou operação depende de perícia a cargo de médico do trabalho ou engenheiro do trabalho (art. 195, CLT). Aplicam-se, igualmente, as mesmas considerações já lançadas em relação à insalubridade, em especial a OJ 165 da SDI-1.

A exceção à necessidade de perícia, no caso da periculosidade, fica por conta daquelas hipóteses em que o empregador paga espontaneamente o adicional, sem antes realizar a perícia no local de trabalho. Esse é o sentido da Súmula 453 do TST (antiga OJ 406 da SDI-1):

Súm. 453. Adicional de periculosidade. Pagamento espontâneo. Caracterização de fato incontroverso. Desnecessária a perícia de que trata o art. 195 da CLT (conversão da Orientação Jurisprudencial nº 406 da SBDI-1) – Res. 194/2014, *DEJT* divulgado em 21, 22 e 23.05.2014.

O pagamento de adicional de periculosidade efetuado por mera liberalidade da empresa, ainda que de forma proporcional ao tempo de exposição ao risco ou em percentual inferior ao máximo legalmente previsto, dispensa a realização da prova técnica exigida pelo art. 195 da CLT, pois torna incontroversa a existência do trabalho em condições perigosas.

Dentre as atividades consideradas perigosas destaca-se, na jurisprudência, a de frentista, tendo em vista ter sido contemplada pela Súmula 39 do TST:

Súm. 39. Periculosidade (mantida). Res. 121/2003, *DJ* 19, 20 e 21.11.2003.

Os empregados que operam em bomba de gasolina têm direito ao adicional de periculosidade (Lei nº 2.573, de 15.08.1955).

Considerando que a periculosidade das atividades profissionais de segurança pessoal ou patrimonial foi reconhecida pelo legislador (Lei nº 12.740/2012, que alterou a redação do art. 193 da CLT), é desejável que o leitor preste atenção redobrada ao dispositivo[16].

Ressalte-se também que as atividades profissionais de segurança pessoal ou patrimonial a que alude o novo inciso II do art. 193 da CLT são aquelas típicas de vigilante, as quais exigem, para seu exercício, autorização da Polícia Federal e conclusão de curso

---

[16] A regulamentação de tais atividades pelo Ministério do Trabalho, com a inclusão do Anexo 3 à NR-16, se deu por meio da Portaria MTE nº 1.885, de 02.12.2013 (*DOU* 03.12.2013).

profissionalizante, não se confundindo com a atividade dos vigias. Neste sentido, o item 2 do Anexo 3 da NR-16, com a redação dada pela Portaria MTE nº 1885/2013:

> 2. São considerados profissionais de segurança pessoal ou patrimonial os trabalhadores que atendam a uma das seguintes condições:
>
> a) empregados das empresas prestadoras de serviço nas atividades de segurança privada ou que integrem serviço orgânico de segurança privada, devidamente registradas e autorizadas pelo Ministério da Justiça, conforme Lei 7.102/1983 e suas alterações posteriores.
>
> b) empregados que exercem a atividade de segurança patrimonial ou pessoal em instalações metroviárias, ferroviárias, portuárias, rodoviárias, aeroportuárias e de bens públicos, contratados diretamente pela administração pública direta ou indireta.

Um bom exemplo de cabimento do adicional de periculosidade previsto no inciso II do art. 193 da CLT pode ser extraído da tese jurídica fixada pela SDI-1 do TST quando do julgamento do IRR-1001796-60.2014.5.02.0382 (Tema 16 da Tabela de Recursos Repetitivos do TST), DEJT 12.11.2021:

> I. O Agente de Apoio Socioeducativo (nomenclatura que, a partir do Decreto nº 54.873 do Governo do Estado de São Paulo, de 06.10.2009, abarca os antigos cargos de Agente de Apoio Técnico e de Agente de Segurança) faz jus à percepção de adicional de periculosidade, considerado o exercício de atividades e operações perigosas, que implicam risco acentuado em virtude de exposição permanente a violência física no desempenho das atribuições profissionais de segurança pessoal e patrimonial em fundação pública estadual.
>
> II. Os efeitos pecuniários decorrentes do reconhecimento do direito do Agente de Apoio Socioeducativo ao adicional de periculosidade operam-se a partir da regulamentação do art. 193, II, da CLT em 03.12.2013 – data da entrada em vigor da Portaria nº 1.885/2013 do Ministério do Trabalho, que aprovou o Anexo 3 da NR-16.

Também é importante dedicar atenção especial ao reconhecimento da periculosidade da atividade dos *trabalhadores em motocicleta*, conforme Lei nº 12.997/2014, que acrescentou o § 4º ao art. 193 da CLT.

A regulamentação de tal atividade pelo Ministério do Trabalho, com a inclusão do Anexo 5 à NR-16, se deu por meio da Portaria MTE nº 1.565, de 13.10.2014 (*DOU* 14.10.2014). Todavia, tal Portaria foi declarada nula por decisão judicial da 5ª Turma do Tribunal Regional Federal da 1ª Região, transitada em julgado, proferida em sede da ação 0018311-63.2017.4.01.3400. Considerou-se irregular a Portaria 1.565/2014 sob o aspecto formal (prazos e forma de convocação de membros da comissão tripartite para discussões etc.), pelo que será necessário o reinício do procedimento de regulamentação.

26.10.1. Adicional de periculosidade e base de cálculo

Assim como ocorre nos casos de atividade insalubre, a prestação de serviços em atividades perigosas dá ao empregado o direito a um *plus* salarial sob a forma de adicional de periculosidade.

O § 1º do art. 193 regula o pagamento do adicional de periculosidade, dispondo que

> Art. 193. (...)
> § 1º O trabalho em condições de periculosidade assegura ao empregado um adicional de 30% (trinta por cento) sobre o salário sem os acréscimos resultantes de gratificações, prêmios ou participações nos lucros da empresa.
> (...)

Da simples leitura do referido dispositivo é possível perceber que não ocorre, em relação ao adicional de periculosidade, a grande celeuma que cerca a definição da base de cálculo do adicional de insalubridade. Isso porque o legislador celetista foi claro quanto ao adicional em estudo: **é de 30% sobre o salário-base do empregado**.

Em relação aos eletricitários, vislumbra-se uma situação surreal, considerando-se o *princípio do não retrocesso social*, atualmente reconhecido por boa parte da doutrina. Inicialmente tal categoria não foi contemplada com o reconhecimento da periculosidade de sua atividade pelo legislador celetista, sendo que somente com a Lei nº 7.369/1985 os eletricitários passaram a fazer jus a tal reconhecimento e, consequentemente, ao adicional respectivo. Todavia, a lei específica trouxe previsão mais benéfica ao eletricitário, visto ter estabelecido que "o empregado que exerce atividade no setor de energia elétrica, em condições de periculosidade, tem direito a uma remuneração adicional de trinta por cento **sobre o salário que perceber**". Logo, o eletricitário fazia jus ao adicional de periculosidade calculado sobre a totalidade das parcelas de natureza salarial, e não apenas sobre o salário básico, conforme definido pelo art. 193, § 1º, da CLT, para os trabalhadores em geral.

Ocorre que **a Lei nº 12.740/2012**, que alterou a redação do art. 193 da CLT, incluindo como enquadrados em atividade perigosa os eletricitários e os profissionais de segurança pessoal e patrimonial expostos a roubos ou outras espécies de violência física, **revogou a Lei nº 7.369/1985**. Destarte, **a partir de então os eletricitários também passaram a ter o adicional de periculosidade calculado sobre o salário básico**, e não mais sobre a totalidade das parcelas natureza salarial, pelo que a categoria experimentou inegável retrocesso social.

Prevaleceu na jurisprudência do TST o entendimento segundo o qual **a nova base de cálculo do adicional de periculosidade (salário base, nos termos do art. 193 da CLT) somente se aplica aos eletricitários contratados a partir da vigência da Lei nº 12.740/2012**. Neste sentido, a nova redação da Súmula 191 dada pela Resolução nº 214/2016 do TST:

Súm. 191. ADICIONAL DE PERICULOSIDADE. INCIDÊNCIA. BASE DE CÁLCULO (cancelada a parte final da antiga redação e inseridos os itens II e III) - Res. 214/2016, DEJT divulgado em 30.11.2016 e 01 e 02.12.2016.

I – O adicional de periculosidade incide apenas sobre o salário básico e não sobre este acrescido de outros adicionais.

II – O adicional de periculosidade do empregado eletricitário, contratado sob a égide da Lei nº 7.369/1985, deve ser calculado sobre a totalidade das parcelas de natureza salarial. Não é válida norma coletiva mediante a qual se determina a incidência do referido adicional sobre o salário básico.

III – A alteração da base de cálculo do adicional de periculosidade do eletricitário promovida pela Lei nº 12.740/2012 atinge somente contrato de trabalho firmado a partir de sua vigência, de modo que, nesse caso, o cálculo será realizado exclusivamente sobre o salário básico, conforme determina o § 1º do art. 193 da CLT.

Registre-se ainda, por oportuno, que a Lei nº 12.740/2012 cuidou de regular as hipóteses em que o profissional de segurança pessoal ou patrimonial já recebe parcela a este título, por força de norma coletiva. Assim, por exemplo, o vigilante que recebe adicional de risco de vida de 20%, calculado sobre o salário básico, conforme previsto em instrumento coletivo de trabalho, terá o direito de receber apenas mais 10% a título de adicional de periculosidade, sob pena de ocorrência de *bis in idem*. Este é o sentido do § 3º do art. 193 da CLT, *in verbis*:

§ 3º Serão descontados ou compensados do adicional outros da mesma natureza eventualmente já concedidos ao vigilante por meio de acordo coletivo.

Por outro lado, saliente-se que o TST tem considerado **inválida cláusula de norma coletiva que reduz a base de cálculo do adicional de periculosidade**, porquanto se trata de matéria de ordem pública, insuscetível, como tal, de flexibilização mediante negociação coletiva. Neste sentido, o novel item II da supramencionada Súmula 191.

26.10.2. Exposição intermitente e eventual

Da leitura da parte final do *caput* do art. 193, em sua redação original ("contato permanente com inflamáveis ou explosivos em condições de risco acentuado"), surgiu a dúvida acerca da situação dos empregados que são expostos apenas de forma intermitente, isto é, descontínua, a inflamáveis ou explosivos.

A jurisprudência do TST tem a questão pacificada no item I da Súmula 364:

> Súm. 364. Adicional de periculosidade. Exposição eventual, permanente e intermitente (inserido o item II) – Res. 209/2016, *DEJT* divulgado em 01, 02 e 03.06.2016.
>
> I – Tem direito ao adicional de periculosidade o empregado exposto permanentemente ou que, de forma intermitente, sujeita-se a condições de risco. Indevido, apenas, quando o contato dá-se de forma eventual, assim considerado o fortuito, ou o que, sendo habitual, dá-se por tempo extremamente reduzido.
>
> [...]

Considera-se *fortuito o que acontece por acaso; não planejado; eventual, imprevisto, inopinado*[17]. Assim, somente não será devido o adicional de periculosidade se o empregado se sujeita a condições de risco apenas eventualmente, de vez em quando, ou, ainda, de forma habitual, mas por tempo extremamente reduzido. Afora estes casos, o adicional é devido, e integralmente, independentemente do tempo de exposição, que pode ser inclusive intermitente (descontínua).

A apuração quantitativa do que venha a ser exposição fortuita ou por tempo extremamente reduzido somente pode ser feita na análise do caso concreto, levando-se em consideração, entre outros elementos, a jornada de trabalho do empregado e o risco a que estava submetido.

Exemplo da parte final do item I da Súmula 364 do TST pode ser extraído do julgamento do Tema 10 da Tabela de Recursos Repetitivos do TST:

> INCIDENTE DE RECURSOS REPETITIVOS – ADICIONAL DE PERICULOSIDADE – ATIVIDADES POR TRABALHADORES QUE NÃO SEJAM TÉCNICOS DE RADIOLOGIA, EM ÁREAS DE EMERGÊNCIA EM QUE SE UTILIZA APARELHO MÓVEL DE RAIOS X PARA DIAGNÓSTICO MÉDICO – PORTARIA Nº 595 DO MINISTÉRIO DO TRABALHO E EMPREGO 1. A Portaria MTE nº 595/2019 e sua nota explicativa não padecem de inconstitucionalidade ou ilegalidade. 2. **Não é devido o adicional de periculosidade a trabalhador que, sem operar o equipamento móvel de Raios X, permaneça, habitual, intermitente ou eventualmente, nas áreas de seu uso.** 3. Os efeitos da Portaria nº 595/2015 do Ministério do Trabalho alcançam as situações anteriores à data de sua publicação. Tese fixada em Incidente de Recursos Repetitivos (TST, IRR-ED-RR-AIRR-1325-18.2012.5.04.0013, Subseção I Especializada em Dissídios Individuais, Redatora Min. Maria Cristina Irigoyen Peduzzi, *DEJT* 13.09.2019). (grifos meus)

Registre-se que a supramencionada Súmula 364 continha outro item (II), **cancelado pela Resolução nº 174/2011**, o qual estabelecia que a "fixação do adicional de periculo-

---

17 *Dicionário Houaiss eletrônico da língua portuguesa.* Versão 1.0. Rio de Janeiro: Objetiva, 2009.

sidade, em percentual inferior ao legal e proporcional ao tempo de exposição ao risco, deve ser respeitada, desde que pactuada em acordos ou convenções coletivos". Esse item II, em sua antiga redação, demonstrava a tendência do TST, naquela época, em admitir a prevalência da norma coletiva, ou seja, a supremacia do negociado sobre o legislado, em algumas hipóteses. Seu cancelamento, entretanto, indica a mudança do entendimento do TST, ao menos a respeito desta hipótese de flexibilização.

De fato, depois de alguns anos com a matéria sendo rediscutida pelas Turmas, em maio de 2016 o TST voltou a consolidar seu entendimento, agora em sentido oposto àquele consubstanciado na antiga redação do item II da Súmula 364. Nesse sentido, foi reinserido na Súmula 364 o item II, com a seguinte redação:

> Súm. 364. Adicional de periculosidade. Exposição eventual, permanente e intermitente (inserido o item II) – Res. 209/2016, *DEJT* divulgado em 01, 02 e 03.06.2016.
>
> [...]
>
> II – Não é válida a cláusula de acordo ou convenção coletiva de trabalho fixando o adicional de periculosidade em percentual inferior ao estabelecido em lei e proporcional ao tempo de exposição ao risco, pois tal parcela constitui medida de higiene, saúde e segurança do trabalho, garantida por norma de ordem pública (arts. 7°, XXII e XXIII, da CF e 193, § 1°, da CLT).

Cabe ressaltar que o STF, no julgamento do ARE 1121633 (Tema 1046 da Tabela de Repercussão Geral), fixou a tese jurídica de que *"são constitucionais os acordos e as convenções coletivos que, ao considerarem a adequação setorial negociada, pactuam limitações ou afastamentos de direitos trabalhistas, independentemente da explicitação especificada de vantagens compensatórias, desde que respeitados os direitos absolutamente indisponíveis"*, **excepcionando, portanto, os direitos absolutamente indisponíveis.** Assim, a regra geral é de validade das normas coletivas, ainda que pactuem limitações ou afastamentos de direitos trabalhistas.

Resta definir, desse modo, se a redução ou supressão do adicional de periculosidade constitui flexibilização de direito absolutamente indisponível. Se, por um lado, se trata de direito patrimonial, com previsão infraconstitucional, por outro se relaciona a matéria intimamente ligada à integridade física do trabalhador e, como tal, parece se tratar de direito claramente indisponível. Neste sentido tem se posicionado o TST, que, mesmo depois da fixação da referida tese jurídica pelo STF, vem aplicando normalmente o item II da Súmula 364.

26.10.3. Sistema elétrico de potência

Considera-se Sistema Elétrico de Potência (SEP), nos termos do item 26 do glossário integrante da NR-10, o "conjunto das instalações e equipamentos destinados à geração, transmissão e distribuição de energia elétrica até a medição, inclusive".

Consoante a jurisprudência do TST, é devido o adicional de periculosidade aos empregados que sejam efetivamente submetidos a condições de risco. Neste sentido, a OJ 324:

> OJ-SDI1-324. Adicional de periculosidade. Sistema elétrico de potência. Decreto n° 93.412/1986, art. 2°, § 1° (*DJ* 09.12.2003).
>
> É assegurado o adicional de periculosidade apenas aos empregados que trabalham em sistema elétrico de potência em condições de risco, ou que o façam com equipamentos e instalações elétricas similares, que ofereçam risco equivalente, ainda que em unidade consumidora de energia elétrica.

Ainda conforme a jurisprudência do TST, os cabistas, instaladores e reparadores de linhas e aparelhos em empresas de telefonia também fazem jus ao adicional de periculosidade:

OJ-SDI1-347. Adicional de periculosidade. Sistema elétrico de potência. Lei nº 7.369, de 20.09.1985, regulamentada pelo Decreto nº 93.412, de 14.10.1986. Extensão do direito aos cabistas, instaladores e reparadores de linhas e aparelhos em empresa de telefonia (*DJ* 25.04.2007).

É devido o adicional de periculosidade aos empregados cabistas, instaladores e reparadores de linhas e aparelhos de empresas de telefonia, desde que, no exercício de suas funções, fiquem expostos a condições de risco equivalente ao do trabalho exercido em contato com sistema elétrico de potência.

Embora o referido verbete tenha como fundamento a Lei nº 7.369/1985, revogada pela Lei nº 12.740/2012, o entendimento não deve ser modificado, visto que a nova redação do art. 193 da CLT passou a contemplar também os empregados expostos a energia elétrica. De fato, passados mais de dez anos desde a revogação da Lei nº 7.369/1985, o TST continua aplicando normalmente o entendimento consubstanciado na OJ 347.

26.10.4. Radiação ionizante e substância radioativa

Em que pese a crítica da doutrina acerca da incidência do adicional de periculosidade em atividades que envolvam radiação ionizante ou substância radioativa[18], o TST considera devido o adicional, e é isso o importante para resolver questões de provas objetivas. Vejamos a OJ 345:

OJ-SDI1-345. Adicional de periculosidade. Radiação ionizante ou substância radioativa. Devido (*DJ* 22.06.2005).

A exposição do empregado à radiação ionizante ou à substância radioativa enseja a percepção do adicional de periculosidade, pois a regulamentação ministerial (Portarias do Ministério do Trabalho nºs 3.393, de 17.12.1987, e 518, de 07.04.2003), ao reputar perigosa a atividade, reveste-se de plena eficácia, porquanto expedida por força de delegação legislativa contida no art. 200, *caput*, e inciso VI, da CLT. No período de 12.12.2002 a 06.04.2003, enquanto vigeu a Portaria nº 496 do Ministério do Trabalho, o empregado faz jus ao adicional de insalubridade.

26.10.5. Armazenamento de líquido inflamável em construção vertical

Entende o TST que é devido o adicional de periculosidade também aos empregados que desenvolvem suas atividades em construção vertical, quando expostos ao risco decorrente do armazenamento de líquidos inflamáveis:

OJ-SDI1-385. Adicional de periculosidade. Devido. Armazenamento de líquido inflamável no prédio. Construção vertical (*DEJT* divulgado em 09, 10 e 11.06.2010).

É devido o pagamento do adicional de periculosidade ao empregado que desenvolve suas atividades em edifício (construção vertical), seja em pavimento igual ou distinto daquele onde estão instalados tanques para armazenamento de líquido inflamável, em quantidade acima do limite legal, considerando-se como área de risco toda a área interna da construção vertical.

---

[18] Apenas de passagem, mencione-se que as referidas críticas se fundam no fato de que a lei não prevê o adicional de periculosidade nestas hipóteses, o que é assegurado somente por norma do Ministério do Trabalho e Emprego, o qual teria extrapolado sua competência regulamentar.

Todavia, se os tanques de armazenamento estão em prédio distinto, não há que se falar em cabimento do adicional. Neste sentido, decisão da SDI-I publicada no *Informativo* nº 123 do TST:

ADICIONAL DE PERICULOSIDADE. ARMAZENAMENTO DE LÍQUIDO INFLAMÁVEL. MATÉRIA FÁTICA. SÚMULA Nº 126 DO TST. ORIENTAÇÃO JURISPRUDENCIAL Nº 385 DA SbDI-1. 1. A diretriz encampada na Orientação Jurisprudencial nº 385 da SbDI-1 do TST, ao assegurar o direito ao adicional de periculosidade, reporta-se ao armazenamento de líquido inflamável no mesmo prédio em que desenvolvidas as atividades laborais, independentemente do pavimento em que estocado o agente perigoso, "considerando-se como área de risco toda a área interna da construção vertical". 2. Caso concreto em que o acórdão regional, com base em laudo pericial, mantém a improcedência do pedido de pagamento de adicional de periculosidade. Alusão ao fato de que o empregado não laborava em área de risco, haja vista o armazenamento de líquido inflamável operar-se em "estrutura completamente independente" do local da prestação de serviços e "devidamente protegida por áreas de segurança". 3. [...] 5. Embargos da Reclamada de que se conhece, por contrariedade à Súmula nº 126 e à Orientação Jurisprudencial nº 385 da SbDI-1 do TST, e a que se dá provimento (TST, SDI-I, E-ED-AgR-ARR-644-68.2010.5.04.0029, Rel. Min. João Oreste Dalazen, Data de Julgamento: 12.11.2015, *DEJT* 27.11.2015).

26.10.6. Permanência de tripulação ou motorista durante o abastecimento da aeronave ou veículo

É firme o entendimento do TST no sentido de que a permanência da tripulação na aeronave ou do motorista no veículo durante o abastecimento não enseja o direito ao adicional de periculosidade. Neste sentido, o TST editou, em 2013, a Súmula 447:

Súm. 447. Adicional de periculosidade. Permanência a bordo durante o abastecimento da aeronave. Indevido – Res. 193/2013, *DEJT* divulgado em 13, 16 e 17.12.2013.

Os tripulantes e demais empregados em serviços auxiliares de transporte aéreo que, no momento do abastecimento da aeronave, permanecem a bordo não têm direito ao adicional de periculosidade a que aludem o art. 193 da CLT e o Anexo 2, item 1, "c", da NR 16 do MTE.

Diferente é a solução **no caso em que o motorista auxilia no abastecimento**, e não somente permanece no veículo durante o procedimento. Neste caso, **cabe o adicional de periculosidade**, conforme vem decidindo de forma reiterada a SDI-1 do TST. A título de exemplo, mencionem-se os seguintes julgados:

AGRAVO DE INSTRUMENTO EM RECURSO DE REVISTA. RECURSO DE REVISTA INTERPOSTO NA VIGÊNCIA DA LEI Nº 13.015/2014 E REGIDO PELO CPC/2015 E PELA IN Nº 40/2016 DO TST. ADICIONAL DE PERICULOSIDADE. EMPREGADO QUE ACOMPANHA E AUXILIA NO ABASTECIMENTO DE VEÍCULO. PAGAMENTO DEVIDO. A Subseção I Especializada em Dissídios Individuais desta Corte, com ressalva do posicionamento pessoal deste Relator, firmou o entendimento de que, na hipótese em que o motorista se limitar a acompanhar o abastecimento do veículo realizado por um frentista, não é devido o pagamento do adicional de periculosidade. No entanto, na hipótese dos autos, ficou expressamente consignado, no acórdão regional, que o reclamante, na função de motorista acompanhava e auxiliava diretamente no abastecimento do veículo que dirigia. Desse modo, verifica-se que o autor, no desempenho do seu labor, mantinha contato direto e habitual com inflamáveis, pois ele ajudava diretamente no abastecimento do veículo que operava. Incólume, portanto, o artigo 193 da CLT. Agravo de instrumento desprovido (TST, AIRR-841-12.2013.5.15.0029, 2ª Turma, Rel. Min. Jose Roberto Freire Pimenta, *DEJT* 10.08.2018).

Embargos. Conhecimento. Artigo 894, § 2º, da CLT. Adicional de periculosidade. Motorista. Abastecimento do veículo. Acompanhamento 1. A jurisprudência pacífica da SBDI-1 do Tribunal Superior do Trabalho considera que o empregado motorista que meramente acompanha o abastecimento do veículo, sem efetivamente participar da operação, não faz jus ao pagamento de adicional de periculosidade, por ausência de previsão no Anexo 2 da NR 16 do Ministério do Trabalho e Previdência Social. Precedentes. 2. Embargos do Reclamante de que não se conhece. Aplicação da norma insculpida no artigo 894, § 2º, da CLT (TST, SDI-I, E-ED-ED--RR-2743-88.2012.5.15.0011, Rel. Min. João Oreste Dalazen, j. 22.09.2016, *DEJT* 30.09.2016).

26.11. ADICIONAL DE INSALUBRIDADE OU ADICIONAL DE PERICULOSIDADE

Por absurdo que pareça, o legislador impôs ao empregado a **escolha** entre o adicional de insalubridade e o adicional de periculosidade sempre que o trabalhador esteja exposto, ao mesmo tempo, a agentes nocivos à saúde e ao contato com inflamáveis ou explosivos em condição de risco acentuado.

Desse modo, **cabe ao trabalhador escolher, se o ambiente for insalubre *e* perigoso, qual dos adicionais pretende receber**. Este é o sentido do § 2º do art. 193 da CLT:

Art. 193. (...)
§ 2º O empregado poderá optar pelo adicional de insalubridade que porventura lhe seja devido.

Assim, imagine que o empregado, em outubro de 2016, tenha salário-base de R$ 2.000,00, e preste serviços em ambiente perigoso e insalubre, no grau máximo. Teria ele direito a R$ 600,00 a título de adicional de periculosidade (= 30% de R$ 2.000,00) **ou** a R$ 352,00 a título de adicional de insalubridade (= 40% do salário mínimo vigente na época ou 40% de R$ 880,00). Obviamente, o empregado escolherá, neste caso, o adicional de periculosidade.

A doutrina critica veementemente tal dispositivo, por dois motivos:

• o empregado teria direito aos dois adicionais, visto que decorrentes de fatos independentes entre si;
• a regra desestimula o empregador de neutralizar ou eliminar a insalubridade e a periculosidade, tendo em vista que ele paga por uma das circunstâncias mais gravosas ao trabalhador.

Não obstante as inúmeras críticas da doutrina em relação a tal dispositivo, tornou--se clássico o entendimento no sentido da impossibilidade de cumulação dos referidos adicionais, o qual é amplamente dominante no âmbito da jurisprudência do Tribunal Superior do Trabalho, inclusive tendo originado a fixação e tese de recurso repetitivo (Tema Repetitivo nº 17)[19].

Se o concurso para o qual você se prepara exige tão somente o conhecimento acerca do entendimento atual sobre o tema, você pode passar para o tópico seguinte. Nesse caso, **leve para a prova a literalidade do § 2º do art. 193 da CLT, ou seja, tenha em mente que os adicionais de insalubridade e de periculosidade não são cumuláveis**.

Todavia, considerando a atualidade do tema e as muitas reviravoltas da jurisprudência nos últimos anos, passo ao aprofundamento da discussão, visando especialmente subsidiar a argumentação do candidato em eventual questão discursiva sobre a matéria.

---

[19] Veja mais a respeito, se for o caso, nos dois itens seguintes.

26.11.1. Crítica ao § 2º do art. 193 da CLT

Conforme mencionado anteriormente, parte expressiva da doutrina sempre criticou a norma do § 2º do art. 193 da CLT, notadamente em razão da Convenção nº 155 da OIT, a qual determina que "[...] deverão ser levados em consideração os riscos para a saúde decorrentes da exposição simultânea a diversas substâncias ou agentes" (art. 11, alínea "b").

Neste sentido, Sebastião Geraldo de Oliveira[20] observa que

"[...] após a ratificação e vigência nacional da Convenção n. 155 da OIT, entendemos que esse parágrafo [§ 2º do art. 193 da CLT] foi tacitamente revogado diante da determinação de que sejam considerados os riscos para a saúde decorrentes da exposição simultânea a diversas substâncias ou agentes (art. 11, *b*)".

Aliás, mencione-se de passagem que o jurista mineiro defende inclusive, com base na Convenção nº 155, o pagamento de tantas parcelas do adicional de insalubridade quantos forem os agentes insalubres presentes no ambiente de trabalho. No mesmo sentido, a saudosa Profª. Alice Monteiro de Barros[21].

Também favorável à cumulação dos adicionais, José Augusto Rodrigues Pinto[22] pondera que

"O direito à cumulação é de uma lógica irrespondível: se a situação de desconforto pessoal tem correspondência numa indenização, o valor desta deve abranger tantos percentuais quantas sejam as circunstâncias causadoras do desconforto, que traz um dano efetivo ao trabalhador, ou do *risco* a que ele é *exposto*" (grifos no original).

Pode-se mencionar, ainda, no sentido da cumulação dos adicionais, que o Código Civil estabelece que a indenização é medida pela extensão do dano (art. 944[23]), de forma que, existindo mais de um dano (e/ou exposição do trabalhador), deveria ser pago um adicional relativo a cada dano.

26.11.2. Evolução da jurisprudência sobre o tema

Insensível aos apelos doutrinários, a jurisprudência trabalhista se consolidou no sentido da impossibilidade de cumulação dos referidos adicionais.

Ocorre que, em julgamento realizado aos 24.09.2014, a 7ª Turma do TST divergiu de tal entendimento até então consolidado e deferiu a cumulação dos adicionais, conforme se depreende do seguinte aresto:

Recurso de revista. Cumulação dos adicionais de insalubridade e periculosidade. Possibilidade. Prevalência das normas constitucionais e supralegais sobre a CLT. Jurisprudência consolidada do STF quanto ao efeito paralisante das normas internas em descompasso com os tratados internacionais de direitos humanos. Incompatibilidade material. Convenções nos 148 e 155 da OIT. Normas de direito social. Controle de convencionalidade. Nova forma de verificação de compatibilidade das normas integrantes do ordenamento jurídico. A previsão contida no artigo 193, § 2º, da CLT não foi recepcionada pela Constituição Federal de 1988, que, em seu artigo

---

20 OLIVEIRA, Sebastião Geraldo de. *Proteção jurídica à saúde do trabalhador*. 6. ed. São Paulo: LTr, 2011. p. 437.

21 BARROS, Alice Monteiro de. *Curso de Direito do Trabalho*. 9. ed. São Paulo: LTr, 2013. p. 623-624.

22 PINTO, José Augusto Rodrigues. *Tratado de Direito Material do Trabalho*. São Paulo: LTr, 2007. p. 427.

23 "Art. 944. A indenização mede-se pela extensão do dano.
Parágrafo único. Se houver excessiva desproporção entre a gravidade da culpa e o dano, poderá o juiz reduzir, equitativamente, a indenização".

7º, XXIII, garantiu de forma plena o direito ao recebimento dos adicionais de penosidade, insalubridade e periculosidade, sem qualquer ressalva no que tange à cumulação, ainda que tenha remetido sua regulação à lei ordinária. A possibilidade da aludida cumulação se justifica em virtude de os fatos geradores dos direitos serem diversos. Não se há de falar em *bis in idem*. No caso da insalubridade, o bem tutelado é a saúde do obreiro, haja vista as condições nocivas presentes no meio ambiente de trabalho; já a periculosidade traduz situação de perigo iminente que, uma vez ocorrida, pode ceifar a vida do trabalhador, sendo este o bem a que se visa proteger. A regulamentação complementar prevista no citado preceito da Lei Maior deve se pautar pelos princípios e valores insculpidos no texto constitucional, como forma de alcançar, efetivamente, a finalidade da norma. Outro fator que sustenta a inaplicabilidade do preceito celetista é a introdução no sistema jurídico interno das Convenções Internacionais nos 148 e 155, com *status* de norma materialmente constitucional ou, pelo menos, supralegal, como decidido pelo STF. A primeira consagra a necessidade de atualização constante da legislação sobre as condições nocivas de trabalho e a segunda determina que sejam levados em conta os "riscos para a saúde decorrentes da exposição simultânea a diversas substâncias ou agentes". Nesse contexto, não há mais espaço para a aplicação do artigo 193, § 2º, da CLT. Recurso de revista de que se conhece e a que se nega provimento (TST, 7ª Turma, RR-1072-72.2011.5.02.0384, Rel. Min. Cláudio Mascarenhas Brandão, j. 24.09.2014, *DEJT* 03.10.2014).

As demais Turmas do Tribunal Superior do Trabalho se mantiveram fiéis à interpretação clássica, conforme demonstram, por exemplo, diversos julgados posteriores: AIRR-3293-59.2012.5.12.0046, 1ª Turma, Rel. Des. Convocado Marcelo Lamego Pertence, j. 16.03.2016, *DEJT* 22.03.2016; AIRR-1691-38.2014.5.03.0038, 2ª Turma, Rel. Min. José Roberto Freire Pimenta, j. 02.03.2016, *DEJT* 11.03.2016; AIRR-1002-69.2013.5.02.0001, 3ª Turma, Rel. Min. Alberto Luiz Bresciani de Fontan Pereira, j. 11.11.2015, *DEJT* 13.11.2015; RR-70-43.2013.5.12.0053, 4ª Turma, Rel. Min. João Oreste Dalazen, j. 09.12.2015, *DEJT* 11.12.2015; AIRR-1162-33.2012.5.15.0045, 5ª Turma, Rel. Des. Convocado José Rêgo Júnior, j. 28.10.2015, *DEJT* 06.11.2015; ARR-800-24.2012.5.04.0017, 6ª Turma, Rel. Min. Aloysio Corrêa da Veiga, j. 07.10.2015, *DEJT* 19.02.2016; RR-443-80.2013.5.04.0026, 8ª Turma, Rel. Min. Dora Maria da Costa, j. 03.02.2016, *DEJT* 12.02.2016.

Em 28 de abril de 2016, a Subseção I Especializada em Dissídios Individuais (SDI-I), em busca da pacificação da matéria, adotou, naquela oportunidade, o seguinte entendimento:

Adicionais. Periculosidade e insalubridade. Percepção cumulativa. Art. 193, § 2º, da CLT. Alcance. 1. No Direito brasileiro, as normas de proteção ao empregado pelo labor prestado em condições mais gravosas à saúde e à segurança deverão pautar-se sempre nos preceitos insculpidos no art. 7º, incisos XXII e XXIII, da Constituição Federal: de um lado, a partir do estabelecimento de um meio ambiente do trabalho equilibrado; de outro lado, mediante retribuição pecuniária com vistas a "compensar" os efeitos nocivos decorrentes da incontornável necessidade de exposição do empregado, em determinadas atividades, a agentes nocivos à sua saúde e segurança. 2. No plano infraconstitucional, o art. 193 da CLT, ao dispor sobre o direito à percepção de adicional de periculosidade, assegura ao empregado a opção pelo adicional de insalubridade porventura devido (§ 2º do art. 193 da CLT). 3. A opção a que alude o art. 193, § 2º, da CLT não conflita com a norma do art. 7º, XXII, da Constituição Federal. Os preceitos da CLT e da Constituição, nesse ponto, disciplinam aspectos distintos do labor prestado em condições mais gravosas: enquanto o art. 193, § 2º, da CLT regula o adicional de salário devido ao empregado em decorrência de exposição a agente nocivo, o inciso XXII do art. 7º impõe ao empregador a redução dos agentes nocivos no meio ambiente de trabalho. O inciso XXIII, a seu turno, cinge-se a enunciar o direito a adicional "de remuneração" para as atividades penosas, insalubres e perigosas e atribui ao legislador ordinário a competência para fixar os requisitos que geram direito ao respectivo adicional. 4. Igualmente não se divisa descompasso entre a legislação brasileira e as normas internacionais de proteção ao trabalho.

As Convenções nos 148 e 155 da OIT, em especial, não contêm qualquer norma explícita em que se assegure a percepção cumulativa dos adicionais de periculosidade e de insalubridade em decorrência da exposição do empregado a uma pluralidade de agentes de risco distintos. Não há, pois, em tais normas internacionais preceito em contraposição ao § 2º do art. 193 da CLT. 5. Entretanto, interpretação teleológica, afinada ao texto constitucional, da norma inscrita no art. 193, § 2º, da CLT, conduz à conclusão de que a opção franqueada ao empregado, em relação à percepção de um ou de outro adicional, somente faz sentido se se partir do pressuposto de que o direito, em tese, ao pagamento dos adicionais de insalubridade e de periculosidade deriva de uma única causa de pedir. 6. Solução diversa impõe-se se se postula o pagamento dos adicionais de insalubridade e de periculosidade, concomitantemente, com fundamento em causas de pedir distintas. Uma vez caracterizadas e classificadas as atividades, individualmente consideradas, como insalubre e perigosa, nos termos do art. 195 da CLT, é inarredável a observância das normas que asseguram ao empregado o pagamento cumulativo dos respectivos adicionais – arts. 192 e 193, § 1º, da CLT. Trata-se de entendimento consentâneo com o art. 7º, XXIII, da Constituição Federal de 1988. Do contrário, emprestar-se-ia tratamento igual a empregados submetidos a condições gravosas distintas: o empregado submetido a um único agente nocivo, ainda que caracterizador de insalubridade e também de periculosidade, mereceria o mesmo tratamento dispensado ao empregado submetido a dois ou mais agentes nocivos, díspares e autônomos, cada qual em si suficiente para gerar um adicional. Assim, se presentes os agentes insalubre e de risco, simultaneamente, cada qual amparado em um fato gerador diferenciado e autônomo, em tese há direito à percepção cumulativa de ambos os adicionais. 7. Incensurável, no caso, acórdão de Turma do TST que nega a percepção cumulativa dos adicionais de insalubridade e de periculosidade se não comprovada, para tanto, a presença de causa de pedir distinta. 8. Embargos do Reclamante de que se conhece, por divergência jurisprudencial, e a que se nega provimento (TST, SDI-I, E-ARR-1081-60.2012.5.03.0064, Red. Min. João Oreste Dalazen, j. 28.04.2016, *DEJT* 17.06.2016. *Informativo 134*).

Abstraídos determinados argumentos bastante questionáveis do relator[24], em resumo, a SDI-I adotou, naquela oportunidade, a seguinte tese:

• Se a causa de pedir é idêntica, ou seja, se um mesmo agente nocivo gera insalubridade e periculosidade, não seria possível a cumulação dos adicionais.

• Se a causa de pedir é distinta, caberia cumulação dos adicionais.

Destarte, embora tenha mantido o entendimento clássico, no sentido da recepção do art. 193, § 2º, da CLT, pela Constituição de 1988, bem como da compatibilidade do dispositivo em referência com as normas internacionais ratificadas pelo Brasil, a SDI-I indiretamente abriu caminho para o deferimento da cumulação dos adicionais, *desde que com fundamento em causas de pedir distintas*.

Foi exatamente nesse sentido que julgou a questão, aos 10.08.2016, a 7ª Turma. Eis a ementa do julgado:

[...] 4. Cumulação dos adicionais de insalubridade e de periculosidade decorrentes de fatos geradores distintos. Possibilidade. O TRT manteve a condenação ao pagamento simultâneo do adicional de periculosidade e do adicional de insalubridade. Ao adotar os fundamentos da sentença, baseados na Convenção nº 155 da OIT, a Corte Regional entendeu que a vedação disposta no artigo 193, § 2º da CLT não deveria prevalecer na hipótese dos autos. Tem-se que a SBDI-1 do TST (sessão do dia 28/4/2016, da SBDI-1, E-ARR-1081-60.2012.5.03.0064), ao analisar o mesmo tema, firmou entendimento quanto à impossibilidade de cumulação dos

---

24 Por exemplo: "... [as] normas internacionais emanadas da OIT ostentam conteúdo aberto, de cunho genérico. Funcionam basicamente como um código de conduta para os Estados-membros. Não criam, assim, no caso, direta e propriamente obrigações para os empregadores representados pelo Estado signatário" (*sic*).

adicionais de insalubridade e periculosidade. Concluiu que, nessas situações, tão somente remanesce a opção do empregado pelo adicional que lhe for mais benéfico. Não obstante, ponderou que a vedação de cumulatividade do adicional de insalubridade com o adicional de periculosidade, disposta pelo artigo 193, § 2º da CLT, não se revela absoluta. Invocou a necessidade de uma interpretação teleológica e conforme a Constituição Federal, para concluir que mencionada vedação justifica-se apenas nas hipóteses em que os adicionais decorrem da mesma causa de pedir. **Entende, assim, a SBDI-1 do TST que restando comprovada a existência de dois fatos geradores distintos, específicos para cada um dos adicionais, deve ser reconhecido o direito à sua percepção de forma cumulativa.** No caso dos autos, segundo o quadro fático expressamente delimitado pelo Tribunal Regional, restou comprovado o fato de que cada um dos adicionais tem origem em condicionantes diversas. Primeiramente, foi consignado que "as atividades do autor foram consideradas como periculosas em face da exposição à radiação não ionizante (marcador 15, pág. 15)" (fl. 329) e também que conforme laudo pericial "as atividades desenvolvidas pelo autor são enquadradas como insalubres, em grau médio, por contato e manipulação de produtos químicos – fumos metálicos e ruído" (fl. 331). Por estas razões, o TRT concluiu que "as atividades do autor, além de periculosas, são insalubres" (fl. 331). **Nesse cenário, em atendimento à jurisprudência da SBDI-1 do TST, uma vez comprovados nos autos os distintos fatos geradores dos adicionais de periculosidade e insalubridade, deve ser reconhecido o direito à sua cumulação, mediante a interpretação do artigo 193, § 2º, da CLT conforme o artigo 7º, XXIII da Constituição Federal.** Recurso de revista conhecido e desprovido. [...] (TST, 7ª Turma, RR-7092-95.2011.5.12.0030, Rel. Min. Douglas Alencar Rodrigues, j. 10.08.2016, *DEJT* 26.08.2016). (grifos meus)

Não obstante, aos 13.10.2016 a SDI-I voltou a alterar seu entendimento, consignando, por maioria (sete votos a seis), que **não cabe a cumulação dos adicionais de insalubridade e de periculosidade sequer diante da existência de fatos geradores e de causas de pedir distintos.** Nesse sentido, decisão divulgada pelo *Informativo nº 147* do TST[25]:

Adicional de insalubridade e de periculosidade. Fatos geradores distintos. Cumulação. Impossibilidade. O art. 193, § 2º, da CLT veda a cumulação dos adicionais de periculosidade e insalubridade, podendo, no entanto, o empregado fazer a opção pelo que lhe for mais benéfico. Sob esses fundamentos, a SBDI-I decidiu, por unanimidade, conhecer do recurso de embargos, por divergência jurisprudencial e, no mérito, por maioria, dar-lhe provimento para excluir da condenação a possibilidade de acúmulo dos dois adicionais. Vencidos os Ministros Augusto César Leite de Carvalho, João Oreste Dalazen, José Roberto Freire Pimenta, Hugo Carlos Scheuermann, Alexandre de Souza Agra Belmonte e Cláudio Mascarenhas Brandão, que negavam provimento aos embargos para manter o pagamento cumulado dos adicionais de insalubridade e de periculosidade, sob o fundamento de que a exposição do indivíduo a um determinado tipo de risco não exclui a sua eventual exposição a outro risco diferente, ante a existência de fatos geradores e causa de pedir distintas (TST, E-RR-1072-72.2011.5.02.0384, SBDI-I, Rel. Min. Renato de Lacerda Paiva, j. 13.10.2016, *DEJT* 08.09.2017. *Informativo 147*).

Por fim, aos 26.09.2019, a **SDI-1 do TST**, ao apreciar a matéria em sede de Incidente de Recurso Repetitivo (IRR-239-55.2011.5.02.0319), **fixou a seguinte tese jurídica, a qual deverá ser aplicada a todos os casos semelhantes:**

O art. 193, § 2º, da CLT foi recepcionado pela Constituição Federal e veda a cumulação dos adicionais de insalubridade e de periculosidade, ainda que decorrentes de fatos geradores distintos e autônomos.

---

25 Texto conforme divulgado no *Informativo nº 147 do TST*, pois, embora tenha sido publicado o acórdão em 08.09.2017, considero mais didático o texto utilizado no Informativo.

Na linha da reunião de argumentos para a análise crítica do tema, vale destacar, a partir da ementa do acórdão, a decisão do TST:

INCIDENTE DE RECURSOS REPETITIVOS. ADICIONAIS DE PERICULOSIDADE E DE INSALUBRIDADE. IMPOSSIBILIDADE DE CUMULAÇÃO, AINDA QUE AMPARADOS EM FATOS GERADORES DISTINTOS E AUTÔNOMOS. INTERPRETAÇÃO SISTEMÁTICA DO ORDENAMENTO JURÍDICO. RECEPÇÃO DO ART. 193, § 2º, DA CLT, PELA CONSTITUIÇÃO FEDERAL. 1. Incidente de recursos repetitivos, instaurado perante a SBDI-1, para decidir-se, sob as perspectivas dos controles de constitucionalidade e de convencionalidade, acerca da possibilidade de cumulação dos adicionais de periculosidade e de insalubridade, quando amparados em fatos geradores distintos e autônomos, diante de eventual ausência de recepção da regra do art. 193, § 2º, da CLT, pela Constituição Federal. 2. Os incisos XXII e XXIII do art. 7º da Constituição Federal são regras de eficácia limitada, de natureza programática. Necessitam da "interpositio legislatoris", embora traduzam normas jurídicas tão preceptivas quanto as outras. O princípio orientador dos direitos fundamentais sociais, neles fixado, é a proteção da saúde do trabalhador. Pela topografia dos incisos – o XXII trata da redução dos riscos inerentes ao trabalho e o XXIII, do adicional pelo exercício de atividades de risco –, observa-se que a prevenção deve ser priorizada em relação à compensação, por meio de retribuição pecuniária (a monetização do risco), dos efeitos nocivos do ambiente de trabalho à saúde do trabalhador. 3. Gramaticalmente, a conjunção "ou", bem como a utilização da palavra "adicional", no inciso XXIII do art. 7º, da Carta Magna, no singular, admite supor-se alternatividade entre os adicionais. 4. O legislador, no art. 193, § 2º, da CLT, ao facultar ao empregado a opção pelo recebimento de um dos adicionais devidos, por certo, vedou o pagamento cumulado dos títulos, sem qualquer ressalva. 5. As Convenções 148 e 155 da OIT não tratam de cumulação de adicionais de insalubridade e de periculosidade. 6. Conforme ensina Malcom Shaw, "quando uma lei e um tratado têm o mesmo objeto, os tribunais buscarão interpretá-los de forma que deem efeito a ambos sem contrariar a letra de nenhum dos dois". É o que se recomenda para o caso, uma vez que os textos comparados (Constituição Federal, Convenções da OIT e CLT) não são incompatíveis (a regra da impossibilidade de cumulação adequa-se à transição para o paradigma preventivo), mesmo considerado o caráter supralegal dos tratados que versem sobre direitos humanos. É inaplicável, ainda, o princípio da norma mais favorável, na contramão do plano maior, por ausência de contraposição ou paradoxo. 7. Há Lei e jurisprudência consolidada sobre a matéria. Nada, na conjuntura social, foi alterado, para a ampliação da remuneração dos trabalhadores no caso sob exame. O art. 193, § 2º, da CLT, não se choca com o regramento constitucional ou convencional. 8. Pelo exposto, fixa-se a tese jurídica: o art. 193, § 2º, da CLT foi recepcionado pela Constituição Federal e veda a cumulação dos adicionais de insalubridade e de periculosidade, ainda que decorrentes de fatos geradores distintos e autônomos. Tese fixada" (TST, IRR-E-ED-RR-239-55.2011.5.02.0319, Subseção I Especializada em Dissídios Individuais, Redator Ministro Alberto Luiz Bresciani de Fontan Pereira, *DEJT* 15.05.2020).

Cabe ao candidato, em provas objetivas, seguir o entendimento dominante (impossibilidade de cumulação dos adicionais).

Na hipótese de a matéria ser cobrada em questão discursiva, por sua vez, caberia ao candidato: a) discorrer sobre as diferentes interpretações sobre o tema; b) mencionar o entendimento dominante no âmbito do TST; c) demonstrar conhecimento acerca da crítica doutrinária (e também da divergência jurisprudencial) a esta interpretação, notadamente por negar vigência a normas internacionais mais benéficas incorporadas ao ordenamento brasileiro.

26.12. REGRAS COMUNS À INSALUBRIDADE E À PERICULOSIDADE

Como exposto pontualmente ao longo deste capítulo, várias regras são comuns à insalubridade e à periculosidade, com destaque para as seguintes:

- como os adicionais respectivos são modalidades de salário condição, a cessação da insalubridade ou da periculosidade faz com que o empregado perca o direito ao adicional;

- a caracterização da insalubridade e da periculosidade é baseada na regulamentação do vigente Ministério do Trabalho e Emprego, que prevê as atividades insalubres ou perigosas, bem como os limites de tolerância, mas não dispensa, como regra, a realização de perícia técnica por médico do trabalho ou engenheiro do trabalho, devidamente registrado no antigo Ministério do Trabalho;

- os efeitos pecuniários decorrentes do trabalho em condições de insalubridade ou periculosidade serão devidos a contar da data da inclusão da respectiva atividade nos quadros aprovados pelo Ministério do Trabalho e Emprego, respeitados os prazos prescricionais (art. 196 da CLT);

- os materiais e substâncias empregados, manipulados ou transportados nos locais de trabalho, quando perigosos ou nocivos à saúde, devem conter, no rótulo, sua composição, recomendações de socorro imediato e o símbolo de perigo correspondente, segundo a padronização internacional (art. 197, *caput*, CLT).

Dicas para prova discursiva:

Para provas discursivas, os tópicos sobre atividades insalubres (ver item 26.9) e perigosas (ver item 26.10) são fundamentais.

Atente-se para as recentes alterações da redação do art. 193 da CLT, o qual estabelece quem tem direito ao adicional de periculosidade.

Deve-se observar, em eventual resposta a questão discursiva sobre o tema, o entendimento atual do TST no sentido de afastar a flexibilização no que diz respeito à redução e/ou supressão dos adicionais por meio de norma coletiva.

Registre-se que recentemente uma Turma do TST chegou a adotar entendimento no sentido de que poderiam ser cumulados os adicionais de insalubridade e de periculosidade. Para inserir tal informação em eventual resposta, entretanto, o candidato deve explicar que a corrente tradicional, amplamente dominante, interpreta o § 2º do art. 193 da CLT em sua literalidade, no sentido da não cumulação dos adicionais.

SEGURANÇA E SAÚDE DO TRABALHADOR
Segurança e saúde = **direitos fundamentais do empregado.**
Meio ambiente do trabalho: é o espaço físico onde o empregado desenvolve suas atividades e se expõe aos agentes nocivos e riscos acentuados.
Deveres do empregador: • Cumprir e fazer cumprir as normas de segurança e medicina do trabalho; • Instruir os empregados, através de ordens de serviço, quanto às precauções a tomar no sentido de evitar acidentes do trabalho ou doenças ocupacionais; • Adotar as medidas que lhes sejam determinadas pelo órgão regional competente; • Facilitar o exercício da fiscalização pela autoridade competente.

SEGURANÇA E SAÚDE DO TRABALHADOR

Dever de colaboração do empregado:

• Observar as normas sobre SST e orientações do empregador;

• Utilizar os equipamentos de proteção individual.

Havendo recusa injustificada acerca da observância das normas sobre segurança e saúde e orientações do empregador, bem como recusa a utilizar os EPIs fornecidos, incorre o empregado em ato faltoso.

Competência do Ministério do Trabalho e Emprego:

• Editar normas que regulamentem a proteção à saúde e à segurança do trabalhador;

• Fiscalizar o cumprimento das normas relativas à SST;

• Aplicar as sanções pelo eventual descumprimento das normas mencionadas.

CIPA:

É a comissão interna formada na empresa, por representantes dos empregados (eleitos) e do empregador (indicados), visando à prevenção de acidentes e doenças decorrentes do trabalho, de modo a tornar compatível permanentemente o trabalho com a preservação da vida e a promoção da saúde do trabalhador.

Dimensionamento:

Varia conforme o número de empregados da empresa e o grau de risco da atividade desenvolvida. Em empresa com até 19 empregados não é obrigatória a manutenção de CIPA. O dimensionamento e o grau de risco de cada atividade são dados pela NR-5.

Características:

• Composição paritária (mesmo número de representantes dos empregados e do empregador);

• Qualquer empregado, independentemente de filiação sindical, pode se candidatar a representante dos empregados na CIPA;

• Os representantes do empregador são indicados por este;

• O mandato dos membros eleitos da CIPA tem duração de um ano, admitida uma única reeleição;

• O empregador indicará, anualmente, o presidente da CIPA, e, na mesma periodicidade, os empregados elegerão o vice-presidente.

Equipamento de proteção individual – EPI:

É todo dispositivo ou produto, de uso individual utilizado pelo trabalhador, destinado à proteção de riscos suscetíveis de ameaçar a segurança e a saúde no trabalho.

O empregador é obrigado a adquirir e fornecer os EPIs adequados à atividade do empregado, bem como exigir o uso dos equipamentos pelo obreiro. A recusa injustificada do empregado em utilizar os EPIs configura ato faltoso.

Insalubridade:

Atividade insalubre é aquela que, por sua natureza, condições ou métodos de trabalho, exponha os empregados a agentes nocivos à saúde, acima dos limites de tolerância fixados em razão da natureza e da intensidade do agente e do tempo de exposição aos seus efeitos.

Caracterização:

A caracterização da insalubridade se faz mediante a previsão em quadro aprovado pelo Ministério do Trabalho e Emprego (NR-15), bem como pela perícia realizada no local de trabalho, seja por médico do trabalho, seja por engenheiro do trabalho. A perícia é dispensada apenas quando a empresa já se encontra fechada, hipótese em que são admitidos outros meios de prova.

Adicional de insalubridade:

• 10% – grau mínimo;

• 20% – grau médio;

• 40% – grau máximo.

• Base de cálculo: salário mínimo, até que sobrevenha lei ou instrumento coletivo a respeito (SV 4 c/c entendimento jurisprudencial).

SEGURANÇA E SAÚDE DO TRABALHADOR

Perda do adicional:

- Neutralização ou eliminação dos agentes nocivos (simples fornecimento de EPI não elide o pagamento do adicional);
- Reclassificação ou descaracterização da atividade pelo órgão competente (Ministério do Trabalho e Emprego).

Periculosidade:

Atividade perigosa é aquela que, por sua natureza ou métodos de trabalho, implique risco acentuado em virtude de exposição permanente do trabalhador a inflamáveis, explosivos ou energia elétrica, ou, ainda, a roubos ou outras espécies de violência física nas atividades profissionais de segurança pessoal ou patrimonial. São também consideradas perigosas as atividades do *trabalhador em motocicleta*.

Caracterização:

A caracterização da periculosidade também depende tanto de previsão do Ministério do Trabalho e Emprego (NR-16) quanto de perícia realizada no local de trabalho, por médico do trabalho ou engenheiro do trabalho. A perícia é desnecessária, entretanto, se o fato é incontroverso, dado o pagamento espontâneo do adicional pelo empregador.

Adicional de periculosidade:

- 30% sobre o salário-base.
- A exposição intermitente não elide o pagamento.
- A exposição eventual, por tempo extremamente reduzido, entretanto, elimina o direito ao adicional.
- Não é válida a cláusula de ACT ou CCT fixando o adicional em percentual inferior ao legal e proporcional ao tempo de exposição ao risco.
- Cabistas, instaladores e reparadores de linhas telefônicas também têm direito, desde que expostos a risco acentuado.
- A exposição do empregado à radiação ionizante e à radioatividade enseja o pagamento do adicional.
- A manutenção da tripulação no avião ou do motorista no veículo durante o abastecimento não enseja o pagamento do adicional de periculosidade.

Opção por um dos adicionais:

Se o ambiente de trabalho for tanto insalubre quanto perigoso, cabe ao empregado escolher qual dos dois adicionais pretende receber.

26.13. DEIXADINHAS

1. O direito à saúde e ao meio ambiente do trabalho equilibrado são direitos fundamentais do trabalhador.

2. Cabe à empresa cumprir e fazer cumprir as normas de segurança e medicina do trabalho.

3. Cabe à empresa instruir os empregados, através de ordens de serviço, quanto às precauções a tomar no sentido de evitar acidentes do trabalho ou doenças ocupacionais.

4. Cabe à empresa adotar as medidas que lhes sejam determinadas pelo órgão regional competente e facilitar o exercício da fiscalização pela autoridade competente.

5. Como contrapartida aos deveres do empregador em matéria de saúde e segurança do trabalho, o empregado tem o dever de colaboração, pelo que deve observar as normas de segurança e medicina do trabalho, inclusive as orientações do empregador, bem como utilizar os equipamentos de proteção individual fornecidos.

6. A recusa injustificada do empregado em observar as instruções expedidas pelo empregador ou em utilizar os EPIs constitui falta grave, punível na forma da Lei.

7. Cabe ao Ministério do Trabalho e Emprego regulamentar as questões atinentes à saúde e segurança do trabalhador, bem como fiscalizar o cumprimento das normas em vigor, incluindo a aplicação das sanções cabíveis.

8. A Comissão Interna de Prevenção de Acidentes – CIPA tem como objetivo a prevenção de acidentes e doenças decorrentes do trabalho, de modo a tornar compatível permanentemente o trabalho com a preservação da vida e a promoção da saúde do trabalhador.

9. A obrigatoriedade de manutenção da CIPA e o seu dimensionamento (número de membros) são definidos pela NR-5, conforme o grau de risco da atividade desenvolvida pela empresa.

10. A CIPA tem composição paritária, ou seja, é composta pelo mesmo número de representantes dos empregados e dos empregadores.

11. Os representantes dos empregadores, titulares e suplentes, serão por eles designados.

12. Os representantes dos empregados, titulares e suplentes, serão eleitos em escrutínio secreto, do qual participem, independentemente de filiação sindical, exclusivamente os empregados interessados.

13. O mandato dos membros eleitos da CIPA terá a duração de 1 (um) ano, permitida uma reeleição.

14. O empregador designará, anualmente, dentre os seus representantes, o Presidente da CIPA e os empregados elegerão, dentre eles, o Vice-Presidente.

15. Considera-se equipamento de proteção individual todo dispositivo ou produto, de uso individual utilizado pelo trabalhador, destinado à proteção de riscos suscetíveis de ameaçar a segurança e a saúde no trabalho.

16. Sempre que as medidas de proteção coletiva forem insuficientes para neutralização ou eliminação dos agentes nocivos, o empregador é obrigado a adquirir EPI com indicação de certificado de conformidade (não é mais exigível o "Certificado de Aprovação – CA"), fornecê-lo ao empregado e exigir seu uso efetivo.

17. Serão consideradas atividades ou operações insalubres aquelas que, por sua natureza, condições ou métodos de trabalho, exponham os empregados a agentes nocivos à saúde, acima dos limites de tolerância fixados em razão da natureza e da intensidade do agente e do tempo de exposição aos seus efeitos.

18. Não basta a constatação da insalubridade por meio de laudo pericial para que o empregado tenha direito ao respectivo adicional, sendo necessária a classificação da atividade insalubre na relação oficial elaborada pelo Ministério do Trabalho e Emprego.

19. A higienização de instalações sanitárias de uso público ou coletivo de grande circulação, e a respectiva coleta de lixo, por não se equiparar à limpeza em residências e escritórios, enseja o pagamento de adicional de insalubridade em grau máximo, incidindo o disposto no Anexo 14 da NR-15 da Portaria do MTPS nº 3.214/1978 quanto à coleta e industrialização de lixo urbano.

20. Em face da ausência de previsão legal, indevido o adicional de insalubridade ao trabalhador em atividade a céu aberto, por sujeição a radiação solar. Todavia, tem direito ao adicional de insalubridade o trabalhador que exerce atividade exposto ao calor acima dos limites de tolerância, inclusive em ambiente externo com carga solar, nas condições previstas no Anexo 3 da NR 15 da Portaria nº 3.214/1978 do MTPS.

21. O art. 195 da CLT não faz qualquer distinção entre o médico e o engenheiro para efeito de caracterização e classificação da insalubridade e periculosidade, bastando para a elaboração do laudo seja o profissional devidamente qualificado.

22. Em regra, a realização de perícia no local de trabalho é requisito para caracterização da insalubridade.

23. A realização de perícia é obrigatória para a verificação de insalubridade. Quando não for possível sua realização, como em caso de fechamento da empresa, poderá o julgador utilizar-se de outros meios de prova.

24. Cabe ao empregador adotar as medidas necessárias para a neutralização ou eliminação da insalubridade.

25. A neutralização ou eliminação da insalubridade pressupõe a adoção de medidas de proteção coletiva, ou ainda através do uso de EPIs, de forma a minimizar os agentes insalubres até patamar inferior aos limites de tolerância estabelecidos pelo do Trabalho e Emprego.

26. O adicional de insalubridade, parcela típica de salário condição, é devido à razão de 10%, 20% e 40%, respectivamente para insalubridade de grau mínimo, médio e máximo.

27. Conforme entendimento atual do TST, a base de cálculo do adicional de insalubridade é, em face do disposto na Súmula Vinculante 4, o salário mínimo, até que lei ou norma coletiva venha a disciplinar a questão.

28. Salvo nos casos previstos na Constituição, o salário mínimo não pode ser usado como indexador de base de cálculo de vantagem de servidor público ou de empregado, nem ser substituído por decisão judicial.

29. O trabalho executado em condições insalubres, em caráter intermitente, não afasta, só por essa circunstância, o direito à percepção do respectivo adicional.

30. A eliminação da insalubridade mediante fornecimento de aparelhos protetores aprovados pelo órgão competente do Poder Executivo exclui a percepção do respectivo adicional.

31. A reclassificação ou a descaracterização da insalubridade, por ato da autoridade competente, repercute na satisfação do respectivo adicional, sem ofensa a direito adquirido ou ao princípio da irredutibilidade salarial.

32. O direito do empregado ao adicional de insalubridade ou de periculosidade cessará com a eliminação do risco à sua saúde ou integridade física, nos termos desta Seção e das normas expedidas pelo Ministério do Trabalho e Emprego.

33. O simples fornecimento do aparelho de proteção pelo empregador não o exime do pagamento do adicional de insalubridade. Cabe-lhe tomar as medidas que conduzam à diminuição ou eliminação da nocividade, entre as quais as relativas ao uso efetivo do equipamento pelo empregado.

34. São consideradas atividades ou operações perigosas, na forma da regulamentação aprovada pelo Ministério do Trabalho e Emprego, aquelas que, por sua natureza ou métodos de trabalho, impliquem risco acentuado em virtude de exposição permanente do trabalhador a inflamáveis, explosivos ou energia elétrica, ou, ainda, a roubos ou outras espécies de violência física nas atividades profissionais de segurança pessoal ou patrimonial.

35. O pagamento de adicional de periculosidade efetuado por mera liberalidade da empresa, ainda que de forma proporcional ao tempo de exposição ao risco ou em percentual inferior ao máximo legalmente previsto, dispensa a realização da prova técnica exigida pelo art. 195 da CLT, pois torna incontroversa a existência do trabalho em condições perigosas.

36. São também consideradas perigosas as atividades de trabalhador em motocicleta, assim consideradas aquelas em que o empregado utiliza motocicleta ou motoneta para deslocamento em vias públicas.

37. Os empregados que operam em bomba de gasolina têm direito ao adicional de periculosidade.

38. O trabalho em condições de periculosidade assegura ao empregado um adicional de 30% (trinta por cento) sobre o salário sem os acréscimos resultantes de gratificações, prêmios ou participações nos lucros da empresa. Para o trabalhador contratado sob a modalidade de contrato "verde e amarelo", o adicional será de apenas 5% (cinco por cento) do salário-base, desde que, mediante acordo individual escrito, o empregador contrate seguro privado de acidentes pessoais.

39. O adicional de periculosidade incide apenas sobre o salário básico e não sobre este acrescido de outros adicionais.

40. O adicional de periculosidade do empregado eletricitário, contratado sob a égide da Lei nº 7.369/1985, deve ser calculado sobre a totalidade das parcelas de natureza salarial. Não é válida norma coletiva mediante a qual se determina a incidência do referido adicional sobre o salário básico.

41. A alteração da base de cálculo do adicional de periculosidade do eletricitário promovida pela Lei nº 12.740/2012 atinge somente contrato de trabalho firmado a partir de sua vigência, de modo que, nesse caso, o cálculo será realizado exclusivamente sobre o salário básico, conforme determina o § 1º do art. 193 da CLT.

42. Serão descontados ou compensados do adicional de periculosidade outros da mesma natureza eventualmente já concedidos ao vigilante por meio de acordo coletivo.

43. Tem direito ao adicional de periculosidade o empregado exposto permanentemente ou que, de forma intermitente, sujeita-se a condições de risco. O adicional é indevido, apenas, quando o contato se dá de forma eventual, assim considerado o fortuito, ou o que, sendo habitual, dá-se por tempo extremamente reduzido. Para os empregados com contrato "verde e amarelo", entretanto, o adicional somente será devido houver trabalho efetivo em condição de periculosidade por, no mínimo, cinquenta por cento da jornada normal de trabalho.

44. É assegurado o adicional de periculosidade apenas aos empregados que trabalham em sistema elétrico de potência em condições de risco, ou que o façam com equipamentos e instalações elétricas similares, que ofereçam risco equivalente, ainda que em unidade consumidora de energia elétrica.

45. Não é válida a cláusula de acordo ou convenção coletiva de trabalho fixando o adicional de periculosidade em percentual inferior ao estabelecido em lei e proporcional ao tempo de exposição ao risco, pois tal parcela constitui medida de higiene, saúde e segurança do trabalho, garantida por norma de ordem pública.

46. É devido o adicional de periculosidade aos empregados cabistas, instaladores e reparadores de linhas e aparelhos de empresas de telefonia, desde que, no exercício de suas funções, fiquem expostos a condições de risco equivalente ao do trabalho exercido em contato com sistema elétrico de potência.

47. A exposição do empregado à radiação ionizante ou à substância radioativa enseja a percepção do adicional de periculosidade.

48. É devido o pagamento do adicional de periculosidade ao empregado que desenvolve suas atividades em edifício (construção vertical), seja em pavimento igual ou distinto daquele onde estão instalados tanques para armazenamento de líquido inflamável, em quantidade acima do limite legal, considerando-se como área de risco toda a área interna da construção vertical.

49. Os tripulantes e demais empregados em serviços auxiliares de transporte aéreo que, no momento do abastecimento da aeronave, permanecem a bordo não têm direito ao adicional de periculosidade.

50. Presentes em determinada atividade tanto a insalubridade quanto a periculosidade, o empregado deve escolher qual dos dois adicionais quer receber, não sendo devidos ambos ao mesmo tempo.

51. Como os adicionais respectivos são modalidades de salário condição, a cessação da insalubridade ou da periculosidade faz com que o empregado perca do direito ao adicional.

52. Os efeitos pecuniários decorrentes do trabalho em condições de insalubridade ou periculosidade serão devidos a contar da data da inclusão da respectiva atividade nos quadros aprovados pelo Ministério do Trabalho e Emprego, respeitados os prazos prescricionais.

53. Os materiais e substâncias empregados, manipulados ou transportados nos locais de trabalho, quando perigosos ou nocivos à saúde, devem conter, no rótulo, sua composição, recomendações de socorro imediato e o símbolo de perigo correspondente, segundo a padronização internacional.

CAPÍTULO 27

Direito Administrativo
do Trabalho

· · · · · · · · · · · · · · · · · · · ·

Marcadores: DIREITO ADMINISTRATIVO DO TRABALHO; DO PROCESSO DE MULTAS ADMINISTRATIVAS; DA FISCALIZAÇÃO, DA AUTUAÇÃO E DA IMPOSIÇÃO DE PENALIDADES; INSPEÇÃO DO TRABALHO; FISCALIZAÇÃO DO TRABALHO; AUDITOR FISCAL DO TRABALHO; COMBATE AO TRABALHO ESCRAVO; COMBATE AO TRABALHO INFANTIL; TRABALHO ESCRAVO; TRABALHO EM CONDIÇÕES ANÁLOGAS À DE ESCRAVO.

Material de estudo:

✓ Legislação *básica*: **CLT**, arts. 29-A, 47, 626-642.

✓ Legislação para *estudo avançado*: **CLT**, arts. 155, 156, 161; **Decreto nº 4.552/2002** (Regulamento da Inspeção do Trabalho – RIT); **Lei Complementar nº 123/2006**, arts. 50-52, 55; Lei nº 7.855/1989, art. 6º; **Lei nº 10.593/2002**, arts. 11, 11-A; **Lei nº 11.890/2008**, arts. 1º-4º; Lei nº 13.874/2019, art. 4º-A.

✓ Jurisprudência: **Súm. 424, TST; Súmula Vinculante** 21, STF.

✓ Doutrina (–)

Estratégia de estudo sugerida:

A maioria dos concursos não cobra conhecimentos deste assunto. Portanto, o leitor deve se guiar pelo conteúdo programático do concurso de seu interesse. Todavia, advirta-se sobre a importância do tema para os candidatos ao concurso para Auditor Fiscal do Trabalho, os quais devem conhecer, além dos dispositivos celetistas, a legislação para estudo avançado mencionada anteriormente. Visando à preparação para AFT, é ainda importante o estudo cuidadoso do item 27.9.

As questões de concurso sobre o assunto do presente capítulo normalmente são cobradas de forma literal, a partir dos dispositivos legais.

27.1. GENERALIDADES

Como tem sido estudado desde o primeiro capítulo deste manual, o Direito do Trabalho visa reequilibrar a relação capital/trabalho mediante a intervenção estatal no domínio econômico, e especificamente nas relações de trabalho, a fim de compensar a flagrante inferioridade econômica do trabalhador hipossuficiente frente ao empregador.

Ocorre que, além da intervenção estatal através do poder de editar normas, o Estado se faz presente na relação de emprego, velando pelo mencionado equilíbrio ao lançar mão de seu poder de polícia administrativa[1]. É exatamente aí que tem lugar a fiscalização do trabalho e, consequentemente, o trabalho dos Auditores Fiscais do Trabalho.

Nas palavras do Prof. José Cairo Júnior,

"grande parte dos dispositivos trabalhistas, principalmente aqueles contidos na CLT, classi-ficam-se como normas mais que perfeitas, pois apresentam, no mínimo, uma dupla sanção para um mesmo ato antijurídico, sendo uma de natureza laboral (inadimplemento) e outra de natureza administrativa (infração administrativa)"[2].

É óbvio que a incidência de dupla sanção não implica, no caso, *bis in idem*, pelo simples fato de que se trata de sanções de natureza diversa. Com efeito, há inclusive dois prejudicados distintos: de um lado, o trabalhador, que teve seu direito trabalhista violado; de outro, o Estado, na condição de representante da sociedade, o qual viu desrespeitada uma regra de convivência de fundamental importância, porquanto ligada à dignidade do cidadão trabalhador.

O chamado Direito Administrativo do Trabalho cuida exatamente dos limites da intervenção do Estado na relação de trabalho e, notadamente, do poder punitivo da fis-calização trabalhista.

Extremamente pertinente e atual é a lição de João de Lima Teixeira Filho:

"O papel da fiscalização cresce de importância quando sabemos que o brasileiro não alcançou ainda aquele estágio de cultura cívica que o faça ter especial respeito pela ordem jurídica e pelo cumprimento da lei. Ainda há muito cidadão e muito empresário supondo que burlar a lei, em vez de delito, é uma demonstração de superioridade ou de inteligência. Estes brasileiros que só não avançam o sinal se o guarda estiver presente, ou só obedecem à lei se tiverem certeza de que estão sendo observados pela autoridade repressora, são o tormento da cidadania e da paz social. E é para estes que deve dirigir-se o agente da inspeção do trabalho, munido de paciência e firmeza, para ensinar, compor os conflitos e reprimir.[3]"

27.2. BASE LEGAL

Dispõe a Constituição de 1988 que "compete à União organizar, manter e executar a inspeção do trabalho" (art. 21, XXIV).

A Convenção 81 da OIT também prevê a manutenção de sistema de inspeção do trabalho pelos países signatários, dentre os quais o Brasil[4].

---

[1]   O art. 78 do Código Tributário Nacional – CTN define poder de polícia como a "atividade da administração pública que, limitando ou disciplinando direito, interesse ou liberdade, regula a prática de ato ou abstenção de fato, em razão de interesse público concernente à segurança, à higiene, à ordem, aos costumes, à disciplina da produção e do mercado, ao exercício de atividades econômicas dependentes de concessão ou autorização do Poder Público, à tranquilidade pública ou ao respeito à propriedade e aos direitos individuais ou coletivos".

[2]   JÚNIOR, José Cairo. *Curso de Direito do Trabalho*. 4ª Ed. Salvador: JusPodivm, 2009, p. 667.

[3]   SÜSSEKIND, Arnaldo; MARANHÃO, Délio; VIANNA, Segadas; TEIXEIRA FILHO, João de Lima. *Instituições de Direito do Trabalho*. 16. ed. São Paulo: LTr, 1996, vol. II, p. 1.227.

[4]   A Convenção 81 foi aprovada pelo Decreto Legislativo nº 24/1956 e promulgada pelo Decreto nº 41.721/1957. Posteriormente, o Decreto nº 10.088/2019 consolidou, em seus anexos, todas as convenções da OIT ratificadas pelo Brasil.

No plano infraconstitucional, a CLT estabelece, no art. 626, a realização da inspeção do trabalho pelo Ministério do Trabalho, Indústria e Comércio, atual Ministério do Trabalho e Emprego, tendo a carreira da Auditor Fiscal do Trabalho sido reestruturada pela Lei nº 10.593/2002.

Por fim, o Regulamento da Inspeção do Trabalho – RIT, aprovado pelo Decreto nº 4.552/2002, disciplina a atuação dos Auditores Fiscais do Trabalho.

27.2.1. Marco Regulatório Trabalhista Infralegal

A intervenção do Estado nas relações de trabalho se dá não só por meio do exercício do poder de polícia estatal, a cargo, no caso, da inspeção do trabalho, como também por intermédio da função normativa, que, embora residual no âmbito de competência do Poder Executivo, se mostra bastante presente no cotidiano trabalhista.

Com efeito, são inúmeras as situações em que a lei confere à autoridade nacional em matéria de trabalho, ou seja, ao Ministério do Trabalho e Emprego, a prerrogativa de regulamentar situações que foram previstas apenas de forma geral pelo legislador, as quais demandam maior detalhamento, seja sob a forma de instruções (*v.g.* sobre o controle de horário de trabalho – ponto –, com fundamento no art. 74, § 2º, da CLT) ou da própria regulação técnica (*v.g.* as Normas Regulamentadoras, editadas por meio de Portaria do MTE, com fundamento no art. 200 da CLT).

Nesse sentido, ao longo de décadas foram se acumulando centenas de atos normativos infralegais, os quais dificultavam sobremaneira o acesso do cidadão aos atos normativos em vigor, até porque não existia um sítio específico em que a legislação infralegal em matéria trabalhista estivesse sempre atualizada e disponibilizada de forma organizada.

Visando à solução de tal problema, foi realizado trabalho de fôlego no sentido da consolidação de todos os atos normativos infralegais trabalhistas vigentes até 2021, o que culminou na criação do chamado **Marco Regulatório Trabalhista Infralegal**. Conforme informação constante do *site* do então Ministério do Trabalho e Previdência, foram consolidados mais de mil atos normativos, entre decretos, portarias e instruções normativas trabalhistas[5]. Naturalmente, alguns ajustes de conteúdo foram feitos em meio ao grande esforço de consolidação.

O Decreto nº 10.854/2021 constitui o principal diploma normativo do Marco Regulatório Trabalhista Infralegal e "regulamenta disposições relativas à legislação trabalhista e institui o Programa Permanente de Consolidação, Simplificação e Desburocratização de Normas Trabalhistas Infralegais e o Prêmio Nacional Trabalhista". Para se ter noção da abrangência deste novo Decreto, transcrevo seu art. 1º, que lista os dezoito temas por ele regulamentados:

Art. 1º Este Decreto regulamenta disposições relativas à legislação trabalhista sobre os seguintes temas:

I – Programa Permanente de Consolidação, Simplificação e Desburocratização de Normas Trabalhistas Infralegais;

II – Prêmio Nacional Trabalhista;

III – Livro de Inspeção do Trabalho Eletrônico – eLIT;

IV – fiscalização das normas de proteção ao trabalho e de segurança e saúde no trabalho;

V – diretrizes para elaboração e revisão das normas regulamentadoras de segurança e saúde no trabalho;

---

[5] Disponível em: https://www.gov.br/trabalho-e-previdencia/pt-br/composicao/orgaos-especificos/secretaria-de-trabalho/inspecao/fiscalizacao-do-trabalho/marcoregulatorio. Acesso em: 21.05.2023.

VI – certificado de aprovação do equipamento de proteção individual, nos termos do disposto no art. 167 da Consolidação das Leis do Trabalho, aprovada pelo Decreto-Lei nº 5.452, de 1º de maio de 1943;

VII – registro eletrônico de controle de jornada, nos termos do disposto no art. 74 da Consolidação das Leis do Trabalho, aprovada pelo Decreto-Lei nº 5.452, de 1943;

VIII – mediação de conflitos coletivos de trabalho;

IX – empresas prestadoras de serviços a terceiros, nos termos do disposto na Lei nº 6.019, de 3 de janeiro de 1974;

X – trabalho temporário, nos termos do disposto na Lei nº 6.019, de 3 de janeiro de 1974;

XI – gratificação de Natal, nos termos do disposto na Lei n º 4.090, de 13 de julho de 1962, e na Lei nº 4.749, de 12 de agosto de 1965;

XII – relações individuais e coletivas de trabalho rural, nos termos do disposto na Lei nº 5.889, de 8 de junho de 1973;

XIII – vale-transporte, nos termos do disposto na Lei nº 7.418, de 16 de dezembro de 1985;

XIV – Programa Empresa Cidadã, destinado à prorrogação da licença-maternidade e da licença-paternidade, nos termos do disposto na Lei nº 11.770, de 9 de setembro de 2008;

XV – situação de trabalhadores contratados ou transferidos para prestar serviços no exterior, nos termos do disposto no § 2º do art. 5º, nos § 1º a § 4º do art. 9º e no art. 12 da Lei nº 7.064, de 6 de dezembro de 1982;

XVI – repouso semanal remunerado e pagamento de salário nos feriados civis e religiosos, nos termos do disposto na Lei nº 605, de 5 de janeiro de 1949;

XVII – Relação Anual de Informações Sociais – RAIS; e

XVIII – Programa de Alimentação do Trabalhador – PAT.

Além do Decreto nº 10.854/2021, o Marco Regulatório Trabalhista Infralegal é composto por portarias e instruções normativas organizadas sob a forma de coletâneas temáticas, conforme previsto pelo art. 7º do Decreto nº 10.854/2021:

Art. 7º As normas trabalhistas infralegais analisadas no âmbito do Programa Permanente de Consolidação, Simplificação e Desburocratização de Normas Trabalhistas Infralegais serão organizadas e compiladas em coletâneas, de acordo com os seguintes temas:

I – legislação trabalhista, relações de trabalho e políticas públicas de trabalho;

II – segurança e saúde no trabalho;

III – inspeção do trabalho;

IV – procedimentos de multas e recursos de processos administrativos trabalhistas;

V – convenções e recomendações da Organização Internacional do Trabalho - OIT;

VI – profissões regulamentadas; e

VII – normas administrativas.

Todas os atos do Marco Trabalhista estão disponíveis no *site* do Ministério do Trabalho e Emprego[6]. A seguir, relaciono aqueles que são mais diretamente relevantes à inspeção do trabalho, tema central do presente capítulo:

• **Portaria MTP nº 671/2021**: regulamenta disposições relativas à legislação trabalhista, à inspeção do trabalho, às políticas públicas e às relações de trabalho.

- **Portaria MTP nº 672/2021:** disciplina os procedimentos, programas e condições de segurança e saúde no trabalho e dá outras providências.

- **Portaria MTP nº 667/2021:** aprova normas para a organização e tramitação dos processos de auto de infração, de notificação de débito do FGTS e da Contribuição Social; regulamenta o Sistema Eletrônico de Processo Administrativo Trabalhista; estabelece parâmetros para a aplicação das multas administrativas de valor variável, previstas na legislação trabalhista; e disciplina os procedimentos administrativos de emissão da certidão de débitos, oferta de vista, extração de cópia, verificação anual dos processos administrativos e procedimento para autorização do saque de FGTS pelo empregador, quando recolhido a empregados não optantes.

- **Portaria MTP nº 547/2021:** disciplina a forma de atuação da Inspeção do Trabalho e dá outras providências.

- **Portaria MTP nº 548/2021:** consolida disposições sobre assuntos de organização administrativa relativos a unidades vinculadas ao Ministério do Trabalho e Previdência [leia-se Ministério do Trabalho e Emprego].

- **Instrução Normativa MTP nº 1/2021:** dispõe sobre a atividade de análise e de tramitação dos processos administrativos decorrentes da lavratura de auto de infração trabalhista e notificação de débito de Fundo de Garantia do Tempo de Serviço – FGTS e de Contribuição Social.

- **Instrução Normativa MTP nº 2/2021:** dispõe sobre os procedimentos a serem observados pela Auditoria Fiscal do Trabalho nas situações elencadas.

- **Instrução Normativa MTP nº 3/2021:** dispõe sobre os procedimentos relacionados à concessão de indenização de transporte a Auditor Fiscal do Trabalho, de afastamento para a realização de ações de desenvolvimento por Auditor Fiscal do Trabalho e o monitoramento e controle do desempenho individual, da execução de atividades e projetos e do desempenho das unidades descentralizadas de inspeção do trabalho como instrumento de gestão a serem observados pela Auditoria Fiscal do Trabalho.

27.3. ORGANIZAÇÃO DA FISCALIZAÇÃO DO TRABALHO

A Convenção 81 da OIT estabelece que o sistema de inspeção do trabalho deve funcionar submetido à vigilância e ao controle de uma autoridade central (art. 4º), bem como que o pessoal da inspeção será composto de funcionários públicos cujo estatuto e condições de serviço lhes assegurem a estabilidade nos seus empregos e os tornem independentes de qualquer mudança de governo ou de qualquer influência externa indevida (art. 6º).

Determina ainda a supramencionada Convenção que o número de inspetores deverá ser suficiente para permitir o exercício eficaz das funções de serviço de inspeção (art. 10), bem como que a autoridade competente deverá fornecer aos inspetores locais de trabalho adequados e facilidades de transporte (art. 11)[7].

Segundo o nosso sistema constitucional, incumbe à União organizar, manter e executar a inspeção do trabalho (art. 21, XXIV, da CRFB/88). Desse modo, a atividade de inspeção é privativa dos agentes federais, sendo vedada a agentes do poder municipal ou estadual[8].

---

7   SÜSSEKIND, Arnaldo. *Direito Internacional do Trabalho*. 3. ed. São Paulo: LTr, 2000, p. 405.
8   MARTINS, Sergio Pinto. *Comentários à CLT*. 14. ed. São Paulo: Atlas, 2010, p. 695.

Dispõe o art. 626 da CLT, *in verbis*:

> Art. 626. Incumbe às autoridades competentes do Ministério do Trabalho, Indústria e Comercio, ou àquelas que exerçam funções delegadas, a fiscalização do fiel cumprimento das normas de proteção ao trabalho.
>
> Parágrafo único. Os fiscais dos Institutos de Seguro Social e das entidades paraestatais em geral dependentes do Ministério do Trabalho, Indústria e Comercio serão competentes para a fiscalização a que se refere o presente artigo, na forma das instruções que forem expedidas pelo Ministro do Trabalho, Indústria e Comércio.

Atualmente, a fiscalização do trabalho incumbe exclusivamente aos Auditores Fiscais do Trabalho, diretamente vinculados ao Ministério do Trabalho e Emprego (art. 1º do RIT)[9]. Assim, não mais se aplica o disposto no parágrafo único ao art. 626, tendo em vista que os "fiscais do INSS" não são mais dependentes do MTE, e sim integram a Receita Federal do Brasil, desde a unificação das receitas federal e previdenciária.

Neste sentido, o Regulamento da Inspeção do Trabalho – RIT, em seu art. 1º, dispõe que

> Art. 1º O Sistema Federal de Inspeção do Trabalho, a cargo do Ministério do Trabalho e Emprego, tem por finalidade assegurar, em todo o território nacional, a aplicação das disposições legais, incluindo as convenções internacionais ratificadas, os atos e decisões das autoridades competentes e as convenções, acordos e contratos coletivos de trabalho, no que concerne à proteção dos trabalhadores no exercício da atividade laboral.

Os arts. 2º a 8º do RIT tratam da organização da fiscalização do trabalho por meio do Sistema Federal de Inspeção do Trabalho.

Até mesmo em observância ao que preceitua a Convenção 81 da OIT, os Auditores Fiscais do Trabalho são subordinados tecnicamente à autoridade nacional competente em matéria de inspeção do trabalho (art. 3º). Tal autoridade, no modelo vigente no Brasil, é o titular da Secretaria de Inspeção do Trabalho.

Com efeito, a estrutura organizacional do Ministério do Trabalho e Emprego, no que tange à inspeção do trabalho, obedece ao seguinte modelo, nos termos do Decreto nº 11.359/2023:

a) **Secretaria de Inspeção do Trabalho – SIT**

Órgão específico singular, representa a cúpula do Sistema Federal de Inspeção do Trabalho. O titular da Secretaria é a *autoridade nacional* em matéria de inspeção do trabalho. Está atualmente[10] subdividida em dois departamentos:

a.1) **Departamento de Fiscalização do Trabalho – DEFIT**, cuja atribuição principal é planejar e coordenar as atividades de fiscalização da legislação trabalhista;

a.2) **Departamento de Segurança e Saúde do Trabalhador – DSST**, ao qual cabe principalmente planejar e coordenar as atividades de fiscalização da legislação de saúde e segurança do trabalho.

---

[9] No mesmo sentido, o art. 46, III, da MPV nº 1.154/2023.

[10] Referida divisão consta da Estrutura Regimental do Ministério do Trabalho e Emprego, aprovada pelo Decreto nº 11.359/2023.

b) Superintendências Regionais do Trabalho – SRTb

Antigas Delegacias Regionais do Trabalho – DRTs, são as unidades descentralizadas do Ministério do Trabalho e Emprego nos Estados. O Superintendente Regional é a *autoridade de direção regional*. As SRTb têm sua sede nas capitais de cada Estado da federação.

c) Gerências Regionais do Trabalho – GRTb[11]

Para fins de inspeção, o território de cada unidade federativa é dividido em circunscrições, sendo fixadas as correspondentes sedes (art. 4º do RIT). As sedes são denominadas *Gerências Regionais do Trabalho – GRTb*, antigas Subdelegacias do Trabalho – SDT. Desse modo, cada GRTb tem a sua respectiva circunscrição, a qual abrange diversos municípios adjacentes. O Gerente Regional é a *autoridade de direção local*.

A autoridade nacional, as autoridades máximas regionais e as autoridades regionais em matéria de inspeção do trabalho serão Auditores Fiscais do Trabalho (art. 17 do Decreto nº 10.854/2021).

Os Auditores Fiscais do Trabalho, autoridades trabalhistas no exercício de suas atribuições legais[12], são subordinados tecnicamente à Secretaria de Inspeção do Trabalho[13] e vinculados administrativamente à Superintendência Regional do Trabalho. *administrativa e tecnicamente à Subsecretaria de Inspeção do Trabalho – SIT[14].* A lotação pode se dar na própria SRTb ou em uma das Gerências Regionais da unidade da federação.

As circunscrições que tiverem dois ou mais Auditores Fiscais do Trabalho **poderão** ser divididas em áreas de inspeção delimitadas por critérios geográficos (art. 4º, parágrafo único, RIT), sendo que a distribuição dos Auditores Fiscais do Trabalho pelas diferentes áreas de inspeção da mesma circunscrição obedecerá ao sistema de rodízio, efetuado em sorteio público, vedada a recondução para a mesma área no período seguinte (art. 5º, *caput*, RIT). Os Auditores Fiscais do Trabalho permanecerão nas diferentes áreas de inspeção pelo prazo máximo de doze meses (art. 5º, § 1º, RIT).

Exemplo: imagine-se a organização administrativa de uma Gerência Regional sediada em uma cidade que conta com população de 600.000 habitantes. Além dos critérios para fiscalização dos demais municípios da circunscrição, pode a cidade-sede ser dividida em áreas de inspeção, delimitadas por critérios geográficos. Assim, se esta Gerência Regional hipotética tiver doze Auditores Fiscais, pode ser estabelecida a divisão em quatro áreas (norte, sul, leste e oeste, por exemplo), de forma que a fiscalização das empresas de cada área fique a cargo de três Auditores.

Nada impede, também, que seja designado um número distinto de Auditores para cada área, conforme a concentração empresarial. Portanto, esta divisão não obedece a um critério rígido, salvo no tocante ao tratamento igualitário a ser dispensado aos agentes de inspeção (sorteio, rodízio, limite de prazo de permanência em cada área etc.). Observe-se, ainda, que o RIT não estabelece obrigatoriedade de divisão por áreas, mas mera faculdade.

Mesmo que exista a divisão por áreas de inspeção o Auditor Fiscal do Trabalho que verificar qualquer irregularidade em estabelecimento localizado fora de sua área deverá comunicar o fato imediatamente à autoridade competente (art. 20 do RIT). Ademais, em caso de grave e iminente risco à saúde e segurança dos trabalhadores o Auditor Fiscal atuará independentemente de sua área de inspeção.

---

11 Regras sobre a organização administrativa das Gerências Regionais do Trabalho e das Agências Regionais do Trabalho constam da Portaria MTP nº 548/2021.

12 Conforme art. 11, § 2º, da Lei nº 10.593/2002.

13 Art. 3º do Regulamento da Inspeção do Trabalho (RIT), aprovado pelo Decreto nº 4.552/2002.

14 Art. 37 do Regimento Interno da Secretaria de Inspeção do Trabalho, aprovado pela Portaria nº 1.153/2017.

O § 2º do art. 5º do RIT dispõe que é facultado à autoridade de direção regional estabelecer programas especiais de fiscalização que contemplem critérios diversos dos estabelecidos neste artigo, desde que aprovados pela autoridade nacional competente em matéria de inspeção do trabalho.

Este dispositivo tem sido bastante utilizado atualmente, sendo a fiscalização organizada por projetos, de forma que o Auditor Fiscal não se vincula, normalmente, à fiscalização de determinada área geográfica, e sim de segmentos econômicos e/ou atributos pertinentes aos projetos dos quais participa. Assim, por exemplo, o Auditor Fiscal do Trabalho pode participar dos projetos "Construção Civil", "Erradicação do Trabalho Infantil", "Grandes Débitos de FGTS" e "Inserção de Aprendizes", pelo que atuará fiscalizando empresas destes segmentos que se localizem na circunscrição de sua sede, independentemente da subdivisão desta em áreas de inspeção.

Por fim, o art. 6º do RIT permite a criação de grupos móveis de fiscalização, cuja atuação naturalmente extrapola os limites da circunscrição da sede de lotação do Auditor Fiscal. O exemplo mais conhecido é o do grupo móvel de combate ao trabalho escravo, o qual atua em âmbito nacional, conforme a necessidade.

27.3.1. Competência das autoridades de direção do SFIT

Compete às autoridades de direção do Sistema Federal de Inspeção do Trabalho: I – organizar, coordenar, avaliar e controlar as atividades de auditoria e as auxiliares da inspeção do trabalho; II – elaborar planejamento estratégico das ações da inspeção do trabalho no âmbito de sua competência; III – proferir decisões em processo administrativo resultante de ação de inspeção do trabalho; e IV – receber denúncias e, quando for o caso, formulá-las e encaminhá-las aos demais órgãos do poder público (art. 7º, *caput*, RIT).

As autoridades de direção local e regional poderão empreender e supervisionar projetos consoante diretrizes emanadas da autoridade nacional competente em matéria de inspeção do trabalho (art. 7º, § 1º, RIT).

Cabe ao titular da Secretaria de Inspeção do Trabalho (autoridade nacional competente em matéria de inspeção do trabalho) elaborar e divulgar os relatórios previstos em convenções internacionais (art. 7º, § 2º, RIT).

O planejamento estratégico das ações de inspeção do trabalho, consistente nas atividades a serem desenvolvidas nas SRTb, de acordo com a Secretaria de Inspeção do Trabalho, será elaborado pelos órgãos competentes, considerando as propostas das respectivas unidades descentralizadas (art. 8º, RIT).

27.3.2. Atividades auxiliares à inspeção do trabalho

Os arts. 31 e 32 do RIT tratam das atividades auxiliares à inspeção do trabalho, nos seguintes termos:

Art. 31. São atividades auxiliares de apoio operacional à inspeção do trabalho, a cargo dos Agentes de Higiene e Segurança do Trabalho:

I – levantamento técnico das condições de segurança nos locais de trabalho, com vistas à investigação de acidentes do trabalho;

II – levantamento de dados para fins de cálculo dos coeficientes de frequência e gravidade dos acidentes;

III – avaliação qualitativa ou quantitativa de riscos ambientais;

IV – levantamento e análise das condições de risco nas pessoas sujeitas à inspeção do trabalho;

V – auxílio à realização de perícias técnicas para caracterização de insalubridade ou de periculosidade;

VI – comunicação, de imediato e por escrito, à autoridade competente de qualquer situação de risco grave e iminente à saúde ou à integridade física dos trabalhadores;

VII – participação em estudos e análises sobre as causas de acidentes do trabalho e de doenças profissionais;

VIII – colaboração na elaboração de recomendações sobre segurança e saúde no trabalho;

IX – acompanhamento das ações de prevenção desenvolvidas pela unidade descentralizada do Ministério do Trabalho e Emprego;

X – orientação às pessoas sujeitas à inspeção do trabalho sobre instalação e funcionamento das Comissões Internas de Prevenção de Acidentes (CIPA) e dimensionamento dos Serviços Especializados em Engenharia de Segurança e em Medicina do Trabalho (SESMT);

XI – prestação de assistência às CIPA;

XII – participação nas reuniões das CIPA das pessoas sujeitas à inspeção do trabalho, como representantes da unidade descentralizada do Ministério do Trabalho e Emprego;

XIII – devolução dos processos e demais documentos que lhes forem distribuídos, devidamente informados, nos prazos assinalados;

XIV – elaboração de relatório mensal de suas atividades, nas condições e nos prazos fixados pela autoridade nacional em matéria de inspeção do trabalho;

XV – prestação de informações e orientações em plantões fiscais na área de sua competência.

§ 1º As atividades externas de que trata este artigo somente poderão ser exercidas mediante ordem de serviço expedida pela chefia de fiscalização.

§ 2º Para o desempenho das atribuições previstas neste artigo, será fornecida aos Agentes de Higiene e Segurança do Trabalho credencial específica que lhes possibilite o livre acesso aos estabelecimentos e locais de trabalho.

Art. 32. Aos Agentes de Higiene e Segurança do Trabalho poderão ser ministrados cursos necessários à sua formação, aperfeiçoamento e especialização, conforme instruções a serem expedidas pelo Ministério do Trabalho e Emprego, expedidas pela autoridade nacional competente em matéria de inspeção do trabalho.

Naturalmente, os Agentes de Higiene e Segurança do Trabalho não podem lavrar autos de infração, pois esta prerrogativa é privativa dos Auditores Fiscais do Trabalho.

A figura é rara no cotidiano da inspeção do trabalho e o interesse de seu estudo praticamente se limita à possibilidade de cobrança de questão literal em concurso público.

27.4. ATRIBUIÇÕES DO AUDITOR FISCAL DO TRABALHO

Inicialmente, a Convenção 81 da OIT estipulou que compete à inspeção do trabalho, entre outros aspectos: a) atuar na aplicação das normas sobre condições de trabalho; b) atuar na orientação a empregados e empregadores sobre as referidas disposições; c) atuar na pesquisa de condições de trabalho ainda não regulamentadas.

A Lei nº 10.593/2002[15], que até os dias de hoje estrutura as carreiras de Auditor Fiscal do Trabalho e de Auditor Fiscal da Receita Federal do Brasil, relaciona as atribuições dos Auditores Fiscais do Trabalho nos seguintes termos:

---

[15] Especificamente na preparação visando ao concurso para Auditor Fiscal do Trabalho, é necessária a leitura atenta da Lei nº 10.593/2002.

Art. 11. Os ocupantes do cargo de Auditor Fiscal do Trabalho têm por atribuições assegurar, em todo o território nacional:

I - o cumprimento de disposições legais e regulamentares, inclusive as relacionadas à segurança e à medicina do trabalho, no âmbito das relações de trabalho e de emprego;

II - a verificação dos registros em Carteira de Trabalho e Previdência Social - CTPS, visando a redução dos índices de informalidade;

III - a verificação do recolhimento e a constituição e o lançamento dos créditos referentes ao Fundo de Garantia do Tempo de Serviço (FGTS) e à contribuição social de que trata o art. 1º da Lei Complementar no 110, de 29 de junho de 2001, objetivando maximizar os índices de arrecadação[16][17];

IV - o cumprimento de acordos, convenções e contratos coletivos de trabalho celebrados entre empregados e empregadores;

V - o respeito aos acordos, tratados e convenções internacionais dos quais o Brasil seja signatário;

VI - a lavratura de auto de apreensão e guarda de documentos, materiais, livros e assemelhados, para verificação da existência de fraude e irregularidades, bem como o exame da contabilidade das empresas, não se lhes aplicando o disposto nos arts. 17 e 18 do Código Comercial[18].

VII - a verificação do recolhimento e a constituição e o lançamento dos créditos decorrentes da cota-parte da contribuição sindical urbana e rural[19].

§ 1º O Poder Executivo regulamentará as atribuições privativas previstas neste artigo, podendo cometer aos ocupantes do cargo de Auditor Fiscal do Trabalho outras atribuições, desde que compatíveis com atividades de auditoria e fiscalização.

§ 2º Os ocupantes do cargo de Auditor Fiscal do Trabalho, no exercício das atribuições previstas neste artigo, são autoridades trabalhistas[20].

Observe-se, por oportuno, que a Lei nº 13.464/2017, ao incluir o § 2º no art. 11, consignou expressamente que **o Auditor Fiscal do Trabalho é, no exercício de seu mister, autoridade trabalhista**.

O Regulamento de que trata o § 1º é exatamente o Regulamento de Inspeção do Trabalho – RIT, aprovado pelo Decreto nº 4.552/2002, que em seu art. 18 estabelece de forma pormenorizada as atribuições dos Auditores Fiscais do Trabalho. Vejamos tais atribuições em formato esquematizado, com as considerações pertinentes, sempre que for o caso.

Compete aos Auditores Fiscais do Trabalho, em todo o território nacional:

• Verificar o cumprimento das disposições legais e regulamentares, inclusive as relacionadas à segurança e à saúde no trabalho[21], no âmbito das relações de trabalho e de emprego, em especial:

a) os registros em Carteira de Trabalho e Previdência Social (CTPS), visando à redução dos índices de informalidade;

---

16 Redação dada pela Lei nº 13.464/2017.

17 Observe-se que a Lei nº 13.932/2019 extinguiu a contribuição social em referência a partir de 01.01.2020. Entretanto, remanescerá a competência dos Auditores Fiscais do Trabalho para apuração e lançamento da contribuição incidente sobre fatos geradores ocorridos até 31.12.2019.

18 Os artigos 17 e 18 do Código Comercial foram revogados pelo Código Civil de 2002.

19 Incluído pela Lei nº 13.464/2017.

20 Incluído pela Lei nº 13.464/2017.

21 Daí se extrai o sistema *generalista* de Auditoria Fiscal adotado no Brasil. Neste sentido, MARTINS, Sergio Pinto. *Comentários à CLT.* 14. ed. São Paulo: Atlas, 2010, p. 695.

b) o recolhimento do Fundo de Garantia do Tempo de Serviço (FGTS), objetivando maximizar os índices de arrecadação;

c) o cumprimento de acordos, convenções e contratos coletivos de trabalho celebrados entre empregados e empregadores; e

[Os instrumentos coletivos de trabalho (acordos coletivos de trabalho e convenções coletivas de trabalho) são reconhecidos como normas jurídicas, pelo que constituem fontes formais do Direito do Trabalho. Desse modo, também a verificação do cumprimento das normas coletivas é atribuição dos Auditores Fiscais do Trabalho.]

d) o cumprimento dos acordos, tratados e convenções internacionais ratificados pelo Brasil.

[A alínea "d" demonstra a importância do conhecimento do Direito Internacional do Trabalho para a inspeção trabalhista. No mesmo sentido, o art. 1º do RIT menciona como uma das finalidades do Sistema Federal de Inspeção do Trabalho a aplicação das convenções internacionais ratificadas pelo Brasil.]

• Ministrar orientações e dar informações e conselhos técnicos aos trabalhadores e às pessoas sujeitas à inspeção do trabalho, atendidos os critérios administrativos de oportunidade e conveniência

Observe-se que aos Auditores Fiscais incumbe não só a ação repressiva, mas também a orientação e o aconselhamento técnico dos trabalhadores e das pessoas sujeitas à inspeção, dentre as quais naturalmente se incluem os empregadores. Isso não significa, em absoluto, que "o fiscal deve orientar, e só em último caso autuar", como querem fazer crer muitos empregadores. Com efeito, as duas atribuições são complementares e não se excluem. Tanto a orientação quanto a ação repressiva só se justificam pela finalidade da inspeção, que é fazer cumprir as disposições de proteção do trabalho. Aliás, a CLT prevê expressamente que a autuação constitui *dever funcional* do Auditor Fiscal, sob pena de responsabilidade administrativa, como se verá adiante.

• Interrogar as pessoas sujeitas à inspeção do trabalho, seus prepostos ou representantes legais, bem como trabalhadores, sobre qualquer matéria relativa à aplicação das disposições legais e exigir-lhes documento de identificação

Como regra, é fundamental, para que o Auditor Fiscal forme seu convencimento acerca do cumprimento ou não das normas de proteção ao trabalho, que sejam entrevistadas as pessoas sujeitas à inspeção do trabalho, isto é, o trabalhador, o empregador e seus prepostos. Frise-se que, ao deixar de prestar informações solicitadas pelo Auditor Fiscal, o empregador provoca embaraço à regular atividade da fiscalização, o que constitui infração punível com multa administrativa (art. 630, § 6º, da CLT).

• Expedir notificação para apresentação de documentos

Recorde-se apenas que o prazo para apresentação de documentos é de, no mínimo, 2 (dois) dias, e de, no máximo, 8 (oito) dias, conforme Portaria MTP nº 671/2021 (art. 398, parágrafo único). Atente-se ainda para o fato de que o Auditor Fiscal do Trabalho somente pode notificar o empregador a apresentar documentos após ter se identificado mediante exibição da Carteira de Identidade Funcional – CIF. Há que se cuidar para não confundir a possibilidade de iniciar a ação fiscal sem identificação, nos casos em que a identificação imediata possa prejudicar a fiscalização (art. 12 do RIT), com a expedição de notificação ou a determinação para exibição imediata de documentos, que exigem a identificação do Auditor Fiscal (art. 12, parágrafo único, do RIT).

Nos termos do art. 184 do Decreto nº 10.854/2021, "fica autorizado o armazenamento, em meio eletrônico, óptico ou equivalente, de documentos relativos a deveres e obrigações trabalhistas, incluídos aqueles relativos a normas regulamentadoras de saúde e segurança no trabalho, compostos por dados ou por imagens, nos termos do disposto no art. 2º-A da Lei nº 12.682, de 9 de julho de 2012, no Decreto nº 10.278, de 18 de março de 2020, no inciso X do caput do art. 3º da Lei nº 13.874, de 2019, e na Lei nº 13.709, de 14 de agosto de 2018".

Observe-se ainda, por oportuno, o disposto no art. 2º do Decreto nº 9.094/2017, com redação dada pelo Decreto nº 10.279/2020:

> Art. 2º Exceto se houver disposição legal em contrário, os órgãos e as entidades do Poder Executivo federal que necessitarem de documentos comprobatórios de regularidade da situação de usuários dos serviços públicos, de atestados, de certidões ou de outros documentos comprobatórios que constem em base de dados oficial da administração pública federal deverão obtê-los diretamente do órgão ou da entidade responsável pela base de dados, nos termos do disposto no Decreto nº 10.046, de 9 de outubro de 2019, e não poderão exigi-los dos usuários dos serviços públicos. (Redação dada pelo Decreto nº 10.279, de 2020)

• Examinar e extrair dados e cópias de livros, arquivos e outros documentos, que entenda necessários ao exercício de suas atribuições legais, inclusive quando mantidos em meio magnético ou eletrônico

O Auditor Fiscal do Trabalho tem a prerrogativa de examinar e copiar quaisquer documentos (seja em que mídia for, como, por exemplo, em papel, arquivos de computador etc.) que, de alguma forma, possam interessar à verificação do cumprimento das normas de proteção do trabalho. Mencione-se, como exemplo, a verificação de tacógrafos, a fim de constatar a eventual prorrogação da jornada de trabalho do motorista além do limite legal, bem como a verificação de fitas de caixa, também para aferir a jornada efetiva dos operadores de caixa.

Neste sentido, o Precedente Administrativo nº 11 do Ministério do Trabalho, aprovado pelo Ato Declaratório nº 1, de 20.10.2000[22]:

> Precedente Administrativo nº 11
> *Inspeção do trabalho. Rol não taxativo quanto aos documentos necessários à inspeção do trabalho. Fitas do caixa bancário.* Fitas do caixa bancário são consideradas documentos necessários à inspeção do trabalho. O sigilo das informações financeiras é de responsabilidade do Auditor Fiscal do Trabalho, que também, por lei, deve guardar sigilo profissional.
> Referência normativa: art. 630, §§ 3º e 4º da CLT c/c art. 6º do Regulamento da Inspeção do Trabalho – RIT, aprovado pelo Decreto nº 55.841, de 1965.

• Proceder a levantamento e notificação de débitos

Cabe ao Auditor Fiscal do Trabalho, diante da constatação de débito fundiário (e/ou da contribuição social instituída pela Lei Complementar nº 110/2001 e exigível até 31.12.2019[23]) proceder ao levantamento do débito, que culminará na notificação do empregador. Os procedimentos estão previstos na Instrução Normativa MTP nº 2/2021[24],

---

[22] Os Precedentes Administrativos de nº 01 a 11, aprovados pelo Ato Declaratório nº 01/2000, foram, dentre outros, revisados e consolidados pelo Ato Declaratório nº 04, de 21.02.2002. Tais precedentes não são vinculantes, porém são didaticamente relevantes, porquanto visam orientar os Auditores Fiscais do Trabalho acerca do entendimento administrativo da Secretaria de Inspeção do Trabalho.

[23] Conforme Lei nº 13.932/2019.

[24] Referida Instrução Normativa foi publicada no DOU de 12.11.2021.

ao passo que a tramitação dos processos de notificação é regulada pela Portaria MTP nº 667/2021.

• Apreender, mediante termo, materiais, livros, papéis, arquivos e documentos, inclusive quando mantidos em meio magnético ou eletrônico, que constituam prova material de infração, ou, ainda, para exame ou instrução de processos

Nos termos da Instrução Normativa MTP nº 2/2021 (art. 187, § 1º), a apreensão tem por finalidade a verificação e constituição de prova material de fraudes, irregularidades e indícios de crime, ou a análise e instrução de processos administrativos, nas hipóteses em que o acesso ou a posse do empregador possa prejudicar a apuração das irregularidades ou o objeto seja indício de crime.

Exemplo: ao proceder à verificação física no local de trabalho, o Auditor Fiscal encontrou grande quantidade de documentos assinados "em branco" pelos empregados. Neste caso, a apreensão é cabível, pois, do contrário, o empregador pode preencher os espaços em branco dos documentos antes de apresentá-los à fiscalização em data futura.

O Auditor Fiscal do Trabalho poderá promover o lacre de gavetas, armários e arquivos, bem como de quaisquer volumes que sirvam para a guarda dos objetos, quando não for possível removê-los, ou encerrar o levantamento para apreensão naquela visita fiscal.

Ao final da ação fiscal, e, naturalmente, depois de inspecionados os documentos apreendidos, deverá o Auditor Fiscal devolvê-los ao empregador, mediante recibo. Entretanto, se houver constatação de indícios de crime, cabe à chefia responsável pela guarda dos objetos encaminhá-los, por meio de ofício, às autoridades competentes, para as providências que julgarem necessárias.

• Inspecionar os locais de trabalho, o funcionamento de máquinas e a utilização de equipamentos e instalações

Trata-se da verificação física realizada no local de trabalho, oportunidade na qual, além de interrogar as pessoas sujeitas à inspeção, cabe ao Auditor Fiscal inspecionar o ambiente de trabalho.

Tal inspeção compreende também a possibilidade de registro audiovisual das condições de trabalho; ou seja, o Auditor Fiscal pode fotografar e/ou filmar o local, como forma de registrar as condições encontradas[25]. Neste sentido tem decidido a Justiça do Trabalho[26]. É óbvio que cabe ao agente de inspeção zelar pelo sigilo de tais informações, as quais somente podem ser utilizadas no estrito exercício da função fiscalizadora.

• Averiguar e analisar situações com risco potencial de gerar doenças ocupacionais e acidentes do trabalho, determinando as medidas preventivas necessárias

No mesmo sentido da prerrogativa anterior, incumbe ao Auditor Fiscal, a partir da inspeção do local de trabalho, determinar medidas de proteção à saúde e à segurança do trabalhador, tais qual a proteção de máquinas, medidas de proteção coletiva visando à neutralização de agentes nocivos, entre outras.

• Notificar as pessoas sujeitas à inspeção do trabalho para o cumprimento de obrigações ou a correção de irregularidades e adoção de medidas que eliminem os riscos para a saúde e segurança dos trabalhadores, nas instalações ou métodos de trabalho

---

[25] Dispõe o art. 7º da Portaria MTP nº 667/2021 que "o Auditor Fiscal do Trabalho poderá anexar ao auto de infração elementos probatórios da situação identificada, tais como cópias de documentos e fotografias".

[26] A partir da Emenda Constitucional 45/2004, a Justiça do Trabalho passou a ser competente para processar e julgar as ações relativas às penalidades administrativas impostas aos empregadores pelos órgãos de fiscalização das relações de trabalho (art. 114, VII, CRFB/88).

Também no mesmo sentido, dependendo da situação o Auditor Fiscal deve notificar o empregador para que, em determinado prazo, fixado pelo agente, regularize o que for necessário.

• Quando constatado grave e iminente risco para a saúde ou segurança dos trabalhadores, expedir a notificação a que se refere o item anterior, determinando a adoção de medidas de imediata aplicação

Considera-se *grave e iminente risco* toda condição ou situação de trabalho que possa causar acidente ou doença com lesão grave ao trabalhador (item 3.2.1 da NR-3). A hipótese é incompatível com a fixação de prazo para cumprimento, pois até o vencimento do prazo poderá ter acontecido o pior. Neste caso, cabe ao Auditor Fiscal determinar providências imediatas, no sentido da proteção da integridade do trabalhador.

• Coletar materiais e substâncias nos locais de trabalho para fins de análise, bem como apreender equipamentos e outros itens relacionados com a segurança e saúde no trabalho, lavrando o respectivo termo de apreensão

A previsão é redundante, pois reproduz a prerrogativa anteriormente vista de apreensão de documentos e materiais. A única particularidade deste inciso é que os objetos apreendidos se relacionam diretamente à saúde e segurança do trabalhador.

• Propor a interdição de estabelecimento, setor de serviço, máquina ou equipamento, ou o embargo de obra, total ou parcial, quando constatar situação de grave e iminente risco à saúde ou à integridade física do trabalhador, por meio de emissão de laudo técnico que indique a situação de risco verificada e especifique as medidas corretivas que deverão ser adotadas pelas pessoas sujeitas à inspeção do trabalho, comunicando o fato de imediato à autoridade competente

A *interdição* implica a paralisação total ou parcial da atividade, da máquina ou equipamento, do setor de serviço ou do estabelecimento. O *embargo* implica a paralisação total ou parcial da obra. Considera-se obra todo e qualquer serviço de engenharia de construção, montagem, instalação, manutenção ou reforma. Os procedimentos para o embargo e a interdição constam da Portaria MTP nº 672/2021 (arts. 77-113)[27].

• Analisar e investigar as causas dos acidentes do trabalho e das doenças ocupacionais, bem como as situações com potencial para gerar tais eventos

Sempre que ocorre um acidente de trabalho, notadamente se for grave ou fatal, deverá ser emitida ordem de serviço para análise e investigação de suas causas. O procedimento tem basicamente dois objetivos: apurar responsabilidades e prevenir a ocorrência de novos acidentes semelhantes. As diretrizes para análise de acidentes de trabalho constam da Instrução Normativa MTP nº 2/2021 (arts. 178-185-G).

• Realizar auditorias e perícias e emitir laudos, pareceres e relatórios

• Solicitar, quando necessário ao desempenho de suas funções, o auxílio da autoridade policial

Caso seja necessário, especialmente nas hipóteses em que o empregador impede o ingresso do Auditor Fiscal no local de trabalho, pode ser solicitada a presença de força policial, a fim de que se proceda à inspeção. Observe-se que, ao impedir a entrada do

---

[27] Aos 24.09.2019 foi publicada no *DOU* a Portaria nº 1.068/2019, a qual aprovou a nova redação da NR-3. De qualquer forma, o estudo das Normas Regulamentadoras, em geral, e da NR-3, em particular, não cabe nos limites desta obra.

Auditor Fiscal no local de trabalho, o empregador comete infração tipificada como embaraço à regular atividade da fiscalização (art. 630, § 6º, CLT).

- Lavrar termo de compromisso decorrente de procedimento especial de inspeção

Nas hipóteses de instauração de procedimento especial para a ação fiscal (art. 627-A, da CLT, c/c art. 27-29 do RIT), o Auditor Fiscal poderá lavrar termo de compromisso, através do qual o empregador se compromete a cumprir a legislação trabalhista.

- Lavrar autos de infração por inobservância de disposições legais

Dispõe o art. 628 da CLT que, em regra, a toda verificação em que o Auditor Fiscal do Trabalho concluir pela existência de violação de preceito legal deve corresponder, sob pena de responsabilidade administrativa, a lavratura de auto de infração. Destarte, lavrar o auto de infração não é ato discricionário do Auditor, e sim obrigação legal (o ato é vinculado, portanto).

- Analisar processos administrativos de auto de infração, notificações de débitos ou outros que lhes forem distribuídos

Lavrado um auto de infração ou uma notificação de débito, tem o autuado ou notificado a possibilidade de interpor defesa administrativa, nos termos do art. 629, § 3º, da CLT. Da mesma forma, da decisão que impuser multa administrativa cabe recurso administrativo do notificado, conforme o art. 635 da CLT. Em ambas as hipóteses, a análise das defesas ou recursos apresentados cabe a Auditor Fiscal do Trabalho (que naturalmente não participou da ação fiscal que ensejou a lavratura do auto), o qual, analisando a regularidade formal do documento fiscal, bem como os fundamentos fáticos e jurídicos da defesa, opinará pela procedência (parcial ou total) ou improcedência do auto de infração ou do débito notificado, conforme o caso, de forma a subsidiar a decisão da autoridade competente em matéria de trabalho.

- Devolver, devidamente informados, os processos e demais documentos que lhes forem distribuídos, nos prazos e formas previstos em instruções expedidas pela autoridade nacional competente em matéria de inspeção do trabalho

Cabe ao Auditor Fiscal informar os processos e documentos recebidos, devolvendo-os à chefia imediata nos prazos estabelecidos.

- Elaborar relatórios de suas atividades, nos prazos e formas previstos em instruções expedidas pela autoridade nacional competente em matéria de inspeção do trabalho

A cada fiscalização encerrada, o Auditor Fiscal deve providenciar o respectivo relatório, com a descrição dos atributos verificados, das irregularidades encontradas, das providências determinadas, dos autos de infração lavrados e das orientações dadas ao empregador. Se a ação fiscal teve início por requisição de outro órgão, como, por exemplo, o Ministério Público do Trabalho, o Auditor Fiscal deverá elaborar relatório circunstanciado, respondendo às questões aduzidas na requisição.

- Levar ao conhecimento da autoridade competente, por escrito, as deficiências ou abusos que não estejam especificamente compreendidos nas disposições legais

Esta atribuição guarda certa pertinência com a diretriz da OIT segundo a qual cabe à inspeção do trabalho pesquisar condições de trabalho ainda não regulamentadas. Com efeito, cabe ao Auditor Fiscal atuar como agente de transformação da realidade sociolaboral, apontando eventuais condutas ou procedimentos ainda não tutelados pelo legislador e que contrariem o ideal de proteção do trabalhador.

• Atuar em conformidade com as prioridades estabelecidas pelos planejamentos nacional e regional

Quanto mais planejada for a atuação da fiscalização, maior será a abrangência de suas ações. Neste sentido, cabe ao agente de inspeção seguir as prioridades estabelecidas no planejamento da autoridade regional e nacional em matéria de trabalho.

27.4.1. Limites entre a fiscalização e a jurisdição

Da lição de Valentim Carrion se extrai que "os direitos dos trabalhadores estão protegidos em dois níveis distintos: a inspeção ou fiscalização do trabalho, de natureza administrativa, e a proteção judicial, através dos tribunais da Justiça do Trabalho".[28]

Neste sentido, é óbvio que o simples acesso do trabalhador ao Judiciário não tem o condão de afastar a atuação da fiscalização do trabalho.

Há algum tempo surgiu acalorado debate, tanto na doutrina quanto na jurisprudência, acerca da possibilidade de o Auditor Fiscal, diante do caso concreto, reconhecer a existência de vínculo de emprego. Argumenta-se que, se o autuado não reconhece a relação de emprego, o Auditor Fiscal não teria competência para a lavratura de auto de infração, pois a competência para reconhecimento de vínculo empregatício seria privativa da Justiça do Trabalho.

A este respeito, Gustavo Filipe Barbosa Garcia pondera que

"Embora a posição aqui defendida não seja unânime, dizer que, não reconhecendo o autuado a relação de emprego, a fiscalização não teria competência para a lavratura de auto de infração, seria, com a devida vênia, confundir os conceitos de jurisdição e de administração. No âmbito de uma *ação* trabalhista, entre trabalhador e pretenso empregador, é certo que a Justiça do Trabalho é competente para *julgar* o pedido relativo à existência de contrato de trabalho, em decisão apta a fazer coisa julgada, tornando-se imutável entre as partes da relação jurídica processual. A fiscalização de condições de trabalho, por sua vez, não se refere a uma ação judicial, sendo que a Administração Pública, no caso, pode (*rectius*: deve) aplicar as normas legais cabíveis, independentemente de prévia manifestação judicial a respeito". (grifos no original)[29]

Ademais, ao autuado é assegurada não só a ampla defesa no âmbito administrativo, mediante apresentação de defesa escrita e, se for o caso, de recurso administrativo, como também o amplo acesso ao Judiciário, oportunidade na qual poderá discutir judicialmente a legalidade do ato administrativo praticado pelo Auditor Fiscal.

Em consonância com este entendimento, os Enunciados nº 56 e 57 da 1ª Jornada de Direito Material e Processual na Justiça do Trabalho, realizada pela Anamatra em 23.11.2007[30]:

56. Auditor fiscal do trabalho. Reconhecimento da relação de emprego. Possibilidade. Os auditores do trabalho têm por missão funcional a análise dos fatos apurados em diligências de fiscalização, o que não pode excluir o reconhecimento fático da relação de emprego, garantindo-se ao empregador o acesso às vias judicial e/ou administrativa, para fins de reversão da autuação ou multa imposta.

---

28 CARRION, Valentin. *Comentários à Consolidação das Leis do Trabalho*. 35. ed. atual. por Eduardo Carrion. São Paulo: Saraiva, 2010, p. 541.

29 GARCIA, Gustavo Filipe Barbosa. *Curso de Direito do Trabalho*. 4. ed. São Paulo: Forense, 2010, p. 1.075.

30 Tais Enunciados não possuem qualquer caráter vinculante, demonstrando apenas a interpretação dada pela norma trabalhista por Juízes do Trabalho que se reuniram para discutir e estudar questões cotidianas polêmicas.

57. Fiscalização do trabalho. Reconhecimento de vínculo empregatício. Desconsideração da pessoa jurídica e dos contratos civis. Constatando a ocorrência de contratos civis com o objetivo de afastar ou impedir a aplicação da legislação trabalhista, o auditor fiscal do trabalho desconsidera o pacto nulo e reconhece a relação de emprego. Nesse caso, o auditor fiscal não declara, com definitividade, a existência da relação, mas sim constata e aponta a irregularidade administrativa, tendo como consequência a autuação e posterior multa à empresa infringente.

No âmbito do TST está consolidado o entendimento no sentido da competência do Auditor Fiscal, conforme demonstram os seguintes julgados recentes:

RECURSO DE REVISTA INTERPOSTO NA VIGÊNCIA DA LEI Nº 13.467/2017. Verificada a possibilidade de a decisão recorrida divergir de entendimento predominante nesta Corte Superior, fica caracterizada a transcendência política, nos termos do artigo 896-A, § 1º, II, da CLT. VALIDADE DE AUTO DE INFRAÇÃO. AUDITOR FISCAL DO MINISTÉRIO DO TRABALHO. RECONHECIMENTO DE VÍNCULO DE EMPREGO. PROVIMENTO. O entendimento prevalecente nesta Corte Superior tem sido de que o Auditor Fiscal do Ministério do Trabalho possui atribuição para declarar a existência de vínculo de emprego, sem que isso configure invasão de competência da Justiça do Trabalho. Tal conclusão se extrai do comando dos artigos 626 e 628 da CLT. Assim, diante de possível existência de vínculo de emprego, sem a observância das normas trabalhistas, inclusive no que diz respeito ao dever de manutenção, pelo empregador, do registro de seus empregados (artigo 41, *caput*, da CLT), cabe ao Ministério do Trabalho, em razão do exercício do poder de polícia que lhe é inerente, não só o dever de fiscalizar, mas o de lavrar o respectivo auto, inclusive com aplicação das multas cabíveis, sem que isso configure extrapolação de sua competência funcional. Precedentes. No caso, o Tribunal Regional negou provimento ao recurso ordinário da União, mantendo a sentença que reconheceu a nulidade dos autos de infração lavrados pelo Auditor Fiscal do Trabalho, ao fundamento de que sua competência é limitada, e o reconhecimento do vínculo de emprego seria de competência do Poder Judiciário. Recurso de revista de que se conhece e a que se dá provimento (TST, RR-1000228-71.2019.5.02.0434, 8ª Turma, Rel. Min. Guilherme Augusto Caputo Bastos, *DEJT* 20.03.2023).

[...] AÇÃO ANULATÓRIA – AUTO DE INFRAÇÃO – RECONHECIMENTO DO VÍNCULO DE EMPREGO – COMPETÊNCIA DO AUDITOR FISCAL DO TRABALHO. Consoante o art. 628 da CLT, o auditor fiscal do trabalho dispõe de atribuição para, em sede administrativa, verificar a existência de relação de emprego, nos termos do art. 11, II, da Lei nº 10.593/2002, bem como para lavrar auto de infração, se concluir pela configuração de violação de preceito legal (arts. 2º e 3º da CLT), sob pena de responsabilidade administrativa. Agravo interno desprovido (TST, Ag-AIRR-1000522-41.2019.5.02.0041, 2ª Turma, Rel. Des. Convocada Margareth Rodrigues Costa, *DEJT* 30.09.2022).

RECURSO DE REVISTA. INTERPOSIÇÃO EM FACE DE ACÓRDÃO PUBLICADO APÓS A LEI Nº 13.015/2014, MAS ANTES DA LEI Nº 13.105/2015. AÇÃO ANULATÓRIA – FISCALIZAÇÃO DO TRABALHO – AUTO DE INFRAÇÃO – RECONHECIMENTO DE VÍNCULO DE EMPREGO POR AUDITOR FISCAL – INVASÃO DE COMPETÊNCIA DA JUSTIÇA DO TRABALHO – INEXISTÊNCIA. (violação ao art. 3º da CLT e divergência jurisprudencial) A jurisprudência desta Corte Superior do Trabalho, interpretando os artigos 626 e 628 da CLT, já pacificou o entendimento de que, ao atestar a existência de relação de emprego, em auto de infração, o Auditor Fiscal do Trabalho não invade a competência jurisdicional desta Justiça Especializada. Isso porque é seu dever legal fiscalizar o fiel cumprimento da legislação trabalhista, encerrando uma prerrogativa administrativa, cuja omissão implica, inclusive, em responsabilização do agente público. Recurso de revista não conhecido. [...] (TST, RR-56500-15.2013.5.17.0008, 7ª Turma, Rel. Min. Renato de Lacerda Paiva, *DEJT* 19.08.2022).

[...] AUTO DE INFRAÇÃO. AUDITOR-FISCAL DO TRABALHO. AUSÊNCIA DE REGISTRO DE "EMPREGADOS". ARTIGO 41 DA CLT TERCEIRIZAÇÃO DE SERVIÇOS. FRAUDE. SUBORDINAÇÃO DIRETA AO TOMADOR DE SERVIÇOS. CARACTERIZAÇÃO DO VÍNCULO DE EMPREGO, NOS MOLDES DOS ARTIGOS 2º E 3º DA CLT. HIPÓTESE NÃO ALCANÇADA PELO TEMA Nº 725 DE REPERCUSSÃO GERAL DO SUPREMO TRIBUNAL FEDERAL. DISTINGUISHING. Cabe ao Auditor-Fiscal do Trabalho ou às autoridades que exerçam funções delegadas, sob pena de responsabilidade administrativa (CLT, art. 628), a fiscalização do fiel cumprimento das normas de proteção ao trabalho (CLT, art. 626). Na hipótese, a fiscalização do trabalho lavrou auto de infração ante a constatação de que a empresa mantinha empregados sem o devido registro, em virtude de estarem formalmente contratados por meio de empresa terceirizada para prestação de serviços ligados à atividade finalística da empresa, sem o devido registro em livro, ficha ou sistema eletrônico, o que é vedado pelo artigo 41 da CLT. A jurisprudência desta Corte Superior é firme no sentido de que não há invasão da competência da Justiça do Trabalho a declaração de existência de vínculo de emprego feita pelo Auditor Fiscal do Trabalho, por ser sua atribuição verificar o cumprimento das normas trabalhistas. Desse modo, constatada a existência de vícios nas relações de emprego, como na hipótese, cabe ao agente público aplicar as sanções cabíveis, especialmente porque aos autos de infração deve-se imputar presunção de veracidade. Saliente-se que o artigo 41 da CLT visa a, de forma essencial e objetiva, impedir a existência de empregados sem o devido registro nos quadros de determinada empresa, independente da forma de admissão que deu início ao vínculo de emprego. Ou seja, existindo relação de trabalho de natureza empregatícia sem o devido registro, torna-se devida a aplicação da multa em discussão pela fiscalização do trabalho. A multa pela falta do registro, embora pressuponha a existência de contratação (não cabendo aqui perquirir acerca da regularidade ou não do ato), diz respeito à formalidade a ser observada quando da admissão do empregado. Na verdade, a manutenção de trabalhador na atividade-fim de empresa, vinculado diretamente com a tomadora, sem o registro a que alude o artigo 41 da CLT, ao revés de impedir a aplicação da penalidade, corrobora com a atuação do auditor, pois demonstra o intuito fraudatório. O citado dispositivo impõe ao empregador o registro de seus empregados e o reconhecimento da existência de relação de emprego e os ônus dela decorrentes. Trata-se de norma de proteção ao trabalho das mais importantes. Perfeitamente cabível, por conseguinte, a multa aplicada, na forma do artigo 626 da CLT, o qual atribui às autoridades do Ministério do Trabalho a fiscalização do fiel cumprimento das normas de proteção ao trabalho. Frise-se, por oportuno, que não obstante a decisão proferida pelo Supremo Tribunal Federal, o caso dos autos revela distinção capaz de afastar a tese fixada no Tema nº 725 de repercussão geral, considerando que o fundamento da decisão regional foi não apenas a impossibilidade de se terceirizar atividade-fim, mas também a constatação de que os empregados eram diretamente subordinados à tomadora de serviços, fato que atrai a disciplina dos artigos 2º, 3º e 9º da CLT. Nesse contexto, correta a penalidade imposta por inobservância do artigo 41 da Consolidação das Leis do Trabalho. Agravo conhecido e não provido (TST, Ag-ED-ARR-1589-79.2012.5.03.0072, 7ª Turma, Rel. Min. Claudio Mascarenhas Brandao, *DEJT* 06.05.2022).

EMBARGOS REGIDOS PELA LEI Nº 11.496/2007. AUDITOR FISCAL DO TRABALHO. COMPETÊNCIA PARA LAVRATURA DE AUTO DE INFRAÇÃO. CAPITULAÇÃO ARTIGO 41, *CAPUT*, DA CLT. TRABALHADORES TEMPORÁRIOS. NECESSIDADE PERMANENTE DE MÃO DE OBRA. A controvérsia versa sobre a validade do auto de infração expedido pelo Auditor Fiscal do Ministério do Trabalho e Emprego, capitulado no artigo 41 da CLT, com imposição de multa, diante da constatação de que a reclamada se valia de trabalhadores temporários para suprir necessidade permanente de mão de obra. Nos termos da decisão embargada da Quinta Turma do Tribunal Superior do Trabalho, "não padece de nulidade o auto de infração, com aplicação de multa, ato administrativo praticado por auditor fiscal do trabalho, ante a evidência de fraude, decorrente da constatação de que a empregadora vale-se, permanentemente, de trabalhadores temporários para suprir necessidades normais de mão de obra". O único aresto trazido para confronto de teses carece da devida especificidade, exigida nos termos do item I da Súmula n° 296 desta Corte, já que não revela tese diametralmente oposta. Consigna apenas que o auditor fiscal do trabalho, sob pena de responsabilidade administrativa, deve proceder à autuação de empresa no caso de irregularidades do intervalo intrajornada, mesmo que não formalizado o contrato de trabalho, sem que isso importe reconhecimento de vínculo de emprego. Por fim, nos termos em que dispõe o artigo 894, inciso II, da CLT, a indicação de violação de lei e/ou da Constituição Federal não enseja a admissibilidade do recurso de embargos. Embargos não conhecidos (TST, SDI-I, E-ED-RR-455000-28.2008.5.12.0050, Rel. Min. José Roberto Freire Pimenta, Data de Julgamento: 10.03.2016, *DEJT* 18.03.2016).

I – AGRAVO DE INSTRUMENTO. RECURSO DE REVISTA. UNIÃO (PGFN). ACÓRDÃO REGIONAL PUBLICADO NA VIGÊNCIA DA LEI N° 13.015/2014. AÇÃO ANULATÓRIA. MULTA ADMINISTRATIVA. INFRAÇÃO DO ART. 41 DA CLT. RECONHECIMENTO DE VÍNCULO EMPREGATÍCIO. COMPETÊNCIA DO AUDITOR FISCAL DO TRABALHO. DEVER DE FISCALIZAÇÃO E AUTUAÇÃO. I. O Tribunal Regional entendeu que "a autoridade fiscal [não tem] competência para afirmar que a relação jurídica existente entre a recorrente e os trabalhadores indicados no auto de infração era de emprego. Se há fraude nesta relação ou outro vício que possa maculá-la, a competência para sua declaração é do Poder Judiciário, não do auditor-fiscal". II. Ao que consta da decisão regional, o "auto de infração que originou a presente execução foi lavrado por infração ao disposto no artigo 41, 'caput', da CLT, sob o fundamento de que havia empregados que deixaram de ser 'celetistas' para assumirem a natureza de autônomos, passando a receber salários através de RPA". III. Demonstrada violação dos arts. 626, caput, e 628, caput, da CLT. IV. Agravo de instrumento de que se conhece e a que se dá provimento, para determinar o processamento do recurso de revista, observando-se o disposto na Resolução Administrativa n° 928/2003 do TST. II – RECURSO DE REVISTA. UNIÃO (PGFN). ACÓRDÃO REGIONAL PUBLICADO NA VIGÊNCIA DA LEI N° 13.015/2014. AÇÃO ANULATÓRIA. MULTA ADMINISTRATIVA. INFRAÇÃO DO ART. 41 DA CLT. RECONHECIMENTO DE VÍNCULO EMPREGATÍCIO. COMPETÊNCIA DO AUDITOR FISCAL DO TRABALHO. DEVER DE FISCALIZAÇÃO E AUTUAÇÃO. I. A jurisprudência deste Tribunal Superior é no sentido de que o Auditor Fiscal do Trabalho tem competência para fiscalizar a observância das normas de proteção aos trabalhadores e aplicar as penalidades cabíveis, sob pena de responsabilidade administrativa da autoridade fiscal. Precedentes. II. Assim, nos termos dos arts. 626 e 628 da CLT, compete ao Auditor Fiscal do Trabalho a fiscalização da observância da legislação de proteção ao trabalho, bem como a lavratura de auto de infração quando concluir pela existência de violação de preceitos legais, como no caso dos autos, em que a autoridade fiscal evidenciou o descumprimento do preceito contido no art. 41 celetista. III. Recurso de revista de que se conhece e a que se dá provimento. (TST, 4ª Turma, RR-1884-88.2012.5.02.0446, Rel. Des. Convocado: Ubirajara Carlos Mendes, Data de Julgamento: 24.04.2018, *DEJT* 27.04.2018).

[...] Reconhecimento de vínculo empregatício pelo Auditor Fiscal do Trabalho. Auto de infração. Invasão de competência da Justiça do Trabalho. Não configuração. Evidenciada a existência de vínculo de emprego entre as partes, cabe ao auditor fiscal do trabalho proceder à autuação da empresa, sob pena de responsabilidade administrativa, sem que isso implique invasão de competência da Justiça do Trabalho. Note-se que a lavratura do auto de infração não configura, por si só, cerceamento do direito de defesa, pois não impõe ao suposto infrator o imediato pagamento da multa, uma vez que é permitido à parte autuada a apresentação de impugnação ao auto de infração na esfera administrativa ou a revisão do ato diretamente pela via judicial. Recurso de revista não conhecido. [...] (TST, 7ª Turma, RR-143400-86.2008.5.17.0004, Rel. Min. Luiz Philippe Vieira de Mello Filho, j. 28.09.2016, *DEJT* 07.10.2016).

27.4.2. Limites entre a inspeção do trabalho e a atuação do MPT

De uma forma geral, existe verdadeira relação de colaboração entre a fiscalização do trabalho e o Ministério Público do Trabalho, até porque ambos se dedicam à mesma causa que é, afinal, a proteção do trabalhador.

Não obstante, costuma se estabelecer, ao menos em tese, divergência entre a atuação de cada órgão, nas hipóteses em que o Auditor Fiscal do Trabalho, ao fiscalizar empresa que anteriormente tenha firmado Termo de Ajustamento de Conduta – TAC com o MPT, lavra autos de infração em relação aos atributos incluídos no TAC.

Neste caso, não raro o empregador alega que a autuação é ilegal, pois teria, para ajustamento de sua conduta às exigências legais, o prazo consignado no TAC. Ocorre que não há qualquer relação, salvo o supramencionado espírito de colaboração, entre a atuação do Ministério do Trabalho e Emprego e a do MPT, pelo que o TAC não vincula a atividade da fiscalização.

Neste sentido, vários julgados do TST, inclusive o mais recente, mencionado abaixo a título de exemplo, não obstante existam também diversas decisões em sentido contrário:

AGRAVO. AGRAVO DE INSTRUMENTO EM RECURSO DE REVISTA. PROCESSO SOB A ÉGIDE DA LEI 13.015/2014 E DA LEI 13.467/2017. AÇÃO ANULATÓRIA DE DÉBITO FISCAL. AUTO DE INFRAÇÃO. INSUFICIÊNCIA NO PREENCHIMENTO DAS VAGAS DESTINADAS ÀS PESSOAS COM DEFICIÊNCIA OU REABILITADAS PELA PREVIDÊNCIA SOCIAL. IMPOSIÇÃO DE MULTA ADMINISTRATIVA. AÇÃO CIVIL PÚBLICA AJUIZADA. MULTA COMINADA. POSSIBILIDADE. A controvérsia reside em saber se é possível a autuação e aplicação de multa administrativa quando se encontra sub judice, por meio de Ação Civil Pública, a questão sobre o descumprimento do sistema de cotas para obreiros beneficiários reabilitados ou pessoas com deficiência (*caput* do art. 93 da Lei n. 8213/91), incidente para as empresas que tenham 100 (cem) ou mais empregados. Deve ser esclarecido, em primeiro plano, que o Auditor Fiscal do Trabalho, autorizado pela Constituição da República, em seus arts. 1º, incisos III (dignidade da pessoa humana) e IV (valor social do trabalho), e 7º (rol de direitos dos trabalhadores, além de outros que visem à melhoria de sua condição social), bem como pela legislação infraconstitucional, detém a prerrogativa de lavrar auto de infração com aplicação de multa por evidência de insuficiência no preenchimento de cargos com pessoas portadoras de deficiência ou reabilitadas da Previdência Social, por não ter sido observado, no caso concreto, o comando expresso contido no art. 93 da Lei 8.213/91. Deve ser ressaltada a possibilidade de insurgência contra esses atos tanto administrativa quanto judicialmente. O Auditor Fiscal do Trabalho, como qualquer autoridade de inspeção do Estado (inspeção do trabalho, inspeção fazendária, inspeção sanitária, etc.) tem o poder e o dever de examinar os dados da situação concreta posta à sua análise durante a inspeção, verificando se ali há (ou não) cumprimento ou descumprimento das respectivas leis federais imperativas. Na hipótese da atuação do Auditor Fiscal do Trabalho, este pode (e deve) examinar a presença (ou não) de relações jurídicas enquadradas nas leis trabalhistas e se estas leis estão (ou não) sendo cumpridas no caso concreto, aplicando as sanções pertinentes, não prosperando tese tendente a considerar, a hipótese, como sobreposição na atuação de órgãos estatais. A ação civil pública, por sua vez, prevista na Lei nº 7.347/85, é instrumento de defesa de direitos e interesses meta individuais. O próprio Código de Defesa do Consumidor (art. 81, inciso III) prevê o cabimento de ações coletivas para salvaguardar direitos ou interesses individuais homogêneos, que são, segundo o STF, subespécie de direitos coletivos e decorrem de uma origem comum. Será cabível a ação civil pública na esfera trabalhista quando se verificar lesão ou ameaça a direito difuso, coletivo ou individual homogêneo decorrente da relação de trabalho, consubstanciando tal ação coletiva um mecanismo de proteção dos direitos sociais constitucionalmente garantidos. Já o Termo de Ajustamento de Conduta, disciplinado no art. 5º, § 6º, da Lei 7.347/85, é um mecanismo para solucionar pacificamente os conflitos, que busca resolver a questão e evitar a propositura da Ação Civil Pública, revelando-se como uma alternativa menos desgastante se comparada à instauração de um processo judicial, tanto sob o aspecto econômico quanto o psicológico. Por outro lado, a par desta atuação relevante do Ministério Público do Trabalho, a atividade fiscalizadora desenvolvida pelo Ministério do Trabalho é imperativa e concomitante, não existindo margem para qualquer subjetividade quanto à aplicação de penalidades. As autoridades do Ministério do Trabalho estão plenamente vinculadas ao princípio constitucional da legalidade, haja vista o art. 628, caput, da CLT, que impõe ao Fiscal do Trabalho a lavratura do auto de infração quando verificar o descumprimento a preceito de proteção do trabalhador, sob pena de responsabilidade pessoal, cumprindo ressaltar que o art. 11, I, da Lei 10.593/2002 também traz dispositivo que exige do Auditor Fiscal a verificação do cumprimento de disposições legais e regulamentares. Nesse mesmo sentido, julgados desta Corte. Assim, resulta demonstrado, de forma cristalina, que a atividade de fiscalização do Auditor Fiscal do Trabalho não pode ser obstaculizada por eventuais ações e acordos celebrados entre a empresa fiscalizada e outras entidades de proteção aos trabalhadores. Diante do cenário retratado pelo Tribunal Regional, não se divisa violação ao art. 5º, XXXVI, da CF. Ademais, para que se pudesse chegar, se fosse o caso, a conclusão fática diversa, seria necessário o revolvimento do conteúdo fático-probatório, propósito insuscetível de ser alcançado nesta fase processual, diante do óbice da Súmula 126/TST. Assim sendo, a decisão agravada foi proferida em estrita observância às normas processuais (art. 557, caput, do CPC/1973; arts. 14 e 932, III e IV, "a", do CPC/2015), razão pela qual é insuscetível de reforma ou reconsideração. Agravo desprovido (TST, Ag-AIRR-1136-04.2018.5.17.0131, 3ª Turma, Rel. Min. Mauricio Godinho Delgado, *DEJT* 05.11.2021).

Multa aplicada pela DRT. Termo de ajuste de conduta. Alcance limitado do instrumento utilizado pelo Ministério Público do Trabalho. Frente ao quadro normativo, constitucional e legal, que confere ao auditor fiscal do trabalho o poder-dever de aplicar multa administrativa às empresas não cumpridoras da legislação trabalhista, em observância, ainda, aos fundamentos previstos no art. 1º da Carta Política, III e IV, não se vislumbra qualquer possibilidade da mera confissão patronal e do Termo de Ajuste de Conduta conferirem ao infrator um perdão pelas irregularidades antes praticadas. É que o denominado Termo de Ajuste de Conduta, em que pese a sua notável eficácia dentro do contexto da valorização das ações do imprescindível Ministério Público do Trabalho e do desafogamento da máquina judiciária, cuja regulação é feita por normas legais distintas (Lei nº 7.347/1985; Lei nº 8.078/1990; Lei [Complementar] nº 75/1993), jamais teve a pretensão de substituir ou de tornar sem efeito os atos de autoridade do Ministério do Trabalho e Emprego, a ponto não só de invalidar o regramento autorizador da fiscalização estatal e da respectiva punição administrativa, como também provocar o absoluto esvaziamento de uma legislação material trabalhista construída pela legítima pressão da sociedade brasileira. A fixação de multa pela DRT, longe de configurar interesse do órgão estatal em aumentar arrecadação, impõe-se como medida fundamental para coibir condutas empresariais agressivas ao conjunto de normas trabalhistas protetoras do empregado e de sua dignidade humana, tendo, ainda, um claro caráter pedagógico. O TAC não é instrumento adequado para esquecer e perdoar condutas as quais têm justa sanção pecuniária como resposta às irregularidades trabalhistas constatadas pela Delegacia Regional do Trabalho. Recursos conhecidos e providos (TRT/DF, RO 00569-2006-013-10-10-00-0, 3ª Turma, Rel. Juiz Grijalbo Fernandes Coutinho, *DJDF* 17.08.2007).

Em sentido contrário, prevalecendo a tese no sentido de que o TAC obsta, durante sua vigência, a lavratura de autos de infração sobre a matéria objeto de ajustamento, as seguintes decisões:

AGRAVO INTERNO EM AGRAVO DE INSTRUMENTO EM RECURSO DE REVISTA. DECISÃO MONOCRÁTICA. AUTO DE INFRAÇÃO LAVRADO DENTRO DO PRAZO CONFERIDO POR TERMO DE AJUSTE DE CONDUTA FIRMADO COM O MINISTÉRIO

PÚBLICO DO TRABALHO. A decisão monocrática proferida nestes autos merece ser mantida. Do quanto se pode observar, o acórdão regional está calcado no fundamento de que, em data anterior à autuação do auditor fiscal do trabalho, a empresa firmou um termo de ajuste de conduta com o Ministério Público do Trabalho em que conferido prazo para a empresa se ajustar ao requisito do artigo 93 da Lei nº 8.213/1991. Nesse sentir, a Corte de origem concluiu que, dentro do prazo conferido no TAC, não deve subsistir a infração lavrada, sob pena de importar em desprestígio à atuação do Ministério Público do Trabalho e ao papel do termo de ajuste de conduta. Nas razões do agravo, a União apenas ressalta o escopo do artigo 93 da Lei nº 8.213/1991, à luz dos artigos 1º, III e IV, 3º, I, 170, "caput", VII e VIII, 173 e 174 da Constituição Federal e 51, XIV, do CDC, sem impugnar o fundamento central do acórdão regional de que, durante o prazo conferido no Termo de Ajuste de Conduta, não deve subsistir o auto de infração decorrente do mesmo fato que originou a atuação do Ministério Público do Trabalho. Não há como inferir, assim, a violação dos artigos 93 da Lei nº 8.213/1991, 11 da Lei nº 10.593/2002 e 628 da CLT. Agravo a que se nega provimento (TST, Ag-AIRR-54-47.2011.5.12.0025, 1ª Turma, Rel. Min. Emmanoel Pereira, *DEJT* 31.08.2018).

Agravo de instrumento em recurso de revista em face de decisão publicada antes da vigência da Lei nº 13.015/2014. Ministério Público do Trabalho. Termo de Ajustamento de Conduta. Inspeção do trabalho. Autuação da empresa na vigência do TAC. Ausência de validade do ato. O debate refere-se à validade do auto de infração pelo descumprimento da lei que determina a contratação de pessoas com deficiência, aplicado à empresa que havia firmado termo de ajustamento de conduta com o Ministério Público do Trabalho, ainda em vigência à época do referido termo. De acordo com o artigo 5º, § 6º, da Lei nº 7.347/85, o Ministério Público do Trabalho pode firmar com os interessados compromisso de ajustamento de sua conduta às exigências legais, mediante cominações, que terá eficácia de título executivo extrajudicial, competindo à Justiça do Trabalho a execução pelo descumprimento do avençado. Se a empresa assumiu espontaneamente o encargo de contratar pessoas com deficiência, nos termos do artigo 93 da Lei nº 8.213/91, não poderia ser autuada pela mesma conduta dentro do período estipulado para cumprimento da obrigação até porque, uma vez descumpridas as cláusulas do TAC, é permitida sua execução direta, consoante dispõe o artigo 876 da CLT. Ademais, o artigo 627-A da CLT, estabelece que o auditor fiscal do trabalho pode instaurar procedimento especial objetivando a orientação quanto ao cumprimento da lei. Na hipótese, seria o caso de instauração, na medida em que a empresa havia firmado compromisso com o MPT para regularizar a situação de ilegalidade. Somente depois de decorrido o prazo avençado poderia autuar à empresa pela conduta anterior, acaso verificado que a afronta à lei subsistia. Isso porque, embora inexista regra expressa que proíba, em tais casos, a atuação e aplicação da multa pelo auditor fiscal do trabalho, essa impossibilidade decorre, na verdade, da lógica do regime administrativo que é permeado pelo princípio da cooperação entre os órgãos públicos – responsável pela coesão de suas ações –, que, por sua vez, impede que seja esvaziada ou enfraquecida a competência garantida a outrem por lei, no caso específico, aquela prevista no artigo 5º, § 6º, da Lei nº 7.347/85. Reitera-se que não se está promovendo a interdição da atribuição conferida aos auditores-fiscais de, diante da ocorrência de infrações, promover as respectivas autuações, mas, ao contrário, preservando o cumprimento da obrigação na forma pactuada no título executivo extrajudicial ainda em vigor e em relação ao qual não se identificou a ocorrência de fatos novos que revelassem inadimplemento. Justamente o contrário. Agravo de instrumento a que se nega provimento (TST, 7ª Turma, AIRR-103700-48.2009.5.02.0049, Rel. Min. Cláudio Mascarenhas Brandão, j. 04.05.2016, *DEJT* 13.05.2016).

A questão é polêmica e provavelmente a SDI-I será instada a resolvê-la, uniformizando a jurisprudência das Turmas sobre o tema. De qualquer forma, caberia, em eventual questão discursiva, discorrer sobre as duas interpretações, fundamentando na evolução da jurisprudência do TST.

27.5. VEDAÇÕES IMPOSTAS AOS AUDITORES FISCAIS DO TRABALHO

O art. 35 do RIT estabelece diversas condutas vedadas aos Auditores Fiscais do Trabalho, sob pena de responsabilização civil, penal e administrativa.

São vedadas as seguintes condutas:

• Revelar, sob pena de responsabilidade, mesmo na hipótese de afastamento do cargo, os segredos de fabricação ou comércio, bem como os processos de exploração de que tenham tido conhecimento no exercício de suas funções

É claro que o Auditor Fiscal deve guardar segredo sobre tudo aquilo que tiver conhecido em virtude de seu mister. E não seria diferente em relação aos chamados segredos industriais, cuja divulgação pode causar grandes prejuízos ao fiscalizado.

• Revelar informações obtidas em decorrência do exercício das suas competências

No mesmo sentido da proibição anterior, o Auditor Fiscal não pode revelar informações obtidas em virtude do exercício de suas atribuições e em relação às quais se impõe o sigilo de sua profissão.

• Revelar as fontes de informações, reclamações ou denúncias

Uma das formas de provocação da ação fiscalizadora do Estado é exatamente a denúncia, normalmente feita pelo sindicato, via ofício, ou mesmo pelo próprio trabalhador, seja por escrito, seja comparecendo pessoalmente ao plantão fiscal. Neste caso, não pode o Auditor Fiscal revelar a ninguém, e muito menos ao empregador, a fonte de tal denúncia ou informação, tendo em vista a necessidade de proteger a fonte, por dois motivos principais: a) para evitar retaliações por parte do empregador; b) para que a fonte se sinta segura de sempre denunciar as irregularidades de que tenha conhecimento.

No mesmo sentido, dispõe o art. 18, § 8º, do Decreto nº 10.854/2021, que será garantida a confidencialidade da identidade dos usuários dos canais eletrônicos para recebimento de denúncias trabalhistas, hipótese em que será vedado a qualquer pessoa que obtiver acesso à referida informação revelar a sua origem ou a fonte da fiscalização, que ficará sujeita a penalidade prevista em legislação específica.

• Inspecionar os locais em que tenham qualquer interesse direto ou indireto, caso em que deverão declarar o impedimento

Em homenagem ao princípio da impessoalidade, que rege a Administração Pública, não pode o Auditor Fiscal inspecionar quaisquer estabelecimentos em que tenha interesse, seja ele direto ou indireto. Presume-se, neste caso, que o agente público não tenha a isenção suficiente para agir de forma impessoal.

No caso do desrespeito a qualquer uma destas proibições, o agente de inspeção responderá civil, penal e administrativamente.

Também o uso da Carteira de Identidade Fiscal – CIF é controlado, não podendo tal documento ser requerido ou fornecido para pessoa não integrante do Sistema Federal de Inspeção do Trabalho. Além disso, considera-se falta grave o uso da CIF para fins outros que não os da fiscalização, ou seja, a famosa *carteirada*.

27.6. DESTINATÁRIOS DA INSPEÇÃO DO TRABALHO

Sujeitam-se à inspeção do trabalho todas as empresas, estabelecimentos e locais de trabalho, públicos ou privados, estendendo-se aos profissionais liberais e instituições sem fins lucrativos, bem como às embarcações estrangeiras em águas territoriais brasileiras (art. 9º do RIT).

A rigor, portanto, todos que se valham do trabalho humano subordinado[31] se sujeitam à inspeção do trabalho. Atualmente, **inclusive o empregador doméstico se sujeita à inspeção do trabalho**, embora de forma peculiar, conforme art. 11-A da Lei nº 10.593/2002, com redação dada pela Lei Complementar nº 150/2015.

27.7. ROTINA DA INSPEÇÃO DO TRABALHO

A ação fiscal terá início, em regra, mediante a emissão de *ordem de serviço escrita* (na prática, eletrônica) pela chefia imediata do Auditor Fiscal (art. 16 do RIT), a qual determinará o estabelecimento ou local de trabalho a ser fiscalizado, bem como os atributos mínimos que deverão ser verificados. A ordem de serviço poderá ser individual, emitida para um único Auditor Fiscal, ou emitida para um grupo de Auditores, a critério da chefia imediata.

Portanto, a regra é a fiscalização dirigida pela chefia, de forma que o Auditor Fiscal não escolhe as empresas que fiscalizará.

Excepcionalmente, entretanto, em caso de fiscalização imediata, o Auditor Fiscal poderá iniciar a ação fiscal independentemente de emissão prévia da ordem de serviço.

27.7.1. Modalidades de fiscalização

A atividade típica de fiscalização do trabalho se divide em várias modalidades, conforme dispõe o art. 12 da Portaria MTP nº 547/2021 (*DOU* 11.11.2021):

> I – *fiscalização direta* – fiscalização na qual ocorre pelo menos uma visita no estabelecimento do empregador ou local de prestação de serviço, resultante do planejamento da Subsecretaria de Inspeção do Trabalho da Secretaria de Trabalho do Ministério do Trabalho e Previdência ou de unidade descentralizada da inspeção do trabalho, ou ainda destinada ao atendimento de demanda externa, com execução individual ou em grupo, demandada pela autoridade competente, por meio de OS, de um ou mais Auditor-Fiscal do Trabalho[32];
>
> II – *fiscalização indireta* – resultante de OS que envolve apenas análise documental, a partir de notificações aos empregadores, por via postal ou outro meio de comunicação institucional e a partir da análise de dados[33];
>
> III – *fiscalização imediata* – fiscalização de caráter excepcional, não programada e para a qual não há OS, decorrente da constatação de situação de grave e iminente risco à saúde e segurança de trabalhadores, e que obriga a comunicação à chefia técnica imediata;
>
> IV – *fiscalização para análise de acidente do trabalho* – resultante de OS que tem como objetivo a coleta de dados e informações para identificação do conjunto de fatores causais envolvidos na gênese de acidente do trabalho;
>
> (...)

---

[31] Algumas formas de trabalho não subordinado (meras relações de trabalho, portanto) também são fiscalizadas pela inspeção do trabalho, sempre em decorrência de previsão legal expressa. Assim, por exemplo, incumbe à inspeção do trabalho, por força do disposto no art. 17 da Lei nº 12.690/2012, a fiscalização das cooperativas de trabalho.

[32] Nos termos do § 10 do art. 12 da Portaria MTP nº 547/2021, a **fiscalização direta** poderá ser executada nas seguintes modalidades: a) **dirigida**: é aquela cujo início e desenvolvimento ocorrem nos locais de trabalho ou estabelecimentos fiscalizados; ou b) **mista**: é aquela realizada por meio de inspeção no local de trabalho e notificação para apresentação de documentos em unidade descentralizada da inspeção do trabalho ou em meio digital.

[33] Consoante dispõe o § 11 do art. 12 da Portaria MTP nº 547/2021, a **fiscalização indireta** poderá ser executada nas seguintes modalidades: a) **presencial**: quando iniciada a partir de notificação aos sujeitos fiscalizados para apresentar documentos em uma unidade descentralizada da inspeção do trabalho, que não envolvam inspeção em locais de trabalho; ou b) **eletrônica**: quando não ocorre inspeção nos locais de trabalho e não é exigido o comparecimento do fiscalizado ou seu preposto em uma unidade descentralizada da inspeção do trabalho, hipótese em que poderá se desenvolver somente através da análise de dados ou mediante a apresentação de documentos pelo empregador em meio digital.

Conforme a classificação adotada pelo Regulamento da Inspeção do Trabalho – RIT, a qual é exigida no concurso para Auditor Fiscal do Trabalho, temos as seguintes modalidades de fiscalização:

a) **Direta**: o Auditor Fiscal procede à inspeção física do local de trabalho e verifica os documentos pertinentes no próprio local, normalmente em dia diverso daquele em que se inicia a ação fiscal.

b) **Indireta**: realizada por meio de sistema de notificações para apresentação de documentos nas unidades descentralizadas do Ministério do Trabalho (art. 30, § 1º, do RIT). Dispõe o § 2º do art. 30 o seguinte:

Art. 30. (...)

§ 2º Poderá ser adotada fiscalização indireta:

I – na execução de programa especial para a ação fiscal; ou

II – quando o objeto da fiscalização não importar necessariamente em inspeção no local de trabalho.

(...)

Exemplo: fiscalização da regularidade do recolhimento do FGTS, a qual demanda apenas análise documental e consulta aos sistemas informatizados disponíveis à fiscalização. Neste caso, como é desnecessária a inspeção no local de trabalho, pode a notificação para apresentação de documentos ser enviada ao empregador por via postal, com a designação de data e hora para apresentação dos documentos na unidade descentralizada do Ministério do Trabalho e Emprego (SRTb ou GRTb, conforme o caso).

c) **Mista**: o Auditor Fiscal realiza a inspeção física no local de trabalho e notifica o empregador a apresentar os documentos sujeitos à inspeção do trabalho na unidade descentralizada do Ministério do Trabalho e Emprego (art. 30, § 3º, do RIT). Trata-se da combinação dos dois critérios anteriores e é a modalidade mais comum de fiscalização, até porque a grande maioria dos estabelecimentos fiscalizados não oferecem condições adequadas para a análise documental.

27.7.2. Identificação do Auditor Fiscal

A identificação do Auditor Fiscal do Trabalho é feita por meio da **Carteira de Identidade Fiscal – CIF**, a qual constitui credencial privativa, devendo ser renovada a cada cinco anos (art. 10 do RIT). Caso o Auditor fiscalize em regiões portuárias, incluindo embarcações de bandeira estrangeira, lhe será fornecida CIF transcrita para a língua inglesa (art. 10, § 1º, RIT).

Para fins de publicidade, e também para conferir maior segurança ao fiscalizado, a autoridade nacional competente em matéria de inspeção do trabalho fará publicar, no Diário Oficial da União, relação nominal dos portadores de Carteiras de Identidade Fiscal, com nome, número de matrícula e órgão de lotação (art. 10, § 2º, RIT). No mesmo sentido, a CLT prevê idêntica exigência (art. 630, § 7º); porém, a justificativa é o controle do passe livre pelas empresas de transporte coletivo urbano.

A exibição da credencial é obrigatória no momento da inspeção, salvo quando o Auditor Fiscal do Trabalho julgar que tal identificação prejudicará a eficácia da fiscalização, hipótese em que deverá fazê-lo após a verificação física (art. 12, *caput*, RIT). A exibição de documentos, entretanto, somente poderá ser exigida após identificação do AFT.

27.7.3. Prerrogativas do Auditor Fiscal do Trabalho

A fim de se desincumbir de suas atribuições, o Auditor Fiscal do Trabalho tem diversas prerrogativas, dentre as quais se destacam as seguintes:

a) Livre acesso

Dispõe o § 3º do art. 630 da CLT que o agente de inspeção terá livre acesso a todas as dependências dos estabelecimentos sujeitos ao regime da legislação trabalhista.

Desse modo, desde que esteja portando a CIF, o Auditor Fiscal tem o direito de ingressar, livremente, sem prévio aviso e **em qualquer dia e horário**, em todos os locais de trabalho (art. 13 do RIT).

Não fosse assim, seria inviável a atividade da fiscalização. É claro que, se o Auditor Fiscal dependesse da autorização do empregador para ingressar no local de trabalho, ele nunca a teria, por razões óbvias.

Observe-se que a fiscalização não se limita à inspeção durante o dia, pela simples razão de que há trabalho noturno e também este deve ser protegido pela atividade de polícia administrativa estatal. Da mesma forma, o AFT pode ingressar nos estabelecimentos em dias oficialmente não úteis, até mesmo para certificar-se de que realmente não se desenvolve trabalho naquele estabelecimento em dia destinado ao repouso.

Obviamente, o AFT não precisa avisar o empregador acerca da visita (art. 15 do RIT), até porque boa parte do sucesso da fiscalização depende da surpresa, a fim de que sejam encontradas as reais condições de trabalho, sem a tradicional *maquiagem* para esperar a fiscalização.

No mesmo sentido, o art. 14 do RIT:

Art. 14. Os empregadores, tomadores e intermediadores de serviços, empresas, instituições, associações, órgãos e entidades de qualquer natureza ou finalidade são sujeitos à inspeção do trabalho e ficam, pessoalmente ou por seus prepostos ou representantes legais, **obrigados a franquear, aos Auditores Fiscais do Trabalho, o acesso aos estabelecimentos, respectivas dependências e locais de trabalho**, bem como exibir os documentos e materiais solicitados para fins de inspeção do trabalho. (grifos meus)

O empregador, pessoalmente ou por seus prepostos, é obrigado não só a franquear o acesso do Auditor Fiscal a todas as dependências do local de trabalho, como também a permitir a sua permanência neste local pelo tempo necessário. Neste sentido, o Precedente Administrativo nº 22 do Ministério do Trabalho, aprovado pelo Ato Declaratório nº 3, de 29.05.2001[34]:

Precedente Administrativo nº 22

Inspeção do trabalho. Livre acesso. A prerrogativa do Auditor Fiscal do Trabalho – AFT de ter livre acesso a todas as dependências dos estabelecimentos sujeitos ao regime da legislação trabalhista compreende não só o direito de ingressar mas também o de permanecer no local, para o exercício de sua ação fiscal.

Referência normativa: art. 630, § 3º da CLT.

Caso o empregador impeça o livre acesso do Auditor Fiscal às dependências do local de trabalho, restará configurada resistência ou embaraço à fiscalização, pelo que se justifica

---

34 Os Precedentes Administrativos de nº 21 a 30, aprovados pelo Ato Declaratório nº 03/2001 foram, dentre outros, revisados e consolidados pelo Ato Declaratório nº 04, de 21.02.2002.

a lavratura do auto de infração (art. 630, § 6º, CLT). Cabe ainda a solicitação de força policial, a fim de assegurar a realização da inspeção (art. 630, § 8º, CLT).

Anote-se, todavia, que a fiscalização do trabalho doméstico mitiga a prerrogativa do livre acesso do Auditor Fiscal ao local de trabalho, porquanto a casa é asilo inviolável do indivíduo (art. 5º, XI, CRFB/88). Com efeito, **a fiscalização do trabalho doméstico depende de prévio agendamento e de entendimento prévio entre a fiscalização e o empregador**. Neste sentido, o art. 11-A da Lei nº 10.593/2002, com redação dada pela Lei Complementar nº 150/2015:

> Art. 11-A. A verificação, pelo Auditor Fiscal do Trabalho, do cumprimento das normas que regem o trabalho do empregado doméstico, no âmbito do domicílio do empregador, dependerá de agendamento e de entendimento prévios entre a fiscalização e o empregador.
>
> (...)
>
> § 3º Durante a inspeção do trabalho referida no *caput*, o Auditor Fiscal do Trabalho far-se-á acompanhar pelo empregador ou por alguém de sua família por este designado.

No mesmo sentido, o art. 106 da Instrução Normativa MTP nº 2/2021:

> Art. 106. Em caso de necessidade de fiscalização do local de trabalho, o Auditor Fiscal do Trabalho, após apresentar sua Carteira de Identidade Fiscal e em observância ao mandamento constitucional da inviolabilidade do domicílio, dependerá de consentimento expresso e escrito do empregador para ingressar na residência onde ocorra a prestação de serviços por empregado doméstico.
>
> § 1º Equipara-se a empregador, para fins do consentimento previsto no caput, qualquer pessoa capaz, pertencente à família para a qual o empregado doméstico preste serviços, que esteja responsável pela residência onde ocorra a prestação, no momento da inspeção a ser realizada por Auditor Fiscal do Trabalho.
>
> § 2º Durante a inspeção referida no caput, o Auditor Fiscal do Trabalho será acompanhado pelo empregador ou por alguém de sua família por este designado.

b) Poder de investigação

O livre acesso do agente de inspeção aos locais de trabalho somente se justifica se ele também tiver assegurado o poder de investigação, de forma que possa verificar o cumprimento da legislação de proteção do trabalhador.

A prerrogativa de investigação do AFT se desdobra nos seguintes aspectos:

• Poder-dever de interrogar as pessoas sujeitas à inspeção do trabalho (trabalhadores, empregadores e prepostos)

Com efeito, dispõe o § 3º do art. 630 da CLT que *as empresas*, por seus dirigentes ou prepostos, **são obrigadas a prestar ao AFT os esclarecimentos necessários ao desempenho de suas atribuições.**

• Prerrogativa de exigir a imediata exibição de documentos ou a apresentação de documentos em dia e hora previamente fixados

A parte final do § 3º do art. 630 da CLT dispõe que a empresa, por seus dirigentes ou prepostos, é obrigada a exibir ao Auditor Fiscal, quando exigidos, quaisquer documentos que digam respeito ao fiel cumprimento das normas de proteção ao trabalho.

O § 4º, por sua vez, esclarece que os documentos sujeitos à inspeção poderão ser apresentados nos locais de trabalho ou, alternativamente, em meio eletrônico ou, ainda, em meio físico, em dia e hora previamente estabelecidos pelo Auditor Fiscal do Trabalho.

Devem ser mantidos obrigatoriamente no local de trabalho, atualmente, apenas os seguintes documentos[35]:

- Registro de Empregados;
- Controle de ponto (dispensado para os estabelecimentos que contem com até vinte empregados[36]).

Portanto, em relação a estes documentos, o Auditor Fiscal do Trabalho pode exigir a sua exibição imediata, quando da inspeção física.

Os demais documentos podem ser mantidos em escritórios fora do local de trabalho, devendo ser apresentados em data e hora fixadas pelo AFT, sendo o prazo concedido variável de 2 (dois) a 8 (oito) dias, **a critério do Auditor**. Neste sentido, a Portaria MTP nº 671/2021:

> Art. 398. O empregador poderá utilizar controle único e centralizado dos documentos sujeitos à inspeção do trabalho, à exceção do registro de empregados, do registro de horário de trabalho e de outros documentos estabelecidos em normas específicas, que deverão permanecer em cada estabelecimento.
>
> Parágrafo único. A exibição dos documentos passíveis de centralização deverá ser feita no prazo de dois a oito dias, a critério do Auditor Fiscal do Trabalho.

Tanto a manutenção de documentos (registro de empregado e controle de ponto) fora do local de trabalho quanto a não apresentação de documentos, em data e hora previamente fixadas pelo Auditor Fiscal, configuram embaraço à regular atividade da fiscalização, ensejando lavratura de auto de infração, conforme o § 6º do art. 630 da CLT.

• Prerrogativa de apreender documentos ou coletar materiais e substâncias nos locais de trabalho para fins de análise

Como mencionado no item 27.4, o Auditor Fiscal pode, se necessário, apreender documentos ou coletar materiais e substâncias nos locais de trabalho, a fim de formar sua convicção acerca da prática de irregularidades no tocante à observância da legislação trabalhista ou de segurança e saúde do trabalhador.

• Prerrogativa de solicitar o concurso de especialistas

O Auditor Fiscal do Trabalho poderá solicitar o concurso de especialistas e técnicos devidamente qualificados, assim como recorrer a laboratórios técnico-científicos governamentais ou credenciados, a fim de assegurar a aplicação das disposições legais e regulamentares relativas à segurança e saúde no trabalho (art. 22 do RIT).

c) Passe livre

Dispõe o § 5º do art. 630 da CLT, *in verbis*:

> Art. 630. (...)
>
> § 5º No território do exercício de sua função, o agente da inspeção gozará de passe livre nas empresas de transportes, públicas ou privadas, mediante a apresentação da carteira de identidade fiscal.
>
> (...)

---

[35] Ressalvados, ainda, documentos relativos ao cumprimento das Normas Regulamentadoras, os quais, em alguns casos expressamente previstos na NR respectiva, devem permanecer nos locais de trabalho.

[36] A Lei nº 13.874/2019 alterou o *caput* do art. 74 da CLT, acabando com a obrigatoriedade de manutenção de quadro de horário de trabalho (a redação atual do *caput* do art. 74 dispõe que "o horário de trabalho será anotado em registro de empregados") e, ao dar nova redação ao § 2º do art. 74 da CLT, alterou de "até dez" para "até vinte" o número de empregados das empresas dispensadas de manter controle de ponto.

Também a fim de facilitar a atividade de fiscalização, a CLT assegura ao AFT, **no exercício de sua função**, o passe livre, ou seja, a gratuidade do transporte para o deslocamento a trabalho.

No mesmo sentido, o art. 34 do RIT, esclarecendo ainda que a gratuidade se estende aos pedágios:

> Art. 34. As empresas de transportes de qualquer natureza, inclusive as exploradas pela União, Distrito Federal, Estados e Municípios, bem como as concessionárias de rodovias que cobram pedágio para o trânsito concederão passe livre aos Auditores-Fiscais do Trabalho e aos Agentes de Higiene e Segurança do Trabalho, no território nacional em conformidade com o disposto no art. 630, § 5º, da Consolidação das Leis do Trabalho (CLT), mediante a apresentação da Carteira de Identidade Fiscal.
>
> Parágrafo único. O passe livre a que se refere este artigo abrange a travessia realizada em veículos de transporte aquaviário.

Caso seja negado ao AFT o passe livre, cabe autuação por embaraço à fiscalização (art. 630, § 6º, CLT).

Neste diapasão, também a jurisprudência do TST:

> AGRAVO. 1. AÇÃO ANULATÓRIA DE AUTO DE INFRAÇÃO. COBRANÇA DE PEDÁGIO. AUDITOR FISCAL. ARTIGO 34 DO DECRETO Nº 4.552/2002. VIOLAÇÃO DO ARTIGO 630, § 5º, DA CLT. DEMONSTRAÇÃO. PROVIMENTO. Ante uma possível afronta ao artigo 630, § 5º, da CLT, o processamento do agravo de instrumento é medida que se impõe. Agravo a que se dá provimento. AGRAVO DE INSTRUMENTO. 1. AÇÃO ANULATÓRIA DE AUTO DE INFRAÇÃO. COBRANÇA DE PEDÁGIO. AUDITOR FISCAL. ARTIGO 34 DO DECRETO Nº 4.552/2002. VIOLAÇÃO DO ARTIGO 630, § 5º, DA CLT. CONFIGURAÇÃO. PROVIMENTO. Demonstrada uma possível ofensa ao artigo 630, § 5º, da CLT, há de ser destrancado o recurso de revista interposto. Agravo de instrumento a que se dá provimento." RECURSO DE REVISTA. ANULAÇÃO DE AUTO DE INFRAÇÃO. AUDITOR FISCAL DO TRABALHO NO EXERCÍCIO DE SUAS FUNÇÕES. PASSE LIVRE. COBRANÇA DE PEDÁGIO EM CONCESSIONÁRIA DE RODOVIA. ISENÇÃO. ARTIGO 630, § 5º, DA CLT. ARTIGO 34 DO DECRETO Nº 4.552/2002. Cinge-se a controvérsia à regularidade dos autos de infração lavrados por Auditores Fiscais do Trabalho, diante da recusa de concessão do passe livre por concessionária de rodovias, que insistiu na cobrança de pedágio no trânsito dos fiscais. A capitulação dos autos de infração está lastreada nos seguintes dispositivos: artigos 630, § 5º, da CLT e 34, *caput*, do Decreto nº 4.552/2002. No registro dos auditores fiscais, consta que a cobrança de pedágio pela concessionária de rodovias viola o direito ao passe livre previsto nos citados dispositivos, em óbice ao pleno exercício das funções que lhes são inerentes. Os autos de infração questionados nestes autos originaram-se do poder de polícia conferido a essa categoria. Havendo resistência à concessão do passe livre, justifica-se a lavratura dos respectivos autos de infração. O artigo 630, § 5º, da CLT assegura o passe livre aos Auditores Fiscais do Trabalho no desempenho de suas atividades, com direito à gratuidade nas empresas de transporte. Por consequência, a cobrança de pedágio em rodovias fere a prerrogativa de gratuidade no deslocamento do Auditor Fiscal do Trabalho, por dificultar-lhe a locomoção no exercício de suas funções. Outrossim, o artigo 628 da CLT determina que, salvo o disposto nos artigos 627 e 627-A da Consolidação das Leis do Trabalho, "a toda verificação em que o Auditor-Fiscal do Trabalho concluir pela existência de violação de preceito legal deve corresponder, sob pena de responsabilidade administrativa, a lavratura de auto de infração". Por sua vez, a natureza jurídica da autora não pode justificar a criação de embaraços ao desempenho das atividades de inspeção do trabalho, mormente porque se trata de concessão de serviço público. Também não há como se restringir a interpretação do artigo 630, § 5º, da CLT ao sentido gramatical ou à sua literalidade, sob pena de esvaziar sua eficácia. O citado

dispositivo foi incluído na Consolidação das Leis do Trabalho em 1967, pelo Decreto-Lei nº 229/67, momento histórico em que nem sequer se cogitava da possibilidade de concessão de rodovias, nem das formas de remuneração do concessionário do serviço público. Somente com a Lei Federal nº 9.074/95 sobreveio a outorga de concessões e permissões de serviços públicos nas vias federais. O artigo 34 do Decreto nº 4.552/2002, ao incluir o passe livre aos Auditores Fiscais do Trabalho e aos Agentes de Higiene e Segurança do Trabalho nos pedágios, apenas adequou a norma cogente à realidade social atual. Nesse sentido, a extensão do passe livre aos fiscais do trabalho nas rodovias tem a finalidade de viabilizar o bom andamento do seu serviço, de forma a atender ao escopo da norma. Importante registrar que o Brasil é signatário da Convenção nº 81 da Organização Internacional do Trabalho - OIT, ratificada em 11/10/1989, que traz disposições relativas à inspeção do trabalho na indústria e no comércio, a saber: no artigo 3º impõe ao Estado-membro a adoção de um Sistema de Inspeção do Trabalho; no artigo 6º, preconiza medidas de garantia à estabilidade no emprego do pessoal de inspeção; e, no artigo 11, garante aos inspetores do trabalho facilidades de transporte para o exercício de suas funções. Por conseguinte, é dever do Estado-Juiz garantir a livre locomoção do agente público. O Auditor Fiscal do Trabalho tem como precípua atribuição o deslocamento físico até as empresas para verificar, in loco, a regularidade nas contratações de pessoal, o cumprimento das leis trabalhistas, bem como as condições de segurança e a higiene no meio ambiente de trabalho. Qualquer restrição/oneração ao seu livre deslocamento representa cerceamento ao exercício de suas funções, bem como caracteriza prejuízo à independência funcional, em face da natureza da atividade exercida que, por excelência, é fora da sede dos órgãos públicos. O objetivo do passe livre é viabilizar o acesso aos locais de fiscalização, nos termos do artigo 630, § 5º, da CLT. Qualquer restrição a essa garantia legal importa cerceamento ao exercício da função pública fiscalizatória. Assim, mostra-se válida a disposição normativa regulamentar que estende a prerrogativa do passe livre aos pedágios nas rodovias, mesmo porque a fiscalização às vezes é cumprida em localidades de difícil acesso ou não servidas pelo transporte público regular. A prestação do serviço público adequado e satisfatório perfaz interesse comum compartilhado pelo Estado, pela sociedade civil e pelo concessionário. Constitui interesse coletivo e abrange não só a conservação, manutenção e exploração das vias públicas, mas também a operacionalização do sistema viário, de forma a possibilitar o transporte de pessoas e cargas. Nesses termos, o Decreto nº 4.552/2002, com o objeto de regulamentar o artigo 630, § 5º, da CLT, não extrapolou os limites regulamentadores, criando isenção de pedágio. Apenas adequou a norma cogente à realidade social atual. Recurso de revista não conhecido (TST, 2ª Turma, RR-97540-52.2005.5.17.0009, Rel. Min. José Roberto Freire Pimenta, Data de Julgamento: 04.10.2017, *DEJT* 27.10.2017).

d) Apoio de força policial

A CLT assegura ao Auditor Fiscal do Trabalho que as autoridades policiais, quando solicitadas, deverão prestar-lhes a assistência de que necessitarem para o fiel cumprimento de suas atribuições legais (art. 630, § 8º, CLT).

Sempre que necessário, o Auditor Fiscal pode solicitar às polícias (Militar ou Federal) apoio, de forma a garantir a segurança durante as diligências. É comum, por exemplo, o acompanhamento da Polícia Federal nas ações do grupo móvel de combate ao trabalho escravo, dados a complexidade e o risco que envolvem tais operações.

27.7.4. Orientação e dupla visita

Como mencionado, o Auditor Fiscal do Trabalho tem o dever de orientar e advertir as pessoas sujeitas à inspeção do trabalho, bem como os trabalhadores, quanto ao cumprimento da legislação trabalhista (art. 23 do RIT).

A exteriorização máxima deste dever está consubstanciada no critério da dupla visita, segundo o qual, **nas hipóteses legais**, o Auditor Fiscal não deve autuar imediatamente o empregador diante da constatação de infração à legislação trabalhista. Ao contrário, deve primeiro conceder prazo para regularização, e somente a partir da segunda visita, permanecendo a situação irregular, lavrar o auto de infração.

Exemplo: o Auditor Fiscal recebeu ordem de serviço para inspecionar uma lanchonete que conta com apenas dois empregados. Verificada a documentação da empresa, constatou-se que o empregador não paga aos empregados o adicional noturno referente às horas trabalhadas a partir das 22h. Neste caso, a lei veda ao Auditor Fiscal a lavratura imediata do auto de infração, cabendo-lhe notificar o empregador a regularizar sua conduta mediante pagamento do *quantum* devido e regularização do procedimento a partir da fiscalização. A partir daí, expirado o prazo concedido para regularização, abrem-se duas possibilidades: a) o empregador cumpriu as determinações da fiscalização, razão pela qual não há se falar em autuação; b) o empregador não cumpriu as determinações, pelo que será autuado.

Reitere-se que a regra é a lavratura imediata do auto de infração ante a constatação da irregularidade pelo Auditor Fiscal do Trabalho, sob pena de responsabilidade administrativa, nos termos do art. 628 da CLT. **A concessão de prazo para regularização (dupla visita) é exceção à regra geral,** cabível nas hipóteses legais estabelecidas. **A lei estabelece taxativamente as hipóteses em que se aplica o critério da dupla visita.** Vejamos cada uma delas.

27.7.4.1. Hipóteses de aplicação do critério da dupla visita

a) Legislação nova

Dispõe o art. 627 da CLT:

Art. 627. A fim de promover a instrução dos responsáveis no cumprimento das leis de proteção do trabalho, a fiscalização deverá observar o critério de dupla visita nos seguintes casos:

a) **quando ocorrer promulgação ou expedição de novas leis, regulamentos ou instruções ministeriais, sendo que, com relação exclusivamente a esses atos, será feita apenas a instrução dos responsáveis;** (grifos meus)

(...)

O art. 23, I, do Regulamento da Inspeção do Trabalho reproduz literalmente o dispositivo celetista. Com efeito, presume-se que o empregador necessita de algum tempo para se adequar às mudanças da legislação e às novas exigências. Embora o texto celetista seja omisso a respeito, este **prazo é de 90 dias,** nos termos do art. 23, § 1º, do RIT.

Portanto, sempre que for fiscalizado atributo trabalhista cuja legislação de regência tenha menos de 90 dias de vigência, dever-se-á observar o critério da dupla visita.

b) Primeira inspeção de empreendimentos recentemente inaugurados

Trata-se de outra hipótese de dupla visita, prevista no art. 627, II, da CLT, segundo o qual a fiscalização deverá observar o critério da dupla visita "**em se realizando a primeira inspeção dos estabelecimentos ou dos locais de trabalho, recentemente inaugurados ou empreendidos**".

A hipótese também é prevista pelo RIT (art. 23, II), e tem por objetivo permitir a adequação do empregador às exigências legais nos primeiros meses após a inauguração do estabelecimento. Tal qual ocorre em relação à lei nova, o prazo é de 90 dias, nos termos do art. 23, § 1º, do RIT.

Destarte, o empregador tem 90 dias, contados da inauguração do estabelecimento, para se adequar à legislação trabalhista.

c) Empresa com até dez empregados

A terceira hipótese de aplicação do critério da dupla visita leva em consideração o porte da empresa, notadamente em relação à quantidade de empregados.

Neste sentido, dispõem os §§ 3º e 4º do art. 6º da Lei nº 7.855/1989:

Art. 6º (...)

§ 3º Será observado o critério de dupla visita nas **empresas** com até dez empregados, salvo quando for constatada infração por falta de registro de empregado, anotação de sua Carteira de Trabalho e Previdência Social e na ocorrência de fraude, resistência ou embaraço à fiscalização.

§ 4º Na empresa que for autuada, após obedecido o disposto no parágrafo anterior, não será mais observado o critério da dupla visita em relação ao dispositivo infringido.

(...)

Portanto, em **empresas** pequenas, que contem com até dez empregados, deverá ser observado, *em regra*, o critério da dupla visita. Ocorrendo uma das infrações arroladas como exceção a esta regra, a autuação será direta, independentemente de notificação para regularização. É o caso da infração por falta de registro, falta de anotação da CTPS, reincidência (§ 4º, acima), fraude, resistência ou embaraço à fiscalização. No mesmo sentido, o art. 23, III, do RIT.

Observe-se, por oportuno, **que a Lei menciona expressamente empresas com até dez empregados**, o que não se confunde com *estabelecimentos* ou *locais de trabalho* com até dez empregados. Assim, por exemplo, se for fiscalizado um pequeno posto de atendimento bancário, pertencente a um grande banco, que tem milhares de empregados em todo o país, naturalmente não será observado o critério da dupla visita, ainda que o local fiscalizado tenha até dez empregados.

d) Microempresa e Empresa de Pequeno Porte

A quarta hipótese de aplicação do critério da dupla visita é prevista genericamente pelo art. 23, IV, do RIT, nos seguintes termos:

Art. 23. (...)

IV – quando se tratar de microempresa e empresa de pequeno porte, na forma da lei específica.

Atualmente[37], a lei específica é a Lei Complementar nº 123/2006 (Estatuto da Microempresa e da Empresa de Pequeno Porte), que, em seu art. 55, trata da dupla visita:

Art. 55. A fiscalização, no que se refere aos aspectos trabalhista, metrológico, sanitário, ambiental, de segurança, de relações de consumo e de uso e ocupação do solo das microempresas e das empresas de pequeno porte, deverá ser prioritariamente orientadora **quando a atividade ou situação, por sua natureza, comportar grau de risco compatível com esse procedimento.** (grifos meus)

§ 1º Será observado o critério de dupla visita para lavratura de autos de infração, salvo quando for constatada infração por falta de registro de empregado ou anotação da Carteira de Trabalho

---

[37] Anteriormente, a questão era regulada pela Lei nº 9.841/1999, antigo Estatuto das ME e EPP.

e Previdência Social – CTPS, ou, ainda, na ocorrência de reincidência, fraude, resistência ou embaraço à fiscalização.

(...)

§ 6º A inobservância do critério de dupla visita implica **nulidade do auto de infração** lavrado sem cumprimento ao disposto neste artigo, independentemente da natureza principal ou acessória da obrigação.

(...)

O dispositivo obedece a mandamento constitucional (art. 179, CRFB/88) no sentido do tratamento diferenciado das microempresas e empresas de pequeno porte, e tem como objetivo fomentar o empreendedorismo e o desenvolvimento do país.

As exceções ao cumprimento da dupla visita, no caso das microempresas e empresas de pequeno porte, são específicas, a saber: falta de registro, falta de anotação da CTPS, reincidência, fraude, resistência ou embaraço à fiscalização. Significa dizer que, ocorrendo uma dessas infrações ou circunstâncias, não será aplicável a dupla visita. O assunto será abordado no próximo tópico.

Além das exceções acima, previstas no § 1º do art. 55 da Lei Complementar 123/2006, a parte final do *caput* do art. 55 da Lei Complementar nº 123/2006 estabelece que há situações ou grau de risco incompatível com a dupla visita. O § 3º do mesmo artigo, por sua vez, dispõe que "os órgãos e entidades competentes definirão, em 12 (doze) meses, as atividades e situações cujo grau de risco seja considerado alto, as quais não se sujeitarão ao disposto neste artigo".

Neste sentido, a definição das **situações ou graus de risco incompatíveis com a dupla** visita nas ME e EPP é dada atualmente pela Portaria MTP nº 671/2021, nos seguintes termos:

Art. 309. Este Capítulo estabelece as situações que, por sua natureza, não sujeitam as microempresas e empresas de pequeno porte à fiscalização prioritariamente orientadora, prevista no art. 55 da Lei Complementar nº 123, de 2006.

Art. 310. O benefício da dupla visita não será aplicado quando constatado trabalho em condições análogas às de escravo ou trabalho infantil, bem como para as infrações relacionadas a:

I – atraso no pagamento de salário; e

II – acidente de trabalho, no que tange aos fatores diretamente relacionados ao evento, com consequência:

a) significativa – lesão à integridade física ou à saúde, que implique em incapacidade temporária por prazo superior a quinze dias;

b) severa – que prejudique a integridade física ou a saúde, que provoque lesão ou sequela permanentes; ou

c) fatal;

III – risco grave e iminente à segurança e saúde do trabalhador, conforme irregularidades indicadas em relatório técnico, nos termos da Norma Regulamentadora – NR 3, aprovada pela Portaria SEPRT nº 1.068, de 23 de setembro de 2019; e

IV – descumprimento de embargo ou interdição.

Portanto, ocorrendo qualquer uma das situações elencadas acima, as quais são incompatíveis com a aplicação do critério da dupla visita, a microempresa ou a empresa de pequeno porte autuada será imediatamente autuada, não se aplicando a fiscalização prioritariamente orientadora.

e) Doméstico

Tendo em vista as peculiaridades do trabalho doméstico, o legislador dispensou tratamento especial ao empregador doméstico inclusive criando nova hipótese de aplicação do critério da dupla visita. Neste sentido, o art. 11-A da Lei nº 10.593/2002, com redação dada pela Lei Complementar nº 150/2015:

> Art. 11-A (...)
>
> § 1º A fiscalização deverá ter natureza prioritariamente orientadora.
>
> § 2º Será observado o critério de dupla visita para lavratura de auto de infração, salvo quando for constatada infração por falta de anotação na Carteira de Trabalho e Previdência Social ou, ainda, na ocorrência de reincidência, fraude, resistência ou embaraço à fiscalização.
>
> (...)

f) Atividade considerada de baixo ou médio risco

A Lei nº 14.195/2021, ao acrescentar o art. 4º-A à Lei nº 13.874/2019 (*Lei da Liberdade Econômica*), criou hipótese nova e abrangente de aplicação do critério da dupla visita:

> Art. 4º-A É dever da administração pública e das demais entidades que se sujeitam a esta Lei, na aplicação da ordenação pública sobre atividades econômicas privadas:
>
> [...]
>
> III – observar o critério de dupla visita para lavratura de autos de infração decorrentes do exercício de **atividade considerada de baixo ou médio risco**. (grifos meus)
>
> [...]

Ocorre que tal hipótese ainda não é aplicável, visto que não há definição do que venha a ser considerado, para os fins deste dispositivo legal, atividade de baixo ou médio risco. Tampouco foram indicadas exceções à hipótese legal, as quais, por lógica, devem existir.

27.7.4.2. Exceções ao critério da dupla visita

Ainda que configurada uma das hipóteses de aplicação do critério da dupla visita, conforme visto no tópico anterior, tal critério não é aplicável ante a ocorrência de determinadas infrações ou circunstâncias especiais. Em outras palavras, a lei prevê exceções à aplicação do critério da dupla visita[38], a saber:

a) No caso de infração ao disposto no art. 29, caput, da CLT (**não anotação da CTPS**)

Prevê o art. 29-A, § 2º, da CLT, incluído pela Lei nº 14.438/2022, que a infração ao disposto no art. 29, caput, da CLT, qual seja a não anotação, no prazo legal, da CTPS do empregado, constitui exceção ao critério da dupla visita.

Observe-se que **tal exceção é geral**, aplicando-se a qualquer uma das hipóteses legais (até 10 empregados, ME ou EPP etc.), independentemente de previsão específica.

b) No caso de infração ao disposto no art. 41, caput, da CLT (**falta de registro de empregado**)

---

[38] São, na prática, *exceções da exceção*. Como visto, a aplicação do critério da dupla visita é excepcional, embora esteja previsto para várias hipóteses distintas, como visto. Entretanto, em várias dessas hipóteses se aplicam exceções ao critério excepcional, ou seja, deve ser aplicada a regra geral, que é a autuação direta, nos termos do disposto no art. 628 da CLT.

A infração por deixar de registrar empregado também constitui exceção à aplicação do critério da dupla visita, conforme previsto no § 2º do art. 47 da CLT.

Assim como no caso da não anotação da CTPS, **a exceção é geral**, aplicando-se a todas as hipóteses legais de dupla visita.

c) No caso de **fraude** ou **resistência ou embaraço à fiscalização** ou **reincidência**:

Conforme previsto no art. 6º, § 3º, da Lei nº 7.855/1989, "será observado o critério de dupla visita nas empresas com até dez empregados, **salvo quando for constatada infração por falta de registro de empregado, anotação de sua Carteira de Trabalho e Previdência Social e na ocorrência de fraude, resistência ou embaraço à fiscalização**"[39] (grifos meus). O § 4º, por sua vez, dispõe que "na empresa que for autuada, após obedecido o disposto no parágrafo anterior, não será mais observado o critério da dupla visita em relação ao dispositivo infringido", donde se extrai que também a **reincidência** afasta a dupla visita.

Tais exceções são **também aplicáveis às ME e EPP**, bem como aos **empregadores domésticos, conforme previsão expressa contida nos diplomas normativos específicos**, respectivamente, do § 1º do art. 55 da Lei Complementar nº 123/2006 e do § 2º do art. 11-A da Lei nº 10.583/2002:

> [LC 123/2006, art. 55] § 1º Será observado o critério de dupla visita para lavratura de autos de infração, salvo quando for constatada **infração por falta de registro de empregado** ou **anotação da Carteira de Trabalho e Previdência Social – CTPS**, ou, ainda, na ocorrência de **reincidência, fraude, resistência ou embaraço à fiscalização**. (grifos meus)
>
> [...]
>
> [Lei nº 10.593/2002, art. 11-A] § 2º Será observado o critério de dupla visita para lavratura de auto de infração, salvo quando for constatada **infração por falta de anotação na Carteira de Trabalho e Previdência Social** ou, ainda, na ocorrência de **reincidência, fraude, resistência ou embaraço à fiscalização**. (grifos meus)

d) Em **situações ou graus de risco que, por natureza, são incompatíveis** com o critério da dupla visita

Conforme mencionado anteriormente, o art. 310 da Portaria MTP nº 671/2021 estabelece que não será aplicável o critério da dupla visita nas seguintes hipóteses, as quais, por sua natureza, não sujeitam **as ME e EPP** à fiscalização prioritariamente orientadora:

• quando constatado trabalho em condições análogas às de escravo
• quanto constatado o trabalho infantil
• em caso de atraso no pagamento de salário
• em caso de acidente de trabalho, no que tange aos fatores diretamente relacionados ao evento, com consequência:
  a) significativa – lesão à integridade física ou à saúde, que implique em incapacidade temporária por prazo superior a quinze dias;
  b) severa – que prejudique a integridade física ou a saúde, que provoque lesão ou sequela permanentes; ou
  c) fatal;
• em caso de risco grave e iminente à segurança e saúde do trabalhador, conforme irregularidades indicadas em relatório técnico, nos termos da NR-3
• em caso de descumprimento de embargo ou interdição.

---

[39] No mesmo sentido, o art. 23, III, do Regulamento da Inspeção do Trabalho.

Observe-se que, em princípio, tais exceções se aplicariam tão somente às microempresas e às empresas de pequeno porte, visto que apenas a Lei Complementar nº 123/2006 abriu espaço a tal regulamentação infralegal. Não obstante, parece-me que a interpretação teleológica do instituto levaria à conclusão no sentido de que tais circunstâncias, por sua natureza e gravidade, devem afastar a aplicação do critério da dupla visita em quaisquer hipóteses.

Imagine-se, por exemplo, que numa microempresa, com faturamento exíguo, um dos trabalhadores tenha sofrido acidente de trabalho fatal. Neste caso, não se lhe aplicaria o critério da dupla visita, conforme previsto no supramencionado art. 310 da Portaria MTP nº 671/2021. Agora imagine-se que num posto de abastecimento de combustíveis, que tenha 10 empregados e alto faturamento, enquadrado como empresa de porte geral, um dos trabalhadores tenha também sofrido acidente fatal. Há sentido em aplicar ao segundo empregador, simplesmente por ter até dez empregados, o critério da dupla visita, interpretando-se literalmente a lei? Analisando-se a finalidade legal do critério em questão, seria razoável tratar o microempresário de maneira mais rígida?

De toda forma, a questão é polêmica e provavelmente, em algum momento futuro, será levada à apreciação do Poder Judiciário.

Em resumo, diante de infrações consideradas mais graves, ou de circunstâncias específicas que prejudiquem a ação fiscal, não é aplicável o critério da dupla visita, cabendo, portanto, a autuação direta do infrator.

Vejamos em resumo e de forma esquematizada:

Exceções ao critério da dupla visita							
	Legislação nova	Estabelecimento ou local de trabalho novo	ME ou EPP	Até 20 trabalhadores (exceto ME/EPP)	Infrações de gradação leve	Visitas técnicas de instrução	Doméstico
"Falta de registro em CTPS"37	✓	✓	✓	✓	✓	✓	✓
Falta de registro de empregado	✓	✓	✓	✓	✓	✓	
Atraso de salário ou FGTS	✓	✓		✓	✓	✓	
Reincidência	✓	✓	✓	✓			✓
Fraude	✓	✓	✓	✓	✓	✓	✓
Resistência ou embaraço	✓	✓	✓	✓	✓	✓	✓
Acidente de trabalho fatal	✓	✓		✓	✓		
Trabalho escravo	✓	✓		✓	✓		
Trabalho infantil	✓	✓		✓	✓		

Exceções ao critério da dupla visita (a partir das disposições literais das respectivas previsões legais)						
	Legislação nova	Estabelecimento ou local de trabalho novo	ME ou EPP	Até 10 trabalhadores (exceto ME/EPP)	Doméstico	Atividade de baixo ou médio risco
Falta de registro/anotação em CTPS	✓	✓	✓	✓	✓	✓
Falta de registro de empregado	✓	✓	✓	✓		✓
Fraude			✓	✓	✓	
Resistência ou embaraço			✓	✓	✓	
Reincidência			✓	✓	✓	
Atraso de salário			✓			
Acidente de trabalho fatal, severo ou significativo			✓			
Trabalho escravo			✓			
Trabalho infantil			✓			
Grave e iminente risco à segurança e à saúde do trabalhador			✓			
Descumprimento de embargo ou interdição			✓			

27.7.4.3. Forma de aplicação/aferição da dupla visita

Dispõe o RIT que **a dupla visita será formalizada em notificação**, a qual fixará prazo para a visita seguinte, na forma das instruções expedidas pela autoridade nacional competente em matéria de inspeção do trabalho (art. 23, § 3º).

Relembre-se que a reincidência específica afasta a aplicação do critério da dupla visita, pois, neste caso, o empregador já foi anteriormente orientado e inclusive autuado ante a sua recalcitrância.

Exemplo: o empregador conta com nove empregados e foi notificado a regularizar o pagamento do adicional noturno. Como deixou de fazê-lo, foi autuado. Em inspeção posterior, se o Auditor Fiscal constatar novamente *a mesma infração*, **não** caberá a aplicação do critério da dupla visita, impondo-se a autuação imediata quanto àquele atributo.

27.7.4.4. Efeito jurídico da inobservância ao critério da dupla visita

Embora não exista regra geral estabelecendo o efeito jurídico da inobservância do critério da dupla visita nas hipóteses legalmente previstas, a resposta só pode ser a nulidade do auto de infração, visto que se trata de requisito para a lavratura do documento fiscal naquelas hipóteses especificadas em lei.

Neste sentido, há previsão expressa na Lei Complementar nº 123/2006 (art. 55, § 6º), embora se refira, em princípio, apenas às ME e EPP.

Ainda no mesmo sentido, a jurisprudência. Com efeito, a Justiça do Trabalho tem declarado a nulidade do auto de infração sempre que, não obstante fosse cabível a aplicação do critério da dupla visita, o AFT tenha deixado de observá-lo.

27.7.5. Procedimento especial para a ação fiscal

O procedimento especial para a ação fiscal está previsto no art. 627-A da CLT, nos seguintes termos:

> Art. 627-A. Poderá ser instaurado procedimento especial para a ação fiscal, objetivando a orientação sobre o cumprimento das leis de proteção ao trabalho, bem como a prevenção e o saneamento de infrações à legislação mediante Termo de Compromisso, na forma a ser disciplinada no Regulamento da Inspeção do Trabalho.

No mesmo sentido, dispõe o art. 28, *caput*, do Regulamento da Inspeção do Trabalho, que o procedimento especial para a ação fiscal **poderá ser instaurado pelo Auditor Fiscal do Trabalho** quando concluir pela ocorrência de *motivo grave ou relevante que impossibilite ou dificulte o cumprimento da legislação trabalhista por pessoas ou setor econômico sujeito à inspeção do trabalho*, **com a anuência da chefia imediata**[40].

Conforme o art. 29 do RIT, a chefia de fiscalização poderá, na forma de instruções expedidas pela autoridade nacional competente em matéria de inspeção do trabalho, instaurar o procedimento especial, sempre que identificar a ocorrência de:

I – motivo grave ou relevante que impossibilite ou dificulte o cumprimento da legislação trabalhista pelo tomador ou intermediador de serviços;

II – situação reiteradamente irregular em setor econômico.

O rito do procedimento especial é estabelecido pelos §§ 1º e 2º do art. 28 do RIT, sendo o seguinte: a) o procedimento especial para a ação fiscal iniciará com a notificação, pela chefia da fiscalização, para comparecimento das pessoas sujeitas à inspeção do trabalho, à sede da unidade descentralizada do Ministério do Trabalho e Emprego (§ 1º); b) a notificação deverá explicitar os motivos ensejadores da instauração do procedimento especial (§ 2º).

A instauração do procedimento independe da lavratura prévia do auto de infração (art. 147, § 8º, da Instrução Normativa MTP nº 2/2021), sendo que o procedimento especial para a ação fiscal destinado à prevenção ou saneamento de infrações à legislação poderá resultar na lavratura de **termo de compromisso** que estipule as obrigações assumidas pelo compromissado e os prazos para seu cumprimento. No caso de descumprimento do termo de compromisso, ou da negativa do empregador em firmá-lo, lavram-se os autos de infração respectivos.

Importante ressaltar também que **o procedimento especial não se aplica às situações de grave e iminente risco à saúde ou à integridade física do trabalhador** (art. 28, § 6º, do RIT).

Por fim, durante o prazo fixado no termo, o compromissado poderá ser fiscalizado para verificação de seu cumprimento, sem prejuízo da ação fiscal em atributos não contemplados no referido termo (art. 28, § 4º, do RIT).

---

[40] O procedimento das mesas de entendimento é regulado pela Instrução Normativa MTP nº 2/2021.

Exemplo: firmou-se termo de compromisso no sentido da regularização da cota mínima de aprendizes, fixando-se para cumprimento o prazo de 90 dias. Neste ínterim, caso o Auditor Fiscal verifique atraso quanto ao pagamento de salários, o termo de compromisso e o prazo concedido em nada prejudicam a imediata lavratura do auto de infração relativo ao atraso de salários.

27.7.6. Ações coletivas de prevenção

A MPV nº 905/2019, **não aprovada pelo Congresso Nacional**, criou nova hipótese de ação excepcional da fiscalização no sentido da elaboração de projetos especiais de fiscalização setorial para prevenção de acidentes de trabalho, doenças ocupacionais e irregularidades trabalhistas, mediante a realização de ações coletivas de prevenção e saneamento de irregularidades. Neste sentido, incluiu o art. 627-B da CLT.

Com o encerramento da vigência de tal Medida Provisória, naturalmente o dispositivo deveria desaparecer do mundo jurídico, porém o governo da época optou por reeditar seus termos no art. 19 do Decreto nº 10.854/2021:

Art. 19. O planejamento da inspeção do trabalho contemplará atuação estratégica por meio de ações especiais setoriais para a prevenção de acidentes de trabalho, de doenças relacionadas ao trabalho e de irregularidades trabalhistas, a partir da análise dos dados de acidentalidade e adoecimento ocupacionais e do mercado de trabalho, na forma estabelecida em ato do Ministro de Estado do Trabalho e Previdência.

§ 1º A atuação estratégica por meio das ações especiais setoriais incluirá a realização de ações coletivas para prevenção e saneamento das irregularidades.

§ 2º As ações coletivas para prevenção e saneamento de irregularidades são iniciativas **fora do âmbito das ações de fiscalização**, que permitem o diálogo setorial e interinstitucional, e a construção coletiva de soluções. (grifos meus)

§ 3º São ações coletivas para prevenção, dentre outras:

I – o estabelecimento de parcerias com entidades representativas de trabalhadores e empregadores;

II – o compartilhamento de diagnóstico setorial sobre os índices de informalidade, acidentalidade e adoecimento ocupacionais;

III – a realização de eventos de orientação às representações das partes interessadas;

IV – a elaboração de cartilhas e manuais;

V – a promoção do diálogo social por meio da realização de encontros periódicos para construção coletiva de soluções para a superação dos problemas identificados;

VI – a realização de visita técnica de instrução, no âmbito das competências previstas no inciso II do caput do art. 18 do Regulamento da Inspeção do Trabalho, aprovado pelo Decreto nº 4.552, de 27 de dezembro de 2002, e da Convenção nº 81 da OIT, nos termos do disposto no Decreto nº 10.088, de 5 de novembro de 2019; e

VII – a atuação integrada com outros órgãos da administração pública federal, estadual, distrital e municipal, com vistas ao compartilhamento de informações e à atuação conjunta na construção coletiva de soluções para os problemas concernentes a cada área de atuação.

§ 4º O monitoramento das ações coletivas para prevenção a que se refere o § 3º será realizado na forma estabelecida pelo responsável de cada projeto.

§ 5º A visita técnica de instrução a que se refere o inciso VI do § 3º consiste em atividade excepcional coletiva relacionada ao objeto do projeto ou da ação especial setorial, agendada previamente pela autoridade nacional ou máxima regional em matéria de inspeção do trabalho.

§ 6º **Não caberá lavratura de auto de infração** no âmbito das ações coletivas de prevenção previstas neste artigo. (grifos meus)

Observe-se que a elaboração de tais projetos depende de regulamentação pela Secretaria de Inspeção do Trabalho, órgão singular do Ministério do Trabalho e Emprego.

Embora se possa argumentar que o objetivo da medida estaria ligado à ideia de orientação do empregador, não me parece que exista amparo legal para a criação, por **ato normativo infralegal**, de novas exceções ao disposto no art. 628 da CLT. Tanto é assim que inicialmente o governo tentou aprovar a matéria alterando, por meio da edição da MPV nº 905/2019, o art. 627 da CLT.

27.7.7. Reiterada ação fiscal

- Dispõe o art. 26 do RIT, *in verbis*:

Art. 26. Aqueles que violarem as disposições legais ou regulamentares, objeto da inspeção do trabalho, ou se mostrarem negligentes na sua aplicação, deixando de atender às advertências, notificações ou sanções da autoridade competente, poderão sofrer reiterada ação fiscal.

Parágrafo único. O reiterado descumprimento das disposições legais, comprovado mediante relatório emitido pelo Auditor Fiscal do Trabalho, ensejará por parte da autoridade regional a denúncia do fato, de imediato, ao Ministério Público do Trabalho.

É natural que o empregador negligente, o qual, mesmo sendo fiscalizado, deixa de cumprir a legislação trabalhista, seja fiscalizado de forma reiterada, até que corrija sua conduta, adequando-a à lei. O dispositivo legal em comento tem por objetivo, portanto, esclarecer a legitimidade de tal reiteração, de forma que o empregador recalcitrante não possa arguir perseguição por parte do Estado.

O Auditor Fiscal não pode autuar o empregador duas vezes pela mesma irregularidade (princípio da singularidade ou do *non bis in idem*), mas evidentemente pode (e deve) autuá-lo em inspeções distintas, ou ainda na mesma inspeção, se lavra o auto de infração e novamente constata, em momento posterior, a permanência da infração, ou seja, se a **irregularidade** é **permanente ou continuada**, como, por exemplo, pela manutenção de empregados sem o devido registro.

Neste sentido, o art. 9º da Portaria MTP nº 667/2021:

Art. 9º A constatação de mais de um tipo de irregularidade no curso da ação fiscal acarretará a lavratura de autos de infração distintos.

§ 1º É vedada a lavratura de mais de um auto de infração na mesma ação fiscal, quando se tratar de infração continuada ou permanente ao mesmo tipo legal, salvo em caso de interrupção da continuidade infracional[41].

§ 2º A continuidade infracional será interrompida por meio da formalização de qualquer documento fiscal que demonstre a constatação da infração no curso da ação fiscal.

[...]

Exemplo: ao proceder à verificação física de determinado estabelecimento no dia 13.05.2022, o Auditor Fiscal encontrou sem registro um empregado, lavrando, por conseguinte, o correspondente auto de infração (lembre-se que à infração por falta de

---

[41] A situação vedada pelo § 1º merece um exemplo para melhor compreensão: imagine-se que o empregador atrasou o pagamento do salário do empregado todos os meses, durante quatro meses. Constatada posteriormente a irregularidade pela fiscalização, não caberia a lavratura de um auto de infração para cada mês de atraso, pois se trataria de infração continuada. Todavia, se a cada mês o AFT retornasse à empresa e, constatando a irregularidade, lavrasse o respectivo auto de infração, cada auto lavrado interromperia a continuidade infracional, pelo que não haveria que se falar em nulidade de nenhum dos documentos fiscais.

registro não se aplica o critério da dupla visita). No dia 06.06.2022, o Auditor Fiscal retornou à empresa, e, em nova inspeção física, encontrou o mesmo empregado ainda sem o devido registro. Neste caso, caberia a lavratura de novo auto de infração, tendo em vista que a irregularidade se protraiu no tempo. Ainda que os dois autos de infração tenham sido lavrados na mesma ação fiscal, a lavratura do primeiro documento fiscal promoveu a interrupção da continuidade infracional, nos termos do § 2º do art. 9º da Portaria MTP nº 667/2021.

Além da reiterada ação fiscal, prevê ainda o art. 26 do RIT, em seu parágrafo único, que o reiterado descumprimento das disposições legais, comprovado mediante relatório emitido pelo Auditor Fiscal do Trabalho, ensejará por parte da autoridade regional a denúncia do fato, de imediato, ao Ministério Público do Trabalho. A comunicação ao Ministério Público do Trabalho, no caso, tem em vista a adoção das providências cabíveis, como, por exemplo, o ajuizamento de ação civil pública ante o descumprimento reiterado da legislação trabalhista.

27.7.8. Lavratura do auto de infração

Nos termos do art. 628 da CLT, **excetuadas as hipóteses de aplicação do critério da dupla visita** (art. 627) e **de instauração de procedimento especial para ação fiscal** (art. 627-A), **a toda verificação em que o Auditor Fiscal do Trabalho concluir pela existência de violação de preceito legal deve corresponder, sob pena de responsabilidade administrativa, a lavratura de auto de infração.**

Portanto, lavrar o auto de infração não é opção do Auditor Fiscal, e sim dever. Em outras palavras, *a atividade da fiscalização é vinculada*, não comportando discricionariedade do agente público.

A inobservância de tal preceito sujeita o Auditor Fiscal à responsabilização administrativa por omissão no cumprimento de seu poder-dever. No mesmo sentido o art. 24 do RIT.

O auto de infração trabalhista é regulado pelo art. 629 da CLT, nos seguintes termos:

> Art. 629. O auto de infração será lavrado em duplicata, nos termos dos modelos e instruções expedidos, sendo uma via entregue ao infrator, contra recibo, ou ao mesmo enviada, dentro de 10 (dez) dias da lavratura, sob pena de responsabilidade, em registro postal, com franquia e recibo de volta.
>
> § 1º O auto não terá o seu valor probante condicionado à assinatura do infrator ou de testemunhas, e será lavrado no local da inspeção, salvo havendo motivo justificado que será declarado no próprio auto, quando então deverá ser lavrado no prazo de 24 (vinte e quatro) horas, sob pena de responsabilidade.
>
> (...)

Naturalmente, o art. 629 da CLT deve ser lido, *na prática*[42], à luz da modernização dos procedimentos administrativos, até porque "lavrar em duplicata" em tempos de processo eletrônico não faz nenhum sentido. Nessa linha, a Portaria MTP nº 667/2021, que dispõe sobre processos administrativos trabalhistas de autos de infração e notificações de débito, estabelece o seguinte:

> Art. 3º O auto de infração e a notificação de débito serão lavrados eletronicamente, por meio de sistema próprio da Auditoria Fiscal do Trabalho, conforme modelos e instruções oficiais.

---

[42] Cuidado que, eventualmente, em questões de concurso ou do Exame de Ordem, é claro que poderão aparecer questões cobrando a literalidade do dispositivo legal.

Parágrafo único. Os autos de infração e as notificações de débito que tenham sido lavrados em meio físico, conforme normativos anteriores, permanecem válidos e têm sua tramitação assegurada até a extinção do processo.

Quanto ao *local da inspeção*, no mesmo sentido do art. 629 da CLT dispõe o art. 24, parágrafo único, do RIT. Conforme estabelece o parágrafo único do art. 4º da Portaria MTP nº 667/2021, **considera-se *local da inspeção***:

a) o local de trabalho fiscalizado;

b) as unidades integrantes do Ministério do Trabalho e Emprego;

c) qualquer outro local previamente designado pelo Auditor Fiscal do Trabalho para a exibição de documentos por parte do empregador;

d) qualquer outro local onde os Auditores Fiscais do Trabalho executem atos de inspeção e verifiquem atributos trabalhistas por meio de análise de documentos ou sistemas informatizados, inclusive em trabalho remoto, conforme procedimento de fiscalização previsto em normas expedidas em matéria de inspeção do trabalho.

De qualquer sorte, a validade do auto de infração não depende da assinatura do infrator, podendo ser o auto enviado ao empregador por via postal, com aviso de recebimento. *A lavratura fora do local não tem o condão de invalidar o auto de infração, e sim de sujeitar o AFT à responsabilização administrativa.*

Neste sentido, a jurisprudência predominante no âmbito do Tribunal Superior do Trabalho, ilustrada pelos seguintes julgados recentes:

AGRAVO EM AGRAVO DE INSTRUMENTO EM RECURSO DE REVISTA - REGÊNCIA PELAS LEIS NS. 13.015/2014 E 13.467/2017 - AUTO DE INFRAÇÃO. PRAZO DISPOSTO NO ART. 629, § 1º, DA CLT E LAVRATURA FORA DO ESTABELECIMENTO. PROCEDIMENTO DE FISCALIZAÇÃO MISTA. AUSÊNCIA DE NULIDADE. MULTA DE MORA. **Quando verificada a fiscalização na modalidade mista, na qual à empresa é concedido prazo para apresentação de documentos, entende-se pela possibilidade de que o auto de infração seja lavrado fora do estabelecimento, sem que seja exigido o cumprimento do prazo previsto no art. 629, § 1º, da CLT.** De todo modo, **ainda se tem concluído que a inobservância do referido prazo, mesmo que tivesse sido constatada, não é causa de nulidade do procedimento, mas apenas de apuração da responsabilidade do agente de inspeção.** Agravo a que se nega provimento (TST, Ag-AIRR-10199-09.2019.5.03.0131, 3ª Turma, Rel. Min. Alberto Bastos Balazeiro, DEJT 27.05.2022). (grifos meus)

RECURSO DE REVISTA. PROCESSO SOB A ÉGIDE DAS LEIS Nº 13.015/2014 E 13.467/2017. AUTO DE INFRAÇÃO LAVRADO FORA DO LOCAL DE INSPEÇÃO. ARTIGO 629, § 1º, DA CLT. VALIDADE. **Esta 3ª Turma vem decidindo que a lavratura do auto de infração fora do local da inspeção não é causa de nulidade do referido ato administrativo, uma vez que o art. 629, § 1º, da CLT, apenas determina a responsabilidade do agente da inspeção, quando não cumprido o prazo ali estabelecido, não estipulando, assim, a nulidade do auto de infração.** Neste caso concreto, o TRT não expõe fundamento que autorize concluir pela irregularidade do procedimento fiscalizatório, pois, dada a complexidade da atuação do órgão fiscal, é viável que o mecanismo utilizado se subdivida nas visitas de inspeção e posterior confecção do auto de infração. Ademais, a Recorrente não demonstra, segundo se infere dos dados contidos no acórdão, a viabilidade de as diligências e elaboração do auto se realizarem no mesmo local. Incide, no caso, a Súmula 126/TST. Recurso de revista não conhecido (TST, RR-899-11.2020.5.20.0003, 3ª Turma, Rel. Min. Mauricio Godinho Delgado, *DEJT* 29.04.2022). (grifos meus)

AGRAVO EM AGRAVO DE INSTRUMENTO EM RECURSO DE REVISTA DA RECLAMADA MTE EMPREENDIMENTOS E PARTICIPAÇÕES S.A. ACÓRDÃO REGIONAL PUBLICADO

NA VIGÊNCIA DA LEI Nº 13.467/2017. 1. AUTO DE INFRAÇÃO LAVRADO FORA DO PRAZO LEGAL E DO LOCAL DA INSPEÇÃO. VALIDADE. AUTUAÇÃO FISCAL PELA MODALIDADE MISTA. CONCESSÃO DE PRAZO PARA POSTERIOR APRESENTAÇÃO DE DOCUMENTOS. VALIDADE. DECISÃO MONOCRÁTICA DO RELATOR QUE DENEGA SEGUIMENTO AO AGRAVO DE INSTRUMENTO. NÃO DEMONSTRAÇÃO DO PREEN-CHIMENTO DOS PRESSUPOSTOS DE ADMISSIBILIDADE DO RECURSO DE REVISTA. AUSÊNCIA DE TRANSCENDÊNCIA. CONHECIMENTO E NÃO PROVIMENTO. I. O Tri-bunal Regional decidiu que **a lavratura do auto de infração fora do local da inspeção não é causa de nulidade do referido ato administrativo quando apresenta justo motivo, uma vez que o art. 629, § 1º, da CLT apenas determina a responsabilidade do agente da inspeção, quando não cumprido o prazo ali estabelecido, não estipulando, assim, a nulidade do auto de infração**, sobretudo porque se tratava de procedimento de fiscalização mista em que a lavratura do auto de infração foi precedida da visita ao local de trabalho e da notificação para a apresentação de documentos (art. 30, § 3º, do Decreto 4.552/2002), hipótese que se revela incompatível com a imediata lavratura do auto de infração. II. Nesse sentido vem de-cidindo esta Corte. Julgados. III. Fundamentos da decisão agravada não desconstituídos. IV. Agravo de que se conhece e a que se nega provimento, com aplicação da multa de 2% sobre o valor da causa atualizado, em favor da parte Agravada, com fundamento no art. 1.021, § 4º, do CPC/2015 (TST, Ag-AIRR-10205-74.2019.5.03.0144, 4ª Turma, Rel. Min. Alexandre Luiz Ramos, *DEJT* 08.04.2022). (grifos meus)

Uma vez lavrado o auto de infração, originalmente deveria o documento fiscal ser apresentado ao protocolo da unidade de exercício do AFT para instauração do processo administrativo. Este é o sentido do § 2º do art. 629 da CLT:

(CLT) Art. 629. (...)

§ 2º Lavrado o auto de infração, não poderá ele ser inutilizado, nem sustado o curso do respectivo processo, devendo o agente da inspeção apresentá-lo à autoridade competente, mesmo se incidir em erro.

(...)

Esclareça-se que o dispositivo tinha por objetivo o controle da emissão de autos de infração pela administração, tendo em vista a importância do ato administrativo em questão. Mesmo que o auto de infração tenha sido lavrado com erro, não será nulo, se do processo constar elementos suficientes para a caracterização da falta[43]. Neste sentido, o art. 35, § 5º, da Portaria MTP nº 667/2021.

Atualmente, entretanto, os autos de infração e as notificações de débito são lavrados e autuados eletronicamente, pelo que não existe mais, na prática, a rotina prevista pelo art. 629 da CLT. Neste sentido, o art. 12 da Portaria MTP nº 667/2021:

Art. 12. Na organização e instrução do processo administrativo serão observados os seguintes procedimentos:

I – os autos de infração e as notificações de débito **serão protocolizados automaticamente pelo sistema, no momento de sua lavratura**; (grifos meus)

II – cada auto de infração ou notificação de débito originará um processo administrativo;

III – o número do processo administrativo, atribuído no momento do protocolo, será sempre o mesmo, ainda que remetido a outro órgão ou instância superior;

---

43 Também neste sentido, a jurisprudência do TST, conforme ilustra o ARR-541-13.2014.5.09.0084 (4ª Turma, Rel. Min. Maria de Assis Calsing, j. 17.08.2016, *DEJT* 19.08.2016).

IV – as informações, despachos, termos, pareceres, documentos e demais peças do processo serão dispostos em ordem cronológica da entrada nos autos;

V – a remissão a qualquer documento constante de outro processo em tramitação no âmbito do Ministério do Trabalho e Previdência será feita mediante a indicação do número do processo, do número do documento e da folha em que se encontra, além da transcrição do teor ou juntada da cópia da peça;

VI – nas informações e despachos, deve-se cuidar para que a redação seja clara, concisa, precisa, em vernáculo e isenta de agressão e parcialidade;

VII – a conclusão das informações ou despachos conterá data e assinatura ou chancela eletrônica com o nome do servidor, cargo e função;

VIII – será disponibilizado para consulta eletrônica, em página oficial, o trâmite processual dos autos de infração e notificações de débito[44]; e

IX – os recursos impróprios e outras petições não previstas no rito administrativo, e que visem discutir o mérito da infração após a decisão administrativa definitiva, serão tramitados e arquivados em processos apartados do auto de infração e da notificação de débito.

Parágrafo único. Os atos e termos procedimentais, quando a lei não prescrever forma determinada, conterão somente o indispensável para sua finalidade.

Ainda no tocante ao controle do processamento, dispõe o § 4º do art. 629 que o auto de infração será registrado com a indicação sumária de seus elementos característicos, em livro próprio que deverá existir em cada órgão fiscalizador, de modo a assegurar o controle do seu processamento.

Atualmente, repita-se, o controle do processamento dos autos de infração é feito através da autuação em processo administrativo eletrônico, com numeração padronizada e controle eletrônico de tramitação centralizado na Secretaria de Inspeção do Trabalho, sendo tal controle muito mais eficaz e seguro que o aquele outrora realizado por meio de anotação em livro próprio.

Ao contrário do auto de infração, que, em regra, deve ser lavrado no local da inspeção[45], as notificações de débito e outras decorrentes da ação fiscal poderão ser lavradas, a critério do Auditor Fiscal do Trabalho, no local que oferecer melhores condições (art. 25 do RIT).

A lavratura de autos de infração contra empresas fictícias e de endereços inexistentes, assim como a apresentação de falsos relatórios pelo Auditor Fiscal, constituem falta grave, punível com pena de suspensão de até 30 dias[46] (art. 628, § 4º, CLT).

Por fim, há que se observar que o Decreto nº 10.854/2021 reiterou[47] requisito quanto ao conteúdo (motivação) do auto de infração:

Art. 21. O auto de infração lavrado pelo Auditor-Fiscal do Trabalho deverá indicar expressamente os dispositivos legais e infralegais ou as cláusulas de instrumentos coletivos que houverem sido infringidos.

---

[44] Disponível em: https://eprocesso.sit.trabalho.gov.br/. Acesso em: 17.05.2023.

[45] Reitere-se o conceito amplo de local da inspeção dado pelo supramencionado art. 4º, parágrafo único, da Portaria MTP nº 667/2021.

[46] Apenas a título informativo, mencione-se que há tese doutrinária no sentido de que tal previsão de punição teria sido tacitamente revogada pela Lei nº 8.112/1990, a qual dispõe especificamente sobre as penalidades a que se sujeita o servidor público federal. De toda forma, tal discussão não cabe nos limites desta obra.

[47] Todas as Portarias que tratam da tramitação e lavratura de autos de infração (atualmente, a Portaria MTP nº 667/2021; anteriormente, Portaria MTE nº 854/2015 e Portaria MTE nº 148/1996) estabeleceram como requisito mínimo do auto de infração, dentre outros, a capitulação, mediante citação expressa do dispositivo legal infringido, bem como a narração clara e precisa do fato caracterizado como infração. Tais informações são elementares na motivação do documento fiscal, pelo que não é novidade o requisito estabelecido pelo Decreto 10.854/2021.

Parágrafo único. Serão nulos os autos de infração ou as decisões de autoridades que não observarem o disposto neste artigo, independentemente da natureza principal ou acessória da obrigação.

27.7.9. Domicílio Eletrônico Trabalhista

Na esteira do processo de informatização do serviço público, a Lei nº 14.261/2021, ao acrescentar à CLT o art. 628-A, instituiu o *domicílio eletrônico trabalhista*, o qual será regulamentado pelo Ministério do Trabalho e Emprego.

Basicamente, o domicílio eletrônico propiciará a comunicação entre a fiscalização do trabalho e os empregadores de forma totalmente eletrônica, o que ensejará a economia de recursos materiais e humanos e a efetiva modernização das rotinas trabalhistas. Com efeito, atualmente ainda se gasta muito tempo (tanto em termos de duração do processo administrativo quanto de dispêndio dos escassos recursos humanos) e recursos financeiros públicos com o envio, por via postal, de correspondências aos administrados, não raro sendo necessárias várias tentativas de notificação postal, ante a frequente alteração de endereço físico (sem a respectiva comunicação aos órgãos de controle) pelas empresas em geral.

Essa dificuldade tende a ser substancialmente minimizada a partir da efetiva implementação do quanto previsto no art. 628-A da CLT, incluído pela Lei nº 14.261/2021, *in verbis*:

> Art. 628-A. Fica instituído o Domicílio Eletrônico Trabalhista, regulamentado pelo Ministério do Trabalho e Previdência, destinado a:
>
> I – cientificar o empregador de quaisquer atos administrativos, ações fiscais, intimações e avisos em geral; e
>
> II – receber, por parte do empregador, documentação eletrônica exigida no curso das ações fiscais ou apresentação de defesa e recurso no âmbito de processos administrativos.
>
> § 1º As comunicações eletrônicas realizadas pelo Domicílio Eletrônico Trabalhista dispensam a sua publicação no Diário Oficial da União e o envio por via postal e são consideradas pessoais para todos os efeitos legais.
>
> § 2º A ciência por meio do sistema de comunicação eletrônica, com utilização de certificação digital ou de código de acesso, possuirá os requisitos de validade.

Até o fechamento desta edição o Domicílio Eletrônico Trabalhista ainda não havia sido efetivamente implantado, embora já estivesse em produção no âmbito do *Ministério do Trabalho e Emprego*. Em breve será dado, portanto, esse grande passo em direção à modernização das rotinas trabalhistas e à economia de recursos.

27.7.10. Livro de Inspeção do Trabalho

Dispõe o art. 628 da CLT:

> Art. 628. (...)
>
> § 1º Ficam as empresas obrigadas a possuir o livro intitulado "Inspeção do Trabalho", cujo modelo será aprovado por portaria Ministerial.
>
> § 2º Nesse livro, registrará o agente da inspeção sua visita ao estabelecimento, declarando a data e a hora do início e término da mesma, bem como o resultado da inspeção, nele consignando, se for o caso, todas as irregularidades verificadas e as exigências feitas, com os respectivos prazos para seu atendimento, e, ainda, de modo legível, os elementos de sua identificação funcional.

§ 3º Comprovada má-fé do agente da inspeção, quanto à omissão ou lançamento de qualquer elemento no livro, responderá ele por falta grave no cumprimento do dever, ficando passível, desde logo, da pena de suspensão até 30 (trinta) dias, instaurando-se, obrigatoriamente, em caso de reincidência, inquérito administrativo.

(...)

As empresas são obrigadas a possuir e manter no local de trabalho o Livro de Inspeção do Trabalho – LIT, destinado às anotações relativas à ação fiscal (data de início, data de término, prazos concedidos, irregularidades encontradas, autos de infração lavrados, orientações etc.). Na verdade, o Livro de Inspeção serve como histórico de fiscalizações anteriores, para que o Auditor Fiscal do Trabalho encarregado da próxima fiscalização possa, de imediato, conhecer o passado do empregador, o que é importante, por exemplo, para aplicação do critério da dupla visita.

As microempresas e as empresas de pequeno porte são dispensadas de possuir o Livro de Inspeção do Trabalho (art. 51, IV, da Lei Complementar nº 123/2006). Portanto, menos de 10% das empresas são realmente obrigadas a manter o Livro de Inspeção, razão pela qual sua importância é relativizada. Em virtude de tal fato, a fiscalização conta, há muitos anos, com ferramenta muito mais adequada, consistente no registro eletrônico, no Sistema Federal de Inspeção do Trabalho – SFIT, de todas as ações fiscais realizadas.

Neste sistema, o Auditor Fiscal preenche um relatório eletrônico padronizado informando os atributos verificados, o resultado da fiscalização, os autos de infração lavrados, bem como outras informações complementares que julgar necessárias, como, por exemplo, a orientação do empregador sujeito ao critério da dupla visita. Todos estes relatórios são mantidos em banco de dados nacional, disponível para consulta a todos os Auditores Fiscais do Trabalho, razão pela qual o sistema substitui com vantagens o Livro de Inspeção do Trabalho.

Apesar de já existir esse sistema, que substituiu, na prática, o Livro de Inspeção do Trabalho, **o Decreto nº 10.854/2021 instituiu o Livro de Inspeção do Trabalho Eletrônico (eLIT)**, o qual tem como proposta funcionar como instrumento oficial de comunicação entre a inspeção do trabalho e os empregadores. Até o fechamento dessa edição o eLIT ainda não havia sido efetivamente implementado pelo Ministério do Trabalho e Emprego, pelo que o estudo possível se limita ao quanto previsto nos arts. 11-15 do Decreto nº 10.854/2021:

Art. 11. O Livro de Inspeção do Trabalho, nos termos do disposto no § 1º do art. 628 da Consolidação das Leis do Trabalho, aprovada pelo Decreto-Lei nº 5.452, de 1943, será disponibilizado em meio eletrônico pelo Ministério do Trabalho e Previdência, a todas as empresas que tenham ou não empregados, sem ônus, e será denominado eLIT.

§ 1º O eLIT aplica-se, também, aos profissionais liberais, às instituições beneficentes, às associações recreativas ou a outras instituições sem fins lucrativos que admitirem trabalhadores como empregados.

§ 2º As microempresas e as empresas de pequeno porte, nos termos do disposto na Lei Complementar nº 123, de 14 de dezembro de 2006, poderão aderir ao eLIT por meio de cadastro, hipótese em que obedecerão ao disposto neste Capítulo.

Art. 12. O eLIT é instrumento oficial de comunicação entre a empresa e a inspeção do trabalho, em substituição ao Livro impresso.

Parágrafo único. **Ato do Ministro de Estado do Trabalho e Previdência estabelecerá a data a partir da qual o uso do eLIT se tornará obrigatório.** (grifos meus)

Art. 13. São princípios do eLIT:

I – presunção de boa-fé;

II – racionalização e simplificação do cumprimento das obrigações trabalhistas e das obrigações não tributárias impostas pela legislação previdenciária;

III – eliminação de formalidades e exigências desnecessárias ou superpostas;

IV – padronização de procedimentos e transparência; e

V – conformidade com a legislação trabalhista e previdenciária, inclusive quanto às normas de segurança e saúde do trabalhador.

Art. 14. O eLIT destina-se, dentre outros, a:

I – disponibilizar consulta à legislação trabalhista;

II – disponibilizar às empresas ferramentas gratuitas e interativas de avaliação de riscos em matéria de segurança e saúde no trabalho;

III – simplificar os procedimentos de pagamento de multas administrativas e obrigações trabalhistas;

IV – possibilitar a consulta de informações relativas às fiscalizações registradas no eLIT e ao trâmite de processo administrativo trabalhista em que o consulente figure como parte interessada;

V – registrar os atos de fiscalização e o lançamento de seus resultados;

VI – cientificar a empresa quanto à prática de atos administrativos, medidas de fiscalização e avisos em geral;

VII – assinalar prazos para o atendimento de exigências realizadas em procedimentos administrativos ou em medidas de fiscalização;

VIII – viabilizar o envio de documentação eletrônica e em formato digital exigida em razão da instauração de procedimento administrativo ou de medida de fiscalização;

IX – cientificar a empresa quanto a atos praticados e decisões proferidas no contencioso administrativo trabalhista e permitir, em integração com os sistemas de processo eletrônico, a apresentação de defesa e recurso no âmbito desses processos; e

X – viabilizar, sem ônus, o uso de ferramentas destinadas ao cumprimento de obrigações trabalhistas e à emissão de certidões relacionadas à legislação do trabalho.

Art. 15. As comunicações eletrônicas realizadas por meio do eLIT, com prova de recebimento, são consideradas pessoais para todos os efeitos legais.

27.7.11. Programa Governo Mais Legal – Trabalhista

Seguindo a proposta de desburocratização das relações de trabalho, o **Decreto nº 11.205/2022 instituiu** o **Programa de Estímulo à Conformidade Normativa Trabalhista – Governo Mais Legal – Trabalhista** no âmbito do Ministério do Trabalho e Previdência, atual Ministério do Trabalho e Emprego, com o objetivo de *estimular cultura de confiança recíproca entre o Poder Executivo federal e os empregadores*. São princípios do referido Programa a boa-fé, publicidade e transparência na relação entre o Estado e o administrado, a segurança jurídica, a eficiência e a livre concorrência.

Dispõe o art. 3º que são objetivos gerais do *Governo Mais Legal – Trabalhista*:

- incentivar a observância às normas de proteção ao trabalho;
- reduzir os custos de conformidade para os empregadores;
- estimular a conduta empresarial responsável e o trabalho decente;

- melhorar o ambiente de negócios e o aumento da competitividade;
- disponibilizar informação de modo isonômico para o administrado;
- modernizar as ferramentas para atuação da Inspeção do Trabalho.

A implementação do Programa se dará, na forma do art. 5º, por meio dos seguintes instrumentos:

- disponibilização de serviços personalizados e preditivos de indícios de irregularidades e de riscos trabalhistas com utilização de tecnologias emergentes;
- acesso eletrônico a registros trabalhistas individualizados;
- disponibilização de sistema para elaboração de autodiagnóstico da conformidade trabalhista pelo empregador;
- consulta facilitada à legislação trabalhista;
- ações coletivas de prevenção, conforme previsto no Decreto nº 10.854/2021;
- simplificação das normas de fiscalização do trabalho, conforme previsto no Programa Permanente de Consolidação, Simplificação e Desburocratização de Normas Trabalhistas Infralegais, instituído pelo Decreto nº 10.854/2021;
- o aperfeiçoamento e do fortalecimento institucional contínuo do Sistema Federal de Inspeção do Trabalho; e
- da execução de ações de comunicação social para estimular a participação dos administrados no Governo Mais Legal - Trabalhista.

Por fim, o art. 8º esclarece que a implementação do *Governo Mais Legal – Trabalhista* ocorrerá sem prejuízo do disposto na Consolidação das Leis do Trabalho (o que é óbvio) e no Regulamento da Inspeção do Trabalho, aprovado pelo Decreto nº 4.552/2002. Logo, as medidas mencionadas em nada poderão prejudicar a atividade de inspeção do trabalho.

Cabe mencionar que já se encontram em fase de implementação vários instrumentos cuja essência está relacionada aos objetivos do referido Programa, como o Livro de Inspeção do Trabalho Eletrônico (eLIT), o *FGTS Digital*, o *Domicílio Eletrônico Trabalhista* e ferramenta de autodiagnóstico da conformidade trabalhista do empregador. Por sua vez, já se encontram implementadas outras medidas igualmente alinhadas aos objetivos do Programa, como o Marco Regulatório Infralegal Trabalhista e o Sistema Eletrônico de Processo Administrativo Trabalhista.

Espera-se que o aperfeiçoamento e o fortalecimento institucional contínuo do Sistema Federal de Inspeção do Trabalho (art. 5º, VII, do Decreto nº 11.205/2022) passe pelo fortalecimento da inspeção do trabalho, principalmente por meio da melhoria das condições de trabalho e pela realização de concursos periódicos para recomposição do quadro de Auditores Fiscais do Trabalho.

27.8. PROCESSO DE MULTAS ADMINISTRATIVAS

Como mencionado, a lavratura do auto de infração constitui dever do Auditor Fiscal, sempre que conclua pela existência de violação a preceito legal, salvo nos casos de dupla visita ou instauração de procedimento especial para ação fiscal.

Não se confunde, entretanto, **a lavratura do auto de infração com o ato de imposição de multa**. Com efeito, enquanto a lavratura do auto de infração incumbe ao Auditor Fiscal, *a imposição das multas administrativas cabe à autoridade regional competente em matéria de trabalho*, nos termos do art. 634, *caput*, da CLT.

A *autoridade regional* competente para tal ato, no caso, é o Chefe da unidade de multas e recursos, conforme prevê o art. 17, I, da Portaria MTP nº 667/2021. O § 2º do referido art. 17 faculta, entretanto, a delegação de tal competência, nos termos do art. 14 da Lei nº 9.784/1999, a fim de que as chefias de fiscalização ou de inspeção do trabalho das unidades regionais descentralizadas da inspeção do trabalho possam julgar os autos de infração **em primeira instância**.

27.8.1. Defesa escrita

A Constituição assegura ao cidadão o direito à ampla defesa e ao contraditório, inclusive no âmbito administrativo (art. 5º, LV, CRFB/88).

Neste sentido, dispõe o § 3º do art. 629 da CLT que **o infrator terá, para apresentar defesa, o prazo de 10 (dez) dias contados do recebimento do auto**.

Desse modo, o empregador autuado tem dez dias, contados a partir do primeiro dia útil seguinte ao do recebimento do auto de infração[48] (seja mediante assinatura no próprio termo de ciência do auto[49], seja pela data atestada pelos Correios), para apresentar defesa por escrito, se quiser.

Consoante dispunha o art. 633 da CLT, o prazo para defesa podia ser prorrogado, a critério da autoridade competente, e por despacho expresso, quando o autuado residisse em localidade diversa daquela onde se achasse a autoridade. Esta hipótese excepcional de prorrogação do prazo para defesa ou recurso administrativo (art. 636) se justificava na época da promulgação da CLT, em que havia inegável precariedade dos meios de transporte e de comunicação. Hoje, entretanto, não mais se justifica, tendo em vista que tanto a defesa como o recurso podem ser enviados à unidade descentralizada do Ministério do Trabalho e Emprego por via postal, valendo, para fins da contagem do prazo, a data da postagem.

Justamente em razão da ineficácia social da regra do **art. 633 da CLT**, tal dispositivo **foi recentemente revogado pela Lei nº 13.874/2019**. Portanto, **não existe mais a possibilidade legal de prorrogação do prazo para apresentação de defesa escrita ou de recurso administrativo**.

Ainda em sede da defesa escrita, **pode o autuado apresentar documentos e requerer a produção de provas que lhe pareçam necessárias à elucidação do processo**. Entretanto, se o requerimento tem intenção flagrantemente procrastinatória do feito, a fim de retardar a imposição da multa, **pode ser denegado, a critério da autoridade competente**. A autoridade, no caso, é a mesma competente para julgar a procedência ou não do auto de infração, isto é, o Chefe do Núcleo de Multas e Recursos, ou alguém por ele delegado.

Este é o sentido do art. 632 da CLT:

> Art. 632. Poderá o autuado requerer a audiência de testemunhas e as diligências que lhe parecerem necessárias à elucidação do processo, cabendo, porém, à autoridade, julgar da necessidade de tais provas.

---

[48] [Portaria MTP nº 667/2021] Art. 22. Os prazos começarão a correr a partir da data da cientificação oficial, excluindo-se da contagem o dia do começo e incluindo-se o do vencimento.
§ 1º Será prorrogado para o primeiro dia útil seguinte o prazo iniciado ou findo em dia em que não houver expediente ou de expediente reduzido.
§ 2º Os prazos expressos em dias contam-se de modo contínuo.
Art. 23. Salvo motivo de força maior devidamente comprovado, os prazos processuais não se suspendem.

[49] No processo eletrônico, não existe propriamente o recebimento do auto, por óbvio, pois o documento é eletrônico. Desse modo, sendo a "entrega" do auto de infração pessoal, o AFT entrega ao autuado um termo de ciência acerca da lavratura de referido documento, o qual conterá instruções para acesso ao inteiro teor do auto de infração no *site* do processo eletrônico. Da mesma forma, quando a notificação se dá por via postal é enviado ao empregador, pelo correio, o termo de ciência, e não o auto, em si.

Neste mesmo sentido, a Portaria MTP nº 667/2021:

Art. 27. A defesa observará os requisitos formais de tempestividade, legitimidade e representação, e mencionará:

[...]

V – as provas específicas que o interessado pretende que sejam produzidas, não sendo cabível o protesto genérico de provas, sob pena de preclusão;

[...]

Art. 31. Serão indeferidas, mediante decisão fundamentada, as provas propostas pelos interessados quando sejam ilícitas, impertinentes, desnecessárias ou protelatórias.

27.8.2.   Imposição de multa

Lavrado o auto de infração, abre-se para o autuado o **prazo de dez dias** para, se quiser, apresentar defesa escrita, como mencionado no tópico anterior.

Apresentada ou não a defesa, o processo administrativo é encaminhado a um Auditor Fiscal analista de processos (naturalmente, diferente daquele que lavrou o auto de infração).

Caso não tenha sido apresentada a defesa, o analista se aterá aos aspectos formais do auto de infração, e opinará pela procedência, sempre que verificada a regularidade formal.

Se o empregador tiver apresentado a defesa, por sua vez, o analista confrontará o auto de infração e os argumentos do autuado, opinando de forma fundamentada pela procedência (total ou parcial) ou pela improcedência do auto de infração.

A partir daí, a autoridade regional (normalmente, o Chefe do Núcleo de Multas e Recursos, mas admitida a delegação, como visto anteriormente), acolhendo (ou não) o parecer do analista, julga o auto de infração procedente ou não.

Com efeito, a competência para imposição de aplicação de multas é dada pelo *caput* do art. 634 da CLT:

Art. 634. Na falta de disposição especial, a imposição das multas incumbe às autoridades regionais competentes em matéria de trabalho[50], na forma estabelecida por este Título.

Reitere-se que, conforme art. 17, I, da Portaria MTP nº 667/2021, a competência para julgamento dos processos administrativos de autos de infração e notificação de débito em primeira instância é do **chefe da unidade regional de multas e recursos**, considerado a autoridade regional competente para imposição de multa (§ 1º).

Procedente o auto de infração, **é imposta a multa**, sendo o infrator notificado por via postal (por enquanto; brevemente a notificação será efetuada por meio eletrônico, no domicílio eletrônico trabalhista do autuado), com instruções para pagamento ou, alternativamente, para recurso à segunda instância administrativa, nos termos dos arts. 635 e seguintes da CLT.

Destarte, a imposição de multa abre ao infrator duas possibilidades:

- recolher o valor da multa, com redução de 50%, no prazo de dez dias (art. 636, § 6º, da CLT);

---

50 Observe-se que, ao menos na divisão administrativa atual, os Superintendentes Regionais do Trabalho e os Gerentes Regionais do Trabalho não possuem qualquer competência em matéria de inspeção do trabalho, porquanto não fazem parte do Sistema Federal de Inspeção do Trabalho. Suas atribuições estão relacionadas à direção regional e local, respectivamente, sob o aspecto administrativo das unidades.

- recorrer administrativamente da decisão, também no prazo de dez dias (art. 636, *caput*, CLT).

Se optar por recolher o valor da multa com redução de 50%, cabe ao autuado apresentar o comprovante de recolhimento na unidade descentralizada do MTE, para baixa (art. 636, § 5º, CLT).

Observe-se que a notificação somente poderá ser realizada por meio de edital, publicado no órgão oficial, quando o infrator estiver em local incerto e não sabido (art. 636, § 2º, CLT). Destarte, a regra é o envio da notificação ao autuado por via postal e, futuramente, por via eletrônica.

Caso seja o auto de infração julgado improcedente, total ou parcialmente, impõe-se o **recurso de ofício** à instância superior, ou seja, o processo deve ser remetido automaticamente à Coordenação-Geral de Recursos da Secretaria de Inspeção do Trabalho[51] para o reexame necessário da decisão de primeira instância.

Por fim, prevê o parágrafo único do art. 634 que a punição administrativa não se comunica com a instância penal, ou seja, trata-se de instâncias independentes, podendo o empregador ser condenado tanto administrativamente como criminalmente pela mesma conduta, desde que esta configure, a um só tempo, infração administrativa e penal.

27.8.3. Recurso administrativo

De toda decisão que impuser multa por infração das leis e disposições reguladoras do trabalho, e não havendo forma especial de processo, caberá *recurso* para a Coordenação-Geral de Recursos da Secretaria de Inspeção do Trabalho, que é, atualmente, o setor competente na matéria[52] (art. 635, CLT).

As decisões devem ser sempre fundamentadas (art. 635, parágrafo único, CLT).

Consoante dispõe o *caput* do art. 636 da CLT, **o prazo para interposição do recurso administrativo é de dez dias**, contados do recebimento da notificação da imposição de multa, e o recurso deve ser interposto perante a autoridade que houver imposto a multa. Esta, por sua vez, verificando a presença dos requisitos de admissibilidade recursal (basicamente tempestividade, legitimidade e representação), encaminhará o processo à autoridade de instância superior (Coordenação-Geral de Recursos/SIT)[53].

Repita-se que não mais existe a possibilidade de prorrogação do prazo para apresentação do recurso administrativo, tendo em vista que o art. 633 da CLT foi revogado pela Lei nº 13.874/2019.

Quanto aos efeitos do recurso, aplica-se o disposto no art. 61 da Lei nº 9.784/1999, segundo o qual "salvo disposição legal em contrário, o recurso não tem efeito suspensivo". Como a legislação trabalhista não prevê o efeito suspensivo, o recurso administrativo trabalhista não tem tal efeito.

Questão superada diz respeito ao **depósito administrativo** exigido pelo § 1º do art. 636 da CLT como condição para o seguimento do recurso administrativo.

O supramencionado § 1º provocou, durante anos, intensa discussão, sob o argumento de que não teria sido recepcionado pela Constituição de 1988, por afrontar a garantia constitucional da ampla defesa, com os meios e recursos a ela inerentes. O próprio STF, por várias vezes, julgou constitucional o dispositivo.

---

51 A Coordenação-Geral de Recursos está atualmente inserida na estrutura da Secretaria de Inspeção do Trabalho.
52 Conforme art. 17, II, da Portaria MTP nº 667/2021.
53 Neste sentido, os arts. 40-42 da Portaria MTP nº 667/2021.

Entretanto, o STF editou a Súmula Vinculante 21, segundo a qual **é inconstitucional a exigência de depósito ou arrolamento prévio de dinheiro ou bens para admissibilidade de recurso administrativo**, trazendo a questão novamente à ordem do dia. A solução definitiva, ao menos na seara trabalhista, veio com a edição da Súmula 424 do TST, em novembro de 2009:

> Súm. 424. Recurso administrativo. Pressuposto de admissibilidade. Depósito prévio da multa administrativa. Não recepção pela Constituição Federal do § 1º do art. 636 da CLT. Res. 160/2009, *DJe* divulgado em 23, 24 e 25.11.2009.
>
> O § 1º do art. 636 da CLT, que estabelece a exigência de prova do depósito prévio do valor da multa cominada em razão de autuação administrativa como pressuposto de admissibilidade de recurso administrativo, não foi recepcionado pela Constituição Federal de 1988, ante a sua incompatibilidade com o inciso LV do art. 5º.

Subsiste ainda, nos termos do art. 638 da CLT, a possibilidade de **avocação** do processo pelo Ministro do Trabalho. Este dispositivo estabelece uma possibilidade anômala de intervenção do Ministro do Trabalho e Emprego no processo administrativo referente a autos de infração. Com efeito, permite que o Ministro do Trabalho e Emprego traga para si (este é o sentido do termo *avocar*[54]) o julgamento da decisão, ou seja, atropele o procedimento padrão de julgamento pelas instâncias administrativas estabelecidas. Na prática, felizmente, não vem sendo utilizada tal prerrogativa.

27.8.4. Depósito, inscrição e cobrança

Dispõe o art. 639 da CLT que, não sendo provido o recurso, o depósito se converteria em pagamento.

A hipótese é a do art. 636, § 1º, que prevê o depósito prévio do valor da multa como condição para apreciação do recurso administrativo, sendo que, julgado improcedente o recurso, o depósito era utilizado como (convertido em) pagamento da multa devida. Se procedente o recurso, o depósito era levantado pelo autuado, naturalmente. Porém, o entendimento consolidado na Súmula 424 do TST é no sentido da revogação (não recepção) da exigência do depósito prévio, linha de raciocínio pela qual o art. 639 também deixa de fazer qualquer sentido.

A partir do momento em que a imposição da multa se tornou definitiva (seja pela improcedência do recurso administrativo, seja pela inércia do infrator em recorrer ou em recolher o valor notificado), cabe ao Estado proceder à cobrança do débito. Esta cobrança é feita normalmente via judicial, com a inscrição do débito em dívida ativa e posterior execução judicial. Não obstante, nada impede que a Administração tente, uma vez mais, a cobrança extrajudicial (art. 640, CLT), como medida de economia de tempo e de recursos, dado o alto custo da cobrança executiva.

Restando infrutífera eventual tentativa de cobrança amigável, cabe à União proceder à inscrição do débito em dívida ativa, para posterior cobrança judicial. A certidão de inscrição em dívida ativa, no caso, vale como título executivo extrajudicial (art. 641, CLT).

Por fim, a execução judicial para efetivação da cobrança segue o rito da Lei de Execução Fiscal (Lei nº 6.830/1980) e, subsidiariamente, o Código de Processo Civil[55]. A competência é da Justiça do Trabalho (art. 114, VII, CRFB/88) e a cobrança fica a cargo da Procuradoria da Fazenda Nacional.

---

[54] *Dicionário Houaiss eletrônico da língua portuguesa*. Versão 1.0. Rio de Janeiro: Objetiva 2009.

[55] GARCIA, Gustavo Filipe Barbosa. *Curso de Direito do Trabalho*. 4. ed. Rio de Janeiro: Forense, 2010. p. 1.087.

27.9. COMBATE AO TRABALHO INFANTIL E ÀS CONDIÇÕES ANÁLOGAS ÀS DE ESCRAVO[56]

Considerando que este tema é específico para a preparação visando ao concurso de AFT, sugiro o estudo detalhado das seguintes fontes:
- Instrução Normativa MTP nº 2/2021 (*DOU* 12.11.2021), arts. 18-60.
- Portaria MTP nº 671/2021 (*DOU* 11.11.2021), art. 207-225

27.9.1. Combate ao trabalho infantil

Indiscutivelmente o combate ao trabalho infantil é uma das mais nobres missões institucionais da Auditoria Fiscal do Trabalho. Com efeito, hoje se tem a noção clara, ao menos entre boa parte dos operadores do direito, de que a criança e o adolescente não devem ser inseridos precocemente no mercado de trabalho, a fim de ter assegurado seu perfeito desenvolvimento físico, mental e psicológico.

A compreensão da dinâmica das ações de combate ao trabalho infantil pela fiscalização do trabalho não apresenta maiores dificuldades àqueles que se preparam para concursos públicos, ao passo que tais ações consistem basicamente na verificação, *in loco*, do trabalho infantil proibido, bem como do trabalho proibido aos menores de 18 anos (noturno, perigoso, insalubre etc.), com a consequente determinação de afastamento do menor diante das irregularidades eventualmente encontradas e pagamento das parcelas trabalhistas devidas.

Tendo em vista que os principais aspectos relativos ao trabalho do menor foram estudados no Capítulo 25, a ele remeto o leitor, a fim de evitar repetição inútil.

Apenas sob o ponto de vista do procedimento da fiscalização, é conveniente conhecer os termos da Instrução Normativa MTP nº 2/2021 (*DOU* 12.11.2021), dos quais destaco o seguinte:

- Das ações fiscais empreendidas pelas Superintendências Regionais do Trabalho – SRTb devem ter prioridade absoluta para atendimento aquelas relacionadas ao trabalho infantil e proteção ao adolescente trabalhador.

- O projeto de combate ao trabalho infantil de cada SRTb deve contemplar a promoção de articulação e integração com os órgãos e entidades que compõem a rede de proteção a crianças e adolescentes, no âmbito de cada unidade da Federação, visando à elaboração de diagnósticos e à eleição de prioridades que irão compor o planejamento anual, com a indicação de setores de atividade econômica a serem fiscalizados.

No tocante às providências que deve adotar o Auditor Fiscal do Trabalho, dispõe o art. 53 da IN MTP nº 2/2021, *in verbis*:

Art. 53. No curso da ação fiscal, o Auditor-Fiscal do Trabalho deve, sem prejuízo da lavratura dos autos de infração cabíveis e demais encaminhamentos previstos nesta Instrução Normativa:

I – preencher a Ficha de Verificação Física para cada criança ou adolescente encontrado em situação irregular de trabalho, independentemente da natureza da relação laboral, previsto no Anexo III;

---

[56] Este tópico visa especificamente à preparação dos candidatos ao cargo de Auditor Fiscal do Trabalho, tendo em vista que foi incluído pelo Cespe no conteúdo programático do concurso de 2013.

II – determinar, quando for possível, a mudança de função dos adolescentes maiores de dezesseis anos em situação de trabalho, por meio do Termo de Mudança de Função constante do Anexo IV, nos termos do art. 407 da Consolidação das Leis do Trabalho, aprovada pelo Decreto-Lei nº 5.452, de 1943;

III – notificar o responsável pela empresa ou local de trabalho onde a situação irregular de trabalho infantil foi encontrada, para que afaste de imediato do trabalho as crianças e os adolescentes da atividade proibida, por meio do Termo de Afastamento do Trabalho, previsto no Anexo V;

IV – notificar o responsável pela empresa ou local de trabalho onde a situação irregular de trabalho infantil foi encontrada, para efetuar o pagamento das verbas trabalhistas decorrentes do tempo de serviço laborado à criança ou ao adolescente afastado do trabalho, conforme previsto no art. 55 e art. 56.

Parágrafo único. Caso o responsável pelo estabelecimento ou local de trabalho não atenda à determinação do Auditor-Fiscal do Trabalho de mudança de função do adolescente ou não seja possível a adequação da função, fica configurada a rescisão indireta do contrato de trabalho, nos termos do art. 407 da Consolidação das Leis do Trabalho, aprovada pelo Decreto-Lei nº 5.452, de 1943.

Ao constatar o trabalho de crianças ou adolescentes menores de 16 anos que não estejam na condição de aprendiz, o AFT deve, sem prejuízo da lavratura do auto de infração, determinar o pagamento das seguintes verbas rescisórias: a) saldo de salário; b) férias proporcionais e vencidas, acrescidas do terço constitucional, conforme o caso; c) décimo terceiro salário proporcional ou integral, conforme o caso; e d) aviso-prévio indenizado.

No caso, não se exige o registro, ao passo que ele é proibido em se tratando de menor de 16 anos, salvo na condição de aprendiz. Para propiciar a comprovação do trabalho da criança ou do adolescente menor de 16 anos na via judicial, o Auditor Fiscal do Trabalho deve lavrar o Termo de Constatação de Tempo de Serviço, que deve ser entregue ao responsável legal pela criança ou adolescente, descabendo exigência de anotações na CTPS.

Por sua vez, a constatação do trabalho de adolescentes com idade superior a 16 anos em situações legalmente proibidas, frustrada a mudança de função, configura rescisão indireta do contrato de trabalho, nos termos do art. 407 da CLT, pelo que são devidos os mesmos direitos trabalhistas assegurados a qualquer empregado com mais de 18 anos.

No caso, o agente de inspeção deve determinar ao responsável pela empresa ou local de trabalho a anotação do contrato na CTPS do adolescente maior de 16 anos, ainda que o trabalho seja proibido, devendo ser consignada a função efetivamente desempenhada.

Por fim, a rede de proteção à criança e ao adolescente deve ser comunicada, com o que se exaure a atuação administrativa da fiscalização do trabalho.

27.9.2. Combate ao trabalho em condições análogas às de escravo

Infelizmente ainda vivenciamos, em nossos dias, a exploração do trabalho humano mediante a submissão de trabalhadores a condições análogas à de escravo.

O art. 149 do Código Penal Brasileiro, com a redação dada pela Lei nº 10.803/2003, ampliou as hipóteses de caracterização de tal figura jurídica, nos seguintes termos:

Art. 149. Reduzir alguém a condição análoga à de escravo, quer submetendo-o a trabalhos forçados ou a jornada exaustiva, quer sujeitando-o a condições degradantes de trabalho, quer restringindo, por qualquer meio, sua locomoção em razão de dívida contraída com o empregador ou preposto:

Pena – reclusão, de dois a oito anos, e multa, além da pena correspondente à violência.

§ 1º Nas mesmas penas incorre quem:

I – cerceia o uso de qualquer meio de transporte por parte do trabalhador, com o fim de retê-lo no local de trabalho;

II – mantém vigilância ostensiva no local de trabalho ou se apodera de documentos ou objetos pessoais do trabalhador, com o fim de retê-lo no local de trabalho.

Com base na tipificação penal, estabeleceu-se a caracterização administrativa da figura da redução do trabalhador a condições análogas à de escravo, nos termos do art. 6º da Instrução Normativa MTP nº 2/2021[57]:

Art. 23. Considera-se em condição análoga à de escravo o trabalhador submetido, de forma isolada ou conjuntamente, a:

I – Trabalho forçado;

II – Jornada exaustiva;

III – Condição degradante de trabalho;

IV – Restrição, por qualquer meio, de locomoção em razão de dívida contraída com empregador ou preposto, no momento da contratação ou no curso do contrato de trabalho;

V – Retenção no local de trabalho em razão de:

a) cerceamento do uso de qualquer meio de transporte;

b) manutenção de vigilância ostensiva; ou

c) apoderamento de documentos ou objetos pessoais.

Observe-se que o *caput* do art. 23 da IN MTP nº 2/2021 esclarece que se considera trabalho realizado em condição análoga à de escravo o que resulte das situações mencionadas, **quer em conjunto, quer isoladamente**.

Não obstante, infelizmente ainda é comum a resistência, mesmo no âmbito da Justiça do Trabalho, em aceitar a existência do trabalho escravo contemporâneo. Muitas vezes, mesmo diante de notória precariedade das condições de trabalho a que são submetidos os trabalhadores, nega-se o reconhecimento do trabalho em condições análogas às de escravo.

A este respeito, José Cláudio Monteiro de Brito Filho tece brilhantes considerações:

"É que ainda se espera, no caso desse ilícito penal, a materialização da 'escravidão' a partir de uma imagem clássica, com a pessoa acorrentada e sob constante ameaça de maus-tratos e outras formas de violência. Reforçando a ideia, o que se espera é a violação de um princípio básico, que é a liberdade.

Isso, além da negação do próprio dispositivo legal indicado (art. 149 do CPB), que é claro a respeito, representa visão conceitual restritiva, e que não mais deve prevalecer.

Na verdade, o trabalho em condições análogas à de escravo é reconhecido hoje em dia, a partir do momento em que há o desrespeito ao atributo maior do ser humano, que é a sua dignidade, e que ocorre, do ponto de vista do trabalho humano, quando é negado ao trabalhador um conjunto mínimo de direitos que a Organização Internacional do Trabalho convencionou denominar trabalho decente, e que são dos Direitos Humanos específicos dos trabalhadores"[58].

Vejamos um pouco mais sobre as hipóteses tipificadas pelo Código Penal.

---

57 Em idêntico sentido, o art. 207 da Portaria MTP nº 671/2021.

58 BRITO FILHO, José Claudio Monteiro. Trabalho com redução à condição análoga à de escravo: análise a partir do trabalho decente e de seu fundamento, a dignidade da pessoa humana. In: NOCCHI, Andrea Saint Pastous; VELLOSO, Gabriel Napoleão; FAVA, Marcos Neves (coord.). *Trabalho escravo contemporâneo*: o desafio de superar a negação. 2. ed. São Paulo: LTr, 2011, p. 60.

27.9.3. Caracterização do trabalho em condições análogas às de escravo

27.9.3.1. Sujeição do obreiro a trabalhos forçados

A Convenção nº 29 da OIT, em seu art. 2º, define o trabalho forçado como "todo trabalho ou serviço exigido de uma pessoa sob a ameaça de sanção e para o qual não se tenha oferecido espontaneamente"[59].

Considera-se trabalho forçado aquele exigido sob ameaça de sanção física ou psicológica e para o qual o trabalhador não tenha se oferecido ou no qual não deseje permanecer espontaneamente (art. 24, I, da IN nº 2/2021[60]).

Não importa, para a caracterização, em que momento o trabalhador teve cerceada a sua liberdade de escolha, ou seja, pode o contrato ter se iniciado de forma espontânea, e posteriormente ter se tornado forçado.

A coação que limita a autonomia da vontade do empregado pode ser física, moral ou psicológica. A coação física é aquela praticada mediante violência física, por exemplo, por meio do impedimento da locomoção do trabalhador por prepostos do empregador, ou, ainda, pela imposição de castigos físicos. A coação psicológica se revela nas ameaças levadas a efeito pelo empregador ou seus prepostos, bem como na vigilância ostensiva do local de trabalho. Por fim, a coação moral decorre da indução do trabalhador a acreditar que deve permanecer no trabalho, por exemplo, em caso de dívidas contraídas junto ao empregador.

A Instrução Normativa MTP nº 2/2021, ao dispor sobre a fiscalização para a erradicação de trabalho em condição análoga à de escravo, estabeleceu um **rol exemplificativo**[61] de indicadores de submissão do trabalhador a trabalhos forçados, o qual pode ser de grande valia ao candidato, notadamente em eventual questão discursiva sobre o tema. Vejamos a seguir.

Anexo II da IN nº 2/2021
1 – São indicadores de submissão de trabalhador a trabalhos forçados: 1.1 trabalhador vítima de tráfico de pessoas; 1.2 arregimentação de trabalhador por meio de ameaça, fraude, engano, coação ou outros artifícios que levem a vício de consentimento, tais como falsas promessas no momento do recrutamento ou pagamento a pessoa que possui poder hierárquico ou de mando sobre o trabalhador; 1.3 manutenção de trabalhador na prestação de serviços por meio de ameaça, fraude, engano, coação ou outros artifícios que levem a vício de consentimento quanto a sua liberdade de dispor da força de trabalho e de encerrar a relação de trabalho;

---

[59] Disponível em: <https://www.ilo.org/brasilia/convencoes/WCMS_235021/lang--pt/index.htm>. Acesso em: 18 mai. 2023.

[60] No mesmo sentido, o art. 208, I, da Portaria MTP nº 671/2021.

[61] Neste sentido, o art. 25 da IN nº 2/2021, *in verbis*:
Art. 25. Tendo em vista que o diagnóstico técnico das hipóteses previstas nos incisos I a IV do art. 24 envolve a apuração e análise qualitativa de violações multifatoriais, para a identificação de trabalho em condição análoga à de escravo, deverá ser verificada a presença dos indicadores listados no **rol não exaustivo** do Anexo II da presente Instrução Normativa. (grifos meus)
[...]
§ 2º. Ainda que não estejam presentes os indicadores listados no Anexo II, sempre que houver elementos hábeis a caracterizar trabalho em condição análoga à de escravo, o Auditor-Fiscal do Trabalho declarará a sua constatação, indicando expressamente as razões que embasaram a conclusão.

Anexo II da IN nº 2/2021
1.4 manutenção de mão de obra de reserva recrutada sem observação das prescrições legais cabíveis, através da divulgação de promessas de emprego em localidade diversa da de prestação dos serviços;
1.5 exploração da situação de vulnerabilidade de trabalhador para inserir no contrato de trabalho, formal ou informalmente, condições ou cláusulas abusivas;
1.6 existência de trabalhador restrito ao local de trabalho ou de alojamento, quando tal local situar-se em área isolada ou de difícil acesso, não atendida regularmente por transporte público ou particular, ou em razão de barreiras como desconhecimento de idioma, ou de usos e costumes, de ausência de documentos pessoais, de situação de vulnerabilidade social ou de não pagamento de remuneração;
1.7 induzimento ou obrigação do trabalhador a assinar documentos em branco, com informações inverídicas ou a respeito das quais o trabalhador não tenha o entendimento devido;
1.8 induzimento do trabalhador a realizar jornada extraordinária acima do limite legal ou incompatível com sua capacidade psicofisiológica;
1.9 estabelecimento de sistemas de remuneração que não propiciem ao trabalhador informações compreensíveis e idôneas sobre valores recebidos e descontados do salário;
1.10 estabelecimento de sistemas remuneratórios que, por adotarem valores irrisórios pelo tempo de trabalho ou por unidade de produção, ou por transferirem ilegalmente os ônus e riscos da atividade econômica para o trabalhador, resultem no pagamento de salário base inferior ao mínimo legal ou remuneração aquém da pactuada;
1.11 exigência do cumprimento de metas de produção que induzam o trabalhador a realizar jornada extraordinária acima do limite legal ou incompatível com sua capacidade psicofisiológica;
1.12 manutenção do trabalhador confinado através de controle dos meios de entrada e saída, de ameaça de sanção ou de exploração de vulnerabilidade;
1.13 pagamento de salários fora do prazo legal de forma não eventual;
1.14 retenção parcial ou total do salário;
1.15 pagamento de salário condicionado ao término de execução de serviços específicos com duração superior a trinta dias.

27.9.3.2. Sujeição do trabalhador a jornada exaustiva

É comum a constatação, notadamente em atividades remuneradas por produção, da submissão dos trabalhadores a jornadas absurdas, de 15 ou 16 horas diárias. Sem nenhuma dúvida este cenário caracteriza a jornada exaustiva a que alude o art. 149 do CPB. Mas não é só.

Conforme consta no antigo Manual de Combate ao Trabalho em Condições Análogas às de Escravo, do Ministério do Trabalho e Emprego[62],

"Note-se que jornada exaustiva não se refere exclusivamente à duração da jornada, mas à submissão do trabalhador a um esforço excessivo ou a uma sobrecarga de trabalho – ainda que em espaço de tempo condizente com a jornada de trabalho legal – que o leve

[62] Disponível em: https://www.gov.br/trabalho-e-previdencia/pt-br/composicao/orgaos-especificos/secretaria-de-trabalho/inspecao/manuais-e-publicacoes/manual_de_combate_ao_trabalho_em_condicoes_analogas_de_escravo.pdf/view. Acesso em: 18.05.2023.

ao limite de sua capacidade. É dizer que se negue ao obreiro o direito de trabalhar em tempo e modo razoáveis, de forma a proteger sua saúde, garantir o descanso e permitir o convívio social".

Assim, o Ministério do Trabalho e Emprego considera exaustiva toda forma de trabalho, de natureza física ou mental, que, por sua extensão ou por sua intensidade, acarrete violação de direito fundamental do trabalhador, notadamente os relacionados à segurança, saúde, descanso e convívio familiar e social (art. 24, II, da IN 2/2021[63]).

Anexo II da IN nº 2/2021
3 – São indicadores de submissão de trabalhador a jornada exaustiva:
3.1 extrapolação não eventual do quantitativo total de horas extraordinárias legalmente permitidas por dia, por semana ou por mês, dentro do período analisado;
3.2 supressão não eventual do descanso semanal remunerado;
3.3 supressão não eventual dos intervalos intrajornada e interjornadas;
3.4 supressão do gozo de férias;
3.5 inobservância não eventual de pausas legalmente previstas;
3.6 restrição ao uso de instalações sanitárias para satisfação das necessidades fisiológicas do trabalhador;
3.7 trabalhador sujeito a atividades com sobrecarga física ou mental ou com ritmo e cadência de trabalho com potencial de causar comprometimento de sua saúde ou da sua segurança;
3.8 trabalho executado em condições não ergonômicas, insalubres, perigosas ou penosas, especialmente se associado à aferição de remuneração por produção;
3.9 extrapolação não eventual da jornada em atividades penosas, perigosas e insalubres.

27.9.3.3. Sujeição do trabalhador a condições degradantes de trabalho

Configura condição degradante de trabalho qualquer forma de negação da dignidade humana pela violação de direito fundamental do trabalhador, notadamente os dispostos nas normas de proteção do trabalho e de segurança, higiene e saúde no trabalho (art. 24, III, da IN 2/2021[64]).

Assim, por exemplo, têm-se considerado degradantes as condições de trabalho sempre que inobservados os preceitos mínimos relativos à saúde e à segurança do trabalhador, como a disponibilização de alojamentos minimamente aceitáveis, observadas as condições de conforto e higiene, o fornecimento de refeições dignas e de água potável, o fornecimento de equipamentos de proteção individual, o transporte seguro dos trabalhadores etc.

Uma vez mais, mencione-se a importância do rol exemplificativo do Anexo II da IN nº 2/2021.

---

[63] No mesmo sentido, art. 208, II, da Portaria MTP nº 671/2021.
[64] No mesmo sentido, o art. 208, III, da Portaria MTP nº 671/2021.

Anexo II da IN nº 2/2021

2 – **São indicadores de sujeição de trabalhador à condição degradante:**

2.1 não disponibilização de água potável, ou disponibilização em condições não higiênicas ou em quantidade insuficiente para consumo do trabalhador no local de trabalho ou de alojamento;

2.2 inexistência, nas áreas de vivência, de água limpa para higiene, preparo de alimentos e demais necessidades;

2.3 ausência de recipiente para armazenamento adequado de água que assegure a manutenção da potabilidade;

2.4 reutilização de recipientes destinados ao armazenamento de produtos tóxicos;

2.5 inexistência de instalações sanitárias ou instalações sanitárias que não assegurem utilização em condições higiênicas ou com preservação da privacidade;

2.6 inexistência de alojamento ou moradia, quando o seu fornecimento for obrigatório, ou alojamento ou moradia sem condições básicas de segurança, vedação, higiene, privacidade ou conforto;

2.7 subdimensionamento de alojamento ou moradia que inviabilize sua utilização em condições de segurança, vedação, higiene, privacidade ou conforto;

2.8 trabalhador alojado ou em moradia no mesmo ambiente utilizado para desenvolvimento da atividade laboral;

2.9 moradia coletiva de famílias ou o alojamento coletivo de homens e mulheres;

2.10 coabitação de família com terceiro estranho ao núcleo familiar;

2.11 armazenamento de substâncias tóxicas ou inflamáveis nas áreas de vivência;

2.12 ausência de camas com colchões ou de redes nos alojamentos, com o trabalhador pernoitando diretamente sobre piso ou superfície rígida ou em estruturas improvisadas;

2.13 ausência de local adequado para armazenagem ou conservação de alimentos e de refeições;

2.14 ausência de local para preparo de refeições, quando obrigatório, ou local para preparo de refeições sem condições de higiene e conforto;

2.15 ausência de local para tomada de refeições, quando obrigatório, ou local para tomada de refeições sem condições de higiene e conforto;

2.16 trabalhador exposto a situação de risco grave e iminente;

2.17 inexistência de medidas para eliminar ou neutralizar riscos quando a atividade, o meio ambiente ou as condições de trabalho apresentarem riscos graves para a saúde e segurança do trabalhador;

2.18 pagamento de salários fora do prazo legal de forma não eventual;

2.19 retenção parcial ou total do salário;

2.20 pagamento de salário condicionado ao término de execução de serviços específicos com duração superior a trinta dias;

2.21 serviços remunerados com substâncias prejudiciais à saúde;

2.22 estabelecimento de sistemas remuneratórios que, por adotarem valores irrisórios pelo tempo de trabalho ou por unidade de produção, ou por transferirem ilegalmente os ônus e riscos da atividade econômica para o trabalhador, resultem no pagamento de salário base inferior ao mínimo legal ou remuneração aquém da pactuada;

2.23 agressão física, moral ou sexual no contexto da relação de trabalho.

27.9.3.4. Restrição, por qualquer meio, de locomoção do trabalhador em razão de dívida contraída com empregador ou preposto, no momento da contratação ou no curso do contrato de trabalho

Caracteriza o tipo legal, portanto, todo tipo de limitação imposta ao trabalhador a seu direito fundamental de ir e vir ou de encerrar a prestação do trabalho, em razão de débito imputado pelo empregador ou preposto ou da indução ao endividamento com terceiros (art. 24, IV, da IN nº 2/2021[65]).

Em um dos aspectos da hipótese típica, o empregador induz o obreiro a contrair dívidas, de forma que se veja impedido de deixar o trabalho em razão do débito. Trata-se da prática conhecida como *truck system* ou sistema de barracão.

Não importa, para a caracterização da figura, se a dívida foi contraída quando da arregimentação dos trabalhadores (em razão do pagamento da passagem para estrangeiros ou migrantes, por exemplo), ou depois, durante a prestação dos serviços (em razão do consumo em mercados mantidos pelo empregador ou preposto, por exemplo).

A dívida contraída funciona, no caso, como elemento de coação moral, visto que o empregador se aproveita da probidade e honradez dos trabalhadores, que se sentem obrigados a permanecer prestando serviços até pagar todo o débito. Neste contexto, os frequentes atrasos de salário e pagamentos inferiores ao combinado criam a permanente sujeição do trabalhador ao tomador dos serviços.

Anexo II da IN nº 2/2021

4 – **São indicadores da restrição, por qualquer meio, da locomoção do trabalhador em razão de dívida contraída com empregador ou preposto, dentre outros:**

4.1 deslocamento do trabalhador, desde sua localidade de origem até o local de prestação de serviços custeado pelo empregador ou preposto, e a ser descontado da remuneração devida;

4.2 débitos do trabalhador prévios à contratação saldados pelo empregador diretamente com o credor e a serem descontados da remuneração devida;

4.3 transferência ao trabalhador arregimentado do ônus do custeio do deslocamento desde sua localidade de origem até o local de prestação dos serviços;

4.4 transferência ao trabalhador arregimentado do ônus do custeio da permanência no local de prestação dos serviços, até o efetivo início da prestação laboral;

4.5 contratação condicionada a pagamento, pelo trabalhador, pela vaga de trabalho;

4.6 adiantamentos em numerário ou em gêneros concedidos quando da contratação;

4.7 fornecimento de bens ou serviços ao trabalhador com preços acima dos praticados na região;

4.8 remuneração in natura em limites superiores ao legalmente previsto;

4.9 trabalhador induzido ou coagido a adquirir bens ou serviços de estabelecimento determinado pelo empregador ou preposto;

4.10 existência de valores referentes a gastos que devam ser legalmente suportados pelo empregador, a serem cobrados ou descontados do trabalhador;

4.11 descontos de moradia ou alimentação acima dos limites legais;

4.12 alteração, com prejuízo para o trabalhador, da forma de remuneração ou dos ônus do trabalhador pactuados quando da contratação;

---

[65] No mesmo sentido, o art. 208, IV, da Portaria MTP nº 671/2021.

Anexo II da IN nº 2/2021
4.13 restrição de acesso ao controle de débitos e créditos referentes à prestação do serviço ou de sua compreensão pelo trabalhador;
4.14 restrição ao acompanhamento ou entendimento pelo trabalhador da aferição da produção, quando for esta a forma de remuneração;
4.15 pagamento de salários fora do prazo legal de forma não eventual;
4.16 retenção parcial ou total do salário;
4.17 estabelecimento de sistemas remuneratórios que, por adotarem valores irrisórios pelo tempo de trabalho ou por unidade de produção, ou por transferirem ilegalmente os ônus e riscos da atividade econômica para o trabalhador, resultem no pagamento de salário base inferior ao mínimo legal ou remuneração aquém da pactuada;
4.18 Pagamento de salário condicionado ao término de execução de serviços determinados com duração superior a trinta dias;
4.19 retenção do pagamento de verbas rescisórias.

27.9.3.5. Retenção do trabalhador no local de trabalho em razão de cerceamento do uso de qualquer meio de transporte

A hipótese se caracteriza em face de toda forma de limitação ao uso de meio de transporte existente, particular ou público, possível de ser utilizado pelo trabalhador para deixar o local de trabalho ou o alojamento (art. 24, V, da IN 2/2021[66]).

O núcleo da conduta, no caso, é a retenção do trabalhador por meio do cerceamento do uso de meio de transporte, o que, por ser autoexplicativo, dispensa exemplificação. Por esta razão o Anexo II da IN nº 2/2021 não contemplou indicadores da hipótese em referência.

27.9.3.6. Retenção do trabalhador no local de trabalho em razão de manutenção de vigilância ostensiva

Também aqui há retenção do trabalhador no local de trabalho, porém não em razão de cerceamento do uso de meio de transporte, mas sim em razão da manutenção, pelo empregador, de vigilância ostensiva, com vistas a impedir a saída do trabalhador do domínio patronal.

Considera-se vigilância ostensiva no local de trabalho qualquer forma de controle ou fiscalização, direta ou indireta, por parte do empregador ou preposto, sobre a pessoa do trabalhador que o impeça de deixar local de trabalho ou alojamento (art. 24, VI, da IN 2/2021[67]).

27.9.3.7. Retenção do trabalhador no local de trabalho em razão de apoderamento de documentos ou objetos pessoais

Equipara-se à manutenção de trabalhadores em condições análogas às de escravo toda forma de retenção ilícita de documentos ou objetos pessoais do trabalhador, com o objetivo de retê-lo no local de trabalho (art. 24, VII, da IN 2/2021[68]).

---

[66] No mesmo sentido, o art. 208, V, da Portaria MTP nº 671/2021.
[67] No mesmo sentido, o art. 208, VI, da Portaria MTP nº 671/2021.
[68] No mesmo sentido, o art. 208, VII, da Portaria MTP nº 671/2021.

É comum, por exemplo, a retenção, pelo empregador ou preposto, dos passaportes de trabalhadores estrangeiros, de forma que eles se vejam impedidos mesmo de sair do local de trabalho, temendo problemas com a polícia de imigração.

27.9.4. Combate ao trabalho em condições análogas às de escravo pela fiscalização do trabalho

Diversas normas internacionais das quais o Brasil é signatário impõem ao Estado brasileiro o combate administrativo ao trabalho em condições análogas às de escravo. A título de exemplo, mencionem-se as Convenções nº 29 e nº 105, da OIT, a Convenção sobre Escravatura de 1926 e a Convenção Americana sobre Direitos Humanos (Pacto de San José da Costa Rica).

Neste diapasão, é importante salientar que não se comunicam as instâncias penal e administrativa, ou seja, a eventual apuração de crime tipificado no art. 149 do Código Penal não obsta a apuração administrativa da conduta do empregador, bem como a aplicação de sanções de natureza administrativa.

É neste contexto que se desenvolvem as ações fiscais de combate ao trabalho escravo, a cargo do Ministério do Trabalho e Emprego, normalmente levadas a efeito por Auditores Fiscais do Trabalho que compõem grupos móveis de fiscalização.

27.9.4.1. Aspectos gerais da ação fiscal

As ações fiscais para erradicação do trabalho em condição análoga à de escravo serão planejadas e coordenadas pela Secretaria de Inspeção do Trabalho, que poderá realizá-las diretamente, por intermédio das equipes do grupo especial de fiscalização móvel, ou por intermédio de grupos/equipes de fiscalização organizados em projetos ou atividades no âmbito das Superintendências Regionais do Trabalho – SRTb.

Tais ações devem observar o disposto na Instrução Normativa MTP nº 2/2021, a qual dispõe sobre os procedimentos de fiscalização, dentre os quais a fiscalização para a erradicação do trabalho em condição análoga à de escravo, bem como na Portaria MTP nº 671/2021.

Ao concluir pela ocorrência de uma ou mais hipóteses que caracterizem trabalho análogo ao de escravo, deverá o AFT lavrar auto de infração no qual consignará expressamente os fundamentos que compõem a referida constatação, enumerando a quantidade de trabalhadores submetidos a tais condições. O supramencionado auto de infração, lavrado sem prejuízo daqueles relativos a outras infrações específicas à legislação trabalhista, será capitulado no art. 444 da CLT, descreverá circunstanciadamente os fatos a que se refere e será conclusivo a respeito da existência de trabalho em condição análoga à de escravo (art. 41 da IN 2/2021[69]).

Relembre-se que não se aplica o critério da dupla visita às empresas enquadradas como microempresas ou empresas de pequeno porte quando configurado o trabalho em condições análogas à de escravo (art. 310, *caput*, da Portaria MTP nº 671/2021). Ademais, dispõe o art. 42 da IN nº 2/2021 o seguinte:

> Art. 42. Pela sua natureza e gravidade, nos casos em que for constatado trabalho em condição análoga à de escravo, a lavratura de autos de infração sobrepõe-se a quaisquer outros critérios de auditoria fiscal.

---

[69] No mesmo sentido, o art. 218 da Portaria MTP nº 671/2021.

A fim de garantir a segurança dos grupos, as ações fiscais deverão contar com a participação de representantes da Polícia Federal, Polícia Rodoviária Federal, Polícia Militar Ambiental, Polícia Militar, Polícia Civil, ou outra autoridade policial que garanta a segurança de todos os integrantes da ação fiscal ou ação conjunta interinstitucional (art. 31 da IN 2/2021).

Cabe ainda à chefia superior enviar ao Ministério Público do Trabalho (MPT), ao Ministério Público Federal (MPF) e à Defensoria Pública da União (DPU) comunicação prévia sobre a operação, para que essas instituições avaliem a conveniência de integrá-la, salvo se o coordenador da operação entender que a comunicação prévia possa prejudicar a execução ou o sigilo da ação fiscal, hipótese em que esta medida poderá ser dispensada, desde que haja anuência da Chefia da Fiscalização (art. 31, §§ 1 e 2º, da IN 2/2021). Na prática, as ações de combate ao trabalho escravo têm sido integradas, no mínimo, pelo Ministério do Trabalho e Emprego, Polícia Federal, MPT e MPF.

27.9.4.2. Medidas adotadas pelo Auditor Fiscal do Trabalho diante da constatação de trabalho escravo

As medidas cabíveis, no caso, são aquelas elencadas pelo art. 33 da IN nº 2/2021:

Art. 33. O Auditor Fiscal do Trabalho, ao constatar trabalho em condição análoga à de escravo, em observância ao art. 2º-C da Lei n.º 7.998, de 1990, notificará por escrito o empregador ou preposto para que tome, às suas expensas, as seguintes providências:

I – A imediata cessação das atividades dos trabalhadores e das circunstâncias ou condutas que estejam determinando a submissão desses trabalhadores à condição análoga à de escravo;

II – A regularização e rescisão dos contratos de trabalho, com a apuração dos mesmos direitos devidos, no caso de rescisão indireta;

III – O pagamento dos créditos trabalhistas por meio dos competentes instrumentos de rescisão de contrato de trabalho;

IV – O recolhimento do Fundo de Garantia do Tempo de Serviço - FGTS e da Contribuição Social correspondente;

V – O retorno aos locais de origem daqueles trabalhadores recrutados fora da localidade de prestação dos serviços;

VI – O cumprimento das obrigações acessórias ao contrato de trabalho, enquanto não tomadas todas as providências para regularização e recomposição dos direitos dos trabalhadores.

Além disso, caberá ao Auditor Fiscal do Trabalho, habilitado no sistema de concessão de seguro-desemprego, cadastrar os dados do trabalhador resgatado para fins de concessão do benefício, conforme instruções da Coordenação-Geral de Gestão de Benefícios da Subsecretaria de Políticas Públicas de Trabalho e orientações da Secretaria de Inspeção do Trabalho, mantendo-se cópia anexa ao relatório de fiscalização (art. 44. da IN 2/2021).

27.9.4.3. Medidas a que se sujeita o infrator

As irregularidades trabalhistas constatadas pela fiscalização ensejam a lavratura de autos de infração, os quais, se procedentes, levarão à imposição de multa(s) administrativa(s) ao infrator.

Como mencionado anteriormente, e nos termos do disposto no art. 41 da IN nº 2/2021, constatada a manutenção de trabalhador(es) em condição análoga à de escravo, deve ser lavrado, além dos autos de infração específicos (por exemplo, por manter empregado sem o devido registro e sem as devidas anotações na CTPS, por deixar de pagar os salários no prazo legal, por infrações à legislação de saúde e segurança do trabalhador etc.), auto de infração capitulado no art. 444 da CLT[70] (manter empregado em condições contrárias às disposições de proteção ao trabalho), o qual deve conter a descrição pormenorizada do quanto apurado, descrevendo de forma circunstanciada os fatos que fundamentaram a caracterização.

Ainda em relação aos autos de infração lavrados em ações de combate ao trabalho análogo ao de escravo, há que se observar que aos processos correspondentes é assegurada a prioridade de tramitação, com vistas à maior eficácia social da punição aos infratores. Todavia, tal prioridade de tramitação não prejudicará o contraditório e a ampla defesa do autuado nas duas instâncias administrativas.

Por fim, registre-se que a medida administrativa[71] que sempre se mostrou mais eficaz no combate ao trabalho escravo é a inscrição do empregador infrator no Cadastro de Empregadores que Tenham Submetido Trabalhadores a Condições Análogas à de Escravo, a chamada *lista suja do trabalho escravo*. A inclusão em tal cadastro provoca prejuízos à imagem do infrator (muitas vezes grande empresa multinacional, por exemplo), bem como obsta a obtenção de benefícios fiscais e financiamentos públicos.

Atualmente, o referido Cadastro de Empregadores é regulado pela Portaria Interministerial MTPS/MMIRDH nº 04/2016, bem como pela Portaria MTP nº 671/2021. Assim dispõe a Portaria nº 04/2016:

Art. 2º O Cadastro de Empregadores será divulgado no sítio eletrônico oficial do Ministério do Trabalho e Previdência Social (MTPS), contendo a relação de pessoas físicas ou jurídicas autuadas em ação fiscal que tenha identificado trabalhadores submetidos a condições análogas à de escravo.

§ 1º A inclusão do empregador somente ocorrerá após a prolação de decisão administrativa irrecorrível de procedência do auto de infração lavrado na ação fiscal em razão da constatação de exploração de trabalho em condições análogas à de escravo.

§ 2º Será assegurado ao administrado, no processo administrativo do auto de infração, o exercício do contraditório e da ampla defesa a respeito da conclusão da Inspeção do Trabalho de constatação de trabalho em condições análogas à de escravo, na forma dos arts. 629 a 638 do Decreto-Lei nº 5.452, de 1º de maio de 1943 (Consolidação das Leis do Trabalho) e da Portaria MTPS nº 854, de 25 de junho de 2015.

(...)

Art. 3º O nome do empregador permanecerá divulgado no Cadastro por um período de 2 (dois) anos, durante o qual a Inspeção do Trabalho realizará monitoramento a fim de verificar a regularidade das condições de trabalho.

Parágrafo único. Verificada, no curso do período previsto no *caput* deste artigo, reincidência na identificação de trabalhadores submetidos a condições análogas à de escravo, com

---

[70] Art. 444. As relações contratuais de trabalho podem ser objeto de livre estipulação das partes interessadas em tudo quanto não contravenha às disposições de proteção ao trabalho, aos contratos coletivos que lhes sejam aplicáveis e às decisões das autoridades competentes.

[71] Convém não mais classificar tal medida como *sanção administrativa*, porquanto tal denominação vinha alimentando diversos questionamentos judiciais. Como tem defendido o Ministério Público Federal, a divulgação da *lista suja* não constitui, tecnicamente, sanção administrativa, caracterizando tão só exteriorização do dever de informação à população das ações empreendidas pela fiscalização e concluídas sob o manto do devido processo legal administrativo. Trata-se de ação que visa conferir, em última análise, transparência aos atos da Administração. No mesmo sentido, a decisão do STF na ADPF 509/DF (DJE 05.10.2020): "Descabe enquadrar, como sancionador, cadastro de empregadores, cuja finalidade é o acesso à informação, mediante publicização de política de combate ao trabalho escravo, considerado resultado de procedimento administrativo de interesse público".

a prolação de decisão administrativa irrecorrível de procedência do novo auto de infração lavrado, o empregador permanecerá no Cadastro por mais 2 (dois) anos, contados a partir de sua reinclusão.

Dispõe a Portaria MTP nº 671/2021 (DOU 11.11.2021) que a inclusão do empregador na *lista suja* somente ocorrerá após a prolação de decisão administrativa irrecorrível de procedência do auto de infração lavrado na ação fiscal em razão da constatação de submissão de trabalhadores em condições análogas à de escravo (art. 225, § 1º).

Depois de um período de mais de três anos sem divulgar a *lista suja*, o Ministério do Trabalho voltou a fazê-lo, por força de decisão judicial, em outubro de 2017. Em 16.09.2020, ao julgar a ADPF 509/DF, o STF considerou constitucional o referido cadastro de empregadores.

Registre-se, ainda, que, depois de anos de tramitação no Congresso Nacional, foi promulgada, em junho de 2014, a Emenda Constitucional nº 81 (*DOU* 06.06.2014), a qual deu nova redação ao art. 243 da Constituição, nos seguintes termos:

> Art. 243. As propriedades rurais e urbanas de qualquer região do País onde forem localizadas culturas ilegais de plantas psicotrópicas ou a exploração de trabalho escravo na forma da lei serão expropriadas e destinadas à reforma agrária e a programas de habitação popular, sem qualquer indenização ao proprietário e sem prejuízo de outras sanções previstas em lei, observado, no que couber, o disposto no art. 5º.
>
> Parágrafo único. Todo e qualquer bem de valor econômico apreendido em decorrência do tráfico ilícito de entorpecentes e drogas afins e da exploração de trabalho escravo será confiscado e reverterá a fundo especial com destinação específica, na forma da lei.

Sem nenhuma dúvida, a expropriação de bens utilizados para a exploração de trabalho escravo poderá vir a ser um instrumento eficaz no combate à prática em referência. Não obstante, interesses políticos têm levado à propositura de alterações legislativas no sentido de descaracterizar o crime de escravidão na legislação brasileira mediante a alteração da redação do art. 149 do Código Penal.

Dicas para provas discursivas:

Considerando-se o concurso para Auditor Fiscal do Trabalho, todos os assuntos deste capítulo são potencialmente importantes para eventual prova discursiva de AFT.

Alguns temas, entretanto, têm algum destaque: a) dupla visita e procedimento especial para ação fiscal; b) atribuições e prerrogativas do AFT; c) limites entre a inspeção do trabalho e a jurisdição, bem como entre a inspeção do trabalho e a atuação do MPT.

Como foi incluído no edital do último concurso, o combate ao trabalho infantil e às condições análogas à de escravo são excelentes temas para prova discursiva. Para fins de preparação específica, recomendo a leitura atenta do item 27.9.

Ainda sobre o combate ao trabalho escravo, vale a leitura da Revista do MPT 26, disponível para *download* em (<www.anpt.org.br>).

DIREITO ADMINISTRATIVO DO TRABALHO

Conceito:
- Subdivisão do Direito do Trabalho que cuida dos limites da intervenção do Estado na relação de emprego, e, notadamente, do poder punitivo da fiscalização trabalhista.

DIREITO ADMINISTRATIVO DO TRABALHO

Fundamento legal da inspeção do trabalho:

- CRFB, art. 21, XXIV;
- Convenção 81 da OIT;
- CLT, art. 626;
- Decreto nº 4.552/2002 – Regulamento da Inspeção do Trabalho – RIT.

Generalidades sobre a organização da fiscalização do trabalho:

- Incumbe à União organizar, manter e executar a inspeção do trabalho;
- Cabe ao Ministério do Trabalho e Emprego, por meio do Sistema Federal de Inspeção do Trabalho, a fiscalização do trabalho.

Estrutura organizacional da inspeção do trabalho:

1. Secretaria de Inspeção do Trabalho – SIT

- Órgão de cúpula (específico e singular) da inspeção do trabalho, é vinculada ao Ministério do Trabalho e Emprego;
- O titular é a autoridade nacional em matéria de inspeção do trabalho;
- Subdividida em dois departamentos:
    - Departamento de Fiscalização do Trabalho – DEFIT: fiscalização da legislação trabalhista;
    - Departamento de Segurança e Saúde do Trabalhador – DSST: fiscalização da legislação de SST.

2. Superintendências Regionais do Trabalho – SRTb

- Unidades descentralizadas do Ministério do Trabalho e Emprego nos estados (uma em cada capital);
- Antigas Delegacias Regionais do Trabalho – DRTs;
- O titular é a autoridade de direção regional.

3. Gerências Regionais do Trabalho – GRTb

- Sedes das circunscrições administrativas regionais das SRTb;
- Antigas Subdelegacias do Trabalho – SDTs;
- O titular é a autoridade de direção local.

4. Auditores Fiscais do Trabalho – AFTs

- São os servidores responsáveis pela inspeção do trabalho;
- Subordinados tecnicamente à SIT;
- No exercício de seu mister, é autoridade trabalhista.

5. Agentes de Higiene e Segurança do Trabalho

- Auxiliam os Auditores Fiscais do Trabalho no exercício de suas funções.

Competência das autoridades de direção do Sistema Federal de Inspeção do Trabalho:

- Organizar, coordenar, avaliar e controlar as atividades de auditoria e as auxiliares da inspeção do trabalho.
- Elaborar planejamento estratégico das ações da inspeção do trabalho no âmbito de sua competência.
- Proferir decisões em processo administrativo resultante de ação de inspeção do trabalho.
- Receber denúncias e, quando for o caso, formulá-las e encaminhá-las aos demais órgãos do poder público.

Atribuições do Auditor Fiscal do Trabalho:

- Verificar o cumprimento das disposições legais e regulamentares, inclusive as relacionadas à segurança e à saúde no trabalho, no âmbito das relações de trabalho e de emprego.
- Ministrar orientações e dar informações e conselhos técnicos aos trabalhadores e às pessoas sujeitas à inspeção do trabalho, atendidos os critérios administrativos de oportunidade e conveniência.

DIREITO ADMINISTRATIVO DO TRABALHO

- Interrogar as pessoas sujeitas à inspeção do trabalho, seus prepostos ou representantes legais, bem como trabalhadores, sobre qualquer matéria relativa à aplicação das disposições legais e exigir-lhes documento de identificação.
- Expedir notificação para apresentação de documentos.
- Examinar e extrair dados e cópias de livros, arquivos e outros documentos, que entenda necessários ao exercício de suas atribuições legais, inclusive quando mantidos em meio magnético ou eletrônico.
- Proceder a levantamento e notificação de débitos.
- Apreender, mediante termo, materiais, livros, papéis, arquivos e documentos, inclusive quando mantidos em meio magnético ou eletrônico, que constituam prova material de infração, ou, ainda, para exame ou instrução de processos.
- Inspecionar os locais de trabalho, o funcionamento de máquinas e a utilização de equipamentos e instalações.
- Averiguar e analisar situações com risco potencial de gerar doenças ocupacionais e acidentes do trabalho, determinando as medidas preventivas necessárias.
- Notificar as pessoas sujeitas à inspeção do trabalho para o cumprimento de obrigações ou a correção de irregularidades e adoção de medidas que eliminem os riscos para a saúde e segurança dos trabalhadores, nas instalações ou métodos de trabalho.
- Quando constatado grave e iminente risco para a saúde ou segurança dos trabalhadores, expedir a notificação a que se refere o item anterior, determinando a adoção de medidas de imediata aplicação.
- Coletar materiais e substâncias nos locais de trabalho para fins de análise, bem como apreender equipamentos e outros itens relacionados com a segurança e saúde no trabalho, lavrando o respectivo termo de apreensão.
- Propor a interdição de estabelecimento, setor de serviço, máquina ou equipamento, ou o embargo de obra, total ou parcial, quando constatar situação de grave e iminente risco à saúde ou à integridade física do trabalhador, por meio de emissão de laudo técnico que indique a situação de risco verificada e especifique as medidas corretivas que deverão ser adotadas pelas pessoas sujeitas à inspeção do trabalho, comunicando o fato de imediato à autoridade competente.
- Analisar e investigar as causas dos acidentes do trabalho e das doenças ocupacionais, bem como as situações com potencial para gerar tais eventos.
- Realizar auditorias e perícias e emitir laudos, pareceres e relatórios.
- Solicitar, quando necessário ao desempenho de suas funções, o auxílio da autoridade policial.
- Lavrar termo de compromisso decorrente de procedimento especial de inspeção.
- Lavrar autos de infração por inobservância de disposições legais.
- Analisar processos administrativos de auto de infração, notificações de débitos ou outros que lhes forem distribuídos.
- Devolver, devidamente informados os processos e demais documentos que lhes forem distribuídos, nos prazos e formas previstos em instruções expedidas pela autoridade nacional competente em matéria de inspeção do trabalho.
- Elaborar relatórios de suas atividades, nos prazos e formas previstos em instruções expedidas pela autoridade nacional competente em matéria de inspeção do trabalho.
- Levar ao conhecimento da autoridade competente, por escrito, as deficiências ou abusos que não estejam especificamente compreendidos nas disposições legais.
- Atuar em conformidade com as prioridades estabelecidas pelos planejamentos nacional e regional, nas respectivas áreas de especialização.

DIREITO ADMINISTRATIVO DO TRABALHO

Vedações impostas aos Auditores Fiscais do Trabalho:

* Revelar, sob pena de responsabilidade, mesmo na hipótese de afastamento do cargo, os segredos de fabricação ou comércio, bem como os processos de exploração de que tenham tido conhecimento no exercício de suas funções.
* Revelar informações obtidas em decorrência do exercício das suas competências.
* Revelar as fontes de informações, reclamações ou denúncias.
* Inspecionar os locais em que tenham qualquer interesse direto ou indireto, caso em que deverão declarar o impedimento.

Rotina da fiscalização:

* A ação fiscal tem início, em regra, mediante emissão de ordem de serviço escrita. A exceção é a fiscalização imediata, em que o AFT constata a existência de grave e iminente risco à saúde e segurança dos trabalhadores.
* Modalidades de fiscalização quanto à origem:
  - *Dirigida* decorre do planejamento da SIT;
  - *Indireta* também decorrente do planejamento, a chefia envia a notificação por via postal, e o AFT atende a empresa na sede do Ministério do Trabalho e Emprego, ou ainda eletronicamente;
  - *Por denúncia* originada de denúncia que envolva risco à saúde e segurança do trabalhador ou irregularidade do pagamento de salário, merecendo atendimento prioritário;
  - *Imediata* decorre da constatação de grave e iminente risco à saúde do trabalhador, pelo que requer ação imediata;
  - *Análise de acidente de trabalho* originada da notícia sobre acidente de trabalho grave ou fatal.

* Modalidades de fiscalização quanto ao local da inspeção:
  - *Direta* o AFT procede à verificação física e analisa os documentos no próprio estabelecimento fiscalizado;
  - *Indireta* a notificação é enviada pelo correio e o AFT analisa os documentos na unidade descentralizada do Ministério do Trabalho e Emprego ou remotamente (indireta eletrônica). Não há verificação física;
  - *Mista* o AFT procede à verificação física e notifica o empregador a apresentar os documentos na unidade descentralizada do Ministério do Trabalho e Emprego ou eletronicamente.
* Identificação do AFT:
  - Feita por meio da Carteira de Identidade Fiscal – CIF;
  - A autoridade nacional competente em matéria de inspeção do trabalho faz publicar semestralmente, no Diário Oficial da União, relação nominal dos portadores de Carteiras de Identidade Fiscal, com nome, número de matrícula e órgão de lotação;
  - A exibição da credencial é obrigatória no momento da inspeção, salvo quando o Auditor Fiscal do Trabalho julgar que tal identificação prejudicará a eficácia da fiscalização, hipótese em que deverá fazê-lo após a verificação física;
  - A exibição de documentos somente poderá exigida após identificação do AFT.
* Prerrogativas do AFT:
  - Livre acesso (exceto em caso de fiscalização do trabalho doméstico);
  - Poder de investigação;
  - Passe livre;
  - Apoio de força policial.

DIREITO ADMINISTRATIVO DO TRABALHO

- Dupla visita (hipóteses):
  - Legislação nova (90 dias);
  - Primeira inspeção de empreendimentos recentemente inaugurados (90 dias);
  - Empresa com até 10 empregados;
  - Microempresas e empresas de pequeno porte;
  - Atividade de baixo ou médio risco (depende de regulamentação);
  - Empregador doméstico.
- Dupla visita (exceções):
  - Falta de registro, falta de anotação em CTPS: afasta a dupla visita em qualquer hipótese;
  - Fraude, resistência ou embaraço à fiscalização, reincidência: afasta a dupla visita expressamente para empresas com até 10 empregados, ME e EPP e domésticos;
  - Situações incompatíveis (cf. Portaria 671/2021 c/c LC 123/2006): trabalho infantil, trabalho em condições análogas à de escravo, atraso no pagamento de salário, acidente de trabalho (com consequência fatal, severa ou ao menos significativa), risco grave e iminente à saúde do trabalhador, descumprimento de embargo e interdição.
- Dupla visita (procedimento):
  - A dupla visita será formalizada em notificação, a qual fixará prazo para a visita seguinte.-
    Uma vez observado o critério da dupla visita, não mais deve ser aplicado, em relação ao mesmo atributo (item fiscalizado), em inspeção seguinte.
- Procedimento especial para ação fiscal:
  - Tem por objetivo a orientação sobre o cumprimento das leis de proteção ao trabalho, bem como a prevenção e o saneamento de infrações à legislação, mediante Termo de Compromisso;
  - Pode ser instaurado pelo Auditor Fiscal, com a anuência da chefia imediata;
  - A instauração do procedimento independe da lavratura prévia do auto de infração;
- Ações coletivas de prevenção e saneamento de irregularidades (previstas apenas pelo Decreto 10.854/2021):
  - Tem por objetivo a prevenção de acidentes de trabalho, doenças ocupacionais e irregularidades trabalhistas a partir da análise dos dados de acidentalidade e adoecimento ocupacionais e do mercado de trabalho;
  - Materializa-se na realização de ações coletivas de prevenção e saneamento de irregularidades, com a possibilidade de participação de outros órgãos públicos e entidades representativas de empregadores e trabalhadores;
  - Não caberá lavratura de auto de infração no âmbito das ações coletivas de prevenção.
- Lavratura do auto de infração:
  - Ato vinculado, sob pena de responsabilidade administrativa do AFT, salvo nas hipóteses de dupla visita ou procedimento especial para ação fiscal;
  - O auto de infração será lavrado em duplicata, nos termos dos modelos e instruções expedidos, sendo uma via entregue ao infrator, contra recibo, ou a ele enviada, dentro de 10 (dez) dias da lavratura, sob pena de responsabilidade, em registro postal, com franquia e recibo de volta;
  - O auto não terá o seu valor probante condicionado à assinatura do infrator ou de testemunhas;
  - O auto de infração será lavrado no local da inspeção, salvo havendo motivo justificado que será declarado no próprio auto, quando então deverá ser lavrado no prazo de 24 (vinte e quatro) horas, sob pena de responsabilidade;
  - Lavrado o auto de infração, não poderá ele ser inutilizado, nem sustado o curso do respectivo processo, devendo o AFT apresentá-lo à autoridade competente, mesmo se incidir em erro;
  - Lavratura de autos de infração contra empresas fictícias e de endereços inexistentes, assim como a apresentação de falsos relatórios pelo Auditor Fiscal, constituem falta grave, punível com pena de suspensão de até 30 dias.

DIREITO ADMINISTRATIVO DO TRABALHO

Livro de Inspeção do Trabalho – LIT:

– Obrigatório, salvo para as microempresas e empresas de pequeno porte;

– Nele devem ser anotadas as circunstâncias de cada ação fiscal, como documentos exigidos, período fiscalizado, prazos concedidos, irregularidades encontradas, autos de infração lavrados e orientações dadas ao empregador;

– Se o AFT, comprovadamente de má-fé, omitir informação ou fazer constar informação falsa no LIT, comete falta grave, punível com suspensão de até 30 dias. Em caso de reincidência, é obrigatória a instauração de inquérito administrativo;

– Livro de Inspeção do Trabalho Eletrônico (eLIT): concebido como o instrumento oficial de comunicação entre a inspeção do trabalho e os empregadores, ainda não foi efetivamente implementado pelo MTE.

Processo de multas administrativas:

• Defesa escrita:

– Prazo: 10 dias;

– O prazo **não** pode ser prorrogado;

– Pode o autuado, nos mesmos prazos para apresentação de defesa e recurso, apresentar documentos e requerer a produção de provas, cabendo à autoridade competente julgar a pertinência e a necessidade de tais provas.

• Imposição de multa:

– Julgado procedente o auto de infração, a imposição de multa cabe à autoridade regional competente em matéria de inspeção do trabalho, notificando-se o empregador por via postal (ou, futuramente, eletrônica).

– Somente se o autuado estiver em local incerto e não sabido poderá a notificação ser feita por meio de edital.

– Recebida a notificação, o empregador tem duas possibilidades:

– Recolher a multa em 10 dias, com redução de 50%, renunciando assim ao recurso administrativo;

– Interpor recurso administrativo para a Coordenação-Geral de Recursos da SIT, órgão de segunda instância administrativa.

– Julgado improcedente o auto de infração, a autoridade competente recorrerá de ofício à segunda instância administrativa.

– A punição administrativa não impede a eventual punição criminal pela mesma conduta.

• Recurso administrativo:

– Prazo: 10 dias;

– O prazo **não** pode ser prorrogado;

– Não se exige o depósito prévio do valor da multa para interposição do recurso administrativo;

– O Ministro do Trabalho e Emprego pode avocar o processo administrativo de auto de infração.

Inscrição e cobrança das multas administrativas:

• Caso o autuado não pague espontaneamente a multa administrativa, o débito deve ser inscrito na Dívida Ativa da União.

• Depois de inscrito em dívida ativa, o débito é executado judicialmente pela Procuradoria da Fazenda Nacional, seguindo o rito da Lei de Execução Fiscal.

DIREITO ADMINISTRATIVO DO TRABALHO

Combate ao trabalho infantil:

• As ações fiscais devem ter prioridade de atendimento

• Deve haver articulação e integração com os órgãos e entidades que compõem a rede de proteção a crianças e adolescentes

• O AFT deve promover o afastamento da função proibida do menor encontrado em situação irregular

• Devem ser pagas as verbas trabalhistas

• As demais entidades que compõem a rede de proteção devem ser comunicadas

Combate ao trabalho escravo

Elementos caracterizadores (combinados ou não):

• Trabalhos forçados

• Jornada exaustiva

• Condições degradantes de trabalho

• Restrição da locomoção do trabalhador, seja em razão de dívida contraída, seja por meio do cerceamento do uso de qualquer meio de transporte por parte do trabalhador, ou por qualquer outro meio com o fim de retê-lo no local de trabalho

• Vigilância ostensiva no local de trabalho por parte do empregador ou seu preposto, com o fim de retê-lo no local de trabalho

• Posse de documentos ou objetos pessoais do trabalhador, por parte do empregador ou seu preposto, com o fim de retê-lo no local de trabalho

Ações de combate (aspectos gerais):

• Coordenadas pela SIT e executadas diretamente (grupos móveis) ou pelas SRTb

• Apoio de força policial, salvo se dispensada pelo coordenador do grupo, com a anuência da chefia superior

• Ações são normalmente integradas, com a participação da Polícia Federal, MPT, MPF etc.

Medidas cabíveis (a cargo do AFT):

• Imediata paralisação das atividades dos empregados

• Regularização dos contratos de trabalho

• O pagamento dos créditos trabalhistas por meio dos competentes Termos de Rescisões de Contrato de Trabalho

• O recolhimento do FGTS e da Contribuição Social

• O cumprimento das obrigações acessórias ao contrato de trabalho, bem como providências para o retorno dos trabalhadores aos locais de origem ou para rede hoteleira, abrigo público ou similar, quando for o caso

• Caso seja constatada situação de grave e iminente risco à segurança e/ou à saúde do trabalhador, serão tomadas as medidas previstas em lei

• Preenchimento das guias do seguro-desemprego

• Lavratura dos autos de infração cabíveis

Sanções administrativas:

• Imposição de multas administrativas

Outras medidas:

• Inclusão do infrator no Cadastro Nacional (*lista suja*)

27.10. DEIXADINHAS

1. Compete à União organizar, manter e executar a inspeção do trabalho.
2. Incumbe às autoridades competentes da Secretaria de Inspeção do Trabalho do Ministério do Trabalho e Emprego a fiscalização do cumprimento das normas de proteção ao trabalho. A fiscalização compete exclusivamente aos Auditores Fiscais do Trabalho.
3. O Sistema Federal de Inspeção do Trabalho, a cargo do Ministério do Trabalho e Emprego, tem por finalidade assegurar, em todo o território nacional, a aplicação das disposições legais, incluindo as convenções internacionais ratificadas, os atos e decisões das autoridades competentes e as convenções, acordos e contratos coletivos de trabalho, no que concerne à proteção dos trabalhadores no exercício da atividade laboral.
4. A Secretaria de Inspeção do Trabalho é o órgão de cúpula da inspeção do trabalho, sendo seu titular a autoridade nacional em matéria de inspeção do trabalho.
5. As Superintendências Regionais do Trabalho são as unidades descentralizadas do Ministério do Trabalho e Emprego nos Estados. O Superintendente Regional é a autoridade de direção regional (porém sem qualquer ascendência sobre os Auditores Fiscais do Trabalho).
6. A área das Superintendências Regionais do Trabalho é subdividida em circunscrições administrativas, cujas sedes são as Gerências Regionais do Trabalho. O Gerente Regional é a autoridade de direção local (também sem competência relativa à inspeção do trabalho).
7. Os Auditores Fiscais do Trabalho são subordinados tecnicamente à Secretaria de Inspeção do Trabalho – SIT.
8. Aos Agentes de Higiene e Segurança do Trabalho não cabe a lavratura de autos de infração, pois esta prerrogativa é privativa dos Auditores Fiscais do Trabalho.
9. Compete aos AFTs ministrar orientações e dar informações e conselhos técnicos aos trabalhadores e às pessoas sujeitas à inspeção do trabalho, atendidos os critérios administrativos de oportunidade e conveniência.
10. É atribuição do AFT interrogar as pessoas sujeitas à inspeção do trabalho, seus prepostos ou representantes legais, bem como trabalhadores, sobre qualquer matéria relativa à aplicação das disposições legais e exigir-lhes documento de identificação.
11. Compete ao AFT apreender, mediante termo, materiais, livros, papéis, arquivos e documentos, inclusive quando mantidos em meio magnético ou eletrônico, que constituam prova material de infração, ou, ainda, para exame ou instrução de processos.
12. Compete ao AFT coletar materiais e substâncias nos locais de trabalho para fins de análise, bem como apreender equipamentos e outros itens relacionados com a segurança e saúde no trabalho, lavrando o respectivo termo de apreensão.
13. Compete ao AFT propor a interdição de estabelecimento, setor de serviço, máquina ou equipamento, ou o embargo de obra, total ou parcial, quando constatar situação de grave e iminente risco à saúde ou à integridade física do trabalhador.
14. O AFT pode solicitar, quando necessário ao desempenho de suas funções, o auxílio da autoridade policial.
15. Compete ao AFT analisar processos administrativos de auto de infração, notificações de débitos ou outros que lhes forem distribuídos.
16. Não invade a esfera da competência da Justiça do Trabalho a declaração de existência de vínculo de emprego feita pelo fiscal do trabalho, por ser sua atribuição verificar o cumprimento das normas trabalhistas, tendo essa declaração eficácia somente quanto ao empregador, não transcendendo os seus efeitos subjetivos para aproveitar, sob o ponto de vista processual, ao trabalhador.
17. É vedado ao AFT revelar, sob pena de responsabilidade, mesmo na hipótese de afastamento do cargo, os segredos de fabricação ou comércio, bem como os processos de exploração de que tenham tido conhecimento no exercício de suas funções.

18. É vedado ao AFT revelar informações obtidas em decorrência do exercício das suas competências, bem como as fontes de informações, reclamações ou denúncias.

19. É vedado ao AFT inspecionar os locais em que tenham qualquer interesse direto ou indireto, caso em que deverão declarar o impedimento.

20. Sujeitam-se à inspeção do trabalho todas as empresas, estabelecimentos e locais de trabalho, públicos ou privados, estendendo-se aos profissionais liberais e instituições sem fins lucrativos, bem como às embarcações estrangeiras em águas territoriais brasileiras.

21. A ação fiscal terá início, em regra, mediante a emissão de ordem de serviço escrita pela chefia imediata do Auditor Fiscal (art. 16 do RIT), a qual determinará o estabelecimento ou local de trabalho a ser fiscalizado, bem como os atributos mínimos que deverão ser verificados.

22. Excepcionalmente, em caso de grave e iminente risco à saúde e segurança do trabalhador, o Auditor Fiscal poderá iniciar a ação fiscal de forma imediata, independentemente de emissão prévia da ordem de serviço.

23. Na fiscalização direta, o AFT inspeciona as condições do local de trabalho e verifica os documentos no próprio local.

24. Na fiscalização indireta, o AFT não verifica as condições de trabalho *in loco*, limitando-se a notificar a empresa por via postal, para que apresente os documentos na unidade descentralizada do Ministério do Trabalho e Emprego ou, ainda, eletronicamente.

25. Na fiscalização mista, o AFT inspeciona as condições do local de trabalho e notifica o empregador a apresentar documentos na unidade descentralizada do Ministério do Trabalho e Emprego, ou, ainda, eletronicamente, para posterior análise.

26. Cabe a fiscalização indireta na execução de programa especial para a ação fiscal ou quando o objeto da fiscalização não importar necessariamente em inspeção no local de trabalho.

27. A identificação do Auditor Fiscal do Trabalho é feita por meio da Carteira de Identidade Fiscal – CIF, a qual constitui credencial privativa, devendo ser renovada a cada cinco anos.

28. Para fins de publicidade e controle do passe livre pelas empresas de transporte coletivo urbano, a autoridade nacional competente em matéria de inspeção do trabalho faz publicar semestralmente, no Diário Oficial da União, relação nominal dos portadores de Carteiras de Identidade Fiscal, com nome, número de matrícula e órgão de lotação.

29. A exibição da credencial é obrigatória no momento da inspeção, salvo quando o Auditor Fiscal do Trabalho julgar que tal identificação prejudicará a eficácia da fiscalização, hipótese em que deverá fazê-lo após a verificação física.

30. A exibição de documentos somente poderá ser exigida após identificação do AFT.

31. Desde que esteja portando a CIF, o Auditor Fiscal o tem o direito de ingressar, livremente, sem prévio aviso e em qualquer dia e horário, em todos os locais de trabalho, exceto na residência do empregador doméstico, cuja fiscalização depende de prévio agendamento, de entendimento prévio entre fiscalização e empregador e de acompanhamento da inspeção pelo empregador ou por alguém de sua família por este designado.

32. As empresas, por seus dirigentes ou prepostos, são obrigadas a prestar ao AFT os esclarecimentos necessários ao desempenho de suas atribuições.

33. O Auditor Fiscal do Trabalho poderá solicitar o concurso de especialistas e técnicos devidamente qualificados, assim como recorrer a laboratórios técnico-científicos governamentais ou credenciados, a fim de assegurar a aplicação das disposições legais e regulamentares relativas à segurança e saúde no trabalho.

34. No território do exercício de sua função, o agente da inspeção gozará de passe livre nas empresas de transportes, públicas ou privadas, mediante a apresentação da carteira de identidade fiscal.

35. A fiscalização deverá observar o critério de dupla visita quando ocorrer promulgação ou expedição de novas leis, regulamentos ou instruções ministeriais, durante o prazo de 90 dias, contado da data de vigência das novas disposições normativas.

36. A autuação deverá observar o critério da dupla visita quando se tratar da primeira inspeção em estabelecimentos ou locais de trabalho recentemente inaugurados, no prazo de 90 dias, contado da data de seu efetivo funcionamento.

37. A fiscalização deverá observar o critério de dupla visita quando se tratar de microempresa, empresa de pequeno porte e estabelecimento ou local de trabalho com até 10 trabalhadores.

38. A autuação pelas infrações dependerá da dupla visita quando se tratar de infrações decorrentes de atividades de baixo ou médio risco, conforme Lei nº 13.874/2019 (depende de regulamento).

39. Em relação às microempresas e empresas de pequeno porte, será observado o critério de dupla visita para lavratura de autos de infração, salvo quando for constatada infração por falta de registro de empregado ou anotação da Carteira de Trabalho e Previdência Social – CTPS, ou, ainda, na ocorrência de reincidência, fraude, resistência ou embaraço à fiscalização. Tampouco se deve observar o critério da dupla visita naqueles casos em que a situação é incompatível.

40. Consideram-se incompatíveis com a dupla visita, por sua própria natureza, as seguintes situações/irregularidades: trabalho em condições análogas à de escravo; trabalho infantil; atraso no pagamento de salário; acidente de trabalho com consequência fatal, severa ou ao menos significativa; em caso de risco grave e iminente à segurança e saúde do trabalhador; em caso de descumprimento de embargo ou interdição.

41. As infrações por não anotação da CTPS e por falta de registro de empregados afastam a aplicação do critério da dupla visita em qualquer hipótese. A ocorrência de fraude, resistência ou embaraço à fiscalização e reincidência afasta a dupla visita para empresas com até 10 empregados, ME ou EPP e empregadores domésticos.

42. A fiscalização do trabalho doméstico deverá ter natureza prioritariamente orientadora e será observado o critério de dupla visita para lavratura de auto de infração, salvo quando for constatada infração por falta de anotação na CTPS ou, ainda, na ocorrência de reincidência, fraude, resistência ou embaraço à fiscalização.

43. A dupla visita será formalizada em notificação, que fixará prazo para a visita seguinte, na forma das instruções expedidas pela autoridade nacional competente em matéria de inspeção do trabalho.

44. A inobservância ao critério de dupla visita, quando de observância obrigatória, implicará nulidade do auto de infração lavrado.

45. Poderá ser instaurado procedimento especial para a ação fiscal, objetivando a orientação sobre o cumprimento das leis de proteção ao trabalho, bem como a prevenção e o saneamento de infrações à legislação mediante Termo de Compromisso, na forma a ser disciplinada pelo Ministério do Trabalho e Emprego.

46. O procedimento especial para a ação fiscal poderá ser instaurado pelo Auditor Fiscal do Trabalho quando concluir pela ocorrência de motivo grave ou relevante que impossibilite ou dificulte o cumprimento da legislação trabalhista por pessoas ou setor econômico sujeito à inspeção do trabalho, com a anuência da chefia imediata.

47. O procedimento especial para a ação fiscal iniciará com a notificação, pela chefia da fiscalização, para comparecimento das pessoas sujeitas à inspeção do trabalho, à sede da unidade descentralizada do Ministério do Trabalho e Emprego.

48. O procedimento especial para a ação fiscal destinado à prevenção ou saneamento de infrações à legislação poderá resultar na lavratura de termo de compromisso que estipule as obrigações assumidas pelo compromissado e os prazos para seu cumprimento.

49. Durante o prazo fixado no termo, o compromissado poderá ser fiscalizado para verificação de seu cumprimento, sem prejuízo da ação fiscal em atributos não contemplados no referido termo.

50. Excetuadas as hipóteses de aplicação do critério da dupla visita e de instauração de procedimento especial para ação fiscal, a toda verificação em que o Auditor Fiscal do Trabalho concluir pela existência de violação de preceito legal deve corresponder, sob pena de responsabilidade administrativa, a lavratura de auto de infração.

51. O auto de infração será lavrado em duplicata, nos termos dos modelos e instruções expedidos, sendo uma via entregue ao infrator, contra recibo, ou a ele enviada, dentro de 10 (dez) dias da lavratura, sob pena de responsabilidade, em registro postal, com franquia e recibo de volta.

52. O auto de infração não terá o seu valor probante condicionado à assinatura do infrator ou de testemunhas. Uma vez lavrado o auto de infração, não poderá ele ser inutilizado, nem sustado o curso do respectivo processo, devendo o Auditor Fiscal do Trabalho apresentá-lo à autoridade competente, mesmo se incidir em erro.

53. Lavrado o auto de infração, o infrator terá, para apresentar defesa, o prazo de 10 (dez) dias contados do recebimento do auto. O prazo para defesa **não** poderá ser prorrogado.

54. O autuado poderá apresentar documentos e requerer a produção das provas que lhe parecerem necessárias à elucidação do processo, nos prazos destinados à defesa e ao recurso e caberá à autoridade competente julgar a pertinência e a necessidade de tais provas.

55. A imposição de aplicação de multas compete à autoridade regional em matéria de inspeção do trabalho, que atualmente é o chefe da unidade regional de multas e recursos.

56. Se subsistente o auto de infração, é imposta a multa, sendo o infrator notificado por via postal (ou eletrônica), com instruções para pagamento ou, alternativamente, para recurso à segunda instância administrativa, nos termos dos arts. 635 e seguintes da CLT.

57. A notificação somente será realizada por meio de edital, publicada no órgão oficial, quando o infrator estiver em lugar incerto e não sabido.

58. A multa será reduzida de 50% (cinquenta por cento) se o infrator, renunciando ao recurso, a recolher ao Tesouro Nacional dentro do prazo de 10 (dez) dias contados do recebimento da notificação ou da publicação do edital.

59. Caberá recurso, em segunda instância administrativa, de toda decisão que impuser a aplicação de multa por infração das leis e das disposições reguladoras do trabalho, para a unidade competente para o julgamento de recursos da Secretaria de Inspeção do Trabalho, que atualmente é a Coordenação-Geral de Recursos.

60. Os recursos devem ser interpostos no prazo de 10 (dez) dias, contados do recebimento da notificação, perante autoridade que houver imposto a multa, a qual, depois de os informar (verificando os requisitos de admissibilidade), encaminhá-los-á à autoridade de instância superior. O prazo para recurso **não** poderá ser prorrogado e se aplica inclusive para a União, os Estados, o Distrito Federal, os Municípios e as suas autarquias e fundações de direito público.

61. É inconstitucional a exigência de depósito ou arrolamento prévio de dinheiro ou bens para admissibilidade de recurso administrativo.

62. O § 1º do art. 636 da CLT, que estabelece a exigência de prova do depósito prévio do valor da multa cominada em razão de autuação administrativa como pressuposto de admissibilidade de recurso administrativo, não foi recepcionado pela Constituição Federal de 1988, ante a sua incompatibilidade com o inciso LV do art. 5º.

63. De todas as decisões que proferirem, em processos de infração das leis de proteção ao trabalho, e que impliquem arquivamento destes, deverão as autoridades prolatoras recorrer de ofício para a autoridade competente de instância superior.

64. Ao Ministro do Trabalho e Emprego é facultado avocar ao seu exame e decisão, dentro de 90 (noventa) dias do despacho final do assunto, ou no curso do processo, as questões referentes à fiscalização dos preceitos estabelecidos na legislação trabalhista.

65. Na hipótese de o infrator não comparecer ou não depositar a importância da multa ou da penalidade, o processo será encaminhado para o órgão responsável pela inscrição em dívida ativa da União e cobrança executiva.

66. Restando infrutífera eventual tentativa de cobrança amigável, cabe à União proceder à inscrição do débito em dívida ativa, para posterior cobrança judicial. A certidão de inscrição em dívida ativa, no caso, vale como título executivo extrajudicial. A cobrança judicial das multas impostas pelas autoridades regionais em matéria de inspeção do trabalho obedecerá ao disposto na legislação aplicável à cobrança da dívida ativa da União. A competência é da Justiça do Trabalho e a cobrança fica a cargo da Procuradoria da Fazenda Nacional.

67. As ações de combate ao trabalho infantil têm prioridade de atendimento e devem ser articuladas e integradas com os órgãos e entidades que compõem a rede de proteção a crianças e adolescentes.

68. A manutenção de trabalhadores em condições análogas à de escravo caracteriza-se pela constatação de uma ou mais das condutas elencadas no art. 149 do Código Penal, quais sejam submissão a trabalhos forçados, jornada exaustiva, condições degradantes de trabalho, ou ainda pela retenção do trabalhador no local de trabalho mediante as mais diversas formas (servidão por dívida; cerceamento de meio de transporte; retenção de documentos etc.).

CAPÍTULO 28

Prescrição

· · · · · · · · · · · · · · · · · · ·

Marcadores: PRESCRIÇÃO; PRAZO PRESCRICIONAL; PRESCRIÇÃO TOTAL; PRESCRIÇÃO PARCIAL; DECADÊNCIA.

Material de estudo:

✓ Legislação: **CLT**, art. 11, 11-A, 149; **CRFB/88**, art. 7º, XXIX; **Lei nº 12.815/2013**, art. 37, § 4º; **CCB**, art. 189-211; **Lei Complementar nº 150/2015**, art. 43.

✓ Jurisprudência: **Súm.** 6 (item IX), 62, 114, 156, 199 (item II), 206, 268, 275, 294, 308, 326, 327, 350, 362, 373, 382, 452, TST; **OJ SDI-1** 38, 83, 129, 175, 242, 243, 271, 344, 375, 392, 401, 417, TST.

✓ Doutrina (++)

Estratégia de estudo sugerida:

Os pontos mais importantes deste capítulo são, nesta ordem, a compreensão da contagem do prazo prescricional, verbetes de jurisprudência sobre prescrição total e prescrição parcial, prescrição do FGTS e prescrição das férias.

Portanto, a dica é organizar seus estudos de forma seletiva, conforme o concurso que você irá prestar.

Quando se diz que alguém tem **um determinado direito**, estamos dizendo, na verdade, que este indivíduo tem direito a alguma coisa, bem como **direito de exigir** esta determinada coisa, caso o devedor não satisfaça espontaneamente a sua obrigação.

Assim, sempre que o devedor não paga ou não entrega ao credor a coisa devida, este tem a faculdade de acionar o Estado-Juiz para que imponha ao devedor a satisfação forçada da obrigação.

Estes dois primeiros parágrafos me parecem esclarecer adequadamente a noção jurídica de *pretensão*. Com efeito, a esta possibilidade de exigir a satisfação do direito, de acionar o aparato coercitivo do Estado para este fim, se dá o nome de *pretensão*.

Ocorre que, embora o credor seja titular desta pretensão, não é razoável que ele demore anos para, a seu bel prazer, vir a exercer a sua pretensão em relação àquele direito quando bem entender. E é exatamente neste ponto que surge a ideia de prescrição.

Já no início da Era Cristã, a sociedade repugnava a inércia do credor, presumindo que, se ele demorasse muito tempo para reivindicar seu direito, era sinal de que o direito efetivamente não existia, e o credor tentava vencer o devedor pelo cansaço[1].

Uma vez mais em linguagem simples, **prescrição é a corrosão da pretensão** *antiga* **pelo tempo, ante a inércia do titular**.

Assim, o fundamento da prescrição é a noção de pacificação social, de segurança jurídica, de estabilização da relação entre os particulares. Nas palavras de Evaristo de Moraes Filho, "no cômputo geral das coisas, prefere-se a ordem e a segurança em detrimento de pequenas injustiças isoladas".[2]

Imagine-se que, ao abrir a primeira conta bancária, aos 20 anos, Fernando tenha deixado de pagar a fatura do cartão de crédito. Neste caso, a instituição financeira tem uma pretensão em face de Fernando, ou seja, esgotados os meios extrajudiciais de cobrança, resta-lhe a possibilidade de acionar a Justiça para que esta, utilizando-se de coerção (penhora de bens, por exemplo), obrigue Fernando a pagar sua dívida. Não obstante, embora exista o direito e a pretensão, não é razoável que a instituição financeira espere 40 anos para acionar o devedor. A se admitir tamanho disparate, Fernando teria passado toda a vida incomodado com a possibilidade de vir a ser executado em razão daquele deslize da juventude. Por isso, a lei fixa prazos para que o titular da pretensão possa exercê-la, sem o que esta se perderá.

Feita esta pequena introdução, vejamos então o regramento do instituto e sua aplicação ao estudo para concursos públicos.

28.1. CONCEITO

Conforme ensinam Pablo Stolze e Rodolfo Pamplona Filho, "a prescrição é a perda da pretensão de reparação do direito violado, em virtude da inércia do seu titular, no prazo previsto pela lei[3]". No mesmo sentido, o art. 189 do Código Civil de 2002, segundo o qual "violado o direito, nasce para o titular a pretensão, a qual se extingue, pela prescrição, nos prazos a que aludem os arts. 205 e 206".

Neste mesmo diapasão, Homero Batista Mateus da Silva define a prescrição como "a perda de uma pretensão, decorrente da inércia prolongada do credor, e tendo por fundamento a estabilidade das relações jurídicas, também considerada como pacificação das relações sociais, e como consequência a perda da exigibilidade".[4]

Observe-se que **o direito permanece intocado diante da prescrição, que fulmina a pretensão, a exigibilidade, e não o direito em si**. Desse modo, se o devedor satisfaz espontaneamente a obrigação depois de decorrido o prazo prescricional, não lhe caberá restituição, pois o direito permaneceu incólume.

Também é importante ter em mente que os prazos prescricionais são sempre previstos em lei.

---

1   SILVA, Homero Batista Mateus da. *Curso de Direito do Trabalho aplicado, vol. 1: Parte Geral.* – Rio de Janeiro: Elsevier, 2009, p. 247.

2   MORAES FILHO, Evaristo de; MORAES, Antonio Carlos Flores de. *Introdução ao Direito do Trabalho.* 10 ed. – São Paulo: LTr, 2010, p. 256.

3   GAGLIANO, Pablo Stolze; PAMPLONA FILHO, Rodolfo. *Novo Curso de Direito Civil. Parte Geral.* 7. ed. São Paulo: Saraiva, 2006, vol. 1, p. 510.

4   SILVA, Homero Batista Mateus da. *Curso de Direito do Trabalho aplicado: Parte Geral*, p. 249.

28.2. A IMPRESCRITIBILIDADE DOS FATOS

Outra noção muito importante acerca do instituto em análise é que somente pretensões condenatórias se sujeitam à prescrição, isto é, "**a prescrição não incide sobre os fatos em si mesmos, mas sobre as pretensões que deles decorrem**[5]".

Neste sentido, o § 1º do art. 11 da CLT, segundo o qual a prescrição trabalhista não se aplica às ações que tenham por objeto anotações para fins de prova junto à Previdência Social.

Imaginemos um exemplo: o empregado trabalhou em determinada empresa há 20 anos, sem que o contrato de trabalho tenha sido anotado em sua CTPS. Agora, ao requerer sua aposentadoria, este trabalhador teve ciência de que o seu tempo de serviço não é o suficiente, sendo necessário o reconhecimento daquele vínculo de 20 anos atrás. Este trabalhador não poderia reclamar parcelas não pagas relativas a este vínculo pretérito, pois esta pretensão já foi fulminada pela prescrição há muito tempo (veremos os prazos adiante). Não obstante, **os fatos não prescrevem**, razão pela qual o trabalhador poderá ajuizar uma ação declaratória visando simplesmente o reconhecimento do tempo de serviço de 20 anos atrás, para fins de prova junto ao INSS.

E nem se argumente que, reconhecido judicialmente o tempo de serviço, no caso, haveria uma condenação do empregador em obrigação de fazer consistente na anotação da CTPS (o que atrairia a prescrição), tendo em vista que tal anotação pode ser suprida pela Secretaria da Vara do Trabalho.

Outro exemplo é extraído da lição de Ari Pedro Lorenzetti:

> "Se o empregador anota apenas parte do contrato na CTPS do empregado, não pode alegar prescrição do direito deste de invocar todo o período laborado a fim de obter, por exemplo, prêmio permanência ou diferenças a esse título, caso tal verba esteja prevista no contrato, regulamento empresarial ou em norma coletiva. O tempo de serviço, no caso, é mero fato e, como tal, não se sujeita à prescrição. Assim, ainda que o tempo de labor sem registro tenha ocorrido há mais de cinco anos, é da data em que a verba deveria ter sido paga, e não o foi, que nasce a pretensão, fixando-se aí, portanto, o marco inicial da prescrição[6]".

Assim, é importante observar que **ações meramente declaratórias não se sujeitam à prescrição**, sendo que o principal exemplo na seara trabalhista é a ação que visa o reconhecimento de vínculo empregatício, porém sem pleitear as parcelas eventualmente devidas em decorrência de tal relação. Estas verbas, sim, sujeitam-se à prescrição.

Esclareça-se, por fim, que, se houver cumulação de pedido declaratório e condenatório, a prescrição deve ser apurada isoladamente, de forma que o fato de o empregado ter aduzido pedido condenatório não tem o condão de prejudicar a imprescritibilidade dos fatos. Nesse sentido, por exemplo, o seguinte julgado do TST:

> [...] RECURSO DE REVISTA. INTERPOSIÇÃO EM FACE DE ACÓRDÃO PUBLICADO APÓS A LEI Nº 13.015/2014, MAS ANTES DA LEI Nº 13.467/17. AUXÍLIO-ALIMENTAÇÃO E CESTA-ALIMENTAÇÃO - NATUREZA JURÍDICA – CUMULAÇÃO DE PEDIDOS DE NATUREZA DECLARATÓRIA E CONDENATÓRIA – PRESCRIÇÃO APLICÁVEL. A jurisprudência desta Corte tem adotado o entendimento de que, havendo pedido de natureza declaratória e condenatória, considera-se imprescritível a primeira, incidindo a prescrição quinquenal em relação à segunda, conforme precedentes da SBDI-1 deste Tribunal. Ademais, cabe ressaltar que no caso em análise, o recurso de revista somente devolve para esta Corte a

---

5   LORENZETTI, Ari Pedro. *A prescrição e a decadência na justiça do trabalho*. São Paulo: LTr, 2009, p. 241.

6   LORENZETTI, Ari Pedro. *A prescrição e a decadência na justiça do trabalho*, p. 242.

questão referente ao pedido de natureza declaratória, restado precluso o pedido de natureza condenatória. Assim, deve ser reconhecida a imprescritibilidade do pedido de natureza declaratória no caso. Recurso de revista conhecido e provido (TST, RR-625-21.2015.5.05.0462, 7ª Turma, Rel. Min. Renato de Lacerda Paiva, *DEJT* 06.05.2022).

28.3. DISTINÇÃO ENTRE PRESCRIÇÃO E DECADÊNCIA

Tanto a prescrição quanto a decadência atuam em razão da **inércia** do titular do direito e do decurso do **tempo**, mas diferem os institutos em vários aspectos.

A **decadência**, também denominada **caducidade**, pode ser conceituada como a **perda de um *direito potestativo* pelo decurso de prazo fixado em lei *ou em contrato***.

Enquanto a **prescrição** está ligada aos **direitos prestacionais** (em que se tem, de um lado, uma pretensão do credor, e, de outro, uma obrigação do devedor), a **decadência** envolve o exercício de um **direito potestativo**.

Por direito potestativo se deve entender aquele que é exercido unilateralmente pelo sujeito, independentemente da vontade do outro. É a prerrogativa jurídica de impor a outrem, unilateralmente, a sujeição ao seu exercício. Ressalte-se que a outra parte não tem nenhum dever a cumprir. É um direito de *mão única*. São exemplos de direitos potestativos o desfazimento do casamento, bem como a ruptura do contrato de trabalho, em que a parte, ao comunicar sua decisão à outra, não se sujeita à sua concordância ou oposição.

A decadência extingue o próprio direito, ao contrário da prescrição, que extingue apenas a pretensão (exigibilidade), mantendo intacto o direito.

As hipóteses e prazos decadenciais são fixados não só pela lei, mas também pela vontade das partes. Entretanto, os prazos decadenciais previstos em lei não podem ser alterados pela vontade das partes. As hipóteses de prescrição e os respectivos prazos, por sua vez, só podem ser criados por lei, sendo vedado aos particulares criá-los ou modificá-los, nos termos do art. 192 do Código Civil. Neste sentido, não se aplica à fixação dos prazos prescricionais o princípio da condição mais benéfica, isto é, **os prazos legais não podem ser alterados sequer em benefício do trabalhador**.

Os prazos decadenciais, ao contrário dos prescricionais, não são suscetíveis, em regra, a impedimento[7], suspensão ou interrupção.

A decadência tem pouquíssima aplicação no âmbito trabalhista. Não obstante, como pode ser estipulada por acordo entre as partes ou até mesmo por ato unilateral (como no regulamento de empresa), pode perfeitamente surgir em convenção coletiva de trabalho, acordo coletivo de trabalho ou regulamento empresarial. A decadência regula prazos fatais para o exercício de faculdades de aquisição de vantagens novas no âmbito concreto da relação de emprego.

Exemplo clássico de prazo decadencial no Direito do Trabalho é a prerrogativa de propositura de inquérito judicial para apuração de falta grave de empregado estável, nos termos do art. 853 da CLT.

O inquérito judicial previsto no art. 853 da CLT tem a finalidade de permitir ao empregador extinguir o contrato de trabalho de empregado portador de estabilidade especial (decenal, dirigente sindical), o qual só pode ser demitido em decorrência de cometimento de falta grave, apurada em inquérito judicial. Neste caso, cometida a falta grave, o empregador tem duas possibilidades: a) deixa o empregado continuar trabalhando normalmente e ingressa com ação judicial; b) suspende preventivamente o empregado. Neste último

---

[7]   Em relação à não aplicabilidade de impedimentos ao curso do prazo decadencial, a exceção fica por conta da incapacidade absoluta (art. 208 c/c o art. 198, I, c/c o art. 3º, todos do CCB).

caso, terá o empregador 30 dias, contados a partir da suspensão, para ajuizar o inquérito. Caso não exerça tal direito, não mais será possível extinguir o contrato por justa causa em decorrência da falta cometida.

Conforme a Súmula 403 do STF, "é de decadência o prazo de trinta dias para instauração do inquérito judicial, a contar da suspensão, por falta grave, de empregado estável". No mesmo sentido, a Súmula 62 do TST:

Súm. 62. Abandono de emprego (mantida). Res. 121/2003, DJ 19, 20 e 21.11.2003.
O prazo de decadência do direito do empregador de ajuizar inquérito em face do empregado que incorre em abandono de emprego é contado a partir do momento em que o empregado pretendeu seu retorno ao serviço.

Por sua vez, constitui exemplo de prazo decadencial não previsto em lei aquele estipulado no âmbito do Programa de Desligamento Voluntário – PDV. Com efeito, normalmente os prazos para adesão ao PDV são previstos em regulamento empresarial.

Por fim, a prescrição já consumada pode ser objeto de renúncia (não durante a fluência do prazo, por se tratar de norma de ordem pública), conforme art. 191 do CCB, ao contrário da decadência que, se prevista em lei, é irrenunciável, nos termos do art. 209 do CCB.

De forma resumida e esquemática, podem ser mencionadas as seguintes distinções entre prescrição e decadência:

PRESCRIÇÃO	DECADÊNCIA
Relaciona-se a uma prestação	Relaciona-se a um direito potestativo
Extingue a pretensão (exigibilidade do direito)	Extingue o próprio direito
O prazo começa a contar da lesão, e não do direito	O prazo começa a contar do nascimento do direito
As hipóteses e prazos são aqueles estipulados pela lei, sendo vedado às partes alterá-los ou criar novas hipóteses	As hipóteses e prazos são criados pela lei ou pela vontade das partes. Entretanto, os prazos estipulados em lei não podem ser alterados pela vontade das partes
O curso do prazo se sujeita a impedimento, interrupção e suspensão	O prazo flui de forma peremptória, não se sujeitando, em regra, a impedimento, interrupção ou suspensão
Pode ser objeto de renúncia (desde que consumada)	Não pode ser objeto de renúncia

28.4. CONTAGEM DO PRAZO PRESCRICIONAL

Na lição de Ari Pedro Lorenzetti,

"O termo inicial do prazo prescricional coincide com a data em que possa ser exigido o cumprimento da obrigação insatisfeita oportunamente. Na contagem do prazo, no entanto, adota-se a regra comum (CC, art. 132), segundo a qual o termo inicial não é computado no prazo, incluindo-se no cálculo tão somente o termo final".[8]

---

[8] LORENZETTI, Ari Pedro. *A prescrição e a decadência na justiça do trabalho*, p. 238.

A Lei nº 810/1949, por sua vez, define o ano civil como o período de doze meses contado do dia do início ao dia e mês correspondentes do ano seguinte (art. 1º). No mesmo sentido, o art. 132, § 3º, do CCB, dispõe que os prazos de meses e anos expiram no dia de igual número do de início, ou no imediato, se faltar exata correspondência[9].

Assim, conta-se um ano, por exemplo, de 05.04.2009 a 05.04.2010, ou seja, contando-se duas vezes o dia cinco.

28.4.1. Data de início da contagem da prescrição

A data de início da contagem da prescrição é também chamada de **termo inicial da contagem** ou, ainda, *dies a quo.*

Tal data **coincide com a lesão** (ou com o conhecimento desta), **e não com o direito em si**.

É o que normalmente a doutrina denomina **princípio da *actio nata***, que nada mais seria que o nascimento da ação em sentido material, o nascimento da pretensão (exigibilidade). Mencione-se, a título de exemplo, julgado da SDI-I, publicado no *Informativo* nº 73 do TST:

> (...) Prescrição quinquenal. Alcance. Art. 459, parágrafo único, da CLT. Considerando que a prescrição é a perda da exigibilidade do direito pela inércia do seu titular, é certo afirmar que o prazo para o exercício desse direito somente flui a partir de quando ele é exigível. Assim, as verbas salariais somente podem ser exigidas após o 5º dia útil do mês subsequente ao vencido. Desse modo, sendo incontroverso que a reclamação trabalhista foi ajuizada no dia 7 de dezembro de 2006, a prescrição quinquenal não alcança aos salários de dezembro de 2001, porquanto, somente seriam exigíveis após o 5º dia útil do mês de janeiro de 2002. (...) (TST, SDI-I, E-ED-RR-118400-96.2006.5.10.0021, Rel. Min. João Batista Brito Pereira, *DEJT* 14.03.2014).

Sempre que o empregado tomar conhecimento da lesão somente depois que ela ocorrer, a *actio nata* se firmará no momento da ciência do trabalhador. Um exemplo é o caso da doença ocupacional, que atua de forma silenciosa e apenas após bastante tempo, muitas vezes após a extinção do contrato de trabalho, o empregado toma conhecimento de sua existência.

Vejamos algumas hipóteses de fixação do termo inicial da contagem da prescrição:

a) Prescrição dos salários

Deve-se observar a data da exigibilidade do pagamento de salários, que não é propriamente o mês de aquisição, mas, regra geral, o quinto dia útil do mês subsequente (art. 459, § 1º, CLT)[10].

Assim, por exemplo, a pretensão aos salários de janeiro/2011, que não foram pagos pelo empregador, terá o termo inicial da fluência da prescrição fixado levando-se em conta o dia 05.02.2011, que é a data da exigibilidade do direito. Isso porque os salários, embora adquiridos ao longo de todo o mês, somente são devidos no quinto dia útil do mês subsequente ao vencido (art. 459, § 1º, CLT). Portanto, esta pretensão prescreveria em 05.02.2016 (se o contrato estivesse em vigor até lá, como se verá adiante).

---

[9] A falta de exata correspondência, no caso, ocorre na hipótese do ano bissexto, que não terá o dia 29 de fevereiro correspondente nos anos seguintes, pelo que o prazo iniciado neste dia vencerá no dia 1º de março.

[10] Para o empregado doméstico, o prazo para pagamento do salário é o dia sete do mês subsequente, conforme art. 35, *caput*, da LC nº 150/2015. Logo, o prazo prescricional do salário do doméstico terá início no dia oito do mês subsequente.

b) Prescrição do décimo terceiro salário

O décimo terceiro salário somente é exigível em 20 de dezembro, data definida em lei para o pagamento da parcela[11] (art. 1º, Lei nº 4.749/1965). Portanto, somente há que se falar em lesão e, consequentemente, em início da contagem do prazo prescricional, nesta data.

Exemplo: o empregado não recebeu o décimo terceiro salário de 2005; então, teve, em princípio, até 20.12.2010 para reclamá-lo, sob pena de prescrição da sua pretensão.

c) Prescrição das férias

No caso das férias, o art. 149 da CLT determina que o início da contagem da prescrição coincida com o término do período concessivo ou, se for o caso, com o dia da cessação do contrato de trabalho, o que ocorrer primeiro.

Exemplo: Valdete foi admitida em 02.03.2002. Neste caso, o termo inicial de contagem da prescrição das férias 2002/2003 seria 02.03.2004, que é o dia seguinte em relação ao término do período concessivo correspondente (período aquisitivo de 02.03.2002 a 01.03.2003; período concessivo de 02.03.2003 a 01.03.2004). Portanto, caso Valdete tenha continuado trabalhando na empresa, a prescrição das férias 2002/2003 terá ocorrido em 02.03.2009. A parte final do art. 149 da CLT seria aplicável se, no exemplo, Valdete tivesse sido demitida antes do final do período concessivo, ou seja, até 01.03.2004. Nesta hipótese, o termo inicial da contagem da prescrição seria o dia da cessação do contrato de trabalho.

d) Períodos descontínuos de trabalho

Como a Súmula 156 do TST ainda não foi cancelada, é cabível conhecê-la:

Súm. 156. Prescrição. Prazo (mantida). Res. 121/2003, *DJ* 19, 20 e 21.11.2003.

Da extinção do último contrato começa a fluir o prazo prescricional do direito de ação em que se objetiva a soma de períodos descontínuos de trabalho.

Não obstante, atualmente sua importância é apenas acadêmica. Nesta linha de entendimento, Ari Pedro Lorenzetti ensina que

"Para a exata compreensão do enunciado acima, necessário se faz lembrar que a soma dos períodos descontínuos, a que se refere a Súmula, destinava-se ao cálculo da indenização prevista no art. 477, *caput*, da CLT. (...) Todavia, com a substituição da indenização mencionada pelo sistema do FGTS, a Súmula em questão praticamente deixou de ter aplicação, uma vez que a indenização a que se refere o art. 18 da Lei nº 8.036/1990 deverá observar o valor devido a título de FGTS[12]."

e) Aviso-prévio indenizado

Dispõe o art. 487, § 1º, da CLT, que o aviso-prévio, mesmo indenizado, é sempre integrado no tempo de serviço. Logo, no caso do aviso-prévio indenizado, o termo inicial da prescrição coincide com o final da projeção do aviso-prévio. Neste sentido, a OJ 83 da SDI-1 do TST:

OJ-SDI1-83. Aviso prévio. Indenizado. Prescrição (inserida em 28.04.1997).

A prescrição começa a fluir no final da data do término do aviso prévio. Art. 487, § 1º, da CLT.

---

[11] O adiantamento de metade do décimo terceiro até 30 de novembro não é considerado antecipação parcial de exigibilidade ou divisão da obrigação, e sim mera antecipação de pagamento para posterior abatimento.

[12] LORENZETTI, Ari Pedro. *A prescrição e a decadência na justiça do trabalho*, p. 242.

Logicamente, o mesmo raciocínio se aplica à projeção do aviso-prévio proporcional (Lei 12.506/2011).

f) Expurgos inflacionários do FGTS

A Lei Complementar nº 110/2001 reconheceu aos trabalhadores o direito a um complemento sobre os depósitos fundiários (expurgos inflacionários) realizados entre 01.12.1988 e 28.02.1989 e durante o mês de abril de 1990. Ora, neste caso, a pretensão em relação a tais acréscimos surgiu apenas com a publicação da referida lei (30.06.2001), que então é a *actio nata* ou o marco temporal para início da contagem do prazo prescricional. Neste sentido, a OJ 344 da SDI-1 do TST:

> OJ-SDI1-344. FGTS. Multa de 40%. Diferenças decorrentes dos expurgos inflacionários. Prescrição. Termo inicial (mantida). Res. 171/2011, *DEJT* divulgado em 27, 30 e 31.05.2011.
>
> O termo inicial do prazo prescricional para o empregado pleitear em juízo diferenças da multa do FGTS, decorrentes dos expurgos inflacionários, deu-se com a vigência da Lei Complementar nº 110, em 30.06.01, salvo comprovado trânsito em julgado de decisão proferida em ação proposta anteriormente na Justiça Federal, que reconheça o direito à atualização do saldo da conta vinculada.

g) Reparação por danos morais e materiais decorrentes de acidente de trabalho

Não obstante toda a celeuma criada em torno do prazo prescricional da pretensão à reparação por danos morais e materiais decorrentes de acidente de trabalho, notadamente após a ampliação da competência da Justiça do Trabalho (EC 45/2004), sobressai a questão da data do início da contagem do prazo. Tal dúvida é dirimida pela aplicação do princípio da *actio nata*, ou seja, a fluência do prazo prescricional tem início quando o trabalhador teve ciência da lesão. Neste sentido, a Súmula 278 do STJ, segundo a qual "o termo inicial do prazo prescricional, na ação de indenização, é a data em que o segurado teve ciência inequívoca da incapacidade laboral".

Quanto ao prazo prescricional propriamente dito, mencione-se de passagem que a questão ainda não está pacificada, havendo uma tendência de aplicação, aos processos oriundos da Justiça Comum deslocados para o TST por força da EC 45/2004, o prazo prescricional do direito comum, até então aplicado, que é de 20 anos no CCB/1916 e de 10 anos no CCB/2002, cada um aplicável conforme o caso.

No tocante aos processos novos, por sua vez, a doutrina majoritária defende a aplicação da prescrição trabalhista também às hipóteses em análise.

h) Parcelas oriundas de sentença normativa

Sentença normativa é aquela exarada em dissídio coletivo, conforme será estudado no Capítulo 29, referente ao Direito Coletivo do Trabalho.

O início da fluência da prescrição em relação às parcelas oriundas de sentença normativa é a data do trânsito em julgado de tal sentença. Nestes termos, a Súmula 350 do TST:

> Súm. 350. Prescrição. Termo inicial. Ação de cumprimento. Sentença normativa (mantida). Res. 121/2003, *DJ* 19, 20 e 21.11.2003.
>
> O prazo de prescrição com relação à ação de cumprimento de decisão normativa flui apenas da data de seu trânsito em julgado.

28.4.2. Data de término da contagem da prescrição

A data de término da contagem do prazo prescricional é também chamada **termo final da contagem do prazo** ou, ainda, *dies ad quem*.

Normalmente coincidirá com o dia e o mês do início do prazo, conforme mencionado acima. Entretanto, se este dia não for útil (for domingo, feriado ou recesso), será prorrogado para o primeiro dia útil subsequente, nos termos do disposto no art. 132, § 1º, do Código Civil.

28.5. PRESCRIÇÃO TRABALHISTA – PREVISÃO LEGAL E PRAZOS

A prescrição é instituto originado do direito comum, pelo que se aplicam subsidiariamente à seara trabalhista os dispositivos do Código Civil (arts. 189-206), salvo nos casos em que a matéria tem regulação específica em lei trabalhista (art. 8º, § 1º, CLT). Assim, aplicar-se-á ao âmbito laboral, em primeiro lugar, o art. 7º, XXIX, da CRFB/88, *in verbis*:

> Art. 7º São direitos dos trabalhadores urbanos e rurais, além de outros que visem à melhoria de sua condição social:
>
> (...)
>
> XXIX – ação, quanto aos créditos resultantes das relações de trabalho, **com prazo prescricional de cinco anos para os trabalhadores urbanos e rurais, até o limite de dois anos após a extinção do contrato;**
>
> (...)

Nos mesmos termos a CLT, em seu art. 11:

> Art. 11. A pretensão quanto a créditos resultantes das relações de trabalho prescreve em cinco anos para os trabalhadores urbanos e rurais, até o limite de dois anos após a extinção do contrato de trabalho[13].
>
> (...)

A particularidade da prescrição trabalhista é a existência de **dois prazos**: "prazo prescricional de **cinco anos** para os trabalhadores urbanos e rurais, **até o limite de dois anos após a extinção do contrato**". A Súmula 308 do TST esclarece a interpretação, no sentido de que **os cinco anos são contados** *a partir do ajuizamento da ação*:

> Súm. 308. Prescrição quinquenal. Res. 129/2005, *DJ* 20, 22 e 25.04.2005.
>
> I. Respeitado o biênio subsequente à cessação contratual, a prescrição da ação trabalhista concerne às pretensões imediatamente anteriores a cinco anos, contados da data do ajuizamento da reclamação e, não, às anteriores ao quinquênio da data da extinção do contrato.
>
> II. A norma constitucional que ampliou o prazo de prescrição da ação trabalhista para 5 (cinco) anos é de aplicação imediata e não atinge pretensões já alcançadas pela prescrição bienal quando da promulgação da CF/1988.

Para facilitar o entendimento, pode-se dizer o seguinte:

Conta-se **dois anos PARA A FRENTE**, *a partir da extinção do contrato de trabalho*, e então **cinco anos PARA TRÁS**, *a partir da data do ajuizamento da ação*.

Citando uma metáfora utilizada em aula pelo magnífico professor Márcio Túlio Viana, imagine-se uma composição de trem de ferro composta pela locomotiva e cinco vagões. O empregado guia a locomotiva e cada um dos vagões representa um ano. Observe que os vagões estão sempre presos à locomotiva, razão pela qual se movimentam com o des-

---

13 Redação dada pela Lei nº 13.467/2017.

locamento dela. Desse modo, a partir da cessação do contrato de trabalho, o empregado terá dois anos para "se locomover para frente", mas os vagões virão juntos, sempre colados à locomotiva, delimitando o período não prescrito.

Também a linha do tempo ajuda a esclarecer a contagem da prescrição trabalhista:

01.03.02	01.03.03	01.03.04	01.03.05	01.03.06	01.03.07	01.03.08	01.03.09
					Extinção contratual		
Possibilidades							
					Ação		
						Ação	
							Ação

Imagine a área destacada como uma régua rígida, de tamanho fixo (que corresponderia aos vagões do trem do exemplo anterior). Para determinar quando incidirá a lâmina prescricional (prescrição quinquenal, frise-se), basta colocar o final da referida régua na data do ajuizamento da ação. O início da régua determinará o momento até o qual incidirá a lâmina prescricional.

Algumas conclusões merecem atenção:

a) só há se falar em prescrição bienal se não mais existe contrato de trabalho. Vigente o contrato de trabalho, a prescrição é sempre a quinquenal;

b) extinto o contrato de trabalho, a data do desligamento do empregado não tem qualquer relevância para a contagem da prescrição quinquenal, mas tão somente para verificação da prescrição bienal;

c) o início da régua do exemplo, isto é, o ponto de corte da lâmina prescricional, se refere aos direitos exigíveis naquela data (prestações vencidas daquele momento em diante), de forma que pode ocorrer de uma prestação ter sido adquirida antes, mas ter se tornado exigível somente depois da incidência da lâmina prescricional, pelo que tal parcela não será prejudicada pela prescrição. Na hipótese acima (ajuizamento coincidente com a extinção contratual), um exemplo seria o salário de fevereiro/2002, que, embora adquirido em época já alcançada pela prescrição, só veio a ser exigível depois, no quinto dia útil do mês de março/2002. A regra do início da contagem do prazo prescricional foi estudada acima, no item 28.4.1.

Por fim, faz-se importante esclarecer o sentido do item II da Súmula 308:

Súm. 308. (...)

II. A norma constitucional que ampliou o prazo de prescrição da ação trabalhista para 5 (cinco) anos é de aplicação imediata e não atinge pretensões já alcançadas pela prescrição bienal quando da promulgação da CF/1988.

Trata-se de regra de transição para aplicação do inciso XXIX do art. 7º da CRFB. Com efeito, sob a égide da Constituição anterior, a prescrição trabalhista era apenas a bienal, razão pela qual o constituinte incluiu o inciso XXIX dentre os direitos dos trabalhadores, pois houve significativo avanço nesta matéria, qual seja ampliação do prazo prescricional do crédito trabalhista em três anos.

Desse modo, o TST reitera, através do item II do verbete supramencionado, a regra geral para aplicação da lei, que é a **aplicação imediata e não retroativa**. Trocando em miúdos, as pretensões surgidas há mais de dois anos quando da promulgação da CRFB/88 estavam irremediavelmente prescritas. Ao contrário, aquelas que ainda não tinham completado os dois anos passaram a ser imediatamente regidas pelo novo prazo quinquenal.

Exemplos: a pretensão à reparação de lesão ocorrida em 04.10.1986 prescreveu em 04.10.1988, seguindo a regra da prescrição bienal então vigente. Como a prescrição já estava consumada ao tempo da promulgação da CRFB/88, o inciso XXIX do art. 7º não se lhe aplica. Por sua vez, a pretensão à reparação de lesão ocorrida em 01.02.1987, que prescreveria em 01.02.1989, passou a prescrever somente em 01.02.1992, ante a aplicação imediata da nova Constituição.

28.6. CAUSAS IMPEDITIVAS, SUSPENSIVAS E INTERRUPTIVAS

Determinados fatos restringem a possibilidade de atuação do titular do direito no que tange à defesa de seus próprios interesses. Por isso, diante destas hipóteses, não corre o prazo prescricional, ao passo que não há como atribuir ao credor a inércia. Tais fatos são as causas impeditivas ou suspensivas do curso da prescrição.

Como regra geral, as causas impeditivas e suspensivas advêm de **fato externo alheio à vontade do titular da pretensão**. Há, entretanto, duas exceções de larga aplicação: a) no âmbito administrativo, a **reclamação administrativa** (ato voluntário, portanto) apenas **suspende** o prazo prescricional, tendo em vista o disposto no art. 4º do Decreto nº 20.910/1932 (mais uma vantagem processual concedida ao Estado); b) no Direito do Trabalho, a **submissão de qualquer demanda à Comissão de Conciliação Prévia – CCP suspende** o prazo prescricional (art. 625-G da CLT).

As causas interruptivas, por sua vez, demonstram verdadeiros atos de defesa do direito pelo seu titular, ou ainda ações incontestáveis de reconhecimento do débito pelo devedor, donde decorre a sustação da fluência do prazo prescricional. **Se não há inércia, não há se falar em prescrição**.

Em qualquer dos casos, somente não corre o prazo prescricional diante de previsão expressa em lei, ou seja, as **hipóteses de causas impeditivas, suspensivas ou interruptivas são** *taxativas*, não podendo o titular do direito apresentar outras justificativas para sua inércia, senão aquelas expressamente previstas em lei.

Neste sentido, a OJ 375 da SDI-1 do TST:

OJ-SDI1-375. Auxílio-doença. Aposentadoria por invalidez. Suspensão do contrato de trabalho. Prescrição. Contagem (*DEJT* divulgado em 19, 20 e 22.04.2010).

A suspensão do contrato de trabalho, em virtude da percepção do auxílio-doença ou da aposentadoria por invalidez, não impede a fluência da prescrição quinquenal, ressalvada a hipótese de absoluta impossibilidade de acesso ao Judiciário.

A propósito, há que se tomar muito cuidado para não confundir a suspensão e a interrupção do contrato de trabalho com as hipóteses de suspensão ou interrupção do curso do prazo prescricional, as quais não guardam qualquer relação entre si. Com efeito, a suspensão e a interrupção do contrato de trabalho pressupõem situações em que não há prestação de serviços. Ao contrário, a suspensão e a interrupção da fluência do prazo prescricional têm lugar sempre que não há inércia (interrupção) ou que a inércia não pode ser atribuída à vontade do titular do direito (suspensão).

Esta questão dos efeitos da suspensão do contrato de trabalho sobre a prescrição, que até pouco tempo atrás era objeto de controvérsia, atualmente encontra-se pacificada na jurisprudência do TST, que tem decidido no sentido da irrelevância das causas de suspensão do contrato de trabalho em relação à contagem da prescrição. Desse modo, o simples fato do empregado ter adoecido ou ter sido internado, entre outras hipóteses de afastamento, inclusive com percepção de auxílio-doença, não tem o condão de suspender a fluência do prazo prescricional, pois nestas situações o empregado continua tendo a possibilidade de ajuizar a ação, ainda que mediante procurador (o que é, na prática, o trivial).

Diferente é a situação do trabalhador submetido à condição análoga à de escravo, ao passo que, até a "libertação", esse obreiro fica fisicamente impossibilitado de reclamar seus direitos, pelo que não lhe pode ser imputada a inércia capaz de extinguir a pretensão.

28.6.1. Causas impeditivas

Representam a hipótese em que a contagem do prazo prescricional sequer é iniciada enquanto perdurar o fato impeditivo.

Exemplo: não corre prescrição contra menor de 18 anos (art. 440 da CLT). Neste exemplo, é importante observar que a regra celetista é cronológica, não importando inquirir sobre a (in)capacidade civil. Não se aplica, no caso, o CCB, pois a CLT regula a matéria e é, afinal, mais benéfica ao trabalhador.

Por sua vez, embora não corra a prescrição contra o empregado menor de 18 anos, **corre normalmente o prazo prescricional em face de herdeiros** do empregado **a partir dos 16 anos, hipótese em que se aplica a regra do direito comum**[14] em relação aos créditos não alcançados pela prescrição quando do falecimento do empregado. Esta é a posição predominante na doutrina e no TST.

A título de exemplo, mencionem-se os seguintes arestos do TST:

[...] Recurso de revista interposto pelo Ministério Público do Trabalho em face de decisão publicada antes da vigência da Lei nº 13.015/2014. Prescrição. Herdeiro menor impúbere. Obrigação indivisível. Suspensão da prescrição. O Código Civil, em seus artigos 197 a 201, disciplina as causas de impedimento e suspensão do prazo prescricional, dentre as quais se incluiu a circunstância de a ação ser proposta no interesse do menor absolutamente incapaz (artigo 198, I, c/c 3º, Código Civil). A jurisprudência desta Corte Superior confirma o posicionamento no sentido de que não corre prescrição contra o herdeiro, menor impúbere, para reivindicar direitos decorrentes do contrato de trabalho de empregado falecido, suspendendo-se o marco inicial até que ele se torne absolutamente capaz. Trata-se de uma norma protetiva dos herdeiros do empregado falecido. De mais a mais, segundo a exegese do referido dispositivo legal e do artigo 201 do Código Civil, a prerrogativa assegurada ao menor, contra o qual não corre prescrição, aproveita à sua genitora, viúva do *de cujus*, e representante do menor. Recurso de revista de que se conhece e a que se dá provimento (TST, 7ª Turma, ARR-1682900-69.2009.5.09.0652, Rel. Min. Cláudio Mascarenhas Brandão, j. 17.08.2016, *DEJT* 26.08.2016).

Agravo de instrumento em recurso de revista. Rito sumaríssimo. Prescrição. Herdeiro menor. O entendimento perfilhado por esta Corte é o de que não corre prazo prescricional contra o herdeiro menor, nos termos do artigo 198, I, do Código Civil. De igual modo, a teor dos artigos 1.791 e 201 do CC, em se tratando de obrigação indivisível, a suspensão da prescrição aplicada aos herdeiros absolutamente incapazes aproveita aos demais herdeiros/credores

---

14 Contra os herdeiros do empregado corre a prescrição a partir dos 16 anos, nos termos do CCB (art. 198, I, c/c o art. 3º). Assim, a incapacidade absoluta do herdeiro caracteriza hipótese de suspensão do curso da prescrição dos créditos trabalhistas do obreiro falecido.

solidários. Precedentes. Agravo de instrumento conhecido e não provido (TST, 8ª Turma, AIRR-10964-84.2014.5.15.0045, Rel. Min. Dora Maria da Costa, j. 22.06.2016, *DEJT* 24.06.2016).

Observe-se por oportuno, nos arestos do TST, que a incapacidade absoluta dos herdeiros impede a fluência do prazo prescricional, mesmo que exista um representante maior, razão pela qual esta paralisação da fluência do prazo aproveita também ao maior.

Além da questão da menoridade do empregado, prevista na própria CLT, podem ser extraídas do CCB outras causas impeditivas do curso da prescrição que também se aplicam à seara trabalhista, conforme arts. 198 e 199:

> Art. 198. Também não corre a prescrição:
>
> (...)
>
> II – contra os ausentes do País em serviço público da União, dos Estados ou dos Municípios;
>
> III – contra os que se acharem servindo nas Forças Armadas, em tempo de guerra.
>
> Art. 199. Não corre igualmente a prescrição:
>
> I – pendendo condição suspensiva;
>
> II – não estando vencido o prazo;
>
> (...).

28.6.2. Causas suspensivas

Paralisam o curso do prazo da prescrição já iniciado, o qual será retomado, **do ponto onde parou**, com o fim da causa suspensiva.

Exemplo: submissão de demanda à Comissão de Conciliação Prévia – CCP. Extinto o contrato em 05.04.2004, o empregado tinha até o dia 05.04.2006 para reclamar eventuais créditos (prescrição bienal). Imagine-se que, no dia 05.04.2006, este empregado formulou demanda perante a CCP, tendo sido designada tentativa de conciliação para o dia 15.04.2006[15]. Neste dia, tendo restado infrutífera a tentativa de conciliação, recomeçou a contar o prazo prescricional. Como a regra é a exclusão do dia do começo, o empregado teve até o dia 16.04.2006 para ajuizar a reclamação trabalhista, ou seja, lhe foi restituído o prazo de um dia que ainda faltava para a consumação da prescrição.

A principal característica da suspensão do curso do prazo prescricional é a retomada do curso do prazo, tão logo cesse a causa que deu origem à suspensão, **computando-se o período anterior à suspensão**. Assim, por exemplo, se quando da suspensão havia decorrido um ano do prazo prescricional, quando reiniciada a contagem começará com um ano transcorrido, e continuará até o termo final.

Hipótese bastante recente de causa suspensiva do curso do prazo prescricional foi a suspensão da contagem do prazo prescricional dos débitos relativos a contribuições do FGTS pelo prazo de cento e vinte dias, levada a efeito pelas Medidas Provisórias nº 927/2020 (art. 23) e nº 1.406/2021 (art. 24), ambas editadas no contexto da pandemia de Covid-19. Diante de tal previsão, os prazos prescricionais dos débitos fundiários permaneceram suspensos, ao todo, por 240 dias.

---

15 Observe-se, todavia, que, elastecido o período entre a submissão da demanda à CCP e a data em que foi lavrado o termo de conciliação frustrada, todo esse tempo deve ser computado para efeito de suspensão do prazo prescricional, sob pena de penalizar a parte que optou em buscar a conciliação. De tal modo, no lapso de tempo entre a provocação da CCP e a tentativa frustrada de conciliação, esteve suspenso o decurso do prazo prescricional. Neste sentido, E-ED-ARR-1929-04.2011.5.03.0025, Rel. Min.: Aloysio Corrêa da Veiga, Data de Julgamento: 14/09/2017, Subseção I Especializada em Dissídios Individuais, DEJT 20/10/2017, julgado este divulgado no Informativo nº 164 do TST.

A partir daí, trago ao leitor um exemplo extraído de processo administrativo real, o qual foi por mim analisado: AFT lavrou NDFC (notificação de débito fundiário) em 29.10.2021, sendo o débito mais antigo apurado o relativo à competência 02/2016, cujo vencimento se deu em 07.03.2016. Portanto, em princípio tal débito prescreveria em 08.03.2021[16], e foi exatamente essa a alegação da defesa. Todavia, consideradas as suspensões determinadas pelas Medidas Provisórias nº 927/2020 e nº 1.406/2021, totalizando 240 dias de suspensão, o prazo prescricional foi elastecido até 03.11.2021[17]. Logo, não procede o argumento da defesa no sentido de que parte do débito estaria prescrito, pois a NDFC foi lavrada antes do fim do prazo prescricional da parcela mais antiga.

28.6.3. Causas interruptivas

Demonstram uma providência inequívoca do interessado no sentido da defesa de seu direito, ou ainda um ato inequívoco de reconhecimento da dívida pelo devedor. Assim, em regra, as causas interruptivas constituem ações voluntárias do titular da pretensão na defesa de seu direito. Reiterem-se, entretanto, os dois exemplos supramencionados (reclamação administrativa e submissão de demanda à CCP), os quais, não obstante sejam ações voluntárias do titular do direito, são consideradas, por lei, como causas *suspensivas* do prazo prescricional.

A causa interruptiva susta a contagem prescricional já iniciada, eliminando inclusive o prazo que já fluiu até então, isto é, **afastada a causa interruptiva o prazo prescricional é contado novamente, desde o começo, e não desde o ponto em que ocorreu a interrupção, como ocorre nos casos de suspensão**. Logicamente, só se aplica aos prazos em curso, não atingindo hipótese de prescrição já consumada.

Exemplo clássico de causa interruptiva é a propositura de ação reclamatória trabalhista (art. 11, § 3º, da CLT, c/c art. 202, I, CCB). Assim, se o empregado teve o contrato de trabalho extinto em 05.04.2004 e em 15.10.2005 ajuizou ação trabalhista, a partir desta data a prescrição estará interrompida, pelo que o prazo até então transcorrido será desconsiderado. Neste diapasão, caso a ação seja extinta, a prescrição recomeçará do zero, a partir da extinção.

Outra hipótese interessante de causa interruptiva, mais uma vez aplicando a teoria ao cotidiano da inspeção do trabalho, é a previsão do art. 23-A da Lei nº 8.036/1990, incluído pela Lei nº 19.932/2019:

> Art. 23-A. A notificação do empregador relativa aos débitos com o FGTS, o início de procedimento administrativo ou a medida de fiscalização interrompem o prazo prescricional. (Incluído dada pela Lei nº 13.932, de 2019)
>
> § 1º O contencioso administrativo é causa de suspensão do prazo prescricional.
>
> [...]

Conforme previsto no *caput*, qualquer **medida inequívoca de início de fiscalização** (a lavratura da Notificação para Apresentação de Documentos – NAD, ou a lavratura da Notificação para Cumprimento de Obrigação – NCO, ou ainda a própria lavratura da Notificação de Débito para Recolhimento do FGTS – NDFC[18]) **interrompe o curso do prazo prescricional**. Logo, o prazo recomeçará a contar do início. Com-

16 Cinco anos a partir da exigibilidade da parcela.
17 O cálculo exemplifica a forma de contagem na suspensão: aproveita-se o prazo transcorrido antes da suspensão, retomando-se a contagem do ponto em que havia parado.
18 Nesse sentido, o art. 276 da Instrução Normativa MTP nº 2/2021.

pletando o raciocínio com o conteúdo do tópico anterior, o § 1º do art. 23-A dispõe que **o contencioso administrativo suspende o prazo prescricional**, o que ocorre por razões óbvias.

Consoante o disposto no art. 202, *caput*, do CCB/2002, **a prescrição só pode ser interrompida uma única vez**.

É importante salientar que a interrupção se verifica somente em relação às parcelas indicadas no pedido da ação, pelo simples fato de que somente em relação ao pedido o juiz pode se manifestar, sendo-lhe vedado julgar além do quanto pedido.

Em consonância com esta interpretação, a Súmula 268 do TST:

> Súm. 268. Prescrição. Interrupção. Ação trabalhista arquivada (nova redação). Res. 121/2003, *DJ* 19, 20 e 21.11.2003.
>
> A ação trabalhista, ainda que arquivada, interrompe a prescrição somente em relação aos pedidos idênticos.

Do verbete se extrai ainda o entendimento segundo o qual mesmo a ação arquivada tem o condão de interromper o fluxo do prazo prescricional. Assim, ainda que a ação tenha sido arquivada por ausência injustificada do reclamante à audiência, ou ainda por inépcia da inicial, o prazo prescricional terá sido interrompido mediante o simples ajuizamento da reclamação trabalhista.

Observe-se que o entendimento jurisprudencial há muito consubstanciado na Súmula 268 do TST foi recentemente incorporado à CLT pela Lei nº 13.467/2017, que acrescentou o § 3º do art. 11 da CLT, nos seguintes termos:

> § 3º A interrupção da prescrição somente ocorrerá pelo ajuizamento de reclamação trabalhista, mesmo que em juízo incompetente, ainda que venha a ser extinta sem resolução do mérito, produzindo efeitos apenas em relação aos pedidos idênticos.

A grande dificuldade da redação do referido § 3º reside na utilização do advérbio de modo *somente*, que sugere a restrição da interrupção da prescrição trabalhista tão somente ao ajuizamento de reclamação trabalhista *stricto sensu*, pelo que seriam rejeitadas, como causas de interrupção, outras medidas inequívocas do empregado, como, por exemplo, o protesto judicial. A se acolher tal entendimento, estaria ultrapassado o entendimento jurisprudencial consolidado na OJ nº 392 da SDI-1, *in verbis*:

> OJ-SDI-1-392. Prescrição. Interrupção. Ajuizamento de protesto judicial. Marco inicial (atualizada em decorrência do CPC de 2015) (republicada em razão de erro material) – Res. 209/2016, *DEJT* divulgado em 01, 02 e 03.06.2016.
>
> O protesto judicial é medida aplicável no processo do trabalho, por força do art. 769 da CLT e do art. 15 do CPC de 2015. O ajuizamento da ação, por si só, interrompe o prazo prescricional, em razão da inaplicabilidade do § 2º do art. 240 do CPC de 2015 (§ 2º do art. 219 do CPC de 1973), incompatível com o disposto no art. 841 da CLT.

Outras hipóteses de interrupção, encontradas no art. 202 do CCB, igualmente não surtiriam tal efeito na seara trabalhista, caso se considere que o advérbio *somente*, utilizado no novel § 3º do art. 11 da CLT, realmente restringe a interrupção apenas à hipótese de ajuizamento de reclamação trabalhista.

A questão, até agora, tem sido tratada de forma errática por grande parte da doutrina, e somente com o tempo teremos sinalização da intepretação judicial que será dada à matéria.

28.7. PRESCRIÇÃO PARCIAL E TOTAL

A subdivisão da prescrição em parcial e total não decorre de lei, e sim da construção jurisprudencial acerca do tema, e notadamente do entendimento predominante no TST, consubstanciado na Súmula 294.

Em primeiro lugar, é fundamental esclarecer que **a prescrição bienal será sempre total**, razão pela qual o conceito de prescrição parcial se aplica tão somente à prescrição quinquenal, que pode, pois, ser total ou parcial.

A construção da ideia de prescrição parcial parte de algumas premissas, as quais devem ser conhecidas ante a complexidade do tema:

a) Em um primeiro momento, a jurisprudência trabalhista acolheu a distinção civilista, no sentido de que **seria parcial a prescrição de parcelas de trato sucessivo e total a prescrição de parcelas decorrentes de ato único**.

Ato único seria aquele que não se desdobra no tempo, cujos efeitos não se renovam mês a mês. Exemplos seriam a compra e venda e o dano moral. Homero Batista Mateus da Silva[19] ensina que

> *"Essas situações devem ter como característica comum o fato de não serem lesivas aos empregados em sua própria essência – pois, do contrário, sempre seriam passíveis de contestação judicial e deveriam ser estudadas no campo da fraude – e de serem de efeito instantâneo, deliberadas num só movimento pelo empregador"[20].*

b) Diante da dificuldade muitas vezes encontrada para definir o que seria um ato único, o TST procurou tornar mais objetivo o critério distintivo entre a prescrição total e a parcial, estabelecendo como fundamento para a diferenciação o **título jurídico instituidor da parcela**, se preceito de lei ou não. Neste sentido, a Súmula 294 do TST:

> Súm. 294. Prescrição. Alteração contratual. Trabalhador urbano (mantida). Res. 121/2003, *DJ* 19, 20 e 21.11.2003.
>
> Tratando-se de ação que envolva pedido de prestações sucessivas decorrente de alteração do pactuado, a prescrição é total, exceto quando o direito à parcela esteja também assegurado por preceito de lei.

A **prescrição é total**, fulminando a pretensão em relação a determinada parcela, **inclusive em relação a efeitos futuros**, sempre que esta parcela se fundar em cláusula contratual (contrato de trabalho) ou regulamentar (regulamento de empresa), ou seja, não estiver também assegurada por preceito de lei.

A prescrição corre desde a lesão (e, consequentemente, desde o surgimento da pretensão) e se consuma no prazo quinquenal subsequente, obviamente, se o contrato ainda estiver em vigor.

Exemplos: gratificações ajustadas, salário-prêmio etc. Imagine-se que o regulamento de determinada empresa previa o pagamento de 14º salário aos empregados, sempre no mês de janeiro de cada ano. Observe-se que não há qualquer previsão legal para o pagamento de tal parcela. Então, a partir do ano 2000, a empresa parou de pagar tal parcela aos empregados.

---

[19] SILVA, Homero Batista Mateus da. *Curso de Direito do Trabalho Aplicado*: volume 1 – parte geral. 3. ed. São Paulo: RT, 2015, p. 303.

[20] O autor menciona como exemplo a instituição de um quadro de carreira; a alteração do cálculo do adicional por tempo de serviço, passando de triênio para quinquênio, sem previsão em lei; e questionamento das horas extras pré-contratadas pelo bancário.

Se o empregado reclama judicialmente o pagamento do 14º salário em janeiro de 2007, sua pretensão estará prescrita, atingida pela prescrição total. Dessa forma, não só as parcelas referentes a 2000 e 2001 estariam prescritas, como também as dos últimos cinco anos.

A **prescrição parcial**, por sua vez, **não atinge o próprio fundo de direito que deu origem à pretensão**, mas apenas a exigibilidade das parcelas devidas há mais de cinco anos, decorrentes de determinado direito fundado em **preceito de lei**.

Neste caso, a *actio nata* incidiria em cada parcela especificamente lesionada, de forma que a prescrição contar-se-ia a partir do vencimento de cada prestação periódica resultante do direito protegido por lei.

Exemplos:

- salário pago em valor inferior ao mínimo;
- diferenças em face de equiparação salarial (Súmula 6, IX, do TST).

Imagine-se um empregado que recebe salário inferior ao mínimo legal desde 01.01.2000. Caso este empregado ingresse com reclamação trabalhista em 01.01.2007, terá ocorrido prescrição parcial de seu direito, atingindo as diferenças salariais devidas entre 01.01.2000 e 01.01.2002, resguardadas, porém, as pretensões relativas aos últimos cinco anos, tendo em vista que o salário mínimo é garantido por preceito de lei (art. 7º, IV, da CRFB/88).

Outro exemplo pode ser extraído de julgado da SDI-I publicado no *Informativo* 115 do TST:

> Embargos em recurso de revista. Interposição sob a égide da Lei nº 11.496/2007. Prescrição. Horas extraordinárias. Diferenças salariais. Jornada superior a seis horas diárias. Bancário. Cargo de confiança. Provimento. 1. A respeito da matéria, a SBDI-1 desta Corte Superior, no julgamento do Processo E-ED-RR-5210-69.2010.5.12.0051, decidiu que a alteração unilateral por parte da CEF da jornada de trabalho aplicável aos ocupantes de cargo de confiança (de seis horas diárias para oito horas), por força do novo Plano de Cargos em Comissão instituído pela reclamada em 1998, se trata de lesão de trato sucessivo referente a direito que está fundamentado em preceito de lei, qual seja a jornada prevista no artigo 224 da CLT. Por tal razão, incide sobre a pretensão de horas extraordinárias a prescrição parcial, nos termos da parte final da Súmula nº 294 desta Corte. Precedentes. Ressalva de entendimento contrário do Relator. 2. Recurso de embargos conhecido e provido (TST, SDI-I, E-RR-33000-71.2008.5.04.0002, Rel. Min. Guilherme Augusto Caputo Bastos, j. 27.08.2015, *DEJT* 18.09.2015).

Há que se mencionar, entretanto, a existência de duas interpretações para o termo *preceito de lei*, a saber:

a) *sentido amplo*: considera a lei em sentido lato, isto é, norma jurídica, incluindo, portanto, acordo coletivo de trabalho e convenção coletiva de trabalho;

b) *sentido estrito*: considera a lei em sentido estrito (lei em sentido formal e material), portanto, não alcançando as normas coletivas. Neste diapasão, a prescrição total atingiria também direitos previstos em diplomas normativos infralegais (ACT e CCT).

Aplica-se, no caso, o princípio da interpretação mais favorável ao empregado, razão pela qual a corrente majoritária se inclina em direção à tese do sentido amplo da expressão[21], de forma a abranger também os acordos coletivos de trabalho e as convenções coletivas de trabalho.

---

21 Neste sentido, DELGADO, Maurício Godinho. *Curso de Direito do Trabalho*. 9. ed. São Paulo: LTr, 2010, p. 256; e LORENZETTI, Ari Pedro. *A prescrição e a decadência na justiça do trabalho*. p. 186.

Registre-se que o TST aplicava a referida Súmula 294 única e exclusivamente às situações fáticas de alteração do pactuado, e não às hipóteses de mero descumprimento contratual. Em outras palavras, considerava o TST que, se o empregador simplesmente deixasse de pagar (ou de fazer, como no caso do reenquadramento), mas disso não decorresse alteração do pactuado, a prescrição seria parcial, *se a parcela é de trato sucessivo*.

Embora a *Reforma Trabalhista de 2017* tenha acolhido em parte o entendimento consolidado na Súmula 294 do TST, promoveu alteração substancial na matéria ao adotar o mesmo critério também para o mero descumprimento contratual. Neste sentido, o § 2º do art. 11 da CLT, incluído pela Lei nº 13.467/2017:

§ 2º Tratando-se de pretensão que envolva pedido de prestações sucessivas decorrente de **alteração ou descumprimento do pactuado**, a prescrição é total, exceto quando o direito à parcela esteja também assegurado por preceito de lei. (grifos meus)

Portanto, **a partir da vigência da Lei nº 13.467/2017, em caso de pretensão que envolva prestações sucessivas, a prescrição será sempre total se a parcela não estiver assegurada também por preceito de lei.**

28.8. ESTUDO AVANÇADO DA PRESCRIÇÃO

Para a grande maioria dos concursos, o estudo dos tópicos anteriores será mais que suficiente. Portanto, se você se enquadra neste tipo de concurso, é razoável que adote uma *estratégia de estudo seletivo*, sem se preocupar muito com o que será mencionado daqui para a frente neste capítulo.

Entretanto, existem três justificativas para o estudo aprofundado deste tema. A primeira, de ordem didática, diz respeito à perfeita compreensão dos verbetes de jurisprudência, o que auxilia sobremaneira na incorporação destas informações ao "patrimônio" do candidato. Com efeito, os (muitos) verbetes de jurisprudência do TST sobre prescrição total e prescrição parcial parecem, à primeira vista, contraditórios, o que somente pode ser minimamente explicado com o devido aprofundamento do assunto. A segunda justificativa é o impacto da Reforma Trabalhista em vários destes verbetes, o que pode levar o candidato a grande confusão quando do estudo mais superficial da matéria. Por fim, a última justificativa se liga à preparação dos candidatos que visam àqueles concursos mais exigentes, como os das carreiras jurídicas.

28.8.1. Prescrição total e prescrição parcial: estudo avançado

O condicionamento da incidência da prescrição parcial (notadamente mais benéfica ao trabalhador) somente aos casos de parcela de trato sucessivo e assegurada por preceito de lei tem uma explicação razoável, sob o ponto de vista técnico. É que a lei não pode ter sua incidência afastada pela vontade das partes, ao contrário do que é pactuado pelos próprios contratantes, que admite convalidação.

Embora o assunto seja extremamente polêmico na doutrina e na jurisprudência, comungo da explicação proposta por Ari Pedro Lorenzetti[22], nos seguintes termos:

a) as alterações do contrato de trabalho, de uma forma geral, repercutem sobre o salário e demais parcelas devidas ao empregado, ou ainda sobre as condições de trabalho, normalmente de forma continuada (prestações sucessivas);

22 LORENZETTI, Ari Pedro. *A prescrição e a decadência na justiça do trabalho*, p. 183-188.

b) nestes casos, é comum que a alteração repercuta mês a mês, e não só quando a alteração ilícita foi perpetrada;

c) se a alteração contratual não é válida, o empregado tem direito não só de revertê-la, mas também de receber as parcelas respectivas (por exemplo, diferenças salariais), nos termos do art. 182 do CCB[23];

d) porém, nem sempre o direito às prestações suprimidas ilicitamente depende da desconstituição do ato em razão do qual deixaram de ser pagas;

e) se o direito à parcela sonegada estiver assegurado por preceito de lei, basta ao empregado invocar esta previsão legal para que faça jus aos consectários, ou seja, às parcelas sucessivas decorrentes de tal direito. O acessório segue o principal. No caso, o principal é o direito à parcela, assegurado por lei, e o acessório é a prestação mensal devida;

f) como as partes não podem afastar a incidência de norma legal imperativa, esta se insere no lugar da cláusula que a contraria, substituindo-a;

g) nesta hipótese, enquanto vigente o preceito de lei que assegura o direito, terá o empregado direito às parcelas sucessivas a ele relativas, excetuando-se apenas aquelas devidas há mais de cinco anos. Por isso, a prescrição é parcial;

h) ao contrário, se o direito violado pela alteração contratual decorre exclusivamente da vontade das partes (cláusula contratual ou regulamentar), o direito às parcelas decorrentes da cláusula suprimida depende da restituição desta. E tal reconstituição da cláusula alterada/suprimida se faz por decisão judicial, a qual declara a nulidade da alteração e impõe a reativação da cláusula suprimida;

i) portanto, a exigibilidade das parcelas devidas mês a mês fica condicionada à reconstituição da cláusula suprimida no prazo prescricional de cinco anos. Passados estes cinco anos, não há mais como reclamar as parcelas que seriam devidas a partir daí, pois a exigibilidade do direito que ensejaria o pagamento de tais parcelas foi fulminada pela prescrição. Por isso, a prescrição é total.

A questão envolve ainda outros aspectos, os quais serão analisados através da casuística trabalhista. Neste diapasão, passaremos a estudar, a seguir, as principais hipóteses de prescrição previstas pelo TST em seus verbetes, notadamente quanto à manutenção ou não do entendimento em face da alteração promovida pela *Reforma Trabalhista de 2017* (§ 2º do art. 11 da CLT).

28.8.2. Supressão de comissões

OJ-SDI1-175. Comissões. Alteração ou supressão. Prescrição total. *DJ* 22.11.2005.

A supressão das comissões, ou a alteração quanto à forma ou ao percentual, em prejuízo do empregado, é suscetível de operar a prescrição total da ação, nos termos da Súmula nº 294 do TST, em virtude de cuidar-se de parcela não assegurada por preceito de lei.

Imagine-se que um vendedor de uma loja de produtos para informática tenha sido contratado como comissionista puro, constando do contrato cláusula no sentido de que receberia comissões de 5% sobre as vendas. Depois de dois anos trabalhando na empresa, o empregador reduziu o percentual das comissões para 2% sobre as vendas. Temos, no caso, alteração do pactuado, em prejuízo do empregado (violando, portanto, o art. 468 da

---

23 Art. 182. Anulado o negócio jurídico, restituir-se-ão as partes ao estado em que antes dele se achavam, e, não sendo possível restituí-las, serão indenizadas com o equivalente.

CLT), e prestações sucessivas decorrentes de tal ato (o salário pago mês a mês, a partir da alteração).

Nesta hipótese, embora a alteração tenha sido ilícita, a parcela em questão não é assegurada por preceito de lei. Com efeito, não há nenhuma lei que imponha o pagamento de comissão, muito menos o pagamento de determinado percentual a título de comissão.

Parte da doutrina argumenta que, neste caso, a parcela seria indiretamente assegurada por preceito de lei, a uma em vista da irredutibilidade salarial (art. 7º, VI, CRFB/88), e a duas em razão da inalterabilidade contratual lesiva (art. 468 da CLT).

Com todo o respeito, a tese não merece prosperar, caso contrário não haveria se falar em prescrição total. A prescrição seria sempre parcial, pois toda alteração prejudicial é vedada pelo art. 468 da CLT.

Portanto, o que se deve verificar, na aplicação da Súmula 294, é se a lei assegura, **de forma específica e imediata,** o direito à parcela[24].

Em consonância com a OJ 175, no exemplo acima a prescrição é total. Significa que se este trabalhador não ingressar com a ação judicial até cinco anos contados da redução do percentual das comissões (que sustenta o direito às parcelas sucessivas a partir daí), não poderá reclamar mais nada relativo a este fato.

28.8.3. Desvio funcional e reenquadramento funcional

Súm. 275. Prescrição. Desvio de função e reenquadramento. Res. 129/2005, *DJ* 20, 22 e 25.04.2005.

I – Na ação que objetive corrigir desvio funcional, a prescrição só alcança as diferenças salariais vencidas no período de 5 (cinco) anos que precedeu o ajuizamento.

II – Em se tratando de pedido de reenquadramento, a prescrição é total, contada da data do enquadramento do empregado.

Este verbete é extremamente polêmico, sendo comum os doutrinadores simplesmente omitirem a sua existência ou, ainda, apenas mencionarem o item II. Isso porque há, ao menos aparentemente, contradição entre a solução dada no item I (desvio de função) e aquela adotada no item II (reenquadramento).

Não cabe, nos limites do objetivo deste manual, criticar a postura do TST, e sim esclarecer o leitor, tanto quanto possível, acerca do raciocínio jurídico utilizado pela Corte Superior, tendo em vista que as bancas examinadoras certamente utilizarão os verbetes de jurisprudência, pouco se importando com eventuais polêmicas que os cerquem.

A respeito da matéria, em primeiro lugar é necessário delimitar a hipótese fática. Ocorre o desvio funcional quando o empregado é designado para função distinta daquela para a qual foi contratado. Esclarece a OJ 125 da SDI-1 do TST que o desvio funcional não dá direito ao reenquadramento, e sim às diferenças salariais, assim consideradas as diferenças entre o salário recebido, correspondente à função para a qual o empregado foi contratado, e o salário da função efetivamente desempenhada.

A título de exemplo, mencione-se o caso concreto cuja solução foi dada, ao final, pelo TST. O empregado foi contratado em 1982 pela Emater para exercer a função de extensionista agrícola. Em junho de 1992, este empregado passou a exercer a função de analista de sistemas. Posteriormente, em novembro de 1997, ingressou com reclamação

---

24 GARCIA, Gustavo Filipe Barbosa. *Curso de Direito do Trabalho*. 4. ed. São Paulo: Forense, 2010, p. 1.137.

trabalhista, requerendo o reenquadramento e o pagamento de diferenças salariais. A defesa arguiu que teria ocorrido a prescrição total, ao passo que a controvérsia decorreria de alteração do pactuado, sem correspondente previsão em lei.

Neste caso, o reenquadramento é indevido, subsistindo apenas o direito às diferenças salariais, nos termos da OJ 125 do TST. Não obstante, o que nos interessa é o fundamento do TST para aplicar a prescrição parcial à espécie e, afinal, o fundamento do item I da Súmula 275. Vejamos o acórdão, que esclarece a interpretação:

> Recurso de revista. Conhecimento. Prescrição. O acórdão regional firmou entendimento de que se trata de parcela assegurada por preceito de lei, visto que a parcela pleiteada é justamente a diferença de salário entre o que o autor recebia e o que entende que deveria estar recebendo em decorrência do desvio função. Assim, a prescrição é apenas parcial, pois **o direito aos salários correspondentes à função exercida é garantida por lei e se renova, mês a mês, enquanto durar a situação.** Reenquadramento funcional. O simples desvio funcional do empregado não gera direito a reenquadramento, mas apenas às diferenças salariais respectivas. (...) Revista conhecida e provida parcialmente [grifos meus] (TST, RR 540.338/1999.8, 3ª Turma, Rel. Juíza Convocada Dora Maria da Costa, *DJ* 10.10.2003).

Portanto, o TST considera o direito às diferenças salariais decorrentes do desvio funcional amparado por preceito de lei ("direito aos salários correspondentes à função"), pelo que a prescrição é parcial. No mesmo sentido, Bruno Klippel[25] explica o item I argumentando que não se trata de violação perpetrada por ato único, bem como que "a parcela pleiteada – salário – encontra-se protegida, assegurada por preceito de lei, razão pela qual não se aplica a prescrição total, e sim a parcial".

Em sentido contrário, mas partindo de pressuposto diverso, Gustavo Filipe Barbosa Garcia afirma o seguinte[26]:

> "Como o art. 11, § 2º, da CLT, acrescentado pela Lei 13.467/2017, abrange pedidos de prestações sucessivas decorrentes não apenas de alteração, mas também de *descumprimento do pactuado*, pode-se dizer que na ação que objetive corrigir desvio funcional a prescrição também passa a ser total, e não mais parcial, ficando superado o entendimento constante na Súmula 275, I, do TST, pois o direito pretendido não está assegurado por preceito de lei".

No tocante ao enquadramento e ao reenquadramento, também é interessante esclarecer a hipótese em que ocorrem. Com efeito, quando da admissão, o empregado é *enquadrado* no plano de cargos e salários (quadro de carreira), obviamente, se este existir. Ao preencher os requisitos estipulados para promoção, será *reenquadrado*. Caso o empregador tenha deixado de enquadrar o empregado, isto é, de lhe classificar no quadro de carreira, cabe ação visando ao enquadramento ou à reclassificação. Por sua vez, se o empregador procedeu ao reenquadramento irregular, ou deixou de reenquadrar o empregado, cabe ação de reenquadramento.

Em qualquer destes casos a prescrição será total, pois a lei não assegura, de forma específica e imediata, o direito a enquadramento, reenquadramento ou mobilidade no quadro de carreira. Tudo isso fica a cargo do regulamento da empresa, que normalmente dispõe sobre o plano de cargos e salários. Desse modo, as parcelas decorrentes do reenquadramento dependem da invalidação do (re)enquadramento indevido, o que deve ser

---

25 KLIPPEL, Bruno. *Direito sumular esquematizado – TST*. São Paulo: Saraiva, 2011, p. 343-344.
26 GARCIA, Gustavo Filipe Barbosa. *Reforma trabalhista*. 2. ed. Salvador: JusPodivm, 2017, p. 49.

feito no prazo de cinco anos a contar da lesão. Ademais, como salienta Bruno Klippel[27], "o ato do qual decorre o direito do empregado é único, e não sucessivo". Ainda no mesmo sentido, Francisco Antonio de Oliveira[28].

No que diz respeito ao item II da Súmula 275, parece não haver dúvida de que não foi prejudicado pela Reforma Trabalhista.

28.8.4. Supressão das horas extras

> OJ-SDI1-242. Prescrição total. Horas extras. Adicional. Incorporação (inserida em 20.06.2001).
>
> Embora haja previsão legal para o direito à hora extra, inexiste previsão para a incorporação ao salário do respectivo adicional, razão pela qual deve incidir a prescrição total.

É claro que não existe previsão legal para incorporação das horas extras ao salário, até porque o trabalho em sobrejornada é *extraordinário*, devendo ocorrer apenas como exceção. Como estudado no capítulo dedicado à remuneração, o adicional de horas extraordinárias é modalidade de salário condição, no sentido de que deve ser pago enquanto durar o trabalho extraordinário. Logo, a prescrição será total.

No mesmo sentido, a Súmula 199, II, do TST:

> Súm. 199. Bancário. Pré-contratação de horas extras. Res. 129/2005, *DJ* 20, 22 e 25.04.2005.
>
> (...)
>
> II – Em se tratando de horas extras pré-contratadas, opera-se a prescrição total se a ação não for ajuizada no prazo de cinco anos, a partir da data em que foram suprimidas.

No caso, nenhum dos dois verbetes (OJ 242 e Súmula 199, II) foi prejudicado pela nova redação do art. 11 da CLT, dada pela Lei nº 13.467/2017.

28.8.5. Equiparação salarial

> Súm. 6. Equiparação salarial. Art. 461 da CLT. Res. 172/2010, *DEJT* divulgado em 19, 22 e 23.11.2010.
>
> (...)
>
> IX – Na ação de equiparação salarial, a prescrição é parcial e só alcança as diferenças salariais vencidas no período de 5 (cinco) anos que precedeu o ajuizamento.

O verbete não oferece maiores dificuldades, tendo em vista que a equiparação salarial é prevista expressamente pelo art. 461 da CLT. Logo, a prescrição será parcial. A *Reforma Trabalhista* não promoveu qualquer alteração em relação a este entendimento.

28.8.6. Gratificação semestral

Em relação às gratificações semestrais, em princípio a prescrição seria sempre total, pois a referida gratificação não é assegurada em lei, sendo normalmente prevista em cláusula

---

[27] Idem, p. 344.
[28] OLIVEIRA, Francisco Antonio de. *Comentários às Súmulas do TST*. 9. ed. São Paulo: Editora Revista dos Tribunais, 2008, p. 520.

CAP. 28 – PRESCRIÇÃO | 1007

contratual ou regulamentar. Não obstante, o TST tratou de questão específica sobre o tema, que é o congelamento do valor da gratificação semestral. Neste sentido, a Súmula 373:

> Súm. 373. Gratificação semestral. Congelamento. Prescrição parcial. Res. 129/2005, *DJ* 20, 22 e 25.04.2005.
> Tratando-se de pedido de diferença de gratificação semestral que teve seu valor congelado, a prescrição aplicável é a parcial.

O que explicava o referido verbete era a natureza do ato que provocou a lesão. A doutrina esclarece que "o congelamento do valor não traduz ato único, mas negativo, logo, as diferenças correspondentes estarão sujeitas à prescrição parcial. E, para reivindicá-la, basta invocar a norma ensejadora dos reajustes".[29]

Desse modo, congelar o valor pago, ou seja, continuar pagando o mesmo valor de antes, sem aplicar o devido reajuste, não configuraria alteração contratual, como, por exemplo, a supressão da referida gratificação, ou o seu pagamento em percentual inferior ao pactuado anteriormente, o que atrairia a prescrição total.

Todavia, considerando que a Lei nº 13.467/2017 estendeu para o *descumprimento do pactuado* o critério adotado pela jurisprudência quanto à *alteração do pactuado* (art. 11, § 2º, CLT), Gustavo Filipe Barbosa Garcia[30] adverte que, "tratando-se de pedido de diferença de gratificação semestral que teve seu valor congelado, pode-se dizer que a prescrição aplicável é parcial quando o reajuste for assegurado por preceito de lei (Súmula 373 do TST). Caso contrário, a prescrição passa a ser total".

Pela mesma razão, entende o referido autor que,

> "Com isso, deixa de prevalecer o entendimento constante na Súmula 452 do TST[31]. Nessa hipótese, a prescrição também passa a ser total, pois o direito pretendido não está assegurado em preceito de lei, mas sim em Plano de Cargos e Salários.
> O prazo prescricional tem início a partir do descumprimento dos critérios de promoção estabelecidos no Plano de Cargos e Salários e após cinco anos dessa violação ao direito ocorre a prescrição total da pretensão"[32].

Portanto, esquematicamente, temos o seguinte:

*   Súmula 373: subsiste, na vigência da Lei nº 13.467/2018 apenas se a gratificação semestral estiver assegurada também por preceito de lei.
*   Súmula 452 do TST: deixa de prevalecer, pois, na vigência da Lei nº 13.467/2017, não há mais que se fazer distinção entre alteração e descumprimento do pactuado.

28.8.7. Alteração de regime jurídico (celetista para estatutário)

> Súm. 382. Mudança de regime celetista para estatutário. Extinção do contrato. Prescrição bienal. Res. 129/2005, *DJ* 20, 22 e 25.04.2005.

---

29 BARROS, Alice Monteiro de. *Curso de Direito do Trabalho*. 6. ed. São Paulo: LTr, 2010, p. 1.047.
30 GARCIA, Gustavo Filipe Barbosa. *CLT Comentada*. 4. ed. São Paulo: Método, 2018, p. 57.
31 Súm. 452. Tratando-se de pedido de pagamento de diferenças salariais decorrentes da inobservância dos critérios de promoção estabelecidos em Plano de Cargos e Salários criado pela empresa, a prescrição aplicável é a parcial, pois a lesão é sucessiva e se renova mês a mês.
32 GARCIA, Gustavo Filipe Barbosa. *CLT Comentada*. 4. ed. São Paulo: Método, 2018, p. 56.

A transferência do regime jurídico de celetista para estatutário implica extinção do contrato de trabalho, fluindo o prazo da prescrição bienal a partir da mudança de regime.

O servidor público celetista que tem o regime jurídico alterado para estatutário tem o contrato de trabalho extinto, a fim de dar lugar a outro contrato, de natureza administrativa.

Portanto, a prescrição aplicável às pretensões relativas ao vínculo celetista é a bienal, contada da mudança de regime, que marca a extinção do primeiro contrato.

28.8.8. Complementação de aposentadoria

O assunto merece atenção redobrada. Se, por um lado, é certo que a aposentadoria voluntária, por si só, não extingue o contrato de trabalho, conforme entendimento do STF, por outro a ideia de complementação de aposentadoria não se coaduna com a atividade do empregado.

Com efeito, a complementação de aposentadoria é exatamente uma forma de benefício, previsto normalmente em regulamento empresarial, pelo qual o empregador se compromete a pagar, após a jubilação do obreiro, uma complementação em relação ao valor de aposentadoria pago pelo INSS, de modo que o aposentado permaneça recebendo o mesmo salário que percebia enquanto ativo. Portanto, estamos tratando de contrato extinto.

As Súmulas 326 e 327, ambas do TST, disciplinam a matéria:

Súm. 326. Complementação de aposentadoria. Prescrição total (nova redação). Res. 174/2011, DEJT divulgado em 27, 30 e 31.05.2011.

A pretensão à complementação de aposentadoria jamais recebida prescreve em 2 (dois) anos contados da cessação do contrato de trabalho.

Esta primeira hipótese não oferece maiores dificuldades. A prescrição é bienal, porque extinto o contrato de trabalho, sendo o prazo prescricional contado a partir da aposentadoria (que, *no caso*, extinguiu o contrato). Prescrição bienal, como vimos, é sempre total.

Por sua vez, a Súmula 327 regula a hipótese em que a complementação de aposentadoria foi paga, porém em valor inferior ao devido, nos seguintes termos:

Súm. 327. Complementação de aposentadoria. Diferenças. Prescrição parcial (nova redação). Res. 174/2011, DEJT divulgado em 27, 30 e 31.05.2011

A pretensão a diferenças de complementação de aposentadoria sujeita-se à prescrição parcial e quinquenal, salvo se o pretenso direito decorrer de verbas não recebidas no curso da relação de emprego e já alcançadas pela prescrição, à época da propositura da ação.

Nesta hipótese, não se trata de alteração contratual, e sim de mero inadimplemento, por isso o TST entendia que a prescrição era parcial. Com efeito, em nenhum momento o ex-empregador questiona a obrigação de pagar a complementação, mas tão somente não o faz conforme previsto no regulamento. A situação é parecida com aquela do congelamento da gratificação semestral, em que não há um ato único do empregador que causa a lesão, e sim um ato negativo, uma omissão.

Não obstante, em razão da alteração promovida pela *Reforma Trabalhista*, que, repita-se, estendeu o critério da Súmula 294 do TST também para os casos de descumprimento do pactuado, nos termos do novel § 2º do art. 11 da CLT, é possível afirmar que **a pretensão a diferenças de complementação de aposentadoria, por não estar assegurada** também por preceito de lei, passa a se sujeitar à prescrição total, pelo que está superado o entendimento jurisprudencial consubstanciado na Súmula 327 do TST.

28.9. PRESCRIÇÃO APLICÁVEL AO TRABALHADOR RURAL

Atualmente não há distinção entre a prescrição aplicável ao trabalhador urbano e àquela aplicável ao trabalhador rural. Entretanto, o texto original da CRFB/88, alterado pela EC 28/2000, previa que ao rurícola deveria ser aplicada apenas a prescrição bienal, isto é, desde que ajuizada a ação até dois anos após a extinção do contrato de trabalho, o empregado podia reclamar todo o período trabalhado, e não apenas os últimos cinco anos.

Como não há mais diferença, e a Emenda Constitucional em referência já não é mais nova, a questão deixou de ser tão prestigiada em provas de concurso público. Ainda assim, é importante observar este histórico quando da resolução de questões de concursos anteriores, pois o gabarito aparentemente estranho pode decorrer da redação original da Constituição, conforme a época em que foi aplicada a prova.

A regra de transição foi definida pelo TST nos seguintes termos:

OJ-SDI1-271. Rurícola. Prescrição. Contrato de emprego extinto. Emenda Constitucional nº 28/2000. Inaplicabilidade (alterada). *DJ* 22.11.2005.

O prazo prescricional da pretensão do rurícola, cujo contrato de emprego já se extinguira ao sobrevir a Emenda Constitucional nº 28, de 26.05.2000, tenha sido ou não ajuizada a ação trabalhista, prossegue regido pela lei vigente ao tempo da extinção do contrato de emprego.

Portanto, todos aqueles contratos de rurícolas já extintos até 26.05.2000 continuaram sujeitos à prescrição anterior (apenas bienal). Em relação aos contratos que se encontravam em curso quando da promulgação da EC 28/2000, aplica-se a prescrição antiga (somente bienal) durante os cinco anos seguintes à publicação da EC 28/2000, conforme entendimento dominante no TST, consubstanciado na OJ 417 da SDI-1:

OJ-SDI1-417. Prescrição. Rurícola. Emenda Constitucional nº 28, de 26.05.2000. Contrato de trabalho em curso. (*DEJT* divulgado em 14, 15 e 16.02.2012)

Não há prescrição total ou parcial da pretensão do trabalhador rural que reclama direitos relativos a contrato de trabalho que se encontrava em curso à época da promulgação da Emenda Constitucional nº 28, de 26.05.2000, desde que ajuizada a demanda no prazo de cinco anos de sua publicação, observada a prescrição bienal.

Exemplos:

– contrato extinto em 02.03.2000 → aplica-se apenas a prescrição bienal (regra antiga). Logo, se a ação foi ajuizada até 02.03.2002, não há que se falar em prescrição.

– contrato extinto em 01.06.2000 → desde que ajuizada a ação até 01.06.2002, não há que se falar em prescrição. Se ajuizada a ação depois desta data, toda a pretensão estará fulminada pela prescrição bienal.

– contrato extinto em 26.05.2003 → desde que ajuizada a ação até 26.05.2005, não há que se falar em prescrição, porque observada a prescrição bienal e os cinco anos contados da publicação da EC 28/2000.

– contrato extinto em 26.05.2004 → se a ação foi ajuizada até 26.05.2005, não há qualquer prescrição; mas, se foi ajuizada em 30.05.2005, estarão prescritas as pretensões anteriores a cinco anos, não obstante observada a prescrição bienal.

28.10. PRESCRIÇÃO APLICÁVEL AO DOMÉSTICO

Em que pese existisse alguma controvérsia a respeito, o entendimento amplamente majoritário, tanto na doutrina quanto na jurisprudência, sempre foi no sentido da aplicação da prescrição trabalhista (art. 7º, XXIX, CRFB/88) também ao doméstico.

Eventuais divergências foram expressamente eliminadas, contudo, pela **Lei Complementar nº 150/2015**, que **conferiu ao doméstico prazos prescricionais idênticos àqueles aplicáveis aos empregados em geral**. Neste sentido, o art. 43 da Lei do Doméstico:

Art. 43. O direito de ação quanto a créditos resultantes das relações de trabalho prescreve em 5 (cinco) anos até o limite de 2 (dois) anos após a extinção do contrato de trabalho.

28.11. PRESCRIÇÃO APLICÁVEL AO TRABALHADOR AVULSO

Embora tenha sido objeto de controvérsias desde o cancelamento da OJ 384 da SDI-1 do TST[33], a questão referente à prescrição aplicável ao trabalhador avulso foi pacificada pela Lei nº 12.815/2013, segundo a qual "**as ações relativas aos créditos decorrentes da relação de trabalho avulso prescrevem em 5 (cinco) anos até o limite de 2 (dois) anos após o cancelamento do registro ou do cadastro no órgão gestor de mão de obra**" (art. 37, § 4º).

No mesmo diapasão, decisão da SDI-I divulgada no *Informativo nº 141* do TST:

Embargos regidos pela Lei nº 11.496/2007. Embargos dos reclamados. Matéria comum. Análise conjunta. Trabalhador portuário avulso. Prescrição bienal. Contagem do prazo prescricional a partir da data do descredenciamento do trabalhador avulso do Órgão Gestor de Mão de Obra (OGMO). Cancelamento da Orientação Jurisprudencial nº 384 da SBDI-1. O Tribunal Pleno desta Corte, em decorrência dos debates realizados na denominada "Semana do TST", no período de 10 a 14/9/2012, decidiu, em sessão realizada em 14/9/2012, por meio da Resolução 186/2012 (*DJE* de 25, 26 e 27/9/2012), cancelar a Orientação Jurisprudencial nº 384 da SBDI-1. Assim, não mais prevalece, nesta Corte superior, o entendimento consagrado no verbete jurisprudencial cancelado, de que, nos processos envolvendo os trabalhadores avulsos, a prescrição bienal prevista no artigo 7º, inciso XXIX, da Constituição Federal de 1988 conta-se da data do término de cada prestação de serviços aos seus tomadores, uma vez que o trabalhador avulso não mantém contrato de trabalho típico com os tomadores. Prevalece, agora, o entendimento de que, no caso de trabalhador avulso portuário, a prescrição bienal será contada a partir da data do seu descredenciamento do Órgão Gestor de Mão de Obra – OGMO. Isso se explica pela circunstância de que o Órgão Gestor de Mão de Obra – OGMO (ao qual permanecem ligados, de forma direta, sucessiva e contínua, os trabalhadores) faz a intermediação entre os trabalhadores e os vários e sucessivos tomadores dos seus serviços e repassa àqueles os valores pagos por esses últimos. Por outro lado, com a adoção desse novo entendimento, não se está ofendendo o preceito do artigo 7º, inciso XXIX, da Constituição Federal, sem dúvida também aplicável aos trabalhadores avulsos, por força do inciso XXXIV do mesmo dispositivo constitucional. Ademais, foi recentemente editada a Lei nº 12.815, de 5/6/2013, na qual, corroborando o entendimento jurisprudencial desta Corte superior, por meio do seu art. 37, § 4º, dispõe-se que "as ações relativas aos créditos decorrentes da relação de trabalho avulso prescrevem em 5 (cinco) anos até o limite de 2 (dois) anos após o cancelamento do registro ou do cadastro no órgão gestor de mão de obra". Nesse contexto, está expressamente reconhecido na atual legislação que a prescrição bienal, na hipótese de trabalhador avulso, deve ser contada a partir do cancelamento do registro ou do cadastro no órgão gestor de mão de obra, o que afasta a tese dos reclamados de que a prescrição deve ser observada

---

[33] Segundo a referida orientação jurisprudencial (já cancelada, frise-se), seria "aplicável a prescrição bienal prevista no art. 7º, XXIX, da Constituição de 1988 ao trabalhador avulso, tendo como marco inicial a cessação do trabalho ultimado para cada tomador de serviço".

a partir de cada engajamento. Registra-se, ainda, que, como a prescrição bienal somente tem lugar quando houver o descredenciamento do trabalhador do órgão gestor de mão de obra, na ausência do referido descredenciamento permanece a aplicação da prescrição quinquenal em razão do liame contínuo que se estabelece entre o trabalhador portuário e o OGMO (E-RR-65500-90.2009.5.04.0121, Relator Aloysio Corrêa da Veiga, julgado em 28/4/2016, publicado no *DEJT* do dia 6/5/2016). No caso ora em exame, ante a ausência de cancelamento do registro ou do cadastro do reclamante no OGMO, em razão da continuidade da prestação do serviço, não há falar em pronúncia da prescrição bienal, conforme pretendem os reclamados. Embargos não conhecidos. [...] (TST, SDI-I, E-ED-RR-183000-24.2007.5.05.0121, Rel. Min. José Roberto Freire Pimenta, j. 04.08.2016, *DEJT* 19.08.2016. *Informativo 141*).

Ainda no mesmo sentido, entendimento do STF quando do julgamento do RE 1047761 AgR, tendo restado decidido que, "com a premissa de que o vínculo se forma entre avulso e Órgão Gestor de Mão de Obra, conclui-se pela constitucionalidade da fixação, para início da contagem do prazo prescricional, do término da relação com o órgão gestor" (DJE 19.05.2022).

28.12. PRESCRIÇÃO APLICÁVEL AO ESTAGIÁRIO

Conforme entendimento jurisprudencial, aplica-se ao estagiário a prescrição trabalhista. Nesse sentido, decisão da SDI-I publicada no *Informativo* 85 do TST[34]:

Recurso de embargos interposto sob a égide da Lei 11.496/2007. Procedimento sumaríssimo. Prescrição. Pretensão ligada ao cumprimento do contrato de estágio. Incidência do inciso XXIX do art. 7º da Constituição Federal. A natureza do contrato de estágio, que envolve uma relação de trabalho, e não de emprego, não afasta a incidência da prescrição trabalhista do inciso XXIX do art. 7º da Constituição Federal, cujo comando alude, expressamente, a contrato de trabalho e a trabalhadores urbanos e rurais, e não apenas a empregados. Mostra-se imprópria a aplicação da prescrição decenal do art. 205 do Código Civil ao caso dos autos. Recurso de embargos conhecido e provido (TST, SDI-I, E-RR-201-90.2012.5.04.0662, Rel. Min. Luiz Philippe Vieira de Mello Filho, *DEJT* 20.06.2014).

28.13. PRESCRIÇÃO DO FGTS

Conforme disposto na redação original do art. 23, § 5º, da Lei nº 8.036/1990[35], a prescrição do FGTS seria trintenária. Todavia, aos 13.11.2014, ao julgar o ARE 709.212/DF, **o Supremo Tribunal Federal**, em sua composição plena e por maioria de votos, **declarou a inconstitucionalidade do art. 23, § 5º, da Lei nº 8.036/1990, e do art. 55 do Decreto nº 99.684/1990, na parte em que ressalvam o "privilégio do FGTS à prescrição trintenária"**, haja vista violarem o disposto no art. 7º, XXIX, da Carta de 1988, vencidos os Ministros Teori Zavascki e Rosa Weber, que mantinham a jurisprudência da Corte.

Eis a ementa do julgado, disponibilizada no site do STF[36]:

Recurso Extraordinário com Agravo 709.212 Distrito Federal

Relator: Min. Gilmar Mendes

Recte.(s): Banco do Brasil S.A.

---

[34] No mesmo sentido, RR-242-96.2012.5.04.0261, 7ª Turma, Rel. Min. Douglas Alencar Rodrigues, *DEJT* 04.12.2015.

[35] Posteriormente, a redação de tal dispositivo foi alterada pela Lei nº 13.932/2019, deixando de mencionar a prescrição trintenária.

[36] Disponível em <http://www.stf.jus.br/arquivo/cms/noticiaNoticiaStf/anexo/ARE709212ementa.pdf>, consultado em 13.11.2014.

Adv.(a/s): Jairo Waisros e outro(a/s)

Recdo.(a/s): Ana Maria Movilla de Pires e Marcondes

Adv.(a/s): José Eymard Loguercio e outro(a/s)

Recurso extraordinário. Direito do Trabalho. Fundo de Garantia por Tempo de Serviço (FGTS). Cobrança de valores não pagos. Prazo prescricional. Prescrição quinquenal. Art. 7º, XXIX, da Constituição. Superação de entendimento anterior sobre prescrição trintenária. Inconstitucionalidade dos arts. 23, § 5º, da Lei 8.036/1990 e 55 do Regulamento do FGTS aprovado pelo Decreto 99.684/1990. Segurança jurídica. Necessidade de modulação dos efeitos da decisão. Art. 27 da Lei 9.868/1999. Declaração de inconstitucionalidade com efeitos *ex nunc*. Recurso extraordinário a que se nega provimento.

Portanto, o STF, alterando entendimento anterior, passou a considerar que a prescrição aplicável ao FGTS é quinquenal, nos termos do inciso XXIX do art. 7º da CRFB/1988. Saliente-se, todavia, que os efeitos da decisão foram modulados, de forma que o novel entendimento somente se aplica a partir da decisão. Nesse sentido, destaquem-se os seguintes trechos do voto do Ministro Relator Gilmar Mendes[37]:

"Com essas considerações, diante da mudança que se opera, neste momento, em antiga jurisprudência do Supremo Tribunal Federal, e com base em razões de segurança jurídica, entendo que os efeitos desta decisão devam ser modulados no tempo, a fim de que se concedam apenas efeitos prospectivos à decisão e à mudança de orientação que ora se propõe".

"A modulação que se propõe consiste em atribuir à presente decisão efeitos *ex nunc* (prospectivos). Dessa forma, para aqueles cujo termo inicial da prescrição ocorra após a data do presente julgamento, aplica-se, desde logo, o prazo de cinco anos. Por outro lado, para os casos em que o prazo prescricional já esteja em curso, aplica-se o que ocorrer primeiro: 30 anos, contados do termo inicial, ou 5 anos, a partir desta decisão. Assim, se, na presente data, já tenham transcorrido 27 anos do prazo prescricional, bastarão mais 3 anos para que se opere a prescrição, com base na jurisprudência desta Corte até então vigente. Por outro lado, se na data desta decisão tiverem decorrido 23 anos do prazo prescricional, ao caso se aplicará o novo prazo de 5 anos, a contar da data do presente julgamento."

Cabe mencionar que, adequando sua jurisprudência consolidada ao entendimento do STF, o Tribunal Superior do Trabalho alterou, por meio da Res. 198/2015, a redação da Súmula 362, nos seguintes termos:

Súm-362 FGTS. Prescrição (redação alterada) – Res. 198/2015, republicada em razão de erro material – *DEJT* divulgado em 12, 15 e 16.06.2015.

I – Para os casos em que a ciência da lesão ocorreu a partir de 13.11.2014, é quinquenal a prescrição do direito de reclamar contra o não recolhimento de contribuição para o FGTS, observado o prazo de dois anos após o término do contrato;

II – Para os casos em que o prazo prescricional já estava em curso em 13.11.2014, aplica-se o prazo prescricional que se consumar primeiro: trinta anos, contados do termo inicial, ou cinco anos, a partir de 13.11.2014 (STF-ARE-709212/DF).

O assunto foi abordado em maiores detalhes no item 23.11, para o qual remeto o leitor.

---

[37] Disponível em <http://www.stf.jus.br/arquivo/cms/noticiaNoticiaStf/anexo/ARE709212voto.pdf>, consultado em 13.11.2014.

28.14. ARGUIÇÃO DA PRESCRIÇÃO

Embora a matéria seja atinente ao campo processual, cabem duas observações acerca da arguição da prescrição:

a) *Momento da arguição*

Consoante entendimento jurisprudencial cristalizado na Súmula 153 do TST, "não se conhece de prescrição não arguida na instância ordinária".

Considera-se *instância ordinária* a fase processual de contraditório amplo e de regular oportunidade de veiculação das matérias novas[38]. Assim, cabe a arguição da prescrição até as razões recursais, inclusive.

b) *Pronúncia de ofício pelo Juiz*

Ao longo de muitos anos, a prescrição de direitos patrimoniais não pôde ser pronunciada de ofício pelo Juiz. A Lei nº 11.280/2006, entretanto, revogou o art. 194 do Código Civil e alterou a redação do art. 219, § 5º, do CPC/1973, o qual passou a dispor que o "juiz pronunciará, de ofício, a prescrição". A partir daí, travou-se intensa discussão acerca da compatibilidade ou não de tal dispositivo com a seara trabalhista. **No Novo Código de Processo Civil** (Lei nº 13.105/2015), **a pronúncia de ofício da prescrição passou a ser mera faculdade do Juiz** (art. 487, II, c/c o art. 332, § 1º).

Sabe-se que o § 1º do art. 8º da CLT dispõe que "o direito comum será fonte subsidiária do direito do trabalho"[39]. Não obstante a redação dada ao § 1º do art. 8º pela Reforma Trabalhista, entende-se que a utilização do direito comum como fonte subsidiária do Direito do Trabalho continua condicionada à compatibilidade da norma comum com os princípios que regem o direito laboral. A questão, portanto, é definir se há ou não tal compatibilidade de princípios.

A doutrina se divide a respeito. Contra a possibilidade de pronúncia de ofício da prescrição no processo do trabalho, entre outros, Maurício Godinho Delgado[40], Alice Monteiro de Barros[41] e Mauro Schiavi[42]. A favor, entre outros, Gustavo Filipe Barbosa Garcia[43], Sérgio Pinto Martins[44] e Ari Pedro Lorenzetti[45].

A jurisprudência **tem se consolidado no sentido da inaplicabilidade da pronúncia de ofício pelo Juiz do Trabalho**, consoante se observa do seguinte aresto[46]:

AGRAVO DE INSTRUMENTO. RECURSO DE REVISTA. INTERPOSIÇÃO SOB A ÉGIDE DA LEI Nº 13.467/2017. RITO SUMARÍSSIMO. PRESCRIÇÃO BIENAL. PRONÚNCIA DE OFÍCIO. IMPOSSIBILIDADE. TRANSCENDÊNCIA POLÍTICA RECONHECIDA. Tratando-se de recurso de revista interposto contra decisão regional que se mostra contrária à jurisprudência atual deste Colendo TST, revela-se presente a transcendência política da causa, a justificar o prosseguimento do exame do apelo. Quanto à questão de fundo, esta Corte Superior firmou o entendimento de que não se aplica a regra prevista no art. 219,

---

[38] DELGADO, Maurício Godinho. *Curso de Direito do Trabalho*, p. 258.

[39] Redação dada pela Lei nº 13.467/2017.

[40] DELGADO, Maurício Godinho. *Curso de Direito do Trabalho*, p. 259.

[41] BARROS, Alice Monteiro de. *Curso de Direito do Trabalho*, 6. ed., p. 1.028.

[42] SCHIAVI, Mauro. *Manual de Direito Processual do Trabalho*. 10. ed. São Paulo: LTr, 2016, p. 507.

[43] GARCIA, Gustavo Filipe Barbosa. *Curso de Direito do Trabalho*, p. 1.124.

[44] MARTINS, Sergio Pinto. *Comentários à CLT*. 14. ed. São Paulo: Atlas, 2010, p. 46.

[45] LORENZETTI, Ari Pedro. *A prescrição e a decadência na justiça do trabalho*, p. 280.

[46] No mesmo sentido: RR-578-82.2020.5.08.0011, 4ª Turma, *DEJT* 10.03.2023; RR-1660-81.2010.5.06.0003, 6ª Turma, *DEJT* 02.03.2018; ARR-257800-61.2009.5.12.0055, 1ª Turma, *DEJT* 16.03.2018.

§ 5º, do CPC/73 (art. 487, II, do CPC/2015) à esfera trabalhista, pois incompatível com os princípios norteadores do Direito do Trabalho. Diante da possível violação do art. 5º, XXV e LV, da CF/88, recomendável o processamento do recurso de revista. Agravo de instrumento conhecido e provido. RECURSO DE REVISTA. INTERPOSIÇÃO SOB A ÉGIDE DA LEI Nº 13.467/2017. RITO SUMARÍSSIMO. PRESCRIÇÃO BIENAL. PRONÚNCIA DE OFÍCIO. IMPOSSIBILIDADE. TRANSCENDÊNCIA POLÍTICA RECONHECIDA. Tratando-se de recurso de revista interposto contra decisão regional que se mostra contrária à jurisprudência atual deste Colendo TST, revela-se presente a transcendência política da causa, a justificar o prosseguimento do exame do apelo. Quanto à questão de fundo, esta Corte Superior firmou o entendimento de que não se aplica a regra prevista no art. 219, § 5º, do CPC/73 (art. 487, II, do CPC/2015) à esfera trabalhista, pois incompatível com os princípios norteadores do Direito do Trabalho. No caso, nada obstante a aplicação das penas de revelia e confissão ficta à reclamada, o Tribunal Regional confirmou sentença em que declarada de ofício a prescrição bienal, em conduta que impõe ao trabalhador condição demasiadamente desfavorável, em afronta aos princípios da igualdade, da ampla defesa e do contraditório, o que configura a ofensa ao artigo 5º, XXXV e LV, da Constituição Federal e dissonância com o entendimento consagrado nesta Corte Superior. Precedentes. Recurso de revista conhecido e provido (TST, RR-1406-44.2019.5.12.0030, 7ª Turma, Rel. Min. Renato de Lacerda Paiva, *DEJT* 03.06.2022).

28.15. PRESCRIÇÃO INTERCORRENTE

Trata-se de outra questão ligada à seara processual que sempre suscitou inúmeras controvérsias na doutrina e na jurisprudência.

Prescrição intercorrente é aquela verificada no próprio processo, sempre que o autor abandone a demanda e deixe de impulsionar o processo.

O STF entende cabível a prescrição intercorrente no processo do trabalho, nos termos da Súmula 327.

O TST, por sua vez, entendia incabível o instituto:

Súm. 114. Prescrição intercorrente (mantida). Res. 121/2003, *DJ* 19, 20 e 21.11.2003.

É inaplicável na Justiça do Trabalho a prescrição intercorrente.

Todavia, a Lei nº 13.467/2017 parece ter eliminado a controvérsia, acrescentando à CLT o art. 11-A, nos seguintes termos:

Art. 11-A. Ocorre a prescrição intercorrente no processo do trabalho no prazo de dois anos.

§ 1º A fluência do prazo prescricional intercorrente inicia-se quando o exequente deixa de cumprir determinação judicial no curso da execução.

§ 2º A declaração da prescrição intercorrente pode ser requerida ou declarada de ofício em qualquer grau de jurisdição.

O entendimento atual do TST sobre a matéria é didaticamente demonstrado pelo seguinte julgado recente:

RECURSO DE REVISTA INTERPOSTO PELA EXEQUENTE. EXECUÇÃO. PRESCRIÇÃO INTERCORRENTE. DETERMINAÇÃO JUDICIAL PARA PROSSEGUIMENTO DA EXECUÇÃO OCORRIDA SOB A VIGÊNCIA DA LEI 13.467/2017. TRANSCENDÊNCIA JURÍDICA RECONHECIDA. 1. A Lei 13.467/2017 passou a prever de forma expressa a prescrição intercorrente no âmbito do processo do trabalho. Isso se deu, sobretudo, porque também sobreveio alteração legislativa em relação ao impulso oficial na execução, que ficou limitado apenas aos casos em que as partes não estejam representadas por advogado. Nesse sentido é a atual redação do art. 878 da CLT. 2. Ademais, **a Instrução Normativa 41/2018 do TST**, que dispõe sobre a aplicabilidade das normas processuais da CLT alteradas pela Lei 13.467/2017, **estabeleceu**, em seu art. 2º, **que o fluxo da prescrição intercorrente tem início a partir do momento em que a parte exequente deixa de cumprir determinação judicial a que alude o § 1º do art. 11-A da CLT**. Depreende-se, assim, que, para a incidência do disposto no aludido dispositivo celetista, considera-se a data da determinação judicial, desde que esta seja realizada após 11/11/2017, início da vigência da Lei 13.467/2017, e não a data do trânsito em julgado da decisão proferida na ação. 3. No caso dos autos, verifica-se que, de fato, a autora quedou-se inerte em relação a determinação judicial proferida após 11/11/2017. 4. Diante dessa premissa, conclui-se que a exequente não se desincumbiu de provar o defeito na realização do ato que tenha lhe impedido o exercício do contraditório e da ampla defesa, causado senão por sua própria inércia em atender às intimações judiciais. Recurso de revista não conhecido (TST, RR-20718-12.2015.5.04.0016, 8ª Turma, Relatora Ministra Delaíde Alves Miranda Arantes, *DEJT* 16.05.2023). (grifos meus)

PRESCRIÇÃO

Conceito:

É a perda da pretensão (exigibilidade) de reparação de determinado direito violado, devido à inércia do titular, em determinado período de tempo fixado em lei.

Contagem do prazo prescricional:

- Art. 132, § 3º, CCB, c/c o art. 1º da Lei nº 810/1949: repete-se o dia e o mês do ano (ex.: 05.04.2009 a 05.04.2010)

Início da contagem do prazo prescricional:

- Princípio da *actio nata*: o prazo prescricional começa a fluir a partir da lesão do direito ou do conhecimento desta, isto é, a partir do nascimento da ação em sentido material.

- Casuística:
  - Salários: em regra 5º dia útil do mês subsequente ao vencido (art. 459, § 1º, CLT);
  - Décimo terceiro: 20 de dezembro (art. 1º, Lei nº 4.749/1965);
  - Férias: último dia do período concessivo (art. 149, CLT);
  - Períodos descontínuos de trabalho: extinção do último contrato (Súmula 156, TST);
  - Aviso-prévio indenizado: data do término do aviso-prévio (OJ 83, SDI-1, TST);
  - Expurgos inflacionários sobre a multa do FGTS: 30.06.2001, que é a data do reconhecimento do direito (OJ 344, SDI-1, TST);
  - Danos morais e materiais decorrentes de acidente de trabalho: data da ciência inequívoca acerca da incapacidade laboral (Súmula 278, STJ);
  - Parcelas oriundas de sentença normativa: data do trânsito em julgado (Súmula 350, TST).

Término do prazo prescricional:

- Mesmo dia e mês do começo.
- Se for não útil, o primeiro dia útil subsequente.

PRESCRIÇÃO

Causas impeditivas do curso da prescrição:

• A contagem do prazo prescricional sequer é iniciada enquanto durar a causa impeditiva.

• Hipóteses legais **(taxativas)**:

  – Empregado menor de 18 anos (art. 440, CLT). Importante: contra os herdeiros do empregado falecido corre normalmente o prazo prescricional a partir dos 16 anos, quando cessa a incapacidade absoluta (art. 3°, CCB);

  – Contra os ausentes do País em serviço público da União, dos Estados ou dos Municípios (art. 198, II, CCB);

  – Contra os que se acharem servindo nas Forças Armadas, em tempo de guerra (art. 198, III, CCB);

  – Pendendo condição suspensiva (art. 199, I, CCB);

  – Não estando vencido o prazo (art. 199, II, CCB).

Causas suspensivas do curso da prescrição:

• Paralisam o curso do prazo da prescrição já iniciado, o qual será retomado, do ponto em que parou, com o fim da causa suspensiva.

• Hipóteses legais **(taxativas)**:

  – Submissão de demanda à Comissão de Conciliação Prévia – CCP (art. 625-G, CLT);

  – Recurso administrativo (art. 4°, Decreto n° 20.910/1932);

• Auxílio-doença ou aposentadoria por invalidez **não** suspende o curso da prescrição, salvo se o trabalhador fica completamente impossibilitado de recorrer ao Judiciário (OJ 375, SDI-1, TST).

Causas interruptivas do curso da prescrição:

• Demonstram uma providência inequívoca do interessado no sentido da defesa de seu direito, ou ainda um ato inequívoco de reconhecimento da dívida pelo devedor.

• Cessada a causa de interrupção, o prazo prescricional começa a contar do início, desprezando-se o prazo decorrido até então.

• A prescrição só pode ser interrompida uma vez (art. 202, *caput*, CCB).

• Hipóteses legais **(taxativas)**:

  – Ajuizamento de ação trabalhista (mesmo arquivada, por qualquer motivo, interrompe a prescrição; somente interrompe o fluxo do prazo prescricional em relação aos pedidos idênticos);

  – Protesto judicial (?). Hipótese atualmente duvidosa, tendo em vista a redação do § 3° do art. 11 da CLT, dada pela Lei n° 13.467/2017.

Prescrição total:

• Decorrido o prazo legal, perde-se tudo, ou seja, todas as parcelas eventualmente decorrentes do fundo de direito invocado são alcançadas pela prescrição.

• No prazo bienal, a prescrição é sempre total.

• No prazo quinquenal, a prescrição tanto pode ser total (alteração contratual por ato único, sem que a parcela seja assegurada por preceito de lei) como parcial.

Prescrição parcial:

• Decorrido o prazo legal desde a ocorrência da primeira lesão, a prescrição atinge parcialmente apenas as parcelas vencidas há mais de cinco anos.

• Aplica-se à hipótese de prestações de trato sucessivo cujas parcelas são asseguradas também por preceito de lei.

Arguição da prescrição:

• A prescrição deve ser arguida na instância ordinária (Súmula 153, TST).

• Não se admite a pronúncia de ofício no Processo do Trabalho.

PRESCRIÇÃO

Prescrição intercorrente:

- Ocorre, no processo do trabalho, em dois anos.
- A fluência do prazo prescricional intercorrente inicia-se quando o exequente deixa de cumprir determinação judicial no curso da execução.
- Pode ser requerida ou declarada de ofício em qualquer grau de jurisdição.

PRAZOS PRESCRICIONAIS TRABALHISTAS		
Hipótese	Prazo	Observações
Regra geral	5 anos, limitados a 2 anos após a extinção contratual	Contam-se os 5 anos a partir do ajuizamento da ação
Ações declaratórias (fatos)	Não prescrevem	As pretensões pecuniárias devidas em decorrência do fato a ser declarado prescrevem normalmente
Supressão de comissões ou alteração do percentual das comissões	5 anos	Prescrição total (OJ 175, SDI-1, TST)
Desvio funcional	5 anos	Prescrição parcial (Súmula 275, I, TST). Cf. art. 11, § 2º, da CLT, a prescrição seria total.
Reenquadramento	5 anos	Prescrição total (Súmula 275, II, TST)
Horas extras (inclusive pré-contratadas do bancário)	5 anos	Prescrição total (OJ 242 e OJ 199, SDI-1, TST)
Equiparação salarial	5 anos	Prescrição parcial (Súmula 6, IX, TST)
Gratificação semestral (congelamento)	5 anos	Prescrição parcial (Súmula 373, TST). Cf. art. 11, § 2º, da CLT, a prescrição seria total, salvo se a gratificação semestral estiver assegurada por preceito de lei.
Plano de cargos e salários – descumprimento – diferenças decorrentes	5 anos	Prescrição parcial (Súmula 452, TST). Cf. art. 11, § 2º, da CLT, a prescrição seria total.
Alteração de regime jurídico (celetista para estatutário)	2 anos	Prescrição total (Súmula 382, TST)
Complementação de aposentadoria – parcela nunca recebida (ou dependente do reconhecimento de parcela prescrita)	2 anos	Prescrição total (Súmulas 326 e 327, TST)
Complementação de aposentadoria – diferenças	5 anos	Prescrição parcial (Súmula 327, TST). Cf. art. 11, § 2º, da CLT, a prescrição seria total.

PRESCRIÇÃO		
Complementação de pensão e auxílio-funeral	2 anos	Prescrição total (OJ 129, SDI-1, TST)
Rurícola	5 anos, limitados a 2 anos após a extinção do contrato (segue a regra geral)	Alteração pela EC 28/2000. OJ 271, TST
Doméstico	5 anos, limitados a 2 anos após a extinção do contrato (segue a regra geral)	Art. 43 da LC nº 150/2015
Estagiário	Regra geral (5 anos; 2 anos)	
Avulso	5 anos, limitados a dois anos após o cancelamento do registro ou do cadastro no OGMO	Art. 37, § 4º, da Lei nº 12.815/2013
FGTS	5 anos; 2 anos (regra geral)	Entendimento do STF (ARE 709.212, j. 13.11.2014). Regra de transição cf. Súmula 362 do TST.

28.16. DEIXADINHAS

1. A prescrição é a perda da pretensão de reparação do direito violado, em virtude da inércia do seu titular, no prazo previsto pela lei.

2. O direito permanece intocado diante da prescrição, que fulmina a pretensão, a exigibilidade, e não o direito em si.

3. Os prazos prescricionais são sempre previstos em lei.

4. A prescrição não incide sobre os fatos em si mesmos, mas sobre as pretensões que deles decorrem.

5. A prescrição trabalhista não se aplica às ações que tenham por objeto anotações para fins de prova junto à Previdência Social.

6. Ações meramente declaratórias não se sujeitam à prescrição.

7. Prescrição e decadência atuam em função da inércia do titular e do decurso do tempo.

8. A decadência (caducidade) é a perda de um direito potestativo pelo decurso de prazo fixado em lei ou em contrato.

9. A prescrição se liga a direitos obrigacionais, enquanto a decadência envolve o exercício de um direito potestativo.

10. A decadência extingue o próprio direito; a prescrição extingue a pretensão (exigibilidade).

11. Os prazos decadenciais, em regra, não se sujeitam a causas impeditivas, suspensivas ou interruptivas, como ocorre com os prazos prescricionais.

12. A prescrição é sempre fixada em lei; a decadência pode ser fixada em lei, ou ainda pela vontade das partes.

13. É decadencial o prazo de 30 dias, a contar da suspensão, para ajuizamento do inquérito para apuração de falta grave.

14. O prazo de decadência do direito do empregador de ajuizar inquérito em face do empregado que incorre em abandono de emprego é contado a partir do momento em que o empregado pretendeu seu retorno ao serviço.

15. A prescrição consumada pode ser objeto de renúncia; a decadência não se sujeita à renúncia.

16. O ano civil é o período de doze meses contado do dia do início ao dia e mês correspondentes do ano seguinte. Assim é contado o prazo prescricional.

17. A data de início da contagem da prescrição coincide com a lesão ao direito ou ainda com o conhecimento da lesão pelo empregado, pelo que se diz que o termo inicial coincide com o nascimento da ação em sentido material (princípio da *actio nata*).

18. Da extinção do último contrato começa a fluir o prazo prescricional do direito de ação em que se objetiva a soma de períodos descontínuos de trabalho.

19. A prescrição começa a fluir no final da data do término do aviso-prévio.

20. O termo inicial do prazo prescricional para o empregado pleitear em juízo diferenças da multa do FGTS, decorrentes dos expurgos inflacionários, deu-se com a vigência da Lei Complementar nº 110, em 30.06.2001, salvo comprovado trânsito em julgado de decisão proferida em ação proposta anteriormente na Justiça Federal, que reconheça o direito à atualização do saldo da conta vinculada.

21. A prescrição da pretensão de reparação por danos materiais ou morais decorrentes de acidente de trabalho tem seu termo inicial fixado na data em que o trabalhador tem ciência inequívoca da sua incapacidade laboral.

22. O prazo de prescrição com relação à ação de cumprimento de decisão normativa flui apenas da data de seu trânsito em julgado.

23. Se o termo final da prescrição não for dia útil, será o prazo prorrogado até o dia útil seguinte.

24. O direito de ação quanto a créditos resultantes das relações de trabalho prescreve em cinco anos, até o limite de dois anos após a extinção do contrato.

25. Respeitado o biênio subsequente à cessação contratual, a prescrição da ação trabalhista concerne às pretensões imediatamente anteriores a cinco anos, contados da data do ajuizamento da reclamação e, não, às anteriores ao quinquênio da data da extinção do contrato.

26. A norma constitucional que ampliou o prazo de prescrição da ação trabalhista para 5 (cinco) anos é de aplicação imediata e não atinge pretensões já alcançadas pela prescrição bienal quando da promulgação da CF/1988.

27. A suspensão do contrato de trabalho, em virtude da percepção do auxílio-doença ou da aposentadoria por invalidez, não impede a fluência da prescrição quinquenal, ressalvada a hipótese de absoluta impossibilidade de acesso ao Judiciário.

28. Há que se tomar muito cuidado para não confundir a suspensão e a interrupção do contrato de trabalho com as hipóteses de suspensão ou interrupção do curso do prazo prescricional, as quais não guardam qualquer relação entre si.

29. Causas impeditivas do curso do prazo prescricional representam a hipótese em que a contagem do prazo prescricional sequer é iniciada enquanto perdurar o fato impeditivo.

30. Não corre qualquer prazo prescricional contra o empregado menor de 18 anos.

31. Da mesma forma, não corre a prescrição contra os ausentes do País em serviço público da União, dos Estados ou dos Municípios, contra os que se acharem servindo nas Forças Armadas, em tempo de guerra, pendendo condição suspensiva ou não estando vencido o prazo.

32. Contra os herdeiros do empregado corre a prescrição a partir dos 16 anos, quando cessa a incapacidade absoluta, nos termos do Código Civil.

33. A não fluência do prazo prescricional contra os herdeiros do empregado que sejam incapazes aproveita aos coerdeiros maiores.

34. As causas suspensivas paralisam o curso do prazo da prescrição já iniciado, o qual será retomado, do ponto onde parou, com o fim da causa suspensiva.

35. São causas suspensivas da fluência do prazo prescricional a submissão de demanda à CCP, o recurso administrativo e a incapacidade superveniente.

36. As causas interruptivas do fluxo do prazo prescricional são aquelas que demonstram inequívoca ação do credor no sentido do exercício de seu direito, ou ainda ato inequívoco do devedor no sentido do reconhecimento da dívida.

37. A interrupção da prescrição somente ocorrerá pelo ajuizamento de reclamação trabalhista, mesmo que em juízo incompetente, ainda que venha a ser extinta sem resolução de mérito.

40. A ação trabalhista interrompe a prescrição apenas em relação aos pedidos idênticos.

41. A prescrição só pode ser interrompida uma vez.

42. Cessada a causa interruptiva, a contagem do prazo é reiniciada, desprezando-se o que já havia transcorrido até a interrupção.

43. A prescrição é total nos casos em que extingue qualquer pretensão relativa a determinada parcela.

44. A prescrição parcial, por sua vez, é aquela que extingue apenas a pretensão às parcelas exigíveis há mais de cinco anos.

45. A prescrição bienal é sempre total.

46. A prescrição quinquenal pode ser total ou parcial.

47. A prescrição total decorre de ato único do empregador, ao passo que a prescrição parcial é aplicável às hipóteses em que a parcela é de trato sucessivo, de forma que a lesão se renove mês a mês.

48. Tratando-se de pretensão que envolva pedido de prestações sucessivas decorrente de alteração ou descumprimento do pactuado, a prescrição é total, exceto quando o direito à parcela esteja também assegurado por preceito de lei.

49. Entende-se por preceito de lei, de forma majoritária, tanto os decorrentes da legislação heterônoma quanto as cláusulas dos instrumentos coletivos de trabalho.

50. Ato único seria aquele que não se desdobra no tempo, cujos efeitos não se renovam mês a mês. Exemplo seria a compra e venda.

51. A supressão das comissões, ou a alteração quanto à forma ou ao percentual, em prejuízo do empregado, é suscetível de operar a prescrição total da ação, nos termos da Súmula 294 do TST, em virtude de cuidar-se de parcela não assegurada por preceito de lei.

52. Em se tratando de pedido de reenquadramento, a prescrição é total, contada da data do enquadramento do empregado.

53. Embora haja previsão legal para o direito à hora extra, inexiste previsão para a incorporação ao salário do respectivo adicional, razão pela qual deve incidir a prescrição total.

54. Em se tratando de horas extras pré-contratadas, opera-se a prescrição total se a ação não for ajuizada no prazo de cinco anos, a partir da data em que foram suprimidas.

55. Na ação de equiparação salarial, a prescrição é parcial e só alcança as diferenças salariais vencidas no período de 5 (cinco) anos que precedeu o ajuizamento.

56. A transferência do regime jurídico de celetista para estatutário implica extinção do contrato de trabalho, fluindo o prazo da prescrição bienal a partir da mudança de regime.

57. A pretensão à complementação de aposentadoria jamais recebida prescreve em dois anos contados da cessação do contrato de trabalho.

58. A prescrição extintiva para pleitear judicialmente o pagamento da complementação de pensão e do auxílio-funeral é de dois anos, contados a partir do óbito do empregado.

59. Atualmente, é aplicável ao trabalhador rural, ao doméstico, ao estagiário e ao avulso o mesmo prazo prescricional aplicável ao trabalhador urbano.

60. O prazo prescricional da pretensão do rurícola, cujo contrato de emprego já se extinguira ao sobrevir a Emenda Constitucional nº 28, de 26.05.2000, tenha sido ou não ajuizada a ação trabalhista, prossegue regido pela lei vigente ao tempo da extinção do contrato de emprego.

61. Não há prescrição total ou parcial da pretensão do trabalhador rural que reclama direitos relativos a contrato de trabalho que se encontrava em curso à época da promulgação da EC 28/2000, desde que ajuizada a demanda no prazo de cinco anos de sua publicação, observada a prescrição bienal.

61. Conforme entendimento adotado pelo STF (RE 709.212, j. 13.11.2014), são inconstitucionais o art. 23, § 5º, da Lei nº 8.036/1990, em sua redação original, e o art. 55 do Decreto nº 99.684/1990, na parte em que ressalvam o "privilégio do FGTS à prescrição trintenária", pelo que se aplica também ao direito de reclamar contra o não recolhimento da contribuição para o FGTS a prescrição trabalhista (quinquenal, nos termos do inciso XXIX do art. 7º da CRFB/1988). Além do quanto decidido pelo STF, atualmente a Lei nº 8.036/1990 não mais prevê a prescrição trintenária do FGTS.

62. Para os casos em que a ciência da lesão ocorreu a partir de 13.11.2014, é quinquenal a prescrição do direito de reclamar contra o não recolhimento de contribuição para o FGTS, observado o prazo de dois anos após o término do contrato.

63. Para os casos em que o prazo prescricional já estava em curso em 13.11.2014, aplica-se o prazo prescricional que se consumar primeiro: trinta anos, contados do termo inicial, ou cinco anos, a partir de 13.11.2014 (STF ARE-709.212/DF).

64. As ações relativas aos créditos decorrentes da relação de trabalho avulso prescrevem em cinco anos até o limite de dois anos após o cancelamento do registro ou do cadastro no OGMO.

65. Ocorre a prescrição intercorrente no processo do trabalho no prazo de dois anos.

66. A fluência do prazo prescricional intercorrente inicia-se quando o exequente deixa de cumprir determinação judicial no curso da execução.

67. A declaração da prescrição intercorrente pode ser requerida ou declarada de ofício em qualquer grau de jurisdição.

CAPÍTULO 29

Direito Coletivo
do Trabalho

· ·

Marcadores: DIREITO COLETIVO DO TRABALHO; DIREITO SINDICAL; ORGANIZAÇÃO SINDICAL; LIBERDADE SINDICAL; NEGOCIAÇÃO COLETIVA; ACORDO COLETIVO DE TRABALHO; CONVENÇÃO COLETIVA DE TRABALHO; LIMITES IMPOSTOS À NEGOCIAÇÃO COLETIVA; PREVALÊNCIA DO NEGOCIADO SOBRE O LEGISLADO.

Material de estudo:

✓ Legislação: **CLT**, art. 8º, 511-625; **CRFB/88**, art. 7º, VI, XIII, XIV, XXVI; art. 8º; art. 11.

✓ Jurisprudência: **Súm.** 277, 369, 374, 384, 423, 437, 449, 451, TST; **OJ SDI-1** 41, 322, 325, 369, 420, TST; **OJ SDC** 5, 15, 16, 17, 20, 25, 28, 29, 31, 36, TST.

✓ Doutrina (+)

Estratégia de estudo sugerida:

O item 29.4.11 contempla o estudo dos limites à negociação coletiva e, dadas as alterações promovidas principalmente a partir da *Reforma Trabalhista de 2017*, é essencial na preparação dos candidatos a todos os concursos da área trabalhista, notadamente AFT.

Além desse tema, são comuns questões de concursos sobre conceitos básicos, como a distinção entre ACT e CCT e o princípio da liberdade sindical, além dos verbetes de jurisprudência do TST.

29.1. INTRODUÇÃO

O Direito Coletivo do Trabalho constitui, para a maioria da doutrina, subdivisão do Direito do Trabalho, e não ramo autônomo da ciência do direito.

Direito do Trabalho = Direito Individual do Trabalho + Direito Coletivo do Trabalho

Não interessa, para os fins a que se destina este manual, a discussão acerca da autonomia ou não do Direito Coletivo do Trabalho, e sim a essência do que é cobrado em concursos públicos.

Dessa forma, interessa-nos saber que o Direito Coletivo do Trabalho regula a relação entre seres coletivos na seara trabalhista, ao passo que o Direito Individual do Trabalho cuida da relação individual estabelecida entre empregado e empregador.

A coletivização das questões trabalhistas teve origem na constatação, pelos trabalhadores, de que eles eram, sozinhos, muito mais fracos que o empregador. Isso porque perceberam que **o empregador é um ser coletivo por natureza**, ao passo que a manifestação de sua vontade tem como resultado considerável impacto social. As decisões do empregador afetam direta ou indiretamente diversas pessoas ou mesmo um grupo comunitário mais amplo[1].

Para ilustrar o quanto referido acima, imagine que se um empregado pede demissão, deste seu ato provavelmente não decorrerá repercussão relevante. Ao contrário, se o empregador demite um empregado, não só ele, mas também sua família, que indiretamente depende daquela renda, terá sido prejudicada. De forma mais drástica, se um empregador resolve fechar sua fábrica, transferindo-a para outra localidade em busca de redução de custos, certamente este seu ato provocará repercussões negativas na vida de diversas pessoas, ou até mesmo de um grupo comunitário mais amplo, conforme o caso.

Exatamente por este motivo, os trabalhadores perceberam que precisavam se associar para dar maior peso às suas reivindicações junto ao empregador. Surgiu daí a noção de sindicato.

29.2. PRINCÍPIOS DO DIREITO COLETIVO DO TRABALHO

São vários os princípios peculiares do Direito Coletivo do Trabalho, embora todos guardem relação com os princípios que regem o Direito Individual do Trabalho. **A grande diferença**, que deve ser observada com atenção, **é a relativa equivalência entre os seres coletivos**, ao contrário do que ocorre no Direito Individual do Trabalho, em que há notável hipossuficiência do trabalhador frente ao empregador.

Dica para provas discursivas:
Como sempre, os princípios são importantes para a fundamentação de questões discursivas.

Vejamos os princípios mais importantes.

29.2.1. Princípio da liberdade associativa e sindical

Tal princípio trata da liberdade conferida ao trabalhador de se associar, e, de forma qualificada, de se associar em sindicato.

O direito de associação (e conexamente o direito de reunião) não é específico do Direito do Trabalho, constituindo direito fundamental garantido a todo cidadão pela CRFB (art. 5º, XVI e XVII). Na mesma esteira, a Constituição garante a livre criação (e extinção) de associações, desde que para fins pacíficos, independentemente de qualquer ingerência estatal (art. 5º, XVIII, XIX, XX e XXI).

---

[1] DELGADO, Maurício Godinho. *Curso de direito do trabalho*. 9. ed. São Paulo: LTr, 2010, p. 1.196.

Por sua vez, a liberdade sindical constitui direito estreitamente vinculado ao direito obreiro, e mais especificamente ao seu segmento coletivo.

A liberdade associativa e sindical possui duas facetas importantes:

a) a liberdade que tem o trabalhador de se filiar ou não a sindicato;

b) a liberdade que tem o trabalhador associado de se desfiliar do sindicato.

Neste sentido, o art. 8º, V, da CRFB:

Art. 8º É livre a associação profissional ou sindical, observado o seguinte:

(...)

V – ninguém será obrigado a filiar-se ou a manter-se filiado a sindicato;

(...)

Pode-se dizer de forma categórica, portanto, que **no Brasil são ilícitas quaisquer cláusulas de sindicalização forçada porventura existentes**, ante o princípio da liberdade associativa e sindical.

Para fins de concurso público é suficiente esta noção, pelo que o estudo das principais modalidades de tais cláusulas, comuns em outros países, extrapola a proposta deste manual.

Também são ilícitas quaisquer práticas antissindicais, assim consideradas aquelas que importem na discriminação dos trabalhadores sindicalizados e/ou que ocupem cargos de direção nas entidades sindicais. Por este motivo, e a fim de assegurar a liberdade sindical, a lei estabelece salvaguardas à atuação sindical, como a garantia provisória de emprego (CRFB, art. 8º, VIII) e a intransferibilidade (CLT, art. 543) asseguradas ao dirigente sindical.

29.2.2. Princípio da autonomia sindical

Garante a autonomia administrativa dos sindicatos, livrando-os da ingerência do Estado e mesmo das próprias empresas.

O princípio em referência está previsto no art. 8º, I, da CRFB:

Art. 8º (...)

I – a lei não poderá exigir **autorização** do Estado para a fundação de sindicato, **ressalvado o registro no órgão competente**, vedadas ao Poder Público a interferência e a intervenção na organização sindical;

(...)

Trocando em miúdos, o princípio garante ao sindicato ampla liberdade de auto-organização, começando por sua criação, passando pela elaboração de seu estatuto, e culminando na sua plena autonomia administrativa, seja na eleição de seus dirigentes, seja na condução das atribuições que lhe são inerentes ou da administração dos recursos financeiros.

Uma primeira questão que se coloca, a propósito, é a necessidade de registro do sindicato junto ao Ministério da do Trabalho e Emprego, nos termos do dispositivo constitucional mencionado. Uma parte da doutrina se insurge contra tal exigência, sob a alegação de que constituiria ingerência estatal na atividade sindical, ferindo, portanto, o princípio da autonomia sindical.

A questão não oferece maiores dificuldades no âmbito jurisprudencial, ao passo que **o STF já pacificou a matéria**, no sentido de que **a exigência é plenamente constitucional**, visto que necessária para fins de verificação da observância da regra da unicidade sindical.

O assunto será abordado em maiores detalhes adiante, quando do estudo específico do sindicato.

A segunda questão que se põe diz respeito ao anacronismo do texto constitucional em relação ao tratamento da questão da autonomia sindical. Se, por um lado, a CRFB avançou sobremaneira, eliminando a interferência estatal até então corriqueira na atividade sindical, por outro manteve diversos traços do antigo sistema corporativista, que indubitavelmente acabam por inviabilizar, na prática, a autêntica liberdade e autonomia sindicais.

São **incompatíveis com a ideia de liberdade e autonomia sindicais**: a) o sistema da *unicidade sindical* (imposição legal de um único sindicato em dada base territorial); b) o *poder normativo* da Justiça do Trabalho.

Felizmente já não temos mais na ordem jurídica o terceiro e o quarto traços corporativistas, que eram, respectivamente, o financiamento compulsório dos sindicatos (eliminado pela Lei nº 13.467/2017[2]) e a representação classista na Justiça do Trabalho (eliminada pela EC nº 24/1999).

29.2.3. Princípio da interveniência sindical na normatização coletiva

Somente é válida a negociação coletiva se dela tiver tomado parte o sindicato **dos trabalhadores**.

Neste sentido, o art. 8º, VI, da CRFB:

Art. 8º (...)

VI – é obrigatória a participação dos sindicatos nas negociações coletivas de trabalho;

(...)

A interpretação absolutamente majoritária é no sentido da obrigatoriedade de participação do sindicato nas negociações coletivas apenas em relação aos trabalhadores. Isso porque, a uma, o empregador já é um ser coletivo por natureza, conforme estudado, e a duas porque a Constituição consagrou o acordo coletivo de trabalho como instrumento da negociação coletiva e, como se sabe, o ACT é firmado entre empresa(s) e sindicato dos trabalhadores, sem a interveniência do sindicato patronal (ou da categoria econômica).

Faltando a participação do sindicato obreiro na negociação, eventual acordo entre empregador e empregado limita-se à seara contratual, com as consequências legais daí advindas, notadamente o princípio da inalterabilidade contratual lesiva (art. 468 da CLT).

Exemplo: acordo individual de redução de salário, em razão de crise financeira que ameaça a existência da empresa. Como não houve a participação do sindicato dos trabalhadores (acordo individual), o pacto não tem validade jurídica, pois importa alteração prejudicial do contrato de trabalho.

---

2   Embora eu considere que o financiamento compulsório dos sindicatos, por meio da contribuição sindical obrigatória, era um dos anacronismos do sistema sindical brasileiro, não resta dúvida que a *Reforma Trabalhista de 2017* enfraqueceu sobremaneira o sistema sindical, pois retirou-lhe o financiamento sem se preocupar com a necessária reforma de todo o sistema, com vistas a alcançar a verdadeira liberdade sindical preconizada pela OIT. A questão será tratada de forma mais detalhada adiante, no tópico 29.3.8.

29.2.4. Princípio da equivalência dos contratantes coletivos

Se no direito individual há flagrante disparidade de armas entre os dois polos contratantes (empregado e empregador), no direito coletivo há que se ter equivalência entre ambos, ou seja, devem ter força semelhante. É exatamente esta a razão de ser do Direito Coletivo do Trabalho.

São equivalentes porque ambos são seres coletivos (lembre-se que a empresa é, por natureza, um ser coletivo), e também o são porque contam com ferramentas eficazes de pressão nas negociações engendradas (direito de greve, por exemplo).

É devido a esta equivalência que não há, no Direito Coletivo do Trabalho, uma desigualdade legislativa tão grande como ocorre no Direito Individual do Trabalho, pois, neste ramo, a lei sempre busca compensar a condição de hipossuficiência do trabalhador.

29.2.5. Princípio da lealdade e transparência nas negociações coletivas

Assim como em qualquer outro negócio, há que ser observada a lealdade e a boa-fé objetiva por parte dos contratantes. Muito mais ainda no caso da negociação coletiva, que dará origem a normas jurídicas. Desse modo, são inválidos os atos de qualquer das partes que se classifiquem como desleais ou obscuros.

Imagine-se a hipótese de uma categoria profissional que deflagra greve na vigência de uma convenção coletiva de trabalho, sem qualquer justificativa plausível para tal (por exemplo, uma mudança substancial nas condições vividas pela categoria). À luz do princípio em estudo, esta greve será ilegal, pois a questão encontrava-se pacificada pelo instrumento que, por excelência, compõe a vontade das partes (norma coletiva).

29.2.6. Princípio da criatividade jurídica da negociação coletiva

Princípio segundo o qual a negociação coletiva resulta em autênticas normas jurídicas (comandos abstratos, gerais e impessoais), com as consequências daí decorrentes.

Basta lembrar que as convenções coletivas de trabalho e os acordos coletivos de trabalho são considerados fontes formais do Direito do Trabalho, exatamente pelo fato de serem reconhecidas como sendo normas jurídicas.

29.2.7. Princípio da intervenção mínima na autonomia da vontade coletiva

Este princípio é uma criação da *Reforma Trabalhista de 2017*, que acrescentou ao art. 8º da CLT o § 3º, nos seguintes termos:

§ 3º No exame de convenção coletiva ou acordo coletivo de trabalho, a Justiça do Trabalho analisará exclusivamente a conformidade dos elementos essenciais do negócio jurídico, respeitado o disposto no art. 104 da Lei no 10.406, de 10 de janeiro de 2002 (Código Civil), e balizará sua atuação pelo princípio da intervenção mínima na autonomia da vontade coletiva.

O Prof. Luciano Martinez[3], com a percuciência de sempre, assevera que

"O princípio da intervenção mínima na autonomia da vontade coletiva baseia-se no mandamento nuclear segundo o qual os sujeitos das relações coletivas devem ter ampla liberdade para negociarem, observando apenas o núcleo essencial e intangível dos direitos trabalhistas mínimos.

---

3   MARTINEZ, Luciano. *Curso de Direito do Trabalho*. 8. ed. São Paulo: Saraiva, 2017, p. 890.

O magistrado não deve impedir o lícito desejar dos contratantes coletivos, mas, em nome disso, não pode, sob esse pretexto, fechar os olhos para violações aos direitos fundamentais ou ainda aos direitos de terceiros".

29.2.8. Princípio da prevalência relativa do negociado sobre o legislado

No que diz respeito aos **limites** à negociação coletiva, Maurício Godinho Delgado[4] baseia sua teoria do *princípio da adequação setorial negociada* em duas premissas:

a) que a norma coletiva estabeleça padrão superior ao estabelecido pela norma heterônoma estatal; ou

b) que a norma coletiva transacione apenas setorialmente parcelas justrabalhistas de indisponibilidade apenas relativa.

Seriam parcelas de indisponibilidade relativa aquelas assim consideradas expressamente por lei (*v.g.*, art. 7º, VI, XIII e XIV da CRFB), bem como as que assim se qualificam por sua própria natureza (*v.g.*, modalidades de pagamento salarial).

Ao contrário, seriam de indisponibilidade absoluta as normas estipuladoras de direitos que não podem ser suprimidos ou reduzidos sequer mediante negociação coletiva, como ocorre com a anotação em CTPS, com as normas relativas à segurança e saúde do trabalhador, entre outras.

Este *núcleo intangível de direitos trabalhistas*, que Godinho Delgado chama de **patamar civilizatório mínimo**, seria dado por três grupos de normas heterônomas, como ensina o autor[5]:

a) normas constitucionais (ressalvadas as exceções expressas, como no art. 7º, VI, XIII e XIV);

b) normas internacionais integradas ao direito interno;

c) normas legais infraconstitucionais que asseguram patamares de cidadania ao trabalhador (as normas relativas à saúde e segurança do trabalhador, por exemplo).

À luz deste princípio, a norma coletiva não tem validade se constitui mera renúncia de direitos (e não transação), pois não cabe ao sindicato renunciar a direito de terceiros (trabalhadores).

Godinho Delgado[6] observa ainda que a jurisprudência tem, *de uma forma geral*, considerado que se a parcela está assegurada por norma cogente (Constituição, leis federais, tratados e convenções internacionais ratificados) ela deve prevalecer, inclusive em face da negociação coletiva. A exceção fica por conta dos casos em que a própria norma estipuladora do direito abre margem à flexibilização por negociação coletiva (compensação de jornada, por exemplo).

Neste sentido, por exemplo, a Súmula 449:

> Súm. 449. Minutos que antecedem e sucedem a jornada de trabalho. Lei nº 10.243, de 19.06.2001. Norma coletiva. Flexibilização. Impossibilidade. (conversão da Orientação Jurisprudencial nº 372 da SBDI-1) – Res. 194/2014, *DEJT* divulgado em 21, 22 e 23.05.2014.

---

4 DELGADO, Maurício Godinho. *Direito coletivo do trabalho*. 3. ed. São Paulo: LTr, 2008, p. 61.

5 DELGADO, Maurício Godinho. *Direito coletivo do trabalho*. 3. ed. São Paulo: LTr, 2008, p. 62.

6 DELGADO, Maurício Godinho. *Curso de direito do trabalho*. 9. ed. São Paulo: LTr, 2010. p. 1.231.

A partir da vigência da Lei nº 10.243, de 19.06.2001, que acrescentou o § 1º ao art. 58 da CLT, não mais prevalece cláusula prevista em convenção ou acordo coletivo que elastece o limite de 5 minutos que antecedem e sucedem a jornada de trabalho para fins de apuração das horas extras.

Em consonância com tal entendimento, também a Súmula 437, II, do TST:

> Súm. 437. Intervalo intrajornada para repouso e alimentação. Aplicação do art. 71 da CLT (conversão das Orientações Jurisprudenciais nºs 307, 342, 354, 380 e 381 da SBDI-1) – Res. 185/2012, *DEJT* divulgado em 25, 26 e 27.09.2012
>
> (...)
>
> II – É inválida cláusula de acordo ou convenção coletiva de trabalho contemplando a supressão ou redução do intervalo intrajornada porque este constitui medida de higiene, saúde e segurança do trabalho, garantido por norma de ordem pública (art. 71 da CLT e art. 7º, XXII, da CF/1988), infenso à negociação coletiva.
>
> (...)

Por fim, registre-se que a aplicação do princípio da *adequação setorial negociada* continuava, *antes da Reforma Trabalhista de 2017*, prestigiada pelo TST, que alterou a redação da Súmula 364, inserindo o item II, nos seguintes termos:

> Súm. 364. Adicional de periculosidade. Exposição eventual, permanente e intermitente (inserido o item II) – Res. 209/2016, *DEJT* divulgado em 01, 02 e 03.06.2016.
>
> [...]
>
> II – Não é válida a cláusula de acordo ou convenção coletiva de trabalho fixando o adicional de periculosidade em percentual inferior ao estabelecido em lei e proporcional ao tempo de exposição ao risco, pois tal parcela constitui medida de higiene, saúde e segurança do trabalho, garantida por norma de ordem pública (arts. 7º, XXII e XXIII, da CF e 193, § 1º, da CLT).

Ocorre que, concomitantemente, o Supremo Tribunal Federal decidiu abertamente, pela segunda vez, no sentido da prevalência do negociado sobre o legislado, deixando de considerar a indisponibilidade das normas trabalhistas a que se refere o Min. Godinho Delgado.

Nesse diapasão, aos 08.09.2016, nos autos do RE 895.759/PE, o Min. Teori Zavascki proferiu decisão monocrática (*DJE* de 13.09.2016) reformando decisão do TST, bem como firmando o entendimento segundo o qual é válida a flexibilização da norma heterônoma por instrumento coletivo de trabalho, desde que compensada pela concessão de outras vantagens ao trabalhador. Em resumo, as duas decisões do STF (RE 590.415 e RE 895.759) observaram que não cabe a invalidação de instrumentos coletivos de trabalho "com base em uma lógica de limitação da autonomia da vontade exclusivamente aplicável às relações individuais de trabalho".

Por fim, **a Lei nº 13.467/2017 consagrou a *prevalência relativa do negociado sobre o legislado* ao estabelecer que, em relação a determinadas matérias**, a exemplo das disposições sobre pactos quanto à jornada de trabalho (observados os limites constitucionais), banco de horas anual ou intervalo intrajornada (respeitado o limite mínimo de trinta minutos para jornadas superiores a seis horas), "**a convenção coletiva e o acordo coletivo de trabalho têm prevalência sobre a lei**" (art. 611-A da CLT).

Tal prevalência não é absoluta, entretanto, pois **a Lei**, por óbvio, **não pode autorizar a flexibilização de direitos assegurados pela Constituição ou por outras nor-**

mas de ordem pública. Neste sentido, insta salientar que a própria Lei nº 13.467/2017 acrescentou à CLT também o art. 611-B, o qual estabelece que constituem objeto ilícito de norma coletiva a supressão ou a redução de vários direitos, como, por exemplo, normas de identificação profissional, seguro-desemprego e valor dos depósitos mensais e da indenização do FGTS.

No sentido do quanto mencionado, a Tese aprovada em 2023 pelo STF quando do julgamento do ARE 1121633 (Tema 1.046 de Repercussão Geral)[7]: "**são constitucionais os acordos e as convenções coletivos que, ao considerarem a adequação setorial negociada, pactuam limitações ou afastamentos de direitos trabalhistas, independentemente da explicitação especificada de vantagens compensatórias, desde que respeitados os direitos absolutamente indisponíveis**". A matéria será estudada em maiores detalhes no item 29.4.11.

Naturalmente a jurisprudência do TST terá que se adequar às profundas alterações promovidas pela *Reforma Trabalhista de 2017*, pelo que cabe ao leitor estudar com atenção os verbetes de jurisprudência que, embora ainda não cancelados nem alterados, encontram-se prejudicados pela legislação vigente.

A título de exemplo, ressalte-se que *tanto a Súmula 449 quanto o item II da Súmula 437, ambos mencionados acima, encontram-se superados pela legislação em vigor*, pelo que se aplicam tão somente às situações constituídas antes da vigência da Lei nº 13.467/2017.

29.3. SINDICATO

O sindicato é a figura central do Direito Coletivo do Trabalho[8], assumindo diversas atribuições no sentido da melhoria das condições socioeconômicas dos trabalhadores.

29.3.1. Conceito

O conceito legal de sindicato é extraído do *caput* do art. 511 da CLT, assim disposto:

> Art. 511. É lícita a associação para fins de estudo, defesa e coordenação dos seus interesses econômicos ou profissionais de todos os que, como empregadores, empregados, agentes ou trabalhadores autônomos ou profissionais liberais exerçam, respectivamente, a mesma atividade ou profissão ou atividades ou profissões similares ou conexas.
>
> (...)

Do conceito legal é importante deduzir que **não só empregados e empregadores podem se associar a sindicato**, mas também trabalhadores autônomos e profissionais liberais, desde que exerçam atividades ou profissões idênticas, similares ou conexas. A justificativa para tal comando está no fato de que o objetivo do sindicato é a defesa dos interesses de profissões ou atividades, e não apenas de empregados e empregadores, nos estreitos limites da relação de trabalho *stricto sensu*.

A doutrina conceitua o sindicato como uma **associação permanente que representa trabalhadores ou empregadores e visa à defesa dos respectivos interesses coletivos**.

Atividades similares são aquelas que "se assemelham, como as que numa categoria pudessem ser agrupadas por empresas que não são do mesmo ramo, mas de ramos que se parecem, como hotéis e restaurantes[9]".

---

7 DJE 28.04.2023.
8 Alguns autores defendem, inclusive, o uso da expressão Direito Sindical, em vez de Direito Coletivo do Trabalho.
9 MARTINS, Sergio Pinto. *Comentários à CLT*. 14. ed. São Paulo: Atlas, 2010, p. 571.

Conexas, por sua vez, são as atividades "que, não sendo semelhantes, complementam-se, como as várias atividades existentes na construção civil, por exemplo: alvenaria, hidráulica, esquadrias, pastilhas, pintura, parte elétrica etc. Aqui existem fatores que concorrem para o mesmo fim: a construção de um prédio, de uma casa[10]".

29.3.2. Natureza jurídica

Atualmente não há qualquer controvérsia a respeito da natureza jurídica do sindicato. Trata-se de **pessoa jurídica de direito privado**. Esta classificação decorre da natureza de associação e, principalmente, da circunstância de estar o sindicato, a partir da CRFB/88, livre de interferência estatal (princípio da autonomia sindical). Logo, não resta qualquer resquício de direito público ou de atividade delegada pelo poder público na natureza do sindicato.

29.3.3. Unicidade vs. pluralidade sindical

Em relação ao sistema sindical adotado por determinado país, podemos ter, quanto à liberdade sindical, o sistema da unicidade sindical ou o sistema da pluralidade sindical.

Unicidade sindical é o sistema pelo qual a lei impõe a existência de um único sindicato para um determinado grupo de trabalhadores (que pode ser, conforme definido em lei, uma categoria, uma profissão, ou ainda uma empresa). Trata-se do sistema do **sindicato único**, também denominado **sistema *monista***.

Pluralidade sindical, por sua vez, corresponde ao modelo de liberdade sindical preconizado pela OIT, através da Convenção nº 87. Num sistema em que vigora a pluralidade sindical há ampla liberdade para criação de mais de um sindicato representativo do mesmo grupo de trabalhadores, de forma que o agrupamento de trabalhadores se dê da maneira mais livre e democrática possível. Observe-se que, neste caso, **a lei não impõe a pluralidade, mas apenas possibilita que ela ocorra**, consoante a vontade dos interessados.

Da pluralidade sindical pode decorrer a *unidade sindical*, que **não se confunde com a unicidade**. Ao passo que a unicidade pressupõe a imposição legal do sindicato único, a **unidade sindical** significa a unificação de vários sindicatos em um só, ocorrida de forma espontânea, através do amadurecimento da sindicalização de um grupo. Com efeito, em países desenvolvidos e, principalmente, possuidores de raízes fortes do movimento sindical, é quase natural a unidade sindical em torno da associação que melhor representa os interesses da categoria.

Lamentavelmente, o sistema adotado pela CRFB/88 é o da unicidade sindical, que, juntamente com o poder normativo da Justiça do Trabalho, acabam por enfraquecer sobremaneira o sindicalismo no Brasil, sedimentando o caminho para a manutenção de associações oportunistas e descomprometidas com a real defesa do trabalhador, na medida em que a lei lhes garante o monopólio da representação e a substituição de uma de suas atribuições precípuas, qual seja a negociação coletiva em busca de melhores condições de vida e de trabalho. Observe-se que a contribuição sindical obrigatória, que, ao assegurar o financiamento compulsório das atividades sindicais também enfraquecia o sistema, foi eliminada pela Lei nº 13.467/2017, embora o legislador não tenha se preocupado em atacar as demais mazelas do sistema sindical brasileiro.

---

10 Idem, ibidem.

29.3.4. Registro do sindicato

Como mencionado, a Constituição garante a liberdade de criação do sindicato, que fica desvinculada de autorização do Estado. Neste sentido, o art. 8º, I:

Art. 8º (...)

I – a lei não poderá exigir **autorização** do Estado para a fundação de sindicato, **ressalvado o registro no órgão competente**, vedadas ao Poder Público a interferência e a intervenção na organização sindical;

(...)

Subsiste alguma controvérsia doutrinária acerca da necessidade do *registro no órgão competente*, sob o argumento de que tal exigência feriria o princípio da liberdade sindical, constituindo intervenção indevida do Estado na atividade sindical.

Não é esta, entretanto, a posição já pacífica no STF. Ao contrário, **entende o STF que o registro no Ministério do Trabalho e Emprego não só é cabível, como também indispensável para fins de fiscalização do sistema da unicidade sindical**.

Assim, pode-se dizer que **o sindicato somente adquire personalidade jurídica após o registro do estatuto no órgão competente**, mesmo que já tenha sido feito o registro no Cartório de Registro das Pessoas Jurídicas.

Este foi, aliás, o entendimento esposado no voto do Min. Relator Sepúlveda Pertence, em sede do julgamento do MI nº 144-8-SP, em 2003:

"Proibida a criação (de mais de um sindicato na mesma base territorial), o registro – dado que, atributivo da personalidade jurídica, é ato culminante do processo de constituição da entidade –, há de ser, por imperativo lógico, momento adequado à verificação desse pressuposto negativo da aquisição mesma da personalidade jurídica da entidade sindical".

O TST também segue a mesma linha de entendimento, nos termos da OJ 15 da SDC:

OJ-SDC-15. Sindicato. Legitimidade *ad processum*. Imprescindibilidade do registro no Ministério do Trabalho (inserida em 27.03.1998).

A comprovação da legitimidade *ad processum* da entidade sindical se faz por seu registro no órgão competente do Ministério do Trabalho, mesmo após a promulgação da Constituição Federal de 1988.

Alguns autores chegam a afirmar que o sindicato adquire personalidade jurídica com o registro no Cartório de Registro das Pessoas Jurídicas, mas a personalidade sindical somente nasce com o registro junto ao órgão competente. Não deixa de ser uma tese mais guiada pela conveniência que pela cientificidade, mas que, afinal, é também válida, pois não desvirtua a ideia central da questão.

Reitere-se, em face da importância do tema, que **o registro da entidade sindical no órgão competente (Ministério do Trabalho e Emprego) não se confunde com autorização do Estado para funcionamento do sindicato**, pois qualquer interferência estatal neste sentido é afastada pelo inciso I do art. 8º da Constituição.

Não obstante, embora seja imprescindível o registro, em várias oportunidades o TST decidiu que a garantia de emprego conferida ao dirigente sindical não está vinculada ao registro do sindicato. Mencionem-se, como exemplo, os seguintes arestos:

AGRAVO EM AGRAVO DE INSTRUMENTO EM RECURSO DE REVISTA – ESTABILIDA-DE SINDICAL. A questão sobre o momento da aquisição do direito à estabilidade sindical já foi discutida pelo Supremo Tribunal Federal, que reconheceu estar assegurada a garantia da estabilidade sindical aos diretores eleitos na assembleia constitutiva da entidade sindical antes mesmo do seu registro no Ministério do Trabalho. No mesmo diapasão, a jurisprudência atual do Tribunal Superior do Trabalho tem admitido que a estabilidade a que faz jus o empregado eleito para o cargo de dirigente sindical não é vinculada à data de concessão do registro sindical. Agravo desprovido (TST, Ag-AIRR-336-92.2013.5.10.0018, 7ª Turma, Rel. Min. Luiz Philippe Vieira de Mello Filho, *DEJT* 08.02.2019).

Recurso ordinário em mandado de segurança. Reintegração liminar de empregado eleito dirigente de nova entidade sindical. Pedido de registro sindical ainda sob exame do Ministério do Trabalho e Emprego. Reintegração mantida. 1. Caso em que a autoridade apontada como coatora deferiu, em decisão antecipatória dos efeitos da tutela, a reintegração no emprego de trabalhador eleito para o cargo de dirigente de nova entidade sindical, cujo pedido foi arquivado, encontrando-se pendente a apreciação do recurso administrativo interposto perante o Ministério do Trabalho e Emprego – MTE. 2. O Excelso Supremo Tribunal Federal já decidiu que a estabilidade prevista no art. 8º, VIII, da Carta de 1988 alcança o empregado eleito dirigente de sindicato em processo de obtenção do registro sindical. 3. A partir da exegese empreendida pela Corte Suprema, não parece razoável deixar de reconhecer a potencial estabilidade provisória do litisconsorte passivo, sob o pretexto da possível violação do princípio da estabilidade sindical (art. 8º, II, da Constituição Federal). Em respeito ao devido processo legal administrativo, que deriva do princípio inserto no art. 5º, LIV, da Carta de 1988, enquanto pendente o exame definitivo do requerimento de registro do novo sindicato no âmbito do MTE, a garantia de emprego do dirigente sindical deve ser observada. Não há, portanto, direito líquido e certo à cassação da determinação de reintegração liminar do litisconsorte passivo. Recurso ordinário conhecido e não provido (TST, SDI-II, RO-21386-31.2015.5.04.0000, Rel. Min. Douglas Alencar Rodrigues, j. 07.06.2016, *DEJT* 10.06.2016. *Informativo 139*).

29.3.5. Categoria profissional, categoria econômica e categoria diferenciada

De acordo com o nosso ordenamento jurídico a organização dos trabalhadores se dá por categorias, razão pela qual é importante conhecer os conceitos de categoria profissional, categoria econômica e categoria diferenciada. Vejamos cada um deles.

29.3.5.1. Categoria profissional

Dispõe o art. 8º, II, da CRFB, *in verbis*:

Art. 8º (...)

II – é vedada a criação de mais de uma organização sindical, em qualquer grau, representativa de **categoria profissional ou econômica**, na mesma base territorial, que será definida pelos trabalhadores ou empregadores interessados, não podendo ser inferior à área de um Município;

(...)

Isso significa que o critério de agregação de trabalhadores adotado como regra pela nossa ordem jurídica é o do *sindicato por categoria profissional,* também chamado de *sindicato vertical.*

O conceito de **categoria profissional** é dado pelo art. 511, § 2º, da CLT:

Art. 511. (...)

§ 2º A similitude de condições de vida oriunda da profissão ou trabalho em comum, em situação de emprego na mesma atividade econômica ou em atividades econômicas similares ou conexas, compõe a expressão social elementar compreendida como categoria profissional.

(...)

Dessa forma, o que caracteriza uma categoria profissional para os fins de associação em sindicato é a condição semelhante dos trabalhadores em face da **atividade desenvolvida pelo empregador**. Nas palavras do legislador, os trabalhadores que se vinculem a empregadores cuja atividade econômica seja idêntica, similar ou conexa, serão integrantes de uma mesma categoria profissional.

São consideradas **atividades similares** aquelas enquadradas em um mesmo ramo de atividade econômica, como, por exemplo, ocorre com os hotéis, bares e restaurantes, os quais normalmente formam uma única categoria em função da similitude das atividades.

Por sua vez, são consideradas **atividades conexas** aquelas que são complementares entre si, embora diferentes. Um exemplo é o que ocorre com os frentistas e os lavadores de carro. Da mesma forma, na construção civil, os eletricistas, bombeiros hidráulicos, pintores etc.

Portanto, conta a atividade do empregador. Se há várias atividades desenvolvidas simultaneamente, resolve-se a questão pela apuração da **atividade preponderante**, assim considerada aquela principal no empreendimento.

Em uma indústria metalúrgica, por exemplo, cuja atividade preponderante é, por óbvio, a metalurgia, os trabalhadores que se ativam no escritório também serão metalúrgicos, visto que esta seja a atividade preponderante do empregador.

Há que ser destacado, neste aspecto, o *princípio da agregação*, abordado com o habitual brilhantismo pelo Min. Godinho Delgado:

"De fato, a ideia de similitude de condições de vida e labor, em função de vínculo dos obreiros a atividades econômicas empresariais similares ou conexas (ideia que forma o núcleo do conceito de categoria), permite o alargamento dos sindicatos – e não, necessariamente, o seu definhamento, como verificado nas últimas décadas.

No campo temático do enquadramento sindical, a propósito, desponta como mais consentâneo com a Constituição da República o *princípio da agregação*, ao invés da diretriz civilista tradicional da *especialização*. A diretriz da especialização pode ser útil para a análise de certos aspectos de outras relações jurídicas, sendo inadequada, porém, senão incompatível, para a investigação da estrutura sindical mais legítima e representativa, apta a melhor realizar o critério da unicidade sindical determinado pelo Texto Máximo de 1988 (art. 8º, I e II, CF/88) e concretizar a consistência representativa que têm de possuir os sindicatos (art. 8º, III e VI, CF/88). Para esta investigação sobre a legitimidade e a representatividade dos sindicatos torna-se imprescindível, portanto, o manejo efetivo e proporcional do *princípio da agregação*, inerente ao Direito Coletivo do Trabalho.

Pelo princípio da agregação desponta como mais representativo e consentâneo com a unicidade sindical brandida pela Constituição o sindicato mais amplo, mais largo, mais abrangente, de base mais extensa e de maior número de filiados. Embora tais qualidades tendam, historicamente, a coincidir com sindicatos mais antigos, ao invés de entidades sindicais mais recentes e fracionadas, não se pode, do ponto de vista técnico-jurídico, por outro lado, considerar essa coincidência como irremediavelmente necessária e imperiosa[11]". (grifos no original)

Com efeito, tal princípio ainda vem sendo utilizado no âmbito do TST para resolução de disputas intersindicais. A título de exemplo, mencione-se o seguinte julgado:

[...] Legitimidade ativa. Sindicato municipal representante dos trabalhadores no comércio. Pretensão de pagamento de adicional de insalubridade a empregados do supermercado reclamado. Constituição de novo sindicato representativo dos trabalhadores em supermercados com base estadual. Reconhecimento da legitimidade ativa do sindicato autor. Representante

---

11 DELGADO, Maurício Godinho. *Curso de Direito do Trabalho*. 12. ed. São Paulo: LTr, 2013, p. 1.366.

de categoria mais ampla e abrangente. Maior segurança na defesa dos interesses da categoria. Hipótese em que o sindicato Autor – Sindicato dos Comerciários de Estância (SINDICOM) – pleiteia o pagamento do adicional de insalubridade a empregados do supermercado Reclamado, que desempenham suas atividades no setor de frios, adentrando em câmara fria. Instâncias ordinárias que declararam a ilegitimidade ativa do sindicato Autor, reconhecendo estarem os empregados representados por sindicato distinto e mais específico, com base estadual (Sindicato dos Empregados em Supermercados do Estado de Sergipe). Legitimidade do ente sindical municipal que deve ser admitida, não apenas porque previamente investido da representação sindical dos trabalhadores naquela municipalidade, sem que os autos noticiem qualquer dissociação naquele âmbito geográfico, como também pela circunstância de que não há impedimento, inclusive por imposição do ideal da agregação, a que sejam reunidos, em um mesmo sindicato, trabalhadores inseridos em contextos empresariais distintos, mas vinculados à mesma categoria profissional. Esta Turma orienta-se no sentido de que cabe ao sindicato que define a categoria de forma mais ampla e abrangente a legítima representação, porquanto a existência de diversos sindicatos representativos de atividades específicas da mesma categoria torna-os mais vulneráveis na defesa dos interesses dos trabalhadores. Recurso de revista conhecido e provido (TST, 7ª Turma, RR-759-62.2011.5.20.0012, Rel. Min. Douglas Alencar Rodrigues, j. 25.02.2015, *DEJT* 06.03.2015).

Todavia, **tem prevalecido, inclusive no âmbito do TST**, com decisão da SDI-1 publicada no *Informativo* 100, **entendimento jurisprudencial no sentido de que o critério a ser aplicado, no caso, é o da especialização**:

[...] Recurso de embargos em recurso de revista. Representação sindical. Restaurante *fast-food*. SINTRHORESP e SINDIFAST. Princípio da especificidade. Artigo 571 da CLT. Precedentes do Supremo Tribunal Federal, da subseção de dissídios coletivos/TST e de Turmas desta Corte. O critério definidor do enquadramento sindical é o da especificidade, previsto no art. 570 da CLT. Considerando-se que a especificidade é a regra, é cabível o desmembramento, autorizado por lei, quando as atividades similares e conexas, antes concentradas na categoria econômica mais abrangente, adquirem condições de representatividade por meio de sindicato representativo de categoria específica, nos termos do art. 571 da CLT. O desmembramento pode ocorrer para a formação de sindicatos abrangentes ou específicos para atuação em menor base territorial, como também para a formação de sindicatos específicos destinados à atuação em certa base territorial. Do princípio da unicidade sindical, bem como da interpretação do art. 571 da CLT, conclui-se que a formação de sindicato de representatividade categorial específica ou para atuação em base territorial menor (municipal) tem em mira uma melhor representatividade da categoria profissional e, consequentemente, mais eficiência no encaminhamento das reivindicações coletivas e no diálogo com a categoria econômica, permitindo maior atenção e a devida contextualização em relação aos problemas específicos da categoria e às questões locais, atingindo-se assim o verdadeiro objetivo da norma. Nesse contexto, o Sindicato dos Trabalhadores nas Empresas de Refeições Rápidas (*Fast-Food*) de São Paulo possui legitimidade para representar os empregados da empresa que atua no ramo de restaurante *fast-food*. Não é viável imaginar que as condições de trabalho em restaurantes com mesas e garçons para atendimento de refeições preparadas conforme cardápio possam ser identificadas com aquelas próprias de estabelecimentos *fast-food*, de refeições ligeiras, onde sequer vigora o sistema de gorjetas. Recurso de embargos conhecido por divergência jurisprudencial e provido (grifos meus) (TST, SDI-I, E-ED-RR-880-42.2010.5.02.0072, Rel. Min. Alexandre de Souza Agra Belmonte, j. 26.02.2015, *DEJT* 20.03.2015).

Mencionem-se, a propósito, precedentes do STF:

É pacífica a jurisprudência deste nosso Tribunal no sentido de que não implica ofensa ao princípio da unidade sindical a criação de novo sindicato, por desdobramento de sindicato preexistente, para representação de categoria profissional específica, desde que respeitados os requisitos impostos pela legislação trabalhista e atendida a abrangência territorial mínima estabelecida pela Constituição Federal (AI 609.989-AgR, Rel. Min. Ayres Britto, j. 30.08.2011, 2ª Turma, *DJE* 17.10.2011.) Vide: RE 202.097, Rel. Min. Ilmar Galvão, j. 16.05.2000, 1ª Turma, *DJ* 04.08.2000; RMS 21.305, Rel. Min. Marco Aurélio, j. 17.10.1991, Plenário, *DJ* 29.11.1991.

Confederação Nacional de Saúde – Hospitais, Estabelecimentos e Serviços (CNS). Desmembramento da Confederação Nacional do Comércio. Alegada ofensa ao princípio da unicidade. Improcedência da alegação, posto que a novel entidade representa categoria específica, até então congregada por entidade de natureza eclética, hipótese em que estava fadada ao desmembramento, concretizado como manifestação da liberdade sindical consagrada no art. 8º, II, da CF (RE 241.935-AgR, Rel. Min. Ilmar Galvão, j. 26.09.2000, 1ª Turma, *DJ* 27.10.2000).

Trabalhadores em postos de serviço de combustíveis e derivados de petróleo ("frentistas"). Organização em entidade própria, desmembrada da representativa da categoria dos trabalhadores no comércio de minérios e derivados de petróleo. Alegada ofensa ao princípio da unicidade sindical. Improcedência da alegação, posto que a novel entidade representa categoria específica que, até então, se achava englobada pela dos empregados congregados nos sindicatos filiados à Federação Nacional dos Trabalhadores no Comércio de Minérios e Derivados de Petróleo, hipótese em que o desmembramento, contrariamente ao sustentado no acórdão recorrido, constituía a vocação natural de cada classe de empregados, de *per si*, havendo sido exercida pelos "frentistas", no exercício da liberdade sindical consagrada no art. 8º, II, da Constituição (RE 202.097, Rel. Min. Ilmar Galvão, j. 16.05.2000, 1ª Turma, *DJ* 04.08.2000). No mesmo sentido: Rcl 3.488, Rel. Min. Ayres Britto, j. 09.05.2006, 1ª Turma, *DJ* 29.09.2006.

Não se há de confundir a liberdade de associação, prevista de forma geral no inciso XVII do rol das garantias constitucionais, com a criação, em si, de sindicato. O critério da especificidade direciona à observação do disposto no inciso II do art. 8º da Constituição Federal, no que agasalhada a unicidade sindical de forma mitigada, ou seja, considerada a área de atuação, nunca inferior à de um Município (RE 207.858, Rel. Min. Marco Aurélio, j. 27.10.1998, 1ª Turma, *DJ* 14.05.1999).

O próprio Min. Godinho Delgado, que defende a utilização do critério da agregação, reconhece, tanto em seu Curso de Direito do Trabalho[12] quanto nos acórdãos por ele relatados, que **prevalece na jurisprudência o critério da especialização**. A título de exemplo, julgado recente da 3ª Turma:

Agravo de instrumento. Recurso de revista. 1. Enquadramento sindical. Atividade preponderante da empresa-ré. Matéria fática. Súmula 126/TST. 2. Gestante. Estabilidade provisória. Não configuração. Pedido de demissão. Ausência de prova de coação. Matéria fática. Súmula 126/TST. 3. Ajuda de custo para alimentação e uniforme. Adicional noturno. Multas normativas. Multa dos arts. 467 e 477 da CLT. Honorários advocatícios. Apelo desfundamentado. Ausência de indicação de quaisquer dos pressupostos de admissibilidade previstos no art. 896 da CLT. 4. Descontos fiscais e previdenciários. Súmula 368 e OJ 363/SBDI-1, ambas do TST. Decisão denegatória. Manutenção. A 3ª Turma, a partir do julgamento do Processo RR-36300-08.2008.5.02.0031, na Sessão de 16.10.2013 (vencido, na época, este Relator), perfilhou a tese de que o princípio da especificidade não fere a Constituição Federal, sendo permitido o desmembramento de sindicato, desde que respeitada a base municipal mínima (art. 8º, I e II, CF). Esse é o entendimento que vem prevalecendo em julgados do STF e em precedentes desta Corte Superior. Prevaleceu, assim, a tese de que o sindicato mais recente, SINDFAST, é parte legítima para representar, de forma mais específica, estabelecimentos onde são servidas

---

12 DELGADO, Maurício Godinho. *Curso de Direito do Trabalho.* 15. ed. São Paulo: LTr, 2016, p. 1475.

refeições rápidas, caso da Ré, sendo ilegítimo o SINTHORESP para o referido pleito. Ressalva de entendimento do Ministro Relator, que aplicaria o princípio da agregação. Desse modo, não há como assegurar o processamento do recurso de revista quando o agravo de instrumento interposto não desconstitui os fundamentos da decisão denegatória, que ora subsiste por seus próprios fundamentos. Agravo de instrumento desprovido (TST, 3ª Turma, AIRR-2664-62.2011.5.02.0058, Rel. Min. Mauricio Godinho Delgado, j. 16.03.2016, *DEJT* 22.03.2016).

Assim, a especialização (ou especialidade) da atividade desenvolvida seria o suficiente para autorizar o desmembramento da categoria. Pode-se mencionar como exemplo o conjunto fático do julgado publicado no *Informativo* 100 (transcrito *supra*), em que se criou o sindicato dos trabalhadores em empresas de refeições rápidas (*fast-food*) a partir de desmembramento do sindicato dos hotéis, bares e restaurantes. Considerou-se, no caso, que a atividade desenvolvida pelos trabalhadores seria específica em relação àquela exercida pelos empregados em restaurantes tradicionais.

O art. 571 da CLT, mencionado na ementa, dispõe, *in verbis*:

> Art. 571. Qualquer das atividades ou profissões concentradas na forma do parágrafo único do artigo anterior poderá dissociar-se do sindicato principal, formando um sindicato específico, desde que o novo sindicato, a juízo da Comissão do Enquadramento Sindical, ofereça possibilidade de vida associativa regular e de ação sindical eficiente.

Naturalmente, tal dispositivo deve ser relido à luz da CRFB/1988, porquanto a interferência do Poder Executivo (antiga Comissão de Enquadramento Sindical) é incompatível com a liberdade sindical preconizada pela Carta de 1988. Portanto, hoje os próprios interessados podem criar novo sindicato, desmembrando-os em relação aos anteriores.

Caso este assunto seja cobrado em prova, a resposta deve ser guiada pelo entendimento jurisprudencial dominante (prevalência do critério da especificidade ou especialidade), a não ser que a questão faça referência expressa à doutrina.

29.3.5.2. Categoria econômica

Simetricamente à noção de categoria profissional temos a noção de **categoria econômica**. Com efeito, o direito coletivo pressupõe a equivalência entre os seres coletivos, e para tal deve haver também certa correspondência entre a agregação dos trabalhadores e a reunião dos empregadores, o que Vólia Bomfim Cassar denomina *"paralelismo sindical"*[13]. Assim, **categoria econômica nada mais é que a reunião de empregadores que exercem atividades idênticas, similares ou conexas, que formará um sindicato patronal**.

Neste sentido, o art. 511, § 1º, da CLT:

> Art. 511. (...)
>
> § 1º A solidariedade de interesses econômicos dos que empreendem atividades idênticas, similares ou conexas, constitui o vínculo social básico que se denomina categoria econômica.
>
> (...)

29.3.5.3. Categoria diferenciada

Como visto, o critério básico de agregação de trabalhadores é por categoria, conforme a atividade econômica preponderante do empregador. Não obstante, há uma exceção

---

13 CASSAR, Vólia Bomfim. *Direito do Trabalho*. 4. ed. Niterói: Impetus, 2010, p. 1.225.

a esta regra geral: o enquadramento em uma categoria diferenciada. Este é o chamado *sindicato horizontal*.

O conceito legal é dado pelo art. 511, § 3º, da CLT:

Art. 511. (...)

§ 3º Categoria profissional diferenciada é a que se forma dos empregados que exerçam profissões ou funções diferenciadas **por força de estatuto profissional especial ou em consequência de condições de vida singulares**.

(...)

Este critério **usa como base a profissão do trabalhador**, e não a atividade do empregador.

Embora a lei estabeleça a possibilidade de formação de categoria profissional diferenciada também por força de *condições de vida singulares*, na prática a jurisprudência tem aceitado como diferenciadas apenas as seguintes categorias:

a) aquelas detentoras de estatuto (lei) próprio;

b) aquelas arroladas ao final da CLT, no quadro a que se refere o art. 577. Com efeito, embora não caiba mais ao Estado intervir na atividade sindical, o que inclui o enquadramento sindical, a referida lista, remanescente da antiga Comissão de Enquadramento Sindical, outrora vinculada ao Ministério do Trabalho, continua sendo utilizada de forma **exemplificativa**.

Em consonância com este entendimento, a OJ 36 da SDC do TST:

OJ-SDC-36. Empregados de empresa de processamento de dados. Reconhecimento como categoria diferenciada. Impossibilidade (inserida em 07.12.1998).

É por lei e não por decisão judicial, que as categorias diferenciadas são reconhecidas como tais. De outra parte, no que tange aos profissionais da informática, o trabalho que desempenham sofre alterações, de acordo com a atividade econômica exercida pelo empregador.

A partir do enquadramento do trabalhador em uma categoria diferenciada, fará ele jus à norma coletiva referente à sua categoria, ainda que trabalhe em uma empresa cuja atividade preponderante seja outra. Ex.: um motorista que trabalha em uma grande loja atacadista. Embora a atividade preponderante da empresa seja comércio, o motorista fará jus à proteção jurídica da norma coletiva dos motoristas, tendo em vista se tratar de categoria diferenciada relacionada no anexo da CLT.

Uma observação se faz importante, entretanto: **somente será aplicável a norma coletiva específica da categoria diferenciada se houve, na negociação, participação do sindicato patronal que representa o empregador**. Do contrário, estaríamos diante da imposição de um contrato a quem dele não participou.

Neste sentido, a Súmula 374 do TST:

Súm. 374. Norma coletiva. Categoria diferenciada. Abrangência. Res. 129/2005, *DJ* 20, 22 e 25.04.2005.

Empregado integrante de categoria profissional diferenciada não tem o direito de haver de seu empregador vantagens previstas em instrumento coletivo no qual a empresa não foi representada por órgão de classe de sua categoria.

Exemplo: Diego é motorista de um grande supermercado e trabalha fazendo entregas. Na base territorial respectiva não existe instrumento coletivo de trabalho firmado entre o sindicato dos motoristas e o sindicato patronal do comércio. Existe apenas a convenção coletiva de trabalho firmada entre o sindicato dos motoristas e o sindicato das empresas de transporte. Neste caso, tal convenção coletiva não é aplicável a Diego, pois o sindicato que representa o supermercado (sindicato do comércio) não participou da negociação que deu origem à referida norma coletiva. Desse modo, a única alternativa será a aplicação, também a Diego, da norma coletiva aplicável à categoria preponderante.

29.3.6. Limitação da base territorial dos sindicatos no Brasil

Como vimos, no Brasil vigora o sistema da unicidade sindical, pelo qual a lei impõe o monopólio sindical (sindicato único). Esta imposição se dá em relação a uma mesma categoria profissional (ou, ainda, diferenciada), e estabelece um critério geográfico como limite, que é **a área de um município**. Em outras palavras, **não pode existir, em um mesmo município, mais de um sindicato representativo da mesma categoria profissional ou econômica**.

Neste sentido, o art. 8º, II, da CRFB:

Art. 8º (...)

II – é vedada a criação de mais de uma organização sindical, em qualquer grau, representativa de categoria profissional ou econômica, na mesma base territorial, que será definida pelos trabalhadores ou empregadores interessados, **não podendo ser inferior à área de um Município**;

(...)

É claro que pode existir sindicato que abranja área superior à do município, sendo possível que exista, inclusive, um sindicato de abrangência nacional. O que é vedado é o contrário.

Em áreas superiores à de um município, a categoria pode livremente decidir sobre a base territorial do sindicato. Nada impede que um sindicato cuja base territorial compreenda diversos municípios seja desmembrado em dois ou mais sindicatos com bases territoriais menores, desde que nenhum deles tenha base inferior à área de um município.

Na hipótese de serem diferentes as bases territoriais do sindicato da categoria profissional e do sindicato da categoria econômica, valerá, para fins de negociação e efeitos das normas coletivas respectivas, a base territorial do menor deles.

Exemplo: imagine-se que exista um sindicato dos trabalhadores na indústria do vestuário com base territorial equivalente ao município de Passos/MG. Em contrapartida, imagine-se que o sindicato da categoria econômica, qual seja o sindicato das indústrias do vestuário, tenha base territorial mais larga, abrangendo, por exemplo, vários municípios do centro-oeste mineiro. Neste caso, o sindicato patronal deverá negociar separadamente com o sindicato dos trabalhadores de Passos, bem como com os demais de sua base territorial, originando normas coletivas distintas, aplicáveis às bases territoriais dos sindicatos de menor abrangência territorial.

29.3.7. Atribuições e prerrogativas do sindicato

Ao sindicato são atribuídas várias funções, todas com vistas à melhoria da condição social e econômica do trabalhador. Vejamos as principais.

29.3.7.1. Representação dos trabalhadores

Cabe ao sindicato, precipuamente, representar os interesses da categoria que representa, tanto no âmbito judicial quanto administrativo.

Neste sentido, o art. 8º, III, da CRFB:

Art. 8º (...)

III – ao sindicato cabe a defesa dos direitos e interesses coletivos ou individuais da categoria, inclusive em questões judiciais ou administrativas;

(...)

No mesmo sentido, o art. 513, "a", da CLT:

Art. 513. São prerrogativas dos sindicatos:

a) representar, perante as autoridades administrativas e judiciárias os interesses gerais da respectiva categoria ou profissão liberal ou interesses individuais dos associados relativos à atividade ou profissão exercida;

(...)

Alice Monteiro de Barros[14] esclarece que o sindicato age tanto como representante (com a devida autorização dos trabalhadores) quanto como substituto processual (em nome próprio, em favor do trabalhador, independentemente da outorga de poderes para tal).

A controvérsia acerca da extensão da atribuição de substituto processual conferida ao sindicato não será aprofundada neste momento porque se trata de matéria processual, estranha, portanto, ao objeto deste manual.

Resta observar que, na qualidade de defensor dos direitos da categoria, o sindicato representa não só os associados, mas todos os trabalhadores vinculados a determinada categoria profissional. Ao contrário, quando defende interesses individuais, somente poderá fazê-lo em relação aos associados.

29.3.7.2. Negociação coletiva

Cabe ao sindicato tomar parte nas negociações coletivas de trabalho e, notadamente, firmar acordo coletivo de trabalho ou convenção coletiva de trabalho, que, como visto, têm natureza de norma jurídica.

Neste sentido, a CRFB/88 e a CLT.

(CRFB/88) Art. 7º São direitos dos trabalhadores urbanos e rurais, além de outros que visem à melhoria de sua condição social:

(...)

XXVI – reconhecimento das convenções e acordos coletivos de trabalho;

(...)

Art. 8º (...)

VI – é obrigatória a participação dos sindicatos nas negociações coletivas de trabalho;

(...)

(CLT) Art. 513. São prerrogativas dos sindicatos:

(...)

---

14 BARROS, Alice Monteiro de. *Curso de Direito do Trabalho*. 6. ed. São Paulo: LTr, 2010, p. 1.242.

b) celebrar contratos coletivos de trabalho[15];

(...)

Art. 611. Convenção Coletiva de Trabalho é o acordo de caráter normativo, pelo qual dois ou mais Sindicatos representativos de categorias econômicas e profissionais estipulam condições de trabalho aplicáveis, no âmbito das respectivas representações, às relações individuais de trabalho.

§ 1º É facultado aos Sindicatos representativos de categorias profissionais celebrar Acordos Coletivos com uma ou mais empresas da correspondente categoria econômica, que estipulem condições de trabalho, aplicáveis no âmbito da empresa ou das acordantes respectivas relações de trabalho[16].

(...)

A dinâmica da negociação coletiva e das normas coletivas será estudada de forma aprofundada em tópico separado, ainda neste capítulo.

29.3.7.3. Assistência aos integrantes da categoria

Incumbe aos sindicatos prestar assistência aos trabalhadores das mais variadas formas.

Em primeiro lugar, mediante a prestação de assistência jurídica e judiciária.

Em segundo lugar, prestando assistência nas rescisões contratuais (homologações).

Por fim, em vários outros aspectos, como através da manutenção de cooperativas de consumo e de crédito, manutenção de serviço médico e odontológico, assinatura de convênios com estabelecimentos comerciais ou prestadores de serviços, entre outros benefícios.

O art. 514 da CLT arrola *deveres* do sindicato, o que não foi recepcionado, ao menos com esta acepção, pela CRFB/88, dada a ampla liberdade conferida à atividade sindical pela Constituição.

29.3.8. Sistema de custeio da atividade sindical

A atividade sindical é custeada por várias formas de contribuição, as quais devem, em princípio, ser espontâneas, em retribuição aos serviços prestados pela entidade. Não era o que ocorria no Brasil até a vigência da Lei nº 13.467/2017, infelizmente. Convivemos, até 10.11.2017, com a contribuição compulsória, a qual sem nenhuma dúvida é responsável por boa parte do atraso que vivenciamos no tocante ao desenvolvimento sindical. Na prática, se percebia que, com a sobrevivência econômica garantida pela própria lei, boa parte das entidades sindicais existentes simplesmente ignoravam os anseios do trabalhador, servindo o sindicato apenas de meio de vida para alguns.

Não obstante a *Reforma Trabalhista de 2017* tenha atacado apenas um dos profundos problemas do sistema sindical brasileiro, o fato é que a contribuição sindical, que antes era obrigatória (também conhecida, por isso, como imposto sindical), passou, a partir da vigência da Lei nº 13.467/2017, a ser facultativa, pelo que se eliminou o antigo sistema de financiamento compulsório das entidades sindicais.

---

15 Onde se lê "contratos coletivos de trabalho", leia-se "acordo coletivo de trabalho ou convenção coletiva de trabalho", tendo em vista que, atualmente, somente se encontram regulamentadas estas duas formas de instrumento coletivo de trabalho.

16 Embora a parte final deste parágrafo apresente incongruência em sua redação, é este o texto oficial disponível em www.planalto.gov.br, consultado em 20.04.2012. Sugere-se, de forma livre, que o dispositivo seja interpretado da seguinte forma: "... aplicáveis no âmbito da empresa ou das empresas acordantes às respectivas relações de trabalho".

Infelizmente não há razões para comemorar, porquanto a *Reforma Trabalhista de 2017* eliminou imediatamente o financiamento compulsório dos sindicatos, mas deixou intocado o sistema da unicidade sindical; por outro lado, ampliou sobremaneira o alcance das negociações coletivas justamente num cenário em que sindicatos se viram repentinamente asfixiados financeiramente. Sem nenhuma dúvida, portanto, tal movimento legislativo visou ao enfraquecimento da atividade sindical e do direito do trabalho no Brasil, e não ao seu aperfeiçoamento ou modernização, como apregoado pelos defensores da reforma.

Cabe registrar, ainda, que **o Supremo Tribunal Federal**, ao julgar improcedente, aos 29.06.2018, a ADI nº 5.794, **decidiu pela constitucionalidade da Lei nº 13.467/2017 no que diz respeito ao fim da obrigatoriedade da contribuição sindical**[17].

Temos, atualmente, as seguintes modalidades de contribuição:

a) **Contribuição sindical facultativa**

Prevista na Constituição (art. 8º, IV[18]) e na CLT (arts. 578-610), atualmente esta contribuição é facultativa, podendo ser cobrada apenas daqueles trabalhadores, empregadores, avulsos e autônomos que, prévia e expressamente o autorizarem. Sendo autorizada a cobrança, é devida anualmente, no caso do empregado, à razão de um dia de serviço.

Tal contribuição, se autorizada prévia e expressamente pelo empregado, é descontada em folha de pagamento, sendo repassada pelo empregador ao sindicato respectivo, nos termos do disposto nos artigos 545, 578, 579, 582, 583 e 602 da CLT, *in verbis*:

Art. 545. Os empregadores ficam obrigados a descontar da folha de pagamento dos seus empregados, desde que por eles devidamente autorizados, as contribuições devidas ao sindicato, quando por este notificados.

Parágrafo único. O recolhimento à entidade sindical beneficiária do importe descontado deverá ser feito até o décimo dia subsequente ao do desconto, sob pena de juros de mora no valor de 10% (dez por cento) sobre o montante retido, sem prejuízo da multa prevista no art. 553 e das cominações penais relativas à apropriação indébita.

(...)

Art. 578. As contribuições devidas aos sindicatos pelos participantes das categorias econômicas ou profissionais ou das profissões liberais representadas pelas referidas entidades serão, sob a denominação de contribuição sindical, pagas, recolhidas e aplicadas na forma estabelecida neste Capítulo, desde que prévia e expressamente autorizadas.

Art. 579. O desconto da contribuição sindical está condicionado à autorização prévia e expressa dos que participarem de uma determinada categoria econômica ou profissional, ou de uma profissão liberal, em favor do sindicato representativo da mesma categoria ou profissão ou, inexistindo este, na conformidade do disposto no art. 591 desta Consolidação.

(...)

Art. 582. Os empregadores são obrigados a descontar da folha de pagamento de seus empregados relativa ao mês de março de cada ano a contribuição sindical dos empregados que autorizaram prévia e expressamente o seu recolhimento aos respectivos sindicatos.

(...)

---

[17] O inteiro teor da decisão publicada no DJE de 23.04.2019 está disponível em: https://portal.stf.jus.br/processos/detalhe.asp?incidente=5288954. Acesso em: 19.05.2023.

[18] Art. 8º, IV - a assembleia geral fixará a contribuição que, em se tratando de categoria profissional, será descontada em folha, para custeio do sistema confederativo da representação sindical respectiva, **independentemente da contribuição prevista em lei**; (grifos meus)

Art. 583. O recolhimento da contribuição sindical referente aos empregados e trabalhadores avulsos será efetuado no mês de abril de cada ano, e o relativo aos agentes ou trabalhadores autônomos e profissionais liberais realizar-se-á no mês de fevereiro, observada a exigência de autorização prévia e expressa prevista no art. 579 desta Consolidação.

(...)

Art. 602. Os empregados que não estiverem trabalhando no mês destinado ao desconto da contribuição sindical e que venham a autorizar prévia e expressamente o recolhimento serão descontados no primeiro mês subsequente ao do reinício do trabalho.

Parágrafo único - De igual forma se procederá com os empregados que forem admitidos depois daquela data e que não tenham trabalhado anteriormente nem apresentado a respectiva quitação.

(...)

Por fim, até mesmo para que se possa diferenciar a contribuição sindical facultativa das demais formas de custeio da atividade sindical, há que se anotar que **a contribuição em referência pode ser cobrada de empregados, empregadores, trabalhadores avulsos e autônomos, independentemente de filiação sindical, desde que observada a autorização prévia e expressa para o desconto**.

b) **Contribuição confederativa**

É criação da CRFB/88 (art. 8º, IV):

Art. 8º (...)

IV – a assembleia geral fixará a contribuição que, em se tratando de categoria profissional, será descontada em folha, para custeio do sistema confederativo da representação sindical respectiva, independentemente da contribuição prevista em lei;

(...)

Tem como objetivo o financiamento do sistema confederativo.

Embora haja natural resistência por parte dos sindicatos, a contribuição em referência somente é devida pelos trabalhadores sindicalizados, até mesmo porque os não sindicalizados já pagam, mediante autorização, a contribuição sindical facultativa. No mesmo sentido, a Súmula Vinculante nº 40 do STF[19] e o Precedente Normativo 119 da SDC do TST:

Súmula Vinculante nº 40

A Contribuição Confederativa de que trata o art. 8º, IV, da Constituição Federal, só é exigível dos filiados ao sindicato respectivo.

PN 119. Contribuições sindicais. Inobservância de preceitos constitucionais (nova redação dada pela SDC em sessão de 02.06.1998. Homologação: Res. 82/1998, *DJ* 20.08.1998).

A Constituição da República, em seus arts. 5º, XX, e 8º, V, assegura o direito de livre associação e sindicalização. É ofensiva a essa modalidade de liberdade cláusula constante de acordo, convenção coletiva ou sentença normativa estabelecendo contribuição em favor de entidade sindical a título de taxa para custeio do sistema confederativo, assistencial, revigoramento ou fortalecimento sindical e outras da mesma espécie, obrigando trabalhadores não sindicalizados. Sendo nulas as estipulações que inobservem tal restrição, tornam-se passíveis de devolução os valores irregularmente descontados.

---

[19] O Plenário do STF aprovou, em 11.03.2015, a conversão da antiga Súmula nº 666 na Súmula Vinculante nº 40.

c) **Contribuição assistencial**

É definida em assembleia geral do sindicato e normalmente prevista na norma coletiva, tendo por objetivo o custeio das atividades assistenciais do sindicato. **Também é devida somente pelos associados**[20], valendo aqui as mesmas observações tecidas em relação à contribuição confederativa.

Em consonância com este entendimento, a jurisprudência do TST, nos termos da OJ 17 da SDC:

> OJ-SDC-17. Contribuições para entidades sindicais. Inconstitucionalidade de sua extensão a não associados (inserida em 25.05.1998).
>
> As cláusulas coletivas que estabeleçam contribuição em favor de entidade sindical, a qualquer título, obrigando trabalhadores não sindicalizados, são ofensivas ao direito de livre associação e sindicalização, constitucionalmente assegurado, e, portanto, nulas, sendo passíveis de devolução, por via própria, os respectivos valores eventualmente descontados.

Durante muito tempo, houve certa tolerância para a previsão, em norma coletiva, da possibilidade de oposição ao desconto pelo trabalhador não associado. Assim, é comum encontrarmos cláusulas em CCT e ACT no sentido de que o trabalhador não sindicalizado que não concorde com o desconto deve se opor formalmente em até 10 dias.

Nunca compactuei com a interpretação, pois o espírito da legislação trabalhista sempre foi restringir ao máximo a possibilidade de descontos salariais (por exemplo, conforme o disposto no art. 462 da CLT), e não o contrário. Logo, somente seria válido o desconto expressamente autorizado pelo trabalhador (no caso, mediante a associação ao sindicato).

Felizmente, a jurisprudência atual do TST deixou de admitir tal prática, como se depreende, por exemplo, do seguinte julgado:

> Agravo de instrumento em recurso de revista. Contribuição assistencial. Empregados não sindicalizados. A jurisprudência pacífica e reiterada do TST, consubstanciada no Precedente Normativo nº 119 e na Orientação Jurisprudencial nº 17, ambos da SDC, segue no sentido de que a Constituição da República, nos arts. 5º, XX e 8º, V, assegura o direito de livre associação e sindicalização, sendo ofensiva a essa modalidade de liberdade a instituição de cláusula em acordo, convenção coletiva ou sentença normativa estabelecendo contribuição em favor de entidade sindical a título de taxa para custeio do sistema confederativo, assistencial, revigoramento ou fortalecimento sindical e outras da mesma espécie, obrigando trabalhadores não sindicalizados, restando efetivamente nulas as estipulações que não observem tal restrição e passíveis de devolução os valores irregularmente descontados. Esse também é o posicionamento do Supremo Tribunal Federal, consubstanciado na Súmula nº 666, segundo a qual a contribuição confederativa de que trata o art. 8º, IV, da Constituição Federal só é exigível dos filiados ao sindicato respectivo. Observe-se, ademais, que, mesmo quando facultado o direito de oposição, não se verifica a convalidação de cláusulas desta natureza. Isso porque, ao impor ao empregado não sindicalizado o ônus de refutar o desconto que não autorizou previamente,

---

[20] Observe-se que a contribuição assistencial devida pelo **empregador** independe de filiação sindical, conforme previsto no art. 240 da CRFB/88. Neste sentido, decisão da SDI-II publicada no *Informativo* 114 do TST: Recurso ordinário em ação rescisória. Art. 485, V, do CPC. Violação dos arts. 5º, XVII e XX, 8º, IV e V, 149 e 150, I, da Constituição Federal não reconhecidas. Contribuições assistenciais compulsórias em favor de entidade de serviço social. Art. 240 da Constituição Federal. Discute-se, nos autos, quanto à abrangência da contribuição assistencial devida pela categoria econômica e destinada a entidades de serviço social e de formação profissional vinculadas ao sistema sindical. A teor do art. 240 da Constituição Federal, a contribuição é compulsória para os empregadores, ainda que a empresa não seja filiada ao sindicato patronal. Recurso ordinário conhecido e desprovido (TST, SDI-II, RO-3384-84.2011.5.10.0000, Rel. Min. Alberto Luiz Bresciani de Fontan Pereira, j. 18.08.2015, *DEJT* 21.08.2015).

a norma coletiva desrespeita previsão legal expressa no sentido de que os descontos devem ser prévia e expressamente autorizados (art. 545 da CLT). Precedentes. Agravo de instrumento desprovido (TST, 7ª Turma, AIRR-110100-63.2009.5.02.0054, Rel. Min. Luiz Philippe Vieira de Mello Filho, j. 16.03.2016, *DEJT* 18.03.2016).

Entretanto, atenção: embora o Plenário do STF tenha, aos 23.02.2017, reafirmado sua própria jurisprudência no sentido de que seria inconstitucional a instituição, por acordo, convenção coletiva ou sentença normativa, de contribuição assistencial compulsória a empregados da categoria não sindicalizados, **há expectativa de mudança de entendimento a respeito da matéria**. Isso porque, em abril de 2023, ao dar continuidade ao julgamento dos Embargos de Declaração opostos contra o acórdão proferido no julgamento do **ARE 1018459 (Tema 935 da Repercussão Geral)**, o Min. Gilmar Mendes alterou posição anterior para acompanhar o **voto do Ministro Luís Roberto Barroso e considerar constitucional a instituição, por acordo ou convenção coletiva, de contribuições assistenciais a serem cobradas dos empregados da categoria, ainda que não sindicalizados, assegurando, entretanto, o direito de oposição**[21].

Até o fechamento desta edição, o processo ainda se encontrava pendente de julgamento. Não obstante já se contasse com outros quatro votos acompanhando o voto do Relator (Min. Cármen Lúcia, Min. Gilmar Mendes, Min. Edson Fachin e Min. Dias Toffoli), o Min. Alexandre de Moraes pediu vista dos autos aos 25.04.2023, suspendendo o julgamento. Considerando-se que é muito provável que se efetive a mudança de entendimento, é importante que o leitor acompanhe os desdobramentos da questão.

d) Mensalidade devida pelos associados

É a quantia paga pelos associados ao sindicato a título de mensalidade, para custeio da associação. Deve ser prevista no estatuto do sindicato, podendo, inclusive, seu valor ser fixado pelo estatuto. Assemelha-se, por exemplo, à mensalidade de um clube, ou de qualquer outra associação.

29.3.9. Estrutura sindical (sindicato, federação e confederação)

A estrutura sindical brasileira é composta por três elementos, a saber:

a) *Sindicato*, atuando na base da pirâmide, diretamente em contato com os trabalhadores. É a entidade que detém a prioridade da negociação coletiva, e pode se auto--organizar, independentemente de qualquer ingerência estatal, observada apenas a regra da unicidade e a limitação territorial mínima (o sindicato não pode ter base territorial menor que um município).

Não há se confundir sindicato com associação profissional. A criação da associação profissional era, no modelo vigente até a Constituição de 1988, uma fase preliminar à criação do sindicato, conforme dispunha o art. 512 da CLT. Neste contexto, cabia ao Ministério do Trabalho reconhecer a associação profissional "mais representativa" da categoria (art. 519), com o que esta adquiria o *status* de sindicato. Com a promulgação da CRFB/88, este modelo tornou-se ultrapassado, tendo em vista a liberdade sindical instituída, o que impede tal ingerência estatal na criação e organização do sindicato.

Portanto, **atualmente, as associações profissionais porventura existentes são meras associações civis, sem qualquer prerrogativa de entidade sindical**. Não lhes é atribuída a prerrogativa de negociação coletiva, e, obviamente, aos seus dirigentes não se aplicam

---

21 Conforme notícia disponível no *site* do STF: https://portal.stf.jus.br/noticias/verNoticiaDetalhe.asp?idConteudo=506130&ori=1. Acesso em: 19.05.2023.

as garantias conferidas aos dirigentes sindicais, como, por exemplo, a garantia de emprego e a garantia de intransferibilidade.

b) *Federação*, situada no meio da pirâmide estrutural do sistema sindical, é formada por pelo menos **cinco sindicatos** da mesma categoria profissional, diferenciada ou econômica. A federação atua em âmbito estadual.

Neste sentido, o art. 534 da CLT:

Art. 534. É facultado aos Sindicatos, quando em número não inferior a 5 (cinco), desde que representem a maioria absoluta de um grupo de atividades ou profissões idênticas, similares ou conexas, organizarem-se em federação.

(...)

c) *Confederação*, constituindo a cúpula do sistema sindical, é formada por, no mínimo, **três federações** de uma mesma categoria. As confederações atuam em âmbito nacional e têm sede em Brasília.

Neste sentido, o art. 535 da CLT:

Art. 535. As Confederações organizar-se-ão com o mínimo de 3 (três) federações e terão sede na Capital da República.

(...)

Normalmente, estes órgãos de cúpula do sistema sindical (federações e confederações) têm apenas a função de coordenação das atividades dos sindicatos a elas filiados, mas em situações especiais podem assumir a negociação coletiva, celebrando inclusive ACT e CCT, ou mesmo instaurando dissídio coletivo. Isto ocorre nos casos em que a categoria não é organizada em sindicato, conforme dispõem os arts. 611, § 2º, e 857, parágrafo único, da CLT:

Art. 611. (...)

§ 2º As Federações e, na falta desta, as Confederações representativas de categorias econômicas ou profissionais poderão celebrar convenções coletivas de trabalho para reger as relações das categorias a elas vinculadas, inorganizadas em Sindicatos, no âmbito de suas representações.

Art. 857. A representação para instaurar a instância em dissídio coletivo constitui prerrogativa das associações sindicais, excluídas as hipóteses aludidas no art. 856, quando ocorrer suspensão do trabalho.

Parágrafo único. Quando não houver sindicato representativo da categoria econômica ou profissional, poderá a representação ser instaurada pelas federações correspondentes e, na falta destas, pelas confederações respectivas, no âmbito de sua representação.

Também há previsão legal de a negociação coletiva ser assumida pela federação ou, na falta dela, pela confederação, quando, existindo sindicato da categoria, este não levar adiante, de forma injustificada, a negociação pleiteada pelos empregados. É o que dispõe o art. 617 da CLT:

Art. 617. Os empregados de uma ou mais empresas que decidirem celebrar Acordo Coletivo de Trabalho com as respectivas empresas darão ciência de sua resolução, por escrito, ao Sindicato representativo da categoria profissional, que terá o prazo de 8 (oito) dias para assumir a direção dos entendimentos entre os interessados, devendo igual procedimento ser observado pelas empresas interessadas com relação ao Sindicato da respectiva categoria econômica.

§ 1º Expirado o prazo de 8 (oito) dias sem que o Sindicato tenha se desincumbido do encargo recebido, poderão os interessados dar conhecimento do fato à Federarão a que estiver vinculado o Sindicato e, em falta dessa, à correspondente Confederação, para que, no mesmo prazo, assuma a direção dos entendimentos. Esgotado esse prazo, poderão os interessados prosseguir diretamente na negociação coletiva até final.

(...)

Há intensa discussão na doutrina acerca da constitucionalidade da parte final deste dispositivo, ante a flagrante incompatibilidade com o princípio da interveniência obrigatória do sindicato na negociação coletiva (art. 8º, VI, da CRFB/88). Em que pese a força do argumento, defendido pela maioria da doutrina, o TST já considerou, em diversas oportunidades, que o dispositivo foi recepcionado pela Constituição, tendo em vista que se aplica somente às hipóteses em que o sindicato deixa de cumprir sua missão institucional, e, com isso, não representa efetivamente a respectiva categoria.

Em consonância com este entendimento, os seguintes arestos do TST:

ACORDO COLETIVO DE TRABALHO. NEGOCIAÇÃO DIRETA ENTRE COMISSÃO DE EMPREGADOS E EMPREGADOR. TURNOS ININTERRUPTOS DE REVEZAMENTO DE DOZE HORAS. AUSÊNCIA DE PARTICIPAÇÃO DO SINDICATO REPRESENTANTE DA CATEGORIA PROFISSIONAL. VALIDADE. ARTIGO 617 DA CLT. RECEPÇÃO PELA CONSTITUIÇÃO FEDERAL DE 1988 1. Foi recepcionado pela Constituição Federal de 1988 (artigo 8º, inciso VI) o artigo 617 da CLT, no que autoriza a celebração de acordo coletivo de trabalho diretamente entre empregados e uma ou mais empresas, na situação excepcional em que comprovada a recusa do Sindicato representante da categoria profissional em assumir a direção dos entendimentos. 2. A exigência constitucional inafastável é de que o sindicato seja instado a participar e participe da negociação coletiva, ainda que para recusar o conteúdo da proposta patronal. 3. Em tese, todavia, a virtual resistência da cúpula sindical em consultar as bases não constitui empecilho a que os próprios interessados, regularmente convocados, excepcionalmente firmem o acordo coletivo de trabalho, de forma direta, na forma da lei. 4. A grave exceção à garantia de tutela sindical na negociação coletiva somente se justifica, contudo, sob pena de concreta violação à norma do artigo 8º, VI, da Constituição Federal, quando sobressaem a livre manifestação de vontade dos empregados da empresa e a efetiva recusa da entidade profissional em representar a coletividade interessada. 5. Assentada a tese jurídica da recepção do artigo 617 da CLT pela Constituição Federal de 1988, a aplicação do direito à espécie impõe que o Tribunal Regional do Trabalho, soberano na apreciação do acervo fático-probatório, examine a existência de prova cabal da recusa do sindicato da categoria profissional em participar da negociação coletiva, bem como o cumprimento das demais formalidades exigidas no artigo 617 da CLT. 6. Embargos da Reclamada de que se conhece, por divergência jurisprudencial, e a que se dá parcial provimento (TST, E-ED-RR-1134676-43.2003.5.04.0900, Subseção I Especializada em Dissídios Individuais, Redator Min. João Oreste Dalazen, *DEJT* 19/05/2017). *Informativo 137 do TST.*

[...] B) RECURSO DE REVISTA DO RECLAMANTE. PROCESSO SOB A ÉGIDE DA LEI 13.015/2014 E ANTERIOR À LEI 13.467/2017. NEGOCIAÇÃO DIRETA ENTRE EMPRESA E EMPREGADOS. PRODUÇÃO DE EFEITOS TÍPICOS DA NORMA COLETIVA, CONSTANTES NO ART. 617 DA CLT. INOBSERVÂNCIA DOS REQUISITOS LEGAIS E CONSTITUCIONAIS A RESPEITO DO TEMA DA NEGOCIAÇÃO COLETIVA TRABALHISTA. SÚMULA 423 DO TST. Os sindicatos de categorias profissionais são os sujeitos legitimados, pela ordem jurídica, a celebrar negociação coletiva trabalhista no Brasil, sob o ponto de vista dos empregados. Apenas no caso de categorias inorganizadas em sindicatos, a federação assume a correspondente legitimidade para discutir e celebrar convenções coletivas de trabalho. Inexistindo também federação, assume a legitimidade a correspondente confederação. Essa regra relativa a categorias inorganizadas, embora expressa na lei, já derivaria, naturalmente, da diretriz da liberdade sindical. É que tal princípio assegura a empregados o direito de terem sua entidade sindical representativa, e de participarem, através dela, do processo negocial coletivo. Em se tratando de acordo coletivo de trabalho, aplica-se o mesmo critério aqui exposto: inorganizada a categoria, os trabalhadores de certa empresa podem pleitear à respectiva federação ou, em sua falta, confederação, que assuma a legitimidade para a discussão assemblear e celebração do acordo coletivo de trabalho. A hipótese dos autos, no entanto, não se enquadra na descrição acima, já que a categoria em questão é inquestionavelmente organizada em sindicato. Quanto à possibilidade de transferência da negociação aos próprios empregados no caso de recusa sindical à negociação, com base no artigo 617, § 1º, da CLT, este Relator possui o entendimento de que o referido dispositivo, em sua amplitude original, foi revogado (não recebido, ao menos em parte) pelo advento da Constituição Federal de 1988 (artigo 8º, VI). Todavia, a douta SDC entende pela recepção do art. 617 da CLT e seus parágrafos para as situações em que ocorra efetiva recusa injustificada, inconsistente, caprichosa, do sindicato obreiro em direção à negociação coletiva trabalhista. Ressalva-se, pois, o entendimento deste Relator no particular quanto à referida interpretação. Cumpre-nos, assim, analisar se o caso dos autos se enquadra na hipótese legal acima. Para a validade de um instrumento normativo firmado diretamente pelos trabalhadores, sem a participação do sindicato respectivo, o referido dispositivo de lei exige não só a comprovação da inércia injustificada, inconsistente, da entidade sindical, como também a demonstração de que a federação e a confederação correspondentes foram, sucessivamente, notificadas para assumir a negociação, tendo se omitido também de maneira injustificada – fatos extraordinários não descritos no acórdão recorrido, não podendo, pois, ser presumidos. No caso dos autos, não ficou registrada qualquer recusa inconsistente, injustificada, do Sindicato em negociar (pelo contrário, consta apenas sua anuência na "declaração" firmada por empregados da Reclamada, tão somente). Tal documento não observa as formalidades indispensáveis à existência e validade de um acordo coletivo de trabalho (ACT), não se equiparando, portanto, à autorização exigida pelo art. 7º, XIV, da CF, posicionamento, aliás, sedimentado na Súmula 423 do TST). De fato, é entendimento pacificado do TST, através da Súmula 423 do TST, que preconiza que: "estabelecida jornada superior a seis horas e limitada a oito horas por meio de regular negociação coletiva, os empregados submetidos a turnos ininterruptos de revezamento não têm direito ao pagamento da 7ª e 8ª horas como extras". Considerando que o Reclamante laborava em turno ininterrupto de revezamento, em jornada superior a 6 horas e que não havia norma coletiva autorizando a extensão da jornada – repito, o que se há, segundo o TRT, é uma negociação direta entre empregados da Ré submetidos a turno ininterrupto de revezamento e seu respectivo empregador, a decisão do TRT contraria a literalidade da Súmula 423 do TST. Recurso de revista do Reclamante conhecido e provido (TST, ARR-1156-85.2016.5.12.0007, 3ª Turma, Rel. Min. Mauricio Godinho Delgado, *DEJT* 07.10.2022).

Recurso ordinário em dissídio coletivo. Negociação coletiva sem a participação do sindicato. Recusa em negociar não comprovada. Sindicato preterido. Invalidade do acordo de jornada de trabalho de doze horas. O art. 8º, inciso VI, da Constituição Federal, ao declarar a participação obrigatória do sindicato na negociação coletiva de trabalho, revela natureza de preceito de observância inafastável. Em verdade, a própria CLT já trazia a exigência de participação do sindicato na celebração de convenção e de acordo coletivo de trabalho, conforme dispõem os arts. 611, *caput* e § 1º, e 613. Todavia, o art. 617 da CLT, nos moldes em que redigido, não se revela incompatível com a garantia constitucional, pois o ordenamento jurídico conteria lacuna de graves consequências caso não previsse solução para situações em que comprovadamente o sindicato não se desincumbe da nobre função constitucional. A recepção do artigo 617 da CLT, contudo, não dispensa a análise minuciosa do caso concreto, a fim de que se verifique a efetiva recusa na negociação coletiva a ensejar as etapas seguintes previstas no aludido artigo, e, em tese, se conclua pela validade de eventual ajuste direto com os empregados. Precedentes. Se os autos carecem da comprovação de que o sindicato recusou-se a negociar, e, ao contrário, a prova revela uma total preterição do sindicato na negociação coletiva, julga-se improcedente o pedido de declaração de validade de acordo de jornada de trabalho de doze horas celebrado diretamente com os empregados. Recurso ordinário a que se nega provimento (TST, SDC, RO-8281-17.2010.5.02.0000, Rel. Min. Márcio Eurico Vitral Amaro, j. 12.08.2013, *DEJT* 23.08.2013). *Informativo* 54.

Quanto às **centrais sindicais**, são órgãos de cúpula que, embora existam na prática há muito tempo e tenham sido reconhecidos formalmente pela Lei nº 11.648/2008, **não possuem poderes de negociação coletiva** *stricto sensu*.

As atribuições e prerrogativas das centrais sindicais foram definidas pela Lei nº 11.648/2008, nos seguintes termos:

Art. 1º A central sindical, entidade de representação geral dos trabalhadores, constituída em âmbito nacional, terá as seguintes atribuições e prerrogativas:

I – coordenar a representação dos trabalhadores por meio das organizações sindicais a ela filiadas; e

II – participar de negociações em fóruns, colegiados de órgãos públicos e demais espaços de diálogo social que possuam composição tripartite, nos quais estejam em discussão assuntos de interesse geral dos trabalhadores.

(...)

Em última análise, é pertinente a observação de Sérgio Pinto Martins, no sentido de que

"As centrais sindicais não integram o sistema confederativo previsto na Constituição, nem estão inseridas dentro do sistema de categoria estabelecido pela Lei Maior.

(...)

Reconhece, portanto, a Constituição que o sistema sindical é estabelecido por categoria, na qual não se inserem as centrais sindicais, pois representam sindicatos pertencentes a vários tipos de categorias de trabalhadores".[22]

29.3.10. Estrutura interna do sindicato

Diante do princípio da autonomia sindical, consagrado pela CRFB/88 (art. 8º, I), em tese cabe ao próprio sindicato administrar a si próprio, segundo a conveniência de seus associados, manifestada pelas deliberações da assembleia geral.

Dessa forma, caberia ao sindicato definir, em estatuto, seus órgãos, o número de dirigentes, as regras relativas à eleição e ao mandato, entre outras.

Não obstante, há alguns dispositivos do texto celetista que dizem respeito exatamente a estes aspectos organizacionais dos sindicatos. Como não poderia deixar de ser, a matéria é objeto de grandes controvérsias doutrinárias, ante a alegada não recepção destes dispositivos perante a ordem constitucional vigente.

Vejamos os principais aspectos.

29.3.10.1. Órgãos do sindicato

A CLT estabelece que o sindicato é composto por três órgãos administrativos:

a) **Diretoria**, composta de 3 a 7 membros, com a função de administrar o sindicato;

b) **Conselho Fiscal**, composto por 3 membros, com a função de fiscalizar a gestão financeira do sindicato;

---

22 MARTINS, Sergio Pinto. *Direito do Trabalho*. 26. ed. São Paulo: Atlas, 2010, p. 742-743.

c) **Assembleia Geral**, composta por todos os associados, constituindo órgão máximo de deliberação do sindicato, com atribuições várias, inclusive eleição da Diretoria e do Conselho Fiscal.

Neste sentido, o art. 522 da CLT:

Art. 522. A administração do sindicato será exercida por uma diretoria constituída no máximo de sete e no mínimo de três membros e de um Conselho Fiscal composto de três membros, eleitos esses órgãos pela Assembleia Geral.

§ 1º A diretoria elegerá, dentre os seus membros, o presidente do sindicato.

§ 2º A competência do Conselho Fiscal é limitada à fiscalização da gestão financeira do sindicato.

(...)

A figura do **delegado sindical** está prevista na CLT (art. 523) e representa, na prática, uma espécie de descentralização da entidade sindical, visando aproximar o sindicato das massas de trabalhadores. Para isso, a diretoria do sindicato **designa** delegados para atuar em seções ou delegacias (normalmente em uma grande empresa, por exemplo), de forma a servir como elo entre os trabalhadores e a entidade sindical, de forma a melhor atender os anseios da categoria.

Como o delegado sindical é *designado* (e não eleito), não faz jus à garantia de emprego. Neste sentido, a OJ 369 da SDI-1:

OJ-SDI1-369. Estabilidade provisória. Delegado sindical. Inaplicável (*DJe* divulgado em 03, 04 e 05.12.2008).

O delegado sindical não é beneficiário da estabilidade provisória prevista no art. 8º, VIII, da CF/1988, a qual é dirigida, exclusivamente, àqueles que exerçam ou ocupem cargos de direção nos sindicatos, submetidos a processo eletivo.

Alguns doutrinadores defendem a incompatibilidade de tais dispositivos celetistas com o princípio da autonomia sindical, visto que tais aspectos administrativos deveriam ser estabelecidos pela própria entidade sindical, através de seu estatuto. Principalmente as regras referentes à limitação do número de dirigentes suscitam severas críticas da maior parte da doutrina.

A questão assume grande importância, devido à garantia de emprego conferida aos dirigentes sindicais e seus suplentes.

Aos que defendem a compatibilidade do art. 522 da CLT com a Constituição, o limite está posto. Aos que advogam a não recepção, a questão fica aberta, limitada apenas pela teoria do abuso de direito.

Neste sentido, Maurício Godinho Delgado[23] argumenta que a regra celetista não considera as especificidades de cada entidade sindical, sendo que a limitação, como posta, praticamente inviabiliza a administração de grandes entidades sindicais, representativas de milhares de trabalhadores. Defende o festejado jurista que cabe ao estatuto de cada sindicato prever o número de dirigentes e que, somente em caso de estipulação de número abusivo, deveria ser considerada como parâmetro a regra celetista.

Não obstante a respeitável tese, o TST não acolhe o entendimento, tendo julgado, em inúmeras oportunidades, no sentido da validade da limitação do art. 522. Para concursos

---

23   DELGADO, Maurício Godinho. *Curso de Direito do Trabalho*, p. 1.245.

públicos, portanto, este deve ser o entendimento lembrado na hora da prova. Neste sentido, a Súmula 369, II, do TST:

> Súm. 369. Dirigente sindical. Estabilidade provisória (redação do item I alterada na sessão do Tribunal Pleno realizada em 14.09.2012) – Res. 185/2012, *DEJT* divulgado em 25, 26 e 27.09.2012.
>
> (...)
>
> II – O art. 522 da CLT foi recepcionado pela Constituição Federal de 1988. Fica limitada, assim, a estabilidade a que alude o art. 543, § 3º, da CLT, a sete dirigentes sindicais e igual número de suplentes.
>
> (...)

Observe-se que o item II da referida Súmula foi alterado em maio de 2011, sendo que a nova redação, ao mencionar "igual número de suplentes", apenas consolidou o entendimento adotado há muito pelo TST, no sentido de que o número de dirigentes estáveis é limitado a sete, mais os suplentes, em igual número.

29.3.10.2. Registro no Ministério do Trabalho e Emprego

Como mencionado em tópico específico (29.3.4), o STF entende que a exigência de registro da entidade sindical junto ao Ministério do Trabalho e Emprego é condição para aquisição da personalidade jurídica, embora haja quem considere que a regra traduz interferência do Poder Público na atividade sindical.

29.3.11. Garantias contra práticas antissindicais

Práticas ou condutas antissindicais são todas aquelas que restrinjam o regular exercício das atividades sindicais, inibindo a livre atuação dos dirigentes sindicais em defesa de sua categoria.

São comuns, por exemplo, retaliações por parte do empregador, medidas discriminatórias, ou mesmo a demissão dos dirigentes sindicais mais atuantes, como forma de inibir esta militância.

Visando neutralizar este tipo de conduta, a lei estabelece garantias aos dirigentes sindicais, de forma que possam desenvolver normalmente suas atividades. As principais garantias desta natureza são:

a) a garantia de emprego conferida ao dirigente sindical, desde o registro da candidatura até um ano após o término do mandato. A este respeito, ver o Capítulo 22, sobre estabilidade e garantias de emprego;

b) a inamovibilidade do dirigente sindical, garantida pelo art. 543 da CLT, *in verbis*:

> Art. 543. O empregado eleito para cargo de administração sindical ou representação profissional, inclusive junto a órgão de deliberação coletiva, não poderá ser impedido do exercício de suas funções, nem transferido para lugar ou mister que lhe dificulte ou torne impossível o desempenho das suas atribuições sindicais.
>
> § 1º O empregado perderá o mandato se a transferência for por ele solicitada ou voluntariamente aceita.
>
> (...)

Mas as condutas antissindicais não se resumem à pressão sobre dirigentes sindicais. A título de exemplo, mencione-se que a SDI-I considerou que o financiamento do sindicato profissional com recursos provenientes do empregador (taxa negocial), conforme firmado em cláusula de convenção coletiva de trabalho, configura conduta antissindical que, ao impossibilitar a autonomia da negociação coletiva, fragiliza o sistema sindical e a relação entre empregados e empregadores. Neste sentido, decisão publicada no *Informativo* 100 do TST:

> Embargos. Conduta antissindical. Negociação coletiva atribuindo taxa negocial com o fim de financiamento do sindicato pela empresa. Conduta ilícita não afastada pela C. Turma. Dano moral coletivo afastado. Recurso de revista das reclamadas conhecido e provido. Há dano moral que atinge a coletividade quando as partes trazem instrumento que fragiliza o sistema sindical e a relação entre empregados e empregadores. Esse alcance, da lesão coletiva a um grupo homogêneo de trabalhadores, determina a reparação, ainda que de modo indireto, à sociedade, com o fim de inibir o ato ilícito. A conduta ilícita, ainda que impedida de ser efetivada por ação civil pública do Ministério Público do Trabalho, ocorreu, sendo dela decorrente o dano a ser reparado, para o fim de realizar a efetiva proteção dos interesses difusos da sociedade. Embargos conhecidos e providos (TST, SDI-I, E-ARR-64800-98.2008.5.15.0071, Rel. Min. Aloysio Corrêa da Veiga, j. 12.02.2015, *DEJT* 20.02.2015).

29.4. NEGOCIAÇÃO COLETIVA

A negociação coletiva é, sem dúvida, o principal método de solução de conflitos e de pacificação social disponível no âmbito do Direito do Trabalho, notadamente porque encerra a participação direta dos indivíduos interessados no conflito.

Por isso, é denominado um método de *autocomposição*, pois as próprias partes envolvidas põem fim ao conflito de interesses, mediante a celebração de um acordo, no caso uma norma coletiva.

As normas coletivas, na vigência da Constituição de 1988, são as convenções coletivas de trabalho e os acordos coletivos de trabalho. Vejamos cada uma dessas figuras e os respectivos estatutos jurídicos.

29.4.1. Convenção coletiva de trabalho *vs.* acordo coletivo de trabalho

A convenção coletiva de trabalho e o acordo coletivo de trabalho são os instrumentos decorrentes da negociação coletiva.

A distinção básica entre as duas figuras se refere à legitimidade das partes, sendo que no acordo coletivo de trabalho o empregador se faz representar sozinho ou, no máximo, acompanhado por outros empregadores. Na convenção coletiva de trabalho, por sua vez, há negociação entre sindicatos, estando de um lado o sindicato representativo dos trabalhadores (categoria profissional) e, de outro, o sindicato representativo dos empregadores (categoria econômica). Em qualquer caso, é obrigatória a participação, nas negociações coletivas, do sindicato representativo da categoria profissional, nos termos do art. 8º, VI, da CFRB.

Aliás, é pacífico o entendimento no sentido de que tal regra se aplica em relação à representação dos trabalhadores, e não em relação à representação do(s) empregador(es). Se assim não fosse, teria deixado de existir, desde a promulgação da CRFB/88, a figura do acordo coletivo de trabalho.

Obviamente, também haverá distinção entre CCT e ACT em relação à abrangência de suas cláusulas.

Esquematicamente:

> ACORDO COLETIVO DE TRABALHO = EMPRESA(S) + SINDICATO DOS TRABALHADORES
> CONVENÇÃO COLETIVA DE TRABALHO = SINDICATO DA CATEGORIA ECONÔMICA
> (PATRONAL) + SINDICATO DA CATEGORIA PROFISSIONAL (TRABALHADORES)

29.4.2. Natureza jurídica dos instrumentos coletivos de trabalho

Embora exista grande celeuma a respeito da delimitação da natureza jurídica dos instrumentos coletivos de trabalho, predomina o entendimento no sentido de que se trata de contratos (negócios jurídicos) criadores de normas jurídicas.

São o ACT e a CCT fontes formais autônomas do Direito do Trabalho. Fontes formais porque criam regras jurídicas, assim considerados os preceitos gerais, abstratos e impessoais, dirigidos a normatizar situações futuras. São autônomas porque emanadas dos próprios atores sociais, sem a interferência de terceiro (o Estado, por exemplo, como ocorre com as leis).

29.4.3. Legitimação para a negociação coletiva

Como visto, são legitimados para celebrar CCT os sindicatos representativos de empregadores e empregados de determinada categoria, ao passo que são legitimados para celebrar ACT o(s) próprio(s) empregador(es), independentemente da participação de seu sindicato representativo, e o sindicato dos trabalhadores.

A única ressalva tem lugar na hipótese de não ser a categoria organizada em sindicato. Neste caso, a federação assume a legitimidade para a negociação coletiva. Na ausência da federação, entra em cena a confederação, que, por fim, assume a legitimidade. Neste sentido, o art. 611, § 2º, da CLT:

> Art. 611. (...)
>
> § 2º As Federações e, na falta desta, as Confederações representativas de categorias econômicas ou profissionais poderão celebrar convenções coletivas de trabalho para reger as relações das categorias a elas vinculadas, inorganizadas em Sindicatos, no âmbito de suas representações.

O STF não vem admitindo a validade da negociação coletiva entre sindicato de servidores públicos celetistas e a Administração pública, ante a alegada incompatibilidade entre administração pública e negociação coletiva, nos termos da Súmula 679[24] do mesmo Tribunal.

A grande dificuldade para se admitir a estipulação de cláusulas econômicas decorrentes de normas coletivas, no caso, é a aplicação do princípio da legalidade estrita e a impossibilidade de majoração de despesas públicas sem previsão orçamentária e sem a aplicação dos preceitos da Lei de Responsabilidade Fiscal.

Entretanto, Gustavo Filipe Barbosa Garcia assevera que

> "Na atualidade, tende a prevalecer a admissão da negociação coletiva de trabalho mesmo na Administração Pública, pois esta não se confunde com a convenção e o acordo coletivo de

---

[24] STF, Súmula 679: "A fixação de vencimentos dos servidores públicos não pode ser objeto de convenção coletiva".

trabalho. Desse modo, o resultado da negociação coletiva no setor público pode dar origem, por exemplo, a consensos e projetos de lei a serem encaminhados ao Congresso Nacional"[25].

Nesse sentido, é importante ressaltar que, depois da ratificação, pelo Brasil, da Convenção nº 151 da OIT, que normatiza as relações de trabalho com a Administração Pública, aí incluída a negociação coletiva, o TST modificou seu entendimento, passando a admitir o dissídio coletivo em face da Administração Pública, desde que limitado a cláusulas de natureza social. Nesse sentido a nova redação[26] da OJ nº 05 da SDC:

> OJ-SDC-5. Dissídio coletivo. Pessoa jurídica de direito público. Possibilidade jurídica. Cláusula de natureza social (redação alterada na sessão do Tribunal Pleno realizada em 14.09.2012) – Res. 186/2012, *DEJT* divulgado em 25, 26 e 27.09.2012.
>
> Em face de pessoa jurídica de direito público que mantenha empregados, cabe dissídio coletivo exclusivamente para apreciação de cláusulas de natureza social. Inteligência da Convenção nº 151 da Organização Internacional do Trabalho, ratificada pelo Decreto Legislativo nº 206/2010.

29.4.4. Conteúdo do instrumento coletivo

O acordo coletivo de trabalho e a convenção coletiva de trabalho contêm tanto regras jurídicas quanto cláusulas contratuais.

As regras jurídicas são, no caso, todas aquelas capazes de gerar direitos e obrigações além do contrato de trabalho, na respectiva base territorial. Exemplo: fixação do adicional de horas extras superior ao mínimo legal; estabelecimento de pisos salariais; criação de novas garantias de emprego.

Por sua vez, cláusulas contratuais são aquelas que criam direitos e obrigações para as partes convenentes, e não para os trabalhadores. Exemplo: cláusula que determina à empresa a entrega, ao sindicato dos trabalhadores, da lista de nomes e endereços de seus empregados.

A jurisprudência admite a instituição de multa convencional em instrumento coletivo de trabalho, ainda que se refira ao descumprimento de cláusula que constitua mera repetição do texto legal. Neste diapasão, a Súmula 384 do TST:

> Súm. 384. Multa convencional. Cobrança. Res. 129/2005, *DJ* 20, 22 e 25.04.2005.
>
> I – O descumprimento de qualquer cláusula constante de instrumentos normativos diversos não submete o empregado a ajuizar várias ações, pleiteando em cada uma o pagamento da multa referente ao descumprimento de obrigações previstas nas cláusulas respectivas.
>
> II – É aplicável multa prevista em instrumento normativo (sentença normativa, convenção ou acordo coletivo) em caso de descumprimento de obrigação prevista em lei, mesmo que a norma coletiva seja mera repetição de texto legal.

O item I se refere a matéria processual, mais especificamente à possibilidade de *cumulação de pedidos*. Com efeito, caso o empregado faça jus a multas distintas, decorrentes do descumprimento de mais de um instrumento normativo (uma prevista em sentença normativa e outra em convenção coletiva de trabalho, por exemplo), poderá cobrá-las em um único processo.

---

25 GARCIA, Gustavo Filipe Barbosa. Manual de Direito do Trabalho. 5. ed. São Paulo: Método, 2012. p. 776.

26 Pela redação **anterior** da OJ 5, "aos servidores públicos não foi assegurado o direito ao reconhecimento de acordos e convenções coletivos de trabalho, pelo que, por conseguinte, também não lhes é facultada a via do dissídio coletivo, à falta de previsão legal".

O item II, por sua vez, esclarece que é cabível a previsão, no acordo coletivo ou na convenção coletiva de trabalho, de multa por descumprimento de preceito legal.

Exemplo: convenção coletiva de trabalho estipula multa convencional no valor correspondente ao salário do empregado se o pagamento do salário se der após o prazo legal, ou seja, depois do quinto dia útil do mês subsequente ao vencido. Embora o pagamento do salário até o quinto dia útil seja previsto na CLT (art. 459, § 1º[27]), e já exista multa administrativa cominada para tal irregularidade (art. 510, CLT), a multa prevista na convenção coletiva é plenamente válida, visto que mais favorável ao trabalhador.

29.4.5. Forma do instrumento coletivo

Os **instrumentos coletivos são solenes**. Neste sentido, o art. 613, parágrafo único, da CLT:

> Art. 613. (...)
>
> Parágrafo único. As convenções e os Acordos serão celebrados por escrito, sem emendas nem rasuras, em tantas vias quantos forem os Sindicatos convenentes ou as empresas acordantes, além de uma destinada a registro.

Logo, não há hipótese de validade de instrumento coletivo pactuado verbalmente.

Ademais, a CLT estabelece rito próprio para a condução da negociação coletiva e ulterior aprovação do instrumento coletivo, nos seguintes termos:

> Art. 612. Os Sindicatos só poderão celebrar Convenções ou Acordos Coletivos de Trabalho, por deliberação de Assembleia Geral especialmente convocada para esse fim, consoante o disposto nos respectivos Estatutos, dependendo a validade da mesma do comparecimento e votação, em primeira convocação, de 2/3 (dois terços) dos associados da entidade, se se tratar de Convenção, e dos interessados, no caso de Acordo, e, em segunda, de 1/3 (um terço) dos mesmos.
>
> Parágrafo único. O *quorum* de comparecimento e votação será de 1/8 (um oitavo) dos associados em segunda convocação, nas entidades sindicais que tenham mais de 5.000 (cinco mil) associados.

Por fim, o instrumento coletivo deve ser depositado junto ao Ministério do Trabalho e Emprego no prazo de oito dias, contados da assinatura, bem como deverá ser dada ampla publicidade, através da afixação do seu conteúdo nas sedes das entidades sindicais e nos estabelecimentos abrangidos pela norma coletiva. Neste sentido, o art. 614 da CLT:

> Art. 614. Os Sindicatos convenentes ou as empresas acordantes promoverão, conjunta ou separadamente, dentro de 8 (oito) dias da assinatura da Convenção ou Acordo, o depósito de uma via do mesmo, para fins de registro e arquivo, no Departamento Nacional do Trabalho, em se tratando de instrumento de caráter nacional ou interestadual, ou nos órgãos regionais do Ministério do Trabalho e Previdência Social, nos demais casos.
>
> § 1º As Convenções e os Acordos entrarão em vigor 3 (três) dias após a data da entrega dos mesmos no órgão referido neste artigo.

---

[27] Embora o art. 459 tenha apenas um parágrafo, este foi nomeado como "§ 1º", e não como "parágrafo único", como consta no texto disponível em <www.planalto.gov.br>, bem como no texto da Lei nº 7.855/1989, a qual acrescentou este parágrafo ao art. 459.

§ 2º Cópias autênticas das Convenções e dos Acordos deverão ser afixados de modo visível, pelos Sindicatos convenentes, nas respectivas sedes e nos estabelecimentos das empresas compreendidas no seu campo de aplicação, dentro de 5 (cinco) dias da data do depósito previsto neste artigo.

(...)

Embora a doutrina teça severas críticas a estes dispositivos celetistas que, de uma forma ou de outra, limitam a atuação sindical, o fato é que as bancas examinadoras tendem a seguir o velho texto celetista. Em consonância com tal entendimento, o TST se inclina no sentido da recepção dos dispositivos pela CRFB/1988, não obstante a questão seja controvertida. Para os fins a que se destina este manual, sequer justifica trazer a lume a controvérsia, dada a posição assumida pelas bancas.

Todavia, ressalve-se que a jurisprudência tem entendido que a *validade* da norma coletiva não se condiciona ao prévio depósito junto ao Ministério do Trabalho e Emprego. Em consonância com este entendimento, os seguintes arestos do TST:

[...] HORAS EXTRAS. ACORDO DE COMPENSAÇÃO DE JORNADA. NORMA COLETIVA. VALIDADE. AUSÊNCIA DE REGISTRO NO ÓRGÃO COMPETENTE. ASPECTO MERAMENTE FORMAL. A Corte a quo consignou o entendimento de que "a simples falta de comprovação de registro do Acordo Coletivo de Trabalho que prevê o banco de horas no órgão competente não invalida as cláusulas negociadas, pois o depósito no Ministério do Trabalho tem como objetivo apenas conferir publicidade à negociação coletiva". Nesse sentido, correta a decisão recorrida, uma vez que esta Corte Superior tem entendido que a inobservância da formalidade prevista no caput do artigo 614 da CLT, qual seja, o depósito de uma via do acordo ou convenção junto ao MTE, para fins de registro e arquivamento, não invalida o conteúdo da negociação coletiva. Precedentes. Agravo de instrumento conhecido e desprovido. [...] (TST, AIRR-AIRR-1002373-05.2015.5.02.0511, 7ª Turma, Rel. Min. Alexandre de Souza Agra Belmonte, *DEJT* 10.03.2023).

[...] VALIDADE DE NORMA COLETIVA. AUSÊNCIA DE DEPÓSITO PRÉVIO NO MTE. DESNECESSIDADE. Hipótese em que o Tribunal Regional manteve a validade da norma coletiva sob o fundamento de que o depósito prévio da convenção coletiva no Ministério do Trabalho e Emprego não afigura condição essencial à validade e eficácia de suas cláusulas. A jurisprudência desta Corte firmou o entendimento de que a inobservância da formalidade prevista no art. 614, caput, da CLT, qual seja, o depósito da convenção ou acordo coletivo perante o órgão competente do Ministério do Trabalho, não invalida o conteúdo da negociação coletiva. Precedentes. Óbice da Súmula 333/TST. Agravo de instrumento a que se nega provimento. [...] (TST, RR-1000533-66.2015.5.02.0411, 2ª Turma, Rel. Min. Maria Helena Mallmann, *DEJT* 17.02.2023).

Acordo coletivo. Cláusula concessiva de garantia de emprego pelo prazo de cinco anos. Validade. Art. 614, § 3º, da CLT. Depósito da norma coletiva perante o órgão do Ministério do Trabalho. 1. O reconhecimento da validade de cláusula normativa, validamente negociada entre as partes, concessiva de garantia de emprego pelo prazo de cinco anos encontra respaldo na garantia constitucional do reconhecimento dos acordos e convenções coletivas de trabalho. 2. A questão em apreço é diversa daquela que é objeto da Orientação Jurisprudencial 322 desta SDI-1, bem como não se amolda a previsão contida no art. 614, § 3º, da CLT. 3. Esta Corte tem reiteradamente decidido que a inobservância da formalidade prevista no art. 614, *caput*, da CLT, qual seja, o depósito da convenção ou acordo coletivo perante o órgão competente do Ministério do Trabalho, não invalida o conteúdo da negociação coletiva. Recurso de Embargos de que se conhece e a que se dá provimento (TST, E-ED-RR 48900-22.2003.5.12.0043, Rel. Min. João Batista Brito Pereira, Subseção I Especializada em Dissídios Individuais, j. 23.09.2010, *DEJT* 08.10.2010).

29.4.6. Vigência do instrumento coletivo

Como mencionado no item anterior, pelo regime celetista a norma coletiva entra em vigor três dias após o depósito administrativo junto ao Ministério do Trabalho e Emprego, conforme o art. 614, § 1º, da CLT.

Advirta-se apenas para o fato de que o instrumento coletivo de trabalho deve ser *depositado* por meio do sistema eletrônico *Mediador*[28], *prescindindo do efetivo registro*. Neste sentido, Sérgio Pinto Martins esclarece que "o prazo de três dias para que a norma coletiva entre em vigor está condicionado ao depósito feito na DRT. A vigência não será contada do registro ou do arquivamento, mas da mera entrega da norma coletiva na DRT".[29]

Temos aqui, portanto, verdadeiro divórcio entre a disposição celetista e a jurisprudência, que reconhece a validade do conteúdo da norma coletiva independentemente da formalidade consistente no registro junto ao órgão competente.

29.4.7. Duração dos efeitos do instrumento coletivo

Dispõe o § 3º do art. 614 da CLT, com redação dada pela Lei nº 13.467/2017, que **"não será permitido estipular duração de convenção coletiva ou acordo coletivo de trabalho superior a dois anos, sendo vedada a ultratividade".**

Assim, o prazo máximo de duração da norma coletiva é de dois anos, embora o usual seja a fixação da duração de um ano apenas.

A grande questão que aqui se colocava até a *Reforma Trabalhista de 2017* era se **os dispositivos de norma coletiva aderiam permanentemente ou não aos contratos de trabalho**.

A questão merece estudo mais aprofundado. Com efeito, existem três correntes interpretativas a respeito.

1ª corrente (teoria da aderência irrestrita):

Defende que os dispositivos de norma coletiva aderem permanentemente aos contratos de trabalho, não podendo mais ser suprimidos, nos termos do art. 468 da CLT.

Esta corrente, que teve seu prestígio na jurisprudência, já não encontra atualmente muitos adeptos. A principal crítica que se faz a ela é que a negociação coletiva espelha a realidade social de uma época, não sendo razoável cristalizar tal realidade para o futuro, até porque isso desestimularia a concessão de benefícios pelo polo da categoria econômica, sob pena de onerar permanentemente o custo da mão de obra.

2ª corrente (teoria da aderência limitada pelo prazo):

No sentido oposto ao da primeira corrente, defende que as normas coletivas surtem efeitos apenas no prazo de vigência, sendo que seus dispositivos não aderem aos contratos de trabalho.

É uma corrente bastante prestigiada, tanto na doutrina quanto na jurisprudência. Embora seja menos benéfica ao empregado que a primeira e que a terceira, me parece a mais correta, diante das fundadas críticas que pairam sobre estas outras duas.

Por outro lado, tal interpretação apresenta grandes dificuldades práticas, por exemplo, pela redução de percentuais de horas extras, pela interrupção do sistema de promoções

---

[28] Atualmente o registro é feito em meio virtual, através do *Sistema MEDIADOR*, o qual é disponibilizado no site da Secretaria de Relações do Trabalho do Ministério do Trabalho e Emprego (http://www3.mte.gov.br/sistemas/mediador; Acesso em: 21.05.2023). Não obstante a existência de várias ações questionando a obrigatoriedade de utilização de tal sistema, o TST o considera legal. A título de exemplo, mencione-se o AIRR-4042900-17.2009.5.09.0008, 7ª Turma, Rel. Min. Cláudio Mascarenhas Brandão, j. 17.06.2015, *DEJT* 19.06.2015.

[29] MARTINS, Sergio Pinto. *Comentários à CLT*, p. 669.

acaso implantado por negociação coletiva, ou, ainda, pela pactuação de hipóteses de garantia de emprego para além do prazo de vigência do instrumento coletivo[30].

O TST seguia, de forma consolidada, esta corrente, até a revisão de sua jurisprudência levada a efeito pela "2ª Semana do TST", que ocorreu entre 10 e 14 de setembro de 2012. Com efeito, até então a Súmula 277 estipulava que "as condições de trabalho alcançadas por força de sentença normativa, convenção ou acordos coletivos vigoram no prazo assinado, não integrando, de forma definitiva, os contratos individuais de trabalho". Ocorre que o TST modificou seu entendimento a respeito da matéria, alterando a Súmula 277 (Resolução 185/2012), e passando a adotar a teoria da ultratividade, acolhida pela terceira corrente, nos seguintes termos:

> Súm. 277. Convenção coletiva de trabalho ou acordo coletivo de trabalho. Eficácia. Ultratividade (redação alterada na sessão do Tribunal Pleno realizada em 14.09.2012) – Res. 185/2012, *DEJT* divulgado em 25, 26 e 27.09.2012.
>
> As cláusulas normativas dos acordos coletivos ou convenções coletivas integram os contratos individuais de trabalho e somente poderão ser modificadas ou suprimidas mediante negociação coletiva de trabalho.

Todavia, aos 14.10.2016 o Ministro Gilmar Mendes (STF) concedeu medida cautelar para suspender todos os processos e efeitos de decisões no âmbito da Justiça do Trabalho que discutam a aplicação da ultratividade de normas de acordos e de convenções coletivas. A decisão foi proferida na Arguição de Descumprimento de Preceito Fundamental (ADPF) nº 323, ajuizada pela Confederação Nacional dos Estabelecimentos de Ensino (Confenen), questionando a Súmula 277 do Tribunal Superior do Trabalho (TST).

Aos 30.05.2022, **o Plenário do STF**, por maioria, ratificou a liminar concedida, declarando a **inconstitucionalidade da Súmula 277 do TST** nos seguintes termos:

> Arguição de descumprimento de preceito fundamental. 2. Violação a preceito fundamental. 3. Interpretação jurisprudencial conferida pelo Tribunal Superior do Trabalho (TST) e pelos Tribunais Regionais do Trabalho da 1ª e da 2ª Região ao art. 114, § 2º, da Constituição Federal, na redação dada pela Emenda Constitucional 45, de 30 de dezembro de 2004, consubstanciada na Súmula 277 do TST, na versão atribuída pela Resolução 185, de 27 de setembro de 2012. 4. Suposta reintrodução do princípio da ultratividade da norma coletiva no sistema jurídico brasileiro pela Emenda Constitucional 45/2004. 5. Inconstitucionalidade. 6. Arguição de descumprimento de preceito fundamental julgada procedente (STF, ADPF nº 323, Rel. Min. Gilmar Mendes, julg. 30.05.2022, DJE 15.09.2022).

Ademais, mesmo antes da declaração de inconstitucionalidade da Súmula 277 do TST **esta corrente era indubitavelmente a aplicável, tendo em vista a nova redação do § 3º do art. 614 da CLT, dada pela Lei nº 13.467/2017, que vedou expressamente a ultratividade**. Por consequência, a Súmula 277 do TST encontrava-se, desde 11.11.2017, em desacordo com a legislação em vigor.

3ª corrente (teoria da aderência limitada por revogação):

Seria a posição intermediária entre as duas primeiras correntes interpretativas, propugnando pela aderência das cláusulas da norma coletiva cujo prazo já expirou, apenas até que sobrevenha nova norma em sua substituição.

---

30   Os exemplos são do Prof. Homero Batista Mateus da Silva (SILVA, Homero Batista Mateus da. *CLT comentada*. São Paulo: Revista dos Tribunais, 2016. p. 310).

O mecanismo é também chamado de *ultratividade* da norma coletiva.

Não obstante a tese seja sedutora, inclusive tecnicamente, cria um subproduto perigoso: um determinado sindicato, ao conseguir estabelecer uma norma coletiva vantajosa, especialmente em relação à época do fim de sua vigência, pode passar a dificultar a negociação de um novo instrumento, a fim de perpetuar tais cláusulas mais benéficas aos seus representados.

Maurício Godinho Delgado[31] defende abertamente esta terceira corrente e argumenta que o legislador infraconstitucional chegou a acolhê-la expressamente, conforme art. 1º, § 1º, da Lei nº 8.542/1992, dispositivo este já revogado por lei posterior.

Registre-se ainda que o Pleno do TST editou o Precedente Normativo nº 120 da SDC, nos seguintes termos:

> PN 120. Sentença normativa. Duração. Possibilidade e limites. (Res. 176/2011, *DEJT* divulgado em 27, 30 e 31.05.2011)
>
> A sentença normativa vigora, desde seu termo inicial até que sentença normativa, convenção coletiva de trabalho ou acordo coletivo de trabalho superveniente produza sua revogação, expressa ou tácita, respeitado, porém, o prazo máximo legal de quatro anos de vigência.

Eis outro verbete que prestigia a tese da *ultratividade*, ainda que mitigada, tendo em vista que a sentença normativa deve vigorar até que venha a ser substituída por outra norma coletiva ou sentença normativa, *desde que não ultrapasse o prazo legal máximo* (quatro anos).

Assim, por exemplo, se a Justiça fixa em um ano o prazo de validade da sentença normativa, mas ao final de tal prazo não há uma norma coletiva ou outra sentença normativa que a substitua, aquela continuará valendo, até que sobrevenha nova norma, observado, entretanto, o prazo máximo de quatro anos.

Todavia, ao contrário do cenário previsto para as normas coletivas, em que a aderência se dá por prazo indeterminado, até que novo instrumento coletivo de trabalho modifique ou suprima as cláusulas da norma coletiva anterior, no caso da sentença normativa esta ultratividade continua limitada pelo prazo legal máximo (quatro anos).

Ao menos em princípio não vejo o Precedente Normativo nº 120 incompatível com a lei, porquanto o § 3º do art. 614 da CLT, com redação dada pela Lei nº 13.467/2017, se refere expressamente à CCT e ao ACT, não alcançando, assim, as sentenças normativas. Da mesma forma, a decisão do STF na ADPF 323 considera inconstitucional a ultratividade de normas "de acordos e de convenções coletivas". Além disso, a ultratividade, no caso, é limitada ao prazo máximo legal máximo estabelecido para a sentença normativa, que é de quatro anos.

Ainda em relação aos efeitos da norma coletiva no tempo, é importante salientar que a jurisprudência não admite que o instrumento coletivo de trabalho atue retroativamente, convalidando situação pretérita. Neste sentido, o seguinte aresto:

> [...] Recurso de revista. Petrobras. Pagamento em dobro dos feriados trabalhados no regime de turnos ininterruptos de revezamento por liberalidade do empregador. Período posterior a extinção desse direito por meio de acordo coletivo de trabalho. Indevido. 1. Segundo o e. TRT da 2ª Região, havendo o Reclamante laborado em feriados muito tempo depois da vigência do acordo coletivo de trabalho do ano 2000, por meio do qual foi extinto o direito ao pagamento em dobro dos feriados laborados pelos petroleiros sujeitos ao regime de

---

trabalho de turnos ininterruptos de revezamento, então não seria possível invocar-se aquela norma coletiva para o fim de excluir-se o direito, tendo em vista a limitação temporal de eficácia dessa espécie normativa. 2. Conforme entendimento pacífico deste Tribunal, é válido o acordo coletivo celebrado pela Petrobras, por meio do qual extinto o direito à remuneração em dobro dos feriados trabalhados em turnos ininterruptos de revezamento, até então concedido por liberalidade da empresa, sendo vedada apenas a sua aplicação retroativa. Nesse sentido é o entendimento cristalizado na OJ Transitória 72 da SDI-I do TST: "O pagamento em dobro, concedido por liberalidade da empresa, dos domingos e feriados trabalhados de forma habitual pelo empregado da Petrobras submetido ao regime de turnos ininterruptos de revezamento não pode ser suprimido unilateralmente, pois é vantagem incorporada ao contrato de trabalho, nos termos do art. 468 da CLT. Assim, o acordo coletivo, posteriormente firmado, somente opera efeitos a partir da data de sua entrada em vigor, sendo incabível a utilização da norma coletiva para regular situação pretérita". 3. Nesse contexto, firmou-se a jurisprudência desta Corte no sentido de que, no período posterior à vigência do referido instrumento coletivo de trabalho, é indevido o pagamento como extras dos feriados laborados em turnos ininterruptos de revezamento, face à ausência de amparo legal e em respeito ao art. 7º, XXVI, da Constituição Federal. Precedentes. Recurso de revista conhecido e provido. [...] (TST, 1ª Turma, ARR-800-88.2008.5.02.0253, Rel. Min. Hugo Carlos Scheuermann, j. 13.05.2015, *DEJT* 22.05.2015).

29.4.8. Prorrogação, revisão, denúncia, revogação e extensão da norma coletiva

Art. 615. O processo de prorrogação, revisão, denúncia ou revogação total ou parcial de Convenção ou Acordo ficará subordinado, em qualquer caso, à aprovação de Assembleia Geral dos Sindicatos convenentes ou partes acordantes, com observância do disposto no art. 612.

§ 1º O instrumento de prorrogação, revisão, denúncia ou revogação de Convenção ou Acordo será depositado para fins de registro e arquivamento, na repartição em que o mesmo originariamente foi depositado, observado o disposto no art. 614.

§ 2º As modificações introduzidas em Convenção ou Acordo, por força de revisão ou de revogação parcial de suas cláusulas passarão a vigorar 3 (três) dias após a realização de depósito previsto no § 1º.

Prorrogação é o processo pelo qual se estende o prazo de vigência do instrumento coletivo, mantendo-se as mesmas cláusulas.

Aqui vale uma observação importante: o prazo máximo de dois anos, previsto no art. 614, § 3º, inclui a possível prorrogação, de forma que o instrumento coletivo original, somado ao decorrente da prorrogação, não poderão somar, no total, mais de dois anos de vigência. É a mesma ideia da prorrogação do contrato por prazo determinado (*v.g.*, o contrato de experiência).

Neste sentido, a OJ 322 da SDI-1 do TST:

OJ-SDI1-322. Acordo coletivo de trabalho. Cláusula de termo aditivo prorrogando o acordo para prazo indeterminado. Inválida (*DJ* 09.12.2003).

Nos termos do art. 614, § 3º, da CLT, é de 2 anos o prazo máximo de vigência dos acordos e das convenções coletivas. Assim sendo, é inválida, naquilo que ultrapassa o prazo total de 2 anos, a cláusula de termo aditivo que prorroga a vigência do instrumento coletivo originário por prazo indeterminado.

Revisão, por sua vez, é a alteração das cláusulas da norma coletiva durante sua vigência. Pode ser total ou parcial. Uma vez admitida a revisão, conforme art. 615, não interessa se a alteração é favorável ou não ao trabalhador, tendo em vista que o entendimento que prevalece é que as cláusulas de norma coletiva não aderem ao contrato de trabalho, ou no máximo aderem até que sejam revogadas por norma superveniente.

Denúncia é a comunicação de uma parte à outra no sentido de que não mais pretende cumprir a norma coletiva negociada, e surtirá efeito apenas se a outra parte com ela concordar.

Revogação é o desfazimento, seja ele total ou parcial, da norma coletiva, por mútuo acordo das partes.

Em todos os casos estudados (prorrogação, revisão, denúncia e revogação), o importante é que o rito seja o mesmo previsto para a aprovação de um instrumento coletivo, isto é, autorização prévia da assembleia, registro e arquivamento junto ao órgão competente e efeitos em três dias, contados do referido registro.

Por fim, **extensão** do instrumento coletivo seria o aproveitamento de suas cláusulas para outra base, diferente daquela representada. Como a CLT não prevê tal possibilidade, na hipótese do interesse em "copiar" um acordo coletivo ou convenção coletiva de outra categoria ou outra base territorial, deverá ser seguido o rito para aprovação de instrumento coletivo, e o processo será tratado como o de um novo instrumento.

29.4.9. Efeitos do ACT e da CCT

Como mencionado, a norma coletiva contém regras jurídicas e cláusulas contratuais. Relembrando rapidamente, as regras jurídicas são os dispositivos que regem a relação dos representados, ao passo que as cláusulas contratuais se referem a obrigações entre os entes signatários do instrumento coletivo (sindicatos, no caso da CCT; sindicato profissional + empregador(es), no caso do ACT).

Assim, os efeitos variam conforme a natureza das disposições.

As *regras jurídicas* decorrentes da norma coletiva têm efeitos *erga omnes*, observada, por óbvio, a base territorial e a categoria abrangidas pelo instrumento negocial.

É importante ressaltar que este efeito *erga omnes* significa que **a norma coletiva alcança todos os trabalhadores daquela categoria, inclusive os não sindicalizados**, para o bem e para o mal. Assim, o aumento de salário ou a criação de determinada parcela ou benefício alcança os não sindicalizados, mas também os alcançam as cláusulas que, de certa forma, flexibilizam direitos trabalhistas.

Por sua vez, as meras *cláusulas contratuais* surtem efeitos *inter partes*, notadamente entre as partes convenentes.

Também é natural que a norma coletiva só obrigue quem tiver sido representado no momento negocial propriamente dito. Assim, **as normas coletivas aplicáveis às categorias diferenciadas somente obrigarão o empregador se ele se fez representar quando da origem do instrumento coletivo**.

O exemplo clássico é o do motorista de supermercado, já mencionado alhures.

Neste sentido, a Súmula 374 do TST:

Súm. 374. Norma coletiva. Categoria diferenciada. Abrangência. Res. 129/2005, *DJ* 20, 22 e 25.04.2005.

Empregado integrante de categoria profissional diferenciada não tem o direito de haver de seu empregador vantagens previstas em instrumento coletivo no qual a empresa não foi representada por órgão de classe de sua categoria.

29.4.10. Hierarquia entre CCT e ACT

Caso exista sobreposição de normas coletivas, isto é, vigência de ACT e de CCT para uma mesma comunidade de trabalhadores, há que se definir qual destas normas prevalece.

Pelo critério do direito comum, deveria prevalecer o ACT, por se tratar de norma especial, em contraponto com a CCT, que traça normas gerais para a categoria em dada base territorial.

Não obstante, dispunha o art. 620 da CLT no sentido de que as condições estabelecidas em convenção coletiva, quando mais favoráveis, deveriam prevalecer sobre as condições estipuladas em acordo coletivo de trabalho. O dispositivo era, portanto, a positivação do princípio da norma mais favorável, que, por sua vez, é subdivisão do princípio da proteção.

Ocorre que a Lei nº 13.467/2017 (Reforma Trabalhista), alterou sobremaneira a tutela desta matéria, alterando a redação do art. 620 da CLT, que passou a dispor que "**as condições estabelecidas em acordo coletivo de trabalho sempre prevalecerão sobre as estipuladas em convenção coletiva de trabalho**".

Desse modo, a partir da vigência da Lei nº 13.467/2017, o acordo coletivo de trabalho sempre prevalecerá sobre a convenção coletiva de trabalho, pelo que se passou a ter, aqui, mais uma exceção ao princípio da norma mais favorável.

29.4.11. Limites à negociação coletiva e prevalência do negociado sobre o legislado

Ensina Gustavo Filipe Barbosa Garcia[32] que

"A autonomia privada coletiva é exercida por meio da negociação coletiva, dando origem aos acordos coletivos e convenções coletivas. Embora essa autonomia seja reconhecida como poder jurídico da maior relevância, presente no plano da sociedade civil, ela não é ilimitada, devendo respeitar as diretrizes do Estado Democrático de Direito".

Neste sentido, os limites impostos à negociação coletiva são modulados pelo nosso sistema jurídico, observando basicamente as seguintes premissas:

• Norma coletiva, **em regra,** poderá ampliar os direitos trabalhistas em relação à legislação heterônoma, salvo em relação a normas proibitivas estatais[33].

Assim, por exemplo, sempre será válida norma coletiva que estipule o adicional de horas extras em 100% do valor da hora normal, ou o adicional noturno em 50% do valor da hora diurna. Da mesma forma, é válida a previsão de férias de 40 dias por ano, ou o aviso-prévio proporcional ao tempo de serviço, de 30 dias mais cinco dias por ano de serviço.

• Norma coletiva pode transacionar direitos de indisponibilidade apenas relativa, e não aqueles de indisponibilidade absoluta.

Neste aspecto, faz-se importante ter clareza acerca do que são direitos absolutamente indisponíveis. Em que pese toda a construção jurisprudencial aperfeiçoada ao longo de décadas no âmbito da Justiça do Trabalho e, mais especificamente, pelo Tribunal Superior do Trabalho, bem como o posicionamento doutrinário prevalecente, atualmente a questão é balizada de forma mais ou menos objetiva pela lei, consoante disposto nos arts. 611-A e 611-B da CLT, ambos acrescentados pela Lei nº 13.467/2017.

---

[32] GARCIA, Gustavo Filipe Barbosa. *CLT Comentada*. 4. ed. São Paulo: Método, 2018, p. 723.

[33] O exemplo clássico é o da prescrição, que não admite ampliação dos prazos legais em nenhuma hipótese.

Pode-se dizer que **são direitos de indisponibilidade absoluta aqueles que asseguram o chamado *patamar civilizatório mínimo***, ou seja, aqueles direitos que constituem interesse público, por garantir a dignidade do trabalhador. Exemplo: direitos constitucionais dos trabalhadores (exceto aqueles cuja Constituição expressamente prevê a possibilidade de flexibilização), normas relativas à segurança e à saúde do trabalhador etc.

Neste diapasão, é importante salientar que ressurgiu, nos últimos anos, antiga discussão acerca da **prevalência do negociado sobre o legislado**, isto é, da relativização da lei em determinadas matérias ante a flexibilização de direitos trabalhistas levada a efeito mediante negociação coletiva.

Com efeito, em duas ocasiões anteriores à Reforma Trabalhista de 2017 (RE 895.759, cujo julgamento ocorreu em 08.09.2016, e RE 590.415, cujo julgamento ocorreu em 30.04.2015) o STF indicou se orientar no sentido da prevalência do negociado sobre o legislado, sob o argumento de que a CRFB/88 prestigiou a negociação coletiva.

Posteriormente, **a Lei nº 13.467/2017 tratou de consagrar, no plano legal, a prevalência do negociado sobre o legislado**, acrescentando à CLT o art. 611-A, o qual dispõe sobre as matérias em que é dado à negociação coletiva dispor, com prevalência sobre a lei. Acrescentou-se à CLT também o art. 611-B, o qual prevê as hipóteses em que não se admite flexibilização mediante negociação coletiva ou, nos termos imprecisos da Lei, aqueles direitos cuja supressão ou redução constitui objeto ilícito de convenção coletiva ou acordo coletivo de trabalho.

Mais recentemente, ao julgar o **ARE 1121633 (Tema 1046** de Repercussão Geral), **o STF fixou tese jurídica** no sentido de que "**são constitucionais os acordos e as convenções coletivos que, ao considerarem a adequação setorial negociada, pactuam limitações ou afastamentos de direitos trabalhistas, independentemente da explicitação especificada de vantagens compensatórias, desde que respeitados os direitos absolutamente indisponíveis**", excepcionando, portanto, os direitos absolutamente indisponíveis. Assim, a regra geral é de validade das normas coletivas, ainda que pactuem limitações ou afastamentos de direitos trabalhistas.

Duas decisões recentes do TST ilustram a aplicação de referido entendimento adotado pelo STF e seu efeito sobre vários verbetes da jurisprudência então consolidada no âmbito do Tribunal Superior do Trabalho:

> [...] II – RECURSO DE REVISTA INTERPOSTO SOB A ÉGIDE DA LEI Nº 13.467/2017 – REGIME DE COMPENSAÇÃO DE JORNADA – LABOR AOS SÁBADOS – HORAS EXTRAORDINÁRIAS – AUTORIZAÇÃO PREVISTA EM NORMA COLETIVA – CONTRARIEDADE À SÚMULA 85, IV, DO TST – VIOLAÇÃO DO ART. 7º, XIII e XXVI, DA CONSTITUIÇÃO DA REPÚBLICA – TRANSCENDÊNCIAS POLÍTICA E JURÍDICA O TRT deu parcial provimento ao recurso ordinário da Reclamada, mantendo a condenação somente ao pagamento do adicional previsto nas normas coletivas para as horas extras irregularmente compensadas, na forma da Súmula nº 85, IV, do TST. Não considerou, contudo, a norma coletiva negociada entre as partes, com previsão expressa do regime de compensação e da possibilidade de prestação de horas extras aos sábados, estipulando o adicional de 70% sobre o valor da hora normal para as horas extraordinárias desempenhadas durante a semana e de 80% para labor prestado aos sábados. Nos termos da tese firmada no Tema 1046 de Repercussão Geral pelo E. Supremo Tribunal Federal, as negociações coletivas envolvendo direitos trabalhistas têm como balizas apenas aqueles absolutamente indisponíveis. Não sendo esta a hipótese dos autos, verifica-se a validade do regime de compensação estipulado na norma coletiva, razão pela qual o entendimento do acórdão regional contraria a Súmula nº 85, IV, do TST, por má-aplicação, assim como o entendimento firmado pelo E. Supremo Tribunal Federal no Tema nº 1046 de Repercussão Geral, caracterizando violação ao art. 7º, XXVI, da Constituição da República.

Recurso de revista conhecido e provido (TST, RR-766-22.2020.5.14.0007, 4ª Turma, Rel. Min. Maria Cristina Irigoyen Peduzzi, DEJT 05.05.2023).

[...] III – RECURSO DE REVISTA DA RECLAMADA. ACÓRDÃO REGIONAL PUBLICADO NA VIGÊNCIA DA LEI 13.467/2017. INTERVALO INTRAJORNADA. REDUÇÃO POR NORMA COLETIVA. TRANSCENDÊNCIA JURÍDICA. 1. Esta Corte Superior tinha o entendimento de que o intervalo intrajornada constituía medida de higiene, saúde e segurança do trabalho, sendo inválida a cláusula normativa que contemplava sua supressão ou intervalo (Súmula nº 437, II, do TST). 2. Com a reforma trabalhista, a Lei nº 13.467/2017 estabeleceu novos parâmetros à negociação coletiva, introduzindo os artigos 611-A e 611-B à CLT, que possibilitam a redução do intervalo intrajornada, respeitado o limite mínimo de 30 minutos para jornada superior a seis horas, fazendo, ainda, constar que regras sobre duração do trabalho e intervalos não são consideradas como normas de saúde, higiene e segurança do trabalho para os fins da proibição de negociação coletiva (art. 611-B, parágrafo único). 3. Em recente decisão proferida no Tema nº 1046 da Tabela de Repercussão Geral (ARE 1121633), o STF fixou a tese jurídica de que "são constitucionais os acordos e as convenções coletivos que, ao consideraram a adequação setorial negociada, pactuam limitações ou afastamentos de direitos trabalhistas, independentemente da explicitação especificada de vantagens compensatórias, desde que respeitados os direitos absolutamente indisponíveis". (destaquei). 4. Na oportunidade, segundo notícia extraída do sítio eletrônico da Suprema Corte, prevaleceu o entendimento do Exmo. Ministro Gilmar Mendes (Relator), que prestigiou a norma coletiva que flexibilizou as horas in itinere, explicitando que, ainda que a questão esteja vinculada ao salário e à jornada de trabalho, a própria Constituição Federal permite a negociação coletiva em relação aos referidos temas, ficando vencidos os Exmos. Ministros Edson Fachin e Rosa Weber, que entendiam que, estando o direito relacionado com horas extras, seria inadmissível a negociação coletiva. 5. **A conclusão a que se chega é que, exceto nos casos em que houver afronta a padrão civilizatório mínimo assegurado constitucionalmente ao trabalhador, será sempre prestigiada a autonomia da vontade coletiva consagrada pelo art. 7º, XXVI, da CR.** 6. No presente caso, o TRT registrou que houve regular negociação coletiva a respeito, o que atende ao precedente vinculante do STF. 7. Impõe-se, assim, a reforma do acórdão regional, para que seja excluído da condenação o pagamento do intervalo intrajornada resultante da declaração de invalidade da norma coletiva. Recurso de revista conhecido, por violação do artigo 7º, XXVI, da CF, e provido. CONCLUSÃO: Agravo de instrumento da reclamada conhecido e parcialmente provido; Agravo de instrumento da reclamante conhecido e desprovido; Recurso de revista da reclamada conhecido e provido (TST, RRAg-11023-08.2015.5.15.0152, 8ª Turma, Rel. Min. Alexandre de Souza Agra Belmonte, DEJT 24.10.2022). (grifos meus)

Vejamos, a seguir, os arts. 611-A e 611-B da CLT, os quais constituem, atualmente, as principais balizas a respeito da limitação material imposta à negociação coletiva.

Dica de estudo: até a 7ª edição desta obra, sempre procurei indicar exaustivamente o entendimento jurisprudencial dominante no âmbito do TST a respeito dos principais limites à negociação coletiva. Com efeito, entendimentos reiterados sobre os limites impostos à negociação coletiva, notadamente aqueles divulgados no *Informativo do TST*, constituíam campo fértil para a formulação de questões de concursos públicos mais exigentes.

Todavia, a inclusão dos arts. 611-A e 611-B da CLT, levada a efeito pela Lei nº 13.467/2017, me parece ter alterado significativamente a estratégia de estudo aplicável a este tópico, visto que é pouco provável que as bancas, ao menos nos próximos anos, venham a cobrar aspectos da jurisprudência do TST sobre esta matéria, justamente porque agora a lei nos oferece baliza objetiva sobre o que pode e o que não pode ser objeto de flexibilização mediante negociação coletiva.

Ademais, as referidas balizas, trazidas, repita-se, pelos artigos 611-A e 611-B da CLT, são extremamente afeitas à cobrança em concursos públicos, dadas suas características de enumeração, tão comuns em provas objetivas.

Sendo assim, sugiro que o leitor/candidato se concentre no estudo das hipóteses dos arts. 611-A e 611-B da CLT, sem maiores preocupações com o entendimento do TST acerca dos limites impostos à negociação coletiva. **Os limites relevantes, hoje, para concurso público, são aqueles previstos na Constituição e na CLT.** Remanesce, é claro, a importância de se conhecer o entendimento do TST sobre aquelas hipóteses fronteiriças, nas quais há dúvida se a flexibilização mediante negociação coletiva é ou não permitida.

29.4.11.1. Hipóteses de flexibilização mediante norma coletiva (prevalência do negociado sobre o legislado)

Como mencionado, a Lei nº 13.467/2017 acrescentou à CLT o art. 611-A, consagrando a tese da prevalência do negociado sobre o legislado em relação a diversas matérias relevantes no cotidiano trabalhista.

Conforme ensina o Prof. Homero Batista Mateus da Silva[34], "há dois fundamentos constitucionais normalmente utilizados pelos defensores do 'negociado sobre o legislado':

O primeiro e mais evidente está no art. 7º, XXVI, da CF, que refere o reconhecimento das convenções e acordos coletivos, como parte integrante dos direitos trabalhistas. Existe até mesmo quem discuta se a palavra 'reconhecimento' seria uma espécie de favor do legislador, que simplesmente capta aquilo que é feito dentro da autonomia dos particulares. Há razoável consenso no sentido de que a norma coletiva é também uma maneira de positivação de direitos – quer se entenda de origem autônoma, quer se entenda como uma forma delegada pelo legislador – de modo que o direito do trabalho pode ser considerado um ramo plurinormativo, ou seja, com variados centros de positivação da norma, não vinculados apenas ao Poder Legislativo.

O segundo fundamento está na leitura dos demais incisos do art. 7º da CF, em conjunto, que nos revelam ser possível (a) majoração de jornada – inciso XIV, (b) compensação de jornada – inciso XIII e, sobretudo, (c) redução salarial – inciso VI, através de negociação coletiva. Diz essa corrente doutrinária que, se o constituinte autoriza aos sindicatos prover a redução salarial, que há de ser o exemplo mais dramático de negociação, por muito mais razão está a autorizar outras modalidades de flexibilização das normas. 'Quem pode o mais pode o menos', é a frase que vem à mente com a interpretação conjugada do inciso VI."

Dispõe o art. 611-A da CLT, incluído pela Lei nº 13.467/2017, *in verbis*:

Art. 611-A. A convenção coletiva e o acordo coletivo de trabalho têm prevalência sobre a lei quando, **entre outros**, dispuserem sobre:

I – pacto quanto à jornada de trabalho, observados os limites constitucionais;

II – banco de horas anual;

III – intervalo intrajornada, respeitado o limite mínimo de trinta minutos para jornadas superiores a seis horas;

IV – adesão ao Programa Seguro-Emprego (PSE), de que trata a Lei nº 13.189, de 19 de novembro de 2015;

V – plano de cargos, salários e funções compatíveis com a condição pessoal do empregado, bem como identificação dos cargos que se enquadram como funções de confiança;

---

[34] SILVA, Homero Batista Mateus da. *Comentários à reforma trabalhista*. São Paulo: Revista dos Tribunais, 2017, p. 113.

VI – regulamento empresarial;

VII – representante dos trabalhadores no local de trabalho;

VIII – teletrabalho, regime de sobreaviso, e trabalho intermitente;

IX – remuneração por produtividade, incluídas as gorjetas percebidas pelo empregado, e remuneração por desempenho individual;

X – modalidade de registro de jornada de trabalho;

XI – troca do dia de feriado;

XII – enquadramento do grau de insalubridade;

XIII – prorrogação de jornada em ambientes insalubres, sem licença prévia das autoridades competentes do Ministério do Trabalho;

XIV – prêmios de incentivo em bens ou serviços, eventualmente concedidos em programas de incentivo;

XV – participação nos lucros ou resultados da empresa.

§ 1º No exame da convenção coletiva ou do acordo coletivo de trabalho, a Justiça do Trabalho observará o disposto no § 3º do art. 8º desta Consolidação.

§ 2º A inexistência de expressa indicação de contrapartidas recíprocas em convenção coletiva ou acordo coletivo de trabalho não ensejará sua nulidade por não caracterizar um vício do negócio jurídico.

§ 3º Se for pactuada cláusula que reduza o salário ou a jornada, a convenção coletiva ou o acordo coletivo de trabalho deverão prever a proteção dos empregados contra dispensa imotivada durante o prazo de vigência do instrumento coletivo.

§ 4º Na hipótese de procedência de ação anulatória de cláusula de convenção coletiva ou de acordo coletivo de trabalho, quando houver a cláusula compensatória, esta deverá ser igualmente anulada, sem repetição do indébito.

§ 5º Os sindicatos subscritores de convenção coletiva ou de acordo coletivo de trabalho deverão participar, como litisconsortes necessários, em ação individual ou coletiva, que tenha como objeto a anulação de cláusulas desses instrumentos.

Desse modo, temas como jornada de trabalho (observados os limites constitucionais), tempo de intervalo, regras sobre o teletrabalho e o trabalho intermitente, e mesmo enquadramento do grau de insalubridade e prorrogação de jornada em ambientes insalubres, *entre outros*, podem ser objeto de flexibilização mediante negociação coletiva, hipótese em que a norma coletiva prevalece sobre a norma heterônoma (lei).

As hipóteses elencadas pelo art. 611-A foram estudadas ao longo de toda esta obra, sempre que abordados os assuntos correspondentes.

Há que se esclarecer, e isso é muito importante inclusive para provas de concursos, que **o rol do art. 611-A é meramente exemplificativo**, tendo em vista previsão expressa ("entre outros") no *caput* do dispositivo. Sendo assim, em tese é lícita a flexibilização de outros direitos trabalhistas mediante norma coletiva, ainda que a respeito de matérias não relacionadas nos incisos do art. 611-A, **desde que não se trate de direito indisponível do trabalhador ou de norma de ordem pública**.

Embora o legislador tenha consignado (também de forma expressa) que apenas as matérias relacionadas no art. 611-B da CLT seriam insuscetíveis de flexibilização mediante negociação coletiva, veremos adiante que não é bem assim, sendo certo que há outros direitos igualmente indisponíveis que não foram incluídos no rol do art. 611-B. Neste aspecto, permanecerá certa insegurança jurídica, a qual somente poderá ser dirimida pelo desenvolvimento jurisprudencial, ou ainda por correções legislativas futuras.

O § 1º do art. 611-A estabelece que, "no exame da convenção coletiva ou do acordo coletivo de trabalho, a Justiça do Trabalho observará o disposto no § 3º do art. 8º desta Consolidação" (também incluído pela Lei nº 13.467/2017), isto é, limitar-se-á a verificar os aspectos formais do negócio jurídico, balizando sua atuação pelo princípio da intervenção mínima na autonomia da vontade coletiva.

A discussão acerca da constitucionalidade do disposto no § 1º foi abordada no item 4.1.2 *infra*, para o qual remeto o leitor. De qualquer forma, reitero a recomendação no sentido de que, ao menos nos próximos anos, até que a jurisprudência (inclusive do STF) se desenvolva acerca deste tipo de alteração promovida pela *Reforma Trabalhista de 2017*, o candidato deve se preocupar mais com a literalidade dos dispositivos legais vigentes, e menos com as infindáveis controvérsias que os cercam.

Além de permitir expressamente a flexibilização de direitos trabalhistas em relação a diversas matérias, **a Lei nº 13.467/2017 dispensou, em regra, o estabelecimento de contrapartidas na negociação coletiva**, ou seja, permitiu, em princípio, a redução ou supressão de determinado direito sem qualquer contrapartida, sem qualquer compensação. A exceção ficou por conta da redução de salários *ou* da jornada, que fica condicionada à simples garantia de manutenção do emprego durante o prazo de vigência do instrumento coletivo de trabalho. Neste sentido, os §§ 2º e 3º do art. 611-A da CLT:

> § 2º A inexistência de expressa indicação de contrapartidas recíprocas em convenção coletiva ou acordo coletivo de trabalho não ensejará sua nulidade por não caracterizar um vício do negócio jurídico.
>
> § 3º Se for pactuada cláusula que reduza o salário ou a jornada, a convenção coletiva ou o acordo coletivo de trabalho deverão prever a proteção dos empregados contra dispensa imotivada durante o prazo de vigência do instrumento coletivo.

A lei admitiu, portanto, ao menos em tese, que seja reduzido o salário (o mais basilar de todos os direitos trabalhistas), mesmo sem a correspondente redução da jornada de trabalho, mediante a simples garantia de proteção contra a dispensa imotivada durante o prazo de duração da norma coletiva. Naturalmente a redução de jornada a que se refere o §3º é aquela acompanhada da redução de salário, pois a mera redução de jornada, sem redução salarial, sequer constitui flexibilização de direito trabalhista, e sim benefício ao trabalhador.

Embora se esperasse do Poder Judiciário atuação firme no sentido de não endossar a possibilidade de dispensa de contrapartida para flexibilização de direito trabalhista (o que caracteriza, a rigor, renúncia; ou de se limitar a contrapartida à mera garantia de emprego, em caso de redução de salário ou de jornada), em princípio o STF, ao fixar tese de repercussão geral no ARE 1.121.633, ratificou os termos estabelecidos pela Reforma Trabalhista de 2017:

> **Tema 1.046 de Repercussão Geral.** Tese: são constitucionais os acordos e as convenções coletivos que, ao considerarem a adequação setorial negociada, pactuam limitações ou afastamentos de direitos trabalhistas, **independentemente da explicitação especificada de vantagens compensatórias**, desde que respeitados os direitos absolutamente indisponíveis. (grifos meus)

O § 4º do art. 611-A merece leitura atenta:

> § 4º Na hipótese de procedência de ação anulatória de cláusula de convenção coletiva ou de acordo coletivo de trabalho, quando houver a cláusula compensatória, esta deverá ser igualmente anulada, sem repetição do indébito.

A hipótese fática de que trata este dispositivo é a seguinte: imagine-se que determinado instrumento coletivo de trabalho tenha previsto a supressão do adicional noturno, bem como estabelecido, como contrapartida, que os empregados deveriam receber anuênios de 1%, ou seja, gratificação de 1% do salário a cada ano de serviço na empresa. Supondo-se que depois de um ano de vigência de tal norma coletiva a cláusula que suprimiu o adicional noturno tenha sido anulada pela Justiça do Trabalho (por suprimir direito constitucionalmente assegurado e, como tal, infenso à negociação coletiva), o § 4º do art. 611-A quer dizer que a cláusula que previa o pagamento de anuênios, estabelecida como contrapartida à supressão do adicional noturno, também deverá ser anulada. A parte final, "sem repetição do indébito", quer dizer que os empregados não terão que devolver os valores recebidos de boa-fé a título de anuênios antes da anulação das cláusulas.

Naturalmente o dispositivo imporá ao juiz enorme dificuldade de aplicação prática, porquanto raramente é possível apontar que determinada cláusula foi estabelecida como compensação por outra, salvo se a norma coletiva expressamente o indicar.

O § 5º do art. 611-A, por sua vez, criou uma espécie de litisconsórcio necessário, estabelecendo que "os sindicatos subscritores de convenção coletiva ou de acordo coletivo de trabalho deverão participar, como litisconsortes necessários, em ação individual ou coletiva, que tenha como objeto a anulação de cláusulas desses instrumentos".

Também aqui as críticas ao dispositivo não vêm ao caso, até porque se trata de discussão pertinente à seara processual. De toda forma, não é incomum que aspectos processuais incluídos em artigos que tratem majoritariamente de direito material sejam cobrados em provas objetivas de Direito do Trabalho, então é recomendável que o leitor conheça também o texto do mencionado § 5º.

Considerando que, como mencionado anteriormente, as questões de concursos públicos devem se limitar à cobrança das hipóteses expressamente arroladas nos incisos do art. 611-A da CLT, sugiro que o leitor memorize tais hipóteses utilizando recursos próprios, como mapas mentais, quadros, recursos mnemônicos etc.

EXEMPLO DE RECURSO MNEMÔNICO PARA MEMORIZAR AS MATÉRIAS DO ART. 611-A[35]:

Jornada no banco tem intervalo intra, mínimo de trinta.
Um Programa tem que ter plano, regulamento, representante.
Teledramaturgia sobre o Inter. Produz pouco ponto, em vão nos faz trocar o feriado. Vale enquadrar e prorrogar a insanidade. Ao final, apenas prêmio de participação.

29.4.11.2. Objeto ilícito de convenção ou acordo coletivo de trabalho: o que não está sujeito à flexibilização

Seguindo a lógica do § 3º do art. 8º da CLT, segundo o qual "no exame de convenção coletiva ou acordo coletivo de trabalho, a Justiça do Trabalho analisará exclusivamente a

---

[35] Consoante os mais modernos estudos no âmbito da neurociência, aprendemos basicamente de duas formas: a) pela repetição, o que justifica o uso de revisões periódicas, por exemplo; b) por conseguirmos, de alguma maneira, certo envolvimento emocional com o conteúdo. Esta segunda possibilidade de fixação do conteúdo enseja o uso de mapas mentais e recursos mnemônicos em geral, especialmente em se tratando da memorização de listas, que costumam não ter lógica. Neste sentido, quanto mais absurda for a sentença (ou figura mental) utilizada como recurso mnemônico, melhores costumam ser os resultados. Experimente criar o seu próprio recurso!

conformidade dos elementos essenciais do negócio jurídico", a Lei nº 13.467/2017 estabeleceu, no art. 611-B da CLT, uma relação de direitos cuja supressão ou redução constitui objeto ilícito de instrumento coletivo de trabalho, ou seja, sujeita a cláusula da norma coletiva à invalidação pelo Poder Judiciário.

Neste sentido, o art. 611-B da CLT, *in verbis*:

Art. 611-B. Constituem objeto ilícito de convenção coletiva ou de acordo coletivo de trabalho, **exclusivamente**, a supressão ou a redução dos seguintes direitos:

I - normas de identificação profissional, inclusive as anotações na Carteira de Trabalho e Previdência Social;

II - seguro-desemprego, em caso de desemprego involuntário;

III - valor dos depósitos mensais e da indenização rescisória do Fundo de Garantia do Tempo de Serviço (FGTS);

IV - salário mínimo;

V - valor nominal do décimo terceiro salário;

VI - remuneração do trabalho noturno superior à do diurno;

VII - proteção do salário na forma da lei, constituindo crime sua retenção dolosa;

VIII - salário-família;

IX - repouso semanal remunerado;

X - remuneração do serviço extraordinário superior, no mínimo, em 50% (cinquenta por cento) à do normal;

XI - número de dias de férias devidas ao empregado;

XII - gozo de férias anuais remuneradas com, pelo menos, um terço a mais do que o salário normal;

XIII - licença-maternidade com a duração mínima de cento e vinte dias;

XIV - licença-paternidade nos termos fixados em lei;

XV - proteção do mercado de trabalho da mulher, mediante incentivos específicos, nos termos da lei;

XVI - aviso prévio proporcional ao tempo de serviço, sendo no mínimo de trinta dias, nos termos da lei;

XVII - normas de saúde, higiene e segurança do trabalho previstas em lei ou em normas regulamentadoras do Ministério do Trabalho;

XVIII - adicional de remuneração para as atividades penosas, insalubres ou perigosas;

XIX - aposentadoria;

XX - seguro contra acidentes de trabalho, a cargo do empregador;

XXI - ação, quanto aos créditos resultantes das relações de trabalho, com prazo prescricional de cinco anos para os trabalhadores urbanos e rurais, até o limite de dois anos após a extinção do contrato de trabalho;

XXII - proibição de qualquer discriminação no tocante a salário e critérios de admissão do trabalhador com deficiência;

XXIII - proibição de trabalho noturno, perigoso ou insalubre a menores de dezoito anos e de qualquer trabalho a menores de dezesseis anos, salvo na condição de aprendiz, a partir de quatorze anos;

XXIV - medidas de proteção legal de crianças e adolescentes;

XXV - igualdade de direitos entre o trabalhador com vínculo empregatício permanente e o trabalhador avulso;

XXVI - liberdade de associação profissional ou sindical do trabalhador, inclusive o direito de não sofrer, sem sua expressa e prévia anuência, qualquer cobrança ou desconto salarial estabelecidos em convenção coletiva ou acordo coletivo de trabalho;

XXVII - direito de greve, competindo aos trabalhadores decidir sobre a oportunidade de exercê-lo e sobre os interesses que devam por meio dele defender;

XXVIII - definição legal sobre os serviços ou atividades essenciais e disposições legais sobre o atendimento das necessidades inadiáveis da comunidade em caso de greve;

XXIX - tributos e outros créditos de terceiros;

XXX - as disposições previstas nos arts. 373-A, 390, 392, 392-A, 394, 394-A, 395, 396 e 400 desta Consolidação.

Parágrafo único. Regras sobre duração do trabalho e intervalos não são consideradas como normas de saúde, higiene e segurança do trabalho para os fins do disposto neste artigo.

Tal dispositivo relaciona, basicamente, os direitos trabalhistas constitucionalmente assegurados, bem como outros direitos de ordem pública, como, por exemplo, a anotação do contrato de trabalho em CTPS (que tem reflexos previdenciários importantes), medidas de proteção legal a crianças e adolescentes e à mulher, tributos etc.

Não obstante o *caput* do art. 611-B contenha previsão expressa no sentido de que *exclusivamente* os direitos elencados em seus incisos seriam insuscetíveis de flexibilização mediante negociação coletiva, não resta dúvida de que outros direitos, embora não relacionados neste artigo, também não podem ser objeto de flexibilização, porquanto são assegurados por normas de ordem pública.

A título de exemplo, mencione-se a garantia de emprego conferida à empregada gestante e ao cipeiro pelo art. 10 do ADCT da CRFB/88. Sem dúvida tais direitos não podem ser objeto de flexibilização mediante norma coletiva, visto que expressamente previstos na Constituição, embora não tenham sido relacionados no art. 611-B da CLT.

Por fim, anote-se que o parágrafo único do art. 611-B tem por escopo tentar afastar eventuais questionamentos relativos à licitude da flexibilização autorizada em matéria de duração do trabalho. Isso porque tanto a doutrina quanto a jurisprudência amplamente majoritária vêm considerando as normas que limitam a duração do trabalho (jornada e descansos) como normas protetivas da saúde e da segurança do trabalhador e, como tais, insuscetíveis de flexibilização mediante negociação coletiva.

Na tentativa direta de inibir tal entendimento, o legislador estabeleceu que "regras sobre duração do trabalho e intervalos não são consideradas como normas de saúde, higiene e segurança do trabalho" para os fins do disposto no art. 611-B da CLT, ou seja, não estariam tais regras protegidas pela vedação à flexibilização.

DIREITO COLETIVO DO TRABALHO

Direito do Trabalho = Direito Individual do Trabalho + Direito Coletivo do Trabalho

Princípios do Direito Coletivo do Trabalho:
- Princípio da liberdade associativa e sindical;
- Princípio da autonomia sindical;
- Princípio da interveniência sindical na normatização coletiva;
- Princípio da equivalência dos contratantes coletivos;
- Princípio da lealdade e transparência nas negociações coletivas;

DIREITO COLETIVO DO TRABALHO

- Princípio da criatividade jurídica da negociação coletiva;
- Princípio da intervenção mínima na autonomia da vontade coletiva
- Princípio da prevalência relativa do negociado sobre o legislado

Conceito de sindicato:

- É associação permanente que representa trabalhadores ou empregadores e visa à defesa dos respectivos interesses coletivos.

Natureza jurídica do sindicato:

- Pessoa jurídica de direito privado.

Sistemas sindicais:

- **Unicidade sindical:** admite -se a existência de um único sindicato para um dado grupo de trabalhadores em dada base territorial (o nosso sistema é este).
- **Pluralidade sindical:** a lei faculta a criação de vários sindicatos representativos do mesmo grupo de trabalhadores em uma mesma base territorial. Há efetiva liberdade sindical, conforme preconizado pela Convenção nº 87 da OIT.
- **Unidade sindical:** não é um sistema, e sim uma decorrência possível da adoção do sistema da pluralidade sindical. Ocorre sempre que várias entidades sindicais se agrupem, formando uma única entidade, mais forte. A unidade decorre da vontade dos atores sociais envolvidos, ao contrário da unicidade, que é imposta por lei.

Registro do sindicato junto ao Ministério do Trabalho e Emprego:

- **É obrigatório**, nos termos do art. 8º, I, da CRFB/88, para fins de controle da unicidade sindical. O registro é imprescindível também no entendimento pacífico da jurisprudência, tanto do STF quanto do TST.
- Assim, o sindicato somente adquire personalidade jurídica (ou, para alguns, sindical) a partir do registro no Ministério do Trabalho e Emprego.

Sindicato por categorias:

- Os trabalhadores se agrupam, no Brasil, por categorias, consoante dispõe a CLT.
- **Categoria profissional** é a reunião de trabalhadores cujas condições de vida e de trabalho são semelhantes, por trabalharem em uma mesma atividade econômica ou, ainda, em atividades econômicas similares ou conexas.
- *Atividades similares* são aquelas compreendidas em um mesmo ramo de atividades econômicas, como, por exemplo, hotéis, bares e restaurantes.
- *Atividades conexas*, por sua vez, são aquelas que, embora diferentes, se complementam. Exemplo clássico é encontrado na construção civil, que agrega várias atividades complementares entre si.
- **Categoria econômica** é a reunião de empregadores que desenvolvem atividades idênticas, similares ou conexas. A categoria profissional é determinada pela atividade desenvolvida pelo empregador. Caso sejam desenvolvidas várias atividades distintas, considerar-se-á a *atividade preponderante*, que então dará origem à categoria profissional.
- **Categoria diferenciada** é a agregação de trabalhadores regidos por estatuto próprio ou por condições de vida singulares, representando exceção ao enquadramento pela atividade (preponderante) do empregador.
- Somente será aplicável a norma coletiva específica da categoria diferenciada se houve, na negociação, participação do sindicato patronal que representa o empregador.

Base territorial mínima do sindicato:

- A base territorial mínima para criação de sindicato da mesma categoria é a área de um município.

DIREITO COLETIVO DO TRABALHO

Atribuições do sindicato:

- Representação dos trabalhadores (âmbito administrativo e judicial);
- Negociação coletiva;
- Assistência aos integrantes da categoria:
  - Assistência jurídica e judiciária;
  - Assistência à rescisão contratual (homologação);
  - Manutenção de serviços, convênios e outros benefícios aos trabalhadores.

Sistema de custeio da atividade sindical:

- **Contribuição sindical** facultativa (antigo imposto sindical, agora facultativo): devida por todos os trabalhadores *que autorizarem expressamente o desconto*, independentemente de filiação sindical, à razão de um dia de trabalho por ano.
- **Contribuição confederativa:** prevista pela CRFB/88, visa financiar o sistema confederativo. É devida apenas pelos empregados sindicalizados.
- **Contribuição assistencial:** definida em AGE do sindicato, visa o custeio das atividades assistenciais do sindicato. É devida apenas pelos empregados sindicalizados, porém o STF deve alterar o entendimento a respeito em breve (ver ARE 1.018.459; Tema 935).
- **Mensalidade sindical:** devida somente pelos associados, assemelha-se à mensalidade de qualquer associação, como a de um clube, por exemplo. Destina-se ao custeio da associação.

Estrutura sindical:

- **Sindicato:** constitui a base da estrutura sindical, consistindo na entidade próxima aos trabalhadores. Detém a prioridade nas negociações coletivas.
- **Federação:** formada por pelo menos 5 (cinco) sindicatos da mesma categoria profissional, diferenciada ou econômica, atua em âmbito estadual.
- **Confederação:** constitui a cúpula do sistema sindical, formada por, no mínimo, três federações de uma mesma categoria. As confederações atuam em âmbito nacional e têm sede em Brasília.
- Em princípio, as federações e confederações têm apenas atribuições ligadas à coordenação dos movimentos sindicais, mas, subsidiariamente, podem assumir a negociação coletiva.
- Na falta de sindicato, a negociação coletiva passa à Federação. Na falta desta, passa à Confederação.
- As **centrais sindicais**, embora formalmente reconhecidas pela Lei nº 11.648/2008, não integram a estrutura sindical, por lhe faltar atribuição de negociação coletiva *stricto sensu*. Com efeito, cabe às centrais sindicais apenas coordenar a representação dos trabalhadores por meio das organizações sindicais a ela filiadas e participar de negociações em fóruns, colegiados de órgãos públicos e demais espaços de diálogo social que possuam composição tripartite, nos quais estejam em discussão assuntos de interesse geral dos trabalhadores.

Estrutura interna do sindicato:

- Em princípio, o sindicato tem ampla liberdade de auto-organização e autogestão.
- Alguns dispositivos celetistas, entretanto, que aparentemente entram em conflito com tal liberdade, têm sido considerados pelos tribunais como recepcionados pela CRFB/88.
- Segundo a CLT, o sindicato é composto por três órgãos administrativos, a saber:
  - *Diretoria*, composta por 3 a 7 membros, com a função de administrar o sindicato;
  - Conselho *Fiscal*, composto por 3 membros, com a função de fiscalizar a gestão financeira do sindicato;
  - *Assembleia Geral*, composta por todos os associados, constituindo órgão máximo de deliberação do sindicato, com atribuições várias, inclusive eleição da Diretoria e do Conselho Fiscal.
- O *delegado sindical* é o trabalhador designado pelo sindicato para atuar em seção ou delegacia sindical, normalmente em grandes empresas, servindo como elo entre a entidade sindical e os trabalhadores. Como não é eleito, não lhe é assegurada a garantia de emprego.

DIREITO COLETIVO DO TRABALHO

Garantias contra práticas antissindicais:

• Garantia provisória de emprego assegurada aos dirigentes sindicais;

• Intransferibilidade do dirigente sindical.

Negociação coletiva:

• É o método de solução de conflitos trabalhistas pela participação dos próprios agentes interessados.

• Da negociação coletiva decorrerá um de dois resultados possíveis: a) se bem sucedida, firma-se instrumento coletivo de trabalho (ACT ou CCT); b) se frustrada, resta o ajuizamento de dissídio coletivo perante a Justiça do Trabalho.

Convenção coletiva de trabalho *vs.* acordo coletivo de trabalho:

• Convenção coletiva de trabalho é o resultado da negociação entre o sindicato patronal e o sindicato dos trabalhadores.

• Acordo coletivo de trabalho é o resultado da negociação entre um ou mais empregadores e o sindicato dos trabalhadores.

• Os instrumentos coletivos de trabalho (ACT e CCT) são fontes formais autônomas do Direito do Trabalho.

• O instrumento coletivo contempla tanto regras jurídicas quanto cláusulas contratuais.

• As regras jurídicas são, no caso, todas aquelas capazes de gerar direitos e obrigações além do contrato de trabalho, na respectiva base territorial.

• Cláusulas contratuais são aquelas que criam direitos e obrigações para as partes convenentes, e não para os trabalhadores.

• Os instrumentos coletivos de trabalho são solenes, exigindo a forma escrita.

• Rito para a celebração de instrumento coletivo de trabalho:

  – Deliberação da assembleia geral especialmente convocada para este fim;

  – *Quorum* de 2/3 dos associados (para CCT) e dos interessados (para ACT) em primeira convocação;

  – *Quorum* de 1/3 dos associados (para CCT) e dos interessados (para ACT) em segunda convocação;

  – *Quorum* de 1/8 dos associados em segunda convocação se o sindicato tem mais de 5 mil associados;

  – O instrumento coletivo deve ser depositado junto ao órgão competente no prazo de 8 dias, contados da assinatura, bem como deverá ser dada ampla publicidade, através da afixação do seu conteúdo nas sedes das entidades sindicais e nos estabelecimentos abrangidos pela norma coletiva.

• Vigência do instrumento coletivo: três dias após o depósito administrativo junto ao órgão competente.

Validade do instrumento coletivo e duração de seus efeitos:

• O prazo máximo de validade da norma coletiva é de dois anos, vedada a ultratividade.

• As cláusulas de normas coletivas aderem aos contratos de trabalho durante o prazo de validade da norma. O STF considera inconstitucional a ultratividade de normas coletivas.

• A jurisprudência não admite que norma coletiva produza efeitos retroativos.

Prorrogação, revisão, denúncia, revogação e extensão da norma coletiva:

• **Prorrogação** é o processo pelo qual se estende o prazo de vigência do instrumento coletivo, mantendo--se as mesmas cláusulas. A prorrogação é válida se o prazo total (incluída, portanto, a prorrogação) não ultrapassar dois anos.

• **Revisão** é a alteração das cláusulas da norma coletiva durante sua vigência. Pode ser total ou parcial.

• **Denúncia** é a comunicação de uma parte à outra no sentido de que não mais pretende cumprir a norma coletiva negociada, e surtirá efeito apenas se a outra parte com ela concordar.

• **Revogação** é o desfazimento, seja ele total ou parcial, da norma coletiva, por mútuo acordo das partes.

DIREITO COLETIVO DO TRABALHO

- Em todos os casos (prorrogação, revisão, denúncia e revogação), o rito a ser seguido é o mesmo previsto para a aprovação de um instrumento coletivo, isto é, autorização prévia da assembleia, registro e arquivamento na junto ao órgão competente (Sistema Mediador) e efeitos em três dias, contados do referido registro.

- **Extensão** do instrumento coletivo seria o aproveitamento de suas cláusulas para outra base, diferente daquela representada. Por ausência de previsão legal, o instrumento copiado é considerado norma coletiva nova, sujeitando-se ao rito imposto pela CLT.

Efeitos do ACT e da CCT:

- As regras jurídicas veiculadas pelo instrumento coletivo produzem efeitos *erga omnes* em relação à categoria profissional. Atinge inclusive os não sindicalizados.

- As cláusulas contratuais surtem efeitos *inter partes*, notadamente entre as partes convenentes.

- As normas coletivas aplicáveis às categorias diferenciadas somente obrigarão o empregador se ele se fez representar quando da origem do instrumento coletivo.

Hierarquia entre ACT e CCT:

- Prevalece sempre o acordo coletivo de trabalho.

Limites à negociação coletiva:

- A norma coletiva poderá (quase) sempre ampliar os direitos assegurados por norma heterônoma (lei).

- A norma coletiva poderá flexibilizar direitos, com prevalência sobre a lei, salvo em relação aos direitos que constituem o patamar civilizatório mínimo, como os que dizem respeito à saúde e segurança do trabalhador, os direitos dos trabalhadores arrolados na Constituição (salvo as exceções expressas), normas de ordem pública (como as relativas à identificação profissional) etc.

- Tese do STF (ARE 1.121.633; Tema 1.046): são constitucionais os acordos e as convenções coletivos que, ao considerarem a adequação setorial negociada, pactuam limitações ou afastamentos de direitos trabalhistas, independentemente da explicitação especificada de vantagens compensatórias, desde que respeitados os direitos absolutamente indisponíveis.

29.5. DEIXADINHAS

1. O Direito Coletivo do Trabalho constitui ramo do Direito do Trabalho, assim como o Direito Individual do Trabalho.

2. O Direito Coletivo do Trabalho possui princípios próprios, sendo que a grande distinção em relação ao Direito Individual do Trabalho é que, neste, o trabalhador é hipossuficiente, enquanto naquele há certa equivalência entre os contratantes. Daí a importância do sindicato.

3. Pelo princípio da liberdade associativa e sindical, o trabalhador pode se associar e, especificamente, se associar em sindicato. Também tem a liberdade de escolher entre permanecer associado ou não.

4. Neste sentido, ninguém será obrigado a filiar-se ou a manter-se filiado a sindicato.

5. São ilícitas quaisquer práticas antissindicais, assim consideradas aquelas que importem na discriminação dos trabalhadores sindicalizados e/ou que ocupem cargos de direção nas entidades sindicais.

6. O princípio da autonomia sindical garante a autonomia administrativa dos sindicatos, livrando-os da ingerência do Estado e mesmo das próprias empresas.

7. A lei não poderá exigir autorização do Estado para a fundação de sindicato, ressalvado o registro no órgão competente, vedadas ao Poder Público a interferência e a intervenção na organização sindical.

8. São incompatíveis com a ideia de liberdade e autonomia sindicais: a) o sistema da unicidade sindical (imposição legal de um único sindicato em dada base territorial); b) o sistema do financiamento compulsório dos sindicatos; c) o poder normativo da Justiça do Trabalho.

9. Pelo princípio da interveniência sindical na normatização coletiva somente é válida a negociação coletiva se dela tiver tomado parte o sindicato dos trabalhadores.

10. O princípio da equivalência dos contratantes coletivos informa que, ao contrário do que ocorre no Direito Individual do Trabalho, no direito coletivo há relativa paridade de armas entre os entes coletivos.

11. São equivalentes porque ambos são seres coletivos (a empresa é, por natureza, um ser coletivo), e também o são porque contam com ferramentas eficazes de pressão nas negociações engendradas (direito de greve, por exemplo).

12. Pelo princípio da lealdade e transparência nas negociações coletivas, os entes coletivos devem se abster de praticar atos desleais ou obscuros.

13. O princípio da criatividade jurídica da negociação coletiva informa que da negociação coletiva decorre a criação de autênticas normas jurídicas, assim considerados os comandos impessoais, gerais e abstratos.

14. O princípio da intervenção mínima na autonomia da vontade coletiva pressupõe que os sujeitos das negociações coletivas devem ter ampla capacidade para negociação, respeitado apenas o núcleo essencial dos direitos trabalhistas, formado pelos direitos constitucionais dos trabalhadores, pelas normas de saúde e segurança do trabalho e por outras normas de ordem pública.

15. Pelo princípio da prevalência do negociado sobre o legislado, por sua vez, é reconhecida a possibilidade ampla de negociação coletiva de parcelas de indisponibilidade apenas relativa, sendo que a norma coletiva, no caso, tem prevalência sobre a norma heterônoma (lei).

16. Seriam parcelas de indisponibilidade relativa aquelas assim consideradas expressamente por lei (v.g., art. 7º, VI, XIII e XIV da CRFB; art. 611-A da CLT), bem como as que assim se qualificam por sua própria natureza, não constituindo o núcleo essencial dos direitos trabalhistas (v.g., modalidades de pagamento salarial).

17. Sindicato é a associação permanente que representa trabalhadores ou empregadores e visa à defesa dos respectivos interesses coletivos.

18. É lícita a associação para fins de estudo, defesa e coordenação dos seus interesses econômicos ou profissionais de todos os que, como empregadores, empregados, agentes ou trabalhadores autônomos ou profissionais liberais exerçam, respectivamente, a mesma atividade ou profissão ou atividades ou profissões similares ou conexas.

19. Não só empregados e empregadores podem se associar a sindicato, mas também trabalhadores autônomos e profissionais liberais, desde que exerçam atividades ou profissões idênticas, similares ou conexas.

20. Atividades similares são aquelas que se assemelham, como as que numa categoria pudessem ser agrupadas por empresas que não são do mesmo ramo, mas de ramos que se parecem, como hotéis e restaurantes.

21. Conexas são as atividades que, não sendo semelhantes, complementam-se, como as várias atividades existentes na construção civil, por exemplo: alvenaria, hidráulica, esquadrias, pastilhas, pintura, parte elétrica etc.

22. A natureza jurídica do sindicato é de pessoa jurídica de direito privado.

23. Unicidade sindical é o sistema pelo qual a lei impõe a existência de um único sindicato para um determinado grupo de trabalhadores.

24. Pluralidade sindical, por sua vez, corresponde ao modelo de liberdade sindical preconizado pela OIT (Convenção nº 87), sendo que neste sistema há ampla liberdade para criação de mais de um sindicato representativo do mesmo grupo de trabalhadores, de forma que o agrupamento de trabalhadores se dê da maneira mais livre e democrática possível.

25. Da pluralidade sindical pode decorrer a unidade sindical, que não se confunde com a unicidade. A unidade sindical significa a unificação de vários sindicatos em um só, ocorrida de forma espontânea, através do amadurecimento da sindicalização de um grupo.

26. Entende o STF que o registro no Ministério do Trabalho e Emprego não só é cabível, como também indispensável para fins de fiscalização do sistema da unicidade sindical.

27. O sindicato somente adquire personalidade jurídica após o registro do estatuto no Ministério do Trabalho e Emprego, mesmo que já tenha sido feito o registro no Cartório de Registro das Pessoas Jurídicas.

28. A comprovação da legitimidade *ad processum* da entidade sindical se faz por seu registro no órgão competente, mesmo após a promulgação da Constituição Federal de 1988.

29. O critério de agregação de trabalhadores adotado como regra pela nossa ordem jurídica é o do sindicato por categoria profissional, também chamado de sindicato vertical.

30. A similitude de condições de vida oriunda da profissão ou trabalho em comum, em situação de emprego na mesma atividade econômica ou em atividades econômicas similares ou conexas, compõe a expressão social elementar compreendida como categoria profissional.

31. O que caracteriza uma categoria profissional para os fins de associação em sindicato é a condição semelhante dos trabalhadores em face da atividade desenvolvida pelo empregador.

32. Se há várias atividades desenvolvidas simultaneamente, resolve-se a questão pela apuração da atividade preponderante, assim considerada aquela principal no empreendimento.

33. Categoria econômica é a reunião de empregadores que exercem atividades idênticas, similares ou conexas, que formarão um sindicato patronal.

34. A solidariedade de interesses econômicos dos que empreendem atividades idênticas, similares ou conexas, constitui o vínculo social básico que se denomina categoria econômica.

35. Categoria profissional diferenciada é a que se forma dos empregados que exerçam profissões ou funções diferenciadas por força de estatuto profissional especial ou em consequência de condições de vida singulares.

36. É por lei e não por decisão judicial que as categorias diferenciadas são reconhecidas como tais. De outra parte, no que tange aos profissionais da informática, o trabalho que desempenham sofre alterações, de acordo com a atividade econômica exercida pelo empregador.

37. Empregado integrante de categoria profissional diferenciada não tem o direito de haver de seu empregador vantagens previstas em instrumento coletivo no qual a empresa não foi representada por órgão de classe de sua categoria.

38. É vedada a criação de mais de uma organização sindical, em qualquer grau, representativa de categoria profissional ou econômica, na mesma base territorial, que será definida pelos trabalhadores ou empregadores interessados, não podendo ser inferior à área de um Município.

39. Ao sindicato cabe a defesa dos direitos e interesses coletivos ou individuais da categoria, inclusive em questões judiciais ou administrativas.

40. Cabe ao sindicato tomar parte nas negociações coletivas de trabalho e, notadamente, firmar acordo coletivo de trabalho ou convenção coletiva de trabalho.

41. Convenção coletiva de trabalho é o acordo de caráter normativo, pelo qual dois ou mais Sindicatos representativos de categorias econômicas e profissionais estipulam condições de trabalho aplicáveis, no âmbito das respectivas representações, às relações individuais de trabalho.

42. É facultado aos Sindicatos representativos de categorias profissionais celebrar acordos coletivos com uma ou mais empresas da correspondente categoria econômica, que estipulem condições de trabalho, aplicáveis no âmbito da empresa ou das acordantes respectivas relações de trabalho.

43. Incumbe ao sindicato prestar assistência jurídica e judiciária aos trabalhadores, bem como manter serviços, convênios e outros benefícios em favor dos associados.

44. A contribuição sindical (antigo imposto sindical) passou a ser facultativa, sendo devida apenas pelos trabalhadores, profissionais liberais e empregadores que, sindicalizados ou não, expressamente autorizem o desconto. É devida anualmente, à razão de um dia de serviço.

45. A contribuição confederativa foi criada pela CRFB/88, nos seguintes termos: a assembleia geral fixará a contribuição que, em se tratando de categoria profissional, será descontada em folha, para custeio do sistema confederativo da representação sindical respectiva, independentemente da contribuição prevista em lei.

46. A contribuição confederativa é devida somente pelos empregados sindicalizados, conforme entendimento do STF e do TST. (Cuidado, entretanto, com os desdobramentos do julgamento do Tema 935 da Repercussão Geral do STF, conforme visto no item 29.3.8, "b".

47. A contribuição assistencial é definida em AGE do sindicato e visa o custeio das atividades assistenciais do sindicato, sendo devida apenas pelos empregados sindicalizados.

48. As cláusulas coletivas que estabeleçam contribuição em favor de entidade sindical, a qualquer título, obrigando trabalhadores não sindicalizados, são ofensivas ao direito de livre associação e sindicalização, constitucionalmente assegurado, e, portanto, nulas, sendo passíveis de devolução, por via própria, os respectivos valores eventualmente descontados.

49. A mensalidade devida pelos associados é a quantia paga pelos associados ao sindicato a título de mensalidade, para custeio da associação. Deve ser prevista no estatuto do sindicato, podendo, inclusive, seu valor ser fixado pelo estatuto.

50. A estrutura sindical brasileira é formada por sindicato, federação e confederação. As centrais sindicais, embora formalmente reconhecidas, não integram a estrutura sindical.

51. O sindicato é a entidade que detém a prioridade da negociação coletiva, e pode se auto-organizar, independentemente de qualquer ingerência estatal, observada apenas a regra da unicidade e a limitação territorial mínima (o sindicato não pode ter base territorial menor que um município).

52. Atualmente, as associações profissionais porventura existentes são meras associações civis, sem qualquer prerrogativa de entidade sindical.

53. É facultado aos sindicatos, quando em número não inferior a 5 (cinco), desde que representem a maioria absoluta de um grupo de atividades ou profissões idênticas, similares ou conexas, organizarem-se em federação.

54. A federação atua no âmbito estadual.

55. A confederação constitui a cúpula do sistema sindical, formada por, no mínimo, três federações de uma mesma categoria. As confederações atuam em âmbito nacional e têm sede em Brasília.

56. Normalmente, estes órgãos de cúpula do sistema sindical (federações e confederações) têm apenas a função de coordenação das atividades dos sindicatos a elas filiados.

57. Subsidiariamente, entretanto, podem assumir a negociação coletiva, em caso de inexistência de sindicato (categoria inorganizada em sindicato).

58. As federações e, na falta desta, as confederações representativas de categorias econômicas ou profissionais poderão celebrar convenções coletivas de trabalho para reger as relações das categorias a elas vinculadas, inorganizadas em sindicatos, no âmbito de suas representações.

59. Também o ajuizamento de dissídio coletivo pode ser atribuído, subsidiariamente, à federação e à confederação, respectivamente.

60. Os empregados de uma ou mais empresas que decidirem celebrar acordo coletivo de trabalho com as respectivas empresas darão ciência de sua resolução, por escrito, ao sindicato representativo da categoria profissional, que terá o prazo de oito dias para assumir a direção dos entendimentos entre os interessados, devendo igual procedimento ser observado pelas empresas interessadas com relação ao sindicato da respectiva categoria econômica.

61. Expirado o prazo de oito dias sem que o sindicato tenha se desincumbido do encargo recebido, poderão os interessados dar conhecimento do fato à federação a que estiver vinculado o sindicato e, em falta dessa, à correspondente confederação, para que, no mesmo prazo, assuma a direção dos entendimentos. Esgotado esse prazo, poderão os interessados prosseguir diretamente na negociação coletiva até final.

62. A central sindical, entidade de representação geral dos trabalhadores, constituída em âmbito nacional, tem atribuição de coordenar a representação dos trabalhadores por meio das organizações sindicais a ela filiadas e de participar de negociações em fóruns, colegiados de órgãos públicos e demais espaços de diálogo social que possuam composição tripartite, nos quais estejam em discussão assuntos de interesse geral dos trabalhadores.

63. A administração do sindicato será exercida por uma diretoria constituída no máximo de sete e no mínimo de três membros e de um conselho fiscal composto de três membros, eleitos esses órgãos pela Assembleia Geral.

64. A competência do Conselho Fiscal é limitada à fiscalização da gestão financeira do sindicato.

65. O delegado sindical não é beneficiário da estabilidade provisória prevista no art. 8º, VIII, da CF/1988, a qual é dirigida, exclusivamente, àqueles que exerçam ou ocupem cargos de direção nos sindicatos, submetidos a processo eletivo.

66. O art. 522 da CLT, que limita a sete o número de dirigentes sindicais, foi recepcionado pela Constituição Federal de 1988. A garantia de emprego conferida aos dirigentes sindicais alcança até sete titulares, e o mesmo número de suplentes.

67. Práticas ou condutas antissindicais são todas aquelas que restrinjam o regular exercício das atividades sindicais, inibindo a livre atuação dos dirigentes sindicais em defesa de sua categoria.

68. A lei estabelece garantias ao dirigente sindical, visando coibir a prática de atos antissindicais. Destacam-se a garantia provisória de emprego e a regra da inamovibilidade, segundo a qual o dirigente sindical não pode ser transferido.

69. O empregado perderá o mandato se a transferência for por ele solicitada ou voluntariamente aceita.

70. A negociação coletiva é, sem dúvida, o principal método de solução de conflitos e pacificação social disponível no âmbito do Direito do Trabalho, notadamente porque encerra a participação direta dos indivíduos interessados no conflito (autocomposição).

71. As normas coletivas, na vigência da Constituição de 1988, são as convenções coletivas de trabalho e os acordos coletivos de trabalho.

72. Acordo coletivo de trabalho = empresa(s) + sindicato dos trabalhadores.

73. Convenção coletiva de trabalho = sindicato da categoria econômica (patronal) + sindicato da categoria profissional (trabalhadores).

74. As convenções coletivas de trabalho e os acordos coletivos de trabalho têm a natureza de contratos criadores de normas jurídicas, razão pela qual constituem fontes formais autônomas do Direito do Trabalho.

75. As federações e, na falta desta, as confederações representativas de categorias econômicas ou profissionais poderão celebrar convenções coletivas de trabalho para reger as relações das categorias a elas vinculadas, inorganizadas em sindicatos, no âmbito de suas representações.

76. Em face de pessoa jurídica de direito público que mantenha empregados, cabe dissídio coletivo exclusivamente para apreciação de cláusulas de natureza social.

77. O ACT ou a CCT contém tanto regras jurídicas quanto cláusulas contratuais.

78. As regras jurídicas são, no caso, todas aquelas capazes de gerar direitos e obrigações além do contrato de trabalho, na respectiva base territorial.

79. Por sua vez, cláusulas contratuais são aquelas que criam direitos e obrigações para as partes convenentes, e não para os trabalhadores.

80. O descumprimento de qualquer cláusula constante de instrumentos normativos diversos não submete o empregado a ajuizar várias ações, pleiteando em cada uma o pagamento da multa referente ao descumprimento de obrigações previstas nas cláusulas respectivas.

81. É aplicável multa prevista em instrumento normativo (sentença normativa, convenção ou acordo coletivo) em caso de descumprimento de obrigação prevista em lei, mesmo que a norma coletiva seja mera repetição de texto legal.

82. As convenções e os acordos serão celebrados por escrito, sem emendas nem rasuras, em tantas vias quantos forem os Sindicatos convenentes ou as empresas acordantes, além de uma destinada a registro.

83. Os sindicatos só poderão celebrar convenções ou acordos coletivos de trabalho, por deliberação de assembleia geral especialmente convocada para esse fim, consoante o disposto nos respectivos estatutos, dependendo a validade da mesma do comparecimento e votação, em primeira convocação, de 2/3 dos associados da entidade, se se tratar de convenção, e dos interessados, no caso de acordo, e, em segunda, de 1/3 dos mesmos.

84. O quórum de comparecimento e votação será de 1/8 dos associados em segunda convocação, nas entidades sindicais que tenham mais de 5.000 associados.

85. Os sindicatos convenentes ou as empresas acordantes promoverão, conjunta ou separadamente, dentro de oito dias da assinatura da convenção ou acordo, o depósito de uma via do mesmo, para fins de registro e arquivo, junto ao Ministério do Trabalho e Emprego.

86. As convenções e os acordos entrarão em vigor três dias após a data da entrega junto ao órgão competente.

87. Cópias autênticas das convenções e dos acordos deverão ser afixados de modo visível, pelos sindicatos convenentes, nas respectivas sedes e nos estabelecimentos das empresas compreendidas no seu campo de aplicação, dentro de cinco dias da data do depósito no Ministério do Trabalho e Emprego.

88. Não será permitido estipular duração de convenção ou acordo superior a dois anos, vedada a ultratividade.

89. As cláusulas normativas dos acordos coletivos ou convenções coletivas integram os contratos individuais de trabalho enquanto é válido o instrumento coletivo de trabalho.

90. O processo de prorrogação, revisão, denúncia ou revogação total ou parcial de CCT ou ACT ficará subordinado, em qualquer caso, à aprovação de assembleia geral dos Sindicatos convenentes ou partes acordantes, com observância do quórum exigido para celebração do instrumento coletivo.

91. O instrumento de prorrogação, revisão, denúncia ou revogação de CCT ou ACT será depositado, para fins de registro e arquivamento, na repartição em que tenha sido originariamente depositado, observadas as exigências legais.

92. As modificações introduzidas em convenção ou acordo, por força de revisão ou de revogação parcial de suas cláusulas passarão a vigorar 3 (três) dias após a realização de depósito junto ao órgão competente.

93. Prorrogação é o processo pelo qual se estende o prazo de vigência do instrumento coletivo, mantendo-se as mesmas cláusulas.

94. É de dois anos o prazo máximo de vigência dos acordos e das convenções coletivas. Assim sendo, é inválida, naquilo que ultrapassa o prazo total de dois anos, a cláusula de termo aditivo que prorroga a vigência do instrumento coletivo originário por prazo indeterminado.

95. Revisão é a alteração das cláusulas da norma coletiva durante sua vigência. Pode ser total ou parcial. Como se trata de negociação coletiva, admite-se inclusive a revisão que acarrete prejuízo ao trabalhador.

96. Denúncia é a comunicação de uma parte à outra no sentido de que não mais pretende cumprir a norma coletiva negociada, e surtirá efeito apenas se a outra parte com ela concordar.

97. Revogação é o desfazimento, seja ele total ou parcial, da norma coletiva, por mútuo acordo das partes.

98. Extensão do instrumento coletivo seria o aproveitamento de suas cláusulas para outra base, diferente daquela representada. Por ausência de previsão legal, o instrumento copiado é considerado norma coletiva nova, sujeitando-se ao rito imposto pela CLT.

99. As regras jurídicas decorrentes da norma coletiva têm efeitos *erga omnes*, observada, por óbvio, a base territorial e a categoria abrangidas pelo instrumento negocial.

100. As cláusulas contratuais inseridas no instrumento coletivo surtem efeitos inter partes, notadamente entre as partes convenentes.

101. Empregado integrante de categoria profissional diferenciada não tem o direito de haver de seu empregador vantagens previstas em instrumento coletivo no qual a empresa não foi representada por órgão de classe de sua categoria.

102. As condições estabelecidas em acordo coletivo de trabalho sempre prevalecerão sobre as estipuladas em convenção coletiva de trabalho.

103. A negociação coletiva encontra limites no sistema jurídico, especialmente no sentido de proteger a dignidade do trabalhador, assegurando-lhe os direitos mínimos, cujo conjunto recebe a denominação de patamar civilizatório mínimo.

104. Assim, a negociação coletiva deve pautar-se pelo princípio da adequação setorial negociada, segundo o qual os instrumentos coletivos de trabalho podem: a) prever padrão superior ao legalmente estabelecido; b) transacionar setorialmente direitos de indisponibilidade apenas relativa.

105. Como regra, são absolutamente indisponíveis os direitos relativos à saúde e segurança do trabalhador, à proteção de sua dignidade e do mínimo existencial.

106. A convenção coletiva e o acordo coletivo de trabalho têm prevalência sobre a lei quando, entre outros, dispuserem sobre jornada de trabalho (observados os limites constitucionais), banco de horas anual, modalidade de registro de jornada de trabalho, prorrogação de jornada em ambientes insalubres sem licença prévia da autoridade competente, intervalo intrajornada (respeitado o mínimo de 30min para jornadas superiores a 6h), troca do dia de feriado e identificação dos cargos que se enquadrem como funções de confiança.

107. A convenção coletiva e o acordo coletivo de trabalho têm prevalência sobre a lei quando, entre outros, dispuserem sobre adesão ao Programa Seguro-Emprego, ao plano de cargos, salários e funções ou ao regulamento empresarial.

108. A convenção coletiva e o acordo coletivo de trabalho têm prevalência sobre a lei quando, entre outros, dispuserem sobre teletrabalho, regime de sobreaviso e trabalho intermitente.

109. A convenção coletiva e o acordo coletivo de trabalho têm prevalência sobre a lei quando, entre outros, dispuserem sobre remuneração por produtividade (inclusive gorjetas) e remuneração por desempenho individual, enquadramento do grau de insalubridade, prêmios e participação nos lucros ou resultados.

110. No exame da CCT ou do ACT, a Justiça do Trabalho deverá se ater à verificação dos elementos essenciais negócio jurídico.

111. A inexistência de expressa indicação de contrapartidas recíprocas em convenção coletiva ou acordo coletivo de trabalho não ensejará sua nulidade por não caracterizar um vício do negócio jurídico

112. Se for pactuada cláusula que reduza o salário ou a jornada, a convenção coletiva ou o acordo coletivo de trabalho deverão prever a proteção dos empregados contra dispensa imotivada durante o prazo de vigência do instrumento coletivo.

113. Na hipótese de procedência de ação anulatória de cláusula de convenção coletiva ou de acordo coletivo de trabalho, quando houver a cláusula compensatória, esta deverá ser igualmente anulada, sem repetição do indébito.

114. Os sindicatos subscritores de convenção coletiva ou de acordo coletivo de trabalho deverão participar, como litisconsortes necessários, em ação individual ou coletiva, que tenha como objeto a anulação de cláusulas desses instrumentos.

115. Constituem objeto ilícito de CCT ou ACT a redução ou supressão de direitos constitucionalmente assegurados, salvo em relação às exceções expressas, de normas de identificação profissional, de normas de saúde, higiene e segurança do trabalho, de medidas de proteção legal de crianças e adolescentes, bem como do trabalho da mulher, de tributos e outros créditos de terceiros.

116. Regras sobre duração do trabalho e intervalos não são consideradas como de saúde, higiene e segurança do trabalho para os fins de vedação à flexibilização mediante negociação coletiva.

117. São constitucionais os acordos e as convenções coletivos que, ao considerarem a adequação setorial negociada, pactuam limitações ou afastamentos de direitos trabalhistas, independentemente da explicitação especificada de vantagens compensatórias, desde que respeitados os direitos absolutamente indisponíveis.

CAPÍTULO 30

Direito de Greve

• •

Marcadores: DIREITO DE GREVE; GREVE E ATIVIDADES ESSENCIAIS; ABUSO DO DIREITO DE GREVE; LEI DE GREVE; *LOCKOUT*.

Material de estudo:

✓ Legislação: **CRFB/88**, art. 9º; **Lei nº 7.783/1989**.

✓ Jurisprudência: **Súm**. 189, TST; **OJ SDC** 10, 11, 38, TST.

✓ Doutrina (+)

Estratégia de estudo sugerida:

A preparação eficaz do candidato em relação a este assunto decorre da leitura atenta da Lei nº 7.783/1989, a Lei de Greve. São apenas 17 artigos (com conteúdo propriamente dito), o que afasta a utilização de estratégia de estudo seletivo. O exame da Lei de Greve há de ser completo e minucioso.

Grande parte das questões de concurso sobre o direito de greve aborda os prazos de pré-aviso, os serviços ou atividades considerados essenciais, bem como as consequências da greve abusiva. Não obstante, outros dispositivos da referida lei também são cobrados, ainda que com menor frequência.

A greve é o recurso mais eficaz assegurado ao trabalhador no sentido de obter a tão propalada equivalência entre as partes do Direito Coletivo do Trabalho.

Com efeito, constitui modalidade típica de *autotutela* ou, em outras palavras, *exercício direto das próprias razões*, o que, em regra, é vedado pelo direito, mas permitido em relação à greve.

Se o empregador é um ser coletivo por natureza, detendo enorme poder sobre a classe operária (*v.g.*, poder empregatício, poder potestativo de demitir etc.), é preciso que o obreiro também tenha algum instrumento capaz de intimidar o empregador, para que ambos possam negociar em relativo pé de igualdade. E este instrumento é a greve, alçada à condição de **direito fundamental** pela CRFB/88, nos seguintes termos:

Art. 9º É assegurado o direito de greve, competindo aos trabalhadores decidir sobre a oportunidade de exercê-lo e sobre os interesses que devam por meio dele defender.

§ 1º A lei definirá os serviços ou atividades essenciais e disporá sobre o atendimento das necessidades inadiáveis da comunidade.

§ 2º Os abusos cometidos sujeitam os responsáveis às penas da lei.

30.1. CONCEITO LEGAL

O conceito legal de greve é dado pelo art. 2º da Lei nº 7.783/1989 (Lei de Greve), *in verbis*:

> Art. 2º Para os fins desta Lei, considera-se legítimo exercício do direito de greve a suspensão **coletiva**, **temporária** e **pacífica**, **total ou parcial**, de prestação pessoal de serviços a empregador.

Em primeiro lugar, somente se pode falar em greve se o movimento for coletivo. Não é greve a paralisação de um único empregado, indignado com as condições de trabalho a que é submetido. Trata-se de um **movimento coletivo por natureza**.

Observa-se uma frequente confusão acerca da natureza da greve, tendo em vista que, por um lado, trata-se de direito individual do trabalhador, e, por outro, não pode ser exercido individualmente. De fato, o direito pertence ao trabalhador, que individualmente escolhe participar da greve ou não. Porém, a greve só pode ser exercida coletivamente.

Exatamente em virtude de tal hibridismo, o professor Homero Batista Mateus da Silva sugere que "a melhor forma de se enxergar a greve é defini-la como um direito individual, mas que apenas se exerce coletivamente[1]".

Não é por ser um movimento coletivo que a greve deve atingir todos os trabalhadores de uma categoria, de uma empresa, ou ainda do mesmo estabelecimento de uma empresa. Até mesmo a greve de um ou mais setores de um estabelecimento é lícita, desde que a atitude seja coletiva. Por isso a lei menciona suspensão *total ou parcial*.

Quanto ao critério temporal, somente há se falar em greve se a **sustação** do trabalho for **temporária**. Se os empregados abandonam suas atividades em definitivo não teremos uma greve, e sim um abandono de emprego em massa. É neste sentido que Tarso Genro[2] afirma que a greve pressupõe uma proposta de restabelecimento da normalidade rompida.

Por fim, somente haverá greve lícita se forem utilizados **meios pacíficos**, sendo que a ordem jurídica repele qualquer tipo de violência contra o empregador, seja ela pessoal ou patrimonial, ou ainda contra colegas de trabalho que eventualmente não concordem com o movimento grevista.

A punição dos responsáveis pelos abusos está prevista na CRFB/88 (art. 9º, § 2º), no sentido de que "os abusos cometidos sujeitam os responsáveis às penas da lei", e também na Lei de Greve, nos seguintes termos:

> Art. 15. A responsabilidade pelos atos praticados, ilícitos ou crimes cometidos, no curso da greve, será apurada, conforme o caso, segundo a legislação trabalhista, civil ou penal.
>
> (...)

---

1   SILVA, Homero Batista Mateus da. *Curso de Direito do Trabalho aplicado: Direito Coletivo do Trabalho*. Rio de Janeiro: Elsevier, 2010, vol. 7, p. 257.

2   GENRO, Tarso. *Contribuição à crítica do Direito Coletivo do Trabalho*. São Paulo: LTr, 1989, p. 46, apud VIANA, Márcio Túlio. "Greve." In: BARROS, Alice Monteiro de (coord.). *Curso de Direito do Trabalho: estudos em memória de Célio Goyatá*. 3. ed. São Paulo: LTr, 1997, vol. II, p. 719.

30.2. ESCOPO DA GREVE

Pode-se dizer que o principal objetivo da greve é abrir as negociações entre trabalhadores e empregador. Esta é a greve típica.

Entretanto, não só questões econômicas ou melhoria das condições de trabalho constituem o escopo dos movimentos grevistas. Há também as greves de cunho político, bem como as chamadas greves de solidariedade, entre outros motivos aceitáveis.

Seria um exemplo de greve política o movimento geral deflagrado por uma ou mais categorias visando pressionar o governo a estimular a normatização de questões de interesse da classe obreira.

Por sua vez, é exemplo de greve de solidariedade aquela levada a efeito como forma de apoiar o pleito de outra categoria ou grupo.

Embora a doutrina e a jurisprudência tendam a repelir as greves que não objetivem a melhoria direta das condições econômicas ou das condições de trabalho dos empregados, Maurício Godinho Delgado[3] observa que a CRFB/88 não restringiu o direito, mas, ao contrário, alargou sua abrangência, ao dispor que compete aos trabalhadores a decisão sobre a oportunidade de exercer o direito, assim como decidir a respeito dos interesses que devam por meio dele defender (art. 9º, *caput*).

O entendimento do Min. Godinho Delgado é, no caso, bastante minoritário, como demonstram os seguintes julgados:

> AGRAVO INTERNO DO SINDICATO-AUTOR. DECISÃO MONOCRÁTICA DE PROVIMENTO RECURSO DE REVISTA DO RÉU. 1. DESCONTOS SALARIAIS. PARALISAÇÃO EM PROTESTO ÀS REFORMAS TRABALHISTA E PREVIDENCIÁRIA. BANCÁRIOS. MOTIVAÇÃO POLÍTICA. SUSPENSÃO DO CONTRATO DE TRABALHO. A greve deflagrada como forma de protesto contra as Reformas Trabalhista e Previdenciária tem conotação política, porquanto dirigida contra o Poder Público e com objetivos direcionados à proteção de interesses que não podem ser atendidos pelo empregador, o que caracterizou o movimento como abusivo. No que tange ao desconto salarial, a regra geral no Direito brasileiro, segundo a jurisprudência dominante, é tratar a duração do movimento paredista como suspensão do contrato de trabalho (art. 7º, Lei 7.783/89), o que significa que os dias não trabalhados, em princípio, não são remunerados. Agravo conhecido e não provido, no tema. [...] (TST, Ag-RR-962-62.2017.5.08.0007, 1ª Turma, Rel. Min. Hugo Carlos Scheuermann, *DEJT* 03.03.2023).

> RECURSO ORDINÁRIO. GREVE. PORTUÁRIOS. PARALISAÇÃO DAS ATIVIDADES POR CURTO PERÍODO. PROTESTO COM MOTIVAÇÃO POLÍTICA. 1. A mobilização levada a efeito pela categoria dos trabalhadores portuários teve como propósito abrir espaço à negociação do novo marco regulatório implantado pela Medida Provisória n.º 595, de 6 dezembro de 2012, que dispunha sobre a exploração direta e indireta, pela União, de portos e instalações portuárias e sobre as atividades desempenhadas pelos operadores portuários, entre outras providências (MP atualmente convertida na Lei n.º 12.815, de 5 de junho de 2013). 2. Firme, nesta Seção, o entendimento segundo o qual a greve com nítido caráter político é abusiva, na medida em que o empregador, conquanto seja diretamente por ela afetado, não dispõe do poder de negociar e pacificar o conflito. Recurso Ordinário parcialmente provido" (TST, RO-1393-27.2013.5.02.0000, Seção Especializada em Dissídios Coletivos, Relatora Ministra Maria de Assis Calsing, *DEJT* 29.05.2017). *Informativo 157.*

> Recurso ordinário. Dissídio de greve. Nomeação para reitor da Pontifícia Universidade Católica de São Paulo – PUC. Candidata menos votada em lista tríplice. Observância do regulamento.

---

3   DELGADO, Maurício Godinho. *Curso de Direito do Trabalho.* 9. ed. São Paulo: LTr, 2010, p. 1.317.

Protesto com motivação política. Abusividade da paralisação. 1. A Constituição da República de 1988, em seu art. 9º, assegura o direito de greve, competindo aos trabalhadores decidir sobre a oportunidade de exercê-lo e os interesses que devam por meio dele defender. 2. Todavia, embora o direito de greve não seja condicionado à previsão em lei, a própria Constituição (art. 114, § 1º) e a Lei nº 7.783/1989 (art. 3º) fixaram requisitos para o exercício do direito de greve (formais e materiais), sendo que a inobservância de tais requisitos constitui abuso do direito de greve (art. 14 da Lei nº 7.783). 3. Em um tal contexto, os interesses suscetíveis de serem defendidos por meio da greve dizem respeito a condições contratuais e ambientais de trabalho, ainda que já estipuladas, mas não cumpridas; em outras palavras, o objeto da greve está limitado a postulações capazes de serem atendidas por convenção ou acordo coletivo, laudo arbitral ou sentença normativa da Justiça do Trabalho, conforme lição do saudoso Ministro Arnaldo Süssekind, em conhecida obra. 4. Na hipótese vertente, os professores e os auxiliares administrativos da PUC se utilizaram da greve como meio de protesto pela não nomeação para o cargo de reitor do candidato que figurou no topo da lista tríplice, embora admitam que a escolha do candidato menos votado observou as normas regulamentares. Portanto, a greve não teve por objeto a criação de normas ou condições contratuais ou ambientais de trabalho, mas se tratou de movimento de protesto, com caráter político, extrapolando o âmbito laboral e denotando a abusividade material da paralisação. Recurso ordinário conhecido e provido, no tema (TST, SDC, RO-51534-84.2012.5.02.0000, Rel. Min. Walmir Oliveira da Costa, *DEJT* 20.06.2014). *Informativo 85.*

30.3. EFEITOS DA GREVE SOBRE O CONTRATO DE TRABALHO

Em princípio, a deflagração da greve **suspende** o contrato de trabalho.

Neste sentido, o art. 7º da Lei de Greve:

Art. 7º Observadas as condições previstas nesta Lei, a participação em greve suspende o contrato de trabalho, devendo as relações obrigacionais, durante o período, ser regidas pelo acordo, convenção, laudo arbitral ou decisão da Justiça do Trabalho.

(...)

Recorde-se que a suspensão do contrato de trabalho pressupõe a sustação temporária das principais obrigações contratuais das partes (prestação de serviços, pagamento de salários e contagem do tempo de serviço).

Por sua vez, o empregador não pode demitir o empregado grevista durante o movimento, a uma porque o contrato encontra-se suspenso (o que impede a rescisão contratual, conforme o art. 471 da CLT), e a duas porque a própria Lei de Greve assim dispõe:

Art. 7º (...)

Parágrafo único. É vedada a rescisão de contrato de trabalho durante a greve, bem como a contratação de trabalhadores substitutos, **exceto na ocorrência das hipóteses previstas nos arts. 9º e 14.**

Há que se tomar muito cuidado neste ponto: **a greve abusiva corresponde à "não greve"**[4]. Assim como uma cooperativa não forma vínculo de emprego com seus associados se for *realmente cooperativa* (art. 442, parágrafo único, da CLT), a relação de estágio não forma vínculo de emprego com o concedente se for *realmente estágio* (art. 15 da Lei nº 11.788/2008), **a greve protege o trabalhador somente se for *realmente greve*[5].**

---

[4]   SILVA, Homero Batista Mateus da. *Curso de Direito do Trabalho aplicado: Direito Coletivo do Trabalho*, p. 259.

[5]   Neste sentido, o seguinte julgado do STF: "O direito à greve não é absoluto, devendo a categoria observar os parâmetros legais de regência. (...) Descabe falar em transgressão à Carta da República quando o indeferimento da

Surge para o empregador o direito de contratar substitutos sempre que a greve for abusiva:

> Art. 9º Durante a greve, o sindicato ou a comissão de negociação, mediante acordo com a entidade patronal ou diretamente com o empregador, manterá em atividade equipes de empregados com o propósito de assegurar os serviços cuja paralisação resultem em prejuízo irreparável, pela deterioração irreversível de bens, máquinas e equipamentos, bem como a manutenção daqueles essenciais à retomada das atividades da empresa quando da cessação do movimento.
>
> Parágrafo único. **Não havendo acordo, é assegurado ao empregador, enquanto perdurar a greve, o direito de contratar diretamente os serviços necessários a que se refere este artigo**. (grifos meus)

A caracterização da abusividade da greve é tratada pelo art. 14 da Lei de Greve, *in verbis*:

> Art. 14 Constitui abuso do direito de greve a inobservância das normas contidas na presente Lei, bem como a manutenção da paralisação após a celebração de acordo, convenção ou decisão da Justiça do Trabalho.
>
> Parágrafo único. Na vigência de acordo, convenção ou sentença normativa não constitui abuso do exercício do direito de greve a paralisação que:
>
> I - tenha por objetivo exigir o cumprimento de cláusula ou condição;
>
> II - seja motivada pela superveniência de fatos novos ou acontecimento imprevisto que modifique substancialmente a relação de trabalho.

Se a greve é pacífica, entretanto, o empregado não poderá ser punido simplesmente por ter participado dela, ainda que ao final seja julgada improcedente em sede de dissídio coletivo. Neste sentido, a Súmula 316 do STF:

> Súm. 316. A simples adesão à greve não constitui falta grave.

Em que pese o efeito normal de suspensão contratual, nada impede sejam os efeitos da greve modulados em sede de negociação coletiva. Aliás, é o que normalmente ocorre, sendo que a negociação que põe fim à greve costuma contemplar cláusula prevendo o não desconto dos dias parados. Neste caso, a suspensão transmuda-se para interrupção contratual.

Por fim, é relevante a observação do Min. Godinho Delgado[6] no sentido de que o efeito geral de suspensão contratual não se verifica nos casos em que a motivação da greve é exatamente o descumprimento reiterado de cláusulas contratuais por parte do empregador (não pagamento de salários, por exemplo). Neste caso, a hipótese é de interrupção contratual, e o empregado pode até mesmo requerer a rescisão indireta do contrato de trabalho, nos termos do art. 483 da CLT.

Exatamente neste sentido, decisão recente da Seção de Dissídios Coletivos do TST publicada no Informativo nº 239:

> RECURSO ORDINÁRIO EM DISSÍDIO COLETIVO DE GREVE - MORA SALARIAL - NÃO EXIGÊNCIA DA OBSERVÂNCIA DOS PARÂMETROS LEGAIS PARA DEFLAGRAÇÃO DA

---

garantia de emprego decorre do fato de se haver enquadrado a greve como ilegal" (STF, RE 184.083, 2ª Turma, Rel. Min. Marco Aurélio, j. 07.11.2000, *DJ* 18.05.2001).

6   DELGADO, Maurício Godinho. *Curso de Direito do Trabalho*. 9. ed. São Paulo: LTr, 2010, p. 1.317.

GREVE – NÃO ABUSIVIDADE DO MOVIMENTO PAREDISTA E NÃO AUTORIZAÇÃO DE DESCONTO DOS DIAS PARADOS – RECURSO SINDICAL PROVIDO. Sendo jurisprudência majoritária desta Corte, da qual guardo reserva, que a **greve motivada por mora salarial, mesmo que não observe as exigências legais para sua deflagração, não pode ser considerada abusiva, nem autoriza o desconto dos dias parados**, é de se dar provimento ao recurso sindical, para julgar improcedente o dissídio coletivo de greve, com inversão dos ônus da sucumbência. Recurso ordinário provido (TST, RO-451-67.2018.5.11.0000, Seção Especializada em Dissídios Coletivos, Rel. Min. Ives Gandra Martins Filho, *DEJT* 24.06.2021). (grifos meus)

30.4. LIMITES IMPOSTOS AO DIREITO DE GREVE

Como qualquer direito, também o de greve encontra limites na ordem jurídica.

Os limites do direito de greve se dividem basicamente em três vertentes:

a) a legitimidade ou não de determinadas condutas associadas à greve;

b) a regulação legal de atos preparatórios que legitimam o movimento grevista;

c) a restrição ao direito de greve associada a determinadas categorias de trabalhadores.

30.4.1. Condutas associadas à greve

Vejamos, em um primeiro momento, as condutas em espécie.

a) Piquetes

O piquete é caracterizado pela presença de um grupo de trabalhadores na porta da fábrica ou local de trabalho, visando impedir a entrada de trabalhadores durante o movimento grevista.

Será lícito se for utilizado de forma pacífica, sem o uso de qualquer tipo de violência; caso contrário, restará caracterizado o constrangimento aos direitos e garantias fundamentais de outrem.

Em consonância com esta afirmação, a lição de José Augusto Rodrigues Pinto[7], para quem "o divisor de águas entre a *licitude* e *ilicitude* do *piquete* é o uso de meios coativos para obter a adesão" (grifos no original).

Raimundo Simão de Melo ensina que

"Não podem os piquetes e outros meios de persuasão desvirtuar a sua finalidade, como muitas vezes acontece, e, por isso, justificam atos de repressão. Assim, não se pode impedir o ingresso em serviço de quem quer trabalhar, a livre circulação de pessoas e coisas, tampouco haver agressão a trabalhadores, empregadores etc., com palavras de baixo calão e fisicamente, pois, desse modo, se estará partindo para o exercício irregular do direito. O que se pode e se deve fazer são manifestações pacíficas para convencer outros trabalhadores a aderirem e colaborarem com o movimento e a própria sociedade, porque uma greve contra a sociedade normalmente está fadada ao insucesso"[8].

Neste sentido, o art. 6º da Lei de Greve dispõe:

Art. 6º São assegurados aos grevistas, dentre outros direitos:

I – o emprego de meios pacíficos tendentes a **persuadir** ou **aliciar** os trabalhadores a aderirem à greve;

---

7   PINTO, José Augusto Rodrigues. *Tratado de Direito Material do Trabalho*. São Paulo: LTr, 2007, p. 889.

8   MELO, Raimundo Simão de. *A greve no direito brasileiro*. 3. ed. São Paulo: LTr, 2011. p. 94.

(...)

§ 1º Em nenhuma hipótese, os meios adotados por empregados e empregadores poderão violar ou constranger os direitos e garantias fundamentais de outrem.

(...)

§ 3º As manifestações e atos de persuasão utilizados pelos grevistas **não poderão impedir o acesso ao trabalho** nem causar ameaça ou dano à propriedade ou pessoa.

Persuadir, no sentido empregado, significa "levar alguém a mudar de atitude", ou ainda "induzir", "levar alguém a acreditar", "convencer"[9]. Na mesma esteira, **aliciar** tem o sentido de "seduzir", "envolver", "instigar"[10]. Tudo isso com base no *proselitismo (catequese)*, típico da atividade sindical.

Muito cuidado com a expressão "impedir o acesso ao trabalho". Muitas questões de concursos anteriores cobraram isso, tentando confundir o candidato, ao mencionar que "é permitido impedir o acesso ao trabalho, desde que sem violência ou constrangimento". O ato de impedir o acesso ao trabalho, por si só, constitui violência (ainda que moral) e constrangimento, e por isso a lei expressamente o repele. O que é permitido ao movimento grevista é tentar convencer ou mesmo aliciar outros trabalhadores a aderir à greve, mas nunca impedi-los efetivamente de trabalhar.

Portanto, frise-se, o piquete é lícito como um meio de persuasão dos colegas de trabalho, no sentido de aderirem ao movimento grevista. Qualquer ato violento torna ilícita a conduta.

b) *Lock-in* ou ocupação do estabelecimento

Um dos principais métodos de desenvolvimento do movimento grevista é a ocupação do estabelecimento empresarial pelos grevistas, de forma a induzir a paralisação dos serviços.

A ordem constitucional vigente não proíbe tal prática, desde que observados os limites já estudados (não haja violência de qualquer espécie, e nem violação ou constrangimento de direitos e garantias fundamentais de outrem).

Como na prática é difícil ocorrer ocupação do estabelecimento sem violação de direitos de terceiros, notadamente do empregador, boa parte da doutrina defende a ilicitude de tal conduta.

Embora seja matéria do campo processual, a jurisprudência firmou entendimento no sentido de que a competência para julgar as ações possessórias (v.g., a reintegração de posse, no caso de ocupação do estabelecimento pelos grevistas) é da Justiça do Trabalho (Súmula Vinculante 23, publicada em 11.12.2009[11]).

c) Operação tartaruga, excesso de zelo ou operação-padrão

Estas condutas guardam estreita relação entre si, constituindo, na maioria das vezes, o prenúncio de um movimento grevista maior, sendo que os empregados não paralisam de imediato a produção, mas simplesmente a reduzem de forma drástica, com o objetivo de pressionar o empregador.

É comum este tipo de conduta associada a movimentos grevistas no setor de transporte coletivo urbano nas grandes cidades.

---

[9] *Dicionário Houaiss eletrônico da língua portuguesa.* Versão 1.0. Rio de Janeiro: Objetiva, 2009.

[10] Idem.

[11] Súmula Vinculante 23. A Justiça do Trabalho é competente para processar e julgar ação possessória ajuizada em decorrência do exercício do direito de greve pelos trabalhadores da iniciativa privada.

Embora tecnicamente não possa ser considerada como greve, pois não há suspensão da prestação de serviços, na prática esta conduta ocorre com frequência, e sempre associada à ameaça de paralisação efetiva. Também tem sido utilizada como uma forma de protesto das categorias que se ativam em serviços essenciais e que têm bastante limitado o direito de greve.

Sérgio Pinto Martins[12] chega a defender que a *greve de zelo* pode ser comparada ao trabalho feito de forma negligente.

De forma menos radical, poder-se-ia dizer que tais condutas aumentam sobremaneira o risco assumido pelos trabalhadores, visto que se colocam no limiar do que não é greve, e sim *medida abusiva*.

d) Boicote

O boicote é o movimento no sentido de convencer a população em geral, ou ao menos um determinado grupo comunitário, a não manter relações comerciais com determinada empresa, deixando de adquirir produtos e/ou serviços por ela oferecidos.

Não necessariamente o boicote ocorre no âmbito das relações de trabalho. Pode haver boicote com conotação ambientalista (boicote ao uso de casacos de pele, por exemplo), ou outra qualquer (boicote a um determinado programa de TV, por exemplo).

Se ocorrer associada à greve, a conduta, desde que pacífica, não surte efeitos jurídico-trabalhistas, porquanto se trata de mero fato socioeconômico.

e) Sabotagem

Sabotagem é a conduta deliberada dos trabalhadores que objetiva a depredação do patrimônio do empregador, seja quebrando máquinas, destruindo prédios ou produzindo peças inserviveis.

Em qualquer caso, a conduta é obviamente ilícita, por constituir *abuso de direito*, sujeitando seus agentes à punição criminal, inclusive, sem prejuízo da repercussão nas esferas trabalhista e cível. Neste sentido, o art. 15 da Lei de Greve:

> Art. 15. A responsabilidade pelos atos praticados, ilícitos ou crimes cometidos, no curso da greve, será apurada, conforme o caso, segundo a legislação trabalhista, civil ou penal.
>
> (...)

Trata-se de ato de selvageria (daí a expressão *greve selvagem*, também utilizada por parte da doutrina), que em nenhuma hipótese pode ser acolhido pelo direito. Aliás, o objetivo da greve não pode ser destruir o empregador, porque dele dependem, afinal, os trabalhadores. Neste passo, o direito de greve até pressupõe o *direito de causar prejuízo*, mas apenas na medida do necessário (proporcionalidade), a fim de reabrir os canais de negociação.

30.4.2. Atos preparatórios e procedimentos indispensáveis

A greve não deve ser utilizada como fim, e especialmente para fins escusos, mas antes como meio colocado à disposição dos trabalhadores para obtenção de vantagens e possibilidades de efetiva negociação das condições de trabalho. Assim, não faria sentido que a deflagração da greve viesse surpreender o empregador, causando-lhe mais prejuízo que o estritamente necessário. Da mesma forma, o movimento não pode ser radical a ponto de pôr fim à atividade do empregador.

---

[12] MARTINS, Sergio Pinto. *Direito do Trabalho*. 26. ed. São Paulo: Atlas, 2010, p. 859.

Diante disso, a Lei de Greve estabelece algumas regras para a deflagração e manutenção do movimento grevista, com vistas a garantir a razoabilidade do movimento, protegendo, de um lado, o direito de greve, e, de outro, os direitos de terceiros.

30.4.2.1. Frustração da via negocial

O primeiro requisito para que se possa lançar mão da greve é a tentativa de apelo à via negocial. Neste sentido, o art. 3º:

Art. 3º Frustrada a negociação ou verificada a impossibilidade de recursos via arbitral, é facultada a cessação coletiva do trabalho.

(...)

Não é difícil entender o dispositivo: se a greve serve basicamente para (re)abrir a negociação coletiva, somente se justifica se esta via estiver fechada.

No mesmo sentido, a OJ 11 da SDC:

OJ-SDC-11. Greve. Imprescindibilidade de tentativa direta e pacífica da solução do conflito. Etapa negocial prévia (inserida em 27.03.1998).

É abusiva a greve levada a efeito sem que as partes hajam tentado, direta e pacificamente, solucionar o conflito que lhe constitui o objeto.

30.4.2.2. Aviso-prévio

Como já foi antecipado, não pode o movimento grevista surpreender o empregador. Em outras palavras, exige a lei seja o empregador pré-avisado, até mesmo para que possa oferecer trégua a fim de evitar a greve, se for o caso.

Neste sentido, deve haver pré-aviso 48 horas antes do início do movimento, ou ainda 72 horas antes, na hipótese de greve em atividades essenciais. É o que preceituam os arts. 3º, parágrafo único, e 13 da Lei de Greve:

Art. 3º (...)

Parágrafo único. A entidade patronal correspondente ou os empregadores diretamente interessados serão notificados, com antecedência mínima de 48 (quarenta e oito) horas, da paralisação.

Art. 13. Na greve, em serviços ou atividades essenciais, ficam as entidades sindicais ou os trabalhadores, conforme o caso, obrigados a comunicar a decisão aos empregadores **e aos usuários** com antecedência mínima de 72 (setenta e duas) horas da paralisação.

30.4.2.3. Deliberação em assembleia geral

Somente será lícita a deflagração da greve se o movimento for aprovado por deliberação da assembleia geral, *devidamente convocada para tal fim*. Como direito coletivo que é a greve, deve representar a vontade dos trabalhadores, e não da entidade sindical.

Art. 4º Caberá à entidade sindical correspondente convocar, **na forma do seu estatuto**, assembleia geral que **definirá as reivindicações da categoria** e **deliberará sobre a paralisação coletiva** da prestação de serviços.

§ 1º O estatuto da entidade sindical deverá prever as **formalidades de convocação** e o *quorum* **para a deliberação**, tanto da deflagração quanto da cessação da greve.

§ 2º Na falta de entidade sindical, a **assembleia geral dos trabalhadores** interessados deliberará para os fins previstos no *caput*, constituindo comissão de negociação.

Art. 5º A entidade sindical ou comissão especialmente eleita representará os interesses dos trabalhadores nas negociações ou na Justiça do Trabalho.

30.4.2.4. Garantia da manutenção de atividades mínimas na empresa

Há hipóteses em que a empresa, em face da atividade desenvolvida, não pode ter suas atividades totalmente paralisadas, sob pena de prejuízo irreparável, que poderia, inclusive, inviabilizar a continuidade do empreendimento.

Temos, neste caso, uma hipótese de ponderação de interesses: de um lado, o direito fundamental à greve; de outro, o direito também fundamental à propriedade.

Imaginemos o caso de uma indústria de aço, cujo alto-forno se perde irreversivelmente se desligado, causando prejuízos substanciais ao empresário.

Pensando nestas situações, o legislador estabeleceu que a liderança do movimento grevista deve combinar com o empregador a forma de manter em atividade os empregados necessários para assegurar estes serviços mínimos necessários. Neste sentido, o art. 9º da Lei de Greve:

Art. 9º Durante a greve, o sindicato ou a comissão de negociação, mediante acordo com a entidade patronal ou diretamente com o empregador, manterá em atividade equipes de empregados com o propósito de assegurar os serviços cuja paralisação resultem em prejuízo irreparável, pela deterioração irreversível de bens, máquinas e equipamentos, bem como a manutenção daqueles essenciais à retomada das atividades da empresa quando da cessação do movimento.

Parágrafo único. **Não havendo acordo, é assegurado ao empregador, enquanto perdurar a greve, o direito de contratar diretamente os serviços necessários a que se refere este artigo**.

Importante lembrar o disposto no parágrafo único: caso não sejam assegurados pelos grevistas estes serviços mínimos, abre-se ao empregador a possibilidade de contratar substitutos, os quais podem ser trabalhadores temporários ou contratados por prazo determinado (art. 443 e ss. da CLT).

30.4.2.5. Limites à greve em atividades essenciais

A greve em atividades essenciais **não** é proibida!

Esse é um equívoco que muitos cometem. Há, sim, alguns limites especiais, ligados à garantia de serviços indispensáveis à população em geral. No caso, o que está em jogo é o **interesse público**, e não propriamente os interesses do empregador. Por isso, é plenamente justificável o estabelecimento de tais restrições.

Em primeiro lugar, resta definir o que seriam atividades essenciais.

Para a OIT, são atividades essenciais aquelas ligadas diretamente à vida, à segurança e à saúde da comunidade.

No Brasil, a lei não cuida propriamente de definir o que seriam atividades ou serviços essenciais, limitando-se a relacioná-los (art. 10 da Lei de Greve), conforme prevê o art. 9º, § 1º, da CRFB:

(CRFB/88) Art. 9º (...)

§ 1º A lei definirá os serviços ou atividades essenciais e disporá sobre o atendimento das necessidades inadiáveis da comunidade.

(...)

(Lei de Greve) Art. 10. São considerados serviços ou atividades essenciais:

I – tratamento e abastecimento de água; produção e distribuição de energia elétrica, gás e combustíveis;

II – assistência médica e hospitalar;

III – distribuição e comercialização de medicamentos e alimentos;

IV – funerários;

V – transporte coletivo;

VI – captação e tratamento de esgoto e lixo;

VII – telecomunicações;

VIII – guarda, uso e controle de substâncias radioativas, equipamentos e materiais nucleares;

IX – processamento de dados ligados a serviços essenciais;

X – controle de tráfego aéreo e navegação aérea;

XI – compensação bancária;

XII – atividades médico-periciais relacionadas com o regime geral de previdência social e a assistência social;

XIII – atividades médico-periciais relacionadas com a caracterização do impedimento físico, mental, intelectual ou sensorial da pessoa com deficiência, por meio da integração de equipes multiprofissionais e interdisciplinares, para fins de reconhecimento de direitos previstos em lei, em especial na Lei nº 13.146, de 6 de julho de 2015 (Estatuto da Pessoa com Deficiência); e

XIV – outras prestações médico-periciais da carreira de Perito Médico Federal indispensáveis ao atendimento das necessidades inadiáveis da comunidade[13];

XV – atividades portuárias[14].

Para a maioria da doutrina, **a lista é taxativa**. É a melhor interpretação, até porque todo dispositivo que restrinja direito deve ser interpretado restritivamente.

A **primeira peculiaridade** da greve em serviços essenciais é o aviso-prévio maior do que o da greve típica. Enquanto na greve em atividades não essenciais o empregador (ou o sindicato patronal) deve ser avisado com 48 horas de antecedência, na greve em atividades essenciais **tanto o empregador** *quanto os usuários do serviço* devem ser avisados com 72 horas de antecedência. Neste sentido, o art. 13:

Art. 13. Na greve, em serviços ou atividades essenciais, ficam as entidades sindicais ou os trabalhadores, conforme o caso, obrigados a comunicar a decisão aos empregadores **e aos usuários** com antecedência mínima de 72 (setenta e duas) horas da paralisação. (grifos meus)

A **segunda peculiaridade** é a obrigação de manutenção da prestação dos serviços indispensáveis ao atendimento das necessidades inadiáveis da comunidade, como dispõe o art. 11:

Art. 11. Nos serviços ou atividades essenciais, os sindicatos, os empregadores e os trabalhadores ficam obrigados, de comum acordo, a garantir, durante a greve, a prestação dos serviços indispensáveis ao atendimento das necessidades inadiáveis da comunidade.

Parágrafo único. São necessidades inadiáveis da comunidade aquelas que, não atendidas, coloquem em perigo iminente a **sobrevivência, a saúde ou a segurança da população**. (grifos meus)

---

13 Incisos XII a XIV inseridos pela Lei nº 13.846/2019.
14 Incluído pela Lei nº 14.047/2020.

Caso não sejam prestados estes serviços indispensáveis, deve o Poder Público fazê-lo diretamente, conforme o art. 12:

> Art. 12. No caso de inobservância do disposto no artigo anterior, o Poder Público assegurará a prestação dos serviços indispensáveis.

O Judiciário tem considerado abusiva a greve em atividade essencial quando não atendidas as necessidades inadiáveis da comunidade. Neste sentido, a OJ 38 da SDC:

> OJ-SDC-38. Greve. Serviços essenciais. Garantia das necessidades inadiáveis da população usuária. Fator determinante da qualificação jurídica do movimento (inserida em 07.12.1998).
>
> É abusiva a greve que se realiza em setores que a lei define como sendo essenciais à comunidade, se não é assegurado o atendimento básico das necessidades inadiáveis dos usuários do serviço, na forma prevista na Lei nº 7.783/1989.

Cuidado para não confundir o atendimento das necessidades mínimas do empregador (lembre-se do exemplo do alto-forno) com o atendimento das necessidades inadiáveis da comunidade. No primeiro caso, o empregador pode se valer de substitutos, também conhecidos como *fura-greves*, caso não sejam prestados os serviços mínimos. No segundo caso, as necessidades não são do empregador, mas da coletividade, e por isso o Estado **deve** suprir a prestação de tais serviços.

30.4.3. Direito de greve e categorias tratadas de forma diferenciada

Algumas categorias de trabalhadores são tratadas de forma diferenciada pela legislação regulamentadora da greve.

As duas que se destacam, no Brasil, são os militares e os servidores públicos. Vejamos.

30.4.3.1. Militares

Os servidores militares não têm direito de greve, conforme o art. 142, § 3º, IV, da CRFB/88:

> Art. 142. (...)
>
> § 3º (...)
>
> IV – ao militar são proibidas a sindicalização e a greve;
>
> (...)

30.4.3.2. Servidores públicos

Os servidores públicos, por sua vez, têm o direito de greve disciplinado pelo art. 37, VII, da CRFB:

> Art. 37. (...)
>
> VII – o direito de greve será exercido nos termos e nos limites definidos em lei específica;
>
> (...)

Até bem pouco tempo, se defendia a tese de que a norma constitucional seria, neste caso, de eficácia limitada, dependendo totalmente de regulamentação para exercício do direito. Não obstante, os servidores públicos sempre fizeram greve, e, na prática, as mais longas.

Passados mais de vinte anos de inércia do legislador infraconstitucional, o STF mudou seu entendimento, em sede do julgamento dos Mandados de Injunção 708[15] e 712[16], cujos acórdãos foram publicados em 31.10.2008. De acordo com o novo entendimento, o inciso VII do art. 37 é, na verdade, norma constitucional de eficácia contida, de forma que é plenamente aplicável, observados os limites impostos atualmente ao instituto, até que sobrevenha a lei regulamentadora específica.

Portanto, atualmente deve-se aplicar também aos servidores públicos, no que couber, a Lei nº 7.783/1989 (Lei de Greve).

Advirta-se, contudo, para o fato de que, aos 05.04.2017, ao julgar o ARE nº 654.432/GO, o STF fixou tese segundo a qual "**o exercício do direito de greve, sob qualquer forma ou modalidade, é vedado aos policiais civis e a todos os servidores públicos que atuem diretamente na área de segurança pública**".

A título de curiosidade e aprofundamento, recomendo fortemente a leitura de ementa de acórdão da lavra do Min. Godinho Delgado, no qual ele faz um extenso panorama do direito de greve: ED-ReeNeceRO-2024500-47.2005.5.02.0000, Seção Especializada em Dissídios Coletivos, Rel. Min. Mauricio Godinho Delgado, *DEJT* 29.04.2022[17].

30.5. ABUSO DO DIREITO DE GREVE

A lei prevê as hipóteses em que se considera abusivo o exercício do direito de greve.

O efeito prático é o seguinte: o que era greve (um direito) deixa de sê-lo. A partir daí, trata-se, no mínimo, de meras faltas injustificadas ao trabalho.

Este é o sentido da OJ 10 da SDC:

OJ-SDC-10. Greve abusiva não gera efeitos (inserida em 27.03.1998).

É incompatível com a declaração de abusividade de movimento grevista o estabelecimento de quaisquer vantagens ou garantias a seus partícipes, que assumiram os riscos inerentes à utilização do instrumento de pressão máximo.

A Lei de Greve trata da matéria no art. 14:

Art. 14 Constitui abuso do direito de greve a inobservância das normas contidas na presente Lei, bem como a manutenção da paralisação após a celebração de acordo, convenção ou decisão da Justiça do Trabalho.

Parágrafo único. Na vigência de acordo, convenção ou sentença normativa não constitui abuso do exercício do direito de greve a paralisação que:

I – tenha por objetivo exigir o cumprimento de cláusula ou condição;

II – seja motivada pela superveniência de fatos novos ou acontecimento imprevisto que modifique substancialmente a relação de trabalho.

Se a Lei de Greve visa regulamentar o exercício do direito, é claro que a inobservância de suas regras constitui exercício abusivo de tal direito.

Também não é tolerada a deflagração da greve em tempo de conflito pacificado. Em outras palavras, sempre que uma negociação tiver seu termo normal, com a celebração de

---

15 STF, MI 708/DF, Rel. Min. Gilmar Mendes, Tribunal Pleno, j. 25.10.2007, *DJ* 31.10.2008.

16 STF, MI 712/PA, Rel. Min. Eros Grau, Tribunal Pleno, j. 25.10.2007, *DJ* 31.10.2008.

17 Para acessar o referido conteúdo, basta pesquisar pelo número do processo no *site* do TST: https://jurisprudencia.tst.jus.br/

acordo coletivo de trabalho ou de convenção coletiva de trabalho, ou ainda com decisão da Justiça do Trabalho em sede de dissídio coletivo, não há espaço para o exercício do direito de greve.

Isto porque o acordo coletivo, a convenção coletiva e a sentença normativa são instrumentos de pacificação social, os quais provisoriamente compõem o conflito de interesses entre empregadores e empregados.

Como visto alhures, um dos princípios do Direito Coletivo do Trabalho é exatamente o da lealdade negocial, associado ao princípio da boa-fé objetiva. Ora, se as condições de trabalho estão devidamente pactuadas por norma coletiva ou sentença normativa, não faz sentido recorrer à greve, o que consistiria em atitude desleal da representação dos trabalhadores.

Neste caso, há duas exceções, entretanto:

a) Se a greve é causada exatamente pelo descumprimento de cláusula da norma coletiva ou sentença normativa em vigor. Nesta hipótese, é lícito ao empregado recorrer à greve com o objetivo de fazer cumprir a norma posta.

b) Se ocorrem, durante a vigência do instrumento negociado, fatos novos capazes de provocar grande desequilíbrio da relação contratual. A doutrina costuma mencionar a dificuldade de ocorrência prática desta hipótese, tendo em vista que oscilações do índice de emprego ou da inflação, por exemplo, não podem ser consideradas acontecimentos inesperados, não servindo como justificativa para a greve na vigência de norma coletiva.

O professor Homero Batista Mateus da Silva[18] menciona como exemplos uma situação de comoção nacional e também a "dispensa em massa da força de trabalho logo após a celebração do tratado de paz, que é a norma coletiva".

30.6. JULGAMENTO DA GREVE

Embora seja direito fundamental do trabalhador, a ser exercido coletivamente, como mencionado, a greve muitas vezes pode assumir características abusivas, sendo necessária a intervenção do Poder Judiciário, no sentido de julgar a validade ou não do movimento operário.

A competência, no caso, é da Justiça do Trabalho (Súmula 189 do TST), inclusive para julgar as ações possessórias decorrentes do exercício do direito de greve (Súmula Vinculante 23).

O art. 8º da Lei de Greve dispõe sobre o dissídio coletivo de greve, nos seguintes termos:

> Art. 8º A Justiça do Trabalho, por iniciativa de qualquer das partes ou do Ministério Público do Trabalho, decidirá sobre a procedência, total ou parcial, ou improcedência das reivindicações, cumprindo ao Tribunal publicar, de imediato, o competente acórdão.

Conquanto esta seja matéria de direito processual, cabe salientar que, a partir da EC 45, que alterou a redação do art. 114 da CRFB, **ao Ministério Público do Trabalho cabe ajuizar dissídio coletivo apenas na hipótese de greve em atividade ou serviço essencial.**

---

[18] SILVA, Homero Batista Mateus da. *Curso de Direito do Trabalho aplicado: Direito Coletivo do Trabalho*, p. 284.

30.7. RESPONSABILIDADE DOS GREVISTAS

O art. 15 da Lei de Greve estabelece a responsabilidade dos participantes do movimento grevista, nos seguintes termos:

Art. 15. A responsabilidade pelos atos praticados, ilícitos ou crimes cometidos, no curso da greve, será apurada, conforme o caso, segundo a legislação trabalhista, civil ou penal.

Parágrafo único. Deverá o Ministério Público, de ofício, requisitar a abertura do competente inquérito e oferecer denúncia quando houver indício da prática de delito.

Aqui é importante ressaltar que a simples participação no movimento grevista, de forma regular e pacífica, não constitui qualquer motivo para punição do trabalhador, até porque a greve é um direito do obreiro.

A responsabilização surge com o abuso praticado, tenha ele consequências cíveis e/ou criminais. Também é importante frisar que as instâncias civil, penal e trabalhista são absolutamente independentes entre si.

Assim, por um ato de sabotagem, por exemplo, o empregado pode ser responsabilizado na esfera civil, pelo prejuízo patrimonial causado ao empregador; na esfera penal, pelo crime de dano; e na esfera trabalhista, por falta grave.

Há que se esclarecer, ainda, que mesmo na greve lícita o trabalhador assume riscos, sendo o principal deles o corte do salário. O efeito normal da greve, repita-se, é a suspensão contratual, a qual pressupõe a sustação do pagamento de salários. Logo, não se justifica o mito no sentido de que o não pagamento dos dias parados constitui abuso do empregador. Sob o ponto de vista legal, o "corte de ponto" é cabível.

Neste sentido, o seguinte aresto do STF:

Embargos declaratórios convertidos em agravo regimental. Greve de servidor público. Desconto pelos dias não trabalhados. Legitimidade. Juntada posterior de termo de compensação de jornada. Exame inviável. Enunciado 279 da Súmula do STF. Despesas processuais. Sucumbência integral. Honorários advocatícios. Apreciação equitativa. Art. 20, § 4º, CPC. A comutatividade inerente à relação laboral entre servidor e Administração Pública justifica o emprego, com os devidos temperamentos, da *ratio* subjacente ao art. 7º da Lei 7.783/1989, segundo o qual, em regra, "a participação em greve suspende o contrato de trabalho". Não se proíbe, todavia, a adoção de soluções autocompositivas em benefício dos servidores-grevistas, como explicitam a parte final do artigo parcialmente transcrito e a decisão proferida pelo STF no MI 708 (item 6.4 da ementa). Todavia, revela-se inviável, nesta quadra processual, o exame de "termo de compromisso" somente agora juntado, consoante o verbete 279 da Súmula. Agravo regimental a que se dá parcial provimento somente para esclarecer os ônus da sucumbência (STF, RE 456530 ED/SC, 2ª Turma, Rel. Min. Joaquim Barbosa, *DJe* 01.02.2011).

No mesmo sentido, a Seção de Dissídios Coletivos do TST, conforme demonstra o seguinte julgado:

[...] Descontos dos dias parados. Predomina nesta Corte o entendimento de que a greve configura a suspensão do contrato de trabalho, e, por isso, como regra geral, não é devido o pagamento dos dias de paralisação, exceto quando a questão é negociada entre as partes ou em situações excepcionais, como na paralisação motivada por descumprimento de instrumento normativo coletivo vigente, não pagamento de salários e más-condições de trabalho. No caso, infere-se que a postulação não se enquadra nas hipóteses de excepcionalidade admitidas pela jurisprudência desta Corte. Recurso ordinário provido, a fim de autorizar o desconto dos dias em que não houve efetiva prestação por parte dos trabalhadores que aderiram à greve. [...] (TST, SDC, RO-1000951-10.2014.5.02.0000, Rel. Min. Kátia Magalhães Arruda, j. 22.02.2016, *DEJT* 22.03.2016).

Destarte, em que pese a existência de interpretação doutrinária e jurisprudencial no sentido da impossibilidade de "corte de ponto" dos grevistas, notadamente tratando-se de servidores públicos (entre outros fundamentos porque tal conduta do empregador negaria o próprio direito de greve), para concursos públicos recomendo, como sempre, a corrente majoritária, a qual está evidente nos julgados transcritos *supra*.

Ademais, especificamente em relação ao servidor público, o STF decidiu que os dias parados por greve devem ser descontados, exceto se houver acordo de compensação, ou se a greve foi motivada por conduta ilícita do Poder Público (RE nº 693.456, julgado em 27.10.2016).

30.8. *LOCKOUT* OU LOCAUTE

O *lockout* corresponde ao fechamento provisório da fábrica, pelo empregador, a fim de frustrar o movimento grevista.

Trata-se de figura proibida por quase todas as ordens jurídicas, tendo em vista que caracteriza a ampliação do desequilíbrio existente entre empregador e empregado. Ora, se o empregador já é um ser coletivo por natureza, se já possui poder suficiente para influir substancialmente na vida dos trabalhadores, o direito à greve surge como contrapeso, de forma a equilibrar esta relação. Se permitida a "greve do empregador", teríamos novamente a balança totalmente pendente para o lado deste.

A nossa Lei de Greve tratou de repelir expressamente a possibilidade, consoante dispõe o art. 17:

> Art. 17. Fica vedada a paralisação das atividades, por iniciativa do empregador, com o objetivo de frustrar negociação ou dificultar o atendimento de reivindicações dos respectivos empregados (*lockout*).
>
> Parágrafo único. A prática referida no *caput* assegura aos trabalhadores o direito à percepção dos salários durante o período de paralisação.

Não obstante a proibição expressa, indaga-se qual seria a solução caso o empregador pratique o locaute.

Neste caso, os efeitos jurídicos são de duas ordens:

a) em primeiro lugar, o tempo de paralisação das atividades empresariais será considerado interrupção contratual, pelo que serão devidos os salários;

b) em segundo lugar, como o empregador desrespeitou a lei e um direito fundamental do empregado, terá cometido falta grave, sujeitando-se à rescisão indireta do contrato de trabalho, nos termos do art. 483 da CLT.

DIREITO DE GREVE
Conceito de greve:
• É a suspensão coletiva, temporária e pacífica, total ou parcial, de prestação pessoal de serviços a empregador.
• Trata-se de mecanismo de autotutela, através do qual o empregado busca pressionar o empregador no sentido da melhoria das condições de trabalho.
• O direito de greve é individual, mas seu exercício é sempre coletivo.

DIREITO DE GREVE

Finalidade da greve:

- Para a doutrina e jurisprudência majoritárias, a greve somente se justifica se tiver por escopo a melhoria da condição social do trabalhador, seja pela melhor remuneração, ou ainda pela melhoria das condições de trabalho.
- Desse modo, em regra, considera-se abusiva a greve política e a greve de solidariedade.

Efeitos da greve sobre o contrato de trabalho:

- Em princípio, a deflagração da greve acarreta a suspensão do contrato de trabalho (o empregado não trabalha, mas também não recebe).
- A suspensão contratual pode se transformar em interrupção contratual, caso as partes assim ajustem.
- Durante a greve, o empregado não pode ser demitido, até porque seu contrato está suspenso.
- É vedada a contratação de trabalhadores substitutos durante a greve.
- Se a greve é abusiva, entretanto, considera-se como não sendo greve, do que decorre a possibilidade de contratação de substitutos e a possibilidade de demissão dos trabalhadores envolvidos.

Manutenção dos serviços mínimos indispensáveis ao empreendimento:

- A greve não pode causar prejuízos irreparáveis ao empregador, assim considerados aqueles que deterioram irreversivelmente bens, máquinas e equipamentos. Também deve ser assegurado o serviço mínimo necessário à garantia de retomada das atividades da empresa quando do término do movimento grevista.
- Caso os trabalhadores não mantenham tal serviço mínimo, há abuso do direito de greve, razão pela qual o empregador fica autorizado a contratar substitutos.

Greve abusiva:

- Considera-se abusivo o movimento grevista que não observa os preceitos da Lei de Greve, bem como a greve mantida após a celebração de acordo (ACT ou CCT) ou decisão da Justiça do Trabalho.
- Durante a vigência de ACT, CCT ou sentença normativa, não é abusiva a greve que objetiva o cumprimento de cláusula ou condição, bem como a greve motivada pela superveniência de fatos novos ou acontecimento imprevisto que modifiquem substancialmente a relação de trabalho.
- Destaque-se, entretanto, que a simples adesão à greve não constitui falta grave, pelo que o empregado não pode ser punido por tal fato, mesmo que, ao final, a greve seja julgada improcedente pela Justiça do Trabalho. O abuso se configura pelo descumprimento da Lei de Greve e/ou do princípio da boa-fé objetiva e lealdade na negociação coletiva.
- A conduta abusiva do empregado lhe retira qualquer garantia ou benefício assegurado por lei aos grevistas.

Limites impostos ao direito de greve:

- Ilegitimidade de determinadas condutas associadas à greve;
- Imprescindibilidade dos atos preparatórios;
- Restrição ao direito de greve em relação a determinadas categorias de trabalhadores.

Condutas associadas à greve:

- **Piquete:** caracterizado pela presença de um grupo de trabalhadores na porta da fábrica ou local de trabalho, visando impedir a entrada de trabalhadores durante o movimento grevista. Só será lícito se for pacífico, sem o uso de qualquer tipo de violência, aí incluída a coação moral. Do contrário, se da conduta decorre dano ao empregador ou a terceiros, será considerada abusiva. O ato de impedir o acesso ao local de trabalho constitui abuso.
- **Ocupação do estabelecimento (*lock-in*):** conduta consistente na ocupação física do estabelecimento pelos grevistas, com vistas a induzir a adesão dos demais trabalhadores à greve. Somente seria lícita se resguardados os direitos de terceiros, o que, na prática, mostra-se inviável. Cabe à Justiça do Trabalho julgar as ações possessórias ajuizadas em decorrência da ocupação do estabelecimento.

DIREITO DE GREVE

- **Operação-tartaruga, excesso de zelo** ou **operação-padrão:** são mecanismos de pressão pelos quais os trabalhadores não paralisam as atividades (pelo que não pode ser considerada forma de greve), mas a reduzem de forma substancial. Geralmente são recursos utilizados como atos preparatórios para a greve, mas tendem a configurar conduta abusiva.

- **Boicote:** é o movimento no sentido de convencer a população em geral, ou ao menos um determinado grupo comunitário, a não manter relações comerciais com determinada empresa, deixando de adquirir produtos e/ou serviços por ela oferecidos. Não se liga diretamente à relação de trabalho, razão pela qual normalmente não surte efeitos na seara trabalhista.

- **Sabotagem:** é a conduta deliberada dos trabalhadores que objetiva a depredação do patrimônio do empregador, seja quebrando máquinas, destruindo prédios ou produzindo peças inservíveis. Trata-se de conduta selvagem, que não merece qualquer proteção jurídica. Os autores de atos desta natureza se sujeitam à responsabilização prevista não só na legislação trabalhista, mas também no âmbito civil e penal.

Rito para deflagração da greve (atos preparatórios):
- Frustração da via negocial.
- Aviso-prévio ao empregador, 48h antes do início da greve; e ao empregador e à população (usuários do serviço), no mínimo 72h antes do início da greve, se a atividade ou serviço for essencial.
- Aprovação em assembleia geral convocada para tal fim, nos termos do estatuto da entidade sindical.
- Se não houver sindicato, a assembleia geral dos trabalhadores designará comissão de negociação, a qual deverá prosseguir na condução do processo negocial.

Greve em atividades essenciais:
- Ao contrário do que muitos imaginam, não é vedada a greve em atividades essenciais. O que ocorre é a imposição de algumas restrições ao exercício do direito de greve, a fim de proteger o interesse público envolvido.
- São atividades essenciais aquelas mencionadas na Lei de Greve (lista taxativa), quais sejam:
    - Tratamento e abastecimento de água; produção e distribuição de energia elétrica, gás e combustíveis;
    - Assistência médica e hospitalar;
    - Distribuição e comercialização de medicamentos e alimentos;
    - Funerários;
    - Transporte coletivo;
    - Captação e tratamento de esgoto e lixo;
    - Telecomunicações;
    - Guarda, uso e controle de substâncias radioativas, equipamentos e materiais nucleares;
    - Processamento de dados ligados a serviços essenciais;
    - Controle de tráfego aéreo e navegação aérea;
    - Compensação bancária;
    - Atividades médico-periciais relacionadas com o regime geral de previdência social e a assistência social;
    - Atividades médico-periciais relacionadas com a caracterização do impedimento físico, mental, intelectual ou sensorial da pessoa com deficiência, por meio da integração de equipes multiprofissionais e interdisciplinares, para fins de reconhecimento de direitos previstos em lei, em especial na Lei nº 13.146, de 6 de julho de 2015 (Estatuto da Pessoa com Deficiência);
    - Outras prestações médico-periciais da carreira de Perito Médico Federal indispensáveis ao atendimento das necessidades inadiáveis da comunidade;
    - Atividades portuárias.
- A greve em atividades essenciais deve ser pré-avisada não só ao empregador, mas também aos usuários dos serviços, e o prazo é de, no mínimo, 72 horas antes do início do movimento.

DIREITO DE GREVE
• Além do pré-aviso, os grevistas ficam obrigados a garantir, durante a greve, a prestação dos serviços indispensáveis ao atendimento das necessidades inadiáveis da comunidade.
• São necessidades inadiáveis da comunidade aquelas que, não atendidas, coloquem em perigo iminente a sobrevivência, a saúde ou a segurança da população.
• Caso não seja assegurada a prestação destes serviços indispensáveis ao atendimento das necessidades inadiáveis da população, deverá o Poder Público fazê-lo diretamente.
• Considera-se abusiva a greve em atividades essenciais sempre que não forem respeitadas tais restrições.
Restrições ao direito de greve conforme a categoria:
• Os militares não têm direito de greve.
• Os servidores públicos têm direito de greve, devendo ser aplicada a Lei de Greve, no que couber, enquanto não for regulamentada a greve no serviço público. Este é o entendimento atual do STF.
"É vedado o exercício do direito de greve aos policiais civis e a todos os servidores públicos que atuem diretamente na área de segurança pública" (STF)
Lockout:
• É o fechamento provisório da fábrica, pelo empregador, a fim de frustrar o movimento grevista.
• Tal conduta é proibida por lei, sendo que, em caso de descumprimento pelo empregador, serão devidos os salários do período (interrupção contratual), e o empregador estará sujeito à rescisão indireta dos contratos de trabalho.

30.9. DEIXADINHAS

1. A equivalência das partes no Direito Coletivo do Trabalho depende de mecanismos de pressão por parte dos trabalhadores, sendo o principal deles a greve.

2. A greve é modalidade de autotutela admitida, excepcionalmente, pelo sistema jurídico.

3. É assegurado o direito de greve, competindo aos trabalhadores decidir sobre a oportunidade de exercê-lo e sobre os interesses que devam por meio dele defender.

4. A lei definirá os serviços ou atividades essenciais e disporá sobre o atendimento das necessidades inadiáveis da comunidade.

5. Os abusos cometidos sujeitam os responsáveis às penas da lei.

6. Considera-se legítimo exercício do direito de greve a suspensão coletiva, temporária e pacífica, total ou parcial, de prestação pessoal de serviços a empregador.

7. O direito pertence ao trabalhador, que individualmente escolhe participar da greve ou não. Porém, a greve só pode ser exercida coletivamente.

8. A responsabilidade pelos atos praticados, ilícitos ou crimes cometidos, no curso da greve, será apurada, conforme o caso, segundo a legislação trabalhista, civil ou penal.

9. O principal objetivo da greve é abrir as negociações entre trabalhadores e empregador.

10. Em regra, consideram-se abusivas a greve política e a greve de solidariedade.

11. Seria exemplo de greve política o movimento geral deflagrado por uma ou mais categorias visando pressionar o governo a estimular a normatização de questões de interesse da classe obreira.

12. É exemplo de greve de solidariedade aquela levada a efeito como forma de apoiar o pleito de outra categoria ou grupo.

13. Observadas as condições previstas nesta Lei, a participação em greve suspende o contrato de trabalho, devendo as relações obrigacionais, durante o período, ser regidas pelo acordo, convenção, laudo arbitral ou decisão da Justiça do Trabalho.

14. É vedada, em regra, a rescisão de contrato de trabalho durante a greve, bem como a contratação de trabalhadores substitutos.

15. Primeira exceção: se não for mantida equipes de empregados com o propósito de assegurar os serviços cuja paralisação resulte em prejuízo irreparável, pela deterioração irreversível de bens, máquinas e equipamentos, bem como a manutenção daqueles essenciais à retomada das atividades da empresa quando da cessação do movimento.

16. Segunda exceção: greve abusiva, assim considerada aquela que não observa as regras da Lei de Greve, bem como a manutenção da paralisação após a celebração de acordo, convenção ou decisão da Justiça do Trabalho.

17. Na vigência de acordo, convenção ou sentença normativa não constitui abuso do exercício do direito de greve a paralisação que: a) tenha por objetivo exigir o cumprimento de cláusula ou condição; b) seja motivada pela superveniência de fatos novos ou acontecimento imprevisto que modifique substancialmente a relação de trabalho.

18. A simples adesão à greve não constitui falta grave.

19. Se a greve é pacífica, portanto, o empregado não poderá ser punido simplesmente por ter participado dela, ainda que ao final seja julgada improcedente em sede de dissídio coletivo.

20. Algumas condutas associadas ao exercício do direito de greve são lícitas, outras não. O traço caracterizador da licitude de tal conduta será, normalmente, a natureza pacífica e, consequentemente, a não violação de direitos de terceiros.

21. O piquete é caracterizado pela presença de um grupo de trabalhadores na porta da fábrica ou local de trabalho, visando impedir a entrada de trabalhadores durante o movimento grevista.

22. O piquete só será lícito se for pacífico, sem o uso de qualquer tipo de violência, aí incluída a coação moral. Do contrário, se da conduta decorre dano ao empregador ou a terceiros, será considerada abusiva.

23. O ato de impedir o acesso ao local de trabalho constitui abuso. As manifestações e atos de persuasão utilizados pelos grevistas não poderão impedir o acesso ao trabalho, nem causar ameaça ou dano à propriedade ou pessoa.

24. É assegurado aos grevistas o emprego de meios pacíficos tendentes a persuadir ou aliciar os trabalhadores a aderirem à greve.

25. Em nenhuma hipótese os meios adotados por empregados e empregadores poderão violar ou constranger os direitos e garantias fundamentais de outrem.

26. A ocupação do estabelecimento (*lock-in*) é a conduta consistente na ocupação física do estabelecimento pelos grevistas, com vistas a induzir a adesão dos demais trabalhadores à greve.

27. Embora não seja vedada pela Constituição, a ocupação do estabelecimento normalmente ocasionará a violação de direitos do empregador ou de terceiros, pelo que consistirá em conduta abusiva.

28. A Justiça do Trabalho é competente para processar e julgar ação possessória ajuizada em decorrência do exercício do direito de greve pelos trabalhadores da iniciativa privada.

29. Operação-tartaruga, excesso de zelo e operação-padrão são mecanismos de pressão pelos quais os trabalhadores não paralisam as atividades (pelo que não pode ser considerados formas de greve), mas a reduzem de forma substancial. Geralmente são recursos utilizados como atos preparatórios para a greve, mas tendem a configurar abuso.

30. O boicote é o movimento no sentido de convencer a população em geral, ou ao menos um determinado grupo comunitário, a não manter relações comerciais com determinada empresa, deixando de adquirir produtos e/ou serviços por ela oferecidos.

31. Se ocorrer associada à greve, a conduta, desde que pacífica, não surte efeitos jurídico--trabalhistas, posto se tratar de mero fato socioeconômico.

32. Sabotagem é a conduta deliberada dos trabalhadores que objetiva a depredação do patrimônio do empregador, seja quebrando máquinas, destruindo prédios ou produzindo peças inservíveis.

33. A sabotagem é obviamente ilícita, por constituir abuso de direito, sujeitando seus agentes à punição criminal, inclusive, sem prejuízo da repercussão nas esferas trabalhista e cível.

34. A Lei de Greve estabelece alguns procedimentos preparatórios imprescindíveis para o reconhecimento da regularidade do exercício do direito de greve.

35. O primeiro requisito para que se possa lançar mão da greve é a tentativa de apelo à via negocial. Neste sentido, frustrada a negociação ou verificada a impossibilidade de recursos via arbitral, é facultada a cessação coletiva do trabalho.

36. É abusiva a greve levada a efeito sem que as partes hajam tentado, direta e pacificamente, solucionar o conflito que lhe constitui o objeto.

37. Em outras palavras, exige a lei seja o empregador pré-avisado, até mesmo para que possa ceder ante as reivindicações dos trabalhadores a fim de evitar a greve, se for o caso.

38. A entidade patronal correspondente ou os empregadores diretamente interessados serão notificados, com antecedência mínima de 48 horas, da paralisação.

39. Na greve, em serviços ou atividades essenciais, ficam as entidades sindicais ou os trabalhadores, conforme o caso, obrigados a comunicar a decisão aos empregadores e aos usuários com antecedência mínima de 72 horas da paralisação.

40. Somente será lícita a deflagração da greve se o movimento for aprovado por deliberação da assembleia geral, devidamente convocada para tal fim.

41. O estatuto da entidade sindical deverá prever as formalidades de convocação e o *quorum* para a deliberação, tanto da deflagração quanto da cessação da greve.

42. Na falta de entidade sindical, a assembleia geral dos trabalhadores interessados deliberará sobre a greve, constituindo comissão de negociação.

43. A entidade sindical ou comissão especialmente eleita representará os interesses dos trabalhadores nas negociações ou na Justiça do Trabalho.

44. Não há proibição de greve em atividades essenciais! Há, sim, alguns limites especiais, ligados à garantia de serviços indispensáveis à população em geral (interesse público).

45. Dispõe a CRFB que a lei definirá os serviços ou atividades essenciais e disporá sobre o atendimento das necessidades inadiáveis da comunidade.

46. A Lei de Greve prevê taxativamente as seguintes atividades ou serviços essenciais: tratamento e abastecimento de água; produção e distribuição de energia elétrica, gás e combustíveis; assistência médica e hospitalar; distribuição e comercialização de medicamentos e alimentos; funerários; transporte coletivo; captação e tratamento de esgoto e lixo; telecomunicações; guarda, uso e controle de substâncias radioativas, equipamentos e materiais nucleares; processamento de dados ligados a serviços essenciais; controle de tráfego aéreo; compensação bancária.

47. Nos serviços ou atividades essenciais, os sindicatos, os empregadores e os trabalhadores ficam obrigados, de comum acordo, a garantir, durante a greve, a prestação dos serviços indispensáveis ao atendimento das necessidades inadiáveis da comunidade.

48. São necessidades inadiáveis da comunidade aquelas que, não atendidas, coloquem em perigo iminente a sobrevivência, a saúde ou a segurança da população.

49. No caso de inobservância da garantia dos serviços indispensáveis e atendimento das necessidades inadiáveis da comunidade, o Poder Público assegurará diretamente a prestação destes serviços.

50. É abusiva a greve que se realiza em setores que a lei define como sendo essenciais à comunidade, se não é assegurado o atendimento básico das necessidades inadiáveis dos usuários do serviço, na forma prevista na Lei nº 7.783/1989.

51. Ao militar são proibidas a sindicalização e a greve.

52. Quanto ao servidor público, o direito de greve será exercido nos termos e nos limites definidos em lei específica. Entretanto, ante a omissão do legislador, o STF alterou seu entendimento anterior, admitindo a greve no serviço público, devendo ser aplicada, no que couber, a Lei nº. 7.783/1989.

53. É vedado o exercício do direito de greve aos policiais civis e a todos os servidores públicos que atuem diretamente na área de segurança pública.

54. É incompatível com a declaração de abusividade de movimento grevista o estabelecimento de quaisquer vantagens ou garantias a seus partícipes, que assumiram os riscos inerentes à utilização do instrumento de pressão máximo.

55. A Justiça do Trabalho, por iniciativa de qualquer das partes ou do Ministério Público do Trabalho, decidirá sobre a procedência, total ou parcial, ou improcedência das reivindicações, cumprindo ao Tribunal publicar, de imediato, o competente acórdão.

56. Ao MPT cabe ajuizar dissídio coletivo apenas na hipótese de greve em atividade ou serviço essencial. Na mesma hipótese, o sindicato é concorrentemente legitimado a ajuizar o dissídio de greve.

57. O *lockout* corresponde ao fechamento provisório da fábrica, pelo empregador, a fim de frustrar o movimento grevista.

58. Fica vedada a paralisação das atividades, por iniciativa do empregador, com o objetivo de frustrar negociação ou dificultar o atendimento de reivindicações dos respectivos empregados (*lockout*).

59. A prática do *lockout* assegura aos trabalhadores o direito à percepção dos salários durante o período de paralisação.

CAPÍTULO 31

Comissões de Conciliação Prévia

· ·

Marcadores: COMISSÃO DE CONCILIAÇÃO PRÉVIA – CCP; SOLUÇÃO EXTRAJUDICIAL DE CONFLITOS; MEDIAÇÃO; TERMO DE CONCILIAÇÃO; EFICÁCIA LIBERATÓRIA; NÚCLEO INTERSINDICAL DE CONCILIAÇÃO TRABALHISTA.

Material de estudo:

✓ Legislação: **CLT**, art. 625-A a 625-H.

✓ Jurisprudência: **ADI** nº 2139 e 2160, STF.

✓ Doutrina (–)

Estratégia de estudo sugerida:

Questões sobre este assunto exploram a literalidade dos dispositivos celetistas, razão pela qual é fundamental conhecê-los.

Há que se conhecer, ainda, a interpretação dada pelo STF ao art. 625-D da CLT.

As Comissões de Conciliação Prévia – CCP foram trazidas ao ordenamento jurídico pela Lei nº 9.958/2000, que acrescentou os arts. 625-A a 625-H à CLT.

As CCPs surgiram, ao menos em tese, como uma tentativa de solucionar conflitos trabalhistas pela via da **conciliação**, evitando a chegada das demandas à Justiça do Trabalho. Em razão disso, são consideradas por parte significativa da doutrina como hipótese de *mediação* de conflitos individuais trabalhistas.

Na prática, pouco acrescentaram ao sistema, podendo-se afirmar que sua eficácia social é quase nenhuma.

31.1. CONCEITO E FUNÇÃO

Comissões de Conciliação Prévia são comissões paritárias *facultativamente* formadas no âmbito da empresa e/ou dos sindicatos, com o objetivo de tentar conciliar os conflitos individuais do trabalho.

Neste sentido, o art. 625-A da CLT:

Art. 625-A. As empresas e os sindicatos **podem instituir** Comissões de Conciliação Prévia, de composição paritária, com representante dos empregados e dos empregadores, com a **atribuição de tentar conciliar os conflitos individuais do trabalho**.

Parágrafo único. As Comissões referidas no *caput* deste artigo poderão ser constituídas por grupos de empresas ou ter caráter intersindical. (grifos meus)

Observe-se que a CLT admite várias formas de instituição da comissão, conforme o âmbito de atuação, a saber:

a) *na empresa*: a CCP é formada em uma única empresa, naturalmente alcançando somente as demandas dos empregados daquela empresa;

b) *no sindicato*: a CCP é instituída no âmbito de um sindicato determinado, alcançando as demandas dos trabalhadores daquela categoria;

c) *em grupos de empresas*: a comissão é formada por um grupo de empresas, alcançando demandas dos empregados de todas elas;

d) *intersindical*: a comissão é formada no âmbito de diversos sindicatos, alcançando os trabalhadores das categorias respectivas.

31.2. FACULTATIVIDADE DE INSTITUIÇÃO *VS.* IMPERATIVIDADE DE UTILIZAÇÃO

Como visto no conceito, no item anterior, a **instituição** das CCPs é **facultativa**.

Entretanto, existindo a CCP, seja no âmbito da empresa, seja no âmbito dos sindicatos (e, obviamente, também no caso de existir em ambos), **a passagem pela mesma *seria* obrigatória**, para que só então o empregado pudesse ingressar com a reclamação trabalhista na Justiça do Trabalho. Em outras palavras, estaríamos diante de uma **condição da ação**, sem a qual o Juiz deveria extinguir o processo sem resolução do mérito.

Este é o sentido do *caput* do art. 625-D da CLT:

Art. 625-D. **Qualquer demanda de natureza trabalhista será submetida à Comissão de Conciliação Prévia se**, na localidade da prestação de serviços, **houver sido instituída a Comissão** no âmbito da empresa ou do sindicato da categoria.

(...) (grifos meus)

Não obstante o disposto no art. 625-D, o STF decidiu em 13.05.2009, por maioria, conceder medida cautelar em sede das ADIs nº 2.139/DF e 2.160/DF, no sentido da não obrigatoriedade da passagem pelas CCP antes do ingresso de ação trabalhista, por ofensa ao princípio do amplo acesso ao Judiciário (art. 5º, XXXV, CRFB). A referida liminar foi confirmada pelo Plenário em julgamento realizado em 01.08.2018. Portanto, para o STF, a submissão da demanda à CCP antes do ajuizamento de ação trabalhista constitui **mera faculdade**, e não imposição. Eis o aresto relativo à ADI nº 2.139/DF:

AÇÃO DIRETA DE INCONSTITUCIONALIDADE. §§ 1º A 4º DO ART. 625-D DA CONSOLIDAÇÃO DAS LEIS DO TRABALHO – CLT, ACRESCIDO PELA LEI N. 9.958, DE 12.1.2000. COMISSÃO DE CONCILIAÇÃO PRÉVIA – CCP. SUPOSTA OBRIGATORIEDADE DE ANTECEDENTE SUBMISSÃO DO PLEITO TRABALHISTA À COMISSÃO PARA POSTERIOR AJUIZAMENTO DE RECLAMAÇÃO TRABALHISTA. INTERPRETAÇÃO PELA QUAL SE PERMITE A SUBMISSÃO FACULTATIVAMENTE. GARANTIA DO ACESSO À JUSTIÇA. INC. XXXV DO ART. 5º DA CONSTITUIÇÃO DA REPÚBLICA. AÇÃO JULGADA PARCIAL-

MENTE PROCEDENTE PARA DAR INTERPRETAÇÃO CONFORME A CONSTITUIÇÃO AOS §§ 1º A 4º DO ART. 652-D DA CONSOLIDAÇÃO DAS LEIS DO TRABALHO – CLT.

1. O Supremo Tribunal Federal tem reconhecido, em obediência ao inc. XXXV do art. 5º da Constituição da República, a desnecessidade de prévio cumprimento de requisitos desproporcionais ou inviabilizadores da submissão de pleito ao Poder Judiciário.

2. Contraria a Constituição interpretação do previsto no art. 625-D e parágrafos da Consolidação das Leis do Trabalho pelo qual se reconhecesse a submissão da pretensão à Comissão de Conciliação Prévia como requisito para ajuizamento de reclamação trabalhista. Interpretação conforme a Constituição da norma.

3. Art. 625-D e parágrafos da Consolidação das Leis do Trabalhos: a legitimidade desse meio alternativo de resolução de conflitos baseia-se na consensualidade, sendo importante instrumento para o acesso à ordem jurídica justa, devendo ser estimulada, não consubstanciando, todavia, requisito essencial para o ajuizamento de reclamações trabalhistas.

4. Ação direta de inconstitucionalidade julgada parcialmente procedente para dar interpretação conforme a Constituição aos §§ 1º a 4º do art. 625-D da Consolidação das Leis do Trabalho, no sentido de assentar que a Comissão de Conciliação Prévia constitui meio legítimo, mas não obrigatório de solução de conflitos, permanecendo o acesso à Justiça resguardado para todos os que venham a ajuizar demanda diretamente ao órgão judiciário competente. (STF, ADI 2139/DF, Tribunal pleno, Rel. Min. Carmen Lucia, j. 01.08.2018, *DJe* 19.02.2019).

De uma forma geral, a tendência é considerar a passagem pela CCP como *pressuposto processual*, e não como condição da ação, razão pela qual a tentativa de conciliação pelo Juiz, logo na primeira audiência, supriria eventual vício.

Em consonância com este entendimento, também o TST:

[...] Obrigatoriedade de submissão da demanda à Comissão de Conciliação Prévia. Efeitos. Recurso calcado em violação de artigos de lei e em divergência jurisprudencial. Embora não se deva desestimular a atuação das Comissões de Conciliação Prévia, a omissão de sua interveniência em processos que seguiram regular tramitação, restando frustradas as tentativas de acordo, não podem conduzir à extinção do feito, quanto mais em sede extraordinária. Não bastassem esses fundamentos, em 14.05.2009 o Supremo Tribunal Federal, dando interpretação conforme com a Constituição Federal ao art. 625-D da CLT, estabeleceu, liminarmente, que demandas trabalhistas podem ser ajuizadas sem prévia submissão às Comissões de Conciliação Prévia, em observância ao direito universal de acesso à Justiça, bem assim à liberdade de escolha, pelo cidadão, da via mais conveniente para submeter suas demandas (ADI 2.139/DF-MC e ADI 2.160/DF-MC, Plenário, Rel. Min. Octavio Gallotti, red. p/ acórdão Min. Marco Aurélio, *DJ* 23.10.2009). Finalmente, no que tange especificamente às comissões paritárias da Lei 8.630/93, a Orientação Jurisprudencial nº 391 da e. SBDI-1 veda o conhecimento da revista. Recurso de revista não conhecido. [...] (TST, 3ª Turma, RR-133800-16.2007.5.09.0322, Rel. Min. Alexandre de Souza Agra Belmonte, j. 16.03.2016, *DEJT* 22.03.2016).

Recurso de embargos regido pela Lei nº 11.496/2007. Comissão de Conciliação Prévia. Submissão. Não obrigatoriedade. A exigência de submissão prévia à CCP não se constitui em pressuposto processual para aforamento de demanda laboral ou mesmo de condição da ação, a teor do artigo 267, VI, do Código de Processo Civil, mas sim mecanismo extrajudicial de solução de conflitos. Precedentes desta SBDI1. Recurso de embargos conhecido e desprovido. [...] (TST, SDI-I, E-ED-RR-2862300-73.2008.5.09.0001, Rel. Min. Renato de Lacerda Paiva, j. 11.06.2015, *DEJT* 19.06.2015).

Os parágrafos do art. 625-D, por sua vez, regulam a submissão da demanda à Comissão.

A demanda será formulada por escrito ou reduzida a termo por qualquer dos membros da Comissão, sendo entregue cópia datada e assinada pelo membro aos interessados (§ 1º do art. 625-D).

Caso não prospere a conciliação, ou seja, caso as partes não cheguem a nenhum acordo, será fornecida ao empregado e ao empregador declaração da tentativa conciliatória frustrada com a descrição de seu objeto, firmada pelos membros da Comissão, que deverá ser juntada à eventual reclamação trabalhista (§ 2º do art. 625-D). Frise-se, entretanto, que, de acordo com o entendimento do STF, a juntada de tal declaração à eventual reclamação trabalhista não é necessária.

Por fim, caso exista, na mesma localidade e para a mesma categoria, Comissão de empresa e Comissão sindical, **o interessado optará** por uma delas para submeter a sua demanda, sendo competente aquela que primeiro conhecer do pedido (§ 4º do art. 625-D). Ressalte-se que **a opção é do empregado**.

31.3. COMISSÃO CONSTITUÍDA NO ÂMBITO DA EMPRESA

Observe-se atentamente que **o disposto no art. 625-B da CLT se aplica somente à comissão instituída no âmbito da empresa**. Com efeito, a CCP instituída no âmbito do sindicato não tem seu funcionamento regulado diretamente pela CLT, e sim por instrumento coletivo de trabalho (convenção coletiva ou acordo coletivo de trabalho), nos termos do art. 625-C da CLT.

Vejamos de forma esquematizada a disciplina legal da Comissão instituída no âmbito da empresa:

- será composta de, no mínimo, dois e, no máximo, dez membros;
- como a comissão é paritária, metade dos membros é *indicada* pelo empregador, e a outra metade é *eleita* pelos empregados, em votação secreta, fiscalizada pelo sindicato da categoria profissional;
- para cada titular haverá um suplente;
- o mandato dos membros (titulares e suplentes) é de um ano, permitida uma recondução;
- os representantes dos empregados, titulares e suplentes, têm o emprego garantido, salvo se cometerem falta grave, até um ano após o final do mandato.
- o tempo despendido pelo representante dos empregados na Comissão constitui hipótese de *interrupção contratual*, ou seja, deve ser remunerado normalmente pelo empregador.

Como o disposto no art. 625-B não se aplica às comissões instituídas no âmbito dos sindicatos, em princípio nenhuma destas disposições se lhe aplicam, salvo se também previstas no instrumento coletivo de trabalho.

31.4. EFEITOS DA CONCILIAÇÃO NA CCP

Outra questão polêmica diz respeito aos efeitos jurídicos do termo de conciliação decorrente da CCP.

A lei lhe atribui não só a qualidade de **título executivo extrajudicial**, mas também **eficácia liberatória geral**. Neste sentido, o art. 625-E da CLT:

> Art. 625-E. Aceita a conciliação, será lavrado termo assinado pelo empregado, pelo empregador ou seu proposto e pelos membros da Comissão, fornecendo-se cópia às partes.
>
> Parágrafo único. **O termo de conciliação é título executivo extrajudicial e terá eficácia liberatória geral, exceto quanto às parcelas expressamente ressalvadas.** (grifos meus)

O fato de o termo de conciliação constituir título executivo extrajudicial significa que, em caso de descumprimento do acordo por parte do empregador, a execução se faz de forma direta na Justiça do Trabalho, sem a necessidade de passar pela fase cognitiva do processo (fase de conhecimento).

A doutrina se insurge contra a possibilidade de esta conciliação produzir eficácia liberatória geral, tendo em vista que não teria sido conferida pela CRFB a qualquer entidade da sociedade civil, exceto nos casos de negociação coletiva, a prerrogativa de despojamento de direitos. No âmbito individual, somente seria possível a transação bilateral trabalhista, jamais qualquer tipo de renúncia.

Apesar de tais críticas, é certo que a Lei resguardou a possibilidade de ressalva pelo empregado no termo de conciliação.

Dessa forma, se o empregado assinou a conciliação e não fez qualquer ressalva, entende-se que não poderá ele reclamar eventuais diferenças futuramente. Este tem sido o entendimento do TST, conforme se depreende do seguinte aresto:

> Embargos. Conhecimento. Matéria pacificada perante a SbDI-1 plena do TST. Comissão de Conciliação Prévia. Termo de quitação. Eficácia liberatória. Ausência de ressalvas. 1. A Subseção I Especializada em Dissídios Individuais do TST, em sua composição plena, assentou que o termo de conciliação firmado perante Comissão de Conciliação Prévia, sem ressalvas e sem vício de consentimento, ostenta eficácia liberatória geral, consoante dispõe o art. 625-E, parágrafo único, da CLT (Processo nº E-RR-17400-43.2006.5.01.0073, Rel. Min. Aloysio Corrêa da Veiga, *DEJT* de 17/5/2013). 2. Não comportam conhecimento embargos interpostos em face de acórdão de Turma do TST que reconhece a eficácia liberatória geral do acordo homologado perante a Comissão de Conciliação Prévia, sem ressalvas, em plena conformidade com a jurisprudência pacífica do TST. 3. Embargos de que não se conhece. Aplicação do art. 894, § 2º, da CLT (TST, SDI-I, E-ARR-18300-20.2009.5.02.0032, Rel. Min. João Oreste Dalazen, j. 06.10.2016, *DEJT* 14.10.2016).

31.5. INFLUÊNCIA SOBRE A PRESCRIÇÃO

Dispõe o art. 625-F da CLT que a CCP tem o prazo de dez dias para a realização da sessão de tentativa de conciliação a partir da provocação do interessado.

Por sua vez, o prazo prescricional será **suspenso** a partir da provocação da Comissão, recomeçando a fluir, pelo que lhe resta, a partir da tentativa frustrada de conciliação, ou ainda do esgotamento do prazo de dez dias sem a realização da sessão de tentativa de conciliação.

COMISSÕES DE CONCILIAÇÃO PRÉVIA
Conceito e função:
• Comissões de Conciliação Prévia são comissões paritárias facultativamente formadas no âmbito da empresa e/ou dos sindicatos, com o objetivo de tentar conciliar os conflitos individuais do trabalho.
• Função: tentar resolver conflitos trabalhistas pela via da conciliação.
Formas de instituição:
• Na empresa
• No sindicato
• Em grupos de empresas
• Intersindical

COMISSÕES DE CONCILIAÇÃO PRÉVIA

Facultatividade:

- A instituição das CCPs é facultativa.
- Existindo a CCP, a submissão da demanda a ela seria obrigatória, consoante dispõe a CLT. Entretanto, o STF entende que a submissão da demanda à CCP também constitui mera faculdade do trabalhador. Este entendimento jurisprudencial é hoje pacífico, inclusive no âmbito do TST.

Comissão constituída no âmbito da empresa:

- Mínimo dois, máximo dez membros.
- Comissão paritária: metade dos membros é indicada pelo empregador, a outra metade é eleita pelos empregados.
- Para cada titular há um suplente.
- Os representantes dos empregados, titulares e suplentes, têm o emprego garantido, salvo se cometerem falta grave, até um ano após o final do mandato.
- O tempo despendido pelo representante dos empregados na Comissão é hipótese de interrupção contratual.

Comissão constituída no âmbito do sindicato:

- Regida pelo disposto no instrumento coletivo de trabalho.

Efeitos da conciliação em CCP:

- Título executivo extrajudicial.
- Eficácia liberatória geral, salvo quanto às parcelas expressamente ressalvadas.

Prescrição:

- A provocação da CCP suspende o prazo prescricional.

31.6. DEIXADINHAS

1. As Comissões de Conciliação Prévia têm por objetivo a tentativa de conciliação dos conflitos individuais do trabalho, evitando a chegada da demanda à Justiça do Trabalho.

2. A instituição das CCPs é facultativa, podendo se dar no âmbito de uma ou mais empresas, bem como de um ou mais sindicatos. A composição é paritária, ou seja, mesmo número de representantes do empregador e dos empregados.

3. O STF e o TST entendem que a submissão da demanda à CCP é apenas uma faculdade do empregado, e não uma condição para que possa ajuizar a ação trabalhista.

4. A demanda será formulada por escrito ou reduzida a termo por qualquer dos membros da Comissão, sendo entregue cópia datada e assinada pelo membro aos interessados.

5. Caso exista, na mesma localidade e para a mesma categoria, Comissão de empresa e Comissão sindical, o interessado optará por uma delas para submeter a sua demanda, sendo competente aquela que primeiro conhecer do pedido.

6. A Comissão composta no âmbito da empresa terá de 2 a 10 membros, sendo a metade indicada pelo empregador e a outra metade eleita pelos empregados, em escrutínio secreto. Para cada titular haverá um suplente. O mandato é de um ano, permitida uma recondução.

7. Os representantes dos empregados na CCP instituída pela empresa, titulares e suplentes, têm o emprego garantido, salvo se cometerem falta grave, até um ano após o final do mandato.

8. O representante dos empregados desenvolverá seu trabalho normal na empresa, afastando-se de suas atividades apenas quando convocado para atuar como conciliador, sendo computado como tempo de trabalho efetivo o despendido nessa atividade.

9. A Comissão instituída no âmbito do sindicato terá sua constituição e normas de funcionamento definidas em convenção ou acordo coletivo.

10. O termo de conciliação é título executivo extrajudicial e terá eficácia liberatória geral, exceto quanto às parcelas expressamente ressalvadas.

11. As Comissões de Conciliação Prévia têm prazo de dez dias para a realização da sessão de tentativa de conciliação, a partir da provocação do interessado.

12. O prazo prescricional será suspenso a partir da provocação da Comissão de Conciliação Prévia, recomeçando a fluir, pelo que lhe resta, a partir da tentativa frustrada de conciliação ou do esgotamento do prazo de 10 dias para realização da sessão de tentativa de conciliação.

CAPÍTULO 32

Direitos Constitucionais
dos Trabalhadores

· ·

Marcadores: DIREITOS CONSTITUCIONAIS DOS TRABALHADORES; DIREITOS SOCIAIS; DIREITOS CONSTITUCIONALMENTE ASSEGURADOS; SEGURO-DESEMPREGO.

Material de estudo:

✓ Legislação *básica*: **CRFB/88**, arts. 7º-10; **CLT**, arts. 510-A a 510-D.

✓ Legislação para *estudo avançado (do seguro-desemprego)*: **Lei nº 7.998/1990; Lei nº 10.779/2003; Lei Complementar nº 150/2015; Resolução CODEFAT[1]: 957/2022.**

✓ Jurisprudência: **Súm.** 389, TST.

✓ Doutrina (–)

Estratégia de estudo sugerida:

Os direitos constitucionalmente assegurados aos trabalhadores foram, em geral, estudados ao longo dos capítulos deste manual. Como alguns concursos preveem um ponto específico sobre tais direitos, eles serão esquematizados abaixo, a fim de facilitar o estudo.

Caso o leitor não tenha segurança sobre o assunto abordado, sugiro que utilize a ferramenta *"indexação"*, a qual indica o tópico em que o assunto foi explorado de forma detalhada ao longo deste manual, conforme o caso.

Não obstante, é imprescindível memorizar os dispositivos legais mencionados no "material de estudo", notadamente o art. 7º da Constituição.

Para concursos que exploram o tema *seguro-desemprego*, é necessário o estudo cuidadoso da "legislação para estudo avançado" mencionada acima.

A Constituição de 1988 assegurou aos trabalhadores alguns direitos básicos, os quais formam o conjunto que se denomina *patamar civilizatório mínimo* das relações laborais[2].

---

[1] As Resoluções do CODEFAT podem ser encontradas no *site* do Ministério do Trabalho e Emprego, no seguinte endereço: https://portalfat.mte.gov.br/resolucoes-2/

[2] DELGADO, Maurício Godinho. Curso de Direito do Trabalho. 9. ed. São Paulo: LTr, 2010, p. 201.

Enquanto alguns direitos constitucionalmente assegurados o foram por regras de eficácia plena, outros demandam regulamentação por lei ordinária ou complementar para que se incorporem ao patrimônio jurídico do trabalhador (normas constitucionais de eficácia limitada).

Outra noção importante para o estudo do Direito do Trabalho diz respeito ao fenômeno da recepção ou não de normas infraconstitucionais diante da promulgação de Constituição nova. Com efeito, vários dispositivos celetistas, ou ainda de leis não consolidadas, são incompatíveis com a Constituição de 1988.

Na lição de Dirley da Cunha Júnior,

"Com a revogação da Constituição anterior, o direito infraconstitucional existente à época e que dela extraía o seu fundamento de validade, pode se deparar diante de duas situações: ser recepcionado pela nova Constituição ou, caso contrário, ser revogado por ela.

Será recepcionado quando em conformidade *material* com a nova Constituição, recebendo dela o seu novo fundamento de validade. (...) Essa recepção fará com que as normas compatíveis com a nova ordem constitucional sejam incorporadas ao novo parâmetro constitucional, com as necessárias adequações de ordem formal (foi o que aconteceu com o CTN, que originalmente era uma lei ordinária, mas foi recebido pela Constituição de 1988 como lei complementar, por força de seu art. 146, tudo porque compatível materialmente com a nova Constituição).

Contudo, se o direito pré-constitucional não se harmonizar materialmente com a nova Constituição, não será recepcionado por esta, mas sim por ela revogado".[3]

Portanto, pode-se dizer que vários dispositivos celetistas foram tacitamente revogados pela Constituição de 1988, como, por exemplo, aqueles que preveem a prestação de horas suplementares (extras) remuneradas com adicional inferior a 50% do valor da hora normal de trabalho.

32.1. DESTINATÁRIOS DOS DIREITOS CONSTITUCIONAIS DOS TRABALHADORES

Embora, para um leigo, a expressão "direitos constitucionais dos trabalhadores" possa ser interpretada como "direitos de **todos** os trabalhadores", não é esta a interpretação ainda dominante na doutrina.

Com efeito, temos a relação de trabalho como gênero, do qual uma das espécies é a relação de emprego, assim considerada a relação de trabalho subordinado. Outras espécies de relação de trabalho são, por exemplo, o trabalho autônomo, o trabalho eventual, o trabalho avulso, o trabalho voluntário etc.[4]

Conquanto exista corrente doutrinária moderna que defenda a extensão dos direitos trabalhistas constitucionalmente assegurados também aos trabalhadores não subordinados, naturalmente com as devidas adaptações[5], o entendimento clássico, ainda predominante, indica o sentido contrário.

---

[3] CUNHA JÚNIOR, Dirley da. *Curso de Direito Constitucional.* 5. ed. Salvador: JusPodivm, 2011, p. 258-259.

[4] A este respeito remeto o leitor ao Capítulo 5, no qual foram estudadas as distinções entre relação de trabalho e relação de emprego.

[5] OLIVEIRA, Christiana D'arc Damasceno. *(O) Direito do Trabalho contemporâneo: efetividade dos direitos fundamentais e dignidade da pessoa humana no mundo do trabalho.* São Paulo: LTr, 2010, p. 381 e ss.

Alexandre de Moraes[6] ensina que

"Por ausência de um conceito constitucional de trabalhador, para determinação dos beneficiários dos direitos sociais constitucionais, devemos nos socorrer ao conceito infraconstitucional do termo, considerando para efeitos constitucionais o trabalhador subordinado, ou seja, aquele que trabalha ou presta serviços por conta e sob direção da autoridade de outrem, pessoa física ou jurídica, entidade privada ou pública, adaptando-o, porém, ao texto constitucional, como ressaltado por Amauri Mascaro do Nascimento, para quem 'a Constituição é aplicável ao empregado e aos demais trabalhadores nela expressamente indicados, e nos termos que o fez; ao rural, ao avulso, ao doméstico e ao servidor público. Não mencionando outros trabalhadores, como o eventual, o autônomo e o temporário, os direitos destes ficam dependentes de alteração da lei ordinária, à qual se restringem'".[7]

De uma forma geral, a proteção jurídica laboral é conferida ao trabalhador subordinado, exatamente porque este é hipossuficiente na relação jurídica que mantém com o tomador de seus serviços (empregador).

Não é diferente o raciocínio em relação aos direitos constitucionalmente assegurados. Assim, tais direitos protegem precipuamente os **empregados**. Mesmo dentre os empregados, ainda temos algumas peculiaridades de tratamento pela ordem jurídica, pelo que se poderia estabelecer, para fins didáticos, a seguinte subdivisão: a) empregados em geral; b) empregados rurais (rurícolas); c) empregados domésticos.

A Constituição consagrou a igualdade de tratamento entre empregados urbanos e rurais, nos termos do *caput* do art. 7º, segundo o qual "são direitos dos trabalhadores urbanos **e rurais**, além de outros que visem à melhoria de sua condição social..." (grifos meus).

Portanto, todos os direitos constitucionalmente assegurados o são também em relação aos trabalhadores rurais, sendo as especificidades traçadas pela legislação infraconstitucional.

No tocante aos domésticos, o próprio constituinte originário tratou de limitar o alcance dos direitos arrolados no art. 7º da CRFB/1988, dispondo que ao empregado doméstico são assegurados apenas os direitos contidos em alguns dos incisos do art. 7º. Entretanto, a EC 72/2013 estendeu ao doméstico vários outros direitos, aproximando tal categoria de trabalhadores da paridade jurídica com empregados urbanos e rurais. Neste sentido, o parágrafo único do art. 7º, *in verbis*:

Art. 7º (...)

Parágrafo único. São assegurados à categoria dos trabalhadores domésticos os direitos previstos nos incisos IV, VI, VII, VIII, X, XIII, XV, XVI, XVII, XVIII, XIX, XXI, XXII, XXIV, XXVI, XXX, XXXI e XXXIII e, atendidas as condições estabelecidas em lei e observada a simplificação do cumprimento das obrigações tributárias, principais e acessórias, decorrentes da relação de trabalho e suas peculiaridades, os previstos nos incisos I, II, III, IX, XII, XXV e XXVIII, bem como a sua integração à previdência social. (Redação dada pela Emenda Constitucional nº 72, de 2013.)

Tais direitos serão destacados no final deste capítulo.

Sendo certo que o constituinte não entendeu seja o doméstico, embora autêntico empregado, merecedor da proteção trabalhista integral, diferente foi o tratamento dispensado ao trabalhador avulso. Em que pese o avulso não seja empregado, o constituinte entendeu

---

6   MORAES, Alexandre de. *Direito Constitucional.* 19. ed. São Paulo: Atlas, 2006, p. 177.
7   NASCIMENTO, Amauri Mascaro. *Direito do Trabalho na Constituição de 1988.* São Paulo: Saraiva, 1989, p. 34, apud MORAES, Alexandre de. *Direito Constitucional,* p. 177-178.

por bem estabelecer, nos termos do inciso XXXIV do art. 7º, a "igualdade de direitos entre o trabalhador com vínculo empregatício permanente e o trabalhador avulso".

Desse modo, o doméstico, que é empregado, não tem assegurados alguns dos direitos constitucionais conferidos aos empregados em geral. O avulso, por sua vez, mesmo não sendo empregado, tem os mesmos direitos que os empregados em geral.

Reitere-se, por oportuno, que a EC 72/2013, embora tenha estendido aos domésticos os principais direitos que, até então, lhes eram sonegados, notadamente a limitação da duração do trabalho, não igualou o empregado doméstico aos empregados urbanos e rurais.

32.2. DIREITOS CONSTITUCIONALMENTE ASSEGURADOS AOS TRABALHADORES

A partir de agora serão estudados, um por um, os direitos assegurados aos trabalhadores pela Constituição de 1988, com enfoque em seu art. 7º.

32.2.1. Relação de emprego protegida contra despedida arbitrária ou sem justa causa, nos termos de lei complementar que preverá indenização compensatória, dentre outros direitos (inciso I)

O dispositivo em questão sepultou o antigo sistema celetista da estabilidade (art. 492-500, CLT), substituindo-o pela proteção contra despedida arbitrária ou sem justa causa, assim considerada aquela fundada em falta grave (art. 482, CLT) ou em motivo técnico, econômico ou financeiro (art. 165, CLT).

Ocorre que a proteção contra despedida arbitrária ou sem justa causa a que alude o inciso I do art. 7º da CRFB/88, constituída por "indenização compensatória, dentre outros direitos", depende de regulamentação por lei complementar, que até hoje não existe.

Todavia, a eficácia do dispositivo não ficou condicionada à edição da referida lei complementar, pois o art. 10 do ADCT da CRFB/88 estabeleceu multa (leia-se indenização) a ser aplicada até a promulgação de tal lei, nos seguintes termos:

> Art. 10. Até que seja promulgada a lei complementar a que se refere o art. 7º, I, da Constituição:
>
> I – fica limitada a proteção nele referida ao aumento, para quatro vezes, da porcentagem prevista no art. 6º, *caput* e § 1º, da Lei nº 5.107, de 13 de setembro de 1966;
>
> (...)

Trata-se da indenização compensatória do FGTS, no valor de 40% sobre os depósitos da conta vinculada do trabalhador efetuados durante o contrato de trabalho, atualmente prevista no § 1º do art. 18 da Lei nº 8.036/1990 (que revogou a Lei nº 7.839/1989, a qual, por sua vez, havia revogado a Lei nº 5.107/1966, referida pelo art. 10 do ADCT)[8].

Ademais, o mesmo art. 10 do ADCT instituiu, até que seja promulgada a lei complementar a que se refere o inciso I do art. 7º da CRFB, a garantia provisória de emprego ao cipeiro e à gestante (art. 10, II, ADCT).

Esclareça-se, por fim, que a instituição de garantia provisória de emprego por lei ordinária não constitui afronta ao disposto no art. 7º, I, da CRFB (que exige regulamentação por lei complementar, frise-se), desde que se refira a situação específica de determinada

---

8   Ao doméstico aplica-se, em vez da multa de 40% prevista no ADCT e na Lei nº 8.036/1990, a sistemática estabelecida no art. 22 da Lei Complementar nº 150/2015, qual seja o recolhimento mensal adicional de 3,2% sobre a remuneração do empregado, destinada ao pagamento da *indenização compensatória da perda do emprego*. Veja mais a respeito no item 6.2.3 (Capítulo 6).

categoria de trabalhadores, e não de regulamentação genérica da proteção contra a despedida arbitrária. Este foi inclusive o fundamento do STF para julgar improcedente a ADI 639/ DF, a qual questionava a constitucionalidade do art. 118 da Lei nº 8.213/1991, conforme estudado no item 22.6.1 deste manual.

32.2.2. Seguro-desemprego, em caso de desemprego involuntário (inciso II)

O seguro-desemprego constitui benefício previdenciário devido ao empregado em caso de desemprego **involuntário**, isto é, sempre que for dispensado sem justa causa, desde que atendidos os requisitos legais.

Assim, se o empregado, inclusive o doméstico, é demitido sem justa causa, ou indiretamente, faz jus ao benefício, desde que atendidas as condições legais. Da mesma forma, tem direito ao seguro-desemprego o pescador artesanal, durante o período de defeso, e o trabalhador resgatado pelos grupos de fiscalização da Secretaria de Inspeção do Trabalho do Ministério do Trabalho e Emprego.

Ressalte-se, por oportuno, que **a extinção do contrato de trabalho por acordo entre empregado e empregador, na forma do art. 484-A da CLT,** incluído pela Lei nº 13.467/2017, **não autoriza o ingresso no Programa Seguro-Desemprego**, conforme § 2º do art. 484-A da CLT.

Nos termos do disposto no art. 2º da Lei nº 7.998/1990, a qual instituiu o benefício, o programa de seguro-desemprego tem por finalidade:

I – prover assistência financeira temporária ao trabalhador desempregado em virtude de dispensa sem justa causa, inclusive a indireta, e ao trabalhador comprovadamente resgatado de regime de trabalho forçado ou da condição análoga à de escravo;

II – auxiliar os trabalhadores na busca ou preservação do emprego, promovendo, para tanto, ações integradas de orientação, recolocação e qualificação profissional.

O seguro-desemprego foi estendido ao pescador profissional artesanal pela Lei nº 10.779/2003, que, em seu art. 1º, com redação dada pela Lei nº 13.134/2015 dispõe, *in verbis*:

Art. 1º O pescador artesanal de que tratam a alínea "b" do inciso VII do art. 12 da Lei nº 8.212, de 24 de julho de 1991, e a alínea "b" do inciso VII do art. 11 da Lei nº 8.213, de 24 de julho de 1991, desde que exerça sua atividade profissional ininterruptamente, de forma artesanal e individualmente ou em regime de economia familiar, fará jus ao benefício do seguro-desemprego, no valor de 1 (um) salário mínimo mensal, durante o período de defeso de atividade pesqueira para a preservação da espécie.[9]

Quanto aos **requisitos para obtenção do benefício**, dispõe o art. 3º da Lei nº 7.998/1990, *in verbis*:

Art. 3º Terá direito à percepção do seguro-desemprego o trabalhador dispensado sem justa causa que comprove:

I – ter recebido salários de pessoa jurídica ou de pessoa física a ela equiparada, relativos a:

a) pelo menos 12 (doze) meses nos últimos 18 (dezoito) meses imediatamente anteriores à data de dispensa, quando da primeira solicitação;

b) pelo menos 9 (nove) meses nos últimos 12 (doze) meses imediatamente anteriores à data de dispensa, quando da segunda solicitação; e

---

[9] Disponível em: <http://www.planalto.gov.br/ccivil_03/_Ato2015-2018/2015/Lei/L13134.htm – art2>.

c) cada um dos 6 (seis) meses imediatamente anteriores à data de dispensa, quando das demais solicitações;

II – (Revogado.);

III – não estar em gozo de qualquer benefício previdenciário de prestação continuada, previsto no Regulamento dos Benefícios da Previdência Social, excetuado o auxílio-acidente e o auxílio suplementar previstos na Lei nº 6.367, de 19 de outubro de 1976, bem como o abono de permanência em serviço previsto na Lei nº 5.890, de 8 de junho de 1973;

IV – não estar em gozo do auxílio-desemprego;

V – não possuir renda própria de qualquer natureza suficiente à sua manutenção e de sua família;

VI – matrícula e frequência, quando aplicável, nos termos do regulamento, em curso de formação inicial e continuada ou de qualificação profissional habilitado pelo Ministério da Educação, nos termos do art. 18 da Lei nº 12.513, de 26 de outubro de 2011, ofertado por meio da Bolsa-Formação Trabalhador concedida no âmbito do Programa Nacional de Acesso ao Ensino Técnico e Emprego (Pronatec), instituído pela Lei nº 12.513, de 26 de outubro de 2011, ou de vagas gratuitas na rede de educação profissional e tecnológica.

§ 1º A União poderá condicionar o recebimento da assistência financeira do Programa de Seguro-Desemprego à comprovação da matrícula e da frequência do trabalhador segurado em curso de formação inicial e continuada ou qualificação profissional, com carga horária mínima de 160 (cento e sessenta) horas.

§ 2º O Poder Executivo regulamentará os critérios e requisitos para a concessão da assistência financeira do Programa de Seguro-Desemprego nos casos previstos no § 1º, considerando a disponibilidade de bolsas-formação no âmbito do Pronatec ou de vagas gratuitas na rede de educação profissional e tecnológica para o cumprimento da condicionalidade pelos respectivos beneficiários.

§ 3º A oferta de bolsa para formação dos trabalhadores de que trata este artigo considerará, entre outros critérios, a capacidade de oferta, a reincidência no recebimento do benefício, o nível de escolaridade e a faixa etária do trabalhador.

(...)

O **número de parcelas** do seguro-desemprego a que faz jus o trabalhador varia conforme o *tempo de vínculo empregatício*, bem como em função do *número de solicitações do benefício pelo trabalhador*. Neste sentido, o art. 4º da Lei nº 7.998/1990, com redação dada pela Lei nº 13.134/2015:

Art. 4º O benefício do seguro-desemprego será concedido ao trabalhador desempregado, por período máximo variável de **3 (três) a 5 (cinco) meses**, de forma contínua ou alternada, a cada período aquisitivo, contados da data de dispensa que deu origem à última habilitação, cuja duração será definida pelo Conselho Deliberativo do Fundo de Amparo ao Trabalhador (CODEFAT).

§ 1º O benefício do seguro-desemprego poderá ser retomado a cada novo período aquisitivo, satisfeitas as condições arroladas nos incisos I, III, IV e V do *caput* do art. 3º.

§ 2º A determinação do período máximo mencionado no *caput* observará a seguinte relação entre o número de parcelas mensais do benefício do seguro-desemprego e o tempo de serviço do trabalhador nos 36 (trinta e seis) meses que antecederem a data de dispensa que originou o requerimento do seguro-desemprego, vedado o cômputo de vínculos empregatícios utilizados em períodos aquisitivos anteriores:

I – para a *primeira solicitação*:

a) 4 (quatro) parcelas, se o trabalhador comprovar vínculo empregatício com pessoa jurídica ou pessoa física a ela equiparada de, no mínimo, 12 (doze) meses e, no máximo, 23 (vinte e três) meses, no período de referência; ou

b) 5 (cinco) parcelas, se o trabalhador comprovar vínculo empregatício com pessoa jurídica ou pessoa física a ela equiparada de, no mínimo, 24 (vinte e quatro) meses, no período de referência;

II – para a **segunda solicitação**:

a) 3 (três) parcelas, se o trabalhador comprovar vínculo empregatício com pessoa jurídica ou pessoa física a ela equiparada de, no mínimo, 9 (nove) meses e, no máximo, 11 (onze) meses, no período de referência;

b) 4 (quatro) parcelas, se o trabalhador comprovar vínculo empregatício com pessoa jurídica ou pessoa física a ela equiparada de, no mínimo, 12 (doze) meses e, no máximo, 23 (vinte e três) meses, no período de referência; ou

c) 5 (cinco) parcelas, se o trabalhador comprovar vínculo empregatício com pessoa jurídica ou pessoa física a ela equiparada de, no mínimo, 24 (vinte e quatro) meses, no período de referência;

III – **a partir da terceira solicitação**:

a) 3 (três) parcelas, se o trabalhador comprovar vínculo empregatício com pessoa jurídica ou pessoa física a ela equiparada de, no mínimo, 6 (seis) meses e, no máximo, 11 (onze) meses, no período de referência;

b) 4 (quatro) parcelas, se o trabalhador comprovar vínculo empregatício com pessoa jurídica ou pessoa física a ela equiparada de, no mínimo, 12 (doze) meses e, no máximo, 23 (vinte e três) meses, no período de referência; ou

c) 5 (cinco) parcelas, se o trabalhador comprovar vínculo empregatício com pessoa jurídica ou pessoa física a ela equiparada de, no mínimo, 24 (vinte e quatro) meses, no período de referência.

§ 3º A fração igual ou superior a 15 (quinze) dias de trabalho será havida como mês integral para os efeitos do § 2º.

§ 4º Nos casos em que o cálculo da parcela do seguro-desemprego resultar em valores decimais, o valor a ser pago deverá ser arredondado para a unidade inteira imediatamente superior.

§ 5º O período máximo de que trata o *caput* poderá ser excepcionalmente prolongado por até 2 (dois) meses, para grupos específicos de segurados, a critério do CODEFAT, desde que o gasto adicional representado por esse prolongamento não ultrapasse, em cada semestre, 10% (dez por cento) do montante da reserva mínima de liquidez de que trata o § 2º do art. 9º da Lei nº 8.019, de 11 de abril de 1990 (grifos meus).

(...)

Solicitação	Tempo de vínculo empregatício	Nº parcelas
1ª	12 a 23 meses, nos últimos 36 meses	4
	24 meses ou mais, nos últimos 36 meses	5
2ª	9 a 11 meses, nos últimos 36 meses	3
	12 a 23 meses, nos últimos 36 meses	4
	24 meses ou mais, nos últimos 36 meses	5
3ª (e demais)	6 a 11 meses, nos últimos 36 meses	3
	12 a 23 meses, nos últimos 36 meses	4
	24 meses ou mais, nos últimos 36 meses	5

O **valor das parcelas** do seguro-desemprego não poderá ser inferior ao valor do salário mínimo (§ 2º do art. 5º da Lei nº 7.998/1990). A partir de 11.01.2023, os valores são os seguintes, nos termos da Resolução CODEFAT nº 957/2022 (DOU 23.09.2022) e de informação veiculada pelo Ministério do Trabalho e Emprego[10]:

Faixas de salário médio[11]	Valor da parcela
Até R$ R$ 1.968,36	Multiplica-se salário médio por 0,8 (80%)[12]
De R$ 1.968,37 até R$ 3.280,93	O que exceder de R$ 1.968,36 multiplica-se por 0,5 (50%) e soma-se a R$ 1.574,69.
Acima de R$ 3.280,93	O valor da parcela será de R$ 2.230,97 invariavelmente.

A Lei Complementar nº 150/2015 regulamentou o seguro-desemprego do empregado **doméstico**, dispondo que tal categoria faz jus ao benefício no **valor fixo de um salário mínimo**, pelo **período máximo de três meses**[13], de forma contínua ou alternada (art. 26, *caput*).

Para se habilitar ao benefício do seguro-desemprego, o trabalhador doméstico deverá: a) comprovar o vínculo empregatício, como empregado doméstico, durante pelo menos 15 (quinze) meses nos últimos 24 (vinte e quatro) meses; b) declarar que não está em gozo de benefício de prestação continuada da Previdência Social, exceto auxílio-acidente e pensão por morte; c) declarar que não possui renda própria de qualquer natureza suficiente à sua manutenção e de sua família.

Da mesma forma, o pescador artesanal e o trabalhador resgatado fazem jus ao benefício no valor de um salário mínimo.

Os prazos para requisição do benefício são os seguintes:

- Trabalhador formal – Do 7º ao 120º dia, contados da data de dispensa;
- Empregado doméstico – Do 7º ao 90º dia, contados da data de dispensa;
- Pescador artesanal – Durante o defeso, em até 120 dias do início da proibição;
- Trabalhador resgatado – Até o 90º dia, a contar da data do resgate.

Como regra, o seguro-desemprego é **pessoal e intransferível**, nos termos do disposto no art. 6º da Lei nº 7.998/1990. No mesmo sentido, o art. 3º da Resolução CODEFAT nº 957/2022.

---

[10] Disponível em: https://www.gov.br/trabalho-e-previdencia/pt-br/noticias-e-conteudo/trabalho/2023/janeiro/divulgada-tabela-anual-do-seguro-desemprego-para-o-ano-de-2023, consultado em: 19.05.2023.

[11] Calcula-se o valor do salário médio dos últimos três meses anteriores à dispensa e aplica-se na tabela.

[12] Assegurado o valor do salário mínimo (R$ 1.320,00).

[13] O critério para fixação do número exato de parcelas é dado pela Resolução CODEFAT nº 957/2022, nos seguintes termos: Art. 9º A quantidade de parcelas do benefício a que o trabalhador terá direito considerará o tempo de desemprego, contado da data da dispensa que deu origem ao seguro-desemprego do trabalhador formal, do empregado doméstico ou do trabalhador resgatado, ou da data de início da suspensão do contrato que deu origem à bolsa de qualificação profissional, nos termos a seguir: I – uma parcela, se o período for de trinta até quarenta e quatro dias; II – duas parcelas, se o período for entre quarenta e cinco a setenta e quatro dias; III – três parcelas, se o período for entre setenta e cinco a cento e quatro dias; IV – quatro parcelas, se o período for entre cento e cinco a cento e trinta e quatro dias; e V – cinco parcelas, se o período for entre cento e trinta e cinco a cento e sessenta e quatro dias.

De qualquer forma, **não é necessário que o candidato conheça, para concursos públicos, todos esses detalhes**.

A propósito, a Lei nº 7.998/1990, com redação dada pela Lei nº 12.513, de 26.10.2011 (*DOU* 27.10.2011), prevê as hipóteses de **cancelamento** do benefício, a saber:

Art. 8º O benefício do seguro-desemprego será cancelado:

I – pela recusa por parte do trabalhador desempregado de outro emprego condizente com sua qualificação registrada ou declarada e com sua remuneração anterior;

II – por comprovação de falsidade na prestação das informações necessárias à habilitação;

III – por comprovação de fraude visando à percepção indevida do benefício do seguro-desemprego; ou

IV – por morte do segurado.

§ 1º Nos casos previstos nos incisos I a III deste artigo, será suspenso por um período de 2 (dois) anos, ressalvado o prazo de carência, o direito do trabalhador à percepção do seguro-desemprego, dobrando-se este período em caso de reincidência.

§ 2º O benefício poderá ser cancelado na hipótese de o beneficiário deixar de cumprir a condicionalidade de que trata o § 1º do art. 3º desta Lei, na forma do regulamento.

De forma semelhante, o § 2º do art. 26 da Lei Complementar nº 150/2015 dispõe sobre as **hipóteses de cancelamento do seguro-desemprego devido ao empregado doméstico**:

§ 2º O benefício do seguro-desemprego será cancelado, sem prejuízo das demais sanções cíveis e penais cabíveis:

I – pela recusa, por parte do trabalhador desempregado, de outro emprego condizente com sua qualificação registrada ou declarada e com sua remuneração anterior;

II – por comprovação de falsidade na prestação das informações necessárias à habilitação;

III – por comprovação de fraude visando à percepção indevida do benefício do seguro-desemprego; ou

IV – por morte do segurado.

Por fim, resta salientar que constitui obrigação do empregador, quando da dispensa do empregado sem justa causa, comunicar a dispensa aos órgãos competentes e entregar comprovante de tal comprovação ao empregado (art. 477, *caput* e § 6º, da CLT). Por sua vez, dispõe o § 10 do art. 477 da CLT, com redação dada pela Lei nº 13.467/2017, *in verbis*:

§ 10. A anotação da extinção do contrato na Carteira de Trabalho e Previdência Social é documento hábil para requerer o benefício do seguro-desemprego e a movimentação da conta vinculada no Fundo de Garantia do Tempo de Serviço, nas hipóteses legais, desde que a comunicação prevista no *caput* deste artigo tenha sido realizada.

Caso o empregador não comunique a dispensa aos órgãos competentes, arcará ele com a indenização equivalente ao valor a que teria direito o obreiro, ou seja, deverá lhe pagar indenização compensatória referente ao valor das parcelas de seguro-desemprego a que teria direito.

Em consonância com este entendimento, a Súmula 389 do TST:

Súm. 389. Seguro-desemprego. Competência da Justiça do Trabalho. Direito à indenização por não liberação de guias. Res. 129/2005, *DJ* 20, 22 e 25.04.2005.

I – Inscreve-se na competência material da Justiça do Trabalho a lide entre empregado e empregador tendo por objeto indenização pelo não fornecimento das guias do seguro-desemprego.

II – O não fornecimento pelo empregador da guia necessária para o recebimento do seguro-desemprego dá origem ao direito à indenização.

32.2.3.   Fundo de Garantia do Tempo de Serviço (inciso III)

O FGTS passou a ser obrigatório a partir da Constituição de 1988, tendo por isso substituído o antigo regime celetista da indenização (art. 478-479, CLT). Portanto, na vigência da CRFB/88, somente há se falar na indenização do art. 478 se o empregado já havia adquirido o direito quando da promulgação da Constituição, e mesmo assim se não fez, posteriormente, a opção retroativa pelo regime do FGTS.

Indexação: Capítulo 23.

32.2.4.   Salário mínimo, fixado em lei, nacionalmente unificado, capaz de atender às necessidades vitais básicas do trabalhador e às de sua família com moradia, alimentação, educação, saúde, lazer, vestuário, higiene, transporte e previdência social, com reajustes periódicos que lhe preservem o poder aquisitivo, sendo vedada sua vinculação para qualquer fim (inciso IV)

O salário mínimo constitui o menor valor que deve ser assegurado mensalmente a um empregado, inclusive aquele que trabalha por produção (comissionista, por exemplo). O assunto foi estudado no item 16.13.2.1 deste manual, razão pela qual apenas ressalto os seguintes aspectos importantes do instituto:

- fixado em lei (não pode o salário mínimo ser fixado, por exemplo, por decreto). Registre-se que a Lei nº 12.382, de 25.02.2011, estabeleceu critérios objetivos para a valorização do salário mínimo entre 2012 e 2015, conforme variação do Índice Nacional de Preços ao Consumidor – INPC, além de aumento real correspondente à taxa de crescimento real do Produto Interno Bruto – PIB, **e permitiu reajustes e aumentos do salário mínimo, baseados nos referidos critérios, mediante decreto do Poder Executivo**. A questão chegou ao STF por meio da ADI nº 4.568, tendo sido a ação julgada improcedente, por maioria de votos, em novembro de 2011. Portanto, o STF considerou constitucional a possibilidade aberta pela Lei nº 12.382/2011. Da mesma forma, entre 2016 e 2019 o salário mínimo foi fixado por decreto, a partir dos parâmetros estabelecidos pela Lei nº 13.152/2015;
- para 2023, inicialmente a Medida Provisória nº 1.143/2022 fixou o salário mínimo em R$ 1.302,00 a partir de 01.01.2023. Posteriormente, tal MPV 1.143/2022 foi revogada pela MPV nº 1.172/2023, que fixou novo valor para o salário mínimo a partir de 01.01.2023, qual seja de R$ 1.320,00;
- nacionalmente unificado (não existem mais salários mínimos regionais, razão pela qual todas as remissões a *salário mínimo regional* na CLT devem ser lidas como *salário mínimo nacionalmente unificado*);
- vedada a sua vinculação para qualquer fim (ex.: base de cálculo do adicional de insalubridade).

Indexação: Item 16.13.2.1.

32.2.5.   Piso salarial proporcional à extensão e à complexidade do trabalho (inciso V)

Piso salarial é o menor valor que uma determinada categoria de trabalhadores deve receber. O valor deve ser superior ao do salário mínimo nacional, naturalmente, e é fixado em instrumento coletivo de trabalho (acordo coletivo de trabalho ou convenção coletiva de trabalho), em sentença normativa ou em lei, neste último caso nas hipóteses dos chamados salários profissionais, os quais são fixados para categorias regidas por estatuto próprio, bem como no caso dos pisos estaduais, cuja instituição foi autorizada pela Lei Complementar nº 103/2000.

Relembre-se que os pisos estaduais não se confundem com salários mínimos regionais (abolidos pelo inciso IV do art. 7º da CRFB), razão pela qual normalmente são estipulados por faixas, em valor proporcional à extensão e à complexidade do trabalho, conforme preceitua o inciso V.

32.2.6. Irredutibilidade do salário, salvo o disposto em convenção ou acordo coletivo (inciso VI)

Como regra, o empregador não pode reduzir nominalmente o valor do salário do empregado. Frise-se que a irredutibilidade diz respeito ao salário nominal (valor), e não ao salário real (poder aquisitivo).

A única exceção à regra da irredutibilidade do salário é a hipótese de negociação coletiva, com vistas à preservação da empresa e, consequentemente, dos empregos. Assim, admite-se que acordo coletivo de trabalho ou convenção coletiva de trabalho estipule a redução temporária dos salários, sem prejuízo, obviamente, da garantia do salário mínimo.

Indexação: Item 16.13.1.

32.2.7. Garantia do salário, nunca inferior ao mínimo, para os que percebem remuneração variável (inciso VII)

O trabalhador que recebe salário fixo terá sempre garantido o salário mínimo, desde que cumpra jornada completa de trabalho. Da mesma forma, é garantido o mínimo ao empregado que recebe remuneração variável, como, por exemplo, aqueles que trabalham à base de comissões (comissionistas), por tarefa (tarefeiros) ou por peça (pecistas).

Relembre-se apenas que a garantia do salário mínimo se refere à totalidade da remuneração do empregado, e não apenas à parte variável do salário, naqueles casos em que a remuneração é composta por parte fixa mais variável.

Indexação: Item 16.7.4.

32.2.8. Décimo terceiro salário com base na remuneração integral ou no valor da aposentadoria (inciso VIII)

A gratificação natalina, também conhecida como décimo terceiro salário, surgiu como costume, depois foi assegurada por lei (Lei nº 4.090/1962) e, finalmente, foi guindada ao *status* de direito constitucional dos trabalhadores.

Conforme estudado no item 16.7.3 deste manual, a regulamentação do décimo terceiro é dada pelas Leis nº 4.090/1962 e nº 4.749/1965, bem como pelo Decreto nº 10.854/2021.

São beneficiários do décimo terceiro-salário os empregados urbanos, rurais e domésticos, bem como os trabalhadores avulsos.

Indexação: Item 16.7.3.

32.2.9. Remuneração do trabalho noturno superior à do diurno (inciso IX)

Em determinadas circunstâncias, o trabalho é mais gravoso à saúde do empregado, razão pela qual é devido o adicional salarial a este título. É o que ocorre com o trabalho noturno. Observe-se, entretanto, que a Constituição apenas assegura a remuneração superior do trabalho noturno, não definindo percentual mínimo para o respectivo adicional. Desse modo, continuam valendo integralmente as disposições da legislação infraconstitucional.

O trabalho noturno foi abordado no item 13.7 deste manual, de onde se extrai o seguinte quadro-resumo:

Horário noturno:	Meio urbano: 22h às 5h; Rural/pecuária: 20h às 4h. Rural/agricultura: 21h às 5h.
Adicional noturno:	Meio urbano: 20%; Rural: 25%.
Hora noturna reduzida (ficta):	Meio urbano: sim (52'30"). Rural: não (hora normal).

Conforme estudado no item 6.2.3.6, o trabalho noturno do empregado doméstico, embora regido pela Lei Complementar nº 150/2015, observa basicamente as mesmas regras aplicáveis aos empregados em geral, com hora noturna reduzida (52'30") e adicional de 20% sobre o valor da hora normal de trabalho.

Indexação: Item 13.7.

32.2.10. Proteção do salário na forma da lei, constituindo crime sua retenção dolosa (inciso X)

Dada a sua natureza alimentar, o salário merece proteção especial do ordenamento jurídico, conforme foi estudado em pormenores no item 16.13 deste manual.

A criminalização da retenção dolosa do salário depende, para a maioria da doutrina, de lei regulamentadora, tendo em vista o princípio da tipicidade que rege o Direito Penal.

Indexação: Item 16.13.

32.2.11. Participação nos lucros, ou resultados, desvinculada da remuneração, e, excepcionalmente, participação na gestão da empresa, conforme definido em lei (inciso XI)

Sobressai do dispositivo constitucional a natureza **não salarial** da parcela em referência. No mesmo sentido, a Lei nº 10.101/2000, que regulamentou a participação nos lucros ou resultados.

Indexação: Item 16.8.7.

32.2.12. Salário-família pago em razão do dependente do trabalhador de baixa renda nos termos da lei (inciso XII)

O salário-família não se confunde com parcela de natureza salarial. Com efeito, trata-se de benefício previdenciário, regulamentado pelos arts. 65-70 da Lei nº 8.213/1991.

Vejamos de forma esquematizada as principais regras relativas ao salário-família:

- devido ao trabalhador de baixa renda;
- é paga uma cota para cada filho ou equiparado de qualquer condição, até quatorze anos de idade, ou inválido de qualquer idade;

- valores a partir de 1º.01.2023, conforme Portaria Interministerial MPS/MF nº 26, de 10.01.2023 (*DOU* 11.01.2023):

Valor do benefício (cota)	Remuneração do empregado
59,82	Até R$ 1.754,18

- beneficiários: segurado empregado, **inclusive o doméstico**[14], e trabalhadores avulsos, desde que, em qualquer caso, o salário de contribuição não seja superior a R$ 1.754,18;
- o salário-família é devido aos trabalhadores rurais somente após a vigência da Lei nº 8.213, de 24.07.1991 (Súmula 344, TST);
- o pagamento ao empregado é feito pelo empregador, juntamente com o salário, sendo os valores posteriormente compensados com as contribuições previdenciárias devidas;
- o salário-família é devido a partir da prova de filiação, bem como da apresentação anual de atestado de vacinação obrigatória, em relação aos filhos/equiparados de até seis anos de idade, ou da comprovação semestral de frequência à escola, no tocante aos filhos/equiparados a partir dos quatro anos (art. 67 da Lei nº 8.213/1991, c/c art. 84 do Decreto nº 3.048/1999, c/c a Súmula 254 do TST)[15];
- as cotas do salário-família não serão incorporadas, para qualquer efeito, ao salário do empregado (art. 70 da Lei nº 8.213/1991).

32.2.13. Duração do trabalho normal não superior a oito horas diárias e quarenta e quatro semanais, facultada a compensação de horários e a redução da jornada, mediante acordo ou convenção coletiva de trabalho (inciso XIII)

A Constituição estipula a **duração normal** do trabalho (8 h diárias e 44 h semanais). O que for trabalhado além deste limite é considerado trabalho extraordinário, salvo se houver compensação de horários.

A compensação de horários a que alude o referido inciso XIII pode ser:

- *compensação dentro do mês*, de forma que se trabalhe mais em alguns dias do mês a fim de compensar outro dia não trabalhado (o sábado, por exemplo). **O acordo**, no caso, **pode ser individual, tácito ou escrito**, conforme art. 59, § 6º, CLT;
- *compensação além da semana ("banco de horas")*, hipótese em que as horas trabalhadas a mais ou a menos podem ser compensadas além do parâmetro mensal, nos seguintes prazos: a) **em até seis meses**, podendo ser pactuado **mediante acordo individual escrito** (art. 59, § 5º, CLT); b) **em até um ano**, hipótese em que a **pactuação depende de negociação coletiva** (art. 59, 2º, CLT).

---

14 Conforme art. 65 da Lei nº 8.213/1991, com redação dada pela Lei Complementar nº 150/2015.
15 Conforme parágrafo único do art. 67 da Lei nº 8.213/1991, com redação dada pela LC nº 150/2015, o empregado doméstico deve apresentar apenas a certidão de nascimento do filho. Não se exige do doméstico, portanto, a apresentação de comprovante de vacinação nem a comprovação semestral de frequência à escola.

• *compensação sob o regime de plantões,* em que os empregados trabalham, por exemplo, 12 horas consecutivas, às quais se seguem 36 horas de folga (12x36). Tal modalidade de compensação foi expressamente prevista pelo art. 59-A da CLT, incluído pela Lei nº 13.467/2017, podendo ser pactuada mediante **acordo individual escrito;**

As regras para **compensação do horário de trabalho do doméstico** são bastante peculiares, devendo ser ressaltado que é suficiente o **acordo individual escrito** para pactuação da compensação. Tais regras, implementadas pela Lei Complementar nº 150/2015, foram estudadas no item 6.2.3.6, para o qual remeto o leitor.

Observe-se ainda que a duração normal do trabalho tem por objetivo a limitação da carga diária e semanal de trabalho, razão pela qual constitui o teto. Logo, **é lícita a redução da jornada de trabalho.**

Indexação: Item 13.5.1; item 13.6 (notadamente 13.6.4); item 6.2.3.6.

32.2.14. Jornada de seis horas para o trabalho realizado em turnos ininterruptos de revezamento, salvo negociação coletiva (inciso XIV)

A duração normal do trabalho realizado em turnos ininterruptos de revezamento é de seis horas, podendo ser ampliada para até oito horas mediante negociação coletiva de trabalho.

Neste sentido, a Súmula 423 do TST, segundo a qual, "estabelecida jornada superior a seis horas e limitada a oito horas por meio de regular negociação coletiva, os empregados submetidos a turnos ininterruptos de revezamento não tem direito ao pagamento da 7ª e 8ª horas como extras".

Indexação: Item 13.5.2.2.

32.2.15. Repouso semanal remunerado, preferencialmente aos domingos (inciso XV)

Uma vez por semana, preferencialmente aos domingos, o empregado tem direito a um descanso de, no mínimo, 24 horas consecutivas, sem prejuízo do salário normal, observados os requisitos de frequência e pontualidade ao longo da semana.

O RSR (ou DSR, tanto faz) é regulado pela Lei nº 605/1949.

Indexação: Item 14.2.

32.2.16. Remuneração do serviço extraordinário superior, no mínimo, em cinquenta por cento à do normal (inciso XVI)

Como mencionado alhures, o trabalho em circunstâncias mais gravosas dá ensejo ao pagamento do adicional respectivo. Assim ocorre com o trabalho noturno, insalubre, perigoso, bem como com o trabalho excedente à duração normal estipulada pela lei.

Desse modo, as horas extraordinárias prestadas devem ser remuneradas com adicional de, no mínimo, 50% em relação ao valor da hora normal de trabalho.

Observe-se que este patamar (50%) é o mínimo no sistema constitucional vigente, pelo que foram tacitamente revogados (ou não recepcionados) os dispositivos celetistas que estipulam adicional de horas extras em percentual inferior a 50%, *qualquer que seja a hipótese.*

Destarte, todos estes dispositivos, dentre os quais menciono os arts. 61, § 2°, e 413, II, ambos da CLT, devem ser relidos à luz da CRFB/88, substituindo-se o texto não recepcionado pelo disposto no inciso XVI do art. 7° da Constituição.

Relembre-se ainda que às horas compensadas, nos termos do art. 59, § 2°, da CLT, não se aplica pagamento diferenciado em referência.

Indexação: Item 13.6.9.

32.2.17. Gozo de férias anuais remuneradas com, pelo menos, um terço a mais do que o salário normal (inciso XVII)

O direito às férias é hipótese típica de interrupção contratual, pois o empregado permanece sem prestar serviços ou se colocar à disposição do empregador, mas mantém o direito aos salários do período.

O terço constitucional é calculado sobre o salário normal do empregado (salário ÷ três), e deve ser pago juntamente com a remuneração das férias, até dois dias antes do início do gozo das mesmas (art. 145, *caput*, CLT). Lembre-se sempre que **não existe pagamento de férias sem o terço constitucional**, sejam elas gozadas ou indenizadas, simples ou em dobro, ou ainda em relação à parte convertida em pecúnia (art. 143)[16]. Neste sentido, a Súmula 328 do TST.

O regramento legal das férias é dado pelos arts. 129-153 da CLT.

Indexação: Capítulo 15.

32.2.18. Licença à gestante, sem prejuízo do emprego e do salário, com a duração de cento e vinte dias (inciso XVIII)

A licença à gestante é o período de interrupção contratual, com duração de 120 dias, no qual a empregada permanece cuidando de seu filho recém-nascido, porém recebendo da Previdência Social o seu salário normal (salário-maternidade).

O afastamento da gestante em licença-maternidade pode se dar a partir de 28 dias antes do parto até a ocorrência deste, conforme determinação médica. A partir do primeiro dia de afastamento, são contados os 120 dias da licença. Conforme entendimento do STF, entretanto, nas hipóteses de internação da mãe e/ou do recém-nascido, o marco inicial da licença-maternidade e do salário-maternidade é a alta hospitalar da mãe ou do recém-nascido, o que ocorrer por último.

A Lei n° 11.770/2008 instituiu a **possibilidade** de ampliação da licença-maternidade por até 60 dias, a expensas do empregador, mediante a concessão de incentivos fiscais.

Quanto à adotante, atualmente é assegurada a licença-maternidade também de 120 dias, independentemente da idade da criança adotada, conforme art. 392-A da CLT.

Indexação: Item 24.9.2.

32.2.19. Licença-paternidade, nos termos fixados em lei (inciso XIX)

Como até hoje, mais de trinta anos depois da promulgação da Constituição, não há a referida lei, continua aplicável o § 1° do art. 10 do ADCT da CRFB/88, segundo o qual, "até que a lei venha a disciplinar o disposto no art. 7°, XIX, da Constituição, o prazo da licença-paternidade a que se refere o inciso é de **cinco dias**". (grifos meus)

---

[16] Em sentido contrário, em relação ao cabimento do terço constitucional sobre o abono de férias, decisões recentes da SDI-I do TST, as quais foram analisadas no item 15.6.1 deste manual.

Atualmente, o art. 473, III, da CLT, com redação dada pela Lei nº 14.457/2022, prevê que o trabalhador pode deixar de comparecer ao serviço, sem prejuízo do salário, por 5 (cinco) dias consecutivos, em caso de nascimento de filho, de adoção ou de guarda compartilhada.

Por sua vez, **a Lei nº 13.257/2016 (*DOU* 09.03.2016) facultou às empresas estender a licença-paternidade em 15 (quinze) dias, ou seja, totalizando 20 (vinte) dias**, mediante adesão ao Programa Empresa Cidadã de que trata a Lei nº 11.770/2008.

A prorrogação será garantida ao empregado da pessoa jurídica[17] que aderir ao Programa, desde que o empregado a requeira no prazo de dois dias úteis após o parto e comprove participação em programa ou atividade de orientação sobre paternidade responsável (Lei nº 11.770/2008, art. 1º, II).

No período de prorrogação da licença-paternidade, o empregado não poderá exercer nenhuma atividade remunerada, e a criança deverá ser mantida sob seus cuidados, sob pena de perda do direito à prorrogação (art. 4º, Lei nº 11.770/2008).

A remuneração devida no período da prorrogação da licença-paternidade será paga pela empresa empregadora, a qual, se tributada com base no lucro real, poderá deduzir do imposto devido, em cada período de apuração, o total da remuneração integral do empregado pago nos dias de prorrogação de sua licença-paternidade, vedada a dedução como despesa operacional (art. 3º, c/c o art. 5º, Lei nº 11.770/2008).

Por fim, registre-se que a prorrogação não é autoaplicável, produzindo efeitos a partir do primeiro dia do exercício subsequente àquele em que for implementada a previsão de renúncia fiscal decorrente da execução do Programa (art. 8º, c/c o art. 7º, Lei nº 11.770/2008).

Cuidado, portanto, que o prazo da licença-paternidade continua sendo de cinco dias, consoante dispõe o § 1º do art. 10 do ADCT da CRFB/88. **A Lei nº 13.257/2016**, ao promover diversas alterações na Lei nº 11.770/2008, **apenas possibilitou a ampliação da licença-paternidade por mais 15 dias**, a expensas do empregador, mediante a concessão de incentivos fiscais.

Indexação: Item 19.7.5.

32.2.20. Proteção do mercado de trabalho da mulher, mediante incentivos específicos, nos termos da lei (inciso XX)

De forma geral, a Constituição de 1988 consagrou a igualdade de homens e mulheres em direitos e obrigações (art. 5º, I). Tendo em vista o histórico de discriminação por gênero, em virtude do qual as mulheres não têm o mesmo acesso que os homens ao mercado de trabalho e recebem salários menores pelo exercício de idênticas funções, o constituinte previu a necessidade de se proteger o trabalho da mulher mediante incentivos específicos, conforme legislação regulamentadora.

Como quase tudo que dependeu de regulamentação, o mandamento constitucional ainda não foi concretizado na medida desejada. Pode-se mencionar, a título de exemplo de aplicação do preceito do inciso XX, o art. 373-A da CLT, incluído pela Lei nº 9.799/1999, o qual estabeleceu mecanismos voltados à proteção da mulher contra a discriminação por gênero.

O Programa Emprega + Mulheres, instituído pela Lei nº 14.457/2022, fez movimento tímido no sentido de incentivar a contratação de mulheres mediante a concessão de benefícios creditícios adicionais às microempresas e empresas de pequeno porte que receberem o Selo Emprega + Mulher (art. 25), bem como incentivou, mediante oferecimento de mi-

---

17 Portanto, a possibilidade de prorrogação da licença-paternidade não se aplica ao doméstico.

crocrédito, atividades de mulheres na área do empreendedorismo. Todavia, a referida Lei concentrou esforços na flexibilização do regime de trabalho da mulher, ou seja, em uma espécie de incentivo à contratação em que a própria trabalhadora paga a conta.

Indexação: Capítulo 24, notadamente item 24.11.

32.2.21. Aviso-prévio proporcional ao tempo de serviço, sendo no mínimo de trinta dias, nos termos da lei (inciso XXI)

O aviso-prévio de, no mínimo, trinta dias é direito constitucionalmente assegurado ao empregado, e, portanto, trata-se de norma de eficácia imediata.

Neste diapasão, não foi recepcionado o inciso I do art. 487 da CLT, segundo o qual o aviso-prévio seria de apenas oito dias para quem tem o pagamento efetuado por semana ou tempo inferior. Portanto, na vigência da Constituição de 1988 não existe aviso-prévio inferior a trinta dias.

Quanto à proporcionalidade, depois de mais de vinte anos de omissão do legislador o aviso-prévio proporcional foi regulamentado pela Lei nº 12.506/2011, conforme estudado no tópico 21.16.

Indexação: Capítulo 21.

32.2.22. Redução dos riscos inerentes ao trabalho, por meio de normas de saúde, higiene e segurança (inciso XXII)

O dispositivo tem por escopo a redução dos riscos de acidente de trabalho e desenvolvimento de doenças ocupacionais através da atuação do legislador infraconstitucional e, concorrentemente, do empregador[18].

Assim, a Constituição impõe ao legislador a preocupação com a higidez física e mental do trabalhador.

Não obstante, Messias Pereira Donato observa que

"Dentre as regras de saúde e segurança do trabalhador, citem-se: o preceito básico contido no art. 196, no sentido de ser a saúde direito de todos. De par com esta concepção doutrinária avançada, prevê seu temperamento no art. 7º, XXII, para ajustamento à realidade social do País, ao garantir ao trabalhador direito à *redução* e não à eliminação dos riscos inerentes ao trabalho e direito à tarifação do risco, por meio de adicionais pelo exercício de atividades em condições penosas, insalubres e perigosas, 'na forma da lei' (art. 7º, XXIII)[19]" (grifos no original).

Indexação: Capítulo 26.

32.2.23. Adicional de remuneração para atividades penosas, insalubres ou perigosas, na forma da lei (inciso XXIII)

Uma vez mais, trabalho excessivamente gravoso gera remuneração diferenciada, mediante o pagamento do adicional respectivo. Como observado na análise do inciso anterior, o ideal seria a *eliminação* da circunstância mais gravosa, e não a mera compensação econômica do trabalhador. Entretanto, diante da realidade socioeconômica e do estágio de desenvolvimento do nosso país, a remuneração diferenciada acaba sendo o único remédio viável.

---

18   Ao menos à luz da moderna doutrina da eficácia horizontal dos direitos fundamentais.
19   DONATO, Messias Pereira. *Curso de Direito Individual do Trabalho.* 6. ed. São Paulo: LTr, 2008, p. 585.

O adicional de penosidade não é autoaplicável, visto que falta norma regulamentadora a respeito.

Os adicionais de insalubridade e periculosidade, por sua vez, são regulados pela CLT (arts. 192 e 193).

Indexação: Item 26.9 e 26.10.

32.2.24. Aposentadoria (inciso XXIV)

É direito dos trabalhadores urbanos e rurais, inclusive domésticos, nos termos do § 7º do art. 201 da CRFB, *in verbis*:

Art. 201. (...)

§ 7º É assegurada aposentadoria no regime geral de previdência social, nos termos da lei, obedecidas as seguintes condições: (Redação dada pela Emenda Constitucional nº 20, de 1998)

I – 65 (sessenta e cinco) anos de idade, se homem, e 62 (sessenta e dois) anos de idade, se mulher, observado tempo mínimo de contribuição; (Redação dada pela Emenda Constitucional nº 103, de 2019)

II – 60 (sessenta) anos de idade, se homem, e 55 (cinquenta e cinco) anos de idade, se mulher, para os trabalhadores rurais e para os que exerçam suas atividades em regime de economia familiar, nestes incluídos o produtor rural, o garimpeiro e o pescador artesanal. (Redação dada pela Emenda Constitucional nº 103, de 2019)

(...)

32.2.25. Assistência gratuita aos filhos e dependentes, desde o nascimento até cinco anos de idade, em creches e pré-escolas (inciso XXV)

Recorde-se que é obrigação do empregador, que conte com pelo menos 30 empregadas com mais de 16 anos de idade, a manutenção de local adequado para guarda sob vigilância e assistência dos filhos durante o período de amamentação (art. 389, § 1º, CLT). Assim, considera-se que até os seis meses de idade (art. 396, *caput*, CLT) a obrigação é do empregador, e dos seis meses em diante passa a ser do Estado.

Todavia, a Lei nº 14.457/2022 dispôs sobre a **possibilidade** de o empregador adotar o benefício de reembolso-creche, mediante previsão em acordo individual ou em instrumento coletivo de trabalho, pagando-o à empregada ou empregado que possua filho com até cinco anos e onze meses de idade.

Indexação: Item 24.7.

32.2.26. Reconhecimento das convenções e acordos coletivos de trabalho (inciso XXVI)

A Constituição fortaleceu a chamada autocomposição de conflitos decorrentes do contrato de trabalho ao prestigiar a negociação coletiva. Com efeito, além do dispositivo em referência, que reconhece a validade do resultado da negociação coletiva, consubstanciado nos instrumentos coletivos de trabalho (acordo coletivo e convenção coletiva de trabalho), o inciso VI do art. 8º da CRFB dispõe que "é obrigatória a participação dos sindicatos nas negociações coletivas de trabalho".

Ademais, o constituinte previu hipóteses expressas de flexibilização dos direitos trabalhistas, conforme incisos VI, XIII e XIV do art. 7º da CRFB/88.

Registre-se que é este o fundamento legal adotado pelo STF em julgamentos recentes (RE 895.759 e RE 590.415) para admitir a flexibilização de norma protetiva por cláusula de instrumento coletivo de trabalho. Também foi este o fundamento para a ampla legitimação da prevalência do negociado sobre o legislado levada a efeito pela *Reforma Trabalhista de 2017* (Lei nº 13.467/2017).

Conforme Tese aprovada pelo STF quando do julgamento do ARE 1.121.633 (**Tema 1.046** de Repercussão Geral), "são constitucionais os acordos e as convenções coletivos que, ao considerarem a adequação setorial negociada, pactuam limitações ou afastamentos de direitos trabalhistas, independentemente da explicitação especificada de vantagens compensatórias, desde que respeitados os direitos absolutamente indisponíveis".

Indexação: Item 29.4.

32.2.27. Proteção em face da automação, na forma da lei (inciso XXVII)

Automação é o "sistema em que os processos operacionais em fábricas, estabelecimentos comerciais, hospitais, telecomunicações etc. são controlados e executados por meio de dispositivos mecânicos ou eletrônicos, substituindo o trabalho humano[20]".

Assim, o constituinte teve em mente proteger o trabalho contra a automação, isto é, orientar o legislador infraconstitucional a criar normas que compensem e/ou minimizem os prejuízos causados pela substituição do trabalho humano pelas máquinas.

Embora não exista lei que trate da questão de forma abrangente, acredito possa ser mencionada, como exemplo da eficácia deste dispositivo constitucional, a Lei nº 9.956/2000, a qual proíbe o funcionamento de bombas de autosserviço nos postos de abastecimento de combustíveis[21].

32.2.28. Seguro contra acidentes de trabalho, a cargo do empregador, sem excluir a indenização a que este está obrigado, quando incorrer em dolo ou culpa (inciso XXVIII)

Em relação a este inciso, há que se tomar cuidado para não incorrer em um erro de interpretação comum: o Seguro contra Acidentes de Trabalho – SAT **não** é um seguro que o empregador deva contratar junto a uma seguradora, como um seguro de vida ou um seguro contra acidentes pessoais, por exemplo. Estes podem até ser obrigatórios, seja por força de cláusula contratual, regulamentar ou norma coletiva, mas não o são por força do inciso XXVIII do art. 7º da CRFB.

Com efeito, o seguro aqui referido é de responsabilidade do INSS (segurador obrigatório), e **a obrigação do empregador se resume a recolher uma contribuição social adicional a este título**, para que, no caso de infortúnio, o órgão previdenciário possa indenizar a vítima com o pagamento de uma renda mensal de benefício (auxílio-doença acidentário, aposentadoria por invalidez acidentária ou auxílio-acidente).

Neste sentido o art. 22 da Lei nº 8.212/1991, *in verbis*:

Art. 22. A contribuição a cargo da empresa, destinada à Seguridade Social, além do disposto no art. 23, é de:

I – vinte por cento sobre o total das remunerações pagas, devidas ou creditadas a qualquer título, durante o mês, aos segurados empregados e trabalhadores avulsos que lhe prestem

---

20 *Dicionário Houaiss eletrônico da língua portuguesa*. Versão 1.0. Rio de Janeiro: Objetiva, 2009.

21 Justificativa da proposição publicada no Diário da Câmara dos Deputados aos 15.09.1999, disponível em <http://www.camara.gov.br/sileg/Prop_Detalhe.asp?id=38127>, consultado em 28.05.2011.

serviços, destinadas a retribuir o trabalho, qualquer que seja a sua forma, inclusive as gorjetas, os ganhos habituais sob a forma de utilidades e os adiantamentos decorrentes de reajuste salarial, quer pelos serviços efetivamente prestados, quer pelo tempo à disposição do empregador ou tomador de serviços, nos termos da lei ou do contrato ou, ainda, de convenção ou acordo coletivo de trabalho ou sentença normativa.

II – para o financiamento do benefício previsto nos arts. 57 e 58 da Lei nº 8.213, de 24 de julho de 1991, e daqueles concedidos em razão do grau de incidência de incapacidade laborativa decorrente dos riscos ambientais do trabalho, sobre o total das remunerações pagas ou creditadas, no decorrer do mês, aos segurados empregados e trabalhadores avulsos:

a) 1% (um por cento) para as empresas em cuja atividade preponderante o risco de acidentes do trabalho seja considerado leve;

b) 2% (dois por cento) para as empresas em cuja atividade preponderante esse risco seja considerado médio;

c) 3% (três por cento) para as empresas em cuja atividade preponderante esse risco seja considerado grave.

(...) (grifos meus)

O **empregador doméstico**, por sua vez, deve contribuir para o financiamento do seguro contra acidentes do trabalho com 0,8% (oito décimos por cento) da remuneração mensal do empregado, conforme previsão do art. 34, III, da Lei Complementar nº 150/2015.

Tendo em vista que a proteção previdenciária não é plena, ao passo que não cobre os lucros cessantes, os danos emergentes e os danos morais, a Constituição manteve a responsabilidade do empregador, em caso de dolo ou culpa, pela indenização decorrente de eventual ação de reparação de danos materiais e/ou morais.

32.2.29. Ação, quanto aos créditos resultantes das relações de trabalho, com prazo prescricional de cinco anos para os trabalhadores urbanos e rurais, até o limite de dois anos após a extinção do contrato de trabalho (inciso XXIX)

Assegura-se ao trabalhador o direito de ação com vistas à cobrança dos créditos decorrentes do contrato de trabalho, e ao mesmo tempo limita-se este direito pela fixação do prazo prescricional.

Relembrem-se os prazos prescricionais:

- *prescrição bienal*: dois anos, contados para frente, após a extinção do contrato de trabalho;
- *prescrição quinquenal*: cinco anos, contados para trás, desde o ajuizamento da ação.

Conforme disposto no art. 43 da Lei Complementar nº 150/2015, tal prazo aplica-se também aos empregados domésticos. Registre-se, por fim, que o STF passou a adotar o entendimento no sentido do qual o prazo prescricional trabalhista se aplica também ao FGTS (ARE 709.212, j. 13.11.2014). Neste sentido, a atual redação da Súmula 362 do TST.

Indexação: Capítulo 28.

32.2.30. Proibição de diferença de salários, de exercício de funções e de critério de admissão por motivo de sexo, idade, cor ou estado civil (inciso XXX)

Consagração do princípio da não discriminação (art. 5º, I). Admitem-se, contudo, as chamadas ações afirmativas, as quais visam exatamente corrigir distorções provocadas por histórico de discriminação.

Registre-se, por oportuno, que o art. 1º da Lei nº 9.029/1995 dispõe que

> É proibida a adoção de qualquer prática discriminatória e limitativa para efeito de acesso à relação de trabalho, ou de sua manutenção, por motivo de sexo, origem, raça, cor, estado civil, situação familiar, deficiência, reabilitação profissional, idade, entre outros, ressalvadas, nesse caso, as hipóteses de proteção à criança e ao adolescente previstas no inciso XXXIII do art. 7º da Constituição Federal[22].

32.2.31. Proibição de qualquer discriminação no tocante a salário e critérios de admissão do trabalhador com deficiência (inciso XXXI)

O dispositivo também consagra o princípio da não discriminação na relação de trabalho, mas especificamente em relação ao trabalhador com deficiência.

O Estatuto da Pessoa com Deficiência, instituído pela Lei nº 13.146/2015, dispõe sobre o direito das pessoas com deficiência ao trabalho nos seguintes termos:

> Art. 34. A pessoa com deficiência tem direito ao trabalho de sua livre escolha e aceitação, em ambiente acessível e inclusivo, em igualdade de oportunidades com as demais pessoas.
>
> § 1º As pessoas jurídicas de direito público, privado ou de qualquer natureza são obrigadas a garantir ambientes de trabalho acessíveis e inclusivos.
>
> § 2º A pessoa com deficiência tem direito, em igualdade de oportunidades com as demais pessoas, a condições justas e favoráveis de trabalho, incluindo igual remuneração por trabalho de igual valor.
>
> § 3º É vedada restrição ao trabalho da pessoa com deficiência e qualquer discriminação em razão de sua condição, inclusive nas etapas de recrutamento, seleção, contratação, admissão, exames admissional e periódico, permanência no emprego, ascensão profissional e reabilitação profissional, bem como exigência de aptidão plena.
>
> § 4º A pessoa com deficiência tem direito à participação e ao acesso a cursos, treinamentos, educação continuada, planos de carreira, promoções, bonificações e incentivos profissionais oferecidos pelo empregador, em igualdade de oportunidades com os demais empregados.
>
> § 5º É garantida aos trabalhadores com deficiência acessibilidade em cursos de formação e de capacitação.
>
> Art. 35. É finalidade primordial das políticas públicas de trabalho e emprego promover e garantir condições de acesso e de permanência da pessoa com deficiência no campo de trabalho.
>
> Parágrafo único. Os programas de estímulo ao empreendedorismo e ao trabalho autônomo, incluídos o cooperativismo e o associativismo, devem prever a participação da pessoa com deficiência e a disponibilização de linhas de crédito, quando necessárias.

---

[22] Redação dada pela Lei nº 13.146/2015.

32.2.32. Proibição de distinção entre trabalho manual, técnico e intelectual ou entre os profissionais respectivos (inciso XXXII)

De igual modo, este inciso se liga ao princípio da não discriminação. Observe-se que o item VII da Súmula 6 do TST estabelece que, "desde que atendidos os requisitos do art. 461 da CLT, é possível a equiparação salarial de trabalho intelectual, que pode ser avaliado por sua perfeição técnica, cuja aferição terá critérios objetivos".

No mesmo sentido, o parágrafo único do art. 3º da CLT dispõe que "não haverá distinções relativas à espécie de emprego e à condição de trabalhador, nem entre o trabalho intelectual, técnico e manual".

32.2.33. Proibição de trabalho noturno, perigoso ou insalubre a menores de dezoito e de qualquer trabalho a menores de dezesseis anos, salvo na condição de aprendiz, a partir de quatorze anos (inciso XXXIII)

O dispositivo visa à proteção integral do menor, proibindo a atividade laboral deste em circunstâncias prejudiciais à sua formação física, psíquica e moral, bem como limitando a idade para o trabalho, com vistas a garantir ao menor a frequência à escola e o desenvolvimento físico, psíquico e sociocultural adequado.

Indexação: Capítulo 25.

32.2.34. Igualdade de direitos entre o trabalhador com vínculo empregatício permanente e o trabalhador avulso (inciso XXXIV)

Como mencionado, em que pese o trabalhador avulso não seja empregado, ele mereceu do constituinte o mesmo tratamento jurídico dispensado ao trabalhador subordinado. Desse modo, lhe são assegurados os mesmos direitos conferidos aos trabalhadores urbanos e rurais.

Há que se tomar apenas um cuidado: a equiparação diz respeito ao rol de direitos constitucionalmente assegurados, e não à regulamentação destes direitos pela legislação infraconstitucional, ante as especificidades da atividade do avulso. Em outras palavras, o trabalhador avulso tem direito a férias, décimo terceiro, FGTS etc., mas não necessariamente na forma estabelecida, por exemplo, pela CLT, em relação às férias. Neste sentido, os seguintes arestos do TST:

> [...] 3. Férias. Trabalhador avulso. Não concessão. Pagamento em dobro. Inaplicabilidade. Não conhecimento. A jurisprudência dominante desta Corte é no sentido de reputar inaplicável ao trabalhador avulso, dada as peculiaridades próprias das suas atividades laborais, o artigo 137 da CLT, que prevê o pagamento em dobro das férias eventualmente não usufruídas. Precedentes. Recurso de revista de que não se conhece. 4. Trabalhador avulso. Domingos e feriados. Pagamento em dobro. Não conhecimento. Não se aplica à presente demanda a Súmula nº 146, pois tal verbete não trata do labor dos trabalhadores avulsos em domingos e feriados. Isto porque os trabalhadores portuários avulsos não estão submetidos a uma jornada de trabalho predeterminada, laborando sob a forma de rodízio, segundo a demanda. Não há obrigação de seu comparecimento em domingos e feriados, motivo pela qual se entende indevida a compensação com outro dia de trabalho, bem como a remuneração com adicional de 100%, especialmente porque há norma coletiva que fixa valor superior para a remuneração do trabalho dos avulsos em domingos e feriados. Precedentes. Recurso de revista de que não se conhece. [...] (TST, 5ª Turma, AIRR e RR-163100-76.2009.5.09.0411, Rel. Min. Guilherme Augusto Caputo Bastos, j. 24.02.2016, *DEJT* 22.03.2016).

(...) Trabalhador portuário avulso. Férias em dobro. Indevidas. A igualdade de direitos entre o trabalhador com vínculo empregatício permanente e o trabalhador avulso, prevista no art. 7º, XXXIV, da CF/88, restringe-se à existência dos mesmos direitos (no caso, as férias), mas não à forma de sua concessão. Portanto, não há como conferir ao trabalhador portuário avulso, cujo trabalho não se realiza de forma uniforme e no qual o pagamento das férias é feito pelo OGMO diretamente ao trabalhador, no prazo de 48 horas após o término do serviço, o mesmo direito do trabalhador com vínculo de emprego com relação à dobra de férias, prevista no art. 137 da CLT. Há precedentes. Recursos de revista conhecidos e providos (TST, 6ª Turma, RR-139000-65.2006.5.09.0022, Rel. Min. Augusto César Leite de Carvalho, *DEJT* 26.09.2014).

Por outro lado, há uma tendência da jurisprudência a estender aos avulsos, desde que haja compatibilidade com a sua condição, é claro, direitos assegurados aos empregados pela legislação infraconstitucional. Exemplo disso é a extensão aos avulsos do direito ao vale-transporte, a qual tem sido deferida pelo TST, como ilustra a seguinte decisão:

Recurso de revista interposto em face de decisão publicada anteriormente à vigência da Lei 13.015/2014. Trabalhador avulso. Vale-transporte. Concessão. Isonomia. Artigo 7º, XXXIV, da Constituição Federal. Esta Corte Superior sedimentou o entendimento de que os trabalhadores avulsos fazem jus à concessão do Auxílio-Transporte, em observância ao disposto no artigo 7º, XXXIV, da Constituição Federal, que garante, a esses laboristas, igualdade de direitos em relação aos trabalhadores com liame de emprego permanente. Precedentes da SBDI-1. Acórdão regional em conformidade com a iterativa, notória e atual jurisprudência desta Corte. Incidência da Súmula 333/TST. Recurso de revista não conhecido (TST, 7ª Turma, RR-96600-25.2008.5.01.0075, Rel. Min. Douglas Alencar Rodrigues, j. 16.03.2016, *DEJT* 22.03.2016).

Indexação: Item 5.7.

32.2.35. Garantias aos trabalhadores domésticos dos direitos previstos nos incisos IV, VI, VII, VIII, X, XIII, XV, XVI, XVII, XVIII, XIX, XXI, XXII, XXIV, XXVI, XXX, XXXI e XXXIII e, atendidas as condições estabelecidas em lei e observada a simplificação do cumprimento das obrigações tributárias, principais e acessórias, decorrentes da relação de trabalho e suas peculiaridades, os previstos nos incisos I, II, III, IX, XII, XXV e XXVIII, bem como a sua integração à previdência social

Inicialmente, a Constituição estendeu ao doméstico apenas alguns dos direitos trabalhistas arrolados em seu art. 7º, conforme redação original do parágrafo único do mesmo dispositivo. Ainda que parcialmente, e de forma tardia, a EC nº 72/2013 tratou de desfazer tal injustiça, estendendo aos domésticos vários outros direitos que, até então, lhe eram negados.

Considerando que, ante a nova redação do parágrafo único do art. 7º da CRFB/88, dada pela EC nº 72/2013, vários dos direitos estendidos dependiam de regulamentação, sugeri, à época, que o estudo fosse feito de forma esquemática, por meio de quadro comparativo que integrou as edições anteriores deste livro.

Todavia, hoje, com a regulamentação dos direitos dos trabalhadores domésticos levada a efeito de forma bastante ampla pela Lei Complementar nº 150/2015, creio que o foco das bancas examinadoras mudou pelo que é provável que não mais seja relevante o estudo comparativo entre o regime jurídico atual e aquele que vigorou até a publicação da EC nº 72/2013, sendo recomendável o estudo analítico da regulamentação de cada direito.

Destarte, de forma meramente ilustrativa, os direitos constitucionalmente assegurados ao doméstico[23] podem ser assim esquematizados:[24]

Direito	Regulamentação
Direitos assegurados antes da EC nº 72	
Salário mínimo	[25]
Irredutibilidade salarial	[26]
Décimo terceiro salário	Leis nº 4.090/62 e nº 4.749/65
Repouso semanal remunerado	Lei nº 605/1949
Férias + 1/3	LC nº 150/2015
Licença-gestante de 120 dias	LC nº 150/2015
Licença-paternidade	[27]
Aviso-prévio (inclusive proporcional)	LC nº 150/2015
Aposentadoria	Lei nº 8.213/1991
Direitos estendidos ao doméstico pela EC nº 72	
Salário mínimo p/ remuneração variável	
Proteção do salário, constituindo crime sua retenção dolosa	LC nº 150/2015
Jornada de trabalho de até 8 h diárias e 44 h semanais	LC nº 150/2015
Horas extras de, no mínimo, 50%	LC nº 150/2015
Redução dos riscos inerentes ao trabalho, por meio de normas de saúde, higiene e segurança	[28]
Reconhecimento dos ACT e CCT	CLT, no que couber
Proibição de diferença de salários, de exercício de funções e de critério de admissão por motivo de sexo, idade, cor ou estado civil	Lei nº 9.029/1995
Proibição de qualquer discriminação no tocante a salário e critérios de admissão do trabalhador com deficiência	Lei nº 13.146/2015

---

[23] A análise aqui passa tão somente pelos direitos assegurados pelo art. 7º da CRFB. Outros direitos previstos em legislação infraconstitucional devem ser estudados no tópico específico, conforme indexação.

[24] Mesma regulamentação aplicável aos empregados em geral. Atualmente, Lei nº 13.152/2015.

[25] Ao menos enquanto não for viabilizada a pactuação de instrumentos coletivos de trabalho pelos domésticos, a irredutibilidade de salário é absoluta.

[26] Não se aplica ao doméstico a possibilidade de extensão da licença-paternidade, porquanto a Lei nº 13.257/2016 é aplicável tão somente a empresas.

[27] Parece-me que, embora a CLT seja subsidiariamente aplicável ao doméstico (art. 19 da LC nº 150/2015), seria prematuro defender a aplicação ao empregador doméstico das normas protetivas da saúde e segurança do trabalhador, inclusive NRs, dadas as peculiaridades do trabalho doméstico e a incapacidade do empregador doméstico comum de observar, na prática, toda a normatização aplicável aos empregadores em geral.

[28] A CLT aplica-se subsidiariamente ao doméstico, observadas as peculiaridades deste trabalho, nos termos do disposto no art. 19 da LC nº 150/2015. A viabilidade de pactuação de normas coletivas pelos domésticos depende, entretanto, da prévia regularização dos sindicatos representativos dos trabalhadores domésticos.

	Direito	Regulamentação
Direitos estendidos ao doméstico pela EC nº 72	Proibição de trabalho noturno, perigoso ou insalubre a menores de 18 anos, e de qualquer trabalho a menores de 16 anos	LC nº 150/2015[29]
	Proteção contra a despedida arbitrária ou sem justa causa	LC nº 150/2015
	Seguro-desemprego	LC nº 150/2015; Lei nº 7.998/1990
	FGTS	LC nº 150/2015; Lei nº 8.036/1990
	Adicional noturno	LC nº 150/2015
	Salário-família	LC nº 150/2015; Lei nº 8.213/1991
	Assistência gratuita aos filhos e dependentes desde o nascimento até cinco anos de idade em creches ou pré-escolas	
	Seguro contra acidentes de trabalho, a cargo do empregador, sem excluir a indenização a que este está obrigado quando incorrer com dolo ou culpa	LC nº 150/2015; Lei nº 8.213/1991

Indexação: Item 6.2.3.

32.2.36. Direito à livre associação sindical

A Constituição assegura ao trabalhador o direito à livre associação profissional ou sindical, no sentido de que "ninguém será obrigado a filiar-se ou a manter-se filiado a sindicato" (art. 8º, V, CRFB).

Neste diapasão, o empregado tanto pode se associar ao sindicato quando bem entender, quanto pode se desfiliar a qualquer tempo.

Dispõe ainda o art. 8º que "o aposentado filiado tem direito a votar e ser votado nas organizações sindicais" (inciso VII), bem como que o dirigente sindical tem o emprego garantido desde o registro da candidatura até um ano após o término do mandato (inciso VIII).

Indexação: Itens 29.2.1 e 22.3.

32.2.37. Direito de greve

O direito de greve é assegurado ao trabalhador como **direito individual fundamental**, nos termos do art. 9º, *in verbis*:

Art. 9º É assegurado o direito de greve, competindo aos trabalhadores decidir sobre a oportunidade de exercê-lo e sobre os interesses que devam por meio dele defender.

§ 1º A lei definirá os serviços ou atividades essenciais e disporá sobre o atendimento das necessidades inadiáveis da comunidade.

§ 2º Os abusos cometidos sujeitam os responsáveis às penas da lei.

Indexação: Capítulo 30.

---

[29] Observe-se que o parágrafo único ao art. 1º da LC nº 150/2015 veda qualquer trabalho doméstico a menor de 18 anos.

32.2.38. Participação dos trabalhadores nos órgãos colegiados de seu interesse

Dispõe o art. 10 da CRFB que "é assegurada a participação dos trabalhadores e empregadores nos colegiados dos órgãos públicos em que seus interesses profissionais ou previdenciários sejam objeto de discussão e deliberação".

Exemplo clássico é a participação dos trabalhadores no Conselho Nacional de Previdência Social – CNPS, consoante dispõe o art. 3º da Lei nº 8.213/1991:

> Art. 3º Fica instituído o Conselho Nacional de Previdência Social – CNPS, órgão superior de deliberação colegiada, que terá como membros:
> I – seis representantes do Governo Federal;
> II – nove representantes da sociedade civil, sendo:
> a) três representantes dos aposentados e pensionistas;
> **b) três representantes dos trabalhadores em atividade;**
> c) três representantes dos empregadores.
> (...) (grifos meus)

32.2.39. Eleição de representante dos empregados em grandes empresas

O art. 11 da CRFB garante que, "nas empresas de mais de duzentos empregados, é assegurada a eleição de um representante destes com a finalidade exclusiva de promover-lhes o entendimento direto com os empregadores".

O dispositivo é autoexplicativo, tendo por objetivo o entendimento entre grandes empregadores e empregados, mediante a eleição de interlocutores que possam falar em nome dos trabalhadores.

Registre-se, todavia, que a figura do representante de que trata o art. 11 da CRFB não se confunde com a do delegado sindical, ao passo que este atua como representante do sindicato na empresa.

A Lei nº 13.467/2017 regulou a matéria, dispondo sobre a representação dos empregados na empresa. Para tal, acrescentou à CLT os artigos 510-A a 510-D, os quais serão estudados a seguir.

Repetindo o disposto no supramencionado art. 11 da CRFB, o *caput* do art. 510-A da CLT dispõe que "nas empresas com mais de duzentos empregados, é assegurada a eleição de uma comissão para representá-los, com a finalidade de promover-lhes o entendimento direto com os empregadores".

Observe-se, de início, que **a finalidade da comissão de representantes (representação direta dos empregados perante o empregador) não se confunde com a finalidade dos sindicatos dos trabalhadores, os quais continuam detendo o monopólio da negociação coletiva *stricto sensu*.**

Neste sentido, há que se ressaltar que a Convenção nº 135 da OIT, ratificada pelo Brasil[30], prevê, em seu art. 5º, que quando uma empresa contar ao mesmo tempo com representantes sindicais e representantes eleitos, medidas adequadas deverão ser tomadas, cada vez que for necessário, para garantir que a presença de representantes eleitos não venha a ser utilizada para o enfraquecimento da situação dos sindicatos interessados ou de seus representantes, mas sim para incentivar a cooperação, relativa a todas as questões pertinentes, entre os representantes eleitos e os sindicatos interessados e seus representantes.

---

[30] A Convenção nº 135 foi promulgada pelo Decreto nº 131/1991. Atualmente, as Convenções da OIT estão consolidadas no Decreto nº 10.088/2019.

Com efeito, o art. 510-B da CLT estabeleceu as atribuições da comissão de representantes, nos seguintes termos:

Art. 510-B. A comissão de representantes dos empregados terá as seguintes atribuições:

I – representar os empregados perante a administração da empresa;

II – aprimorar o relacionamento entre a empresa e seus empregados com base nos princípios da boa-fé e do respeito mútuo;

III – promover o diálogo e o entendimento no ambiente de trabalho com o fim de prevenir conflitos;

IV – buscar soluções para os conflitos decorrentes da relação de trabalho, de forma rápida e eficaz, visando à efetiva aplicação das normas legais e contratuais;

V – assegurar tratamento justo e imparcial aos empregados, impedindo qualquer forma de discriminação por motivo de sexo, idade, religião, opinião política ou atuação sindical;

VI – encaminhar reivindicações específicas dos empregados de seu âmbito de representação;

VII - acompanhar o cumprimento das leis trabalhistas, previdenciárias e das convenções coletivas e acordos coletivos de trabalho.

§ 1º As decisões da comissão de representantes dos empregados serão sempre colegiadas, observada a maioria simples.

§ 2º A comissão organizará sua atuação de forma independente.

A composição da comissão de representantes é a seguinte, conforme § 1º do art. 510-A da CLT:

Nº de empregados da empresa	Nº de membros da comissão
201 a 3000	03
3001 até 5000	05
Mais de 5000	07

No caso de a empresa possuir empregados em vários Estados da Federação e no Distrito Federal, será assegurada a eleição de uma comissão de representantes dos empregados por Estado ou no Distrito Federal, na mesma forma estabelecida no quadro acima (§ 2º do art. 510-A).

Há que se observar ainda que o número mínimo (mais de duzentos empregados) vale para a obrigatoriedade de organização da comissão de representantes, nada impedindo, naturalmente, que a empresa a constitua mesmo contando com número menor de empregados. Também a norma coletiva pode dispor sobre a matéria de forma mais favorável aos trabalhadores, ou mesmo flexibilizar as regras previstas na CLT (inteligência do art. 611-A, VII, da CLT).

Não pode a norma coletiva, entretanto, aumentar o número mínimo de empregados para que seja obrigatória a organização da comissão de representantes, nem muito menos suprimir a obrigação da empresa, porquanto o direito é constitucionalmente assegurado.

A eleição dos representantes dos trabalhadores será convocada nos termos do art. 510-C da CLT, in verbis:

Art. 510-C. A eleição será convocada, com antecedência mínima de trinta dias, contados do término do mandato anterior, por meio de edital que deverá ser fixado na empresa, com ampla publicidade, para inscrição de candidatura.

§ 1º Será formada comissão eleitoral, integrada por cinco empregados, não candidatos, para a organização e o acompanhamento do processo eleitoral, vedada a interferência da empresa e do sindicato da categoria.

§ 2º Os empregados da empresa poderão candidatar-se, exceto aqueles com contrato de trabalho por prazo determinado, com contrato suspenso ou que estejam em período de aviso prévio, ainda que indenizado.

§ 3º Serão eleitos membros da comissão de representantes dos empregados os candidatos mais votados, em votação secreta, vedado o voto por representação.

§ 4º A comissão tomará posse no primeiro dia útil seguinte à eleição ou ao término do mandato anterior.

§ 5º Se não houver candidatos suficientes, a comissão de representantes dos empregados poderá ser formada com número de membros inferior ao previsto no art. 510-A desta Consolidação.

§ 6º Se não houver registro de candidatura, será lavrada ata e convocada nova eleição no prazo de um ano.

Destaque-se, no texto legal, a vedação à interferência da empresa *e do sindicato da categoria* no processo eleitoral (§ 1º). Todavia, tal vedação, no que diz respeito à eventual interferência do sindicato dos trabalhadores, parece colidir com a possibilidade de flexibilização das regras atinentes à representação dos empregados no local de trabalho, albergada pelo inciso VII do art. 611-A da CLT.

Também é importante ressaltar que todos os empregados da empresa, independentemente da modalidade de contratação, são eleitores e contam para a base de cálculo para dimensionamento da comissão, mas nem todos são elegíveis. Com efeito, o § 2º do art. 510-C veda a candidatura dos empregados contratados por prazo determinado, daqueles cujo contrato esteja suspenso, bem como dos empregados que estejam em período de aviso-prévio.

O mandato dos membros da comissão será de um ano, vedada a candidatura de quem foi membro da comissão nos dois períodos subsequentes (art. 510-D, *caput* e § 1º). Nada impede, portanto, que o trabalhador que já exerceu a função de membro da comissão de representantes seja reconduzido posteriormente, desde que não seja nos dois períodos consecutivos.

Por sua vez, **o tempo dedicado ao exercício do mandato de representante dos empregados não implica suspensão ou interrupção do contrato de trabalho**, devendo o empregado permanecer no exercício de suas funções (art. 510-D, § 2º).

Sem dúvida a regra mais relevante sobre o assunto, notadamente para concursos públicos, é a prevista no § 3º do art. 510-D, *in verbis*:

§ 3º Desde o registro da candidatura até um ano após o fim do mandato, o membro da comissão de representantes dos empregados não poderá sofrer despedida arbitrária, entendendo-se como tal a que não se fundar em motivo disciplinar, técnico, econômico ou financeiro.

Assim como ocorre com a garantia de emprego assegurada ao cipeiro, o representante dos empregados não tem garantia de emprego absoluta, mas tão somente proteção contra a despedida arbitrária. Pode ser dispensado, dessa forma, se houver motivo, seja ele disciplinar, técnico, econômico ou financeiro, exatamente nos mesmos termos do quanto previsto para o cipeiro no art. 165 da CLT.

Por fim, dispõe o § 4º do art. 510-D que os documentos referentes ao processo eleitoral devem ser emitidos em duas vias, as quais permanecerão sob a guarda dos empregados e da empresa pelo prazo de cinco anos, à disposição para consulta de qualquer trabalhador interessado, do Ministério Público do Trabalho e do Ministério do Trabalho e Emprego.

DIREITOS CONSTITUCIONAIS DOS TRABALHADORES

Aplicabilidade das normas constitucionais:

Eficácia plena.

Eficácia limitada (dependem de regulamentação).

Recepção da legislação infraconstitucional anterior à CRFB/1988:

Os dispositivos da legislação infraconstitucional anterior a 1988 devem ser lidos à luz da Constituição atual.

Destinatários dos direitos constitucionais dos trabalhadores:

Empregados urbanos e rurais.

Avulsos (assegurada a igualdade de direitos com os empregados urbanos e rurais).

Domésticos (atualmente a maioria dos direitos conferidos aos demais trabalhadores, conforme parágrafo único do art. 7º, com a redação dada pela EC 72/2013).

Direitos constitucionalmente assegurados aos trabalhadores

Relação de emprego protegida contra despedida arbitrária ou sem justa causa, nos termos de lei complementar que preverá indenização compensatória, dentre outros direitos

Substitui o antigo sistema celetista da indenização e da estabilidade.

Multa compensatória do FGTS (40%). Para o doméstico, formação de espécie de "fundo" mediante depósitos mensais específicos.

Garantia provisória de emprego à gestante e ao cipeiro.

Seguro-desemprego, em caso de desemprego involuntário

Benefício previdenciário.

Cabível nas dispensas sem justa causa (inclusive indireta). Não cabe se a extinção se der por comum acordo.

Estendido ao pescador profissional artesanal, nos períodos de defeso, e ao trabalhador resgatado de situação análoga à de escravo.

O empregado doméstico tem direito ao seguro-desemprego.

A não comunicação da dispensa pelo empregador aos órgãos competentes dá origem ao direito à indenização.

Fundo de garantia do tempo de serviço – FGTS

Substituiu o regime celetista da indenização.

Salário mínimo, fixado em lei, nacionalmente unificado, capaz de atender às necessidades vitais básicas do trabalhador e às de sua família com moradia, alimentação, educação, saúde, lazer, vestuário, higiene, transporte e previdência social, com reajustes periódicos que lhe preservem o poder aquisitivo, sendo vedada sua vinculação para qualquer fim

A CRFB/1988 extinguiu os salários mínimos regionais, razão pela qual todas as referências a tais salários na CLT devem ser relidas à luz deste dispositivo.

A vedação à vinculação do salário mínimo estende-se inclusive a parcelas trabalhistas.

Deve ser necessariamente fixado em lei, ressalvada a possibilidade prevista pela Lei nº 13.152/2015.

Piso salarial proporcional à extensão e à complexidade do trabalho

Não se aplica ao doméstico.

Irredutibilidade do salário, salvo o disposto em convenção ou acordo coletivo

A ressalva consagra a possibilidade, nas hipóteses expressamente consignadas no texto constitucional, de flexibilização de direitos trabalhistas pela via da negociação coletiva.

A irredutibilidade diz respeito ao valor nominal, e não ao valor real (poder aquisitivo).

DIREITOS CONSTITUCIONAIS DOS TRABALHADORES

Garantia do salário, nunca inferior ao mínimo, para os que percebem remuneração variável

A garantia do salário mínimo diz respeito à totalidade da remuneração percebida pelo empregado, e não só ao valor fixo do salário, se existente.

Décimo terceiro salário com base na remuneração integral ou no valor da aposentadoria

Remuneração do trabalho noturno superior à do diurno

A Constituição apenas prevê a remuneração superior, mas não fixa o percentual, que é disciplinado pela legislação infraconstitucional.

Proteção do salário na forma da lei, constituindo crime sua retenção dolosa

Participação nos lucros, ou resultados, desvinculada da remuneração, e, excepcionalmente, participação na gestão da empresa, conforme definido em lei

Observe-se que a PLR não tem natureza salarial, por expressa disposição constitucional.

Não se aplica ao doméstico.

Salário-família pago em razão do dependente do trabalhador de baixa renda nos termos da lei

Benefício previdenciário devido ao trabalhador de baixa renda, inclusive ao doméstico.

É pago pelo empregador, mas compensado com as contribuições previdenciárias devidas.

Duração do trabalho normal não superior a oito horas diárias e quarenta e quatro semanais, facultada a compensação de horários e a redução da jornada, mediante acordo ou convenção coletiva de trabalho

Estabelece a jornada padrão de trabalho (8 h diárias; 44 h semanais).

Constitui a segunda hipótese de flexibilização de direito trabalhista por meio de negociação coletiva.

Jornada de seis horas para o trabalho realizado em turnos ininterruptos de revezamento, salvo negociação coletiva

Trata-se da terceira hipótese de flexibilização de direito trabalhista constitucionalmente assegurado, podendo o instrumento coletivo de trabalho ampliar a jornada, em turnos ininterruptos de revezamento, para até oito horas.

Não se aplica ao doméstico.

Repouso semanal remunerado, preferencialmente aos domingos

Como a previsão é constitucional, aplica-se inclusive aos empregados não sujeitos a controle de jornada, conforme o art. 62 da CLT.

Remuneração do serviço extraordinário superior, no mínimo, em cinquenta por cento à do normal

Fixa o adicional mínimo de horas extras na vigência da Constituição de 1988.

Devem ser relidos todos os dispositivos celetistas contrários a tal dispositivo, tendo sido os mesmos tacitamente revogados pela CRFB/1988. Não existe hora extra, no sistema constitucional vigente, sem remuneração, no mínimo, 50% superior à da hora normal de trabalho.

Gozo de férias anuais remuneradas com, pelo menos, um terço a mais do que o salário normal

Consagra o terço constitucional de férias, pelo que não há pagamento de férias (gozadas ou indenizadas) sem o respectivo terço constitucional.

Licença à gestante, sem prejuízo do emprego e do salário, com duração de cento e vinte dias

Licença-paternidade, nos termos fixados em lei

Até que sobrevenha a lei, a licença em referência é de cinco dias.

Pode ser prorrogada por mais 15 dias, no âmbito do Programa Empresa Cidadã (Lei nº 11.770/2008, com redação dada pela Lei nº 13.257/2016).

A possibilidade de prorrogação não se aplica ao doméstico.

DIREITOS CONSTITUCIONAIS DOS TRABALHADORES

Proteção do mercado de trabalho da mulher, mediante incentivos específicos, nos termos da lei

Não se aplica ao doméstico.

Aviso-prévio proporcional ao tempo de serviço, sendo no mínimo de trinta dias, nos termos da lei

O período mínimo (30 dias) é autoaplicável, razão pela qual não subsiste a previsão infraconstitucional de aviso-prévio menor que 30 dias.

A proporcionalidade foi regulamentada pela Lei nº 12.506/2011.

Para o doméstico, regulamentação na LC nº 150/2015.

Redução dos riscos inerentes ao trabalho, por meio de normas de saúde, higiene e segurança

Adicional de remuneração para atividades penosas, insalubres ou perigosas, na forma da lei

Como a Constituição não fixa percentuais, cabe à lei fazê-lo.

A CLT dispõe sobre os adicionais de insalubridade e periculosidade.

O adicional de penosidade ainda não foi regulamentado.

Não se aplica ao doméstico.

Aposentadoria

Assistência gratuita aos filhos e dependentes, desde o nascimento até cinco anos de idade, em creches e pré-escolas

Reconhecimento das convenções e acordos coletivos de trabalho

Este dispositivo é invocado para justificar a prevalência da negociação coletiva (negociado vs. legislado), a qual foi consagrada pela *Reforma Trabalhista de 2017*.

Proteção em face da automação, na forma da lei

Seguro contra acidentes de trabalho, a cargo do empregador, sem excluir a indenização a que este está obrigado, quando incorrer em dolo ou culpa

Ação, quanto aos créditos resultantes das relações de trabalho, com prazo prescricional de cinco anos para os trabalhadores urbanos e rurais, até o limite de dois anos após a extinção do contrato de trabalho

Prazos prescricionais: 5 anos para trás, até o limite de 2 anos após a extinção do contrato de trabalho.

Aplica-se indistintamente aos urbanos e aos rurícolas.

Aplica-se ao doméstico (LC nº 150/2015).

Proibição de diferença de salários, de exercício de funções e de critério de admissão por motivo de sexo, idade, cor ou estado civil

Proibição de qualquer discriminação no tocante a salário e critérios de admissão do trabalhador com deficiência

Proibição de distinção entre trabalho manual, técnico e intelectual ou entre os profissionais respectivos

Proibição de trabalho noturno, perigoso ou insalubre a menores de dezoito e de qualquer trabalho a menores de dezesseis anos, salvo na condição de aprendiz, a partir de quatorze anos

Igualdade de direitos entre o trabalhador com vínculo empregatício permanente e o trabalhador avulso

Direito à livre associação sindical

Direito de greve

DIREITOS CONSTITUCIONAIS DOS TRABALHADORES
Participação dos trabalhadores nos órgãos colegiados de seu interesse
Eleição de representante dos empregados em grandes empresas   Empresas com mais de 200 empregados.
200 < n° empregados ≤ 3.000 → 03 membros 3.000 < n° empregados ≤ 5.000 → 05 membros Mais de 5.000 empregados → 07 membros
A função da comissão de representantes é representar os empregados perante a administração da empresa, com vistas a prevenir conflitos, não se confundindo com a atuação da entidade sindical de representação dos trabalhadores. A atribuição para a negociação coletiva continua sendo do sindicato dos trabalhadores.
A eleição deverá ser convocada com antecedência mínima de 30 dias, contados do término do mandato anterior.
A organização e o acompanhamento do processo eleitoral se darão por comissão eleitoral integradas por cinco empregados não candidatos, vedada a interferência da empresa e do sindicato da categoria.
Todos os empregados da empresa poderão se candidatar, exceto: a) aqueles com contrato por prazo determinado; b) aqueles cujo contrato esteja suspenso; c) aqueles que estejam em período de aviso-prévio, ainda que indenizado.
A votação será secreta, vedado o voto por representação. Serão eleitos membros da comissão dos empregados os candidatos mais votados.
Se não houver candidatos suficientes, a comissão de representantes poderá ser formada com número de membros inferior ao previsto. Se não houver registro de candidatura, será lavrada ata e convocada nova eleição no prazo de um ano.
O mandato dos membros da comissão de representantes será de um ano, vedada a recondução nos dois períodos subsequentes.
O mandato dos membros da comissão não implica suspensão ou interrupção do contrato de trabalho, devendo o empregado permanecer no exercício de suas funções.
Desde o registro da candidatura até um ano após o fim do mandato, o membro da comissão de representantes dos empregados não poderá sofrer despedida arbitrária, entendendo-se como tal a que não se fundar em motivo disciplinar, técnico, econômico ou financeiro.

32.3. DEIXADINHAS

1. Vários dispositivos celetistas foram tacitamente revogados pela CRFB/1988. Estes devem ser lidos à luz do sistema constitucional vigente, como, por exemplo, no tocante ao adicional de horas extras de, no mínimo, 50%.

2. Os direitos constitucionalmente assegurados aos trabalhadores alcançam os empregados urbanos e rurais, os trabalhadores avulsos e, parcialmente, os domésticos.

3. A Constituição de 1988 tornou obrigatório o FGTS e estabeleceu nova sistemática de proteção contra despedida arbitrária, nos termos de lei complementar regulamentadora ainda não existente. Desse modo, restou superado o antigo sistema celetista da indenização por tempo de serviço e da estabilidade decenal.

4. O seguro-desemprego constitui benefício previdenciário devido ao empregado em caso de desemprego involuntário, inclusive na despedida indireta. Também fazem jus ao

seguro-desemprego os pescadores artesanais, no período em que a pesca é proibida, e os trabalhadores resgatados pela fiscalização do trabalho. O empregado doméstico também tem direito ao seguro-desemprego.

5. O período aquisitivo do seguro-desemprego é de 16 meses, contados da data de dispensa que deu origem à última habilitação.

6. O valor das parcelas do seguro-desemprego não poderá ser inferior ao valor do salário mínimo.

7. O benefício do seguro-desemprego será cancelado, dentre outros motivos, pela recusa, por parte do trabalhador desempregado, de outro emprego condizente com sua qualificação e remuneração anterior.

8. Quando da dispensa, o empregador deverá comunicá-la aos órgãos competentes, fornecendo comprovação ao empregado. Feita a comunicação, a anotação da extinção contratual na CTPS é documento hábil para requerer o seguro-desemprego. Caso o empregador não comunique a dispensa aos órgãos competentes, o empregado tem direito à indenização.

9. A garantia do salário mínimo se refere à totalidade da remuneração do empregado, e não apenas à parte variável do salário, naqueles casos em que a remuneração é composta por parte fixa mais variável.

10. O salário-família é benefício previdenciário devido ao empregado de baixa renda, seja ele urbano ou rural (inclusive o doméstico), ou ainda trabalhador avulso. É paga uma cota para cada filho ou equiparado de qualquer condição, até quatorze anos de idade, ou inválido de qualquer idade.

11. As cotas do salário-família não serão incorporadas, para qualquer efeito, ao salário do empregado.

12. Não existe pagamento de férias sem o terço constitucional, sejam elas gozadas ou indenizadas, simples ou em dobro.

13. A Lei nº 11.770/2008 instituiu a possibilidade de ampliação da licença-maternidade por até 60 dias, a expensas do empregador, mediante a concessão de incentivos fiscais. Nos mesmos termos, pode ser ampliada em mais 15 dias a licença-paternidade.

14. O aviso-prévio de, no mínimo, trinta dias é direito constitucionalmente assegurado ao empregado, e, portanto, trata-se de norma de eficácia imediata. A proporcionalidade foi regulamentada pela Lei nº 12.506/2011.

15. O adicional de penosidade não é autoaplicável; falta norma regulamentadora a respeito.

16. O constituinte previu hipóteses expressas de flexibilização dos direitos trabalhistas, conforme incisos VI (redução salarial), XIII (compensação de horários) e XIV (ampliação da jornada de trabalho em turnos ininterruptos de revezamento) do art. 7º da CRFB/1988.

17. O Seguro contra Acidentes de Trabalho – SAT não é um seguro que o empregador deva contratar junto a uma seguradora, como um seguro de vida ou um seguro contra acidentes pessoais, por exemplo.

18. É direito do empregado o seguro contra acidentes de trabalho, a cargo do empregador, sem excluir a indenização a que este está obrigado, quando incorrer em dolo ou culpa.

19. Os prazos prescricionais aplicáveis aos empregados urbanos e rurais (cinco anos, limitados a dois anos após a extinção do contrato de trabalho) se aplicam também ao empregado doméstico.

20. É proibido o trabalho noturno, perigoso ou insalubre aos menores de dezoito e qualquer trabalho aos menores de dezesseis anos, salvo na condição de aprendiz, a partir de quatorze anos.

21. A Constituição assegura a igualdade de direitos entre o trabalhador com vínculo empregatício permanente e o trabalhador avulso.

22. Dos direitos constitucionais assegurados aos trabalhadores (art. 7º), não foram estendidos

ao doméstico apenas os seguintes: piso salarial proporcional à extensão e à complexidade do trabalho; participação nos lucros ou resultados; jornada de seis horas para o trabalho realizado em turnos ininterruptos de revezamento; proteção do mercado de trabalho da mulher; adicional de insalubridade e periculosidade; proteção em face da automação; prescrição trabalhista (assegurada, entretanto, pela LC nº 150/2015); proibição de distinção entre trabalho manual, técnico e intelectual e entre os profissionais respectivos.

23. Ninguém será obrigado a filiar-se ou a manter-se filiado a sindicato.

24. O aposentado filiado tem direito a votar e ser votado nas organizações sindicais.

25. É assegurado o direito de greve, competindo aos trabalhadores decidir sobre a oportunidade de exercê-lo e sobre os interesses que devam por meio dele defender.

26. É assegurada a participação dos trabalhadores e empregadores nos colegiados dos órgãos públicos em que seus interesses profissionais ou previdenciários sejam objeto de discussão e deliberação.

27. Nas empresas com mais de duzentos empregados, é assegurada a eleição de um representante destes, com a finalidade exclusiva de promover-lhes o entendimento direto com os empregadores.

28. O mandato dos membros da comissão de representantes dos empregados será de um ano. O membro que houver exercido a função de representante dos empregados na comissão não poderá ser candidato nos dois períodos subsequentes.

29. O mandato de membro de comissão de representantes dos empregados não implica suspensão ou interrupção do contrato de trabalho, devendo o empregado permanecer no exercício de suas funções.

30. Desde o registro da candidatura até um ano após o fim do mandato, o membro da comissão de representantes dos empregados não poderá sofrer despedida arbitrária, entendendo-se como tal a que não se fundar em motivo disciplinar, técnico, econômico ou financeiro.

Bibliografia

Monografias e artigos

ADAMOVICH, Eduardo Henrique Raymundo von. *Comentários à Consolidação das Leis do Trabalho.* Rio de Janeiro: Forense, 2009.

AMADO, Frederico. *Curso de Direito e Processo Previdenciário.* 14. ed. Salvador: JusPodivm, 2021.

ALMEIDA, André Luiz Paes de. *Direito do Trabalho*: material, processual e legislação especial. 8. ed. São Paulo: Rideel, 2010.

AROUCA, José Carlos. *Curso básico de Direito Sindical.* 2. ed. São Paulo: LTr, 2009.

AULETE, Caldas. *Novíssimo Aulete*: dicionário contemporâneo da língua portuguesa; organizador Paulo Geiger. Rio de Janeiro: Lexikon, 2011.

BANDEIRA DE MELLO, Celso Antonio. *Curso de Direito Administrativo.* 28. ed. São Paulo: Malheiros, 2011.

BARROS, Alice Monteiro de. *As relações de trabalho no espetáculo.* São Paulo: LTr, 2003.

BARROS, Alice Monteiro de. *Contratos e regulamentações especiais de trabalho*: peculiaridades, aspectos controvertidos e tendências. 3. ed. São Paulo: LTr, 2008.

BARROS, Alice Monteiro de. *Curso de Direito do Trabalho.* 6. ed. São Paulo: LTr, 2010.

BARROS, Alice Monteiro de. *Curso de Direito do Trabalho.* 9. ed. São Paulo: LTr, 2013.

BARROS, Alice Monteiro de (coord.). *Curso de Direito do Trabalho*: estudos em memória de Célio Goyatá. 3. ed. São Paulo: LTr, 1997. 2. vol.

BARROS, Alice Monteiro de. *Proteção à intimidade do empregado.* 2. ed. São Paulo: LTr, 2009.

BARROSO, Fábio Túlio. *Manual de Direito Coletivo do Trabalho.* São Paulo: LTr, 2010.

BELMONTE, Alexandre Agra. *Instituições civis no Direito do Trabalho* – Curso de Direito Civil aplicado ao Direito do Trabalho. 4. ed. Rio de Janeiro: Renovar, 2009.

BOUCINHAS FILHO, Jorge Cavalcanti; MARANHÃO, Ney Stany Morais. *O novo aviso prévio*: questões polêmicas suscitadas pela Lei n. 12.506/2011. São Paulo: LTr, 2014.

BULOS, Uadi Lammêgo. *Constituição Federal anotada.* 10. ed. São Paulo: Saraiva, 2012.

BULOS, Uadi Lammêgo. *Curso de Direito Constitucional.* 7. ed. São Paulo: Saraiva, 2012.

CAIRO JÚNIOR, José. *Curso de Direito do Trabalho.* 4. ed. Salvador: JusPodivm, 2009.

CAMISASSA, Mara Queiroga. *Segurança e Saúde no Trabalho*: NRs 1 a 36 comentadas e descomplicadas. São Paulo: Método, 2015.

CARACIOLA, Andrea Boari; ANDREUCCI, Ana Cláudia Pompeu Torrezan; FREITAS, Aline da Silva (org.). *Estatuto da Criança e do Adolescente*: estudos em comemoração aos 20 anos. São Paulo: LTr, 2010.

CARDONE, Marly. Consórcio de empregadores urbanos – trabalho intermitente. *Revista LTr*, vol. 71, n° 12, dez. 2007, p. 1.466-1.473.

CARDONE, Marly. *Viajantes e pracistas no Direito do Trabalho.* 4. ed. São Paulo: LTr, 1998.

CARELLI, Rodrigo Lacerda. A responsabilidade do tomador de serviços na terceirização. *Revista LTr*, vol. 70, n° 06, jun. 2006, p. 715-718.

CARELLI, Rodrigo Lacerda. *Formas atípicas de trabalho*. São Paulo: LTr, 2004.

CARRION, Valentin. *Comentários à Consolidação das Leis do Trabalho*. 35. ed. atual. por Eduardo Carrion. São Paulo: Saraiva, 2010.

CARVALHO, João Antonio; MOTTA FILHO, Sylvio Clemente da. *Eu vou passar em concursos*. Rio de Janeiro: Elsevier, 2011.

CARVALHO FILHO, José dos Santos. *Manual de Direito Administrativo*. 14. ed. Rio de Janeiro: Lumen Juris, 2005.

CASSAR, Vólia Bomfim. *Direito do Trabalho*. 4. ed. Niterói: Impetus, 2010.

CASSAR, Vólia Bomfim. *Direito do Trabalho*. 7. ed. São Paulo: Método, 2012.

CASSAR, Vólia Bomfim. *Direito do Trabalho*. 11. ed. São Paulo: Método, 2015.

CASSAR, Vólia Bomfim. *Direito do Trabalho*. 14. ed. São Paulo: Método, 2017.

CATHARINO, José Martins. *Tratado jurídico do salário*. São Paulo: LTr, 1994.

CAVALCANTE, Jouberto de Quadros Pessoa; JORGE NETO, Francisco Ferreira. *O empregado público*. 3. ed. São Paulo: LTr, 2012.

CINTRA, Antônio Carlos Araújo; DINAMARCO, Cândido Rangel; GRINOVER, Ada Pellegrini. *Teoria Geral do Processo*. 28. ed. São Paulo: Malheiros, 2012.

COELHO, Fábio Ulhoa. *Manual de Direito Comercial*. 16. ed. São Paulo: Saraiva, 2005.

CORTEZ, Julpiano Chaves. *Prática trabalhista*: cálculos. 16. ed. São Paulo: LTr, 2012.

COSTA, Armando Cassimiro Costa; FERRARI, Irany; MARTINS, Melchíades Rodrigues (compilação). *Consolidação das Leis do Trabalho*. 36. ed. São Paulo: LTr, 2009.

COSTA, Armando Cassimiro Costa; FERRARI, Irany; MARTINS, Melchíades Rodrigues (compilação). *Consolidação das Leis do Trabalho*. 37. ed. São Paulo: LTr, 2010.

COSTA, Armando Cassimiro Costa; FERRARI, Irany; MARTINS, Melchíades Rodrigues (compilação). *Consolidação das Leis do Trabalho*. 38. ed. São Paulo: LTr, 2011.

COUTINHO, Grijalbo Fernandes Coutinho; PAVAN, João Amílcar Silva e Souza; JARDIM NETO, Leôncio Mário (coords.). *Direito Constitucional do Trabalho em temas*. São Paulo: LTr, 2012.

CRIVELLI, Ericson. *Direito Internacional do Trabalho Contemporâneo*. São Paulo: LTr, 2010.

CUNHA JÚNIOR, Dirley da. *Curso de Direito Constitucional*. 5. ed. Salvador: JusPodivm, 2011.

DALLEGRAVE NETO, José Affonso. *Contrato individual de trabalho*: uma visão estrutural. São Paulo: LTr, 1998.

DALLEGRAVE NETO, José Affonso. *Responsabilidade civil no Direito do Trabalho*. 4. ed. São Paulo: LTr, 2010.

DELGADO, Maurício Godinho. *Curso de Direito do Trabalho*. 9. ed. São Paulo: LTr, 2010.

DELGADO, Maurício Godinho. *Curso de Direito do Trabalho*. 11. ed. São Paulo: LTr, 2012.

DELGADO, Maurício Godinho. *Curso de Direito do Trabalho*. 12. ed. São Paulo: LTr, 2013.

DELGADO, Maurício Godinho. *Curso de Direito do Trabalho*. 15. ed. São Paulo: LTr, 2016.

DELGADO, Maurício Godinho. *Curso de Direito do Trabalho*. 17. ed. São Paulo: LTr, 2018.

DELGADO, Maurício Godinho. *Direito Coletivo do Trabalho*. 3. ed. São Paulo: LTr, 2008.

DELGADO, Maurício Godinho. Direitos Fundamentais na Relação de Trabalho. *Revista do Ministério Público do Trabalho*, n° 31, mar. 2006.

DELGADO, Maurício Godinho. *Jornada de trabalho e descansos trabalhistas*. 3. ed. São Paulo: LTr, 2003.

DELGADO, Maurício Godinho; DELGADO, Gabriela Neves. *O novo manual do trabalho doméstico*. São Paulo: LTr, 2016.

DELGADO, Maurício Godinho; DELGADO, Gabriela Neves. *Constituição da República e direitos fundamentais*: dignidade da pessoa humana, justiça social e Direito do Trabalho. São Paulo: LTr, 2012.

DI PIETRO, Maria Sylvia Zanella. *Direito Administrativo*. 23. ed. São Paulo: Atlas, 2010.

DIDIER Jr., Fredie. *Curso de Direito Processual Civil*: introdução ao direito processual civil, parte geral e processo de conhecimento, v. 1. 18. ed. Salvador: JusPodivm, 2016.

DINAMARCO, Cândido Rangel; LOPES, Bruno Vasconcelos Carrilho Lopes. *Teoria geral do novo processo civil*. São Paulo: Malheiros, 2016.

DINIZ, Maria Helena. *Lei de Introdução às Normas do Direito Brasileiro interpretada*. 17. ed. São Paulo: Saraiva, 2012.

DONATO, Messias Pereira. *Curso de Direito Individual do Trabalho*. 6. ed. São Paulo: LTr, 2008.

DONATO, Messias Pereira. Princípios do Direito Coletivo do Trabalho. *Revista LTr*, vol. 71, n° 12, dez. 2007, p. 1.418-1.424.

DONIZETTI, Elpídio. *Curso didático de Direito Processual Civil*. 9. ed. Rio de Janeiro: Lumen Juris, 2008.

FABRE, Luiz Carlos Michele. *Fontes do Direito do Trabalho*. São Paulo: LTr, 2009.

FARIAS, Cristiano Chaves de; ROSENVALD, Nelson. *Direito das Obrigações*. 4. ed. Rio de Janeiro: Lumen Juris, 2010.

FARIAS, Cristiano Chaves de. *Curso de Direito Civil*: Parte Geral e LINDB. 10. ed. Salvador: JusPodivm, 2012. v. 1.

FARIAS, Cristiano Chaves de. *Curso de Direito Civil*: Contratos: Teoria Geral e Contratos em Espécie. 2. ed. Salvador: JusPodivm, 2012. v. 4.

FERNANDES, Fábio de Assis Ferreira. A discriminação na dispensa por justa causa do empregado portador da doença do alcoolismo e o Ministério Público do Trabalho. *Revista LTr*, vol. 69, n° 6, jun. 2005, p. 699-712.

FERRARI, Irany; MARTINS, Melchíades Rodrigues. *Consolidação das Leis do Trabalho*: Doutrina, jurisprudência predominante e procedimentos administrativos. Do Processo de Multas Administrativas, artigos 626 a 642. São Paulo: LTr, 2007. v. 2.

FERRARI, Irany; MARTINS, Melchíades Rodrigues. *Consolidação das Leis do Trabalho*: Doutrina, jurisprudência predominante e procedimentos administrativos. Do Contrato Individual do Trabalho, artigos 442 a 510. São Paulo: LTr, 2009. v. 4.

FERRARI, Irany; NASCIMENTO, Amauri Mascaro; MARTINS FILHO, Ives Gandra da Silva (org.). *História do trabalho, do Direito do Trabalho e da Justiça do Trabalho*. 3. ed. São Paulo: LTr, 2011.

FIUZA, César. *Direito Civil*: Curso completo. 11. ed. Belo Horizonte: Del Rey, 2008.

GAGLIANO, Pablo Stolze; PAMPLONA FILHO, Rodolfo. *Novo Curso de Direito Civil*. Parte Geral. 7. ed. São Paulo: Saraiva, 2006. v. 1.

GARCIA, Gustavo Filipe Barbosa. *CLT Comentada*. 4. ed. São Paulo: Método, 2018.

GARCIA, Gustavo Filipe Barbosa. *Curso de Direito do Trabalho*. 4. ed. Rio de Janeiro: Forense, 2010.

GARCIA, Gustavo Filipe Barbosa. *Curso de Direito do Trabalho*. 7. ed. Rio de Janeiro: Forense, 2013.

GARCIA, Gustavo Filipe Barbosa. *Curso de Direito do Trabalho*. 16. ed. São Paulo: Saraiva Educação, 2021.

GARCIA, Gustavo Filipe Barbosa. *Curso de Direito Processual do Trabalho*. Rio de Janeiro: Forense, 2012.

GARCIA, Gustavo Filipe Barbosa. *Desvirtuamento do serviço voluntário decorrente da Lei n° 14.370/2022.* Disponível em https://www.conjur.com.br/2022-jun-21/barbosa-garcia-desvirtuamento-servico-voluntario. Acesso em: 04 jun. 2023.

GARCIA, Gustavo Filipe Barbosa. *Manual de Direito do Trabalho.* 5. ed. São Paulo: Método, 2012.

GARCIA, Gustavo Filipe Barbosa. *Reforma trabalhista.* 2. ed. Salvador: JusPodivm, 2017.

GARCIA, Gustavo Filipe Barbosa. *Terceirização.* 3. ed. Salvador: JusPodivm, 2017.

GOMES, Orlando; GOTTSCHALK, Elson. *Curso de Direito do Trabalho.* 18. ed. Rio de Janeiro: Forense, 2008.

GONÇALVES, Edwar Abreu. *Segurança e saúde no trabalho em 2000 perguntas e respostas.* 4. ed. São Paulo: LTr, 2010.

HENRIQUE, Carlos Augusto Junqueira; DELGADO, Gabriela Neves (coord.). *Terceirização no Direito do Trabalho.* Belo Horizonte: Mandamentos, 2004.

HUSEK, Carlos Roberto. *Curso Básico de Direito Internacional Público e Privado do Trabalho.* São Paulo: LTr, 2009.

JANTALIA, Fabiano. *Fundo de Garantia do Tempo de Serviço.* São Paulo: LTr, 2008.

JUSTEN FILHO, Marçal. *Curso de Direito Administrativo.* 7. ed. Belo Horizonte: Fórum, 2011.

KERTZMAN, Ivan Mascarenhas. *Curso prático de Direito Previdenciário.* 3. ed. Salvador: JusPodivm, 2007.

KLIPPEL, Bruno. *Direito sumular esquematizado – TST.* São Paulo: Saraiva, 2011.

LAGE, Émerson José Alves; LOPES, Mônica Sette (orgs.). *O Direito do Trabalho e o Direito Internacional:* questões relevantes. Homenagem ao professor Osiris Rocha. São Paulo: LTr, 2005.

LEITE, Carlos Henrique Bezerra. A negociação coletiva no Direito do Trabalho brasileiro. *Revista LTr,* vol. 70, n° 7, jul. 2006, p. 793-807.

LEITE, Carlos Henrique Bezerra. *A nova lei do trabalho doméstico:* comentários à Lei Complementar n° 150/2015. São Paulo: Saraiva, 2015.

LEITE, Carlos Henrique Bezerra. *Curso de Direito do Trabalho.* 5. ed. São Paulo: Saraiva, 2014.

LEITE, Carlos Henrique Bezerra. *Curso de Direito Processual do Trabalho.* 3. ed. São Paulo: LTr, 2005.

LEITE, Carlos Henrique Bezerra. *Curso de Direito Processual do Trabalho.* 14. ed. São Paulo: Saraiva, 2016.

LEITE, Carlos Henrique Bezerra. *Ministério Público do Trabalho:* doutrina, jurisprudência e prática. 5. ed. São Paulo: LTr, 2011.

LENZA, Pedro. *Direito Constitucional esquematizado.* 9. ed. São Paulo: Método, 2005.

LIMA, Franciso Meton Marques de. *Elementos de Direito do Trabalho.* 13. ed. São Paulo: LTr, 2010.

LORENZETTI, Ari Pedro. *A prescrição e a decadência na justiça do trabalho.* São Paulo: LTr, 2009.

LORENZETTI, Ari Pedro. *As nulidades no Direito do Trabalho.* 2. ed. São Paulo: LTr, 2010.

MAGANO, Octavio Bueno. *Primeiras lições de Direito do Trabalho.* 3. ed. São Paulo: RT, 2003.

MAIOR, Jorge Luiz Souto. *Curso de Direito do Trabalho:* a relação de emprego. São Paulo: LTr, 2008. v. II.

MAIOR, Jorge Luiz Souto. *Relação de emprego e direito do trabalho:* no contexto da ampliação da competência da justiça do trabalho. São Paulo: LTr, 2007.

MAMEDE, Gladston. *Manual de Direito Empresarial.* 9. ed. São Paulo: Atlas, 2015.

MARMELSTEIN, George. *Curso de direitos fundamentais.* 2. ed. São Paulo: Atlas, 2009.

MARTINEZ, Luciano. *Curso de Direito do Trabalho:* relações individuais, sindicais e coletivas de trabalho. 3. ed. São Paulo: Saraiva, 2012.

MARTINEZ, Luciano. *Curso de Direito do Trabalho*. 8. ed. São Paulo: Saraiva, 2017.

MARTINEZ, Luciano. *Curso de Direito do Trabalho*. 12. ed. São Paulo: Saraiva, 2021.

MARTINEZ, Luciano. *Reforma trabalhista*: entenda o que mudou – CLT comparada e comentada. São Paulo: Saraiva, 2018.

MARTINS, Sergio Pinto. *Comentários à CLT*. 14. ed. São Paulo: Atlas, 2010.

MARTINS, Sergio Pinto. *Comentários à CLT*. 19. ed. São Paulo: Atlas, 2015.

MARTINS, Sergio Pinto. *Comentários à CLT*. 21. ed. São Paulo: Saraiva, 2018.

MARTINS, Sergio Pinto. *Comentários às Orientações Jurisprudenciais da SBDI-1 e 2 do TST*. 2. ed. São Paulo: Atlas, 2011.

MARTINS, Sergio Pinto. *Comentários às Súmulas do TST*. 10. ed. São Paulo: Atlas, 2011.

MARTINS, Sergio Pinto. *Direito do Trabalho*. 26. ed. São Paulo: Atlas, 2010.

MARTINS, Sergio Pinto. *Direito do Trabalho*. 34. ed. São Paulo: Saraiva, 2018.

MEIRELES, Edilton. Funções da boa-fé objetiva aplicáveis ao contrato de emprego. *Revista LTr*, vol. 74, n° 10, out. 2010, p. 1.170-1.179.

MEIRELES, Edilton; BORGES, Leonardo Dias. *Primeiras linhas de Processo do Trabalho*. São Paulo: LTr, 2009.

MEIRELLES, Hely Lopes. *Direito Administrativo Brasileiro*. 24. ed. São Paulo: Malheiros, 2001.

MELLO, Celso Antônio Bandeira de. *Curso de Direito Administrativo*. 11. ed. São Paulo: Malheiros, 1999.

MELO, Raimundo Simão de. *A greve no direito brasileiro*. 3. ed. São Paulo: LTr, 2011.

MELO, Raimundo Simão de. *Ação civil pública na Justiça do Trabalho*. 2. ed. São Paulo: LTr, 2004.

MELO FILHO, Hugo Cavalcanti; SOUTO MAIOR, Jorge Luiz; COUTINHO, Grijalbo Fernandes; FAVA, Marcos Neves (coords.). *O mundo do trabalho*: leituras críticas da jurisprudência do TST. Em defesa do Direito do Trabalho. São Paulo: LTr, 2009.

MESQUITA, Luiz José de. *Direito disciplinar do trabalhador*. São Paulo: LTr, 1991.

MORAES, Alexandre de. *Constituição do Brasil interpretada e legislação constitucional*. 3. ed. São Paulo: Atlas, 2003.

MORAES, Alexandre de. *Direito Constitucional*. 19. ed. São Paulo: Atlas, 2006.

MORAES FILHO, Evaristo de; MORAES, Antonio Carlos Flores de. *Introdução ao Direito do Trabalho*. 10. ed. São Paulo: LTr, 2010.

MOURA, Marcelo. *Consolidação das Leis do Trabalho para concursos*. Salvador: JusPodivm, 2011.

MOURA, Marcelo. *Consolidação das Leis do Trabalho para concursos*. 3. ed. Salvador: JusPodivm, 2013.

MOURA, Marcelo. *Consolidação das Leis do Trabalho para concursos*. 5. ed. Salvador: JusPodivm, 2015.

MOURA, Marcelo. *Consolidação das Leis do Trabalho para concursos*. 7. ed. São Paulo: JusPodivm, 2017.

MOURA, Marcelo; CALVET, Otávio. *Magistratura do Trabalho e Ministério Público do Trabalho*: questões discursivas. Rio de Janeiro: Lumen Juris, 2008.

NAHAS, Thereza. *Impactos da reforma trabalhista na jurisprudência do TST*. São Paulo: Revista dos Tribunais, 2017.

NAHAS, Thereza (coord.). *Princípios de direito e processo do trabalho*: questões atuais. Rio de Janeiro: Elsevier, 2009.

NASCIMENTO, Amauri Mascaro. *Compêndio de Direito Sindical*. 6. ed. São Paulo: LTr, 2009.

NASCIMENTO, Amauri Mascaro. *Curso de Direito do Trabalho*. 25. ed. São Paulo: Saraiva, 2010.

NASCIMENTO, Amauri Mascaro. *Iniciação ao Direito do Trabalho*. 35. ed. São Paulo: LTr, 2009.

NASCIMENTO, Sônia A. C. Mascaro. O assédio moral no ambiente do trabalho. *Revista LTr*, São Paulo, n° 8, 2004.

NEIVA, Rogerio. *Como se preparar para concursos públicos com alto rendimento*: prepare-se com estratégia, eficiência e racionalidade. São Paulo: Método, 2010.

NERY JUNIOR, Nelson. *Princípios do Processo Civil na Constituição Federal*. 6. ed. São Paulo: RT, 2000.

NOCCHI, Andrea Saint Pastous; VELLOSO, Gabriel Napoleão; FAVA, Marcos Neves (coord.). *Trabalho escravo contemporâneo*: o desafio de superar a negação. 2. ed. São Paulo: LTr, 2011.

NOVELINO, Marcelo. *Direito Constitucional*. 2. ed. São Paulo: Método, 2008.

OLIVEIRA, Aristeu de. *Cálculos trabalhistas*. 14. ed. São Paulo: Atlas, 2004.

OLIVEIRA, Aristeu de. *Manual de prática trabalhista*. 37. ed. São Paulo: Atlas, 2004.

OLIVEIRA, Christiana D'arc Damasceno. *(O) Direito do Trabalho contemporâneo*: efetividade dos direitos fundamentais e dignidade da pessoa humana no mundo do trabalho. São Paulo: LTr, 2010.

OLIVEIRA, Francisco Antonio de. *Comentários à Consolidação das Leis do Trabalho*. 4. ed. São Paulo: LTr, 2013.

OLIVEIRA, Francisco Antonio de. *Comentários às Súmulas do TST*. 9. ed. São Paulo: RT, 2008.

OLIVEIRA, Oris. Trabalho artístico da criança e do adolescente. *Revista LTr*, vol. 73, n° 06, jun. 2009, p. 690-695.

OLIVEIRA, Oris. *Trabalho e profissionalização de adolescente*. São Paulo: LTr, 2009.

OLIVEIRA, Sebastião Geraldo de. Estrutura normativa da segurança e saúde do trabalhador no Brasil. *Revista LTr*, vol. 70, n° 12, dez. 2006, p. 1.430-1.442.

OLIVEIRA, Sebastião Geraldo de. *Indenizações por acidente do trabalho ou doença ocupacional*. 6. ed. São Paulo: LTr, 2011.

OLIVEIRA, Sebastião Geraldo de. *Proteção jurídica à saúde do trabalhador*. 6. ed. São Paulo: LTr, 2011.

PAMPLONA FILHO, Rodolfo. Noções conceituais sobre o assédio moral na relação de emprego. *Revista LTr*, vol. 70, n° 9, set. 2006, p. 1.079-1.089.

PAMPLONA FILHO, Rodolfo; VILLATORE, Marco Antônio César. *Direito do trabalho doméstico*: doutrina, legislação, jurisprudência, prática. 4. ed. São Paulo: LTr, 2011.

PEREIRA, Leone (org.). *CLT: Consolidação das Leis do Trabalho*. 2. ed. Rio de Janeiro: Forense, 2012.

PERES, Antonio Galvão. Estabilidade por acidentes do trabalho – apontamentos. *Revista LTr*, vol. 69, n° 10, out. 2005, p. 1.234-1.245.

PINTO, José Augusto Rodrigues. *Tratado de Direito Material do Trabalho*. São Paulo: LTr, 2007.

PINTO, José Augusto Rodrigues; MARTINEZ, Luciano; MANNRICH, Nelson (coord.). *Dicionário brasileiro de Direito do Trabalho*. São Paulo: LTr, 2013.

PINTO, Raymundo Antonio Carneiro. *Enunciados do TST comentados*. 7. ed. São Paulo: LTr, 2004.

PINTO, Raymundo Antonio Carneiro. *Súmulas do TST comentadas*. 13. ed. São Paulo: LTr, 2012.

PINTO, Raymundo Antonio Carneiro; BRANDÃO, Cláudio. *Orientações Jurisprudenciais do TST comentadas*. 3. ed. São Paulo: LTr, 2011.

PLÁ RODRIGUES, Américo. *Princípios de Direito do Trabalho*. Tradução de Wagner D. Giglio. 3. ed. São Paulo: LTr, 2000.

PORTO, Lorena Vasconcelos. A subordinação no contrato de emprego: desconstrução, reconstrução e universalização do conceito jurídico. Belo Horizonte, 2008. Disponível em: <http://www.biblioteca.pucminas.br/teses/Direito_PortoLV_1.pdf>.

PRUNES, José Luiz Ferreira. *Justa causa e despedida indireta*. 2. ed. Curitiba: Juruá, 2001.

REIS, Jair Teixeira dos. *Manual de rescisão do contrato de trabalho*. 5. ed. São Paulo: LTr, 2012.

REIS, Jair Teixeira dos. *Processo Administrativo do Trabalho*. São Paulo: LTr, 2009.

REIS, Jair Teixeira dos. *Resumo de Direito Internacional e Comunitário*. 2. ed. Niterói: Impetus, 2009.

ROMITA, Arion Sayão. *Direitos fundamentais nas relações de trabalho*. São Paulo: LTr, 2005.

ROMITA, Arion Sayão. Os princípios do Direito do Trabalho ante a realidade. *Revista LTr*, vol. 74, nº 9, set. 2010, p. 1.038-1.046.

ROSEDÁ, Salomão. O direito à desconexão – uma realidade no teletrabalho. *Revista LTr*, 71-07, jul. 2007, p. 820-829.

RUSSOMANO, Mozart Victor. *Curso de Direito do Trabalho*. 9. ed. Curitiba: Juruá, 2002.

SAAD, Eduardo Gabriel. *Consolidação das Leis do Trabalho comentada*. 43. ed. atual. por José Eduardo Duarte Saad e Ana Maria Saad Castello Branco. São Paulo: LTr, 2010.

SALEM, Luciano Rossignolli; SALEM, Diná Aparecida Rossignolli. *Cálculos trabalhistas*: doutrina, legislação, jurisprudência e prática. 2. ed. São Paulo: LTr, 2004.

SANCHEZ, Adilson. *Tratado das verbas trabalhistas*: lógica e cálculos trabalhistas. 2. ed. São Paulo: LTr, 2011.

SANTOS, Élisson Miessa dos; CORREIA, Henrique. *Súmulas e Orientações Jurisprudenciais do TST*: comentadas e organizadas por assunto. Salvador: JusPodivm, 2012.

SANTOS, Enoque Ribeiro dos. Limites ao poder disciplinar do empregador – a tese do poder disciplinar compartilhado. *Revista LTr*, vol. 72, nº 5, maio 2008, p. 545-556.

SANTOS, Enoque Ribeiro dos. *Responsabilidade objetiva e subjetiva do empregador em face do novo Código Civil*. 2. ed. São Paulo: LTr, 2008.

SCHIAVI, Mauro. *Consolidação das Leis do Trabalho Comentada*. São Paulo: Editora JusPodivm, 2021.

SCHIAVI, Mauro. *Consolidação das Leis do Trabalho Comentada*. Manual de Direito Processual do Trabalho. 4. ed. São Paulo: LTr, 2011.

SCHIAVI, Mauro. *Consolidação das Leis do Trabalho Comentada*. 10. ed. São Paulo: LTr, 2016.

SILVA, Alessandro da; MAIOR, Jorge Luiz Souto; FELIPPE, Kenarik Boujikian; SEMER, Marcelo (coord.). *Direitos humanos*: essência do Direito do Trabalho. São Paulo: LTr, 2007.

SILVA, Antonio Alvares da. *A nova lei do aviso prévio*. Revista LTr, vol. 76, nº 01, janeiro de 2012.

SILVA, Ciro Pereira da. *A terceirização responsável*: modernidade e modismo. São Paulo: LTr, 1997.

SILVA, Homero Batista Mateus da. *CLT comentada*. São Paulo: Revista dos Tribunais, 2016.

SILVA, Homero Batista Mateus da. *Comentários à reforma trabalhista*. São Paulo: Revista dos Tribunais, 2017.

SILVA, Homero Batista Mateus da. *Curso de Direito do Trabalho aplicado*: parte geral. Rio de Janeiro: Elsevier, 2009. v. 1.

SILVA, Homero Batista Mateus da. *Curso de Direito do Trabalho aplicado*: Jornadas e pausas. Rio de Janeiro: Elsevier, 2009. v. 2.

SILVA, Homero Batista Mateus da. *Curso de Direito do Trabalho aplicado*: Segurança e medicina do trabalho, trabalho da mulher e do menor. Rio de Janeiro: Elsevier, 2009. v. 3.

SILVA, Homero Batista Mateus da. *Curso de Direito do Trabalho aplicado*: Livro das profissões regulamentadas. Rio de Janeiro: Elsevier, 2009. v. 4.

SILVA, Homero Batista Mateus da. *Curso de Direito do Trabalho aplicado*: Livro da Remuneração. Rio de Janeiro: Elsevier, 2009. v. 5.

SILVA, Homero Batista Mateus da. *Curso de Direito do Trabalho aplicado*: Contrato de trabalho. Rio de Janeiro: Elsevier, 2009. v. 6.

SILVA, Homero Batista Mateus da. *Curso de Direito do Trabalho aplicado*: Direito Coletivo do Trabalho. Rio de Janeiro: Elsevier, 2010. v. 7.

SILVA, Homero Batista Mateus da. *Curso de Direito do Trabalho aplicado*: parte geral. 3. ed. São Paulo: RT, 2015. v. 1.

SILVA, Homero Batista Mateus da. *Curso de Direito do Trabalho Aplicado*: jornadas e pausas. 3. ed. São Paulo: RT, 2015. v. 2.

SILVA, Homero Batista Mateus da. *Curso de Direito do Trabalho Aplicado*: saúde e segurança do trabalho. 2. ed. São Paulo: RT, 2015. v. 3.

SILVA, Homero Batista Mateus da. *Curso de Direito do Trabalho Aplicado*: livro das profissões regulamentadas. 2. ed. São Paulo: RT, 2015. v. 4.

SILVA, Homero Batista Mateus da. *Curso de Direito do Trabalho Aplicado*: livro da remuneração. 2. ed. São Paulo: RT, 2015. v. 5.

SILVA, Homero Batista Mateus da. *Curso de Direito do Trabalho Aplicado*: – contrato de trabalho. 3. ed. São Paulo: RT, 2015. v. 6.

SILVA, Homero Batista Mateus da. *Curso de Direito do Trabalho Aplicado*: direito coletivo do trabalho. 3. ed. São Paulo: RT, 2015. v. 7.

SILVA, Leda Maria Messias da. Poder diretivo do empregador, emprego decente e direitos da personalidade. *Revista LTr*, vol. 71, nº 8, ago. 2007, p. 972-977.

SIVOLELLA, Roberta Ferme. Estabilidade da gestante – interpretação, requisitos e limites. *Revista LTr*, vol. 72, nº 1, jan. 2008, p. 58-61.

SOARES, José Ronald Cavalcante (coord.). *O servidor público e a Justiça do Trabalho*. São Paulo: LTr, 2005.

SOUZA, Marcelo Papaléo de. *A Lei de Recuperação e Falências e suas consequências no Direito e no Processo do Trabalho*. 3. ed. São Paulo: LTr, 2009.

SÜSSEKIND, Arnaldo. A negociação trabalhista e a lei. *Revista LTr*, vol. 69, nº 2, fev. 2005, p. 135-138.

SÜSSEKIND, Arnaldo. *Curso de Direito do Trabalho*. 3. ed. Rio de Janeiro: Renovar, 2010.

SÜSSEKIND, Arnaldo. *Direito Internacional do Trabalho*. 3. ed. São Paulo: LTr, 2000.

SÜSSEKIND, Arnaldo; MARANHÃO, Délio; VIANNA, Segadas; TEIXEIRA FILHO, João de Lima. *Instituições de Direito do Trabalho*. 16. ed. São Paulo: LTr, 1996. v. I e II.

TARTUCE, Flávio. *Manual de direito civil* – volume único. São Paulo: Método, 2011.

VIANA, Márcio Túlio. Os paradoxos da prescrição quando o trabalhador se faz cúmplice involuntário da perda dos seus direitos. *Revista LTr*, vol. 71, nº 11, nov. 2007, p. 1.334-1.339.

VIANA, Márcio Túlio (coord.). *O que há de novo em Direito do Trabalho*. 2. ed. São Paulo: LTr, 2012.

VIANNA, Cláudia Salles Vilela. *Manual prático das relações trabalhistas*. 10. ed. São Paulo: LTr, 2009.

VILHENA, Paulo Emílio Ribeiro de. *Relação de emprego*: estrutura legal e supostos. 3. ed. São Paulo: LTr, 2005.

ZAINAGHI, Domingos Sávio. A greve como direito fundamental. *Revista LTr*, vol. 70, nº 12, dez. 2006, p. 1.472-1.473.

ZAINAGHI, Domingos Sávio (coord.); MACHADO, Antônio Cláudio da Costa (org.). *CLT interpretada*: artigo por artigo, parágrafo por parágrafo. 3. ed. Barueri: Manole, 2012.

Outras fontes de consulta

Livro de Súmulas, Orientações Jurisprudenciais – SBDI-1, SBDI-2 e SDC – e Precedentes Normativos do TST. Disponível em: <http://www.tst.gov.br/jurisprudencia/Livro_Jurisprud/livro_pdf_atual.pdf>.

Manual de Cálculos Trabalhistas do TRT da 21ª Região. Disponível em: <http://www.trt21.jus.br/publ/calculos.html>.

Dicionário Houaiss eletrônico da língua portuguesa. Versão 1.0. Rio de Janeiro: Objetiva, 2009.

Índice Alfabético-Remissivo

· ·

F

L

M

N

T

U

V